連雲港市

新浦區新志

LIAN YUN GANG SHI
XIN PU QU XIN ZHI

（下册）

连云港市新浦区地方志编纂委员会　编

方志出版社

图书在版编目（CIP）数据

连云港市新浦区新志/ 连云港市新浦区地方志编纂委员会编. —
北京：方志出版社，2014.12
ISBN 978-7-5144-1486-8

Ⅰ. ①连… Ⅱ. ①连… Ⅲ. ①区（城市）—地方志—连云港市
Ⅳ. ①K295.33

中国版本图书馆CIP数据核字（2014）第296809号

连云港市新浦区新志

编　　者：连云港市新浦区地方志编纂委员会
责任编辑：丛　珺　张　昊
出 版 人：冀祥德
出 版 者：方志出版社
　　　　地址　北京市朝阳区潘家园东里9号（国家方志馆4层）
　　　　邮编　100021
　　　　网址　http://www.fzph.org
发　　行：方志出版社发行中心
　　　　电话（010）67110500
经　　销：各地新华书店
印　　刷：南京凯德印刷有限公司
开　　本：889×1194　1/16
印　　张：113
字　　数：2966千字
版　　次：2014年12月第1版　2014年12月第1次印刷
印　　数：0001~1000册
ISBN　978-7-5144-1486-8/K·1215　　定价：780.00元

总　编　目

General Catalogue

Volume Ⅰ

Volume Ⅱ

目 录

（下册）

第二十二编 政 党

第二十三编　人大　政府　政协

第二十四编　团　体

第二十五编　法　治

第二十六编 军 事

第二十七编 科学技术

第二十八编 教 育

第二十九编 文 化

第三十编 艺 文

第三十一编 卫 生

第三十二编 体 育

第三十三编 精神文明建设

第三十四编 社会保障与社会生活管理

第三十五编　宗　教

第三十六编 民 俗

第三十七编　方　言

第三十八编　乡镇　街道　农林场

第三十九编 人 物

附 录

Main Contents
(Volume Ⅱ)

Part 22 Political Parties

Part 23 the National People's Congress, Goverment and the CPPCC

Part 24 Groups

Part 25 rule of law

Part 26 Military Affairs

Part 27 Science and Technology

Part 28 Education

Part 29 Culture

Part 30 Art and Culture

Part 31 Health

Part 32 Sports

Part 33 Spiritual Civilization Building

Part 34 Reform of the Social Security System and Social Life Management

Part 35 Religious

Part 36 Folklore

Part 37 Dialect

Part 38 Township, Streets and Forestry Field

Part 39 Figures

APPENDIX

Editing Note

Index

第二十二编 政 党

民国15年(1926),国民党东海县党部在新浦成立,进行秘密活动,次年转为公开活动。

民国18年(1929),中共地下党组织在新浦建立黄包车工人支部,新浦开始有中共地下基层组织并开展活动。

日本侵略军侵占新浦期间,国民党东海县党部撤离新浦,中共新浦地下党组织仍在此坚持开展地下活动。

日本侵略军投降后,国民党东海县党部迁回新浦。中共海州市委下辖的新(浦)海(州)工委,驻竹庭县(今赣榆县)墩尚镇,领导新浦地下党组织开展斗争。

民国37年(1948)11月初,新浦解放前夕,国民党东海县党部及其下辖各区分部,全部溃撤。同年12月12日,中共新海连特委在新浦成立。新浦地区的中共新华、新龙、民主、通灌4个区委同时成立。

新中国成立后,工人、青年、妇女、学生及教育、文化、体育等各界社会团体和各种学会、联谊会,不断成立,并发展壮大。

20世纪50年代中期起,各民主党派连云港市委相继在新浦建立。80年代中期起,市各民主党派新浦地区基层组织先后建立。中共新浦区委,认真贯彻统一战线政策,各民主党派和无党派人士在新浦区的经济建设和社会发展中作出了应有贡献。

1955年5月,成立中共新浦区委,此后,党组织不断发展壮大。至2005年底,中共新浦区委下辖17个党组,20个基层党委,60个直属党总支部,527个党支部,共有党员12496人。中共新浦区委及其基层党组织和广大党员,在各个历史时期,认真贯彻党的路线、方针、政策,在各项建设和改革事业中充分发挥战斗堡垒和先锋模范作用,带领全区人民不断改革创新,拼搏进取,使全区"三个文明"建设不断取得新成就。中心城区功能愈加凸显。

第一章 中共连云港市新浦地方组织

第一节 沿 革

民国17年(1928)8月,中共东海特别支部派毛汝南、娄子征、李慎之3人来到大村(今花果山乡),以教师身份作掩护,筹建党组织。民国18年(1929)春,在海清寺建立中共大村支部。毛汝南任书记,娄子征、李慎之为委员。支部先后发展卢明仁、徐殿喜、姜国元、卢德麟、卢伯玉等10多名党员。支部以海青寺内的海林小学为阵地,通过开办平民夜校,组织山民识字,宣传革命道理,启发农民阶级觉悟,进一步巩固和壮大与山霸进行秘密斗争的大村地区"穷人会";一方面书写标语、印刷传单;一方面串联贫苦农民筹备武装暴动。同年初，中共东海中心县委从海州迁至新浦后，在黄包车工人中发展黄宝龙入党，秘密组织黄包车工人开展斗争，发展党员，建立中共新浦黄包车工人支部。继之，发展码头工人孔昭明、孔昭朗入党。同年5月16日至22日，中共东海中心县委在南云台山三元宫西飞楼召开会议。会议由县委书记李超时主持，传达中共“六大”精神，部署新的斗争任务。会后，将大村“穷人会”改称“扁担会”。并于当年6月16日晚组织以“扁担会”为主的千余人参加的大村武装暴动。大村暴动遭到残酷镇压失败后停止活动。次年上半年，中共新浦码头工人支部成立。孔昭明任支部书记，孔昭朗任组织委员，李玉仁任宣传委员。民国19年底，中共东海中心县委迁回海州。

民国20年(1931)初，中共东海中心县委再次迁来新浦。孔昭朗调任中共东海县委书记，兼任新浦码头工人支部书记。至民国22年(1933)4月，新浦已建有码头工人支部两个、中共黄包车工人支部1个。5月，因叛徒出卖，新浦地区的中共地下组织全遭破坏。

抗日战争初期，中共长江局军分区委派巡视员张文海、谷牧，秘密进入新浦，住在陇海公寓。以陇海公寓为活动中心，在当地驻军东北军第五十七军一一二师中建立中共一一二师工委，书记伍志纲，委员谷牧、李欣。中共地下工委积极开展革命活动，在陇海公寓内先后发展著名抗日将领一一二师六六七团团长万毅等7人加入中国共产党，壮大东北军中的革命力量。

日本侵略军侵占新浦时期，中共苏皖区委、中共山东滨海区委先后均派人到新浦开展地下工作，秘密发展党员。

民国34年(1945)8月初，为适应抗日战争形势，山东省政府和苏北临时行政委员会决定成立海州市政府，中共海州市委同时成立，下辖新海(新浦)工委，开展新浦、海州的城市工作，在新浦成立党的外围组织——工人第三队，南树昌任队长。10月，先后发展南树昌等人入党，成立中共东山一支部，又称东山一支、新浦地下工作支部。抗战胜利后，国民党占领新浦、海州后，山东省政府和苏北临时行政委员会宣布撤销海州市政府，保留中共海州市委及其下辖的新海(新浦)工委，新海(新浦)工委驻竹庭县墩尚镇，工委下辖青口、墩尚、临洪3个特别支部。墩尚特别支部主要负责新浦城区工作。同时，新海(新浦)工委的中上层工作组负责人周子虹，经过秘密工作，在新浦形成了一个以李迪仁为为主的“读书会”。新海工委通过“读书会”开展地下工作。中共华中第六地委城工部第四分处、中共东海、灌云两县委城工部，也在新浦外围开展城市地下工作。东山一支根据中共海州市委指示，秘密发动市民开展斗争，团结贫苦商贩，利用合法的或秘密的形式向解放区输送大批布匹、西药、纸张、机油及枪械、子弹等物资。

图22-1 中共新海连特委办公地点，原东亚旅社

新浦解放前夕，东山一支领导自来水厂的党员保护了水厂。

民国37年(1948)11月7日，新浦、海州解放，新海连特区临时军事管制委员会在新浦成立。同年12月12日军管会撤销，成立中共新海连特区委员会，下辖新海市委。中共新海市委下辖新华、新龙、民主、通灌、浦西、锦屏 6 个区委，新浦地区有新华、新龙、民主、通灌 4 个区委。

民国 38 年（1949）2 月，撤销通灌区委。1951 年 8 月，撤销新华、新龙、民主 3 个区区委，成立龙尾、盐河两区区委。

1955 年 11 月，撤销龙尾、盐河两区委，成立中共新浦区委，正、副书记由市委任命。机关驻新浦海昌路 29 号。1958 年 1 月迁至新浦民主路 164 号。

因“文化大革命”干扰，中共新浦区委工作于 1967 年 12 月中断。

1969 年 10 月，成立新浦区革命委员会，行使区委、区人委双重职权。

1970 年 3 月，成立中共连云港市新浦区核心领导小组，行使区委职权。

1971 年 8 月，召开中共新浦区第一次代表大会，选举产生中共新浦区第一届委员会。正式恢复中共新浦区委组织。

1977 年 9 月，机关驻地迁至民主路 343 号。

1983 年 6 月，新浦、海州两区合并成立新海区。中共新浦区委、海州区委撤销，组建中共新海区委。机关驻地新浦民主路 343 号。

1986 年 6 月，撤销新海区，恢复中共新浦区委。直至 2005 年底，中共新浦区委仍驻新浦民主路原机关大院，门牌改为民主中路 177 号。

1948 年 11 月至 1951 年 8 月中共新华、新龙、民主、通灌区委书记、副书记更迭表

表 22 - 1

<table>
<tr><th>名　称</th><th>职　务</th><th>姓名</th><th>任职时间</th></tr>
<tr><td rowspan="4">中共新华区委员会</td><td rowspan="3">书记</td><td>张斌</td><td>1948 年 11 月 ~ 1948 年 12 月</td></tr>
<tr><td>孙学孔</td><td>1948 年 12 月 ~ 1950 年 5 月</td></tr>
<tr><td>肖宏（女）</td><td>1950 年 5 月 ~ 1951 年 8 月</td></tr>
<tr><td>副书记</td><td>孙运彪</td><td>1949 年 10 月 ~ 1949 年 11 月</td></tr>
<tr><td rowspan="6">中共新龙区委员会</td><td rowspan="3">书记</td><td>宋茂</td><td>1948 年 12 月 ~ 1949 年 4 月</td></tr>
<tr><td>陈锐</td><td>1949 年 4 月 ~ 1950 年 5 月</td></tr>
<tr><td>高益友</td><td>1950 年 5 月 ~ 1950 年 8 月</td></tr>
<tr><td rowspan="3">副书记</td><td>宋茂</td><td>1948 年 11 月 ~ 1948 年 12 月</td></tr>
<tr><td>何敬玉</td><td>1949 年 10 月 ~ 1950 年 5 月</td></tr>
<tr><td>纪良臣</td><td>1950 年 5 月 ~ 1950 年 9 月</td></tr>
<tr><td rowspan="5">中共民主区委员会</td><td rowspan="3">书记</td><td>高会东</td><td>1948 年 11 月 ~ 1948 年 12 月</td></tr>
<tr><td>马同寅</td><td>1948 年 12 月 ~ 1949 年 4 月</td></tr>
<tr><td>李子孝</td><td>1949 年 4 月 ~ 1950 年 6 月</td></tr>
<tr><td rowspan="2">副书记
（主持工作）</td><td>谭学宏</td><td>1950 年 6 月 ~ 1950 年 11 月</td></tr>
<tr><td>纪良臣</td><td>1950 年 11 月 ~ 1951 年 8 月</td></tr>
<tr><td>中共通灌区委员会</td><td>书记</td><td>王连</td><td>1948 年 11 月 ~ 1949 年 2 月</td></tr>
</table>

1951 年 8 月至 1955 年 11 月中共盐河、龙尾区委书记、副书记更迭表

表 22－2

名　称	职务	姓名	任职时间
中共盐河区委员会	书记	徐宣忠	1952 年 12 月～1955 年 11 月
	副书记	韩学敏	1951 年 8 月～1952 年 8 月
		邹乃福	1952 年 8 月～1952 年 12 月
		戴房山	1955 年 3 月～1955 年 11 月
中共龙尾区委员会	代理书记	徐淑庆	1951 年 8 月～1951 年 11 月
	副书记	徐淑庆	1951 年 11 月～1952 年 8 月
		于丹亭	1952 年 8 月～1953 年 5 月
		韩学敏	1953 年 5 月～1955 年 11 月
		艾杰	1955 年 4 月～1955 年 11 月

1955 年 11 月至 1971 年 8 月中共新浦区委书记、副书记、常委更迭表

表 22－3

名　称	职务	姓名	任职时间	备注
中共新浦区委员会	第一书记	车秀民	1958 年 1 月～1960 年 5 月	
		彭元平	1960 年 5 月～1960 年 12 月	
	第二书记	韩学敏	1958 年 1 月～1960 年 12 月	
	书　记	韩学敏	1956 年 4 月～1958 年 1 月	
		彭元平	1960 年 12 月～1967 年 12 月	
	代理书记	徐宣忠	1955 年 11 月～1956 年 3 月	
	副书记	艾杰	1956 年 3 月～1958 年 3 月	
		李春藻	1957 年 11 月～1963 年 4 月	
		邱连德	1960 年 12 月～1962 年 9 月	
		崔东源	1960 年 7 月～1967 年 12 月	
		李荣廷	1960 年 5 月～1961 年 7 月	
		王成道	1960 年 8 月～1961 年 10 月	
		范伟岩	1962 年 9 月～1967 年 12 月	
中共新浦区核心领导小组	组　长	张安定	1970 年 3 月～1970 年 5 月	军代表
		王敏忠	1970 年 5 月～1970 年 6 月	军代表
		邸志勇	1970 年 6 月～1970 年 12 月	军代表
		王敏忠	1970 年 12 月～1971 年 8 月	军代表

1971 年 8 月～2005 年 12 月中共新浦区历届委员会书记、副书记、常委更迭表

表 22－4

名称	职务	姓名	任职时间	备注
中共新浦区第一届委员会	书记	张万顺	1971 年 8 月～1974 年 10 月	军代表
		车秀民	1974 年 10 月～1975 年 10 月	
		武心铎	1975 年 11 月～1979 年 5 月	
	副书记	冯云志	1971 年 8 月～1974 年 10 月	军代表
		彭元平	1971 年 8 月～1974 年 10 月	
		陈际伦	1973 年 12 月～1976 年 6 月	
		谭学宏	1973 年 12 月～1976 年 3 月	
		武心铎	1975 年 5 月～1975 年 11 月	
		雷成堂	1975 年 3 月～1977 年 8 月	
		张长明	1976 年 9 月～1979 年 5 月	
		丁全普(女)	1976 年 12 月～1979 年 5 月	
		石进明	1978 年 11 月～1979 年 5 月	
	常　委	张万顺	1971 年 8 月～1972 年 10 月	包含书记、副书记
		冯云志	1971 年 8 月～1972 年 10 月	
		彭元平	1971 年 8 月～1972 年 10 月	
		董万才	1971 年 8 月～1972 年 10 月	
		谭学宏	1971 年 8 月～1972 年 3 月	
		陈俊文	1971 年 8 月～1978 年 8 月	
		陈际伦	1973 年 12 月～1976 年 6 月	
		崔东源	1974 年 12 月～1979 年 5 月	
		韩学敏	1974 年 12 月～1979 年 5 月	
		车秀民	1974 年 11 月～1975 年 10 月	
		武心铎	1975 年 5 月～1979 年 5 月	
		丁全普(女)	1975 年 10 月～1979 年 5 月	
		陈瑞元	1974 年 10 月～1979 年 5 月	
		雷成堂	1975 年 3 月～1977 年 8 月	
		张长明	1976 年 9 月～1976 年 10 月	
		石进明	1978 年 11 月～1979 年 5 月	

续表 22－4(1)

名称	职务	姓名	任职时间	备注
中共新浦区第二届委员会	书　记	武心铎	1979 年 5 月～1981 年 12 月	
		田德洪	1981 年 12 月～1983 年 6 月	
	副书记	张云鸾	1980 年 8 月～1983 年 6 月	
		石进明	1979 年 5 月～1983 年 6 月	
		丁全普(女)	1979 年 5 月～1983 年 6 月	
		张长明	1979 年 5 月～1982 年 10 月	
		马英周	1982 年 2 月～1983 年 6 月	
		黄诚	1982 年 2 月～1983 年 6 月	
	常委	丁全普(女)	1979 年 5 月～1983 年 6 月	以任职先后为序；包含书记、副书记
		石进明	1979 年 5 月～1983 年 6 月	
		张长明	1979 年 5 月～1982 年 10 月	
		陈瑞元	1979 年 5 月～1983 年 6 月	
		武心铎	1979 年 5 月～1981 年 12 月	
		韩学敏	1979 年 5 月～1983 年 2 月	
		崔东源	1979 年 5 月～1982 年 12 月	
		张云鸾	1980 年 8 月～1983 年 6 月	
		田德洪	1981 年 12 月～1983 年 6 月	
		马英周	1982 年 2 月～1983 年 6 月	
		黄诚	1982 年 2 月～1983 年 6 月	
中共新海区第二届委员会	书　记	田德洪	1983 年 6 月～1984 年 1 月	
		仲伟修	1984 年 8 月～1986 年 6 月	
	副书记	张云鸾	1983 年 6 月～1984 年 1 月	
		吴荫奎	1983 年 6 月～1984 年 1 月	
		朱泰曾	1983 年 6 月～1984 年 8 月	
		孙海连	1984 年 1 月～1984 年 8 月	
		俞素娥(女)	1984 年 4 月～1984 年 8 月	
	常　委	韩世泳	1983 年 6 月～1984 年 8 月	
		严志源	1983 年 6 月～1984 年 8 月	
		谷胜玉	1984 年 1 月～1984 年 8 月	
		吴春奎	1984 年 1 月～1984 年 8 月	
		卞宝湘	1984 年 1 月～1984 年 8 月	
		李家法	1984 年 1 月～1984 年 8 月	

续表 22－4(2)

名称	职务	姓名	任职时间	备注
中共新海区第三届委员会	书记	仲伟修	1984年8月~1986年6月	
	副书记	俞素娥(女)	1984年8月~1986年6月	
		朱泰曾	1984年8月~1986年6月	
	常委	韩世泳	1984年8月~1986年6月	
		严志源	1984年8月~1986年6月	
		谷胜玉	1984年8月~1986年6月	
		吴春奎	1984年8月－1985年9月	
		卞宝湘	1984年8月~1985年9月	
		李家法	1984年8月~1986年6月	
		葛岳清	1986年4月~1986年6月	
		张秋田	1986年4月~1986年6月	
中共新浦区第三届委员会	书记	俞素娥(女)	1986年7月~1988年4月	
		鲍建宾	1988年4月~1988年4月	
	副书记	张玉华	1986年7月~1988年4月	
		董春科	1986年10月~1988年4月	
		寇显仲	1987年7月~1988年4月	
	常委	韩世泳	1986年7月~1988年4月	
		严志源	1986年7月~1988年4月	
		葛岳清	1986年7月~1988年4月	
		张秋田	1986年7月~1988年4月	
		李家法	1987年7月~1988年4月	
中共新浦区第四届委员会	书记	鲍建宾	1988年4月~1989年6月	
		张连云	1989年6月~1991年6月	
	副书记	张玉华	1988年4月~1990年2月	
		滕雨成	1990年2月~1991年6月	
		寇显仲	1988年4月~1991年6月	
		董春科	1988年4月~1991年6月	

续表 22－4(3)

名称	职务	姓名	任职时间	备注
中共新浦区第四届委员会	常委	韩世泳	1988 年 4 月 ~ 1990 年 3 月	
		翟立东	1990 年 3 月 ~ 1991 年 6 月	增补
		严志源	1988 年 4 月 ~ 1991 年 2 月	
		杨尔伦	1991 年 2 月 ~ 1991 年 6 月	增补
		葛岳清	1988 年 4 月 ~ 1991 年 6 月	
		张秋田	1988 年 4 月 ~ 1989 年 6 月	
		李家法	1988 年 4 月 ~ 1991 年 6 月	
		李祝征(女)	1989 年 6 月 ~ 1991 年 6 月	增补
中共新浦区第五届委员会	书记	张连云	1991 年 6 月 ~ 1994 年 8 月	
		陈东美	1994 年 8 月 ~ 1996 年 8 月	
	副书记	滕雨成	1991 年 6 月 ~ 1996 年 3 月	
		董春科	1991 年 6 月 ~ 1992 年 3 月	
		寇显仲	1991 年 6 月 ~ 1993 年 2 月	
		吴新明	1992 年 12 月 ~ 1996 年 8 月	
		李建平(女)	1996 年 3 月 ~ 1996 年 8 月	
	常委	翟立东	1991 年 6 月 ~ 1992 年 12 月	
		杨尔伦	1991 年 6 月 ~ 1996 年 8 月	
		葛岳清	1991 年 6 月 ~ 1994 年 1 月	
		李祝征(女)	1991 年 6 月 ~ 1992 年 12 月	
		李家法	1991 年 6 月 ~ 1993 年 9 月	
		徐家贵	1992 年 12 月 ~ 1996 年 8 月	增补
		徐秀英(女)	1992 年 12 月 ~ 1996 年 8 月	增补
		徐惟学	1993 年 9 月 ~ 1996 年 3 月	增补
		邵长武	1994 年 1 月 ~ 1996 年 8 月	增补
		王家全	1996 年 8 月 ~ 1996 年 8 月	增补
		皋学群	1996 年 8 月 ~ 1996 年 8 月	增补

续表 22－4(4)

名称	职务	姓名	任职时间	备注
中共新浦区第六届委员会	书记	陈东美	1996 年 8 月～2001 年 7 月	
		李建平(女)	2001 年 7 月～2001 年 7 月	
	副书记	李建平(女)	1996 年 8 月～2001 年 7 月	
		吴新明	1996 年 8 月～2001 年 7 月	
	常委	杨尔伦	1996 年 8 月～1998 年 1 月	
		徐家贵	1996 年 8 月－2000 年 10 月	
		邵长武	1996 年 8 月～1997 年 1 月	
		王家全	1996 年 8 月～2001 年 7 月	
		皋学群	1996 年 8 月～2000 年 3 月	
		李虎成	1997 年 1 月～2000 年 3 月	增补
		徐川家	1998 年 1 月～2001 年 7 月	增补
		姜洪	1998 年 8 月～2001 年 7 月	增补
		李浩	2000 年 3 月～2000 年 5 月	
		吕庆国	2000 年 5 月～2001 年 6 月	增补
		王孟年	2001 年 6 月～2001 年 7 月	增补
中共新浦区第七届委员会	书　记	李建平(女)	2001 年 7 月～2005 年 12	
	副书记	姜洪	2001 年 7 月～2005 年 11	免职
		吴新明	2001 年 7 月～2003 年 2 月	
		徐川家	2001 年 7 月～2005 年 12 月	
		高美峰	2002 年 11 月～2005 年 12 月	
		黄远征	2004 年 1 月～2005 年 5 月	
		彭光成	2004 年 1 月～2005 年 12	挂职
		刘炳慧	2005 年 5 月～2005 年 12 月	
		金建猛	2005 年 11 月～2005 年 12 月	
	常委	王孟年	2001 年 7 月～2003 年 6 月	
		黄远征	2001 年 7 月～2004 年 1 月	
		王立斌	2001 年 7 月～2005 年 12 月	
		张爱勤	2002 年 1 月～2005 年 12 月	
		汤成元	2002 年 11 月～2005 年 12 月	增补
		周海涛	2001 年 7 月～2005 年 7 月	
		董入海	2005 年 5 月～2005 年 12 月	增补
		苏西聚	2005 年 7 月～2005 年 12 月	增补

第二节　中共新浦区历次代表大会

一、中共新浦区第一次代表大会

1971 年 8 月 8 日至 10 日在新浦区礼堂召开，应到代表 105 名，实到 103 名。会议期间，中共新浦区核心领导小组组长王敏忠作工作报告。大会选举产生 15 名委员组成的中共新浦区第一届委员会。

二、中共新浦区第二次代表大会

1979 年 5 月 5 日至 7 日在新浦区礼堂召开，出席代表 135 名。会议期间，武心铎代表前届党委作《坚持四项基本原则，贯彻执行城区工作方针，为建设社会主义现代化海港城市作出贡献》的工作报告。大会选举产生 17 名委员组成的中共新浦区第二届委员会。

图 22－2　中共新浦区第二次代表大会全体代表合影

三、中共新海区第三次代表大会

1984 年 8 月 27 日至 30 日在新浦区礼堂召开，出席大会代表 239 名。会议期间，仲伟修代表上届党委作《继续解放思想，努力改革创新，积极开创我区两个文明建设的新局面》的工作报告，严志源作纪委工作报告，通过关于两个报告的决议。大会选举产生由 25 名委员和 4 名候补委员组成的中共新海区第三届委员会，选举产生 11 人组成的中共新海区纪律检查委员会（简称区纪委），选举产生出席中共连云港市第六次代表大会的代表 22 名。

四、中共新浦区第四次代表大会

1988 年 4 月 27 日至 29 日在新浦区礼堂召开，大会正式代表 145 名，特邀代表 7 名，列席代表 17 名。会议期间，鲍建宾代表上届党委作《贯彻党的十三大精神，继续深化改革，把我区两个文明建设推向新阶段》的工作报告，严志源代表上届区纪律检查委员会向大会作纪委工作报告。大会选举产生由 26 名委员和 3 名候补委员组成的中共新浦区第四届委员会，13 人组成的中共新浦区纪律检查委员会。

五、中共新浦区第五次代表大会

1991 年 6 月 23 日至 25 日在新浦区礼堂召开，大会正式代表 153 名，特邀代表 7 名，列席代表 42 名。会议期间，张连云代表上届党委作《加强党的建设，团结开拓拼搏，为夺取我区现代化建设事业新胜利而奋斗》的工作报告，杨尔伦代表上届区纪律检查委员会向大会作纪委工作报告。大会选举产生了中共新浦区第五届委员会委员 23 名，候补委员 2 名，中共新浦区纪律检查委员会委员 11 名。

六、中共新浦区第六次代表大会

1996 年 8 月 28 日至 30 日在新浦召开，大会正式代表 155 名。会议期间，陈东美代表上届党委作《全面推进改革开放，迅速扩大经济总量，为加快新浦区现代化进程而努力奋斗》的工作报告，杨尔伦代表上届区纪律检查委员会向大会作纪委工作报告。大会选举产生由 22 名委员和 4 名候补委员组成的中共新浦区第六届委员会，11 人组成的中共新浦区纪律检查委员会。

七、中共新浦区第七次代表大会

2001 年 7 月 23 日至 25 日在新浦召开，大会正式代表 138 名。会议期间，李建平代表上届党委作《努力实践“三个代表”，强力推进思想解放，为实现新世纪之初更快更好发展而努力奋斗》的工作报告，徐川家代表上届区纪律检查委员会向大会作纪委工作报告。大会选举产生由 21 名委员和 4 名候补委员组成的中共新浦区第七届委员会，11 人组成的中共新浦区纪律检查委员会。

第三节　中共新浦区委员会

一、历届中共新浦区委员会

【中共新浦区第一届委员会】 由 1971 年 8 月 8 ~ 10 日召开的中共新浦区第一次代表大会选举产生，委员 16 人（选举时产生 15 人。同年夏增补 1 人），其中有军代表 5 人。1974 年 10 月，“支左”部队撤离后，特别是 1976 年 10 月党中央一举粉碎“四人帮”后，市委对中共新浦区委员会及时进行调整。自 1976 年 10 月至 1979 年 5 月，中共新浦区第一届委员会由 17 人组成。

【中共新浦区第二届委员会】 由中共新浦区第二次代表大会于 1979 年 5 月 7 日选举产生，委员 17 人。任期内，因工作需要，自 1980 年 8 月至 1982 年 2 月，先后有 3 名委员离任，另增补委员 4 人。1983 年 6 月，成立新海区时，原新浦、海州两区区委委员为中共新海区第二届委员会委员。

【中共新海区第三届委员会】 由中共新海区第三次代表大会于1984年8月30日选举产生，委员25人（女，2人）、候补委员4人（女，1人）。任期内，1985年9月有2名委员离任。次年4月增补2名委员。1986年6月，新海区撤销，恢复新浦区、海州区后，原新海区区委委员按区划分别为新浦、海州两区区委委员。直至1988年4月任期届满。

【中共新浦区第四届委员会】 由中共新浦区第四次代表大会于1988年4月29日选举产生，委员26人（女，2人）、候补委员3人。

【中共新浦区第五届委员会】 由中共新浦区第五次代表大会于1991年6月25日选举产生，委员23人（女，3人）、候补委员2人（女，1人）。1992年底起，因工作需要，先后增补委员9人。

【中共新浦区第六届委员会】 由中共新浦区第六次代表大会于1996年8月30日选举产生，委员22人（女，3人）、候补委员4人（女，2人）。1997年起，因工作需要等原因，先后有4人离任，增补委员5人。

【中共新浦区第七届委员会】 由中共新浦区第七次代表大会于2000年7月25日选举产生，委员21人（女，2人）、候补委员4人（女，1人）。任期内，因工作需要，在2005年底之前有3人离任，并相应增补委员2人。

二、中共新浦区委员会全委（扩大）会议

中共新浦区委员会自1971年8月建立以来，历届委员会在选举产生后即召开第一次全体委员会议，选举产生本届委员会常务委员会委员（简称常委）、书记、副书记。

各届中共新浦区委员会在任期内，一般均于每年年中（6～7月）、年终（12月前后）分别召开一次全委会议，且大多为全委（扩大）会议。全委（扩大）会议主要是贯彻中央和省、市委指示精神，听取和讨论区委上半年或全年工作情况报告和今后工作意见。落实区委常委会制定的全区工作指导思想和各项工作任务。

为开好区委（扩大）会议，均提前做好调查研究和分析总结工作，并发现、运用典型，采取先现场观摩，由有代表性的单位在大会上介绍经验，而后由区委领导总结部署工作，使上级党委和区委的工作部署落实到基层。

中共新浦区第一届至第七届委员会委员一览表

表22－5

届别		委员	候补委员（以得票多少为序）
中共新浦区第一届委员会	（1971年8月～1976年10月）	张万顺（军代表）、冯云志（军代表）、万惠海（军代表，1974年10月离任）、董万才（军代表，1972年10月离任）、彭元平、谭学宏、陈俊文、宁盛春、刘玉兰（女）、顾正祥、高秀兰（女）、徐光节、陶雨清、曹凤金、孙孟香（女，1972年10月离任）、梁成弟（军代表，1978年1月～1974年10月）、王新民（1972年10月任）	
	（1976年10月～1979年5月）	陈俊文、宁盛春、刘玉兰（女）、顾正祥、高秀兰（女）、陶雨清、曹凤金、王新民	

续表 22－5

届别	委员	候补委员（以得票多少为序）
中共新浦区第二届委员会（1979 年 5 月～1983 年 6 月）（以姓氏笔画为序）	丁全普（女）、王子欣（女）、王统兴、王新民、石进明、宁盛春、刘玉兰（女）、乔雪湘、张长明、陈瑞元、周宝、武心铎、董佩吉、崔东源、韩学敏、蔡家高、霍尧	
中共新海区委员会——新海区成立初期（1983 年 6 月～1984 年 8 月）	由原中共新海区第二届委员会委员和原中共海州区第二届委员会委员组成	
中共新海区第三届委员会（1984 年 8 月～1986 年 6 月）	（以姓氏笔画为序） 王云良、王传法、卞宝湘、开维松、石进明、冯忠礼、仲伟修、朱泰曾、刘德田、严志源、李元海、李官富、李家法、谷胜玉、吴春奎、吴荫奎、宋玉春（女）、陈文华、房喜之、俞素娥（女）、姜奎顶、姚海清、徐传德、徐恒渭、韩世泳、葛岳清（增补，1986 年 4 月～1986 年 6 月） 张秋田（增补，1986 年 4 月～1986 年 6 月）	杜申甫、孙桂兰（女）、张永年、余盛平
中共新浦区委员会——恢复新浦区之初（1986 年 6 月～1988 年 4 月）	原中共新海区第二届委员会委员中在新浦区的委员	
中共新浦区第四届委员会（1988 年 4 月～1991 年 6 月）	（以姓氏笔画为序） 王云良、王传法、石广慎、成以宽、朱家星、李官富、李家法、李祝征（女）、严志源、宋玉珍（女）、余盛平、张云鸾、张玉华、张秋田、陈东美、金建君、周宝、姚海清、钱文琳、崔仁义、寇显仲、韩世泳、董春科、葛岳清、葛振民、鲍建宾	李大华、张明记、周学浩
中共新浦区第五届委员会（1991 年 6 月～1996 年 8 月）	（以姓氏笔画为序） 王云良、王传法、石广慎、卢士岩、刘士俊、刘景君、杨尔伦、李祝征（女）、李家法、宋玉春（女）、宋玉珍（女）、张连云、张秋田、邵来成、林富平、金建君、晁玉龙、钱文琳、寇显仲、葛岳清、董春科、翟立东、滕雨成	马秀荣（女）、张明记
中共新浦区第六届委员会（1996 年 8 月～2001 年 7 月）	（以姓氏笔画为序） 于海、马三连、王家全、卢士岩、史桂芳（女）、朱海波、刘士俊、刘永生、刘景君、汤其好、杨尔伦、李建平（女）、李祥启、吴新明、陈东美、邵来成、林富平、赵斯贵、祝云华（女）、皋学群、徐学志、徐家贵	陈周德、王竹青（女）、宋玉春（女）、周宜榴
中共新浦区第七届委员会（2001 年 7 月～2006 年 6 月。本表录至 2005 年年底）	（以姓氏笔画为序） 于海、马秀荣（女）、王友君、王立斌、王孟年、刘大兑、汤其好、汤成元、李建平（女）、李春玉、吴杰、吴新明、张爱勤、陆体洋、陈周德、金建猛、姜洪、徐家川、顾品举、黄远征、蔡林	薛飞、成洪潮、李彦萍（女）、魏苏平

第四节　中共新浦区委常务委员会

一、历届区委常务委员会（简称常委会）

【第一届区委常委会】　自 1955 年 11 月中共新浦区委员会成立至 1971 年 8 月，区委未设常务委员会，区委日常工作由中共连云港市委任命的区委书记、副书记负责。

1971 年 8 月 8 ~ 10 日，中共连云港市新浦区第一次代表大会召开，大会选举产生中共新浦区第一届委员会，并由中共新浦区第一届委员会第一次会议选举产生中共新浦区第一届委员会常务委员会委员（简称"常委"）、书记、副书记组成区委常委会。中共新浦区第一届委员会常委会由 6 名常委组成，其中书记 1 人、副书记 1 人。1973 年 12 月起，因工作需要，先后增补 9 名常委。原常委中的 2 名军代表及其他 4 名常委先后离任。至 1976 年 10 月，有常委 9 人。其中书记 1 人，副书记 2 人。

1976 年 10 月，粉碎"四人帮"后，中共新浦区第一届委员会常委会组成人员有所调整，由 8 名常委组成。其中，书记 1 人、副书记 2 人。1977 年下半年至 1978 年下半年，2 名常委离任，增补常委 1 人。至任期届满时有常委 7 人。其中，书记 1 人、副书记 3 人。

【第二届区委常委会】 中共新浦区第二届委员会常委会，于 1979 年 5 月上旬，由中共新浦区第二届委员会第一次全委会选举产生的 7 名常委组成，其中，书记 1 人、副书记 3 人。因工作需要，自 1980 年 8 月起，先后有 4 名常委离任，增补常委 4 人。至 1983 年 6 月，行政区划调整，新浦、海州两区合并成立新海区时止，中共新浦区第二届委员会常委会有常委 7 人组成。其中，书记 1 人、副书记 5 人。

1983 年 6 月，成立新海区时，市委以原新浦、海州两区区委领导班子为基础，组建中共新海区委员会常委会，由书记 1 人、副书记 3 人、常委 2 人组成。次年 1 月起，因工作需要书记和 2 名副书记先后离任，同时，新任副书记 2 名、常委 4 人。至 1984 年 8 月任期届满时，中共新海区第二届委员会常委会由书记 1 人、副书记 3 人、常委 6 人组成。

【第三届区委常委会】 中共新海区第三届委员会常委会，于 1984 年 8 月下旬由中共新海区第三届委员会第一次全委会选举产生，由常委 9 人组成。其中，书记 1 人、副书记 2 人。1986 年 4 月，增补常委 2 人。

1986 年 6 月，行政区划调整，撤销新海区，恢复新浦、海州两区。次月，市委任命中共新浦区委领导班子，由书记 1 人、副书记 2 人、常委 5 人组成区委常委会。同年 10 月，增加副书记 1 人。至 1988 年 4 月任期届满时，中共新浦区第三届委员会常委会由书记 1 人、副书记 3 人、常委 5 人组成。

【第四届区委常委会】 1988 年 4 月下旬，中共新浦区第四届委员会第一次全委会选举产生中共新浦区第四届委员会常委会，由书记 1 人、副书记 3 人、常委 5 人组成。任期内，因工作需要，书记、副书记、常委有所调整，另增补常委 3 人。至 1991 年 6 月任期届满时，区委常委会由书记 1 人、副书记 3 人、常委 6 人组成。

【第五届区委常委会】 1991 年 6 月下旬，中共新浦区第五届委员会第一次全委会议，选举产生中共新浦区第五届委员会常委会委员 9 人。其中，书记 1 人、副书记 3 人。次年 3 月起，因工作需要副书记、书记先后调整，7 名常委先后离任，先后增补常委 9 人。至 1996 年 8 月任期届满时，有常委 10 人，其中书记 1 人、副书记 2 人。

【第六届区委常委会】 中共新浦区第六届委员会常委会，于 1996 年 8 月下旬，由中共新浦区第六届委员会第一次全委会议选举产生，有常委 8 人。其中，书记 1 人、副书记 2 人。任期内，因工作需要书记调整，另有 5 名常委离任。另先后增补常委 5 人。至 2001 年 7 月任期届满时，有常委 5 人，其中，书记 1 人、副书记 1 人。

【第七届区委常委会】 中共新浦区第七届委员会常委会，于 2001 年 7 月下旬，由中共新浦区第七届委员会第一次全委会选举产生，由书记 1 人、副书记 3 人、常委 4 人组成。任期内至 2005 年（原任期应至 2006 年 6 月），1 名副书记被免职，1 名副书记及 3 名常委先后离任。先后增补副书记 5 人、常委 2 人。至 2005 年底，中共新浦区第七届委员会常委会由书记 1 人、副书记 5 人（其中，挂职 1 人）、常委 5 人组成。

二、议事

中共新浦区委员会历次代表大会闭幕期间均由区委常委会主持区委全面工作。

区委常委会对全区重大工作，均先作调查研究，而后进行认真讨论，形成决策、决定。

区委常委会原则上每半个月召开一次会议，如有需要可临时召开。对全区经济工作、党务工作、纪检工作、军事及人大、政协等重大工作，建有例会制度，按时进行讨论。涉及全区经济社会发展计划、规划及区划调整、各项改革举措等重大问题，则根据需要及时召开党政联席会、四套班子（区委、区人大常委会、区政府、区政协）领导会议共同讨论，听取各方面意见、建议，最后由区委常委会讨论形成决定（决议）、意见，在全区贯彻实施。属于区委部门的干部任免、调整事项，经常委会议讨论决定，由区委直接办理。涉及区人大、区政府、区政协的干部的任免、调整，则经区委常委会讨论后由区委向区人大、区政府、区政协提出干部任免、调整的推荐人选名单，由区人大、区政府、区政协依据法律程序决定任免。

1988 年 2 月 10 日，中共新浦区委常委会制定的《中共新浦区常委会议事规则（试行）》公布试行。就区委常委会的“议事范围”“议事程序”和“决议的执行”等事项作出明确规定，区委工作进一步实现制度化、规范化。

1990 年 6 月 8 日，区委通过总结经验，制定实施了《中共新浦区委常委会、书记会、常委办公会议议事规则》，对区委常委会议事规则、书记会议议事规则和常委办公会议事规则均作出明确规定。特别是对区委常委会议议事规则，从常委会的职权、常委会议、文件审批、健全民主集中制、健全党的生活等 5 个方面，作出了 24 项具体规定，进一步提高了区委常委会议事、决策的民主化、科学化水平。

2000 年 9 月 28 日，区委制定下发《中共新浦区委常委会有关干部任免议事规则》，就全面贯彻执行党的干部队伍“四化”方针和德才兼备原则，严格按照规定程序选拔任用干部，防止用人上的不正之风问题，进一步明确选拔任用干部必须坚持的原则、区委常委会研究干部任免的范围、程序以及区委常会委选拔任用干部必须遵守的纪律等事项，作出了具体规定。

第五节 区委重大决策要略

一、制定全区经济和社会发展计划

自 1984 年市委、市政府向区政府放权，区政府各项管理功能初步完善，区委即把编制新浦区经济和社会发展“五年计划”列入重要议事日程。自 1984 年至 2005 年，区委先后就制定新浦区第七个、第八个、第九个、第十个“五年计划”进行讨论、决策。每次制定全区经济和社会发展“五年计划”，区委均先根据市“五年计划”的总体要求，组织领导带领有关部门领导和专业人员深入乡镇、街道、企业进行调查研究，在听取各方面汇报后，进行综合分析研究，并就制定“五年计划”的指导思想、经济社会发展总体目标和战略措施等重大问题进行决策，提出具体要求作为制定全区“五年计划”依据。区政府制定出“五年计划”（草案）后，区委常委会均进一步研究，召开区委、区人大、区政府、区政协四套班子领导联席会议认真讨论，并根据会议意见进一步修改、充实，形成正式计划。最后提请区人民代表大会审议，通过后方印发全区贯彻执行。

二、制定全区经济发展战略

1983年6月，新浦、海州两区合并为新海区。次年上半年，市委、市政府向区放权，将新海地区原市属集体商业企业、供销企业和粮油、蔬菜企业交给区政府管理，全区产业结构发生明显变化。针对这种情况，中共新海区委常委会及时研究全区经济发展战略。经过反复调研、讨论，确定全区经济建设走"兴商、促工、稳农"的路子，把发展商贸业，促进物资流通，方便群众生活作为一项重要任务。

1986年6月，撤销新海区，恢复新浦、海州两区后，新浦区除临洪、沈圩两村外，基本没有农业。区委分析新浦区情，及时调整经济发展思路，实施"兴商、促工、开发"经济发展战略，并出台鼓励街道、学校、居委会、村委会和下岗、失业人员兴办第三产业的优惠政策。促使全区二、三产业迅速发展。至20世纪80年代末，全区三次产业结构由1985年底的4.16∶40.25∶55.59，转变为0.34∶21.48∶78.18，第三产业成为全区支柱产业。

20世纪90年代初，为适应改革开放需要，充分发挥新浦区为全市中心城区、商贸中心的区位优势，区委在全面分析比较、广泛听取人民代表、政协委员意见和建议的基础上，适时制定了"三产兴区"的经济发展战略，大力鼓励、支持兴办个体、私营商贸餐饮企业，通过招商引资，大批浙江、广东、福建一带个体户、私营企业进入新浦经营第三产业。

1994年初，区委从新浦区实际出发，扬长避短，提出了"大力发展第三产业，壮大提高第二产业"的发展思路。下半年，区委组织了3个调研组，分别由区各套领导班子领导带队，对全区二、三产业及村（居）委会经济发展情况进行调研，形成3个专题调查报告，提交区党政联席会议、五套班子会议和区委常委会议反复讨论，在统一思想认识的基础上，于当年底召开的区委五届八次全委（扩大）会议上，进一步明确提出全区工作思路：发挥一个优势——中心城区优势；扩大两个总量——工业和第三产业总量；强化三个功能——城市管理、社会治安综合治理和社区服务功能；实现四个突破——外引内联、市场建设、村居经济、个体私营经济新突破。不久，又结合区情将第一个突破的"外引内联"，具体化为"三联驱动"，即"联外"，引进外资，驱动全区经济上规模、上总量；"联内"，横向联合，主攻项目引进，驱动全区骨干企业发展；"联辖区"，通过与辖区内部、省、市属科研单位挂靠联合，驱动全区中小企业增加活力，推动全区经济建设加快发展。1995年上半年全区国民生产总值同比增长60%，固定资产投入同比增长77.7%；财政收入同比增长13.1%。

2001年底，市行政区划调整，花果山乡、云台乡、南城镇、南云台林场划入新浦区后，新浦区经济结构再次发生明显变化。面对新的区情，区委在调查研究的基础上，及时调优思路，调实举措。在2001年12月30日召开的区委七届二次全委（扩大）会上，明确提出全区上下要坚持以经济建设为中心，高扬快速发展主题，以快速崛起、富民强区总览全局，着力实施"三产兴区、二产强区、民营富区"三大主战略。最大限度地发挥区位优势和辖区内人流、物流、信息流、资金流相对集中、旅游资源相对丰富的比较优势，在大力发展传统商贸流通业的同时，加快发展现代服务业，加快建设城市中心商业区，提升服务水平，实行以"区"发展；抓好特色街建设，繁荣城市经济，实行以"街"发财；加大市场建设，实行以"场"繁荣，加大旅游资源开发力度，培育新的经济增长点。跳出原有街区模式，以区划调整、扩大地域为契机，做大做强第二产业、把工业经济作为重要产业、主体经济、主攻方向，把做强工业经济作为推进城市化和城市现代化建设的重要动力，把培育优势产业和骨干企业作为发展经济、增加财源、快速崛起、富民强区的重中之重。利用民间资本，建设民富区强工程，把私营个体经济发展与旧城改造、社区建设、市场建设、企业改造结合起来，推动私营个体经济向"大、高、外"发展。区委、区政府及时制定的新经济发展战略,使全区经济建设不失时地有序展开,并得到较快发展。

在总结2002年经验的基础上,区委又于2002年12月12日召开的区委七届四次全委(扩大)会上,进一步提出大力实施"开放立区、二产强区、三产兴区、民营富区"四大战略,努力打造"开放的资本集聚区、现代化的新型工业区、繁荣的商贸物流区、先进的科教文化区"四大高地,努力打造"社区建设、特色旅游、园林城市"三大品牌。引导强区经济和社会事业快速健康发展,全面融入东陇海产业带建设,全区"十五"计划确定的主要目标提前实现。

到2005年底,全区私营、个体商户达5600余家,各类生产、生活资料市场达39个。其中,年成交额超亿元的市场13个。第三产业生产总值已占到全区国内生产总值的78.18%,比1990年提高12.61个百分点。新浦地区作为港城乃至苏北、鲁南商贸流通中心的地位明显提升。

三、制定全区经济体制改革实施意见

1985年,根据市委、市政府统一部署,中共新海区委决定在全区工业企业中全面启动以"一包三改"为内容的经济体制改革。并于次年10月,在企业中实行目标责任制和领导任期终结审计制。至1978年底,全区98.2%的企业实行了承包经营责任制,承包期一般为3~4年。

在总结经验的基础上,中共新浦区委、新浦区人民政府于1989年初,制定下发《关于完善和发展生产经营承包责任制的意见》,完善企业改革措施。于1990年开始在第一轮承包到期的企业中推行"一包五改"的改革措施。

1992年5月18日,区委又作出《关于进一步解放思想,抓住机遇,加快改革步伐,振兴新浦区经济的决定》。1993年9月,区委、区政府制定《集体企业改革实施意见》和《集体企业"公有民营"试行办法》;1995年10月27日,区政府出台《关于加快企业改革的意见》,引导全区工业企业采取租赁、公有民营、兼并、建立股份制等多种办法,加快经营体制改革。

1996年9月22日,区委、区政府制定《新浦区深化企业改革实施意见》,把全区经济体制改革由经营机制改革向推行产权制度改革深化。并针对企业不同情况提出"一厂一策"、区别对待的不同要求。次年9月,决定将区经济体制改革领导小组调整为新浦区企业产权制度改革领导小组,成立全区企业产权制度改革指挥部,下设办公室,负责具体指导全区企业产权制度改革,使全区经济体制改革不断深入发展。

四、决定开发建设陇海商业步行街

1998年8月11日,新浦老火车站送走最后一列火车。至此,原穿越新浦市区的陇海铁路线及临洪、南极路、海昌路、通灌路4个道口废止。市区龙尾河至西盐河段1170余米长的铁路废址如何利用,时有多种意见:一是,在此基础上建筑一条沟通通灌路、海昌路、南极路的东西向干道,改善市区交通状况;二是,在此基础搞房地产开发;三是,建设小商品市场。

区委在广泛听取社会各方面意见的基础上,分析认为,这条老铁路废址位于新浦城区中心地带,横穿通灌、海昌、南极3条南北向干道,北边的解放路、民主路,南边的海连路均为新浦的商业区。周边商贸业发达,又是居民集聚区,建设一条新的商业街,具有明显的区位优势。同时,也有利于加快旧城区改造,为实施"三产兴区"、扩大就业门路开辟新的阵地。因此,区委决定,利用老铁路废址开辟建设一条新的商业街。并从改革开放,发展现代商贸业,提高城市品位要求出发,决定将此建成一条集购物、餐饮、文化娱乐、健身、观光旅游、商务办公、展示博览于一体的现代化商业步行街。按高起点、高品位、高标准的全新理念要求，请清华大学建筑设计院进行建筑设计，请中央美术学院作环境绿化设计。通过招商引进资金，分段开发。

自1998年11月初，成立陇海商业步行街建设指挥部起，至次年1月，开发建设工程全面启动。到2000年4月，东街主体工程基本完工。2001年1月初，东街正式揭牌，53家店面开业迎客。2003年5月，西街开始营业。步行街的现代化建筑风格、经营、管理模式，赢得了广大消费者。当年，陇海商业步行街被授予江苏省"百城万店无假货示范街"。2005年3月18日，被授予"中国最具升值前景商业街"称号。到2005年底，陇海商业步行街营业商户达500余家，年商品销售额达8.5亿元。

五、制定街道设立、调整方案

1960年3月，区委为加强城区管理，决定在新浦城区设立东巃、西巃和路南3个街道。由区人委报经市人民委员会批准，于当月予以实施。

1963年4月，因精简机构，区委决定撤销3个街道，并经市人委同意予以实施。

1971年8月，新浦区革命委员会根据工作需要，决定恢复原3个街道。同月20日，经市革命委员会批复同意予以实施。全区设浦东、浦西、路南3个街道。

1978年6月和9月，区委决定调整街道区划，增设新海、市东两个街道。全区设浦东、浦西、路南、新海、市东5个街道（新海街道于1981年更改名为临洪街道）。

1999年6月，区委、区政府决定调整街道区划，增设新南、新东、新海3个街道。全区共设浦东、浦西、路南、临洪、市东、新南、新东、新海8个街道。

2002年12月，区委、区政府决定调整街道区划，将原浦东、市东两个街道合并为浦东街道；将原浦西、临洪两个街道合并为浦西街道。全区设浦东、浦西、路南、新东、新南、新海、猴嘴（2001年11月划入新浦区；2005年4月，划入连云区）7个街道。

六、改革公费医疗制度

1988年4月1日，区委、区政府制定出台《新浦区关于改革现行公费医疗管理办法的意见》，正式启动建国后实施30多年的公费医疗制度改革工作。并于次月成立新浦区公费医疗管理委员会办公室，负责具体实施改革方案，不断总结经验，使公费医疗制度改革不断深入发展。

至2001年3月，全区除离休干部外，公费医疗制度全部终止运行。

2004年10月18日，全区开始实施国务院制定的医疗保障制度。

七、实施"局帮村富民工程"

2001年11月底，市政府调整市区行政区划，云台乡、南城镇划归新浦区管理，全区"三农"工作任务加重。为了帮助乡镇搞好农村工作、农业生产，加大农村工作力度，区委决定，从2002年2月1日起，在全区党政机关开展"局包村"结对帮扶工程。31个委、办、局机关迅速与18个贫困村、社区结成帮扶对子。包村单位领导亲自负责，组织专门人员到结对村、社区调查摸底，制定帮扶计划和措施。首先开展献爱心、送温暖活动，全区机关事业单位捐款4.4万元、衣物1500多件，帮助145户困难群众解决燃眉之急。在此基础上，实施扶贫开发工程，帮助贫困村调整工作思路和产业结构，学习科学技术，先后落实扶贫开发项目20多个。区纪委、区委组织部、区委宣传部帮助云台乡西山村新上5个经济建设项目，为650户农民解决吃水难问题,让260户村民看上了有线电视。区农水局等部门帮助云台乡朱麻村开发荒山、荒滩资源,新改造鱼塘10公顷,栽植凌霄花3.3公顷。当年,被帮扶的18个村面貌均有明显改变。

2003年,区委、区政府在总结实施“局包村”结对帮扶工程的基础上,将其深化为“局包村富民工程”,组织45个单位和部门采取“一包一”“多包一”的形式,组成19个工作组,帮扶19个村拓宽致富渠道,开创农村经济发展、农民增收的新局面。区里成立“局包村富民工程”领导小组,下设办公室,建立区、乡、村三级帮扶网络,明确责任制,区、乡镇领导班子成员每人帮扶两户农户、各包村单位重点扶持不少于10户农户,实际每个包村单位平均重点帮扶22户。区委、区政府还制定《局包村富民工作考核办法及奖惩措施》《局包村富民工程四项制度》等规章制度。为使帮扶措施切实可行,包村单位首先进行为期一个月的机关干部驻村调研活动,有针对性地选择致富项目,从360多个上报项目中论证筛选出323个投资少、风险小、见效快的“短、平、快”项予以立项。全年落实帮扶贷款113万元。帮助丹霞村建成波尔山羊养殖基地、建成朱麻村南美白对虾养殖示范带,帮助渔湾村兴办农家乐旅社、餐饮及旅游商品销售一条龙服务等,帮助前关村村民邱友朴协调商业贷款两万元兴办纯净水厂,帮助西山村50多户农民发展规模养鹅业等。当年,被帮扶农户人均增收500余元。

2004年3月12日,区委、区政府对在2003年“局包村富民工程”实施过程中成绩显著的区农水局、劳动人事局、区纪委、区政府办公室、区检察院等19个单位予以表彰。

2005年3月16日,区委、区政府下发《关于2005年“局包村富民工程”工作的意见》,把“局包村富民工程”推向深入。当年,重点帮扶136户特困户,帮助有关村新上项目152个。其中,投入5万元以上项目9个,区财政提供贴息资金15万元,发放小额贷款250万元。被帮扶农户人均增收500余元。

八、制定“公推公选”领导干部任用票决办法

为进一步深化干部人事制度改革,2004年初,区委常委会决定改革干部任用办法,并在全市率先采取“公推公选”办法任用区民政局局长、区建设局局长、区环保局局长、区委政法委主持日常工作的副书记和团区委书记5个党政部门主要领导干部。于2月11日召开动员大会。经报名、资格审查、民主推荐、调研竞争、全委会投票筛选、组织考察等程序。当月19日,区委常委会讨论通过《中共新浦区常委“公推公选”领导干部任用票决办法》,并按此“办法”进行投票决定,5名党政部门主要领导干部人选。区民政局、建设局、环保局局长人选,经区人大常委会讨论任命后走上岗位。

九、制定区级党政群机关机构改革实施意见

为贯彻落实党的十五大精神和中央、省、市有关机构改革的指示,完善区级党政群机关运行机制,适应建立社会主义市场经济体制需要,2001年,区委常委会决定对全区区级党政群机构进行改革,并在广泛征求区人大、区政府、区政协领导意见基础上,于当年12月24日制定下发《新浦区区级党政群机关机构改革实施意见》,对全区区级党政群机关机构进行了全面改革。

十、实施十项支农富民工程

为统筹城乡发展,加快云台乡、花果山乡、南城镇发展步伐,2005年区委决定在全区实施以改善农村生产、生活条件,增加农民收入,加大支农力度为主要内容的十项支农富民工程,把任务落实到责任单位和责任人,形成上下齐抓共管、共同推进的良好局面,并于年内取得了初步成效:

投资1600余万元，建设区乡、乡村道路22公里。其中：投入900万元完成南岛路(南城至大岛山)凌州村至山东村段、朱麻村至连云港经济技术开发区段8公里的道路铺设工程；投资500多万元实施花果山环山路小村段和新滩段5.1公里的路段改造工程；投入近200万元完成丹霞、朱麻、前关、龙山等村段9公里的乡村道路修建工作。至2005年底，区郊乡与村、村与村之间公路达138千米。

投入476万元，疏浚区级河道两条、乡级河道12条，修建防渗渠道21千米，新建、维修泵站15座，维修塘坝9座，完成东站引河浆砌石护坡200米，生态砖护坡200米，浆砌石挡墙400米。

投入51.5万元，完成云台乡前关村、凤凰村和花果山乡当路村、新滩村4个村的改水工程。新增改水受益人6480人，改水受益人口普及率达90%、改水入户率达90%、改水单位普及率达90%。

投入500万元完成成片造林571公顷(其中封山造林354公顷、农田林网93公顷、沿海防护林20公顷、四旁植树85公顷、育苗19公顷)，新植经济林100公顷。

投入45.37万元(区级37.96万元，乡级7.41万元)，在农村推行新型合作医疗。至2005年底，全区已有37049人参加新型合作医疗，参保率达87.33%。有545名参保农村居民住院费得到报销，报销金额45.3万元，人均报销832元，最高报销金额1万元。

开办茶叶种植、建筑安全员、农作物播种与病虫害防治、采石安全员、厨师、电脑操作等培训班9期，培训农村劳动力1269人次；举办"春雨行动"、"为农服务月"等大型农村劳动力转移专场招聘会5场次，组织农村劳动力1387人，到上海、苏州、镇江及连云港市东部城区进行劳务服务。

推进农业税费改革，全部免征农业税，发放粮食补贴90.6万元，人均政策性增收39元。

重点帮扶136户农户，开展152个致富项目，使被帮扶户人均增收500元以上。

投入100多万元，开发沈圩垂钓中心项目；投入资金500元，改造低产养鱼塘200公顷，开发贻贝吊养66.67公顷、杂色蛤底播266.67公顷。

投入财政支农资金218万元，(其中，上级下达专项资金148万元，区财政支出70万元)，重点实施了森林防火、生态林防护、"乡间彩虹"工程、局帮村富民工程贷款贴息以及设施农业、海洋渔业等项目。

第六节 党组和区委派出机构

一、党组

1984年4月，设立新海区供销合作联社党组。同年6月，设立区工业交通局党组、区农林水利局党组、区卫生局党组。同年7月，设立区人民法院党组、区人民检察院党组。同年12月，设立区人大常委会党组、区人民政府党组、区政协党组。

1985年1月，撤销新海区工业交通局党组，成立新海区计划经济委员会党组。

1986年6月，撤销新海区恢复新浦区建置，同年7月，区委设立5个党组，分别是区人大常委会党组，区政府党组、区政协党组，区法院党组，区检察院党组。

2001年，区划调整后，原云台区农水局党组、粮食局党组整建制划入新浦区。

2005年8月，在区发展计划局、区科学技术局、区民政局、区司法局、区财政局、区劳动人事局、区计划生育局、区审计局、区统计局、区环境保护局、区对外贸易经济合作局、区文化局、区海洋渔业局共13

个政府工作部门设立党组。

二、派出机构

1996 年 4 月，区机关党委更名为区级机关工作委员会，为区委的派出机构。

2004 年 7 月 13 日，区委作出《关于改建街道党组织的决定》，将全区党的街道委员会改建为区委街道工作委员会，为区委的派出机构，分别为：中共新浦区委猴嘴街道工作委员会、中共新浦区委路南街道工作委员会、中共新浦区委新南街道工作委员会、中共新浦区委新海街道工作委员会、中共新浦区委浦东街道工作委员会、中共新浦区委浦西街道工作委员会、中共新浦区委新东街道工作委员会。

2005 年 4 月，中共新浦区委猴嘴街道工作委员会划入连云港市经济技术开发区。

第七节　区委职能部门

1958 年 1 月，中共新浦区委设立组织科、宣传科、财贸科、生产科 4 个科。

1961 年 3 月，增设监察委员会。

1966 年 5 月，撤销财贸科、生产科。

1978 年 3 月，建立区委办公室。

1979 年 5 月，设区纪律检查委员会。

1982 年 7 月，设区委政法委员会。

1983 年 6 月，因行政区划调整，中共新浦区委、海州区委同时撤销，组建中共新海区委。区委设办公室、组织部、宣传部、统战部、纪律检查委员会、政法委员会和老干部管理工作办公室。

1984 年 12 月，撤销区老干部管理工作办公室，成立区老干部工作局。

1986 年 6 月，撤销新海区，恢复新浦区后，中共新浦区委工作机构有办公室、组织部、宣传部、统战部、政法委员会、老干部局。

1996 年 8 月，区级党政机关进行机构改革，区委工作机构设置作较大调整：区机关党委更名为区级机关工作委员会，与区委组织部合署，组织员办公室并入区委组织部；撤销区民族宗教事务管理局、区台湾工作办公室，其职能转移到区委统战部；区委政法委挂“区社会治安综合治理委员会办公室”牌子；区委保密委员会办公室（挂“区国家保密工作局”牌子），区委办公室机要室由区委办公室管理。改革后，区委设 5 个工作机构：区委办公室（含政策研究、档案工作）、区委组织部（含组织员工作，区级机关工委与其合署）、区委宣传部（含广播电视工作）、区委统战部（含民族宗教、对台工作）、区委政法委员会（挂“区社会治安综合治理委员会办公室”牌子）。部门管理机构 3 个：区委老干部局、区委保密委员会办公室、区委办公室机要室。

2001 年 12 月 24 日，区委、区政府制定下发《新浦区区级党政群体机关机构改革实施意见》，区委工作机构设置再次进行重大改革：区机构编制委员会办公室列区委工作机构序列，挂“区事业单位登记管理局”牌子，与区劳动人事局合署办公；区信访局改为区委部门管理机构，由区委办公室、区政府办公室共同管理；区委办公室挂“区委台湾工作办公室”牌子；区委宣传部挂“区精神文明指导委员会办公室”牌子；区委统战部挂“区民族宗教事务局”牌子；不再保留区委办公室机要室、区委保密委员会办公室，组建区委机要保密局,挂“区国家保密工作局”牌子,由区委办公室管理。保留区委办公室、区委组织部(区级机关工作委员会与其合署办公)、区委宣传部、区委统战部、区委政法委员会(区社会治安综合治理委员会办公室与其合署办公)。调整后的区委部门设区纪律检查委员会机关(区监察局与其合署办公);区委工作机构:区委办公室(挂“区委台湾工作办公室”牌子)、区委组织部(区级机关工作委员会与其合署办公)、区委宣传部(挂“区精神文明指导委员会办公室”牌子)、区委统战部(挂“区民族宗教事务局”牌子)、区委政法委员会(区社会治安综合治理委员会办公室与其合署办公)、区机构编制委员会办公室(挂“区事业单位登记管理局”牌子,与区劳动人事局合署办公,不计机构个数)等5个工作机构;区委部门管理机构:区委老干部局、区信访局、区委机要保密局(挂“区国家保密工作局”牌子)。区委党校、区档案馆(局)机构维持原状。直至2005年,区委工作机构未变。

第八节　组织建设

一、基层组织

民国37年(1948年)底,新浦地区4个区委各下辖两个党支部,共有177名党员(其中,候补党员6名)。

民国38年(1949年),新浦地区3个区委共有基层支部3个,党员38名。

1951年8月,盐河、龙尾两个区委共有6个支部,后并为4个支部,因部队调动和干部南下,党员从120名减为37名(机关20名,街道17名)。

1955年11月,盐河、龙尾两区合并为新浦区时,中共新浦区委共下辖8个支部,有146名党员。

1960年3月,建立东巃、西巃、路南3个街道总支部,1963年8月撤销。至1966年5月,全区共有基层党支部37个,党员274名。

“文化大革命”期间,区各级党组织受到冲击,至1968年12月,被迫中止组织活动。1971年起,基层党组织陆续恢复活动。10月,建立中共浦东、浦西、路南3个街道总支。1978年6月,增设中共新海街道总支。1978年9月,增设中共市东街道总支。1981年6月,中共新海街道总支,改称中共临洪街道总支。

1983年7月,中共新海区机关党支部改为机关党委。10月撤销新坝、锦屏两个公社党委,建立新坝、锦屏两个乡党委。1984年3月至5月街道总支均改为街道党委,工业、城建、文教、财贸、农林水利等系统,相继建立党委。撤销锦屏乡党委,组建锦屏镇和朐阳乡党委。

1986年7月后,中共新浦区委先后在5个街道和区机关、城市建设委员会、财贸委员会、计划经济委员会、文化教育局、新浦公安分局、人民武装部等部门建立12个党委,并在卫生局、商业局、工商局、新浦税务分局设4个党总支,在新浦粮油供应公司设党支部。

1990年12月,全区共有11个基层党委、5个党总支(包括文教局党委下辖的2个中学总支),195个党支部,1887名党员。

1996年4月1日,区人民武装部党委改归军队建制。同年撤销区城市建设委员会、计划经济委员会、商业局3个基层党委。同时,在区经济局、贸易局、建设局、城管局设立4个基层党委,全区共有12个基层党委。

1997年12月,全区共有12个基层党委、12个党总支,278个党支部,2736名党员。

1999 年，成立新南街道党委、新东街道党委、新海街道党委。

2000 年，成立区卫生局党委。

2001 年，原云台区撤销，云台乡、南城镇、猴嘴街道党委并入新浦区，区经济局与贸易局合并为区经贸局，同时成立区经贸局党委。全区共有 4957 名党员。

2002 年，增加云台农场党委、南云台林场党委、区农信社党委和区供销社党委。全区共有 6823 名党员。

2003 年，撤销市东街道党委、临洪街道党委。

2004 年，全区 7 个街道党委改设为街道党工委，作为区委派出机构。撤销区农信社党委，增加花果山乡党委。

2005 年，猴嘴街道党工委划归连云港市经济技术开发区，宁海乡党委从灌云县划归新浦区。当年底，全区有基层党（工）委 20 个，党总支 60 个，党支部 527 个，党员 12496 名。

1949～2005 年中共新浦区基层组织概况表

表 22－6　　　　单位：个

年份	项目	合计（个）	分布情况						
			机关	工交运输	农业	文教卫生	商业粮油	街道	其他
1949	支部	3	3	—	—	—	—	—	—
	总支	—	—	—	—	—	—	—	—
1950	支部	6	3	—	—	—	—	3	—
	总支	—	—	—	—	—	—	—	—
1951	支部	4	2	—	—	—	—	2	—
	总支	—	—	—	—	—	—	—	—
1952	支部	3	2	—	—	—	—	1	—
	总支	—	—	—	—	—	—	—	—
1953	支部	3	2	—	—	—	—	1	—
	总支	—	—	—	—	—	—	—	—
1954	支部	8	2	—	1	—	1	—	4
	总支	—	—	—	—	—	—	—	—
1955	支部	8	1	2	1	—	—	—	4
	总支	—	—	—	—	—	—	—	—
1956	支部	15	1	6	2	—	—	5	1
	总支	—	—	—	—	—	—	—	—
1957	支部	19	1	9	2	1	1	4	1
	总支	—	—	—	—	—	—	—	—
1958	支部	23	3	9	2	1	1	7	—
	总支	—	—	—	—	—	—	—	—

续表 22－6(1)

年份	项目	合计（个）	分布情况						
			机关	工交运输	农业	文教卫生	商业粮油	街道	其他
1959	支部	29	1	11	1	3	6	—	7
	总支	—	—	—	2	3	2	—	—
1960	支部	33	2	17	2	3	2	—	7
	总支	3	—	—	—	—	—	3	—
1961	支部	33	2	17	2	3	2	—	7
	总支	3	—	—	—	—	—	3	—
1962	支部	33	2	17	2	3	2	—	7
	总支	3	—	—	—	—	—	3	—
1963	支部	36	2	14	2	3	2	—	13
	总支	3	—	—	—	—	—	3	—
1964	支部	31	1	9	2	3	1	—	15
	总支	—	—	—	—	—	—	—	—
1965	支部	37	1	12	2	3	1	—	18
	总支	—	—	—	—	—	—	—	—
1966	支部	37	1	12	2	3	1	—	18
	总支	—	—	—	—	—	—	—	—
1967	支部	37	1	12	2	3	1	—	18
	总支	—	—	—	—	—	—	—	—
1968	支部	37	1	12	2	3	1	—	18
	总支	—	—	—	—	—	—	—	—
1969	支部	37	1	12	2	3	1	—	18
	总支	—	—	—	—	—	—	—	—
1970	支部	40	1	15	2	3	1	—	18
	总支	—	—	—	—	—	—	—	—
1971	支部	42	7	17	2	4	—	—	12
	总支	3	—	—	—	—	—	3	—
1972	支部	55	7	22	2	9	1	—	14
	总支	3	—	—	—	—	—	3	—
1973	支部	60	9	23	2	8	3	—	15
	总支	3	—	—	—	—	—	3	—

续表22-6(2)

年份	项目	合计（个）	分布情况						
			机关	工交运输	农业	文教卫生	商业粮油	街道	其他
1974	支部	58	9	23	2	8	1	—	15
	总支	3	—	—	—	—	—	3	—
1975	支部	60	9	23	2	8	3	—	15
	总支	3	—	—	—	—	—	3	—
1976	支部	60	9	23	2	8	3	—	15
	总支	3	—	—	—	—	—	3	—
1977	支部	60	9	23	2	8	3	—	15
	总支	3	—	—	—	—	—	3	—
1978	支部	49	5	5	3	10	3	—	23
	总支	7	—	1	—	1	—	5	—
1979	支部	48	14	2	2	10	3	—	17
	总支	6	—	—	—	1	—	5	—
1980	支部	52	16	4	2	11	2	—	17
	总支	6	—	—	—	1	—	5	—
1981	支部	51	16	4	2	11	2	—	16
	总支	6	—	—	—	1	—	5	—
1982	支部	54	11	4	2	8	2	—	27
	总支	6	—	—	—	1	—	5	—
1983	党委	5	1	—	3	—	—	—	1
	总支	18	—	3	7	1	1	6	—
	支部	217	20	28	98	15	20	—	36
1984	党委	17	1	1	4	1	—	—	10
	总支	9	2	2	2	—	3	—	—
	支部	252	28	46	77	30	27	—	44
1985	党委	16	1	2	1	1	1	—	10
	总支	9	—	2	—	3	4	—	—
	支部	244	9	13	98	31	25	—	68
1986	党委	12	1	1	—	1	1	—	8
	总支	6	1	1	—	4	—	—	—
	支部	129	33	14	3	36	—	—	43

续表 22－6(3)

年份	项目	合计（个）	分布情况						
			机关	工交运输	农业	文教卫生	商业粮油	街道	其他
1987	党委	12	1	1	—	1	1	—	—
	总支	6	1	1	—	—	—	—	4
	支部	150	34	18	3	36	5	2	54
1988	党委	6	1	—	—	—	—	5	—
	总支	4	—	—	—	—	—	—	—
	支部	156	9	19	3	42	6	49	26
1989	党委	6	1	—	—	—	—	5	—
	总支	5	—	—	—	1	2	—	2
	支部	188	9	19	11	46	14	55	34
1990	党委	11	1	1	—	1	—	5	3
	总支	5	—	—	—	1	2	—	2
	支部	195	10	19	11	45	9	69	32
1991	党委	11	1	1	—	1	—	5	3
	总支	5	—	—	—	1	2	—	2
	支部	215	21	25	11	46	15	64	33
1992	党委	11	1	1	—	1	—	5	3
	总支	5	—	—	—	1	2	—	2
	支部	216	22	26	12	47	12	64	33
1993	党委	11	1	1	—	1	—	5	3
	总支	5	—	—	—	1	2	—	2
	支部	219	24	26	12	47	12	64	34
1994	党委	11	1	1	—	1	—	5	3
	总支	5	—	—	—	1	2	—	2
	支部	241	31	23	14	48	16	74	35
1995	党委	6	—	—	—	—	—	—	—
	总支	13	—	—	—	—	—	—	—
	支部	241	—	—	—	—	—	—	—
1996	党委	6	—	—	—	—	—	—	—
	总支	13	—	—	—	—	—	—	—
	支部	252	—	—	—	—	—	—	—

续表22－6续表(4)

年份	项目	合计(个)	分布情况						
			机关	工交运输	农业	文教卫生	商业粮油	街道	其他
1997	党委	12	—	—	—	—	—	—	—
	总支	12	—	—	—	—	—	—	—
	支部	278	—	—	—	—	—	—	—
1998	党委	13	—	—	—	—	—	—	—
	总支	17	—	—	—	—	—	—	—
	支部	287	—	—	—	—	—	—	—
1999	党委	15	—	—	—	—	—	—	—
	总支	16	—	—	—	—	—	—	—
	支部	266	—	—	—	—	—	—	—
2000	党委	16	—	—	—	—	—	—	—
	总支	14	—	—	—	—	—	—	—
	支部	260	—	—	—	—	—	—	—
2001	党委	18	—	—	—	—	—	—	—
	总支	11	—	—	—	—	—	—	—
	支部	321	—	—	—	—	—	—	—
2002	党委	22	—	—	—	—	—	—	—
	总支	23	—	—	—	—	—	—	—
	支部	401	—	—	—	—	—	—	—
2003	党(工)委	20	—	—	—	—	—	—	—
	总支	25	—	—	—	—	—	—	—
	支部	405	—	—	—	—	—	—	—
2004	党(工)委	20	—	—	—	—	—	—	—
	总支	25	—	—	—	—	—	—	—
	支部	416	—	—	—	—	—	—	—
2005	党(工)委	20	—	—	—	—	—	—	—
	总支	60	—	—	—	—	—	—	—
	支部	527	—	—	—	—	—	—	—

二、组织整顿

1951年至1954年,新浦地区各区区委按照中共中央《关于整顿党的基层组织的决议》要求,分四步对基层组织进行整顿。即进行一次共产主义与党员标准教育,进行党员登记,对党员进行鉴定(在党员个人对照检查的基础上大家开展批评）和组织结论。这次整党同“三反”“五反”运动同步进行。在机关整党中，着重批判资产阶级思想，肃清部分党员干部中的贪污、浪费、腐化堕落行为。

1971 年 4 月 30 日，中共新浦区核心领导小组发出《关于开展整党、建党工作的意见》。5 月，按照中共“九大”通过的党章和“五十字”建党纲领，在全区全面进行“开门整党”。在广大党员中进行“上纲”、“上线”、“上挂下联”和“斗私批修”，部分党员因“上纲”“上线”不够，“斗私批修”不深刻没能通过而被“挂起来”，未能及时恢复组织生活。同时，由于派性的干扰，使一些不符合条件的人进入党内，从而造成党在组织上和思想上的严重不纯。当年“整党建党”结束后，区属各基层党组织陆续恢复活动。

1984 年 8 月至 1987 年 3 月，在全区范围内分四批开展整党工作。第一批于 1984 年 8 月 4 日至 1985 年 3 月 21 日，在区机关的 5 个基层党委、23 个支部、353 名党员（其中预备党员 18 名）中进行。同时，作为全市整党试点。第二批于 1985 年 3 月至 1985 年 9 月，在各乡、镇、街道及工交、卫生、农林水利、财贸、城建、中小学校和文化馆等 11 个基层党委、120 个支部、1417 名党员（其中预备党员 199 名）中进行。第三批于 1985 年 9 月至 1986 年 2 月在乡镇企事业单位和村的 97 个支部、1590 名党员中进行。第四批于 1986 年 10 月至 1987 年 3 月，在沈圩村党支部中进行。在整党过程中，按照中共中央整党指导委员会的要求，坚持紧紧围绕保证和促进经济体制改革这一指导思想，正确运用批评和自我批评的锐利武器，执行党的纪律，揭露和解决党内存在的思想、作风和组织不纯的问题。通过两年多的整党工作，较好地完成“统一思想、整顿作风、加强纪律、纯洁队伍”的整党任务。

从 1988 年起，在全区各级党组织中开展民主评议党员活动。同年 10 月 11 日，区委成立处置不合格党员指导小组。1989 年 5 月，总结民主评议党员工作经验。在此基础上，区委于当年 10 月 5 日下发《关于建立民主评议党员制度的意见》，10 月 26 日，召开全区党的建设工作会议。此后，民主评议党员形成制度。

2000 年 6 月 11 日至 9 月 6 日，区委在区领导班子、领导干部中特别是党员领导干部中开展以“讲学习、讲政治、讲正气”为内容的“三讲”教育工作。区委首先围绕如何在领导班子、领导干部中开展“三讲”教育，先后召开 8 个座谈会，广泛听取街道党委书记、政府及党群部门负责人、县处级离退休干部、区人大代表、政协委员及有关人士的意见，并分别召开书记会和常委扩大会，具体落实“三讲”教育实施意见。于当年 7 月 11 日，召开区领导班子、领导干部“三讲”教育动员大会。在与会人员中发放《征求意见表》205 份（全部收回），征求对区级领导班子和领导成员的意见。通过思想发动，学习提高、自我剖析，听取意见、交流思想，开展批评、认真整改和巩固提高 4 个阶段，区委、区人大、区政府、区政协领导班子及其领导成员，和区纪检、组织、宣传、法院、检察院、公安分局 6 个部门领导班子及其领导成员，均联系 1992 年以来的学习、工作实际，进行自我剖析，认真查摆存在的突出问题，开展批评与自我批评。期间，区委召开 4 次常委（扩大）会，专门研究区委领导班子自我剖析材料。其他领导班子也都写出剖析材料。对区级领导班子及其成员的剖析和党性党风方面存在的突出问题，进行民主评议、民主测评。满意和基本满意率为 93.36%，四套班子成员的剖析材料满意和基本满意的为 92.75%；区纪检、组织、宣传、法院、检察院、公安分局 6 个部门领导班子剖析材料满意和基本满意为 92.53%，班子成员剖析材料满意和基本满意的为 89.28%。对查摆出的问题，区委坚持边学边改，边整边改。区委常委会围绕 5 个方面，制定出 24 条整改措施，并制定了《关于进一步坚持民主集中制原则转变工作作风的意见》《关于研究干部任免事项议事规则》及《区委常委带头廉洁自律的规定》等 11 项具体意见。通过“三讲”教育，进一步坚定了大家的政治信念，明确了整改方向，提高了领导班子的整体素质和战斗堡垒作用。

三、干部培训考核

1950年春，根据中共新海连市委组织部部署，新华区、新龙区、民主区对机关干部普遍进行年关鉴定。1951年，结合思想总结进行干部鉴定。1952年，结合“三反”（反贪污、反浪费、反对官僚主义）、整党检查总结，进行干部鉴定。1953年，根据市委部署，全体干部结合学习党在过渡时期的总路线、《婚姻法》、粮食统购统销政策，及开展增产节约、反官僚主义、反命令主义、反违法乱纪运动等，人人写出书面检查，交单位党组织讨论通过，作出正式鉴定。1955年下半年，通过肃清反革命分子运动，对干部队伍情况摸底排队、考察。同年8月，在市委审干委员会统一领导下，开展审查干部工作。区委委员由市负责审查。1958年春，结合1957年整风运动开展情况，对干部进行考察。1960年，根据市委组织部要求，对股级以上干部进行了考察。1961年春，对全区中共党员、农业大队正副大队长、会计、生产队长、居委会主任进行审查。1963年，对办事员以上干部进行考察。“文化大革命”期间，干部考察工作暂停。1980年、1981年市委组织部先后对新浦区的区级领导干部和后备干部进行了考察。1983年秋，对区级及区中层干部进行了一次全面考察。1984年，区委对机关中层干部采用民主评议办法进行了考察。1986年底，市委组织部采用定性考察、定量考察、民主评议、信任投票相结合的办法，对区委、区政府领导干部进行评议。1987年，市委组织部运用民主推荐、民意测评、民主评议、述职报告、问卷调查等办法，对区委、区人大、区政府、区政协、区纪委领导干部进行年度考核。1988年，区委对区中层干部进行民意测评。1990年，市委组织专门考察小组，对区领导干部进行全面考察。同年，区委组织部对区各部门领导干部进行考察、调整。

1991年，区委、区政府对1990年度各项工作中做出显著成绩的311名工作人员给予表彰，其中晋升一级工资的4名，记大功15名，记功36名，先进工作者256名。平时日常工作中，“一事一奖”有1人给予记功，惩戒14人。

1994年，区委、区政府制定下发《新浦区国家行政机关（事业单位）工作人员年度考核办法》《实施机关（事业单位）工作人员平时考核的几个具体问题》等规定，召开全区40个行政机关和51个事业单位参加的考核动员大会，干部年终考核工作正式启动。

1996年，进一步把平时考核与年度考核相结合，政治思想表现与工作实绩相结合。考核中，重点抓住优秀和不合格（不称职）人员的评定。并把考核与干部任免、奖罚和工资挂钩。当年，对全区120多个机关事业单位的3345人进行考核，并划定考核等次。其中，行政机关381人，优秀占11.02%，称职占35%；事业单位2964人，优秀占10.36%，称职占87.28%。年内，开展机关事业单位技术等级岗位考核工作，复核全区机关事业单位的打字员、驾驶员等工种的机关事业单位的技术工人证书并组织参加培训。1997年，在全市县区中率先完成全区170余名环卫工人的岗位培训和技术等级考试工作。近50人取得人事部门颁发的“技术等级证书”，为符合调资条件的人员兑现工资。

2003年起，在对机关事业单位工作人员的德、能、勤、绩等进行全面考核时，坚持“规范考核行为、严格考核程序、提高考核质量、注重考核结果应用”的原则，逐年根据年度考核结果，对行政机关称职以上人员发放年度考核奖金，为连续3年优秀和5年称职人员兑现晋升工资。

2005年4月，新浦区委制定《关于处置不在工作状态干部办法（试行）》，对德才素质或现实表现与履行岗位职责不相适应，难以胜任岗位要求的不在工作状态的干部，根据情节轻重分别予以限期整改、调任、改任非领导职务直至降、免职等组织处理。当年7月，对敬业精神不强、自我要求不高、工作能力较差、工作效率不高，明显不在工作状态的云台乡一名副乡长建议限期调离；区残联一名副理事长改任非领导职务。

2000～2005年新浦区干部考核情况一览表

表22－7

项目			年份	2000	2001	2002	2003	2004	2005
行政机构	总人数(人)			616	862	344	357	331	353
	参加考核总数(人)			202	202	343	354	330	353
	考核结果	优秀	人数(人)	24	24	35	43	40	53
			占总数(%)	11.88	11.88	10.20	12.14	12.12	15.01
		称职	人数(人)	178	175	308	284	280	286
			占总数(%)	88.12	86.63	89.79	80.23	84.84	81.02
		未定等	人数(人)	—	3	—	38	10	14
			占总数(%)	—	1.48	—	10.73	3.03	3.97
事业单位	总人数(人)			2665	4025	3794	3694	4058	3685
	参加考核总数(人)			2665	2709	3794	3647	4003	3685
	考核结果	优秀	人数(人)	305	305	458	317	371	416
			占总数(%)	11.36	11.25	12.07	8.69	9.26	11.29
		合格	人数(人)	2358	2358	3298	3286	3525	3237
			占总数(%)	88.48	87.04	86.93	90.10	88.05	87.84
		基本合格	人数(人)	—	—	28	11	19	5
			占总数(%)	—	—	0.73	0.30	0.47	0.14
		不合格	人数(人)	2	2	5	1	—	—
			占总数(%)	0.07	0.07	0.13	0.03	—	—
		未定等	人数(人)	—	44	5	32	86	27
			占总数(%)	—	1.62	0.13	0.88	2.14	0.73

四、发展党员

20世纪50年代、60年代，注重在阶级斗争中表现有一定阶级觉悟的城市贫民中和各条战线上涌现出来的积极分子中发展党员。

“文化大革命”期间，组织工作受到干扰，发展党员突出“革命造反”精神，新党员素质受到影响。

1978年中共十一届三中全会后，坚持党员标准，注意在优秀中青年知识分子和妇女中发展党员，建立上级党委预审制度，健全建党积极分子的培养考察档案。

1986年，发展党员94名，其中知识分子37名。

1987年，发展党员105名，其中女党员50名，大专及其以上文化程度的18名，中专、高中文化程度的60名。

1988 年,发展党员 37 名。1989 年,发展党员 50 名。

1990 年,发展党员 26 名。其中,均有一定数量的知识分子党员和女党员。

1992 年,发展党员 60 名。

1994 年,发展党员 94 人。

1998 年,发展党员 91 名。

2001 年,中共新浦区委在全市率先提出发展党员“双票—票决制”,即把党员发展中的征求党内、党外意见,由原举手表决改为无记名投票,让党员和党外群众充分表达自己意见。该做法得到市委组织部充分肯定,并于当年 11 月在全市范围推广。同年 4 月 18 日,区委制定下发《关于加强非公有制经济组织党建工作的意见》(试行),进一步做好在非公有制经济组织中的党员发展工作。

2004 年,发展党员 161 名,其中女党员 75 名,35 岁以下 104 名,高中以上 135 名,生产、工作一线 109 名。

2005 年,全区发展新党员 189 名。

1949 ~ 1987 年新浦区中共党员概况表

表 22 - 8　　　　单位:人

项目/数字/年份	党员总数			发展新党员数	年龄(岁)						文化程度				
	合计	其中			25 岁以下	26 ~ 35	36 ~ 45	46 ~ 55	56 ~ 60	60 岁以上	大学	高中(中专)	初中	小学	文盲
		妇女	少数民族												
1949	38	2	—	—	9	—	29	—	—	—	—	—	—	17	21
1950	120	—	—	—	—	—	—	—	—	—	—	—	—	—	—
1951	37	7	—	—	9	26	—	—	2	—	—	—	1	24	12
1952	85	11	—	—	24	58	—	—	3	—	—	—	4	69	12
1953	89	9	—	—	25	62	—	—	2	—	—	—	9	69	11
1954	123	25	—	—	30	91	—	—	2	—	—	—	24	87	12
1955	146	40	—	—	41	104	—	—	1	—	—	2	29	88	27
1956	173	48	—	—	57	114	—	—	2	—	—	2	56	81	34
1957	273	70	1	—	38	232	—	—	3	—	1	4	82	161	25
1958	257	63	1	11	32	212	—	13	—	—	1	4	85	162	5
1959	263	64	1	—	32	217	—	13	—	1	1	4	94	144	20
1960	290	71	1	—	28	243	—	—	19	—	1	1	106	164	18
1961	283	73	2	—	14	55	189	24	—	1	1	3	99	161	19
1962	301	79	2	—	7	60	209	24	—	1	1	2	103	176	19
1963	275	80	—	—	10	245	—	19	—	1	1	1	92	162	19
1964	239	79	—	—	1	208	—	26	—	4	1	2	75	134	27

续表 22－8

项目/数字/年份	党员总数			发展新党员数	年龄(岁)						文化程度				
	合计	其中			25岁以下	26～35	36～45	46～55	56～60	60岁以上	大学	高中(中专)	初中	小学	文盲
		妇女	少数民族												
1965	245	82	—	—	—	101	106	30	4	4	—	3	62	156	24
1966	274	—	—	—	—	—	—	—	—	—	—	—	—	—	—
1969	—	—	—	—	—	—	—	—	—	—	—	—	—	—	—
1970	299	90	—	—	—	—	—	—	—	—	—	—	—	—	—
1971	312	97	—	5	15	60	210	—	27	—	1	11	112	188	
1972	356	117	—	30	10	72	157	83	23	11	—	21	120	170	45
1973	414	138	—	—	20	94	163	99	38	—	—	—	—	—	—
1974	415	138	—	2	11	91	268	—	45	—	2	28	146	200	39
1975	447	139	—	—	16	96	288	—	47	—	—	—	—	—	—
1976	457	147	—	24	13	111	278	—	55	—	4	37	167	198	51
1977	487	157	—	—	16	106	287	—	78	—	—	—	—	—	—
1978	433	149	—	—	17	99	235	—	82	—	6	51	154	187	35
1979	497	174	1	—	14	108	258	—	117	—	5	51	182	207	52
1980	593	196	1	—	27	93	135	245	—	93	6	79	204	261	43
1981	598	219	1	—	7	87	130	275	—	99	5	91	177	278	47
1982	639	209	1	—	6	88	155	273	—	117	14	112	192	263	58
1983	3016	614	1	—	122	750	752	745	287	360	32	410	817	1381	376
1984	3469	712	3	—	150	773	888	910	364	384	179	691	1078	1147	374
1985	3475	787	2	—	183	776	844	870	338	464	228	805	1101	1020	321
1986	1375	474	3	94	29	274	336	365	157	215	165	398	331	421	60
1987	1543	547	5	105	49	308	384	387	165	250	196	519	374	401	53

注:1966～1970年因"文化大革命"干扰,无法开展正常统计工作,故表中数字不齐或无数据

1988～2005新浦区中共党员概况表

表22－9　　　　　　　　　　　　　　　　　　　　　　　　　　　　单位：人

项目 / 数字 / 年份	党员总数			发展新党员数	年龄(岁)						文化程度					
	合计	其中			25岁以下	26～35	36～45	46～55	56～60	60岁以上	大专以上	中专	高中	初中	小学	文盲
		妇女	少数民族													
1988	1655	609	5	37	39	348	393	410	193	272	245	312	228	397	422	51
1989	1800	629	6	50	28	357	428	440	231	316	266	335	233	459	449	58
1990	1887	660	6	26	20	351	450	479	242	345	310	340	267	434	475	61
1991	1998	702	6	52	39	357	487	520	214	381	339	379	289	440	491	60
1992	2080	729	6	60	34	362	523	520	219	422	380	388	301	482	472	57
1993	2181	740	7	57	48	349	577	494	271	442	416	404	354	491	459	57
1994	2314	791	7	94	43	389	591	517	286	489	482	451	370	479	482	50
1995	2448	860	7	—	53	384	629	555	307	520	588	473	356	499	483	49
1996	2558	928	7	—	58	401	633	581	341	544	661	471	361	519	493	53
1997	2736	1022	7	81	71	417	682	601	344	621	751	488	377	581	484	54
1998	2942	1094	9	91	141	142	683	678	310	710	863	491	451	610	444	83
1999	3072	1174	9	—	161	394	758	657	295	807	1074	431	473	584	510	
2000	3152	1192	7	—	127	426	765	680	297	857	1047	458	509	618	520	
2001	4957	1566	13	—	233	588	1004	1097	622	1120	1236	597	950	1030	1144	
2002	6823	1920	14	—	221	859	1388	1583	838	1934	1816	752	1379	1514	1361	
2003	7850	2213	11	147	1212	1551	1839	1012	2236	2019	826	1726	3279			
2004	9849	2709	9	161	1383	1733	2206	1280	3247	2457	1014	2094	4284			
2005	12496	3290	25	189	1625	2088	2580	1640	4563	3081	1266	2670	5479			

五、编写组织史资料

根据中央党史资料征集委员会、中央组织部、中央档案馆联合颁发的中征发〔1986〕4号、〔1986〕4号文件和中共江苏省委组织部、中共江苏省党史工作委员会、江苏省档案馆颁发的苏组发〔1986〕83号文件规定，1986年8月，中共新浦区委成立中国共产党连云港市新浦区组织史资料编纂组，区委副书记董春科任组长，李云高任主编。至1988年10月，编纂完成《中国共产党连云港市新浦区组织史资(1949年10月～1987年10月)》。在编纂过程中，编写人员走访老同志500余人次，查阅档案1000多卷次，召开老干部和有关人员座谈会、审稿会10次。该资料共设2编、7章。第一编为“建国后党的系统部分”，第二编为“建国后政、军、统、群系统部分”。主要收录了从1949年10月至1987年10月，新浦区及所辖乡、镇、街道、部、委、办局(科)以上党组织和同级政权、军事、统战、群团系统的组织机构沿革和领导名人录。为保持机构沿革的完整性和文字叙述的衔接，对土地革命战争时期、抗日战争时间和全国解放战争时期等新中国成立前的资料，在"综述"中作简要收录和叙述。

1996年7月，中共新浦区委按照中组部组厅字〔1995〕18号文件、中共江苏省委组织部通知精神和市委组织部连委组发〔1994〕57号文件要求，组织由区委副书记吴新民为组长、张任生为主编的中国共产党连云港市新浦区组织史资料（续）编纂组，编写了《中国共产党连云港市新浦区组织史资料（1987年10月～1994年12月）》（续）。记录了1987年10月至1994年12月的组织史资料。

第九节　宣传教育

一、思想政治教育

解放初，各级党组织围绕恢复生产、支援前线、建立和巩固新政权等中心任务，对党员进行思想政治教育。组织党员、干部参加市委举办的党训班和机关干部文化学校，提高全区党员干部政治、思想、文化水平。

1950年7月至年底，根据中共中央5月1日《关于在全党全军开展整风运动的指示》，开始党内整风。主要纠正党内首先是党员干部中存在的居功骄傲情绪、命令主义、官僚主义作风以及少数人贪污、腐化、堕落、违法乱纪等错误行为，密切党和人民群众的联系。

1951年底至1952年底，围绕"三反"（反对贪污、反对浪费、反对官僚主义）、"五反"（反对行贿、反对偷税漏税、反对盗骗国家财产、反对偷工减料、反对盗窃经济情报）运动开展宣传教育。

1953年3月至6月，在党、政机关和企事业单位中全面开展反对官僚主义、反对命令主义、反对违法乱纪（简称"新三反"）的宣传教育活动，推动"新三反"斗争步步深入。

1953年7月至1956年，在党员干部中进行党的过渡时期总路线的宣传教育，带领广大群众投入合作化和对资本主义工商业的社会主义改造运动。

1957年至1966年，组织全区党员学习党的整风文件和"鼓足干劲、力争上游、多快好省地建设社会主义"的总路线；宣传贯彻中共中央关于国民经济的"调整、巩固、充实、提高"的八字方针；组织党员并带领全区人民广泛开展向雷锋和焦裕禄学习的活动，举办学雷锋先进事迹报告会，掀起群众性学习毛泽东主席著作的热潮。

"文化大革命"初期，突出宣传学习毛泽东主席的"老三篇"（《为人民服务》《愚公移山》《纪念白求恩》）。《中共中央关于无产阶级文化大革命的决定》公布后，正常的政治思想和宣传教育工作受到严重干扰，极"左"思潮泛滥。

1976年10月，区委组织、领导全区党员、干部和群众开展揭发批判林彪、江青两个反革命集团罪行的斗争。为肃清其流毒和影响，开展揭、批、查运动。

从1978年12月起，区委组织全体党员、干部和群众认真学习中共十一届三中全会精神，贯彻落实党的路线、方针、政策，开展关于真理标准问题的大讨论，坚持"解放思想、开动脑筋、实事求是、团结一致向前看"的指导方针，将工作重点转移到社会主义现代化建设上来。

1982年9月，区委围绕中共"十二大"制定的社会主义现代化建设纲领，组织党员、干部认真学习马列主义基本理论和党的路线、方针、政策。开展以"五讲四美"（讲文明、讲礼貌、讲卫生、讲秩序、讲道德;心灵美、语言美、行为美、环境美)为基本内容的社会主义精神文明建设教育,大力提倡社会主义道德风尚。1983 年,先后举办 4 期《邓小平文选》读书班,659 人参加学习。同时,组织党员学习中共中央政策研究室编写的《党章讲话纲要》。1984 年,整党期间组织党员重点学习《党员必读》。先后举办 6 场形势报告会,7000 多人次参加。在青年职工、中小学生和农民中开展以爱国主义为主题的前途与理想教育,受教育达85%以上。1985 年,区委组织党员干部学习《中共中央关于体制改革的决定》,区委宣传部编印了经济体制改革学习资料,举办经济干部培训班和报告会。1986 年 9 月,中共新浦区委党校建立。继之,区各基层党委党校陆续建立。1987 年,区委组织全区党员、干部学习中央文件,批判资产阶级自由化思潮。各基层党组织举办各种学习班 87 期,培训人数达 4401 人次。同时,举办 5 次社会主义商品经济理论辅导讲座。中共"十三大"召开以后,区委举办两期副科级以上干部培训班。区属各单位举办 30 余期中共"十三大"文件学习班,5000 余名党员和干部参加学习。在全区党员中开展"共产党员怎样经受执政和改革开放考验"讨论。区各基层党组织举办各类培训班 80 余期,受训人员达 7000 多人次。1989 年,区委组织党员、干部学习江泽民同志国庆讲话,先后举办 5 期领导干部培训班,200 多人受到培训;举办 6 次录音辅导报告,受教育达数千人次。在浦西街道召开全区街道思想政治工作现场经验交流会,在浦东街道召开居民学校现场会,《连云港宣传》作专题介绍。1990 年,举办全区副科级以上领导干部学习党的十三届六中全会文件培训班,采取大课讲座、辅导、分组讨论,大会交流等方式,189 名领导干部分三批参加培训。利用基层党校阵地,分批对全区 1850 名党员进行党的基本路线、基本理论和基本知识的教育(简称"三基教育")。共办各种培训班 83 期,培训党员 6320 人次。春节前,对临洪、沈圩两村的党员进行为期 10 天的冬训。开展以"爱党、爱国、爱岗、我为城区添光彩"为主题的思想政治工作活动;在党员中开展"富民兴连争贡献"活动。举办全区性的市情、区情知识竞赛。组织开展"学雷锋、树新风"活动。同年年底,全区基层党委党校达 13 所。共举办各种类型学习班、培训班 352 期,轮训党员、干部 12350 人次,培训入党积极分子和后备干部 4535 人次。

20 世纪 90 年代,着重加强党员干部特别是党员领导干部的思想建设。1991 年,重点抓科级干部的马克思主义理论学习,举办 5 次专题辅导报告会,共有 5860 人次听取辅导。举办 4 次基层党委中心组理论骨干培训班,参训达 246 人次。各基层党校共举办培训班 120 期,经培训者达 4320 人次。在全区各级党组织中开展"干好'八五'第一年,迎接建党七十年"主题教育活动及大讨论、劳动竞赛等一系列活动。1992 年初,在全区干部中开展党的十三届五中、六中和七中全会文件以及党史、党建理论的学习,举办 30 多场专题报告会。基层党校在正规化理论教育和配合党的中心工作中发挥积极作用,全年举办培训班 90 多期,培训人员 5000 多人次。区委在全区党员干部中开展"为桥头堡争光,向'十四大'献礼"主题教育活动,开展"解放思想,放胆实干,为区街经济献计献策"大讨论,开展多种劳动竞赛活动,并组建"老干部智囊团"。1993 年,深化党员干部理论学习,分专题对科级干部进行 6 期辅导,受教育者达到 500 多人次。区委中心组成员撰写论文 15 篇,有 9 篇在省、市、区刊物上发表。11 月上旬,组织 2000 多名党员开展有中国特色的社会主义理论书面问卷调查活动,试卷回收率 99%。1994 年,推进区、街道两级党委中心组学习,举办 3 期《邓小平文选》读书班,250 多名科级干部参加学习。各基层党校共办班 40 期,全区党员、干部参训率 98%。全区党员干部撰写理论文章 30 多篇,并汇编成集。1995 年 8 月,举办全区科级干部"学理论、学知识、促发展"系列报告会 4 次。9 月,举办"市场经济知识与新浦发展"专题讲座。11 月,举办"新浦地区经济与文化发展'金点子'研讨会",征集"好点子"30 余条。1997 年,以学习贯彻落实"十五大"精神为重点,强化区、街道两级党委中心组学习。各基层党组织共上党课200余场次，举办“高举邓小平理论伟大旗帜”和“经济体制改革”专题报告会、系列讲座34次，全区党员受教育面达98%。新浦区被评为省级先进集体。

1998年，重点组织领导干部学习社会主义市场经济知识，举办以社会主义市场经济知识、法律知识、东南亚金融危机等为内容的学术讲座2期。在全区17所党校中开展“五星级党校”“先进党校”创建活动。全年，各级党校共开课50余次，参加培训人员达到4000多人次。浦西街道党校、建设局党校分别被评为省、市“先进基层党校”。

1999年，在党员干部中进行以学习江总书记在改革开放20周年纪念大会上的讲话为重点内容的轮训工作，全区举办各类培训班10余次。另外，在广大党员中开展“学党章、学理论”“讲学习、讲政治、讲正气”以及“看成就，争贡献，迎接新世纪”主题教育活动，在基层党委开展优秀中心组评选。

2000年，全面开展学习宣传“三个代表”思想活动。年初，区委下发学习“三个代表”重要思想，开展“双思”（致富思源、富而思进）、“四新”（适应新形势、迎接新挑战、增创新优势、赢得新发展）教育活动的意见，召开动员会，在全区开展宣传教育活动。区委宣传部、区委组织部、区纪委、区委党校联合举办两期科级干部轮训班，参训率和参考率均在98%以上。各基层党委、总支也分别举办党员干部培训班，培训党员2600余人次，培训率达82%。同年4月，区委下发《关于贯彻〈中共中央关于加强和改进思想政治工作的若干意见〉的实施意见》。5月，区委宣传部下发《关于建立全区思想政治工作联席会议制度的通知》，在全市率先建立思想政治工作联席会议制度。9月，区委下发《关于进一步加强社区思想政治工作的若干意见》，区委宣传部就新形势下如何加强和改进社区思想政治工作，深入8个街道开展调查研究。10月份，区委召开社区党建和思想政治工作研讨会。路南街道党委为充分发挥和利用社区资源优势，搞好社区共建，召开社区思想政治工作研讨会，成立全市首家社区党建工作联席会。龙尾社区居委会、海宁中学被评为全市思想政治工作示范点。全区社区思想政治工作的创新实践，被市委宣传部树为全市的先进典型。

2001年8月，区委宣传部与区委党校、区机关工委联合举办全区党员干部学习江总书记“七一”重要讲话骨干培训班；会同区委组织部举办全区组织、宣传干部业务培训班。面向基层进行“三个代表”重要思想、“七一”讲话和六中全会精神辅导30场次。组织论文参加全市建党80周年理论研讨会，共有4篇文章入选。开展“干好‘十五’第一年，迎接建党八十年”主题教育活动，参加全市“增强连云港意识，树立连云港人新形象”大讨论活动。8月，在龙河广场举办拒绝“法轮功”邪教，万人签名活动。

2002年，区委把学习党的十六大精神和“三个代表”重要思想作为理论武装的头等大事。年内，区委先后制定下发了《2002年新浦区委中心组理论学习计划》和《区委中心组学习“5·13”重要讲话专题计划》。加强自身学习并对全区党员、干部加强学习指导和理论引导。参加全市深入学习“三个代表”重要思想研讨会。同年，在云台乡、南城镇、猴嘴街道展开农村党员冬训工作。并组织学习党的“十六大”精神宣传团赴基层宣讲17场。组织人员对新南街道党委近年工作进行调研，将其先进事迹上报省、市两级组织，区委还发出通知，号召全区各单位、各部门向新南街道党委学习。在全区各级党组织中开展创建学习型城区活动。按照区委、区政府提出的城区工作社区化的工作思路，率先在苏北提出构建学习型社区的工作目标，并制定下发《关于构建学习型社区的指导意见》《新浦区建设学习型社区实施意见》《新浦区建设学习型机关实施意见》和《新浦区建设学习型家庭实施意见》等，被市委确定为创建学习型城区典型。中共新浦区委创建学习型城区的做法，在全省创建学习型城区工作会议上作了交流。

2003年，区委把学习十六大、十六届三中全会精神、“三个代表”重要思想和胡锦涛“七一”重要讲话作为理论武装的主要内容,制定下发了《2003年新浦区委中心组理论学习计划》《基层党委中心组学习“三个代表”重要思想专题计划》《全区各级党委中心组学习党的十六届三中全会<决定>专题计划》,切实推进两级中心组学习的制度化、规范化建设。全区各级党组织按照区委《关于在全区基层党员干部中开展十六大精神轮训的意见》要求,狠抓落实。以区委党校为主阵地,结合支部党课、专题讲座、理论研讨、主题教育等多种形式,全面开展基层党员干部轮训工作。全区近300名科级干部参加轮训。在机关、社区、学校组织宣讲“十六大”精神报告会78场(次),受教育者33541人(次)。在全市“十六大”精神知识竞赛中,荣获优秀组织奖。在全区开展“以‘两个重抓’促进‘两个率先’”主题教育活动。以“大调研、大教育、大讨论、大争创”为主线,在全区科级干部中开展“学习十六大精神,全面建设小康社会、率先基本实现现代化”的学习调研活动;开展民族精神教育和诚信教育活动;开展“新浦精神”大讨论活动,提高全区党员干部贯彻落实党的“十六大”精神,争当“三个文明”建设排头兵的自觉性。

2004年1月,以区委中心组学习为龙头,党员领导干部为重点,切实推进两级中心组学习的制度化、规范化建设。重点学习全民创业、“两个务必”、树立和落实科学发展观、十六届四中全会精神等专题。区委宣传部制作了《走向辉煌——区委中心组学习纪实》专题片。同时,在广大党员干部中开展“我为全民创业做什么”大讨论,组织大家学习“江苏省学习浙江经验报告会”精神,以对比的形式深化讨论内涵。2月16日,区委宣传部牵头举办“新浦区创业人士先进事迹报告会”,邀请一批浙江商户和本地创业有成人士现身说法。

图22-3　区委理论学习中心组在学习

民营企业家朱立起先进事迹入选《江苏民营企业成功创业案例精选》,曹君华、许莉、胡起旭创业典型事迹入选《连云港市全民创业60例》。同年5月,区委宣传部、区纪委、区委组织部、区委党校联合在市委党校举办两期“全民创业、奋力赶超”轮训班,对全区300余名科级干部进行一次轮训。8月,召开学习型城区推进会,参观红星家具城、新东方学校、新海街道星化社区、区法院等单位的创建成果。年底,开展党员冬训工作,并首次将城市社区党员纳入冬训范围。区委宣传部获市委宣传部、市委组织部颁发的组织奖。党员教育案例《党员冬训进社区》获市党员教育工作创新案例评选活动提名奖。

2005年1月20日,全区保持共产党员先进性教育活动正式启动,分三个批次进行。第一批为区党政机关和部分企事业单位的154个党支部,党员1976名;第二批为城市基层和乡镇机关的先进性教育活动,于2005年6月29日启动,参学单位35个,党支部287个,党员7262名;第三批为农村和组、纪、宣等部分党政机关,于2005年12月11日启动,单位34个,党支部80个,党员2471名。每批次教育活动分为学习动员、分析评议、整改提高3个阶段。通过开展“立学立行,三比三创”“学雷锋车精神,五进三服务”“弘扬三创精神,争当服务先锋”“实践‘三个代表’,争做‘五强’党员”以及千名党员进社区、“双结对”等主题实践活动,广大党员思想受到洗礼,觉悟得到提高。抓住基层党组织和党员队伍建设中存在的突出问题,认真剖析原因,着力进行整改,全区各参学单位共查找出各类问题7456个,全部整改到位。共整顿转化32个软弱涣散基层党组织,理顺89名“挂空”党员的组织关系。制订修改《激励干部干事创业的意见》《处置不在工作状态干部办法》、机关文明办公等制度36项。各级党组织共走访慰问困难群众和困难党员156户,资助慰问金40余万元,建立各类帮扶联系点193个,为群众和企业送去创业项目256个,党员结对帮扶困难群众981户,为群众兴办实事1127件。通过学教活动,达到"提高党员素质、加强基层组织、服务人民群众、促进各项工作"的目标。在开展保持共产党员先进性教育活动过程中,区委中心组成员组成党员先进性教育宣讲团,分别深入联系点,开展宣讲教育活动。在全区开展"弘扬'三创'精神、加快崛起振兴、构建和谐社会"主题教育活动。围绕永葆共产党员先进性、营造创业氛围、创新发展思路、创优服务水平等内容开展大讨论。并于4月28日,召开新浦区"三创"精神座谈会。11月20日,组织开展"三创之星"报告会。宣传连云港永和食品厂总经理高永和、花果山乡前云村党支部书记武兴旺等一批"三创典型"。开展"弘扬'三创'精神、争做优秀党员"、和机关共产党员示范岗争创活动。年内,还在全区范围内开展思想政治工作创新评选活动,新南街道党工委开展的"家庭党支部活动室"以及全区社区党员冬训工作,分获全市第一届思想政治工作创新、创优奖。在市委宣传部、组织部组织的2003~2005年度思想政治工作评比中新浦区获"优秀单位"奖。

二、宣传报道

1978年6月至1983年6月,新浦区委宣传科有1人兼职新闻报道工作,围绕中共十一届三中全会提出的"解放思想,实事求是,团结一致向前看"的指导思想,结合区委组织开展的批判极左思潮,拨乱反正的中心运动,开展宣传报道工作,平均每年被《连云港报》、连云港广播电台投稿采用稿件达120篇左右。同时,不定期地编发《宣传简报》,引导全区深入贯彻落实党的十一届三中全会精神。

1984年8月,区委宣传部开始配1名新闻报道员,围绕中共新浦区委在全区开展的以学习党的基本知识进行党性、党纪、党风教育为主要内容的整党、整风运动,集中宣传报道学习、教育及其整顿成果。

改革开放初期,围绕全区工业企业推行"一包三改"(即全面推行经济承包责任制,改干部任命制为聘任制,改工人固定录用制为合同制,改固定工资制为浮动工资制)的经济体制改革。区委解放思想,创新思路,开展为新浦地区人民服务和"让你生活居住地变得更加美好"活动,组织宣传报道工作,并与基层16个党委(总支)签订新闻报道目标责任书。宣传基层单位涌现出的先进、模范人物事迹,在全区掀起新一轮比、学、赶、帮、超的竞赛热潮。

20世纪90年代起,突出宣传全区上下进一步解放思想,抓住机遇,加快改革发展步伐,实施"工业立区、三产兴区、民营富区"大政方针,全面振兴新浦区经济等重大活动。区委、区政府首次提出的"联外、联内、联辖区"的"三联驱动"和实施"三产兴区"经济发展战略部署后,区委宣传部立即制定宣传方案,加大舆论宣传力度。并配合全区招商引资工作拍摄新浦区第一部专题片《陇海第一城》,进行播放。90年代后期,围绕区委提出的"抓发展、促开放、调结构、树形象"和"抢速度、扩总量、抓创建、树形象"以及"全面实施三产兴区战略,以社区化为城区工作发展方向,以税源经济为城区经济着力点,重点抓好旧城改造、市场建设和社区服务工作"的工作部署,抓住工作的着力点和突破口,加大新闻报道力度。同时,区委宣传部与19个基层党委(总支)签订了宣传报道目标责任书,全区各级宣传部门围绕旧城改造、社区建设、企业改制、市场建设、重点工程、改善经济发展软环境、个体私营经济等重点工作,及时报道新浦区经济发展、城市建设的新成效。1979~2000年,全区在各种媒体上发稿9400余篇(次),其中,特色稿件230多篇。先后在《连云港日报》头版头条和显要位置以较大篇幅报道了浦东、路南两个街道党委开展思想政治工作的先进做法。

2001年,围绕区委深入学习实践"三个代表"重要思想、加强基层党建和思想政治工作,加快旧城改造和城市建设步伐、千方百计经营城市,做大做强做优做美中心城区、提高城市管理水平、壮大私营个体经济、大力发展税源经济,加快社区体制改革步伐、加强和完善社区建设等方面深入宣传报道。向各类新闻媒体发稿2100多篇次,其中在省部级以上报刊发稿30多篇次;通过市电视台播出新浦区专题片4部,其中,专题片《新浦旧貌换新颜》被省电视台采用。

2002年,区委宣传部重点围绕招商引资、改善发展软环境、大力发展税源经济、重点项目完成情况、加快旧城改造和城市建设步伐、社区建设、思想道德建设、发展成就等方面进行宣传报道。全年在市级以上新闻媒体发稿3000多篇,其中在省级以上新闻媒体发稿80多篇。宣传报道的"下岗不失志,创办敬老院"的优秀共产党员典型王德芹被市委选入全市优秀共产党员事迹报告团。

2003年,区委宣传部紧紧围绕区委、区政府实施"开放立区、二产强区、三产兴区、民营富区"四大主战略,打造社区建设、特色旅游、生态城市三大品牌,按照"高品位、新视角、大体量、多篇幅、全方位"的总体要求,充分调动宣传战线广大职工的积极性、及时、准确、充分地宣传本区经济建设和社会发展的新思路、新举措、新经验、新成就,不断激励全区干部群众加快发展不动摇的信心和决心。在防"非典"期间,及时下发《关于进一步加强"非典"防治知识和措施宣传的紧急通知》,全区共播发稿件近2000篇,其中电视专题4个。利用中心城区优势,与市电视台联合创办《新浦新时空》广播专栏,在原有8个固定专栏的基础上,增设《"抗非"英雄谱》《实施两个重抓、促进两个率先》《新浦区局包村专辑》等6个专栏。全年该栏目共播出70余档节目。其中在市级及其以上新闻媒体发稿80多篇,在国家级媒体发稿12篇。《连云港市新浦区群众全民健身活动兴起》等12篇报道,被中央电视台等国家级媒体采用。

2004年,区委宣传部与区投资发展软环境治理办公室联合编印《创业与环境》简报,及时宣传报道全区各单位贯彻落实市、区两级党委、政府关于全民创业的精神,掀起全区全民创业的热潮的情况和做法。全年共编发7期。激励了全区广大党员、干部、职工、群众在全民创业中学习浙江人"白天当老板、晚上睡地板"的吃苦耐劳精神和勇于闯市场、敢于创业的精神,推动全区经济超常规发展。全年对外发稿2300余篇,其中在《扬子晚报》和《江苏经济报》上刊发新浦区专版,重点宣传新浦区工业强区、招商引资取得的成果。8月12日,中央电视台一套"午间新闻三十分"栏目以"连云港渔湾飞瀑奇观"为题,报道渔湾"三潭汲浪"的壮观景色。同年,区委抽调专人组建新浦区新闻中心。

2005年,区新闻中心抓住全区经济发展的增长点、招商引资的新亮点、社会事业的闪光点、先进性教育涌现出来的兴奋点进行集中宣传报道。在省级以上媒体刊发稿件150余篇。其中《科技创新换来国内出口头把交椅,连云港研磨厂研磨出奇效》《新浦专利获取量年增5%》《重抓工业主体、发展民营经济、统筹城乡发展》等近10篇稿件在《连云港日报》头版头条刊发。

第十节　军队工作

一、落实区委书记兼任武装部第一书记(政治委员)制度

1958年,中共中央发出《关于加强地方党委对军队的领导和密切地方党委同军队关系的指示》,1959年,新浦区人民武装部成立,中共新浦区委书记即兼任新浦区人民武装部第一政治委。"文化大革

命”中，兼任第一政治委员的制度一度中断，1978 年重新恢复。

1986 年起，根据中共中央、国务院、中央军委下发的《军队体制改革、精简整编方案》通知精神，地方党委书记兼任人民武装部第一政治委员，改为兼任人民武装部党委第一书记。基层单位的民兵组织，仍由同级党委（支部）书记兼任民兵组织的政治委员、政治教导员或政治指导员。

二、坚持党委议军制度

1958 年起，中共新浦区委贯彻落实毛泽东主席和中共中央“大办民兵师”“实行全民皆兵”的号召和指示，多次召开常委会议，研究部署新浦区建立民兵组织工作。9 月，新浦区机关、学校、街道、医院、工厂等企事业单位，普遍建立了民兵组织。

1959 年，新浦区人民武装部建立后，中共新浦区委常委会即建立议军制度，每年都召开会议，听取军事部门的情况汇报，讨论审议民兵预备役工作实施计划，研究解决工作中重大问题，组织协调各有关部门共同做好民兵预备役工作。1960 ~ 1978 年期间，新浦区先后召开两次民兵代表大会，在每次会议召开之前，区委常委会均召开会议，专题研究民兵代表大会有关事宜。

1986 年 6 月，新海区撤销后重建新浦区人民武装部时，武装部机关干部战士宿舍、民兵训练基地、民兵武器装备仓库等一无所有。区委常委会专门召开议军会、区政府专门召开区长办公会，认真研究，并一一予以解决。

1987 年 2 月，区委针对区人民武装部改归地方建制后出现的新情况，和市议军会议精神，从人力、物力和财力等方面给予必要的支持，将民兵武器全部集中到区武器仓库保管。区人民武装部的经费，纳入区财政预算。

1995 年起，区委根据中共中央、国务院、中央军委指示精神，每年至少召开 1 次常委议军会和武装委员会（简称武委会）会议，并要求建有民兵组织的企事业单位每半年召开 1 次议武会，使党委议军制度逐步规范化、制度化。

1998 年，在组建新浦预备役通信连时，区委多次召开专题会议，研究解决筹集资金和基本建设等问题，区政府先后拨款 60 余万元，建设基础设施。

2001 年，市委、市政府调整市区行政区划后，区委明确要全区各乡、镇党委每半年要召开 1 次“议武会”，使全区党委议军制度进一步走上规范化、制度化轨道。

三、实行述职报告制度

2000 年起，兼任新浦区人民武装部党委第一书记的新浦区党委书记，每年进行一次“履职尽责”述职报告。在述职报告之前，新浦区人民武装部政工科配合区委组织部对述职报告人进行检查考核。

同时，区委组织部与区人武部政工科联合下发《关于组织乡、镇（街道）人武部党委第一书记党管武装工作考核述职实施办法》。区人民武装部受中共新浦区委的委托，与区委组织部一道，每年对所辖乡、镇（街道）人武部党委第一书记履职尽责情况进行全面考核。区委还专门召开各乡、镇人民武装部党委第一书记述职报告会。

第十一节　纪检监察

一、机构

1961 年,中共新浦区委设监察委员会。"文化大革命"中,监察工作中断。

1979 年 5 月,中共新浦区委设纪律检查委员会。

1983 年 6 月,中共新海区委设纪律检查委员会。同年 8 月,区委纪律检查委员会升格为中共新海区纪律检查委员会(副处级)。

1987 年 7 月,成立中共连云港市新浦区纪律检查委员会。

1992 年 2 月起,区纪委开始在各街道设立街道纪委,并分别配备专兼职纪委书记。

1993 年 3 月,中共新浦区纪委、区监察局合署办公。实行一套班子、两块牌子,履行两种职能。合署后的区纪委设办公室、信访室、纪检监察室、党风廉政建设室。设在区委的反腐倡廉办公室、设在区政府的纠正不正之风办公室仍然保留,其任务均由党风廉政建设室承担。

1996 年,区纪委、监察局内设办公室、信访室、纪检监察室、案件审理室、党风廉政建设室。编制为区纪委 10 人,监察局 5 人,共 15 人,设书记 1 人,副书记 2 人,正副局长各 1 人,专职常委 1 人,专职常委为正科级,各室主任为副科级。

1997 年 3 月,区纪委在区建设局、教育局、计经委派驻首批纪检检查组(纪检组)。同年 7 月 20 日,向区检察院派驻纪检组,8 月,向区法院派驻纪检组。至 2005 年底,区纪委共向有关部门、单位派驻纪检组 13 个。

2001 年 10 月,区纪委在区级机关设立区级机关工作委员会(简称"纪工委"),作为区纪委的派出机构。为加强基层党风廉政建设,2004 年 7 月,全区各街道纪律检查委员会全部改建为区纪委派出机构——工作委员会。

二、党风廉政建设

1966 年以前,区监察委员会主要对党员进行党风教育、纪律教育,受理群众对党员的检举、控告,处理党员中的违纪案件,对受处分的党员进行考察、教育等。

1979 年,区委纪律检查委员会,根据中共十一届三中全会的精神和党章规定,把保证党的路线、方针、政策的贯彻执行、从严治党、严肃党纪、建设好党风作为纪检工作的指导思想。

1980 年,组织党员学习《关于党内政治生活的若干准则》和《中国共产党章程》,健全党内政治生活制度,提高全体党员执行政策的自觉性,纠正不正之风。

1984 年,中共新海区纪律检查委员会,认真查处党员干部在建房分房中的不正之风,对全区党员干部建私房情况进行了清理,对建私房的 47 人,分别按有关规定处理。收回多占公房 4 套。此后,全区各级党组织陆续制订了《抓党风责任制》《对党员干部实行党纪监督的办法》《廉政规定》等规章制度,并重点纠正以权谋私、用公款吃喝、滥发钱物等不正之风。

1989 年 8 月 21 日,区委成立新浦区惩治腐败领导小组,加大反腐倡廉工作力度。

1993 年,区委、区政府先后制定《党风廉政守则》《家庭重大支出报告制度》等 8 项廉洁自律制度,并将廉政建设纳入目标量化考核。

1998～2002 年,利用电化教育等多种形式,定期组织党员干部学习党的三代领导人有关党风廉政建设和反腐败斗争的重要论述;不间断地抓好《中华人民共和国行政监察法》及相关的党纪政纪条规的学习宣传教育活动。共开展 65 项教育活动,举办各类学习班、培训班专题讲座 220 余期(场),共为全区正科级以上领导干部订购《党纪政纪条规手册》,上大课 20 余次,开展党纪政纪条规知识测试 5 次,测试人员 500 余人次。订购、播放各种警示教育电教片 60 余部、350 余场次,受教育公务员 14000 多人次。先后转发和制发《关于严禁党政机关领导干部接受和赠送钱物、代币购物券的通知》《关于节日期间严禁滥发钱物,使用代币购物券(卡)和用公款请客送礼的通知》等规定,其间,共收到各类上交礼品、礼金、有价证券折合人民币 14.4 万元。

1998 年,制定《新浦区干部离任审计实施意见》,建立和完善干部离任审计制度,推行科级干部廉政谈话制度。

2000 年,对全区党政机关、事业单位公费住宅电话、手机及寻呼机等通讯工具进行全面清理,折价过户住宅电话 190 部,手机 44 部。同时,纠正个别单位违反规定擅自增加补贴标准和范围的行为,共清退违规款项 3000 余元。

2001 年,加强对《党政领导干部选拔任用条例》实施过程的监督,全年共对 80 余名人员进行考察公示。同时,严格实行党风廉政建设一票否决制,对拟晋升职务、表彰先进的,进行严格把关。继续加大离任审计和任期经济责任审计力度,对 9 个单位主要负责人开展离任审计,对发现的线索进行调查处理。制定下发《新浦区党风廉政建设责任制追究细则》,对 5 名领导干部进行责任追究。同年,区廉政办制定下发《关于重新核定全区党政机关、事业单位手机补贴的人员及标准的通知》,及时纠正违规行为。此外,严格控制领导干部公务出国(境)活动,禁止领导干部到企业和单位报销应由本人及配偶、子女支付的个人费用。

2002 年,制定《关于治理乡镇领导干部"走读"问题的实施意见》。进一步巩固通信工具改革成果,区廉政办制定下发《关于重新核定全区党政机关、事业单位手机补贴的人员及标准的通知》,并对执行情况进行定期检查。强化责任追究,制定下发《新浦区党风廉政建设责任追究细则》,对 5 名领导干部进行责任追究。

2000～2002 年,全面开展军转干部军地两处住房和地方干部职工住房的清理。全区 3519 名干部职工住房全部作登记并张榜公布。对排查出的 124 户多占住房人员作出限期退房或补交房款处理。

2003 年,全区共收到党员干部主动上交的礼品、礼金折合人民币 7.6 万元;切实落实工作日禁酒规定,开展公款大吃大喝专项清理,当年全区招待费同比下降 20% 以上;清房工作全面完成,共清理两套以上公有住房 92 套,清退面积 2364 平方米,清缴房款 51.7 万元。对领导干部配偶、子女从业的有关规定的落实情况及领导干部离职和退休后的从业情况进行检查清理。

2004 年,清理党政机关用公款为干部职工购买商业保险,共清理出 4 家单位违反规定为 191 人购买个人商业保险 17.6 万元。清理党政机关工作人员借用、拖欠公款,共清查出 16 家单位 201 名职工拖欠公款共计 161.8 万元。同年,区会计核算中心共查出和拒付违规票据 460 余张,涉及金额 98 万元。对全区汽车及大宗办公用品采购进行 20 次公开招标,涉及金额 540 万元,节约资金 65 万元。制止"跑官要官"、收受钱物、党员干部参与赌博和借婚丧嫁娶之机敛财等不正之风,认真解决领导干部廉洁自律方面存在的突出问题。区廉政办收到党员干部主动上交的现金和礼品等折合人民币 9.1 万元,"510"廉政

图22－4　2004年召开的新浦区领导班子及成员述职述廉大会会场

账户收到上缴款18万余元。同年，区纪委、监察局在全区处级领导干部中开展廉洁从政保证活动，24名处级领导干部均按要求、按规定提交廉洁从政保证书。各级领导干部履行监督和接受监督的意识进一步增强。完善科级以上干部廉政档案，全区398名副科级以上干部按规定填报有关内容。坚持廉政谈话和述职述廉制度，与15名科级干部进行廉政谈话，210名科级以上干部进行述职职廉，逐步形成党内监督和党外监督、自律和他律相结合的约束机制。

2005年，制定并下发《关于实行集体重大事项申报和备案制度的通知》，在全市率先实行集体重大事项申报和备案制度，共有32家单位进行67次重大事项申报和备案，共有63名领导干部进行个人重大事项的申报；29人按规定办理出国（境）审批手续；398名科级干部按要求向区廉政办上报《领导干部廉洁自律情况表》，并记入干部廉政档案；区廉政办共收到上缴礼金、礼券折合人民币13万元，“510”账户受到上交款22.5万元。及时下发《关于严禁党员干部、国家机关工作人员婚丧喜庆等事宜大操大办的暂行规定》等一系列文件。同年，区纪委与区委宣传部、区文化局及区预防职务犯罪领导小组联合开展“廉政文化进社区”活动。编排廉政内容节目40余个，组织30余家单位300余名业余演职人员，先后5次深入乡村、社区演出。在社区（村）建立一批廉政文化阅览室、廉政文化橱窗等宣传阵地。全区廉政文化建设的经验在省市进行交流，并荣获市纪检监察工作创新奖。

三、信访及案件查处

1980年，受理群众来信来访69件，查结66件。

1982年，贯彻落实中共中央、国务院《关于打击经济领域中严重犯罪活动的决定》，区委成立经济案件办公室，协调、指导、督促、检查打击经济犯罪活动的工作。1982～1983年，共立案65件，结案35件，涉及党员14人。清退私人挪用、拖欠公款145865.44元。

1990年，共立案查处党员违纪案件20起，结案率100%。其中经济案件5起，涉及科级干部3人，一般干部1人，工人1人。受留党察看2年处分的1人，党内警告处理的1人，党内严重警告处理的2人，开除党籍的1人。

1991年，来信来访84件，属纪检受理范围56件，查结55件，排查案件线索16件，立案5件，结案5件，党纪政纪处分5人。

1994年，共接待来信来访146件，查结140件，在来信来访中，共发现重要线索16件，其中立案9件，当年查处5件，党纪处分3人，政纪处分2人。为国家挽回经济损失21000元。

1996年，收到群众来信来访132件，查结121件，排查案件线索25件，立案7件，结案7件。

1992～1996年，全区有38人违法违纪受处理，受党纪处分的24人，政纪处分的14人。

1997年，受理来信来访106件，初查核实案件线索38件，立案9件，移交司法机关处理1件。受党纪政纪处分的 8 人,挽回经济损失 20 余万元。对 76 家行政事业单位预算外资金和“小金库”进行清理,清出预算外资金 1631 万元,撤销多头账户 158 个。

1998 ~2002 年,共受理群众来信来访和举报电话 613 件次,办结 558 件次,办结率 91%。初查核查各类案件线索 179 件,立案 72 件,结案 56 件。给予党纪处分 42 人,其中,开除党籍 11 人,留党察看 7 人,党内严重警告 5 人,党内警告 19 人,免予处分 6 人。给予政纪处分 10 人,其中,开除公职 4 人,行政警告 4 人,免予政纪处分 2 人。在受处分的党员干部中涉及科级干部 9 人,一般干部 56 人。移交司法机关追究刑事责任 5 人。为国家和集体挽回经济损失 490 余万元。

2003 年,进一步完善信访网络,建立一支 600 余人组成的信访信息员队伍,广泛分布在全区各行业、各层次。年内,区纪委主要领导直接指挥查办在全区范围内有影响的案件,及时听取汇报,跟踪督办。以发生在群众身边的腐败案件为重点,严肃查处一批农村基层干部违法违纪案件。共立案查处村支部书记 5 人,村委会主任 1 人。全年全区各级纪检监察机关共受理各类信访举报 115 件次,办结 112 件次,转立案查处 12 件。

2004 年,区纪委、监察局共立案查处违纪违法案件 30 件,立案数较 2003 年上升 36.5%,其中科级干部案件 2 件。在查办的经济案件中,万元以上案件 4 件,其中 10 万元以上案件 1 件,通过办案挽回各类经济损失 42.65 万元。严肃查处一批损害群众利益的案件,使一些长期积累的问题得到解决,切实维护群众的利益。共受理各类来信来访和举报电话 92 件次,从中梳理出案件线索 16 条,立案查处 11 件,有 5 名党员干部受到查处。

2005 年,区纪委共受理各类来信来访 128 件,初核各类案件线索 46 件,立案查处违纪违法案件 22 件,结案 20 件。在立案查处的党员干部中,党政机关副科级及以上干部 1 人,农村工作人员 6 人,在查办的经济案件中万元以上案件 2 件,挽回经济损失 110 万余元。

四、投资软环境治理

1994 年,新浦区纪检监察工作主动为全区经济发展服务。在全区党员干部中开展以每个党员提一条合理化建议、提一条行之有效的措施、提供一条有分量的信息、介绍或引进一项有含量的项目、筹集一笔发展资金为内容的“五个一”活动,共收到合理化建议 6400 条,措施建议 2300 余条,信息 1700 余条,介绍或引进项目 16 项,筹集资金 1600 余万元。确立 7 个产值 80 万元以上的区街企业为“服务经济的重点保护单位”。把 9 位廉洁经营、效益倍增的经济工作者的先进事迹整理汇编成《领头雁》一书,在党员干部中广为宣传。同年,狠刹部门和行业不正之风,在卫生系统开展“向杨光荣学习,把爱心献给病人”活动。先后对 7 个重点单位、6 个重点部门存在的不正之风集中进行纠正和整顿。共发出监察建议 19 项。

1996 年,以中纪委制定的“31 个不准”为依据,抓好党风廉政建设,清理党政机关经商办企业,全区党政机关兴办的 34 年经济实体,全部划转、脱钩。清理不合理收费项目 29 项,退还企业和群众不合理收费 19 万元。

1998 年,区纪委与区委组织部、区民政局联合下发《关于居委会实行“居务公开、民主管理”的意见》,并在 18 个居委会进行居务公开试点。同年,区纪委会同财政部门查处“坐收坐支”“多头开户”和私设“小金库”等违纪违规行为,使预算外资金乱收乱支现象得到控制,资金专户储存率达 100%。建立行风测评制度,集中时间对全区 18 家收费单位进行专项检查,取消不合理收费 5 项,查出违纪金额

25700余元;贯彻收支两条线,撤销150个多头账户。年内,还开展"四项资金"(即国有企业下岗职工基本生活保障资金、失业保险金、基本养老保险基金、城市居民最低生活保障资金)管理使用情况以及中小学收费情况等17个项目进行执法监察,从中发现案件线索10个,提出监察建议12条,查处违法违纪案件6件,给予党纪政纪处分6人,查出违纪款20余万元,退还6.2万元。

1999年,全区101个居委会全部实行居务公开。同时,区纪委会同区委组织部、区总工会、区经济局等单位制定了《关于企业实行厂务公开、民主管理的意见》,全区38家企业全部实行厂务公开。

2000年,在全区机关事业单位中推行政务公开,并不断总结经验,规范公开的内容、形式、程序,提高公开质量。同时,开展经济发展软环境治理工作。

2001年,集中整治经济发展软环境,向全区60家单位和部门共发放征求意见表。并设立意见箱140个,公布举报电话70部,召开各类座谈会250场次,走访1500人次,广泛征求意见,并根据梳理的问题,认真整改。各部门还制定首问负责制、服务承诺制、挂牌上岗制、一次投诉查实待岗制等制度,实行长效管理。4月16日,区政府成立会计管理核算中心,全面实行会计委派制,按照集中管理,分户核算,资金使用权属不变的原则,将全区71家党政机关和财政全额拨款的事业单位纳入统一核算范围。会计中心清理出不规范票据90多宗,涉及金额7万多元。同年,制定下发《关于对损害投资发展软环境行为实行责任追究的暂行规定》,设立软环境建设投诉中心,组织软环境集中整治活动。区软环境建设投诉中心共受理各类投诉519件,办结395件,办结率76%。同年,对劳动和社会保障、旅游、物价3个系统开展民主评议行风活动。

2002年,开展市区建成区内违规使用燃煤灶具的执法监察,纠正并退还违纪款5万余元。对全区各行政事业单位的各种承包租赁收入开展专项检查,对检查发现的口头合同冲账、欠交承包费用等问题进行纠正。

2003年,开展防治"非典"社会捐赠款物管理使用执法检查,确保10万余元"防非"捐款的合理使用。加强对冬季征兵工作的监督,全程参与,保证征兵工作的公开、公平、公正。加强对建筑市场秩序的监督检查,全区38个在建和新开工项目,建筑面积19.5万平方米,总造价17522万元,工程报建率、招投标率均达到100%。同时,对全区安全生产情况进行专项检查,共查出各类安全隐患158处,整改152处,整改率达98%。同年,区软环境投诉中心共受理各类软环境投诉件93件,办结78件,对6名违纪违规机关工作人员进行处罚。

2004年,区纪委、监察局围绕区委、区政府的中心工作,专门召开会议进行研究部署效能建设工作,成立行政效能建设办公室、效能建设投诉中心,设立公布举报电话。年内全区共接到各类投诉件101件,办结99件,办结率达98%。

2005年4月,区行政效能建设办公室组织行政效能千人问卷调查活动,对涉及问题的11个部门及时反馈,责令限期整改。区效能投诉中心共受理涉及机关工作人员工作作风、行政不作为、乱作为等投诉105件,办结104件,处理违纪违规人员3人。

第十二节 统一战线工作

一、机构

1981年起,区委配专人负责统一战线工作。

1983 年 6 月,中共新海区委设立统一战线工作部(简称"统战部")。

1986 年 6 月底,新海区撤销后,中共新浦区委设立统战部。

1987 年底,新浦区成立台属联谊会。同年 11 月,区委成立对台工作领导小组。区委设立台湾工作办公室(也称台湾事务工作办公室),在统战部挂牌,与统战部合署办公,工作统一安排。

1998 年至 1999 年,区、乡(镇)两级统战工作、民族宗教工作网络逐步建立健全。

2003 年,在各乡镇、街道党委配备副科级统战委员,乡、镇、街道明确了统战工作的分管领导和具体工作人员。

2005 年,全区有 10 个基层党委、党工委设立统战委员。

二、落实政策

党的十一届三中全会后,区委成立落实统战政策领导小组,下设办公室。1986 年,对在 1957 年"整风反右"中被错划为"右派分子"的 8 人全部予以平反。对在历次政治运动中受到不公正处理的人员一律予以纠正,其中恢复团籍 2 人,恢复公职 3 人,恢复原工资级别 4 人,已到退休年龄的作退休处理,由子女顶职。对在"文化大革命"中被没收、挤占的私人房屋 10 户、53.5 间(862.8 平方),采取房屋退还和折价退还等方式,全部予以解决;6 户被查抄的银元 166 块、金银首饰 12 件及其他书籍和金银等全部折价退赔。对 28 名原国民党起义、投诚人员,全部颁发投诚起义证书,其中因追究历史问题被错误处理的 8 人全部予以平反。因冤假错案而株连家庭,户口被下放农村的全部转为城市户口,其中 2 人重新安置了工作。

三、侨台工作

1985 年 3 月,成立新浦区归侨、侨眷联合会。1986 年,区委统战部在全区归侨、侨眷和港澳眷属、台属中开展写一封家信、寄一张彩照活动;组织 40 余名侨台属参观市经济技术开发区、碱厂和庙岭煤码头。在孙中山先生诞辰 120 周年之际,组织 30 余人去南京晋谒中山陵。认真落实《中华人民共和国归侨侨眷权益保护法》等有关法规,实行对侨属优先照顾,对台属不得歧视的政策。1987 年 11 月,区委成立对台工作领导小组。同年 12 月 19 日,新浦地区台属联谊会成立。每年中秋节、春节区委统战部都与区政协祖国统一联谊委员会共同举办侨台属联谊活动,加强与侨、台属的联系。至 1990 年,与全区 394 户台属及海外亲属均已建立通讯联系。先后有 697 人次台胞回家乡探亲,有 6 名台胞回新浦定居。区委统战部等部门还帮助 57 名去台人员找到失散多年的亲人。同时,相继开办华侨商店、宏侨大酒店、台联建安公司、信达商店,帮助 66 名待业、下岗职工就业和再就业。归侨、侨眷联合会实行每月例会制度,及时帮助归侨、侨眷解决困难。期间,二、三代台胞回大陆探亲呈扩大趋势,区委统战部对本区内回乡探亲台胞做到热情接待,由所在乡镇、街道派车辆安排他们在本市观光,让他们了解家乡巨大变化。

1990 年起,在台属、侨眷中开展"五个一"活动,即向港台和海外亲友发一封介绍连云港市经济情况的家信,联系港台、海外经济界一位人士,提供一条经济信息,介绍一笔经济投资业务,为连云港市和新浦区吸引台湾自己、外国资金做一份贡献。当年,统战部先后 3 次召开台、侨属吸引台湾资金、外国资金座谈会,组织台、侨属到市开发区参观,了解、熟悉连云港市投资环境。

1993 年,区委统战部对定居台胞情况进行调查,为台胞查找亲人,搞好接待,提供信息,发挥定居台胞作用,促进对台工作开展。本区内在台湾的上层人物回乡探亲。全区有台胞 624 人。不少台胞为家乡修桥铺路、捐资助学、回报家乡。

1995 年，接待“三胞”45 人。

1996 年，祖籍新浦区南城镇、原联合国教科文组织助理总干事杨天全，从自己的积蓄中拿出 10 万美元作为奖学基金——杨天全教育基金，用来奖励家乡优秀的中小学教师和品学兼优的学生，至 2005 年，已发放 9 次奖学金。

1998 年，新浦区第一届归侨侨眷代表大会召开，共有 38 人出席大会。

2002 年 9 月上旬，区委书记李建平率区商贸局考察团赴台湾访问考察期间，专门拜访了台北市海州同乡会，双方进行广泛交流。年内，区委统战部协助区侨联调整领导班子，恢复正常工作。加强对本区台胞（特别是二、三代台胞）及台属中高级人才进行调查，并建立联系卡，为促进本区与海外经贸、科技、文化等方面联络、交流服务。

2003 年，新浦区第二届归侨侨眷代表大会召开，共有 56 人出席大会。

2004 年，区委统战部带领 3 家侨眷创办的企业负责人，赴香港、澳门成立联谊同乡会，宣传连云港市投资环境和招商政策，介绍新浦区经济社会发展状况。同年 6 月 11 日，区侨联邀请、接待了台湾海州同乡会。同年 9 月 19 日，接待了香港连云港联谊同乡会，并进行广泛交流。

2005 年 6 月 26 日和 10 月 25 日，新浦区先后 3 次接待连云港市香港同乡会和海州同乡会来访，向他们介绍连云港市和新浦区经济社会发展情况和投资环境、优惠政策。年内积极开展联谊交友活动。中秋前夕，区委统战部受区委委托走访慰问归侨、侨眷 30 余家。春节期间，邀请部分有影响的侨、台属人员，分别召开座谈会，致以新年祝福，增进相互间的联系与情谊。

四、党外人事工作

1983 年统战部成立后，即将联系党外人士、发挥党外代表人士在全区改革开放建设中的作用，摆上议事日程，认真落实党外优秀干部在政府部门担任实职的比例。1984 年 1 月筹备成立新海区政协委员会时，区委统战部与驻地各民主党派广泛联系，认真协商、推荐区政协委员人选。区政协第一届委员会 118 名委员中，民主党派和无党派人士 76 名，占委员总数的 64.4%，主席、副主席 5 人中有 3 人为党外人士。此后，每届区人民代表大会换届、区政协换届期间，区委统战部均做好党外代表、委员及区人大、政协领导中党外人士协商推荐工作。2000 年，区人大常委会 5 名正副主任中有 1 名党外人士，占 20%；19 名常委中有 5 名民主党派和无党派人士，占 26%；146 名区人大代表中有党外人士 25 名，占 17%；区政协 6 名正副主席中有 3 名党外人士，占 50%；25 名常委中有 9 名党外人士，占 36%；120 名区政协委员中有党外人士 71 名，占 59%。2002 年，做好人大、政协换届人事安排，协助各民主党派做好换届工作。8 名党外人士被推荐选举为市人大代表，其中民主党派 4 人；9 名党外人士被协商推荐为市政协委员，其中民主党派 3 人；45 名党外人士被推荐选举为区人大代表，占总数的 23%，其中民主党派 9 人，占党外人士 20%；83 名党外人士被协商安排为第六届区政协委员，占总数的 60.14%，其中民主党派 42 人，占 30.4%。区政协第六届委员会 19 名常委委员中，党外人士为 13 人，占 68.4%，主席、副主席 5 人中，党外人士为 2 人，占 40%。

2003 年 1 月，区委召开各界人士座谈会，向大家通报全区经济建设社会事业发展情况，征求发展大计。9 月，区委统战部举办统战理论培训班，有 2 名党外干部、7 名民营企业家参加学习。同时，就党外干部培养、使用进行专题调查，撰写《解放思想、放宽视野、不拘一格选人才》调查报告，在全区建立无党派人士队伍 46 名，储备党外后备干部人选 24 名，向市推荐上报县处级后备干部人选 5 名，向区委推荐党外后备干部人选10名。当年新提拔党外干部3名,其中1名任正职。

2004年,建立拥有42人的党外后备干部人才库,建立一支46人的党外知识分子代表队伍。向区委推荐9名科级党外后备干部人选,其中3人被区委任命,走上岗位。全区党外科级干部达13人。

2005年,加大统战工作宣传力度,进一步贯彻共产党领导的多党合作和政治协商制度,组织各界人士学习中共十六届五中全会精神。还利用本区双休日干部课堂,请市台办领导向全区300多名干部和党外人士作台海形势报告。5月28日,又召开全区各界人士座谈会,向党外各界人士通报全区“三个文明”建设情况。当年,还对党外知识分子进行调查摸底,调整充实人才库,向区推荐12名科级党外后备干部人选,向市推荐9名处级党外后备干部人选。

五、民族宗教工作

党的十一届三中全会后,区委认真贯彻党的宗教政策,落实各项宗教政策,平反了“文化大革命”期间发生在民族宗教界人士中的冤假错案,发还了被错误改造的教会房产和被占用的教堂寺观。

20世纪80年代末起,境内宗教活动场所逐渐得到修复、重建。1992年,南城城隍庙开始复修,次年10月对外开放,恢复宗教活动。1998年,南城玉皇宫开始集资复建。同年,九岭东岳庙翻修殿宇,重修神像。90年代末,东磊延福观主殿——三官殿开始重建。

2000年,建立了区、街道、居委会三级宗教工作领导小组。在各乡镇、街道和社区组建了民族宗教工作三级管理网络,配备了民族宗教工作助理,把民族宗教工作进社区工作落实到实处。当年,查处非法私下聚会点1处,驱散非法聚会人员12人。

2001年,在全区开展少数民族流动人口调查工作,初步摸清了辖区内127户计680余名少数民族流动人口情况。及时介入并妥善处理个别少数民族人员的摊贩殴打民警和城管人员问题。还组织基层党委统战干部学习党的民族宗教政策,将维护民族宗教领域政治稳定责任落实到基层党委。同年底,延福观三官殿建成,并举行神像开光仪式。

2002年,区宗教局贯彻《江苏省少数民族权益保护条例》,配合各乡镇、街道关心全区24个少数民族计1151人的生活问题,解决他们生活中的实际困难,帮助10名少数民族贫困生解决入学、升学问题。区统战部和南城镇一道投资30万元,协助玉皇宫解决了送电、送水、上山道路修筑和庙宇修缮工作,完成南城镇普照寺大雄宝殿兴建、斋堂修建工程,举行了佛像开光仪式。当年10月29日,东磊延福观经市宗教局批准,恢复为道教活动场所,并于11月30日举行了三官殿落成及神像开光仪式。

2003年至2005年,新浦区落实《江苏省宗教事务条例》,按照“预防为主、教育疏导、依法处理、防止激化”原则,切实建立民族宗教领域矛盾纠纷排查调处制度、情况报告制度,初步建立起区、乡、村三级管理网络和乡、村两级责任制,努力将矛盾纠纷化解在基层和萌芽状态。并重点做好基督教私设聚会点和乱建寺庙的专项治理工作。区委统战部门会同新浦公安分局、区政法委和乡镇、街道,继续开展打击邪教、治理非法传教斗争。先后在云台乡、南城镇查处并捣毁两处“东方闪电”“灵灵教”邪教窝点。防“非典”期间,阻止了浦东、浦西辖区内信教群众两次非法私下聚会,在云台乡取缔1处私设聚会点,保证域内宗教活动的正常秩序。2005年,九岭东岳庙作为南城玉皇宫下院正式对外开放。

第十三节　老干部工作

一、老干部管理

1982 年之前,全区老干部工作由新浦区委组织科负责。

1983 年 6 月,中共新海区委组织部设立老干部办公室。次年 12 月,撤销老干部办公室,成立老干部工作局。

1986 年 7 月,撤销新海区,恢复新浦区建制,同时成立新浦区委老干部局。

2001 年 10 月,原云台区撤销,其所属 75 名老干部划归新浦区管理。

2004 年 2 月,花果山乡由市云台山风景名胜管理委员会划归新浦区管理,其所属 4 名老干部划归新浦区管理。

2005 年 4 月,猴嘴街道划入市经济技术开发区,其所属 6 名老干部划归开发区管理。同年 6 月,宁海乡从灌云县划入新浦区,其所属 6 名老干部划归新浦区管理。

至 2005 年底,全区有离休干部 131 名,其中,由区老干部局负责管理的离休干部 43 人。其他 88 人,由其所在各乡、镇、街道办事处、局、场管理。

二、落实老干部政治待遇

1982 年 12 月至 1984 年 12 月,共为 216 名老干部办理或补办离休手续。

1982 年至 1987 年,新浦区老干部党员参加区委组织部党支部组织生活。

1987 年,成立新浦区委老干部局党支部。

2004 年,成立区老干部局党总支,下辖老干部局机关、猴嘴和新浦 3 个老干部支部。区政府每年向老干部通报全区经济社会发展情况 2 次,组织老干部实地参观考察全区经济社会发展情况 1 次。每月组织老干部集体阅文 1 次。

三、落实老干部生活待遇

1982 年 4 月开始,新浦区落实国发〔1982〕62 号文件精神,1937 年 7 月 6 日前参加革命工作的老干部,每年增发 2 个月工资;1937 年 7 月 7 日至 1942 年 12 月 31 日参加革命工作的离休干部,每年增发 1 个半月工资;1943 年 1 月 1 日至 1945 年 9 月 2 日参加革命工作的离休干部,每年增发 1 个月工资。

1987 年,根据国务院实行公费医疗改革精神,新浦区离休干部医药费实报实销。

1989 年,根据国家提高离休干部待遇的要求,新浦区解决部分离休干部工资偏低问题。

2003 年 5 月,新浦区离休费保障机制、医药费保障机制、财政支持机制开始运行。新浦区离休干部离休费按月足额发放,医药费实报实销。每月为离休干部报销医药费。行政、事业、企业单位离休干部医药费由老干部所在单位按每人每年 6000 元标准纳入区级统筹,资金缺口部分由新浦区财政兜底支付。

2005 年 10 月 1 日起,根据市委老干部局和市财政局有关文件精神,新浦区提高离休干部护理费标准:1942 年 6 月 30 日以前参加工作的离休干部,护理费标准由每人每月 300 元调整至 500 元;1942 年 7

月 1 日后参加工作的离休干部,护理费标准由每人每月 150 元调整至 300 元。

四、开展老干部活动

2003 年底,新浦区老干部局迁入区社区服务中心办公,配套有老干部活动室、老干部阅览室,面积近 300 平方米。同年,成立书画、棋牌、钓鱼、门球、摄影、读书等 6 个老干部兴趣小组。

中秋、国庆、重阳、元旦、春节等节日,组织老干部开展棋牌、钓鱼、门球等比赛。每年高温季节、国庆、中秋、春节等重要时期,新浦区四套班子领导带队到老干部家中走访慰问。

每年春节前,组织老干部团拜会,新浦区四套班子领导向老干部集体拜年。

第十四节 关心下一代工作

一、机构

1993 年 6 月 17 日,新浦区关心下一代工作委员会(简称区关工委)成立。同年 10 月,浦东、浦西、路南、市东、临洪 5 个街道成立关心下一代工作委员会(简称关工委)。1994 年,区政法委成立关工委。1995 年,区教育局成立关工委。1996 年,区建设局成立关工委。1997 年,区经济局、卫生局成立关工委。1999 年,新南、新海街道成立关工委。2001 年,云台乡、花果山乡、南城镇成立关工委。2005 年,宁海乡成立关工委。至当年底,全区共有乡镇、街道、部门关工委 17 个、村(居)委关心下一代工作小组 164 个。

1993～2005 年新浦区基层关工委组织概况表

表 22－10

年度	关工委(个)	关工小组(个)	年度	关工委(个)	关工小组(个)
1993	6	100	2000	13	149
1994	7	109	2001	16	159
1995	8	129	2002	16	159
1996	9	134	2003	16	159
1997	11	139	2004	16	159
1998	11	139	2005	17	164
1999	13	149			

二、主题教育

1994 年,以“爱我中华、兴我港城”“讲变化,看家乡发展”为主题,进行改革开放形势教育。1995 年,以纪念中国抗日战争、世界反法西斯战争胜利 50 周年为主题,进行爱国主义教育。同年,新浦区市东街道关心下一代工作委员会被江苏省关工委授予先进集体称号。1996 年,以纪念建党 75 周年和红军长征胜利 60 周年为主题,开展爱党、爱国和革命传统教育。1997 年,开展以香港回归祖国为主要内容的爱国主义教育。同年,新浦区海宁中学关工小组、新浦区新村街居委会关工小组、新浦区法院青少年犯行为矫治中心被市关工委授予先进集体光荣称号。1998年，开展以纪念周恩来、刘少奇诞辰一百周年为主题的革命史教育。1999年，进行以庆祝新中国成立50周年和澳门回归为主题的爱国主义教育。2000年，以纪念抗美援朝50周年和八国联军侵华100周年为主题，进行国际主义、爱国主义教育。年内，新浦区浦东街道关工委、新浦区法院少年案件审判庭、新浦区航运居委会关工委、新浦区延安中学关工小组、新浦区大庆路小学关工小组被市关工委授予先进集体称号。2001年，进行以纪念建党80周年为主题进行爱党爱国主义教育。同年，云台乡关工委、新浦区教育局关工委被江苏省关工委授予先进集体光荣称号。2002年，进行以公民道德实施纲要宣传教育为主题进行道德观教育。同年，新浦区法院、新浦区通灌路小学关工小组、新浦区新南办事处关工委、新浦区解放路小学关工小组，被市关工委授予先进集体称号。2003年，以宣传党的“十六”大精神为主题进行改革、发展教育。2004年，开展以宣传《中共中央、国务院关于加强和改进未成年人思想道德建设若干意见》为主题进行荣辱观教育。2005年，进行以纪念抗日战争胜利60周年为主题进行爱国主义教育。当年，新浦区关心下一代工作委员会被评为市家庭教教工作先进集体。

三、网吧义务监督

2004年7月19日，区委、区政府召开会议，聘请200余名老干部、老战士、老专家、老教师、老模范为网吧义务监督员，并于次日全部上岗，基本上每个网吧有两名“五老”义务监督员。原区人大副主任李维泰担任网吧义务监督员后，先后说服教育20多名沉溺于网吧的未成年人重返校园。第一代“雷锋车手”李保英，不仅自己担当义务监督员，还动员社区赋闲在家的“五老”组成网吧监督管理队，为下一代站岗放哨。原市委党校副教授谭立洲，一直担当义务监督员，家搬了，仍然坚持回原来社区做网吧义务监督工作。紫云社区老党员王新福动员说服沉溺于网吧青年人远离网吧，还积极想办法，为他们找到工作。镇海社区徐云秀是编外社区干部，不计时间、不要报酬，担当义务监督员，把进入网吧的孩子带回自己家吃住一个月，耐心说服教育，孩子终于远离网吧。2005年，区关工委配合文化局举办一期网吧义务监督小组组长培训班，60多名“五老”人员参加学习。年内，在网吧义务监督员中开展评选优秀“五老”活动，并为214名网吧义务监督员更换“上岗证”。当年，新浦区关工委获江苏省关心下一代工作委员会、江苏省文化厅颁发的“网吧‘五老’义务监督员”组织奖。谭立洲、李维泰、翟萍、秦丽娟、徐云秀、季勇安被评为“优秀网吧义务监督员”。

四、扶贫助学

区关工委成立后，立即围绕为薄弱学校改善办学条件，营造青少年健康成长的环境以及资助特困生完成九年制义务教育扶贫助学的两个重点进行调查摸底，于次年正式启动对中小学的重点扶持工程。1995年赠送给向阳、站北、浦西、浦东、市东、临洪、民主、站北小学风琴各1台。1997年，赠送给向阳小学课桌凳50套、站北小学课桌凳40套，赠送给浦东小学实验课桌12套，图书600册。1998年，赠送给临洪小学课桌凳50套，中心幼儿园玩具600件，晨辉、苗苗幼儿园玩具各200件。2000年，赠送给民主小学鞋子20双、向阳小学鞋子25双、临洪小学鞋子25双、市东小学鞋子15双、浦东小学鞋子15双、浦西小学鞋子25双、站北小学鞋子15双。

2001年，赠送给民主小学课桌凳50套，赠送给临洪、站北、民主小学图书400套；2002年，赠送给关里小学电脑5台。2003年初，区关工委呼吁社会献爱心，帮助特困生完成九年义务教育。区法院干警先后8次捐款，为贫困生提供助学资金4万余元。新南街道关工委与有关部门一道举办义演募捐活动，筹资1.8万余元，资助辖区内市聋哑学校特困生。年内，全区为230名特困生落实了帮扶单位和帮扶人。同时，还赠送给民主、向阳、市东、浦东、浦西、站北、连海、临洪中学、海宁小学书包各 20 个，赠送课桌凳 245 套、实验课桌 12 套、电脑 5 台、风琴 7 架、图书 1 千余册、鞋子 140 双、书包 200 个、幼儿玩具 1200 件，资助贫困生 675 人次，资金 135800 元。当年，新浦区关心下一代工作委员会被连云港市教育局、连云港市关心下一代工作委员会授予“连云港市扶贫助学工作先进集体”光荣称号。2004 年春节期间，区关工委配合区教育局关工委走访孤儿家庭。路南街道关工委在各社区开展献爱心活动，捐款 6700 元，资助特困生。原济南军区连云港养殖场政委王凤文个人为 11 名特困生交了书本费。2005 年，为一名残疾儿童安上了假肢，为一户双目失明的夫妻家庭解决了房屋维修问题，并帮助他们解决了子女入学问题。对外来务工人员子女、外出务工人员留守子女、离异家庭子女和正在服刑人员的子女，都进行登记造册，特别困难的结对帮扶，确保他们完成九年义务教育。至 2005 年底，老军人王凤文资助贫困生 13 年，先后资助 156 人次，资金近万元，多次受到省市关工委表彰。中央、地方媒体均作过专题报道。

第二章　民主党派新浦地区组织

第一节　中国国民党革命委员会连云港市新浦地区基层组织

一、组织机构

1983 年，中国国民党革命委员会（简称“民革”）在新浦地区发展第一批 8 名党员，于 1984 年 1 月，在新浦成立民革连云港市学习小组。同年 5 月，民革连云港市第一次党员大会在新浦召开，会议选举产生了民革连云港第一届委员会。

1988 年 3 月，成立民革淮海工学院支部（简称“民革淮工支部”）。

1990 年 1 月，成立民革老年支部。

1991 年 11 月，成立民革医卫支部。

2005 年 11 月，成立民革教育支部、经济支部。同年 12 月，成立民革机关支部。

至 2005 年末，民革连云港市委在新浦地区共建立 7 个基层支部。

二、自身建设

民革连云港市委员成立以来，历届市委会及新浦地区基层支部均重视自身建设，常抓不懈。利用学习会、短训班等形式，组织党员学习民革党史、党章及民革与中国共产党合作共事的历史，学习中共中央发表的重要文件。加强对成员的思想政治工作。1989 年，中共中央《关于坚持和完善中国共产党领导的多党合作和政治协商制度的意见》发表后，民革淮工支部组织党员参加民革市委举办的专题学习班，全体党员均轮训一次。年内，新浦地区民革组织还举办新党员学习班，帮助新同志提高政治素养，完成思想上的入党。

民革新浦地区基层支部及其党员在组织建设方面卓有成绩，先后获得近 50 余项荣誉和表彰。其中，民革云台支部在 2000 年 11 月被评为“民革全国先进基层支部”、支部主委孙广良被民革中央评为

“民革全国先进个人”，淮工支部刘玮炜荣获“民革全国优秀党务工作者”称号。2003年7月，民革云台支部、医卫支部、淮工支部被评为“江苏省民主党派先进集体”“民革江苏省先进支部”。另有18人次先后获“江苏省先进民革党员”称号。

三、服务社会

1984年11月，民革连云港市委创办的连云港市中山业余学校、中山书画社在新浦成立。中山业余学校是连云港市第一所由民主党派兴办的成人业余学校，该校为连云港市的改革开放、经济建设培养了一大批人才。1989年被评为连云港市职工教育先进单位；《团结报》、江苏人民广播电台等媒体对其办学成绩曾作报道宣传。

1997年3月，民革新浦地区基层支部、党员坚持尽己所能扶贫济困，在社会公益方面有所作为。组织“为贫困地区的贫困母亲捐献衣物”活动，收到党员捐赠衣物298件，现金1000元。2003年5月，组织“抗击‘非典’”专项捐款，收到党员个人捐款近7300余元。2004年7月，组织“为农民朋友捐书建图书馆”，收到党员捐赠图书800余册，全部捐给东海县横沟乡。民革医卫支部利用自身人才优势，组织近百人次医疗专家到工厂、农村、军营、学校进行义诊服务，为社会奉献智慧和爱心，深受服务对象的欢迎。

第二节 中国民主同盟连云港市新浦地区基层组织

一、组织机构

1984年10月26日，中国民主同盟（简称“民盟”）连云港市化学矿业专科学校支部在新浦成立。

1985年，新浦地区先后成立的民盟基层组织有市教育学院支部（1月26日）、市财经学校支部（4月6日）、连云港职业技术大学支部（12月5日）。

1986年，民盟连云港市经济直属小组（1月）、民盟连云港市文化直属小组（1月）、民盟化学工业部化工矿山设计研究院支部（9月25日）先后在新浦建立

1987年7月11日，民盟淮海大学支部成立。

1988年6月10日，民盟连云港市广播电视大学支部成立。同年7月11日，民盟连云港市延安中学支部成立。12月20日，民盟连云港市新浦中学支部成立。

2002年10月18日，民盟连云港市新海实验中学支部成立。

2003年3月17日，民盟连云港市综合二支部成立。

2005年5月21日，民盟连云港市综合三支部成立。

截至2005年底，民盟连云港市委在新浦地区共有13个基层支部，盟员299人。有中高级技术职称的289人，占97%。

二、自身建设

1986年开始，新浦区民盟组织建立后，组织盟员学习贯彻“长期共存，互相监督”方针。有计划地把学习民盟历史、章程和光荣革命传统作为提高盟员素质的长期任务，要求盟员热爱组织，争做合格盟员。

1989年,民盟新浦地区各基层支部学习"中共中央、国务院告全体共产党员和全国人民书"和邓小平同志接见首都戒严部队军以上干部时的讲话。

1991年至1996年,新浦地区的盟员学习邓小平建设有中国特色社会主义理论,坚定社会主义信念,学习中结合中共中央十四届四中、五中、六中全会精神,贯彻全国、省、市统战工作会议精神,共同致力于建设有中国特色的社会主义事业的参政党。

2001年,新浦地区各基层支部,认真学习邓小平理论和江泽民总书记"七一"讲话精神,组织开展思想政治工作的交流和研讨,加深对"三个代表"重要思想的认识。组织盟员参加中共中央统战部的统一战线知识竞赛。

2002年,新浦地区各基层组织认真组织盟员学习座谈江泽民"5·31"重要讲话和民盟江苏省委第九次代表大会精神。学习贯彻中共"十六大"会议精神。

2003年,在全区盟员中开展"三增强、四热爱""六项评优""做合格盟员,争创先进盟支部"活动。

2005年,新浦地区基层组织,组织盟员学习《中共中央关于进一步加强中国共产党领导的多党合作和政治协商制度建设的意见》、学习各民主党派中央《关于进一步做好民主党派组织发展工作座谈会纪要》及《中华人民共和国反分裂国家法》。

三、服务社会

1985年5月23日,市民盟在新浦创办连云港市育才业余学校。1991年,新浦地区盟员到沭阳县茆圩石英粉厂参与扶贫工作。

2003年8月,民盟淮海工学院支部将40台586微机捐赠到灌云县芦河乡小学,并用一个星期时间为该小学的师生进行计算机知识培训。

2005年,民盟综合三支部为赣榆县厉庄镇的经济发展建言献策,帮助厉庄镇引进资金30万元,当年实现财政收入近6万元。

第三节 中国民主建国会连云港市新浦地区基层组织

一、组织机构

1956年6月20日,中国民主建国会(以下简称"民建")徐州市委新海连小组在新浦成立。同月29日,在新浦成立民建新海连市支部委员会。"文化大革命"期间,民建停止活动。1979年,恢复活动。

1984年4月,民建工业支部在新浦成立。

1985年9月,市民建在新浦成立民建机关支部和财经支部。

1991年12月,在新浦成立民建医卫支部和新浦支部。

1996年9月,成立城建支部。

2001年6月,成立农业支部和老年支部。

至2005年底,民建市委在新浦地区基层组织有财经支部、金融支部、城建支部、机关支部、医卫支部、工业支部、农业支部、新浦支部、教育支部、老年支部等10个支部。

二、参政议政

2000年至2005年，民建新浦地区的政协委员深入基层调研，撰写出《关于大力推进农业产业化进程》《关于促进中小企业发展的建议》《关于发展我市现代物流业的建议》等调研报告和提案，得到市领导的批示和采纳。

新浦地区民建组织中先后有23名同志被市纪委、监察局、市检察院、市公安局、市教育局、市房产局、市财政局、市物价局等政府部门聘为特邀监督员、特邀检察员、特邀陪审员、教育督导员、行风监督员等。

三、服务经济建设和社会事业

1998年起，新浦地区民建组织筹集20万元扶贫资金，为灌云县沂北乡三图村专项扶持饲养江浙湖羊项目。在该村成立了农民养羊协会，委派专人驻村，为养羊户提供免费的防疫治病种草等方面的服务。经过多年实践，养羊规模由当初18户120只种羊，发展到80户720多只种羊。该项目取得较好的社会效应。

从2001年起，在赣榆县高级中学每年资助20名品学兼优的应届高三贫困生。每生每月资助生活费150元，直至他们考上大学。至2005年已有128名受助贫困生考上南京大学等本一以上的重点大学。

第四节 中国民主促进会连云港市新浦地区基层组织

一、组织机构

1984年1月17日，中国民主促进会(简称民进)省委在新浦首批发展杨铸九、冯同蓉、王士模、王元、聂世民等13名会员。6月1日，民进新海中学支部成立。6月2日，民进连云港市委在新浦成立。

1989年6月24日，成立民进文艺支部。

1991年4月4日，成立新浦区临时总支。

至2002年3月，民进组织在新浦地区有淮海工学院支部、新海中学支部、新浦中学支部、浦东中学支部、陇东中学支部、解放路小学支部、通灌路小学支部、建国路小学支部等21个基层组织。4月，民进市委会对34个支部和小组进行整合，重新组成22个支部。新浦地区有淮海工学院支部、连云港师范高等专科学校支部、职业技术学院支部、电视大学支部、新海高级中学支部、连云港师范高等专科学校附属中学支部、陇东中学支部、群艺馆支部、淮海剧团支部、解放路小学支部、通灌路小学支部、新浦区教研室支部、机关支部、经济小组、文艺支部。

2005年底，新浦地区有淮海工学院支部、连云港广播电视大学支部、连云港职业大学支部、新海高级中学支部、新浦中学支部、文化馆支部、淮海剧团支部、连云港师范高等专科学校支部、连云港师范高等专科学校附属中学支部、解放路小学支部、通灌路小学支部、新浦区教研室支部、机关支部、经济支部、文艺支部等15个基层组织。

二、自身建设

1989年，市民进新浦地区基层支部和广大会员以学习《中共中央关于坚持和完善中国共产党领导的多党合作和政治协商制度的意见》精神为主线,努力提高会员整体素质。

1991 年至 1995 年,新浦地区民进组织学习邓小平建设有中国特色社会主义理论,坚定社会主义信念,学习中结合中共中央十四届四中、五中、六中全会精神,贯彻全国、省、市统战工作会议精神,共同致力于建设有中国特色的社会主义事业的参政党。

1997 年,新浦地区民进组织以迎庆香港回归为主题,开展爱国主义教育活动。

1999 年,新浦地区民进组织以纪念中共中央〔1989〕14 号文件发表 10 周年为主题,结合迎庆澳门回归,开展各项学习教育活动。

2001 年,学习全国统战工作会议精神,研讨中共多党合作历史和民进发展的光辉历程。

三、参政议政服务社会

1985 年起,市民进新浦地区基层组织先后围绕学生德育教育、教育负债、职业教育、社区管理、港口粉尘污染、旅游业的建设与发展、外向型经济产业结构和湿地保护情况等课题组织会员开展调研活动。

1997 年,新浦地区民进组织慰问灌云县王集聋哑学校。

2000 年,市民进新浦地区会员积极响应民进中央号召,参与"尊师重教,一元钱奉献活动",捐款 1600 多元,捐助残疾儿童。

2002 年至 2005 年,新浦地区会员慰问新浦区浦东小学等学校,向学校教师赠送节日礼品,赠送篮球、排球和羽毛球拍等体育用品。同时,资助灌南县张店小学,为 11 名特困生捐款 2 万多元。

2003 年,新浦地区会员捐款 6000 多元。同年,组织新海高级中学支部教育专家赴东海县白塔中学送教下乡,为高中学生和教师上数学、语文、物理与英语公开课以及有关高考复习方法、学生考前心理疏导及班级管理经验等方面的讲座。

2004 年,新浦地区会员为灌南县三口镇何荡小学 10 名贫困学生资助 2000 元学费,帮助农村特困生完成小学阶段的学业。同年,解放路小学支部赴锦屏中心小学开展"手拉手"教学研讨活动,为师生上数学、语文观摩课,举办教学改革的专题讲座。

2005 年,由民进江苏省委、新浦地区民进组织牵线搭桥,江苏美术出版社为灌南县张店中心小学捐赠价值两万多元的图书;组织教育、文化等方面专家赴新浦区云台乡山东庄小学开展智力扶贫活动,举行公开课和新课程教育科研讲座,向学校捐赠 300 多册、价值 3000 余元的图书。由新浦地区民进组织牵头,连云港师专三附小领导带领部分骨干教师和学生代表到赣榆县班庄镇第二中心小学开展对口支教暨扶贫助学活动,捐赠棉衣 1100 多件、现金 2000 元,并为革命老区抗日山小学师生上示范课。连云港师专附中支部会员坚持为东海县语言康复中心残疾学生和教师捐赠服装和图书。

第五节　中国农工民主党连云港市新浦地区基层组织

一、组织机构

1983 年 2 月,中国农工民主党(简称农工党)组织在新浦地区首批发展金毓麟、兰义和、刘尚春、刘芬芳等 4 人为党员。同年 2 月 24 日,农工党江苏省委直属连云港支部在新浦成立。

1984年5月5日，农工党连云港市委员会在新浦成立。同年10月，先后在新浦地区成立连云港市第一人民医院支部(简称一院支部)、医卫支部、机关支部、市东支部和文艺小组。

1987年7月，成立文艺支部。

1988年4月，连云港市妇女儿童医院支部(简称妇儿院支部)在新浦成立。

1992年6月，农工党市委在新浦成立机关医院支部，中医院支部，同时撤销医卫支部。成立江苏省盐业公司职工总医院支部(简称盐医支部)；成立中药学校支部，同时撤销市东支部。

1998年9月，成立防疫站支部。12月，成立淮海工学院支部(简称淮工支部)。

2000年9月，成立市制药支部和新浦区人民医院支部(简称新浦医院支部)。

至2005年底，新浦地区有农工党员180人，医卫界占71.35%；高级职称占53.22%。3人享受国务院特殊津贴。

二、自身建设

1990年2月开始，新浦地区农工党组织学习《中共中央关于坚持和完善中国共产党领导的多党合作和政治协商制度的意见》。

2001年12月，市第一人民医院支部作为苏北唯一的全国先进支部，受到农工党中央的表彰。

2005年，新浦地区各支部积极开展"创优争先"活动，市第三人民医院支部被授予"全国社会服务工作先进集体"称号，市一院总支主任朱崇林荣获农工党中央"优秀基层组织负责人"称号。盐医支部、机关医院支部、一院支部、三院支部、淮工支部、机关支部等先后被农工党江苏省委评为先进支部。同年7月10日，农工党市委与民革、民盟、民进、九三学社市委会成立20周年庆祝大会在新浦黄海影剧院召开。中共连云港市委发给《致五个民主党派市委会成立20周年的贺信》。

三、参政议政服务社会

1986年，市第一人民医院支部与灌云县板浦卫生院开展横向联系，定期派人去讲学、会诊，帮助该卫生院培训一批医卫人员。

1987年，农工党市委在新浦民主路设立妇幼咨询服务站，医师轮流值班，免费为病人诊治，有些患者从几百里外慕名赶来，许多疑难杂症治疗好转。文艺支部先后到市教育学院、市高等化工专科学校、淮海大学举办多场《京剧艺术与欣赏》专题讲座。

1989年8月5日，农工党市委在新浦成立前进咨询服务部后，一院等支部开展智力扶贫，先后将赣榆县黑林镇、沙河镇、柘汪镇；海州区新坝乡；灌云县板浦镇、同兴镇，灌南县张店镇；东海县南辰乡等作为扶贫点，定期送医下乡，帮助培训乡村医生，提高卫生院科学化、规范化管理水平，对解决乡卫生院缺医少药和技术落后的状况起了一定作用。

1990年，一院、中医院等支部组织9位名医专家参加"亚运会义诊"分团活动，集资10000余元上交北京亚运会，并获亚运会荣誉证书。

1991年起，一院、机关医院等支部农工党员应邀到电台、电视台、居委会等作专题卫生知识讲座，既服务群众，又传播社会主义精神文明。

1992年9月30日，农工党市委创办的"前进咨询服务部门诊部"在新浦站南街65号开业，门诊部开展中西医各科诊疗业务，并设针灸、镇痛治疗、产前检查与妊娠处理、性病、不育症治疗、肝病治疗等专科门诊,《中国中医药报》等6家新闻单位进行了报道。

1994年,为配合政府做好“2000年人人享有卫生保健”和“国家八五攻坚计划”工作,新浦地区各支部开展向“初级卫生保健基金”捐款活动,捐款4000元。

1998年,全国南北同时发生百年不遇的特大洪水灾害,新浦地区农工党员捐款13000余元,支持灾区建设。

2001年暑假期间,新浦地区各支部开展“关注西部教育”活动,发动成员向宁夏贫困地区贺兰县通义中学捐赠各类图书1200册,支援西部教育事业。

2002年,新浦地区各支部积极支持和参与西部大开发,开展对口帮扶贵州贫困地区失学儿童和共筑内蒙古“农工世纪林”活动,农工党员捐款数额达12000元,捐助贫困学生15名,认栽树木200棵。

2005年1月,新浦地区各支部开展向印度洋地区地震及海啸灾民捐款活动,党员捐款2220元。11月,市第三人民医院院支部开展以“关注口腔卫生,科学用牙保健康”为主题的第17届“国际科学与和平周”医学咨询活动。

2003年至2005年,新浦地区农工党组织及区政协委员通过调查研究,了解区情及社情民意,向区政协提交提案28件,为新浦区的经济发展和社会进步建言献策,《加强对个体户个人所得税征收与管理》《发挥政府调控职能,加快教育均衡发展》《加强与在国外工作生活的连云港人的联络,寻求更多的信息和支持》《繁荣社区文化的几点建议》等4件被评为新浦区政协优秀提案。新浦地区各支部还参与“情系贫困学子行动”,连续3年资助赣榆县柘汪镇35名贫困学生,捐助总额达24500元。“八一”建军节,一院支部、文艺支部多次组织专家为官兵、家属义诊服务,送去一片拥军之情。中医院、新浦卫生等支部多次市社会福利院,开展义诊活动,捐赠衣物、食品、学习用品价值达3万余元。各基层组织多次参加廉政建设大检查、治理“三乱”大检查、卫生行风大检查等,发挥民主监督作用。

第六节　中国致公党连云港市新浦地区基层组织

一、组织机构

1985年3月20日,中国致公党(简称“致公党”)在新浦召开党员大会,成立致公党连云港市工作委员会。同年5月,在新浦地区成立矿山设计院支部。

1986年4月,成立新浦支部。

1987年10月,成立建筑设计院支部。

1992年4月,成立教育支部。

1998年10月,成立医卫支部。

2000年11月,成立化工高专支部。

2002年,化工高专支部更名为淮海工学院支部。

至2005年,致公党连云港市委在新浦地区建有6个基层支部。有致公党员86名,其中,归侨6名,具有高级职称30名,中级职称50名。

二、自身建设

1985～1990年,矿山设计院支部、新浦支部、建筑设计院支部的致公党员利用学习会、培训班进行思想教育,每月安排一次组织生活,学习时事政策,学习统战政策理论。

1991～1995年,新浦地区的致公党党员深入学习邓小平同志建设有中国特色社会主义理论,坚定社会主义信念,注重结合中共中央十四届四中、五中、六中全会精神,贯彻全国、省、市统战工作会议精神与中共通力合作,共同致力于建设有中国特色的社会主义事业的参政党。

1996年起,以致公党中央《1996～2000年宣传思想工作计划》为指导,每年以一个中心课题开展思想政治工作。

1997年,以迎庆香港回归为主题,开展爱国主义教育活动。新浦、教育两个支部的党员在7.1米长卷上签名。

1999年,以纪念中共中央〔1989〕14号文件发表10周年,结合迎庆澳门回归,开展各项学习教育活动。

2000年,响应致公党江苏省委号召,在致公党员中开展《怎样当好一名新时期致公党员》的大讨论活动,新浦支部、建筑设计院支部、教育支部、化工高专支部、建筑设计院支部的6名党员在大讨论中的心得体会被《信念、形象、使命》一书刊载。

2001年,新浦支部、建筑设计院支部、教育支部、化工高专支部、矿山设计院支部的党员学习全国统战工作会议精神,参加全国统战知识竞赛答卷,学习中共"十五大"会议精神,举办青年党员学习培训班,学习中共多党合作历史、中国致公党党史,尤其是致公党在抗日救亡、民族团结和争取民主和平的艰苦卓绝的历史,自觉保持坚定正确的政治方向,为巩固和发展同中国共产党的团结合作奠定坚定的思想基础。

2002年,新浦地区致公党党员认真学习中共"十六大"精神,以致公党中央关于在全国开展参政议政"质量·效果年"活动的意见,开展各种学习活动。

2003年,新浦地区的党员参加理论学习中心组,学习中共十六届三中全会文件、"三个代表"重要思想,撰写学习体会文章,有的在《江苏致公》上发表或在致公理论研讨会上交流。

2004年,新浦地区各基层支部贯彻落实致公党中央十二届二次全体会议精神和省委、中共市委会议精神,认真学习邓小平理论、"三个代表"重要思想和中共"十六大"、十六届三中全会精神。

2005年,新浦地区各基层支部的党员认真学习中共中央〔2005〕5号文件。学习《中华人民共和国反分裂国家法》,结合致公党连云港市工作委员会成立20周年开展纪念活动,通过各种理论学习、培训、座谈会、理论报告会等形式加强致公党员的自身建设。

三、参政议政服务社会

1984年,区政协成立后,作为区政协副主席的徐文基和担任区政协委员的致公党党员均开展调查研究,为新浦区三个文明建设建言献策。参与中小学校的危房校舍调研形成的调研报告上报区教育局,使全区的中小学校的校舍得到改善。

1987年4月,矿山设计院和建筑设计院支部组织党员到赣榆县侨兴建筑公司担任技术顾问,使这个侨眷集资办的公司转亏为盈。

1988年,新浦支部的医疗专家主动去新海中学为90多名女教师职工进行义诊。

1989 年，新浦支部的医疗专家在“六一”国际儿童节，免费开展为市区儿童健康咨询服务活动，还前往东海县浦南镇为中小学学生进行义诊。

1992 年，矿山设计院、建筑设计院、新浦支部党员配合致公党省委、省七位水利专家组成的调研组联合对赣榆县黑林镇的水利进行考察。

1993 年，新浦支部胡瑛获得国务院特殊贡献专家津贴。

1994 年，新浦支部的医疗专家到市麻纺厂为职工及孩子进行义诊。

1995 年，矿山设计院支部、新浦支部、建筑设计院支部、教育支部在党员中开展“六个一”扶贫资助活动，为灌云县同兴镇贫困儿童捐款千元，捐书籍、文具、衣物 300 余件。

1998 年，新浦地区的党员资助灌云县同兴镇 3 名贫困学生。

1999 年，新浦地区的党员到市福利院、孤儿院调研，并送去救助金及物品，党员胡瑛获得全国归侨侨眷先进个人。

2000 年，新浦地区的党员再次到孤儿院献爱心，捐款 800 元，捐衣物 400 余件；16 位党员参加“尽爱心、义务献血”活动。

2001 年，新浦区政协委员致公党党员李建彬支援西部的教育事业，赴陕西陇县支教一年半，被致公党中央授予“社会服务先进个人”称号。

2002 年，新浦地区的党员为灌南县田楼乡中心小学 11 名贫困学生送去近千元助学款及学习用品，并组织医务人员到墟沟进行义诊及医务咨询活动，为近百名群众服务，为贫困农民送温暖，捐衣物 600 余件。

2003 年，新浦地区支部向中国扶贫基金会“新长城——特困大学生自强项目”捐款 1000 元，为灌云县东王集中心小学捐款千元资助 5 名贫困生；为本党成员患白血病的女儿捐款 1900 余元；在抗“非典”斗争中，党员积极捐款，医务战线的党员奋战在抗“非典”第一线。新浦支部获市民主党派 2003 年创优活动先进组织称号。

2004 年，建立白蚬乡大兴村帮扶工作联系点，新浦地区支部党员向大兴村的 5 户生活困难农民捐助 1000 元救助款；向灌云县东王集中心小学的 5 位贫困学生捐助 1000 元助学金。建筑设计院支部、淮工支部获得市民主党派 2004 年创优活动先进组织称号；孟力强被授予“全国归侨侨眷先进个人”称号。

2005 年 10 月，淮工支部的党员为农民送去科学，培训技术带头人及农民 500 多人次。淮工支部、建筑设计院支部获得江苏省委 2005 年先进集体；医卫支部、教育支部获得连云港市民主党派 2005 年创优活动先进组织称号。

四、海外联络

1985 年起，致公党新浦地区各支部发挥自身优势，认真做好广大归侨、侨眷的工作，积极开展海外联络，宣传改革开放政策和重大成果。

1989 年，新浦地区在全体党员中开展“写好一封信、通好一次话”及时给海外亲友通信，做好宣传和海外联络工作。

1995 年，新浦区政协副主席徐文基代表致公党市委会接受致公党中央联络部的委托，先后 4 次接待澳大利亚洪门致公党李建民委员长、许建国副委员长一行。

1998 年，新浦地区党员配合市侨办对全市侨情做一次全面调查，通过移民眷属座谈会，走访归国留学人员，认真听取各方意见和建议，了解《中华人民共和国归侨侨眷权益保护法》实施情况，在听取多方意见和建议后，撰写了《进一步发挥留学人员和新移民作用，为连云港经济和科技进步服务》的调研报告，并在政协连云港市第九届二次会议上发言，根据《中华人民共和国归侨侨眷权益保护法》，帮助致公党党员中归侨侨眷解决实际困难，帮助他们解决住房、回国探亲等问题。加强海峡两岸文化交流，矿山设计院支部老党员凌希立的父亲是已故台湾著名民族学家凌纯声先生，著作甚丰，为学术界推崇，凌老努力说服、动员海外亲友，将其父亲凌纯声先生的128本专著捐献给中央民族研究所。《江苏致公》《江苏统战》《中国致公》都对此专题介绍。同时，新浦地区的党员与多次回连探亲的灌南籍在台生活辛子方老人建立友谊，经常座谈海峡两岸发展情况，许多党员在辛子方的《海州文献》上发表作品介绍和宣传连云港，加强海峡两岸的文化交往。

2002年，台胞辛子方老人在灌南县田楼乡捐建一个图书馆，造福乡邻。新浦地区党员为该馆捐献各类图书1100余册。

至2005年，新浦地区的党员出国出境探亲考察，接待海外亲友及客人百余人次。

第七节　九三学社连云港市新浦地区基层组织

一、组织机构

1983年，九三学社江苏省委在新浦区发展谢家汉、李洪甫为首批社员，并帮助筹建组织。

1984年12月11日，九三学社在新浦区召开第一次社员大会，选举产生九三学社连云港市第一届委员会委员。

1985年11月，九三学社在新浦区成立科技一支社、科技二支社、文化高教支社和矿专支社。

1988年5月，九三学社在新浦区建立建筑设计院小组和矿山院小组。

1993年8月，九三学社调整新浦地区基层组织，新浦地区共有科技一支社、科技二支社、矿专支社、文化高教支社、矿山院支社、建筑设计院支社、人民医院小组、科技一组和科技二组等9个基层组织。

1997年9月，九三学社对新浦地区部分基层组织更名调整，在新浦地区设新浦一支社、新浦二支社、文化高教支社、化工高专支社、矿山设计院支社、建筑设计院支社、人民医院支社和机关支社等8个基层组织。

2000年10月至12月，新浦地区九三学社各基层组织顺利完成换届。同年10月，成立城建支社、淮工支社、云台支社，人民医院支社更名为一院支社。

2002年7月，原云台支社更名为新浦支社，原新浦一支社更名为科技支社，原新浦二支社更名为农林支社。同年12月25日，原化工高专支社并入淮工支社。

2005年12月各基层支社相继完成换届。

至2005年底，新浦地区建立新浦支社、科技支社、农林支社、高教支社、一院支社、建筑设计院支社、矿山院支社、淮工支社、城建支社和机关支社等10个基层支社，有九三学社成员159人。

二、自身建设

1989年，新浦区九三学社各基层组织对春夏之交的政治风波给予了极大的关注，召开座谈会，用事实真相澄清各种模糊认识。

1990 年 11 月,高教支社与中共电大党委联合赴苏北五省参观学习。

1992 年,新浦地区九三学社各基层组织学习邓小平南方讲话和中共十四大精神。

1995 年 9 月,新浦地区九三学社各基层组织开展九三学社成立五十周年纪念活动。

1997 年,九三学社新浦地区各基层组织围绕香港回归和中共“十五大”的召开召开专题座谈会。

1999 年,九三学社新浦地区各基层组织以纪念中共中央〔1989〕14 号文件发表 10 周年,结合迎庆澳门回归,开展学习教育活动。新浦支社和化工高专支社在九三学社省委省基层组织建设经验交流会上作经验介绍,并被评为先进基层组织。

2002 年 6 月 25 日,新浦地区九三学社成员在华都饭店参加“庆祝中国共产党成立 80 周年座谈会”。

2003 年 11 月 3 日,新浦地区部分九三学社成员参加九三学社连云港市委举办的“肝胆相照,共铸辉煌”联欢会。

2004 年 8 月,新浦地区九三学社成员参加九三学社连云港市委举办的“社章社史学习班”。

三、参政议政服务社会

1985 年 1 月,九三学社连云港市委在新浦地区首开科技情报检索讲座,为连云港市工矿企业培训科技检索人才 200 名。同年,邀请南京工业学院建筑系教授在新浦区举办现代建筑专题讲座。

1986 年 3 月,新浦二支社赠送东海县山左口乡 500 棵优质石榴苗,并选派高级农艺师前往授课。

1987 年,九三学社新浦地区基层组织在新浦区举办高、中级职称外语培训班 6 个。同年,九三学社新浦地区组织成员建筑设计院高级建筑师为本市龙洞庵免费设计僧房。

1990 年,新浦地区九三学社医卫专家深入工厂、农村开展义诊服务,受到中共连云港市委领导高度评价。

1991 年,科技一支社和科技二支社在赣榆县黑林镇建立科技咨询服务点,为该镇千年银杏树诊病并提出保护措施,帮助该镇出售蛇纹石矿,取得可观效益。

1994 年 9 月,人民医院支社与九三学社南通市委派出的医疗专家在白塔埠为 200 余名农民义诊。

1995 年 6 月,九三学社新浦地区基层组织参加中共连云港市委统战部组织的扶贫活动,共捐款 1080 元,资助 3 名失学儿童。

1998 年 5 月,科技一支社、科技二支社和人民医院支社深入灌南五队送科技下乡,发放科技资料 2000 余份,并增送药品价值 10000 多元。同年,在全国南北同时发生百年不遇的特大洪水灾害时,新浦地区九三学社成员捐款 9000 余元,支持灾区建设。

2000 年 8 月,连云港市遭遇水灾,人民医院支社为灾区义诊 3 天,诊治病人 1500 多人。年内,九三学习社成员中的新浦区政协委员和淮海工学院支社就连云港市高校的学科设置情况进行了深入调查,并形成《适应社会经济发展需要,搞好高校学科专业建设》的建议材料,供市有关部门决策参考。

2001 年 7 月,新浦一支社、新浦二支社部分成员赴山东省日照市考察调研,考察日照市港口、电厂、高新技术开发区、农业科技园等。

2002 年,科技支社、农林支社和一院支社到赣榆县土城乡为其举办“加入 WTO 与农业标准化”“青贮氨化饲料”“果树栽培”等专题讲座。

2004 年，九三学社成员中的区政协委员所提《职业教育要向“三农”倾斜》提案被评为优秀提案。

第三章　中国国民党东海县党部

第一节　沿　革

民国 12 年(1923)前，新浦人李在田在南京两江师范参加国民党，并被委派为国民党东海县委员。李在田回新浦后在新浦邮电局、第八工厂等单位，发展多名国民党员。

民国 13 年(1924)，国民党江苏省代表大会在上海召开，东海县派李在田、庞寿峰、孙肖韩 3 人为代表参加会议，李在田因故未能前往，被取消代表资格。

民国 15 年(1926)冬，国民党东海县第一次代表大会在新浦后河崖召开，建立了东海县党部，县党部驻海州。12 月，海属地区国民党员在普爱小学进行活动。

民国 16 年(1927)1 月至 6 月，国民党东海县党部的活动处于秘密状态。6 月 10 日，北伐军到达新浦，县党部公开。直鲁军逼近苏北，北伐军南撤后，东海县党部又转入秘密活动。当时有党员近 200 人。7 月至 8 月，成立特别委员会，有特别委员 6 人，清党委员 5 人，设秘书处和组织、宣传、青年、工商、农民、妇女等部。

民国 17 年(1928)1 月至 2 月，改设临时执监委员会，有执行委员 5 人，监察委员 1 人。内设秘书处、组织部、宣传部及农工商和青年妇女两个运动委员会。同年 2 月至 3 月，恢复特别委员会，有特别委员 3 人，设秘书处、宣传部和民众运动委员会。7 月至次年 2 月，改设党务指导委员会，有指导委员 5 人，增设组织部和训练部。下设 3 个区党部 10 个区分部，有党员 30 余人。

民国 18 年(1929)3 月至 10 月，成立执监委员会，有执行委员 5 人、候补执行委员 1 人，监察委员 3 人，常设机构同上。民国 22 年(1933)底，组成党务整理委员会。次年 3 月，有整理委员 3 人。

民国 23 年(1934)3 月，国民党江苏省党部撤回东海县党部全体委员，另派辛玉堂接管东海县党部。全县有党员 88 人，其中女党员两人。

民国 25 年(1936)1 月至次年 2 月，由国民党江苏省党部特派员主持东海县党部工作。全县有党员 211 人。设 9 个直属区分部。

民国 28 年(1939 年)，东海县党部书记庞寿峰任东海县县长，国民党江苏省党部委派孙肖韩、颜振流、倪爱棠为国民党东海县党部执行委员，孙肖韩为书记长。日本侵略军侵占新浦、海州后，东海县党部转入海州南部农村活动。

民国 34 年(1945)9 月，东海县党部迁回新浦(县党部初设在后街伪法院一宅房产内，旋即迁至大马路路北，再迁至大马路路南交通旅社楼下)，县党部执行委员有书记长、秘书长、组织委员、组织干事、宣传委员、宣传干事各 1 人，县党部登报进行党员登记，有党员近 200 人。后因选国大代表，国民党东海县党部奉命吸收党员，加之国民党、三青团合并，东海县党部共有国民党党团员近 6000 人。县党部增设监察、财务委员各 1 人，组织委员改为组训委员。

民国 37 年(1948)，新浦地区有区党部 5 个，区分部 74 个，党员 882 人。11 月初，新浦解放前夕，国民党东海县党部、新浦的各区党部、区分部全部西撤。

第二节 特种机构

一、中统海州分区区室

民国33年(1944)成立,室本部驻新浦新马路北侧,下设连云分室、东海县室、赣榆县室。

二、国防部第二厅特种工作站徐州分站海州组

民国35年(1946)11月成立,直受南京总站领导,亦受徐州绥靖督察室领导。室本部设于新浦东大街。下设沭阳组、东海组、灌云组、赣榆组和沭阳行动组、东海行动组、连云行动组、灌云行动组、突击组、直属组、突围组。

三、陆总驻海州通讯组

陆总驻海州通讯组设在新浦,亦称"新浦谍报组"。

四、图强部队

新浦解放前夕,徐州陆总第二处来此组织图强部队,共100余人,均持汉阳造步枪。下设便衣组、二组、三组。

民国16~37年(1927~1948)中国国民党东海县党部负责人更迭表

表22-11

姓名	籍贯	职务	任职时间
庞寿峰	江苏东海	特派员	1927年1月~1927年6月
邵云湘	—	常务	1927年1月~1927年6月
逯振秀	江苏赣榆	特派员	1927年7月~1927年8月
姜鸿铭	—	常务	1927年7月~1927年8月
顾恩远	江苏昆山	常务	1928年1月~1928年2月
夏鼎文	江苏东海	常务	1928年2月~1928年3月
夏鼎文	江苏东海	常务	1928年7月~1929年10月
顾恩远	江苏昆山	常务	1928年7月~1929年3月
颜振鎏	江苏东海	常务	1929年11月~?
孙肖韩	江苏赣榆	负责人	1934年3月~1935年
周佩伍	江苏沭阳	特派员	1935年~1936年
董建华	江苏东海	特派员	1936年1月~1937年2月
庞寿峰	江苏东海	书记长	1937年~1939年
孙肖韩	江苏赣榆	书记长	1939年~1942年
孙肖韩	江苏赣榆	书记长	1945年9月~1948年9月

第二十三编　人大　政府　政协

清末，新浦属临洪镇，由镇董管理政务。

中华民国成立后，新浦各镇设镇公所，由国民党东海县党部委任镇长。

解放初，改为区建置，设区公所，作为新海连特区新海市政府的派出机构。

新中国成立后，新浦各区正式成为一级政权机构，设区人民政府。由中共新海市委任命区长、副区长。

1954年6月起，按法律规定逐届召开区人民代表大会，由区人民代表大会选举产生区长、副区长。

1955年11月，盐河区、龙尾区合并成新浦区，同时组建新浦区人民政府。区政府成立后，组织、带领全区广大干部群众，认真贯彻执行党的路线、方针、政策，艰苦奋斗，切实做好经济建设、城市建设管理和各项社会事业，为辖区各单位和为全区城乡居民服务。

1969年开始，历届区人民代表大会均选举产生区人民法院院长和区人民检察院检察长。

自1980年8月，新浦区第九届人民代表大会起，设立区人民代表大会常务委员会（简称"区人大常委会"），作为区人民代表大会常设机构。在人民代表大会闭幕期间开展各项工作，行使人民代表大会对"一府两院"的法律监督、工作监督和人事任免职能。

1983年6月，新浦、海州两区合并成立新海区，并相应成立新海区人大常委会、新海区人民政府。

1984年5月，成立中国人民政治协商会议连云港市新海区委员会，历届区政协常委会在全委会闭幕期间，不断创新活动形式，组织政协委员参政议政，对全区重要工作进行政协协商、民主监督。充分发挥人民政协人才库作用，为全区三个文明建设献计出力。

1986年6月，撤销新海区，恢复新浦区建制。相应组成新浦区人大常委会、新浦区人民政府和政协新浦区委员会，在中共新浦区委领导下，各自行使职能，贯彻落实党的方针政策，不断深化改革，扩大开放，扎实推进物质文明、精神文明和政治文明建设，全区经济建设和社会事业发展步伐不断加快，圆满完成了十一个"五年计划"。全区经济实力明显增强，社会事业全面发展，居民生活不断改善。

第一章　新浦区人民代表大会

第一节　区人民代表选举

一、第一届人民代表选举

1953年8月15日至10月5日，盐河区、龙尾区同时进行首届人民代表选举工作。两区分别成立选举委员会,按法定程序进行选举。盐河区总人口27625人,有选举权的15696人,参加选举的13309人,参选率84.79%;龙尾区总人口24358人,有选举权的14694人,参加选举的12868人,参选率87.57%。两区于9月20日分别召开选举大会,采取举手表决方式,共选出代表104名。

二、第二届人民代表选举

1956年11月1日至20日,新浦区进行第二届区人民代表选举工作,在市化街试点后,全面展开,历时20天。经宣传教育、选民登记和选民资格审查、酝酿和公布代表候选人、正式选举4个阶段。全区总人口52100人,有选举权的30076人,分34个选区,28213人参加选举,参选率93.81%,选民首次以无记名投票方式,选出新浦区第二届人民代表105名。

三、第三届人民代表选举

1958年初,成立由9人组成的区选举委员会。于当年3月中旬至4月下旬开展代表选举工作。整个选举工作分宣传教育、核对人口、选民登记、选民资格核查、提出候选人名单和召开选举大会等6个步骤进行。选民们以无记名投票方式,共选出新浦区人民代表120名。

四、第四届人民代表选举

1961年初,成立由11人组成的区选举委员会。于当年7月5日至15日开展选举工作,历经11天。全区总人口59908人,有选举权的31337人,29673名选民参加选举,参选率94.69%。选民们以无记名投票方式,共选出新浦区第四届人民代表130名。

五、第五届人民代表选举

1963年3月21日,新浦区选举委员会正式成立。同时在建国街进行试点,后全面展开,至4月18日结束。全区总人口59908人,有选举权的31337人,29673人参加选举,参选率94.69%。选民以无记名投票办法,共选出第五届人民代表130名。

六、第六届人民代表选举

1965年11月10日,成立区选举委员会,同时在菜市街道试点。同年于11月21日至12月11日,在37个选区进行选举。全区总人口70454人,有选举权的35297人,33861人参加选举,参选率95.93%。除临洪、沈圩两大队所属3个选区采取举手表决方式外,其余34个选区均以无记名投票的方式进行选举,共选出第六届人民代表140名。

七、第七届人民代表选举

因“文化大革命”干扰,未能进行选举。

八、第八届人民代表选举

“文化大革命”结束后,正式恢复人民代表选举工作,区委非常重视,首先于1978年11月在同和街进行试点。1979年3月初,正式成立区选举工作领导小组。同年3月20日起,全区51个选区全面展开选举工作，到4月18日结束。全区总人口100520人，有选举权的63690人，55551人参加选举，参选率87.22%。各选区均以无记名投票办法，共选出第八届人民代表219名。同时，选出人民陪审员85名。

九、第九届人民代表选举

1980年6月10日起，新浦区进行县级人民代表直接选举试点，至同年8月10日，在114个选区全面展开。全区总人口105747人，有选举权的69963人。选民们以无记名投票办法，共选出人民代表197名。同时，选出人民陪审员116名。

十、第十届人民代表选举

新海区第十届人民代表选举为首次实行差额选举，区委、区人大常委会极为重视，事先进行了广泛的宣传教育。选举工作从1984年2月8日至5月20日进行。全区总人口233328人。有选举权的选民126898人，共划分203个选区，选民们以无记名投票方式，共选出第十届代表294名。

十一、第十一届人民代表选举

1987年1月7日至3月31日，进行新浦区第十一届人民代表大会代表选举工作。全区总人口159303人，有选举权的108367人。划分144个选区，96965名选民参加选举，以无记名投票方式，共选出第十一届人民代表194名，同时选出人民陪审员20名。

十二、第十二届人民代表选举

新浦区第十二届人民代表选举工作，从1989年12月初开始，到1990年2月初结束。全区总人口162175人，有选举权的120242人，共划分163个选区。112186人参加选举，参选率93.3%。全区按多于代表名额三分之一至一倍的规定，确定正式代表候选人383名，以无记名投票方式进行差额选举。选举一次成功的有158个选区，两次选举成功的有5个选区。共选出人民代表217名。

十三、第十三届人民代表选举

新浦区第十三届人民代表选举工作，1992年8月开始，至次年1月结束。全区总人口182791人。有选举权的128136人分50个选区。115395人参加选举，参选率90.06%，共选出人民代表225名。

十四、第十四届人民代表选举

新浦区第十四届人民代表大会选举工作，1997年8月开始，至次年1月结束。全区总人口250186人。有选举权的218756人。共划分42个选区。196594人参加选举，参选率93.03%，共选出人民代表168名。

十五、第十五届人民代表选举

新浦区第十五届人民代表选举工作，2002年8月开始，至次年1月结束。全区总人口332890人，有选举权的193762人。共划分156个选区。174032人参加选举，参选率为90%。共选出人民代表194名。

第二节　区人民代表大会

一、第一届人民代表大会

任期自1954年6月至1957年1月。先后举行两次会议。

1954年6月14~18日，盐河区、龙尾区分别召开第一届人民代表大会第一次会议，选举产生了两个区的人民委员会组成人员、区长、副区长。并且两区共选出54名出席市首届人民代表大会代表。

1955年11月，盐河、龙尾两区合并成立新浦区。于1955年12月2~28日，召开新浦区第一届人民代表大会第二次会议，出席代表79人。会议听取和审议了区政府《关于工作情况总结和今后工作意见的报告》，围绕对资本主义工商业改造、农业合作化、肃反斗争等项工作进行了讨论。大会选举李春藻为新浦区人民委员会区长、于绍武为副区长。并通过相关决议。

区人民委员会机关驻新浦海昌路67号。

二、第二届人民代表大会

任期自1957年1月至1958年5月。

1957年1月18~20日，新浦区第二届人民代表大会在新浦召开。应出席代表105人，出席会议代表101人，列席人员18人。大会主席团由9人组成，代表资格审查委员会由5人组成。大会听取和审议通过了李春藻所作的《关于区第一届人民委员会的工作总结和今后工作意见的报告》。大会选举产生由17名委员组成的新浦区第二届人民委员会，李春藻当选区长、于绍武当选副区长。同时，选举产生了出席市第二届人民代表大会代表52名和人民陪审员65名。

1958年1月，机关驻地由新浦海昌路迁至民主路164号。

三、第三届人民代表大会

任期自1958年5月至1961年7月。

1958年5月10~12日，新浦区第三届人民代表大会在新浦区礼堂召开。大会听取和审议通过了李春藻所作的《关于新浦区16个月的工作总结》报告和韩学敏作的《关于新浦区1958年的工作意见》的报告。大会选举产生了由19名委员组成的新浦区第三届人民委员会，选举韩学敏为新浦区区长、于绍武、唐彦生为副区长。大会还选举55名出席市第三届人民代表大会代表。大会通过决议，号召全区人民发展地方工业、农渔业生产，普及中、小学教育，动员全区人民勤俭建国，勤俭持家，鼓足干劲，力争上游，多快好省地建设社会主义。

四、第四届人民代表大会

任期自1961年7月至1963年5月。先后举行两次会议。

第一次会议于1961年7月20~22日在新浦召开，到会代表122名。大会听取和审议通过了彭元平所作的《关于三年来政府工作总结和今后工作意见的报告》。大会以无记名投票方式选举产生了由

19名委员组成的新浦区第四届人民委员会,选举邱连德为新浦区区长、陈俊文、叶廷武为副区长。大会还选举产生57名出席市第四届人民代表大会的代表。大会通过决议,号召全区人民继续贯彻中共中央提出的国民经济"以农业为基础"和"调整、充实、巩固、提高"的方针,集中力量,大办粮食、大办蔬菜、大力生产小农具和小商品,全面完成和超额完成全年国民经济计划。

第二次会议于1962年5月8~9日在新浦召开。到会代表125名。大会听取和审议通过了邱连德所作的《1961年政府工作总结和1962年各项任务的报告》,10名代表在会上发言。大会通过决议,号召全区人民进一步贯彻"调整、充实、巩固、提高"的方针,压缩人口,勤俭建国、增产节约、抗旱防荒,大种瓜、菜、豆,搞好生产自救。

五、第五届人民代表大会

任期自1963年5月至1965年12月。先后举行两次会议。

第一次会议于1963年5月8~10日在新浦召开。应出席代表130名,实到代表117名。会议听取和审议通过了陈俊文代表区第四届人民委员会所作的《1962年政府工作总结和今后工作任务》的报告。会议选举产生了由19名委员组成的新浦区第五届人民委员会,选举范伟岩为新浦区区长、陈俊文为副区长。大会还选举产生56名出席市第五届人民代表大会的代表。大会号召全区人民继续贯彻执行"以农业为基础,以工业为主导"的发展国民经济的总方针,以社会主义教育为纲、以增产节约为中心,全面开展社会主义劳动竞赛。

第二次会议于1964年12月15~17日在新浦召开。会议听取和审议通过了陈俊文所作的《关于一年来政府工作总结和今后任务的报告》。大会通过决议,号召全区人民继续高举毛泽东思想伟大红旗,分期分批地深入开展社会主义教育运动,贯彻以农业为基础,以工业为主导发展国民经济的总方针,发扬艰苦奋斗、勤俭建国、自力更生、奋发图强的革命精神,深入开展增产节约运动,争取1965年各项工作的更大胜利。

六、第六届人民代表大会

任期自1965年12月至1969年10月。

第一次会议于1965年12月24~27日在新浦区礼堂召开。应出席代表140名,实到代表129名。大会听取了彭元平代表中共新浦区委所作的政治报告;听取和审议通过了陈俊文作的《关于新浦区第五届人民代表大会以来的政府工作总结和今后任务》的报告。大会选举产生了由19名委员组成的新浦区第六届人民委员会,范伟岩当选区长、陈俊文当选副区长。大会还选举产生58名出席市第六届人民代表大会的代表以及人民陪审员12名。大会通过决议,号召全区人民认清形势,进一步发扬革命精神,厉行节约,提高警惕,加强战备,迎接第三个五年计划的到来。

后因"文化大革命"干扰,区第六届人民代表大会第二次会议未能召开。

七、第七届人民代表大会

因受"文化大革命"干扰,新浦区第七届人民代表大会未能召开。

八、第八届人民代表大会

任期自1979年5月至1980年8月。

“文化大革命”结束后，新浦区于1979年5月26～28日召开区第八届人民代表大会。应出席代表219名，实到代表219名。会议听取和审议通过了石进明代表区革命委员会作的工作报告。选举产生了由21名委员组成的新浦区革命委员会。武心铎当选新浦区革命委员会主任，石进明、丁全普（女）、张长明、崔东源、韩学敏、陈瑞元当选副主任。

九、第九届人民代表大会

任期自1980年8月至1984年5月。先后举行3次会议。

第一次会议于1980年8月23～28日在新浦区礼堂召开。应出席代表197名，实到代表188名。大会听取和审议了区政府工作报告、区人民法院工作报告、区人民检察院工作报告。会议根据《中华人民共和国地方各级人民代表大会和地方各级人民政府组织法》的规定，设立区人民代表大会常务委员会，作为区人民代表大会的常设机关。大会选举产生了由16人组成的区第九届人民代表大会常务委员会，武心铎当选区人大常委会主任，石进明、韩学敏、崔东源、徐沾恩（女，不驻会）为副主任；选举张云鸾为区长、丁全普（女）、陈瑞元、张长明、李佩佑为副区长；选举李元林为区人民法院院长、薛克成为区人民检察院检察长。

第二次会议于1982年2月22～26日在新浦区招待所召开。应到代表199名，实到代表176名，列席代表12名。大会听取和审议通过了张云鸾作的《政府工作报告》、崔东源作的《新浦区人大常委会工作报告》、张永斌作的《新浦区人民法院工作报告》和金庆仁作的《新浦区人民检察院工作报告》。大会选举石进明为区人大常委会主任；选举马英周为区政府副区长；选举金庆和为区人民检察院检察长。大会号召全区人民同心同德，坚持四项基本原则，认真贯彻中共十一届六中全会和全国五届人大四次会议精神，为实现政治上的进一步安定，继续搞好经济调整工作而努力奋斗。

第三次会议于1983年3月15～18日在市轻工业局人防地下室召开。应出席代表196名，实到代表172名，列席代表16名。会议听取和审议了张云鸾作的《政府工作报告》、崔东源作的《新浦区人大常委会工作报告》、张永斌作的《新浦区人民法院工作报告》和金庆仁作的《新浦区人民检察院工作报告》。大会补选区人大常委会副主任1名。选举90名出席市第七届人民代表大会的代表。大会号召全区人民在市、区党委领导下，思想更解放一点，胆子更大一点，工作更扎实一点，在新的一年里，艰苦奋斗，踏踏实实，立志改革，创造新成绩，作出新贡献。

十、第十届人民代表大会

任期自1984年5月至1987年4月。先后举行4次会议。

1983年6月，新浦、海州两区合并成立新海区。

新海区第十届人民代表大会第一次会议于1984年5月26～30日在新浦召开，应出席代表294名，实到代表294名，特邀代表11名，列席代表53名。大会选举产生了新海区第十届人民代表大会常务委员19人；选举吴荫奎为区人大常委会主任，丁全普（女）、马英周、田锁成、王保珊、石衡（不驻会）为区人大常委会副主任；选举俞素娥（女）为区长，朱泰曾、韩世泳、谷胜玉、姜奎顶、陈东美、王云良为副区长；选举刘持祥为区人民法院院长，程振华为区人民检察院检察长。

第二次会议于1985年4月10～12日在新浦召开。大会听取和审议通过了俞素娥作的《新海区人民政府工作报告》、吴荫奎作的《新海区人大常委会工作报告》、刘持祥作的《新海区人民法院工作报告》、程振华作的《新海区人民检察院工作报告》。

第三次会议于1986年4月28～30日在新浦召开。大会审查和批准了区发展国民经济第七个五年计划，并通过相应决议。

1986年6月，新海区撤销，恢复新浦、海州两区。当月30日，市人大常委会第21次会议通过的《连云港市人民代表大会常务委员会关于组建新浦区、海州区人大常委会的决定》指出：原新海区人民代表大会的代表，在哪个行政区域内选举产生的，就为该区的人民代表大会的代表。同年8月4～5日，新浦区第十届人民代表大会第四次会议在新浦召开。大会应到代表166名，实到代表127名，特邀代表5名，列席代表41名。大会选举产生了由17人组成的新浦区第十届人民代表大会常务委员会，选举张云鸾为区人大常委会主任，李维泰、张一平、马英周、王保珊为区人大常委会副主任，选举张玉华为区长，韩世泳、陈东美、王云良、崔仁义为副区长，选举滕采勤（女）为新浦区人民法院院长，程振华为新浦区人民检察院检察长。

十一、第十一届人民代表大会

任期自1987年4月至1990年3月。先后举行4次会议。

第一次会议于1987年4月15～18日在新浦召开。应出席代表194名，实到代表188名，列席代表26名，特邀代表11名。大会听取和审议通过了区长张玉华作的《新浦区人民政府工作报告》、张琪珍作的《新浦区1986年财政预算执行情况和1987年财政预算草案的报告》、张云鸾作的《新浦区人民代表大会常务委员会工作报告》、滕彩勤作的《新浦区人民法院工作报告》、程振华作的《新浦区人民检察院工作报告》。大会选举产生了由19人组成的新浦区第十一届人民代表大会常务委员会。选举张云鸾为区人大常委会主任，张一平、孟宪凯、朱崇汉为区人大常委会副主任；选举张玉华为区长，韩世泳、陈东美、王云良、崔仁义为副区长；选举滕采勤（女）为新浦区人民法院院长，程振华为新浦区人民检察院检察长。

本届人民代表大会于1987年12月9日、1988年3月17～19日、1989年3月23～25日召开了第二、三、四次会议，分别围绕当年政府工作报告进行讨论。大会号召全区人民继续坚持以经济建设为中心，走“兴商、促工、开发”的路子，大力发展第三产业；发展工业生产和外向型经济；搞好城市建设管理、教育科技工作，坚持服务方向，统筹安排各方面的工作，推动两个文明建设全面发展等工作任务。

十二、第十二届人民代表大会

任期自1990年3月至1993年2月。先后举行3次会议。

第一次会议于1990年3月27～30日在新浦区礼堂召开，应到代表217名，实到代表204名。大会听取和审议通过了滕雨成作的《区政府工作报告》，张琪珍作的《新浦区1989年财政预算执行情况和1990年财政预算（草案）的报告》，张云鸾作的《区人大常委会工作报告》，滕采勤作的《区人民法院工作报告》，程振华作的《区人民检察院工作报告》。大会选举产生了由19人组成的区第十二届人民代表大会常务委员会，选举张玉华为区人大常委会主任，孟宪凯、朱崇汉、姚嗣（不驻会）为区人大常委会副主任；大会选举滕雨成为区长，翟立东、王云良、张秋田、林富平为副区长；滕采勤（女）为新浦区人民法院院长，程振华为新浦区人民检察院检察长。

第二次会议于1991年3月26～30日在新浦召开，应出席代表212人，实到代表212人。代表们听取和审议通过了《新浦区国民经济和社会发展十年规划及“八五”计划纲要》。大会补选严志源为区人大常委会副主任，选举刘永奎为新浦区人民法院院长。

第三次会议于1992年3月25～28日在区礼堂召开。大会听取和审议通过相关报告。会议号召全区人民始终不渝地坚持党的基本路线,思想再放开一些,改革开放的步伐再大一些,推行以破“三铁”为主要内容的企业经营体制改革,立足城区优势,大力发展第三产业和各项社会事业。

十三、第十三届人民代表大会

自该届起,区人民代表大会任期由3年改为5年。新浦区第十三届人民代表大会任期自1993年2月至1998年1月。先后举行5次会议。

第一次会议于1993年2月23~26日在新浦区礼堂举行。应到代表224名,实到代表218名。大会听取审议和通过了滕雨成作的《区政府工作报告》、张玉华作的《区人大常委会工作报告》、李秀华作的《新浦区1992年财政决算和1993年财政预算(草案)的报告》、刘永奎作的《新浦区人民法院工作报告》、程振华作的《新浦区人民检察院工作报告》。会议选举产生由14人组成的区第十三届人民代表大会常务委员会和新浦区出席连云港市第九届人民代表大会的74名代表;大会选举张玉华为区人大常委会主任,孟宪凯、严志源、朱崇汉、姚嗣(不驻会)为人大常委会副主任;大会选举滕雨成为区长,徐家贵、张秋田、林富平、刘士俊为副区长;选举刘永奎为新浦区人民法院院长,陈学标为新浦区人民检察院检察长。

第二次会议于1994年3月15~19日在新浦区礼堂召开。大会强调全区要进一步整体推进经济体制改革,以提高经济效益为中心,以市场为导向,推进“科技兴区”战略,坚持两手抓、两手都要硬的方针,加强社会主义精神文明建设,把全区经济建设和社会事业推向前进。

第三次会议于1995年3月7~10日在新浦区礼堂召开。大会听取、审议并通过了《政府工作报告》等报告。

第四次会议于1996年3月18~22日在新浦区礼堂召开。代表们听取审议和通过了《政府工作报告》等相关报告;审议、批准了《新浦区国民经济和社会发展“九五”计划和2010年远景目标(草案)》。大会选举滕雨成为新浦区人大常委会主任,选举李建平(女)为新浦区人民政府区长。会议号召全区人民在邓小平同志建设有中国特色社会主义理论和党的基本路线指引下,大力推进经济体制和经济增长方式的转变,扩大经济总量,提高经济运行质量,大力发展第三产业,坚持两个文明一起抓,促进全区经济社会全面进步。

第五次会议于1997年3月5日至3月7日在新浦区礼堂召开。会议听取和审议通过了《政府工作报告》等有关报告。

十四、第十四届人民代表大会

任期自1998年1至2003年1月。任期内先后举行5次会议。

1998年1月7~10日,新浦区第十四届人民代表大会第一次会议在新浦区政府礼堂举行。应到代表168名,实到代表159名。会议听取审议和通过了李建平作的《政府工作报告》、滕雨成作的《新浦区人大常委会工作报告》、陈周德作的《新浦区1997年财政决算和1998年财政预算(草案)的报告》、周宜榴作的《新浦区1997年国民经济和社会发展计划(草案)的报告》、徐昊作的《新浦区人民法院工作报告》、陈学标作的《新浦区人民检察院工作报告》。大会选举产生新浦区第十四届人大常委会委员14名及出席连云港市第十届人民代表大会代表58人。会议选举滕雨成为区人大常委会主任,王云良、杨尔伦、刘士俊、陈应聪(不驻会)为区人大常委会副主任;选举李建平(女)为新浦区人民政府区长,姜洪、戴克大、陆体洋、汤其好为副区长;选举徐昊为新浦区人民法院院长、陈学标为新浦区人民检察院检察长。

第二次会议于1999年1月19~21日在新浦区礼堂召开。会议听取审议并通过《政府工作报告》等相关报告。

第三次会议于2000年1月18～21日在新浦区礼堂召开。会议听取审议并通过《政府工作报告》等相关报告。

第四次会议于2001年1月10～14日新浦区礼堂召开。会议听取、审议通过了《新浦区国民经济和社会发展第十个五年计划纲要》，并通过相关决议。大会选举陈东美为新浦区人大常委会主任。

第五次会议于2002年1月22～25日在新浦区礼堂召开。大会听取、审议通过了姜洪作的《政府工作报告》、陈周德作的《新浦区二〇〇一年财政决算和二〇〇二年财政预算（草案）的报告》、徐昊作的《新浦区人民法院工作》、陈学标作的《新浦区人民检察院工作报告》。大会通过关于接受陈东美辞去新浦区人大常委会主任职务的备案报告、关于接受李建平辞去区人民政府区长职务的备案报告，接受徐昊辞去区人民法院院长职务的请求的备案报告。大会选举李建平为区人大常委会主任；选举姜洪为新浦区人民政府区长，张彩屏（女）、董一洪为副区长；选举张大鹏为新浦区人民法院院长。

十五、第十五届人民代表大会

任期自2003年1月至2007年12月，至2005年底，先后举行3次会议。

2003年1月8～11日，新浦区第十五届人民代表大会第一次会议在新浦区礼堂召开。应到代表195名，实到代表185名，列席人员40名，特邀人员19名。大会听取并审议通过了姜洪作的《政府工作报告》、王云良作的《连云港市新浦区人民代表大会常务委员会工作报告》、朱海波作的《连云港市新浦区2002年国民经济和社会发展计划执行情况和2003年国民经济与社会发展计划（草案）的报告》、吴海云作的《连云港市新浦区2002年财政预算执行情况和2003年财政预算（草案）的报告》、张大鹏作的《连云港市新浦区人民法院工作报告》、陈学标作的《新浦区人民检察院工作报告》。大会选举产生区第十五届人大常委会委员18名；选举李建平为区人大常委会主任，吉宝明、陈学标、刘士俊、陈应聪（不驻会）为区人大常委会副主任；选举姜洪为区长，张爱勤、张彩屏（女）、树成旺、董一洪、王友君、薛飞为副区长；选举张大鹏为区人民法院院长；王墩海为区人民检察院检察长。同时选举产生新浦区人民法院人民陪审员19人和出席连云港市第十一届人民代表大会代表79人。

第二次会议于2004年1月6～9日在新浦区礼堂召开，会议应到代表195人，实到代表193人。大会听取并审议通过了有关报告。大会号召全区人民围绕富民强区、快速崛起、加快融入“两个率先”大局，着力推进“开放立区、二产强区、三产兴区、民营富区”四大战略，进一步解放思想，深化改革，大力提高区域经济市场化、工业化、特色化水平，促进全区经济社会全面、协调、可持续发展。

第三次会议于2005年1月12～14日在新浦区礼堂召开。应到代表195名，实到代表189名。大会听取并审议通过了有关报告。会议号召全区人民在区委领导下，高举邓小平理论和“三个代表”重要思想伟大旗帜，解放思想，抢抓机遇，加快发展，为实现“两个率先”、富民强区宏伟目标而奋斗。

第三节　区人民代表大会常务委员会

一、机构沿革

新浦区第一届至八届人民代表大会未设常委会，人民代表大会闭会期间的日常工作由区人民委员会负责办理。

根据《中华人民共和国宪法》和1979年7月1日第五届全国人民代表大会第二次会议通过的《中华人民共和国地方各级人民代表大会和地方各级人民政府组织法》规定，自1980年8月区第九届人民代表大会起，设立区人大常委会。区人大常委会设立办事机构和工作机构。

1983年6月，新浦、海州两区合并成立新海区，在未进行选举之前，以原新浦、海州两区人大常委会委员组成新海区人大常委会。1984年5月，召开新海区第十届人民代表第一次会议，正式选举产生新海区第十届人大常委会。

1986年6月，撤销新海区，恢复新浦区、海州区建制。同年6月30日，市人大常委会第二十一次会议通过《连云港市人民代表大会常务委员会关于组建新浦区、海州区人大常委会的决定》指出，原新海区人民代表大会的代表在哪个行政区域内选举产生的，就为该区的人民代表大会的代表；在未举行人民代表大会选举之前，原新海区人大常委会组成人员划分在哪个区就为该区人大常委会的组成人员。自“决定”公布之日起，新浦区人大常委会依法行使职权。

二、历届常委会组成

第九届常务委员会　九届一次代表大会选举产生的区人大常委会，由主任1人、副主任4人、委员11人组成。九届二次会议期间接受区人大常委会主任辞职报告，补选1名主任。1983年6月，成立新海区人大常委会。任期内共召开常委会议17次。

第十届常务委员会　由主任1人、副主任7人、委员13人组成。1986年6月新浦、海州分区，新浦区人大常委会由主任1人、副主任4人、常务委员12人组成。任期内共召开常委会议19次。

第十一届常务委员会　由主任1人、副主任5人、委员11人组成。任期内共召开常委会议21次。

第十二届常务委员会　由主任1人、副主任4人、委员14人组成。至1990年年底，共召开常委会议5次。

第十三届常务委员会　由主任1名、副主任4人、委员15人组成。任期内，接受1名主任辞职，补选1名主任。任期内共召开常委会会议37次。

第十四届常务委员会　由主任1名、副主任4名、委员14人组成。任期先后接受2名主任辞职，补选2名主任。任期内共举行常委会会议32次。

第十五届常务委员会　由主任1名、副主任5名、委员18人组成。任期内共举行常委会会议33次。

三、工作机构

第九届、第十届区人大常委会均设办公室，为办事机构。

第十一届区人大常委会设办公室、法制工作委员会、财经工作委员会、城乡建设工作委员会、科教文工作委员会。

第十二届区人大常委会设办公室、法制工作委员会、财经工作委员会、城乡建设工作委员会、内务工作委员会。

第十三届区人大常委会设办公室、法制工作委员会、财经工作委员会、城乡建设工作委员会、科教文工作委员会。

1994年1月，增设内委工作委员会。次年，更名为人事代表联络工作委员会。

1997年10月28日，撤销财经工作委员会和城乡建设工作委员会。新设财政经济城乡工作委员会。

第十四届区人大常委会设办公室、财经城乡工作委员会、人事代表工作委员会、科教文卫工作委员会、法制工作委员会、城建环保工作委员会。

第十五届区人大常委会至2005年底，设办公室、财经工作委员会、人事代表联络工作委员会、科教文卫工作委员会、法制工作委员会。

第四节　区人大常委会主要工作

一、实施法律监督

第九届区人大常委会先后听取审议了关于区政府机构设置、工农业生产计划及其实施情况、增划居民委员会、更改地名以及打击经济领域严重犯罪活动情况等报告37个；讨论通过了《新海区人民政府关于实施殡葬改革的布告》和《关于学习、宣传<中华人民共和国宪法>的决议》。

第十届区人大常委会先后听取和审议了《中华人民共和国义务教育法》《中华人民共和国食品卫生法》《中华人民共和国药物管理法》《中华人民共和国婚姻法》《中华人民共和国土地管理法》等8项法律法规在全区贯彻实施情况的汇报；作出了《关于加强法制宣传和普及法律常识的决议》《关于调整1986年度粮食产量计划的决定》等5项决议、决定；听取、审议了全区经济体制改革、科技体制改革、教育体制改革、财政预算执行情况、全区国民经济和社会发展计划、法制宣传、民政司法工作、工交财贸工作、粮食工作、工商行政管理工作、环境保护工作、城市建设工作、爱国卫生运动以及劳动人事工作等47项工作报告。

第十一届区人大常委会先后听取和审议了《中华人民共和国义务教育法》《中华人民共和国环境保护法》《中华人民共和国经济合同法》《中华人民共和国会计法》《中华人民共和国商标法》《中华人民共和国食品卫生法》《中华人民共和国民事诉讼法》《中华人民共和国土地管理法》等19个法律法规在全区贯彻实施情况的汇报，听取和审议了区政府及其16个部门关于开展“双增双节”活动情况、财政预算执行情况等58个专题工作汇报，作出了《关于区人民代表执行代表职务的试行办法》和《关于区人民代表持证视察工作的暂行办法》。

第十二届区人大常委会先后听取和审议了《中华人民共和国审计法实施条例》《中华人民共和国城市规划法》《中华人民共和国城市居民委员会组织法》和《江苏省计划生育条例》等法律、法规在全区实施情况的汇报。

第十三届区人大常委会听取和审议政府工作报告52项，先后对《中华人民共和国食品卫生法》《中华人民共和国未成年人保护法》《中华人民共和国义务教育法》等38个法律法规执行情况开展了执法检查、视察。审议通过了区人大常务委员会《关于设立代表资格审查委员会的决定》《关于调整工作委员会委员的决定》《区人大常委会组成人员守则》等决议、决定38项。

第十四届区人大常委会听取审议工作报告93项，开展执法检查调查视察活动54次。先后对《中华人民共和国环境保护法》《中华人民共和国义务教育法》《中华人民共和国劳动法》和《江苏省计划生育条例》等20多部法律法规执行情况开展了执法检查、视察。制定了区人大常委会学习制度、调查视察活动制度、联系代表和选民制度、公开承诺制度、常委会会议事规则、人事任免守则等规章制度。

第十五届区人大常委会先后对《中华人民共和国人口与计划生育法》《中华人民共和国义务教育法》《中华人民共和国环境保护法》《中华人民共和国食品安全法》《中华人民共和国防洪法》和《江苏省发展民营科技企业条例》等10余部法律法规的贯彻执行情况进行了检查监督。作出决议、决定11个，向区政府提出意见、建议150余条。

二、人事任免

第九届区人大常委会于1983年6月作出了《关于俞素娥同志代理新海区区长的决定》。先后任命和决定任命国家机关工作人员54人，免去和决定免去9名国家机关工作人员。

第十届区人大常委会先后任免国家机关工作人员111人(次)。

第十一届区人大常委会审议通过了《关于区人大常委会任免国家机关工作人员的暂行办法》。1990年2月9日，作出《关于接受张玉华辞去新浦区区长职务请求的决定》和《关于滕雨成同志代理新浦区区长的决定》。先后任命和决定任命国家机关工作人员88人，免去和决定免去国家机关工作人员职务17人。

第十二届区人大常委会委员会先后任免国家机关工作人员15名。

第十三届区人大常委会任期内任免国家机关工作人员135名，听取和审议了区政府9名组成人员、“两院”8名干部的述职报告。

第十四届区人大常委会在任期内组织被任命干部法律知识考试36次，依法任免国家机关工作人员272名，作出决议决定11项，开展述职评议2次。

第十五届人大常委会任期内任免国家机关工作人员207人次，开展述职评议2次。

三、办理代表建议、接待来信来访

每次人代会期间，人民代表均以书面形式提出建议、批评和意见(以下简称“建议”)，参与国家地方事务管理，反映人民群众的呼声和要求。区人大常委会办事机构，对代表的建议逐件登记、交办、答复。对人民代表和人民群众的来信来访，及时接待处理。第九届区人代会期间，共办理代表建议723件，接待和处理来信来访143件(次)。十届人代会期间，共办理代表建议546件，接待和处理来信来访84件(次)。十一届人代会期间，共办理代表建议698件，接待和处理来信来访318件(次)。十二届人代会召开至1990年底，共办理代表议案6件、建议336件，接待和处理来信来访67件(次)。第十三届人大常委会任期内受理群众来信来访762件次，走访代表400余人次，先后对5个先进代表联组、24个先进代表小组和185名优秀人民代表予以表彰。第十四届人大常委会任期内办理代表建议344条。组织代表联组和代表小组开展活动140余次，向区有关部门提出建议、意见120余条，及时解决了一些事关广大人民群众日常生活和工作热点难点问题。第十五届区人大常委会任期内至2005年底办理代表建议329件，交办率达98%。受理群众来信来访85件，接待来访500余批次。

第五节　区人大常委会派出机构

2004年5月，根据连云港市人大常委会《关于在新浦、海州、连云区和市经济技术开发区内的街道设立人大工作室的决定》，新浦区第十五届人大常委会决定自当月起在浦东、浦西、路南、新南、新东、新海、猴嘴7个街道设立人大工作室，作为区人大常委会的派出工作机构，并配备专兼职主任、副主任。当年起，各街道人大工作室设立“人大代表之家”，建立代表学习、人大代表接待日等项制度，认真组织开展代表活动，履行其工作职责。各街道人大工作室在区人大常委会和街道党工委的领导下，宣传宪法、法律法规和上级人大及常委会的决议、决定，并对本辖区内有关行政、司法机关进行监督；根据需要对辖区内的经济建设、财政预算、社会治安和社会保障等人民群众普遍关心的问题，开展调查研究，提出意见和建议，并向区人大常委会及有关工作委员会汇报和反映；联系辖区内的各级人大代表；承办代表的来信来访，反映代表提出的建议、批评和意见等。

2005 年 4 月 26 日，猴嘴街道划归连云区管辖，新浦区人大常委会尚有浦东、浦西、路南、新南、新东、新海 6 个街道工作室。

第六节　乡镇人民代表大会

新浦区所辖南城镇、云台乡、花果山乡、宁海乡 4 个乡镇，自 1990 年起，各乡镇人民代表大会先后于 1990 年、1993 年、1996 年、1999 年、2002 年、2008 年进行 5 次换届选举。前 4 次乡镇人民代表大会任期为 3 年。根据 2004 年修订的《中华人民共和国全国人民代表大会和地方各级人民代表大会选举法》关于乡镇人大任期改为 5 年一届的规定和省人大常委会关于推迟全省乡镇人民代表大会换届选举的决定精神，原本在 2004 年举行的乡镇人民代表大会换届选举推迟举行。

新浦区历届人大常委会组成人员一览表

表 23－1

机构名称	职务	姓名	性　别	任职时间	备注
新浦区九届人大常委会	主任	武心铎	男	1980 年 8 月～1981 年 12 月	
		石进明	男	1982 年 2 月～1983 年 6 月	
	副主任	石进明	男	1980 年 8 月～1982 年 2 月	
		韩学敏	男	1980 年 8 月～1983 年 2 月	
		崔东源	男	1980 年 8 月～1982 年 12 月	
		徐沾恩	女	1980 年 8 月～1983 年 6 月	不驻会
	委员	（以姓氏笔画为序）马静宜（女）　王新民　王统兴　石进明　刘玉兰（女）　乔雪湘　陈军　陈伯瑾　陈洪生　武心铎　周　宝　赵绍香（女）　徐沾恩（女）　崔东源　韩学敏　熊守兰（女）			
新海区九届人大常委会	主任	吴荫奎	男	1983 年 6 月～1984 年 3 月	
	代理主任	田锁成	男	1984 年 3 月～1984 年 5 月	
	副主任	丁全普	女	1983 年 6 月～1984 年 5 月	
		马英周	男	1983 年 6 月～1984 年 5 月	
		王保珊	男	1983 年 6 月～1984 年 5 月	
		田锁成	男	1983 年 6 月～1984 年 5 月	
		李维泰	男	1984 年 1 月～1984 年 5 月	
		王芳芝	女	1983 年 6 月～1984 年 5 月	不驻会
		徐沾恩	女	1983 年 6 月～1984 年 5 月	不驻会

续表 23－1(1)

机构名称	职务	姓名	性　别	任职时间	备注
	委员	1983 年 6 月新浦、海州合并组成新海区，在未进行换届选举之前，原两区人大常委会委员为新海区人大常委会委员。			
新海区第十届人大常委会	主任	吴荫奎	男	1984 年 5 月～1986 年 6 月	
	副主任	丁全普	女	1984 年 5 月～1986 年 6 月	
		马英周	男	1984 年 5 月～1986 年 6 月	
		田锁成	男	1984 年 5 月～1986 年 6 月	
		王保珊	男	1984 年 5 月～1986 年 6 月	
		石衡	男	1984 年 5 月～1984 年 11 月	不驻会
		张一平	男	1985 年 2 月～1986 年 6 月	
		李维泰	男	1985 年 11 月～1986 年 6 月	
	委员	（以姓氏笔画为序） 丁全普　马静宜（女）　马英周　王士模　王会堂　王保珊　王善荣　田锁成　石　衡　江顺林　吴荫奎　吴新华（女）　吴春奎　李传英（女）　李秀瑜（女）　李维泰　赵金香（女）　徐树培　张一平　曹义芬（女）　熊守兰（女）			
新浦区人大常委会（新浦区恢复建制初期）	代理主任	丁全普	女	1986 年 6 月～1986 年 8 月	
	副主任	马英周	男	1986 年 6 月～1986 年 8 月	
		王保珊	男	1986 年 6 月～1986 年 8 月	
		张一平	男	1986 年 6 月～1986 年 8 月	
		李维泰	男	1986 年 6 月～1986 年 8 月	
	委员	（以姓氏笔画为序） 丁全普（女）　马静宜（女）　马英周　王士模　王保珊　王善荣　吴春奎　李维泰　李传英（女）　李秀瑜（女）　张一平　赵金香（女）　曹义芬（女）　熊守兰（女）			
新浦区十届人大常委会	主任	张云鸾	男	1986 年 8 月～1987 年 4 月	
	副主任	李维泰	男	1986 年 8 月～1987 年 4 月	
		张一平	男	1986 年 8 月～1987 年 4 月	
		马英周	男	1986 年 8 月～1987 年 4 月	
		王保珊	男	1986 年 8 月～1987 年 4 月	
	委员	（以姓氏笔画为序） 马英周　马静宜（女）　王士模　王保珊　王善荣　吴春奎　李秀瑜（女）　李维泰　张一平　张云鸾　赵金香（女）　熊守兰（女）			

续表 23－1(2)

机构名称	职务	姓名	性 别	任职时间	备注
十一届人大常委会	主任	张云鸾	男	1987 年 4 月～1990 年 3 月	
	副主任	李维泰	男	1987 年 4 月～1990 年 3 月	
		张一平	男	1987 年 4 月～1990 年 3 月	
		孟宪恺	男	1987 年 4 月～1990 年 3 月	
		朱崇汉	男	1987 年 4 月～1990 年 3 月	
	委员	（以姓氏笔画为序） 丁一民 马静宜（女） 亓鸿柱 孙 弦 江祥纲 朱崇汉 李传英（女） 李维泰 佟凤兰（女） 张一平 张云鸾 孟宪恺 姚静宜（女） 曹开家 葛岳清 葛振民 彭友禄 樊天明 霍春安			
十二届人大常委会	主任	张玉华	男	1990 年 3 月～1993 年 2 月	
	副主任	孟宪恺	男	1990 年 3 月～1993 年 2 月	
		朱崇汉	男	1990 年 3 月～1993 年 2 月	
		姚嗣	男	1990 年 3 月～1993 年 2 月	不驻会
	委员	（以姓氏笔画为序） 王一民 王禹柱 冯同芝 刘景君 任志锋 孙 弦 吴立信 宋玉珍（女） 佟凤兰（女） 曹开家 葛岳清 葛振民 谢善法 霍春安			
十三届人大常委会	主任	张玉华	男	1993 年 2 月～1996 年 3 月	
		滕雨成	男	1996 年 3 月～1998 年 1 月	
	副主任	孟宪凯	男	1993 年 2 月～1998 年 1 月	
		严志源	男	1993 年 2 月～1996 年 3 月	
		朱崇汉	男	1993 年 2 月～1998 年 1 月	
		姚嗣	男	1993 年 2 月～1998 年 1 月	不驻会
	委员	（以姓氏笔画为序） 王禹柱 刘均善 贺玉乾 谢善法 李春玉 李维本 冯同芝 孙 弦 宋玉珍（女） 邵长武 柳济雨 曹开家 葛岳清 葛振民 霍春安			
十四届人大常委会	主任	滕雨成	男	1998 年 1 月～2001 年 1 月	
		陈东美	男	2001 年 1 月～2001 年 7 月	
		李建平	女	2002 年 1 月～2003 年 1 月	
	副主任	王云良	男	1998 年 1 月～2003 年 1 月	
		杨尔伦	男	1998 年 1 月～2003 年 1 月	
		刘士俊	男	1998 年 1 月～2003 年 1 月	
		陈应聪	男	1998 年 1 月～2003 年 1 月	不驻会
	委员	（以姓氏笔画为序） 王玉生 王建生 史桂芳（女） 白志群 宋海波 阮立功 孙 弦 李 庚 李虎成 赵又晴（女） 钱文琳 曹开家 戚连标 掌秋林			

续表 23－1(3)

机构名称	职务	姓名	性　别	任职时间	备注
十五届人大常委会	主任	李建平	女	2003 年 1 月～2005 年 12 月	
	副主任	吉宝明	男	2003 年 1 月～2005 年 12 月	
		陈学标	男	2003 年 1 月～2005 年 12 月	
		刘士俊	男	2003 年 1 月～2005 年 12 月	
		陈应聪	男	2003 年 1 月～2005 年 12 月	不驻会
	委员	(以姓氏笔画为序) 王宗路　尹志英(女)　刘建春　阮立功　吉宝来　江春尧　汪会霞(女)　郑　斌　杨中云　房忠涛(女)　周敏玲(女)　赵又晴(女)　赵新堂　赵淮云(女)　夏　倩(女)高学成　徐家保　魏苏平			

第二章　新浦区人民政府

第一节　沿革

解放初,新浦地区设新华、新龙、民主、通灌 4 个区。同时有 4 个区人民政府。

1949 年 2 月,新浦地区有新华区、新龙区、民主区 3 个区人民政府。

1951 年 8 月起,新浦地区有龙尾区人民政府和盐河区人民政府两个区人民政府。

1955 年 11 月,龙尾区、盐河区合并,设立新浦区,成立新浦区人民政府,称新浦区人民委员会。区政府驻民主路 164 号(1977 年 9 月 25 日迁至民主路 343 号)。

1958 年 9 月,成立新浦人民公社,实行"政社合一",公社主任、副主任分别由区人委正、副区长担任。次年 6 月,取消新浦人民公社,恢复区人民委员会。

1969 年 10 月 16 日,成立新浦区革命委员会,行使区人民委员会职权。

1980 年 8 月,撤销区革命委员会,恢复区人民政府。

1983 年 6 月底,新浦区、海州区合并为新海区,成立新海区人民政府。

1986 年 6 月底,新海区撤销,恢复新浦、海州两区。新浦区人民政府同时成立。

第二节　机构设置与改革

解放初期,新浦地区设新华、新龙、民主、通灌 4 个区。其时 4 个区政府均无内设机构。

1949 年 10 月起,新华、新龙、民主 3 个区政府同时设民政助理、财粮助理,各 1～2 人;文书 1～2 人。新华区增设实业助理 1 人。

1951 年 8 月，市政府调整市内区划后，龙尾区和盐河区人民政府均设民政、生产、财粮、文教助理各 1～2 人，文书 1 人。

1955 年 11 月，新成立的新浦区人民政府内设生产、民政、文教助理、文书各 1 人。同年 12 月，区政府改称区人民委员会后，内设生产、民政、文教、卫生助理及文书各 1 人。1957 年 1 月，撤销卫生助理。

1958 年 1 月起，区人民委员会开始设立科室，时设工业科、商业科、民政科、财政科、文卫科及人委秘书等。

1961 年 7 月，撤销文卫科。

1963 年 5 月，恢复设立文卫科。

1965 年 12 月至 1967 年 12 月，区政府设工业、民政和文卫 3 个科。

1969 年 10 月，区革命委员会设政工组（内分设组织组、宣传组、文教卫生组）、生产组（内分设工业组、农业组、财贸组）、办事组（内分设秘书组、后勤组、办事组）。当时有“革委会三大组，大组套小组”之说。

1978 年 3 月起，撤销政工组、生产组、办事组，恢复科室制，设工业科、农业科、科技科、劳资科、民政科、文教科、卫生科和计划生育办公室、人民防空办公室。

1981 年 6 月起，区人民政府增设政府办公室。1982 年，增设司法科、信访科和爱国卫生运动委员会办公室。

自 1983 年 6 月，新浦、海州两区合并成立新海区起，区政府工作机构改设委、办、局。初期，下设政府办公室、工业交通局、计划统计局、科学技术委员会、民政局、劳动人事局、农林水利局、财政局、卫生局、文化教育局、城乡建设局、司法局、粮食局、工商行政管理局、财贸办公室、信访办公室、计划生育办公室、爱国卫生运动委员会办公室。1984 年 3 月，增设职工教育办公室、体育运动委员会。1984 年 5 月，城乡建设局改为城乡建设环境保护局。1985 年 1 月，撤销工业交通局、计划统计局，成立新浦区计划经济委员会。

1986 年 6 月，恢复新浦区建制后区人民政府设政府办公室、计划经济委员会、民政局、财政局、劳动人事局、商业局、文化教育局、卫生局、司法局、科学技术委员会、城市建设管理委员会、城市管理办公室、爱国卫生运动委员会办公室、计划生育办公室、人民防空办公室、人民来信来访办公室、工商行政管理局。1986 年 12 月，增设档案室。1988 年 8 月，增设监察局、审计局和土地管理局。

1990 年为适应改革开放需要，区人民政府对机构进行调整改革，先后增设体制改革委员会办公室、经济协作委员会。同时，撤销计划生育办公室，成立计划生育委员会；将档案室、信访办公室，改设为档案馆和信访局。

1992 年 7 月，增设外经贸委。

1996 年 8 月，区文化教育局分设为区教育局和区文化局。

1997 年 10 月，区科学技术委员会更名为科学技术局。

1998 年 3 月，区计划生育委员会更名为区人口和计划生育局。

2001 年 12 月 24 日，区委、区政府印发《新浦区区级党政群机关机构改革实施意见》，对政府工作机构设置进行较大改革。在综合经济部门，将区计划局更名为区发展计划局，挂“区第三产业领导小组办公室”牌子；保留区财政局，挂“区国有资产管理办公室”牌子，不再挂“区国有资产管理局”牌子。在专业经济部门，将区对外经济贸易局更名为区对外经济贸易合作局；组建区经济贸易局，不再保留区经济局和区贸易局。在区经济贸易局挂“区乡镇企业管理局”和“区经济体制改革委员会办公室”牌子；因区划调整，增设区农林水利局、区粮食局。在执法监督部门，保留区城市管理局，区环境保护局。在社会管理部门，原区国土资源管理局改为市国土资源管理局的派出机构；区民族宗教局在区委统一战线工作部挂牌；保留区政府办公室、区教育局、区科学技术局、区监察局（与区纪律检查委员会机关合署办公）、区民政局、区司法局、区劳动人事局、区建设局、区文化局、区卫生局、区人口和计划生育局、区审计局、区统计局。同时，将区劳动人事局的安全生产监督职能划入区经济贸易局，由其内设的安全生产监督管理局承担。将原区经济技术协作办公室的经济协作职能、原区对外经济贸易局的对外招商职能合并，组建区招商局，为区政府直属事业局；组建陇海步行街管理委员会办公室，为区政府直属事业机构；组建区拆迁安置办公室，为区政府直属事业机构。区老龄工作委员会办公室设于区民政局。保留区人民防空办公室，为区政府直属事业机构。增设区旅游局、区农业资源开发办公室，均为区政府直属事业机构。经此次改革，区政府工作部门由21个调整为20个。

2004年3月，区招商局改为区投资促进局；成立区海洋与渔业局。

2005年9月，区发展计划局改为区发展和改革局。

至2005年底，区人民政府下设政府办公室、发展和改革局、经济贸易局、安全生产监督管理局、对外贸易与经济合作局、财政局、城市管理局、环境保护局、农林水利局、粮食局、劳动人事局、教育局、科学技术局、文化局、卫生局、人口和计划生育局、审计局、统计局、监察局、司法局、民政局、海洋和渔业局、投资促进局、旅游局、爱国卫生运动委员会办公室、人民防空办公室、拆迁安置办公室、农业资源开发办公室。

第三节　施政程序

区人民政府实行集体领导、分工负责制，涉及全区的重大事项，分别由政府常务会议、政府组成人员会议和区长办公室会议研究决定，由区长、副区长和各乡、镇、街道及政府相关职能部门负责贯彻实施。

区政府常务会议由区长、副区长和政府办公室主任组成，由区长或常务副区长主持。主要学习讨论上级党委、政府及区委、区人大常委会的决定、决议；讨论区政协常委会重要建议案的办理意见；传达上级有关精神，研究贯彻实施意见；研究制定全区经济和社会事业发展远景规划、五年计划、年度计划及其措施；总结区政府工作；讨论会议组成人员提交讨论的重要问题及职能部门、街道办事处对重大问题的请示；听取职能部门、乡、镇、场、街道办事处的工作汇报，讨论决定政府职能机构的设置和干部任免、奖惩；讨论政府组成人员会议及其他重要会议的内容、时间；讨论制定区政府的有关布告、通告、工作条例及其他重要工作。

区政府组成人员会议由区长、副区长、政府办公室主任、各职能部门正职领导人组成。主要任务是贯彻落实上级方针、政策、重要会议精神、指示、命令及下达的任务；贯彻落实区人民代表大会及其常务委员会决议；讨论通过区政府的重大决议、计划；部署具体工作，

听取职能部门的工作汇报、总结区政府工作等。

根据政府常务会议决定或工作需要，区长或副区长召集并主持区长办公室会议或区长现场办公会议。区政府有关职能部门及有关乡、镇、场、街道办事处领导或邀请其他有关人员参加会议，研究并现场处理有关具体问题，或推广先进经验，总结、部署分管的工作。

区政府常务会议、组成人员会议和区长办公室会议通过的决议、决定及有关事项，由区政府办公室

负责催办落实。

区政府每年要向区人民代表大会报告一次工作,提请人民代表审议,接受人民代表的批评、建议。区长、副区长及政府职能部门负责人定期、不定期地向区人大常委汇报工作,向区政协常委会通报工作,并听取意见和建议,不断改进工作。

区政府执行区人民代表大会及其常委的决议、决定,认真办理区人大常委会和区政协常委会的建议案。认真办理区人民代表的建议、区政协委员提案,并反馈办理情况。

第四节 施政要略

一、第一届区人民委员会(1955 年 11 月~1956 年 12 月)

【组织农业合作社】 1955 年 11 月新浦区成立后,区人民委员会(简称"区人委")按照市、区党委部署,首先重点做好农业合作化工作。通过总结 1953 年马麓、临洪两地农民组织互助组的经验,在沈圩组织初级农业社,引导农民投入合作化运动高潮,于 1956 年 1 月成立了临洪、沈圩、马麓 3 个高级农业合作社,100% 农户入社。区人委因势利导,指导各农业社兴修水利、增施肥料、向农业社推广新式农具,组织农民学习农业技术,引种水稻。在当年夏秋先后发生洪涝、台风和干旱灾害时,组织人力支援农村奋力抗灾,夺得水稻等秋熟作物丰收,全区粮食总产比 1955 年增长 11.5%,90% 以上社员家庭增加收入。

【发展城区经济,稳定社会秩序】 区人委着重于解决市民就业,稳定市民生活问题。一方面,通过组织手工业、渔业合作化,使手工业人员由 1953 年的 1112 人增加到 1570 人,渔业社由 291 户,增至 350 户。扩大生产规模,增加社员收入;一方面发动 28 条街居民委员会,围绕群众生活需要兴办煤球场、麻袋厂、鞋底厂、玩具厂等,组织无业居民参加生产;一方面组织有劳动能力市民开荒种地,组织体弱市民织席子、糊火柴盒、纳鞋底、织草包等,自食其力,使市民生活有所着落,社会秩序稳定。

【实施粮食定量供应办法,带头节约粮食】 1955 年 3~4 月间,落实国务院关于市镇粮食定量供应暂行办法,开展节约用粮教育,干部带头压缩定量标准。通过"定量",当年全区节约粮食 3.5 万余千克。

【开展文教卫生工作】 任期内新办小学 3 所,特别是在沈圩、马麓开办小学,方便农村学龄儿童入学。全面展开城市扫盲工作,并让 90% 文盲"脱盲"。开展卫生工作,推广新接生法,90% 产妇住院分娩。通过增建公共厕所,疏通臭水沟,建筑下水道,使城市卫生面貌有所改变。

二、第二届区人民委员会(1957 年 1 月~1958 年 5 月)

【整风整社发展农业】 区人委按照党的以整风整社为纲,以生产为中心,推动各项工作的方针,通过整风、整社,于 1957 年春,在各农业社掀起以修水利、积肥为内容的农业生产热潮。当年,战胜旱涝灾害,粮食获得增产,平均每公顷产粮 773.5 千克,比 1956 年增长 37.6%。副业收入增长 40%。

【组织城镇劳动力参加生产】 1957 年,区人委针对新浦区有 1000 多劳动力尚未就业,影响市民生活的实际情况,主动与市劳动部门等联系,先后两次组织 700 多名无业人员去锦屏磷矿尾矿坝做临时工，解决其生活问题。同时，贯彻市社会福利工作会议精神，积极兴办社会福利生产，通过居委会组织居民户糊火柴盒、搓绳、编席、织蒲包，使2200多户居民家庭增加收入，减少了政府救济。

【兴办学校，发展教育事业】 在任期16个月中，全区小学新增加7个班；兴办初级中学1所，扩充民办中学；发展民办小学24所、29个班；兴办民办普通中学、农业中学，建筑中学各1所，计7个班，学生340人；开办幼儿班、托儿所51个，入园婴幼儿1300多名。

【开展爱国卫生运动】 1957年春，区人委按市人委部署，在全地区广泛开展以“除四害（苍蝇、蚊子、老鼠、麻雀）、讲卫生”为内容的爱国卫生运动。将除四害任务落实到机关干部、厂矿职工和街道居民并开展竞赛。同时组织专业人员修筑下水道10余千米，疏通阴沟398条，迁建、维修公共厕所147座，填平大小污水塘35个。初步改变了新浦街脏臭面貌。

【推销公债，支援国家建设】 1957年1月至1958年4月，区人委先后两次在全区开展国家建设公债推销工作，共认购公债162385元，超额完成市下达任务28405元。

【节约用粮，稳定统购统销】 区人委先后两次在全区范围内开展节约用粮、勤俭持家宣传教育，并从机关干部做起，带头压缩口粮定量标准。平均每人每月减少口粮3.07千克，共节约粮食98200千克，为稳定统购统销工作作出了贡献。

三、第三届区人民委员会（1958年5月～1961年7月）

【大办工业】 区人委贯彻党的社会主义建设总路线，落实市委、区委提出的“全民大办工业”和“两条腿走路”方针，在全区兴起大办工业热潮。区、街道、居委会一起办工厂，提出“摆脱家务，走向社会”的口号，鼓舞广大家庭妇女摆脱旧观念束缚，走出家门，到街道、居委会办工厂，开展洗补、缝纫、磨面等服务。1959年11月20日，市委在新浦区召开街道工业现场会，号召大办街道工作。区人委以此为动力，进一步掀起大办街道工业热潮。经3年努力，全区兴办起木梳厂、低压电器厂、手帕厂、橡胶厂、星光化工厂、红光化工厂、文化用品厂、制药厂等近20个区属工业企业和200多个街办工厂，为新浦区的工业发展打下了基础。

【加强城区工作】 1958年冬，按市、区党委统一部署，区人委动员组织新浦地区军民万余人参与铺筑海（州）连（云港）路。次年5月海连路建成通车，改善了新浦的交通条件。1960年春，又组织万余军民自己动手，将解放路（今解放中路）两旁人行道筑成石灰、泥、砂三合土路面。改变了市貌，方便了群众。

为加强城市管理和基层政权建设，区人委经调查研究并经市人委批准，于1960年3月，在城区设立了东巃、西巃和路南3个街道，成立了3个街道办事处，作为区人委派出机构，以加强居委会建设和各项社会事业。

【支援农业大种蔬菜】 “大跃进”后，面对严重自然灾害造成的群众生活困难形势，区人委按市、区党委指示，一方面，组织全区各行各业支援农业生产，每年冬春组织城市居民送肥下乡，夏秋大忙时，组织机关干部、厂矿职工、街道居民下乡帮助社员抢收抢种。使全区农业生产不断发展。一方面，组织机关、单位、居民开展“大种蔬菜”运动，党员干部带头实行“瓜菜代”，节约口粮；组织干部深入街道调查摸底，及时做好困难户的救济工作，确保群众不断炊。

四、第四届区人民委员会（1961年7月～1963年5月）

【落实“八字方针”调整工商企业】 区人委继续努力贯彻党中央提出的以农业为基础，以工业为主导的发展国民经济的总方针和国民经济以调整为中心的“调整、巩固、充实、提高”的“八字方针”，对全区街道工业企业进行全面调整，将21个街道企业调整为8个生产合作社，作为区直属工业企业。加强领导，将原22个区属工业厂、社，调整为32个厂、社（组）；积极发展服务业，全区服务网点、门市部由28个增加到44个。全区工业生产开始摆脱困境，有所恢复。至1962年底，全区工业总产值达319.2万元，超额完成市下达计划5%。市下达的10种主要产品质量，大部分都完成或接近完成。

1962年，贯彻商业“四十条”，进一步调整全区商业、服务业，改变核算形式，实行按劳分配，调动职工积极性（1963年1月起，区属商业服务企业全部划归市服务公司）。

【支援农业，压缩城市人口】 在连续自然灾害造成农业减产、人民生活困难的情况下，1962年，区人委切实按照市、区党委部署，认真做好压缩城镇人口工作。当年全区就精减职工1933名，回家参加农业生产。动员新、老居民361户、826人回乡参加农业生产。同时，做好城镇特困户和社会孤老的救济、帮助工作。带领全区人民共渡难关。

五、第五届区人民委员会（1963年5月～1965年12月）

【加快恢复、发展经济】 区人委切实贯彻党中央以农业为基础，以工业为主导发展国民经济方针，落实“六十条”和“二十三条”规定的各项政策，在郊区开展社会主义教育运动，激发社员积极性，大搞农田水利，推广插秧稻，并引进“南京二号”、“桂花球”、“八一”等水稻优良品种，水稻面积由164.7公顷扩大到206.6公顷，其中插秧稻由届初的10多公顷，扩大到近80公顷。使郊区两个大队粮食生产年年增长。1965年粮食总产682679千克，比1964年增长49.9%。

同时，区人委贯彻市委工交会议精神，在全区工业战线开展以突出政治、突出产品质量、增加花色品种、降低成本为内容的比、学、赶、帮、超竞赛运动，调动职工积极性，加快了全区工业发展。1965年底，全区手工业产值达389万元，超额138.9%完成市下达任务，可比产品成本下降3.4%，超额59.1%完成全年利润计划。产品质量明显提高，在全市质量评比中，木箱、课桌、写字台等位居第二，竹篮、柳条箱、花绒线、袜子、粉丝等位居第一。

【开展计划生育工作】 1963年，区人委开始在全区广泛宣传节制生育好处和基本知识。同年6月，在区医院设立避育指导门诊。在区委统一领导下，号召党员、团员、领导干部带头响应党的计划生育号召，初步打开计划生育工作局面。至1965年底，全区采取各种节育措施的已达3442人。1965年，出生婴儿，比前一年下降16.7%。

【普及小学教育】 届内区人委执行“两种劳动制度，两种教育制度”指示，努力发展全日制小学，扩大招生，1965年招收一年级新生55个班、2718名学生，比1963年分别增长30.9%和43.2%。城区学龄儿童入学率达92%以上。同时，在城乡开办工读小学、半耕半读学校，农村学龄儿童入学率也由50%上下，提高到90%以上。基本普及了小学教育。

【防治流行病】 区人委执行预防为主，防治结合方针，每年春季以防治脑炎为主，大搞群众性卫生运动，夏季以预防“二号病”为中心，先后两次进行预防注射达11万人次。同时加强饮食卫生管理，夏季肠道病大幅减少。

六、第六届区人民委员会（1965年12月～1967年12月）

1966年初，区人民委员会积极组织全区人民开始执行市人委下达的第三个五年计划，5月份“文化大革命”开始。受“造反派”揪斗各级领导干部、“夺权”和派性斗争影响,区人委便无法开展工作。

七、新浦区革命委员会(1969 年 10 月 ~ 1979 年 5 月)

【做好“大联合”和知青上山下乡工作】 1969 年 10 月区革命委员会(简称“区革委”)成立后,按照市、区革命委员会核心领导小组的布置,做好群众组织大联合工作,层层成立“革命委员会”“革命领导小组”。1970 年初,开始开展知识青年上山下乡动员工作,全区先后动员 1966 ~ 1968 年三届(通称“老三届”)初中、高中毕业的知识青年上山下乡务农。

【落实政策,恢复发展生产】 “文化大革命”结束后,区革委组织有关部门做好落实政策工作,开始对“文革”中造成的冤、假、错案进行平反。按照政策为 143 名“四类分子”摘掉“帽子”,为 140 名地主、富农家庭出身的子女改变成分。按市革委决定,撤销企事业单位“革委会”、“革命领导小组”,撤出中、小学校的“工宣队”“贫宣队”,恢复“文化大革命”前机构。组织“工业学大庆”“农业学大寨”工作队到单位开展“双学”运动,促进生产发展。1978 年,全区工业总产值由 1969 年的 251 万元,增长到 1897 万元,增长 6.57 倍;农业生产在耕地面积减少 60 公顷的情况下,粮食总产仍比 1969 年增长 145%。1978 年起,先后恢复 4 个农贸市场和粮油贸易市场,促进物资流通,方便居民生活。

【加强社会事业,狠抓计划生育】 加强教育、文化、卫生事业领导,对“文革”中受无政府主义干扰,严重失控的计划生育工作重点加强治理整顿。

将人口控制由节制生育转向计划生育,制定《新浦区计划生育若干问题决定》,严格执行市革委制定的《计划生育奖惩暂行规定》,区机关率先表彰奖励终生只生一个孩子的育龄夫妇,带动全区工作。当年全区人口出生率由 1970 年的 34.7‰降为 7.3‰;计划生育率、节育率、晚婚率分别达到 81.2%、88.2% 和 99.2%。受到市委表彰奖励。在全区开展整顿交通秩序、整顿社会治安、整顿市容活动,城市面貌很快得到恢复。

八、新浦区革命委员会(1979 年 5 月 ~ 1980 年 8 月)

【工作重点转向以生产服务为中心】 区革委执行区第八届人民代表大会确定的全区工作方针,以生产服务为中心,推动四化建设。贯彻发展国民经济的调整、改革、整顿、提高“八字方针”,将工作重点转向发展生产,搞好服务。对工业企业进行整顿,重点抓好街道工业,使全区 27 个街道办事处直属企业、35 个居委会企业迅速转向正常生产。届内全区工业总产值达 780 万元,超额 4% 完成计划。建立区饮食总店,餐饮服务网点由 14 个发展到 32 个。先后开放自行车交易市场和市化路小商品市场,促进了商品流通,方便了居民生活。

【加强教育工作】 在全区各小学中加强党的德、智、体全面发展教育方针,肃清“文化大革命”的不良影响,组织教师学习省委加强教师工作的十条措施,使各中、小学教学秩序和教学质量基本恢复到了“文化大革命”前的水平。学龄儿童入学率达到 99% 以上,较好地完成了普及小学教育的任务。

九、第九届区人民政府(1980 年 8 月 ~ 1984 年 5 月)

【做好机构改革工作】 1983 年 6 月,新浦、海州两区合并成立新海区后,新海区人民政府根据省、市人民政府决定,切实做好机构改革工作,使区政府各委、办、局迅速进入正常运转。

1983 年 7 月,落实区委决定,对锦屏、新坝两公社进行体制改革,实行党政分开、政社分开。撤销

“公社”，恢复乡政府和村民委员会。次年 4 月，经省政府批准，组建洪门乡、朐阳乡，撤销锦屏乡，建立锦屏镇，并相应建立乡、镇人民政府。

【开展经济体制改革工作】 1983 年，区政府贯彻中央一号文件精神，加强农村经济体制改革工作，全面推行各种形式的联产承包责任制，将原三级所有、队为基础、统一干活、统一分配的经营体制，改为集体所有、家庭承包、专业分工、双层经营的新型经营机制。几年中，发展专业户、重点户 3786 户，占农村总户数的 23.8%，农村商品生产逐步兴起。林副渔业总产值和乡镇工业总产值，在农业总产值中分别占到 22.6% 和 33.7%。

在工业战线，进一步贯彻调整、改革、整顿、提高的方针，端正工业生产指导思想，落实区委决定，由只重视城市工业向城乡工业同时大力发展转变，企业由生产型向生产经营型转变；注重提高经济效益，扩大供销渠道，全面推行经济承包责任制，改变“吃大锅饭”现象，激发企业活力，促进了全区工业发展。其中，乡镇工业产值平均每年增长 27.1%，从业人员占农村劳力总数的 21%。

【推广“门前三包，门内达标”责任制】 为加强城市道路管理，强化沿街单位责任制，改变市容市貌，1983 年 9 月 5 日，区人民政府制定公布了《关于推广“门前三包”责任制的意见》，首先在解放中路对沿街单位实行包门前卫生、绿化、秩序为内容的“三包”责任制，由沿街单位自配“门前三包”执岗员，效果明显。随后，新浦区政府在解放路、通灌路、海昌路、南极路、海连路等干道，全面推广“门前三包”责任制。

【做好市有关部门权力下放的接收工作】 1984 年 2 月 6 日，市委、市政府发出《关于适应体制改革需要、充分发挥区职能作用的决定》，市有关部门向新海区下放权力。区政府立即组织专门班子，于当月 14 日至 3 月底，正式与市城建、文化、教育、卫生、商业等局做好交接工作，妥善处理有关问题，保证了各项工作的顺利进行。

【改善居民生活环境】 市政府将城市建设管理部分权力下放给区后，区政府根据分工，着力做好紧贴居民生活的小街巷建设，研究采取“民办公助”的办法，修筑小街巷路面 5.8 万平方米，新修下水道 4 万余米，新安装路灯 1236 盏。翻建、新建公共厕所百余所。同时，区政府于 1983 年 9 月初，制定《关于推广“门前三包”责任制的意见》，并先在新浦解放中路试点，取得经验，而后在新浦、海州主要街道推广，沿街单位均签订以包门前卫生、绿化、秩序为内容的“门前三包”责任书，加强了城市管理。使市容市貌和居民生活环境有了明显改善。

十、第十届区人民政府（1984 年 5 月～1987 年 4 月）

【编制区第七个“五年计划”】 1984 年，市委、市政府将区“五年计划”编制权下放给区政府。次年，区政府开始编制新海区第七个“五年计划”（1986～1990），并于 1986 年春，提请新海区第十届人民代表大会第三次会议审议、批准，下达实施。当年 6 月，新海区分置后新浦区人民政府按照区委的总体部署，及时分解、调整区“七五”计划指标，下达实施。

【落实区委制定的经济工作方针】 新海区政府按照区委部署认真贯彻 1983 年、1984 年中央两个一号文件精神，重点加强农村工作，深化家庭联产承包责任制。同时调整农业产业结构，发展种粮大户、养殖大户。加强蔬菜基地建设，改革蔬菜产销体制，组织菜农直接进入市场，实行蔬菜产、销一条龙改革试点，更好地服务城市。加强商贸企业改革，增加商业服务网点，加快第三产业发展。通过“一包三改”，外引内联，工业生产发展加快。至 1985 年底，三大产业均实现较快增长。与区划调整初的 1983 年相比，粮食总产增长 17%、蔬菜总产增长 48.4%，农民人均收入增长 144.8%；社会商品零售总额增长

165.98%；工业总产值增长52%。

1986年6月，新海区撤销，恢复新浦区建置后，区政府认真落实区委从新的区情出发制定的“稳定发展第一产业、大力发展第二产业、加快发展第三产业”经济工作方针，把加快发展第三产业列为全区经济工作重点，坚持国家、集体、个人一起上，各街道、居委会大力兴办小商店、小饭店、小旅馆“三小”企业，全区街办商业服务网点达142个，比分区前增加62.7%；38%的居委会纯收入超万元。同时，积极筹措资金，兴建大型顶棚农贸市场、水产市场、粮食市场和小吃群，为个体工商户提供经营场所。全区第三产业发展明显加快。区属商业营业额比1983年增长130%；街道商业营业额比1983年增长40%；个体商业零售额达5000万元，比分区前增长162.8%。全区社会生产总值由1983年的2809万元增加到4970万元，增长77.25%。

工业战线在深化“一包三改”同时，加强外引内联，积极和驻地大中企业和大专院校联合兴办企业，新增生产能力1700万元。1986年底，全区工业总产值比1984年增长87%，实现利税307.9万元，年均增长12%。

对临洪、沈圩两个村，在推行联产承包责任制基础上，进行产业结构调整，大力发展淡水养殖和工副业生产，农村经济得到稳定发展。1986年，两村农副工业总收入达1010万元，比1983年增长2.3倍，平均每年增长48.7%。

【转变城市管理模式】 区政府从新浦地处市中心实际出发，把抓好城市建设管理，为全市对外开放服务、为人民提供一个好的生活环境作为城区工作重点，不断摸索总结经验，切实转变城市管理模式：采取调整充实管理机构，健全区、街、居三级城管网络、专业环卫队伍与民办保洁队伍相结合、全面落实“门前三包、门内达标”责任制、建立检查评比制度等措施，使城市管理从以卫生突击活动为主转向经常化、制度化；坚持“人民城市人民建”方针，加强城市道路、下水道、污水治理和采取“三个一点”（城建部门拨一点、街道生产收入中拿一点、受益单位集一点）办法，开展“净化、绿化、美化”小街巷活动，使市容环境治理从治标为主转向以治本为主。至1986年底，新浦城区59.5%的小街巷路面得到治理，75%的小街巷下水道得到疏通；老城区最大污水塘——废西天池被填平，并建成居民区绿地——西天池花园。贾圩桥至武警支队段龙尾河两岸脏乱差面貌得到改变。在1985年全市“创三优”（优良秩序、优美环境、优质服务）竞赛评比中，新海区被评为“先进区”。1986年，在全市“创三优”评比中，新浦区继续被授予“创三优竞赛活动先进区”称号。

【端正办学思想，加快教育改革步伐】 区政府在贯彻《中共中央关于教育体制改革的决定》和《中华人民共和国义务教育法》时，从进一步端正办学思想入手，在教师中进行端正办学思想的大讨论，开展转变一个“差生”（指学习成绩差的学生）与培养一个优等生同样光荣的活动，使老师重视转变“差生”工作；组织20多期中小学教干读书班，健全中教、小教、幼教3个教研网络，提高教师队伍的政治素质、业务素质和执行党的教育方针的自觉性和实践能力，加快了全区教育改革步伐。3年中，全区进行了11项教改试验，中等教育结构逐步得到合理调整。至1986年全区已开办13个专业、28个高中职业班，并有2所中学被省确定为重点职业中学。

【建立基层卫生所，方便群众防病治病】 区政府在把卫生防疫工作重点转向基层。至1986年全区5个街道和居民比较集中的西小区全部建立卫生所，完善市、区、街三级预防保健网络，方便了群众防病治病。1986年，全区计划免疫单苗接种率达90.48%，四苗覆盖率达88.1%，超过了省下达四苗覆盖率85%的要求。妇女体检达1.1万人次，比1983年增加1.5倍。

十一、第十一届区人民政府(1987年4月~1990年3月)

【坚持服务宗旨,兴办第三产业】 区人民政府贯彻落实党的十三大精神,在"以经济建设为中心"思想指导下,坚持区委制定的"兴商、促工、开发"的经济工作方针,在政府各职能部门和广大干部中确立"搞活城区,关键在于发展经济"的指导思想,坚持为生产服务,为群众生活服务的宗旨,利用中心城区的有利条件,发展多种经济成分的商贸服务业,围绕解决群众吃早点难、做衣难、洗澡难、修理难和幼儿入托难"五难"问题,鼓励居委会和个体户相应兴办"五小"企业。区政府有关职能部门兴建市化路、青年路两个小商品市场,开辟新生路小吃群和青年路花鸟鱼虫专业市场。区属集体商业通过改革,增设经营网点,扩大经营范围,经营品种由原3000多种,发展到近万种。至1989年底,全区各类服务网点达2155个,方便了群众生活,促进了生产发展。全区三产营业额达18287.1万元,比1986年增长63%。

【促进工业上规模、上水平】 区政府通过经济体制改革和实施技术革新,抓企业上规模、上水平,引导企业转向以内涵发展为主的轨道。3年中,完成23项内联项目、25项技改项目,开发新产品32项,新增固定资产635万元。至1989年底,全区年产值百万元以上骨干企业由1986年的7家发展到19家。工业总产值达6002万元,比1986年增长72.7%。实现利税454.2万元,比1986年增长47.4%。

【创建文明城市】 区政府以创建文明城市为目标,坚持"人民城市人民建,人民城市人民管"的方针,在"依靠群众,打好基础,标本兼治,注重实效"上下功夫,筹集社会资金120多万元,改善市政设施,新铺小街巷路面260条,小街巷铺设率由65%上升到71.8%;铺设下水道142条、7650米,下水道治理率达75.8%;新建改建公共厕所124座,新增垃圾池355座;在主次干道和居民区放置垃圾桶430个;发动驻地单位搞好园林绿化,建成海宁园和3万平方米的龙尾河河滨游园,全区人均绿地面积由0.9平方米提高到1.33平方米。采用以块为主,分级管理,条包块管的管理体制,继续加强沿街单位"门前三包"责任制;在各市场推行摊点周围"三包"责任制,重点治理窗口地段的脏、乱、差现象。同时,完初步建成市中心1.3平方千米烟尘控制区和南小区噪声控制区。城市面貌进一步改观。连续三年获全市"创三优"竞赛城区组第一名。

【加强街道工作　搞好社区服务】 区政府贯彻落实省、市民政工作会议精神,不断加强街道工作,先后制定实施了《新浦区街道办事处工作条例》、《新浦区居民委员会工作条例》、《关于居委会干部待遇问题的暂行规定》,并首次召开全区街道工作会议,促进街道工作健康发展。进一步完善了残疾人安置、孤老帮护、优抚、幼托、家务劳动、保险等社会服务网络。全区372名有劳动能力的残疾人全部得到安置,83位孤寡老人全部由78个帮护组、275名帮护人员负责帮护。家庭劳动服务站遍及各居委会。期内还先后投资30万元改善区中心幼儿园、蓓蕾幼儿园、民主幼儿园教学楼,新建北小区幼儿园,使全区适龄幼儿入园(班)率达98%。

【加大教育投入】 任期内,区政府逐年加大教育投入。1989年,区财政的文教事业投入达390.3万元,占区财政预算内财政收入分成财力的45%,比1986年增长42.6%,平均年增长14.2%。并先后集资400多万元,新建、改建校舍12500平方米、教工宿舍近5000平方米。先后新建了海宁中学、大庆路小学;改建了浦东中学、通灌路小学;兴建了新浦中学、建国路小学等8所中小学的教学楼、实验楼、综合楼;新增图书7万余册及各种仪器、体育设备、卫生设备。为实施九年制义务教育打下了良好的物质基础。

【编制全区第八个"五年计划"】 1989年,区政府责成区计经委牵头,组织有关部门在调查研究基础上,按照区委关于全区第二个五年计划期间(1991~1995)总体要求,编制全区第八个"五年计划"(草案),并经区四套班子领导集体讨论修改,报区委讨论修改后,于1991年3月提请第十二届人代会第二次会议审议,批准下达实施。

十二、第十二届区人民政府(1990年3月~1993年2月)

【工商并举,大力发展第三产业】 区政府坚持区委确定的“以经济建设为中心,以城市建设为重点,以街道工作为基础,两个文明一起抓,为改革开放服务,为辖区单位服务,为全区人民生活服务”的指导思想,集中精力抓好经济战线的治理整顿,从区情出发提出“调整结构求生存,强化管理求效益,适度投入求发展”的经济工作方针,奋战一年,1991年,全区工业、商业、集贸市场成交额即首次突破亿元大关。1992年,贯彻邓小平南巡讲话精神,根据区委、区政府制定的《关于进一步解放思想,抓住机遇,加快改革开放步伐,振兴新浦区经济》的10条措施,按照“工商并举,大力发展第三产业”的经济工作思路做好经济工作。加大工业企业资金投入、产品开发和技改力度,培育骨干企业。三年累计投入1984万元,开发34项新产品、完成60个技改项目。全区年产值百万元以上骨干企业由19家增加到38家,并出现5个年产值过500万元,2个年产值过千万元的重点骨干企业。至1992年底,全区工业总产值达13677万元,比1989年增长96.45%。实现利税940万元,比1989年增长116.59%。开放型经济有所发展,兴办三资企业11个。区直属商业,三年投入300多万元,建成一批骨干网点,新增网点120多个;街道商业网点达1000多个,遍布城区各地,方便群众生活;三年中还投入400余万元,新建、改建集贸市场7个。全区各类市场达12个。第三产业得到较快发展。至1992年底,全区第三产业总产值达5680万元,比1989年年增长78.3%,平均每年增长26.1%。

【创建国家卫生城市】 区政府在新浦地区扎实开展创建国家卫生城市活动,多渠道筹集资金400多万元,加大市政建设力度,新建和改建水冲式厕所88座,新建垃圾中转站3个,完成了财校片区、站南路片区排涝工程,翻建、新建建国路等21条支干道。小街巷路面硬化率由1989年的71.8%。上升到85%。绿化覆盖率达14.08%。同时,制定《新浦区创建国家卫生城市检查评比规定》《市容市貌管理暂行规定》,采取“联包、代包、自包”等办法,探索“门前三包”新途径,

1990年,进一步制定《新浦地区“门前三包,门内达标”责任制管理暂行规定》,决定,凡驻新浦地区的机关、团体、学校、部队、企事业单位、个体户、居民均应承担“门前三包,门内达标”责任,由所在街道办事处统一管理。并决定按“条块结合,以块为主”的原则,由分管区长与各街道办事处签订责任书,实行百分考核制。月查、季评,年终总结,区政府对先进单位进行表彰。同时,建立健全值岗、监督、检查管理体系,加强城市管理力度。连续三年被市政府评为爱国卫生月活动先进区,4次获得创建卫生城市流动红旗。在连续两次国家卫生城市检查中获得较好成绩,为港城进入国家投资硬环境四十优作出了贡献。

【普及九年义务教育】 任期内,不断改善办学条件,在市、区共同努力下,完成了大庆路小学二期工程,海宁中学、海宁小学、浦东中学分别建成综合楼。到1992年底,全区中小学已初步达到义务教育办学标准,全面普及九年义务教育。同时,成立培育学校,开展特殊教育。完成了少年宫建设。

【创造良好社会环境】 成立新浦区社会治安综合治理委员会,制定了新浦区社会治安综合治理五年规划和反盗窃三年规划,开展“三五”普法教育,先后组织开展“反盗窃、打盗车、打流窜、查禁取缔卖淫嫖娼”等专项斗争,推广路南街道公寓式管理经验,全区居民住宅区治安防范覆盖率达85%以上。社区服务基本形成以区为指导、街道为基础、居委会为依托的三级管理网络,居委会普遍建立了便民服务网点。在全区广泛开展争创“十佳居委会”“文明居委会标兵”“文明楼院”“五好家庭”“文明单位”“文

明个人”“军民共建”“警民共建”等竞赛，不断深化“创三优”活动，进一步加强精神文明建设。1991 年，新浦区被评为全省老年工作先进单位，为全省十面红旗之一。1992 年，被省、市评为“双拥”先进单位。

十三、第十三届区人民政府(1993 年 2 月～1998 年 1 月)

【启动企业产权制度改革】 区政府把加快经济发展，扩大经济总量作为自己的中心工作。坚持不断深化企业改革，在完善承包责任制基础上，积极进行产权制度改革试点。建立股份合作制 12 家，实行兼并托管 20 家，租赁及公有民营 17 家。商业小网点全部实行了共有民营，激发企业活力。

【落实区委经济建设方针增强经济实力】 区政府坚持区委制定的“壮大提高第二产业，大力发展第三产业”的经济建设方针，从区情出发，以大力发展村居经济、个体私营经济、市场建设、外引内联为经济发展突破口，加大技改投入，培育骨干企业，并层层签订目标管理责任状，加快经济发展进程。全区工业企业达 161 个，其中，年产值 500 万元以上企业 41 个、1000 万元以上企业 13 个，过 2000 万元的 4 个，并有 2 个街道、2 个村工业总量过亿元。全区工业经济整体素质上了一个新台阶。

实施“三产兴区”战略，本着“因地制宜增网点，强化管理求效益，特色经营上水平”的原则，调整结构，搞活经营。第三产业持续快速发展。5 年新建市场 12 个，其中成交额过亿元 1 个、过 5000 万元的 6 个。全区私营企业达 131 家、个体工商户发展到 6506 户。1997 年，全区完成三产增加值为 1992 年的 11.5 倍。

坚持“三外”工作一齐抓方针，加快开放型经济发展促进。5 年累计实际利用外资 1958 万美元，为前 5 年的 6.48 倍。累计开展经济协作项目 68 个，投产 54 个。

1997 年，全区国内生产总值比 1992 年增长 8.64 倍。财政收入年均增长 18.3%。全区经济实力明显增强。

【实施“科教兴区”战略】 区政府根据区委制定的“科教兴区”发展战略，5 年累计科技投入 1.86 亿元，完成新产品开发 60 余项，并有 10 项新产品获国家银、铜奖，有 22 项达到省内先进水平，碳化硅等 40 个重点项目先后投产，成为全区经济新的增长点。同时，强化教育硬件投入和软件管理。5 年中新增小学 1 所、幼儿园 26 所。全区在校学生比 1992 年增加 4300 人。以基本普及九年义务教育和基本扫除青壮年文盲为内容的“两基”工作通过省政府验收。教育现代化工程全面启动，微机教学已普遍推广。新浦中学被定为省级重点中学，解放路小学被定为省级实验、模范学校，六一幼儿园被定为省级示范园。

【加强社区工作】 区政府坚持以街道工作为基础，认真贯彻《城市居委会组织法》，通过组织实施两次居民委员会换届选举，调整居委会干部的年龄、文化结构。并在居民委员会中开展“十佳居委会”、“文明居委会”和“经济前十强居委会”评比活动，提高居民委员会的工作水平和社区服务功能，进一步巩固和发展了以街道为基础，以居委会为依托的便民利民、社会治安、家庭服务等十大网络体系。1997 年，新浦区被评为省级社区服务示范区。

【创建文明城市】 开展全民法制宣传教育，圆满完成“二五”普法教育任务并制订和开始实施“三五”普法规划和《新浦区 1996～2000 年依法治区规划》。在辖区内广泛开展创“三优”、创“文明单位”、争创“五好家庭”、“创建十佳卫生居委会”等系列创建文明城市活动，在职工中深化职业道德和社会公德教育，涌现出一大批先进个人和 158 个市级以上文明单位。同时，筹集资金 250 万元，加强城市基础设施建设。成立西小区、南小区管理委员会，制定了《新浦区关于住宅小区管理实施细则》，使小区管理逐渐走向规范。对沿街建筑、拆迁工地实行封闭文明施工，严格规范破墙开店，维护城市正常秩序。在全市创建卫生城市检查中获得城区组第一名。

【编制全区第九个“五年计划”】 1995年2月,区政府着手编制全区第九个“五年计划”(1996～2000年),1996年3月初,形成全区第九个“五年计划”(草案)。经区四套班子讨论、修改,区委常委会讨论定稿后,于1996年3月中旬,经第十三届区人代会第四次会议审议,批准下达实施。

十四、第十四届区人民政府(1998年1月～2003年1月)

【全面推进各项改革】 在经济战线进一步深化改革,加大企业产权制度改革力度,通过产权转换、职工身份置换盘活存量资产。

按照区委部署,完成了乡镇、街道等事业单位机构改革,事业单位由49家精减为34家,事业单位编制人员由216人减至167人,其他工作人员由206人减为151人。

1999年,区政府制定《新浦区教职工聘用管理办法》(试行),开始改革学校用人制度。2002年,在全区30所中小学、1800教职员工中推行聘任制。增强了教职员工的竞争意识和责任感。

2001年,进行社区体制改革,将原105个居民委员会,撤并整合为64个社区居委会。同时,通过竞争上岗、择优推荐、民主选举,提高了社区居委会干部队伍素质。云台乡的行政村也由原13个调整合并为10个。同年,在全区医疗机构中推行全员聘用制,改革分配制度;对区环境卫生管理体制进行改革,环卫人员实行聘用制,管理人员实行竞争上岗和层层聘任制。

【实施“二产强区、三产兴区、民营富区”三大战略】 2001年冬区划调整后,区委确定“三产兴区、二产强区、民营富区”为全区经济发展三大主战略。区政府转变观念,由过去大建市场转变为建设大市场,结合旧城改造,先后建成陇海商业步行街、花卉交易中心、沈圩桥农贸市场、誉满楼娱乐中心等一批上规模的商贸场所,拓展了第三产业发展空间。同时,大力扶持民营经济,至2002年底,全区私营企业达675家,为1997年的3.7倍。个体工商户达9106户。全区市场成交额、三产增加值分别比1997年增长120%和80%。国内生产总值和财政收入分别比1997年增长90%和130%。加大第二产业体制改革和技术革新力度,5年投入3.8亿元,实施技改项目115项,开发各类新产品106项。至2002年底,全区工业增加值达2.65亿元,比1997年增加1.1倍。其中,规模以上企业占42%。建筑安装企业产值达1.63亿元,是1997年的1.9倍,平均年递增13.7%。

【加大旧城改造力度】 区政府以经营城市的理念,将旧城区改造和房地产开发作为招商引资重点领域,明确专人负责。对投资500万元以上项目,实行专人全程跟踪服务,保证引进一项,落实一项。没花财政一分钱,将市内陇海铁路废址改造建成陇海商业步行街。先后完成海昌北路的市化路至民主路段、海连中路新浦中学东侧一片、整洁路六号街区等片区的旧城改造任务,拆除棚户区建筑100多万平方米。完成5.4万平方米的龙尾河滨河绿化工程,新建、扩建市民广场、新火车站广场等主次干道及居民区绿化工程,城区绿地面积达337公顷,比1997年增加74%。新增城区主次干道44条、72千米。新增住宅小区50多个。至2002年底,建成区面积达40平方千米,比1997年扩大13平方千米。较好地完成了市委、市政府提出的城市建设“一年一变化,三年明显变化,五年大变化”的要求。

【加强社会主义精神文明建设】 区政府坚持加强民主法制建设,贯彻《公民道德建设实施纲要》,制定实施精神文明建设规划,组织干部职工参与“增强连云港意识,树立连云港人新形象”大讨论,推进文明单位、文明社区、文明村镇、文明行业创建活动,涌现出153个市级以上文明单位。新浦区先后被评为全国“儿童少年工作先进区”、“爱心献功臣行动先进区”、省“双拥模范区”。

【编制全区第十个“五年计划”】 2000年初,区政府启动全区第十个“五年计划”(2001~2005年)编制工作,经区政府和区四套班子反复讨论、修改后,由区委常委会讨论定稿,于2001年1月提请新浦区第十四届人民代表大会第四次会议审议,批准下达实施。

十五、第十五届区人民政府(2003年1月~2005年12月)

【调整经济结构,促进产业升级】 在继续实施“三产兴区、二产强区、民营富区”三大主战略时,进一步确立“以城兴工、以城带农、以城聚资”的总体方针,转换思想观念,促进产业结构调整:由主攻区街经济转向全力推进区域经济发展、由重抓三产转向工商并举、工业为先,走“工业强区”之路。2005年,全区工业累计投资10.8亿元,实施1000万元以上项目28项,开发新产品105项。金属制造和非金属矿物制造等传统工业不断提升,光能源设备制造等新兴产业快速发展。规模以上企业达38家。通过制定实施《新浦区招商引资奖励办法》、聘请区政府招商顾问等措施,促进开放型经济发展。全区工业经济发展加快。2005年,实现工业增加值4.05亿元,比2002年增长49.4%。制定《新浦中心商务区概念规划与实施方案》,加强中心商务区建设,中央百货、苏宁电器、文峰大世界等10多个大型大卖场先后开业。陇海商业步行街先后被授予省“百城万店无假货示范街”和“中国最具升值前景商业街”称号,渔湾景区获评国家AAAA级旅游区。房地产开发业发展迅速,开发房地产面积达600万平方米。调整农业经济结构,杂果、云雾茶等经济作物发展加快,全区新增经济作物666.7公顷,建成省级无公害农产品基地15个,新增市级以上龙头企业6个。在全区实施“局帮村”富民工程,进一步促进了农业增产,农民增收。

【统筹兼顾,整体推进三个文明建设】 继续实施“科教兴区”战略,优先发展教育事业,新建、改建校舍8.5万平方米,在农村小学实施“三新一亮”(课桌新、凳椅新、黑板新,电灯亮)工程并通过省级验收。开展创建先进校活动,推进名校名师工程。2003年、2004年先后两次表彰名校(园)8所、名师20名。调动教师积极性,素质教育成效明显。

开展群众性文化体育活动,先后举办大型广场文化活动40多场次,开展群众体育进社区活动。至2005年底,居民区健身工程(点)已达60处,80%社区已建有全民健身设施。新建社区卫生服务中心(站)18个,社区卫生服务网络进一步完善。在农村建立健全了乡、村、组三级联防的卫生服务体系。在辖区开展创建省计划生育示范区活动,对农村部分计划生育家庭实施奖励扶助政策,使全区人口自然增率保持在4‰左右。

深化社区体制改革,开展创建省社区建设示范区活动。制定实施《新浦区关于开展创建星级示范社区活动的意见》,对社区的党建、服务、教育、卫生、文化、治安、社会保障及社区设施等实行动态管理,全面考核,一年一评选,提高社区整体服务功能。

贯彻实施公民道德建设实施纲要,加强精神文明建设,在城乡开展“树文明新风,做文明新人”活动,提高城乡文明程度。2005年,涌现出省级以上文明单位46个、市级文明单位170个,文明家庭占到常住户的80%。

【实施富民惠民工程,改善居民生活】 区政府按照区委统一部署,认真做好扶持个体、私营经济发展工作,增加居民收入,落实“民营富区”战略。在城市建设中实施惠民工程,重点在修建好便民路、更换人行道板、新建、改造公共厕所、添置环保流动厕所,扩大公共绿地方面加大投入,多干实事。在农村组织实施“双十利民工程”(即“十项支农富民工程”“十项农民保障工程”),办好“农村七件实事”,及时落实取消农业税、兑现粮食直补资金有关政策,制定实施了《新浦区农村居民最低生活保障实施细则》,

使农民收入逐年提高。

【规划建设都市农业】 2003年,区人民政府按照市委、区委部署,围绕“无粮区”建设目标,从区情出发,加快农业结构调整,推进农业产业化发展。聘请南京农业大学专家、教授就新浦区都市农业示范区进行策划规划,按照“依托优势、综合发展、重点突破、形成特色”的发展思路,做好24个都市农业项目的推介、引资工作。区政府制定了《南云台山旅游与都市农业发展规划》。加快规划建设沿海养殖观光带、南云台山生态旅游观光带、沿山茶果经济林种植带、沿路花卉蔬菜种植带和沿河水禽养殖带五大农业产业带。同时,开展科技下乡、“百名教授科技兴百村”等活动,为发展都市农业提供智力保障。

【编制全区第十一个“五年计划”】 2005年初,根据区委提出的新浦区第十一个五年计划基本思路,正式启动新浦区经济和社会发展第十一个五年计划编制工作。经区政府常委会议讨论、修改,报区委常委会讨论、修改,于2005年底形成区第十一个五年计划纲要(草案),待提交区人民代表大会审议。

纲要(草案)明确提出,新浦区政府在第十一个五年计划期间要以邓小平理论和“三个代表”重要思想为指导,全面落实科学发展观,紧紧围绕富民强区和率先建设小康社会的总体目标,在更高层次上实施“工业强区、三产兴区、民营富区”三大战略,实现城乡统筹和经济社会同步协调发展,努力把新浦区建设成国际海滨城市的都市工业集聚区、现代服务业核心区、科教文化先进区与文明和谐的人居示范区。

第五节　人事管理

一、干部队伍构成

【干部总量】 1955年,新浦区机关脱产干部不足30人。1958年,全区干部数为47人。20世纪60年代初,精简机构,下放人员支援农业生产建设。区机关人员减少。60年代中期,机关干部渐增,但总量不超过百人。直到1982年仅有86人。1986年7月恢复新浦区建制时,全区干部总数(含教师)为1748人。1990年全区干部总数(含教师)2107人。1991年,全区行政机关企事业单位(下同)干部666人。1995年为621人。2000年为574人。2005年为505人。

【干部分布】 建国后至1982年,区干部主要分布于区委、区政府的行政机关。

1983年下半年后,区内干部主要分布于各中、小学校、行政机关、事业单位、企业单位。其中,中、小学占71.38%、行政机关占17.35%、事业单位占9.24%、企业单位占2.03%。1991年(不含教师),在行政机关的占60.06%、事业单位占31.23%、企业单位占8.71%。1995年(不含教师),在行政单位占58.14%、事业单位占40.42%、企业单位占0.64%。2000年,在行政单位的占67.42%、事业单位占21.78%、企业单位占10.80%。

【年龄结构】 20世纪50年代,区机关干部,年龄较轻,35周岁以下的人数占干部总数的76.06%。

20世纪60年代、70年代,机关干部流动面小,中年以上干部人数增多,年龄结构层次上升,至1976年,35周岁以下的干部人数仅占18.18%。

20世纪80年代,干部队伍不断扩大、流动,年龄结构趋于年轻化,至1989年,35周岁以下干部占干部总数的52.16%。

1991年,35周岁以下的干部为298人,占干部总数的44.74%,1995年,35周岁以下干部263人,占干部总数的 42.35%，2000 年，35 周岁以下干部 243 人，占干部总数的 42.33%。2005 年，35 周岁以下干部 134 人，占干部总数的 26.53%。

【文化结构】 20 世纪 50 年代，区机关干部文化程度偏低，初中以下文化程度的干部占干部总数的 95%，其余多为高中文化。60 年代、70 年代，干部文化程度变化不大，增添了 4 名大专生。

80 年代，干部要求实行"革命化、年轻化、知识化、专业化"（简称四化）。通过在职进修、自学考试，大、中专毕业生分配，区干部队伍中大、中专以上文化程度的不断增加，至 1990 年，已占全区干部总数的 80.35%。

20 世纪 90 年代后，对干部"四化"要求更高，干部队伍文化结构进一步改善。2000 年，区干部队伍中（不含教师）大、中专以上文化程度的为 544 人（其中研究生 2 人）占干部总数的 94.77%。2005 年，全区行政机关、企事业单位干部中大、中专以上文化程度的为 491 人，占干部总数的 97.22%，并有 1 名博士、3 名硕士、15 名研究生。

二、管理制度改革

解放后至 1956 年 3 月，区机关干部由中共新海连特委、中共新海连市委组织部管理。一般工作人员的调配、提拔、监察、工资待遇等，由市政府人事部门负责。区委、区政府只负责干部的正常思想教育。

1956 年 4 月 1 日起，区委、区人委一级领导干部，由市委组织部管理。区机关的其他党委部门的干部由区委管理。一般干部由市政府人事部门和区人委共同管理。干部的提拔、调配由市委组织部和市人事局负责。教师、医务人员归市委宣传部管理。

1958 年 1 月起，区委设组织科，负责基层领导干部的提拔、考察和正常管理工作。科级（含科级）以上干部仍由市委组织部管理。一般干部由市人事局和区人委共同管理，由市人事局统一调配，办理任免、调动手续。

1971 年 11 月 18 日起，区委书记、副书记，区革命委员会主任、副主任由市委管理；区委常委、委员、街道办事处党委书记、副书记、革命委员会主任、副主任由市革命委员会政工组管理；区里一般干部由市革命委员会人事局管理；中小学教师的调配工作，由市文教局负责。

1984 年 7 月 11 日起，区委书记、副书记、常委，区人大常委会主任、副主任，区长、副区长，区政协主席、副主席，区纪委书记，由市委管理；区委部门的正职、区法院院长、区检察院检察长由市委组织部管理；区机关其他干部由区委管理。

1986 年 9 月 13 日起，科级干部由区委管理。科级干部任免，报市委组织部备案。市委组织部有权撤销不当的任免决定。副科级、股级干部由区委组织部管理。

1989 年 1 月起，股级干部由主管部门和所在单位党组织管理。区委责成区委组织部管理的副科级单位的党政副职，仍由区委组织部管理。股级干部跨区、跨系统的调动，需报经区委组织部同意，方可办理调动手续。

1994 年，新浦区根据市委〔1993〕24 号文件精神，严格控制增设机构和扩大编制，事业单位除文教系统以外，均保持进一出一的格局。全年共调进 51 人，调出 14 人，均属于正常调动。

1996 年，区委、区政府落实《江苏省市、县、乡镇党政机构改革指导意见》，结合本区实际，于 8 月中旬，区委、区政府召开全区机构改革动员大会，本着"小政府，大社会"，"小机构，大服务"的指导方针，通过"三定"（即定职能配置，定机构设置，定人员编制）的工作方案，全区共设置政府序列部门 21 个，党委序列部门5个。

1997年，通过机构改革全区共精减机关工作人员22名，调整到事业单位4人，工人身份退出行政编制的3人，自愿提前内退的3人，本人申请辞去公务员职务的7人，按规定年龄正常办理退休手续的4人，退居二线的7人。

2001年底，在市区行政区划调整后，新浦区再次进行党政机构改革，全区党政机构共设置25个，部门管理机构3个，扣除区划调整因素，机构精简15%，区级行政编制由204名，减为175名，精简14.2%。区划调整增加行政编制84名，共计259名，政法专项编制224名，乡镇、街道行政编制196名。这次机构改革涉及职能调整的有21个部门，明确划入、划出的职能49项，取消、转变的职能11项，党政机关分流人员59名。通过改革，全区乡镇、街道事业机构由原来的49个，精简到34个，精简31%，事业人员编制由216名，精简到167名，精简23%；人员由206名，精简到150名，精简27%。

2004年9月，新浦区成立区属事业单位改革领导小组。同时，制定《新浦区事业单位改革意见》《新浦区生产经营型事业单位改制转企实施意见》《新浦区事业单位未聘人员分流安置实施细则》，全面开展事业单位改革工作。

2005年，新浦区首批改制的9家事业单位中，钟声幼儿园完成方案制定，其他几家正在进行资产评估工作。区教育系统开展中小学教师全员聘用制改革工作，取消校长行政级别，全面实行聘任制，通过竞争上岗，全区有1978名教师竞聘上岗，有152名教师落聘在校待岗。区卫生系统，完成了云台乡卫生院的改制工作，云台农场、南云台林场医院，分别采取先售后股、租售结合的办法进行改制，买断职工工龄、缴纳养老保险，职工身份由单位人改为社会人。区中西医结合医院改革开始实施。

三、编制管理

1986年以前，新浦区机关的机构编制，均由市编制委员会直接管理。

1986年12月，新浦区成立编制委员会，下设办公室。区编制委员会根据市编制委员会核定的区机构设置和各类人员编制，对本区行政、事业单位机构、人员实行编制管理。凡需增设全民性机构（包括行政机关、事业机构）、增加全民性机构人员，均要经区编制委员会讨论同意，并报市编制委员会审批。集体性质单位的机构增减、人员编制数增加，由区编制委员会讨论决定。

1987年7月18日，市编制委员会、市委组织部等6个部门，联合下发《关于实行<编制管理手册>加强人员结构管理的通知》，区编制委员会开始对区机关各部门领导干部配备，采用《编制管理手册》进行编制管理。同年11月，区编制委员会对区内党、政、群、团部门的75名超编人员，另行安排。

1997年，结合机构改革和公务员制度推行，区劳动人事局对全区374名行政人员和2965名事业人员人事台账进行修改更换，继续实行人员结构动态管理，促进机关事业单位人员结构优化。

2001年，制定《新浦区区级党政机构改革实施方案》，并开始事业单位法人初始登记工作。当年底，行政区划调整后，区机构改革领导小组于2002年重新核定各部门编制，并留出一部分机动编制，区级行政编制留下6名，乡镇、街道行政编制留下14名。工作人员在8名以下的部门不设内设机构，原则上不设2人以下的股室。核定后，区委有3个部门设内设机构，共设置12个股室；区政府有9个部门设置内设机构，共设置34个股室；区法院设置12个内设机构；区检察院设置9个内设机构；乡镇各设置7个内设机构；街道办事处各设置5个内设机构。部门领导职数一般在1正3副以内，股室领导职数按2人的股室设1职，3～4人的设1正1副，5人以上设1正2副。全区党政群机关共设领导职数95名，法院、检察院领导职数共 8 名,乡镇领导职数 8 ~9 名,街道领导职数 5 ~7 名。

2003 年,区劳动人事部门建立健全行政机关编制台账、事业单位编制台账、参照管理机关人员名册、参照管理事业单位人员名册,进一步加强人员和机构编制的动态管理,确保台账的准确性。当年审核机关报成立机构 4 个,更名 3 个,调整内设机构 3 个,合并 3 个。做好区属事业单位改革的调研工作,将其进行初步分类,共确定行政经营型事业单位 5 家,社会公益型事业单位 79 家,生产经营型事业单位 15 家,为事业单位改革做好前期准备工作。年内,区编制委员会还根据省编办《关于做好全省中小学教职工编制核定工作的通知》等规定,核定全区中小学教职工编制 2005 名。其中,中学教职工编制 803 名,小学教职工编制 1202 名。

2004 年,新浦区加强事业单位的登记管理,全年进行法人登记的事业单位 140 家,办理法人变更登记的事业单位 12 家。并重新建立完善的事业单位编制台账、参照管理事业单位名册。

2005 年,根据市机构改革会议精神,将区发展计划局改组为区发展和改革局,新组建区安全生产监督管理局,将区计划生育局更名为人口和计划生育局,将区国有资产管理办公室更名为区国有资产监督管理办公室。

第六节　法治政府建设

一、行政措施制定

1988 年 2 月 2 日,新浦区政府首次召开政府法制工作会议,规范政府行政措施制定等工作。1991 年 2 月 22 日,区政府正式制定下发《新浦区人民政府行政措施制定工作程序规定》。

1993 年 12 月 30 日,区政府重新制定下发《新浦区人民政府行政措施制定工作程序规定》(1991 年的规定同时废止)进一步规范行政措施制定程序。

同时,区政府开始对制定行政措施工作实行编制计划管理。区政府根据国家和省、市立法计划,从区情出发,在调查研究基础上统筹安排,制定计划,分别轻重缓急予以实施。区政府各部门在每年年初向区政府法制局统一编制计划。需以区政府名义颁布的行政措施,均经区长常务会议研究确定。

2003 年,区政府进一步建立了区长亲自过问、常务副区长直接负责、区政府法制局具体实施的政府法制工作体系,形成了区属单位、部门行政一把手对单位(部门)行政法制工作负总责的政府法制工作责任制,加强依法治区工作力度。

二、行政措施文件清理

1991 年 4 月 11 日,区政府法制局成立后即会同有关部门开始对往年区政府颁发的行政措施文件进行清理。首批清理 1989 年至 1991 年以区政府和区政府办公室名义颁发的 18 件行政措施文件。经清理,1989 年区政府发布的《关于加强新浦地区建设工地文明施工管理的暂行规定》等 16 件继续有效;有 1 件进行修改补充;1 件因情况变化予以废止。

1995 年,区政府法制局会同有关部门清理 1994 年底以前区政府行政措施文件,并发出《关于公布九四年底前自行失效和应予废止的行政措施文件的通知》,共清理 24 件。其中,1988 年 2 件、1989 年 2

件、1991年5件、1992年8件、1993年3件、1994年3件。

2000年，区政府法制局和有关部门对1986～1999年间区政府和区政府办公室发布的98件行政措施文件进行清理，认定其中13件有效继续执行，有85件自行废止。

2002年，根据《市委办公室、市政府办公室关于适应我国加入世界贸易组织要求清理地方性政策措施的意见》要求，区政府法制办牵头，会同有关单位，对1986～2001年区政府颁发的131件地方性政策措施进行清理，确认其中37件继续有效、94件予以废止或自行失效。

2003年，清理历年来区政府制定的174件规范性文件。确认保留其中65件继续执行，废止94件，另有12件需要修改。

2005年，区政府法制局与有关部门一道清理政府系统文件189件，经清理确定全部继续有效。

三、政府系统执法检查

1987年，根据市政府统一部署，新浦区政府开展建区以来第一次政府系统执法大检查。区政府成立执法检查领导小组，制定《新浦区政府系统执法大检查活动方案》，采取检查与教育相结合、普遍查与重点查相结合、条条查与块块查相结合、总结经验与找差距相结合的“五结合”办法，重点检查对《中华人民共和国土地法》《中华人民共和国经济合同法》《中华人民共和国环境保护法》等法律法规的实施情况。进一步提高相关部门行政执法水平。

此后，每年都结合财政、税收、物价“三项大检查”，对区政府系统执法情况进行检查。

2002年，在《中华人民共和国行政处罚法》颁布实施6周年期间，区政府邀请区人大代表、政协委员对全区贯彻实施该法情况进行检查。经查6年间全区24个行政执法部门共做出各类行政处罚规定2万余件，其中，适用一般程序387件，对个别处罚程序不规范、卷宗不齐全问题及时予以指出，有关单位也在限期内进行了整改，提高了依法治理水平。

2003年8月21日，区政府下发《关于公布新浦区行政执法主体的通知》，确定所属乡、镇人民政府、街道办事处及环保局、文化局、农林水利等18个职能部门为新浦区行政执法主体，以增强执法透明度，便于群众监督，推动法治政府建设深入发展。

2004年，区政府进一步加强法治工作力度，对政府执法工作的检查监督，改变过去事后查的做法，采取事前查、事中查、事后查相结合的办法，帮助行政执法部门提高依法实施行政处罚、行政许可、行政征收、行政检查和行政强制措施等水平和实效。

2005年，区政府受理群众投诉34件，上访81人次。纠正行政机关违法或不当行政行为12起，投诉人满意率为95%。同年，区政府法制部门还参与区人大、区政府、区政协各类行政执法检查12次，指出行政机关管理存在问题5起，及时纠正不规范行为3起。

第七节　行政效能建设

2004年，市政府召开行政效能建设大会后，新浦区政府即全面部署在全区各级行政机关加强行政效能建设工作。同年10月10日，区政府制定下发《新浦区人民政府关于加强行政效能建设的意见》，围绕行政效能建设的指导思想、工作目标和主要内容作出了全面部署。同时，成立行政效能建设领导小组，下设办公室与区监察局合署办公；成立行政效能建设投诉中心，公布举报电话，接受群众监督。在离退休老干部、人大代表、政协委员、民主党派成员和企业家中聘请行政效能监督员，组织开展明察暗访，加强监督。并完善绩效考评、奖惩激励机制。当年，全区共接受各类投诉 101 件，办结 99 件，办结率达 98%。及时解决少数工作人员不作为和乱作为行为及“中梗阻”现象。

2005 年 4 月，全区开展行政效能建设千人问卷调查活动。区行政效能建设办公室及时将调查中发现的涉及 11 个部门的问题反馈给有关部门，并限期予以整改。同年 5 月 30 日，区政府下发《关于进一步加强行政效能建设工作的意见》，落实全市“创业、创新、创优”“三创”会议精神，全区行政机关在认真总结 2004 年行政效能建设工作经验、查找薄弱环节的基础上，进一步完善措施，建立长效运行机制。当年，区行政效能建设投诉中心接待群众上访 35 批次，受理涉及机关工作人员作风、行政不作为、乱作为等投诉 105 件，及时办结 104 件，处理违纪违规工作人员 3 人。

第八节　信访工作

一、机构

1955 年 11 月，新浦区人民政府成立后，区内人民来信来访工作由区政府文书负责接待，由各科或分管区长负责处理。1970 年起，信访工作由区革委会办事组负责；1978 年，人民群众的信访工作由区政府民政科兼管。1982 年 9 月，区政府设立信访科。1983 年 6 月，新浦、海州两区合并为新海区时，撤销信访科，成立新海区信访办公室；1986 年 6 月，新海区分置后，新浦区仍设信访办公室。1990 年 6 月 8 日，区信访办公室改设为区信访局。2003 年 3 月，各乡镇、街道信访办公室正式成立。至 2005 年，新浦区所辖 3 乡 1 镇 6 个街道均已建立基层信访工作机构，并配有专职信访办公室主任。

二、信访受理与处理

新中国建立初期，人民群众来信来访者极少。“文化大革命”结束后，关于要求处理“文化大革命”期间侵犯个人财产、造成冤假错等问题的群众信访逐年增多，区信访部门人员热情接待来访。一般民间纠纷问题，随时与有关街道办事处分管主任或居（村）委员会负责人进行调解，化解矛盾。对涉及侵占房产等财物及要求平反冤假错的，及时转区委、区政府落实政策办公室查处。对人民群众来信，逐一登记，并及时报区政府分管区长，批转有关部门调查处理，并负责向区政府回报处理结果。

20 世纪 80 年代起，区政府进一步落实国务院新颁布的《信访条例》，规范人民群众来信来访接待处理工作。对来信来访群众反映的问题逐一认真记录，随时与有关街道办事处或部门副主任共同调解处理。对难度较大的房地产纠纷一类，由分管区长召开有关部门、单位领导会商调解处理方案，或到现场处理问题，直至把矛盾纠纷化解在区内。

20 世纪中后期，随着改革的深入发展，人民群众关于要求解决养老保险、医疗保险及拖欠工资等问题日渐增多。区委、区政府要求各级信访机构人员切实做好群众信访接待，处理工作，维护人民群众利益，为深化改革保驾护航。区信访局进一步建立信访接待处理责任制，认真做好接待处理工作。1995 年 12 月，原市东沙发厂多名职工因单位多年欠缴医疗保险金而引发到区、市政府集体上访。区信访局立即组织人员进行调查,与所在街道、厂、及区体改办等共同研究,做好协调工作,终于在当年底将问题妥善解决。1996 年,区物资公司因单位出面向职工集资建办公和营业房却迟迟未还职工集资款,和拖欠职工工资、养老金等问题,造成职工集体上访、闹事。区信访局出面调解,采取个人拿一点,单位筹一点等办法方使职工的工作、生活等切身利益均得到解决。1997 年,新浦六号街区(今整洁路附近)拆迁时,引发社会残疾人、特困老人一家 3 口人因无处安身而多次到市里上访。区信访局查清事实后,与拆迁单位、开发商及路南街道等单位协商,采取凑份子各家拿一点的办法,为该特困家庭免费建房,使他们生活有了保障,平息了重复上访事件。1998 年,新浦区亚欧公司因高额向 300 多名职工集资建营业楼和拖欠 60 多名职工养老金等一系列问题,造成职工信访、集访。区信访局多次深入单位和职工中调查、协商,采取职工拿一点,单位出一点,多方筹一点等办法,一次性解决了拖欠职工多年的高额集资问题和养老金问题。1999 年,区信访局协调解决了海云大厦 300 多名职工工作问题和养老待遇问题。2000 年,区委、区政府出台《关于进一步加强信访工作意见》《新浦区信访工作考核办法》《新浦区信访保证金征收办法》,并把"四降"(进京上访、去省上访、到市集访、重复上访四率下降),"一不增"(不增加新上访老户)为内容的目标任务纳入街道办事处全年工作责任目标,年初签订责任状,年终进行考核。区信访局协调解决开发建设陇海步行街过程中 300 多名居民拆迁安置问题。同年,区长李建平 3 次召开区长办公会,一次性解决了亏损严重的亚欧集团、区运输公司、耐腐泵厂、沙发厂等单位退休工人养老保险的老大难问题。全年受理群众来信来访案件 101 件次(其中市转信访案件 24 件),查结 97 件,结案率 96%;及时协调处理到市集体上访 5 批 107 人次。直接受理信件 10 件,接待来访 67 批,其中 5 人以上集体上访 18 批 275 人次。

2001 年,区委、区政府先后制定《连云港市新浦区信访局接待来访纪律》《文明接待制度》《来访接待室防范上访人员滋事工作预案》《关于处置集体来区上访应急方案》《新浦区信访处置集体上访应急措施》《来访须知》《新浦区领导信访接待日制度》等 7 项工作制度。同时,开展创建"四无"(无赴京上访、无越级集体上访、无信访老户、无信访积案)活动。举办信访干部培训班 3 期,培训基层信访干部 235 人次。全年共受理群众来信来访案件 164 件次,其中市转信访案件 58 件次。5 人以上到市集体上访 9 批 142 人次。直接受理信件 8 件,接待来访 89 批,5 人以上集体上访 21 批 320 人次。同年,区委、区政府多次召开有关部门负责人会议,研究处理下岗职工问题和亏损严重企业的退休职工劳动保险问题,使 300 多名老工人纳入养老保险社会化管理。全年实有案件 161 件,查结 158 件,结案率为 98%。其中:市信访局要求报告结果的重要信访案件 3 件,已结案 3 件,结案率为 100%。

2002 年,区委、区政府制定《关于进一步加强全区信访工作的意见》,规范全区信访工作。同年,针对区划调整后云台乡、南城镇、经贸局、城管局等部门遗留问题多的情况,果断采取"变群众集体上访为干部集中下访"措施,把问题解决在萌芽状态,解决在基层,减少群众集体上访、越级上访和重复上访,使信访量大幅下降。全年共受理群众来信来访案件 326 件次。其中,市转信访案件 76 件次,5 人以上到市集体上访 41 批 806 人次,涉及区划调整的遗留问题占 75%;直接受理信访案件 250 件次,5 人以上集体上访 88 批 1316 人次。同年,加强对重要信访件的查处工作力度,区领导亲自带领工作组深入基层和单位了解情况,彻底解决原区运输公司 15 人信访问题;解决了京宁造纸厂近 200 名下岗职工的有关问题。全年实际受理群众来信来访案件 308 件,查结 298 件,结案率为 97%。其中,市信访局要求报告结果的重要信访案件 4 件,已结 4 件,结案率为 100%。到省上访的 6 批 11 人次,由区信访局处理全部结案。2002 年,新浦区信访局被省委、省政府评为"优秀服务单位"。

2003年，面对“防非典”的严峻形势，区领导及时调整领导接待日制度，改接待日制度为分管领导对口接待，并实行党政一把手负责制、区领导条线负责制、区领导包案制，进一步规范全区信访工作。全年共受理群众来信来访案件409件次。其中市转信访案件115件次，5人以上集体上访21批42人次，区局直接受理案件294件次，5人以上集体上访84批1098人次。

2004年，信访工作紧紧围绕全区开展的“环境大改善，项目大推进”的目标创造性地开展工作，制定《关于处理社会性事件及群体上访问题的应急预案》，全年共受理群众来信来访案件309件次。其中市转信访案件123件次，5人以上集体上访36批733人次，区局直接受理案件265件次，5人以上集体上访75批830人次。同年，为及时解决好信访中的一些涉法涉诉问题，区信访局聘请10名律师参与信访接待，直接接待上访群众反映的涉法涉诉问题23件28人次。全年实受理群众信访案件366件，结案356件，结案率为97%。市信访局要求报告结果的重要信访案件4件，结案4件，结案率100%。到省上访8批27人次，其中，集体上访2批17人次，全部处理结案。全年未发生进京上访案件。2004年，全区信访系统有3人被市委、市政府授予“先进工作者称号”，1人被区委授予“优秀共产党员”称号，区信访局受到区委、区政府嘉奖。

2005年，国务院新的《信访条例》实施后，区委、区政府根据《信访条例》要求，制定《新浦区人民政府信访事项复查(复核)办法》《新浦区处理人民来信工作暂行规定》《信访工作责任追究的暂行规定》、《区党政领导信访接待日制度》《新浦区终结无理上访事项暂行规定》《信访听证暂行办法》等制度。同时，以区委、区政府两办文件形式落实区领导接待日制度，采取预约接待办法，由区领导亲自接待。全年共受理群众来信来访案件508件次。其中，市转信访案件146件次，5人以上集体上访26批474人次，区局直接受理案件262件次，5人以上集体上访74批1002人次。同年，区政府将各乡镇、街道信访工作纳入年终考核，激励乡、镇领导及信访工作人员把信访问题解决在基层，解决在萌芽状态，努力做到小事不出村(社区)、大事不出乡镇(街道)。对重大信访问题，实行“三级终结”制。即主管部门对群众反映的问题受理后，在60日内书面答复当事人，如当事人对主管部门答复不满意，可申请区政府复查、市政府复核终结。全年实有案件484件，结案479件，结案率99%；市信访局要求报告结果的重要信访案件4件，结案4件，结案率100%。2005年，有1人被区委授予“优秀共产党员”称号，区信访局受到区委、区政府嘉奖。

第九节　办公现代化建设

1955年11月，新浦区政府成立后，各种总结、报告、文件全部靠钢板刻写蜡纸，用手推油印机印刷。所印文字字体不一，质量较差。

1960年底，区政府办公室开始添置铅字打字机，打成蜡纸，仍用手推油印机印刷文件。文件规格、质量明显提高，但每张打字蜡纸，印刷数量有限，且易破损。

1989年9月，区政府办公室购置四通打字机1台。同时，经区长办公会研究从陇东职业中学文秘打字班招收程艳、高正红两名同学作为区政府办公室电脑打字员。从此，区委、区政府正式行文开始使用四通机打印。

1990年3月，为迎接区人代会、政协会召开，区政府从上海购进一体化自动印刷机1台。进一步提高了文印速度和质量。

2000 年，文印室拥有联想 486 微机 1 台，七喜快乐 2000 微机两台，一体化高速油印机 1 台。办公用房 3 间 50 平方米。负责区委、区政府文件及区委、区人大、区政府、区政协、区各有关部门重要会议材料打印工作。同年，打印政府文件、通知 400 余件、100 多万字，打印会议材料 300 件，近 200 万字。当年底，机要室拥有机房面积 15 平方米，联想 486 微机 1 台，联想 1 +1 微机 1 台，传真机 1 台，年办理省市明传电报 400 余件，30 余万字。

2001 年 5 月 17 日，全市第一个互联网宽带网 ADSL 在新浦区正式开通。

2003 年 9 月 1 日起，区政府制定并实施《新浦区互联网服务营业场所违规经营量化管理暂行办法》。

2004 年，为推动政府办公网络化，加速公文传输无纸化，推进电子政务建设步伐，新浦区根据市电子政务建设协调指导小组的统一部署和要求，完成本区电子政务内网一期工程建设，以及电子政务内网 IP 地址和域名编排工作。同年，完成新浦区政府网站建设。区政府网站(www. xinpu. gov. cn)突出本区特色，设有新浦概况、领导致辞、投资新浦、政府要闻、政务公开等 10 多个栏目。公开正式文件、会议情况、政务信息。为各个乡镇、街道设立各自的信息发布窗口，发布职能范围内所掌握的信息，促进部门之间的信息资源共享。同年，区政府筹资 135 万元，为区教育局、区统计局、区卫生局等单位配置计算机 270 多台，新建建设局局域网，促进了区各部门信息化建设。期间区各部门重视各自网站建设，新建了新浦区人事网、新浦区招商网两个网站，方便了群众和外来投资者。

2005 年，进一步建设区电子政务内网，实现与市政务内网高速光纤互连，公文和信息无纸化传输，提高政府的办事效率和快速响应能力。同时，升级改造政务网网络平台，互联网接口带宽由原来的 2M 提高到 10M，并增添硬件网络防火墙，增强了整个机关网络的安全性。完善新浦区政务信息网，做好“新浦政务信息网”各栏目内容的维护更新工作，增添保持共产党员先进性、领导论坛等栏目。

第十节 政府采购制度改革

2000 年 10 月 12 日，《新浦区政府采购管理暂行办法》及《新浦区行政事业会计委派制度暂行办法》正式施行。

2001 年 4 月 16 日，新浦区会计管理核算中心开始运行。10 月，区政府制订《关于全区行政事业单位公务用车实行定点维修的通知》，从当年 11 月 1 日起，对区级行政事业单位公务用车实行定点维修。

2002 年，制订并实施《新浦区政府采购管理办法》，加强全区车辆维修、加油、保险、政府办公大楼信息宽带工程等采购工作管理。当年，车辆定点维修、统一保险共节约资金 21.4 万元。

2003 年，制定印发《2003 年新浦区政府集中采购目录》。8 月，由区 5 个相关部门及市政府采购中心参与，通过向社会招标，竞标完成全区车辆集中保险和定点维修 2 项工作。全年实现政府采购总量 295 万元，节约资金 40 万元。

2004 年 6 月，向全区转发并执行市财政局、公安局《关于取消购买小汽车控购审批的通知》，及市财政局、市监察局《关于全市机关、事业单位因公出国实行定点采购的通知》。全年实现政府采购金额 571 万元，节约资金 81 万元。

2005 年 1 月，区政府制定出台《关于对区直行政事业单位机动车辆集中保险的通知》《政府采购人员工作纪律》《政府采购人员文明公约》以及《政府采购工作人员十不准》。同年6月，为规范政府采购工作，在区会计核算中心设立政府采购专户，建立项目直拨制度，在不改变预算单位的资金所有权、核算权的基础上，将政府采购资金直接拨付到供应商或提供服务单位。全年实现政府采购总量1028万元，节约资金123万元，节约率达到11.96%。

专记23－1：庆祝新浦区建区50周年活动纪要

一、组织领导

2005年3月28日，区委召开庆祝新浦区建区50周年活动筹备工作预备会，研究"区庆"活动相关事宜。区委副书记、区纪委书记徐川家和区委常委、宣传部长王立斌分别就筹备工作提出具体要求。

2005年7月19日，区委召开纪念新浦区建区50周年庆典活动筹备会。初步确定2005年9月28日召开建区50周年庆祝大会和有关庆祝活动内容。并决定成立由区委副书记刘炳慧，区委常委、宣传部长王立斌和副区长王友君负责，由区委办、政府办、区委宣传部、区文化局、区地方志办公室等单位负责人共同组成区庆活动筹备组。

区委、区政府先后于7月26日、7月29日、8月23日3次召开筹备情况汇报会，检查督促、逐一落实各项筹备工作。

2005年9月9日，区委召开区四套班子领导会议，听取建区50周年庆典活动准备情况汇报，并正式决定9月28日召开新浦区建立50周年庆祝大会及有关庆祝活动事项。

二、庆祝大会

2005年9月28日，区委、区政府在黄海影剧院隆重召开庆祝新浦区建区50周年大会。市委、市人大、市政府、市政协有关领导及本市各县区有关领导应邀出席大会；区四套班子领导及曾任区四套班子领导的离退休老同志、投资客商代表和区各部门、单位干部、群众千余人参加大会。区委书记李建平讲话，回顾新浦区建区50年来，特别是1978年党的十一届三中全会以来，新浦区经济实力、城市建设、社会事业、人民生活等方面发生的巨大变化，总结50来年的宝贵经验，展望了更加美好的前景，并就如何落实"十一五"规划，继续谱写更加辉煌的新篇章提出更高要求。

市委常委、宣传部长吴加庆在会上发表热情洋溢的讲话。他代表市委、市政府，对新浦区建区50年来，经济、社会取得长足发展，全区综合实力明显增强，人民群众生活水平不断提高，城区形象焕然一新，各项社会事业协调发展，充分发挥中心城区的窗口、示范、辐射和带动作用，为全市的发展大局作出的重要贡献，表示热烈祝贺。对当前和今后一个时期新浦区的工作，提出更高要求和良好祝愿。会后，区委、区政府邀请市和兄弟县区领导及部分担任过区领导的来宾、离退休老同志参加座谈会，倾心听取大家的意见和建议。

三、举行《走向辉煌》专场文艺演出

2005年9月28日上午，新浦区建区50周年庆祝大会结束，举行《走向辉煌》专场文艺演出。

专场文艺演出由区委宣传部筹办，区文化局具体承办。邀请市区有关专家、演出团体参与创作排练。演出以歌颂新浦区建区50年来发生的巨大变化、各条战线取得丰硕成果为内容，以展示成就、继往开来、加快发展、再创辉煌为主题，以自编自演为主。演出在歌舞诗《新浦是个好地方》演唱中拉开序幕。专场文艺演出分"话说新浦""和谐社会""继往开来"3个篇章，先后演出情景表演《妈妈的故事》、音乐快板《喜看新浦》、摇滚说唱《看景》、音乐剧《过去·现在·将来》等9个节目，演出在《新浦是个好

地方》合唱声中落下帷幕。整台演出气氛热烈,内容实在,在观众中引起了强烈共鸣和反响。

四、举办成就展

区庆活动期间,由区委宣传部牵头,举办庆祝新浦区建区50周年图片展览。各乡镇、街道,区各有关委、办、局共展出图版54块,以图片为主,图文并茂地展示各单位、各部门50年来的巨变,特别是改革开放以来,经济、社会各方面取得的丰硕成果。

五、出版区情资料

大型摄影画册《走向辉煌——庆祝新浦区建区五十周年》,由区委、区政府主办,区委宣传部牵头承办,于2005年9月上旬印行。画册为大16开、精装本。设回顾篇、发展篇、展望篇3篇。发展篇为主体,分列优越的地理环境、完备的服务平台、怡人的城市风光、独特的现代农业、崛起的都市工业、发达的商贸物流、丰富的旅游资源、繁荣的社会事业、良好的人文环境、高度的精神文明等10个部分,画册通过242张照片、21幅图表,生动形象地反映了新浦区建区50年来,特别是改革开放20多年来经济社会各方面发生的巨大变化,将一个崭新的现代化城市——新浦区展现在人们面前。

图23-1　为庆祝新浦区成立50周年,
区政府组织编印、出版的部分区情资料书

《新浦区五十年大事记(1955-2005)》由新浦区地方志办公室编印,记录自1955年9月新浦区正式建立至2005年6月底,50年间发生的重大事件,并附有《新浦区行政区划简表》《1978~2004年新浦区社会经济指标对照表》和60幅照片资料,较系统地反映新浦区建区50年来的发展变化过程。此书为32开,简装本,20万字。于2005年8月,经新闻出版部门批准出版。

《新浦史话》由区地方志办公室韩世泳编著,分寻根溯源、地名由来、实业点滴、昔日闹市、文化娱乐、杂事琐记、湮没庙宇等7个部分,记述新浦自成埠至新中国成立之前的诸多史实,并刊用照片资料41幅、附《老新浦之"第一"》史料,为研究新浦发展史提供资料。该书由市著名书法家杜庚题写书名,于2005年7月,由陕西旅游出版社出版。

六、舆论宣传

2005年9月,区委宣传部与《连云港日报》编辑部联合举办以《我看新浦新变化》为题的庆祝新浦区建区50周年征文(摄影)竞赛活动,先后刊登文稿18篇、摄影图片11幅,均从细微处入手,反映新浦区的发展变化。

2005年9月28日《连云港日报》于A4版以《热烈庆祝新浦区建区五十周年》通栏大字标题,整版刊登3篇文章、10多幅照片、图表,报道新浦区建区五十年来取得的辉煌成果。

区委宣传部与市电视台联合拍摄制作题为《走向辉煌——热烈庆祝新浦区建区50周年》专题电视片,该片分概述、成就、城市面貌、经贸、旅游、社区文化、人民生活、展望未来等部分,展现新浦区建区50年来经济社会发展变化情况,特别是展示城乡面貌和人民生活的巨大变化。2005年9月27日和30日,先后在连云港电视台"今日连云港"专栏播放两次。同时,在"美洲卫视今日连云港"专栏播放1次。

1948年12月至1955年11月新浦区地区各区人民政府主要领导更迭表

表23－2

机构名称	职 务	姓 名	性别	任职时间
新华区人民政府（1948年12月～1949年2月）	区长	李明理	男	1948年12月～1949年2月
新龙区人民政府（1948年12月～1949年2月）	区长	马佃贵	男	1948年12月～1949年2月
民主区人民政府（1948年12月～1949年2月）	区长	孙学礼	男	1948年12月～1948年12月
		常宝贞	男	1948年12月～1949年2月
通灌区人民政府（1948年12月～1949年2月）	区长	刘礼	男	1948年12月～1949年2月
新华区人民政府（1949年2月～1951年8月）	区长	李明理	男	1949年2月～1949年12月
		怀相忠	男	1949年12月～1950年6月
		魏兆常	男	1950年6月～1951年8月
新龙区人民政府（1949年2月～1951年8月）	区长	李子孝	男	1949年2月～1949年8月
		李春藻	男	1949年12月～1950年11月
	代理区长	李遵雨	男	1950年11月～1951年5月
民主区人民政府（1949年2月～1951年8月）	区长	常宝贞	男	1949年2月～1950年6月
		马春才	男	1950年6月～1950年8月
		纪良臣	男	1950年8月～1951年5月
		李春藻	男	1951年5月～1951年8月
龙尾区人民政府（1951年8月～1955年11月）	区长	李春藻	男	1951年8月～1955年11月
	副区长	王喜春	男	1953年7月～1955年11月
盐河区人民政府（1951年8月～1955年11月）	区长	魏兆常	男	1951年8月～1954年12月
		刘训祥	男	1954年12月～1955年11月
	副区长	田风才	男	1951年11月～1953年7月
		于绍武	男	1952年11月～1955年11月
		刘训祥	男	1953年7月～1954年12月
		孙守志	男	1954年11月～1955年7月

1955年11月至2005年12月新浦区人民政府区长、代区长、副区长更选表

表23－3

机构名称	职　务	姓　名	性别	任职时间	备注
新浦区人民政府（成立初期）	区长	李春藻	男	1955年11月～1955年12月	
	副区长	于绍武	男	1955年11月～1955年12月	
新浦区人民委员会——第一届区人代会期间（1955年12月～1957年1月）	区长	李春藻	男	1955年12月～1957年1月	
	副区长	于绍武	男	1955年12月～1957年1月	
新浦区人民委员会——第二届区人代会期间（1957年1月～1958年5月）	区长	李春藻	男	1957年1月～1957年11月	
		韩学敏	男	1957年12月～1958年5月	
	副区长	于绍武	男	1957年1月～1958年5月	
		唐彦生	男	1958年1月～1958年5月	
新浦区人民委员会——第三届区人代会期间（1958年5月～1961年7月）	区长	韩学敏	男	1958年5月～1960年12月	
		邱连德	男	1960年12月～1961年7月	
	副区长	于绍武	男	1958年5月～1959年12月	
		唐彦生	男	1958年5月～1959年6月	
		叶廷武	男	1960年5月～1961年7月	
		陈俊文	男	1960年5月～1961年7月	
		章悦如	男	1960年5月～1961年6月	
新浦区人民委员会——第四届区人代会期间（1961年7月～1963年5月）	区长	邱连德	男	1961年7月～1962年9月	
		范伟岩	男	1963年4月～1963年5月	
	副区长	陈俊文	男	1961年7月～1963年5月	
		叶廷武	男	1961年7月～1963年4月	
新浦区人民委员会——第五届区人代会期间（1963年5月～1965年12月）	区长	范伟岩	男	1963年5月～1965年12月	
	副区长	陈俊文	男	1963年5月～1965年12月	
新浦区人民委员会——第六届区人代会期间（1965年12月～1967年12月）	区长	范伟岩	男	1965年12月～1967年12月	
	副区长	陈俊文	男	1965年12月～1967年12月	

续表 23－3(1)

机构名称	职　务	姓　名	性别	任职时间	备注
新浦区革命委员会（1969 年 10 月～1976 年 10 月）	主任	张安定	男	1969 年 10 月～1970 年 5 月	军代表
		邸志勇	男	1970 年 6 月～1970 年 12 月	
		王敏忠	男	1970 年 12 月～1971 年 8 月	
		张万顺	男	1971 年 8 月～1974 年 10 月	
		谭学宏	男	1974 年 11 月～1976 年 4 月	
	副主任	陈峰	男	1969 年 10 月～1970 年 5 月	军代表
		孙绍庚	男	1969 年 10 月～1970 年 5 月	
		彭元平	男	1969 年 10 月～1974 年 10 月	
		谭学宏	男	1971 年 6 月～1974 年 10 月	
		范伟岩	男	1969 年 10 月～1971 年 5 月	
		赵福利	男	1970 年 6 月～1970 年 12 月	军代表
		马增太	男	1970 年 6 月～1970 年 12 月	
		张培资	男	1970 年 12 月～1971 年 8 月	
		刘连放	男	1970 年 12 月～1971 年 8 月	
		邹凤祥	男	1970 年 12 月～1971 年 8 月	
		冯云志	男	1971 年 8 月～1974 年 10 月	
		陈际伦	男	1973 年 12 月～1976 年 10 月	
		崔东源	男	1973 年 12 月～1976 年 10 月	
		陈瑞元	男	1974 年 9 月～1976 年 10 月	
		韩学敏	男	1974 年 11 月～1976 年 10 月	
		雷成堂	男	1974 年 11 月～1976 年 10 月	
		丁全普	女	1975 年 10 月～1976 年 10 月	
		张长明	男	1976 年 9 月～1976 年 10 月	
		陈俊文	男	1973 年 12 月～1976 年 10 月	

续表 23－3(2)

机构名称	职　务	姓　名	性别	任职时间	备注
新浦区革命委员会（1976 年 10 月～1979 年 5 月）	副主任	陈际伦	男	1976 年 10 月～1978 年 8 月	
		崔东源	男	1976 年 10 月～1979 年 5 月	
		陈瑞元	男	1976 年 10 月～1979 年 5 月	
		韩学敏	男	1976 年 10 月～1979 年 5 月	
		雷成堂	男	1976 年 10 月～1977 年 8 月	
		丁全普	女	1976 年 10 月～1979 年 5 月	
		张长明	男	1976 年 10 月～1979 年 5 月	
		石进明	男	1978 年 11 月～1979 年 5 月	
		陈俊文	男	1976 年 10 月～1978 年 5 月	
新浦区人民委员会——第八届区人代会期间（1979 年 5 月～1980 年 8 月）	主任	武心铎	男	1979 年 5 月～1980 年 8 月	
	副主任	石进明	男	1979 年 5 月～1980 年 8 月	
		丁全普	女	1979 年 5 月～1980 年 8 月	
		张长明	男	1979 年 5 月～1980 年 8 月	
		崔东源	男	1979 年 5 月～1980 年 8 月	
		韩学敏	男	1979 年 5 月～1980 年 8 月	
		陈瑞元	男	1979 年 5 月～1980 年 8 月	
新浦区人民委员会——第九届区人代会期间（1980 年 8 月～1983 年 6 月）	区长	张云鸾	男	1980 年 8 月～1983 年 6 月	
	副区长	丁全普	女	1980 年 8 月～1983 年 6 月	
		陈瑞元	男	1980 年 8 月～1983 年 4 月	
		张长明	男	1980 年 8 月～1982 年 10 月	
		李佩佑	男	1980 年 8 月～1981 年 10 月	
		马英周	男	1982 年 2 月～1983 年 6 月	
新海区人民政府——新海区成立初期（1983 年 6 月～1984 年 5 月）	区长	张云鸾	男	1983 年 6 月～1984 年 1 月	
		俞素娥	女	1984 年 4 月～1984 年 5 月	
	副区长	朱泰曾	男	1983 年 6 月～1984 年 5 月	
		韩世泳	男	1983 年 6 月～1984 年 5 月	
		周旭权	男	1983 年 6 月～1984 年 5 月	
		姜奎顶	男	1983 年 6 月～1984 年 5 月	
		谷胜玉	男	1984 年 2 月～1984 年 5 月	
		陈东美	男	1984 年 1 月～1984 年 5 月	
		王云良	男	1984 年 1 月～1984 年 5 月	

续表 23－3(3)

机构名称	职　务	姓　名	性别	任职时间	备注
新海区人民政府——第十届区人代会期间(1984 年 5 月～1986 年 6 月)	区长	俞素娥	女	1984 年 5 月～1986 年 6 月	
	副区长	朱泰曾	男	1984 年 5 月～1986 年 6 月	
		韩世泳	男	1984 年 5 月～1986 年 6 月	
		谷胜玉	男	1984 年 5 月～1986 年 6 月	
		姜奎顶	男	1984 年 5 月～1986 年 6 月	
		陈东美	男	1984 年 5 月～1986 年 6 月	
		王云良	男	1984 年 5 月～1986 年 6 月	
新浦区人民政府——恢复新浦区建制初期(1986 年 6 月～1986 年 8 月)	区长	张玉华	男	1986 年 7 月～1986 年 8 月	
	副区长	韩世泳	男	1986 年 6 月～1986 年 8 月	
		陈东美	男	1986 年 6 月～1986 年 8 月	
		王云良	男	1986 年 6 月～1986 年 8 月	
		崔仁义	男	1986 年 7 月～1986 年 8 月	
新浦区人民政府——第十届区人代会四次会议期间(1986 年 8 月～1987 年 4 月)	区长	张玉华	男	1986 年 8 月～1987 年 4 月	
	副区长	韩世泳	男	1986 年 8 月～1987 年 4 月	
		陈东美	男	1986 年 8 月～1987 年 4 月	
		王云良	男	1986 年 8 月～1987 年 4 月	
		崔仁义	男	1986 年 8 月～1987 年 4 月	
新浦区人民政府——第十一届区人代会期间(1987 年 4 月～1990 年 3 月)	区长	张玉华	男	1987 年 4 月～1990 年 2 月	
	代区长	滕雨成	男	1990 年 2 月～1990 年 3 月	
	副区长	韩世泳	男	1987 年 4 月～1990 年 3 月	
		陈东美	男	1987 年 4 月～1989 年 4 月	
		王云良	男	1987 年 4 月～1990 年 3 月	
		崔仁义	男	1987 年 4 月～1990 年 3 月	
新浦区人民政府——第十二届区人代会期间(1990 年 3 月～1993 年 2 月)	区长	滕雨成	男	1990 年 3 月～1993 年 12 月	
	副区长	翟立东	男	1990 年 3 月～1992 年 12 月	
		王云良	男	1990 年 3 月～1993 年 2 月	
		张秋田	男	1990 年 3 月～1993 年 2 月	
		林富平	男	1990 年 3 月～1993 年 2 月	
		徐家贵	男	1992 年 12 月～1993 年 2 月	
		王艾成	男	1992 年 12 月～1993 年 2 月	

续表 23－3(4)

机构名称	职　务	姓　名	性别	任职时间	备注
新浦区人民政府 ——第十三届区人代会期间 (1993 年 2 月～1998 年 1 月)	区长	滕雨成	男	1993 年 2 月～1996 年 3 月	
		李建平	女	1996 年 3 月～1998 年 1 月	
	副区长	徐家贵	男	1993 年 2 月～1998 年 1 月	
		张秋田	男	1993 年 2 月～1996 年 3 月	
		林富平	男	1993 年 2 月～1997 年 12 月	
		刘士俊	男	1993 年 2 月～1998 年 1 月	
		李祥启	男	1996 年 4 月～1998 年 3 月	
		戴克大	男	1996 年 4 月～1998 年 1	
		陆体洋	男	1997 年 12 月～1998 年 1 月	
新浦区人民政府 ——第十四届区人代会期间 (1998 年 1 月～2003 年 1 月)	区长	李建平	女	1998 年 1 月～2001 年 7 月	
	代区长	姜洪	男	2001 年 7 月～2002 年 1 月	
	区长	姜洪	男	2002 年 1 月～2003 年 1 月	
	副区长	姜洪	男	1998 年 8 月～2001 年 7 月	
		戴克大	男	1998 年 1 月～2002 年 1 月	
		陆体洋	男	1998 年 1 月～2002 年 11 月	
		汤其好	男	1998 年 1 月～2002 年 11 月	
		刘大兑	男	1998 年 8 月～2002 年 11 月	
		张爱勤	男	2000 年 9 月～2003 年 1 月	
		张彩屏	女	2002 年 1 月～2003 年 1 月	
		董一洪	男	2002 年 1 月～2003 年 1 月	
新浦区人民政府 ——第十五届区人代会期间 (2003 年 1 月～2005 年 12 月)	区长	姜洪	男	2003 年 2 月～2005 年 12 月	
	副区长	张爱勤	男	2003 年 2 月～2005 年 12 月	
		张彩屏	女	2003 年 2 月～2005 年 6 月	
		树成旺	男	2003 年 2 月～2005 年 12 月	
		董一洪	男	2003 年 2 月～2005 年 12 月	
		王友君	男	2003 年 2 月～2005 年 12 月	
		薛飞	男	2003 年 2 月～2005 年 12 月	
		孙巨传	男	2004 年 8 月～2005 年 12 月	
		魏勤	女	2005 年 6 月～2005 年 12 月	

附:民国年间在新浦设立的政府机构概况

民国元年(1912),废州设县,新浦隶属于江苏省东海县,县政府设于海州城内。

北伐战争后,新浦设区,区公所驻大街中段土地庙内(后为大华药房)。旋即撤区,而将新浦划为新市、新民、新化、新龙、三星5镇。

民国28年(1939)日军侵占新浦,初在新浦组建“维持会”,不久撤销“维持会”,改建东海县,县公署设于新浦天后宫内。同年,日军将新浦改为“海州市”,任命邵兢生为市长。伪海州市政府设于新浦天后宫内。

民国29年(1940),伪南京国民政府成立后,组建淮海省,新浦属伪淮海省东海县,黄绥之任伪县长,并将伪县公署改为县政府由新浦迁回海州城内。

伪东海县政府迁往海州后,在新浦天后宫内设立东海行政专员公署,由毕书文任专员。

抗战胜利后,江苏省政府设立“江苏省第八区行政督察专员公署”,公署驻新浦天后宫内。夏鼎文任专员公署专员。民国35年(1946)由纪毓智接替夏鼎文任江苏省第八行政督察专员公署专员。解放前夕,朱祥符接任江苏省第八行政督察专员公署专员。

第三章　政协新浦区委员会

第一节　机构沿革

1983年6月,中国人民政治协商会议新海区委员会(简称政协新海区委员会)开始筹建,时由中国共产党、各民主党派、人民团体和有关方面代表18人组成筹备委员会开展工作。

1984年5月25日至5月30日,政协新海区第一届委员会第一次会议在新浦召开。大会以无记名投票方法选举产生首届区政协主席、副主席、秘书长和常务委员会委员,宣告政协新海区委员会成立。区政协机关设办公室和工交工作组、财贸工作组、医药卫生工作组、文体工作组、教育工作组、城建环保工作组、农林水利工作组、群团工作组、民族宗教工作组、侨台工作组,并设工作组委员会。1985年,增设文史资料委员会、学习委员会、提案委员会、祖国统一委员会。

1986年6月,撤销新海区,恢复新浦区建制。同年8月6日,经一届四次会议协商通过,正式改称中国人民政治协商会议连云港市新浦区委员会(简称政协新浦区委员会)。内设机构调整为办公室和文史资料委员会、学习工作委员会、提案工作委员会、祖国统一委员会。

1987年4月,产生区政协第二届委员会。工作机构设办公室和7个专门委员会,分别为学习委员会、提案工作委员会、社会工作委员会(下设5个街道办事处活动组)、经济工作委员会、文化教育工作委员会、医药卫生工作委员会、“三胞”(侨胞、台胞、港澳同胞)工作委员会。

1990年3月,产生区政协第三届委员会。工作机构设办公室和8个专门委员会,分别为学习委员会、提案委员会、经济科技委员会(下设经济、科技2个活动组)、文教体委员会(下设中高教、小教、文体3个活动组)、医药卫生委员会、社会法制委员会、社区工作委员会(下设5个街道办事处活动组)、祖国统一联谊委员会。

1993年2月,产生区政协第四届委员会(从本届起,每届任期由3年改为5年)。工作机构设办公室和8个专门委员会,分别为学习文史资料委员会、提案委员会、经济科技委员会(下设2个经济组和1个科技组)、文教体委员会(下设教育组、文体组)、医药卫生委员会、社会法制委员会、社区工作委员会

(下设街道组、城建城管组)、祖国统一联谊委员会。

1998 年 1 月,产生区政协第五届委员会。工作机构设办公室和 5 个专门委员会,分别为学习法制委员会(下设学习文史组、社会法制组、社区工作组)、提案委员会、经济科技委员会(下设经济组、科技组)、文教体卫委员会(下设教育组、文体组、卫生组)、祖国统一联谊委员会。

2003 年 1 月,产生区政协第六届委员会。工作机构设办公室和 5 个专门委员会,分别为学习文史(法制)委员会、提案委员会、经济科技委员会、社会事业委员会、对外联络委员会。

第二节　委员

一、第一届委员

1984 年 5 月 19 日,经新海区政协筹委会第二次会议协商,政协新海区第一届委员会委员 118 名。其中,中共党员委员 42 名,占委员总数的 35.6%;民主党派和无党派人士 76 名,占委员总数的 64.4%。委员共设 16 个界别,分别为:中共界 17 人,民主党派界 12 人,少数民族界 3 人,宗教界 3 人,工人界 9 人,青年界 3 人,妇女界 6 人,科技界 16 人,教育界 12 人,文化界 6 人,卫生界 5 人,归侨侨属界 3 人,农林界 11 人,个体工商户界 1 人,解放军界 1 人,特邀界 10 人。一届三次常委会议和一届五次常委会议分别增补委员各 1 名,委员总数为 120 名。

1986 年 6 月,新海区撤销恢复新浦区和海州区建置后,原新海区第一届政协委员中在新浦区辖区内的为政协新浦区第一届委员会委员,共计 77 人。其中,中共界 13 人、民主党派界 10 人、少数民族界 3 人、工人界 7 人、青年界 7 人、妇女界 2 人、科技界 11 人、教育界 9 人、文化界 5 人、卫生界 3 人、归侨侨属界 3 人、农林界 2 人、个体工商界 1 人、解放军界 1 人、特邀界 6 人。

二、第二届委员

1987 年 3 月 20 日,经第一届区政协第十六次常委会议协商通过,第二届区政协委员为 111 人。后经二届十九次常委会协商,增补委员 1 名,总数 112 名。其中,中共党员 42 名,占委员总数的 37%,民主党派和无党派人士 70 名,占委员总数的 63%。设 9 个界别:中共界 23 人,群众团体界 9 人,工商经济界 11 人,技界 15 人,教育界 16 人,文体界 10 人,医卫界 8 人,民族宗教界 6 人,归侨侨属界 13 人。

三、第三届委员

1990 年 3 月 6 日,经二届区政协常委会第十六次会议协商确定,第三届区政协委员为 119 名。后经三届二次常委会议协商决定增补委员 5 名,三届十一次常委会议协商决定增补委员 2 名。委员总数为 126 人,其中,中共党员 48 名,占委员总数的 38%;民主党派和无党派人士 78 名,占委员总数的 62%。设 14 个界别:中共界 15 人,民主党派、工商联界 8 人,共青团、青年界 4 人,工会界 5 人,妇联界 5 人,经济界 12 人,台侨界 9 人,科技界 9 人,教育界 14 人,社会科学界 7 人,文体界 11 人,医卫界 9 人,民族宗教界 4 人,特邀界 14 人。

四、第四届委员

1993年1月14日，经区政协三届十七次常委会议协商通过，第四届区政协委员为134人，后经四届四次常委会议协商决定，增补委员3名，委员总数为137人。其中，中共党员54名，占委员总数的39.4%，民主党派和无党派人士83名，占委员总数的60.6%。设17个界别：中共界13人，民主党派界7人，共青团界3人，工会界3人，妇联界4人，科协界5人，科学技术界11人，经济界16人，工商界8人，教育界14人，文体界7人，医药卫生界11人，社会科学界7人，新闻出版界3人，侨台界12人，民族宗教界3人，特邀界10人。

五、第五届委员

1997年12月19日，经区政协四届二十三次常委会议协商确定，第五届区政协委员120人。后经五届十次常委会议协商决定，增补委员11名，委员总数为131人。其中，中共党员60名，占委员总数的45.8%；民主党派和无党派人士71名，占委员总数的54.2%。设16个界别：中共界11人，民主党派界7人，共青团界3人，工会界3人，妇联界4人，科技界12人，经济界13人，工商界7人，教育界13人，文体界9人，医药卫生界10人，社会科学界7人，新闻出版界3人，侨台界8人，民族、宗教界3人，特邀界7人。

六、第六届委员

2002年12月6日，经区政协五届二十四次常委会议协商确定，第六届区政协委员为138名。后经2003年7月10日六届二次常委会议协商决定，增补委员13名，委员总数为151人。其中，中共党员68名，占委员总数的45%，民主党派和无党派人士83名，占委员总数的55%。设17个界别：中共界16人，民主党派界13人，无党派界9人，工商联界13人，工会界4人，共青团界3人，妇联界5人，侨台联界4人，经济界15人，文艺体育界6人，科技界（农业）10人，社科界6人，教育界8人，新闻出版界3人，医药卫生界8人，民族宗教界5人，特邀界23人。

第三节　全体委员会议

一、第一届委员会

1984年5月25日至30日，政协新海区第一届委员会第一次会议在新浦召开。会议学习《中国人民政治协商会议章程》；听取并讨论区委书记仲伟修讲话，听取并审议通过《新海区政协工作任务报告》；列席新海区第十届人民代表大会第一次会议，听取并讨论《政府工作报告》和其他报告。以无记名投票方式，选举石进明为首届区政协主席，郭建德、边守正、周建新、徐文基为副主席，冯忠礼为秘书长（兼），选举产生常务委员19人。

1985年4月9日至11日，政协新海区第一届委员会第二次会议在新浦举行。会议听取并讨论通过郭建德代表常委会作的《政协新海区委员会常务委员会工作报告》、提案委员会《关于一届一次会议以来提案办理情况的报告》；列席新海区第十届人民代表大会第二次会议，听取并讨论《政府工作报告》；

增选区政协常务委员会委员2名。

1986年4月26日至29日,政协新海区第一届委员会第三次会议在新浦举行。会议听取并审议通过石进明代表常委会所作的《政协新海区委员会常务委员会工作报告》,冯忠礼所作的《关于区政协一届二次会议以来提案办理情况报告》;列席新海区第十届人民代表大会第三次会议,听取并讨论《政府工作报告》和其他报告;通过大会决议。

1986年6月,新海区撤销,恢复新浦区建置。同年8月6日,政协新浦区第一届委员会第四次会议在新浦区招待所举行,77名委员出席会议。会议听取区委领导传达国务院国函〔1986〕51号文件、江苏省人民政府[1986]19号文件和连云港市人民政府〔1986〕105号文件。会议同意中共新浦区委关于组建政协新浦区委员会的建议。因人事变动,会议以无记名投票办法,选举成以宽为区政协主席,郭建德、周旭权、周建新、边守正、徐文基为副主席,周志风为秘书长(兼),选举产生常务委员14人。通过了大会决议。

二、第二届委员会

1987年4月13日至17日,政协新浦区第二届委员会第一次会议在新浦举行。出席会议委员111名。会议听取并审议通过郭建德代表常委会作的《政协新浦区第一届委员会常务委员会工作报告》,周建新所作的《关于区政协一届一次会议以来提案办理情况报告》;列席新浦区第十一届人民代表大会第一次会议,听取并讨论《政府工作报告》;以无记名投票办法选举成以宽为区政协第二届委员会主席,郭建德、周旭权、周建新、边守正、徐文基为副主席,周志风为秘书长(兼),选举产生常务委员17人。

1988年3月16日至19日,政协新浦区第二届委员会第二次会议在新浦举行。会议听取并审议通过成以宽作的《政协新浦区委员会常务委员会工作报告》、丁桂春作的《关于政协新浦区二届一次会议以来提案办理情况报告》。会议决定增补刘红珊、童有才、鲍文清3位委员为区政协二届常务委员会委员。会议期间,全体委员列席新浦区第十一届人民代表大会第二次会议,听取并讨论《政府工作报告》和其他报告。通过大会决议。

1989年3月22日至24日,政协新浦区第二届委员会第三次会议在新浦举行。会议听取并审议通过成以宽所作的《政协新浦区委员会常务委员会工作报告》,丁桂春所作的《关于政协新浦区二届二次会议以来提案办理情况报告》。列席新浦区第十一届人民代表大会第三次会议,听取并讨论《政府工作报告》和其他报告。通过了大会决议。

三、第三届委员会

1990年3月25日至30日,政协新浦区第三届委员会第一次会议在市政协礼堂召开。出席会议委员119名。会议听取并审议通过成以宽所作的《政协新浦区委员会常务委员会工作报告》,鲍文清所作的《关于区政协二届一次会议以来提案工作情况的报告》,列席新浦区第十二届人民代表大会第一次会议,听取并讨论《政府工作报告》;以无记名投票办法,选举成以宽为区政协第三届委员会主席,韩世泳、边守正、徐文基为副主席,周志风为秘书长(兼),选举产生常务委员21人。

1991年3月26日至29日,政协新浦区第三届委员会第二次会议在新浦举行。会议听取并审议成以宽主席代表区政协常委会所作的《政协新浦区委员会常务委员会工作报告》、提案委员会《关于区政协三届一次会议以来提案工作情况报告》;列席区人大十二届二次会议;组织14名委员大会发言。

1992年3月23日至27日,政协新浦区第三届委员会第三次会议在新浦举行。会议听取并审议通过《政协新浦区委员会常务委员会工作报告》和《关于区政协三届二次会议以来提案办理情况报告》；听取区委负责同志讲话；列席区十二届人大三次会议，听取并讨论《政府工作报告》和其他报告。会议增选佟凤兰（女）为区政协副主席。通过提案审查报告和大会决议。

四、第四届委员会

1993年2月22日至2月25日，政协新浦区第四届委员会第一次会议在新浦举行。会议听取并审议《政协新浦区委员会常务委员会工作报告》、《关于区政协第三届委员会提案工作情况报告》；听取区委主要领导讲话；列席区人大十三届一次会议，听取并讨论《区政府工作报告》和其他报告；以无记名投票办法选举寇显仲为政协新浦区第四届委员会主席，韩世泳、王云良、边守正、徐文基、佟凤兰（女）为副主席，周志风为秘书长（兼），选举产生常务委员19人；通过会议决议。

1994年3月14日至18日，政协新浦区第四届委员会第二次会议在新浦举行。区委、区人大、区政府领导应邀出席会议，区有关部门负责人30名应邀列席会议。会议听取并讨论区委副书记吴新明讲话，听取并审议通过寇显仲所作《政协新浦区委员会常务委员会工作报告》和范庆德所作《关于区政协四届一次会议以来提案办理情况报告》；委员们列席区人大十三届二次会议，听取和讨论《政府工作报告》及其他报告；通过有关决议。

1995年3月5日至9日，政协新浦区第四届委员会第三次会议在新浦举行。区委、区人大、区政府领导及历届区政协离任正、副主席应邀出席会议，区有关部门24名负责同志列席会议。会议听取并讨论区委书记陈东美讲话，听取并审议通过寇显仲所作《政协新浦区委员会常务委员会工作报告》，范庆德所作《关于区政协四届二次会议以来提案办理情况报告》。委员列席区人大十三届三次会议，听取讨论《政府工作报告》及其他报告。会议还组织13名政协委员进行大会交流发言，并对1994年度政协工作中成绩显著的5个先进集体和30名先进个人进行表彰。

1996年3月7日至21日，政协新浦区第四届委员会第四次会议在新浦举行。会议听取并讨论区委书记陈东美讲话；听取并审议通过寇显仲所作《政协新浦区委员会常务委员会工作报告》及提案委员会所作《关于区政协四届三次会议以来提案办理情况报告》；委员列席区十三届人大四次会议，听取并讨论《政府工作报告》及其他有关报告；讨论《新浦区国民经济和社会发展“九五”计划和2010年远景目标》并提出意见和建议；大会选举张福山为区政协第四届委员会主席，张秋田为副主席。会议期间还表彰了优秀政协委员。

1997年3月3日至6日，政协新浦区第四届委员会第五次会议在新浦举行。会议听取并讨论区委书记陈东美讲话；听取并审议通过常委会工作报告及提案工作报告；委员列席区人大十三届五次会议，听取并讨论《政府工作报告》及其他有关报告。会议期间还表彰了先进政协委员和先进工作者。

五、第五届委员会

1998年1月5日至9日，政协新浦区第五届委员会第一次会议在市政协礼堂（海昌北路）举行。会议听取并讨论区委书记陈东美讲话，听取并审议通过了张福山作的《政协新浦区委员会常务委员会工作报告》及提案委员会作的《关于区政协第四届委员会提案工作情况报告》。会议以无记名投票办法选举陆振祥为政协新浦区第五届委员会主席，张秋田、刘永奎、边守正、佟凤兰（女）、曹伟平为副主席，选举常务委员19人。会议列席区十四届人大一次会议，听取并讨论李建平作的《政府工作报告》。区政协历任主席、副主席列席会议。

1999年1月17日至20日,政协新浦区第五届委员会第二次会议在新浦举行。区委、区人大、区政府、区纪委的领导以及历届区政协离退休主席、副主席、各专委会专职主任应邀出席会议。会议听取并讨论中共新浦区委书记陈东美讲话,听取并审议通过《政协新浦区常务委员会工作报告》和提案委员会《关于五届一次会议以来提案工作情况报告》。会议列席区十四届人大二次会议,听取并讨论《政府工作报告》和其他报告。会议期间,9名委员代表不同界别进行大会发言。

2000年1月17日至20日,政协新浦区第五届委员会第三次会议在市政协礼堂举行。区委、区人大、区政府、区纪委领导到会祝贺。会议听取并讨论中共新浦区委书记陈东美讲话,听取并审议通过了陆振祥作的《政协新浦区委员会常务委员会工作报告》和徐学志作的《关于区政协五届二次会议以来提案办理工作报告》。会议列席区十四届人大三次会议,听取讨论《政府工作报告》。区政协离退休的往届正副主席、专委会主任(常委)及区有关部门负责人应邀列席会议。

2001年1月9日至12日,政协新浦区第五届委员会第四次会议在市政协礼堂举行。会议听取并讨论中共新浦区委书记陈东美讲话,听取并审议通过了陆振祥作的《政协新浦区委员会常务委员会工作报告》和提案委员会的《关于区政协五届三次会议以来提案工作情况报告》。会议列席区十四届人大四次会议,听取并讨论《政府工作报告》。区委、区人大、区政府的领导,离退休的往届区政协正、副主席和老同志以及有关部门的负责人列席会议。

2002年1月21日至24日,政协新浦区第五届委员会第五次会议在区政府礼堂举行。会议听取中共新浦区委书记李建平在开幕式上讲话;听取并审议通过了陆振祥作的《政协新浦区委员会常务委员会工作报告》和王铁生作的《关于区政协五届四次会议以来的提案办理情况报告》;列席区十四届人大五次会议,听取并讨论区《政府工作报告》。大会补选戴克大、顾品举为区政协副主席。区委、区人大、区政府的领导同志以及历届离退休的区政协主席、副主席、各专委会专职主任应邀出席会议。市行政区划调整后划入新浦区的原云台区政协63名委员列席会议。

六、第六届委员会

2003年1月6日至10日,政协新浦区第六届委员会第一次会议在新浦举行。会议听取并讨论中共新浦区委书记李建平讲话;听取并审议通过了《政协新浦区委员会第五届常务委员会工作报告》和《关于区政协第五届委员会提案工作情况报告》;大会以无记名投票办法选举吴新明为政协新浦区第六届委员会主席,戴克大、顾品举、邵来成、曹伟平为副主席,选举常务委员19名;列席区十五届人大一次会议,听取区《政府工作报告》和其他报告。区委、区人大、区政府领导,离退休的往届区政协正、副主席和老同志以及有关部门的负责人列席会议。

2004年1月5日至8日,政协新浦区第六届委员会第二次会议在新浦举行。区委、区政府主要领导到会祝贺。委员们听取并讨论了中共新浦区委书记李建平在开幕式上的讲话;听取并审议通过了吴新明作的《政协新浦区委员会常务委员会工作报告》、戴克大作的《关于区政协六届一次会议以来提案工作情况报告》;全体政协委员列席了区人大十五届二次会议,听取讨论《政府工作报告》和其他报告;部分委员进行大会发言。

2005年1月11日至13日,政协新浦区第六届委员会第三次会议在新浦举行。会议听取并讨论区委书记李建平讲话,听取并审议通过吴新明作的《政协新浦区委员会常务委员会工作报告》、戴克大作的《关于区政协六届二次会议以来提案工作情况报告》。委员们列席了区十五届人大三次会议,听取并讨论《政府工作报告》。会议增选常务委员会委员3名。会议同时对区政协2004年度8件优秀提案撰写委员和3名提案积极分子进行表彰。10余名委员代表各自界别作大会发言。

第四节　政协新浦区委员会常务委员会

一、第一届常务委员会

任期内共召开17次常委会议。

1984年5月30日，召开一届一次常委会议。研究区政协成立后的主要工作任务。同年7月4日，召开一届二次常委会议。研究决定成立政协工作组10个，协商确定副秘书长1名。8月25日，召开一届三次常委会议。研究决定各组工作任务，传达省、市政协会议和侨务工作会议精神。12月15日，召开一届四次常委会议。决定增补政协委员1名。

1985年3月28日，召开一届五次常委会议。学习政协章程有关条款，讨论研究工作报告和增补委员等事项。6月14日，召开一届七次常委会议。各工作组汇报上半年活动情况和下半年工作打算；传达市政协文史资料会议精神，决定组建文史资料委员会；部署下半年政协工作。8月27日，召开一届八次常委会议。听取并讨论俞素娥区长所作的上半年工作通报并建言献策。11月16日，召开一届九次常委会议。决定增设提案委员会、学习委员会、祖国统一委员会和工作组委员会，同时，部署下阶段的工作任务。

1986年4月22日，召开一届十次常委会议。研究召开一届三次委员会议事宜。6月，撤销新海区后组建政协新浦区委员会，常务委员会由主席1人、副主席5人、秘书长1人、常务委员14人组成。9月1日，召开一届十三次常委会议。听取区教育局关于全区教育工作情况通报。听取“七五”计划学习的辅导报告。并研究区政协下半年工作计划。12月30日，召开召开一届十五次常委会议。听取并讨论区政府1986年工作回顾和1987年50项努力目标。就区委关于加强社会主义精神文明建设的八项措施征求意见稿进行讨论协商，提出意见和建议。

1987年3月20日，召开一届十六次常委会议。听取区委、区政府关于开展反对资产阶级自由化和“双增双节”情况通报。研究区政协换届人事安排等问题。4月7日，召开一届十七次常委会议。协商确定了区政协第二届委员会委员，研究通过了区政协第一届常委会工作报告和提案工作报告等有关换届问题。

二、第二届常务委员会

任期内共召开16次常委会议。

1987年4月17日，召开二届一次常委会议。研究决定主席、副主席、秘书长工作分工，决定政协内设机构。10月28日，召开二届三次常委会议。听取1987年全区城市建设管理工作情况通报。

1988年3月5日，召开二届四次常委会议。研究关于召开二届三次全会、增选常委提名候选人等事项。4月17日，召开二届六次常委会议。传达市政协工作会议精神。讨论各专门委员会（组）工作和机构、人员调整意见。7月29日，召开二届七次常委会议。学习政协全国常务委员会规则。讨论区政协二季度工作情况和三季度工作意见。10月8日，召开二届八次常委会议。学习中共十三届三中全会的公报。听取区政府个体工商业情况通报。12 月 20 日,召开二届九次常委会议。讨论修改《区政协八八年工作总结和八九年工作任务》、《关于进一步加强政治协商、民主监督的意见》。通报正、副主席分工情况和区政协机关建立学习、工作制度等情况。

1989 年 2 月 2 日,召开二届十次常委会议。协商讨论召开区政协第二届委员会第三次会议有关工作安排;增补区政协委员 1 名;讨论通过了《区政协专门委员会工作通则》和《关于加强政治协商、民主监督的实施细则》。6 月 9 日,召开二届十一次常委会议。学习中共中央、国务院《告全体共产党员和全国人民书》、彭真同志在部分民主党派负责人座谈会上的讲话。通报二季度政协工作情况。9 月 28 日,召开二届十二次常委会议。听取全区廉政建设情况通报。审议通过了《政协新浦区委员会提案工作细则》(试行)。12 月 25 日,召开二届十五次常委会议。学习贯彻中共十三届五中全会精神;听取区政府 1989 年工作情况通报。审定区政协关于"先进委、组"和"优秀委员"表彰、奖励办法及推荐名单。

1990 年 3 月 6 日,召开二届十六次常委会议。学习中共中央《关于坚持和完善中国共产党领导的多党合作和政治协商制度的意见》;听取和讨论了区政府三年工作情况通报;审议区政协二届常委会工作报告、提案委员会工作报告;协商确定了区政协第三届委员会委员名单及召开区政协第三届委员会第一次会议的有关事项。

三、第三届常务委员会

任期内共召开 17 次常委会议

1990 年 4 月 11 日,召开三届一次常委会议。学习中共中央〔1989〕14 号、〔1990〕5 号和全国政协七届三次会议有关文件;研究区政协各专门委员会的设置及负责人人选;研究区政协 1990 年度工作重点。7 月 24 日至 25 日,召开三届二次常委会议。学习讨论全国统战工作会议精神;听取区政府上半年工作情况通报;通过有关人事任职决定和委员增补事宜。10 月 12 日,召开三届三次常委会议。学习中发〔1990〕10 号文件;听取区政府关于创建卫生城市的情况通报;总结三季度工作,安排四季度任务。12 月 27 日至 28 日,召开三届四次常委会议。听取区政协 1990 年工作情况通报。听取提案委员会关于提案办理情况汇报等事项。

1991 年 3 月 11 日至 12 日,召开三届五次常委会议,听取区委书记张连云关于学习贯彻七中全会精神的报告。讨论《区政府工作报告(征求意见稿)》;审议区政协《常委会工作报告》《提案办理情况报告》并讨论决定召开区政协第三届委员会第二次会议有关事项。3 月 28 日,召开三届六次常委会议。安排二季度工作。6 月 10 日,召开三届七次常委会议。专题讨论中共新浦区委第五次党代会工作报告。7 月 30 日至 31 日,召开三届八次常委会议。学习江泽民同志《在庆祝中国共产党成立七十周年大会上的讲话》。会议还听取区政府上半年工作情况通报。

1992 年 1 月 10 日至 11 日,三届十次常委会议在临洪街道办事处会议室召开。会议听取区政府 1991 年工作情况和 1992 年工作意见通报。总结区政协工作、研究区政协 1992 年一季度工作计划。3 月 10 日至 11 日,召开三届十一次常委会议。讨论《区政府工作报告(征求意见稿)》及区政协常委会工作报告(初稿),协商决定增补委员 2 名。3 月 25 日,召开三届十二次常委会议。听取和审议了三届三次会议决议(草案)及提案审查情况报告(草案)。讨论选举办法等事宜。4 月 18 日,召开三届十三次常委会议。就如何深入落实中共中央二号文件精神,更好地加快新浦区改革开放步伐,振兴全区经济问题进行讨论。6 月 29 日,召开三届十四次常委会议。听取区政府关于上半年改革开放、经济建设情况通报，并进行讨论，献计献策。10 月 8 日，召开三届十五次常委会议。回顾总结区政协三季度工作情况，研究第四季度的工作意见，通报区政协换届准备的有关情况。11 月 13 日，召开三届十六次常委会议。学习中共十四大文件。讨论并决定举办“新浦兴盛百年系列纪念活动”。

1993 年 1 月 14 日，召开三届十七次常委会议。研究区政协常务委员会工作报告和提案工作报告。协商确定区政协第四届委员会委员，并研究召开区政协第四届委员会第一次会议有关准备工作。

四、第四届常务委员会

任期内共召开 23 次常委会议。

1993 年 3 月 13 日，召开四届一次常委会议。研究决定专门委员会设置；讨论决定在政协委员中开展“五个一”活动，开展以“爱新浦、献良策、做贡献”为主题的竞赛评比活动；通报主席、副主席分工情况；会议一致同意由秘书长提名的副秘书长人选。7 月 2 日，召开四届二次常委会议。学习江泽民总书记、李瑞环主席有关讲话精神；听取区政府上半年工作情况和下半年工作意见情况通报；总结区政协上半年工作和安排下半年工作。10 月 8 日，召开四届三次常委会议。学习中共中央关于坚持开展反腐败斗争指示精神；听取区委有关情况通报；听取社区工作委员会关于残疾人保障调查情况通报；总结三季度工作，通过四季度工作意见。

1994 年 1 月 27 日至 28 日，召开四届四次常委会议。听取区政府关于《政府工作报告》情况通报；讨论区政协常务委员会工作报告及四届一次会议以来的提案工作情况报告；讨论确定召开区政协第四届委员会第二次会议有关事宜。3 月 17 日，召开四届五次常委会议。学习贯彻《中共中央关于建立社会主义市场经济体制若干问题的决定》；讨论区政协第四届委员会第二次会议决议（讨论稿）。7 月 15 日，召开四届六次常委会议。听取区政府上半年工作情况和下半年工作任务通报；学习修改后的全国政协章程；安排区政协三季度工作。10 月 14 日，召开四届七次常委会议。学习中共中央十四届四中全会决定、《爱国主义教育实施纲要》。听取区政府关于新浦地区社会治安综合治理情况的通报。

1995 年 1 月 18 日至 19 日，召开四届八次常委会议。听取区政府关于 1994 年工作情况通报；讨论、修改区政协常委会工作报告和提案委工作报告；讨论召开区政协第四届委员会第三次会议有关事宜；评选年度先进委（组）、先进委员、先进政协工作者。3 月 8 日，召开四届九次常委会议。听取各组召集人汇报讨论情况；讨论修改四届三次会议决议（讨论稿）；听取会议对提案审查情况汇报。4 月 6 日，召开四届十次常委会议。学习贯彻全国政协八届三次会议精神；听取各专委会 1995 年工作计划安排情况汇报。通过人事任免事项。6 月 27 日，召开四届十一次常委会议。听取区政府关于创建省级卫生城市的情况通报；讨论并通过《关于加强政协常委会自身建设的决定》；协商有关人事任免事宜；部署下半年工作。10 月 12 日，召开四届十二次常委会议。学习中共中央十四届五中全会文件。听取区政府关于实施“三产兴区”战略和“三外”工作情况通报。

1996 年 3 月 7 日，召开四届十三次常委会议。讨论并修改区政协常务委员会工作报告。研究确定区政协第四届委员会第四次会议议程、日程；审议通过区政协表彰决定和增补区政协委员有关事宜。3 月 20 日，召开四届十四次常委会议。听取四届四次会议各组讨论书记讲话、政协工作报告、提案工作报告情况汇报；协商同意张福山为区政协第四届委员会主席候选人，张秋田为副主席候选人，提交大会选举；讨论通过了《增补区政协四届委员会主席、副主席选举办法（草案）》等有关事宜。6 月 26 日，召开四届十五次常委会议。听取区政府关于创建卫生城市的情况和开展严打斗争的情况通报。研究区政协主席、副主席分工及人事调整等事项。9 月 25 日,召开四届十六次常委会议。听取区政府关于全区经济工作的情况通报和组织人事部门关于区级党政机构改革的情况通报。11 月 7 日,召开四届十七次常委会议。学习贯彻中共中央十四届六中全会决议。研究通过常委会关于学习贯彻决议的意见。

1997 年 1 月 17 日,召开四届十八次常委会议。听取区政府关于 1996 年工作情况通报;讨论区政协四届四次会议以来《常委会工作报告(征求意见稿)》和《提案工作报告(征求意见稿)》;讨论召开区政协第四届委员会第五次全会等有关事宜。4 月 16 日,召开四届二十次常委会议。听取区政府关于新浦地区绿化工程实施情况的通报。研究区政协 1997 年度工作计划、人事安排等。7 月 17 日,召开四届二十一次常委会议。听取区政府关于实施"三联驱动"战略和实施下岗职工再就业工程情况的通报;回顾总结区政协上半年工作情况,研究落实了下半年工作。10 月 10 日,召开四届二十二次常委会议。学习中共十五大精神;听取区政府关于实施"科技兴区"战略实施情况的通报。听取区委对区政协常委会《关于切实做好退休干部管理服务工作的建议案》办理情况的通报。12 月 19 日,召开四届二十三次常委会议。讨论《区政协第四届常务委员会工作报告(征求意见稿)》和《区政协四届一次会议以来的提案工作报告(征求意见稿)》;协商产生区政协第五届委员会委员;协商通过召开区政协第五届委员会第一次会议时间、议程、日程及有关人事任免等事项。

五、第五届常务委员会

任期内共召开 25 次常委会议。

1998 年 1 月 22 日,召开五届一次常委会议。讨论通过了《政协新浦区委员会常务委员工作规则》《政协新浦区委员会专门委员会通则》;听取并研究各专委会工作计划。4 月 23 日,召开五届二次常委会议。传达全国人大九届一次会议精神;通报区政协近期工作情况;讨论通过各专委会主任、副主任及办公室有关人员的人事任免等事宜。7 月 22 日,召开五届三次常委会议。听取区政府关于上半年经济、企业改制及创建卫生城市情况通报。总结区政协上半年工作,研究部署下半年任务。11 月 5 日,召开五届四次常委会议。讨论通过人事任免。

1999 年 3 月 12 日,召开五届七次常委会议。学习全国人大、政协两会精神;听取并讨论区政府关于陇海步行街建设和海连路改造情况的通报;研究制定 1999 年度区政协工作意见。7 月 8 日,召开五届八次常委会议。听取区财政局《关于上半年财税工作情况汇报》、区民政局《关于社区服务工作情况汇报》;研究部署开展纪念人民政协成立 50 周年系列活动工作。11 月 3 日,召开五届九次常委会议。听取区政府《关于对区政协五届二次会议委员提案办理情况通报》、新浦公安分局《关于今年以来全区社会治安综合治理情况汇报》和区法院《关于今年以来行政执法情况汇报》。12 月 8 日,召开五届十次常委会议。协商确定召开区政协第五届委员会第三次会议议程、日程等事项。

2000 年 3 月 22 日,召开五届十二次常委会议。听取区城管局《近期城市管理工作情况汇报》。讨论通过《区政协 2000 年度工作要点》《常委会议题安排》及《专委会工作计划》。6 月 20 日,召开五届十三次常委会议。听取区政府关于上半年财政收支情况的通报、新浦公安分局和区法院上半年工作情况的汇报。10 月 27 日,召开五届十四次常委会议。听取国税新浦分局、地税新浦分局关于今年以来税务工作情况通报。听取工商新浦分局关于今年以来个体私营经济发展情况汇报。12 月 27 日,召开五届十五次常委会议。传达学习省、市委政协工作会议精神。协商决定召开区政协五届四次会议的时间等事宜。

2001 年 3 月 7 日,召开五届十七次常委会议。听取区政府关于城市建设与管理工作情况通报。讨论通过区政协2002年工作要点和常委会议题。7月31日,召开五届十八次常委会议。听取区教育局关于中小学布局调整及实施素质教育工作情况通报。听取区环保局关于全区环保工作情况通报。协商同意增补委员1名及有关人事任免事项。10月7日,召开五届十九次常委会议。听取区政府《关于全区医疗保险制度改革工作情况通报》。听取区纪委《关于党风廉政建设、反腐败工作及软环境治理情况通报》。10月28日,召开五届二十次常委会议。听取区政府《关于全区经济和社会发展目标执行情况通报》;讨论《区政协常委会工作报告(征求意见稿)》和《提案工作报告(征求意见稿)》;协商通过有关人事任免;确定召开区政协第五届委员会第五次会议有关事宜。

2002年3月15日,召开五届二十二次常委会议。听取区政府《关于招商引资工作情况通报》。讨论通过区政协2002年度工作要点和常委会议题安排。7月30日,召开五届二十三次常委会议。听取区政府《关于扩大税源,确保财政收支平衡的情况通报》。听取区纪委《关于上半年全区党风廉政建设及软环境治理情况通报》。12月6日,召开五届二十四次常委会议。听取区政府1~10月份全区重点工作情况通报;协商通过人事任免事项;讨论修改区政协《常委会工作报告(征求意见稿)》和《提案委工作报告(征求意见稿)》。12月31日,召开五届二十五次常委会议。讨论决定表彰五届政协先进集体、先进个人;协商产生政协新浦区第六届委员会委员。讨论决定召开政协第六届委员会第一次会议议程、日程等有关事宜。

六、第六届常务委员会

任期内至2005年底,共召开14次常委会议。

2003年2月27日,召开六届一次常委会议。听取审议《区政协常委会2003年工作要点》、《加强反映社情民意工作的若干意见(试行)》《届中委员调整意见》《开展评选表彰优秀提案的工作意见》等。7月10日,召开六届二次常委会议。协商增补第六届政协委员;协商通过各专门委员会组成人员名单并通过有关人事任免事项;听取区政府招商引资工作进展情况通报和城市建设工作情况通报、环境保护工作情况通报。9月26日,召开六届三次常委会议。听取区政府社区建设情况、民营经济发展情况和六届一次会议以来委员提案办理情况通报。12月26日,召开六届四次常委会议。听取区财政局关于2003年1~11月份财政预算执行情况通报。研究确定召开区政协第六届委员会第二次会议有关事宜。

2004年1月7日,召开六届五次常委会议。听取区政协六届二次会议期间各讨论组的讨论情况汇报,审议大会提案审查报告(草案)、大会决议(草案)。审议通过《政协新浦区委员会关于学习贯彻中共新浦区委七届六次全委(扩大)会议精神的意见》、《政协新浦区委员会常务委员会2004年工作要点》、《政协新浦区委员会常务委员会2004年议题安排》等。3月26日,召开六届六次常委会议。听取区环保局关于全区环境保护工作情况通报;听取区"综治委"关于全区社会治安综合治理情况通报;讨论通过《中国人民政治协商会议连云港市新浦区委员会常务委员会工作规则(草案)》和《中国人民政治协商会议连云港市新浦区委员会专门委员会通则(草案)》,协商通过有关人事任免。7月9日,召开六届七次常委会议。听取区招商局《关于上半年全区招商引资情况通报》、区政府《关于上半年重点工作进展情况通报》、区政府办公室《关于区政协六届二次会议以来提案办理情况通报》以及区政协关于组织开展民主评议区旅游业(旅游局)工作的情况说明。9月3日,召开六届八次常委会议。听取区经贸局《关于全区工业经济发展情况通报》;讨论通过区政协《关于民主评议区旅游业(旅游局)工作的协商报告》。12月28日,召开六届九次常委会议。听取区财政局《关于全区财政1~11月收支情况通报》。听取区政协办公室关于六届三次全会的筹备情况汇报。

2005 年 1 月 13 日，召开六届十次常委会议。听取区政协第六届委员会第三次会议期间各组讨论情况汇报，讨论通过常委会 2005 年度工作要点和调研协商议题及确定增选常委正式候选人等事项。3 月 29 日，召开六届十一次常委会议。讨论通过《政协新浦区委员会提案工作细则》修订案，听取区政府关于“二产强区”和民营工业经济发展情况通报。7 月 1 日，召开六届十二次常委会议。听取区政府关于区政协六届三次会议以来委员提案办理情况通报。确定组织“城乡统筹发展政协委员论坛”。9 月 20 日，召开六届十三次常委会议。听取区政府关于全区服务业发展情况通报和全区旅游经济发展情况通报。12 月 26 日，召开六届十四次常委会议。讨论区政府《政府工作报告》、区政协常委会工作报告讨论稿和提案工作报告讨论稿。会议研究确定了召开政协新浦区第六届委员会第四次会议相关事宜。

政协新浦区委员会历届常委会组成人员一览表

表 23－4

机构名称	职务	姓名	性别	任职时间	备注
政协新海区 筹备委员会 （1984 年 1 月～1984 年 5 月）	主任	石进明	男	1984 年 1 月～1985 年 5 月	
	副主任	郭建德	男	1984 年 1 月～1985 年 5 月	
		边守正	男	1984 年 1 月～1985 年 5 月	
政协新海区 第一届委员会 （1984 年 5 月～1986 年 6 月）	主席	石进明	男	1984 年 5 月～1986 年 6 月	
	副主席	郭建德	男	1984 年 5 月～1986 年 6 月	
		边守正	男	1984 年 5 月～1986 年 6 月	
		周建新	男	1984 年 5 月～1986 年 6 月	不驻会
		徐文基	男	1984 年 5 月～1986 年 6 月	
	秘书长	冯忠礼	男	1984 年 5 月～1986 年 6 月	兼
	常务委员	（以姓氏笔画为序） 于永泉　王华海　王松林　王福启　孙桂兰（女）　孙海平 李偕谦　张　理　陈有根　郑矾法　徐兴东　徐传德 徐林梅（女）　黄秀英（女）　曹涌坤　钱玉干　夏维静（女）　郭干卿　彭国卿 一届二次会议增选：周志风　江希立			
政协新浦区 第一届委员会 （1986 年 8 月～1987 年 4 月）	主席	石进明	男	1986 年 6 月～1986 年 8 月	
		成以宽	男	1986 年 8 月～1987 年 4 月	
	副主席	郭建德	男	1986 年 8 月～1987 年 4 月	
		周旭权	男	1986 年 8 月～1987 年 4 月	
		边守正	男	1986 年 8 月～1987 年 4 月	不驻会
		周建新	男	1986 年 8 月～1987 年 4 月	
		徐文基	男	1986 年 8 月～1987 年 4 月	
	秘书长	周志风	男	1986 年 8 月～1987 年 4 月	兼
	常务委员	（以姓氏笔画为序） 于永泉　王华海　王松林　王福启　江希立　李偕谦　张　理 陈有根　徐林梅（女）　曹涌坤　钱玉干　夏维静（女）　郭干卿 彭国卿			

续表 23－4(1)

机构名称	职务	姓名	性别	任职时间	备注
政协新浦区 第二届委员会 (1987 年 4 月～1990 年 3 月)	主席	成以宽	男	1987 年 4 月～1990 年 3 月	
	副主席	郭建德	男	1987 年 4 月～1990 年 3 月	
		周旭权	男	1987 年 4 月～1990 年 3 月	
		周建新	男	1987 年 4 月～1990 年 3 月	不驻会
		边守正	男	1987 年 4 月～1990 年 3 月	
		徐文基	男	1987 年 4 月～1990 年 3 月	
	秘书长	周志风	男	1987 年 4 月～1990 年 3 月	兼
	常务委员	(以姓氏笔画为序) 丁桂春　于永泉　王松林　王福启　江希立　吴克智　陈有根 张　理　张祖良　周　宝　苗季子　俞志广　徐兴东　郭佃文 高美兰(女)　夏维静(女)　崔凤云(女) 二届二次会议增选:刘红珊(女)　童有才　鲍文清			
政协新浦区 第三届委员会 (1990 年 3 月～1993 年 2 月)	主席	成以宽	男	1990 年 3 月～1993 年 2 月	
	副主席	韩世泳	男	1990 年 3 月～1993 年 2 月	
		边守正	男	1990 年 3 月～1993 年 2 月	不驻会
		徐文基	男	1990 年 3 月～1993 年 2 月	
		佟凤兰	女	1992 年 3 月～1993 年 3 月	
	秘书长	周志风	男	1990 年 3 月～1993 年 3 月	兼
	常务委员	(以姓氏笔画为序) 于永泉　马秀荣(女)　王松林　王福启　刘红珊(女)　刘昭麟 吴克智　苗季子　张　理　张林生　张祖良　陆松鹤　陈有根 姜玲俐(女)　郭佃文　唐建荣　童有才　程鹏远　裘唐辰 鲍文清　薛维山			
政协新浦区 第四届委员会 (1993 年 2 月～1998 年 1 月)	主席	寇显仲	男	1993 年 2 月～1996 年 3 月	
		张福山	男	1996 年 3 月～1998 年 1 月	
	副主席	韩世泳	男	1993 年 2 月～1998 年 1 月	
		王云良	男	1993 年 2 月～1998 年 1 月	
		边守正	男	1993 年 2 月～1998 年 1 月	
		徐文基	男	1993 年 2 月～1998 年 1 月	不驻会
		佟凤兰	女	1993 年 2 月～1998 年 1 月	
		张秋田	男	1996 年 3 月～1998 年 1 月	
	秘书长	周志风	男	1993 年 2 月～1998 年 1 月	兼
	常务委员	(以姓氏笔画为序) 于永泉　马秀荣(女)　王福启　史桂芳(女)　邱守柱　汪传瑛 张沛林　张祖良　罗正刚　查长丁　钱　方　钱仪道(女) 唐建荣　贾继明　郭佃文　童有才　傅怀树　程鹏远　裘唐辰 薛维山			

续表 23－4(2)

机构名称	职务	姓名	性别	任职时间	备注
政协新浦区第五届委员会（1998 年 1 月～2003 年 1 月）	主席	陆振祥	男	1998 年 1 月～2003 年 1 月	
	副主席	张秋田	男	1998 年 1 月～2003 年 1 月	
		刘永奎	男	1998 年 1 月～2003 年 1 月	
		边守正	男	1998 年 1 月～2003 年 1 月	不驻会
		佟凤兰	女	1998 年 1 月～2003 年 1 月	
		曹伟平	男	1998 年 1 月～2003 年 1 月	
		戴克大	男	2002 年 1 月～2003 年 1 月	
		顾品举	男	2002 年 1 月～2003 年 1 月	
	常务委员	（以姓氏笔画为序）于永泉　刘　珺（女）　刘景君　仲伟沧　沈　健　李玉章　李守光　李灿光　吴　琨（女）　邱守柱　张学仁　张淑清（女）　房瑞雄　郭红兵　徐开华（女）　程鹏远　裘唐辰　童有才　詹长玉			
政协新浦区第六届委（2003 年 1 月～2005 年 12 月）	主席	吴新明	男	2003 年 1 月～2005 年 12 月	
	副主席	戴克大	男	2003 年 1 月～2005 年 12 月	
		顾品举	男	2003 年 1 月～2005 年 12 月	
		邵来成	男	2003 年 1 月～2005 年 12 月	
		曹伟平	男	2003 年 1 月～2005 年 12 月	不驻会
	常务委员	（以姓氏笔画为序）于纪荣　王小晓（女）　卞宝志　白　峰　朱加富　汤小兵　李玉章　杨永成　杨全庆　杨泗顺　邵秀兰（女）　邵爱红（女）　苗乃运　钟惠娟（女）　施凤英（女）　姜　华　秦洪礼　徐开华（女）　高海燕（女） 六届三次会议增选：王汉亮　张运凤（女）　盛乃玉			

第五节　行使职能

一、调研视察

区政协自成立起，特别是 1986 年恢复新浦区建置后，区政协进一步加强视察、调研工作。1987 年，组织区政协委员并邀请驻区市政协委员共计 30 人，分组视察全区街道工作、城市管理和文化工作，让委员们了解情况，为全区经济社会发展献计建言。1988 年 8 月，区政协组织经济组委员，深入部分区属工业企业，对全区工业经济生产、经营、产品质量及企业改制情况进行调查研究，形成《新浦区工业经济调查报告》。《调查报告》在肯定全区工业战线自改革开放以来取得较快发展的同时，分析指出全区工业企业中存在的“资金管理混乱、经济效益不显著、产品结构不合理”等问题。全区 108 个工业企业中，生产橡胶与塑料制品企业近20个，而塑料原料紧缺，部分企业经济效益低下，甚至面临倒闭危险。提出严肃科学管理，抓好重点企业指导服务，加强企业审计，加紧产品结构调整等6条建议，受到区委、区政府的重视和采纳。

1989年5月，区政协经济委员会部分委员，在副主席周建新、边守正和经济委员会主任王福启带领下，深入新浦纸管厂、新海玻璃钢厂、新海电缆厂等企业，对全区新上的部分新产品和技术改造项目进行调查研究。撰写了题为《关于近期部分投资项目的调查与建议》调查报告。指出，近两年新上的新产品和技改项目，大部分项目选择正确，基本符合从小、从简、适销对路、技术难度较小，并有一定水平的区情，产品在国内外市场受欢迎，发展前景较好。但也存在着有些项目重复引进或投资难度大及企业自身管理水平跟不上、人员素质不适应等问题，导致有些项目上马后，不能形成批量生产，造成浪费、缺乏市场竞争力等实际问题。实事求是地提出了要加强宏观控制，严格项目审批，防止重复建设，减少内耗，增强市场竞争力；发挥辖区内大企业多的优势条件，设法为大企业生产配套产品，附着于大企业生存等建议。报告引起区委、区政府重视，其附着于辖区大企业、为大企业生产配套产品的建议，被之后区委、区政府制定“三联驱动”经济发展战略所采纳。同年，区政协还组织部分委员会同上届离会老委员共70余人，视察海连路等重点工程建设情况。

1990年8月，区政协经济科技委员会和区商业局联合就居民吃早点难得问题进行专题调研，并形成《应重视解决当前早点供应中的新难点》调查报告。针对居民对早点供应中存在的分量严重不足、价格混乱等问题，提出从维护消费者合法权益，密切党群关系高度认识和加强行业管理等建议。

1991年，区政协组织委员对城区边远的临洪、沈圩、马朧、刘朧、浦东5所小学进行视察，并提出改善边远小学办学条件的建议。

区政协还先后于1992年组织委员专题视察龙尾河、盐河两岸卫生治理情况，提出建议。同年8月组织委员调研并形成《关于新浦地区商品交易市场建设管理情况的调查报告》；1993年7月，文教体委员会形成《关于对我区边远小学跟踪调查的报告》；同年11月，社会法制委员会形成《关于新浦地区青少年违法犯罪情况报告》；1994年12月，形成《关于对新浦地区流动人口计划生育管理工作的调查报告》；1995年10月形成《区政协对全区“三外”工作情况的调查报告》；1997年9月，经济科技委员会和社区工作委员会联合形成《关于新浦区社会养老保险和实施再就业情况调查报告》；1999年4月，组织委员视察社区卫生服务情况，并与有关部门协商，提出改进建议。2004年区政协组织委员就港城大道拓宽改造工程和区猴嘴工业园区出入口问题进行视察，并形成区政协主席建议案。同年5月，社会事业委员会、经济科技委员会和区政协办公室联合调研后形成《关于新浦区民政福利企业的调查报告》等一批调研成果。这些调查报告均立足新浦区区情，对进一步做好全区改革开放、招商引资、调整经济结构、提高科技含量、增加经济总量等重大问题献计献策，多数建议被区委、区政府或相关职能部门采纳。

自2003年1月起，区政协第六届委员会进一步加强了常委会、主席会调研工作，对涉及全区改革开放、经济社会发展的重大课题，由常委会、主席会亲自开展调研，为全区经济社会发展建言献策。2005年3月，区政协主席会议形成《关于全区实施“工业强区”战略情况的调查与建议》；同年9月，区政协常委会课题组《关于全区服务业发展情况的调查报告》，报送区委、区政府后，得到领导高度重视，所提10条建议，均被融入全区“工业强区、三产兴区、民营富区”经济发展战略实施过程中。

二、提案工作

1985年11月16日，区政协正式设立提案委员会，专门负责委员提案征集、审查、立案、交办、回复工作，并向下一次全委会报告提案办理情况。通过委员提案办理，落实委员对全区经济建设、社会事业及民生等方面的意见和建议，为新浦区经济和社会发展献计出力。提案委员会于每年全委会召开之前，即开始征集委员个人或委员联名书写的提案，或以党派、界别名义书写提案。全委会期间还专门安排时间让委员书写提案。提案征集后，提案委员会对每一件提案进行审查，分类立案，并向大会报告征集、审查、立案情况。会后，与区委办公室、区政府办公室共同研究提案，集中交办，并分转区委、区政府相关职能部门办理。相关部门办理完结后以正式书面形式答复委员，将提案建议采纳情况告知委员并征求委员意见，做到件件有落实。1989 年 9 月起，区政协制定并实施《政协新浦区委员会提案工作细则》（试行），进一步推动了提案工作。提案办理由以往承办单位简单的回复，改为承办单位主动与书写提案的委员联系，采取上门走访、召开座谈会、跟踪调查等办法，推动提案办理成效。2005 年 3 月 29 日，进一步修订《政协新浦区委员会提案工作细则》，委员提案办理工作走向制度化、规范化、程序化。办理方式也由起初的部门单独办理，逐步形成有关部门联办。对办理难度较大的疑难事项，由承办单位邀请提案人和区政协提案委人员，召开提案办理协商会，沟通情况，直至委员满意为止。对重大问题，区政协常委会组织有关常委、委员进行调查研究，形成区政协常委会建议案，直接报送市、区有关领导，为其决策提供参考。1990 年，在落实市人大关于治理新浦地区“三河”决议时，市市政部门对治理新浦城区南部废扁担河，编制出“敞口方案”与“覆盖方案”。针对这种情况，区政协组织委员中从事规划设计、园林绿化方面委员到扁担河沿岸进行视察调查。在对扁担河的形成、功能演变等情况及两个治理方案作全面论证对比基础上，一致认为实施“覆盖方案”为宜，并以区政协常委会名义，向市、区有关领导和部门报送《治理扁担河应重视综合治理、开发利用——对扁担河治理方案的几点看法和建议》的建议案，引起有关部门、专家重视并被采纳。

1990 年起，区政协建立委员提案办理情况双向反馈制度。每年在提案办理过程中，区政协、区政府联合召开提案办理情况反馈会，相互交流情况，沟通信息，促进委员提案办理进度和质量。2003 年 2 月起，区政协还制定并实施《开展评选表彰优秀提案的工作意见》，促进提案质量不断提高。

自 1984 年 5 月区政协第一届委员会成立，到 2005 年底，区政协先后共收到委员提案 2273 件，立案 2265 件。委员所提提案，除 1984 年、1993 年、1996 年外，各年均在当年办理完毕。提案所提问题，近 70% 都在当年得到解决或正在解决中，在推进全区经济社会发展、密切党群关系、促进社会和谐方面发挥了较好作用。

1984～2005 年新浦区政协委员提案办理概况表

表 23－5

届次	年份	实收件数	立案件数	办结率（%）	问题当年解决或正在解决率（%）
一	1984	167	167	100	58.7
	1985	107	76	100	77.4
	1986	133	127	100	—
二	1987	112	112	100	100
	1988	70	66	100	68
	1989	66	66	100	100

续表 23－5

届次	年份	实收件数	立案件数	办结率(%)	问题当年解决或正在解决率(%)
三	1990	95	94	100	56.38
	1991	98	96	100	100
	1992	79	77	100	100
四	1993	113	113	97.34	51.36
	1994	110	110	100	57.7
	1995	147	146	100	55.48
	1996	158	156	94.87	49.32
	1997	138	138	—	—
五	1998	140	135	100	54.1
	1999	83	83	100	65.1
	2000	96	94	100	69.1
	2001	79	77	100	92.2
	2002	62	61	100	—
六	2003	120	110	100	90
	2004	88	78	100	96
	2005	91	83	100	94

三、献计建言

【创办《协商与监督》】

1992 年 4 月，区政协创刊办《协商与监督》简报，同月 5 日第一期创刊号正式出刊。以此刊及时向区委、区政府领导及有关部门反映区政协委员行使职能的情况和具体的意见建议。2005 年 10 月，《协商与监督》编发的《关于全区“局帮村富民工程”实施情况的调查报告》，被区委领导批示转发有关部门采纳意见。

图 23－2　1993 年 9 月 15 日，区政协组织新浦兴盛百年研讨会。图为讨论会会场一角

【举办“新浦兴盛百年研讨会”】

1993 年 12 月 23 日，区政协组织召开“新浦兴盛百年研讨会”，市工商联名誉主席王友芝、市民建副主委王福启、《连云港市志》主编李洪甫、原市文联副主席彭云、市社科联主席曹寿田等专家、学者 20 多人，应邀参加会议，并作专题发言。会后，区政协向区委报送了《关于举办“新浦兴盛百年研讨会”的情况汇报》，及时反映

了与会专家、学者在对新浦兴盛原因、过程，当前新浦区情进行认真研讨基础上，建议新浦区经济建设走“三产兴区”路子，及如何以“第三产业为龙头，带动第二产业，促进社会事业发展”等方面的6条建议。受到区委、区政府重视，并在此后区委、区政府制定“三产兴区”经济发展战略中发挥作用。

【举办“纪念新浦区政协成立十周年”系列活动】

1994年5月，新浦区政协成立十周年之际，区政协通过组织系列活动更好地履行职能。当年5月27日召开“纪念新浦区政协成立十周年座谈会”，举办《新浦政协十春秋》图片展。通过回顾总结区政协成立10年来围绕区委、区政府中心工作履行政治协商、民主监督、参政议政职能所取得的成绩和基本经验，进一步激发委员履行职能的积极性，提高参政议政、协商监督实效。

【办好《社情民意》简报】

1995年8月，区政协创办《社情民意》简报，及时刊登委员在民众间了解的社情民意，报送区委、区人大、区政府领导，便于领导及时了解社情民意，有针对性地做好群众工作。2003年2月，区政协又出台《政协新浦区委员会关于加强反映社情民意工作的若干意见(试行)》，进一步规范了区政协反映社情民意工作。至2005年底，编发《社情民意》23期。大部分信息被有关部门采纳或做工作参考。其中，《关于整治市第一人民医院门口交通秩序的建议》，由分管副市长批示，市交通局、交警支队、城管局等5个部门协调解决;《黑诊所缘何屡禁不止》的情况反映，由分管副区长批转区卫生局解决;《关于加大对违章逃逸车辆追查力度的建议》，经由市政协转省政协后，被省有关部门采纳。

【开展民主评议活动】

2004年7月，区政协开展对全区旅游业(旅游局)的民主评议活动。区政协专门成立民主评议工作领导小组，向全体委员发出一封信，号召全体区政协委员参与民主评议活动，客观反映意见和建议。并组织32名区政协常委、委员和特邀专家，分成景区景点组、涉旅单位组、管理部门组、名人专家组等4个调研评议小组，采取现场观察、开座谈会、向委员发放调查问卷等多种办法，进行历时1个多月的调查研究，在取得大量一手资料基础上，撰写出专项调查报告。并于当年9月开展集中评议，形成综合性的《区政协常委会民主评议区旅游业(旅游局)工作的协商报告》。客观地分析了全区旅游产业发展现状客观分析，针对存在的突出问题，围绕如何加快发展全区旅游产业问题，从5个方面提出15条建议。区委、区政府及市云台山风景名胜区管委会对这次活动非常重视，大力支持，对其作用予以充分肯定。

图23－3　区政协召开民主评议旅游业、旅游局动员大会

【组织政协委员论坛】

2005年5月，区政协组织城乡统筹发展委员论坛。5月初启动，成立产业发展、市场建设、社会事业子课题调研组，各组与有关乡镇对接后，深入村、社区、企业实地考察调研，历时1个半月，围绕全区工业、农业、服务业发展情况，医疗、卫生、民政福利等社会事业开展状况以及城区经济、“三农”工作等方面，分别撰写《关于新浦区农业产业结构的调查与建议》《关于加快新浦区市场建设等有关问题的思考》

《新浦区城乡社会事业统筹发展存在的问题及对策》调研报告。7月1论坛正式举行,邀请区委、区政府领导参加。期间区领导对论坛给予高度评价,肯定了调研成果,表示将研究落实委员建议。会后区政协又将调研和讨论情况汇总梳理,撰写《做强农村板块经济促进城乡统筹发展》综合报告,上报区委、区政府,供决策参考。

四、编写文史资料

1993年起,区政协学习文史资料委员会开始对历时资料搜集、整理工作,并于当年编印《新浦文史资料》第一辑(刊名为市著名书法家杜庚题写)。刊登了市地情专家张传藻的《论新浦之兴》、市著名学者、作家彭云的《从新浦的崛起,试谈"以商兴区"的发展方针》、市工商联名誉主任王友芝的《欣欣向荣的新浦商业》、市财贸办公室副主任王恒栋的《发展大商业搞活大流通建设大市场——浅谈"以商兴区"的发展思路》等12篇文章。

1994年11月,编印的《新浦文史资料》第二辑,为新浦区政协成立十周年专辑,设报道、讲话、发言、诗词、剪影、资料6个专栏,较为完整地记述了区政协成立10年来的主要工作、行使职能情况等资料。

1995年11月,编印的第三辑《新浦文史资料》,围绕"纪念抗日战争胜利五十周年"刊载了周镜涵的《关于开展新(浦)海(州)敌伪军工作和城市工作片段》、朱士坦的《在连云地区进行侦查活动的回忆》和《徐竞烈士》及《日军侵占新浦罪行录》等历史资料;围绕"纪念刘一麟同志逝世十周年"专题,刊登了张彦忠撰写的《刘一麟生平》《益麟医院简介》、江景尧的《对刘一麟的印象》等资料。该辑还登载了"新浦探源""历史回顾""新浦发展纪实""灾异实录"等9篇历史资料。

1996年12月,编印《新浦文史资料》第四辑,刊登了市博物馆馆长刘洪石撰写的《"树艺公司"招股揭贴的发现和研究》、区政协委员田克生撰写的《从张謇与沈云沛、许鼎霖的通信看开发苏北的先行思想》。在"教育事业"专栏刊登了江锦尧撰写的《人间正道是沧桑——写于解放路小学建校六十周年》、东风街王退庵老人撰写的《解放前夕新浦的学校教育概况》等6篇文史资料。在"文化生活"、"体育活动"等专栏中,刊登了原市文联副主席夏兴仁的《建国初期新浦的文化活动》,以及《民国年间的新浦体育活动》《新浦天后宫》《老大街上的福神庙》等21篇文史资料。

1997年12月,编印《新浦文史资料》第五辑。此辑设"特约专稿""工业实业""农渔生产""教育卫生""文化娱乐""市民生活""历史一页"、"历史人物"等9个栏目。刊登了夏兴仁撰写的《记胡耀邦同志第一次来新浦》,原新浦磷矿副矿长、市委统战部部长张学贤撰写的《难忘的十三春秋——筹建新浦磷矿回忆》及徐一德的《新浦大同皂厂》、张大扬的新浦《"三五印书馆"的兴毁》、陈指南的《前河底看小戏》等回忆、考证文章27篇,为研究新浦发展史提供了资料。

1998年10月,编印的《新浦文史资料》第六辑,为"纪念新浦解放五十周年专辑"。设"书印庆贺""历史回顾""光辉成就""我说新浦""诗词赞咏""新老照片""大事记"等7个专栏,刊登了《连云港日报》总编陈天柱撰写的《报业今昔谈——纪念新浦解放五十周年》、原市文联副主席彭云的《城市路灯琐记》、何洪青的《幸逢盛世展宏图——记老字号"生庆公"》等23篇文史资料。并在"今日新浦""前进中的解放路""天翻地覆看两村""两站换新颜""扁担河的变迁"等专栏中,刊登新老资料照片38幅。较全面地流下了新浦解放五十年来巨大变化的资料。

五、联谊活动

1984年9月,召开国庆座谈会。新海区各民主党派、社会团体的代表以及各界知名人士共40余人应邀到会,畅谈建国35年来的辉煌成就。1985年2月,召开各界人士迎春茶话会。区委、区人大、区政府的领导,区政协常委、各民主党派、社会团体的代表,以及归侨、侨眷、台属等40余人参加活动。1986年1月,召开迎新春茶话会,区政协常委、各民主党派、社会团体的代表,以及归侨、侨眷、台属共30余人及区委、区人大、区政府的领导出席会议,畅谈迎新春,谋发展话题。1987年6月在新浦公园内举办"委员活动日",加强政协领导与委员、政协与民主党派、委员与委员之间的联谊交流。1989年6月,召开"三胞"工作会议。1990年6月,为区政协委员、区台联成员及部分台属举办"台情"报告会。同年9月,与区委统战部联合举行"庆亚运、迎国庆、迎中秋"茶话会。1995年1月,区政协召开辞旧迎新茶话会。市政协和区委、区人大、区政府领导以及区政协历届离任、时任领导共30余人应邀参加活动。1997年5月2日,召开"喜迎香港回归座谈会",同时,组织委员参加市"迎香港回归专题报告会"。同年6月,组织委员观看《香港的过去与未来》图片展,区政协在区文化馆举办"喜迎香港回归书画展"。1999年12月17日,举行迎澳门回归座谈会。2002年9月,承办连云港市县区政协工作联谊会。

专记:23-2"新浦兴盛百年研讨会"纪要

政协新浦区委员会于1993年12月23日至24日在区政协会议室召开《新浦兴盛百年研讨会》,纪要如下:

一

应邀参加这次研讨会的有市工商联名誉会长王友芝、市民建副主委王福启、《连云港市志》主编李洪甫、市文联原副主席彭云、市社科联副主席曹寿田、市政府经济研究中心副主任秦光汉、市政府财贸办公室副主任王恒栋、市土管局副局长张传藻、市政协文史委员会副编审杨东野、市艺术研究所副所长朱秋华、《连云港市志》特邀编辑江锦尧、《连云港市交通史》编办主任顾新学、《新浦区志》主编唐维汉等专家、学者、知名人士20多人。

市政协副主席周沛、区委副书记吴新民、区人大常委会主任张玉华、区委常委、副区长徐家贵应邀出席会议。

区政协主席寇显仲,副主席韩世泳、王云良、佟凤兰,秘书长周志峰、副秘书长傅怀树,驻会专委会主任均参加了会议。

寇显仲主席主持研讨会,并首先发表讲话,阐述了区政协举办这次研讨会的目的、指导思想。代表区政协感谢各位专家、学者及社会各界人士前来参加研讨,为新浦区经济和社会发展出谋划策。韩世泳副主席作小结。

市政协副主席周沛、区委副书记吴新民、副区长徐家贵和市社科联副主席曹寿田等在会议期间均讲了话。一致认为,在当前全国上下深入学习《邓小平文选》第三卷,认真贯彻党的十四届三中全会精神,加快建立社会主义市场经济体制的形势下,区政协举办这次研讨会,是一次非常有意义的活动,是新浦发展史上的一件大事。会上发表的论文,既有学术价值,又有经济价值,更有历史价值。会上探讨的问题主题突出,说理清楚,对于贯彻党的十四届三中全会决定,加快发展新浦地区经济十分有利。

二

研讨会历时一天半,发表论文12篇并进行热烈而认真的研讨,取得了明显成效。对新浦的形成、兴盛的原因,今后如何更兴盛等问题形成了共识。

(一)关于新浦的形成和兴盛

1. “新浦”原是河名。作为地名,原叫“新浦口”,在今孔望山东北盐河闸附近。后因海岸变迁及其他多种因素,逐步移动到现在这个地方。

2. 新浦的历史应以清嘉庆三年(1798)开挖新浦这条河,有了“新浦口”时算起,至今195年。

3. 新浦天后宫的创建,应视为新浦开始进入兴盛时期的重要标志。

4. 新浦从形成到兴盛初期与淮北盐业生产、淮盐河运以及渔业生产密切相关。后来又得益于陇海铁路贯通,港口的开设和大批外地商贾涌入新浦兴商办实业。

（二）关于新浦区位优势

大家认为,新浦这块宝地,它之所以很快取代千年古城海州的作用、在短短百年之内发展成现在这样一个初具规模的现代港口城市,很重要的一条就在于它具有得天独厚的地理优势。它既处于连云港市的中心位置,东海、赣榆、灌云3县及海州、云台、连云3区围绕于其四周,又是苏北与鲁南之要道。铁路、公路、水路的交集点。优越的地理优势,不仅为其提供了物资流通之便,也为其成为行政管理中心创造了条件。

随着社会的发展、经济规律的作用,历史的不断筛选,使今日之新浦成为连云港市政治、经济、科技、文化、教育中心。市中心地位的确立,又反转来促进了新浦的发展。展望未来,新浦必将以更快速度向现代化城市腾飞,必将成为新亚欧大陆桥东桥头堡——连云港的坚实依托和指挥中心。

（三）关于新浦区的经济工作思路

研讨会期间,大家本着“服务当今”的原则,在探讨新浦兴盛发展过程、区情的基础上,就新浦区的经济工作思路进行了探求。

大家认为,新浦的区位优势,对于新浦区来说,是一笔丰厚的“无形财富”。充分认识、科学运用区位优势,扬其长,避其短,便可收到事半功倍之效果。新浦区经济建设优势在于第三产业。应在加强发展第三产业上大做文章,走“三产业兴区”的路子,以第三产业为龙头,带动第二产业,促进社会事业。并提出了很多很有价值的建议,概括起来有以下六个方面:

首先,要加强对区情的研究,统一思想认识,特别是决策层要充分认识加快发展第三产业,对于振兴新浦区经济,促进社会事业发展的意义,切实调整好大产业结构。坚持“三产业兴区”的经济工作思路,新浦区经济工作必将出现一个龙腾虎跃的新局面。

第二、要抓紧研究制定加快发展第三产业的长远规划和中近期具体规划。当前,要着重于现有商贸企业深化改革,使之适应市场经济发展的需要。要引导好区属现有第三产业结构调整,要着眼于建立大市场,搞活大流通。特别要大力发展生产资料市场,巩固提高消费品市场。引导大家重视发展科学文化、房地产开发、技术咨询、金融信息、广告、服务业,积极开展上门服务业务,主动占领市场。

第三,要高度重视和大力扶持个体、私营经济发展,既要积极鼓励,更要解决实际问题,使他们在政治上无后顾之忧、税赋上能一视同仁,平等竞争。资金等方面能得到大力支持。还要引导他们扩大经营领域。

第四,要扩大开放,加强外联,积极主动地与全国、全省特别是邻近县市的商贸界加强联络,借鸡下蛋、借梯上楼,以开拓新浦区第三产业的新天地。

第五,要充分行使区政府的管理职能,既为新浦地区第三产业发展提供良好服务,也为本区第三产业发展创造更好的环境。

第六,大家也建议市有关部门尽快改变长期以来只侧重考核区属工业各项指标的做法,把第三产业发展列入考核内容,以促进区属第三产业的发展。

三

这次研讨会能取得较好成果主要原因:

(一) 首先,是得到了区委、区政府的大力支持和社会各界的鼎力相助

1993 年春,区政协四届一次常委会研究,拟于年内举办《新浦兴盛百年研讨会》,得到了区委支持,区委副书记吴新民还亲自听取研讨会筹备情况汇报。对区政协《关于请拨举办 < 新浦兴盛百年研讨会经费 > 的报告》,区委、区政府及时进行了研究。在区财政十分困难的情况下,区政府仍拨给专项经费 5000 元,保证了研讨会的顺利进行。

区政协举办浦兴盛百年研讨会也得到了市有关单位和专家学者、知名人士的大力支持。很多单位领导亲自参与或亲自选派专家学者参加研讨会。市政府经济研究中心副主任秦光汉、市财贸办公室副主任王恒栋、市土地管理局副局长张传藻等领导同志虽然工作繁忙,仍能挤出时间撰写论文。年过七旬的市工商联名誉会长王友芝不顾年老体弱,联系亲身经历,写出文章参加研讨。市民建副主委王福启、已退休的市文联副主席彭云等老同志,也都克服各种困难,坚持挤时间写论文。市艺术研究所副所长、高级编剧朱秋华同志生病住院、出院时已临近研讨会会期,为不误研讨,不顾病后体弱,日夜加班赶写论文。由于得到大家的支持,初期所约的 15 位同志,除 3 位同志有特殊情况外,12 位同志均按时写了论文。

(二) 举办研讨会的指导思想比较明确,主题突出

新浦重要历史文物——《创建新浦天后宫记》(碑现立于新浦公园)中说,“新浦之兴自天后宫始”,新浦天后宫(今新浦区政府大院前身)始创于清光绪十八年,即公元 1892 年,至今已百年。区政协自 1992 年底建议抓住新浦兴盛百年机遇,开展系列活动时,就以研究新浦、宣传新浦、振兴新浦为宗旨。1993 年四届一次常委会又进一步研究确定,举办《新浦兴盛百年研讨会》的指导思想是:“回顾过去、研究现在、探索未来、服务当今”,不搞纯学术研讨。“回顾过去、研究现在”在于从中寻求规律;“探索未来”在于增强信心、增强历史责任感和时代紧迫感;“服务当今”,在于为新浦地区和新浦区的发展献计献策,供市、区领导科学决策参考,这是研讨会的出发点和归宿。

因此,研讨会从始至终都紧紧围绕经济建设这个中心,突出了促进新浦区经济发展这个主题。

(三) 准备比较充分

自 1993 年春天,区政协四届一次常委会提出年内举办《新浦兴盛百年研讨会》后,区政协党组、主席会多次研究,并于 1993 年 9 月召开研讨会预备会。邀请市有关专家、学者到会共商有关事宜,广泛听取大家的意见和建议,初步确定参加研讨的人员和论文内容。区政协领导和区政协学习、文史委员会主任、副主任,还亲自到市有关部门征求意见,共同研究如何开好研讨会等问题。并不断和参加研讨人员保持联系,提前收齐论文,于会前完成了《新浦兴盛百年研讨会材料汇编》的编印工作。

第二十四编　团　体

民国年间，新浦先后建立过工人、青少年、妇女、工商、教育、文化、体育等各界社会团体。

新中国成立后，工人、青年、妇女、学生及教育、文化、体育等各界社会团体相继成立，并发展壮大。

20世纪50年代末至60年代初，区工会组织贯彻“鼓足干劲、力争上游、多快好省地建设社会主义总路线”，发动职工大搞技术革命，开展学孟泰、学郝建秀，学“王铁人”（王进喜）和学雷锋等活动，开展劳动竞赛，组织职工积极投入社会主义改造运动和社会主义建设热潮。各级团组织发动团员、青年学生积极投入抗美援朝宣传活动；在城乡青年中广泛开展以爱祖国、爱人民、爱科学、爱劳动、爱公共财产为内容的“五爱”教育。组织青年职工参加农业社夏收、秋收劳动，冬春季组织职工和青少年投入以除“四害”（苍蝇、蚊子、老鼠、麻雀）讲卫生为内容的爱国卫生运动。区妇联在全区妇女中广泛宣传“勤俭持家、勤俭建国”方针，开展以家庭邻里团结互助好、教育子女好、勤俭持家好、清洁卫生好、努力学习好为内容的“五好”竞赛活动。发动城镇妇女走出家门，参加社会主义建设；带领广大农村妇女投入互助合作运动，成为农业生产的“半边天”。

中共十一届三中全会以后，新浦区各群团组织积极投入改革开放、改革创新，加快全区经济社会发展步伐。1985年，区工会在基层工会中开展“收好、管好、用好”财务“三好”百分赛活动，并在全市工会事业单位财务“三好”百分竞赛中获一等奖。1987年，在企业进行由厂长代表行政，工会主席代表职工，共同与主管部门签订承包合同的“共保合同”试点。次年在全区全面推行“共保合同”制度。区总工会此种做法引起上级工会重视，并出席1990年在西安召开的部分大中城市城区工会工作第四次研讨会，在会上作了经验介绍。

随着改革开放的深入发展，新浦区工会、共青团、妇联等各群团组织，不断探索，创新新形势下思想工作。团区委会同区委宣传部、关心下一代工作委员会等8个部门联合制定下发《关于加强全区青少年法制教育工作的意见》，加强青少年法律、法规教育，收到明显效果。区妇联广泛开展社区家庭文化建设得到市委宣传部、市妇联的肯定，并于1991年5月在新浦区召开家庭文化建设现场会。

进入21世纪后，区总工会和区委组织部一道探索和尝试“党建带工建、工建促党建”积极在非公有制企业中组建工会组织，开展工会工作。在职工中开展“创建学习型组织，争做知识型职工，树新时代职工形象”等活动，不断激发广大职工投入“三个文明”建设的积极性。新浦区各级团组织在团员青年中开展“崇尚科学、抵制邪教”活动。深入开展爱国主义、社会主义、集体主义、革命传统等方面教育，进一步激发起团员、青年的革命热情。新浦区各级妇女组织不断深入开展以学文化、学技术，比成绩、比贡献为内容的“双学双比”竞赛和“巾帼建功”“五好文明家庭”三项主题活动。调动广大妇女投入改革开放和精神文明建设的积极性。区工商联、区个体劳动者协会、消费者协会及区科学技术协会、残疾人联合会、文学艺术界联合会、扶贫协会、老区开发促进会等社会团体也都围绕区委、区政府整体工作部署，在贯彻落实党的方针政策，维护广大人民群众合法权益，促进全区改革开放、经济发展和构建和谐社会方面，发挥了积极作用。

第一章　工人团体

第一节　新浦区总工会

1958 年 7 月 14 日，成立新海连市总工会新浦区办事处，编制 1 人，主要负责益昌油厂、酿化厂、肥皂厂、皮鞋厂、三益木材厂的工会工作。1963 年 6 月，市总工会新浦办事处撤销。

1973 年 11 月，成立新浦区工会筹备小组。同年 12 月，新浦区工会委员会正式成立，驻会工作人员编制 1 人。1980 年 11 月，新浦区工会改为连云港市总工会新浦区办事处，编制 2 人。

1976 年 10 月，改称为新浦区工会。

1983 年 6 月，新浦、海州两区合并为新海区，成立连云港市总工会新海区办事处，编制 4 人。

1986 年 6 月底，新海区撤销，恢复新浦区后，成立连云港市总工会新浦区办事处，编制 4 人。

1990 年 4 月，成立连云港市新浦区总工会。同月 26 ~ 27 日，召开新浦区总工会第一次代表大会，选举产生总工会主席、副主席。

1995 年 6 月 27 ~ 28 日，连云港市新浦区总工会第二次代表大会召开。会议听取并讨论了区总工会第一次代表大会以来工作报告，选举产生了新一届区总工会主席、常务委员和经费审查委员会主任。

第二节　基层工会组织

1953 年，南城运输队、建筑队先后成立运输工会和建筑工会。

1972 年起，新浦城区开始在浦东、浦西两个街道成立工会组织。1976 年，路南街道工会成立。

1993 年 6 月，南城镇工会、云台乡工会相继成立。

1999 年 7 ~ 8 月，新海街道工会、新东街道工会先后成立。次年，宁海乡工会成立。

2000 年 2 月 12 日，新南街道工会成立。同年，区总工会开始在新建工业企业中组建工会，当年，城区组建、新建企业工会 108 个。新建企业建会率达 95% 以上。

2001 年，浦西街道、路南街道率先在社区成立工会组织。同年，开始在外商投资企业中组建工会联合会。当年底，全区 72 个社区全部建立工会组织。

2004 年 4 月，花果山乡工会成立。

至 2005 年底，各乡、镇、街道均已建立工会组织。

第三节　工会工作

20 世纪 50 年代末至 60 年代初，区工会组织贯彻“鼓足干劲、力争上游、多快好省地建设社会主义”

的总路线,发动职工大搞技术革命,举办职工业余学校,开展学孟泰、学郝建秀,学王铁人、学雷锋等活动,开展劳动竞赛,组织带领职工投入社会主义改造和社会主义建设。

“文化大革命”期间,工会工作受到严重干扰。

党的十一届三中全会后,新浦区工会工作迅速恢复。1980 年,组织开展以思想政治工作好、生产(工作)任务完成好、班组科学管理好、文化技术学习好、群众生活工作好、骨干作用发挥好为内容的争创“六好班组”和以争当质量能手、革新能手、节约能手;争创文明班组、文明科室为内容的“三手两创”活动。

20 世纪 80 年代初,区各级工会组织带领广大职工投入经济体制改革。1985 年,组织各基层工会开展“收好、管好、用好”财务“三好”百分赛。在市总工会事业单位财务“三好”百分竞赛中新浦区总工会获一等奖。1986 年,组织开展整顿基层组织,建设“职工之家”活动。各基层单位普遍建立职工代表大会制度。当年,建职工之家 29 个,促进了基层管理。1987 年,区总工会在全区开展“先进职工之家”、“先进职工之友”和“特邀工会积极分子”活动,同时学习哈尔滨经验,在企业中开展由厂长代表行政,工会主席代表职工,共同与主管部门签订承包合同的“共保合同”试点。次年,在全区全面推行“共保合同”制度。当年,37 家签订“共保合同”的企业有 35 家完成产值和利税任务。1989 年,在全区企业中开展评选“信得过厂长(经理)”“信得过工会主席”活动。贯彻区委《关于完善和发展承包经营责任制的意见》,又有 32 家企业签订了“共保合同”。1990 年 1 月,区工会进一步建立健全基层召开职工代表大会(职工大会)事先向区工会报告的制度。同年 3 月,与区委组织部、区计经委、区体制改革办公室共同制订了《新浦区职工代表大会民主评议干部暂行规定》。当年,区总工会派代表参加在西安召开的部分大中城市城区工会工作第四次研讨会,并在会上介绍了推行“共保合同”的做法和体会。

1991 年,区总工会对“共保合同”进行中期管理,加强工会自身建设,对基层工会实施 52 条量化管理等措施。1994 年,区各级工会加强自身建设,开展建设职工之家活动,积极探索新的职工之家形式和内容,把建职工之家工作进一步落实到车间、班组,依靠职工群众建立职工之家,依靠职工群众评议职工之家,推动工会工作整体水平的提高。1998 年,区总工会下发《关于在全区职工中广泛开展“争当文明职工”活动的意见》,在全区开展“争当文明职工”活动。2000 年,区总工会重点开展新建企业的工会组建工作,并取得新突破。全年在 108 个新建企业中建立工会组织。区新建企业建会率和职工入会率均达 95% 以上。

2001 年,区总工会和区委组织部相互配合,深入社区,按照“党建带工建、工建促党建”的新理念,推进社区“党工共建”工作的发展。全区 72 个社区全部组建了社区工会。同时,成立了外商投资企业工会联合会。全区的“党工共建”工作受到省总工会的表彰。

2002 年,区总工会在新建企业工会中开展以企业爱职工,职工爱企业;评选爱企业的优秀职工,评爱职工的优秀经营者为内容的“双爱双评”活动和创建先进“职工之家”活动,发动广大会员“建家评家”,增强工会组织的吸引力、凝聚力,发挥工会组织的作用。同时,做好改制企业工会组织的整顿、重建和巩固工作,夯实工会工作的组织基础。开展“合格、示范乡镇工会”竞赛活动,云台乡工会被评为省“示范乡镇工会”。加强乡镇、村和陇海商业步行街工会建设,进一步理顺非公有制企业工会组织管理体制。

2003 年,区总工会探索和尝试“党建带工建、工建促党建”的不同模式,突破老框框,开拓新思路,逐步走出一条开门建会的新路子,形成党建、工建相互“带动、能动、互动”的工作格局。全区各基层工会还探索多种组织活动方式,把大量外来工、农民工、临时工组织到工会中来,实现“哪里有职工,哪里就要建工会组织”的要求。同时,引导非公企业工会加强自身建设,开展活动。

2004年起,区总工会以开展"创建学习型组织,争做知识型职工,树新时代职工形象"活动为载体,充分发挥工会组织在"三个文明"建设中的作用,涌现出红星家具城、连云港市研磨厂、连云港书店等一批优秀学习型企业;区机关工委工会、区人民法院工会、区人民检察院工会等一批优秀机关工会;区教育局工会、区城管局工会、区建设局工会等特色基层工会组织和龙尾社区工会、海宁社区工会、民主社区工会等一批优秀社区工会组织。新浦区人民法院民事庭被省总工会命名为学习型组织示范点。

2005年,区总工会继续开展创建学习型组织,争做知识型职工,树新时代职工形象的主题教育活动,又涌现出连云港市研磨厂工会、恒锐达有限公司工会、机关工委工会、区人民法院工会、连云港书店工会、连云港市建国路小学工会、海宁中学工会化学组等一批先进工会典型。

附24-1:民国时期新浦工会组织

民国15年(1926)至民国17年(1928),新浦地区有新浦搬运工会、新浦货车工会、民船工会、盐车工会等工人团体。

民国35年(1946),国民政府在新浦成立电信工会、木工业工会和面粉业工会。

第二章　青少年团体

第一节　青年团体

一、新民主主义青年团新浦区委员会

民国38年(1949)9月,新华、新龙、民主3个区分别成立中国新民主主义青年团(简称"青年团")区委员会,共建团支部13个,团员111名。1951年8月,新华、新龙、民主3个区团委撤销,成立龙尾、盐河两个区团委。1955年11月,组建新民主主义青年团新浦区委员会。

二、共产主义青年团新浦区委员会

1957年6月,中国新民主主义青年团新浦区委员会改称中国共产主义青年团(简称"共青团")新浦区委员会。1958年,全区有团支部47个,团员531名。

1967年12月起,因"文化大革命"干扰,团区委工作中断。1971年,恢复团组织活动,32个团支部开展整团活动。

1973年2月,召开共青团新浦区第一次代表大会。

1979年5月,共青团新浦区第二次代表大会在新浦区礼堂召开,选举产生共青团新浦区第二届委员会,选举产生了委员、常委和书记。

1982年8月,共青团新浦区第三次代表大会在新浦区礼堂召开,选举产生共青团新浦区第三届委员会,选举产生了委员、常委、书记和副书记。

1984年11月,共青团新海区第四次代表大会在原海州区礼堂召开,选举产生共青团新海区第四届委员会,选举产生了委员、常委和书记。

1987年10月,召开共青团新浦区第五次代表大会。大会审议和通过了林富平代表共青团新浦区第四届委员会所做的《坚定信念,投身改革,为加速城区现代化建设事业贡献青春》的工作报告,并选举产生共青团新浦区第五届委员会委员22名、候补委员5名、书记1名、副书记1名。

1990年12月,召开共青团新浦区第六次代表大会。大会审议和通过马秀荣代表共青团新浦区第五届委员会所做的《坚定信念,开拓进取,为我区两个文明建设贡献青春》的工作报告,选举产生了共青团新浦区第六届委员会委员19名、候补委员5名、常委7名、书记1名。

1993年7月,召开共青团新浦区第七次代表大会。大会审议和通过吴杰代表共青团新浦区第六届委员会所做的《振奋精神,锐意进取,为推动全区共青团工作再上新台阶而努力奋斗》的工作报告,并选举产生共青团新浦区第七届委员会委员18名、候补委员3名、常委6名、书记1名、副书记1名。

1997年1月,召开共青团新浦区第八次代表大会。大会审议和通过郭红兵代表共青团新浦区第七届委员会所做的《坚定信念,团结拼搏,为新浦区改革开放和现代化建设再立新功》的工作报告,并选举产生共青团新浦区第八届委员会委员19名、候补委员6名、常委7名、书记1名、副书记1名。

2002年3月,召开共青团新浦区第九次代表大会。大会审议和通过房忠涛代表共青团新浦区第八届委员会所做的《坚定与时俱进,不断开拓创新,努力开拓新浦区共青团和青年工作新局面》的工作报告,并选举产生共青团新浦区第九届委员会委员24名、候补委员7名、常委8名、书记1名、副书记1名。

至2005年,共召开9次代表大会。当年底,全区有27个基层团委、11个团总支、276个团支部、8558名团员,团员占青年数的35.8%。

1958~2005年部分年份新浦区共青团员统计表

表24-1 单位:人

年份	青年总数	团员总数	发展团员数	超龄离团数	团员入党数	转入团员数	受处分人数	备注
1958	1872	531	54	11	10	—	7	青年数不含25周岁以下团员数
1959	2339	628	222	26	7	—	4	
1961	1428	527	—	—	—	—	—	
1965	2035	685	224	39	—	—	3	
1972	1731	670	28	32	3	—	—	
1973	2946	740	287	166	11	—	—	
1974	3482	771	106	40	—	—	—	
1975	1918	821	58	52	3	—	—	
1976	1463	904	121	92	6	—	—	
1977	1512	879	99	62	10	—	—	
1978	—	504	97	74	9	—	—	
1979	3696	320	31	55	1	—	—	
1980	4074	433	62	37	1	—	—	
1981	2815	494	39	78	3	—	—	
1982	4116	565	87	46	—	—	—	

续表 24－1　　　　　　　　　　　　　　　　　　　　　　　　　　单位:人

年份	青年总数	团员总数	发展团员数	超龄离团数	团员入党数	转入团员数	受处分人数	备注
1983	11110	3671	244	469	8	—	—	新海区
1984	27471	5917	1054	318	5	—	—	新海区
1985	27072	5738	1309	496	31	—	—	新海区
1987	9356	2344	755	127	21	280	778	
1988	11569	2436	334	30	9	588	782	
1989	10715	2557	858	74	3	301	799	
1990	8877	2579	732	37	5	280	884	
1991	8766	2650	820	90	20	—	—	
1992	9150	3309	760	120	35	—	—	
1993	9665	2982	860	203	32	—	—	
1994	8995	2863	820	239	20	—	—	
1995	8826	2901	590	248	40	—	—	
1996	8695	3052	634	35	12	—	7	
1997	8848	3699	909	113	22	—	—	
1998	9388	3852	1135	38	20	—	1	
1999	10562	4210	1010	52	35	—	—	
2000	12123	4521	1129	80	53	—	—	
2001	13178	5016	738	257	27	226	—	
2002	13256	5628	1205	156	46	—	—	
2003	13891	6019	1352	263	48	—	—	
2004	14258	6828	1476	514	54	452	—	
2005	15378	8558	838	357	37	226	—	

附 24－2:三民主义青年团东海县区分部

民国 34 年(1945),三民主义青年团(简称“三青团”)江苏支团东海分团在新浦成立。至国民党党团合并前,新浦有三青团区队部 4 个,分队部 24 个,团员 318 名。三青团曾组织团员配合军、警站岗,盘查行人,搜集解放区情报。民国 37(1948)11 月 7 日,新浦解放后,该组织被取缔。

附 24－3:“红卫兵”

1966 年 8 月 29 日,红卫中学(“文化大革命”中,“造反派”将新海中学改称“红卫中学”)“毛泽东主义红卫兵”成立。随后,新浦地区各中学、中等专业学校的红卫兵组织相继成立,组织开展“四大”(大鸣、大放、大辩论、大字报),红卫中学毛泽东主义红卫兵贴出《炮轰市委》大字报后,辩论成风,继而“停课闹革命”。1967 年 1 月 25 日后,部分红卫兵参与“夺权”、武斗。

1978 年 9 月,红卫兵组织取消。

第二节 少年团体

一、中国少年儿童队

1949 年 11 月,新海连市第三完小(今建国路小学)建立中国少年儿童队(简称"儿童队")组织,设两个大队,8 个中队,38 个小队。1950 年,新浦地区各小学陆续建立儿童队。

二、中国少年先锋队

1953 年,各校中国少年儿童队改称中国少年先锋队(简称少先队),校设大队,班级设中队、小队。

1959 年,召开中国少年先锋队新浦区第一次代表大会(简称区少代会)。

"文化大革命"期间,少先队停止活动。

1978 年,恢复少先队组织。1980 年,实行年满 6 周岁入学儿童,全部入队。

1985 年,加强队务建设,各校大队部设立队室,建设队的活动阵地。1986 年,开始任命学校副主任级大队辅导员。

1988 年,召开第二次区少代会。至 1990 年,全区共有 16 个少先队大队部、中队部被评为全国红旗中队、大队,12 名大队辅导员被任命为副主任级辅导员。30 名大、中队辅导员,近 10 名少先队员受到全国、省、市级表彰。4 名少先队员先后当选为市级十佳金星少先队员。

至 2005 年,全区共有 28 个少先队大队部、中队部被评为全国红旗大队、中队;120 名大队辅导员、中队辅导员、430 名少先队员受到全国、省、市级表彰。

附 24-4:中国童子军

20 世纪 30 年代中期,新浦地区的小学校中有中国童子军(简称童子军)组织。日军侵占期间停止活动。民国 35 年(1946)恢复活动,以校为单位设童子军团,下设大、中、小队。童子军对其成员进行队列操练、结绳、旗语、侦查、救护、炊事、露营等军事训练和纪律、礼节等政治训练。

童子军身着统一制服,脖上系由蓝白两片三角形拼成的正方形的领巾,手持长 5 市尺、上有市制刻度的木制童子军棍,以作操练器械、露营搭帐篷、测量、自卫之用。

民国 37 年(1948)11 月 7 日,新浦解放,该组织不复存在。

附 24-5:"红小兵"

"文化大革命"初期,新浦区各小学校先后成立"红小兵"组织,实行军事编制。学校设红小兵团,年级设连,教学班设排,排下设班。红小兵有时参加"造反派"组织活动。军宣队、工宣队、贫宣队进驻各校后,先后组织红小兵学工、学农,进行军训。1978 年被取消。

第三节 青少年工作

一、思想组织建设

1949 年夏秋,新浦地区青年团组织成立之后,即通过各种形式对广大团员、青年进行新民主主义和爱国主义教育,教育青少年热爱新中国,并结合支援解放战争、抗美援朝运动等在青年中开展爱国主义教育。1950 年,城区各级团组织,动员团员、青年参加修筑解放路义务劳动。

1951 年春,新浦地区青年学生积极投入抗美援朝宣传活动,人人给最可爱的人——中国人民志愿军写慰问信,寄慰问品;青年职工、农民积极投入增产节约运动,以实际行动支援抗美援朝。1953 年,在城乡青年中广泛开展以爱祖国、爱人民、爱科学、爱劳动、爱护公共财物为内容的"五爱"教育。1956 年,农业合作化后,夏秋农忙季节,区各级团组织动员组织青年职工、学生自带干粮到沈圩、临洪农业社参加夏收、秋收;冬春参加送肥下乡、打蝗虫等活动。1957 年秋,城区 21 名中小学毕业生,响应党的号召,到海州区新星农业社参加农业生产劳动,以实际行动支援农业生产。1959 年,组织青少年投入以除"四害"(苍蝇、蚊子、老鼠、麻雀)为内容的爱国卫生运动。

党的十一届三中全会后,团区委在全区团员和青少年中重新加强"五爱"教育。1985 年起,全区开展第一个五年普法教育,团区委发动各级团组织组织团员青年投入普及法律知识教育。全区青少年普法对象 33502 人,参加"十法一例"学习的普及率达 93.3%。此后,在全区每个五年普法教育中,全区各级团组织均组织团员青年参加学习。1986 年,团区委在全区团员青年中开展以"争当促进社会风气明显好转先锋、争当振兴全区经济先锋、争当提高团组织战斗力先锋"为内容的"三争"活动,对青少年加强形势教育、社会公德教育和职业道德教育、法律知识教育。1987 年,在全区各级团组织中举办"接过'五四'火炬,让团徽在城区闪光"活动周。先后开展"把春风送进老人心坎"、"为革命前辈送温暖"、"文明中学生"、"用青春的智慧为社会服务"等活动和"青春多美好"演讲会、"今日来相会"联欢晚会,激励团员青年继承"五四"光荣传统,在两个文明建设中发挥突击队作用。期间,在团员、青年中广泛开展坚持四项基本原则教育,举办"中国近代史"知识竞赛活动。当年,还在全区基层团组织中开展"达标、创先、争优"活动,加强基层团组织的建设。1988 年,团区委采取举办"学习十三大精神团干读书班"、组织"青年朋友座谈对话小分队"、举办"学习十三大文件信息发布会"等活动,在全区团员、青年中宣传贯彻落实党的十三大精神。1989 年,团区委在团员青年中开展"国情与使命"青年读书实践思想教育活动,引导青年立足岗位,建功立业。同时,团区委与区文教局、区少年儿童工作委员会一道,在当年"六一"期间,开展"创文明中队、做文明少年"活动,涌现出解放路小学三(3)中队、站北小学大队等 25 个文明队集体和 75 名文明少年、24 名优秀辅导员。

20 世纪 90 年代,在团员青年中开展以学习近代史、现代史和基本国情为内容的"两史一情"教育。围绕迎接香港回归,开展爱国主义教育系列活动。1994 年 3 月,针对社会上青少年犯罪人数居高不下的情况,团区委与区委宣传部、区社会治安综合治理委员会、区司法局、区文教局等部门共同制定下发《关于加强全区青少年法制教育工作的意见》,在青少年中进行以自理、自学、自律、自护、自强为内容的"五自"教育活动,增强青少年的法制观念。2000 年,团区委坚持以党的建设带动团的建设,通过各级团校、政校、广播站、晨会、队会对青年进行"双思"、"四新"教育和形势政策、社情区情教育。形成家庭、学校、社会三位一体教育网络。

2001 年,在团员青年中开展"崇尚科学、抵制邪教"活动,组织中小学生收看"崇尚科学,抵制邪教"宣传教育片。同时,举办"我们爱科学"各类讲座活动,对儿童少年进行爱国主义教育。

2002 年,全区各基层团委采取组织各种学习小组的方式,深入开展爱国主义、社会主义、集体主义教育。围绕纪念建团 80 周年,在团员青年中进行"紧跟党走,学习贯彻十六大精神"等专题学习研讨交流。团区委还与区教育局、区关心下一代工作委员会(简称区关工委)联系,以"两史一情"教育为主要内容,举办知识竞赛,成立"新浦区关心下一代报告团",请专家、学者、老干部对青少年进行爱国主义、乡史乡情、思想美德、革命传统教育。同时，抓好团干思想教育，举办团干培训班，采取以会代训等方式培训基层团干300人次，选派8名基层团委书记参加省团委培训班。做好组织发展工作，当年发展新团员738名。

2003年11月，团区委继续与区关工委、区教育局联手，在全区青少年中开展党的十六大精神宣讲活动，受教者达63541人次。同时，对全区基层团组织进行调整，调配5名街道和直属团委书记。加大社区团组织建设，到年底，全区72个社区全部建立团组织。非公经济组织中建团工作逐步展开。年内，市倾城商贸有限公司、连云港小红花幼儿园、新浦区陇海商业步行街中城物业管理有限公司、连云港皓宇贸易有限公司等30余家非公经济组织先后成立了团组织。

2004年，团区委贯彻落实中共中央、国务院《关于进一步加强和改进未成年人思想道德教育若干意见》，先后举行纪念"五四"运动85周年系列活动、组织青少年参与"支持美猴王申吉"活动，举办"庆国庆青少年书画展"等活动。10月，在陇海商业步行街举行爱国主义教育基地授牌仪式。

2005年初开始，团区委以团干部、青年骨干为重点，通过读书会、演讲会、知识竞赛等活动，把学习党的十六大、十六届三中全会、四中全会精神和"三个代表"重要思想活动，不断引向深入。向全区团员青年发出《永葆先进性、青春映党旗》倡议书，带领大家以实际行动为"两个率先"做贡献，为党旗增光辉。同时，团区委还从延伸团的工作手臂，凝聚、服务青年方面进行有益的探索，在各街道开展建设城市青年中心试点，整合社会资源，立足辖区内青年需求和市场，有针对性的建立"读书俱乐部""青少年健身中心""放心网吧"等系列青少年活动场所，以无偿服务为主、有偿服务和无偿服务相结合为辖区青少年提供服务。当年9月20日，团区委被团中央确定为"全国青年中心建设先进市、县、区创建单位"。至年底，全区6个街道青年中心全部建成。

二、待业青年教育管理工作

1991年起，团区委针对社会上待业青年增多的实际情况，制定《关于加强待业青年教育管理工作意见》，并在市东街道进行试点，摸索经验。当年底，团中央向全国团组织推广新浦区团委做好街道待业青年教育管理工作的做法。次年，团区委向全区各级团组织推广市东街道试点经验，并具体出台《新浦区街道共青团工作条例》《待业青年团员管理暂行办法》和《关于加强街道待业青年教育管理的意见》。各街道团组织从建团入手，先后建立待业青年团支部，健全制度，建立待业青年档案。通过团支部对待业青年进行思想道德教育和法制教育，并组织文化培训，举办美容、裁剪、理发、电器修理等培训班，增强待业青年自谋职业能力。当年9月23日，省团委在新浦区召开首次城区共青团工作研讨会，推广新浦区街道团组织加强待业青年教育管理工作的经验。新浦区团委还作为江苏省唯一代表参加团中央在贵阳召开的全国城区街道共青团工作会议，并在会上作专题发言。同时，团区委在全区团组织中全面实施"组织建设三年工程"，开展"合格团委""合格团支部"建设和"争先创优"活动。至1993年，全区有47个基层团委、团(总)支部被评为"先进集体"、83人被评为"优秀团干""优秀团员"。其中，有2人被团省委授予"新长征突击手"称号、1人被团省委授予"八五"立功标兵称号。团区委被团市委授予"先进团委"称号。此后，该项工作成为街道团组织的一项正常工作。

三、儿童少年工作

解放后，党和人民政府即着手做好少年儿童工作，在组织学校恢复教学工作，让儿童尽快入学上课同时，于1949年11月开始，在小学校建立少年儿童队，通过发展队员引导儿童积极上进。1953年起，各校少先队组织在儿童少年中加强“五爱”教育，引导儿童好好学习。

1963 年 3 月 5 日，毛泽东主席发出“向雷锋同志学习”号召后，团区委及各校少先队即组织学生开展“学习雷锋好榜样，争做雷锋式好少年”活动。此后，不断地把学雷锋与学习英模人物事迹结合起来。党的十一届三中全会后，全区各学校、少先队组织重新加强“五爱”教育。

20 世纪 80 年代起，组织儿童少年投入“文明礼貌月”活动、争创“十佳少年”活动、文明创建活动和五年普及法律常识教育活动。在 1986～1990 年全区第一个五年普法教育中，全区城区中 21126 名小学生，全面受到教育。每年暑假期间，团区委均与区教育部门一道举办各种类型的夏令营活动。90 年代，针对社会上下岗职工多的情况，还专门组织下岗职工子女夏令营。在少先队员中开展“手拉手献爱心”、“手拉手帮困解难”活动，帮助特困学生解决困难，完成学业，增强儿童少年团结友爱精神。1991 年 2 月，解放路小学少先队大队辅导员万维龙、建国路小学少先队大队辅导员颜世龙，被全国少工委授予“全国学赖宁活动优秀辅导员”称号。1992 年起，大村小学创办少年军校，一直坚持年年开办（2004 年 4 月，被省军区政治部和团省委授予省“优秀少年军校”称号）。1993 年，在全区小学生中开展“争当金星少年”“争当雷锋式好少年，为港城添光彩活动”。1991～1993 年，全区有 26 个少先队组织、60 名少先队员和 14 名少先队辅导员先后受到全国、省和市团组织表彰。

1996 年，团区委在全区少先队员组织中全面启动“雏鹰技能争奖达标活动”，发动各校少先队进一步开展“手拉手红领巾助残活动”。各校少先队都组织少先队员为周边社区的残疾人、五保老人提供服务。当年，解放路小学少先队大队被授予全国“雏鹰红旗大队”称号。新浦区“雏鹰训练营”被团中央和全国少工委授予“雏鹰行动达标基地”称号。被团省委、省少工委、省青少年基金会授予“江苏省手拉手活动先进学校”和“省雏鹰大队”称号。

图 24－1　新浦区在全区儿童少年中开展小公民道德教育宣传活动。图为儿童上街宣传情景

1997 年，在全区少先队组织中广泛开展“手拉手献爱心”活动和“雏鹰技能奖章争章达标”活动，激发少年儿童争先积极性。当年，为 215 名特困生捐助学资金近 3 万元。在争章达标活动中，有 5 所小学获市“少先队基础建设合格校”称号，5 名小学校长被授予“热心少先队事业好校长”，9 名队员被评为市“优秀少先队员”，其中 1 人进入“港城十佳金星少年”行列。1998 年 10 月 20 日，团市委在新浦区召开全市“雏鹰技能奖章争章达标”活动现场会，参观了通灌路、建宁、浦西和民主等小学校。年内，全区 20 多所小学与近百名社会孤老和烈军属结对帮扶，定期上门服务。1999 年 6 月，大村小学少先队大队被授予全国“红旗大队”称号。

2000 年，以家庭学校共建、暑期青少年教育为载体，并形成家庭、学校、社会三位一体的教育活动网络。建成青少年社会实践基地雏鹰训练营、雏鹰德育教育基地、雏鹰艺术基地。当年 6 月上旬，新浦区被国务院妇女儿童工作委员会授予“全国儿童少年工作先进区”称号。

2001 年，在优秀少先队员中开展“新世纪我能行”活动。团区委会同区教育局组织 130 名多名学生参加市“红领巾我能行”训练，组织近百名学生参加市“科技夏令营”。团区委与区教育局共同举办“新世纪我能行”体验教育活动图片展和征文活动，纪念少先队建队 52 周年。当年底，新浦区被命名为省“实施妇女儿童‘十五规划’示范区”。

2004 年，全区各级少先队组织开展“民族精神代代传”“手拉手”“雏鹰争章”等特色活动。各校团、队组织开展“追求无限、师爱永恒”、“老师您辛苦了”等主题活动，丰富儿童少年文化生活，展示儿童少年个性风采。在“红领巾读书读报”征文活动中，1 名学生获省一等奖、5 名学生获省三等奖。“六一”儿童节期间，有 4 名少先队辅导员被评为省优秀辅导员，5 所学校被评为市红旗大队，6 所学校被评为市红旗中队，3 个中队被命名为“李四光中队”。

2005 年，团区委与市少年儿童图书馆联系，定期免费向儿童少年开放。民主社区团支部成立“心理辅导室”，设立热线电话，为青少年提供心理咨询和辅导。各级少先队组织坚持“一手抓建设，一手抓活动”，以体验教育为基本途径，加强儿童少年思想道德建设。年内，大村小学教师李正军被评为市“十佳辅导员”；解放路小学、建宁小学各有一名少先队员被评为市“十佳金星少年”，有 9 名辅导员被评为市“优秀辅导员”、29 名学生被评为市“优秀少先队员”。

第三章　妇女团体

第一节　新浦区妇女联合会

1948 年 11 月，新浦地区的新华、新龙、民主、通灌四 4 个均成立民主妇女联合会，负责人称“妇会长”。次年 3 月，调整为新华、新龙、民主 3 个区民主妇女联合会。

1951 年 8 月，新华、新龙、民主 3 区合并，设立龙尾、盐河两区，同时成立龙尾、盐河两区民主妇女联合会。

1955 年 11 月，龙尾、盐河两区合并为新浦区，即成立新浦区民主妇女联合会。

1957 年 9 月，新浦区民主妇女联合会改称新浦区妇女联合会，“妇会长”改称妇联主任。

1983 年 6 月，新浦、海州两区合并为新海区，建立新海区妇女联合会。

1986 年 6 月，新海区分为新浦、海州两区，新浦区建立妇女联合会。

1994 年 7 月起，妇女联合会主任、副主任改称为妇联主席、副主席。

第二节　妇女代表大会

1953 年 12 月 9 日，盐河区、龙尾区同时召开第一届妇女代表大会，出席会议代表 70 名。

1955 年 12 月，召开新浦区第二届妇女代表大会。出席会议代表 76 名。

1957 年 11 月 10 日，召开新浦区第三届妇女代表大会。出席会议代表 82 名。

1959 年 10 月，召开新浦区第四届妇女代表大会。出席会议代表 88 人，大会选举产生新浦区妇联新一届执行委员会委员。

1962 年 1 月 26 日，召开新浦区第五届妇女代表大会。出席会议代表 102 名。选举产生执委 25 名，常委4名,主任1人。

1973年8月,召开新浦区第六届妇女代表大会。出席会议代表176名。选举产生执委23名,常委9名,主任1人,副主任2人。

1978年7月,召开新浦区第七届妇女代表大会。出席会议代表186名,产生执委23名,常委9名,主任1人,副主任2人。

1983年6月,新浦、海州两区合并成立新海区,同时以原有两区妇女联合会成员组建新海区妇女联合会。

1984年10月,召开新海区第八届妇女代表大会,出席会议代表220名,产生执委29名,常委9名,主任1人,副主任1人。

1987年9月24日,召开新浦区第九届妇女代表大会。出席会议代表135名。会上宋玉珍作题为《奋发图强勇于改革不断开创我区妇女工作新局面》的工作报告。大会选举产生执委23名,常委9名,主任1人,副主任1人。

1992年9月29日,召开新浦区第十届妇女代表大会。出席会议代表157名。会上宋玉珍作题为《抓住机遇乘势而上把我区妇女工作提高到一个新水平》的工作报告。大会选举产生执委27名,常委11名,主任1人,副主任2人。

2002年6月20日,召开新浦区第十一届妇女代表大会。出席会议代表156名。会上郭萍作题为《与时俱进开拓创新团结动员广大妇女为实现"富民强区"宏伟目标而努力奋斗》的工作报告。大会选举产生执委25名,常委7名,主席1人,副主席1人。

2005年新浦区基层妇女组织概况表

表24-2

名称	成立时间	备注
新浦区花果山乡妇女联合会	2001年11月	1948年底,花果山地区各乡即成立妇女组织,始称"妇救会"。1958年10月,改称"大队妇联"。1961年6月,成立云台公社妇女联合会。1983年更名为云台区花果山乡妇女联合会。2001年11月,划入新浦区
新浦区宁海乡妇女联合会	2005年6月	1949年6月,域内两个乡建立妇女联合会,后属灌云县云台公社妇联。1966年,成立新河公社妇女联合会。1983年,更名为宁海乡妇女联合会。2005年6月,划入新浦区
新浦区云台乡妇女联合会	2001年11月	1948年底,云台地区各乡即成立"妇救会"。1958年11月,成立云台公社妇女联合会。1983年4月,更名为云台区云台乡妇女联合会。2001年11月,划入新浦区
新浦区南城镇妇女联合会	2001年11月	1948年底,即成立南城区"妇救会"。1958年,改称南城区妇女联合会,同年7月,改为云台人民公社妇女联合会。1966年8月,更名为南城镇妇女联合会。1983年从灌云县划归连云港市云台区。2001年11月,划入新浦区
新浦区浦东街道妇女联合会	1976年	
新浦区浦西街道妇女联合会	1987年	
新浦区路南街道妇女联合会	1989年	
新浦区新海街道妇女联合会	1999年	
新浦区新东街道妇女联合会	1999年	
新浦区新南街道妇女联合会	1999年	

第三节　妇女工作

20 世纪 50 年代中期起，区妇联在全区妇女中广泛宣传“勤俭持家、勤俭建国”方针，开展以家庭邻里团结互助好、教育子女好、勤俭持家好、清洁卫生好、努力学习好为内容的“五好”竞赛活动。城区数百名家庭妇女走出家门，到街道或居委会兴办工厂，开展补洗、缝纫、做鞋、磨面等项服务。同时，区妇联发动广大妇女投入爱国卫生运动，参与社会治安管理。农村妇女组织带领广大农村妇女投入农业互助合作运动，参加农业生产。1958 年冬，云台公社妇联发动全公社妇女参加水利建设，以妇女为主力开挖了 1 条长 15 千米、宽 30 ~ 40 米的河道，被命名为“妇联河”。

“文化大革命”开始后，全区妇女工作一度中断。

1971 年，新浦区首次开展妇女病普查普治工作。1974 年，市妇联在民主街居民委员会南极路 69 号大院进行建设“向阳院”的试点工作。1976 年，在全区开展建设“向阳院”活动，并以此为基地加强对中、小学生校外教育。1979 年起，开展以遵纪守法好、努力学习好、勤奋工作好、家庭和睦邻里团结好、文明生活习惯好、计划生育好为内容的“五好家庭”评选活动。

1984 年起，区妇联动员全区妇女投入改革开放。当年评选“五好”家庭 3558 户，“五好”个人 371 人。其中有 100 户出席了市“五好家庭”表彰会。1987 年起，区妇联组织广大妇女参与厂街共建社会主义精神文明活动。1989 年 9 月 21 日，区妇联与区民政局、计划生育委员会联合创办新浦区新婚夫妇学校，至 1990 年底共办 29 期，培训学员 3600 人。1990 年，成立新浦区妇女干部联谊会，开展家庭运动会、家庭赛诗会、家庭同乐会、婆媳对夸会以及家庭书画、摄影等活动。

1991 年 5 月，市委宣传部、市妇联在新浦区召开家庭文化建设现场会。1992 年 3 月，举办“新浦区首期妇女干部培训班”。1993 年 5 月，对新浦地区女职工乳腺疾病进行普查。8 月 16 ~ 22 日，新浦区举办首届“家庭文化建设活动周”。1997 年 5 月 10 日，新浦区召开首届五好家长表彰暨年轻妈妈读书经验交流会。2000 年，全区各级妇女组织坚持“一手抓发展，一手抓维权”，全面实施“女性素质”“巾帼家政”“家庭文明”“扶贫助困”“巾帼维权”5 大工程。当年，为 500 名下岗女工再就业提供信息、就业等服务，并安置 354 名下岗女工再就业。5000 多名妇女参加“巾帼文明示范岗”争创活动，由 200 人争创达标。通灌路小学被评为市“巾帼建功”先进集体。新浦区被国务院授予“全国儿童少年工作先进区”称号。

2001 年，全区各级妇女组织深化“双学双比”（学文化、学技术，比成绩、比贡献）、“巾帼建功”、“五好文明家庭”3 项主题活动，积极参与“十五”规划的制定和实施。为 156 名下岗女工提供再就业岗位，介绍 71 名妇女从事家政服务。帮助 48 名妇女外出从事劳务服务。当年，全区妇女儿童工作被评为省先进单位，同时被命名为省实施妇女儿童“十五规划”示范区。连海路小学副校长周明被评为市“巾帼建功十大女杰”；新浦工商分局龙河巡查监督组被授予市“巾帼文明示范岗”称号。当年 7 月下旬，全区第一家社区妇女联合会——海宁社区妇女联合会成立。

2002 年，全区各级妇女在下岗女工中组织开展“巾帼创新业”活动，激励下岗女工自主创业；组织失足妇女学习有关法律法规，鼓励她们树立自尊、自强意识，并帮助她们解决生活中的实际困难；在社区和农村妇女中广泛宣传省劳模、全国城市美容师李学梅的先进事迹，调动广大妇女投身改革开放和社会主义精神文明建设积极性。当年，全区评出“五好文明家庭”66356户、“标兵户”5550户。年内，全区各级妇联帮助1060下岗女工再就业。区妇联在市妇联目标考核中被评为先进单位。妇女创新业典型人物王德芹被省妇联授予“巾帼创新业带头人”称号。

2003年，全区各级妇女组织坚持以发展为主题，推动“十五”妇女、儿童两个规划实施，为全区妇女儿童服务。当年3月4日，市妇联在新南街道试点设立的“家庭暴力投诉中心”揭牌。5月4日，区妇联和区总工会、区团委发表公开信，号召全区妇女、青少年共筑抗击“非典”的社会和家庭防线。同月29日，区妇联和区机关工委、区劳动人事局联合发出《致全区机关党员干部一封信》，在全区机关干部中开展“6+1”爱心互助活动。当年，依托区妇联阿姨服务中心，帮助300多名下岗女工再就业。广泛开展小公民道德教育进社区活动，并在贾圩社区试点，建立“少年爱心小分队”“红领巾书社”，加强小公民道德教育。当年，贾圩社区爱心小分队、海宁中学护绿天使小分队、解放路小学少年交警队、晨辉幼儿园小分队均受到市妇联表彰。创新业先进人物王德芹被省妇联命名为“再就业明星”，被市政府命名为“再就业明星”。妇联华联健身队荣获全国妇联、国家体育总局“巾帼文明健身队”称号，区妇联荣获省妇联系统维权工作先进集体称号，获市妇联目标管理考核一等奖和市妇联2003年度重点工作奖。

2004年，全区各级妇女组织抓住妇女事业发展、维护妇女权益两条主线，团结动员广大妇女以创业、创造、创新的精神投身“全民创业”活动，开创了新浦区妇女工作的新局面。通过“6+1”爱心互助活动，帮助400多名下岗女工再就业；培训家政服务人员90多人，缓解了家政服务人员不足矛盾。同时，在陇海商业步行街开展争创“巾帼文明示范店”活动，命名陇海商业步行街为“巾帼文明示范街”。年内，农村妇女劳动力转移工作取得明显成效，全区有800多名农村妇女离乡外出务工致富。当年，区妇联荣获市妇联目标考核一等奖；被评为全区2004年度经济建设和社会发展目标考核优秀服务单位。同年12月20日，新浦区家教研究会成立。

2005年3月5日，区妇联召开纪念“三八”妇女节暨优秀女党员先进事迹报告会。表彰8个“巾帼文明社区”、5个“巾帼文明示范店”、6个“文明楼院”、20个“五好文明家庭”。与区总工会、团委、科协、关工委、工商联联合开展“为民服务百件大事”活动。5月27日，区妇联召开“做教子有方合格母亲”的家庭教育经验交流表彰会。会上，给10位“教子有方合格母亲”颁发了荣誉证书。10月，成立了新浦区女企业家联谊会，为女企业家施展才华搭建舞台。区妇联、区家庭教育研究会还在全区开展“双合格”活动、“家庭教育社区行”活动和“社会妈妈”活动等，取得了显著成效。同时，在各乡推进“巾帼科技致富工程”开展，培训苗圃、茶叶、淡水养殖等方面妇女科技致富带头人50人，建立花果山乡“三八茶园”、宁海乡“无籽西瓜”等示范基地。当年又有500多名妇女劳力外出务工。海宁中学被评为全国示范家长学校。区妇联被省妇联表彰为优秀妇联组织和“四五”普法先进单位。

附24－6：东海县妇女协会

民国17年(1928)初，东海县成立妇女协会，在新浦妇女界开展禁止缠足，实行天足等反封建活动。民国28年(1939)日本侵略军侵占新浦后解散。

民国35年(1946)9月，东海县妇女协会在新浦重新成立，会员百余人。次年，会员发展至1240人。新浦解放时解散。

第四章　工商团体

第一节　东海县商会

东海县商会原名海州商会，成立于清光绪三十年(1904)。首任会长殷克勤。会所设于海州。后改称东海县商会。

民国元年(1912)，新浦商界刘振殿、刘振基在新浦天后宫东侧建商会会所5间。民国6年(1917)，东海县商会在新浦设立新浦商会事务所，所长殷维盘。事务所设于天后宫东侧。

民国13年(1924)5月15日，东海县商会改选，沈仲长当选会长，刘振殿当选副会长。次年，东海县商会由海州迁至新浦天后宫内，后迁至新浦新马路(解放中路)交通旅社内。

民国15年(1926)，东海县商会改组，成立董事会、理事会。次年，东海县商会更名为东海县商民会，高野樵任会长。不久，东海县商民会又更名为东海县商会，下设7个商业同业公会。

民国19年(1930)12月，东海县商会改组，徐敬甫当选商会主席。次年夏，周砚伯任商会主席。民国25年(1936)12月，李实甫当选商会主席。

日军侵占时期，东海县商会停止活动。

抗战胜利后，民国35年(1946)3月，东海县商会重建，在新浦召开一届一次代表大会，选举产生理事、监事各若干人，李岐嵩当选理事长。商会下设14个商业同业公会，共有会员506人。

民国36年(1947)，东海县商会下设同业公会26个，会员1107人。同年6月，东海县商会加入江苏省商联会。

民国37年(1948)10月底，商会下设布业、鞋靴制革、汽车、杂货、粮食输出、五金电料、烟酒、鲜果、粮食、百货、照相、油业、银楼、钟表、新药、国药、畜产、银行、菜馆、油坊、浴池、教育用品、印刷等24个同业公会，会员户754户，其中，新浦会员户669户。各商业同业公会设总务、财务、调查、仲裁4个股，为会员服务。

民国37年(1948)11月7日，新浦解放，东海县商会自行解散。

第二节　新浦区工商业联合会

一、区工商联

1952年6月23日至25日，新海连市工商业联合会第一次会员代表大会在新浦召开，市工商业联合会正式成立。此后，新浦地区工商界活动由市工商业联合会统管。

1997年5月8日，新浦区工商业联合会(简称区工商联)在新浦召开成立大会，到会代表50名。大会选举产生了区工商业联合会第一届执委会和会长、副会长。

2001 年 12 月 31 日，新浦区工商业联合会第二届会员代表大会在新浦召开，到会代表 64 名。会议听取会长戴克大作的一届执委会工作报告，并选举产生区工商业联合会第二届执委会和会长、副会长。会议号召全区工商联组织及广大会员，开拓创新、与时俱进，为非公经济发展和富民强区做出贡献。

二、基层商会

2002 年 4 月 8 日，成立陇海商城商会。该商会为新浦区第一家行业商会，也是全市市场商会的首家试点单位。

2004 年 11 月 18 日，花果山乡商会正式成立。该商会为新浦区第一家基层商会。

2005 年 11 月 23 日，全区第二家基层商会——南城镇商会成立。

三、商会工作

1998 年，特大洪涝灾害期间，区工商联组织发动会员企业支援灾区人民抗洪，重建家园。市钢模板厂义捐价值 10 万元的钢模板、华裕公司义捐 1 万元人民币送往灾区。

1999 年 5 月，针对美国轰炸中国驻南斯拉夫使馆事件，区工商联在会员中开展“爱国、敬业”教育，激发广大会员爱国热情和民族责任感。2000 年，开展“入世离我们有多远”学习讨论活动，开设 WTO 知识讲座，提高广大会员增加有效投入的积极性。

2001 年，举办法律知识学习培训班，引导会员争当“遵纪守法企业主”。

2003 年，区工商联在全区工商业户中开展“弘扬‘三创’精神，加快崛起振兴”的主题教育活动，涌现出一批“创业之星”“创业带头人”。在抗“非典”期间，现代眼业出资 1 万元，购买防护眼镜，赠给抗“非典”一线医护人员。年内，民营企业家胡启旭、许健作为全市“三创之星”宣讲团成员在全市巡回演讲。区工商联还参与协调九龙房地产建筑纠纷案、国大公司劳动纠纷问题，协调小额贷款 30 万元用于解决民营企业的资金周转。当年，区工商联还在工商企业中开展“双关爱”活动，引导企业家关爱职工，职工关爱企业，倡导建立和谐稳定的新型劳动关系。

2004 年，区工商联邀请市规划局局长黄咏梅为民营企业大户讲解全区、全市规划，为民营企业家资金投向和选择经营场所提供重要依据。同时，加大与城管部门协调力度，简化民营企业户外广告审批程序，缩短审批时间，妥善处理苏宁、蓝天手机、文峰大世界等商家因户外广告与市区城管部门的矛盾。为会员提供法律咨询和援助，协助诉讼沈大型材厂合同受骗案。当年，九龙房地产公司出资 40 万元独家赞助省“花果山之春”联欢晚会，出资 10 万元资助“连云港 · 香港同乡联谊会”，出资 25 万元改造市民路。三禾置业公司出资 600 万元在新浦中学设立教育基金，用每年 16 万元的利息资助学校发展和贫困生就学。太阳雨公司向全区敬老院赠送价值 5 万元的太阳能热水器。连云港市宜尔杉有限公司向市语言培训中心捐赠价值 2 万元的聋哑助听设备。江苏豪力投资有限公司扶贫捐赠 1 万元。连云港市鸿国书城向市聋哑学校捐赠价值 2 万元的书籍。

2005 年，商会结合共产党员先进性教育，开展“为民服务百件实事”活动，为民营企业服务。民营企业进一步兴办“光彩事业”。年内，远东世界名品服饰有限公司向市心连心基金会捐赠 50 万元。九龙房地产向市慈善总会捐款 2 万元。人和科技公司捐资 20 万元新建光彩学校。亿家园房地产公司出资 12 万元资助贫困生。宜尔杉制衣公司出资 1 万元举办“宜尔杉杯”金秋戏曲演唱会，出资 1 万元修建花果山乡村道路，出资 0.5 万元资助特困生。文峰大世界出资 1 万元看望区内特困户。沈大型材厂出资 1

万元为社区添置办公设备。爱家楼酒楼赞助 0.5 万元举办拥军文艺演出。当年，还组织英迈酒业等民营企业参加省农洽会、省名特优农产品展销会，推荐真丰食品等 5 家外贸出口型企业参加“在线广交会”。开展商贸交流活动，组织九龙、福临门等多家企业赴香港、澳门地区参观考察。组织奥瑞特、环保器材等企业赴日本、韩国考察；组织倾城实业赴台湾等地招商。与市供水部门协调，解决在宋跳工业区的企业供水问题，维护企业正常生产秩序。协助奥瑞特木业有限公司、联成管线公司等 4 家企业做好中小企业海外市场开拓资金申报工作。开展金融服务，促进银企合作，推荐项目落实资金 5000 多万元。先后邀请区法院院长张大鹏及有关庭室负责人现场解答私营企业家提出的问题，并出台保护私营企业合法权益有关规定。同时，做好民营企业的维权融资、信息交流、政策咨询和法律服务工作。提供各类信息 50 余条，协调行政审批 5 件次，举办培训班两期，参加培训 80 余人。并与九龙房地产、怀宇房地产、人和公司、现代眼业、倾城公司、爱家楼大酒店、宜尔杉制衣公司等民营企业建立联系制度。

2002 ~ 2005 年新浦区市级先进民营企业及先进个人一览表

表 24 - 3

年份	单位	荣誉称号	先进个人
2002	连云港现代光学眼镜有限公司	全市外引内联工作贡献突出会员企业	
2003	江苏远华国际投资有限公司	全市外引内联工作贡献突出会员企业	
2003	连云港江浙民营工业园投资发展有限公司	全市外引内联工作贡献突出会员企业	
2003	连云港市九龙房地产开发有限公司	全市外引内联工作贡献突出会员企业	
2003	连云港文峰大世界商贸有限公司	全市外引内联工作贡献突出会员企业	
2003	连云港三禾置业有限公司	全市外引内联工作贡献突出会员企业	
2003	连云港市太阳雨热水器制造有限公司	发展项目先进会员企业	
2003	江苏君臣实业有限公司	发展项目先进会员企业	
2003	连云港市太阳雨热水器制造有限公司	支持抗击“非典”斗争先进会员企业	
2003	连云港市君臣实业发展有限公司	支持抗击“非典”斗争先进会员企业	
2003	连云港市现代光学眼镜有限公司	支持抗击“非典”斗争先进会员企业	
2003	连云港怀宇房地产开发有限公司	支持抗击“非典”斗争先进会员企业	
2003	连云港红星家具城	支持抗击“非典”斗争通报表扬会员企业	
2003	连云港光明眼镜有限公司	支持抗击“非典”斗争通报表扬会员企业	
2003	连云港市研磨厂	市优秀共产党员	朱立起
2004	市太阳雨热水器制造有限公司	江苏省优秀民营企业家	徐新建
2004	连云港市宜尔杉制衣有限公司总经理	市“下岗失业职工创业标兵”	刘德亮
2004	连云港君臣实业发展有限公司董事长	市“就业贡献大”的民营企业经营者	王新军
2004	连云港市太阳雨热水器制造有限公司董事长	市“带动作用大”民营企业经营者	徐新建
2004	连云港市倾城商贸有限公司董事长	市“带动作用大”民营企业经营者	许健
2004	连云港市宜尔杉制衣有限公司总经理	市“带动作用大”民营企业经营者	刘德亮

续表 24－3

年份	单位	荣誉称号	先进个人
2004	连云港君臣实业发展有限公司董事长	市“光彩之星”	王新军
2004	江苏太阳雨太阳能有限公司董事长	市“光彩之星”	徐新建
2004	江苏豪力投资有限公司董事长	市“光彩之星”	胡启旭
2005	江苏太阳雨太阳能有限公司董事长	市优强企业之星	徐新建
2005	连云港市研磨厂厂长	市优强企业之星	朱立启
2005	连云港顺安房地产开发有限公司	市民营企业优秀纳税大户	
2005	江苏太阳雨太阳能有限公司	市民营企业优秀纳税大户	
2005	连云港市研磨厂	市优秀民营企业	
2005	江苏华航建设集团有限公司	市优秀民营企业	
2005	江苏太阳雨太阳能有限公司	市优秀民营企业家	徐新建
2005	江苏君臣实业集团有限公司董事长	市优秀民营企业家	王新军
2005	江苏统万酿造有限公司董事长	市优秀民营企业家	邓文诚
2005	连云港远东世界名品服饰有限公司总经理	市“光彩之星”	陆峰
2005	连云港市九龙房地产开发有限公司董事长	市“光彩之星”	尤建霞
2005	连云港江浙民营工业园投资有限公司董事长	市“光彩之星”	林荣
2005	江苏太阳雨太阳能有限公司董事长	市“光彩之星”	徐新建
2005	连云港亿人城建有限公司董事长	市“光彩之星”	杨新能
2005	连云港浙江投资企业商会会长	市“光彩之星”	胡启旭
2005	连云港市研磨厂	项目发展先进会员企业	
2000～2005	连云港市沈大金属型材厂	市劳动模范	张永军
2000～2005	江苏豪力投资有限公司	市劳动模范	胡启旭
2000～2005	连云港市亿人城建开发有限公司	市劳动模范	杨新能
2005	连云港市九龙房地产开发有限公司	市民营企业纳税大户	
2005	江苏华航建设集团有限公司	市民营企业纳税大户	
2005	江苏豪力投资有限公司	市民营企业纳税大户	
2005	连云港市研磨厂	市民营企业纳税大户	
2005	连云港市新浦有机化工厂	市民营企业纳税大户	
2005	连云港市九龙房地产开发有限公司	市优秀社会主义事业建设者	尤建霞
2005	江苏太阳雨太阳能制造有限公司	市优秀社会主义事业建设者	徐新建
2005	连云港市宜尔杉制衣有限公司	市优秀社会主义事业建设者	刘德亮
2005	江苏太阳雨太阳能有限公司董事长	市优强企业之星	徐新建
2005	连云港市研磨厂厂长	市优强企业之星	朱立起

第三节　新浦区个体私营经济协会

一、机构

1983年1月5日，召开新浦区个体劳动者代表大会，成立新浦区个体劳动者协会（简称区个协），选举产生由主任1人、副主任2人，理事6人组成的第一届理事会。同年7月至1986年6月，改称新海区个体劳动者协会。

1986年7月27日，新浦区个体劳动者协会召开第二次代表大会，选举产生由9名理事组成的第二届理事会。

1989年1月26日，召开第三次代表大会，选举产生由会长1人、副会长2人、理事6人组成的第三届理事会。

1993年，成立路北、浦南、临洪3个基层个体劳动者协会。

1995年6月15日，成立新浦区私营企业协会，同时，召开新浦区私营企业第一届代表大会，选举会长、副会长、秘书长及理事会理事。同年3月28日，召开新浦区第五届个体劳动者代表大会。

1996年，召开新浦区个体劳动者第六次代表大会，共有代表65名与会。

2002年，召开新浦区个体私营经济第二次代表大会选举产生了新浦区个体私营经济第二届理事会会长、副会长和理事。

二、协会工作

1992年3月15日，40余名区个协会员走上街头为广大消费者服务。全年共组织义务服务14场，参加义务服务会员达250人次，优免费1200余元。“八一”建军节前夕，区个协副会长邱守柱自筹资金组织慰问团到前三岛慰问驻岛解放军。年内，区个协会员集资47330元，支持市广播电视中心建设，向市防洪保安基金捐款40000元，并为希望工程捐款2946元。当年，全区共评选和表彰先进个体工商户76名。1994年，路北分会组织1000余人自学有关法规，认购国库券15万元，帮助申办个体工商户406户。临洪分会4次组织会员学习培训，360余人参加学习。“六一”儿童节前后，区个协组织协会会员走上街头，为市民免费理发50余人次。路南分会举办4期法规班，194人参加学习，组织会员认购国库券7万元。1995年，区个协举办各种形式培训班、座谈会68期，会员教育普及率达90%以上。在普法教育中，全区近万名会员参加学习培训，其中1500名会员参与市个协组织的法律有奖竞赛。年内，区个协组织义务服务121场次，免费金额8430余元。协会会员主动认购国库券66.85万元。为城市运动会和城市道路建设捐款20万元。1996年，区个协先后举办各种形式培训班、座谈会65期，会员教育普及率85%以上。为个体工商户订发《个体经济报》52800份。举办法制教育学习班50余期，参学会员9000余人次。组织会员开展义务服务46场次，免费金额9000余元。年内还为市、区重点、热点工程捐款7170余元。浦南个体工商户、共产党员叶维强“八一”建军节期间个人购买1000余元的饮料、食品、书刊到警备区慰问官兵。临洪分会个体户捐款1310元于中秋节慰问孤寡老人和残疾人。路北分会个体户为贫困地区人员捐献衣服529件。路南分会会员到市福利院为孤寡老人和孤儿理发、洗衣服、打扫卫生，并自筹1000元资助福利院。1998年3月，对会员骨干50多人进行法律培训，区个协会长、副会长亲自到基层为2000多个体工商户授课，组织会员认真学习贯彻“十五大”精神。制定出台个体工商户“十要”和“十不准”规定，亮在醒目处接受社会监督。当年，参与拥军助教和各种公益赞助活动会员达1000人次。个协会员为洪涝灾区捐款捐物4万余元。同年6月13日，在市体育馆举办就业再就业洽谈会，7家私营企业招收下岗职工9人，个体工商户为55人提供就业岗位。同时，904名下岗职工领取了营业执照，安排摊位300个。1999年，叶伟强、曹华邓、纪克荣、杨朋英、王祖成、万延花、何新明、高中林、王从山、王兆华、马继春等11名个体工商户及连云港市新海助剂厂、连云港市清水泵厂等2家私营企业被评为1998年度区级“光彩之星”。2000年，协会组织会员学习、宣传党的“十五大”和十五届四中全会精神，宣传市委、市政府关于进一步加快个体私营经济发展的有关文件和《江苏省发展个体私营经济条例》。在会员中开展“户户讲道德，店店无假货”，争创“示范街、示范点”及五“十佳”（十佳会长、十佳行业组长、十佳工作人员、十佳发行员、十佳通讯员）竞赛活动。年内，授予屈红、孟秋屏、许惠珍、戚金成、吴昌文、沈学敏、杨朋英、殷玉兰、李良翠、钱红霞等10人“十佳行业组长”称号。授予张丕林、张举东、庄桂华、高中林、林同景、袁春兰、王宝珍、朱国富、蒋玉珍、曹华邓、徐建兰、马继春、王兆华等13名个体工商户及宋永强开办的私营企业为1999年度区级“光彩之星”。在市个体私营企业协会评比中，新浦区路北工作委员会会长郑华被评为“十佳会长”；孙玉兰、张丕林被评为“十佳行业组长”；徐桂芳被评为“十佳青年”；杨朋英被评为“十大女杰”；叶伟强、纪克荣、许永海、宋志标、陶洪良、王同山被评为“光彩之星”。叶伟强还被评为省级“光彩之星”。当年，会员为西部地区建“光彩水窖”活动捐款近3000元。

2001年，进一步开展诚信经营、“百城万店无假货”活动。当年宋志标、许永梅、蔡卫民、胡奇、张凤英等35户商户被命名为“户户讲道德，店店无假货”示范点。许永海被评为年度文明私营企业主，麻建平、仲光明、张举东、周烈飞（女）为文明个体工商户，张文成为十佳基层会长，孙树春、孙玉兰（女）为十佳会员组长。

2002年，区个体私营协会在会员中开展《公民道德建设实施纲要》教育活动，坚持优质服务，优惠服务、义务服务。叶伟强、宋志标等18名个体工商户和私营企业被评为区级“光彩之星”。同时，评出先进工委主任3人、基层会员组长12人、协会先进工作者4人。

2003年，区个体私营协会印发并组织会员学习《公民道德建设实施纲要》，在会员中广泛开展评先创优活动，全区共评选出“光彩之星”“三八红旗手”“纳税大户”“文明私营企业”和“十佳会长”“十佳工作人员”“十佳会员组长”“十佳通讯员”“户户讲道德，店店无假货”示范户等各类先进典型149名。

2004年至2005年，协会在全区开展调查研究，为私营个体经济创造宽松的发展环境，先后走访会员5000多户。同时，认真接待会员投诉，积极与政府和有关部门协调，维护会员权益。组织会员参与打击整治非法传销活动，教育广大会员和会员亲属不参与传销。命名新浦区爱家楼大酒店、连云港市新浦区东升木材加工厂、连云港市亚光眼镜店等18家企业和刘友君、朱海洪2户个体工商户被授予新浦区2002～2005年度“光彩之星”。

第五章　其他团体

第一节　贫下中农协会

解放后，境内云台地区即在农村建立“农救会”，设会长1人。农救会在中共共产党领导下，开展反霸斗争和生产自救。

新中国成立后，“农救会”更名为“农协会”，简称“农会”，云台地区农村的所有贫农皆为会员。其间，农会的主要工作，是对农民进行阶级教育、形势教育，开展减租减息运动。对个别顽抗减租的不法分子，发动群众进行斗争。1950 年底，开始土地改革运动，农会发动农民斗地主、分田地。1951 年 5 月，土地改革工作结束，农会响应党的号召和，依靠贫农、下中农，团结中农，按照“自愿结合、等价交换、民主管理”的原则，引导农民组织季节性互助组，继而形成常年互助组。在此基础上，开始试办初级农业合作社。1965 年 1 月，云台地区农村先后召开贫农、贫下中农代表会。各村农会进行重新整顿，成立“贫下中农协会”，简称“贫协”。“文化大革命”中，大多农村“贫协”被“造反派”夺权。1974 年，贫协陆续恢复活动。

1984 年 3 月，农村进行机构改革，“贫协”被撤销。

第二节　新浦区残疾人联合会

一、组织机构

1949 年，新海连特委会成立残疾人保障会。新浦地区残疾人事业归其管理。

1991 年 11 月 8 日，新浦区政府下发《关于成立新浦区残疾人联合会的通知》。确定区残疾人联合会（简称“区残联”）为副科级全民事业单位，由区民政局代管，编制 1 ~ 2 人。同月 23 日，新浦区第一次残疾人代表大会在临洪村招待所会议室召开，出席会议正式代表 40 名，其中残疾人代表 20 名，占总数 50%。大会选举产生名誉主席 1 人，主席 1 人，副主席 4 人，执行理事长 1 人。次年 1 月 24 日，成立新浦区残疾人工作领导小组，加强对残疾人事业领导。

1995 年 7 月 4 日，新浦区第二次残疾人代表大会在新浦区礼堂召开，出席会议代表 64 人，其中健全人 22 名，残疾人 25 名，特邀代表 17 人。大会选举产生新一届新浦区残联名誉主席 1 人、主席 1 人、副主席 4 人、执行理事长 1 人。同年 12 月 21 日新浦区残疾人工作领导小组更名为“新浦区残疾人工作协调委员会”。同月 30 日，区残联升格为正科（局）级，人员编制 2 人。

1998 年 3 月起，区残联在各街道组建残联机构。各街道残联理事长由 1 名街道办事处副主任兼任；残联助理由街道民政助理兼任。

1999 年 3 月 20 日，成立“新浦区残疾人劳动服务所”。该所为股级全民事业单位，编制 2 名，经费来源自筹，隶属新浦区残联领导。6 月，区政府调整街道区划，增设新海、新东、新南 3 个街道。2000 年 5 月，新海、新东、新南 3 个街道成立残疾人联合会（简称街道残联），并召开第一次残疾人代表大会，选举街道残联首届领导班子。

2002 年 10 月，新浦区花果山乡、云台乡、南城镇、猴嘴街道先后进行残联换届选举工作。

2003 年 7 月 16 日，召开新浦区第三次残疾人代表大会，出席会议代表 60 人，其中，残疾人代表 30 人。会议选举产生新一届主席团名誉主席 1 人、主席 1 人、执行理事长 1 人、副理事长 1 人。

2004 年，先后成立新浦区残疾人康复训练与服务工作领导小组和新浦区残疾人康复训练与技术指导小组。

二、残疾人工作

【就业安置】 1991年起，区残联配合区民政局共同加快社会福利企业的发展。1996年6月12日，区政府召开全区按比例安置残疾人就业工作会议。至当年底，全区兴办社会福利企业76家，安置435名有劳动能力的残疾人就业，安置率达94%。1998年，全区有劳动能力的残疾人5164人，已安置就业（含市属企事业和自谋职业）达4544人，就业率达88%。1999年，区政府下发《关于新浦区按比例安置残疾人就业办法的通知》，要求各单位按职工总数1.5%比例安置残疾人。否则，应按上年度职工年人均收入征收残疾人就业保障金。区残联当年征收残疾人就业保障金1万多元。

2002年，全区开展争创"无残疾人下岗"居委会活动。并将此纳入年终考核达标社区居委会的"一票否决"范围。各社区居委会，认真编制下岗残疾人花名册，根据残疾人的特长和专业技术，兴办工业、商业、修理业等企业，安置下岗残疾人再就业。至当年底，有32个社区安置373名下岗残疾人再就业。

2003年，区残联会同新浦税务分局、新浦工商分局为全区69名下岗残疾人办理《下岗职工再就业优惠证》。云台乡政府制定残疾人自谋职业优惠政策，规定残疾人办厂3年免税，用地、用水、用电只交成本费，不交附加费、手续费和管理费。当年底全区有1052名残疾人走上个体经营岗位，占全区有劳动能力的残疾人26.4%，总收入达740万元，人均年收入7000多元。同年，区残联为有一技之长的盲人开办按摩诊所14家。

2005年，区残联与新浦地税分局一道，在调查摸底辖区企业单位在职职工人数的基础上，由新浦地税分局按政策规定征收残疾人就业保障金40多万元。上交市、区财政局。

【扶贫助困】 1991年起，每年5月份第三个星期日的"全国助残日"期间，区残联都发动全区机关、学校及企事业单位干部、职工开展走访慰问残疾人活动，为他们送去粮、油和现金，帮助他们解决生活困难和子女入学入托问题。1995年12月29日，出租车司机李××由于疲劳驾驶，撞上拖拉机，造成3人死亡、3人致残。黄雁军等3位残疾人找到新浦区残疾人法律服务所，聘请律师，服务所多次研究，为其提出法律依据，为3名残疾人讨回公道，出租汽车公司赔偿12万元。本应收4000多元诉讼费，只收1500元。1996年12月2日，区残联帮助区培智学校解决9名残疾儿童失学问题。1997年3月，区残联在海昌路举办"助残一条街"活动，帮助残疾人修车、理发，开展健康咨询。1998年5月15日，驻地市汽车公司长途车站"雷锋车班组"与沈圩社区夫妻双残户周友运家结成帮扶对子，并举行签字仪式，首次赠送400元现金和价值90多元的学习用品给周友运的女儿。2000年，在区残联开展帮扶、助残、济困活动中，市福利彩票中心为14户失学或面临失学的特困残疾人子女每人发给800元的助学金。

2001年春节期间，新南街道残联协调市消防支队、市国土局、市房管局与8户残疾人家庭结成帮扶对子；新海街道残联发动市供电局为残疾孤老姜魁龙免费安装电表。2002年春节前夕，新浦地区各单位为残疾人家庭送去大米、面粉3000公斤、鱼肉250公斤、慰问金5000元。当年春季，为102户特困残疾人家庭发放春季救济米、面5100公斤。同年11月13日，当地驻军为市社会福利院残疾儿童送去价值5000多元的鸡蛋、奶粉、面包等慰问品。2003年1月15日，区领导带着全区捐献的1500余件衣被，走访慰问全区102户特困和特困残疾人。同年10月，区残联与市聋哑学校、新南街道在银河购物中心广场举办"爱心扶残助学"捐赠活动，将捐赠的2万元全部赠给聋哑学校，作为残疾学生的学费和生活补贴。年内，区残联还协调市、区有关部门为残疾人子女和在校残疾学生减免各种费用18700元。

2004年5月，市新华书店向市聋哑学校和新浦区培智学校捐赠价值1000多元的图书。同年，新南、浦西两个街道残联组织233名残疾人到市中医院和市第四人民医院进行免费体检。期间，云台乡残联还免费为“五保”残疾人徐开才做切除双下肢手术；区残联发动社会力量，多渠道筹集，多方协调，免费近5万元，为残疾人江希奇做膀胱结石手术。

2005年，区政府实施“政府资助为主，社会资助为辅，社区互助为补”的“三助”工程，为在校的全部残疾儿童减免各种费用27000多元；为30多户特困残疾人家庭送去价值18000元的衣物和现金；为15名残疾人提供法律援助，减免各种费用31800元。

至2005年底，全区各单位干部、职工累计为残疾人赠送大米42.5万公斤、面粉38万公斤、油7.5万公斤，捐助人民币100万元。

【康复训练】 1995年3月27日，新浦区残联在市百货大楼建立“新浦区残疾人用品用具供应站”。1996年12月20日，新浦区残疾人工作协调委员会，设立新浦区残疾人康复工作办公室。1997年10月15日，区残联举办社区康复骨干培训班，邀请海州区医院王诩沣教授为社区卫生所、门诊所医生传授社区康复知识及儿麻术后康复、脑瘫康复训练，偏瘫和截肢康复训练等知识，推动社区康复工作。2000年10月，新浦区残联的《服务真心，激动民心，努力把夯实社区康复训练基础夯实》报告，在省残联于常州召开的全省社区康复训练工作会议上作了介绍。

2001年11月11日，新浦区残联组织参与江苏省第一个“肢残节”活动，为肢体残疾人赠送轮椅等致残用品用具。

2003年5月，新浦区残联接受台湾台北市曹植仲基金会捐赠的100辆轮椅车，并赠给有关肢体残疾人。同年底，区残联在各街道建立6家康复站。

2004年，新浦区残疾人康复训练与服务实现“五个纳入”，即纳入各级政府的议事日程、纳入财政预算、纳入扶贫总体规划、纳入社区整体工作内容、纳入居民健康档案库。年内，完成装配假肢7例，实施白内障复明手术266例，盲人按摩为残疾人做康复按摩866人次，康复诊所为残疾人康复治疗2358人次，佩戴助听器2台，为麻风畸形残疾人发放用品用具144件。

2005年，新浦区实施以助明、助听、助行和为精神病免费给药为内容的“三助一给”工程，为白内障患者做复明手术255例，其中免费4例；接收捐赠助听器2台，免费安装小腿假肢6名，为23名精神病患者免费送药。

【教育培训】 1991年，全市第一所弱智儿童学校——新浦区培智学校，在原双池小学院内正式开学。

1993年5月13日，区政府制定下发《关于推动残疾人事业发展的暂行办法》，规定各企业在职工招聘、转正、晋级、职称评定、劳动报酬、生活福利、养老保险等方面不得歧视残疾人；全区残疾儿童和少年同样实施义务教育，各幼儿园对残疾儿童入托、入园学费一律减半。

2001年，新浦区残联组织10名残疾人参加市残联举办的专业技能培训班。其中，学习计算机专业8人，盲人按摩专业2人，全部获得合格证书。

2003年，区残联与市残联共同举办100名残疾人参加的计算机、家电维修、裁剪、盲人按摩和市场营销等专业技能培训班。

2004～2005年，区残联推荐18名残疾人参加市残联举办的专业技能培训班。

第三节　新浦区红十字会

1957年6月,新海连市红十字会成立,新浦区的基层单位和街道有红十字站、红十字小组。

1962年6月,新浦地区组织5个红十字卫生队,每队25~28人,进一步健全红十字卫生站。

1963年,新浦区红十字会成立。下设宣传、卫生、急救三个组。各街道成立红十字卫生站(队),发展会员501人,组成疫情报告网。1964年,区红十字会开展五好卫生站、五好会员评选活动,推动了爱国卫生运动和预防接种以及疫情报告等工作。1966年4月,整顿基层组织,充实各红十字站(队)保健药品箱。"文化大革命"中停止活动。

1985年1月25日,陇东中学、解放路小学成立红十字青少年委员会。其他各校开始有青少年红十字活动,为救助非洲灾民,建国路小学组织10个演讲小分队,到工厂、商店、街道演讲并捐款120元,站北街小学为此也在师生中募捐70余元寄往北京,受到中国红十字会和团中央的表扬。

1987年6月25日,新浦区红十字会恢复活动,并成立新浦区红十字会理事会。8月,成立预防和急救小组、救护队,配备抢救药品和医疗器械。同年,各中学及通灌路等4所小学建立红十字青少年委员会,把青少年红十字活动列入学校活动计划,正常开展活动。1988年,海州区新坝小学二年级学生李雷患白血病,通灌路小学红十字及时发动捐款610.3元,海宁小学捐款590.3元,连海路小学捐款324.6元,全区共捐款1918.2元,予以资助。

1991起,新浦区红十字会并入到区卫生局,红十字会工作由卫生局负责。

第四节　新浦区消费者协会

1989年12月28日,新浦区消费者协会(简称消协)成立,并立即开展工作。至次年底,先后召开消费者座谈会5次,配合有关行政执法部门对市场实行社会监督检查8次,查出假冒伪劣商品价值38.7万元。受理消费者投诉696件,接待来访、咨询325人次,受理来信38封。受理投诉结案100%。当年为消费者挽回经济损失15139元。

1991年起,新浦区消协在做好受理各种投诉、接待消费者来信来访,维护消费者权益同时,积极教育引导工商经营者自觉遵守《中华人民共和国消费者权益保护法》,组织他们参与社会公益事业,当年"3·15"期间,组织广大个体工商户上街义务为民服务。并且为"希望工程"、防洪保安和市电视中心等社会公益事业集资捐款。1993年,区消协在全区范围内开展"3·15"维护消费者权益的宣传活动,宣传维护消费者权益的有关法律知识和消费知识,并组织10家商场、10家维修户、15个厂家和25户个体工商户上街为广大消费者服务。1995年,为了便于消费者投诉,新浦区消费者协会在大的企业、市场建立消费者投诉站5个,并组织投诉站对商品和服务质量进行社会监督,全年,共受理消费者各类投诉751件,处理745件,结案率达99.2%。为消费者挽回经济损失45.5万元。1997年,区消协围绕"讲诚信,反欺诈"年主题开展维权活动,组织投诉站加大《中华人民共和国消费者权益保护法》宣传力度,当年为消费者挽回经济损失达41万元。1998年,区消协围绕"安全,健康"年主题,加强《中华人民共和国消费者权益保护法》实施力度。当年接待咨询1500人次，为消费者挽回经济损失50万元。2000年，区消协围绕“明明白白消费”年主题开展维护消费者权益工作。组织各投诉站、企业积极参与“3·15”宣传咨询活动。当年，不仅处理完693件投诉案件，还查处假冒伪劣商品投诉6件，共为消费者挽回经济损失32.2万元，追回赔偿3.2万元。

2001年，新浦区消协围绕“绿色消费”年主题，组织开展了“打假维权消费者满意街”活动。当年，区消协被连云港市消费者协会评为2001年度“维护消费者权益先进单位”。路北工商所被共青团中央、国家工商总局授予“全国优秀青少年维权岗”光荣称号。

2002年，区消协把“12315”消费者投诉举报中心的组织网络延伸到各社区，在新浦区新南街道办事处的云海社区居委会、海宁社区居委会设立消费者投诉站、“12315”举报联络站，进一步增强社区的服务功能。同时，区消协紧紧围绕“科学消费”年主题开展活动，认真组织“3·15”活动。在全市率先在企业投诉站试行先行赔付制度，加强了维护消费者权益的力度。

2003年，新浦区消协围绕“营造放心消费环境”开展活动。在全省首家成立人民调解委员会，并与区法院一起成立了维权合议庭，实现了消协调解与司法的良好衔接。区消协还组织开展“维权活动进校园”活动，在大、中、小学分别设立7个“青少年维权岗”。在渔湾景区设立首家旅游投诉中心，使消费维权工作扩大到新的领域。年内，区消协配合工商部门，对新浦地区大型食品商场、百货商场、农贸市场及医院进行检查，参与对食品的监督检查，共查获各类违法案件6起。“五一”期间，区消协全体工作人员配合工商部门，严厉查处在防“非典”期间的违法案件，3天共受理案件20起，对涨价的“84”消毒液，责令其恢复原价，对乘机哄抬高价出售的金银花令其整改，同时对口罩及一些有关防“非典”用品进行严格清查，平息了市场价格波动，有力地配合了全市防“非典”工作的开展。为进一步打造陇海步行街和龙河电脑城品牌形象，组织龙河电脑城出资15万元，组建诚信基金，使消费者在电脑城购物后没有后顾之忧，树立了电脑城良好的诚信形象。当年，区消协先后被市委、市政府，区委、区政府授予“文明单位”称号。

图24-2　图为新浦区消费者协会人民调解委员会揭牌仪式

2004年初起，开展维护消费者权益进社区、进景区、进校区活动（简称维权进“三区”）。共设立消费者投诉站19个，建立健全了消费维权网络。同年3月1日，区消协还开通全省首家基层协会消费维权网站。并正式受理网上投诉和人民调解网上投诉业务。年内，通过网络发布消费信息、消费警示、物业管理收费信息、房地产信息及典型案例100余条。同年5月1日，又推行“延时服务”等新措施。维权进“三区”工作得到省消协的称赞，维权进“三区”的经验材料在全省投诉工作会议上进行了交流。在当年开展的“诚信、维权”年活动中，评选出“消费者信得过单位”108家。全年受理各类投诉356件，调解351件，调解成功率99%。为消费者挽回经济损失24万元。

2005年的“3·15”期间，区消协围绕“健康、维权”年主题组织“3·15”现场咨询服务活动。并组织常务理事单位和眼镜商会等20多家单位参加现场咨询服务。开展“消费者信得过单位”评比活动，评选出92家"消费者信得过单位"和"无消费者投诉先进单位",被评出的单位向社会公开承诺:"以人为本,维护消费者身体健康"。当年,区消协被授予市、区"文明单位"称号。

1990～2005年新浦区消费者协会受理投诉概况表

表24－4

年份	受理投诉案			接待信访咨询（人次）	为消费者挽回损失（万元）
	件数	结案件数	结案率(%)		
1990	696	696	100	325	1.51
1991	729	729	100	135	—
1992	729	722	99.03	835	22.20
1993	707	704	99.57	173	24.80
1994	743	733	98.65	—	35.20
1995	751	745	99.20	—	45.50
1996	688	672	97.67	—	43.50
1997	757	740	97.75	235	41
1998	762	751	98.55	1500	50
1999	759	750	98.81	1000	52.50
2000	702	693	98.71	1644	32.20
2001	665	660	99.24	—	88.20
2002	420	410	97.61	600	13
2003	680	665	97.79	—	—
2004	356	351	98.59	—	24
2005	807	801	99.25	—	170

第五节　新浦区归侨侨眷联合会

1985年3月21日,召开新海区归侨侨眷代表大会,出席代表30人,成立新海区归侨侨眷联合会。1986年7月,成立新浦区归侨侨眷联合会(简称区侨联)。侨联贯彻党的基本路线,协助党和政府落实侨务政策。宣传贯彻《中华人民共和国归侨侨眷权益保护法》等有关法规,实行对侨属优先照顾、组织归侨开展活动,为改革开放和新浦归侨侨眷服务。同年,区侨联在全区归侨、侨眷中开展写一封家信、寄一张彩照活动,组织侨属参观市经济技术开发区、碱厂和庙岭煤码头。

1990年起,侨眷开展"五个一"活动,向海外亲友发一封信介绍连云港归侨发展情况,联系海外人士,提供一条经济信息;介绍一笔经济投资业务;为吸收外国资金做一份贡献。同时开办了华侨商店、宏侨大酒店等,为新浦地区待业、下岗职工提供就业和再就业岗位。

2001 年，侨联紧紧围绕经济建设中心，充分发挥国外华人、华侨朋友以及新浦籍的侨眷、侨胞与海外关系多的优势，做到以侨引侨，以外引侨、以商引商、广交朋友、建立关系、洽谈项目、促进合作。同年，协助区政府先后在美国、新加坡和欧洲一些国家和地区举办招商引资说明会；接待 20 余批海外华人华侨来新浦区考察洽谈合作项目。

2002 年，在侨联努力下，先后有 150 多位华侨及港澳台商来新浦区考察。

2003 年 1 月，《江苏省实施 < 中华人民共和国归侨侨眷权益保护法 > 办法》正式颁布施行。区侨联协助区政府举行全区归侨、侨眷座谈会，全面贯彻落实《实施办法》。同年 9 月，省、市侨办举办 2003 江苏之友在连云港活动，区侨联配合区侨办认真组织各乡镇、街道对接和洽谈项目，在省农洽会在连云港召开期间，配合区政府做好客商邀请及项目洽谈工作。

2003 年 12 月 8 日，新浦区召开侨联换届大会，重新选举新一届侨联领导班子。同时调整充实侨办基层领导班子。

2004 年，区侨联与区侨办、新浦区政务网合作，设置链接，开设“新浦区侨务办公室”网页，设置了“主要职责”“人员介绍”“成绩显示”“工作计划”“侨情信息库”5 个栏目，将侨政宣传通过互联网上网，方便工作经验交流以及侨情资料库建设。同年 7 月，在市侨联开展的“侨法知识竞赛周”活动中，区侨联协助区侨务办公室，取得了市“侨法宣传周知识竞赛”活动组织奖。

2005 年，配合区政府做好《江苏省企业归侨名册》《江苏省归侨名册》《江苏省困难归侨名册》普查登记工作。同年 9 月，配合区侨办、市侨办、市港澳台侨委、市司法局和律师事务所在新浦苍梧绿园开展侨法咨询活动，为归侨侨眷现场解答有关权益保护问题。至当年底，新浦区共有归侨 28 人。

第六节　新浦区科学技术协会

新浦区科学技术协会（简称区科协）成立于 1990 年。科协成立后，召开科技工作者座谈会，做好科普宣传、科学普及、信息咨询等工作。

2000 年，区科协在全区 8 个街道和区教育局、卫生局、经济局成立 11 个科普协会。同年 9 月，区科协与市科协一道参加省十二届科普宣传周活动，在新浦市民广场举办 3 场大型科普文艺宣传活动。同年 10 月，全市城区科普工作会议在新浦区市东街道龙尾居委会召开，市东街道党委书记、龙尾居委会主任分别在会上介绍经验，与会者参观了龙尾街科普活动场所。

2001 年 9 月，由区科协牵头全区 8 个街道办事处及区环保局、城建局、城管局共同开展以“环境保护”为主题的第十三届科普宣传周活动，在全区范围内宣传环境保护知识。

2002 年，根据 2001 年年底市区区划调整和人事变动较大的情况，区委对区科普领导机构进行调整，重新成立科普工作领导小组，由一名区委副书记任组长。全区乡镇、街道也相应成立科普工作领导小组，在全区建起新的科普工作网络。同时，在全区建立了由卫生、文化、环保、农业等部门专业技术人员志愿参与的在岗在职科技人员志愿者队伍和其他科技人员志愿参与的两支科普志愿者队伍，开展科普宣传教育、广场文艺演出等活动。当年 5 月，以第十四届科普宣传周活动为契机开展“科教进社区”活动。科普宣传周期间，开展广场文艺演出，进行现场咨询活动，现场展出图板 60 余块，发放科普挂图 28 套，科技知识竞赛专辑 13772 本。还组织参加省“未来科学家”科技知识竞赛。7 月中下旬，区科协组织机关、各乡镇、街道办事处及社区居委会的干部共100余人,参观由江苏核电和中国核学会举办的以“发展核电、造福人民”为主题的田湾核电科技展。全区科学技术知识的工作取得一定的成绩。全区有3个单位、8个个人获得省级以上表彰,有2个单位、10名个人获得市级表彰。区科协被市科协系统评为县区科协先进单位。

2003年初,新浦区被省科协确定为全国216个实施公众科学素养调查观测点之一,并圆满完成任务。3月份开始,区科协与区委组织部一道,在云台乡组织实施连云港市“百名专家教授兴百村”小康工程活动,根据新浦区农村实际情况,制订专家教授科教兴村小康工程实施方案,区科协与区委组织部领导到云台乡进行调研,制定出三年发展规划,确定3年中全区新建科普示范基地66.7公顷。5月,区科协围绕“依靠科学、战胜‘非典’”这一主题,开展第十五届科普宣传周活动。12月中旬,市委宣传部、市文明办和市科协在新浦区路南街道召开全市科普文明社区创建活动现场会。年底,路南街道、龙尾社区、星化社区分别被省委专家部、省文明办、省科协授予省级“科普文明街道”“科普文明社区”称号。年内,在区委、区政府组织开展的“局包村富民工程”中,区科协邀请市有关专家教授举办大型农业培训班4次,组织本区技术人员下乡开展技术服务16次,受益农户5200人次。

2004年初,区科协在实施“百名专家教授兴百村”小康工程中,邀请南京农业大学姜卫兵、庄苏、汤国辉等教授,先后21人次到乡、村、果园、养殖场指导生产,进行技术指导和咨询,他们为云台乡编制的《新浦地区南云台生态旅游和都市农业整体规划》经论证修改,于当年5月下旬完成。同年5月份,区科协还先后举办第十六届科普周开幕式及科普展览、科普知识咨询活动;组织全区农民参加全省的“百万农民学科学”知识竞赛活动;开展机关部门和社区“科普志愿者在行动”主题活动;在全区中小学开展青少年“寻找身边科学”主题科普论文竞赛活动;组织城区居民参加“科普互动在线网络”宣传活动。6月29日,区科协举办全国科普日活动,与个体医疗协会一起,组织离退休老医生在市民广场参加市里统一组织的义诊、咨询活动。下半年,海宁中学参加全省第四届青少年技师应用技术比赛,夺得团体一等奖,6名参赛选手,有5人夺得个人一等奖,其中单涵同学还荣获“最佳软件仿真选手”的称号。年底,新浦区科协被市科协评为“县区科协工作先进单位”,“百名教授科教兴百村”工作受到市委、市政府表彰。

2005年1月,在全区“三下乡”活动中,区科协联合区农水局及畜牧兽医站和海洋渔业局的专业技术人员组成科技分团到花果山乡开展送科技下乡活动。3月中旬,区科协协助云台乡、花果山乡和南云台林场落实科教兴村(场)项目对接单位和人员。并组织两乡分管领导和重点村干部到东海、赣榆县学习大棚蔬菜、大棚草莓栽培等先进经验。同年5月,区科协成功举办以“保护生态环境、共建美好家园”为主题的第十七届科普宣传周活动。科普周期间组织开展文艺演出、科普图板展、科普现场咨询、科技环保知识竞赛、校园青少年科普文化节、送科普知识进军营等活动。11月,组织乡镇领导及专业大户到山东枣庄学习大棚覆盖培育樱桃的先进经验,推动乡镇发展高效果林业。年内,“百名教授兴百村”小康工程,以服务“三农”,促进农业增长、农户增收为宗旨,区科协联合专家到乡镇举办茶叶生产、果树种植管理,草鸡、肉鹅养殖等生产技术培训班5期,作现场指导10余人次。新东街道利民社区、路南街道贾圩社区、新南街道健康社区、浦西街道财苑社区被评为市级“科普文明社区”。

第七节　新浦区文学艺术界联合会

2003年7月30日,新浦区文学艺术界联合会(简称区文联)正式成立。同时,音乐家协会、舞蹈家协会、美术家协会、书法家协会、摄影家协会、作家协会和戏曲家协会也相继成立，有会员300多人。同年，区书法家协会举办全区"抗击'非典'书法展"，展出作品100余幅，并邀请市、区知名画家，慰问抗"非典"一线医务人员，现场挥毫泼墨，捐出作品20余幅；区音乐家协会举办大型钢琴演奏会。

2004年，区文联先后举办"公仆颂"卡拉OK比赛、"巴将军杯"摄影比赛、"花果山宜尔衫诗歌会"等活动。组织部分文学艺术工作者参与市、区"三下乡"活动，为云台乡、赣榆县农民送春联、送文艺等。组织百余幅美术、书法、民间工艺品、摄影作品向市民展示第二届社区艺术节的优秀成果。送作品赴省、市参展，取得40多个省、市奖项。组织作品参加市农民艺术节、市职工艺术节。

2005年9月，按照区委、区政府部署，区文联参与组织庆祝建区50周年大型庆典活动。协同相关部门，制作《走向辉煌》电视专题片、大型摄影画册，举办庆祝建区50周年摄影（征文）竞赛、大型图片成就展以及书法、绘画展，举办大型文艺演出、篮球赛、戏剧晚会等一系列活动。

第八节　新浦区戏曲协会

2003年7月30日，新浦区戏曲协会第一次会员代表大会在位于新浦解放中路的新浦区文化馆召开。会议通过了《新浦区戏曲协会章程》和有关制度，选举产生了新浦区戏曲协会第一届理事会主席、副主席、秘书长及常务理事6人。

新浦区戏曲协会成员单位有花果山乡民间艺术团、南城镇业余淮海剧团、市东街道淮海剧团、兴连港淮海剧团、新浦业余淮海剧团、港城金秋淮海剧团等6个淮海剧团和2个京剧票社、3个海州五大宫调堂点。

2005年10月，协会首次在区政府大会堂举办庆祝新浦区建区50周年"宜尔衫杯"戏曲展演活动，演出现代京剧选段《咏梅》《智斗》《娄山关》《光辉照儿永向前》，古装淮海戏《三拜堂》《打金枝》和现代淮海戏《丑嫂》等剧目。

第九节　新浦区扶贫开发协会

2004年9月8日，新浦区扶贫开发协会（简称区扶贫协会）召开成立大会暨一届一次会议，会议讨论通过协会《章程》，并选举产生组织机构和负责人。一届理事会成员45人。当月，区扶贫协会即联合区"局包村富民工程"（后改为"局帮村"）领导小组办公室、区政协对全区农村创业大户、贫困人口进行调研；联合区政协、区旅游局进行旅游产业调研，撰写调查报告，并转发有关调查报告。同年10月，联合区"局包村"的相关单位走访慰问花果山乡、云台乡、云台林场等结对帮扶村困难农户，赠送1.6万元现金和价值7600多元的食品。

2005年3月，区扶贫协会围绕"三农"问题，与区政协一道，组织40多人，分5个调研组，先后开展城乡统筹发展课题调研、"局帮村"富民工程调研。"局帮村"富民工程调研引起市扶贫协会、老区开发促进会重视，在全市转发该次调查的调研报告。同年5月，协助市扶贫开发协会开展农村经济合作组织情况调查、农村劳动力培训和转移工作情况调查。6月，结合广东国华中学招生工作，配合市协会跟踪家庭贫困、学习成绩优秀的初中毕业生5名，筛选其中3名上报。同时，动员各理事单位助学、结队帮扶并建立长期帮扶关系，资助贫困学生12名，助学资金达8000多元。同月，与区“局帮村”领导小组办公室合作，通过区扶贫协会自身和理事单位跟踪服务与扶持，帮助全区18个村新上项目60多个，继续支持原有项目30个，扶助资金达200万元。同年7月，区扶贫协会编制连云港杉凤有机农业有限公司项目资料，向省扶贫基金会争取扶持资金10万元，帮助该企业扩大生产规模，带动更多农民致富。

第十节　新浦区老区开发促进会

2004年9月8日，召开新浦区老区开发促进会（简称老区促进会）成立大会暨一届一次会议，讨论通过促进会《章程》，选举产生组织机构和负责人。一届理事会成员为45人。区促进会实行与区扶贫协会两块牌子一套班子运行模式，与区扶贫协会联署办公。当年9月，区促进会联合区劳动人事局进行农村劳动力外出务工情况调研，与区“局包村”领导小组办公室共同邀请市畜牧兽医总站高级工程师张洪让到云台乡为养猪大户进行技术指导，先后对该乡西山、丹霞等村7个农户的养殖场进行现场指导，20多养殖户到场咨询有关事项。同年10月至12月，对全区各村在建、新建项目进行调查分类指导，建立项目库，并从中筛选部分项目上报有关部门，争取资金和技术支持。

2005年3月至6月，区促进会安排各理事单位发挥自身优势，为农民联系寻找劳务协作渠道。上半年安排到市外务工1100多人，市内单位安置200多名。同年5月，在全区范围内启动“为农服务月”活动，联合区财政、司法局、农林水利局、卫生局等部门分别依据各单位业务特点和员工特长，开展咨询服务。集中围绕农民群众在生产、生活等方面的需求，为农户提供科技、劳务技能与信息、项目与资金、政策与法律法规、医疗文化、扶贫助困等6项服务。

第二十五编　法　治

民国8年(1919),新浦地区有东海县警察事务所。民国15年(1926),东海县警察事务所改称新浦警察所。民国20年(1931),改设为东海县公安局,新浦设公安分局。

日本侵略军侵占新浦时期,伪东海县警察局在新浦设分局和、直属海昌巷派出所和新市、三新、新民3个哨所。后又在新浦组建海州市警察局。

日本侵略军投降后,恢复东海县警察局及新浦公安分局。

解放后至20世纪60年代初,新浦地区的公安、司法工作均由市公安、检察、审判和司法行政部门直接管理,并相继开展镇压反革命、取缔反动会道门、打击刑事犯罪等斗争,维护社会治安稳定。

20世纪60年代中期至70年代,新浦分局和新浦区人民法院、新浦区人民检察院先后成立。

"文化大革命"初期,公安机关处于瘫痪状态。1968年3月,公安机关实行军事管制。1973年7月,军管会撤销,新浦公安分局恢复正常工作。

1982年,新浦区政府设立司法科。次年,改设司法局。至此,新浦区公安、司法机构完善,各自负责辖区内的公安、检察、审判和司法行政工作,并不断进行改革,提高工作效率、质量。1983年起,相继开展严厉打击严重刑事犯罪(简称"严打")、各类侵财性犯罪等一系列专项行动。20世纪80年代后期,刑事犯罪案件有所上升,驻地公安机关紧紧依靠和发动群众,严厉打击各类违法犯罪活动,保障人民群众的生命和财产安全,维护社会政治稳定的大局。

20世纪80年代起,区委、区政府坚持不断加强新浦地区社会治安工作,建立起一支由专职干警、专业治安联防队和义务巡逻队密切配合的治安联防队伍。形成了区、乡镇(街道)、村(社区)三级治安联防网络。同时,加强基层司法组织建设,在各街道办事处配备司法助理员,并先后成立街道法律事务所,乡镇、街道司法所。在全区开始实施"五年普法规划",广泛深入地宣传《中华人民共和国宪法》和其他法律、法规、条例,不断加强法治新浦建设工作。在全区城乡开展省、市、区三级"民主法治示范村、社区"创建活动和争创"优秀调解委员会"活动,建成全区大调解机制。促进社会和谐稳定。至2005年底,全区先后实施4个"五年普法规划",公民法制观念不断提高。新浦地区社会治安秩序良好,人民安居乐业。

第一章 公 安

第一节 政治保卫

一、锄奸反特

解放后，新海连特区剿匪工作全面展开。以云台山区为重点，由新海连特委统一领导，会同灌云县，成立清剿指挥部，云台工委书记梁如仁任主任，灌云县公安局长封必琉和新海市公安大队大队长王雨亭任副主任。指挥部设1个武装连和工作组，具体组织剿匪工作。匪特活动频繁的区、乡、镇也先后成立剿匪委员会，制订工作计划，发布安民告示。清剿指挥部采取召开座谈会、贴告示、出墙报、写标语等形式，宣传解放战争的大好形势和党的肃特政策，充分揭露匪特的谣言和阴谋，号召人民群众巩固社会秩序，揭发、提供匪特线索。一些散匪慑于人民群众威势和受到党的政策感召，开始向政府登记或交枪自首。匪首龚某某、情报员张某某跪着向剿匪人员投降，交出手枪2支。新海连特委从驻军第十六团、一团抽调部分干部、战士，调集公安大队两个中队，联系盐警部队，组成武装剿匪队伍。一路向东沿铁路两侧、市郊、农村及云台山区清剿；一路由公安大队二中队配合浦西区向新浦以西出击清剿；一路由公安大队一中队参加陇海剿匪总指挥所，清剿东海县临洪区、河南区的残匪；一路主要由盐警部队负责，清剿海匪。通过采取武装巡逻、设卡堵截、清查窝点和搜山、围歼等方法，先后逮捕匪特130余人。年内，新海市公安局和云台办事处公安局调集20名民警，灌云县抽调7名公安民警和两名区长，组织侦破特务案件，先后破获"淮海联络站"、"游击三十八支队"等特务案件数起，捕获特务、盗匪96名，收缴长短枪22支、子弹200余发。使社会治安状况迅速好转，社会秩序趋于稳定。

1950年3月中旬，市区共捕获劫路武装匪徒11名。4月，市委组织武工队进驻云台山区，协助当地区委领导群众生产救灾，同时调查敌特活动情况。9月，市公安局破获"苏北海赣沭人民反共救国军"反革命案，依法逮捕主要案犯21名，处决主犯6名。

二、反动党团组织登记

1948年11月27日，新海市政府颁布"取消伪政权，建立民主机构，停止紊乱，整饬革命纪律，解散一切伪组织，对所有敌伪组织人员进行登记处理"的《施政要点》。12月20日起，新海市公安局开展办理反动党、团、特务自新登记工作。专署与特区公安总局联合颁发"反动党团特登记"布告，宣布"敌党、团、特、宪、警组织为非法组织，应立即解散，并到政府办理登记自新，政府本着宽大政策，予以自新之路；否则，将依法惩办"。市公安局设5个登记处，由治安科负责登记敌党、团区以上负责人、特工小组长、军队校级和伪政府科长以上的人员。新浦地区各公安分局均建立自新登记处，市局派出干部分片对各分局进行指导，掌握情况。登记中，各地都选择敌党、团、特中负责人开展工作，突破重点，带动一般，推动面上工作的开展。民主区原国民党区分部书记胡某某，带领该区全体国民党员登记；新华区原国民党区分部书记李某某规劝本区分部党员参加登记。

至 1949 年 8 月 20 日,市区的反动党团组织的自新登记工作结束。

三、镇压反革命

1950 年,根据中共中央、政务院、最高人民法院《关于严厉镇压反革命活动的指示》,新浦地区于当年 11 月 1 日起,开始镇压反革命运动(简称"镇反运动")。各区委贯彻"镇压与宽大相结合""首恶必办,胁从不问,立功者受奖"的方针、政策,发动和依靠广大人民群众,开展"镇反运动"。新浦城区先后开展 3 次集中搜捕行动,共搜捕反革命分子和各种犯罪分子 315 名。3 次集中行动后,共有 448 名反革命分子和各种犯罪分子向政府投案自首。

1954 年 10 月 12 日,盐河区同和街反革命分子殷某某,行凶杀害检举人掌某某,被逮捕归案。

1963 年 10 月,市公安局破获国庆节期间在新浦、海州等地发生的重大反革命传单案,将作案分子吴某某被依法逮捕,在其家中搜出反革命传单底稿和作案工具。

1986 年 6 月 3 日,新浦汽车配件公司门市部发现反动传单 10 张,又相继在市新华书店书架上和书内多次发现同样内容反动传单。案发后,市公安局、新浦分局侦察人员一面组织侦破,一面在市新华书店阵地架网控制。犯罪分子再次作案时被抓获。

1990 年,破获政治案件 2 起,查获对敌台挂钩信 15 封,治安拘留 1 人。9 月 7 日,市玻璃厂内小高炉平面板上被人书写上反动标语,经侦查,将嫌疑人张某某抓获,处以治安拘留 15 天。

1991 年,破获反革命挂钩信案件 2 起,2 名涉案人员被收容审查。

四、取缔反动会道门

解放前,新浦地区有一贯道、先天道、西乾道、玄修门、三元会等 5 个反动会道门组织,成员 47 人,其中道首 14 人,道徒 33 人。南城等地有玄修道道徒 10 余人。

解放初,新海连特区公安总局即开始对反动会道门进行调查,并责令其解散。对有罪恶的道首依法严惩,中小道首予以登记后具结自新。浦西派出所逮捕顽抗的一贯道道首张某某。1950 年至 1954 年 6 月底,先后依法取缔上述 5 个反动会道门,处决罪大恶极的道首 1 人,管制改造 6 人,其他道徒均退道。

1996 年 2 月,新浦地区开展对反动会道门调查工作。有原会道门人员 58 人,绝大部分人年事已高,失去活动能力。

五、打击邪教、非法宗教组织活动

1989 年 5 月 18 日,新浦地区非法宗教组织"灵灵教"被打击处理后,首要分子曾一度停止活动。

1990 年 2 月,"灵灵教"头目华某某到新浦为"灵灵教"募集资金。在其煽动下,骨干刘某某、胥某某等人,迅速在新浦地区发展信徒 50 余人。同年 4 月 3 日,"灵灵教"信徒在骨干刘某某家进行非法聚会活动时被抓获。至 1990 年底,新浦公安分局共摧毁"灵灵教"在新浦聚会点 12 处,抓获骨干成员 14 人,其中 3 人被收容审查,缴获涉案资金 5000 元。

1991 年 9 月,公安部门组织专门力量,对非法宗教组织"灵灵教"开展工作,传唤审查骨干成员 5 名,信徒 13 人,收容审查 1 人,捣毁聚会点 15 处。

1994 年 4 月 28 日,新浦地下天主教骨干周某某纠集高某某、候某某、徐某某、张某某等人在其家中策划以"连云港市全体教友"名义,去河北东闾"朝圣",并订做"恳祈母佑庇荫中华"锦旗一面,准备 200

余元礼品，拟献给“东间圣母”。5月5日，周某某串联东海、灌云等地朱某某、李某某、屠某某等8人，欲乘火车去河北时被制止。同年8月，取缔基督教私设聚会点1处，收缴非法宗教宣传品25份。

1996年2月，开展“查禁取缔邪教组织专项斗争”活动。在此期间，取缔邪教“全范围”聚会点2处，治安处罚1人，对27名信徒进行谈话教育。

1997年，依法制止非法宗教活动1起，取缔邪教“全范围”聚会点1处，3名邪教骨干被治安拘留。

1998年，对“非法宗教方面影响社会政治稳定的突出问题”开展专题调查。依法取缔宗教非法聚会点2处，收缴非法宗教宣传品39份，教育劝散信徒50余人。

1999年7月22日，国务院将“法轮功”定为邪教组织后，通过调查摸底，新浦区共排查出“法轮功”邪教组织人员410名，重点人员30名。2000年，成功侦破“9·28”东方花园，“9·29”陇西街、陇东街，“12·27”南小区，“12·12”葵花街，“12·30”“12·31”西小区等系列散发“法轮功”邪教组织宣传品案件，依法传唤审查34人，依法处理21人，收缴邪教书籍及资料900件(册)。10月8日起，开展为期1个月的查缴“法轮功”邪教组织宣传品专项行动。在此期间，清查场所924处，查破散发、张贴、下载“法轮功”邪教组织宣传品案件4起，治安处罚9人，查缴宣传品20余份。

2001年，侦破“法轮功”邪教组织煽动性案件4起，抓获涉案人员31名，其中逮捕1名，劳动教养7名，治安处罚6名，查缴“法轮功”邪教组织宣传品1800余份。次年，破获“法轮功”邪教组织煽动性案件3起，捣毁“法轮功”邪教组织非法活动团伙3个，依法收缴各类“法轮功”邪教组织非法宣传品1800余份，及用于非法活动的电脑1台。

2003年，在全区范围内组织开展“天网一号”“铁铲行动”等专项行动，破获“法轮功”邪教组织煽动性案件1起，取缔邪教“香功”练功点1处，邪教“灵灵教”聚会点5个，邪教“实际神”聚会点1处。依法审查“法轮功”等邪教组织人员7名，其中逮捕3人，治安拘留4人。收缴“法轮功”等邪教非法宣传品近千份。当年4月，在淮海社区抓获涉嫌邪教“灵灵教”非法聚会人员25名，收缴“灵灵教”邪教宣传资料20余份，捣毁“灵灵教”邪教非法聚会点5个。5月，破获当月4日、10日、19日，连续发生的邮寄大量“法轮功”邪教反动信件案。7月，将正在南城镇造纸巷许某某家传播邪教“实际神”人员王某某抓获，劝散教徒16名，收缴“实际神”邪教书籍25本，磁带2盘。

2004年，先后组织开展“铁钳行动”“04震慑”“飓风行动”等专项行动。破获“法轮功”邪教煽动性案件8起，摧毁“法轮功”邪教团伙2个。同时，破获“实际神”邪教案件1起，抓获“实际神”邪教人员11名，捣毁“实际神”邪教接待点5个，并收缴其进行非法活动的书籍、笔记本、光碟、CD机、传呼机及其他用品、用具等物。

2005年，组织开展防范、打击“法轮功”邪教组织破坏活动专项行动，及时挫败“法轮功”邪教顽固分子一系列破坏活动，共依法抓获和处理其有关人员5名。同年3，抓获“法轮功”邪教在逃人员于某、寇某某，缴获其用于非法活动的电脑1台，各类“法轮功”邪教宣传品300余份。

六、重大活动保卫

1990年前，新浦地区重大活动安全保卫由市公安局治安科直接管理。

1990年，新浦分局组织干警参与组织“迎亚运圣火”等8次重大活动安全保卫工作。

1992年、1993年，参与组织新浦区人民代表大会、新浦政协全体委员会(简称区“两会”)安全保卫、中共新浦区党员代表大会简称区“党代会”等重大活动安全保卫工作。1997年，参与组织迎香港回归庆祝活动、区"两会"安全保卫、区"党代会"等重大活动安全保卫工作。1999年,参与组织在新浦地区举行的2000万元福利彩票发行、迎澳门回归庆典以及连云港市解放50周年庆祝活动等大型活动安全保卫工作。2000年,参与区"两会"、地区广场文化系列活动、市第十届运动会、市迎接21世纪火炬接力、"六艺节"花车巡游等大型活动安全保卫工作。出动警力1560人次,出动车辆245辆次,排查整改安全隐患86处。

2001年,组织参与"在海一方"系列广场文化演出、首届"西游记"艺术灯展、迎新年万人火炬接力长跑等30余项大型活动安全保卫工作。2002年,全面规范大型活动申办程序,参与组织"第六届连云港之夏"、"西游记文化节"、渔湾民俗风情艺术节等10项大型活动安全保卫工作。2003年,参与组织区"两会"、市"第七届连云港之夏"、"西游记文化节"、渔湾民俗风情节、地区元宵节灯展等10项大型活动安全保卫工作。2004年,参与世界沙滩排球赛、心连心慰问演出、"连云港之夏"、"世界儿童联欢节"、"农洽会"、区"两会"等20项大型活动安全保卫工作。2005年,参与十运会沙滩排球赛、武术散打比赛、"连云港之夏"、"西游记文化旅游节"等大型活动的安全保卫工作。

第二节 经济、文化保卫

一、经济保卫

解放后,公安机关即加强驻地经济要害部门及厂矿企业的安全保卫工作。陇东火柴厂等较大企业内部成立安全保卫组织,配备安全保卫人员。春节等重大节日加强安全保卫工作检查。各厂矿企业部门在春节前均对单位存放的危险物品、易燃物品进行清理和妥善存放或转移到安全地点。

1953年8月,公安部门将驻地市人民银行警卫组织由班改排,增强保卫力量。1954年,对辖区厂矿企业全面开展检查,对在检查中发现隐患,均采取措施整改。年内,辖区19个单位共发生大小事故690起,查明455起,逮捕案犯5名。1956年,审定要害部位86处,吸收经济民警72名。1958年10月,市公安局将新浦地区小型企业保卫工作,分别交给所在地公安派出所。

"文化大革命"开始后,内部单位基础工作中断。

1980年,企业和内部单位恢复和建立保卫处(科),配备专职保卫干部,将原来与政工、人事、武装等部门合并办公的保卫科分开。

1990年,新浦区属企业开展安全检查,在所查112家企业中查出安全隐患61处,提出整改意见35条,下发书面整改通知书196份。同时,在全区企事业单位中开展"创建安全单位"活动。至年底,全区安全合格财会室达1434个,安全合格仓库达219个。

1991年,在企业内部单位中开展"反内部盗窃"活动,共立案27起,破获8起,抓获犯罪分子11名,为企业挽回损失43000元。1992年,根据《江苏省要害保卫工作规定》要求,对全区企事业单位内部要害部位进行判定,共确定208个要害部位。同时,对全区外资企业进行调查,做好外资企业的安全保卫工作。1993年起,强化企事业单位内部情报信息网络建设,调整原有信息员,新增97名信息员,信息员总数达123名。全年,内部单位信息员为公安机关提供有价值线索26条。1994年,在全区开展企业单位底数调查摸底工作,摸清全区共有上规模企业、内部单位528个,其中分局列管企业单位93个。同时,在全区企业单位内部开展警企联动巡逻守候活动,共抓获犯罪人员22名,为企业挽回经济损失18万元。1995年,对区内重点单位、要害部位进行审核,确定重点单位19个(其中文保单位1个)、要害部位152处,审定要害部位工作人员769名,制定处置突发事件预案104份。对全区机关企事业单位的811个财会室进行安全检查,对合格的727个,下发合格证书,不合格的提出整改要求。1996年,在全区企事业单位开展"治安防范百日安全竞赛"活动。次年,对大中型企业及周边地区治安秩序进行整治,共破获刑事案件2起,查处治安案件12起,摧毁犯罪团伙1个,抓获违法犯罪分子27名,缴获赃款赃物价值13000余元,共依法取缔非法收购站点59家。1998年,在机关企事业单位中开展安全防范大检查,共检查单位78家、重点要害部位284处。发现各类治安隐患漏洞56处,并分别情况予以整改。1999年,在全区企事业单位中开展创建安全文明单位活动,组织安全检查组103个(成员565人),检查内部单位398个、重点要害部位416处、门卫382处,消除安全隐患172处,抓获现行犯罪嫌疑人16名,破获刑事案件38起。2000年,企业单位内部共立刑事案件184起,比1999年同期减少123起,下降38%,抓获犯罪嫌疑人15名。破获各类刑事案件23起。

2001年,在单位内部集中开展以"防火、防盗、防破坏、防事故"为主要内容安全检查专项活动。检查重点单位108个,下发《安全隐患整改通知书》17份,预防各类案件24起,预防事故7起,抓获违法犯罪嫌疑人8名,收缴子弹647发,雷管50枚。2002年,在新浦地区企事业单位中开展拉网式安全生产大检查,共检查内部单位94家,专业市场5家,下发《治安隐患整改通知书》35份。在全区经济文化单位中开展"百日安全防范竞赛",破获"金辉大酒店窃电案"和"小厨王酒店窃电案"等各类刑事案件43起。为企业追回损失20多万元。同时,与100家企业挂钩,开展"警企共建"活动。为挂钩服务企事业单位职工办理户口事项354人次,调解民事纠纷65起,处理各类违法犯罪人员31名。2003年,在全区经济文化列管单位进行治安隐患大检查,在全区经济文化单位开展"平安单位防范竞赛"活动,辖区内经济文化单位新增加自动报警系统17套,探头43个。破获各类刑事案件43起。2004年2月,在全区经济文化单位中开展打击盗车专项斗争。新建停车场点2处,规范停车场点17处。破获涉车案件11起。

2005年,在全区企事业单位中开展安全大检查,检查内部单位196家,专业市场5家。发现安全隐患34处,下发《治安隐患整改通知书》34份。年内,全区经济文化单位共新增加自动报警系统37套,探头213个。同时,公安机关共走访1021家机关企事业单位和6754家个体工商户,确定790家企业单位和230家事业单位为警企挂钩服务单位。在全区机关企事业单位中深化平安创建工作,辖区单位内部新增电视监控系统,CK报警系统17套,投入技防资金270多万元,新增保卫干部123名,经警队、护卫队员278人。年内还启动治安保卫重点单位判定工作,共确定140家企事业单位为治安保卫重点单位,其中省级重点单位1家,市级重点单位51家,区级重点单位88家。对全区174名尚未取得"企事业单位保卫人员从业资格"的保卫人员进行岗位培训。全年新浦地区有23家企业单位被市委、市政府授予"社会治安安全单位"称号。

二、打击经济犯罪专项斗争

2000年,新浦分局成立经济案件侦查大队。当年,受理各类经济犯罪案件65起,涉案总值200余万元,立案侦查43起,破案36起,破案率83.7%,抓获犯罪嫌疑人42名,抓获逃犯13名,挽回经济损失近100余万元。协助办理外省经济犯罪案件12起,抓获犯罪嫌疑人6名,破案6起,追缴赃款、赃物价值720万元。

2001 年 9 月 11 日，根据工商部门移交线索，及时抓获犯罪嫌疑人朱某。破获其自 2000 年 2 月开始，非法印制假冒青岛名牌产品“香蕾”“柳燕”药物卫生纸包装袋 60 万只，非法所得 2 万元的侵犯知识产权案件。

2002 年，开展以规范出资行为为内容的专项行动，打击以虚报注册资本、虚假出资和抽逃出资为内容的犯罪行为。查处违法企业 14 家，打击处理 4 人。同年，开展打击涉烟犯罪的“闪电行动”，协助烟草部门查缉违法香烟，捣毁非法香烟经营窝点 4 处，为企业挽回经济损失 11 万元。

2003 年，经济案件侦察大队主动与各银行联系，梳理银行卡透支和贷款呆死账情况，共梳理银行卡恶意透支线索 15 条，贷款呆死账线索 4 条，其中立案 6 起，破案 4 起，行政处罚 3 人，挽回经济损失 20 余万元。

2004 年，开展打击非法传销活动的“雷霆”行动、“灭鼠”行动。与工商部门联手行动，摧毁“天狮”“风韵之美”化妆品等 6 个传销网络，捣毁传销窝点 400 多个，抓获传销头目 22 名。其中，13 名 C 级、B 级传销头目被刑事拘留，依法逮捕 6 人，移送起诉 6 人。

2005 年，开展打击假发票、打击非法传销活动专项行动，摧毁传销网络 3 个，捣毁传销窝点 26 余处，驱散传销人员 1000 余人，抓获传销头目 2 人，治安拘留 16 人，依法逮捕 2 人，移送起诉 2 人，缴获赃款赃物共计 20 余万元。

2000～2005 年新浦公安分局侦破经济犯罪案件情况一览表

表 25－1

项目 年份	受理（件）	立案（件）	破案（件）	结案（件）	涉案价值（万元）	实际损失（万元）	挽回损失（万元）
2000	65	43	36	—	200	—	100
2001	93	35	38	17	642	590	258.7
2002	72	40	39	27	8218	226.8	183.4
2003	91	58	54	42	390	273	263.2
2004	97	60	56	56	413	386	344.3
2005	110	78	69	69	908	200	403

三、学校保卫

新中国成立后，公安机关即将学校安全保卫工作列入日程，首先在驻地新海中学建立“治安保卫委员会”。1956 年，通过“肃反”，进一步纯洁教职员队伍。20 世纪 60 年代初起，驻地大中专院校和中学开展以防火、防奸、防盗、防破坏为内容的“四防”教育，并建立安全防范制度。

“文化大革命”期间，学生“停课闹革命”，学校安全保卫工作中断。

1982 年 3 月，公安机关在驻地学校开展查禁、收缴淫秽书刊工作。1986 年，驻地学校开始增设法制课，加强法制教育，增强法制观念。1987 年，新浦安分局在市公安局统一组织下，对辖区内发生的多起扰乱学校秩序案件进行调查处理，并在受流氓滋扰较严重的陇东中学召开现场会，公开处理到学校进行流氓滋扰的违法犯罪分子。1988 年,公安机关采取白天抽查和夜间检查等多种办法,着重检查值班和报警器使用等情况,重点抽查 26 所学校(大专院校 5 所,中专学校 5 所、中学 7 所、小学 9 所)治安防范情况,确保安全无事故。当年 12 月 9 日,淮海大学发生一起学生被校外不法分子殴打事件,新浦分局会同市局有关部门查清案情,打击处理 4 名违法分子。

20 世纪 90 年代起,将加强学校内部安全教育管理增强学校师生防范能力,作为学校安全保卫工作重点。1995 年,在新浦地区 17 所重点中学、职业中学、大中专院校中设立民警工作室。全年接到师生举报线索 19 条,抓获违法犯罪人员 9 名,破获各类案件 13 起。1997 年,着重整治中学、职业中学周边治安环境,重点打击一伙无业社会青年在学校周边拦截学生索要钱财、调戏女生的违法犯罪活动。先后出动警力 112 人次,抓获违法犯罪人员 21 名,破获各类案件 13 起,摧毁学校周边犯罪团伙 2 个。1999 年,新浦分局开展"法制进校园"活动,组织民警到全区中小学校上法制课 15 场次,3 万余名学生接受法制教育。

2001 年起,着重加强校园周边治安环境建设,重点对大中专院校周边地区网吧开展治安整治,查处学生浏览"色情网站"情况,共检查网吧 19 家,其中处罚 2 家,配合工商、文化部门取缔 1 家。2002 年,通过 2 次集中专项行动,清查出租房屋和网吧 517 家,取缔非法出租屋和网吧 16 家,收缴管制刀具 9 把,抓获违法犯罪嫌疑人员 8 名,摧毁犯罪团伙 1 个,破获侵害师生人身和财产安全案件 11 起。2004 年 10 月至 12 月,在各学校开展"珍惜生命安全,拒绝管制刀具"教育治理活动,与学校签订共同维护校园安全及其周边治安环境责任书 69 份。新浦分局制定《全区学校及周边地区治安秩序集中整治方案》,各派出所集中力量打击在学校及周边抢劫、抢夺、敲诈学生财物,及危害学生人身安全的案件。破获案件 36 起,打击处理违法犯罪嫌疑人 15 人,整改消除隐患 270 余处。2005 年,先后出动警力 217 人次,开展 3 次专项行动,对新浦地区 7 所大专院校、54 所中小学和 67 家幼儿园的周边进行整治。年内,新浦区教育局决定在新浦区较大的中小学设立保卫科,确定 43 名教师为专职保卫人员。在全区学校、幼儿园设立公安校园警务室 60 处,统一安装校园警务室灯箱,由新浦公安分局统一派驻民警。有 66 名民警被学校、幼儿园聘任为法制副校长,校园安全保卫措施进一步落到实处。

第三节　社会治安管理

一、禁赌

解放前,新浦有多处赌场,赌风盛行,危害社会。

解放后,新海连特区政府发布禁赌布告,公安部门除依法常年查禁外,每年春节前后均开展一次查禁赌博专项斗争,打击赌头、赌棍,捣毁赌窝。

1979 年,浦东、浦西、路南 3 个公安派出所结合禁赌斗争,对赌博人员进行法制教育,教育多数,打击少数,赌博之风有所收敛。

20 世纪 80 年代,赌风抬头,公安部门及时采取措施,严加禁止。1988 年,区政府发出《关于禁止赌博、刹住赌风,建立良好社会风气的通知》,并在春节前后运用宣传车、黑板报、宣传栏及报纸、电视、广播、幻灯等宣传工具,大造禁赌舆论,发动群众举报赌窝和参赌人员,有 51 名赌头、赌棍投案自首,111

名参赌人员到派出所登记,交出赌具11副,赌资2300余元。依法逮捕抽头聚赌的赌头赌棍2名,劳动教养10名。

20世纪90年代起,赌博之风再次抬头,并开始出现利用电子游戏机进行赌博的违法犯罪活动。各级政府和公安部门一方面加强宣传教育,一方面强化禁赌措施,发现一起查处一起。1991年至1994年,先后查处赌博案件100起、305人,捣毁赌博窝点14个。

1995年,专门组织开展打击利用电子游戏机进行赌博的违法犯罪活动,取缔违法经营单位15家,责令17家单位停业整顿。共抓获参赌人员18人,收缴赌博电子游戏机223台,销毁赌博机电子主板187块。

1996年春节期间,各派出所向居民群众发放《致居民一封信》,街道组织文艺演出深入开展禁赌宣传。新生街组织"三八"禁赌队规劝丈夫、子女远离赌博违法活动。年内,在全区范围内再次开展查禁赌博电子游戏机专项行动。共收缴电子赌博机32台,电脑主板28块。1997年,捣毁赌博窝点6个,查处赌博案件36起120人,收缴赌博游戏机35台,销毁赌博机电脑主板63块,对12家违法经营游戏室予以停业整顿。

1998至2004年,查处赌博案件361起1434人,缴获赌资13.6万。收缴赌博电子游戏机155台,销毁电脑主板269块。

2005年,在全区范围内开展打击赌博违法犯罪活动专项行动。共取缔涉赌娱乐场所37家,查处赌博案件44起,捣毁赌博窝点25个,摧毁赌博团伙25个,打击处理赌博违法犯罪人员193人,收缴赌博游戏机85台,销毁赌博电子游戏机主板212块,查缴赌资20万元人民币。

二、禁毒

民国18年(1929)3月,新浦各团体及商号代表开会讨论后,在更新舞台、新新舞台义演两天,筹募经费,设立戒烟院,以整治吸食毒品者。

民国20年(1931),东海县国民政府宣传鸦片之毒害,宣布禁种罂粟,县政府拨款20余万银元为铲除罂粟苗补偿费,除1亩罂粟补偿60银元。令颁后,县长带领县政府全体人员分头出动禁烟,分几十个组,到牛山、白塔埠、曹浦、墟沟、大浦、海州、连云等地宣传,后丈量罂粟田亩,拔除罂粟苗。凡阻碍禁烟的保、甲长,一经查出,即予禁闭。6月份,东海县在新浦、海州搜查鸦片及烟具,集中予以销焚。以贩毒罪查封红极一时的新浦国民饭店,马氏被拘监罚款。历时五六个月即完成禁烟任务,受到江苏省国民政府通报表扬。

民国24年(1935),新浦宪兵连缉查鸦片与海洛因。在火车站查获两起海洛因走私案,一老年妇女在内衣夹层中夹带海洛因,被当场抓获,并由宪兵连究办。民国26年(1937)夏,宪兵连在新浦火车站查获一件大宗鸦片走私案。案犯徐某从徐州密运鸦片500两至新浦,查获后,被判处死刑。

民国37年(1948)9月3日,新化镇六保居民宋某某,窝藏吸食毒品者数人。临洪警察派出所根据密报,在宋某某家中当场抓获吸食毒品犯寇某等4人及窝主宋某,搜获一批毒品、烟具,转送新浦警察分局。9月23日,东海县县长因对县境烟民加紧施戒,受江苏省国民政府嘉奖。

解放后,人民政府明令禁毒,一经查出贩毒、吸毒者,严加惩办。1950年,新海连市查处贩毒者28名。1952年,新海连市成立肃毒办公室。经多方调查,36名贩毒者被逮捕法办。新浦贾圩街、洋桥巷两售毒者被捕后被游街示众。至1953年,新海连市已无贩毒者、吸毒者。

1961 年,以私卖鸦片罪依法逮捕通灌街居民马某。

1981 年,市公安局、卫生局联合发出《关于坚决取缔私种罂粟的通知》。市公安局会同卫生、药检部门检查发现淮北盐务局医院私种罂粟苗,当即将其铲除销毁。

20 世纪 90 年代起,贩毒、吸毒者渐出现,且日趋突出。1994 年 10 月至 1995 年,贩毒人员王某某先后 8 次窜至安徽阜宁县等地出资 19000 余元共购得鸦片 37 克,除部分吸食外,全部被其在新浦地区销售,从中赢利近万元。1995 年,破获制贩毒品案 15 起。1996 年,破贩毒案件 8 起。1997 年,开展禁毒专项斗争,破获贩毒案件 100 起,查获吸贩毒人员 56 名。其中逮捕、劳动教养 23 人。1998 年,破获毒品犯罪案件 125 起,缴获毒品 600 余克。其中,吗啡因毒品 500 余克,大麻、鸦片类毒品 100 余克。1999 年,破获一起重大贩毒案件,摧毁以吴某某为首的贩毒团伙。2000 年 4 月,新浦分局刑警大队禁毒中队成立,专司打击涉毒案件。当年,共查破涉毒案件 557 起,其中,贩毒案件 415 起,吸毒案件 142 起。查获涉毒违法犯罪人员 169 名,其中逮捕、刑事拘留 21 名、劳动教养 40 名、强制戒毒 97 名,罚款 8 名。缴获毒品海洛因、鸦片 200 余克。

2001 年,查破涉毒案件 69 起。其中,贩毒案件 20 起,吸毒案件 49 起。收缴毒品海洛因 95.6 克,咖啡因 130 克。抓获违法犯罪嫌疑人员 53 人,其中,逮捕 4 人,劳动教养 14 人,强制戒毒 18 人,治安处罚 17 人。2002 年,查破涉毒案件 80 起。其中,贩毒案件 25 起,吸毒案件 55 起。收缴毒品海洛因 105 克,咖啡因 216 克,抓获违法犯罪嫌疑人员 60 人,其中,逮捕 5 人,劳动教养 16 人,强制戒毒 20 人,治安处罚 19 人。2003 年,破获涉毒案件 97 起。其中,贩毒案件 42 起,吸毒案件 44 起,收缴毒品海洛因 116.85 克,咖啡因 481.6 克。抓获违法犯罪嫌疑人员 79 人,其中,逮捕 6 人,劳动教养 18 人,强制戒毒 27 人,治安处罚 28 人。2004 年,查破涉毒案件 161 起。其中,贩毒 35 起,(其中重特大案件 2 起),吸毒案件 16 起,查获毒品违法人员 330 名。其中,逮捕 17 名,劳动教养 95 名,强制戒毒 112 名,限期戒毒 14 名。摧毁吸贩毒窝点 5 个,缴获毒品 728.5 克。2005 年,查破涉毒案件 56 起。其中,贩毒案件 34 起,吸毒案件 22 起。查获毒品违法犯罪人员 50 名。其中,逮捕 10 名,劳动教养 4 名,强制戒毒 15 名,限期戒毒 2 名,治安处罚 19 名,摧毁吸贩毒窝点 7 个,缴获毒品 100.25 克。

三、打击卖淫嫖娼

解放前,新浦有海昌书寓、全喜堂、如意堂、双喜堂、津海巷等 5 处妓院,均持有警察局特种许可证。此外,有暗娼活动场所百余处。

解放初,妓院被查禁后,暗娼仍有活动。公安机关与民政部门配合,教育娼妓从良,帮助安排职业,娼妓活动基本铲除。

20 世纪 80 年代后期,新浦地区卖淫嫖娼活动有所抬头,新浦公安分局依法组织多次查禁卖淫嫖娼专项斗争,查处一批皮条客、嫖客、妓女。同时,对容留卖淫女的 10 家旅社,由工商部门依法取缔 6 家,勒令停业整顿 4 家。并对到车站带领旅客的旅社(店)服务员,实行挂牌服务制度,做到文明带客。

1991 年起,在全区范围内组织开展查禁卖淫嫖娼专项斗争,全年共查处介绍容留卖淫、嫖宿暗娼案件 39 起、41 人,查处卖淫嫖娼案件 52 起、104 人。1992 年,破获介绍容留卖淫案件 14 起,查处卖淫嫖娼案件 38 起,抓获违法犯罪人员 76 人。1993 年,查处介绍容留卖淫、嫖宿暗娼案件 6 起、11 人,查处卖淫嫖娼案件 22 起、38 人,捣毁卖淫窝点 6 个。1994 年,查处卖淫嫖娼案件 154 起、176 人,查获卖淫团伙 7 个,55 人,取缔卖淫窝点 7 个。

1995年，成立禁娼工作专业队。年内，查处卖淫嫖娼案件72起，抓获违法犯罪人员142人。查处涉及场所33家，其中，取缔15家、停业整顿10家、罚款8家。1996年，查处卖淫嫖娼案件87起，捣毁卖淫窝点33个，打击处理违法犯罪人员171名，其中逮捕10名，劳动教养10名，收容教育47名。1997年，开展公共场所集中治理行动，对124家歌舞厅、酒吧、咖啡屋，106家发廊开展专项检查，查处卖淫嫖娼案件39起，查获卖淫嫖娼违法人员67名。1998年，查处卖淫嫖娼案件145起、183人。1999年，查处介绍容留卖淫、嫖宿暗娼案件9起、9人，查处卖淫嫖娼案件116起、245人。2000年，破获介绍容留卖淫、嫖宿暗娼案件25起、42人；查处卖淫嫖娼案件179起、702人，取缔卖淫窝点23个。

2001～2005年，累计查处介绍容留卖淫、嫖宿暗娼案件29起、43人，卖淫嫖娼案件653起、1051人。

四、查禁淫秽物品

1985年，贯彻执行国务院颁发的《关于严禁淫秽物品的规定》，中共新浦区委、新浦区政府组织公安、文化、宣传、广播电视、工商等部门，开展查禁淫秽物品专项斗争。次年，通过对旅店、客栈调查清理，收缴淫秽录像带36盘，处理5名犯罪分子。1988年，组织专门力量开展查禁工作，共收缴淫秽录像带23盘、淫秽画册13本、裸体扑克44副，查出地下放映点13处，对62名传播、观看淫秽录像违法人员，依法逮捕1名，劳动教养3名，行政拘留12名，罚款14名，收缴用于违法犯罪的彩电8台，录相机5台。

20世纪90年代以来，坚持开展对淫秽物品查禁工作，严厉查处销售、传播淫秽物品的违法人员。1991年底，社会上出现一种通过加热显现出淫秽裸体内容的图片，新浦分局立即成立专案组，组织警力开展侦破，在海州批发市场将批发销售淫秽画片的浙江义乌籍个体经营户付某某抓获。1995年，公安、工商、文化等部门联手在全区范围内开展文化市场整治。共捣毁播放淫秽录像点6家，收缴非法出版物3000余册，其中淫秽录像带868盒、淫秽画册54本、淫秽书刊80余本。次年，又先后组织20次文化市场专项检查，查获制黄、贩黄、传播淫秽物品案件6起，逮捕1人，治安处罚5人，取缔出售淫秽音像制品商店1家、录像点2家。收缴淫秽书刊15本、淫秽录像带35盒、淫秽光盘210张。

1991年至2005年15年中，先后查处制作、销售、传播淫秽物品案件223起，涉案360余人，收缴淫秽书刊、扑克、图片等1300余册（张）、淫秽光盘22000余张、淫秽录像带2700余盘，并及时依法查处了涉案人员。

五、枪支弹药、危险品管理

20世纪80年代后期，新浦公安部门加强对辖内枪支弹药、危险品管理。1990年，查处违反爆炸物品规定案件1起、1人、非法携带管制刀具案件20起、20人。1991年，查处违反枪支管理规定案件1起、2人；违反爆炸物品管理规定案件1起、1人；非法携带管制刀具案件22起、22人。1992年，新浦分局开展危险物品集中收缴行动，收缴管制刀具21把，气枪4支，剧毒化学物品1.2公斤。查处违反枪支爆炸物品规定案件2起、2人；查处非法携带管制刀具案件35起、35人。而后，每年都将此项工作纳入治安管理内容，并先后查处违反枪支弹药、危险品管理规定按键16起、210人。

2001年起，民用爆炸物品安全监管职能由消防部门划归治安部门。新浦分局贯彻全国治爆辑枪专项行动电视电话会议要求，立即开展集中整治，并将新浦磷矿、市日杂公司列为重点单位，将销售烟花爆竹相对集中的南极北路解放路至民主路段（通称“洋桥巷”）、向阳日杂市场列为重点地区，全面开展“拉网式”安全检查。共收缴各类枪支48支，子弹1651发，炸弹、手榴弹、信号弹7枚，炸药30公斤，雷管

991 枚，烟花1055 个，礼花弹41 枚，爆竹55 万头。打击处理5 人，其中，逮捕2 人。2002 年，对民用爆炸物品进行专项治理。登记民用爆炸物品储存单位4 家，采石场63 家，烟花爆竹销售点16 家，收缴炸药485.5 公斤，雷管722 枚，礼花弹11 枚。2003 年，针对浦西街道的洋桥巷一带及南城镇非法销售烟花爆竹突出问题，组织6 次集中清理。共收缴烟花爆竹450 万头。加强危险物品管理力度，收缴剧毒化学物品2 万克，其中毒鼠强3400 克，磷化锌650 克，氰化钾420 克，其他剧毒化学物品1 万余克。2004 年，在有危险物品的单位中加强治安防范整治，建立治保组织33 个，落实保卫人员102 人；先后安装防火门34 扇，防盗窗56 扇，防盗门21 扇；配备消防器材26 套，配备保险柜12 个；安装技防监控系统16 套，视频探头16 个。通过治理，3 家有剧毒化学物品单位、15 家有民用爆炸物品单位和16 家有危险物品的单位全部达到管理标准要求。2005 年，通过治安治理收缴枪支15 支、管制刀具265 把、炸药400 千克。

1993～2005 年新浦地区收缴非法枪支弹药及危险品一览表

表25－2

数品 目类 年份	枪支（支）	子弹（发）	管制刀具（把）	雷管（枚）	导火索（米）	弹药（千克）	剧毒化学物品（千克）	烟花爆竹（万头）	手榴弹、信号弹、炸弹类（枚）
1993	30	22	521	11	—	—	—	—	—
1994	50	—	377	400	500	460	—	—	—
1995	4	—	40	—	—	—	0.5	—	—
1996	47	—	123	—	—	—	—	—	—
1997	5	—	143	—	—	—	—	50	—
1998	4	—	140	—	—	—	0.1	—	—
1999	3	—	154	1187	—	—	—	—	2
2000	5	123	178	47	140	—	—	—	—
2001	48	1651	—	991	—	30	—	55	7
2002	—	—	—	722	—	485.5	—	—	11
2003	—	—	—	—	—	—	20	450	—
2004	22	2800（废弃）	198	—	—	—	3.488	—	—
2005	15	565	265	125	300	400	2.3	—	—

六、重大刑事案件侦破

1952 年12 月20 日，市公安局在新浦南广场召开公审大会，将反革命杀人犯、日伪保安大队长杨九洲和海匪、杀人犯曹守道宣判死刑，并处决。

1955 年10 月12 日晚8 时15 分，盐河区同和街反革命分子殷某某，行凶杀害检举人掌家邦，被公安机关逮捕归案。后被处决。

1982 年6 月4 日凌晨，市毛巾厂民兵吴伦东在厂民兵武器仓库值班时，被盗枪犯罪分子杀害。案发后，市公安部门领导亲自组织指挥，集中力量侦破，于同年10月20日，将2名盗枪杀人犯抓获归案。

1986年8月9日，花果山风景区十八盘上方路旁发现1具无名男尸，系被人用石头砸坏头、面部致死。接报案后，公安机关立即开展侦破，在邻县公安部门协助下，经过5个昼夜奋战，将罪犯赵某某捉拿归案。

1987年，8月24日晚，罪犯董某某因对所分房屋不满意，窜至市房管局开发科王某某家，将王某某夫妇杀伤、杀死后潜逃。案发后，新浦分局、市公安局刑警大队组织专案组开展工作，于当年12月30日将董某某抓获。

1990年2月20日凌晨，徐州市第十一中初一学生董某逃学来到新浦，被犯罪分子抢劫后杀死在车站街螺形巷一公共厕所内。案发后，经市、区两级公安机关共同侦查，于当天上午将在家正欲外逃的马某抓获归案。同年5月26日夜，4名犯罪分子翻墙进入市卷尺厂盗窃电缆线时，被值班员李某发现，遂将李打昏堵嘴捆绑，后杀害置于废物堆里，并抢走李某值班用的电筒一把。新浦分局刑警大队，立即开展全面工作，抓获以郝某、孙某等人为首共计18人重大犯罪团伙，先后破获各类刑事案件29起，其中，特大盗窃案件3起，重大杀人案件1起，重大抢劫案件3起，重大伤害案件1起。

1991年4月5日下午，市民街个体户李某某家被犯罪分子翻窗入室，盗走金砖、金戒指、现金、电动剃须刀等物品，价值近万元。刑警大队技侦人员经过1个多月艰苦奋战，于5月21日晚上，将犯罪分子单某某抓获归案，连带破获案件12起。同年8月27日晚，新浦站北小学四年级学生李某（女，10岁）被犯罪分子自家中骗至新浦玉带河魏毓桥下杀害，并抛尸河中。8月28日上午，经市、区两级公安机关侦查，于当天上午将赵某某抓获归案。

1992年1月28日凌晨，市汽车公司修理工李某被犯罪分子杀死在其家门前。接报后，新浦分局迅速开展侦破工作，用3天时间，将因赌资纠纷而尾随至李某家杀人的凶手骆某某抓获。

1993年4月16日晚8时许，住明珠大酒店的安徽旅客朱某某，被犯罪分子敲门入室，持“五四”手枪威逼，抢劫现金及金戒指等价值7000余元。接报案后，刑侦民警及派出所民警赶赴现场，经1天工作，将犯罪分子王某抓获归案。追回全部被抢劫财物，缴获“五四”手枪1支，子弹8发。同年5月，一抢劫犯罪团伙专门在新浦至连云的公交车上抢劫，刑警大队会同幸福路派出所民警及时开展侦查工作，于当月12日抓获以任某为首的9名首要犯罪分子，挖出任某为首，时合时分、专门在公交线路上抢劫作案的28名成员，破获抢劫案件30余起，其中重大案件6起。同年7月10日凌晨，赣榆县沙河建筑站王某某在新浦新站街铁路路基上被一犯罪分子击伤后推入路基下涵洞内溺死。经49天侦查，终将犯罪分子顾某某抓获归案。

1994年5月5日凌晨，山东省招远县一个体选矿厂老板温某某，乘坐桑塔纳轿车前往扬州，途经新浦通榆路市第二毛巾厂附近时，汽车抛锚，修车时被犯罪分子砍伤，抢走现金13000元及7块2584克的金锭（价值30余万元）。案发后，新浦分局局长、副局长连夜组织警力开展侦破工作。于当月15日将犯罪嫌疑人杨某、陈某、金某某、侯某某抓获归案，缴获被抢全部黄金及作案凶器，带破抢劫案件6起。

1995年3月25日夜，6名犯罪分子持火药枪、匕首等凶器窜至新浦雯城美容院，抢劫价值1600余元现金及物品。新浦分局用2天时间，抓获5名案犯，并连带破获当年“2·25”陇北街魏某某家被蒙面人入室抢劫案，摧毁10人抢劫犯罪团伙，破获抢劫大案7起。同年5月8日晚，新浦解放中路铝型材配套经营部店主苏某某在店内值班，被犯罪分子击打头部，致颅脑高度水肿窒息死亡。当月16日，杀人犯罪嫌疑人卜某某被抓获归案。

1996年7月16日，新浦南苑巷17号李某某家发生一起杀人案，市果品公司原经理某某被他人用钝器击中头部致死，案发后，刑警大队及时组织民警开展工作，于2天后在灌云县医院将凶手李某抓获。

1998年，4月10日，兴化市到连云港市做木材生意的陆某某、任某某、武某某在新浦昌盛路12号私房出租房中，被犯罪分子用安眠药麻醉后抢走现金6.2万元。通过侦查，发现延河街无业人员李某某有重大嫌疑，在徐州警方配合下将其抓获。6月初，辖区发生两起团伙持枪抢劫出租车司机恶性案件，刑警大队迅速组织力量开展攻坚，将主要犯罪嫌疑人伏某某、周某某、张某抓获归案，破获6月1日、4日两起结伙持枪抢劫出租车司机现金、金首饰、BP机等物品的案件。5月24日晚，5名犯罪嫌疑人在新浦阿波罗舞厅将两名女服务员劫持到孔望山附近轮奸并抢走二女身上现金840元及BP机等物。公安机关迅速组织侦破工作，于次日晚将犯罪嫌疑人王某某、唐某抓获，并连带破获5起重大抢劫案件。

1999年，破获"3·28"特大银行抢劫案，"6·5"系列抢劫出租车案。8月29日，云南籍犯罪嫌疑人张某窜至农行朝阳路分理处，持仿真手枪作案，劫得现金22万元，逃跑途中被过路群众分头围追堵截将其擒获。

2000年7月27日晚，市财政局局长张某某在财政局宿舍附近被犯罪分子抢走三星手机1部。7月30日，刑警大队接到线索举报，有3个青年持一手机欲出售，机型、特征与被抢手机完全一致，刑警大队迅速出击，将犯罪嫌疑人陆某某、杨某某、杨某某抓获。12月13日，浦东派出所根据受害人提供线索，通过守候，将抢劫犯罪嫌疑人叶某抓获，并挖出以甘某某为首的5人抢劫犯罪团伙，并连带破案抢劫案件73起。

2001年5月至2003年4月，新浦区60多家党政机关、大型企事业单位办公室相继发生被盗案件，案值达数十万元，被市公安局列为挂牌督办案件。刑警大队通过工作，于2003年3月底发现重大线索，并于4月5日下午3时许，在刑警支队五大队和连云分局刑警大队的配合下，在墟沟一私人出租屋内将犯罪嫌疑人张某抓获。

2004年8月2日晚9时许，中央电视台节目主持人鞠萍及中央电视台《大风车》的《顽皮家族》摄制组一行9人，到港城参加2004花果山国际儿童联欢节开幕式摄制工作，入住新浦东方大酒店503客房，晚饭后回房间，发现价值50万元的DVW700P型索尼摄像机、备用电池及10盘录像带被盗走。案发后，市委、市政府和省公安厅领导高度重视，市委书记陈震宁、市长刘永忠要求公安机关尽快破案。省公安厅委派孙春副局长率员来连指导侦破工作。市公安局局长张光东、副局长蒋林坐镇一线指挥，并成立由新浦分局、刑警支队60多人的专案组，连夜开展工作，于8月3日晚10时许将犯罪分子袁某抓获，并将被盗物品全部追回。

2005年10月1日夜，市第三人民医院三楼四维彩超室被盗走SA—9900彩超探头5个（三维腹部探头、高频探头、腔内探头、心脏探头、二维腹部探头），价值60万余元。案发后，新浦分局通过侦查获取线索，由1名副局长亲自带队赴宿迁，将犯罪嫌疑人赵某某、周某某抓获归案。起回全部赃物，并带破"9·8"第三人民医院通灌路门诊部B超探头（价值12000元）被盗案。

1987～2005年新浦地区重大案件侦破一览表

表25－3　　　　单位:起

项目 数目 年份	重大杀人案件		重大抢劫案件		重大强奸案件	
	立案	破案	立案	破案	立案	破案
1987	1	1	1	1	7	5
1988	—	—	16	16	8	7
1989	—	—	14	14	5	5
1990	1	1	19	14	10	7
1991	5	4	—	—	4	4
1992	6	6	62	53	17	15
1993	5	5	63	52	12	12
1994	3	2	44	35	17	15
1995	8	4	42	36	10	8
1996	7	5	120	118	28	26
1997	4	3	156	91	10	10
1998	7	7	188	123	18	15
1999	4	3	123	111	13	13
2000	9	8	240	182	—	—
2001	11	8	101	86	18	12
2002	—	—	117	87	16	17
2003	—	—	88	76	27	23
2004	5	3	95	87	18	14
2005	9	9	95	82	13	12

七、监督改造

1950年11月起,公安机关发动群众对地主分子进行管制。1952年,根据中央人民政府《管制反革命分子暂行办法》,组织群众对地主分子、富农分子、反革命分子和其他坏分子(简称"四类分子")进行监督改造。1956年冬起,根据中共中央《1956年到1957年全国农业发展纲要》精神,对"四类分子"进行评审规划入社,分别定为正式社员、候补社员和管制生产3种类型。1957年底,区内各街道、单位成立管制改造小组,采取"三包一保证"(即包生产、包教育、包改造;令被改造分子订出保证书)和月考评、季评审、年升降方法对"四类分子"进行监督改造,建立群众性监督改造队伍。

1979年,贯彻中共中央五号文件精神,开展为"四类分子""摘帽"工作。新浦城区除历年评审已"摘帽"83人外,尚有"四类分子"154人。其中:地主分子23人,富农分子6人、反革命分子101人、坏分子24人。通过试点,经群众评审、区革委会批准,除4人暂缓"摘帽"外,其余全部摘掉"帽子"。1983

年,缓摘4人也“摘帽”。

1990年,新浦区共对58名被依法被判处管制、剥夺政治权利、缓刑、假释、监外执行和被监视居住、取保候审人员进行监督改造。

20世纪90年代起,新浦区将帮教违法人员工作进一步制度化、经常化,每年都根据需要及时建立帮教组织、落实帮教人员,帮助违法人员改过自新。

第四节 户政管理

一、户籍管理

民国23年(1934),实行保甲制度,按保统计户口,报明寄住人员,造册在案。

民国34年(1945)至37年(1948)10月,东海县警察局重新组编保甲,进行户籍管理。

新中国成立之初,新浦户政工作先后由新海连特区公安总局、新海市公安局统一管理,实行迁入、迁出、出生、死亡以及来人登记、走人注销报告等制度。

1951年7月起,执行国务院颁发的《城市户口暂行管理条例》,统一印制户口簿、户口底册及人口迁入、迁出、出生、死亡登记簿,户籍管理进入正常化程序。

1957年,市公安局在浦中派出所辖区内进行建立人口卡片试点工作,共填写人口卡片9131张,占应建卡数99.4%,占常住人口61.4%,建卡合格率达99%。1958年起,全区人口建卡工作全面展开。

“文化大革命”期间,户政工作一度无人管理。

1973年7月起,户口管理工作重新走向正规。

1982年,开始建立成年人户口卡,当年共建卡138047份。此后,逐年建卡登记。

1990年,复查居民户口,纠正错漏户口70人次,纠正应销未销户口610人,纠正项目差错18646项,办理新出生婴儿户口708人。

1991年,新浦地区划分86个户籍段,共配备户籍警70人。为提升户籍警工作效能,新浦分局派专人到北京宣武分局学习岗位练兵先进经验并编制下发《新浦分局户籍警岗位练兵业务达标标准》。

1992年,根据市政府规定,只要缴纳一定城市建设配套费,农村居民就可以在市区落户。1993年,为配合人口信息管理系统即宏达系统工程建设,在全区范围内开展户口核对工作。新浦城区共登记常住人口56951户、183056人,办理出生婴儿户口1413人。

1994年,开始建设人口信息管理系统。新浦地区7个行政派出所全部按照标准建成微机房。为配合人口信息管理系统运作,新浦分局组织开展门牌整编工作。7个行政派出所微机如期推置前台办公。共登记常住人口57636户、192008人(其中男性98947人、女性93061人)比1993年净增人口8954人。

1997年,按照省公安厅、市公安局要求,开始使用新《常住人口登记表》,换发《居民户口簿》。共登记总人口62048户、218756人,其中男性111883人、女性106873人。次年,完成6.3万户、226435人新表簿更换工作。同时,在全区范围内开展实有人口调查清理工作。通过清理共登记实有人口287018人,其中常住人口226435人,暂住人口39466人,寄住人口21117人;共清理空挂户448户、1254人;迁移户口3854户、6402人,新编制门楼牌5344块。1999年,核对常住人口65412户、227845人。排查出出生未入户的 461 人，户口迁入及刑释解教而人未入户的 145 人，应销未销户口的 142 人，发现并整改户口登记差错 2783 项，重证号 5 人。通过户口管理发现违法犯罪线索 23 条，破获刑事案件 28 起，查获违法犯罪人员 14 名。2000 年，核对常住人口 67564 户、231198 人，登记有人而无户口的 14204 户、43895 人，有户口而无人的 18062 户、53207 人。排查出出生未入户的 761 人；户口迁入、刑释解教未入户口的 2233 人，应销而未销户口的 728 人；发现整改户口登记差错 5783 项、重证号 7 人。通过户口管理共发现违法犯罪线索 42 条，破获刑事案件 38 起，查获违法犯罪人员 32 名。

2004 年，共核对常住人口 95680 户、318620 人，共排查主项差错 2836 个，整改 2612 个；次项差错 62876 个，整改 61363 个；持证未入户口的 836 人，整改 780 人；应销而未销户口的 544 人，整改 458 人。同时，在城区范围内实行网上户口迁移"一站式"服务。为与市局并网，做好人口信息系统升级换代和换发第二代居民身份证工作打好基础。

2005 年，共排查整改无户口的寄住人口 1908 人，核查出有户口的空挂户 7974 人，并随时落实整改迁出 1971 人；户口项目变更整改 5745 处，其中核查整改主项差错 305 处，次项差错变更整改 5440 处；登记新生儿入户 627 人，死亡户口注销 124 人、应征入伍户口注销 156 人。

二、身份证管理

【国民身份证】 民国 36 年(1947)1 月，国民政府颁布"户籍法"，规定制发《国民身份证》，凡年满 18 周岁的国民，不分男女，均为发证对象(尚未满 18 周岁的，只要自己申请也可发给)。东海县政府开始国民身份证登记制发工作。先由乡(镇)公所进行登记，呈报县政府审核，统筹制证。后再由乡(镇)公所统一发放。《国民身份证》为硬质纸折叠 4 页，高 16.8 厘米，宽 11.4 厘米。封面印有《中华民国国民身份证》和"东海县政府"字样，并盖有蓝色东海县政府印章。"国民身份证"上贴有本人照片，设有姓名、性别、出生日期、籍贯、住址、教育程度、役历、公职候选人资格、公民资格、保甲番号及家属姓名、称谓等栏目，并设有"指纹符号"栏目，用斗、箕来区分各人左右手五指指纹特征。

【中华人民共和国居民身份证】 1986 年，新浦区开始颁发居民身份证。身份证长 8.7 厘米、宽 6 厘米。正面印有"中华人民共和国居民身份证"字样，字上方为中华人民共和国国徽。背面，左边 1/3 处上方为领证人免冠黑白照片，照片下方为发证公安机关红色印章。右侧 2/3 处为公民姓名、性别、民族、出身年月日、住址、签发证年月日、有效期限及编号 8 项内容。当年全区共制发居民身份证 106866 份，占全区总人口的 75.9%，占 16 周岁以上应发证人数的 97%。发证率达到省、市规定的标准，被评为市级、省级发证先进单位。

此后，每年均按规定及时为居民办理居民身份证或临时身份证。1990 年至 1998 年累计颁发居民身份证 17657 张、制发临时身份证(卡)3990 张。

1996 年 1 月 1 日起，启用新制证工艺，采用透视全息塑封套，制发防伪居民身份证。

1999 年 10 月 1 日起，全国建立和实行公民身份号码制度，制作居民身份证编号由原 15 位数，升为 18 位数。新身份证正面左上角为中华人民共和国国徽。国徽右侧为"中华人民共和国居民身份证"字样，下方为签发证机关和有效期限；背面，左侧为公民姓名、性别、民族、出生年月日、住址等 5 项内容，左侧为公民免冠彩色照片。下方为公民身份证号码。

2001 年，申领居民身份证 999 张，换领身份证 17179 张。2002 年，申领居民身份证 3090 张，换领身份证 16002 张。2003 年，申领居民身份证 5517 张，换领身份证 20203 张。2004 年，发现并纠正居民身

份证主项差错2612项

2005年10月份，新浦区全面启动集中换发第二代居民身份证工作。当年共办理换发第二代居民身份证145958张。

三、户口“农转非”

1951年7月起，根据国家政策规定，因国家建设征用农村耕地时，按被征地生产队人均耕地面积情况，实行按比例“土地带人”，将一定农业劳动力转为非农业劳动力，被“土地带人”的农村人口，户口同时转为非农村户口，简称“农转非”。

20世纪80年代后期，国家对投靠城镇亲属的农村户口居民，规定户口“农转非”具体政策。1989年，在路南派出所辖区内试行政策条件、审批手续、指标分配、审批结果公开，群众监督和上一级领导机关监督相结合的“四公开”“两监督”做法，其经验在各派出所推广。至1990年底，共办理464户、1311人“农转非”手续。

1989年起，成立专门机构，抽调专门人员开始对20世纪60年代下放农村的城镇居民进行调查登记，采取就地“农转非”办法解决其户口问题。1990年至2002年，新浦分局先后办理户口“农转非”1264户、6535人；办理集镇户口转为城市户口546户、700人。

2003年1月1日起，取消农业户口和非农业户口等各种户口性质，统称为“居民户口”。

第五节　消　防

一、火灾预防

解放前，新浦城乡民间即很重视防火宣传，有“水火无情”之说。每年除夕，各家忙年时刻，民间均有人沿街呼喊“小心火烛，水缸挑满，烟袋磕磕，锅门口摸摸”，提醒各家各户做好防火工作。

新中国成立后，人民政府重视消防工作。1949年12月初，新海市公安局在社会秩序初步安定的情况下即召开群众大会，进行消防教育，宣传防火知识。

20世纪50年代中后期起，层层展开以防火、防工伤事故为主要内容的安全运动。街道居委会组织发动居民群众，修理改造不合格的炉灶、烟囱、油灯等，街道、厂矿企业整顿、健全义务消防组织，储备防火水、砂和灭火机。对火源、火种严加管理。1960年，春、夏、秋季，新浦辖区内先后3次开展以防火为中心的安全大检查和“百日安全”运动。

1972年，防火宣传纳入以防火、防盗、防事故、防破坏为内容的“四防”安全教育之中，辖区各单位普遍建立健全防火安全制度，增添防火设备。

改革开放以后，企事业单位增多，企业规模扩大，居民家庭中高档家具、家用电器增多，区、乡(镇)政府更加重视防火安全宣传教育。并经常和驻地消防部门联系，举办消防知识讲座，开展消防检查活动。1988年，市消防部门在新浦区各重点消防保卫单位及街道、企业播放火灾案例及消防知识录像20余次，为驻地28个系统举办消防短期培训班6期、280人。

1990年，举办辖区内重点单位安全责任人、重点岗位人员、化学危险品运输、管理人等安全培训班

12 期,980 余人受训,设置防火安全标志牌 300 余块。到辖区各单位进行消防检查 168 次,发现并及时整改火灾隐患 875 处,检查仓库要地 256 个,发现火灾隐患 570 余处,及时整改 550 余处。

20 世纪 90 年代起,将消防工作重点进一步转向提高干部群众消防安全意识和提前消除隐患。1991 年至 2000 年,先后举办各类安全人员参加的消防安全培训班 72 期,讲座 109 期,受教育和培训人员达 15800 余人次。先后指导辖区内有关单位举行灭火演练近 10 次,提高灭火技能。同时,通过对汽车运输系统、歌舞厅等重点单位检查,及时发现和消除各类火灾隐患 2 万余处,做到防患于未然。

2001 年,消防部门审核域内新改建工程消防设施项目 119 个;对 1995 家单位进行消防监督检查,下发整改通知书 126 份。对问题较大的 51 个单位和个人予以处罚。年内,还先后 7 次组织安全消防宣传活动,召开 5 次消防会议,受教育群众达 5000 人。

2002 年,在市区设立流动消防咨询站,现场解答群众问题,做好消防宣传工作,举办各类培训班 37 期,受教育 10000 人。同时,消防、工商、环保等部门联合检查二级重点单位 981 家,发现和整改火灾隐患 840 多处,下发整改意见书 840 份,审核验收工程项目 139 个。查处行政违法案件 27 起,处罚单位和个人 51 起。

2003 年,在城乡组织 2 次宣传活动,在重点单位举办安全培训班 16 期。同时检查重点单位 650 家,及时发现和整改火灾隐患 457 处,下发《责令限期整改通知书》121 余份,下发复查意见书 120 份,先后处罚单位和个人 14 起,审核验收新改建 42 个。

2004 年,在全区 16 个中、小学校开展以在火灾中如何逃生、火场自救等为主要内容消防安全教育课,发放《江苏省小学生消防课本》;对学校安全管理人培训 8 期,组织灭火演练 26 期。对 317 家人员密集场所进行专项检查,下发检查意见书 218 份,整改火灾隐患 80 处,查处违法行为 20 起。同时,当年审核验收新改建消防工程项目 214 个。

2005 年,先后开展人员密集场所生命畅通工程专项整治、消防安全专项整治以及消防新产品专项整治。检查 426 家单位,发现和整改火灾隐患 351 处,下发《责令限期整改通知书》104 份,对问题严重的 14 个单位和个人予以处罚。年内,还对人员密集公共场所、重点设施、易燃易爆化工企业等重点单位进行消防安全大检查,发现和更改火灾隐患 200 多处。

二、易燃易爆物品管理

20 世纪 50 年代中后期起,区政府即加强对烟花爆竹,特别是化工企业使用的一些易燃易爆物品的管理,建立管理制度,明确管理人员责任。

“文化大革命”期间,易燃易爆物品管理一度失控。1967 年 11 月 8 日,两派群众组织在新浦发生“武斗”,致数十人受伤,并造成市果品公司大楼、黄海宾馆大楼被烧。

1976 年“文化大革命”结束后,市、区革命委员会及消防部门重新加强易燃易爆物管理。

改革开放以后,市、区公安部门对易燃易爆物品进一步严格管理和检查监督。1979 年 3 月 6 日,市革委批转市公安局《关于加强对爆炸物品管理意见的报告》后,新浦公安分局认真加强域内的烟花爆竹管理。1981 年,消防部门对市区使用、储运、经销爆炸物品的单位进行逐一检查,审核发证。同年 4 月中旬,新浦地区各单位分管安全的领导和采购、保管、使用爆炸物品人员,全部参加市消防大队组织的书面考试。1985 年,新浦区成立以消防部门为主的爆炸物品管理整顿领导小组,通过整顿为相关单位核使用证、储运证、安全员证、保管员证等。1988 年,消防部门落实市公安局《关于加强烟花爆竹安全管理的通知》,对新浦地区鞭炮销售点进行清理,取缔一批不符合要求的摊点,没收非法经营的鞭炮、摔炮、拉炮近 10 万头。1989 年 8 月 7 日起,新浦分局消防股会同市轻工、交通、皮塑、供销社等部门,对新浦地区生产、储运、经营易燃易爆化学危险物品及物资比较集中的 134 个单位进行抽检,查处 50 多处隐患,对其中 6 个较大单位发出整改通知书 24 份。1990 年,严格依法办理民用爆炸物品购、运手续,查处自购自销爆炸物品行为 3 起。没收烟花爆竹 1070 只,小鞭炮等违禁物品 20 万头,处罚个人 6 起;对液化石油气贮藏厂(站)进行消防安全大检查,发现和整改火灾隐患 85 处。对经营化学危险品单位和个人办理化学危险品经营许可证,加强对化学危险品管理。

1991 年,以爆炸物品仓库为重点,开展爆炸物品管理整顿,结合爆炸物品"四员"(采购员、安全员、保管员、爆破员)年审工作,制定《整顿验收评分细则》;共清查验收 12 个仓库,达标 7 个。1992 年,对烟花爆竹进行限制管理,查处 20 余家违反规定的集体、个体商店,没收、销毁劣质烟花爆竹 10 万条头;以易燃易爆化学危险品安全为重点,对生产、贮存、使用化学危险物品的单位进行检查。全年共检查 16 家单位,依法取缔违法生产单位 2 家,处罚单位和个人 16 起。1993 年,根据市《烟花爆竹燃放规定》,对烟花爆竹进货渠道、销售品种、销售摊位进行审核和跟踪检查,收缴、销毁违章鞭炮 10 万条头。根据市《关于加强高温季节易燃易爆化学危险品管理紧急通知》,对酿化厂、曙光化工厂等 25 家生产、贮存、使用危险物品单位进行检查,查处各类火灾隐患 131 条。1994 年,加强对易燃易爆化学危险品管理,与 114 家易燃易爆化学危险品销售点签定责任书;检查收缴伪劣鞭炮 23 万余头,查封地下生产包装厂 1 家,查获私自运输鞭炮车 3 辆、12 吨;配合区劳动局对 21 家生产、使用、贮存、经营化学危险品单位进行检查,发现和整改火灾隐患 131 处。1995 年,重点督促市曙光化工厂整改重大火灾隐患。同时与 25 个相关单位签定责任书,并组织检查 32 次。1996 年夏季,对辖区内液化气供应点开展专项整治工作;对市面上液化气供应点进行治理,取缔非法摊点 54 家,按规范设置 15 家。1997 年、1998 年,继续开展液化气供应点、代销点专项治理活动,取缔非法个体经营户 131 家,查处违章运输危险品车辆 7 起。1999 年,取缔解放东路一个体无证经营加油站,查处违章运输危险品车辆 6 起。2000 年,检查易燃易爆化学危险物品单位 16 家,查处违法运输化学危险品单位 3 起、个人 3 起,依法取缔 1 个体经营加油站;对液化气体代罐点进行安全检查,查处违法行为 2 起,没收充装液化气工具 2 套。

2001 年起,危险物品管理职能移交给经贸部门,此项工作纳入日常生产管理,消防部门配合相关部门管理。

1990～2005 年新浦地区各类火灾统计表

表 25－4

项目 / 数量 / 年份	发生火灾(起)	人员伤亡(人)		直接经济损失(万元)
		死亡	受伤	
1990	18	2	—	2.2675
1991	33	7	10	8.1571
1992	32	—	—	6.6718
1993	28	—	—	6.5717

续表 25－4

项目 数量 年份	发生火灾（起）	人员伤亡（人）		直接经济损失（万元）
		死亡	受伤	
1994	21	—	1	30.0064
1995	20	1	1	19.0023
1996	22	2	2	18.1499
1997	134	1	—	34.87
1998	150	1	—	44
1999	95	—	—	5.5289
2000	138	2	4	14.539
2001	86	—	—	5.5
2002	43	—	—	7.565
2003	57	—	4	10.305
2004	118	1	—	22.8099
2005	265	—	—	10.784

第六节　公安机关

一、旧警察机关

民国 8 年(1919)，东海县警察事务所在新浦设立，辖警察区公署、警察分驻所，有警官、警士 67 人。民国 15 年(1926)，东海县警察事务所改称新浦警察所。

民国 20 年(1931)，新浦警察所改设为东海县公安局，下设 3 个科及新浦、海州分局。新浦公安分局设于县公安局内，分局长由县局局长兼任。分局设若干警察派出所、分驻所，协助县局掌管新浦地区户籍、警卫、消防、防疫、卫生、救灾、渔猎等警务。

民国 23 年(1934)，东海县公安局裁撤，由县政府设立保安股办理警察事务。民国 24 年，东海县政府保安股下辖新浦公安分局，设东巃、西巃两个分驻所。民国 28 年(1939)初，新浦、大浦、海州公安机构合并，改为公安第一中队。

抗战胜利后，恢复东海县警察局，新浦设分局。新浦分局辖贾圩、新化、三新、东巃、西巃派出所。县警察局在海昌巷设一个直属派出所。南城设警务局，负责管理南云台地区地方治安。

附：日伪警察机构

民国 28 年(1939 年)3 月，日本侵略军侵占新浦，成立伪东海县公署，设警务科。不久，扩充为东海县警务局，后改为东海县警察总局。新浦设分局，分局下设贾圩、新龙、新民、新化、新市 5 个派出所和新市、三民、新民3个直属哨所。

民国34年(1945)初,新浦划归伪海州市管辖,伪东海县警察总局随伪东海县政府迁去海州城。伪海州市警察局和伪东海县警察总局均设于新浦,直至日本侵略军投降。

二、人民公安机关

民国37年(1948)11月7日,新海连解放,新海连军事管制委员会在新浦成立,设公安处。新浦地区社会治安受其管理。同月17日,成立新海连特区。撤销公安处,成立新海连特区公安总局。新浦地区社会治安由其下辖的新海市公安局管理。新海市公安局设治安、侦查、审讯、干教、人事、秘书6个科,另在新浦地区设一、二、三、四4个分局。每分局设4个股,每股7~8人,并设武装排1个,计60人。

民国38年(1949)6月,新海连特区公安总局与新海市公安局合并办公。新浦地区仍设一、二、三、四4个分局。

新中国成立后,新海连特区撤销,建立新海连市,成立新海连市公安局(驻新浦民主路291号),新浦地区原4个分局相继撤销。新浦地区社会治安由市公安局直管。

1950年5月1日至1955年10月,新浦地区公安工作先后由新海县公安局、新海连市公安局直管。辖区内设第一(路南)派出所、第二(龙尾)派出所、第三(东艞)派出所、第四(浦中)派出所、第五(西艞)派出所、第六(临洪)派出所及水上派出所(水上派出所于1953年6月撤销)。1951年,原市公安大队改建为消防大队,新浦地区消防工作由其负责。1952年,设立南城派出所。1955年10月,新浦城区设东艞、西艞、路南、浦东4个派出所,直属市公安局。1956年1月,建立浦中派出所(次年11月4日撤销)。1958年4月,新浦城区4个派出所撤销,成立新浦派出所。同年9月,组建东艞、西艞、路南3个派出所。1959年,设云台派出所。

1965年3月29日,组建新浦公安分局,下辖浦东派出所、浦西派出所、路南派出所。

1966~1967年,因"文化大革命"公安机关处于瘫痪状态。1968年3月,公安机关实行军事管制。

1973年7月,军管会撤销。新浦公安分局(以下简称"新浦分局")恢复正常工作。设治安股、政保股;辖浦东、浦西、路南3个派出所。分局机关设于民主路343号(现新浦区政府机关院内)。1975年,市公安局消防队改建为市消防大队,下设新浦中队。

1978年3月起,新浦分局增设预审股、消防股、刑警队,辖浦东、浦西、路南3个派出所。1979年5月,增设市东、幸福路派出所。1982年4月,增设新浦公园派出所。1983年1月,设宁海派出所。

1984年12月起,新浦分局改设秘书股、政保股、内保股、治安股、预审股、刑警队,辖浦东、浦西、幸福路、路南、市东、新浦公园、南小区、连海东路、水上、航运、港务、临洪闸等12个派出所。1985年7月起,恢复消防股。1986年11月,增设新浦汽车站派出所。1987年,新浦公安分局迁至朝阳中路。1989年10月,增设政工股。1990年9月,增设法制办公室。1992年,撤销航运派出所。1993年,撤销港务派出所。

1995年1月,原刑警队改为刑警大队;原治安队改为巡警大队;2月,原政工股改为政工办公室;秘书股改为办公室;4月,成立连云港市保安服务总公司新浦分公司。1996年12月,巡警大队划归市公安局巡警大队。1997年9月5日,撤销新浦汽车站派出所。1998年1月,设立后勤管理股;4月,法制办改为法制股;同时,撤销临洪闸派出所。

2000年3月,新浦分局成立治安大队、经侦大队、临洪派出所;南小区、连海东路、幸福路派出所分别改名为新南、新东、新海派出所。

2001 年 12 月，原云台公安分局并入新浦公安分局。

2002 年 4 月，政保股更名为国内安全保卫大队；内保股更名为经济文化保卫股。同年 5 月，新浦分局设立出入境管理股。

2004 年 3 月，临洪派出所撤销；7 月，花果山派出所和花果园林派出所并入新浦分局；11 月，新浦分局成立巡逻警察大队。

2005 年 4 月，新浦分局成立案件审核中心。同年 6 月，新浦分局猴嘴派出所划归连云港经济技术开发区分局。12 月，新浦分局成立技术防范联网服务中心。灌云县公安局宁海派出所划归新浦分局。

第二章　检　察

第一节　刑事检察

1980 年以前，新浦地区的刑事案件均由连云港市人民检察院管辖。自 1980 年 1 月新浦区检察院（简称区检察院）正式办公，至 1984 年之前，刑事检察方面只担负审查起诉、出庭支持公诉的职能，批准逮捕的职能仍由连云港市人民检察院行使。1980 年，区检察院受理起诉案件 15 起、19 人，向法院提起公诉 13 起、16 人。经复查，没有发生错案漏案。1981 年，将整顿社会治安作为刑事检察工作的中心任务，共受理各类起诉案件 73 起、81 人。其中决定起诉 71 件、78 人，占案件总数的 97.3%；免予起诉的 2 起、3 人，占案件总数的 2.7%。所起诉案件法院均做有罪判决。1982 年，受理各类刑事案件 43 起、49 人，审结 38 起、42 人，占案件总数的 90%；向法院提起公诉的 35 起、39 人，占案件总数的 81%；免予起诉的 2 起、2 人，占案件总数的 4.5%；不起诉的 1 件、1 人，占案件总数的 2%。出席法院支持公诉 35 件，发表公诉词 35 篇。

1983 年至 1986 年，根据中共中央、全国人大常委会《关于严惩严重危害社会治安的犯罪分子的决定》，开展首次“严打”斗争，办理各类刑事案件 540 件，社会治安形势明显好转。此后，“严打”整治工作逐渐成为检察机关的一项重要职能。

1987 年，新浦区人民检察院受理公安机关提请批捕人数 81 名，审查批捕 76 人，不批捕 5 人，追捕 1 人，批捕率为 93.7%；受理公安机关提请起诉 108 人，决定起诉 81 人，免予起诉 8 人。与 1986 年相比，批捕的人犯中，流氓犯上升 35%，盗窃犯上升 29%，强奸犯下降 69%。从构成看，青少年犯罪占总数的 76.5%，比上年上升 27.4%。

1988 年，新浦地区治安形势有所反复，刑事案件回升幅度较大。共受理提请批捕 159 人，审查批捕 155 人，与上年相比，受理数和批捕数净增 78 人，上升率为 102%。受理提请起诉 147 人，审结起诉 126 人。1989 年，继续开展“严打”斗争。共受理公安机关提请逮捕 177 人，审查批捕 174 人，受理数与批捕数比 1988 年净增 18 人，上升率为 83.6%。受理公安机关提请起诉 92 件、152 人，审查后提起公诉 96 件、137 人（含上年积存案件），追捕罪犯 3 人，依法纠正违法 4 次。1990 年，贯彻“稳定压倒一切”的方针，打击刑事犯罪。受理公安机关和自侦部门提请逮捕 127 件、224 人，经审查批捕 127 件、223 人，不捕

1 人；提起公诉 144 件、274 人，免诉 36 件、58 人。其中重大犯罪的 89 人，占批捕总数的 40%；青少年犯罪 168 人，占 75.6%；结伙犯 93 人，占 41.8%。

1991 年，共受理公安和自侦部门提请逮捕 107 件、166 人，审批批捕 105 件、164 人，不批捕 1 件、2 人；受理移送起诉案件 143 件、215 人，审结起诉 122 件、190 人；受理移送免诉 8 件、8 人，决定免诉 13 件、19 人。全年出庭支持公诉 118 件次。1993 年，受理公安机关提请批捕案件 122 件、224 人，批准逮捕 225 人；受理公安机关移送、免诉案件 128 件、239 人，审查起诉 202 人，免诉 4 人。1994 年，受理公安部门提请批捕案件 181 件、317 人，审查批捕 301 人，不批捕 13 人；受理公安机关移送起诉、免诉案件 162 件、267 人，提起公诉 140 件、228 人。批捕人数比上年净增 76 人，增长率为 34%，重、特大案犯 138 名，占总数的 46%。批捕各类犯罪团伙 26 个、106 人，占犯罪总人数的 35%。1995 年，受理公安机关提请批捕案件 143 件、251 人，审查批捕 138 件、242 人，不批捕 4 件、7 人，受理自侦部门提请批捕 5 件、6 人，审查逮捕 4 件、5 人，不批捕 1 件、1 人。受理公安机关提请移送起诉、免诉案件 170 件、314 人，提起公诉 144 件、244 人，免诉 24 件、26 人。1996 年，贯彻“从重从快”的方针，加大“严打”力度。审查批准逮捕公安机关提请案件 270 件 330 人，不批捕 12 人，提起公诉 208 件、292 人。移送市院审查起诉 23 件、41 人；批准逮捕自侦部门案件 10 人，提起公诉 25 件、28 人。1997 年，继续开展“严打”斗争。共审查批捕 145 件、232 人，提起公诉 146 件、235 人，不起诉 3 件、4 人。1998 年，贯彻落实中共十五大精神，把社会稳定作为压倒一切的首要任务。全年受理公安机关提请逮捕 195 件、302 人，审查批捕 179 件、278 人，受理公安机关移送起诉 212 件、329 人，提起公诉 202 件、304 人。1999 年，全年共受理侦查机关提请逮捕 206 件、297 人，批捕 196 件、278 人；受理侦查机关提请起诉 250 件、364 人，提起公诉 235 件、335 人。2000 年，受理公安机关提请逮捕 190 件、290 人，批捕 278 人，受理公安机关移送审查起诉案件 224 件、344 人，提起公诉 341 人。其中重、特大刑事案件 60 件 94 人，提起公诉重、特大案件 58 件、91 人。

2001 年，共受理侦查机关提请逮捕 191 件、279 人，受理批捕 183 件、265 人，受理侦查机关移送审查起诉 222 件、326 人，提起公诉 172 件、238 人。2002 年，继续推进“严打”整治斗争。全年共受理侦查机关和自侦部门移送逮捕 246 件、346 人，批捕 237 件、333 人，受理移送审查起诉 353 件、504 人，提起公诉 270 件、386 人。2003 年，区检察院坚持对重大疑难案件适时介入，在批捕环节提前介入 34 件、84 人，开展诉讼引导侦查 29 件。全年公安等侦查机关提请逮捕 232 件、419 人，批捕 225 件、404 人，向法院提起公诉 269 件、407 人。法定期限内审结率 100%。

2004 年，坚持对重、特大案件提前介入制度，年内提前介入和引导侦查取证 80 余件。使全年审查批捕办案时间平均为 3.5 天，比法定期间缩短一半。当年共受理公安机关提请逮捕 290 件、584 人，批捕 280 件、462 人，受理移送审查起诉案件 386 件、619 人，向法院提起公诉 335 件、419 人。

2005 年，针对刑事犯罪高发态势，区检察院加强与公安等部门的协作配合，坚持对重大疑难复杂案件适时介入制度，确保办案质量和效率。全年批准逮捕 670 人，提起公诉 395 件、671 人。其中，故意杀人、抢劫、强奸等“八类”案件 202 人，提起公诉 112 件、190 人。

第二节　反贪污贿赂检察

1981 年，新浦区人民检察院经济检察科成立后，共受理审查贪污、行贿受贿、滥伐森林等案件 6 起。

其中立案2起；对不够立案及不应追究刑事责任的，均建议有关部门给予党纪政纪和其他处理。为国家挽回经济损失16000余元。1982年，中共中央、国务院发出《关于打击经济领域中严重犯罪活动的决定》，区检察院立案侦查经济犯罪案件6件，其中贪污案件4件、受贿案件2件，批捕4人。

1985～1986年，围绕经济体制改革，严厉打击经济领域犯罪。共受理举报线索29件，立案25件，批捕16人，起诉18人。为国家挽回经济损失81089.32元，追赃率为100%。1987年，受理经济案件26件37人，立案侦查10件21人，其中贪污11人，受贿2人，诈骗4人，偷税2人。决定起诉8人，免予起诉11人。当年7月，区检察院建立派驻新浦税务分局的检察室，加强对偷税、抗税违法犯罪活动的打击力度。1988年8月4日，区检察院设立经济罪案举报站。全年共受理案件线索22件，立案12件，批捕6人，为国家挽回经济损失217000余元。1989年8月15日，贯彻最高人民法院、最高人民检察院《关于贪污受贿投机倒把等犯罪分子必须在限期内自首坦白的通知》精神，在期限内受理举报线索109件、113人，受理投案自首案件9件、9人，立案查处贪污贿赂等案件36件、36人，批捕12人。税务室受理偷、抗税案件线索11件，立案2件、2人，逮捕2人，追缴税款计人民币8万多元。1990年，共受理自侦案件82件，立案36件、38人，其中贪污案15件、16人，占立案总数的42.8%；受贿案11件、12人，占36.3%；挪用公款案9件、9人，占25%；大要案10件，占28%。为国家挽回经济损失56万余元。

1991年，立案37件，其中贪污案19件，受贿案9件，行贿案1件，挪用公款案6件，偷税案1件，诈骗案1件，为国家和集体挽回经济损失85万元，追回赃款赃物计人民币26万元，追赃率为97%。1993年，立案侦查21件，其中，贪污案6件，挪用公款案11件，万元以上重大案件6件，特大案件3件。为国家和集体挽回经济损失87万余元。1994年，受理各类经济罪案件线索98件，立案侦查25件、29人，比上年上升19%，其中，贪污贿赂案14件、15人，挪用公款案8件、8人，抗税案1件、2人，投机倒把案2件、4人。万元以上重大案件20件，占立案总数的80%，其中特大案件4件、6人。追回赃款、赃物折合人民币80万余元，追赃率达80%，为国家和集体挽回经济损失143万多元。1995年，受理经济罪案线索101件，初查80件，立案侦查26件、28人。其中万元以上重大案件19件，占立案总数的73.1%，5万元以上特大案件3件。追回赃款赃物折合人民币69万余元，为国家和集体挽回经济损失160万余元。1996年，区检察院加大查处力度。全年共受理贪污贿赂等经济罪线索96件，处理举报线索80件，立案侦查26件、27人，侦结24件。追回赃款赃物折合人民币116.97万元，为国家和集体挽回经济损失206万元。1997年，集中力量查办大案要案，全年共受理经济罪案举报线索86件，初查68件，立案侦查贪污贿赂等经济案件24件、28人，侦结20件、24人。案值在万元以上的23件，10万至100万元的5件，100万元以上的2件。为国家和集体挽回经济损失146万元，追回赃款、赃物折合人民币100万元。1998年，立案侦查贪污贿赂犯罪案件12件。为国家和集体挽回经济损失36万元。1999年，受理贪污贿赂案件线索78件，初查56件，立案侦查13件、13人。案值均为超过5万元的大案，其中案值在5万元以上不满10万元的10件，10万元以上的3件。为国家挽回经济损失114万元。2000年，全年共立案侦查国家工作人员贪污贿赂犯罪案件14件、14人，为发案单位追回赃款86万元。

2001年，受理国家工作人员贪污贿赂犯罪线索46件，初查46件，立案侦查19件19人，比2000年增长35.7%。均为案值逾万元的大案。追回赃款87万元，为国家挽回经济损失94万元。2002年，查办贪污贿赂等案件15件，追回赃款40余万元，挽回经济损失124万余元。2003年，立案侦查贪污案件9件、9人，受贿犯罪8件、8人，挪用公款2件、2人，私分国有资产1件、1人。其中，大要案件15件、15人，占75%，科级以上干部9件、9人，占42%。追回赃款188万余元，为国家挽回经济损失近300万元。

2004年，贯彻“系统查、查系统”的工作方针，立案17件、17人。为国家和集体挽回经济损失300余万元。2005年，立案贪污贿赂案件18件，其中，贪污、受贿5万元，挪用公款10万元以上的大案14件，100万元以上的2件。为国家和集体挽回经济损失600余万元。

第三节　反渎职侵权检察

1980年，新浦区人民检察院开始开展反渎职侵权检察工作，主要查处国家工作人员侵犯公民人身权利、民主权利和渎职情节严重、需要追究刑事责任的犯罪案件。办案数逐年增长，办案质量不断提高。1981年，共受理各类违法乱纪案件6起。1982年，受理案件4起、4人。1985年，主要对非法拘禁、刑讯逼供、徇私枉法、玩忽职守、重大责任事故罪、诬告陷害罪进行检察。共受理法纪案件21起，立案侦查4件、6人。其中重大责任事故占全年总数的76.2%（造成死亡11人、重伤2人、轻伤11人）。1987年，受理法纪案件7件，其中重大责任事故5件，非法拘禁1件，玩忽职守1件。1988年，受理16起案件，其中重大责任事故案1起，起诉1起。1989年，进一步加强法纪检察工作，共受理案件16起，其中重大责任事故7件（死亡6人、重伤1人），私拆、隐匿、毁弃邮件，侵犯通信自由案件1起，非法侵犯他人住宅和非法搜查案各1件，玩忽职守案件2件，打击报复案件1件。立案查处2件，起诉1件1人，免予起诉1件、1人。1990年，受理违法违纪案件线索13件，查结13件，立案侦查2件3人，其中，泄露国家机密案1件、1人，玩忽职守1件、2人。转有关单位处理9件，协助有关单位作调解处理的15件次。

1991年，受理案件线索15起，其中，非法拘禁5起，伪证1起，侵犯他人住宅1起。1993年，受理初查各类法纪案件线索22起，立案6件，其中，重大责任事故案4件，伪证案1件，非法拘禁案1件。结案率100%。1994年，受理法纪案件线索33件、34人，立案侦查6件、7人。其中，重大责任事故2件、2人，玩忽职守案2件、3人，非法侵犯他人住宅案1件、1人，徇私舞弊案1件、1人。1995年，受理法纪案件线索35件，立案4件、5人。其中，妨害邮电通讯案1件、1人，非法拘禁案1件、1人，非法搜查案1件、1人，徇私舞弊案1件、2人。1996年，查处法纪案件6件、10人。其中伪证案1件、1人，非法拘禁案2件、6人，重大责任事故案1件、1人，诬告陷害案1件、1人，妨害邮电通讯案1件、1人。为国家和集体挽回经济损失80余万元。1997年，受理法纪案件线索28件、28人，经审查，决定立案侦查3件、3人。为国家和集体挽回经济损失200余万元。1998年，受理侵权、渎职犯罪案件线索7件、10人，初查5件、8人。1999年，受理渎职案件线索5件，初查5件，未立案。2000年，受理“侵权”、渎职类案件线索9件，初查9件，立案1件，为国家挽回经济损失115万元。

2001年12月，法纪检察科更名为渎职侵权检察科。当年受理渎职犯罪线索13件，经初查，立案1件。2002年，受理渎职案件线索14件，其中滥用职权案2件，徇私舞弊案6件，玩忽职守案3件，非法拘禁案1件，非法低价出让国有土地使用权案1件，枉法裁判案1件。2003年，受理渎职案件线索12起，初查12起，未立案。2004年，受理渎职案件线索5件、5人，立案查办渎职案件3件、4人，起诉3件、4人。2005年，受理渎职线索7件、7人，立案查办渎职案件3件、3人，起诉3件、3人。

第四节　控告申诉检察

1980年，新浦区人民检察院法纪检察科在查处违法乱纪案件的同时，还担负接待人民来信来访工作，形成控告申诉检察的雏形。当年共受理人民来信17件，接待来访15人次，查处案件32件。对于重要的来信来访，领导亲自阅示，做到件件有着落，事事有交代。

1981年上半年，增设控告申诉检察科。处理控告、申诉和自首案件，随后逐步建立来信来访登记接待、交办、答复和检察长接待日等制度；结合来信来访工作，宣传法制，提供法律咨询。当年受理来信来访133件。1982年，受理来信来访54件，处理48件，移送相关部门4件，移送院内自侦部门2件。1984年，开始复查陈年旧案，至1986年底，共清查旧案68件、68人。1985年，受理人民来信来访139件次，自行查办的51件次，有88件次移送主管部门处理。对主管部门不明确的，采取“引线搭桥”的方法，协助落实主办单位。1987年，控告申诉工作继续贯彻为“两打”服务的方针，积极发挥司法机关的“窗口”和“纽带”作用。共收到群众来信45件，接待来访59人次。1988年，建立“检察长接待日”制度，并设置专门接待室。全年受理来信来访202件。1989年，收到举报线索170件、191人。在受理的170件举报线索中，涉及贪污的22件、24人，受贿的36件、36人，偷、抗税的7件、7人。1990年，区检察院加强信访接待工作，对举报来访人员做到进门请坐，送上一杯水，交谈一席知心话。热心接待，耐心听取情况反映，细心制作来访笔录，诚心帮助解决问题，发挥检察机关的“窗口”作用。全年共收到各类经济罪案线索107件111人，其中匿名举报59件、61人。转本院自侦部门查处93件、95人，转有关单位14件、14人。接待来信来访117件次(其中重复上访25人次)。

1991年，共受理来信来访102件，其中来信93件，来访9人次。首次信访91件，重复信访11件次。复查审诉案件4件、4人，其中维持原决定的2件、2人，纠正原决定的1件、1人，另一件撤回申诉。1993年，受理来信来访116件次，办结116件。1994年，接待群众来访来信133件次，属举报线索的130件，移送自侦部门初查的93件，其中立案2件。转有关部门处理的12件；院内部门初查10件，参与办理立案案件4件，追回赃款8万余元，为国家和集体挽回经济损失20多万元。1995年，接待来信来访105件次。属举报线索70件次。移送院自侦部门58件，转有关单位处理15件。为国家和集体挽回经济损失5万余元。1996年，接待来信来访198件次，250人次，重复信访12件次。1997年，受理人民群众来信来访196件，其中来访23人次。初查12件，直接答复8人次，其余线索转其他有关部门查处，办理申诉案件2件。1998年，受理人民来访来信129件次，属于控告类的15件，刑事申诉类7件，民事行政申诉类8件。受理请求赔偿案件2件，审结1件。1999年，受理控告举报线索142件，复查24件不立案，不批捕，不起诉案件。正、副检察长共接待来信来访24件、26人，批阅各类信件24件次，交办督办各类案件8件。2000年，受理控告申诉线索150件。全年正、副检察长接待来访50人次，批办18件，处理告急访、集体访2件次。控申部门被评为市级文明接待室。

2001年以来，区检察院进一步强化法律监督，坚持“敢抗诉、会抗诉、抗诉准”的原则，做好抗诉申诉检察工作。2001年，受理来信来访169件，初查47件。2002年，受理各类举报线索172件，初查52件，召开协调会48次，协调案件线索114件，检察长接待来访52次，批办28件，办结26件。2003年，受理群众来信来访等各类控告和举报线索179件，其中，控告类25件、举报类154件，举报中心自行初查52

件。检察长接待群众来访16次。2004年,全面推行首办责任制,减少重复上访和越级上访。全年共受理来信来访161件,其中集体访7件次。检察长接待信访28次,批办处理26件。全年落实首办责任制84件,妥善处理60件。

2005年,开通网上举报和电话自动受理系统等多种举报“绿色通道”。全年处理群众来信来访160件,排查涉法上访40件,办结31件,均被化解或息诉。

第五节　民事行政检察

1993年5月,新浦区人民检察院设立民事行政检察科(简称“民行科”),配备专职人员,开展民事行政检察工作。受理不服人民法院民事、行政判决、裁定的群众申诉案件,发现确有错误的,则提请上级检察院向人民法院提出抗诉;查处错案背后的审判人员职务犯罪案件;对法院正确的判决、裁定,则向申诉人予以解释说服,促其服判息诉。同时,在新浦区律师事务所、临洪街道法律服务站等单位建立工作联系点。当年共接待来访7人次、群众申诉3人11次。1994年,区检察院将民事行政检察工作的特点、职权等知识编印成册,深入60多个企事业单位进行宣传。全年共接待来访40余人次,受理申诉案件8件,建议市检察院提请抗诉的3件。

2000年,民行科的干警从3人增至5人,并选派人员到法院学习,办案力量明显增强。并在工作中引入公开听证程序,召开案件审查公开听证会,增强民行工作的透明度。当年,接待来访120余人次,提请抗诉和建议提请抗诉共计9件,比上年同期增长50%,息诉6件,出庭支持抗诉5件,法院改判4件。

2001年,区检察院开始探索对法院重大执行活动实施现场监督。2002年,出庭支持抗诉7件、8次,向法院发出再审检察建议3件。当年办理的泰兴市兴太甘油厂申诉案,抗诉后获法院改判,社会影响较大。年内,民行科还与控告申诉检察科联合开展“检察宣传进社区”活动,设立民事行政申诉联络点26个,聘请联络员26人。

2003年,贯彻高检院《人民检察院民事行政抗诉案件办案规则》,按照“巩固、发展、强化”的思路,坚持“敢抗、会抗、抗准”的原则,全面开展民事行政检察工作。并与辖区内的30余家律师事务所联合召开“信息交流会”,改善申诉案源数量不足、质量不高的状况。当年共受理申诉案件33件,立案审查16件,建议提请抗诉5件,向法院发出再审检察建议2件,息诉15件,终止审查10件,出庭支持抗诉3件。

2004年6月,区检察院牵头会同区司法局成立“全民创业法律服务中心”,服务全民创业大局,为到港城创业者、投资者提供免费法律服务。针对“借卷难”问题,区检察院与区法院审判监督庭召开联席会议并形成“会议纪要”,对借卷工作予以规范。当年共受理申诉案件46件,立案审查19件,提请抗诉和建议提请抗诉共计5件,向法院发出再审检察建议2件,息诉20件。

1995～2005 年新浦区人民检察院民事行政检察案件统计表

表 25－5

项目 / 数量 / 年份	受理申诉案件（件）	立案审查（件）	审结案件（件）	终止审查和息诉（件）	提请建议提请抗诉（件）
1995	3	1	1	—	—
1996	9	9	9	—	5
1997	8	8	8	—	6
1998	16	9	9	—	5
1999	31	12	12	—	1
2000	34	18	12	6	9
2001	36	18	12	9	11
2002	48	18	18	37	10
2003	33	16	16	25	5
2004	46	19	—	20	5
2005	—	—	—	29	9

第六节　检察改革

2000 年，区检察院全面推行检察制度改革，将竞争机制引入人事制度中，坚持“公正、公平、择优”原则，在中层干部中实行竞争上岗，让优秀人才走上检察第一线。经竞争有 2 名中层副职干部被任命为正职，4 名普通干警走上中层领导岗位，31 名干警经双向选择，进行岗位交流。同时，在检察制度方面，落实主诉主办检察官制度。在审查起诉科全面推行主诉检察官办案制度，在反贪污贿赂局和审查批捕科，进行主办检察官制度试点。先后任命 4 名主诉检察官和 7 名主办检察官。办案效率和质量明显提高。

2001 年，继续扩大主诉检察官、主办检察官办案改革成果。对主诉检察官、主办检察官实行公开竞争上岗，滚动选任。初步形成以主诉检察官、主办检察官为办案中坚的工作机制。同时，改革检察委员会工作制度，按照高素质、专业化要求，设置专职检察委员会委员，负责对所提交讨论的案件进行程序性审查，对案件实体问题进行复核性审查，为检察委员会工作做好前期准备。

2002 年，区检察院采取措施赋予主诉检察官、主办检察官一定的责、权、利，强化办案责任制。同时，对检察引导侦查、刑事申诉复查、对公诉人实施考核等新的业务工作机制进行探索。制定出台《公诉人考核实施细则》，并邀请市检察院、区人大等部门领导人组成考评组，对公诉人的政治素质、文书质量和庭上表现等方面，进行全面考核，量化打分，评出名次。

2003 年，区检察院以规范办案流程、完善强制措施为重点，改革业务工作机制。进一步落实主诉、主办检察官办案责任制，全面推行控告申诉首办责任制，加强首办案件的审查、协调、办理和情况反馈。

同时,整合全院力量,成立区检察院侦查指挥中心,建立新的侦查工作机制。

2004 年,区检察院成立规范化建设领导小组,先后制定《案件质量评价管理规定》、《监控预警制度》等规范化管理制度。开展人民监督员制度试点工作,成立人民监督员办公室,聘请 9 名人民监督员,加强对检察院自侦案件的外部监督。同时,推行普通程序简化审和庭前证据公示制度。年内,通过庭前证据公示制度出庭支持公诉 21 件、31 人,运用多媒体示证技术出庭支持公诉 29 件、29 人。

2005 年,区检察院在侦查部门试行公(诉)检(察)轮岗交流、公开审查逮捕新措施,深化检务公开,在公诉部门试行案件挂牌竞办和限时办结加分工作机制,年内均取得明显成效。省、市政法委员会先后予以推介。

第七节　检察机关

一、旧检察机构

清朝以前,由地方行政长官兼理司法。清朝末年实行司法改革,初创检察制度,采用“检审合署制”,即检察机关附属于当地裁判所之内。

民国元年(1912),临时政府沿用清制。是年,江苏筹设各地审判、检察机关。次年 6 月,东海县地方审检厅成立,后改为审检所,新浦城区的检察事务归其管辖。民国 3 年(1914)4 月,审检所撤销,改由县知事兼理司法,执行检察职务。设承审员、司法书记员、录事、承发吏、检验吏、司法警察等若干人,处理民事、刑事及其他司法事务。

民国 16 年(1927)4 月,南京国民政府实行司法改革,每县设一地方法院,内设检察处。新浦地区检察事务分别由所在县(东海县、灌云县)县长兼理,隶属于江苏省高等法院第一分院。

民国 24 年(1935)7 月 1 日,国民政府颁布“法院组织法”,新浦地区司法事务改隶江苏省高等法院第四分院(设于铜山县)。

民国 30 年(1941)7 月,汪伪苏淮特别区“东海地方法院”在新浦组建,坐落于新浦后街普爱小学(今建国路小学)东侧,管辖东海、灌云、新浦一审民事、刑事案件,隶属于伪徐州地方法院。内设检察署,其中检察长 1 人、检察官 2 人、主任书记官 1 人,书记官、检验员、医师、法警等若干人。民国 32 年(1943),伪苏淮特别区高等法院任命张仲谦为东海地方法院检察署检察长。民国 36 年(1947),东海县地方法院检察处成立,坐落于新浦陇西街,设首席检察官 1 人、检察官 1 人、主任书记官 1 人、书记官 2 人及录事、法警等若干人。

二、新浦区人民检察院

【机构设置】　解放初期,新浦地区刑事、民事案件先后由新海连特区公署司法科、新海连市人民法院审理。

1955 年,新海连市人民检察院成立,坐落在新浦民主路。下设 3 科 1 室,有 8 名干警。直至 1979 年 4 月,新浦地区检察事务均归其管辖。

1979 年 5 月,新浦区人民检察院筹建,有干警 3 名。1980 年 1 月 1 日,该院在民主路 343 号正式挂牌办公,下设刑事检察科、法纪检察科和办公室,共有干警14名。

1983年11月,新浦区检察院、海州区检察院合并成立新海区人民检察院,设于海州城内西南路20号(原海州区政府院内),设4科1室,有干警48名。

1986年6月底新海区撤销后,恢复新浦区人民检察院,并迁至新浦大庆西路42号,与海州区人民检察院合用一栋办公楼。有干警26名。1988年8月4日,区检察院设立经济罪案举报站。

1993年3月,原刑事检察科分为刑事检察一科和刑事检察二科,并成立民事行政检察科和政工科。1995年4月24日,成立反贪污贿赂局(为二级局),同时撤销经济检察科。1996年10月8日,成立审查批捕科、审查起诉科,撤销刑事检察一科、刑事检察二科。1997年8月12日,区纪委派驻区检察院的"纪律检查组"成立。1998年1月,政工科更名为政治处。至此,区检察院有政治处、纪检组、办公室、反贪污贿赂局(辖侦查一科、侦查二科、综合科)、批捕科、起诉科、民行科、法纪科、控申科(举报中心)等9个机构。

2001年12月24日,市行政区划调整,原云台区人民检察院24名干警并入新浦区检察院,干警人数增至78名。同月,审查批捕检察科更名为侦查监督科,审查起诉检察科更名为公诉科,法纪检察科更名为渎职侵权检察科。

2003年7月30日,增设未成年人犯罪检察科和技术科。

2005年10月,院迁址于新浦陇西南路31号。至年底,区检察院有职在编干警79名。内设机构有:反贪污贿赂局(辖侦查一科、侦查二科、综合科)、侦查监督科、公诉科、渎职侵权检察科、民事行政检察科、控告申诉检察科(举报中心)、政治处、纪检组、办公室、监察室、未成年人犯罪检察科、技术科和法警大队等。

【干警培训】 1982年起,区检察院组织干警分批参加上级检察院组织的业务培训,提高业务技能。

1984~1985年,注重智力投资,多层次、多渠道培养人才,干警中1人上南京大学、1人上电视大学、3人参加华东政法学院函授、3人自学大专课程、1人上中专、7人补习高中课程。1988年,组织35岁以下干警参加"高等成人自学考试"电化教学。29名35岁以上的干警全部参加参加"法律专业证书"学习。

1992年,组织30人参加法律知识学习,并取得法律大、中专文凭,占全院总人数的71%。1993年底,有28人取得大专以上文凭,占全院总人数的60%。1994年,组织没有法律专业文凭的干警参加不同形式的培训。

2002年,区检察院干警中大专以上学历达99%,有2名干警在职攻读研究生。

2004年,在全市检察系统业务知识测试中,获得第二名的好成绩,1名干警获得满分。

【办公现代化建设】 1994年12月起,区检察院开始配置电脑等设备,档案实行微机管理,档案工作被评为市一级档案管理工作先进单位。

1996年,添置传真机、加密机、枪弹库防盗门、枪橱、报警器、空调、复印机等设备。1999年,添置5万余元办公设备,实行档案微机化管理。

2000年,投入38万元用于基础设施建设,添置多媒体示证系统及一批电脑设备。院传真室升级为"省一级传真室"。

2001年,投入近6万元用于办公楼维修。在全市率先建成院局域网,做到"四个结合",即与基础办公结合、与查办案件结合、与检察监督结合、与庭审方式改革结合,发挥检察信息网络对检察事业的促进和保障作用。2002年,投资2万余元购置11台空调,投资2.4万元购置5台电脑、2台打印机、1台交换机、1台视频采集盒。年底,共有空调40台、电脑20台。院档案室通过省二级标准的验收。从区里争取专款近230万元,用于检察技术基础建设。2003年,建成检察专线网,实现与省市县(区)三级互联,方便了信息流转。5月,市检察院在新浦区检察院召开科技强检工作现场会。投入18万余元购置一体化油印机、视频展示台等设备。2004年,对电脑和局域网实施规范化管理,扩大其在办公、办案中的应用范围。2005年10月,区检察机关搬入陇西南路31号新办公大楼。先后投入200多万元,新增技术用房800余平方米,设置机房控制中心、侦查指挥中心、监控中心、电子显示屏和电子阅览室。至年底,区检察院共有空调72台,电视机6台,电脑115台,打印机27台,复印机16台,监视设备11套,录音录像设备9套,一体化油印机1台,投影仪1部,服务器5台,扫描仪6台,视频展示台1个,汽车10辆,办公、办案条件得到极大改善。

1980~2005年新浦区人民检察院检察长更迭表

表25-6

姓名	任职期限
薛克诚	1980年2月~1982年3月
金庆仁	1982年3月~1983年9月
黄松仁	1983年9月~1984年3月
程振华	1984年3月~1993年3月
陈学标	1993年3月~2002年12月
王墩海	2002年12月~2005年12月

第三章 审 判

第一节 刑事案件审判

1974年8月1日,新浦区人民法院开始审理由连云港市中级人民法院交办的刑事案件。党的十一届三中全会以后,区法院全面复查"文化大革命"期间判处的案件,纠正和改判一大批冤、假、错案,落实了党的政策。1982年3月,全国人大常委会颁布《关于严惩严重破坏经济犯罪的决定》后,区法院会同公安、检察机关,从严惩处贪污、受贿、诈骗和盗窃公私财物等重大经济犯罪分子。至1982年底,共审结各类刑事案件316件,处理案犯322人。

1983年至1986年,在开展严惩严重危害社会治安的犯罪分子斗争(简称"严打")期间,新海区人民法院共审理刑事案件607件,判处案犯670人。审理贪污、诈骗国家集体财物案件43件,判处罪犯57人,为国家挽回经济损失52218元。

1987 年,开展“两打”斗争,审结刑事公诉案件 60 件,自诉案件 11 件,判处罪犯 85 人,其中:判处 10 年以上有期徒刑 5 人;判处 5 年以上有期徒刑 21 人;判处 5 年以下有期徒刑 50 人。

1988 年,刑事审判工作坚持突出“严打”斗争。共受理各类刑事案件 104 件,审结 104 件,结案率 100%。判处 133 名犯罪分子。为扩大办案效果,公开审判 36 名罪犯。并选择典型案件到案发地和被告人所在单位就案讲法。

1989 年,打击流窜犯、盗窃犯、流氓团伙犯罪。受理并审结各类刑事案件 116 件,结案率 100%,判处罪犯 148 人。与 1988 年相比,共同犯罪案件剧增,达到 34 件,占收案总数的 37.3%,经济犯罪案件上升 66.6%。在审判工作中进一步完善审判机制,保护未成年人合法权益,在刑事审判庭内设立专门审理未成年人违法犯罪的合议庭(简称少年庭)。由审判员和特邀陪审员组成专门合议庭。共审结未成年人犯罪案件 5 件。

1990 年 5 月至年底,在第二次严厉打击各类刑事犯罪和严重经济犯罪斗争中,共受理和审结各类刑事犯罪案件 91 件,判处罪犯 154 人。受理和审结各类经济案件 42 件,判处罪犯 60 人。挽回经济损失 15 万余元。在“严打”斗争中,配合公安、检察机关开展打击杀人、盗窃、抢劫专项斗争 8 次,集中宣判罪犯 47 名。

1991 年,共受理各类刑事案件 167 件,审结 152 件,结案率 91%,判处罪犯 201 人。严厉惩处 54 名团伙犯罪的首要分子,打击了犯罪分子的嚣张气焰。严惩 64 名贪污、受贿、投机倒把、偷税漏税等经济犯罪分子,适用没收财产、罚金等附加刑,收缴非法所得,为国家、集体挽回经济损失 20 余万元。对 62 件重大盗窃案件,坚持就地审判原则,在案发地公开开庭。先后组织 7 次宣判大会,近万名群众参加旁听,使反盗窃斗争有了一个良好开端。在“严打”同时还认真执行党的方针政策,根据省、市政法委关于“对轻型犯适当多判一些缓刑”的指示,对 39 名少年犯、胁从犯及投案自首、有立功表现或罪行一般的犯罪分子判处缓、管、免,收到良好的社会效果。1992 年,开展打击盗窃、抢劫等专项斗争 4 次,集中宣判罪犯 86 名,公开开庭 198 庭次。全年共受理各类刑事案件 175 件,审结 166 件,判处罪犯 228 人,与上年同期相比,分别上升 5.4%、2.47%。1993 年,会同公安、检察机关开展地区性的集中“严打”专项斗争。坚持“打防并举,标本兼治”的方针,做到打、治结合,先后 4 次集中宣判盗窃、流氓、抢劫等犯罪分子,公开开庭 123 庭次,旁听群众达万余人次。在刑事自诉案件审理中,严格把握调、判环节,尽量促成和解,消除隔阂。在审结的自诉案件 30 件中,原告自动撤诉 25 件,依法判决 5 件。1994 年,在四、五、六 3 个月案发高峰期间,集中打击地方邪恶势力和带有黑社会性质的犯罪团伙,开展专项斗争 7 次,集中宣判罪犯 83 名,打击了犯罪分子的嚣张气焰。在全省十年“严打”先进集体表彰大会上,新浦区法院刑事审判工作受到省高院表彰,并被市政府授予先进集体称号。1995 年,全年受理各类刑事案件 225 件,结案率 100%,判处罪犯 210 人。与上年同期相比,收、结案数均上升 9.2%。先后开展打击盗窃、流氓、抢劫等专项斗争 15 次,集中宣判罪犯 86 名,旁听群众万余人次。同年 9 月份,受市中级人民法院委托,对辖区内的 4 名严重犯罪分子依法执行死刑。1996 年,按照全国政法工作会议和第十七次全国法院工作会议确定的打击重点,在严厉打击杀人、抢劫、强奸、涉黑、拐卖绑架妇女儿童等刑事犯罪中,共审结各类刑事犯罪案件 271 件,判处罪犯 301 人,收、结案数均上升 11.19%。1997 年,新浦地区社会秩序明显好转。全年共审结各类刑事案件 173 件,判处人犯 244 人。刑事收案数比上年下降 36.2%,判处人犯下降 19%。年内还配合公安机关开展专项斗争 11 次。集中宣判罪犯 85 名,增强了打击力度。1998 年,重点打击严重危害公共秩序和人民群众生命财产的杀人、抢劫、强奸、绑架勒索、拐卖妇女儿童、重大盗窃等犯罪和带有黑社会性质的团伙犯罪。审结各类刑事犯罪案件234件,判处罪犯245人。并选择在地区有较大影响的聚众斗殴、故意伤害案件,进行公开审判,扩大办案的社会效果。1999年,共审结各类刑事案件224件,判处人犯282人。审结经济犯罪案件40件,判处罪犯51人,为国家挽回经济损失60余万元。对173名罪犯判处罚金110余万元。2000年,全年受理各类刑事犯罪案件211件,审结208件,结案率98.6%,收、结案数分别比上年下降6.2%和7.1%。判处人犯237名。为国家挽回经济损失78万元。在刑事审判中配合公安部门开展"打黄"斗争,审结"涉黄"案件42件(比上年同期增长2.3倍),对189名罪犯判处罚金123万余元。

2001年,区人民法院在审理刑事案件时,扩大简易程序审理案件的范围,适用简易程序审理案件77件,占结案数的37%,平均审理周期5天,最快的当庭即作出判决。组织3次公判大会,集中宣判36名罪犯。2002年,集中打击多发性侵财犯罪,全年共审结各类刑事案件262件,判处犯罪分子353名。2003年,全年共审结各类刑事犯罪案件341件,判处人犯445人。2004年,审结各类刑事犯罪案件380件,判处人犯511人,严重危害社会治安的刑事犯罪案件70件,所有审结的各类刑事案件的平均结案周期约20天。审结31件自诉案件,调解结案28件,案件所涉及的民事赔偿全部自觉履行到位。2005年,共审结各类刑事案件319件,判处罪犯486人。在判处缓、管、免的172人中,属于初犯、偶犯、过失犯罪以及主观恶性小、犯罪情节轻微的占90%以上。

第二节　民事案件审判

新浦区人民法院在受理民事案件时,坚持"依靠群众,调查研究,调解为主,就地办案"的方针,及时做好审理工作。1983年至1986年,各类民事案件呈上升趋势。期间,新海区人民法院受理因草率结婚、重男轻女、一方户口在农村而导致的离婚案件810件,占审结各类民事纠纷案件的61.7%,并呈逐年上升趋势。1987年,审结的各类民事纠纷中,婚姻纠纷案占69.3%。"休夫"案件大幅度上升。在当年受理的离婚案件中,女方原告案件131件,占61.7%;同时,国家机关、企事业单位的干部提出离婚的28件,占13.2%;"第三者"插足的离婚案件17件,占8%。1990年,针对离婚诉讼案件突出的新情况,新浦区人民法院邀请区人大、政协、妇联、工会和共青团等单位的领导组成婚姻案件调查组。对1988年审结的206件诉讼离婚案件进行较为全面的调查。其中,离婚诉讼案件女方作为原告138件,占66%;男方作为原告68件,占34%;因婚姻基础差感情不和导致诉讼110件,占53.3%;因夫权重,家庭地位不平等导致诉讼22件,占10.6%;因经济及家庭琐事导致诉讼47件,占22.8%;因"第三者"插足导致诉讼17件,占8.2%;因其他因素导致诉讼10件,占4.8%。上述案件经审理调解和好112件,占55%;巩固夫妻关系共同生活106件,占94.6%;重新诉讼离婚6件,占5.4%。经调解离婚85件,占41%;离婚后再婚30件,占35.2%;复婚8件,占9.4%;未婚单亲47件,占55.2%;判决离婚9件,占4.3%。

1991年,在民事审判工作中,推行直接开庭审理,改"询问式"为"诉辩式"的庭审。采取开观摩庭、现场评议的方式,提高审判技能和审判质量。1994年起,对民事审判方式进行改革,由原、被告双方通过举证、质证、认证、辩论和法官判断证据合法性等诉讼活动,当庭审理、当庭调解、当庭裁决民事纷争,提高办案效率。1996年,审结各类民事案件978件,直接开庭率为83.2%,调解结案1020件,调解率为86.7%。

2001 年以来,新浦地区民商事案件逐年增多。在民商事案件审理中,新浦区人民法院坚持降低判决率,增加调解率的原则,使民商事案件调解、撤诉率达到 60% 以上。2004 年,新浦区人民法院先后被省高级人民法院和省综治委授予“民事审判工作先进单位”“人民调解工作先进单位”称号。2005 年,全年审结各类民商事案件 2218 件,解决争议标的额 8500 余万元。审结人身损害赔偿案件 164 件。审结劳动争议、劳动报酬及社会保障方面的案件 29 件。审结涉及婚姻家庭方面的案件 645 件,审结债权债务案件 433 件,审理邻里纠纷、抚养、赡养等纠纷案件 335 件,审结购销合同纠纷案件及其他种类合同纠纷案件 589 件,结案率 96.24%,审结涉农案件 23 件。

1974～2005 年新浦区人民法院婚姻案件收案统计表

表 25－7

项目 数量 年份	收案数（件）	占民事收案数（%）	项目 数量 年份	收案数（件）	占民事收案数（%）
1974	32	72.7	1990	351	54
1975	33	68.8	1991	444	70
1976	25	59.5	1992	456	74.5
1977	29	70.7	1993	407	68.9
1978	26	56.5	1994	582	66.3
1979	47	52.8	1995	578	64.5
1980	74	53.6	1996	667	56.8
1981	103	63.9	1997	690	56.5
1982	99	63	1998	714	49.2
1983	112	65	1999	746	48.8
1984	158	59.8	2000	579	37.6
1985	210	58.9	2001	765	47.5
1986	90	53.6	2002	694	24.3
1987	221	61.3	2003	809	30.8
1988	206	56	2004	873	38.1
1989	347	56	2005	987	30.9

第三节　经济(商事)案件审判

1982 年 9 月 29 日,新浦区人民法院成立经济审判庭,当年审结经济纠纷案件 3 件,解决争议标的额 1 万余元。

1983年至1986年，经济审判庭审结各类经济纠纷案件297件，解决争议标的额621余万元。

1987年起，区法院对办案实行定人员、定任务、定时间、定质量、一包到底的“四定一包”责任制，增强办案人员责任心。审判人员在办案过程中，认真审查合同，向当事人宣传法律法规，做好调解工作。至1989年底，共审结各类经济纠纷案件740件，解决诉讼争议标的额2512余万元。经济审判庭被市中院记集体三等功。1990年，共审理各类经济纠纷案件332件，解决诉讼争议标的额1528.9万元。对22件超20万元的经济纠纷案件集中审理，追回债款691.2万元。区法院还集中人员组成专门合议庭，深入区属企业，边办案、边调查、边宣传，为53家区属企业审理经济纠纷案件103件，解决诉讼争议标的额311.54万元，占当年受案数的31%。

1995年，审判人员一边办案，一边深入厂矿企业征求意见351条，为企业提供合同审查和咨询服务256次。并采取多种形式为企业培养法律型人才，帮助93家企业梳理排查陈年老账，对符合起诉条件的226件案件进行审理，解决诉讼标的额358.6万元。采取诉前调解、诉讼保全、先予执行等法律措施，查封、冻结、扣押各类财、物365.1万元，提高结案率，案件审结后自觉履行或在规定期限内履行案件占73.6%。

1996年起，区法院改革审判方式，采取直接开庭审判方式审理案件800件，占收案数71%，当庭结清400万元诉讼标的争议额。当年受理各类经济纠纷案件、审结结案数比上年同期分别上升6.3%和6.6%。其中，共审结大中型企业经济纠纷案件350件，追回债款7630万元，使30个企业恢复生产。深入40个厂矿企业、金融部门帮助修订完善经济合同200余份，调处经济纠纷150余起，帮助企业收回欠款近千万元，使15个管理混乱的“老大难”企业焕发生机。1997年，共受理各类经济纠纷案件728件，审结718件，结案率98.6%，结案标的额5018.8万元。1998年，依法保护企业承包、租赁、联营合同的法律效力，共审结承包、联营、租赁经济纠纷案件120件。审结借贷、票据、期货、股票等案件285件，收回银行贷款6963.04万元，依法制裁违法拆借资金、违规提供担保、违章贷款等不正当竞争行为，保护国家的合法利益，加速资金的正常流转；审理购销合同纠纷520件，保障有效合同的履行，维护商品流通的正常秩序。1999年，审判人员在审理流通领域和治理整顿、改革中发生的各类新型案件过程中，往返于东北、河南、山西、广东、南京、上海等10余个城市，百余个乡镇，为国家、集体挽回经济损失500余万元。当年，经济审判庭被省高级人民法院、团省委授予省级“青年文明号”荣誉称号。2000年，审理涉及国有企业改组、兼并、租赁、承包经营等经济纠纷案件113件。

2005年，依法审理假种子、假化肥、农村征地补偿和集体土地使用权流转等涉农案件23件，切实保护广大农民的切身利益。当年，民事审判二庭被市中院授予“诉调工作先进集体”荣誉称号。

第四节　行政案件审判

1989年，新浦区人民法院行政审判庭开始试办行政案件，当年受理行政案件2件，审结2件，结案率100%。其中，不服城建处罚决定案件1件，工商行政复议不作为案件1件。1990年，收、结3件行政案件，结案率100%。办案人员走出“公堂”与行政机关座谈、讨论、磋商行政诉讼中的疑难问题，统一规范行政机关的处理处罚文书格式，及时发出8封司法建议，制止和纠正不符合法律规定的行政行为。

20世纪90年代起，刑事诉讼案件数量总体呈上升趋势，且不断出现申请保护财产权不予答复、认为侵犯人身权、不服关闭企业批复、不服市规划部门处罚、不服市公安机关劳动教养决定等“新课题”，办案难度增大。90年代后期起，非诉行政案件大幅度增加。针对各个时期实际情况，审判人员多次走访公安、工商、税务、城建、土地、卫生、规划、计生委等行政机关，对案件的每一环节进行认真研究和探讨。在审理过程中，既注重行政行为的合法性，又严格遵守诉讼程序；既注重被告人的举证责任，又不忽视证据的审查核实；既支持、监督行政机关依法行政，又依法保护公民、法人和其他组织的合法权益。

至2005年底，共受理各种行政案件352件，审结343件，结案率97.4%；受理非诉行政案件1153件，审结1122件，结案率97.3%。

第五节　执　行

1986年8月，区法院设立执行庭，开始实行审判与执行公开的制度。

20世纪80年代末、90年代初，法制不够健全，地方保护主义比较严重，审判机关受理各类执行案件，处于“孤军作战”状态，难以达到预期效果。1990年、1991年连续两年案件执结率从开始头3年的80%以上，下降到50%以下。

1992年起，区法院加强法律宣传，加强与工商、公安、金融等部门联系，周密制定执行方案，加大案件执行力度，当年结案率明显回升。1993年，依法对拒不执行判决的实行传唤、拘传、搜查、司法拘留182件（人）次，扣押汽车4辆，冻结、查封、划拨款项300余万元。全年受理1051件执行案件，执结率达82%。此后，执行案件的执结率不断提高。区法院执行庭先后于1996年、2000年、2003年3次被市中院记集体三等功。

1986年至2005年年底，累计受理执行案件15203件，共结案14242件，执结标的额总计8.3亿元。期间，先后依法传唤、拘传、搜查1714件（人）次，扣押汽车42辆，冻结、划拨被执行款2210.5万元。

第六节　立案　信访（告诉、申诉）

新浦区人民法院成立初期，由办公室负责信访接待并调查处理简易民事纠纷。

1978年起，由信访接待室专司信访工作。1980年，受理人民群众来信210封，接待群众来访836人次，调解处理简易纠纷120起。

1987年6月，区法院告诉申诉庭建立院长接待日制度，由值日院长直接解答和处理当事人提出的各种问题，及时处理重大的告诉申诉案件。1988年，院长接待来访群众171人次，处理来信39件。为当事人提供法律咨询294人次，经做工作当事人撤诉172件，调解简易纠纷50件，受理刑事申诉案件126件（含旧存93件），审结15件，结案率占11.9%。其中，改判5件、13人，无罪释放2件、2人，维持原判6件、6人，建议减刑2件、2人。1989年，转变和完善告诉、申诉工作职能，把告诉申诉工作纳入审判工作轨道，建立严格的接待制度。年内，共审查移送立案959件，接待人民群众来访726人次，处理人民群众来信947件次，调处简易纠纷59件，审结刑事申诉案件48件，民事申诉案件3件。

1994年，受理并审结支付令案件5件，追回债款8余万元；受理再审申诉案件8件；调解简易纠纷

20件。1995年,接待人民群众来访,接受法律咨询分别比上年同期上升138%和44.4%。受理支付令案件51件,追回债款80万元,受理再审案件3件,给群众复信261封,避免越级上访75人次。1996年,接待群众来访,接受法律咨询,分别比上年同期上升57.5%和8.6%。1997年,审结支付令案件92件,解决诉讼争议标的额38.5万元;受理申诉案件4件。1998年,受理审判监督程序案件57件,审结57件。受理公示催告程序案件22件,审结17件;受理再审案件12件,审结11件。

1999年,区法院实行机构改革,撤销具有行使立案与审判监督双重职能的告诉申诉庭,设立立案庭和审判监督庭。在受理案件中,有90%以上案件做到当日收案,当日移送。被省、市法院授予"文明窗口单位"称号。2000年,受理督促程序案件10件,审结10件,结案率100%;受理公示催告程序案件18件,审结18件,结案率100%。

2002年,受理公示催告程序案件32件,办结28件,结案率87.5%。立案庭实施案件流程管理,在立案同时做好财产保全工作,受理诉前保全案件5件,办结5件,结案率100%。年内,立案庭被省高院授予"全省法院立案系统优秀文明窗口单位"称号。2003年,立案庭将信访工作与案件审判工作结合起来,把做好当事人的服判息诉工作纳入案件的办案质量指标体系。建立人大代表和人民群众来信来访登记报告制度。同时,实施网络化管理,改善立案和接访条件。全年共受理各类案件4723件。2004年,落实司法救助和法律援助制度,为诉讼困难群众减、缓、免交诉讼费近20万元。2005年,区法院整顿和规范涉诉信访秩序,公开申诉、申请再审程序等制度,并将涉诉信访流程管理操作细则、信访当事人须知等规定公布上墙,推行信访责任终身制制度,强化承办法官责任。并配备1名专职信访接待员,对接访情况及时与法官取得联系。全年共审查受理立案3849件。

2001年至2005年底,新浦区人民法院共为当事人缓、减、免诉讼费近300万元,并为70多名公诉案件被告人(少年犯)指定辩护律师。2005年9月,立案庭再次被省高院授予"全省法院立案系统优秀文明窗口单位"称号。

第七节　少年维权

1993年3月,区法院成立少年法庭领导小组,制定青少年犯罪行为矫治中心工作细则,并特邀30名人民陪审员。当年对51名少年犯分别判处缓、管、免处罚。1994年8月,新浦区人民法院内设少年庭。判处少年犯66人。1995年,强化少年犯矫治工作,当年受理和审结各类涉及少年犯罪案件41件,判处缓、管、免23人。1996年,区法院少年庭强化跟踪帮教,感化服刑少年犯。在中秋佳节前夕,会同区人大、妇联及市新闻等单位有关人员,到少管所进行回访帮教。当年,区法院少年庭被市委、市政府授予"社会治安综合治理先进单位"称号。1999年,受理涉少案件72件133人。当年,少年庭被最高人民法院、共青团中央授予"优秀青少年维权岗"荣誉称号。2000年,针对少年犯罪居高不下现象,少年庭工作人员深入学校、街道进行普法教育60多场次。

2001年,少年庭坚持"寓教于审、惩教结合"原则,举办3场法制教育报告会,组织两次义务劳动,开展模拟法庭5次,使一批失足青少年受到教育。2002年,判处缓、管、免未成年人犯16名。并通过组织缓、管、免少年犯义务劳动,举办青少年法制讲座,进行革命传统教育等办法对其进行教育。年内,在区法院判处的少年犯中,先后有2人复学,36人就业,9人考上大学。2003年,有1名被判缓刑的少年犯考上大学,有 20 人就业,8 人复学,15 人通过缓刑考验期并被鉴定为合格。

2004 年,青少年犯罪的案件呈上升趋势,且向低龄化发展,区法院采取在学校开展庭审活动,为学校师生上法制课等办法,遏制少年犯罪势头。同时,深入 50 多个被判缓、管、免的少年犯的家庭、学校和社区,开展帮教活动。并对 40 多名正在服刑的少年进行回访,进行教育。全年审结少年刑事案件 75 件、168 人,判处未成年犯 98 人,缓刑 22 人。年内,有 3 名判缓刑的少年犯考入大专院校,27 人就业,4 人复学,15 人顺利通过缓刑考验期并被鉴定为合格。2005 年 5 月,区法院少年庭被最高法院、共青团中央授予全国"青年文明号"称号。

第八节　审判监督

1986 年,新浦区人民法院增设第二刑事审判庭,负责刑事案件的复查申诉工作。当年复查刑事案件 157 件,经济、民事案件 65 件。全年受理刑事申诉案件 126 件,审结 15 件,占 11.9%。其中改判 5 件、13 人,无罪释放 2 件、2 人,维持原判 6 件、6 人,建议减刑 2 件、2 人,并对已审结的 222 件民事、经济、执行案件进行了复查。1989 年,本着"有错必纠"的原则,受理各类申诉案件 163 件,审结 117 件。1990 年,告诉申诉庭全年审结刑事申诉案件 24 件。

1999 年,组织全院干警复查至 1998 年已结的 3940 件案件,并对 1998 年发回重审的 23 件案件进行全面复查、评析。当年 9 月,成立以审判监督庭为主的业务考评组,根据市中院的具体要求,对 1999 年 1 月至 8 月份已结的 1232 件案件进行复查。先后抽查 768 件各类案件,召开听审会 3 次。

2000 年,全年受理再审案件 20 件,审结 19 件。其中维持原判 6 件,占 31.5%;依法改判 9 件,占 47.3%;调解结案 4 件,占 21%。

2001 年,评查 1200 余件案件,对 30 件改判案件进行听审,向 37 件案件承办人发出了催办函,审结 5 件审判监督案件。其中维持原判 2 件,依法改判 2 件,裁定撤诉 1 件。2002 年,全年审结再审案件 19 件,其中维持 6 件、依法改判 9 件、调解结案 2 件、撤诉 1 件、移送 1 件。评查改判案件 50 件。2003 年,评查各类案件 3641 件,评查改判、发回重审案件 10 件,其中维持原判 2 件、依法改判 7 件、撤诉 1 件。2004 年,评审各类案件 4000 件,对 18 件改判和发回重审案件进行通报。对 23 件信访投诉案件进行查处。当年 7 月,审监庭被省高院授予"审判监督工作先进集体"称号。2005 年,区法院设立审判管理办公室,案件评查工作划归审判管理办公室,审判监督庭受理各类申诉案件 76 件,审结 71 件。

第九节　审判改革

20 世纪 90 年代初起,新浦区人民法院改革审判工作,加强诉讼阶段的调解和和解工作,减轻审判工作压力。建立承办案件法官庭前调解、特邀陪审员参与调解、律师主持和解为主要内容的庭前和解三项制度,充分发挥在辖区内具有较高威望、特定专业知识和丰富社会经验的陪审员以及专业优势明显的律师参与庭前调解的作用,推动自诉案件的审理。区法院审理自诉案件的改革举措被《江苏法制报》、《人民法院报》刊登,被江苏省高级人民法院予以推广。

1999年起,区法院开始实行立审分立、审执分立、审监分立的审判管理机制,强化相互监督、相互制约。先后出台《目标管理考核奖惩办法》和《案件质量考评奖惩规定》,将案件质量指标进一步细化到人。2000年,强化审判方式改革,建立科学的审判运行机制:实行审判长选任制,以择优录取的原则,经过考试、面试、民意测评,选拔14名德才兼备的优秀人才担任审判长(平均年龄33岁,最年轻的27岁),推动用人思想的解放和用人观念的更新;实行书记员单独序列管理。明确书记员的职责,实行送达、排期、开庭分立制,对法律文书的送达、庭审排期、庭前准备、庭审记录、法律文书制作,卷宗装订等工作责任到人。彻底改变了法官"一包到底"的现象,初步实现审判权与程序控制权的分离;建立科学的审判流程运行管理机制。书记官处作为全院的中枢机构,负责对案件送达、排期、结案、归档4个环节跟踪管理。立案庭、书记官处、审判庭三者之间既分工明确、各司其职,又相互制约、相互监督。保证案件审理的公正、合法、高效;强化审判期限管理,缩短办案周期。在庭审工作中,全面推进公开审判制度,公开开庭率达100%;合议庭、独任审判庭当庭定案2858件,占诉讼案件总数91.1%。在推进繁简分流的审判运行机制中,民事、经济两庭适用简易程序结案2531件,占结案总数的98.4%,大大降低二次开庭率,全院办案周期平均控制在42天内,比以往缩短11天。

2001年,在立案庭成立速裁处,积极探索简便、快捷的办案方式,最大限度地提高审判效率。结合院内审判工作的具体特点,速裁处适用简易程序办结案件611件,占民事、经济两庭结案总数的23%,平均结案周期3天,属于当天审结的案件391件,占结案数的64%,最短的仅半小时就审理结案。速裁处的做法在当年的《人民法院报》刊出后,在全国产生了积极影响。

2002年,区法院制作《举证通知书》和《举证须知》,设立民事审判第三庭(简称民三庭),制定《民三庭办案规则》,在审理程序上进行大胆改革,简化送达方式,采取电、信为主的送达途径;简化庭审程序,可以不受答辩期的限制,在当事人无争议的情况下,直接进行调解,简化举证、质证、认证程序,在承担责任和适用法律没有争议的情况下,不进行法庭辩论。当年,民三庭审结案件779件,在1个月内结案579件,占结案总数74%;当天结案296件,占结案总数38%,平均办案周期21天。

2003年至2005年,区法院全面推行立审、审执、审监分立改革,加大内部监督力度。

第十节　审判机关

一、旧审判机关

民国以前,新浦地区之讼事,由海州直隶州知州直管。至清末宣统元年(1909),江苏各地试行承审制,海州设承审员1人,协助知州处理诉讼。

民国元年(1912),取消海州直隶州,改为东海县。新浦城区刑事、民事案件由东海县民政长(知事)兼审。云台、宁海、花果山、南城地区属灌云县民政长兼审。

民国16年(1927)4月,南京国民政府成立,审判机关改称法院,设检察官。新浦城乡,仍由所属县县长兼理司法,隶属于江苏省高等法院第一分院。

民国24年(1935)7月1日,国民政府颁布"法院组织法",新浦地区司法事务由江苏省高等法院第四分院(设于铜山县)管辖,上诉案件,初审案件仍由各县长兼理,县政府设承审处,配承审员1人,书记员、录事、检验吏、警察等若干人。

民国 28 年(1939)春,日本侵略军侵占后,伪"县治安维持会"专理民事纠纷,刑事案件由伪警察局审理。民国 30 年(1941)7 月,汪伪苏淮特别区东海地方法院在新浦组建,坐落于新浦建国路普爱小学(今建国路小学)东首。设院长 1 人、推事 2 人、书记官长 1 人、书记官、执达员、公役等若干人。管辖东海、灌云一审民事、刑事案件。二审案件上诉伪徐州地方法院。民国 32 年(1943)2 月,伪东海地方法院被列为乙等法院。

民国 34 年(1945)8 月,抗日战争胜利后,江苏省国民政府任命徐家璧为东海县承审员,临时接管"东海地方法院"。民国 36 年(1947)5 月 3 日,东海地方法院在新浦成立。设院长 1 人,首席检察官 1 人,推事 2 人、检察官 2 人、书记官长 1 人、书记员 6 人;通译、录事、执达员、会计、统计、庭丁、公丁等若干人。

二、新浦区人民法院

【机构沿革】 民国 37 年(1948 年)11 月 28 日,新浦城区刑事、民事案件由新海连特区公署司法科审理。花果山、云台、宁海、南城地区刑事、民事案件由灌云县法院审理。

1949 年 10 月,新海连市人民法院在新浦成立。新浦城区刑事、民事案件由新海连市法院审理。花果山、云台、宁海、南城地区刑事及民事案件仍属灌云县人民法院审理。

1973 年 11 月,筹建新浦区人民法院。次年 7 月 1 日,新浦区人民法院正式成立。同年 8 月 1 日,正式挂牌对外办公。下设刑事审判庭、民事审判庭、办公室(兼信访接待室)。院址:民主路 341 号。

1978 年,新浦区人民法院设信访接待室。

1982 年 9 月 29 日,成立新浦区人民法院经济审判庭。

1983 年 6 月,连云港市市区行政区划调整,原新浦区人民法院、海州区人民法院合并为新海区人民法院。院址在海州城内西大街。下设刑事审判庭、民事审判庭、经济审判庭、办公室和信访接待室。云台农场法庭划归云台区法院管辖。1984 年,新海区人民法院撤销信访接待室,设立信访科。

1986 年 6 月底,撤销新海区恢复新浦区、海州区。同年 7 月 1 日,恢复连云港市新浦区人民法院。院址在新浦区大庆西路 23 号。下设刑事审判庭、民事审判庭、经济审判庭、办公室、信访科、执行庭、刑事审判二庭。1987 年 6 月 17 日,信访科更改为告诉申诉审判庭。1988 年 12 月 25 日,设立行政审判庭。1990 年,撤销刑事审判二庭。1992 年 6 月 3 日,设政工科、法医室。1993 年 6 月 10 日,设法警队。1994 年 8 月 16 日,设少年庭。1995 年 9 月 18 日,设法警大队。1996 年,设行政装备科。1997 年,撤销政工科;增设政治处、监察室。1998 年,进行机构改革,撤销行政装备科,将其职责并入办公室;撤销告诉申诉审判庭,分设立案庭和审判监督庭(简称"审监庭")。2000 年 8 月 3 日,设书记官处。2002 年 12 月,执行庭更改为执行局(内设一、二、三庭),民事审判庭更改为民事审判第一庭,经济审判庭更改为民商事审判第二庭,增设民商事审判第三庭(简称民一、二、三庭),撤销书记官处。2003 年 12 月 17 日,撤销新浦区人民法院法医室;成立行政装备科、审管办、机关党委。

至 2005 年,新浦区人民法院内设政治处、办公室、监察室、装备科、民一庭、民二庭、民三庭、行政庭、刑庭、少年庭、审监庭、立案庭、执行局、审判管理办公室、法警队等 15 个职能部门。

1973～2005年新浦区人民法院院长更迭表

表25－8

姓名	任职时间
丁全普(女)	1973年12月～1975年8月
万昆山	1976年7月～1977年3月
刘永贵	1977年3月～1979年5月
李元林	1979年5月～1981年3月
张永宾	1981年3月～1983年9月
刘持祥	1983年6月～1986年6月
滕采勤(女)	1986年6月～1990年1月
刘永奎	1990年1月～1998年1月
徐昊	1998年1月～2002年1月
张大鹏	2002年1月～2005年12月

【队伍建设】 1974年7月1日,新浦区人民法院人员编制6人。至20世纪70年代末,逐步增至15人。

20世纪80年代初起,人员编制增加较快,至90年代初,新浦区人民法院干警已达到71人。至2005年底,在编人员共计114人,职能部门15个。

区法院不断加强干警自身建设。建院之初干警无一大专学历,到1991年全院具有大专以上学历的已达43人,占干警总数67.1%。

1999年,区法院组织干警参加全市法院第十一届学术讨论会及其他方面的专题调研,组织干警撰写一批调研文章,有4篇文章获奖。

2001年,全院84名干警,具有法律大专学历的48名,占57.8%;具有本科以上学历28名,占33.7%;2名干警攻读研究生。

2002年,有90名干警参加省、市法院举办的业务培训,有90多名干警参加电脑培训。在编干警具有本科以上学历已达76%以上,符合报考条件的14名法官分别报考北大、南大、苏大等大学的法律硕士研究生,另有2名干警通过国家司法考试。2003年至2005年参加省高院组织的执行、少年、民商、行政等业务培训达20余人次;参加市中院组织的法官轮训,刑事等审判工作培训达200人次;参加其他专题培训4人次。至2005年底全院114名干警中,大专学历18人,占15.7%;本科学历96人,占84.2%;硕士学历3人,占2.6%;高中生1名,占0.87%;在读硕士生15名,占13.1%。

【办公现代化建设】 1990年起,区法院开始添置电脑、打印机等现代办公设备,改善办公条件,为审判工作提供优质高效的技术支持。至2005年底,全院拥有电脑、复印机等办公设备145台套,办公车辆23辆。

立案大厅内安装有电子显示屏,开庭公告、诉讼指南、会议通知以及院内重大活动均在显示屏上予以发布,增强信息对外公开力度,为当事人及群众关注案件、了解司法活动提供一条有效的途径。法院的统计报表全部由电脑自动生成,确保向上级传报数据和本院分析依据真实客观。利用网络严抓案件审限管理,在院定审理期限届满前5日内电脑将发出"黄色"警告。

第四章　司法行政

第一节　民事调解

新中国成立后，街道居民委员会中设调解委员会，调解委员3～5人，主任通常由居委会干部兼任，成员多为居民小组长。

1982年，各街道、乡、镇配专职司法助理员1人，负责指导居民委员会调解委员会工作和网络建设工作，组织调解委员会开展纠纷排查、调解和法制宣传工作。

1983年至1989年，城区建立调解委员会221个，调解员888人。

1990年10月起，街道居委会委员改由居民代表选举产生，调解委员会委员也由居民代表推选产生，调解委员会委员5～7人，主任通常由居委会副主任或委员兼任。当年底，全区在工矿企业和街道居委会共建立基层调解委员会227个，有专职和兼职调解员851人。

1991年，在全区开展标准化调解委员会创建工作。至1996年，城区98个调解委员会达标率为100%。期间，结合创建活动每年都开展1次调解委员会组织整顿工作，充实、调整调解人员500余名。同时，先后举办调解人员培训班126期，培训调解人员4300人次。

1997年至1999年，在全区调解委员会中开展争创"优秀调解委员会"活动。1997年7月2日，通池街调委会被评为全市十佳调解委员会、民主街调解委员会被评为全市优秀调解委员会。1998年，连海路街调解委员会被省司法厅授予"人民调解防激化先进集体"称号。

2000年，司法部门加强"第一道防线"的组织建设，选派两名工作人员到各街道指导、协调工作。在新划分的新南、新东、新海3个街道成立疑难纠纷指导（协调）中心。全区形成以居委会调解组织为基础，以区、街道两级调解中心为指导的调解网络。在当年5月和9月全市民间纠纷排查月中，全区重点做好居民纠纷专项治理，排查出各类纠纷31起，并把纠纷全部化解在萌芽阶段。年内，还按照《江苏省标准化调解委员会条件》对全区110个调解委员会进行考核，标准化合格率达98%，新南街道新南三居委等8个调解委员会达到优秀标准。同年8月中旬，新南街道新南三居委人民调解委员会被省司法厅授予"1998～1999年度优秀人民调解委员会"称号。

图25－1　图为全区人民调解、社区矫正、安置帮教工作会议会场

2001年，新浦区加强基层调解组织建设，全区调解委员会全部挂牌、统一制度上墙，并重点排查及时调解好拆迁安置、宅基地、婚姻家庭等方面纠纷苗头63起。当年8月，浦东街道民主社区前河路上文、马两家发生矛盾，双方几十人

拿着棍棒、菜刀准备斗殴。社区居委会主任张春娥得知后，挺身而出，及时劝止，并耐心调解，化解一场流血事件。全年全区共发生各类纠纷429起，百分之百地及时予以调解，调解成功424起，调解成功率98.8%。

2002年，针对行政区划调整新情况，及时调整各乡、镇、街道司法调解中心、司法所和调解委员会成员，建立健全各项制度，并通过培训提高调解人员素质。全年全区调解各类民间纠纷742起，调解率、调解成功率分别为100%和97.2%。年内，浦东街道民主社区主任兼调解委员会主任张春娥被司法部授予“全国模范人民调解员”称号。

2003年，加强基层调解组织建设，全区各类人民调解委员会达104个，有人民调解员594人。6月13日，区政府召开全区人民调解工作会议，举办全区人民调解员调解业务培训班，有120名调解人员参加培训。同年8月，各乡镇、街道成立人民调解委员会。9月，在新浦工商分局和区司法局支持下成立全省首家消费者协会人民调解委员会，并在乡镇、街道建立民间纠纷调解中心。浦西街道调整充实社区调解委员会、居民小组、楼栋(院)调解信息员三级调解网络队伍，建立目标责任制和二级矛盾纠纷排查机制。每月召开1次调解人员例会，每月组织调解员排查1次纠纷，每月布置1次调解工作，每月分析1次纠纷排查调解情况。该街道做到小纠纷调解不出居民小组、一般纠纷调解不出社区、大纠纷调解不出街道的做法，被《江苏法制报》予以宣传报道。

2004年8月起，全区全面启动大调解机制建设。建立区社会矛盾纠纷调解工作联席会议制度。区政法委牵头，由20多个相关部门负责人参加，办公室设在区司法局，具体负责对全区“大调解”机制建设的组织领导和检查督促。并实行工作例会，建立纠纷排查调解、重大疑难纠纷分析制度。

2005年，全区进一步建立领导带班、听证对话、巡回排查、定期回访、考核奖惩、调诉对接等一系列规章制度。对重大矛盾纠纷采取指定责任单位、定责任领导、定调处期限和包调处的“三定一包”办法进行调解处理。当年，全区各级民调处理民间纠纷892起，调解成功率达98.8%。各级调处中心调解社会矛盾210件，100%调解成功。并于8月9日，召开全区社会矛盾调解纠纷调处工作现场会，推动全区“大调解”机制稳健发展。

1982～2005年新浦区人民调解工作一览表

表25－9

项目 年份	调解委员会数（个）	调解员数（人）	调解民间纠纷数（件）	纠纷诉讼数（件）	防止民间纠纷引起自杀人数（人）	防止民间纠纷转化为刑事案件数(件)
1982	227	1009	1120	—	2	1
1983	355	1233	806	—	1	2
1984	227	1460	620	—	3	2
1985	458	1922	1230	—	4	3
1986	193	1050	533	—	3	1
1987	248	1336	346	1	5	2
1988	302	1756	325	2	4	3

续表 25－9

年份＼项目	调解委员会数（个）	调解员数（人）	调解民间纠纷数（件）	纠纷诉讼数（件）	防止民间纠纷引起自杀人数（人）	防止民间纠纷转化为刑事案件数（件）
1989	221	888	306	2	1	6
1990	227	851	289	1	2	4
1991	226	834	293	1	4	3
1992	143	760	274	2	3	2
1993	126	683	194	2	3	2
1994	116	540	209	3	4	4
1995	109	540	214	4	5	3
1996	99	516	232	4	5	5
1997	99	430	302	4	5	8
1998	99	430	398	6	7	12
1999	110	430	442	4	6	9
2000	110	586	520	6	14	19
2001	110	586	429	4	16	18
2002	110	586	742	7	14	24
2003	110	586	728	6	6	14
2004	111	591	904	8	7	7
2005	107	603	831	6	12	66

第二节　安置帮教

解放后至 1977 年，对刑释解教人员一律实行管制式管理。1978 年起，对刑释解教人员实行帮教政策。

1997 年 5 月 12 日，新浦区成立刑释解教人员安置帮教工作领导小组，下设办公室，由区司法局安置帮教工作股承担安置帮教办公室的职能。次年 9 月，在临洪街道开展刑释解教人员的安置帮教工作试点，街道建立刑释解教人员安置帮教工作领导小组，下设工作站，各社区建立帮教工作小组，由街道办事处司法助理负责日常工作。建立刑释解教人员登记、管理、教育制度，做到回归一个刑释解教人员，登记一个，签订一份帮教协议，建立一份帮教工作档案。1999 年 1 月，刑释解教人员安置帮教工作在全区全面推开。

1998 年至 2005 年，全区共回归刑释解教人员 1038 人，并进行登记造册，签订帮教协议，建立帮教档案。签约率、建档率均 100%，重新犯罪率控制在 5% 以内。

1998～2005 年新浦区安置帮教工作概况表

表 25－10

年份＼项目	刑释解教人员数	安置刑释解教人员数	帮教刑释解教人员数	创办安置基地数
1998	86	84	86	0
1999	106	103	106	0
2000	114	111	114	0
2001	99	85	99	0
2002	161	145	161	0
2003	138	125	138	0
2004	191	172	191	0
2005	143	136	143	1

第三节 社区矫正

2003 年 12 月 15 日，新浦区成立社区矫正试点工作领导小组，下设办公室，办公室设在区司法局。12 月 31 日，新浦区新海街道被确定为江苏省首批社区矫正工作试点单位，并开始进行各项准备工作。2004 年 2 月 17 日，社区矫正试点工作在新海街道正式实施。全区举行"社区矫正宣告仪式"，对 9 名社区矫正对象进行集中宣告，街道办事处提供 90 平方米办公用房，投入近万元添置电脑、电话等设备、用品。在 10 个社区居委会全部建立以社区主任为第一责任人的社区矫正工作小组，同时聘请 76 名社区矫正联络员和信息员，建立以社区委员会工作人员、社区离退休人员、辖区单位机关干部和淮海工学院大学生组成的 30 名社区矫正志愿者队伍。采用"一帮一"的形式与矫正对象进行结对帮教，逐个签订帮扶协议，并建立社区矫正工作者职责、工作纪律及工作例会、联席会议、请示报告、教育培训、责任追究，及社区矫正对象日常管理、教育工作、考核奖惩办法、档案管理等制度。街道建立 11 个公益性劳动基地，并与区职业培训中心等单位联系，设立劳动技能培训基地，为矫正对象再就业创造条件。是年内，12 名矫正对象无一重新犯罪，其中有 7 人被按期解矫，重新融入社会。省司法厅基层处两次到该街道调研考察。英国驻上海领事馆也曾派员到此考察。省司法警官学校 3 位教师在该街道进行 1 个月的考察调研，街道社区矫正个案入选《江苏省社区矫正个案选编》。

图 25－2 区司法局与高等院校共建社区矫正对象心理矫正基地。图为开展矫正对象心理咨询活动现场

2005 年 3 月 31 日，区政府召开社区矫正工作推进会，至当年 12 月底，全区各乡镇（街道）均成立社区矫正工作组织网络，社区矫正工作者、志愿者队伍，及公益劳动、技能培训、教育 3 个基地全部到位，各

司法所为每个矫正对象建立工作档案，使每个矫正对象不失控、不漏管。全区累计接收社区矫正对象40名，无一名重新犯罪。

第四节　公　证

1985年1月，新海区公证处成立并开展公证工作。1985年至1990年，公证处主要开展遗嘱、继承、赠予等民事公证和企业承包合同公证工作。

1991年至2000年，公证业务范围拓宽至对供销、房屋租赁、房屋买卖等经济合同公证。

2001年至2005年，新浦区公证处主动将公证工作融入全区大开发、大建设和大发展过程，开展企业改制解除职工劳动关系协议书公证、企业拍卖竞标公证、城市改造房屋拆迁安置协议公证等新的公证业务，并参与区政府组织的强制拆迁保全证据公证、购房抵押贷款合同公证等工作。

1985～2005年新浦区公证工作情况一览表

表25－11

项目 年份	办理公证			担任常年服务单位数（个）
	总数（起）	其中		
		民事（件）	经济（件）	
1985	150	76	74	1
1986	205	158	47	3
1987	342	219	123	4
1988	414	197	217	4
1989	813	496	317	6
1990	811	501	310	7
1991	752	476	276	7
1992	820	423	397	8
1993	929	517	412	6
1994	865	651	214	11
1995	883	573	310	15
1996	1003	732	271	16
1997	1229	896	333	19
1998	880	453	427	18
1999	1424	1126	298	19
2000	1422	918	504	19
2001	1620	836	784	21
2002	1606	948	658	22
2003	1100	870	230	22
2004	1667	857	810	23
2005	1850	1250	600	26

第五节 律 师

清末,新浦已有职业律师。

民国36年(1947)5月,东海地方法院在新浦设有律师机构。

解放前,新浦的商号常受地痞流氓、便衣特务、警察以及保甲长敲诈。万康祥、吉泰永、信安盐号等商家便付给聘金,并登报申明聘请上海法政大学毕业生、刚卸任的伪县长翟广涵为律师,以维护自己的经营。

1956年6月25日,新海连市人民法院根据司法部"关于三十万人口以上的市及高、中级法院所在地的市、县均应建立法律顾问处"的指示,在新浦设法律顾问处。1958年底,律师机构撤销。1979年底,恢复律师制度,连云港市中级人民法院司法行政科在新浦设法律顾问处。

1985年5月1日,新海区律师事务所成立,区内即有专人从事律师工作。1986年6月底,新海区撤销后成立新浦区律师事务所,为国资律师事务所。1992年6月,更名为连云港市新风律师事务所。

20世纪90年代,新浦地区律师事业发展步伐明显加快。1993年初,新浦区司法局在全省率先对律师事务所进行改革,所长改任命为聘任,所内人员实行效益工资。同年5月28日,又在全市第一家不以行政区域命名而改称"永信律师事务所",设于新浦东方花园C-2号。主任为市"十佳律师"王广灿。

1994年12月24日,4名毕业于华东政法学院法律本科专业,平均年龄28岁,且于3年前取得律师资格的律师,辞去公职,在新浦创办连云港市首家合作律师事务所——海天律师事务所。

1995年5月28日,市律师事务所副主任韩永柱,与执业律师刘郯文、李寒松一起,创立苏北第一家合伙制律师事务所——中大律师事务所。设于新浦龙河广场外经贸大厦二楼。

1996年10月,由3名律师组建的合作制的连云港环宇律师事务所在新浦成立。1999年8月,该所更名为连云港正天平律师事务所。

2000年9月,国资连云港永信律师事务所改为合作制律师事务所,有专职律师4人,实习律师2人,兼职律师1人。同月,连云港新风律师事务所由国资改为合伙制,并更名为连云港新海连律师事务所,设于新浦海昌北路1号。有专职律师8人,实习律师4人。

2003年8月,连云港正天平律师事务所更名为中瀛律师事务所。设于新浦朝阳东路7号。

至2005年底,新浦地区共有执业律师29人。业务范围由原来从事企事业单位法律顾问、民事案件的代理和刑事辩护工作,逐步涉足金融、证券、房地产等领域,并开展非诉讼法律事务工作。2003年至2005年间,每年有10名律师参与区政府信访接待工作,协助化解民间纠纷,维护社会稳定。

1986～2005 年新浦地区律师工作一览表

表 25－12

项目 年份	办案总数（件）	刑事辩护及代理（件）	民事代理（件）	经济代理（件）	行政代理（件）	非诉讼事务（件）	出任法律顾问数（人）
1986	86	23	37	26	—	—	10
1987	98	20	41	37	—	—	12
1988	90	21	34	35	—	—	13
1989	89	22	35	32	—	—	11
1990	95	19	36	40	—	—	12
1991	91	24	29	38	—	—	13
1992	103	23	34	46	—	—	12
1993	144	37	49	58	—	—	16
1994	153	39	52	62	—	—	16
1995	156	40	54	62	—	—	15
1996	169	43	56	65	2	3	17
1997	172	46	58	63	3	2	20
1998	245	64	79	87	7	8	29
1999	361	89	107	129	10	26	38
2000	504	126	154	179	8	37	59
2001	656	147	207	260	8	34	75
2002	807	153	302	306	6	40	86
2003	826	148	319	320	4	35	90
2004	824	142	321	326	3	42	92
2005	845	141	334	319	5	46	95

第六节　法律援助和服务

一、法律援助

1999 年 8 月，新浦区法律援助中心成立后即对公民因经济困难申请请求国家赔偿的；给予社会保险待遇或者最低生活保障待遇的；发给抚恤金、救济金的；给付赡养费、抚养费、扶养费的；支付劳动报酬或者因劳动关系请求经济补偿、赔偿的；因身体遭受严重损害请求赔偿的等情况予以法律援助，担任其代理人，为其代理诉讼等。2001 年 9 月 5 日，连云港市某集团以企业改制为由解除 23 名职工的劳动关系，导致 23 名职工一年多未拿到工资。永信律师事务所接案后，为该批职工提供法律援助，依法提起诉讼，历时 1 年多，最终法院判决该集团解除与职工的劳动合同关系行为无效，继续履行劳动合同。

2005 年，法律援助工作拓展到办理农民工维权案件。并利用“法律进社区”“送法下乡”等多种形式宣传《江苏省法律援助条例》等，扩大法律援助工作影响，方便困难群众申请法律援助。

1999 年至 2005 年，共办理各类法律援助案件 221 件。

二、法律服务

1990年初,各街道、乡镇先后成立法律服务所,并相继为居民提供法律服务。根据司法部下发的《乡镇法律服务业务工作细则》,服务范围主要有应聘担任法律顾问;代理参加民事、经济、行政诉讼活动;代理非诉讼法律事务;主持调解纠纷;解答法律询问;代写法律事务文书;协助办理公证事项;协助司法助理员开展法制宣传教育和其他有关业务工作等。至2005年底,累计应聘担任法律顾问666人次,代理参加各类诉讼活动2798次、非诉讼代理415次。

1990~2005年新浦区基层法律服务情况一览表

表25-13

项目 年份	法律顾问数 (人次)	诉讼代理 (次)	非诉讼代理 (次)	协助办公证 (件)	见证 (件)
1990	12	42	11	—	—
1991	16	74	2	—	—
1992	17	83	2	—	—
1993	18	98	5	—	—
1994	14	103	7	—	—
1995	14	93	18	—	—
1996	14	89	20	2	4
1997	22	150	21	1	2
1998	32	204	16	2	3
1999	24	164	14	4	2
2000	12	152	26	6	4
2001	26	173	24	4	6
2002	24	189	8	2	1
2003	118	429	127	8	4
2004	151	354	63	6	2
2005	152	401	51	4	—

第七节 机构沿革

1982年2月,新浦区政府设立司法科。同年,各街道办事处设司法助理员1人。花果山乡、云台乡、南城镇均设立司法助理。

1983年6月,新海区政府设司法局。设正、副局长各1人,办事员3人。

1985年1月1日,组建新海区公证处,工作人员3人。5月1日,成立新海区律师事务所。同年12月增加4人。

1986年6月,新海区撤销后新浦区设司法局,并分别成立新浦区律师事务所和新浦区公证处。

1990年1月,新浦区浦东街道建立全市第一家街道法律服务所。同年底,全区共有司法人员22人。其中,局机关7人,律师事务所7人,公证处3人,司法助理员5人。

1991年7月,成立路南、临洪、市东、浦西4个街道法律服务所,隶属于街道管理,每所设事业编制2

人，为自收自支性质的事业单位，由街道司法助理员兼法律服务所主任。

1993年5月28日，新浦区司法局在全市率先进行律师制度改革，成立不以区域命名的连云港市永信律师事务所。1994年3月，浦东法律服务所更名为正义法律服务所。1996年10月，连云港市环宇律师事务所成立。

1997年8月27日，区司法局设立办公室、宣传教育股、公证处、律师工作股、基层工作股、安置帮教工作股。机关行政编制为26名，其中下派5个街道办事处司法助理员5名，公证处3名。

1998年8月6日，区司法局下发《关于办事处成立司法所的决定》，在街道司法助理员办公室的基础上，成立市东、路南、临洪、浦东、浦西5个街道司法所，所长由5个街道办事处司法助理员兼任，实行区司法局和街道双重管理。

1999年8月23日，成立新浦区法律援助中心，由区司法局负其职责。同时，开通"148"法律服务热线电话。同年10月，在路南、新南、浦东、浦西、市东、新东、临洪、新海8个街道成立法律援助工作站。

2001年8月，根据2000年9月25日，司法部下发《基层法律服务机构脱钩改制实施意见》和市司法局对基层法律服务机构脱钩改制通知的要求。正义、路南、浦西、临洪法律服务所与所在街道脱钩，改制为合伙制法律服务所，共有合伙执业人员17人。市东街道法律服务所注销。同年12月，因区划调整划入的原云台区猴嘴街道、南城镇、云台乡建立司法所，司法所人员为政法专项编制，每所编制2人，实行司法局和乡镇（街道）双重管理。原云台、南云台林场法律服务所（均成立于1991年7月，区划调整前已改制）划归新浦区司法局管理。

2002年1月26日，区司法局内设机构调整为办公室、宣传教育股（同时负责区依法治区领导小组办公室工作）、律师公证工作管理股、基层工作股（同时负责区安置帮教工作领导小组办公室工作）、法律援助管理股。区司法局机关政法专项编制为19名。

2003年10月，新浦区公证处由司法局直属行政单位改制为自收自支事业单位。

2004年1月30日，花果山乡由连云港市云台山风景名胜区管理委员会管理划归新浦区管理。花果山司法所（于2001年底组建）同时划归新浦司法局管理。同年8月，新浦区"全民创业法律服务中心"成立。

2005年5月，原灌云县宁海乡司法所、宁海乡法律服务所（成立于1991年7月，区划前已改制）划归新浦区司法局管理。猴嘴街道司法所划归连云港市开发区。同年11月24日起，乡镇（街道）司法所名称统一改为"新浦区司法局××司法所"，为股级建制，核定编制各2人。为区司法局的派出机构，实行区司法局和乡镇人民政府（街道办事处）双重管理，以区司法局管理为主的管理体制。至2005年12月，区司法局政法编制数为41名（局机关19名，司法所22名）。司法局内设办公室、宣教科、基层科、公律科、法律援助管理科（法律援助中心）5个科室。下设路南、新南、浦东、浦西、新东、新海、花果山、南城、云台、宁海10个基层司法所。

第五章 法治新浦建设

第一节 普法教育"五年规划"实施

一、第一个五年普法教育

1985年5月2日，区委、区政府批转《区委宣传部、区司法局关于在全区公民中开展法制宣传教育的第一个五年规划》，建立一支有780名法制宣传员组成的宣传队伍，遵照全国人大常委会《向全体公民进行五年普及法律常识教育的决定》，至1989年在全区范围内对《中华人民共和国宪法》《中华人民共和国刑法》《中华人民共和国刑事诉讼法》《中华人民共和国民事诉讼法》《中华人民共和国婚姻法》《中华人民共和国经济合同法》《中华人民共和国继承法》《中华人民共和国兵役法》《中华人民共和国森林法》《中华人民共和国土地管理法》及《中华人民共和国治安管理处罚条例》（简称"十法一例"）进行宣传，组织学习。在全区机关、厂矿、街道、学校75500名普及法律教育对象中，先后举办区级"十法一例"培训班10期，培训宣传骨干1200名。同时通过出黑板报、宣传栏（4800多期），举办法制宣传讲座（2300场次）等形式进行宣传教育。第一个五年普法教育期间，全区法制宣传普及率达93.3%。1988年和1990年，新浦区两次被省授予"普法先进区"称号，两次被评为市普法先进单位。

二、第二个五年普法教育

1991年至1995年，全区实施第二个五年普法教育规划。1991年4月29日，区委、区政府批转《区委宣传部、区司法局关于在全区公民中开展法制宣传教育的第二个五年规划》，全区法制宣传员由原来780人增加到820人，在全区26.2万名普法对象中，深入开展以宪法为核心，以专业法为重点的60余部法律法规的宣传教育工作。期间，累计发放普法教材15500份，培训普法骨干3500人次，举办各种形式的普法培训班620余期，举办法律知识竞赛18次，制作法制宣传黑板报300余期，并出动宣传车120车次，放录像230场次，文艺演出720余场次，举办法制讲座380场次。至1995年底，全区法制宣传普及率达96%。金文虎、朱继才、王国学被江苏省法制宣传领导小组授予十年普法荣誉证章。

三、第三个五年普法教育

1996年7月31日，区委、区政府批转《区委宣传部、区司法局关于在全区公民中开展法制宣传教育的第三个五年规划》，组织1000名普法宣传员，在全区开展以学习《中华人民共和国国家赔偿法》《中华人民共和国行政处罚法》《中华人民共和国行政诉讼法》《中华人民共和国公司法》《中华人民共和国劳动法》《中华人民共和国国家公务员暂行条例》等20部法律法规为内容的宣传教育活动。全区21.2万名普法对象不同程度地接受法制宣传教育，其中青少年、中小学生达2万余人次，普及率达96.4%。浦东街道被省司法厅授予"三五"普法先进集体，临洪街道、区建设局，龙尾社区居委会、海宁小学被市评为"三五"普法先进集体，张淑华等8人分别被省、市司法部门评为"三五"普法先进个人。

四、第四个五年普法教育

2001年9月3日起，开始实施区委、区政府批转的《区委宣传部、区司法局关于在全区公民中开展法制宣传教育的第四个五年规划》。同年12月4日，全区在陇海步行街开展第一个全国法制宣传日活动。按照法制宣传教育由提高全民法律意识向提高全民法律素质转变、由注重依靠行政手段管理向注重运用法律手段管理转变，全面提高全体公民特别是各级领导干部的法律素质、社会法制化管理水平的要求，普法宣传员调整到800人，并在区各部门聘请33名依法治区联络员，从政法部门各单位聘用31名专业执法人员，为31所中小学配备法制副校长和校外法制辅导员，建立社区、村法律学校103个。2004年起，在全区开展以"民主选举、民主决策、民主管理、民主监督、村（居）务公开、财务公开"为主要内容的"民主法治示范村、社区"创建活动。至2005年底，有18万人次在校青少年学生接受普法教育，连续5年未出现犯罪行为。全区20余万名普法对象法制教育普及率达97%。省、市、区三级“民主法治示范村、社区”创建率达65%。金文虎先后被江苏省依法治省领导小组评为“全省基层依法治理工作先进个人”，被中共连云港市政法委记个人三等功一次。被市司法局记个人三等功一次。区教育局被省授予“2001～2005年全省法制宣传教育工作先进单位”称号，周汝清、金文虎被省授予“2001～2005年全省法制宣传教育工作先进个人”称号。

图25－3　图为新浦区第四个五年普法教育总结表彰暨第五个五年普法教育动员大会会场一角

2004～2005年新浦区民主法治示范村（社区）一览表

表25－14

称号＼年份	2004年	2005年
省级民主法治示范村（社区）	宁海乡太平村 新海街道新潮社区	浦东街道民主社区、新东街道龙尾社区、 浦西街道财苑社区
市级民主法治示范村（社区）	云台乡凤凰村、丹霞村 宁海乡武圩村、新北村	云台乡凌州村花果山乡前云村 宁海乡下蒲村浦西街道蔷薇社区 浦东街道路北社区新南街道建南社区 新海街道河西社区路南街道贾圩社区 新东街道苍梧社区南城镇宁海社区
区级民主法治示范村（社区）	浦西街道通池社区 浦东街道菜市社区 新南街道海宁社区 新海街道西苑社区 路南街道公园社区 新东街道利民社区 南城镇青春社区	云台乡东磊村、山东村、西山村、渔湾村、渔湾村、前关村花果山乡飞泉村、小村村、新村村、前云村南城镇宁海社区、凤凰社区、路南街道延东社区、贾圩社区、葵花社区、盐河社区、扁担社区、浦西街道财苑社区、新站社区、西桥社区、新洪社区、电台社区、沈圩社区、同和社区、蔷薇社区、新南街道建康社区、兴业社区、延南社区、建南社区、新东街道苍梧社区、振东社区、巨龙社区、外仓社区、龙尾社区、新海街道星化社区、常乐社区、幸福社区、河西社区 浦东街道浦河社区、万润社区、陇东社区、建国社区、同兴社区、市东社区、市化社区

第二节　社会治安综合治理

一、建立领导责任制

1986年9月14日，新浦区社会治安综合治理领导小组成立，负责全区社会治安综合治理工作。不久又成立新浦区社会治安综合治理委员会（简称区综治委），与区委政法委员会合署办公。

1990年5月15日，区委、区政府决定成立新浦地区社会治安综合治理联防指挥部，驻新浦地区各大单位主要领导为联防指挥部成员，共同承担新浦地区社会治安综合治理重任。

1996年，区政府制定下发了《新浦区人民政府1996年至2000年依法治区规划》。次年10月6日，区委又作出《中共新浦区委关于开展依法治区的决定》。

同时，区委、区政府把加强社会治安综合治理，保一方平安列为重点工作，作为各级党政领导的任期目标。自2000年起，进一步将此项目工作纳入全区经济和社会发展目标规划，做到同布置、同评比、同考核、同奖惩。当年，区综治委即制定下发《新浦区2000年度社会治安综合治理目标管理责任书》，并分别与各街道办事处和区各部、委、办、局领导签订目标责任书，实行目标管理和一票否决制。新浦区公安分局与所管辖的内部单位、各街道办事处与各居委会也层层签订目标责任书。区四套领导班子每个季度听取社会治安综合治理工作专题汇报，掌握全区社会治安综合治理情况，及时研究解决存在问题。

此后，区综治委每年都制定当年《社会治安综合治理责任目标分解表》，将责任目标逐一分解落实到乡镇、街道和辖区内社会治安综合治理联合指挥部成员单位。并坚持每半年进行一次考核，对措施不到位的单位及时予以警示。

二、治安联防

【民间联防组织】 20世纪80年代起，各派出所开始在各街道及企事业单位中抽调相关人员组建治安联防队。1984年，全区有406个治安巡逻队和联防组。1985年，全区增加治安巡逻队7个，计36人。负责辖区内治安防范和公共场所、特殊场所治安维护工作。白天开展门堂联防、厂街联防，夜间参加对重点地区巡视和卡口伏击守候。1986年，对各种形式治安防范组织普遍进行整顿，加强护街、护巷、护村、护院力量。次年，成立治安联防领导小组，并建立专职治安民警队和常设联防队。每个派出所15～20人，负责巡逻放哨，在公共场所执勤。1988年，通过治安联防，摧毁流氓、盗窃团伙6个，查破重大刑事案件1起、一般刑事案件23起、治安案件5起，抓获各类犯罪分子47名；收缴被盗自行车22辆、三轮车2辆、钢筋100余斤，折合人民币6073.38元。1990年，治安联防组织协助破获刑事案件139起、治安案件239起，制止违法犯罪118起，调处纠纷382起，为群众排忧解难480件。

1991年至1995年，治安联防人员协助公安机关破获刑事案件案件1000余起，查处治安案件近千起，制止违法犯罪360起，调处纠纷1089起。在维护社会治安中发挥了作用。

图25－4　新浦区重视加强民间联防工作。图为社区治安巡逻队员与民警一道巡逻执勤

1995年，新浦公安分局成立保安公司，各派出所成立保安分队。当年，为全区60家公共场所和内部单位提供保安服务。1996年，为54家企事业单位提供保安服务。派驻保安人员总数达132人。2000年，全区69个居委会均组建了义务联防队。1996年至2000年，域内治安联防人员协助公安机关破获刑事案件585起，协助查处治安案件1030起，调处各类纠纷1138起。

2001年起，按照保安、联防“两块牌子、一支队伍”模式，推进联防队伍向保安队伍过渡，并进一步加强娱乐场所保安人员派驻工作，发展社区保安力量。建立专业治安联防组织261个738人。2002年，建立“夕阳红”巡逻队、治安志愿者服务队、红袖章巡逻队等义务联防队伍106支、1631人。2003年,区政府投资60万元,组建100人的保安辅警大队。建立专业治安联防组织177个、1297人。2004年,全区有义务联防组织116支、1145人。2005年,全区开展“平安新浦”创建活动,新浦分局组建由40名民警、120名辅警组成的巡逻警察大队,与社区专业保卫人员一道对城区10条主要干道实行日夜巡逻,对59个重点区域落实防控力量。域内642个重点要害部位,全部安装上电脑联网的报警系统。年内,全区刑事案件、可防性案件、八类案件发生数,比2004年分别下降10.9%、13.8%和21.4%。

【居民治保组织】 自1952年新浦地区各区建立居民委员会起,各居民委员会内即成立治安保卫委员会(简称治保会),居民小组成立治保小组,值班巡逻,维护社会治安。

1956年,市公安局在新浦区建国街开展“治安良好月”活动试点,后在市区推广。

“文化大革命”初期,治保组织解体。

1973年,居民治保组织逐步重新建立。至1990年底,全区83个居民委员会和一个家属委员会均有治保会,共有治保成员467名。治保会在街道办事处和派出所的双重领导下,巡逻执岗,维护社会治安。1995年至2005年,居民治保组织累计举报各类线索6703条,公安机关据此线索及时侦破抓获各类违法犯罪人员1679名。还协助公安机关查破刑事、治安案件2559起。

1995～2005年新浦区治安联防力量一览表

表25－15

项目 数目 年份	专业联防队		兼职联防队员(人)	义务联防队员(人)
	队数(个)	队员(人)		
1995	108	584	154	942
1996	93	452	180	876
1997	87	563	149	831
1998	161	773	1220	1102
1999	101	450	275	931
2000	89	541	112	1237
2001	261	738	—	—
2002	12	568	—	1631
2003	177	1297	—	—
2004	76	1731	—	1145
2005	59	1341	—	1345

1995～2005年新浦区居民治安保卫情况一览表

表25－16

项目 年份	居民治保组织				举报各类线索（条）	协查刑事、治安案件（起）	调解民间纠纷（起）	帮教违法人员（人）
	治保会		治保小组					
	个数	人数	个数	人数				
1995	202	946	395	975	416	100	294	1117
1996	206	995	229	427	224	69	257	654
1997	234	1079	212	642	124	59	145	354
1998	209	945	147	445	342	44	922	1423
1999	219	1191	439	1574	678	169	513	675
2000	267	1769	331	1264	563	328	833	902
2001	168	1165	305	1369	437	208	441	125
2002	125	872	279	837	657	175	1175	1454
2003	149	1134	420	2297	808	585	1585	1430
2004	142	1053	374	2108	1219	280	2465	1144
2005	156	1242	312	1150	1235	542	2614	1203

三、开展专项斗争

1958年，新浦区东巓、西巓两个派出所在新海连市公安局两个侦破突击组指导帮助下，对久侦未破疑难案件进行侦破，10天破获3起（其中久侦未破难案2起）案件。

1983年9月4日至1986年底，贯彻执行全国人大《关于严惩严重危害社会治安的犯罪分子的决定》，新浦地区开展了“三年为期，三个战役”的严厉打击严重刑事犯罪的斗争（简称“严打”斗争）。三个战役共惩治979名犯罪分子，其中依法逮捕710人，劳动教养220人，少年管教49人，摧毁犯罪团伙29个，成员131人。通过“严打”专项斗争，社会治安日趋稳定。

1990年，开展“打现行、破积案、追逃犯”侦破攻势，共破获各类刑事案件120余起。

1991年，组织开展“打盗窃”“打抢劫”“两打一反一查”专项斗争，破获各类刑事案件200余起。1992年，组织开展“打盗窃”“打流氓斗殴”“打抢劫”专项斗争。破获抢劫案件48起，强奸案件11起，伤害案件16起，带破盗窃案件168起。1994年，针对多发性、系列性案件多的特点，开展“严厉打击严重刑事犯罪活动”专项斗争，共破获各类重大刑事案件283起。1995年，组织“打盗车”、“打流氓捅刀子”、“第四季度侦破会战”等专项斗争，共抓获各类犯罪嫌疑人140人，破获刑事案件138起，抓获涉毒人员97人。1996年，组织开展以“双百竞赛”（即破获100起年内重大积案，追回100名逃犯）为主要内容侦破攻势。1997年，组织开展春季集中统一整治行动、禁毒专项斗争、“双百”竞赛和侦破攻势，抓获各类犯罪嫌疑人327人，摧毁犯罪团伙26个；查获吸毒人员56人，逮捕劳教23人。1998年，开展打击盗抢机动车专项斗争，徐（州）、淮（安）、盐（城）、连（云港）联手打击车匪路霸专项斗争，禁毒专项斗争，破案防范百日会战，共抓获各类违法犯罪分子476名，摧毁犯罪团为27个。1999年，开展“机动车整治”“打黑扫恶”“追逃”（追捕逃犯）“冬季侦破攻势”一系列专项斗争，清理登记机动车10538辆，破涉车案件56起，抓获各类逃犯71名。2000年，组织开展"打击人贩子，解救被拐卖妇女儿童"专项斗争，"两打一扫"专项斗争，开展以打现行、破积案、追逃犯为重点的"百日破案竞赛"活动，共抓获各类刑事作案成员519名，破获刑事案件1349起。

2001年，开展"打黑除恶""严打整治""三打一整治""追逃"等专项斗争，摧毁各类犯罪团伙59个、212人，追回逃犯128名。2002年，组织开展"破案、追逃"会战，严打整治的"春雷行动""三打"专项行动，打击"两抢"（抢劫、抢夺）专项斗争，"追逃"专项斗争，抓获刑事作案成员603人，逮捕313人，劳动教养216人。2003年，开展"打黑除恶""追逃"、打击"两抢一盗"等多发性侵财犯罪专项斗争、夏季治安整治、侦防百日破案专项行动，抓获刑事作案成员638人，摧毁犯罪团伙46个、180人。2004年，围绕创建"平安新浦"总体部署，先后开展"侦破命案专项行动""打黑除恶专项斗争""蓝剑行动""飓风行动""打盗车专项斗争"，打击"两抢一盗"专项斗争，"追逃"专项斗争，抓获刑事作案成员572人，其中，逮捕427人。2005年，开展打击"两抢一盗"专项斗争"追逃行动""打黑除恶"专项斗争，"侦破命案专项行动"，打掉具有黑社区性质团伙2个，追回各类逃犯298人。

四、公共场所治安管理

20世纪70年代以前，新浦地区只有工人文化宫、工人电影院、黄海影剧院、露天电影院等几家公共文化娱乐场所。且内部管理较严谨，治安状况良好。

改革开放后，新浦地区文化事业空前发展，各种体制的文化娱乐场遍布城乡。一度管理滞后，公共文化娱乐场治安状况较差，各种案件时有发生。20世纪80年代中后期起，区委、区政府加强对公共文化娱乐场管理。1990年，公安部门制定《新浦地区舞厅管理细则》《新浦地区录像发行、放映、销售管理规定》《新浦地区台球管理暂行规定》。并先后对地区10家舞厅、11家录像放映点、10家电子游戏室、11家台球点以及游泳池、旱冰场、9家公园等场所组织专项检查27次，检查场所160家（次），共查堵各种安全隐患58处，设立民警值班室4个。

1992年，新浦地区在部分娱乐场所中开始出现以赢利为目的的陪侍活动。公安部门立即抽调警力开展集中清理整治，在王子夜总会和佳弗林舞厅查获5名从事陪侍活动女性服务员（简称"侍陪女"）。次年，对全区公共场所开展集中整顿，查获违法侍陪女8人，责令两家舞厅停业整顿，吊销10家游戏室营业执照。举办3次公共场所负责人培训班，对821家公共场所换发《江苏省公共场所安全合格证》。1994年，针对歌舞厅等场所违法侍陪现象突出的治安问题，开展3次专项行动，重点打击该类违法行为。查获从事违法侍陪活动人员26名，责令存在违法行为的大世界、大森林、亿万利等5家舞厅停业整顿。1995年，取缔违法经营歌舞厅1家、桑拿洗浴场所2家、美容美发企业8家，对36名从事色情服务违法人员予以治安处罚。1996年，结合换发"两证"（《特种行业许可证》《公共场所安全许可证》），重点整顿歌舞厅、美容美发行业，先后4次组织集中清查，抓获卖淫嫖娼人员34人。对从事违法活动的47家舞厅、发廊分别予以取缔、停业整顿处罚。1997年，在全区范围内开展以娱乐服务业和特种行业为重点的"两业"整顿。对124家歌舞厅、酒吧、咖啡屋，106家发廊、40家音像出租店、32家电子游戏室进行检查。查获卖淫嫖娼案件39起，查获卖淫嫖娼违法人员67名，查处传播、销售淫秽物品案件24起，抓获违法犯罪人员19人。

1998年，市公安局下发《关于集中整顿公共场所、特种行业治安秩序的工作意见》，新浦地区登记公共场所1453家。对31家违法违规经营的舞厅、电子游戏室、发廊予以停业整顿。南小区派出所按照新浦分局《关于集中整顿银河购物中心治安秩序的工作意见》,对该地区娱乐场所开展整治,查处卖淫嫖娼案件 15 起,抓获违法犯罪人员 32 名。1999 年,公安机关组织对 445 家按摩服务场所、235 家歌舞场所进行集中治理,共整改隐患 93 处,对 35 家提供营利性陪侍的舞厅、酒吧予以停业整顿并处以罚款,登记遣返从事营利性陪侍人员 58 名。2000 年,新浦分局成立治安行动队,清查娱乐服务业场所 1353 家,取缔违法经营场所 64 家,吊销证照 68 家,停业整顿 105 家,先期整改 351 家,发整改通知书 173 份,查处存在营利性陪侍、无证经营、超范围经营、治安隐患突出等问题场所 91 家,并从中查出有违法犯罪人员 64 人。年内,还对全区公共娱乐场所 1600 名经营者和 4100 名从业人员进行培训。

2001 年,区委政法委员会牵头,召集公安、监察、文化、工商等部门在全区范围内开展以整治小饭店、小旅馆、小酒吧、小歌舞厅、小发廊、小游戏机室等"六小"场所为重点的联合执法专项行动。共取缔无证、证照不全和违法违规经营场所 62 家,停业整顿 37 家,先期整改 149 家;遣返营利性陪侍人员 96 名;捣毁卖淫窝点 5 个,抓获违法犯罪人员 89 名。2002 年,登记公共场所 1853 家,核发证 1853 家,取缔无证、证照不全或违法违规经营场所 26 家,停业整改 37 家,限期整改 92 家,治安处罚 4 家。捣毁卖淫团伙 3 个,成员 15 人,查处卖淫嫖娼案件 31 起、62 人;查处赌博案件 12 起、45 人,收缴赌博机 25 台,销毁用于赌博的电脑板 36 块。2003 年,登记公共场所 1986 家,从业人员 6783 人。抓获违法犯罪嫌疑人 235 人,破获刑事案件 211 起,查处治安案件 145 起。组织对"六小"场所开展安全大检查,取缔无证、证照不全或违规违法经营场所 45 家,停业整顿 66 家,限期整改 128 家。2004 年,组织开展"清风行动",对公共场所进行专项整治。登记娱乐场所 173 家,从业人员 1397 人(其中歌舞场所 30 家、游艺场所 139 家、棋牌室 4 家;服务场所 584 家,其中洗浴场所 30 家、按摩场所 60 家,美容美发场所 468 家,酒吧咖啡屋、茶座 26 家;其他场所 130 家)。破获刑事案件 72 起,查处治安案件 146 起。对 16 家场所予以限期整改,17 家场所予以停业整顿。2005 年,先后组织开展"秋风行动"、"迎十运、保平安"等 3 次百日专项行动和治安重点地区整治等专项行动,对全区 2000 家公共场所开展治安检查,对 18 个重点地区、部位和场所集中治理。抓获违法犯罪嫌疑人 241 人,其中逃犯 16 名;破获刑事案件 168 起,查处治安案件 234 起;检查整改安全隐患 670 余处,发放整改通知书 124 份。

五、特种行业治安管理

解放后,市、区公安机关即将旅馆业、印刷业、废旧物资回收行业及刊刻、修理等行业作为特殊行业管理,并制定行业内部管理和治安情况报告等规章制度,及时了解流动人口动态,掌握各类案件线索。

1961 年至 1963 年,新浦区有 28 家旅店、2 家印刷厂、2 家刻字社、23 家旧货店和修理企业。当年,各企业先后举报和协助公安机关查获各种犯罪分子 664 名,为全市和外省、市破获刑事案件 785 起。

"文化大革命"期间,特种行业管理失控。

1979 年,新浦区对特行情况进行调查、整顿,并制订《特殊行业管理办法》。

1989 年 11 月,遵照《江苏省公共场所治安管理办法》、公安部颁发的《旅馆业管理办法》及《江苏省收旧业治安管理办法》、《江苏省书刊、音像出版发行管理条例》有关规定,新浦分局对原公安机关向公共场所、特种行业核发的《文化娱乐公共场所安全审查合格证》、《旅店、收旧、寄售、刻字业备案登记证》分别换发为《公共场所安全合格证》和《特种行业经营许可证》。1990 年,新浦地区有特种行业 219 家,其中旅馆 136 家,刻字印刷业 37 家,收旧业 46 家。开展旅馆业集中清理整顿工作,查获各类违法犯罪人员 9 名,破获案件 23 起。新浦分局在市东派出所开展设立旅馆业群众性自治联防办公室试点,为旅馆管理工作探索新路子。

1991 年,新浦分局下发《新浦地区旅馆业聘用人员管理规定》,对旅馆聘用人员做到登记表、身份证、暂住证、健康证、原籍公安机关证明“一表四证”齐全。年内还举办特殊行业人员培训 21 场次,培训人员 760 人次。开展收旧业集中清理行动,共整改安全隐患漏洞 26 处,查获违规收购生产性废旧金属 6059 公斤。破获刑事案件 3 起,治安案件 6 起,抓获违法人员 10 名。查处 2 起个体刻字者私刻公章案件。次年,查获违法违规收购生产性废旧金属 6.54 吨,对违规经营收购站点给予治安处罚。有 4 家旅馆被吊销营业执照,4 家旅馆被责令停业整顿。

1993 年,新浦地区旅馆业开展“旅馆百日无案件竞赛活动”。期间,协助公安机关破获各类案件 45 起,抓获违法犯罪人员 28 人。全区 63 家收旧企业全部签订治安责任书。1994 年,查处 3 起违法收购生产性废旧金属案件,没收生产性废旧金属 5.5 吨、废旧钢管 184 公斤。对 11 家违规经营收旧站点下发整改通知书,对 4 家违法经营单位责令停业整顿。1995 年,全区 95 家收旧业经营单位负责人签订了治安管理责任书。组织 108 名民警和 75 名联防队员对全区收购站点进行拉网式清查,对超范围经营的 7 家单位予以停业整顿,收缴违法收购生产性废旧金属 3000 公斤。1996 年,依法取缔 12 家无证经营旅馆,对 18 家旅馆进行停业整顿。开展收旧业和刻字业专项整顿,共收缴生产性废旧金属 1.5 吨。1997 年,对 34 家存在无证经营及登记手续不健全的旅馆,分别予以停业整顿和治安罚款。公安部门会同工商部门对 72 家收购站点进行清理,合理布点,保留 13 家生活性废旧金属收购点。1998 年,全区共登记特种行业 387 家,登记租赁房屋 2447 户,其中私房出租户 2012 户,公房出租户 435 户。依法取缔违法违规经营企业 12 家,并对 24 家旅馆予以停业整顿。期间,共破获刑事案件 25 起,查处治安案件 32 起,抓获违法犯罪人员 38 名。1999 年,对违反《机动车修理业、报废机动车回收业治安管理办法》的 15 家修理企业给予行政处罚。通过落实旅客住宿信息上网比对措施,抓获网上逃犯 8 名。2000 年,公安机关会同工商部门对大陆桥、人民路等旧货流通市场的经营单位进行清理登记,并在这两个市场建立行业治安保卫委员会(简称“治保会”),每个经营业主交纳 200 元风险金,保证合法守法经营。

2001 年,公安部门会同工商、税务以及市场管理委员会在自行车交易场所成立治安管理办公室,加强涉及自行车及自行车回收、交易等场所行业的清理整顿。制定下发《新浦地区租赁房屋专项整治实施方案》,各街道办事处、企事业单位和社区居委会抽调 200 余人参与租赁房屋集中整治。通过整治,登记租赁房屋户 6287 户,取缔违法经营户 56 户,补办房屋出租审批手续 523 户,治理、整改治安隐患 371 处,破获各类案件 187 起,打击处理违法犯罪人员 127 名。

2002 年,组织开展旧货流通市场专项整治行动,抓获违法犯罪嫌疑人 28 名,查破案件 48 起,收缴被盗车辆 25 辆,取缔非法经营户 31 家,限期整改 17 家。年内,登记特种行业 344 家,换发证 344 家;269 家旅馆,安装旅馆业信息系统 109 套,旅安通(住宿人员情况传输系统)46 套,取缔违规违法经营企业 9 家,停业整顿 13 家,限期整改 28 家。

2003 年,登记旅馆业 325 家,其中星级宾馆 24 家,其他旅馆 307 家,从业人员 1379 人,共安装旅馆治安管理信息系统 93 套、旅安通 162 套;废旧金属收购站点 8 家,典当行 2 家,旧货流通企业 15 家,从业人员 470 人;机动车修理业 169 家,从业人员 518 人;彩色复印企业 1 家,印刷企业 62 家,刻字印章企业 20 家,从业人员 367 人。提供违法犯罪线索 407 条,抓获违法犯罪嫌疑人 182 人,其中,网上在逃人员 15 名,破获案件 245 起。

2004 年,登记旅馆业 411 家,其中星级宾馆 30 家,其他旅馆 381 家,从业人员 1875 人,安装旅馆治安管理信息系统340套;废旧金属收购站点30家,典当行2家,拍卖行2家,旧货流通企业16家,从业人员503人;机动车修理业83家,从业人员332人;彩色复印企业1家,印刷业61家,刻字印章企业18家,从业人员157人。提供违法犯罪线索292条,抓获违法犯罪嫌疑人82人,其中,网上在逃人员21名,破获案件135起。

2005年,全区开展旅馆业治安管控会战。登记旅馆452家,其中,星级宾馆33家,纳入旅馆治安管理信息系统管理452家。取缔无证无照经营旅馆72家,停业整顿11家,责令限期整改32家,下发整改通知书42份;处罚不按照规定登记旅客信息的旅馆业主和从业人员293名;抓获各类违法犯罪人员248名,其中,逃犯22人,破获各类案件349起。全区共清理登记出租房屋户12667户、登记暂住人口47075人。通过会战,破获刑事案件176起,抓获各类犯罪人员55人,其中网上逃犯6名;查处治安案件96起,治安处罚141人。其中,捣毁聚众赌博窝点11个,抓获参赌违法人员78人。同年,还开展以打击收、销赃物违法犯罪为重点的"黑车市场"集中整治。与15家旧货流通企业签订治安责任状。公安、工商、市场管委会等部门一道在大陆桥、人民路旧货市场成立治安管理办公室,加强对旧货流通业管理,建立物品登记、物品验证、身份核查、报告备查等相关制度。建立行业治保会12个、86人。年内提供破案线索25条,抓获盗窃、销赃违法犯罪嫌疑人26名,破获案件65起。

六、流动人口管理

解放后,新浦地区就制定来人登记、走人注销的流动人口户口管理制度。

1984年,新浦公安分局对外来投资者及农民进城打工、经商等人员进行全面调查登记,纳入流动人口管理。1985年,对暂住人口进行分类登记,对年满16周岁及其以上、暂住时间达6个月以上的外来人员一律发给《暂住证》;对投靠亲友、暂住时间较长的,由所在地公安派出所登记为寄住户口并发给《寄住证》。至1990年,城区8个行政户籍派出所均设有暂住人口管理办公室,共有专职管理员18人,协管员79人。同时,在暂住人口中建立治保组织,经常进行法制教育。制定《暂住人口管理规定》,居住在新浦地区的暂住人口,均需凭原住地公安派出所或村(居)民委员会证明,到暂住地公安派出所申报登记,领取《暂住证》,离开时要交回《暂住证》。暂住人口经商的,需持《暂住证》到工商行政管理部门领取营业执照,方可从事商业经营。暂住人口须遵守《江苏省计划生育条例》。当年,新浦城区有暂住人口12124人。

1991年,组织开展暂住人口清理整治专项行动,登记出租房屋1420户,暂住人口11032人,办理《暂住证》4364人。通过整治,破获刑事案件92期,治安案件118起,打击处理违法犯罪人员240人。1992年,加强暂住人口管理,建立暂住人口管理办公室11个,暂住人口管理小组44个,聘用专职协管员25人,兼职协管员52人。年内,登记出租房屋1562户,暂住人口22621人,办理《暂住证》16124人。1993年,连云港市公安局在新浦分局进行出租房实行"两证两书一档一牌"管理办法试点,并初步实行"以房管人"的管理模式。同年9月21日,市公安局在幸福路派出所进行发放《房屋租赁许可证》和出租私房门牌安装试点,后在全区全面展开。全年累计安装私房出租户门牌1200户。年内,全区还建立暂住人口管理小组68个,暂住人口登记点105个,聘用专职管理人员60名、兼职管理员210名。共登记流动人口36054人,其中,应办证16119人,发《暂住证》15359人。

此后,域内流动人口管理工作逐年进行,并不断落实管理措施。2004年,加强流动人口落脚点治安管理,落实流动人口公寓式、户籍式、旅馆式"三式"管理和聚集地、散居地、活动地"三地"管理办法,实行分层次管理,加大流动人口落脚点治安管理力度。当年共登记流动人口84123人,其中,暂住时间1

个月以下的42325人,1个月至1年的34908人,1年以上的6980人。通过流动人口落脚点管理破获抓获违法犯罪嫌疑人138人,破获各类案件245起。2005年,登记流动人口84523人,其中,暂住1个月以下的47893,1个月以上的36630人。

1991~2005年新浦区流动人口管理概况表

表25-17

项目/数据/年份	登记流动人口（人）	发暂住证（人）	流动人口管理组织、人员			
			管理办公室（个）	管理小组（个）	聘用专职协管员（人）	兼职管理员（人）
1991	11033	4364	—	—	—	—
1992	22621	16124	11	44	25	53
1993	36054	15359	—	68	60	210
1994	15079	13145	13	120	30	131
1995	17845	15365	28	—	42	277
1996	33202	—	21	101	21	185
1997	41502	—	36	187	22	276
1998	39466	21252	—	—	—	—
1999	31124	24252	8	68	54	245
2000	34370	26976	—	—	66	—
2001	34413	11505	16	80	38	115
2002	57600	15217	13	80	88	115
2003	69352	27312	—	—	—	—
2004	84123	30486	—	—	—	—
2005	84523	48206	—	—	—	—

第三节　“平安新浦”创建

2003年8月,区委、区政府贯彻落实全市“建设平安连云港,创建最平安地区”大会精神,于当月11日,区委召开政法委员会全体委员会议,研究制定“平安新浦”创建活动的具体安排。8月15日,召开全区“建设平安新浦,创建最安全地区”动员大会,成立“平安新浦”创建工作领导小组,下设办公室。各乡镇、街道也相应建立创建工作领导小组,广泛进行宣传发动。分别召开了“大抓治安防范、创建总动员、全区辅警队伍誓师大会”等动员大会。印发《致全区居民一封信》和《全区创建工作文件汇编》,组织举办以平安新浦创建为主题的文艺演出、图片展览。使平安创建工作做到家喻户晓。区政法部门及各基层党组织,层层制订创建规划,把创建目标任务落实到科室、社区和责任人。

2004年,区委、区政府加大“平安新浦”创建活动力度,动员全区上下“倾全区之力,树必争之志”打造“平安新浦”品牌。区委、区政府以落实领导责任制为龙头，建立区党政一把手负总责、亲自抓，四套班子每月听取一次创建工作情况汇报、党政领导联席会议每月必议，创建项目、重大难题一把手亲自督办，区分管领导每月半天专题调研，亲自进行督促。区委办公室、区政府办公室还制定下发了《新浦区平安创建工作若干意见》，明确全区平安创建工作的目标、思路、政策和措施，把创建目标逐项分解细化、责任具体化，便于检查落实。

图25－5 新浦区深入开展平安新浦、平安社区創建工作。图为市委副书记、市长刘永忠（上右三），市委常委、市政法委书记董恕娟（上右四），市委常委、市委宣传部部长吴加庆（上右一），市人大常委会副主任郑顺成（上右二）到新浦区调研创建工作情况

加强民间纠纷调解和为民办实事、解难题工作，使广大居民感受到平安创建的重要性，干部群众“同居一地、共创平安”意识不断增强，并有1500多人主动报名参加平安创建志愿者队伍。当年，全区各级民间调解中心调处民间纠纷933起，调处成功率达98.7%，未发生因矛盾激化而形成的刑事案件。新浦公安分局切实做好社会面巡逻控制网络、社区防范网络、阵地控制网络等网络建设，加强社会治安防范工作。辖区内治安状况明显好转。年内发生的刑事案件，比上一年下降10.1%。居民和外来投资者、务工人的人身安全感、财产安全感、投资安全感明显增强。当年，新浦区被省委、省政府授予“社会治安安全区”称号。

2005年，全区进一步加大“平安新浦”创建活动的宣传发动力度和广度，提高居民群众的知晓率和参与率。年初，先后印发了《致中小学生家长一封信》《致个体工商户一封信》。5月初开始，全区开展“平安创建及法制宣传文化月”活动；7月至10月间，在新东街道、新浦公安分局、区司法局、区教育局等单位，分别召开群防群治、流动人口及租赁房屋管理、社会矛盾纠纷调处、社区警务、平安校园创建5个现场会，运用典型，推动全区平安创建活动。同时，机关事业单位等还开展“千名党员进社区”活动，区机关党员干部定期到所驻社区参加义务巡逻，指导平安创建工作。驻地有关单位还结合自身实际，开展创建“平安校园”“平安网吧”“平安医院诊所”“平安旅馆公共娱乐场所”“平安内部单位”“平安市场”等宣传活动，宣传面覆盖全区90%以上人口。同年11月2日，《江苏法制报》以整版刊登了《平安新浦创建纪实》。

第二十六编　军　事

域内云台山地区，自古在海中，为国家战略要地。秦汉时附近即常有战事发生。南北朝南朝宋元徽年间(473～477)，南云台山最南端已筑城——南城驻兵据守。唐宋年间更不断将其扩展加固，以为东海要塞。明朝在南城设守御千户所。清康熙年间在南城设东海营，雍正年间改设都司于此。

新浦成陆后，因其据蔷薇河下游南岸，又为运河尾闾，为东海(今黄海)沿海军事要地。清代曾在新浦东艉外设东海营，驻兵把守。宣统元年(1909)，白宝山以定武军第四路统领身份，率部驻守新浦、海州、云台一带。

20世纪20年代以后，新浦扼陇海铁路东段之咽喉，控海、赣、灌公路之要害，作为大浦港及至后来的连云港港口之依托城市的战略地位愈加凸显。民国16年(1927)6月9日，北伐军攻占海州，白宝山率残部投降后，先后有国民革命军第二十五路军部属第十二师、第五十七军第一一二师及税警团、盐防营下属缉私队等驻防新浦、云台一带。

日本侵略军侵占时期，新浦、海州一带驻有日军一个旅团，新浦驻有日本宪兵队。另驻有伪军第七十二旅。

抗日战争胜利后，国民革命军九十八军(后改编为五十七师)、整编二十八师、四十四师先后驻扎新浦地区。

民国37年(1948)11月7日，中国人民解放军华东野战军独立旅进驻新浦、海州地区，新海连解放。

新中国成立后，直至1977年，中国人民解放军驻连云港地区的指挥机构一直设于新浦。

新浦地区的民兵组织，在解放战争后期，积极支援前线。新中国成立后，民兵队伍不断扩大，组织、教育、训练等方面日趋完善，在国民经济恢复时期、社会主义建设时期、改革开放时期，为社会主义经济建设和精神文明建设做出了重要贡献。1999年12月，区人武部被省政府、省军区授予县(市、区)人武部“正规化建设先进单位”称号。

第一章　驻　军

第一节　古代驻军

南北朝(420～479)时，青冀二州侨置于郁洲(今南城)，置都督领军务。宋将垣崇祖率部两万屯驻南城。后青州主簿崔次恩率叛军到云台栖息。

元至元十二年(1275)，置海州东海军，兵4000人，戍守海防。至元十五年，改海州为海宁州后，置海宁安东州万户府,派张汉英为万户,统兵布防,云台驻军统归其管辖。

明洪武十七年(1384),朝廷在南城设千户所(千户所有正千户3员、副千户5员、百户10员),直隶州漕标东海水师营,负责海岸防务。万历十三年(1585),守备陈先年率兵驻守东海。

清顺治(1644~1661)初年,设东海营,凤凰城(南城)内驻扎守备1员、把总1员。后因裁海而废。康熙十七年(1678)复海后,凤凰城内驻左哨把总1员。康熙二十七年(1698),东海营裁併于海州营。雍正二年(1724),复设东海营,设守备1员。雍正十年,改设都司1员。南城西山码头、新滩、朱麻等村落为东海营讯地,各有讯兵把守。嘉庆九年(1804),东海营驻南城码头讯兵5名、新滩讯兵5名,朱麻讯兵3名。光绪年间,新浦东龘外有东海营驻扎。宣统元年(1909),张勋部下定武军第四路军统领白宝山率部进驻新浦、海州一带。

第二节　民国年间驻军

一、北洋政府军

民国4年(1915)12月,白宝山被袁世凯任命为海州镇守使,其所辖部队扩编为混成旅,白宝山任旅长。李歧凤团驻新浦。团部设在东龘外原"新浦海关"内。后李歧凤晋升师长,师部仍设于此。

民国8年(1919),海州镇守使下属盐防营盐政缉私队驻防于新浦西龘外。

民国14年(1925)10月,奉军张宗昌部驻守新浦。

二、国民革命军

民国15年(1926),国民革命北伐军进驻新浦。奉军不战而逃。不久,北伐军开回南方,五省联军部队进驻新浦。民国16年(1927)12月,国民革命军独立第一师奉令随同第十七军进攻海州,于12月7日占领大伊山。10日,驻大伊山北端的后马圩、伍庄、和尚庄沿河一带。17日上午占领板浦,当晚攻占海州,进驻新浦。

民国18年(1929),原驻福建的谭曙卿部被缩编为独立第四旅,调入海州地区,谭曙卿任旅长,旅部设在新浦。谭曙卿因"海报事件"被撤职后由孙长钧任旅长,并调防常州。

民国19年(1930)秋,蒋介石派第二十五路军总指挥梁冠英率部到海州一带,担负"剿共"任务。其部下刘国珍部、郝鹏举部驻新浦。民国20年,该部调淮阴。

民国21年(1932),国民政府财政部建税警总团,总团部设在海州关庙巷杨磊川家大院子里。其所辖六团(团长钟定胜)、四团(团长孙立仁)先后驻防新浦地区。同年,第十二师师长蒋鼎文率部队驻海州、新浦一带。

民国26年(1937)第四十军(军长庞炳勋)进驻连云港一带,新浦有驻军。次年调防临沂。

民国27年(1938),东北军之五十七军军长缪徵流亲率一一二师进驻新浦。一一二师所辖三三四旅(旅长马万珍)旅部设于新浦大街大通旅社。后调防墟沟。

民国28年9月中旬,一一二师调离连云港,三十三师同第八游击队接替其防务进驻新浦、云台一带。

民国34年(1945)秋,抗日战争胜利后不久,第五十七军(军长段霖茂)进驻海州地区,军部设于新浦大马路东段南侧(现市汇金广场东侧)。不久,第五十七军改编为九十八军(军长段霖茂)第五十七师。

民国35年(1946)秋,整编二十八师(师长李良荣)进驻海州地区,师部设于新浦。次年春调离。四十四师(师长王泽浚)进驻海州地区,师部设于新浦。该部于民国37年11月初新海连解放时,被中国人民解放军消灭。师长王泽浚被俘。

附26－1:日伪军

民国28年(1939),日本侵略军侵占新浦地区,建立海州地区日本侵略军指挥部——中村旅团部,旅团部设在新浦新闻巷东端。同年,入侵的日本侵略军在新浦组织宪兵队,队长石松。队部设在新浦大街东段原公大商店处。同时,日本侵略军在新浦设立北支派遣军第7兵站后勤部(驻现东方大厦一带)。

民国29年(1940)7月,伪税警总团派马儒学任税警总团海州分团少将团长。税警海州分团团部先设于新浦,后迁到海州。分团部设总务、缉务、军需、军械、工程、军医等课。到民国31年(1942)分团扩充有8个大队(第一大队到第七大队和一个别动队),兵力两千余人,驻防新浦、海州、猴嘴等处。

民国30年3月,伪暂编陆军三十六师(师长李实甫)进驻连云港地区,师部设于新浦。同年8月,驻新浦日本宪兵别动队成立,别动队驻东海县董马庄。杨步仁(原名王宏鸣,为八路军叛徒)任司令。

民国33年(1944),日本侵略军7385部队1000余人进驻新浦(至1945年1月)。8月,日本侵略军第17(平林)师团的54(平岛)联队进驻连云港境内,队部设在新浦。所辖3个大队中的第三大队部分日本侵略军驻新浦。

附26－2:日本侵略军侵占新浦地区前后部分罪行录

1938年1月,日本侵略军飞机轰炸新浦。市化路一家6口人,全部遇难。

1938年4月3日,日本侵略军以1个中队兵力,分两路对南云台山的大岛山地区进行扫荡。在朱麻村开枪射击逃难农民,吴德兴老人及苏××被打死。农民李洪柱等6人被打伤。而后,日本侵略军抢夺粮食、耕牛,放火烧房。保长夏井田上前阻拦,当场被日本侵略军刺死。庄上16户人家49间房屋化为灰烬。

1938年4、5月间,日本侵略军不断出动飞机轰炸新浦。其中,5月20日出动10架飞机对新浦进行轰炸。先后炸毁坐落于老大街路北的饭店华北楼,砸死赵炳元老人;炸毁新浦天后宫北一处民房、一位通称"大油篓"的百姓被炸死;日机在西艉外撂炸弹,炸死东海县公安局西艉分驻所警官赵宪宝和船民梁三老汉;西艉外东南不远小河汊里的一渔船被炸得船板四飞,一根桅杆从天空掉下来直插一包姓民居,房屋被砸坏。小河附近有6位市民遇难,其中有一个新娘子身体被炸碎,肉崩到船锚上,令人惨不忍睹。

在这期间,新浦的更新舞台、新东电灯股份有限公司、益麟医院、三五印书馆、前河上的洋桥等多处建筑被日机炸毁。益麟医院房屋、设备损失价值达万余银元。

1938年5月的一天,日本侵略军飞机轰炸云台山三元宫所属寺庙及附近村庄。炸死村民仇大丫、武大成、孙叙干、徐大山、顾三毛、姚佃桢、王恒邱、王大牛、王统才、王恒兰、王春花、王保瓦等12人;6户计22间民房被炸毁。炸毁三元宫后大殿西南角。

1939年5月6日,日本侵略军扫荡东磊村,开枪打死了村民王二丁、杨二爹。进村后放火烧屋,全村200多间房屋悉数被烧,并开枪打死上屋救火的王正贵老人。

同日,扫荡东磊的日本侵略军路过小塘湾时,欲奸淫村民张××家两个女儿,张××上前阻拦,被日本侵略军活活刺死。

1939年8月13日凌晨，驻扎凤凰城内的日本侵略军头目冈奇小队长，以抓“毛猴子”(日本侵略军对当地抗日武装人员的诬称)为名，带领数百名日、伪军包围了凤凰城，将百姓集中到当地小学操场上，按汉奸提供的名单，将武同富、徐乃庆、胡小瓯、杨如奎、杨光化等17人押解出城至小海处，冈奇下令将他们活活戳死在路边。制造了骇人听闻的“南城惨案”。

1939年8月23日，日本侵略军到南云台山下扫荡，路过山东村前崖河沟时，开枪将正往山上逃难的村民席德修及滕文宣打死，席德修的肠子都被打出体外，惨不忍睹。

1939年8月28日(农历七月十四)上午，驻新浦日本侵略军大队长赖河率300余名日伪军，分兵4路围剿云台山三元宫各寺庙。闯入玉皇宫，强令主持仁芳法师交出抗日武装人员，仁芳法师拒绝交出，当场被日本侵略军戳死，僧民奋起反抗，日伪军残酷屠杀。僧人能安及山民周玉田、武可宽等5人，被当场杀害。龙刚、德选、绝暄、仁益、香言等5位僧人及朱正奎、张德富、孙咸忠、王耀等4名山民，被日本侵略军押往新浦第八工厂。除僧人香言途中逃脱外，全部被活埋于第八工厂处。其间，炸毁、焚毁庙宇217间、民房66间。

1939年初冬的一天下午，云台东山后营房东一新婚媳妇在麦田挖野菜，被一群日本侵略军轮奸。该女被摧残的昏迷不醒，第二天早上才被一放牛人发现；获救。

1940年3月10日，10多名日本侵略军对云台西隅进行扫荡，闯进山上冷水井处一陈姓看山户家抢劫财物，并采取暴力轮奸其妻。其妇被摧残当即昏厥，三天后含恨过世。

1940年6月，被日本侵略军抓到山下筑战壕、修碉堡的村民夏洪恩、夏洪仁、吴开华等要求回家收麦，日本侵略军随即将夏、吴等12人绑走，毒打、灌辣椒水，12人肺、胃内受重伤，终身不愈。

1940年9月13日，日本侵略军某联队司令长官平田九郎命令伪军大队长杨九洲带领七、八十名伪军到龙山乡(今云台乡西山村、丹霞村)“清乡扫荡”，刚到猪嘴庄发现村民向山里逃亡，便开枪追击，村民乔步良右腿被机枪击中，带伤躲进野猫窟中又被发现，当场被砍下首级。伪军还强迫村民江恒兴、李六用粪箕挎着血淋淋的人头游庄，令人发指。

同日，日伪军在西山村抓住农民吴六，在水流村附近抓住关里乡中医徐贵德，诬指二人为“毛猴子”，押解到水流村，后被枪杀。其间，二、三十名日伪军闯进西山根的小庄，烧毁房屋40多间。

1943年8月10日，一群日本侵略军进渔湾扫荡。路过小岛山时，将放牛娃孟庆高当靶子，活活打死。进渔湾庄后又开枪打死村民顾国干父子、村民宋从好的老父亲，砍断宋从好的腿。烧毁房屋291间。

1943年冬，日本侵略军逼迫民工到云台山香炉顶、唐王洞、望海楼(今迎曙亭处)等地修工事，实行封闭式管制，施工毫无防险措施，香炉顶等处，6天内先后两处塌方，20多名劳工被砸伤致残。12人被砸死，其中云台人曹子勤、江希士、徐恒效、席德国、曹永来、胡哑巴等6人，被活活埋压于山洞中。

1939年底，日本特务机关将新浦的永昌和、福聚东、德合同、公和昌、隆盛永、福隆兴、信诚、慎泰、元和盛等10家大粮行组成“海州华商粮谷组合”，受日本特务机关控制。民国30年(1941年)，日本三井洋行在新浦设“三井株式会社新浦出张所”，收买或以日用工业品换购粮油土产，垄断苏北、鲁南的粮油资源。日本侵略军侵占新浦6年间，每年在新浦掠夺粮食、油料、油品等达52.5万吨至70万吨。

第三节 新中国建立前后驻军

一、中国人民解放军

民国37年(1948)11月7日,中国人民解放军华东野战军独立旅旅长王晓率部解放新浦、海州。

1951年5月,中国人民解放军山东军区警备第10团进驻连云港地区,新浦有布防。

1955年5月,在原中国人民解放军海军华东四海校的基础上组建青岛基地训练团,团部驻新浦(今汇金广场处),辖7个训练大队(分别驻连云镇、墟沟、海州和新浦),有教员、学员3000多人。1957年11月,训练团奉命调至山东刘公岛。

1956年12月,济南军区守备第十八旅独立步兵营驻新浦,营部设在海丰巷2号。云台地区龙头山、花果山顶等地均有部队驻守。1960年12月,守备十八旅改编为守备十八师,师部驻新浦。1970年1月,守备十八师改称为守备一师。

1970年5月,以新浦农场为基础组建江苏省生产建设兵团一师一团,团机关由现役军人组成,隶属南京军区领导。1974年12月,撤销生产建设兵团一师一团,恢复国营新浦农场。

1983年4月11日,在原连云港市人民武装部基础上组建的中国人民解放军江苏省连云港军分区,司令部驻新浦。

1985年12月,原南京军区守备第三师与连云港军分区合并,组建中国人民解放军江苏省连云港军分区,司令部驻新浦。1987年1月迁至墟沟望海楼。

1990年11月,连云港分区改称连云港警备区。

二、武装警察部队

1948年11月7日,新浦解放后,新海连特区公安总局在新浦成立公安大队,负责剿匪、看守任务。

1950年10月,市公安局公安大队撤销,其原下属负责看守的中队,改建为市公安局武装民警队。1952年12月,该队改编为中国人民解放军新海连市公安中队,仍驻新浦。1955年7月,中国人民解放军公安部队改称为"中国人民解放军公安军",市公安中队整编后,先后改属江苏省徐州专署大队、徐州专区民警大队。

1976年1月起,成立连云港武警中队,属市公安局领导。

1980年5月,市公安局的武装民警科与所属边防派出所合并,组建连云港市人民武装警察支队。1983年1月,市人民边防武装警察支队改称"中国人民武装警察部队江苏省连云港市支队"(简称市武警支队)。支队机关驻新浦。

1984年,市武警支队将其机动中队组建为支队直属大队第一中队,驻新浦朝阳路。市武警支队市中队,驻新浦西小区,负责看守所执勤保卫工作。

三、武警连云港市消防支队

中国人民武装警察连云港市消防支队,原系1948年11月成立的新海连特区公安总局下属消防支队。驻新浦解放路32号。1949年,改编为市公安大队3中队3排。1951年10月,改编为市消防大队。

图26-1 2002年9月20日,市消防支队在开展消防专业技能及个人综合素质比武考核

1965年5月起,消防民警实行义务兵役制,属武装警察部队。1970年3月,市公检法军管会组建消防队,属市人武部领导。1973年,撤销公检法军管会,消防队改属市公安局领导,并于1975年改编为消防大队,下设新浦、海州、墟沟3个中队。市消防大队及其新浦中队,均驻新浦。

1988年3月,市消防大队改建为市公安局消防支队。支队下设战训科、防火科、后勤科。1994年1月起,其战训科改为司令部,防火科改为防火处。司令部下设监督管理科、建审科、群防科;后勤处下设生产办公室、卫生队、修理所。市消防支队驻新浦海昌南路49号。

2003年8月,市消防支队二中队和新浦公安分局消防股合并,建立中国人民解放军武警部队连云港市消防支队新浦区公安消防大队。

2004年6月16日,武警新浦区消防大队与新浦公安消防大队同时成立。

四、武警连云港市边防支队

1980年6月,连云港市人民边防武装警察支队成立。1983年1月1日,改称中国人民武装警察部队连云港市支队。后更名为中国人民武装警察部队连云港市边防支队。支队领导机关驻新浦。

1987年5月,中国人民武装警察部队连云港市边防分局成立,属市公安局领导。

1990年12月,市边防分局改建为中国人民武装警察部队连云港市边防支队(对内称连云港市公安局边防分局),为正团级单位。下设司令部、政治处、后勤处。

2002年8月,更名为连云港市公安边防支队,“中国人民武装警察部队连云港市边防支队”的武警序列称谓继续保留。在原内设的司令部、政治处、后勤处基础上,增设“连云港市公安边防支队司令部”“连云港市公安边防支队政治部”和“连云港市公安边防支队后勤处”称谓。

第二章 人民武装部

第一节 区人民武装部

一、新浦区人民武装部

1959年3月,新浦区人民武装部成立。属地方编制,正科级。受区委、区政府和新海连市人民政府武装部双重领导。

二、中国人民解放军连云港市新浦区人民武装部

1983年5月，新浦区人民武装部改称中国人民解放军连云港市新浦区人民武装部，为部队编制。王善荣任副部长。

三、中国人民解放军新海区人民武装部

1983年6月，原新浦、海州两区合并成立新海区。同时，原新浦、海州两区人民武装部合并，成立中国人民解放军新海区人民武装部，为军队建制，正团级单位。受中共新海区委、新海区人民政府和连云港军分区双重领导。亓鸿柱任部长，王善荣、李学荣、滕兆清任副部长；仲伟修任第一政委，李加法任政委，李如扬任副政委。

四、江苏省新海区人民武装部

1986年6月18日，中国人民解放军新海区人民武装部改为地方建制，称江苏省新海区人民武装部。

五、江苏省新浦区人民武装部

1986年6月底，新海区分置为新浦、海州两区。新浦区同时成立江苏省新浦区人民武装部，仍为地方编制，改为副团级单位。为中共新浦区委的军事部门、区政府的兵役机关。内设政工科、军事科、办公室、以劳养武办公室。亓鸿柱、席于民先后任部长，李加法、徐惟学先后任政委。

六、中国人民解放军新浦区人民武装部

1996年4月1日，区人武部改为军队建制，成立中国人民解放军连云港市新浦区人民武装部。至2005年年底，皋学群、吕国庆、周海涛、苏西聚先后任部长，沈健、李浩、王孟年、贾义亭、于广举先后任政委。

第二节　基层人民武装部

新中国成立后，辖内各乡镇相继建立人民武装部，负责域内民兵组织建设和军事训练，组织民兵带头参加当地经济建设和社会活动。1961年起，根据国务院、中央军委规定，乡镇人民武装部开始配备专职武装干部，受区人民武装部和乡镇(公)党委双重领导。

1978年起，贯彻中共中央《关于人民公社、企事业单位专职人武部干部配备原则有关问题的通知》，驻地市属各局(公司)开始配备专职武装干部。1982年，市属局(公司、集团)等企事业单位人武部部长由单位中层正职干部担任。

1990年1月8日起，浦东、浦西、路南、市东、临洪5个街道，均由街道党委分管副书记兼管人民武装工作，无专职武装干部。

2001年11月起，各乡、镇、街道成立人民武装部，配备专职部长，并明确专、兼职武装干事。

第三章 军事设施

第一节 城 池

南朝宋元徽年间(473~476),刺史刘善明“垒石八九尺始为城”。唐贞观十三年(639),宰相魏征到东海时曾为南城南门题“宁海门”匾额。至宋时,南城有大小二城。宝祐二年(1254),贾似道献捷时,重修南城,并将大小二城相衔接,通为一城,西北控海,东北抵山,周13里,皆砌以石,有东、南、北3门,实为重镇。南宋曾恃此以胜金兵。明洪武三年(1370),调官兵镇守。洪武十七年(1384),设立千户所,由千户黄寿等守御。永乐十六年(1418),淮安卫指挥佥事周得辛将城墙增高2尺5寸,并女儿墙高2丈2尺5寸,城铺21座,又有东南水关;东、西二门以南有池,深8尺,阔4丈;东、西门以北,因山为险;吊桥3座,分别在东、南、北3门外。清康熙十七年(1678),开复东海时,移守备于墟沟,留把总1员守南城。乾隆初年(1736),设东海营都司驻守南城。咸丰十一年(1861),海州牧黄金龙重修南城,并为城门题“凤凰城”3字。此后,渐失修补。今旧城残垣了了,只南门城门保存完好。

第二节 掩 体

一、藏兵洞

花果山朝阳洞一带有藏兵洞20多个,多为用巨石在向阳处建成,洞顶均以多块大板石覆盖,上面培土、植草木掩蔽,洞门多向阳。大的洞深6~7米,宽2.5米左右,高2米左右。可容10多人。小的一般深3~5米,宽2米,高近2米,可容6~7人。南云台山中,多处有此类人筑洞穴。藏兵洞的形成,一说是系战国时吴越争战所建,一说是唐王李世民征东时所建,故又叫“唐王洞”。当地群众多称其为“古闷子”。

二、山 洞

抗日战争期间,为躲避日本侵略军空袭,中国军民在山上招崖石下围墙筑成天然防空洞多处。民国34年(1945),日本侵略军投降前夕,将南城东凤凰山东北坡上一座古洞“观潮洞”加以修整,可容40人。在云台山其他地方还有多处日本侵略军修筑后因其战败投降而未完工的山洞。

三、碉 堡

民国26年(1937),国民党部队为抵抗日本侵略军,在云台山上到处用水泥筑碉堡。民国34年(1945)春,日军在云台山上筑有多处碉堡。

第三节 烟 墩

明朝洪武年间(1368～1398),倭寇与海贼危害严重,朝廷于淮安卫八所内分中所守御东海,在前云台山新滩东南山顶、南城西凤凰山顶等处设烟墩。

清光绪年间(1975～1908),东海营设烟墩10座,在南云台山的九岭山、大村山、南城西凤凰山上均设有烟墩,并各有3名兵士看守。

第四章 战 事

第一节 起义 暴动

一、徐宣、谢禄、杨音起义

新王莽天凤五年(18),赤眉起义后,东海人徐宣、谢禄、杨音等聚众响应,反对王莽。起义后,谢禄一度率兵驻扎凤凰山(南城凤凰山)。起义军打击地主豪强,没收其钱粮财物。起义军纪律严明,深受民众拥护,兵力不断扩大,并接连攻占东海等地。至建武年间(25～26),先后被镇压。

二、孙恩起义

晋安帝三年(399),孙恩(西晋孙秀的后裔)聚众千人起义。公元401年6月,孙恩在丹徒(今镇江)遭刘牢之、刘裕攻击,浮海北上郁洲(今云台山一带)。晋派广陵相宁朔将军高雅之出兵郁洲攻打孙恩。高雅之战败被擒,孙恩占领郁洲。晋又派刘裕、刘敬宣率兵追击孙恩至郁洲,孙恩战败,入海南下,退回浙东海岛。

三、徐元、张旺起义

宋绍兴三十年(1160),东海(治南城)人徐元、张旺率农民起义军抗击金人。占据东海县城南城。金军调兵遣将攻打东海县城几月不下。金海陵王命令投降的宋将徐文和步兵指挥使张宏信同知州大兴尹李继忠、直宿将军肖阿太率舟师过海至南城攻打徐元、张旺起义军,徐、张被俘,义军多被斩杀。

四、大村暴动

民国19年(1930)8月8日,中共东海县委领导云台山大村一带的"扁担会"会员和山民,为反抗树艺公司和山霸强占云台山山林,实行禁山、不准穷人上山砍柴割草的禁令,举行一次大规模的武装暴动。在中共东海县大村支部直接领导下,暴动队伍提出"创共产,救穷人""除山霸,还山林"的斗争口号。数百名会员和响应的山民,肩扛扁担,手持刀斧,直捣山顶。山霸的看山队闻风而逃。当天,树艺公司老板和山霸即搬来国民党灌云县卫队,企图镇压暴动,遭到暴动队伍的痛击。

后,暴动队伍缴获当地民团(地主武装)枪械30余支,并联合南城、大伊山等地农民,壮大队伍。中共东海县委将暴动队伍编成1个团(徐文浩任团长),下辖3个营,共1000余人,长短枪近400支。

灌云县国民政府和国民党灌云县党部惊恐万状,一面向农民施放和谈烟幕,一面急赴徐州向二十六师告急,请兵前来弹压。

在敌人多次包抄围剿下,暴动队伍虽经浴血奋战,终因寡不敌众,大部被残酷地镇压,其余部突出重围,转战赣榆。暴动失败。

第二节 战 事

一、捻军攻占凤凰城

清咸丰十一年(1861)夏,捻军大将刘天福率数万人马,进入海州境地攻打海州,州城未攻破,却于5月30日攻破了凤凰城(今南城),守城的都司(正四品武官)石龙章阵亡,城内居民逃避一空。7月末,刘天福离开海州境地,向山东转移,经邳州、郯城、曲阜,再次落脚蒙阴。

二、北伐军攻占新浦

清宣统三年(1911),辛亥革命席卷全国,当年11月21日海州光复。光复后不久,海州地区即为北洋军阀白宝山所控制。民国16年(1927)6月9日,国民革命军北伐军叶开鑫部攻取海州,白宝山投降。不久,叶开鑫离开海州,直鲁联军张宗辅的第十一军及第一军第三师之一部乘虚而入,屯兵新浦、海州一带。海州地区重入军阀之手。

民国16年(1927)12月,国民革命军第十七军独立第一师及二十六军之一部奉命攻取海州。当月7日,十七军开始向直鲁军发起攻击。17日,张宗辅从新浦调1个团兵力增援板浦,并令铁甲车部队向东海移动,增兵海州。北伐军十七军总指挥部据此调整作战部署,于12月17日拂晓开始向板浦发起攻击。十七军一师占领板浦后,经南城镇攻占新浦。当晚,十七军一师全部占领海州、新浦地区。19日,北伐军总指挥部进驻海州。

图26-2 民国27年(1938)5月,日本侵略军炸毁三元宫庙宇建筑群。图为被炸毁的三元宫大殿残迹

三、僧民抗日

民国26年(1937)7月7日,日本侵略者发动侵华战争后,日本侵略军对云台山的轰炸日渐加剧。至民国27年(1938)5月,云台山三元宫一带先后有16处寺庙的217间庙产、6户民居的22间房屋被炸毁,66间民房被烧毁,12名山民被炸死。山中僧民义愤填膺。

民国28年(1939)春,日本侵略军侵占云台山地区后，多次派兵搜山。当小股日伪军登山时，山中僧民都奋起反抗，并将其击退。日本侵略军恼羞成怒，当年农历七月十四日上午，驻新浦的日本侵略军大队长赖河率300余名日伪军，分四路包围云台山，围剿三元宫各寺庙。闯入玉皇宫，强令主持仁芳法师交出武装人员，仁芳法师大义凛然，拒绝交出武装僧俗。当场被日本侵略军戳死。僧民奋起反抗，遭日伪残酷屠杀。6名僧人、9名山民被抓。其中，僧人能安及周玉田、武可宽等5名山民，被当场杀害。其余9位僧民被日伪军带回新浦。除僧人香言中途逃生外，僧人隆刚、德选、绝暄、仁益，及山民朱正奎、张德富、孙咸忠、王耀都被日伪军活埋于新浦东郊旷野。山中寺庙也均被日本侵略军放火烧毁，寺庙中的佛像、经卷全部化为灰烬。

（注：为纪念云台山三元宫众僧抗日英雄英勇献身的爱国主义精神，1992年9月，连云港市人民政府于三元宫旁建义僧亭，以昭后人，永远不忘日军侵略中国的罪行）

日本侵略军炸毁三元宫庙宇一览表

表26－1

庙宇名称	楼房名	房屋		备注
		间数	小计	
乌云阁	西大殿	2	9	
	西配房	3		
	北配房	3		
	过道	1		
三元宫大殿	正殿	25	74	
	东楼	10		
	西楼	10		
	供宝楼	6		上下各3间
	鼓楼	2		
	玉佛楼	3		
	西配房	2		
	大佛殿	5		
	方丈室	2		
	库房楼	6		上下各3间
	知名堂	3		西屋
观音殿	正殿	3	11	
	厨房	5		
	前山门	3		
西竹园	大殿	3	10	
	东配房	2		
	西配房	4		
	过道	1		
团圆宫	大殿	3	12	
	西配房	3		
	穿堂	2		
	厨房	1		
	禅房楼	3		
玉皇宫	大殿	3	10	
	东堂屋	3		
	南房	2		
	厨房	2		

庙宇名称	楼房名	房屋		备注
		间数	小计	
三元宫二殿	东配房	5	13	
	配房	5		
	二殿	3		
南楼	楼房	6	16	
	厨房	5		
	天缘	2		南屋
	官厅	3		堂屋
长生庵	大殿	3	12	
	南配房	3		
	东配房	3		
	西配房	3		
大悲庵	大殿	4	21	
	东配房	5		
	西配房	5		
	南楼	6		上下各3间
	前山门	1		
灵官殿	西大殿	3	13	分南北两院
	堂屋	3		门向东
	西屋	3		
	东屋厨房	3		
	门楼	1		
自在天	大殿	3	9	
	西厨房	5		
	门	1		
百子殿		3	3	
照海亭		2	2	
二仙洞	厨房	2	2	

四、解放军解放新（浦）海（州）连（云港）

民国37年（1948）11月初，中国人民解放军滨海军区主力向新浦、海州的国民党驻军发起攻击。驻新浦、海州、连云港一带的国民党军四十四师，于当月6日闻风而逃。同日，分驻新浦、板浦等地的淮北盐警8个大队和淮南“盐务稽查队”两个大队及灌云县保安团一部约4000余人，向连云港方向逃窜。

中国人民解放军滨海军区主力分两路跟踪追击。11月7日，一枪没放，解放新浦、海州，至9日，解放连云港。在解放连云、云台一带战斗中，共击毙敌军440人，俘虏国民党部队官兵2000余人，并缴获一批枪支弹药。

第五章 兵 役

第一节 兵役制度

一、募兵制

唐代中期开始实行募兵制。宋、元沿袭此制。元开国之初,规定 15 岁以上、70 岁以下的蒙古族男子“尽佥为兵”。后因兵源不足,又在汉人中募兵,规定“汉人二十户出一兵”“丁力强壮者充军”,弱者出钱。凡当过兵的“壮丁及有力之家”均列为军户,世代为兵。明、清也沿此制。清代的八旗兵初为世袭兵役制。后在汉人中实行募兵制,招募汉人当兵。清末,新浦、云台一带都曾招募壮丁组建民团。

二、征兵制

唐龙朔元年(661),为出征高丽,颁诏在海州等地沿海一带征集水兵。南宋时期,金人占领海州期间,在域内征集汉人当兵,以补充兵员。

民国 25 年(1936)6 月,国民政府颁布兵役法,实行征兵制,规定凡属服兵役的适龄男子,均得服兵役,以裕兵源。后来,征兵制度名存实亡。事实上实行的是抽丁制,即按壮丁花名册,以“三丁抽一”或“四丁抽一”的办法征集新兵。抗日战争胜利后,国民党发动内战,为扩充兵源,实行“以抓代征”(俗称“抓壮丁”),“以买代征”办法。东海县国民政府在新浦陇西街设团管区,专门负责将各镇抓来的壮丁转送给部队。

三、志愿兵役制

解放后,人民政府实行志愿兵役制。民国 37 年(1948)年底,新浦即有一批青年学生志愿报名参加中国人民解放军。新中国成立后至 1954 年,历年均有适龄青年志愿参军服役。

四、义务兵役制

1955 年 7 月 30 日,第一届全国人民代表大会第二次会议通过并正式颁布《中华人民共和国兵役法》。中国人民解放军由志愿兵役制改为义务兵役制。自此,新浦地区每年征兵时,广大适龄青年都报名应征,履行义务。

1978 年 3 月 7 日,第五届全国人大常委会第一次会议讨论并批准国务院提出的《关于兵役制问题的决定》。同时决定,为了加速军队革命化、现代化建设,实行义务兵与志愿兵相结合的兵役制度。部分义务兵完成义务后,根据部队建设需要,由义务兵转为志愿兵,继续留部队服现役。

1984 年 5 月 31 日,第六届全国人民代表大会第二次会议审议通过重新修订的《中华人民共和国兵役法》(1984 年 10 月 1 日起施行),规定中华人民共和国实行义务兵役制为主体的义务兵与志愿兵相结合、民兵与预备役相结合的兵役制度。

1998年12月29日,发布施行第九届全国人大常委会第六次会议审议通过的《中华人民共和国兵役法修正案》。实行义务兵与志愿兵相结合、民兵与预备役相结合的兵役制度。

五、士官制

1999年6月30日,第二次修改的《中国人民解放军士兵服役条例》正式发布,对士官制度进行重大改革。志愿兵役制士兵统称为士官。士官从服现役期满的义务兵中选取,也可从非军事部门的具有专业技能的公民中招收。部队士兵新式军衔(警衔)标志于1999年12月1日起正式启用,至12月底,1988年设置的士兵军衔等级和专业军士、军士长的称谓自行取消。

六、预备役制

1955年7月颁布的《中华人民共和国兵役法》规定,士兵预备役分为两类。士兵服役期满退出现役,转入第一类预备役。在征集年度内未被征集服现役的应征公民,依法进行预备役登记的,凡是年满18～40岁的男性公民,编入第二类预备役。第一、二类预备役,按年龄分为一、二两等,30岁以下的为一等,31～40岁为二等。次年6月5日,全区进行预备役登记,对编入预备役的公民,发给兵役证。

"文化大革命"期间,预备役登记工作中断。

1980年,恢复预备役登记。1982年春,区人民武装部对1979年以后退伍的战士,进行专业技术编码登记,分一、二两类存档。

1984年起,根据新颁布的《中华人民共和国兵役法》规定,实行民兵与预备役相结合的兵役制度,应征公民未被征集服现役的,服士兵预备役。预备役年龄为18～35岁。士兵预备役分为一类、二类。第一类包括经过预备役登记的35岁以下的退伍士兵、经过登记服士兵预备役的35岁以下的地方与军事专业对口的技术人员,及其他编入预备役部队和预编到现役部队的28岁以下的预备役士兵;第二类包括除服第一类士兵预备役人员外,编入民兵组织的人员及其他经过登记服士兵预备役的35岁以下的男性公民。第一类预备役士兵到29岁时转入第二类预备役,第二类预备役士兵到35岁时退出预备役。

第二节　征兵工作

新浦区自1955年开始实施义务兵役制。征兵工作由市兵役局统一负责。1959年春,新浦区人民武装部成立后,均由区人民政府负责辖区内的征兵工作。1967年、1971年、1975年、1977年、1988年5个年度未征兵。1962年、1963年、1964年、1976年、1978年、1990年6个年度进行春(夏)、冬两次征兵,其他年度均进行一次征兵,且多数在冬季征兵。唯独1969年进行春、夏、冬3次征兵。

1955～1959年,新浦区冬季征兵,主要征集厂矿、企事业单位的适龄职工及郊区家庭劳动力比较充裕的适龄农民。家庭唯一的劳动力者、独子、高中以上在校学生缓征。

1961年夏季征兵,新浦区首次征集机关、企事业单位中的适龄青年职工、城镇待业青年以及中等学校在校学生。1962～1964年,夏季征兵主要征集有精简职工任务、生产任务不足的厂矿、企事业单位的职工、集体所有制单位的青年工人、城镇待业青年、未能升学的初、高中毕业生和准备裁撤的大专院校、中等专业学校的学生;冬季征兵,主要征集郊区家庭劳力比较充裕的适龄农民和由城市下放到郊区的适龄工人、普通中学学生。1965 年夏季、1968 年春季征兵,主要征集未能升学的初、高中毕业生、社会青年及企事业单位职工。在校学生不征。

1969 年,新浦区进行春季、夏季、冬季 3 次征兵。春季征兵主要征集城乡适龄农民、在职职工,以及本人自愿、家长同意的 16 ~ 17 周岁男性青年。夏季征兵主要是征集消防民警。冬季征兵主要征集未能升学的初、高中毕业生及郊区适龄农民、下放郊区锻炼两年以上的知识青年。1970 ~ 1974 年为冬季征兵,征兵对象与往年相同。唯 1973 年,江苏省革命委员会规定,市、县城镇户口征集人数不超过征集任务数的 20%。1976 ~ 1978 年为春、冬两次征兵,征集对象与往年相同,而 1978 年征集下放农村锻炼的知识青年不受劳动年限的限制。自 1979 年起,按照初、高中毕业生优先,党政军干部子女、下放农村的知识青年和城市待业青年多征,非劳动人民家庭出身、新定社员成分的子女与劳动人民家庭出身的子女一视同仁的原则征集。

1980 年起,重视应征青年的文化程度。1980 ~ 1984 年,农村征集家庭劳动力比较充裕、具有初中以上文化程度的青年和上山下乡知识青年;城市征集应届高中毕业生。机关、企事业单位的青年职工和在校学生不征。自 1980 年起,明确有台湾籍和归侨、侨眷的地方,可以多征集这些人中的适龄青年。1983 年和 1984 年,全区还圆满完成招收飞行员任务。1985 年,征集 1984 年、1985 年高中毕业生,企事业单位中具中有高中毕业文化程度的青年工人也征集一部分,在校学生不征集。1986 年,农村征集家庭劳动力比较充裕、具有初中毕业以上文化程度的青年;城市征集 1985 年、1986 年高中毕业生和企事业单位具有高中毕业文化程度的青年职工。1987 年,征集的新兵高中毕业生达到 35% 以上,城市(含县城)入伍青年达到 20% 以上,女青年均为应届毕业生。1989 年为春季征兵,城乡凡符合征集条件的青年,不管是干部还是职工均可应征,城镇青年年龄比往年放宽 1 岁。

1990 ~ 1999 年,征集具备初中毕业以上文化程度的农业户口青年和具备高中毕业以上文化程度的非农业户口青年,或企事业单位中具有高中毕业以上文化程度的优秀青年职工和下岗、待业青年。自 1999 年起,鼓励大专毕业以上文化程度的青年、非学历教育民办大学的学生、高等院校招收的无学籍学生和各类高考复习班补习的学生报名应征。

2000 年,新浦区征兵工作从 10 月 9 日开始,至 12 月 25 日结束。全区 4867 名适龄青年中,2782 名符合征集条件,2706 人报名登记,报名率为 99%,并按择优定兵的原则,高质量地完成了年度兵员征集任务。

2002 年,为落实新颁布的《征兵工作条例》和教育部、总参谋部、总政治部《关于从全日制高等学校在校学生中征集新兵有关问题的通知》,新浦区在淮海工学院、连云港师范专科学校进行试点并取得成功。是年,根据新浦区城市化速度加快、城市化水平提高的实际,全区非农业户口青年征集比例由过去的 18% 调整到 30% 左右。征集对象增加本人自愿且符合条件的全日制普通高等学校的在校大学生。其入伍后,原就读学校按照有关规定保留其学籍,退伍后准其复学。

2003 年至 2005 年,征集的新兵中,党团员和高中以上文化程度比例分别达 90% 和 100%。

第六章 民 兵

第一节 民兵组织及其调整改革

新中国成立后,新浦地区开始组建民兵。1949 年底,新浦城区的新华、新龙、民主 3 个区共有民兵 2500 人。花果山、云台、宁海等地组建民兵大队。

1952 年,新浦地区龙尾、盐河两区建立基干民兵团,各机关、企事业单位均建立民兵队部,下设中队(分队),编成班、排、连。

1957 年,新浦区将复员、转业、退伍军人和基干民兵合编为基干民兵。

1958 年,9 月 29 日,毛泽东主席发出"全民皆兵,大办民兵师"号召。域内南云台地区各人民公社组建民兵团,并按生产大队编民兵营,生产队编民兵排(连),男民兵和女民兵分别编班。市区则以厂矿、企事业和机关、学校为单位,按照民兵人数的多少,分别编组团、营、连。新浦城区成立民兵师,下设 17 个民兵团,共有 4 万人。同年 10 月 8 日,在南广场举行民兵阅兵式。

1959 年以后,为使民兵组织形式与生产、工作和学习相适应,市人民武装部对民兵进行整组。新浦区采取以条为主、条块结合的编组原则,成立民兵组织。

1962 年下半年至 1965 年年底,新浦区开展以组织落实、政治落实、军事落实(简称"三落实")为内容的民兵整顿工作。并在城区组建武装基干民兵连。

"文化大革命"初期,全区民兵组织遭到严重破坏,基本瘫痪。

1970 年,落实毛泽东主席"要准备打仗"的指标,新浦区重新组建 3 个民兵独立团。

1974 年 4 月,成立新浦区民兵指挥部。1977 年 6 月 24 日,中共新浦区委下发通知,撤销民兵指挥部,民兵工作仍由各级人武部直接领导。

1979 年,贯彻中共中央批准的《民兵工作条例》,对民兵组织进行调整编组。到 1980 年,新浦区城区组建武装基干营 1 个,武装基干连 17 个。并编有重机枪、高炮、高机、防化、通信、打坦克等专业技术兵种。

1981 年,根据中共中央、国务院、中央军委批转总参谋部、总政治部《关于调整民兵组织问题的报告》要求,对全区民兵组织进行调整改革,减少民兵数量,提高民兵质量,撤销各街道、学校和化工部矿山设计院的民兵组织。

图 26-3 图为民兵在社区巡逻

1986 年至 1989 年,按照中共中央关于民兵"要减少数量,提高质量,抓住重点,打好基础"的指示,大幅度的调整民兵组织,加强民兵专业技术兵建设,并理顺基干民兵与人防专业队和交通战备分队之间的关系。

1990年10月10日，区政府、区人武部召开民兵组织整顿工作会议，对全区民兵采取“对口建，就地改、联片扩、跨局抽”的方法，对技术性强的专业技术兵种进行编组。

1994年，区人武部制定下发《新浦区民兵应急分队建设若干规定(草案)》。1996年10月3日，区人武部在浦西街道召开“街道办事处民兵工作试点现场会”，推进街道民兵工作发展。1997年，在驻地邮电系统成立“民兵高技术通信专业分队”。1998年，全区按照城市民兵、民兵应急分队和民兵专业技术分队的编组。1999年9月14日，区人武部组织预备役高炮团直属分队指挥连、汽车连。并于同月17日在新浦火车站广场参加预备役高炮团建团大会。2000年，对全区民兵进行全面整顿，突出民兵应急分队、专业技术分队和对口专业分队建设，解决在经济体制改革过程中出现的一些基层单位有组织无兵、有兵无组织和一兵多职、交叉编组等问题。并于当年8月30日顺利通过省军区检查验收。

2001年，区人武部进一步调整民兵组织部局，改进编组办法，做到兵往哪里流动，民兵组织就往哪里建，及时调整、压缩濒临破产倒闭的国有企业、集体企业的民兵组织，把编组范围向非公有制企业、乡镇、街道、社区、高等院校、科研院所及其附属企业及行政机关等拓展。并根据民兵分布情况、专业技术状况的规划部局，采取应急分队实行跨单位联编、民兵专业队实行区域内抽编、对口专业队实行自主定编、步兵和普通兵实行属地统筹等办法，不断健全民兵组织。

2002年，全区在编普通民兵23579人，基干民兵3694人。年内，花果山乡、新南街道、猴嘴街道及驻地市电信局，被市政府、连云港警备区评为基层武装正规化建设先进单位。

2003年，从年初至9月份，按照民兵分布情况、专业技术状况和规划布局，采取按行业系统编组、联片编组、单独编组等办法，开展民兵调整工作。当年被省政府、省军区评为“城市民兵调整改革先进单位”。

2004年、2005年连续两年，重点压缩普通民兵规模，适当减少基干民兵。

第二节　军事训练

20世纪50年代和60年代初，民兵军事训练主要采取小型、就地、分散的方式，开展群众性练兵活动。前期训练内容主要有出操、列队、紧急集合、兵器知识、射击、投弹、利用地形地物等基本军事技能。后又增加歼灭空降特务和侦查警戒等训练内容。

图26-4　新浦区民兵在进行高炮训练

“文化大革命”开始后，民兵军事训练一度停顿。

1970年起，民兵军事训练逐步得到恢复和加强。新浦区人民武装部先后制订《1973年至1975年民兵军事训练纲要》和《1977年至1980年民兵军事训练纲要》。全区民兵军事训练进入有计划、有重点进行阶段。民兵训练每 3 ~ 4 年为一个训练周期。每个训练周期内，专职武装干部每年训练 1 个月，民兵营（连）长，每年训练 15 天，武装基干民兵每年训练 15 ~ 20 天。1973 年起，新浦区民兵训练注重突出专业技术兵和民兵骨干的训练，重视专业技术兵的整体训练，提高整体战斗力。

1980 年起，按照“减少训练人数，精简训练内容，改革训练方法，提高训练质量”的原则，对民兵训练进行调整改革。民兵训练人数逐步减少，训练内容逐步精简。同时，将训练周期由 4 年改为 2 年，并将 2 年训练时间集中一次训完。做到训练人员固定，训练内容连贯，领导和教学力量集中。训练方法也由小型、就地、分散训练，逐步改变为以集中训练为主，加强训练领导，提高教学能力，搞好训练保障等问题。

1981 年，在全区武装民兵中分两级组织训练：对一年兵进行常规兵器知识、轻武器射击、手榴弹投掷、爆破及单兵战术训练；两年以上的民兵进行射击原理、应用射击、行进间投弹和壕沟内投弹、“302”爆破、打坦克和城市巷战训练。1984 年，加强高炮、通讯、防化和基干民兵应急分队的训练，训练中摸索出一条民兵同驻军混编的“一体化”训练方法，受到连云港军分区的表彰。1985 年，新浦城区民兵参加城市巷战演习，成绩良好，受到江苏省军区司令部的表彰。1986 年 9 月 23 日，区武装部与临洪中学职业班联合举办的全区中学生报务培训班开学，学制 3 年。首批有 20 人参加培训。1988 年 3 月，新浦区民兵防化喷火班在江苏省政府、省军区举办的民兵军事大比武现场会上，进行汇报演练，受到表扬。3 月 29 日至 4 月 26 日，新浦区民兵高炮分队参加在赣榆县九里乡举行的全市民兵高炮分队实弹射击比赛，取得优秀成绩。1988 年 12 月，新浦区驻地化工系统 35 名民兵，在全市城区防化训练现场会上参加汇报演练，取得好成绩。

图 26 - 5　新浦区人武部在组织民兵训练

20 世纪 90 年代，区人武部一方面抓新编民兵的基础知识、基本技能训练，一方面在民兵中加强现代化科学技术学习训练。1997 年 4 月 4 日，连云港警备区在新浦区人武部召开“人武部正规化建设试点”现场会，推广新浦区人武部的经验。2000 年，在组织专业武装干部、民兵干部、应急分队、专业技术分队训练中，采取进驻警备区教导队集中训练、参加上级组织的训练等办法，并注重运用多媒体教学，改进传统的训练教学手段，增强科技练兵实效。当年共完成 387 人、30 个训练日的训练任务，训练考核总评成绩良好。当年 10 月 20 ~ 30 日，组织 1 个高机连参加连云港警备区组织的军事演习并出色地完成任务。

2001 年，区人武部根据驻地地形、社情，从分队执行备战行动最直接的方式入手，拟制修订平时应急行动方案、军警民联防方案等 21 类方案，并将各方案演练列入分队训练计划。年内共完成 468 人、30 个训练日训练任务。在连云港警备区组织的“红星一号”考核中，获总评成绩第一名。

2002 年，在备战训练中突出对军事高科技知识、参谋新“六会”（读、记、算、写、画、传）、新“三打三防”（打武装直升机、打巡航导弹、打隐形飞机、防电子干扰、防精确打击、防空袭）的理论学习和应用训练。全年用 52 天完成以计算机通用参谋作业系统为训练平台的机关干部参谋训练和 412 名基干民兵训练。年初，在连云港警备区组织的机关干部计算机参谋业务考核中，取得参谋新“六会”团体总分第一名。10 月份，在“连云 - 2002”海岸防御演习中，参演科目均达到演习要求，参演的民兵高机分队取得实弹射击首发命中的好成绩。年内，被江苏省军区授予“科技练兵先进单位”称号。春节期间，连云港警备区对新浦区100名基干民兵进行备战演练，拉动率达100%，且集结地域准确，动作迅速，携带装具完备。

2003年，以应用训练为主，全年组织547名基干民兵，进行30个训练日的训练。

2004年5月，组织民兵双37高炮连参加省军区组织的实弹射击考核，取得总评优秀的好成绩。8月，区人武部采取领导跟班，同吃同住在一线，现场研究、集体攻关的办法，组织民兵高炮分队和信息分队，参加连云港警备区组织的沿海防卫演习，取得首发命中战绩，受到警备区奖励。同月，区人武部还采取自导自演，室内网上作业，室外带兵演练的方式，重点进行平战转换，战时动员和城市反空袭三课题演练，提高战时指挥策划掌控能力和指挥水平。

第三节　武器管理

1986年6月18日，人民武装部移交地方后，连云港军分区配发给新浦区人民武装部干部五四式手枪，全区民兵武器1484件，用以装备驻地市属23个局（公司）、场（矿）的基干民兵，分散存放在38个点上，平时有57名基干民兵值班警卫。

1987年，区人武部在全市率先建成民兵武器仓库，民兵轻武器开始由区人民武装部集中存放管理。民兵高射机枪、高炮分别存放在8个市属单位，实行专人值班看管。至2000年年底，全区民兵武器保管连续18年安全无事故。

2001年，针对民兵武器装备使用频率低，擦拭、保养、维修力量比较薄弱的实际情况，区人武部加强民兵武器装备的正规化管理，完善武器装备仓库“三铁一器”（三铁：铁门、铁窗、铁柜，一器：安全报警器）和报警设备。加强库室建设，落实《民兵武器装备安全管理规定》《民兵武器装备出入库规定》《民兵武器装备技术勤务管理规定》等规章制度，全面规范民兵武器装备的安全管理工作。年内，新浦区民兵武器仓库，被连云港警备区表彰为“武器装备管理先进单位”。

至2005年年底，新浦区民兵武器装备管理连续做到安全无事故。

第七章　国防教育与战备工作

第一节　国防教育

新中国成立后，新浦地区各级党政领导机关、驻地部队，均不断在干部、群众中开展反侵略战争、保卫人民政权的思想政治教育，基本做到逢会必讲战备，时刻提高革命警惕，军民共同努力，及时揭露和粉碎敌特分子的破坏活动。

1951年，新浦地区各区党政领导、民兵组织和驻军一道，结合“抗美援朝，保卫国家”运动，在军民中深入开展回忆对比，忆苦思甜阶级教育，激发公民热爱祖国，反侵略战争的热情。

20世纪60年代初，国民党台湾当局叫嚣反攻大陆时，新浦区党委、政府及人民武装部门结合形势，加强战备教育，切实加强各项战备工作，做好随时歼灭来犯之敌的准备。60年代后期，积极贯彻毛泽东主席“提高警惕，保卫祖国，要准备打仗”的指示，进一步做好战备工作。

20世纪70年代，在毛泽东主席关于“全党都要注重战争，学习军事，准备打仗”、“备战、备荒，为人民”指示发出后，新浦区人民武装部进一步做好战备宣传教育，拟定和修订作战预案。70年代后期，区委、区政府及区武装部结合对越自卫还击战，教育广大民兵和职工，时刻保持高度的战备概念。

20世纪80年代，改革开放初期，在干部中一度出现忽视、放松国防教育和战备工作现象。区委、区政府和驻地部队通过贯彻党的十二大和全国六届人大会议精神，加强国防动员和战备形势教育，并按“信息灵通、反应敏锐、效率很高”的要求，指导各单位做好国防教育和战备工作。1989年12月，新浦区被评为“江苏省全民国防教育”先进单位。

20世纪90年代，驻地部队落实《全军部队战备工作若干规定》，进一步明确各级职责、日常战备制度、战备设施建设任务。区政府于1996年7月成立国防动员委员会。同时，开展国防动员潜力调查、国防动员预案拟制和国防动员演练等工作。区人武部还在连云港警备区教导大队设立国防教育基地，在各乡镇、街道建立国防教育站，将国防教育落实到实处。1997年1月，区人武部被授予江苏省全民国防教育先进单位称号。1998年，区委、区政府进一步深化全民国防教育，在各乡镇和大中型企业建立全民国防教育领导小组，把国防教育纳入党委、政府议事日程和对企业考核目标，纳入各学校教学和干部轮训计划中，并明确以领导干部、青年民兵和在校学生为教育重点，使全民国防教育走向经常化、制度化、规范化。

2001年以来，区委、区政府和驻军领导，在广大军民中开展以形势任务和安全保密为重点的战备教育。区人武部组织应急分队，并进行紧急出勤演练，提高大家应急能力。2005年，在军民中进行反“台独”应急战备教育，提高大家思想认识。驻地部队更开展“强化战斗精神，提高打赢能力”主题教育，使广大官兵树立敢打必胜信心，增强战斗意识和作战本领。

第二节　军（警）民联防

1961年，新浦区开始组织驻军、民警、居民联防工作，将全区划分为3个联防区，即以区政府为主的第一联防区、以第二汽车修理社为主的第二联防区和以红光化工厂为主的第三联防区。各联防区由公安干警、民兵和驻区部队组成军警民联防队伍，建立联防制度，加强治安巡逻，保卫社会治安和经济建设正常秩序。1962年，针对当时东南沿海紧张形势，新浦区与邻区共同实施联防计划，建立联防制度。新浦区主要承担保护市区重点工业企业和军事机关安全责任，并成立联防指挥机构，区委第一书记亲自挂帅。20世纪60年代末，新浦区成立火车站军民联防大队，担负境内陇海铁路23千米路段和桥梁保护任务。

图26－6　新浦区在各乡、镇、街道组织军警民联防训练

20世纪80年代初，军警民联防重点转向配

合地区打击刑事犯罪活动。1984 年,区政府召开军警民联防会议,成立军警民联防指挥部,下设办公室。同时,制定区军警民联防方案。1987 年,进一步制定防卫作战预案,确定了包括广播电视中心、自来水厂、通讯机构在内的 27 处重点保卫目标。

20 世纪 90 年代起至 2005 年,新浦区坚持每年召开一次军警民联防会议,军警民联防重点配合新浦地区打击刑事犯罪活动。在 2002 年,配合打击盗窃、抢劫、抢夺等侵财性犯罪活动中;2003 年,配合打击非法携带管制刀具专项斗争和夏季治安整治行动等工作中;2004 年,配合创建平安新浦活动中;2005 年,配合开展“严打整治”,打黑除恶斗争中,区人武部机关和各乡镇、街道人武部干部、民兵均积极参与,配合公安等部门做好巡逻联防,发现、提供线索,为及时破案和稳定社会秩序作出贡献。

第三节　交通战备

1963 年 2 月,新浦区人民武装部与新浦公安分局共同拟定新浦境内陇海铁路路段战备时期保卫工作意见,在铁路沿线居民、单位中加强爱路、护路教育和战备教育,加强对铁路及其桥梁、涵洞的看守和巡查。同年底,新浦区武装部门和地区有关单位一道,制定了以交通枢纽、公路干线的重要桥梁、渡口和内河港口为重点的交通防护方案。对地区汽车驾驶员、船员、装卸工人及工程队伍中的民兵等,加强战时抢修桥梁、夜间闭灯作业、无航标航行、车船防空伪装等训练,提高大家战时应急能力。

20 世纪 80 年代后期,根据南京军区交通备战领导小组要求,新浦地区各承担交通备战任务部门、单位在交通备战正规化建设、科学化管理等方面,进一步建立健全工作职责和各项制度。

20 世纪 90 年代初,区内各乡镇、街道对辖区内的地形、道路、水系、地名等情况,全面进行调查、登记,为搞好交通备战提供新的地情资料,并针对实际研究制定完成急、难、险、重交通运输任务的办法。

1998 年至 2005 年,新浦区逐步实现了市区到乡镇通二级以上公路、乡镇之间通三级以上公路、乡镇到各行政村通四级以上公路。

第八章　人民防空

第一节　防空机构

一、新浦区人民防空委员会

1956 年冬,新海连市人民防空委员会新浦分会成立,同时设立新海连市人民防空指挥部新浦防空指挥分部。

1958 ~ 1961 年,人民防空机构撤销。

1962 年,恢复设立市防空委员会新浦分会,下设办公室、通信联络股、治安消防股。同时,各街道成立防空领导小组。

1970 年,成立区人民防空领导小组。

1982 年起,新浦区人民防空领导小组,更名为连云港市新浦区人民防空委员会。

二、新浦区人民防空办公室

1979 年,成立“新浦区人民防空办公室”(简称区人防办),与区人民武装部合署办公,区武装部长兼人防办主任。

1982 年,新浦区人民防空办公室,改为区政府主管人民防空的常设机构。

1983 年底,区人民防空办公室撤销,工作划归区城乡建设局代管。

1984 年,恢复区人民防空办公室,与区城乡建设环境保护局合署办公,一套机构,两块牌子。市核定新海区人民防空办公室编制 3 人。

1986 年 7 月,撤销新海区人民防空办公室。新浦区成立人民防空办公室。

1987 年,成立新浦区人民防空指挥部。各街道成立联防片指挥部。

1990 年至 2000 年,新浦区人民防空办公室设主任 1 人,办事员 1 人。

2001 年,区政府机构改革,区人民防空办公室为区政府直属事业机构,直至 2005 年年底。

第二节　防空设施

一、人民防空工程

1965 年,市人民防空办公室(以下简称市人防办)在新浦建造 177 平方米地下人防工程。

1969 年,落实毛泽东主席“备战、备荒,为人民”指示,挖掘人防工事工作全面展开。

1971 年,区人防部门在南极路小学操场东侧废同和天池处,兴建防空洞。1973 年,在新浦公园西侧、盐河东岸挖筑涵洞和隐蔽部。1975 年,在双池街利用废西天池,建成 830 平方米的地下室。

改革开放以后,新浦区大型建筑物不断出现,根据平战结合的原则,将建人防地下设施正式列入建设项目规划。至 1983 年,市有关部门在新浦城区建成人防工程 25 处。

1994 年,区人防办扩建和新建地面人防工程。

2000 年,区人防办设立人防工程管理办公室,对全区 4 个公共人防工程,12 个单位人防工程进行全面检查。督促市棉织厂、市日用化工厂等单位及时清理地下工程中的积水淤泥,使全区人防工程完好利用率达 100%。

2001 年,市正大天晴制药厂地下工程渗水,多次修补无效。区人防办特派人去山东等地采购新材料,邀请堵漏行家共同研究应对方案,终于解决该工程的渗水问题。

2003 年 12 月,市人防办研究决定,将新浦区辖区内的原市城建局、原人事局、百货大楼、市建开康乐宫、市中心血库和铁路工务段人防工程划归区人防办属地管理。同年,区人防办按照市人防办下达的责任状要求,对东天池、原绝缘材料厂、原新浦区招待所的公共人防工程进行维护,并通过市人防办的考核验收。

2004 年 4 月,区人防办组织人力对猴嘴山头公共人防工程防护门进行维修,并平整其前场地。9

月，区人防办召开全区人防工程管理工作会，区人防办与新划入属地管理的市百货大楼等8个人防工程责任单位签订目标管理责任书。

2005年，区人防办协调市人防办相关处室为百货大楼拟制地下室战时封堵可行性方案，督促相关单位修复遭人为破坏的市麻纺厂人防地下室。

二、防空警报器

1962年，市人民防空办公室在新浦新市路49号市人防办楼顶安置报警器一台。至1990年年底，新浦地区共设有3处防空警报器。

1998年，经市政府批准，决定将连云港市解放纪念日11月7日定为全市每年试鸣防空警报日。此后，每年此日均试鸣防空警报。

2001年10月，首次在市人防办公楼新安装0.5千瓦电声警报器1台。

2002年起，新浦区辖区内的防空警报器由区人防办统一管理，统一督促鸣放。

2003年，新浦区人防办对全区所管的11台电动式防空警报器设施进行检查和改造。

2004年10月，市人防办在新浦地区的淮海工学院办公大楼、市中级人民法院办公楼、市劳动局办公楼、海宁社区综合楼新安装2.0千瓦电声警报器共计4台。至此，新浦区管理的警报器增加到16台。年内，区人防办还配合市人防通信站，为新浦地区警报器统一安装终端控制设备，在全市率先实现防空警报鸣放器集控。

2005年9月，经市政府批准，决定将每年的9月17日（连云港市1938年首次遭日机轰炸日）定为全市试鸣防空警报日。当日进行警报试鸣，鸣响率达100%。

第三节　防空队伍

1962年，区防空组织设有治安纠察队、义务消防队和救护队，各街道办事处、居民委员会相应成立中队、小队。治安纠察队下设3个中队，由街道办事处和公安派出所负责人分别任正副中队长；28个小队，由居民委员会主任和治安主任分别任正副小队长。全区治安纠察队员375名。义务消防队下设3个中队，28个小队，共有义务消防队员477人。救护队按地形、人口共成立17个小队。其中：东艉办事处中队设12个小队，有救护队员60人；西艉办事处中队设4个小队，有救护队员64人；路南办事处中队设1个小队，有救护队员12人。全区救护队员计136人。当年，对防空袭队伍进行防空知识培训。

1965年，根据省人防委员会关于人防重点城市民兵工作"三落实"要求，市、区人武部进行以民兵为基础，人防专业队伍为骨干的对空射击队伍训练。同年8月20日至9月5日，在民族街、西艉街结合民兵整组，进行群众性防空组织训练试点。

图26－7　新浦区召开乡镇、街道人防工作会议会场

1987 年，新浦区人民防空指挥部下设指挥、疏散、通信、工程、救护、防化、运输、治安、消防、政宣、后勤等 11 个业务科和通信、抢险抢修、医疗救护、防化、消防、治安、运输等 7 个专业队。各街道办事处联防片指挥部下设指挥、疏散、政宣、后勤 4 个业务科和抢险抢修、消防、医疗救护、治安 4 个专业组。

2004 年 8 月 29 日，区人防办在浦东街道站北社区组织防空隐蔽演习。参加演习的 120 多名社区居民迅速聚集到指定地点，在防空演习指挥人员的指挥下，立即按预定路线在 3 分钟内转移到所在社区的东天池人防工事内。30 分钟后，解除警报。演习取得预期效果。10 月中旬，组织人防专业队，进行自来水和煤气管道遭空袭破坏的抢修演练，并通过市人防办的检查验收。

2005 年 10 月 25 日，市人防办在连云港火车站广场进行城市防空袭演习。全市 50 多个党政部门和企事业单位的 5600 余人参加演习，出动高射炮、导弹、飞机等装备以及 300 余台各型车辆。区人防办在协调好演习相关事宜的同时，组织 1300 多名社区居民和学生，参加城市人口紧急疏散科目演练。

第四节　防空袭预案制定

1986 年 11 月 13 日，区政府根据市政府《关于批转市人防办〈关于制定连云港市区级防空预案意见的报告〉的通知》要求，会同市人防办、区人武部共同研究制定新浦区防空预案工作计划，由区人防办及驻地公安、交通、邮电、粮食、卫生、商业等部门共同组成工作班子。根据《连云港市防空袭预案》总体部署，编制新浦区防空疏散预案，于同年 12 月，制定出 10 个方面的保障计划。1987 年，新浦区人民防空袭预案（草案），通过区委、区政府审定，经市政府批准，报省人防委备案。

2002 年 5 月 30 日，区政府根据连云港市国防动员委员会《关于防空袭预案修订工作的通知》的要求，成立新浦区防空袭预案修订工作领导小组。同年 8 月，完成《新浦区人民防空预定方案》的修订工作。新方案包括基本方案、保障计划、附图 3 大部分。

2005 年，启动新浦区人民防空应急行动方案制订工作。区政府成立人民防空应急行动方案制定工作领导小组。乡镇、街道、林场等基层单位均成立相应组织。7 月 12 日，召开全区人民防空应急行动方案制定工作专题会议，将任务细化到每个单位和部门。区人防办认真做好应急方案撰写汇编和报审工作。9 月份完成了区人民防空应急方案制定工作。

第五节　防原子、防化学

1975 年，在驻地化工系统成立防化专业技术分队。此后每年举办 1 期 30～50 人的防化专业技术训练班，组织民兵学习防化理论、个人防护器材使用、侦察器材操作等知识，进行战术演练。

1985 年起，区人武部指导市化工公司人武部采取民兵防化兵、人防防化专业队一套训练班子，两支队伍一起训练的方法，增强训练效果。当年，防化专业技术分队进行一次人防防化战时执行任务的小型综合演练。

1988 年 3 月，化工系统防化喷火班，在江苏省政府、省军区举办的民兵军事大比武现场会上，进行汇报表演，受到表扬。7 月，举办少先队员“防原子、防化学、防生物”夏令营。12 月，连云港市城区防化训练现场会在市化工公司训练点举行。会上，民兵进行队列、射击、穿脱防毒衣、核沾染检查和战术背景的防化毒剂侦察等汇报表演。

2003年6月，区人防办和区人武部、市化工集团等单位联合组织人防防化专业队训练。

2005年，区人防办首次在新东街道12个社区开展核应急知识宣传教育工作。

第九章　国防潜力调查

第一节　组织领导

1987年7月底起，根据市政府和连云港军分区统一部署，在全区范围内开展国防潜力调查工作。区政府和区人武部共同组成新浦区国防潜力调查领导小组，下设综合办公室和各具体项目办公室。驻地市属27个系统单位均以人武部为主成立领导小组。各街道办事处也成立国防潜力调查领导小组。各级国防动员工作机构每年进行一次国防动员潜力调查，按照属地统计的原则和南京军区国防动员委员会统一规定的内容，由综合办公室牵头，各项目办公室对各单位上报的潜力调查统计资料认真进行复核、抽查和汇总，确保要素全、数据准、资料新，并按南京军区统一配发的应用软件建立国防动员潜力数据库。进行国防动员潜力转化为战争实力可行性分析评估，写出专题报告，根据潜力和任务变化情况及时修订动员支前方案、计划。

第二节　调查登记

2000年以后，根据连云港警备区统一部署，对全区国防潜力进行调查登记。经组织准备、宣传发动、业务培训、调查登记和汇总上报5个阶段，对辖区内行政区划、地区经济、房屋、新闻出版单位、生产企业、水电、运输、通信、工程施工、医疗卫生、金融机构、物资储备、院校、科研机构及服士兵预备役、预备役军官、地方专业人员25个项目进行登记，按照机构建设（包括组织体系、工作职责、工作制度）、队伍建设、工作文件（包括上级、本级、下级各类文件）、工作简报（包括上级简报、本级简报）、工作研究、会议记录、会议材料（包括上级、本级、下级材料）、训练演练（包括基础训练、各种演练）、战备资料（包括潜力调查、动员预案）、内部资料（包括文书资料、影像资料）等“十类二十项”建立资料档案。区国防动员委员会及各办公室每月对本单位国防动员信息网站资料进行一次更新，重要情况随时更新。

第二十七编　科学技术

明清时期，域内云台地区科学技术已有一定程度的发展。云台山下海退成滩，盐田遍布，制盐工艺不断革新。明成化三年(1467)，域内盐民已开始抛弃传统的煮盐工艺，采用先进的晒盐工艺。山中山民已能精制獐皮、麂皮、鹿皮之类以作贡品。山下农民培育的粳稻——大车粳，更成为海州官府进贡之佳品。新浦成埠后，随着海州沈云沛、赣榆许鼎霖到此兴办实业，机械磨面、榨油、先进酿酒工艺等科学技术知识、技能传入新浦。民国年间，特别是20世纪20年代中期东陇海铁路通达新浦后，电话、电报、西医诊疗技术、纺织、化工等先进科学技术得到广泛应用。但地区科研活动不兴。

新中国成立后，人民政府重视发展科学技术事业，在民间广泛开展破除迷信，讲究科学宣传教育，在广大青少年中开展以小实验、小创作、小发明、小创造、小论文为内容的科技普及活动，培养儿童从小爱科学。20世纪50年代后期，农村推广科学种田，引进优良品种，改良土壤，采用先进的农业栽培技术。以化学工业为主的区属工业企业应用先进科学技术，生产不断发展。

改革开放后，特别是邓小平提出“科技是第一生产力”之后，区委、区政府更加重视发展科技事业，建立科技工作机构，实施“科技兴区”发展战略，充分发挥区位优势，加强与驻地科研部门、大专院校联系，“借鸡下蛋”。同时，制定科学技术发展计划，积极引进高级科技人才，培训自身科技人员，开展技术职称评定，实行技术职称改革，表彰奖励先进科技人员，奖励科技成果，激励全区各条战线上的科技人员科技创新积极性。“科技三下乡”“百名教授科技兴百村”等活动的开展，有力地提高了现代化农业建设水平。至2005年年底，全区科技人员已达4500人，并取得一批科研成果。

第一章　实施“科技兴区”战略

第一节　科技发展“五年计划”编制与实施

“八五”计划之前新浦区未制定本区具体科技五年计划，均按照市里制订的计划组织实施。

在“八五”期间，中共新浦区委、新浦区人民政府实施“科教兴区”的发展战略，编制新浦区科技发展“八五计划”，要求引进和推广适用、效益明显的科技成果，力争每年列入省、市科技发展计划的项目不低于6项，实施完成率不低于80%，科技投入不低于100万元，科技进步的贡献份额达到30%～40%。培养一支在素质上与对外开放的形势相适应的科技人员队伍，到“八五”末，全区科技人员队伍的人数上升到占职工总人数的3.5%～4%。.

根据区第九个五年计划要求，在“九五”期间，全区每年技术开发项目不少于15项，技术进步占工业产值增长的份额在50%以上。全民事业单位技术人员的比例:高级职称中职工人数达15%,中级职称达40%;集体企事业单位至高级职称占职工人数达到1%,中级职称达到7%,每年专业培训达5000人次。经全区共同努力,“九五”期间,全区共开发实施科技新产品60多项。其中,省级9项、市级26项,先后共投入3400万元,形成产值0.7亿元,实现利税2800万元。通过省、市级鉴定33项,其中部级1项,省级3项,市级29项。在实施的项目中通过专家评定达到国内先进水平的6项,省内先进水平的9项,市内先进水平的11项。

2001年起,开始实施全区“十五”计划有关科技发展计划。先后通过企事业单位自筹、招商引资、贷款、申请得到省市科技三项经费拨款等项目投入3100多万元,新增产值1.9亿元。在完成的新产品项目中通过省、市级鉴定、验收的有29项,其中省级鉴定验收2项,市级鉴定验收27项。完成实施的新项目、新产品,如碳化硅系列微粉等经专家评定达到国内先进水平、省内先进和填补省内空白;美容机、汽车模拟台架等新产品获得了国家专利,取得较好的经济效益和社会效益。2001年至2003年间,围绕“十五”科技发展主要目标与任务,开发实施新产品100项。其中每年列入市级以上计划不低于6项;发展市级以上高新技术产品15项;加强科技协作和利用高新技术提升本区传统产业;发展民营科技企业等。全区共开发科技新项目、新产品79项,其中列入省级计划4项(省火炬1项、省星火3项);列入市级计划38项。2004年,全区共获得国家科技部、省科技厅、市科技局科技立项22项,获得国家科技部863科技计划项目1项(乙甘草酸镁开发),获得国家星火计划项目2项(盐酸二甲双弧缓释片、牛蒡新产品开发),获得国家火炬计划项目1项(PM啤酒瓶美容机),获得省星火计划项目2项(新型三层PE包装膜开发、环保型无苯凹版塑料复合油墨开发),市科技计划项目16项。全年共获得国家科技部、省新科技厅、市科技局、扶持资金105万元。全年共完成新项目、新产品鉴定验收13项。2005年全区共上报国家、省、市科技项目33项,完成区政府考核目标的107%。其中,省级以上项目2项(正大天晴的“塞托溴铵原料及其吸入粉雾胶囊”和“苦参素缓释片”),市级项目30项。按类型分别为:工业项目10项,农业项目8项,社会发展项目4项,示范推广项目4项,三药攻关4项,地方专项1项,创新服务体系项目1项。组织并通过市级验收项目数8项。其中,省星火计划项目3项,省火炬计划项目2项,连云港市科技发展计划项目3项。“十五”期间,全区共开发实施科技新产品105项,先后共投入9760万元,其中财政支持的科技三项经费和科技事业费投入51万元,已形成产值4.4亿元,利税5102万元。通过省、市级鉴定验收76项,其中部省级9项,市级67项,在实施的项目中通过专家评定达到国内先进水平的29项,省内先进水平的41项,市内先进水平的6项。

第二节　科技项目申报与实施

20世纪80年代末,全区正式开展科技项目申报工作。1990年10月,组织第一批科技发展项目的申报,共申报省、市级科研或新产品项目8项。其中,省级星火计划2项,省级指导性产品开发计划5项,市级指令性科研计划1项。同年,通过申报的科研、新产品项目中9个分别列入不同的级别,其中6项列入省级1990年指导性新产品或科研计划(可减免税收);1项列入1990年指令性计划(争取科研经费5万元);区内安排的科研与新产品指令性计划5项,2个项目已列入省级星火计划的备选项目(争取国家星火基金);陇东电器厂的“三相石英变压器”通过市级鉴定。

1991年,全区列入省、市科技开发项目计划的项目6项。其中,省市指令计划3项,指导性计划3项。新浦耐腐泵厂的搪瓷耐腐泵被列入市指令性科技开发项目和1991年江苏省星火计划项目。该项目于当年11月30日通过鉴定投产。

1992年,完成列入省科技开发项目2项:电控设备厂的烟型煤侧烧茶水炉、塑料十二厂的聚酯板材;市指令性计划3项:市耐腐泵厂的污水泵、节能材料厂单组分黏合剂、纺织机械配件厂的全自动塑料制袋机;区指令性计划2项:市东五金配件厂的钢木防盗门、淀粉厂的淀粉尾水提取饲料蛋白。年内完成在建项目6项。

1993年,全区列入市发展项目7项:淀粉废水提取饲料蛋白、ZIBT搪瓷轴流泵等。列入区科技发计划5项:复合铝铁锅、三元接枝胶等。完成科技发展项目10项:药用保险塑料瓶、高分子商标胶等。当年,LED系列电子广千屏、百菌清烟雾剂等7项通过鉴定。

1994年,完成新产品三元接枝胶、建筑胶、清洁剂、2402树脂、卡接式接线盒、乙基麦芽酚、J619万年树脂、地毯清洁剂、防水涂料、耐磨衬板、电子整流器等13项新产品(市级7项、区级6项),当年鉴定投产三元接枝胶、J619万年树脂、固体洗瓶剂、地毯清洁剂、建筑胶粘剂、2402树脂、309胶粘剂等11项(市级鉴定7项,区级鉴定4项)。

1995年,全区有16个项目列入不同级别计划。其中,亚磷酸三乙酯等8项新产品列入市级新产品计划;墙体植绒胶等7项新产品列入区级新产品计划;铝镁粉项目列入省级星火计划。完成鉴定投产项目11项,其中新海助剂厂的高浓度三元复合肥、东亚化工厂的亚磷酸三乙酯等项目通过市科委组织的专家鉴定。

1996年,全区列入省新产品试制计划项目2项:新浦热镀锌厂的稀土镁铝复合锌基合金项目、南方化工厂的喷水织机浆料项目;列入市新品产业化项目的有2项:东亚化工厂的亚磷酸三乙脂项目、东大电力设备厂的插接式母线槽项目;列入市科技发展计划项目3项:陇东电器厂的可控硅交流调压器、新浦有机化工厂的LH—28特种高速商标胶、新浦华新皮塑渔网具厂的彩色无结网;列入区科技发展计划项目8项:长城化工厂的高含量“乙酸乙酯”工业化生产开发研究项目、辉达化工厂的HD—6000型高速卷烟滤嘴胶项目、沈大金属型材厂的冷弯型钢项目、黏结材料厂的甲醛项目、耐腐泵厂的立式排污泵项目、港雁通讯设备厂的电缆分线箱项目、陇东电器厂的三相石英变压器项目、新浦养殖厂的乌鱼单养高产试验项目。

1997年,通过国家、省、市级鉴定的科技项目9项。其中,新浦电器开关厂的失压计时器填补了国内空白,黄海金属冶炼厂的稀土氧化铈达到国内领先水平,新浦有机化工厂的二氧化氯灭菌消毒剂、新浦热镀锌厂的热镀锌抗氧化剂达到省内先进水平,长城化工厂的高含量乙酸乙酵达到市内先进水平,利民药用包装厂的再生PE板材、宝光装饰玻璃厂的装饰灯池、新浦普事达记录纸厂传真记录纸填补了市内空白。

1998年,共上报实施新产品开发16项,被列入1998年计划7项。其中,列入市科技发展计划4项:黄海厂的稀土一氧化钕、临洪村博硕锅炉消烟除尘脱硫装置、有机化工厂输瓶链润滑课剂、新浦区科技信息网络终端站建设;列入市火炬计划2项:黄海冶炼厂氧化铈、浦东办事处的失压计器;列入市星火计划1项:路南办事处的鱼珠胶。完成市级以上项目验收和鉴定7项,其中通过部级项目鉴定1项。

1999年,全区通过市级鉴定、验收科技新产品8项。其中,列入市级科研计划的6项:丽港稀土实业有限公司稀土氧化钕、丽港稀土实业有限公司的稀土速溶氢氧化铈、高智机电科学研究所的新型硅石熔融设备、新浦有机化工厂的酪素黏合剂、新浦精细化工厂的板材黏合剂、新浦区环保局、新浦热镀锌厂的博硕型工业窑多级式复合消烟除尘脱硫装置;列入市级星火计划的有1项:市钢模板厂的大型超宽组合钢模板;列入市级火炬计划的1项:沈大金属型材厂的冷弯型材及电气设备柜用框架。

2000年1月,连云港市研磨厂年产400吨碳化硅精粉项目,被列入《江苏省2000年国民经济和社会发展主要计划指标》,计划总投资1100万元。同年,全区完成省级新产品2项:列入省星火计划的大型超宽组合钢模式板和列入省新产品计划的石英熔融与成套设备;市级新产品14项:科研计划两项、星火计划1项、火炬计划1项、科技专项1项、信息计划1项和指导性计划8项;通过市级鉴定验收11项。经技术专家鉴定评议,达到省级以上水平的4项。填补市内空白和达到先进水平的4项。

2001年,全区开发实施新产品计划项目21项,12项列入省、市科技开发计划。其中,大型超宽组合钢板项目列入省星火计划,啤酒瓶美化机等11项新产品分别被列入市工业科技计划、火炬计划和社会发展计划等。

2002年,全区实现开发实施新产品新项目20项,通过市级鉴定、验收8项。在实施的新产品中,15项建设初具规模,列入省、市新产品、新项目实施计划。在实施的计划项目中,省星火计划1项(电器设备柜用框架7及冷弯型材);市级计划14项,其中工业科研计划3项,农业科技计划1项、火炬计划1项、软科学计划1项。另有6项列入市科技指导性计划。

2003年7月13日,市研磨厂碳化硅微粉项目被列入国家星火推广计划、省重点技术创新计划、省企业重点技术创新计划、省企业技术改造项目试产计划以及市发展目标推进项目计划。同年,全区共实施科技项目36项,组织29个项目申报国家、省、市科技计划立项,有19项列入国家、省、市科技开发计划,通过省、市级新产品、新项目鉴定验收15项。其中,碳化硅系列微粉产品开发列入国家级星火计划,并获得国家级科技产业化环境建设贷款600万元。电器设备柜用框架及冷弯型材、预应力混凝土薄壁管柱、荧光增白剂CBS技术开发等3个项目获得省星火计划贷款贴息15.5万元。

2004年,全区组织项目37项,共上报国家、省、市科技项目31项。其中,工业项目19项,农业项目10项,社会发展项目6项,地方专项1项,创新服务体系项目1项。其中,23项获得国家科技部、省科技厅、市科技局科技立项。获得科技部“863”科技计划项目1项:乙甘草酸镁开发;获得国家星火计划项目2项:盐酸二甲双弧缓释片、牛蒡新产品开发;获得国家火炬计划项目1项:PM啤酒瓶美容机;获得省星火计划项目2项:新型三层PE包装膜开发、环保型无苯塑料复合油墨开发。另有市科技计划项目16项。

2005年,全区共组织项目44项。其中,国家级项目2项,省级项目4项,市级项目38项(工业项目10项,农业项目8项,社会发展项目4项,示范推广项目4项,三药攻关项目4项,地方专项1项,创新服务体系项目1项,市火炬计划项目4项,市星火计划项目2项)。当年组织并通过市级验收项目8项。其中,省星火计划项目3项,省火炬计划项目2项,连云港市科技发展计划项目3项。有18项分别获得国家科技部、省科技厅、市科技局科技立项。其中,获得国家星火计划项目1项(唑来膦酸原料及注射液),获得国家火炬计划项目1项(甘草酸二胺肠溶胶囊),获得省星火计划项目2项(新型墙体轻质条板产品开发、那格列奈原料及其片剂),市科技计划项目14项。

第三节 公众科学素养调查

2002年底,新浦区被确定为2003年中国公众科学素养调查连云港市观测点。2003年1月20日,成立"连云港市新浦区观测点领导小组",制定"调查操作规程",同时收集整理2001年第五次全国人口普查新浦区主要数据,在观测点内抽取40个样本家庭的18～69岁成年人为被调查对象。

根据2001年第五次全国人口普查数据,新浦区非农人口与农业人口分别为281200人和49300。比例为5.7∶1,大于3.7∶1,故在城镇中抽取4个街道。并按国家规定程序抽中浦东、新东、新海、新南4个街道为街道样本单位,抽中市民、龙苑、巨龙、龙尾、海宁、建南、西苑、星化8个社区为社区样本单位。并从8个样本社区中挑选4名调查员,每名调查员负责调查2个社区,每个社区按总户数抽取5家被访户,每名调查员共访问10户。2003年1月28日、29日,2月8日、9日,区科协派员与调查员一起,分别到8个样本社区利用2001年年底户口资料,每样本居委会随机抽取5家访问户。新浦区观测点内共抽取40个样本家庭。在入户调查过程中,调查员填写二维随机表确定被访者,采取第一份入户调查问卷必查看的方法,边跟踪边指导,有选择的随调查员一起进访问户,掌握第一手资料,遇有具体问题及时沟通、在第一线解决。

2003年2月25日,完成入户调查工作;3月10日,完成地区编码、问卷编码、入户接触表的填写工作。并做好总结、问卷质量审核。3月15日,将经审核合格的调查问卷、入户接触表、实施过程追踪表一并邮寄给中国科协中国公众科学素养调查项目办公室。

第四节　职称评定

新浦区科技人员的职称评定工作始于1979年。当年,区医疗卫生系统晋升中医师2名。1980年,区医院晋升医士级14人、医师级9人。1981年,晋升医士级13人、医师级4人。1982年,晋升医士级5人、医师级4人、主治(管)医师级5人。

1983年8月,区科技人员职称评定委员会成立后,全区工程技术、教育、财会等系统的职称评定工作陆续展开。至1986年,全区1393名各类科技人员中,具有技术职称的136人(中级职称13人,初级职称123人),占技术人员总数的9.76%。其中,卫生系统有职称的108人(中级职称9人,初级职称99人),占全系统技术人员总数的92.3%;工程技术系统技术人员中有职称的20人(中级职称4人,初级职称16人),占全系统技术人员总数的90%。

1987年,全区在36个全民事业单位、10个系统的专业技术干部中,首批进行职称改革试点。次年6月,区政府召开技术职称改革会议后全区中、小学教师职称的评定工作全面展开。同年底,全区技术职称改革工作基本结束。全区在教育、卫生、工程、经济、文化、图书档案、会计、统计、兽医、建筑、园林绿化、法律等10多个专业技术领域的1669人中,评定专业技术职称的达1556人,占专业技术人员总数的94.64%。其中,高级(副教授级)81人,占5.2%;中级(工程师级)686人,占44.08%;初级789人(助理级604人、技术员185人),占50.7%;具有高、中级专业技术职称的专业技术人员767人,占专业技术人员总数的一半。

1988年上半年,新浦召开中学教师、小学教师、卫生技术、会计、综合工程5个专业初级职称评委会,对全区789人进行初级职称评审和对751人进行中、高级职称向上级进行推荐。1989年,对全区13个专业的427名专业技术人员职务的任职资格进行评审,其中中级职称4人,助理级职称215人,技术员级职称208人。对全民事业单位以工代技及1987年、1988年大中专毕业生转正定级评定专业技术职称进行评审。全区共有53人进行申报，有28人获各类技术职称和任职资格，其中助理级职称18人，技术员职称10人，暂缓待批11人。1990年，全区有240人申报涉及社会科学研究、综合工程、经济、会计、卫生技术等10多个专业系列的专业技术职称。经过推荐、评审，评定高级职称1人、中级职称65人、初级职称148人，累计217人通过资格评审。同年10月，对全区近60名1989年大、中专毕业生进行考核初评，使他们获得相应的专业技术职称。

1991年，对1987年以来职称改革工作进行复查验收准备，并对1987年以来评聘的科技人员进行考核建档。同年10月，对1990年毕业、国家统配的企事业单位大中专毕业生进行考核评审，39名毕业生得到相应的职称资格。1992年，区科委组织全区高、中、初各类专业技术人员的材料进行审查申报工作，全区近30人申报高级、200多人申报中级、600多人申报初级，当年评出中、初级专业技术人员660人。1993年，全区各类专业技术人员申报职称高级的30人、中级职称的129人、初级职称的333人。经评审批准高级职称15人、中级职称125人、初级职称308人。为64名大中专毕业生办理转正定职手续。1994年，区科委对全区2348名科技人员进行考核，同时对考核中获得优良的、基本条件具备的456名科技人员分别组织材料，申报评审10个系列、12个专业相应的技术职称，有402人通过评审（其中高级20人、中级84人、初级298人）。初级职称人员中助理级122人，技术员级148人、小教三级28人。

1995年2月，区政府下发《新浦区1995年职改工作实施意见》，对全区参加9个系列专业技术职务申报的412名各类专业技术人员进行评审，340人通过评审。其中，高级职称16人，中级职称113人，初级职称211人（助理级128人，技术员级81人，小教三级2人，另有大中专生初聘89人）。组织107人参加全省高中级职称外语考试，307人参加全国经济类统考。年内，共有61人在企业内部获得相应的专业技术职称任职资格。1996年，全区有238人申报职称评定，其中申报高级职称14人，中级职称85人，初级职称139人。通过评审批准225人，其中高职称6人、中级职称83人、初级职称136人。同时，为62名大中专毕业生办理转正定职资格审批。年内，各企业内部开展职称评审、聘用工作，共有38人取得了相应职称。

2002年9月，中共新浦区委知识分子工作领导小组成立，制定《新浦区专业技术拔尖人才管理暂行办法》。区内拔尖人才第一、二层次人员每年分别享受政府补贴1万元和5000元，对当年有突出贡献的，年终所在单位给予一次性奖励。

2003年，全区共有174名专业技术人员参加专业技术职称的评审工作，其中高级职称30人、中级职称144人；76名参加了初级职称考试，并为123人办理了初定职称手续。

2004年，全区有72家单位对科技人员实行按需设岗。同时，组织54人参加全国经济专业和江苏省职称外语考试资格报名工作，发放全国外语职称准考证36份。同年组织175名机关事业单位工人参加上一级技术等级报名。

2005年，全区上报高级职称50人，中级职称180人，有40人被评为高级职称，165人被评为中级职称。组织88人参加全国经济专业和江苏省职称外语考试资格报名工作，发放全国外语职称准考证104份，有80人考试合格，共组织79人参加机关事业单位工人升级考核，其中初级工9人、中级工38人、高级工28人、技师4人，报考工种达11个工种。

第五节　知识产权保护

1987 年，区科委贯彻市科委制定的《连云港市专利管理工作的暂行规定》和《关于专利许可证必须经专利管理机关鉴证的通知》。2000 年，根据新出台的省、市加强专利工作意见和申请专利财政资助办法，做好全区专利申报和知识产权保护管理工作，对多功能控水阀和多层多段防伪标贴膜片等 13 项科研新成果，均按程序进行专利申报，10 件成为市专利申请资助项目。

2001 年，区内和民营科技企业在自主申报专利，引进应用专利技术新产品方面取得明显发展，完成啤酒瓶美容等 16 项专利申请。2002 年，全区专利申请量达到 50 件。连续 3 年完成市下达的专利申请量。2003 年，区政府成立专利工作试点领导小组，并开始建立区、乡镇（街道）、企业三级专利工作网络，培育专利示范街道、企业 3 家，建成一支 100 余人的专利骨干队伍。当年完成专利申请 107 件，专利授权量 60 件，在全市四县三区中名列第一。2004 年，在 11 个乡镇、街道和有关单位健全组织。至当年年底，全区知识产权三级网络基本健全。区政府还制定下发《新浦区知识产权工作制度》和《新浦区知识产权领导小组各成员单位工作职责》。全年全区申请专利 163 件，专利授权量 94 件，开发新产品 26 项，涌现出啤酒瓶美容机、仙人脑等一批拥有自主知识产权的新产品。

2005 年 6 月中旬，江苏省首次苏中、苏北城市知识产权试点考核验收工作会议在新浦区召开。会上，新浦区汇报了近两年来知识产权工作情况与做法，得到省知识产权试点验收组的肯定，并通过考核验收。当年 9 月中旬，新浦区被省知识产权局确定为江苏省知识产权示范区。至年底，全区完成申请专利 219 件，专利授权量为 117 件，开发专利授权的新产品 15 项。

第六节　科技信息服务

1978 年，区科技局开始建立科技档案，逐年分类立卷，对有价值的科技项目，建立专项保密档案。

1987 年，区科委与计经委技术科一道深入各街道、生产单位调查研究，走访市内各高校、科研院所，广泛搜集、整理信息，当年为生产单位提供科技信息 300 条，其中 5 条被采用。1988 年 7 月起，两个月编印 1 期《科技信息之窗》，为企业提供新产品、新技术信息。1989 年，共印发信息 150 条。区科技部门还先后与 30 多所高等院校、研究所建立协作关系，形成区科技信息网络。1990 年，区科技部门先后与机电部第七二五、第十一研究所、上海硅酸盐研究所、华东化工学院和合肥工业大学等 10 多所院校建立协作关系和稳定的信息渠道，从各方面搜集科技信息，向企业发布科技信息 300 多条。

1991 年 7 月，新浦区科技部门召开辖区内高等院校、科研机构科技信息发布会，淮海工学院、连云港化学矿业专科学校、连云港职业技术学院、矿山设计院、海水淡化研究所、七一六研究所、连云港科技情报研究所等 7 个单位的 13 位领导和科技人员在会上发布近百条科技信息。1992 年、1993 年，区科委与南京大学、淮海工学院、连云港化学矿业专科学校、南京工业大学、职业大学、北京大学、天津大学、省化工研究所、天津化工学院、海水研究所、七一六研究所、矿山设计院等科研单位建立长期的科技协作关系。两年中区科委汇编科技信息 8 期，将近 800 条信息发至企业，为企业产品开发提供信息源。同时，组织区内13个单位加入连云港市科技协信息网络，每10天就可以收到一期《信息世界》，掌握国内外科技与经济发展动态。1994年，区科技部门与高等院校科研所联系，组织参加各类经济洽谈会6次，为企业提供科技成果转让信息200多条，缩短科技成果转化为产品的周期。

1995年，区政府领导主动走访辖区内矿山设计院、淮海工学院、七一六研究所、市协作办公室、情报所等重点科研单位，了解科研情报最新动态，搜集、检索信息，并采取发函等联系方式取得外省、市科研单位支持和帮助，为企业提供服务。同年，区科委积极与高等院校、科研单位联系，为区属企业科技协作工作牵线搭桥，收集科技成果信息1000多条，组织企业参加高新技术博览会4次。同年6月，组织区内6家企业7个产品到'95南京全国高新技术博览会上参加展出，完成协作项目10项。1998年，区政府投入3万元完成区信息网络终点站的建设，改善为全区各单位提供信息服务条件。1999年，区科技局去安徽、河南、湖南等地收集大量科技信息，直接分发给区有关主管部门和企业，为企业开发新产品使用新技术新成果提供了大量的新科技信息。

2003年，区科技局组织全区各单位分管科技工作的领导、企业厂长、经理参加江苏省高新技术产业化展览会，并定期将清华大学、北京大学、中国科学院、中国工程院科技信息成果转发到全区各有关企业，帮助企业多上新项目，多出新产品。2004年，区科技局转发清华大学、北京大学、中国科学院、中国工程院定期的科技成果信息680条。同年，区科技局积极引导企业与大专院校、科研院所协作，加快科技成果向现实生产力转化的步伐。2005年，多次派人到市生产力促进局帮助企业进行新产品技术查新，对新批的项目进行跟踪服务，确保项目在规定的时限内通过鉴定验收。

第七节　扶持民办科技企业

2000年起，区科技部门大力推进民营科技企业发展，改善服务环境，为民营科技企业在科技开发、项目申请立项工作中提供指导服务。当年有东凌计算机技术服务有限公司、广大科技开发公司、开友技术开发有限公司等4家民营企业的进出口公司管理软件开发、精葡油、X光胸部监测仪及石英熔融成套设备研制等4项新产品列入省、市新产品开发计划。其中，前3项新产品当年已通过市级鉴定、验收。

2001年，针对民营科技在科研、经营中存在的困难，帮助协调纸品加工设备研究所的机械长管组、星源焊接研究所的烷烃类焊接气等4项新产品申报市科技发展计划，其中磷化铝和烷烃类接气通过了市级鉴定验收，取得了明显的效益。

2002年，有4家民营科技企业研制的5个新产品、新项目申报列入市级工业科研、软科学等科技开发计划。高智机电科学研究所被评为2002年度"连云港市优秀民营科技企业"。

2003年，新浦区科技管理部门树立服务观念，营造良好环境，吸引科技人员、知识人才到本区创业，发展民营科技型企业。选择了4家符合本市高新技术产业发展方向、市场前景好的民营科技企业予以重点扶持；引导5家民营科技企业深化改革，转换经营机制。2003年，全区共有民营科技型企业20多家，从业科技人员180多人(其中高级职称60多人)，技工贸总收入5000多万元。

2004年，区科技局引导民营科技企业与大专院校、科研院所协作，实施科技项目，年内转达发清华大学、北京大学、中国科学院、中国工程院定期的科技成果信息680条，全年3次组织有关企业分别到清华大学、北京大学及浙江、四川等地帮助民营科技企业调研新上产品的科技含量和市场行情；4次派人到市生产力促进局帮助民营科技企业进行新产品技术查新。市研磨厂2003年纳入国家星火计划项目的各种任务指标比较高，难度大，为帮助企业解决难题，区科技局于2004年2月份两次派人协助厂方到省科技厅进行产品技术查新，确保企业产品在市场的占有率。同年5月，该厂顺利通过省科技部的验收，并获得省星火贴息20万元。当年，区科技部门还对产品科技含量较高、市场前景看好的民营科技企业进行摸底排队，将20个科技民营企业分成3种类型服务对象，定期上门服务，帮助解决有关难题。

2005年，区科技局根据科技企业实情，进一步引导企业与大专院校、科研院所协作，深化科技对接，加快科技成果向现实生产力的转化，多次到市生产促进局帮助企业进行新产品技术查询，对新批的项目进行跟踪服务、上门服务，确保项目在规定的时限内鉴定验收完毕。对产品科技含量高、市场前景好的企业进行摸底排队，将前景好的40个民营科技企业按拥有自主知识产权的企业、科技创新能力强的企业和产品科技含量高的企业3种类型，分别指导、服务。对高新技术企业切实加强管理，注重培育扶持，积极组织申报科技计划项目，致力开发新产品和高新技术产品。连云港市研磨厂的"800～1500目碳化硅微粉"、江苏正大天晴药业有限公司的"唑来膦酸原料及注射液""甘草酸二胺原料注射液及其胶囊""盐酸二甲双胍缓释片"和连云港太阳雨热水器制造有限公司的"新型高效温集热管"等产品获得省高新技术产品的认定。

第二章　科研活动

第一节　工业科研活动

1984年至1989年，全区实现7项有偿科研计划，即人造大理石、AVVRD型彩色带形电缆、柴油增效剂、HIS型玻璃钢耐腐泵、41F－16玻璃钢球网、YRG－A型自动供水装置、GYⅡ－2汽油增效剂。1987年，结转指导性研究项目4项，即FS型玻璃钢耐腐泵、柴油增效剂、阻燃电线、6542类药治牛皮癣。

1988年，新浦区承担省指导性、市指令性科研项目各1项，即FS型玻璃钢耐腐泵。并于当年12月30日通过省级鉴定，填补了省内空白。当年还完成了市指令性的HIS型玻璃钢节能耐腐泵科研项目。1989年，新浦区开发科研新产品琉璃型轻质瓦。1990年，区科委举办科技管理知识培训班，对各街道主管工业生产的领导干部进行培训，参加培训的32人，均获得市科委颁发的"星火培训结业证书"。同年，实施漏斗保护器、增深匀染剂、胸部X射线摄片呼吸自动监控装置临床应用、综合硬化疗法治疗50例疗效分析、三相石英变压器、GM新型安全门等6项科研项目。增深匀染剂、三相石英变压器、蓄电池厚液等3项，当年即通过市级及市级以上鉴定。新浦区民办科研所，首创的矿用微波电话新产品，投入试生产。

1991年，新浦耐腐泵厂的搪瓷耐腐泵通过鉴定投产。同年，节能材料厂ZD－902型纸塑黏合剂完成省级鉴定并批准投产。1992年，烟煤型侧烧节能煤炉、GH钢木防盗门、CN水泥减水剂、4115地板胶、污水泵与淀粉尾水提取蛋白粉，通过鉴定并投产上市。

1997年，新浦热镀锌厂的"热镀锌抗氧化剂"、利民药用包装厂的"再生PE板材"、新浦有机化工厂的"二氧化氯灭菌消毒剂"、宝光装饰玻璃厂的"装饰灯池"、长城化工厂的"高含量乙酸乙醇"、新浦普事达记录纸厂的“传真记录纸”、陇北金海洋实业公司的“醉螺”通过省、市鉴定验收。同年6月6日，区政府组织区经济局、外贸局、路南街道、临洪村等部门20余人，赴烟台参加第二届APEC国际贸易博览会。与参会国内外客商就有关产品、项目合作事宜进行探讨。

1998年，沈大金属型材厂的“KS、FA系列电气设备柜用框架”通过国家机械部鉴定。新浦工程机械厂的“锅炉消烟除尘脱硫装置”、广伦机械研究所“锅炉用自动卸灰器”两项科研成果通过市科委鉴定。新浦黏合剂厂的“鱼珠胶”、黄海有色金属冶炼厂的“稀土—氧化铈”、区科技局的“科技信息网络终端站”等4项科研成果通过市科委验收。1999年，丽港稀土实业有限公司的“稀土氧化钕”和“稀土速溶氢氧化铈”、高智机电科学研究所的“新型硅石熔融设备”、新浦有机化工厂的“酪素黏合剂”、新浦精细化工厂的“板材黏合剂”、新浦区环保局、新浦热镀锌厂的“博硕型工业窑多级式复合消烟除尘脱硫装置”、市钢模板厂“大型超宽组合钢模板”、沈大金属型材厂的“冷弯型材及电气设备柜用框架”等8项科技成果通过市科委的鉴定验收。2000年1月，市研磨厂年产400吨碳化硅精微粉项目，被列入《江苏省2000年国民经济和社会发展主要计划指标》，计划总投资1100万元。同年，新浦有机化工厂的“玻璃瓶美化剂”、东凌计算机技术服务有限公司的“进出口公司计算机管理信息系统”、港雁通讯电器设备厂的“电缆交接箱”、新浦黏合剂厂的“珍珠胶”、新浦社会福利一厂的“WZF型煤气炉”、新浦六一服装厂的“聚乙烯气垫薄膜”、新浦电器天关厂的“TYP型氏业通风机”、通运实业有限公司的“SG自欺欺人系列消火栓箱”、同和塑料彩色印花制品厂的“医用塑料包装袋”等科研成果均顺利通过市科委鉴定验收。

2001年，大型超宽的组合钢模板通过省星火计划验收，并申报省贷款贴息。“玻璃瓶美化剂”“鱼珠胶”经市评定为高新技术产品。另有7项科研成果通过市级鉴定。

2002年，市沈大金属型材厂的电器设备柜用框架及冷弯型材列入省星火计划。

2003年，全区有15项新产品、新项目通过省、市级鉴定验收。其中，碳化硅系列微粉产品开发列入国家级星火计划，改变了新浦区多年来没有国家级科技项目的历史，并获得国家科技产业化环境建设贷款600万元。电器设备柜用框架及冷弯型材、预应力混凝土薄壁管桩，荧光增白剂CBS技术开发3个项目获省星火计划贷款贴息15.5万元。同年，区科技部门将全区企业与全国大专院校、国家、省高新技术企业挂钩，重点扶持三类企业科技发展。

2004年，区经贸局筛选区内10家企业20个产品编制成《新浦区产学研推荐项目简介》，参加市“百名专家兴百企”活动，有4家企业与科研院所成功对结。

2005年，全区开展“百名专家兴百企”活动，配合举办南京工业大学与新浦区科技成果交流会，一批专家、教授与近10家企业进行对接。同年，新浦区的连云港市研磨厂的“800～1500目碳化硅微粉”、江苏正大天晴药业有限公司的“唑来膦酸原料及注射液”“甘草酸二铵原料、注射液及其胶囊”“盐酸二甲双胍缓释片”和连云港太阳雨热水器制造有限公司的“新型高效高温集热管”等产品获得省高新技术产品的认定。研磨厂与南京工业大学联合完成了“硅晶片超精密磨削用6Hsic高亲水性体材料”的制备技术研发，经以中科院士为主任的鉴定委员会鉴定认为，“产品性能超过美国电磨公司同类产品，达到国际先进水平”。

第二节　农业科研活动

区内农业科技推广研究工作起步较早，从1958年起，各乡镇即逐步推广科学种田，淘汰产量低、多病虫害的传统老品种，引进高产、抗灾的新品种。同时，采用增加施肥量、深翻、深耕等多种措施地改良土壤。

20世纪70年代，郊区各公社派专人到海南岛学习培育杂交稻种的经验，试种获得成功，全面推广。并根据农业科技部门预测预报，提前打药防治病虫害，病虫害大为减少。80年代起，普遍采用化学药剂除草醚，省时省工，效果好。1985年以后，学习推广养鱼科学知识，集体开发高标准大面积的精养鱼塘，对原有的鱼塘进行改造，精养鱼塘水深1米以上，四周水深，当中浅水，在同一鱼塘中放养草鱼、白鲢、鲤鱼等，使浅、中、深3层水面得到充分利用。大型养鱼塘还装上增氧机。淡水养鱼水平不断提高。经过多年试验推广，到1990年，"济南13号""冀麦5418号"等高产品种已成为当地的主要品种。单位面积产量比解放初期提高近10倍。鱼年产量达到153吨，鱼苗650万尾。近郊临洪、沈圩两村渔业年产值达51万元，实现税利11万元。

1992年，云台乡龙山村妇女王新秀，经过技术培训后使承包的0.33公顷(5亩)棉田，每公顷产棉花1800千克(亩产达120千克)，增加收入5000元。后连续3年被省妇联授予"植棉能手"称号。

1995年5月22日，新浦区养殖场内新建的特种水产养殖场，正式挂牌投产，有精养鱼塘10公顷。

2002年，全区新建具有一定规模、科技含量高、市场竞争力强的沈圩无公害特种水产品示范园、南城花卉冬枣园、朱麻东磊苗圃示范园、南美白对虾养殖示范园、彩虹明樱蛤养殖示范园等5个农业科技示范园，每个园区面积都在6.667公顷以上。在省海洋渔业、省财政等部门的科技政策和资金支持下，园区建设得到较好经济效益和社会效益，推动了区农业结构调整，收到农业增效、农民增收的实效。

2003年，重点加大对农业科技的服务，共组织实施农业科技项目8项，并及时申报省、市农业科技计划。当年被省、市批准扶持项目5项，结合开展"科普宣传周""科技三下乡"等活动，先后多次邀请省、市农业专家到云台乡、南城镇等地进行农业发展规划、科技咨询活动，传授养殖技术，赠送科技书籍300余册，印发宣传资料10000多份。同年3月，在连云港市百名教授科教兴百村小康工程活动中，对云台乡凤凰村、渔湾村、东磊村等村实施科普教育，制定科教兴村小康工程实施意见和3年发展规划，将云台乡建成具有观赏农业，生态农业功能。

2004年，开展"科教兴村"活动，组织教授与村对接加强科技指导，南农大大教授姜卫兵负责云台乡山东村大杏种植果品生产；南农大教授庄苏负责西山村养鹅等畜禽养殖业；南农大教授黄贵华负责花果山乡新滩村养猪生产；南农大教授杨国辉等11位教授，对花果山乡进行实地考察。同年1月27日，全区组织组织"科技三下乡"活动。年内，以南京农业大学姜卫兵为首的南农大教授为云台乡编制的《新浦地区南云台生态旅游和都市农业整体规划》经论证修改，于5月下旬完成，将规划文本、图片资料等移交给云台乡。

2005年1月24日，在区委宣传部组织科技、卫生、文化、法律等有关部门人员的"三下乡"活动中，区科协组织区农水局及畜牧兽医站和海洋渔业局的专业技术人员组成科技分团，到花果山乡开展送科技下乡活动。10多名农技人员在现场开展农业科技知识咨询，并分发农业生产技术科普资料，受到广大农户的欢迎。

第三节　教育科研活动

解放初期至20世纪70年代，各校经常组织教学观摩活动，组织教师学习先进教学方式。1980年全区有317名中小学教师参加学校管理、政治教学、语文、数学、物理、化学、地理、历史、生物、英语、体育、幼儿教育等各学科研究会活动。

1981年秋，区教研室和北京、上海、湖北、福建、江西、广西、山东、安徽、江苏等省、市的29个县、区教研室，共同发起成立小学语文、数学教研协作区。每半年召开一次教研协作会议。从1984年开始改成年会。1985年6月，新浦区成立教育学会，下辖16个学科教学研究会，会员319人。1987年5月，区教育学会举办语文、数学教学研讨会。邀请北京、上海专家与会指导，西安、安徽等省、市代表和省内南京、无锡、常州、徐州、盐城、如皋、金湖、邳县等县市代表参加。

1988年11月，区教研室以英语的听说训练为专题，举办小学英语教学研讨会，新浦区英语教师及连云、海州两区英语教师近百人参加了研讨会。1990年7月23日，区教研室、教育学会邀请武汉市教科所教育管理研究室覃智钧主任，武汉市45中学副校长张蓉，武汉市“七一”中学高级教师、全国劳模、湖北省特级劳动模范张爱姣等专家作学术报告，区内200名中、小学教师听了报告。同年11月，区教研室举办第二次小学英语研讨会，专题研讨英语的情境教学。来自南京、无锡等地以及本市的英语教师130余人参加了研讨会。

1998年，区教研室、教育学会邀请赴新加坡讲学的彭城大学教授朱新兰给全区中小学教干和小学全体语文教师作《解形快速识字》学术报告。同年，区教研室派人去东台师范学习“快速益智”先进经验。组织骨干教师赴泰州市洋思中学考察学习。年内，全区还开展55个区级以上科研课题研究活动。

1999年4月，区教育学会举办“发挥学生主体作用，促进课堂教学素质化”研讨会。同年，全区承担国家级科研课题5个、省级课题9个、市级课题16个；幸福路小学向全省近200所实验小学作“主体潜能识字”阶段成果展示，被《现代特殊教育》誉为“一所走在教科研前列的小学”。年内，区教研室还与北京、上海、江苏、湖北、湖南、云南、福建、江西、山东、安徽等省、市、县、区的29个教研室共同发起成立小学语文、数学教研协作区，每年召开一次学术研讨会，区教研室在会上交流论文近30篇。同年，新浦中学成为区内第一所市中学教育科研达标校；大庆路小学成为区内第一所市小学教育科研达标校。

2000年，幸福路小学“科学认读——主体·开放·潜能认字”课题从省级“科学教育”课题升级为教育部重点课题子课题。同年3月，12篇论文获教育部总课题奖励。4月10日，大庆路小学率先举行全区第一个省级课题“应用现代化教学手段和方法，优化小学语文课堂教学”结题仪式。4月底5月初，全区中小学青年教师参加“五四杯”论文竞赛，331篇论文参赛，14篇获市一、二、三等奖，146篇获区二、三等奖。区教科室和建宁小学获组织奖。5月11日至12日，解放路小学省级课题“儿童心理教育模式实验”“微机辅助数学教学软件开发”和市级课题“小学作文“激兴趣、多练笔、精指导、略批评、简讲评、给高分实验”同时结题。5月16日，海宁小学市级课题“学校素质教育模式研究”结题，省级电教课题“电教技术在思想品德课和自然学科教学中运用”进行中期鉴定。同时，进行市教育科研达标校验收。该校成为新浦区第二所市教育科研达标校。7月，建国路小学的教育部“九五”重点课题“义务教学阶段学生学会学习研究”子课题“各学科学法指导研究”结题。11月8日至10日，幸福路小学举办国家级杨果汇报会。12月20日，大庆路小学举行结题和省教育科研基地揭牌仪式，国家级课题“21世纪中国学校体育发展实验研究”子课题“21世纪小学课余训练组织形式的研究”及市级课题“城区小学实施素质教育若干有效途径的研究”“培养小学生良好品行有效途径的研究”“小学教学自学讨论式课堂教学改革”、省级电教课题“电教手段在课堂教学中的应用和研究”分别通过结题和中期鉴定。至年底，全区有15所中、小学和2所幼儿园的44个课题结题。年内，解放路小学、大庆路小学、建宁小学被批准为省级教育科研基地。

2001年,教育局教科室组织总结各中、小学、幼儿园“九五”课题研讨工作。年底,近50个国家、省、市、区级课题全部结题。4月15日,少年宫的《少年宫开展阵地培训的特色研究》课题结题,结题时刊印《少年宫活动剪彩》彩色折叠图片1000份,录制《少年宫近年活动剪影》录像带,汇编教师论文集《耕耘曲》,学生习作《摇篮曲》,各印100册。同年,区教育局印发《新浦区教育局关于实施连云港市“十五”(2001~2005)教育科研发展规划的意见》和《新浦区教育局“十五”课题指南》,做好“十五”课题申报工作。加强科研队伍建设,分级建立健全教育科研机制,各校相继成立教科室。年内各中、小学、幼儿园教师在省级以上刊物发表及获省级奖励的论文102篇,市级奖励100余篇。海宁小学被列为省级教育科研实验基地。

2002年,区教育局建立教育局域网,计算机普及率(含各村小学)已达80%,“两机一幕”进教室率达100%。3月初,海宁小学组织40余位中青年教师,进行网页制作比赛,促进了信息教育的开展。12月3日,该校教师范文杰进行一次计算机网络教学与语文学科整合的尝试,将计算机网络用于课堂教学。该校25名学生参加省教育厅的中、小学信息(计算机)学科奥林匹克竞赛,五(3)班周嘉炜获得一等奖。

2003年,区教育部门先后组织教师参加市教科所组织的魏书生报告会、“建构主义”报告会、“教育走向生本”报告会和市教科研骨干读书班活动,并写读书心得。同年8月15日、16日,区教育局举行为期两天的新浦区新课程改革教干培训。8月27日,在大庆路小学进行综合实践活动培训。11月4日,召开新浦区综合实践活动课程区域性推进培训会。年内,区各中小学将课题研究与课堂教学相结合,组织校内课题研讨课,在课堂教学中充分体现所研究的课题成果。建国路小学围绕课题“小学生自我教育途径的研究”组织两轮研讨课,体现尊重学生人格,充分发挥学生主体作用的教育观念。解放路小学20多位教师进行小课题研究,在校内进行交流,并到校外展示。万云海老师去赣榆实验小学上的“心理教育课题”研讨课“我是谁”、史晓燕老师去南京上的“两自—归纳模式”研讨课“天火之谜”、金韦彤老师上的“利用信息技术,提高作文教学”课题研讨课“华夏撷珠”的作文评析,均收到专家和同行的好评。全年全区共组织交流反思活动11次,收集反思材料100余篇,征集案例186篇,有32篇被市教研室选入“新课程伴你同行案例专集”,有22篇被市教研所收入“从理念到行为——连云港市新课程改革案例集”。区教育局还自行编辑优秀案例、论文专集2集。

2004年3月、5月分别完成《新浦区新课程改革实验调研报告》《新浦区职业教育发展战略研究》两份报告。12月份,区教研室在大村小学举行“尝试教育法”观摩研讨活动。同月举行新浦区省市“十五”课题中期成果报告会。年内,区教育系统顺利完成“五四杯”“教海探航”“师陶杯”论文竞赛工作,“五四杯”论文一等奖9篇、二等奖15篇、三等奖25篇;“教海探航”二等奖2篇、三等奖1篇,“师陶杯”二等奖9篇、三等奖30篇。在省级以上刊物发表教学科研论文81篇,市级刊物上发表论文25篇。

2005年,全区共申报省级课题8个,市级课题25个,区级课题24个。多次组织新课程实验展示活动、综合实践活动,开展“名师教学引领”活动,组织区名教师上观摩课、公开课;组织中小学课改课展示、区中小学综合实践活动现场会及送教下乡活动。至2005年年底,全区各学校在省一至八届“五四杯”论文比赛中共获中学一等奖11个、二等奖24个、三等奖24个;获小学一等奖51个、二等奖45个、三等奖65个。

第四节　医药科研活动

1975 年 10 月，区人民医院卢发煦、丁祖权共同进行医用自动计时电子节拍器的研究，获得成功，并用于协助冠心病的诊断。1978 年，区医院眼科与新浦光学仪器厂科技人员共同进行人工晶体的研究，与市医疗器械厂合作研制白内障摘除冷冻器，获得成功。眼科医技人员又进行用激光治疗各种眼疾、用阀门植入术治疗出血性青光眼、用电频 + 光凝 + 巩膜下硅橡胶环外加压术治疗视网膜脱离及裂孔、用植皮术治疗眼睛闭合不全等项科研活动，相继于 1982 年获得成功。

20 世纪 80 年代中期，区医院制订奖励政策，激励医务人员开展科研活动。区医院外科与市麻风病院合作，对莨菪药类用于配合治疗瘤型麻风病进行研究，取得成效，外科医师童有才撰写《莨菪药物配合氨苯砜治疗瘤型麻风病疗效初步探讨》论文。童有才还从微循环方面对麻风病人治疗情况，进行长期的观察研究，于 1987 年撰写了《22 例麻风病人甲皱微循环初步观察》论文，受到国内外微循环专家、学者的重视。1989 年，区医院放射科医师周重宁研制成功胸部 X 光摄片呼吸自动监检装置，获得国家专利。眼科医院院长孙弦经过长期研究实践撰写的《近视眼角膜放射状切开术》论文，1990 年获市科技进步三等奖。

2000 年，新浦眼科医院开展的泪道激光和黄斑裂孔注气新技术，填补全市空白；超声乳化治疗白内障手术，获市卫生局新技术引进奖。

2001 年，新浦眼科医院申报的“YAG 泪道激光成形术治疗泪道阻塞临床分析”科研项目，经区科技局及市科技局、卫生局审查，获准立项，由孙弦、丁亚梅、王华 3 人负责。经过一年努力，至年底顺利完成，并报上级主管部门验收。

2002 年，区卫生系统参加各类学术活动 15 次，组织院内学术活动 30 次。眼科医院还协助学会主办全市 2000 年眼科学术会议。同时，各医院聘请外地专家来院指导工作及开展手术 25 人次。医护人员在全国各类杂志上发表学术论文 30 余篇，在《连云港日报》《苍悟晚报》上发表科普文章 48 篇。眼科医院在全市首家开展超声乳化治疗白内障和 ND. YAG 泪道激光成形术治疗泪道阻塞等高难度手术，均通过区、市科技鉴定，超声乳化治疗白内障获得市卫生局新技术科技成果奖。中西医结合医院采用胶原酶溶核术治疗椎间盘突出症，通过市科技局技术成果鉴定。

2004 年，区卫生局成立科教委员会，进一步协调开展全系统的专业培训、继续教育、学分管理及科研工作。年内评审验收 2004 年新技术、新业务项目两项。同时，区各医院还邀请深圳、北京等地著名管理专家进行学术讲座 6 次。

第五节　青少年科研活动

新中国成立之初，各学校开展以小实验、小制作、小发明、小创造、小论文（时称“五小”）为内容的青少年科技普及活动。1951 年，工商小学学生在老师指导下，制成电报机模型，并用于自然课教学中。1953 年，同兴街小学等校学生在团市委举办的“暑假少年乐园”中，制作了电话机、电动机、矿石收音机等模型。

20 世纪 60 年代初，建国路小学开展种植、饲养科技活动，试验用生活污水灌溉小麦、玉米等获得增产。同期，在中小学校开展的航空模型制作活动中，双池小学六年级学生全部参加制作活动，学生肖金生在全市比赛中取得个人最好成绩。

1978 年，解放路小学科技小组制成无线电遥控五通道导弹鱼雷艇模型，获市科技制作一等奖，并参加省青少年科技成果展览。

20 世纪 80 年代，科技活动成为各中小学校第二课堂主要内容之一。1982 年，新浦中学化学兴趣小组在老师指导下，制成丁达尔试验演示器和电子云演示器。1983 年，解放路小学围绕计算机运用开展科技活动。次年，在市青少年计算机程序设计竞赛中，该校五年级学生刘虹、六年级学生朱庞顺分别获得第二、三名。同年，新浦中学物理兴趣小组制作的抛物线作图尺获省科协“五小”发明二等奖，其小论文发表于《科技汇报》。1986 年，解放路小学六年级学生张媛在省青少年计算机程序设计竞赛中获一等奖。1987 年，经市科委电脑办公室批准，在解放路小学建立市少年计算机活动中心，1989 年，新浦中学化学兴趣小组获省先进集体称号。至 1990 年底，先后举办 4 期计算机夏令营，培训青少年 200 余人。

2001 年，市少年宫组织少年儿童参加江苏省青少年航空模型比赛，获团体三等奖。

2003 年 3 月 17 日，解放路小学葛苏远、朱媛媛的《梦想成真》，建国路小学周静、颜文的《绿色空调城》在第十四届连云港市青少年科技创新竞赛中获科学幻想绘画一等奖；解放路小学张博伟、王家健的《高科技智能大厦》，濮岳川、王家健的《在火星上开了生态家园》，建国路小学刘明、颜文的《给地球补充能量》，王嘉楠、颜文的《机器警察》获科学幻想绘画二等奖；解放路小学周鑫、朱媛媛的《特殊朋友的约会》，张玄子、朱媛媛的《学习与方法》，方子昂、朱媛媛的《大战外星人》，杨光、朱媛媛的《探索号在行动》，建国路小学周子铭、杜娟的《我家小厨师》，严蓓、颜文的《移动的家》，陈颖、曾丽的《未来的交通工具》，李婷、曾丽的《神奇的向日葵》获科学幻想绘画三等奖。

第六节　获奖科研成果

一、国家科研成果奖

1991 年，在“七五”全国星火计划成果博览会上，新浦区参展的两个项目获奖：新浦耐腐泵厂的搪瓷耐腐泵获银质奖、连云港市节能材料厂的“9160”纸浆黏合剂获优秀奖。

1992 年 10 月，区属塑料十二厂的新产品——华叶牌多用途聚酯装饰板，获全国星火科技奖。

2005 年，太阳雨太阳能被评为“中国名牌”，并成为国家免检产品。

二、省级科研成果奖

1987 年，获江苏省科技进步四等奖 1 项：阻燃抗静电矿用聚丙烯材料（连云港市十二塑料厂与中国煤炭科学研究院北京开采所联合研制）。

2005 年，连云港市研磨厂#800 - #1500 碳化硅微粉生产技术，获省科技进步奖三等奖，达到国际先进水平。

三、市级科研成果奖

1977 年,获市科研成果奖 7 项:激光治疗机(新浦区光学仪器厂研制)、晶体管全波段收音机(新浦区无线电元件四厂研制)、甲酰胺(MF)(新浦曙光化工厂研制)、顺丁烯二酸酐工艺(新浦区红光化工厂研制)、胸腺素(新浦区医院研制)、医用自动电子节拍器(新浦区医院研制)、DV－1 型光电自动售米机(新浦区粮管所研制)。

1979 年,获市科技进步奖 2 项:自激高频振荡控制无触点自动售米机(新浦粮管所)、百叶一条龙(新浦豆制品厂)。

1981 年,获市科技进步三等奖 1 项:强化胶黏剂 100 吨/年扩大试验(新浦区科技局与新浦区合成胶厂联合研制)。

1982 年,获市科技成果二等奖 1 项:《临床心电图诊断鉴别诊断手册》(新浦区人民医院卢发煦撰写)。

1987 年,获市科技进步二等奖 1 项:阻燃抗静电矿用聚丙烯材料(连云港市十二塑料厂与中国煤炭科学研究院北京开采所联合研制)。

1990 年,获市科技进步三等奖 1 项:近视眼角膜放射状切片开术(新浦眼科医院孙弦)。

1995 年,新海助剂厂开发的“百菌清烟剂”被评为市科技成果三等奖,精细化工厂的傅家宽同志被评为市优秀工程、农业科技人员二等奖。

2001 年 11 月 19 日,市第六次哲学社会科学优秀成果评奖揭晓,《新浦区志》获二等奖。

2002 年,全区有 PM 啤酒美容机获得市科技进步二等奖,玻璃瓶美化剂,无苯环保装饰胶和计划免疫保偿实施策略与效益研究项目,获得市科技进步三等奖。

2003 年,全区有电喷发动机系统演示板、无苯凹版塑料复合油墨、牛蒡系列产品研制与开发等 3 项产品获得市科学技术进步三等奖。

2004 年,牛蒡系列产品的研制与开发应用,获市科技进步三等奖;霞草人工高产技术研究,获市科技进步二等奖。其中,牛蒡保鲜菜 3 个品种,填补 6 项省内科技空白,牛蒡糊、牛蒡汤料、牛蒡袋泡茶等填补了 3 项国内空白。

2005 年,连云港市研磨厂#800－#1500 碳化硅微粉生产技术,获市科技进步奖一等奖。

四、区级科研成果奖

1977 年至 1992 年,获得区科技成果奖共 11 项。其中,一等奖 6 项:ZS－1 纸塑黏合剂(连云港市节能材料厂)、搪瓷耐腐泵(新浦耐腐泵厂)、三机石英炉变压器(连云港市陇东电器厂)、近视眼角膜放射状切开术(新浦眼科医院)、大理石薄板生产线技改(连云港大理石厂)、涤纶低弹丝技术改造(新浦纸管厂);二等奖 2 项:印染助剂—增深剂(新浦合成香料厂)、新浦区南小区噪音达标区的建设(新浦区环境保护办公室);三等奖 5 项:QL－90 铅酸蓄电池标准液(连云港市硅化工厂)、PGL 型交流低压配电屏(新浦电器开关厂)、机用塑料打包带(新浦塑料包装厂)、拔丝扩大生产技术改造(新浦拔丝厂)、制钉系列改造(新浦制钉厂)。

1994 年 5 月 23 日,区政府决定对 1993 年度 13 家企事业单位的 14 项科学技术成果予以表彰奖励。其中,一等奖 6 项:淀粉尾水提取饲料蛋白(淀粉厂)、KGPS1/100－250 可控硅变频装置(陇东电器厂)、百菌清烟剂(新海助剂厂)、接枝型鞋用胶粘剂(新浦精细化工厂)连熔石英玻璃管(石英制品厂)、无桩靴端夯扩振动灌注桩试验与应用(新浦房屋开发公司);二等奖6项:SS型单组分软包装胶粘剂(节能材料厂)、高分子水基合成商标胶(新浦有机化工厂)、NC－L混凝土早强碱水剂(硅化工厂)、保险盖塑料瓶(新浦利民塑料包装厂)、保健节能镀铝铁锅(新浦东港化工厂)、后房型人工晶体植入临床应用(眼科医院);三等奖2项:LED系列电子广千屏(陇东电器厂)、烟型煤侧茶水炉(新浦电力容器设备厂)。

1995年,评出1994年度科技进步奖项目7项,其中一等奖2项、二等奖3项、三等奖2项,并颁布了证书与奖金、奖状。同年10月16日新浦区人民政府下发《关于颁发新浦区1994年度科学技术进步奖的决定》,对1994年度新浦黏合剂厂等6家、7项科技成果分别授予技术进步一、二、三等奖。

1996年4月18日,新浦区政府对"八五"期间新浦有机化工厂等8家科技开发先进集体和高美兰等35名科技开发先进个人给予表彰奖励。同日,新浦区人民政府下发《关于颁发新浦区1995年度科学技术进步奖的决定》,对1995年度欧罗肥料有限公司等8家8项科技成果分别以科技进步一、二、三等奖予以表彰奖励。

第三章　机构与队伍

第一节　管理机构

解放前,新浦地区无专门科技机构,只有民间个人从事科学技术研究工作。

新中国成立后,党和政府大力发展科学技术事业,新浦地区的科技工作由市科技部门管理。

1955年新浦区成立后直至1978年2月,新浦区的科技工作由区工业科兼管。

1978年3月,新浦区政府设立科技科。同年,区政府在工业科确定分管科技管理人员。1980年,区文教科设教研室。

1983年6月,新浦与海州两区合并为新海区,成立新海区科学技术委员会。8月,成立区科技人员职称评定委员会。

1986年6月,新浦、海州两区分治,新浦区科学技术委员会随即成立。同年,区计经委设置技术科。

1987年,区职称改革领导小组成立,负责全区科技人员技术职称评定工作。同年,全区成立中学、小学、卫生、会计、工程5个初级职称评定委员会。

1989年,各街道办事处配科技管理工作负责人。同时,在百万元产值以上的工业企业中,确定1名负责人分管科技工作。科技网络初步形成。

1991年,区委、区政府开始实施"科技兴区"发展战略,同年12月9日,新浦区科技成果评选委员会成立。1996年,撤销新浦区科学技术委员会,组建区科学技术局。1997年,由于职能转变,专业技术人员职称管理工作等职能转移到区劳动人事局。1998年6月,区委、区政府决定,由区科技局兼管区科协。

2002年4月11日,成立新浦区科学普及工作领导小组。同年12月31日,区科技局与区科协分开。至2005年底,新浦区科技局共有行政编制4人。

第二节 民办科研机构

1981年4月,连云港市蜜蜂医疗研究室,在新浦云山路(今苍梧路)成立。1985年5月,改为连云港市蜂疗医院。1988年,改称连云港市蜜蜂医疗研究所,以科研为主,仍保留医院名称。该所占地面积7818平方米,建筑面积3137平方米。所内设有蜂疗临床、蜂产品药剂、情报资料及科研办公室等科室。主要成果有:"蜂胶降血脂临床研究""蜂毒、蜂幼虫冻干的研究"等项目,是国际上首次发现蜂胶有降血脂疗效并用于临床的研究部门。共有科技人员24人,其中高级职称1人,中级职称10人。

1988年3月22日,连云港市新浦应用技术研究所在通灌路10号楼东首成立,该所是一所集体法人型民办研究所。有科研人员22人(离退休人员3人,兼职人员19人),其中高级职称两人,中级职称10人,初级职称8人。主要从事电镀、电子、电器产品的开发研究。

1988年10月4日,连云港市农林应用科学研究所在新浦区海昌路40号成立,该所为集体性质的研究所,有科技人员11人(离退休人员8人,兼职人员3人),其中高级职称5人,中级职称6人。主要从事农业、林业、畜牧业应用技术的研究。同年12月20日,连云港市双星科技工程研究所在新浦区云山路蜂疗医院院内成立,该所为集体性质的科研机构。有科技人员22人(离退休人员2人,辞去公职者2个,兼职人员18人),其中具有高级职称2人,中级职称15人,初级职称两人。主要从事移动通讯、电子产品的开发与研究。1990年,该所研制成国内首创的矿用微波电话新产品。

1989年8月17日,连云港市装潢技术研究所在新浦成立。为民办集体科研单位。

1992年3月18日,连云港市新浦水处理研究所成立,主要从事水处理技术研究、成果转让、应用技术推广。同年5月22日,连云港市新浦科创中心成立,该中心性质为民办集体所有制性质,经济上独立合算、自负盈亏。同年10月22日,连云港市东方应用技术研究所成立,该所性质为合伙经营,经济上独立合算、自负盈亏。同年12月18日,连云港市肯达研究所在新浦成立,主要从事热电事业。

1993年2月10日,连云港市新浦化工研究所成立,该所行政上隶属于沈圩经济总公司。3月4日,连云港市纸制品加工设备研究所成立,主要从事纸制品加工设备的研制、开发、销售等。同月9日,连云港市百事达专利技术研究所成立,主要开展专利新产品、新技术、新工艺等方面的开发研究和应用。同月30日,连云港市新浦包装印刷机械研究所成立。8月30日,连云港市云台山自然文化开发研究所成立。同月31日,连云港市颐寿中医心血管疾病研究所成立,主要开展对心血管疾病的病因、病机、新型治疗方法等进行研究探讨。9月13日,连云港市捷英综合技术开发研究所在新浦成立,主要从事矿产资源、冶金、化工产品的研究和开发利用。12月17日,连云港市广联机械研究所在新浦成立。

1994年3月2日,连云港市奥托电子开发研究所在新浦成立,该所性质为民办集体性质,经济上独立合算、自负盈亏。主要开展应用计算机工业过程自动控制系统的研制开发,计算机软硬件、计算机网络工程等方面的设计生产以及相关的技术开发、培训、服务等。同年4月22日,连云港市东亚机电研究所在新浦成立。5月19日,连云港市海洋生物化学研究所在新浦成立,主要从事相关的技术服务与技术咨询等。11月29日,连云港市克俭新型材料研究所在新浦成立,主要从事自然植物纤维、矿产资源的开发利用。12月9日,连云港市三维企业发展研究所在新浦成立,主要从事新产品研制与开发,为企业提供技术经济咨询、市场调研与预测。

第三节　科技队伍建设

一、科技队伍

抗战前夕，新浦有小学教师50余人、中医30余人、西医92人。新浦沦陷期间，绝大部分中医避难于外乡。抗战胜利初期，有中小学教师近百人、西医医务人员72人。

解放前夕，新浦有中医50人、西医50人(其中博士1人)、中小学教师百余人。

新中国成立后，全区科技队伍不断壮大，由原来集中于中、小学校和医疗单位，发展为遍布教育、卫生、工程技术、财会、文化、经济、图书、档案等各个部门，科技人员水平也明显提高。

改革开放后，全区科技人员总体上不断增加，但由于科技人员可以双向流动，也存在时增时减现象。1988年全区科技人员为1669人，1989年为2048人，1990年为1824人，1991年为1681人。

1993年，开始实行技术职称改革，全区在岗位上的专业技术人员共有2395人。其中，具有高级职称人员84名，占专业技术人员总数的3.5%，中级职称人员871名，占36.4%，初级职称人员1440名，占60.1%；学历层次为：具有大学本科文化程度的占9%，大专文化程度的占19.6%，中专文化程度的占44.8%，其它的为高、初中文化；行业分布为：文教系统有1500名，卫生系统有259名，城建系统有95名，其他事业156人，工交、商业企业有385名。与职改前相比，专业技术人员增长较快，高、中、初级人员结构得到改善，专业技术人员在职工队伍中占的比重有所增加。1993年末，全区企业单位职工总数9651人计，高级专业技术人员占职工总数的0.87%，中级专业技术人员占职工总数的9.02%，初级专业技术人员占职工总数的14.92%，已初步形成一支专业门类较齐全，初具规模的专业技术人员队伍。

20世纪90年代，全区科技队伍基本稳定在2300人左右。2001年以后随着全区实施“科技兴区”战略的深入发展，重视引进人才，全区科技队伍扩大较快，至2005年年底，全区企事业单位专业技术人员达4805名，其中具有高级职称人员288名，中级职称人员1809名，助理级职称196名(事业96名，企业100名)。全区人才总量达到4500人，其中高层次人才占人才总量达3%以上，高级技工及以上职业技能等级人员占技术工人总数达到12%。

1993～2005年新浦区科技队伍概况表

表27－1　　单位：人

年份	总人数	其中						
		高级职称	中级职称	助理级	初级职称	小学三级	无职称	有职称无任职
1993	2395	84	871	—	1440	—	—	—
1994	2479	91	873	1096	301	47	—	71
1995	2542	108	932	1105	320	1	—	76
1996	2582	105	1006	1107	343	—	21	102
1997	2282	122	955	755	249	6	195	—

续表 27－1 单位:人

年份	总人数	其中						
		高级职称	中级职称	助理级	初级职称	小学三级	无职称	有职称无任职
1998	2322	132	970	765	252	7	196	—
1999	2332	142	990	745	252	7	196	—
2000	2358	151	999	750	260	6	192	—
2001	2957	97	1061	908	533	17	341	—
2002	3140	121	1161	1016	534	17	291	—
2003	3595	167	1427	1157	454	17	373	—
2004	4227	218	1697	1307	555	17	433	—
2005	4805	288	1809	1503	635	37	533	—

二、队伍建设

1987 年 5 月,区医学会在区医院举办临床技术学习班,有 42 人参加学习;在区医院护理部举办护士提高班,邀请专家讲授基础护理学、药理学等,提高医护人员临床技术和护理水平。6 月 1 日,区医学会和区防疫站联合举办"计划免疫宣传周班",各街道办事处全体医务人员及新浦农场医院、临洪村、沈圩村医务人员共 26 人参加学习。1990 年,区科委人员参加"省科技计划管理研讨班"与"市科技管理研讨班"的学习。举办有区各企业科技开发人员和街道办事处主管工业人员参加的"科技管理知识培训班",参加培训的 32 名人员,均获得市科委颁发的《星火培训结业证书》。同年,区职工教育办公室分期举办消防班、厂长、经理班、电工班、商业统计班、电焊班、中专会计班、营业员培训班,组织职工岗位技术培训和文化培训,计有 356 人参加培训。

1991 年,区科委与人大科教委会同区委宣传部、区司法局举办科技法规培训班,组织全区企业的厂长或分管领导到会学习《中华人民共和国技术合同法》《中华人民共和国专利法》《中华人民共和国专利法实施细则》《江苏省技术市场管理办法》等科技法规。提高大家对有关科技法规的理解水平和执行科技法规的自觉性。1993 年,区科委根据全市实施专业技术人员继续教育证书制度的要求,为 2000 余名专业技术人员办理继续教育证书,建立健全继续教育制度,年内基本达到高中级专业技术人员每年继续教育时间不少于 15 天,初级专业技术人员不少于 10 天的要求。年内还举办"科技开发与技术改造项目可行性研究学习班"50 多名厂长参加学习。1994 年 5 月 10 日,区科委在区政府会议室举办科技进步法培训班,近百家区直属企业、村办企业厂长及科技人员参加培训。11 月 4 日,区政府为提高科技人员书写科技文献水平以适应科研与新产品开发需要,举办科技文献拟写培训班,区计经委、各街道办事处分管科技领导及校办企业厂长、经理 66 人参加培训。1995 年,区科委先后举办新产品开发决策、投资效益评估、科技政策法律等专题培训班 20 期,全区 500 名厂长、技术骨干参加培训。

2002 年,区科协与区委组织部配合,共同组织乡镇党委开展农村党员、基层干部科技培训工作,在农村党员中开展电化教育、科技致富活动。

2003 年,区科协会同云台乡邀请南农大姜卫兵教授到现场指导,并举办云台大杏生产管理技术讲座。年内3次派人参加省知识产权局举办的业务培训班,1次派人参加全国知识产权战略论坛。8月中旬,区科协邀请省知识产权讲师团为全区机关、乡镇、街道办事处和企事业单位130多人进行知识产权保护等知识培训。多次请省科技厅、市科技局领导牵头,邀请有科技成果、专利的专家、教授到新浦区企业进行实地指导,并定期将清华大学、北京大学、中国科学院、中国工程院的科技信息成果转发到区各有关企业,帮助企业多上新项目,多出新产品。

2004年,区科协邀请南京农业大学姜卫兵、庄苏、汤国辉等教授先后21次到各乡、村、果园、养殖场进行技术指导,开展咨询活动,提高农村科技人员技能。

2005年,区科协邀请南农大和市有关专家到本区乡镇举办茶叶生产、果树种植管理,草鸡、肉鹅养殖等生产技术培训班5次,请专家及有关技术人员到现场指导10余人次。

第四章　新浦地区科研机构选介

第一节　省部级科研机构选介

一、化工部连云港设计研究院

成立于1962年1月,位于新浦区幸福路15号,原称"化学工业部化工矿山设计研究院"。是化工部直属科研单位,主要从事化肥及化工矿山采选联合企业及辅助设施的可行性研究、新技术开发、工程设计、地质勘探工程技术咨询、国家攻关项目现场施工与技术服务,引进设备国产化和选矿工艺、选矿机械、选矿药合成、矿山环境工程、综合利用自动化等研究,专业方向是化肥原料和基本化工原料的采选联合企业设计、选矿工艺、选矿药剂研究。1999年7月,该院由事业科研机构转制为科技型企业。

2001年3月24日该院与世界上最大的磷酸盐生产厂家——美国IMC公司合作开展的"佛罗里达高镁磷矿选矿试验"技术项目获得圆满成功。该项技术的成功,标志着该院的磷矿选矿技术进入国际市场,达到国际领先水平。

2002年,改称化工部连云港设计研究院。

二、中国船舶工业总公司第七一六研究所

成立于1965年,1987年由四川万县迁入新浦海连东路32号。主要从事军工科技工作,研究范围包括系统工程、自动控制、计算机科学、应用数学、精密机械、电子技术、显示技术、数字转换技术、仿真与测试技术、仪器仪表、科技情报等40余种专业技术的研究。该所科技力量雄厚,1990年有科技人员425人,其中有高级职称109人,中级职称200人。

1995年,中国船舶工业总公司第七一六研究所(简称七一六研究所)的16SXZ10AA数字—旋转变压器转换器、14位小型旋转变压器—数字转换器获省科技进步二等奖,列国际先进水平。

1996年,七一六研究所的塑料导型材共挤出技术及模具获省科技进步二等奖,列国际先进水平。

1999年,该所实行内部机制改革,形成科研、开发、生产、市场相结合运行机制。21世纪七一六研究

所完成多项船舶技术的研究,达到国际水平,填补国内空白。

2005 年 5 月 13 日,七一六研究所举行建所 40 周年庆典。中共中央委员石云生上将、中国人民解放军海军参谋长助理陈果核、海军装备部总工程师赵等平等庆祝活动。

第二节　市级科研机构选介

一、连云港机械研究所

1980 年 2 月成立,位于新浦区大庆路 20 号,主要从事机电产品的设计、制造、数显、数控等技术推广,共有科技人员 26 人,其中高级职称 1 人,中级职称 10 人,初级职称 15 人。1987 年实行所长任期目标责任制。2001 年 7 月 1 日改制为企业单位。

二、连云港市化工研究所

1980 年 6 月成立,位于新浦区泰康路,主要从事化工中间体研究开发,共有科技人员 26 人,其中高级职称 1 人,中级职称 10 人,初级职称 15 人。1987 年实行所长任期目标责任制。2001 年 7 月 1 日改制为企业单位。

三、连云港市建筑设计院

位于通灌路 246 号,主要从事工业与民用建筑结构、给排水、采暖通风、电气设计、建筑设计、工程地质、土木试验、科技情报、计算机等专业设计与研究,该所拥有科技人员 103 人,其中高级职称 13 人,中级职称 47 人,初级职称 43 人。1987 年 4 月试行目标管理。2001 年 7 月 1 日改制为企业单位。

四、江苏省太阳能研究所

成立于 1990 年 3 月 6 日,位于解放东路 162 - 1 号。从事太阳能应用理论研究和太阳能高新技术产品开发,为集技、工、贸于一体的省属科研机构,有高、中级科技人员 28 人。已开发出光热、光电两大类 20 多个品种产品,先后获国家两项发明专利、6 项实用新型专利。全国太阳能热水器质量评比一等奖,国家星火计划三等奖。

第二十八编　教　育

新浦建埠较晚，城区办学相对较迟，而云台山区的花果山乡、云台乡、南城镇及宁海乡一带，办学相对较早，主要是私人办学，即私塾，且世代不绝。汉朝末年，现云台乡的前关村建有糜竺书院。明朝初年，现云台乡的朱麻村山上建有"上学堂"。明隆庆年间云台山区还建有社学。民国初期，国民政府开始创办小学，并陆续有开明人士、商家、慈善机构和社会团体出资创办小学。20世纪30年代初，新浦城区开始出现私立初级中学。

解放后，人民政府在接管改造原有中、小学校同时，积极创造条件创办幼儿园和中心学校，并形成政府办学和厂矿企业、农村社队集体办学并存的格局。1958年，开展教育革命，城乡大办民办中小学和中等技术学校。"文化大革命"期间，学校教育受到严重干扰，民办学校停办。"文化大革命"后，全区教育事业很快恢复正常教学秩序。在新浦城区，高等教育逐步兴起。

改革开放后，新浦区重新发展社会力量办学，开展职业教育，驻地高等教育逐步发展。20世纪80年代中后期起，全面贯彻《中共中央关于教育体制改革的决定》，进一步改革学制、课程设置、教学及思想教育的内容和方法。施行《中华人民共和国教育法》和《中华人民共和国义务教育法》，加强乡镇教育事业领导，不断加大教育投入，城乡全面普及九年制义务教育，并逐步完善农村义务教育管理体制，对乡镇中小学实行统一管理，公用经费统筹安排，教师工资按统一标准及时足额发放。城乡中小学对口帮扶工程的实施，使乡镇中小学办学条件明显改善。1998年起，贯彻《连云港市中小学内部管理体制改革指导性意见》，先后在全区中小学实行校长负责制、教职工全员聘任制，中小学教师全部实行竞聘上岗；中小学校长全部实行聘任制。2005年，中小学校长进一步实行聘任制和任期制；教职工实行聘任制，竞争上岗。做到教干能上能下，学校自主用人，教职工自主择校，让优秀教师、教干脱颖而出，调动了中小学校长和教师的积极性，促进全区中小学教学质量不断提高。

至2005年年底，新浦区域内有普通高等院校4所，职业教育院校7所，中学13所，小学28所，小学教学点11个，特殊教育学校2所，幼儿园58所，少年宫1所；中小学在校生37585人。

第一章　体制沿革

第一节　私人办学

清代，云台、南城、花果山一带民间一些富户人家在家开办家塾，延师教育族中子弟。有的村庄利用庙宇、祠堂等公众场所开办村塾，入学子弟缴纳学习费用。有的塾师自办私塾，在家中教授生徒。光绪三十四年(1908),宁海清河村邵冶田在邵庄创办"尚志学堂"。清末民初,大村的武学澍和仇汝成、临洪滩的周怀贤、武庄的武克启等,都教授生徒10多人。整个新浦地区有私塾50余所。其中,花果山地区近20所,新浦城区有10余所。

民国元年(1912),南城人杨钧借用城内观音堂开办学制7年的开明高等小学。民国16年(1927),云台人武可榜创办关里初级小学。

20世纪20年代末、30年代初,新浦地区出现改良私塾。改良私塾采用"洋学堂"的挂黑板、集体授课等教学形式,在教学内容上也作改良,除教授"四书""五经"外,也教国民政府颁布的教科书。设于新浦中山路中南药房的改良私塾,由淮安籍大学毕业生夏先生主教,不仅教国语、算术,还教英语。至解放前夕,私塾与"洋学堂"并存。解放初,新浦城乡仍有少数私塾存在。

新中国成立后,私人办学不复存在。

改革开放后,出现多种办学体制。1994年9月,全市第一所私立小学—凤凰学堂在南城开学。聘请原解放路小学校长冯同蓉为校长。初期就读学生30余人。1996年停办。

第二节 政府办学

明隆庆年间(1167~1572),今花果山、南城地区已有社学。

民国初期,国民政府开始创办国民小学。20世纪20~30年代,大村已建立县立大义初等小学、海林小学、团圆宫小学等县立小学;新浦城区已兴办起新龙镇初级小学、石东镇小学、龙尾镇小学、三民镇小学等国民小学。民国元年至民国35年(1912~1946),域内先后创办小学26所。

日军侵占期间,日伪政权办小学,进行奴化教育。民国31年(1942),伪东海县政府兴办东海初级中学。

抗战胜利后,国民政府接管伪政府所办学校,各乡镇办的国民小学及东海初级中学继续开办。民国36年(1947),新浦一些大的保也创办国民小学。

1948年11月7日,新浦解放。当月下旬开始,人民政府一面接管旧学校,一面创办新小学。一些私立民办小学先后改为公办小学。东海初级中学与私立普爱中学、新民中学合并成立公立新海中学。南城、花果山、云台、宁海等地都建有公办初级小学或完全小学。

1968年起,施教区人口多的小学,先后办起附设初中班(俗称"小学戴帽子"),以解决小学毕业生就近升学问题。

1980年,撤销小学附设初中班。云台乡创办关里、朱麻、山东、丹霞4所联办初中;宁海乡创办高庄、新建2所联中。

20世纪80年代起,政府加大教育投入,学校发展加快,办学条件不断改善。

第三节 社会办学

民国2年(1913),域内开始出现社会团体办学。当年,东海县商会中的刘振沛、刘振鼎、殷维盘、王开基等捐款，于新浦天后宫西建学舍，创办东海县第二国民学校。聘清末秀才刘允生为校长，教员 3 人。开设 4 个初小班，学生 90 余人。民国 13 年(1924)，新浦商界创办商务学校。20 世纪 20 年代，新浦商界还先后开办私立普爱贫民义务初级小学、工商小学；山东同乡会创办齐鲁小学。民国 21 年(1932)，新浦商界开办商业中学。民国 29 年(1940)秋，日伪统治时期，新浦青帮道德会开办道德小学。民国 35 年(1946)2 月，新浦慈善机构红卍会开办卍慈小学。民国 36 年(1947)秋，新浦商界开办普爱中学(初中)。

解放后，人民政府接管各私立学校，改为公办学校。

1958 年 3 月，实施《新海连市文教卫生事业初步规划指标》，提倡半工半读、半耕半读，厂矿企业、农村社队开办民办中、小学。花果山乡、云台乡开办民办小学班 21 个，适龄儿童入学率达 90% 以上；新浦城区开办新生街、新海街、市东街、市民街 4 所民办小学和新浦民办初中、新浦工商初中；花果山乡开办当路民办中学。至 1960 年，域内有民办小学 14 所，民办初中 3 所。

1961 年，因经济困难，贯彻“调整、巩固、充实、提高”八字方针，乡村、街道开办的民办学校多数停办。同年 9 月，新浦民办建国中学建校招生。1964 年，教育战线执行“两条腿走路”的方针，社会办学有所恢复。同时，大力兴办耕读小学，域内乡镇先后办起耕读小学 93 所(班)。其中，花果山地区 37 班、云台地区 43 班、云台农场 5 所、南城镇 2 所，沈圩、临洪两个生产大队 6 所。1965 年，农村民办初中改为农业中学，实行半耕半读。

“文化大革命”开始后，民办学校、耕读小学停办。

改革开放后，新浦地区重新出现社会力量办学。从服装裁剪、美容美发等技能培训为主的短期培训班，逐渐发展到初、高中文化补习，成人高考、自学考试辅导、少儿艺术培训、外语、计算机培训及电、气焊工培训等。办学形式开始以业余为主，后逐渐形成全日制、半日制、业余、脱产等形式并存。办学内容涉及基础教育、职业教育、成人教育、幼儿教育、特殊行业教育等多个领域。办学主体有民主党派、社会团体、企事业单位及公民个人。存在时间长短不一。

1997 年 10 月，施行国务院颁布的《社会力量办学条例》，新浦区社会力量办学逐渐增多。

2003 年 9 月，施行《中华人民共和国民办教育促进法》，新浦区社会力量办学出现高潮。

至 2005 年，新浦区社会力量办学机构有 61 个(不含幼儿园)。

2005 年新浦地区民办教育机构一览表

表 28－1

单位名称	创办时间	地　址
市新浦成人教育中心	1982 年	市通灌路小学院内
新浦区职工学校	1982 年	建国路 107 号
连云港市中山进修学校	1984 年 1 月	海连中路 239 号
连云港瀛洲书画函授学院	1987 年 2 月	连云港电视大学院内
连云港市科达培训中心	1993 年	同和街东巷 19 号
连云港市淮海教育中心	1994 年 1 月	通灌路 136 号温侨绿苑三楼
连云港市青少年文化艺术学校	1994 年 8 月	连海路小学
连云港市建设培训中心	1994 年 9 月	朝阳中路 16 号

续表 28－1(1)

单位名称	创办时间	地　址
连云港市育青外国语学校	1995 年 5 月	公园小学院内
连云港市兴港教育培训学校	1995 年 10 月	海连东路 24 号
连云港市科技之家	1996 年 3 月	朝阳中路 58 号
连云港市新星文化艺术培训中心	1996 年	解放中路 83 号
连云港市新东方计算机专修学校	1998 年 2 月	陇海步行街女人街 BC 楼
连云港市神州武术培训学校	1998 年 4 月	幸福路 18 号
连云港淮海科技培训学院	1998 年 6 月	朝阳中路 100 号
连云港市奥林业余学校	1998 年	万润商业街陇海 4 号三层 1
连云港市新世纪实验学校	1999 年 7 月	临洪中学院内
连云港市东方人才培训中心	2000 年 10 月	朝阳中路 100 号
市老年大学培训中心	2001 年 2 月	建国路 109 号
连云港市花果山武术培训学校	2001 年 11 月	花果山中学东侧
市精英体育舞蹈培训学校	2001 年 11 月	陇海步行街 29－311
市托雅玛青少年艺术培训班	2001 年 11 月	通灌南路老干部活动中心院内 5501
连云港市德才培训中心	2001 年 11 月	海连东路 101 号
连云港市艺缘琴行艺术培训部	2002 年 2 月	陇海步行街凤凰广场南侧
连云港市国华培训中心	2002 年 7 月	建国路 109 号
李静艺术培训学校	2002 年	陇海步行中街 25－227 号
连云港市中大成人教育培训中心	2003 年 2 月	公园小学院内
连云港市新云少儿业余艺术学校	2003 年 3 月	原猴嘴办事处
连云港市人才培训中心	2004 年 1 月	市人事局人才交流中心院内
连云港市金奥教育培训中心	2004 年 3 月	陇海步行西街 K 楼三层
连云港市山樱日语培训学校	2004 年 3 月	苍梧路 36 号慧都大厦 6 楼 53
佳音英语幼儿培训中心	2004 年 3 月	陇海步行街号 302 室
连云港市飞翔教育培训中心	2004 年 4 月	龙河南路 24 号
连云港市光明教育培训中心	2004 年 5 月	南城中学院内
连云港市晓峰艺术培训中心	2004 年 6 月	海昌南路 39 号
市安德鲁外语培训中心	2004 年 7 月	海连东路 43 号南光大厦
连云港市灵童文化艺术培训中心	2004 年 9 月	市化路 37 号
连云港市从文文化艺术培训中心	2004 年 11 月	陇海步行街女人街 H1－201
市启国国标舞培训中心	2004 年	陇海步行中街 4 号楼东首三楼
市爱乐艺术培训中心	2004 年	青年路恒利综合楼

续表 28－1(2)

单位名称	创办时间	地　址
连云港市阿斯顿英语培训中心	2005 年 1 月	海昌北路 102 号
连云港市邦乐艺术学校	2005 年 3 月	陇海步行中街 28－238 号
连云港市文澄培训中心	2005 年 4 月	大庆路西首交通培训中心
市正义武术培训学校	2005 年 4 月	浦南农贸市场东侧
连云港市创艺艺术培训中心	2005 年 4 月	海连中路 66－5 号楼
连云港市天一珠心算教育培训中心	2005 年 4 月	通灌南路 85 号
市海之星艺术培训中心	2005 年 4 月	海昌南路兴业小区居委会二楼
连云港市大千文化艺术培训中心	2005 年 6 月	陇海东路 2 号楼 3 层
连云港市振华专业技术学校	—	海宁小学内
连云港市青年业余学校	—	连海路小学
市房地产培训中心	—	朝阳中路 14 号
连云港市育英学校	—	朝阳中路 16 号五楼
连云港市交通培训中心	—	大庆西路
市儿童少年业余艺术学校	—	市文化馆内
连云港树人艺术专修学校	—	朝阳中路 19 号 5 楼
连云港市华厦职业培训学校	—	建国路 109 号
连云港市鹰游纺机乒乓球培训中心	—	锦山宾馆 7 楼
市密丝美容培训中心	—	陇海步行街
连云港市博雅文化艺术培训中心	—	苍梧路
中船总公司七一六研究所培训中心	—	中船总公司七一六研究所
市新纪元青少年兴趣培训中心	—	同和街东巷 19 号

第二章　学前教育

第一节　发展概况

一、幼儿园

民国 13 年(1924)前后，新浦地区开办私立幼稚园，旋即停办。民国 18 年(1929)，南城苍梧中心小学附设幼稚园，招收 6 岁以内的幼儿，开设谈话、手工、游戏、唱歌、图画、识字等课程，后停办。

解放前夕和解放初，域内无幼儿教育机构。1952年，贯彻教育部颁发的《幼儿园暂行规程》《幼儿园暂行教学纲要》；当年，新海连市市级机关托儿所在新浦开办。1956年，开办六一幼儿园。

1958年"大跃进"时期，城乡大办民办幼儿园。花果山、云台、宁海、南城地区基本上每个生产队开办1个幼儿班。城区教育系统的钟声幼儿园开园。部分街道居委会和职工较多的企事业单位也相继兴办托儿所、幼儿园。

1960年1月，新浦制绳厂托儿所受到中华全国总工会、团中央、全国妇联和中国人民保卫儿童全国委员会奖励。

1961年，因经济困难，大部分民办托儿所、幼儿园（班）先后停办。1963年后有所恢复。

"文化大革命"前期，幼儿园（班）基本停办；"文化大革命"中后期，幼儿教育有所恢复并逐步发展。

1981年10月，区中心幼儿园建园。

20世纪90年代初期，辖区内有各类幼儿园近80所。城区幼儿入园率达95%以上。

2000年，取消幼儿入园优惠票制度，各幼儿园自主招生，幼儿园发展加快。区内有公办幼儿园12所，民办幼儿园26所。学前三年、学前一年幼儿入园率分别达98%和99%。

2002年，区中心幼儿园并入钟声幼儿园；商业、六一、钟声等幼儿园走上集团化运作轨道，资产重组，优质教育资源得到充分利用。年内有公办幼儿园15所，民办幼儿园70余所。学前一年入园率为96.3%，学前三年入园率为87%。2003年，全区学前一年入园率达98%，学前三年入园率达97%。2004年，开始对全区幼儿教育机构进行整治和重新登记注册。2005年，新浦地区有各类幼儿园58所，其中省示范性实验幼儿园11所，市一类园8所。全区儿童学前一年入园率达98%，学前三年入园率96%。

二、学前班

20世纪80年代，区属各小学先后兴办学前班，招收5周岁儿童进行学前教育。1982年，南城小学首先开办学前班，入学儿童118人。1984年9月，城区幸福路小学开办学前班。

20世纪90年代，全区大部分小学均设有学前班。1992年起，贯彻《幼儿园管理条例》，加强对学前班的领导和管理。至2000年，全区有16所小学办学前班，计27个班，在校生1297人。

2005年，全区26所小学，有22所开设学前班，学前班在校生1977名。

第二节　幼儿教育管理

一、管理体制改革

20世纪50年代初，街道、厂矿、机关办的幼儿园，多为民办性质。50年代中后期创办的六一幼儿园和钟声幼儿园为公办幼儿园，属区文卫科管理。1958年创办的幼儿园，也多为民办性质，均由创办单位管理。

1979年底，中共新浦区委成立儿童少年工作领导小组，区文教局配备专职幼儿教育干部，区教研室配备幼儿教育教研员，按属地管理的原则，管理新浦区辖区内公办、民办幼儿园，形成自上而下的纵向管理体系。

1981 年 10 月，贯彻教育部颁布的《幼儿教育纲要》，区教育部门从公办园抽调骨干教师到民办园担任领导，在民办幼儿园中推广公办园的管理、教学经验。

2004 年，钟声幼儿园开始进行体制改革。次年，由公办改为民营，国有资产全部退出，实行股份制，开设核电国际园，招收寄宿制幼儿；市机关幼儿园与加拿大办学机构合作，开设“国际加中双语班”。

二、教学管理改革

新中国成立初期，幼儿园只教认字、唱歌、跳舞、做游戏。

1956 年至 1966 年间，采用省教育厅与南京师范学院编写的幼儿语言、音乐、体育教材。

“文化大革命”期间，有的沿用上述教材，有的不按统一教材教学。

1981 年以后，开始使用全国统编的幼儿园教材。1985 年后，开设体育、语文、常识、计算、音乐、美术等课程。每节课小班 15 分钟、中班 25 分钟、大班 30 分钟。小班、中班游戏因素多。幼儿教学研究工作开始活跃。六一、钟声、蓓蕾及新浦区中心幼儿园等市一类幼儿园设对外开放日，让其他幼儿园教师观摩。各幼儿园每年都结合教学实践，写出 1 份质量较高的实验专题报告。钟声幼儿园根据自身实践撰写的《谈幼小衔接》于 1989 年 8 月 16 日被《中国教育报》刊登，并先后被江苏的《幼儿教育》《江苏教育（小学版）》和北京的《学前教育》等刊物转载。

2000 年起，区内各幼儿园从实际出发分别组织兴趣班或兴趣组。钟声幼儿园中一班开展兴趣识字，多数幼儿能识 300 至 400 字；六一幼儿园各小班开展“游戏识字”活动。

2004 年 4 月 18 日，新浦区教育局举办“幼儿教育新课程改革知识培训”，有 306 名教师和业务园长参加学习。

2005 年，市机关幼儿园开展“沉静式英语教学模式尝试”的课题研究；全区幼儿园依靠科研创新的特色教育涉及科学、艺术、语言、健康等各个领域。

三、生活管理

20 世纪 80 年代以前，入园幼儿中午由家长接回家吃午饭，园内对幼儿进行日常卫生管理。1981 年起，各类幼儿园陆续创造条件，让幼儿早晨入园，中午在园内午餐、午睡，直至傍晚回家。园内生活管理相应规范，生活作息制度、卫生制度、礼貌常规要求等不断建立健全。各园还配有专职或兼职保健教师，负责检查幼儿各生活环节，进行营养测算，对幼儿的出勤、午餐质量、午睡情况、个人卫生等按时进行检查、记录。发现问题及时进行指导，使幼儿养成良好的卫生习惯。

20 世纪 90 年代，各园进一步加强幼儿生活管理力度。1999 年，六一幼儿园、钟声幼儿园通过省卫生保健合格验收；钟声幼儿园、晨辉幼儿园、区中心幼儿园、海韵艺术幼儿园被评为市幼托机构保健合格单位。

2001 年，区内各幼儿园执行《幼儿园工作规程》，保教并重，为幼儿提供“一餐两点”。

2005 年，区教育局对各幼儿园的办园设施、设备、园舍环境、卫生保健、玩具配备、消防安全证明、卫生许可证明、员工健康证明等进行核查，对不合格的园限期整改，规范办园。

第三章 小学教育

第一节 发展概况

域内小学教育始于民国元年(1912)开办的南城开明小学(时称开明学堂);至抗战前夕,域内小学已有27所。抗日战争初期,因日本飞机狂轰滥炸,域内大部分小学校停办,师生散去。后有所恢复。

抗战胜利后,停办的小学陆续复课。国民政府倡办保国民学校,每保办1所小学,或几保联办1所小学,经费自筹。至解放前夕,新浦城区有小学7所,云台、宁海等地计有小学15所。因经费来源不稳定,学校规模小,设备差,不少小学校时办时停。

解放后,人民政府接管旧小学,大部分学校更名复课。

20世纪50年代起,人民政府大力发展小学教育。新浦城区及花果山乡、云台乡、宁海乡驻地先后均创办小学。1955年,小学实行学区制,每个学区有1所中心小学。1958年,教育事业发展迅猛,民办小学遍地开花。

1961年,贯彻执行"调整、巩固、充实、提高"八字方针,解散民办小学。1964年,教育执行"两条腿走路"方针,农村大力发展耕读小学,每个生产大队均开设3~4个班。

"文化大革命"开始后,公办小学"停课闹革命",民办小学、耕读小学陆续停办。

1969年10月,各小学先后成立革命领导小组,陆续复课。

20世纪70年代末、80年代初,农村每个生产大队均有1所小学。

20世纪80年代起,因学龄儿童分布发生变化,新浦城区调整小学布局,先后新建或撤并一些小学。1981年,新浦城区小学分为建国路、通灌路、民主路3个学区;同年3月,建国路小学、通灌路小学、民主路小学被定为学区中心小学。

1986年7月22日,新浦城区撤销小学学区和中心小学,由区文教局直接领导各小学。

1993年,解放路小学在一年级试办现代化(微机)教学实验班。

1999年起,解放路小学开办公办民助班(双语班、特长班)。

20世纪90年代末起,农村实行相对集中办学,一些村小学或撤并,或改为教学点。

2003年起,解放路学校公办民助班依据规定独立办学。

2005年,区内共有小学26所(含村小、培智学校),教学点11个;全区学龄儿童入学率100%。

2005 年新浦区小学一览表

表 28－2

学校名称	创办年份	地　址	教职工数(人)	学生数(人)	备　注
解放路小学	1953	海连中路 17 号	184	3741	前身为 1936 年创建的新龙镇小学
向阳小学	1958	沈中路 12 号	20	347	—
市东小学	1958	市东街东池巷	40	427	—
建国路小学	1954	建国路 160 号	83	1803	前身为 1924 年建校的普爱小学
浦东小学	1963	浦河东路 2 号	13	356	—
大庆路小学	1989	西苑路 9 号	49	955	—
新海小学	2001	解放西路 20 号	81	1339	—
幸福路小学	1972	大庆西路 29 号	61	1061	—
公园小学	1954	海连中路 151 号	79	559	
通灌路小学	1953	通灌路 220 号	63	1329	前身为 1945 年兴办的石东镇小学,1953 年改为公办
海宁小学	1985	普庆路 3 号	95	1830	—
建宁小学	1994	建宁路 10 号	122	2723	—
关里小学	1951	云台乡前关村	179	1625	中心校,1927 年兴办,1949 年改公办
诸吾小学	1949	云台乡西山村			2001 年并入中心校
朱麻小学	1949	云台乡朱麻村			1934 年兴办,1949 年改公办
山东小学	1949	云台乡山东村			1937 年兴办,1949 年改公办
南城小学	1949	南城镇新大街 79 号	50	608	前身为 1912 年创建的开明小学
云台农场小学	1951	云台农场场部	33	463	—
南云台林场小学	1958	南云台林场九岭路 60 号	25	263	—
大村小学	1951	花果山乡大村北路	115	1001	中心校,前身为 1920 年建的大义小学
新华小学	1949	花果山乡新滩村			—
宁海小学	1966	宁海乡平安村	113	2320	中心校
卞浦小学	1951	宁海乡卞浦村			2004 年并入中心校
武圩小学	1953	宁海乡武圩村			2004 年并入中心校
新圩小学	1971	宁海乡新圩村			2004 年并入中心校
培智学校	1996	建国路民享巷 55 号	15	79	特殊教育
少年宫	1988	海连中路 239 号	20	3000	—

第二节 学制 课程

一、学制

民国11年(1922),执行《壬戌学制》规定:小学为六年,其中初级小学(简称初小)三年,高级小学(简称高小)三年。

民国12年(1923),小学改为“四、二制”,前四年为初级小学,是义务教育;后两年为高级小学。

解放前夕,小学仍实行初小四年、高小二年学制。初级小学、高级小学修业期满成绩及格者准予毕业,并依照国民学校法第九条规定,分别发给毕业证书。

解放后至新中国成立初期,小学沿用初小四年、高小二年学制。

1951年,小学实行五年一贯制。1953年,恢复六年制。

1960年9月,解放路小学开始学制改革试点,改6年为5年。1970年2月起,全区小学全面实行五年一贯制,并改为春季始业。1974年2月,改为秋季始业。

1982年秋,城区小学一、二、三年级全部恢复六年制,部分小学四、五年级调整为六年制。1984年秋,乡镇小学全部恢复六年制。

1985年起,在解放路小学、建国路小学进行五年制试验,1990年停止。

1991年9月起至2005年,区内小学均实行六年制。

二、课程

民国6年(1917),废止读经科。初小课程有修身、国文、算术、手工、图画、唱歌、体操,女生增设缝纫科。每周授课22课时左右;高小增设历史、地理、理化科;有的小学还选设外国语、工农、商业科。每周授课30课时。民国11年(1922),修身改为公民,手工改为工用艺术,国文改为国语,体操改为体育,增设卫生课。小学各科课本改为语体文(白话文)。民国12年,小学课程改为公民训练、卫生、体育、国语、社会、自然、算术、劳作、美术、音乐,高年级增设童子军课。

民国25年(1936),初小课程有公民训练、国语、常识、算术、劳作、美术、体育、音乐8科。高小有公民训练、国语、社会、自然、算术、劳作、美术、体育、音乐9科。四年级起加珠算科。

日伪统治时期,小学课程有国语、算术、修身、常识(高年级分设自然、地理、历史)、日语、音乐、美术、体育。教科书由日伪政府统编。

抗战胜利后,国民政府恢复小学原课程设置。

解放后,小学废除公民训练和童子军等课程。

新中国成立后,废除旧教材,改用新编教材,改国语课为语文课。课程设置为:一、二年级设语文、算术、音乐、体育、美术,每周计24课时;三年级增加常识,每周计26课时;四年级增加珠算,每周计27课时;五、六年级增加自然、历史、地理各2节,每周计31课时;各年级均开设政治课。1950年,统一使用教育部编写的教科书。

1951年起,小学取消政治、常识课。1952年,各小学遵照华东区颁发的“四、二制”小学教学计划,开设语文、算术、自然、历史、地理、体育、音乐、美术、写字等课程，高年级增设时事政治课1节；同时执行新海连市人民委员会《1952年度上学期小学教学工作计划》规定的教学时间：每节课45分钟，课间休息10到15分钟。1954年，小学毕业班每周增加2节政治常识课。同年，小学课程调整为：一年级、二年级设语文、算术、常识、唱游、图画、手工；三年级、四年级的唱游改为音乐、体育；五年级、六年级增设政治、历史、地理、自然课。

1956年，小学六年级每周增加1节珠算课。1957年，高年级开设农业生产常识课，每周1节；四、五、六年级均设珠算课，每周1节；各年级每周设1节周会（45分钟）；从三年级起每周2节作文课（含在语文教学总课时内）。1958年，根据市文教局要求，区内各小学自行选编音乐教材和图画教材，各小学一年级开始"汉语拼音"教学。

1963年，小学加强周会课、生产知识课、珠算课和应用文教学。

"文化大革命"期间，开设科目混乱，"体育"改为"军体"，"音乐"改为"革命文艺"。1970年，统一使用省编教材，定期组织学生进厂下乡，学工、学农、学军。生产劳动课每年不得少于1个月。每周上课20～24课时。1972年，小学一至三年级开设语文、数学、唱歌、体育、图画；四、五年级增设政治课。1975年，小学一、二年级的算术改为口算、珠算、笔算的"三算课"。

1978年，算术（包括珠算）改称数学。小学开设的课程有：政治、语文、数学、外语、自然常识、体育、音乐、美术，每周26课时。

1981年3月，小学开设思想品德课，依据国家教委颁布的《小学思想品德课教学大纲》对学生进行系统的政治思想和道德品质教育。1982年，执行《江苏省全日制五年制小学暂行教学计划》《江苏省全日制六年制小学暂行教学计划（试行草案）》，统一使用部编教材。课程设置有思想品德、语文、数学、外语、自然、地理、历史、体育、美术、劳动。课外活动内容为体育活动、文娱活动、科技活动、周会、自习。每课时40分钟。农村小学没开外语课，增加1节语文、2节自习。1983年，城区各小学四至六年级开设英语课。1984年，政治课改为思想品德课。1986年，解放路小学试行国家教委颁发的《全日制六年制城市小学教学计划（草案）》。其他小学仍然执行《江苏省全日制六年制小学暂行教学计划（试行草案）》。1988年，部分小学从一年级试设自然课。1989年，开设劳动课和劳技课。1990年，一至六年级开设思想品德、语文（包括写字、作文）、数学、体育、地理、历史、自然、音乐、美术、劳动等课程。部分小学招收双语班，所有小学从三年级开始增设外语课。

1994年，小学增设计算机课程。解放路、海宁和大庆路3所小学，建计算机教学专用室，开设计算机课程。

2002年，开始实施《江苏省义务教育课程设置方案》。同年9月，从小学一年级起，执行新课程计划，使用新教材。

2003年，确定解放路、大庆路、建国路、通灌路、建宁、海宁、幸福路、关里等8所小学为区课程改革实验基地。

第三节　教学改革

民国元年（1912），小学采用班级授课制。课堂教学盛行赫尔巴特的五段教学法（预备、提示、比较、总结、应用）。民国9年前后，各小学接受美国教育家杜威的“实用主义”的教学观点，提出“实用主义教授法案”。南城小学（时为灌云县第五高等小学）、大村小学（时为郁林乡大义初等小学）先在修身、国文、算术3科实施此法案。民国13年，推行启示法。抗战胜利后，推行“自学辅导法”，注意对学生自学能力的培养，公民课倡导讨论式。

解放后，小学实际使用的教法仍是传统的“串讲法”（注入式）。20世纪50年代初期，学习苏联凯洛夫教学法，推行普希金的“红领巾”教学法，改革旧的教学方法，提倡直观教学和启发式教学，废止注入式教学方法。1955年10月，执行《小学教育计划》，减轻学生过重负担。1956年，开始推广普通话，教师开始用普通话教学。1958年，贯彻“教育为无产阶级政治服务，教育与生产劳动相结合”的教育方针，强调学生“又红又专”。

20世纪50年代末，解放路小学教师王淑兰在低年级识字教学中，创造了音、形、义有机结合的识字教学法，得到广泛推广。

20世纪60年代初，推行“精讲多练”教学法，着重基础知识教学和基本技能训练，培养学生能力。

“文化大革命”期间，区内小学的教学工作受到严重干扰。

1978年，大部分小学分快、慢班进行教学。音乐、美术教学得到重视，规模大的小学配备专职音乐、美术教师。同年秋，各校加强基础知识教学和基本技能训练（简称“双基”教学），课堂教学以“双基”教学为主。

20世纪80年代初，开始实行电化教学。1985年，实施《江苏省中小学教学改革纲要》，小学低年级语文教学试行“注音识字、提前读写”教学方法；中、高年级语文教学推行“讲读法”，强调启发式。数学教学推行“马芯兰教学法”和“尝试教学法”。20世纪80年代中后期，城乡各小学在语文教学中选用“愉快教学法”“情境教学法”“逻辑引读法”“朗读教学法”“程序教学法”；在作文教学中运用“小练笔教学法”；在自然教学实验中运用“三步法”（即课前准备、合理编组、放手实验三个步骤）。

1993年起，新浦区加快小学教育由“应试教育”向素质教育的转轨。解放路小学形成“轻负担、高质量、培养特长、全面发展”教学特色。1995年，学生“成绩报告单”改为“素质教育报告单”。1996年12月，江苏省小学素质教育管理理论与实验学术研讨会在解放路小学召开，通灌路小学、大庆路小学、海宁小学提供了观摩现场。1998年，新浦区被定为江苏省素质教育实验区，各小学贯彻实施区教育局制定的《新浦区中小学素质教育实验方案》，全面使用《素质教育发展报告书》，对学生德、智、体、美、劳等方面进行全面评价；取消百分制，实行等级制和鼓励性评语的做法；取消小学升学考试。2000年，区教育管理部门明确各小学校长为减轻学生负担第一责任人。将减轻小学生过重负担工作纳入年度考核目标。各小学不再分快、慢班，不设重点班；严禁考试排名次。

2002年，区教育局制定全区素质教育合格校、特色校、示范校标准。同年，新浦区被正式列为省首批基础教育课程改革（简称课改）实验区；9月，区内小学一年级新生全部使用新教材。2003年，建立解放路小学、大庆路小学、建宁小学、海宁小学、通灌路小学、建国路小学、幸福路小学、关里中心小学等8个课改实验基地，普通小学定期到基地学校观摩学习。同年10月，新浦区代表连云港市顺利通过省课改专家组的评估验收。2004年，《新浦区义务教育阶段课程改革实施方案》开始实施，加强对课改的管理与指导，进一步完善小学毕业考试制度。当年6月，对全区4000多名小学毕业生进行体育、艺术、英语口语等素质测试。2005年，全区各小学开展优化课堂教学活动，深化课堂教学改革。

第四节　特殊儿童小学教育

1977年7月，连云港市聋哑学校（市特教中心前身）在新浦康泰路（原名水管）路正式建校。1979年6月，聋部招收学生2个班，学制8年。

1986年5月24日，南极路小学弱智班开学，学生12人，教师7人。次年更名为培智班，又招生12名。培智班所收的学生均为经市康复医院测定，智商在50～70之间的7～9岁的轻度迟钝儿童，并经口试后入学。培智班教学内容与普通小学基本相同，有思想品德、语文、数学、自然、音乐、美术、体育、手工劳动，以及生活指导、劳动技术指导等课程，教学进度较一般小学慢，教学要求也低。

1990年，南城小学创建培智班，学生9人（1994年后改为随普通班就读）。同年10月，南极路小学培智班派选手参加省第二届奥林匹克特殊运动会，获金牌3枚，银牌11枚，铜牌3枚。受到市民政局、市残疾人协会的嘉奖。

1991年9月，区政府将双池小学改建为新浦区培智学校，为全市第一所弱智儿童学校。1993年，投资13000元，添置教育设备。首届毕业生全部被民政福利单位录用。同年，连云港市聋哑学校招收盲部学生，学制8年。

1996年，新浦培智学校新建教学楼880平方米。同年，连云港市聋哑学校将学制改为9年。1997年，新浦区培智学校规模达6个年级（6个班）。在市特殊教育工作评比中获特教规范化管理一等奖。当年学校选派特教教师张艳去加拿大参观学习，并组织教师去南京、无锡、扬州、江阴等地参观、学习，改进教学和管理方法，总结出“弱智儿童管理方法”“弱智班的教学形式”“医、教、训三结合培养方法”“体育在开发智力中的作用”等弱智儿童教育教学经验。1998年，教师张克玉被评为全国特殊教育先进工作者，受到中国残疾人福利基金会表彰。同年，培智学校扩大招生，三残（智残、盲残、聋残）儿童入学率、巩固率分别达96%、98%以上。2000年，区内有68个特殊儿童集中在培智学校6个班中就读，31个特殊儿童分散在10所小学27个班中就读。

2003年12月，新浦区培智学校通过省特殊教育现代化示范学校市级验收。全年学龄“三残”儿童共120人，其中盲童2人全部入学，聋哑儿10人，9人入学，弱智108人，入学100人，入学率达92.5%。

2004年，执行《江苏省特殊教育学校义务教育阶段学生免费教育试行办法》，区培智学校学生试行免费教育。

2005年，区培智学校设6个年级（6个班），在读学生82人。

第四章　普通中等教育

第一节　发展概况

民国19年（1930），新浦私立普爱小学附设初中班，次年停办。民国21年，新浦开办商业中学，不久停办。民国31年(1942)起,新浦先后开办东海县初级中学、新民私立中学、普爱私立初级中学。民国35年,大村小学办初中补习班。

解放后,新海连特区专员公署将东海县初级中学与新民、普爱两所私立初级中学合并成立新海中学。1957年,新浦初级中学建校。1958年起,教育执行"两条腿走路"方针,新浦城区先后创办3所民办初级中学;花果山、云台、宁海、南城地区分别创办林业中学、农业中学、初级中学。1960年,新浦中学设高中班。1970年前后,为解决几届小学毕业生升学问题,城乡部分小学开设初中班(俗称"戴帽中学")。1980年前后,"戴帽中学"初中班停办。云台乡、宁海乡开设"联中"(几个生产大队联合办初中)。

20世纪70年代初期,区属部分初级中学开始办普通高中班。

20世纪80年代初,中等教育结构进行调整,陇东中学、延安中学高中部开始招收职业班。至1985年,其高中部全部过渡为职业班。1990年,区内有6所中学,新浦中学为完中,陇东、延安中学为职业中学,其余为初中。1996年1月,新浦中学被确定为市级重点中学。同年起,海宁中学开设公办民助班。1997年,陇东中学停招职业高中生,恢复普通高中。2000年8月,新浦中学、延安中学划归市管,区内有4所中学。

2001年起,因行政区划调整,振云高级中学、振云职业中学、猴嘴中学、云台中学、南城中学、云台农场中学、南云台林场中学、台北盐场中学(同时并入猴嘴中学)、花果山中学、宁海中学先后划归新浦区。2002年,浦东中学并入陇东中学。2004年,陇东中学更名为新浦中学。2005年,振云高级中学、振云职业中学、猴嘴中学划归连云港经济技术开发区。

2005年新浦区中学概况表

表28-3　　单位:人

学校名称	创办年份	具体地址	教职工数	学生数	备　注
新浦中学	1964	陇中路1号	193	2506	原名陇东中学,2004年更名
临洪中学	1982	大庆西路50号	90	456	—
海宁中学	1987	建设路56号	134	2393	—
云台中学	1970	云台乡云善路21号	106	995	—
南城中学	1958	南城镇杨窑31号	34	227	—
南云台林场中学	1965	南云台林场九龙路1号	21	186	—
花果山中学	1972	花果山南路25号	89	797	—
宁海中学	1974	宁海乡平安村	97	1816	—
云台农场中学	1968	云台农场场部	29	183	—

第二节　学　制

一、初级中学

新中国成立前,实行初中3年制,秋季始业。

新中国成立后至“文化大革命”前，初中的学制仍为3年，秋季始业。

“文化大革命”初期，各中学停课。复课后，一度只有初中招生，实行3年制，取消留级制。1970年，实行初中2年制，并改秋季始业为春季始业。1974年2月，恢复秋季始业。1978年9月，城区初中改为3年制。

1984年起，乡镇各初中全部实行3年制。

二、普通高级中学

新中国成立前，实行高中3年制，秋季始业。

新中国成立后至“文化大革命”前，普通高中的学制仍为3年，秋季始业。

“文化大革命”初期，各中学停课。1970年，普通高中恢复招生上课，实行2年制，并改秋季始业为春季始业。1974年2月，恢复秋季始业。1982年秋起，城区中学81级普通高中过渡为3年制，后均为3年制。1984年起，乡镇各普通高中全部实行3年制。

第三节　课　程

一、初级中学

民国21年(1932)，域内初级中学开设公民(由党义课改)、国文、英语、算学、物理、化学、动物、植物、历史、地理、体育(由童子军课改)、卫生、劳作、图画、音乐等课程。民国25年(1936)，根据国民政府修订的课程设置，开设公民、童子军(体育)、国文、英文、算学、生理卫生、植物、动物、物理、化学、历史、地理、劳作、图画、音乐等课程。

民国28年(1939)，日伪政权强迫中学开设日语课，历史课以所谓“东亚史”为主要内容，地理以“东亚地理”为主要内容，初中二年级增设青少年科和读经科，进行奴化教育。

抗战胜利后，初中开设公民、国文、英语、算术、代数、物理、化学、植物、动物、历史、地理、童子军、体育、美术、劳作、音乐、卫生等17门课程。

解放后，取消公民、童子军等课程，增设政治、自然等课程。

1952年，初中开设语文、算术、代数、几何、物理、化学、植物、动物、生理卫生、地理、历史、中国革命常识、时事政治、外语、体育、音乐、美术等课程。

图28－1　2004年全区课程改革培训会会场一角

1954年秋起，初中不设外语。1956年，语文改为汉语、文学两种。1959年，汉语与文学合并，仍称语文。

1961年，设政治、文学、汉语、英语、数学、物理、化学、生物、历史、体育、劳动、地理、音乐、美术等课程。后文学、汉语合为语文。1963 年,加强政治教学,上生产知识课。1964 年,加强对学生的支农教育,重视珠算和农村应用文教学。1970 年,开设政治、语文、数学、工业基础知识、农业基础知识、外语(英语或俄语)、史地、军体、革命文艺等课程。

1978 年,开设 14 门课程:政治、语文、数学、物理、化学、外语、历史、地理、生物、农业基础知识、体育、生理卫生、音乐、美术。未开设外语课的学校,适当增加语文、数学的教学时间。

1982 年,采用部编统一教材,设政治、语文、数学、外语、物理、化学、历史、地理、生物、生理卫生、音乐、美术、体育等课程。

1984 年起,增设劳动技术课,后又开设青春期教育、国情教育、国防教育、国家安全教育、人口教育等课程。

2004 年 9 月起,依据《新浦区义务教育课程改革方案》,启动初中课程改革实验,从初中一年级起,逐年增加实验年级,执行新课程计划,使用新教材。

二、普通高级中学

新浦区域内到解放后才出现普通高级中学,解放初期设政治、文学、汉语、英语、数学、物理、化学、生物、历史、体育、劳动、地理、音乐、美术等课程。后文学、汉语合为语文。1963 年,中学加强政治教学,增设生产知识课。1964 年,加强对学生的支农教育,重视珠算和农村应用文教学。1970 年,开设政治、语文、数学、工业基础知识、农业基础知识、外语(英语或俄语)、史地、军体、革命文艺等课程。

1978 年,开设 14 门课程:政治、语文、数学、物理、化学、外语、历史、地理、生物、农业基础知识、体育、生理卫生、音乐、美术。未开设外语课的学校,适当增加语文、数学的教学时间。

1982 年,开始在普通高级中学进行文、理分科教学。采用部编统一教材,设政治、语文、数学、外语、物理、化学、历史、地理、生物、生理卫生、音乐、美术、体育等课程。

1984 年起,增设劳动技术课,后又开设青春期教育、国情教育、国防教育、国家安全教育、人口教育等课程。

第四节 教学改革

一、教学方法改革

20 世纪 50 年代初期,域内中学教学方法多为串讲。

1955 年,域内中学学习苏联凯洛夫教学法,遵循直观、量力、自觉、系统、巩固五项原则,教学方法日趋正规。1958 年,各科教学出现混乱现象,学生基础知识水平下降。1960 年 9 月起,开始严格控制学时,中学学生每天学习时间不得超过 8 小时;除期中、期末考试和必需的单元测验以外,其他全班性的考试和测验一律停止。

20 世纪 60 年代初,以加强“双基”教育为目标进行教改,反对片面追求升学率,教学质量有所提高。

“文化大革命”期间,批判师道尊严,废除考试、留级等制度,不讲教学质量,学校教学质量下降。

1978 年,部分中学分快、慢班进行教学。1979 年后,学校坚持以教学为中心,以“双基”教育为重点。

初中恢复升、留级及入学、毕业考试制度。教学秩序逐步走上正轨。

1985年起,各中学开始使用电化教学手段。新浦中学、延安职业中学建电化教室、微机房。各校成立电教组,自编、改编幻灯片,编写教材。

1993年,各中学加快由"应试教育"向素质教育的转轨,"轻负担、高质量、培养特长、全面发展"成为共识。次年,各中学进行学生非智力因素利用实验。1995年,各中学学习"洋思"经验,优化课堂教学结构(先学后教、当堂训练),提高课堂教学效果。次年,中学语文教学以推广"会、乐、美"教学法为重点进行改革。

2000年,区教育局明确各中学校长为减轻学生课业负担(简称"减负")第一人,将"减负"工作纳入年度考核内容。各中学停止分快、慢班,不设重点班;严禁考试排名次。

2001年起,区教育局落实教育部《关于推进素质教育,调整中小学教育内容,加强教学过程管理的意见》,制订素质教育合格校、特色校、示范校标准。是年11月,临洪中学通过市美术特色校验收。

至2005年,全区初中全部进行课程改革,高中进入课程改革实验阶段。

二、劳动技能教育

旧社会,学校不提倡劳动教育。

新中国成立后,各中学把劳动教育列入教学计划。

20世纪50年代末,受"大跃进"影响,学生参加劳动过多,正常教学秩序受到干扰。

"文化大革命"后期,片面宣传参加体力劳动,削弱了劳动技能教育。1975年3月,学习朝阳农学院教育方法,学校实行开门办学,以"请进来、走出去"办法,同工矿企业、农场、社队建立挂钩关系,学生学习工农业生产技术。

1981年,各校把劳动技能教育列入学校教学工作计划,区教研室设劳动技术课教研员,具体指导各校劳动技能教育。1987年,劳动技术课开设生产、生活、工艺、科技4大类,计50多个科目。

2001年至2005年,课程改革不断深入,各中学均开设综合实践活动课,劳动技能教育更为广泛。

第五章　职业教育

第一节　发展概况

民国12年(1923),苍梧小学(现南城小学)女子部开设缝纫科,传授裁剪缝纫技能。

解放初,驻地各系统多自办职业训练班、短期业务训练班。

1951年,南城小学开办财会培训班,为社会培训财会人员。1958年3月起,开始落实《新海连市文教、卫生事业初步规划指标》,域内先后创办大村农业中学、云台农业中学、大村林业中学、武圩农业中学。1960年,云台农场开办农业中学。

1962年,各农林类职业学校全部停办。

1964年9月,江苏省连云港市会计职业学校(江苏省连云港财经学校前身)在新浦通赣路建校招生。年内,大村农业中学复校;云台乡在虎窝村开办云台林业中学;宁海乡在邵庄开办新建农业中学。1965年,云台农场在普山创办1所半耕半读式农业技术学校;南城镇开办1所半工半读中学,1个班;南云台林场开办1所农业中学,1个班。“文化大革命”开始后,农业、林业等职业学校陆续停办。

1969年9月,连云港市初级农业职业学校由海州迁到新浦,同时更名为连云港市初级工业职业学校。1971年4月,改为普通中学。

1980年,区政府有计划地压缩普通高中,开办职业高中班。当年9月,延安中学与市纺织工业局联合开办麻纺机械、棉纺机械和纺织3个职业高中班;陇东中学与市轻工业公司联合开办1个轻工机械班。1981年,增到5个专业,5个班。次年,增至6个专业,7个班。

1983年1月,贯彻市《中等教育结构改革意见》。延安中学、陇东中学分别加挂延安职业中学、陇东职业中学校牌,保留初中班,停办普通高中班,开办职业高中班,两校有专业课教师12人。同年9月,花果山中学开办1个3年制的建筑职业高中班,学生45人。1985年6月5日,延安职业中学、陇东职业中学两校通过验收,被确定为省首批办得好的职业中学。年内,两校有13个专业,18个班级,专业课教师56人。1986年,陇东职业中学购置11台中文打字机、20台英文打字机,设立中英文打字室。次年,该校设立分析化验室、电工实验室和微机房。延安职业中学创办4个实习分厂。1988年,两所职业中学有25个专业,37个班。同年12月9日,陇东、延安职业中学通过省教委的检查验收,被确定为省第一批重点职业中学。1989年,两校有26个专业,39个班,90名教师。1990年,两校有27个专业,41个班。同年,农村中学与乡成人教育中心校联合办学,对中学毕业生进行农业技术培训。

1993年秋,临洪中学增办2个高中职业班;延安职业中学通过验收,达到国标优秀级。1997年,陇东中学恢复普通高中。2000年6月,延安职业中学被教育部确定为首批国家级重点职业学校;同年7月,延安职业中学划归市管。

2001年,振云职业高中划归新浦区。该校设有8个专业,10个教学班,400名学生。2003年,振云职业高中设22个教学班,在校生1100人。2005年5月,振云职业高中从新浦区划归连云港经济技术开发区。

第二节　学制　体制

1958年,兴办的农林类职业中学,学制3年,主要招收愿意继续学习的16周岁以下的高小毕业生。

1980年起,开办的职业中学及普通中学办的职业班,均招收初中毕业生,学制3年。区属职业中学均为教育部门与市级有关局、专业公司联合办学。其管理体制为联合办学,联合管理。学校领导机构负责全面管理。教师编制、课程设置、经费筹集、教育设施添置,均由学校和教育主管部门负责。联办单位协助解决联办专业班的部分专业教师配备和学生实习场地安排等问题,确定招生人数。

第三节　专业设置

职业中学的专业设置,依据当时市、区经济和社会发展需要而定。每年根据社会人才需求预测情况，学校和联办单位共同制订计划并不断进行调整。云台农业中学设置农学专业。花果山中学办的建筑高中班开设工民建专业。

延安职业中学先后设置棉纺机械、麻纺机械、针织机械、印染、印染机械、化纤、机织、纺织、纺机、统计、毛纺、财会、计算机、电工、环保、机强、微机、工艺美术、服装、审计、会计、装潢美术、旅游、商业经营、金融、化验检验、家电维修、汽车修理、机电、焊接、书画、审财、机械、计算机应用、电子技术应用、服装工艺、保安、幼师、旅游管理、市场营销等专业。

陇东职业中学先后设置轻工机械、幼儿教师、化工、玻璃、机械、造纸、塑化、物资、塑料、电工、火柴、文秘、打字、医药、罐头、电光源、塑胶、交电、罐头食品、医药化工、制革、邮电等专业。

第六章　成人教育

第一节　扫除文盲

民国24年（1935），东海县民众教育馆在新浦开办民众实验学校1所，劝导塾师在新浦办成人识字班2个。不久停办。

新中国成立初，新浦城乡开展扫盲运动，脱盲标准为会读、写1500个常用汉字。花果山地区开办夜校（识字班）8个班，组织不识字的农民学习。1951年，域内扫盲夜校（或叫民校、识字班）发展到30余班。城区盐河、龙尾2区市民业余学校内均设扫盲班，开办妇女识字班、夜校等，进行扫盲。1952年，推行速成识字法。同年11月，云台乡举办"速成识字法"民师集训班，组织30余名民师，集训10天。随即全乡扫盲运动进入高潮，建有速成识字班（民校、夜校）53个，设立村头识字点24处。是年，盐河、龙尾两区推行速成识字法，扫除文盲3150人。1954年，新浦城郊的临洪乡沈圩村开办冬学，扫除文盲。同年，云台山区冬学入学人数占该地区总人口的40%。1955年年初，执行市制定的市民、农民业余文化教育计划，盐河、龙尾两区的市民扫盲班共有学员2100人，农民扫盲班和冬学班共有学员360人。同年11月，新浦区设立扫盲辅导员，各街居委会均设文化扫盲班，并由居委会主任分管。1956年，云台农场成立扫盲委员会，利用农闲，突击扫盲，参加209人，当年脱盲52%；同年冬，新浦区制定扫盲规划。年底，区召开扫盲积极分子大会，90人参加会议，会议推选30人参加市扫盲积极分子大会。1957年春，城区28个街道居委会扫盲3949人，占总人口8%；临洪乡扫盲403人，占总人口7%。1958年3月，开始实施《新海连市文教、卫生事业初步规划指标》，大力扫除文盲，在28个街道居委会、20个手工业社、18个小工厂、21个合作店组、7个公私合营企业中进行扫盲工作，脱盲人数占青壮年文盲的76%。同年，有部分中小学教师参加市教师扫盲大队，深入农村和冬春水利工地扫盲。1959年年底，区政府对全体扫盲教师，进行集中培训，提高扫盲工作质量。

20世纪60年代初，推行注音识字法，提高扫盲效果。

1966年～1972年，因"文化大革命"干扰，扫盲工作中断，文盲有回潮现象。1972年后，扫盲工作陆续恢复。在区文卫组（文教科）配置专职扫除文盲辅导员1人。1973年，云台公社（现云台乡）东磊民校被授予"云台山下铁民校"称号（同年的《人民教育》第九期曾以图片的形式进行宣传）；后关民校被授予

“红夜校”称号。1979年起,区内农村进行突击扫盲。

1982年起,扫盲工作由区职工教育办公室负责。1986年,各乡镇成立成人教育中心校。南城镇设专职扫盲辅导员1人,其他乡配有兼职辅导员。1989年,今花果山乡成人教育中心校通过市级验收。1990年年底,花果山乡、云台乡、南城镇各成人教育中心校扫除文盲900人,非文盲率达到国务院颁布的标准(95%)。

1993年4月,新浦区成立扫盲领导小组。区内有文盲16961人,占区人口近10%。当年,城区脱盲率达95%。

1994年下半年,区政府抽调20多人成立扫盲办公室,与新浦地区市属各大单位及街道办事处密切配合,开办12个扫盲班,并采取建立责任制、制定奖惩制度等措施,扫盲工作逐步深入。至1995年4月底,扫除青壮年文盲1441人,非文盲率达98.6%,超过省政府验收标准。1995年,宁海乡政府投资17万元,兴建1座成人教育中心,组织脱盲人员继续学习,巩固提高扫盲成果。1999年,全区非文盲率达99%以上。2000年起,成人教育由扫除文盲转为中等文化技术教育。

第二节 职工业余教育

民国23年(1934),江苏省东海民众教育馆在新浦办1所商业补习学校,进行生计教育。晚间借用小学校教室上课,开设商业常识、簿记、商业、英语、珠算、应用文等课程。同年,新浦还创办1所实验民众学校。

解放后,职工业余教育最初以扫除文盲为主,以识字为重点,并结合政治思想教育。1949年,新浦城区开办4个成人夜校,有学员697人。1950年,陇东火柴厂职工业余学校受到市领导褒奖。1952年,南城镇成立职工业余学校,2个班,学员近百人,多为建筑、运输工人。1956年,新浦地区职工业余教育一方面扩大教育面,一方面在学员中开展竞赛,调动学习积极性。年内,职工业余学校增至7所,13个班,学员600余人。并于年底,评选、奖励学习积极分子131人。1959年,区政府根据《新海连市建立职工教育体系工作方案》,对各职工业余学校的学制、课程、教材、师资等作出具体规定。1960年3月,新浦人民医院医科业余大学开学,学制3年,后停办。同年,云台农场开办业余农业大学1个班、职工业余教育初中班12个、高中班3个、机械技术培训班1个,对职工进行职业技术教育。1963年,云台农场开办农机驾驶员培训班,参加学习47人。1964年起,兴办半工半读学校,职工业余教育掀起高潮。

“文化大革命”前期,职工业余教育,处于停止状态。1972年,开始恢复职工业余教育。

中共十一届三中全会后,职工业余教育进入新的发展阶段。区、公社(镇)分别成立工农教育委员会。1982年,新浦区成立职工教育管理委员会,下设职工教育办公室(简称职教办)。同年,区职工业余学校建校(与职教办一套班子,两块牌子),开展教学活动和职工教育理论研究工作,并开始建立职工培训档案。1983年,区职工业余学校开办初中班4个,学员120人。另开设果树、蔬菜、电工等专业班。驻地各企事业单位举办青年职工培训班,凡1980年以前毕业的初中、高中生均参加培训。1985年,区职工业余学校开办高中补习班4个、学员139人,待业青年补习班3个、学员180人。另设电工、工业会计、日语等培训班,学员200余人。同年起,云台农场先后开办政工、农业、企管、法律、劳动保护、农机等培训班15期,参加培训计2392人次。至1990年,新浦地区职工业余教育初步形成网络,各类职工业余学校的立案、督导工作已趋规范。当年底，已立案的企业、团体开办的职工业余学校计18所。职工业余教育坚持以“行业为主、业余为主、自学为主”的方针。

1993年9月，区成立成人教育办公室。年内，对5632人进行岗位培训。1994年9月，新浦区与南京医科大学联合举办的连云港临床学业余大专班第一期正式开学，录取学员38人，学制3年。1995年，新浦区继续与南京医科大学联合举办临床学大专班，通过国家成人考试，录取50名学生。至2000年，全区职工全员培训率达71%。职工业余学校全年共举办新会计法培训班10期，近600人参加学习；举办会计上岗证培训班2期，70多人参加学习；举办初级会计职称培训班1期，30余人参加学习；举办医疗专业大专班4期，近200人参加。

2001年，区教育局设立职业教育与社会教育机构。次年，新浦区被省政府确定为省社区教育实验区试点单位。全区有成人教育中心、职工学校、南京大学连云港函授站各1所，有社区学校72所。2003年10月，新浦区通过省级社区教育实验区验收。年内，226人参加成人高考辅导；培训下岗再就业人员121人。2004年，新浦区成立南京大学网络学院连云港学习中心。开设法学、行政管理、商务英语、国际贸易、数字媒体技术5个专业。2005年，组织209名职工参加高中段教育考试，组织农民3191人参加实用技术培训，培训下岗再就业人员530人。

第三节　自学考试

一、学历自学考试

1983年9月，新浦区成立自学考试办公室，负责新浦地区所有专业和外县区个别专业的大专、中专学历的自学考试工作。每年开考大专、中专两个层次30个专业。大专专业有行政管理、经济管理、汉语文学、英语、机械工程、法律、微机、工民建、会计、档案、农学、价格、统计、海关管理、中医、社会管理、律师、财政、税收、会计、护理等。中专专业有普师、幼师、医士、行政管理等。同年12月18日，进行首次高等自学考试，500人报名参加考试。

1991年，开始成人高中学历考试，每年分别于1月和7月举行。

1998年，本科段自学考试开考，中专段自学考试停考。

自学考试的报名和考试每年春秋季各进行1次。考试分别安排在4月和10月的最后一个星期六和星期日进行。

1999年3月，新浦区成立自学考试委员会。2000年，考生葛正一年通过15门课程考试。2002年，先后组织4次自学考试，参加考试达27416人次。2005年，报名考试达12981人。

至2005年底，新浦地区参加自学考试累计156727人次，毕业2760人，其中，本科300人、专科2360人、中专100人。区自学考试办公室多次被评为省、市先进集体。

二、非学历自学考试

2004年下半年，新浦区自学考试办公室开始相关科目的报名和组织考试工作。当年，少儿剑桥英语考试报名32人，全国英语等级考试报名93人。2005年，非学历自学考试报名6330人，其中，少儿剑桥英语考试报名 289 人,全国英语等级考试报名 400 人。

第七章 教 师

第一节 规模 结构

民国 3 年(1914),新浦城区有小学教师 3 人。民国 35 年(1946),私立普爱小学有教师 22 人,其余各校共有教师 10 人左右。

解放前夕,新浦地区中、小学教师百余人,学历多为后师(中师)、前师(初师),本科、专科毕业的极少。

解放初,特区政府接收旧学校教师,同时吸收一部分知识分子,经过短期培训,担任中小学教师。学校教师无统一编制标准,根据需要可随时吸收教师。1954 年起,教职工编制管理开始规范。1956 年起,农村民办学校兴起,大队、生产队选派的民办教师逐渐成为农村教师队伍的重要组成部分。

20 世纪 60 年代初的经济困难时期,民办学校和农业学校、职业学校停办,民办教师均回生产队参加生产。1964 年,民办教师队伍逐渐恢复。同时,城区开始充实教师队伍。中学教师由高等学校毕业生补充,小学及部分初中教师由中等师范学校毕业生补充。中小学也聘用一些非正规院校毕业、有一定学历的人任长期代课教师。

20 世纪 70 年代后期,为适应教育事业的迅速发展,吸收了一大批民办教师。各乡镇民办教师占教师总数的比例高达 70% 以上。成人教育的师资由主办单位从企、事业单位抽调。

1983 年,整顿民办教师队伍,经文化考试和业务考核,合格的发给任用证书。不合格的一律辞退。1987 年,市编委、市教育局组织科和区政府、区文教局一起,对新浦区中小学、幼儿园的教职工数制订统一标准。至 1998 年,区内民办教师经统一考试合格的全部转为公办教师。

1999 年,教师编制管理坚持精减、统一、规范、高效的原则。师生比为:实验小学 1∶23,城区和乡镇中心小学 1∶25,村级小学 1∶26;初中 1∶18.5;普通高中 1∶16;职业高中 1∶15。

2001 年起,执行省教育厅《农村中小学教职工定编标准》。教师与学生比为:小学 1∶27,初中 1∶20,高中 1∶18;教学辅导人员与学生比为:小学 1∶300,初中 1∶150,高中 1∶120.

2005 年,面向社会公开招聘相关教师 22 人。年底,新浦区有教职工 2282 人(含教育局机关)。

第二节 队伍建设

一、职业道德教育

解放后,政府对接收的旧学校教师引导其树立新的教育指导思想,废除体罚等旧式教育方法;对新吸收的教师进行为人师表教育。并逐步开展评选、奖励模范教师、职工活动,提高教职工政治思想水平和敬业精神。

20 世纪 80 年代起，先后在全区教师中开展为人师表教育和评选为人师表教师活动，贯彻教育部、全国教育工会联合颁布的《中小学教师职业道德要求（试行草案）》，结合庆祝第一个教师节，提倡尊师重教，强调师德修养。制定《新浦区教师职业道德要求》，切实加强教师职业道德教育。

图 28－2　图为 1950 年 8 月表彰奖励的全市 1950 年度模范教师、模范工友。其中，近半为新浦地区教职工

1991 年起，贯彻国家教育委员会、全国教育工会颁布的《中小学教师职业道德规范》。1994 年，区教育局以全员培训形式，组织教师学习《中华人民共和国教师法》，区教育工会在全区教师中开展“爱生如子”活动。1997 年，在全区中小学中开展“教师队伍建设年”活动，强调“铸师魂、养师德、练师能、做师表”。当年 3 月，举办“爱岗敬业”师德报告会，将优秀教师先进事迹材料编印成册，分发到各校。教师节前首次评选出刘琳琳、周庚如、孙兆华、李春梅、刘珺、李绪兰、殷春霞、张艳、吉祖进、沈艳君为区“十佳师德风范标兵”；顾秋克、郭尚银、单保珍、陈必莹、汪荣霞、张学英、丁和兰、江尧奎、魏秀凤、胡维仁为区“十佳师德风范先进个人”。2000 年，区教育部门贯彻教育部《关于加强中小学教师职业道德建设的若干意见》，并结合区情作出具体规定。同年，在“争创师德模范，争创师表群体”活动中，解放路小学的黄俊文、陇东中学的鲁文泉被评为市师德模范；幸福路小学的科研课题组、西巃小学的语文教研组和海宁中学的英语教研组被评为市优秀师表群体。

2002 年，区教育管理部门再次强调加强师德建设，实行“四不准”：不准讽刺、歧视、体罚或变相体罚学生，训斥、指责和为难学生家长；不准擅自向学生推销各种报刊、资料、教辅用书、学习用品或其他商品；不准收受学生及其家长礼品，向学生及其家长索要钱物；不准从事有偿家教。如有违反，一次投诉经查实即实行校内待岗，并取消其 3 年内评优、晋级、职称评聘、奖励等资格。

2003 年，区委、区政府在全区教育系统中开展名校（园）、名师评选活动。并于 2003 年 9 月 8 日和 2004 年 9 月 8 日先后作出关于表彰全区首批和第二批名校（园）、名师决定。

2005 年，全区在教师中开展“师德形象”大讨论，进一步提高教师职业道德教育质量。

二、业务、文化进修

解放后，新海连特区政府重视教师业务文化素质提高工作。民国 38 年（1949）8 月、1950 年 8 月和 1951 年 8 月，城区部分教师先后 3 次参加全市中小学教师暑期集训班，学习新的教育方针和教学方法。

1951～1955 年，区文教科先后 5 次组织教师参加徐州行政专署举办的教育学讲座，学习推广苏联著名的教育学家凯洛夫的《教育学》理论和苏联著名的教法专家普希金的《讲言录》（红领巾课堂纪实）。同时，各校利用寒暑假，举办短训班，研究教材，推广教学方法。1958 年起，区文教科开始安排部分低学历的小学教师到东海师范（后改名海州师范）学校速成师范班学习。同年 5 月，开始组织教师学习汉语拼音字母。

20世纪60年代初,组织小学教师参加中师函授学习。1963年,海州师范开办教师轮训班(训期1年)后,每期区文教科都安排部分教师参加学习。

“文化大革命”初,教师进修工作中断。1973年,有所恢复。当年,区文教科即组织区内学历较低的中学教师和小学的部分教师,参加徐州师范学院在连云港市举办的高师函授学习。1977年暑假,部分教师分别参加市文教局举办的小学教师卫生常识、三算教学学习班、高中数学教师、物理教师学习班和中学教师教材学习培训班。1978年,宁海乡、云台乡、南城镇、云台农场、南云台林场部分教师通过招生考试,参加南京师范学院开办的专科函授班学习。

1983年开始,在40岁以下小学教师中开展读、说、写、备、练5项基本功训练。1988年起,在全区中小学教师中进行“中小学教师专业合格证书”文化专业知识考试。同年,所有初中语文教师参加“三新”(新大纲精神、新教材编辑意图、新语法教学要点)学习。

20世纪90年代起,新浦区加大对教师培训力度。1993年,全区先后有15位教师考入南京师范大学本科函授班,3位教师考入徐州师范学院大专函授班,260位教师参加江苏省中小学教师自学考试。同年,试行中小学教师继续教育证书制度,高、中级专业技术人员每年接受教育的时间不少于72学时,初级专业技术人员不少于42学时。1997年,全区有167名教师参加本专科函授、自学考试,27人参加各类研究生课程班学习。同时,区教育局选送20名中学骨干教师、70名小学骨干教师参加市级培训。1998年,开始落实《连云港市专业技术人员继续教育实施意见》,区内高、中级专业技术人员平均每年接受教育的时间累计不少于40学时,初级不少于32学时。同年2月中旬,新浦区在市教师培训中心举办中小学校长、机关干部和教研员素质教育培训班。2000年,选派浦东中学1名老师参加第二期中小学骨干教师国家级培训。

2001年,组织全区在职教师参加普通话考级。2003年,全区有1800名中小学教师通过40学时现代化教育技术培训。次年2月,区教育局出台《校长培训实施意见》和《教师培训实施意见》,落实以会代训、以研代训、以课代训、以考代训、以评代训“五训”制度。至2005年年底,全区计选拔51名中小学校长参加市校长提高班培训,135名中小学骨干教师参加省、市新课程培训。

附28-1:新浦区名校(园)

第一批(2003年9月8日表彰):

海宁中学、解放路小学、钟声幼儿园

第二批(2004年9月8日表彰):

海宁小学、建宁小学、大庆路小学、六一幼儿园、机关幼儿园

附28-2:新浦区名教师(以姓氏笔画为序)

第一批(2003年9月8日表彰):

文　萍(女,解放路小学)、王家健(解放路小学)、刘　岩(女,海宁中学)、

刘　珺(女,建国路小学)、吉海霞(女,六一幼儿园)、吕恒菜(大庆路小学)、

陆浩远(陇东中学)、赵　馨(女,钟声幼儿园)、范文杰(海宁小学)、

唐　萍(女,海宁中学)

第二批(2004年9月8日表彰):

王　岚(女,钟声幼儿园)、孙　丽(女,海宁中学)、江尧梅(女,建宁小学)、

华雪珍(女,解放路小学)、张新姝(女,商业幼儿园)、易 立(女,海宁中学)、
金晓红(女,解放路小学)、徐 华(振云高级中学)、徐 艳(女,海宁中学)、
唐秀荣(女,猴嘴中学)

第三节 职称评定与全员聘任

1987 年 5 月,新浦区职称改革领导小组成立后,区文教局立即设立职称改革办公室。同时成立连云港市新浦区中、小学教师专业技术职务评审委员会,开展教师职称评定前期工作。1988 年 6 月,全区中学、小学、幼儿园教师职称首次评审工作全面展开,至 1988 年 12 月 15 日,首批评出中学高级教师 81 名、一级教师 322 名、二级教师 181 名、三级教师 33 名;小学高级教师 368 名、一级教师 364 名、二级教师 50 名。

1993 年起,每年按照评审条件正常评审教师职称。

1996 年起,区内开始教师资格认定工作,教师持资格证书上岗。1999 年 10 月,制定并实施《新浦区教职工聘用管理办法(试行)》。11 月,区教育局出台《开展全员聘任制试点工作指导性意见》。次年,区教育局成立教师聘任工作领导小组,在海宁中学、海宁小学试点。试点后,制定编制,下达指标,明确聘任范围。2002 年 7 月,全区 30 所中小学实施全员聘任制,通过校内、校际聘任,1814 名教职工中有 1761 名竞聘上岗,占参聘教职工总数的 97.1%;53 名落聘。2003 年 7 月,区教育局进行新一轮全员聘任。全区共有 2176 人上岗,占教职工总数的 95.5%;102 人落聘,占教职工总数的 4.5%。2005 年,区教育局先后制定《新浦区中小学校长聘任实施意见》和《2005 年新浦区教职工全员聘任实施意见》。7 月初,全区中小学校长实行聘任制,教职工进行新一轮的全员聘任,实施"干部能上能下、学校自主用人、教职工自主择校、岗位能上能下,促进优秀教师脱颖而出"的新型用人制度。到 2005 年 7 月底,两项聘任工作完成。原 29 位正职校长中有 24 位通过考核被聘任,另 5 位安排其他工作;新聘任 5 位 35 岁左右的年轻同志任正职校长,有 4 名中层干部被聘为副校长,原副校长中有 7 人落聘;全区教师通过两轮竞争共有 1978 名教师上岗,152 名教师在校内待岗。

2005 年新浦区中学教职工概况表

表 28-4 单位:人

学校	总数			学历			职称		
	总数	男	女	本科	专科	其他	中高	中一	其他
新浦中学	193	94	99	119	49	25	36	81	76
海宁中学	134	43	91	89	39	6	23	60	51
临洪中学	90	40	50	59	23	8	17	52	21
云台农场中学	29	18	11	8	18	3	3	21	5
南云台林场中学	21	11	10	8	9	4	4	13	4
花果山中学	89	46	43	43	43	3	8	32	49

续表28－4　　　单位:人

学校	总数			学历			职称		
	总数	男	女	本科	专科	其他	中高	中一	其他
云台中学	106	66	40	49	52	5	4	42	60
南城中学	34	21	13	16	14	4	4	16	14
宁海中学	97	63	34	32	48	17	2	53	42
合　计	793	402	391	423	295	75	101	370	322

2005年新浦区小学教职工概况表

表28－5　　　单位:人

学校	总数			学历			职称		
	总数	男	女	本科	专科	其他	中高	小高	其他
解放路小学	184	40	144	63	104	17	3	108	73
通灌路小学	63	9	54	9	23	31	1	45	17
建宁小学	122	19	103	19	80	23	—	72	50
海宁小学	96	22	74	24	42	30	—	60	35
建国路小学	83	18	65	20	36	27	—	44	39
大庆路小学	49	14	35	7	26	16	—	34	15
幸福路小学	61	16	45	9	34	18	—	33	28
新海小学	81	27	54	11	35	35	—	54	27
公园小学	40	10	30	2	16	22	—	28	12
市东小学	40	12	28	7	15	18	—	32	8
浦东小学	13	8	5	1	7	5	—	9	4
向阳小学	20	8	12	3	7	10	2	14	6
培智学校	15	8	7	1	5	9	—	13	2
云台农场小学	33	10	23	6	17	10	1	24	7
南云台林场小学	25	5	20	4	15	6	—	18	7
大村小学	115	56	59	6	75	34	—	58	56
关里小学	179	107	72	12	93	74	—	86	93
南城小学	50	18	32	7	31	12	—	38	12
宁海小学	113	66	47	4	64	45	—	56	57
少年宫	20	11	9	3	9	8	—	15	5
合　计	1402	484	918	218	734	450	8	841	553

第八章　教育行政

第一节　管理体制改革

民国初年至解放前夕，域内教育事业由所属县教育部门管理。

1948年11月7日，新浦解放，域内中、小学校由中国人民解放军新海连军事管制委员会接管。12月，教育由新海连特区专员公署文教科管理。各学校一般都由原校长负责，成立由校长、教职员代表、学生代表组成的校务委员会管理学校事务。1952年3月，执行教育部颁布的《中小学暂行规程（草案）》，区内学校实行校长负责制，在当地党委和政府教育部门领导下，负责全校工作。校长由政府任免。

1955年11月起，区内学校由区政府文教助理员管理。

1958年1月起，区政府设文教卫生科（简称文卫科）。成立人民公社后，各人民公社设文教助理管理教育。

1968年11月，农村学校由贫下中农协会管理。次年10月起，区革委会政工组下设文卫组。区内中小学开始复课。学校成立“三结合”革命委员会或“三结合”革命领导小组管理学校。1970年6月，“工宣队”进驻城区中小学校，“贫宣队”进驻农村中小学校，并管理学校。1977年11月，所有“工宣队”“贫宣队”全部撤出中小学校。区内中小学校实行党支部领导下的校长分工负责制。

1978年3月起，原区、公社管理的完全中学，划归市教育局管理。

1980年9月，区政府设文教科。

1981年，区内中小学开始实行教师代表大会（简称教代会）制度。1984年起，试行校长负责制，党支部起监督、保证作用。1985年起，贯彻《中共中央关于教育体制改革的决定》，城区中小学由区政府管理，农村实行分级办学和分级管理，乡（镇）办初级中学和小学，村协办小学。次年起，各乡镇成立教育管理委员会，管理本乡镇的教育事务；城区撤销小学学区和中心小学，实行区教育局对各小学的直接领导。

1986年7月，区政府设文教局。1988年起，实行校长负责制下的岗位责任制。

1991年7月，新浦农场开办的浦东小学、刘巅小学；铁路系统开办的铁路中学、铁路小学划归新浦区管理。

1996年8月，区政府设立教育局，专事教育事业管理。1998年，贯彻《连云港市中小学内部管理体制改革指导性意见》，区内中小学实行校长负责制、教职工全员聘任制、岗位责任制、工资总额包干制、校内结构工资制。同年7月，刘巅小学归市教育局管理，作为连云港市师范学校第三附小。

2004年起，区政府对区内乡镇中小学实行统一管理。同年，铁路中学划归市管，并入师专附中；铁路小学划归市管，并入港师一附小。

2005年，全区中小学实行校长聘任制和任期制、教职工全员聘任竞争上岗制。各校设校长、党支部书记，下设校长办公室、教务（导）处、政教（德育）处、教科室、总务处、工会、团委（支部）、少先队等。

第二节 招生制度改革

一、小学招生制度改革

1953年8月，执行省教育厅规定，小学一年级新生入学一般需7周岁，学龄儿童为7～13周岁。学生入学一般不受户口限制。

1982年6月25日起，区内小学开始实行按施教区域招收新生制度，学生必须有施教区内常住户口。

1985年，普及小学教育，小学招收本地户口的学生；保证城镇年满6周岁半、农村年满7周岁的学龄儿童全部入学。

1989年，贯彻《连云港市实施九年（八年）义务教育规划》，小学入学年龄提前为6周岁半，有条件的学校开始过渡为6周岁入学。区内各小学校根据市规定和学校招生条件确定入学年龄界限。

1993年，开始实行《义务教育入学通知书》制度。

1994年9月，新浦区政府改革小学招生制度，将1000多名到新浦经商务工的外地人子女安置到相关小学读书，保证流动学龄儿童享受义务教育权利。

1996年，区政府下发《新浦区小学、初中招生工作意见》，明确规定小学不准招收择校生。

2000年，《新浦区小学招生工作意见》规定，依托省、市实验小学的民办公助校（班）在保证施教区内适龄儿童全部入学的前提下，可以招收施教区外的学龄儿童就读。

2002年，新浦区进一步改革小学招生办法，全面实行《义务教育入学通知书》制度，让年满6周岁、有学习能力的适龄儿童全部免试就近入学。各小学按规定的施教区范围，张贴招生通告，入学儿童由父母或其他监护人持户口簿到指定学校登记报名，学校审批后张榜公布。在开学前15天将《义务教育入学通知书》发到学龄儿童父母或其他监护人手中。开学时学生持《入学通知书》报到。确需在本地借读的小学生，到住地附近学校办理借读手续。对引进人才和参加新浦区经济建设的外地驻新浦办事机构及生产经营者子女的入学事宜，按市教育部门规定办理。各小学严格按招生计划和有关规定编班，省、市实验小学原则上每班收40人，最高不得突破48人，其他小学每班45～50人。依托省实验小学举办的实验班、特长班，应符合“三独立”等条件且经市教育局审核通过，再经市政府批准，方可按规定范围和审批计划进行招生，并严格执行物价部门批准的收费标准。至2005年，区内小学均按上述招生办法招生。

2005年新浦区小学招生计划及施教范围一览表

表28－6

学校	招生计划(班)	施教范围(社区居委会)
师专一附小	—	外仓、艺北、龙尾、振东
师专三附小	—	巨龙、苍梧
解放路小学	8个公办民助班 8个施教区班	机关、路北、菜市、市化(本部)、贾圩、路南、利民
建国路小学	4	后河、民主、市民、陇东、同兴、通池
市东小学	2	市东、万润、龙苑、站北、建国
向阳小学	2	沈圩、新站、蔷薇
海宁小学	6	建南、建康、葵花、向阳、扁担河、延东
建宁小学	9	海宁、海南、紫云、云海、新城、新龙
浦东小学	2	东风、浦河、新桥
大庆路小学	4	西苑、新孔路、新潮、盐河
幸福路小学	4	河西、星化、常乐、富强、镇海、幸福
新海小学	4	电台、财苑、新中、连海路、新西、同和
关里小学	9	云台乡
大村小学	5	花果山乡
南城小学	2	南城镇
南云台林场小学	1	南云台林场
云台农场小学	1+1	云台农场
培智学校	1	全区

二、中学招生制度改革

20世纪60年代以前,中学招生无具体规定,小学毕业生可同时报考几所中学;初中毕业生也可同时报考高中和中等师范学校。招生学校根据既定招生数择优录取,并张榜公布正式录取学生名单和备取学生名单。

1956年,解放路小学、建国路小学试行保送优秀高小毕业生升中学的方法。

20世纪60年代起,中学招生逐步规范。1970年前后,初中、高中招生一度实行推荐和选拔相结合的制度。

20世纪70年代,中学招生工作执行市规定标准。1979年4月,新浦区从区情出发,具体执行省规定:初中招生以小学毕业统考成绩达录取分数线为标准,按各校施教范围录取,一般要求学生为施教区常住户口;高中招生根据学生报考志愿,择优录取,录取学校发"通知书",新生到录取学校报到、缴费取得学籍。

1985年,一般中学的初中采取按小学毕业生家庭住址,分片就近入学的办法;重点中学的初中采取就近和适当择优相结合的办法录取新生。取消初中招生考试，学生小学毕业考试即为升学考试。新海中学初中择优招收具有新浦地区常住户口的小学毕业生300名，新海中学的高中，录取新浦区新浦中学、延安中学、陇东中学报考新海中学的考生每校不超过5人。

1993年，新浦区开始实施普及初级中等义务教育后，各初中校依据小学毕业考成绩按施教范围录取新生。驻地新海中学仍在市区内择优录取新生。1995年，一般初中划片招生，重点中学初中分配名额到小学。1996年起，区内高中招收自费生。

1998年起，新浦区所有初中招生一律实行划片免试就近入学。2000年，区内禁止高中阶段学校在应届初中毕业生中无计划乱招生。

2002年，全区农村初中招生以乡、镇为单位。中心小学将毕业生名册和“连云港市小学毕业生登记表”交给相应初级中学，并填写交接表；初中校根据学生名册发放“义务教育入学通知书”，并保证新生报到入学。在区内小学借读的学生，原则上应回到户口所在地升入初中，凡确需在借读小学所在地升入初中的学生，按原国家教委、公安部1998年3月2日公布的《流动儿童少年就学暂行办法》的有关规定，经区教育局基教科审批后，可在原借读小学办理报名手续，由教育行政部门安排到有关初中继续借读。并按市物价部门核定标准缴纳借读费。对引进人才和参加新浦区经济建设的外地驻新浦区机构及在新浦从事生产经营者的子女入学事宜按市教育部门规定办理。在外省（市）、外县（区）借读的新浦区户籍学生，要求回户口所在地升学的，持户口簿及有关证明到区教育部门办理入学手续。凡年满16周岁且小学阶段已读满九年的学生，初中不予录取。依托省示范初中举办的实验班、特色班，符合“三独立”等条件且经市教育局审核，通过市政府批准，按规定范围和审批计划进行招生。新海实验中学开始采取电脑派位方法录取新生。招生学校按市物价部门批准的收费标准收取费用。

2003年，新浦区的高中招收择校生严格执行限分数、限人数、限钱数的“三限”政策。

2004年、2005年，新海实验中学及依托海宁中学的海宏中学采取电脑派位的方法招收初一新生。

2005年新浦地区初级中学施教区划分一览表

表28－7

校　名	施教范围
连云港师范高等专科学校附属中学	广场、巨龙、龙尾、东风、艺北、新城、外仓、朝阳、苍梧、利民、万润、路南、向阳、葵花、振东、贾圩等16个社区
海宁中学	延南、云海、海南、海宁、建康、新龙、建南、兴业、玉带、扁担河等10个社区
新浦中学	通池、新桥、陇东、浦河、站北、同兴、沈圩、后河、新站、市东、菜市、路北、市化、公园、民主、同和、市民、建国、电台、西桥、龙苑、蔷薇等学22个社区
临洪中学	富强、河西、新潮、常乐、镇海、新孔、延东、新西、盐河、幸福、财苑、海连、星化、新洪、新中、紫云、西苑等17个社区
南城中学	南城小学
花果山中学	花果山乡所有小学
云台中学	云台乡所有小学
云台农场中学	云台农场小学
南云台林场中学	南云台林场小学

第三节　学校布局调整

解放前,城区新浦的中小学主要集中在老城区。城区陇海铁路以南仅有贾圩小学,西巅外仅有临洪小学。农村小学也多设置于乡、镇驻地。

新中国成立后,人民政府为让学龄儿童就近入学,开始注重学校布局,在居民聚居地区兴办小学校。1952 年春,市教育部门先后在新浦铁路以南新办新村小学和马巅小学。1958 年起,教育事业大发展,区政府一方面扩大老城区小学校规模,一方面在老城区外围新建小学校。至 1959 年年底,先后建成市东小学、西巅小学、浦西小学、沈圩小学、新生小学等 5 所公办小学。乡镇大力发展民办学校。全区小学布局基本形成网络。学龄儿童均可就近入学。

20 世纪 70 年代起,随着学龄儿童分布情况的变化,区内小学校布局时有调整。特别是改革开放后,区政府多次调整学校布局,分别撤并和新建一批中小学。

2001 年 8 月,市教育局在新浦城区实施"八校联动"工程,即将新浦中学并入新海高级中学(简称新海高中),新海高中搬入苍梧路新校址;延安中学搬入原新海高中校址;新海实验中学搬入原延安中学校址;浦西小学、西巅小学合并成立新海小学,搬入原新海实验中学校址;浦东中学并入陇东中学;解放路小学搬入原新浦中学校址。

2003 年,撤销云台乡的渔湾、凤凰、丹霞 3 所完全小学,改为教学点。

2005 年,连海路小学并入海宁小学;云台农场第二小学并入云台农场小学,原校址为教学点。年底,全区学校布局调整工作基本告一段落,教育资源配置趋于优化。

新中国成立后今新浦地区小学停办、合并一览表

表 28－8

校　名	建校时间	停办时间	合并时间	合并于何校
新生街民办小学	1958 年 5 月		1965 年 9 月	新生小学
新海街民办小学	1958 年 4 月		1965 年 9 月	浦西小学
市东街民办小学	1958 年 4 月	不详		
市民街民办小学	1958 年 4 月	1966 年		
民族街小学	1965 年 9 月		1975 年 9 月	建国路小学
市民路小学	民国 21 年(1932)	1984 年 9 月		
双池小学	民国 27 年(1938)	1991 年 8 月		
新生小学	1965 年 9 月	1997 年		
南极路小学	1954 年 9 月		1998 年	公园小学
同兴街小学	民国 34 年(1945)		2000 年 8 月	建国路小学
马巅小学	1952 年 5 月		2000 年	通灌路小学
浦西小学	1965 年		2001 年	新海小学

续表28－8

校　名	建校时间	停办时间	合并时间	合并于何校
西巃小学	民国13年(1924)		2001年	新海小学
站北小学	民国26年(1937)		2003年	市东小学
民主路小学	民国34年(1945)		2003年12月	新海小学
临洪小学	民国24年(1935)		2003年12月	新海小学
通灌路小学	民国34年(1945)		2004年	解放路小学(作为分校)
连海路小学	1978年9月		2005年	海宁小学
邵庄小学	民国19年(1930)		1966年	宁海中心小学
平安小学	民国23年(1934)		1966年	宁海中心小学

2005年前今新浦地区中学停办、合并一览表

表28－9

校　名	建校时间	停办时间	合并时间	合并于何校
商业中学	民国21年(1932)	不详		
东海县初级中学	民国31年(1942)		1949年11月	3校合并成立新海中学
私立新民初级中学	民国35年(1946)		1949年11月	
私立普爱初级中学	民国36年(1947)		1949年11月	
新浦中学高中部	1957年		2001年8月	新海中学
新浦民办初中	1958年10月	1984年12月		
新浦工商初中	1958年10月	1961年		
花果山当路民办中学	1958年	1965年		
新浦建国民办中学	1961年9月		1972年	浦东中学
宁海武圩初中	1969年		1982年	宁海高庄联中
宁海新建联中	1971年		1993年	宁海中学
新浦中学分部	1972年		1975年5月	延安中学(“五七”中学)
浦东中学	1973年1月		2001年	陇东中学
南云台林场二中	1976年		1984年	南云台林场中学
关里联中	1981年		1986年	云台中学
朱麻联中	1981年		1986年	云台中学
山东联中	1981年		1986年	云台中学
丹霞联中	1981年		1986年	云台中学
宁海高庄联中	1982年		1985年	宁海中学

第四节　学籍管理

一、小学学籍管理

解放前,新浦地区各小学学生多少不均,学籍管理松严不一。学生时有跨校越级(俗称“跳级”)现象。民国 36 年(1947),贯彻东海县政府《东海县各级国民小学、私立小学儿童越级限制办法》,加强学籍管理。

新中国成立初期,按教育部《小学暂行规程》(草案)规定,小学每班 30 ~ 45 人,一年级新生年龄最低为 7 周岁,工农子女入学年龄适当放宽。

1953 年 8 月,执行省教育厅规定,小学一年级新生入学一般为 7 周岁,学龄儿童应为 7 ~ 13 周岁,超过年龄的视为超龄生。

20 世纪 50 年代中期,各校逐步建立《学籍卡》,对学生情况作全面记录管理。

1979 年 4 月起,执行《江苏省革命委员会教育局关于中小学学生学籍管理的暂行规定》。为解决重点学校招生问题,特别是城区学校招生问题,划定各小学施教区范围,并建立学籍卡。1980 年 7 月起,各小学校开始执行《江苏省小学学生学籍管理暂行规定》。

改革开放后,区内流动人口大量增加,为解决流动儿童少年就学问题,各小学开始接纳借读生(即让户口不在新浦区的学龄儿童暂借某小学校学习)。

1993 年,区文教局严格对学生转学、休学、留级的管理,进一步提高在籍学生的巩固率。1995 年,区文教局与各小学签订“控制流生责任书”(“流生”即中途不再上学的学生),定期核查学籍,规范转学、休学手续,城区小学流生率为零。1996 年,区教育局作出规定,除经批准可开办公办民助班的学校招收部分择校生外,其他所有学校不得招收施教区外的学生(不含借读生)。1998 年,区教育局把各校的学籍管理情况纳入年初与校长签订的“学校工作目标责任书”,坚持“流生申报制度”,严格执行“流生”超标在全年评选先进时的“一票否决”制度。当年,区内小学流生率为 1.2%;同年,区内小学根据国家教委、公安部 1998 年 3 月 2 日颁发的《流动儿童少年就学暂行办法》规定,规范借读生管理。

2004 年,区教育行政部门加强学籍管理,控制辍学,小学年流生率为 0.02%。2005 年,小学流生率为零。

二、中学学籍管理

解放前,新浦地区中学学籍管理不严。

新中国成立后至 20 世纪 60 年代中期,中学的学籍由市教育部门管理。

“文化大革命”初,学籍无人管理。复课后,执行市教育部门的规定。1979 年 4 月起,各中学在新生入学后即建立学籍卡,记载学生入学、转学、休学、复学、退学、升留级、毕业、修业、肄业以及德、智、体全面情况,供升学、就业参考。

1986 年 8 月起,区内初级中学开始统一编排学籍号。

1992 年,区内各中学清理高考补习班和复读生。1994 年,区文教局和各中学签订“控制流生责任书”,定期核查学籍,规范转学、休学的办理手续,提高在籍学生巩固率。初中流生率为1.3%。同年起,区内初中学生学籍由区文教局中教股负责,高中学生学籍由市教委中教科负责。1996年,区教育局作出规定,初级中学除经批准开办公办民助班的学校可招收部分择校生外,其他学校不得招收施教区范围外的学生(不含借读生)。1998年,执行控制“流生”的“一票否决”制度,并进一步规范借读生管理。当年,流生率为1.2%。

2003年,区教育局举办分管校长、教务主任、学籍管理员培训班,落实市教育局重新修订的《连云港市普通中小学学籍管理规定》。

2004年,区教育局把“控制流生”工作列入学校年终考核目标,建立流生报告制度。当年,中学生流生率为0.43%。新浦中学(初中部)、海宁中学、临洪中学、南城中学、云台农场中学2001级学生3年无流生,中考参考率为100%;云台中学2001级学生的年流生率降低4.4个百分点。

2005年,区教育管理部门从全方位知晓学籍管理内容、学生增加或减少流程的规范程度、学籍档案建立健全情况、控制辍学情况等10个方面加强对各校学籍管理工作的考核力度。同年,新浦中学高中部学生学籍划归市教育局管理。

第五节　教学研究

一、教研活动

1980年,区文教科成立教研室。次年秋,区教研室和江苏省及北京、上海、湖北、福建、江西、广西、山东、安徽等省、市的29个县、区教研室,共同发起成立小学语文、数学教研协作区。每半年召开1次教研协作会议(1984年开始改为年会)。1981年至1990年,语文、数学各开过12次协作年会。1984年12月7日,著名教育家段力佩应市民进、市教育局邀请到港城讲学。区教研室组织各中学教师、小学教干和中小学中的民进会员,在市一招礼堂听取学术报告。1985年,新浦区教育学会成立。至1986年,区教研室先后10次邀请海州师范讲师、市民进副主委黄永言,到新浦区作“识字教学”“阅读教学”“作文教学”“家庭教育与儿童心理规律”讲座。

1987年5月,区教育学会举办语文、数学教学研讨会。陕西省西安市、安徽省有关代表及省内南京、无锡、常州、徐州、盐城、如皋、金湖、邳县等县市代表及连云港市三县、四区代表计1200余人参加研讨会。北京、上海有关专家应邀到会指导。

1988年11月,区教研室举办小学英语教学研讨会,就如何搞好英语的听说训练等问题,新浦、连云、海州三区英语教师近百人进行研讨。

1990年7月23日,区教研室、教育学会邀请武汉市教科所教育管理研究室覃智钧主任,武汉市45中学副校长张蓉,武汉市七一中学高级教师、全国劳模、湖北省劳动模范张爱姣到新浦区作学术报告。区内200名中小学教师参加报告会。同年11月,区教研室举办第二次小学英语研讨会,专题研讨英语的情境教学。来自南京、无锡等地以及本市的英语教师130余人参加研讨会。

1998年上半年,区教研室派人去东台师范学习“快速益智”先进经验。同年9月,区教研室组织骨干教师赴泰州市洋思中学考察学习。年内,区教研室、教育学会还邀请彭城大学教授朱新兰给全区中小学教干和小学全体语文教师作《解形快速识字》学术报告。

1999 年 4 月，区教育学会举办“发挥学生主体作用，促进课堂教学素质化”研讨会。

2003 年 4 月，区教研室组织分管教学的校长、教导主任赴无锡市考察学习。

二、科研课题

1998 年，全区各学校承担区级以上科研课题 55 个。1999 年，承担国家级科研课题 5 个、省级课题 9 个、市级课题 16 个。幸福路小学向全省近 200 所实验小学作“主体潜能识字”阶段成果展示，被《现代特殊教育》誉为“一所走在教科研前列的小学”。年内，新浦中学成为全区第一所市中学教育科研达标校，大庆路小学成为全区第一所市小学教育科研达标校。

2000 年，全区先后有 50 个省、市、区级教科研课题结题，80% 的结题单位同时举办成果展示、成果推广。幸福路小学“科学认读——主体、开放、潜能识字”课题升级为国家教育部重点课题“科学教育”的子课题。是年 7 月和 11 月，该校先后成功举办第二次省级成果展示会和国家级成果汇报会。是年内，海宁小学通过市教育科研达标校验收。解放路小学、大庆路小学、建宁小学被确定为省级教育科研基地。

2001 年，全区完成 6 个国家级、13 个省级、14 个市级、17 个区级教育科研课题并举行结题鉴定会。同年，海宁小学被列为省级教育科研实验基地。

2004 年，承担省级教育科研课题 10 个，市级教育科研课题 46 个。

2005 年，承担省级教育科研课题 8 个，市级教育科研课题 25 个，区级教育科研课题 24 个。

第六节 普及九年义务教育

1988 年 12 月，连云港市普教工作会议决定分步实施九年制义务教育。新浦区从 1990 年起普及小学教育。

1992 年 12 月 5 日，区政府成立普及九年义务教育筹资领导小组。同月 8 日，区政府出台《新浦区筹借普及九年制义务教育资金借、管、用、还暂行规定》，筹借资金添置普及九年制义务教育必备的各项设置；改善教学条件，美化学校环境。当年底，经检查验收，新浦中学、延安中学、陇东中学、浦东中学、海宁中学、临洪中学基本达到实施初级中等义务教育标准。

1993 年起，全区正式实施初级中等义务教育。年内，解放路小学、建宁小学、通灌路小学、海宁小学、幸福路小学、大庆路小学和浦东小学 7 所学校，经市教委抽查验收，被认定为义务教育巩固提高达标学校。

1995 年，全区投入 18 万多元，对未达到实施义务教育标准的项目进行充实，补齐所缺图书、理化生实验仪器、音体美器材等。当年，全区义务教育顺利通过省政府验收。1996 年，通灌路、海宁、建宁、大庆路、民主路和建国路 6 所小学和新浦中学通过市教委的验收，为区内首批达标学校。次年，马𪨶、临洪、幸福路、向阳、公园、南极路等 6 所小学通过第二批城市办学标准达标校验收。1999 年，全区小学入学率、巩固率均为 100%，15 周岁人口初等教育完成率为 100%；初中在校生巩固率达 98.8%。

2002 年，区内实行农村义务教育以区级管理为主，农村中小学教师全部由区教育行政部门管理。

2004年，完善农村义务教育管理体制，区教育部门开始对全区乡镇中小学实行统一管理，公用经费统筹安排，教师工资按同一标准及时足额发放。同时，启动城乡对口帮扶工程，提高农村义务教育水平。一方面发动全区13所省级实验小学、市级实验小学、示范初中、省级示范幼儿园对口帮扶乡镇中小学、幼儿园。当年，对口捐助资金8000元，捐赠仪器、图书价值约12万元。另一方面选择办学条件好、师资力量相对雄厚的学校作为基地，通过举办教学开放周等形式，以典范带动农村学校。组织区教研室教研员经常到农村中小学重点帮扶，有计划地组织名、特、优教师"送教下乡"，全年"送课下乡"200余节，组织研讨活动90余次，开交流会20次，帮助农村中小学提高教学水平。

2005年，对口捐助资金1万余元、图书2900余册、教学仪器16台。"送教下乡"180人次，对口帮扶上示范课200余节。同年，对全区农村义务教育阶段家庭经济困难学生实行"两免一补"（免杂费、免书本费，补助寄宿生生活费）政策，确保其享受义务教育权利。

第七节　教育行政收费及管理

一、教育行政收费

【教育收费】 解放前，区内公立、私立学校征收学杂费的标准不统一，私立学校高于公立学校。

解放后，域内学校按规定向学生征收学杂费。20世纪50年代、60年代，城镇高中每生每学期8元，初中6元，小学高年级3元、中年级2.5元、低年级及幼儿园2元；农村中小学低于城市小学。

1985年，农村按人均年收入的2%~3%征收教育事业附加费，城市厂矿企业按经营销售额征收教育基金。

20世纪80年代中期，各中、小学为改善办学条件向施教范围内的厂矿、企业集资。1988年，开始对新开发的住宅小区收取住宅建设教育配套费。建于西小区的大庆路小学，即利用收取的56万余元住宅建设教育配套费，完成建筑面积3904平方米教学楼的第一期工程。

1993年，征收年度农村教育事业附加费7000元，超额完成上级下达任务的40%。

20世纪90年代初，一度出现部分学校巧立名目乱收费现象，增加学生家长负担，社会反响较大。1994年9月1日起，区内中小学统一实行收费监督卡制度。1995年，全区所有教育收费使用财政部门统一印制的专用收费票据。同时，区文教局成立领导小组与各校签订"收费管理责任书"，定期进行检查，治理中小学乱收费现象。并聘请学生家长和区人大代表、政协委员做中小学收费监督员，加强社会监督。1996年，区内中小学实行收费登记制度，中小学生每人一册《连云港市中小学校收费登记手册》，学校对学生收取的费用，包括集资、借资、赞助费都填入《手册》。1997年，区教育局重申国家教委、省教委和市教委的有关规定，严格清理和查禁乱收费现象。1998年，将治理乱收费工作列入各校目标责任书之中。各校做到用好收费监督卡，向社会公布收费项目，接受群众监督。2000年，新浦区进一步规范各学校收费行为，增加收费政策的透明度。各校有关收费项目、标准、批准部门和文号等内容在学校门前醒目位置公布，并制作公示牌在校内醒目位置悬挂，同时以"收费告知单"的形式告知学生家长。

2004年8月，海宁、新浦、振云、猴嘴、花果山等中学和解放路、建宁、幸福路、海宁、大庆路、通灌路、建国路、新海等小学的校长，参加全市三星级以上学校和市区省示范初中、实验小学以及市区市重点中学、实验小学校长签名活动,承诺不乱收费,争创"教育收费规范学校"。

【微机上机费】 1996 年春季,区内中小学校开始收取微机上机费,小学生每生每学期 50 元、中学生每生每学期 70 元(初三年级学生、高三年级学生不收取);2003 年秋季,取消此收费项目。

2004 年 11 月,恢复此项收费。小学每生每学期 20 元(一、二年级不收),初中每生每学期 30 元。

【住宿费】 1984 年起,中学收取寄宿生住宿费。每生每学期 3 元;1991 年,市区、城镇寄宿的每生每学期 10 元;1996 年,调整为市区、城镇寄宿的每生每学期 45 元;2000 年,调整为市区、城镇寄宿的每生每学期 100 元,农村寄宿的每生每学期 90 元。

【补课费】 2000 年秋季,开始执行市规定,初三年级周六半天补课每学期收费 40 元,高三年级周六半天补课每学期收费 60 元。

二、财务管理

解放前,私立学校经费由学校董事会筹办、管理;国民小学经费由地方自筹,政府给予少量补贴。

解放后,公办中小学、幼儿园经费纳入国家预算。1955 年以前,新浦地区各中、小学经费由市政府文教科管理。1955 年年底起,新浦区文卫科配专职会计,管理全区学校财务。

1958 年后,厂矿企业、区妇联、街道办事处、居民委员会兴办的幼儿园、托儿所,均由主办单位筹集经费、进行管理。

1983 年,区文教局设计财科,管理全区教育经费;各校实行财务和现金出纳分开管理。各中小学经费均由市教育主管部门按计划拨给。1984 年后,各中小学经费,均纳入区财政预算;市教育主管部门对区各中小学基建经费采取匹配资金办法,将其 2/3 转由区财政和学校自筹。

1994 年,区财政局制定《预算外资金管理暂行规定》,加强对预算外资金使用的管理,建立教育统筹基金和校舍建设基金。学校预算外收入直接存入单位账户并记入"事业收入"。1997 年 7 月起,学校所有收入纳入财政管理,统一缴存区财政局开设的预算外资金专户。支出由财政局按预算外资金收支计划和单位财务收支计划统筹安排,从财政专户拨付,严格实行收支两条线管理。

2001 年 4 月起,全区教育系统所有单位账户撤销,账务全部归并到区会计管理核算中心,单位设置报账员,实行报账制度。当年底,新接收的乡镇学校账务仍由各单位单独建账处理账务。

2003 年,对教育经费进行审计。全年审计项目共 26 项,审计金额 3483.3 万元,其中财务收支 4 项,审计金额 1100 万元;预算执行情况审计 5 项,审计金额 128.3 万元;专项资金审计 1 项,审计资金额 100 万元。共查出财务处理不当资金 25 万元,纠正不当财务处理 183 笔,提出改进建议 34 条。

1991～2005 年新浦区教育经费投入一览表

表 28－10　　单位:万元

年　份	区财政投入		其　中	
	总　额	比上年增减率(%)	预算内	预算外
1991	675.9	—	557.7	118.2
1992	808.8	+19.66	668.3	140.5
1993	934.1	+15.49	740	194.1
1994	1460.3	+56.33	1290.8	169.5
1995	1460.6	+0.02	1304.3	156.3

续表 28－10 单位：万元

年 份	区财政投入		其 中	
	总 额	比上年增减率（%）	预算内	预算外
1996	2238.3	+53.24	1476.2	762.1
1997	3744	+67.26	1845.7	1898.3
1998	3318.9	-11.36	1911.3	1407.6
1999	4199.8	+26.54	2270	1929.8
2000	3877.5	-7.68	2143.7	1733.8
2001	5959.6	+53.69	3878.1	2081.5
2002	7388.3	+23.97	4835.4	2552.9
2003	8861.2	+19.93	5504.3	3356.9
2004	9252.4	+4.41	5887.7	3364.7
2005	9977.6	+7.83	6939.2	3038.4

第八节 教育设施

一、校舍

新中国成立前，校舍简陋、矮小。

新中国成立后，人民政府开始有计划地改造和新建校舍。初期一般为平房，好的是平房带走廊。

1959 年，在新生小学建起全区第一幢两层教学楼。

“文化大革命”初期，校舍遭严重破坏。1969 年后，对校舍陆续进行维修。部分中小学建造教学楼。

1984 年起，在全区实施“一无两有”（校校无危房，班班有教室，学生人人有课桌凳）工程。每年均有中小学建教学楼计划，且每年进行一次校舍检查评比。

1987 年，区文教局制订《中小学校舍管理制度》，开始对校舍实行规范化管理。同年，对区属学校尚存的少量危房进行维修改造。至 1988 年，城区各校校舍均达到普及九年制义务教育标准。20 世纪 90 年代，区内新建中小学校舍 68609 平方米。

图 28－3 公园小学不同时期的校舍：左首平房为20 世纪 50 年代教室；中间两层楼为 20 世纪 70年代教室；右首为 20 世纪 90 年代教学楼

2000 年，新浦区教育局在全市率先编制并使用《校舍检查记录簿》和《校舍维修记录簿》。2002 年，全区共投入 221 万元，改造中小学危房 7588 平方米，实现全区城乡中小学无危房。

2005年，区内中小学教学用房基本实现楼房化，生均校舍达15.52平方米，超过生均5.72平方米的规定标准。

二、图书

新中国成立前，各中小学有零星图书，多系教师教学参考用书。

新中国成立后，各校开始重视图书室建设，为学生提供阅读书籍。

1985年，全区各校依据《连云港市合格图书室条件》规定，订立图书管理制度，建立阅览室，并确定专、兼职图书管理员。1989年，各中学学生平均拥有图书20册左右，小学学生平均拥有图书6册。1990年，各中小学图书室藏书量均达到普及九年制义务教育标准。

20世纪90年代起，区内中小学逐年安排一定资金添置图书。至2005年年底，全区中学图书室总藏书量为201114册，小学图书室的总藏书量为236490册。

三、器材 设施 设备

新中国成立前，区内中小学只有风琴、篮球等简单教学器材。

新中国成立后，各校开始添置教学器材。20世纪50年代，以教师自制教具为主，同时购置零星教具、仪器。20世纪60年代，上级教育行政部门有计划配发教具、仪器。城区中小学校开始有显微镜等教学仪器。

1979年起，市教学仪器管理站开始向中、小学分批、分层次推荐并代购大型、整套教学仪器。1981年起，全区各中、小学的音乐、美术、体育教学器材进一步完备，有条件的学校开始建仪器室。1984年7月，花果山中学、云台中学、宁海中学建成第一批农村初级中学实验中心。至1985年，各中学、实验小学、中心小学仪器室已初具规模，各中学已建有实验室。1990年3月，各校开始对各类教学仪器进行规范化管理。2001年，区内中小学购置教学设备129万元。

2003年，全区中小学实施“三新一亮”（桌新、凳新、讲台新、灯亮）工程，投入资金53万元。

2004年，全区投入594万元，启动农村中小学“六有”（有整洁的校园、满足需要的食堂、冷热饮用水、安全的宿舍、水冲式厕所、寄宿生一人一张床）工程。2005年，全区投入资金360万元，实施中小学“四配套”（物理、化学、生物、历史、地理实验设备，图书资料，体育器材及艺术教育器材）工程；解放路小学建成300米环形塑胶跑道。

2005年新浦区各中小学校舍情况一览表

表28-11

学校名称	用地面积（平方米）	校舍面积（平方米）	班级数（个）	学生数（人）	每生平均占有（平方米）	
					土地面积	校舍面积
新浦中学	46400	16960	47	3662	12.67	4.63
海宁中学	36150	10460	45	2534	14.27	4.13
海庆中学	29960	10410	18	680	44.06	15.31
宁海中学	48894	12000	28	1816	26.92	6.61

续表 28－11(1)

学校名称	用地面积(平方米)	校舍面积(平方米)	班级数(个)	学生数(人)	每生平均占有(平方米)	
					土地面积	校舍面积
云台农场中学	6000	1062	6	229	26.2	4.64
南云台林场中学	11847	1314	6	216	54.85	6.08
南城中学	42643	5052	7	238	179.17	21.23
云台中学	59604	13720	24	1011	58.96	13.57
花果山中学	22678	10293	21	814	27.86	12.64
解放路小学	40895	24493	72	3742	10.93	6.55
海宁小学	14666	8188	33	1840	7.98	4.45
大庆路小学	11163	6399	18	993	11.24	6.44
新海小学	10000	8588	31	1444	6.93	5.95
幸福路小学	11816	4936	23	1119	10.56	4.41
建国路小学	7870	5626	32	1803	4.36	3.12
通灌路小学	6508	5373	25	1325	4.91	4.06
建宁小学	17982	10592	48	2783	6.46	3.81
向阳小学	5304	2420	12	524	10.12	4.62
公园小学	7304	3709	13	566	12.9	6.55
市东小学	5863	3878	14	717	8.12	5.41
浦东小学	5200	1908	9	357	14.57	5.34
云台农场小学	36200	2018	19	373	97.05	5.41
云台农场二小	10000	810	6	79	126.58	10.25
南云台林场小学	10150	1419	8	294	34.52	38.84
培智小学	1561	1294	6	78	20.01	16.59
关里小学	9009	2596	11	432	20.85	6.01
朱麻小学	6660	1691	9	265	25.13	6.38
山东小学	9790	2005	7	232	42.2	8.64
诸吾小学	4765	2227	10	375	12.7	5.94
凤凰教学点	4880	976	3	13	375.38	75.08
渔湾教学点	5250	1288	3	48	109.37	26.83
东磊教学点	5254	1101	4	92	57.11	11.97
凌州教学点	4200	835	4	53	79.25	15.75
后关教学点	7260	988	4	48	151.25	20.58
丹霞教学点	3843	1042	3	78	49.27	13.36

续表 28－11(2)

学校名称	用地面积（平方米）	校舍面积（平方米）	班级数（个）	学生数（人）	每生平均占有(平方米)	
					土地面积	校舍面积
大村小学	16800	7088	17	639	26.29	11.09
新华小学	9100	2278	6	169	53.85	13.48
当路教学点	8400	1553	4	82	102.44	18.94
前云教学点	6533	1775	4	47	139	37.77
小村教学点	4700	1080	2	12	391.67	90
宁海小学	10733	4394	17	844	12.72	5.21
新圩小学	8312	1072	10	373	22.28	2.87
卞浦小学	10000	1100	7	324	30.86	3.4
武圩小学	9800	684	6	194	50.52	3.53
太平教学点	2100	384	3	63	33.34	6.09
高庄教学点	6800	830	3	59	115.25	14.07
海河教学点	6500	986	5	161	40.37	6.12
杨场教学点	4000	512	3	33	121.21	15.52

2005 年新浦区各中学装备配置一览表

表 28－12

学校名称	班级数（个）	学生数（人）	实验用房	理化生实验室	音美劳实验室	体育室
			现有(间)数	现有仪器设备价值(万元)	现有仪器设备价值(万元)	现有仪器设备价值(万元)
新浦中学	47	2269	9	25	6	5
海宁中学	45	2534	17	60	35	10
临洪中学	18	666	11	10.2	10.4	1.6
云台中学	24	1113	3	9.05	1.25	0.35
花果山中学	21	811	7	24.5	6	4.4
宁海中学	30	1880	7	10	1.5	0.8
南城中学	7	237	4	7	0.6	0.1
云台农场中学	7	228	2		0.3	0.2
南云台林场中学	6	216	2	3.5	0	0.2
合　计	205	9954	62	149.25	61.05	22.65

2005年新浦区各小学装备配置一览表

表28-13

学校名称	班级数（个）	学生数（人）	实验用房	理化生实验室	音美劳实验室	体育室
			现有（间）数	现有仪器设备价值（万元）	现有仪器设备价值（万元）	现有仪器设备价值（万元）
解放路小学	72	3739	10	4	9	1
建国路小学	32	1849	4	1	1.9	0.4
大庆路小学	18	990	5	1	1	3
幸福路小学	23	1122	4	5.8	2.5	1.8
海宁小学	33	1845	7	2	4	1
建宁小学	48	2775	10	2	2	1
新海小学	31	1444	8	3	4	0.5
通灌路小学	25	1387	7	6	3	1
公园小学	13	565	3	0.99	0.84	4.5
市东小学	14	721	0	0.1	0.6	0.2
浦东小学	9	360	3	1	0.5	0.2
向阳小学	12	524	2	0.2	0.9	0.2
南城小学	18	694	3	1	1.1	0.1
南云台林场小学	9	289	2	1	0.3	0.5
关里小学	62	1636	0	0.1	1	1
大村小学	34	1019	4	1.8	2	2.43
云台农场小学	9	452	1	0.45	0.15	0.3
宁海小学	17	830	2	0.2	0	1
合　计	479	22241	75	31.64	34.79	20.13

第九节　勤工俭学

解放前，普爱小学开办制冰厂、环球旅社，出租礼堂增加学校收入。

新中国成立后，各校均开展勤工俭学活动。1951年至1956年，各小学勤工俭学以自制教具、自修桌凳、自垫操场、十边栽种、饲养小动物等为主。1958年，贯彻“教育与生产劳动相结合”方针，中小学掀起勤工俭学高潮，有的小学组织高年级学生参加炼焦，供炼钢单位购用。1960年，双池小学组织学生办小木工厂，制作的饮料加工机，曾入选省技术革新成果展览会；市民路等小学学生收集废旧物资，增加学校收入；自己动手修理门窗，节约开支。1965年10月，同兴街小学在校史展览会上，展出勤工俭学活动中自制的风向仪、地球仪、蘸水笔杆、土油印机等，《新华日报》曾作报道。

20世纪60年代中期起，区内中、小学勤工俭学由一般手工劳动为主转向兴办企业。1966年11月，市初级工业职业学校（延安中学前身）筹建市区第一家校办纤维板厂。20世纪70年代，西巅小学办铸铅厂，云台中学开办石英粉厂，新浦中学、陇东中学、延安中学、浦东中学等也都有校办厂。

1983年2月，贯彻《全国中小学勤工俭学暂行工作条例》，全区中小学的校办厂、校办商店迅速发展。1984年，临洪中学开办春意综合商店，双池小学开办振兴综合商店。

1987 年 10 月，区文教局成立勤工俭学办公室，加强对勤工俭学的领导。

1990 年，陇东中学创办连云港市第一家以硅资源为主要原料的硅化工厂。1992 年，全区 28 所中小学有校办工厂 48 家、商店 16 家，普及率 95%。并通过招商引资，新办 1 个“三资”企业，合同利用外资 31.3 万美元，出口创汇 5 万美元，完成产值 1184 万元，利润 225 万元。年内，区文教局成立“新浦区文教经济发展公司”，对校办企业的经营发展、产品销售等进行规范化管理，禁止盲目“破墙开店”。1993 年 1 月 16 日，新浦区召开首届勤工俭学先进集体、先进个人表彰及企业承包人奖金兑现大会。1997 年，区教育局对各校办企业进行整顿，引入竞争机制。年内，基本完成全区校办企业的清产工作及试点企业—陇东电器厂的改制工作。次年，全区有 18 家校办企业分别采取售租结合、租赁和承包 3 种形式全面进行改制。当年，校办企业实现产值 4700 万元，利税 120 万元。2000 年，对 5 个校办企业进行二次改制，南极路印刷厂、同兴印刷厂、陇东房地产公司由租赁改为出售；建国路小学印刷厂、硅化工厂由承包改为租赁，服装厂改为承包。

2003 年 6 月 30 日，区企业改制办公室批准陇东中学校办企业连云港市硅化厂改制；关里小学被市教育局授予“农村校园经济示范学校”。2005 年 8 月 12 日，区教育局“勤工俭学办公室”改名为“教育装备与勤工俭学办公室”。

第十节　教育信息化工程

1996 年，新浦区启动教育信息化工程。全区有 15 所小学开设微机课，2 所小学拥有语音室、1 所小学建立卫星电视接收台；有 6 所中学开设微机课，3 所中学拥有语言室。

2000 年 1 月，新浦区电教中心通过省级验收。同年 5 月，区教育局成立现代教育技术考试领导小组。11 月，成立新浦区实施教育信息化工作领导小组。至当年底，区教育系统配有计算机 808 台、电视机 328 台、VCD 机 42 台、投影仪 501 台、录音机 478 台、摄像机 18 台、编辑机 4 台、语音室 9 个、校园电视台 8 个；有 1445 名在职教师通过省现代教育技术考试。

图 28-4　小学学生在学习计算机

2001 年，海宁中学通过信息化示范初中验收；全区有 76 名电教骨干参加师资培训；1263 名教师参加“信息技术与教育”培训；海宁中学、连海路小学各新建计算机房一口，共添置计算机 57 台；海宁中学购置 29 英寸彩色电视机 30 台；陇东、海宁、云台 3 所中学开辟校园网。

2002 年，解放路小学、幸福路小学、建宁小学、海宁小学、大庆路小学被评为市级教育信息化示范校；解放路小学被评为省现代化教育技术先进集体；海宁中学、海宁小学、建宁小学被评为市现代化教育技术先进集体。区内小学计算机普及率达 80%。各中学计算机普及率、“三机一幕”（电视机、收录机、投影仪、投影幕）进教室率均达 100%。

2003年,建成新浦区教育局机关局域网。

2005年,实施"校校通"(区内中小学均建立校园网络系统)工程,全区添置计算机772台,新增19口网络机房、13口多媒体教室。

第九章　教育督导

第一节　机　构

民国时期,国民政府设督学,又称督察员。

1955年,新海连市文教局设督学,新浦地区教育工作直接受其督导。

1992年初,区政府成立区教育督导室。

1993年3月,省教育学会成立督导专业委员会,区教育督导室派员参加会议,成为省教育学会督导专业委员会会员单位。

2000年,区教育督导室聘请4名兼职督学、1名特约督导员。

2001年11月20日,新浦区教育督导室更名为新浦区人民政府教育督导室,督导室由5人组成,承担"督政"和"督学"的双重任务。

2002年4月7日,新浦区人民政府教育督导室正式挂牌。督导室设主任、副主任、督导员。

第二节　督导检查

1955年起,新浦地区各中小学开展督导检查工作,均由市文教局督学负责。1960年后,由区文卫科抽调部分资历深、经验丰富的校长,对各中小学进行督导检查。

1972年,城区小学7个学区合并为建国路、通灌路、民主路3个学区,教育督导检查主要由学区中心校负责。

1986年,城区小学学区撤销后,区文教局机关和部分中小学校设调研员、视导员,参加督导检查工作。同年起,区文教局对各个中、小学校按统一标准进行检查验收。

1992年起,新浦区教育督导室制定出台《新浦区中小学校评估实施细则》,并逐年对区属中小学进行综合督导评估。1995年5月,区"两基"(基本普及九年制义务教育、基本扫除青壮年文盲)工作顺利通过省督导室代表省政府的验收。1996年,区督导室督促各校建立健全规章制度。1998年,区教育督导室重新制定《新浦区中小学校评估实施细则》,并于当年评估出优秀级学校2所。1999年,按市教育局的中小学定级标准给学校定级,对申报一级的学校从硬件添置、学校管理、资料积累和整理等方面进行全过程督促指导、检查验收。2000年,开展对课堂教学研究工作的督导;完成"两基"年审;对申报市一级学校的临洪、向阳、连海路、通灌路4所小学和陇东中学进行评估验收。

2001年11月,对区属小学进行综合督导评估,评估出优秀级学校7所、良好级学校9所。

2002 年 3 月，区督导室陪同市督导室领导对区内部分乡镇学校的体、卫、艺教育进行专项检查；10 月，陪同省人民政府教育督导团对新浦区“以县（区）为主”的教育体制改革的落实情况进行检查；11 月，配合市督导室对新浦区模范小学进行验收。至当年底，区教育督导室对区属中学进行综合督导评估。海宁中学、陇东中学达到优秀级，其余中学达到良好级。

2003 年，区教育督导室就农村义务教育“以县区为主”管理体制落实情况进行检查督导，使该管理体制在全区得到更好落实。

2004 年，对农村中小学的“六有”工程进行督导；参加由市督导室组织的对新浦区中小学公用经费检查；深入课堂调查了解，督促教师努力减轻学生课业负担，按照新课程要求实施教学。

2005 年，配合省政府教育督导团中小学公用经费检查组对新浦区中小学公用经费到位情况进行督察。年内，还下发《关于义务教育阶段控制学生辍学工作的督察通知》，着手建立立体式“控辍”工作网络。

第十章 新浦地区教育机构简介

第一节 高等教育机构简介

一、淮海工学院

淮海工学院创办于 1985 年，坐落于新浦苍梧路 59 号。学校紧靠国家 AAAA 及名胜风景区花果山景区。1993 年 6 月，淮海工学院经国务院学位委员会和国家教委批准增列为学士学位授予单位，1999 年 9 月，被中国教育工会评为全国教育系统“民主管理先进单位”，2003 年 9 月被评为江苏省“文明学校”，同年底获得省级 2001 ~ 2002 年度“文明单位”称号，被省委省政府表彰为全省“文明单位”标兵。2004 年 3 月，学校被全国绿化工作委员会表彰为“全国绿化模范单位”。经过二十年的建设和发展，淮海工学院已经成为江苏高校中一支有水平、有实力、有影响、有地位的生力军。

2005 年，学校占地 123.5 公顷，校舍 44 万平方米。全日制在校学生 15000 余人，教职工 1480 多人。学校设有机械工程、土木工程、电子工程、计算机科学、化学工程、食品工程、经济管理、中国语言文学、外国语言文学、数理科学、空间信息科学、法学、体育、大学外语等 14 个系部，和海洋学院、东港学院、继续教育学院 3 个二级学院。设有机械设计制造及其自动化、计算机科学与技术、测绘工程、化学工程与工艺、电子信息工程、土木工程、食品科学与工程、材料化学、生物工程、工商管理、会计学、汉语言文学、日语、英语、艺术设计、数学与应用数学、海洋技术、生物技术、水产养殖学、新闻学、法学、信息与计算科学、工业设计、通信工程、制药工程、财务管理、自动化、工程管理、环境工程、过程装备与控制工程、海洋管理、国际经济贸易、地理信息系统和市场营销 34 个本科专业，专业门类覆盖了工学、管理学、文学、理学、农学、法学、经济学 7 大学科。教学科研仪器价值 7400 万元。“海洋生物技术实验室”被列为江苏省重点建设实验室，工程训练中心等 3 个基础实验室被列为财政部中央与地方共建高校基础实验室；和连云港市科技局共建了“连云港现代设计与制造工程中心”“连云港海洋生物技术工程中心”，和江苏康缘药业股份有限公司共建了“康淮海洋药物研究所”。学校与东南大学、赣榆县人民政府和榆城集团等单位签订了产学研合作协议。学校图书馆藏书73万册,中外文期刊1100余种,建成了清华大学中国学术期刊镜像站、江苏省高等教育数字化图书馆——海洋与核能文献服务项目中心,拥有万方、VIP、EBSCO、Springerlink等数据库系统,广大师生可以在校园网上快捷地查阅上万种电子期刊。《淮海工学院学报》是江苏省一级期刊、华东地区优秀期刊,进入江苏省优秀期刊方阵。

学校拥有一支业务素质较高、具有奉献精神的教师队伍。在780多名专任教师中,320多位教师具有教授、副教授职称,420多位教师具有博士、硕士学位,20位教师被其他高校聘为兼职博士生导师和硕士生导师。学院重视对外交流与合作,坚持每年选派中青年教师出国深造,参加国际学术交流活动,并邀请美、加、英、新、日等国文教专家来校讲学任教。学院目前已与澳大利亚佛林德斯大学、科廷理工大学、高登理工学院;英国格莱摩根大学;新西兰维特利亚国立理工学院、东方理工学院;俄罗斯陶里亚蒂国立大学、圣彼得堡国立海洋技术大学;日本关西国际大学;韩国大佛大学等20多所高校建立了友好合作关系,并与6所外国高校签署了科研与教育友好合作协议。

学校一直把提高教学质量视为办学的生命线,切实加强教学管理,全面推进素质教育。建校20来,淮海工学院坚持"立足连云港,服务江苏,辐射全国"的办学宗旨,向社会输送了两万多名合格的本、专科毕业生。其中相当一部分人已成为单位的业务骨干,有的已经走上领导岗位。

二、连云港职业技术学院

连云港职业技术学院前身是1983年3月建立的连云港职业大学。1999年7月,经国家教育部批准,由原连云港职业大学、连云港市职工大学、连云港市职业技术教育中心等3所学校合并,成立连云港职业技术学院。学院是由江苏省政府领导和管理,实现省市共建的综合性全日制普通高等学校。

该校坐落于新浦苍梧路51号,分南、北两个校区,占地31.7公顷。学校建筑总面积为20余万平方米。

学院有教职工521余人。其中副教授、高级工程师、讲师、工程师等中、高级职称教师250余人。教学科研设施较为先进,已建成40余个基础、专业实验室和现代化的计算机中心、电教室、语音室等,拥有各种主要仪器设备3500多台套。图书馆藏书38万册,有国内外期刊1000余种。

学院设有国际交流合作学院、机电工程学院、信息工程学院、商学院、成人教育学院等5个二级学院及公共管理系、艺术与旅游系、建筑工程系、化学工程系、外语系、基础课部、政教部等11个系部,开设40余个专业,涉及机电、化工、建筑、信息、管理、经贸、应用艺术、旅游、农业、商务、外语、技术领域和职业领域。2005南,在校学生5550人。

学院不断深化教学改革,强化实验教学,注重学生的计算机应用、外语应用和实践动手能力的培养,形成自己的办学特色。先后有数十项教学、科研成果获国家、省、市表彰、奖励。

三、连云港广播电视大学

连云港广播电视大学创建于1979年,是一所以现代远程开放教育为主,高等职业教育、成人继续教育协调发展的新型地方高等学校,是连云港市现代远程教育中心,行政上归属市政府领导。学校实行分级办学、分级管理的办学体制,上承中央电大和江苏电大的业务指导和管理,下辖东海、灌云、灌南、赣榆4所县级分校,构成覆盖连云港市所有区县和主要行业的远程教育网络。

学校坐落于新浦苍梧路39号。学校本部占地8公顷,校舍3.5万平方米。学校有教职工141人,其中专职教师89人。另在连云区墟沟地区设东校区。教师结构和学科建设梯队合理,各类专业技术人员中,中高级职称的占专职教师比例85%。建校以来,先后开设理工、文法、财经等科类40余个专业。为港城培养应用型人才6万余人。同时,开发实施各种非学历职业技能培训20多万人次。2005年,各类本专科在校生8000人。

学校注重现代远程教育的设施建设,拥有功能齐全的计算机校园网、卫星VBI/IP数据广播接收系统、双向视频远程教学系统,安装使用了基于计算机网络的教学平台、教务平台和办公管理平台,重点建设了视听阅览、电子商务、电工电子、汽车维修、计算机网络等教学实验实训基地,已形成"天网地网融合、三级平台互动"的学习支持服务体系和现代远程教育和中、高等职业教育体系。

学校坚持以开放教育为主体,开放教育和高职教育协调发展,提高教育教学质量。为全国电化教育工作先进单位、省电大"信得过考点""考试工作先进集体"和"全省电大思想政治工作先进集体"、中央电大"四星级"考点。2005年5月,顺利通过教育部"中央电大人才培养模式改革和开放教育试点项目"总结性评估。

四、连云港师范高等专科学校

连云港师范高等专科学校坐落于新浦苍梧路。前身最初为1914年创办的"江苏省立第八师范"。1953年,学校定名为"江苏省东海师范"。1959年学校更名为"江苏省海州师范学校"。1978年起,学校由中等师范教育阶段进入高专教育初级阶段。当年,学校函授部独立,建成"连云港市教师进修学校",于1983年经省政府批准定名为"连云港教育学院"。2000年3月,经教育部批准,由连云港教育学院、海州师范学校与连云港师范学校合并组建连云港师范高等专科学校(简称连云港师专)。2003年6月,连云港市经济管理干部学校并入。

至2005年,学校拥有11个院系、1个现代教育技术中心,17个师范专业和10个非师范专业,全日制在校专科生近5000人。学校现有在编在岗教职工542人,其中有正高职称11名,副高职称98名。教师资格证书领取率99.46%。

学校坚持科研工作的有效激励机制,开展科研活动。至2005年,先后参与国家、省、市、校级研究课题257项。2004年,获市哲学社会科学优秀成果奖9项、连云港市第四届精神文明"五个一工程"优秀成果奖3项。学校现有200余人获得或在读博士、硕士学位,有24人获国家、省部级表彰,9人入选省"333"培养工程和省高校"青蓝工程",12人被评选为市"521工程"培养对象。毕业生的普通话平均达标率达99.85%,普通话测试站获"江苏省优秀普通话培训测试站"称号。毕业生就业率达95%以上。

连云港师专具有光荣革命传统和扎实严谨的校风。从这里走出了李超时、惠浴宇等老一辈革命家;走出了朱智贤、王玖兴、彦涵、陈吉余、刘一麟等国内外知名学者、专家、教授;走出了惠浴宇、陈伟达、武可久、李石青等一大批领导干部。学校注重培养人格、传授知识、培养技能。建校90多年来,为地方培养合格人才4万多名。一大批毕业生在教学实践中成长为教育专家、特级教师和优秀教育骨干。学校多次被评为省、市文明单位,先后荣获全国才艺教育工作先进单位、江苏省德育先进集体、江苏省教师培训工作先进单位、江苏省校园诗教先进集体等称号。

第二节 中等职业教育机构选介

一、江苏省连云港财经高等职业技术学校

江苏省连云港财经高等职业技术学校创建于1964年9月,时为连云港市市属中专学校。1982年1月,学校改由连云港市和江苏省财政厅双重领导、以省财政厅为主。1986年7月,经江苏省人民政府批准,学校改为江苏省财政厅直接领导的省属中专校。2004年5月,经江苏省教育厅批准,学校更名为"江苏省连云港财经高等职业技术学校",并增挂"江苏联合职业技术学院连云港财经分院"校牌,学校主要从事五年制高等职业技术教育(大专层次),同时招收三年制中专生。五年制高等职业技术教育设有会计电算化、电子商务、商务英语、市场营销、会计与审计、计算机应用技术、金融保险等专业。三年制中专设有会计电算化、市场营销、会计与审计、计算机应用技术、物业管理、电脑美术设计、文秘、摄影与广告设计、旅游与宾馆管理等专业。其中,会计电算化、计算机应用、会计与审计等专业是江苏省、连云港市示范性专业。

学校坐落于新浦区解放西路47号,占地面积12公顷,建筑面积7100平方米,拥有400台电子计算机、8个机房,建有多媒体教学系统、校园网络系统、电子阅览系统、校长评估系统,建有会计模拟实验室、税收模拟实验室、证券模拟实验室、电子商务模拟实验室、计算机硬件维护实验室等校内实训场所,并与社会组织共建了一批校外实训基地。学校还建有400米标准跑道田径运动场、各类体育场馆等运动设施,图书馆藏书18万余册。

学校现有119名教师。其中,大学本科毕业113人,具有研究生学位的4人,在读研究生28人;具有副教授、高级讲师任职资格的33人,讲师54人;专业教师76人,其中具有高级会计师、会计师、经济师、律师等非教师系列中级以上职称的"双师型"教师43人。学校面向江苏全省招生,现有在校生3164人,其中五年制大专生2060人。毕业生毕业后主要面向企业、事业、社会中介机构等单位从事会计、市场营销、计算机等专业,毕业生就业率为92%。

二、连云港经贸高等职业技术学校

连云港经贸高等职业技术学校创建于1986年,原称江苏省粮食技工学校,位于新浦区大庆西路。1999年,更名为"江苏省经贸高级技术学校"。2005年12月,升格为"江苏省连云港经贸高等职业技术学校"。

校园占地5.3公顷,校舍面积3.93万平方米。学校招收初中毕业生,学制5年,毕业获取大专文凭。学校有教职员工230余人,专任教师136人。其中高、中级职称84人。全日制在校生5000余人。

学校拥有现代化的校园网络、校内闭路电视系统,配有单片机实验室、电子CAD室、数控技术与加工中心实习室、电子电工实习室、车工实习室、钳工实习室、汽修实验室、服装制作室、烘焙实习室等。实习基地建筑面积7327平方米,有数控车床10余台、数控加工中心2台、C6140型车床50余台、电子设备400多台套、计算机700余台。有多媒体教室和电子图书阅览室。图书馆藏书8万余册,有各类报刊400余种。

学校设机电一体化、计算机网络技术、数控应用技术、汽车运用技术、应用电子技术、报关与国际货运6个高职专业,及模具制造与工艺、机电一体化、电脑广告设计、电子与信息技术、数控加工、商务会计、烘焙裱花艺术等20多个中职专业(工种)。通过普通(职业)中专、高职(大专)、高技等多种办学层次向社会输送技术人才。毕业生就业率达98%。

学校设有国家级职业技能鉴定所,经省劳动社会保障厅授权,面向社会对机电、粮食、计算机、电子电工4大类10多个专业,进行中级、高级职业技能鉴定。

学校先后被授予"江苏省德育工作先进学校""全国群众体育先进集体""江苏省教学管理示范学校""省重点示范专业学校""全国重点技工学校""国家级重点职业学校"等称号。2003年,通过国家重点技工学校质量管理体系认证。2005年,被确定为"江苏省高级技能人才培养示范基地"。

三、连云港中医药高等职业技术学校

连云港中医药高等职业技术学校坐落于新浦区海连东路38号。其前身为创建于1958年5月的市人民医院护士学校。1962年6月至1971年12月,一度停办。复校后改称江苏省连云港中药学校,同时从海州迁入现址。2004年,升格为连云港中医药高等职业技术学校。学校占地3.33万平方米,建筑面积1.03万平方米。校内有0.34万平方米植物标本园,种植药用植物400余种。

学校面向全省招生,开设中药、中药制药技术、药物制剂技术、药品经营与管理、药物分析技术、药学、药剂设备制造与维修、康复治疗技术、护理等9个五年制高职专业及护理、中药、制药技术3个中职专业。其中,高职中药和高职护理专业均为省级示范专业和省级课程改革专业实验点,高职中药还为省特色专业,高职护理为省品牌专业。学校相继与南京医科大学、苏州大学、扬州大学、南京中医药大学、北京中医药大学网络学院联合开设了护理、预防医学、临床医学、药剂、中药、中西医结合等专业成人专科、本科班。与新西兰、澳大利亚等国家有关院校建立了中外合作项目。学校有各类在校学生3000余人。

学校现有教职工近300人,其中专任教师234人,均为本科以上学历,其中硕士研究生65人,在读硕士53人,博士1人,教授、副教授50余人。学校教学设施先进、装备齐全,拥有藏书15万余册,800余种药用动植物标本。具有省级以上实训基地1个,校外专业实训基地80余个,拥有与制药企业生产一线同步的先进制剂设备40余台套,为学生实训、见习提供了良好的条件。

学校坚持以服务为宗旨、以就业为导向的办学思路,紧密依托云台山脉、海洋药用资源和本市医药产业,率先在省内采用"221"校院密切合作的人才培养模式,学生动手能力强,就业形势好,用人单位满意。历届毕业生就业率在98%以上,部分毕业生已成为中医药专业的专家、学者,绝大部分毕业生已成为我省医药卫生战线的骨干力量。

学校连续4年获全国"文明风采"竞赛"优秀组织奖"。被评为省课程改革A类实验学校、省职业教育与社会教育先进单位、省精神文明建设工作先进单位、省职业学校德育工作先进集体、省和谐校园、省平安校园、省语言文字规范化示范校、省红十字示范学校、省联合学院和谐校园、市校企合作先进集体等称号。

四、连云港市职业技术教育中心

连云港市职业技术教育中心(简称市职教中心),是一所国家重点职业学校,其前身为始建于1964年的连云港市初级农业职业学校,1969年迁址新浦。1971年4月,改为普通中学,更名为五七中学。1978年10月,改为连云港市第六中学,1980年更名为延安中学。1983年,延安中学加挂职业中学校牌,为江苏省重点职业中学。1986年，学校更名为连云港市延安职业中学(原校址:南极路213号)。2000年8月，学校划为市教委直属学校。2001年，学校迁址解放西路(原新海中学旧址)，更名为连云港市职业技术教育中心。2002年7月，连云港供销干部学校、连云港市化工中专并入市职教中心。

市职教中心占地面积约87000平方米，建筑面积58900多平方米。有110个教学班、教职工318人、在校生5700余名。学校拥有机电技术应用、电子技术应用、化学工艺、计算机应用技术、学前教育等骨干专业。其中，机电技术应用和电子技术应用两个专业在2005年被评为江苏省示范专业。学校建成机电实训中心、数控实训中心、电子电工实训中心、计算机信息实训中心、CAD工作室、PLC实验室等现代化实训基地，其中数控专业实训基地被认定为国家级紧缺技能型人才培养培训基地。学校创建的瑞奇顺机电有限责任公司，自主开发生产20余种机械产品，推进了“产、学、研”的结合和科技创新的开展，取得了良好的社会效益和经济效益。

至2005年年底，市职教中心先后被授予“连云港市模范学校”“连云港市十大名校”“江苏省德育先进单位”“江苏省文明单位”“江苏省教育科研先进集体”“江苏省职业教育先进集体”等称号。

五、连云港市高级技工学校

连云港市高级技工学校坐落于新浦区郁洲南路15号。前身系1978年9月建立的连云港建筑技工学校。1986年7月，连云港市建筑技工学校并入连云港建筑职工中等专业学校。2002年7月，连云港建筑职工中等专业学校与连云港市技工学校合并，成立连云港市高级技工学校。2003年，学校被评为江苏省重点技工学校。

至2005年年底，该校占地面积23489.1平方米，建筑总面积约15724平方米。有78个班级，154名教师，在校学生(学历教育)3537人。学校拥有固定资产总值2396万元，教学设备总值1326，实习、实验设备总计927套，总值1131万元。图书馆藏书142402册，报纸杂志1863册。

六、连云港市旅游学校

连云港市旅游学校(以下简称旅游学校)坐落于新浦区利民路26号。系由连云港市总工会干部学校和连云港市商业职工中等专业学校于2002年7月合并重组的一所新学校。该校占地面积40000平方米，建筑面积21000平方米。学校有35个教学班，教职工100余名，其中专任教师71名，在校大、中专学历教育的学生3500多名。

学校立足专业建设，根据市场需求培养适用性旅游事业人才，以酒店管理、旅游管理、烹饪等省、市级示范专业为主干专业，开设了旅游外语、航空服务、涉外礼仪、电子商务、计算机应用等主体专业。至2005年年底，在省、市技能大赛中，学校多次获得个人、团体一、二、三等奖。学校先后被授予“江苏省重点职业学校”“连云港市社会治安安全单位”“连云港市德育先进学校”“连云港市大中专院校双文明单位”等称号。

第三节　普通中等教育机构选介

一、新海高级中学

江苏省新海高级中学(简称新海高中)，前身系民国13年(1924)成立的新浦普爱平民义务学校。

民国37年(1948)12月,由东海县立初级中学、私立普爱中学和新民中学合并成立“山东省立新海中学”,1953年1月,更名为“江苏省新海中学”。2001年,江苏省新海中学高、初中分离,高中部和原连云港市新浦中学高中部合并成立“江苏省新海高级中学”。

该校坐落于新浦苍梧路58号。东依花果山,西傍东盐河,南毗市行政中心,北邻淮海工学院。校园占地188700平方米,校舍建筑面积达8万平方米,绿化面积达1.8万平方米,拥有2.1万平方米的教学楼群,120口标准教室,1.6万平方米的综合实验楼,1.6万平方米的图书馆,1.4万平方米的艺体馆,400米标准塑胶跑道和绿茵足球场。

该校为江苏省首批重点中学、江苏省首批四星级高中、江苏省首批办好的重点中学和国家级示范普通高中。

2005年,新海高中有80个教学班,学生4113人,教师263人,其中中学高级教师110人、中学一级教师79人、特级教师5人,享受国务院特殊津贴的教师1人。

二、连云港市海宁中学

连云港市海宁中学创办于1987年,坐落于新浦建设中路56号。2005年,学校占地面积36150多平方米,建筑面积14316多平方米,绿化面积近1万平方米。学校有独立的校园网络,有微机教室、多媒体教室、语音室、电子备课室、理化生实验室等。配有计算机150台,图书41443册,电子图书70册。学校有海宁、海宏2个现代化的校区。学校共有45个教学班,在校学生2543名,教职工145名,专任教师136名。其中,中高级教师83名,具有本科学历的94名。

自1999年以来,学校连续7年获得全市教学质量优秀奖。近几年来共获得80多项国家、省、市级表彰和奖励。先后被评为省教育现代化示范初中、省文明单位、省德育先进学校、省示范家长学校、市首批一级学校、市模范学校、市思想政治工作示范点、市教学质量与管理优秀校等。教师中被评为全国优秀教师1人、市首批名校长1人、英语教研组被评为市“优秀教师群体”。2004年,获得全国“三八红旗集体”殊荣。同时,被评为区首批名校;2005年,被评为全国示范家长学校。

三、连云港市新浦中学

连云港市新浦中学的前身是创建于1964年的陇东中学。2000年12月,学校被市教育局命名为连云港市重点中学。2001年8月,浦东中学并入陇东中学。2003年顺利转评为“江苏省二星级普通高中”。2004年,学校更用现名。学校占地面积5.04万平方米,建筑总面积1.66万平方米。学校建有先进的校园网,有多媒体教室3个,物理、化学实验室各3个,生物实验室2个,以及与之配套的仪器室、准备室等,有用于教育教学及管理的计算机200多台。各类教育教学设施设备齐全,学校图书馆为省二级图书馆,藏书近8万册。

2005年,学校有46个教学班,其中初中部22个班,高中部24个班。在校学生2400多人;教职工216人。教师中具有本科及以上学历占70%,其中高级教师35人,中学一级教师90人。

学校先后被省教育厅命名为“江苏省德育先进学校”“江苏省二星级学校”“江苏省现代教育技术实验学校”“江苏省教育技术装备先进集体”“江苏省中小学勤工俭学工作先进单位”;被市政府命名为“连云港市文明单位”“连云港市群众体育工作先进单位”;被市教育局评为“优秀基层党组织”“连云港市中小学常规教学管理达标学校”,连续3年被市爱委会评为“市级爱国卫生先进单位”等。

四、连云港市花果山中学

连云港市花果山中学始建于1969年,原为大村小学附设初中班。1972年独立建校,名为大村中学;1976年,迁到现花果山南路25号,更名为云台中学;1984年,更用现名。

学校占地面积18118平方米,建筑面积5375平方米,绿化面积2078平方米。有3幢教学楼,1幢实验楼、1幢办公楼以及1排平房宿舍。有双套物理、化学、生物实验室和仪器室,两个微机室。电视演播室、音像资料室、语音室、图书室、阅览室、音乐室、美术室、卫生室、体育器材室、多媒体教室等专用教室一应俱全;有图书22380册;活动区有足球场、篮球场、乒乓球活动室、300米环形跑道。1990年和1995年,先后通过市、省"实施九年义务教育"验收;1995年,被省授予"德育工作先进校"称号;1996年,被评为市"常规管理达标校";1997年,通过市体卫工作两个《条例》的验收和市教委"初级中等义务教育合格校"验收;1998年,被评为市"优秀家长学校";1999年,被评为市"一级学校";2000年,被评为市"优秀教师群体";2001年,被授予市"教育现代化工程示范初中校"称号;2005年,被评为市"绿色学校"。

五、连云港市云台中学

连云港市云台中学位于云台乡云善路21号,建校于1970年,时称灌云县云台中学。1983年,划归云台区。2001年,划入新浦区。

云台中学占地面积56162平方米,建筑面积12386平方米,绿化面积22465平方米。2005年,学校有24个教学班,学生1110余人(住校生736人),教职工108人(其中专任教师87人)。

1989年至2005年,云台中学一直保持连云港市文明单位称号,多次被评为江苏省文明单位;并先后获"省实施素质教育先进单位""连云港市社会治安综合治理先进单位""连云港市教师培训工作先进单位""连云港市改善办学条件先进单位""连云港市合格家长学校""连云港市安全文明校园""连云港市档案管理先进单位""连云港市体育工作先进单位"等称号,多次获得"市教学质量进步奖"。

六、新海实验中学

2001年初,连云港市实行"八校联动",将原江苏省新海中学初中部和连云港市新浦中学初中部合并,成立连云港市新海实验中学。学校坐落于新浦南极路南路43号。

新海实验中学有101个教学班,在校学生5000余名。有教职工310人,其中特级教师1人,全国优秀教师1人,中、高级教师约占50%。教师中获省、市教学基本功大赛一等奖80余人。

新海实验中学拥有计算机房8口,音乐专用教室4口,多媒体大教室6口,物理、化学、生物实验室8口。图书馆藏书近60000册,阅览室拥有各类报刊500余种。学校已建成两个图书阅览室,一个电子阅览室,一个音像资料库,一个教学软件库,并实现了网络化管理。每一口教室都安装了多媒体设备,90%的教师使用笔记本电脑进行教学,数字化校园已经建成。学校有一个10500平方米的全塑胶运动场。

新海实验中学坚持全面贯彻党的教育方针,培养学生的创新精神和实践能力,培育爱国敬业、勤奋严谨、崇尚和谐、追求卓越的优良校风,不断提高办学质量。至2005年,新海实验中学先后获得"全国数学奥林匹克实验学校""中国青少年读写大赛全国优秀组织奖"、省市"德育先进学校"、省"实施教育现代化工程示范初中"、国家级"巾帼示范岗"、市"精神文明单位""连云港首批名校"等称号。在连云港市教育局的中考评估中,年年排名市区第一,获得市"中学教学质量优秀奖"。学生在全国、省、市各类竞赛中获奖达700余人次,获奖人数居连云港市初级中学之首。

七、连云港师范高等专科学校附属中学

连云港师范高等专科学校附属中学(简称师专附中)前身系1978年10月建立的连云港市第八中学,1980年更名为站南中学,1984年划为新海区领导。1988年下半年,站南中学划归市教委领导,并更名为连云港教育学院附属中学。2000年3月,连云港市教育学院、连云港师范学校和海州师范学校三校合并成立连云港师范高等专科学校,同年6月,连云港教育学院附中改名为连云港市师范高等专科学校附属中学,同年8月,学校增挂连云港外国语学校校牌,形成一个学校两块牌子。2001年8月,师专附中与外国语学校分治,师专附中为独立学校,校址:新浦区海连东路24号。

师专附中占地面积11139平方米,有高、初中共6个年级,43个班级,在校学生3300多人。

从1995年至2004年,学校连续10年获得市"教学质量优秀奖"。

至2005年底,师专附中先后获得省"青少年科技教育特色学校""中学生国家安全教育实验学校""现代教育技术示范校""德育先进学校""教育技术装备工作先进集体""文明单位""常规管理达标校""德育先进校""文明单位"等称号。

八、连云港外国语学校

连云港外国语学校(简称外国语学校)坐落于新浦区龙河南路24号,于2000年6月在连云港师范高等专科学校附属中学增挂校牌,同年8月,独立建校,更名为连云港外国语学校。

外国语学校占地面积18667平方米,建筑面积16000平方米,拥有初、高中6个年级,29个教学班,在校学生1200多人。

外国语学校全面贯彻党的教育方针,全力推进教育教学改革,使学校成为具有鲜明特色的品牌学校。2000年至2004年,连续5年获得市"教学质量优秀奖"。

至2005年年底,外国语学校先后获得省"青少年科技教育特色学校""冬季三项百日锻炼活动先进学校""中学生国家安全教育实验学校""现代教育技术示范校""德育先进学校""教育技术装备工作先进集体""文明单位""常规管理达标校""德育先进校""文明单位"等称号。

第四节　初等教育机构选介

一、解放路小学

连云港市解放路小学始建于民国25年(1936),原名新龙镇初级小学,坐落于龙尾河以东原火车站东首。后曾多次更名为第九新民小学、新化镇小学。20世纪40年代初迁址于赣丰油饼公司厂址。新中国成立后为新海连市第二完全小学。1953年夏,定名为解放路小学。1978年4月14日,被定为江苏省14所重点小学之一。1981年3月20日,被确定为省实验小学。

2001年8月,解放路小学由解放中路迁入海连中路17号。学校占地40900平方米,建筑面积19900平方米。2005年,学校有教职工197人,其中市名校长1人,省特级教师、市名师1人,区名师3

人。中学高级教师1人,小中高教师2人,小学高级教师102名,占51.8%;本科以上学历教师69人,占35%,大专以上学历教师182人,占92.4%。全校73个教学班,在校学生3900余名。

学校以“双语教学”“儿童画教学”为突破口,全面开展素质教育。从1999年开始,开办双语教学实验班。学校在儿童画教学上已形成规模和特色,先后有千余名学生的作品在全国、省、市教育部门组织的儿童书画比赛中获奖。

学校坚持以教科研为先导,以研促教,以研兴校,致力于课程改革和教学模式的改革。有近30位青年教师在省、市教学基本功和优质课评比中获得一等奖,有几百篇论文在国家、省、市刊物上发表或评比中获奖。学校曾8次被评为省文明单位,是全国中小学现代化教育技术实验学校,省电化教学示范学校,省小学校长培训考察定点学校,省教科研实验基地,省素质教育先进单位,省爱国卫生先进星级单位,省红领巾手拉手助残先进集体,省小公民道德建设活动示范基地,省第四批绿色学校,省级体育传统学校,市、区首批名校,市艺术特色学校,市德育工作先进学校,市关心下一代工作先进集体,市首批课改实验工作先进集体。

二、建国路小学

建国路小学坐落在建国路150号。创建于民国13年(1924),始称私立普爱小学。1954年,更为现名。1961年,被确定为市重点小学。1986年,被市认定为首批办得好的中心校。至2005年,学校占地7800平方米,建筑面积5353平方米。全校32个教学班,1839名学生。教师84名,其中本科学历15人,占17.8%、专科学历41人,占48.8%、中师学历28人,占33.3%。学校教学设备齐全,图书38000余册,自然实验仪器36组,并配有音体美教学器材。

建国路小学是一所具有革命传统的市实验小学。学校坚持科学化、制度化、规范化、民主化的管理模式,以育人为本,走科研兴校之路。有近40篇课题相关论文在国家、省、市级论文竞赛中获奖;10余节课题研讨课在市级以上范围内交流并获奖;教师参编的德育校本教材获国家级二等奖;学校连续4年被中央教科所评为国家级“德育先进实验校”。

三、大村中心小学

大村中心小学始建于民国9年(1920),原名“灌云县立郁林乡大义小学校”。其后共12次易名,13次迁校址。1961年,改为连云港市大村中心小学。1984年,学校迁入现校址—花果山乡大村北路。2001年,云台区建制撤销,学校隶属花果山风景区。2005年,学校建制划归新浦区。学校有21个教学班,在校学生762名,教师61名。

学校占地面积16800平方米,建筑面积6860平方米,共有6幢教学办公楼,2幢多功能教室。另有仪器室、实验室、舞蹈室、音乐室、图书室、微机室、校史馆、多媒体室等。各类教学仪器设备价值31.35万元。

1994年,该校被评为省“教科研先进集体”。2000年,被定为江苏省实验小学。学校连续4年被评为“省文明单位”,连续3次被评为“省模范小学”。学校少先队大队被全国少工委授予“红旗大队”称号。学校还先后获全国群众体育工作先进单位、江苏省群众体育工作先进集体、省教科研先进单位、省优秀少年军校、省德育先进学校、市一级学校、市十佳校园、市德育先进学校等称号。

四、大庆路小学

连云港市大庆路小学创办于1989年,位于市区西部的西苑社区。2005年,学校有18个教学班,55名教师,987名学生。学校占地面积11163平方米,建筑面积5268.23平方米。为省级实验小学。

学校拥有多功能教室、实验室、仪器室、图书室、阅览室、美术室、音乐室、微机室、档案室、卫生室、鼓号室等多个专用教室。建有春芽电视台、闭路电视系统和电教信息中心,班班配齐三机一幕,各行政办公室计算机实现互联并接通市教育网,基本满足学校资源共享及信息技术教育的需要。

学校建有封闭式标准水泥操场,篮球、排球、联合运动器材一应俱全。校园环境秀丽,绿化面积达1759.94平方米。

学校先后被评为"连云港市十佳校园""江苏省文明单位""连云港市绿色学校""新浦区名校""连云港市常规管理优秀学校""连云港市红领巾示范校""江苏省现代教育技术实验校""连云港市教育现代化示范小学""连云港市德育先进校""江苏省贯彻两个条例优秀学校""市教育科研先进单位"等。

五、海宁小学

海宁小学始建于1985年,2005年7月迁入普庆路3号,与原连海路小学合并。合并后有40个教学班,在校学生2272人,在职教师122人。

学校占地14700平方米,生均占地6.5平方米;建筑面积达14021平方米,生均拥有面积6.1平方米。建有教学楼、综合楼、办公楼各一幢,铺设200米的南北向环形运动场,配置有符合《省实验学校标准》规定的多媒体学术报告厅、计算机网络专用教室、教师视听阅览、电子备课室等现代化教学设施,并融入计算机校校通工程,实现了Internet10兆光纤到讲台。

学校有127平方米的仪器室,配有符合省颁实验小学标准的24组实验器材;有149平方米的实验室,可供24组同学同时进行操作实验;图书室藏书33400册,生均14.7册;另有音乐室、美术室、舞蹈练功室等专用教室。

学校先后被评为"省实验小学""省素质教育先进学校""省现代教育技术示范学校""省巾帼文明岗""国家级美术教育培训基地""全国红旗大队""市常规管理先进校""市文明单位""市振兴阅读基地实验校""市全面育人先进学校"及"新浦区名校"等。

六、建宁小学

建宁小学始建于1994年,位于新浦区建宁路10号。学校占地面积19800平方米,建筑面积11443平方米,学校建有1个多功能厅和电脑室、语音室、3个省级标准化实验室、藏书4万多册的图书室、电子阅览室等20个专用教室和闭路电视系统、卫星地面接收站、千兆赫校园网络系统、体育馆、篮球场、田径运动场等设施。2005年,学校有48个教学班,1875名学生,124位教师。

学校先后被评为省绿色学校、省示范家长学校、省电化教学实验校、省实施素质教育先进学校、省标准化实验校、省现代化实验学校、省青少年科技教育先进单位、省全民健身先进单位、省消防试验校、省计算机多媒体实验基地、市文明单位、市教育现代化示范学校、市爱国卫生先进单位、市卫生达标单位、市少先队红旗大队、市绿色学校、市德育先进学校、市现代化教育技术工作先进集体、新浦区名校。

七、幸福路小学

幸福路小学始建于1972年，位于大庆西路29号。原为临洪滩小学二部，1973年9月，正式定名为幸福路小学。

学校占地面积12000平方米，建筑面积5842平方米，绿化面积1450平方米。2005年，全校有24个教学班，1115名学生，66名教师。

学校现代化教学设施配备较为齐全，有语音室、微机室、音乐室、仪器室、实验室、多媒体教室、图书室、阅览室、课件制作室、演播室、体育器材室、卫生室等专用室，另有校园广播系统、闭路电视系统、网络系统。

学校全面实施素质教育，努力实现教育现代化、管理科学化。1998年9月起，参与教育部重点课题“科学教育，开发儿童少年潜能”的子课题“科学认读，开发儿童潜能”的实验，获得教育部“发展语言及思维研究”实验先进单位称号。学校先后被评为省科技教育特色学校、省实验小学、省现代教育技术实验学校、市文明单位、市一级学校、市党建先进集体、市优秀教师群体、市模范教工之家、市教科研先进集体、市实验小学、市教育现代化示范学校、市德育先进校、市特色学校、市爱国卫生先进单位、市绿色学校。

八、南城中心小学

连云港市南城中心小学前身为民国元年(1912)杨钧(字子平)创办的开明学堂，校址设在城内观音堂内。民国3年(1914)更名为“灌云县代用高等小学”，同年改称“灌云县第五高等小学”。民国13年(1924)更名为“灌云县公立第二完全小学校”。民国18年(1929)更名为“灌云县苍梧小学”；同年6月，改为“灌云县苍梧中心小学”。民国19年(1930)改为“灌云县苍梧区实验小学”。民国24年(1935)更名为“连云市立南城小学”。民国35年(1946)改称“连云市南城中心国民学校”。解放后属灌云县辖，1983年划归云台区。1984年，市教育局批准为中心小学。2001年，连云港市区划调整，南城小学划归新浦区。

南城小学坐落于新浦区南城镇新大街79号。学校占地面积11904平方米，建筑面积3959平方米，拥有电脑室、实验室、音乐室、体育器材室、图书馆等专用室。学校有18个班级，208名在校生，在编教师52人。

南城小学历史悠久，先后为国家培养出大批人才。联合国外交官杨天全、国际篮球高级教练员武心慈等均为该校优秀学子。至2005年，学校先后被评为省金钥匙先进单位、市爱国卫生先进单位、区综合治理先进单位、区德育工作先进单位等，并先后获得区教育质量优秀奖、全国“龙人杯”少儿书画大赛集体二等、全国先进作文教学单位奖等奖项。

九、连云港师范高等专科学校第一附属小学

连云港师范高等专科学校第一附属小学(简称师专一附小)坐落于新浦区龙河北路124号。1987年建校，学校占地面积12623平方米，建筑面积11098平方米。现有60个教学班，学生3500名，教职工152名，其中特级教师2人，中学高级教师3人，小学高级教师74名，本科学历71人、大专学历68人。

师专一附小全面贯彻党的教育方针，坚持“一切为了孩子的成长”理念和“培育有竞争力的现代中国人”的育人理念，实施“以质量充实内涵、以改革促进发展、以特色打造品牌”的三大战略，积极实施课程改革，全面推进素质教育，走出一条“课堂研究化、课改课题化、评价操作化、课程校本化”的课改特色

之路，有效地发挥了实验、示范和辐射功能。

至2005年底，师专一附小先后获得全国雏鹰红旗大队、省模范学校、省德育先进校、省教科研先进集体、省群众体育先进学校、省优秀家长学校、市文明单位、市一级学校、市首批课改实验特色校等40多项荣誉称号。

十、连云港师范高等专科学校第三附属小学

连云港师范高等专科学校第三附属小学（简称师专三附小）坐落于新浦区巨龙路22号。其前身系新浦农场场办刘戆小学。1991年7月，划归新浦区管理。1998年7月，划归市教委管理后，初为师专一附小学东校区。2003年8月，改设为连云港师范高等专科学校第三附属小学。

师专三附小占地面积11500平方米，建筑面积4622平方米，有22个教学班，教职工59人，学生1260人。学校有图书室、仪器室、电脑室、音乐教室、多功能教室、卫生室、档案室、广播室等专用教室。

至2005年年底，师专三附小被评为"教育部'生本教育的理论与实践'实验基地""区文明单位""市实验小学""市艺术教育特色学校""市依法治校示范校"等。

第五节　幼儿教育机构选介

一、连云港市机关幼儿园

连云港市机关幼儿园的前身为1952年建立的新海连市机关托儿所。1974年，更名为连云港市机关幼儿园（简称机关幼儿园）。机关幼儿园本部坐落于新浦市民路36号，玉带分园设立在海昌南路玉带新村内。幼儿园占地面积4560平方米，建筑面积4188平方米。设有21个班，在园幼儿近800名，教职工78名。有设备先进的图书室、科发室、电脑室、钢琴房、美工室、练功房、多功能游戏室等；有大中型运动器具、玩沙池、动植物角等，并配有电视、钢琴、幻灯机、空调、暖气等。

1984年，机关幼儿园在全市率先开办全托班，实行婴幼一体化教育；1986年，成为"连云港市幼教对外开放窗口"，多次接待国内幼教同行、领导观摩视察及国外友人访问；1988年，被评为连云港市一类幼儿园和江苏省"执行《规程》试点园"。同年与日本堺市中央幼稚园缔结"友好姊妹园"。2002年，与加拿大某教育机构合作创办"中—加快乐母语国际班"；2003年，与市歌舞剧院联手打造"连云港市歌舞剧院幼儿艺术团"；2004年，开办玉带分园。同年，被评为新浦区第二批名幼儿园。

至2005年，机关幼儿园先后被评为江苏省示范性实验幼儿园、江苏省现代化学校、中国西部地区教育顾问单位、江苏省"小公民道德建设"活动示范基地、连云港市文明单位、市爱国卫生先进单位九连冠等，获全国基本体操表演大会二等奖等一系列奖励。

二、连云港市六一幼儿园

该园始建于1956年，位于新浦民族路1号，是新浦地区最早的公办幼儿园之一。初期占地面积1466.67平方米，有普通平房教室6间，办公室3间、储藏室、传达室各1间。

1982年，改善办学条件拆除旧教室12间，建800平方米、局部3层得教学楼1幢。当年，被评为省

示范性实验幼儿园。1988 年,被定为市一类幼儿园。

1993 年,相邻的浦东中学搬迁,部分教学用地及教室 120 平方米归该园使用。1995 年,先后建成配套教学楼 1582 平方米、厨房 130 平方米。1997 年 7 月,被评定为省示范性实验幼儿园。

2000 年,该幼儿园再次扩大规模至 12 个班,并自筹资金征用东墙外原市手帕厂厂址。幼儿园占地面积扩大至 4544 平方米,建筑面积 3546 平方米。

2004 年,被评为新浦区第二批名幼儿园。

至 2005 年年末,该园开办万润分园和连云分园。全园共 19 个班,入园儿童 680 人。园内教师中中共党员占 30%,大学本科学历的占 61%,大学专科学历占 27%,小学高级职称占 80%;省、市先进工作者 15 名,省骨干教师 5 名,市幼教新秀 7 名,区学科带头人 3 名。

三、连云港市商业幼儿园

连云港市商业幼儿园坐落于新浦区市场路 30 号。前身为 1957 年市商业局创办的连云港市财贸幼儿园。1965 年更名为连云港市商业幼儿园(简称商业幼儿园)。

商业幼儿园设总部和兴业分园两个部分。占地面积 2209 平方米,建筑面积 3119 平方米,绿化面积 1106 平方米。全园有 23 个班,幼儿千余名,教职工 112 名。

商业幼儿园为连云港市一类幼儿园、省示范幼儿园。并先后荣获市“幼教工作先进集体”“卫生 A 级”单位“幼儿教育先进集体”“民办教育先进集体”“文明单位”贸易系统“双文明单位”等称号。

2005 年,商业幼儿园进行机构改革,由公办事业单位转为民营幼儿园。

四、连云港市钟声幼教机构

连云港市钟声幼儿园始建于 1958 年,为公办幼儿园,只招收教职工子女。1963 年,招生对象扩大到区卫生院职工子女。1994 年 5 月,从原址(市化路)迁到现址吉祥路 18 号,原新生小学院内。1996 年重建。1999 年,被评为江苏省示范性实验幼儿园。

2003 年,被评为新浦区首批名幼儿园。

2005 年 5 月,该园进行体制改革,由公办转为民营,组建成为“钟声幼教机构”。是江苏省最大的幼儿教育机构之一。至当年底,拥有钟声幼儿园、钟声核电国际幼儿园、钟声亲亲宝贝园、钟声艺术幼儿园等 4 处园所。逐步形成了 1.5~6 岁全日制、寄宿制、小时制有机衔接的托幼一体化办园格局,共有 48 个班,入园儿童近 2000 人。成为连云港市幼教对外开放的窗口。

五、连云港市海韵艺术幼儿园

连云港市海韵艺术幼儿园创办于 1996 年,为民办幼儿园。园址位于新浦海宁小区。幼儿园建筑面积 2200 平方米,户外活动场地 2500 平方米。环境优美,设施先进。

海韵艺术幼儿园保教质量不断提高。1998 年 5 月,被评为区先进幼儿园。1999 年 10 月,被评为市一类园。2000 年 12 月,被评为区文明单位。2001 年 6 月,被评为省示范性幼儿园。同年 11 月,成为中央人民广播电台少儿部“小喇叭”英语教育实验基地。2003 年,被确定为“江苏省小公民道德建设实验示范基地”。

2005 年,该园有 11 个班级,入园儿童 360 人。当年被评为“连云港市先进民办学校”。

第二十九编 文 化

新浦区文化活动源远流长，唐、宋以降，伴随宗教活动的兴起，民间演奏、表演等地方文化活动日渐活跃。海上仙山云台山，引来众多文人墨客，在此留下诸多佳文名刻。唐僧取经等民间传说，在民间广泛流传。

新浦渐成商埠后，古海州的文化活动涌入新浦。20 世纪 20～30 年代，随着资本主义工商业的兴起，书店、剧院、影院相继在新浦出现。《东海民报》《连云报》《飞轮》等报纸杂志先后在新浦创刊。说书、唱大鼓词、唱小戏、玩木偶戏的活跃于街头巷尾，民间文化活动更加活跃。新浦已成为古海州地区新兴的文化活动中心。

民国 26 年(1937)新浦地区遭日本飞机轰炸，南云台山上的三元宫庙宇群及新浦的庙宇、剧场、报社等文化场所遭到破坏。日军侵占后社会动荡不安，地方传统文化饱受摧残。

解放后，人民政府组织城乡居民开展文化活动。秧歌、腰鼓等民间舞蹈传入新浦地区，更活跃了群众文化生活。1949 年 1 月 29 日，中共新海连特委宣传部在新浦举办解放后第一个春节文艺演出——春节大团拜。

20 世纪 50 年代中期起，新海连市文工团、搬运公司业余剧团、新浦店员公会业余剧团、龙尾区业余剧团、盐河区业余剧团、新浦京剧组等文艺团队相继成立。海州五大宫调开始传入新浦。城乡文化活动空前活跃。工人文化宫建成开放，《新海连市报》在新浦创刊，市广播电台建成开播，新浦地区的文化事业进入繁荣昌盛时期。

“文化大革命”时期，新浦地区传统文化受到严重冲击，群众文化生活十分贫乏、单调。“样板戏”“忠字舞”“语录歌”成为其间盛行的文化活动内容。

中共十一届三中全会以后，新浦地区的文化事业迎来了百花争艳的春天。各种传统的民间文艺活动迅速恢复、发展；各类文艺创作活动广泛展开，果实累累；各类文物重新得到保护；文化活动场所、设施遍及城乡；群众性文艺演出活动、广场文化活动、乡镇、街道、企事业单位文化活动、学校文化活动、社区文化活动、专题文化艺术节持续、广泛开展；新闻出版、图书档案、广播电视、电影戏剧蓬勃发展。20 世纪 90 年代中后期起，城区各单位开展“文化下乡”活动，各级政府建设社会主义新农村工程的实施，加快了农村文化事业的发展。各乡镇、村先后建起图书室、文化活动室。农民家家看上了电视，城乡居民文化生活更加丰富多彩。

第一章 群众文化活动

第一节 传统节庆活动

一、烧香会

域内云台山地区自古有正月十五朝云台习俗，即每年农历正月十五，天官诞辰日到云台山上三元宫给三元大帝进香。进香活动声势浩大，各地组织烧香会，伴以旌旗、锣鼓、乐队和各种民间表演队，鼓乐齐鸣，边演边进。后来，这种烧香会变成了各地民间艺术表演组织。参加进香活动，俗称“出会”，“出会”也成了各队展示才艺的机会。故各地对此都十分重视。

解放前，新浦的烧香会最多时达18个，大多为商界各同业公会出面组织。各烧香会除每年农历正月十五“朝云台”外，清明节南城城隍庙会时，也多统一出动。新浦各烧香会队伍长达一二里路。另外，农历正月初五财神日、三月二十三天后—妈祖娘娘诞辰日等，烧香会也会出会。烧香会出会时，都组织抬阁、龙灯、狮灯、花船、花挑、高跷等表演队，配有锣鼓棚。

解放后，民间烧香会停止活动。

二、元宵灯会

解放前，每年元宵节晚上，城乡特别是新浦城区及南城镇各家门前都挂出金鱼、白果、宫灯等造型各异的花灯。各大商店门前则展出鳌灯、嫦娥奔月灯之类的大型花灯，争奇斗艳。男女老少涌向街头观灯。观灯者也多手提各种花、鸟、虫、鱼造型的小花灯。各镇和商会更制作龙灯、狮子灯、抬阁等大型花灯以及花船、高跷等参与活动。

解放后，除“文化大革命”时期外，每年元宵节均盛行玩花灯，而且渐由民间自发活动转为政府有组织的活动。1984年元宵节，区政府组织的元宵灯会为有史以来规模最大一次灯会，出动龙灯10多条，100多辆汽车装载飞机、火箭及各种人物、动物造型的大型花灯，伴以花船、花挑、高跷等，分成8个大队，从临洪广场出发沿解放路、民主路、海连路等沿街向观众展示。

图29-1 1984年大型元宵灯会盛况

1992年2月13日，区政府在新浦公园举办大型元宵灯会，发动新浦地区工、商企业和机关制作各类花灯1000余盏。灯会历时10天，观众达10余万人次。

2001年2月7日（农历正月十五），市区有关部门联合在新浦区举办“港城拥抱新世纪”大型花车巡游。

2002年2月26日(农历正月十五)晚,新浦举行"世纪港城万马奔腾"花灯巡游表演,20个单位,出动20辆精制花车,近2000人参加巡游表演,沿街观众达10余万人。

2005年,区文化部门在陇海步行街凤凰广场举办闹元宵大联欢,开展舞龙灯、猜谜语等多种活动,活跃居民文化生活。

三、庙会

【三元宫庙会】　昔时,每年正月十五在花果山三元宫举办朝山进香庙会。庙会当天,为三元大帝中天官诞辰日。民国初至抗战前,三元宫庙会十分热闹。淮、盐、涟、泗等地的盐商大贾们,正月初一早发过五更纸,便扛旗打伞、鸣锣敲鼓、燃放鞭炮,往云台山赶来。人们全靠步行,即使有车马亦不可乘坐,否则便认为是欺神,心不诚。进香人赶在元宵节前到达三元宫,庙上有僧人负责招待。当时在山上支有7~8口24印大锅,昼夜不停地蒸米饭、蒸馒头供进香人食用。元宵节前一天,香客基本到齐,三元宫四周漫山遍岭,幡盖如云。三元宫正殿前的大铁香炉里,檀香成堆、烟火缭绕。殿内的僧众击鼓鸣钟,闭目诵经。整个花果山沉浸在佛光普照之中。进香人用香火拜神求愿,用演唱舞蹈娱神乐仙,俗称"香火戏"。抗日战争爆发后,日军轰炸三元宫,庙宇被毁,庙会此后亦不复存在。

【南城城隍庙庙会】　每年清明节在城隍庙举办庙会(又叫城隍庙香火会、清明庙会)。庙会早在每年二月初二就拉开序幕。这天,"活神老爷"(有的称"行坛")坐在轿中,由二人抬着,"马痞"在前打路,即检查沿街道路是否平畅干净,遇有不坦不净之处,令其附近沿街居民整平路面,打扫干净,俗称"打路",每隔数天均"打路"一次。临近清明节前几天,则天天"打路"。

清明庙会由其组织者即为会头负责安排组织各种活动,有的分工组织排练,如锣鼓棚、踩高跷、抬阁、花桃、花船等。有的组织马痞、进香队、磕倒头等。赶庙会的大多是各地曾在此庙"许愿"前来"还愿"之人,也有随时加入的。

清明前两天,在庙门外两侧搭建"辕门",在庙内搭起彩色天蓬。清明前一天,将城隍的木雕神像(行坛)由中殿抬至前殿,开光后,穿上官服,叫"升堂"。鸣炮3响,奏乐,供奉"样席"(海参全席),马痞扎锥,善男信女表演节目。清明当天,城隍"出巡赈济",乘坐一顶绿"显轿",八抬八扶。城隍出巡赈灾按清制一品侯爵执事,因南城城隍老爷级别较高,出巡享受半朝銮驾待遇。庙会上,各"锣鼓棚"演奏班子的棚顶上均竖起棚主或团体的商号名称。棚内齐奏《梅花三弄》《步步高》等乐曲。其他民间文娱队伍演出《唐僧取经》《八仙过海》《十八叫花朝南海》《小放牛》《采茶扑蝶》等节目,花船、花桃也各显其能。庙会的公用费用皆从"还愿"人和"善男信女"的"香火钱"中支出。庙会当天,南城镇人山人海,酒楼、菜馆、面食店顾客爆满。临时搭建的饭店也座无虚席。

图29-2　南城城隍庙庙会一角

新中国成立后，南城城隍庙会逐渐由单纯烧香还愿活动，转向烧香敬神与商贸活动相结合的民间庙会，至今未断，促进了南城地区的物资交流活动。

第二节 民间舞蹈

一、花船舞

图 29－3 “三人花船”在表演

花船舞俗称“玩花船”、“撑旱船”。在新浦城乡是一项历史较长、深受群众欢迎的文娱活动。花船多为用竹木制成船形框架，以彩纸、金纸糊裹，用布将船体围起，围布上画上波浪，俗称“走水子”。玩花船一般为一男一女，女的在船内，扮作新娘，俗称“花船瓢子”；撑船艄公为小丑打扮，多由男子扮演，手持一根粘满“花朵”的长竹瓣，以作船篙。表演时配以锣鼓、胡琴伴奏。表演时，艄公与“花船瓢子”对话、对唱。20 世纪 50 年代，新浦以刘步仁为首的花船、花挑、花车队活跃于街头巷尾。70 年代、80 年代，临洪街道的花船、花挑队表演最为活跃。1982 年，在全市民间舞蹈会演中，临洪街道的双人花船表演节目获一等奖。20 世纪 90 年代后，花船不仅是节日娱乐活动内容，已成为群众日常文艺活动之一。2005 年，新浦地区有花船 20 多只，从艺人员达 50～60 人。“花船瓢子”有 1 人的，亦有 2 人、3 人的，也有女子扮演撑船艄公的。

二、花挑舞

花挑自清代传入新浦，活动时一人肩挑扎制的花篮，一人手持扇子，一边舞蹈、一边演唱民间小调，进行宣传。花挑多与花船相互配合进行表演活动。现时，在重大节日、活动或民间艺术展演中多有花挑表演。

三、莲湘舞

莲湘舞俗称打寻皇鞭子、打花棍、打金钱棍。解放前，多为穷人沿街乞讨的一种演唱形式。演唱者以一根竹竿，在节间凿成方洞，每洞内串装 4 枚铜钱，即为“寻皇鞭”。演唱时，按一定步伐、节奏扭动身躯，唱着小调，同时，有规律地用寻皇鞭敲击自己的肩、肘、腕、膝、脚等部位，向人讨钱物。

解放后，莲湘舞演变为民间一种娱乐形式。由过去一两人演唱，变成群体性表演。不少学校和街道成立莲湘舞队，浦西街道一些居委会的湘莲舞队更是别具特色。1989 年秋，全区中小学生比赛中，即有湘莲舞节目，数十名儿童身着一式服装，手持一式寻皇鞭，配着音乐集体表演，蔚为壮观。20 世纪 90 年代起，此种表演渐止。

四、秧歌舞

秧歌舞，俗称“扭秧歌”，为新浦解放时由解放军带进的一种载歌载舞、男女老幼均能参与的表演形式。随后，秧歌舞逐渐普及。

1954 年至 1966 年，每年全市举行业余文艺汇演时，新浦区都有秧歌队参加汇演。同时，节庆假日都有秧歌队在街头活动。

“文化大革命”期间，各单位都建有“毛泽东思想宣传队”，秧歌是主要宣传形式之一。

中共十一届三中全会后，各街道、乡镇利用秧歌表演宣传改革开放、计划生育等。城乡出现多支老人秧歌队。

20 世纪 80 年代后期起，大型秧歌队和表演活动渐少。秧歌舞逐渐演变成为群众早、晚锻炼身体的主要形式之一。

2002 年 1 月 18 ~ 20 日，在苏州举办的全国首届秧歌比赛中，新浦区代表队获第二名。

2004 年 5 月 8 日，受市体育局委派，新浦区文化局组织基层社区文体骨干组成新浦区健身秧歌队，代表连云港市参加由国家体育总局在徐州举行的 2004 年“妇幼保健杯”全国健身秧歌大赛，分别获得中年组规定套路和自选套路二等奖，为连云港市赢得了荣誉。

五、高跷舞

高跷舞，俗称“踩高跷”。表演者在双脚下绑有一副俗称“高跷子”的木棍。高跷子高矮视表演者技能而定，一般 40 ~ 50 厘米高，演技精的可高达 1 米左右。解放前，新浦民间踩高跷多伴随灯会进行。解放后，民间常以此形式在街头表演一些活报剧，宣传时事、政策。20 世纪 80 年代后，此活动渐少。

六、舞龙灯

图 29－4　舞龙

舞龙灯俗称“耍龙”。自古以来在南城、新浦一带盛行，每年春节、元宵节必有龙灯上街表演。龙灯多为当地民间艺人扎制。龙头制作精巧，两眼和口中均有灯光闪亮。龙身一般 10 多节，每节中也有灯光。这些灯光装置特殊，插在上边的蜡烛，可随时保持正常状态，不受舞动影响。表演时，有一人举着“龙珠”在前引导。龙灯舞以锣鼓伴奏，传统舞式有叠罗汉、翘荷花、舞四门等。旧时，耍龙的沿街走动时，一些商店会放鞭表示欢迎。这时，舞龙人必在此表演一番以示感谢，俗称“龙打招”。现时，在春节、元宵节和重大庆祝活动时仍有舞龙表演助兴。

七、狮子舞

狮子舞，俗称“玩狮子”。历来是新浦城乡居民喜欢的表演形式。每逢重大节日、喜庆场合均会有狮子舞出现。两表演者身穿缀有“狮毛”的套裤和狮爪鞋，一人头套狮头在前，另一人钻进布制狮身，两人配合饰演一大狮，模仿狮子的动作起舞。另有一人饰演小狮，或依偎大狮或独自玩耍；有一人扮演武士或小童，手持绣球引导狮子跃、扑、翻、滚，称“狮子盘绣球”。也有两只大狮相互配合舞蹈的。

图 29－5　狮子舞

八、跑驴

跑驴，又称“跑驴戏”“骑毛驴”“跑驴子”。是新浦城乡居民较为喜闻乐见的一种民间舞蹈。跑驴一般由两人表演，一人扮骑驴妇女，另一人扮赶驴男子。赶驴表演多以新婚媳妇回娘家为由头进行表演。表演时演唱一些地方小调。

跑驴表演的道具、表演形式和内容相对比较简单。“跑驴”的道具主要是扎裱的“小毛驴”。扮演骑驴的为女扮旦角，赶驴人为男扮丑角。女的脸上涂脂抹粉，头戴红花，身穿长裙；男的着一身白色衣服，腰间系红腰带，头上扎白毛巾，手里拿着长鞭。服装一般以黄、绿、白绸布料制作。表演时，女旦上身作骑驴状，以腰为中心，左右小晃身，下身用颤抖的小步蹭动。多模拟驴过河、驴欢跳、慢步闪腰、疾行失蹄、惊驴打斗、陷泥救驴、太平跳跃以及揉肩、摆头、抖身、动耳、甩尾、正骑、侧骑、倒骑等动作。表现出“毛驴”的跑、颠、跳、踢、惊、犟等特有形态。整个表演过程都有乐队伴奏，气氛欢跃。旧时，跑驴表演多以小调演唱民间生活趣事，达到取乐目的。新中国成立后，多通过新媳妇回娘家或小两口进城等表演，反映家乡建设的巨大变化，或以对白、小调演唱宣传增产节约、护林防火、计划生育、水利建设、改革开放、建设小康社会和社会主义精神文明建设成果等，反映城乡建设新面貌。

图 29－6　民间表演“跑驴”

第三节　民间演唱

一、童子戏

解放前，童子戏流行于民间，因其唱腔粗犷、声调高亢，通称“嗬大嗨”。

童子戏传统剧种有 30 目 4 大本，68 单出，多为通过演唱神话传说，劝人为善，劝人孝悌，故童子戏艺人自称为“善行”童子。童子戏用锣鼓和大、小钹等打击乐器伴奏，有的只用两只单面狗皮鼓，加一只碰铃。传统演唱形式有台子戏、堂戏。

童子戏的曲调，主要是七字平调、十字调和铃板调等。

唱童子戏靠技艺、实力打码头占地盘。解放前，童子戏在新浦的活动主要有3处：东西龐之间、原铁路以北，为当地童子地盘，坛主为后河一带的王立发。班底子主要是其徒弟陈兴之、董作香、韩竹青等；铁路以南，为南乡童子东海卸房的陈洪之、陈陶之、陈玉之一班的地盘；龙尾河以东，为海里（指云台山地区）童子新县街的王传业、刘俊生、刘仰生一班的地盘。这三班童子坛主，可以互相邀请参加演出，但决不能擅自进入别人地盘活动。

唱童子戏分为两种情况：一是，在民间烧猪“还愿”时唱，俗称唱烧猪戏。“还愿”当天多唱《张太刚休妻》《李梅果》一类神戏。民间“还愿”多在冬至以后进行，每年冬至后唱烧猪戏的最多，童子最忙，故民间有“童子过冬，肥肉加葱”之说。东海王营一带的马景翠在新浦唱烧猪戏曾兴红一时。二是，平时围场演出。解放前和解放初，新浦童子戏主要在南广场和西龐外空场上拉围棚卖票演出。演出班子都是临时组合，俗称“碰班子”。常在新浦碰班子演出的有新县王传业（老生）爷仨、隋子虚（武生）夫妇、王宝翠（丑）、王宝钱（花旦）、陈家荣（老生）、陈家仪（老旦）、陈汝刚（老生）、陈汝浩（武生）等。演出的剧目多达40~50个，经常演唱的有《卖油郎独占花魁》《汾河湾》《秦雪梅吊孝》《三娘教子》《李翠莲拾金钗》等10多个。

童子戏坛主，对其徒弟要求很严，学唱戏之前，必先学会剪、扎、裱、画之类技艺。唱童子戏的童子多兼业剪扎业，平时以扎纸人、纸马、纸轿、花船、花挑、风筝之类，赚钱补贴生活费用。

新中国成立后，新浦地区的童子戏演出活动逐渐停止。

二、工鼓锣

工鼓锣，又叫公锣鼓、淮海锣鼓。新浦人俗称其为“唱小词书”。

解放前，新浦、南城、云台、大村一带都有“唱小词书”的。新浦的前河底至后街（建国路）的王巷北端一带，有多处工锣鼓说唱点。工锣鼓表演形式简单，主要道具就是一只小鼓，一面小锣。最初是两人搭档站着说唱，后多为单人坐唱。演唱者左手腕上挂着小锣，左手执锣锤打锣；右手捏小竹棒敲鼓，随着锣鼓板眼说唱书词。说书时，敲锣鼓的节拍，有长番、短番之分，又有“十九锤天下同”和“二十一锤天下同”之别，交错运行。演唱主要节目有《封神演义》《水浒》《十三太保》《杨家将》《天宝图》《地宝图》《刘秀走南阳》《说唐》《三国》等小词书，也有短篇（俗叫“小书头”）作为开场，招徕听众。说书者通常能在一个地方连续唱一个多月。

工鼓锣说唱白天、晚上皆可。白天唱叫“白场”，晚上唱则称“轰天子”。说唱多在室外，场地也十分简单，一块平地，夏遮阳、冬避风就可演唱，听众多少都行。也有在室内演唱的，叫做“座场”。也有唱包场的，唱包场多是先谈妥，边唱边收钱，俗称“拿签子”，每收一次叫“一签”，一场约5~6签，“拿签子”都是在剧情的关键时刻，书迷们多拿钱，其他听众也不愿散去。抗战前，人称“毛窝嘴”的板浦艺人孙福荫唱的《施公案》《七侠五义》《杨家将》及艺人李汉林唱的《刘秀走南阳》最受欢迎。

20世纪40年代至80年代，在新浦地区唱书最有影响的是外号“严瞎子”的严必涛。他不仅善唱各种传统词书，还经常根据新的流行小说《烈火金刚》《平原枪声》《铁道游击队》《江姐》等自己动手改编为工鼓锣唱本，使听众耳目一新。至2005年，街头巷尾仍时有艺人说唱小词书。

三、海州五大宫调

海州五大宫调是指流传在连云港市及周边地区的以“软平”“叠落”“鹂调”“南调”“波扬”等为基本腔调的一种用曲牌连缀体来演唱的艺术形式。

海州五大宫调源于清代淮北盐课司所在地板浦。新中国成立后，板浦爱好海州五大宫调的民间艺人钱乐山到新浦就业谋生，将海州五大宫调带进新浦，并很快受到民间曲调爱好者的喜欢。

到2005年，新浦已有数十人经常习唱海州五大宫调。

四、民间小调

民间小调在新浦区城乡流传比较广泛，初期多为民间艺人演唱，以此谋生。在新浦地区影响大的有鲁南及海州西南乡一带的《谈梅》《卖饺子》《叹十声》《十劝郎》《王妈说媒》《锔缸》《杨柳青》《小放牛》《小寡妇上坟》《姐儿溜》(打牙牌)《小放牛》《调兵》《十劝郎》《探妹》《五更》(包括《大五更》《小五更》《闹五更》《五更等郎》)《月儿渐渐高》《孟姜女》《李玉莲》《梳妆台》《手扶栏杆》《绣花灯》《绣麒麟》《下盘棋》《摘石榴》《提蒜薹》《打新春》《十杯酒》《十写》《泗州调》《四季游春》《四季相思》《码头调》《上河调》《下河调》《八段锦》《铺地锦》《哭七七》《好风光》《梨膏糖调》《连哩罗》《劳动号子》《抬抬号子》《打夯号子》《拉纤号子》《打包号子》《戽水号子》《吆牛号子》等几十种小调。

新中国成立后，各类民间小调成为街道宣传队经常演奏的曲调。各宣传队根据宣传任务需要，按照小调规律编写唱词，通过花船、花挑、莲湘舞等表演形式开展宣传活动。

“文化大革命”时期，民间小调被视为封资修产物，不准演唱。

中共十一届三中全会后，民间小调重新活跃于民间，甚至登上舞台，参加表演比赛。

专记：海州五大宫调传入新浦

海州五大宫调，是明清以来长期流传于海州地区民间，运用基本定型的五种曲牌进行演唱的一种地方色彩浓厚的演唱曲牌。他产生于海州大地，曾盛行于板浦古镇，涌现出了于成浩、赵广江、钱乐山等能拉会唱高手。新中国成立后，海州五大宫调的传承中心转移到了新浦。

图29－7 业余爱好者在演唱海州五大宫调

解放前，新浦很少有人唱海州五大宫调。解放后，板浦人钱乐山把海州五大宫调带到新浦，传给了新浦人。

钱乐山，出生于板浦盐商家庭，自幼受板浦盛行的演唱海州五大宫调的文化氛围的熏染，爱上了海州五大宫调，师从赵广江学习海州五大宫调。钱乐山聪慧、顶真，很快从师傅那儿接过了演奏、演唱的基本技艺，加之苦思苦练，到20世纪40年代，已成为板浦新一代演唱海州五大宫调高手。

1948年11月7日，新浦、海州、板浦解放。不久，钱乐山迁居新浦陇西街，就业于新浦建国路西头的新浦竹藤社。家居和单位都在新浦老城区，很快便和附近喜欢拉胡子、唱小调的新浦港务处工人袁兆民、新浦大粪场工人赵绍康、新浦白铁社工人孙传德、新浦搬运社业余剧团女青年刘长兰等处熟了，常在一起拉拉唱唱，自娱自乐。钱乐山便教他们拉海州五大宫调，唱五大宫调。钱乐山对他们手把手教、一句句教，非常热心认真，大家都称他"钱大先生"。他当了单位采购兼会计之后，经常出差到福建一带山区去采办毛竹，还利用休息时间回忆五大宫调的一些唱词，把它记录下来，用钢笔一句一句抄成若干份，等回到新浦后发给大家学。在钱乐山的热心传授、精心指点下，到"文化大革命"之前，新浦已有孙汝德、赵绍康和刘长兰、严秀英等数十人会拉、会唱海州五大宫调，为海州五大宫调在新浦的传承奠定了基础。

图 29－8　海州五大宫调演奏传承人赵绍康（前右）在演奏海州五大宫调

海州五大宫调经由板浦人钱乐山传入新浦，但是他能在新浦扎下根，不断扩大影响，与新浦有一批热爱海州五大宫调、精心于海州五大宫调传承的人是分不开的。退休于新浦区环卫所的赵绍康是其中代表性人物之一。赵绍康，1923 年出生。家庭穷，没有上过学，解放前一直靠拾大粪为生，生活贫困，唯爱拉二胡。新中国成立后，赵绍康成为新浦清管所工人，生活稳定，又经钱乐山指点，爱上了拉海州五大宫调，并开始搜集海州五大宫调。他不会写字、不识谱，就让自己的女儿帮他把搜集到的海州五大宫调连谱子带唱词一个个抄在本子上，几十年不间断，先后抄录了 26 本，记下曲牌、曲目 100 多首。2005 年，市里开始调查、搜集非物质文化遗产——海州五大宫调资料时，他毫无保留地将自己的几十本大调、小调手抄本提供给市里使用，为海州五大宫调申报省和国家非物质文化遗产保护项目作出了贡献。

图 29－9　海州五大宫调演唱传承人刘长兰在演唱海州五大宫调

让海州五大宫调在新浦得以传承的另一个演唱代表性人物是刘长兰。刘长兰 1939 年出生于新浦一贫民家庭。9 岁时受家人影响，喜爱了唱小调。16 岁时便参加新浦搬运社业余剧团，演淮海戏。22 岁正式跟钱乐山钱大先生学唱海州五大宫调时已有了孩子，她学的第一个大调是五大宫调中的南调《梧桐叶落》。钱大先生唱的"梧桐叶落金风送，丹桂飘香海棠红，红花是谁家……"那悠扬、伤叹之词，使她入了迷。为了学海州五大宫调，她经常把孩子哄睡了，锁在家里。有一年冬天，为能得到海州五大宫调演唱高手、时年五十开外的赵广江赵二爹的指点，她和几个戏友冒着风雪赶到板浦，得到赵二爹亲自点拨，特别开心。她从上午一直学到深夜，当踏着深雪赶到家时，已是夜里下三点了。刘长兰就是凭着这种挚著、苦练的精神，很快掌握了演唱海州五大宫调的基本要领，熟记了海州五大宫调的一个个曲牌和一段段唱词，成了新浦街唱海州五大宫调的佼佼者。1986 年，江苏省文化部门开展搜集民间曲调活动。已近50岁的刘长兰应约唱了个《活捉张三郎》,一口气唱了40多分钟,从头至尾,没打一个结,字字句句正宗海州腔,听得录音人拍手叫绝。后来,她唱的海州五大宫调《活捉张三郎》,被国家文化部保存,并编入《中国曲艺音乐集成》。

海州五大宫调自20世纪40年代末由板浦人钱乐山传入新浦,经以赵绍康、刘长兰等为代表的新浦一批民间戏曲爱好者从未期断的习练演唱得以传承。进入21世纪后,国家开展非物质文化遗产保护工程,特别是2004年8月,海州五大宫调被列为江苏省首批民族民间文化保护工程试点项目后,海州五大宫调在新浦更由一大批爱好者的自娱自乐性的自发传承,迈入了有计划、有组织、多层面的自觉传承阶段。

第四节 民间杂耍

一、戳鼓驴

解放前,新浦城乡常有一些民间艺人肩担道具,走街串巷,找个场面,竖起"舞台",玩戳鼓驴子(木偶戏的一种),先以锣鼓引来观众,而后表演者隐身帷幕内,操纵木偶,多表演《猪八戒招亲》等民间传说内容。表演时,边耍边敲锣鼓,边根据各个动作配以有趣的语言,表演口技等。玩戳鼓驴的一般不直接向观众要钱,而是边玩边卖些针头线脑等苦钱谋生。解放后,玩戳鼓驴的逐渐消匿。

二、拉洋片

拉洋片,即在木制暗箱的箱壁上开凿多孔,孔上装置放大镜,箱内有成套画片,可不断抽动更换。艺人根据画面的不同内容,敲锣打鼓作伴唱。观众排坐在箱前,透过放大镜看箱内画片。

画片分为几组,一组画片放完就算一场结束,观众付钱。解放后,仍少有活动。至20世纪50年代初起渐消失。

三、耍猴子

耍猴子,多为贫穷人所为。他们身背道具,牵着猴子、绵羊或哈巴狗,走街串巷,每到一处,敲锣聚人,让猴子穿上花衣,戴上假面具,骑绵羊或与哈巴狗儿相耍,边耍猴边向观众讨些钱。有的更简单,只牵着猴子到每户门前,边说吉利话边让猴子做些上杆、倒立、爬、跪等动作,以讨些钱或剩饭碎饼度日。至今,城乡仍偶有耍猴的。

四、玩把戏

解放前及新中国成立之初,新浦城乡均有玩把戏的。把戏有小把戏、大把戏两种。玩小把戏一般多是一家子的两三个人,走街转村,择地而玩,主要表演一些小武术、小魔术(俗称"变把戏")。这类表演不以直接收钱为主,而是通过表演吸引众人,兜售草药、偏方之类。玩大把戏的则是民间马戏团,人员众多。新浦南广场时常有外地马戏团围场卖票表演。多表演马术及吞宝剑、吞铁球之类硬功夫。

五、摇糖球

解放前，新浦城乡都有人从事摇糖球活动。摇糖球时，多为两人相互配合进行，一人拿签筒，一人拿着碟子，碟子上盖个小碗，碗内有三个骰子。参与者每次4～5人，各人花钱买签子，并按买签先后依次抽取签号。而后，依签号摇骰子。最后，谁摇的骰子点数相加最多，谁为赢，得彩头——糖球一支。故摇糖球又称“摇彩”。如两人所摇点数相同，则先摇者为赢。唯各人所摇三个骰子都是六点或幺数，则大家都得彩。

摇糖球，在抽签和摇骰子时，摇糖球人都会随机应变、因人制宜地唱着“摇糖球歌”予以助兴。使摇糖球变成娱乐活动，吸引众多观众。

第五节　文艺演出活动

解放后，新浦地区各区乡公所，即组织工商企业职工和居民开展文艺演出活动。20世纪50年代初期，新浦城区龙尾区业余剧团、盐河区业余剧团及驻新浦的市搬运工会业余剧团、新浦店员工会业余剧团等相继建立。1955年新浦区28个居委会均成立了文艺宣传队。除元旦、春节、国庆节等节日组织演出外，还经常走向街头，宣传中苏友好、抗美援朝、镇压反革命的重大意义，宣传婚姻法、粮食统购销等法律、法规、方针、政策。市东街的郭新兰、民主街的熊守兰、通池街的卞洪兰积极参与群众文艺活动，被誉为“新浦街的三朵红玉兰”。“大跃进”时期，城乡各地群众文化工作开展“四化”活动，即歌唱化（能说话的就要学唱歌）、舞蹈化（会走路的就要学跳舞）、诗歌化（能写字的就要学写诗）、壁画化（能拿笔的就要学画画），一时间群众文艺活动到处可见。

1959～1961年三年困难时期，群众文艺活动基本停止。1962年起，群众文艺活动开始复苏。1964年1月，全市职工业余文艺交流大会在新浦举办，带动了新浦地区的群众文艺活动的开展。

“文化大革命”时期，传统文化表演形式、剧目被禁，城乡各地均成立“毛泽东思想宣传队”，唱“语录歌”，跳“忠字舞”，演“样板戏”，群众文艺活动形式单调。1971年，新浦区业余文艺宣传队自编自演歌舞说唱“一堂劳动课”和歌曲“乒乓友谊之歌”参加市文艺汇演获得好评。

1978年党的十一届三中全会后，新浦城乡群众文艺活动重新活跃。花船、花挑、秧歌舞重现街头巷尾。1977年春，全市群众文艺汇演在新浦举行。1979年，区文化馆利用西天池人防工程，开办“地宫游乐场”，为群众提供综合性游艺场所。1981年起，群众文艺活动渐成热潮。1982年、1983年连续举办全区性群众文艺汇演。1984年，恢复传统的元宵灯会。同年春，区政府在临洪街道召开群众文化工作现场会，介绍推广临洪文化站开展群众文化活动经验。1985年12月28～31日，新海区人民政府在市工人文化宫举办“新海地区首届群众文艺汇演”，市、区属18个单位的代表队、430名演员，3天5场演出96个文艺节目。市教育局代表队、锦屏磷矿代表队获精神文明奖。市交通局代表队的曲艺《说说唱唱》和新浦区少年之家的舞蹈《采蘑菇的小姑娘》获演出一等奖；市工人文化馆王善同的山东快书《血映丹心》和新浦区文化馆杨桂林的淮海锣鼓《三碗鸡汤》获创作一等奖。另有10个单位分别获演出二、三等奖，7人分获创作二、三等奖。1986年11月18日，区政府举办首届新浦地区青年歌手大赛。1987年，有50多名业余歌手参加的“新星合唱团”正式成立。次年2月，“新星艺术团”成立，多次举办歌舞演出活动。

1989年5月,区文化馆与市音乐舞蹈协会共同创办市歌舞时装艺术团,到工矿企业演出,受到观众好评。同年9月30日,区政府在解放中路举办大型焰火晚会,庆祝中华人民共和国成立40周年。

20世纪90年代,新浦城乡群众文化工作空前活跃。1991年,百货大楼扩建后开业举行大型广场文化演出。1993年9月11日,新浦地区群众文化协会成立。1995年,新浦区群众文化协会与连云港国际文化交流中心在新浦区礼堂联合举办歌曲演唱会,庆祝抗日战争和反法西斯战争胜利50周年。1997年,为迎接香港回归,市、区两级文化部门安排众多文化活动。同年3月,在市残联首届残疾人文艺演出中,新浦区获组织奖。1998年,全区举办中小学生文艺调演。同年,区政府在新浦火车站广场举办纪念连云港市解放50周年文艺演出活动。1999年,全区各街道文艺宣传队走上街头喜庆澳门回归。2000年6月26日,新浦区在新浦火车站广场举行大型广场合唱比赛。

2001年起,市、区文化部门每年夏季都在新浦火车站广场、苍梧绿园等地举办大型广场演出活动。各社区民间演出队也利用假日和早晚进行自娱自乐。

2002年7月11日~13日,《中国文化报》两次报道新浦区开展高雅艺术演出活动的做法。

2003年1月24日,区委、区政府举办"城管之春"文艺演出,慰问全区环卫工人。

2004年12月22~23日,新浦区中年组、老年组代表队,在全省健身运动会健身秧歌比赛中,分别获得自选动作比赛第一名和第二名,规定动作比赛第二名和第三名。

2005年9月,区委、区政府在黄海影剧院举办以"走向辉煌"为主题的大型文艺演出,庆祝新浦区成立50周年。

第六节　专题文艺活动

一、少儿艺术节

1994年5月,新浦区首届少儿艺术节在黄海影剧院开幕。在历时7天的活动中,83名演员先后演出89个节目,经评选,有23个单位获奖。

1997年11月1~3日,新浦区举办第二届少儿艺术节。全区20所中学、800多名选手参加活动。在当年8月举行的全省第二届少儿艺术节中,新浦区的舞蹈《打酸枣》获表演二等奖,相声《大红脸》分获表演、创作三等奖。

在2000年5月28日至6月10日举行的市第三届少儿艺术节活动中,新浦区获得10个一等奖、13个二等奖、8个三等奖及组织奖。

2001年6月下旬,举办新浦区第三届中少儿艺术节。

2002年5月,在市第四届少儿艺术节中,新浦区共有19个节目获一等奖,32个节目获二等奖,38个节目获三等奖,13个节目获辅导奖,区文化局获优秀组织奖。

2003年4月,在江苏省第三届少儿艺术节中,新浦区创作、编排的少儿舞蹈《猫和老鼠》获表演金奖、创作银奖。

二、社区文化艺术节

2001年7月,举办新浦区首届社区艺术节,同时承办市首届社区文化艺术节,新浦地区20多家部、省、市、区单位及数万名群众参加开幕式。艺术节期间进行多次社区文化艺术演出活动。同年10月2日，在市电视台演播大厅举行闭幕式暨首届社区艺术文艺展演。

2004年8月13日，区委宣传部、区文化局、区民政局主办，区文化馆等单位共同承办新浦区第二届社区文化艺术节，艺术节在陇海步行街凤凰广场拉开帷幕。8个单位选送节目参加演出。同年10月底结束。

图29-10 新浦区少儿艺术团演出的舞蹈《猫和老鼠》

三、农民艺术节

2001年12月4日，新浦区农民艺术节领导小组成立，开始筹备工作。2002年1月14日，新浦区首届农民文化艺术节在区政府礼堂举行。猴嘴街道、南城镇、花果山乡、云台乡农民都组织节目参加演出。其中表演唱《五对老伴夸港城》《“法轮功”是害人功》《跑驴》及歌舞《在希望的田野上》节目得到观众的好评。同时，新浦区首届农民艺术节选出节目参加市首届农民艺术节，有3个节目获优秀节目奖、8个节目获优秀作品奖。区文化局获组织工作奖。

2004年7月13日，新浦区组队参加在连岛举行的江苏省首届渔民文化节，两名队员获撒渔网比赛个人并列第一名，区代表队获撒渔网比赛团体一等奖。

四、专场音乐会

1999年9月，由中共新浦区委、新浦区人民政府主办，区委宣传部、区文化局承办，陇海步行街筹建处、连云港市九美现代办公设备用品公司协办的庆祝中华人民共和国成立50周年中外名曲交响音乐会在黄海影剧院举办。邀请中央歌剧芭蕾舞剧院交响乐团演出。

2000年7月31日，区文化局、教育局和斯特劳斯琴行在火车站广场，共同举办少儿音乐会。观众上千人。

图29-11 “中外名曲室内音乐会”

2001年4月30日，由中共新浦区委、新浦区政府主办，中国教育电视台音乐经典节目主办，区委宣传部、区文化局承办的“中外名曲室内音乐会”在东方影视中心举行。中国少儿室内乐团登台演出。同年9月27日晚，由区委、区政府主办，区委宣传部、区文化局、立点广告有限公司承办的庆祝新中国成立52周年音乐会在黄海影剧院举办，著名歌唱家、声乐教育家、国家一级演员、中央歌剧院合唱团团长王立民教授演唱了《祖国，慈祥的母亲》《满江红》《沁园春·雪》等歌曲。

2002年4月20日，由新浦区文化馆、《苍梧晚报》社主办，上海玛珂（公爵）钢琴公司、邦乐琴行有限公司、明珠大酒店、陇海广告公司协办的“邦乐之夜”奥地利钢琴、大提琴二重奏音乐会在黄海影剧院举办。奥地利著名钢琴家麦姬莫瑞克教授一行,应邀到场演奏了舒伯特的《吉他形大提琴奏鸣曲》、费朗茨李斯特《悲哀的船歌》、罗西尼的《变奏曲》等经典名曲。

第七节　少儿文艺活动

1958年5月,新浦少年之家建成后,即设立小五年计划活动室、游艺室、手工劳动室、音乐室等,启动少儿文艺培训工作。

1965年,新浦少年之家从菜市街迁至民主路198号(今区政府对面)后,条件有所改善,设立合演队、舞蹈队、乒乓球组、发报小组、航模小组等,常年有160名儿童少年参加培训和演出活动。

"文化大革命"期间,新浦少年之家停止活动,少儿文艺培训中断。

1973年,新浦少年之家恢复活动。次年6月,组建一支业余儿童演出队——连云港小红花宣传队。利用课余和节假日到驻军营房、工厂、学校、街道等单位演出,至20世纪70年代末,先后演出235场次,观众达16万余人次。同时,还为日本、新加坡等10多个国家和中国香港、台湾地区的来宾和、海员等演出20多场次。

20世纪80年代,新浦少年之家加强少儿室外文艺创作活动,经常组织少年儿童到港口、花果山阿育王塔等处游览、写生。

1991年10月底,新浦区创办的连云港市少年宫建成后,成为新浦地区儿童少年校外文艺培训活动基地。并坚持常年进行培训、组织各类文艺比赛活动。1996年12月,新浦区文化馆成立连云港市小海鸥艺术团,外出演出时又称新浦区少儿艺术团。1997年,少年宫邀请市知名书画家与小朋友一道举办"忘年交"书画会。同年5月,区少儿艺术团创作的舞蹈《港口新节奏》在省少儿舞蹈比赛中获二等奖。6月举办迎香港"回归"第三届王子杯少儿百米画卷书画大赛。1998年5月,在江苏省中小学文艺调演中新浦区少儿艺术团舞蹈《弯弯的月亮》和建宁小学小合唱《少年的梦》获一等奖,舞蹈《打酸枣》获二等奖,歌曲《少年的梦》《包子、剪子、锤》《家》分获创作二、三等奖。1999年,少年宫组织百名小提琴学员参加国际风筝节开幕式演出,举办庆祝新中国成立50周年学员书画、图片展。2000年6月,新浦区在淮海工学院礼堂举办少儿艺术节汇报演出,并组织朗诵、故事、声乐、书法、绘画、劳技、舞蹈、戏曲、曲艺、器乐等比赛。参赛儿童2000余名。同年7月14~21日,区文化局主办的连云港2000音乐之旅夏令营,80余名品学兼优、有一定艺术特长和爱好的中小学生参加。当年,少年宫还配合团市委征集全市中小学生近600幅少儿书画作品(其中少年宫学员作品170幅),参加由文化部组织的"中国首届青少年书画作品评奖"活动,获"特别贡献奖"。和扬州市少年宫举办联谊活动,邀请著名小提琴师卓晓明到连云港讲学表演,两少年宫学员同台献艺。

2001年2月5日,少年宫在时代超市广场、华联广场举办"迎新春,少年宫学员书法、美术作品展"。同年4月3日,少年宫组织少儿作品参加"中日杯"少年儿童书画赛。少年宫获2001年"中日友好国际少年儿童书法交流金奖"。同年5月,先后在苍梧绿园举办"庆'六一'王子杯苏北五市少儿现场书画赛",在华联广场举办庆"六一"少儿文艺演出活动。6月25日,选送学员作品参加"党恩颂"全国青少年书法邀请赛,少年宫获全国青少年教育"九大明星少年宫"称号。

2002年4月,新浦区先后组织优秀音乐老师和音乐爱好者参加市第一个"少儿音乐沙龙"活动。同年，少年宫牵头与三得利有限公司、江苏省校外教育委员会联合在盐城市举办庆“六一”，苏北5市“王子杯”少儿书画现场比赛。同年，经国家艺教委、中国校外教育杂志批准，少年宫设立第七届全国中小学绘画书法大赛赛区，促进了全区少儿书画艺术事业的发展。在江苏省童星大赛中，区少年宫有1名学员获省十佳新星，有多名学员获新秀奖。年内，区少儿艺术团编排的舞蹈《欢欢喜喜过新年》，参加市广电局春节联欢会；歌伴舞《中国永远收获着希望》，参加市迎接“十六大”文艺演出，均受到好评。

2003年6月，新浦区组织1100件少儿书法、美术作品，参加全国第八届中小学生书法、美术比赛，有260人次获奖，被国家教育部艺术教育委员会授予组织工作先进单位称号，获先进组织奖。7月25日，市歌舞剧院和新浦区通灌路小学联合组建的“连云港市歌舞剧院少儿民族乐团”在通灌路小学揭牌。同年8月，在“全国首届少年儿童艺术风采展示大赛及少儿艺术节”中，新浦区有12名学员获奖，5个节目进入全国决赛，少年宫获集体优秀组织奖；9月，少年宫征集27件作品参加“中韩青少年书画交流展”，有11人分获一、二等奖。当年，《中国校外教育》杂志第9期以《江苏省连云港市少年宫儿童展才艺》为题，刊登新浦区少年宫学员优秀书法作品6幅、绘画作品5幅。

2004年，少年宫组织书法、绘画、舞蹈、声乐学员400余人次参加市举办的“2004年花果山世界儿童联欢节”活动。同年5月，在全国少年儿童故事大王选拔赛(江苏赛区)比赛中，少年宫学员取得可喜成绩，少年宫荣获优秀组织奖。同年8月，在第四届“华辰杯”全国少儿书画、摄影大赛中，少年宫学员获得美术一、二、三等奖的分别有18人、63人、75人；获书法一、二、三等奖分别有9人、16人和44人。同年末，由少年宫储楚等16名学员的作品汇编的《“美猴王”申吉少年宫个性化邮票》在全国发行。

2005年6月5日，在连云港市少儿艺术系列比赛新浦赛区中，新浦区参赛的小合唱《会飞的蝴蝶结》和少儿舞蹈《鸡虫除害》获得好评，代表新浦区参加市少儿艺术节。同年夏季，区文化部门开展暑期保护青少年“七彩的夏日”特别行动。举办各种少儿艺术培训班、教学成果演出展示、组织参观革命纪念馆等系列活动。在同年12月举行新浦区秋季少儿舞蹈培训成果展示，基础班、中班及艺术团的小朋友参加了汇报表演。

第八节　广场文化活动

20世纪中后期起，广场文化活动在新浦地区日渐兴起，先为群众自发的文化活动，内容多为文艺演出。到20世纪末，政府文化部门、街道办事处等单位开始有组织、有计划地开展广场文化活动。活动容丰富多彩，并由单一的文艺演出发展到举办广场音乐会、广场书法、美术、摄影展、少儿游戏活动、广场咨询等多种形式。

2000年至2005年，每年都组织40场左右广场演出活动，最多的2003年达70余场。

第二章　文学艺术

第一节　小说创作

解放前，新浦的小说创作作品，偶见于《飞轮》、《海潮》杂志上，无单行著作发行。

20 世纪 50 年代起，新浦地区小说创作活动逐步兴起，一些业余作者创作的中短篇小说不断在《雨花》《清明》《飞天》《作家》《解放军文艺》《草原》《青年文学》《小说月报》等文学期刊上发表。

20 世纪 70 年代起，新浦地区专业、业余作者创作的长篇小说和小说集《山湾春早》(姜威与卢广成、孙玉章合著，选载于《钟山》1978 年第一期)《流水疾风》(李国俊著)《神秘的原始森林》(陈传敏著)，科普文艺作品《盐的故事》《海洋生物趣谈》(王志坚著)等陆续出版。1988 年 6 月 30 日，刘国华在全市第一个被吸收为中国作家协会会员。1990 年，作家刘国华的短篇小说集《海边的故事》《引航》等由江苏人民出版社出版。

20 世纪 90 年代至新世纪初，小说创作活动随着改革开放得到空前的发展。1993 年，新浦地区罗平的长篇小说《焦虑的年代》、樊云生的《忙月》、包殿贵的中短篇小说集《失去风帆的船》、成刚的小说《城市浪子》等相继出版；1994 年，张文宝的微型小说集《鬼桥》、徐习军的微型小说集《一片空白》、陈武的小说《六月雪》先后问世。1997 年 9 月，申震的长篇小说《林荫细语》出版。1999 年 1 月，徐习军的《心情消费》微型小说集出版。同年 10 月，罗平著的小说《储蓄小姐》出版。刘晶林短篇小说《住校生》获江苏《少年文艺》年度优秀小说奖。2001 年，陈武的小说集《阳光影楼》出版。2002 年 8 月，樊云生的小说《太阳打西边出》出版。2004 年 7 月，潘姗姗的《潘姗姗短篇小说集》由作家出版社出版。2005 年 1 月，成刚的小说《阿丝地狱》出版。同年，陈武创作的《换一个地方》获省第二届“紫金山文学奖”中篇小说奖。

第二节　散文创作

解放前的报纸、杂志上时有散文发表。1947 年，《海报》副刊上发表的李迪仁的散文《三八妇女节感言》《解释的解释》，在社会上产生了较大影响。

解放后，散文创作活跃。刘国华、彭云等经常在报上发表文章。刘国华的散文《银色的大地》，曾获全国“银帆奖”一等奖。1988 年 12 月，彭云的散文集《海州乡谭》出版，文集收集了作者 90 篇作品。同期，于继增先后发表了《海滩，一支童年的歌》《呵，港口的秋》等多篇散文。1990 年 5 月，刘国华的散文集《海洋探奇》出版，收集了作者自 50 年代以来发表于各种报刊上的散文 16 篇。

20 世纪 90 年代以后的文学、史学爱好者创作活动更加活跃，成果不断问世。1991 年 8 月，于继增著的散文《沿海风情录》，由海洋出版社出版。1993 年 6 月，姜威著散文故事《聪明人的故事》由天马图书有限公司出版。同年 12 月，张立国著的散文集《拐磨情》，由广西民族出版社出版。1994 年 4 月，杨锦涛、刘安仁、桑林主编的《苍梧文萃》，由南京大学出版社出版。同年，赵匡民著的《鸡血石》散文小品集，由新疆青少年出版社出版。11 月，包殿贵著的报告文学《她在丛中笑》由中国妇女出版社出版。1995 年 9 月，杨彬著的报告文学《黄土魂》出版。12 月，由张文宝、蒯天著的长篇报告文学《东方大港梦》出版。1996 年至 2000 年，徐敬诚主编的采访文学《陆桥行》，王志坚著的《名士情缘》，田野、王涌主编的《走向辉煌》(一)，刘畅征著的《片羽集》，王志坚编著的《千古奇谏》，刘明萱编著的《山海古羽》，包殿贵著的《长歌无泪》等先后出版。

2001 年 7 月，彭云著的《海州乡谭》(修订本)、李建军著的《寻访记忆》、刘安仁著的《世象摭拾》等先后出版。2002 年 8 月，陈旭著的《吉光集》，喻太源、曹寿田主编的《杏坛轶事》先后出版印行。2003

年李惊涛著的散文集《兄弟故事》，杨东野著的《丝路集》，刘兆元、崔月明著的《南城凤凰文化》先后出版。

第三节　诗词创作

域内南云台山地区自古是文人汇聚之地，留下了大量诗词歌赋。比较有影响的有宋代祖无择的“三言诗”，明代顾乾的《云台山三十六景诗》等。清末民初，在社会上层人物及医生、教师中更有爱作诗并有以诗酬唱的。20世纪30年代在新浦出版的《飞轮》杂志及《连云报》的副刊《艺舟》等经常刊登陈新明等的诗作。解放前，在当地比较有影响的诗词作者有中医周藩西、顾铁侬等。

新中国成立后，特别是20世纪50年代后期《新海连市报》的创刊，为诗歌业余爱好者提供了阵地。50年代末至“文化大革命”前，经常在市报副刊上发表诗作的新浦地区作者有林泉、来俊华、范永泉等。

20世纪80年代，新浦地区涌现出了魏琪、王实伦、郝玮、张立国、颜景标等一批年轻的诗歌作者。区委宣传部干部、青年诗作家魏琪时有诗作发表于《连云港日报》《新华日报》《人民日报》及《星星》《雨花》等报刊上。至1990年，发表《春鸟，落进诗行》《春之声》等诗歌300余首。教育工作者王实伦创作的《春的探求者》《灯下》《粉笔》等诗篇，热情歌颂教育工作者的美好心灵。公安战线的青年作者张立国也于《连云港报》《连云港文学》等报刊上发表诗作，歌颂人民公安战士、歌颂家乡的山山水水。从1982年开始诗歌创作的青年职工颜景标，几年时间在《诗歌》《诗潮》《当代诗人》及《连云港报》等报刊上，发表诗作200余首。期间旧体诗词创作活动重新活跃。曹华棣、杜庚、王遐松、李觉生等老人，时有诗词发表。花果山乡的赵开亚、孙广良、仇臻等老人经常作诗填词，讴歌花果山美景。1987年5月29日，连云港市诗词协会在新浦成立。次年1月，市诗词协会编印的《花果山诗词》在新浦印行，刊登古体诗词89首。1990年，市第一届诗词展览在市工人文化宫（新浦市化路）举办，展出本市80多位诗友诗作150多幅，更促进了新浦地区的诗词创作活动。

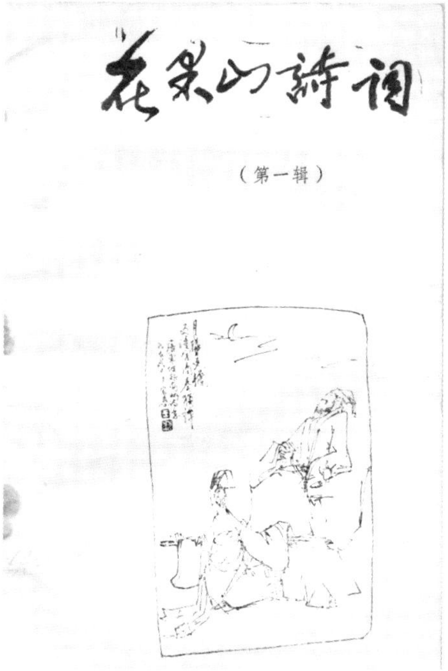

图29－12　市诗词协会编印的《花果山诗词》第一辑

到20世纪90年代，新浦地区的诗歌作者，在10多年诗歌创作的基础上，开始整理出版诗集。1991年1月，张立国的儿童散文诗集《春天的小榆树》出版。1992年，刘国华的《海边的诗》，张立国的散文诗集《赤子心》、诗集《紫色的梦》，魏琪的《涌动的诗情》，纪祥华的诗集《爱的橄榄树》等先后出版发行。1993年，张立国的散文诗集《依念》，杨春生的诗集《跨越世纪之门》，王善同、张立国主编的诗集《鸥翅上的旋律》，刘晶林的诗集《秋天的感受》，颜景标的诗集《白色走廊》相继出版发行。1996年，魏琪诗作《证券交易所》入选当年第二期《中国作家》。1998年5月，张成杰的诗集《走进秋天》出版发行。2000年8月，钱振昌诗集《微笑的湘妃竹》出版发行。

2001年起,一批20世纪60年代末、70年代初出生的年青诗作者的成果开始问世。女青年胡艳慧于2002年12月出版了新体诗集《多彩的情丝》。青年诗人孔灏于2003年主编出版了现代诗选《苍梧诗坛》。同时,一些年逾古稀的老人也不断推出诗作、诗集。2002年,时年72岁的方一清老人的诗集《岁月有痕》出版。2004年,时年73岁的老教育工作者夏宏图的诗集《红烛情怀》出版发行。2005年,近90高龄的花果山乡孙广良老人诗词集《草堂吟》印行。

第四节　音乐创作

1971年,新浦区文艺宣传队作词、作曲的歌曲《乒乓友谊之歌》,参加市第二届革命文艺汇演,作品被选入《连云港市第二届革命文艺汇演创作节目选编》。20世纪70年代初,市文工团在新浦成立后,其工作人员创作的《云台山歌》、《云雾茶之歌》等一批带有时代气息和地方风情的歌曲,通过晚会演唱、电台广播很快在民间流传。1977年,郭大可作曲的歌曲《黄海渔歌》,在全省专业剧团汇演中获创作奖。

20世纪80年代,在市音乐家协会的推动下,新浦地区的音乐创作队伍不断扩大,新的作品不断涌现。1982年,杨光锐作词作曲的《一朵红花送你家》,在江苏省群众文艺会演中获创作一等奖。同年,由其主编的《太阳最红,毛主席最亲》歌曲集,由江苏人民出版社出版。随后,他谱曲的《连云港情曲集》《团聚的琵琶儿时弹》《含笑的蓓蕾》《我的祖国》等歌曲分别在全国和省内获奖。1984年,刘德慧谱曲的《仰望》获江苏省1987年“妇女心中的歌”二等奖。次年,获江苏省电视台、省文联、省文化厅主办的“新春、新人、新歌”电视大赛最佳创作奖。1988年,连云港市音乐家协会组织摄制音乐风光电视片《连云港市风情》,共推出《您好连云港》《盐田情》《到大海去》《卖海鲜的姑娘》等创作歌曲11首。由程景楷作词、刘德慧谱曲的《船儿追赶匆匆的太阳》,1988年3月在省电视台、省音乐杂志社、省电视报联合主办的电视大赛中获最佳作品奖。随后又于1989年获中央台“春风又绿江南岸”优秀创作奖。同期,武骝谱曲的《到大海去》《欢迎你,远方的朋友》《在前头》和刘永谱曲的《送你一支白珊瑚》、严淡如谱曲的《卖海鲜的姑娘》,先后在江苏电视台《连云港风情》专题节目中播放。1990年年底,董自伦创作的歌曲《开拓者之歌》,在全国工人征歌中获银奖。同年,刘德慧在江苏省音乐家学会、江苏电视台举办的第二届“新人新春新歌”大奖赛中获“慧眼奖”。

20世纪90年代,新浦地区的董自伦、张立国、刘德慧等创作的歌词、歌曲,在全省、全国歌曲征集、比赛中频频得奖。1998年,祁锡峰作品《祝福您中国》获一等奖,董自伦的歌曲《回望故乡》《深情》《渔湾水》《情系沂蒙》《我和小溪手拉手》《谁敲门》先后在《歌曲》《音乐》等杂志上发表。2000年7月张立国、祁锡峰作曲的《老百姓的称赞》获市反腐倡廉文艺调演二等奖。

2005年,歌唱家张素云作词、李岩岩作曲的《要留清白在人间》,大江作词、董自伦作曲的《渔湾水》获中国音协等举办的“东方之春”征歌金奖。张立国作词、董自伦作曲的《倾听》获全国“生命之歌”征歌优秀歌曲奖。同年6月,该歌曲在中华全国青年联合会、全国总工会和国家安监局举办的“生命之歌”歌曲征集中获优秀歌曲奖。同月,新浦地区的国家一级演员张素云、国家二级作曲家董自伦被批准成为中国音乐家协会会员。

第五节　戏剧影视创作

解放后，新浦地区各级文艺工作者和文艺爱好者，开始结合党的中心工作编写一些活报剧到街头演出，宣传党的方针政策。有的编写淮海戏、京剧参加市和专区文艺演出。1951年，赵麟童根据有关资料新编历史剧《太平天国》。1957年，张汉鹏、于振才、周子祥编写现代京剧剧本《峨眉山下新愚公》等。孟少清编写了现代京剧剧目《钢铁火焰》和《董存瑞》。1959年，孟少清根据连环画《张羽煮海》改编成同名现代京剧剧本。1960年，搬运文工团创作的淮海戏剧目《跨淮河赶江南》，在全省汇演中获创作奖。

1963年，王健根据小说《捉鬼计》改编成同名淮海戏。1964年，范永泉、林泉、王健根据港城渔村女知青回乡参加渔业生产的事迹，编成淮海戏《海花》。此剧在江苏省现代戏曲观摩演出中，受到全省文艺界高度赞扬。后应邀在全省20多个市县巡回演出。1966年，搬运文工团创作的淮海戏《去生产队路上》，在全省汇演中获创作一等奖。

1973年，胡希涛编写出京剧剧目《青松岭下》。1975年，姜威编写出淮海戏剧目《劈浪行》。1978年，姜威创作出剧本《出征》。1979年，周维先根据内蒙古大青山游击队事迹，编写出京剧剧目《月亮花》，并排演参加省京剧汇演。1980年，《电影文学》第3期，发表了周维先编写的电影剧本《当我们年轻的时光》。

1981年，刘国华与木耳合作的电影剧本《无字的信》发表于当年《连云港文学》第1期，后由长春电影制片厂以同名摄制成影片，在全国放映。1982年，朱秋华根据《山道弯弯》改编为京剧剧目《翠竹青山》，参加省新剧目汇演。电影剧作家程景楷创作的电影文学剧本《母亲弥留时的微笑》在上海电影制片厂的《电影新作》上发表。1983年，舒畅编写的历史剧京剧剧目《审骨辨忠》，在全省汇演中，获剧本奖。1984年，周维先的三集电视剧剧本《堂堂男子汉》由江苏电影家协会录制播映，获国家煤炭工业部与中央电视台、中国剧协、中国影协联合颁发的“乌金奖”。同年，程景楷的电影文学剧本《星星河》、朱秋华的淮海戏《杏花烟雨》、方洪友与周维先的话剧剧本《最后一杯苦酒》先后问世。1985年，姜威创作的剧本《孙悟空探海港》，程景揩、郝立富的电影文学剧本《东方大港》先后出版。同年，李洪甫创作的电视剧本《淮海浪士》（上、下集），发表于当年《连云港文学》第3期。同年，由上海电影制片厂与连云港电视台联合录制成同名电视连续剧。周维先、方洪友合编的电视剧本《你我头上一方天》（上、下集）发表于1987年第1期《电影文学》，并由连云港电视台与市文联影剧协会、市话剧团联手录制播映。1988年，朱秋华编著的《故城春梦》（上、下集）古装戏曲电视剧剧本，由江苏电视台、江苏省文化研究室、市文化局联合录制播映。1990年第1期《电影月报》发表周维先、王承刚、方洪友合编的剧本《雪豹下落不明》。同年，周维先编写的两集电视剧《魂牵鹿特丹》在《戏剧月报》上发表。杨锦涛与王统葆合编的四集电视剧《海滩上没有神话》发表，并由中央戏剧学院影视制作中心与国营东辛农场联合制作放映。同年10月，区委组织部与市电视台联合摄制了新浦区第一部电视纪录片《都市小街夕阳红》，在市电视台和新浦区分别进行播放，广泛宣传新浦区市东街道龙尾街居委会党支部书记、居委会主任曲进荣老人致力居委会建设，热心为群众服务的先进事迹。2000年5月，胡海连改编、导演的课本剧《珍贵的教科书》，获国家首届蒲公英奖表演铜奖、创作铜奖。同年11月，仲跻敏创作的小品《小河边》，获市第七届戏剧小品比赛剧本奖。

2001 年 11 月,仲跻敏创作的小品《百元钞票》由尹元章、胡海连、刘海英、江佛演出,获市首届社区艺术节节目表演一等奖。

2005 年 4 月 4 日,由市党史办、花果山景区管理处联合拍摄的一部以“大村暴动”为背景的电视纪录片《花果山星火》在花果山景区袖海苑举行开机仪式。

第六节　曲艺创作

解放前,新浦地区的曲艺创作,多为民间艺人自编自唱。

解放后,新浦城乡文艺工作者、文艺爱好者开始创作曲艺作品。20 世纪 50 年代后期,新海中学教师姜威利用业余时间从事评书创作。1962 年,他精选 5 篇汇编成《姐姐要出嫁》一书,由江苏人民出版社出版。1965 年,他的中篇评书《龙腾虎跃》由天津出版社出版。此外,他还在省、市文艺刊物上发表 20 多篇新作。

1985 年 1 月 10 日,市曲艺杂技艺人协会在新浦成立,同时举办全市首届曲艺杂技比赛,新浦地区曲艺创作进一步展开。1989 年,王新贵、王善同创作并表演的相声《好梦难圆》在全省北方曲艺新曲(书)目调演中获创作奖。1990 年,刘国华的曲艺作品集《跋涉》一书,由中国文联出版公司出版。

1991 年 10 月,董自伦创作的山东快书《一百零八将》,获江苏省抗洪救灾文艺作品征集三等奖,并入选江苏文艺出版社出版的《抗天歌》一书。1993 年 5 月,刘增国主编的《海州宫调牌子曲大成》,由中国戏剧出版社出版发行。1996 年,王善同创作的山东快书《夜考书记》、《雪映月心》,入选江苏省优秀曲艺作品集。1998 年起,中国曲协主办的国家一级刊物《曲艺》陆续发表新浦地区的曲艺作家董自伦、王善同、王新贵、许家昌等创作(合作)的曲艺佳作《斤半酒换来一头牛》(山东快书)、《泉水叮咚》(小品)、《赞家乡》(相声)、《巧捉烟贩》(山东快书)、《考验》(小品)等作品。

2002 年 3 月,《曲艺》刊登的“连云港市曲艺作品专辑”8 件入选作品,其中《告别“一三五”》(山东快书 · 董自伦)、《“电子脑袋”智擒“秃脑壳”》(快板书 · 王新贵)、《买车》(山东快书 · 王善同)、《闯关》(苏北琴书 · 董自伦 · 许家昌)等 4 件,为新浦地区曲艺作家所作。

第七节　民间文学创作

新浦地区历来有大量民间传说、谚语、民歌、民谣等流传于民间。有组织的挖掘、整理民间文学工作开始于 20 世纪 70 年代。1971 年,市《群众文艺》(《连云港文学》前身)集中推出了流传于花果山一带的《吴承恩上云台》《三元宫和团圆宫》《美人松》《大村塔的传说》《十八盘》等 30 多篇民间传说。此后,该杂志又开辟了“民间文学”专栏,每期都刊有新浦地区的民间传说。

中共十一届三中全会以后,城乡文艺工作者开始系统搜集整理民间传说、歌谣、谚语等。1982 年,由姜威主编的《连云港民间传说》问世,书中收入民间故事 40 篇。姜威编著的《猪八戒出生记》等作品在江苏省首届(1980 ~ 1982 年)民间文学作品评选中获一等奖。1986 年,中共新浦区委、新浦区人民政府成立搜集整理民间故事、民间谚语、民间歌谣“三套集成”领导小组、编委会,下设办公室,在老居民比较集中的浦西街道举办采集、整理“三套集成”骨干培训班。经过近两年努力，1988 年 1 月《新浦区民间故事、谚语、歌谣资料本》（即“三套”集成）编印成册，共汇集流传于新浦城区的民间故事 19 篇、民谚 900 句、民谣 9 首。

1992 年，由彭云、于继增、姜威任总编的《连云港民间文学集成》在新浦结稿，由江苏人民出版社出版。

2000 年 10 月出版的《花果山乡志》收录了《花果山二老戏州官》《王老乐三迁新居》《十八盘由来》等 17 篇民间传说，以及歇后语 297 句。

2005 年 6 月出版的《花果山志》，收录新浦地区民间传说《三元世家的传说》《猴石》《美人松》等 13 篇。民谣《小白菜》《采茶歌》《拐磨拐》《风来了》等 29 首，谚语 55 句，歇后语 81 句。

图 29－13 1986 年～1988 年搜集整理的《新浦区民间故事、谚语、歌谣资料本》

第八节 灯谜创作

民间历来多有猜谜（俗称“破命”）活动，“两老头一样高，背后别着杀猪刀”（打一物——门）、“两老头一样高，光吃饭不上膘”（打一物——筷子）、“一锅烙两块饼，一块热、一块冷”（打一自然现象——太阳、月亮）之类谜语一直流传至今。

白虎山

BAI HU SHAN

创刊号 江苏省连云港市职工灯谜协会 主办
主 编：武骝 副主编：崔月明 王树春

● 发刊词 ●

我市职工谜协自成立以来，得到了社会各界朋友的关心和支持，使谜协在艰难的道路上一步一步地走向平稳。本谜协曾于八九年、九０年试编过两期内部交流小报《白虎山》，在试刊过程中，积累了一定经验，为现在正式办好《白虎山》小报打下了基础。从本期起，《白虎山》小报以清新俊雅的风貌展示在各位谜友的面前，本报以秉承中华谜学，普及和推广灯谜知识为宗旨，努力提高灯谜创作水平，探讨和研究谜艺、谜史，加强与各地谜协的交流，繁荣和发展我市的谜学，希望各界谜友给《白虎山》增添色彩，增添雄风，我们愿尽薄力，为繁荣我国的灯谜艺术做出贡献。

征稿启示

《白虎山》灯谜小报暂定季刊，面向谜协同仁及全国各地广大灯谜爱好者，选稿以新、精、广为原则，每期选登各位谜人最新佳作和有新意的谜论文章，欢迎谜人谜友及爱好者赐惠稿件，本报拟开辟以下栏目：

虎帐夜话——刊发谜论文章
虎林留迹——专发本市谜友作品
虎山撰猎——为会猜专栏
虎面冠者——佳谜欣赏栏
虎 刺——病谜评析
虎爪迅拾——刊发谜事信息
虎穴游趣——谜坛掌故栏
虎皮斑斓——刊发匾谜、哑谜、趣谜、灯谜等
与虎谋皮——请谜友配制谜面
射虎必备——为谜友提供制谜资料
虎风八面——介绍兄弟谜协概况及新作佳谜选刊

抗洪救灾专题谜 ● 武骝

治水车辆穿梭忙 国二		洪都拉斯
总书记亲赴各地察看灾情	县名三	江达望都明水
淞沪两地水已退	金融名词二	存折、存户
抗洪传来爱民歌	化妆品	幽发水
捐赠不计多与少	五唐	相送情无限
捐款戚洪灾	金融名词	文票、贴水

冰天幻影探谜踪
——介绍板浦清代谜家许桂林佳谜数条
·武骝·

最近笔者应人民日报出版社邀请，参与撰写《中华谜书集成佳谜赏析辞典》一书，遴选从宋代到民国间优秀谜作，有幸先睹了苏州高伯瑜先生珍藏的善本《七嬉·冰天谜虎》、《七嬉·幻影山得冰天谜虎全本》，此书是清代道光十七年丁酉三味堂刊本，署栖云野客。经查证，栖云野客为许桂林（1779－1822）的号。许氏字月南，一字同叔，别署冰天主人。江苏海州板浦人。也许是同乡同好之故，笔者怀着欣喜之情展卷饱览，每遇佳处击节三叹，获益颇丰，摘择其要略介绍，以飨读者。

《七嬉》一书富有传奇色彩的故事情节，通过主人公吴明试（谐音“无名氏”）在冰天谜场和幻影山的见闻，引出一百二十八条迷语，它不象《镜花缘》那样为丰富故事情节插进谜语，而是为介绍谜语以故事情节作铺衬。这种编排构思，在古代谜书中并不多见，不失为一种别开生面的叙谜方法。书中计有“四书”谜四十条，“周易”、“尚书”、“毛诗”“春秋”、“礼记”谜各八条，《西厢记》谜三十二条，曲牌、地名、人名、物名谜各四条，其质量多属上乘。

如“四书”谜中有“花和尚拳打镇关西”猜“不知者以为肉也”借《水浒传》中妇孺皆知的事故。鲁提辖为金翠莲抱不平，打死郑屠户，因为在肉铺前大打出手，围观者不知就里，自然以为是因买肉而产生的的争纷了。“夜半钟声到客船”猜“子路有闻”，面句为唐代张继《枫桥夜泊》诗中一句，与底句乍看风马牛不相及，作者巧将孔丘弟子子路两字一分为二，“子”即夜半时分，路为“旅途”，别解为船客途经姑苏夜泊于此而“闻”得寒山寺的（下转第 2 版

图 29－14 市职工谜协小报《白虎山》创刊号

民国 24 年（1935）5 月，新浦赵炳涛油行账房先生赵开永，发起成立新海制谜社，经常在《连云报》副刊《海市》中刊登谜语引射。并用自己微薄收入买些铅笔、本子、或以赠送《连云报》等方式奖励射中者。在教育界中向以制作、猜射学问谜见长的塾师王鲁南，常与赵开永切磋谜艺，各抒己见。王鲁南、王炳文等塾师，还常以猜谜启迪学生，增长学生知识。20 世纪 40 年代后期，新浦的《海报》上曾辟专栏刊登当地人制作的谜语。

20 世纪 80 年代初，轻工机械厂青年工人武骝开始涉足谜坛，从事灯谜创作活动，并于 1982 年 5 月起编印 32 开油印刊物《虎须》，刊登灯谜作品。武骝先后在《连云港日报》《新民晚报》《扬子》《中国谜报》《周末》《智力》等报刊上发表灯谜作品近 2000 则，多次在省和全国各种灯谜竞赛中获奖，1989 年获江苏最佳谜手和“中国优秀射手”称号。其创作的灯谜被江苏科技出版社出版的《当代中华谜手佳作选》等多种书籍所收录。1990 年春，市职工灯谜协会在新浦成

立，武骝为会长，首批会员8人，多数为新浦人。同年，武骝获武汉《全国灯谜名人战》第一名。1991年，市职工灯谜协会主办的谜友小报《白虎山》在新浦创刊（1999年5月1日改为《苍梧谜苑》），为谜友间交流和提高灯谜创作水平，提供了阵地。

2002年，武骝、崔月明主编的《中国成语灯谜大典》出版。

2005年2月5日（农历正月十五）晚上，中央电视台元宵晚会主持人送给亿万观众的两条谜语——“情人眼里出西施”“儿童相见不相识”，作者为新浦人武骝。

第九节　楹联创作

新浦历来有春节写春联、贴春联之俗。大商号开业请人撰写楹联贴于门面，祈望兴旺发财。清代陶澍在花果山三元宫、九龙桥、水帘洞、屏竹禅院、海曙楼及东磊等处留有10副楹联。其间还有段崇安在照海亭、常建极在屏竹社各有1副楹联。

20世纪80年代初，陈凤桐、曹华棣等人时常应邀为人制作楹联。曹华棣先后为省内外撰制各种体式、内容的对联近百副。他为南小区海宁园浮嵯亭撰联：“道有辟何不浮桴瀚海；学无际尽可泛嵯星河”，由陈凤桐以隶书书写，后刻于亭柱。他为河南郑州的黄河游览区撰联：“大河卷黄涛，汇百川而哺四海；中州悬丽日，导万象以振八荒”，也由陈凤桐以隶书书写，后被镌于黄河碑林。连云港市教师进行修学院陈振崙和陈凤桐二人在市委、市政府有关领导和部门支持下，于1981年1月1日开始向全国各地名人、书法家征集楹联墨迹1250余副。其中，多为歌颂连云港市山水风光的楹联佳作。后从中遴选出385副楹联墨迹，编为《当代楹联墨迹选》一书，1982年8月，由湖南美术出版社出版发行。1984年11月，陈凤桐应邀出席全国楹联学会成立大会并被推选为中国楹联学会理事。曹华棣也被吸收为中国楹联学会首批会员。

1993年5月14日，市诗词楹联协会在新浦成立，新浦楹联创作活动进一步展开。每年举行年会和研讨会，评选最好的诗词和楹联刊登于《连云港日报》和《苍梧晚报》，供读者阅读和春节书写楹联使用。

2001年7月1日，由新浦区《新浦诗讯》编委会编印的《新浦诗讯》，在其第一期“庆祝中国共产党建党八十周年”专栏中，有陈凤桐撰写的“春秋八十辉煌路，风雨万千壮丽歌”楹联1副。

2003年春节前，诗词楹联协会开展“庆佳节挂春联”大型文化活动，征联、评联、赏联，和义务为烈军属、老干部、下岗职工撰写春联。活动中征集春联350多幅，同时在新浦举办“羊年春联展”。春节期间，新浦大街小巷处处春联高挂、家家户户红联映门。大年初一上午，市四套班子领导在新浦“羊年春联展”的主会场与市民共同品赏春联。同年8月，《连云港市情》第七期刊登了陈凤桐撰写的“朐海文明长河三十四图楹联”，讴歌连云港市6000年文明历史。同年9月，陈凤桐、马平台合著的《集联细说》出版发行。

2005年3月，《花果山诗词(05)》第一期中，专辟一栏“楹联天地”，刊登了李德身、陈凤桐等撰写的18副楹联，以及“元宵诗会”悬联征对4副。同年6月出版的《花果山志》，书内收录了方毅、沙孟海等国内名家以及市内陈凤桐、李德身、杜庚、姜威等楹联名人高手撰写的赞美花果山的楹联多副。同年9月，《花果山诗词(05)》第三期，又选登楹联23副。同年，海宁小区75岁的范庆书老人编印的《对联集锦》印行，共收集楹联1448副，其中256副为老人自己创作的楹联。

第十节 书法创作

清末至解放前，当地在书法方面有一定影响的有刘允生、周怀贤、周藩西、顾铁侬、曹仲苓等。

解放后至新中国成立初期，书法活动较少。1959 年，全市《庆祝中华人民共和国成立十周年书画展览》在新浦举办，对新浦书法艺术发展起到促进作用。同年，市工艺美术研究所成员、新浦刊刻工艺合作社陈永高写的隶书“花果山”“水帘洞”“七十二洞”景点题名，被勒刻于花果山各个景点上。1973 年 5 月 23 日，“连云港市书法印章美术作品展览”在新浦举办。同年 5 月 25 日，建国中学老师周庚如，应邀在文化宫举办连云港市首次书法讲座。此后又举办多期书法讲座和书法培训班。周庚如、陈凤桐、温广宇、赵斯武等担任辅导老师。1979 年 10 月 5 日，市文联在新浦成立，新浦区教师侍少华任书法组组长。1980 年 5 月，文化宫举办“全国十八市职工书法篆刻联展”。同年 9 月，连云港市书法篆刻研究会成立，会员 24 人，杜庚当选为主席。同年，顾铁侬一幅行楷在澳大利亚的国际书法比赛中获二等奖。

1983 年 7 月 22 日，连云港市第一次书会—花果山书会在新浦云台宾馆举行。北京的陈乔、南京的武中奇、陈大羽、尉天池以及无锡、常州、盐城、扬州、徐州、泰州、上海、福建等地的书法家以及港城的杜庚、陈凤桐、张正渭等 30 多人应邀出席书会。1985 年，杜庚参加市书画作品赴日本的展出活动。其作品被全国人大、政协、新四军纪念馆等单位和日本堺市、爱知县博物馆收藏。1987 年，新浦区政府在新浦公园举办首次老人书画展。1988 年，为纪念连云港市解放 40 周年，市政府在新浦举办了百尺长卷书法集体创作活动。1989 年，延安中学教师赵斯武、周庚如和解放路小学教师郭守琪的书法作品在苏鲁豫皖书画展中获二等奖。青年书法家张耀山、陈迅等书法作品曾多次在国内重大书法比赛中获奖。1990 年年底，新浦书法界中成为全国书法家协会会员的有杜庚、顾铁侬、陈凤桐、赵斯武、张正渭、温广宇；为江苏省书法家协会会员的有周庚如、薛栋、许厚文、张耀山、郁正佑、朱仲萍、郑丽敏（女）、赵在中、陈迅、于剑平、陈长春。

20 世纪 90 年代起，新浦地区各中小学都增开书法课程，少年宫开办书法学习班，每年都举办少儿书法升级考核。1991 年，张耀山、陈迅、韩秉华参加由中央电视台、中国书协举办的第二届全国电视书法篆刻大赛，分获二等奖和优秀奖。同年 9 月 10 ~ 17 日，“周庚如师生书法展”在文化宫举办。1997 年 7 月，市职工书画展在工人文化宫举办，参展作品 96 件，市交通局获组织奖，13 人获一等奖，15 人获二等奖。1998 年，陈迅书法作品在江苏省首届美术节上获金奖。2000 年 12 月，在文化宫举办市首届青少年环保杯书画展。

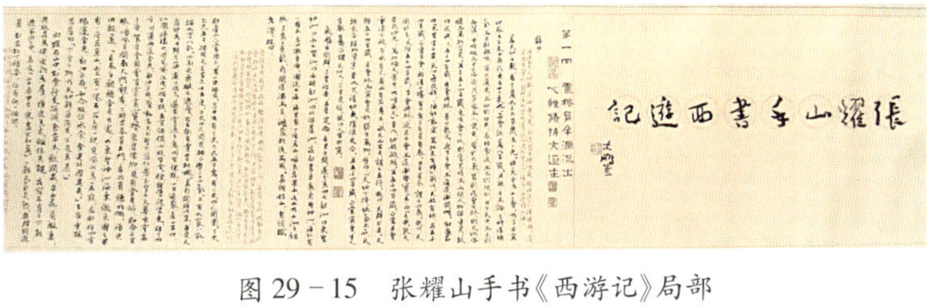

图 29－15 张耀山手书《西游记》局部

2001 年 8 月，在市第二届企业职工美术书法作品大赛中江祥荣的书法作品获银奖，王雷的书法作品获优秀奖。2003 年，书法家张耀山创作“手书《西游记》”。同年 6 月，连云港市书刻艺术家协会在新浦登泰大酒店成立，侍少华当选为主席。2004 年 7 月 1 日，侍少华的一副隶书——录苏东坡《念奴娇 · 赤壁怀古》作品在江苏省第三届企业职工书法作品大赛中获奖。同年 9 月 3 日，新浦地区书法家协会成立。同年，李敬伟作品入选第八届全国书法篆刻作品展、第二届“羲之杯”全国书法大展、纪念邓小平诞辰百年全国书法展等。2005 年 4 月 30 日，由市委宣传部、市总工会等 5 家单位联合举办的市首届职工艺术节开幕式暨新时代职工书画展在市博物馆开幕。书画展共征集作品 300 幅，有 237 幅作品参展并获奖。

第十一节　篆刻创作

解放前，新浦工于篆刻的有周藩西、陈永高等人。周藩西精钟鼎、石鼓、汉隶诸体。

新中国成立后，新浦地区乐于篆刻者有薛栋、施国斌、许厚文、魏裕宽、侍少华、骆玉宽、任小石等人。1973 年 5 月 23 日，首次全市书法印章美术作品展览在新浦举办，10 名参展篆刻作者中，有 5 名为新浦人。1986 年，许厚文发起在新浦成立连云港市苍梧印社，并出任社长。其成员 80% 为新浦居民（其后有 38 人作品 8 次在全国和省内外展览及大赛中获奖）。同年 11 月，侍少华、许厚文、施国斌篆刻作品入选江苏书画印展览。许厚文、薛栋、施国斌、苗季子、侍少华、任小石等 9 人在新浦举办九印人作品展览，展出作品近千方，时为新浦地区规模最大的一次篆刻作品展览。1988 年，许厚文的作品《江苏处处春意浓》，获“今日江苏篆刻大奖赛”优秀奖。许厚文、汪超、薛栋、张德斌的作品《金石同寿》，1989 年 4 月在台湾《印社》杂志命题篆刻竞赛中，获佳作奖。同年 7 月，许厚文的《水滴石穿》、张德斌的《虚心》两方作品，获全国首届现代篆刻艺术大赛优秀奖。1990 年 6 月，何连海的作品《要小心》，获全国“双龙杯”少年儿童书画奖“篆刻金杯奖”。

图 29－16　许厚文篆刻作品：《江苏处处春意浓》

图 29－17　侍少华书刻作品：《知足常回味》

1995 年，苏靖作品《弄潮儿》获西泠印社举办的全国命题大赛优秀奖。

1995 年，苍梧印社在新浦举办“江苏省印社作品联展”。参赛作者 298 人，展览汇集了各地 24 家印社计 1500 余方篆刻作品。

2001 年，侍少华开始研究现代刻字艺术。2003 年，其一方篆刻《海纳百家》入选全国权威杂志《书法》。

2004 年 3 月，连云港“苍梧印社”许厚文、何连海等 11 人的 25 方篆刻作品入编西泠印社出版的《国际印学社团精品博览》一书。同年，何连海篆刻作品在林散之书法大展中获奖。同年 10 月，侍少华的书刻作品《知足常回味》入选第五届全国刻字艺术展。

第十二节　美术创作

新浦的绘画活动兴于 20 世纪 30 年代末。民国 28 年（1939），陈少林在海州剧场制作海报，绘制大批广告画。民国 35 年（1946），他又为青年剧场绘制大型油画布景。民国 36 年，画家王小古、仇瑞平二人，在新浦举办国画画展。

20世纪50年代初，项宗义的《新型美术字》一书，由苏北人民出版社出版。王寿瑗出版了《三张标语》等多本连环画册。1957年8月，全市首届美术作品展览在新浦举行，参展作品8个画种，170余幅。1958年，倪传诗和邹本务合作的《出铁》版画，发表于《江苏画刊》。1960年，陈学慈的油画《港城黄昏》在江苏省油画展览会上展出。同年，其版画《海上渔家》发表于《新华日报》。至60年代中期，新浦已有王小古、陈少林、王寿瑗、张理、张一萍、项宗义、陈学慈、唐俊德、倪传诗、赵在中、石仁勇、戴筱林等一大批专业和业余美术工作者。

"文化大革命"初期，美术创作活动落入低谷。1970年，江苏省举办美术作品展览，新浦仅有张理创作的一幅国画《渔归》参展。其间，油画内容多为领袖像。

"文化大革命"结束后，美术创作再度兴起。1977年，张理的国画《劈山建海港》，首次参加全国国画展，后为天津艺术博物馆收藏。1979年6月1日，全区举办小学生美术作品展览。同年，画家王宏喜等人作品参加江苏省国画展。1980年10月，侍少华的水粉画《乳燕飞》获省首届电影广告宣传画展三等奖。1982年9月，王宏喜、侍少华合作的连环画《松针粉》入选省第二届科普美术作品展，并获一等奖。1983年，解放路小学赠送80多幅儿童画给日本朋友，后在日本的大阪、堺市等地展出。同年，王宏喜与侍少华合作的连环画《破除封建迷信》获江苏省第三届科普美术作品展一等奖。20世纪80年代，新浦美术工作者佳作频出：王宏喜创作的连环画《海盐由来》入选第二届全国科普美展，获优秀奖；周明亮国画《渔家》入选第六届全国美术作品展览，获优秀作品奖，后为中国美术馆收藏；周明亮、郭守琪、陈允陆合作的国画《我们船上的年轻人》入选国际青年·前进中的中国青年美展。金大雪创作的国画《墨龙》参加江苏出国国画展。王宏喜的《听瀑图》等3幅作品，在日本《海外观察》上发表。浦东中学教师葛玉其创作的漫画《无题》，在《工人日报》组织的全国漫画大赛中获优秀奖。身残志坚的花千红在南京举办《花千红国画展览》，其作品《春草池塘》被国家美术馆收藏，《好雨知时节》《墨竹双雀》被日本国新宫市政厅收藏。延安中学美术教师顾爱国利用暑假骑自行车旅行写生，行程1200多公里，并在北京劳动人民文化宫举办个人画展，展出作品100多幅。1986年3月7日，"江苏省水彩画展览"在新浦朝阳路市群艺馆开幕。同年4月举行"周兴版画作品观摩展"。1987年，青年画家江祥荣以盐场为题材的《盐场百里图》长卷，入选江苏省群众文艺作品展览并获奖。随后获第四届"峨眉杯"全国书画展金奖，并远赴日本巡回展出。1989年，连云港市油画研究会在新浦成立，有成员50余人，并举办全市首届油画作品展览。

1991年，连云港市书画院在新浦成立。1992年离休干部蒋步珊创办的文星阁画院在新浦海昌北路59号成立。1993年，马钝创作的国画《厚土》在中国美协举办的"全国首届中国山水画展"中获优秀奖。同年，连云港市花鸟画研究会在新浦成立。1998年，古强创作的工笔画《金色年华》获省群众文化"五星工程奖"。岳建仁创作的中国画《绿竹遗韵》、江祥荣创作的中国画《盐滩新貌》入选省首届美术节展并获铜奖。1999年，邵直君的油画《高原》获"新世纪江苏油画大展"铜奖。同年，刘太义的水彩、水粉画《梭蟹》入选第五届全国水彩(粉)画展。张岚军的《素水系列之十一》获中国鲁迅版画奖。同年12月，《石仁勇画集》由中国世界语出版社出版，中国版画艺术家彦涵为其作序。画集汇集了作者在从事国画创作30多年中所画《云台山九十九景》中的36幅佳作。2000年3月，残疾人画家花千红的《花千红画集》由天津人民出版社出版。同年，刘太义的水彩、水粉画《海鲜》获全国第十二届群星奖优秀奖。张义钧的山水画《松涛瀑布图》入选市反腐倡廉书画展并获二等奖，其山水画《孔望山》获全省书画展二等奖。

2001年2月，市书画院在新浦举办迎春中国画展，石仁勇、吴海浪、金大雪、古强等创作的50余幅国画参加展出。6月18日，市书画院在新浦举办连云港市首届公务员书画展。同年8月，黄祖明的山水画在江苏省第二届企业职工美术书法作品大赛中获奖。同年，邵直君的《高原系列》入选江苏油画展，并获优秀奖。次年，其《高原系列之二》入选“纪念延安文艺座谈会上的讲话发表60周年江苏省展览”并获铜奖。2003年，花千红国画入选“中国画小品扇面精作大赛及大展”并获二等奖。张岚军的版画《沁园春·雪》获第二届中国美术金彩奖铜奖。2004年，王志作品《丽人行》入选第十届全国美术作品展，并获江苏赛区优秀奖。2005年，钟志明的水彩画获全国水彩画优秀奖。贾俊春中国画《望》获全国画展优秀奖。孙传斌在连云港市《东方画廊》举办连云港市第一个油画、水彩画个人作品展——“孙传斌从艺五十周年绘画作品展”，展出其创作的油画、水彩画精品60余幅。同年12月27日，公园社区退休教师孙玉英创作的国画《牡丹花与6只和平鸽》，在国家文化部、外交部、中国美术家协会主办的2005年世界和平国际书画大赛中获第一名，孙玉英被文化部授予“世界和平文化使者”称号。同年，王志个人专著《王志水墨丹青》由中国工人出版社出版。

第十三节　摄影创作

解放前，新浦地区除几家照相馆外，摄影创作活动不兴。

20世纪50年代后期，新浦有薛栋、李训敦、秦俊、来俊华等新闻摄影记者和几个业余爱好者。1959年，省举办首届摄影展览，李训敦、来俊华各有一幅作品参展。后来俊华的《吊运化肥》等摄影作品入选全国摄影艺术展览。

1961年，全市首届摄影艺术展在新浦举办，展出摄影作品60余幅。此后，新浦文化馆成立摄影组，来俊华专门负责摄影创作工作。1965年，李训敦当选为江苏省摄影家协会理事。同年，来俊华的摄影作品《淮北盐似银山》，发表于当年《中国摄影》第6期上。

1978年3月8日，市妇联首届迎“三八”摄影图片展开幕，展会全部摄影图片由柳广汉、侍少华、李绪斌3人在各基层单位拍摄提供。

图29-18　许金芳获奖作品《小夜曲》

1980年11月，连云港市摄影工作者协会在新浦成立。新浦地区摄影创作活动进一步活跃。1983年，女青年摄影工作者骆晓玲的作品《海上田园》，入选“第二届全国妇女摄影工作者作品展览”，获国际和平年全国影赛优秀奖。同年，许金芳的作品《出海》，入选江苏省第九届摄影作品展览。1984年，照相馆摄影师武可钺、科技报摄影记者侍少华，自制彩色照片放大、冲洗设备，制作彩色照片获得成功。开了连云港市制作彩色照片之先河。1985年，周明的摄影作品《猫趣》，入选全国首届人像摄影艺术展，并获优秀奖。成磊的摄影作品《破土而出》《不折不挠》于1984年、1986年先后入选第九、第十届全国摄影艺术展览。《破土而出》获江苏省第十届摄影艺术展金牌。1985~1986年，在新浦工人文化宫先后举办两届沿海开放城市及经济特区、港口“人·海·情”摄影作品展览。1986 年 10 月,摄影家来俊华率先在新浦举办个人摄影作品展——“连云港风情绘”,展出作品 122 幅。1961 年至 1985 年,在新浦曾举办过 13 届全市摄影展览。1987 年至 1990 年,市青年摄影协会、市职工摄影协会、市人像摄影协会先后在新浦成立。新浦地区专、兼职摄影工作者和业余爱好者达 500 余人,其中来俊华、许金芳、王守良、成磊 4 人为全国摄影家协会会员,周宝杉、周锡俊、周永恩、赵鸣、王必馨、王维勤、许民等 7 人为江苏省摄影家协会会员。1988 年许金芳拍摄的《小夜曲》在“江苏摄影 50 年优秀作品展”中获优秀奖。

20 世纪 90 年代中后期起,随着人民生活水平提高和傻瓜相机、数码相机的普及,新浦地区摄影爱好者日渐增多,摄影创作活动进一步普及。专业摄影创作水平也不断提高。1993 年,骆晓玲作品《蛮横的执法者》获中国地市州盟报新闻摄影作品铜牌奖。1995 年,市群艺馆张晓东摄影作品《老伴》发表于《中国摄影》杂志。1997 年 12 月 18 日,张晓东创作的摄影作品在江苏省美术书法摄影展上获二等奖。次年,其作品《纽带》获“美在江苏”全省摄影作品展银奖、《编织新生活》获江苏省首届家庭艺术节二等奖。1999 年 6 月 7 日,周宝山摄影作品《秋韵》在南京举办的第六届中国艺术节、江苏省第二届美术活动周中获铜奖。7 月 17 日,张晓东摄影作品《参赛者》获江苏省第四届“五星工程奖”。同年 10 月 11 日,张晓东作品《点与线》、周宝山作品《楷模》在江苏省美术馆举办的“江苏省摄影作品展”中获铜奖。同年,张晓东摄影作品《参赛者》在全国“江宁杯”聚焦第六届中国艺术节纪实摄影大赛中获银奖,新浦中学教师朱兰摄影作品《天真》《雪中小屋》分获第二、三届国际华人美术大赛金奖,《浦东巨人》获中国优秀摄影作品奖。2000 年,新浦地区摄影家协会主席周永恩作品《故乡印象》获由中宣部、中国摄影家协会主办的“社会主义新农村摄影展”优秀作品奖,被评为 2000 年度《大众摄影》杂志群英会“十佳摄影师”。

2002 年 3 月,《许金芳摄影作品集》由中国摄影出版社出版。中国版画艺术家彦涵题写书名。影集收集作者自 1968 年至 2001 年 30 多年间摄影佳作 76 幅。同年,成磊摄影作品《火红乐章》入选江苏省第十六届摄影艺术展,并获金奖。周永恩摄影作品《欢灯》获 2002 年香港摄影画报月赛银奖,《好日子》获市首届社区艺术节优秀文艺作品奖。

2003 年,在中央电视台、《大众摄影》杂志举办的全国老年题材摄影大赛上,许金方摄影作品《种子》《金秋时节》分别获得获三等奖和优秀奖。同时,获江苏省第七届“五星工程奖”摄影银奖。同年,李绪斌的《日本前首相习天孜来中国祭祖》,获全国重大新闻二等奖。朱兰拍摄的《古塔穿云》获中国艺术摄影学会主办的“中国当代风光摄影展”银奖。同年 10 月 15 日,由市委宣传部、市摄影家协会主办的“神奇烂漫之都——连云港市大型摄影展”在朝阳东路市博物馆开展。展会共展出摄影作品 130 余件幅。

图 29-19 周永恩摄影作品《故乡印象》

2005 年,周永恩作品《故乡印象》获全国第 21 届艺术摄影展优秀作品奖。同年,成磊作品《水乡》《花儿朵朵》入选省“美在江苏”摄影展,并获优秀奖。同年 9 月,区委宣传部与《连云港日报》编辑部联合举办的“我看新浦新变化”征文(摄影)竞赛活动,庆祝新浦区建区 50 周年,《连云港日报》刊登该活动的 11 幅摄影图片。

第十四节　剪纸创作

明万历年间(1573～1620),域内云台山地区民间已有剪纸创作活动。剪纸作品主要为挂廊、窗花和花样。清末至20世纪50年代,每逢春节、端午节、中秋节等传统节日,或遇婚嫁喜庆之事,城乡民间均有在门楣上贴挂廊,在门、窗及箱、柜等家具上贴用彩纸剪成的龙、凤、马、鱼及福、禄、寿、禧、财字等吉祥内容的剪纸。婚嫁喜事多用红纸剪成方形“囍”字或“喜报三元”“榴开百子”等内容。民间妇女、小孩有穿花鞋习惯。做花鞋先要用纸剪成“小兔拜月”“虎头”及各种花卉,俗称“花样子”。花样子一般系“花婆”所剪,也有妇女自己剪鞋花的。民主社区王益春(女),解放前以剪花为生,新中国成立后和本家几个妯娌组成剪花组。王益春也擅长剪结婚用龙凤双喜花、盆花、碗花,装饰用的窗花、顶棚花、团花及其他装饰花等。“文化大革命”期间,剪纸的内容多为“红太阳”“革命样板戏”“忠”字图案等。

党的十一届三中全会以后,新浦地区剪纸工艺日渐兴旺。麻纺小区退休工人柳学华用剪纸反映港城的变化和时代的变迁,20世纪70年代末至80年代初,她先后创作了“忠心耿耿”“万年青”“婚庆喜华”等剪纸1000余件。家住民主社区的连云港光学有限公司办公室主任丁玉冰为中国剪纸艺术委员会会员、江苏省民间艺术家协会会员,他自1987年开始剪纸创作。1997年有4幅作品入选《中国民间百喜剪纸集》。2005年,他的剪纸作品《风雅颂》一组4幅获全国“西风烈”剪纸大赛优秀奖。临洪中学教师魏海丽,从小受家庭祖传剪纸技艺影响,学会剪纸。1985年参加工作后陆续剪纸。1990年任劳动技术课教师后,将剪纸工艺传给学生。1993年至1996年,她的学生剪纸作品多次在全区劳动技术课成果展中获奖。她的作品《梅兰竹菊》于2001年入选省美术作品展,并获省首届社区艺术节优秀作品奖。20世纪90年代初,家住龙河北路、时年近七旬的张星洲老人开始学习剪纸。1994年,她剪制的《百蝶图》获首届中华巧女手工艺品大赛优秀奖。90年代末,驻地连云港师范专科学校附中教师汪涛自编《民间剪纸》校本教材,培养学生剪纸技艺。2003年,临洪中学教师魏海丽宣纸贴画《傣族姑娘》获市剪贴作品一等奖。同年11月,在市第二届社区艺术节综艺活动中,柳学华剪纸《群猴图》获二等奖。2004年,在“星星河杯”全国少年儿童书画比赛中,学生杨懿、王兴伟、赵梓涵3人获剪纸一等奖,顾程、相楠、牛梦妍3人获二等奖,胡韶文等5人获三等奖。2005年7月,魏海丽以宣纸贴画《平安五福自天来》参加全国民间工艺推新人评选,获全国“推新人‘民间工艺’十佳”称号。同年11月30日,柳学华的剪纸《五环》《福娃》获市妇联、市总工会颁发的荣誉证书。同年,连云港师专附中剪纸作品参加市第二届青少年书法美术作品展,李乙葶、张艺、张羽同学作品获一等奖;丁丹妮等5人、王一然等6人分获二、三等奖。

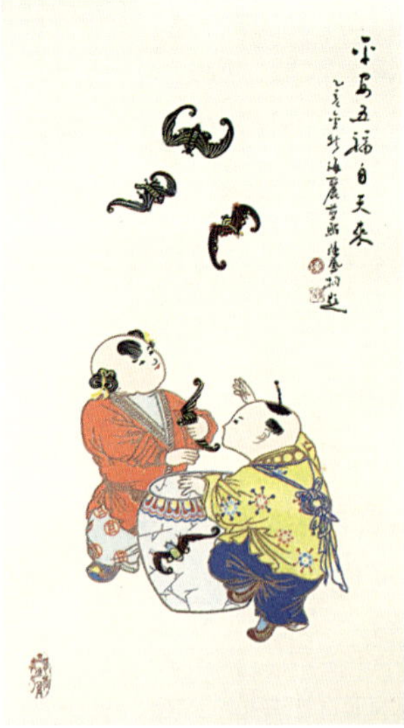
图29－20　魏海丽剪纸作品《平安五福自天来》

第三章　戏剧　电影

第一节　戏剧演出

一、京剧

光绪二十七年(1901),新浦天后宫戏楼建成,京剧徽班即前来演出京剧《打面缸》《打砂锅》等剧目,新浦的京剧演出活动由此开始。至民国4年(1915)前后,山东临沂徐鑫培(老生)、王善善(老生)、何胜云(旦)及赣榆沙河的“盛”字班等均到此演出过。

民国17年(1928),赣榆县的德义、同庆两京剧科班中的鲁德吉(净)、张同英(小生)、魏德明(小生)、沈同芳(旦)、谢同庆(生)、杜同洪(净)等应邀到新浦新新舞台搭班唱戏。此后,窦玉亭(生)、小翠凤(旦)、冰雪霜(旦)、鲜牡丹(旦)、杨博生(生)、赵叔声(生)等也应邀到新浦演出过京剧《玉堂春》《借东风》《四郎探母》。唐山平剧社也来此演出过《花为媒》。

民国18年(1929)1月,天津名角盖天红来新浦更新舞台演出。后上海名角麒派老生刘奎童在更新舞台上演连台本戏《金鞭记》《天河配》,演《天河配》时使用机关布景:织女下河洗澡时,用白铁皮制成的荷花竞相开放,将白绸布上下抖动,投以灯光,造成天河波光粼粼的逼真效果,一时轰动新浦。

20世纪20年代末到30年代中期,新浦京剧演出活动十分活跃,新新舞台、更新舞台竞相上演,地方京剧票房、京剧班底开始形成。民国26年(1937)秋,更新舞台被日军飞机炸毁。民国27年,新新舞台拆除。新浦京剧演出一度停顿。

民国28年,东海舞台建成后,有北京的谢春云(旦)、天津的董月明(武生)等到此演出。沭阳的少艺班和当地的海联剧社成员也相继在此演出。民国36年(1947),国民礼堂建成。新浦京剧班一直在此演出,曾聘请周子祥(丑)、陈锦章(生,艺名小麒麟童)、陈锦枫(旦)、李筱亭(生)、何幼宝(武生)、李润珠(旦)、刁吉良(生)、艳月樵(生)、高维金(生)、和东吉(生)等搭班演出《群英会》《玉堂春》《四郎探母》《王宝钏》等剧目。

新中国成立后,市人民京剧院在新浦成立,经常在人民舞台、工人文化宫剧场演出京剧。同时,许翰英(旦)、王玉蓉(旦)、赵麟童(生)、新艳秋(旦)等京剧名角也常应邀前来献艺,并时有外地京剧团前来演出。看京剧成了新浦市民的文化生活内容之一。京剧票房也为民间一种自娱自乐组织形式。

“文化大革命”期间,京剧团主要演出革命现代戏《沙家浜》《奇袭白虎团》《海港》等,传统历史剧目一律停演。

改革开放后,传统京剧剧目逐步恢复上演。新浦地区一些剧作家开始编写京剧剧本。1979年,剧作家周维先根据内蒙古大青山游击队素材,编写出京剧剧目《月亮花》,参加江苏省京剧会演。京剧票友活动更为活跃,市工人文化宫、南小区的海宁园和龙尾街、通池街等居委会活动室,成了票友们的活动基地。1982年,剧作家朱秋华根据《山道弯弯》,改编为京剧剧目《翠竹青山》,参加江苏省新剧目调演。1983年,舒畅编写历史京剧剧目《审骨辨忠》,参加全省汇演,获剧本奖。1983年6月,新浦、海州京剧爱好者自动联合举行义演活动,支持市少年宫建设。1985年3月,新海区业余京剧团成立后在新浦、海州地区演出传统京剧剧目《女起解》《坐宫》《打渔杀家》和海州文化馆创作的京剧《审土地》,活跃群众文化生活。1988年秋,市京剧团拍摄京剧电视片《故城春梦》,获全国第四届戏曲电视大奖赛三等奖。

1990年后,京剧演出市场萧条,市京剧团暂停演出活动。社区戏迷开始组成业余京剧团,平时自娱自乐,节假日在社区为群众演出。2001年9月,新浦区民主社区京剧社成立。有成员37人。先后排演过《春秋配》《大登殿》等传统京剧剧目,到市福利院、武警支队、区环卫所等单位进行慰问演出。次年,参加在苏州举办的中国京剧票友大赛中获"重大贡献奖"和"优秀组织奖"。

二、淮海戏

清末民初,淮海戏传入新浦地区,俗称"小戏"。初无固定演出场所,多于村头、街巷圈场演唱。演唱内容多为《劝嫁》、《访友》、《武妆》等根据民间传说改编成的段子。20世纪30年代,前河北岸(俗称"前河底")小戏场形成,淮海戏多于此地演出。主要演员有灌云、沭阳一带的郭广发(通称"郭大发子")、朱桂洲(通称"小花褂子")、李秀英(通称"大嘴小李")和杨云发(通称"杨大牛子")等。演出时,在空地上放张席子,1张桌子,两条长板凳,便是舞台。演员也不化妆,演老生的头戴呢帽,身穿长衫;白的或黑的胡子往脸上一挂,就算是皇帝、宰相、官吏、儒士;女演员,头上扎块包头巾,腰间系条蓝色或黑色的裙子,手上拿把扇子就入戏。主要演唱《皮秀英四告》《樊梨花点兵》《大书关》《小书关》《梁山伯与祝英台》《王婆骂鸡》等传统剧目。

图29-21 20世纪50年代田头演出淮海戏

20世纪50年代初,市搬运文工团和龙尾、盐河两区业余剧团主要排演淮海戏。淮阴地区大众淮海剧团也前来新浦南广场演出。50年代末,在新浦开办的市戏剧学校(后改为市淮海剧团),除演出一些传统剧目外,还排演现代剧目。1960年,新浦地区的搬运文工团创作并演出淮海戏《跨淮河赶长江》,在全省汇演中获创作奖。1963年,王健根据小说《捉鬼计》,改编成为同名淮海戏。1964年,市戏剧学校排演的新编淮海戏《海花》,参加江苏省现代戏曲观摩演出,受到全省文艺界的赞扬,并应邀赴20个市县巡回演出。1966年,搬运文工团创作的淮海戏剧目《去生产队路上》,在全省汇演获创作一等奖。

"文化大革命"期间,新浦地区淮海戏演出活动基本停止。

中共十一届三中全会以后,淮海戏演出再度兴起。现代戏《儿女传奇》《母子岭》《柳叶儿》《邻居》《海外姨妈》,古装戏《莫愁女》《汉宫怨》《杏花烟雨》《桃花女》等频频上演,深受观众欢迎。

20世纪80~90年代,市淮海剧团先后排练演出的新编历史剧《审骨辨忠》现代戏《巧凤》《光明使者》《红尘悲歌》《爱河溜溜》《大路朝阳》《代代乡长》等先后在新浦上演。

2003年11月,市淮海剧团在黄海影剧院上演一台反映农村基层文化拓荒者开展精神文明建设的淮海戏《明月芦花》。2005年,《明月芦花》荣获第四届中国戏剧文学奖铜奖。

20世纪90年代至2005年,新浦地区淮海戏演出活动逐步形成专业剧团与社区业余剧团齐发展的局面,新浦区先后成立了的市东街道淮海剧团、新浦区淮海剧团、新连港淮海剧团、港城淮海剧团、白玉兰淮海剧团以及花果山乡、南城镇等9个业余淮海剧团,有演员近300人。先后分别排演了《张郎休妻》《三拜堂》《皮秀英四告》《小姑贤》《莫愁女》《金娥恨》《莲花庙》《白奶奶醉酒》《墙头记》《打金枝》《女太子》《恩仇录》《挑女婿》《借女冲喜》《五女拜寿》《卖油郎独占花魁》《碧玉簪》《红楼梦》等大型古装淮海戏和《周发乾杀妻》《丑嫂》《扁担会》等20台大型现代剧目。同时,还根据全区改革开放发展形势需要,自编自演一批反映经济、社会可喜变化的小节目。民间业余淮海剧团不仅常年不计报酬深入到区内的乡村、街道、社区、农场演出,还经常到东海、灌云、灌南3个县及岗埠农场、灌东盐场、徐圩盐场、台北盐场等地演出,深受广大观众的欢迎和好评。全区业余剧团年均演出达1000场次左右,观众达350000人次左右。2001年11月,花果山乡淮海剧团自编自演的现代剧《扁担会》,在全区各地巡回演出近百场次并参加全市戏剧汇演,获优秀剧目奖。2005年12月,经新浦区戏曲协会选拔推荐,部分业余剧团及演员参加省委宣传部、省文化厅举办的全省戏剧票友大赛,刘成华、董敏、刘齐、陈青分别获得淮海戏“十佳票友”称号;杨守兰、李正翠、徐同珍等获优秀表演奖。

三、话剧

民国14年(1925),新浦出现话剧演出活动,时称“文明戏”。当年,海州十一中学为了歌颂在“五卅”运动中英勇献身的工人代表,在新浦天后宫戏楼演出文明戏《蔡公峙殉难》。

民国20年“九一八”事件后,更新舞台曾上演《放下你的鞭子》。

抗战胜利后,爱好话剧的知识青年杨璧成、孙效吾等发起排演一代名剧《夜半歌声》。后因经费等问题未能上演。民国35年(1946),青年剧社、海艺剧团相继成立。先后演出过《野玫瑰》、《反间谍》、《雷雨》等剧目。

新中国成立后,新浦地区话剧演出首先在小学校兴起。1950年,教师剧团成立,排演话剧《龙须沟》,除在新浦公演外,还去农村巡回演出。1950年至1958年,新海中学话剧队先后排演了《农公泊》《王贵与李香香》《台岛之夜》《西望长安》《同甘共苦》《烈火红心》《雷雨》等大型剧目,有的戏连演数十场,在新浦地区享有盛誉。1964年10月,市话剧团在新浦成立后,《特别代号》《霓虹灯下的哨兵》《杜鹃山》《年青的一代》等剧目频频在新浦上演。

“文化大革命”期间,话剧团演出中断。

党的十一届三中全会后,话剧演出活动重新活跃。《枫叶红了的时候》《于无声处》《雷雨》《案件在你身边》《爱的风采》等都很受观众欢迎。1984年,市话剧团在新浦演出创作剧目《最后一杯苦酒》和《野蔷薇》,其中《野蔷薇》半年内演出53场,受到省文化厅的表彰。同年,市话剧团排演的话剧《生命长堤》获江苏省第三届精神文明建设“五个一工程”奖。

1985年,市话剧团试行体制改革,分两个承包队,深入农村巡回演出。1986年后,话剧演出一度不景气,剧团排演歌舞节目,以“连云港市淮海艺术团”的名义巡回演出,颇受群众欢迎。1988年,市话剧团重新排练剧目深入盐场演出,但观众已锐减。

20世纪90年代,新浦地区的话剧演出渐少。1996年6月,市话剧团排演反腐倡廉七场话剧《苍天在上》,在市区及淮阴地区演出78场。1997年,排演五场(后改四场)大型话剧《生命的长堤》,参加连云港市第四届专业剧团新剧(节)目调演,获优秀节目奖,并获江苏省第三届精神文明建设“五个一工程”奖。1999年,市话剧团排演反映连云港市精神文明建设典范、新浦长途汽车总站长途服务组学雷锋事迹的多场次话剧《车站浪漫曲》在新浦上演，受到观众热烈欢迎。该剧在省第三届戏剧节上获优秀剧目奖，并参加庆祝中华人民共和国成立50周年优秀剧目展演。

2001年起，新浦地区话剧演出更为少见。

第二节　电影放映

民国13年(1924)秋，新浦首次露天放映无声电影《渔家女》。民国27年(1938)，新浦出现第一个电影放映场所—新浦映画场，仍放无声电影。民国29年开始放映有声电影。解放前夕，新浦电影放映场所极少，且设备简陋。有的甚至用手摇机、利用日光进行放映。电影观众极少。

新中国成立后，市总工会将一座旧仓库改为新海电影院，设观众席400座，为职工放映电影。1952年5月，山东省临沂专区放映队第二队到新浦，采取单位组织包场办法(每场包场费50万元，旧币)，露天为群众放映。1953年1月划江苏省后，江苏省电影教育工作队第5中队到新浦放映电影。1953年冬，工人电影院在新浦市化路建成，室内放映条件大为改善。1956年秋，市电影放映队成立后，露天放映活动频繁。看电影成为群众重要文化生活内容之一。其间，市电影院放映队经常到云台山地区为农民放映电影。城乡驻军也经常在广场上放映电影，军民同看。

"文化大革命"期间，一般影片都被禁止放映。经常由各单位组织包场看样板戏影片。

中共十一届三中全会后，老影片逐步解禁。1978年2月13日晚，新浦公园露天电影院放映《刘三姐》影片，轰动新浦、海州。1979年春，全市最大的演映场所——黄海影剧院在海连中路建成并正式营业。同年，西天池露天电影院建成投入使用。1982年10月，坐落于海连东路的艺术剧院建成，填补了城区东郊电影放映场所空白。1984年，花果山乡购置35毫米座机1台，利用乡政府会堂放映电影。1989年4月，坐落于解放西路的东方影视中心一期工程竣工，设有825座的电影厅开始放映电影。20世纪80年代中后期，黄海影剧院、新浦露天电影院等还开办电影小夜市，以适应观众需要。

20世纪90年代起，因电视进入城乡居民家庭，新浦地区只有黄海影剧院一家正常进行电影放映。

第四章　演映场所

第一节　剧　场

一、天后宫戏楼

建成于光绪二十七年(1901)。坐落于新浦天后宫前殿身后，面北。戏楼为两层木结构，建筑雄伟。歇山顶，脊中有"葫芦尖"，四角起翘。台面铺设木板，宽约9米，深6米多，由4根粗大圆木柱撑起。台后两侧各有一小门，上挂门帘，分别写上"出将""入相"，供演员上下场。清末民初，为新浦主要演出场所，常有徽班、京班来此演出。

新新舞台建成后，天后宫戏楼渐渐冷落。民国27年（1938）东海县政府迁入新浦天后宫，不久，将戏楼拆除。

二、新新舞台

坐落于后街路南侧（今建国路小学院西）。民国17年（1928），由“源甡永”津货店老板、天津人史文访和“万新顺”商行老板霍炳中合资建造。建筑简陋，为木柱框架、泥笆墙，起脊、草棚顶，南北走向，正门开在北面山墙上。场内中座置一排排蓝色长凳，中座周围有一圈1米多高的栏杆，栏杆两侧为边座，亦称走廊，全场可容纳观众八九百人。为新浦第一座室内营业性剧场。舞台建成后，由当地票友组成班底，邀请外地名角到此演出。因年久失修，无法维持演出，于民国27年（1938）拆除。

三、更新舞台

坐落于新浦三新街口（即今建国路303号）。竣工于民国18年（1929）1月12日。由新浦四泰油坊老板刘次公和轮船公司经理杨少辰等人集股建造。坐南朝北，中间起脊，屋面全部以进口瓦楞铁皮覆盖，四周装有排雨水的管道。舞台正面为3个拱形大门，门内为长方形门厅。门厅两侧各有一楼梯通楼座。楼座沿两侧墙壁向台口延伸，其前端分别为东西包厢。楼下池座分中座、边座。中座共3纵行，一式长靠背椅，夏季则更换为藤椅，其周围设有栏杆；边座座椅皆背倚侧壁，观众看戏需侧身转首。池座后专设“弹压席”，供警察看戏并维持秩序用。整个戏院共设座席1000余个。舞台场面宽阔，并设有转台装置。台板下安置几口大缸，以增强音响效果。整个舞台设计精巧，建筑工艺考究，装修豪华，堪与上海天蟾舞台媲美，在苏北首屈一指。上海、天津、青岛、济南、南京、蚌埠等地一些京剧名角，经常应邀到此搭班演出。民国26年（1937）秋，舞台毁于日军轰炸。

四、东海舞台

位于新浦新市街（今新市路）西端北侧。新新舞台拆除和更新舞台被炸毁后，新浦一度无室内剧场。民国28年（1939）马景文、常玉路等人发起兴建东海舞台。舞台坐北朝南，草棚顶，篱笆墙体，舞台为泥块垒成。场内置简易长条凳。舞台建成后，召集原更新舞台班底，或请外地名角演出。次年，改由一金姓朝鲜夫妇经营。民国31年（1942），进行整修，更名为“东亚舞台”，重新经营。在民国35年（1946）年底的一次演出中，观众中伤兵与警察发生冲突，双方开枪，当场死伤多人，场内混乱，剧场篱笆墙被撞毁，次年拆除。

五、东海县商业公会会堂

坐落于新浦中山路北侧津海巷内一座二层楼上。日伪统治期间，室内设舞台，无观众座凳，时常作为演出场所，曾上演过京剧《打渔杀家》等。抗战胜利后会堂改作他用。

六、青年剧场

位于新浦中正路（今解放中路）西端路北。原为东海县三青团团部礼堂，长方形，砖木结构。民国35年（1946）改为剧场。砖砌舞台，高0.8米，宽8米。场内可容纳400余名观众，接待过京剧班社演出。1959年1月，市戏剧学校在此建校，剧场改作练功房和排练场地。20世纪70年代后期拆除。

七、人民舞台

位于后街南侧(今建国路小学院内)。建于民国34年(1945),原为国民党东海县党部建的国民礼堂,演戏兼放电影,时称"大戏院"。砖木结构,坐西朝东,正面为三个拱顶门,门内有三米多宽的门厅,门厅内有两个大门进入场内,门厅北侧有一小门,缘梯可登楼座。剧场南北两侧各有两个太平门。场内木梁铁柱,围墙全部用海州古城砖砌成。舞台长约9米,宽约9米,台口装有木栏杆。台板下有5口喇叭形大水缸,半圆形排列,面向观众,以增强音响效果。舞台两边有副台,接化妆室、服装室。台下观众席置长条木椅,楼座为长条木凳,可容观众800余人。剧场东北角设小卖部,供应茶水、瓜果。

新中国成立后,剧场收归国有。1951年5月,改名为人民舞台,作为新海连市人民京剧院活动场所。1953年、1961年先后两次进行大修,使之结构更合理,音响效果更好,为新浦主要戏曲演出场所。京剧名角许翰英(旦)、赵麟童(生)、新艳秋(旦)、宋长荣(旦)及江苏省扬剧团、梆子剧团都曾来此献艺。1971年拆除。

八、工人文化宫剧场

坐落在新浦市化路东首,是建国后连云港市建造的第一座以演出戏曲为主的剧场。剧场前身是新海连市工人俱乐部的一个露天舞台。1956年,改建为文化宫剧场,同年底竣工。剧场总面积为700平方米,观众座席1000个。1957年元旦正式对外营业演出。1971年,剧场舞台加高,增设装台和吊布景用的天桥和"葡萄架",扩大了化妆室。1975年,剧场增设前门厅,面积约100平方米。1978年剧场改造,扩大观众席,修建演员宿舍。改造后的剧场面积为999平方米,座席1116个。

工人文化宫剧场是新浦地区的主要戏曲演出场所。除本市剧团外,每年来此演出的外地剧团应接不暇。上海越剧院、江苏省京剧院、江苏省锡剧团、江苏省梆子剧团、山东省吕剧团及很多市县剧团到此演出过。1994年,该场迁至新浦朝阳中路,改名为连云港市群众艺术馆。

第二节　电影放映场所

一、新浦映画场

民国27年(1938)秋,日本商人峰本一郎在新浦中山路万康祥楼上开办映画场,设座席200个。使用日本制造的"罗拉牌"35毫米放映机,美国造发电机,自己发电放映电影。此为新浦第一座室内无声电影院,后更名为"新浦电影院"。影片多通过在上海经商的新浦人邮寄过来。民国29年,开始放有声电影,民国36年(1947)倒闭。

二、徐徐电影院

抗战胜利后,设于陇海公寓东侧一座楼上。当时没有电源,便在屋顶上开天窗,在白天利用太阳光源放映电影。放映机全靠手摇。放映速度不匀,质量很差。不久,因没有新片而倒闭。

三、工人电影院

新中国成立后，市总工会将日伪遗留下来的一座旧仓库改建而成，观众席400个。1952年，拆除重建。1953年冬竣工投入使用。电影院内面积600平方米，观众席964个，为专用电影院。2002年9月，因房屋破损、设备陈旧而停止使用。

四、新浦露天电影院

坐落于解放西路南侧。1973年由市文教局影剧场革命领导小组创办。建有门面房、售票处、放映楼、屏幕、围墙。使用35毫米放映机放映。初无坐凳，1978年建条形石凳，计4000余座，观众对号入座。有时每晚放映两场。1987年秋，拆除兴建东方影视中心。

五、新浦公园露天电影场

1978年夏，新浦公园利用园内西南角场地建成。建有电影放映楼和屏幕。用16毫米放映机放映，每年4～10月营业，每晚放映两场。

六、西天池露天电影场

1979年，区文化馆利用西天池人防工地空场地建成。由市电影公司放映队放映。场内初无坐凳，1980年年底，砌有阶梯式座位，可容纳1200余人。同年，由区文化馆电影组用35毫米提包机放映。1986年停止放映。

七、东方影视中心

东方影视中心位于解放西路18号。由中国电影发行放映公司、江苏省电影发行放映公司和连云港市电影剧场公司合资兴建。1987年9月18日动工，1990年4月20日，一期工程竣工，并试开业。一期工程主体面积4288平方米，附属工程450平方米，电影厅设观众席825座。配有地毯和音乐喷泉。另有设置200个软席的小放映厅、内装地灯的舞厅各1座。3个楼层分别为游艺、棋牌、健身等活动室，是一座综合性的娱乐场所。20世纪90年代后，电影停放，成为专门游艺活动场所。

图29－22　图为1990年建成投入使用的东方影视中心

八、黄海影剧院

坐落于海连路与南极路交叉口西北角，1974年动工兴建，1979年1月25日建成开业。投资170万元。总面积为4000平方米。主体建筑包括前大厅、观众厅和舞台。附属建筑有空调机房、演员宿舍和演员餐厅。

黄海影剧院属甲级影剧院，观众席分楼上楼下两层，座席1383个（楼下867个，楼上516个）。舞台区由表演、乐池、副台3个部分组成，总面积600平方米。舞台台口宽14米，深17.5米，高9米。两侧副台均为81平方米，乐池50平方米，舞台空间高度22米。舞台区后面是1座三层楼建筑，底层是化妆室、服装室，二、三楼为演员宿舍，有床位60张，加上前楼3个房间，共可容纳80人住宿。演员餐厅面积为100平方米。从1981年起，剧场内冷暖气设备正式投入使用。开业后，除放映电影外，还先后接待省以上文艺团体演出。1989年，被省文化厅命名为明星剧场。1990年后，全市性的庆典活动及重要会议多在此举行。直至2005年，市重要会议都在此召开。国家，省、市乃至外国演出团体都在此演出。

图29－23　黄海影剧院

九、艺术剧院

坐落于海连东路。1979年7月破土动工，1982年10月竣工并投入使用。剧场设观众席938个，舞台宽、深、高均12米，面积144平方米。剧院后厅200平方米。艺术剧院地处新浦东郊，较偏僻，以放映电影为主，也接待外地剧团。市专业剧团的彩排及重大演出有时也在这里进行。1994年，改为“七一六”工人俱乐部。

第三节　歌舞厅

20世纪50年代后期，新浦开始出现跳舞活动。新浦文化馆以门厅作为舞场，供爱好者跳舞。工人文化宫以旱冰场兼作舞场。60年代，文化宫增设室内舞场，供职工跳友谊舞。

改革开放后，新浦地区开始出现经营性歌舞厅。1987年，云华宾馆舞厅率先开张。1990年，东方影视中心舞厅建成投入使用。随后，区文化馆的美思舞厅、市淮海剧团的青春舞厅、市歌舞团的歌舞厅、上海饭店舞厅、市东舞厅、银苑舞厅、水晶舞厅、明珠舞厅等相继开业。1989年10月，对外营业的区海云大厦歌舞厅，舞池面积135平方米，设客座70个，厅内配有全新灯光设备和多功能组合音响，舞台旁另设有咖啡厅。

20世纪90年代起，跳舞渐成人们业余文化生活和社会活动的重要组成部分。新浦的歌舞厅发展较快。市民政局创办的“天外天舞厅”（海连中路天然居西侧）、振兴大厦与台商合资的“红宝石娱乐中心”（龙河广场东首）、“金都大森林歌舞厅”（海连中路陇海饭店院内）、“地下康乐宫”（华联商厦东侧）、工人文化宫与香港启祥船务公司合资兴建的“大富豪夜总会”（利用原文化宫职工剧场）以及“库斯科”（海连中路）、“曼哈顿”（幸福路）等一批档次较高的歌舞厅先后开业。同时，个体、私人开办的小歌舞厅不断增加。90年代中期，新浦地区大小歌舞厅多达近60家。之后，由于有的歌舞厅中违法经营甚至出现丑恶社会现象，文化部门依法加强对歌舞娱乐场所规范管理，对一些违法经营、存在火灾隐患的歌舞厅进行整顿，歌舞厅有所减少。至2005年，较有名的室内歌舞厅有18所。

2005 年新浦地区主要歌舞厅概况表

表 29－1

名　　称	经营地址	名　　称	经营地址
新明珠大酒店有限公司	海连中路 122 号	银艳大众舞厅	银河购物中心七单元二楼
大世界娱乐会所	解放西路 26 号	聚丰 KTV	南极北路 118 号
康力经贸有限公司 杭州人家美食广场	苍梧路 36 号	万紫千红 KTV	朝阳中路 60 号
菜市社区圆梦缘歌舞厅	解放中路 88 号	东方大酒店	海昌北路 146 号
一千一夜大酒店金矿 餐饮会所	市化路 31 号	连云港韩亚娱乐城	苍梧东路 36 号
星光灿烂舞厅	解放中路 118 号	登泰大酒店	通灌南路 98 号
竹柳青歌舞厅	海连西路 19 号	锦云大厦	海昌北路 68 号
菜市社区联民舞厅	新浦区体育馆内	连云港佳弗林舞厅	解放西路 28 号
河西社区声声缘歌厅	幸福路 8 号	凯悦花园酒店	海连东路 3 号

第五章　演出队伍

第一节　民间乐队

一、锣鼓棚

锣鼓棚，为解放前民间吹打乐队活动的一种组织形式。因其活动总是在由 4 根杆子撑挑起的布棚子下进行而得名，也称“十番锣鼓棚”。

新浦地区的锣鼓棚一般长 3 米、宽 2 米，大的长 4 米、宽的 3.5 米左右。锣鼓棚顶子高 40 厘米左右，平顶四周下边带“走水子”。

锣鼓棚下的吹打乐队有大鼓 1 只，大锣、堂锣各 1 面，大钹、小钹各 1 面，另有唢呐、梆子、汪锣、云锣、磬及笙、箫、笛。锣鼓棚为民间烧香会的组成部分，多在烧香会队伍行进时演奏行进乐曲。有时也停下演奏其他乐曲。锣鼓棚在其他大型灯会或喜庆活动时，也会出动。解放前，活动于双池一带的第十三烧香会，以张氏弟兄为主的锣鼓棚最为活跃。不仅锣鼓打得好，唢呐、管都吹得好，名噪一时。

新中国成立初期，锣鼓棚仍出现于一些大型庆祝活动中。20 世纪 50 年代中期起逐渐消失。

二、锣鼓队

锣鼓队，在新浦地区比较活跃和受欢迎。主要用鼓、大小锣、大小铙进行演奏。解放前，多用苏州产的苏鼓、苏锣，发音洪亮。锣鼓队除参与锣鼓棚活动外，更多的是活动于民间庆典、传统节日演出中。

解放后，锣鼓队成了居民、村民和各单位参加集会游行、进行街头宣传演出的重要力量。20 世纪 50

年代、60年代,甚至“文化大革命”时期,每个居委会、农业生产大队和绝大多数厂矿、学校、机关单位都有锣鼓队。

新浦地区锣鼓队常演奏的曲调有《一盆火》《过街牌》《七锤头》《长流水》《急急风》《索马》等。双池街张姓一班、市东街聂姓一班演奏技艺较高,演奏的《长流水》曲调,锣鼓家伙配合默契,节奏明快,和谐悦耳,听者赞曰:“好似一汪水”。

20世纪90年代后,锣鼓队不再单独活动,一般用来为花船、花挑等舞蹈伴奏。

至2005年,新浦地区有比较活跃的各式锣鼓队16支。

图29-24 20世纪50~60年代活跃于街头的锣鼓队

三、唢呐班

新浦城乡民间的吹奏乐器主要是唢呐,俗称“呜哇”。吹唢呐的人叫“吹呜哇的”“吹鼓手”。几个吹鼓手配在一起,称“唢呐班子”。

吹鼓手讲究技艺,讲究配合,遇事各找帮手,临时碰班子,如合不来,即使父子、弟兄也不在一起吹奏。故唢呐班平时无固定组织形式。

解放前,活跃于民间的当地吹鼓手有20余人,比较有影响的有双池一带的徐佃银父子,贾圩的李志和、李志祥兄弟和宋同熙,老大街的曹金成父子,大庙巷的刘润芳、刘仇芳,通池街一带的赵守友、杨守宽、韩继春等。其中,李志和吹“双庆”(两个鼻孔同时吹两个小唢呐),杨守宽吹大唢呐皆技艺超群。

唢呐班子主要为民间婚丧喜庆进行演奏。喜事中,一般是两个吹唢呐的另加1个吹箫、1个吹笙的,随男家迎亲队于途中接到新娘回家时,沿途吹奏,中饭后即结束。童谣“呜的呜的哇,新娘到婆家”流传至今。在丧事活动中,唢呐班子为8~10人,即大、小唢呐1~2人,另有吹箫1人、吹笙1人、打大锣2人、敲小锣1人、敲小钹1人。唢呐班也会应邀参与锣鼓棚及其他文娱活动演出。

唢呐班吹奏的曲调有上百种,常用于迎亲的有《大桃花》《小桃红》《一枝花》《朝天子》等;常用于丧事的有大、小开门、上调、范调、溜调等。参与平时演出活动时,则各种流行小调皆可吹奏。

“文化大革命”期间,城乡唢呐班均停止活动。

20世纪80年代后期起,农村唢呐班开始恢复活动,多为丧户吹奏。

第二节　京剧演出团体

一、更新舞台班

民国17年(1928),更新舞台为庆祝落成开业,聘请赣榆县德义、同庆两京剧科班的部分演员到新浦搭班唱戏。民国18年1月遂成立更新舞台班,并从津沪等地邀来刘奎童(生)、盖天红(红净)、刘立立(武生)等挂牌挑梁。其他成员有:鲁德吉(净)、张同英(小生)、魏德明(小生)、沈同芬(旦)、谢同庆

（生）、杜同洪（净）、倪同友（衣箱）等。

演出剧目以三国戏为主。民国 26 年（1937）秋，更新舞台被日军飞机炸毁，戏班解散。

二、评剧戏馆

即新浦地区京剧票房。民国 24 年（1935），由琴师樊世昌等创办。后馆中“票”戏者日众，便推举味芳楼老板金宝增为负责人。主要票友有张新斋（生）、张兆富（旦）、刘兆林（生）、徐金宝（旦）、徐晓飞（琴师）等 20 余人。戏馆为自娱性质。日军侵占新浦后，戏馆停止活动。

三、海联剧社

民国28 年（1939），原评剧戏馆的票友们推举日伪上校军官苏同英领衔，成立海联剧社。苏任社长，下设剧务、交际、总务 3 个组。成员有 50 余人，社址在华中裕商行内。经常演出的剧目有《群英会》《王宝钏》《乌龙院》《四盘山》《五花洞》《捉放曹》《赵延求寿》《玉堂春》《孔雀东南飞》等。民国 31 年（1942），为筹建齐鲁小学义演 5 天，收入全部捐助建校。民国 32 年，山东同乡会会长于麟生任社长，剧社也迁到山东同乡会礼堂。剧社活动延续到民国 37 年（1948）秋。

四、国民电影院评剧组

国民电影院评剧组是以国民礼堂为依托组成的京剧戏班，民国 34 年（1945），由演员出身的国民礼堂老板赵成瑞组建而成。该班先后聘请周子祥（丑）、陈锦章（生，艺名小麒麟童）、陈锦枫（旦）、李筱亭（生）、何幼宝（武生）、李润珠（旦）、刁吉良（生）、艳月樵（生）、高维金（生）、何东吉（生）等搭班演出。上演剧目主要为传统戏《群英会》《玉堂春》《四郎探母》《王宝钏》《追韩信》《五花洞》《四进士》《九江口》《大劈棺》等。新浦解放前夕停止活动。

五、连云港市京剧团

连云港市京剧团的前身为 1951 年 5 月 16 日创建的新海连人民京剧院，1955 年 6 月，改称为新海连市人民京剧团，1958 年 12 月与海州京剧团合并，重新组建国营新海连市京剧团，属民办公助性质。1959 年 2 月，梅兰芳弟子青衣花旦王素琴、杨宝森弟子王素芸加入市京剧团。同年 5 月 1 日成立国营新海连市京剧团，1961 年 10 月更名为连云港市京剧团，时有演职员 97 人，行当齐全。1964 年秋，京剧团团址迁至市民路 47 号院内。翌年，复改为集体所有制。

图 29－25　市京剧团创作演出的现代戏《翠竹青山》剧照

从 20 世纪 50 年代末至 60 年代中期，京剧团整理改编《张羽煮海》《太白醉酒》等新戏，参加徐州地区第三届戏曲观摩演出。此外，剧团还演出《鲤鱼仙子》《杨门女将》《三打祝家庄》等一些较高艺术水平的剧目。1965 年 2 月，剧团排练创作剧目《海霞》，并参加江苏省京剧现代戏汇演，获得好评。“文化大革命”开始后，演出一度中断。1971

年,剧团开始排演京剧“样板戏”。1976年后,剧团先后排练《逼上梁山》《万水千山》《春草闯堂》等剧目,剧团逐渐恢复生机。1979年起,剧团先后排练创作剧目《月亮花》,赴南京参加江苏省京剧汇演。1982年11月,排练创作现代戏《翠竹青山》,参加江苏省新剧目调演,受好评。1984年1月,剧团排练新编历史剧《审骨辨忠》,再次参加全省青年演员创作剧目调演,荣获剧本奖和舞台美术奖。胡可亮获演员奖。1985年,京剧团特聘麒派老生小麟童为副团长。同年9月,小麟童领衔主演的《战潼台》在上海首演,一炮打响,饮誉上海。剧团还先后在淮阴、镇江、无锡、苏州、南京等地献演麒派戏。1986年5月,小麟童率团到武汉等地演出,获得好评。1988年11月,市京剧团拍摄京剧电视片《故城春梦》,获全国第四届戏曲电视大赛三等奖。1990年后,京剧演出市场不景气,剧团暂停演出活动。

六、新海区业余京剧团

新海区业余京剧团于1985年3月20日正式成立。王素琴为名誉团长,王桂馨、张维相、张兆富为副团长,董淑台、徐晓飞、陈庭章、杨书科为团务委员。业余京剧团成员82人,全部是离退休干部和职工。

新海区业余京剧团成立后先后排演《女起解》《坐宫》《打渔杀家》等传统剧目和海州文化馆创作剧《审土地》等,在新浦、海州两地演出,活跃了群众业余文化生活。

1986年6月,随着区划调整,新海区业余京剧团解散。

七、民主京剧社

2001年9月16日,浦东街道民主社区的民主京剧社成立,成员13人,均为京剧爱好者,平均年龄55岁,最大的78岁,其中女社员5人,男社员8人。平时,以社区居民委员会三楼为活动基地。京剧社从成立起先后演出过《春秋配》《游湖》《钓金龟》《赤桑镇》《金玉奴》《拾玉镯》《武马坡》《苏三起解》《坐宫》《大登殿》等10多剧目。每逢元旦、春节、五一、重阳节、十一等节假日,京剧社均到市福利院、区环卫所及驻地武警支队、边防支队、消防支队进行慰问演出,深受好评。并且和东海、赣榆、灌云、灌南4县以及东台、淮安等地的京剧票友搞联欢,每年一次互相观摩学习。

2002年,民主社区京剧社参加在苏州举办的中国京剧票友节大赛,获“重大贡献奖”和“优秀组织奖”。

2005年,在市老年委举办的京剧票友大赛中,民主京剧社获“优秀组织奖”,并有2人获二等奖,5人获三等奖。

第三节　淮海戏演出团体

一、搬运文工团

民国38年(1949)8月由新海连市搬运工会创建,初名搬运公司业余剧团,1951年改用现名。剧团负责人王长波,编剧曹玉成,导演王长波、李玉林,主要演员有郑立德、徐业玉、刘文兰、陈玉花、徐胜兰、陈桂兰、刘梅杭、张洪德等。1953年,参加江苏省首届职工业余文艺会演,演出淮海戏《仍界石》,郑立德、李玉林双双获一等奖。1959年参加江苏省职工业余文艺会演,演出淮海戏《搞运输》,剧本获创作奖,王长波、徐业玉、刘文兰获演员奖。次年,创作和排演淮海戏《跨淮河赶长江》,再度参加江苏省职工业余文艺会演,获创作奖、演出奖和演员奖。1961 年 2 月，被评为全国文艺活动先进单位，受到文化部、全国总工会、全国妇联、共青团中央、中国文联等单位联合表彰。1966 年 3 月，创作和排练淮海戏《去生产队路上》，参加江苏省交通系统职工文艺会演，获创作奖和演出一等奖、优秀演员奖。“文化大革命”初期剧团停止演出，1972 年恢复活动。1980 年后，剧团因骨干年龄偏大，相继离去，逐渐停止活动。

二、龙尾区业余剧团

民国 38 年(1949)夏，龙尾区创建宣传队。1951 年 3 月，改称龙尾区业余剧团。由吴子仁、陈泽民任团长，下设导演组、灯光组、布景组及演员队。主要演员有吴子仁、潘华、韩延春、吴兴霞等 60 余人。市文化馆的滕锡纯任导演。团址设在原淮北盐务局的一间仓库里。初期以演歌舞、话剧为主，1952 年起，改演淮海戏。曾请淮阴大众剧团的知名淮海戏艺人刘长珍、朱桂洲、王宝翠作指导，学习淮海戏的唱、念、做、打等基本功。相继演出过《小姑贤》《拾棉花》《蓝桥会》《皮秀英四告》《王定保借当》《三上轿》《休丁香》《扔界石》《一篮草纸》等。1953 年，剧团代表新海连市参加徐州地区青年业余剧团文艺会演，演出现代淮海戏《一篮草纸》。吴子仁、祁洪钧分别获表演一、二等奖。1955 年 10 月并入新浦区业余剧团。

三、盐河区业余剧团

1951 年 6 月成立，团长陈礼连，导演肖文佩。1955 年 10 月并入新浦区业余剧团。

四、新浦区业余剧团

1955 年 10 月由原龙尾、盐河两业余剧团合并成立，1959 年，因主要演员离团而解散。

五、连云港市淮海剧团

连云港市淮海剧团前身为成立于 1959 年 1 月的新海连市戏剧学校淮海戏班。1962 年 4 月，淮海戏班学员以“实验淮海剧团”名义对外演出。同年 6 月，正式组建连云港市淮海剧团。团址位于解放路 51 号，1964 年迁至市民路 47 号。同年，剧团创作现代戏《海花》参加江苏省现代戏曲观摩演出，受到全省文艺界的赞扬。《海花》剧组在南京期间还为在宁的外国友人举办了招待演出，江苏人民广播电台也为该剧录音并播放。并应邀赴 20 个市县巡回演出《海花》。

图 29－26　市淮海剧团演出的古装戏《墙头记》剧照

1965 年，剧团改为集体所有制。“文化大革命”开始后，剧团停止演出。

1972 年，连云港市革命委员会撤销淮海剧团，成立文工团，文工团下属戏剧队，演员只有七八人，不久，戏剧队撤销。1973 年，文工团排演创作剧目淮海戏《换麦种》参加省现代戏汇演。1976 年 6 月，文工团重建淮海戏队。1977 年，排演现代戏《岔路口》《喜相逢》，参加省专业剧团新创作剧目汇演，唐素花获演员奖。后连续排演《汉宫怨》《女太子》等剧目。

1980 年 4 月，撤销文工团，重建淮海剧团。

1984年,剧团大胆启用青年演员挑梁,排演创作剧目《杏花烟雨》,参加连云港市首届专业剧团创作剧目调演,获演出一等奖。1985年,剧团试行体制改革,分两个承包队,深入农村巡回演出。1986年后,戏剧演出跌入低谷,剧团改排歌舞节目,一度以"连云港市淮海艺术团"的名义巡回演出。1988年,剧团克服困难排演创作剧目淮海戏《魂断海州》,参加市第二届专业剧团创作剧目调演,获编剧、导演、作曲一等奖和演出奖。后又排演现代戏《巧凤》、《光明使者》,演出超百场,受到市文化局通报表扬。1995年12月,创作剧目《红尘悲歌》参加江苏省首届淮海戏节,获优秀剧目奖、优秀伴奏奖。1998年12月,剧团演出大型现代戏《代代乡长》,参加省第二届淮海戏节,获优秀剧目奖、优秀编剧奖和导演、舞美、灯光等多项大奖。《代代乡长》还参加第三届江苏省戏剧节,获优秀编剧奖,同时获江苏省精神文明建设"五个一工程奖"。2005年,中国文化名城"春约梨园"迎春电视晚会在安庆电视台集中拍摄,连云港市淮海剧团与市电视台合作选送的淮海戏《三拜堂》选段参加拍摄。同年12月,市淮海剧团排演的大型现代戏《老圩门》,获市第六届专业剧团新剧(节)目调演优秀剧目奖。

六、花果山民间艺术团

花果山乡花果山民间艺术团成立于2000年6月,有团员36人。该团由退休干部、退休教师和农村文娱爱好者组成。平均年龄63岁。花果山会堂为排练活动场地。每年春节期间,均到本乡各村巡回演出《皮秀英四告》《三拜堂》《王定宝借当》《绣鞋记》等传统淮海戏,深得广大群众欢迎。在其他节假日期间,根据乡中心工作,曾自编自演宣传计划生育的小品《算卦》、宣传安全生产的小品《山林防火》、宣传花果山变化的表演唱《夸夸花果山新面貌》《孙悟空探家》、表演唱《四大嫂夸修志老同志》、歌颂党的惠农政策的小戏剧《家电下乡》等。该团还以连云港市早期大村农民暴动为题材,自编自演大型淮海戏《扁担会》。2004年,《扁担会》演出后受到广大干部和群众的高度赞扬。至2005年,该剧团先后在花果山乡、云台乡、中云乡、宁海乡、南城镇及连云区猴嘴街道、板桥街道等地演出150多场。

七、云台乡淮海剧团

云台乡淮海剧团成立于2003年,成员13人,是一支民间业余文艺团体,团长杨长友。该团服装、道具、音响设备等均由剧团自己自费购买,演者报酬则根据演出场次计发工资。该团演出节目主要以传统古装淮海戏为主。同时,根据形势任务需要演出一些自编的表演唱、相声等小节目。该团常年巡回演出于乡内各村庄。亦时常应邀到东辛农场、市经济技术开发区、宁海乡、东辛乡以及海州区周边农村演出。

八、宁海乡业余淮海剧团

宁海乡业余淮海剧团于1957年成立。该团成立后,至"文化大革命"前,先后排演了《杨家将》《斧劈华山》等大型古装剧目40多个,以及现代戏《姐妹开荒》《摘棉花》等。至1965年,演出150多场次。"文化大革命"中主要排演"样板戏",但时间不长,剧团便解散。

2001年秋,乡业余淮海剧团重新成立,由陈广和等16人组成。至2005年,剧团平均每年演出80场次。

在乡业余淮海剧团的影响下,2003年,太平村成立了"如意淮海剧团"、平安村成立了"万家欢淮海剧团",黄圩村成立了民间花船队。

九、南城镇业余淮海剧团

南城镇业余淮海剧团成立于2001年。成员15人(其中女团员9人),年龄最大的75岁、最小42

岁。该团演出的剧目主要是《秦香莲》《梁山伯与祝英台》《窦娥冤》《皮秀英四告》《碧玉簪》《三女拜寿》等传统古装淮海戏。该团平常主要在东海县、伊山镇、同兴镇、板浦镇、板桥镇、东辛农场、云台农场、南云台林场、云台乡、宁海乡、新坝乡等地农村巡回演出，平均每年演出50～60场。

十、连云港市民俗馆淮海剧团

连云港市民俗馆淮海剧团前身是成立于1996年10月的新浦区市东街道淮海剧团，团长王志仁，初期有演员和乐队人员15人。开始，主要利用晚间排练《小姑贤》《挑女婿》《张郎休妻》和《恩仇记》等古装淮海戏。夏秋季晚上在市东办事处门前和原市绝缘材料厂门前演出，深受居民群众好评。

1998年11月起，剧团活动地点由街道会议室迁至站北街居委会活动室，演职员发展至20余人，同时聘请市淮海剧团退休演员和导演进行指导并参与演出，排练了《三拜堂》《打金枝》《五女拜寿》《姐妹易嫁》《风雪配》《卖油郎独占花魁》《墙头记》《乔麦记》《莲花庵》等一批古装剧目和现代戏《会亲家》《周发乾杀妻》等20余块戏剧，不仅在全区各个街道和60多个居委会进行演出，还到本市的朝阳、中云、海州、盐场，甚至灌云、灌南、沭阳、响水、涟水、东海和山东省临沭等县乡演出。

2003年8月，剧团改用现名，活动场所同时迁至位于新市路的市民俗博物馆。至2005年底，先后排练剧目近30块，演出近500场次，观众达75000余人。连云港市电视台《都市写真》曾对其跟踪报道。

十一、兴连港淮海剧团

成立于2002年9月，团长颜承芳，演员有朱万梅等20余人，活动地点先后在位于新浦盐河南路玉带河边的兴连港码头会议室和新浦永康号玻庄小舞台。排练的剧目有古装淮海戏《皮秀英四告》、《莲花庵》等10多块。至2005年底，在市区及周边县、乡演出138场次，观众达20000余人。

十二、白玉兰淮海剧团

成立于2003年6月，团长殷少明，主要演员有殷少明、刘维强、程丽华、霍中女等13人，大多是淮海戏业余爱好者。活动地点在新南街道海宁小区居委会活动室。起初，只排练《骂鸡》《催租》《马前泼水》《借女冲喜》等小型古装淮海戏和自编自演反映社区好人好事的小节目《逛港城》《夸媳妇》等。2004年起，演员人数逐步增加，开始排练大型古装淮海戏《三拜堂》《莲花庵》《罗帕记》等15块剧目，利用每周双休日晚上在新南街道各社区巡回演出。2005年起，演出范围逐步向城区周边拓展，先后到南城、宁海乡、海州城内、海州区新坝镇、灌云县穆圩等地演出近100场次。

十三、新浦区业余淮海剧团

成立于2004年9月，团长吴玉兰，主要演员有刘成华、王秀兰、刘洪珍等近20名淮海戏业余爱好者。排练地点先后在路南街道公园社区居委会活动室和浦东街道民主社区居委会活动室等地。后来聘请市淮海剧团退休导演余洪兴、唐素花夫妻俩担任导演和主演。排演的剧目有古装淮海戏《三拜堂》《皮秀英四告》等6块，现代淮海戏《周发乾杀妻》和《丑嫂》2块。先后在新浦区各街道、居委会和灌云县、东海县及盐场等地演出。至2005年底，先后巡回演出120余场次。

十四、金秋淮海剧团

成立于2005年3月，团长王明义，有演员10余人。排练地点在新东街道外仓社区居委会活动室，排练剧目有古装淮海戏《催租》《骂鸡》《莲花庵》《打金枝》等，另自编自演小节目《四大妈夸媳妇》等，至2005年年底演出近30场次。

第四节 话剧演出团体

一、青年剧社

青年剧社组建于民国35年(1946)。社址在中正路。李树滋任社长兼导演。主要成员:姚良、陈邦威、杨祖麟、潘蒸、陈少林、庄毓英(女)、郭丽琴(女)、郑敏(女)等。先后排练并在青年剧场演出《野玫瑰》《反间谍》等剧。同时,到连云、新县等地演出话剧《野玫瑰》。新浦解放前夕停止活动。

二、海艺剧团

海艺剧团创建于抗战胜利后。剧团地址在中正路(今解放中路原市政府大院西边)一座小楼上。团长孙建国。主要成员有周浩然、倪爱志、陈振家、李子衡、左俊、许淑云(女)、刘淑文(女)、张桂香(女)等。曾于东海县商业公会会堂演出曹禺的《雷雨》。演出时有布景、灯光、音响,效果很好,场场满座。后排练曹禺的《日出》,未能上演。新浦解放前夕停止活动。

三、连云港市话剧团

成立于1964年4月,其前身为连云港市淮海剧团职工话剧队。1984年排练创作剧目《最后一杯苦酒》和《野蔷薇》,参加连云港市首届专业剧团创作剧(节)目调演,分别获创作、演出一等奖和创作、演出二等奖。1986年6月,市话剧团被接纳为中国话剧研究会成员。其间,排演的新戏《案件在你身边》《爱的风采》《冰山情》《徐洪刚》等,演出均超过百场。1996年6月,话剧团排演反腐倡廉的大型话剧《苍天在上》,在市区及淮阴地区演出78场。1997年,排演新创作大型话剧《生命的长堤》,参加连云港市第四届专业剧团新剧(节)目调演,获优秀节目奖,并获江苏省第三届精神文明建设"五个一工程"奖。1999年排演反映连云港市精神文明建设典范、新浦长途汽车总站长途服务组学雷锋事迹的多场次话剧《车站浪漫曲》,在省第三届戏剧节上获优秀剧目奖,并参加庆祝中华人民共和国成立50周年优秀剧目展演。为满足广大观众需求,市话剧团还创作演出了一批戏剧小品,其中《一瓶茅台酒》《盐水鸭》入围江苏省戏剧小品大赛并取得两项银奖。2000～2002年,连云港市话剧团以新浦区人民法院少年案件审判庭(简称少年庭)为蓝本,排练话剧《少年法庭》在全市公演,受到社会好评。2002年6月,市话剧团和市群众艺术馆进行资源整合,实行"两块牌子,一套班子",话剧演出渐中止。

第五节 歌舞、民乐演出团体

一、连云港市歌舞剧院

连云港市歌舞剧院前身是1987年1月成立的连云港市歌舞团。时有演职人员30余人,每年演出均在180场以上,除在本省内演出外,还去河南、湖北、天津、浙江、江西、福建等省市作巡回演出。1988年,市歌舞团与徐圩盐场签订为期两年半的经济文化联合体协议,在全市开创了艺术团体与企业联营的先河。1999年,市歌舞团与三得利食品有限公司"联姻",成立"王子艺术团"。

2001年4月,市歌舞团与康缘制药有限公司实行"文企联姻",融为一体,名为康缘药业艺术团。康缘每年拨专款用于艺术团建设。

2002年8月22日,连云港市歌舞团更名为"连云港市歌舞剧院"。其间,从南京、西安招收一批演员。创作并演出大型舞蹈诗《连云港》,举办大型民族音乐会《春夏秋冬》,演出舞蹈《岩石魂魄》《一切为了人民》《渔民号子》《三色太阳》,组建文化下乡"心连心"艺术团,赴四县乡镇演出,并多次参加市委、市政府重大活动演出。市歌舞剧院还参加了第三届全国城市运动会闭幕式,演出大型歌舞《明天在召唤》;参加江苏省第三届音乐舞蹈节,获10项奖励。

二、连云港市女子民族乐团

连云港市女子民族乐团(简称女子民乐团)组建于2001年,有成员36人,是江苏省唯一一支演奏中国传统民乐的职业女子民族乐队。女子民乐团属于连云港市歌舞剧院,队址在新浦朝阳东路66号。

2003年春节期间,女子民乐团受国家文化部和江苏省政府的委托,作为"江苏省春节访欧艺术团"赴西班牙、德国、法国、荷兰等欧洲4个国家的13个国际大都市进行文化交流演出;2004年5月,女子民乐团再次受国家文化部和江苏省政府的委托,赴法国巴黎参加"中法文化年"演出活动,同时,赴比利时、卢森堡等国家进行文化交流演出;2005年3月初,应韩国政府邀请,赴韩国首尔、仁川进行文化交流演出。在韩国刮起"中国民乐风",产生了强烈的社会反响。同月底,女子民乐团在韩国参加木浦市儒达山花节的演出活动,加深了中韩两国人民的友谊。

三、连云港市民族管弦乐团

连云港市民族管弦乐团(简称市民乐团)成立于2003年11月8日,该团成员来自机关和教育、卫生系统及企业单位,其中不少是民营企业家和离任的文艺界老领导、专家。

2003年12月24日,市民乐团演出的器乐合奏《世世代代铭记毛主席的恩情》,为市纪念毛泽东同志诞辰110周年文艺晚会拉开序幕。

2004年1月13日,在市政协十二届三次会议全体委员联欢会上,演出自己创作的民乐合奏曲《在海一方》和《戏迷乐》。同月18日,市民乐学会和市民乐团在市文化馆召开迎新春茶话会,向全市民乐学会会员拜年。

第六节　其他演出队伍

一、连云港市老干部合唱团

连云港市老干部合唱团(以下简称"合唱团"),于1995年8月在新浦通灌路96号成立。合唱团初有28人,到2005年已发展到120多人。该团平均年龄65岁,下设核心组、顾问组、义务组、后勤组和乐队。平常每周排练 2～3 次。合唱团成立当年即排演了纪念中国工农红军长征胜利 60 周年大合唱《长征红歌》。此后，先后参加了庆祝连云港市解放 50 周年、庆祝中华人民共和国成立 50 周年、庆祝中国共产党成立 80 周年、庆祝抗日战争暨世界反法西斯战争胜利 60 周年等大型庆祝活动演出。

至 2005 年，该团创作、改编歌曲 30 余首，排练合唱歌曲 60 多首。先后参加大型演出 40 多场次。

二、淮海工学院大学生艺术团

淮海工学院大学生艺术团于 1996 年 5 月 13 日成立。初有 41 人的合唱队、10 人的电声乐队。该艺术团每年都举办毕业欢送晚会、暑假社会实践活动演出、"一二·九"合唱比赛、元旦晚会等，艺术团还经常参与驻地广场文化活动和社区文化活动。至 2005 年年底，该艺术团已有成员数百人，并下设播音主持表演队、电声乐队、民舞队、国标队、劲舞队、模特表演队、民乐队、礼仪队等 8 个队。

三、连云港市小海鸥艺术团

连云港市小海鸥艺术团又名连云港市广播电视少儿艺术团，为新浦区的少儿艺术团（简称少儿艺术团），于 1996 年 12 月在新浦区文化馆成立。该团成员均为新浦区各小学校在籍学生，平均年龄 10 岁，活动及排练场地均在新浦区文化馆。

1997 年 2 月，少儿艺术团参加市电视台“春满海州湾”春节晚会，演出舞蹈《港城新节奏》。同年 3 月，少儿艺术团在新浦长途汽车站为“雷锋车组”慰问演出，受到省委书记陈焕友的亲切接见并合影留念。同年，在江苏省第二届中小学生文艺调演中，少儿艺术团表演的舞蹈《弯弯的月亮》获一等奖。8 月，在省第二届少儿艺术节活动中，少儿艺术团的舞蹈《打酸枣》获二等奖，少儿相声《大红脸》获三等奖。同年，参加市第二届少儿艺术节活动，舞蹈《牧民新歌》获二等奖。

1998 年，少儿艺术团参加连云港市第二届少儿艺术节闭幕式暨优秀节目汇报演出，表演了舞蹈《拥抱’97》。

2001 年初，少儿艺术团以连云港市广电少儿艺术团名称，参加连云港市广播电视局、济南市广播电视局、泰安市广播电视局在连云港市广电局演播大厅联合举办的“新世纪山海情”大型文艺演出，演出的少儿舞蹈《金蛇狂舞》。

2001 年至 2005 年，在市、区一些重大庆典活动、春节文艺晚会或文化艺术节活动中，少儿艺术团均为主要演出团体参与演出。在 2005 年元旦晚会等文艺演出活动中，少儿艺术团表演了少儿舞蹈《龙的传人》《好运来》《快乐迷彩娃》《快乐的小鸭子》和情景剧《皮皮仔》等节目。

第六章　报纸　广播　电视

第一节　报　纸

民国 18 年（1929）1 月 2 日，为国民党东海县党部机关报《东海民报》创刊，主笔陈嗣衡，编辑杨光銮，社址在新浦王巷内。报纸为铅印，三日刊，四开四版，日发行量千余份。一版以广告为主，版面右下方辟有《冷箭》专栏，二版为国内外时事新闻，三版为地方社会新闻，四版为东海县政府的公文批复、广告及《晨钟》副刊。7月26日，陈嗣衡在《冷箭》上撰文揭露驻军独立第四旅旅长谭曙卿劣迹，谭恼羞成怒，杀害了陈嗣衡和东海县总工会常委张劲枢，制造了震惊全国的“海报事件”。《东海民报》停刊。

民国21年(1932)，中共地下党员李翘鸥发起创办《连云报》，通过其东海十一中学同学、国民党东海县党部监察委员武葆芩，为《连云报》办理了登记注册手续。社址设于津海巷内。《连云报》为日报，四开二版，日发行2000余份。该报后来成为国民党东海县党部的官办报纸。主编陈楚之，经理原是卞家其，后换李岳青。李翘鸥为副刊编辑。《连云报》节假日为对开四版，一版为国内外新闻、广告；二版为国内外新闻及地方新闻；三版为地方新闻；四版为文艺副刊《艺舟》《海市》和广告。文艺副刊曾发表李石华(李庆华)与曹禹合编的《戏剧周刊》、孙佳讯的《海国诗抄》、女诗人蔻红的《蔻红唾余》以及陈新明的新诗《曼陀罗》等。

民国24年(1935)1月25日，《新海报》创刊。社址先后设在在王巷、新闻巷。为日报，铅印，四开两版。国民党东海县党部庞寿峰主办，时称“庞派报纸”，主编胡饰磬兼编辑部主任。国民党元老陈立夫为该报题写报头，日发行量千余份。一版为国内外重要新闻及地方信息，二版为文艺副刊《战线》、《文苑》及广告。民国27年(1938)年底，因日机轰炸，报纸停刊。次年，日军侵占新浦，《连云报》停刊。

日本侵略军侵占新浦期间，侵华日军曾在新浦办《新浦日报》。民国28年(1939)7月1日，日伪政府在大街德康巷内创办《大新民报·东海版》。次年，郝鹏举任伪淮海省省长时报纸改名为《海州日报》，郝题写报名。该报为铅印，四开四版。一版为国内外新闻，二版是地方新闻，三版是商业信息，四版为文艺副刊及广告。日发行量2000余份。民国34年(1945)8月日军投降后，该报纸停刊。

抗战胜利后，民国34年(1945)9月1日，国民党中央陆军新编第六路军军长兼第一师师长徐继泰在原《海州日报》旧址创办《云台日报》。为对开四版，铅印。主编朱冰华，发行人为周振勃，日发行数百份。采编人员有许晓虹(许慰祖)、陈拙、杜云海等。同年同月，国民党第十战区苏北挺进军海灌军区司令部主办的《大中报》创刊发行。发行人朱祥符，经理许拯寰，主编胡饰罄。社址在新浦中正路8号。《大中报》为日报，对开四版，初期为油印，民国35年(1946)改为铅印。一版每日均有时事评论，余皆广告；二、三版为国内外新闻和地方新闻；四版为副刊及广告；中缝亦载广告。工作人员近30人。

民国35年(1946)1月，国民党东海县党部机关报《海报》，在新浦中正路东段(今解放中路与通灌路交叉口处)创刊。社长孙肖韩，主编胡饰磬、朱冰华，经理吴稚南。次年夏《海报》成立董事会，董事长为武葆岑。《海报》为日报，铅印，四开二版。报头套红，一版为国内外新闻和社论、广告，二版为地方社会新闻、商业信息、副刊、广告。日发行3000余份。同年春，《云台日报》停刊。同年秋，由国民党驻军师长段霖茂主办的《和平日报》在中正路创刊。社长李梯清，经理陈云善。《和平日报》为铅印，对开四版，一版为国内外新闻，二、三版为社会新闻，第四版为副刊、广告。民国36年(1947)国民党部队整编四十四师调防新浦，师长王泽浚将该报更名为《建国日报》，后因四十四师调防而停刊。

民国36年(1947)9月1日，《新海报》复刊，改由三青团东海县总部主办，社址设在新浦中正路。因经济困难，报纸为油印报，四开四版。复刊后的《新海报》辟有《敌区回忆录》专栏，揭露日伪时期市长邵竞生、维持会会长韩淑瑗、大队长杨九洲等人的丑行。

民国37年(1948)初，东海县商会主办的《工商日报》在新浦创刊，商会会长李岳青任社长，主编张云家。《工商日报》为铅印，对开四版。报纸除报道国内外新闻外，均刊登地方商业信息、广告，发行千余份。创刊3个多月即停刊。同年，《大中报》因经费不足停刊。11月7日，新浦解放，《新海报》《海报》停刊。

1949年11月1日，中共两淮盐场特区委员会机关报《盐场大众》，在新浦聚兴巷复刊。后迁址至通灌南路238－1号。为四开四版，周二刊。总编辑刘政。报社编辑部设地方新闻组、时政组、文化生活组、群众工作组。1958年12月，《盐场大众》停刊。

新海连市报
中共新海连市委员会
关于创办"新海连市报"的决定
创刊词
市委召开会议贯彻省委会议精神
坚决把全民整风运动进行到底
地方工业要求五年增长十一倍

图29－27 1958年3月1日在新浦创刊的《新海连市报》创刊号

1958年3月1日，中共新海连市委机关报《新海连市报》在新浦陇西路创刊。四开四版，周二刊。由新海印刷厂承印，铅字排版印刷。同年5月1日改为周六刊，四开四版，易名《新海连日报》，总编辑谭学宏。1959年4月，《新海连日报》改由报社印刷厂自印，仍为铅字排版。发行量为2000余份。

1961年10月，新海连市改称连云港市，《新海连日报》易名为《连云日报》，总编辑杜庚。1966年8月，总编辑刘余隆。

1967年1月10日至1968年1月，《连云日报》社被市"造反派"夺权。1968年2月至1973年5月，报社实行军管。1969年9月25日，易名《连云港报》。1972年9月1日起停刊。1973年1月25日，编采人员绝大多数调离报社，重新分配工作。停刊前发行量为8550份。

1974年6月，《盐场大众》复刊。初为十日刊、八开四版。1976年，改为周刊，四开四版。

1979年3月28日，《连云港报》正式复刊，为周二刊。四开四版。次年1月改为周三刊。1983年10月，陈天柱任总编辑。1984年7月1日，改为周六刊。一版除国内外重大新闻外，以地方消息为主；二版为以地方经济新闻和社会生活为主的综合版；三版以《花果山》副刊为主；四版主要刊登时事。1988年元旦起，《连云港报》由邮局发行改为自办发行。同年5月，《盐场大众》更名为《江苏盐业报》，7月1日，恢复周二刊。1990年5月18日，《连云港报》在全省地方报中率先采用胶版印刷。

1991年1月，《连云港报》改为周七刊，更名为《连云港日报》。星期一至星期六为四开四版，星期日出《星期刊》。设编委办公室、编辑中心、综合新闻部、县城新闻部、民生新闻部、广告中心、房地产广告部、金融广告部、卫生保健广告部、科教文体广告部、通讯信息广告部、商业服务广告部、政务工作广告部、报业印务公司等部门。1993年1月1日，《连云港日报》从四开四版改为对开四版。

苍梧晚报
医改第一天
我市着手建设深水大航道
吉云云家庭事迹搬上舞台
富康捷达"上路"
试刊小启
北固山下耸立"新神州"
今日导读

图29－28 2000年10月1日，港城第一张晚报—《苍梧晚报》(试刊号)在新浦出版

2000年10月1日，《江苏盐业报》停刊。同日，《苍梧晚报》在新浦创刊。《苍梧晚报》为连云港市第一张晚报。社址在《连云港日报》社院内。创刊号为四开24版，当日发行量超过2.5万份。2001年9

月,《苍梧晚报》部分版面开始改为彩版。

2001 年至 2003 年,《苍梧晚报》先后 3 次改版,由四开 16 版扩到四开 20 版,前 12 版为 A 叠,后 8 版为 B 叠。

2003 年 10 月,《连云港日报》社因原址建造新办公楼,临时搬至海连中路 56 号(商业银行楼内)办公。《连云港日报》社发行部搬至东方花园 B－52 号办公。《苍梧晚报》社临时迁至海连中路 26 号(市商业资产管理公司院内)。

2004 年年初,连云港日报进行新一轮改版,形成高报版式。改版后,周一至周日均为对开 8 版,分 A、B 版,并在全省率先实现了双面彩印。同年 7 月 1 日,《苍梧晚报》由传统的报型改为小高报。

至 2005 年 12 月 31 日,《连云港日报》累计已出版 8167 期。《苍梧晚报》累计出版 1896 期。

2005 年驻地新闻单位记者站概况表

表 29－2

名 称	设立时间	名 称	设立时间
新华日报社连云港记者站	1956 年 9 月	经济新闻报连云港记者站	1987 月 2 月
江苏电力报连云港记者站	1989 年	中国市容报连云港记者站	1987 年 3 月
江苏科技报连云港记者站	1987 年 2 月	华东电力报连云港记者站	1990 年 2 月
江苏经济报连云港记者站	1996 年 4 月	中国海洋报连云港记者站	1990 年 7 月
江苏法制报连云港记者站	2002 年 5 月	江苏电视台连云港记者站	1982 年 4 月
江苏工人报连云港记者站	1986 年 4 月	江苏人民广播电台连云港记者站	1982 年 4 月
江苏教育报连云港记者站	1988 年 12 月		

第二节 广 播

一、有线广播

1950 年,新海连市和东海县合并成立新海县,在县大院(现市机关幼儿园)内设新海县广播收音站,收音员夏兴仁。

1951 年 7 月 1 日,山东省新海连市广播收音站在新浦成立。次年 7 月 1 日,改为山东省新海连市广播宣传站,设于新浦文化馆(现民主路区政府对面)。宣传站只有 1 间房子、1 部扩大机、1 只话筒和 1 部电唱机。工作人员 3 人。宣传站在民主路的路灯杆上装 7 只 10～25 瓦的高音喇叭,转播中央人民广播电台、山东省广播电台节目,每天播音 4～5 小时。1953 年,随着区划调整更名为江苏省新海连市广播宣传站(简称广播宣传站)。1957 年,在民主路上安装舌簧小喇叭 57 只,每天广播 2 次、4 小时。同年,南城设立广播站。1959 年初,市广播宣传站迁至民主路 210 号。每天播音 10 小时 20 分钟,其中自办节目 4 小时,转播中央台和省台节目 6 小时 20 分钟。同年,云台公社(现为云台乡)各大队全部安装了小喇叭。

1961年10月,新海连广播宣传站更名为连云港广播宣传站,每天播音8小时,含自办节目3小时。

1963年春,从新浦到海州用竹竿和木杆架设1条6公里长的广播专线,接通了第一信号线,为连云港市广播网联网的开端。1964年5月1日,花果山广播站建立并正式开播,开通前云、大村、飞泉、前进、新村、小村6个村,入户率达70%,通响率100%。1966年,新河公社(今宁海乡)设立广播站。

1967年,市广播宣传站更名为连云港有线广播站。"文化大革命"初期,有线广播设施遭到严重破坏,自办节目一度停止。1969年9月,恢复自办节目,重新建设有线广播网。

1970年,云台公社(现云台乡),建立广播扩大站,配置TY1000型扩音机1台,控制台1台,开始自办广播节目。1975年,云台公社有线广播入户率67.8%,通响率91.6%。1976年,云台公社安装喇叭4100只,通响率96%,线路全部换为5.5米高的水泥杆。

20世纪70年代后期起,由于收音机和电视机逐步普及,新浦城区有线广播收听范围逐渐缩小。80年代,宁海乡有3600户装上有线广播小喇叭,入户率达95%,布线68.5公里,扩大机发展为1500瓦。

1990年,新浦城区居民仅有3000只小喇叭。

1993年8月,市有线广播电台停止新浦城区有线广播。

1996年,花果山乡成立有线广播电视站,负责该区域内有线广播、有线电视的安装和管理工作,使用同杆同缆双入户,同年6月1日开播,该区域内群众既能收到有线广播,又看上有线电视。1998年4月,全市广播电视事业技术工作会议暨有线广播、有线电视双入户现场会在花果山乡召开。与会人员参观了花果山乡广播电视站的有线广播与有线电视双入户的传输网络。

2000年,宁海乡广播电视站成立。至2005年,新浦区所属乡镇有线广播站主要以自办节目在当地播放。

二、无线广播

1959年5月1日,新海连人民广播电台(以下简称市电台)在新浦民主路210号建立,面积200平方米。时有27人及631录音机2台、9管收音机2台、1千瓦中波发射机1部、200瓦发射机1部。在同兴街北架设高57米的木杆发射天线。呼号为新海连人民广播电台;频率为1350千赫。广播电台和有线广播共办一套节目,全天播音10小时20分钟,其中自办节目4小时。主要有《新闻》《新闻和市报摘要》《新海连生活》《文艺》等。

1961年10月,新海连人民广播电台更名为连云港人民广播电台。

1962年6月1日,无线广播停止播音。1965年10月恢复播音。除天气预报外,主要转播中央台及省台节目。

1972年1月1日,在孔望山新建的发射台启用,新浦的发射台停止使用。1978年3月1日,市电台广播业务楼在新浦解放路落成使用。内设大演播室1个,小演播室2个以及节目制作用房2个,并配有暖气等设施。1979年7月1日,市台恢复自办节目,两台1千瓦中波发射机为主、备机,频率为1350千赫,呼号为连云港人民广播电台。

1990年,市电台覆盖人口149.52万人,覆盖率达44%。至同年底,自办新闻类节目发展到7个,其中《新闻》《港城风貌》《青年》《星期半小时》是影响较大、具有特色的节目。自己制作广播剧17部,儿童短剧《熊猫咪咪》在1990年江苏省10家电台联办的广播剧评比会上获二等奖。

20世纪90年代,市电台自办节目日趋丰富,质量不断提高,自制的儿童广播剧《含笑的蓓蕾》获中国广播奖三等奖。1994年,市电台第一次举办主持人直播节目,并且,主持人还走上街头进行现场直播。1995年,市电台经济台开播。1998年,市电台创作的广播剧《雷锋车》,在中央台播出。2000年1月1日,市电台交通音乐频率正式开播,全天播音18小时。

2001年,市电台策划、撰稿的现场直播《陪你同游花果山》,获国家级政府奖三等奖。2002年,市电台与中国国际广播电台联办《大圣故里——连云港》专栏,填补了市电台海外宣传的空白。同年,录制的广播剧《编外村官儿》获中国广播剧三等奖。2003年3月,在江苏人民广播电台召开的全省市县广播电台新闻报道经验交流暨表彰大会上,市电台用稿量连续5年在市级电台中名列前茅,被授予"五连冠"奖牌。

2004年6月,市电台新建的占地近7公顷,建筑面积2300平方米的中波发射台建成并投入使用。同年11月,市电台《东方女孩》栏目获中国广播电视新闻奖首届"十佳公共栏目奖"。

2005年10月,市电台在全省电台、电视台新闻抽查中,被省广播电视局第8次审定为省先进单位。自制的长篇连播作品《一路格桑花》,获中国广播影视大奖。此为连云港市广播影视获得的最高荣誉。

第三节 电 视

1971年初,市广播电台院内安装电视转播设备。同年10月1日,用2频道1千瓦发射机试转山东电视台节目,新浦城区可以收看到电视节目。1984年5月,开始试办电视新闻节目。

1985年5月1日,连云港电视台(简称市电视台)在新浦成立。此后,收看电视节目逐步普及,新浦每天可以收看市电视台的2频道转播的中央电视台节目,和以8频道转播的江苏电视台节目,以及市电视台自办节目。1986年2月5日,市电视台建成江苏省市级第一座卫星地面接收站,并以2频道、1千瓦发射机全时段转播中央电视台第一套节目。1987年5月7日,市电视台安装了10千瓦彩色电视发射机,以24频道转播中国教育电视节目。1988年11月,购置10千瓦分米波彩色电视发射机(主、备机各1部),开通18频道转播中央电视台第二套节目。1989年9月,市电视台用一台尼桑型面包车组装电视转播车。1990年年底,新浦地区已可以通过4个频道收看6套的全部或部分节目。

1991年3月1日,市电视台单独使用8频道播出本台节目,把江苏电视台调整为18频道转播,增设30频道,功率1千瓦,转播中央电视台节目。5月,云台乡朱麻村集资1万元新建的电视差转台建成投入使用。

1993年年底,经市政府批准,开始筹建连云港有线电视台,选择新浦西小区作为试点,建设覆盖1000户的试点网络,架设市电台至西小区的OR-860主干电缆。1994年年初,对西小区进行入户安装。同年2月2日,有线电视试播,群众可以收看15套图像清晰的有线电视节目。11月11日,连云港有线电视台在新浦成立。1996年1月底,市电视台的600平方米演播厅投入使用,市电视台与太原电视台合办第一台春节电视文艺晚会。2月3~5日,在东方大厦夜总会,举办首届"兴云杯"农民歌手电视大奖赛。6月,有线电视网开始传输中央电视台3、5、6、8频道4套加密卫星电视节目和中央电视台7频道节目。12月,增设自办节目《午间新闻》,每天自办节目时间由1小时30分增至3小时10分钟。12月26日,有线电视台自办新闻节目《有线新闻》正式播出。1997年3月,市电视台第一次现场直播市人大、市政协会议开幕式。1999年2月,市电视台成立新闻中心、社教中心、文艺中心。9月1日,市电视台加入全国城市台新闻联合体。

2001 年 3 月 14 日,市电视台首次举办《3·15 在行动》直播晚会。同月,电视台进行新一轮节目改版,新上《今晚播报》。9 月 14 日,有线电视台更名为连云港广播电视传输总站。2002 年 4 月,连云港广播电视传输总站成立客户服务中心,规范有线电视客户服务,提高服务水平。同年,开始对新浦等市区有线电视网络进行大规模的光缆化改造。2003 年 1 月 18 日,连云港电视台投资 800 万元新购置 6 讯道数字电视转播车,能开展大型活动的转播。

2005 年 5 月 1 日,连云港电视台改版,推出新闻型栏目《直播连云港》,分设《连云港新闻》《港城日历》《城市 TV 网》《特别点击》《海外传真》《服务资讯》6 板块。9 月 27 日,该台圆满完成主会场设于花果山景区广场的国际旅游节中国主会场电视直播任务。同年 12 月,市电视台首次独立完成儿童动画片《小金猴巧遇石爷爷》制作工作。

至 2005 年 12 月底,新浦区有线电视用户达 7.5 万户,入户率达 68.6%。

第七章　图书　档案

第一节　书　店

一、私营书店

德发书庄　德发书庄为新浦最早书店之一,民国 4 年(1915)开业,创办人为海州书商张怀宽。书庄坐落于新浦天后宫东首。主要经营古书,兼营文具。20 世纪 40 年代中期停业。

德平书店　坐落于海昌巷北首东侧,为书商冯德平于民国 9 年(1920)创办。初期因代销上海世界书局图书,商号为世界书局。不久,改名德平书店。主营图书,兼营文具、账册、体育用品。为当时新浦最大书店。20 世纪 50 年代中期停业。

奎元书店　坐落于中山路中段路北。民国 35 年(1946)由王如奎创办。主要经营教科书和学习辅导书籍。新浦解放前夕关闭。

海文书店　坐落于新浦天后宫东首。为抗战胜利后国民党东海县党部要员开办。先后由丁宝和、孙守琢等负责具体经营。1948 年年底,新浦解放时关闭。

新浦东方书店　坐落于新浦银河购物中心 2－2－20 号,开办于 1994 年 2 月 20 日,为集体所有制企业。

连云港书店　为李文伦于 1995 年创办,坐落于海昌北路,初期经营面积不到 20 平方米,投资几千元。开业后招收一批下岗工人,树立为社会服务,为教育服务的经营思路,把营业利润的 1/3 投入到社会公益事业中,营业不断扩大。2003 年,该书店经省新闻出版局批准,成为苏北地区首家获得出版物二级批发权的民营书店。到 2005 年底,该书店在市内三区、四县都有连锁店。先后被定为市民营书店示范店、下岗职工再就业基地、学生道德教育社会实践基地、市级文明单位、省级双优诚信书店,并荣登全国诚信单位光荣榜。李文伦被全国工商联、中华社会文化公益总会授予全国热心公益杰出人物荣誉勋章。

二、连云港新华书店有限责任公司

连云港市新华书店有限责任公司前身为1948年11月新浦解放后成立的新华书店华东总分店新浦中心支店。时有职工16人,营业面积60平方米。1958年,改称新海连市新华书店。1961年,改称新华书店连云港市支店。1970年,建解放路、市化路两个门市部。1974年,解放路营业楼建成,营业面积500平方米。1978年,设立海昌路、南极路销售亭(后南极路售书亭迁西小区)。

1987年,市新华书店将市化路门市部改为连云港市教育书店。在民主路门市部开办连云港市古籍书店和连云港市外文书店,在解放路门市部开办连云港市少年儿童书店。

1989年,在通灌南路新建的营业楼竣工营业,建筑面积2500平方米。市新华书店迁此办公。1990年,新华书店销售图书达10000种。

1993~1994年,市新华书店被评为江苏省先进书店,并获得江苏省图书发行奖、《邓小平文选》发行奖。

1995年10月,市新华书店恢复事业单位性质,实行企业化管理。

1999年,市新华书店从文化系统析出,隶属省新华书店。同年,市新华书店被省新闻出版局和省新华书店评为1999年度省先进书店。

2000年,市新华书店各项经济指标均创下历史最高水平。销售额达3597.6万元,基本上达到全省同行平均水平。被省委宣传部、省关工委等5家联合授予"迎接新世纪读书教育活动优秀组织奖"。

2001年,通过改革和加强阵地建设,销售额达3650.84万元,省考核的12项目标考核指标均呈现上升势头,被评为省2001年度先进店。被市委、市政府授予"1999~2000年度文明单位"称号。

第二节　书　摊

20世纪50年代,新浦街头开始出现书摊,以出租、出售连环画(俗称"小人书")为主,青少年也可就地看书。至1960年年底共有8户。后逐年增加,至1964年底,新浦城区共有书摊57处,分布于20条街巷,计有各种小画书12717本。每天租阅者约在1500人次左右。

"文化大革命"期间街头书摊被取缔。

"文化大革命"后,街头重现书摊。到1987年计有出租书刊1万余册,每天接待青少年租阅者2000余人次。

20世纪90年代初,瞿姓退休工人开始经营旧书,最初在通灌南路化学矿业专科学校(简称"矿专")附近经营。不久,一些下岗职工投入旧书经营,在"矿专"附近自发形成旧书市。至90年代末,旧书经营者增多,摊点分散。2002年冬起,文化部门加强管理,将旧书摊统一安排到华联商厦西侧的龙尾河东岸。至2005年年底,龙尾河东岸形成旧书市场共有25个旧书摊。其间,在新浦公园附近、火车站广场、绿园南路、青年路、沈圩桥附近也时有旧书摊点。

第三节　图书馆(室)

解放前,新浦地区无专门图书馆。

1958年"大跃进"时,市政府开始在新浦筹建公共图书馆——新海连市图书馆,次年9月8日建成。初设于市工人文化宫内,与工人文化宫图书室联合向社会开放。市图书馆有职工5人,藏书3.5万册。其间,域内部分中小学校开始设立图书馆(室)。

1961年10月,新海连市图书馆更名为连云港市图书馆(简称市图书馆)。1964年,迁至解放中路51号,向社会开放。

"文化大革命"开始后,市图书馆被迫停止开放。1971年,迁至解放西路18号,重新开馆。1972年4月,馆址迁至市化路,借用工人文化宫房屋,对外开展借阅业务,限额办理借书证。1974年5月31日,迁至市化路31号(原市邮电局楼内)。1978年起,对社会常年办理借书证。

20世纪70年代后期起,域内大专院校图书馆相继建立。

1981年起,市图书馆敞开办理借阅证。1988年,新建成2400平方米阅览大楼,开始实行全部开架借阅。20世纪80年代末,并被省文化厅授予"1989~1990年文明图书馆"称号。

1994年,市图书馆被评为国家二级图书馆。1999年,建立电子阅览室,18台微机专线上网,并和全国计算机联网。

2001年起,市图书馆先后购置计算机、服务器等设备。自建数据库,开展网上信息查询、光盘检索、上网培训辅导、多媒体读物等服务项目,实行数字化管理。2002年,被文化部授予"全国文化工作先进集体"称号。2003年6月,市图书馆重新整合,增挂连云港市教育图书馆牌子,隶属于连云港市教育局,业务上由连云港市文化局主管。9月,市图书馆与高校图书馆合并,搬入苍梧路新址。原坐落于市化路的图书馆改建为市少儿图书馆。

连云港市少儿图书馆(简称少儿图书馆)使用原市图书馆馆址,占地0.154公顷,建筑面积3400平方米。馆藏少儿、文化艺术类书籍5万册(件)。文献藏量8.6万册,音像资料2000册(件).少儿图书馆配有计算机设备(包括终端)30台。其中服务器3台,建有局域网和馆网站,是全国文化信息共享工程、江苏文化网连云港中心站。少儿图书馆服务对象是少年儿童和家长、教师。主要职能是为少年儿童提供各类有益身心健康的图书、报纸、电子出版物、音像制品等。开展外借、阅览、网上信息资源查询等服务,组织各种读书活动和文化艺术培训,开展辅导少儿阅读、写作等业务。实行全天候开放,年接待量达30万人次。

2004年3月2日,市少儿图书馆与新浦区28所中小学洽谈"馆校共建",确定送书点,为特困生免费办证等事宜。设立中小学、幼儿园、培智学校、社会福利院等13个借阅点,定期送书上门。10月,省委宣传部、财政厅拨专项资金25万元,给市少儿图书馆少儿流动书库。其中,用20万元购买了1万多册少儿类图书。

2005年,市图书馆被评为2003~2005年度"江苏省文明图书馆",并被评为国家一级图书馆。藏书42万册。至当年底,新浦地区另有大专院校图书馆7个、中学图书馆(室)10个、小学图书馆(室)20个、乡镇街道图书馆10个。

2005年新浦地区部分中小学图书馆(室)概况表

表29－3

校　名	建馆(室)时间	面积(平方米)	藏书量(万册)
江苏省新海高级中学	1948年	8600	图书11万册、期刊合订本1.4万册、电子图书20万册、声像资料600余种、工具书2600余种。
连云港市新浦中学	1965年9月	1290	6.95
连云港市海宁中学	1988年9月	210	4.14
连云港市临洪中学	1983年9月	330	3.31
连云港市南城中学	1959年9月	140	1.30
连云港市云台农场中学	1968年9月	60	0.45
连云港市南云台林场中学	1989年8月	50	0.81
连云港市云台中学	1970年2月	70	2.94
连云港市花果山中学	1969年7月	150	2.23
连云港市宁海中学	1974年9月	120	3.56
连云港市解放路小学	1953年1月	400	4.41
连云港市建国路小学	1958年9月	160	3.48
连云港市通灌路小学	1978年9月	60	3.26
连云港市连海路小学	1978年12月	54	2.41
连云港市海宁小学	1985年9月	85	4.65
连云港市建宁小学	1994年9月	300	3.92
连云港市大庆路小学	1989年8月	270	2.40
连云港市幸福路小学	1987年9月	136	2.67
连云港市新海小学	2001年9月	84	3.10
连云港市市东小学	1986年9月	54	1.74
连云港市公园小学	1988年9月	50	2.01
连云港市向阳小学	1988年9月	67	0.78
连云港市浦东小学	1973年7月	54	0.72
连云港市南城小学	1987年9月	32	1.77
连云港市林场小学	1990年9月	16	0.29
连云港市农场小学	1959年7月	36	0.81
连云港市关里中心小学	2005年7月	54	0.89
连云港市大村中心小学	1984年9月	50	1.89
连云港市宁海中心小学	1990年9月	54	0.71

2005年新浦地区部分大专院校图书馆概况表

表29－4

校　名	建馆年份	面积(平方米)	馆藏资料量
淮海工学院	1985年	23164	文献总量149.83万册。其中,纸质文献总量108万册
连云港师范高等专科学校	1914年	9138.26	藏书43万册(不含电子文献),报刊1200余种
连云港职业技术学院	1979年	1720	藏书38万余册,期刊615种,报纸40余种,中外文光盘图书1万余张
连云港广播电视大学	1987年	4630	藏书10万余册,报刊300余种
连云港财经高等职业技术学校	1985年	4000	藏书8.3万册、合订专业期刊2万册,合订文艺期刊8000册,合订报刊9000册

2005年新浦区各乡镇、街道图书室概况表

表29－5

单位名称	建立年份	面积(平方米)	藏书量(册)
花果山乡图书室	1984年	35	3000
云台乡图书室	1966年	66	11235
宁海乡图书室	1980年	40	5000
南城镇图书室	1950年	75	12000
浦东街道图书室	1981年	20	2000
浦西街道图书室	1982年	20	800
路南街道图书室	1980年	36	1500
新南街道图书室	1999年	30	3000
新海街道图书室	1999年	48	1000
新东街道图书室	1997年	24	1700

第四节　档　案

直至20世纪50年代中期,新浦地区尚未专门档案机构。1959年6月30日,市政府建立档案资料馆。1965年年底正式改为市档案馆,专门搜集保存市委、市政府及其各部门的档案及有关历史档案资料。

20世纪80年代初起,新浦区政府开始加强档案管理工作,首先是区法院、区检察院、新浦公安分局等部门建立档案室,配备专人管理相关档案。1986年12月,区政府档案室正式成立。1990年春,区档案室升格为区档案馆。其间,驻地市城市建设部门于1981年10月在海昌路21号建立连云港市城市建设档案馆,专事搜集、保存全市城市规划、勘察、建筑管理、市政、公共设施、园林绿化、环境保护等方面的资料。1988年8月17日,江苏省盐业档案馆在新浦海连中路10号建立。

20世纪90年代起,区委、区政府各部门及乡、镇、街道先后建立档案室,并配有兼职档案管理员,基本形成了区和乡镇街道档案管理网络。1998年6月26日,区档案馆增挂档案局牌子,施行全区档案管理职能。

2001年,区档案馆对馆存档案进行全面整理、立卷、装订,并完成356卷进馆档案接收工作。至2005年年底,区档案馆馆藏档案达2506卷(3957件)。

第八章 志谱编修

第一节 地方志编修

一、编修出版《新浦区志》

新浦区人民政府于1990年7月13日，成立新浦区地方志编纂委员会，下设办公室，启动新浦区有史以来的第一部志书《新浦区志》的编修工作。历时10年，《新浦区志》于2000年8月11日，由方志出版社正式出版。《新浦区志》设25编，分列131章、485节，计98.8万字，并刊登图表204张、彩色画页24页。2001年6月，《新浦区志》获市优秀史志成果二等奖。11月，获江苏省志书类一等奖。12月，获市哲学社会科学优秀成果二等奖。

图29-29 新浦区第一部通志——《新浦区志》

二、编印《连云港市新浦区卫生志》

1989年11月，新浦区卫生局正式启动《连云港市新浦区卫生志》编修工作。历时3年，于1992年7月定稿，内部印行。该志设11章，计30万字。

三、编印《连云港市新浦区教育志(1913—1990)》

1990年10月，区文教局抽调人员编修《连云港市新浦区教育志》，历时3年，于1993年11月完成志稿。12月，经市新闻出版局批准内部出版。全志设11章，下列64节、206目，计23.5万字。

四、编修出版《花果山乡志》

1998年7月，《花果山乡志》编修工作全面启动。乡党委、乡政府聘请朱开亮、范鉴清、赵悦君、孙广良、仇臻、孙绪汝、武同励、徐本俊等8位离退休老人担任编修工作，历时2年多，于2000年10月，《花果山乡志》由中华书局出版。《花果山乡志》设23章，下列113节、284目，计53.9万字。2001年6月，《花果山乡志》获市优秀史志成果三等奖。同年11月获省志书类二等奖。

图29-30 花果山志

五、编修出版《花果山志》

2001年3月，《花果山志》编修工作启动。编修《花果山乡志》的几位老人受市花果山景区管理处之聘，承担《花果山志》编修工作。历时5年，《花果山志》于2005年6月，由中华书局出版。《花果山志》设12章、53节、113目，计80余万字。当年12月，获连云港市第二次地方志优秀成果特等奖。

六、编修《新浦区军事志》

2004年8月，新浦区人民武装部成立新浦区军事志编纂委员会，下设办公室，正式启动《新浦区军事志》编修工作。该志为新浦区有史以来第一部军事志，设军事环境、军事组织、战备与训练、行政管理、国防动员、后备力量建设、兵役工作、政治工作、后勤工作、装备工作、重要战事、军事人物等13章。至2005年年底，一稿初成。

第二节 年鉴编修

一、编印《新浦区统计年鉴》

《新浦区统计年鉴》编印工作始于1983年新海区时期，由区政府统计局负责编制，始称《新海区国民经济统计资料提要》，每年编印一卷。

图29-31 《新浦年鉴》创刊号

1988年起，由新浦区统计局负责编印《新浦区统计年鉴》，每年一卷，以年为序，当年卷记当年资料。2003年起，改为当年卷序记载前一年资料。区统计年鉴全面记载全区各年经济和社会事业各主要方面的数据、汇总表。至2005年年底，共编印17卷，均以市出版部门的准印证号内部出版。

二、编修出版《新浦年鉴》

2001年2月11日，《新浦年鉴》编纂委员会成立，下设编辑部，开始编写《新浦年鉴》。12月上旬，《新浦年鉴（2001）》创刊号由中华书局出版。该卷《新浦年鉴》记载了2000年新浦区的自然、地理、经济、社会等各方面基本情况和全区党政工作、改革开放、经济建设、社会事业所取得的成就和经验。至2005年年底，先后共编写出版5卷。《新浦年鉴（2004）》于2004年12月22日，获首届中国地方志年鉴奖二等奖。2005年9月，《新浦年鉴（2004）》获江苏省第四次地方志系统优秀成果年鉴类二等奖。《新浦年鉴（2005）》于2005年12月26日获连云港市第二次地方志成果一等奖。

2001～2005年《新浦年鉴》编辑出版简况表

表29－6

卷号	编纂单位	主编	副主编	出版单位	出版时间	字数（万字）	印数（册）	获奖情况
2001（创刊号）			薛　飞	中华书局	2001年12月	59.6	1000	
2002			李成林		2002年11月	62.6	800	
2003	《新浦年鉴》编纂委员会	韩世泳	宋金玲		2003年11月	80.7	800	获市第七届哲学社会科学优秀成果三等奖
2004				方志出版社	2004年10月	83	800	获首届中国地方志年鉴奖二等奖
2005			刘亚军		2005年9月	81.7	800	获江苏省第四次地方志系统优秀成果年鉴类二等奖

第三节　族谱编修

域内云台山地区和城郊临洪滩一带，自古为居民聚居之地，各氏族源远流长。赵、王、江、杨、武、周、胡、孙、郭等氏族，向有编修族谱，记述本氏族由来、支派繁衍、迁徙变化、宗族堂号、族中名人以及族规、家训、世代传承的优良传统等。元泰定元年（1324），东海当路（今花果山乡当路村）“三槐堂”王氏即创修《当路王氏宗谱》，以汉末京兆尹尊公为其氏族“迁海”（即从外地迁到东海云台山地区）始祖。明嘉靖六年（1527），南城“积善堂”武姓氏族以明初从军东海，屡有战功，后恩荫东海所副千户，由原籍湖南常德府桃园县落户东海（南城）的得城公为“迁海”始祖，编修南城“积善堂”武氏族谱。明初宦于朐阳、落户海州北临洪滩（临洪场盐课司驻地）的周氏家族，在明代已有族谱（明末毁于兵火）。云台山地区多数氏族都在顺治十八年（1661）“裁海”时，被迫迁徙内地各处。至康熙十七年（1678）“复海”重返故里后，方创修族谱。康熙二十年（1681），重返大义村（即大村）的赵氏家族创修《天水堂海州大村赵氏宗谱》。康熙二十三年（1684），南城江氏家族初修南城“有怀堂”《江氏宗谱》。康熙二十六年（1687），临洪滩（临洪村）周氏家族重修家谱。康熙三十三年（1694），南城“四知堂”杨氏族重修《南城杨氏族谱》。康熙年间，南城郭氏家族始修《汾阳郭氏族谱》。乾隆四十二年（1777），东海（南城）胡氏家族，以明代永乐五年（1407）守御东海，官至指挥部佥事的海公为“迁海”始祖，创修《东海胡氏宗谱》。光绪三十三年（1906），东海胡氏家族又重修宗谱。修谱风盛行期间，一些家族还自定“每三十年一小修，每六十年一大修”宗谱的族规。至民国

图29－32　新浦地区编修的部分族谱

初年,族谱编修未曾间断。南城武氏宗谱自创修至民国 11 年(1922)先后重修、续修达 7 次。民国 13 年(1924),南城郭氏修补族谱,并正式刊印成宗谱。至民国 21 年(1932),南城江氏宗谱已重修 4 次,续修 1 次。当路王氏、大村赵氏等族谱,至抗战前也都续修、重修 4 次。

20 世纪 30 年代末起,因战事频发等原因,民间编修族谱之事受到极大影响,但少数氏族仍继续修谱。清初逃避战祸落户海州富安,咸丰年间迁居新浦的李氏家族,于民国 30 年(1941)创修了《陇西堂李氏家谱》。聚居新浦的海州富安刘氏家族也于民国 33 年(1944)创造了《海州刘氏富安宗谱》。

"文化大革命"中,很多家谱被视为"四旧"之物而被毁。

改革开放后,特别是 20 世纪 90 年代起,新浦地区部分氏族又开始族谱编修工作。南城郭氏编修成《郭氏家乘》简本。1997 年 10 月,南城杨氏成立五修族谱编修委员会,开展《南城杨氏族谱》编修工作。同年,花果山乡小村朱氏家族成立创修宗谱联络小组,历时 5 年,于 2001 年《小村朱氏姓支脉系宗谱》付梓。2000 年,新浦"陇西堂"李氏家族因原族谱久毁,改为按支系各自编修家谱。2002 年,花果山乡当路村王氏家族开始五修《东海当路王氏宗谱》。2003 年,东海(南城)胡氏家族成立修谱委员会,第三次编修宗谱,并刊印精装《敦素堂·东海胡氏宗谱》(全一册)。2005 年春,大村赵氏启动《海州大村赵氏宗谱》第五次续修工程。在此期间,新浦地区尚有孙、汪、郁、韩、房等姓氏族续修或重修族谱。

第九章　文　物

第一节　古遗迹、遗址

一、东磊太阳石岩画遗迹

东磊太阳石(简称太阳石)发现于 1983 年并命名。坐落于云台乡东磊村与渔湾村之间的黄崖顶(通称姆忽顶,也称摸忽顶,故太阳石也称"摸忽石")海拔约 230 米处。位置为北纬 30°38′28″,东经 119°19′34″。为区级文物保护单位。

图 29－33　东磊太阳石

太阳石是一块呈 A 型的巨石。其顶端朝西大西北方,石面总体朝东。大石上宽 1.4 米,下宽 4 米,长 7.7 米。大石面上有磨刻画面 18 处,各种远古文化符号 38 处,星象石窝 34 个。大石西端翘起,顶端距山坡 1.3 米。下方有块基岩,基岩面上刻有树形图案、8 个石窝和两组岩画。太阳石上岩画图案主要分为太阳图案、网格图案、扶桑图案、星象图案、太极图案和类似文字的几种类型。王大有先生认为其产生于少昊颛顼时代。

附:关于东磊太阳石岩画图案辨识几种看法

近几年来,经多位专家学者现场勘察、考证,共同认为太阳石大石面上有磨刻画面18处,各种远古文化符号38处,星象石窝34个。下方基岩面上刻有树形图案、8个石窝和两组岩画。太阳石上岩画图案主要可分为太阳图案、网格图案、扶桑图案、星象图案、太极图案和文字几种类型。但对有的图案辨析不尽一致。现摘录如下。

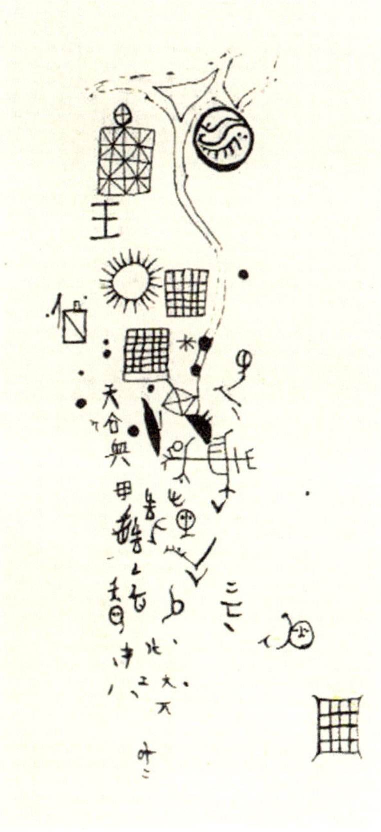

图29－34 东磊太阳石岩画实测图

太阳图案

位于岩画西部偏南处。"太阳"呈椭圆形。直径18～21厘米,含光芒,图案直径约50厘米。而对太阳光芒道数说法不一:

一说,"圆圈四周刻有呈向心状的线条22根,以表示太阳的光芒"(李洪甫《太阳石岩画遗迹初证》);

一说,太阳四周有21根光芒线(刘洪石《旸谷"天书"》;高伟《东磊太阳石新说》;(王洪金《东磊太阳石岩画探秘》);

一说,是20根(邵秀梅、黄丽、黄正名《东磊太阳石岩画新考》)。

网格图案

整个画面有6个方格图案,几个较大的分布于"太阳"图案周围。其中,大的高47厘米,宽40厘米,内分为35个小格。其旁一个靠近"太阳",稍小,高27厘米,宽24厘米,内分为25个小方格。

一说,象征农田和农作之事。

一说,"这类岩刻符号是在文字记录出现之前,上古先民记录天文历法知识的特殊符号系统,是古人'结绳纪事(数)'方法发展到一定阶段的历史产物。"(仲几吉《东方太阳石:四千年前的文化经典》)。

一说,"三个大的方格……都不是棋盘,而是田地";"三个小方格图案,一个……表明这里有人安营扎寨,是吃住之处;一个……可能是表示这里是一个河边转运站;还有一个……也表示是一个码头边的转运站。"(邵秀梅、黄丽、黄正名《东磊太阳石岩画新考》)。

扶桑图案

刻画于太阳石西下方基石上。为扶桑树图形。他与基石上几个圆石窝等符号形成的一组图案。

一说,"应是扶桑,日载于乌、大火与嘴二星。"(王大有:《三皇五帝时代》。)

一说,"表示日在扶桑顶,……也就是从太阳在扶木上运行的轨迹,观天测象,指导生产"。(刘洪石《旸谷"天书"》。

一说"是'日出扶桑'背景的由来"(王洪金《东磊太阳石岩画探秘》。

星象图案

太阳石上磨刻有很多星象图案。

一说,"太阳石背面的七个圆坑,推测为凿刻者对星象(北斗)的记录,他们已经知道星与农时的关系。"(李洪甫:《太阳石岩画遗迹初证》)

一说,"凿刻的九个大小不一的石窝,它表达的是青阳氏即帝俊方国所统率的九胞族,即九夷"。(刘洪石《旸谷"天书"》)。

一说,“北半石最上方刻有七个直径很小的石窝,构成北斗七星,斗柄指向北方。其下是颗硕大无比的圆月和几颗孤星状的石窝”。(王洪金:《东磊太阳石岩画探秘》。)

一说,“岩画中的星象图有两处,一处在岩画中间穿插有九个石窝,分布很有规律,是北斗(古代,北斗星不是七星,而是九星),另一处在岩画的岩石下方(岩石呈小石棚型),刻有三个连续排列有序(由右向左),线条并向上延伸分为五叉形状,在其右上又有两个石窝和条磨制线条。”(高伟:《东磊太阳石新说》)

一说,“太阳图案南边有七颗较大的石窝和一些小石窝,都表示星星,七个大石窝是天空南方可见到的朱雀七宿。太阳图案北边还凿刻有北斗七星。西边被大石叠压的一块石面上还有十来个石窝,也表示星星。星辰与太阳图案组合成简单的天空星象图”。(邵秀梅、黄丽、黄正名:《东磊太阳石岩画新考》)

太极图案

位于太阳石岩画的北部上方,直径41厘米,圆圈不很规矩,圆圈刻痕宽2.5~3.5厘米,深0.5~1厘米。圆内有一条“S”形线条,把圆圈分为上下两部分,上半部中又有-条短一点的“S”线条。下半部中也有一条“S”形线条,在“S”形线头部有一圆点,“S”线的下部有几道小短线。上下两条“S”形条为简单的变形龙形,形似道教的“太极图”。

文字图案

太阳石岩画中有刻画比较明显的文字图案。

王大友先生识读为:工、俞、风、重。

王洪金先生辨识认为,岩画中有和“主”字(或大篆“生”字)、“天”字、“合”字、“典”字(大篆)、“甲”字(大篆)、“黑”字(大篆)等字相似的字。《东磊太阳石岩画探秘》

邵秀梅、黄丽、黄正名认为岩画中有“主”、“合”、“兴”、“田”等文字。《东磊太阳石岩画新考》

高伟先生认为,“岩画中出现的文字有‘主’、‘天合□□’等字样”《东磊太阳石岩画新说》

仲几吉认为,“太阳石岩画中的其他符号,如个别文字、月亮图案中的线刻等,因为有着明显的锐器凿刻痕迹,而非石器磨制而成,所以与岩画主体内容的创制年代绝不相同,当为后人二次利用的产物”(《东方太阳石:四千年前的文化经典》)

二、大村遗址

位于南云台山西麓,遗址现已没入“大圣湖”。遗址文化层厚1米多,南北长200米、东西长100米,高出地面1~3米,面积约2万平方米。1960年,由江苏文物工作队发掘。文化层从上至下依次为汉代、六朝文化层、周代文化层、新石器时代文化层。上层出土灰陶片、陶器井圈及六朝青瓷片。中层出土周初中原的青铜鼎、战国青铜剑等。下层出土陶器、石器、骨器等。

大村遗址年代大约为6500年前。1982年,定为市级文物保护单位。

三、小村遗址

位于花果山乡小村东部,为新石器时代至汉代的古遗址。面积约4000平方米,南北长100米,东西长40米。高出地面1~3米,文化层厚约2.5米。1977年试掘,出土有大汶口文化的夹砂红陶、灰陶的鼎、豆、罐等残片、西周鬲足、豆柄、战国时期的几何印纹陶片、汉代绳纹瓦片等。1982年被定为市级文物保护单位。现小村遗址为小村葡萄园。

四、三元宫遗址

位于花果山乡前云村东600米处,系明代三元宫遗址。三元宫原名三官庙,明万历十五年至二十四年(1587~1596)重修,赐名:"敕赐护国三元宫",曾更名为"海宁寺"。1938年遭日军飞机轰炸,遗址仅存宫门,宫门长13.4米,宽3.9米,高约6米。为市级文物保护单位。

五、渔湾山庄遗址

云台山南麓东磊村东北,古时为海湾,为系舟之所,故称"渔湾"。清末,新安人方景濂置别业于此,建"月到山房""学稼轩""十梅书屋"诸建筑,成为海滨有名的私家别墅。名"月到山房",又名"渔湾山庄"。垂柳绕径,疏条穿墙,紧靠龙潭涧诸龙潭飞瀑,其境清雅,且有泉水之声,方氏借山水之胜,为亭为台。

解放前,方氏别墅卖与南城武氏,房屋已多荒毁。

六、玉皇宫遗址

位于新浦区南城镇凤凰社区东约500米处。根据《嘉庆海州直隶州志》记载:"玉皇宫,隋朝开皇五年建,南宋景定三年(1216)张安抚重建。"1958年被毁。

玉皇宫于1998年在遗址上重建。通长约50米,通宽约26米。如今,仅有石香炉2只为宋代原物。

七、老君堂遗址

位于花果山乡前云村,为明代建筑遗址。原为四合院,山门3间,正殿3间,东西厢各3间,占地面积约600平方米。殿宇久毁。今仅存合围6米的"怀中抱子"银杏一株。遗址多见明代瓦砾。为区级文物保护单位。

第二节　古　墓

一、大村西周墓

1958年,修筑大村水库时发现。同年11月,江苏省文物工作队进行发掘。墓葬位于大村遗址文化层中部,为两座土墩墓,未发现棺椁,尸骨早已腐烂。出土青铜鼎4件、青铜甗3件。鼎器身厚重,两耳直立于口沿上,足与器底相接处中空,足下端作马蹄形。器身与足均有突出的钩戟,以代替直棱。其中大鼎口径40.2厘米。时为江苏境内发掘青铜鼎之最,陈列于南京博物馆。其制作质朴,上下连为一体,中缺箅,足中空,鼎、甗的纹饰都比较疏简。与商代铜器制作精工、花纹繁复的风格迥然不同,西周初铜器的风格明显。为市级文物保护单位。

二、大村西汉墓葬群

该墓群位于今花果山乡大圣湖南岸公路的南侧,分布在南山北麓的坡积黄土台地上。因云台砖厂长期在此取土,时有汉墓发现。1978 年 7 月,连云港市博物馆对该厂炸土而暴露的两座汉墓进行抢救性清理。经过勘察发现台地的土层中尚有保存完好的 11 座汉墓。清理的两座汉墓均为竖穴土坑木椁墓,用数块整木板贴于坑壁为椁,内置棺。棺系用整段楸木刳空而成,有边厢或脚厢。随葬品有陶壶、陶盘、漆奁、木俑等。最为珍贵的是 13 枚西汉的断简残篇,其中木简 10 枚、竹简 3 枚,长 4.2~20 厘米,宽 3~8 厘米。字体为隶书,具有西汉隶书的风格。

2002 年 4 月,在连云港市花果山风景管理处新建办公大楼东侧 60 米处发现古墓葬,经市考古人员现场考察确定为一处汉墓群,并进行抢救性考古发掘,发现墓葬 4 座,两座已被破坏,另两座椁暴露在外,均为土坑竖穴木椁,为汉代当地平民夫妻合葬墓。1 号墓女棺内有银质指环一枚,外径 2.4 厘米,内径 1.9 厘米,保存完整。另有铜钱若干枚,有四枚保存较好,为西汉五铢钱,外径 2.6 厘米,孔径 0.9 厘米。2 号墓内出土西汉乳钉纹铜镜 1 面,残端板研 1 片,木梳 3 把(残断无齿),丝绸残片若干,有西汉五铢钱若干枚,并在脚厢内发现 5 件陶罐,4 件残损,仅 1 件可修复,通高 21.5 厘米,口径 19 厘米,腹径 30 厘米,底径 10 厘米,壁厚 0.3 厘米,浅直口,腹部以下到底饰篮纹。

三、三国(魏)王朗墓

花果山乡大村古代有一弥陀庵,又称云台下院俗称南庙,也叫地藏庵(今为花果山乡政府驻地)。弥陀庵北侧有土墩,相传为三国时名儒王朗墓。顾乾《云台山志》载:“大村有王朗墓。”《云台补遗》载:“王朗墓在弥陀庵。”王朗墓前有石剑二柄,剑柄朝上,其规格相等,剑长 3.6 米、宽约 0.45 米,厚约 0.20 米。20 世纪 60 年代初,建设花果山乡政府时遭毁。70 年代初,大村砖厂修筑灌溉渡槽时,石剑被砌到了渡槽上。

四、高高顶汉墓

位于云台山西麓的花果山乡南端唐庄。1979 年 12 月,村民取土时发现。1980 年 5 月 26~30 日,连云港市博物馆考古工作人员对此墓进行清理,墓系双椁并列埋葬在同一竖穴土坑中。由墓坑、椁室和木棺三部分组成。南椁室东西长 3.20 米,北椁室东西长 3.4 米。两室通宽 4.65 米,墓口深 2.7 米,墓底深 1.22 米。墓坑内填五花土,全经夯实。椁室内径东西长 2.32 米,南北宽 1.46 米。南椁室共计大小木块 28 块,材积约 5 立方米。每块木板平正方直,木板的两端均用束腰形暗梢作牢以防爆裂。椁板均以边缘扣接和槽口接合办法拼合而成,构造严密,制作精工。棺系用整段楸木刳空而成,长 220 厘米,宽 71 厘米,高 69 厘米。棺帮外侧近两端分别用束腰状木梢咬合,并在棺盖和棺体扣接的缝隙上贴附 4 厘米宽的绢缠绕棺体一周。棺外黑漆,内施朱红色漆,出土时漆面光亮如新。棺盖的上面及棺体四周以柿蒂形铜钉作饰。棺盖上置长柄竹扇一件。竹扇形制和湖南长沙马王堆一号汉墓西边箱所出相似,但编结图案较马王堆的繁缛。棺内贮满清水,骨骼已腐朽,为仰身直肢。清理出漆木器、釉陶器和铁铜器等随葬品 68 件。漆木器最多,质地最精,大部分保存完好,其中曲足凭几曾被有关专家誉为“国宝”。几面长 95 厘米,宽 17.5 厘米,厚 2 厘米,几足共八柱并皆弯曲,每根柱足的上端均雕为龙首向下,口衔足柱,下端为镂雕细刻的蟾蜍和双雀。蟾蜍居中,四肢伸展,作上攀状。双雀列两边,翘首回视,形象逼真。几通体以黑漆作地,并在几面的两端用朱红、群青、藤黄三色绘出龙鳞纹。

五、鸡鸣山墓群

位于花果山乡小村村东南约 400 米处,系唐代墓群。为区级保护单位。该墓群俗称古洞、唐王洞,又称封土石室，共计13座。石室内高0.8～1米，长2米，宽1.5米左右，乱石堆砌、条石封顶，顶部封土大多为风雨冲平。石室大多为长方形，少数呈刀形。在此曾采集到青瓷碗、盘及唐三彩残片，现收藏于市博物馆。

六、十八盘墓群

位于花果山乡前进村东约150米处，系唐代墓群。为区级保护单位。该墓群1990年调查发掘，大小石室共计80余座，一般石室长3米，底宽2.2米，顶宽1.5米，高1.2米左右。室壁为块石垒砌，石质为花岗岩，自然条石封顶，顶上封土，封土厚约0.6米，门南向。其出土的青瓷盘口壶、罐、坛、碗及唐三彩残片等文物，现收藏于市博物馆。

七、当路村墓群

位于花果山乡当路村东南约400米处，系唐代墓群。为区级保护单位。该墓群1990年调查发掘，内有大小石室墓近30处。大石室长17.3米，底宽3.5米，顶宽2.8米，高2.4米，门南向，块石砌壁，条石盖顶，石质为花岗岩，封土厚0.8米，出土唐代寿州窑碗、唐三彩残片等，现收藏于市博物馆。

八、明·骠骑将军曹杰墓

曹杰，明代海州临洪场人，以金吾卫指挥征南有功，升辽东广宁参将，累著战功，卒赐骠骑将军左军都督府佥事。葬于新浦临洪滩。墓地坐落于现解放西路原铁路北临洪加油站门前。墓前设有神道，神道两旁有石人、石马、石羊。1960年修解放路时拆毁。2003年11月，翻修解放西路时，于地下1米多深处掘出其神道旁的石人、石马、石羊及六边形石柱等残段。

九、明·无相禅师墓

山阳善士谢淳，号守庵，原为商贾。明万历年间，以自己家资产重建云台山（今花果山）三元宫。以工代赈，救活无数穷苦人。并在此削发为僧，法名德证，号无相。无相禅师圆寂后，葬于今花果山海宁禅寺西涧沟旁。其墓层叠，高数丈，状如塔。里人称谢老塔。

十、明·王鸣鹤墓

王鸣鹤，今花果山乡当路村人（生平见人物编）明万历十四年（1586）武进士，官迁都督同知，享一品薪俸。卒后葬于云台山下当路村北。其墓原有一个很大的封土堆，墓前有神道碑、华表等物。“文化大革命”期间被毁。

十一、明·陈增墓

根据《苍梧片影》、《连云一瞥》载述，东磊三圣庵侧，有明代太监陈增墓，四周锢石已圮。墓前之碑为某太史撰文，篆额为沭阳葛维垣太守所书。陈增时为山东税使，兼领徐州，晚年到郁洲，在三元宫出家，死后留葬东磊。

“天台”诗刻是清代诗刻，刻面高1.44米，宽0.44米，字径10厘米，楷书；

“磊石”题刻是民国时期题刻，题刻共两则，一则为“重来东磊”，字径30厘米，楷书；另为“磊石”二字,无款,楷书;“温泉”2 字为民国时期题刻,篆书,字径 60 厘米,落款“民国八年春,陶士英题”。

第三节 古建筑

一、益州院

益州院原为糜竺院的后花园,糜竺院原是三国时刘备糜夫人及其兄糜将军故里。院坐落于今云台乡前关村,四面环山,涧水绕溪,绿树映院。汉代建安年间由海州富商糜竺建,刘备(刘益州)招亲于此。明朝改糜竺院为为“益州院”。有关资料记载,糜竺院布局为前院后园的园林式豪宅。院门为汉式楹门,门额横悬“益州院”楹(尚存)。院门前青石板路通糜竺前院,两边荷花池。前院建楼廊式正厅房,两边为略矮的左右厅房,厅房前建东西厢房。东厢房北窗前有井一眼,为“糜竺井”。左右厅房各建回廊通向后花园。后花园中建绣花楼、观花亭、花房、寝房、厨房,安排巧致。该院后遭大火被毁,只剩一土堆,俗称“糜堆”。

解放后,在益州院内建关里中心小学。现尚存门额石及古雕石鼓 2 座、石柱 3 根及糜竺井。

二、糜竺井

坐落在云台乡前关小学门前。井栏为花岗岩石凿成,圆鼓形,内径 0.5 米,高 0.25 米。井口径 1.3 米,砖砌井壁,深约 12 米,西南侧有“糜竺井”题碑,字径 20 厘米,楷书。相传该井为东汉末朐人糜竺故居“益州院”内之井。为区级文物保护单位。

图 29-35 糜竺井

三、古凤凰城

古凤凰城即东海城,俗称南城,为古东海县治。始建于南朝刘宋元徽年间(473~477)。南北朝时,青、冀二州曾侨立于此。唐代仍为东海县治。清咸丰元年(1851)重修城南门时,曾掘得石刻“宁海门”额刻一块,字径 17 厘米,上有“贞观十三年春魏征题”9 个小字。现存的古凤凰城门(即南门)为清咸丰十一年(1861)海州州牧黄金龙修复,门额为“古凤凰城”,楷书,字径 50 厘米。上款:“咸丰辛酉年”,下款:“海州州牧黄金龙”。古凤凰城墙 1958 年被拆毁,唯有城南门留存。城南门东尚有石砌或土夯的残存城墙。东凤凰山东北山腰下也有部分石砌城墙遗址。1985 年,由江苏省人民政府拨款维修城门(南门),城门东西长 18.27 米、高 6.14 米,城门洞高 3.11 米、深 11.68 米,城门西侧有石级路可登城上。

四、南城玉皇宫

位于南城镇东凤凰山顶。始建于隋开皇五年(585)。南宋景定三年(1262)、明成化二十一年(1485)先后修建。民国 28 年(1939)毁于日军轰炸。

五、南城东大街

于南城镇凤凰社区内，系清代古建筑位。为区级保护单位。街道长1.5公里，宽4米。街道路面由长2米，宽0.4米的花岗岩质条石铺成。大街两侧房屋大都为不规则石砌墙、小瓦、硬山起脊的清末民初民居，保存较完好。

六、海清寺阿育王塔

位于花果山乡前云村大村水库东侧。始建于北宋天圣元年（1023），建成于天圣九年（1031）。塔形仿楼阁式，纯砖结构，九级八面，高40.58米，塔各层东西南北四面有券门各一，其余四面均隐出直棂窗形。第一层作迭涩式腰檐，上八层均为平座迭涩式腰檐。1至8层外壁内绕以回廊，中砌八边形塔心柱。塔心柱内有踏步，可攀至八角形藻井的第九层。塔址、塔基均经过精心选择和处理，至今未见不均匀下沉和倾斜现象。1974年进行维修时在塔的第一层踏步下发现"暗室"，出土了金棺、银棺等一批重要的北宋文物。

图29－36　海清寺阿育王塔

民国17年（1928）10月，经中共东海特别支部批准，中共大村支部在大村塔寺（海清塔寺）正式成立，作为农民组织"扁担会"暴动总指挥部。毛汝南任支部书记，娄子征、李慎之为支委。先后发展中共党员10余名。

1976年9月，江苏省人民政府发布海清寺塔阿育王塔为省一级文物保护单位。1982年3月25日，江苏省政府苏政发〔1982〕51号文重新核定海清寺塔为江苏省第一批文物保护单位，编号24，分类号9。1990年，第三次全国文物普查核定为国家级文物保护单位。〔2005〕42号文公布为国家级文物保护单位。

七、三元宫

位于花果山景区海拔410米处的清风顶上。与玉皇宫同在一条轴线上。三元宫，祭奉三元大帝，故又称"三官庙"。

三元宫发迹于唐、重建于宋，后殿宇颓废。明万历十五年（1587），山阳人谢淳变卖家产修建三元宫，历时9年，竣工，一改旧观。万历二十二年（1594），慈圣太后颁赠《大藏金》等。天启四年（1624），朝廷令重修，并赐名"敕赐护国三元宫"。清康熙三十一年（1692）康熙帝亲书"遥镇洪流"四字赐三元宫。道光十四年（1834）两江总督陶澍集资大修三元宫。

民国27年（1938）6月，三元宫及其附近建筑毁于日机轰炸。

1980年4月起，重建三元宫及附属建筑。

1993年，花果山上所有庙宇交佛教部门管理，三元宫改名为"海宁禅寺"。

八、九龙桥

九龙桥又名"万寿桥"，位于花果山景区的南天门和三元宫之间，因其上方有九涧汇于桥下，故名。

此桥建筑于明末，为砖石结构的拱形桥，桥拱系砖结构，余皆石构。桥长30米，宽8米，高6米，雄伟而稳固。桥旁有1株近千年的银杏树。清康熙年间郯城发生8.5级大地震时，该桥安然无恙。现为市级文物保护单位。

九、照海亭

位于花果山乡前进村东约500米处。为市级文物保护单位。该亭建于光绪二十九年(1903)，两层，飞檐琉瓦，耸入云空。1938年被日军炸毁。

1980年重建。两层，底层通“海天洞”，上层飞檐琉璃瓦，四角。四壁开菱形轩窗。亭内镶嵌《云台海天洞缘起略》石刻，为清代武学澍撰文，章兰溪书丹。

十、南城城隍庙

位于南城镇东凤凰山下。清康熙三十一年(1692)建于普照寺废址处。道光十六年(1836)扩建。

1953年，庙内神像被毁，殿宇改作他用。

1992年起，重新修复，塑神像。现为港城道教活动场所。

十一、武迎吉府第

武迎吉府第，坐落在南城镇东大街北端路东侧。因武迎吉曾任山东登州总兵，俗称登州侯，故里人也称其府第为“侯府”。侯府建于清咸丰年间(1851～1861)。侯府分南北两院，计50余间。门前有石鼓、上马台、石狮。北院从东大街106号进入，在二道院内，有堂屋3间，为主屋，前墙有天香庙、墙塑，正门楣有5个“福”字，门前有一口井；屋内四梁八柱，砖望，木椽；屋长11.5米，宽5.9米。现保存较好，仍为民居。

南院为侯府前院，原临街为“八字门”，现为便道，也有堂屋3间，长11.3米，宽5.45米，外貌完好。现为民居。

十二、关帝庙前山门(南天门)

位于花果山乡大村村东约1000米处，系明代万历年间建筑。宽3.9米，进深2.3米，高5.3米，硬山顶。阶13级，高2.2米。南天门周围的古建筑与关公庙一起毁于战火。现南天门保存完好。为市级文物保护单位。

图29－37 南天门

十三、仙人桥

位于花果山乡前云村东部约400米处，系明代古建筑，为区级文物保护单位。该桥呈东西向，两块短条石搭成的独孔桥，花岗岩石砌筑，桥长5米，桥宽2米。桥东头北侧，立一石碑，高1.5米，宽0.66米，碑中间竖刻“仙人桥”三字，碑上额刻有“阿弥陀佛”4个字。相传过去有人在此修道成仙，因而得名“仙人桥”。现为花果山风景旅游区的重要景点。

十四、云台山门

位于花果山乡前云村东部约600米处，系清代光绪年间古建筑。为区级文物保护单位。

该建筑坐北朝南，由石块砌筑而成，门径1.83米，门高3.98米，门深0.71米。门额上刻“云台山”三字，字径约0.24米，行书。墙面外观略残，现为海宁禅寺院门。

第四节　近代建筑

一、东亚旅社

位于新浦新市路35号。民国8年（1919）白宝山建造，故又名“白公馆”。占地面积700平方米，四合院式连体建筑。两层楼房40余间，高约9米，砖木结构。门面南向，欧式风格，门内东西两侧各砌圆洞形门垛。柱头雕以卷叶堆纹浮雕图案。庭院内地铺方砖，楼廊为四面相通的走廊，廊柱、廊沿、楼梯扶手都有浮雕彩绘。楼梯设于庭院的西南、东北两角。门面窗为欧式，内部为格扇门窗。房间内铺木地板，备有各式中西家具。门前铺设一段长约40米，宽约6米的石板路。为民国初年中西合璧的近代建筑的代表。为市级区文物保护单位。

新中国成立后，为市级机关办公用房。2003年1月，改作连云港市民俗博物馆。

图29－38　市革命纪念馆——原陇海公寓

二、陇海公寓

位于新浦民主路201号，坐北朝南。建于20世纪20年代，占地200平方米。因陇海铁路修建而命名。该建筑物为四合式二层楼房，上下共28间客房。楼房为砖木结构。门面南向，长近20米，高约12米。门面上端砌有山形壁饰。卷拱门，门旁各有一柱为饰。门上匾额楷书“陇海公寓”，其左右分别有“群贤毕至”和“长少咸集”匾额。天井中设楼梯、廊柱，或雕刻或彩绘，上为天窗。楼上客房内装有电灯、电话。时为高档公寓。是20世纪30年代前后新浦地区现代建筑的代表。

抗日战争初期，中共党员张喆人受中共长江局委派，以陇海公寓为基地，组建了以伍志刚为书记，谷牧、李欣为委员的中共新编五十七军一一二师（原属东北军）地下工委，开展革命活动，发展抗日名将万毅等7名爱国志士为中共党员。

新中国成立后，仍为旅社。1978年，更名为新城旅社。

1987年6月6日，中共连云港市委、连云港市人民政府将其修缮，恢复原貌，并定作“连云港市革命纪念馆”。为市级文物保护单位。

三、生庆公茶庄

生庆公茶庄位于新浦民主路18号。民国8年(1919)由地方绅商集股建成。为区级文物保护单位。该建筑为两层楼房,由店面、会客厅、制茶坊、仓库、厨房、宿舍等组成建筑群,占地500平方米,店面占地约130平方米,门面取西式风格,店内按中式布置。原名为“甡庆公”,后因沈云沛家股东撤出改为“生庆公”。店铺保存完好,今门面房仍为“生庆公”茶庄。其余房屋改作民居。

图29-39 生庆公茶庄

四、华中裕商店

位于新浦民主中路中段,坐南朝北,今新浦区政府对面。始建于民国21年(1932)。建筑为两层中西合璧式楼房,一楼为店面,二楼有房4间,木质地板。原门面上方饰有福禄寿三仙图案,作为标记。“华中裕”是当时全国“华”字号总店下属的分店,当时被称为“广洋杂货”的四大百货商店之一。解放后,初为新浦文化馆和少年之家,后为市群众艺术馆用房。20世纪90年代后期,旧城改造时拆除。

五、益龄医院

位于新浦民主中路东段,坐北朝南。原为刘一麟于民国23年(1934)开设的医院。有楼房28间,平房26间,日军侵占时停业。抗日战争胜利后复业。新中国成立初期,仍为益龄医院。1951年和公立医院合并后,此建筑均改作民居。

图29-40 建于民国34年(1945)的银行大楼

六、银行大楼

位于新浦解放路37号,坐北朝南。为民国28年(1939)伪准备银行办事处负责筹建,日籍工程师设计,福昌建筑公司承包建筑的现代建筑。民国34年(1945)3月建成。占地约680平方米,高17米,为两层楼。整个建筑具有日本大和建筑风格,兼有明治维新后逐渐欧化的特色。

抗战胜利后,国民党中央银行接管。

解放后,由中国人民银行连云港支行使用。中间为营业大厅,余为办公用房。楼上三面走廊相通,东西两侧有尾楼。为区级文物保护单位。

七、义信、德厚成百货商店

义信、德厚成百货商店系民国时期建筑,位于新浦民主中路155号,坐北朝南。为区级文物保护单位。该建筑长 22.5 米，宽 15.4 米，檐高 13.2 米。沿街墙面有 7 根突出墙面的半圆立柱。柱头雕以卷叶堆纹浮雕，门窗顶部为拱形。门窗上有一溜挑出平台，平台上有梅花鹿、寿星佬彩绘雕塑，寓意福禄寿。整体为中西合璧式建筑，建筑立面为典型的西方设计手法，立面运用立柱，厅堂的设计保留有中国建筑的传统设计手法。

新中国成立后，先为市百货公司，后为大华百货商店用房。

八、协和医院

位于新浦市化路 103 号，系民国时期日军侵占新浦期间建造。为区级文物保护单位。该建筑坐北朝南为二层楼的大院，布局为“日”字形，前后院有过道相通。通长 25.5 米，通宽 14.5 米，屋高 5.6 米。该建筑的特别之处在于它的房屋结构为石墙体坡屋面，院内有木质回廊。现为民居。

九、复盛祥杂货店

位于新浦民主中路 290—298 号，系民国时期建筑。为区级文物保护单位。该建筑为中西合璧式四合院，二层楼房。通长约 30 米，通宽约 15 米，楼高 7.6 米。前门面上下各 10 间，为前店后院，院内有木质回廊相连。

十、三和兴药店

位于新浦民主中路 182 号，坐南朝北，系民国时期建筑。为区级文物保护单位。该店专营中药，占地面积 80 平方米，中式起脊，西式面墙。类似上海石库门公寓式建筑，临街立面西式风格。院内二层楼房有中式回廊，砖木结构。该建筑长 16.5 米，宽 5.5 米，二层楼房檐高 7.5 米。今仍为三和兴药店用房。

图 29－41　三和兴药店

十一、天福食品店

位于新浦民主中路 79 号，系民国时期建筑。为区级文物保护单位。初名“和平饭店”，后改为食品店，前店后坊，取名“天福食品店”。建筑整体长 18 米，宽 9 米，南立面 5 间，东立面 4 间，上下两层共 10 间。墙体窗底以下为毛石墙，南、东立面柱式设计为长方形，刻几何线条样式。

十二、长生泰五金店

位于新浦民主路 269 号，系民国时期建筑。为区级文物保护单位。二层楼房，长 23.6 米，宽 7.15 米，檐高 8 米。中式起脊，西式墙面，占地面积约 168.7 平方米。

十三、交通银行

位于新浦民主中路 158—160 号，系民国时期建筑。为区级文物保护单位。该建筑是中西合璧式建筑，外观类似上海石库门楼房，北为正立面，西式拱形门窗，内部走廊，楼梯为中式，砖木结构。通长约17米，通宽约7米。檐高约8米。此建筑为联排式民居建筑，有统一出入口、公共楼梯和结构相似的民居单位。

图29－42　民国年间交通银行用房

十四、山东同乡会会所

位于新浦新民路7号，建于20世纪30年代初。为区级文物保护单位。此建筑为山东客商在新浦的聚会之所。建筑物为西式风格，通长30米，通宽25米，屋高3.2米。有公事房、会客厅、阳台及门前花园等。中式穿堂阳台有廊柱，柱础鼓形，柱头饰西式浮雕花卉。新中国成立后先后为工商小学、市民路小学和新浦区教育局用房。

图29－43　图为原山东同乡会会所

十五、恒懋杂货店

位于新浦民主中路93—101号，系民国时期建筑，为区级文物保护单位。该建筑门面6间，两层，长21米，宽6米，门面上方雕刻有西式对称几何图形。建筑风格兼具中式和西式两种建筑风格，南正立面为西式风格，内部为中式风格。

十六、公大商行

位于新浦民主中路98号，系民国时期建筑，为区级文物保护单位。该商行建于1932年，为一栋3层楼房。该建筑整体长20米，宽8米，高17.5米。北立面采用西方古典柱式，屋顶采用平顶，平顶上雕花栏杆，砖混结构。新中国成立后，曾为市邮电局用房。

第五节　出土文物

一、大村遗址出土文物

1959年至1960年，江苏省文物工作队在发掘清理大村遗址过程中，先后出土文物40余件。其中，石器12件、骨器3件、陶器17件、铜器11件。1960年4月出土的6件铜器价值极高，均为西周晚期风格。铜瓿、铜鼎均被郭沫若选入《中国史稿》一书中。

大村遗址出土文物一览表

表 29－7

类别	名称	数量(件)	形状	规格	质地	色质	特征
石器	石斧	8	扁圆形 4 件	其一长 14 厘米，宽 8 厘米，厚 3.5 厘米； 其二长 10.5 厘米，宽 3.5 厘米，厚 4.3 厘米； 另两件残缺			
			长方形 3 件	其一长 10.5 厘米、宽 3.5 厘米，厚 4.3 厘米； 其二长 9.5 厘米，宽 3.9 厘米，厚 3 厘米； 其三长 6 厘米，宽 4.9 厘米，厚 2.4 厘米			
			扁平带孔 1 件	长 13.5 厘米，宽 6.7 厘米，厚 2 厘米			
	石锛	1	三棱形	长 11.7 厘米，宽 3.5 厘米，厚 3 厘米	砂石	红色	
	石镞	1	三棱形				
	砺石	1	细腰形				
	有肩石铲	1		刃宽 12 厘米，高 115 厘米			
骨器	骨镞	1	三棱形	长 5.2 厘米，宽 2.5 厘米			
	骨锥	2	锥形	其一长 10 厘米； 其二长 6.7 厘米			为兽骨磨制，粗糙
陶器	陶件	3	圆柱形 2 件	半径 6.2 厘米			上部残缺
			形似秤杈 1 件	高 4 厘米，厚 3.8 厘米			上端中部有孔
	陶纺纶	2	扁圆形 1 件		泥质		
			算珠形 1 件			灰黑	
	陶杯	1	直筒形	高 10.7 厘米，口径 6.7 厘米	泥质	褐红色	
	陶罐	1		口径 7 厘米，底径 5.5 厘米	泥质	浅红色	腹部饰细绳纹
	陶壶	2		一只高 7.3 厘米，口径 4.5 厘米		砖红色	
				一只高 13.3 厘米，口径 6.4 厘米		浅红色	腹部有耳、底部三角形，短足
	陶鼎	1		残高 12.5 厘米，口径 13 厘米	细泥质	浅红带灰色	底有三足，一足残失
	陶碗	2	盘状	一只高 5.3 厘米，口径 11.3 厘米	粗砂质	外表黑中泛红	
				一只高 6.4 厘米，口径 13.3 厘米	砂质	砖红色	近口沿处有 15 厘米长舌状小把手

续表 29－7

类别	名称	数量（件）	形状	规格	质地	色质	特征
陶器	陶三足器	1	侈口，细颈	高13.5厘米，口径6.5厘米	粗砂质	浅红色	腹部有把手，底有三足
	陶瓶	1	直口	高16厘米，口径9.2厘米	粗砂质	黑色	
	陶盘	1	盘状	高4.9厘米，口径18.7厘米	细砂质	砖红色	外表有刮削痕
	竹节陶杯	1		口径70厘米，腹径68厘米，高110厘米	细泥质	褐红色	
	红陶平底盘	1		口径46厘米，腹径93厘米，底径60厘米，高73厘米	细泥质	褐红色	
铜器	铜鼎	4	柱形	其一高55厘米；口径48厘米； 其一高32.3厘米，口径29.15厘米； 其余残损已不能复原			
	铜瓿	3		高44厘米，口径31.5厘米			
	铜剑	2		残长32厘米，宽3厘米		柄部各有两道凸箍	
				长37厘米，宽3.5厘米			
	铜罐	1	侈口，鼓腹	高26.4厘米，口径14厘米			
	铜甗	1		高44厘米，口径31.5厘米		三空足，上大下小	

图29－44　大村遗址出土部分文物：中为商周青铜鼎；
左为新石器时代陶器平底盉；右为新石器时代有肩石铲

二、高高顶汉墓出土文物

1979 年 12 月至 1980 年 6 月，在清理花果山乡唐庄高高顶汉墓过程中，共清理出各种文物 68 件，大部分保存完好。其中，漆器 25 件、木器 22 件、竹器 2 件、釉陶器 10 件、金属器具 5 件，其他 4 件。

花果山唐庄高高顶汉墓出土文物一览表

表 29－8

类别	名称	数量（件）	形状	规格	质料	色质	特征
漆器	食奁	1	圆筒形	底径 22 厘米	木胎		木胎。有盖，底附三足
	盂	1		口径 20.5 厘米，高 8.4 厘米	木胎		形制与海州霍贺墓所出一样
	直筒杯	1		底径 12.2 厘米，高 11 厘米		金墨色	残破
	耳杯	17	椭圆形	大式 12 只，长 15.5 厘米，宽 13.6 厘米，高 5.3 厘米	木胎	通体髹黑漆	
			半月牙形	小式 5 只，长 12.8 厘米，宽 11.1 厘米，高 4 厘米		内朱表黑	其中 1 件内黑色
	案	3	长方形、四周边缘突起	大的 1 张：长 52.4，宽 15 厘米，高不明			底附 4 足
				小的 2 张：长 38.8 厘米，宽 24 厘米，高 8 厘米			
	妆奁	1			木胎		状梳和漆盒，盒内有日光镜 1 面
	曲足凭几	1	长方形	长 95 厘米，宽 17.5 厘米，厚 2 厘米，高 32 厘米		通体黑	几足共八柱，皆弯曲
木器	俑	3	抄手侍俑	其中 1 件通高 54 厘米			女性
		2	持质侍俑	高 45 厘米			男性，束发于脑后
		4	拱手侍俑	其中 1 件底附 9.5 厘米高木座，通高 45.5 厘米，其余 3 件高 46 厘米			女性
		1	举臂俑	下垫 9.5 厘米高木座，通高 40.5 厘米			女性
		1	无臂、细腰	高 34.5 厘米			女性
	圆木器	1	梯形	直径：一面 6.3 厘米，一面 10.9 厘米，厚 2.8 厘米			形制一样，规格不同，用途不明，出土在木俑旁边
		3		直径：一面 3.5 厘米，一面 5.8 厘米，厚 2.1 厘米			
	长方形木器	2	长方形	长 23.1 厘米，宽 6.6 厘米，厚 0.5 厘米			一个有 4 孔，一个为 5 孔
	枕	1					以木条连接两端的木板而成。木板面为半圆形
	梳、篦	3		长 7.5 厘米，宽 5.5 厘米			皆为马蹄形
	木方	1		长 23.1 厘米，宽 6.6 厘米			正面有隶书："纱绮须衣一领……"

续表 29－8

类别	名称	数量(件)	形状	规格	质料	色质	特征
竹器	长柄扇	1	扇面作梯形	外侧长 42 厘米，内侧长 32 厘米，宽 30 厘米	竹制		
	笥	1			细竹编制		
釉陶器	壶	4		大 2 件，口径 14.3 厘米，腹径 36 厘米，高 49 厘米 小 2 件，口径 12 厘米，腹径 26.5 厘米，高 36.5 厘米			均侈口，肩附双耳，耳作铺首衔环
	敦	2	长方形	口径 20 厘米，高 11 厘米，通高 16.5 厘米			带盖，子母口，附双耳
	盒	2		口径 20 厘米，高 11 厘米，通高 16.5 厘米	小口，球腹		
	瓿	2	形双耳	口径 11.5 厘米，腹径 38.7 厘米，底径 9.8 厘米，高 34.4 厘米		施茶黄釉	
金属器	日光镜	1	圆纽	直径 7.6 厘米，边厚 0.5 厘米	铜制		有“见日之光，天下大明”8 个篆字
	刷	1	烟斗形	长 12.3 厘米	铜制		长柄，毛已半脱
	小环	1		直径 3.4 厘米	铅质		
	小棒	1		大头直径 0.8 厘米，小头直径 0.6 厘米，长 1.9 厘米			
	五铢钱	24		直径多为 2.5 厘米			可分为 3 式
其他	小葫芦瓢	4					匏之类，当属酒器

三、花果山汉墓出土简牍

1978 年 7 月，花果山乡砖厂爆炸取土时发现。简牍出土时已断残零乱，可释读的残存片 13 片。

简牍一

规格：13 厘米×5.8 厘米。木质。下端残缺。

内容：荣成里徐谭十月十四日甲辰□□以刀刺西长里孙宣□利□未宣梁里徐竖十月十七日丁未卖刀□刃共伤□何十八□永昌里未毋□十一月二日人侍□□刀刃□伤满里徐二□知何人十一月六日乙△丑夕以刃伤利成里孙子游□赖头□□强盗所□湖母长子皂衣一十七俞君孙皂衣钱五十□□乡钱百一十并直三千四百。

简牍二

规格：4.2 厘米×5 厘米，木质。

内容：□□□闻□□□□□

□□武坊未然而□□□□道

幸会大□赏□□请猥殴□□

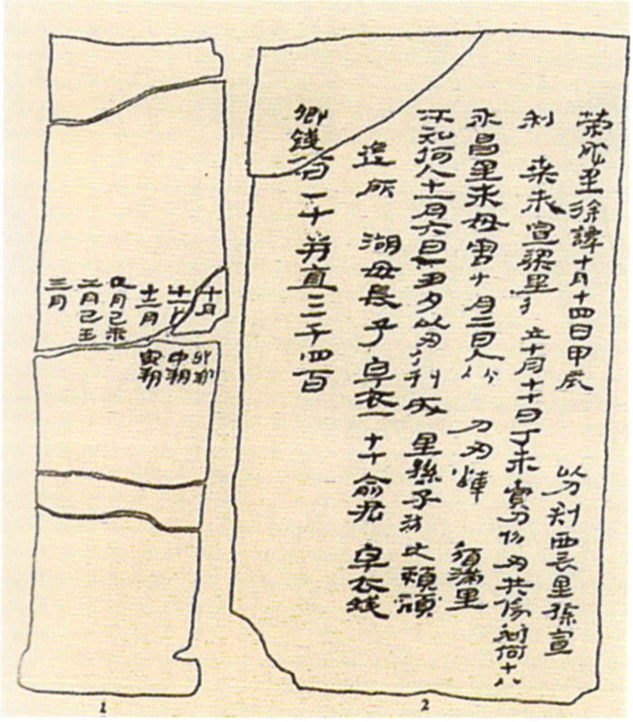

图 29－45　花果山砖厂出土的汉简

苦至自杀□□□所疑有起居

而犹殴之□□令长相对□。

简牍三

规格:6.2 厘米 ×4.5 厘米,竹质。隶书。

内容:□□曰大邦新至□□己□曰闻者卒卒县赋□□未府曰黑□□犯□至不□□□曰吏验事不□人□□□良民□盗贼

简牍四

规格:4.5 厘米 ×8 厘米,竹质。隶书。

内容:□大□巳□□□以宿过□□□年死人闻尉摘□捕□□□□□□□望功并仄□日多□□尽十一月盗贼文□□□□□□□明□

简牍五

规格:4 厘米 ×7.5 厘米,木质,隶书。

内容:□□□□□□□□漏行谴□□□故乡里长吏门□□□□赋□□□犯□□□□酒行求家法有□□□□□□□□大门□□昌里□□□□长□有□□

简牍六

规格:2.6 厘米 ×5.5 厘米,木质,隶书。

内容:□□人输府□□五人输下邳□□十三人输□□□十人盗□□□□人□□□

简牍七

规格:20 厘米 ×4 厘米,木质,隶书。

内容:十月[辛卯]朔十一月[庚]申朔十二月[庚]寅朔正月乙未二月乙丑三月

简牍八

规格:3.2 厘米 ×6.4 厘米,木质,隶书。

内容:[丁]未十七日[戊]申十八日乙酉十九日[庚][戊]廿日辛亥廿一日壬子廿二日[癸]丑廿三日甲寅廿四日

简牍九

规格:6.2 厘米 ×5.7 厘米,木质,大字隶书,小字草书。

内容:□□□□癸巳三日

□月□日年日亥

壬辰二日甲午四月

乙未五日丙申六日

□□未□□寅

□□□□丁[酉]七日□月

戊戌八日

［壬］

□□□□

简牍十

规格:12.5 厘米 ×5 厘米,木质,草书。

内容:□□□□□□□史随□□□□□□□□□十月十人［买］钲子□□二千□□□□□□前民千七□□二千五□□□门三百□□□□千二□□□□□

简牍十一

规格:9.5 厘米 ×4.4 厘米,木质,草书。

内容:再拜

简牍十二

规格:8.25 厘米 ×4.2 厘米,木质,草书。

内容:□□千□□大□□八月市每□八百□□□□□□卖□□东□君□妖□□伤游□□

简牍十三

规格:15 厘米 ×3 厘米,竹质,隶书。

内容:□□什十□小人□□卖酒三斤予□也□斤八□六□二□□□□□计□钱□□□□

四、花果山窖藏

1983 年 11 月 27 日,花果山乡大村村村民李成花在大村水库南岸挖土时发现。钱币装罐内,重 44 千克,共 14660 枚,皆为四铢“半两”。为连云港市此种钱币集中出土最多的一次。

五、海清寺塔出土文物

1974 年 11 月 19 日,在对海清寺阿育王塔进行大修加固时,于第一层梯级踏步下踏心柱内发现一砖砌地宫,并从地宫中出土一批文物,主要有以下 17 件。

【石函】 置于地宫正中,连盖长 90 厘米,宽 40 厘米,高 60 厘米。石函盖已断为 3 节,呈顶状,长 89 厘米,宽 41 厘米,前高 20 厘米,后高 13.5 厘米。边坡四周浮雕:左青龙,右白虎,前朱雀,后玄武(出土时石函正按照此方位安置)。石函头部的中间阴刻浅线门扉,门扉上有排列整齐的五行阴刻的门钉。门扉上有锁,突出体外。两侧各阴刻类似窗棂的直线纹。石函两侧浮雕画面相同,前半部为诸天降十二部天乐迎佛入涅槃境:前者掌伞,第二人击钹,第三人执幡,第四人吹法螺;后半部为 2 小人扶一顶冠长袍的长者。2 小人,一为帝释,一为梵天。帝释和梵天后面是佛的十大弟子,有的仰天长哭,有的俯首哀泣,形态各异,极其生动。架扶 2 人,头扎双髻,余众头部皆有项光,著宽肩大衣。石函下连须弥座,浮雕四力士肩扛舍利函,手托函底。整个石函造型凝重、雕刻细腻、形象生动。石函槽内前部较浅,深为 13 厘米,后部较深,为 20.5 厘米。

【铁匣】 置于石函内后部。长方形,连盖长 34 厘米、宽 22 厘米、高 24 厘米。生铁铸成,匣体厚 2 厘米。盖呈顶形,有一对铰链固连在铁匣上,出土时铰链已脱落。前有锁绊,底铸铭文“工人成遂”4 个字。

【银棺】 置于铁匣前部。棺长 20.5 厘米、宽 8.8 ~5.6 厘米、高 10.5 ~9 厘米,重 0.23 千克。用银丝绕匝。棺盖、棺头和棺身两侧槌揲图案如“涅槃变”。棺头前两侧有槌揲的“天王力士像”,一执剑、一执斧。棺盖上槌揲佛的涅槃像。边坡四周绕以莲花，前后各有1个、左右各有3个佛的三宝之一的“金刚叉”图饰。棺两侧，为佛的十大弟子哭泣像，另3人为梵天来降、守护圣灵之像。画面庄穆、形象。银棺下连须弥座，四周缕云气纹。棺后刻写铭文7行共85字：“海州西市界弟子谢□□与弟谢咏，母亲吴氏三娘、妹谢一娘、男婆姐、次男社公新娘、张氏八娘、新妇李氏二娘、来福红莲冯一娘阖家等，特发心之愿，立等愿心早遂，即须□障下生一会，结来生之果，天圣四年三月廿日”。底部为缠枝莲花。

图29-46　鎏金银棺

【鎏金银棺】　置于银棺内头部。长10.3厘米、宽5.7厘米、高7.5厘米，重0.1千克。鎏金银棺正中为佛的涅槃卧佛像，双足露出。边坡绕以缠枝如意纹。鎏金银棺前和两侧各槌揲一个结跏趺坐于莲台上的菩萨像，施无畏印。棺底为一朵槌揲大莲花。棺后铭文5行共33字：“施主弟子沈忠恕与家眷孟氏二娘于天圣四年丙寅岁四月八日安葬舍利功德记”。

【银精舍】　置于铁匣内后部。长10厘米、宽6厘米、高6.5厘米，重0.06千克。银精舍内安放一长方形木莲座，上置一木刻“佛牙”，衬垫纺织品。银精舍前后各辟1个门，门两侧各槌揲一护法托塔天王像，四围环以波浪纹。银精舍两侧每边各开3个3厘米×1.7厘米竖长方形窗扇。盝顶形舍顶和两侧槌揲精美的缠枝如意纹。

【银方匣】　置于银棺尾部，长6.8厘米、宽5.4厘米，重59.37克。银方匣左右各有铰链，后部有双铰链，前有锁绊，盖呈顶形。匣下有座，座下有四腿。银匣盖上有铭文21字：“佛真身舍利两颗，永同供养，进士傅昙一家发心共施”。匣前铭文33字：“阖家等施，傅昙、男安仁、傅氏大娘、傅氏二娘、傅氏三娘、同达妻孟氏四娘与女儿同施”。匣后铭文为“大宋国海州西市界进士傅昙，天圣四年四月八日安”。

【青瓷葫芦瓶】　置于银精舍西侧。口径0.9厘米、底径2.1厘米、高5.3厘米，最大腹围11.6厘米。圆口、圆足，形似葫芦，施青色釉，釉色莹润、细腻，底部不露胎。内装舍利子若干。

【鎏金铜像、铜兽】　发现于石棺底部垫砖缝中，有鎏金小铜佛3尊，高6～10厘米不等；鎏金铜兽1件，高3厘米。如蹲伏的小狗，眼平视，尾翘起，形象栩栩如生。

【银圆盒】　发现于铺地砖缝中。直径3.1厘米。底、盖上都槌揲“双凤呈祥”图案。内置“景德元宝”1枚。

【琉璃瓶】　3只，为乳白色不透明玻璃制成。一件放置于石函浅槽内，另两件分别置于银精舍内和银方匣内。内装舍利子若干。

【佛骨】　共16块。其中14块放置于石函的浅槽内，另两块放置于银方匣内。

【舍利子】　共有1000余粒。呈透明或半透明状，白色的最多，细如芥子（按：后经鉴定其中大多是细小的磨圆的石英石）。银方匣内有绿豆大小两颗真身舍利，十分珍贵（按：后经鉴定为珍珠）。

六、宁海门碑

1981年冬文物普查中发现，碑已残，唯“宁海”二字依稀可辨，魏体，字径50厘米。碑出土于清咸丰十一年(1861),并刻有“贞观十三年春魏征题”题款。此碑现藏于连云港市博物馆。

七、耀州窑瓷盏

1981年6月采集于大村砖厂。该瓷盏为宋代耀州窑产品。青釉压花。口径9厘米,底径4厘米,腹深2厘米,卷口宽边。胎上划印菊花图案。青色釉中泛黄釉,纹饰清晰,布局严谨,丰满,现状完整,光泽很强,手感较好。

八、地平水准石

2003年5月20日,新浦翻修解放东路时,在位于和平桥东首约40米、地下深1.2米处,发现一砌筑的正方形水泥建筑体,

图29-47 2003年在新浦和平桥东首出土的地平水准石

面上覆盖一方形盖板,水泥建筑物向下渐小,整体高0.8米。上部正方形边长1.23米,边宽0.265米,内有0.7米×0.7米的方槽,槽内有0.15米×0.15米的立方体,立方体正面置一直径0.015米的小瓷球(水准点)。正方形盖板边长0.7米,正面刻有“测量总局第二一三(二)号一等水准点。民国二十二年”字样,每字宽0.12米、高0.10米。盖板正扣于建筑槽口内。此物现存于市博物馆。

第六节 其他重要文物

一、万历圣旨

万历圣旨色黄褐,堂心高31.8厘米、长77.2厘米。天地各有3.6厘米宽的二龙戏珠的云龙图案。正文共20行,行9~11字,款1行,12字。正文前两行已漫漶。文:“奉天承运,皇帝昭曰:朕发诚心,刊造佛大藏经。颁施在京及天下名山寺院。供奉经首护持,已谕其由。尔住持及僧众人等,务要虔诚供安,朝夕礼诵,保安眇躬康泰,宫壶肃清,忏已愆尤,祈无疆寿福,民安国泰,天下太平。俾四海八方,同归仁慈善教。朕成恭已无为往之道焉。今准钦差提督山东、徐州等地方矿税,兼理盐法,清查沿江河道船料内承运库事、御马太监陈增奏请,前去彼处供安,各宜仰体知悉,钦哉故谕。大明万历三十年九月初六日。”

圣旨文后加盖“广运之宝”大印,小篆,印高11.4厘米,宽11.1厘米。文、款皆楷书,字径1.6~1.7厘米。

二、大藏经

明万历廿二年，万历生母慈圣皇太后向三元宫海宁寺颁赐《大藏经》1部，637函。续入《大藏经》41函，计410十卷。藏经均系皇太后命工刊印，神宗万历皇帝作序。

万历廿三年夏，皇太后又颁赐《大藏经》1部。万历廿七年、三十年万历皇帝又两次颁《大佛藏经》。

（按：《大藏经》原藏三元宫"藏经阁"。虽历经战火，仍得以完整保存。中华人民共和国建立后，由山东省文管会郑野樵来市征集文物，将《大藏经》及明代木质佛造像两种及琉球炉运回山东。明《大藏经》现存山东省图书馆，佛造像藏山东省博物馆。琉球炉于1976年由市文化局熊正文领回，现藏于市博物馆。）

三、白玉带版

以白玉浮雕而成，共12节，有长方形、桃形和长方形一端圆角3种规格，大小计36块，最大为16.4厘米×6.5厘米，最小为5.4厘米×1.4厘米。带版分首和尾两部分。为明万历二十二年（1594）由明神宗生母贞肃文献皇太后随同《大藏经》一部及三品紫衣一袭（附玉带）颁赐云台山三元宫。历明、清、民国时期作为重要庙产一直妥为保藏。民国27年（1938）9月，日军侵占时期，这批文物由主持埋入地下。建国后紫衣、袈裟等文物流散，玉带版、佛像等转交海州地志文物陈列室。1973年入藏于市博物馆。

四、白玉佛像

相传此佛像为清代三元宫高僧绪道从缅甸请来。佛像高48.5厘米、宽25厘米。造像神态自然。为三元宫镇山之宝。民国27年（1938）日寇轰炸焚烧三元宫时，朗舟法师将其背至山下地藏庵（俗称"云台下院"，今花果山乡政府驻地）密藏。

新中国成立后，玉佛被请至龙洞庵。"文化大革命"期间移交至市博物馆收藏。

五、青铜佛像一组

此组青铜佛像由观音、普贤、文殊三尊菩萨组成。三尊佛像均高41厘米，宽42厘米，像总高47厘米。均为明代佛教造像风格。原藏三元宫。1938年流失。1976年5月，为市博物馆收藏。

六、三元宝印

为明代三元宫藏品，印文为"天地水府三元宝印"。系铜质，正方形，周边7.5厘米，重1千克。"天地水府三元宝印"8字分3行竖刻，中为2字，左右各3字，依次排列。为篆刻九叠文阳文。

此印原为三元宫镇山之宝，一直保存在三元宫。20世纪30年代末，日军轰炸三元宫时，为僧人藏于山下地藏庵前北边乱石下。1950年冬，为一农民发现带回家去，当作镇邪之宝。后归公，珍藏于连云港市博物馆。

图29－48　三元宝印

图 29-49 小村旗杆夹石

七、大库钟

此钟为民国26年(1937)3月,由盐城西乡建阳镇东合兴老治坊周德注、孙家森造。钟上铸文为:民图永固,国道遐昌,法轮常转,佛自增辉。钟外周面铸305名信徒姓名。该钟原存放于大库寺(原称都斗云宫,俗称大崮)。该寺遭毁后,移置于海清寺塔旁。

八、匡衡井

位于南城镇宁海社区内,四周是民房。井内壁呈多角形,由整块青砖垒砌而成。井口直径0.27米,井栏直径0.7米,栏高0.3米。井直径1.5米,井深3.2米。为区级文物保护单位。

九、小村旗杆夹石

小村旗杆夹石位于花果山乡小村村东北部,为区级文物保护单位。该夹石由两根相对而立的梯形片石构成,石间距0.6米。主石长1.62米,厚0.16米,宽0.62米,上孔直径为0.16米,下孔长0.14米,宽0.10米。昔时,在此夹石中竖立旌旗,为航船指示方向。

第十章 民间收藏

第一节 收藏组织与阵地

20世纪80年代以前,新浦地区无收藏活动组织。

1981年,连云港市职工集邮协会在新浦成立。1984年3月,连云港市集邮协会(简称市邮协)在新浦成立。1989年3月26日,市职工收藏协会在新浦工人文化宫召开成立大会。大会选举周方伦为会长,陈广彪为秘书长。首批150名会员中,80%为新浦区居民。

1992年4月20日,市集邮活动中心在龙河广场振兴大厦四楼开业。同年10月,新浦区集邮协会在区政府小礼堂成立,韩世泳为名誉会长,选举武宜山为会长,副会长吴秀桃兼秘书长。首批会员37人。1994年3月10日,连云港市集邮协会青少年集邮工作指导委员会在新浦成立。吴秀桃任主任。

2001年4月,新浦区教育局在全区率先成立"集邮之家"。

2003年6月1日,少年宫被市邮协授牌为"市青少年集邮中心"。

2004年1月,连云港市收藏家协会在新浦成立。会长周锦屏,秘书长陈广彪。首批注册会员200余人,其中80%为新浦区居民。同年6月1日,少年宫成立"青少年集邮之家"。

2005年9月,少年宫被批准为"全国青少年集邮活动示范中心"。

第二节　收集渠道

20 世纪 30 年代初，新浦收藏爱好者不多，主要靠自己搜集。

20 世纪 50 年代中后期起，新浦地区民间收藏爱好者渐多，收集藏品主要是通过亲友、同学、同事寻找。有的到街头旧货摊和废品收购站淘宝。1979 年 10 月，市邮政局在海昌路支局邮政营业厅设立邮票专柜，为集邮爱好者收集各种纪念邮票、特种邮票提供方便。

20 世纪 80 年代初起，收藏爱好者收集藏品渠道不断拓宽，通过出差、旅游、走亲访友等到外地市场寻找藏物。1984 年，市集邮协会成立后，经常在新浦组织邮票交流活动。同时，新浦火车站广场开始有外地人摆地摊，出售钱币一类旧货；南极路上市邮电局门前自发形成了邮票、钱币类星期天摊市。20 世纪 90 年代中后期，苍梧绿园前、新火车站广场、龙河广场、矿业专科学校前，先后出现出售钱币、古玩、字画、旧书等摊点。其间，不少收藏家开始到外地旧货市场购买藏品。

2001 年 1 月 1 日，坐落于龙河广场北侧，上有玻璃钢大棚，内有门面房的华联旧货市场开业；2005 年 5 月，新浦公园北侧旧货市场开业，都为收藏爱好者提供了收集藏品的场所。其间，一些收藏家还开始了网上淘宝。

第三节　收藏展示

1984 年 3 月，市职工集邮协会在解放路小学举办了历时 13 天的邮展，6000 多名集邮爱好者参观展览，并现场购买市邮电局发行的花果山石猴观海小型张（1 枚）、连云港风光明信片（一套 10 枚）。

1986 年 2 月初，市历史学会、金融学会、博物馆、老干局和钱币学会（筹）联合在坐落于苍梧路的市博物馆举办钱币收藏展览。同月，市集邮协会在市工人文化宫举办了为期 4 天的集邮交流活动。

1988 年，收藏家周方伦在工人文化宫举办省内首次海鲜生物展览，展出海洋生物标本 2000 多个品种、5000 余件。

1989 年 10 月 17 日，江苏省职工收藏家协会在新浦召开成立大会时，在市工人文化宫内举办海珍品、古今货币和徽章大观等展览，开拓了收藏爱好者的眼界。

1990 年，市职工收藏家协会在工人文化宫举办海珍品收藏展览。同年，在市工人文化宫举办钱币收藏展览。

20 世纪 90 年代，收藏展示活动更加活跃。1991 年，市职工收藏协会在市工人文化宫举办徽章收藏展览。1992 年元月 28 日，集邮爱好者杨晓东、李玉梅，在市工人文化宫举办新婚邮展，分 8 个专题展出他们收藏的邮票、邮资信封、邮资明信片等近千贴片。1995 年，市钱币协会在新浦举办钱币收藏展览。

第四节 收藏品类

一、钱币收藏

新浦地区钱币收藏爱好者较多,参加市钱币学会的就近百人。收藏成果丰硕者也不少,其中家住新浦临洪地区的陈广彪,1976 年到连云港市白集煤矿工作后,即开始收集钱币,外出办事必抽空寻访钱币,他跑遍了苏、鲁、豫、皖等省的许多县、镇,与数百位集币朋友建立了信息关系。并学习研究钱币知识,用以指导钱币收藏。他按中国通史的时序收集古钱币,花 5 年时间集齐了清康熙年间 20 个局所铸的“套子钱”,到 1989 年,他将所收藏的远至西周的贝币,近至中国人民银行发行的各套人民币计 9000 余枚,其中极为珍稀的是 1931 年 11 月 7 日创立的中华苏维埃共和国临时中央政府,于次年 3 月在瑞金洋溪成立中央造币厂铸造的中华苏维埃铜币中的 5 分币,全部捐给市博物馆。市博物馆以此设立了钱币馆,任他为钱币馆馆长。

家住沈圩社区的原市麻纺厂职工朱建康,自 1984 年在徐州纺织职工大学上学时,就在同学影响下开始收藏钱币。20 多年坚持不懈,已收藏上至战国时期下至民国年间的各类钱币万余枚。朱建康注重收藏珍稀佳品。1991 年,他在市邮电局门前的星期天古玩钱币地摊市场上,发现一枚唐代天宝年间安史之乱时期史思明铸造的“顺天元宝”,如获至宝,当即以 1/4 的月工资买下这枚古币。他还珍藏了民国 28 年(1939)的“江苏省东海县流通券”“江苏省东海县兑换券”及民国 28 年、29 年的“赣榆县天赋流通券”(其中民国 28 年贰角币背面印有县长朱爱周签名)、民国 28 年的“灌云县政府兑换券”;民国 31 年的淮海地方银行发行的壹元券。近期以及 1995 年的“新海发电厂厂币”壹元、贰元、伍元、拾元、壹仟元等几种面额的“厂币”。

家住新浦,原云台农场党委书记程荣喜从 20 世纪 80 年代开始收藏钱币,至 2005 年年底也已收藏 3000 余枚,其中 2/3 为古钱币。

二、照相机收藏

连云港市老摄影家、全国摄影协会会员来俊华,1949 年进入《淮北盐工报》当摄影记者后,开始对照相机产生浓厚兴趣。1951 年一次偶然机会他在一个废品收购站发现一台 1922 年捷克产的“捷玛”相机,机体仅火柴盒大小,要价 18 元。尽管这个价钱几乎占他月工资的 1/3,他还是咬咬牙买下了,从此,他便开始收藏照相机。50 多年来,他收藏照相机 50 多部,小的火柴盒大点,大的有几斤重;有快照,也有早期照相馆用的带支架的相机。其中也不乏德国产的绿莱福莱克斯、蔡司伊康等名牌相机。

从 1998 年,花 40 多元钱买下一台体积很大、相机记忆卡足有 6 厘米见方、像素只有 30 万的数码相机起,来俊华又开始了数码相机的收藏,至 2005 年年底,已收藏数码相机 10 多台。

三、《西游记》资料收藏

新浦区域内的花果山,是《西游记》孙悟空的老家。祖籍灌云、现住新浦苍梧小区的连云港市收藏家协会副会长李建华出于对家乡花果山神奇美景和名著《西游记》的热爱,从 1983 年初中毕业起,便孜孜不倦进行着有关《西游记》文化资料的收藏工作。参加工作后，他更是把自己大部分工资用来购买各个出版社出版的《西游记》、《西游记》连环画及各种研究资料。他还经常利用业余时间流连于山村乡野、旧书市场和古玩店，只要看到有关《西游记》的资料，总要花钱买下来。

至2005年底，李建华已收藏上千册各种版本的《西游记》书籍和连环画册。其中，有罕见的明清时期线装版《西游记》，如《西游记旨原》、《西游记真诠》等。也有大量的装帧精美的高档现代版《西游记》书籍。在他收藏的300多幅《西游记》题材的宣传画中，有民国时期桃花坞布画《西游记》、南洋兄弟烟草公司出版的《西游记》宣传画等珍品。还有著名画家王宏喜、赵仁年等创作的有关《西游记》的字画稿百余件。

四、宣传画收藏

市收藏家协会秘书长陈广彪从2002年春开始收藏珍藏宣传画。几年来，他通过包括网上搜索等多种渠道收集、购买，到2005年年底已收藏各个时期、各类宣传画6000幅。其中，有民国年间出版的“八仙麻将图”、“牛郎织女”，有新中国成立不久于1949年出版的第一张宣传画“解放军攻城战”；1951年11月人民美术出版社出版的宣传《中华人民共和国婚姻法》的“自由婚姻美满幸福”；有“文化大革命”期间发行的“毛泽东肖像”“毛主席语录”“毛主席接见红卫兵”“计划生育”“知识青年上山下乡”等宣传画；有1991年4月《岭南美术》出版的“建设有中国特色的社会主义”；1997年1月《湖北美术》出版的“香港回归”等宣传画。他还将收藏的连环画装上镜框，多次在港城和外地展览。

五、酒瓶收藏

新浦地区收藏酒瓶者不少，其中收藏数量最多、品种最多当属连云港盐务局干部、家住振兴小区的林树垠。林树垠任中国中外酒器文化协会副主席、江苏省酒器文化联谊会副会长、连云港市收藏家协会副会长。他从1979年开始收藏酒瓶，主要以陶质、瓷质酒器为主。只要碰上好看的陶瓷酒瓶，皆不惜代价买来。闲暇之余，林树垠经常走动在商场、酒店或古玩市场。经20多年的日积月累，他不仅收藏了五粮液十二生肖玻璃瓶、台湾地区的一组“八仙过海”酒瓶等各省、市、自治区和台湾地区出产的酒瓶，还收藏了美、英、法、德、意大利等60多个国家的酒瓶。他所收藏的酒器除陶类、瓷类外，还有竹类、纸类、玻璃、石头的等。造型有人物、动物、乐器、花瓶、建筑物、飞机等。最大的酒瓶容量达8000毫升，最小的仅有30毫升。时间从汉、宋、明、清到当代。在众多的酒瓶中，有20世纪50年代初出厂的贵州茅台酒，瓶上商标有“地方国营”字样，目前国内罕见。至2005年，林树垠收藏的酒瓶已达3000多件，仅陶、瓷酒瓶就有2000多只。

张定枝也是收藏酒瓶的佼佼者，他家住新浦，退休前先后在连云港广播电台、江苏人民广播电台连云港记者站工作。20世纪80年代，他为酒瓶上承载的文化艺术之作所吸引，开始珍藏酒瓶。他的藏品定位在陶、瓷质酒瓶，并特别注重酒瓶造型、色彩和酒瓶上的绘画、书法艺术水平。记者工作为他收集珍藏酒瓶提供了便利，每当见到好的酒瓶，他都带回置于橱上。到山东省梁山县采访，见到古色古香的义酒酒瓶，到黄山参加同学聚会时见山西同学所带汾酒酒瓶白底蓝字，古朴淡雅，他都如获至宝，背回家中。1993年，他看到商店里卖江苏双洋酒厂为纪念毛泽东诞辰100周年特制的龙头酒，虽价格不菲，他也毫不犹豫也买回一瓶收藏。张定枝收藏酒瓶还得到了家人和亲朋好友的关心支持。20多年间，他已收藏200多个品种、400多只陶、瓷质酒瓶。

六、海珍品收藏

港城收藏家周方伦，1941 年出生于上海崇明岛，受父亲感染，自幼喜爱收藏。20 世纪 50 年代后期到连云港市求学。80 年代初到连云港国际海员俱乐部工作，开始收集、制作海珍品标本，在俱乐部内设立海珍品展览馆。1984 年，调到新浦，在市工人文化宫工作，继续收集、制作海珍品标本。1988 年，在文化宫举办全省首次海洋生物展览，展出海洋生物标本 2000 多个品种、5000 余件。当时，中央电视台、《人民日报》海外版、《欧洲时报》、香港《文汇报》等均作过报道。同时，他还将收藏海珍品标本运到南京、西安、重庆、深圳、牡丹江、徐州等展出。后来，他将收藏的海珍品标本全部有偿"捐赠"给了连岛景区。

七、烟标收藏

20 世纪 30 ~ 40 年代，新浦有部分青少年收集老刀牌香烟中的水浒 108 将烟牌，但多为娱乐，无人收藏。

20 世纪 50 年代末、60 年代初，新浦一些烟标爱好者开始收集烟标，然而坚持者不多，唯市生产资料公司采购员朱超持之以恒，藏品丰实。朱超(1920—1999 年)原籍安徽，1950 年从板浦迁居新浦，与人合资于陈巷西首开裕丰茶庄。公司合营进入"生庆公茶社"。1960 年，调入市生产资料公司当采购员后，开始收藏烟标。当时生活困难，采购生产资料十分艰苦。但是，他每到一处都起早带晚或利用休息时间搜集烟盒，并逐一登记，分类收藏。1982 年退休后，老人仍一边干临时工，一边利用早晚到处拣烟盒，直至 1996 年生病之前，一直坚持收集烟标。36 年间，老人收藏了除西藏之外全国各省、市、自治区的 244 个卷烟厂出品的香烟及部分进口香烟烟标 5740 种。在他收藏的烟标中有南京卷烟厂出品的"金陵十二钗"全套烟标、4 种金陵古画烟标。有徐州卷烟厂 20 世纪 50 ~ 60 年代出品的红旗、红旗兵、鹦鹉等牌烟标。还有淮阴卷烟厂 20 世纪 50 ~ 60 年代出品的宣传连云港市的云台、徐福、亚欧桥、桥头堡烟标。老人最后收集的烟标中有淮阴卷烟厂出品的纪念毛泽东同志诞辰 100 周年的大吉利牌烟标。

八、唱片收集

家住新东街道苍梧小区的原连云港市社科联秘书长余克超，自 1990 年夏，受中国海洋报记者王传利赠送两张唱片启示，产生收藏之意，开始收集留声机唱片，兴趣日浓，外出开会，见到就买。1994 年的一天，青岛一位朋友电话告知一老票友留下一些唱片。他马上利用周六赶到青岛，发现是清末出产的一批刻字唱片，录制的是谭鑫培演唱的《探母》(编号:331531)为"巴黎百代公司北京唱片"，他如获至宝，悉数买回。1995 年，他于大连以 1000 元购得 1936 年由百代公司灌制的管邵华、王玉蓉演唱的《四郎探母》全本唱片 6 张。至 2005 年底，已收藏唱片 800 余张。其中，有新中国成立前百代(上海)、大中华(上海)、长城(上海)、高亭(上海)、蓓开(上海)等 12 家唱片公司和新中国成立后中华(北京)、人民(北京)、中国(上海)3 大唱片公司的产品。收藏珍品中，有港城籍京剧演员吴继兰于 20 世纪 20 年代灌制的《庆顶珠》和《坐宫》《御碑亭》两张传世唱片；有堪称"绝唱"的 20 世纪 30 年代梅兰芳、程砚秋、荀慧生、尚小云四大名旦的唯一合唱唱片《五花洞》(长城公司出品)。余克超收藏的唱片片芯，有刻字和印字两种，唱片所用针头，有钻头针和钢针两种；唱片规格，除通常大小外，还有直径仅 8 厘米的纪念毛泽东诞辰 100 周年、毛泽东同志在第一届全国人民大会第一次会议上的讲话(节录)唱片。

九、毛泽东像章收藏

“文化大革命”期间及其以后，新浦城乡均有人收集、保存毛泽东像章，但多非专事收藏者，数量有限。而家住新浦锦绣华庭小区的徐子晖从1989年开始，10多年不间断地收藏毛泽东像章，收藏量已达万余枚。其中，有1959年4月9日，为纪念新安江水电站建成而发行的毛泽东像章，像章背面铸有“为我国第一座自己设计和自制设备的大型水力发电站的胜利建设而欢呼！”字样。有直径达68厘米的大像章，也有直径只有0.5厘米的小像章。像章多数是铁、铜、陶瓷、玻璃的，也有金、银、玉、竹等材料制成的。

西苑社区王静东从18岁起开始收集毛主席像章，至2005年底，已收集金、银、铜、铁、铅、石膏等20多种材质的1700余种毛主席像章20000余枚。

连云港电视台职工柳永华自1989年开始收集毛泽东像章，已收藏金属、搪瓷、陶瓷、塑料、玻璃、竹、木、骨等各种材质的像章达10000多枚。他收藏的一枚直径2.2厘米，重1.25克的像章，是新中国首批制造的毛泽东主席像章。其中，一枚是1956年发行的中共中央代表团的礼品章。

十、毛泽东木刻肖像收藏

家住新浦前河路24号的中国剪纸艺术委员会会员、江苏省民间文艺家协会会员丁玉冰，从1977年开始，致力于毛泽东主席的木刻肖像收藏。至2005年年底，他收藏木刻版画毛泽东肖像50余张、肖像并配有毛泽东手书诗词、毛泽东语录的120多张。他还收藏了毛泽东肖像印谱100多幅、肖像剪纸100多幅，和1997年从湖南求得的毛泽东木刻肖像扑克牌1副(54张)。

十一、帽筒收藏

新浦地区民间收藏家很多，老新浦人、江苏省职工收藏家协会会员、新浦区文化馆馆长周永恩就是其中一位。他收藏兴趣广泛、而对帽筒收藏情有独钟。帽筒原为清代官员放置帽子的一种器具，民间富庶人家也多有帽筒，放置帽子。到民国期间，帽筒渐成为一种家庭摆设的装饰品、工艺品，花式品种日趋繁多。近十五六年，周永恩所收藏的清代至民国年间的800多只帽筒，形态各异，琳琅满目。论其形状，既有常见的圆形帽筒，又有方形、六角形的；质地有瓷质的，也有木质、铜质、竹质的；帽筒画面题材丰富多彩，涉及人物、山水、花鸟等各个方面，彩料姹紫嫣红，有青花、浅降彩，也有粉彩的。他的藏品中，有一只清末的方形人物浅降彩彩帽筒尤为珍贵。

十二、瓷器收藏

新浦地区瓷器收藏爱好者不少，称得上瓷器收藏领先人物的是干过橡胶厂厂长、市纱织厂长、新浦城市信用社主任的王笃宝。王笃宝从20世纪80年代初开始搞收藏，兴趣广泛，收藏品种甚多。90年代起，转向重点收藏瓷器，不少藏品，堪称孤品、精品。有直径1米多的大圆青瓷盘子，盘口上有惟妙惟肖的十八罗汉。有神秘莫测的编钟，有大腹便便的弥勒佛，元末明初的蓝衣白釉面百鹤图大罐。明代宣德年间的高足果盘，明正德年间的黄釉三彩蒜头瓶以及明代早期人物故事青花大罐等1000多件。

十三、磁卡收藏

市收藏家协会秘书长陈广彪从1992年开始收藏磁卡，其收藏的磁卡门类、数量、品味在全国有名。

至2005年年底已收藏海外画史、佛教造像、塔寺观光、帆船及海外建筑集萃等5大专题计3万余枚。先后在全国各省市举办磁卡收藏专场展览40余场次。

十四、地图收藏

出生于云台农场的王新堡，自1983年高中毕业时就爱上了收藏国内外的各种地图。他认为“地图是各地最好的‘土特产’”。因此，他无论去哪里，都会买一份当地的地图作为纪念品，收藏起来。同时，他还注意搜集一些老地图。他搜集的一幅1953年出版的新海连市地图距今已50多年，地图上用的是繁体字，从右往左排版印制。这幅地图上记录着新中国成立初期新海连市的大量资料，十分珍贵。

王新堡从连云港是新亚欧大陆桥的东桥头堡这一特殊地理环境出发，还潜心收藏亚欧大陆桥沿线一些国家的地图，以及美国、土耳其等国家的各类地图。至2005年年底，王新堡已收藏各类地图册200多册，各类地图挂图、城市交通图、旅游图等400多副。

十五、中国象棋谱收藏

家住新南街道延南社区的新浦中学退休教师丁玉璋，从20世纪50年代初开始搜集、收藏中国象棋棋谱。至2005年共收藏2000多册棋谱书籍。其中有19世纪50代出版的《梅花泉》《自出洞来无敌手》等中国象棋棋谱；有手抄民间江湖排局2000多局；有国内名家创作的排局专著300余册；有1962年至2005年全国各界中国象棋大赛对局棋谱。另外他还收藏了《象棋》《象棋研究》《上海象棋》《北方棋艺》《成都棋苑》《象棋报》等国内各省编印出版的棋刊棋报。在他的藏品中最为珍贵的是“文化大革命”期间，民间象棋高手、名手接力汇编的油印传抄本《百花齐放象棋谱》全套18本。这套棋谱手抄本是他北上南下，几经周折，从全国各地多位收藏者手中求得的。并且，经他重新腾抄，装订成了26册。

十六、铜器收藏

家住新浦繁荣路路南巷的外贸公司退休职工吴子礼热心青铜器收藏。他原是汽车驾驶员，1972年起，就经常利用出差到外地的机会，寻求藏品。至2005年，他已收藏从晚商、西周、春秋战国到汉、宋各时期的青铜器20多件。件数虽然不多，但其中有精品。他收藏的最大的一件青铜器为南宋时期的“铜牛烛台”。该件长1.6米，宽0.43米，高0.91米，全件重达50多千克。器件壁均厚1厘米，件体上凸铸出2毫米高的文字和图案。铜牛烛台主件为铜牛，牛背上铸有一站立女童，双手擎握烛台。一位台湾的收藏家看好此件，多次出高价想购买此物。吴子礼爱如至宝，表示再多的钱也不卖。

在铜器收藏中，家住新浦博纳花园的江苏省收藏家协会理事、连云港市收藏家协会副会长张建强，以收藏铜壶称著。他从20世纪80年代初开始收藏铜壶，至2005年年底，已收藏铜壶300多件。他的铜壶藏品多为清代至民国初的民间手工艺制品，最大的一只高30厘米、直径30厘米，为民国时期的藏族奶壶；最小的一只是壶高仅4厘米的喜鹊登梅铜壶。他收藏的铜壶有圆形、方形、扁形、六角形等多种形状。还有一只市面罕见的清代转壶，通过壶口的微微转动，可分别倒出两种不同的酒。壶体上大都刻（铸）有龙凤、福、龟蛇寿、八仙过海、五牛、麒麟戏绣球、三顾茅庐、岳飞抗金、武松打虎、女娲补天等图或文。

十七、奇石收藏

奇石是新浦地区民间收藏一个品类，而家住新浦南小区65号楼、原连云港市康复医院副主任医师夏光元，业余收藏奇石更为痴迷、精彩。为了求得奇石，50 多年来他踏遍了港城的花果山、孔望山、锦屏山、石棚山、牛山、夹山、吴山等崇山峻岭，有时也专程去山东、河南等地采宝。在他收藏的 300 多件奇石藏品中，有数块几十公斤的原石就是从山东、河南专程买来的。他收藏的奇石形象多样，形态逼真。最为奇特的是五彩玉回归石，石上有“回归”二字。1997 年香港回归祖国时，香港行政长官董建华看到此石极为欣赏，并把奇石照片列入政府文件档案存放。在收藏奇石的同时，夏光元还根据奇石特征，在一块块奇石的恰当位置刻上相应的文字突显主题。如将军崖画石、闹天猴王石、太阳石、花果山十八景石、人字菊花石等。他收藏的一块酷似象形的孔望山摩崖造像石，堪称稀奇，该石呈深黑色，约 50 厘米见方，他在其上刻上龙洞沧桑史篇 300 余字，在大如手掌的象背上，刻上明代王同的诗词书法和宋代苏东坡的脍炙人口的诗句，以及当代书法家赵朴初为摩崖造像的题词，这是夏光元奇石收藏中的珍品。

十八、讣告收集

20 世纪 70 年代中期起，新浦公安分局治安股副股长祝广希开始收藏讣告，30 年不间断。他收藏的第一个讣告是陈毅同志逝世的讣告。后来，他又把讣告收藏的范围从党和国家领导人逝世讣告，扩展到中国人民解放军高级将领、烈士、英雄模范和外国元首及国内知名人士逝世的讣告。收藏的内容由讣告、生平简介、追悼大会报道等资料。至 2005 年，共收藏讣告类资料 331 人份。其中，党和国家领导人逝世讣告 124 人份、军队将领逝世讣告 8 人份、国内知名人士逝世讣告 68 人份、英雄烈士逝世讣告 51 份、外国元首逝世讣告 7 人份。

第十一章　管　理

第一节　管理机构

民国前，新浦地区文化事业无专门管理机构。民国期间，新浦地区的文化事业先后由东海县第三科、教育局分管。

中华人民共和国成立后，新浦地区各区设文教助理，管理文化教育工作。1955 年新浦区成立后，文化事业先后由区文卫科、文卫组、文教科管理。文化活动由市、区文化馆具体负责。

1983 年 6 月，新浦、海州两区合并成立新海区，区政府设立文教局，文化工作由区文教局文化科负责。社会文化由区文化市场管理站负责管理。1986 年 6 月，新海区分为新浦、海州两区，新浦区文化工作由新浦区文教局管理。

1996 年 8 月，新浦区成立文化局。主管全区文化、体育，及新闻出版管理工作。

2002 年 5 月，新浦文化市场稽查队成立。

2005年新浦区乡镇街道文化站概况表

表29-9

名　称	成立时间	活动场所面积（平方米）	备　　注
花果山乡文化站	1974年	680	设有图书阅览室、棋艺室，有5支业余文艺团队
云台乡文化站	1958年10月	820	1988年被评为江苏省先进乡镇文化站
宁海乡文化站	1969年6月	511	设有图书室、乒乓球室20个、篮球场12个、文化活动室8个，有4个文艺团队
南城镇文化站	1950年	500	设有乒乓球室、展览室、棋牌室、阅览室、排练室，有3个业余文艺团队
浦东街道文化站	1981年	90	在社区设有图书室15个，文化活动室15个，乒乓球室4个，健身房12个，羽毛球场2个，篮球场3个，门球场3个。有8支业余文艺团队
浦西街道文化站	1982年	120	设有文化活动室、宣传栏、乒乓球室等12个活动场所，有2支业余文艺团队
路南街道文化站	1980年	300	设有图书室、文化活动室、摄影暗房等活动场所6个，有2个业余文艺团队
新东街道文化站	1997年	200	在社区设有文化活动室4个，乒乓球室6个，室内健身房2个，路径健身点10个，图书室3个，有4支业余文艺团队
新南街道文化站	1999年	90	设有图书室、乒乓球室，有3支业余文艺团队
新海街道文化站	1999年	100	设有图书室、文化活动室9个，有6个业余文艺团队

第二节　文化娱乐市场管理

解放前，新浦地区除剧场、电影院外，无正式娱乐场所。剧场、影院由国民政府警察机构管理。

新中国成立后，剧场、影院由市文化部门直接管理。1983年6月以后，新海区政府设文化教育局，管理辖区内娱乐场所。1986年6月，恢复新浦区后设立新浦区文化局。同年8月，区文化局，加强文化市场管理力量，成立文化市场稽查队。1998年，成立新浦区游戏机行业协会，共同管理辖内文化娱乐场所。2000年，区文化局专门设立陈述、答辩室，让当事人说明有地方、学法有场所。对违法案件的处理做到重事实，重证据，建立处罚档案，做到每案一卷，材料完整。当年，共处理违章经营户142户，其中立案17户，罚款近两万元。文化市场管理办公室发放工作联系卡，设置举报电话，还邀请地区各中学教务主任担任区文化局执法监督员，完善文化市场长效管理机制。当年，通过整治，新浦区游戏机经营市场，由原137户减少为43户、歌舞娱乐场所由原51户减少为11户。

2001年，区文化市场管理办公室人员对新浦地区54户文化娱乐场所进行安全生产检查。对查出的事故隐患全部要求户主制定整改方案，限期整改。

2002年，新浦地区证照齐全的文化娱乐场所有176户，其中网吧110户、游戏机室26户、舞厅7户、旱冰馆5户、健身房7户、室内台球房3户、公园娱乐项目18户。为保障全区文化市场健康、有序、繁荣，当年6月，区文化管理部门对网吧进行“净网一号”专项集中整治行动。清除校园周边200米内的经营点，查处未成年人进入网吧，查处利用互联网从事各种违法经营活动。发现安全防火设施符合要求的不到20家，其他经营户多缺少消防器材和紧急疏散通道，有的经营户电线线路老化，接线不规范，不安全，隐患较多。市场管理人员当即下发限改通知，责令定期整改完成。同年11月15日至年底，对网吧进行“净网二号”专项集中整治行动，重点查处深夜12点以后通夜网吧、未成年人上网、网上是否有违法信息等内容。在“净网二号”行动中，区文化局协同公安、工商和市文化局、电信、教育等部门前后开展3次大规模行动，取缔“黑网吧”4家，搬迁中小学周边200米内的网吧31家，整治经营面积达不到60平方米要求的网吧45家。全年共立案处罚违规经营户21户，无一起行政诉讼案。新浦区文化娱乐市场管理经市人大、市司法局、文化局等多次检查，均给予好评。市人大还将新浦区依法治理文化娱乐市场的经验进行宣传交流。新浦区音像市场管理被评为省先进集体，网吧管理被评为市先进集体，安全生产被评为区先进集体。

2003年1月22日，区文化市场管理部门会同工商执法人员对西小区进行检查，发现惠苑路一居民楼内不到10平方米的网吧，内设10台电脑，十分拥挤，还向十二三岁儿童开放。执法人员当场查封电脑，关闭该网吧。2月17日、18日两天，区文化管理部门再次开展“净网行动”。重点监控互联网上的舆论动态，清除网上各类有害信息，检查是否有未成年人进入网吧，有无经营脱网游戏及是否有超时营业等情况。共检查50多户网吧，责令3户接纳未成年人的网吧整改。在抗击非典型性肺炎（简称非典）紧张期间，对新浦地区184户文化娱乐场所实行全部关闭。对少数违反规定，仍在营业的场所，经批评教育仍未落实的，予以处罚。恢复营业后，进一步加强娱乐场所消毒和卫生保洁督促指导，实行每天4次消毒保洁，确保娱乐场所清洁、通风。同年9月1日，《新浦区互联网服务营业场所违规经营量化管理暂行办法》开始实施。同时，加强消防安全检查，区文化市场管理办公室与每位经营业主签订了消防安全责任书。全年，区文化管理部门举办培训班12期，组织业主学习有关文件精神，受培训经营户达900人次。

2004年，对全区100余户游戏机经营户、舞厅业主进行培训，经培训考核合格者，颁发上岗证书及同意开业意见书。当年，共计检查网吧等互联网上网服务营业场所598家次。区文化局还配合市文化、公安、电信等部门对网吧实行零点断线措施。对新浦地区105户网吧安装了“净网元件”，给文化执法管理部门提供更有效、便捷的管理途径。同时，区文化局还聘请200余名老干部、老战士、老教师、老模范、老专家组成“五老”网吧义务监督员队伍，新浦地区每个网吧都落实了两名义务监督员。

2005年4月份，由文化、公安、工商3个部门联手对新浦地区的涉赌娱乐、服务场所开展为期1个月的集中整治。4月13日晚，区文化局、新浦公安分局、新浦工商分局联合组成专项执法行动小组，开展首次整治行动，查扣具有赌博功能的水果机12台、电脑板5块。同月12～16日，区文化执法人员检查84家网吧经营户，严格遵守上网登记制度，严格核对上网人员身份证，对4户顶风违规接纳未成年人的网吧，分别依法给予处理。收缴具有赌博功能的电脑板17块。同年5月29日，在全市网吧专项整治工作总结表彰会上，新浦区获“网吧专项整治先进县区”称号。当年6月，区文化部门以“全力打造安全文化娱乐场所、共同构建和谐社会”为主题，对全区文化娱乐场所进行督查。10月21日，区文化局举办网吧经营业主法律法规培训班，组织业主学习有关网络市场经营场所法律法规、娱乐场所管理条例，进一步规范网络市场经营者的经营行为。

至2005年年末，新浦地区电子游戏经营户52家，游戏机1300台、台球户73户、球桌226张、卡拉OK23家、音乐茶座22家、书店90家。

第三节 新闻出版管理

新中国成立后至20世纪90年代后期,新浦地区新闻出版管理由市文化部门管理。

2000年,新浦区文化局内有1名工作人员协助市新闻出版局进行管理。当年3月20日,区委以新委办〔2000〕7号文件转发《新浦区2000年"扫黄、打非"集中行动方案》。区文化局与新浦公安分局、新浦工商分局联合集中行动35次,出动车辆20个车次,350人次,取缔无证书刊地摊45户,收缴黄色、淫秽、盗版等非法出版物20000余册、非法小报300余张。

2001年,区文化局与新浦公安分局、新浦工商分局联合集中行动30次,出动车辆30个车次,450人次,取缔无证地摊50户,收缴黄色、淫秽、盗版等非法出版物20000余册、非法小报400余张。

2002年,区文化局在开展"扫黄、打非"工作中,重点查处汽车站、火车站、大陆桥旧货市场、通灌路等重点地段及校园周边各出版物零售书报刊网点。清理整顿无证照经营、沿街游商兜售非法出版物以及经销反动、淫秽、迷信出版物的违法经营行为。对学校周边及校园内的出版物经营点实施集中清理,重点查缴色情卡通和有害"口袋本"。当年5月,区文化局接受管理新浦地区音像制品经营点任务后,立即组织文化市场稽查队,对新浦地区的音像市场进行明察暗访。10月20日,开展"金风行动",严查无证经营,特别是隐蔽于居民区内的音像出租网点;严查有简易包装的DVD和VCD;严查无批准文号的引进出版的音像制品。全年,区文化局会同有关部门,共出动车辆50车次,人员350人次,取缔无证书刊经营户42户,收缴各类非法出版物6000余册,其中有害青少年身心健康的64开本卡通书940册,淫秽色情书刊50余册,有政治性问题的书刊70余册,非法小报500余张。收缴6万余张盗版光盘,其中色情淫秽光盘1000余张。当年,区文化局获市新闻出版版权管理先进单位集体称号。

2003年,区文化局加大查处力度,配合市、区有关部门,对国安电脑城及全区的音像经营点进行拉网式检查,收缴盗版软件及色情淫秽音像制品40000余盘,清理流动书摊点28户。在"扫黄打非"行动中,重点堵截查缴盗版教辅教材流入校园,查缴盗版教辅教材1000余册。全年,共出动车辆50车次,人员350人次,取缔无证书刊经营户42户,收缴政治性、色情、淫秽、盗版等非法出版物4000余册、非法小报500余张,办理行政处罚案件46件。

2004年,区文化局坚持打防结合,繁荣和管理并举方针。同年8月9日晚,区文化局会同市公安局、市文化局等单位,在新浦繁荣路一居民楼内,端掉一个藏有8万余张非法音像制品(其中色情、淫秽光碟1.2万余盘)的黑窝点。9月,以学校周边为重点,打击、收缴非法销售盗版教辅书籍。收缴盗版教辅材料200余册,非法书籍700余册,取缔无证摊点7个,立案行政处罚2户。全年,检查音像出版、零售网点260户次,收缴非法盗版书刊2400余册、政治性非法出版物110余册、涉嫌淫秽色情出版物460余册(盘)、盗版碟片、电子软件7300余张(盘),清理流动摊点49个,取缔违法违规出版物经营户3户,责令停业整顿2户,立案查处59个经营户,结案51户。

2005年2月22日,区文化市场管理执法人员在大庆路发现一摊点销售盗版光盘,经查实,当场收缴盗版VCD光盘百余张,其中色情片10余张。4月26日,开展第5个世界知识产权日活动中,区文化局开展以"打击侵权盗版保护知识产权"为主题的宣传咨询活动,在全区文化市场开展"六大战役",即重点打击经销盗版出版物的行为,对陇海商城、国安电脑城等地方勤查严查;对城区各广场、通灌路、陇海步行街等人员流动量大的公共场所加强巡查,重点取缔无证照经营行为;加强对火车站、长途汽车客运站等出版物出入境关口的检查;查处学校周边非法出版物经营行为,取缔向学生租售淫秽色情的“口袋书”、图书、有害卡通画册等违法经营摊点;查处违法违规印刷复制企业;严厉打击流向校园销售盗版教辅教材经营行为。同时,开展打击盗版光盘专项治理行动,检查网点76户,收缴盗版电子光盘、电子软件800余盘。年内,取缔无证摊点13个,立案查处3户,收缴非法出版物3500册,盗版光盘55000盘。

2005年新浦地区主要民营书刊经营场所概况表

表29-10

名　称	经营地址
连云港书店	海昌北路
九五上书碟店	南极南路沿港巷66号楼102号
圣梧书店	新城社区苍梧河滨花园小区
圣君书店	南极南路新海实验中学门南
新南社区圣建书店	建宁小学大门北侧
圣海书店	海连中路50-4号
文昌启迪书店	常乐新村C-9号楼19号门面
区利众书社	振东社区爱民巷2号楼三单元103室
引航书店	苍梧路7-7号
国际商城新豪杰软件经营部	淮海街东河中路106号
阳光报刊书屋	繁荣路6号
西苑社区百花书屋	西苑路16-12号
海宁社区李巧花报刊经营部	海宁小区29号楼2单元202室
老万书刊杂志社	汇金广场
新东社区国学书店	华联商厦西侧附属楼三楼
扁担河社区英格书店	通灌南路89号
浦西社区开卷图书经营部	海昌南路105-16号
广场社区小王书店	华联商厦西门旁
建康社区有缘书店	建设东路海宁中学门面房23-24
苍梧文化书店	苍梧路36-4
新浦区延安社区一角书屋	南极南路446号
新站社区徐海凤超市	人民路总站候车室
成长书苑	海连路库斯科1楼

2005年新浦地区主要音像经营单位概况表

表29－11

企业名称	经营地址
瑞鑫音像店	通化街新村15－2号
击典音像店	福星路2－31号
艺苑音像店	巨龙南路38号
天龙音像店	大庆东路107－3号1单元103室
光华音像店	海宁小区西门
爱心音像店	陇海东路48－1号
蓝剑音像店	浦西街工农路7号楼对面
金唱片音像店	市化路37号
青春音像店	花果山路45－3号
巨龙音像店	巨龙小区21－5－101号
博闻音像店	巨龙南路12－2号
东苑书社	沈圩大队门面11号
经典音像店	新新路138号
天铭音像店	健康路12号楼
金童音像店	健康路18号东单元101室
好友音像店	南城镇新大街58号
现代音像店	解放中路89号
天碟音像店	海丰巷2号
共赏音像店	海南小区B－11号
长江音像店	市民路91号

第四节　印刷行业管理

新中国成立后，新浦地区印刷行业由公安部门管理。市成立新闻出版处（后为新闻出版局）后，印刷行业由其管理。

1983年6月起，区文教局内设文化市场管理站，协助市新闻出版处管理印刷行业。

1996年8月起，由区文化局协同市新闻出版管理机关管理。

2000年，区文化局举办5期印刷业法人代表、经营管理人员及其从业人员培训班，学习国家、省有关印刷业管理的政策法规。同时，加强检查，对盗版盗印行为及时打击。年检、年审中，对不符合印刷行业要求的不予换证。

2001年初，对新浦地区46户印刷企业进行年度核验和检查。当年，区文化局举办3期印刷企业法人、管理及从业人员培训班，提高经营者法律意识，使其用政策法规规范经营者的经营行为。2002 年，区文化局对新浦地区 97 户印刷企业进行年度核验和检查，其中 78 户通过省新闻出版署审批，19 户审批不合格被淘汰。2003 年，区文化局对新浦地区 41 户印刷厂和 35 户打印社进行核验和检查。2004 年，取缔 1 户违法违规印刷企业。对 102 户印刷、复打印企业予以换证。2005 年 1 月 14 日上午，区文化局与 78 户印刷企业签订了"江苏省印刷企业守法经营责任书"。当年，区文化局按照"全国统一领导，地方分级负责，部门指导协调，各方联合行动"的工作格局，结合新浦区实际情况，开展针对印刷假广告、假包装、假证照、假标识等违法现象印刷行业专项整治行动。

2005 年新浦地区主要复印打印企业概况表

表 29－12

名 称	经营地址
丽影打字复印社	朝阳中路 58 号
连云港市奥意复印有限公司	健康路 2 号楼 101 室
新科电脑部	海连东路
鹏飞文印社	康泰南路 6 号门面房
凌云电脑设计工作室	公园小区 11－5
苍梧社区尚文文印社	苍梧路 59 号(淮海工学院院内)
连云港市红升电脑服务部	海昌南路海南小区 119－10 号
金荷电脑彩色文印部	区海连东路 11－3 号
联艺印务社	巨龙广场巨龙南路 9 号
新光电脑办公用品商店	市化路 59 号
湘连办公用品经营部	解放西路 29－1 号
金盐印刷社	南极南路民生花苑 5 号楼 101 号
丰竹园印刷厂业务部	市化路 59 号
全心电脑工作室	解放东路南广场西大门 53 号
海翔电脑打字社	大庆西路 19 号
忠诚工艺社	利民路铁路中学
云天办公用品经营部	苍梧路 20 号
嘉博电脑配件经营部	苍梧路 20 号
同济电脑信息服务部	郁洲南路 68 号
森林复印服务部	大庆路 1 号
齐创电脑服务部	海连中路 20 号
化专电脑服务部	通灌南路 108 号
文捷电脑服务部	化路花园广场 59－42 号
白印华图文工作室	朝阳东路 7－1－1 号
海诺文印社	苍梧路 59 号
绘圆电脑文印社	陇西北路 8 号楼 103 室

第十二章 新浦地区文化机构简介

第一节 新浦区文化机构简介

一、新浦文化馆

1953 年,市大众文化馆更名为市第一文化馆。1957 年底,馆址由民主路 194 号迁至解放中路 51 号。1958 年,一度与市工人文化宫合并。1960 年,更名为新海连新浦文化馆,1961 年 10 月更名为连云港市新浦文化馆。1966 年更用现名。后馆址多次变动,1979 年,迁至浦西东天池防空洞,设阅览室、游艺室、象棋室、康乐球室、乒乓球室和电视室,编制 12 人。同年,在防空洞上建露天电影院,有观众席 960 个。1980 年,成立电影组并开始营业。

1982 年,新浦文化馆搬迁回解放中路 51 号。1984 年投资 3 万元建活动板房,利用简易板房开展录像放映、舞会、艺术表演,举办辅导班等活动。1988 年,活动板房拆除,区文化馆再次迁回浦西东天池防空洞处。1989 年至 1990 年编制增至 23 人,设基层辅导、文艺宣传、电影放映和行政等组。

1996 年 6 月,迁至解放中路 83 号,增设群众文化活动、校园文化活动、企业文化活动指导工作组。同年 12 月组建小海鸥艺术团。2000 年,组建职工艺术团。

2005 年馆内增设录音棚、练功房等设施。

二、新浦区档案馆

新浦区档案馆(简称区档案馆),前身是 1986 年 12 月成立的区档案室。档案室成立后,开始征集区直机关和区属单位档案资料,将建区以来的全部文件进行立卷、装裱。共形成 1531 卷档案。

1990 年春,区档案室升格为区档案馆。区档案馆库房面积 50 平方米,办公阅览用房面积 20 平方米。馆址设在政府办公楼南楼 8 楼。其间,区档案馆共存有文书档案 4519 卷,其中永久保存性 721 卷,长期性 1396 卷,短期性 1400 卷,专业档案 18429 卷(件)。

1998 年 6 月 26 日,在区档案馆增挂档案局的牌子。

2001 年,区档案馆对其档案资料进行整理、立卷、装订。完成进馆 356 卷(其中永久 119 卷,长期 177 卷,短期 60 卷),区政府 422 卷(2513 件)(其中永久 38 卷,长期 135 卷,户粮档案长期 151 卷,知青档案长期 98 卷,“非典”档案 899 件),区检察院 212 卷(其中永久 84 卷,长期 128 卷),区法院共计 114 卷(其中永久 47 卷,长期 67 卷),信访局共计 808 件(其中永久 304 件,长期 504 件),纪委共计 636 件(其中永久 260 件,长期 376 件),组织部 78 卷(其中永久 39 卷,长期 39 卷),劳动人事局 39 卷(其中长期 39 卷),统计局 38 卷(永久 5 卷,长期 33 卷),财政局 129 卷(其中永久 70 卷,长期 59 卷),档案馆馆藏档案共计 2506 卷(3957 件)。

2005 年,区档案馆接收区民政局婚姻档案共计 1118 卷。至年底,区档案馆馆藏档案共计 2629 卷、3957 件。

从 2001 年至 2005 年，新浦区档案馆先后接待查档人员 1109 人次，查阅档案 1163 卷、件。

第二节　驻地文化机构简介

一、连云港市文化馆

解放初，新海连特区专署社教科建立新海连特区大众教育馆，并对其实施管理。馆址在新浦民主路 194 号，馆内设有书刊阅览室，供大众读书阅报。1950 年，新海连市与东海县合并为新海县时该馆撤销。当年底，新海县撤销，恢复新海连市，成立大众文化馆。编制 3 人。馆内设漫画室、展览室、收音室、阅览室、中苏友好办公室、馆办公室等。1953 年，市大众文化馆更名为市第一文化馆。后经省文化局批准，改建为连云港市文化馆。馆址在民主路 198 号。1985 年改为连云港市群众艺术馆，编制 43 人。1994 年 12 月，该馆迁至朝阳中路新址，全面对社会开放。2002 年，复称连云港市文化馆。

该馆先后编印了《群众文艺》《花果山》等群众文艺刊物，举办各种文艺培训班、文艺比赛和文艺展览等活动。1988 年该馆中层干部实行聘用制，并开展多种商贸经营活动，以文补文。2005 年，该馆下设文艺部、美术摄影部、培训班、调编部、办公室、艺术剧院、产业部等，组建有市文化馆艺术团、市艺术艺校、市少儿书画院等。

二、连云港市工人文化宫

连云港市工人文化宫，前身是 1951 年成立的新海连市工人俱乐部。1955 年，更名为新海连市工人文化宫（简称市文化宫）。1961 年，改名连云港市工人文化宫。坐落于新浦市化路 3 号。

1985 年，市总工会拨款 126 万元，在文化宫院内新建一座 4500 平方米的活动大楼。在原有职工剧场、图书室、阅览室、乒乓球室、灯光篮球场等设施基础上，增设了海洋生物珍品馆、电子游戏厅、台球室、录像室、儿童游乐场、歌舞厅等活动场所。1990 年，投资 70 余万元，将工人电影院改建成全市第一家立体声电影院，从而使文化宫成为活动设施齐全的综合性文化活动中心。

2002 年 6 月，市工人文化宫与市远方实业发展有限公司达成合作协议，共同开发市文化宫片区。同年 9 月，市文化宫停止营业活动，保留数名办公室人员维持运作。其余职工领取生活费待岗，原工人电影院对外房屋出租。市文化宫办公室迁至银河购物中心。2004 年 10 月，又迁至国安商城 2 号楼 3 单元 201 号。

至 2005 年，文化宫编制 87 人，实有 52 人，内设机构有办公室、财务科、影视科、图书馆、游乐科、艺术团、协会办、宣传科、科技科、保卫科和电影院 11 个基础单位。

三、连云港市博物馆

位于连云港市新浦区苍梧路，占地 3.13 公顷，建筑面积 2200 平方米，其中陈列面积 1500 平方米，库房 400 平方米，讲演厅 300 平方米，建筑风格为仿古园林式。

市博物馆的前身是建于 1958 年的市地志文物陈列室，原在海州大慈寺，1973 年 5 月 8 日，经市革命委员会批准改建而成。几经搬迁，于 1983 年迁到现址。后投资 10 万元，于 1987 年建成新馆，定编 30 人，在编人员中大专以上文化程度 18 人，负责挖掘、考古、保管、修复、陈列、巡展，学术研究等工作。

馆内藏品总数1万多件,其中以汉代墓葬出土文物较多。

四、连云港市革命纪念馆

位于新浦区民主中路201号,原名陇海公寓,为民国14年(1925)建造的宾馆。民国27年上半年,中共中央长江局巡视员张文海、谷牧曾住于此,开展友军工作,在国民革命军第五十七军第一一二师内建立了中共地下工作委员会。并在陇海公寓发展六六七团团长万毅为中共特别党员。

1987年6启6日,中共连云港市委、连云港市人民政府决定将陇海公寓改建为市革命纪念馆,作为陈列、收藏革命斗争史和建设成就史资料的纪念设施。隶属于市委党史工作委员会领导。该馆已被列为市级文物保护单位。

该馆内设"全国党史""地方革命史""新中国成立后成就""海州建党""保卫连云港""盐场春秋""港口风云"等展览室及碑廊,展出照片、图片528幅,实物127件、各种模型40个,碑刻32块。

五、连云港市档案馆

原为1959年6月30日建立的新海连市档案资料馆。1965年12月2日,更名为连云港市档案馆。

1963年12月13日,接收市委、市政府等单位档案室保存的35个立档单位的档案4598卷、933册。

1984年,在新浦海昌路20号建新馆,1985年10月竣工。共接收市区机关40个单位形成的文书档案9108卷、统计档案1414卷、人口普查档案225卷、工业普查档案216卷、盐业档案984卷、房产档案172卷、死亡档案1028卷、资料192册。

至2005年,馆藏档案达110个全宗25601卷,永久、长期保存文书档案10075卷、科技档案76卷、专门档案2150卷。

六、连云港市民俗博物馆

连云港市民俗博物馆(简称民俗博物馆)位于新浦新市路35号的原"东亚旅社"内。

2002年,经市有关部门批准,允许市民俗专家刘兆元在此办民俗博物馆。博物馆房屋占地面积1100平方米,建筑面积1560平方米,两层楼四方形建筑。

2003年1月28日,民俗博物馆正式对外开放。馆内收藏并展出刘兆元个人收集的民俗文物500余件,其中包括纯木质大牛车、铜质烫壶、锡质茶叶罐、石质磨、碾,小孩戴的老虎帽,旧社会妇女穿的绣花鞋等。

七、连云港海洋博物馆

连云港海洋博物馆前身为连云港市海洋珍奇生物展览馆,始创于1988年。2003年经市文化局批准同意,经改制成为法人资格民办非企业单位。创建以来为国内30多家自然博物馆、海洋馆、中高级学校、科研单位和标本生产单位提供了大量自然生物标本和技术合作。现有员工16人,其中中高级职称人员7人、专职标本师4人。2003年江苏省海洋与渔业局核发"水生野生动物经营利用许可证"。

馆藏有水生、陆生野生保护动物标本10000多件,以海洋生物标本为主要特色。藏有哺乳动物、爬行动物、鱼类、甲壳类、化石类、腔肠类、矿石类等10多个种类。有国家一级保护动物标本6件,国家二级保护动物30余件,其中珍贵的柯氏喙鲸实体标本为国内大陆海区首次发现,填补国家自然科学和生命科学研究、展示中该物种实体的空白。

第三十编　艺　文

新浦区的南云台地区，历史悠久，地势险要，地灵人杰，留下了大批文化瑰宝。远的有4000年前的少昊后裔记录长期观测天文成果而刻下的东磊摸忽山太阳石岩画，有反映汉代人们丧葬习俗的大村东汉画像石；有唐太宗的丞相魏征为南城题写的"宁海门"门额碑刻；有刻于大村郁林观东岩壁一带、闻名全国的"唐隶宋篆"二刻；有明熹宗皇帝亲题"敕赐护国延福观"、清康熙帝御笔"遥镇洪流"、道光帝御笔"印心石屋"题刻。官宦贤达、文人骚客之题刻、诗刻、楹联，山间、庙中随处可见；有明代万历年间晋升为都督同知，上赐一品官服，享一品薪俸的武将、大村当路人王鸣鹤《登坛必究》《帏间问答》《行兵图》等军事专著，明末云台山虎窝人顾乾编著的《云台山志》《东海志》《云台山三十六景诗》；清康熙年间南城人江之蓰编著的记述云台山裁海、复海情况的《复山集》和晚清时期名人、南城人邱心坦的诗集《归来轩遗稿》等著述。

清末民初，今新浦地区名人著作不断问世。代表之作有江苏水利专家、南城人武同举编著的《宋元明代之黄河》《江苏水利全书》；江苏教育家、南城人江恒源编著的《伦理学概论》和教育家、宁海乡人孙佳讯的早期少儿读物《小朋友童话》《小棉花》《银白的花》等，都有着较广泛的影响。

新中国成立后，特别是党的十一届三中全会以来，经济建设、社会事业、精神文明建设日新月异，人们思想活跃，著书立说，风气日浓，各类著述相继出版，果实累累，并时有佳作在全国、全省获奖。20世纪80年代，花果山景区新辟景点"墨香小径"，汇刻了全国名人书写的诗句、楹联、题字；"神"路两旁的崖岩上遍刻古今全国书法大家所书各体"神"字，入选吉尼斯世界纪录的"神"字王，就在此间。

第一章　著　述

第一节　文学艺术类

云台山三十六景诗　（1卷）　明·顾　乾[1]　著

路鸢集　（4卷）　明·王鸣鹤[2]　著

---

①顾　乾（生卒年不详）［明］海州人。（详见人物传略）
②王鸣鹤（1550—1617）［明］东海人。（详见人物传略）

缓带吟 明·王鸣鹤 著

苍梧诗集(2卷) 清·程 枞[①] 著

云台三十六景诗(1集) 清·程 枞 著

归来轩集(4卷) 清·邱心坦[②] 著

光绪三十一年铅印本,南开大学图书馆藏;1926年铅印本,南京图书馆藏。

海楼诗稿 武海楼[③] 著

碧梧轩诗集(7卷) 邱立麒[④] 著

战地青年 杨天全[⑤] 著

打海水 桑 林[⑥] 编著

江苏人民出版社出版 32开本 1953年月第1版第1次印刷

海边游 刘国华[⑦] 著

上海少年儿童出版 32开本 4.1万字 1962年9月第1版第1次印刷

姐姐要出嫁 (评书故事) 姜 威[⑧] 著

江苏人民出版社出版 32开本 2.5万字 1962年12月第1版第1次印刷

龙腾虎跃 (中篇小说) 姜 威 著

百花文艺出版社出版 32开本 3万字 1965年11月第1版第1次印刷

连云浪花 (短篇小说集) 刘国华 主编

江苏人民出版社出版 1974年第1版第1次印刷

激浪奔腾 (短篇小说集) 刘国华 主编

---

①程 枞(生卒年不详)字文业,号南野。海州人,爱篆刻,喜作赋,早负才名。乾隆五十四年(1789)入京师,其诗名噪一时。编著《苍梧赋集》、《苍梧诗集》各两卷,著有《云台山三十六景诗》一集。

②邱心坦(1840—1903)字履平。[清]海州南城人。(详见人物传略)

③武海楼(1901—1987)南城人。(详见人物传略)

④邱立麒(1903—1984)字梦麟,南城人。(详见人物传略)

⑤杨天全(1915—2000)原名汝豹,南城人。(详见人物传略)

⑥桑 林(1930—)连云港市人,大学文化,历任《淮北盐工报》《连云港日报》记者、编辑。

⑦刘国华(1931—2003.9)原籍江苏省灌云县。(详见人物传略)

⑧姜 威(1936—)江苏睢宁人,大专文化,中共党员。(详见人物简介)

江苏人民出版社出版 1975 年 4 月第 1 版第 1 次印刷

螺号响了 刘国华 主编

江苏人民出版社出版 1976 年 3 月第 1 版第 1 次印刷

出征 (剧本) 姜 威 著

江苏人民出版社出版 32 开本 1.5 万字 1978 年 10 月第 1 版第 1 次印刷

连云港风光 (3 册) 来俊华① 著

江苏人民出版社出版 1979 年 7 月第 1 版第 1 次印刷

古塔魔影 李润山 陆扬烈 著

江苏人民出版社出版 32 开本 11.8 万字 1979 年 10 月第 1 版第 1 次印刷

海港游 刘国华 著

江苏人民出版社出版 1980 年 4 月第 1 版第 1 次印刷

连云港民间传说 姜 威 主编

江苏少儿出版社出版 32 开本 12.6 万字 1981 年 6 月第 1 版第 1 次印刷

当代楹联墨迹选 陈振伦② 主编

湖南美术出版社出版 1982 年 8 月第 1 版第 1 次印刷

母亲弥留时的微笑(电影文学剧本) 程景楷③ 编剧

1982 年第 1 版第 1 次印刷

猪八戒出生记(连环画故事) 姜 威 著

16 开本 2 万字 1983 年 10 月第 1 版第 1 次印刷

星星河 (电影文学剧本) 编剧:程景楷

《电影文学》出版社出版 1984 年第 1 版第 1 次印刷

中国电影艺术丛书(18 册) 程景楷 王海安 编剧

①来俊华(1932—)连云港市新浦人。(详见人物简介)

②陈振伦(1936—)江苏铜山人。1956 年来连云港市工作,从事过教育工作、宣传工作。原连云港市电视大学副教授。

③程景楷(1935—)连云港市人,电影剧作家。历任连云港市文学艺术家协会专职编剧、连云港市影剧协会秘书长、中国电影刊学院教务长、《中外电影》编审、高级记者。系中国电影协会会员、中国电影文学学会会员、江苏电影文学学会副会长。

高等教育出版社出版　30万字　1985年3月第1版第1次印刷

孙悟空探海港(剧本)　姜　威　著

江苏人民出版社出版　32开本　3.2万字　1985年1月第1版第1次印刷

东方大港(电影文学剧本)　程景楷　郝立富　编剧

中国文联出版公司出版　1985年第1版第1次印刷

《西游记》外传(民间传说)　姜　威　主编

上海文艺出版社出版　32开本　11.3万字　1986年5月第1版第1次印刷

王安石诗文系列　李德身①　著

陕西人民出版社出版　30万字　1987年9月第1版第1次印刷

海州乡谭　彭　云②　著

江苏人民出版社出版　32开本　16.7万字　1988年12月第1版第1次印刷

夜幕下的幽灵　朱德盛③　沈孝全　著

花山文艺出版社出版　32开本(简)　14.5万字　1989年4月第1版第1次印刷

海边的故事　刘国华　著

江苏文艺出版社出版　32开本　24万字　1989年11月第1版第1次印刷

桃花涧的春光与暴雨　刘建生④　著

武汉大学出版社出版　1989年第1版第1次印刷

海洋探奇　刘国华　著

江苏少年儿童出版社出版　32开本　13.7万字　1990年5月第1版第1次印刷

谈杂感写作　李岩志⑤　著

---

①李德身(1937—　)字扶摇,连云港市人。1960年毕业于北京大学中文系文学专门化专业。同年分配于南充师院古典文学教研室任主任。1984年调入连云港教育学院中文系教授古代文学。1992年被评为教授,享受政府特殊津贴。系中国古代散文学会理事、江苏省诗词协会理事、连云港市诗词协会副会长。

②彭　云(1933—　)连云港市人。(详见人物简介)

③朱德盛(1933—　)江苏省南京人,1994年退休于连云港市人民检察院。系郁州诗社社员

④刘建生(1941—　)江西省鄱阳人。1963年毕业于武汉城市建设学院建筑系。历任连云港市建筑设计院工程师、市建筑职工专科学校副校长、连云港市建委副总工程师。系中国建筑学会会员、连云港市土木建筑学会常务副会长。

⑤李岩志(1932—　)山东青岛人。1949年6月参加工作。历任江苏铜山县四区团委书记、铜山县团委宣传部长、新海连市团委宣传部副部长、连云港市职教办秘书、连云港市成人教育协会副会长兼秘书、连云港市对外经济律师事务所律师。

海洋出版社出版　32开本　11万字　1990年5月第1版第1次印刷

跋涉　刘国华　著

中国文联出版社出版　32开本　29.4万字　1990年8月第1版第1次印刷

海阔凭鱼跃(报告文学集)　刘国华　主编

江苏人民出版社出版　32开本　20万字　1990年9月第1版第1次印刷

储蓄小姐(小小说集)　罗　平　著①

南海出版公司出版　16万字　1990年10月第1版第1次印刷6100册

唐宋元小令鉴赏辞典　李德身　主编

华岳文艺出版社出版　140万字　1990年第1版第1次印刷

春天的小榆树(儿童散文诗集)　张立国②　著

哈尔滨出版社出版　36开本　5.5万字　1991年1月第1版第1次印刷

朱秋华剧作选　朱秋华③　著

江苏文艺出版社出版　32开本　12万字　1991年2月第1版第1次印刷

沿海风情录　于继增④　著

海洋出版社出版　32开本　21万字　1991年8月第1版第1次印刷

海边的诗　刘国华　著

江苏文艺出版社出版　32开本　7万字　1992年3月第1版第1次印刷

赤子心(散文诗集)　张立国　著

香港工商出版社出版　32开本　8万字　1992年5月第1版第1次印刷

---

①罗　平(1958—　)江苏常熟人。1985年毕业于江苏电大中文班,在中国工商银行连云港分行工作。

②张立国(1953—　)曾用名:粒谷、谷子、冷墨,连云港市人。中共党员。1971年起从事业余文艺创作。供职于连云港市公安局。系中国音乐家协会会员、中国音乐著作权协会会员、中国音乐文学学会会员、全国公安文联会员、江苏省作家协会会员、江苏省音乐家协会会员、江苏省音乐文学学会会员、江苏省公安文联理事、连云港市音乐家协会副主席、连云港市音乐文学学会副主席、连云港市公安文联副主席。

③朱秋华(1943—　)山东郯城县人。中共党员,民进会员,国家一级编剧。民进连云港市委副主任,市文化局剧目室副主任。1989年创作的戏曲电视剧《古城春梦》获全国第四届戏曲电视剧三等奖。1995年,被江苏省政府批准为江苏省有突出贡献的青年作家。

④于继增(1947—　)河北省望都县人,研究生,副研究馆员,中共党员。1969年在兰州军区空军司令部工作,1982年考入南京大学中文系,毕业后任连云港市市委宣传部文艺科科长、市科协副主席。市政协第九届常委。中国散诗协会会员、中国作家协会会员、江苏省民间文艺协会会员。

谚语集成 刘兆元① 主编

江苏文艺出版社出版 32 开本 28.5 万字 1992 年 7 月第 1 版第 1 次印刷

连云港民间文学集成 彭 云 于继增 姜 威 刘兆元 主编

江苏文艺出版社出版大 32 开本 45 万字 1992 年 7 月第 1 版第 1 次印刷

涌动的诗情(诗集) 魏 琪② 著

香港天马图书有限公司出版 32 开本 6 万字 1992 年 8 月第 1 版第 1 次印刷

紫色的梦(诗集) 张立国 著

文学报社出版公司出版 32 开本 10 万字 1992 年 10 月第 1 版第 1 次印刷

爱的橄榄树(诗集) 纪祥华③ 著

金陵书社出版 1992 年 10 月第 1 版第 1 次印刷

海州曲论 朱秋华 著

中国戏剧出版社出版 32 开本 15 万字 1992 年 11 月第 1 版第 1 次印刷

先行之光(报告文学集) 姜 威 主编

海洋出版社出版大 32 开本 25 万字 1992 年 12 月第 1 版第 1 次印刷

连云港戏曲音乐集成 刘增国④ 主编

中国戏剧出版社出版 32 开本 22 万字 1993 年 5 月第 1 版第 1 次印刷

海州宫调牌子曲大成 刘增国 主编

中国戏剧出版社出版 2.4 万字 1993 年 5 月第 1 版第 1 次印刷

聪明人的故事(判案故事集) 姜 威 著

天马图书有限公司出版 32 开本 13 万字 1993 年 6 月第 1 版第 1 次印刷

---

①刘兆元(1933—)江苏省沭阳县人。(详见人物简介)

②魏 琪(1956—)连云港市人。大学文化,助理研究员,中共党员。历任新浦区教育局团委书记、新浦区宣传部副部长、区文化局局长、市文联副主席、市作家协会主席、中共连云港市宣传部副部长。

③纪祥华(1955—)连云港市人。大学文化。供职于《连云港日报》社。1984 年从事业余文学创作并研习书法。系中国书法促进会会员,海内外书画艺术家联谊会会员,欧阳询书法研究会会员,江苏民间文艺家协会会员,江苏职工诗社社员,连云港市民间文艺家协会秘书长,市作家协会会员,连云港市职工诗社理事,连云港市书协会员,新浦地区作家协会副主席。历任《苍梧晚报》社信息部主任、卫生体育部副主任。

④刘增国(1940—)又名大培,江苏灌云县人。中共党员,副研究馆员。1965 年毕业于南京师范学校中国语言文学系。曾任《连云港日报》社记者、编辑,连云港市委宣传部党教科、宣传科科长,连云港市文化局副局长。

最好的献礼（杂文随笔集）　姜威　著

海洋出版社出版　32开本　21万字　1993年6月第1版第1次印刷

东方的智慧　高从礼　刘国华　王永龙　严　军　主编

中国广播电视出版社出版　23.8万字　1993年6月第1版第1次印刷

回眸集　张学贤①　著

32开本（平装）　15万字　1993年7月第1版第1次印刷

焦虑的年代（长篇小说）　罗　平　著

海南出版公司出版　30万字　1993年7月第1版第1次印刷

失去风帆的船（中、短篇小说集）　包殿贵②　著

北方文艺出版社出版　22万字　1993年8月第1版第1次印刷

忙月（小说集）　樊云生③　著

北方文艺出版社出版　32开本　15.6万字　1993年8月第1版第1次印刷

没有音符的歌（歌词集）　张立国　著

广西民族出版社出版　32开本　7.3万字　1993年8月第1版第1次印刷

城市浪子　成　刚④　著

时代文艺出版社出版　17万字　1993年8月第1版第1次印刷

成语随感录　李岩志　著

南京大学出版社出版　32开本　10.4万字　1993年10月第1版第1次印刷

依恋（散文诗集）　张立国　著

新疆青少年出版社出版　5万字　1993年10月第1版第1次印刷

心的历程（诗集）　纪祥华　张立国　著

---

①张学贤（1932—　）连云港市海州人。中共党员，中专文化，主任编辑。历任东海师范教师、中共连云港市委宣传部干事、《新海连日报》编辑、市委办公室新闻秘书、秘书组长、新浦磷矿矿长、《连云港日报》副总编兼党组副书记、连云港市广播事业局副局长兼党委副书记、市委统战部部长等职。中共连云港市第六届市委委员、市政协第五、六届委员，第七届市政协常委，江苏省政协第六届委员。

②包殿贵（1943—　）连云港市人。20世纪60年代起，开始文学创作。为江苏省作家协会会员、连云港市作家协会副主席兼秘书长。

③樊云生（1946—　）连云港市新浦人。中共党员，历任生产队会计、大队干部、乡镇党委书记、海州区国土管理局局长。1972年，开始业余文学创作。系连云港作家协会会员。

④成　刚（1973—　）笔名凝弦，连云港市人。写诗也写小说。为多家报刊社特约记者、特约编辑。

新疆青少年出版社出版　5 万字　1993 年 10 月第 1 版第 1 次印刷

海滩集(杂文集)　于继增　著

新疆青少年出版社出版　14 万字　1993 年 10 月第 1 版第 1 次印刷

跨越世纪之门(诗集)　杨春生①　著

新疆青少年出版社出版　0.5 万字　1993 年 10 月第 1 版第 1 次印刷

鸥翅上的旋律(诗集)　王善同②　张立国　主编

新疆青少年出版社出版　32 开本　0.5 万字　1993 年 10 月第 1 版第 1 次印刷

秋天的感觉(诗集)　刘晶林③　著

新疆青少年出版社出版　5 万字　1993 年 10 月第 1 版第 1 次印刷

白色走廊(诗集)　颜景标④　著

新疆青少年出版社出版　32 开本　0.5 万字　1993 年 10 月第 1 版第 1 次印刷

拐磨情(散文集)　张立国　著

广西民族出版社出版　32 开本　8.5 万字　1993 年 12 月第 1 版第 1 次印刷

苍梧文荟　杨锦涛⑤　刘安仁⑥　桑　林　主编

南京大学出版社出版　32 开本　28 万字　1994 年 4 月第 1 版第 1 次印刷

鬼桥(微型小说集)　张文宝⑦　著

海南国际新闻出版中心出版　80 万字　1994 年 5 月第 1 版第 1 次印刷

---

①杨春生(1960—　)江苏睢宁人。先后毕业于连云港市建筑学校、南京大学、中共江苏省委党校。工作于连云港市建筑工程局。

②王善同(1944—　)笔名单雨人,山东博兴人。中专文化,馆员、民进会员。历任教师、演员、连云港市文工团声乐曲艺队队长、连云港市工人文化宫副主任。系中国曲艺家协会会员、江苏省曲艺家协会理事、连云港市曲艺家协会主席。连云港市政协第七、八届委员。

③刘晶林(1953—　)江苏南京人。于连云港市文联工作,副编审职称。

④颜景标(1958—　)连云港市人。1977 年下放农场,1981 年返城当工人。1985 年毕业于江苏电大中文专业。曾在新浦区机关任职,现为一私营企业执行董事。1983 年开始发表作品。为江苏省作家协会会员、连云港市作家协会副主席。

⑤杨锦涛(1928—　)笔名文亮。江苏涟水县人,中共党员,大学文化,主任编辑。曾兼任《淮盐科技通讯》主编、《连云港日报》社副总编兼党总支书记。为江苏省杂文学会理事、连云港市杂文学会会长。

⑥刘安仁(1938—　)笔名沐阳雨,连云港市墟沟人。1980 年 4 月调入《连云港日报》社,任副刊部编辑,后为副刊部主任。系江苏省作家协会会员。现任连云港市作家协会主席、市杂文学会副会长兼秘书长。

⑦张文宝(1956—　)连云港市人。1985 年于北京鲁迅文学院进修两年,后又于西北大学作家班学习两年。系江苏省作家协会会员、连云港市作家协会副会长、《连云港文学》杂志副主编。

一片空白（微型小说集） 徐习军[①] 著

海南国际新闻出版中心出版 10万字 1994年5月第1版第1次印刷

六月雪 陈 武[②] 著

海南国际新闻出版中心出版 36开本 12.8万字 1994年5月第1版第1次印刷

永恒的丰碑（诗集） 王实伦[③] 著

南京大学出版社出版 1万字 1994年7月第1版第1次印刷、1994年8月第2次

浮在海面上的黄土（诗集） 杨春生 著

民族出版社出版 10.8万字 1994年7月第1版第1次印刷

虎须一绺（谜语集） 武 骝[④] 著

新疆青少年出版社出版 32开本 5万字 1994年10月第1版第1次印刷

中国古代廉政佳话 魏宗荣[⑤] 王统美 著

新疆青少年出版社出版 12.7万字 1994年10月第1版第1次印刷

她在丛中笑（报告文学集） 包殿贵 著

中国妇女出版社出版 15万字 1994年11月第1版第1次印刷

鸡血石（散文小品集） 赵匡民[⑥] 著

新疆青少年出版社出版 6.7万字 1994年月第1版第1次印刷

走向辉煌 王 涌[⑦] 田 野 伏开宪 主编

---

①徐习军（1960— ）江苏灌云人。先后毕业于南京动力专科学校仪表专业、南京师范大学新闻学院、南京大学新闻学研究生班。任《连云港化工高等专科学校学报》编辑部副主任。系中国微型小说会员、江苏省作家协会会员、连云港市作家协会副会长、连云港市杂文学会理事等。

②陈 武（1963— ）江苏东海人。现住新浦区利民社区。1990年起先后在《人民文学》《钟山》《十月》《山花》《文学界》等文学杂志发表长、中、短篇小说。多篇小说被《小说选刊》《小说月报》《中篇小说选刊》《中华文学选刊》等选载。系中国作家协会会员、连云港市文联专业作家。

③王实伦（1943— ）笔名石轮，连云港市人。中共党员。1980年毕业于徐州师范学院，1984年结业于广东社会科学院研究生部。退休前任连云港市政府教育督导室副主任、研究员。系连云港市人才学会理事，市作家协会理事，江苏省教育督导专业委员会理事，江苏省政策研究会常务理事，中国学习科学学会会员，中国学习与研究会会员。

④武 骝（1949— ）连云港市人。政工师、馆员、大专文化。从事谜语创作近20年，创作灯谜2万余则。获全国佳谜奖130余次。江苏省民间艺术家协会、音乐家协会会员，连云港市灯谜学术委员会、职工灯谜协会会长。

⑤魏宗荣（1938— ）江苏赣榆人。大学文化，副研究员。中共党员。1968年毕业于南京师范大学中文系，先后任新浦中学教师、中共连云港市委办公室秘书、连云港市卫生局秘书科长，连云港市委宣传部对台办公室副主任，市委统战部副部长。系市统战理论研究会会长。市政协第六、七、八届常委。

⑥赵匡民（1961— ）连云港市海州人。1985年开始文学创作。先后供职于连云港市地方志办公室、连云港市苍梧晚报社。

⑦王 涌（1956— ）江苏赣榆人。研究生，中共党员。1975年参加工作，历任小学教师、政治教员、记者，连云港市政协研究室副主任。

中国矿业大学出版社出版　66万字　1995年8月第1版第1次印刷

黄土魂(报告文学集)　杨　彬①　著

南京大学出版社出版　26万字　1995年9月第1版第1次印刷3000册

三更月芽　石仁勇②　关　华　主编

新疆青少年出版社出版　10万字　1995年10月第1版第1次印刷

东方大港梦　张文宝　蒯　天　著

江苏文艺出版社出版　32开本(简)　10万字　1995年12月第1版第1次印刷

飞行员妻子的故事　刘德慧③　著

国际文化出版社出版　12.6万字　1996年10月第1版第1次印刷

陆桥行(采访文集)　徐敬诚④　主编

江苏人民出版社出版　25万字　1996年12月第1版第1次印刷

名士情缘　王志坚⑤著

河北省教育出版社出版　32开本　34.5万字1997年7月第1版第1次印刷

陪你同上花果山　彭　云　著

江苏人民出版社出版　64开本　6万字1997年9月第1版第1次印刷

林荫细雨(长篇小说)　申　震⑥　著

黄河出版社出版　25.2万字　1997年9月第1版第1次印刷

公民从这里诞生(电影文学剧本)　程景楷　古亦寒　编剧

宁夏人民出版社出版　16万字　1997年10月第1版第1次印刷

---

①杨　彬(1963—　)江苏东海人。1993年10月转业至中共连云港市委机关工作。

②石仁勇(1944—　)江苏如皋人。高级美术师。1966年毕业于南京师范大学美术系后,历任《连云港日报》社美术编辑、连云港市文化局局长、连云港书画院院长。系连云港市花鸟画研究会会长,江苏省美术家协会会员。

③刘德慧(1946—　)女,江苏兴化人。民进会员。1969年毕业于中国音乐学院,分配至广州歌舞团工作。1970年后从事音乐创作。后任连云港市音乐舞蹈家协会主席。系江苏省音乐家协会常务理事、中国音乐家协会会员。市为政协第九届委员。

④徐敬诚(1948—　)山东莒南人。大专文化,中共党员,高级政工师。历任连云港市皮塑公司党委副书记,锦屏磷矿党委书记,《连云港日报》社总编,连云港市人民政府政策研究室主任。

⑤王志坚(1947—　)连云港市人。中共党员,大学学历,编辑。任连云港市文学艺术界联合会办公室主任。为江苏省科普协会会员、江苏省民间文艺家协会会员。

⑥申　震(1970—　)连云港市人。大专学历,任职于连云港市国家税务局。

走向辉煌(一)　田　野　王　涌　主编

中国矿业大学出版社出版　39 万字　1997 年 12 月第 1 版第 1 次印刷

走进秋天(诗集)　张成杰①　著

中国三峡出版社出版　32 开本　8.6 万字 1998 年 5 月第 1 版第 1 次印刷

中国民间百喜剪纸集　丁玉冰②　编著

黑龙江美术出版社出版　1998 年 10 月第 1 次印刷

为生活而歌唱(诗集)　丁玉冰　著

北京文艺出版社出版　1.25 万字　1999 年 1 月第 1 次印刷

心情消费(微型小说集)　徐习军　著

北方文艺出版社出版　12 万字　1999 年 1 月第 1 版第 1 次印刷

彩色是飞花　董志祝③　著

北岳文艺出版社出版　32 开本　12 万字 1999 年 8 月第 1 版第 1 次印刷

连云港诗词楹联选　李德身　主编

1999 年 9 月第 1 版第 1 次印刷

连云港市少儿书画作品集　张耀山④　董淑贵　主编

河南美术出版社出版大　16 开本　1998 年 11 月第 1 版第 1 次印刷

片羽集　刘畅征⑤　著

海天出版社出版　32 开本　27 万字 1999 年 12 月第 1 版第 1 次印刷

石仁勇画集　石仁勇　著

中国世界语出版社出版　1999 年 12 月第 1 版第 1 次印刷

---

①张成杰(1943—　)连云港市人,江苏省作家协会会员、中国诗歌学会会员、连云港市民俗学会理事。20 世纪 60 年代开始创作诗歌,作品散见于《诗刊》、《雨花》、《扬子江诗刊》等多家刊物。获连云港市首届政府文学奖。

②丁玉冰(1962—　)连云港市新浦人、连云港市企业文化学会副秘书长、连云港市作家学会会员、中国诗歌学会会员、东方书画研究会会员。曾著作出版《管理新概念—企业文化》。

③董志祝(1943—　)连云港市人。历任农业社基层干部、中学教师、中学校长、海州区卫生局局长、江苏省粮食技工学校校长。

④张耀山(1955—　)连云港市新浦人。(详见人物简介)

⑤刘畅征(1945—　)江苏赣榆人。1969 年毕业于华东师范大学中国语言文学系,从事新闻工作 20 余年。为高级编辑。历任《连云港日报》记者、编辑、总编办主任、总编助理、副总编、总编辑。曾任连云港市文联主席、《连云港文学》主编。

雪莲花 罗栋生[1] 著

《作家天地》编辑部出版 32开本 15万字 2000年2月第1版第1次印刷

花千红画集 花千红[2] 著

天津人民美术出版社出版 16开本 2000年3月第1版第1次印刷

千古奇谏(故事集) 王志坚 著

中华工商联合会出版社出版 32开本 29万字 2000年4月第1版第1次印刷

连云港文化大观 刘增国 主编

中国文联出版社出版 32开本 46.7万字 2000年8月第1版第1次印刷

微笑的湘妃竹(诗集) 钱振昌 著

珠海出版社出版 32开本 2000年8月第1版第1次印刷

长歌无泪(纪实文学集) 包殿贵 著

作家出版社出版 32开本(简) 17.3万字 2000年10月第1版第1次印刷

心雨无痕 王 冰 著

中国戏剧出版社出版 32开本(简) 20万字 2000年12月第1版第1次印刷

云台晨曦 侍述明[3] 著

中国文联出版社出版 32开本 32万字 2001年5月第1版第1次印刷

海州乡谭(增订版) 彭 云 著

沈阳出版社出版 32开本 48.9万字 2001年6月第1版第1次印刷

阳光影楼(小说集) 陈 武 著

沈阳出版社出版 32开本 22.3万字 2001年6月第1版第1次印刷

世象摭拾 刘安仁 著

北方文艺出版社出版大 32开本 31.4万字 2001年12月第1版第1次印刷

---

①罗栋生(1925—)江苏江宁人。大学文化,中共党员。离休前历任连云港市经济委员会副主任、市人民政府副秘书长等职。市政协第六届常委会委员。

②花千红(1960—)连云港市人。美术师,供职于连云港市书画院。身残志不残,专攻国画艺术,先后多次在连云港市、南京、北京等地举办个人画展。1987年获"陶行知艺术奖",获连云港市"十佳青年"和江苏省"新长征突击手"称号。系江苏省美协会员。

③侍述明(1947—)江苏灌云人。1964年入伍,在舟山部队服役22年,从士兵到团政委。转业后,曾获"全国模范军转干部"的称号,受到江泽民总书记接见。高级工程师。退休前任连云港市供电局党委书记。系市作协副主席、江苏省作协会员。

仲跻敏戏剧作品选　仲跻敏①　著

中国文联出版社出版　32开本　22万字　2001年12月第1版第1次印刷

连云港市古今楹联选　陈凤桐②　主编

天马图书有限公司出版　32开本　9万字　2002年3月第1版第1次印刷

许金方摄影作品集　许金方③　著

中国摄影出版社出版　12开本　2002年3月第1版第1次印刷1000册

中国成语灯谜大典　武　骝　崔月明④　著

学苑出版社出版　32开本　32万字　2002年4月第1版第1次印刷

小荷别样红　包殿贵　著

中国文联出版社出版　32开本　41.4万字　2002年6月第1版第1次印刷

摇椅背上的藤蔓　赵匡明　著

作家出版社出版　32开本　17.1万字　2002年6月第1版第1次印刷

曹鸣喜书法　孙　昊　主编

国际文化出版公司出版　16开本　1万字　2002年6月第1版第1次印刷

太阳打西边出(中、短篇小说集)　樊云生　著

新疆青少年出版社出版　32开本　26.7万字　2002年8月第1版第1次印刷

点燃雪山　包殿贵　著

作家出版社出版　32开本　26.7万字　2002年8月第1版第1次印刷

傲来国探幽　侍述明　著

江苏文艺出版社出版　32开本　9万字　2002年9月第1版第1次印刷

---

①仲跻敏(1956—　)女,笔名青萍,江苏淮安人。研究馆员(正高)。南京师范大学汉语文学专业毕业、南京大学戏剧戏曲学(在职)研究生毕业。历任连云港市群众艺术馆创作员、副馆长,连云港市剧目工作室副主任、主任。一直从事戏剧作品创作。其创作的戏剧小品、话剧、音乐剧等,先后在全国、华东和省获大奖。1997年获市"三八红旗手"称号,1999年被评为市优秀中青年艺术工作者。2003年,被评为市级知名专家,获市政府特殊津贴。2004年获市十佳无党派知识分子称号。

②陈凤桐(1939—　)江苏铜山人。(详见人物简介)

③许金方(1942—　)连云港市人。(详见人物简介)

④崔月明(1960—　)祖籍北京。中国民主促进会会员。江苏省民间文艺家协会理事、连云港市民间文艺家协会副主席、连云港市作家协会理事、连云港市民俗学会理事、新浦地区作家协会主席。

岁月有痕(诗集)　方一清①　著
　北方文艺出版社出版　32开本　20万字　2002年10月第1版第1次印刷

云中漫步(摄影集)　赵　鸣②　著
　五洲传播出版社出版　12万字　16开本　2002年12月第1版第1次印刷

多彩的情丝(诗集)　胡艳慧③　著
　北方文艺出版社出版　32开本　11万字　2002年12月第1版第1次印刷

兄弟故事　李惊涛④　著
　北京十月文艺出版社出版　32开本　12.4万字　2003年1月第1版第1次印刷

苍梧诗壇　孔　灏⑤　主编
　中国文联出版社出版　32开本　16.6万字　2003年8月第1版第1次印刷

温广宇书法艺术集　孙　昊　主编
　国际文化出版公司出版　16开本　2003年6月第1版第1次印刷

镜花水月集　董志祝　著
　作家出版社出版　32开本(简)　17.1万字　2003年6月第1版第1次印刷

潘姗姗短篇小说集　潘姗姗　著
　作家出版社出版　32开本　14.8万字　2004年7月第1版第1次印刷

流年书影　陈　武　著
　中国文史出版社出版　32开本　23.8万字　2004年2月第1版第1次印刷

沉睡谷　成　刚　著

---

①方一清(1930—　)原名天培,江苏省灌云县板浦镇人。1948年夏初中毕业后辍学。是年11月家乡解放即投身革命。初期做党群工作,后曾"下放"当过盐工。党的十一届三中全会以后,主编季刊《淮盐科技通讯》。退居二线至离休前参与《江苏盐业报》编辑工作,参与编修《江苏省·盐业史》等。

②赵　鸣(1957—　)江苏昆山人。中共党员,助理研究员。连云港市摄影家协会副主席、连云港市摄影艺术学会主席。

③胡艳慧(1972—　)女,江苏灌云人。大学学历,中文专业。爱好文学创作。1993年大学毕业后,就职于连云港市交通工程建设总公司。后主动放弃工作岗位从事创作活动,现为自由撰稿人、《商界》副主编。为国家三级作家,江苏省作家协会会员、连云港市作家协会会员和市民间文艺家协会会员。

④李惊涛(1960—　)江苏省赣榆县人。大学文化。1983年于北京师范大学中文系毕业,留校任教。1986年调入连云港市文联,历任《连云港文学》编辑部副主任、主任,市文联秘书长。1998年调连云港电视台,历任台长助理、副台长、台长。系中国作家协会会员,中国电视艺术家协会会员。

⑤孔　灏(1968—　)连云港市人,就职于市民族宗教事务局。江苏作家协会会员。诗作散见于《诗刊》《诗神》《诗歌月报》《雨花》《青年》《连云港文学》《新华时报》等。

云南人民出版社出版　　22 万字　　2004 年 2 月第 1 版第 1 次印刷

异域诗踪　　杨春生　著
中国文联出版社出版　　32 开本　　2004 年 4 月第 1 版第 1 次印刷

鬼童　　成　刚　著
海峡文艺出版社出版　　32 开本　　22 万字　　2004 年 7 月第 1 版第 1 次印刷

槐香五月　　孙桂伟　著
光明日报出版社出版　　32 开本　　21 万字　　2004 年 9 月第 1 版第 1 次印刷

陆桥风景线　　马富　贾继明　主编
吉林人民出版社出版　　25 万字　　2004 年 10 月第 1 版第 1 次印刷

人物写真　　宫海洋①　主编
陕西旅游出版社出版　　32 开本　　118 万字　　2004 年 12 月第 1 版第 1 次印刷

红烛情怀(诗集)　　夏宏图②　著
天马图书有限公司出版　　32 开本　　5.6 万字　　2004 年第一版第一次印刷

阿丝地狱　　成　刚　著
北方文艺出版社出版　　32 开本　　18 万字　　2005 年 1 月第 1 版第 1 次印刷

连云行踪　　吴　弋③　著
陕西旅游出版社出版　　32 开本　　11.8 万字　　2005 年 1 月第 1 版第 1 次印刷

易歌(诗集)　　颜景标　著
作家出版社出版　　32 开本　　11.8 万字　　2005 年 2 月第 1 版第 1 次印刷

迹悟与沉思(荷花精粹文丛)　　殷　然④　著
中国文联出版社出版　　32 开本　　10 万字　　2005 年 2 月第 1 版第 1 次印刷

---

①宫海洋(1971—　)中共党员,先后在黑龙江省和江苏省电视媒体任记者、节目主持人,现任连云港电视台社交中心副主任。系中国电视艺术家协会会员,连云港市企业文化学会理事。

②夏宏图(1931—　)连云港市新浦区云台乡人。中共党员,中师文化。1949 年 1 月起从事教育工作。曾在连云港市板桥中学、朝阳中学、宁海中学任教。后调任朱麻小学校长。1991 年退休后参加市老年大学诗词班学习,时有词作发表。

③吴　弋(1965—　)女,江苏盐城人。《连云港日报》社记者、总编办副主任。

④殷　然(1967—　)江苏灌云人。双本科学历。1989 年 7 月参加工作。供职于连云港市国家税务局,任《连云港税务》副主编、连云港市税务学会副秘书长、连云港市杂文学会副秘书长,为江苏省作家协会会员。先后出版《盛者的歌》《迹悟与沉思》《涉税掠影》《沉吟所语》等多部著作。

盛者的歌(荷花精粹文丛)　　殷　然　著

中国文联出版社出版　　32 开本　　20 万字　　2005 年 2 月第 1 版第 1 次印刷

热血颂　　丁心昂①　主编

中国文联出版社出版　　32 开本　　13.5 万字　　2005 年 7 月第 1 版第 1 次印刷

阳光亲情(散文集)　　胡艳慧　著

吉林摄影出版社出版　　32 开本　　9.2 万字　　2005 年 8 月第 1 版第 1 次印刷

涉税掠影　　殷　然　著

新疆人民出版社出版　　32 开本　　18 万字　　2005 年 10 月第 1 版第 1 次印刷

沉吟所语　　殷　然　著

吉林文史出版社出版　　32 开本　　20 万字　　2005 年 12 月第 1 版第 1 次印刷

江苏省美术家精品集版画(速写专集·潘强)　　潘　强　著

南京大学出版社出版　　16 开本　　2005 年 12 月第 1 版第 1 次印刷

第二节　文史社科类

连云港游览手册　　包殿贵　夏兴仁　著

江苏人民出版社出版　　32 开本　　4 万字　　1982 年 8 月第 1 版第 1 次印刷

连云港风物志　　薛鸿迎②　刘洪石③　主编

江苏人民出版社出版　　32 开本　　11.1 万字　　1983 年 4 月第 1 版第 1 次印刷

连云港　　龚来宝④　范永泉⑤　张殿臣　著

---

①丁心昂(1949—　)江苏宿迁人。中共党员,大专学历,主任编辑。曾任连云港市《连云港日报》社副总编兼《苍梧晚报》社总编辑、连云港市地方志办公室主任。系连云港市新闻学会、市家庭教育研究会、市计划生育学会、市广告协会副会长、市历史学会会长,市记者协会理事。

②薛鸿迎(1939—　)今名鸿瀛,山东省蓬莱县下薛家人。编审。1964 年毕业于山东曲阜师范学院中文系本科,分配到化工部锦屏矿业学校,任语文教师、教研组长、中共连云港市委宣传部宣传组副组长。1982 年调任山东省海洋水产研究所情报组负责人。后任齐鲁渔业杂志社副社长,主编《齐鲁渔业》。获中国科技期刊编辑学会"金牛奖"和"山东省水产局专业技术拔尖人才"称号。

③刘洪石(1938—　),江苏省东海县人。(详见人物简介)

④龚来宝(1936—　)江苏宜兴人。毕业于中国人民大学,副研究员,中共党员。历任中共连云港市委常委、宣传部长,市委副书记兼宣传部长、市人大副主任。

⑤范永泉(1936—　)连云港市人。大专文化,中共党员。1957 年毕业于东海师范大学。1960 年毕业于中央戏剧学院理论专业,后历任新海连市戏剧学校教导主任、连云港市委宣传部干事、市委办公室副主任、市文化局局长兼党委副书记、市委宣传部常务副部长兼市文联党组书记、市政府秘书长、市政协秘书长。

中国海洋出版社出版小　32 开本　8.7 万字　1985 年 12 月第 1 版第 1 次印刷

连云港市农村能源区划　王 持[①]　编著

江苏科技出版社出版　1985 年第 1 版第 1 次印刷

花果山　李洪甫[②]　著

江苏人民出版社出版　32 开本　4.07 万字　1987 年 3 月第 1 版第 1 次印刷

连云港大观　范永泉　张殿臣　顾涧清　余克超　编著

海洋出版社出版　15 万字　1988 年 7 月第 1 版第 1 次印刷

孔望山与将军崖　李洪甫　著

江苏人民出版社出版　2.7 万字　1988 年 9 月第 1 版第 1 次印刷

连云港市农业资源与计划　相秉瑠[③]　高凤凯　主编

江苏科学技术出版社出版　16 开本　90.8 万字　1988 年 11 月第 1 版第 1 次印刷

连云港市交通史　李建军[④]　主编

南京大学出版社出版　32 开本　25.6 万字　1989 年 8 月第 1 版第 1 次印刷

《辉煌十五年——连云港卷》　刘兆吉　赵 鸣　撰稿、摄影

光明日报出版社出版　25 万字　1989 年 9 月第 1 版第 1 次印刷 2000 册

连云港四十年(1949－1989)　南清云[⑤]　主编

中国统计出版社出版　16 开本　61 万字　1989 年 9 月第 1 版第 1 次印刷

黄海明珠　夏春赋[⑥]　李道莹　主编

海洋出版社出版　12 万字　1989 年 10 月第 1 版第 1 次印刷

---

①王 持(1936—)江苏省赣榆县人。大学文化,高级经济师。中共党员。1951 年毕业于华东军政大学,1956 年考取南京农业大学,毕业后,先后在连云港市农委、市委农工部工作。

②李洪甫(1944—)连云港市人。(详见人物简介)

③相秉瑠(1940—)连云港市海州人。中共党员。大专文化。高级农艺师。1962 年毕业于徐州农业专科学校植物保护专业。历任国营新浦农场技术员、连云港市农科所研究室主任、连云港市农业区划办公室主任、中共连云港市委农工部科长、副部长、连云港市气象局局长、党组书记。系中国农业工程学会高级会员、江苏省农业区划学会理事长、连云港市经济学会副会长、连云港市科协常委。

④李建军(1965—)连云港市人。1988 年毕业于南京师范大学中文系。曾工作于连云港市人事局、交通局、文联。

⑤南清云(1944—)江苏省滨海县人。中共党员,高级经济师。1964 年毕业于南京师范大学生物化学专业。曾任连云港市委研究室副主任、连云港市计经委副主任、连云港市统计局局长、连云港市经委主任。

⑥夏春赋(1949—)江苏睢宁人。中国党员、毕业于徐州师范大学中文系。曾任中学、中专教师、中共东海县委宣传部科长、中共连云港市委宣传部科长、连云港市哲学社会科学联合会副主席、《连云港论坛》主编。

连云港历史　周清明　主编

连云港市教育局教研室编辑　32开本　0.58万字　1989年11月第1版第1次印刷

神禹新篇　彭　云　徐静潭　主编

江苏人民出版社出版　32开本　18.5万字　1990年4月第1版第1次印刷

连云港地方史稿　李洪甫　著

上海社会科学院出版社出版　32开本　35万字　1990年6月第1版第1次印刷

连云港概览　宋开智①　主编

海洋出版社出版　32开本　20万字　1990年11月第1版第1次印刷

新亚欧大陆桥东方桥头堡便览　彭　云　主编

江苏人民出版社出版　32开本　23.6万字　1991年6月第1版第1次印刷

东桥头堡上的明珠　程志友　杨宗桂　王遵美　秦光汉　汤建明　主编

科学普及出版社出版　32开本　46万字　1991年10月第1版第1次印刷

宋代文学史话　李德身　著

陕西人民教育出版社出版　11.4万字　1992年10月第1版第1次印刷

中共连云港历史大事记(1919—1949)　许燕鎏②　主编

南京出版社出版　32开本　13.9万字　1993年1月第1版第1次印刷

连云港市革命烈士传选编　许燕鎏　王亚旭　主编

南京出版社出版　32开本　20.1万字　1993年2月第1版第1次印刷

连云港小百科　陈天柱③　主编

江苏人民出版社出版　32开本　45.8万字　1993年3月第1版第1次印刷

连云港历史　周清明　主编

内部出版　32开本　7.5万字　1993年12月第1版第1次印刷

---

①宋开智(1942—　)山东省日照人。中共党员。历任中共连云港市委常委、秘书长、市委副书记、市人大常委会主任。

②许燕鎏(1935—　)江苏灌云人,祖籍安徽歙县。中共党员,副编审。1950年参加工作,曾任中国淮北盐场组织部干事、秘书,盐场团委部长,中共连云港市委办公室秘书,市干校副书记、副校长,市委党校副校长、副书记,市党史工作委员会主任。系市中共党史学会副会长。

③陈天柱(1932—　)山东省济南市人。(详见人物简介)

连云港投资指南　周敬德①　朱先明　孙志伟　著

中国商业出版社出版　20万字　1994年6月第1版第1次印刷

连云港市场大观　陈天柱　彭云　张学贤　主编

中国计划出版社出版　32开本　40万字　1994年8月第1版第1次印刷

连云港市革命斗争故事选　许燕鎏　陈天柱　主编　张学贤　周广林　副主编

南京出版社出版　32开本　14.8万字　1994年10月第1版第1次印刷

连云港市党政群机构编制沿革史(1949.10—1994.12)　任美德　主编

内部出版　32开本　16万字　1995年11月第1版第1次印刷

连云港市资本主义工商业的社会主义改造　雷成堂②　许燕鎏　董汉清　主编

天津古籍出版社出版　25万字　1995年12月第1版第1次印刷

投资连云港(中、英两种文字)　魏玉怀③　主编

新世界出版社出版　8万字　1995年第1版第1次印刷

连云港市党史资料丛书·手工业社会主义改造　王统仁④　许燕鎏　主编

32开本　30万字　1996年7月第1版第1次印刷

连云港地理　朱德清⑤　主编

32开本　6.7万字　1996年12月第1版第1次印刷

观光连云港　吴加庆⑥　主编

新疆人民出版社出版32开本9.1万字1997年7月第1版第1次印刷

---

①周敬德(1944—　)江苏邳县人。大学文化、中共党员。历任连云港市经济技术开发区管委会副主任、连云港市人民政府副秘书长、连云港市劳动局局长、党委书记。

②雷成堂(1943—　)山东日照人。大专文化,中共党员。历任连云港港务局第一作业区党支部书记、党总支副书记,连云港市总工会副主席,中共新浦区委副书记,中共连云港市委常委,连云港市科协主席,连云港市纺织厂党委书记,连云港市交通局党委书记,连云港市政协副主席兼市委统战部部长、市政协副主席、党组副书记。

③魏玉怀(1951—　)江苏东海人。大学文化、中国党员。历任中共灌云县委书记、灌云县政协主席,连云港市委秘书长、市委党校常务副校长。

④王统仁(1930—　)连云港市花果山乡人。中共党员。曾任连云港市轻工业局局长、党委书记。

⑤朱德清(1941—　)江苏省江阴市人。中共党员,中学高级教师。历任海州师范学校教师、连云港市教育局研究室副主任、中共连云港市委宣传部办公室副主任、连云港市教委教研室主任、市教委艺术教育委员会副主任等职。系市教育学会副秘书长。

⑥吴加庆(1946—　)江苏灌云人。曾任连云港市副市长,中共连云港市委常委、宣传部长,连云港市人大常委会副主任。

连云港市行政区划 丁运安① 主编

知识出版社出版 32开本 32.1万字 1997年7月第1版第1次印刷

太平洋岩画 李洪甫 编著

上海文艺出版社出版 32.6万字 1997年11月第1版第1次印刷

海外纪行 张良群② 主编

中国矿业大学出版社出版 32开本 29.8万字 1997年12月第1版第1次印刷

朝阳在前进 刘明宣③ 主编

32开本 14.4万字 1997年12月第1版第1次印刷

连云港文化概观 王志国④ 周 宁 主编

新疆人民出版社出版 24万字 1998年4月第1版第1次印刷

江苏盐业史略 宋彩玉⑤ 统稿

江苏人民出版社出版 15万字 1998年10月第1版第1次印刷

中共连云港市地方史(第一卷) 郁家树 主编

江苏人民出版社出版 32开本 34万字 1998年11月第1版第1次印刷

连云港导游 子 玥⑥ 主编

中国电影出版社出版 小32开本 8万字 1999年1月第1版第1次印刷

连云港地理与经济 张传藻⑦ 著

河海大学出版社出版 32开本 38.6万字 1999年3月第1版第1次印刷

---

①丁运安(1960—)江苏丰县人。大学学历。1976年参加工作,1978年入伍,历任连队政治指导员、团政治处组织宣传干事、师政治部秘书。曾专业从事新闻工作。1988年,转业至连云港市民政局,任市行政区划地名办公室副主任。系市新闻学会、记者协会理事、市钱币学会常务理事。

②张良群(1939—)江苏省沛县人。(详见人物简介)

③刘明宣(1926—)山东省临沂市人。1945年加入中国共产党,历任教师、区助理员、专区推进社管理员、秘书,连云港市供销联社秘书、秘书科长,市委办公室秘书、副主任、市人委农村办公室副主任,《连云港日报》社副总编辑、市物资局党委书记兼局长、市农业委员会副主任、党委副书记、市委农工部督导员等职。系市经学会会长。

④王志国(1949—)河北廊坊人。毕业于河北师范大学政治系。曾任连云港师范高等专科学校副校长,副教授。

⑤宋彩玉(1952—)连云港市人。大专文化,政工师,中共党员。历任《江苏盐业报》副总编、省盐业公司党委组织员、秘书、苍梧晚报社办公室主任。

⑥子 玥(1963—)女,原名何萍,江苏无锡人。毕业于化工部连云港化工高等专科学校财务专业。任职于连云港市人民政府接待事业发展中心。

⑦张传藻(1938—)连云港市海州人。(详见人物简介)

连云港市地名概览　　丁运安　主编

知识出版社出版　　32 开本　　8.4 万字　　2000 年 2 月第 1 版第 1 次印刷

山海古羽　　刘明萱　著

中国矿业大学出版社出版　　32 开本　　11.6 万字　　2000 年 7 月第 1 版第 1 次印刷

连云港文化大观　　刘国增　主编

中国文联出版社 2000 年 8 月出版　　32 开本　　46 万字第 1 次印刷

云台山资源经济　　周文军①　主编

海洋出版社出版　　32 开本　　51.3 万字　　2001 年 4 月第 1 版第 1 次印刷

曲折与辉煌　　王国生　主编

中共党史出版社出版　　16 开本（精）　　43 万字　　2001 年 5 月第 1 版第 1 次印刷

云台山资源大观　　李　桂②杨泗秋③　主编

沈阳出版社出版　　大 16 开本　　44.66 万字　　2001 年 7 月第 1 版第 1 次印刷

江苏人民革命斗争群英谱连云港分卷　　吴加庆　主编

江苏人民出版社出版　　32 开本　　15 万字　　2001 年 10 月第 1 版第 1 次印刷

站在新亚欧大陆桥起点　　孙荣章　赵　鸣　著

2001 年由五洲传播出版社出版　　10 万字

云中漫步（中英文对照）　　赵　鸣　著

2002 年由五洲传播出版社出版　　3 万字

艺苑往事　　俞太源　曹寿田　主编

大 32 开本　　32 万字　　2003 年 2 月第 1 版第 1 次印刷

南城凤凰文化　　刘兆元　崔明月　著

天马图书有限公司出版　　32 开本　　6 万字　　2003 年 12 月第 1 版第 1 次印刷

---

①周文军（1962—　）连云港市人。中共党员，研究生、会计师。先后任连云港市财政局科员、副科长、科长、局长助理、副局长。

②李　桂（1953—　）女，江苏省灌云县人。中共党员。大专学历。编辑、馆员职称。历任中学教师、灌云县党史办公室科员级秘书，中共连云港市委农工部（办）生产科副科长、科长、农业区划办公室主任主任、农业发展处处长等职。曾参与编写《中国乡镇》中《连云港分卷》，编写《中国农业江苏卷》中《连云港农业》。

③杨泗秋（1962—　），江苏省赣榆县人。中共党员。大学学历，农业经济师。历任中共连云港市委农工部（办）财务辅导站副站长、农业区划办副主任、经管处处长。

明海州史小录　　朱炳旭　著

新疆青少年出版社出版　　大32开本　　20万字　　2003年12月第1版第1次印刷

江苏传统教育民俗　　刘兆元　著

天马图书出版社出版　　大32开本　　14.7万字　　2004年10月第1版第1次印刷

连云港导游词　　李道莹　主编

陕西旅游出版社出版　　32开本　　48.9万字　　2005年1月第1版第1次印刷

东海名郡(《文化连云港丛书·历史卷》)　　刘洪石　编著

中国文史出版社出版　　32开本　　17.8万字　　2005年3月第1版第1次印刷

寻踪西游(《文化连云港丛书·西游卷》)　　李洪甫　编著

中国文史出版社出版　　32开本　　18.9万字　　2005年3月第1版第1次印刷

古韵盛迹(《文化连云港丛书·考古卷》)　周锦屏等　编著

中国文史出版社出版　　32开本　　17万字　　2005年3月第1版第1次印刷

东渡徐福(《文化连云港丛书·徐福卷》)　　张良群　编著

中国文史出版社出版　　32开本　　19万字　　2005年3月第1版第1次印刷

东胜神洲(《文化连云港丛书·山水卷》)　　魏　琪　张文宝　赵匡民等　编著

中国文史出版社出版　　32开本　　11.3万字　　2005年3月第1版第1次印刷

诗赋海州(《文化连云港丛书·诗选卷》)　李德身　编著

中国文史出版社出版　　32开本　　19万字　　2005年3月第1版第1次印刷

文思连云港(《文化连云港丛书·文选卷》)　　吴加庆　主编

中国文史出版社出版　　32开本　　18.2万字　　2005年3月第1版第1次印刷

东海孝妇(《文化连云港丛书·传说卷》)　　姜　威　朱守和　编著

中国文史出版社出版　　32开本　　19万字　　2005年3月第1版第1次印刷

名闻港城　(《文化连云港丛书·名人卷》)　　侍述明　朱炳旭等　编著

中国文史出版社出版　　32开本　　17.8万字　　2005年3月第1版第1次印刷

古朐流风　（《文化连云港丛书·风俗卷》）　崔月明　编著

中国文史出版社出版　32 开本　19 万字　2005 年 3 月第 1 版第 1 次印刷

（注:以上 11 部“文化连云港丛书”吴加庆　主编）

淮盐古今　王志坚　编著

中共文史出版社出版　32 开本(平)　19 万字　2005 年 3 月第 1 版第 1 次印刷

亲历抗战　江　华　主编

大 32 开本　31.4 万字　2005 年 7 月第 1 版第 1 次印刷

海属抗战风云录　丁心昂　主编

中共文联出版社出版　32 开本　36.2 万字　2005 年 7 月第 1 版第 1 次印刷

新浦史话　韩世泳①　著

陕西旅游出版社出版　32 开本　14.5 万字　2005 年 7 月第 1 版第 1 次印刷

江苏人民打击日寇英雄事迹·连云港卷　连云港卷编辑委员会编

江苏人民出版社出版　32 开本　24 万字　2005 年 8 月第 1 版第 1 次印刷

第三节　论述纪事类

帷间问答(兵书类)　明·王鸣鹤　著

教操说(兵书类)　明·王鸣鹤　著

训兵说(兵书类)　明·王鸣鹤　著

行兵图(兵书类)　明·王鸣鹤　著

火攻答(1 卷·兵书类)　明·王鸣鹤　著

登坛必究(40 卷·兵书类)　明·王鸣鹤　著

---

①韩世泳(1937—　)连云港市海州人。1957 年毕业于东海师范,中共党员。曾任教师、连云港报社记者、中共海州区委宣传科干事、副科长、科长,中共海州区委常委、海州区副区长,中共新海区委常委、新海区副区长,中共新浦区委常委、新浦区常务副区长,新浦区政协副主席等职。主编《新浦区志》《新浦年鉴》。系历史学会副会长、市历史文化研究会副会长。

复山集 2卷 清·江之蓰① 编著

淮系年表全编 4册(1929年排印本) 武同举 著

两轩剩语 (1927年印本) 武同举② 著

安徽通志水系水工(1928年著,1955年南京水利实验处出版) 武同举 著

江苏水利全书(43卷) (1950年南京水利实验处出版) 武同举 著

港口春秋 来俊华 汪鸿奎 编著

江苏人民出版社出版 32开本 1959年第1版第1次印刷

连云港在腾飞 龚来宝 范永泉 张殿臣 著

海洋出版社出版 32开本 7.5万字 1985年10月第1版第1次印刷

中国古代文学 俞筱敏③等 编著

延边大学出版社出版 1988年12月第1版第1次印刷

经济管理体制概论 王志明④ 著

鹭江出版社出版 1988年8月第1版第1次印刷

加强和改进企业思想政治斗争 张殿臣⑤ 顾润清 主编

海洋出版社出版 12万字 1989年3月第1版第1次印刷

老年心理学 时蓉华 张登华 著

甘肃人民出版社出版 19.4万字 1989年4月第1版第1次印刷

市情·战略·蓝图 张殿臣 秦光汉⑥ 主编

海洋出版社出版 32开本 14万字 1989年6月第1版第1次印刷

低谷崛起—陇海兰新经济带联合发展之路 秦光汉 主编

---

①江之蓰(生卒年不详)清代东海水流村人,诸生。(详见人物简介)

②武同举(1871—1944)字霞峰,号两轩、一尘。南城人。(详见人物传略)

③俞筱敏(1943—)女,江苏海门人。大学文化,副教授,民进会员。1965年任中学教师,历任连云港职业大学社会科学系任教,兼任秘书专业研究生主任。

④王志明(1941—)连云港市人。大学文化,中共党员。1967年,毕业于北京大学。曾任连云港市电视大学校长。

⑤张殿臣(1935—)江苏东海人。中共党员,教授。1960年毕业于南京师范大学地理系,历任高校教师、中共连云港市委宣传部理论教员、市委党校教研科科长、市委宣传部副部长兼讲师团团长、市哲学社会科学联合会副主席等职。系江苏省哲学社会科学联合会理事、中国未来学会会员、中国海洋经济研究会会员。市第八、九届人大代表、人大常委会委员。

⑥秦光汉(1946—)浙江安吉人。中共党员,副研究员。曾任中共连云港市委党史办主任、连云港市地方志办公室主任等职。后调外地工作。系江苏省哲学社会科学联合会理事、中国中等城市研究会理事、江苏省城市经济学会理事、陇海兰新经济促进会副秘书长。

海洋出版社出版　　14 万字　　1989 年 7 月第 1 版第 1 次印刷

论海州湾的综合开发　　范永泉　张殿臣　顾涧清　编著
　学苑出版社出版　　15.6 万字　　1989 年 7 月第 1 版第 1 次印刷

学习与思考　　张殿臣　王志明　顾涧清　主编
　学苑出版社出版　　20 万字　　1989 年 7 月第 1 版第 1 次印刷

连云港四十年(1949－1989)　　南清云　主编
　中国统计出版社出版　　61 万字　　1989 年 7 月第 1 版第 1 次印刷

连云港解放四十年经济发展　　张殿臣　顾涧清等　著
　海洋出版社出版　　24 万字　　1989 年第 1 版第 1 次印刷

亚欧新海大陆桥研究　　罗栋生　张殿臣　王庆云　顾涧清　主编
　海洋出版社出版　　32 开本　　18 万字　　1990 年 6 月第 1 版第 1 次印刷

孔望山造像(第一辑)　　王其泰①　李洪甫　主编
　海洋出版社出版　　16 万字　　1990 年 7 月第 1 版第 1 次印刷

银行制度与管理　　高有为②　王永斌　金绍培　顾涧清　林永军　邓维鉴　著
　海洋出版社出版　　13 万字　　1990 年 12 月第 1 版第 1 次印刷

连云港与海上丝绸之路　　张殿臣　白化文　顾涧清　主编
　海洋出版社出版　　32 开本　　22.4 万字　　1990 年 9 月第 1 版第 1 次印刷

苏北工业化研究　　秦光汉　王其泰　罗栋生　张传藻　张建民　著
　河海大学出版社出版　　32 开本　　15.4 万字　　1990 年 12 月第 1 版第 1 次印刷

徐福故里揭谜(汉日文对照)　　张良群　著
　新世界出版社出版　　32 开本　　4.5 万字　　1990 年第 1 版第 1 次印刷

---

①王其泰(1934—2000)连云港市人。大专文化,中共党员。1951 年参军。1970 年转业徐州矿务局工作,后调任连云港市机电局宣传科科长、市车辆厂党委副书记、市委宣传部教育科科长、市社科联副主席兼秘书长、市纪委派驻市教委纪检组组长,市政协第七届常委会委员。

②高有为(1944—　)山东沂南人。中共党员,高级经济师。1984 年后,历任连云港市副市长、常务副市长、市政协副主席。

海州湾论丛　李广成[①]　顾涧清　滕　雯　主编
海洋出版社出版　18万字　1991年2月第1版第1次印刷

谈职工教育论文写作　李岩志　著
海洋出版社出版　32开本　2万字　1991年3月第1版第1次印刷册

留在东海的足迹　周永卓[②]　主编
南京大学出版社出版　14.3万字　1991年4月第1版第1次印刷

论共保合同制　鲍建宾[③]　主编
科学普及出版社出版　32开本　2万字　1991年4月第1版第1次印刷

财税·物价·经济合同法咨询四百题　苗德仿[④]　骆祖延　潘丽云　著
中国财政经济出版社出版　20万字　1991年6月第1版第1次印刷

新亚欧大陆桥　张殿臣　顾涧清　著
海洋出版社出版8万字　1991年8月第1版第1次印刷

企业思想政治工作理论与实践　王其泰　陆文学　余克超　主编
海洋出版社出版　26.9万字　1991年8月第1版第1次印刷

连云港市经济地理　张殿成　顾涧清　张建民等　编著
海洋出版社出版　11.8万字　1991年8月第1版第1次印刷

新亚欧大陆桥暨陇兰名城概览　张殿成　李新中　夏春赋　刘文鑫　主编
海洋出版社出版　12.9万字　1991年12月第1版第1次印刷

2000年连云港　张殿臣　李新中　夏春赋　刘永鑫　主编
海洋出版社出版　32开本　23.1万字　1992年1月第1版第1次印刷

资本新论一重读《资本论》　罗栋生　著

---

①李广成(1954—　)连云港市人。中共党员。东南大学科学技术哲学专业研究生毕业,哲学硕士。历任连云港市锦屏化工厂党委书记、连云港市文化局副局长兼书记,连云港市委政策研究室副主任,连云港市委宣传部常务副部长、连云港市委办公室主任,连云港市科委主任、连云港市海洋局局长,连云港市委统战部部长。

②周永卓(1946—　)连云港市海州人。大专文化,中共党员。历任小学教师,市电影公司宣传组长,海州区文化馆馆长,连云港市青年联合会副主席兼秘书长,连云港市外办秘书、副主任,市文联副主席,连云港市园林局副局长。市第六届政协委员。

③鲍建宾(1937—　)河南尉氏人。(详见人物简介)

④苗德仿(1938—　)江苏新沂人。高级会计师。中共党员。1963年于徐州师范学院毕业后分配到连云港市,历任锦屏磷矿财务劳资科科长,连云港市财政局局长兼党委书记、连云港市政府财办主任兼党委书记。

32 开本 5 万字 1992 年 2 月第 1 版第 1 次印刷

走向世界的连云港 龚来宝 张良群 范 君 赵 鸣 著

今日中国出版社出版 32 开本 3.5 万字 1992 年 8 月第 1 版第 1 次印刷

中国龟文化 刘兆元 著

上海文艺出版社出版 32 开本 11.6 万字 1992 年 10 月第 1 版第 1 次印刷

大陆桥与连云港对外开放 郭守常 李广成 主编

海洋出版社出版 32 开本 17 万字 1992 年 10 月第 1 版第 1 次印刷

科学技术是第一生产力 张殿成 孟祥途 主编

海洋出版社出版 25 万字 1992 年 11 月第 1 版第 1 次印刷

连云港市博物馆建馆二十年纪念文集(1973—1993) 刘洪石 主编

东南文化杂志社出版 3 开本 23.4 万字 1993 年 5 月第 1 版第 1 次印刷

市场经济基本知识问答 史爱荣① 王道美 朱祺祥 主编

南京大学出版社出版 17 万字 1993 年 10 月第 1 版第 1 次印刷

陇海—新兰沿线旅游天地 张殿成 孟祥途 张建民 编著

海洋出版社出版 10 万字 1993 年 12 月第 1 版第 1 次印刷

情系西游 曹寿田② 主编

海洋出版社出版 17 万字 1993 年 12 月第 1 版第 1 次印刷

中国古代谈说艺术 王志坚 著

河北教育出版社出版 9 万字 1994 年 1 月第 1 版第 1 次印刷

小学心理学 徐定华 张登华③ 缪学荣 章姚姚 编著

苏州大学出版社出版 34 万字 1994 年 4 月第 1 版第 1 次印刷

---

①史爱荣(1942—)江苏宜兴人。1964 年毕业于徐州师范大学化学系,历任江苏省新海中学校长,连云港市教育局副局长,连云港市教委副主任。系中国化学学会会员,中国职业技术与职业技术培训协会理事。江苏省成人教育协会副会长。连云港市成人教育协会会长,连云港市德育研究会会长。

②曹寿田(1944—)连云港市人。大专文化,中共党员。历任中共连云港市委组织部副科长,中共海州区委常委、宣传部长,海州区文联主席,连云港市社科联副主席,市政协文史委主任。市政协第八、九届委员。

③张登华(1952—)连云港市人。先后就学于徐州师范大学、南京师范大学、华东师范大学。任连云港师范高等专科学校教育科学研究所所长、心理学副教授。

苏北农业发展研究　秦光汉　赵孝勋　邓维鉴　等著

南京出版社出版　20万字　1994年5月第1版第1次印刷

商业心理学　张登华　主编

南京出版社出版　15.8万字　1994年5月第1版第1次印刷

中国四沿经济发展战略研究　杨春生　徐其林　主编

复旦大学出版社出版　22.5万字　1994年6月第1版第1次印刷

社科之路——纪念连云港市社科联成立十五周年　曹寿田　主编

32开本　17万字　1994年12月第1版第1次印刷

我看这十年　徐敬诚　周介达　赵金海　主编

江苏人民出版社出版　22.2万字　1995年12月第1版第1次印刷

承祖菜谱　周承祖①　著

中国妇女出版社出版　32开本　21万字　1996年2月第1版第1次印刷　1996年6月第2次印刷

中国古代筵席　李登年②　著

江苏人民出版社出版　32开本(精装)　15万字　1996年2月第1版第1次印刷

连云港市经济形势回顾与展望　王庆云③　主编

江苏人民出版社出版　18万字　1996年4月第1版第1次印刷

新亚欧大陆桥与苏北的振兴　张殿臣　孟祥途　刘开山　著

海洋出版社出版　12万字　1996年8月第1版第1次印刷

第三个时代　罗栋生　著

32开本　32.6万字　1996年12月第1版第1次印刷

企业管理伦理学　王必信④　主编

燕山出版社出版　1996年第1版第1次印刷

---

①周承祖(1942—　)连云港市新浦人。(详见人物简介)
②李登年(1947—　)连云港人。(详见人物简介)
③王庆云(1944—　)河北故城人。曾任连云港市人民政府计委主任等职。
④王必信(1941—　)辽宁省金县人,副教授,淮海工学院副院长。

税收学概论　　周文军　主编

北京经济学院出版社出版　　1997年1月第1版第1次印刷

连云港工商指南　　何　萍　主编

中国轻工业出版社出版　　14万字　　1997年6月第1版第1次印刷

连云港市企业介绍与企业家金榜　　杨东野　杨　剑　主编

工商出版社出版　　31万字　　1997年7月第1版第1次印刷

中国资本运营方略　　卞洪登　著

改革出版社出版　　32开本　　30万字　　1997年12月第1版第1次印刷

新亚欧大陆桥经济方略　　古龙高①　编著

东南大学出版社出版　　30万字　　1998年6月第1版第1次印刷

现代管理新概念:企业文化　　丁玉冰　徐习军　著

蒙古人民出版社出版　　18.4万字　　1998年10月第1版第1次印刷

老子引得　老子参校(《老子》名著索引)　　柳兴隆②　张晓华　编著

三秦出版社出版　　25.8万字　　1998年12月第1版第1次印刷

徐福故里揭谜(续集)(汉日文对照)　　张良群　著

新世界出版社出版　　32开本　　13万字 1998第1版第1次印刷

泱泱大道　　罗栋生　著

文教资料编辑部出版　　32开本　　48万字 1999年12月第1版第1次印刷

热血凝成的乐章　　朱殿卿③　主编

南京出版社出版　　8万字　　1999年12月第1版第1次印刷

走向世界的连云港　　吴加庆　主编

五洲传播出版社出版　　50万字　　2000年12月第1版第1次印刷

---

①古龙高(1956—　)连云港市人。经济学学士,哲学硕士,高级经济师。曾任职于连云港市外经贸局、劳动人事局、编委、市人大常委会、市政府研究室、市政府办公室、市国际经济技术合作公司、市委宣传部。现任市社会科学院副院长、党组成员。

②柳兴隆(1953—　)江苏赣榆人。大学文化。连云港市图书馆馆员。系中国图书馆学会会员,江苏省图书馆学会会员,江苏省民俗学会会员。

③朱殿卿(1960—　)山西闻喜人。1986年毕业于山西大学历史系,历史学学士。先后任职于中共连云港市委党史工作办公室、市政协办公室。

作为文学表象的爱与生　李惊涛　著

中国文联出版社出版　32 开本　119.4 万字　2002 年 12 月第 1 版第 1 次印刷

丝路集　杨东野　著

吉林人民出版社出版　32 开本　31.4 万字　2003 年 8 月第 1 版第 1 次印刷

旅游文化与旅游经济　龚来宝　主编

32 开本　30 万字　2005 年 9 月第 1 版第 1 次印刷

第四节　方志年鉴类

云台山志　明·顾　乾　编修

东海志(2 卷)　明·顾　乾　编修

云台山志　清·崔应阶①　重编

连云港市民政志　刘风光②　主编

南京大学出版社出版　16 开本(精)　48.8 万字　1991 年 8 月第 1 版第 1 次印刷

海州民俗志　刘兆元　著

江苏文艺出版社出版　32 开本　43 万字　1991 年 10 月第 1 版第 1 次印刷

隆庆海州志(标点本)　张卫怀③　汤兆成　标点

北京燕山出版社出版　32 开本　14 万字　1992 年 6 月第 1 版第 1 次印刷

连云港市粮食志　毕经邦④　主编

中国地质大学出版社出版　32 开本　44.3 万字 1992 年 12 月第 1 版第 1 次印刷

---

①崔应阶(生卒年不详)字吉升,号拙圃,江夏(今湖北武昌)人。乾隆年间进士。官至工部尚书、漕运总督,宫保大司寇。乾隆三十七年(1772)曾督漕淮甸,阅兵海上,游云台山,重编《云台山志》,著有《烟花绩》等。

②刘风光(1947—　)江苏省东海县人。大专文化,社会科学助理研究员。历任北京文学编辑、连云港市民政局秘书科科长、办公室主任. 系连云港市民政学会秘书长。现从事文学创作。

③张卫怀(1954—　)江苏省赣榆县人。中共党员。苏州大学中文系毕业,文学学士学位。历任江苏省粮食技校教师、班主任、教研组长。20 世纪 80 年代后期借调于市粮食局工作,后调入连云港市地方志办公室工作。1998 年调入连云港市水利局办公室,从事地方志编修工作。系江苏省语言学会会员、省民间文艺家学会会员,连云港市历史学会会员、连云港市民俗学会会员。

④毕经邦(1934—　)连云港市人。经济师。历任连云港市粮食局粮油供应公司副经理、市粮食志办公室副主任。

连云港市群山概览　　高凤凯[①]　相秉瑠　主编

海洋出版社出版　　16 开本　　30 万字　　1993 年 6 月第 1 版第 1 次印刷

连云港市劳动志　　董汉清[②]　主编

江苏古籍出版社出版　　32 开本　　18.5 万字　　1993 年 6 月第 1 版第 1 次印刷

嘉庆海州直隶州志(标点注释本)　　仲其臻　策划

南京大学出版社出版　　32 开本(精)　　105 万字　　1993 年 7 月第 1 版第 1 次印刷

连云港市新浦区教育志　　张绍民[③]　徐一德　主编

32 开本　　23.5 万字　　1993 年 11 月第 1 版第 1 次印刷

连云港曲艺志　　刘增国　主编　　朱秋华　副主编

中国戏剧出版社出版　　32 开本　　17 万字　　1994 年 1 月第 1 版第 1 次印刷

连云港电力工业志　　殷开龙　主编

方志出版社出版　　16 开本(精装)　　31 万字　　1994 年 4 月第 1 版第 1 次印刷

康熙海州志(标点本)　　高金吉　张卫怀　汤兆成　标点

中国科学技术出版社出版　　32 开本　　9.6 万字　　1994 年 6 月第 1 版第 1 次印刷

连云港市工会志　　邓元伦[④]　主编

北京燕山出版社出版　　16 开本(精装本)　　52 万字　　1994 年 7 月第 1 版第 1 次印刷

连云港市公安志　　张立国　主编

中国城市出版社出版　　32 开本(精装)　　31 万字　　1995 年 9 月第 1 版第 1 次印刷

连云港市教育志　　史爱荣　主编

中国矿业大学出版社出版　　16 开本(精装)　　22 万字　　1995 年 12 月第 1 版第 1 次印刷

---

①高凤凯(1935—　)连云港市人。中共党员,九三学社社员。大学文化,高级农艺师。1961 年大学毕业后在新疆阿勒泰地区农科所工作。1983 年。调入连云港市农业区划办公室,任副主任。政协连云港市第八届委员会委员。曾任九三学社连云港市委副主委。

②董汉清(1944—　)山东莱芜市人。中共党员,大学文化,高级经济师。1968 年毕业于北京航空航天大学后,历任第四十军独立通讯营无线电技师,连云港市科委秘书科副科长,中共连云港市委组织部组织科长,市劳动人事局局长,市劳动局局长,中共连云港市委统战部部长,市政协第八、九届副主席。市第八届人大代表,江苏省政协第七、八届委员。

③张绍民(1941—　)江苏省新沂市人。中共党员。中学高级教师、历任连云港市新浦中学教师、新浦区文教局人秘科长、中教科长、教研室主任等职。曾参与《新浦区志》编修工作。

④邓元伦(1931—　)江苏省淮阴市人。中共党员。历任连云港市总工会干事、副部长、部长,连云港市第二轻工业局党委副书记兼副局长,连云港市职工教育办公室副主任,连云港市总工会副主席兼党组书记、连云港市总工会主席、巡视员等职。

连云港市文化志　刘增国　朱秋华　骆玉宽　主修

中国戏剧出版社出版　32 开本　27 万字　1996 年 3 月第 1 版第 1 次印刷

连云港人物志　夏兴仁①　陆永学　主编

燕山出版社出版　32 开本　20 万字　1996 年 8 月第 1 版第 1 次印刷

连云港市政协志　胡为德②　主编

32 开本(精装)　17.3 万字　1997 年底第 1 版第 1 次印刷

古今连云港　俞素娥③　张良群　主编

中国文史出版社出版　32 开本(精装)　37.5 万字　1998 年 10 月第 1 版第 1 次印刷

连云港市卫生志　张文科④　主编

方志出版社出版　16 开本(精装)　43 万字　1998 年 11 月第 1 版第 1 次印刷

连云港市邮电志　王长钦　主编

江苏古籍出版社出版　32 开本(精装)　40 万字　1999 年 3 月第 1 版第 1 次印刷

淮海戏志　刘增国　主编

江苏文艺出版社出版　32 开本　32.6 万字　1999 年 8 月第 1 版第 1 次印刷

连云港年鉴(1999·创刊号)　秦光汉　主编

中国文史出版社出版大　16 开本(精装)　93.6 万字　1999 年 10 月第 1 版第 1 次印刷

连云港市志　秦光汉　主编

方志出版社出版　16 开本(精装)　418 万字　2000 年 6 月第 1 版第 1 次印刷

新浦区志　韩世泳　主编

方志出版社出版　16 开本(精装)　98.8 万字　2000 年 8 月第 1 版第 1 次印刷

花果山乡志　赵悦君⑤　主编　孙广良　朱开亮　主修　范鉴清　总编

---

①夏兴仁((1926—　)江苏省灌云县人。中共党员。解放后毕业于新海连特区建国学校,1949 年 6 月分配到新海连特区专署文教科工作后,历任市第一文化馆负责人、市文化科员、文艺科科长、市戏剧学校副校长、市艺术学校校长、市文联常务副主席兼秘书长。系江苏省明小说研究会理事、江苏省戏剧家协会会员、连云港市中共党史学会会员、市《镜花缘》研究会副会长兼秘书长。

②胡为德(1933—1999)连云港市人。(详见人物传略)

③俞素娥(1943—　)女,浙江省金华市人。(详见人物简介)

④张文科(1951—　)江苏省东海县人。大学文化。任连云港市卫生局宣传科科长。

⑤赵悦君(1928—　)连云港市新浦区花果山乡人。小学高级教师,一生从事教育工作,历任小学教师、校长。1990 年离休后,参与地方修志工作。

中华书局出版社出版　　32开本(精装)　　53.9万字　　2000年10月第1版第1次印刷

连云港市水利志　　张卫怀　主编

方志出版社出版　　32开本(精装)　　37万字　　2001年4月第1版第1次印刷

连云港市新浦区统计年鉴(2000)　　骆淑萍　主编

32开本(精装)　　13.7万字　　2001年4月第1版第1次印刷

连云港年鉴(2001)　　秦光汉　主编

方志出版社出版　　大16开本(精装)　　122.7万字　　2001年6月第1版第1次印刷

连云港艺文志　　许厚文①　崔月明　主编

沈阳出版社出版　　32开本　　33万字　　2001年6月第1版第1次印刷

连云港市金融志　　孙恩庆　主编

中国矿业大学出版社出版　　16开本　　29.5万字　　2001年10月第1版第1次印刷

新浦年鉴(2001·创刊号)　　韩世泳　主编

中华书局出版16开本(精装)　　59.6万字　　2001年12月第1版第1次印刷

连云港市第一人民医院院志　　张仲熙②　尹可华　执行编纂

吉林人民出版社出版　　16开本(精装)　　55.8万字　　2001年12月第1版第1次印刷

朐阳纪略(标点注释本)　　张卫怀　标点注释

五洲传播出版社出版　　32开本　　9万字　　2001年12月第1版第1次印刷

连云港市新浦区统计年鉴(2001)　　曹铁成③　主编

32开本(精装)　　14.4万字　　2002年5月第1版第1次印刷

连云港市财政志　　张文武　主编

中国财政经济出版社出版大　　16开本(精装)　　82万字　　2002年10月第1版第1次印刷

---

①许厚文(1943—　)祖籍安徽歙县,现连云港市新浦人。(详见人物简介)

②张仲熙(1933—　)山东省乳山市人。中共党员。先后任中国人民解放军战士、通讯员、保管员、文书。参加过胶东保卫战、淮海战役、渡江战役、上海战役等多次战役。1958年转业到连云港市文教局。1961年调入连云港市第一人民医院,历任院秘书、院部办公室主任。

③曹铁成(1957—　)连云港市人。中共党员,大专文化,经济管理专业。历任连云港市新浦水泥制品厂会计、新浦区财务组出纳会计,新浦区财政局预算会计、新浦区劳动人事局副局长、新浦区审计局局长、现任新浦区统计局局长。

新浦年鉴(2002)　　韩世泳　主编

方志出版社出版　　16 开本(精装)　　62.6 万字　　2002 年 11 月第 1 版第 1 次印刷

连云港市年鉴(2002)　　秦光汉　主编

连云港市地方志编纂委员会方志出版社出版　　大 16 开本　　123 万字　　2002 年 12 月第 1 版第 1 次印刷

连云港年鉴(2003)　　丁心昂　主编

连云港市地方志编纂委员会方志出版社出版　　大 16 开本(精装)　　130 万字　　2003 年 7 月第 1 版第 1 次印刷

新浦年鉴(2003)　　韩世泳　主编

《新浦年鉴》编纂委员会编辑方志出版社出版　　16 开本(精装)　　80.7 万字　　2003 年 11 月第 1 版第 1 次印刷

连云港年鉴(2004)　　丁心昂　主编

连云港市地方志编纂委员会方志出版社出版　　大 16 开本(精装)　　120 万字　　2004 年 6 月第 1 版第 1 次印刷

新浦年鉴(2004)　　韩世泳　主编

方志出版社出版　　16 开本(精装)　　83 万字　　2004 年 10 月第 1 版第 1 次印刷

花果山志　　孙锡华①　主编

中华书局出版社出版　　16 开本(精装)　　80.5 万字　　2005 年 6 月第 1 版第 1 次印刷

连云港年鉴(2005)　　丁心昂　主编

方志出版社出版　　大 16 开本　　107 万字　　2005 年 6 月第 1 版第 1 次印刷

新浦年鉴(2005)　　韩世泳　主编

方志出版社出版　　16 开本(精装)　　81.7 万字　　2005 年 9 月第 1 版第 1 次印刷

第五节　教科文卫类

高等数学题集　　武海楼　著

---

①孙锡华(1950—　)连云港市连云区人。中共党员。大学文化,高级政工师。历任中共连云港市云台山风景名胜区委员会副书记、风景区管委会副主任,中共花果山风景区管理处委员会书记、景区管理处处长。

国民教育通讯　杨汝熊[①]　著

乡村民众教育经验谈　杨汝熊　著

小学推广教育　杨汝熊　著

国防教育的理论与实践　杨汝熊　著

社会教育概论　杨汝熊　著

华中苏皖边区教育资料选编　杨汝熊　著

冶金建筑材料论　杨淑坤[②]等　著

冶金出版社出版 1963 年月第 1 版第 1 次印刷

田园春秋　李洪甫　著

江苏科技出版社出版　5 万字　1981 年 8 月第 1 版第 1 次印刷 1983 年更名为《农作物小史》

作文练笔举要　李德身　著

陕西人民教育出版社出版　1982 年第 1 版第 1 次印刷

江苏省六年制小学试用语文课本(第七册)　聂世民[③]　编

江苏教育出版社出版　32 开本　6 万字　1983 年 3 月第 1 版第 1 次印刷

江苏省六年制小学试用语文课本(第八册)　聂世民　编

江苏教育出版社出版　6.2 万字　1983 年 3 月第 1 版第 1 次印刷,

药苑典故趣拾　周克振[④]　著

江苏科技出版社出版　32 开本　6 万字　1983 年 12 月第 1 版第 1 次印刷

---

①杨汝熊(1909—1998)南城人。毕业于江苏省教育学院,先后任中小学、师范学院教师、国立中学教导主任。国立教育学院讲师、国民政府教育部专员、秘书、南京市教育科科长。新中国成立后后,任江苏省教育厅《江苏教育》杂志编辑。1984 年退休。

②杨淑坤(1935—　)原籍河南省南阳市,大学文化,高级工程师,中共党员。1962 年大学毕业后分配到连云港市工作,历任连云港市建筑设计院院长、市建委副主任。

③聂世民(1942—　)连云港市人。中师文化。连云港市农工党党员、连云港市民进成员。1961 年毕业于海州师范学校。历任小学教师、新浦区文教局教研室教研员。民进连云港市委秘书长。市政协七、八、九届委员。

④周克振(1946—　)江苏赣榆人,中共党员。现任连云港市中医院内科副主任医师。出生于中医世家,撰写发表中医论文 20 余篇及多部专著。系江苏省中医学会中医基础理论专业委员会委员。

古技艺丛考 李洪甫 著

江苏教育出版社出版 6.2万字 1984年6月第1版第1次印刷

蜂胶 房 柱① 著

农业出版社出版 1984年8月第1版第1次印刷

花粉 房 柱 著

农业出版社出版 1985年5月第1版第1次印刷

中学语文全程训练 李德身 著

陕西人民教育出版社出版 1985年11月第1版第1次印刷

动物脏器食疗验方 周克振 编著

山东科学技术出版社出版 9.2万字 1986年8月第1版第1次印刷

人才修养教程 张锐戟② 著

河南人民出版社出版 1986年第1版第1次印刷

医用诊断X线防护知识问答 杨广泽③ 著

南京工学院出版社出版 1987年4月第1版第1次印刷

药用动物养殖法 董淑炎④等 编著

上海中医学院出版社出版 1987年6月第1版第1次印刷

大学生成才导论 张锐戟 著

广西教育出版社出版 1987年第1版第1次印刷

语文开窍 李德身 著

陕西人民教育出版社出版 1987年第1版第1次印刷

祖国医学之最 周克振 编

---

①房 柱(1936—)江苏宝应人。1953年镇江医士学校毕业。历任连云港市蜂疗医院主任医师、院长。中国养蜂学会副理事长、蜂疗专业委员会主任、中国生物化学学会毒素专业委员会委员、连云港市医学会常务理事、针灸蜂针研究会副会长。

②张锐戟(1956—)河南洛阳人。大学文化,副教授、民革成员。1982年起,先后任河南省文化厅团委副书记、淮海工学院高等教育研究所所长、人才研究室主任、淮海工学院学报主编。

③杨广泽(1955—)甘肃通渭人。中共党员。1978年9月于兰州大学核物理专业毕业,1979年调入连云港市卫生防疫站工作。历任技师、主管技师、放射卫生防护科主任、放射卫生防护所所长。

④董淑炎(1940—)江苏赣榆人。大学文化,高级讲师,中共党员。1965年8月,在中国农业科学院兰州畜牧所工作。1970年7月起,先后在连云港市陇东中学、市五七中学、连云港中药学校任教。系第六、七、八届市政协委员。

上海中医学院出版社出版　　32开本　　6.7万字　　1988年3月第1版第1次印刷

素质教育新论　杨善德①　王实伦　章惠中　著

河北教育出版社出版　　37.5万字　　1988年10月第1版第1次印刷

保健汤菜大全　　董淑炎等　编著

中国旅游出版社出版　　1988年12月第1版第1次印刷

太阳能利用开发与制作　杨廷柱②　著

哈尔滨工业大学出版社出版　　1988年第1版第1次印刷

高中古诗文要段译注　　李德身　著

陕西人民教育出版社出版　　1988年第1版第1次印刷

初中古诗文要段译注　　李德身　著

陕西人民教育出版社出版　　1988年第1版第1次印刷

简明心电图手册　　卢发煦③等　编著

河南科学技术出版社出版　　1988年第1版第1次印刷

小学生病句修改与句子训练　（中高级用）　瞿绪成④　汪世刚　著

黄河出版社出版　　12.6万字　　1989年3月第1版第1次印刷

初中生语文新教材作文题引导与例析　（上、下册）　　李　震⑤　王儒良　编著

南京出版社出版　　1989年9第1版第1次印刷上册 1990年月第1版第1次印刷下册

保健素菜谱　　董淑炎等　编著

上海中医学院出版社出版　　1989年11第1版第1次印刷

---

①杨善德（1956—　）连云港市人。中学高级教师。曾任省重点中学教务主任、副校长、校长，连云港市教委副主任，连云港市人民政府副秘书长、连云港市教委主任、党委书记等职。

②杨廷柱（1953—　）江苏灌云人。（详见人物简介）

③卢发煦（1943—　）连云港市人。1962年毕业于连云港市卫生学校医士专业。历任连云港市新浦区卫生院副院长、新浦区卫生局副局长。

④瞿绪成（1945—　）江苏赣榆人。大专文化，中学高级教师，中共党员。历任中小学教师、新浦区职工教育办公室副主任。

⑤李　震（1953—　）江苏赣榆人。历任中学高级教师、江苏省中学语文特级教师、江苏省名教师、江苏省“333跨世纪工程”学术、技术带头人、享受国务院特殊津贴。连云港师范高等专科学校科研处副处长。

医院卫生管理　段继承①　任宪武　吉济华　编著

江苏科学技术出版社出版　27.2万字　1989年11月版第1次印刷

小儿、老人用药指南　丁培贤②　曹华棣　编著

江苏科学技术出版社出版　15.1万字　1989年12月版第1次印刷

简明教育读本　张殿臣　顾涧清　主编

中国社会出版社出版　15万字　1989年12月版第1次印刷

高等数学　陈宝龙③　编著

山东大学出版社出版　1989年版第1次印刷

大学语文范读篇目指导　翟绪成　著

黄河出版社出版　32开本　31.9万字　1989年12月第1版第1次印刷

海州石刻　李洪甫　武可荣　著

文物出版社出版　32开本　3.76万字　1990年9月第1版第1次印刷

强身延年膏滋良方　周克振　编著

金盾出版社出版　32开本　5万字　1990年12月第1版第1次印刷

连云港医疗指南　李焕新④　李道莹　夏春赋　主编　崔维甫　刘洪实　俞永敬　副主编

海洋出版社出版　7万字　1990年12月第1版第1次印刷

健美与抗衰老菜谱　董淑炎　等　编著

上海中医学院出版社出版　1990年第1版第1次印刷

太阳能技术　杨廷柱　著

东北工学院出版社出版　1990年第1版第1次印刷

---

①段继承(1937—　)江苏沛县人。1958年毕业于徐州医士学校,历任东海县人民医院副主任医师、东海县卫生局局长、中共东海县委宣传部副部长、连云港市第一人民医院院长、全国县医院管理协作组秘书长。

②丁培贤(1944—　)连云港市人。高级工程师。曾任江苏省连云港市医药管理局科技质量科科长。系CNAT/TATCA注册高级审核员、QMS高级审核员。

③陈宝龙(1943—　)江苏镇江人。大学文化,副教授、民盟成员。1966年毕业于江苏师范学院数学系、连云港市广播电视大学教师。

④李焕新(1944—　)江苏涟水人。大学文化,中共党员。1969年毕业于上海华东师范大学。历任连云港市外运公司党委委员、秘书科长,市委组织部秘书组副组长、审干办公室主任,连云港市财经学校党委书记,连云港市卫生局党委书记。市政协第七届常委会委员。

益智健脑菜谱　董淑炎等　编著

中国旅游出版社出版　　1990年第1版第1次印刷

企业职工教育经验谈　范强国[①]　主编

海洋出版社出版　　30万字　　1991年1月第1版第1次印册

老师也许没想到　杨洪海[②]　编

中国妇女出版社出版　　11.7万字　　1991年5月第1版第1次印刷

你是这样的老师吗　杨洪海　主编

中国妇女出版社出版　　8.9万字　　1991年第1版第1次印刷

神童是怎样培养出来的　杨洪海等　编

中国妇女出版社出版　　12.8万字　　1991年5月第1版第1次印刷

取消分数能教好学生吗　杨洪海　编

中国妇女出版社出版　　12.4万字　　1991年5月第1版第1次印刷

连云港市工业经济技术指南　吴炳裔[③]　主编

江苏科学技术出版社出版　　32开本　　45万字　　1991年8月第1版第1次印刷

长寿秘诀与疗养　段继承　著

北京华夏出版社出版　　32开本　　29.6万字　　1991年9月第1版第1次印刷

少儿丛书十册　孙玉章[④]　杨洪海　主编

中国妇女出版社出版　　76万字　　1991年10月第1版第1次印刷

教育新探　史爱荣　王实伦　郭玺　孙玉章　著

海洋出版社出版　　17.3万字　　1991年11第1版第1次印册

农业系统工程的应用与研究　相秉瑠　著

上海交通大学出版社出版　　32.5万字　　1992年3月第1版第1次印刷

---

①范强国(1950—　)山东海阳人。研究生,中共党员。1967年转业到连云港市后,历任市建筑公司秘书、团委书记,团市委常委、组织部长,市职工教育办公室副主任,连云港电视大学副校长。市政协第九届委员会委员。

②杨洪海(1961—　)山东文登人,毕业于徐州师范学院后分配至连云港市工作。曾任连云港市教委秘书。

③吴炳裔(1945—　)江苏省靖江县人。中共党员。大学文化。历任靖江葡萄酒厂副厂长、靖江县经委副主任,中共靖江县委书记、靖江县人民政府县长,中共连云港市委常委、连云港市人民政府常务副市长、中共连云港市委副书记,后调省任职。

④孙玉章(1944—　)连云港市人。中共党员,大专学历,中学高级教师。

常见病中医自疗便方　周克振　编著

金盾出版社出版　32开本　13.4万字　1992年3月第1版第1次印刷

怎样当好小学生家长　孙玉章　朱强　薛有成　主编

中国妇女出版社出版　13.2万字　1992年7月第1版第1次印刷

全国职工教育家论文精选　李岩志　主编

南京出版社出版　32开本　36.8万字　1992年9月第1版第1次印刷

怎样当好中学生家长　孙玉章　朱　强　薛有成　主编

中国妇女出版社出版　13万字　1993年4月第1版第1次印刷

学科教学与学生良好非智力因素培养　史爱荣　主编

天马图书有限公司出版　16.8万字　1993年6月第1版第1次印刷

现代汉字表音字简编　王天化①　徐家康　主编

北京师范大学出版社出版　21万字　1993年8月第1版第1次印刷

医学奇闻趣事大观　段继承　著

对外贸易教育出版社出版　32开本　15万字　1993年8月第1版第1次印刷

酒林笑谭　殷继承　著

北京燕山出版社出版　32开本　12.2万字　1993年8月第1版第1次印刷

云台百草　吴　舟②　著

新疆青少年出版社出版　32开本　8万字　1994年10月第1版第1次印刷

太阳能热水器　杨廷柱　著

农业出版社出版　1994年第1版第1次印刷

校园文化论　陈宗伟　徐伯炉　杨善德　章惠中　宋健民　王实伦　著

河北教育出版社出版　20万字　1996年4月第1版第1次印刷

参茸知识及便方　周克振　编著

①王天化(1938—　)江苏新沂人。大学文化,中学高级教师。民进成员。1963年分配到江苏省新海中学任语文教师,历任新海中学教导处副主任、咨询处副处长、校务委员会副主任。

②吴　舟(1961—　)江苏省灌云县人。(详见人物简介)

金盾出版社出版　32开本　5.8万字　1996年8月第1版第1次印刷

现代珠算　曹玉平　袁淦著

高等教育出版社出版　17.4万字　1996年8月第1版第1次印刷

全国青年教师中学语文论集　李　震　主编

语文出版社出版　17.4万字　1996年10月第1版第1次印刷

百花治百病　周克振　邵凤扬　编著

金盾出版社出版　32开本6.7万字　1996年12月第1版第1次印刷

熵与随机变量分布率　陈龙保　编著

中国矿业大学出版社出版　1996年第5次印刷

医学实验研究论文集　何明浩①　著

原子能出版社出版　23.5万字　1997年3月第1版第1次印刷

教子有方　沈伟民②　主编　张登华　张建华　副主编

中国矿业大学出版社出版　20万字　1997年4月第1版第1次印刷

药用动物养殖60法　杨成俊　主编

中国农业科技出版社出版　28.5万字　1997年4月第1版第1次印刷

古老宝石——水晶　王志坚　编著

气象出版社出版　16.2万字　1998年1月第1版第1次印刷

甜菜制糖工业手册　胡景泰③等　编著

轻工业出版社出版　41万字　1998年1月第1版第1次印刷

民族教育漫谈　童超贵④　著

江苏人民出版社出版　9.3万字　1998年2月第1版第1次印刷

百树治百病　吴　舟　著

---

①何明浩(1944—　)江苏武进人。副主任医师。1964年毕业于南京医药附属实验学院,分配至连云港市第一人民医院,任临床检验中心主任、市医学放射免疫检验中心主任。系江苏省临床检验学会委员、连云港市医学学会常务理事。

②沈伟民(1942—　)江苏常熟人。曾任连云港师范高等专科学校校长。

③胡景泰(1926—　)原籍浙江兰溪市。大学文化,高级工程师,市“九三”学社社员。曾任连云港市炼糖厂工程师、技术科长等职。

④童超贵(1957—　)江苏淮阴人。1981年毕业于淮阴师范学院中文系。《连云港日报》记者。

上海中医药大学出版社出版　32开本　13.7万字　1998年3月第1版第1次印刷

全国青年教师语文论集(第二集)　李　震　主编

开明出版社出版　46.7万字　1999年3月第1版第1次印刷

大棚养鳖　杨成俊　黄跃进①　主编

中国农业科技出版社出版　11.5万字　1999年4月第1版第1次印刷

百饮治百病　吴　舟　著

上海中医药大学出版社出版　32开本　14.7万字　1999年4月第1版第1次印刷

百鱼治百病　吴　舟　著

上海中医药大学出版社出版　32开本　14.6万字　1999年5月第1版第1次印刷

高中语文课课练(高二上、下册)　李　震　主编

江苏教育出版社出版　上册24.2万字　下册上册26.8万字　1999年6月第5版第1次印刷上册　1999年12月第4版第1次印刷下册

常用耳显微手术图谱　周重新②等　编著

福建科学技术出版社出版　1999年7月第1版第1次印刷

全国中学生新作评析　李震　张勇　张永强　井源江　主编

江苏教育出版社出版　1999年8月第1版第1次印刷

荠菜及荠菜园艺　吴　舟　著

学苑出版社出版32开本　10万字　2000年2月第1版第1次印刷

中国名校特级教师随堂导教导学导练导考　李　震　主编

吉林教育出版社出版　2000年8月第1版第1次印刷

云台植物名录　吴　舟　著

植物文献社出版　32开本　10万字　2001年12月第1版第1次印刷

---

①黄跃进(1958—　)连云港市人。大学文化,讲师,中共党员。先后任连云港市中药学校团委书记、学生科长、副校长、校党委副书记等职。市政协第九届委员。

②周重新(1943—　)湖南武岗人。1967年毕业于徐州医学院医疗系。连云港市第一人民医院耳鼻喉科副主任医师。

风云雨雪纵横谈　冯家沛[1]　著

新疆青少年出版社出版　32 开本　14 万字　2003 年 1 月第 1 版第 1 次印刷

火箭增雨效益谈　冯家沛　范从勇　编著

新疆青少年柯文出版社出版　大 16 开(简)　11 万字　2005 年 8 月第 1 版第 1 次印刷

第六节　人物传记类

一颗红心献给党　来俊华　著

徐州人民出版社出版　32 开本　1958 年第 1 版第 1 次印刷

时代的旋律　王　涌　李道莹　夏春赋　编著

海洋出版社出版　14.5 万字　1989 年 10 月第 1 版第 1 次印刷

绿色延伸　李道莹　夏春赋　主编

中国文学出版社出版　28 万字　1991 年 4 月第 1 版第 1 次印刷

港城英杰录　李同祥[2]　陈艳萍　主编

南京出版社出版　28 万字　1993 年 12 月第 1 版第 1 次印刷

连云港医学名人录　李焕新　崔维甫　主编

海洋出版社出版　32 开本　1　3 万字　1994 年 1 月第 1 版第 1 次印刷

彦涵研究　石仁勇　刘洪石　著

江苏美术出版社出版　32 开本　25.4 万字　1994 年 1 月第 1 版第 1 次印刷

东方桥头堡巾帼英雄谱　包殿贵　主编

中国妇女出版社出版　15 万字　1994 年 11 月第 1 版第 1 次印刷

一代名医刘一麟　吴志明　编审

《江苏文史资料》编辑部出版　32 开本　15 万字　1995 年 12 月第 1 版第 1 次印刷

---

①冯家沛(1941—　)江苏灌云人,教授级高级工程师。1963 年毕业于南京大学气象系。曾任连云港市气象局总工程师兼副局长等职。

②李同祥(1954—　)江苏赣榆人,中国党员。1978 年毕业于上海交通大学电子计算机系。历任连云港市工人文化宫副主任兼副书记,连云港市总工会生产部部长,连云港市教育工会主席等职。

杏坛五十秋 张学贤 戴国邦 杨善德 朱德清 主编

中国矿业大学出版社出版 32开本 15万字 1996年2月第1版第1次印刷

曾巩年谱 李 震 著

苏州大学出版社出版 30.9万字 1997年12月第1版第1次印刷

海州名人大辞典 杨东野 程士德 主编

吉林人民出版社出版 16开本(精装) 14.86万字 2003年12月第1版第1次印刷

吴印咸 陈国友 朱炳旭 主编

人民日报出版社出版 32开本 26万字 2004年12月第1版第1次印刷

第二章 诗词 楹联 游记

第一节 古体诗选

雨中望海上郁林观怀观中道侣 唐·钱 起①

山观海头雨，悬沫动烟树。只疑苍茫里，郁岛欲飞去。

大块怒天吴，惊潮荡云路。群真俨盈想，一苇不可渡。

惆怅赤城期，愿假轻鸿驭。

三言诗 宋·祖无择②

犯惊涛，秖溟渤。披宿莽，屐崛岉。愒槃石，解簪韨。挹飞泉，醒心骨。

挥高论，谢俗物。思古人，曶终日。足饮酣，清思逸。即绝壁，试奇笔。

千万年，苍藓没。后有人，为吾拂。

宋庆历甲申岁，秋七月辛卯朔。择之文，致尧笔，君章刻。

题郁林观石壁 宋·石曼卿③

上蹲狮子石，下有濯缨泉。石崖对镌磨，唐宋留二贤。

大暑日不到，银河倾九天。花气晓薰谷，春水如珮悬。

①钱 起(722—780)字仲文，吴兴(今属浙江)人。唐天宝十年(751)进士。大历中为大清宫使、翰林学士。工诗，其诗与郎士元齐名，时称“钱郎”。又与卢纶等并称“大历十才子”。有《钱仲文集》。

②祖无择(1006—1085)字择之。上蔡(今河南汝南县)人。宋仁宗初登进士第。皇祐间，曾提点广东刑狱。后权知开封、郑州、杭州等府。庆历时，知海州。工诗文，有文名。著有《祖学士文集》。

③石曼卿(994—1041)字延年，宋城(今河南商丘)人。累举进士不中。真宗时以为三班奉职。仁宗时历大理寺丞，海州通判，官至太子中允、秘阁校理。与欧阳修为挚友。工诗善书。有《石曼卿诗集》。

坐久捐尘埃，冠弁斯泠然。

次韵孙职方苍梧山　　宋·苏　轼①

苍梧奇事岂虚传，荒怪还须问子年。远托鳌头转沧海，来依鹏背负青天。
或云灵境依贤者，又恐神功亦偶然。闻道新春恣远览，羡君平地作飞仙。

苍梧晚渡　　金·贾伯良②

瀛海洋洋岛溆青，沙头候渡月将生。操舟三老醉愈健，放棹中流恬不惊。
顾我不须嗟道远，归装只欲待潮平。会当鞭石成桥后，来往晨昏各称情。

题清风顶　　明·廖世昭③

偶到东溟第一峰，白云深处路不通。恍疑身在蓬壶上，万里山河指顾中。

郁林观　　明·张朝瑞④

云岑深处寂无哗，松桧森森院宇嘉。狮子石呈千载秀，豹头沙献四时华。
欹碑藓罩生霞色，悬壁泉飞喷雪花。忽听老尼歌佛偈，酒卮莫酌梵王家。

水帘洞　　明·吴承恩⑤

一派白虹起，千寻雪浪飞。海风吹不断，江月照还依。
冷气分青嶂，余流润翠微。潺湲名瀑布，真是挂帘帷。

登清风顶　　明·王　同⑥

渺渺祥云万壑空，观风访古到山中。寿延玉屑谁奇遇，仙在金牛感自通。
绿竹叶连诸岭翠，碧桃花映满岩红。胜游千里偕良会，倾倒清尊兴更同。

登云台山与鹫峰禅僧夜话　　明·王鸣鹤

九月初回海上舟，乘风东渡访丹丘。僧来共语消尘想，客至联吟足胜游。
海阔天高凭栏得，日升川至举眸收。半生傀儡知非是，一宿禅房去欲留。

---

①苏　轼（1037—1101）字子瞻，号东坡居士，眉州眉山（今属四川）人。宋仁宗嘉祐二年（1057）进士。英宗时为直史馆。神宗熙宁时通判杭州，移知密州、徐州、湖州。元丰三年因"乌台诗案"贬黄州。后移汝州，知登州。哲宗时召还，为翰林学士，端明殿侍读学士。官至礼部尚书。绍圣中，又贬谪，后赦还，卒于常州。谥文忠。诗文有名，为"唐宋八大家"之一，为一代文豪。有《东坡七集》传世。

②贾伯良（生卒年不详）金朝诗人。

③廖世昭（生卒不详）怀安（今福建闽侯县）人。明嘉靖元年（1522）进士，由进士知海州。创修《海州志》。后改国子监博士。

④张朝瑞（1536—1603）字子祯，海州人。隆庆二年（1568）进士。任河南安丘令，鹿邑令，转南户曹，擢金府知府，考绩为"天下清官第一"。官至南京鸿胪寺卿，后摄应天府尹。著有《禹贡本末》《明贡举考》《南国贤书》等10余种，及《子祯文集》《凤梧集》。

⑤吴承恩（约1500—1582）字汝忠，号射阳山人。淮安府山阳县（今江苏淮安）人。嘉靖二十三年（1544）岁贡生。嘉靖末、隆庆初任浙江长兴县丞。晚年流寓南京，卖文为生，退居著述。巨著《西游记》誉满中外，为中国古典小说四大名著之一。后人辑其诗、词、文为《射阳先生存稿》四卷。

⑥王　同（生卒年不详）字一之，号中泉，郏县（今属河南）人。举人。嘉靖二十三年（1544）知海州。工诗，善书，海州地区胜境多有其题刻，以花果山水帘洞前壁上的"高山流水"及海州石棚山上的"高行清风"为最。

春日憩虎窝林麓 明·顾乾

三月好风光，寻芳到草堂。鸟声迎客醉，花气隔林香。
地僻红尘远，人闲白昼长。何须问蓬岛，即此是仙乡。

赠翠岩伏上人 明·顾 坤①

飞锡云台意自如，披裟魂梦绕华胥。樊笼解脱忘尘累，舍利凝底入净虚。
无相门中头暗点，大乘道上足徐舒。禅心郎照球空月，识得浮生一过驹。

登云台山 明·黄九章②

六鳌蹲海转崚嶒，遥望天门扪历登。白鸟色分苍树杪，玄猿声出碧云层。
巨灵劈石岩凝坠，海若驱涛地欲腾。长啸划然风乍合，图南唤起九霄鹏。

登云台山三元宫四望 明·武尚行③

苍梧绝顶逼三台，化国清都海上开。信是尘寰真阆苑，何须弱水问蓬莱。
天连齐鲁千峰绕，地接江淮万里来。徙倚飞楼时极目，自惊身在五云堆。

题云台山水帘洞 明·朱世臣④

半壁飞泉今古流，水晶宫阙景悠悠。仙机点断人间巧，织就珠帘不用钩。

登云台山有感 清·李 震⑤

三元宫殿气霏微，云树苍茫对夕晖。种竹已穿当日径，量松更长旧时围。
溪通活水源源发，花落空林点点飞。最是呢喃新燕子，似曾相识语依稀。

由南城过恬风渡 清·吴於惠⑥

海门八月风凄凄，潮头来去天与齐。苍茫万顷望不尽，阴霞兴没无端倪。
我乘一叶挂席渡，烟波冲突随高低。浪花扑面骇羽石，涛声轰耳惊金鼙。
此时股栗胆如碎，心神恍惚都欲迷。洪流浩荡失远近，青山错乱忘东西。
须臾心定目暂闭，乘风破浪如平地。天吴不发鲸鼍藏，冯夷安堵鱼龙避。
举目四望心神怡，风烟触目皆奇异。沧溟日射堆琉璃，冈峦雾锁含苍翠。
乃知涉险何足惊，此心不动原无事。安得天君常泰然，人间潮汐空沸腾。

---

①顾 坤（生卒年不详）海州人，顾乾之弟。万历二十五年（1597）岁贡生。曾任武定州学正。著有《云台山三十六景诗》一卷。
②黄九章（生卒年不详）遂昌（今属浙江）人。岁贡。万历二十年（1952）任海州学正。
③武尚行（生卒年不详）明代诗人，以明经任官海州。
④朱世臣（生卒年不详）山阳（今江苏淮安）人。庠生。
⑤李 震（生卒年不详）字存吾。顺天宛平（今属北京市）人，由教习为苏州府通判，雍正二年（1724年）迁海州，后迁常州府知府。
⑥吴於惠（生卒年不详）字心孚、乾斋。清雍正年间州同。著有《鸣心集》一卷、《淘沙集》一卷、《景俞轩集》一卷、《隅山书屋全稿》六卷。

云台山(之二)　　清·管干贞①

飞来炎岫压重溟,巨浪连天倚翠屏。万里淮黄筹去路,千秋郦部注东经。
田横岛废春潮满,徐福船虚紫雾冥。绝顶三元香火盛,仙居呵护有山灵。

阅兵云台山东海营　　清·阮　元②

(一)

云台山下结军辕,弓矢锄犁共一屯。田已为桑原是海,营帷种柳半成村。
潮头沙影犹清浅,月底峦光更浑沦。认作家山安稳住,今宵有梦到三元。

(二)

石台高处起朝暾,残雪平分岭脊痕。阵合呼枪连谷响,射回卷旌带烟翻。
休因鲸戮成京观,遂遣鹰游驰海门。为语朐东诸部曲,水仙客易有孙恩。

(三)

决河曾向郁州奔,碧海浑波共吐吞。东去淮沂频夺路,西来蒙羽尚连根。
谁分贾让三条策,得溯张骞万里源。若与黄流较原委,此山远欲低昆仑。

延福观　　清·唐仲冕③

石楼重叠倚岩东,紫气侵夺上帝宫。老树杂花横挂壁,天生十幅绣屏风。

登云台望日峰　　清·崔应阶

峭壁崚嶒耸碧空,白云深处隐琳宫。三元自昔钟天地,百福而今锡叟童。
鹤驭遥飞沧溟外,鲸波直射海门东。偶来策杖闲游眺,不道登峰老更雄。

登云台山　　清·凌廷堪④

千仞崔嵬峻莫扳,天边浓结绿云鬟。泉悬绝壁垂寒练,日浴洪涛转大轘。
万里风波回砥柱,千秋峦嶂作重关。团圆塔影浮云外,半插青霄半依山。

海清寺塔　　清·程枞

塔影凌霄逼斗牛,山深昼静梵宫幽。飞泉沫迸三时雨,古木阴寒六月秋。
鹤去鹤来清唳远,花开花落暗香稠。逍遥物外人踪少,老衲谈经石点头。

---

①管干贞(生卒年不详)字阳复,号松崖。武进(今江苏常州)人。乾隆三十一年(1766)进士。官至漕运总督,常到海州。善诗,有《松崖集》。

②阮　元(1764—1849)字伯元,号芸台。仪征(今属江苏)人。乾隆五十五年(1790)状元。历官浙江巡抚、兵部侍郎、漕运总督添海州、扬州俸饷,湖广、两广、云贵总督。道光时官至体仁阁大学士,兼署都察院御史,加太傅。卒谥文达。为有清一代大学者和文学家。主编《经籍注疏》、汇刻《学海堂经解》、著有《畴人传》《淮海英灵集》《广陵诗事》《研手经室集》。

③唐仲冕(生卒年不详)字六枳,号陶山。善化(今属湖南)人。乾隆五十八年(1793)进士。知荆溪县。嘉庆七年(1802)知海州,十一年(1806)回任,主修《嘉庆海州直隶州志》。后移知通州。累官陕西布政使,权巡抚。著有《岱览》《陶山诗录》《陶山文集》。

④凌廷堪(生卒年不详)字次仲,一字仲子,歙县(今属安徽)人,生于板浦。青年时代,遍游云台山。乾隆五十八年(1793)进士及第,任安徽宁国府教授。为清代乾嘉学派的著名学者,是《镜花缘》作者李汝珍的启蒙老师。著有《校礼堂文集》《校礼堂诗集》《礼经释例》《元遗山年谱》《乐燕考源》等。

游郁林观　　清 · 钱　泳①

指点狮子岩，来寻郁林观。东海日已高，山人未朝饭。
忽闻雷殷殷，飞泉落天半。怪石何臬兀，痴云欲消散。
剔藓读残碑，生平未经见。我素嗜金石，幽隐犹可羡。
况有洞壑奇，烟霞日千变。何当结茅屋，深居遂吾愿。

小蓬莱　　清 · 李汝珍②

逐浪随波几度秋，此身幸未付东流。今朝才到源头处，岂肯操舟复出游。

凤城怀古　　清 · 李汝乔③

凤城见说浑如凤，此口荒凉剧可哀。水涸朝阳无问渡，亭倾适野有蒿莱。
栖岩人杳空山寂，防海军移旧所颓。更有成仁传六咏，褒扬未及独何哉。

登云台山　（六选三）　　清 · 吴恒宣④

苍梧何郁郁，飞自西南来。连山复阻海，千古标崔嵬。
俯视极东溟，巨浪当空排。扶桑若恍惚，照耀天门开。
昔传炎方物，草木何时栽。扁舟访仙药，徐福去不回！
秦皇事已远，碑石空沉埋。

凭高望远海，蜃市终荒唐。回头登彼岸，金阙瞻煌煌。
昔托羽士栖，今为衲子堂。松涛叶清籁，钟磬声悠扬。
传闻出世僧，崇岩建佛场。贝函赐大乘，宝月腾辉光。
坐此觉禅悟，结念思渺茫。

秦汉有古邑，湮没不可求。几见磊石处，谁辨南青州。
离离叹禾黍，潮汐浸田畴。捍堤思善政，筑堰陈嘉猷。
昔在岛溆间，耕凿犹无忧。矧今接平野，讵乏廊庙筹。
沮洳入图版，经画何如谋。

---

①钱　泳（1759—1844）原名鹤，字立群，号梅溪居士，金匮（今江苏无锡）人。官福建经历。工书法，长诗、画，为清嘉庆年间有名的学者、诗人、金石家。于嘉庆二十一年（1816）来海州。著有《梅花溪诗钞》《兰林集》《履园金石目》《登楼杂记》等。

②李汝珍（1763—1830）字松石，直隶大兴（今北京大兴县）人。乾隆四十七年（1782）其兄李汝璜到海州，次年任板浦场盐课司大使。李汝珍随兄至板浦，后续娶板浦许桂林之姐为继室，而定居板浦。多次游览云台山。著有著名的长篇章回小说《镜花缘》。

③李汝乔（生卒年不详）字栎亭。嘉庆元年（1796）恩贡生。精诗文，诗作最富，乾隆二十三年至五十六年（1758～1791）33 年间得诗 5000 首。有《巴音耻存》四卷。

④吴恒宣（生卒年不详）字来旬，号郁州山人，一称卧云子，清山阳人，或曰海州人。监生，著有《郁州山人集》四卷、《云台山志》十卷及《义贞记》《无双记》等书。

郁林观唐宋磨崖 清·吴之椿①

姓字镌唐宋，磨崖记郁林女萝悬法篆，山鬼唱高岑。

花鸟千年烬，龙蛇半壑阴。苔痕兼雨迹，不没古人心。

朱麻道中 清·李 烜②

策蹇看山去，山山总不同。云封千嶂合，霞罩一村红。

蓼浸野塘水，鸦盘老树风。炊烟几缕白，残霭共迷蒙。

渔湾 清·程宗城③

递寻名胜到渔湾，犬吠偏忙客自闲。湾里园林如画里，半依流水半依山。

缓缓征鞍映夕阳，蓼花飐处晚风凉。可知傍水渔家乐，蟹正肥时菊已黄。

大村避暑 清·成 瑶④

洗心来净土，碍恨去疎帘。涧落空山翠，松遮午日炎。

荷香清入座，蕉影绿斋檐。苦茗泉新汲，回甘悟养怡。

南天门 民国·张百川⑤

不到天门顶上游，那能放眼豁双眸。淮徐远送青山色，岛屿声摇碧海流。

几处翠弯迷佛塔，一林红叶打僧楼。方欣云树微茫里，遥望排空雁阵留。

海清寺塔 民国·王公玙⑥

大村古塔似雷峰，南北巍峨夕照中。今日雷峰早倾圮，擎天只合独称雄。

游水帘洞 郭化若⑦

乌云覆海海沸腾，大树迎风虎啸生。纵目天涯波浪阔，水帘洞下阵纵横。

---

①吴之椿(生卒年不详)字可大、樗圃。海州人。乾隆年间贡生。有《陋不轩集》四卷、《樗圃》诗略。

②李 烜(生卒年不详)字懋昭。海州人。著有《青莲居剩稿》一卷。

③程宗城(生卒年不详)字子维。海州人。诸生。有《怡怡轩诗钞》八卷。

④成 瑶(生卒年不详)字西池、冷人。晚年自号钝汉。海州人。诸生。精射决，能走马截鹊。诗亦捷敏逸秀。著有《西池草》。

⑤张百川(1868—1940)名学翰，字百川。新县(今连云区朝阳镇)人。清光绪二十三年(1897)秀才，二十六年科举贡生。宣统元年(1909)在家乡创办蔚云学堂。著有《云台导游诗钞》《红叶山房诗稿》。

⑥王公玙(1903—1983)原名王宗璠，笔名敬斋、白羽、乙凡、鲁珍，连云墟沟人。北京私立中国大学文学系毕业。1925年参加国民党。先后任丰县党务特派员，丰县、萧县、铜山县县长，江苏省第三行政区督察专员兼保安司令、第七行政区督察专员兼保安司令，江苏省国民政府秘书长，江苏省民政厅长兼徐海行政公署主任等职。1948年当选“国大代表”。1949年举家去台湾。后离政涉农。先后捐资重印《嘉庆海州直隶州志》《云台新志》《海州文献录》等地方史籍。筹办海州旅台同乡会，创办《海州文献》，有《留美随笔》、《畸园残稿》。

⑦郭化若(1904—1995)福建福州人。曾任红一方面军参谋长、南京军区副司令员、军事科学院副院长。中将军衔。著名军事理论家。第四届全国政协常委、第五届全国人大常委，中共十二大当选为中央委员。江南诗词学会名誉会长。

东磊四月 宋瘦秋①

绿肥红瘦半山岗，又值南风大麦黄。一幅围屏携不走，此心留在白云乡。

咏云台山 程千帆②

浩荡东海流，冥蒙云台雨。琼台迓词仙，邂逅成宾主。

新浦春晨 宋述之③

一轮红日上云台，晨雾幕帷顷刻开。大地苏醒哺万物，风光绮丽自天来。

花果山纪游 陆　荫④

巍巍翠掩三元宫，花果山前仰悟空。白鹤蹁跹寻石鼓，青松劲拔倚苍松。
水帘洞畔泉常润，照海楼前日正红。大颂猴王吴氏笔，神州横扫害人虫。

渔湾 辛子方⑤

杏花春雨入云山，飞瀑龙潭三拐弯。胜景奇观人尽赞，潮声天籁水潺潺。

花果山瑶池 仇　臻⑥

诸多仙女降瑶池，手拨清波洗玉肌。浴罢翩翩飞去了，云中绰约见风姿。

玉　兰(三首选其一) 薛　栋⑦

冰清玉润洁无瑕，春日云台第一花。形象悠然成大使，随邮飞誉到天涯。

雪后游花果山 赵悦君

雪峰高耸入云霄，玉树银花景色娇。踏碎琉璃寻妙处，香飘幽谷腊梅豪。

---

①宋瘦秋(1910—1993)江苏灌云人。生前曾任台湾书法会、大汉书法会会员。《海州文献》杂志社顾问。1992年返乡，于病榻上口授诗稿，由晚辈执笔成《我见吟草》一书。

②程千帆(1913—2002)湖南宁乡人。原南京大学教授，博士生导师，江苏省文史馆馆长，省诗词协会名誉会长。著有《闲堂诗存》《明清文学理论丛书》等。

③宋述之(1920—　)安徽定远人。曾任福建省盐务局局长、轻工业部天津研究所所长、盐务总局副局长等职。离休后任国家轻工业局老干部诗词社负责人兼社刊《劲松》主编。有《寿之诗歌稿》。

④陆　荫(1922—2002)历任县委书记、江苏省轻工业厅厅长、江苏省诗词协会常务副会长等职。曾主编《金狮吟》诗词集，有《剑梅吟》诗集。

⑤辛子方(1922—　)江苏灌云人。寓台后公务员退休，曾任台北《海州文献》社社长。著有《说我故乡》《海州乡土文化风采录》《珍珠》《大杂烩》等。

⑥仇　臻(1925—　)连云港市新浦区花果山乡人，江苏省诗词协会会员、连云港市诗词协会会员。著有《老圃诗抄》《花果山风光吟草》各一册。参与编修《花果山乡志》、《花果山志》。

⑦薛　栋(1927—　)江苏赣榆人。曾任《淮北盐工报》编辑。江苏省诗词协会会员，省书法家协会会员，市书法家协会、诗词协会名誉理事。

渔湾春晓　　李觉生[1]

春色撩人料峭寒，东风送暖上渔湾。黄莺唱罢深林静，满涧花明映玉潭。

咏花果山　　方一清

花果神山花果香，如云游客喜洋洋。涧中飞瀑高高挂，雾里青松翠翠苍。
玉女峰巅观晓日，水帘洞外觅群芳。承恩吴氏当欣慰，大圣家乡步小康。

花果山娲遗石　　沈　鹏[2]

斑斓一石女娲遗，欲补苍天不可期。混沌初开谁管得，炼成慎勿误时机。

夏日雨后过盐河路　　李　鲁[3]

天情雨雾夕阳妍，叠翠南山跃眼前。东侧盐河平石岸，西邻新厦耸云天。
路途宽坦千车过，空气清新百草鲜。最是电台场景美，风筝飞上彩虹边。

渔湾行　　李德身

轻雷隐隐入湾幽，蓦见长虹映瀑流。一壑鸣泉泉石古，三潭汲浪浪花柔。
峰奇浑若张家界，水碧犹如九寨沟。最喜海风吹翠竹，龙床高卧不知秋。

苍梧之春　　陈凤桐

阳春三月杏花天，如织游人醉绿园。
雨润草坪坪似锦，风梳嫩柳柳笼烟。
画船荡桨双姿美，纸鹞穿云一线牵。
翁媪轻轻挥剑处，诗声朗朗拌琴弦。

东磊印象　　任致远[4]

玉兰延福观中香，古涧藏仙掩竹。三磊神奇连石海，屏山叠翠映山光。

游孔雀沟　　刘畅征

滴翠青山四面浮，氤氲绿水漾如酥。昔时孔雀栖风雨，今始开屏意自舒。

渔湾老龙潭瀑布　　孙　鸥[5]

溪水随山转，幽潭收碧流。崖前青果缀，涧底细虾游。

---

①李觉生(1929—　)安徽萧县人。中学高级教师。现任连云港市历史学会、历史文化研究会副会长、连云港市诗词楹联协会、毛泽东诗词研究会顾问。
②沈　鹏(1931—　)江苏淮阴人。先后任人民美术出版社副总编、中国书法家协会主席等职。著有《三余吟草》。
③李　鲁(1932—　)原连云港市延安中学教师，连云港市诗词楹联协会会员。
④任致远(1944—　)山西太原人。中国城市规划学会副会长。曾任连云港市副市长等职。
⑤孙　鸥(1973—　)女，江苏盐城人。记者，上海《新闻午报》编辑部副主任。

风起龙床稳，云飘石枕留。野花迎绿蝶，伴我梦庄周。

缅怀海宁禅寺义僧爱国抗日壮举（二选一） 性空长老①

抗日群僧花果冈，山腰腹地变沙场；辞亲割爱忘生死，赤胆忠心守国疆；
老衲将头血白刃，沙弥得手逐豺狼；玄门自古多豪杰，壮烈牺牲什子昂。

第二节 词选

百字令·山楼望日 清·方 淇②

疏帘初卷，正苍茫，隐约遥峰千朵。海底红轮谁驾出，似把波心碾破。杲杲东升，团团欲浪，错认骊珠火。凭高眺远，几重霞敛烟锁。片霎翠霭都收，绮云渐散，四射晶光播。觉道融融暄入袂，堪敌晓来风大。欲荡胸襟，且倾浊酿，酩酊须由我。一声长啸，沉酣肱曲而卧。

鹧鸪天·花果山写景 赵开亚③

大圣山庄大圣湖，烟云缭绕水平铺。松排峰西千重翠，月嵌波心一块珠。栖玉女，映浮图，承恩妙笔写名都。黄金假日游人众，毂击肩摩络绎趋。

浪淘沙·花果山 孙广良④

怪石间奇松，巧夺天工，名山打扮妙无穷。锦上添花迎游客，赞语喁喁。暮鼓继晨钟，古刹琳宫，香烟缭绕入虚空。爱国利民慈善事，寺誉功隆。

西江月·游东磊 杜 庚⑤

樱蕊满山正俏，桃花也在飞红。玉兰瑶圃树荫浓，多谢春神来种。叠叠重重攒首，重重叠叠凌空。亭台砌就特玲珑，难熬娲皇补洞。

清平乐·玉兰花会 孙品元⑥

堆银积雪，花又清明节。墨客骚人腰已折，姑射真仙超绝。交游自应忘年，情衷会把心连。岁岁园

---

①性空长老（1922— ）俗名杨葆青。苏州寒山寺法主。泰州姜堰张沐乡人。1936年，14时岁到姜堰观音庵出家；1941年在无锡南禅寺受具足戒后，考入镇江焦山佛学院；1962年，应苏州西园寺明开方丈之邀，到西园寺任僧值；1963年被调到寒山寺当监院。"文化大革命"开始后，性空千方百计保护寺中碑廊里岳飞、唐寅等名人诗刻碑，及佛经、佛像等大批文物。1968年，性空被迫还俗。1978年秋，性空受礼请重返寒山寺。1984年秋，继任寒山寺方丈。2002年8月，性空大和尚荣升寒山寺法主。性空法主系中国佛教协会咨询委员、江苏省佛教协会名誉会长、苏州市佛教协会副会长、苏州市政协常委。

②方 淇（生卒年不详）字慕园，一字竹所。监生。善诗词，尤工填词，有诗稿二卷。

③赵开亚（1919— ）连云港市新浦区花果山乡人。原云台区医院中医。江苏省诗词协会会员。

④孙广良（1922— ）连云港市花果山乡人。民革党员。原连云港市云台区政协副主席（不驻会）。省、市诗词楹联协会会员。《花果山志》副主编。有诗集《草堂吟》。

⑤杜 庚（1922— ）山东沂南人。（详见人物简介）

⑥孙品元（1925— ）江苏省响水县人。中共党员。曾任江苏省盐务管理局党委常委、副局长。系江苏省诗协理事、连云港市诗词楹联协会常务副会长、连云港市诗词楹联协会暨连云港市毛泽东诗词研究会名誉会长。

林作美，来春再韵樽前。

沁园春·玉女峰览胜　　姚　平①

玉女峰头，凝眸远豁，扫遍神州。望轻云舒卷，海天衔接；群山起伏，树石争稠。阡陌纵横，楼台林总，浩浩雄风竞自由。发遐想，问苍茫云海，谁最风流？

伴同旧友悠游。连云港，登高意自遒。想水月情稀，镜花缘浅，西游记美，花果山幽。绿水长流，青山不老，阅尽人间春与秋。欣改革、更繁花似锦，情系瀛洲。

蝶恋花·雨中过云台山　　陈玉岚②

银线千条三月雨。翠染林梢，扯下黄金缕。绿透平畴铺碧玉，生姿杨柳翩翩舞。难别云台芳草路。雨霁风馨，满耳春莺语。目送青山身远去，梦魂却在迷人处。

踏莎行·咏大圣山庄　　徐积宏③

鸟语花香，山庄绚丽。登高揽胜游人喜。蟠桃轩里烦猴王，青峰顶上飘诗意。竹影婆娑，泉流声细。瀛洲仙境当含此，《西游》典故遍山崖，松深洞邃皆如《记》。

望海潮·花果山　　孙绩元④

梧桐繁茂，凤凰翔集，彩云飘处花香。太白登临，东坡眺望，此山曾在汪洋。古木历隋唐，修篁接霄壤，鲜果流浆。巨壑悬崖，嶙峋怪石著裳。峰峦四季苍苍，看水帘洞口，飞瀑生凉。游客徜徉，鸣禽自得，怡情最是猴王。入海闹龙堂，上天惊玉帝，未忘家乡。《山海经》中此处，举世应无双。

满庭芳·登天然居旋宫感怀　　刘畅征

凭倚高风，身跻千仞，居然天上流连。柳烟凝碧，广厦竞摩肩。旖旎云台秀色，尽融入，绿野云天。半空舞，轻舒巨臂，塔吊正盘旋。斑斓！熙攘处，车流争泻，驰道无边。恰击壤华年，鹏举翩翩。改革潮头戏水，斗飞浪、高挂征帆。暮云起，一城灯火，红雾已遮山。

临江仙·玉兰花　　刘畅征

雪孕冰姿方绽蕊，悄然香霭溟濛。团团琼瓣尽玲珑。白鸽栖玉树，舒翼欲凌空。天谴霓裳妆玉女，舞来花色千重。落英纷沓护芳丛。花间真处子，独秀唤东风。

风入松·小村登山采风　　张淑文⑤

攀登峡谷岭葱茏，野艾隐花丛。桃红杏熟梧桐茂，惜难免，栀苑香踪。水复山重又见，湖边芳草茸

①姚　平(1932—　)江西兴国人，教授。曾出版《寒梅阁吟章》等10余种著作。

②陈玉岚(1939—　)江苏灌云人。灌云县中学高级教师。江苏省诗词协会会员。

③徐积宏(1942—　)浙江崇德人，连云港市海州区医院审计科科长，连云港市诗词楹联协会会员。

④孙绩元(1943—　)江苏响水人。连云港师范高等专科学校中文系副教授、诗词研究所副所长，连云港市诗词楹联协会、连云港市毛泽东诗词研究会常务副会长，花果山诗社常务副社长。著有《诗人吟咏花果山》《见山斋诗稿》等。

⑤张淑文(1945—　)女，河北张家口人。大学文化。退休前工作于连云港市财政局。系连云港市诗词协会会员。

苒。千年银杏绿荫浓,母子共繁荣。湖光山色烟霞锁,碧波涌,古塔凌空。画意诗情美酒,采风其乐融融。

减字木兰花·东磊玉兰王　　冯家道①

天香列阵,破冷东风尘外酝。揉碎云屏,洒尽银花百里馨。嫣红洗尽,不慕繁英蜂蝶引。千载孤芳,清极久经风雨霜。

江城子·咏市树市花　　孙绩元

连山连海景神奇,报金鸡,起霞曦,市树市花,喜庆冠名时。银杏玉兰双绝妙,华贵质,玉冰姿。名花名木引遐思,长高枝,壮根茎,日月精魂,雨露共滋。今岁荣登花木首,人共仰,凤来仪。

浪淘沙·东磊玉兰　　陈淑英②

东磊玉兰王,屹立山岗。疏枝老干著新装。玉洁冰清飞乳鸽,雅韵幽香。花绽映朝阳,淡抹清妆。骚人墨客赞春光。万艳丛中争魁首,独秀群芳。

第三节　现代诗选

亚欧大陆桥之歌　　刘国华

从亚洲,到欧洲,
铁路穿六国,
欧亚大陆桥,
好一副硬肩。

从连云港到鹿特丹,
铁路走直线,
穿过大沙漠,
越过火焰山,
陆桥架捷径,
车辆奏新篇,
欧洲—亚洲,
两页诗篇,
连云港是闪光的句点。

---

①冯家道(1970—　)连云港市人。连云港市诗词楹联协会副秘书长。

②陈淑英(1940—　)女,江苏灌云县人。1957年参加工作,曾供职于连云港市蔬菜公司。连云港市诗词协会会员、红叶诗会副会长。

素描　　彭云

一位作家说过:盐场没有竖线条
许多人知道荒凉说不出荒凉,

荒凉却逃不脱画家敏锐的眼光。
他用断续的线条在纸上作画,
勾出了一幅没有竖线条的盐场。
天和地的衔接只是淡淡一线,
一地矮蒿没有任何东西把视线遮挡。
空旷的古道找不出生命的痕迹,
空旷的天空云儿在缓缓荡漾;
寂寞的盐格一块接着一块,
接到最后便是茫茫的一片汪洋。
十年前画家留下了他的素描,
带走了荒凉的影子和无边惆怅。
时间默默地在画面爬过,
一笔一笔替他把竖线条加上。
先有了一排排瘦削的电话杆,
高压线的铁塔又指向天上;
大路上汽车躲闪着运货的人群,
驳盐河里船只把白帆高扬。
画面中心用浓墨勾一个最大的人像,
他脚立廪头身挑两只盐筐。
他微笑是那么骄傲那么自在,
魁梧的身材把空白全部填上。
也不知画家现在游荡到哪里,
那一幅素描还挂在原来的墙上。
我有时呆呆地望着它,
画家啊几时能重来再画一张?

幸会　　姜威

(一)
你从山那边来,
我从海这边来,
头上是一样的蓝天,
心中是一样的情怀,
鸟儿从身旁飞过,
花儿在路边盛开。
呵,再不用殷殷渴望,
呵,再不用默默期待,
在这亚欧大陆桥上,
我们联结了真诚的友爱。

(二)
你从西那方来,
我从东这方来,
脚下是一样的黄土,
眼里是一样的神采,
春风从身旁吹过,
歌声在路边传开,
呵,再不用唉唉感叹,
呵,再不用踽踽徘徊,
在这亚欧大陆桥上,
我们联结了合作的纽带。

我心中的教师(诗组)　　王实伦

书

你是一部
神奇的书
学生读你
从头到尾都是
问号

泉

默默喷涌在
大地的怀里
甜甜流在
学生的心里

灯

在知识的
浩瀚的大海里
你是举在
航标塔上的
一盏明灯

叶

挂在枝头
为花而绿
落在地上
为根而黄

桥

延伸一代人
脚下的路
你甘愿承受
阳光下所有的
重负

嫩　枝　　张立国

以初生牛犊的意志
长出犄角抵挡寒意
对春风的关怀
抱以嫩生生的消息

你崭新的思路
叫老枝干赞叹不已
希望擎在手上
招来的是一缕缕灿烂的云絮

有支持你的根
不怕那些肆虐的雨
讲述你,也讲述勇气
相信你和你繁茂的枝干一起
长成强劲的诗句

空山向晚　　纪祥华

黄昏雨绵绵不绝
密如往事丝麻
理也不清，剪也不断
一如思绪的潮水
决堤间出
空山向晚

枫树林昨夜红了
记忆的山坳堆满落叶
岁月如歌
在一道道山梁上
铭刻多少风雨
灌注时光润泽
空山向晚

爱是深沉的一抔土
蕴藉春华又秋实
一叶枯黄清瘦
终将在薄暮中上路
生命的轮回
于冥冥中生生灭灭
梦是昨夜的星辰
空山向晚

一双母爱的手自温暖处伸来
掬着芳露，轻轻地
抚平你的慌乱与惧色
挽歌如风掠过最后的林梢
血色的黄昏没有伤口
集合起嫩芽的初黄
向黎明出发
空山向晚

午夜深巷　　何锡联①

还是从前的那只蟋蟀吧
还是那条狭窄的深巷
光滑的石板下
唧唧地弹着单调的更

还是从前的那盏灯吧
于昏暗中
困倦的睁着
猩红的眼睛

还是从前的她吧
扫着夜风吹落的树叶
像是古镇上不衰的昙花
开在午夜寂寞的深巷

①何锡联（1961—　）笔名眉月，江苏灌云人。现为连云港市某银行干部，市作协会员，新浦地区作协副主席。主要作品有诗集《三月草》。

想起母亲　　王军先①

想起母亲
想起母亲幸福的笑容
那如秋菊般绽开的笑脸
一切便黯然失色
这流去又流来的时光
才变得有滋有味
想起母亲佝偻的背影
想起母亲迎风舞动的白发
如秋菊般绽开的笑脸
把我们兄妹照亮
我们环绕母亲的姿势
已成为一种作物的姿势
定格成某一个早晨的画面
我们常常潮湿的目光
我们常常拽动的心绪
在为梦中的母亲
悄悄流泪

一　年　　孔　灏

一年的雪花谢了
一年的李花开了
一年的南风把一年的月光酿成美酒
醉里挑灯
我看见一年的芳草
染绿了细碎的马蹄声

这一年　谁是我的天涯
这一年　谁
在等着我回家
这一年的江湖老去了多少少年
这一年我离开
我还能不能站在你的面前让你知道
我　已经回来

这一年远了
一匹马　在岁月中扬起它的鬃发
像似我的笔抬起
像似我的笔放下
这个世界所有沉重的问题
都可以作一声　轻轻的回答

墙头草（两首）　　张成杰

（一）

风的翅膀　鸟的手
陡峭上　站出一条生路
平台太小　泥土太瘦
风雨中　举起春的高度

（二）

生存没有沃土
生活确有陡峭
讥讽　也是一种肥料
风雨中　依然在长高。

①王军先（1962—　）著作诗集《多雨季节》、散文集《敏感香水》。供职于连云港供电公司大众用电报社。

游子的情爱——一位海外归侨的心声　　刘安仁

调色板上的心灵
游子自我鉴定
那是健康的血色
祖国——妈妈的臂弯
好似一弯沙滩
沙滩上　有我
童年梦幻的彩贝
年复一年地
用我的心潮
冲刷成沉默的文字
二元一次的方程式
游子的情　烙印在
祖国——妈妈的臂弯里
游子的爱——妈妈的心瓣上
呵　游子的情爱
抽出依旧延伸的
缕缕思绪
串起早日归来的
颗颗珍珠
调色板上的心灵
游子鉴定自我
是健康的血色

第四节　楹联选

世外凭临，一面峰峦三面海，
云中结构，二分人力八分天。
——云台山　清·常建极①

海甸涌名山，烟复云回，位业真灵参五岳；
洞天开福地，阳舒阴霅，馨香瑞应启三元。
——三元宫楹联　清·陶　澍②

云水漫匆匆，半日闲谈僧院竹；
海山还历历，一庵同吃赵州茶。
——云台山九龙桥茶庵　清·陶　澍

百丈水帘自古无人能卷；
一轮月镜迄今何匠敢磨。
——云台山水帘洞　清·陶澍

①常建极（生卒不详）满洲人，雍正元年（1723）在山东任郡守，与布衣山人顾于观（1963—?，字万峰，号澥陆），和扬州八怪之一的郑板桥交往颇深，为当时著名的诗人，名人。

②陶　澍（1779—1839）字子霖，号云汀，湖南安化人。清嘉庆年间进士。道光年间官至两江总督，兵部尚书，加太子少保。著有《印心石屋诗文集》等。

撑开半壁斜阳影；
露出中央一线天。
——云台山一线天　张百川

云台屹立，旭日东升照大地；
海港扬波，舳舻纵横固国疆。
张爱萍①

连云港外，碧波浩渺千帆舞；
花果山巅，彤云高照万国来。
李淑一②

青天碧海连云港；
白浪远帆花果山。
胡絜青③

连云港彤云映海；
花果山硕果满坡。
武中奇④

游连云港，福如东海；
吃猕猴桃，寿比南山。
启　功⑤

云海腾辉花果仙山传古迹
人文荟萃苍梧旧影焕新妆
梁　璆⑥

---

①张爱萍（1901—　）四川达县人。曾任国务院副总理、国务委员兼国防部长、中共中央顾问委员会常务委员、中央军委副秘书长、副总参谋长等职。善诗词、书法。

②李淑一（1901—　）女，湖南长沙人。革命烈士柳直荀夫人，毛泽东夫人杨开慧的好友。1957 年 2 月，在长沙第十中学任教时，曾以老友身份，写信给毛泽东主席，毛主席于同年 5 月寄给名作《蝶恋花·答李淑一》。后李淑一为中央文史研究馆馆长。

③胡絜青（1905—　）女，河北武清人。故宫博物院副研究员，中国著名作家老舍的夫人。

④武中奇（1907—2005）山东长清人。曾任江苏省书法家协会主席。

⑤启　功（1912—2005）满族，姓爱新觉罗，字元白、元伯。原北京师范大学教授，博士生导师。中央文史研究馆馆长，国家文物鉴定委员会主任委员。曾任中国书法家协会主席、名誉主席。著有《古代字体论稿》、《诗文声律论稿》等。

⑥梁　璆（1913—2005）女，字颂笔，福建福州人。1939 年毕业于南京中央大学中文系。原江苏省诗词协会会员，连云港诗词楹联协会顾问。

跃上云台山，欣看景物非凡，想历代游客诗人都为此间陶醉；
登临花果岭，领略风光明媚，忆当年齐天大圣也于这里留连。

刘振威①

花果山满山花果，
连云港长港连云。

田　原②

佛子西游，典籍千年传禹甸
友于东去，梦魂州载绕神州

尉天池③

风调雨顺天地水
国泰民安日月星

——题云台花果山三元宫殿柱　陈振伦

名厨掌勺，烹海里鲜鳞，烤鸭涮羊，尽是珍罗馐荟；
琼酒流馨，浸居边素月，销魂落魄，诚然近悦远来。

——天然居宾馆联　陶兴亚

大雅盈楼，且品天然居上宴；
高朋满座，更迎海外客中餐。

——天然居宾馆联　赵开亚

客上天然居，居高宴赏远峰秀；
居然天上客，客雅醉尝新蟹肥。

——天然居宾馆联　李德身

苍色映层楼，百姓神怡千亩绿；
梧阴遮曲径，众心意惬一方园。

——苍梧绿园（嵌字）　陈凤桐

①刘振威（1917—　）广西平南人。任中国楹联学会广东分会暨广州岭南松涛诗会副会长。著有《闲吟诗词选》。
②田　原（1925—　）江苏泰州人。曾任江苏省书法家协会秘书长、书法家。
③尉天池（1936—　）安徽砀山人。南京师范大学美术系教授，中国书法家协会副主席，江苏省文联副主席、书法家协会主席。

第五节 游记选

东海县郁林观东岩壁纪

唐·崔 逸

惟大唐开元七年，岁在己未粤正月庚寅朔。时大人出为海州司马，礼当巡属县，问耆疾，周览海甸，察听氓谣，人无事矣。乃回驾惕想，眇瞩云山，寻紫翠之所，登虬龙之道，盖欲征灵宅吉，洗我尘虑，岩岩直上，窅窅傍邃，雾月与碧海同深，霞朝将赤城争峻。代有知而不能至者，至而不能赏者，赏而不能穷者。亟闻我东海县宰、河南元公，光发幽躅，起予泉石，缔思构匠，蠲洁形胜。遂披丛篁，凿崩壁。悬流喷水，藏宿雨而时来；卧石埋云，触摇风而不散。历时花木，红紫无名；人听笙簧，宫商自合。固可为真人之别馆，元始之离宫哉！夫登会稽，探禹穴，慕古长想，复何奇乎？岂如志在魏阙，心游江海，两忘出处，双遣是非，惟元公得之矣。攀赏未极，列豁生阴，促驾言旋，攒峰拥骑。家君顾而叹曰："尔知游名山、勒铭纪者，非思入上元、道存虚白，亦何能造次不远而为之·吾少事云林，长牵尘迹，晚龄心事尽于岩间，小子志之，贻夫来者"。其列座同志，次而镌诸：司马男、清河崔逸文；朝议郎、行海州司马崔惟怦，字践直；朝议郎、行东海县令元暖，字徽明；丞阎朝宾；主簿孙克友；尉苟抱简；尉上官崇素；司兵窦宴。

游青峰顶记

明·唐伯元①

环东海而山者以千数，而青峰为之宗。其高处鸡鸣可见日，是曰青峰顶。俗谓"清风"，误也。万历乙酉秋，余以言事谪至其郡，望而奇之。与郡守张君允绅言："稍暇当一游"。

其冬十月四日且往。比航海风急。海仅七里许，自辰至午，乃得渡过南城。郡诸生江生应鹏等，与千夫长张君风箴，迎于道左，次其舍，相见礼毕。日晡至大村，夜宿于老君堂，堂祀老君，在青峰下十余里。其右有破寺，寺前有塔，起梁、宋年间。

寺之前为郁林观，尼僧居之，有戒行。其旁涧水潺潺，多怪石，刻唐、宋名贤诗文其上。适大村、新县、北城诸生徐生珮、宋生征、胡生来贡等及国子儒官十余人来谒。乃以次早持觞造焉。酒数巡，摩其文、歌其诗，想见当时之盛，游人之多，今不可复见也。因命解隶书者悉抄录之。别诸生行，遂遵山麓而南且上，下上可七里，是为朝阳庵。以止不可舆，舍而步。东上可六里，近顶足可望日。有石屋，相传道人修炼处。时随行者游僧道瑛，而郡来馆人则张君戒从者也。命人以酒进，酹酒向峰头祝，再酹望东海祝，三酹然后酌之。道瑛问何为？余笑不应。坐石屋下，凡五酌起。北渐于顶上，是为青峰绝顶。既至，而徐生亦至。顶有巨石，为小塔，垒小石为之，其前可坐数人。徐生为余指某高公岛、某田横岛、某鹰游山、某桅尖山。望海而北，则登、莱、齐、鲁之墟。其海则所谓海市蓬莱，若隐若见者也。时天风起，不可久憩。命酒，与徐生各三酌而返。从西下钓鱼沟，则国子生儒官数人携酒榼来，相与坐草，又各三酌。转而南游朝阳庵，时逾午矣。馆人列席具酒进，而诸生及道瑛侍焉。酒半，乡进士徐君承武驰七十里，来自北城，则又具酒，对而饮。徐君问曰："山名青峰，何谓也？"余曰："非也。海上秋冬之候，草凋木落，独此

---

①唐伯元(1541—1598)字仁卿，号曙台，明澄海人。万历二年(1574)进士，授江西万年知县，晋吏部考功、文选司郎中，累官至吏部郎中，有一代"理学儒宗"之誉。

山居翠微间，延袤数里，皆茂林修竹，四时长青。又顶上泉沃，处处皆湿履，草润如春夏。顶多巨石，产万年松，经霜愈秀，是谓‘青峰’，顶为清峰顶，盖自古记之，俗名误也。”曰：“然则何以言‘清风’？”曰：“近代庵有僧名清风者殁，数传，而俗人神之，遂冒以其号。此俗人之惑，非必异端巧于窃名如此。”徐君喜顾诸生，起谢曰：“今日青峰始得正名。某生长兹乡，敢忘先生之赐！”又命酒，近夜分乃罢。明日别徐君返，再宿老君堂，题其堂联句：“倘遇东家传礼好，莫逢关令著书多。”有大村、隔村诸父老，相继以筑堰告，许之。其晚，诸生又具酒，而道瑛再侍。诸生问余家二尊人寿，余顾道瑛曰：“昨日乃我初度，峰顶之祝，为家二尊人也。”道瑛具述云云。诸生则又引觞觞予，予为诸生饮，各满觞。明晨，诣大村堰所，率诸父老告神开堰，谕以次第事宜。其在隔村者令行如例。毕，返至南城。自青峰顶下至南城，所会诸生凡三十余人，各课其文，为之讲解其义，已，然后返。既返至郡，报张君具述如右。张君曰：“不可无记也。”会贡士顾生乾至京，书畀之，刻于朝阳庵左右。澄海唐伯元记。

崇祯九年三月初一日记

登云台山记

清·姚　陶

海州为汉东海郡，淮北险要。东距海二十八里，西南枕朐山，今名马耳。云台山在海中，围亘二百余里，筑三城，山下形势险扼，与海州相犄角。庚寅夏，余以赈饥至海州，念海屿民困尤甚，携帑金自恬风渡渡海。登舟，暴风作，舟人不敢渡。余曰：“饥民枵腹待赈，奈何不行？”遂扬帆，至中流风益甚，蓬索尽断，大桅忽折，声震若雷，一舟皆惊，无复人色。山下观者飞帆来救。余笑曰：“刺史固无恙也。”易小舟至山下，入凤凰城，即南城也。初未折桅时，望见马耳山云起如炊烟，黄沙蔽天，俄而山尽失。舟子曰：“马耳山云起必雨。”已而果然。雨两日夜。余冒雨赈毕，由大村、小村登云台山。大村有石剑二，高丈余，倒插土内。土人云：“魏王朗墓也”。小村为唐宰相殷开山故里。殷有女赘陈状元光蕊为婿，生三子，即三元兄弟，盖世俗相传之说也。行三里许，为灵官殿。山径幽曲，草木畅茂。更上为十八盘，石砌迂回，盘上为南天第一门，极顶为站佛寺，旧有浮图，迁界后倾毁，不复建。北望青峰顶，绀宫巍焕，即三元殿也。上下涧水声淙淙，为九龙洞。山中溪流九道，汇于桥下，故名。桥上平坦，下极幽邃。桥畔有松一株，苍秀可爱。薜萝苔藓护满其上。抚玩久之，循山而登。北就山石凿为径，至顶，重门内为三元大殿，殿西南向，前耸双峰，中渐平如绳，见朐山如绣屏远峙，东南见海。是日，宿殿旁东楼，有老僧年八十余，为余谈往事甚悉。云台旧极繁盛，烟火二万家。后以海警迁居民于海州、赣榆诸处，空其地。康熙十六年，漕督使者帅公疏请复界。是时，先少保公督师闽中，大败海寇，夺其金门、厦门二岛。贼日穷蹙且降。故廷议报可，民始复业云。夜半，呼仆夫乘月登山观日出。由殿东石径上一里许，为水帘洞。洞中石泉极浅，冬夏不竭，泉甚甘美，云为三元兄弟修真之所。洞后险峭难行，攀援而上，将五里，始跻其岭。登望海楼东望，黑云绵亘，海天一色。久之，黑云上渐白，继而渐红，然黑云未散，海天犹相接也。又久之，海水渐红，云光绚烂，海天遂分。俄而，海水尽赤，天皆红，无复白黑云气，则见日浮海上如车轮，红如烟脂，寒光泠然，波涛摇荡，忽飞升天上，光彩皎洁夺人目，万山皆明，实巨观也。忆余丙子岁游闽海，登鼓山；戊寅游南海，又登普陀，俱观日出，皆视此为晚。而相传泰山日观，鸡鸣即见海日，盖所登益高，则所见益远，而时益早尔。余曩每经名山大川，未尝不随意登览。十年来一官鞅掌，无复兴趣。今渡东海，登云台，看日出，一拓郁悒心胸，谓非余之厚幸也乎！

渔湾纪游

清·常 安

出东磊，北山如列屏，平畴东衍，弥望无际，二十年前皆海也。想见涛喧浪拍，噌吰镗，澎湃荡潏，状亦险矣哉。缘崖行五里许，抵渔湾。新安方景濂置别业于此，名月到山房。景濂维沧表弟也。其室倚山，重峦矗其后，堂前杂植果树，绕以短垣，北山亘其左侧，云台耸其右，西豁然洞敞，目不可尽。远岫如烟，缥缈天外，不知其几千里也。屋虽不丰而揽撷阔远予甚爱之。景濂列山果，汲龙潭水煮茗以献。室去龙潭仅数武，景濂命其犹子登镛导予，行叟叟闻松涛声出树杪。陡下一坂有石鹄立而垂檐可数丈，中容八九人。面瀑布，下临龙潭，声浩浩，始悟松涛即瀑布声也。其岩侧立数十丈，广如之飞流拂崖下，如线如蛇，触石淙淙然如琴筑之奏，寒气沁人肌肉，为懔坐食，顷日已晡，遂别景濂归。维沧曰，今日之游未足极龙潭之胜也。若攀缘而上有两壁崇墉对峙，中开数十丈，长且倍蓰，底平如削，中横小石屏，水突石屏，过势益迅，湍飞怒捲，真有雪浪排空，银龙出峡之状。循壁而进，壁穷，一峰拔地入云际，泉自峰顶处出谽谺，喷薄喧豗若雷，匹练下悬，迸珠上激。山风乍转，雨丝飘扬数十丈外，游人衣履尽湿。愿少缓一日之行，以尽其胜可乎？予爽然者久之，复念宇宙有莫尽之奇，人生无必至之境，况公事不可久稽，遂行。

东 磊 记

清·常 安

宿清风顶，越日诣延福观，出三元宫，晓云出山谷，海雾迷空而下，相杂糅，鳞鳞然如波如浪，米襄阳画，墨沈淋漓，尚未能状此浮浮自也。篮舆行云雾中，久之，抵九龙桥，观九龙洞。又久，乃出山口五六里。云渐敛，复循山东麓行，路顿险，荦确碨砢。舁卒上下如贯猿，步不及寸，后趾蹑前趾，迄不得进。舍舆扶掖而行。而峰峦层叠，连属拥翼，秀拔万状，正以得其惊畏为可喜。其峰曲如列屏，峭如立壁，或矗如攒剑，或锐如植圭，琳宫琼宇，辉煌绀碧，隐然杳霭间，亦胜境也。黄冠纷纷下迎，且前导逶迤降，陟数百磴始抵观。观左右，率大石如累卵，每累则三，或上一下二，或相叠积，历落堆垛不相粘。而土花苔藓封其隙，陆离斑驳，虽商、周彝鼎器，未足比其古茂也。呜呼！鸿荒之初，孰经纪而营膄之真，令人疑造化之有为也。云台昔在海中，而东磊更其陡绝处，游人罕有至者，以故无闻焉。余幸至其地，为尽搜其奇而记之。或曰，兹山饶桃杏，春日尤胜，花光山色相映发。余曰："岁寒浮艳全凋，山之真藏毕露，正未可以冬为逊也，桃杏于东磊，何有无之足云。"

旅行云台日记

1924 年·刘百川

民国第一甲子春，我校分队旅行云台，我级—后一—计去 18 人，由祝琴斋、张仲美两先生指导，来去凡九日。兹将在山零星所记，抄成此篇：

春之神微笑了！

云台梦实现了！

心花发了！

在春日山之阳，

心泉动了！

在春日山之涧，

最尊敬的自然，

最崇拜的自然；

无形渗透了我们的脑袋！

有意环绕了我们的笔端！

呀！这就是我的心得。

十三年四月二十三日，由板浦雇船到新浦。路上遇了顶风，行得很慢。虽是冷风拂拂，而同行的人，各献他们的娱乐的技能，大可以做“行路难”的安慰！后来风益大了，我以为登舟不如步辇，就和周君筠甫上岸，看西的锦屏山和东北的云台山，遥遥相对，胸襟大为发展。到新浦已下午三点钟，吃饭睡觉，都借第八工厂地方。

四月二十四日，在新浦雇车到兑村。远望云台山，无限壮丽，游兴益加浓厚。兑村三面环山，东有一塔记九级。听说是北宋天圣时建的。同学们因他要坏了，不敢上去。我和张先生鼓著勇气，黑也罢，坏也罢，我的好奇心是磨灭不了的。一层一层向往上爬，和螺旋一样，到了第四层，走门简直和钻狗洞一样，在里面底经过的确感受到困难不少。到最上一层，汗流满面。低头一望，那竹篱茅舍都好像信仰这年久古塔，在那里匍匐着。就是东边耸入云间的云台山，也好像向这古塔在那壁端端立正行敬礼呢！

下塔车行，过仙人桥和十八盘，第一天门就在上头。流水似得的汗珠，随着呼呼喘的声音滴下来了。到云台西圃歇了一会，吃已冷去的泉水之茶，煞是味甘！由云台山西圃过南天门就望见云台山的前顶。先到九涧所汇归的九龙桥，有许多石磴摆在那里，似乎专为游人休息用的。揩额上的汗，才介意老干参天的古银杏下还有一座九龙庙呢！

到三元宫，前二同学已先我到了。胜地相逢，不仅仅像平素“一堂相聚”的那样快活！宫是前顶主要古刹，宏敞雄丽，我也形容不尽。内有银杏二株，差不多都有一丈八尺的腰围。相传是唐宋间物，叫人油然怀古之思。至于藏经楼库里所藏明万历、清康熙种种镇山之宝，都可以做云台山历史的重要考据资料啊！

出三元宫向东，就看见可爱的美人松，一根生两个干，长得一样高矮，一望知道是多年的植物。但命名美人松却考不出来，好像是陶文毅公送他的徽号。

不知爬过多少乱石，流过多少汗液，总因没有人指导，不曾找着什么一线天。这一线光明真不容易看见呀！其实就在当前，就是两石相倚，中间透出一道微缝。

朝阳洞、白云洞、万佛洞，还有三十二洞天，都是僧人凿成在内修行的。焚香诵经，自然是禅家净地，但都不如海天洞的幽奇而神秘。洞是僧人悟五辟的，在洞上又建一亭子。悟五就在这里谈经念佛。东边立的怪峰是洞的保障。早晚的鸣鸟飞云都替洞儿生色。西面三元宫钟声磬声，似由洞外孤松传来，更和这洞里“瓶笙”的声响相酬答。香烟袅袅，佛号諵諵，入了出尘的境界，不觉惹起出尘的幻想。坐在亭外的天井石上，看看那壁上的题词，都是海天洞的赞美。琪花瑶草，陈列在假山石的左右，奇异的臭味，在外间真是未尝享过。举首西下的夕阳，山峰笼着烟雾，顷刻万变。到此，真望却归来了！

四月二十五日，在天初亮的时候，风声，树声，钟声，经声相杂而来，古刹的况味，游兴的稠厚都逼着我起身了。

望海楼在三元宫后面，早饭后到那里去的时候，风很厉害，满山尽罩着烟雾。较远的景物，都渺茫难辨；望望海面，也是白云腾腾，一块一块的盐池外，只是水天一色了。

由望海楼走上青封顶，风格外大，不独不便登高，且也不便于望远，以致可敬可爱的青峰顶只是一登之缘。最不快意的，连最高的金牛顶因风也没有去啊！

玉皇宫、屏竹禅院、团圆宫、大悲庵等地，今天上午都过去了。在庵内觅几处残碑断碣，和僧人说几句反妄归真的话，对于不可思议的人生有了不少的感觉，说也说不出来，写也写不出来，只全体神经系统里受了一点一点的刺激，脑里多一片片的波痕罢了。

下午一时，由前顶到新县。爬过山，到蚂蟥沟，很高的两个山峰，中间夹着一条走道，一块一块的乱石，在墙也似的路上摆着，不是"拦路虎"，却有"拦路虎"的势力。流几回汗，歇几回腿，才从"拦路虎"口里逃到了新县第三高小。该校学生三十多人，规模虽小，而所表示的成绩却很有许多特点。

四月二十六日，早起就去看新县的乌龙潭。乌龙潭由两山中间的涧水冲成。里边的水，深而且黑，水由上而下，必定走潭里经过，涓涓的声音，差不多时时可以听到。西边有张学瀚先生题的一律，最后两句说："行入半山凉似雨，不妨倚树听流泉"。的确可以表示我们来看时的心境。

早饭后，由新县到墟沟。路过孝妇祠，妇是东汉时人，在残碑上可以看出，就是史上所说："齐妇含冤三年不雨"的故事。"齐妇含冤"是当年必有的事，"三年不雨"怕不是为冤妇的罢？

花果山游记

1978 年 · 来俊华

我爱花果山。还是在童年时代，我便为她神往了。记得小时候一放学回家，就抱着那厚厚的《西游记》，废寝忘食读起来……大闹天宫的孙悟空，曾经住在东胜神州傲来国附近大海中的一座花果山上，这座花果山可美丽了！有经年不谢的奇花，四季长熟的鲜果。什么金丸珠弹腊樱桃，红绽黄肥熟梅子啦，还有什么鲜龙眼、火荔枝、兔头梨子鸡心枣，黄皮柿子熟西瓜啦，等等。这一切描写，曾给我的想象插上了羽翼，唤起我如诗如画的联翩遐想……嗨，什么时候能到这个地方去看看该多好啊！

这次因工作关系，我真的到花果山来了，虽然没有见到猴子猢狲，却偿了多年的宿愿。《西游记》里那座花果山，只不过是一个神话罢了，而我们游览的才是一座真正的花果山。

飞瀑悬空　绿树丹亭

那是一个晴朗的早晨，我随着一伙年轻人，由新浦乘车到云台公社大村汽车站下车，沿着公路进入了花果山区。这正是四月天气，风和日暖，景色宜人。你看，一场春雨之后，满山遍野的松树青翠欲滴，桃花梨花盛开，这里一片红，那里一片白，在晨曦中同青松交相辉映，使人看了，心旷神怡，连声赞叹。到了第一个小山头，便进入了花果山的胜境—飞泉。

飞泉，原名歕水崖。明朝刺史王同题"飞泉"二字于崖上，每字直径五尺，苍劲有力。簇簇桃花错落有致，似红雨缤纷，点缀飞泉翠壁，走近仰望，瀑布从悬岩倾泻而下，声如万马奔腾，气魄雄大，声势奇壮，溅起的水花飘散成蒙蒙细雨，阳光照射，又如垂虹，五光十色，煞是好看。因有"垂虹溅雪"、"漱玉喷珠"之称。

解放前，"飞泉"流水，横冲直闯，冲毁农田，淹没村庄。解放后，人民公社在山麓下建起一座蓄水量为一千万立方米的大水库，把飞泉和附近山水积蓄起来，除供应城市用外，还可以灌溉万亩良田。

飞泉近处，尚有狮子岩、濯缨泉、朝霞壁、埋云石等名胜，都得到人民政府的保护。其中尤其出色的是唐代崔逸的隶书镌刻《东海县郁林观东岩壁纪》、宋代祖元择的三言诗句篆书雕刻等，我国古代的这些有极大价值的石刻、书法艺术，至今保存得完整无缺。"无产阶级文化大革命"中，人民政府为了保存这些古迹，又拨款在这里建筑一座亭子，把《东海县郁林观东岩壁纪》这块唐代名雕保护起来。如今远远望去，血练般的飞瀑，丹红的亭子掩映在浓荫翠壁之间，便觉生意盎然，诗意甚浓，犹如一幅雄奇和秀丽兼而有之的风景画。

古塔翻新　风貌如旧

离开飞泉，过了一个小山头向北，便到达花果山第二胜景阿育王塔。据当地老年人说，这塔是唐朝建，宋朝修的。并说建塔时，附近有十八座窑烧砖专供建塔之用，也有说建塔的就是唐朝大将军尉迟恭。但这些都没有根据，我们在塔内看到一块碑记，证明是宋仁宗天圣元年建造，距今已有九五二年的悠久历史。与我们来的一位考古工作者老王同志向我们介绍说，我国现存的古塔，约有百座以上。其建筑式样，有楼阁型、砖塔型和石塔型三种。这座阿育王塔由上到下都是砖头砌成的。这种塔型在全国是很少有的。解放前，这座塔年久失修，塔古砖朽，再加近千年风雨剥蚀，塔身已有部分坍落，有向北倾倒的危险。连云港市解放后，按照“保存原样，以存其真”的原则，进行了精心修缮，特别在“无产阶级文化大革命”期间，江苏省文化局又拨出经费进行了一次大规模维修，截至一九七六年四月全部完工，使千年古塔焕发出了新的光彩。修缮后的古塔仍旧保持原来的古貌。塔身九级八面，腰檐极短，脸要仰平才能望见塔顶。远看塔比山矮，近看塔比山高，很是奇妙。因此有“九级云梯攀到顶，一天星斗喜垂肩，关心海岛千山雨，放眼齐州几点烟”的诗句传诵。如今，经过修缮的古塔，与波光粼粼的水库相映生辉，塔影湖光，越发美丽动人。

十八盘上　云雾茶香

离开古塔东行，跨过“仙人桥”，便是“十八盘”。十八盘是由许多大青石凿成，共十八级，非常陡峭，真是“步步阶梯盘若线，层层石栈巧相钩”。十八盘顶端有一块界石，正面刻有“十八盘”三字。一位社员指着这儿层层梯田上那丛密的、翠绿肥嫩的茶树，说：“这片片茶园，都是林场工人们在‘文化大革命’中，以大寨人的艰苦奋斗精神开辟、培植出来的……”

我们向前走了不远，就看见一片茶园，有十几位年轻姑娘背着竹篓，正在聚精会神地采茶，正是：“满山到处采云茶，深涧成田近水涯。”同来的一个小伙子，好像发现了什么新奇事，冒冒失失喊了一句：“看，那儿采茶啦。可能是‘碧螺春’吧！”“不，我们采的是‘云雾茶’”。一位老茶农随声应了一句。云雾茶！大家久闻其名，但未见过，便走去看采茶。还没到茶树前，就闻到一股清香味儿。我仔细看了她们采茶的动作，果然是一双巧手。她们说着话儿，眼睛看着别处，两只手却一刻不停地采着叶子，采得又准又快。

“你们采得好快啊！”我说。

一位穿太阳红罩衫的姑娘笑了笑说：“这还快？现在是春茶，嫩叶刚冒头，又细又嫩，比较难采哩。”旁边一位高个子姑娘插嘴道：“她是咱们场采茶能手，说难采是谦虚。等到叶子老了，她采起茶来，就像鸡啄米一样，叫您能把眼都看花了！”后来，据那位老农介绍，我们才知道，在云台山区花果山一带，生长的茶树由于山高，又靠近海洋，经常为云雾弥漫，故名“云雾茶”。这种茶，色绿多汁，条索紧细，卷曲，茸毛多，香气浓，汤色明亮，味道醇厚，清暑，能醒酒，可与江南的“碧螺春”媲比。解放前，茶林荒芜，每年采摘只有两三斤，由山僧珍藏专用，据说清朝时曾给皇帝进过贡。解放后，人民政府积极领导群众发展“云雾茶”生产。一九五九年云台山区新建三处茶园，委派专人管理，疏疏落落的茶林竟发展到现在二百多亩，产量逐年上升，成为人们交口赞誉的香茗。每当人们捧起绿莹莹的云雾茶，那飘逸的清香，就把人们带到了白云如絮、晨雾似纱，采茶姑娘欢歌四起的美丽山乡……

九龙桥畔　畅叙春秋

看完了采茶，大家加把劲，一口气登上了南天门。这时，脚下乱云飞渡，我们仿佛置身云海。南天门的庙宇，经过改建成为一所完全小学。幽静的环境，明亮的门窗，宽敞的教室，是个学习的好地方。可是解放前，山中贫苦农民难以糊口，哪有读书识字的权利？如今，花果山上有了小学，山下有中学，适龄儿童全部进了学校。许多回乡知识青年还上了大学。社会主义给了我国青少年一代带来了无限美好的前程。

我们沿着公路，穿越层层林海，来到了"九龙桥"。这是一座拱形的大石桥，被桥的首尾两株千年银杏的浓荫覆盖着。近处九条山沟汇集的流水从桥下奔腾而去，发出巨大的声响。我们在桥畔石凳上坐下来，眼前又是一番景象。这里果树遮天盖地，从九龙桥直到高耸入云的前顶顶峰，方圆七百亩长满了白果、板栗、桃、梨、柿子等果树，而其中尤以板栗最多。这里还长着大片高山地区特有的谈竹。微风吹来，竹林飒飒作响，竹影摇曳生姿，"凤尾森森，龙吟细细"，别有一番风味。这里也是云台山的胜景之一。

在"九龙桥"上，我们遇到了九龙桥林业队杨队长和一些社员，他告诉我们，解放前，这里满目荒凉。那树木葱郁的山岭，经过日本帝国主义和国民党反动派的滥伐，变成了光秃秃的"和尚头"。在封建地主的把持下，栗树零零落落，加到一块不够二百亩，产量很低，每年最多收两三千斤栗子。如今每年最少要收三四万斤！杨队长的话刚说完，一位年岁较大的沈老大爷插上说："花果山也是到今天才真正的有树、有木、有花、有果啊！"他指着桥四周的崇山峻岭说："我记得清清楚楚，解放前，从风门口往西，那一片山全是秃岭，花果山八千多亩地就有四千多亩是荒山。现在呢，'和尚头'上长满了马尾松和麻栎，果树也连成片了！"有的社员还谈起了解放后生活的变化。他们说，解放前的花果山农民生活十分贫苦，都靠八根系子，一根扁担现苦现吃。正是"有女不嫁东山根，一根扁担两根绳，锅里翻白浪，盆里淹死人"。如今花果山花繁树茂，气象万千。山腰、崖畔、泉边、林间，随处可以看到石头到顶的红瓦房被葱茏茂密的绿树簇拥着。杨队长豪迈地把大手一挥说："现在我们这里家家住新房，户户有存款，广播通到山顶上，夜有电灯赛月亮！哈哈哈……"他豪爽的笑声那样富于感染力，使得我们大家都为九龙桥畔的巨大变化发出了畅快的笑声……

花果满山　名不虚传

我们走下了九龙桥，穿过板栗林间的羊肠小道，直奔"三元宫"，行进之间，山路忽然不见了。面前出现了一个坡度较大的滑皮崖。我们只好慢慢地攀登而上。崖上边山路又出现了。路旁有一棵松树倚崖屹立。它弯身向外，树枝向外，树枝回旋交错，枝叶如伞似盖，那苍劲模样，就像著名的黄山胜景"迎客松"一般。树旁石壁上刻有"小蟠龙"三字。从这里盘旋直上，隐隐约约的小路，把我们引向"三元宫"。在两山之间，出现了宏伟的景象。只见幽邃的谷底，躺在悬崖之间，向外伸展出去，浓重的雾霭，像袅袅炊烟，上下浮沉，置身于此，不由得想起孟浩然的"只在此山中，云深不知处"的诗句来。此时，一种说不出的兴致使我们加快了脚步，直奔"三元宫"。

"三元宫"是明代的宏伟建筑，筑在笔直的几十层高石阶上，有三个大洞门，朱红的门墙和琉璃瓦，在这翠绿的群山中更显得突出。进门有几株数围粗的苍松古柏和银杏树，老树枝桠荫被数亩。我们在"自在天"内一户人家里，喝了点水，休息一会，游吧宫殿，又出门上路。几个转弯，翻过另一个山头，忽见一块金字形的大山石，上书"花果山"三个大字，原来这里才是花果山！大家兴高采烈，不约而同地说："到了孙猴子吃仙果的地方了！"但见满山怪石，果树杂生，无数石洞，各呈奇异。那鲜红的海棠、洁白的梨花、紫玉兰、红山楂；黄黄绿绿的野花更是遍山盛开，姹紫嫣红，五光十色，使人目不暇接，惊叹不已。我想：吴承恩如果没有爬过这座花果山，是绝不能在他的《西游记》里，把花果山写得那么神妙。在使人眼花缭乱的万花丛中，我们看见一片不经常见的桃花开得异常烂漫。花不大。一朵一朵，自有一种热烈的风姿。这叫什么桃树呀？一位头发斑白的、意态从容的老农答说：“她呀，可有个好名字—冬桃。”

“冬桃？”

“正是，这种冬桃是花果山的特产，又称‘仙桃’。一般桃树在六七月间桃子就成熟了。这种冬桃却不，她每年和一般桃树一起开花，但果实在树上时间很长，一直到十月底交十一月（农历九月以后）才能红熟。就是说，在瑞雪纷飞的寒冬腊月里，这里也能吃到鲜红的桃子！”我们在这冬桃树前流连了一会，思索着老人所说的话，觉得自然界也有趣，许多事物，常常透露了耐人寻味的哲理。再想，《西游记》中描写的“四季好花常开，八节鲜果不绝”的美景，今天也成为现实；从春天的桃杏争艳，到冬天的油菜花、腊梅绽放，哪季无花？从樱桃新尝，到桃、杏、梨、苹果、枣、柿、栗子、白果采收，哪季没果？冬桃树到冬天才下果呢，更是一种腊月鲜的美味。今天的花果山，真是名不虚传，她向我们展现着难以用言语描绘的壮丽丰采。古人怎能料到：《西游记》“瑶草奇花不谢，青松翠柏长春，仙桃常结果，修竹每留云”的神话，在新中国竟变成了如此生动的现实！

古洞传说　引人入胜

花果山集中了云台山风景的精华。花果山景色的特点，多洞穴灵泉。我们见到了一大石碑，上书“七十二洞”。相传，最早的时候确实有七十二个洞穴，但因年久湮塞，不能游览。现在经过不断整理，有伏龙洞、二仙洞、悟天洞、五十二洞天、海天洞等。海天洞最大，修缮后，风貌如故，洞有三层，弯弯曲曲，前门是天然巨石支撑，上横石梁，刻有“海天洞”三字。俯身而入，石路高低曲折，未经人工修削。洞内又有数洞，有大有小，有明有暗，其中由石壁寻阶上入，即进一暗洞，以手扶木梯攀登至顶处，豁然开朗，别有一番情趣。从海天洞南行，就是“一线天”。只见二石相夹，高数十丈，中露一缝，宽尺余，从缝中上望，天色仅露一线，再走不远，就到了《西游记》中孙悟空的老家“水帘洞”了。这时大家左攀右缘，上而复下，已累得气喘吁吁，汗流浃背。可是一进“水帘洞”，顿觉神清气爽，凉气袭人。洞内有一口四季不涸的古井，名曰“灵泉”。一位同志向井里张望了一会说：“这口井大概可以通东海了！”说得大家都笑了起来。据传说：孙悟空当年就在这里出家，吃的是花果山的果子，饮的是水帘洞中的泉水。这当然是神话之谈，但这洞里确如《西游记》中描绘的那样：“刮风有躲处，下雨好存身，霜雪全无惧，雷声永不闻……”水帘洞外岩壁上方，有明朝刺史王同题的楷书“高山流水”和隶书“神泉普润”等字；在洞口右侧有道光末年陶澍勒道光帝御书“印心石屋”四字，洞口左侧有篆书“灵泉”二字。在水帘洞门口，一位姓于的护林老人给我们讲了一个有趣的传说《孙猴子的老家》：

明朝时候，江苏淮安有个穷苦的念书人，名叫吴承恩。他想把唐僧取经的故事，编成一部《西游记》，书里要有个孙猴子保护唐僧到西天取经。可是猴子一定要住在山上，淮安没有山，不晓得孙猴子的家乡住处是什么样子，没法开头。后来他听人说，从淮安向北二百多里，有座云台山。他决心去看看，替孙猴子安排个家，便动身上云台山了。

他到了云台山，住在一座大庙里，爬上山顶一看，山东头伸向大海里，山西头望不到边，真是一座大山！

吴承恩东跑跑，西看看，玩了好几天，也没看出什么名堂。

有一天,吴承恩走到一处像个弯弓似的山脚下,只见山上山下,长满了蔷薇和各种花草果木。他问一个六十多岁的老爹爹,才晓得这里是蔷薇峰。弯弓形的山脚下,有许多山洞,他便请老爹爹带他去看山洞。

他跟着老爹爹,穿过桃树林,禁不住瞪眼咋舌:这里简直是一个洞的世界呀!只见小洞、大洞、圆洞、高洞、矮洞、洞靠洞、洞套洞,洞洞相连。两个人走呀走呀,不知不觉走到一处高大的山洞,很像一间大房子,里边有很多又光又滑的石头。

老爹爹告诉吴承恩说:"我常听古人讲,古时候这个山洞紧靠海边,山上有一只老猢狲成精了,它带着一大群猴子,在山上找果子吃,一找找到这里。猢狲们看了花,吃了果子,开心煞了。老猢狲看看山脚下是一片白浪拍岸的海水,又有一条水练从山顶挂到山脚下,不知里面是什么,它叫小猴子下去看看,小猴子却胆小,不敢下去。老猢狲叫了一声,窜了下去,它睁眼一看,水没有了,现出这个大山洞。再一看,上是高山,下是海水,门挂水帘,真是神仙住的地方呀!它便招呼所有猢狲,都搬到这里来安家,它也就做起猴王来了。"

吴承恩问:"后来怎样呢?"

老爹爹说:"后来海水慢慢退下去了,就不晓得它们哪里去了。"

从这一天起,吴承恩天天到蔷薇峰,山上山下,洞里洞外,走走看看,看看想想,以后他就动笔写书,把蔷薇峰当做孙猴子老家。那山,满山花果,吴承恩就叫它花果山;这洞,门挂水帘子,吴承恩就叫它水帘洞。头开得好,下边他就好写了。不久,就把一部《西游记》撰写出来了。

望着眼前的水帘洞,听老人讲述这些有趣的传说,真是引人入胜,有无限的情趣。

山上山下　换了人间

出水帘洞,从三元宫盘道而上,就登上了花果山的顶峰。纵目望去,远处莽莽苍苍,近处山水如画。云台诸峰,层峦叠翠,可以一览无余。玉皇宫已经倒掉,据说是在日寇侵占时被破坏的。这里风声聒耳,阵阵云烟从山谷间飘来,在我们身边冉冉逝去,宛如高在三十三天,我们长时间环顾,领略"东胜神州"今天的无限风光。

山下十四座明镜般的水库,把花果山千涧百溪的水源,变成为人民造福的资源,过去那些望天收的山坡地和数万亩盐碱地,已变成了旱涝保收的高产、稳产田。山下五羊湖那片盐碱荒滩,已成为一望无际的碧绿稻田。山北朝阳公社就是伟大领袖毛主席在《中国农村的社会主义高潮》一书中,为《大社的优越性》一文作光辉批示的地方。顺着喷吐白烟的火车东望,连云港一条龙似的码头从山下伸向海心,万吨巨轮进出海港。转眼北望,一幅奇妙的图画呈现在眼前,一片银色的盐池,在蓝天白云下闪光,点点白帆从运盐河中联翩而过,近处,猴嘴坨地上堆堆盐山,有如盐塑,有如雪堆,有如珍珠,有如海石花,这就是全国著名的四大海盐区之一——淮北盐场的一角。纵目西望,座座高楼拔地而起,烟囱林立,一座新型的社会主义都市,正在昔日的荒滩上兴起。

登高望远,放眼四外,胸中的情思,像黄海的潮汐,起伏激荡。我们情不自禁地吟诵起伟大领袖毛主席的光辉诗句:"到处莺歌燕舞,更有潺潺流水,高路入云端"。从心底里欢呼:"花果山旧貌换新颜"!。

第三章 金 石

第一节 碑记选

唐·东海县郁林观东岩壁纪

[内容详见本编第二章第五节。此记刻于花果山郁林观遗址东岩壁巨石上，面南。刻面长380厘米，高200厘米。隶字。21行，每行17字，共393字。字长10厘米、高9厘米。至今保存完好。宋代金石家赵明诚和夫人李清照曾将此收入《金石录·今存碑目》。]

宋·柳峦海清寺塔记

维天圣元年，岁次癸亥，十月辛酉朔八日戊辰，建塔都维那柳峦，纠化同会弟子史玩、刘仁制、郭忻、宋晸、许志、牛智、孙璨、徐景、王肃正、韩绪、王进、刘岳、刘巨滔、刘翱、新人林泽、柳祐，以上各备小麦一石、米五斗、油三觔、钱乙百文足。潘靖、柳遇、柳惠、柳逸、□□□、徐景、徐□、相余庆、相兴等两家共备小麦一石、油三觔、米五斗、钱乙百文足。修设感圣恩起塔大斋一十三会，再会转化千名。赴斋施主每名钱乙百文足，添兴释迦真身舍利阿育王灵牙宝塔。窃以此塔镇在海城灵基山东南角，大唐第二之尊。上观似从天降下，回彻清霄；下看似从地涌成，宝堂连海。求相而千花缭绕，告佛而万瑞分明。宿果等今代遭逢，同会者劫末近佛，感得皇王万岁，四塞安宁，郡宰千秋，庶民康泰，积记标镌，永为不朽者。

书记：俗士牛景；写碑：俗士牛道宁；同建塔助缘僧海清、宗□、德长、宗玠、文忠、宗诜、道圆、怀圭，功德主持僧宗传，造塔都料、泗水成守元镌。

[此碑现嵌于花果山阿育王塔内西壁，长约60余公分，高40公分。文19行。]

宋·范荣《适野亭记》

将之临边，谋敌国也。必曰：境土复而兵罢，侵疆归则兵弭。神州赤县，厥今安在？是固拥貔貅总水中龙虎专阃者，宜早夜相与以谋焉可也。乃燕闲游息之地，必寓意以写其忠义之诚，则适野亭其志矣。惟亭因山薙草，而有补于国之大事。夫岂为登山怀远、饮酒高会，谓从军之乐，欲遵海而南也哉？此为卷黄腄、兼曲阜、清敌尘于海岱之间，以称夫职分当然之寄者已。知此，则茅茨之下，亦筹边之所也。高平侯志在于是，而其从事李庚遂名之此耳，嗣事者，幸无愧鄙。

时有宋隆兴二年秋八月二十有三日记。提督京东路水陆军马范荣撰。

[南城镇凤凰西山下，原有适野亭、适野亭记碑。20世纪年代，亭碑均因采石遭毁。]

明·神宗颁赐藏经敕谕碑记

皇帝敕谕海宁寺及僧众人等，朕惟民之教，具在经典。用以化导善类，觉悟群迷，于护国佑民不为无助。兹者圣母慈圣宣文明肃皇太后，命工刊印《续入藏经》四十一函，并旧刻《藏经》六百三十七函，通行颁布本寺。尔等务须庄严持诵，尊奉珍藏，不许诸色人等，故行亵玩，致有遗失损坏。特赐护持，以持永久。钦哉,故谕。

[此碑于民国27年(1938)被日军飞机炸毁。]

明·神宗续颁藏经敕谕碑记

皇帝敕谕海州云台山青峰顶三官庙住持及僧众人等:朕发诚心,印造《大佛藏经》,颁施在京及天下名山寺院供奉。经首护敕,已谕其由。尔住持及僧众人等,务要虔洁供安,朝夕礼诵。保安眇躬,康泰,宫壶,尽清忏己往愆尤,祈无疆寿福,民安国泰,天下太平。俾四海八方同归仁慈善教,朕成恭己无为之治道焉。今准钦差提督山东、徐州等处地方矿税兼理盐法、查沿江南河道船料内承运库署库事。御马监太监陈增泰请前去彼处供安,各宜仰体知悉,钦哉,故谕。广运之宝。大明万历三十年九月初六日。

[此碑立于明万历三十年(1602)。现立于花果山玄奘纪念堂正殿内东侧。碑高2.1米,宽0.75米,竖写,楷书,字迹清晰,保存完好。]

明·张朝瑞《东海云台山三元庙碑记》

海内号大灵山者四,而余州云台列其一。其山四面距海各有数十里。其巅曰青峰顶,上奉三元之神而宫其上。顶所由名,则以海上涉岁晚,群卉凋落,而独此顶产万年松,承霜霰逾荣,是名青峰,又名金牛顶。近代大仙庵有僧名清风,居民严事之,遂冒以其号,误也。山之下有孝妇祠、两疏墓、庞公、匡衡遗址,为唐、宋名贤吊咏而勒诸石,旧矣。

余按干宝《搜神记》,三元之先家东海,今大村盖有陈子春遗冢。子春者,名光蕊,实始诞三元云。元者,善之长也。浩劫以来,一元流贯,绵绵不绝。而析其品,则为紫微,为清虚,为洞阴,以官天、地、水三界。而八埏明幽,诸境若燃牛渚之犀,万象在眉睫。王者明时治历,推春秋冬三孟月之望为上、中、下三元。而神钟造物之灵,三元应期而诞。至唐,并从此山得道飞升现化,利泽莫纪。道典称,天首化、地首育、水首道。天化惟福、地育惟禄、水道惟灾厄,而三元分擅其柄。经云:九气清风,云台山上放大毫光,此其印证也。神之骘善殛恶,若谷之从响,纤巨靡忒。自楚、越、齐、鲁、河、洛,数千里间,震慑神威,人思涤心濯行。至有不惮国宪而惮冥报,即至圣之参赞三极,岂其过。

是岁丁亥,僧德证请之署州事、判官唐君伯元,创专祠为祀。其时远近辐集,醵钱庀材,工役大起。首建三元大殿,殿之阴为阁者三:一藏经、一千佛、一玉皇。而最高有望日楼,其景独胜。余尝从鸡三喔上登,曦轮晃白乐,荡漾涛沫,万颖耀射,睛眩皆触,而海之矶岛峰屿,尽现目前如绣。殿之阳有接佛祠、九龙庙、九龙桥、南天门。殿左右各有楼,而左则弥勒佛殿、韦驮天尊殿,禅堂承之;而右则文武官生祠、开山殿、香积厨。正殿至中殿,东西各翼以耳楼、耳房,别为静室,延袤八所。天桥中跨,势亘雄虹。莲池冉冉,不扬而馥。其弥罔被麓,逶迤蔽亏。碧瓦雕甍,栉比棋布。而顷尤上荷慈圣皇太后,出大藏幡盖颁降,一时四方祝厘,诸善士争忭舞而朝望之恐失。云台之灵,即不得与五岳五镇埒,而视彼普陀大士、太和元君,宁轩轾耶?至若塔之为金牛、崖之为倒跳、为马蹄;洞之为二仙、为水帘、为华严、为朝阳;台之为凤凰;寨之为杨家;岭之为黄山、为竹节;潭之为青龙;坂之为大驾;石之为太白;北望鹰游,海市蓬莱;东睇大海、扶桑,为田横之岛;南顾淮、楚,西睹沂、郯,其奥区神皋,固未易一二探也。殿经始于万历十五年六月,落成于二十四年之九月。

当未落时,余方参浙藩,守吴兴部,而僧德证绘图,重茧以记属余。余披图数过,复议以山麓夹道,宜缭以周垣。暮则扦掫而防摽攫,闲设沽肆,以供谒三元者昕夕匕箸。尤俟工竣,其香缗有余,则请榷于州官,听四乡建仓储谷,岁祲平粜,或抵补漕挽,俯捐逋赋,与夫佐军需,修城郭,葺桥梁道路,俾海民永受其福,倘亦三元庇民福国之意乎?是役也,而僧德证、山阳善士谢淳也,毁家纾用,戒律精严,功号无二。而住持僧德连圆寂,其徒圆林、圆景、圆松,则皈依德证,相与戮力鸠赞,共成福地也者,因得并缀于末。

[此碑已毁。]

明·唐伯元《游青峰顶记》

[内容详见本编第二章第五节。此记刻于花果山一线天附近的一块天然巨石面上,面东。俗称“天然碑”。刻面高320厘米,宽230厘米。题1行、4字、记文24行,每行42字,惟末行21字,为945字。楷书、竖排、字径6.5厘米,清晰可辨。]

清·帅颜保《重建云台山青峰顶碑记》

地运之有盛衰也,犹天时之有盈虚。人事之有显晦,或兴或替,何代无之。独至于名山胜迹,则有不可湮没者。存何?则天地之所氤氲,民人之所利赖,仙灵圣真之所凭依,当与清宁永奠者矣。云台为古郁洲,即苍梧之中峰也。东捍扶桑日本,浮光耀金;北卫琅琊劳山,烟飞云敛;西则砥柱河淮,功及数省;南则波涛浩渺,驾驭鲸鲵,非与蓬莱方丈付诸荒唐不稽之论而已。至于民之稼穑其中者,旱则导源以灌之,涝则疏流以泄之。则又海内可耕之地,赋税之所从出焉。往者海氛未靖,凡东南滨海之区,移其民,虚其宫室,虽古時崇隆,亦不能岿然独立矣。其后封疆重臣,以淮海近地,抗疏求复而未获焉。余承乏督漕,处淮者有年,始知云台之胜,以形势则可壮金汤;以树艺则可资民生;以山水清幽则可供仙子之优游,真人之修炼,非名山中之特出者乎!况自迁海以来,淮黄连年汛滥,梗运害稼,哀鸿遍野,目击心伤。余乃指陈利弊,力请复之。朝命大臣,偕往相视。余因得躬揽其胜。远望苍峰插云,丹霞倚障;近而即之,紫萝黄葛,披雾乘风。土人告余曰:时而春也,花笑鸟啼,显扬密旨,天籁涛声,发露真诠。时而夏也,清风说法,朗月谈经,星在天边,日沉海底。时而秋也,风清露冷,枫叶归空,月淡云疏,菊花变相。时而冬也,优钵花香,真如竹老,菩提贲雪,圆觉凝霜。余于斯时,觉佳气浮空,凡禽屏迹,则有心旷神怡、悠然自得者矣。稽其旧志,民有庐舍,乐生业也;兵有营卫,昭武备也;神有庙貌,资呵护也。会复命,命于康熙十有六年收为内地,于是民乐故土,兵仍旧额矣。但名山如昨,仙灵罔依,何谓之何?《纪》曰:“能御大灾、捍大患,则祀之。”考之三元,生于海州,得道云台,土人庙祀于其山之前顶。远近之祈祀者不惮登涉之劳,非以其有祷辄应乎?且发迹于唐,重建于宋,敕赐于明,其来久矣。其后顶旧有大士禅院,瞻礼庄严,盖释氏之观音,道家之三元,皆所以助圣人之不及,而阴寓救世之权者也。余既有事兹土,事神治民之责曷可辞耶!用是捐赀倡募,鸠工以复之。前后坛场,各因其旧。老前幸于康熙十有九年告厥成功,规模备具,楼殿重新。可知名胜之地,其为仙灵之所式凭。而有关于斯民之休戚者,必不容废而不兴也。遂为之铭。铭曰:

巍巍云台,星耀三台。突出东海,宛若浮来。
三元生此,修炼成真。辅佐上帝,默佑下民。
自唐及宋,灵显赫然。有明敕赐,昭代仍前。
海氛倏起,分海屏山。迁出界外,败宇颓颜。
连遭洚水,淮海沦胥。余请于帝,以复厥初。
捐俸募财,竭力鸠工。轮焉奂焉,庙貌遵崇。

大帝赫奕,大士辉煌。前顶后座,千载流芳。

岂曰予疏,天子之明。敢谓予功,四方共成。

自今以往,海晏河清。漕舟络绎,万姓丰盈。

帅颜保(1641—1684)康熙初,超授为国史院学士。康熙八年(1669)六月,迁吏部侍郎,后任漕运总督。康熙二十五年,迁工部尚书。

清·姚陶《登云台山记》

[内容详见本编第二章第五节。此碑共8块,现存6块,其中5块嵌于自在天内东侧走廊壁,1块残缺,存于海清寺塔院内。碑面等宽0.82米,等高0。45米,碑文字宽4厘米,高3厘米。柳体书,竖刻。每块碑刻字100字左右不等。]

海天洞缘起记略

静澄和尚者,余廿年前方外交也,与余交最久,契最深,惟余知之最详。和尚为云台山海宁寺住持,法讳印清、字静澄、一字净尘。品端识卓,视正言徐,于人靡不容。惟爱交游、重然诺、喜施予,有以厄苦告者,辄倾与之,不逆亿其伪。善绘水墨葡萄,书法肖二王,有草圣之目。其为住持时,一以整纲饬纪,恪守清规,勖诸僧,昕夕趺坐蒲团,默参妙谛,暇则徜徉山水间,不撄心于琐务。尝谓余曰:"天苟假我数年,常住规模,整理就绪,即当退居岩洞,面壁以终,不为出山之云矣"!讵意言犹在耳,化人云遥。维时悟五在侧,习闻是言,初不料其经心也。悟五者,和尚之徒,世为涟东望族,智慧天生,有腹尺。弱冠至云台,依和尚为师,凝心内境,不斲不洎和尚去后,间关跋涉,募化远方,积数百金,重修寺之前宫门,量材程功,增辉灵宇。继游江浙,朝南海,客金焦,周历名山古刹,研求物理,参学仪规。久之,打破禅关,大开澈悟,洁身而返,息影云山,因念其师,赍志以往,乃于巉岩绝巘间,爬剔搜寻,嵌室成洞,上下四旁,迷镕为一片,浑若无缝天衣。其中左盘右折,窅渺幽深,或敧或侧,忽凸忽凹,有堂有房,可坐可卧,履其境者,几疑不在人间焉。嘻!是洞也,直于海山深处,别有洞天,是以谓之海天洞也。悟五以为洞虽成矣,容膝则安,妥灵则隘。又于洞之极巅,铲崖削石,营造孤亭,高厰轩窗,岿然云表。亭无蹬道,由洞右凿穴,阶升入斯亭者,蛇蟠蚓屈,如史公书。旁行斜上,门仅容身,上横木板为启闭,一夫当关,百人莫入。亭内崇奉金刚像,并祀和尚慈容,卒成和尚之志。若悟五者,可谓善于继述矣!亭外众峰拱揖,海上诸山,可指而数,开窗四顾,东北叠嶂刺天,爽气岚光,逼人眉宇;西距数十武,琳宫绀宇,楼阁连云;北则瀑布悬空,迸流而下者,水帘洞也;亭以南断崖壁立,藓封蔓络,字迹模糊者,天然碑也;双株并峙,根分枝合,矫若虹龙者,美人松也。更瞩下方,原田,垣屋鳞比。悟五遥指曰:此某村,此某村也。环洞芳蕤馥馥,红紫无名,灿若云锦,则历时之花木也。凭虚纵览,诸景隆然上浮,千姿万态,非亭之所有,皆亭之所有也。触目怡情,将叹观止。故前淮海观察沈公瑜庆,取"倚天照海花无数"之句,颜曰:倚天照海之亭,盖纪实也。亭背大石,皴裂如巨鱼张口,中空无物,右凹陷数尺,置厨灶裕如。人从口入,由腹出,忽见奇石满地,单者、复者、蹲者、立者、角斗者、坦夷者、绵延者、斩绝者,错落从衡,丹青所不能貌。游者至此,如经山阴道中,应接不暇,愈玩愈奇。亭出洞表,苦无水。悟五匠心独运,探源海曙楼前,穿崖架木,引水入亭,可润花、可溉圃、可洗砚、可瀹茗,源源而来,不舍昼夜。以人之逸,待水之劳,挹彼注兹,取携甚便,于以见悟五构思之巧焉。功既竣,余闻往观,爱其形胜之奇,天施地设,非人能为,悟五适然得之,毅然成之,兼能补前人未完之憾,此其才且贤为何如哉!昔慧礼为龙兴讲舍,王荆公作记称其能。今悟五之洞之亭,堪垂不朽,何可无记以存之?愧余羸老就衰,莫能表扬胜迹。缘本寺住持德江和尚、监院德选、秀峦诸禅师,从旁怂恿,谊不容辞,故不揣谫陋,爰为记其巅末,聊摭大略云尔。

时宣统二年，岁在上章掩茂之壮月上浣

云台里人润民武学澍

章兰碤书并刻

（此碑嵌于海天洞照海亭北壁，碑高0.45米，宽1.15米，竖写，楷书。武学澍时为郁林乡董事、宿儒。章兰碤，小村人，精于金石、书画。）

创建新浦天后宫记

图30－1　新浦天后宫记碑

新浦据蔷薇河下游南岸，上沿沭河土货泛而至焉。为运河尾闾，河流所及之，土货泛而至焉。渤海商舶，因是翔集，而交易成然。余童年至此，茅屋星星，帆樯环之。而庙东则更荒冢累累，于蒿莱一望间而已。至是庙落成后，商业日兴，经营乃有今日。闻诸父老言，新浦之兴自有天后宫始，其或然欤？考古司市，有官重市政也，逮贱商之说起，商乃自为计，咸于集合之地，筹资建庙，藉为会社所，业遂日隆。推相因之理，固觉平常。然创者之难，又有非见之之易者矣。光绪十八年，族兄振家、振鼎审理度势，倡议创建天后宫于新浦，得鲁商林乾一、林栋臣，乡先生周怀钧、周庆昭，族伯兆垣、际台，堂伯际贡诸公赞助。议成，啬于财，而各先捐借之。适绪镛和尚续建富安玉皇宫甫竣，招畀是工和尚，乃日与绅商购地庀材。是年，正殿成。十九年，两厢成。二十一年前殿成。二十七年戏楼及围墙成。经营构造近十年，悉在艰窘中。而来观者以规模小之，是未悉当日之力绌也。民国元年，余与族兄振基组织地方自治，和尚出资，于庙之东偏建会所五间，厢房五间，率徒本茂溽暑督工。越年，余与桐城陈君承露及周君锐卿、葛君桀、族侄允生，以临洪仅族兄振基所创国民学校一议，在新浦立第二国民学校，正场立第三国民学校。与从堂弟振沛、族兄振鼎首捐巨资，复得殷君维盘、王君开基、江君希昶、董君秋成、族兄振高输捐协募，于庙之西偏，延族兄振培督建学舍一所。是天后宫之创建，微特关商业之兴，即地方公益亦赖以举也。因是土人属余为记而镵石树之壁。

中华民国六年十月东海县临洪市新浦阖行公立

刘振殿　撰

东海

刘允生　书

（《创建新浦天后宫记》碑高200厘米、宽80厘米、厚25厘米、字高2.5厘米、宽2.5厘米。楷书，竖刻。原立于新浦天后宫，即今新浦区人民政府机关大院内。现立于新浦公园南大门西侧。保存完好。）

濬云河碑记

清季，两淮盐运副使徐星槎，尝礼佛云台山各寺观，掘渠行舟，自南城至大板龎入海，名曰烧香河。

沿河土地渐肥沃，农民利之。民元后，地方官民复于其南辟新烧香河，即今之云河也。沦陷时期，伪盐警管理小板龎水闸。不以时宣泄，河床淤积，年苦水患，农民敢怒而不敢言。胜利后，振汉奉命长连云市政。以郊垒犹多，不得建设，思先有以利农村也。因请诸善后救济总署苏宁分署郑西谷署长，以赈粉四百吨，兴工疏浚，三月竣事。计导云河及东磊山东庄关里三支河，长凡三十七公里，筑石桥三座。又承两淮盐务局局长费文龙、何维凝两先生先后协助，商定同管小板龎水闸启开事宜，四时盐运，两岸农田不复再蒙其灾矣。主其事者，苏宁分署屠主任耀明、工程稽核丁技工文霖，其测绘、设计、监工，则本市工务局魏科长泽与其役。是时也，苏宁分署又拨赈粉三十三吨，修复小学校舍十六所，筑宋新段市道四公里，特附述焉。工既成，勒石志永。后之君子，倘恢宏斯义从而扩大之，更所望也。丁亥仲秋月铜山张振汉记

（此碑高 207 厘米、宽 90 厘米、厚 13 厘米。正面为"工赈纪念碑"5 个隶书大字。上首为"连云市市长张振汉题"，下首落款为"中华民国三十六年八月立"。"工赈纪念碑"5 个字，字高 25 厘米，宽 30 厘米，上下首为楷书，字高 8 厘米、宽 8 厘米。背面碑文为隶书，字高 3.5 厘米，宽 5 厘米。碑原立于南云台山东磊下河边老公路旁。今横担于附近小沟上。碑正面朝水，已风化。背面朝上，碑文均清晰可见。）

海清寺阿育王塔说明碑记

海清寺阿育王塔建于北宋天圣年间，距今已九百四十余年，塔形仿楼阁式，九级八面，高约四十米，是江苏北部最大的一座古塔。塔的外壁，每层系砖砌叠涩腰檐，东、西、南、北四面辟券，其余四面隐出直棂窗。外壁内绕以走廊，中央为砖砌八边形塔心柱，内设梯级，上下衔接，交错组成。唯第九层无塔心柱和走廊，为八边形室，壁上置砖半拱，构成八角形藻井。在塔的砖结构内，使用木材做骨架，以加强结构。塔的体积如此之大，结构如此之复杂，而至今没有发生不均匀下层和倾斜。由此可见，当时建筑技术的巨大成就。

海清寺阿育王塔，是佛教的产物。封建统治阶级用来宣扬宗教迷信，企途巩固反动统治。作为建筑艺术，它也反映了我国古代劳动人民卓越的创造才能，是研究我国历史和建筑史的一个实物例证。遵照毛主席"古为今用"的教导，江苏省人民委员会于一九五六年十月十八日公布海清寺阿育王塔为省一级文物保护单位。并于最近进行了维修加固，供广大人民研究欣赏。

（此碑嵌于海清寺阿育王塔底层南门外西侧。碑高 0.80 米，宽 1.00 米。楷书，横排。）

海清寺阿育王塔出土文物记

海清寺阿育王塔，建于北宋天圣四年（1026）。由于塔的历史悠久，受到自然和人为的损坏较重。遵照毛主席"古为今用"的方针和国务院《关于加强文物保护管理暂行条例》的精神，江苏省革命委员会文化局拨款，连云港市革命委员会文教局主持，于 1974 年 10 月开始维修，施工中于塔的底层塔心柱正中，发现一长方形砖室，其中有砚石雕成的石椁一口，长 103、宽 40、高 65 厘米。揭开石椁盖，前部为一铁匣，后部为"佛骨"若干（经鉴定全系人的指骨）和琉璃舍利瓶一只，内盛舍利子若干粒。开铁匣盖，前部为一银椁，后部为银精舍。银精舍内木莲花座上置"佛牙"一只，经鉴定为木雕的马牙模型。在银椁右侧有一只青瓷舍利瓶，左侧有一只琉璃舍利瓶。该舍利瓶一触即碎了。每一舍利瓶内均盛若干舍利子。打开银椁盖，前部为一鎏金银棺，后部为一银匣。鎏金银棺内置"佛牙"一只和舍利子若干。所谓"佛牙"，经鉴定为马牙化石。开启银匣盖，内有绿豆粒大的白色舍利子两粒和琉璃舍利瓶一只，瓶内又有舍利子若干。在石椁内和石椁下的垫砖缝中出土铜钱十一市斤。其中有五铢、大泉五十、开元通宝、

乾元重宝、周元通宝、唐国通宝、宋元通宝、太平通宝、淳化元宝、至道元宝、咸平元宝、景德元宝、祥符元宝、天禧元宝等十四种。而以唐代的开元通宝和宋仁宗以前各朝的铜钱较多。在石椁下面垫砖缝隙中还出土鎏金小铜佛三尊，鎏金小铜狮子一只。这批历史文物，经南京博物院和连云港市博物馆于1974午11月24日清理取出，由连云港市博物馆收藏，特勒石纪之。

这批石质、铁质和银质文物，都雕刻或压印出相当精美的花纹或形象极其生动的人、物。除石椁外，又都记有器物施主姓氏和纪年的铭文。它们为研究宋代的工艺美术提供了实物资料；为考证塔的修建年代提供了根据；为揭露宗教的欺骗性提供了反面教材。

连云港市革命委员会文教局

一九七五年四月□日记

（此碑嵌于海清寺阿育王塔底层内西南壁，面向东北。高0.45米，宽0.65米。）

云台山僧众抗日纪念碑记

天下者人民之天下，国土者人民之国土。云台山，我辈世世代代生于斯，长于斯，繁衍于斯。汗血浸润，造就绿野万里，春花处处；良田无垠，秋实累累；文明昌盛，货殖兴荣。故民众无不以和平、幸福、富强、康乐为共同心声。

一旦异族侵略，强梁压境，同胞惨遭蹂躏，祖国面临危难，则保家不分朝野贫富，卫国不论长幼僧俗，每每英勇杀敌，慷慨赴死。故五千年来我中华民族方自立于世界民族之林。

云台山三元宫，发迹于唐，重建于宋，鼎盛于明清，殿宇一百余间，僧众几百人，香火数万家，为苏鲁海陬第一丛林。住持方丈学识渊博，深明大义。一九三八年五月，三元宫遭日军飞机轰炸，大殿东南角倾圮，寺僧义愤填膺，曰："出家人出家不出国，日寇毁我佛殿，誓必令其入阿鼻地狱"。于是联络僧俗二十余人，多次伏击敌寇。日军气急败坏，于一九三九年农历七月十四日晨，集中三百余人，兵分四路围剿三元宫及所属寺庙，施行报复。敌军首先闯入玉皇宫，强令住持仁芳法师交出武装人员。仁芳法师连道："无有"。日军将其戳死在地，挑出肚肠，尔后放火烧庙，烈焰熊熊，墙倒屋塌。

时过正午，另几股日军冲入三元宫，将正在诵经的德选、绝暄、隆刚法师及玉皇宫仁益法师绑走，到处焚烧庙宇。下山时又抓走山民周玉田等六人，一并带至新浦严刑审讯。面对穷凶极恶之敌，德选法师凛然对曰："我等乃佛家子弟，修德为本，普渡众生，心地善良，尔等肆意践踏中华国土，残杀无辜人民，禽兽不如！"敌人丧心病狂，除放走山民一人外，余九人均被活埋。

数日后，日军又两番搜山，肆意杀戮，焚烧残存庙宇。至此，三元宫及其所属玉皇宫、武圣庙、九龙庙、茶庵、自在天、长生庵、乌云阁、大悲庵、屏竹社、团圆宫、海天洞、艺松堂等十三处全部化为灰烬。几十辈高僧经营之佛众乐土、几百尊古今之珍贵佛像、几千卷内府颁赐之稀世经卷，均毁于一旦。

当今欣逢盛世，正值改革开放，举国上下，同心同德，建设四化，振兴中华。一九八四年九月，连云港市被列为沿海十四个开放城市。一九八八年八月，云台山被定为国家重点风景名胜区。近年来，国家与地方政府拨出巨资重点修葺，使云台山得以重振壮丽风姿。一时名噪寰宇，举世共瞻。

每逢工余节假，四方乡邻扶老携幼同登云台山，观赏古刹，一觞一咏，畅叙幽情；载歌载舞，其乐融融。且夫忧国忧民之士，抚今思昔，百感交集，莫不为日军之凶残而恨之入骨；莫不为古迹之破坏而惋惜不已；莫不为僧俗之凛然正气钦敬有加。唏嘘之余，更深知建设富庶社会主义国家之重要，更深知拥有现代强大国防力量之必需。此所谓：前事不忘，后事之师。撰文以志，示我后人，记我国耻。

连云港市人民政府
彭云撰文　周庚如书
一九九二年九月立

（此碑立花果山义僧亭内。）

九龙桥记

江苏之巅为云台，云台之巅在玉女。上峙霄汉，下临沧海，群峰拱卫，百水争流，其间巨涧喧赫而下者九，汇于一口。虹桥飞架，束之如带，故名桥曰九龙。明时即列云台三十六景。其地也，春山花发，若雾若烟；泉水叮咚，如管如弦；夏雨骤至，万壑雷鸣，水涨峡阔，山撼崖崩；秋岭松翠，银杏叶黄，水碧染涧，藤花映霜；隆冬流涩，石骨峻嶒，冰妆玉溪，雪砌银虹。

嗟乎！岁月悠悠，寒暑频易。历万代而不摧者，云台也；越千载而不毁者，九龙桥也。原夫根深蒂固，巍峨长在，朴实无华，妩媚自生，其理盖物我俱一也。时值政府鸠工大修，因为之记。

云台山风景名胜管理局于 1994 年 9 月立
彭　云文　冯若愚书

（此碑立于九龙桥西端，竖于原弥陀庵前的一只无头赑屃上，碑高 2 米，宽 0.98 米，厚 0.22 米。记文刻于碑阴。碑正面镌“九龙桥”三字，为杜庚书，行书，字径 0.43 米。）

新海中学“校友桥志”碑

志曰：学校两区之间街衢横断，车水马龙，一日数往时有惊扰，早欲架桥以策安全，然恨乏其力。今蒙校友明鑑，并赤忱资助，旬月之间，一桥飞架，诸君之功难泯难忘，懿德嘉行永垂校史。为此小志以昭后人。

一九九三年九月
撰文：李津生
镌刻：戴永礼
书写：赵斯武

（该碑嵌于新海中学校门西侧南墙上、校友桥下。碑由 8 块 1 米见方的大理石组成高 200 厘米、长 400 厘米；“校友桥志”4 字宽 17 厘米、高 16 厘米。碑文字宽 10 厘米、高 6 厘米。均为隶字。）

大圣山庄记

云台高处青峰顶，旧有废置房舍数幢，墙垣剥蚀，门窗洞空，小径崎岖，蒿莱没膝。近年花果山游人骤增，留连于此者日众，咸谓于绮丽风光。

一九九六年五月，市领导郁家树、唐贯怀等陪同全国人大副委员长彭冲来此视察，有整理修建之议。乃广集社会贤达，共谋良策，筹措资财，鸠工修葺。于是旧房为之加顶，旧路为之重砌，庭院间老树芳草皆因势利导，良者护之，秀者刈之，并新建门楼、轩堂、亭阁、雕塑及一应生活设施。为时半年余功成，命其名曰大圣山庄。

大圣山庄遥耸于蓝天之下，众峰之上，云烟缭绕，金碧辉煌。遂为花果仙山添一处佳境，为西游故事增三分颜色。白日登临，但见群山蜿蜒，层峦叠翠；大海浩荡，渺无涯际；盐池如镜，田畴绿染；高楼林立，鳞次栉比，港城繁荣景象尽收眼底。

夜宿山庄，松涛盈耳。山下万家灯火，灿若云汉。置身其间，恍若天上宫阙。至若拂晓东眺，迎一轮红日于大海升起，红霞漫天，乱云飞渡，则更为内陆诸名山所未有。

嗟乎！大圣山庄之兴建，起琼台于乱宇，化平淡为神奇。足见巧由心生，事在人为，但有爱山爱乡之心，必成利国利民之举；感叹再三，因为之记。

彭　云文

（此碑刻嵌于大圣山庄内北墙，面南。碑高0.50米、宽1.50米，字径0.04米，竖排。）

玉女峰碑褐

云台山为泰山余脉，连绵百里。其突兀而起者玉女峰，乃江苏之巅，海拔六百二十五点三米。登临远眺，惟见群山俯伏，碧野苍茫，浅岭云行，洪波浴日，盖古传蓬莱、方丈、瀛洲之地也。

（此碑立于花果山巅。碑高3.34米，宽1.27米，厚0.33米；台高0.90米，长2.3米，宽1.35米，顶冠以1米多高的二龙戏珠雕石。正面朝南所刻“玉女峰”三字为集王羲之字。）

云台山海宁禅寺世纪钟声碑记

维公元贰零零零年元日零时，天开千年新纪，地运百代薰风。斯时，云台山海宁禅寺昌鉴法师，率僧众鸣钟一百零八响，恭迎新世纪降临，为万民祈福于我佛之前，祷曰：

云台郁郁，黄海泱泱。巍然古寺，独立苍茫。
护国佑民，福庇四方。欣逢圣代，大放毫光。
世纪之交，千禧盛况。风云际会，鹫飞龙翔。
午夜钟声，山岳回响。天地神灵，祈聆众望。
华夏中兴，自立自强。人寿年丰，黎庶安康。
天下太平，和睦万邦。我乡我土，永乐永昌。

彭　云　焚香敬撰

许厚文　沐手书丹

（此碑立于花果山海宁禅寺大雄宝殿前西端，面南。碑额“云台山海宁禅寺世纪钟声碑”12字为篆刻，碑文为隶书。碑高1.19米，宽0.63米，厚0.14米。碑座高0.25米，宽0.45米，长1.00米。）

第二节　诗刻选

一、花果山诗刻

宋·祖无择三言诗刻

（宋庆历甲申岁秋七月辛卯择之文，致尧笔，君章刻。此刻为篆书，文12行，每行7字，字径25厘米，勒于郁林观遗址东岩壁下的一块面东的大石上，刻面高500厘米、宽600厘米。人称“三绝碑”，现完好。诗文详见本编第二章第一节）

宋·石曼卿诗刻

上蹲狮子岩，下有濯缨泉。石岩对镌磨，唐宋留二贤，大暑日不到，银河倾九天。花气晓薰谷，春水如佩悬。坐久捐埃尘，冠弁斯泠然。

石曼卿赋此诗，壮此景，穷写胜概，曲尽其情，而无石刻以为之纪，好事者记于州之永安寺壁。虑其岁月深远，颓废不存，今刊于此，以永其传，盖将托是诗以不朽焉。丁亥谭亨甫题。

（此二刻在郁林观东岩壁下大石南边，面北。诗刻5行，每行10字；诗刻跋6行，每行12字。字径均8.25厘米，楷书。现完好。）

图30-2 祖无择三言诗刻局部

聚仙桥蝉联诗刻

（此蝉联诗——亦称回文诗刻于花果山下石门口涧心一巨石上，因涧上有桥，曰聚仙桥。凭桥名成诗，以“聚仙桥上得逍遥瑞气飘香花结彩”14字，蝉联为“聚仙桥上得逍遥，上得逍遥瑞气飘，瑞气飘香花结彩，香花结彩聚仙桥”七言诗。诗刻字径12厘米。1971年，修石门口水库时，桥碑及诗刻俱毁。今重刻成碑，立于花果山景区供游人观赏。）

洗心泉蝉联诗刻

（此诗刻于花果山下石门口涧心一巨石上。因石上刻有“洗心泉”三字，便以“洗心泉水系连环湾套湾能开智慧”14字，蝉联为“洗心泉水系连环，水系连环湾套湾，湾套湾能开智慧，能开智慧洗心泉”七言诗一首。1971年，修筑石门口水库时，此刻被毁。）

二、东磊、渔湾诗刻

延福观藏经阁摩前朝碑诗

琳宫扃闭云上层，云理石级无人登。到门小憩山寂寂，微闻门内扫叶声。
残僧出见聋且跛，手指殿上夸觚棱。我来读碑非礼佛，团圆九圣胡不经。
碑覆玉兰花树底，树阴绣蚀苔痕青。以帚力刷字始辨，前明迄今世几更。
肇自万历二十载，圣人御宇功告成。大发诚心印经典，其一颁赐云台僧。
下为海内祝康泰，上为宫壶祈肃清。奉敕者谁御马监，知矿税事臣陈增。
丱人于古掌厉禁，大利实与大害并。嗟嗟神庙多稗政，第一此事殃民生。
中朝不识至尊面，珰奴四出穷输征。琼林大盈膏血聚，妖书梃击灾异兴。
罪高浮图佛所怒，万子万孙旋祚倾。运启圣清大无外，康熙复海天下平。
摩崖文字光日月，此碑直可拽使崩。同游怪我久饶舌，促我回去扶红藤。
回听乱山响黄叶，绕足一路烟霞蒸。

东磊神仙洞诗刻

蒙茸虎豹尽高蹲，肤寸氤氲古洞昏。苍狗白云何处去，飘然随我到昆仑。

海州司训杨廷镇

（刻于延福观右上方神仙洞口巨石上。字径8厘米。）

东磊龙潭涧诗刻

未建新都市，且先劝务农。黄花香晚节，老圃淡秋容。

沧海难言量，云山不记重。莫随潮起落，为政在中庸。

张 仁 民国三十五年

三、南城诗刻

幸际清世平，幽怀寄上方。共歌天地洞，盱望海天长。

远树横高岭，群峰插太苍。鲸波从此息，偕乐水云乡。

明万历乙酉秋辛未武进士守备东海太泊陈先年偕友登此

（此诗刻于南城东凤凰山。）

武同举三言诗刻

海上山，云漠漠。迤西南，飞一角。俯视阙，依城廓。翼然亭，弥其缺

春坐花，秋醉月。夏吟风，冬卧雪。试纵观，天宇阔。屏尘爽，且行乐。

挹之亭，西山麓。癸丑春，笏山筑。三言记，静轩续。乙卯秋，霞峰录。

（此刻镌于南城西凤凰山脚下的坡崖上，面东，隶书，阴刻，字径0.12米。今保存完好。）

东凤凰山徒然洞抗日诗刻

［徒然洞，原为日本侵略军为挽救覆灭命运而凿的山洞。位于南城东凤凰山玉皇宫东下方约40米处。洞高1.42米，宽1.7米，洞深10米，内有南北两岔道。洞未凿成，日军便无条件投降，徒留此洞。抗战胜利后，阜宁人高卓然将此洞提名为在“徒然洞”，以嘲笑日军。民国三十五年(1946)春，玉皇宫隆引将“徒然洞”三字勒于洞门顶端。洞门两旁有抗日诗刻。］

图30-3 东凤凰山抗日题刻

其一：观徒然洞有感（此刻刻于洞门南侧）

扶桑倭寇兮扰我帮，穿穴御袭兮徒然忙。

血战八年兮洗国耻，河山重整兮日月光。

安莫忘危兮继奋斗，纵横宇宙兮当自强。

民国三十五年高建华书

其二:题徒然洞

蠢尔倭奴,残暴妄动。公理难容,徒留此洞。

皋宁高　捷题

第三节　题刻选

一、花果山题刻

万岁通天元年六月二日,清信佛弟子孙富乐开此寺道,通东海寺。

唐·万岁通天元年六月二日

(此题刻刻于花果山乡小村村禅心寺遗址处一巨石南立面上。刻幅高52厘米,宽25厘米。字高、宽均为5厘米。计26字,竖刻3行。其中"元""年""月""日"4字为篆书。今保存完好)

范阳祖无择至此　皇祐二年仲春十三

(刻于玄奘纪念堂右下方路旁一石碑上)

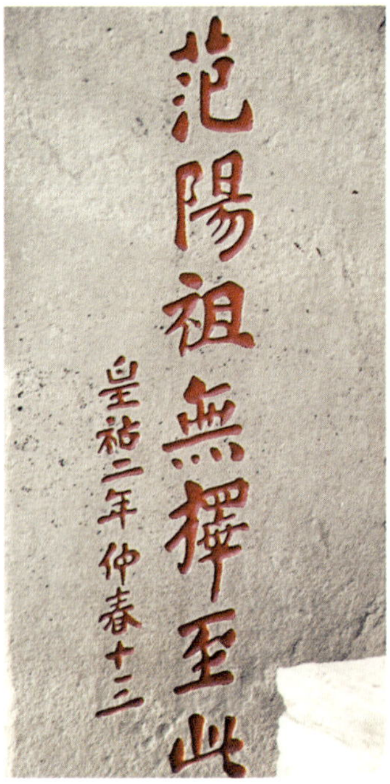

图30-4　祖无择题刻

印心石屋

(此为道光十五年,道光帝为时任两江总督陶澍题书。后陶澍将此四字镌刻于花果山水帘洞崖壁上。横书字径50厘米。)

根深固蒂　无名氏

(刻于石碑上,镶嵌在海清寺阿育王塔底层南门楣上。)

飞泉　明·王　同题

(明嘉靖二十三年,刻于郁林观旁。楷书,字高、宽均50厘米。)

知海州事韩城师亮采同王璺钱泳登此　清·师亮采等

(刻于花果山乡郁林观。刻面高80厘米、宽100厘米,字高10厘米、宽12厘米。今保存完好。)

古愚子听琴处　清嘉庆戊寅年古愚子

(刻于花果山乡郁林观崖壁上,字高30厘米、宽30厘米)

山不高兮水不深,山田半亩倩龙耕,山中草寿无钟鼓,山上金鸡报五更。　清·朱照

(刻于花果山乡鸡鸣寺遗址东南20米路边山石上。刻面高45厘米、长77厘米,宋高、宽6厘米。今存完好。)

乍见天昊　　泰昌元年杜一璠题

（刻于花果山啸云洞崖壁上。）

濯缨泉　　宋·石曼卿

（此题记刻于花果山乡飞泉狮子岩下涧中一巨石上。竖写，楷书，字径25厘米。今完好。）

高山流水　神泉普润　　明·王同

（“高山流水”，刻于花果山水帘洞洞门右侧岩壁上，横写，楷书；“神泉普润”刻于水帘洞洞门左侧，竖写，篆书。今均完好。）

廉石

（刻于郁林观石刻群一面向西南的巨石上，隶书，竖写，字径45公分。佚名。）

望天迎佛　　崇祯十年又四月温陵郑芝龙题

（刻于花果山玄奘纪念堂门前西侧方石柱上，面南，楷书，竖题。石柱高180厘米、宽30厘米、厚20厘米，字高12厘米、宽14厘米。）

遥镇洪流

（刻于玉女峰东北角下方一悬崖峭壁上，字为康熙帝为三元宫题书。20世纪90年代镌刻于此）

图30－5　康熙皇帝御笔题刻“遥镇洪流”

照海亭摩崖题刻

位于花果山乡前进村东部，系清代和民国时期题刻。为市级文物保护单位。该题刻有题名、题勒、诗刻和碑刻。书体有篆、隶、楷、行、魏碑。清刻3处，民国刻9处。其中比较有代表性的有：“明照无二”，刻面长1.16米，宽0.4米，字径长20厘米，宽17厘米。款字长、宽为4厘米；“恩光普照”，刻面长0.9米，宽0.45米，字径长、宽为14厘米。款字长、宽为5厘米；“环瀛仰镜”，刻面长3.2米，宽0.57米，字径长、宽为55厘米。款字长、宽为5厘米；“界”，刻面文长1.6米，宽1.5米，大字径长、宽为45厘米，小字径长、宽为10厘米。

图30－6　照海亭题刻

郁林古观　　住持僧本来

（清光绪十九年题郁林观门额。隶书，字高15厘米、宽20厘米。）

垂虹溅雪　漱玉歕珠　　黄道传

（清宣统元年题刻于郁林观旁山崖上。隶书，字高、宽均25厘米。）

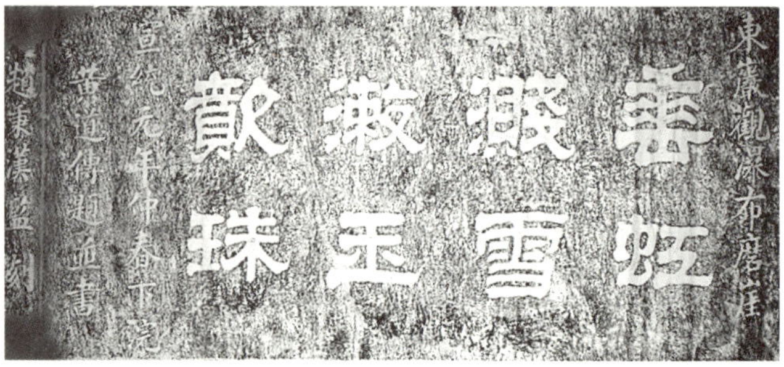

图30－7　黄道传题刻：垂虹溅雪　漱玉歕珠

蟠龙丈人　　道光壬辰长沙陶澍题

（刻于花果山蟠龙丈人松旁岩石上。草书，字径19厘米，松树已死，题刻犹存。）

灵泉　　清·师亮采

（刻于水帘洞门上方，篆字。字径24厘米。原无落款。据《海州文献录》载，此为嘉庆年间海州知州师亮采题书。）

道光十五年夏四月廿四日，太子少保兵部尚书总督两江使者长沙陶澍，以阅伍至海州，重登云台山。同行者刑部主事吴县曹懋坚、前知海州韩城师亮采、前知江都县钱塘陈文述、太湖同知巢县刘大烈、淮北监掣同知山阴陈在文、署海州知州海康王梦龄、赣榆县知县乌程徐林春、无锡知县松滋谢元淮、海州州同耒阳罗登瀛、海州州判合肥龚照琪、宝山县县丞咸宁刘琅、代理海州州判赵庄、海州参将瀚海德本、东海营都司丹徒赵云炳及州人前山东平阴县许乔林。

（刻于花果山袖海苑前院北侧一巨崖上，刻面朝南，高75厘米、宽160厘米。行书，分刻20行，字径6厘米。）

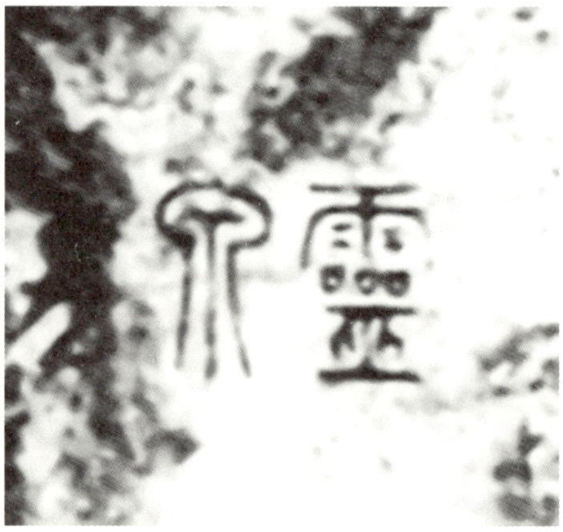

图30－8　师亮采题刻：灵泉

云台山　　光绪己亥春·树艺公司

（此题记刻石碑；嵌于三元宫山门顶上。今仍完好。题书人不明。）

同悟性天

大清光绪二十八年四月初五日，予与心二马公约雨堂禅兄，同访悟五禅师于云台，导游此胜境，尘缘顿消，不可略而弗志。庚寅进士，御前侍卫秦镇照撰书。

（刻于照海亭旁。“同悟忱天”为楷书，字径30厘米。落款字径6厘米。）

图30－9　秦镇照题刻：同悟性天

须弥映海　　光绪丁未年　净业比丘秀峦

书

（此刻为隶书，字径25厘米；落款字径10厘米。）

灵山福海　　丁未夏　吴县宋始基题

（宋始基为清末民初云台山树艺公司创建人。）

南海大士　　慈献龙泉神井

中华民国十五年三月谷旦江苏东海百子庵二堂弟子悟禅募化

（刻于玉皇阁北崖壁上。“南海大士”四字横刻于上方，字径22厘米。下方中央为“慈献龙泉神井”六字，字径20厘米；余为下方上下款。字径10厘米。）

龙潭神泉　　无名氏

（刻于玉皇阁北路边圆形井边石上。字高23厘米、宽14厘米。题书人不明。）

鸡鸣石　　清·古愚子题

（刻于花果山乡碧霞宫遗址西北150米处一卵形孤立巨石顶面。字径高33厘米、宽30厘米，落款字高12厘米、宽10厘米。今存完好。）

图30－10　古愚子题刻鸡鸣石

过仙桥

（刻于玉皇阁下方。隶书、字高30厘米、宽20厘米）

镇靖庵　　辛卯年僧人圆科置

（刻于玉皇阁东公路下方崖石上。楷书，字高、宽均40厘米）

临济枝

（刻于“镇靖庵”题刻西旁。为阳刻楷书，字高48厘米、宽43厘米）

玉皇宫　　无名氏

（“玉皇宫”三字刻于高54厘米、长120厘米石碑上，镶嵌在玉皇宫南侧下山路北侧墙壁上。字高34厘米、宽26厘米。题写人不明。）

海宁禅寺　　赵朴初题

（海宁禅寺匾额题字。楷书，字高、宽均25厘米。）

玉皇阁　　潘国西

（此为玉皇阁匾额题字、楷书。）

唐隶宋篆　　叶圣陶

(刻于花果山乡郁林观山岩上。刻面呈馒头型,底长120厘米、高110厘米。篆书,字高26厘米、宽14厘米。题刻时间不明。唐隶宋篆崖刻上原来曾建过一座亭子以保护二刻,并请叶圣陶题字,后亭子被一位领导叫停、拆除,便将“唐隶宋篆亭”5个字截取前4个字刻在石上,并将叶圣陶三字也刻在石上。)

图30－11　题刻:忘归

忘归　　无名氏

(刻于玉女峰巅一巨大斜坡石面上。行书,字径65厘米。)

南无观世音菩萨南无阿弥陀佛南无大势至菩萨　　民国十九年立东海王孟欣学书

(刻于玉皇宫去水帘洞路旁山崖上。楷书,字高22厘米、宽14厘米。)

烟雾生海上,温润此山清;
妙笔乡人事,遂扬天下名;
果然钟秀气,东海第一峰。　　　　许嘉璐

(1999年夏,刻于花果山风门亭南。行书,字高28厘米、宽22厘米。)

花果山　水帘洞　七十二洞　陈永高书

(1959年11月陈永高书,1960年初由李志仁、张克远二人所刻。“花果山”3字,隶书,刻于天然碑南侧一巨岩上,竖刻。字径150厘米;“水帘洞”3字,隶书,刻于水帘洞门侧一斜石上;“七十二洞”4字,隶书,刻于“花果山”3字下方一巨石上,横刻。字径70厘米。)

袖海　　程鎏

(1976年春,刻于三元宫西侧,楷书,字高45厘米、宽54厘米。)

睹佛台

(刻于三元宫东北70米处峭壁上。楷书,字高59厘米、宽38厘米。)

锁涧

(刻于三元宫东虎崖下方涧右侧巨石上。楷书,字高、宽均70厘米。)

毛公碑:孙猴子的老家在新海连市云台山

(刻于照海亭南不远一巨岩面上。此为依据1958年期间团中央第一书记胡耀邦到新海连市考察时,传达的毛泽东主席对他说的一句话,于1993年纪念毛主席诞辰100周年,由市书法家陈凤桐集毛主席字镌刻的。题刻后有彭云撰文、陈凤桐书的《敬集毛泽东书摩崖刻石记》。)

附:《敬集毛泽东书摩崖刻石记》

图 30－12　毛公碑

记曰:《西游记》乃中国古典名著,世界之文化瑰宝。昔人有谓此系吴公涉笔成趣,未必实有其景其境也。殊不知花果山者,即吾云台山之前顶也。吴公每尝偕友畅游,盘亘竟日,故其峻岭秀色、奇丽传说,得以竟入书中。

1958 年 3 月,毛泽东主席南巡,途径徐州,与徐州地委负责人交谈之际,言"孙猴子老家在新海连市云台山"。1958 年 4 月,胡耀邦同志莅连视察,复云此行前毛主席叮咛,须看看花果山水帘洞孙猴子老家为何等景象。

花果山既钟古典名著之灵秀,复得毛主席之垂询。于是名扬海内外,近悦远来,无不以一睹风采为快事。时值毛主席百年诞辰,改革开放更取得辉煌成就。祖国建设乘长风以迅驰,导师伟业偕日而同光。乡人怀念至深,特据毛主席徐州之言,敬集手书十四字镌于崖壁,以昭子孙勿忘惠泽也。

醒狮　无名氏

(刻于义僧亭右下方。草书,字高、宽均 20 厘米。)

仙境　无名氏

(刻于照海亭旁。隶书,字高 16 厘米、宽 18 厘米。)

第一天门　无名氏

(刻于照海亭旁。草书,字高 9 厘米、宽 8 厘米。)

鹤　张宝莲题

(刻于照海亭旁。草书,字高、宽均 40 厘米。)

志大身闲　山高水远　杜蘅题

(刻于照海亭旁。楷书,字高 15 厘米、宽 10 厘米。)

娲遗石　无名氏

(刻于照海亭东娲遗石上。隶字,字高 9 厘米、宽 10 厘米。)

图 30－13　娲遗石

金桥　无名氏

(刻于照海亭旁。楷书,字高、宽均 30 厘米。)

阿褥达池　　无名氏

（刻于照海亭东首。隶字，字高 15 厘米、宽 20 厘米。）

畅怀　　沈鹏书

（行书，刻于玉女峰北下方悬崖壁上，面西。乾隆题刻“遥镇洪流”南首，字径 120 厘米。）

图 30－14　沈鹏题刻：畅怀

仙鸟春深　　陈凤桐

（刻于照海亭处，草书。）

佛　　少衡祎

（刻于佛洞处。楷书，字高、宽均 40 厘米。）

东海神区　　无名氏

（刻于照海亭南下首。楷书，字高 30 厘米、宽 24 厘米。）

海天福地　养性参禅　杨乃昌

（刻于照海亭旁。隶书，字高 12 厘米，宽 15 厘米。）

盘丝洞　　周明亮

（刻于七十二洞处。篆书，字高 45 厘米、宽 30 厘米。）

图 30－15　周明亮题刻：盘丝洞

莲花洞　　无名氏

（刻于莲花洞口。楷书，字高 20 厘米，宽 17 厘米。）

海天洞　　无名氏

（刻于海天洞口。楷书，字高 20 厘米，宽 17 厘米。）

万佛洞　　无名氏

（刻于万佛洞口。楷书，字高 27 厘米，宽 24 厘米。）

仙　　梁八宝

（刻于七十二洞处，隶书、字高、宽均 30 厘米。）

阿弥陀佛·仙人桥

（刻于花果山山门上首。楷书，字高 20 厘米、宽 24 厘米。“阿弥陀佛”4 字小，横刻于“仙人桥”3 字上端。）

东胜神洲　　沈鹏　题

（刻于花果山景区山门上，草书。）

十八盘·树艺公司茶圃

（刻于“十八盘”起点处一碑正、反面。楷书、“十八盘”3 字高、宽均 18 厘米；“树艺公司茶圃”6 字高 13 厘米、宽 12 厘米。）

30－16　胡绳题刻：海角胜境

海角胜境　　丁丑夏　胡绳

（刻于海宁禅寺前停车场东侧山崖面上。草书，字径 65 厘米。）

风门亭

（刻于风门口。行草）

花果名山　旅游胜地　谷牧

（刻于花果山一崖壁上）

小蟠龙　　无名氏

（刻于多宝佛塔上方，小蟠龙松遗址处。草书，字高、宽均 25 厘米。）

上天梯　　周永卓

（刻于玉皇阁后。楷书，字高、宽均 30 厘米。）

图 30－17　惠心泉

听月

（刻于怪石园前，行书。）

惠心泉　　无名氏

（刻于屏竹禅院前涧旁。草书，字高、宽均 32 厘米。）

二仙洞

（刻于二仙洞口，楷书。）

连环洞　　赵斯武

（1996 年秋刻于七十二洞处。魏碑，字高、宽均 35 厘米。）

晒经台

（刻于晒经台处，楷书。）

天通一线

（刻于景点“一线天”处。为集米芾字。）

懒汉石

（刻于七十二洞西首路中一石上，楷书。）

瑶池

（2000 年，集苏东坡字刻于景点瑶池旁。字高、宽均 120 厘米。）

花果名山　旅游胜地　　谷牧一九八五年六月

（刻于花果山三元宫下停车场边一巨石上。行书，竖写两行。）

“神”字王

（1994 年，花果山景区选用唐代大书法家怀素狂草“神”字，刻于海宁禅寺东南方秃龙沟西坡一巨大坡石面上。字高 3940 厘米、宽 1580 厘米。为世界最大单体汉字。1996 年入选吉尼斯世界纪录。）

图 30－18　题刻：天通一线（集米芾字）

东海胜境　　彭冲

（1996 年，彭冲视察花果山时题写。居刻花果山顶大圣山庄东侧、面南山岩上。行书，字径约 60 厘米。）

玉女峰揽胜　花果山探幽　　李振东一九九五年九月十二日

（刻于玉皇阁北崖壁上。刻面高 300 厘米、宽 130 厘米。字高 44 厘米、宽 38 厘米。）

烟雾生海上，温润此山清。妙笔乡人事，遂扬天下名。果然锺气秀，东海第一峰。

一九九六年偕友张怀西伉俪游花果山留题淮安许嘉璐

（刻于花果山风门亭去南天门路北山崖壁上。刻面高 300 厘米、宽 200 厘米。行书，竖刻。）

图 30－19　李振东题刻：玉女峰揽胜　花果山探幽

花果神山　　丙子夏于花果山芮杏文

（刻于花果山海宁禅寺西侧路北崖壁上。刻幅高 330 厘米、宽 125 厘米。行书，字高 60 厘米、宽 50 厘米。）

樱花传友谊　　郁家树一九九六年六月

（刻于花果山九龙桥南侧涧西，碑高57厘米、宽120厘米。横刻，字高18厘米、宽20厘米。）

花果山　　陈思远题

（刻于花果山怪石园附近，高450厘米、底宽240厘米，馒形巨石上。行书，字高68厘米、宽87厘米。落款字高28厘米、宽48厘米。）

图30－20　陈思远题刻：花果山

云台家乡　今朝更美　　孙悟空同乡韩培信　一九九八年十一月九日

（刻于芮杏文题刻同处。刻面高350厘米、宽180厘米。字高70厘米、宽50厘米。）

金镶玉竹山色美　云飞海啸水连天　戊寅冬　周元（1998年冬）

（刻于玉皇阁北崖壁上。刻面高340厘米、宽130厘米。行书，竖刻两行。字高44厘米、宽38厘米。）

佛　　昌鉴住持斧正辛巳徐林田

（刻在大理石上，嵌于海宁禅寺大雄宝殿后岩壁上。刻面高104厘米、宽60厘米。行书，字径98厘米。）

仙岛春生　　陈凤桐

（刻于照海亭附近巨石上。行书。）

怪石园

（此为中央美术学院雕塑系教授董祖贻题书，刻于花果山怪石园入口处立石上。竖刻，字高、宽均40厘米。）

图30－21　董祖贻题刻：怪石园

花果飘香　　夏伊乔

（刻于花果山十八盘南侧盘山公路旁岩壁上。楷书。字径75厘米。刻时不明。）

墨香小径

（为集米芾字。字高、宽均40厘米。刻于墨香小径入口处的石碑坊门额。）

寿　　周永卓

（刻于“墨香小径”牌坊门左下方一石上，面东。草书，字高 180 厘米、宽 150 厘米）

神龟　　无名氏

（刻于墨香小径“寿”字刻石右侧一龟形巨石下一横石上。字幅分别为高 37 厘米，宽 34 厘米；高 40 厘米，宽 27 厘米。）

瘦影在窗梅得月　凉云满地竹笼烟　　焦振华

（刻于墨香小径一石面上，刻面高 250 厘米，宽 180 厘米。楷书，字高 24 厘米，宽 25 厘米。）

福如东海　寿比南山　　启功

（刻于墨香小径。字高 77 厘米、宽 57 厘米。）

瑞气　　叶崧光

（刻于墨香小径一卧石上。隶书，字高 32 厘米、宽 38 厘米。）

书以流美　　杨康乐

（刻于墨香小径一长 330 厘米，高 210 厘米卧石东一面。隶书，字径分别为高 48 厘米、宽 36 厘米；高 20 厘米，宽 48 厘米；高 36 厘米、宽 50 厘米；高 46 厘米、宽 47 厘米。）

虎　　无名氏

（刻于墨香小径。草书，字高 60 厘米、宽 35 厘米。）

湧晓阳　　沈鹏

（刻于墨香小径一长 340 厘米、高 160 厘米巨石东一面。行草，字高 35 厘米、宽 36 厘米，落款“沈鹏”二字。高 15 厘米、宽 15 厘米。）

图 30－22　启功题刻：福如东海 寿比南山

书林　　韩秀仪

（刻于墨香小径一菱形弧石面上。竖刻。行书，高 45 厘米、宽 37 厘米；高 37 厘米、宽 45 厘米。）

云台胜游　　陆京生

（刻于一巨石斜面上。行书，字径高 75 厘米、宽 75 厘米，落款“陆京生”3 字高 20 厘米、宽 17 厘米。）

万壑争流　　刘博琴

（刻于墨香小径一石上，刻面为边长100厘米的正方形，篆字。字高24厘米、宽25厘米，落款字高16厘米、宽13厘米。）

鸣禽乐　　王超尘

（刻于墨香小径一巨石上。刻面高150厘米、宽130厘米。隶书，竖刻。字高34厘米、宽39厘米。）

图30－23　王超尘题刻：鸣禽乐

帘洞水花飘四海　连云霞彩照千洲　　关晓峰

（刻于墨香小径一兀立巨石侧面。篆书，字高22厘米、宽29厘米。）

盼游人　　黎泉

（刻于墨香小径东门内数步一长160厘米、高70厘米横卧石向东一面。隶书，横刻。字高33厘米、宽43厘米。）

凤翔　　赵家熹

（刻于墨香小径一高270厘米的巨石立面上。隶书，竖刻。字高80厘米、宽95厘米。落款字高20厘米、宽17厘米。）

墨海书林　　陈瑞琦

（刻于墨香小径。刻面高70厘米、宽40厘米。隶书，竖刻。“书”字高14厘米、宽15厘米，“林”字高10厘米，宽16厘米。）

卧　龙　　何　裕

（刻于墨香小径一馒形石立面。隶书，横刻。字高60厘米、宽92厘米，）

铁砚香浓　　陈遇荣

（刻于墨香小径。楷书，字高80厘米，宽55厘米。）

百花齐放　　舒　同

（刻于墨香小径一巨石上。行书，字高、宽均50厘米。）

图30－24　郭绍虞题刻：墨缘

墨缘　　郭绍虞

（刻于墨香小径。草书，竖刻。字高、宽均40厘米。）

亦有情　　李一氓

（刻于墨香小径一巨石上。行草，字高、宽均30厘米。）

笔花墨雨　　陈祖范

（刻于墨香小径一长270厘米、高90厘米卧石上。隶书，字高、宽均35厘米。）

老树春深更着花　　胡向遂

（刻于墨香小径一巨石上。楷书，字高、宽均40厘米。）

图30－25　胡向遂题刻：老树春深更着花

秀岭　　曾景充

（刻于墨香小径一三角形大石上。楷书，“秀”字高50厘米、宽43厘米；“岭”字高40厘米、宽43厘米。）

风雨故人来　　王小古

（刻于墨香小径一近圆形巨石上。狂草，字最刻面高34厘米、宽44厘米。）

图30－26　王小古题刻：风雨故人来

花果烂斑　　王个簃

（刻于墨香小径一斜插巨石上部。篆书，字高70厘米、宽40厘米。）

远思　　范　曾

（刻于墨香小径。行楷，字高35厘米、宽50厘米。）

鸟归　　张云生

（刻于墨香小径一馒形石上。草书，字高66厘米、宽52厘米。）

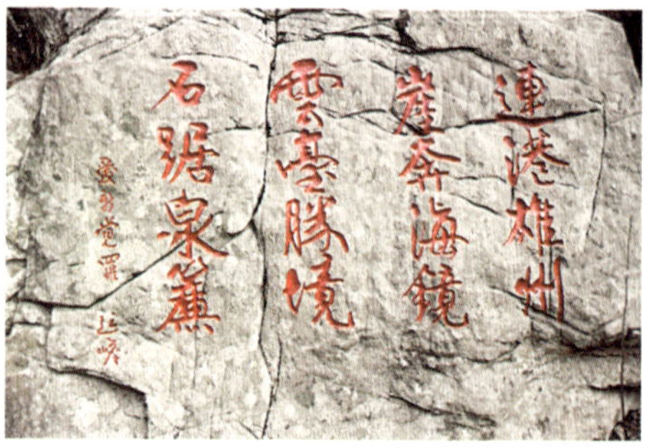

图30－27　爱新觉罗·运巉题刻

连港雄州，崖奔海镜；

云台胜境，石踞泉帘。　　　爱新觉罗·运巉

（刻于墨香小径。楷书，字高、宽均16厘米。）

花果山千峰苍霭钟神秀佛光西去

连云港万顷碧波凝朝晖紫气东来　　吴应宁

（刻于墨香小径一崖石上。行书，字高、宽均15厘米。）

江秋逼山翠　日瘦抱松寒　　田　原

（刻于墨香小径路道踏步西侧。与吴应宁题刻对面。草书，字高30厘米、宽20厘米。）

雅琴　　王　澄

（刻于墨香小径。隶书，横排。字高35厘米、宽50厘米。）

仙人屋　　无名氏

（刻于墨香小径。楷书，题写人不明。字高、宽均15厘米。）

有山皆图画　无水不文章　　黄养辉

（刻于墨香小径。篆书，竖排成四行。字高、宽均35厘米。）

图30－28　黄养辉题刻

沧海连云迎晓日　关山如画望中原　　周尔复

（刻于墨香小径。行书，字高、宽均10厘米。）

山幽　　王颂馀

（刻于墨香小径。草书，字高、宽均50厘米。）

图30－29　王颂馀题刻：山幽

听贤　　无名氏

（刻于墨香小径。为集唐太宗字。字高50厘米、宽40厘米。）

明月松间照　清泉石上流　　尚　涛

（刻于墨香小径。狂草，字高30厘米、宽20厘米。）

云海　　武中奇

（刻于墨香小径。行书，“云”字高80厘米、宽53厘米，“海”字高、宽均55厘米，落款字高26厘米，宽10厘米。）

图30－30　武中奇题刻：云海

墨海名流遍禹甸　书林精品聚连云

许培坤

（刻于墨香小径。隶书，竖排两行。字高37厘米、宽42厘米。）

情系云台　　彦　涵

（刻于墨香小径。行书，横排。“情”字高56厘米、宽67厘米，“台”字高40厘米、宽30厘米。落款字高18厘米、宽10厘米。）

幽　　无名氏

（刻于墨香小径。楷书，字高50厘米、宽60厘米。）

娇黄嫩绿　淡白深红　　厉国香

（刻于墨香小径。楷书，竖刻两行。字高、宽均20厘米。）

鸿飞鹤舞　　李长路

（刻于墨香小径。草书，竖排。字高、宽均50厘米。）

图30－31　李长路题刻：鸿飞鹤舞

墨海涛观　　林　林

（刻于墨香小径。草书，字高、宽均16厘米。）

书趣　　无名氏

（刻于墨香小径。字高50厘米、宽60厘米。）

醉游人　　邓伟强

（刻于墨香小径。隶书，横排。字高32厘米，宽35厘米）

图30－32　邓伟强题刻：醉游人

天清洞幽　　康伯藩

（刻于墨香小径。字高、宽均40厘米）

青松翠柏常春　瑶草奇葩不谢　　赖詠几

（刻于墨香小径。隶书，字高35厘米、宽40厘米。）

朱墨春山　　余纲

（刻于墨香小径。篆书，字高40厘米、宽35厘米。）

留连山海　乘云河汉　　李苦禅

（刻于墨香小径。行草，字高60厘米、宽50厘米。）

图30－33　赵斯武题刻：墨海

墨海　　赵斯武

（刻于墨香小径。楷书，字高、宽均55厘米。）

天在山中　　萧娴

(刻于墨香小径。字高87厘米、宽100厘米。)

雨洗秋林　　纪书玉

(刻于墨香小径。字高、宽均40厘米。)

图30－34　诸乐三题刻:酒

猿声　　徐家静

(刻于墨香小径。隶书,字高35厘米、宽40厘米。)

酒　　诸乐三

(刻于墨香小径。篆书。刻幅高115厘米、宽97厘米。)

秉德不违　　黄寿昌

(刻于墨香小径。篆书。字高40厘米、宽10厘米。)

连云港外碧波浩渺千帆舞　花果山巅彩霞高照万国来

李淑一

(刻于墨香小径,楷书。)

海月　　陈佩英

(刻于墨香小径。隶书,字高、宽均60厘米。)

忘我　　乐图南

(刻于墨香小径。隶书。字高35厘米、宽42厘米。)

云气　　尉天池

刻于墨香小径。行书,字高40厘米、宽43厘米。)

鸥从沙际冲烟去　燕在花前捲雨来

顾铮

(刻于墨香小径。行楷,字高30厘米、宽25厘米,)

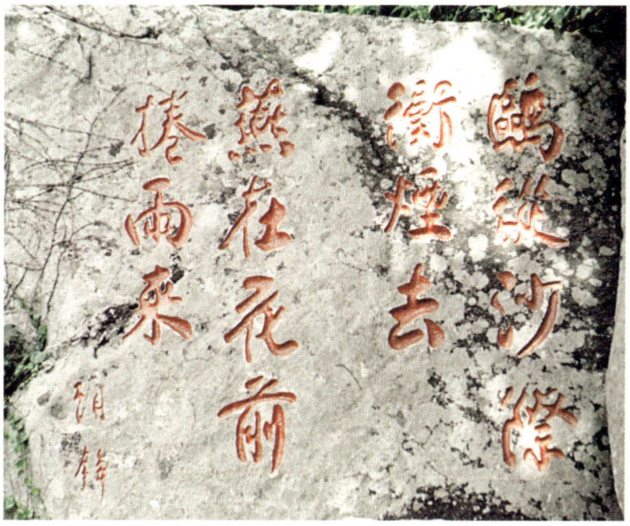

图30－35　顾铮题刻:鸥从沙际冲烟去　燕在花前捲雨来

风吹古木　　黄琦

（刻于墨香小径。行书，字高、宽均40厘米。）

图30-36　费新我题刻：宇宙同宽

宇宙同宽　　费新我

（刻于墨香小径。行书，字高60厘米、宽62厘米。）

临沧海　　沙孟海

（刻于墨香小径。行书，字高32厘米、宽29厘米。）

图30-37　朱学达题刻：绿烟

竹吟　　无名氏

（刻于墨香小径。草书。“竹”字高64厘米、宽83厘米，“吟”字高130厘米、宽140厘米。）

风神　　林散之

（刻于墨香小径。行书。字高110厘米、宽50厘米。）

情超哀乐三杯足　心有阴晴万象殊　　叶圣陶

（刻于墨香小径。篆书，字高12厘米、宽8厘米。）

绿烟　　朱学达

（刻于墨香小径。楷书，字高105厘米、宽105厘米。落款字高40厘米、宽34厘米。）

荷风送香气　松月生夜凉　　李阳

（刻于墨香小径。行书。字高、宽均30厘米。）

图30-38　盛季萱题刻：日新月异

花树缤纷　　汤　池

（刻于墨香小径。篆书。字高30厘米、宽15厘米。）

剑气书香　　闵祥德

（刻于墨香小径。草书。字高70厘米、宽40厘米。）

日新月异　　盛季萱

(刻于墨香小径。楷书,字高28厘米、宽33厘米。)

图30－39 吴作人题刻:彤天涌日 碧海连云

夜月晨钟 袁公亮

(刻于墨香小径。篆书。刻面高210厘米、宽110厘米。字高46厘米、宽29厘米。)

彤天湧日 碧海连云 吴作人

(刻于墨香小径。篆书,竖刻两行。字高15厘米、宽20厘米。)

观古今 朱 骏(18岁)

(刻于墨香小径。隶书。刻面高250厘米、宽83厘米。竖刻。字高54厘米、宽74厘米。)

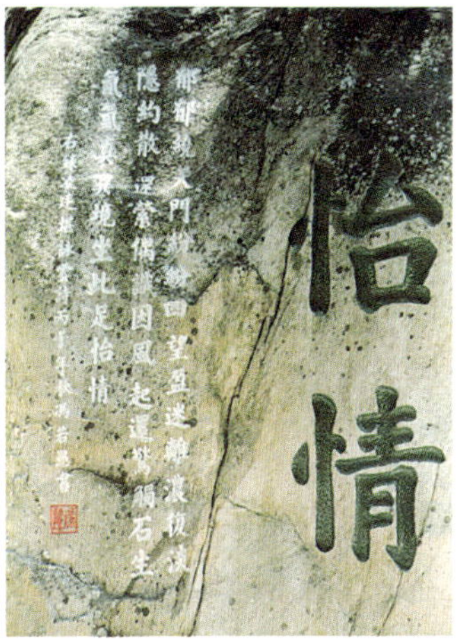

图30－40 冯若愚题刻:怡情

怡情 冯若愚

(刻于花果山照海亭东立石上。楷书“怡情”二字竖刻于右首,字高、宽均65厘米。“怡情”二字左侧刻有清代学者凌廷堪《咏云》诗一首,楷书。)

入仙门 梁八宝

(刻于墨香小径。为连云港市城建部门梁八宝于20世纪70年代题。楷书,字高、宽均20厘米。)

跃上云台山欣看景物非凡 想历代游客诗人都为这些陶醉

刘振威

(刻于墨香小径。草书,字高10厘米、宽10厘米。)

图30－41 叶隐谷题刻:春随梅花

春随梅花 叶隐谷

(刻于墨香小径。篆书,字高、宽均20厘米。)

千岩竞秀 万壑争流 李宗海

(刻于墨香小径。楷书。)

流水言心事 清风入梦来 廖静文

(刻于墨香小径。行楷,字高20厘米、宽10厘米。)

扶岚挹翠 霞峯

(民国17年刻于一碑上,碑高95厘米,宽44厘米。楷书,字高

17 厘米、宽 15 厘米。现存于花果山乡武庄。)

二、东磊、渔湾题刻

诸马庄青龙涧胡道□　资福院　师姑岩招信军石匠宋□因便到此　一行四人随喜

宝祐二年十二月刊

(刻南云台山朱麻村三撑涧旁。刻面长 90 厘米，宽 50 厘米。)

敕赐护国延福观　　天启四年

(明熹宗皇帝题，镶嵌于东磊延福观正门之上，今完好。)

登山观海　　观察唐仲冕、知州师亮采、参将陈阶平登此。同游者玉昙汪宝树。嘉庆丙子润六月钱泳书

(刻于东磊延福观南侧深涧西崖仰面巨石上，隶书，字径 40 厘米。落款为楷书，字径 12 厘米。)

图 30－42　钱泳题刻：登山观海

海外壶天　　海州司训杨廷镇书，康熙甲戌孟夏月

(刻于延福观南竹园岩壁，楷书，竖刻，字径 40 厘米。)

天倾银汉　　康熙甲戌赵宗尹

(刻于云台乡东磊延福观附近崖上。)

千瞰万壑　　道光乙巳，长白沾研、香洲司马、泰邮张小山、鄂渚任魏珊、江都田季华偕同鲍生练师到此同游，抚琴者司马正襟危坐，夕阳连山，挽琴而去。

(刻于东磊延福观烧香路北山崖上。行草，字径 7 厘米。)

万壑朝宗　　甲戌仲夏守寅溪万尚裔题(1694 年)

(刻于延福观南 50 米陡崖壁上，与“登海观海”题刻相对。楷书，字径 50 厘米。)

图 30－43　万尚裔题刻：万壑朝宗

云海大观　　(清)鲍石生

（刻于延福观烧香路北崖壁上。篆书。字径16厘米。）

千祥云集　光绪十九年洛阳左书

（刻于东磊延福观。碑高160厘米，宽47厘米，厚7厘米。行书，字径22厘米。）

九转丹成　光绪二十年冬月道人杨子笔

（刻于东磊延福观院内一石上，面南。楷书，字径16厘米。今保存完好。）

神犬

（刻于东磊龙潭涧崖壁，行楷，字高20厘米，宽30厘米。题写人及年代不清。）

龙池

（刻于东磊龙潭涧崖壁，行楷，字高50厘米，宽40厘米。题写人、年代不清。）

洗头盆　清代杨廷镇题刻。

（字径11厘米，楷书。）

磊磊落落　民国二十年　刘嘉桐、王仲博书

（刻于东磊三磊石上）

清于水　民国二十年二月二日　刘嘉桐、王仲博书

（刻于东磊三磊石上）

天台　清代题刻，无名氏

（刻面高1.14米，宽0.44米。字径10厘米，楷书。）

子丹洞　悟阳子修

（刻于东磊延福东北山下一山洞门口。题刻时间不清，今仍保存完好。）

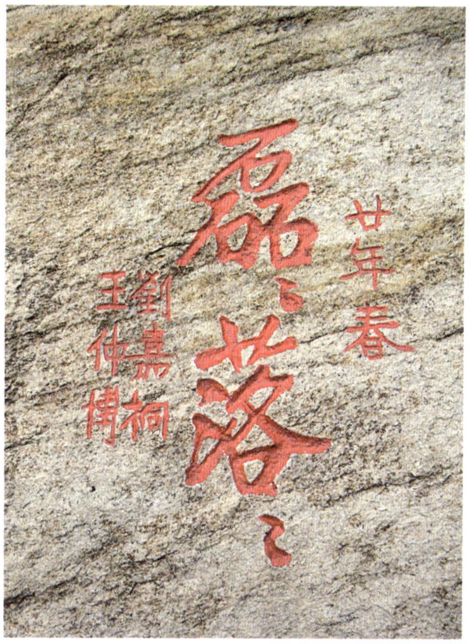

图30－44　刘嘉桐、王仲博题刻：磊磊落落

海上仙山　鲍秋涛

（刻于东磊延福观附近崖壁上。时间不清。“海上仙山”为篆书，字径18厘米。落款为楷书。）

鼓琴石　沾林题

（刻于延福观烧香路入口附近路北招崖下一石面上。竖刻，篆书，字径8厘米。落款为行草。题刻时间不清。）

群仙聚会　　一阳道人正心笔

（刻于延福观烧香路入口处路北岩壁上。横刻，楷书，字径11厘米。题刻时间不清。）

图30－45　一阳道人题刻：群仙聚会

拳石　　□窿散仙

（刻于东磊迎仙崖，隶书，字高14厘米、宽15厘米。）

吞海　　沾林题

（刻于延福观烧香路入口处岩石上。竖刻，篆书，字径16厘米。落款为行草。题刻时间不清。）

神　　白宝山题　民国八年

（刻于延福观南竹林后峭壁上。楷书，字径84厘米。）

小蓬莱　　无名氏

（刻于延福观内，篆书。字高30厘米、宽25厘米。）

石海

（1996年，刻于东磊景点“石海”中一巨石上。为集郑道钊字。）

图30－46　无名氏题刻：小蓬莱

慈悲济世　　无名氏

（刻于延福观内，楷书，字高、宽均15厘米。）

山灵石幻　　鲍石生

（刻于东磊老龙潭涧，篆书，字高18厘米、宽15厘米。）

神犬　　无名氏

（刻于东磊老龙潭涧，隶书，字高20厘米、宽30厘米。）

仙人居　　无名氏

（刻于延福观内，楷书，字高、宽均10厘米。）

卧云　　扫垢山民

（刻于东磊石海，篆书，字高、宽均12厘米。）

天上人间　　玉兰仙

（刻于延福观内，行书，字高、宽均 20 厘米。）

图 30－47　玉兰仙题刻：天上人间

龙池　　无名氏

（刻于东磊老龙潭涧，行书，字高 50 厘米、宽 40 厘米。）

普度众生　　无名氏

（刻于东磊老龙潭涧，行书，字高 60 厘米、宽 50 厘米。）

飞雪　　民国·姚士璋

（刻于云台乡渔湾景区三龙潭左崖壁上。篆书，竖写。）

碧龙潭　　民国十九年夏与宋天愚、尉蟾宾两君勒此游　胡畊岑

（刻于东磊龙潭涧龙王庙下崖壁上，竖写。刻面高 110 厘米，宽 80 厘米。字高 35 厘米。宽 30 厘米。今存完好。）

图 30－48　胡畊岑题刻：碧龙潭

太平石　　民国二十年王惠云　题

（刻于延福观烧香路南侧岩石上，字径 5 厘米。落款字径 4 厘米。）

血战连云　　民国念七年五月余率所部守备连云与日寇血战数昼夜，奉命将墟沟阵地移交某旅，转战老窑，途经东磊，题出数字，以应父老，而为纪念。　李志亲志。

（刻于东磊龙潭涧龙王庙下崖壁上，“碧龙潭”三字右首。刻面高 110 厘米，宽 60 厘米。今保存完好。）

图 30－49　李志亲题刻：血战连云

三潭汲浪

（1995 年，刻于渔湾龙潭涧下老龙潭右侧一巨石上。为集王羲之字。）

老龙潭

（1995 年，刻于渔湾龙潭涧下老龙潭侧近水面的崖石上。）

龙

（1995 年，刻于渔湾龙潭涧中一巨石仰面上，为集颜真卿字。其石侧面刻有“上龙床”3 字。在“上龙床”下方一稍小一些、侧面刻有“下龙床”上“龙”字的反写字，且为空心字。）

龙湫　　赵斯武题

(1995年夏,刻于渔湾龙潭涧,楷书,字高20厘米、宽25厘米。)

龙井　　陈凤桐题

(1995年夏,刻于渔湾龙潭涧,“龙湫”二字左首、隶书,字高、宽均40厘米。)

珍珠潭　　无名氏

(刻于渔湾景区山门广场左首。楷书,字高、宽20厘米。)

三、南城题刻

兖王国开府记

时岁次癸巳丙辰月初五日,因领大军收复东海,创立修筑城池、门楼。郡王萧银青、国公刘荣禄同游至此。

(刻于南城东凤凰山顶西侧距“观澜”题刻约6米处的一块招崖下,面北、刻面高40厘米、宽33厘米,竖写分6行,楷书。字径4厘米。)

图30－50　兖王国开府记

宁海门　　贞观十三年魏征题写

(此碑今存连云港市博物馆)

海阔天空　鸢鸟鱼跃　　嘉靖十三年六月十一日淮安卫军政掌印守备指挥翠峰,蒋寿雷题

(刻于南城东凤凰山玉皇宫下方。“海阔天空”刻面高60厘米,长80厘米。字高、长均15厘米;“鸢鸟鱼跃”刻于“海阔天空”左首,刻面高110厘米,长90厘米,字高23厘米,长16厘米。今均保存完好。)

图30－51　钱泳题刻:夕佳

仙人洞

(刻于东凤凰山顶西部一天然石棚“洞门”上方。)

观澜

(刻于东凤凰山顶“仙人洞”题刻南侧巨崖之上。)

夕佳　　清·钱泳题

(刻于南城西凤凰山崖面上。隶书,字径50厘米。)

石山清风　山间明月　　周君

（刻于东凤凰山。楷书，字高、宽均19厘米。）

天池　　迢岑

（刻于东凤凰山天池旁岩面上。楷书，字高、宽均70厘米。）

苍梧山

（刻于东凤凰山天池旁岩石上。）

玉液泉

（刻于东凤凰山玉皇宫上方一山泉旁，隶书。）

徒然洞　　高卓然题　隆　引勒

（民国三十五年孟春，刻于玉皇宫下徒然洞。楷书，字高、宽均25厘米。）

图30－52　东凤凰山迢岑题刻：天池

俯瞰东溟　　清·阳湖管干珍

（刻于南城西凤凰山“夕佳”题刻北侧。楷书。字径35厘米。）

万缘桥

（刻于东凤凰山，楷书，字高、宽均20厘米。）

亢龙长寿泉

（刻于东凤凰山，楷书，字高、宽均15厘米。）

图30－53　管干珍题刻：俯瞰东溟

别翠峰

（刻于东凤凰山。楷书，字高、宽均10厘米。）

谷口　　山人林翔

（刻于东凤凰山。楷书，字高、宽均20厘米。）

气象雄阔　岱岳之亚　　阮元

（刻于东凤凰山魁星阁附近崖面上。楷书，字高、宽均20厘米。）

公议,桥下水道毋准委弃污秽泥土,违者每担罚洋壹元。 清光绪三十年三月

(刻于一碑上,楷书,字高、宽均5厘米左右。)

四、新浦城区题刻

海宁园 胡为德题

(刻于海宁园内一巨石上。)

秋月春风 张法礼题

(刻于新浦热电厂厂区内一石上。字高35厘米、宽33厘米。)

云峰玉竹 郑顺成题

(刻于新浦盐河路北端,新浦热电厂厂区一立石上。字高37厘米、宽22厘米。)

曲霞桥 费永春题

(刻于新浦热电厂厂区一立石上。字高23厘米、宽22厘米。)

樱桃山 周庚如

(刻于新浦热电厂厂区内一石上。字高24厘米、宽26厘米。)

竹苑 毛阿敏

(刻于新浦热电厂厂区内一石上。字高、宽均50厘米。)

梦秋池 陈凤桐

(刻于新浦热电厂厂区内一石上。字高38厘米、宽30厘米。)

春风得意 施池题

(刻于新浦热电厂厂区内一石上。字高43厘米、宽48厘米。)

节节高 乔同乐

(刻于新浦热电厂厂区内一石上。字高26厘米、宽27厘米。)

柳园 张树扬书

(刻于新浦热电厂厂门北侧黑色大理石碑上。碑高170厘米、宽200厘米。“柳”字高160厘米、宽80厘米,“园”字高80

图30-54 张法礼题刻:秋月春风

图30-55 费永春题刻:曲霞桥

厘米、宽60厘米。）

柳暗花明　　翁大为
（刻于新浦热电厂厂区内一石上。字高30厘米、宽25厘米。）

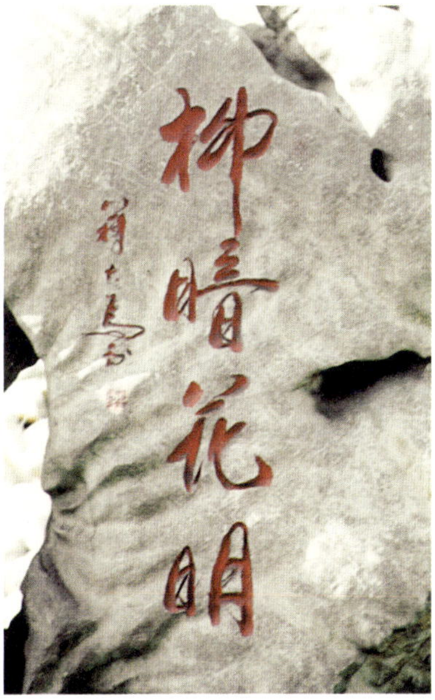

图30－56　翁大为题刻：柳暗花明

第四节　铭文选

一、出土文物铭文

海清寺塔出土文物——银棺铭文：

海州西市界弟子谢□□与弟谢咏，母亲吴氏三娘、妹谢一娘、男婆姐、次男社公新娘、张氏八娘、新娘李氏二娘、来福红莲冯一娘阖家等，特发心之愿，立等愿心早遂，即须□障下生一会结来生之果。天圣四年三月廿日

海清寺塔出土文物——鎏金银棺铭文：

施主弟子沈忠恕与家眷孟氏二娘于天圣四年丙寅岁四月八日安葬舍利功德记。

海清寺塔出土文物——银方匣铭文：

佛真身舍利两颗，永同供养。进士傅昙一家发心共施。

二、钟鼎铭文

三元宫铜锡炉铭文：

江南淮安府、邳州、睢宁孙峰山人、信士薛应昌同妻曹氏，诚敬送锡供器一副五座，共重二百余斤，力木案台一张，敬送至东海清风顶三官老爷山上，永远供奉。顺治岁次庚子孟夏谷旦立。

海清宁寺铁鼎铭文：

万年宝座

大库寺大钟铭文：

民国永固，国道遐昌，法轮长轮，佛日增辉。民国二十六年三月盐城西乡建阳镇东合兴老冶坊周德注、孙家森造（钟周铸有305名信徒姓名。铸文中已使用陈、刘、孙、周、赵……俗体字。）

三元宫铁宝钟铭文：

正面：花果山三元宫

周边：风调雨顺，国泰民安，日月增辉，万民同庆。

连云港市园林管理局立　苏州古建筑艺术铸件厂　公元一九八七年五月农历丁卯年四月

海宁禅寺铜磬铭文：

海宁禅寺佛历二五三八年甲戌孟春苏州香山宋德培铸

海宁禅寺铁鼎铭文：

普天同庆　华夏常辉

万古长青　国运隆昌

佛历二五四三年佛诞制

公元一九九九年海宁禅寺监院释昌鉴监制

海宁禅寺万年宝鼎铭文：

云台山海宁禅寺万年宝鼎。佛历二五四三年佛诞日制。公元一九九九年，海宁禅寺监院释昌鉴监制

海宁禅寺铜供台铭文：

辛巳仲夏，康缘药业。一行同仁，甬地调研，机缘珠胜。瞻仰佛国。临来有感，共议奉献。捐铸铜供，海宁生辉。康缘有缘，缘圆各界。愿我华夏，和睦万帮。家乡黎庶，永乐永昌。

江苏康缘药业股份有限公司董事长肖伟先生率全体员工，公元二〇〇一年八月。

山东临沭宝田石材厂刻制

海宁禅寺大铜鼓钟铭文：

浩浩沧海，百川汇宗。巍巍云台，一方之雄。海宁古寺，遥承唐宋。身历百劫，岿然寰中。

沧桑易变，法脉永弘。圣像慈悲，庄严雍容。焚香顶礼，朝唱夕诵。祈民安泰，护国昌隆。

天顺人意，时雨蕙风。群山竞秀，众木争荣。宝刹结缘，敬铸大钟。传之后世，万代长鸣。

其声通通，发聩振聋。其音袅袅，觉愚醒朦。如日之升，如月之恒。天地悠悠，继受无穷。

公元两千零二年八月吉日海州彭云焚香敬撰。

第三十一编　卫　生

明清时期，域内云台山地区已有部分中医。清光绪三十四年(1908)，西医传入海州(今连云港市)。西医之风渐进新浦。民国11年(1922)，赣榆人周藩西到新浦开设诊所。民国23年(1934)，医学博士刘一麟在新浦开设益龄医院。民国25年，新浦西医诊所发展到34家、中医诊所47家。民国28年新浦沦陷后，日本人在新浦开设同仁会医院。抗日战争胜利后，新浦出现公立医院。至解放前夕，新浦地区只有一个海属新浦公立医院及一些私人医院和诊所，设备简陋，技术力量薄弱，而且分布极不平衡，偏于市区，广大农、渔民有病主要靠民间中医诊治。加上缺乏科学知识和受封建迷信活动的影响，很多人生病后拜佛求神消灾灭病，遇有疾病流行只有听天由命。

新浦解放后，人民政府制定"面向工农兵，预防为主，团结中西医，卫生工作与群众运动相结合"的卫生工作方针。新浦解放当月，山东滨海医院即派15人接管海属新浦公立医院，支援大批药品，并派医护人员，建立制度，改变医疗作风，克服只治病，不防病的单纯医疗观点，面向广大群众，逐步建立健全各级医疗卫生机构，新浦地区医疗卫生事业状况大为改善。20世纪80年代末，区属医疗卫生工作人员由解放初期的51人，发展到284人，其中卫生技术人员237人，床位由解放初期的35张，增加到210张。新浦地区已有各级各类医疗防疫机构14家，基层卫生所(室)、门诊部150多个，医务人员近2000人，病床1200余张。全区新建7个街道卫生所，健全了城区防疫保健系统，加强卫生防疫和预防接种等工作，儿童四苗覆盖率连续多年巩固在90%以上，连续8年没有发生一例脑脊髓灰质炎、白喉等传染病。

20世纪90年代起，区政府进一步深化卫生事业改革，加强区属医疗单位建设，不断鼓励和扶持民营医院和个体诊所的发展，加大农村医疗事业建设力度，至2005年底，全区有区属医院(站、所)、乡镇(场)、街道卫生院(所)17个，民营医院9所，个体诊所185家。加上驻地市属医院，地区医疗卫生人员达638人。区属医院病床已由1990年的210张增加到540张(其中区医院120张、中西医结合医院20张、乡镇卫生院160张、民营医院240张)。驻地医院开放病床达1403张，基本构成覆盖全区的市、区、乡镇(街道)、社区的四级医疗服务网络。全区城区8190名职工参加医疗保险；37000名农民参加新型农村合作医疗。城乡人民医疗卫生服务水平明显提高。

第一章　公共卫生

第一节　城镇爱国卫生运动

民国38年(1949)1月，中共新海连特区委员会书记谷牧同志在特区干部会议上提出要"改变城市医疗卫生状况”。是年4月，新浦地区首次开展爱国卫生运动，军民8796人参加义务劳动，共疏通明暗排水沟58条，计长1572米，清除臭淤泥9000吨、垃圾528吨，新开挖明排水沟12条，计长3083米，新建公共厕所和垃圾池158处。1950～1951年，先后5次组织全民性清洁卫生义务劳动。

图31－1　20世纪50年代初新浦区人民参加爱国卫生运动，图为在解放路旁填臭水沟

1952年，毛泽东主席发出“动员起来，讲究卫生，减少疾病，提高健康水平，粉碎敌人细菌战”的号召。新浦地区开展反对美帝国主义细菌战的宣传教育，运用黑板报、有线广播、幻灯片、小型展览等形式宣传卫生知识，同时与各居民户订立爱国卫生公约。是年，龙尾区、盐河区先后开展15次全民大扫除。填平解放路北侧（现市百货大楼对面）多处污水坑塘，清除大片蚊蝇孳生地。同时开始建立各项卫生制度。

新中国成立初期，自来水尚未普及，新浦部分居民仍然饮用河水、天池水。1953年，人民政府第一次组织力量，在盐河区进行饮水消毒试点，培训127名消毒人员。通过饮用水消毒，通池街、同和街居民中腹泻、痢疾发病率由25%～31%，下降到3%～5%。

1955年，全区全面开展以除“四害”（苍蝇、蚊子、老鼠、麻雀）为中心的宣传教育活动，和以“除四害、讲卫生、消灭疾病”为主要内容的爱国卫生运动。军民齐动手，鸣锣为号，全区统一行动，用药灭蚊，并用各种办法消灭苍蝇、麻雀、老鼠。相继开展了“周六爱国卫生日”“周三、周六卫生检查”“分段包干，轮流卫生值日”等活动。在市民中大力提倡勤洗澡、勤理发、勤晒被褥、勤洗手、勤剪指甲和不随地吐痰、不随地大小便、不随地倒垃圾泼污水、不随地丢纸屑瓜皮果壳、不食腐败变质的食物。同年，将分布于南广场等地的4处粪场，统一迁于扁担河北，加强管理。

1957年，在市民中开展“清洁人家”“卫生模范户”竞赛评比活动。1958年，区政府召开“除四害”誓师大会。全区各单位每天必须派出一定数量人员打扫卫生，灭蚊蝇、挖蝇蛹、捕鼠、打麻雀行动。当年、填平了除东天池和西天池外的大小臭水塘。市化街、贾圩街被评为除“四害”先进单位，贾圩街的张明山被评为除“四害”先进个人。

1960年，广泛开展以消灭苍蝇、蚊子、老鼠、虱子、臭虫为主题的除“五害”的宣传教育。

开展以消灭“五害”，实现“六净”（室内净、院落净、衣服被褥净、厕所净、食具净、个人净）为中心内容的爱国卫生运动。

1963年起，连续3年开展以预防肠道传染病为中心，以管水、管粪、灭蝇、灭蚊、灭鼠、灭虱子、灭臭虫为内容的爱国卫生运动，结合积肥，送肥下乡支援农业生产。大大降低了肠道传染病发病率。市爱国卫生运动委员会、市红十字会在新浦区市化街试点，宣传防病、治病卫生知识，发动居民订立爱国卫生公约，建立旬查、月评的爱国卫生制度。

1970年，恢复因“文化大革命”干扰中断4年的爱国卫生运动，在全区学习推广连云镇卫生工作经常化、制度化的做法，重新制定各种卫生制度，继续开展除害灭病活动。

20 世纪 70 年代末，爱国卫生宣传教育纳入“五讲（讲文明、讲礼貌、讲卫生、讲秩序、讲道德）四美（心灵美、语言美、行为美、环境美）三热爱（热爱祖国、热爱社会主义制度、热爱中国共产党）”宣传教育之中，居民讲卫生、爱护环境意识明显提高。80 年代初起，掀起以搞好环境卫生、灭杀蚊蝇，搞好饮食食品卫生，加强粪便垃圾管理，防止肠道传染病为主要内容的群众性爱国卫生运动。1981 年，根据《连云港市关于加强城市卫生管理的通告》，区政府组织 9 次地区性的灭蝇活动、5 次卫生突击活动，清除垃圾 2 万余吨。区内各单位恢复周末卫生扫除制度。并先后在新浦汽车站和市食品公司召开卫生工作现场会。1982 年，开展城市管理卫生红旗流动活动，建立评比制度，使爱国卫生管理走向经常化、制度化、法制化。

1983 年，在“文明礼貌月”活动中，宣传治理脏、乱、差，推行“门前三包”责任制。同年，在整顿市容、整顿环境卫生、整顿交通秩序的“三整顿”活动中，印发宣传材料 9 万余份，张贴标语 9000 余张，召开大小动员、宣讲会 700 余场次，入户宣传达 3000 余户次。年底，区政府召开表彰大会，表彰 8 个文明大院、55 个文明单位、11 个先进居委会、111 名先进个人。

1984 年，进一步开展创建市、区两级卫生文明单位的宣传活动，并为获得文明单位称号的单位授牌。同年，全区出动 1 万余人次，填平了新浦最大的臭水塘——原西天池。1985 年，开展创“三优”（优美环境、优良秩序、优质服务）宣传活动，推广先进单位经验。1987 年，开始在解放中路等主要街道积极推行门前“三包”（自包门前卫生、自保门前绿化实施、自管门前秩序）责任制，并与责任单位和居民户签订门前“三包”责任书，明确责任。同年，开始开展大规模灭鼠活动。

1989 年 4 月，全国第一个爱国卫生活动月，新浦区结合 4 月 7 日“世界卫生日”和 4 月 25 日“计划免疫宣传日”，开展两次大规模的宣传活动。此后，每年均开展“爱国卫生月”活动，并逐步开展主题活动。1990 年，“爱国卫生活动月”以“环境与健康”为主题，重点强化门前“三包”，普及卫生知识，开展全民灭鼠行动，当年全区平均鼠密度降到 3.76%（粉迹法）。

图 31－2　新浦区卫生系统开展街头咨询活动

20 世纪 90 年代起，城镇爱国卫生运动始终围绕创建国家卫生城市总目标深入展开。1992 年 5 月底，完成了对市区南部污染严重的扁担河的治理工程。同时，改建和新建水冲式厕所 100 座，新建临洪、浦西两个垃圾中转站。1993 年，在第 5 个爱国卫生活动月中，共设立 15 个宣传点，并组织驻区 17 个医疗单位出动 179 名医务人员，上街宣传卫生知识，开展咨询义诊活动，接受 5000 余人咨询。1994 年，与连云港日报社专刊部联合举办“城市卫生与市民”征文活动，提高广大市民共同维护生活环境的意识。次年，以宣传创建卫生城市为主线，开展健康教育宣传。1995 年，加大基础设施建设和环境改造力度。完成解放东路排水工程、西盐河护坡工程。新建一类公厕 4 座、二类公厕 4 座，在后河路和艺北路建成 2 座室内集装箱式垃圾中转站，新增绿地 20.46 公顷，全区绿化覆盖率达 17.74%。1996 年，以“控制幼蚊幼蝇、降低成蚊成蝇密度”

为重点,动员广大居民人人动手搞好自身环境卫生,动员地区各单位清除单位内外的卫生死角,填平污水沟塘等蚊蝇孳生场所。1996~1997年,区政府将每年4月1日、7日、13日、20日定为全区卫生宣传统一行动日,广泛开展“实施健康教育工程,提高人们卫生素质”主题活动。1997年,按“以块为主,条块结合,标本兼治,综合治理”的原则,对蚊蝇孳生地调查摸底,采取治标与治本相结合的办法,一方面,组织动员单位、居民自觉行动起来,清除蚊蝇孳生地。一方面,区消杀站于8月中旬至9月底,对新浦地区所有饭店、招待所、小吃部及公共场所喷打药物,消杀蚊蝇害虫面积达25万平方米。

2002年,开展第14个爱国卫生活动月,举办健康教育专业知识培训班10期,培训人数达800人次。同时,组织医务人员上街进行卫生咨询和义诊,咨询、义诊3500人次。全年共投放鼠药6.5吨,使用各类蚊蝇消杀药4.5吨,明显降低了“四害”密度,减少与控制“四害”传播疾病的发生与流行,为全市获得省“灭蝇先进城市”荣誉称号作出贡献。2003年,在防“非典”工作中,区政府将5月26日~6月26日定为爱国卫生突击月,清理卫生死角160余处,清掏大小窨井8000余座,清理垃圾1200多吨,疏通下水道268处1200米,使用各类消毒消杀药品10余吨、灭鼠药(干溴敌隆)2吨。有效地降低了“四害”密度,减少以“四害”为媒介传播疾病的发生率。年内还开展以“告别陋习,走向文明”为主题的爱国卫生突击月活动,结合“非典”防治工作,大力宣传《中华人民共和国传染病防治法》《突发公共卫生事件应急条例》等卫生防病法规。区教育局、机关工委、区团委联合举办“告别陋习,走向文明,清洁家园,让连云港更美丽”万人签名活动。2004年,紧紧围绕“让群众享受美好生活”活动主题,开展以预防“非典”、禽流感、肠道传染病、食物中毒等内容的健康教育宣传活动,宣传科学卫生防病知识。当年,新浦区顺利通过省级灭鼠灭蟑先进(市)区复查验收。2005年,举办健康教育培训班6期,培训人数700人次,参培单位300个,组织医技人员130人次,义诊咨询达3500人次,组织演出4场次。进行健康教育和防病知识宣传,提高群众开展爱国卫生运动的自觉性。

第二节 农村改水改厕

1981年起,今辖区内农村改水工作先后开展。近郊的沈圩、临洪两村用上自来水。云台乡未改水之前,村民主要饮用山涧沟里未经消毒的山泉水和自建的井水。年内,通过省、市、区补助和村民自筹的方式筹集资金,采用建蓄水池、大口井等办法,让村民吃上了卫生洁净的自来水。至年底除丹霞村因无合适水源,未能实施改水工作外,全乡村改水普及率达90%,改水单位普及率达90%,改水受益人口普及率达87%,改水入户率达87%。

1985年花果山乡开始改水工程,由乡水利站负责管理。水厂管网已覆盖全乡8个行政村,改水受益人口普及率72%,改水入户率77%,改水单位普及率100%。

1989年,通过市、县区财政拨款,集体、个人集资等方法解决农村改水工作经费问题。

1991年4月4日,云台乡前关村改水工程破土动工。该村采取政府、集体、村民共同出资办法,集资19万元,历时1个月,为全村250户村民通上自来水。

1996年,是省委、省政府提出的用三年时间完成淮北地区农村改水任务的第一年。市委、市政府实施“甘泉工程”,全面推进农村改水工程。1997年,花果山乡有乡水厂1个、村水厂2个;云台乡有乡水厂1个、村水厂3个;宁海乡有村水厂1个。

2001 年，新建乡自来水厂 2 座，管网延伸 23 处，农村安全卫生用水人口覆盖率达 63.59%。2003 年，区政府将农村改水纳入十件大事。区卫生防疫部门配合云台乡政府，实行市场化运作，对原已实施过改水工程因管理不善水质变差的，发动村名自筹部分经费、出一定的义务工，实施饮用水再改造工程。凌州村、前关村在水利部门和爱卫办资助下，进一步做好改水工程。2004 年，宁海乡平安、魏湾，云台乡西山、朱麻等村共 1747 户家庭实现改水，全区改水入户率达 82%。2005 年，宁海乡海河、杨场，云台乡前关、后关等村 1221 户家庭用上自来水，全区农村改水入户率达 91%。农村厕所改造取得明显成绩。至 2005 年底，乡镇农户中卫生厕所普及率达 80% 以上。农家厕所无害化率达 30% 以上。其中，花果山乡农家卫生厕所普及率达 86%，无害化处理率达 32.9%。

第三节 学校厂矿卫生

一、学校卫生

1953 年起，市、区开始加强学校卫生管理，卫生部门将《儿童保健书》分发给每个学校，各校每周给学生上卫生课 1 次，每年免费给学生进行驱虫治疗。当年 12 月份，在全区推广双池小学开展灭虱工作试点经验。1955 年，市文教科抽调教师 21 人，培训学校卫生工作人员。选择解放路小学六年级学生进行体检，共查 42 人，其中沙眼占 100%，蛔虫占 43%。对查出患病学生统一安排到新浦医院和新浦卫生院实行免费治疗。1956 年起，学校配备保健老师，并逐年对在校学生进行健康检查，查出有各种疾病的多到家长所在单位卫生所（室）或新浦区医院治疗。

1962 年，区卫生防疫部门在同兴街小学进行视力测定，共检查 737 人，视力在 1.0 以下的 103 人，占人数 14%，有个别班视力减弱人数高达 34%。针对这些情况，教育部门采取增加课间活动时间、改善教室光源、适当调节亮度、按时做眼保健操等措施。1963 年 11 月，对新浦地区中学全体学生进行健康检查，受检人数 2348 人，男生 1408 人，女生 940 人。经查完全合格者 1778 人，占受检人数 76.7%；患各种不同病症者 570 人，占受检人数 23.28%。通过检查发现，学生的保健水平随年级的升高而有所降低，视力减退者随着年级升高而显著增加。

1972 年 9 月，新浦区各中、小学校恢复眼保健操课。规定每日上午第二、三节课和下午第一、二节课间各做一次。

1982 年，对全区小学生进行肠道寄生虫病检查，共化验大便 951 人次，给 5 所小学计 3581 人口服驱虫药。

1986 年，对在校的学生进行头虱、疥疮的调查与防治，对中小学生进行健康检查，同时开始为中小学生建立健康卡片。1987 年，对在校中小学生进行体检，共体检 13437 人次，合格率 94.47%。1988 年，全区 28 所中、小学普遍建立学校卫生档案及学生健康卡片。1990 年，辖区内中、小学校配备专（兼）职保健老师 34 人，建校医务室 6 所。全年共进行中小学生体检 21038 人，合格率达 95.8%。

1992 年，区卫生局组织区妇幼保健所、卫生防疫站对全区 6 所中小学校进行传染病防治工作检查。各学校通过开展爱国卫生运动，使卫生死角得到清理，各种传染病孳生地得到控制。1995 年，新浦区防疫站对全区 6 所中小学校食堂及学生宿舍进行综合检查。1998 年，区卫生局与区教育局共同开展学生健康教育活动。卫生防疫站医务人员走进课堂,为中小学生讲解《中小学生应知应会健康知识》。

2001年春季,区卫生防疫站对全区中小学校,特别是各校医务室人员进行甲肝防治知识培训。各学校均开辟甲肝防治宣传园地。2003年,"非典"流行时,区卫生局、教育局联合在教师中开展"非典"防治知识培训工作,对在校学生实行晨报制度,加强"非典"防治工作。2005年,区卫生局对学校校舍卫生进行大检查,发现个别农村中学每学生床位面积不足2平方米,拥挤不堪,立即督促学校进行整改。

二、厂矿卫生

1953年,新浦地区有国营单位11个、私营单位6个,只有陇东火柴厂有医疗机构。1954年,龙尾区、盐河区政府配合市卫生防疫站的工矿卫生组,深入工厂了解整个操作规程、车间安全、卫生设施、工作及工人生活、环境状况、劳动强度等。火柴厂等厂矿对通风、降温、机器、防尘等设备作改进,并对工人进行1次全面健康检查,共查325人,占全厂职工总数87.4%。1957年,新浦区贯彻"面向生产,依靠工人"和"预防为主"的工作方针,加强劳动保护工作,对危害工人健康的高温场所和生产场地实施防暑降温措施。新浦食品加工厂以三眼炉为重点进行草灰隔热试验,使炉口表面温度由220℃降到58℃。1958年,先后为全区16个厂矿单位建立和健全卫生医疗机构,设置专职卫生干部198人,占职工总数的0.91%;11个地方国营单位和公私合营单位与靠近的联合诊所订立医疗保健合同,并对2317名职工进行健康体检,有663名职工得到业余疗养。

1961年,为加强防暑降温劳动保护,新浦地区共搭凉棚4000立方米,购置电风扇36台,自制土风扇300台,制造清凉饮料77504克,从而减少中暑事故的发生。1962年,为了切实做好防暑降温工作,保证工农业生产顺利进行,粮食局拨出绿豆650千克、商业局拨出糖精3.2千克、五金公司和医药公司拨出柠檬酸304千克,保障工人防暑降温问题。1963年,火柴厂发生一起硫化磷中毒事故,有关部门立即配合,在建立职业病与职业中毒报告制度的基础上,对有害有毒作业场所先后进行测定和改进。

"文化大革命"期间,厂矿卫生受到干扰。

改革开放后,区政府加强厂矿卫生工作,对厂矿医疗卫生机构进行整顿。1989年,新浦区成立连云港市厂矿医疗卫生管理委员会新浦区分会。

1992年,新浦区防疫站为新浦南方化工厂58名职工检查血液病,有6名职工血小板减少。该厂即安装排风扇,加强车间通风,减少有毒气体对工人的侵害。1994年,辖区内麻纺厂、罐头厂、涤纶厂等单位参加省卫生厅工卫处与省医学会联合召开的首届厂矿卫生单位内科学术交流会,并积极参与江苏省开展的文明厂矿医疗卫生机构评比活动。1995年,驻地江苏省盐业公司总医院、江苏省连云港机械厂医务室、江苏天晴制药总厂卫生所获省级文明厂矿医疗卫生机构称号。1998年,配合省、市相关部门完成有害作业厂矿职业卫生监督工作。2000年8月,区卫生局组织医疗队为研磨厂职工筛查尘肺病,共检查112人,其中2人为轻度尘肺,其他人均符合健康标准,要求该厂加强职工防护,车间定时实行雾状喷水。

2002年11月,区卫生局组织医务人员为云台乡3个面粉厂工人进行体检并筛查尘肺病,共检查工人65名,没有检出尘肺病,传染病。2004年6月,区防疫站为新浦红星、金宝等家具城进行空气甲醛含量监测,金宝等家具城及红星家具城二、三楼空气含量超标,并指导该单位加强进场家具检查,对无环保标记的产品,拒绝入场,同时加强通风,勤开窗户。2005年,区卫生局组织区防疫站、区医院部分医务人员对南城长城钢模板厂职工进行听力筛查,共检查22名工人,听力5米内下降的有6人,严重下降的1人。立即帮助该厂采取措施,降低各种噪音,同时杜绝孕妇在整形、打磨车间工作。

第二章 保 健

第一节 妇幼保健

一、孕产妇保健

20世纪30年代以前，城乡孕妇分娩均由接生婆在产妇家进行。接生时，产妇身底垫草灰或麦秸等物，接生者的手臂及各种用具如剪刀、褥单等均无严格消毒，操作时动作粗硬，遇有久生不下者，往往以强力挤压产妇腹部，故常发生产妇大出血死亡现象。也常因产褥热及新生儿破伤风（俗称“七朝风”，即出生后7天左右发病）而导致产妇及新生儿死亡，致使妇女视生育为畏途。民间有“行船走马三分命，带肚女人一分命”，“只见娘胎，不见走路”之谚。

民国23年（1934年），益龄医院中的冯自新开展新法接生。民国35年5月，汪敬珍在新浦南马路（今解放中路）开设妇婴产科医院，开展新法接生，院内有5名接生员。同年10月，毕业于北京助产学校的于少文到新浦南极路开设诊所，开展新法接生业务。

解放后，开始推广新法接生。1950年3月，新海连市人民政府卫生科在朝阳乡新县村举办新法接生员培训班，后在新浦推广新法接生，政府免费发给学员每人一个产包及脸盆等接生必须用具。

1951年，盐河区第二联合诊所（妇婴诊所）率先采用西医新法接生。上半年共接生853人，死亡36人，其中8名孕妇因其他原因死亡外，28名婴儿属因破伤风死亡，死亡率为3.28%。

1953年，龙尾区、盐河区与市妇联配合，成立新法接生补助评委会和接生站，进行孕妇调查登记和民主评定。对接受新法接生的产妇，除免费接生外，还根据家庭情况分3等补助：难产每人最多不超过30万元（旧人民币，下同），平产每人一般不超过1.5万元。新浦地区124名家庭困难的产妇享受了新法接生。同年，在市工人医院和龙尾、盐河两区妇婴联合诊所试行无痛分娩法。当年4～6月份，为6名产妇实施无痛分娩法，占接生总数的4%。

1955年，在女工较多的陇东火柴厂开展妇幼卫生教育试点工作。进行孕期、产时、产后的卫生指导，并在职工家属中培训11名接生员，该厂当年出生34名婴儿，新法接生率达100%。1956年，组织部分技术熟练的接生员分地段包干，对妇女卫生工作情况进行调查。同时对个别接生员进行业务补课，新法接生率达90.5%，并进行产前检查621人次。1958年，新浦城区又兴办3个接生站，当年共培训接生人员计110名，同时，城区各街道对产妇实行凭新法接生三联单供应白糖、馓子、食油等，保障产妇营养品供应。花果山地区等农村生产队普遍对女社员实行“五期”（即经期、孕期、产期、哺乳期、更年期）挂牌制度，由妇女队长安排农活，对月经期农妇调干不调湿，对孕妇调轻不调重，对哺乳期的调近不调远（时称“三调三不调”），保障妇幼健康。年内，城区新法接生率97%，农村新法接生率为80%。

1960年，开始提倡孕妇住院分娩。当年，新法接生率达95%。1963年，共接生2445名婴儿，住院接生409名，住院分娩率17%，产前检查17502人次，纠正异常胎位92人次，产后访视11013人次。1964

年,共接生2627名婴儿,死亡率0.7%,产妇全部安全。产后访视11808人次,产前检查18150人次,产后42天检查962人次。1975年,新浦城区基本消灭新生儿破伤风和产妇产褥热。1978年,云台公社(今花果山乡)建立8处妇产室,实行新法接生。年内全区共接生443名,新法接生441名,新法接生率达99.5%,婴儿死亡1人,死亡率为0.23%。1979年起,凡符合计划生育政策规定的产妇,享受86天产假,工资照发。1980年,宁海公社(今宁海乡)对孕、产妇实行"三查"(即孕期检查、临产期保健检查、产后随访检查)制度,保证孕妇顺利分娩,婴儿健康出生、成长。

1982年,在全区范围内推广住院分娩,城区全年住院分娩率达100%。

1984年,开始对全区怀孕满3个月的孕妇建立围产期(从怀孕28周至产后7天)保健卡,对满5个月的孕妇进行定期检查。正常孕妇产前检查一般不少于10次。同时,对分娩出院后的产妇定期进行访视,直至产后42天健康检查为止。当年建孕妇卡75张,产前检查1700次,全年新法接生率达100%。1985年,在路南、浦东两个办事处开展围产期保健试点工作,并为两个街道卫生所配备了器械。1986年,全区新法接生率达100%,住院分娩率达98.7%。

1987年,全区全面推行围产期保健和程序代管理,各个街道卫生所负责访视。当年有孕妇4385人,建孕妇卡1911名,建卡率44%,产前检查满5次以上占建卡人员的69%,对患有危及产妇和胎儿生命安全疾病的150名高危孕妇进行登记管理。1988年,全区孕妇建卡2202人,系统管理率达85%,产前检查5次以上占80.9%,产后访视3次以上占建卡人数的83%,产后42天检查率占27%,住院分娩率和新生儿接生率均达100%。同时,在远离医疗单位的西小区卫生所设立妇幼保健门诊。对实行晚婚晚育并领取独生子女证的产妇,享受120天产假,工资照发。1989年,全区孕妇建卡率达89%,产后访视率84.9%,产前检查5次以上占87%。1990年,全区孕产妇产后42天检查率达54.9%,早孕建卡率为12%,产前检查5次以上的达74.2%。

1994年,新浦区在全市率先推行妇幼保健保偿一条龙服务。妇幼保健所添置电教设备,开展电化教育。1996年,全区执行母婴系列保健保偿制,保健保偿投保率100%。早孕建卡率为40.3%、产后访视率98.45%、儿童体检率92.09%。1997年,妇幼保健保偿投保率达100%。年内,花果山乡、云台乡、宁海乡卫生院荣获卫生部授予的"爱婴医院"称号。1999年,全年婚前检查1380对,并对检查出有疾病及异常现象的226人均及时予以处理。年内,还开展以防癌为主的妇女病普查普治工作,实查1.67万例,检查率超过80%。2000年,全区婚检2836人,保健保偿投保率100%。其中,检出疾病和异常341人,占12.02%;疾病235人,占8.3%,均及时给予治疗和处理。建立孕妇管理卡902人,其中早孕建卡432人,建卡率48%;产后访视926人,其中3次访视857人,3次访视率达92.6%。

2001年,云台乡、花果山乡、南城镇划入新浦区,妇幼保健工作量加大,全年婚检3026人。母婴系列保健保偿投保1349对,投保率达95.09%;积极开展妇女病普查工作,检查妇女2.13万人,普查率达86.8%;全年妇幼保健建卡956张,其中早孕建卡597张,早孕建卡率62.5%;产后访视950人。2002年,孕产妇建卡1363人,产前检查1363人。系统管理500人,早孕建卡626张,产后访视922人。婚前体检1622对,婚检率100%。2003年,开展婚前医学检查、产前诊断、遗传咨询。全年婚前检查1850对,参加妇幼保健保偿1597对,投保率达88.8%。孕产妇管理率达70.14%。2004年,全区孕产妇管理建卡率达92.2%、系统管理率为70.53%、孕产妇死亡率为47.53/10万。2005年,全区各乡镇卫生院广泛开展孕产期保健,高危孕产妇系统管理,推广妇女保健技术,保证母婴安全,孕产妇保健卡建卡率达90%以上,为每位孕产妇提供5次产前检查,3次产后访视和1次常见妇女病检查。同时,为孕产妇传授孕产期健康知识及胎教、母乳喂养的常识。规范母婴保健服务,加强产前诊断、遗传咨询和新生儿疾病筛查,孕产妇系统管理率达79%。

二、妇女病防治

1952年,市区卫生部门开始在女工较多的陇东火柴厂开展女职工发病率的调查。经查,该厂有女工189人,已婚者占80%,患妇女病的占妇女总数的28%,以子宫颈炎、月经失调、阴道炎为多。针对检查情况,市主管部门及时为其改善卫生状况,并给予卫生指导。1958年,对该厂女工进行复查,并对其浴池进行检验,提出改进措施,减少发病。

1961年,对全区妇女子宫脱垂病进行普查普治,发现有309人患病。其中显示:Ⅰ度288人、Ⅱ度14人,Ⅲ度7人。当即住院治疗272例,治愈221例,治愈率81.3%;复发12人,复发率为5.4%。1970年,各乡派1名助产员参加所在县区保健所业务培训。回乡后,认真开展了妇女病普查、普治工作。

1971年,进行妇女病的普查普治工作。共治疗宫颈炎患者197名,基本治愈31人,显效16人,有效44人,效果不明显78人,有效率为53.8%;治疗阴道炎患者25人,基本治愈11人,显效1人,无效13人,有效率为48%;查出7例宫颈癌者。

1977年,市革命委员会在新浦区进行试点,开展以防癌为重点的妇女病普查普治工作。共查75个单位、1786人。1978年上半年,对新浦农场173名妇女进行妇女病普查普治工作,查出患妇女病62人,发病率达47%,对查出的病人及时进行治疗。

1981年,全区对妇女病进行普查普治,共检查2005人,查出妇女病患者882人,患病率为44%,其中,131人得到及时治疗。1982年,开展以防癌为重点的妇女病查治工作。全年共查1057人,查出各种妇女病患者326人,患病率为30.8%。其中,子宫糜烂208人,阴道炎20人,肌瘤1人。有119人得到及时治疗。1983~1985年,新海区在全区范围内开展以防治宫颈癌为主的妇女病普查普治工作,对查出的各种妇女病患者,及时分别情况进行处理。其中,查出宫颈癌患者1人,及时进行手术治疗,做到了早发现、早治疗。对查出的56名宫颈炎患者,用重铬酸钾治疗,治愈率达85%。1987年,新浦区对城乡12243名已婚妇女进行全面妇科检查,共查出各种妇女病患者1059人,发病率8.6%,其中子宫颈炎932人,子宫脱垂Ⅱ度1例。对查出的疾病全部给予治疗和处理。1988年,全区普查妇女15062人,占全区妇女总数的53.8%,查出患病1141人(宫颈炎884人、肌瘤6人、阴道炎161人),发病率为24.73%。对查出的病人采用中西医结合的治疗方法,并按患者单位建立一人一册的妇女病查治单。1989年,全区共查妇女15844人,占全区已婚妇女总数的53.7%,查出患者2533人,患病率为13.38%。针对此种情况,全区制定出每年进行两次妇女病查治的规定。

1994年,新浦区集资近4万元购置B超设备,在全区开展以防癌为主的妇女病普查普治工作,当年妇女病普查率达96.37%。次年,妇女病普查率达98%。1997年,全区在39882名妇女中进行妇女病检查,检查率为88.1%。期间,各村均配备1名妇女保健专职人员,定期到所在乡卫生院学习培训,并实行持证上岗制度。2000年,全区对21274名妇女进行妇女病检查,对发现有妇女病的3235人,及时组织治疗。

2001年年底区划调整后,区卫生部门加强对各乡镇妇女的妇女病防治工作。2002年至2005年年底,全区先后普查妇女病125366人次。对查出患有妇女病的均及时进行了治疗。

1981～2005 年部分年份新浦区妇女病普查普治统计表

表 31－1

年份	普查人数	查出疾病人数	发病率%	治疗人数
1981	2005	104	5.18	103
1982	1036	88	8.49	88
1983	2076	124	5.97	124
1984	2895	235	8.12	234
1985	6938	1333	19.21	352
1986	12381	3884	31.37	3884
1987	12243	884	7.22	884
1988	15062	1141	7.57	1141
1989	15844	2533	13.38	2533
1990	20756	3431	16.53	3431
1991	36080	3464	9.60	3461
1992	35034	3128	8.92	3125
1993	38562	3513	9.11	3510
1994	37084	3496	9.42	3488
1995	29970	2613	8.71	2602
1996	21334	2118	9.93	2113
1997	22370	2203	9.85	2200
1998	25678	2486	9.68	2479
1999	31081	3008	9.68	3001
2000	21274	3235	15.20	3235
2001	25692	1318	5.13	1318
2002	44757	1891	4.22	1896
2003	43334	2382	5.49	2390
2004	19891	966	4.85	955
2005	17384	3998	22.99	3998

第二节　儿童保健

1951 年 5 月，市卫生部门开始开展儿童保健工作，首先对建国路小学的 277 名学生进行体格检查。经查，符合健康标准的 66 名，占 23.8%。其余均患有各种疾病或有生理缺陷，其中沙眼患者 108 人，占 40%。当年，新浦城区有 1038 名儿童进行健康体检。1952 年起，每年“六一”儿童节期间，区内各校均进行儿童体检。同年，新浦地区幼儿园配有保育员 10 人。1953～1954 年对健康体检中发现的患病儿童一律免费治疗。1955 年，开始对校外散居儿童进行健康体检。重点对 30 家工厂、机关单位的幼儿园、托儿所中的7岁以下儿童进行健康体检。所查216名儿童中，34.7%患营养不良症，30%患有沙眼，16.7%有蛔虫。并通过召开母亲、保姆、幼儿工作会议，办展览会等办法，进行儿童健康分析、缺陷矫治及幼儿卫生常识宣传教育。1956年，在陇东火柴厂，配合厂工会整顿托儿所，制定各种保健制度，举办保育员训练班，增强托儿所的保育工作力量。1957年，协助6个幼儿园（所）订立和修订了保健制度，帮助有条件的幼儿园制定食谱，提高儿童的营养保健水平。同年，"六一"儿童节前后，重点对7个幼儿园、托儿所的332名儿童进行体检，对有缺陷的296人全部及时进行矫治。

1961年起，对儿童疾病采取"四早一好"的防治措施（早发现、早隔离、早治疗、早报告、预防措施好）。同时加强预防接种工作。对儿童营养不良症进行专项调查，受检儿童6009人，查出患儿170人，发病率占普查人数的2.8%，其中轻度73人，占43%；中度66人，占38.8%；重度31人，占18.2%。对查出的患儿全部采取以营养为主，药物为辅的办法予以治疗，每月批给儿童一定数量的代乳粉，0.25～0.5千克的白糖，0.25～0.5千克的鸡蛋，增加儿童营养。1964年，在机关托儿所、火柴厂托儿所、钟声幼儿园、被服厂幼儿园对198名幼儿进行蛔虫病普查。1967年，对幼托机构开展防治传染病的预防保健措施，对保育员进行辅导培训。

1974年，配合市防疫站在六一幼儿园、钟声幼儿园、商业幼儿园3个单位开展猩红热带菌者检查。共查408人，对查出的57名带菌幼儿，及时采用磺胺药、中草药治疗，达到早发现早治疗的目的。1977年，配合妇联、教育局对全区幼儿机构进行摸底了解，开展科学育儿，儿童卫生常识及传染病防治宣传，预防接种、预防服药。并在20个幼托组织推广"防感操"，对"六一""钟声""商业"等幼儿园的398名儿童进行卡介苗接种。1979年，举办幼儿教育工作人员学习班，培训幼儿教师、保育员及幼托机构负责人167人。同时，为全区21564名1～12岁儿童免费驱蛔，排虫率达57.1%。1980年，市妇幼保健所在市人民医院的配合下，对新浦区3～7岁学龄前儿童进行氟斑牙调查，患龋率为74.5%，牙色斑发病率为31.9%，患病率无明显性别差异。在麻纺厂幼儿园开展幼托机构保健试点，建立健全儿童保健制度，做到一人一巾、一人一杯。

1981年，在市麻纺织厂托儿所对2个月至6岁半婴幼儿进行智能发育筛选检查试点。测定127人，占总人数的82.4%，正常124人，占97.6%；异常1人，占0.79%；可疑1人，占0.79%；无法测定1人，占0.79%。对查出的异常、可疑患儿进行复查，给予结论。1982年，对辖区18个幼儿园、托儿所的54名保教人员进行健康检查，对查出患有传染病的人员，及时予以调整。并为6个幼儿园、托儿所配备保健箱，以防突发性传染病。1983年，对18所幼托机构工作人员进行健康检查。为10所街办幼儿园、托儿所253名幼儿发放驱虫药、排虫率达28.4%。1983～1984年，对3000多名儿童进行体检，为1003名儿童驱蛔。并首次开展"健、优、美"儿童评选活动，评选出40名"健、优、美"儿童。1985年，为14623名学龄前儿童进行体检。路南、浦东两个街道开展0～6岁儿童保健系列管理工作，为1216名幼儿驱蛔，为3000多名幼儿普查佝偻病，为812名幼儿检查血色素，建儿童保健卡1085张。1986年，全面开展儿童计划免疫、婴幼儿早期教育、学龄前儿童系列管理和托幼机构卫生保健工作。1987年，为0～6岁儿童进行贫血情况调查，共查儿童2571人，无重度患儿。各幼儿园实行对发现有传染病及其他严重疾病的儿童暂不入园入托制度，对发现患有传染病的工作人员及时调整工作单位或调换工作岗位，分别进行治疗，以保护儿童健康。1988年，对在幼儿园、托儿所过集体生活的儿童进行尿胆原检查。

1989年3月，区政府制定并开始实施《儿童计划免疫保偿暂行规定》。当年，对10161名0～6岁儿童进行体检，受检率为90.09%。1990年，对10811名0～6岁儿童进行体检，受检率93.17%。

1991年,儿童保健工作重点转向开展优生优育,提高孕产妇、儿童系统保健管理水平,加强妇幼卫生规范化管理。1994年起,全区开展以“儿童优先、母亲安全、保护儿童的生命,提高她们的健康素质”为宗旨的“创建爱婴医院”活动,促进母乳喂养。1997年,有针对性地对全区0~4岁儿童开展灭“脊灰”强化免疫活动,两轮强化服苗率达99%以上,儿童计划免疫“四苗”(百白破、卡介苗、流脑、乙脑疫苗接种)全程接种率以居委会为单位达95%以上,新生儿及时建卡率和0~59月龄儿童建卡率达98%,顺利通过全国以乡镇为单位第三个85%的考核验收。妇幼保健加强妇儿保两个系统管理,全年建立新生儿卡片1410张,对0~7岁13506名儿童进行了体格检查,体检率达94.92%。同时,完成对0~4岁儿童生命监测和尿钙调查任务。1998年,实施《江苏省母婴保健专项技术服务许可及人员资格管理办法》。对辖区较大幼托机构卫生保健人员进行培训,持证上岗。当年底,新浦区有接生能力的医院都已建成“爱婴医院”。新生儿住院期间纯乳喂养率达98%,新生儿感染率为0.84%。儿童计划免疫“四苗”覆盖率稳定在95%以上,新生儿建卡及时率达98%以上,对全区0~4岁儿童消灭“脊灰”强化免疫活动,服苗率达99.46%。对10716名儿童进行健康检查,体检率达91.30%。完成省里对0~4岁儿童生命监测调查及对在幼儿园、学校集体生活和分散在社会上的儿童的尿钙抽样调查。1999年,妇幼保健保偿投保率达99.5%,儿童建卡1033张,其中体弱儿32例。对辖区12所幼儿园211名幼儿教师、2038名儿童进行全面健康检查。新浦区人民政府被评为江苏省创建爱婴工作先进集体。2000年,新浦区通过省爱婴医院评估复查,开展母婴保健执法检查,加强对全区幼托机构规范化、法制化管理。对全区幼托机构进行评比分类:一类园3家,占30%;二类园4家,占40%;卫生人员合格6家,占60%;建立儿童健康档案的幼托机构8家,占80%。对227名幼儿教师进行健康体检。儿童体检1.13万人,体检率达91%。区妇幼保健所、区教育局、区卫生防疫一道站对新浦地区46家私人幼儿园、托儿所进行全面调查摸底,并建立基本资料及老师、儿童健康档案。年内,区妇幼保健所被市卫生局、教委、妇联3部门授予“市托幼机构卫生保健工作先进集体”的称号。

2001年,新浦区制定托幼机构卫生保健评分标准,10家私人幼托机构达到卫生保健的标准。同时,完成对南小区社区卫生服务站范围内6个社区儿童的摸底调查工作和资料整理,为社区妇幼保健工作的开展打下基础。同年,新浦区妇幼保健所被市卫生局评为“九五”期间妇幼工作先进集体。2002年,对辖区内60家托幼机构进行检查。“六一”前后组织儿童体检11806人。全年0~3岁儿童系统管理5032人,系统管理率91.64%。2003年,开展新生儿疾病筛查工作。儿童管理率达到91%,新生儿建卡率和4岁以下儿童建卡率达99%,新生儿疾病筛查率达85%以上。对48家私人办托儿所中的儿童和教师体检,有5家小托幼机构达到私托卫生保健的标准。完成流动儿童消灭“脊灰”强化查漏补服糖丸活动,两轮服苗儿童共3753人,服苗率达98.5%,“四苗”全程接种率以居委会为单位达96%,单苗及时接种率大于95%,规范化门诊达标率大于98%。

2004年,全区0~3岁儿童系统管理率达89.75%,新生儿疾病筛查率达85%以上,新生儿建卡率和4岁以内儿童建卡率99%,“四苗”全程接种率以社区为单位达96%,计划免疫针对传染病控制在颁布标准之内,率先实行计划免疫金卡管理系统。2005年,全区0~3岁儿童系统管理率达91%,新生儿疾病筛查率达85%以上。周岁以内儿童计划免疫投保2182人,以乡为单位新生儿建卡率和4岁以下儿童建卡率达98%以上。脊灰、麻疹疫苗接种率达95%以上;“四苗”全程接种率达90%以上。

第三章 卫生防疫

第一节 食品卫生监督管理

民国35年(1946),东海县警察局开始对新浦地区的饮食摊贩进行卫生监督管理,不许出售变质腐败食品,否则予以取缔。

1953年,新海连市卫生防疫站开始对新浦地区食品卫生质量进行监督。初期仅对食品的外观、色泽、气味等方面作零星抽样检查。1954年,开始对食品从业人员健康状况进行检查和管理,首批对新浦地区46个食品从业单位中的炊事人员进行培训和体检,炊事人员每人每月口服赤痢法基,以预防肠道病。1956年,贯彻实施市人委颁发的《食品企业饮食行业卫生管理办法》,对全区饮食行业778名职工进行肠道带菌情况检查,对不适合此项工作的人员动员转业,对不合格的食品均停止出售和加工出售;同时,将机关、厂矿、企业团体等食堂炊事员编成班组,成立炊事人员学习委员会,定期进行有关卫生技术方面的学习。1958年,春节前,对食品加工、储运、销售、饮食业、服务业等单位的卫生工作进行全面检查,向市罐头厂、牛奶厂、糖果糕点厂和7家冰棒厂发放卫生合格证书。1960年起,贯彻卫生部、商业部颁发的食品加工、销售、饮食行业卫生"五四制"(从原料到成品实行"四不":采购员不买腐烂变质的原料,保管验收员不收腐烂变质的原料,加工人员、厨师不用腐烂变质的原料,营业员、服务员不卖腐烂变质的食品;成品、食物实行"四隔离":生与熟隔离,成品与半成品隔离,食品与杂物隔离,食品与天然冰隔离;用具实行"四过关":洗、刷、冲、消毒;环境卫生实行"四定":定人、定物、定时间、定质量;从业人员个人卫生做到"四勤":勤洗手剪指甲,勤洗澡理发,勤洗衣服被褥,勤换工作服)从头把好食品卫生关。

1961年起,食品从业人员每年进行1~2次健康检查,领取检查合格证后方可从业。1962年,对新浦弹花制冰厂的冷饮生产工作加强管理,选派专门卫生人员,定期化验,使产品合格率比上年同期提高8.4%。1965年,重点抽查96个食品销售门市部的卫生管理工作,新浦职工饭店被评为全市卫生标兵。同年,对新浦地区800名从业人员进行卫生知识培训。

1972年,对600多名从事食品加工、饭店、食堂、水产销售的人员,全面进行健康体检。

1975年起,食品卫生质量监测开始正常化、正规化。监测范围已包括各种食品、糕点、冷饮、酒、奶及调味品的生产、运输、销售等各个环节。

1980年,新浦区加强食品卫生监督力度,发现市罐头厂和市渔业公司联营生产的五香鱼罐头9批样品不符合卫生标准,立即令其进行整改。当年抽检的产品合格率为76.82%。1982年,对新浦地区34家饭店、11家食品店、17个小吃部、5个食品加工厂、5个农贸市场等83个单位的饮食、食品卫生状况进行检查。对10多家卫生状况差的单位限期改进,继续复查,直到合格为止。同年,对3家冷饮生产企业及各冷饮销售企业进行检查,572名冷饮从业人员全部凭健康合格证上岗。1983年,贯彻《中华人民共和国食品卫生法》(简称《食品卫生法》),对200多个饮食、食品从业单位和个体商贩的行业卫生进行检查,并将辖区内93个食堂分成8个联防片,加强食堂卫生管理。1984年,加强夏季食品卫生监督检查,对违反《食品卫生法》的140个单位，分别给予处罚，销毁变质食品3000余千克。对农贸市场中4268名饮食从业人员进行体检，发放卫生许可证。1986年5月，检查发现东方大厦经销的浙江产糖水蜜橘罐头有1600箱有细菌生长，全部予以销毁。该企业从上海粮油贸易部门购进的227000千克豆油经检测不符合卫生标准，除已售出的123900千克外，其余被停止出售。在当年市"创三优"检查中，新浦区食品卫生工作居全市县区之首。1987年10月，查出市副食品公司购进一批哈密瓜变质，全部予以销毁，并处罚款。1988年，在饭店和小吃部推广使用一次性卫生筷和消毒液发生器。在新生路小吃群建立餐具消毒站，加强餐具消毒工作。全年销毁变质食品22037千克，对37户卫生工作较差的摊点进行了整顿。

1991年，新浦区卫生防疫部门开始建立学校卫生、劳动卫生、放射卫生档案。1994年，新浦区狠抓禁止生食海产品，切断甲肝的传播途径，1～6月份病毒性肝炎的发病率比上年同期下降48.51%。1995年，供销宾馆发生一起食物中毒事件，90余名就餐者有42人中毒，经抢救无中毒人员死亡。1997年，抽查食品卫生3600余户次，对卫生工作差的127户次发出警告，令其整改，停止生产经营4户次，没收霉变、过期食品280千克，罚款6200元；采集食品样品195件，合格率达95.50%。1998年元旦、春节期间对7家大中型副食品商场、16家副食品连锁店进行检查。全年采集食品样品189份，合格率达89%。实施卫生监督4830户次，其中，警告并限期改正187户次，销毁过期变质或不符合食品卫生要求的食品31个批次共3220千克。当年采集食品样品195份，合格率达95.5%。1999年，采集食品样品238份，合格率87.5%；餐具样品3315份，合格率63.5%。组织2886名从业人员进行体检，对检出患有各种疾病的52人，全部予以调离。元旦、春节期间检查销毁过期变质或不符合食品卫生要求的食品31个批次共3220千克，罚款23户计1.32万元。2000年，查处不符合食品卫生要求的副食品约4000千克，全部予以销毁。对2703名从业人员进行健康体检（含公共场所从业人员，下同），对检出患有疾病的29人，全部予以调离。2000年，新浦区卫生防疫站卫生监督科开始对辖区的食品卫生等实行分工包干监督管理。

2003年，新浦区实施食品放心工程，先后对卫生执法人员、餐饮单位的厨师长和经理、食品从业人员进行培训。督查食品从业单位2148户次，对10家卫生差的单位予以处罚，查处没收销毁不合格食品680千克，取缔无证经营户2户。核发卫生许可证1725份，其中公共场所卫生许可证519份。全年没收加色牛肉1250千克、卤制品等600千克，取缔两户卤制品加工店；没收销毁不合格豆制品300千克、用硫磺熏蒸的黄花菜1100千克；查封过期的蒙牛雪糕120千克。同时，开始对餐饮单位的食品安全质量监督实行量化分级管理（分为4级：A级为过得硬单位、B级为较好单位、C级为达标单位、D级为需要整改单位）。2004年，新浦区卫生防疫部门对辖区内食品卫生进一步实行划片网格化管理，将责任落实到人。至2005年年底，全区共发放各类卫生许可证近3000余份（含流通环节卫生许可证）。同年，地区食品生产、加工、经营以及餐饮单位开始建立原料进货登记台账、采购索证索票制度，食品质量及食品安全溯源工作得到加强。

第二节　急性传染病防治

一、霍乱、副霍乱防治

民国9年（1920），新浦霍乱流行。民国20年（1931）夏，霍乱大流行，持续40余天。患者千余人，死亡率25%。民国36年（1947），出现霍乱散发性病例。

20世纪40年代，新浦地区已有注射霍乱疫苗的记载。

1964年12月，新浦地区第一家肠道门诊在市人民医院建立，该门诊负责疫情侦察、疫源检索工作。成立当月即在航运公司查出2例不凝集弧菌（海贝尔氏Ⅰ属），并对其进行隔离治疗。1965年，新浦区检出航运公司4号船、龙尾河东岸、龙尾桥北首、粪场附近4处饮用水点为霍乱菌检出阳性。航运公司4号船发生1例来自外地的阳性病人，均及时组织处理。1975年，新浦地区各医院分别建立由医生、护士和1名领导干部参加的“二号”病抢救小组，建立肠道门诊，发生疫情及时报告。市防疫站设立检索点，并承担新浦地区的粪便检查工作。1977年，区卫生部门加强检索工作，全区检出4处阳性水点：新浦农场奶牛场沟水（饮用水）、部队五七造纸厂沟水（饮用水）、红光化工厂北沟水、新浦南沟水（非生活用水），并建立健全疫情报告制度。1978年，因疫情传入，副霍乱在全区发生流行。疫情扩散到20条街，占全区街道总数的43.5%。在发现首例病人后，组织了抢救、防疫、消毒3套班子，24小时轮流值班。8～9月共发生34例，死亡6例。1979年，新浦区组织全体医务人员学习防治“二号”病知识，做到有泻必采、必登、必报、必治，早期发现、早隔离、早治疗、早报告，及时控制“二号”病（副霍乱）传染。1980年，全区各医院、大型厂矿卫生所、医务室均成立“二号”病防治小组和抢救班子，街道居民都有疫情报告员，对疫区来新浦的宿食人员由招待所、旅店注意疫情观察。在汽车站、火车站、港务处3地设立疫情观察点。年内共检查出来自疫区的汽车272个班次，旅客3475人。1981～1982年，发生2例病人，对来自疫区的人员进行预防服药共计1264人。1991～2005年，全区未发生病例。但区防疫站每年的4～10月份均实行24小时疫情值班制度，对各医疗机构的肠道门诊运转情况进行督导检查。

二、病毒性肝炎防治

1961年4月，新浦地区开始肝炎防治工作，加强疫情报告，建立专门登记册。同年，在机关干部中开展肝炎普查活动，实查1820人，共出现肝炎可疑者42人，占2.3%，全年全区共发生肝炎病44人，多为无黄疸型，以干部为多，工人次之。1963年，肝炎发病人数比上年增加8倍。新浦区开展防病宣传，加强饮食卫生管理，做到早发现、早隔离、早治疗，预防肝炎的流行。自1965年开始，新浦区每年对饮食行业人员进行健康检查，使肝炎传播机会减少。1987年，召开新浦地区各医疗单位“阻断乙型肝炎母婴传播”工作方案协调会议，成立“新浦区阻断乙肝领导小组”，对妊娠7～9个月孕妇进行产前检查和乙肝表面抗原检测，对阴性孕妇之新生儿做到乙肝疫苗接种率100%，共注射3针，免疫程序是分别在出生后24小时、1个月、6个月进行。1988年，上海甲肝流行，新浦区在加强预防甲肝的卫生知识宣传同时，向各幼儿园、托儿所发放消毒药片6000片，防止甲肝发生和流行。全年全区共发病242例，发病率153.29/10万。

1991年起，新浦区将乙肝疫苗接种纳入计划免疫基础接种范围，免疫程序为出生年第0、1、6月各1针，3～4年再加强1针。1992年，贯彻实施《连云港市乙肝疫苗接种实施方案》。1992～1994年，在全区推广甲型肝炎疫苗接种，在春、秋两季采取“压高峰”的办法，对中小学、幼儿园在校学生、高危人群在自愿的情况下普遍接种甲肝疫苗，以增强人群免疫力，累计接种3500人次，有效降低了发病率。1999年，全区新生儿乙肝疫苗接种率达99.5%。根据省人民政府决定，自2003年7月1日起，乙肝疫苗接种纳入儿童计划免疫范围。疫苗由政府统一订购下发，新生儿出生后第一针由各医院的产房接种，第2针和第3针在属地防疫保健机构接种。保证每一名出生的儿童都能接种上乙肝疫苗。1991～2005年，全区共发病1138例，其中甲肝574例，无死亡病例，儿童甲肝患病率降为“0”。

三、脊髓灰质炎防治

1990年，新浦区开始对全区4周岁以下儿童进行脊髓灰质炎强化免疫。1991年，区政府成立消灭脊灰工作领导小组，区卫生防疫站制定下发《新浦区消灭脊灰实施方案》。1993年12月5日，为第一个全国强化免疫日，新浦区成立消灭脊灰强化服苗协调小组，区卫生防疫站人员深入街道、农村培训专业人员，指导7个卫生所20多名专业人员进入82个居委会对全区4岁以下儿童进行摸底，并预约服苗时间。在市中医院、市三院、新浦区人民医院设立主动监测哨点，主动搜索AFP(急性弛缓性麻痹)疫情，按旬上报。至1996年连续6年开展13轮强化免疫，服苗儿童达10万人次，占应服苗儿童的99.5%。1997年，经江苏省消灭脊灰审评小组认定，连云港市已无脊灰临床符合病例。

2001年7月，新浦区顺利通过省卫生厅组织的消灭脊髓灰质炎计划免疫综合考核。此后，防治工作转为维持和加强无脊髓灰质炎状态，包括：继续开展0～4岁儿童强化免疫，加强查漏补服，强化流动儿童计划免疫管理，加强免疫水平监测等。

四、流行性感冒防治

1954年1、2月份，新浦地区流行性感冒(简称流感)流行，仅盐河卫生所2月4～24日间收治的病人就达230余人，死亡3人，且以婴幼儿发病最多。全区社会医生紧急动员，很快基本控制疫情。1956年7月，流感在新浦大流行。7月15日～8月11日，发生流感1714人，占门诊量的50%，市级机关等6个单位有患病人百余名，市公安局因患流感而休息的达20多人，路南派出所共11人，患流感9人。1957年3月25日，新浦地区流感流行，全区各公私医疗机构门诊流感病人近500人，约占门诊人数的60%以上，以集体机构发生较多。市区卫生防疫部门抽调人员，组成7个防治小组，深入街道、厂矿、学校，开展防治工作，对公共场所进行空气消毒，于4月下旬基本控制疫情。

1973年，连云港市革命委员会除害灭病办公室发出“立即扑灭流感等疫情紧急通知”，新浦区认真贯彻预防为主的方针，大力搞好爱国卫生运动，推广中草药和行之有效的防治方法。

2004年1月，在越南、泰国等周边国家发现人感染的高致病性禽流感疫情后，区卫生局制订下发《新浦区突发人间禽流感疫情应急预案和相关技术方案》，组建应急处理专业队伍，并召开区有关部门会议，加强食品卫生监督管理，严把“病从口入”关，加强与农业部门的信息沟通，及时了解禽类疫情动态，确定市一院为流感监测哨点医院，严密筛查监测流感样病例。

五、麻疹防治

解放前新浦每年均有麻疹患者，每隔两三年流行一次。民间诊治方法落后，多祈祷神灵保佑，造成患者并发肺炎，死亡率较高。

新中国成立初期，麻疹仍有发生，政府组织治疗，死亡者极少。1951年，市卫生院组织全体医联会员组成防治抢救组，开展群众性防治工作。使疫情尽早得到控制。1954年，麻疹流行，新浦区组织社会办医人员配合区各医疗机构进行防治，及时控制了疫情。1959年，麻疹流行时，新浦区试用中药“雷惠散”预防，获得显著疗效，如东风托儿所有21名儿童服用雷惠散后，在流行期间无一人发病。车站街托儿所有70名儿童，未用药前有20名儿童已患麻疹，用药后2～3天，又有5例患病，其余40余人始终未发病。

1970年，开始接种麻疹疫苗。随着接种量增大，麻疹发病率逐年下降。1977年，新浦区麻疹发病

201 人。1980 起，全区每年发病 30 人左右。1983 年将接种麻疹疫苗列入计划免疫范围，儿童出生 8–12 个月进行疫苗初免，4 周岁、7 周岁各进行加强接种一次。1985 年，麻疹发病有所抬头，全年发病人数达 233 人，年发病率为 158.66/10 万，且发病年龄偏大。1986 年，全区全年共发病 22 人，平均发病率为 14.9/10 万。1988～1989 年，全区未发生 1 例麻疹病人。1990 年，新浦未发现一例麻疹病人。1991～2000 年，全区共发病 9 例，属散发病例。1993 年开始，新浦区按市级的监测方案在 3 所医院设立主动监测点开展主动搜索，把疫情控制在萌芽状态。

2000 年起，对部分幼儿园儿童、小学生接种麻疹、风疹、腮腺炎三联疫苗，但因价格较高接种率很低。2000–2005 年，发病 28 例。发病年份高的有 2002 年、2004 年、2005 年，其中以 2005 年发病最多，全区共发病 12 例，发病率 3.4/10 万。发病年龄最小 5 个月。无局部暴发流行。

六、流行性出血热防治

1991～2001 年，新浦区无病例发生。

2002～2005 年间共报告 10 例流行性出血热。分布情况：2002 年 1 人，2003 年 2 人，2004 年 2 人，2005 年 5 人；浦西办事处 2 例，浦东办事处 2 例，南城镇 2 例，新东办事处 1 例，云台乡 1 例，宁海乡 1 例，花果山乡 1 例；男性 9 例，女性 1 例。市第一人民医院报告 7 例，市中医院报告 3 例，经市第一人民医院、市中医院治疗后均已痊愈。

七、狂犬病防治

1975 年，新浦地区私人养犬 3300 余条。1974～1975 年，有 20 余人接连被犬咬伤住院。新浦区人民政府研究决定，城镇地区逐步禁止私人养犬。

1979 年 7 月，市电瓷厂工人饲养的一只犬患狂犬病，在附近连续咬伤 12 人，咬伤牲畜 11 头。卫生防疫等部门立即采取措施将严重威胁着人民群众生命财产的病犬予以捕杀。

1981 年，新浦区开始使用狂犬疫苗注射以预防该病。1983 年，贯彻市政府防治狂犬病会议精神，执行《江苏省家犬管理条例》和市政府“关于进一步控制和消灭狂犬病的紧急通知”，城区严禁养狗。1985 年，区、乡镇、街道加强对狂犬病防治工作的领导，畜牧兽医站负责对养犬户进行普查登记、狂犬疫苗注射、挂牌工作，确需养犬者，要经上级主管部门批准，报公安部门审批，由所在兽医站人员进行疫苗注射，发给证书，方可饲养。狂犬病得到控制。1987 年，新浦地区组建防治领导小组 10 个，灭犬专业队 9 个。全区共捕杀家犬 238 条，占全区养犬总数的 85%。1991～2003 年，新浦区无狂犬病例发生。

2004 年，云台乡发生狂犬病 1 例，造成患者死亡。市、区防疫部门及时购置足够的狂犬疫苗和狂犬免疫球蛋白，做好预防接种和治疗工作，对被动物咬伤人员实行月报和预防接种及伤口处理情况 3 日报制度。开展疫区灭犬、对人群和犬类实施免疫预防等。2005 年，新浦区卫生防疫站开始设置 24 小时狂犬病门诊，全年没有狂犬病死亡病例发生。

八、流行性乙型脑炎防治

1954 年 7 月下旬，新浦出现流行性乙型脑炎（简称乙脑）患者，8 月上旬开始上升，至 8 月下旬先后发生 9 例患者（龙尾区 6 人，盐河区 3 人）。医院以中西医结合方法治疗乙脑患者。1955 年，开始接种乙脑疫苗，并在病人家庭 50 米范围内喷药灭蚊，进行防疫。1956 年，乙脑在新浦区流行，共发病 46 人，死亡5人，发病率82.4/10万，病死率10.9%。患者男性多于女性，且年龄多在10岁以下。本年起，新浦区开始广泛应用乙脑疫苗，进行预防接种，同时发动群众，开展以消灭蚊蝇为中心的卫生突击活动，以控制疫情蔓延。1979年起，每年注射乙脑疫苗25000人次左右，使全区发病率控制在0.61/10万。

1984年，流行性乙型脑炎疫苗被纳入计划免疫范畴，儿童出生后6~7月即可进行基础免疫接种，（初种2针，两针间隔7~10天），1岁、5岁时各加强一次。1985年、1989年各发现乙脑病人1人。

1991~2005年，全区无乙脑病例发生。

九、细菌性痢疾防治

解放前，每年夏秋均有细菌性痢疾（简称痢疾）发生，并时有不治而死者。

1953年，新浦发现痢疾患者2021人，卫生部门及时组织治疗，并对建筑工人、粪业工人、机关炊事员、环境卫生人员等重点人群进行口服药物予以预防，全年共有7113人次服用。控制了流行和蔓延。

20世纪60年代至80年代，痢疾得到较好控制。

1990年起，痢疾被列为重点防治传染病之一，全区各医疗机构在流行季节到来之前开设肠道门诊，筛查治疗该病和监测控制疫情。同时，抓好厕所改建和垃圾粪便的无害化处理，消灭蚊蝇孳生地，加强卫生宣传及食品卫生监督，控制食源性传播。1991~2005年，全区共发病2594例，无死亡病例。其间，1991年、2004年为发病高峰，分别有255例、220例，发病率分别为121.4/10万、64.7/10万。

十、伤寒和副伤寒防治

1976年，新浦区正式开展伤寒和副伤寒的防治工作，共收检标本1070人次，查出阳性10人，健康带菌者2人；同时收验小便31人份，其他样品71人份，均未查出伤寒杆菌；对患者血清进行肥达氏反应，共检血清220人份，阳性111人次，阳性率50.4%。

1990年后，该病被列为重点防治的肠道传染病，防治效果明显。

1999年、2005年，各发生1例病例。

十一、流行性脑脊髓膜炎防治

1958年以前，新浦地区时有流行性脑脊髓膜炎（简称流脑）发生，且死亡率较高。但无记载资料。1959年，新浦区有1000名儿童口服磺胺类药物进行预防。1962年，发病212人，死亡12人，发病率为33.64/万，死亡率为5.66%。新浦区组织人力，用呋喃西林液对全民进行喉头喷雾，对16000名6周岁以下儿童进行全面预防接种，并动员群众用盐开水漱口等方法进行预防。1963年，流脑在新浦区局部流行，全年发病96人，死亡6人。患者以10岁以下居多，男性多于女性。1965年，新浦地区流脑流行，来势凶猛，全年共发病254例，死亡16人。死亡率为6.29%。1966年，区政府多次召开会议，广泛宣传防治流脑的科学知识。同时，组织28名医务人员，培训群众卫生骨干，深入各街道查治“苗头”病人，共发现“苗头”病人374名，全部预防用药；对公共场所用乳酸消毒。当年全区流脑发病48人，死亡3人，发病率比上年下降81.2%。

1970年，开始流脑疫苗预防接种。1976年，流行时间较往年提前，全区共发病88例，因治疗及时，无死亡病例。推广盐开水漱口、多食大蒜、服用“松针甘草汤”等办法进行预防和治疗。先后在“钟声”“六一”两个幼儿园进行流脑带菌检查，共查303人，其中带菌96人，带菌率为35.5%。带菌人均予以预防用药。1977 年,共发病 100 人,死亡 1 人。在流行季节,对 500 多名教师进行以预防流脑为主的呼吸道传染病的业务培训,对“商业”“钟声”“六一”3 个幼儿园采用 10% 新洁尔灭和三黄合剂进行喉头喷雾,1 天 2 次,共用药 20 天。试用此法后,3 个幼儿园当年未发生 1 例病人。

1980 ~ 1983 年,流脑在新浦区有散在发生。1984 年,共发病 66 例,死亡 3 例。全区开展卫生运动,在发病率高的单位和地段对潜伏期病人进行调查,做到早期发现、早期隔离、早期治疗;对公共场所采用呋喃西林或消毒宁液(度米芬)喉头喷雾;对重点人群用磺胺嘧啶预防服药;开展流脑菌苗应急接种,共接种 25000 人,有效地控制了疫源的蔓延。1984 年后,流脑被纳入计划免疫范围,新浦区每年对儿童常规接种流脑菌苗,免疫程序为 10 月(初种 2 针,每针间隔 15 - 30 天)、4 岁、7 岁加强接种 1 针。1986 ~ 1989 年,新浦区共发现流脑病人 13 例,年均发病率为 1.98/10 万。1994 年,发病 1 例。2003 年,发病 2 例。2004 年,发生流脑病人 4 例,死亡 1 例。当年,对全区 2 周岁以上儿童进行应急接种 A + C 群流脑菌苗,接种达 25000 人次。2005 年,全区共完成流脑菌苗基础免疫接种 7103 人次,应急接种达 15000 人次。当年,发生流脑病 1 例。1991 ~ 2005 年,流脑患病者发病年龄最小 3 岁,最大 19 岁。

十二、百日咳防治

自 1949 年有疫情记录起,每年都有散发病例。1954 年,新浦城区开始对 3 个月至 6 岁儿童进行百日咳预防菌苗接种。1962 年,开始采用百白(即百日咳、白喉)二联菌苗接种。1984 年起,每年对儿童进行常规免疫接种预防百日咳、白喉、破伤风的百白破三联菌苗,基础 3 针为 3、4、5 月每月 1 针,18 ~ 24 个月加强接种 1 针次。百日咳、白喉、破伤风疫苗接种率每年均达 98.5%。

1991 ~ 2005 年,全区无病例发生。

十三、白喉防治

民国 28 年(1939),新浦流行白喉。此后每年冬春都有流行。

1951 年,开始对 8 个月至 8 周岁儿童进行白喉类毒素接种。1956 年,新浦区对集体机构的儿童及工作人员进行白喉带菌检查,共检查 1374 人,未发现 1 例阳性。据其中 500 人统计,有假阳性的白喉杆菌 18 人,约占 3.6%。

1961 年,白喉在新浦地区有散在发生,以春冬季较多。为了解人群对白喉的易感性,新浦区将托儿所、幼儿园部分儿童,初中学生和散居儿童分成不同年龄组进行 1 次锡克氏实验,共检试 916 人,其中阳性 99 人,占检试总数 10.81%。

1964 年 9 月 17 日 ~ 10 月 3 日,新浦区发现 8 例白喉患者,其中 1 岁以内 7 例、10 岁以内 1 例,死亡 2 例,均为未注射白喉类毒素者。同年,新浦区对重点幼托机构儿童进行白喉带菌检查共查 326 人次,检出阳性者 10 人次,空气培养 16 份,阳性 6 份,为做好防治提供依据。在白喉防治工作中加强传染源管理,患者病后经咽拭子 3 次培养阴性方能出院。对幼托机构和家庭密切接触者进行带菌试验,查出带菌者实施隔离治疗。至 11 月底,检查 239 人,发现阳性 12 人,及时进行流行病学检查,做好疫点消毒处理工作,落实白喉类毒素或百白二联的注射等方法,使病情得到控制。

此后,新浦区白喉发病率不断下降。1980 年以后,已基本消灭。

1984 年,该病被纳入计划免疫范围。24 月龄婴儿的接种率达 98.5%。

1991 ~ 2005 年,新浦区无病例发生。

十四、破伤风防治

1984 年起,新浦区将破伤风纳入计划免疫范围,新生儿出生 3 个月后即按免疫程序接种百白破、白喉、破伤风三联菌苗,同时大力推广新法接生。

1998 年起,执行国家卫生部颁布的《全国新生儿破伤风监测工作方案》,区卫生防疫部门对医院进行新生儿破伤风的主动监测。

1991 - 2005 年,无疫情发生。

十五、结核病防治

解放前,结核病主要是肺结核病,为新浦地区常见传染病,民间称为“痨病”,发病较多,且常有因此死亡病例。

新中国成立初期,新浦城区仍有散在性发病。1953 年,开始进行结核菌素试验和卡介苗接种。此后,每年均对 15 岁以下学龄儿童接种卡介苗。1974 年至 1979 年,市卫生部门进行结核病普查,普查发病率为 2.19%。1981 年起,卡介苗接种对象改为 6 个月以内婴儿及 7 周岁、12 周岁儿童。1983 年 1 起,卡介苗接种纳入计划免疫之中。

1991 年,根据市卫生局《关于加强活动性肺结核病人登记报告与治疗管理的通知》。要求区内综合性医院做好病人登记工作。新浦区肺结核漏报率达 53%。1992 年,新浦区卫生局为提高诊断率,降低漏报率,采取积极的鼓励措施,各医疗卫生单位每确诊、上报一名结核病确诊患者奖励医生 50 元人民币。1996 年,新浦区肺结核漏报率降至 24%。同年,《连云港市传染病防治“九五”规划》和《连云港市传染病防治方案》,提出在“九五”期间将结核病平均患病率控制在 200/10 万以内,涂阳患病率控制在 65/10 万以内等目标,对结核病人实行归口管理,逐步扭转登记报告不完善、治疗不规范只治不管的现象。1998 年,根据省卫生厅规定,新浦区停止卡介苗复种工作。

2004 年,新浦区城区开始纳入结核病控制项目,市疾病控制中心制订下发《连云港市城区结核病防治机构和综合医疗机构合作实施 PPM - DOTS 项目实施方案》(PPM:公私混合,DOTS 直接面试下短程化疗),辖区内的综合性医院和卫生防疫站的人员参加市内培训,该项目于 2005 年正式启动。

专记:抗击“非典”

2003 年 4、5 月间,面对一场突如其来的非典型性肺炎(简称“非典”)疫情,中共新浦区委、新浦区人民区政府立即动员并亲自带领新浦地区干部群众,采取措施,扎扎实实地开展防治“非典”(简称“防非”)斗争,取得全胜。

一

“非典”疫情出现后,新浦区立即成立新浦地区“非典”防治指挥部,并成立临时党委,实行区委、区政府一把手负总责责任制。在各乡镇、街道、农场、林场设立 11 个防区,从区机关抽调工作人员,组成 11 个工作组派驻各防区指导“防非”工作。全区先后有 103 名机关干部走上“非典”防治第一线。区指挥部建立“防非”工作 24 小时值班制度,实行区委书记包片联系、政府领导条线负责和区委、人大、政协领导挂钩指导制度。全区各级领导干部坚持一线工作法,做到领导服务在一线,困难问题解决在一线,防治措施落实在一线。确保各项工作部署、指令、信息以最快的速度到达第一线。

在防治“非典”过程中，区委、区政府先后制定《新浦区“非典”防治工作预案》《新浦区预防二代非典型肺炎病人工作预案》《新浦区“非典”疫情应急预案》等一系列方案、各医疗单位也都制订各自的应急预案。

为保障预案顺利实施，区财政应急安排防“非典”专项资金40万元。同时，成立新浦地区“非典”疫情应急处置总队，总队下辖一个直属大队和11个防区应急处置大队，直属大队下设5个应急处置中队，并制作应急处置疫情操作流程图。区指挥部先后8次启动应急预案，隔离有关人员252名。5月4日，区指挥部首次启动应急预案，安全及时地将1420次列车上9名乘客以及来自天津的23名乘客分送至金鑫宾馆、区招待所隔离；5月9日，区指挥部及时对与“超级传播者”帅××密切接触的葛××及与其他密切接触者实施隔离观察；5月10日，区指挥部与市轻工资产公司密切配合，对从北京返连的有发烧症状的学生房×所住楼栋实施隔离3天，共隔离人员47人。5月18日，区指挥部又出动49名应急处置工作人员，用3辆120救护车将1503次列车7号车厢的31名有迹象的乘客安全接送至金鑫宾馆隔离观察。5月24日、25日，区指挥部在预先未告知情况下，设置假想疫情，启动各防区应急预案、组织各防区实战演习，突击检查各防区应急处置能力。

区纪检、组织、监察部门严明“非典”防治纪律制度。区指挥部制定“非典”防治工作责任追究制，并对“非典”风波可能涉及六类犯罪通过简报形式，发至全区各单位、各部门，及时敲响警钟。

区指挥部加强督查工作，确保“非典”防治工作机构健全、网络顺畅、运行高效。充分利用各种传媒和渠道普及“非典”预防知识，提高群众自防意识和能力，积极倡导市民培养自身良好的文明卫生习惯。并在基层组建一支“非典”疫情信息员队伍。先后培训基层信息员近万人次。

二

在抗击“非典”过程中，区抗“非典”指挥部切实抓好防控网络建设，防止疫情流入。区指挥部抽调17人参加火车站检疫服务站工作。自4月30日至5月28日，对在新浦火车站下车的15371名旅客进行红外线体温测试(新浦旅客2170人)、2809名旅客进行了手工体温测试，发现并及时处理高烧旅客28人，先后对5批54名旅客实施隔离观察。从5月9日开始，抽调公安、交通、卫生、城管、民兵等37名工作人员在魏艞桥、丁字路设立“非典”防治卫生检疫服务站，对来自“非典”病例发生地的长途客货车及其他车辆人员，实行全程检疫服务。累计检查5872辆次、67288人次，先后处理应急事件18起，隔离旅客185人次，处理发烧病人15例，平均每天检查309辆次、3541人次。最多每天检查高达近500辆次、6000余人次。同时，实施防区结网工程，建立以村、居卫生防疫信息员和辖区单位联络员为骨干的疫情防控网络。每个防区配备20位防治督导员，每位防治督导员联系10位卫生防疫信息员，每位卫生防疫信息员又联系30至50户居民。全区共有防治督导员299人，卫生防疫储备户员2573名，联系新浦地区11万户居民。各防区建立辖区单位联络员制度，形成单位领导为第一责任人、单位联络员为具体责任人的责任体系。共明确辖区单位责任人648名，设立联络员671名。组织有关人员成立白衣天使服务队，每人随身携带温度计和小型消毒设备，上门为返连人员测量体温，询问身体健康状况，填报健康状况跟踪卡，对返连人员居室及周围环境进行消毒。各防区按照“四个一”工作标准，加强对来(返)区人员管理，即建立一本来(返)区人员台账、对每个来(返)区人员明确一名监控责任人、防区责任人、社区负责人对辖区来(返)区人员做到“一口清”报数，确保来(返)区人员一个不漏地纳入监控视野。截至5月28旧，区在外省市人员合计5009人(学生2049人、打工者2214人)、疫区来区人员合计3736人(重点疫区来区人员合计799人)、进人留验站人员98人(后均逐步解除)，家居隔离人员累计10228人(后均逐步解除)。对与“非典”病人或疑似病人无接触史，且无干咳、发热现象的，均在家隔离观察15日；对与“非典”病人或疑似病人有过接触史的，虽无干咳、发热等症状的，一律送留其站留验观察15日；对来自疫区或非疫区的，与“非典”病人或疑似病人有过接触史的，并发热、发烧、干咳的，一律就近送发热门诊诊治，经诊治后，达不到标准的，强行送区执行所留置观察15日。全区在区第二人民医院、中西医结合医院、云台乡卫生院、南城镇卫生院、云台农场医院、南云台林场医院设立一类发热门诊；在新浦区第一人民医院、区第三人民医院设立二类发热门诊。各医院严格按传染病防治的规章要求，设立与其他门诊隔离的疫区和非疫区发热门诊以及临时隔离留观室，分清污染区、半污染区、清洁区，制定科学的病人就诊流程，严格执行预诊分诊制度。正确引导发热病人就诊，对来自疫区和非疫区人员就地隔离诊治。严格执行对从“非典”病例发生地返回的人员和农村返乡农民工免费体验，发热病人到发热门诊就诊实行免办挂号手续、先就诊等有关规定。截至5月28日17时，区属各类发热门诊先后接诊发热病人609人次。

严格执行《公共场所工作人员“非典”防治工作规则》，严格控和减少公共场所交叉感染发生率。对医疗机构、学校、托幼机构、旅馆、饭店、社区服务机构、商场、剧场、影院职工食堂等公共聚集场所按规定消毒杀菌。认真落实防治一线医护检查人员防护设备和各项防护措施，在各学校建立晨检制度、消杀制度、追踪随访制度等。做到学生人手一册“防治非典型肺炎学生个人卫生晨检记录表”，家长每天提供学生的健康状况，在上学时报给班主任并登记在册。对有咳嗽、发热等情况的师生进行登记，及时送发热门诊诊治。对建筑工地实施封闭管理，保证民工宿舍通风条件良好，生活区每天至少消毒一次，每天至少为民工测量两次体温并建档立卡。加大垃圾清运，公厕保洁力度，确保垃圾日产日清无积存。开展城郊结合部卫生突击整治，清除卫生死角，清理各类积存垃圾；对医疗垃圾，公共场所垃圾进行消毒、焚烧后再转运处理。全区243座公厕，9个垃圾中转站点、1100余个垃圾池进行全面消毒，公厕做到一日一消毒，垃圾池桶点做到两日一消毒，严防“非典”病毒通过各种垃圾的二次污染；

三

抗击“非典”时期，新浦地区“非典”防治指挥部，一手抓预防，一手抓治理，组织公安、工商、环保等部门先后对209家对小旅馆开展执法检查，对存有隐患的173家暂时予以关闭。对来自重点疫区的旅客，集中安排在指定的东方红大酒店住宿。酒店对先后入住的13名客人均实行为期两周的隔离观察；先后临时关闭网吧110家、游戏机室55个、歌舞娱乐场所19户，对文化娱乐场所实行24小时拉网式监控，加强医疗市场整治，严禁合法的个体诊所擅自接诊、截留、收治发热病人，销售退烧、止咳类药品。取缔非法行医30家；对69家诊所、药店，暂时停止销售退烧、止咳药品，暂控药品157件；做好外来客商和外出经营者返回后的跟踪管理工作，严防疫情传入市场。同时，在抗击“非典”紧张阶段，加强餐饮行业整治，严禁大规模聚餐、聚会活动，严防疫情传入。

新浦区在抗击“非典”过程中所采取的各级领导“到边沉底，群防群治”和建立信息员、督导员、防区负责人三级预防控制网的做法，得到了省政府“非典”防治工作督查组的肯定和推广。

第三节　寄生虫病防治

一、疟疾防治

20世纪30年代前，对疟疾（俗称“打摆子”“半日子”“做官”）无预防措施。民间有“躲半日子”的陋习。30年代,西医传入新浦,渐有服药治疗的方法。

解放后,开展疟疾防治工作。1960年起,实行免费疟疾抗复发治疗,培训基层抗疟疾人员,建立抗疟疾队伍,破除迷信思想,分期分批对1959～1961年内有疟疾病史的人员进行3次抗复发治疗;对有疟疾史者进行登记核实,建立比较完整的疟疾史病人账。经登记,3年内有疟疾史病人14590人,占全区总人口的20.55%,接受抗复发治疗的占应抗治人数的92.9%。1961年,新海玻璃厂间日性疟疾暴发流行,全厂发病达102人,占职工总数的46.7%,全区共发生疟疾7962人,患病率13.52%,卫生部门立即组织治疗。1962年,开展2次大规模的抗疟疾工作。组织由38名医护人员和街道保健员组成的抗疟疾队伍,全区接受抗复发治疗16584人,占应治人的92.9%。治疗后,复发率较1961年下降29.24%。1963年,新浦区组织13名医务人员、17名单位保健员采取送药上门,看着患者服药下肚办法,对1962年患疟疾的4339人进行休止期抗复发治疗,接受治疗的有4078人,占应治人数的93.9%。年内全区发生疟疾病人4381人,发病率6.6%。1964年,采用伯氨喹啉加上乙胺嘧啶8天联合疗法,对1963年进行休根治疗(对疟疾病人或重点人群采用氯奎或白奎进行休止期的根治)。新浦区应服药人数4381名,达到全程治疗的有3540人,不全程治疗的577人,占应治人数的93%。1965年,全区组织医务人员和保健员57名,采用分片包干办法(工厂的由单位医务室负责),对有疟疾病人进行抗复发治疗。全区共有疟疾病史病人3326名,发病率4.79%,全程治疗2940人,占应治人数的88.39%,不全程223人,占6.71%,共计3163人,占应治人数的95.1%。

1966年至1970年,受"文化大革命"影响,疟疾病防治工作中断。

1971年,疟疾病防治工作渐恢复。1976年,进行疟疾休根治疗,新浦区应治人数为1036人,服药1005人,服药率97%。其中全程治疗867人,占应服人数87.2%。在流行季节培训送药员676人,进行全民预防用药170752人次。当年疟疾病人比1975年下降69.1%。1977年,疟疾病人有回升,全区共发病774人,发病率为1.54%,比1976年上升1.2%。对现症病人均及时予以治疗、登记,做到二级有帐、三级有数。1978年,全区抽调30余名防疫医生,对过去有疟疾史者及部分发热病人进行修根治疗,一律用乙胺嘧啶加伯氨喹啉3日疗法,接受抗复发治疗742人,其中服足量者708人;发热病人休根治疗70人,其中全程治疗41名。1979年,对发病重的地段实行全民预防用药压高峰,并根据不同情况,从7月份开始用乙胺嘧啶口服,半月1次,进行预防。全区共有7362人服药,服药率7.32%,全年发生疟疾病人458人,发病率0.45%。年内,1946名应休根治疗者,有932人接受抗复发治疗,其中服足量者有873人,全程治疗率94.6%。1980年,全区接受抗复发治疗639人,其中服足量的571人。

1982～1989年,全区共发现疟疾病人4名。1987年起,在区人民医院检验科设立门诊镜检站,开展血检工作。至1989年,共血检5045人,阳性2人。并对阳性人员立即给予抗复发治疗。期间每年5月1日至10月1日,全区坚持按疟疾防治方案开展疫情监测,采取各种措施巩固防治成果。

1991～2003年,全区无病倒发生。2004年,全区新发病人2例,1例为国外输入、1例为到新浦打工者。当年血检351人,阳性2人。2005年,全区无病例发生,血检1116人,阳性1人,休止期根治1例。

二、丝虫病防治

解放前,丝虫病(俗称"大粗腿")在新浦地区时有发生。

1955年,全区开始对丝虫病进行调查,寻找治疗办法。1956年,新浦区共血片检验30540人,查出阳性2847人,阳性率9.3%。并采取缴费、欠费、半欠费和免费方式一律送药上门进行治疗,共治疗934

人。1958 年,新浦区共检查 10111 人,查出患者 3322 人。1970 年,全区共普查丝虫病患者 2000 余人,阳性 850 人,普治 800 余人。

1973 年,新浦区成立丝虫病调查小组,并组织医务人员进行第二次普查普治。经过对 25 例阳性者鉴定,未发现有马来微丝蚴感染,全部是班氏微丝蚴感染。全区抽查 9 个街道的居民小组,总人口 1267 人,实查 1109 人,阳性 7 人,阳性率 0.63%。1980 年,区卫生防疫部门选择重点病区进行查治丝虫病,共检查 2023 人,阳性 41 人,阳性率 1.4%。1982 年,新浦区组织 13 名医务人员,在民族街、新浦磷矿、沈圩大队进行调查,共检查 2949 人,检查 5898 张血片,镜检阳性 7 人,占检查人数的 2.37%,达到国家标准。1985 年,新浦区调查 1080 人,阳性 22 人,阳性率 2.04%。1988 年,新浦区完成 2010 人份丝虫病普查任务,阳性率为 0。

2000 年 8 月 15～16 日,经江苏省卫生厅组织丝虫病审评考核组,对连云港市进行消灭丝虫病审评考核,确认连云港市新浦地区已达卫生部颁布的消灭丝虫病标准。

三、黑热病防治

解放前,黑热病(民间称"脾块")在新浦地区广为流行,危害较大。民国 28 年(1939),日本侵略军侵占新浦后,为防止其士兵受传染,曾组织调查。当年 5 月、8 月流行病高峰期间,脾肿大发生率高达 98.6%,肝肿大发生率为 64.8%。其间也曾组织治疗。

新中国成立之初,此病仍有发生。1950 年,新海县卫生院举办黑热病防治培训班,培训防治人员,并在新浦建立黑热病防治站,免费为患者治疗。当年治疗 329 人,死亡 16 人。1951 年,新浦黑热病防治站撤销,由市医院和各区卫生所负责治疗。上半年治愈 50 人,死亡 2 人。1953 年,政府对医疗单位予以补助,每治疗 1 名黑热病患者补助消毒费、注射费等 1.7 万元。当年,免费治疗 41 人,无死亡病例。1954 年,治疗患者 40 余人。至 1956 年底,该病绝迹。

第四章　医疗事业

第一节　中　医

20 世纪 20 年代前,新浦地区尚无中医诊所,仅有串街郎中或个别中医在家为人看病。民国 11 年(1922),赣榆人、中医周藩西率先到新浦海昌巷开设周藩西诊所。周藩西擅长于治疗伤寒及妇儿科诸症,很快享誉海属地区。随后,灌云中医刘道之、淮安中医顾铁侬于民国 13 年、18 年先后到新浦开设竞成诊疗所和顾铁侬诊所。新浦中医事业日渐兴旺。到民国 37 年(1948)10 月底解放前夕,新浦已有中医诊所近 20 家。

解放后,人民政府扶持中医事业,私人中医诊所很快恢复正常诊治业务。1950 年,新浦地区新华、新龙、民主 3 个区的私人中医诊所联合起来,成立中医联合诊所。不久,中医联合诊所与西医联合诊所按区划联合,成立区联合诊所。到 20 世纪 50 年代中期,即成为新浦区联合诊所的重要组成部分。

新浦区医院成立后,设立针灸科,初以传统的针刺、药灸、拔火罐等手法为主要治疗方法。1959 年,区医院设置中医病床15张,同时开展针灸治疗,所治20例颜面神经麻痹病人,治愈率100%。1960年,开始安排中医参加全院业务会诊,使中医业务范围逐渐扩大,技术水平逐渐提高。1963年,消风祛湿汤配合使用中药洗剂等治愈四例剥脱性皮炎。1970年,开展穴位埋线治疗癫痫、胃溃疡,神经强刺激治疗小儿遗尿症;同年,用针麻进行胃肠、甲状腺、阑尾等手术取得较满意效果。1980年,使用半导体脉冲治疗仪及音频治疗仪后,单一的针灸疗法逐渐向综合治疗法发展。1984年,推拿科增设牵引床3张、颈牵引架3套,开展牵引治疗。1988年,针灸科开展耳压、电针治疗业务。1989年,区医院开设中医结石科。同年,推拿科开始使用点穴推拿法。1990年,推拿科在第一门诊部增设病房,有14张病床,并新开设小儿推拿项目。1993年,区医院推拿科在全市首次开展中医大推拿术(须在麻醉后进行)。1995年,医院配备全电脑三维牵引床、颈椎牵引架,同时开设男、女针灸室。1997年,针灸科主任冯家祥在全区首次开展小针刀疗法。治疗肩周炎、关节炎等,取得满意效果。推拿科主任杨光荣,独创中医点穴推拿治疗腰椎间盘突出症、腰肌劳损、颈椎综合症、脑卒中后遗症、偏瘫,均有独特疗效。1999年,新浦中西医结合医院成立,开设中医内科、中医妇科、中医骨伤科、中医推拿针灸科。擅长使用中医传统疗法治疗骨折、骨折后遗症、骨髓炎、运动康复等。

至2005年年底,全区共有个体中医诊所4家,中医师4名;民营医院中有中医师20余名。

第二节 西 医

清光绪三十四年(1908),西医传入海州,新浦部分富户开始接受西医诊疗。

民国11年(1922),四川人肖隐慈在新浦开设隐慈医院,工作人员仅2人。民国18年6月,健之医院开诊,能施行四肢及腹部手术。民国23年,益龄医院开业,日门诊20~50人次。民国28年春日本侵略军侵占新浦后,益龄医院停业。同年,日本人在新浦开设新浦同仁会医院。设有内、外、妇、儿等科室,有病床24张。开办不久,即将原址改作门诊,在今新浦聚兴巷10号新建住院部,设手术室、X光室,床位增至50张,最多时有74张。主要医疗器械有显微镜、X光机、红、紫外线灯。此后,新浦出现多家公、私立西医诊所及医院,从业人员近百名,技术人员的学历逐渐提高。民国32年(1943)前后毕业于南通医学院的路忠平,毕业于上海南洋医科大学的冯寿康,毕业于同济大学医学院的朱环亚、吴昌漠,毕业于台湾大学医学院的王锦镇、张炳兴,毕业于镇江江苏省立助产学校的冯自新、汪敬真及毕业于北京国立第一助产学校的于少文等先后到新浦开设门诊所或医院。西医的内、外、妇、牙等基本专业初步形成。

民国34年(1945),日本侵略军投降后,江苏省第八行政区专员公署接收同仁会医院,改立为海属新浦公立医院。同年,私立普爱医院在中山路99号开业,并在东瓣(今龙尾桥)西首路南侧设立门诊部,在第一池北侧设立住院部和手术室,共有病房8间,床位10余张,院长张炳兴,台湾省大学毕业,医学学士,内科专业;外科医师王锦镇,台湾省人,大学毕业,医学学士;另有一位五官科医生。是年秋,山东临淄县人于善堂在中山路周巷5号开办于大夫医院。诊治一般疾病,对性病治疗有专长。

民国35年(1946)王锦镇开办的王大夫医院在中山路(今民主路97号)开业。该院有工作人员6名、病床5张,配有显微镜和外科手术器械。(1948年,王锦镇回台湾,由医师李满球继续应诊至新浦解放。)民国36年4月,益龄医院在原址复业。此时医院有楼房6间、平房4间,工作人员9人,只开门诊,不设病房。

民国37年5月,路忠平开的忠平医院在中山路(今民主路158号)开业。有平房6间,内设手术室1

间;有手术台1张,手术器械若干,能开展一般外科手术;有工作人员4名、病床6张。至民国37年10月底,新浦有私人西医诊所、医院30多家。

民国37年(1948)11月7日,新浦解放,新海连特区行政专员公署接收新浦公立医院,改建为新海连特区医院。同时,新浦地区的益龄医院、健之医院、协和医院、福音医院等私人医院、诊所很快恢复正常营业。次年8~12月,新海连特区卫生学校首批毕业学员中近20人被分配在新浦地区工作。

1951年前后,陆续建立盐河区卫生所、龙尾区卫生所、陇东火柴厂医务室等,并帮助个体开业人员组建联合诊所。1953年,徐州护士学校、徐州助产学校、镇江医士学校等部分毕业生分配到新浦地区工作。1958年,苏州医学院附属医院外科主治医师曹华棣调入新浦人民医院。至此,新浦地区的外科水平有了历史性的突破与提高。

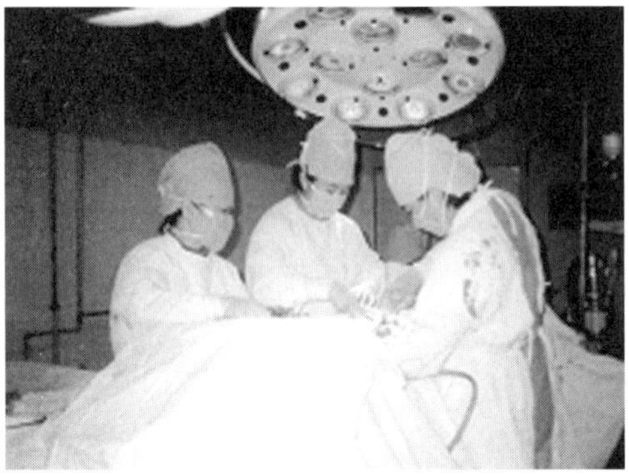

图31-3 区医院医生在为病人做手术

1961年,新浦区卫生院内科已能做腰椎穿刺、骨髓穿刺和胸腔、腹腔穿刺等手术。1963年,新浦区卫生院内科已能抢救中毒、休克、脑血管意外等急性病人;外科已可施行阑尾切除术、痔核切除术。1964年,新浦区医院放射科开展食道、胃肠钡餐造影、钡剂灌肠造影及拍片等业务。到1965年底,新浦地区共有西医各类医疗机构20多家,其中综合医院6家,其他医疗机构10余家。

1973年,新浦区医院眼科开始做白内障、青光眼手术,检验科开始做红细胞比积和血块收缩时间测定、红细胞脆性试验、红斑狼疮细胞检查、本-周氏蛋白检查。1974年,内科成功抢救一例心肌梗死合并心源性休克、心律失常12天的病人;放射科开展静脉胆囊造影、人体软组织摄影等新业务,同时开始使用心电图、超声波诊断等诊疗技术。1975年,新浦区医院外科已施行肠梗阻手术及肠扭转、胃肠穿孔修补术。1978年年底起,皮肤科用本院制剂室配制的药品,治疗30多种皮肤病,取得较好疗效。1979年,新浦地区出现了首批卫生高级职称人员。

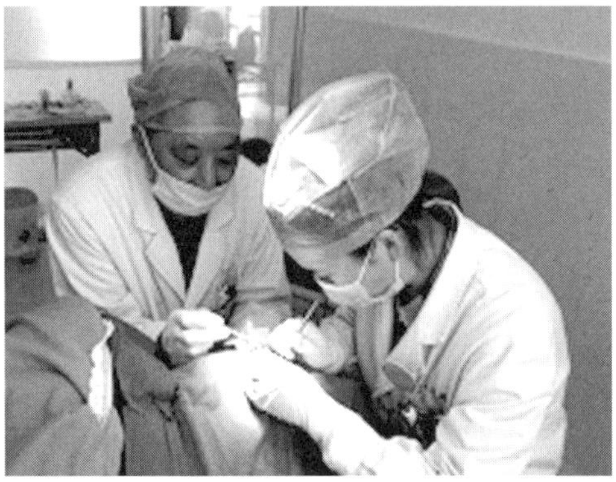

图31-4 眼科医院医生在为病人做手术

1981年,外科施行胃癌根除术、甲状腺肿大切除术、脾切除术,并施行小儿麻醉下的先天性幽门梗阻等手术;眼科成功地开展了人工晶体植入手术,达到国内先进水平,填补了港城眼科医疗技术上的一项空白。妇产科开展了盆腔结核广泛清除术、子宫瘤手术等。1982年,内科成功地抢救了一例蛛网膜下腔出血、昏迷近一个月的病人、一例脾切除后再次出现上消化道大出血、休克的病人和一例有机磷中毒、自主呼吸停止4小时、自主心跳停止3次的病人;外科成功抢救了一名气管窒息病人。1984年,眼科开始用激光治疗各种疾患,用阀门植入新技术治疗出血性青光眼、用电频+光凝+巩膜下硅橡胶环外加压术治疗视网膜脱离及裂孔等病,各项技术水平均列全市前茅;妇产科应用利凡诺注射液进行大月份妊娠引产;心电图、超声波室开展了脑血流图检查。1985年,内科成功抢救一名深昏迷4昼夜的深昏迷有机氮中毒病人及一名苯中毒并发严重心律失常病人;外科开展654-2穴位封闭治疗急性扭伤35例,有效率达98%;眼科开展显微眼科手术;检验科做了8项生化质控,质量全部符合要求;心电图、超声波室开始了B超诊断工作。同年,外科成功地完成一例断指再植手术,抢救了一名心肝肺膈多处外伤、失学血量达3000多毫升、自主心跳停止8分钟、并发ARDS病人,又首获心脏修补术成功。微循环室完成的“22例麻风病人甲皱微循环的初步观察”科研项目,受到中国科学院微循环研究所长修瑞娟博士认可。1987年,区医院疑难杂症门诊室开展治疗癫痫、眩晕、脉管炎、男性不育症等业务。1988年,区医院肛肠科采用手术治疗肛瘘、肛裂、脱肛等症;眼科开始作后房型人工晶体植入手术;结石病科,首开全市结石病专科门诊,年门诊量达3000多人次。1989年,区医院外科与市二院外科合作成功地为一名外伤患者进行了断指再植手术。1990年,区医院眼科开展白内障囊外摘除术;肛肠科成功地治愈了一例幼儿脱肛症;检验科参加省质控8各项目均获优秀奖,同时开展了HCG试验、开始使用电子细胞计数器作红细胞技术测定。1994年,眼科开展白内障囊外摘除+人工晶体植入显微手术。1995年,区医院开设新生儿无陪病房。1996年,区医院与河南省安阳脉管炎医院合作,开展脉管炎治疗新技术,收治病人200余例,取得良好的临床效果。1997年,区医院开展血氧疗法(将患者血取出,通过红细胞充氧,紫外线照射后再输入患者体内,以治疗心血管疾病和其他缺氧性疾病);运用“蝮蛇抗栓酶”治疗缺血性脑病。1999年,区医院外科开展股骨颈骨折钢钉内固定手术以及其他骨科手术。

2001年,区医院开展胆囊摘除手术;妇产科开设母婴同室病房,大力提倡母乳喂养。2003年,区医院妇产科开展宫腔镜下通水、困难节育环取出术、子宫纵隔切除术、黏膜下子宫肌瘤切除术、筋膜内内子宫切除术。2004年,区医院采用宫颈钳夹术抢救产后大出血病人。2005年,区医院妇产科开展新生儿缺陷监测工作。

党的十一届三中全会后,政府允许多种经济成分办医院,鼓励离、退休人员和有一技之长的民间医生,申请营业执照,个体行医。2001年5月,市第一人民医院职工丁宏志辞职在新浦东方花园,开办宏田医院,注册资金50万元,设置床位20张,业务用房600平方米,业务专长妇科(2002年开通市医保网络)。次年8月,董毓峰开办的仁安医院在苍梧路开业,注册资金20万元,设置床位20张,业务用房900平方米,业务专长中医骨科(2003年开通市医保网络)。

2003年1月,以连云港市苏云医疗器械有限公司为投资主体的长寿医院,在海连中路161号开业。注册资金100万元,设置床位30张,业务用房2880平方米,业务专长皮肤科、慢性病。同年7月夏,福建人林美芳投资开办的国泰医院,灌云人姚君开办的恒泰医院先后开业。2004年,原市第二人民医院口腔科医生成宏开办的成宏医院,赣榆县张大军投资开办的友好医院,原青口盐场医院医生赵贞开办的嘉家医院,先后开张。2005年5月,原灌西盐场医院医生袁明省开办的永仁医院开业。至2005年年底,新浦地区有个体诊所185家、民营医院9家。

第三节　中西医结合

1952年,新浦地区部分私立中医诊所人员参加市中医学习西医进修班,学习西医基本理论。次年,新浦地区又陆续派出中医技术人员到徐州、南京等地学习西医。1956年,开始提倡西医学习中医。新浦地区各医院先是组织西医医护人员学习针灸,要求能基本掌握针灸手法及常用穴位,学习中医基本理论及建立院内中西医会诊制度,开始用中西医结合方法治疗部分疾病。1958年,新浦地区各医院开始采用中西医结合方法治疗流行性脑脊髓膜炎、支气管炎。1959 年,新浦卫生院开始采用针灸治疗急性阑尾炎、失眠、神经痛,用针灸催产,用百部加母鸡肉煎煮后内服外敷治疗肺结核,用茵陈汤治疗传染性肝炎黄疸,用甘草蜂蜜丸治疗消化道溃疡,用板蓝根浸膏治疗腮腺炎等,均获得较满意疗效。与此同时,开始采用电针穴位刺激麻醉方法进行疝气、阑尾炎、肠梗阻、胃切除手术,均获得较满意疗效。1960 年,儿科采用穴位注射微量阿托品同时内服乌梅合剂方法治疗胆道蛔虫,一般用药 3 天后即可止痛,再辅用以驱蛔灵,5 天后即可痊愈;外科采用炒盐热敷配合穴位注射治疗急性阑尾炎;妇科用金银花、甘草治疗宫颈糜烂。

1970 年后,中西医结合工作进入高潮。驻地各医院开始广泛收集和试用民间单方验方,同时大量采集和应用中草药。市一院采用蝉蜕等中草药治疗破伤风,治愈率达 71%。1974 年,连云港市卫生局决定开始有计划地推进中西医结合工作。当年 4 月,在市一院举办第 1 期西医离职学习中医班,学员多为市内各医院高年资医师,新浦区派多名人员参加学习,由新浦区知名中医周子芳等授课。1975 年 6 月、1976 年 3 月市卫生局在新浦先后又举办第 2 期和第 3 期西医学习中医学习班,每期学员在 30 ~ 40 人之间,新浦区派有人员参加培训。1976 年,新浦区卫生院组建新医科(即中西医结合科),设床位 30 张,配备 3 名参加过西医学中医培训班的高年资医师,主要收治心血管、泌尿、消化等系统的疾病。该科门诊每日平均接待 20 名左右病人。1977 年初,驻地医院开设普及针刺麻醉和中药麻醉。年内,新浦区卫生院采用针刺麻醉的 249 次,占手术总数的 28.2%;采用中药麻醉的 51 次,占手术总数的 5.9%。1979 年,随着物理诊断设备的增加,西医诊断,中西医结合治疗的水平不断提高,如中医骨科,先用 X 光机拍片定位,再施行小夹板固定等。1982 年,新浦区医院采用西医诊断,中医治疗的疾病更加广泛,高血压、糖尿病、脑中风、风湿及类风湿关节炎等中西医结合治疗取得满意临床效果。1985 年,区医院针灸科采用局部注射强的松龙、普鲁卡因等配合中医针灸治疗风湿及类风湿关节炎取得良好的临床效果。1988 年,区医院针灸科采用中医针灸配合蛇毒葡萄糖 V 注射治疗脑中风取得满意的临床效果。1992 年,新浦区医院推拿科杨光荣医生采用全电脑牵引床配合点穴推拿治疗腰椎间盘突出症取得满意临床效果。1995 ~ 1998 年,由于医疗单位实行绩效考核,中西医结合技术没有得到进一步发展。

1999 年,成立新浦区中西医结合医院,设立内科、儿科、中医外科、中医妇(产)科、推拿科、皮肤病专业、中医科等,有中西医结合人员 5 名。2002 年,新浦区中西医结合医院完成 220 例"胶原酶椎管内注射配合中草药治疗腰椎间盘突出症临床疗效观察"市级科研项目,论文在《中华医学》杂志刊登。至 2005 年,区属医疗机构有中西医结合人员 11 名(其中区医院 3 名、中西医结合医院 7 名、花果山卫生院 1 名)。

第四节 护 理

民国 18 年(1929)6 月,健之医院设有病床 16 张,并配有专门护理人员。民国 23 年,益龄医院有护士 8 人。后同仁会医院、海属新浦公立医院均设有病床,还配有护士。

新中国成立后,盐河区卫生所、龙尾区卫生所均配有护士和护理员。1958 年底,成立新浦区卫生院时,设有专职护理人员。1963 年起,区卫生院设立病区,配备了护理人员,建立了护理工作制度和技术操作程序,使临床护理工作走向正轨。

"文化大革命"期间,医院护理工作受到干扰。

党的十三届三中全会以后,医院的护理工作很快恢复正常,并组织护理人员学习基本理论、基本知识、基本技能,开展技术练兵活动,制定护理工作程序,统一护理操作常规。1980 年,区医院设医务股,配备护士长,护理工作由护士长负责。1984 年 8 月,新浦区医院开始任命各科护士长,并建立护士长联席会议制度,实行两级护理。次年 7 月,区医院成立护理部,并举办护理学习班,到外地参观学习,开展技术比赛。同年,在全市病房管理检查评比活动中取得 93 分的好成绩。1987 年,区医院建立健全书写护理计划、差错登记等制度,组织护士长到东海县人民医院参观学习,提高护士的护理技能。1988 年开始,每月检查一次抢救器械、药品和出院病历质量,在护理人员中严格执行无菌操作制度、三查七对制度(三查:备药前查、备药中查、备药后查;七对:对床号、姓名、药名、剂量、浓度、时间和用法)、交接班制度、差错事故登记制度。在医嘱、服药、注射、输液、输血、饮食、手术等各个环节,全面执行查对制度,实行护理查房制度,对病人根据病情分特级、一级、二级、三级 4 个等级进行护理,并严格执行消毒隔离制度。1989 年,眼科医院各科配备了护士长。1990 年,区医院实行护士操作考试合格上岗制度。

1991 年后,区卫生部门出台护理质量检查制度和责任制考核制度,建立护士长例会制度。1992 年,在市卫生部门举办的全市县区以上医院护理培训班、知识竞赛、操作比赛等岗位练兵活动中,新浦区医院、眼科医院的基础护理达标率达到 90%,护理文件书写合格率 96%。1997 年,推行整体护理。驻地各医院成立领导小组,选择试点病区,举办整体护理学习班,制定整体护理模式病区工作制度,重点抓入院介绍、检查和治疗指导、疾病知识宣教、出院指导、家庭护理保健等。

2000 年,区卫生系统进行人事制度改革,在区属医院推行护士长竞聘上岗、护士双向选择岗位的管理制度。区医院先从护理部主任开始竞聘,然后由护理部组织竞聘各科护士长,各科护士长选聘科内执业护士。2002 年,对护理人员进行专业理论、实际技能操作、应急能力等考核评估;将护士长和管理任务目标、护理教学目标、培训项目目标相连,签订责任书,以提高护士长的决策能力、计划能力、工作效率和工作主动性。2004 年 5 月 12 日,区卫生局在全区卫生系统开展护理竞赛活动,中西医结合医院获得团体一等奖,新浦区人民医院获得二等奖。2005 年,全区开展执业护士上岗督查行动,凡未取得执业护士证或没有按规定执业注册的护士,一律不得从事护理活动。全年全区各医疗卫生单位共清查非执业护士 31 名,并全部调离岗位。

第五节 家庭病床

20 世纪 50 年代末,新浦地区各医院曾建立家庭病床,但涉及面较小,坚持的时间也短。

1979 年,区医院重新开始设立家庭病床 8 张,并配备专门医生。与住院病人一样建立病历、病号牌。收治当地老弱病残患者、“五保”老人及行动不便的患者,以老年病、慢性病、晚期癌症病人为主。1982 年,新浦区人民医院家庭病床发展到 30 余张。治疗患者 350 人次。1983 年 11 月,市卫生局在新浦区医院召开全市家庭病床现场会,推广区医院经验。1984 年,区医院家庭病床增加到 40 张,并制定巡回诊断制度。次年,区医院家庭病床增加到 101 张,治疗患者 1962 人次。

1986 年 2 月,区卫生局召开家庭病床工作会议,进一步提高家庭病床工作质量。同年 7 月 28 日至 8 月 5 日,在全市县(区)以上医院家庭病床工作进行检查中,新浦区人民医院得 73 分。1998 年,成立浦西社区卫生服务站(原浦西办事处对面),当年建立家庭病床 17 张,病种均为慢性非传染性疾病。1999

年，眼科医院成立南小区社区卫生服务站。当年共设置家庭病床80余张，治疗达620人次。2000年，区属医院家庭病床达220余张。其中，区人民医院家庭病床120张，眼科医院家庭病床30张，中西医结合医院家庭病床70张。2002年，社区卫生服务机构普及，医务人员进一步走出医院，走进社区，为一些慢性康复病人提供家庭医疗等服务。北小区社区卫生服务中心当年新建家庭病床150余张，浦西社区卫生服务站新建家庭病床100余张。2004年，南小区社区卫生服务站（市眼科医院内），家庭病床增加到170余张，业务收入近100万元。2005年，全区各社区卫生服务中心共建立家庭病床近500张。同时，还为居民家庭提供健康、保健、康复等服务。

第五章 医疗队伍

第一节 发展概况

新中国成立初期，新浦地区医疗卫生人才队伍已有一定层次，西医以德国留学医学博士刘一麟（儿科）为代表，中医以大学生董熙依为代表。1952年，新浦地区有卫技人员86名。

1958年11月，新浦卫生院成立，共有工作人员55名，卫技人员44名，其中中医8名，中药2名，中级人员11名（其中医士8人，护士2人，助产士1人），初级人员23人（其中护理员6人，药剂员3人，检验员1人，妇幼保健员1人，其他初级卫生技术人员12人）。

1978年，新浦区人民医院有职工168人，其中全民28人，集体140人。

1987年10月，成立新浦区卫生技术初级职称评审委员会。1988年7月，新浦区人民医院职工达218人，其中全民101人，集体117人。同年8月眼科析出成立眼科医院后，区人民医院有职工175人。其中副主任医师3人，主治医师46人，医师级89人，医士级43人，本科毕业11人，大专毕业13人，中专毕业46人；眼科医院有工作人员55人，其中主治医师8人，医师7人，医士3人，主管护师5人，护师6人，护士6人，药房4人，收费3人，总账2人，后勤7人，主管检验师1人，检验师1人，检验士1人，技士1人。

1987年，成立了市东、路南、临洪、浦西、南小区、浦东、西小区等7个街道卫生所。共有卫生技术人员21人，人员年龄都在40岁以下。

1990年，眼科医院人员增至59人，其中副主任医师1人，主治级12人，其他初级卫技人员46人。

至2005年年底，全区卫生系统共有医技人员582人。其中高级职称卫技人员5人、副高级卫技人员14名、中级技术职称177人。

第二节 人员培训

一、带徒与短期培训

解放前，新浦地区中医多以传统的带徒弟方式培训人才，通常是从青年时期就随父学习中医或拜当地名老中医为师学习，多年后成才。名中医朱寿康、王云门、周藩西、曹仲苓、顾铁依等均以带徒弟方式培养一批中医人才。中药店收学徒一般不收当地人。三和兴药店还规定学徒期为3年，先在店后干碾药、称袋、打包、切药等粗活，然后认药、打算盘、背药斗、认字。3年后看是否有进步再作安排，优者上柜台打方子，进步不大的仍干粗活。学徒提供饭食，每年发10块大洋零用。剃头、洗澡店里包。3年允许探亲一次，期限5个月；满师后2年探亲2次，期限2个月。学徒期间不准结婚。对违反规定或不称职者予以辞退。

解放后至20世纪50年代初，政府继续鼓励有条件的老中医带徒弟，传授技术。

1953年，新浦地区搬运工会及建筑工会两单位学习委员会，开办车间、井下卫生员训练班，计有50人参加培训。1959年，新浦区选送10人参加市卫生局举办的助产员训练班。同年，新浦区有6名中医学徒参加全市培训班学习，其中集体代教的有5人，个人带徒1人。学徒是初中毕业生，或相当于初中毕业文化程度，学习期暂定3年。采用理论与实践相结合的办法，前期学习《内经》《本草》《汤头歌诀》；后期学习《金匮要略》《伤寒论》《温病条辩》以及内、妇、儿科等中医书籍。通过培训掌握中医基本知识和运用中医阴阳五行、四诊八纲的中医理论诊疗一般疾病。学徒待遇每人每月15元。同年3月，新浦人民医院开办卫生学校，为公社、工厂培训初级卫技人员，第一批培训89人。新浦区卫生所抽调7名知识青年参加训练班学习，为期半年。同年，区医院、卫生所先后有54人参加市初级卫技人员培训班的培训。

1978年4月，区人民医院派1名医生参加市卫生防疾站举办肠道病快速诊断学习班，推广免疫荧光检验和其他免疫检验技术。1979年3月，新浦区选派6人参加市卫生防疫站举办防疫人员短训班。同年6月，新浦区选派2名赤脚医生参加市卫生局举办的第二期赤脚医生复训班，培训时间为9个月，理论学习6个半月，临床实习2个半月。11月，选派1名护士长参加市卫生局举办的护士长护理专业操作训练班，为期3天，主要训练内容：学习理论，研讨操作规程，实地操作表演，统一操作方法及注意事项，重点研究统一铺床法、输液、肌注、静脉注射、导尿、灌肠、吸氧、床上洗头、防褥疮护理、护理日志书写等10项护理操作规范。

1981年起，区医疗机构不断派人参加国家和省市举办的各类培训班。至1989年底，区属医疗机构，先后共派出88人参加国家、省、市举办的半年以上的业务进修班，17人参加技术培训班。

2001年，市三院在新浦举办为期1年的接生员培训。2002年，市一院在新浦区举办为期3个月的乡村医生培训。2003年，市中药学校在新浦区举办检验人员培训，学习内容为检验技术。2005年，区防疫站举办为期半年的防疫人员培训班，学习卫生防疫知识和技能。医务人员理论、技术水平逐步提高。

二、在职进修与离职学习

1951年4月，新海连市业余医学进修班开学，新浦地区有6人参加中、西医学习班，学制2年。1952年9月，新海连市业余医学进修班第二学期开学，新浦地区有4人参加学习，时间为4个月，于12月底结束。1955年2月，新浦地区联合诊所被市卫生科选派5名中医参加徐州专区中医进修班学习。1959年，新浦卫生院派1名放射医师到新浦人民医院进行为期半年的学习。1962年11月，新浦卫生院派2名医生和1名护士到新浦人民医院外科及手术室进行为期8个月的学习。

1971年，新浦卫生院派1名药剂人员到新浦人民医院制剂室进行为期1年的学习。此后，区卫生院即能配制胃酶合剂、复方伤风止咳糖浆等简单合剂。1972年，新浦卫生院派1名耳鼻喉科医生到徐州医学院附属医院进行为期1年的学习。学习结业回院后区卫生院即设立五官科,开展五官科常见疾病的治疗。1973年4月,新浦卫生院派1名医生到新浦人民医院进修心电、超声波,为期半年。10月,派1名医生到上海第六人民医院进修放射科,为期11个月。11月,派1名医生到上海第二医学院附属第三人民医院(上海仁济医院)进修心血管内科兼心电超声,为期1年。此后,区医院成立了心电图室,为提高临床心血管疾病的诊断与治疗提供了依据。1974年,新浦卫生院派1名外科医师到徐州地区医训班(外科班)学习1年。1975年,新浦卫生院派1名外科医生、1名麻醉人员、1名护士去徐州医学院附属第二人民医院分别进修学习骨科、麻醉和护理,为期1年;同年,派1名外科医师到沙州人民医院外科学习半年。次年,区医院即开展全身麻醉手术。1977年起,逐年有计划、有重点地选派部分年轻、好学、热爱本职工作的卫技人员到市级医院或外地进修学习,侧重专科,解决“缺门”。当年区医院派2名外科医生等徐州地区医院进修学习。

1981年,区医疗单位进一步加强全员培训工作,本着缺什么补什么的原则,采取实行请进来、送出去专业培训的方法,提高医护人员的业务技术水平。当年选派16名专业技术人员前往上海、无锡、徐州等地进修学习,其中有6人考入职工中专班学习(医士班2人、统计班1人、检验班1人、药剂班2人)。1982年,新浦区人民医院有1人外出进修学习,1人考入职工中专学习。1983年,新浦区人民医院采取以自学为主、集中学习为辅的方法,组织全院医护人员听学术讲座,系统学习心电图的诊断、心血管疾病的诊断治疗和急救、X光片阅读等,外出参加各种学术会议16次。并选派16人到外地学习。同年,花果山乡卫生院选派1名中医,到省中医院进修1年。1984年至1989年,区医疗系统共选派25人到南京、北京、上海、广州等地。进修学习。涉及多个学科。1989年,新浦区计有3人外出进修学习。1990年,新浦区计有3人外出进修学习。

20世纪90年代,新浦区派出医生进修着重于培养专科专病的高技术人才。期间,区医院的妇产科、外科、神经内科,眼科医院的白内障手术在全市已处于较先进的地位。

1991年,花果山乡卫生院选派1名外科医生,到市人民医院进行为其10个月的进修。

1998年,区人民医院选派神经内科医师到省人民医院进修学习1年。

2001年,新浦区人民医院选派妇产科1名医师到市一院进修1年。同年,新浦中西医结合医院派1人去省中医院进行学习中医骨伤科(半年),派1人去市第一人民医院进行学习内科一年,派1人到河南信阳学习“水针刀”新技术。2002年4月,新浦中西医结合医院派3人到无锡武警医院进修“胶原酶椎管内介入治疗腰椎间盘突出症”新技术,其中医生2名、麻醉师1人,为期1个月。至2003年年底,应用该项技术配合中医中药治疗腰椎间盘突出症病人220例,临床效果达100%,2004年,获连云港市科技进步三等奖。2003年,花果山乡卫生院选派1名外科医生,到华山医院进修半年。

2003年至2005年,区人民医院先后选派3名妇产科医师、1名心内科医师到省人民医院进修学习1年。

1985～2005年新浦区卫生医技人员统计表

表31－2　　单位:人

年份＼类别	总数	其中												
		主任医师	副主任医师	主治医师	主管护士	主管药师	主管检验师	中医师	西医师	护士	西药师	中药师	检验师	其他技师
1985	268	—	2	28	16	12	12	25	90	45	15	6	9	8
1986	210	—	3	30	19	10	9	16	53	35	14	6	8	7
1987	219	—	3	31	22	8	10	15	53	43	13	5	7	9
1988	189	2	2	27	16	8	10	15	40	32	16	6	7	8
1989	212	3	3	33	22	8	10	9	48	38	18	6	6	8
1990	216	2	7	42	28	7	9	7	45	36	15	5	6	7
1991	207	3	4	47	28	7	10	9	37	35	6	6	8	7
1992	219	3	5	40	31	7	10	12	56	31	6	5	7	6
1993	235	3	6	38	32	6	11	12	60	43	5	6	8	5
1994	232	2	7	35	29	5	8	12	68	40	6	7	7	6
1995	230	2	7	34	27	6	9	14	65	42	6	7	6	5
1996	225	2	6	32	28	5	8	12	66	40	9	6	5	6
1997	251	2	5	31	24	4	7	19	67	58	13	7	9	5
1998	281	2	6	27	22	6	8	14	121	41	15	5	7	7
1999	267	3	5	26	20	7	6	14	114	40	15	4	7	6
2000	218	2	4	19	18	5	6	15	76	42	13	3	8	7
2001	379	3	10	46	27	9	6	24	160	59	12	3	13	7
2002	591	4	18	76	69	14	11	33	250	72	16	11	11	6
2003	617	5	18	77	63	16	10	17	240	109	18	19	15	10
2004	669	6	17	93	69	17	11	22	245	106	21	22	17	23
2005	582	5	14	86	65	16	10	23	220	80	18	14	18	13

第六章　管　理

第一节　管理机构

一、爱国卫生运动委员会

民国38年(1949)3月,新龙区、新华区、民主区同时成立区卫生建设委员会。

1951年春，新龙区、新华区、民主区设立区防疫委员会，负责领导和协调区卫生防疫、环境卫生管理及卫生宣传工作。7月，3个区防疫委员会撤销，成立盐河区防疫委员会和龙尾区防疫委员会。

1955年4月，两区防疫委员会改为市爱国卫生运动委员会盐河区分会、龙尾区分会。同年秋，原两区分会撤销，成立市爱国卫生运动委员会新浦区分会。

1981年，成立新浦区爱国卫生运动委员会，下设办公室，编制2人。同年，区城市管理办公室和区爱国卫生运动委员会办公室合署办公。

1983年6月底，新浦、海州两区合并，组建新海区爱国卫生运动委员会。

1984年6月，5个街道成立爱国卫生运动委员会，下设办公室。

1986年6月底，恢复新浦、海州两区建置，新浦区重建爱国卫生运动委员会，下设办公室（简称区爱卫办）。

1988年，成立新浦区消毒杀虫服务站（简称区消杀站），为区爱卫办下属自收自支事业单位，编制4人。

1990年6月，区政府成立创建国家卫生城市领导小组，下设办公室，与区爱卫办合署办公。

1997年6月，区政府成立除“四害”工作领导小组，下设办公室，与区爱卫办合署办公。次年6月，区爱卫办编制由2人调整为3人。

2001年底，区划调整后，原云台区爱卫办并入新浦区爱卫办，其下属单位卫生除害农村改水服务站同时并入区消杀站。2002年，全区区级党政群机关机构进行改革，在区卫生局内挂区爱国卫生运动委员会办公室牌子，为区政府工作部门。2003年5月中旬，区政府成立爱国卫生突击月领导小组，下设办公室，与区爱卫办合署办公。同月下旬，各乡镇设立爱国卫生领导领导小组。

二、行政管理机构

民国初期，新浦地区卫生工作由伪东海县警察所兼管。民国20年（1931），新浦公安分局下属各警察派出所、分驻所协助分局负责地段内卫生、防疫工作。民国28年，伪东海县警察总局下设卫生股。辖内云台乡、花果山乡、南城镇一带卫生工作由灌云县公安局兼管。

日军侵占时期，日伪警察机关兼管地区医药卫生工作。

日本投降后，国民政府东海县警察局行政科卫生股负责新浦地区医院、旅社、饭店、浴池、妓院及环境卫生的管理工作。并设有专职卫生警察。

解放初期，新浦的卫生行政工作由新海连特区医院兼管。1950年5月，由新海县卫生院兼管。次年，改由新海连市卫生科直接领导。

1952年9月，分别成立盐河区卫生所和龙尾区卫生所，具体负责各自辖区内的预防、医疗及社会开业医生的管理等项工作，行使卫生行政管理工作职能。1955年11月，成立新浦区，原龙尾、盐河两区卫生所合并新成立新浦区卫生所，管理新浦地区医疗卫生工作。1957年1月，新浦区人民委员会设卫生助理1人，行使医药卫生管理职能。1958年1月，新浦区人委设文卫科，管理全区医药卫生工作。“文化大革命”期间，由于“造反派”的冲击，医药卫生机构一度瘫痪。1969年10月，新浦区成立革命委员会，“革委会”政工组下设文卫组，负责全区医药卫生管理工作。1978年3月，文卫组撤销，建立区卫生科，设科长1人，副科长1人。1983年，新浦区成立医药管理站，为区卫生局下属专业药品管理机构，负责新浦地区医疗市场药品的管理工作。并与市卫生局药政处配合，行使区内药品经营质量等管理工作。同年6月，新浦、海州两区合并成立新海区，成立新海区卫生局。次年5月，卫生局设置医政股、人秘股、卫生股，编制9人，副局长1人，各股股长各1人。1986年6月，新海区分置为新浦区、海州区，新浦区即成立卫生局,下设医政、人秘、卫生3股,编制9人。1995年,新浦区卫生局设医药管理站(事业单位)。

南城镇、云台乡、花果山乡、宁海乡卫生工作,先后由灌云县卫生局、连云港市云台区卫生科、卫生局管理。

2001年,因区划调整原云台区卫生局部分人员合转并入新浦区卫生局。南城镇、云台乡、花果山乡、南云台林场的医疗卫生工作,由新浦区卫生局管理。

2003年,新浦区卫生局内设办公室、医政科和新浦区医疗市场管理办公室、新型农村合作医疗管理办公室。

2004年,成立新浦区医疗机构评审委员会及评委专家库,规范个体门诊的审批程序,严把准入关。同时,成立新浦区医疗卫生行政监察大队,依法进行医疗卫生行政监察工作。

2005年6月,灌云县宁海乡划入新浦区,该乡医疗卫生工作归新浦区卫生局管理。年底,新浦区卫生局有行政管理人员6名,事业编制5名。

第二节　医政管理

一、城市医政管理

民国35年(1946),东海县政府在警察局行政科卫生股负责辖区内各私人诊所、医院营业执照的核发和管理。具体事务由东海县中医公会和医师公会办理,为申办私人诊所者发给由卫生署统一印制的开业执照。

民国37年12月,新海连特区行政专员公署卫生局建立后即派员深入各中西医诊所,宣传共产党的政策,恢复和改选新浦地区医师联合会。将其作为政府和开业医生联系的纽带。对各私立医院和诊所进行审核发证。各牙科诊所由民政部门审核发证,后转由卫生部门发证。

1950年,对地区社会医生、旧接生婆进行全面调查登记,实行统一管理,并取缔了一批不合格接生婆。当年,新浦共有诊所36家,社会医生182名。1953年8月,处理一起医师欺诈病人事件,并作出开除其会籍、关闭其诊所的处理决定。1954年7月,盐河区卫生所发生一起因注射组织液发生严重化脓的事件,市卫生科向全市通报批评。同年10月,盐河、龙尾两区再次对新浦地区社会医生进行调查,发现一处不合格诊所,立即令其歇业。年内,成立卫生工作者协会,新浦地区所有诊所、社会医生均为协会会员。1956年10月,根据有关法规解散新浦区镶牙合作社。1957年11月,对全区游医、药贩进行一次鉴别登记,由区卫生所、派出所会同区卫生工作者协会进行整顿,对确有一技之长、作风正派,并有本市户口的人员,核准后指定其行医业务范围及流动区域,不得发给出境行医、卖药证明。对外来的游医、药贩,首先考察其是否是医务人员,有关证件是否齐全,否则不准开业行医售药。同年,市卫生局组织工作组对各联合诊所和私人诊所的内部管理制度、收费标准、开支等情况进行整顿。表扬在“勤俭办所”方面成绩突出的单位和个人。年底,新浦有私人诊所7家,从业人员12人。1958年11月25日,新浦地区联合诊所与私人诊所合并新成立“新浦人民公社卫生院”,不久改称新浦区卫生院。

1964年10月,区卫生院开始制定规范病历、处方书写、消毒隔离、病人死亡报告、病案讨论、保护性医疗等6项医疗制度。“文化大革命”期间,医政管理工作受到干扰,管理工作松弛。

1978年,区卫生科对区人民医院进行全面检查,帮其恢复各项医疗工作制度,制定新制度,开展观摩评比活动。1979年,根据卫生部颁发的《卫生技术职称及晋升条例》和《卫生技术人员考核标准》,对全区卫生技术人员进行考核晋升、定职工作。

1982年11月,区卫生部门根据卫生部制定下发《新浦区个体行医管理办法》。次年6月,对外来个体行医者,实行登记考核发证制度。1986年5月,全区医药卫生单位贯彻落实《连云港市家庭病床管理条例》,推广家庭病床。1987年,加强对社会游医管理,检查其是否持有卫生主管部门证明、工商部门营业证明和原籍准许外出行医证明,所带药品是否经市药品检验所鉴定,张贴广告是否经广告管理部门批准。取缔21名非法游医者(包括部分药贩)。1988年,区政府制订《关于个体开业医生管理办法》。取缔无证游医。1990年,区政府先后制定下发《新浦区个体诊所工作规则》和《新浦区社会医疗机构工作规则》,进一步规范医政管理。

1992年,区卫生局批准新浦区人民医院在西小区设立西小区分院,设立病床10张。1993年,区卫生局加强对个体诊所管理,清理非卫生技术人员上岗人员13人。1995年,遵照《医疗机构管理条例》查处非法行医10起,没收和销毁非法制剂、劣药、伪药78种次,价值33800元。1996年,卫生行政部门加强执法力度,全年查处假劣药品68种次,价值3056.20元,没收非法制剂5种次,价值300余元,取缔无证行医4家,查处游医药贩7起。1997年,新浦区人民医院被评为二级医院。1999年4月,区卫生局与新浦工商分局联合对外地户口无证行医人员进行两次清理整顿,罚没药品14件,价值3000余元;罚款2000元。2000年,区卫生局制定下发《关于加强医疗机构管理的通知》和《关于社会办医、个体诊所统一使用医疗文书的通知》,规范社会办医、个体诊所的执业行为。在个体诊所中推行统一标牌、统一印章、统一收费标准、统一工作制度及统一医疗文书(处方、病历等)的"五统一"管理制度。按规定对12家社会办医和个体诊所进行年检校验;对具备考试资格的64人办理开业考试的手续,其中24人通过市卫生局2000年开业考试。年底,全区合格个体诊所达66家、社会办医5家。

2001年,区卫生局清理非法行医118家;暂控药品器械300箱件;行政罚款处理21家、8000余元;销毁假冒伪劣过期失效药品105件。2002年,加强对个体医疗机构和社会办医的监督管理,全年协调处理医疗纠纷案4起。2003年,立案查处非法行医案件121起,受到省卫生厅表扬。

2004年,区医疗机构评审委员会明确规范个体门诊的审批程序,严把准入关。年内,区卫生局没收非法诊所药品800余件,于10月底在新浦高渠道垃圾场焚烧销毁。

2005年,区卫生部门联合公安、工商、城管等部门,对城乡结合部及居民小区内的50余家非法诊疗机构予以取缔,并没收各类药品76箱,医疗机械17台(件),罚款8300元。同时取缔3家非法药品销售摊点。

二、农村医政管理

1961年,区卫生科依据市卫生局《关于进一步加强联合性质医疗机构财务管理工作的若干规定》,加强对农村卫生院管理。

"文化大革命"开始后,各卫生院制度多被废除,但大部分工作人员仍坚持上班,开展各项医疗、预防、保健工作。1972年,南城、花果山等卫生院在市卫生局的指导、支持下,制定建设计划。同时,市卫生局采取城市医院抽调人员,组成医疗队,到乡镇进行指导;公社卫生院选派技术力量到城市医院进修的办法,培训医务人员,提高乡镇医疗单位水平。1973年,省、市卫生部门无偿调拨医疗器械设备支持公社卫生院。花果山卫生院、南城卫生院、宁海卫生院、云台卫生院分别获得了50毫安X光机1台、甲乙种手术包2套、下腹部手术包2套、5头无影灯1台、反光灯4台、轻便手术床1台、电动吸引器1台、高压消毒器1台等设备。1978年,在市卫生局组织的各公社卫生院观摩检查评比活动中,花果山卫生院、云台卫生院以及山东庄卫生室受到表彰。

1982年,各乡镇卫生院执行《江苏省农村(县、社、队)三级医疗卫生网建设标准》,开始实行独立核算、自负盈亏、国家支持的经济管理体制。1983年,花果山乡、云台乡、宁海乡、南城镇卫生院进行内部管理体制改革,实行浮动工资制和单科室承包改革试点。在一定程度上调动了全院职工的积极性,服务态度得到改善。但是也出现个别医生追求经济效益,开大处方、人情处方的现象。1984年4月,卫生管理部门对乡村医生进行考核发证工作。当年68人参加考试,25人取得了"乡村医生证书"。

1988年11月22～23日,市卫生局在新浦区召开农村卫生改革工作研讨会。会后,各卫生院进一步完善内部技术责任制,坚持"村办乡管"方针。花果山乡、云台乡、宁海乡当年在各行政村建立村卫生室。1989年,各村卫生室开始实行"四统一、一独立"(乡村保健医生、财会、工资、业务由乡统一管理,村卫生室财务收支独立)管理办法。1994年,强化对村卫生室的"四统一"管理。取缔个别乡村医生擅自开办的个体诊所和"家庭第二诊所"。次年,经市卫生局评审,辖区内农村甲级村卫生室达70%。1998年,各乡镇不再批准设置个体诊所、社会办医。2000年,进一步推进乡村卫生机构一体化管理,对村卫生室进行合并重组,改善村卫生室房屋等硬件条件和整体人员素质。花果山乡原8个农村卫生室合并为5个,为方便花果山景区职工就医,新增设园林卫生室。

2001年,区卫生局加强对联合办医管理,清理"院中院"(对外承包科室)3家。同年换发"医疗机构执业许可证"12家、年终校验"医疗机构执业许可证"60家。2002年,区卫生部门相继制订出台《新浦区乡村卫生服务一体化管理实施意见》《新浦区村卫生室管理规范》等规定,调整乡、村两级卫生机构的功能设置,加强区、乡、村卫生机构之间的纵向合作,建立健全三级医疗卫生网络。2003年,全区乡镇医疗卫生一体化管理覆盖面达98%。2004年,在乡镇医疗机构实行全员聘用制,竞争上岗、减员增效,控制卫生院内非卫生技术人员的比例。2005年3月,云台乡卫生院率先成功改制,实行产权归乡政府,经营权归院长的"两权"分离经营模式。

第三节　药政管理

一、药品生产质量管理

至1959年,新浦区有公私合营新浦制药厂(简称新浦制药厂)、新浦人民医院制药厂以及新浦区卫生院3家药品生产单位,药品生产质量均由市卫生局直接监管。当年2月,检查发现新浦制药厂的益母养血安胎丸、舒肝丸等产品有霉变、虫蛀现象,立即通知各有关单位停止使用。同年8月,市卫生局派出中西医药品检查组,检查新浦人民医院制药厂、新浦制药厂生产品种和质量管理情况。12月,在各药品生产厂家及药品使用单位建立药品质量监督网,聘请专业技术人员及老药工38人为药品质量监督员。新浦区有5人被聘为药品质量监督员。

1961～1965年,按省重工业厅和卫生厅颁发的《江苏省关于药品和医疗器械生产质量管理暂行办法》规定,对药品生产质量进行监督管理并建立相应的药品生产、质量检验以及生产环境管理制度。

“文化大革命”初期，药政管理工作停顿。1970年后逐步恢复，但仍然松懈。期间，新浦区医院、花果山卫生院、云台卫生院及郊区各大队医疗站均开始自制生理盐水、5%葡萄糖注射液、大蒜注射液、板蓝根注射液、鱼腥草注射液等各种静脉输注液和肌肉注射液。由于缺乏管理，常发生质量事故。新浦区医院生产的大液体因活性炭过滤技术不过关时长出现热原反应；花果山卫生院、云台卫生院的大蒜注射液、板蓝根注射液、鱼腥草注射液等，注射时经常出现臀部硬结等不良反应。

1973年，市卫生局对新浦地区的向阳制药厂、中成药厂、生物化学制药厂、东风制药厂进行生产性整顿。各生产厂家开始加强药品生产质量管理，建立各种质量管理规章制度，先后配备质量检验人员，使药品生产质量逐步提高。其中，东风制药厂1974年11月份产品正品率，比1973年同月上升5%～10%。1975年2月，市卫生部门再次对新浦地区各药厂进行整顿。整顿后，向阳制药厂、中成药厂、东风制药厂被江苏省革命委员会批准为药品正式生产厂家。

1981年起，药品生产质量管理逐步规范。各药厂先后设置质量检验科，在各生产车间配备专兼职质量检查员，建立健全药品生产质量档案，建立并实行药品留样观察等质量管理制度。1985年7月1日，正式实施《中华人民共和国药品管理法》。1985年年底，域内向阳制药厂、中成药厂、东风制药厂3家药厂通过市、省药政部门检查验收，获得“药品生产企业许可证”。1986年，3家药厂的质量合格率已达97.4%，较1985年上升7.8%。1987年6月，市、区卫生部门组织8位中医药技术人员对地区内各药厂生产的23个中成药产品的处方、疗效、工艺、质量等方面进行审评，决定保留三七片、五味子糖浆、复方黄连素片、绿袍散、减脂茶、祛暑晶等17个品种，撤销安宁片、复方杞菊地黄丸、小儿牛黄片等6个品种。1988年5月，开始贯彻卫生部颁发的《药品生产质量管理规范》，市、区药政、药检人员开展执法检查，对辖区内3家药品生产企业的27个品种、54个批次中、西药品，从投料到产品出厂的全过程和生产记录进行检查。同年10月，市卫生局对各药厂生产质量检验的各种原始记录、表格的内容和填写方法作了统一规定。1993年，区内连云港制药厂生产的丙氧氨酚片及萘磺酸右丙氧酚获卫生部批准，为可生产的新药。1995年，连云港中药厂生产的桂枝茯苓胶囊获得卫生部新药生产证书。新浦区人民医院制剂室由于生产设备不达标，被停止药品生产。1997年，连云港制药厂生产的盐酸噻氯匹啶片及连云港康缘制药有限公司生产的葛根芩连颗粒获得卫生部颁发的新药证书。驻地市第一人民医院获得省卫生厅核换发的“放射性药品使用许可证”。1998年，连云港制药厂生产的盐酸氨溴酸片、口服液以及布洛芬混悬液获得卫生部新药生产证书。1999年，连云港正大天晴制药有限公司生产的固体制剂获得国家药品GMP证书，同时该公司生产的粉针剂获得省GMP达标企业认证。

2001年6月，连云港市食品药品监督管理局在新浦成立，药品生产企业由市食品药品监督管理局直管。根据《中华人民共和国医疗机构管理条例》新浦区卫生局对医疗机构进行综合监管，督促医疗单位规范药品管理，不再组织药品专项检查。

二、药品经营质量管理

民国18年(1929)，新浦地区开始按国民政府《管理药商规则》对各中西医药店进行管理。各药店经由东海县注册登记并领取营业执照后方能开业经营。各药店日常经营管理由东海县国药商业同业公会和东海县新药商业同业公会负责，但尚无对药品质量的管理规定及措施。

新中国成立之初，新成立的市药业同业公会开始对销售药品的质量进行管理。新海连特区卫生局对各药店的药品质量进行检查和处理，并数次发出书面通知，责令各药店立即停止销售变质失效的药品。1952年10月,对中、西药房在“五反”运动中暴露出来的300余种、数千公斤的假药、失效药予以查处。1954年,市政府卫生科规定各中西药店对安眠、镇静类药品实行限量出售。1957年1月,市公安局、卫生局联合下发《关于加强社会流动行医卖药人员管理的联合通知》,加强对境内行医卖药人员的管理,并对其所卖药品进行鉴定。1970年后,市卫生局不定期地组织人员对新浦地区各药品经营单位进行检查,及时处理存在问题。但此时仍无规范性的药品经营质量管理制度。

1985年1月,市、区卫生部门按江苏省卫生厅颁发的《核发药品经营企业许可证的条件》和《审查登记药工人员的条件》,对药品经营企业进行全面检查和整顿。南城药站(四级站)和市医药站(二级站)两个单位通过市卫生局检查验收,并于年底获得“药品经营企业许可证”。1986年,新浦地区药品经营单位均派经营人员参加市卫生部门举办的专业培训、考试、考核,并经市、区卫生局核准,准许其进入药品经营岗位。1987年起,市卫生局每年对已取得“药品经营企业许可证”的药品经营单位进行一次回访检查。

20世纪90年代起,新浦区进一步加强药品经营质量监督管理。1996年,规范医疗单位特别是村卫生室的药品购销渠道,完善乡卫生院药品代办制度。1997年,区卫生局在区纪委、新浦工商分局配合下,多次对辖区内70余户药品经营单位进行执法检查,累计查出价值3.6万余元的过期、变质药品20余种,当即予以销毁。1998年,区卫生局组织区属医疗单位药剂科长开展全区药政检查,没收过期失效药品价值1万余元。1999年,区卫生局根据国家药品监督管理局颁布的《罂粟壳管理暂行规定》,组织药品监督员对全区药品经营企业和各医疗机构进行督查,未发现违规使用现象。2000年,区卫生局贯彻国家药品监督管理局颁布的《药品经营质量管理规范》,对全区药品经营企业和各医疗机构进行督查,规范医疗单位药品采购渠道。2002年,区卫生局组织检查组对辖区农贸市场进行综合检查,共没收假天麻11.3千克。2003年9月,区卫生局在对西小区市场检查没收假虎骨5.8千克、假人参1.8千克,并将此案转由西小区工商所处理。2004年5月,新浦区卫生局执法人员在解放东路农贸市场时发现有地摊销售过期青霉素,追其来源是灌云某乡药品批发站报废药品,摊贩利用其亲戚关系拿来专门销售给养猪户,治疗猪瘟病。区卫生局立即将此案移交市药监局处理。

三、医疗机构药品管理

1949年,新浦地区各医疗机构均无完整的药品调配及使用管理制度。

1954年,新浦卫生院开始建立药房工作制度,驻地市立医院及新浦工人医院开始在病人服药袋上注明病人姓名和药品名称及服法、用量。

1961年,新浦区各医院药房开始实行“三查七对”制度,药房的药品采购、保管、发放各个环节初步建立一套较完善的规章制度。1965年,由于经常发生青霉素过敏死亡事件,规定个体诊所及企业卫生室不得采购青霉素。

1973年9月,提倡各医院使用磺胺药。1976年9月,推广应用对呼吸道、肠道、泌尿道等多种细菌感染疗效显著的新磺胺药。同年12月,终止使用解热药“百尔定”“百热定”。1978年9月,决定停止新浦区人民医院配制大输液。1979年,区各医院药房开始恢复“文化大革命”期间中断的各项制度,医院药品由药剂科统一管理,逐日进行药品消耗统计,建立药品进出账册。次年,区医院西药房对药品实行“全额控制、数量统计、实耗实销”的管理办法,并配备药品会计。1982年9月,全区禁用国家卫生部宣布淘汰的127种药品。1984年,区卫生局对区医院及辖区内厂矿医疗单位的药房进行整顿,各医疗单位均建立药事管理委员会,各厂矿医疗单位成立药品管理领导小组,加强日常管理工作。区卫生局建立每半年进行一次药政检查制度。1987 年 4 月,区卫生局对全区 134 个基层卫生所(室)的药品质量进行全面检查。销毁霉变、过期、淘汰的针剂 3671 支、片剂 16103 片、中成药 428 丸、酊水剂 4180 毫升。1989 年,对检查发现的 160 余种霉变、过期、应淘汰药品,全部予以销毁。1990 年 3 月,组织药品监督员对辖区 154 个卫生单位进行全面的药政检查,销毁霉变、过期、应淘汰药品 124 种。

1997 年,区卫生局对全区各医疗单位进行检查,共查出 158 种次伪劣中、西药品,价值 4673.12 元,全部就地销毁。8 月,区卫生局依法处理一起无证经营药品大案,共计没收 6000 瓶"环丙沙星"注射液,价值 10 万元。1998 年,各乡镇卫生院加强药房建设,改善其药品仓储条件,强化乡镇卫生院为村卫生室药品代办制度,净化农村医药市场。各卫生院建立药品管理领导小组,添置药架,配备冰箱,建立各项管理制度。1999 年 5 月,新浦区卫生局与市药品检验所联合对辖区内医疗机构进行药政监督检查,重点检查社会办医及个体诊所。共查 141 家,检查覆盖面达 90% 以上。查出不合格药品 16 种次,价值 1227.10 元,全部予以销毁。2000 年,市药检所对眼科医院和区医院进行抽查,药品全部合格。区卫生局 3 次对全区一次性输液器及含有 PPA(苯丙醇胺)药品的情况进行专项检查,各医疗机构均无使用不合格输液器现象,并都及时停用含有 PPA 的药物。

2002 年,全区各医疗单位药品开始实行药品入库验收制度。

四、特殊药品管理

1950 年,市卫生科根据中央人民政府政务院所发的《关于麻醉药品临时登记处理办法的通知》和《麻醉药品暂行条例》,开始对新浦地区各医疗单位、诊所、药房的麻醉药品进行清理、登记以及处理等各项工作。次年,新浦医师联合会与市卫生科等单位一起对各医疗单位进行抽查,发现新浦华东药房、中华药房共漏登记 2.25 千克吐根散,市卫生科责成两家药房经理在有关会议上作公开检讨。至当年 6 月,新浦地区各药房、诊所遗存的麻醉药品全部清理登记完毕。1954 年 8 月,市卫生科对新浦区内各医疗单位麻醉药品进行详细检查,并建立专人采购、专人专柜加锁保管、专用处方、专册登记及每隔 10 ~ 15 天盘点一次的管理制度。同年,转发卫生厅《毒剧药品计量表》,加强毒剧药品管理。1956 年 7 月,新浦区人委制定《管理麻黄素暂行实施办法》,对麻黄素实行凭医生处方和单位证明,限量购买。1960 年,停止对区内部分药店销售去氧麻黄素和复方樟脑酊的限制。1963 年,经省卫生厅批准,新浦区卫生所为壹级限量单位,并发给"购用麻醉品卡"。年内,凡医疗用中西药品的毒剧药品,一律由市医药公司经销。1964 年 9 月,公私合营新浦药房停止生产、其门市部也停止出售含有毒限剧药巴豆露及含有全虫的小儿太平丸。次年,麻醉药品使用权扩大到部分基层医疗单位。1969 年 12 月,据市卫生局《麻醉药品管理暂行办法》规定,辖区内各级医疗单位均可填报麻醉药品购用印鉴卡,申请供应和使用麻醉药品;农村各大队医疗站所需用的麻醉药品由公社卫公生院(所)统一安排管理。1979 年 10 月,新浦区各医疗单位对麻醉药品实行专账、专人、专柜保管。批发零售企业对麻醉药品实行专用仓库保管,供应时详细核对各项印鉴和购、用、存数量,严格按批准的数量供应;公社卫生院使用麻醉药品,凭医院诊断证明及所在单位或生产大队介绍信,持病人户口本至市卫生局申请,发给麻醉药品特殊使用卡后,方可到指定医疗单位开具处方并取药,病人死亡后,收回麻醉药品特殊使用卡。

1984 年,按卫生部规定,禁止域内乡卫生院以下医疗单位购、用强痛定。1986 年,域内医疗卫生单位开始实行毒麻限剧药品供应卡制度。经审批,新浦区第一人民医院、第二人民医院(眼科医院)为有麻醉药品使用权单位,区医院有 5 名麻醉药品处方权人员。次年,新浦区对各医疗单位有处方权人员进行培训,统一麻醉药品处方,实行双签字制度。1989年起,区医疗单位对麻醉药品实行档案化管理。同时,区卫生局对地区内医疗单位医疗用毒性药品进行督查并规定辖区内一级以上医院保留对医疗用毒性药品使用权。

1992年,区卫生局与市厂矿医疗管理委员会一道对区内174个医疗单位进行检查,未发现违规使用麻醉药品现象。1996年,区卫生局对麻醉药品二、三级经营单位进行整顿,召开麻醉药品经营企业和临床医疗单位加强麻醉药品管理工作会议,对1个二级麻醉药品经营单位和部分三级麻醉药品经营、临床使用单位进行达标验收。同年,区卫生局聘请市第一人民医院药剂科主任对全区各医疗单位药剂科长(药房主任)进行麻醉药品管理培训。2001年10月,区属3个医疗单位因中医匮乏,取消中药毒性药品种。2004年,区卫生局组织下属3个医疗单位12名主治医师以上职称人员,到市第一人民医院进行麻醉药品管理使用知识培训,并取得麻醉药品处方权。2005年12月,新浦区卫生局医药管理站、医政科对全区各医疗单位麻醉药品购入途径、保管环节以及使用环节进行清理检查,未发现违规行为。

第四节 管理体制改革

一、城区医疗机构管理体制改革

1991年,新浦区人民医院、连云港市眼科医院制定并实施医院人事制度和分配制度改革方案,开始实行《绩效工资考核方案》和"一次性告申待岗制度",全面实行院、科两级管理。当年,新浦区人民医院门诊量达到12万人次,业务收入突破500万元大关。

1993年,区医院优化劳动组合,实行技术职务评聘分开,改革内部工资制度,实行院、科两级管理,按科核算工资。同时,进行医疗服务改革,采取提供母婴同室病房、设立家庭式病房、专家门诊、专病门诊,开展家庭保健服务等办法,为群众提供更多服务。把医疗质量、服务态度、工作效率和经济效益与奖金分配挂钩。区人民医院还成立劳动服务公司,将待岗人员临时安置到劳动服务公司,待医院出现空编时,再由区人事部门安排进入编制。1994年,在全区卫生机构中强化和完善综合目标责任制,调整内部分配方案,将医疗质量、服务态度、工作效率与职工的利益挂钩。对公费医疗实行"定点医疗、凭证就医、双联处方,现金看病、奖惩挂钩"的管理办法,当年公费医疗费比上一年同期下降70%。次年,区属医院全面实行院、科两级负责,两级管理,两级核算制,进一步完善综合目标管理责任制。1996年,区医院顺利地通过二级医院评审和"爱婴医院"的检查验收。1998年,区医疗单位深化分配制度改革,将职工奖惩与工资挂钩,激发职工积极性。2000年,区属卫生系统实行定编定岗,为全面推行全员聘用制与评聘分开作准备。完成对全区卫生系统各单位及其科室的中、高级卫生专业技术人员岗位设置工作,合理定编、定岗、定责。区人民医院制定《中层干部聘任制》《院科两级评聘作用制》及《关于职工退养的征求意见稿》3项改革方案,对干部、职工定职、定岗。眼科医院从当年12月1日起,在定编定岗基础上,实行竞争上岗、全员聘任,启动人事改革工作。年内,区属各医疗单位还实行财务制度改革,将医疗收支和药品收支分开核算、分别管理。

2001年,全区卫生系统进一步深化改革。区医院在全市率先向社会公开招聘院长,通过资格审查、笔试、面试、组织考察、公示等程序成功选拔出新的院长。并采取减员增效、开源节流、规范管理等改革措施,经申请批准开设8个院外门诊,合理分流医护人员。眼科医院实行中层干部公开竞聘及全员聘用制,全院落聘3人待岗,6人转岗。年内,区属3所医院均完成中层干部聘任工作。区属医疗机构竞争力明显增强。各医院建立适应医保管理的电脑网络系统,区医院微机系统于12月10日通过验收,获准为区医疗保险定点医院。至年底、新浦区3所医院全年完成门诊量8.96万人次,住院1453人次,业务收入750万元,固定资产投入50万元,新设家庭病床85张。2002年9月,新划入新浦区的区三院(原云台区医院)开始实施《人事制度改革方案》《分配制度改革方案》《内部管理条例》及有关职工内部退养等改革措施,通过公开竞聘、双向选择,聘定中层干部和科室人员。同时,实施岗位绩效工资制度。2004年,对区三院院长、区防疫站站长等领导职务进行公开选拔。在单位内部,实行人事代理、聘用合同制,按需设岗,按岗聘任制及工作人员竞争上岗和末位淘汰制。至2005年年底,区医院、眼科医院基本完成内部管理体制改革。中西医结合医院作为市场化运作改制试点单位,已完成制定改制方案和清产核资工作。区三院在部分科室实行承包经营制。

二、城镇社区医疗机构管理体制改革

1998年4月,新浦区启动城镇社区卫生服务机构改革工作。同年6月,区卫生局在浦西街道以北小区医院为基础组建成北小区社区卫生服务中心;同时,将原浦西街道卫生所改建为浦西社区卫生服务站,服务范围为浦西街道所辖的13个社区;以新浦眼科医院为依托建立南小区社区卫生服务站,服务范围为新南街道所辖的11个社区。10月,区政府组建社区卫生服务试点工作领导小组,在浦西街道召开新浦区社区卫生服务试点工作动员大会。12月份,在浦西街道举办社区居委会干部、居民小组长、居民代表参加的社区卫生服务培训班,开始对新桥、民族、前河、通池、西桥等5个社区的居民健康情况进行调查,建立家庭健康档案、健康手册及0~7岁儿童预防接种卡、60岁以上老人卡、慢性病人卡。开展融预防、保健、医疗、康复、计生指导、健康教育于一体的社区卫生服务。至1999年年底,浦西社区卫生服务站已完成5个社区73个居民小组1647个家庭共5405位居民的登记建档工作,建立老人保健卡822份,八类慢性疾病防治卡725份,老年及慢性病患者档案1075份。

2001年年初,在区人民医院内成立社区卫生服务站,在长寿医院内成立路南社区卫生服务站。年末,浦西、新东、新南社区卫生服务站挂牌试行开展服务。全区共建成南小区社区卫生服务站(市眼科医院主办)、北小区社区卫生服务站(中西医结合医院主办)、浦西社区卫生服务站(新浦区卫生所主办)、大浦社区卫生服务站(原大浦磷矿卫生所)、南城社区卫生服务站(南城卫生院主办)、西城社区卫生服务站(民营资本投入)等6个社区卫生服务站。同时,建立社区居民家庭健康档案7114份,重点老人及八类疾病患者档案962份,建立0~6岁儿童预防接种卡3480份。2002年,北小区社区卫生服务中心被江苏省卫生厅命名为首批江苏省社区卫生服务示范中心。

2004年,区政府制定《新浦区社区卫生服务机构设置规划》,区卫生局成立社区卫生服务指导组。新建南城社区卫生服务站、市东社区卫生服务站和西小区社区卫生服务站。其中,南城、市东2家社区卫生服务站通过市级规范验收。社区卫生服务站与辖区居民签订医疗服务合同覆盖率达60%以上,开展24小时上门医疗服务。同时,开展社区卫生服务与计划生育服务"二合一"规范化管理试点工作。

2005年,通过公开招标等办法,将区人民医院改建为浦东社区卫生服务站。全区先后建成15个社区卫生服务中心(站),初步形成社区基本医疗服务网络。路南卫生服务站顺利通过市卫生局验收,成为市级标准示范站。

三、农村医疗机构管理体制改革

1968年起,农村开始进行合作医疗制度试点,将筹集到的合作医疗基金按3:7或4:6两级管理、两级使用，大队使用70%，公社使用30%，经费超支由两级按比例负担，凡参加合作医疗的人，每人每年缴纳1～2元合作医疗基金，大队从公益金中按每人每年补助1～2元。1969年6月，宁海乡11个大队、花果山乡内新村大队、小村大队率先实行合作医疗。

1971年后，合作医疗开始进入稳步发展时期，先后出现云台公社（今花果山乡）小村大队、新村大队等一批先进典型。1976年后，农村合作医疗开始由大队办实行社队联办，将筹建到的医疗资金按3:7或4:6分为社队两级管理，两级使用。云台公社（今花果山乡）、云台公社（今云台乡）、宁海公社（今宁海乡）实行社队联办后，由于财力不足，1年后又恢复为大队办。

1983年，因体制不顺，云台乡卫生院以及花果山乡卫生院出现入不敷出、难以为继现象，小村大队合作医疗室停办。1984年，对农村医疗工作进行整顿，各村卫生室单独核算，不平调、不截留，调动农村医生的积极性，使医疗水平和服务质量均有较大提高。

20世纪80年代后期，开始农村医疗管理体制改革。1989年，宁海乡、云台乡、花果山乡乡村医疗机构实行一体化管理，即村卫生室由卫生院统一管理，卫生院院长任命村卫生室室长，并全面推行统一管理乡村保健医生、财会、工资、业务“四统一”管理办法。1990年，根据市卫生局统一部署，辖区农村医疗机构全面推行目标管理责任制，层层签订目标管理责任书，形成目标管理网络。同年，云台乡卫生院、花果山乡卫生院被市卫生局确定为农村卫生室管理及防保站建设试点单位。

2003年，新浦区成立新型农村合作医疗保险管理委员会，下设办公室，编制2人，为全额补助事业单位。

2004年，制定下发《新浦区新型合作医疗实施草案》，召开全区性动员大会。2005年1月27日，区政府召开全区新型农村合作医疗保险启动工作会议。

全区新型农村合作医疗资金筹集标准为：市财政按每人每年5元标准补助，区财政每人每年13元，乡镇财政分担2元，农民每年每人筹资额不低于10元。截至2005年年底，全区农村共有37000人自愿参加新型农村合作医疗，农户参合率达88%，乡镇村覆盖面100%，筹资总额为111万元。2005年，新浦区农民住院总数为748例，在新浦区区属医疗卫生单位的有175例（其中区医院7例、眼科医院47例、云台乡卫生院83例、花果山乡卫生院38例），住院医药费总计149.2万元，人均住院费2953.2元。423人获得住院补偿，报销总额为10.36万元。花果山乡社区卫生院服务站通过市验收，成为市级标准示范站。

第七章　新浦地区医疗卫生机构简介

第一节　新浦区属医疗卫生机构简介

一、新浦区人民医院

1958年11月25日，新浦区卫生所与新浦区联合诊所合并，加上部分个体诊所成立新浦区卫生院，地点在今民主路234号。1964年6月更名为“新浦区卫生院”。1因卫生所人员为全民性质，卫生院人员为集体性质，挂新浦区卫生院和新浦区卫生所两块牌子。建院初期有职工55人，其中卫生技术人员44人，设西药门诊、中医科、针灸科、眼科、牙科（治疗及镶牙）、治疗室、（注射室、换药室）、化验室、中西药房、挂号室、财会室和院部办公室。后于通灌路设第一门诊部,民主中路设第二门诊部,福利昌巷设第三门诊部、临洪村设第四门诊部。20世纪60年代,设有简易病床35张,20世纪70年代末,分设内科、外科、妇产科3个病区。该院中医科在全市享有盛誉,著名中医周子芳、顾铁农、冯万英、李子凤等都是该院中医科主诊中医师。

1979年起,开设家庭病床。同年4月,成立新浦区人民医院。在区卫生所的基础上,分离出去成立区卫生防疫站。区医院为副科级集体事业单位,人员编制为180名。

1990年,医院建筑面积为2990平方米,医护人员135人,其中副主任医师3人,主治医师45人,医师87人。

1991年,新病房2200平方米大楼的投入使用。

1992年5月,该院聘请上海第二军医大学泌尿科外科主任、著名医学家马永江为名誉院长。同年8月,该院于大庆西路西首设立分院,有医疗用房300平方米,设置病床10张,医护人员近20名,能开展内、外、妇、儿、骨伤等科,以及皮肤病专科。年门诊量达2万余人次。业务收入100余万元。

1995年新浦区人民医院为国家二级综合性医院。

2001年,由于新浦区法院基本建设需要区医院分院迁至新浦区武装部。2003年,又迁至临洪中学(租临洪中学门面房)。2005年,已降为门诊部。

至2005年年底,区人民医院有医护人员120人,其中,主任医师2人,副主任医师4人、医师59人、护士35人;住院病床120张。

二、连云港市眼科医院

连云港市眼科医院位于新浦区海昌路100号,成立于1988年6月28日,8月1日正式开诊。前身是从新浦区人民医院眼科分离出组建的一所专科医院。原名“连云港市新浦眼科医院”。1993年10月18日,经市卫生局批准,更名为“连云港市眼科医院”。该院为副科级集体事业单位。

1989年,开展近视眼角膜放射状手术(RK手术)2000余例,填补港城医疗市场空白。1992年,开展白内障摘除及人工晶体植入术。1994年,开展白内障囊外摘除+人工晶体植入显微手术,被江苏省残联定为连云港市白内障复明定点医院。1997年,开展超声乳化+人工晶体植入显微手术,并引进美国超声乳化仪、日本手术显微镜、全自动验光仪、全自动眼压计等。1998年1月,该院建立连云港市眼科医院社区医疗网,开放性、全方位地为用户提供24小时不间断的服务。2000年,被定为市、区两级医保定点单位。2003年,成功开展了泪道激光手术。2004年,该院用多种方法开展白内障手术,包括小切口手术。

2005年年底,眼科医院在编人员46名、编外人员近44人,有高级职称人员7名、中级职称27名;设有预防保健科、眼科、内科、外科、妇科、耳鼻喉科、口腔科、康复科、医学检验科、医学影像科、放射科等;拥有眼科手术显微镜、裂隙灯显微镜、超声乳化仪、角膜曲率计、眼科A/B超、电脑验光仪、直接检查镜、眼底照相机、眼底激光治疗仪等先进诊疗设备;开放病床60余张,门诊人数达15514人次。承担市级科研项目10余项。完成眼科各类手术729例,实现业务收入750余万元。

三、连云港市新浦中西医结合医院

1995年5月,新浦区人民医院推拿科析出,组建连云港市推拿医院。原址在新浦通灌路(原新浦区人民医院第一门诊部)。1997年,迁至新浦区人民政府招待所(解放东路东池巷)。1998年,迁至民主路(原西跳派出所)。同年11月,定名连云港市新浦中西医结合医院。同时,区卫生局出资15万元购买属于沈圩村的股份,带合同协议,带入原沈圩村卫生室5名职工。使沈圩医院的资产变更为区属国有资产,新浦区中西医结合医院迁址于沈圩。2001年9月,承担市级科研项目一项——"中医中药对胶原酶疗效观摩",通过2002年全市科研项目验收,并在全国杂志发表论文。该项目从立项到验收一年多的时间内,共为200多例腰椎间盘突出症患者施行了胶原酶介入合并中医药辅助疗法,总有效率达90%以上,治愈率达65%以上,疾病疗程由12个月缩短为3个月以内。同年,该院建成全市第一家标准社区卫生服务中心。2004年,建成市级示范化计划免疫门诊。2005年,经市卫生局批准该医院增挂"新浦区浦西社区卫生服务中心"牌子,实现预防、保健、医疗、康复、计划生育技术指导、健康教育"六位一体"功能。

四、新浦区妇幼保健所

1953年6月,龙尾区、盐河区分别成立保健站。1955年11月,两站合并为新浦区妇幼保健站,站址在新浦民主路134号。次年,被改建为新海连市妇幼保健所。1961年撤销,其业务由区卫生所兼管。

1979年10月,经连云港市革命委员会批准,在原址重建新浦区妇幼保健站,工作人员2人。1980年增至6人,其中医师2人、护士1人、助产士3人,设为儿童保健组、妇女保健组、办公室。

1983年6月,与海州区妇幼保健站合并称为新海区妇幼保健站。

1986年6月,新海区撤销后恢复新浦区妇幼保健站。同年9月,改称新浦区妇幼保健所。1990年,职工增至10人,其中主管医师4人、医师1人、护士1人、助产师1人、技师1人。主要设备有50毫安X光机1台、显微镜1台、光电比色计1台、胎心监护仪1台、综合手术床2台、B超1台、生化设备1套。1999年,区妇幼保健所顺利通过市婚前医学检查评审,获准为全市首批开展婚前医学检查单位之一。2005年年底,有在职医护人员11人,为全额补助事业单位。

五、新浦区卫生防疫站

1979年10月,新浦区卫生所改建为新浦区卫生防疫站,为新浦区卫生局直属单位,办公地点设在新浦民主路374号,有职工21人,其中卫生技术人员11人。1980年12月设防疫组、卫生组。1981年3月,增设检验组,此时能开展多种业务。1983年,7月起,为新海区卫生防疫站,设卫生科、防疫科、食品卫生科、检验科。1986年6月,新海区撤销,恢复新浦区卫生防疫站。同年11月,站内新设结核病防治科,对外称新浦区结核病防治站。1990年7月,新浦区卫生防疫站迁至民主路东池巷59号。1991~1999年,新浦区卫生防疫站设防疫科、卫生科、检验科、办公室、室教科。

2001年,设卫生监督一科、卫生监督二科、检验科、防疫科、办公室。2004年,设有卫生监督一科、二科、三科及疾控科、医政科、质管科、检验科等;同年年初,原云台区防疫站与新浦区防疫站合并,仍称新浦区防疫站。2005年,增设稽查科,全站有职工34名,其中高级职称3人,中级职称11人。

六、新浦区卫生所

1955年11月,由原盐河、龙尾两卫生所合并组成。位于今民主中路206号。负责人赵国梁,有人员14名。1958年与新浦人民公社卫生院合并,成立新浦区卫生院,同时保留新浦区卫生所牌子。至1979年10月,新浦区卫生所改建为新浦区卫生防疫站。

1985年,重新成立新浦区卫生所,有事业编制22人,位于新浦区绣苑路11号,下设市东、苍梧、南小区、浦东、浦西、西小区、路南等7个分所和新浦区婴儿游泳中心，肩负着整个新浦地区40多万人口的计划免疫和妇儿保两个系统管理工作。至2005年该所在职职工18人，其中中级职称7人，初级职称9人，高级工1人，初级工1人。另有聘用人员10人，其中，中级职称1人，初级职称9人。

第二节　新浦区乡镇卫生院简介

一、花果山乡卫生院

1976年，市卫生局及花果山乡政府共同出资为大村联合诊所建设门诊楼，计340平方米，同时，将其改为乡卫生院。1986年，添置心电图机1台、B超机1台，1987年，购置200毫安X光机1台。1989年至1996年，先后由市卫生局、云台区政府、乡政府共同投资建立起1040平方米门诊楼及500平方米病房楼，常规医疗器械基本配套，床位达24张。1998年，卫生院内设立防保所，有床位40张，卫生技术人员36人，其中主治医师6人，医师7人。2001年11月，因原云台区撤销，划归花果山景区管委会代管。2004年8月，划归新浦区卫生局。2005年，该院有职工36人，其中卫技人员31人，中级以上职称14人，医疗用房近2700平方米。同年，花果山乡卫生院转型为花果山社区卫生服务中心。

二、云台乡卫生院

1958年8月，成立云台人民公社医院。院址在南城镇。1966年8月，社镇分设，原云台公社析置为云台、新河（现名宁海）两公社及南城镇。云台人民公社医院迁址山东庄。1967年底，迁至凌洲嘴。1978年12月，更名为云台人民公社卫生院。该院是集体所有制性质的卫生事业单位。2003～2004年，因修筑连徐高速公路，导致原卫生院与居民区隔开，加之医疗用房破烂不堪，停诊。2005年4月，迁至云台乡丹霞村。该院有卫生技术人员36名，其中高级职称1人，中级5人，医疗用房2200平方米，病床20张。

三、宁海乡卫生院

1966年，各村卫生室建立后，都停止个人行医，部分人员受聘于村卫生室任职。各村卫生室一般有医务人员2～4人。同年冬，在清河（原称邵庄）大队卫生所基础上，组建新河公社卫生所。1967年年底，成立公社医院，更名为新河医院。1975年，添置显微镜、A超，开设病床10张。1977年，开设中医门诊，由名医梁庆祝坐诊，后由马继缓坐诊。1983年3月，更名为宁海卫生院。1994年，建设门诊大楼1幢，增添多导联心电图机1台，300毫安X光机1台，迈瑞B超机1台，床位36张。1998年，卫生院设立防保所。2005年，有床位36张、卫生医疗人员52人，其中副主任医师1名、主治医师6人、医师18人。村卫生服务站10家，医生49人。该卫生院拥有医疗用房2000平方米，设有内科、外科、肛肠科、妇产科、放射科、防疫组、化验室、中医科、卫协会、住院部等12个科室，病床36张，村级卫生室10个。

四、南城镇卫生院

1966年8月，南城镇卫生院在原云台人民公社医院的旧址上建立，时名南城镇医院。1978年12月，更名为南城镇卫生院。

第三节　驻地主要医疗机构选介

一、连云港市第一人民医院

建于1951年10月，初称新海连市工人医院。1957年5月，改称新海连市新浦人民医院。1961年10月，改称连云港市新浦人民医院。1977年11月，改称连云港市第二人民医院。1980年9月，改称连云港市人民医院。1986年9月，定名为连云港市第一人民医院。1993年，经连云港市卫生局、连云港市红十字会上报，江苏省红十字会审批，医院冠以“连云港市红十字第一医院”名称。1999年10月，被评定为国家三级乙等医院。1999年，江苏省教育委员会批准该院为“徐州医学院附属连云港医院”。

该院坐落于新浦民主路9号（龙尾河西岸），坐南朝北。初有旧房80余间，计1000余平方米。1958年院区扩大，改门向南。1978年，兴建门诊楼，改门向西，为通灌路18号，今为通灌北路182号。

初期医院工作人员仅46人，内科、外科、妇产科共设病床40张。1958年起，医院不断发展扩大。至20世纪80年代末，门诊科室近30个，病床507张，职工688人，其中医技人员528人。20世纪90年代末，病床位612张，职工1041人，其中医技人员846人。2001年10月，定为正处级单位。

2005年年底，医院占地面积74999平方米，全院有职工1230人，其中卫生技术人员1079人，高级职称243人，中级职称361人，享受各级政府津贴的专家15人，博士及硕士生80人，设病区25个，开放床位952张，设置临床和医技科室38个，医疗中心6个，市级研究所和实验室3个，省级重点专科1个（神经外科），市级重点学科12个；全年门诊量477892人次，住院人数31284人。

二、连云港市中医院

连云港市中医院于1984年6月26日建立，为副处级单位，同年9月28日挂牌应诊。

该院坐落于新浦南极路458号（原为连云港市手表厂厂址），西抵南极路，北临朝阳路，南为居民区。占地面积14652平方米。初建时，将10000平方米厂房改建为医疗用房，未设病区。1985年新建一幢450平方米两层内儿科简易病房，开放床位35张；同年12月，征地1.81公顷，全院面积增至32733平方米。1988年，新建一幢3层共3680平方米门诊楼。1995年，新建病房楼一幢6层5800平方米。

2005年，全院建筑面积约17000平方米。全院开放床位251张，其中内科46张，外科33张，内儿科13张，妇科13张，骨科40张，脑血管科46张，肛肠科33张，消化内分泌科20张；年门诊量达241000人次，出院病人7040人次；职工总数419人，其中卫技人员358人，有高级职称70人、中级职称119人；技术人员中有3名江苏省名中医，6名连云港市名中医，3名博士生，8名硕士生，4名市医学重点人才，1名省“333”人才培养对象。同年9月，经省医药管理局验收，核定三级中医院。

连云港市中医院在新浦设有金城门诊（南小区）、利民门诊（利民路）和东方门诊（解放西路）3个门诊部。

三、连云港市第三人民医院

1985年建立，1986年12月29日挂牌应诊。1989年9月20日，改称连云港市妇女儿童医院。1994年5月20日，增挂“连云港市第三人民医院”名牌。1994年9月，增挂“爱婴医院”名牌。2001年6月6

日，更名为连云港市妇幼保健院，保留连云港市第三人民医院名称（以下简称市三院）。2001 年 6 月，市三院院与连云港市妇幼保健所合并。

市三院坐落位于新浦苍梧路西首，占地 12187 平方米。原有建筑均为平房，面积 1206 平方米。1989 年底，建筑面积 3170 平方米的 3 层病房楼竣工投入使用。1992 年，门诊楼建成投入使用。1998 年，第二幢病房楼投入使用，建筑面积 7000 平方米。至 2005 年，全院建筑面积达 16600 平方米。

2005 年，市三院设床位 200 张，全院职工 306 人，其中高级职称 41 人，中级职称 103 人，2 人被列为江苏省跨世纪人才 333 工程培养对象，3 人享受政府特殊津贴；全院设医疗和保健两大部，拥有妇科、产科、内科、儿科、外科、节育科 6 个病区；年门诊量为 106371 人次，住院 5665 人次。

解放前夕新浦部分私立中西医诊所分布表

表 31 - 3

诊所名称	创办年份	地址
周藩西诊所	民国 11 年（1922）	海昌巷
竟成诊疗所	民国 13 年（1924）	大街
顾铁侬诊所	民国 18 年（1929）	中山路中华巷南首
锦城堂诊所	民国 24 年（1935）	建国路
谢文生诊所	民国 28 年（1939）	中山路
杨敬斋诊所	民国 29 年（1940）	中山路（后迁至贾圩）
董熙农诊所	民国 30 年（1941）	中山路
戴晓觉膏药店	民国 35 年（1946）	中山路王巷
健之医院	民国 18 年（1929）	中山路东街
益龄医院	民国 23 年（1934）	中山路 107 号
普爱医院	民国 34 年（1945）	中山路东端东巅西首
协和医院	民国 35 年（1946）	市化街
忠平医院	民国 36 年（1947）	中山路
妇婴产科医院	民国 36 年（1947）	中正路 53 号
中央齿科医院	民国 36 年（1947）	中山路中段
少文诊所	民国 34 年（1945）	南极路北首
满球诊所	民国 37 年（1948）	中山路东段
晋济诊疗所	民国 34 年（1945）	中山路与通灌路交汇处灌路路口
民康诊所	民国 35 年（1946）	中山路
余泽民医务所	民国 33 年（1944）	市化路中段

2005 年新浦区个体诊所一览表

表 31 - 4

诊所名称	执业地址	负责人	人员(人)	发证年月
滕传魁诊所	陇海东路	滕传魁	2	1998 年 5 月
罗时功诊所	巨龙小区	罗时功	2	1998 年 5 月
李正军诊所	民主东路 143 号	李正军	2	1998 年 6 月
谢正东诊所	民主西路 237 号	谢正东	2	1998 年 11 月
潘素云诊所	繁荣路 17 号	潘素云	4	1998 年 11 月
王玉宝诊所	大庆东路 126 号	王玉宝	3	1998 年 11 月
崔向群诊所	民主中路 340 号	崔向群	3	1998 年 11 月
丁树梅诊所	民主西路 21 号	丁树梅	2	1998 年 11 月
胡紫琴诊所	康泰北路 20 号	胡紫琴	2	1998 年 11 月
蔡玉彬诊所	通灌南路 294 号	蔡玉彬	2	1998 年 11 月
姚君诊所	沈圩路 18 号	姚 君	2	1998 年 11 月
白占林中医诊所	同和路 8 号	白占林	2	1999 年 3 月
孙美奇诊所	后河路 2 号	孙美奇	2	1999 年 5 月
谢大明眼科诊所	苍梧小区	谢大明	4	1999 年 6 月
韩振坤诊所	解放东路 259 - 12 号	韩振坤	2	2000 年 1 月
孙庆珠诊所	建国路	孙庆珠	2	2000 年 3 月
邓享文诊所	市民路 52 号	邓享文	3	2000 年 3 月
李婕中医诊所	青年路 95 号	李 婕	2	2000 年 5 月
汪传宇诊所	民主西路 123 - 1 号	汪传宇	2	2000 年 9 月
沈素娥诊所	新孔南路	沈素娥	2	2000 年 9 月
纪树东诊所	海南小区 22 号楼	纪树东	2	2000 年 9 月
吴法春诊所	西苑路	吴法春	2	2000 年 9 月
仲伟国诊所	惠苑路 5 号楼	仲伟国	2	2000 年 9 月
王永梅诊所	陇中路	王永梅	3	2000 年 9 月
朱承惠诊所	河运路 29 号楼	朱承惠	2	2000 年 9 月
赵绍英诊所	健康路 12 号	赵绍英	2	2000 年 9 月
卢前诊所	海南小区	卢 前	2	2000 年 9 月
刘丽芹诊所	小学路 11 号	刘丽芹	2	2000 年 9 月
周子芳中医诊所	新生民路 25 号	周子芳	2	2000 年 9 月
刘九星诊所	兴隆路中望新城 1 号楼	刘九星	4	2000 年 9 月
冯瑛针灸诊所	新市路	冯 瑛	1	2000 年 9 月
王秀兰诊所	南极北路	王秀兰	2	2000 年 12 月
周秀兰诊所	沈中路 105 - 7 号	周秀兰	2	2000 年 12 月
杨丽诊所	民主路	杨 丽	2	2000 年 12 月
周宏诊所	小学路向阳公寓 1 - 101	周 宏	2	2000 年 12 月

续表31－4(1)

诊所名称	执业地址	负责人	人员(人)	发证年月
立长贤诊所	健康路18－3号	立长贤	2	2000年12月
丁义美诊所	民主路	丁义美	2	2000年12月
朱承英诊所	民主路	朱承英	2	2000年12月
徐传江诊所	建设路	徐传江	2	2000年12月
孙军中医诊所	大庆西路17号	孙　军	2	2000年12月
焦纪英诊所	银城公寓	焦纪英	2	2001年2月
魏华诊所	通灌南路219号	魏　华	2	2001年3月
袁青春诊所	香溢世纪花城10－03号	袁青春	2	2001年3月
王秀华诊所	大城街临洪路268号	王秀华	2	2001年3月
江希银诊所	海宁小区建宁路19号	江希银	2	2001年3月
万斌诊所	学院南路金秋情缘3－107	万　斌	2	2001年3月
滕宝山中医诊所	人民东路13号	滕宝山	2	2001年3月
林瑶口腔诊所	郁州南路58－16号	林　瑶	2	2001年3月
罗育平诊所	龙河小区光辉路9－5	罗育平	2	2001年3月
徐允虎诊所	公园南路振兴1栋2－102	徐允虎	2	2001年3月
余廷华诊所	新市路	余廷华	2	2001年4月
胡惠芝诊所		胡惠芝	2	2001年5月
李中效中医诊所	民族路57号	李中效	2	2001年5月
吴宜涟诊所	农贸批发市场	吴宜涟	3	2001年5月
陈定诊所	玉龙花园	陈　定	2	2001年8月
王中林诊所	蔷薇小区芳园5号楼	王中林	2	2001年8月
陈玉乾诊所	新浦海连西路	陈玉乾	2	2001年8月
中澳诊所	龙河小区8号楼	钱中澳	2	2001年8月
王淑琴诊所	海昌南路101－12号	王淑琴	2	2001年9月
北小区门诊部	人民东路39－11号	马　军	2	2001年9月
霍方银诊所	蔷薇小区中房新天地	霍方银	2	2001年9月
徐琛诊所	龙河北路99号	徐　琛	2	2001年11月
顾中远诊所	海南小区	顾中远	2	2001年11月
刘彩云诊所	中旺新城4号楼1－101	刘彩云	2	2001年11月
上官桂兰诊所	海陵小区	上官桂兰	2	2001年12月
张丽华诊所	巨龙路12－1号	张丽华	2	2001年12月
周丽云诊所	公园南路	周丽云	2	2001年12月
刘海兵诊所	西小区西城市场2号楼	刘海兵	2	2001年12月
滕培柱口腔诊所	南城镇南马路58号	滕培柱	2	2002年4月
花万紫口腔诊所	朝阳中路82号	花万紫	8	2002年4月
张兆玲诊所	极美苑66号楼	张兆玲	2	2002年5月

续表 31－4(2)

诊所名称	执业地址	负责人	人员(人)	发证年月
徐兰诊所	运河路杏坛花园 8 号楼	徐　兰	2	2002 年 5 月
林筱强诊所	富强路	林筱强	2	2002 年 7 月
刘雪梅诊所	东尚渔场	刘雪梅	2	2002 年 7 月
张孝宏中医诊所	人民路	张孝宏	2	2002 年 12 月
李云宝口腔诊所	大庆西路	李云宝	1	2002 年 12 月
杨丽芬诊所	陇西南路 16 号楼	杨丽芬	2	2002 年 12 月
蔡发兵诊所	同兴街 144 号	蔡发兵	2	2002 年 12 月
骆源诊所	猴嘴海滨路 60 号	骆　源	2	2002 年 12 月
王玲医学美容诊所	步行中街	王　玲	3	2002 年 12 月
徐元琳诊所	南极南路 93 号	徐元琳	2	2002 年 12 月
田莉诊所	解放西路	田　莉	6	2002 年 12 月
吴海明诊所	康太南路 29 号	吴海明	2	2002 年 12 月
杜祥君中医诊所	建国路 107 号	杜祥君	2	2002 年 12 月
包毅诊所	巨龙南路 8 号	包　毅	2	2003 年 4 月
孙加志诊所	巨龙南路 18 号	孙加志	2	2003 年 4 月
孙月波诊所	巨龙南路	孙月波	3	2003 年 4 月
胡士海诊所	西小区西苑路	胡士海	2	2003 年 4 月
王玉芳诊所	民主东路	王玉芳	2	2003 年 4 月
戴学光中医诊所	龙尾路 171－29 号	戴学光	2	2003 年 4 月
刘保生诊所	光辉路 9－10 号	刘保生	2	2003 年 2 月
王德金诊所	兴隆路 39－88 号	王德金	2	2003 年 5 月
魏爱莲诊所	工农路	魏爱莲	2	2003 年 6 月
李正花诊所	连海街居委会	李正花	2	2003 年 7 月
马素珍诊所	玉带新村	马素珍	2	2003 年 7 月
庄桂兰诊所	海南小区	庄桂兰	2	2003 年 7 月
陈玉萍诊所	大庆西路	陈玉萍	2	2003 年 7 月
王明礼诊所	新浦区整洁路	王明礼	2	2003 年 8 月
高德庆诊所	沈圩街福星路	高德庆	2	2003 年 9 月
孙乐霞诊所	民主东路	孙乐霞	2	2003 年 9 月
穆儒胜诊所	解放东路 101 号	穆儒胜	2	2003 年 9 月
王林诊所	西小区	王　林	2	2003 年 9 月
杨文友诊所	解放东路	杨文友	2	2003 年 9 月
丁超英诊所	民主中路	丁超英	2	2003 年 9 月
王华丽诊所	解放东路 247 号	王华丽	2	2003 年 9 月
成家帮诊所	大庆东路	成家帮	2	2003 年 9 月
李志兰诊所	沈圩街福星路	李志兰	2	2003 年 9 月

续表31－4(3)

诊所名称	执业地址	负责人	人员(人)	发证年月
卢建忠诊所	兴业时代花园	卢建忠	2	2003年9月
张文彬诊所	沈圩北路	张文彬	2	2003年9月
赵玉梅诊所	大庆东路延安东街	赵玉梅	2	2003年10月
王建君中医诊所	市民街新新路18号	王建君	2	2003年10月
王耀辉诊所	后河街新新路99号	王耀辉	2	2003年10月
顾萍诊所	巨龙南路21－28号	顾　萍	2	2003年12月
魏岳诊所	兴隆路菊桂苑29－7	魏　岳	2	2003年12月
王荣诊所	盐西街河运路	王　荣	2	2003年12月
王之化诊所	郁州路游泳池对面	王之化	2	2003年12月
董淑春诊所	郁州南路丽都花园	董淑春	2	2003年12月
李明秀诊所	大庆路	李明秀	2	2003年12月
董毓德诊所	新新路71号	董毓德	2	2003年12月
郭家钱诊所	西城市场二号楼	郭家钱	2	2003年12月
王晓霞诊所	农贸市场B区23－24号	王晓霞	2	2004年4月
王秀娟诊所	新浦阳光园小区	王秀娟	2	2004年4月
红星专科门诊部	龙河小区C号楼门面	焦兆庆	8	2004年4月
赵正华诊所	猴嘴文明路	赵正华	2	2004年4月
朱立萍诊所	巨龙小区29－101	朱立萍	2	2004年4月
丁君青诊所	玉带新村160－9	丁君青	2	2004年4月
唐书田诊所	海连北巷43号	唐书田	2	2004年4月
全泰堂门诊部	幸福路4号	谢　磬	2	2004年6月
胡紫琴专科门诊部	新生民路49号	胡紫琴	8	2004年6月
王连武诊所	陇西路34－102	王连武	2	2004年6月
云台林场山东庄卫生室	云台乡山东庄	陈云慧	2	2004年6月
苏贻扣诊所	龙河北路(艺北街)	苏贻扣	2	2004年6月
杨景余诊所	朝阳东路振兴花园	杨景余	2	2004年6月
李元贞诊所	绣苑路26号	李元贞	2	2004年10月
瑞金专科门诊部	解放东路	徐　苏	13	2004年10月
鹏飞口腔门诊部	海昌南路	江和洋	2	2004年10月
江洋口腔门诊部	市化路列奇达门面	江和洋	3	2004年10月
许柏林诊所	海宁小区	许柏林	2	2004年10月
董作武诊所	新新路25号	董作武	2	2004年10月
梅敢玲诊所	西小区西城市场	梅敢玲	2	2004年10月
印恒泉诊所	民主中路333号	印恒泉	2	2004年10月
马丽诊所	兴业时代花园21号	马　丽	2	2004年10月
周培林诊所	双池街皮坊巷26号	周培林	2	2004年10月

续表 31－4(4)

诊所名称	执业地址	负责人	人员(人)	发证年月
陶明林诊所	浦河路 11 号	陶明林	2	2004 年 10 月
李元贞诊所	西小区秀苑路 28 号	李元贞	2	2004 年 10 月
程琳诊所	新市路 23 号	程　琳	2	2004 年 10 月
顾玲玲诊所	陇中路	顾玲玲	2	2004 年 10 月
王清波诊所	建园路 3 号楼	王清波	3	2005 年 6 月
杜恒志诊所	市农贸批发市场	杜恒志	2	2005 年 6 月
章志洪诊所	巨龙南路	章志洪	2	2005 年 6 月
闵卫东口腔诊所	海昌南路 105－4	闵卫东	2	2005 年 6 月
程松培诊所	海南小区	程松培	2	2005 年 6 月
傅昱中医诊所	锦华园	傅　昱	4	2005 年 6 月
周权诊所	龙河北路	周　权	3	2005 年 6 月
冯振山诊所	利民社区楼西巷 A2 楼	冯振山	2	2005 年 6 月
刘莹华诊所	新浦区镇海路	刘莹华	2	2005 年 6 月
陆献文诊所	沈圩街福星路	陆献文	2	2005 年 6 月
王芝凤诊所	镇海路 25－1 号	王芝凤	2	2005 年 6 月
陈能发诊所	猴嘴台北路 13 号	陈能发	2	2005 年 6 月
花万紫口腔门诊部	海昌南路	花万紫	5	2005 年 6 月
孙效丰诊所	南极北路 210 号	孙效丰	2	2005 年 6 月
胡士香诊所	朝阳西路 25－3	胡士香	4	2005 年 6 月
戴胜燕诊所	解放西路 34 号	戴胜燕	2	2005 年 6 月
杨安诊所	龙尾街北苑路 142 号	杨　安	2	2005 年 6 月
李静诊所	永进南巷 5 号楼 4－102	李　静	2	2005 年 6 月
胡凤英诊所	大庆路葵花街 17 号楼	胡凤英	2	2005 年 6 月
张玉英诊所	大城街临洪路	张玉英	2	2005 年 6 月
武传强口腔诊所	海昌路鸿港花园	武传强	2	2005 年 6 月
徐士堡诊所	繁荣路 6－8 号楼	徐士堡	2	2005 年 6 月
东风中医门诊部	陇海东路 78 号	李新忠	9	2005 年 6 月
朱孔佐诊所	玉带新村	朱孔佐	2	2005 年 6 月
戴志琼诊所	海南小区 35 号楼	戴志琼	2	2005 年 6 月
乔乃宽诊所	玉带新村西门 8 号	乔乃宽	2	2005 年 6 月
王学霞诊所	艺北街站南巷 4－4 号	王学霞	2	2005 年 6 月
马克恕中医诊所	南小区健康路 14 号	马克恕	2	2005 年 6 月
李岚诊所	海宁小区 23 号楼	李　岚	2	2005 年 6 月
众康专科门诊部	河南街 3 号楼	王于斌	8	2005 年 6 月
仁缘专科门诊部	猴嘴海滨路 22 号	李道年	2	2005 年 6 月
胡向军诊所	民主东路 193 号	胡向军	2	2005 年 6 月

续表 31－4(5)

诊所名称	执业地址	负责人	人员(人)	发证年月
京海中医研究所门诊	陇西北路6号	陈广尧	2	2005年8月
马光远诊所	利民路101号	马光远	2	2005年8月
田靖医疗护理站	香溢　世纪花城9－2号	田　靖	2	2005年8月
谈锦山诊所	淮海街糖兴巷19号	谈锦山	2	2005年8月
刘广高中医诊所	朝阳西路南苑新村	刘广高	2	2005年8月
魏春海诊所	大庆西路麻纺小区	魏春海	2	2005年8月

2005年新浦区民营医院概况表

表 31－5

机构名称	成立时间	地址	法人	注册资金（万元）	床位数（张）	营业用房面积（平方米）	业务专长	备　注
连云港市宏田医院	2001年5月9日	东方花园A－19号	丁宏志	50	20	600	妇科	2002年开通市医保网络
连云港市仁安医院	2002年8月7日	苍梧路	董毓峰	20	20	988	骨科	2003年开通市医保网络
连云港市长寿医院	2003年1月28日	海连中路161号	秦宏平	100	30	2880	皮肤科、慢性病	2004年开通市及新浦区医保网络 2005年定为新浦区新型农村合作医疗服务定点单位
连云港市国泰医院	2003年7月1日	人民中路	李美林	600	20	3500	妇科、男女不育症	2004年开通市及新浦区医保网络
连云港市恒康医院	2003年8月1日	陇海中路	姚　君	140	20	1100	妇科、骨科、牙科	2004年开通市及新浦区医保网络
连云港市成宏医院	2004年6月24日	青年西路	成　宏	300	20	900	口腔科	2004年开通市及新浦区医保网络
连云港市友好医院	2004年8月3日	解放东路219号	张大军	50	20	1200	妇科、男女不育症	2004年开通市及新浦区医保网络
连云港市嘉家医院	2004年8月12日	解放西路26号	赵　贞	40	20	2200		2004年开通市及新浦区医保网络
连云港市永仁医院	2005年5月26日	沈圩桥西人民北路	张　勤	270	20	1600	中医中药治疗运动系统疑难杂症	2005年开通市及新浦区医保网络

2005年新浦区城区集体诊所、医务室一览表

表31－6

诊所名称	执业地址	负责人	人员(人)	发证年月
环卫处卫生所	海昌南路45号	蒋春花	3	1988年5月
临洪诊所	临洪路6号	宋和云	6	1998年11月
农垦诊所	巨龙北路36号	王立萍	2	1998年11月
铝镁粉厂医务室	沈新路1－48号	曾祖武	6	1998年11月
振兴集团院校医务室	苍梧路36号	张海员	2	2001年3月
中西医结合门诊(1)	人民东路5－16号	董福玉	2	2001年7月
中西医结合门诊(2)	龙河北路244号	王经建	2	2001年7月
中西医结合门诊(3)	云海街居委会	沙　龙	2	2001年7月
眼科医院门诊(1)	建设东路	丁亚梅	5	2001年8月
区医院通灌路门诊	通灌南路96－1号	宋发达	2	2001年9月
市老科协门诊部	海昌北路1号	杨龙洲	2	2001年9月
中西医结合门诊(4)	大庆东路128号	陶　刚	2	2001年12月
区医院门诊(1)	水管路	陈恕民	2	2001年12月
区医院门诊(2新海)	朝阳西路15号楼	程景富	2	2001年12月
区医院门诊(3)	南极南路	陆海亭	2	2001年12月
区医院门诊(4)	大庆东路85号	周　超	2	2001年12月
残联康复诊所	南极南路	程连生	3	2002年3月
区医院门诊(一门诊)	整洁路1－2号	李贯通	2	2002年4月
区红十字会门诊(1)	新浦区大庆路	孙志义	2	2002年5月
区红十字会门诊(2)	新浦区通灌南路	孙志义	3	2002年6月
区红十字会门诊(3)	建国路	孙志义	2	2002年6月
区医院门诊(7)	西小区	郑传能	2	2002年6月
区医院门诊(6)	利民路18号	郑传能	3	2002年7月
东辛农场医务室	东辛农场采石场	夏凤鸣	2	2002年9月
南城卫生院门诊(1)	南城镇东横街76号	姜洪平	2	2002年9月
南城卫生院门诊(2)	南城镇新大街	徐东权	2	2002年9月
市老龄委诊所	猴嘴海滨路56号	刘佃花	3	2002年9月
区关工委诊所	猴嘴海滨路	戴少山	3	2002年9月
眼科医院门诊(惠民)	康太南路19号	丁亚梅	9	2002年11月
区三院华联门诊	华联商厦	成以州	2	2003年2月
云台乡卫生院	云台乡	张　凯	2	2003年3月
南城卫生院城南门诊	南城镇	陈守亮	2	2003年5月
区医院门诊(利民)	繁荣路	唐其国	3	2003年8月
眼科医院西区门诊部	新孔路	顾俊标	2	2003年9月
区三院通灌路门诊	通灌路	沈世庆	2	2003年9月

续表 31－6

诊所名称	执业地址	负责人	人员(人)	发证年月
云台林场门诊	云台林场	陈云慧	5	2003 年 9 月
云卫诊所	龙河小区光辉路	张　凯	2	2003 年 9 月
中西医结合门诊(5)	蔷薇小区	江希平	2	2003 年 9 月
个体医疗协会门诊(1)	兴业小区	李运会	2	2003 年 10 月
个体医疗协会门诊(2)	大庆东路延安东街	赵连举	2	2003 年 10 月
个体医疗协会门诊(3)	东河渔场	肖仕惠	2	2003 年 10 月
个体医疗协会门诊(4)	常乐新村	赵斯明	2	2003 年 12 月
云卫巨龙门诊	巨龙路	张凯	2	2003 年 12 月
云卫西山门诊	云台乡西山村	张凯	2	2003 年 12 月
个体医疗协会门诊(5)	浦河东路	张凯	2	2003 年 12 月
卫生所临洪门诊	民主西路 87 号	曹开家	5	2003 年 12 月
中西医结合门诊(6)	青年中路	江西平	2	2003 年 12 月
中西医结合门诊(7)	西小区惠苑路	江西平	2	2003 年 12 月
中西医结合门诊(8)	海宁小区西门	江西平	2	2004 年 4 月
个体医疗协会门诊(6)	巨龙小区	王建生	2	2004 年 6 月
台北盐场运销门诊	猴嘴海滨路 62 号	张建军	2	2004 年 6 月
台北盐场大浦门诊	猴嘴海滨路 63 号	张建军	2	2004 年 6 月
新浦区卫生所	教育巷	苗海风	2	2004 年 8 月
港城中医门诊部	海连中路保健品商场	李玉花	12	2004 年 10 月
台北盐场大浦门诊	猴嘴台北路	张建军	3	2004 年 10 月
云卫小学路门诊	小学路	张　凯	2	2004 年 10 月
中西医结合门诊(9)	解放中路 22 号	江西平	2	2004 年 11 月
区红十字会门诊(5)	都市家园 A1 楼 6 号	孙志义	2	2005 年 4 月
区红十字会门诊(4)	大庆西路(恒源)	赵　春	2	2005 年 5 月
新浦区林场卫生院	南城北门九龙路 18 号	陈云慧		2005 年 6 月
眼科医院通灌路门诊	通灌南路 219 号	曹义芬	2	2005 年 6 月
区医院古河路门诊	古河路 5－6 号	宋发达	3	2005 年 12 月

第三十二编　体　育

新浦区的山区是宗教盛地，自古为道家、高僧栖居修炼之处，气功、武术源远流长。民间儿童打梭、捣拐、拗膀、摔跤，成人下棋、钓鱼、舞龙玩狮、踩高跷、玩旱船等，因地制宜、因时而异。明清间，习武风浓，曾中武进士1人，武贡生多人。

民国3年(1914)，随着学堂、学校开办，田径、球类、体操等现代体育活动逐步兴起。

20世纪20年代初，新浦地区篮球赛事渐盛。民国25年(1936)新浦创办"建华体育会"民间体育组织，同时成立"建华"篮球队。民间排球、乒乓球、田径等体育项目不断增多。民国30年(1941)，国民党政府确定农历重阳节为体育节。

新中国成立后，人民政府对体育事业非常重视，政府设立管理机构，划拨体育活动经费、建设活动场地、添置体育活动设施，开办培训班，群众体育活动迅速普及。学校贯彻德智体全面发展教育方针，体育教学坚持不懈，体育活动蓬勃展开。

改革开放后，群众体育既传承习俗和传统项目，又兴起现代健身活动项目；学校体育教学进一步规范，并涌现一批传统项目学校。竞技体育也得到发展，出现很多优秀体育项目、体育工作先进集体和优秀体育人才。体育进社区活动的开展，进一步推进了城乡社区体育活动广泛开展。2004年，新海、新东、新南、猴嘴4个街道被评为省第四批城市体育进社区先进单位。

第一章　社会体育

第一节　习俗活动

一、踏青

踏青，旧称寻春、探春，也称远足，后称春游。旧时，清明踏青之俗很盛。新浦人踏青多至邻近的海州孔望山、花果山三元宫和南城一带，也有趁去新县(今朝阳镇)赶娘娘庙会之机春游踏青的。

解放前，中、小学校每年都组织师生徒步到近郊踏青(远足)。20世纪50年代、60年代，学校组织学生徒步春游更为盛行。

20世纪70年代起，清明节前后，各中小学、幼儿园都组织师生乘车去市郊风景点春游，或祭扫烈士陵园。

二、登山

境内,自古就有重阳节登高之俗。20 世纪 40 年代,国民党政府确定重阳节为体育节。20 世纪 80 年代后期,人民政府将重阳节定为老人节后,每年重阳节各单位都组织离、退休老干部、职工登山游玩。市、区老年体育协会还在此日举行登山比赛活动。重阳登山已发展为全民性活动。

第二节 时令活动

一、放风筝

放风筝,历来为春季民间娱乐性体育活动。解放前,风筝多为自制,形式多样。小鬼腿(又称小笆门)、六角、八角、白果之类制作简单。小鬼腿尤易,以一张 1 尺左右见方稍硬一点的纸,交叉插上两根带芦苇花的芦柴梢。在芦柴梢的交叉处扣上风筝线即成;宫灯、蝴蝶、燕子、蜈蚣一类桶式、软体、串式风筝制作工艺复杂,多为艺人制作,应时出售。20 世纪 70 年代,团区委曾组织青少年进行风筝比赛。80 年代后,风筝多到市场购买。风筝制作工艺不断提高,时有特殊风筝出售。活动已不限在春季开展,夏秋季节也多有人在公园或旷野放风筝。

二、游泳

游泳,俗称下河洗澡、凫水。

新浦地区河沟多。旧时,每到夏季下河洗澡者众多,多为自发的个人行动。新中国成立后,特别是毛泽东主席号召“到江、河、湖、海去游泳”后,有组织的游泳活动广泛展开。

1965 年,各机关、厂矿、学校、街道响应毛泽东主席号召,均组织游泳活动、游泳竞赛,规模最大的一次是 1965 年组织 3000 余人畅游北郊蔷薇河。也有组织职工去墟沟近海游泳的。是年起,新浦中学、建国路小学、站北小学体育教师开始辅导学生游泳。1978 年,在全市小学体育传统项目游泳比赛中,站北小学女子队获总分第一名,并代表市参加全省比赛。1990 年 7 月,区总工会组织职工代表队参加全市在墟沟海滨浴场举办的“迎亚运万人游泳”活动。

1991 年 2 月 5 ~7 日,省短池游泳赛在新浦举行。

1994 年 6 月 15 ~29 日,先后举办少儿、女子、男子游泳培训班。

从 20 世纪 90 年代开始,每年在“连云港之夏”之际,有关单位都组织职工、老干部等到海滨游泳。

三、踢碑

踢碑,又叫跳碑,尤以春秋季盛行。活动时在平地划一长 3 米左右、宽 1.5 米左右长方形,等分成 8 格,即为场地,取 6 ~7 厘米见方瓦片为“碑”。将碑依次丢入方格内,单足逐格踢去,以碑不压线、不穿格为规,先踢完 8 个格子为胜。此项活动流传甚久,比赛规矩则较多。近年城区此项活动甚少,农村尚有活动。

四、跳绳

跳绳，是青少年喜爱的体育活动，多在春季和冬季进行。可单人跳、双人跳，也可集体跳。比赛时，在规定时间内，比跳同一种花式。也有比技巧的，看谁跳的花式多、难度高。有比双大蹦、三大蹦的（双足蹦起后，绳子从脚下绕过两次、三次）。解放后，中、小学常于冬春季节举行跳绳比赛。

五、捣拐

捣拐，为青少年喜爱的一项体育活动，每到冬季到处可见。捣拐活动简单易行。即双方以一脚着地，双手抱起另一腿，以其膝盖互相攻击。比赛有一对一捣的个人赛，也有各队派选手轮流上阵，通过轮回淘汰的集体赛。比赛时可用盘起之腿硬捣、下压、上掀等动作进攻，也可以用对捣、闪让等方法防守。最先跌倒在地，或抱起之脚着地者为败。

20 世纪 80 年代起，捣拐活动渐少。

六、拔河

拔河，俗称拽绳头。民间开展此项活动由来已久。新中国成立后，拔河被列入体育比赛项目。在区举办的历届职工运动会、农民运动会、妇女运动会、家庭运动会中，均有拔河比赛项目。至今仍有不少单位结合节日活动，组织拔河比赛。

七、踢毽子

踢毽子多于春、秋、冬季进行。踢法，常见的有小里拐、外拐、小捣、大丢一类，难度较高，活动量较大的有蹦、瓒、葛一类。比赛方法分个人赛和集体赛。可以赛单项，也可赛成套踢法。以踢得最多或最先完成整套动作为胜。新中国成立后，中小学校多于冬季组织此项活动。毽子，近年已由自制转为以厂家生产为主。

八、溜冰

溜冰，民间通称弛冻、滑冰。解放前，冬季大、小河沟、水塘的水面全部冰封，滑冰者到处可见。解放初，冬季滑冰在民间继续盛行。20 世纪 50 年代末，工人文化宫露天旱冰场建成，溜旱冰活动兴起。70 年代末起，多暖冬，水面冰层薄，冬季滑冰也需去旱冰场。

九、抽陀螺

抽陀螺，俗称打独溜，是少年儿童喜爱的冬季体育活动。陀螺制作简单，取 6～7 厘米长、酒盅口或茶盅口粗圆木一段，将其一端削尖即成（欲使其旋转得快，也可在其尖端钉入一枚小铁钉）。再用一段布条或棉绳扣在小棍的一端，制成鞭子。玩时先用鞭上的布条，顺向绕在陀螺上部，缠紧后，顺着绕的方向猛地掷出，陀螺便落地旋转。后不停地用鞭子抽打，使其不停地旋转。比赛时，以陀螺旋转时间长为胜。有的在陀螺上部平面上涂上不同颜色，旋转时增加美感；有的在陀螺上部装上哨子，随着旋转快慢发出不同声响，增添情趣；有的在冰上打陀螺，增加活动量。

十、打梭

打梭，为春、秋、冬季青少年喜爱的活动。梭的制作简单，将一根长约10厘米、直径2～3厘米的小木棍的两头削尖即成。活动时，把梭丢在地上划好的约2米直径的圆圈中，手持木板，敲击梭的一端，梭弹起后，随即用木板将其打向远方，根据梭落的远近向参赛对方要求步数。对方若不能在此步数内将梭送还圆圈内，即为输。最终，得步数最多者为胜。

十一、挤草堆

挤草堆，为冬季民间体育活动。方法简单，参与者双方人数不限，但要对等。选一背风、向阳的院墙或屋檐墙，取中间点，双方分立，背贴墙。活动开始时，双方用肩膀向对方挤去，不准用手推。先被挤出阵地或挤散者为输。旧时，穷苦人常以此法取暖。现偶有人以此为乐。

第三节　休闲体育活动

一、棋类

新浦地区内较普通的棋类活动项目有象棋、围棋、六步洲、四步顶、五一担夹、憋死猫等。解放前下象棋、围棋多为亘商富户以此消遣取乐。民间多下六步洲、四步顶、憋死猫等乡土棋类，此类棋简单易学，棋盘随处可画，棋子随手可取，街头、巷尾、田头、路边均可玩，老幼皆宜。

解放后，象棋、围棋被列入体育竞赛项目，市文化宫、区文化馆经常组织棋类比赛。街头、巷尾、田头、院内也随处可见对局者。至今棋类活动在民间仍很普遍。

1988年，花果山乡农民代表市参加省首届农民运动会围棋比赛，棋手杨育平获第八名，取得业余棋手一级级位。

1990年11月，国家队棋手马晓春、刘小光、俞斌、王群、郑怀德、邵震中6位国手在花果山宾馆进行1990年“亚洲杯”全国围棋锦标赛。

1990年后，市体委每两年举行一次围棋升级赛，不定期地利用节假日举行友谊赛。

1996年2月，在市举行的市中小学生“三棋”比赛中，建国路小学获得围棋、国际象棋小学组两项团体冠军、解放路小学获中国象棋小学组团体冠军。

二、垂钓

垂钓活动在民间流传已久，且一年四季都可进行，有“春钓雨雾夏钓早，秋钓黄昏冬钓草”之说。新中国成立后，仍为民间一种休闲活动。活动者多自制钓鱼工具到河塘、沟边进行垂钓。1984年，新浦区钓鱼协会成立，职工垂钓活动更加活跃，常有厂矿、企业、机关组织职工进行垂钓比赛。区老干部局每年都要组织老干部进行垂钓，并组织钓鱼比赛。

旧时，垂钓多为男性所为，改革开放后女性也加入了垂钓行列。

第四节　气功　武术

一、气功

解放前，民间有不少练气功者，以图自我养身、强身。

解放后一段时间内，只有极少数人练功于庭院。20 世纪 80 年代，气功兴起。1989 年 12 月，新浦区气功科学研究会成立后，各街道办事处、各部门也相应建立气功活动组织。群众性气功活动蓬勃开展。1989 年和 1990 年冬，区文教局工会两次举办气功学习班，在中小学教师中推广气功活动。新浦公园、振兴大厦东侧、海宁园等处有气功辅导站。练气功者达万余人。

受邪教“法轮功”干扰后，新浦气功活动一度停止，民间只有个别人自行习练。

二、武术

古代的云台山区，庙宇遍布山中，僧侣、道士习武风甚。明朝，花果山当路村王鸣鹤自幼习武，为万历壬午年(1582)、乙酉(1585)两科武举人。丙戌年(1586)中武进士后，为国家镇守边疆，出生入死，功垂史册。大村赵永禄幼小习武，后为北通州参将。清末时期大村的仇汝成武功出众。

民国初，南城武迎台、邱心坦等都是武术练家。新浦个别商家聘请的护院武术高手及新浦驻军武术教官开始在社会上收徒演习武术，在新浦设有拳堂。到新浦较早的拳师张凤山所收徒弟遍及新浦，常在街头圆场表演。民国 19 年(1930)东海农民教育馆在新浦设国术团，习少林拳(长拳)。云台蝙蝠山下私人拳堂里的一位山东籍拳师常到新浦切磋拳艺。民国 28 年前后，赣榆县国术研究社、灌云盐务税警团的拳师时常到新浦献艺。在新浦流传的太极拳有陈式、杨式、吴式、武式、孙式多种流派。

新中国成立后，武术得到发扬光大。20 世纪 50 年代中期，市武术队在新浦成立。1958 年 9 月，少年业余体校在新浦建校，开设武术班。1958 年前后，开始推行简易太极拳，习练者多为中老年人。1959 年，派选手参加江苏省第五届运动会的武术比赛。

20 世纪 80 年代，少年之家有专职武术教师教练拳术。1986 年，在通灌路学区的教师中推广太极拳，并于同年 4 月在连海路小学举办学区教工简易太极拳比赛。1987 年，化工部化工矿山设计研究院青年刘勇，从陈式太极拳 18 世传人的弟子苟孔杰学习太极拳，拳艺颇精。90 年代后，新浦地区开办花果山武术学校等多处武术学校。武术在新浦地区已成为群众性健身活动，在各大广场、公园、小区绿地都有习练者。习练的拳法有太极拳、太极剑、木兰拳等，练刀、叉、扇、棒套路的也较广泛。练习柔道的在新浦地区也较多，新浦富强路还设有柔道馆。

2001 年，新浦地区选手先后 4 次参加大型比赛，其中两次参加国际太极拳邀请赛，获金牌 4 枚，银牌 1 枚，一等奖 21 个、二等奖 9 个、三等奖 6 个及推手擂台赛第三名。2003 年 10 月 6 日，区委宣传部、区文化局在苍梧绿园举办 2003 年国庆太极拳、剑、扇比赛，参赛队 31 支，运动员 371 名。2004 年，在全国首届武术拳王邀请争霸赛中，花果山代表队获得男子 60 千克、女子 48 千克级两项散打冠军和男子 70 千克级第三名。同年 10 月 3 日，区政府和市体育局主办，中共新浦区委宣传部、区文化局以及市太极拳研究协会承办的中国·连云港首届全国太极拳、剑交流展示大会，在市体育场举行，来自 9 个省、市、自治区的28支代表队,300余名运动员参加交流展示。

至2005年,新浦地区有武术学校4所。太极拳、太极剑、木兰拳等已成为市民早、晚锻炼身体的主要项目之一。

2005年新浦地区武术学校简况表

表32-1

名　称	地　址	成立年份
龙腾武校	连高路19号	2001年
花果山武校	花果山南路东侧	2001年
神州武校	幸福路22号	1998年
正义武校	新浦磷矿7-6	1994年

第五节　工余体育

一、工间操

新中国成立后,新浦城区工矿企业、机关每天上下午各做1次工间操(学校做课间操),以国家推广的广播体操为主,每次10~15分钟。1981年,推广第六套广播操时,除工矿、机关做工间操外,解放中路沿街商店营业员也开始做工间操。后逐渐改为早上上班之前做操。“文化大革命”工间操被迫停止。20世纪90年代中期以后,大型工商企业,早上都组织职工做早操。

二、晨练

清晨锻炼身体,原多为个人行为。20世纪80年代起,职工晨练多跳迪斯科舞,或做健美操,或练武术,并逐渐形成晨练点。以南广场、新浦公园、苍梧绿园、郁洲公园、新海中学操场、龙河广场、海宁公园、西盐河桥头绿地、西天池绿地等10多处规模较大,每处少则几十人,多则上百人,加之零星晨练点以及市郊孔望山登山、习拳者,每日参加晨练的近万人。

第六节　老年体育活动

一、散步

新浦地区民间有“饭后百步走,活到九十九”之说。解放后,人们的生活一天天好起来,进行散步的人群,逐渐增加,散步的方式方法也有了讲究。不断推出慢速散步、摆臂散步、摩腹散步、快速步行等法。现在形成老人都会成群结伴一起散步,边走边谈,还有老夫妻相互搀扶散步。

二、慢跑

20世纪70年代中后期，开始有中老年人在凌晨进行慢跑活动。新浦公园、市郊田野、路道旁都有人慢跑。体质好的老人有顺着盐河岸慢跑至海州孔望山的。1979年，市体委在新浦举办老人每日500米、1000米，累计全程3万米、6万米慢跑活动。1982年，连云港市老人长跑队参加省长跑比赛，新浦磷矿职工李宁远获冠军。从1980年起，连云港市体委、市委宣传部、新浦区文化局联合组织迎新春长跑活动，每年都有很多老年人参加。

三、健身操

20世纪80年代初期，新浦地区老人开始做健身操。1984年，新浦有操拳辅导站15个，举办培训班100期。1985年，新浦区有2位老人被评为“健康老人”。1986年，新浦地区有100个单位，3000名中老年人参加中老年人健身活动。1995年12月12日，区政府在市体育馆举办全民健身拉练大会。新浦地区20多个晨练点，晚练点的500余名健身爱好者参加了太极拳、健身操等10多个节目的拉练。90年代起，新浦地区的老人健身操活动更加普遍，凡是广场、公园、绿地、商店、超市门前广场上，早、晚都有老年人人在做健身操。区文化局每年都举办不同形式的健身操比赛。

第七节　残疾人体育活动

解放前，无人过问残疾人活动。中华人民共和国成立后，残疾人体育活动在人民政府的关心、支持下逐步展开。

1954年，新浦聋哑人夜校首先组织篮球队，队员15人。曾先后参加盐河区、龙尾区篮球赛。1959年，皮革厂聋哑职工篮球队成立，代表新海连市赴苏州参加江苏省第一届聋哑人男子篮球选拔赛。

1981年，新浦残疾人乒乓球、象棋、游泳、田径等体育项目全面展开，屡创佳绩。1982年6月，在泰州举行的苏北聋哑人乒乓球邀请赛中，新浦的范红获女子亚军。1983年，新浦聋哑人乒乓球队成立。同年12月，赴无锡参加聋哑人乒乓球友好邀请赛。范红、刘晓陆获女子双打冠军。1984年2月，市体委和市残疾人联合会在新浦联合举办首届残疾人运动会。1988年5月，淮海工学院教师、残疾人李扬作为国家队队员，参加在法国举办的国际残疾人乒乓球邀请赛，获最佳运动员称号，受到法国总统密特朗的接见。1989年9月，李扬又代表国家队，赴日本神户参加第五届远东及南太平洋地区伤残人运动会，获乒乓球赛两枚金牌，一枚铜牌。受到国家和省、市的表彰。

1990年10月，南极路小学培智班派出代表队，参加省第二届奥林匹克特殊运动会，获3枚金牌、11枚银牌、3枚铜牌。受到市民政局和市残疾人联合会的嘉奖。

1997年，江苏省残疾人游泳、乒乓球锦标赛在新浦举行。13个省、直辖市组织的13支代表队共60名运动员参赛。连云港市代表队获总分第一名（8个单项第一）。镇江市代表队、扬州市代表队分获第二三名。

第八节　城区居民体育活动

1984年,区体育运动委员会开始有组织地开展社区体育活动,与街道、居民委员会配合组织居民投入全民健身和各种竞赛评比活动。1993年,路南街道被省体委授予江苏省体育先进街道称号。

1995年国务院颁布《全民健身计划纲要》后,区委、区政府进一步加强全民健身工作。各街道积极创造条件在社区开展篮球、乒乓球、棋类活动;积极引导、组织居民开展以做健身操、跳舞为主要内容的晨(晚)练活动。当年,新浦区每天就有4万多居民参加晨(晚)练活动。

1997年,新浦区组织各社区居民参加全市开展的"97连云港市全市健身体育系列活动"。当年先后参加全市性"庆五一、迎回归"全民健身运动万人演练大会和"迎回归、庆七一"体育舞蹈大赛。

至20世纪90年代末,新浦城区居民晨(晚)练已由初期的个人随意活动,跑步、快走或做操、跳舞、打拳、各自选择场所,发展为自由结合、场地相对固定,按时开展活动,多数都自备录音机播放音乐。

2001年,全区以"全民健身,科学锻炼,增强体质,健心益智"为主题,开展全民健身周活动。9月29日,组织4支代表队、80人参加2001年中国首届《西游记》文化节暨第一届花果山登山节登山比赛。4个代表队均获优秀组织奖。当年,市东街道被国家体育总局评为"1998～2000年度全国群众体育先进单位"。在全省健身秧歌大赛中,新浦区代表队获一等奖,并代表江苏省参加全国比赛。

2002年,新浦区在苍梧绿园承办了大型"国庆太极拳、剑、扇联谊交流比赛",举办全区首届"精益杯"乒乓球比赛,组织代表队参加全国各类健身秧歌大赛。在全国万人健美操比赛中获得一等奖,在全国第二届健身秧歌大赛中获得规定动作和自选动作一等奖。

2003年6月,在抗击"非典"结束后新浦区即在陇海步行街凤凰广场举办"我运动、我健康、我快乐—全民健身日"大型广场健身活动,有17支代表队、300余人参加健身活动。"七一"期间,全区举办"苏果杯"健身秧歌大赛。年内,在苍梧小区建立一个健身气功新功法活动点,推广由市体育部门指导创编的"健身拍打操"。

2004年5月8日,受市体育局委派,新浦区组织社区健身秧歌队,代表连云港市到徐州参加2004年"妇幼保健杯"全国健身秧歌大赛,分别获得中年组规定套路和自选套路二等奖。当年,路南街道被授予"全国体育先进社区"称号。

2005年6月19日,由区委宣传部和区文化局主办,精益眼镜有限公司协办,在陇海步行街凤凰广场举办"迎十运·江苏省第三个全民健身日活动—2005年'精益杯'新浦区健身操(舞)展示大赛",有11支代表队参赛,路南街道代表队获第一名。同日,新浦区组成的300人社区方阵,参加市"体育社区行健康进万家"活动,并有700余人参加健步走活动。11月20日,区政府和市体育局、市文明办共同在苍梧绿园举办"连云港市首届社区体育节、全民健身展示活动"。至2005年年底,新浦城区经常到活动点上参加晨(晚)练的居民达3000余人。

第九节　农民体育活动

民国年间,农民体育活动多为爱好者自发开展。春节期间"玩麒麟""踩高跷"或进行武术表演。

新中国成立后,农民常利用农闲、节假日开展田径、球类、游泳、拔河、棋类及农村体力劳动竞赛等活动。1959 年 1 月 1 日,新海连市第一届农民体育运动会在新浦举行,215 名运动员参赛。

1978 年后,随着农村经济的发展,农民生活水平的提高,乡、村办起了乒乓球室、棋艺室、篮球场等体育设施。

1988 年,在连云港市农民田径选拔赛中,花果山乡田径代表队获团体总分第一名。后该队代表连云港市参加省农民运动会,获跳远第三名、800 米第六名、男子 4×100 米接力赛第四名、围棋赛第八名。在 1989 年 1 月,市"农民杯"乒乓球比赛中,花果山乡代表队获团体冠军。1990 年 5 月,花果山乡组队参加省"致富杯"乒乓球比赛,获团体亚军。同年,花果山乡被省命名为"江苏省体育先进乡"。

20 世纪 90 年代至 2005 年,乡镇的农民群众每逢节假日,都举行拔河、搬运重物等比赛活动。2002 年新浦区代表队在全国亿万农民健身秧歌大赛中获得二等奖。

第二章　竞技体育

第一节　球　类

一、篮球

民国 16 年(1927)春,普爱学校竖起新浦第一副篮球架,时有篮球赛事。民国 25 年,山东青岛一英商开办的轮船公司新浦办事处负责人张憩圆在新浦创办"健华"篮球队,在普爱学校铺筑三合土地面的篮球场。"健华"篮球队,主要队员有史伯荣、周子虹、王铁英、郭新白、时白龙、刘锦帮、滕子馨等。曾代表东海县去徐州、青岛、上海等地参赛。20 世纪 30 年代后期,"健华"篮球队解散后,新浦地区的篮球爱好者仲延亮、范晓峰等发起组建"体友"篮球队,主要队员有仲延亮、范晓峰、李长兴、刘瑞文、谢振亚等。1941 ~ 1944 年,"体友"队曾 3 次去徐州参加伪淮海省运动会,两次获得冠军,一次获得亚军。成为淮海地区篮球劲旅。在"体友"队带动下,20 世纪 40 年代,新浦地区篮球运动日益活跃,社会上一时有"试试看""海燕""曙光""商工""虎啸""狮吼""海潮"及仲延亮、仲延耀等仲家兄弟的"五虎"队等 10 多支篮球队。其中,实力较强、能与"体友"队抗衡的是以花开秋、马立信、胡为德、骆名伟、赵良珂等为主要队员的"试试看"队。期间,新浦、海州之间篮球赛事频繁。每逢周末、节假日,"体友"队与"试试看"队都进行一次比赛。民国 30 年暑假,商工队与海州的联徐队在新浦举行比赛,商工队获银盾一枚。民国 36 年,在新浦举办的"霖茂杯"篮球赛(以国民党 57 师师长段霖茂命名的),是解放前新浦地区规模最大的一次篮球赛。分"成年组"和"青少年组"。成年组参赛队有"体友""试试看""虎啸""狮吼""盐警"等队;青少年组参赛队有"普爱学校""新化镇学校""东海师范""国英中学""新民中学""市东小学"等队。经角逐,成年组冠军为"体友"队,亚军为"虎啸队";青少年中冠军为新浦的"新化镇小学",亚军为"东海师范"队。

解放初,新浦尚存体友队、试试看队。新中国成立后,银行系统的"新银"队(后改名"银鹰"队、"财贸"队)、市机关的"白鸽"队、建筑系统的"建筑"队、搬运系统的"搬运"队、盐务局的"淮北"队、市工业系统的“实业”队、市公安系统的“公安”队、铁路系统的“铁工”队、市商业系统的“商业”队及驻军代表队等相继成立。新浦篮球活动极盛。每周末，南广场、草棚球场都有邀请赛、对抗赛、友谊赛等赛事。

1951 年 8 月，为抗美援朝捐献飞机，新浦各篮球队联合举办义赛，售门票 5000 张。

1952 年 8 月，以新浦的体友、试试看两队为主，组建市代表队参加山东省临沂专区首届运动会，后临沂专区又以其主力组成专区代表队，两次去济南参加山东省第一、二届运动会。20 世纪 50 年代，时有省级、国家级篮球赛在新浦举行。

1962 年，新浦区以小学教师为主成立新浦区男女篮球队。1964 年 11 月，在全市第三届“迎春”杯比赛中，新浦区小学男队在男子组甲级队中名列第六，女子队在甲级队中名列第二。

20 世纪 70 年代后期，少年篮球（俗称小篮球）活动兴起。各中小学均有专职教师指导小篮球活动。

1980 年，市举办首次小学“三好杯”小篮球联赛，区属各校均组队参赛。民主路小学、建国路小学分别获男、女队冠军。

1988 年，建国路小学被市命名为篮球项目传统学校。

20 世纪 90 年代后，新浦区每年都组织职工代表队举行比赛，特别是节日，活动比较频繁。学校篮球活动正常开展。区内曾举办“花果山杯”“城管杯”“太阳雨杯”“公安杯”篮球比赛，每次都有 10 多个队参赛。省、市也经常在新浦举行赛事活动。

二、排球

20 世纪 30 年代，新浦地区校园内开始搞排球活动，但长时期无固定场地和专职教练，也无正规赛事。50 年代，市人民银行和新浦中学开始组织排球队，多次代表连云港市参加省举办的比赛。60 年代，新海中学排球运动比较活跃。70 年代，中学排球活动兴起。1973 年 12 月，五七中学男子排球队在全市中学生排球赛中获第一名，并代表市参加省里比赛。1974 年，南极路小学男女队参加江苏省首届小排球赛，均获第六名。1978 年，新浦中学男女排球队在全市中学生排球赛中均获第一名。此后，在省和全国比赛中也经常夺得较好成绩。到 80 年代末起，新浦区文教局规定每年 4 月份为区小排球比赛月，并规定每个小学均须参赛。此项活动一直延续到现在。

1986 年，新浦中学被命名为省级排球项目传统学校。1988 年，解放路小学被省命名为排球项目传统学校。1989 年，民主路小学、通灌路小学被市命名为排球项目传统学校。同年，新浦中学女子排球队 8 名主力队员，随市女子排球队去日本堺市进行访问。

1992 年 8 月，新浦中学女子排球二队，在江苏省传统“梅园杯”排球比赛中，夺取身体素质专项技术和总分 3 个第一名，登上冠军宝座，捧得“梅园杯”。1994 年 8 月，纪念世界排球运动开展 100 周年，新浦“中学杯”中学生排球赛在新浦中学体育馆举行。16 所中学 25 个男、女队参赛。1995 年 7 月，新浦中学女子排球队在淮阴参加省女子少年组排球赛，获得冠军。1996 年 8 月，全国中学生排球赛在新浦市体育馆举行，22 支中学生男女队参赛，新浦中学女子排球获女子组冠军。1999 年 8 月，江苏省“盐业杯”少年沙滩排球赛在新浦中学举行，新浦中学女队获冠军。2000 年 7 月，新浦中学女排获江苏省中学生排球赛第二名。同年 8 月，“建宁杯”江苏省第一届小学生排球夏令营在新浦中学排球馆举行。建宁小学队获总分奖。

2004 年 5 月，“奥林匹克花园杯”SWATCH 世界男子沙滩排球巡回赛，中国・连云港站公开赛在新浦举行。同年 6 月，全国沙滩排球赛在新浦举行。

三、足球

民国25年(1936),健华体育会组建了新浦第一支足球队。

1952年,新浦地区的青联足球队成立。1954年,在青联足球队基础上建立了市足球队。

1964年,设在新浦的市业余体校配足球教练,开始培训青少年足球爱好者,新浦足球赛事渐多。

20世纪70年代、80年代,新浦地区足球活动主要在学校内进行,域内大专院校、中学和条件较好的小学都有足球场。解放路小学、建国路小学、幸福路小学等,兴起小足球活动,尤以建国路小学小足球队最为活跃。1974年,区举办小足球比赛,建国路小学队获冠军。此后,在市足球比赛中,建国路小学、新浦中学均获得较好成绩。建国中学、新浦中学还先后为市队、省队输送了一批队员。

1990年4月,连云港市足球协会成立后,每年都在市体育场举办一次足球比赛活动。在1994年的第四届"足球杯"比赛中,新浦区代表队获得第一名。

四、乒乓球

20世纪30年代初,获上海乒乓球赛第二名的戴有锐曾短期逗留新浦,推动了新浦地区乒乓球活动的开展。

民国25年(1936),健华体育会乒乓球队成立。

20世纪40年代初,苏州青年乒乓球队队员盛德旺来新浦大英药房学生意,业余时间指导乒乓球爱好者练球,在商人、职员、学生中开展乒乓球活动。

解放后,市工商联、新浦文化馆开始组织乒乓球赛事。1956年,在省举办的乒乓球赛事中,新浦广播站董建芬获女子单打第一名。

20世纪60年代起,乒乓球活动在机关、学校、工矿企业中普及。1963年,全区各小学都组织了少年女子乒乓球队。1963~1964年,建国路小学少年女子乒乓球队连获市一、二届少年女子乒乓球赛第一名。70年代后,乒乓球运动在全区各单位、学校迅速发展起来,每年市有市赛,区有区赛,学校有学校内和学校之间比赛。国家队、省队也时有来新浦地区举办赛事。在市区内有市体校乒乓球训练队,为省队输送多个人才。90年代,新浦地区出现百余家单位、个体私营的乒乓球训练场所,辅导青少年乒乓球活动。1992年8月上旬,由解放路小学张晶晶、马志刚、朱琳、林琳4名学生组成的连云港市少年乒乓球代表团,应日本堺市乒乓球协会会长吉川钧邀请,到堺市进行球艺交流活动,纪念中日邦交正常化20周年。堺市也曾派出中学生乒乓球代表团到新浦进行访问比赛。

2003年11月5日,新浦区举办首届"精益杯"乒乓球赛,来自新浦地区的21支代表队,130名选手参加比赛。地税新浦分局代表队获团体第一名,区纪委队员获中青年组男子单打冠军,地税新浦分局队员获女子组单打第一名。新海街道队员获老年组男子单打第一名。

五、小皮球

20世纪50年代初,新浦各小学兴起小皮球活动。极盛时各班级都有小皮球队,经常进行小皮球赛。1955年6月1日,市首次少年儿童运动会还专设小皮球比赛项目。70年代后期,小皮球活动渐为小篮球活动取代。

六、门球

1986年,门球活动传入新浦。市体育馆、省盐业公司、连云港警备区干休所门球场相继在新浦建成。门球活动首先在离退休老干部中开展。同年7月,新浦区老干部门球队成立,队员21人。1994年晋级为甲级队,多次在比赛中夺得第一名。

1996年,在徐州举办的徐、淮、盐、连四市门球联赛中,新浦区老干部门球队获得冠军。至2005年年底,新浦地区有5个门球场,20多支门球队,其中甲级队8支。乙级队8支,每年都要举行联赛、杯赛和邀请赛。

第二节 田 径

民国25年(1936年),健华体育会成立田径队。20世纪30年代,东海县政府曾在新浦举办田径运动会。40年代初,新浦南广场上曾举办过两次田径运动会。在伪淮海省于徐州举办的田径运动会上,新浦籍运动员滕子复获100米、200米短跑冠军。

新中国成立后,推广准备劳动与卫国体育制度(简称劳卫制),田径运动普及到学校、机关、工厂、街道,在学生中开展劳卫制达标活动。1963年和1972年,新浦运动员范德华先后两次在全国田径运动会上获链球冠军。

20世纪70年代初起,每年元旦,新浦地区都组织迎春长跑活动。

20世纪80年代,全区田径运动水平明显提高,区运动员在各种比赛中不断取得较好成绩。1984年9月,区政府举办首届职工田径运动会。1988年,建国路小学、通灌路小学、陇东职业中学被市命名为田径项目传统学校。

自新浦地区解放后到2005年,全市在新浦共举行运动大会10届,在市第十届运动会上,新浦区代表队取得奖牌数量和总分均位列第一名。新浦区从1975年开始,每年举行一届全区中小学生田径运动会。

第三节 军事体育

一、射击

1958年,新海连市开展射击运动,成立市射击运动俱乐部,并在新浦南广场建一个简易射击场,举办射击训练班,共培养普通射手1973人。新海印刷厂组织200名职工参加射击活动。1964年元旦,区政府举办射击对抗赛,市眼镜厂、新海中学及5个街道居委会参加,市眼镜厂和民主街居委会分获男、女团体第一名。同年6月,市举办射击锦标赛。新浦中学获女子团体第一名。"文化大革命"期间射击活动中断。1976年起,军事体育活动逐步恢复,每年结合基干民兵训练。新浦地区的临洪小学、建国路小学、同兴街小学、铁路职工子弟小学先后开展小口径步枪、步气枪射击训练。临洪小学被定为区小学生射击训练点。该校女学生射击队在1976年、1977年市小学生射击比赛中均获团体第2名。1978年,临洪小学还承办市小学生射击比赛。同年9月,该校还选派射击能手参加省、市射击比赛。1983年之后。每年均由区武装部组织部分民兵进行射击训练,区政府不再组织射击比赛。1985年,射击运动取消。

二、航空模型

1958 年起，新浦区开始在少年儿童中开展航空模型制作、放飞活动，少年之家和解放路、建国路、同兴街等小学都有航模活动小组。市体委有专人指导各校学生制作橡皮筋飞机模型。

1964 年后，新浦时有航空模型比赛。市体委在南广场举办过弹射模型滑翔机，一、二级牵引模型滑翔机，国际牵引模型滑翔机，国际级橡盘模型机，国际级自由飞模型机，初级无线电遥控机飞行表演，观众万余人。20 世纪 70 年代后，航空模型活动一度停止。80 年代起，航空模型活动由市体委统一负责，市航模队多次参加全国和省比赛。90 年代，在省十二届运动会上男子 80 米波段，女子 2 米波段都获得第一名。2005 年，在市第十届运动会上市航模队获得奖牌，取得好成绩。

三、无线电报务、工程、测向

20 世纪 60 年代初，新浦区人民武装部开始组织无线电报务、工程、测向活动。“文化大革命”期间中断。1979 年后各中学恢复此项活动。

20 世纪 80 年代，在省和国家级比赛中，临洪中学、延安职业中学运动员均取得优异成绩。

20 世纪 90 年代后，无线电报务由市体委和市人武部负责管理和培训。

第四节　信　鸽

1985 年，新浦区成立信鸽协会，会员 200 余人，饲养信鸽近 2 万只，每年春秋两季均组织会员参加市举办的信鸽竞翔比赛，区信鸽协会副会长王斌饲养的一只雄鸽，在三门峡放飞的 700 千米竞翔中获第一名。新浦区选手在市每年春秋举办的竞翔活动中，多次获冠军。

1997 年 6 月，新浦区信鸽协会组织会员进行 500 米、1000 米信鸽竞翔比赛，从中精选送往香港参加香港回归庆典活动。

2000 年，新浦区信鸽协会组队去郑州参加全国信鸽 500 千米放飞比赛，获得第六名。2001 年秋季，参加兰考站 400 千米放飞邀请赛。2002 年，新浦区信鸽协会会员华东升在郑州赛点比赛中获全国第一名。同年 5 月，新浦区信鸽协会参加 8 县区 320 千米联翔赛两次，新浦区信鸽协会两次获得冠军。

第三章　学校体育

第一节　体育教学

一、幼儿体育教学

1956 年起新浦地区各幼儿园统一采用江苏省教育厅与南京师范学院共同编写的幼儿体育教材进

行教学。开展早操、体育课和户外体育活动。“文化大革命”期间，幼儿体育教材不一。

1985年后，各公办、民办幼儿园以及各单位自办、自管幼儿园，全部按照国家教委颁发的《幼儿园教育纲要》要求，编写体育教学教材进行教学。每课时按小、中、大班安排为15~30分钟，训练幼儿走、跑、跳跃、平衡、投掷、钻爬、攀登等动作和技巧。

1990年后，区内幼儿园体育教学提倡愉快教育，在走、跑、跳、钻、爬、攀等教学活动中发展幼儿动作的协调性、灵活性。

1992年6月1日起，区内幼儿园大班体育教学根据苏体群〔1992〕第20号文精神，推行幼儿广播体操，直至2005年年底。

二、中小学体育教学

清朝末年兴办学堂，低年级开设的唱游课中包含游戏、列队、步伐、跳高、跳远等体育教育内容。高年级开设体操课，以兵操为主。

民国3年（1914），新浦国民小学，开始设立体操课。民国11年（1922），小学体操课改为体育课，废除兵操，区内小学的体育课中出现球类、田径、普通体操等运动项目。民国12年（1923），小学高年级在体育课的基础上增设童子军课。民国25年（1936），国民政府规定小学体育训练项目。低年级：郊游、游戏；中年级：跳高、跳远；高年级：短跑、远足、快走、投掷、球类、礼仪训练、团体操等。由于当时师资、设施跟不上，小学体育课一般都是简单的队列操练、赛跑、游戏或玩球。课余活动，做游戏、打球为主。

解放前，新浦地区3所初级中学设有体育课及童子军训练。

新中国成立后，小学体育教学逐步规范。1950年8月起，按教育部颁布的《小学暂行教育计划（草案）》要求，安排体育课教学内容。

1951年，落实毛泽东主席“健康第一、学习第二”的指示，区内小学精减学生作业，加强体育课教学。1952年，区内小学的体育教学中增加广播体操内容，推行第一套少年儿童广播体操。每周开设两节体育课。1953年，市第三完全小学宋健明老师学习苏联体育四段轮回教学法，提高学生学习体育的兴趣。1955年，各小学学习北京市经验，开始配备专职体育教师，试用统一教材，按照少年劳卫制的内容和标准，举行体育观摩课。至1957年，各中学均已配备专职体育教师，制订学期、学年体育教学计划和课时授课计划，开展体育教研活动。体育教学开始走向正常，教学水平不断提高。

1961年起，执行教育部颁布的新的《小学体育教学大纲》，教材中增加了武术内容，而区内小学很少教学武术内容。1960~1962年，自然灾害严重，体育教学和教研活动受到一定影响。1963年，体育教学逐步恢复正常，并根据修改后的体育教学大纲，不断改进体育教学方法。“文化大革命”初期，学校停课；复课后，体育课改称军体课。增加射击、刺杀、投弹、行军拉练等教学内容。

1975年，全区各小学全部实施《国家体育锻炼标准》，并据此进行体育教学。

党的十一届三中全会后，学校体育教育逐渐转入正常，取消军体课，恢复体育课。执行教育部颁发的《十年制中小学体育教学大纲》，各校开始加强基本知识、基本技术和基本技能的教学。1979年，各校改进体育教学，陆续成立体育（卫生）工作领导小组，改善体育教师待遇，定期评选优秀体育教师，提高其粮油供应水平，并发给运动服和运动鞋。区内小学全部推行《国家体育锻炼标准》，确保学生每天有1小时的体育活动时间，组织师生坚持认真做好早操、课间操、眼保健操、防感冒操。1980年，各中学开展体育教学改革，进行男、女分组教学试验。各校成立体育工作领导小组，增加投入，总结体育教学经验，评选优秀体育教师。同年，新浦中学体育教研组，受到江苏省人民政府的嘉奖。

1982 年起，区内小学的体育教学增加体育锻炼内容。1983 年，民主路小学体育教师把音乐和舞蹈引进体育教学，使体育游戏故事化、情节化，其课堂实况录像在省内各城市小学中播放。1985 年，解放路小学体育教师等根据学生年龄特点和生理、心理发展规律，在高年级体育课中试验男、女分组教学。1986 年 10 月，区文教局成立小学体育中心教研组，印发《体育教师上课须知》《中、小学生体育课基本要求》。1987 年 1 月起，执行国家教育委员会颁布的新修订的《小学体育教学大纲》。

1988 年，新浦中学开办高水平体育人才试点班。1990 年 9 月 1 日起，依据《国家体育锻炼标准施行办法》，区内各中学的体育教学采用新的体育锻炼内容；同年，区文教局制定并实施《新浦区学校体育工作奖励暂行规定》《新浦区学校体育工作奖励暂行规定》。组织体育教师赴外地学习，开展上汇报观摩课、举办小学体育课大赛和体育课教案评选等活动，提高小学体育教学质量。

1991 年下半年起，根据国家教委《中学生体育合格标准施行办法》要求，区内中学每学年对学生进行 1 次体育达标评定，不合格者，准许补考 1 次，补考仅限于身体素质测试或运动技术达标等方面。1992 年起，区内中学的初中毕业班按照“重点高中、中师招生时增加体育考试”的要求进行体育教学。1995 年起，区内中学的初中毕业班按照“全面实行初中毕业生升学体育考试制度”的要求进行体育教学。1996 年，执行国家教育委员会颁布的《高中体育教学大纲》。

2000 年 10 月起，执行教育部颁发的《九年义务教育体育与健康教学大纲》。2002 年，开始执行新的课程标准，使用新教材。体育教学强调以“健康第一”为指导思想，以身体、心理和社会适应整体健康为课程目标，从运动参与、运动技能、身体健康、心理健康和社会适应 5 个方面开展体育教育。2004 年、2005 年，在体育教学中结合对学生体质健康标准进行测试。

第二节　体育活动

一、幼儿体育活动

【眼保健操】　各幼儿园将眼保健操安排在上下午的第二节课后进行，一般为 15 分钟。

【体操】　各幼儿园每天早晨均组织幼儿做 10 分钟早操。小班做模仿操；中班、大班做徒手操，同时教哑铃、火炬、旗语等器械操，排练大型团体操。各幼儿园都有两套以上体操，定期轮换。六一幼儿园的火炬操、商业幼儿园的花束操、葵花操曾作过公开表演。

【游戏】　幼儿园游戏分室内游戏和室外游戏两种。室内游戏结合课堂教学传授知识。室外游戏一般安排在早晨、课间和午睡后专门的游戏时间进行。游戏内容有运球跑、丢手绢（通称撂手巾方子）、骑小自行车、跳皮筋等。有的幼儿园提倡老游戏新玩法。钟声幼儿园教师自行设计角色游戏，游戏时教师和幼儿一起扮演角色。六一等幼儿园的化装游戏，以简单头饰把幼儿化装成各种人物或动物形象，增强幼儿游戏兴趣。

二、中小学课外体育活动

解放前，中学课外体育活动随意性很大。

解放后，各小学校每天下午课程结束后均安排一课时的外活动课。多以学生自由活动为主，也有统一做游戏或排练团体操和各种舞蹈的。节假日期间，有时组织学生参加大型团体操表演，或其他校外群众性体育活动。

1950年8月起，执行教育部颁布的《中学暂行教育计划（草案）》，组织学生开展课外体育活动。1957年后，各中学将课外体育活动列入课程表，建立早操、课间操制度，学生中成立锻炼小组，按国家“劳卫制”要求定期测验，发证、发章。

20世纪60年代初，响应市体委、团市委、市文教局倡导，在女少年中开展乒乓球活动，各小学组织少年女子乒乓球队，打乒乓球成为课外活动重要内容。70年代，各学校实施《国家体育锻炼标准条例》和省《小学体育教学基本要求》，确保学生每天1小时课外体育活动时间，市、区有关部门不定期对各校课外体育活动进行检查。1974年起，执行国家《中、小学体育工作暂行规定》各中学加强课外体育活动的组织领导。区文教局制订实施体育达标活动意见，对各校进行达标检查、验收，各校达标率达100%。1979年，学校通过多种渠道筹资修建活动场所，增添活动器材，课外体育活动逐步规范化。春季春游、夏季游泳、秋季登山、冬季长跑、跳绳、踢毽子等形成常规。学生课间户外活动面达85%以上。

20世纪80年代起，各校均成立业余体育训练队，为参加每年一次的区中小学生田径运动会和区中小学生排球赛作准备；有时排练大型团体操，或参加校外群众性体育活动。云台乡、花果山乡、云台农场、南云台林场等农村小学，做到每天一次早操、一次课间操，每周两次课外活动，让学生“到阳光下、到操场上、到大自然中陶冶身心”。

1990年12月20日开始，新浦中学举行“连云港至鹿特丹”象征性长跑，至次年1月中旬，初一至高三6个年级学生，全部完成象征性长跑。

20世纪90年代开始，区内小学每年冬天都开展长跑、跳绳、踢毽子三项课外体育活动，活动时间一般为11月初至翌年元月，活动项目总体为三项，每年又作适当调整。1999年，活动项目为长跑、跳绳、踢毽；2001年，活动项目为排球行进中垫球、踢毽、跳绳（单人跳、双人跳）；2002年，活动项目为软式排球对垫、踢毽（单人盘踢）、跳绳（单人双摇、双人带跳）；2003年，活动项目为中长跑、踢毽、跳绳；2004年、2005年，活动项目为中长跑、花样踢毽、花样跳绳。

第三节　传统体育项目

20世纪60年代，部分中、小学在群众性体育活动的基础上，开始注重形成自己的体育传统项目，80年代初达到高峰，多数学校已具有1～2项项体育传统项目。1985年，省体委批准解放路小学的田径、篮球为省级体育传统项目。1986年解放路小学被评为江苏省1986年体育传统项目学校先进集体。1988年，解放路小学被命名为省排球传统校；建国路小学、通灌路小学被命名为篮球、田径传统校。1989年，民主路小学被命名为市排球传统校；新浦中学被国家教委体委命名为全国先进体育传统项目学校。1990年，新海中学（田径、篮球）、新浦中学（排球）、解放路小学（田径、篮球）被命名为省级体育传统项目学校。延安中学（田径）、陇东中学（篮球）、花果山中学（田径）、通灌路小学（田径）、建国路小学（篮球）、民主路小学（排球）被命名为市级体育传统项目学校。

1992年，南城小学（排球）、大村小学（田径）、花果山中学（田径）、农场小学（足球）、通灌路小学（排球、田径)、幸福路小学(田径)、建国路小学(田径)、民主路小学(排球)被连云港市体委命名市级体育传统项目学校;同年,新浦中学被命名为省级体育(排球)传统学校。1998年,南极路小学被命名为市级体育传统项目学校。1999年,海宁小学(足球)、新浦中学(排球)通过"国家体育传统项目学校"复查。

2002年,大庆路小学(排球)、建宁小学(排球)、南云台林场小学(排球)、云台农场小学(足球)、关里中心小学(篮球)、盐坨小学(篮球)、陇东中学(田径)、花果山中学(田径)、大村中心小学(田径)被命名为市体育传统校。

第四章　体育赛事

第一节　区级体育竞赛

1986年5月,举办全区第三届(前两届为市举办)中小学生田径运动会,有19名运动员打破区记录。

1987年5月24日,举办新浦地区首届消防运动会。13个系统的16个代表队、161名运动员参赛。市石油公司、轻工公司、纺织公司代表队,分获团体总分前3名。同年,举办新浦区第四届中小学田径运动会。

1988年5月7~10日,举办新浦区首届工人体育比赛,100多名退休职工参赛。9月10日至11日,举办中小学生运动会,有两个队、19人(次)刷新8项区记录、1项市记录。同年10月2日,举行区中小学生行操比赛。

1989年4月,举办新浦区小学生排球赛,幸福路小学、西跳小学、解放路小学、民主路小学、同兴街小学、新生小学分获男子前六名;西跳小学、幸福路小学、民主路小学、同兴街小学、南极路小学、海连路小学分获女子前六名。同年5月,举行全区小学生韵律操比赛,解放路小学、建国路小学获一等奖;同年10月1日,举行全区广播体操比赛。

1990年4月29日,举办青少年棋类比赛;同年,举办新浦区第五届中小学生田径运动会。

1991年9月20~21日,举行区第六届中小学生田径运动会,7人次破4项区纪录;高中团体总分前三名为陇东中学、延安中学、新浦中学;初中团体总分前三名为陇东中学、新浦中学、海宁中学;小学A组前四名:通灌路小学、幸福路小学、建国路小学、海宁小学;小学B组前六名:临洪小学、站北小学、同兴街小学、市东小学、浦西小学、西跳小学。

图32-1　图为1991年秋在南广场举行的新浦区第六届中小学生田径运动会入场仪式

1992年1月,举行区中小学生冬季锻炼三项(中长跑、跳绳、踢毽)比赛,中学团体前三名:陇东中学、海宁中学、浦东中学;小学A组前四名:解放路小学、建国路小学、幸福路小学、通灌路小学;

小学B组前六名:民主路小学、大庆路小学、同兴街小学、站北小学、西跳小学、市东小学。同年4月,举行区小学生排球赛,解放路小学、建国路小学、通灌路小学、连海路小学、南极路小学、同兴街小学分获女子前六名;解放路小学、幸福路小学、海宁小学、同兴街小学、建国路小学、南极路小学分获男子前六名。5月,举办区中学生排球赛,男子前三名为新浦中学、延安中学、临洪中学;女子前五名为新浦中学、延安中学、浦东中学、临洪中学、海宁中学。9月,举行区第七届中小学生田径运动会,10人次破10项区纪录;高中团体总分前三名为:新浦中学、陇东中学、延安中学;初中团体总分前五名为:海宁中学、新浦中学、陇东中学、临洪中学、浦东中学;小学A组前四名为:幸福路小学、公园小学、通灌路小学、连海路小学;小学B组前六名为:市东小学、西跳小学、站北小学、同兴街小学、临洪小学、浦东小学。

1993年1月,举办区中小学生冬季锻炼三项比赛,中学组前四名为:陇东中学、新浦中学、延安中学、海宁中学;小学A组前五名为:连海路小学、解放路小学、幸福路小学、公园小学、建国路小学;小学B组前五名:市东小学、向阳小学、大庆路小学、西跳小学、站北小学。同年4月,举行区小学生排球赛,幸福路小学、公园小学、同兴街小学、海宁小学、临洪小学分获男子前六名;解放路小学、建国路小学、临洪小学、民主路小学、公园小学、大庆路小学分获女子前六名。同年9月,举办区第八届中小学生田径运动会,8人破11项区纪录。

1994年1月,举行全区中小学生冬季锻炼三项比赛,中学组前四名为:延安中学、浦东中学、海宁中学、陇东中学;小学A组前五名为:解放路小学、公园小学、通灌路小学、建国路小学、连海路小学;小学B组前五名为:向阳小学、大庆路小学、同兴街小学、市东小学、南极路小学。4月,举办全区小学生排球赛,解放路小学、建国路小学、临洪小学、海宁小学、公园小学、同兴街小学分获男子前六名;通灌路小学、临洪小学、解放路小学、建国路小学、公园小学、幸福路小学分获女子前六名。5月,举办全区中学生排球赛,男子前两名为:新浦中学、海宁中学;女子第一名为新浦中学。同年9月,举行区第九届中小学生田径运动会,7人次破5项区纪录;高中组团体总分前两名:新浦中学、延安中学;初中组团体总分前四名:新浦中学、陇东中学、临洪中学、海宁中学;小学A组团体总分前六名:通灌路小学、建国路小学、幸福路小学、大庆路小学、连海路小学、解放路小学;小学B组团体总分前六名:临洪小学、公园小学、站北小学、市东小学、南极路小学、浦东小学。

1995年4月,举办全区小学生排球赛,解放路小学、建国路小学、临洪小学、公园小学、同兴街小学分获甲组男子前五名;通灌路小学、解放路小学、临洪小学、公园小学、建国路小学、幸福路小学分获甲组女子前六名;幸福路小学、南极路小学、西跳小学、民主路小学、浦西小学分获乙组男子前五名;大庆路小学、连海路小学、海宁小学、浦西小学、民主路小学分获乙组女子前五名。5月,举行区中学生排球赛,男子前两名为:浦东中学、海宁中学;女子前四名为:临洪中学、陇东中学、浦东中学、海宁中学。同年9月,举行区第十届中小学生田径运动会,3人次破3项区纪录。高中组团体总分前两名:延安中学、新浦中学;初中组团体总分前四名:新浦中学、陇东中学、临洪中学、浦东中学;小学A组团体总分前六名:幸福路小学、通灌路小学、海宁小学、建国路小学、连海路小学、解放路小学;小学B组团体总分前六名:市东小学、公园小学、站北小学、临洪小学、马跳小学、西跳小学。

1996年1月,举行区中小学生冬季三项比赛,中学组团体前五名:延安中学、陇东中学、临洪中学、新浦中学、浦东中学;小学A组团体前六名:幸福路小学、建国路小学、解放路小学、大庆路小学、连海路小学、通灌路小学;小学B组团体前六名:市东小学、民主路小学、马跳小学、公园小学、建宁小学、浦东小学。同年4月,举行区小学生广播操比赛,一等奖:建国路小学、建宁小学、解放路小学、站北小学、西跳小学、公园小学。5月，举行区小学生排球赛，甲组男子前五名：解放路小学、幸福路小学、建国路小学、南极路小学、公园小学；甲组女子前四名：大庆路小学、通灌路小学、解放路小学、公园小学；乙组男子前三名：浦西小学、西跳小学、同兴街小学；乙组女子前六名：幸福路小学、海宁小学、建国路小学、同兴街小学、民主路小学、建宁小学。6月，区中学生排球赛，男子前两名：浦东中学、海宁中学；女子前四名：陇东中学、海宁中学、临洪中学、浦东中学。

1997年6月，举行区小学生排球赛，甲组男子前五名：解放路小学、公园小学、西跳小学、幸福路小学、建国路小学；甲组女子前六名：通灌路小学、公园小学、海宁小学、幸福路小学、解放路小学、大庆路小学；乙组男子前三名：临洪小学、海宁小学、浦东小学；乙组女子前六名：建国路小学、同兴街小学、民主路小学、建宁小学、刘跳小学、连海路小学。

同年6月，举行区中学生排球赛，男子前四名：临洪中学、浦东中学、新浦中学、海宁中学；女子前四名：新浦中学陇东中学、浦东中学、临洪中学、海宁中学。9月，举办区第十一届中小学生田径运动会，高中团体前三名：新浦中学、延安中学、临洪中学；初中团体前四名：海宁中学、陇东中学、临洪中学、新浦中学；小学A组团体前六名：幸福路小学、通灌路小学、建宁小学、建国路小学、海宁小学、连海路小学；小学B组团体前六名：马跳小学、同兴街小学、公园小学、西跳小学、市东小学、浦西小学。

1998年4月，举行区小学生足球赛，前五名：大庆路小学、南极路小学、幸福路小学、建宁小学、解放路小学。同月，举行区小学生排球赛，甲组男子前六名：解放路小学、海宁小学、幸福路小学、西跳小学、临洪小学、公园小学；甲组女子前六名：通灌路小学、海宁小学、同兴街小学、建国路小学、幸福路小学、公园小学；乙组男子前四名：浦西小学、建宁小学、建国路小学、刘跳小学；乙组女子前六名：大庆路小学、民主路小学、建宁小学、连海路小学、南极路小学、刘跳小学。同年6月，举办区中学生排球赛，男子前四名：临洪中学、浦东中学、新浦中学、海宁中学；女子前四名：新浦中学陇东中学、浦东中学、临洪中学、海宁中学。

1999年4月，举办区小学生排球赛，甲组男子前六名：建宁小学、解放路小学、浦西小学、西跳小学、海宁小学、幸福路小学；甲组女子前六名：大庆路小学、民主路小学、海宁小学、通灌路小学、同兴街小学、建国路小学；乙组男子前四名：建国路小学、公园小学、向阳小学、临洪小学；乙组女子前四名：解放路小学、建宁小学、幸福路小学、公园小学。5月，举行区中小学生广播操比赛，小学一等奖：民主路小学、大庆路小学、西跳小学、建宁小学；中学一等奖：延安中学。6月，举行区中学生排球赛，男子前五名：浦东中学、临洪中学、海宁中学、新浦中学、陇东中学；女子前五名：新浦中学、临洪中学、陇东中学、浦东中学、海宁中学。

2000年1月，举行区中小学生冬季锻炼三项比赛，高中团体前三名：延安中学、陇东中学、新浦中学；初中团体前四名：临洪中学、陇东中学、海宁中学、浦东中学铁路中学；小学A组前六名：通灌路小学、解放路小学、连海路小学、幸福路小学、大庆路小学、公园小学建国路小学；小学B组前六名：临洪小学、同兴街小学、西跳小学、马跳小学、站北小学、市东小学、浦东小学。同年4月，举办区小学生排球赛，甲组男子前六名：建宁小学、公园小学、西跳小学、浦西小学、建国路小学、解放路小学；甲组女子前六名：建宁小学、大庆路小学、解放路小学、海宁小学、通灌路小学、民主路小学；乙组男子前五名：幸福路小学、海宁小学、浦东小学、向阳小学、连海路小学；乙组女子前四名：幸福路小学、公园小学、同兴街小学、向阳小学。5月，举办区中学生排球赛，男子前四名：新浦中学、浦东中学、海宁中学、临洪中学；女子前四名：新浦中学临洪中学、陇东中学、浦东中学、海宁中学。

2001年4月,举行区小学生排球赛,A组男子前六名:建宁小学、公园小学、海宁小学、西跳小学、浦西小学、幸福路小学;A组女子前六名:大庆路小学、解放路小学、公园小学、建宁小学、海宁小学、幸福路小学;B组男子前四名:临洪小学、建国路小学、浦东小学、向阳小学;B组女子前五名:通灌路小学、民主路小学、建国路小学、连海路小学、向阳小学。同年9月,举办新浦区第十二届中小学生田径运动会,5人破两项区纪录。

2002年4月,举行区小学生排球赛,甲组男子前六名:海宁小学、公园小学、建宁小学、解放路小学、新海小学、临洪小学;甲组女子前六名:大庆路小学、解放路小学、通灌路小学、建宁小学、公园小学、民主路小学;乙组男子前四名:建国路小学、幸福路小学、南城小学、浦东小学;乙组女子前四名:连海路小学、南城小学、海宁小学、临洪小学。同年9月,举办区第十三届中小学生田径运动会,7人破4项区纪录;高中组团体总分前两名:陇东中学、振云中学;初中组团体总分前六名:陇东中学、海宁中学、临洪中学、云台中学、铁路中学、云台农场中学;小学A组前六名:解放路小学、建宁小学、建国路小学、盐坨小学、大庆路小学、通灌路小学;小学B组前六名:公园小学、站北小学、市东小学、连海路小学、关里小学、新海小学。

2003年1月,举行区中小学生冬季锻炼三项比赛,高中组团体总分前三名:陇东中学、振云中学、振云职业中学;初中组团体总分前六名:海宁中学、临洪中学、南城中学、云台中学、南云台林场中学、陇东中学;小学A组前六名:解放路小学、建国路小学、通灌路小学、海宁小学、大庆路小学、幸福路小学;小学B组:市东小学、临洪小学、南城小学、连海路小学、关里小学、公园小学。同年9月,举办新浦区第十四届中小学生田径运动会,2人破4项区纪录;高中组团体总分前两名:陇东中学、振云中学;初中组团体总分前八名:海宁中学、陇东中学、临洪中学、云台农场中学、云台中学、南城中学、猴嘴中学、铁路中学;小学A组前八名:建宁小学、盐坨小学、解放路小学、大庆路小学、幸福路小学、建国路小学、海宁小学、通灌路小学;小学B组前六名:市东小学、公园小学、关里小学、新海小学、连海路小学、浦东小学。

2004年6月,举行区中小学生排球赛,中学男子前四名为:新浦中学、海宁中学、振云中学、临洪中学;中学女子前四名为:临洪中学、新浦中学、振云中学、海宁中学;小学男子前五名为:建宁小学、公园小学、解放路小学、南城小学、建国路小学;小学女子前六名为:解放路小学、大庆路小学、公园小学、幸福路小学、通灌路小学、建国路小学。同年9月,举行区第十五届中小学生田径运动会,高中组团体总分前三名:新浦中学、振云中学、振云职业中学;初中组团体总分前六名:新浦中学、海宁中学、云台中学、云台农场中学、花果山中学、临洪中学;小学A组前六名为:解放路小学、建宁小学、新海小学、大村小学、通灌路小学、建国路小学;小学B组前六名为:市东小学、公园小学、关里小学、南城小学、云台农场小学、连海路小学。同年10月,举行区中小学生广播操比赛,中学组前六名:新浦中学、海宁中学、临洪中学、花果山中学、南城中学、振云中学;小学A组前六名:解放路小学、大村小学、大庆路小学、建宁小学、海宁小学、建国路小学;小学B组前六名:连海路小学、公园小学、浦东小学、市东小学、南城小学、关里小学。

2005年4月,举行区小学生排球赛,男子前六名:解放路小学、海宁小学、建宁小学、建国路小学、公园小学、幸福路小学;女子前六名:解放路小学、通灌路小学、公园小学、大庆路小学、建国路小学、浦东小学。同年9月,举办区第十六届中小学生田径运动会,6人破11项区纪录;高中组团体总分前两名:新浦中学、临洪中学;初中组团体总分前六名:海宁中学、云台中学、新浦中学、临洪中学、宁海中学、花果山中学;小学A组前六名:建宁小学、新海小学、解放路小学、大庆路小学、海宁小学、大村小学;小学B组前六名:市东小学、公园小学、南城小学、云台农场小学、关里小学、南云台林场小学。

1984～20、05年新浦区小学部分田径比赛最高记录概况表

表32－2

项　目	成　绩	姓　名	性别	学　校	运动会全称
铅球(3千克)	12.85米	葛　军	男	南极路小学	1984年新浦区中小学田径运动会
垒球	63.42米	葛　军	男	南极路小学	
100米	13″3	王雪琴	女	民主路小学	
400米	1′9″2	丁美艳	女	解放路小学	
800米	2′47″2	周　石	女	解放路小学	
1500米	5′39″8	立松林	女	市东小学	
4′100米	59″		女	联队	
铅球(3千克)	9.61米	邱　英	女	南极路小学	
垒球	46.40米	邱　英	女	南极路小学	
200米	1′9″2	徐　敏	女	通灌路小学	1986年新浦区中小学生田径运动会
跳远	4.12米	陈　静	女	民主路小学	
跳高	1.31米	魏方艳	女	南极路小学	1987年新浦区中小学生田径运动会
跳高	1.32米	王　伟	男	海宁小学	1990年新浦区中小学生田径运动会
三项全能	1061	朱继平	男	幸福路小学	
60米	8″9	穆　燕	女	站北小学	
三项全能	1428	赵金丽	女	南极路小学	
女子跳远	4.22米	徐婷婷	女	建宁小学	2002年新浦区中小学生田径运动会
男子1500米	5′6″8	杨　龙	男	关里小学	2004年新浦区中小学生田径运动会

1981～2005年新浦区初中男子组部分田径比赛最高记录概况表

表32－3

项　目	成　绩	姓　名	学　校	运动会全称
65千克级举重	82.5千克抓举冠军	徐　彬	陇东职业中学	1981年省青少年举重比赛
100米	21″1	王士军	延安职业中学	1985年市二届中小学生田径运动会
200米	24″6	王士军	延安职业中学	
400米	55″7	王士军	延安职业中学	
60千克级举重	90千克抓举冠军	徐　彬	陇东职业中学	1986年省十一届田径运动会
60千克级举重	195千克总成绩冠军	徐　彬	陇东职业中学	
67.5千克级举重	98千克抓举冠军	刘光明	陇东职业中学	
67.5千克级举重	117.5千克挺举冠军	刘光明	陇东职业中学	
67.5千克级举重	215.5千克挺举冠军	刘光明	陇东职业中学	
少年组10K米竞走	47′22″打破省纪录	刘海波	延安职业中学	
铁饼1千克	49.56米	葛　军	延安职业中学	
800米	2′9″3	吴新国	延安职业中学	1987年新浦区中小学生田径运动会
1500米	4′29″3	王长兵	陇东职业中学	
铅球5千克	11.88米	郁思明	延安职业中学	
标枪600克	40.56米	王世龙	延安职业中学	1988年新浦区中小学生田径运动会
100米栏	16″	卞洪张	临洪中学	1990年新浦区中小学生田径运动会
跳高	1.55米	姜　维	海宁中学	
三级跳远	11.83米	李　川	新浦中学	
跳高	1.61米	陈广健	陇东中学	1995年新浦区中小学生田径运动会
110米栏	18″8	马景弘	临洪中学	2001年新浦区中小学生田径运动会
4×100米接力	49″4	团　体	陇东中学	
110米栏	17″7	武　雷	陇东中学	2002年新浦区中小学生田径运动会
200米	24″1	王　雷	陇东中学	
4×100米接力	48″16	团　体	陇东中学	
110米栏	16″6	孙　军	新浦中学	2004年新浦区中小学生田径运动会
实心球	17.06米	张继文	新浦中学	2005年新浦区中小学生田径运动会

1981～2005 年新浦区初中女子组部分田径比赛最高记录概况表

表 32－4

项　目	成　绩	姓　名	学　校	运动会全称
跳远	5.16 米	秦小秀	新浦中学	1981 年省青少年田径运动会
标枪 600 克	31.6 米	周　云	新浦中学	
跳高	1.39 米	曹荣英	延安职业中学	1983 年市十七届中学生田径运动会
800 米	2′33″6	姜　涛	新浦中学	1984 年市十八届中学生田径运动会
4×100 米	57″8		联队	
400 米	1′5″7	范美红	延安职业中学	1986 年市基层田径选拔赛
110 米栏	17″4	范美红	延安职业中学	1986 年市二十届中学生田径运动会
铅球 3 千克	11.56 米	赵维芳	新浦中学	1986 年新浦区中小学生田径运动会
200 米	28″	闫洪青	陇东职业中学	
100 米	13″2	刁伟玲	延安职业中学	1988 年新浦区中小学生田径运动会
1500 米	5′33″8	李淑燕	延安职业中学	1989 年新浦区中小学生田径运动会
铁饼 1 千克	29.74 米	李维芳	新浦中学	
三级跳远	10.38 米	高海波	陇东职业中学	1990 年新浦区中小学生田径运动会
1500 米	5′26″5	蒋广芹	新浦中学	1995 年新浦区中小学生田径运动会
实心球	8.88 米	张　敏	花果山中学	2005 年新浦区中小学生田径运动会
400 米	1′5″35	曹　敏	宁海中学	
800 米	2′31″22	曹　敏	宁海中学	

1974～2005 年新浦区高中男子组部分田径比赛最高记录概况表

表 32－5

项　目	成　绩	姓　名	学　校	运动会全称
100 米	11″5	顾和平	新浦中学	1974 年市田径测验赛
200 米	24″2	杨春才	新浦中学	1979 年市基层中学生田径选拔赛
4×100 米	47″5		陇东职业中学	1979 年省基层田径运动会
五项全能	2476	周文喜	新浦中学	
3000 米	9′36″2	曹正光	陇东职业中学	1984 年市十八届中学生田径运动会
800 米	1′3″8	张建强	延安职业中学	1986 年省十一届田径运动会
1500 米	4′13″8	张建强	延安职业中学	
跳远	6.54 米	武　卫	延安职业中学	
三级跳远	14.3 米	武　卫	延安职业中学	
400 米	53″5	吴茂军	陇东职业中学	1987 年新浦区中小学生田径运动会

续表 32－5

项　目	成　绩	姓　名	学　校	运动会全称
110 米栏	15″2	魏善军	延安职业中学	1987 年省田径分区赛
铅饼 1.5 千克	41.32 米	朱士丁	延安职业中学	1988 年新浦区中小学生田径运动会
铅球 6 千克	12.39 米	陈俊生	陇东职业中学	1988 年省十一届田径运动会
标枪 700g	48.9 米	杨大度	延东职业中学	1988 年新浦区中小学生田径运动会
跳高	1.75 米	李　涛	延安职业中学	1990 年新浦区中小学生田径运动会
100 米	11″3	王明军	延安中学	1995 年新浦区中小学生田径运动会
200 米	24″1	王　垒	陇东中学	2003 年新浦区中小学生田径运动会
4×100 米接力	47″2	团　体	陇东中学	
200 米	23″4	周　炜	振云中学	2004 年新浦区中小学生田径运动会

1974～2005 年新浦区高中女子组部分田径比赛最高记录概况表

表 32－6

项　目	成　绩	姓　名	学　校	运动会全称
100 米	12″5	孙盛云	新浦中学	1974 年全国少年运动会
200 米	26″7	孙盛云	新浦中学	
400 米	1′1″2	张桂林	陇东中学	1974 年省八届集训测验赛
跳远	5.28 米	张桂林	陇东中学	1975 年市中学生田径运动会
800 米	2′21″7	乔南荣	陇东中学	1977 年省田径运动会
1500 米	4′54″1	孙小杰	新浦中学	1982 年省十届田径运动赛
100 米栏	16″	李素琴	新浦中学	
五项全能	3276	李素琴	新浦中学	
4×100 米	54″7		联队	1984 年市十八届中学生田径运动会
跳高	1.53 米	曹荣英	延安职业中学	1986 年新浦区中小学生田径运动会
3000 米	10′33″8	李同玲	新浦中学	1987 年市中长跑赛
铁饼 1 千克	28.96 米	朱春燕	新浦中学	1989 年新浦区中小学生田径运动会
标枪 600 克	30.08 米	周　云	新浦中学	
三级跳远	10.48 米	赵素珍	陇东职业中学	1990 年新浦区中小学生田径运动会

第二节　驻地主要体育赛事

1952 年秋，新中国成立后全市第一届体育运动大会在新浦南广场举行。

1954 年 5 月 1 日，市首届职工运动会在新浦举办。（至 2005 年，市历届职工运动会均在新浦举办。）

1955年，市第二届体育运动大会在新浦南广场举办。是年6月1日，新海连市少儿体育运动会在新浦举行。

1956年，在新浦举办市第三届体育运动大会。

1958年6月14～15日，全市首届中学生田径运动会在新浦举行。8所学校、384名运动员参赛。在20个比赛项目中，14人打破9项市记录，30人达国家级运动员标准。（至2005年，市历届中小学生田径运动会均在新浦举办。）同年，8月，徐州地区第一届体育运动会在新浦人民体育场举行。

1972年10月，在新浦举办市第六届（四、五届无资料记录）体育运动大会，有21支代表队，1546名运动员参加田径、自行车、排球、乒乓球、拔河5个项目比赛，文教系统男女代表队获团体总分第一名。

1981年10月，在新浦举办全市第七届体育运动大会，参赛运动员578名。

1983年，全市中学生足球赛在新浦举行。新浦中学男女队双获第一名。

1984年2月，市首届残疾人运动会在新浦举行。

1989年10月，在新浦举办全市第八届体育运动大会，比赛设中小学部、高校中专部、职工部。中小学部比赛项目有田径、篮球、排球、举重、摔跤、柔道、无线电测向；高校、中专（技）校部比赛项目有田径、羽毛球，职工部有田径、篮球、排球、乒乓球、棋类，参赛运动员716名。同年，在新浦举办市小学生排球赛。新浦区获女子组冠军。

1991年8月11日，江苏省少年摔跤比赛在新浦举行。赛时3天。连云港市代表队获第二名。同年2月5～7日，省短池游泳赛在新浦举行；同年6月，在新浦举行市中小学生排球赛。新浦区延安中学获中学组男子第二名；浦东中学、延安中学分获中学组女子第一、二名；海宁小学、解放路小学分获小学组男子第一、二名；临洪小学、通灌路小学、同兴街小学分获小学组女子第一、二、三名。8月18日，日本堺市少年女排，在市体育馆与本市少年女排举行排球比赛，市少年女排以3:1获胜。同年8月28日，为期5天的省少儿乒乓球比赛在连云港市体育馆落下帷幕。镇江市获团体总分第一名，徐州、无锡分获二、三名。

1992年1月下旬，全市中小学生三棋比赛在新浦举行。新浦区解放路小学获中国象棋团体第一名。同年5月，在新浦举办市中小学生排球赛。新浦区延安中学、新浦中学分别获得中学男子组第一名、第三名；幸福路小学、解放路小学、海宁小学分获小学男子组第一、二、三名；解放路小学、通灌路小学分获小学女子组第一名、第三名。同月，省青少年举重比赛在新浦体育馆举行。连云港市籍运动员王从磊获少年男子乙组75千克以上级个人比赛总分第一名。刘长柱、茆庆永获得67.5千克以上比赛总分第二名。同年7月中旬，省少年乙组篮球赛在新浦举行。连云港市少年女篮获第四名。同年7月23～30日，第七届全国中学生"振兴中华杯"排球夏令营在新浦举办。来自16个省市自治区的31支男女中学生队，共赛105场。海南文昌中学、上海复兴中学、海南琼山中学和连云港新浦中学、上海市北中学、天津一中分别获得男女前三名。同年10月7日，全国青年篮球联赛"物资集团杯"男子决赛在新浦市体育馆和练习馆举行，历时7天。八一队获冠军，辽宁队亚军。同年11月5日，省排球协会首届"连云港建行杯"职工女子排球赛在市体育馆落下帷幕。连云港市建行队获冠军，省体委队、苏州建行队、扬州队分获二、三、四名。南通、南京少体队分获金杯奖、银杯奖。

1993年，省青少年摔跤比赛在市体育馆举行。8个代表队参加角逐。连云港市代表队获团体第二名。王飞获古典式63千克级冠军，王畦生获自由式63千克级冠军，颜士斌获自由式68千克级冠军。同年6月19～25日，全国"篮协杯"篮球赛连云港赛区比赛在市体育馆举行。同年8月23日，连云港市—日本堺市中学生柔道友谊比赛在新浦开幕。堺市的烟浩二郎获60千克级第一名,连云港市姚静获60千克级第二名;71千克级第一名是堺市的津田健太郎,第二名是连云港市的吉新中;-95千克级第一、二名是连云港市的沈曜和曹健,第三、四名是堺市松本秀治和中林幸司;+95千克级第一名是连云港市的封贤昌,第二名是堺市的吉岛和西。

1993年11月3日,连云港市二届残疾人运动会在新浦举行。新浦区代表队获得盲人组、截肢组、弱智组3个第一名,聋哑组获第六名。同月,市排球赛在新浦举行,新浦区获女子组第一名、男子组第四名。同年,市中小学生中国象棋比赛在新浦举办。新浦区陇东中学、海宁中学分获中学组第一名、第二名;解放路小学、民主路小学、浦东小学、建国路小学分获小学组前四名;解放路小学、建国路小学分获中小学生国际象棋赛小学组第一名、第二名;延安中学获中学组围棋比赛第二名;解放路小学、建国路小学分获小学组围棋赛第一名、第二名。同年,市小学生排球赛在新浦举办。男子组:新浦区解放路小学获第一名、建国路小学获第二名、同兴街小学获第三名、临洪小学获第五名;女子组:新浦区通灌路小学获第一名、解放路小学获第二名、临洪小学获第三名、同兴街小学获第五名。

1994年6月11日,全国青年拳击锦标赛在市体育馆举行。同年,市中小学生象棋比赛在新浦举办,新浦区陇东中学获中学组第一名、新浦中学获中学组第二名;解放路小学、建国路小学、浦东小学、海宁小学分获小学组第一、二、三、四名;解放路小学、建国路小学、海宁小学分获国际象棋比赛小学组第一、二、三名;解放路小学、海宁小学、建国路小学分获围棋比赛小学组第一、二、三名。同年,在新浦举办市小学生排球赛。新浦区建国路小学、解放路小学、临洪小学分获男子组前三名;建国路小学、解放路小学、临洪小学、通灌路小学分获女子组前四名。

1995年1月2日,"'95物资集团杯连云港—徐州武术散手精英对抗赛"在新浦举行。在九个级别比赛中,连云港"银城"散手队以7比2战胜徐州"国秀"队。同年5月27~28日,江苏省武术观摩交流比赛,在新浦举行。连云港市运动员杨瑞、戴志刚获一等奖,王春柱、杨新海获二等奖,王林、朱大军获三等奖,杨刚、王建平获表演奖。同年7月31日,全国化工高校首届田径运动会在连云港化工高等专科学校落下帷幕,来自全国各地的9所化工高校的170名运动员进行了23个项目的比赛。青岛化工学院、河北轻化工学院并列团体总分第一名;郑州化工学院、连云港化工高等专科学校分获团体总分第三、四名。同年11月15日,首届华东地区元老男篮比赛在市体育馆落幕。江苏元老队夺冠,连云港队和安徽队分获二、三名。

1996年5月14日,江苏省"连云杯"门球比赛在新浦举行。来自全省的37个代表队、380人参赛。同年8月,市第九届体育运动大会在新浦举行。新浦区代表队在排球比赛中获小学部男女前三名、中小学部团体第三名,建国路小学获小学男子篮球第五名,浦东中学获中学男子排球第五名,新浦中学获中学女子排球第一名,陇东中学获中学女子排球第二名,建国路小学、解放路小学、幸福路小学分获小学男子排球第一、二、三名,幸福路小学、通灌路小学、建国路小学、海宁小学、解放路小学分获小学女子排球一、二、三、五、六名。

1997年1月,在新浦举行市中小学生棋类比赛。新浦区解放路小学、建国路小学、海宁小学、大庆路小学分获小学组前四名;海宁小学、建国路小学、解放路小学、大庆路小学分获国际象棋比赛小学组前四名;解放路小学、建国路小学、海宁小学、大庆路小学分获围棋比赛小学组前四名。

1998年1月,在新浦举行市中小学生棋类比赛。新浦区大庆路小学、解放路小学、建国路小学、幸福路小学、通灌路小学、海宁小学分获中国象棋比赛小学组前六名;海宁小学、解放路小学、大庆路小学、建国路小学、幸福路小学分获国际象棋比赛小学组前五名;解放路小学、大庆路小学、海宁小学、建国路小学、幸福路小学分获围棋比赛小学组前五名。同年10月27~29日,连云港市第二届残疾人运动会在新浦举行。新浦区代表队在田径、游泳、乒乓球、举重、射击、盲人柔道6项比赛中夺得金牌25枚、银牌3枚、铜牌5枚,获得总分第一名。

1999年,6月,在新浦举办市小学生排球赛。新浦区建宁小学、浦西小学、解放路小学分获男子组前三名;大庆路小学、建宁小学、民主路小学、解放路小学分获女子组前四名。

2000年,市小学生排球赛在新浦举行。新浦区建宁小学、公园小学分获男子组第一、二名;建宁小学、幸福路小学、大庆路小学分获女子组第前三名。同年秋,市第十届体育运动会在新浦举办。

2001年,5月,在新浦举行市小学生排球赛。新浦区解放路小学、建宁小学、公园小学、海宁小学、西跳小学、浦西小学、幸福路小学分获男子组前七名;大庆路小学、解放路小学、公园小学、南云台林场小学、建宁小学、海宁小学、幸福路小学分获女子组前七名。

2003年,市中小学生跳绳、踢毽比赛在新浦举办。新浦区连海路小学获小学组跳绳三等奖、海宁中学获中学组跳绳二等奖、连海路小学获小学组踢毽二等奖、海宁中学获中学组踢毽二等奖。

2005年,在新浦举办市小学生排球赛。新浦区建宁小学获男子组第一名、解放路小学获女子组第一名。

第五章 运动员 裁判员 教练员

第一节 运动员培养

1958年秋,市体育运动员委员会在新浦开办体育骨干培训班(简称市体干班),培养体育骨干,体干班以解放路上的草棚球场(市百货大楼对面)作为训练场地,在通称"南广场"的市体育场建12间平房为食宿用房。经过多次挑选,先后招收陈雨清、朱崇周、孙怀则、宋继文等男队员和江尧华、张登春、李正巧等女队员参加训练。均成为市男、女篮球代表队骨干队员。1961年,经济困难时期,体干班停班。学员一部分输送到省队,一部分留市体委,一部分分配到体育运动开展好的新海印刷厂等单位,以保存体育骨干力量。

20世纪60年代,运动员培养主要在学校进行,发现苗子进行重点培养。

1971年12月,市少年儿童业余体校在新浦恢复开办,第一期短训班招收新浦地区中小学在籍生180人,训练项目有男女篮球、排球、乒乓球、羽毛球、羽毛球、体操、田径、足球7个项目。

1990年年底,新浦地区有17人被授予运动健将称号、29人为一级运动员。区各学校向国家队、省队输送优秀运动员68人。知名度较高的有篮球运动健将朱巧云、排球运动健将朱兰、朱凤霞、尤新莉、沈亚萍、张锦文以及第五届全国运动会自行车女子追逐赛冠军陈玉霞,第六届全国运动会无线电测向比赛女子冠军张新霞,乒乓球单打冠军相同一等。

1995年3月,新浦中学学生张绵文入选国家女子排球队。

1999年,新浦区有6人参加市级篮球培训、7人参加市级排球培训、215人参加田径培训。输送游泳运动员 1 人、排球运动员 1 人。

2002~2005 年,新浦区经由市体工队向省选送划艇男运动员罗勇、李炳宏和曲棍球女运动员孙俭冰;经由市体育场馆中心向省选送花样游泳女运动员李彦莹、张曦文和游泳女运动员张晨;经由市体校向省选送田径女运动员王燕妮、足球女运动员管菁菁和摔跤男运动员曹君、朱艳晓;经由新海高级中学向省选送男子排球运动员高宝全、王维杰。

第二节 裁判员、教练员

1990 年年底,经过有关部门正式考核,新浦地区有 44 人被定为等级裁判,其中邵性庭被授予国际乒乓球裁判,查长丁被授予国家级田径裁判。其他 42 人为各类比赛一级裁判;11 人被定为高级教练员,36 人被定为一级教练员。

1993 年 3 月,娄述庆被评为省小学排球"十佳教练员"。

1996 年 9 月,区内有 10 名教师参加市体委、教委举办的田径二级裁判员培训;同年 10 月,魏荣、翟明、展召伯、孙海洪被评为市业余训练优秀教练员。

第六章 体育活动场所

第一节 公共体育场所

一、人民体育场

20 世纪 30 年代,开始在南马路(今解放路)南、铁路北的空地上辟一体育场,通称南广场,场内设有简易体育器械和半副足球门,平时为群众集会场所。

1956 年,市政府改建南广场为人民体育场,东自海昌路,西至南极路,长 302 米、南自铁路,北至菜市街,宽 161 米,面积 48622 平方米。场内建有 400 米煤渣地面跑道。跑道西侧建篮球、排球场地;跑道内建足球场和跳高、跳远、投掷场地。1958 年,在场地南侧建主席台。1965 年,在人民体育场西侧建人民体育馆。1972 年,在人民体育场西南侧建排球练习馆。1980 年,投资 4.5 万元,在场地北侧建一旱冰场,面积 1300 平方米。1984 年,主席台迁至北侧。1990 年,在场西北侧建门球场,在排球练习馆南建游泳馆,长 25 米,宽 16 米,水深 1.2~1.4 米。游泳馆建筑面积 1105 平方米。

图 32-2 建于人民体育馆内的综合训练馆

二、兴隆体育场

日军侵占新浦期间,日伪政府在原赣丰机械油饼公司旧址(后为解放路小学校址)空场地上建兴隆体育场。曾举办过小型体育赛事。

三、青年体育馆

坐落于解放中路与市民路交叉口西侧,馆址原是大水塘。1952 年,团市委、市总工会组织市区青年义务劳动,填平水塘,建成球场。1957 年,市政府投资 2.8 万元,建成全市第一座室内体育场所。因为毛竹框架、草顶屋面被称为“草棚球场”。建筑面积 2000 平方米,可容观众 2000 人。1960 年,换为石棉瓦顶。1976 年拆除,改建为人民菜场、迎春商场。

四、人民体育馆

人民体育馆位于人民体育场西侧。1965 年动工兴建,次年 10 月落成。建筑面积 1377 平方米,使用面积 1208 平方米。可进行篮球、排球、羽毛球的练习和比赛,可容纳观众 2449 人。

1972 年,场地铺为木地板,装白炽灯、电子记分牌,内顶和墙壁加 1497 平方米隔音板。

五、排球练习馆

排球练习馆位于人民体育馆西南侧,建于 1972 年,俗称排球房。面积 792 平方米。可供排球及篮球、羽毛球、摔跤等教学、训练、比赛之用。

六、连云港市郁洲健身中心篮球场

市郁洲健身中心篮球场坐落于海连东路 34 号,建成于 2001 年,占地面积 420 平方米,总投资 1.9 万元。

七、连云港市郁洲健身中心室外网球场

位于海连东路 34 号,建成于 2001 年,占地面积 4202 平方米,建筑面积 960 平方米,总投资 78 万元。

八、连云港市郁洲健身中心室外游泳池

位于海连东路 34 号,建成于 1981 年,占地面积 22575 平方米,建筑面积 1410 平方米,设 50×25 米游泳池,水深 1.3～1.8 米。总投资 37 万元。

九、市东游泳池

1981 年,在海连东路建成占地 22575 平方米,建筑面积 1410 平方米的游泳池,池面 50 米×25 米,水深 1.3～1.8 米,水容积 1887 立方米。设有更衣室、淋浴室、办公室等。可供 200 余人同时活动。

十、南小区游泳池

1997 年,在海宁社区建成南小区游泳池。占地 2500 平方米,建筑面积 1250 平方米的游泳池,池面

25米×50米,水深1.6－1.8米,水容积1800立方米。设有更衣室、淋浴室、管理员办公室等。可同时供200人活动。

十一、游泳馆

坐落在人民体育场内。1989年8月动工兴建,1990年1月落成。建筑面积1105平方米,游泳池长25米,宽16米,6条泳道,水深1.2～1.4米。设有过滤器、热交换器、暖风机、轴流风机、加氯机等设施

十二、门球场

1990年,先后在连云港警备区干休所、市机关宿舍区、省盐业公司老干部处等处建门球场。1995年,在市老干部活动中心(通灌南路)院内建门球场。2005年,新浦地区共有10处门球场。

十三、垂钓中心

改革开放后,新浦地区先后建成东上垂钓中心、东河垂钓中心、沈圩垂钓中心等垂钓活动中心。

第二节　学校体育场所

解放前,新浦地区条件好的小学体育场地上有滑梯、跷跷板等简单的体育设施。一般小学操场很小,泥土地面。民国16年(1927),普爱小学竖起新浦第一副篮球架。

解放后,政府有计划地拨款扩大各校体育场地,添置球类、单杠、双杠、滑梯等体育器材。

20世纪60年代至70年代,城区各小学先后开辟专门体育活动场所,增添各种必备的运动器材。80年代,各小学开始按实施九年制义务教育标准,完善体育设施。至1990年,全区20所小学体育设施全部达到普及九年制义务教育要求。新浦地区的大专院校、中等专业学校均有规模较大的体育场。新浦中学、临洪中学、海宁中学、陇东职中、延安职中、海宁小学、大庆路小学都有200～400米跑道和田径场地。其余各中、小学均有篮球、排球场。通灌路小学在葡萄长廊下建有60米跑道。

第三节　全民健身工程及晨(晚)练场所

20世纪80年代起,早晚活动锻炼身体渐成风气,自选场所逐渐增加。

图32－3　西盐河畔晨(晚)练点一角

1999年,市体委在新浦区恒利小区等处开展全民健身工程建设试点工作。2000年,新浦区在新南街道正式启动全民健身工程。当年,争取省、市体育彩票中心支持,在路南街道建成占地11000平方米的社区健身场所,总投资47万多元(不包括器材、游泳池及灯光资金)。整个健身场所包括健身广场、门球场、篮球场、排球

场、羽毛球场、综合健身器材、健身路径、游泳池等8个部分。

2001年,全区多方筹资130万元(其中,省、市体育彩票中给予配套资金47万元),先后在苍梧绿园、龙北社区、常乐新村、六号街区4处,实施全民健身工程。并在海宁小区、通池花园、博纳小区、杰瑞新村、麻纺小区、极美苑、市机关家属小区建成7个全民健身点。

2002年初,新浦区文化局向省、市体育彩票中心申报21个全民健身点和1个全民健身工程,获得支持。当年,21个全民健身点和1个全民健身工程(点)安装完成。

2003年、2004年,全区先后新增全民健身点16个、11个。

至2005年年底,城区全民健身工程(点)已达62个,普及率为88.6%。居民晨(晚)练场所达88处。

2005年新浦区晨(晚)练场所一览表

表32-7

所在社区、地点	锻炼项目	日均锻炼人数
苍梧绿园南门	太极拳、舞剑	20
苍梧绿园园盘	太极拳、扇舞	40
苍梧绿园东门	太极拳、舞剑	20
新浦公园	太极拳、健身操	30
市少年宫	太极拳、舞剑	20
盐河西岸	太极拳、健身秧歌	40
步行街	太极拳、健身秧歌	30
火车站广场	太极拳、舞剑	40
常乐新村	太极拳、舞剑	60
万润花园	太极拳、舞剑	20
兴业小区	太极拳、健身操	20
玉带河边	太极拳、柔力球	20
市民广场	太极拳、舞剑	20
盐业公司	太极拳、舞剑	40
自来水公司	太极拳、舞剑	40
猴嘴山头	太极拳、舞剑	30
振兴大厦门前	太极拳、舞剑	30
华联商厦门前	太极拳、舞剑	40
西小区游园	健美操	20
光明超市门前	太极拳、扇舞	40
常乐新村	太极拳、舞剑	35
西小区游园	健身操	20
盐河广场	太极拳、舞剑	50
地税局门前	太极拳、健身秧歌	30
市政府前新世纪广场	健身秧歌	30
华联广场	太极拳、舞剑	100

续表 32－7(1)

所在社区、地点	锻炼项目	日均锻炼人数
邮电大楼广场	太极拳、舞剑	50
建设大厦广场	太极拳	40
西小区苏果超市广场	太极拳、健身操	30
海昌路地税局前	太极拳、柔力球	50
原百货大楼前广场	太极拳、舞剑	50
万润商业街广场	太极拳、舞剑	30
南小区眼科医院门前	太极拳、健美操	40
苍梧绿园内	太极拳、柔力球	20
西小区游园	太极拳、舞剑	20
时代超市前广场	太极拳、舞剑	40
夕阳红宾馆前	太极拳、舞剑	30
建南社区	太极扇	36
健康社区	门球	14
延南社区	健身操	30
海南社区	太极拳	32
紫云社区	健美操	30
兴业社区	木兰扇	26
玉带社区	太极拳	36
云海社区	太极剑	24
新龙社区	花扇	30
玉龙社区	羽毛球	20
海宁社区	篮球	26
矿山院家属院	木兰扇	36
公安小区	太极拳	14
常乐游园	太极剑	30
常乐雅居	健身操	32
青岛花园	木兰扇	30
农工商超市前	太极拳	26
盐河路边	健身操	36
西小区游园	健身操	24
华联广场	健身操	80
振大超市北	健身舞	30
振大超市南	秧歌	22
市劳动局门前	健身操	26
苍梧绿园喷泉处	木兰剑	20
市药检局门前	健身操	35

续表 32-7(2)

所在社区、地点	锻炼项目	日均锻炼人数
苍梧绿园中心广场	体育舞蹈	70~80
苍梧绿园中心广场北	太极剑	24
苍梧绿园中心广场东	健身操	32
苍梧绿园广场南	太极拳	30
苍梧绿园北门	太极拳	50
苍梧绿园南门	太极拳	40
苍梧小区中心广场	健身操	40
苍梧小区中心广场	气功	20
龙尾社区活动室	舞蹈、唱歌	23
苍梧小区活动室	乒乓球	40
716 一村活动室	网球	40
恒利小区健身点	乒乓球	40
华联广场	健身操	80
同和苏果超市晨练点	健身操	40
同和盐河路广场	健身操	60
同和盐河路广场	健身操	50
蔷薇车站广场	太极拳	20
同和步行西街街南广场	太极拳	20
新中广场	健美操舞	10~15
矿山院	健美操舞	40
振兴大厦门前	木兰系列	50
市国土局健身晚练点	健身操、秧歌	110
泰富广场	健美操	34
建设大厦	健身操、秧歌	45
市国土局	柔力球	22
市民广场	交谊舞	80

第七章 机构 队伍

第一节 行政管理机构

解放前,新浦地区无体育管理机构。

解放后,新浦地区各区均设立文教助理员管理体育工作。1956 年,新海连市体育运动委员会在新浦成立,直管新浦区体育活动的开展。

1958 年,新浦区政府成立文卫科管理体育工作。

“文化大革命”中,体育工作暂停。1969 年底,区革委会成立后体育工作由区革委政工组的文卫组管理。

1983 年 7 月至 1986 年 6 月,新海区成立区体育运动委员会,主管体育工作。

1986 年 7 月,新浦区恢复建制后体育工作改由区文教局管理。1996 年 7 月,新浦区撤销文教局,成立教育局和文化局。群众体育工作由文化局管理,学校体育由教育局体育科管理。

第二节　民间体育组织

民国 25 年(1936),“建华体育会”在新浦成立。

1984 年,新浦区钓鱼协会成立。

1985 年,新浦区信鸽协会成立。

1986 年,新浦区门球协会成立。

1989 年 12 月,新浦区气功科学研究会成立。

1990 年,老年体育协会成立。

第三节　队　伍

民国 25 年(1936),新浦成立第一支“建华”篮球队和第一支足球队。民国 29 年,新浦先后成立民间的“体友队”、商界的“商工队”、驻军的“虎啸”队、中小学的“林林”队、“试试看”队等篮球队。

20 世纪 50 年代,新浦各中小学校相继成立各类体育运动队伍。新浦地区的青联足球队于 1952 年成立。

1961 年初,新浦区男子篮球队、女子篮球队同时成立。1964 年重建,男子篮球队队员 15 人,女子篮球队队员 11 人。

1984 年至 1986 年 6 月,新海区男子篮球队成立,队员 12 人,教练李庆华。

1986 年,新浦区老干部局门球队成立,队员 21 人。

1997 年,新浦区机关男子篮球队成立,队员 12 人,教练李庆华。

2001 年,新浦区老干部局成立新浦区门球二队。

第三十三编 精神文明建设

新中国成立后，市、区党政领导重视思想教育工作，不断教育广大党员干部树立革命人生观和为人民服务思想，对广大群众进行中国共产党的性质、宗旨、路线和方针、政策等基本知识教育，职工群众跟共产党走，建设社会主义的决心不断增强，信心不断坚定。20世纪60年代起，全区掀起学习毛主席著作热潮，响应毛主席“向雷锋同志学习”号召，广泛开展学雷锋活动。全心全意为人民服务成为广大党员干部的行动宗旨；愚公移山精神成为干部群众艰苦奋斗、战胜困难搞好社会主义建设的强大精神动力；雷锋精神更是家喻户晓，深入人心，激励着人们奋发向上。

“文化大革命”期间，思想建设工作受到严重干扰，资产阶级派性和无政府主义思潮泛滥，使思想建设成果受到很大损失，人的精神面貌也受到很大影响。

中共十一届三中全会后，特别是改革开放后，区委、区政府紧跟党中央和省、市委部署，针对一度出现的重视物质文明建设，忽略精神文明建设的现象，切实加强社会主义精神文明建设工作，在全区全面发动，开展精神文明建设活动。同时，通过与驻军和辖区单位等共同开展共创以拥军优属，拥军爱民为内容的“双拥模范区”、共建“卫生城市”等专项创建活动，把精神文明建设步步引向深入。

区委、区政府不断总结经验，加大精神文明建设力度，做到“两手抓、两手硬”，两个文明建设一齐规划，一齐部署实施，一齐检查评比表彰，同时纳入年终目标考核。精神文明建设成效明显。到2005年底，新浦区先后3次被省政府、省军区授予“双拥模范区”称号，在创建卫生城市中，多次受到表彰，两次被评为市城市园林绿化先进单位。和睦友爱、扶贫助困、拾金不昧、尊老敬老、见义勇为蔚然成风，新人新事不断涌现，

第一章 全面创建

第一节 机 构

20世纪80年代前，全区思想教育工作由区委宣传科负责。

1983年5月，新浦区成立军民共建精神文明领导小组，下设办公室。

1991年4月16日，新浦区精神文明建设活动委员会成立，驻地各大单位均为该委员会成员单位。委员会下设办公室（简称区文明办）。各街道相应成立精神文明建设活动领导小组，下设办公室。5月20日，新浦区拥军优属、拥政爱民“双拥”工作领导小组成立。

1999年，区委、区政府成立创建文明城市指挥部，下设8个专业组，负责制定全区创建文明城市工

作规划,组织并开展新浦地区文明城市创建活动。

第二节 全面建设精神文明

1955 年,新浦区成立后,区委重视干部职工的思想教育,结合各项运动,组织大家学习党的路线、方针、政策,引导党员、干部、团员、青年树立革命人生观,弘扬革命传统。

1963 年春,区委带领全人民响应毛泽东主席"向雷锋同志学习"伟大号召,在全区掀起学雷锋热潮,在雷锋精神激励下,一心为公、助人为乐、甘当一颗螺丝钉、勤俭节约蔚然成风,并涌现出新浦长途汽车站学雷锋先进典型—雷锋车组。在广大党员干部中开展向焦裕禄同志学习活动,进一步树立为人民服务奋斗终生的人生观,发扬调查研究、艰苦奋斗的工作作风。1966 年年初,在全区掀起学习毛主席著作热潮,特别是通过全民学习《为人民服务》《愚公移山》和《纪念白求恩》,进一步提高广大干部、居民的思想境界,张思德的全心全意为人民服务精神、愚公移山精神和白求恩的共产主义精神成为大家效仿的榜样和搞好各项工作的精神动力。

"文化大革命"期间,思想教育受到严重干扰,派性和无政府主义思潮一度泛滥,干部职工精神面貌受到很大影响。

中共十一届三中全会后,区委贯彻落实中央和省、市委部署,加强政治思想建设,1981 年 2 月起,在全区开展以治理脏、乱、差为重点的"五讲四美"活动,通过教育,讲文明、讲礼貌、讲卫生、讲秩序、讲道德渐成风尚,人人以心灵美、语言美、行为美、环境美为荣,社会主义精神文明建设初现成果。1983 年 2 月,进一步开展"五讲四美三热爱"(三热爱即热爱中国、热爱社会主义、热爱共产党)活动。

改革开放后,在市委领导下,区委进一步加强社会主义精神文明建设,克服一度出现的重物质文明建设,忽视精神文明建设的倾向,从思想认识,到组织领导,规划制定、制度建设切实做好社会主义精神文明建设工作,做到两个文明建设一齐规划、一齐实施、一齐检查评比表彰,并纳入年终考核目标。在全区开展学习雷锋车组、拥军优抚、军民共建文明路、社会孤老帮护,创建文明街(路)、评比"五好家庭""文明楼院""五好居委会"等一系列精神文明创建活动。1987 年 8 月 25 日,全区开始实施《连云港市市民守则》。1990 年 6 月起,在辖区全面开展创建国家卫生城市活动。

1992 年起,区文明办进一步制定《新浦区精神文明创建规划》,在新浦地区开展创省级文明单位、市级文明单位和争当文明市民活动,向每户居民发放《连云港市市民守则》。1993 年 3 月 20 日,区委、区政府召开新浦地区精神文明创建工作总结表彰大会,授予 15 个单位、19 个居委会、1 个村、13 个楼院为 1992 年度区级文明单位称号。当年,全面开展评选遵纪守法户、五好家庭户、五好家庭标兵户活动,新浦地区"三户"率分别达到 95%、80% 和 12% 以上。1993 年,新浦地区涌现出省级文明单位 13 家,市级文明单位(村)34 家,区级文明单位(居民委员会、村)90 家。1994 年国庆节前,区委、区政府举办首届新浦地区群众文化周活动,历时 8 天,参加人数达 1.5 万人次。组织 28 所中小学参加"爱我中华"读书活动。并对 1993 年命名的 1991～1992 年度省、市级文明单位开展复检工作。1995 年,新浦地区评选出 1993 至 1994 年度省级文明单位 14 家、区级文明单位 111 家。6 月,由区委宣传部、区文明办牵头,联合 14 家省级文明单位联名向辖区各单位发出《为创建省级卫生城市多做贡献》的倡议书,并录成磁带,组织宣传车,在市区主要干道巡回播放。12 月,临洪街道港西街居委会被评为全国模范居委会。1997 年,区文明办对辖区180余家文明单位进行检查，于8月份，召开新浦地区1995～1996年度文明单位命名表彰大会，全辖区123家单位被授予区级文明单位，推荐省级文明单位17家、市级文明单位41家。

1998年，制定《新浦区创建文明城市五年规划》，并对新浦地区123家区级文明单位的创建工作进行调查、指导，海宁小区、市级机关宿舍区被评为省级文明小区。同时，以“学习长途服务组——雷锋车组”为契机，开展“讲文明、树新风”活动。

1999年6月底，区委、区政府召开文明单位创建文明城市经验交流会。全年在龙河广场、新火车站广场等地以创建文明城市为主题先后举办10余次文艺宣传演出。当年，驻地102个大单位均开设市民文明学校，加强社会主义精神文明教育。

2000年，全区把海连中路作为“文明示范路”的创建重点，广泛开展创建宣传活动。并以文明示范路创建为主线，带动文明小区的创建活动，3万余人参加小区环境治理活动，清除乱写乱贴小广告2万余张，居民对文明小区创建工作满意率达96%以上。年内，海连中路被评为首批市级文明示范路。东大、杰瑞、海宁、市机关家属委员会、玉带新村和黄海机械厂宿舍等6个小区被推荐申报省级文明小区。

2001年，区委、区政府在全区开展“三个代表”重要思想学习教育活动。组织参加市精神文明建设办公室组织的“增强连云港意识，树立连云港人新形象”电视辩论大赛。参加全市统一组织的“树文明形象，展行业风采”优质服务活动，先后开展“五好文明家庭”和以“社区是我家，建设靠大家”为主题的“社区之星”评比表彰活动，社区文明楼院共建文艺演出活动以及“百户文明家庭”“千名文明市民”“十佳社区建设标兵”评比活动。

2002年，开展文明示范店、文明经营示范街、文明市民、十佳好儿女等推荐评选活动。陇海商业步行街被评为“文明经营示范街”，陇海商业步行街内14家商户被评为市首批“百城万店无假货”示范店。在全区加强公民道德教育，开展学唱“公民道德组歌”活动。4月25日，区委、区政府和市委宣传部、市供电局联合在黄海影剧院举行新浦地区“公民道德歌”大型演唱比赛。并组织宣讲团，赴乡镇、街道、学校、社区宣传《公民道德建设实施纲要》。制定下发《关于在全区开展公民道德教育读书活动的通知》，指导以公民道德教育为主题的读书活动。年内，新浦区被评为市创建文明城市先进单位。

2003年，以文明城市、文明单位创建工作为重点，加强精神文明建设工作。9月20日，全区开展第一个“公民道德宣传日”活动，广泛宣传公民道德建设实施纲要。当年，在辖内评比表彰235家区级文明单位，其中153家单位被评为市级文明单位、31家单位被评为省级文明单位标兵。陇海步行街被省委宣传部、省文明办等12家单位联合授予“省级百城万店无假货示范街”称号，并推荐为2004年度国家级“百城万店无假货”示范街。

2004年，开展省级文明城市、文明单位、文明村镇、文明社区、文明示范街等群众性创建活动。以提高市民整体素质和城区综合竞争力为目的，加强学习型城区创建工作，开展学习型家庭创建活动。以“‘十不’规范进万家”“文明新风进社区”等活动为载体，深入开展“改陋习，树新风”活动。陇海商业步行街创建全国“百城万店无假货示范街”活动取得新突破，其中13家店面被评为“百城万店无假货示范店”。当年5月，区文明办协调区10多个部门启动以全区未成年人思想道德教育为主题的“育人工程”，清除周边文化垃圾，开展净化网吧活动，聘请200多名老干部、老党员、离退休同志为网吧义务监督员，有6家网吧被市委宣传部、市文明办命名为“文明网吧”。10月，开展文明诚信示范街创建月活动与创建国家级示范街万人签名活动。全年共评出237家2003～2004年度区级文明单位；云台乡西山村、东磊村被评为市科普文明村。区委宣传部、区文明办和区环保局组织全区机关干部、中小学生参加创建

“国家环保模范城市”万人签名活动，为奥运申吉举办3场万人签名活动，与市交巡警支队共同举办交通法规知识竞赛，开展“公仆颂”卡拉OK大奖赛及名家送春联活动等。在机关、学校、社区开展“学纲要、讲道德、树新风”系列宣传教育活动。开展“与雷锋车同行”活动，组织为“雷锋车”大型雕塑捐款活动。区文明办邀请战士作家高玉宝为全区300余名青少年作革命传统报告会。同月，中央文明委到新浦区解放路小学调研，对全区未成年人思想道德建设工作给予高度评价。连云港市少年宫被省文明办、省教育厅、省科技局等6个部门命名为“江苏省青少年校外活动示范基地”。

2005年11月起，区委在全区党员中开展保持共产党员先进性教育活动。区委、区政府把创建省级文明城市活动作为提高中心城区文明程度的重要载体和契机，开展形式多样的群众性创建活动。3月，公布实施《新浦区关于开展创建示范社区活动的意见》，各街道开展特色社区、星级社区创建活动。各乡镇、街道广泛开展星级社区创建活动。兴业社区的“学习型社区”创建活动；紫云社区15名党员与特困户签订“爱心合同”；外仓社区通过举办“邻居节”，增强邻里沟通，团结互助，营造文明生活环境；建康社区开展“心连心”活动，帮助独生子女困难家庭解忧排难；花果山乡在全乡村民中开展以“争当爱国星、和谐星、诚信星、道德星、‘三创’星、法纪星、新风星、卫生星、计生星、文教星”为内容的“十星文明户”活动，同时，制定《花果山乡公民文明公约》，创建文明村活动等都取得明显成效。新东街道被国家计生委等10个部门授予“婚育新风进万家”活动先进集体，新南街道获“全国万家图书室援建和万家社区读书活动先进街道”称号。区委、区政府还召开“四城同创”（即创建国家级卫生城市、园林城市、环保城市和省级文明城市）工作会议，与有关部门签订《新浦区创建文明城市目标责任书》。开展“城乡共建文化先进村”“百部爱国主义影片进农村”活动。在广大青少年中开展“纪念抗日战争胜利60周年”主题教育以及“七彩的夏日”暑期活动，举办讲座68场次，组织684人次参观学习，对7285名未成年人进行爱国主义、集体主义、社会主义教育；引导未成年人参加社区（村）文明公益活动达2216人次。当年评选出2003～2004年度区级文明单位238家，其中区法院等74家被评为市级文明单位，新浦汽车总站等43家单位被评为省级文明单位，七一六研究所等3家单位被评为全国精神文明建设工作先进单位。飞泉村、凤凰村、太平村被评为省级文明村，海宁社区、苍梧社区等两个社区被评为省级文明社区。

第二章　专项创建

第一节　军民共创“双拥模范区”

20世纪80年代初，中共新浦区委、新浦区政府开始开展军民共建活动。1982年7月30日，区政府邀请驻军83077部队副团长战斗英雄刘根仓为干部职工作题为《发扬我军光荣传统和英勇杀敌》的报告会。同年，全区各单位、街道与驻军挂钩，开展互助、互学活动。1983年5月25日，区委、区政府进一步加强军民共建工作领导，成立新浦区军民共建精神文明领导小组，下设办公室。驻区各单位及区属街道、居委会均相应成立军民共建领导小组，主动与当地驻军联系，军民共签“双拥”公约，推动“双拥”工作上新台阶。1984年3月，在市政府和驻地部队联合召开的“双拥”工作先进代表会上，新浦地区有31个单位和个人受到表彰。20世纪80年代末，区委、区政府组织辖区各单位总结历年来开展军民共建活动的经验，驻军也交流拥政工作经验。新浦地区“双拥”工作逐步走向规范。

图 33－1　1970 年新浦发洪水时，解放军指战员立即投入抗洪斗争，帮助转移灾民

1991 年 5 月 20 日，新浦区成立“双拥”工作领导小组。同年 9 月，区政府与市武警支队等 5 个团以上单位签定“双拥”公约。次年 3 月，全区 5 个街道分别建立“双拥”活动中心。4 月，区委、区政府在市工人文化宫小礼堂召开“双拥”工作经验交流会。市武警支队和市交通局等单位在会上交流经验。1993 年 2 月 16 日，区委、区政府在海昌路举办“‘双拥’一条街”创建活动。次年 9 月 24 日，路南街道与市武警支队、消防支队结对在朝阳中路共创“‘双拥’文明示范路”。12 月 8 日，“新浦区少年军校管理委员会及建校大会”在市黄海影剧院召开。驻军和地方领导兼任管委会名誉主任、主任、副主任和委员。管委会下设办公室。延安中学、浦东中学、临洪中学、新浦中学、陇东中学、海宁中学、解放路小学、建国路小学、连海路小学、海宁小学等中小学建成 10 所少年军校。同时，在市武警支队、边防支队、消防支队、新浦区人武部建立 4 个青少年教育基地。

图 33－2　居民们在为武警战士包粽子

1995 年年初，新浦区“双拥”工作领导小组制定下发《关于开展争创省双拥模范区的意见》及《国防教育实施细则》。同年，浦东、路南、浦西 3 个街道被市政府、连云港警备区命名为“双拥模范街道”；临洪街道与市边防支队被命名为“军民共建十佳”单位。海军 487 农场，因与市东街道结对开展军民共建活动成绩显著，被海军评为“先进农场”，集体荣立一等功。1997 年，驻军市武警支队、市消防支队、市边防支队等培训少年军校学员 3000 余人次。并出动兵力 500 多人次、车辆 100 多台次，参与地方创建卫生城市活动，清扫垃圾 2000 多吨。1998 年 2 月，新浦区被省政府、省军区授予“双拥模范区”称号。同年 7 月 17 日，区委、区政府和驻军单位组织 1000 多名军民参加“军民共建文明路”活动。10 月，在全区开展“双拥”基金集资活动，处级干部每人 100 元，科级干部每人 50 元，其他职工每人 20 元。筹集“双拥”基金 40 万元。年内，区委、区政府投入近百万元为新浦区人武部增添交通工具，建征兵体检站及整修美化营区环境，解决职工住房难问题，改善区人武部的工作条件。1999 年，新浦区“双拥”工作领导小组被国家“双拥”领导小组评为“爱心献功臣行动”先进单位；被省“双拥”领导小组评为“爱心献功臣行动”先进单位。

2001 年 5 月，新浦区推出“双拥”工作新举措，全区建立 10 个“双拥”基地：在区法院建立“维护国防利益和军人、军属合法权益合议庭”；在市经济干校建立“新浦区军民共建学校”；在区再就业培训中心建立“军嫂职业技能培训学校”；在爱家楼酒店建立“新浦区科技拥军烹饪技术指导中心”；在市消防支队建立“新浦区消防知识普及教育中心”；在市中医院建立“新浦区驻军医药技术进修中心”；在市农科所建立“新浦区驻军副食品生产指导基地”；在市福利院建立“新浦区驻军助残扶残服务基地”；在市东老年公寓建立“新浦区驻军敬老帮扶服务基地”。同年8月28日，区委、区政府在爱家楼酒店召开“双拥”工作基地现场会，并为“新浦区科技拥军烹饪技术指导中心”揭牌。年内，还在龙尾河西侧建立一片“双拥林”。

图33－3 2002年新浦区再次获省政府、省军区授予的“双拥模范区”奖牌

2002年1月20日，新浦区再次被省政府、省军区授予“双拥模范区”称号。赵世强、熊洁英被评为省“双拥工作先进个人”。同年4月18日，新浦区被市政府、连云港警备区授予“双拥工作先进单位”称号。同年，驻区部队开展“我为第二故乡添光彩”活动，大力支持新浦区“两个文明”建设。市消防支队接警出动259次，扑灭各类火灾188起，参加抢险救援行动53次、社会救助活动15次，抢救人员2人次，挽回经济损失200余万元。驻区部队还组织官兵百余人帮助大、中、小学校和有关单位开展军事训练，累计培训2000多人。为市争创“全国双拥模范城”作出贡献。

2003年，市消防支队被市评为“拥政爱民十佳”单位。2005年，新浦区第三次被省政府、省军区授予省“双拥模范区”称号。

第二节 辖区共建卫生城市

1985年11月，开始在解放中路开展创建文明一条街活动，并由沿街主要单位负责人参加，成立文明一条街管理委员会。

1990年，解放中路沿街多数大商场、商店门面已安装上霓虹灯，小商店门前也安装了多种形状的彩灯，人行道两旁种上花草和摆放盆花。并沿路设立12个卫生监督岗，负责检查处理，对违章处以罚款。解放路文明一条街管理委员会定期对沿街单位进行检查评比。

1990年6月，全面开展创建卫生城市工作。8月，区政府成立创建卫生城市领导小组，下设12个工作小组，对创建卫生城市各项措施落实情况进行督促检查。公安、城建、规划、工商等部门联合行动，依照《连云港市市容管理规定》，拆除违章棚点1271处，拆除违章建筑108处，面积1万多平方米；清除违章摊点320个。清除小街巷堆积物673处，清理被占道路面积11473平方米，出动车辆578辆次，清理建筑垃圾1万余吨。清理了主干道两侧被占用的全部人行道。同时，驻地机关、部队、职工和广大居民一道大搞环境卫生，突击清理各自地段内的卫生死角。工商管理人员整顿在干道上的流动摊贩。园林绿化部门组织力量，修剪绿篱3000米，清除18990平方米绿地内的杂草，在海昌路建了2000平方米花坛绿地,主干道沿街摆放盆花近万盆。对原有垃圾粪便处理场、垃圾中转站进行环境绿化、美化。市政部门修铺主干道坑塘518个,计3439平方米。地区单位自费铺筑门前主次干道旁的人行道板2万平方米。市轻工公司、市东街道办事处、临洪街道办事处、浦南工商所、民航连云港站等单位成绩突出,受到了区政府的表彰。

1992年10月16日,新浦区在市召开的创建国家卫生城市总结表彰大会上,被评为先进区。新浦地区艺北农贸市场、解放路小学、市自来水公司、新浦汽车总站、区环卫处、市交通局、市轻工商场、市食品总厂、市卫生防疫站,天然居宾馆、市东街道、临洪街道被评为先进单位。

1995年,围绕市政府创建目标责任状,以梳妆打扮、基础设施建设为重点,以"门前三包"、街巷管理、食品卫生等软件管理为基础,全区投入170万元用于环卫设施建设,至8月底,已完成8座厕所旱改水任务(一类4座:龙河广场、百货大楼、通灌南路、月牙站;二类4座:海宁园、市粮食局、艺北路、天池牌楼)。建成浦西垃圾中转站、海宁垃圾中转站,完成了43座填充闭垃圾池的建设。同年,开展了"十佳"和"五差"居委会评比活动,各街采取挂"红旗""黄旗"等形式开展竞赛,每周一检查,考核结果与年考评挂钩。同年7月,新浦区发挥文明单位典型示范作用,以文明单位为龙头,协调周围企业、学校、商店、部队共同参与,加大创建卫生城市力度。联络市百货大楼、供电局、汽车总站等十几家省级文明单位,联名各辖区单位发出《为创建省级卫生城市多做贡献的倡议书》。市百货大楼投入多万元,用于亮化、"梳妆打扮",并配上12名清洁工,搞好"门前三包"。市级单位七一六研究所投入20万元搞绿化、卫生,科研区、生活区做到三季有花、四季常青。

1997年5月,开展治脏突击月活动,在近一个月的时间里,动员近700名职工,出动车辆30辆次,铲、平、卫生死角的生活、建筑垃圾130吨。同年6月13日起,用11天的时间,组织工人全力整治原新浦垃圾处理场,共运输土方8000立方米,计1300车次,彻底清除了新浦地区东部最大的蚊蝇滋生源。同年,开展了昌旺工地整治、龙河广场整治、公交南站整治及社会用字整顿等专项活动,完成了全区27个摊点经营网点的核证和批证,确定夏季冷饮和瓜果点50余处。其间,在城区全面推广"垃圾袋装化"管理办法。主要干道的垃圾桶基本拆除,同时配备24个袋装垃圾收集房。

1998年,对玉龙路、花果山路、盐河南路的环境进行清理,取缔了玉龙路客运南站附近摊点,对花果山路两侧违章摆放的经营网点进行了规范,填平近3000平方米。

1999年,开展新浦区改造综合整治工作,重点加强对占道经营的有序管理,清理主中道经营摊点,拆除了临洪垃圾中转站墙外的违章建筑,铲除了全区主次干道上违章搭建的电话亭、售货棚,拆除小街小巷乱搭乱建68处,清除小广告1.2万张,清理家禽家畜饲养点21处。

2000年4月,由城管、公安、工商、交通、城建、卫生、环保等7个部门47人组成新浦区城管联合执法大队,采取部门专项执法和联合执法相结合的办法,加大市容秩序、环境卫生等整治力度以。同年,安排158名值岗保洁员,对26万平方米的主次干道上的人行道进行清扫保洁.

2001年起,新浦区创建卫生城市工作突出以城市美化、亮化为重点,进一步美化城市形象,改善城市开放和居民生活环境。2001年,在"跨世纪迎新春"卫生整治活动中,组织600多人、40多台车,连续几天24小时作业,共清运垃圾500余车次2500多吨。在夏季爱国卫生运动中,20多天奋战,共清运1300多吨,整理场地1万多平方米,清理广告8200多份,清除杂草9000多平方米,连续3次开展环境卫生整理突击旬活动,对市区进行了3遍覆盖式喷洒消毒,共用药水460吨。同年11月15日,区政府决定在海昌北路的民主路到海连路段,开展争创"文明示范路"活动。同时,采取定点和流动相结合的管理办法，在步行街处设立“城管服务站”，负责维护市容秩序和接受群众咨询。

2002 年，针对市民反映的热点、难点问题，开展了人行道、社区卫生、“三乱”（乱贴、乱画、乱停放）等专项整理活动。今年累计查纠各类违章行为 13035 起，清运的“无人问”及“卫生死角”垃圾达 1000 余吨，清理各类小广告 10 万余条，查处小广告制造者通讯工具号码 80 余个。清除卫生死角 126 处。全年共投放鼠药 6.5 吨，使用各类蚊蝇消杀药 4.5 吨。

2003 年，为做好环境卫生工作，切实加大对城市卫生的综合整治力度，相继开展了城乡结合部卫生、“三乱”户外广告、居民区卫生、“爱国卫生突击月”等多次专项整治活动。共纠正各类违章 13050 起，清理占道经营摊点 1064 个，店外经营 1921 处，拆除违章搭建 572 处，计 1300 平方米，清理卫生死角 200 处，清运各类垃圾 20 余万吨。清理小广告 80 余万张，维修公厕 20 余座，清理杂草两万平方米。同年，在存货大楼门前、昌旺购物中心东门、南极路中医院西门设立了擦鞋类、水果类、快餐类等摊点群，统一划线经营、统一营业时间、统一作业工具、统一从业人员着装，做到规范管理，亮证经营，吸纳 150 名下岗失业人员加入到服务摊点群中。

图 33－4 环境卫生保洁人员在清理“三乱”小广告

2004 年，为扎实开展市容综合整治活动，区城管局与公安、工商、卫生和街道办事处等部门联系，对“三乱”小广告进行拉网式清理，今年共清理“三乱”小广告 50 万张。相继开展了拆除违章搭建、高校区占道经营、取缔马路市场等 20 余次市容秩序专项整治活动，共清理各类摊点 5000 余处，拆除违章搭建 376 处，计 2000 多平方米。清洁城郊结合部卫生死角 100 余处，清运各类垃圾 2.2 万吨，清理杂草 3 万平方米。同年，在巨龙南路和新孔北路等路段推出全民摊点群，统一制作遮阳伞，统一从业人员着装，新增摊点群 10 处计 160 个摊点。开展非机动车停放管理工作，采取单位自包和代包、设置自行车停放架、划片收费管理三种方式进行管理，在海连路、朝阳路、解放路设置了 130 余处非机动车规范停放点。

2005 年 5 月 13 日，朝阳东路、海宁大道、盐河路、科苑路、郁洲路、海连路全面实现机械化清扫。5 月 30 日，区委、区政府召开整治违法建设暨“四城同创”动员大会（创建卫生、文明、园林、环保城市）。12 月 21 日，与区建设局联手，强制清除在海宁大道绿化带上违规铺设水泥地面的 49 家店面。2001～2005 年，全区实施城市美化、亮化工程 550 余项，新增亮化面积 23 万平方米。

第三节 学雷锋争创青年文明号

1963 年 3 月 5 日，毛泽东主席发出“向雷锋同志学习”号召，全区团员青年广泛开展学雷锋活动，先后又开展向王杰、刘文学等英雄模范人物学习活动，甘当革命螺丝钉、干一行爱一行、助人为乐蔚然成风。并涌现出了新浦汽车总站“雷锋车”手等一批学雷锋先进集体和个人。城区知识青年以雷锋为榜样，响应毛泽东主席“到农村去，接受贫下中农再教育”号召，1963 年至 1966 年，全区先后有 234 名初、高中毕业生先后到农场、农村和新疆等地支援农业生产，支援边疆建设。

1978 年 3 月 5 日，团区委在全区团员青年中开展纪念毛泽东主席“向雷锋同志学习”题词 15 周年活动，继续开展“学雷锋、树新风、做好事”活动。涌现一批学雷锋先进集体和个人。1982 年 6 月 4 日，新浦区基干民兵、共青团员、市毛巾厂工人吴伦东在值班看护纺织工业局民兵枪支时，发现两名歹徒妄图盗窃枪支，勇敢地上前制止，与之搏斗，不幸牺牲。全区团员青年开展向“模范共青团员吴伦东”学习活动，立足岗位，干好本职工作。1987 年，团区委把“学雷锋，树新风”作为全年开展各项活动的主线，弘扬雷锋精神。1988 年，团区委作出《关于进一步深化“青年文明号”创建活动的意见》。

1990 年，团区委决定每年 3 月 4 日为新浦区“万名青少年奉献日”。此后，每年此日，各单位均组织青少年走上街头维护公共卫生、为社会孤老做好事、参加绿化造林等公益活动。至 1993 年，青少年累计植树 20000 余株，先后营造了“苗圃青年林”“红领巾绿地”“雷锋林”等。其间，团区委被团市委授予“绿化先进集体”称号，“苗圃青年林”被评为市“优秀绿化工程”。

20 世纪 90 年代初起，全区各级团组织响应团中央号召，实施“跨世纪青年文明工程”，开展“岗位学雷锋，行业树新风，社会送温暖”活动。1997 年，团区委组织 2000 多名团员青年，承担起人民路两侧的义务保洁工作。区环卫处团支部在团员青年中开展以“脏了我一人，干净千万家”为主题的夏季城市百日劳动竞赛。区城建局绿化队团员绿地——朝阳桥绿园被评为“优秀工程”。1998 年，绿化队团支部被授予青少年植树造林“先进集体”称号。

2001 年，全区青年文明号创建活动领域进一步拓宽，由服务业向工业延伸，并实施“号手联动”，已获“青年文明号”称号的单位，坚持挂牌服务，发挥典型示范作用。年内，新海派出所被命名为省级“青年文明号”，钟声幼儿园和新南派出所被命名为市级“青年文明号”。

2002 年，全区工业企业青年学雷锋，争创青年文明号活动普遍展开。在“岗位奉献”“我为企业献一计”主题活动中，300 多名青年岗位能手脱颖而出。

2003 年，团区委号召全区团员青年投入抗“非典”斗争，在夏收夏种大忙季节，组织 100 多名青年成立 10 支“帮耕助困队”，多次到南城镇青春社区、云台乡凌州村等地，为子女外出务工的家庭老人提供帮助。与市出租汽车公司一道，组织 18 辆出租汽车成立“爱心车队”，免费为在抗“非典”第一线的医护人员接送子女，解除他们后顾之忧。

2004 年，团区委下发《关于在全区开展青年文明号申报审批工作通知》，推动“岗位学雷锋，争创文明号”活动向纵深发展。当年底，倾城商贸有限公司获省级“青年文明号”称号，小红花幼儿园等 3 个单位被授予市级“青年文明号”称号，有 26 个基层团组织获区级“青年文明号”称号。

2005 年 3 月 5 日，纪念毛泽东主席“向雷锋同志学习”题词 42 周年，全区各级团组织以“千名学生进社区”“社区是我家，文明靠大家”为主题开展学雷锋活动。4 月，团区委举办“弘扬三创精神，青春奉献家乡”演讲比赛，激发广大团员青年深入持久开展争创青年文明号，投入全区改革开放，搞好经济建设，争创一流业绩的积极性。区检察院办公室、新浦国土分局两个单位获市“青年文明号”称号。浦东街道团委被团省委授予“五四团委创建单位”称号，新东街道龙尾社区团支部被团省委授予“五四红旗团支部”称号，团区委被团市委授予“共青团特色工作先进团组织”称号。

专记 33 -1:连云港市新浦汽车总站“雷锋车”

“雷锋车”的由来

1963 年,江苏省连云港市汽车总站职工响应党中央和毛泽东主席的号召,开展“向雷锋同志学习”活动大家一致认为,学雷锋就要学他干一行,爱一行,助人为乐,为党和人民的事业全心全意、无私奉献的精神,要在平凡的工作岗位上创造不平凡的业绩。车站长途服务组的同志们,把学雷锋的着眼点放在如何为旅客排忧解难上。在工作中她们发现,好多旅客要到 1 千米外的火车站转车,而火车站的旅客又要到汽车站来转车,那个时候,汽车、火车的班次都比较少,转车的旅客如果脚步一慢将误点误车,甚至要在当地住一宿。特别是一些携带行李较多和行动不便的老弱病残旅客,要想及时转车困难更大。能为这些旅客接送行包、扶老携幼,不就是最好的学雷锋行动吗?长途服务组的同志看到、想到、说到、做到,她们说干就干,几位服务员拿着三条小扁担和绳子,前往火车站为旅客免费挑运行李,就像雷锋雨夜送大娘、工地送砖瓦那样干了起来。

半年后,车站领导看到这些服务员干得有声有色,便专门为她们购置一辆平板车,让她们多接旅客、多拉行包。从此,这辆小板车,风里来雨里去,走街串巷为四面八方旅客排忧解难,转车的旅客她们就送往车站,回家的旅客她们便送到家门口……她们的学雷锋活动得到了旅客的赞扬和好评,旅客们亲切地称这辆小平车为“雷锋车”,时间一长,“雷锋车”的名字就在连云港叫响了。

“雷锋车”的主要事迹

“雷锋车”诞生 40 多年来,“雷锋车”组的服务人员换了一茬又一茬。但是在这 40 多个春夏秋冬中,雷锋精神却始终贯穿在她们的全部工作和服务过程中。清晨四、五点钟,当人们还在甜美的梦乡,她们却踏着晨露走进站台;晚上七八点钟,万家灯火时分,她们才披着星光迈进家门。检票、发车、接车、咨询、候车服务、安全喊话、礼仪告别……从早到晚,日日、月月、年年都是如此重复忙碌着。都像雷锋那样,爱岗敬业,千方百计提高服务质量;像雷锋那样,助人为乐,把旅客当亲人,让旅客感到:“在家千日好。出门也不难。”也铸就了“雷锋车”手们“宁愿自己千般苦,不让旅客一时难”的共同誓言。

20 世纪 70 年代中期的一个秋风瑟瑟的傍晚,候车室里旅客稀少,李保英发现 1 个八、九岁的男孩,孤身一人,衣着不整,正在怯生生地东张西望,她就主动上前询问,原来,他叫刁洪海,父亲去世,母亲改嫁,他一直与奶奶相依为命,前不久,奶奶又去世了。乡亲们可怜他凑了点钱,打了张车票,让这苦命的孩子去找他的亲生母亲。当时,天色已经很晚,已经没有班车了,李保英望着孩子那期盼的目光,母爱之情油然而生。于是,她把孩子带回家,帮他洗脸、洗手、洗脚,换上干净的衣服,又做好可口的饭菜,让他吃好、吃饱,并安顿他睡下。第二天一早,又送他上了去农场的班车,上车后,小洪海挥动着小手,深情地喊了她一声“大姨!”从此,李保英大姐便真的成了孩子的亲人。多少年来,无论这孩子读书、参军,还是复员、工作,李保英总惦记着他。1991 年,刁洪海结婚时,她又送了 50 元钱和电热毯、毛毯等衣物。前不久,当李保英听到他的小孩住院治病,急需用钱时,她又马上送了 500 元钱资助他们。

多少年来,李保英不知照顾过多少像刁洪海这样的孩子,可是,说起她的亲生儿子,却有一段令人揪心的事。30 多年前,正处在哺乳期的李保英听到一位旅客的婴儿饿得哇哇叫的哭声,看到没有奶水的家长在急得团团转,她就毫不犹豫地走上前去,为孩子哺乳。不幸的是,由于交叉感染,她的孩子传染上了小儿麻痹症,落下了终身残疾……

虽然过去了这么多年,经历了那么多的事,但有一个人却使一代又一代的“雷锋车”手终生难忘,那就是朱秀兰大姐。

1983年年底，当癌病即将吞噬车站服务员朱秀兰年轻的生命时，她却用生命的最后冲刺，扑在了“雷锋车”上。看着她病情恶化后日渐消瘦的面容，谁也不忍心再让她拉车，但谁也无法拒绝她最后的拉车请求！她说：“我知道自己的生命快要结束了，就让我再拉几次‘雷锋车’吧！”那一年的春运特别忙，当班，她扫地、检票、送水……哪里人手紧，她就默默地出现在哪里；下班，她那病弱之躯又默默地出现在“雷锋车”旁，一步、一步、一步，她含着笑，姐妹们却含着泪……短短20天，她就收到旅客表扬信200多封。3个月后，朱大姐走了，带着她对“雷锋车”的深情，带着她对旅客的爱心。她走了，那一年，她年仅37岁。

就在她去世不久，从山东日照寄来一张汇款单和一封感谢信，钱，是她生前为一位旅客买票垫付的，这位旅客在感谢信中说：“下次再到连云港，一定来看望朱大姐……”

“人的生命是有限的，为人民服务是无限的。我要把有限的生命，投入到无限的为人民服务中去。”朱秀兰同志用生命实践了雷锋同志的诺言。

朱大姐永远离开了“雷锋车”，朱大姐似乎又一刻也没有离开过“雷锋车”，她的生命在延续，她的事业在延续。1984年，朱秀兰的女儿又拉起了“雷锋车”。这位全国总工会十三大代表、“雷锋车”手——肖彦是这样谈起她那慈祥善良的母亲留给她的“雷锋车”：“妈妈的一生把一切都献给了别人。从妈妈交给我的‘雷锋车’上我懂得了道理，懂得了我人生的价值，也更加坚定了我沿着妈妈没有走完的路走下去的决心，不管遇到多少困难和挫折，我永远都不会放弃全心全意为人民服务的这个信念，走妈妈的路，做雷锋那样的人，将‘雷锋车’一代一代传下去。”

这，也是几代‘雷锋车’手的共同心声。一代一代“雷锋车”手正紧握着前人传递的接力棒，以自己的实际行动，带动和培养了一代又一代新人。徐梅，就是在“雷锋车”组培养下成长起来的。1978年，徐梅刚来连云港汽车总站时，充满幻想，对什么都新鲜，干劲十足，可时间一长，机械重复的排队、检票、倒茶、送水、打扫卫生，使她逐渐厌烦起来，工作失去了干劲。看到她这个样子，组里的老大姐们便一次次地找她谈心，一次次地勉励她，给她讲述雷锋的一个个故事，讲述“雷锋车”的一个个故事……终于，徐梅开始变了，笑容又重新洋溢在她的脸上，脚步又变得轻盈起来，欢快的声音洒满车站的每一个角落。一天中午，徐梅下班回家刚出站口，只见一位30多岁的男同志，额头冒汗，脸色苍白，发出阵阵呻吟，歪倒在门旁，她忙问他怎么了，这位男同志指指胸口，连话都讲不出来。她立即拉来“雷锋车”扶他上车，送到医院。急诊室医生说：“病人是贫血性中暑，必须立即输液。”徐梅拿着处方交费取药，又扶他到病床上躺好，挂上吊针，还买了点心，端来开水。邻床的病人看见徐梅跑前跑后，忙个不停，误以为她是这个人的家属，便夸道：“你的家属真好！”一句话把徐梅说得满脸通红。徐梅对工作精益求精。为了掌握检票的快、准、稳，她把家边的孩子们招呼来，让他们充当“旅客”，依次检票，操练的票剪了几万张。为了讲好普通话，她跟着广播学发音，对着镜子练口型。为了加强与旅客的感情沟通，她还认真学了一些哑语和苏北鲁南地区的方言土语。为了方便旅客转车，她把周边城市的转乘车次都背了下来。功夫不负有心人，梅花香自苦寒来。徐梅终于熟练地掌握了各种服务本领，她的敬业精神和服务水平受到了全站同志和旅客们的一致赞扬，被评为全国优秀服务员，1988年光荣地当选为第七届全国人大代表。

滕士花，江苏省十大女杰、全国交通系统劳动模范。1985年她到连云港市汽车站当服务员、拉“雷锋车”。2000年初，春节刚过十天，于相国与车老板送货到盐城，途经滨海县境内，汽车抛锚。在修车的过程中，于相国突感肚子剧痛难忍，老板给他1000元钱让他到附近医院就医。在通榆镇卫生院里，他被诊断为化脓性阑尾炎，并做了手术。在住院的几天里，他仅吃了半袋饼干，很少有人过问。后来，因手头费用不足,在与医务人员商讨下,于相国便带着十分虚弱的身体和仅有的100元钱,经人指路,乘上了盐城至连云港市的快客,欲转车到北京再转车回家乡。于相国在连云港市汽车站下车时,口袋里的钱仅剩不足80元,而仅到北京的车费就需100多元!遭受病痛折磨的于相国在步履蹒跚中遇到了当班的"雷锋车"组组长滕士花。了解情况后,滕士花将他安置在值班室内,买来饭菜送上水,车站医务人员为他挂水消炎,备足4天用的消炎药品。滕士花和几位姐妹又凑钱给他购买了一张去天津的长途卧铺票,并买了一大包营养食品送给于相国。

当于相国在"雷锋车"组人员的帮助下,踏上回乡的路途时激动地说:"连云港汽车站给我的帮助使我终生难忘,'雷锋车'组人员对我来说,不是亲人胜似亲人。"

像这样的事还有很多、很多。43年中,已免费运送老弱病残旅客近22万人次,义务运送行包达22多万件,行程10多万千米。在四十三年的历程中,"雷锋车"的车型由开始时的人力木板车、铁板车、脚踏三轮车发展到现在的机动电瓶车,车子换了8辆,人换了8茬。43年来累计有500多人担任过"雷锋车"的拉车人和驾驶者,这些人还被广大旅客和社会各界称呼为"雷锋车"手。"雷锋车"成为连云港市、成为江苏省乃至全国交通系统的三个文明建设和优质服务、好人好事的代名词。

图33-5 新浦龙河广场雷锋车雕塑

"雷锋车"也给连云港汽车总站创造了显著的两个文明佳绩。车站不仅连续22年获得"全国文明站"称号,连续22年获得"江苏省文明单位"称号,还先后荣获"全国五一劳动奖状""全国三·八红旗集体""全国学雷锋先进集体"等中央、省、市级荣誉称号300多项。"雷锋车"精神还培育出各类先进人物500多人次,其中有两位全国人大代表,有数十位全国服务标兵和省、市级劳模。2000年连云港市汽车总站被中央文明委授予"全国精神文明建设先进单位",2001年在建党80周年之时,中共中央授予培养了"雷锋车精神"的连云港汽车总站为"全国先进基层党组织"。2002年11月25日,团中央又传来喜讯:连云港汽车总站暨"雷锋车"组被中国雷锋工程委员会授予"全国第六届中国集体雷锋标兵"光荣称号。2003年,雷锋车组分别被省精神文明指导委员会、省总工会授予"五一文明示范岗",被省军区授予"学雷锋先进集体"。2005年,新浦汽车总站分别被授予"江苏省首届十大优质服务品牌"、"江苏省交通系统十大优质服务品牌",被省精神文明指导委员会授予"江苏省文明单位",被交通部授予"全国文明示范窗口"。

"雷锋车"是连云港汽车总站的光荣和骄傲,更是连云港市精神文明建设史上的名牌。"雷锋车"留下的一道道闪光的轨迹,已成为当代雷锋精神的象征。

"雷锋车"的社会影响

"雷锋车"从诞生起,一以贯之地坚持全心全意为人民服务宗旨,实践"宁愿自己千般苦,不让旅客一时难"的诺言。在"雷锋车"的成长过程中,《新华日报》《扬子晚报》《江苏工人报》《连云港日报》《苍梧晚报》连云港电视台、连云港广播电台等新闻媒体、长期的跟踪报道使"雷锋车"的事迹得以及时宣传,"雷锋车"的精神,对港城乃至全省广大青少年起到了极大的激励作用。1990年,北京广播影视剧团根据“雷锋车”事迹拍摄了一部上下集电视剧《情牵雷锋车》，时任国防部部长张爱萍将军为该片题写了片名；雷锋同志的生前战友乔安山于1997年、1999年两次到“雷锋车”组，他不仅为“雷锋车”事迹所感动，并赠送“雷锋车”组的同志们一面“同走雷锋路，共做雷锋人”锦旗，乔安山同志成为连云港汽车总站荣誉站长和“雷锋车”组的特别车手。雷锋同志生前所在的部队和抚顺“雷锋纪念馆”等都收藏了连云港市汽车总站的“雷锋车”相关资料。

1997年7月15日，连云港市委、市政府发出向“雷锋车”组学习号召，后港城开展了一个持续至今的“与雷锋车同行”的社会各界联动的社会主义建设文明精神工程。

1998年2月17日，江苏省委宣传部在南京大行宫会堂举行“雷锋车”先进事迹报告会，并将“雷锋车”列为江苏省精神文明建设重大典型，予以连续报道宣传，号召全省军民学习“雷锋车精神”；“雷锋车”的事迹传遍全国，省委副书记顾浩认为，不管过去还是现在，无私奉献都是一种崇高的思想境界和高尚的道德情操，是正确的世界观、人生观和价值观的生动体现。在市场经济体制逐步完善的今天，我们学习“雷锋车”精神，弘扬无私奉献和全心全意为人民服务的精神，并以这种精神去规范人们的行为，这样，我们才能进一步推进社会主义事业的进程。

图33－6　税务部门职工在参观“雷锋车”事迹展览

1998年，以“雷锋车”手组成的“雷锋车”事迹报告团正式组建. 几年来，已在省内外作巡回报告、座谈会近400场。有近30万军民、厂矿职工、师生、机关干部聆听了“雷锋车”事迹。“雷锋车”荣誉室继1998年被连云港市委列为“市爱国主义教育基地”后，2000年，又被江苏省委命名为“江苏省爱国主义教育基地”。“雷锋车”荣誉室已先后接待了来自黑龙江、安徽、云南、河南及省内的参观团一千多个团队，参观人数近5万人次，有时最多的一天，接待六批参观团。省内外还有近百家企业、军政机关、院校团体与“雷锋车”建立精神文明建设共建对子，并在“雷锋车”组设立教育基地、活动基地、德育基地。

2005年3月，中宣部新闻局组织新华社、《人民日报》《光明日报》《经济日报》、中央广播电台、中央电视台、《解放军报》《科技日报》《工人日报》《中国青年报》《中国妇女报》《农民日报》《法制日报》等国内13家大型新闻媒体记者齐聚港城，集中采访雷锋车40余年情系旅客、爱心奉献的感人事迹，把“雷锋车”组作为2005年全国精神文明重大典型推向全国。

第四节　创建国家环境保护模范城市

2002年年初，连云港市开始创建国家环境保护模范城市。12月3日，全省第一个“绿化社区”创建试点工作，在新浦辖区内淮海工学院通灌学区启动。

2003年，新浦区全面开展绿色文明小区创建活动。2004年年初，在区属工商业企业中开展“环境友好企业评选活动”，并评选出港澳城酒店、申城大酒店、千府大酒店、老正川餐饮公司和东高地餐饮公司等5家为首批环境友好企业。

图33-7　新浦地区创建国家环境保护模范城市活动现场

2004年6月2日，新浦区各机关、学校在海昌路举行“告别陋习，走向文明，清洁家园，让连云港更美丽”的万人签名活动，市长刘永忠亲临现场，参加活动。次日，区委、区政府召开创建国家环境保护模范城市动员大会。8月22日，区政府制定《新浦区创建国家环境保护模范城市工作方案》，成立创建国家环境保护模范城市工作领导小组，下设办公室和业务组织，对创建工作领导小组各成员单位联络员进行技术培训。各有关责任单位均制定本单位的具体工作方案。区创建工作领导小组还与有关责任单位签订目标责任书，动员社会各界和广大群众积极参与创建活动。10月，开展创建绿色社区评选活动。年底，康泰小区、苍梧小区被评为市级宁静小区。海宁中学、解放路小学和六一幼儿园，被省环保厅、教育厅授予省级绿色学校称号。

2005年1月，苍梧社区经省环境保护委员会批准，成为连云港市首批省级绿色社区之一。6月5日，新浦区环保局、苍梧社区、万润社区、登泰大酒店、天晴大酒店、解放路小学、六一幼儿园、海宁中学、港利绿园和陇海步行街被评为市绿色文明工程创建先进集体。11月30日至12月2日，省环保厅和省爱卫办组成的专家组一行7人对连云港市创建国家环保模范城市进行省级技术考核验收时，在新浦区苍梧社区、陇海商业步行街及学校、商店、机关窗口、企业和汽车站等场所，随机征求市民对连云港市环境状况的满意度和意见。认为，连云港市创建国家环保模范城市工作，具备了向国家环保总局申请考核验收的条件。“十五”期间，新浦区承担的创建国家环境保护模范城市任务全面完成。在国家技术评估调查中，新浦地区创建国家环境保护模范城市的公众知晓率达99.6%，满意率达95.5%。年底，建宁小学通过省环保厅考核验收，被评为省级绿色学校。建宁小学、幸福路小学、大庆路小学、新浦中学、花果山中学，被评为市级绿色学校。

第五节　结对共建文明社区

2004年起，全区深化文明社区（村）创建工作，全面开展结对共建活动。新南街道按照“资源共享，互动服务、优势互补、共建社区”原则，组织街道范围内的机关、学校、企事业单位的党组织，与所在社区党组织开展结对共建活动，驻地单位组织党员与社区党员一道参与社区服务、社区文化、社区环境、社区治安等方面社区文明建设活动。街道与辖区单位共同推出“文化快餐车”20辆，让居民在休闲、纳凉的同时享受精神食粮。兴业社区与社区内单位共建“学习型社区”“文化型社区”，利用“文化快餐车”向居民宣传文化科学知识，提高居民素质；云海社区在社区内推行“邻里互助卡”，提倡互帮互助新风尚。当年，新南街道获得全国学习型街道先进单位称号。

新海街道星化社区与社区内的矿山设计院签订“连心共建社区，为党旗增辉”协议，开展共建文明社区活动。驻地单位积极参与万家图书室援建活动，和社区一道疏通下水道，清理“小广告”，铺筑路面，栽植花草，改善居住环境。被民政部、中央文明委等4部委授予“全国万家社区图书室援建和万家社区读书活动先进单位”称号。新东街道龙尾社区与社区内15家单位结对共建，成立党建工作联席会，开展“党建示范社区”“文明社区”创建活动，当年，被区委授予“党员示范社区”“文明社区”称号。

路南街道党工委在辖区范围内开展“共建文明城区，共创党建示范社区”活动，以“共享、共建、共抓、共创”的社区建设理念，发动辖区内单位和社区一道共创文明社区。

第三章　新风新事

第一节　拾金不昧

2003年6月2日下午，两位外地客人在车旁点钞票时，一阵突如其来的大风将其手中人民币卷入空中，散落满地。此时，路上车辆、行人不断。在主人焦虑之际，很多人主动停下来帮助捡拾钞票，不到10分钟时，60张百元人民币现钞分文不少地回到了失主手中。失主非常感激地说：“连云港人真是太好了，”此事被誉为发生在新浦的“六千元现象”，并在新浦产生了深远影响。每年都有数十起拾金不昧的事迹让人钦佩不已。（详见专记33－2：发生在新浦的“六千元现象”）

2003年9月8日傍晚，下着小雨，捷安快客公司苏G65851车车主杨苏川和驾驶员小季开车从新浦将乘客送到墟沟后，立即一路带客往回赶。车出墟沟西小区仍未坐满，杨苏川便开始整理后排空座的座罩，发现座位上有一只黑色挎包。当问明不是车上乘客时，杨苏川意识到是在墟沟下车的乘客丢的。包装得鼓鼓的，拉开一点拉链便露出大沓百元人民币。他赶紧拉紧拉链，让司机停车，并向乘客解释有乘客丢失贵重物品，必须立即送到墟沟镇派出所。乘客也都主动配合，换乘他车。车到派出所，警察打开共同清点，包里装有百元人民币59张，计5900元，另有存折存款3500元及身份证。正在警察根据身份证上网查找失主时，失主也赶到墟沟派出所报案。失主得知情况后，没想到不到1小时丢失的钱物即失而复得，十分钦佩、感激，并拿出几百元现金酬谢，杨苏川当场婉言谢绝。

2004年11月3日晚8点半左右，肯德基餐厅服务员龚妮娜收拾餐具时，发现座位上有个长方形钱包，当即追出门寻找，不见失主，她立即将钱包交给值班经理徐大洲。两人一道清点，包内有现金人民币3000余元及多张银行卡。在按照包内有关号码打电话联系不到失主后，他们立即将钱包送到浦东派出所。第二天上午，民警几经周折终于与失主胡女士取得联系。失主将包内3000元现金和10万余元银行卡领回后，专程赶到肯德基餐厅表示感谢。同月5日下午5时前后，骑三轮车跑客运的下岗工人赵勇，在盐河南路玉带河桥附近拾到1个黑皮包，打开一看，里面尽是现金和银行汇票。他想失主肯定很着急，便在路边等候，一直等到天晚也未见失主。他回家向同是下岗工人的妻子说明此事。他们俩便根据包里的电话号码打电话，终于找到失主——安徽蚌埠41号船队的刘红东。刘红东正为丢失巨款着急，准备到有关部门报失时接到赵勇电话。当他们当面核实包里28000元现金、15万元银行汇票、3000多吨货物托运单一毫不差，并得知他们夫妻都是下岗工人时，当即拿出8000元现金表示谢意。但赵勇夫妻分文不收，并说："这是我们港城人应该做的！"

专记 33－2：发生在新浦的"六千元现象"

2003 年 6 月 26 日下午 1 时 40 分，两位外地客人吃过午餐之后，来到停靠在新浦通灌南路"东北人家"酒店门前挂着辽 BD2299 牌照的黑色奥迪轿车旁，当司机掏出一沓人民币准备放入行李箱时，突然刮起一阵大风，将其手中的钞票全部吹到空中，后逐渐散落满地。这时正值上班、上学交通高峰期，过往车辆、行人较多。正当这位外地司机万分焦急之际，附近居民赶了过来，蹬三轮车的、骑自行车的、开摩托车的市民停下来了，他们纷纷帮助捡钞票。一辆车门上标有"法院"字样的依维柯警车途经此处时，见此情况后也停在了路边，司乘人员下车后帮助维持现场秩序，并加入到了帮助捡钞票的行列中。而更多的车辆途经此处时主动放慢车速，待他人捡过钞票后再通行。不到 10 分钟的时间，三张、五张、十张散钞都集中到了失主的手里。经失主查点，60 张百元现钞分文不少。

当失主由衷地说："非常感谢你们的帮助！连云港人真是太好了！"时，面对散落满地的现金，新浦这块热土上的港城市民，在社会主义精神文明试卷上得了满分之后，已悄然离去。后经新闻媒体多方查找，方知他们是市民王永锋、海州区法院二庭审判长、市人大代表刘强和院办公室副主任宋耀宣、司机唐江，及市公路管理处路政支队的程纲等人。

《苍梧晚报》于次日在头版头条位置以《港城市民面对六千元考了一百分》为题予以报道。后又设《六千元现象》专栏连续报道。

发生在新浦的这个市民道德先进典型，在年底江苏省第七届精神文明建设新人新事评选中，名列榜首。

第二节　见义勇为

20 世纪 80 年代中期开展精神文明建设后，新浦地区民众中不断涌现出见义勇为先进人物。1988 年 10 月 22 日，区委、区政府首次召开新浦地区见义勇为先进分子表彰大会，表彰奖励了 44 名见义勇为先进个人。

1993 年 6 月 26 日，新浦区人民见义勇为奖励基金会正式成立，并再次表彰奖励 16 名见义勇为先进个人。

1994 年 3 月 10 日下午，正在上班的新浦区糖烟酒公司职工王长春，发现一流氓敲诈一外地商人（浙江商人杨某），挺身而出，保护客商，遭流氓报复，在与歹徒搏斗中被歹徒砍中 16 刀，仍坚持牢牢抓住歹徒，后经抢救保住生命。谱写了一曲见义勇为的英雄赞歌。团区委、区总工会立即授予其"见义勇为优秀青年、模范职工"称号，并在全区青年和职工中开展学习王长春活动。

2002 年 12 月 6 日晚 7 时许，阳光出租车公司驾驶员李传义开车至新浦北郊人民桥时，见两名歹徒抢劫一女青年钱物，毅然下车追抓歹徒。在其扑倒一名歹徒时，被歹徒戳伤左手、左腿，鲜血直流仍与歹徒搏斗……。不久，市政府授予其"连云港市见义勇为先进分子"称号。新浦地区掀起了学习李传义见义勇为精神热潮。（详见专记 33－3：李传义见义勇为谱赞歌。）

2003 年 7 月 19 日下午 4 时 50 分，新浦市民王永峰、马士忠刚走到时代超市，忽听超市门旁麦当劳餐厅有女士惊呼“有人抢包了!”接着,便见一青年抱着个皮包冲出餐厅。他俩马上一边高喊“抓贼!”一边追赶歹徒,歹徒跨越通灌中路隔离栏,向北逃窜。他俩也紧跟不舍,同时又有3名市民加入抓贼行列。歹徒窜到龙尾河边时,一边逃跑,一边捡起石头砸向抓贼人群。当歹徒又逃至通灌路时,被一市民一脚踹到,王永峰乘势扑到歹徒身上,牢牢压住,闻讯赶来的交巡警马上与群众一道将歹徒制服。

2004年11月2日晚10时半左右,海昌路上某酒店职工刘先生下班准备回家,在店门口看到马路对过一男子四处张望一番后,掏出一物件熟练地打开一辆自行车,匆匆骑上往南而去。他意识到是小偷偷自行车,立即大喊:“抓贼!”一边向偷车贼追去。过路人听到刘先生喊捉贼,又在追赶一人,便也加入捉贼队伍,还有人打电话报警。新南派出所民警接警后随即在路上布控。偷车贼在跑到不出300米时便被警民一举擒获。

附33-3:李传义见义勇为谱赞歌

2002年12月6日晚7时许,家住新浦的万姑娘吃过晚饭,到同学家去推自行车。冬季此时,路上行人稀少,她走到人民桥附近时,掏出“小灵通”,给在家等她的女同学打电话。“啊!”就在接通电话的瞬间,刚刚走下人民桥的万某发出了一声尖叫。“不许喊,再喊就掐死你!”一双大手牢牢地掐住了万某的脖子。万某眼冒金星,拼命挣扎,可她的“小灵通”及挎包已被一把夺去。

正在接万某电话的女同学,突然从电话里听到万某的一声尖叫后,电话就被突然挂断,她意识到万某出事了!立即打电话到万某的家里。此时,两名歹徒将万某一把推开后已消失在夜色中。

几乎在歹徒打劫的同时,驾车接近人民桥的李传义,发现两个青年正围住一名穿红上衣的女青年。凭直觉他感到两个青年在抢劫。便加大油门冲了过去,适逢女青年呼救:“抢劫!抢劫!!”“不要紧,我看见了,我帮你追。”李传义不假思索地带上万某向两名歹徒逃跑的方向追去。万某上车后,才发现车上还载有一女乘客。

李传义驾车紧追两名歹徒。歹徒可能因路不熟又跑回了案发现场。就在离两名歹徒大约20米距离时,李传义下车大喝道:“站住,哪里跑!”赤手空拳向两歹徒追去。歹徒见后边有人追来,回身把刚刚抢来的手提包扔向李传义。李传义紧追不舍,眼看快到河边,就在他扑向其中一个长发歹徒时,一道寒光迎面而来,李传义举手一挡,利刃正刺在他的左手指上,鲜血顿时涌了出来。紧接着又是一刀。这一刀扎进了李传义的左腿,李传义只觉得一股寒气袭遍全身,身体也随之软了下来。

“血!你受伤了!”紧随其后的万某被眼前的情景吓呆了。“我没事,快报警!”李传义一边与歹徒搏斗,一边提醒万某报警。万某一下子清醒过来,一路飞奔冲向不远的商店。

19时43分,市公安局110指挥中心接到万某的报警电话,迅速指令四警区巡警赶赴现场。万某赶回到李传义与歹徒搏斗现场时,只见地上成片的血迹,李传义和他的出租车已不知去向。

原来是车上女乘客被李传义见义勇为的英雄壮举感动了。李传义受伤后,她迅速把他扶上车。李传义此时的神志尚清醒。“快上医院!”在女乘客的催促下,李传义一手捂住胸口坚持着一手驾车,来到了市第一人民医院。车子刚刚停稳,李传义眼前一片金星,顿时昏了过去。车上的女乘客,迅速下车冲进急诊室,值班医生一边抢救一边给李传义量血压。此时他的脉搏非常弱,血压也没有了,一场紧急救助英雄的行动开始了。经过医院人员30多个小时的紧急抢救,李传义终于度过了危险期。

李传义的英雄壮举经新闻媒体报道后,在社会上引起了强烈反响。在温暖的病房里前来慰问的人络绎不绝。一束束五彩鲜花,带来了一颗颗爱心。2002年12月26日上午,市委常委、常务副市长周保法,市见义勇为基金会副会长、市公安局局长严明等赶到医院亲切看望并慰问了李传义,并送上慰问金。不久,市政府授予李传义“连云港市见义勇为先进分子”荣誉称号,市总工会授予李传义“见义勇为模范职工”称号。更令英雄欣慰的是,新浦警方仅用30个小时,即将逃跑到徐州的两名犯罪嫌疑人抓获归案。

第三节 尊老敬老

新浦区城乡自古有尊老敬老习俗,民间以敬老养老为荣,虐待老人遭社会谴责。

新中国成立后,人民政府首先对社会孤老实行包吃、包穿、包住、包医、包送终(通称“五包户”、“五包”老人)。同时,将尊老敬老纳入“五好家庭”竞赛评比内容,弘扬尊老敬老风尚。

1978年,全区城区共有“五包”老人95人,由区民政部门按时发给生活费,每年冬季还发给棉衣、棉被。农村“五包户”由所在生产队负责包养。

1980年,区民政部门发给101名孤老定期生活费,给沈圩、临洪两个大队的7名孤老发放每人每月定期救济金5~6元。1981年,全区有“五包”老人134户,计156人,发给每人每月生活补助费14元,全年共发4492.17元。

1984年起,区政府采取组织帮护组的办法,将社会孤老照顾工作落实到人。帮助组负责为老人解决日常生活中购买食品、物品及就诊困难。年内共成立帮护组86个,帮护组成员318人。此后,逐步改善社会孤老的物质生活条件,每人每月发给生活费15元、临时救济3元。临洪、路南两个街道还从福利企业的利润中拿出部分资金,为社会孤老每人增加5~10元生活费。

1986年12月,区委、区政府决定每年农历九月初九(重阳节)为新浦区“敬老日”。春节前夕,区委、区政府领导分别到各街道和孤寡老人共吃年夜饭,向老人致以节日问候。当年,各街道居委会为87位孤老送煤535次,送粮584次,送菜4586次,送医327次。1987年农历九月初九日,全区开展第一个“敬老日”活动。其间,各街道、居委会为孤老做新衣服、买床单、绒衣,为他们检查身体。区民政局还举办“晚霞颂”文艺演出,反映全区老人的精神面貌。(此后,按国家规定,每年农历九月初九均开展“敬老日”活动。)1989年,全区开展为老烈属、老复员军人、老残废军人(简称“三老”)解决生活难、住房难、就医难工作,对生活困难的发给定期生活补助,住房难的积极与房管部门协商解决住房问题,区财政出资为“三老”解决定点就诊经费问题。

1997年7月30日,开始对年满70周岁(含70周岁)以上的公民发放“连云港市老年人优待证”。同年10月11日,区政府决定给百岁老人发放营养补贴每人每月100元。

2000年,区老龄委办公室对全区城区老人进行普查,普查结果全区有60周岁(含60周岁)以上老人22854人。各街道、居委会对其中身边无子女的老人实行以定人、定时、定任务;包买粮油、包送医、包就医、包经常看望、包有问题通知在外地的子女为内容的“三定五包”制度。

2001年,区政府将社会孤老、老烈属、老残废军人以及无经济来源的老人全部纳入最低生活保障对象。同时,在各社区医疗服务站,为他们建立健康档案。

2002年10月10日,区政府召开表彰大会,对16位尊老助老好干部、15位尊老助老好儿女和13对互敬互爱金婚好伴侣予以表彰。同年,在市召开的老龄工作表彰会上,新浦区老龄委办公室、临洪街道、新南街道被评为“敬老工作先进集体”。

2003 年 1 月 1 日起，落实市政府规定，对 70 周岁（含周 70 岁）以上老人，凭“连云港市老年免费乘车卡”免费乘坐部分公交车。

2003 年至 2005 年，全区开展向老人“送温暖、献爱心”活动。各群团组织在职工、青少年中开展为爷爷、奶奶做一件好事，为公公婆婆、岳父岳母做一件好事活动。卫生、商业、司法等部门也结合本身工作开展为老人送医、送法、送物上门活动。对全区社会孤寡老人实行以定人员、定时间、定内容及包衣、食、住、行、医为内容的“三定五包”，开展“敬老认亲”工程，对 100 名孤寡老人、身边无子女老人、特困老人、高龄老人实行一帮一、一助一结对帮扶，使老人生活得到帮助。

图 33－8　民政部门工作人员走访看望敬老院老人

第四节　扶贫济困

20 世纪 90 年代以前，民间遇有天灾病祸造成部分民众生活困难时，主要靠政府拨款物予以救济。民间也有互助互济的，但为数不多。加强精神文明建设后，民众互相帮助扶贫济困，一方有难，八方支援之新风尚日渐浓厚。

2000 年 5 月下旬，区团委召开帮困助学大会，会上向特困生发放 1.28 万元助学金。当年，全区民间捐助助学钱物计 7 万元，使 280 多名特困生受助得以继续学习。全区妇女 3 次为身患血癌的下岗女工丁娟、烈士遗孤吉云云及部分受洪灾危害的特困灾民捐款 3.5 万元。区关工委为帮助全区 217 名特困生上好学，多渠道募集助困资金 24000 余元。新南街道开展“奉献在社区，爱心捐助”活动，与辖区内 16 名特困生签订助学承诺书。临洪街道领导发现电台社区残病人、高中毕业生张静考上天津理工大学却为没钱交学费而发愁，马上开会研究，发动辖区内单位和街道办事处机关职工献爱心捐款 4450 元，让张静跨进了大学门。云台乡党委、政府领导人带头捐款为乡内 19 名特困生解决入学费用。民政部门开展“扶贫帮困结对子”活动。新站街居委会居民李桂英常年瘫痪在床，丈夫是盲人，生活十分困难。新浦汽车总站女子服务组的姐妹们知道后，主动承担助困重担，与李桂英家结对帮扶，定期上门服务。李桂英丈夫病逝后，其家庭更加困难，服务组继续承担其女儿上学全部费用。当年，全区共结成“一帮一”扶贫对子 531 个。

2003 年，全区开展“一帮一，献爱心，送温暖”活动。云台乡结对扶贫 102 人，资助贫困生 23000 万元。全区妇女开展“6＋1”爱心互助活动，帮助 4050 名下岗女工再就业。

2004 年，全区通过工会组织为特困职工建立档案，并开展以“奉献一片情，温暖职工心”为主题的送温暖活动，对 50 名特困职工和生活困难的劳模发给送暖资金 49 万元，为 20 名在校贫困大学生捐资近 16 万元，让其顺利完成学业。教育系统职工献爱心捐献扶贫助学金 10.4 万元。

2005 年，区团委与团市委、中国太平洋保险公司连云港支公司联手举办“爱心助学”活动，对浦西、新东两个街道的20名贫困生进行资助。花果山乡贫困户子女李琴考上大学，缴费有困难，区关工委和区团委得知后，一道为李琴送去助学金800元。在实施局帮村工程中，一些帮扶单位还组织扶贫助困服务队，既为特困户送扶贫资金，更注重送技术、送项目，为他们早日脱贫打基础。

第五节　志愿者服务

2000年，团区委在团员、青年中发起青少年志愿者服务活动，在全区成立青少年志愿者服务大队，下设24个支队、240个分队、小队。本着“奉献、友爱、互助、进步”精神，以“进万家门，解万家难，暖万人心”为主题，开展“情系万家”志愿者社区服务活动。青年志愿者与社区帮扶对象实行结对子帮扶，签订帮扶协议，每月上门服务1～2次，为其送粮上门、送医药上门。志愿者服务队还与环保、绿化部门协作，开展“认养绿地”主题活动，将市区中心25块绿地纳入重点“认养”，并挂牌落实到“认养”服务队。

2001年3月5日，全区近千名志愿者走上街头清理环境卫生。

2002年，志愿者服务进一步规范，启动注册青少年志愿者服务活动，团区委将其中有一技之长、社会责任感强的联合起来，并与辖区大专院校团组织加强横向联系，结合大学生社会实践活动，构建跨行业、跨部门的区域性联合活动体系。先后组织“告别陋习，走向文明”万人签名、“认养一片绿地，美化城区明天”等20多次主题活动。

2004年，完善志愿者发展、培训、管理、表彰等机制建设，规范管理，开展“弘扬雷锋精神，参与志愿者服务，建设文明新浦”主题系列活动。志愿者走向街头，清除白色垃圾，铲除“小广告”，走进老人公寓义诊。并有100多名志愿者，参加“捐献造血干细胞行动”，赶到现场献血。

2005年3月上旬，志愿者投入“千名学生进社区”“社区是我家，文明靠大家”活动。当年7月份，全区所有社区（村）均成立了青少年志愿者服务站。至2005年年底，全区志愿者已达万余人。

附33－1：连云港市市民文明公约

热爱祖国，建设港城；热心公益，助残济困；遵纪守法，维护安定；
爱护公物，勤俭节约；敬业爱岗，诚实守信；移风易俗，计划生育；
崇尚科学，言行文明；尊老爱幼，邻里和睦；讲究卫生，保护环境。

附33－2：连云港市市民“五提倡”、“十个不”

五提倡：提倡用敬语　提倡说普通话　提倡戒烟　提倡文明交往　提倡垃圾袋装入桶
十个不：不说粗话　脏话不随地吐痰　不在公共场所吸烟　不乱丢杂物　不乱贴乱画
不乱倒垃圾　不破坏绿化　不损坏公共设施　不乱穿马路　不乱搭乱建、乱设摊点

第三十四编　社会保障与社会生活管理

民国以前，新浦地区赈灾、仓储、除灾、行政区划、户籍等民政事务由海州知州执掌。

民国元年(1912)，东海县民政长直管民政事务。民国16年(1927)，民政长改称县知事，县政府设二、三科，民政为第一科，新浦地区的民政事务属其管理。同年，县改设民政科，增管民事纠纷、公共卫生等工作。花果山、云台、宁海、南城地区民政事务属灌云县民政科管理。及至解放前，因经济不发达，加之水旱灾害频繁，百姓生活于水深火热之中。工商业中的职工和业主之间纯属雇佣关系，生老病死毫无保障。

解放后，人民政府一方面大力组织恢复生产，安排失业、无业人员就业，使其得到基本生活保障；一方面废除旧的雇佣制度，建立新型劳动关系，保障职工的政治地位。同时，逐步建立健全社会生活管理机构，把民政工作列为为人民服务的一项重要的具体工作。

20世纪50年代，全区重点做好居民组织建立、救济救灾、组织居民学习党的方针政策和开展生产自救，积极参加"抗美援朝"运动等工作，稳定社会秩序，巩固人民政权，发展生产和社会事业服务。同时，新浦地区各机关、团体及所有事业单位的国家工作人员，即开始实行公费医疗制度，企业职工开始实行劳保医疗制度。并根据国务院公布的《劳动保险条例》规定，在女职工生育期间给予产假等生育待遇。凡实行公费医疗、劳保医疗的单位，职工因公负伤，也可享受工伤病残待遇。在城镇、农村中对残疾人、鳏、寡、孤、独等丧失劳动能力、生活无依人员，各级政府均通过不同办法，保障其基本生活，并随着社会经济发展逐步提高其社会保障水平，让其享受社会发展成果。

20世纪60年代、70年代，全区各级民政部门，在城乡居民中开展生产自救和以殡葬改革为主要内容的移风易俗工作。配合有关部门做好城镇居民下放、知识青年"上山下乡"和对精减下放老职工的救济工作，帮助居民群众共渡难关，城乡居民生活走向稳定且有所好转。

中共第十一届三中全会后，为适应改革开放新形势，中共新浦区委、区政府更加重视社会保障工作，并以改革精神不断改革和完善各项社会保障制度，切实发展社会保障事业，全区养老、医疗、失业、最低社会保障等社会保障体系，日臻完善。全区社会生活管理工作，也进入一个新的发展阶段。全区各级民政部门开始由做好救灾救济、拥军优抚等工作，转向加强基层政权建设和社区服务工作，为经济建设服务。至20世纪90年代末，全区已建成以社会孤寡老人帮护、老龄人服务、残疾人服务、便民生活服务、医疗康复服务、家政服务等为内容的区、街道、居(村)委会三级社区服务网络。其间，人民生活明显改善，不断提高，已由温饱型向小康转化。

2001年以来，区政府一方面深入开展城镇居民委员会体制改革，撤并原街道居委会，建立社区居民委员会，一方面加强乡镇基层政权建设。广泛开展特色社区建设、社区服务中心建设工作，加强城乡社会保障工作。

至2005年年底，全区参加养老保险、医疗保险人数分别由2000年的5998人和2000人，增至8252人和8210人。企业离退休人员养老金社会化率达100%，新型农村合作医疗覆盖率达87.3%。全区已建成社区服务中心7个，老年公寓8个，老人活动中心92个。新浦区3次被评为省"双拥"工作模范区，3次被评为省社区服务示范区。连续两年被评为省"老龄工作先进区"。

第一章　社会保障制度改革

第一节　养老保障制度改革

一、离休人员待遇

1982 年 12 月，新浦区开始办理首批老干部离职休养手续。至 2005 年年底，全区离休人员 131 人。

离休人员，原标准工资（含保留工资）照发，福利待遇不变，其他各项生活待遇，均与区内同级在职干部一样。并优先予以保证。达到规定年龄或因公致残生活起居需人扶住的，发给护理费。

1982 年，贯彻《国务院关于老干部离职休养制度的几项规定》，1937 年 7 月 6 日以前参加革命工作的老干部，按本人离休前标准工资，每年增发两个月的工资，作为生活补贴。1937 年 7 月 7 日至 1942 年 12 月 31 日参加革命工作的老干部，每年增发 1 个半月本人离休前的标准工资，作为生活补贴。1943 年 1 月 1 日至 1945 年 9 月 2 日参加革命工作的老干部，每年增发 1 个月本人离休前的标准工资，作为生活补贴。

1987 年春，实行公费医疗制度改革，离休老干部的医疗费用实行实报实销制度。

1989 年，国家提高离休干部的待遇，解决了部分离休干部工资偏低的问题。

凡在职干部调整工资时，离休干部按区内同级在职干部标准调整。

二、退休职工养老保险

1958 年 2 月，遵照国务院《关于工人职员退休处理的暂行规定》，对男工人、职工年满 60 岁，连续工龄满 5 年，一般工龄（含连续工龄，下同）满 15 年的；女工满 50 岁（女职员满 55 岁），连续工龄满 5 年，一般工龄满 15 年的；专职从事革命工作满 20 年的工作人员，因体弱不能继续工作而自愿退休的，办理退职休养手续。退休养老补助费标准为本人工资的 50% ~70%。

1976 年 7 月，根据市革命委员会《关于集体所有制企业事业单位职工退休处理的试行办法》，对退休人员连续工龄在 8 ~11 年的发本人工资的 45%，11 ~15 年的发本人工资的 55%，15 年以上的发本人工资的 65%。

1978 年 5 月，按国务院《关于工人退休退职的暂行办法》规定，退休工人的待遇为：工龄 10 ~20 年的发本人工资的 60%；20 年以上的发本人工资的 70%；中华人民共和国成立前参加革命工作的发本人工资的 80% ~90%；退休工人享有在职职工同一标准的物价补贴、粮价补贴、副食品价格补贴、肉价补贴和冬季宿舍取暖补贴。

1985 年 5 月起，对未参加 1985 年工资改革的退休职工，每人每月发给 12 元生活补贴。1988 年 1 月提高到 17 元。1989 年 4 月，调整建国前参加革命工作的退休工人的工资待遇，其中抗日战争时期参加革命工作，月标准工资不到 87.5 元的，补到 87.5 元；解放战争时期参加革命工作的，月工资标准不到 78 元的，均补到 78 元。区集体所有制企业也据实参照执行。

1988 年 7 月，区政府制定《新浦区企业职工退休养老费用统筹暂行办法》，统筹范围和对象为：区属企业、乡镇企业、街办企业、机关事业单位所属的独立核算的全民所有制企业和集体所有制企业中的固定职工和劳动合同制工人，以及国家机关、事业单位、社会团体和执行机关事业单位工资制度的劳动合同制工人。按照统筹项目费用，本着"以支定筹、略有节余"的原则，企业实际支付退休费用总额占工资总额（不含已缴纳退休养老金的合同制工人工资总额）13% ~23%的，一律按13%缴纳；退休费用占工资总额13%以下或23%以上的，按实际比例增减5%；劳动合同制工人退休养老金按工资总额18%缴纳。国家机关、事业单位、社会团体和不实行退休养老费用社会统筹的企业，按劳动合同制工人工资总额20%缴纳。统筹基金提取的比例，一般每年调整一次。如遇特殊情况，需要调整统筹基金提取比例时，由区退休人员劳动保险费统筹委员会研究批准。

1990年1月起，对1958年以后参加工作的退休人员，工作年限或连续工龄满30年的，每月发给本人原工资10%的退休补助费；满20年不满30年的，每月发给本人原工资5%的退休补助费。

1991年11月，区政府制定《新浦区居民委员会干部实行退休养老保险金规定的暂行办法》，凡任现职的居委会书记、主任、副主任和文书，属正式职工的（含全民、合同制、小集体工人），均可参加退休养老保险金统筹。

根据市《关于调整企业职工个人缴纳基本养老保险费比例的通知》，从1998年1月1日起，新浦区所有企业的各类职工个人缴纳基本养老保险的比例，由4%提高到5%。同年7月1日起，按市劳动人事局《关于调整我市企业退休人员一九九八年度基本养老金的通知》，调整区内企业退休人员1998年度基本养老金。调整标准：在1997年底退休人员基本养老金、退职人员生活费基础上，分别按省规定的基数（退休10元，符合原劳动人事部劳人险〔1983〕号文件规定的中华人民共和国成立前参加革命工作的老工人15元，原退职和领取定期生活费的7元）乘以调整系数（1997年市、县平均工资与全省平均之比）确定此次调整增加基本养老金和退职生活费的具体数额。即，市区1997年职工平均工资为6372元，调整系数为0.896。

2000年6月，区政府印发《新浦区机关事业单位工作人员养老保险暂行办法》，机关、事业单位工作人员的基本养老保险基金筹集标准为：单位按在职人员工资总额的20%缴纳；职工个人按工资总额的4%缴纳。于2000年7月1日起施行。

2002年1月9日，新浦区根据市《关于机关事业临时性用工参加养老保险的通知》要求，组织机关、事业单位、社会团体已使用的临时性工作人员参加养老保险，以其工资总额为缴纳养老保险费基数，同年单位缴费比例为20%，职工个人缴费比例为工资收入的7%，缴费工资基数不得低于上一年度社会平均工资的60%。全年，全区参加养老保险职工6675人，当年净增250人。全年应征缴养老保险742万元，实际征缴751万元（含清欠46万元），基金征缴率95%。全区累计基金达1773万元，备付能力21个月，企业离退休职工养老实现按时足额发放。

2003年，全区参加养老保险职工7511人，比上年净增859人。全年征缴养老金1020万元（含清欠46万元），基金征缴率95%。全区累计基金节余1973万元，备付能力为17个月。按时足额地为全区2000名企业职工离退休人员发放养老金1201万元。

2004 ~2005年，全区参加养老保险职工7881人，新增缴费人数372人，全年共实现养老保险费收入1658万元（含清欠数），比2003年同期增加17%。共计支出养老金1555万元（含补发2003年7月至12月份金额），其中养老金支出1531万元，丧葬抚恤补助支出24万元。期终基金结余1917万元，备付能力为16个月。

三、农村养老保险

1992年8月,花果山乡、云台乡、南城镇设立农村养老保险管理所,开始筹集农民养老保险金。截至2001年11月,结余养老保险金1356836元。2001年11月20日,连云港市市区行政区划调整,花果山乡、云台乡、南城镇划入新浦区后,原云台区农村养老保险事业管理处,整建制转入新浦区,同时更名为新浦区农村社会养老保险事业管理处。

1995~2005年新浦区职工参加养老保险情况一览表

表34-1

企业职工基本养老保险	1995年	1996年	1997年	1998年	1999年	2000年	2001年	2002年	2003年	2004年	2005年
参保职工人数(人)	4886	5063	5224	5262	5902	5998	5639	7101	7511	7881	7299
其中缴费人数(人)	4886	5063	5224	5262	5902	5998	5639	7101	7511	7881	7160
离退休人数(人)	248	889	937	943	952	988	1132	1781	2168	2386	2529
其中退休人数(人)	248	889	937	943	952	988	1132	1775	2162	2378	2522
本年办理退休人数(人)	8	11	58	13	18	46	156	208	419	266	226

第二节　医疗保障制度改革

一、公费医疗制度改革

1952年11月,新浦地区各机关、党派、团体以及所有事业单位的国家工作人员,开始实行公费医疗。公费医疗费用列入国家财政预算,由政府财政部门直接管理。医疗业务由龙尾、盐河两个卫生所承担。1958年年底,区卫生所改建为区卫生院,继续作为市、区公费医疗定点就医单位。

1962年3月,成立新浦区公费医疗管理委员会,负责区级机关和各小学的公费医疗实施管理。

1965年11月18日,市公费医疗门诊部在新浦海昌路49号成立,负责新浦地区公费医疗门诊业务,凡属新浦地区享受或参加(统筹)医疗的职工和儿童,一律凭市级机关和新浦区公费医疗证到市公费医疗门诊部就诊,公费医疗门诊部不能解决的疑难重症病人,由门诊部负责邀请有关医生会诊或办理转诊手续。

1983年7月,市政府决定将新海区的公费医疗人员的医疗任务和经费下放到区,区政府决定由新海区第一人民医院(原新浦区人民医院)承担新海区公费医疗的任务。1984年8月1日,区医院成立了公费医疗科,配备医师2名,专职护士1名,负责病历保管、转科、转院手续。经3个月试行,病人反映不方便,撤销公费医疗科,改为凭证挂号就诊。

1986年6月底,新海区撤销,恢复新浦区、海州区后,新浦区人民医院承担新浦区公费医疗任务。

1987年3月28日,成立新浦区公费医疗管理委员会,设在区卫生局内。

1988年4月1日起,新浦区公费医疗制度改革正式启动。按照《新浦区关于改革现行公费医疗管理办法的意见》,除离休干部、二等乙级以上残废军人、劳动部门认定的工伤人员外,其他享受公费医疗人员,实行按年龄定额包干经费、定点医疗的办法。同年5月25日,成立新浦区公费医疗管理委员会办公室,负责新浦区公费医疗管理办法的实施。10月26日,区公费医疗管理委员会下发《关于补充公费医疗改革方案中个人指标节余奖励办法等问题的通知》。除国家工作人员实行公费医疗外,对差额补贴和自收自支事业单位的工作人员,由区公费医疗办公室组织,各单位按月付款,参加自缴费统筹医疗,实行统一管理。

1991年3月,根据省有关要求,结合新浦区财力状况,对区公费医疗指标和个人超标负担比例作了调整:将原年人均90元标准提高到125元。各年龄组具体指标是:35岁以下每年80元;36～50岁每年120元;51～60岁每年140元;退休人员每年160元。儿童统筹医疗费由原来的24元标准提高到36元。家长承担50%;单位承担50%。超定额由个人负担部分,采取分级累计的方法,超支100元以内个人承担15%;超支101～200元部分个人承担10%;超支201～1000元(含1000元以上)部分个人承担5%。

1993年4月1日起,执行区公费医疗管理委员会《关于进一步深化全区公费医疗管理制度改革的意见》,对全区公费医疗经费实行定额包干,平均每人每年125元,按年龄结构分4个档次:35周岁(含35岁)以下每人每年80元;36～50周岁每人每年120元;51周岁到退休每人每年140元;退休人员每人每年160元。享受公费医疗人员定点就医,现金看病,按月报销。

2001年3月30日,撤销公费医疗管理办公室,成立新浦区离休干部公费医疗管理办公室。与区医疗保险办公室合署办公。新浦区公费医疗制度终止运行。其他享受公费医疗人员全部实行医疗保险制度,转由区劳动人事局管理。

2004年10月18日,新浦区开始实施《关于对国家公务员实行医疗保障的实施意见》,对全区公务员、参照公务员制度管理的工作人员及退休人员的基本医疗保险用药、诊疗范围和医疗服务设施标准的医疗费用实行补助。补助经费除区财政承担部分外,从相关单位按单位上年度在职职工工资及退休人员养老金总额的4%进行筹集。按照补助办法规定:对统筹基金最高支付限额以上个人自付部分实行补助,个人自付比例由10%降为5%;对住院医疗费用个人按比例自付部分实行补助,起付线以上至5000元以内(含5000元),个人自付比例由20%降为8%;5000元以上至10000元部分(含10000元),个人自付比例由14%降为7%;10000元以上至30000元部分(含30000元),个人自付比例由7%降为4%。退休(职)人员按本项上述比例的60%执行;对特定慢性疾病门诊医疗费用个人自付部分实行补助,年度内医疗费用超过800元以上的,800元补助400元,800元以上至3500元部分个人自付比例由25%降为10%;对门诊大病医疗费用个人自付部分实行补助,个人自付比例由15%降至5%;工伤医疗费按规定在医疗补助经费中开支;生育医疗费按规定在医疗补助经费中开支,顺产每人补助1500元,难产每人补助2500元;医疗补助经费部分划入个人账户,在职职工240元,退休职工300元,年终一次性计入个人账户。

二、劳保医疗制度改革

新中国成立后,企业职工看病治疗实行劳保医疗制度。职工因病治疗时,除营养滋补药品由个人承担外,药费、治疗费可到单位报销。住院治疗期间伙食费和就医路费自理。企业职工病假在6个月内的,工资按其工龄长短发给本人工资的60%～100%(转入企业的残疾军人病假6个月内均不扣发工资);病假超过6个月的,按其工龄长短,发给本人工资40%～60%的疾病救济费。疾病救济费低于本企业平均工资40%的,按本企业平均工资的40%发给,最高不超过本人工资。

20世纪90年代末,新浦区开始推行职工医疗保险制度改革,劳保医疗制度先后终止。

三、医疗保险制度建立

1999年5月12日,新浦区职工医疗保险制度改革领导小组成立,全区开始改革原有医疗保障制度。

2000年8月,成立新浦区医疗保险管理处。同年11月,《新浦区城镇职工基本医疗保险实施细则》经市政府批准,公布实施。当年底,全区实施基本医疗保险制度工作全面启动,参保人数为2773人。2002年,医疗保险参保单位92家,涉及参保人数5716人,全年应征缴医疗保险金460万元,实际征缴440万元,征缴率96%。此后,医疗保险参加单位和人数逐年增加。

2003年,医疗保险参保单位116家,参保人数达6344人,覆盖面达90%,应收医疗保险基金589万元,实际征收562万元,比2002年增加122万元,征缴率达95%,全年利息收入4万元。医保基金支出443万元,比2002年同期增加304万元,收支相抵后结余119万元。

2004年,参加医疗保险职工7260人,其中在职职工5174人,退休职工2086人,占在职人数的40.3%。全年净增加916人,覆盖面达100%。截至12月底,应收医保基金734万元,实际征收826万元(含南云台林场改制100万元),与2003年同期相比增加137万元,增长24%。医保基金支出679万元,与2003年同期相比增加179万元,增长42%。其中,统筹基金254万元,个人账户309万元,大病救助116万元。全年医保基金收支相抵后结余147万元,累计结余790万元,与2003年同期相比增加90万元,增长14%,其中个人账户414万元,统筹基金299万元,大病救助金11万元,风险调节金66万元,如扣除南云台林场改制100万元,累计结余639万元。

2005年6月起,执行《新浦区困难企业职工及已改制破产企业退休人员参加住院医疗保险暂行办法》,妥善解决困难企业职工及已改制破产企业退休人员的住院医疗问题。同年,根据《连云港市城镇个体从业人员和失业职工基本医疗保险管理办法(试行)》和市《关于进一步完善个体从业人员和失业职工基本医疗办法的补充意见》,结合新浦区实际情况,凡在新浦辖区范围内的个体从业人员、失业职工、自由职业者或委托劳动、人事部门管理档案的人员,从2005年1月1日起,均可参加基本医疗保险。12月,新浦区将困难和破产关闭的国有、集体企业退休人员纳入基本医疗保险范围,退休人员可以采取一次性缴纳医疗保险的办法参加医疗保险,也可以逐年缴纳医疗保险费,参加基本医疗保险。

2000~2005年新浦区职工医疗保险发展情况一览表

表34-2

项目 \ 年份			2000	2001	2002	2003	2004	2005
参加人数	小计(人)		2649	2913	5717	6344	7260	8210
	其中	职工(人)	1808	2221	4197	4560	5174	5847
		退休人员(人)	841	692	1520	1784	2086	2363
基金收入	基金总收入(万元)		55.4	174.66	388.49	518.27	780.81	925.86
	其中	基金收入(万元)	55.4	173.42	386.51	514.29	773.94	909.67

续表 34－2

项目		年份	2000	2001	2002	2003	2004	2005
基金支出		基金总支出(万元)	—	56.12	130.26	378.79	565.23	665.58
基金支出		基金支出(万元)	—	56.12	130.26	378.79	565.23	665.58
基金支出	其中	在职职工医疗保险待遇支出(万元)	—	39.28	91.68	265.15	395.66	465.91
基金支出	其中	退休人员医疗保险待遇支出(万元)	—	16.84	38.58	113.64	169.75	199.67
基金结余		累计结余(万元)	55.4	173.94	432.17	571.65	787.23	1047.51
基金结余	其中	统筹基金(万元)	25.01	82.4	192.23	252.34	375.85	500.04
基金结余	其中	个人账户(万元)	30.39	91.54	239.94	319.28	411.38	547.47

第三节　生育、工伤待遇改革

一、生育待遇

1953 年起，按政务院公布的《劳动保险条例》规定，女职工生育时，产前产后给假期 56 天，生双胞胎或难产的，增加 14 天。怀孕不足 7 个月小产的，给假 20～30 天。产假期间，工资照发。产假期满(包括小产)，经医院证明仍不能工作者，按疾病待遇处理。女职工或男职工之妻生育，在劳动保险基金项下，发给生育补助费 4 元(1966 年后停止发给)。

1988 年 9 月起，女职工产假调整为 90 天，难产的增加产假 15 天。

1989 年 1 月起，女职工怀孕不满 4 个月流产的，给予 15～30 天产假，怀孕 4 个月以上流产的给 42 天产假。产假期间工资照发。产假期满后，因身体原因仍不能工作的，按疾病待遇处理。

1992 年 10 月，新浦区贯彻《江苏省计划生育条例》，提倡晚婚晚育，凡男年满 25 周岁、女年满 23 周岁初婚者为晚婚，女方年满 24 周岁生育第一个孩子的为晚育。城市职工夫妻一方或双方达到晚婚年龄者，分别享受晚婚假，晚婚假在法定婚假的基础上增加 7 天。实行晚育的初婚夫妻，增加女方晚育假 15 天，男方护理假 7 天；产假期间领取“独生子女证”并落实放环(即放避孕环)措施者，再增加女方产假 15 天，假期工资照发，不影响调资和全勤评奖。符合晚婚晚育规定条件、领取“独生子女证”的女职工，哺乳期一年内上班确有困难的，单位可再批准哺乳假 8 个月，哺乳假期间所发工资不得低于原工资的 80%，不影响晋级、调资。

2003 年 12 月起，区政府落实《连云港市城镇职工生育保险办法》，职工生育保险按照属地管理原则实行统筹，设立生育保险基金。生育保险费按照用人单位全部职工工资总额的 0.5% 提取，提取比例一般不超过用人单位上年度职工工资总额的 1%。同时，根据上级规定，女职工产假为 90 天；晚育的，延长产假 30 天；产假期间领取“独生子女父母光荣证”并采取长效节育措施的，增加产假 10 天；难产的，增加 15 天；多胞胎生育的，每多生一个婴儿，增加 15 天。怀孕 3 个月以上 7 个月以下流产的，给予产假 42 天；7 个月以上(含 7 个月)引产或者足月死产的，产假 90 天。

二、工伤病残待遇

新中国成立后，根据国家规定，凡实行公费医疗、劳保医疗的机关、企事业单位，职工因工负伤的医疗费、药费及就医经费全部由单位负责，住院医疗期间生活费，单位补助2/3，工资照发。工伤治疗终结后，确认完全丧失劳动能力的，按规定办理退休退职手续；部分丧失劳动能力的，单位分配适当工作。伤愈后，经医院证明确系旧伤复发的，仍按因工负伤规定的待遇处理。

非因工负伤或致残的，按疾病待遇处理。

1978年后，临时工因工负伤致残丧失劳动能力的，按正式职工劳动保险待遇处理。同时，企业开始按国家法律规定参加工伤保险，缴纳工伤保险金。工伤社会保险费提取比例按企业工资总额的0.5%执行。

2001年7月1日起，新浦区根据江苏省民政厅、财政厅、人事厅通知规定，提高特、一等革命伤残人员护理费标准。即在原标准基础上特等革命伤残人员护理费每人每月增加14元；一等因战、因公伤残人员每人每月增加11元；一等因病伤残人员每人每月增加8元。提高后，实际执行标准为特等革命伤残人员每人每月269元、一等革命伤残人员每人每月215元、一等因病伤残人员每人每月161元。

第四节　最低生活保障制度

一、城市居民最低生活保障

1997年4月，新浦区政府开始贯彻实施《连云港市城市居民最低生活保障暂行办法》，建立城市居民最低生活保障制度。通过全面调查，全区有76户、102人每月平均生活费低于1997年全市城市居民最低生活保障标准100元的最低生活保障线。当年6月30日，区民政局向区政府上报《关于发给城市居民最低生活保障所需资金报告》，并立即获得批复实施。7月4日，市政府在新浦区举行城市居民最低生活保障金首发式。向76户低于城市居民最低生活保障线的居民（简称低保户）发放最低生活保障金（简称低保金）。发放标准为，市民月人均收入低于100元的，补足100元，单身人员及70周岁以上老人增发20元。共发放34378.40元。此后，每年按时向低保户发放低保金。

2001年7月1日起，新浦区城镇居民最低生活保障标准，由原每人每月100元，调增为每人每月130元。

2002年，落实国务院《城市居民最低生活保障条例》，完善科学、规范的动态管理机制，在全区城市居民中形成最低生活保障金、优惠政策、实物救济、社会互助“四位一体”的最低生活保障制度。当年全区有“低保户”1611户、4320人，共发出“低保金”232.2万元。

2003年7月1日起，新浦区城镇居民最低生活标准，调增为每人每月150元。当年12月底，全区有城镇居民低保户2185户、4821人，其中离岗人员家庭372户，在职职工家庭125户，离退休人员家庭155户，失业人员家庭332人，无劳动能力、无生活来源、身边无子女的“三无”人员152人。全年发放低保金377.5万元。年内，组织人员对辖区内台北盐场、云台实业公司、宋艞农场等4家省属企业中困难职工家庭进行彻底核查，将符合条件的115户，156人全部纳入低保。

2004年，区政府开始对城市居民最低生活保障工作实施“分类施保”，对城市低保对象中的“三无”

人员、五保户、丧失劳动能力残疾人、孤儿、病灾户、单位下岗失业等特困人员给予重点保障。全年共对2526户低保户、7306人发放保障金451万元。

2005年,各街道办事处加强城市居民低保金发放管理工作,坚持档案资料规范统一制度、入户调查核实制度、张榜公布制度和责任追究制度。同时,从当年7月1日起,“低保金”标准由150元提高到170元。全年全区向2658户城市低保户,7258人发放低保金507.6万元。

二、农村居民最低生活保障

2003年,区政府开始进行对农村居民实行最低生活保障制度准备工作,组织人员对云台乡、南城镇、南云台林场农村困难群众进行调查摸底,共排查困难户634户、1931人,测算全年需低保金78万元。

2004年11月28日,区政府制定下发《新浦区农村居民最低生活保障实施细则》,按照农村居民生活必需的衣、食、住等基本生活用费,并适当考虑未成年人义务教育费用原则,确定2005年全区农村居民年最低生活保障标准为800元,实行差额补助办法,予以保障。经区民政局会同市民政局对花果山乡、云台乡、南云台林场、云台农场等单位的农村特困户进行排查摸底,2004年全区有无生产能力户、重病户、天灾人祸户三种类型特困户242户、611人符合低保户条件,并于春节前将低保金全部发放到户、到人。2005年,全区农村特困户647户,1688人,共发放低保金40.5万元。并开始实现与城市居民低保工作同核查、同审批、同发放、同管理。

第二章 居民组织

第一节 保甲制

清代,在居民中实行保、甲、牌管理制度。十户为一牌,十牌为一甲,十甲为一保。保、甲、牌的负责人称保长、甲头、牌头。

民国23年(1934),实行保甲制,十户为一甲,十甲为一保。并由各甲居民公推甲长,由保内各甲长公推本保保长。保、甲长不得兼任。民国35年,国民政府颁布乡镇保甲纵横连坐管理办法,即居民中每5户连保,出具凭结。1户出事,其余4户不举发者,皆当连坐,谓之横向连保;一甲之内如有1户以上出事而甲长失察,事前未查明报告者,甲长连坐。一保之内一个月中有两甲以上之户连坐而保长失察,事前未查明报告者,保长连坐。一镇之内一个月中有4保以上保长受连坐,而镇长失察,事前未查明上报者,镇长连坐。谓之纵向连保。

解放前夕,城区新浦4个镇共设24保、240甲。(其中:龙尾镇设4保、41甲,新龙镇设9保、92甲,新化镇设2保、21甲,三民镇设9保、86甲);宁海地区共设11保、91甲。

第二节 闾

解放后,城镇取消保甲制。1949年1月,开始建镇划闾。城区新浦3个区共划304个闾。其中,新华区划95个闾,新龙区划119个闾,民主区划90个闾。当年秋取消闾,各街成立生产救灾委员会,负责居民管理和组织居民开展生产救灾活动。

第三节 居民委员会

1952年,市人民委员会在盐河区同和街开展建立居民委员会(以下简称“居委会”)试点工作。次年,新浦各街全面建立居委会。盐河区建有同和街、新海街、民主街、民族街、双池街、通池街、新新街等7个居委会;龙尾区建有市民街、新河街、东池街、新生街等4个居委会。

1954年,全国《城市居民委员会组织条例》颁布实施,各居委会内设福利、治安、文教卫生、人民调解4个委员会。委员会的成员,由本街居民选举产生。次年,居委会的地域范围划小。盐河区设通池街、双池街、新新街、后河街、同和街、新海街、浦中街、民主街、灌青街、前河街、西艞街、民族街、建国街等13个居委会;龙尾区设市东街、路北街、菜市街、通灌街、路南街、新村街、贾圩街、同兴街、市民街、新市街、市化街、新生街、车站街、站北街、陇东街等15个居委会。同年,盐河区、龙尾区合并为新浦区,仍设28个居委会。

1965年,增设陇西街、浦东街和公园街3个居委会。

1966年9月,时属灌云县的南城镇设南城街、宁海街和苍梧街3个居委会。

1972年,居委会增加至37个。其中:

浦东街道设民主街、建国街、通灌街、浦东街、浦中街、陇东街、陇西街、站北街、市化街、新市街、市民街、车站街、市东街、同兴街14个居委会。

浦西街道设同和街、新新街、灌青街、前河街、新海街、双池街、通池街、西艞街、后河街、民主街、幸福路街、新中街、连海路街13个居委会。

路南街道设菜市街、立新街、路北街、新生街、公园街、路南街、新村街、向阳街、浦南街、盐河街10个居委会。

1983年,城区居委会增至52个。其中:

市东街道设新东街、市东街、浦河东街、外仓街、车站街、站北街、站南街、河南庄街、路南街、朝阳街10个居委会。

浦东街道设陇东街、陇西街、同兴街、市化街、民主街、市民街、浦中街、路北街、菜市街、新市街、建国街、通灌街12个居委会。

浦西街道设同和街、前河街、西桥街、民族街、通池街、双池街、新新街、后河街8个居委会。

路南街道设贾圩街、新化街、新生街、新村街、公园街、浦南街、盐河街、延安街、扁担河北街、扁担河南街10个居委会。

临洪街道设新海街、新中街、灌青街、电台街、新西街、幸福路街、幸福路西街、港西街、河西街、连海路街、浦西街、临洪街12个居委会。

1990年1月1日,正式实施《中华人民共和国城市居民委员会组织法》。年底,居委会增至83个。其中:

浦东街道设陇东街、同兴街、市化街、民主街、市民街、浦中街、路北街、菜市街、新市街、建国街、通灌街、陇西街12个居委会。

浦西街道设同和街、前河街、西桥街、民族街、通池街、双池街、新新街、后河街、沈圩街、新站街、新河街11个居委会。

路南街道设贾圩街、新化街、新生街、新村街、公园街、浦南街、盐河街、延安街、扁担河北街、扁担河南街、延安东街、延安西街、延安南街、新南一街、新南二街、新南三街、新南四街、民建街、向阳街、葵花街、青海街21个居委会。

市东街道设新东街、市东街、浦河东街、外仓街、车站街、站北街、站南街、河南庄街、路南街、朝阳街、龙尾街、艺北街、巨龙街、东风街、利民街、龙北街、龙河街、广场街、新城街、站中街20个居委会。

临洪街道设新海街、新中街、灌青街、电台街、新西街、幸福路街、幸福路西街、港西街、河西街、连海路街、浦西街、临洪街、大成街、通化街、大庆路街、航运街、民航楼街、新孔路街、港西南街19个居委会。

1992年5月，浦东街道增设陇中街居委会和市机关家属居委会。路南街道增设海宁街居委会。市东街道增设淮海街、新桥街两个居委会。1993年5月，市东街道增设北苑街居委会。1994年3月，市东街道增设云山街、政通街两个居委会。1995年，浦西街道增设曙光街、晨阳街两个居委会。1996年12月10日，临洪街道增设常乐街、镇海街两个居委会。路南街道增设海南街、海云街、紫云街3个居委会。1997年，路南街道增设矿专家属委员会。1998年11月12日，浦西街道增设芳园街居委会。

1999年6月，全区调整街道区域范围，新设新东街道、新南街道、新海街道。调整后共设8个街道、99个居委会、3个家属委员会。其中：

浦东街道设路北、菜市、民主、通灌、建国、陇西、陇中、陇东、市化、市民、浦中、新市、同兴、沈圩、曙光、晨阳16个居委会和1个市机关家属委员会。

浦西街道设同和、新新、后河、通池、民族、西桥、新站、新和、前河、双池、芳园11个居委会。

市东街道设车站、新东、新桥、市东、站北、站中、北苑、龙北、浦河东9个居委会。

新东街道设龙尾、巨龙、淮海、东风、外仓、站南、艺北、利民、政通、广场、云山、新城、河南庄13个居委会。

路南街道设路南、朝阳、贾圩、新化、青海、向阳、葵花、扁北、扁南、新村、延东、新生、公园、浦南、盐河、延西16个居委会。

新南街道设新南一、新南二、新南三、新南四、新龙、海南、云海、民建、延南、海宁、紫云11个居委会和1个矿专家属委员会。

临洪街道设灌青、电台、新海、浦西、新中、新西、临洪、大成8个居委会。

新海街道设幸福路、幸福西、通化、河西、港西、航运、港南、民航、新孔路、连海路、新潮、富强、镇海、大庆路、常乐15个居委会和1个矿山设计院家属委员会。

2000年7月12日，新南街道增设建宁居委会。次日，新东街道增设苍梧社区。

2000年7月26日，区政府批复同意新南街道体制改革方案，成立建宁社区居民工作委员会，下设海宁、建宁两个工作站。

2001年11月5日，区委、区政府制订下发《新浦区社区管理体制改革意见》和《新浦区社区组织建设实施方案》。改革实施方案后，全区原有102个居民居委会和3个家属委员会撤销，设立64个社区居委会。同年12月30日，新划入辖区的猴嘴街道撤销原9个居民委员会，设立5个社区委员会；南城镇撤销原3个居民委员会，设立3个社区居委会；花果山景区管理委员会撤销原1个居民委员会，设立1个社区居委会。

2002年11月19日，新东街道巨龙社区分设为巨龙、淮海两个社区，相应成立社区居委会。

2005年4月26日，猴嘴街道划归连云区管辖。同年10月25日，新东街道苍梧社区析出部分，设立东苑社区。至年底，全区共有70个社区居委会组织。

2001年新浦区社区管理体制改革情况一览表

表34－3

时间	地区	撤销居委会名称	新设立社区居委会					
			社区名称	东至	西至	南至	北至	驻地
2001年11月9日	浦东街道	民主、浦中	民主	市民路	南极路、新新路	解放中路	建国路	市化路110号
		路北	路北	龙尾河	海昌路	陇海步行街	解放中路	民家巷88号
		菜市	菜市	海昌路	南极路	陇海步行街	解放中路	菜市巷66号
		市机关家属委员会	市机关	台南路	海昌路	步行街	解放中路	海昌路106号
		陇东、陇中	陇东	龙尾河	新新路	同兴巷	大浦河、沈圩桥	市民路90号
		同兴、新市	同兴	陇西路	市民路	民主中路	陇中路、新民巷	新市路41号
		建国、陇西	建国	龙尾河	陇西路	民主中路	龙尾河、陇西路	民主路73号
		市化、通灌	市化	龙尾河	市民路	解放中路	民主路	新闻巷13号
		市民	市民	市民路	新新路	建国路	陇中路	建国路143号
2001年11月9日	浦西街道	同和、新和、前河	同和	南极路	盐河路	陇海步行街	民主路	爱友巷10号
		民族、西桥(部分)	西桥	南极路	盐河路	民主路	建国路、河滨路(浦河路西)	盐河路63号
		通池、双池	通池	天然巷、凯旋巷、自治巷	盐河路	建国路	河滨路	建国路272号
		后河、新新	后河	新新路	天然巷	建国路	河滨路	河滨路2号
		芳园、新站(部分)	蔷薇	人民桥	盐河路	大浦河	铁路	人民路建开门面房
		新站(部分)	新站	沈中路	农田	铁路	后大堤	福利路1号
		晨阳、曙光、沈圩	沈圩	大浦河	沈圩路	铁路	东引渠	1号
2001年11月9日	路南街道	公园街、新村街、新生街	公园	海昌路	西盐河	海连路	陇海步行街	青年路
		新化街、贾圩街、青海街	贾圩	通灌路	海昌路	海连路	陇海步行街	钟声幼儿园对面
		扁北街、扁南街	扁担河	通灌路	海昌路	朝阳路	小学路	扁北巷46号
		延东街、浦南街	延东	海昌路	南极路	朝阳路	海连路	海昌南路27号
		延西街、盐河街	盐河	南极路	西盐河	朝阳路	海连路	永进巷10号楼
		朝阳街、龙河街	朝阳	龙尾河	通灌路	朝阳路	海连路	通灌南路236号
		路南街	路南	龙尾河	通灌路	海连路	陇海东路	陇西北路20号
		向阳街	向阳	通灌路	海昌路	大庆东路	海连路	海昌南路18号
		葵花街	葵花	通灌路	海昌路	小学路	大庆东路	小学路北5号楼

续表 34－3(1)

时　间	地区	撤销居委会名　称	新设立社区居委会					
			社区名称	东至	西至	南至	北至	驻　地
2001 年 11 月 9 日	新南街道	海宁街、建宁街	海　宁	通灌路	海昌路	海宁大道	建设路	建宁路 19 号
		海南街	海　南	海昌路	南极路	海宁大道	建设路	海南路 8 号楼
		紫云街	紫　云	南极路	西盐河	玉带河	朝阳路	南极南路 73 号
		新南一街、新南二街	建　南	健康路	海昌路	建设路	朝阳路	朝阳中路 78 号
		新南三街、新南四街、矿专家属委员会	健　康	通灌路	健康南路	建设路	朝阳路	建设东路 93 号
		新龙街	新　龙	龙尾路	通灌路	建设路	朝阳路	建设东路 121 号
		云海街	云　海	龙尾河	通灌路	海州开发区	朝阳路	龙河小区 7 号楼
		延南街、民建街	延　南	海昌路	南极路	建设路	朝阳路	福康路 77 号
2001 年 11 月 9 日	市东街道	浦河东街	浦　河	铁路	大浦河	高渠道	与云台区接壤	新浦磷矿宿舍区
		新桥街	新　桥	高渠道	人民路	陇海东路	大浦河	人民东路 149 号
		市东街、新东街	市　东	陇海东路	龙苑社区居委会、人民公园	东池巷	人民路	制药巷
		龙北街、北苑街	龙　苑	站北、市东社区居委会	龙尾河	龙尾河	人民公园	爱家路 31 号
		车站街	万　润	郁洲路	龙尾河	陇海东路	解放东路	车站巷 43 号
		站北街、站中街	站　北	解放路	龙北社区居委会	龙尾河	东池路	龙河北路 323 号
		东风街	东　风	与云台区接壤	巨龙北路	海连东路	陇海东路	陇海东路 107 号
		淮海街、巨龙街	巨　龙	与云台区接壤	郁洲南路	苍梧路	海连东路	巨龙南路 2 号
		外仓街	外　仓	巨龙北路	郁洲北路	海连东路	陇海东路	陇海东路 58 号
2001 年 11 月 9 日	新东街道	艺北街	艺　北	郁洲北路	艺北巷	海连东路	陇海东路	站南路 10 号
		站南街、政通街	振　东	艺北巷	繁荣路	海连东路	龙河北路与陇东路交界	繁荣路 12 号
		龙尾街	龙　尾	郁洲南路	龙河广场	苍梧路	海连东路	龙河南路 18 号
		云山街(部分)、广场街	广　场	郁洲南路	瀛洲路	朝阳路	苍梧路	兴隆路
		利民街、河南庄街	利　民	繁荣路	龙尾河	海连东路	陇海东路	利民路 8 号
		新城街	新　城	与云台区接壤	瀛洲路	红沙路	朝阳东路	新浦区通灌大院
		苍梧小区、云山街(部分)	苍　梧	与云台区接壤	郁洲南路	朝阳东路	苍梧路	郁洲南路 48 号
2001 年 11 月 9 日	临洪街道	电台街、灌青街	电　台	盐河北路	解放西路与陇海路交界处	陇海路	解放路	灌青二巷 3 号
		浦西街(部分)、新海街	财　苑	盐河北路	玉门路	解放西路	民主西路	民主西路 101 号
		新中街、新西街(部分)	新　中	盐河北路	玉门路	民主西路	陇海铁路	
		新西街(部分)、浦西街(部分)	新　西	玉门路	罐头厂和供电局宿舍西墙	解放西路	陇海铁路	—
		临洪街、大成街	新　洪	罐头厂和供电局宿舍西墙	与海州区接壤	陇海西路	东海县接壤	

续表 34－3(2)

时 间	地区	撤销居委会名称	新设立社区居委会					
			社区名称	东至	西至	南至	北至	驻 地
2001年11月9日	新海街道	港西南街、港西街、民航街、航运街(部分)	西 苑	盐河路	绣苑路	朝阳路	大庆路	西苑路20号
		新孔路街	新 孔	绣苑路	新孔路	朝阳路	大庆路	朝阳西路25号楼
		河西街、幸福路街、航运街(部分)	河 西	盐河路	幸福路	大庆路	海连路	海连西路10号
		通化街、矿山院家属委员会	星 化	矿山院东院墙	幸福路	朝阳路	大庆路	矿山院宿舍
		大庆路街、常乐新村	常 乐	富强路	镇海路	朝阳路	大庆路	大庆巷
		富强路街	富 强	新孔路	富强路	朝阳路	大庆路	新孔南路15号
		新潮街	新 潮	盐河路	新孔路	与海州区接壤	朝阳路	盐河西路29号
		镇海路街	镇 海	新孔路	与海州区接壤	与海州区接壤	朝阳路	南苑新村
		连海路街	海 连	盐河路	幸福路	海连路	陇海西路	海连北巷43号
		幸福路西街	幸 福	幸福路	与海州区接壤	与海州区接壤	陇海西路	幸福西巷2号
2001年12月30日	猴嘴街道	大浦街、新南街	振 云	文明路	市第二农药厂	新墟公路	铁路	海滨路47号
		通园街、文明街	文 明	朝阳林场	海滨路	新墟公路	台南路	文明路83号
		光明街、盐坨街	盐 坨	猴嘴路	盐化路	铁路	佛堂路	海滨路64号
		新华街、新民街	新 民	新航路	盐河	台南路	台北盐场先锋工区	猴嘴路97号
		新航街	新 航	盐圩路	民航路	佛堂路	盐河	新航路40号
2001年12月30日	南城镇	宁海街	宁 海	宁连公路	云台棉麻公司	海宁收费站	西大街	东大街21号
		苍梧街	凤 凰	凤凰山山脚下	凤凰山东山脚下	与青春社区接壤	南云台林场	东大街60号
		南城街、青春村	青 春	东大街街西	西山根	老城头	养老巷	
2001年12月30日	花果山景区管理处	花果山	花果山	南云台林场、云台乡	花果山乡	南云台林场、花果山乡	与花果山乡及连云区朝阳镇、朝阳林场接壤	

第四节 村民委员会

解放后，域内农村村民事务先后由农会、村管理。

20世纪50年代后期起至80年代初，村民事务由政设合一的人民公社的最基层生产组织——生产队统一管理。

1983年7月下旬，区委、区政府在农村人民公社进行体制改革，实行党政分开、政社分开，同时恢复农村行政村。同年底，临洪村村民委员会、沈圩村村民委员会成立。随后，各乡镇所属行政村村民委员会先后成立。

1988年5月，区政府在临洪村进行实施《中华人民共和国村民委员会组织法（试行）》试点，由村民直接选举村民委员会主任、副主任和委员。随后，沈圩村也由村民直接选举产生村民委员会领导成员。

至20世纪80年代末，花果山乡、云台乡、宁海乡各行政村村民委员会，均由村民自己选举产生。并按《中华人民共和国村民委员会组织法》规定，每3年进行一次换届选举。至2005年底，一般已进行4～5届换届选举。

农村行政村内根据自然村分布情况，成立若干村民小组，由村民自己推选村民小组长，为本组村民服务。

2005年底，全区农村共有29个村民委员会、233个村民小组。

2005年新浦区村民委员会概况表

表34－4

乡	村民委员会名称	户数（户）	村民数（人）	村民小组数（个）
花果山乡	新滩村	877	2840	7
	当路村	824	2584	8
	飞泉村	585	1587	7
	大村村	632	1735	7
	进前村	328	964	3
	新村村	557	1665	7
	小村村	661	1946	5
	前云村	675	1913	8
云台乡	丹霞村	1075	4033	16
	西山村	1005	4079	7
	后关村	784	3216	12
	前关村	755	3118	12
	凌州村	413	1670	6
	山东村	730	3053	12
	东磊村	504	2170	7
	渔湾村	355	1560	6
	凤凰村	519	2110	5
	朱麻村	665	2745	8
宁海乡	卞浦村	535	2360	12
	魏湾村	620	2570	9
	清河村	602	2156	8
	武圩村	350	1680	6
	太平村	420	1638	7

续表 34－4

乡	村民委员会名称	户数(户)	村民数(人)	村民小组数(个)
宁海乡	平安村	478	1735	6
	黄圩村	301	1240	6
	杨场村	402	1589	7
	新圩村	475	1960	7
	新北村	622	2458	12
	海河村	682	2897	10

第三章　社区建设

第一节　居民委员会建设

1952 年 8 月,市政府在新浦地区盐河区同和街开展在城区街道设立居民委员会试点工作。1953 年,全面推开。居民委员会干部主要来源于各街道无工作而有一定工作能力的居民,以妇女为主体,总体上文化程度较低,基本上属于义务工作。

1957 年 11 月 27 日,新浦区人民委员会制定下发了《关于居民委员会和居民组工作人员奖励办法》,以调动居民委员会和居民组工作人员积极性。

20 世纪 60 年代起,区政府从街道企业中挑选一批骨干充实到居民委员会工作。大部分居民委员会主任、副主任都连续干到 20 世纪 80 年代。居委会干部年龄偏大,文化偏低问题开始凸显。

1989 年,区委、区政府开始改善居委会干部队伍结构,加强街道居民委员会干部队伍建设。是年,首批在 45 个居民委员会中进行民主选举,由居民选举各居委会组成人员 247 名。居委会干部的文化、年龄结构有了明显改善。同时,在居民委员会中开展评选"十佳居委会",争当"文明居委会标兵"竞赛活动。并成立由区长亲任组长的竞赛领导小组。同年 6 月 1 日,区政府下发《关于进一步加强居民委员会工作的意见》和《关于居民委员会干部生活待遇问题的暂行规定》,第一次明确居委会干部报酬和退养待遇标准。同月 9 日,区委、区政府联合下发《新浦区居民委员会工作条例(试行)》,进一步规范居民委员会工作。

20 世纪 90 年代,在居委会中开展创建"文明居委会"、争当"先进居委会主任""先进居委会工作者"和"经济前十强居委会"等竞赛评比活动,每年进行一次评比表彰。其间,区委、区政府针对居委会干部中"年轻的少、有文化的少、懂经济的少"的现状,采取"派、聘、引、选"多种办法,对居委会干部特别是"一把手"中年龄偏大的进行调整,使全区居委会干部平均年龄下降 10 多岁,有 67 名有初中以上文化的人充实到居委会干部队伍中。并采用街道办事处机关人员挂职、从外单位引进、从经济部门聘用等办法,提高居委会党支部书记队伍素质。同年 11 月 29 日,新浦区在全市首家创办居委会干部学校,首批 95 名居委会干部参加学习。居民委员会工作进一步活跃,港西街居委会被评为全国模范居委会。通池街居委会被评为省级文明单位。

2000 年初起，各街道、社区贯彻落实《新浦区社区建设 2000～2002 年发展规划》，围绕全区争创省级“社区建设示范区”总目标，对照省级社区建设示范城区的标准，认真自查，找差距，定措施，开展争创省级、市级社区建设示范社区和市级社区建设示范街道活动。

2004 年，全区开展创建特色社区活动。新南街道以兴业社区为点，推出“文化快餐车”20 辆，定期开展广场、楼院、家庭文化活动，组建社区文化团体，设立社区图书室等，创建“学习型”、“文化型”社区。新海街道西苑社区加强社区党建工作，开展“党员责任进社区”“手牵手，心连心”活动，发挥党员的先锋模范作用，被区委、市委授予“党建工作示范点”称号；路南街道公园社区投入资金，设立两个科普画廊，3 辆科普宣传车，购置彩电、VCD、科普书籍，开展讲座、咨询活动，创建“科普型”社区，年底被省科协评为“江苏省科普文明社区”。年内，全区 50% 以上的社区居委会达到“一个社区一个特色”的要求。同年，区政府在全区开展“万家社区图书室援建活动”和“社区文明建设”知识竞赛，将价值 2 万元的 258 套图书分发到各社区图书室。当年，新海街道被评为“全国万家社区图书室援建和万家社区图书室活动”先进单位。

2005 年 3 月，区委、区政府制定《新浦区关于开展创建星级示范社区活动的意见》，对社区党建、社区服务、社区教育、社区卫生、社区文化、社区治安、社区保险和社区设施等提出明确考核标准，实行动态管理，一年一评。同时，区民政部门对 75 个社区居委会办公用房情况进行调查，提出解决方案，明确用 3 年时间，使 80% 的社区用房达到 300 平方米。

第二节　社区体制改革

2000 年 7 月 18 日，新浦区成立社区建设指导委员会，开始研究全区社区体制改革事宜。次年 11 月 5 日，区委、区政府制定下发《新浦区社区管理体制改革意见》和《新浦区社区组织建设实施方案》，根据地缘型、单位型、功能型、混合型等不同类型将原有 105 个居委会，调整为 64 个社区居委会。经竞争上岗、民主选举产生社区居委会委员 689 人。其中，35 岁以下有 173 人、35～45 岁有 35 人，大专以上文化的有 64 人，中共党员 65 人。经选举产生正副主任 132 人，比原先 327 人减少 195 人，正副主任平均年龄 36.6 岁。

2004 年 10 月下旬，全区开展社区居民委员会第二届换届选举工作，选举产生的新一届社区居民委员会成员中，专职社区工作者 263 人。其中，居委会主任 75 人、副主任 70 人。平均年龄 38 岁，中共党员占 53.2%，高中（中专）文化程度的占 42.2%。

2005 年 1 月，全区 287 名社区工作人员工资实现区级财政发放。同年 3 月，区政府出台《新浦区社区专职工作者管理暂行办法》，对社区专职工作者实行规范化管理。

第三节　社区服务网络建设

1984 年，区委、区政府组织路南、浦东两个街道分管领导及部分居委会干部去上海、苏州等地学习社区服务工作经验，并在浦东街道进行试点。当年，社区服务工作在全区普遍展开。至1987年，全区有12个居委会成立“家庭劳动服务站”，成立孤老帮护组79个、302人，帮护对象88人。路南、浦东、浦西、临洪、市东5个街道还先后成立地区性“社区保障工作委员会”和“移风易俗理事会”。健全优抚服务网络、老人服务网络、残疾人服务网络、移风易俗服务网络、计划生育服务网络和妇女工作服务网络等社会服务保障体系。

1988年2月25日，区政府在浦东街道召开“社区服务工作现场会”，推广浦东街道社区服务工作经验。至年底，全区有街道敬老院（幸福院）1个、老人帮护组56个、老人活动中心（站、室）79个、老人服务站12个、老人诊所1个、老人婚姻介绍所2个、心理辅导咨询站1个、居民学校1所、家庭劳动服务站74个、烈、军属活动中心12个，残疾人婚姻介绍所2个、社区服务工作机构5个。次年11月份，在江苏省社区服务工作经验交流会上，新浦区作了题为“以街道为主体、以居委会为依托、开展多层次、多功能、系列化的社区服务”的经验介绍。在当年全市社区服务达标检查验收评定中新浦区被评为115分（优秀标准120分）。

1990年1月16日，区政府下发《关于成立新浦区社区服务协调委员会的通知》。5个街道也先后成立了社区服务协调委员会。同年3月，新浦区代表全市接受省民政厅社会服务达标检查。接待民政部办公厅、《中国社会报》记者、省民政厅领导以及无锡、扬州、镇江等兄弟单位领导的参观指导，进行经验交流。5月，区政府召开全区社区服务现场会，参观5个街道及10个居委会的社区服务中心，交流经验，推动全区社区服务工作的开展。1991年7月6日，临洪街道在全区率先成立临洪地区社区服务中心，为辖区居民提供幼托、法律咨询、医疗门诊、康乐、电子游戏等服务。至1992年年底，全区已建有社区服务中心65个、老人活动室72个、老人帮护组87个、康复门诊6个、培智学校1所、残疾儿童寄托班1个、军人服务站93个、幼儿园38个、婚姻介绍所2个、红白理事会89个、新婚夫妇学校1所、小型便民服务网点383个，初步形成了老人、军人、残疾人、少年儿童以及居民家庭的服务体系。

1995年12月26日，区政府下发《关于设立新浦区社区服务发展基金的通知》，开始采取政府财政拨一点、有奖募捐福利基金支一点、发动社会赞助一点、单位和个人捐献一点等办法筹集社区服务发展基金达96万元，先后补助5个街道社区服务中心建设资金之不足。

1996年，区政府下发《关于加快发展新浦区社区服务的意见》，区民政局制定了《新浦区社区服务1996～2000年发展规划》。浦东、浦西、路南、市东、临洪5个街道相应制定出1996年到2000年社区服务发展规划。同年10月20日，区民政局、新浦国税分局、新浦地税分局、新浦工商分局联合下发《关于实行社区服务认证制度及行业管理的若干规定》，进一步规范社区服务管理工作。至年底，全区已建立以“社区服务中心、老年公寓、残疾人康复中心”为骨干，以“小型分散、多样、方便”的福利设施为主体的社区服务设施400多个，建有社区服务中心4个、社区服务站98个、老人公寓（托老所）3个、文化馆（站）16个、社区康复指导站5个、幼儿园16个，青少年教育基地46个、残疾人康复中心、优抚医疗中心、婚庆服务中心、丧葬服务中心各1个。初步形成覆盖全区的社区服务网络。

1997年起，在全区开展争创省“社区服务模范区”活动。同年6月25日，全市在新浦区召开社区服务现场会，推广新浦区争创社区服务示范区的经验，参观新浦区再就业服务中心和龙尾居委会、民主居委会、海宁小区等社区服务工作。9月9日，区政府表彰龙尾居委会等17个首批社区服务达标居委会。12月1日，新浦区被授予“江苏省社区服务示范城区（市）”称号。

2000年1月起，全区开始推行社区“居民联系卡”制度。在全区开展争创社区服务达标街道、社区服务达标居委会活动。至年底,浦西、路南街道均建成500平方米以上的社区服务中心。有56个居委会已建有30平方米以上的社区服务站。新南街道采取多种办法筹集近100万元资金,建成龙河社区服务站、健康社区服务站、海宁社区服务站和新南社区服务站等4座面积计1600平方米的社区服务设施,并投入使用。全区已登记注册的社区服务志愿者组织112个,人数达6200多人。当年6月30日,新浦区再次被省命名为“社区服务示范区”。2001年,海宁小区、龙尾小区、公安小区被评为市社区服务示范小区;通池社区、市机关家属委员会、市东老年公寓被评为“市区服务示范基地”。

2003年12月16日,新浦区社区服务中心在海昌南路建成投入使用。区社区服务中心楼建筑面积5000平方米,工程造价600万元。内设市民求助、餐饮服务、婚庆服务、残疾人服务、医疗服务、文化服务、教育服务、老人服务、少儿服务、娱乐服务等10大服务系列。年内,新浦区第三次被评为省社区服务示范区。

2004年、2005年,通过成立全区创业指导中心和社会创业指导站,进一步推动了各社区就业和再就业、社会保障服务、社会救助服务等社区服务工作,各社区居委会自觉把居民群众需求作为工作出发点和落脚点,“围着居民转,贴近实际干”,为居民办实事、解困难。

第四章　居民生活

第一节　家庭收入

一、城镇居民家庭收入

解放前,新浦城区和南城镇居民家庭中,除少数地主、资本家、高利贷者外,大部分做小生意、卖苦力为生,无固定生活来源,收入微薄且不稳定。至解放前夕,多数居民家庭收入无着,度日如年。

解放初,就业困难,一般五口之家仅有1人工作,收入很低。有三分之一居民家庭生活贫困,靠政府救济维持生活。

20世纪50年代中期,城镇居民就业增多,收入增加,一般家庭人均月收入在8元至12元,可维持基本生活。60年代,职工工资略有提高,加之单位各项福利收入,一般家庭人均月收入达15元左右。70年代末,居民家庭人均月收入达20元左右。80年代,城镇就业面扩大,工资制度不断改革,职工收入明显增长。至1990年底,一般城镇居民家庭人均月收入达100元至200元。

20世纪90年代初起,经济体制改革不断深化,经济建设产业结构调整,第三产业蓬勃兴起,城镇居民收入门路拓宽,家庭收入增长速度加快。至1995年底,居民家庭人均月收入达430元。至2000年底,达534.65元。

2001年至2005年,城镇居民家庭人均月可支配收入从不足600元,增长到846.19元。

1995～2005年新浦区城镇居民人均月收入一览表

表34－5

年份	人均月收入(元)	年份	人均月收入(元)
1995	430.00	2001	608.91
1996	488.70	2002	635.85
1997	480.08	2003	659.29
1998	450.00	2004	755.57
1999	495.57	2005	846.19
2000	534.65		

注:据各年城镇居民家庭生活抽样调查资料

二、农民家庭收入

解放前,云台山地区农民主要以为地主种地、看山为生,少数以干石工、瓦工,卖草、卖水为生,终年辛苦,入不敷出,饥寒交迫。

新中国成立后,土地改革农民分得土地等生产资料,特别是互助合作提高了生产力,农民劳动成果归自己所有,每年收入除维持日常生活外,还可添置部分小型农具。

20世纪50年代中期起,农业社、人民公社实行统一生产劳动,年终凭所得工分参加统一分配。60年代初三年困难时期,粮食减产,副业滑坡,工分值下降,时有“早使劲,晚使劲,不如小鸡亢亢腚”(言一天所得工分值不如小鸡下个蛋)之戏说。年终分配时近半农民家庭透支。

党的十一届三中全会后,农村经济体制改革,粮食年年增产,外出务工人员逐年增加,农民家庭收入逐年上升。至1990年底,城郊临洪村、沈圩村农民人均年纯收入已由1978年的不足500元,增至940多元。云台乡、花果山乡、南城镇农民家庭年人均纯收入也由1978年的100余元,增加到700～800元。

20世纪90年代以后,国家多次上调农产品收购价格,不断减轻农民负担,农村经济结构调整,农业实行集约经营,大量劳动力转向二、三产业,农民家庭收入逐年大幅增加。到2005年底,全区农民年人均纯收入已达4664元。

2001～2005年全区农民年人均纯收入一览表

表34－6

年份	年人均纯收入(元)	年份	年人均纯收入(元)
2001	3100	2004	4265
2002	3355	2005	4664
2003	3860		

第二节 家庭支出

一、主副食品支出

解放前和解放初期,城乡居民收入极低,其中百分之八九十用于食品开支,以维持生存。平时副食品主要是瓜菜。只有逢年过节、办喜事、招待至亲好友时,才能买点鱼、肉。20世纪50年代中、后期,居民家庭收入有所提高,但大部分收入仍用于购买食品。60年代至70年代,粮食和肉、鱼、蛋等主要副食品实行计划供应,食品支出在生活费用中所占比例有所下降。改革开放后,职工工资不断增长,市场物资丰富,居民家庭消费结构发生明显变化,食品开支在生活费用中所占比例明显下降。至80年代后期,食品支出只占生活费用开支的50%上下。居民生活由温饱型转向讲究营养,食品由主食型转向副食型。粮食购买费用在整个生活费用中所占比例越来越小。

20世纪90年代起,居民的营养保健意识明显增强,对副食品的选择开始注重低脂肪、高蛋白、高营养,肉吃精的,鱼吃鲜的。水果、奶制品已成居民食品的组成部分。副食品开支在食品开支中的比例不断上升,到21世纪初,已达60%上下。

1984~1988年新浦区城镇居民食品支出比例表

表34-7

年份	食品支出占生活费(%)	其　中	
		粮食占食品支出(%)	副食品占食品支出(%)
1984	56.83	11.59	31.41
1985	51.00	8.60	28.80
1986	46.60	6.30	27.20
1987	51.00	6.30	30.90
1988	48.90	5.27	31.88

1995~2005年新浦区城镇居民食品支出比例表

表34-8

年份	食品支出占生活费(%)	其　中	
		粮食占食品支出(%)	副食品占食品支出(%)
1995	44.75	14.48	51.99
1996	51.79	19.56	48.43
1997	45.28	1.94	56.71
1998	48.89	11.43	64.47
1999	46.17	10.67	58.13
2000	37.09	7.96	64.01
2001	36.85	7.45	58.19
2002	36.93	9.60	57.52
2003	35.38	8.99	61.41
2004	38.08	10.43	64.97
2005	36.59	10.02	60.42

注:据各年城市住户抽样调查资料

二、衣着支出

解放前,直至20世纪60年代初,城乡一般居民衣着极少,“大穿新,二穿旧,三穿补衲子”,“新三年,旧三年,补补连连又三年"是普遍现象,有的甚至衣不遮体,冬无棉衣。衣着开销在生活费中所占比重很小。

20 世纪 60 年代中、后期起,城乡居民生活好转,添置衣着的开支有所增长。由于棉布、棉花实行计划供应,衣着开支增长幅度不大。

改革开放后,居民收入增多,市场物资丰富,城乡居民开始讲究穿戴,衣着样式不断更新,西装热,羽绒服热,休闲服热,一个接着一个,衣着更新频率加快。一般居民家中四季服装齐全,一人多套(服装),一季多衣已很平常。裘皮服装已进入普通家庭。在居民家庭生活中,衣着开支已由 20 世纪 80 年代初的年人均 83.4 元,增加到 1995 年的 500 余元、2005 年的 665 元。

三、居住支出

解放前,城乡民居十分简陋,多为自建的泥巴墙茅草屋,低矮潮湿,造价很低。

20 世纪 50 年代中期起,直到"文化大革命"结束前,搞公有制,不准居民私人建住宅。机关、事业单位开始建职工宿舍、廉价租给职工居住;政府房产管理部门也建造公房租给居民居住,房租一般每平方米(实用面积)每月 0.1 ~ 0.2 元。房租支出一般占职工家庭收入的 3% 左右。期间,城镇居民住房紧张,人均住房(实用)面积不足 5 平方米。

党的十一届三中全会后,政府允许并鼓励居民私人建房。房屋开发公司开始在老城区外围建造居民住宅区,出售给居民居住。新住宅多为四层上下套式楼房,卧室、客厅、厨房、卫生间齐备,供水、供电设施齐全。人均居住实用面积增至 10 平方米左右。房屋租金提高不大,一般居民家庭住房支出约占收入的 4%。城乡居民自建平房、两层楼房,也都设施齐全,门窗扩大,采光,通风。居住条件明显改善。

1988 年起,实行住房制度改革,鼓励居民买房、建房。公房租金提高,单位发给职工住房补贴,职工按月缴纳住房公积金。1990 年,一般居民家庭住房支出占月收入 5% 左右。

20 世纪 90 年代中期起,深化住房制度改革,取消福利房住房制度,实行商品房制度。机关、企事业单位按住房制度改革政策,将公房卖给职工住户。房地产开发公司开发建设的房屋,实行市场价格。居民住房开支加大。

四、家庭用品支出

20 世纪 50 年代以前,城镇一般居民无力置办家具。农村居民家中用品更是"连锅一担担"。60 年代中期起,城镇部分职工家庭开始置办"三抽桌"(三个抽屉的桌子)、"一头"(一侧带个柜子的"三抽桌")、缝纫机、简易沙发。干部、教师、医务人员也有购置手表、自行车的。70 年代,一般城镇居民、农村富裕家庭有了时称"三大件"的手表、自行车、缝纫机以及电风扇等。城市约 30% 家庭有了半导体收音机。80 年代初,一般城镇居民家庭已有黑白电视机、洗衣机、电冰箱新"三大件";老"三大件"普遍进入农家。80 年代中期开始,居民家中电视由黑白向彩色发展,冰箱由单门向双门发展,洗衣机由单缸向双缸发展。到 1990 年底,每百户居民家庭彩色电视机和电冰箱拥有量,已从 1985 年的 9 台和 2 台,分别增至 53 台和 56 台。席梦思、"傻瓜"照相机、录像机、摩托车等已逐渐进入职工家庭。农民家庭也已开始添置彩电、冰箱、洗衣机等高档耐用家具。

20 世纪 90 年代以后,城乡居民家庭中的各种设施、设备逐年增多。固定电话、寻呼机、大哥大、小灵通、手机、电动自行车、摩托车、液化气灶、天然气灶、取暖设备等先后普及,电脑、轿车也开始进入城区居民家庭。家庭添置设施、设备的投入及日常使用费支出明显增加，据区统计局“城市住户抽样调查资料”，1998 年城镇居民家庭设备、设施及水电费、燃料费、交通费、通讯费等人均支出计 469.82 元，比 1989 年增长 77.25%。2005 年，又比 1998 年增长 1.55 倍。

五、文化教育医疗支出

解放前，新浦城乡绝大多数居民常年苦于谋生糊口，文化生活极为贫乏。文化、教育、医疗开支几乎为零。

解放后，人民生活日渐稳定。20 世纪 60 年代以后，城镇文化设施逐年增加，教育事业不断发展，学龄儿童普遍入学，幼儿开始入园。看戏、看电影渐成居民业余生活内容，文化、教育、卫生方面的开支纳入了正常生活开支，且逐步增加。1984 年，城市居民人均年文化、教育、卫生方面支出为 29 元，占人均年生活费的 5.77%。到 1988 年增至 78.93 元，占人均年生活费的 6.55%。

20 世纪 90 年代以后，随着社会文化事业繁荣，九年义务教育以外的教育收费、医疗收费、药品价格提高，城镇居民生活费中文化、教育、医疗保健方面的支出大幅上升。1998 年，城市居民人均年支出为 501.04 元，占人均年生活费支出的 12.84%。2005 年，增至 1700 余元，占人均年生活费支出的 23.36%。

1995～2005 年新浦区城区每户居民拥有耐用消费品对比表

表 34－9

项目＼年份		1995	1996	1997	1998	1999	2000	2001	2002	2003	2004	2005
大衣柜(个)		75.00	54.00	64.00	64.00	64.00	47.00	49.00	—	—	—	—
沙发(个)		230.00	159.00	122.00	130.00	136.00	113.00	113.00	—	—	—	—
写字台(个)		101.00	72.00	74.00	75.00	77.00	59.00	61.00	—	—	—	—
自行车(辆)		230.00	171.00	163.00	163.00	172.00	137.00	145.00	197.00	195.00	195.00	172.52
缝纫机(架)		71.43	50.00	50.00	50.00	52.00	37.00	36.00	—	—	—	—
电风扇(台)		214.39	160.00	173.00	181.00	185.00	123.00	132.00	208.00	181.25	180.00	180.15
洗衣机(台)		91.43	66.00	71.00	69.00	69.00	60.00	58.00	92.00	96.25	95.63	92.37
电冰箱(台)		90.00	64.00	56.00	58.00	60.00	58.00	54.00	88.49	88.75	14.38	70.23
摩托车(台)		10.00	7.00	9.00	10.00	11.00	9.00	11.00	21.00	33.13	35.00	19.85
电视(台)	黑白	30.00	25.00	—	—	—	—	—	—	—	—	—
	彩色	94.29	67.00	77.00	73.00	79.00	70.00	71.00	117.52	129.38	131.25	124.43
录音机(架)	立体声	21.43	15.00	—	—	—	—	—	—	—	—	—
	普通	55.71	39.00	43.00	41.00	47.00	39.00	40.00	57.55	35.00	35.63	20.61
照相机(架)		30.00	21.00	18.00	17.00	19.00	19.00	21.00	31.03	36.88	35.63	31.30
空调(台)		12.86	10.00	9.00	9.00	9.00	16.00	21.00	29.03	69.38	78.13	74.81
电炊器(个)		72.86	55.00	60.00	61.00	69.00	52.00	55.00	77.56	93.13	95.63	93.89

续表 34-9

项目＼年份	1995	1996	1997	1998	1999	2000	2001	2002	2003	2004	2005
录放像机(台)	15.71	11.00	14.00	14.00	14.00	9.00	9.00	16.01	10.63	10.63	4.58
家用电脑(台)	—	—	1.00	1.00	2.00	4.00	10.00	15.93	19.38	20.63	37.40
摄像机(架)	—	—	1.00	2.00	1.00	1.00	2.00	3.00	3.13	3.13	1.53
冰柜(台)	4.29	4.00	5.00	5.00	6.00	6.00	6.00	7.01	13.13	14.38	8.40
影碟机(架)	—	—	7.00	8.00	10.00	12.00	15.00	43.37	67.50	69.38	74.81
钢琴(架)	—	—	—	—	—	—	—	1.17	3.13	3.75	3.05
普通电话(部)	—	—	—	—	—	—	—	96.00	97.50	104.38	134.35
移动电话(部)	—	—	—	—	5.00	11.00	17.00	43.03	78.75	81.88	63.36
微波炉(台)	—	—	2.00	3.00	3.00	9.00	13.00	27.11	32.50	34.38	47.33
淋浴热水器(台)	42.86	32.00	24.00	25.00	29.00	27.00	33.00	57.96	55.63	56.88	64.89
吸尘器(台)	14.29	10.00	2.00	2.00	2.00	5.00	6.00	10.09	11.25	11.25	7.63
助力车(辆)	—	—	—	—	—	—	—	5.00	6.25	11.25	21.37
传真机(部)	—	—	—	—	—	—	—	1.00	0.00	0.00	0.76

注:据抽样调查资料

1995~2005年新浦区城市居民年人均生活费中主要支出比例表

表 34-10

年份	人均年生活费(元)	项目																					
		食品		衣着		居住		家具设备		教育		文化娱乐		医疗保健		交通		通讯		水电		煤炭燃气	
		金额(元)	占(%)	金额(元)	占(%)	金额(元)	占(%)	金额(元)	占(%)	金额(元)	占(%)	金额(元)	占(%)	金额(元)	占(%)	金额(元)	占(%)	金额(元)	占(%)	金额(元)	占(%)	金额(元)	占(%)
1995	3701.40	147.29	3.98	511.92	13.83	259.12	7.00	361.92	9.78	135.84	3.67	93.84	2.56	71.28	1.92	204.60	5.52	103.32	2.79	63.24	1.70	40.08	1.08
1996	3673.37	158.56	4.32	501.38	13.65	362.16	9.86	290.43	7.90	142.75	3.89	108.72	2.96	77.74	2.12	62.86	1.71	81.56	2.22	101.20	2.76	43.16	1.17
1997	—	—	—	—	—	—	—	—	—	—	—	—	—	—	—	—	—	—	—	—	—	—	—
1998	3899.28	158.88	4.07	540.70	13.87	289.77	7.43	138.39	3.55	224.51	5.76	108.22	2.76	168.31	4.32	63.09	1.62	113.56	2.91	90.09	2.31	64.69	1.66
1999	4166.04	160.29	3.85	366.90	8.80	431.15	10.35	263.51	6.33	197.77	4.75	116.14	2.79	187.91	4.51	67.27	1.61	160.83	3.86	114.85	2.76	58.98	1.41
2000	5029.32	155.47	3.09	470.02	9.34	595.15	11.83	726.31	14.44	268.87	5.34	165.55	3.29	186.69	3.71	71.54	1.42	216.89	4.31	138.14	2.75	65.10	1.29
2001	5263.87	161.68	3.07	516.44	9.81	448.67	8.52	538.60	10.23	404.79	7.69	154.57	2.94	306.23	5.82	60.90	1.16	252.40	4.80	169.67	3.22	60.12	1.14
2002	5059.23	155.72	3.08	558.47	11.04	658.28	13.01	201.50	3.98	556.71	11.00	293.15	5.79	252.69	5.00	153.24	3.03	210.40	4.16	175.13	3.46	45.37	0.90
2003	5981.95	176.41	2.95	597.55	9.99	624.91	10.54	381.46	6.38	560.37	9.37	272.05	4.55	500.34	8.36	261.32	4.73	313.58	5.24	187.47	3.13	72.68	1.22
2004	6450.84	204.76	3.17	637.52	9.88	740.87	11.48	414.05	6.42	457.83	7.01	499.68	7.75	432.61	6.71	326.64	5.06	297.11	4.61	210.06	3.26	62.33	0.97
2005	7281.18	222.03	3.05	665.20	9.14	1433.82	19.69	424.14	5.83	503.02	6.91	500.30	6.87	697.96	9.59	101.82	1.40	320.01	4.40	262.60	3.61	93.07	1.28

注:据新浦区统计局各年《城市住户抽样调查资料》。其中,1977年因无抽样调查资料,故无数据

第五章　拥军优抚

第一节　拥　军

一、支援前线

民国37年(1948)11月7日,新浦地区工商界人士及数百居民,到西巄外迎接中国人民解放军进城。工商界人士借出两辆汽车给解放军拉大炮去黄九埝,支援解放墟沟。中旬,新浦地区工人、居民参加抢修新浦至新沂段铁路和市内被毁公路,确保运送粮草、弹药支援前线。同年12月上旬,中共新海连特委组织新浦地区40余辆汽车,组成运输队赴徐州支援淮海战役。至徐州后,原被国民党军队从新浦强行拉到徐州的20辆汽车,也加入支前行列。驾驶员们冒着敌人的炮火行车,牺牲1人。同月,新海连特区医院接收治疗淮海战役中人民解放军伤病员,新浦地区部分群众参与救护工作。

1949年4月,组织支援渡江和解放江南战役。云台、宁海、南城地区组织支前队伍,编入淮阴地区常备民工团第三营,在宿迁整训后随第三野战军南下,在扬州进行渡江训练后,奉命从江阴过江进驻吴县为解放上海做准备。同年,在解放上海战役中,民工们担负接转伤员任务。解放上海战役刚结束后,在解放舟山群岛战役中又担负装运枪支、粮食等任务,历时3个月,胜利完成任务。

1950年元月,新海连特区医院派医务人员,随市组织的船队支援解放舟山群岛。同年6月,新浦、南城地区人民掀起抗美援朝热潮。同年12月,域内各学校、机关、企业、团体、街道、乡、村响应市首届各界人民代表会议通过的《关于开展抗美援朝保家卫国宣传运动的决议》的号召,广大青年积极参军参干,支援前线。

1951年2月,新浦地区青年工人、各界人士举行游行示威,抗议美国侵略朝鲜。同年3月8日,广大妇女举行游行示威,表示抗美援朝、保家卫国的决心。6月,新浦地区人民签订爱国公约,游行示威,抗议美国侵略朝鲜,掀起增产节约、爱国捐献热潮,向中国人民志愿军增锦旗,写慰问信,寄慰问品,各行业捐赠图书20470本,由市新华书店转寄朝鲜前线。同时,新浦地区广大工商业者还积极捐款,购买飞机支援志愿军抗美援朝。

二、走访慰问

民国38年(1949)8月1日,新海连特区政府在驻军司令部院内(解放中路原市政府大院,现汇金购物广场处),第一次举行庆祝“八一”建军节文娱晚会,淮北盐场工人文工队演出大型歌剧《白毛女》,慰问子弟兵。

新中国成立初期,新浦和南城、云台、宁海等地区,每逢元旦、春节、“八一”节都普遍开展拥军优属活动。同时,利用多种形式进行热爱解放军的宣传教育,并组织群众深入部队、烈军属户进行慰问。组织妇女自带针线、肥皂为战士洗缝衣服。供销、粮食部门及中小学校也经常组织职工、师生为驻军、烈军属、残疾军人送货上门,打扫卫生。

1954年春，新浦工商界1286户捐款264万余元。驻新浦的市工商联合会也从会费中提取470万元，购买鱼、肉、烟、酒等物品慰问新浦驻军。

20世纪60年代起，城区11个居民委员会均成立拥军优属小组，居民自带肥皂、针线、棉布为子弟兵洗衣服、鞋袜，洗补被、被单，帮助烈军属解决困难等拥军优属工作趋向常年化。

1985年起，路南街道新化居委会主任王学英发动居民坚持12年，每年为消防一中队官兵赠送鞋垫100双。1986年"八一"期间，区领导走访慰问部队干休所、连云港军分区、市武警支队、济南军区五七造纸厂、守备三师新滩农场。同年9月17日，新浦区领导给在老山前线荣立一等功的解放军战士张方家送去立功喜报，对其家属进行慰问。1987年4～5月，区人民政府、区人民武装部领导等，到1986年度入伍新兵所在部队走访、慰问，帮助部队做好新兵思想工作。先后到9个单位，同35名新战士进行座谈，发给44名新战士的慰问信。1989年春节、八一期间，全区各级走访部队41次，全区50个单位，140余位领导走访慰问前三岛官兵。全区军人服务站为驻军义务演出9场，观众达1330人次，为首都部队官兵送鞋垫879双，向当地驻军赠送文体器材等。1990年2月，区民政局、路南街道办事处因在支持部队改革和建设中成绩显著，受到市政府和连云港军分区表彰。同年4月，区民政局、区武装部组织有关人员到部队走访慰问，看望新浦区122名新入伍战士。

20世纪90年代初期起，全区开始建立军人服务站、军人家庭服务站。1995年，新浦区被省政府、省军区评为"拥军优属先进单位"。1999年5月，驻区14个市属单位和区属单位捐款38万多元，赠送给老解放区的功臣。同年6月，区长李建平带队为灌云县伊山乡10名老复员军人赠送电风扇、蚊帐、床单等慰问品。

2004年"八一"建军节前后，区委、区政府领导带着价值16万余元的空调、电脑等慰问品，走访慰问连云港警备区、市武警支队和区人武部。

2005年，春节和"八一"期间，区四套班子领导和有关部门负责人，分成7个组，分别走访慰问驻区部队官兵和参加过抗日战争的老战士。赠送慰问品和慰问金价值20万元。同年，全区开展社区拥军活动，各社区居委会在完善军人家庭服务站的基础上，先后成立老妈妈拥军服务队、巾帼拥军服务队、青年志愿者拥军服务队、个体工商户拥军服务小分队等拥军组织38个，为驻军官兵提供20多项服务。

三、奖励功臣

1992年起，中共新浦区委、区政府决定奖励驻地现役军人中有功之臣。当年12月23日，通过政府财政拨款、社会资助、单位和个人捐献等多种渠道筹集资金，正式设立新浦区拥军优属基金，用以奖励驻地现役军人中被军以上机关授予荣誉称号、荣立一等功者，及在双拥活动中有突出贡献的单位和个人等。

1996年，新浦区政府设立"人民部队功臣奖"，奖励标准为：一等功1000元、二等功500元、三等功100元。同年，第一次奖给两个功臣单位和52名立功个人，奖金计17100元。

2000年1月8日，区委、区政府为23名驻新浦地区的立功官兵颁发奖金2300元。当月27日，区政府作出《关于奖励新浦地区部队立功官兵的决定》。荣立一等功的奖励1000元、二等功奖500元、三等功奖100元。

2001年元月18日，区委、区政府给驻区部队为军队建设和地方经济建设作出贡献的立功官兵27人颁发立功奖金2700元。2002年2月，为驻军立功官兵26人颁发奖金5500元。发放义务兵优待金29.5

万元。按规定发给退伍军人生活补助费22.8万元。2003年1月15日下午，区、委、区政府召开军政座谈会，向驻军立功官兵44人颁发奖金。2005年春节前夕，区委、区政府为驻军77名立功官兵，颁发奖金7700元。

图34－1　区委、区政府向驻军立功官兵授奖

四、科技拥军

20世纪90年代中后期起，新浦区引导地区各单位将拥军工作转向以科技拥军为主。1996年，驻地市供电局为部队培训电工25名，并赠送价值20余万元的文化用品。1999年5月至9月，区双拥办公室邀请七一六研究所专家为驻军100多名现役军官举办"海军高科技发展"知识讲座。爱家楼酒店为驻军培训15名战士炊事员，连云港市经济干校为武警支队、消防支队培训电脑操作人员50名。2000年5月，区民政局两次召开科技拥军专题协调会，征求驻军意见，协调辖区单位，为驻地部队办实事：爱家楼酒店为驻军培训厨师18名；市供电局为驻军培训电工8人；市经济干校为武警支队、消防支队培训电脑操作员50名；市农科所为武警支队蔬菜基地进行技术指导；路南街道办事处向武警支队赠送价值2300元的科技书籍；七一六军代表办公室为新浦驻军干部100多人举办高科技军事知识讲座；"八一"、春节前夕，区委、区人大、区政府、区政协领导带领有关人员先后两次慰问驻区的市武警支队、消防支队、市边防支队、连云港警备区、区人武部，赠送电脑、空调、彩电等慰问品。

2002年，新浦区"双拥"办公室组织市农科所技术人员去海军四八七农场、北航农场、徐州坦克二师小东关农场现场指导、传授水稻、棉花、养鱼、养鸡、养鸭鹅等技术。同年，私营企业爱家楼酒店业主赵世强免费为驻军炊事员培训烹饪技术，经过2年培训有35名解放军战士获得三级厨师职称。赵世强连续两次被省政府、省军区授予"科技拥军先进个人"称号。

2003年春节前，区政府制定下发《关于奖励驻新浦地区部队科技强军立功官兵的决定》，对荣立一等功的一次性奖励1000元，二等功的一次性奖励500元，三等功的一次性奖励200元。当即有42名科技强军立功官兵获奖。

第二节　优　抚

一、慰问与解难

20世纪50年代至60年代初，花果山、云台、宁海、南城等乡镇采取统筹劳力办法，对贫困烈属、残疾军人和缺乏生产资料的军属实行代耕代种，并将帮扶任务固定到户，结合到组。1957年，花果山乡对烈军属实行定期定额补助，补助费稍高于贫困社员长期救济水平，每人每月5元，临时补贴3～7元；对死亡军属无力埋葬者，补助30～40元，医药费由市卫生科报销。老复员军人每人每月生活补助费9元。1962年，在物资极为紧张的情况下，区政府对住房破旧的优抚对象，优先供应砖5400块，瓦6700片，房料248根,补助修房费用2100元。并为174户烈军属及复员、残废军人发放棉花、棉衣;为32名优抚对象治疗疾病。60年代中期至70年代,南城、云台、宁海等地对烈军属的优抚标准,由生产队评定优待工分,不低于本生产队平均水平,年终分配予以兑现。每逢元旦、春节、“八一”、国庆等节日,新浦地区各级人民政府及烈军属所在单位、村(居)委会、工商团体等,均购买粮油、鱼、肉,敲锣打鼓上门慰问烈军属、伤残军人。给烈军属送光荣花、光荣灯、门前挂“光荣之家”牌子,并给烈属、军属、转复员军人发慰问信。“文化大革命”“武斗”严重期间,优抚工作受到干扰,难以进行。

党的十一届三中全会后,优抚工作迅速恢复。1979年,新浦区向阳大队(沈圩村)给10户军属每户补助120个工日,临洪大队(临洪村)13户军属,每户补助110个工日。1980年,区民政科对全区3957户优抚对象(其中军属1265户、烈属44户、革命伤残军人166户、复员退伍军人2482户)全部建档立卡。1982年春节期间,区民政科为12户(14人)烈属两名带病回乡退伍军人解决治病和生活问题,为32户军属解决临时补助,共计339.37元,为烈属维修房屋送木材23立方米,现金450元。当年,区民政局发放城市284户烈军属、伤残军人抚恤金、优待金111473元。1985年,全区各乡、镇、街道陆续成立110个军人家庭服务站,为839户军烈属提供服务。

1989年,区政府为31名在乡的抗日战争时期、解放战争时期和新中国成立初期的复员、退伍军人(简称“三老”)发放生活定期补助费。同时,筹集资金48万元,为优抚对象解决生活难、住房难、看病难问题。1990年,宁海乡政府聘请“土专家”、“致富能手”开办各种培训班,为全乡48户军属、两户烈属提供种植、养殖和加工等技术服务,优先为其解决生产、生活所需资金;夏收夏种和秋收秋种期间优先供应每户烈、军属100千克化肥、20千克柴油,并组织以民兵、共青团员为主体的帮工组,为烈、军属服务。1996年春节,区民政局向全区现役军人家属和复员、转业、退役军人赠送年画、春联,为烈、军属和转业、复员、退伍军人、伤残军人赠送慰问品价值约4万余元。1999年7月15日,区双拥办公室派专人、专车、专程去灌云县伊山乡将10名老复员军人接到新浦,参观港城改革开放以来的巨大变化,并赠送慰问品。

2001年以来,区政府重点做好“三老”人员的帮扶解难工作。当年,区政府拿出10万元为老复员军人设立优抚医疗保险金。2003年春节期间,全区各乡、镇、街道走访烈属40多户、老复员军人10户、伤残军人5户和16户特困军队转业干部家庭,共发放慰问金4100元。年内,建立健全重点优待对象医疗服务网络。区民政局配合市民政局对全区“三老”人员和重点优抚对象进行摸底,发放86张“重点优抚对象医疗服务优待卡”,在云台乡、南城镇分别建立优抚诊所,解决“三老”医疗后顾之忧。2004年,区民政局部门为13名烈属、因公牺牲和病故军人家属发放定期抚恤金6万元;为85名在乡老复员军人发放定期补助金18.2万元;为17名在乡革命伤残军人发放伤残抚恤金8.4万元。走访慰问优抚对象40多人次。2005年,区政府贯彻落实市政府各项优抚政策,将生活困难的357户烈属、军属家庭纳入最低生活保障。在廉住房和货币住房配租工作中,在同等条件下,优先照顾军属、转业军人、复员军人。年内,春节和“八一”期间,各乡、镇、街道走访烈属42户、老复员军人77户、伤残军人30户和29户特困军队转业干部家庭,发放慰问金5万多元。

二、发放义务兵家属优待金

1986年起,新浦区开始实行义务兵家属优待金制度。当年12月27日,区政府召开义务兵家属优待金兑现大会。为服役3年内的现役义务兵每人每年发给300元;服役4年以上的每人每年发给400元。当年共发放优待金63450元。次年,城市义务兵优待金调整为:第一年300元,第二年350元,第三年

400元,第四年450元,5年以上的500元。1988年,新浦区向267户义务兵家属发放优待金91750元。向临洪村、沈圩村6户义务兵家属发放优待金每户850元。1989年春节前夕,全区向250户义务兵家属发放优待金8.67万元。

1990年至1995年,全区共发放义务兵家属优待金和慰问金52万元。

1997年、1998年,全区发放义务兵家属优待金34.6万元,发放退伍士兵生活补助费13.4万元。

2004年、2005年,全区发放义务兵优待金94万元。

第三节　安　置

一、转业复员军人安置

1950年至1955年,对转业复员军人采取行业归口的办法,优先安置就业。

1956年起,实行归口包干的安置办法,由劳动部门调配安置。劳动能力差的,由民政部门组织其生产自救。当年4月22日,区政府召开烈军属荣复转业军人积极分子代表大会,对在参加生产,搞好生产自救中做出贡献的转业复员军人进行表彰奖励。

1962年起,对无业烈军属和有劳动能力的残废军人,优先安排就业。1963年,区政府对患有慢性病的复员军人,安置临时性工作45人次。

1980年起,城镇义务兵退役后,均安置在全民所有制单位。

1981年至2001年,南城镇、花果山乡共安置166名退伍军人到乡、镇或村(居)企业工作,有的还担任乡(镇)、村(居)领导职务。

1983年起,城镇转业、复员、退伍军人均由市安置办公室统一安置。

1985年,新海区农村退伍军地两用人才119名,当年由市两用人才介绍所安置112人。1987年,有农村退伍军人7人,其中5人安排到村办企业,2人转为城镇户口,由市民政局安排工作。

1988年至1997年,市供电局安置退伍军人241名。

1998年以后,退伍军人均由市民政部门按其服役年限,发给安置费,由各人自找门路,自谋职业。

二、驻军家属安置

20世纪80年代起,新浦区开始解决辖区内驻军军人家属安置和其子女入学问题。1992年,安置驻军军人家属17名。1995~1997年安置驻军军人家属就业、再就业30名。安置28名驻军军人家属到居委会工作。安排军人家属住房313户。1999年至2005年,共安置驻军军人家属31人,安排24名驻军军人子女入学。

第六章 救灾 救济

第一节 赈 灾

民国22年(1933),世界红卍字会新浦分会在建国路北一民宅内成立(后迁至后河南岸),组织会员捐款,开展义赈活动。设中、西医施诊处、施药处。施药处自治神术散,为民众治疗腹泻。夏季,用炒焦的大麦沏水,免费供行人解渴。冬季分极贫、贫和次贫,每户分别施放2~6斗玉米。民国24年,海州地区大水成灾,新浦红卍字会征得上海、无锡、常熟等地红卍字会协助,向灾民放粮、放衣后,又到沭阳、东海放粮、放物。民国28年(1939)8月25日,苏北沿海一带遭飓风、暴雨、海啸袭击,新浦红卍字会对新浦的赤贫户、乞丐,凭证施放小米粥。

民国36年(1947),海属地区旱、涝、蝗诸灾并至,江苏省政府赈救委员会海属区工作队在新浦东巃外新龙市场内设粥场1处(为第十一粥场),于2月16日开始放粥,解救灾民一时之饥。同年,连云市市长张振汉从国民政府善后救济总署苏宁分署两次争得赈灾面粉计43.3万千克,组织南云台地区农民疏浚云河(新烧香河),修桥铺路,建小学校舍,以工代赈。

图34-2 民国36年连云市市长张振汉立的"工赈纪念碑"

1953年,南城地区遭受寒流及晚霜,庄稼受害大部分减产。同年7月9日大暴雨,平地水深1尺多。8月7日夜又降暴雨,全地区损失达1亿元。人民政府立即组织灾民搞运输、开展各种副业生产进行自救。同时发放赈灾救济粮19.5万千克。

1956年8月2日,南城地区受台风袭击,大雨成灾,毁坏房屋700间导致527户生活困难。政府及时拨款14000元进行救济,帮助居民修缮房屋。同年12月至次年2月,市、区政府先后对2600户、8954人发放赈灾款585145元。

1959年8月底至9月初,新浦地区降暴雨,积水27厘米深,淹毁农田1466.67公顷,蝗蝻孳生,受灾农作物达4533.3公顷,荒芜2666.7公顷,群众生活困难。普遍发生浮肿病,外流人口大增,市政府拨放赈灾款2万元。1960年,寒流冻麦,风暴毁麦。同年5月前后先旱后涝,6月大旱、冰雹。6月25日至9月13日,暴风雨袭击5次,降雨量达850毫米,造成饥荒。区人委发动群众抢种秋菜,进行自救。同时,调拨统销粮255万千克,拨赈灾款40500元,救济棉衣200件。1961年,地区内先旱后涝,大闹饥荒。区人委发动群众开展织蒲包、割山草等副业生产,开展生产自救,并组织灾民参加水利工程,以工代赈,度过灾荒。

1965年7月下旬至8月上旬,新浦地区连降暴雨,河水猛涨形成倒灌。区政府组织1000人抢险抢灾,省、市人委拨价值95万元救灾木材,及部分救灾款。

1970年7月下旬，连降暴雨，蔷薇河决口10多处，新浦地区积水最深达1.5米，房屋倒塌3000余间。市、区革命委员会将市区3.2万名老、弱、病、幼居民有计划地向连云、海州疏散，组织军民2万余人，出动木船109艘，汽车130辆、平板车400多辆，进行抢险，连战10昼夜堵住了决口。随后，区革命委员会成立生产救灾领导小组，开展救灾活动，批拨木行条2700根、砖15万块、苇柴17.5万千克、石灰15万千克、毛竹850支等物资及人民币4万元，帮助居民重建房屋。

1977年9月上旬，花果山乡、南城镇地区受8号台风袭击，水稻、玉米减产40%，损坏房屋151间。乡、镇政府除组织干部群众抢险救灾和生产自救外，还向上级争取现金2万元、木材5立方米，用于维护房屋。1978年至1981年，全区发放赈灾布1733.33米、棉花625千克、人民币50429元。

1989年，灌云县部分地区受灾。新浦区开展赈灾活动，募集衣被12230件，支援灌云县灾民。

1991年，全区募集救灾款11.3万元，粮票7.3万千克，上交市民政局。1996年11月份，全区募捐救灾款11600元、衣被13768件（床），集中送市民政局统一送往灾区，发放给灾民。

1998年8月18日，全区党政机关干部献爱心，为长江、嫩江流域灾区人民捐款94732元。

2003年9月5日，新浦区党、政、机关及乡、镇、街道、各事业单位干部5000余人，为灾区人民捐款近20万元。

第二节　社会救济

解放前夕，物价飞涨，贫苦百姓饥寒交迫。解放后，新海连特区专员公署一边组织户籍民警挨户为断炊居民送豆饼，接济生活；一边组织发动居民参加运输、织蔴袋、打草鞋、糊火柴盒、上河工等生产劳动，进行生产自救。至1955年，城区有1897户、2342人参加16个项目的生产自救，渡过难关。

1955年7月至8月上旬，暴雨，有民房倒塌。市民政科慰问团看望新浦地区部分灾民。1956年8月2日，新浦受台风袭击，大雨成灾，毁坏房屋700余间，527户生活困难，政府及时拨款14000元进行救济，帮助居民修缮房屋。当年12月至次年2月，先后对2600户，8954人次发放救济款5851.45元。1957年6月13日，暴雨，17日暴雨冰雹。灾情严重，市郊霉烂小麦1.5万千克，市区有民房倒塌，市人民委员会拨款救济，对生活贫困的市民，根据实际情况，对95户、190人实行定期救济；对1026户，3656人进行临时救济，共救济2211.7元。另对生活贫困的40户（173人）农民、16户（103人）渔民也分别给予救济。

1962年，新浦区政府共发放救济款11539元，先后救济1467户。其中，用于生活救济8599元，用于抢修房屋救济950元，用于治病救济340元，其他救济费用650元。对669户、849人缺棉衣的贫困户，发放救济寒衣用布2610.7米，棉花305.5千克，成品棉衣5件。

1963年，对孤老及病残、无劳动能力的困难户实行定期补助，个别困难户实行临时补助。全年共救济10973人次，发放救济款24747元。

20世纪70年代后，重点做好困难户的定期救济工作。

20世纪90年代起，全区社会困难户每人每月救助费达40元。

1996年1月10日，新浦区成立解困工作领导小组，全面开展帮扶活动，帮助困难群体解决生活中的实际困难。

2002 年 1 月 4 日，区委、区政府在各街道、社区干部中开展“进千家门，解万人难”活动。先后为全区 3000 多户特困户送去慰问金、低保费及粮、油和衣物。

2003 年，向市民政局争取救济款 10 万元，购买救济粮 5. 5 万千克，并及时送到 2746 户缺粮户家中。

2004 年春节前，全区开展大型捐赠活动，共捐赠现金 54975 元，衣物 4000 余件，接济特困群众。

2005 年，全区共发放救灾粮 10 万千克，救济款 27 万元。切实解决因特殊病、灾导致的特困户生活急需。

第三节　结对帮扶

2001 年起，区委、区政府发动辖区机关、学校、企业以及党团组织，对特殊社会群体中的重点对象，开展“扶贫帮困结对子”活动。浦西街道新站社区居民李桂英，常年瘫痪在床，爱人又是盲人。全国文明单位——新浦汽车总站长途客运女子服务组得知这一情况后，主动和她结成帮扶对子，服务组的姐妹们定期上门送钱送物。李桂英爱人因病去世后，服务组的姐妹们毅然承担了他女儿上学的全部费用。年内，全区共结成 531 个“扶贫帮困”对子，缓解特困居民的实际困难。

2002 年，全区“扶贫帮困结对子”活动在区内进一步发展为一帮一，几帮一的“局包村（居）”活动，全区 31 个部委办局分别与云台乡、南城镇和喉嘴街道的 18 个村、居委会结成帮扶对子，从帮助其发展生产，增加收入入手，帮助困难村和贫困家庭摆脱困境。当年，共帮扶贫困家庭 141 户，帮扶款物折合 32000 多元。

2004 年，全区“局包村（居）”活动发展到 45 个部门与 18 个村结成帮扶对子，为 130 户贫困帮扶钱物折合人民币 4 万余元。

第七章　残疾人事业

第一节　就业安置

1954 年，市民政部门将流落街头的盲人、聋哑人组织起来进行生产自救。次年，开始在新浦兴办煤球厂、粉条厂、绣花厂、蒲业生产厂等福利企业，职工大部分是残疾人。

1981 年，新浦区盲人、聋哑人分会对全区残疾人进行普查，将 57 名有劳动能力的残疾人安排到竹藤工艺厂、新浦社会福利一厂就业。次年，新浦区兴办福利工厂安置肢残、智残、盲残、聋哑残（简称“四残”）人员 10 名。年总产值 4 万元，利润 1 万元。至 1983 年区各类企业共安置残疾人 301 人。1987 年，新浦区有福利企业 22 个，安置残疾人 307 人，且与其他工人同工同酬，生活上享有特殊照顾。1989 年 5 月，浦东街道办事处对区域内残疾人逐户、逐人进行分类分等级调查。调查结果，辖区内共有残疾人 108 人，其中视力残疾 11 人、语言残疾 8 人、智力残疾 21 人，肢体残疾 53 人、精神病人 15 人。个体安置 6 人，集体安置 63 人。

1992 年 10 月 24 日，新浦区成立残疾人事业领导小组。次月，区政府批转下发《新浦区残疾人事业“八五”计划（1991～1995）》。次年 5 月，区政府制定下发《关于推进残疾人事业发展的暂行办法》。1995 年 12 月 21 日，区残疾人事业领导小组更名为“新浦区人民政府残疾人工作协调委员会”。1996 年 6 月 12 日，区政府召开按比例安置残疾人就业会议。进一步明确全区各类企业都要按比例安置有劳动能力的残疾人。至 20 世纪 90 年代末，全区 5164 名有就业能力的残疾人，已就业 4544 人，就业率达 88%，居全市之首。

1999 年 3 月 20 日，经区机构编制委员会批准，成立新浦区残疾人劳动服务所，为股级全民事业单位，编制 2 名，经费自筹，隶属新浦区残联领导。

在企业体制改革中，部分企业忽视对残疾人特殊群众安排，造成不少残疾人下岗，生活困难。2001 年，区委、区政府在全区开展争创“无残疾人下岗居委会”活动，各社区居委会全面登记下岗残疾人花名册，掌握其技能特长，街道办事处、居委会兴办工业、商业、服务业、修理业等社区服务项目，优先安排下岗残疾人。同年 6 月，新浦区有 8 名残疾人参加市残联举办的计算机专业（6 名）、盲人按摩专业（2 名）培训班，全部合格，并从事个体经营，取得较好效益。2003 年，区残联配合市残联培训中心推荐新浦地区各类残疾人参加计算机、盲人按摩、家电维修、剪裁、市场营销等培训达 100 多人次。优先为 69 名残疾人办理“下岗职工再就业优惠证”。云台乡政府制定残疾人自谋职业优惠政策，规定残疾人办厂，3 年免税，用地、用水、用电只交成本费，不交附加费、手续费和管理费。至年底，全区有 1052 名残疾人走上个体经营岗位（其中，盲人按摩诊所 14 家），占有劳动能力残疾人总数的 26.45%，人均年收入达 7000 元以上。至 2005 年年底，全区有 46 个社区居委会实现无残疾人下岗。全区残疾人就业率达 89.2%。

1990 年新浦区社会福利企业一览表

表 34－11

主管单位	名　　称	建厂时间	固定职工（人）				
			总数	管理人员	工人	其　中	
						“四残”	占工人比（%）
民政局	福利一厂	1973 年 11 月	44	4	40	23	57.5
计经委	新浦工艺鞋厂	1987 年 2 月	6	2	4	3	75
	大理石厂	1979 年 9 月	125	23	102	52	54
	合成胶厂	1981 年 6 月	27	10	17	9	52.9
市东办事处	塑料十一厂	1966 年	88	21	67	35	52.2
	沙发铁木器厂	1980 年 5 月	23	5	18	12	66.7
	东风街综合厂	1987 年 3 月	4	1	3	2	66.6
	龙尾街综合厂	1987 年 12 月	4	2	2	2	100
浦东办事处	电器开关厂	1980 年 4 月	16	4	12	6	50
	新浦容器厂	1983 年	22	4	18	11	55.5
	新浦汽修厂	1988 年	12	2	10	10	100

续表 34－11

主管单位	名　　称	建厂时间	固定职工(人)				
			总数	管理人员	工人	其　中	
						“四残”	占工人比(%)
浦西办事处	华新皮革厂	1975 年	43	8	35	20	57.1
	福利二厂	1981 年	10	2	8	5	63
	新浦手套厂	1980 年	6	3	3	3	100
	新浦棕垫厂	1987 年 12 月	8	4	4	4	100
	华容制帽厂	1981 年 5 月	8	4	4	4	100
	同和街彩印厂	1989 年 4 月	5	2	3	3	100
	新新街塑料加工厂	1989 年 7 月	2		2	2	100
临洪办事处	新浦制钉厂	1980 年 3 月	7	1	6	3	50
	荧光灯管厂	1986 年 6 月	41	7	34	20	58.8
	东方化工厂	1988 年 5 月	12	2	10	5	50
	六一服装厂	1982 年 3 月	28	5	23	15	65.2
	六〇二溶剂厂	1980 年	10	2	8	6	75
路南办事处	路南街胶粘剂厂	1987 年 1 月	4	2	2	2	100
	精细化工厂	1988 年 8 月	34	14	20	10	50
	塑料建材厂	1978 年 6 月	50	11	39	23	59
	竹木家具厂	1986 年 2 月	22	8	14	10	71.4
	印刷二厂	1973 年 9 月	16	4	12	6	50
	新海助剂厂	1985 年 3 月	14	6	8	5	62.5
	黏合剂厂	1988 年 5 月	5	3	2	2	100
	利民塑包厂	1982 年	9	3	6	3	50
临洪村	临洪纸管厂	1986 年 9 月	36	7	29	18	62.1
	临洪溶剂厂	1989 年 4 月	3	1	2	2	100
沈圩村	沈圩食品厂	1985 年 8 月	9	3	6	4	66.7

2001～2005 年新浦区社会福利企业生产概况表

表 34－12

年份	福利企业数(个)	安置残疾人数(个)	工业总产值(万元)	利税(万元)
2001	68	331	11200	703
2002	57	336	10120	687
2003	52	323	10768	721
2004	61	305	9128	485
2005	60	371	10928	600
合计	—	—	52136	3196

第二节 康复训练

1982 年,市盲人、聋哑人协会对市区社会福利厂中盲人、聋哑人现有文化程度进行普查,配备专职聋哑教师,举办聋哑人通用语言培训班。新浦区城区盲人、聋哑人参加培训班学习。

20 世纪 80 年代后期,新浦眼科医院设康复科,开始开展白内障复明工作。1996 年 6 月 3 日,被江苏省人民政府残疾人工作协调委员会授予"先进集体"称号。

1996 年 12 月,新浦区残疾人康复工作办公室成立。同时,在临洪街道设立残疾人康复训练站。同月 20 日,市残疾人联合会在新浦区临洪街道召开全市残疾人康复训练现场会。

1997 年 10 月 15～16 日,新浦区残联组织社区卫生所、诊所医生 13 人,举办社区康复技术骨干培训班,学习社区康复知识,并请海州区截瘫医院王诩洋教授讲授小儿麻痹症术后康复,脑瘫康复训练及偏瘫和截瘫康复训练知识。

1998 年 4 月 16 日,全市精神病防治康复工作开始在新浦区浦东街道试点。次年 4 月 24 日,区残联制定精神病防治工作制度。5 月 4 日,新浦区精神病防治康复技术指导办公室成立。同月 11 日,全市精神病防治工作会议在新浦区召开,新浦区副区长陆体洋代表区政府在会上作介绍推广新浦区的做法。5 月 21 日,新浦区精神病防治康复技术指导办公室制作出全区精神病防治工作示意图。

2003 年 5 月,在市残疾人轮椅捐赠大会上,新浦区有 100 名特困肢残人接受台北曹仲植基金会捐赠的轮椅车。

2004 年,新浦区残联先后制定《2004 年新浦区残疾人康复工作要点》《新浦区残疾人康复训练与服务工作计划》和《新浦区残疾人康复需求调查实施方案》。全区残疾人康复工作纳入各级政府的议事日程,纳入区财政预算,纳入全区扶贫总体规划,纳入社区工作内容,纳入村(居)民健康档案库。

2005 年,新浦区残联实施以助明、助听、助行,免费给药为内容的"三助一给"工程,开展"康复进社区、服务进家庭"活动。全年完成白内障手术 255 例,其中免费做白内障手术 4 例;捐赠助听器 2 台,为 6 人免费安装小腿假肢,为 23 名贫困精神病患者送药。还投资 1 万多元改建残疾人康复训练服务站,为 3810 名残疾人提供了康复训练与服务。

第三节 福利彩票销售

新浦区福利彩票销售工作始于1987年，初期多采取小型分散的方式销售。

1989年，区民政局销售福利彩票26.5万元，占市区销售总数的44%，超额完成市下达的1.5万元的销售任务。

1995年9月28日至10月2日，区民政局在黄海影剧院门前，销售福利彩票100万元，特等奖——价值5.8万元的牡丹牌豪华中巴车一辆，于10月8日上午为市红旗化工厂工人王宝华所得。新浦区获得福利基金21万元。

1996年5月3日，区民政局在市体育场销售福利彩票49.15万元，获得福利基金10万元。

1987年至1998年，全区利用销售彩票所得的福利基金投入区、街道福利企业8万元，补助特困残疾人生活费8000多元，资助5个街道建设社区服务中心约20万元。

1999年11月20日至26日，区政府牵头，区民政局主办在市苍梧绿园举办大型福利彩票销售活动。计划销售2000万元，实际销售800万元，获得福利基金200万元。

2002年春节期间，区民政局在建设中路，销售福利彩票60万元，获得福利基金12万元。

1997年至2003年，区民政局销售福利彩票所得福利基金，全部用于新浦区社区服务中心建设。

第八章 老龄事业

第一节 养老场所

1951年9月3日，市民政部门在新浦沈圩成立“安老所”。1959年，“安老所”改称“老残敬老院”。1960年，“老残敬老院”更名为“新海连市社会福利院”（连云港市社会福利院，院址仍在沈圩）。

20世纪80年中期起，区政府开始采取区、街道、乡镇齐动手的办法，为社区孤老和子女不再身边的老人，建设养老场所。1985年6月13日，区民政局和市东街道共同努力，多方筹资，在市东街道建设新浦区市东幸福院。次年6月，建成投入使用。幸福院占地250平方米，有房屋10间，设有宿舍、厨房、活动室、小卖部。首批接待8名孤老入院，有4名专职服务人员。1989年，市东街道又投入25万元，将幸福院改建为两层楼，面积1200平方米，同时更名为“新浦老年

图34-3 20世纪80年代市东街道创办的全区第一座老人公寓—新浦老年公寓

公寓”。

1998年，浦西街道建立晨阳老年公寓。

2001年起，根据国家实施“星光计划”要求，新浦区将老龄工作重点转向社区和行政村，城乡养老场所得到进一步发展。当年5月，全区在新南街道进行首批“星光计划”试点，新龙社区建起面积700平方米、设施齐全、档次较高的老年公寓。受到国务院督察组的充分肯定。2002年，全区实施第二批“星光计划”，新建浦西老年公寓，改建晨阳老年公寓。

2003年6月，市老龄委在新浦区召开社区老龄工作现场会。至2003年年底，全区已有市东老人公寓、云台乡敬老院、南城镇敬老院、美德乐园、新龙公寓、浦西老人公寓、晨阳老人公寓、康宁敬老院等养老服务机构11个，入住老人达134人。

2005年，全区开始探索居家养老和社会养老相结合的新路子。至年底，全区共有养老机构12家，床位307张，入住184位老人。

第二节　老年活动

20世纪80年代初，全区开始在城乡开展老龄工作。城区部分居委会腾出办公用房，设立老人活动室。老人活动室一般都配有报纸、刊物、象棋、麻将、扑克牌。并做到有专人管理，天天开放，为老人活动提供方便。每年农历九月初九老年节，全区各单位都组织老人开展登山等活动。龙尾、通池等居委会老人活动室，还定期组织老人进行京剧、淮海剧演唱活动。其间，各居委会、老人协会还组织老人参与社会治安巡逻、青少年思想教育等活动。

1984年10月，新浦区老干部局成立门球队，12名离休老同志参加活动（至2005年已发展到36人）。多次在市、省老人门球比赛中获得好成绩。

1990年5月29日，日本国堺市以松山为团长的老人协会代表团一行8人，访问新浦区，双方就老人活动情况进行交流。访问团参观新浦区老人公寓和龙尾街居委会老人活动室。

离休干部、原新浦区副区长陈瑞元离休后学习书、画。1991年6月，他在市工人文化宫举办老人书画展。区老干局分3批组织600多名老人前往参观。同年，在抗洪救灾中，区各级老人协会开展宣传发动工作，先后有2400多名老人向灾区人民捐人民币23000余元、粮票30多万公斤。社会老人李庆三一人捐款1500元。

1997年10月6日，新浦公园和市老龄委在新浦公园内联合举办连云港市首届老人游园活动。3000余名老人参加体操、太极拳、舞蹈表演和京剧清唱等活动。同年8月至10月，在市首届老年人运动会上，新浦区代表团获总分第一名。区老龄委获优秀组织奖。

2000年6月10日，区老龄委在苍梧绿园组织老人游园活动。1500多名老人到场参加打门球、钓鱼和文艺演出等活动。同年8月上旬，区老龄委组织部分老人去连岛参加海上游泳活动。9月20日，组织30名老人运动员参加全市老年运动会，并获得“老年健身操”比赛第一名。

2001年，开始实施“星光计划”后，各乡、镇、街道普遍建立老年学校、老人室外活动场所、老人生活园地和图书室、康复室、娱乐室、求助室、咨询室，改善老人活动条件。龙尾社区、市机关家属委员会都建有200平方米的老人活动室，并配备各种活动设施，老年活动十分活跃。

2003 年至 2005 年，围绕“老有所学、老有所教”，全区先后建起浦东、新南、新海 3 所街道老人大学，为老人开设老年保健、常见老年疾病防治和书法、绘画等课程。围绕“老有所乐”，各老人活动室组织老人开展各种娱乐、健身活动，丰富老人生活。

第三节 老有所为

20 世纪 70 年代后期，一批企业退休女职工被选任街道居委会主任、副主任，部分市属企业退休的技术工人，成了区属和街道企业的骨干，为新浦区经济建设和社会发展作贡献。从市属企业退休的女职工曲进荣，担任市东街道龙尾街居委会主任后，带领居委会一班人努力工作，把一个基础相当薄弱的居委会建设成为经济建设、社区服务、老龄工作在全区、全市领先的先进居委会。1984 年 4 月，获全国老龄委授予的“老有所为奉献奖”。退休工人卞家湘帮助路南街道创办社会福利企业，从生产小瓶盖起步，发展为区骨干企业利民注塑厂。年近 80 高龄仍带领职工奋斗。1988 年 10 月，被全国老龄委授予“精英老人”称号。

20 世纪 80 年代起，更多的离退休老人从自身实际出发再次投身两个文明建设，为新浦地区创建文明社区，构建和谐社会默默工作，无私奉献。1985 年，老党员张禹存从市轻工业公司离休后，即投入社会宣传工作，先后自费翻印《连云港市文明市民三字经》《连云港市民公约》《学习宣传公民道德建设实施纲要》等宣传资料 10 多万份，并亲自骑自行车到处散发。1997 年以来，他先后被评选为连云港市第三届精神文明“十佳新人”、新浦区老有所为先进个人、新浦区关心下一代优秀工作者。1986 年，年已 50 多岁的教师张骏鹏迁居到路南街道葵花街后，就义务当起居委会小黑板抄写员，10 多年从不间断地利用小黑板向社区居民宣传党的方针政策，传播科学知识，传递各种信息，多次受到市、区政府表彰。

1994 年，新浦区强化社区治安防范，聘请义务治安员，千余名老人应聘“上岗”，日夜为社区居民服务。

1998 年 6 月，花果山乡离退休人员范鉴清、孙广良、孙叙汝、朱开亮、仇臻、赵悦君等几位平均 72.3 岁的老人，主动参与乡政府修志工作，跋山涉水采集资料，四处奔波筹集资金，历时 3 年，编修出版一部 50 余万字的《花果山乡志》(2001 年 11 月，获江苏省志书类二等奖)。2001 年 3 月，又担起《花果山志》编修任务，连干 5 年，一部 80 余万字的《花果山志》由中华书局出版(2005 年 12 月，获连云港市第二次地方志优秀成果特等奖)。

2003 年，居住于苍梧小区的市机关退休干部彭云、王志明、陈凤桐、杨东野、包殿贵、余克超、张学贤、刘畅征等，主动协助小区业主委员会和物业管理公司编印小区内部小报《苍梧人家》，至 2005 年年底，共刊出 27 期，载文千余篇，宣传小区内的新人新事，活跃社区文化生活，推动社区文明建设，受到省、市宣传部门的表扬，中央电视台曾作专题报道。

2004 年 7 月，新浦区建立网吧义务监督网络，200 余名老人应聘“上岗”，为优化未成年人健康成长环境作贡献。

2000 年，新浦区被评选为江苏省“老有所为”10 个红旗单位之一。

2003 年至 2005 年，新浦区连续 3 年被省、市授予“老龄工作先进区”称号。

第九章 婚姻管理

第一节 结婚登记

1949 年,新海连特区专署在新浦设立婚姻登记所,城镇、农村男女结婚、复婚、离婚须到一方所在地婚姻登记所办理相关登记手续。

1950 年 4 月起,执行《中华人民共和国婚姻法》。次年 12 月,新海连市正式建立婚姻登记机关。依法为男女双方确立婚姻关系,办理婚姻登记、发证手续。登记人持街道、乡镇或单位出具的婚姻状况证明、户口簿等证件,向婚姻登记机关提出申请。登记机关审查合格后发给结婚证书。登记手续随到随办。新浦地区的婚姻登记工作,仍由市民政科办理。

1955 年 5 月,龙尾区、盐河区的民政助理员负责办理辖区内的结婚登记工作。同年 11 月起,新浦城区的结婚登记工作由新浦区政府民政助理员办理。

1961 年 1 月 20 日,根据连云港市人民委员会整顿婚姻管理工作的意见,新浦区居民在新浦区民政科办理婚姻登记。区人委确定专人负责,并加强业务培训和政策教育,不准任何人代理、代办婚姻登记工作。

1976 年,为配合计划生育工作,婚姻登记由随到随登记改为每季度集中办理一次。

1981 年 1 月 1 日起,按新婚姻法规定办理婚姻登记。同年 6 月 1 日,区政府制定下发《关于定期办理结婚登记的通知》,婚姻登记时间改为每周星期六办理一天。1984 年 4 月 14 日,区民政局、区计划生育委员会联合下发《严格依法办理婚姻登记的通知》,规定办理结婚登记人必须持有婚前体检、计划生育措施落实和所在地户口证明。1985 年 1 月 1 日开始,全区婚姻登记由区民政局统一办理,改为由乡、镇人民政府和街道办事处婚姻登记站办理。次年 9 月 10 日,明确临洪、沈圩两村的婚姻登记工作分别由临洪、浦西两个街道办事处代办。1987 年 5 月,区民政、司法、妇联、共青团等部门联合对 1981 年以来全区结婚登记情况进行清理。发现有 10 对青年男女未办理结婚登记手续,非法结婚。随后,有 9 对补办婚姻登记手续。

1988 年 1 月 1 日起,区民政局设立婚姻登记处,定期集中各街道办事处婚姻登记员,持上岗证统一办理婚姻登记手续。次年,开始建立婚姻档案。

1991 年 12 月 25 日,开始启用全国统一样式的结婚证、离婚证、夫妻关系证明书和解除夫妻关系证明书。

1995 年,10 月 30 日,省民政厅授予新浦区民政局“婚姻登记管理先进集体”称号。次年 4 月 4 日,《中国社会报》三版头条刊登《新浦区努力提高婚姻登记管理及服务质量》报道,介绍新浦区婚姻登记管理工作经验。

1997 年 5 月和 2000 年 5 月,国家民政部社会事务司司长窦玉沛一行和民政部基层政权、社区建设司婚姻登记管理处望容丽处长、办公厅综合处胡晓春处长一行,先后到新浦区考察婚姻管理工作,对全区婚姻管理工作给予充分肯定。

21世纪以来,新浦区进一步规范婚姻登记管理工作,实行专人出证,专人办证,专室登记,专干负责,专柜存档和岗位目标责任制度,每周五天登记制度,收费标准、登记须知公示制度,登记员持证上岗制度,及时汇报制度,分管领导现场办公制度。并将婚姻登记档案输入电脑,实现现代化管理。

第二节 离婚与复婚登记

1951年,开始办理离婚与复婚登记工作。新浦地区的离婚复婚登记工作,由市民政科办理。经调查双方感情破裂,对财产、子女抚养达成协议的,准予办理离婚登记手续,发给离婚证书。有结婚证书的收回原结婚证书。离婚双方对财产、子女抚养有争议或有一方不同意离婚的由法院裁决。办理复婚登记手续时,需交回原离婚证书,然后依法重新办理结婚登记手续,发给结婚证书。

1955年5月,国家内务部颁布《婚姻登记办法》后,辖区内的离婚与复婚登记手续由区民政助理员负责办理。

1959年,新浦区的离婚与复婚登记工作改由街道办事处办理。1961年,又改由区民政科办理。

1979年后,离婚登记在双方达成协议后,到原结婚登记机关办理离婚登记手续。

1982年至1988年,新浦区办理离婚登记44对。

1989年,区民政局接待离婚96对,办理离婚登记手续20对。

1992年至1996年,全区办理离婚登记101对。

1995年至2000年,全区办理离婚登记421对、复婚登记69对。

2001年至2005年,全区办理离婚登记1360对、复婚登记78对。

第十章 殡葬管理

第一节 墓地管理

解放前,民间富户自置茔地,有专人看管。穷人及外来流民,死者多择荒而葬。其公用墓地俗称“乱葬坑”“土佬地”“小鬼滩”。

解放后至20世纪60年代初,死人仍以土葬为主。市政府将新浦城区东南郊、红沙路边一片地划为市公共墓地,其他地方禁止墓葬。

20世纪60年代中后期实行殡葬改革后,城镇丧户多将骨灰盒葬于公用墓地或海州、云台一带山跟墓地。

20世纪80年代中期起,新浦城区丧户多将死者骨灰安葬于市办的海州青龙山公墓地,或其他村办公墓地。乡、镇丧户有的将骨灰盒葬于指定地点,或山间空隙地上。

2002年,区民政局按照市政府建设绿色通道要求,两次组织人员协助云台乡、云台农场、南云台林场、南城镇平坟返田,共清理城乡主干道两边无主坟墓360多座。

2004 年，乡镇一度出现随意埋葬骨灰盒现象。区民政局加强殡葬管理政策、法规的宣传工作，加大殡葬改革的执法力度，平迁乱葬坟墓 3200 多座，遏制乱葬现象。

2005 年，对全区散葬坟墓进行全面调查统计，并着手规划新建公益性公墓。

第二节　殡葬改革

1964 年，实行殡葬改革，开始推行火化，提倡移风易俗，简办丧事。“文化大革命”初，破“四旧”，丧葬旧俗受到冲击，火化率明显提高。

1980 年 10 月，市民政局、公安局、建设局、农水局、卫生局联合发布殡葬改革通知，禁止土葬。1982 年 5 月，明确规定凡机关、学校、工矿企业、事业单位的干部、职工及其亲属死亡之后，均实行火葬，否则，不发给丧葬补助费和抚恤费，不开追悼会。

1984 年 2 月 28 日，新海区民政局印发新民《关于推行火化，废除土葬，实行殡葬改革的通知》，明确规定“严禁私造坟墓，违者罚款 200 至 300 元，对提供土葬的人也要罚款 50 至 100 元”。并规定尸体火化后不得再装棺深埋。同时还把殡葬改革工作纳入乡规民约。3 月 15 日，区政府发布《关于实行殡葬改革的布告》。

1987 年，各街道先后成立移风易俗理事会，促进殡葬改革深入发展。当年城区死亡 551 人，全部火化。首次实现火化率 100%。

1988 年 2 月，区政府再次发布《关于进一步推行殡葬改革的布告》，同时把推行火化，提高火化率纳入对民政部门和街道办事处的工作目标考核内容之一。自此，城区除少数民族尊重其习俗外，其他死者均进行火化，简办丧事。

20 世纪 90 年代初起，各居委会成立“红白理事会”，区民政局对殡葬改革实行目标责任制，将其纳入街规民约，骨灰装棺和私自土葬现象不再出现。

1996 年 3 月 1 日，新浦区成立殡葬管理领导小组，进一步加强殡葬改革和管理工作。

至 2005 年，区内死亡人遗体火化率均达 100%。但旧的丧葬习俗又在城乡出现。

第十一章　地名和民间组织管理

第一节　地名普查与勘界

1980 年 7 月至 11 月，全市进行第一次地名普查，新浦区为试点地区。共普查地名 456 条。其中，行政区划名称 60 条，居住地地名 291 条，行政、企事业单位名称 72 条，台、站、港、场名称 5 条、人工建筑物名 21 条，自然地理实体名 7 条。并完成了新浦地区地名普查的文、图、表、卡等资料整理工作。次年 3 月 23 日至 24 日，市政府在新浦区召开地名工作会议。新浦区在会上介绍了试点工作经验。

1983 年 12 月，市地名委员会编印《江苏省连云港市地名录》，收录了新浦区地名资料。

1990年底,区地名办公室组织各街道地名工作小组,对新浦地区地名再次普查,并拟定编辑规范化地名录计划,对地名书写、读音进行核对,对地名来历、含义、沿革、地理概况,作进一步考证。同时制订建立地名档案计划。

1991年2月26日,区政府办公室转发区民政局《关于开展新浦地区地名补查和资料更新工作报告》。同年3月15日,区政府召开新浦地区地名普查和资料更新工作会议。并于年内完成新浦农场的马艤、刘艤和丁字路等地名牌及临洪、沈圩两个行政村地名牌的设置,对地名档案进行归纳、整理、装订、立卷。

1992年下半年,根据市政府部署,在全区开展路、街、巷门牌整顿工作,实行全市统一科学编码。年底,新浦区地名委员会和浦西街道办事处被评为省先进集体。

2004年10月,省海洋与渔业局海域勘界专家组徐敏教授一行6人,在市海洋与渔业局副局长周琴陪同下,到新浦区开展新(浦)赣(榆)海域勘界工作。年内,新浦区与市海洋渔业局配合,对新浦区和赣榆县、连云区的海域界线进行联合勘察调查,对部分海域和滩涂现场调查,收集有关资料,进行现场勘察、制定方案。

2005年3月,开始在城区开展地名普查工作。完成行政区、群众自治组织、居民点(住宅小区)、建筑物、各类企事业单位、道路、河流、湖泊、山峰、山脉、岛、礁、旅游景点等11大类调查摸底、收集信息资料,填表工作,地名数据库初步建立。

第二节　地名标志

一、门牌

解放前,各家住户、商户均有木质门牌,按路、街、巷编号。日本侵略军侵占时期,门牌上除写有街、路、巷名称、号数外,在门牌右首还竖行写有户主姓名。

民国38年(1949)年4月下旬,新海连市组织人力,重编门牌号码,逐户钉挂门牌。门牌为12厘米×8.5厘米、厚0.7厘米的楠木板,原底色,印黑色,横排4行字,汉字均为繁体字、楷书,从右向左排列。自上而下第一行为“新海市”3字,第二排为路名或巷名、第三排居中为长方形黑体阿拉伯数字门牌号数,第四排为汉字“第××号”,号码与阿拉伯数字号码相对应。

20世纪50年代后期,更换门牌,亦为木质,规格为13厘米×8.5厘米、厚1厘米,牌面为绿底、白字,左首约占五分之一处,以简化字竖写路名或巷名,正中为阿拉伯数字门牌号数。

20世纪60年代初,更换为搪瓷门牌,规格为12厘米×8厘米,蓝底、白色边框内印白字,上方自左向右排列,楷书简化字书写路巷名称,中间为阿拉伯数码书写的门牌号数。

20世纪80年代初,地名普查后更换门牌,质地、样式与60年代门牌相同,规格略大于60年代的门牌。

20世纪80年代末至2005年前,由于住宅小区成片开发,楼房居多,门牌多以成片建筑物或住宅小区编号。在住宅小区内再按楼栋统一编号,每栋楼又按楼道设置“一单元”“二单元”×××牌号,各单元又按楼层设置各户门牌号“×-×”。各户门牌号第1位数为楼层数,末尾数为该层住户的号数。

平房或两层楼宅院成排住宅区门牌，上一行为路巷名称，下一行印有“××-×××”数字。其“—”前为住宅楼或宅院门牌号码，“-”后为该户门牌号数。

20 世纪末起，在公共厕所等公共场所名牌上加印英语、日语、韩语地名。

二、路、巷名牌

新中国成立前，按路、街、巷命名制长方形木牌，钉在路、街、巷头明显处墙上。

新中国成立后，制木质路名牌、巷名牌，钉于路头、巷头显要处。

1987 年下半年，开始按规范化要求，一般路、巷设搪瓷质地路名牌。蓝底白字，全部用简化字，自左至右横写。在解放路、海连路、通灌路、海昌路等主要干道的交叉路口设置 130 块钢管立柱、铁框、有机玻璃面的路名牌。路名牌上均标明道路方向。

图 34-4　竖立于龙尾河东岸、瀛洲桥南的“马䠷”地名碑。

20 世纪 90 年代初起，在主要道路上接近道路交汇处地段，增设提示性交通路名牌，标明前方或左右道路名称。路名牌上在简化汉字下还印有路名的汉语拼音。

三、村落名碑

20 世纪 80 年代末，开始按全市统一的规格标准，对临洪、沈圩、马䠷等村落，制作、设置装饰性的石质碑式的永久地标名牌。花果山乡、云台乡、宁海乡的所属村，均按市统一要求设置村名碑牌。

村落名碑均为褐色，碑高 70 厘米、宽 120 厘米、厚 15 厘米；碑座高 100 厘米、宽 150 厘米、厚 45 厘米。碑正面阴刻村落名称，背面阴刻村落名称来历及村落概况。

第三节　命名与更名

清末民初，街、巷、村落多以姓氏命名，如王巷、赵巷、陈巷、祁巷、夏家巷、沈圩、马庄、乔庄、贾圩、曹庄、武圩、苏庄等。也有按自然环境、方位命名的，如大街、后街、前河底、后河崖、前滩、后滩、茅口庄、河头庄、河南庄、前顶、后顶、渔湾、卞河口等。随着工商企业兴盛，新浦巷道不断增加。路、街、巷多以靠近大商号名字命名，如海丰面粉公司西的海丰巷、裕隆恒布庄旁的裕隆巷、海昌里旁的海昌巷等。也有按重要建筑物命名的，如洋桥巷、庙西巷等。还有以传统文化命名的谦益巷、忠孝巷等。民国 15 年(1926)，东海县政府将大街命名为中山路。抗日战争胜利后，国民党东海县党部将南马路命名为正中路。

新中国成立后，人民政府开展地名工作，基本保留沿用原地名，对部分地名作调整更改。将中山路更名为民主路，将中正路更名为解放路，将西䠷桥更名民主桥、东䠷桥更名龙尾桥、共荣桥(通称华北桥)更名为盐河桥。将东起通灌路，西迄浦中路的复兴巷，更名为浦兴巷。龙尾河东岸的北巷，含义不明，改称长青巷。南起卫生巷，北迄鸿喜巷的主教巷，更名为文教巷。西䠷外小花街，更名为仁义巷。南起建国路，北迄木工厂围墙的新河西路，因名不符实改称新河西巷。民主路南侧有一巷道，原因紧靠前河，叫前河底。前河久已不存，更名为前河路。

对少数重复使用的地名，本着一地一名原则，作调整和命名。新浦原有两条“一人巷”，一是南起建国路，北至龙尾河的“一人巷”；一是南起新市路，北至建国路“一人巷”。调整时，保留前者，将后者更名为“民治巷”；两个“和蔼巷”，调整时，保留市民路与建国路交叉口南侧的“和蔼巷”，将南起新市路，北至建国路的“和蔼巷”更名为“二人巷”；两个“卫生巷”，调整后保留老城区卫生巷名称，将龙尾河东岸的“卫生巷”更名为“利民巷”。

20 世纪 50 年代、60 年代，地名命名沿用旧俗。

1963 年 8 月，位于新浦和平桥东首的陇海铁路新海连站，更名为新浦站。

“文化大革命”期间，破“四旧”（旧思想、旧文化、旧风俗、旧习惯），将沈圩大队改称“向阳大队”、沈圩小学改称“向阳小学”“沈圩桥”改为“向阳桥”。“文化大革命”结束后，均恢复原名。

20 世纪 70 年代末起，地名的命名、更名均经市地名委员会（简称市地名委）审批。

1992 年 3 月，根据省、市统一部署，开展新浦区地名调查和资料更新工作。先后补查、更新各类地名 1045 条。其中，需要新命名的 490 条地名均报市地名委审批。

1993 年，区政府办公室转发区地名办《关于全面整顿我区路、街、巷、门牌工作的意见》，进一步规范路、街、巷名牌和门牌号等地名标志管理。

1996 年 6 月 18 日，市政府发出《关于市区部分道路命名、更名的通知》。其中，新浦地区新命名人民东路、人民西路、郁洲南路、郁洲北路等 51 条路名，调整和更改 25 条路名。

1999 年 4 月 9 日，“花果山路”更名为“苍梧路”。

2002 年 6 月上旬，市区干线公路标志牌更换完毕。标志牌上，原有的“新浦”字样均更换为“连云港市区”字样。

2004 年 1 月 1 日，陇海铁路的“新浦站”更名为“连云港站”。5 月 14 日，花果山乡大村水库更名为“大圣湖”。8 月 6 日，命名海宁中路跨西盐河的桥为“海宁西桥”；海宁中路跨龙尾河的桥为“海宁中桥”；海宁东路跨东盐河的桥为“海宁东桥”。9 月 21 日，原“工农桥”扩建后更名为“玉带河桥”。

2005 年 8 月 26 日，市地名委员会发布〔2005〕第一号公告，对新浦地区 9 条道路、7 个广场予以命名：

将北起凌州路和海连路交会处，南至新建东路的非标准名称“运河路”正式命名为“东盐河路”。

将南起新建东路向北延伸的非标准名称“科苑路”正式命名为“科苑路”。

将南起新建东路向北延伸的非标准名称“学院路”正式命名为“学院路”。

将西起瀛洲路，东至宁连公路的非标准名称“绿园南路”正式命名为“绿园南路”。

将西起瀛洲路，东至宁连公路的非标准名称“建设路”，命名为“建设东路”。

将西起盐河南路，东至瀛洲路的非标准名称“建设东路”更名为“建设中路”。

将西起海宁广场，东至宁连公路的非标准名称“海宁东路”正式命名为“海宁东路”。

将西起凌州路和海连东路交会处，东至平山转盘的非标准名称“新墟公路”命名为“港城大道”。

将新建中的新浦至连云与大港路相接的道路，命名为“东方大道”。

将海宁东路与瀛洲路、郁洲南路交会处广场，命名为“海宁广场”。

将朝阳东路与郁洲南路交会处广场，命名为“郁洲广场”。

将市行政中心大楼前广场,命名为“新世纪广场”。

将凌州路与海连东路交会处广场,命名为“凌州广场”。

将连云港火车站站前广场,命名为“人民广场”。

将市华联商厦前的海连东路、苍梧路西起点、瀛洲路北路起点交会处广场,命名为“龙河广场”。

将海连西路与幸福路交会处广场,命名为“幸福广场”。

第四节　地名消失

20世纪30~40年代,随着大海去远,城区新浦一带内河变化加快,一批河名因河淤塞而消失。民国28年(1939)前后,前河、后河淤平成路,“前河”、“后河”及后河附近“小河口”等地名先后消失。

新中国成立后,自来水事业不断发展,原新浦人主要饮水源“天池”渐废后,“东天池”“西天池”之类地名先后消失。

20世纪50年代末60年代初,花果山乡境内兴修大村水库,库区内的温水河村、詹巷、赵巷、小纪庄等7个村落地名及荷花池、温水泉等地名从此消失。

20世纪90年代起,实施旧城改造,大片大片的老居住区被拆迁开发,一些老街巷已不复存在,老街巷名也随之退出社区。城区解放中路北侧、龙尾河西岸有一条形成于20世纪20年代后期、并兴盛一时的新生路。20世纪90年代,因市第一人民医院扩建而消失。浦西街道南极路西侧、解放中路以南的同和社区因成片拆迁开发,原有的建新巷、同和巷、建筑巷、同和北巷。南极路西侧、建国路以北片区的自治巷、凯旋巷、天然巷、新丰巷、民享巷等,有的已全部拆除,有的正在拆除。浦东街道同兴社区的同兴巷、木工巷、新民巷、市龙巷、努力巷、正兴巷、市龙西巷等老街巷内的居民已基本搬迁他处,老街巷名已失去现实意义。

第五节　民间组织管理

1991年底,区社会团体(简称社团)管理领导小组办公室根据省、市社团管理有关条例要求,调查清理全区现有社团,对13个社会性社会团体、16个街道创办的团体,进行登记发证。

1992年,全年新办2个社团,均依法予以登记发证。

1994年,新浦区有社会团体15个,共有各级团体会员单位396个,会员人数57285人。

1998年,区社团管理领导小组根据国家民政部印发的《民办非企业单位登记管理暂行条例》,进行摸底,初步查明全区有民办非企业单位300余家。

2001年以后,新浦区不断加强社团管理,逐步将社团管理纳入法制化轨道,对符合登记管理条例的76家民办非企业单位实行归口统一登记管理。并会同卫生、教育、工商、劳动等11个部门,划清民办非企业单位和事业单位的界限,防止交叉重复登记。

2004年,区民政局完善民间组织年检和档案管理制度。当年新登记社团5个:连云港凌霄花协会、连云港市新浦区扶贫开发协会、连云港市新浦区老区开发协会、连云港市新浦区经纪人协会、连云港市新浦区双拥办爱家楼拥军艺术团。新登记民办非企业单位2个:中西医结合医院海宁门诊部、连云港蓝天幼儿园。

2005 年,新登记社团 5 个:连云港市新浦区个体私营经济协会、连云港市新浦区社会福利企业管理协会、连云港市云台乡养鹅专业协会、连云港市新浦区旅游协会、连云港市新浦区云台李梅协会。新登记民办非企业单位 12 个:连云港市金摇篮艺术幼儿园、连云港市商业幼儿园、连云港市丹霞老年公寓、连云港市新浦区婚姻服务中心、连云港市新浦区虹添慈善老年服务中心、连云港市新浦区花果山中心艺术幼儿园、连云港市新浦区福寿家园、连云港市新浦区龙尾社区服务站、连云港市民生花苑幼儿园、连云港市新浦区南城镇童星幼儿园、连云港市新浦区环球外语幼儿教育中心、新浦区东方龙亲子园。至年底,全区共有民间组织 47 个,其中社会团体 23 个、民办非企业单位 24 个。

2005 年新浦区民办非企业单位概况表

表 34 - 13

登记时间	单位名称	登记证号	业务主管部门	住　址
1999 年 12 月 2 日	新浦区好孩子艺术幼儿园	010012	新浦区教育局	陇西路木工厂院
2002 年 4 月 1 日	连云港市小红花幼儿园	010001	新浦区教育局	常乐新村富强路 15 号
2003 年 2 月 1 日	连云港市海韵艺术幼儿园	010002	新浦区教育局	—
2003 年 4 月 1 日	新浦区花苗幼儿园	010004	新浦区教育局	陇西路木工厂院
2003 年 4 月 1 日	新浦区新天地幼儿园	010005	新浦区教育局	—
2003 年 6 月 9 日	连云港市新世纪幼儿园	010006	新浦区教育局	新城街东路 87 号
2003 年 7 月 7 日	连云港市苏星幼儿园	010007	新浦区教育局	海南小区
2003 年 12 月 2 日	连云港市星星幼儿园	010010	新浦区教育局	新浦区市民路 86 - 3
2001 年 10 月 11 日	连云港市南城镇恒荣幼儿园	010011	新浦区教育局	新浦区南城镇西大街
2004 年 4 月 15 日	中西医结合医院海宁门诊部	020012	新浦区卫生局	海宁小区西大门
2004 年 11 月 20 日	连云港市红星专科门诊部	020013	新浦区卫生局	龙河小区 C 号楼 15 号
2004 年 12 月 23 日	连云港市蓝天幼儿园	010013	新浦区教育局	新浦区巨龙南路 22 号
2005 年 1 月 26 日	连云港市金摇篮艺术幼儿园	010018	新浦区教育局	新浦区民主西路 29 号
2005 年 3 月 2 日	连云港市商业幼儿园	010014	新浦区教育局	新浦区市场路 30 号
2005 年 3 月 16 日	连云港市丹霞老年公寓	010015	新浦区教育局	新浦区丹霞村 12 组
2005 年 5 月 12 日	连云港市新浦区婚姻服务中心	010016	新浦区民政局	新浦区社区服务中心二楼
2005 年 8 月 9 日	连云港市新浦区虹添慈善老年服务中心	010017	新浦区民政局	新浦区社区服务中心三楼
2005 年 8 月 22 日	连云港市新浦区花果山中心艺术幼儿园	010019	新浦区教育局	新浦区花果山新建小区 38 号
2005 年 9 月 9 日	连云港市新浦区福寿家园	010020	新浦区民政局	新浦区北小区 20 - 1
2005 年 10 月 9 日	连云港市新浦区龙尾社区服务站	010022	新浦区民政局	龙河南路 18 号
2005 年 10 月 28 日	连云港市民生花苑幼儿园	010021	新浦区教育局	新浦区南极南路 18 号
2005 年 12 月 1 日	连云港市新浦区南城镇童星幼儿园	010024	新浦区教育局	新浦区南城镇匡井街 51 号
2005 年 12 月 6 日	连云港市新浦区环球外国语幼儿园	010025	新浦区教育局	新浦区民主西路 99 号
2005 年 12 月 14 日	连云港市新浦区东方龙亲子园	010028	新浦区教育局	新浦区恒利花园

2005 年新浦区社会团体概况表

表 34－14

登记时间	单位名称	登记证号	业务主管部门	地　址
2001 年 5 月 6 日	连云港市新浦区归侨侨眷联合会	0004	新浦区统战部	新浦区政府院内
1991 年 6 月 20 日	连云港市新浦区教育协会	0007	新浦区文教局	新浦区教育局
1991 年 6 月 5 日	连云港市新浦区医学会	0010	新浦区卫生局	新浦区卫生局
1991 年 6 月 30 日	连云港市新浦区红十字会	0012	新浦区卫生局	新浦区卫生局
1991 年 11 月 20 日	连云港市新浦区信鸽协会	0013	新浦区文化局	新浦区文化局
1991 年 12 月 4 日	连云港市新浦区离休教育工作者协会	0014	新浦区教育局	培智学校
1992 年 12 月 24 日	连云港市新浦区集邮协会	0016	新浦区科协	新浦区职教办
1993 年 11 月 10 日	连云港市新浦区人大工作委员理论研究会	0018	新浦区人大常委会	新浦区人大
1996 年 9 月 20 日	连云港市新浦区台属联谊会	0020	区委办台办	新浦区政府院内
1996 年 10 月 20 日	连云港市新浦区社区服务者志愿者协会	0021	新浦区民政局	新浦区民政局
1997 年 3 月 30 日	连云港市新浦区棋牌协会	0022	新浦区文化局	建国路 141 号
2003 年 6 月 1 日	连云港市新浦区个体医疗协会	0025	新浦区卫生局	民主中路 177 号
2003 年 9 月 1 日	连云港市新浦区环境科学协会	0026	新浦区环保局	新浦区环保局
2004 年 1 月 1 日	连云港市南城镇凌霄花协会	0027	新浦区南城镇	南城镇青春社区
2004 年 8 月 30 日	连云港市新浦区扶贫开发协会	0028	新浦区民政局	新浦区民政局
2004 年 8 月 30 日	连云港市新浦区老区开发协会	0029	新浦区民政局	新浦区民政局
2004 年 9 月 29 日	连云港市新浦区经纪人协会	0030	新浦区工商分局	新浦区工商分局院内
2004 年 12 月 2 日	连云港市新浦区双拥办爱家楼拥军艺术团	0031	新浦区双拥办	新浦区解放东路
2005 年 4 月 26 日	连云港市新浦区个体私营经济协会	0024	新浦区工商分局	新浦区工商分局
2005 年 5 月 13 日	连云港市新浦区福利企业管理协会	0032	新浦区民政局	新浦区民政局
2005 年 9 月 22 日	连云港市新浦区云台乡养鹅专业技术协会	0033	新浦区科协	新浦区云台乡西山村村部
2005 年 12 月 1 日	连云港市新浦区旅游协会	0034	新浦区旅游局	新浦区民主中路 177 号
2005 年 12 月 28 日	连云港市云台李梅协会	0035	新浦区农水局	新浦区云台乡后关村

第十二章　管理机构

第一节　区民政机构

1948 年 11 月 7 日新浦区解放后，新华区、新龙区、民主区、通灌区分别设立民政助理员 1 名，协助区长司理民政。1949 年 2 月,撤销通灌区,新华区、新龙区、民主区仍设民政助理员。1951 年 8 月,区划调整后的龙尾区、盐河区和 1955 年底,由龙尾、盐河两区合并成立的新浦区,均设民政助理员 1 人。

1958 年 1 月,新浦区政府始设民政科,设科长 1 名。

1963 年 5 月,新浦区民政科增设副科长 2 名。

"文化大革命"期间,区民政科被撤销。民政事务归区革命委员会办事组司理。

1978 年 3 月,恢复新浦区民政科,设科长 1 名。

1983 年 6 月底,新浦、海州两区合并成立新海区,区政府设立民政局,配负责人 3 名。1984 年 5 月至 1986 年 6 月,新海区民政局设副局长 2 名

1986 年 7 月,撤销新海区,恢复新浦区、海州区建制。新浦区民政局设局长 1 名,副局长 1 名。

2001 年起,区民政增设纪律检查组(简称纪检组),配组长 1 名。

至 2005 年年底,新浦区民政局有局长 1 名、副局长 3 名、纪检组长 1 名、工作人员 10 名。其中,主任科员 3 名,副主任科员 2 名。内设机构有办公室、婚姻登记处、地名办公室等。

第二节 基层民政机构

1958 年起,花果山乡设民政办公室,设民政助理 1 名。南城镇、云台乡、宁海乡均设民政股或民政办公室,配民政股长或民政助理各 1 名。

1986 年 7 月至 1999 年 6 月,城区 5 个街道始设民政办公室并配有民政助理 1 名。

1999 年 6 月 20 日起,新浦区由 5 各街道调整划分为 8 个街道,各街道民政办公室均配有民政助理 1 名。

2001 年 11 月,花果山乡、云台乡、南城镇政府均设民政办公室,并配有民政助理 1 名。

2005 年 4 月 26 日,猴嘴街道划入连云区。同年 6 月 13 日,灌云县宁海乡划入新浦区,乡政府设民政办公室,配民政助理 1 名。

第三节 老龄事业管理机构

1982 年,新浦区成立老干部局。负责全区离休干部的管理、服务工作。

1985 年 7 月,路南街道率先成立地区性老人协会,而后全区各街道先后成立老人协会。

1986 年 11 月 5 日,新浦区老龄问题委员会(简称区老龄委)成立,由常务副区长兼主任。区老龄委下设办公室,由区民政局一名副局长兼主任。区老龄委负责协调、开展全区老龄工作。同月 11 日,新浦区退休职工管理委员会(简称区退管会)成立,由一名副区长任主任。区退管会下设办公室,由区计经委一名副主任兼主任。负责协调、开展退休职工工作。

20 世纪 90 年代,区老龄事业管理机构通过不断调整,逐步得到加强。至 2005 年年底,老龄组织已延伸到基层,各社区、行政村都成立了老人协会。

第三十五编　宗　教

新浦地区的宗教活动由来已久。域内云台山区早在秦汉时期就出现宗教活动。新浦城区一带成陆后，也渐有宗教活动。

道教在域内活动最早，秦汉时期，太平道流入境内，《太平青领书》在境内流传。东汉时，海中神山——云台山已有道人修炼之所“方士石室”。同时佛教也开始传入。魏晋南北朝时，佛教在境内不断发展。形成佛道并存局面。隋、唐、宋时期，由于统治阶级提倡，佛教很快兴起，域内佛教建筑逐渐增多。元及明初，云台山已形成全真道教北宗的大本营，云台山后顶成为道教圣地。域内道教建筑一时昌盛。清王朝信仰佛教，域内佛教重兴，道教每况愈下，至乾隆后道教处于没落状态。清顺治十八年(1661)“裁海”，云台山各地宗教活动转入大陆，山间寺庙建筑严重损毁。至康熙十六年(1677)“复海”后，云台山宗教再兴。

自古以来，域内民间还有很多关于天地神灵的信仰，并有天后宫、城隍庙、山神庙、关帝庙等民间信仰的祭祀活动寺宇。

19 世纪后期，随回民穆斯林到境内经商，伊斯兰教传入境内。

清光绪末年，基督教、天主教先后传入域内。

清末民初，僧尼群集云台山，上下几百人，分 24 房头分居各寺院。

20 世纪 30 年代至 40 年代末，战争频发，各种宗教活动时断时续。尤以 1938 年日军狂轰滥炸，云台山三元宫寺庙建筑群全被炸毁，宗教活动遭到灭顶之灾。

新中国成立后，中国共产党和人民政府实行宗教信仰自由的政策。新海连市人民政府于 1953 年成立民族宗教事务处，宗教活动初步恢复。“文化大革命”中，域内寺庙被毁，宗教活动中断，僧尼道士多还俗。党的十一届三中全会以后，宗教政策得到落实，修复寺院和教堂，各种宗教很快恢复正常活动。

1989 年，连云港市民族宗教事务处改为民族宗教事务局。1992 年春，新浦区在区委统战部增挂民族宗教事务局牌子，加强对民族宗教事务的管理，保护人民宗教信仰，同时做好对宗教教职人员和信仰群众的教育工作，引导宗教界为改革开放和地方经济建设、建立和谐社会服务。

至 2005 年年底，新浦地区有道教、佛教、伊斯兰教、天主教和基督教等宗教组织，宗教活动场所 17 处，信教群众 5 万余人。

第一章　道　教

第一节　道教活动

东汉时期，域内云台山地区已有“方士石室”。

魏晋时，孙恩兵败前后曾两次到郁洲岛（即云台山），致五斗米道在云台山地区得以流传。

隋开皇五年（585），南城东凤凰山上建玉皇宫。开皇二十年（600）今花果山乡狮子岩下建郁林观。道教渐兴。

唐代，苍梧山（今云台山）上有道教建筑“三官庙”供奉天、地、水三官。著名道士成玄英曾在苍梧山中结庐隐居，潜心于道教经典著作《道德经注》《南华经注》《度人经注》等著作的编修。花果山一带已成为道教的“第七十二福地”。

元、明时期，境内云台山道教走向兴盛，道教宫观建筑明显增多。明洪武三年（1370），东磊围屏山下建观音殿。万历年间，观音殿改建为延福观。万历三十一年（1603），神宗皇帝敕封“护国三元宫海宁禅寺”。天启年间（1621～1627）熹宗皇帝亲书“敕赐护国三元宫”“敕赐护国延福观”匾额。海属地区成为道教全真道北宗的大本营。民间信奉三元大帝、东岳大帝、天后娘娘、碧霞娘娘、太上老君等。南云台山后顶三元宫，中顶东磊延福观更成为海属地区道教活动中心，香火极盛。

清代，域内道教逐渐衰落。顺治十八年（1661）至康熙十五年（1676）的“裁海”期间，云台山上道教宫观建筑长期荒芜，多倾圮。康熙十六年“复海”后至雍正年间（1723～1735），道教一度复兴。光绪十八年（1892），新浦商界创建新浦天后宫，历时10年，于光绪二十七年（1901）竣工。香火一时兴旺，带动了新浦商贸业发展。

清末民初，域内尚有三官庙、南城玉皇宫、南城碧霞宫、云台山三元宫、玉皇宫、延福观、老君堂、鸡鸣山碧霞宫、灵官殿、三元家庙、武安宫、团圆宫、临洪滩东岳庙、九岭东岳庙等道教宫观。

民国17年（1928），国民政府颁布神祠废存标准，凡敬奉太上老君、三官、关帝、土地、吕祖、五岳、城隍、龙王、文昌之类神祠均在废除之列，多数道教宫观被拆除，或改作学校等他用。

民国22年（1933），新浦商界聚兴公经理、河北人刘亭香和东亚旅社经理、安徽人柳碧亭等人发起设立新浦道院。先设于今新新路一民宅内，后于民国25年（1936）在后河底（原陇东火柴厂处）买地建房，大门悬挂“坚诚永固”匾额，崇奉至圣先天老祖。

日本侵略军侵占前后，前云台山三元宫、玉皇宫及南城玉皇宫等毁于日本侵略军轰炸、焚烧。

至解放前夕，南云台山地区的海清寺、老君堂、郁林观、延福观等处仍有少数道士或女冠在修炼。南城城隍庙的道士继续为百姓人家做道场法事，超度亡灵。

20世纪50年代以后，道教活动基本停止。“文化大革命”中，延福观、临洪滩东岳庙等道教宫观受损，道士受到冲击，活动停止。

中共十一届三中全会以后，落实宗教政策，域内道教活动得以恢复。20世纪80年代末起，南城开始集资复建玉皇宫。90年代末，云台乡东磊延福观开始复建，2001年11月落成。先后均经市宗教局批准，恢复为正式道教活动场所，香火渐旺。

第二节 道教建筑

一、三元宫

位于南云台山青峰顶，兴建于宋。初名“三官庙”，为道教活动地点，供奉三元大帝。明万历十五年

(1587)六月至二十四年(1596)九月,谢淳大修,更名海宁寺。万历二十二年(1594),慈圣太后颁《大藏经》、佛像、紫衣等。万历三十年(1602),明王朝又颁《续藏经》41 函。天启四年(1624)重修扩建,熹宗皇帝亲题"敕赐护国三元宫"匾额,三元宫之名从此开始。

清顺治十八年(1661)裁海后,三元宫废圮。康熙十六年(1677)"复海"后,漕运总督帅颜保申奏重修,康熙三十一年(1692),康熙皇帝敕赐"遥镇洪流"匾额,其时僧众数百人,分 36 个房头。此后庙宇渐渐倾颓。嘉庆、道光年间及民国年间多次修建。至民国 27 年(1938)6 月,遭日军轰炸。次年,又遭日军焚烧,尽为废墟。

20 世纪 70 年代末,人民政府开始修复三元宫。

1993 年,改称"海宁禅寺"成为佛教活动场所。

二、南城玉皇宫

坐落于南城东凤凰山绝顶。始建于隋开皇五年(585)。南宋景定三年(1262),东海安抚使张汉英重修,殿宇宏伟。正殿中为玉皇大帝,王母娘娘、观音菩萨分列左右。东、西侧为托塔李天王、杨戬、雷公、雷母诸神塑像。北院有钟鼓楼 5 间,金碧辉煌。明成化二十一年(1485)重修。明末、清初倾圮。清道光年间(1821 ~ 1850)重建。民国 28 年(1939)毁于日本侵略军轰炸。

20 世纪 80 年代末,僧人尘起多方化缘,进行整修,重塑神像。1998 年,南城群众集资复建。2001 年至 2005 年,累计投资 50 多万元,修筑山路,计 409 级踏步,间分 48 层平台,并重建山门,重现当初恢宏气势。现玉皇宫正门有市书法家杜庚题写的"玉皇宫"门额。门内正中供王灵官塑像一尊;东、西分别为朱天君大元帅、太玄火神元帅和尉迟恭大元帅、华光大元帅塑像。正殿——灵霄宝殿,东西 5 间,南北 3 间。殿中供奉玉皇大帝、玉清元始天尊、上清灵宝天尊、太清道德天尊、王母娘娘等神像。院内另有观音殿、三官殿、花山殿等。院落中有两株树围均约 1.6 米的古银杏。

南城玉皇宫道长朱健,陕西道教学院毕业,道号名君。于 2001 年 3 月,受市宗教部门之聘入驻,开展教务活动。

图 35 - 1　2001 年刚复建落成的东磊延福观

三、东磊延福观

坐落在南云台山的围屏山下。初为观音殿。建于明洪武三年(1370)。明天启六年(1626)改建为延福观。创自明朝苏若霖、周道渊、陈云笈"三中官"。明天启年间(1621 ~ 1627),皇帝亲书"敕赐护国延福观"匾额。清光绪十九年(1893)重修。整个道观为明代建筑风格,数道院落,背倚笔立围屏山,前为巨石垒砌之平台,高 17 米,面积 6000 平方米,平台前为万丈沟壑,气势恢宏。原正殿中有一墙隔为两半,互不相通,前半供"三官",后半奉"观音"。正殿前,南北各有配殿 5 间。正殿与配殿均久毁。清末,新建正殿,装修法相十数尊。清末民初,仍有道人在此修身养性。

图 35-2　延福观三官殿神像开光大典

20 世纪 90 年代后期，重建延福观主殿——三官殿。得到北京、广州、青岛、五莲等各界人士慷慨捐助。当地女居士杨建凤出资赞助。2001 年 11 月 23 日，三官殿落成。2002 年 9 月塑天官、地官、水官“三官”金身，每尊高 4.5 米。“三官”像后塑观音像，高 1.9 米，观音前下方，有散财童子和龙女像。2002 年 10 月 29 日，经宗教管理部门批准，延福官恢复为道教活动场所。同年 11 月 30 日，“三官殿”举行落成暨神像塑造和开光仪式。2004 年，投资 6 万元，重建山门，塑神像；投资 1.6 万元，修建进山门道路；投资 2 万元铸造香炉宝鼎 1 具。延福官香火重旺，年进香香客达 5000 余人次。每年农历正月十五、七月十五、十月十五，天、地、水三官诞生日，进香人都在 1000 余人，正月十五多达近 3000 人。

延福观周围山林茂密，风光旖旎。古代山下为海，立观前平台可一览山海景色。为“云台二十四景”之一的“平台水月”。现代虽海已远去，但观旁有全国闻名的“玉兰王”家族和金镶玉竹林。仍为旅游胜地。

四、九岭东岳庙

图 35-3　九岭东岳庙

坐落于南云台林场九岭。元代皇庆二年(1313)知州魏荣建。清乾隆年间重修。有正殿 3 间，供奉东岳大帝神像，两旁塑有判官等神像。有南、北厢房 12 间。民国 28 年(1939)，乡政府入住西厢房。民国 37 年(1948)乡政府搬出，九岭人刘道姑入住。20 世纪 50 年代初，破除迷信，庙内神像被搬走。庙院一度改作疗养院。20 世纪 90 年代初，庙宇屋面因附近采石放炮受损。1998 年，居士徐跃芳领头集资翻修正殿 3 间、大门 3 间，南、北厢房各 3 间。重塑神像，正殿中间供奉东岳大帝，判官等诸神像，南偏殿供东岳王娘娘、泰山圣母碧霞元君和眼光娘娘神像，北偏殿供观世音像。2005 年，经新浦区宗教局批准，为南城玉皇宫下院，作为道教一个堂点正式对外开放。

五、湮没宫观

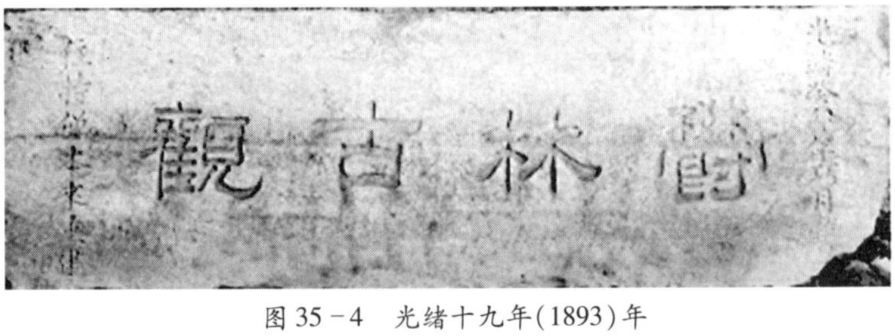

图 35-4　光绪十九年(1893)年
主持僧本来重建郁林观时题刻的门额

【郁林观】 位于花果山乡大村村境内狮子岩下，建于隋开皇二十年(600)。殿宇掩映于苍松飞瀑之间，环境幽静，为修炼之佳境。唐宋以降多有名人雅士登临造访，留下了著名的“唐隶”“宋篆”二刻等崖刻佳作数十处。清初“裁海”之后，郁林观渐废毁。现“郁林观遗址”为省级文物保护单位。

【纯阳庵】　坐落于花果山顶海曙楼西。为明万历年间山僧德证所建。因祠奉全真教真人吕纯阳而得名。后毁。

【老君堂】　坐落于花果山乡大圣湖东、神山西侧。堂内供奉道教始祖“太上老君”，香火极盛。清末民初殿宇倾圮。新中国成立后，废址一带渐成村民居住区。老君堂前以“怀中抱子”称著的千年银杏，仍生机盎然。

【鸡鸣山碧霞宫】　坐落于花果山乡小村南鸡鸣山上。碧霞宫与元帝观、观音堂等组成四合院，为草舍寺观。碧霞宫内供奉碧霞、穹霞、灵霞，当地人又称为“三霞宫”。民间传说碧霞娘娘为东岳大帝之女，管一方人的眼睛，众称“眼光娘娘”。宫内香火不断，尤以每年农历十月初一（俗称“十月朝”）香火最盛。清末民初仍有道长涂高及其子涂成住管。后倾毁。

【斗姥阁】　坐落于云台乡东磊围屏山东半山腰间。供奉道教女神“斗姆”，故又称“斗姆阁”、“斗姥宫”。久已倾毁。

【太平观】　坐落于云台乡山东村北，相传有异人修炼于此。久毁。

【花果山玉皇宫】　坐落于花果山团圆宫直上方30米处，是原三元宫建筑群中最高一处建筑。建于明万历十五年至二十四年间（1587～1596）。有正殿3间（奉玉皇大帝），东、南屋各3间，厨房2间，钟鼓楼各1间，组成四合院。久毁。仅存民国“癸亥（1923）”“隆超募修”时所刻“玉皇宫”门匾石一块。1988年，在玉皇宫废址上已建成玉皇阁。“玉皇宫”匾石，嵌于玉皇阁前踏步的外墙上。

【临洪滩东岳庙】　位于市区西部临洪村，相传建于300前，占地约3000平方米。总体为一大院落。拱形庙门朝正南。院内中间为大殿，殿中神龛上悬“福善祸淫”楷书匾额。神龛内供奉东岳天齐老爷和天齐奶奶塑像。神龛两旁山墙下分别供痘二哥、疹二姐塑像。大殿东西各有3间庑屋。庙建成后，进庙祈求东岳大帝保平安，求痘二哥、疹二姐保孩子出痘子、出疹子平安无事。许愿、还愿的人陆续不绝，庙内香火不断。民国2年（1913），庙内办起私塾。民国24年（1935），东岳庙里正式兴办临洪滩小学。先用东西庑作为教室。后学校扩大，正殿也作教室，神像挡于幕后。“文化大革命”期间，庙内神像全部被毁。

第二章　佛　教

第一节　佛教活动

东汉时期，佛教传入域内，居民中开始有人信奉佛教，

隋唐时期，佛教活动渐成气候。唐开成四年（839）日本遣唐使藤原常嗣到中国，学问僧圆仁随行。当年3月底，一行由涟水乘船至宿城，后骑驴经新县兴国寺到大村心静寺（一民寺），后到南城。

北宋天圣元年（1023）在海清寺前建阿育王塔，助缘僧海清、宗玠、德长、宗传、文忠、宗冼、道圆、怀圭一齐参与（功德主僧是宗传）。天圣九年（1031）建成。期间，淮安有藏禅师到凤凰城（南城）活动。安抚使张汉英在凤凰城内建普照寺（城隍庙前身）。

明成化元年(1465),鲁府王孙剃度为僧,持钵到云台山,募资建三元宫,自号清风,任三元宫主持,后传净善,净善传道融,道融再传德连,四代传袭,香火益盛。万历十四年(1586),淮安谢淳到云台山,倾其家资重建三元宫、弥勒佛殿、韦驮天尊殿、开山殿、海宁寺等。到万历二十四年(1596)落成。万历二十二年(1594),皇太后敕谕赐云台山三元宫《藏经》1部678函、佛像3轴、紫衣1袭、锦幡3联、经幅1方、银宝1锭。至此,云台山三元宫香火鼎盛,逾两万家。万历三十年(1602),明神宗皇帝向云台山三元宫续颁《藏经》1部。封云台山为"天下名山寺院"。天启四年(1624),司礼监高晋卿奉旨督修云台山三元宫,又一次对寺宇进行大修,得到太监苏若霖、周通渊、陈云笈的大力佐助。历时7年,至崇祯四年(1631)告竣。在谢淳重建的基础上增7/10。天启六年(1626),熹宗皇帝亲题"敕赐护国三元宫",赐于云台山三元宫。

清顺治十八年(1661)裁海,群众迁居内地,僧徒庙废,佛教顿衰。

康熙十六年(1677),云台山"复海"时,认为云台山镇淮河入海口有功,应封疆大吏之请,康熙三十一年(1692),清圣祖玄烨亲书"遥镇洪流"匾,宪赐云台,高悬于三元宫。康熙三十八年(1699)圣驾南巡,特命侍卫太监五哥进山敬香,蔚为上仪,三元益彰,三元弥尊,僧尼群集山上,朝钟暮鼓,击磬诵经,僧人上万,分为三十六房头。到雍正十三年(1735)减为二十四房,分住山上各寺院。乾隆年间,漕运总督崔应阶、河南巡防何煨,对云台山上寺宇次第修葺。嘉庆八年(1803)海州知州唐仲冕以祷雨而应,慷慨解囊,捐俸修葺,令僧众不得分院营私,择住持立事,使山上各寺院渐次整齐。道光十四年(1834),两江总督湖南陶澍巡历海隅,专程上云台山,为民祈福,后谋鼎新,对三元宫等寺院进行大修,修正殿5间、南斋堂楼3间、头山门3间、二山门3间、东西配房12间,并葺修治北斋堂3间,碑亭两座、库炉两座,大殿内神像30尊,二山门内灵官1尊,功曹8尊皆重塑装金,并新建山门至大殿内外石阶。山门外之石阶,旧称五十三参,经修筑,为5层109级。翌年,陶澍又因阅伍专程登云台山,亲题匾额"环瀛仰镜",并书联曰:"海甸涌名山,烟复云回,位在真灵参五岳;洞天开福地,阳舒阴雪,磬音瑞应启三元"。

晚清,云台山上庙宇住持有印清、秀銮、悟五、朗斋、德山、能宇、厚安、亚陀和能定,代代传承,一直至日军侵占前。按佛门传承字埒是:"心、圆、广、续、本、觉、昌、隆。能、仁、圣、果、常、演、宽、宏。惟、伊、法、印、证、悟、会、融。坚、持、戒、定、永、纪、祖、宗"32字。

山下塔旁海清寺,是山上庙宇之下院,因距村落近,故多女性居士在寺里住持佛事,尼姑仁莲,亦曾在寺内修炼。

辛亥革命后,云台山地区佛教活动不减。山上寺院殿阁均有高僧住持。海天洞住持悟五,其徒有隆梅、隆超、隆泉、隆凯、隆彦,皆禅门高士。隆彦法名能因,为花果山下小村人卢正熙(1984年,云台区政协成立后,卢正熙为第一、二届区政协常委,1989年离世)。北伐后,乌云阁住持绪简,其徒本藻。自在天住持为隆跃,玉皇宫主持为隆超,灵宫殿住持为瑞西,大悲庙住持为厚庵,厚庵徒觉慧,义松堂住持能燮,团圆宫住持德选,其徒为暗修。

阿育王塔西之团圆宫,内有僧人住持,辛亥革命后先后有玉坤、道宽、圆喆,其徒是常思(又号慎九)和绪乾(俗名谢金胜),最后为朱长富。

民国27年(1938),日本侵略者轮番轰炸云台山中寺宇,登陆后又多次上山清剿。民国28年(1939)7月14日晨,日军又出动300人分四路围剿三元宫,并纵火焚毁庙宇,爱国众僧奋起反击护庙,仁芳法师被杀,仁益、德选、绝喧、隆刚四法师被活埋。山上所有殿宇,当即化为灰烬,惨不忍睹。

新中国成立初期,寺庙田产分给农民,政府对僧尼,多方照顾,使其自食其力。"文化大革命"中,

"造反派"以破"四旧"为名又把山上山下残存的佛像全部捣烂，残存的零星殿宇也被拆除，有的信佛人遭到批斗，宗教活动停止。

1975年，江苏省人民政府拨出巨款，对佛教标志建筑阿育王塔进行大修，使千年古塔，重放毫光。

中共十一届三中全会后，党和政府落实宗教政策，域内佛教活动开始恢复。市政府年年拨款，对被日军炸毁的佛教寺院殿阁，有计划地逐一重修。按明代规模和建筑风格，先后修复三元宫、灵官殿、自在天、屏竹禅院、团圆宫、玉皇阁、照海亭、茶庵等，使三元宫建筑群重放异彩，金碧辉煌，晨钟暮鼓，再响山间。佛门弟子每日做早、晚课，坐禅。每年逢农历正月十五、三月初三、四月初八各地举办庙会，寺院僧尼以香、花、烛、果供奉。农历二月十五日，寺院举行涅、法会，诵《遗教经》，祭吊释迦牟尼。每年十一月打佛七，每个佛七诵经七天，共21天。

20世纪80年代后，僧尼一般仅在寺庙里接受香火和捐赠。

1991年10月21日，台湾台北市中和紫竹禅院主持陈庆庸率大陆朝圣团23人，到花果山顶礼膜拜"大圣佛"，捐赠人民币30万元修三元宫、水帘洞。（1993年，又专门组织进香团向花果山三元宫赠送孙大圣的木质佛像。）

1992年9月，为纪念抗日英勇牺牲的僧人，在三元宫与水帘洞之间建"义僧亭"，亭内纪念碑一块，上刻"云台山爱国僧众抗日纪念碑"12个大字。同年5月，国务院总理李鹏偕夫人朱琳和中央有关部、委、办及省市领导人，莅临花果山海宁禅寺，在纪念册上签字留念。7月，全国政协副主席、中国佛教协会会长赵朴初为海宁禅寺书写匾额。年内，中国佛教协会副会长、镇江定慧寺方丈茗山老法师，莅海宁禅寺宣讲"阿弥陀经"。上海、南京、安徽、山东、东北等地和港城数千信众，至寺闻法。茗山方丈还为海宁禅寺大雄宝殿撰书一副门联：殿前银杏供花，祖师曾拈花悟旨；山上猿猴献果，行者当识果知音。

1993年9月23日，花果山风景区管理处，遵照国家规定，将花果山上所有庙宇，全部移交给佛教部门管理。三元宫主持僧昌鉴率释子进住三元宫，并将三元宫改名为"海宁禅寺"。佛门宗派为"临济宗"。昌鉴出任海宁禅寺监院，初随僧6位，后增至30位，继禅宗衣钵，遵照国家颁发的宗教活动管理条例和法规，振兴佛门，遍访名寺高僧，苦心募化，诚感十方，缘金流长。遂鸠工庀材，装修宫堂殿阁，新塑大小佛像1180尊；扩建弘法、禅堂、察房、斋堂、客房；投资1500万元，建素斋楼1幢4层，占地2000平方米，可容8000人众。海宁禅寺香火日盛，佛事益兴，成为连云港市的佛教圣地、江苏省佛教盛地之一。

1995年，三元宫下久毁的"多宝佛塔"修复，塔基为八角形，平台，直径10米，周围为莲座、缠枝等高浮雕图案，塔基上新建仿南唐古塔风格的长柄铃型舍利塔一座，高12.7米，9级8面，塔身周围有石雕佛像64尊。是年，江苏省佛教学会在连云港市召开第三届常务理事扩大会议，将海宁禅寺定为爱国主义教育基地。

1997年，茗山方丈二次到海宁禅寺宣讲"观世音菩萨普门品"，全国各地信众，云集海宁禅寺听讲佛经。是年秋，昌监法师赴日本参加第三届中、韩、日佛教友好交流会。次年11月28日，海宁禅寺举行全堂佛像开光庆典。九华山仁德大和尚、如皋定慧寺恒岳大和尚、镇江三宝大和尚、南京灵谷寺方丈真慈大和尚、厦门南普陀寺首席监理文法师等诸山长老，大德高僧，和海内外善男信女、社会各界人士、地方民众万余人参加盛典。

2001年10月7日，海宁禅寺隆重举行"迎请玄奘法师顶骨舍利供奉大典"，并主办盛大的讲经会。

2002年、2003年，南城普照寺先后投资200余万元，建成846平方米大雄宝殿、621平方米的东厢房和150平方米的藏经楼。

图 35－5　海宁禅寺举行盛大佛事活动场景

2002 年 9 月 29 日，海宁禅寺兴建玄奘法师纪念塔举行奠基仪式，为观世音菩萨佛像开光，并举行法会。

2003 年 9 月 8 日，海宁禅寺举行建寺千年、恢复开放十周年暨古佛开光典礼。次年 4 月 8 日，海宁禅寺举行钟鼓楼奠基典礼。8 月 28 日举行 500 罗汉堂落成、斗战胜佛开光暨昌鉴法师升座庆典。年内，南城普照寺新建成山门天王殿。

2005 年元月 6 日，海宁禅寺举行息灾福法会，为印尼、印度、斯里兰卡等国在印度洋海域 8.7 级地震和海啸中 10 余万丧生者、百万流离失所者祈祷。12 月 20 日，海宁禅寺举行钟鼓楼落成典礼。市委书记王建华、市长刘永忠为其剪彩。年内，南城普照寺天王殿内新塑四大天王神像。

第二节　佛教建筑

一、海宁禅寺

1993 年，三元宫改称“海宁禅寺”。至 2005 年年底已臻规模。整个寺院主体由钟鼓楼、前山门、天王殿院、大雄宝殿等组成。前山门又称前殿，计 3 间。门楣上嵌着天明启年间镌刻的“敕赐护国三元宫”石匾额。山门下为陡险的 109 级台阶（古称五十三参）。天王殿中间供弥勒佛，两侧为四大天王；弥勒佛背后为韦驮殿，供奉韦驮菩萨；天王殿院东首为三官殿，供天、地、水三官。天王殿院西殿为地藏殿，供地藏菩萨大立像。大殿院正殿大雄宝殿，占地面积 476 平方米。大殿前为两层 16 级踏步。殿门上悬金色“大雄宝殿”巨匾。大殿正中供奉结跏趺坐于莲花盘上的三世佛。三世佛两侧佛台上供二十诸天；三世佛背后面北佛台上为手持净瓶、跨于吼上的观世音，观音两旁为金童、玉女。观音后海岛上为大小不一的 100 多尊罗汉像；大殿院内西廊房为“古佛殿”，东廊房北侧为“千佛殿”。大殿院落东西长 29 米、南北长 26 米。寺院南边有千年古银杏两株，遮天蔽日。山门外西侧为建筑面积 550 平方米的五百罗汉堂（原乌云阁废址）。山门下为临山建造的钟鼓楼。整个海宁禅寺气势恢宏，金碧辉煌，晨鼓暮钟，香客不断。

图 35－6　海宁禅寺

二、南城普照寺

位于南城镇东凤凰山下，为南宋咸淳年间（1265～1274）建。清康熙十九年（1680）改建为城隍庙，成为道教场所，有庙舍34间。清、民国年间，每年清明期间都有清明庙会，香客达数万人。民国35年（1946），厢房渐倾。1949年，庙倾僧散。1984年，一老僧尘超到此化缘修复，占地678千方米，有大门殿、大殿、二殿、东殿、西殿各3间。

图35－7 南城普照寺

2000年4月，释修恒住持到南城管理城隍庙，并负责重新修建普照寺，于2000年9月在城隍庙东首开工重建。2002年投资162万元，建成大雄宝殿。2003年投资53万元，建成东厢房和藏经楼。2004年，新建天王殿。新增居士300余人。至2005年底，普照寺主要有大雄宝殿、斋堂、前殿、禅房等建筑。供奉有佛像、观音、罗汉等，每逢佛教节日，烧香敬佛人络绎不绝。寺内有僧人7名。

三、心净寺

坐落于花果山乡大村村。始建于唐朝。日本学问僧圆仁的《入唐求法巡礼行记》中记述，圆仁先后在中国九年曾两次穿越云台山。唐开成四年（839）三月二十九日，圆仁乘坐的九条船到扬州海陵县，船队出淮河口入海，到今之连云高公岛靠岸。四月六日，东海县衙（在今南城镇）邀请圆仁等去县衙，途经大村“心净寺”瞻仰。

清末，栖于海清寺的赵道人，募资补修一次。

20世纪70年代，政府拨款进行大修加固。

四、自在天

位于海宁禅寺山门下东侧，东临深谷，楸树林深；西靠丹墀，静雅清幽，是一独立小院。民国初，隆跃法师在此修炼。南门楼1间，门楣上刻“自在天”三字。正殿3间，门匾书“观音殿”，内奉观世音菩萨像1尊。西殿3间，门楣书“大圣殿”三字，内供大圣佛1尊。东面原为一道院墙，新中国成立后改建为一排长廊，廊壁上嵌有姚陶《登云台山记》碑刻5块（全8块）。院内有圆柏一株，树龄400年。另有桂花树3株。宝鼎（铁香炉）1座。

五、藏经阁

位于三元宫正殿之北，后改为九圣团圆宫。院内原有桂树1株，传为开山祖师无相手植。

六、海清寺阿育王塔

阿育王塔，全称“海清寺阿育王塔”。也叫大村塔、海清寺塔。此塔始建于北宋天圣元年（1023），建成于天圣九年(1031)。塔高40.58米。为苏北地区最早、最高的一座古塔。阿育王塔建成后,海属地区曾发生过多次强烈地震,尤其是清康熙七年(1668),郯城8.5级大地震使海州一带海岸线迅速向海中推进15公里,海州古城内屋宇倒塌,城墙倾圮,而海清寺阿育王塔却屹立如初,安然无恙。

海清寺阿育王塔九级八面,每级正东、南、西、北面,各辟有卷门,其余四面均砌隐出直棂窗。外壁内绕以走廊,中间为砖砌八边形塔心柱,砖柱内有梯形踏步,直通塔顶。第9层内的天花板上,施以八角形藻井。塔的外观稳重雄健。底层有上下叠涩式腰檐,2至9层为平座叠涩式腰檐。

1974年,国家拨专款维修该塔,在拆补第一层踏步时,出土具有晚唐风格的精雕砚石函、银匣、银椁、银精舍、鎏金银棺、汝窑瓷瓶以及内装有"舍利子"的玻璃瓶等大量珍贵文物。

1976年9月,海清寺阿育王塔被列为省级文物保护单位。

1978年,被国家地震局、文物局列为具有抗震能力的古代建筑。

2005年,被列为国家级文物保护单位。

七、多宝佛塔

位于花果山景区九龙桥和海宁禅寺之间路旁。原塔建于明代,塔高31.4米,直径约10米,雄伟壮观,和陕西省西安市的多宝佛塔式样相同。塔基为八角形平台,周边有莲座、缠枝等高浮雕图案。因坐落于海宁寺下方,故时称"海宁寺塔"。康熙七年(1668)山东郯城大地震时该塔倾倒。1995年,市园林部门重建多宝佛塔,塔基为石雕,实心,长柄铃形舍利塔,仿南唐古塔风格,高12.7米,9级8面,塔身周围有石雕佛像64尊,精巧玲珑,神态各异,古朴典雅。

图35-8 多宝佛塔

八、湮没寺庙

【大仙庵】 大仙庵又名大佛寺,位于南云台山的青峰顶,建于北宋皇祐四年(1052)。明成化元年(1465)鲁王孙游云台山青峰顶,见此峻岭崇山,古木参天,洞谷幽深,为栖禅佳境,便剃发染衣于大仙庵,法号清风。并于成化三年化缘募资重建三官殿。后大仙庵倾圮。

【船石庵】 此庵在花果山乡大村东北半山腰,因附近有两块船形巨石,当地称为"立船"、"睡船",故称"船石庵"。后废。

【禅兴寺】 坐落于花果山乡鸡鸣山北大团山与花山顶之间的深谷中。村民称"沉香寺",久废。寺址西侧,有一巨石,顶面平整,上刻有"禅兴寺"3字。

【弥陀庵】 位于花果山乡大村南路东侧(今花果山乡政府处),俗称南庙。因殿内塑有十殿阎罗像故又叫"地藏庙"。古代三元宫每年正月十五日有盛大的香火会,各地善男信女朝山进香时,必经此处,可进而休息;山上僧人上下往来以及行脚僧等,都在此庙停留,故又被称为"云台下院"。该庙原是一门朝西的四合院。堂屋5间,东屋3间,内供小型佛像。南屋5间,南屋南面有高围墙,形成南小院。南小院内有磨坊、碾房、厨房等。解放后,改建为乡政府用房。

【白云寺】　坐落于云台乡渔湾村西黄崖顶山腰间。久毁。遗址尚存。

【碧泉庵】　坐落于云台乡关中村西北隅之虎窝。久毁。

【丹霞寺】　坐落于云台乡丹霞村北山麓。始建于唐。久毁。

【大佛寺】　坐落于云台乡关中村西山麓。久毁。

【石佛庵】　坐落于南城镇西凤凰山下古码头前。久毁。

第三章　伊斯兰教

第一节　伊斯兰教活动

清同治三年(1864),始有回民落户新浦,伊斯兰教同时传入。至民国37年(1948)年底,新浦有回民穆斯林10余户、50余人,大都从事皮货加工和屠宰业。回民的宗教活动以分散形式为主,无固定活动场所。

图35－9　坐落新浦解放西路的清真寺

新中国成立后,人民政府执行党的民族宗教政策,保障穆斯林宗教活动自由。1956年,中共新海连市委统战部从山东济宁请阿訇王子俊到新浦,开展伊斯兰教活动。政府尊重回民习俗,在新浦开设回民饭店,所用的牛羊肉,不足部分从新疆统一调运。

1985年10月,在新浦兴建连云港市清真寺,1987年10月落成。王子俊任清真寺管委会主任,于永泉任副主任。王子俊先后出席江苏省伊斯兰教第一次、第二次代表大会,并当选为这两届委员会常务委员。1988年,郑州伊斯兰教神学院毕业生李振任清真寺阿訇。1990年,新浦城区穆斯林人数增至296人,其中回族290人,维吾尔族5人,哈萨克族1人。

2002年10月30日,连云港市伊斯兰教第一次代表大会在新浦召开,成立连云港市伊斯兰教协会,并通过协会章程。选举产生会长伍贻强,副会长于永泉、马祥良,秘书长于永泉(兼)。至2005年,新浦区有常住穆斯林480余人,另外流动人口中穆斯林200余人,大都从事餐饮业。

回民穆斯林与汉人交往时用汉语、汉字。在伊斯兰教活动、过伊斯兰教节日时用阿拉伯语、伊斯兰教历。伊斯兰教活动主要有开斋节、古尔邦节,一般在清真寺举行宗教仪式。逢年过节、婚丧、生育诸事或到清真寺,或请阿訇到家举行宗教仪式。伊斯兰教开展"服务社会、奉献爱心"活动。多次举行抗灾捐赠活动。

第二节 伊斯兰教建筑

连云港市清真寺(回民也称礼拜寺)坐落于新浦解放西路176号。兴建于1985年10月,落成于1987年10月,同年11月6日举行落成典礼。清真寺为阿拉伯风格3层楼建筑,占地1100平方米,建筑面积871.3平方米。内设礼拜殿(60平方米)、会议室、水房、清真餐厅、沐浴室、民族招待所、阿訇休息室。为连云港市伊斯兰教主要活动场所。

第四章 天主教

第一节 天主教活动

清光绪二十四年(1898),法国天主教耶稣会士董师中神父从徐州到海州传教后,新浦始有人信天主教。

民国25年(1936),天主教海州总本堂开始在新浦中山西路卫生巷2号建教堂,并于民国27年在天主教堂旁创办养正小学,边传教,边办学。民国28年,新浦天主教堂落成,海州教堂神父贝锦章赠铜钟一顶(钟上铸有“上海徐家汇土山湾铸造”字样)。其间,新浦有教徒近百人。新浦教堂初无神父,为游堂。教事活动由海州总本堂神父主持。雷类斯、伏恩德望、陈天佑、班伯多禄等先后在新浦教堂主持过教事活动。

图35-10 铸于1935年的新浦天主教堂大钟

民国34年(1945),上海神学院毕业生、上海籍丁斐由上海教区派到新浦教堂任传教士,新浦教堂升为本堂。丁斐任副本堂,兼任养正小学校董及副校长。

民国37年(1948),新浦有天主教徒百余人。是年,丁斐回上海,傅雅各、陈惟本先后任新浦天主教堂神父。教堂另有修女1人。

解放后,天主教活动主要集中在海州、新浦地区。外籍神父除法籍傅雅各、瑞士籍贝锦章外,均陆续回国。1950年,陈惟本离开新浦教堂。墟沟教堂神父闫维道任新浦教堂本堂。

1953年,新浦教堂组织教徒参加市宗教事务处举办的天主教徒学习会,学习《中华人民共和国宪法》和党的宗教政策。外籍神父傅雅各、贝锦章因包庇、藏匿反革命分子,造谣污蔑中国人民解放军,煽动不明真相的信教群众抵制人民政府的各项命令和活动,违犯了中华人民共和国法律,被驱逐出境。天主教会由中国神父自己管理。

1956年,连云港天主教爱国筹备委员会成立,海州教堂穆传锦、新浦教堂穆臣忠当选正副主任。

“文化大革命”中,新浦天主教堂被查抄,神父被游斗,天主教活动停止。

1980年，落实宗教政策后，神父阎维道回到新浦教堂，天主教恢复活动。1985年，刘哲夫任新浦教堂神父。新浦教堂升为总本堂，成为新浦周围天主教活动中心，神父定期去宿迁教堂和东海县张湾、平明、驼峰、横沟、桃林、石湖、白塔埠、黄川，灌云县小伊、侍庄，赣榆县海头，沭阳县青伊湖等乡镇的聚会点，主持宗教活动。1990年，新浦教堂有神父1人，修女2人，教徒300余人。总本堂教区教徒近千人。

20世纪90年代，新浦天主教活动发展较快，到2000年底，区内有天主教徒1000余人。教堂除圣诞节、复活节和每个星期天组织开展教会活动外，还组织教徒参加救灾活动，访贫问苦，扶贫济困，扶残助教等社会活动。

2001年起，每年12月24日晚，都有300至500名教徒到新浦天主堂，欢度圣诞之夜。每年春分后第一个星期天的月圆日，都有数百名教徒到教堂参加复活节瞻礼。2003年，新浦天主堂有神父葛其能、朱锡峰及荣休神父刘哲夫3位神职人员。3名修女离堂，前往南京教区修女学院学习。2004年，新浦教堂葛起能、许佳鹤、王秀梅作为连云港市代表，参加江苏省天主教第八届代表大会。许佳鹤当选省天主教爱国会常委，葛起能神父当选为省教务委员会常委。2005年3月24～28日，南京教区主教陆新平到新浦天主堂主持复活节瞻礼，500多位教徒参加活动。至2005年年底，新浦总本堂教区有教徒1万余人，其中城区新浦有2000余人。

第二节　天主教建筑

新浦天主教堂坐落于新浦卫生巷2号。兴建于民国25年(1936)，建成于民国28年，初有平房八九间。后扩建为“L”形布局，房屋均为青砖墙、木梁，小瓦屋面，堂内可容400人布道。

初为游堂，民国34年升为本堂。1982年，教堂扩建，改东向为南向。1985年升总本堂，成为新浦周围天主教活动中心。

新浦天主教总本堂，下属有聚会点6处，分布在东海县的埠上、伏庄、竹西，灌云县的伊芦及新浦区的宁海乡等地。

第五章　基督教

第一节　基督教活动

清宣统二年(1910)，海州基督教堂美籍牧师慕庚扬到新浦传教，租赁建国路一民宅开办耶稣堂。民国9年(1920)，教堂迁至福利昌巷。民国14年(1925)，英籍女牧师贾淑斐由清江浦经海州教堂到新浦教堂，在妇女界传教。

20世纪20年代末，湖南籍甘端兰从四平街教堂到新浦教堂任牧师。自此，教堂内祷告日、唱诗班、做礼拜等宗教活动趋于正常。圣诞节、复活节等宗教节日始有庆典。民国31年(1942)6月，苏淮基督教大会海州分会成立，会址设在新浦教堂，甘端兰当选会长。民国35年(1946)，海州分会改建为中华江淮基督教海州区会(会址仍设于新浦教堂),并加入上海中华基督教总会。

1948年秋至新海连地区解放时,基督教活动基本停止。

解放初,牧师甘端兰主持新浦基督教堂活动。1950年7月,新浦教堂响应全国40位基督教知名人士发表的关于《中国基督教三自革新宣言》,拥护中国基督教与外国教会割断关系,实行自治、自养、自传的"三自"方针。1951年,组织教徒捐献钱物,抗美援朝,打击美国侵略者。1957年4月23日,基督教徐州区会成立,新浦教堂属其领导。甘端兰任徐州区会副会长。同年6月20日,江苏省基督教会成立。统领全省教务。1958年年底,新浦教堂、海州教堂合并为新浦教堂。教会由原海州教堂李云汉牧师主持。

"文化大革命"期间,教堂被侵占,宗教活动停止。

1979年,部分基督教徒开始活动。1981年8月,教堂归还教会,成立7人管理小组,李云汉牧师任组长。新浦教堂恢复对外开放,开展教事活动。

1983年5月27日,连云港市基督教"三自"爱国运动委员会成立,李云汉任主席,郭耀光任副主席,甘黎明(女)任秘书长。省"三自"会副主席韩彼得先后3次到新浦教堂主持按立圣职典礼。甘黎明按立为牧师,郭耀光、杨文剑、侍继元按立为长老。1988年5月,连云港市基督教协会在新浦成立,李云汉当选会长,甘黎明当选副会长兼总干事,长老郭耀光当选副会长。1990年年底,新浦地区除新浦教堂外,另有家庭聚会点2处,有教徒500人,受洗300人,教牧人员17人。2000年底,新浦有基督教徒3000余人。次年,新浦基督教堂聚会点增加到10处。

2003年,教堂在教徒中进行爱国主义和"三自"方针再教育,参加学习达3200人次。在抗洪救灾、抗击"非典"等活动中,市基督教中心教堂、新浦区5个基督教堂点发动新浦地区教徒捐款115220元。各堂点分别举办慕道友学习班,经信德考核,当年有948人受洗加入基督教会。是年12月25日,市中心教堂举行圣诞崇拜,参加信徒达2300多人。在创建文明宗教活动场所活动中,市中心教堂被省宗教局授予"模范宗教活动场所"称号;在"抵御渗透"工作中,被省两会评为"先进堂点"。年底,新浦区居民中基督教信徒达4000余人。2005年,市中心教堂被市宗教局授予"2005年度连云港市模范宗教活动场所"称号。

第二节 基督教建筑

图35-11 1992年新建的基督教堂

新浦基督教堂,也叫新浦耶稣堂,为美国传道士闻声、慕庚扬于清宣统二年(1910)创办。初期租赁新浦后街一民宅(今建国路390号)暂作礼拜堂传教。民国10年(1921),在新浦中山路(今民主中路)福利昌巷内购草房7间作正式礼拜堂,可容纳200人。民国16年左右,由教会出资拆除草房,改建为砖墙、木梁、小瓦面,堂内可容纳400人的礼拜教堂。民国20年至26年间,先后又建东楼两层8间,作为附属用房。建单间4层的钟楼1座,顶层设有铜钟。抗日战争时期为避免日机轰炸拆去两层,第二层为钟楼。

"文化大革命"期间,教堂全部房屋被占用。1981年,落实宗教政策,教堂全部归还教会。次年,在原教堂东屋接建4间,西屋接建5间,增加座位392个。

1992年秋，在新浦南极南路76号建新堂（通称“南堂”，原福利昌巷教堂称“北堂”）。次年12月交付使用。新教堂占地3922平方米。教堂和院门均坐东朝西。院内迎面为教堂的5层门厅楼，进深5米余，长约24米。尖顶，仿哥特式教堂建筑。大礼拜堂长约24米，高约12米、内厅跨度15米，6大间。连同门厅楼整个教堂总建筑面积1100平方米。

2005年底，新浦区境内另有东磊、东窑、花果山、南城4个基督教堂点。

第六章　民间信仰

第一节　信仰活动

域内民间受原始宗教的偶像崇拜影响，还有大量的对于天地神灵的信仰。旧时，人们认为，人的生老病死、祸福贵贱、干旱洪涝等均为各方神灵所为，故对其信仰崇奉。而对城隍、土地、山神、龙王、天后信奉尤佳。

自古海上神山云台山为先民聚居之地。南北朝宋元徽五年（476）凤凰山下已筑凤凰城（南城）。人们便以供奉、祭祀城隍、土地为大事，建城隍庙、土地庙，供奉城隍老爷、土地老爷。每年清明节更有城隍老爷出坛等大型祭祀活动，人们将城隍老爷塑像抬出沿街游行，显其威灵，祈求保佑一方平安。清末民初，新浦大街（现民主中路）建有福神庙，供奉土地神像。云台山区较大村落路边、地头都建有小型土地庙。每年农历二月初二，人们都到土地庙为土地神过生日，供奉香火、祭品，祈祷土地神“赐福驱祸”。

云台山上的山民向以山林为生，十分敬重山神、树神。每年新春第一次进山砍草，均要先拜山神。每次砍伐树木，都要先拜树神，求其保佑平安。

郁洲，古在海中，新兴城镇新浦地处蔷薇河、运盐河两河入海口，得益于河、海之利。以捕鱼为生的渔民和靠河、海水运的商人，十分信奉水上保护神—天后娘娘。清光绪年间新浦商界即于大街中段建天后宫，供奉天后娘娘。每逢天后娘娘生日、升天之日，人们都到天后宫焚香祈祷，求天后娘娘保佑船只水上平安。渔船上更供奉天后牌位，以随时祈求保佑。

旧时，域内还信奉龙王、火神、水神等神灵。以至于对关圣、文昌等神及人间圣贤名宦、忠义节烈之人，也有建庙信奉的。

各行各业从业人员尤其信奉本行业的祖师爷，并对其顶礼膜拜。20世纪20年代起，新浦商贸服务业迅速发展，从业人员增多，理发、浴池从业人员视太上老君为自己祖师爷，便自动捐资，铁铸太上老君像，供于大街福神庙内，依时开展活动，祭奉太上老君。新开业的理发铺、浴池和新入行的徒工，更要先到庙里厚礼祭奉太上老君，求其保佑。

第二节　祭祀庙宇

一、南城城隍庙

位于南城老大街北头，临近东凤凰山。原址为南宋咸淳年间（1265～1274）所建“普照寺”。清康熙十九年(1680)在普照寺废墟上建城隍庙。道光十六年(1836)扩建,占地1300平方米,有庙宇34间,分为3道院落,建有前殿、中殿、后殿。均为3间,各有朱色楠木楹柱4根。中殿最为壮观,高9米,长、宽均9米,石墙瓦顶,前有走廊。昔时,庙门口置一大木笼,笼中镣铐着一个蓬头垢面的"囚犯";墙头上挂着一个盛着"人头"的方木笼;墙面上贴有一张判决人犯的黄纸告示,以警示人们向善。庙内正殿正中供城隍老爷的行坛(在前)和坐坛(在后),两侧供城隍老爷的大太太、二太太。东西两旁为站立着的周二爹和判官之类塑像。东西厢房内分挂十殿阎罗画像。每年清明节城隍出巡日,道士举办盛大香火会,民间称之"清明会"。百姓云集,烧香祈求平安消灾,把城隍"行坛"抬出游行,谓之"出坛"。诸多"还愿"人随后"跳马痦""磕倒头""烧捧香""烧肉香",以示虔诚。同时,伴有出"抬阁"等游艺表演。此日为海属地区重大道教活动日,远近香客云集,整个南城街旌旗招展,锣鼓喧天,香烟遮日。平时,庙中道士为民间丧事做道场。20世纪初,南城城隍庙被毁,后又修复。1953年,破除迷信时,庙内神像全部被毁。庙宇被改作疗养院。

1992年,开始集资修复城隍庙。后庙内诸神像逐渐塑起。至2005年,已基本恢复旧观。"清明会"规模也逐年扩大。

二、新浦天后宫

新浦天后宫,通称"大庙"。坐落于新浦大街中段(今民主路343号)路北侧。由新浦商界大户、东海富安人刘振家、刘振鼎等倡修,得鲁商林乾一、林栋臣及各商户响应,于清光绪十八年(1892)动工兴建。历时10年,于光绪二十七年(1901)竣工。

新浦天后宫沿大街为前殿3间、两层楼房。东西长16米左右,深6米,高10余米。砖石墙,青瓦屋面,四角微翘。中间为拱形门通院内。前殿北沿墙上建有戏楼。戏台顶四角翘起,中央有一葫芦顶。正殿3间,坐北朝南,青砖青瓦,四角上翘。殿内为四梁八柱。中间供奉天后娘娘塑像。东西配房均为平房,外带走廊。院中央置一大铁香炉。每年农历正月十五、三月二十三(天后诞生日)九月初九(天后升天日)这3个节日,附近居民前来烧香祭祀天后娘娘。平时,渔舟、商船出海之前,更要到此烧香,祈求天后娘娘保佑平安;丰收回港后也要到此敬香感恩。因此,新浦天后宫香火不断。同时,经常有戏班到此演出。

民国27年(1938),天后宫戏楼拆除。次年,日本侵略军侵占新浦后,天后宫逐渐成为伪东海县公署驻地,天后娘娘塑像被"请"到西巍外一民宅内。天后宫从此香火不再。

解放后,新浦天后宫一直为市、区政府用房,原庙宇建筑也先后被拆除重建。

三、新浦福神庙

新浦福神庙俗称土地庙。位于新浦大街中段路南侧原大华药房处,现昌旺购物中心一带。据传建于清光绪年间新浦大街初成时。有正殿3间,殿内座北朝南地供奉着木雕的土地老爷神像,神像前竖"福德正神"牌位。正殿东首有偏房两间、厨房1间。

北伐战争时,此庙被拆除。后复建时,因旧址已被建成商店,故将大华药房东侧一座小楼改作庙宇,将楼底三间的西头一间改作庙门,拱形门上方有"福神庙"3字。门东两间为正殿,供土地老爷神像。不久,正殿两间被改成商店,土地老爷神像被移至楼上供奉。庙内有东屋3间和一个四形方院落。院子偏南边竖有一根旗杆。后来,此庙逐渐演变成为新浦地区一个综合性祭祀场所。

此庙毁于"文化大革命"期间。

四、湮没庙宇

【关圣庙】 坐落于南城西山上,宋景定四年(1263)安抚使张汉英建,明洪武二十三年(1390)重修。久废。

【关帝庙】 坐落于花果山南天门前。久倾圮。

【真武庙】 坐落于南城西凤凰山下,久废。

【三元家庙】 坐落于花果山乡阿育王塔西侧,俗称“团圆宫”,当地居民又称其为“家庙”。原有正殿3间,供奉唐僧一家9尊菩萨。有东西配房3间,前山门4间。另有厨房、卧室、库房等成一座四合院。大殿后有千年银杏两棵。1959年冬,兴建大村水库(今大圣湖)时,该庙全部被毁。

【龙王庙】 坐落于南城西凤凰山下古码头处,久毁。

花果山下阿育王塔附近也有龙王庙,久毁。

【晏公庙】 坐落于南城南门外,始建于明洪武十九年(1386),为守御千户所总旗唐王筹建,久废。

【山神庙】 坐落于东磊延福观南边山上,久毁。

【耕牛庙】 坐落于云台山下诸麻村,久毁。

【催生祠】 坐落于云台猪嘴村西,久毁。

【土谷神祠】 坐落于猪嘴村催生祠旁,久毁。

【白龙王庙】 坐落于云台关中村口、杨家山顶,久毁。

【九龙庙】 坐落于花果山九龙桥北西首,明代建,清初废。道光年间陶澍重修,1938年毁于日机轰炸。

【鱼骨庙】 坐落于大村村口,宋宝祐年间(1253～1258)建,清代称为“司徒庙”,久毁。

2005年新浦地区宗教活动场所一览表

表35－1

名　称	地　址	始建时期	最近修建时期
南城玉皇宫	南城镇东凤凰山绝顶	隋开皇五年(585)	1998年
延福观	南云台山围屏山下	明洪武三年(1370)	2001年
南城城隍庙	南城镇老大街东北端	清康熙三十二年(1963)初建,道光十六年(1836)扩建	1992年
东岳庙	南云台林场九岭	元皇庆二年(1982)	1998年
海宁禅寺	云台山青峰顶	初建于唐,兴建于宋	20世纪70年代
普照寺	南城镇东凤凰山下	南宋咸淳年间(1265～1274)	—
心净寺	花果山乡大村村	始建于唐	20世纪70年代
自在天	位于海宁禅寺山门下车侧	始建于唐	20世纪70年代
藏经阁	位于三元宫正殿之北	始建于唐,原名为九圣团圆宫	1988年重修改名藏经阁
清真寺	新浦解放西路176号	1985年10月至1987年10月	—
天主堂	新浦区卫生巷2号	民国25年(1936)	—
基督教堂(北堂)	初租新浦后街(今建国路390号)	清宣统二年(1910)	—
	后建于新浦中山路(今民主路)福利昌巷内	民国10年(1921)	—
基督教堂(南堂)	新浦南极南路76号	1992年	—

第七章 宗教管理

第一节 机 构

民国期间新浦地区无专设宗教管理机构。

1953年,新海连市人民政府成立民族宗教事务处。1989年,连云港市将民族宗教事务处改为民族宗教事务局。同年,新浦区在区委统战部增挂民族宗教事务局的牌子,管理区内宗教工作。

第二节 管 理

解放后,市、区人民政府贯彻落实中国共产党的宗教政策,人民群众有宗教信仰自由。1953年,新海连市人民政府宗教事务处按照党的宗教政策对宗教工作进行管理。1954年底,依法取缔"一贯道""先天道""西乾道"玄修门""三元会"5个反动会道门组织。

"文化大革命"中,宗教信仰受到"造反派"的冲击,活动中断。中共十一届三中全会以后,新浦地区的佛教、道教、天主教、伊斯兰教、基督教活动迅速恢复发展。

1990年,非法教会组织"灵灵教"在新浦活动,公安系统立即组织力量捣毁其聚会点12处,依法对其头目进行收容审查。

1994年,新浦地区极少数天主教信徒策划以"连云港市全体教友"名义去河北东闾"朝圣",被即时依法制止,收缴其非法宗教宣传品。

1999年,新浦区对"法轮功"邪教组织进行查处,依法清查其活动场所924处,并缴获其散发的宣传品等。

2001年起,新浦区进一步加强和规范宗教活动管理。2002年10月,批准恢复延福观为道教活动场所。2004年,在信教群众中开展争创"文明场所"和争当"五好"信徒活动,佛教普照寺、云台乡堂点等被评为"文明活动场所",并评出"五好"信徒23名。2005年,区委、区政府将民族宗教工作纳入区总体目标管理和考核。全区举办各类宗教培训班7期,受训人数达1200人次。同时,于当年11月成立新浦区民族宗教法律援助中心。

第三十六编　民　俗

新浦地区自古属海州区域。古海州人之“士朴而不文，实而不诈，安分而不奔竞”，“勇悍不畏强，简朴不事奢华”诸古风民俗，对域内居民影响极深。域内新浦成陆较晚，至清光绪年间，因得天时地利，八方商贾云集，既带来商业日兴，也带进各地乡风民俗。经长期融合，形成了以海州民俗为主，融淮北、鲁南、豫东等地习俗于其中的新浦民俗。改革开放后，各路客商，特别是大批广东、四川人涌进港城，在新浦地区投资兴商办企业，在频繁的业务活动和生活交往中，南方人讲究数字谐音图吉利、敬财神乃至喜吃辛辣的生活习俗等，对当地居民产生较大影响，有的已形成新的习俗。

第一章　礼仪习俗

第一节　人际称谓

对年纪大的人，不分男女通称“老人家”“老年人”“有年人”，也有称“您朗”的。对老年夫妻称“老两口”“老公俩”。云台、花果山一带有称“公福两”的。对比自己年龄大的男性，称“大哥”；对较年轻的女性称“大姐”，对已婚的妇女称“大嫂”，对小女孩称“小大姐”。旧时，富家对同辈男孩依序称“大相公”“二相公”……，对女孩依序称“大小姐”“二小姐”……。对教师、医生通称“先生”，对有技术（手艺）人称“师傅”。

在社交活动中，对男性尊称“先生”，称女性为“女士”；对未婚女子均称“小姐”，对已婚女子称“夫人”。

在家族内，称祖父为“老爹”，称祖父的兄长为“大老爹”“二老爹”……，对祖父的弟弟，称“二爹”“三爹”……；称父亲为“大大”，对父亲的哥哥依序称“大爷”“二大爷”……；对父亲的弟弟依序称“二爷”“三爷”或“二叔”“小叔”……；称外祖父、外祖母为“舅爹”“舅奶”；称舅妈为“眷目”；称姑妈、姨妈为“姑勒”“姨勒”；称弟弟为“兄习”；称最小的哥哥、姐姐为“小哥”“小姐”。

解放后，同事之间通称“同志”。也有按年龄的大小在其姓之前加“老”或“小”字相称的；对科技人员在其职称之前冠姓氏相称；对领导人在其职务之前加以姓氏相称。对年长者在其姓后加“老”字相称，以示尊敬。

改革开放后，“先生”“女士”“老板”“董事长”“总经理”等称呼已渐为习。亲属之间的称呼也渐趋规范。

第二节 社会交往

一、探望

亲戚、朋友遇有身体不适、或久出远门归来，或遇天灾人祸之类特殊情况，均在上午前往探望，俗称“瞧瞧”、“张张”，以示慰问、安慰。

二、请客

请客俗称带客。讲究的发请柬，一般皆登门邀请。特别是遇有喜事和丧事带长辈时，必亲自登门邀请，否则被视为大不敬。带客要周到，谓之“礼到人不怪”。否则，“省人钱落人嫌”。

宾客至家，招待很有讲究。先要让座敬茶。宾客赴宴，俗称上桌子、坐桌子。坐桌子座位有主次，分上下首。旧时民间通用八仙桌，大面为主，左手为上。同桌长辈坐首席，同辈同桌时，年长者坐首席，其他依次而坐。现时多用圆桌，座位一般不太考究，有“圆桌无上下”之说。但较正规的宴请，仍分主家、主宾、副主宾之座次。

三、出礼

亲朋好友之间，遇有婚丧喜庆大事，有出礼之俗。庆贺婚嫁、老人过寿、小孩过生日、考上大学、参加工作等称喜礼。旧时出喜礼必须在喜事正日子之前将礼物或礼金送上，不兴补礼。现在多在喜庆之日赴宴时出礼金。出丧礼，在“五七”(35天)之内都可以出。

出礼可送礼金、也可以送礼品。旧时出喜礼，闺女出嫁一般都送富荣果(俗称“大头果子”)、条酥、麻饼等点心，也有送鞋(手工做的绣花鞋)、袜、毛巾、香皂等礼物的。男孩带亲的出礼金，俗称磕头礼。收喜礼后，都要以富荣果作为回礼。出寿礼，送寿桃(面做的)、长寿面(面条)、糕点、寿烛、寿字、寿联、寿幛。小孩过生日，多送礼金、银器、衣、帽、鞋、袜。丧礼都送烧纸或挽幛。现时出礼都以礼金为主。

工商企业开张、新办学校、医院、大型工程开工落成、单位庆典，多送匾、花篮等一类礼物或礼金表示祝贺。

第三节 尊重老人和长辈

一、节日敬老

春节前几天小辈要给至亲长辈送节日礼物，一般送烟、酒、点心。近时送钱为多。在外地工作，即使路远一般也都要赶回家过年，除夕这天中午和祖父母、父母一起吃团圆饭。旧时，除夕夜晚守岁后要向长辈跪拜问安后方可回房睡觉。初一早上，祭天地、祖先后，要到长辈房中磕头，问安，祝老人新年万事如意，长辈给压岁钱。

中秋节（八月十五），在外地的小辈也要赶回家与老人一起过节，并要送月饼、烟、酒、水果等礼物，孝敬老人。

旧时，民间很重视重阳节，在节前，晚辈一般都要为老人做棉衣，置棉被，供老人入冬使用。

20世纪80年代中期起，新浦区广泛开展尊老、敬老、助老活动。1986年12月，区委、区政府更明确将每年重阳节定为全区敬老节。并于次年10月31日在全区开展第一个"敬老日"活动。至20世纪90年代，每年除夕这天，区委、区人大、区政府、区政协领导还分别到各个街道与社会孤老共吃年饭。

二、长辈住上房

旧时居民多住平房，富户有四合院。但多以坐北朝南的堂屋为主屋，长辈要安排在堂屋居住，晚辈住边屋。贫民住房一般是三间屋两头房，以进门右首房为上首房，给长辈（或同辈年长者）住。晚辈（或同辈年次者）住下首房。

三、行走让老人

旧时，与长辈一同行走，要跟在长辈后边。如果为长辈带路，应侧身走在路边，并以手示意，表示走向。在路上遇到长辈，要让出路面，站到路旁，躬身俯首，让长辈走过。如果走在长辈前面不得回头望。域内有："回头望长兄，重打四十"之说。年轻人如乘车、骑马遇到长者要下车、下马，恭候让路。进出屋门时，应让长辈先进出，并以手示意。

现时，乘坐公交车，遇有老人上车，自动让座位给老人。

四、长者坐上首

酒桌座位主次以屋门左首为上，大面为尊不朝外。长辈（同辈则年长者）坐大面左首，身份稍次的坐右首，晚辈（同辈的青年人）坐桌头尾。上菜时都要先放到长辈面前，由长辈先动筷子，鱼头、鸡头要给长辈吃。晚辈（或同辈青年人）先吃完饭，不能先放下碗筷，需在碗中留少许饭，等长辈吃好放下碗筷后，晚辈（青年）再将碗中饭菜吃完，放下。以示对长辈（年长者）的尊敬。

五、为老人过寿

旧时，民间从过50岁生日起，称"过寿"。子女及内外侄辈要为其过寿，儿子负责酒筵花费，女儿为父母添置衣服、鞋帽袜等服饰。

60岁、70岁称过大寿，80岁以上称高寿，寿越高祝寿庆典越隆重。老人过寿有"过九不过十"之俗，即59岁时过六十大寿、69岁时过七十大寿。老人66岁生日也有讲究，有"六十六，吃闺女一块肉"之说。闺女要给过66岁生日的母亲送一块肉。

老人过大寿俗规较多。过寿前一天晚上，至亲、晚辈要将寿礼送到，设宴、放烟花爆竹，俗称"暖寿"。过寿这天在主屋内设寿堂，男的过寿，寿堂中央挂南极老人像，女的过寿挂麻姑献寿图。桌上摆满寿桃、寿面，点长寿烛。门前张灯结彩。晚辈要向过寿老人磕头祝寿。寿辰早上吃长寿面，中午宴宾朋。寿筵结束，宾客将碗筷带走，俗称"讨寿"。此俗至今仍沿袭，而礼仪渐简，至亲、晚辈多送礼金。儿女多为老人添置衣物，有的晚辈仍给老人叩头祝寿，老寿星给每个叩头的儿孙磕头钱。

20世纪80年代后期起，时兴到电台点歌祝寿。寿筵也从家庭走进饭店。过寿人所坐之桌放置生日蛋糕，按寿龄在蛋糕上插燃彩色小蜡烛若干支。农村还有包电影、请剧团演戏为老人祝寿的。

第四节　礼仪禁忌

忌对长者直呼其名，俗以为这样没礼貌。

忌叫师长乳名。否则，被视为不尊重师长。

向别人问事，忌直喊“喂”“嗨”“唉”等不礼貌语言，或不呼称谓突如其来地向人问事的冒失行为。

忌对老人出言不逊。尤忌对老人讲话时带字眼子（不文明的词语）和吵架时语伤对方父母。

忌午后探望病人。

探访亲友时，忌不打招呼、不敲门，直入人家屋里。

忌将钟作为礼品赠人。送钟，有“送终”之嫌。（现在有人将钟称为“走时”，赠送钟便成了送人“时运”，免了“送终”之嫌。）

忌说别人年龄七十三、八十四。民间有“七十三、八十四，阎王不请自去”之说。故遇此年龄都少说一岁，或多说一岁。

第二章　餐饮习俗

第一节　主食制作食用习俗

一、主粮

新浦地区居民原以小麦为主粮，喜面食。20 世纪 50 年代中期以前，当地居民以小麦、玉米（俗称“稖子”）、元麦（俗称“麦”）为主粮，也有吃高粱（俗称“芦秫”）、大麦的。50 年代末起，农村推广“旱改水”，水稻种植面积不断扩大，加之粮食流通活跃，大米渐成民间主粮之一。

二、干食

【干饭】 干饭，主要指用大米、小米、子等做成的干食。因原料不同，俗称“大米干饭”“小米干饭”“芦秫干饭”“稖子干饭”“麦仁（大麦子）干饭”等。也有搀上一些豆类、山芋丁子等，做成各种口味干饭的。还可以参以各种蔬菜、虾米之类，做成各种口味的咸干饭。

做干饭时，最讲究水量和火候。水少了，锅中的粮食因缺水而不熟，吃起来一股生米味，俗称“夹生了”；水过多了，则饭煮烂，且易烧糊，吃起来一股燎烟味，俗称“糊锅烂干饭”。火候更有考究，做时先将水烧开，米下锅后一定要用强火把锅再烧开，笃透。锅开透片刻后注意锅中水是否合适，多了马上舀出，俗称“拿汤”。少了则立即适量加水，马上再把锅烧开透。

过去，民间做饭多用烧草锅，锅膛内有余火，温度较高，因此在锅开透后，都停火片刻，俗称“汤”，即让汤浸透到米中去。而后,改用文火,慢慢烧,均匀烧,待锅内透出香味即可。这样做出的干饭,吃到嘴里糯而不烂,米粒一颗是一颗,越嚼越满口生香。

【烙饼】 烙饼,即饭锅上炕制的饼,是新浦地区民间很重要的一种干食。烙饼品种繁多:从制作原料上分,有"干面饼""小糊饼"等;从原料加工工艺上分,有死面饼、活面饼之分;从制作方法上有一面擢、两面翻、锅贴子之分。

所谓"死面饼",即将面粉和成糊状,或将小麦之类粮食水磨成糊状,不经发酵,直接贴到热锅上制成饼;所谓"活面饼",即将面糊或水磨粮食糊子发酵后揣入适量碱粉或碱水,反复揣揉均匀后做成的饼。

所谓"一面擢",就是将饼贴到热锅四周后,在锅底倒上一点水,盖锅继续烧火,饼在蒸气和热锅烘炕之下变熟。方言称把面糊摊到锅上叫"擢"。因此,用这种方法制作的饼通称"一面擢"。死面饼、锅贴子多是"一面擢"。"一面擢"的饼,吃到嘴里,上边是肉乃乃、筋拽拽的,下边却脆酥酥,香喷喷的,舒适可口。用活面"一面擢"的饼,上面透暄,下边冲脆更好吃。夏秋瓜菜多时,家庭主妇们常在焖方瓜、焖豆角的锅上擢上一圈饼。菜锅上的一面擢饼,吃起来又多了一点咸的口味。

所谓"两面翻",就是将饼的两面轮番在锅上炕。这样炕出的饼,两面都是黄黄的盖子,中间透暄。吃起来香脆可口。民间包糖饼、菜饼都用"两面翻"的办法制作。

【暄饼】 暄饼,是以糊子较稀些的发酵面,在平底锅中用两面翻的办法烙制的面饼。制成的饼一般直径在四、五十公分、厚五公分左右。饼的两面稍硬而不成盖子,多块饼摞在一起,热气一蒸,便变得很软和。以快刀剁开,饼内呈蜂窝状富有弹性,港城人称之为暄、透暄。因其大,便通称"大暄饼"。

【锅贴子】 锅贴子,是新浦地区民众比较喜爱的一种饼。因锅贴子多用没有发酵的面糊子或其他原粮磨成的糊子做的,故通称"死锅贴子"。

锅贴子一般都是将稀面糊子直接拓到热锅上,将锅四周拓齐。只在锅底留一碗口大空隙,倒上水后盖锅烧火,待饼烧熟后即可铲出食用。

民间做锅贴子讲究制作工艺,一是要掌握厚度,一般在 3 ~4 毫米厚,过薄了容易烤成锅巴,过厚了又会变成"一面擢"饼;二是要拓的匀,拓的快;三是要掌握火候。当锅中央水烧干后,应迅速改用文火,且向锅四周烧(在改用煤炉或烧煤气后,多采用小火头,不断转锅的办法),使锅中的饼受火均匀,能在靠锅的一面形成黄黄的脆盖子。吃起来香酥脆绵,可口。

民间也有拓咸锅贴吃的习惯。即在拓锅贴之前,准备好葱花、虾皮、鸡蛋、盐等拌好的料子。在面糊拓到锅上后,将料子撒到锅贴上,用锅铲摊匀。再盖锅继续烧火,将饼炕熟。出锅时可将锅贴对折叠起,切成一块块的,又好拿,又好吃。在熬鱼的锅边上拓上一圈死锅贴子,更是鲜醒醒、咸斩斩、香喷喷的另有风味。

【卷子　馒头】 卷子,是新浦城乡居民常吃的一种面食。因此,蒸卷子,也是新浦民间制作干食的传统习俗。蒸制卷子的原料以面粉为主,也有用稖面子、芦秫面子的。先将发酵后的"活面"揣匀碱揉搓成长条,略微拍扁些。而后根据需要,切成一个一个,拾到笼中蒸熟。也有把整个长条"活面"放入笼中蒸成一个个长卷子的,这种卷子俗称"懒龙卷子"。20 世纪 60 年代初,粮食紧张,做饭、卖饭都按计划进行。饭店里、食堂中卖卷子也都要按重量收粮票。因此,卷子必须做成一样大小。师傅们便都动脑筋,将发酵好的"活面"上秤称成一样重的一块一块,再将这些面搓成一样粗细、一样长的长条状,其长度和事先反复试验的木板条子长度相等。木板条子上钉有若干钉子,将其分成若干等份。以此作为规矩,将长条状面切成若干个大小一样的面块。这样蒸出的卷子一般大小,收粮票比较公平。

卷子有多种吃法,可以做咸卷子,也可以做粘卷子。将发酵并揣上碱的活面擀成薄薄的面皮,将事先做好的葱花、油、盐、虾皮等拌好的料子,均匀地摊于面上,而后从一头起卷成圆棍形,并将其略略压扁些,切成一个个上笼蒸熟,即为咸卷子。做粘卷子只是将葱花、油、盐之类辅料,换成糯米粉和成的糊子,做法相同。咸卷子切成后,用筷子在其上面压一道深沟,这样蒸出的卷子两边向上翻卷,似一层层花瓣向上翘着,便成了"花卷子"。

馒头,其原料、制作方法和卷子完全一样,只是外形不同,卷子是长的,而馒头是圆的。做法略有不同的是,做馒头的面糊揣得硬些,更有嚼头。把馒头搓得高些,就叫"高庄馒头"。由于馒头和卷子实质上是一样的,因此民间有"吃馒头剩卷子"之说法。

三、稀食

20 世纪 60 年代以前,民间早、晚饭都以吃稀饭为主。稀饭的食用方法也各有讲究。

【糊嘟】 糊嘟(方言为"活嘟""活特"),即将小麦、玉米等磨成糊状或粉状做成的稀食。一说因做时有大量气泡从锅底往上冒,同时发出"呼!嘟!""呼!嘟!"之声,故称"呼嘟",后转音称作"糊嘟"的;一说因这种糊状饭煮熟后什么也分不清,糊里糊涂的,故称"糊嘟"的。

糊嘟,因原料不同,有小麦糊嘟、秸(玉米)糊嘟、芦(高粱)糊嘟、麦(元麦)糊嘟、麦仁(大麦)糊嘟、米糊嘟、面糊嘟等多种糊嘟。

糊嘟的传统做法,主要有水磨法和干磨法两种。

水磨法:即将小麦(或其他粮食)洗净,稍浸泡后连麦带水用石磨(推磨或拐磨)磨成稀糊状,俗称"稀饭糊子"。

做饭时,待锅里水烧开后,用勺子分若干次将"稀饭糊子"下到锅中,俗称"下稀饭"。但每次"下稀饭"后都得用勺子沿着锅底多搅动几次,待烧开后再下另一次。俗以为,这样做出的糊嘟有绒头,吃起来"糊嘟!糊嘟!"口口有声,特别舒服。

干磨法:即将小麦或其他粮食,淘净,晒干磨成粉,不去麸皮,俗称"小麦面子""大麦面子""秸面子"等。做饭时,先将所需"面子"放入适量冷水,浸透调成糊状。其他做法如水磨法。做出的糊嘟口感稍逊于水磨法做成的糊嘟。但此法可一次多磨些"面子"以备急用,省得每次做饭现磨面子。

做糊嘟还可以先用青菜、萝卜条一类做成咸汤,烧开后,将"稀饭糊子"分若干次下到咸汤中烧开做成咸糊嘟,吃起来更加有味。

糊嘟,不论甜咸,均可以放进山芋、山芋干、胡萝卜及豆类,俗称"打头"。这样做出的糊嘟,有干有稀,有嚼头,人们更爱吃。特别是秸糊嘟插山芋(或山芋干子),旧时更是一般民众冬季的主食。

【稀饭】 新浦地区居民称用大米、小米、子(碾碎的大麦、玉米)等煮成的"粥"(粥,方言读 zhúo 音)叫稀饭,又分别叫"大米粥""小米粥""粥"等。称煮粥类叫"煮稀饭"。

解放前,一直到 20 世纪 60 年代,港城大米很少,也很贵,即使富户每年也吃得很少。一般民众更视其为宝,即使买得一点,也都是留给孩子、病人或产妇熬点稀饭汤吃的。因此,民间极少用锅来煮大米粥,一般都是用带把子瓦质小罐子(俗称"燎吊子")的或者"大把杯"(带盖子的搪瓷杯)中煮。煮时,都先用急火上将其烧开,并连住煮一阵而后转用文火慢慢熬,俗称"慢慢欧着"。用这种方法煮出的大米(或其他粮食)稀饭,米熟而不碎,入口可嚼,汤稠如粉,香气扑鼻,令人越吃越想吃。

【咸粥饭】 稀饭也可以做成各种各样的咸稀饭,以“咸粥饭”最有特色。“咸粥饭”的主料是大米,辅料为黄芽菜心、豆腐、胡萝卜、虾米(或虾皮子)。豆腐切成指头大小方块,用油炸黄。胡萝卜也切成小丁子。做时,先以油、盐、葱花将黄芽菜心、豆腐块、胡萝丁之类炸好汤,汤开后将淘净的粳米倒入,急火烧开后,以文火慢煮,煮熟即可。

在“咸粥饭”煮好时,在其中加点挂面,稍笃即可食用,又称“挂面笃”。“挂面笃”,色、香、味俱全,味道鲜美诱人,令人食欲大开。

【咸汤疙瘩】 所谓咸汤疙瘩,就是用油、盐、葱花、虾皮子、青菜或番瓜之类的做好咸汤,烧开后,将水磨好的小麦糊子,或面粉和成的面糊子,放在碗中,一手端碗,置于咸汤锅上方,略向锅内倾斜,另一手以一只筷子和食指配合,沿着碗边将往下流动的糊子刮下,使其成笔杆般粗细、不规则的长条向下延伸,或长或短地断落于沸腾的咸汤中,俗称“摸疙瘩”。“摸疙瘩”是一种技巧,水平高低全在摸出的“疙瘩”是否粗细均匀而又长。有的人干脆用两手,把糊子揪揪拽拽,丢到汤中。因形多扁平,故美其名曰“满锅小鳖”。

【面须汤】 面须汤,是一种做法比较简单,但很受欢迎的一种稀食。做时先将面粉放在簸箕中,轻轻地向上洒水,同时轻轻晃动面粉,或用筷子轻轻拨动面粉,使沾水的面粉形成大小不等的面团子,俗称“面须子”。然后,将“面须子”下入烧开的咸汤中,煮熟即可食用。这种未经搓揉的小面团子很软,开锅即可食用。

第二节　副食制作食用习俗

一、山芋

鲜吃,每年秋山芋收获后,民间多以鲜山芋为食物之一。其食用方法,一是将山芋洗净放入锅内,加适量水,盖锅烧,直至山芋熟透,取出食用,俗称“烀山芋”。入冬以后,山芋收浆了烀着吃格外干绵鲜甜。以靠锅烤出盖子,流出黏黏的山芋糖的山芋最好吃。二是煮山芋,将山芋洗净,剁成一段一段放入水中盖锅烧,水开后再稍煮一会即可食用。煮山芋吃最大特点是连汤带水,山芋煮熟后入口稀面,山芋水则鲜甜可口,连吃带喝十分滋润。山芋烀吃、煮吃均可当饭。连着吃一阶段,人会发胖,俗称“上山芋膘”。三是,将其洗净切成块,放在糊嘟中食用,俗称“糊嘟插山芋”;或切成丁子放在干饭上蒸熟,抄拌到饭中一起吃,俗称“山芋干饭”。

干吃,即将山芋切成片或条子晒干,备以后食用,俗称晒山芋干子。鲜山芋切晒的干子叫“生山芋干子”;山芋烀熟后切成片子或条子晒成的干子,俗称“熟山芋干子”。生山芋干子,多放在稀饭中食用,俗称“稀饭插山芋干子”。熟山芋干子,可以放在稀饭中食用,也可直接食用。

烘烤,旧时多选不太大、细长的山芋,做饭时放在锅腔内的草灰中,烘烤至熟食用。后也有置于煤炉底烘烤食用的。街头有用专制碳炉,边烤边卖的。烘烤的山芋外韧内绵,香甜可口。

制粉,将鲜山芋洗净,粉碎,取其淀粉(俗称“山芋粉”)制成粉条、粉皮、凉粉食用。三年困难时期也有用提取淀粉后的次粉(俗称“黄粉”),当作“凉粉”充饥的。

油炸,将山芋切成薄片,以开水焯成半熟,凉至半干放入油锅中炸食。入口酥脆香甜。

二、方瓜

新浦地区人称南瓜为“方瓜”。旧时，方瓜是城乡居民重要代食品之一。其食用方法主要有以下几种：

焖吃，俗称“焖方瓜”，是方瓜的主要吃法。食时，把方瓜洗净，剖开，挖去籽瓤，将瓜肉切成块，倒入热油锅中，拌以葱花炒热后加适量盐或豆瓣酱继续炒，至方瓜略显软时放入适量水盖锅焖烧至熟。吃时，香咸宜人，绵软可口。旧时，夏秋之际，百姓人家中午多吃稀饭和焖方瓜。

炒吃，即将方瓜肉切或刨成条子，以热锅快炒办法，加以蒜片、少许胡辣粉炒熟即食。俗称炒方瓜丝子。多作炒菜食用。

包吃，即将方瓜刨成丝子，加少许盐，揉拌，勒去汁水。后加葱花、虾皮、盐拌均匀作为馅子。用面粉或玉米粉等，包成大饺子，贴到锅边炕熟吃用。俗称“方瓜合子”。旧时，夏秋之季，百姓人家多包方瓜合子吃，以节省粮食。现时，仍有包方瓜合子吃，或以方瓜丝子作馅，卷到面中制成卷状炕吃，用以换口味改善生活的。

煮吃，即用自然熟透发红的方瓜煮食。煮红方瓜，瓜肉绵软，瓜汤香甜，可以当饭。有条件的参少许豇豆、绿豆一道煮吃，更有风味。

三、胡萝卜

胡萝卜，营养丰富，有“小人参”之称。是当地百姓爱吃的副食之一。

熟食，主要是烀吃。将胡萝卜去缨去须洗净，放入锅内加适量水，盖锅烧火，将胡萝卜连蒸带炕熟透即可食用，俗称“烀胡萝卜”。烀熟的胡萝卜还可以切开或串起晒干，以便冬春食用。

胡萝卜还可切成片或小块，放到稀饭中一道煮吃；或切成丁，放到干饭上蒸熟，和干饭拌到一起吃。

生食，一是将胡萝卜洗净，直接食用，入口清脆鲜甜；二是，将胡萝卜洗净切成丝，稍腌制，和其他菜一道凉拌吃；三是，将胡萝卜洗净，腌制成咸胡萝卜，备作冬春咸菜。

第三节 菜肴制作食用习俗

一、食菜习俗

解放前和新中国成立初期，居民都以瓜菜、豆角为主菜。常年早晚吃咸菜、中午吃焖方瓜、焖豆角之类的熟菜。早晚吃的咸菜俗称“小就子”。入冬前各家都要腌制萝卜干、栽菜当咸菜，或把白菜、豆角、萝卜缨子（叶子）、马菜等用开水烫一下，晒干。吃时用水泡一下，或蒸或炒，也可用酱油拌一下就饭。

民间也有到沟、河边捞些小鱼小虾，烧熟就饭或有把小鱼小虾做成虾酱，同炒熟的黄豆一道烹制成“虾酱豆子”当菜的。

过去，民间做熟菜，以虾皮、小锅薄鱼（小鱼干）为主要提鲜辅料。现时，味精、鸡精之类被广泛使用。

20世纪60年代前后，大白菜、大萝卜是居民冬季主菜。城镇居民按计划购买，贮存。一些单位以发大白菜、大萝卜为职工福利。

改革开放后，鱼、肉、海鲜品成为居家主要菜肴。并讲究烹饪技术，家庭做菜也讲究色、香、味。逢年过节菜肴更为丰盛。20世纪90年代起，居民吃菜开始讲究保健，多吃一些高蛋白、低脂肪的菜肴。

新浦地区吃菜口味偏清淡。原不习惯辛、辣。解放后，属山东省临沂专区。临沂地区吃大葱、吃大椒的习俗传入境内。改革开放后，特别是20世纪80年代中期七一六研究所从四川迁到新浦后，川菜风味在新浦逐渐传开，以川菜为主的外地菜肴已逐渐盛行于各宾馆、饭店、小吃部。20世纪末起，粤菜、湘菜相继传入。吃辣已渐成习惯，且有“不辣没有味”“不辣不煞渴”之说。

二、腌菜习俗

【腌白菜、雪里蕻】　每年小雪时节，民间开始腌制咸菜。腌菜主要是地方传统种植的一种菜叶碧绿、形似勺状，菜梗洁白似勺柄的“勺头白”。这种菜，凡入秋时移栽的称“栽菜”。没移栽的称“懒菜”。民间多喜欢腌“栽菜”。后来，雪里蕻传入，也成为民间腌菜一种。

【霉干菜】　每年春天，将头年寒腌制的咸菜，捞出晒干，备用。因为春天气温回升，咸菜缸里容易生霉，故以此菜晒成的咸菜干，通称“霉干菜”。

霉干菜可以直接烩肉吃、烩鱼吃。更多的是将霉干菜以原腌菜卤炜烂。吃时切碎，拌上蒜梅子（蒜泥），调以香油，作为咸菜就饭。

【腌萝卜干】　“小雪”前后，萝卜大量上市，民间多在此时腌制萝卜干，作早、晚饭的咸菜。

腌萝卜干，民间的传统办法是直接腌制。将萝卜斩头去尾，洗净，切成几瓣（或条状），而后一层萝卜一层盐地放到缸里，稍洒点水，用东西压好。第二天早上将缸里萝卜块上下翻动，边翻边用劲揉搓，俗称“倒当”。“倒当”后，捞出爽去卤（卤要保存好再用）晾晒。每天傍晚，将其收拢揉搓返软，入缸，倒入澄清的卤。反复三四天，萝卜干即成。

图36－1　“小雪”前后民间忙着晾晒萝卜干

萝卜干的另一种做法是先将萝卜洗净，去头去尾，切成筷子粗细的萝卜条，晾晒成干。而后与炒熟的精盐、五香粉等一起揉搓致软，封存于坛中数日，待盐分、香料味进入萝卜条，即可食用。

【腌小蒜】　每年春天，民间有腌小蒜的习惯。小蒜买回后理净，去掉根上的须，洗净爽去水，在缸中腌制。小蒜腌后两三天，每天要盘揉一次，腌倒后，团成一团一团，密封于坛中，待两三个月后，小蒜发黄发香时便可食用。民间将腌好的小蒜直接切碎，调以香油，当咸菜吃。有时也将其切碎炒鸡蛋吃。

三、采食野菜之俗

【荠菜】　荠菜是春天生长较早的一种野菜，新浦城乡各地皆有。民间也有农历二月二挖食荠菜的习惯，俗称“挑荠菜”。挑回荠菜，多用其包饼、包饺子吃。故有“二月二，挑荠菜，荠菜包饼筋拽拽”之民谚。

【马菜】　民间称“马齿苋”为“马菜”，有时为区别于山上长的“山马菜”（霞草），又称其为“地马菜”。每年夏初，人们便开始采摘马菜，到“立秋”时，一般便停止采摘。俗以为“立秋”后马菜发酸不好吃了。

民间便将采摘来的马菜，洗净，爽干，放到开水锅中一烫，俗称“焯一焯”。马菜烫好后，可以切碎，以酱油、香油、大蒜梅子（蒜泥）等冷拌吃。民间更多的是将烫好的马菜晒干成“马菜干子”，以备冬春菜荒、粮荒时食用。现时，多以其包“马菜包子”，改善生活。小吃部也有专门卖“马菜包子”的。

【山马菜】 山马菜，学名霞草。区内南云台山山坡上都有生长。春天山马菜生出嫩枝叶时民间便开始采摘，将其洗净，用开水烫倒后趁新鲜冷拌当菜吃。也有的将晒干，留作烧肉、烧鱼吃。

【海英菜】 过去，域内盐碱地上到处生长一种蒿类植物海英菜。城乡穷苦人春天就采摘其嫩茎叶食用，度荒年。现时，民间仍有采食海英菜的习惯。海英菜采回后，多理净晒干，备用。吃时洗净，烀熟，后切碎可以直接拌以酱油、香油、大蒜梅子作为凉菜吃。更多的是将斩碎以油、盐、虾皮或碎虾米等调拌成馅，包包子吃，俗称“海英菜包子”。小吃部也有专门卖海英菜包子的。

第四节 进餐习俗

居民平时习惯于在家做饭吃。无上街买食品边走边吃或吃零食（俗称“零嘴”）的习惯。

夏秋白天长，农村忙，城乡居民一般一日三餐。早、晚吃稀饭、饼，就咸菜。中午吃干饭，就焖瓜之类熟菜。冬春季节，一般一天两顿饭，以稀饭为主。农闲时，农村多一日两餐。

改革开放后，饮食习惯发生明显变化，相当一部分青年双职工家庭已不在家做早饭吃，而习惯于到街上吃早点。有的以在单位食堂就餐为主，节假日在家做饭吃。

第五节 食用时令食物

新浦地区居民有在不同时令、节日以主粮制作特定食物食用的习俗。如，正月初一早上吃元宵（俗称“元宝”）和水饺（俗称弯弯顺），民间有“弯弯顺，顺顺弯，金银财宝往家担”之类图吉庆之谚；正月初五早上吃面条，俗称“吃财神面”；二月初二吃荠菜饺子或荠菜饼，有“二月二，挑荠菜，荠菜包饼筋拽拽”之民谚；清明节吃饺子；端午节吃粽子；六月六吃炒面；七月半吃饺子；八月十五晚上吃糖饼（俗称“团圆饼”）；九月重阳吃蒸糕，有“重阳吃块糕，一年也不焦”、“重阳吃块糕，到老不弯腰”之说；腊月初八吃“腊八粥”。

图 36－2 重阳节卖蒸糕送小彩旗

第六节　餐饮礼仪

一、请客与迎客

【请客】　民间称请客为“带客”。家中遇有婚嫁喜事、添丁过寿之类“大事”，或逢年过节，都有带客之俗。至亲好友，情投意合者，也时有互邀小聚的。

旧时，带客多提前几天以书面相邀，俗称发“请帖”“请柬”。发“请帖”，都要有专人送上门。对长者、尊者更讲究主人亲自登门投柬相邀，以示诚意。请客，不兴让人转告（俗称“带话”），以免“心不真”之嫌。

图 36－3　旧时请客所用“请帖”

现时，带客仍重视热情相邀，而且，“请帖”“请柬”越制越精美。家族内部带客，依然讲究尊老敬老，除相距太远外，主人都要亲自上门邀请长辈或长者，其他则可发“请帖”。也有以电话相邀、手机发短讯相邀的。单位之间相邀赴宴，派专人逐家登门投送“请帖”，并再三表示“盛情邀请”“敬请光临”。

【迎客】　宴请之日，主人要亲自在设宴之处大门右首恭候客人光临。旧时，客人到时，主人抱拳作揖，热情表示“欢迎光临！”并将客人引至室内。客人进门时，戴帽的要主动脱帽向主人点头，没戴帽的则向主人作揖或鞠躬，以示对主人尊敬。遇有老长辈（不论年龄大小）、贵客，更要亲自陪送入坐，以示尊敬。现时，带客时主人仍亲自迎接客人，并握手表示欢迎。

过去，城乡居民请客都在家中自办。规模大或讲究的，也都请厨师到家办。

20 世纪 80 年代后期起，宴请开始从家庭走向饭店。现时，请客特别是办喜事、过生日等到饭店摆宴，在城乡已成风气。

【“排桌子”与“坐桌子”】　民间称安排客人入席坐位，为“排桌子”；客人称入席坐什么位置为“坐桌子”。席位如何安排、入席坐哪儿，很有讲究。主家稍有疏忽，便有慢待客人之嫌；客人稍不注意，便会让人说“不晓好歹”、“没礼数”。民间因此而酿成不快，伤害感情之事时有发生。故排桌子与坐桌子历来为当地餐饮习俗的重要组成部分。

旧时，请客多用大桌子，因四边可坐八人，又称“八仙桌”。“八仙桌”桌面的边框内的桌面子多为几块木板拼合而成，俗称“桌堂子”。“桌堂子”木板与桌边平行的两面为“大面”；木板与桌边垂直的二面称“小面”。民间以“大面”为主，“小面”次之。放桌子的习俗是“大面不朝门”（指放桌子的房屋门）。因桌有两个“大面”，又以左首“大面”为上首。同一侧也以左首为上。依次排列座次。只摆一桌席时，长辈或贵客要排在首席。其他则依辈分、身份和年龄而坐。同辈人同桌，则按年龄大小入座。

同室内摆放多张餐桌时，以屋门最左首一张为主宾席桌。主宾席桌为长者或贵宾之坐席。

用圆桌宴请时，相对于“八仙桌”来说讲究较少，有“圆桌无上下”之说。实际上一般也以门左首中间之坐为首席，为请客主人之席，主人席左首为第一宾客坐，右首为第二宾客。其他按年龄、身份依次排座。现时，宴请主家或单位，为了方便客人入座，都事先根据所请宾客情况，按习俗排好桌次，分桌打印好名单，置于桌面上。有的还同时张贴于宴席厅入口处。客人对号到所在餐桌时，则按风俗习惯选择适合自己的位置入座。一般先到者多选择较次席位入座。后者发现有年长坐到次席上，也会主动请长者入上坐。

早期，圆桌不大，其直径与八仙桌对角长度相当。有的在八仙桌四边附有活动的“”型板，放下就是就是八仙桌，支起来就是圆桌。圆桌可坐 10 ~ 12 人。20 世纪 70 年代后，随着圆桌中间专门放菜、且可转动的小圆桌面的出现，圆桌面积渐大，直径 2 米左右，四周可坐 15 ~ 16 人。20 世纪 90 年代，圆桌中间放菜的小圆盘由手动改为电动，圆桌再次扩大，有的可坐 20 余人。圆桌不论大小，排桌子的风俗依然如故。

二、饮酒之俗

【斟酒】 席间为客人斟酒，俗称“上酒”。旧时，讲究的有专人站在席外执壶为客人斟酒。一般多由同桌坐末位或“抱角”的陪客人负责为客人斟酒。斟酒人多为主人事前安排或临时委托的。有的亲朋好友、同仁之间聚会时，则公推一人司酒，俗称“酒司令”，负责斟酒。酒司令权力大，同桌人都得听他的；酒司令责任也大，要保证大家吃好喝足。

斟酒很有讲究。斟酒人待客要礼貌热情，大方，能言善劝。既要尊敬客人，又要让客人喝好，以免有慢待客人或让客人感到主人“舍不得”之嫌。斟酒时，要起立，略躬身，以示对客人敬重。斟酒先斟首席，再换手为次席斟，再换手为三、四席斟。大面上各席斟完后，再依次坐为小面的各位斟酒。圆桌上斟酒，因距离远，斟酒人需离席从首席开始，自左至右依次斟酒。斟酒要站在客人右首，以右手执壶（或拿瓶子），左手护壶（或托酒瓶）从侧面为客人斟酒，以示敬意。斟酒时，不能以壶（瓶）嘴对着客人，而最后给自己倒酒时，则要以酒壶（瓶）嘴对着自己，切忌酒壶（瓶）嘴冲着别的客人。

【敬酒】 席间主宾之间、宾客之间相互饮酒，俗称“敬酒”。宴席开始时，首先由主人向客人敬酒。敬酒人要起身，双手把盏一饮而尽，表示敬意。敬酒有“好事成双”、“元宝成对”之说。先敬两杯。主人敬双杯后“放开”，主宾互敬。相互敬酒多依宾客先敬主人或晚辈先敬长辈、年龄小先敬年龄大的之俗行事。否则，会被认为“失礼”。敬酒又有“先喝为敬”之俗。被敬酒人应敬敬酒人酒，俗称“回敬”。否则也是“失礼”。

【划拳助兴】 旧时，民间请客或朋友相聚饮酒时，有划拳助兴之俗。划拳因是猜对数字为赢，输者饮酒，因此又叫“猜拳”。

划拳，依俗在坐对面、身份相当的宾客之间进行。

划拳多以手指示数字和口唱拳词同时进行。数字为一至十 10 个数字，均有代称。新浦地区猜拳时的数字代称为：“一”称“魁首”，或称“独占鳌头”“大魁首”；“二”称“俩好”或“哥俩好”；“三”称“三星”或“三结义”；“四”称“如意”或“四四如意”；“五”称“五魁”或“五子登科”“五魁首”；“六”称“大顺”或“六六大顺”；“七”称“七巧”或“七巧云”；“八”称“八马”或“八骏马”“八大仙”；“九”称“升官”或“荣华富贵”“九连环”；“十”称“满堂”或“满堂红”“全家福”。

划拳时，各人唱数与手指示数不完全一致，口唱数与双方手指示数之和相同者为赢，输家要喝酒。以此反复进行，达到事先约定比赛次数为止。

划拳时出手指示数有讲究，唱数之前双方同唱一句“拳百岁”的，叫“戴帽子”；连唱两句“拳百岁”的叫“戴双帽”子。不唱“拳百岁”的直接唱数词的，叫“快马”。如何划法，全按双方事先约定的做。

在一些非正规酒宴喝酒时，也有用“将军宝”或“猜火柴杆”一类简便易行办法助酒兴的。

第七节　餐饮禁忌

吃饭时忌敲空碗。俗以为敲空碗是要饭的动作;另以为敲空碗会越敲越穷。

忌托着碗底吃饭。俗以为托碗吃饭像讨饭的。

吃饭时忌随意移动座位。俗以为这样会多吃饭。有"动动窝,吃一锅"之说。

用勺子盛饭时,忌将勺口向外翻。民间以为此举为牢中为犯人盛饭的舀法。也有说此举会导致财水外流。

吃饭时忌伸懒腰。俗以为这样不文明,会让人讨厌。

吃饭时忌多说话。俗以为这样会影响别人的记忆力。有"吃不言,睡不语"之谚。

忌空心肚子喝酒。

忌把筷子直插于碗中央。俗以为只有死人的筷子插在碗中央。

赴宴忌吃得太饱,要留有余地。

忌用剪子剪食物吃。俗以为吃了会生剪口疮(口角炎)。

忌将梨切开分给别人吃。俗以为"分梨"与"分离"谐音,不吉利。

吃饭时,特别是赴宴时,忌席间脱衣、松裤带。

席间忌站起来夹远处的菜,渔船上吃饭尤忌此举,渔俗称其为"过河"。出现此种情况时,船老大会马上把"过河"的筷子夺下仍下海,以保此人平安。

忌席间评论饭菜不好,以免有对主人不敬之嫌。

赴宴时,忌主动翻转盘中的鱼,有"客不翻鱼"之说。

宴请客人时,要多装两碗饭放于席间,以便及时为客人添饭。忌问客人"要不要饭啦!"以免有对客人不敬之嫌。

席间,忌主人先于客人吃完饭放下碗筷。否则,有慢待客人、催食、吝啬之嫌。

赴宴时,吃好后忌不道别就离席而去。俗以为此举是对人不敬。

宴请时忌席未散就抹桌,扫地。俗以为这是在"赶客",待人不礼貌。

饭店忌客人未离尽就抹桌,扫地。俗以为这是撵客人,待客不礼貌。

席间斟酒,忌以酒壶嘴子向着客人。俗以为这样对客人不敬,会惹口舌是非。

到了吃饭时间忌溜门子。

吃饭忌抛撒饭粒。俗以为这是"伤天理",会遭惩罚。

吃饭忌剩"嘴根子"(或叫"碗根子"),俗以为浪费粮食是"伤天理",会受老天惩罚。因此,民间十分注重教育孩子吃多少饭,就装多少饭,不要浪费粮食。

忌暴饮暴食。有"渴不暴饮,饥不暴食"之说。

忌饮食过量。俗以为每顿饭少吃点有益健康。有"少吃一口,活到九十九;多吃一口,不拉就呕"之谚。

旧时,包饺子忌数数。俗以为数饺子会生女孩。

划拳时出手指示数有禁忌。如唱"一""魁首"时,只能伸出大拇指,忌伸其他任何一个手指。如伸食指,则有指责对方之嫌;伸出中指则示意对方是乌龟;伸无名指、小指,更有侮辱对方之嫌。唱"二"

“哥俩好”时，不能伸出大拇指与食指，因为这两个手指配合示意“八”。更禁忌伸出食指与中指，俗以为这两指并出，有要挖人眼之意，只能出示中指与无名指。否则，会伤害对方情感甚至影响整个酒宴。

渔民在船上忌坐着吃饭，只能蹲着吃饭。吃第一顿饭蹲在哪里，以后吃饭都要蹲在那里吃，忌随便换位置。俗称随便换吃饭地点叫“离了窝”，不吉利。

船上吃饭忌说“盛饭”，要说“装饭”或“起饭”。俗以为“盛”与“沉”谐音，说了不吉利。

船上吃饭忌把筷子横放在碗上。俗以为这样会主船搁浅，横在那儿动弹不得。

船上吃饭忌把剩饭、剩菜、刷锅水倒到海里。一定要集中起来带到陆地上倒。否则会得罪龙王。

忌吃“发物”。民间称一些容易诱发某种病、疮的食物为“发物”。常被称为“发物”的有公鸡、红鱼、驴肉、香椿、扁豆、芫荽等。

过生日忌吃饺子。

忌多吃杏子、李子。有“桃饱杏伤人，李子树下抬死人”之谚。

忌吃老母鸡皮。俗以为吃了老母鸡皮会浑身长鸡皮疙瘩。

第三章 服饰习俗

第一节 服 装

一、衣服

清时，民间衣服都带大襟(俗称“大”)。通常大襟留在右侧，娇生孩子衣服大襟留在左侧，俗称“左大”。一层布做的衣服，叫单衣。齐腰长的单衣称小褂子、单褂子。长至脚面的叫大褂子。穿在外面的单衣叫套褂，穿在里面的衬褂、衬衣。衣袖短的叫短膀褂。无袖的叫背心，肩部窄的背心叫坎肩子。有里子的衣服叫夹衣，称小夹袄。短棉衣称棉袄、小棉袄；长至脚面的棉衣称棉袍子。以一件破衣为主，多层缝补而成的厚衣服叫“纳头”。衣服上多钉布制纽扣。富户用铜钮扣。钮扣钉五、七、九个不等。农民、山民秋冬还兴用大布带(俗称“勒腰子”)将衣服勒起来。勒腰间可插小型工具和烟袋。

图36－4 20世纪50年代民间冬装

民国年间，以短衣为主，通称“便服”。学校教师、学生兴穿“中山装”“学生装”。富户中有的男子穿西装，女子穿旗袍。

新中国成立后，干部、师生男的穿“中山装”、“解放服”，女的穿对襟大翻领、双排扣、斜插口袋的“列宁服”。以灰色、蓝色为主。农民穿便服，工人上班穿各厂矿统一缝制的工作服。

“文化大革命”期间，黄军装风行一时。

改革开放后，服装款式、颜色日趋多样化。男的多穿西装、夹克衫、休闲服。年轻女性服装花样更多，蝙蝠衫、三套装、超短裙、露脐衫、吊带衫等时兴款式均风行一时。青少年中夏秋盛行运动衫、香港衫、T恤衫、牛仔服。冬季穿着羽绒服、各式皮毛衣、军大衣、太空棉服等。中老年、农民也由以穿传统便服为主变为穿各种休闲服为主。

二、裤子

裤子有长、短两种。旧时，长裤多兴宽腰、直档、大裤脚，俗称“便裤”。穿时裤腰打褶，以布带勒紧。壮年男子勒裤布带上有夹层，可以装钱物；女子也有穿裙子的。冬季多用带子扎紧裤脚，以防寒。

新中国成立后，各种制服裤、春秋裤、卫生裤、毛绒裤、休闲裤等，逐渐取代了“便裤”。20世纪70年代，女子裤子兴在一侧开缝。

改革开放后，青少年女子夏秋以穿连衣裙、百褶裙、西装裙、长裙、短裙、超短裙、棉裙、毛线裙为主。中老年仍以穿制服裤、休闲裤为主。

第二节　鞋　帽

一、鞋袜

清时，城乡民间多穿自制的布鞋、布袜。男子布鞋内还用包脚布；女子裹脚，脚很小，俗称“三寸金莲”。多穿花鞋、布袜。

民国年间，女子不裹脚，男女都穿布鞋。布袜渐为机制纱袜（俗称“洋袜子”）替代。单鞋有方口、圆口两种式样。棉鞋有一道脸子和元宝口两种式样。妇女、儿童兴穿绣花鞋。绣花有绣全帮和绣半帮两种。女子单鞋还有在鞋脸上带有攀带、鞋扣的，俗称“提篮把子”。有钱人以穿皮鞋为时尚。穷苦百姓夏季多穿稻草、蒲编织的草鞋、蒲鞋，或木屐子；冬季则穿夹着芦苇花絮编制成的“毛窝子”。民间还有将布鞋用桐油油透，在鞋底上钉一排排“猪奶钉”，做成“钉鞋”留着雨天穿的。

图36－5　过去民间常穿用的“钉鞋”

新中国成立后，兴穿牛皮底布鞋、塑料底布鞋、高矮帮胶鞋。20世纪70年代后，民间自制鞋逐渐减少。平时以穿皮鞋、布鞋为主。夏天穿各式凉鞋，劳动时多穿胶鞋。冬季穿布制棉鞋和各种保暖鞋。草鞋、毛窝子已成稀罕货。纱袜渐为化纤为原料的各式短袜头、中庄袜、高庄袜等所替代。

二、帽子

旧时，妇女有顶头巾之俗。女孩到10岁以上，多用“头勒”（在黑布内夹薄薄一层棉花做成的）把头勒起来。中老年妇女，头上都顶一块俗称“包头”的黑布。年纪大的有戴黑绒帽的。男子平时兴戴瓜壳帽、礼帽，冬季多戴毡帽、猴头帽、套头帽。夏季戴斗篷、草帽。小孩戴“一把抓”花布帽，多绣制老虎头，俗称“虎头帽子”。

民国年间，男子兴戴带帽檐的帽子，冬季帽子两边带耳焐子以御寒风。有钱人冬季戴皮帽、毛线帽护头。

新中国成立后，女孩子用“头勒”之俗渐废，兴戴各式花帽。中青年女子兴顶花布头巾（各式方巾）、纱巾。20 世纪 70 年代前后，中青年女子一度兴用彩色腈纶方巾。青少年男子戴八角帽、解放帽。中老年男子兴戴三块瓦帽或毛线帽。“文化大革命”期间，青少年男女兴戴黄军帽。改革开放后，帽子样式增多，带太阳帽在青少年中成为时尚，中老年男子兴戴礼帽。冬季老年妇女兴戴毛线帽或绒帽。中青年男女戴连衣风雪帽，或各式毛绒帽。

图 36－6　小孩戴的虎头帽

第三节　饰　物

民间，青少年女子有头上插钗、笄、簪、拢子等饰物之俗。女子婚后鬓角上插簪、腕上戴镯、耳悬耳坠、手指戴戒指。饰物有金、银的，也有玉和铜的，均据家中经济条件而定。妇女的围裙、鞋袜上也有花饰。孩子帽上都绣花或钉上各式银制饰品，有的戴手镯，脚镯。富家孩子颈上戴银项圈、银锁或金牌。锁上有“长命百岁”字样。

“文化大革命”期间，佩戴饰物之俗被视作“四旧”而扫除。风行身挎红色“语录包”、草绿色“黄军包”、胸前佩戴毛主席像章或毛主席语录牌。

党的十一届三中全会后，妇女、儿童佩戴饰物之俗再兴，且逐渐发展为中青年妇女戴金项链、水晶项链、金耳环、金耳坠、金戒指，或珠宝饰物。老年妇女兴戴金镯、银镯、玉镯、金耳环。男子也有戴金戒指、金项链的。

第四节　衣着禁忌

忌将衣服、鞋子（尤忌孩子的衣服）晾在屋外过夜。旧时以为衣服夜间晾在室外会撞上夜游神。

忌用竹竿稍头挑晒衣服。俗以为此与遇丧事时举旗幡相似，不吉利。

忌把衣服穿在身上缝补、钉纽扣。否则会被人赖做小偷。确实需要穿在身上缝补、钉扣时，穿衣人嘴里咬根柴棒子即可。

衣服忌钉双数扣子。民间有“四六不成人”之说。

忌孩子将两顶帽子摞起来戴到头上。俗以为这样会压得孩子长不高。

忌戴绿色帽子。

第四章　居住出行习俗

第一节　建房习俗

清末至民国年间，山区居民建住宅就地取材，砌墙用石头，屋梁用山上松棒，屋面用柴草。城区居民多建泥巴墙、草顶平房，也有将门开在山墙上的“丁头舍子”的，条件好的住瓦面平房。平房一般是3间：当中一间开门为厅，两头房住人，俗称“三间两头房”。20世纪20年代后期起，城区新浦老大街开始兴建两层楼门面房。

新中国成立后，城乡建房条件不断改善。城区“丁头舍子”及泥巴墙茅草屋，很快为砖砌墙红瓦屋所替代。20世纪70年代起，城乡居民户建楼房的渐多。

民间视建房为人生一大要事，讲究较多。旧时，庙宇是正南正北的，因此民间建住宅定向时都要偏一点，偏向东称“东南向”，偏向西称“西南向”。偏向那边，则要因地而定。

民间建房讲究一样高，几家房屋建在一起，屋脊在一条直线上的，俗称“一条脊”。“一条脊”的屋要一样高矮。自家建房时，东首屋可以略高于西首屋，后边屋可以略高于前边屋，讲究主屋要高于偏屋。

民间建屋和砌院落时兴后沿墙稍长于前沿墙、院落后边稍宽于前边。

建房方位确定后要奠基，俗称“下堑脚”。民间视此为建筑施工中第一大事。奠基开始先放长串鞭炮，以期驱邪。向地槽内丢做基础的石头（俗称“丢堑脚石”）时，要放鞭炮“壮喜”，要给瓦工一些“喜钱”。同时，要在房屋正中心的地面上挖一小洞，富人家在小洞放一块玉或一块银元的。也有的人家在洞内放些茶、米、面和带“乾隆”字样的铜钱。俗称“镇宅”，或称“压喜”。以寓房主家有吃有喝有钱花。

墙框砌好后铺放桁条，俗称“上梁”。民间讲究在五更头上梁，以防人多嘴杂，说些不吉利话。梁上要贴喜对子：中梁上贴写有福、禄、寿、喜、财5个字的方形红纸；主柱上贴“上梁正逢黄道日，竖柱巧遇紫微星”对联；门旁也贴喜对子。上梁前主家要蒸一些馒头，上梁时由瓦工从屋上向下撒（俗称“撒滚梁馒头”），先撒5个大一点的，让主家接去，接着向四周撒一些小馒头、糖块、钱币。同时，放鞭炮，说喜话，以图喜庆。

新屋建成后，亲友要送礼贺喜。主家要在新屋内设宴招待致贺亲友，并放鞭炮庆贺，俗称“踩当门”。有的还燃放烟花庆贺。

现时，民间自建房仍讲究方向，诸多习俗仍沿袭。公家盖屋、开发商建商品楼房也多讲究在开工时举行奠基仪式（相当于民间“下堑脚”），有的还请地方党政领导和业务上级领导为其剪彩，一样放鞭炮、放礼炮。楼房封顶时，便隆重举行相当于民间建房上梁的封顶（20世纪90年代前后，建楼房多在顶层盖上最后一块水泥板时举行）仪式。随着统一规划建房用地、统一成排建房规划的实施，城镇住宅小区的开发建设，居民多购买商品房居住。购房时多注重楼层高低、采光和居住小区整体环境等。如遇上门冲着路头、屋山头、墙拐之类情况，最多在自家门楣中央安置“八卦”或“太平镜”，以求心理平衡。不再像旧时为此而吵架打架，甚至结仇。

第二节　居住习俗

旧时,民间大户人家住房讲究老幼尊卑,辈分高低。在一个庭院中,堂屋为主,偏房为次;在主次房中,各以左为上。通常长辈居主屋,晚辈住偏屋;长辈居上首(左边),晚辈住下首。同辈人长兄住上首。住楼房的,老人住底层。

新中国成立后,城乡居民中,不论住房多少、条件孬好,在安排居住时,仍沿旧习,尽量为长辈、老人提供方便。农村凡有宅院、两三代同住一个院落的,更讲究尊敬长辈。改革开放后,城区兴建楼房,居民住房由宅院式转向住单元结构房。但绝大多数人家,仍注意将向阳房间让老人居住。

第三节　搬家习俗

一、除旧布新

民间视搬家为大事、喜事,特别讲究除旧布新。搬离旧居时,无用杂物、垃圾,一般不加清理。以示不带旧物。

搬入的房屋,无论是新房还是旧房子,首先都要把室内垃圾打扫干净。再以少许柴草在室内烧一烧,俗称"壮把火",以使室内更加清静无邪。

二、择吉乔迁

民间搬家讲究选日子,一般选用双日子。民间有(农历)正月、五月不搬家之俗。也有三月、七月不搬家的。

三、放鞭壮喜

民间搬家无论搬进新屋、旧屋,均要放鞭壮喜。即在家具进屋之前,先在室内、外放挂鞭,以图喜气。

四、搬家先安灶

向新居内搬东西时,讲究先将炉灶安置好。到20世纪60年代往后,城镇居民家多用煤炉子或用液化气灶,则先将生好火的煤炉或液化气灶安置到位,并生火(或拉开炉门)烧点水。有管道煤气的,先行打开炉灶烧点水。俗以为先让灶王爷登位,可保一家有饭吃,一世平安。

五、送礼致贺

凡遇亲朋好友搬家,民间有送礼致贺之俗。所送礼物一般为猪肉、鱼、挂面、蒸糕4样。近亲也有送日常生活用具的。

主家对送礼的亲友,有请吃喜酒以示感谢之俗。

第四节　出行习俗

民间把外出办事叫“出门”。旧时出远门讲究选好日子。出门前，吃水饺，意为“弯弯顺，顺顺弯，一路保平安”。

出远门归来时，一家人团在一起吃顿饭，叫“接风”“洗尘”。

商人出门做买卖，渔民出海捕鱼或旅途有艰辛的，均烧香拜佛祈求保佑。平安归来后，烧香谢佛。

新中国成立后，外出时烧香求神之俗已改。送行、接风、洗尘之俗仍沿袭。

第五节　居住出行禁忌

旧时，民间建房出行禁忌很多：

建房忌正南正北朝向，以避建庙之嫌。

忌在三岔口建住宅。

忌屋门直对着路头，俗以为路头似箭头，直冲路头不吉利。确实无法避开时，则在门旁立“泰山石敢当”石碑予以回避。

忌屋门对着别的屋墙拐；忌后窗对着别人的屋门。

锅屋内砌锅灶，忌灶门朝东、朝北，有“锅门朝东，越烧越空（穷）”“锅门朝北，越烧越黑（没前景）”之说。

在一条直线上建屋，忌屋不一样高。

忌屋脊一头高一头低。

忌偏屋高于主屋和西偏屋高于东偏屋。

忌房屋、院落前宽厚窄。俗以为前宽后窄为簸箕形，不聚财。或以为前宽后窄为棺材形，不吉利。

忌在单数日子搬家；也忌用带“四”的双日子搬家。

忌在单日子出远门。

忌出远门时吃面条。习以为面条绞缠在一起，扯藤拉秧的，吃了它出远门不顺利。

第五章　喜庆习俗

第一节　婚嫁习俗

一、定婚

解放前，儿女婚姻，凭父母之命，媒妁之言。一般子女十二三岁，家长即托人提亲，又叫说媒。提亲讲究门当户对，有“笆门对笆门，板门对板门，瓦屋要对四檐青”之说。媒人提亲后，男家备礼请媒人到女家要女方的出生年月日时辰，俗称“庚帖”。并请人据此“合婚”，俗称“掐八字”，看是否犯忌，如无犯忌，即确定婚姻关系，谓之“定婚”。

新中国成立后，颁布《中华人民共和国婚姻法》，提倡婚姻自主，青年男女自己选择爱人，俗称“自由恋爱”、“自找对象”。也有经人介绍后相识相恋的。讨生庚之俗逐渐淡出，近亲通婚之俗随之渐止。

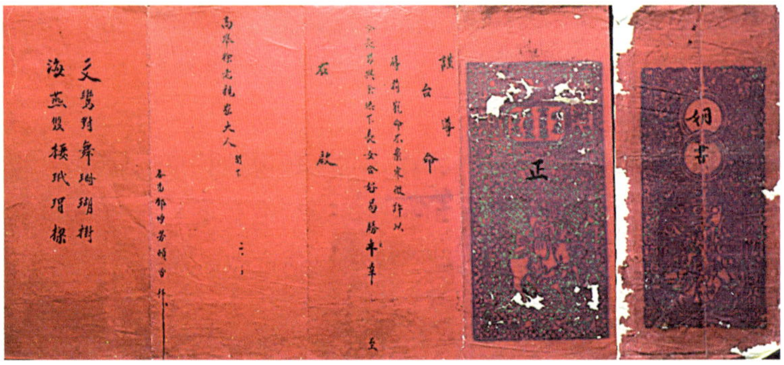

图 36－7　旧时所用“姻书”

二、相亲

新中国成立后，青年男女经恋爱确定婚姻关系后，都要给对方父母看看，俗称“相亲”，对方父母还要给见面礼。此俗今仍兴。

三、下礼　送喜日子

旧时，订婚后，男、女双方到结婚年龄时，男家要给女家送衣料、首饰和礼金，俗称“下礼”“过礼”。并将结婚日期告知女家，俗称“送喜日子”。

此后，男家开始装修新娘房，请“全面奶奶”（即双亲健在、儿女齐全的女人）套喜被子、揣喜枕头。被子、枕头四角要放上用红纸裹好的红枣、染红的花生及桂圆、栗子，寓意“早生贵子”。新郎官要给祖先上坟（俗称“上喜坟”）。待嫁女开始梳髻、减饭（俗称“扣饭”“间饭”）。

现时，下礼之俗已改变，有的男方直接给女方礼金。有钱的也有送金戒指、金项链甚至金镯的。套喜被子、揣喜枕头、装修新房、上喜坟之俗仍兴。梳髻、减饭之俗已无。

四、照结婚照　婚纱照

解放前，少数富裕人家青年男女确定婚姻关系后，会到照相馆照订婚照片。举行婚礼时，有的请照相馆人到家照结婚照片。

新中国成立后，照订婚照、结婚照之风渐兴。但也只在照相馆或家中照相。

改革开放后，特别是 20 世纪 80 年代后期起，照婚纱照之风兴起。街上出现婚纱照相馆，为即将举行婚礼的青年男女提供西服和婚纱，并有专业人为其化妆。照一套婚纱照少则上千元，多则数千元。90 年代中期起，照婚纱照开始走出照相馆，有的照相馆配有专车将照相人带到海边或其他风景区去照实景婚纱照。婚纱照的规格也日渐扩大，由用纪念册存放变为大幅悬挂照片。

图 36－8　街面上很多照相馆都为青年男女提供婚纱照服务

2001 以来,照婚纱照已成婚嫁习俗,城乡盛行。

五、催妆

旧时,喜日子前一天,即催女方向男家运送嫁妆,谓之“催妆”。有钱人家办喜事,新婚所有家具由女方陪给,俗称“陪嫁妆”。催妆之日,女家要将所有嫁妆送到男家,叫“过嫁妆”。此日早晨,男家要祭祖,俗称“上喜坟”。早饭后,男方要将备好的两包糕、一只大公鸡、一对鲤鱼和一块“双刀肉”送到女家。女家接到四样礼后,留下糕和肉,把公鸡和鲤鱼交由送礼人带回,俗称“回头礼”。有“收下双刀肉,冷肉换热肉”,“公鸡两头跑,来年生小小(男孩)”,“鲤鱼再回头,生儿跳龙门”之谚。过嫁妆时要吹吹打打、放鞭炮。催妆这天女方亲朋好友要出礼致贺,女家要宴请宾客。

新中国成立后,陪嫁妆、催妆之俗仍盛行。但新婚所用家具渐转由男方置办。女方陪送床上用品、化妆品及自行车、电风扇、电视机、电冰箱等物。现时,催妆之日出礼、女方宴请之事也有放到结婚之日与男家一道进行的。

六、压床

催妆之日,男方铺好喜床后,要找个小男孩(俗称“童男子”)在喜床上睡上一夜,谓之“压床”,寓“婚后头胎生男孩”之意。此俗今仍沿袭。

七、上头

婚礼这天早晨,出嫁女要梳妆打扮做新娘,俗称“上头”“上妆”。过去,由全面奶奶帮助穿红棉袄、红棉裤、勒红布带、穿红花鞋、梳头搽粉、盖红盖头。这一切均在娘家进行的称为“大来”。如两家距离太远,出嫁女则于喜日前一天随嫁妆同到男家,不进新房,在婆母或婶母处过夜,第二天清晨“上妆”,称为“小来”。

新中国成立后,“催妆”之俗仍盛行。但新娘穿着打扮不断变化。20 世纪 50 ~ 60 年代,新郎兴穿中山装,新娘兴穿列宁服、剪短发或扎双辫子。“文化大革命”期间,新郎、新娘都以穿黄军装为时尚。改革开放后,新郎穿呢服、西装,新娘穿旗袍、婚纱。

20 世纪 90 年代起,新娘“上妆”多已改为到美容厅,由美容师为其化妆,做发型。新娘婚纱先以水红色为主,现以全白色为时尚。“盖头”早已不用。

八、送亲、迎亲

旧时,姑娘出嫁,有钱人家坐花轿。城乡贫民家,有的坐牛车,有的骑毛驴。但女方都要有两人陪送,俗称“送亲”。男方,同时要派新郎的两个小弟去迎新娘,俗称“迎亲”。送亲人、迎亲人约定在路程中间处,互相道喜后,各自回程。送亲人返程前,要给轿夫(车夫或赶驴人)钱,拜托其动作平稳些,俗称送“稳当钱”。并隔轿告诉新娘第几天娘家去人探望(实际是通过迎亲人,给男家打关照),告诉新娘将上轿前镜面朝里揣在怀内的“三官镜”,镜面翻转向外。寓意由照娘家好,转为照婆家好,俗称“转镜”。新娘到男家门口时,要被拦在门外,俗称让新娘在轿内“纳纳性子”。

民国年间,有的已用黄包车替代花轿接新娘。

新中国成立后,提倡移风易俗。女青年出嫁时,路近的步行至男家,路远的骑自行车去,或新郎用自行车接新娘回家。改革开放后，多以轿车迎亲。迎亲人随车到新娘家迎接新娘，送亲人也随车将新娘送到新郎家。而且，时兴迎亲车队披红挂花，沿街行进时边放高升，边摄像留念。也有在新郎家门口拦迎亲轿车的，名为让新娘“纳性子”，实是图热闹，待新郎给喜烟、喜糖后便让新娘进门。“转镜”等俗已无。

图 36－9　迎接新娘的花轿

九、婚礼

古今习俗皆视举行了婚礼才为正式结婚。婚礼隆重，习俗较多。

旧时，新娘进家后，在新房当间设供桌、摆供品，焚天地纸，放鞭炮，举行“拜堂”仪式：一拜天地、二拜祖宗、夫妻对拜后，还要拜长辈，新郎新娘共同依次给家中近亲长辈磕头。凡受头受拜的长辈，都要给新郎新娘一笔可观的“受头钱”，此钱为新人私房钱。“拜堂”后再回洞房，新郎用红筷子将盖在新娘头上的红布挑下，叫“挑盖头”。新郎、新娘才能真正见面。

现时，“拜堂”之俗仍盛行。但多在宴会厅举行，由婚庆服务公司人员主持，比旧时增加了戴戒指、喝交杯酒、互相拥抱等新内容。

20 世纪 90 年代起，城镇婚礼渐转到举办喜宴的宾馆、饭店举行。也有参加集体婚礼的。婚礼期间均兴全程摄像留念。喜日中闹房、送房、戳窗等俗照常，且都兴说喜话或唱喜歌。跨火盆、搂锅诸俗也仍有沿用的。

图 36－10　民间迎新娘场景

十、送糕茶

旧时，喜日第二天清晨，新娘由伴娘梳妆打扮后，要在伴娘陪同下到公婆等长辈房中请安，送上糕茶以示孝顺。送糕茶时，公婆、长辈要给喜钱。此风现在乡村仍有。

十一、瞧亲　谢媒　回门

旧时，新婚第四天，新娘的父兄，要到新郎家探望，俗称“瞧亲”。此为新亲第一次上门，男家要设宴款待。亲家双方此日共邀媒人赴席，并尊推其坐上首，称为“谢媒”。

新婚第四天或第六天，女家要接新娘回家过一天，俗称“回门”。新娘一人回门，称“单回门”，新郎和新娘一同到女家去，称“双回门”。“回门”当天晚要回新房。有新婚月内不空新房之俗。

现时，此俗改变不大，多于新婚第四天“瞧亲”后，就把新娘新郎接回家过一天，晚上，由新娘之父或兄送其回新郎家，新郎家晚上要设宴招待亲家人。

十二、大回门　做回门鞋

旧时,新婚满月后,新娘要回娘家过 18 天,俗称“大回门”。大回门期间,新娘要替公婆、丈夫等人做鞋,18 天后带回家,称“回门鞋”。替丈夫家每人做一双鞋叫“满堂鞋”;只为丈夫、公婆做的叫“半堂鞋”。

现时,路近的仍兴满月后回娘家过几天,并不强求 18 天。做“回门鞋”之俗久已淡化,从此俗者了了。

十三、童养媳成婚

旧时,穷苦人家因生活所迫,会将未成年的女孩送给人家做“童养媳”,等到十八九岁时成婚。童养媳成婚只是由男家父母选个好日子(一般选在祭灶前后或大年三十晚),把男女“推”到一起,不举行任何仪式。有“童养媳结婚,推到一起就中”之说。

新中国成立后,收养童养媳之俗已废。

十四、招女婿

旧时,有些人家无男孩,族中又无男可嗣,或不愿嗣,另有人家多子,又无力娶妻者,经媒人说合,男入女门,为女方父母养老送终,继承女方产业。通称“招女婿”“招养老女婿”“招赘”,俗称“倒站门”。招女婿要写婚约,双方家长及媒人均要签字画押。婚约中除写明对女方父母,恭行孝道,生养死葬,继承家业外,特别要写明从祖和不从祖;不从祖的要改姓换名从女家姓,将来子孙永从女家姓。从祖的分生前从祖和生后从祖,生前从祖即本人不改姓名,下一代从女家姓。生后从祖指本人及后代均不改姓名。穷人家招女婿各式均很简单,但富人家与办喜事同,只是不用花轿,不要嫁妆。入赘后,女婿以女家为家。

今此俗仍有。

十五、再婚

旧时,男子丧妻再娶,雅称“续弦”,俗称“补房”。如娶未婚女,一样举行隆重婚礼。女子丧夫或离异,则不准再嫁。

新中国成立后,执行《中华人民共和国婚姻法》,男女丧偶或离异后均可再婚,一样举行婚礼。

第二节　生育习俗

一、写租批

民间有“借死不借生”之俗,即房子可借给人家送终,绝不借给人家生孩子。如非得在别人屋里生孩子,一定要先写租批(租约),以示不是借用,可免房主不吉。

二、坐月子

产妇生孩子一个月内称“月地里”。“月地里”产妇不得出门，要在床上调养，称“坐月子”。“月地里”产妇每天早晚要吃加胡椒粉的红糖水泡馓子和煮鸡蛋。民间有“月地里”调养不好会带出病来，而调养好又可以“带走”一些原有的毛病之说。因此，都重视在“月地里”给产妇增加营养，让其好好休息。满月这一天，产妇要吃7顿饭。有“满月吃七顿，到老腰不疼”之说。此俗今仍沿袭。但产妇的营养物更加科学、丰富。

三、埋衣胞

旧时，孕妇临产时均请民间守生婆到家中接生。孩子出生后衣胞（胎盘）要随时在家中埋起来，俗称“埋衣胞”。男孩“衣胞”要埋在屋门的门槛下，或父母的床前，寓孩子长大不离家或出门在外想着家之意；女孩“衣胞”则要埋到大门外，或粪塘边，意在长大出嫁后不想家。

20世纪50年代后，产妇都在医院分娩，此俗已无。

四、起名字

孩子出生后，有先起“小名字”（乳名）之俗，到孩子上学时再起学名，俗称“大名字”。起“小名字”多图吉庆顺口，也有按孩子出生时的季节、时辰、气候或父母心愿起的。娇生儿女小名多取泼辣易成长之意。孩子出生后所起名字，上学时照用的俗称“连根号”。起“大名字”，要按家族中按行字起，以识别辈分。今此俗多有沿用。

五、报喜

孩子出生后要向舅爹、舅奶（外祖父、外祖母）家“报喜”。“报喜”时男家要送染红的鸡蛋（俗称“红鸡蛋”）。生男孩送99个或89个红鸡蛋；生女孩送56个或66个红鸡蛋。报喜只报头胎和二胎。今此俗仍盛。

六、三朝子

孩子出生第3天，俗称“三朝子”。旧时，此日有全家欢庆，中午聚餐，并请接生婆午后为新生儿洗澡之俗。给孩子洗澡时要说喜话。现时，此日全家聚餐欢庆之俗仍盛行。

七、十二朝子

新生儿出生12天平安无事，全家大喜。旧时，此日家中要在院内摆设香案，点烛焚香，烧“天地皮”，叩谢催生娘娘和送子娘娘。产妇娘家此日要前往送礼，俗称“送馓礼”。礼品要放在笆斗里，用小车推着送上门，寓意“才高八斗，学富五车”，送礼到门口要放鞭。其他亲友此日也送礼致贺。主家先要给每位送礼人泡碗馓子吃。中午设宴招待时，还要将守生婆请到。这天孩子可以抱出房。亲友回去时，要回赠礼品及红鸡蛋，俗称“回礼”。另赠守生婆一身衣服或布料。

现时，除焚香叩拜、请守生婆外，各俗仍兴。

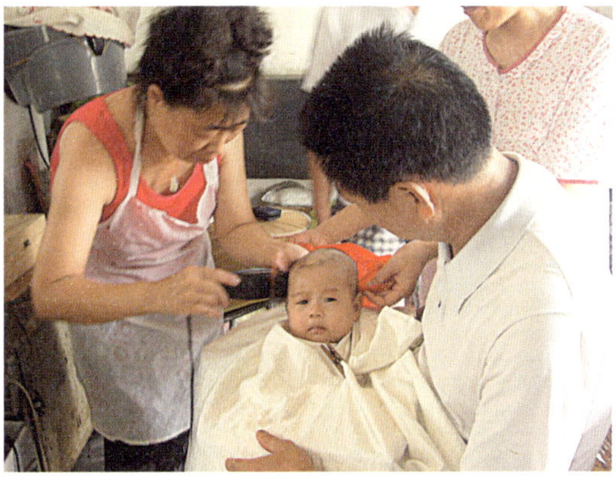

图 36－11　百日剃胎头

八、满月

旧时，婴儿满月之日，兴点烛焚香，叩谢祖宗，中午宴客以示庆贺。舅爹、舅奶家送礼祝贺。孩子洗澡后穿新衣、戴锁、镯、项圈等饰物。至此，产妇方可自理饮食起居，干重活。

今此俗仍兴。

九、躲尿窝

旧时，孩子满月后，舅奶家要把女儿娘俩带回家过几天，但最多住 10 天，俗称“躲尿窝”。新生儿第一次到舅奶家，要抱到灶前尿泡尿，用手拿拿火叉。回家时，舅奶家要给些礼品。

今此俗仍兴。

十、剃胎头

孩子 100 天时要剃头，俗称“剃胎头”，也说“剃喜头”。“剃胎头”时，理发师说喜话，主家要给理发师喜钱。剃下的头发，要用红布包好，缝成小球，扣在孩子手腕上。俗称此举可压惊、消灾、怯邪。旧俗以为三月、五月、七月不吉利。如孩子百日在农历三月、五月、七月里，“剃胎头”则需提前或推后。

今此俗仍兴。

第三节　生日习俗

一、过头生日

孩子满周岁，过第一个生日，俗称“过头生日”。此日亲友送礼祝贺，主家设宴招待。并有“姑送鞋，姨送袜，舅母送身蓝褂裤”之俗。

今仍有此俗，但中午多到饭店设宴待客。

二、小生日

小生日指非逢十的生日。过小生日，一般只是自家中午吃面条子，做几样好一点的菜，并把头一碗装出的面条给过生日人吃，以示庆贺，其他不讲究。

三、整生日

整生日，指逢十岁的生日。旧时，四十周岁前的整生日一般不当回事，与小生日同样过。唯对孩子十周岁生日比较重视，有条件的这天要给孩子穿新衣服。另外，对女孩二十岁生日比较讲究，认为那是在家过的最后一个整生日，年龄相仿的姊妹、好友都要来祝贺。

现时,只要是整生日都很重视,对孩子10岁、20岁生日尤其重视。20世纪90年代起,很多青年把20岁生日和考上大学庆贺活动一并举行,长辈及亲友也多出礼金致贺。主家均到宾馆、饭店设宴待客。

四、过寿

域内古今都有给老人过寿之俗。(详见本编第一章第三节之“五、为老人过寿”。)

第四节 婚育生日禁忌

旧时,忌妇女手对手接盐。习以为这样会导致将来生孩子时难产。

忌已婚未孕妇女进产妇的房子。旧俗以为未怀孕女子和刚生孩子尚未满月的产妇,皆为“空肚子”,空空相见主未孕妇女一生不孕。

旧时,忌新娘见俗称“红人”的未满月产妇。如无意间相遇,新娘要立即解开一个衣扣,俗称“解怀”,以不影响怀孕。

忌“红人”相见。旧时以为这样对产妇今后生育有影响。如同院内、妯娌间“红人”无法回避的,第一次要事先安排,以互相摞接“升筒子”(量粮食的量具)的办法来消除不利后果。

现时产妇都在医院分娩,很多产妇同住一间屋内,朝朝相见,相安无事。

孕妇忌吃兔肉、驴肉、鸽肉、鳖肉、麻雀、鲤鱼和泥鳅鱼。旧俗以为孕妇一旦吃了这些东西,生出的孩子会出现“三瓣嘴”“雀斑”“驴长脸”“对子眼”或“绿豆眼”等情况,对孩子不利。

孕妇忌敞开裤脚子。旧时以为扎紧裤脚可以防止孩子生下后得“七朝疯”(破伤疯)。

孕妇忌夜间到室外行动,以防“坏星”照胎,生怪胎。

忌孕妇跨水牛绠子。旧俗以为孕妇跨水牛绠子,会像牛一样12个月才临产。

忌孕妇坐囤粮食用的摺子。旧时以为这样可以避免孩子夭折。

忌孕妇坐在绳子上。旧俗以为这样可以避免生育时的盘肠生现象。

忌将婴儿的衣服、尿布晾在室外过夜。旧俗以为这样对儿童健康成长不利。

过生日忌吃水饺。

第六章 丧葬祭扫习俗

第一节 殡葬习俗

一、剃头洗澡

人临终前,要用温水把身子擦一擦,俗称“洗澡”。男的还要剃头、刮脸、修胡子;女的要整理发型。意在清清而来,清清而去。

二、穿送老衣

死人穿的衣服俗称“送老衣”、“寿衣”。按习俗“送老衣”要在人咽气之前穿上。旧时,“送老衣”不配衬衣,袖子要盖过手指。男人用蓝布,女的用红绿两色布,并配花裙子。俗称死者穿衬衣,主人丁不旺;袖子短,主后人受穷。20 世纪 80 年代后,此风渐改,男的有用呢服当“寿衣”的,女的仍沿旧俗。

三、传事禀

人亡后,最迟要于第二天派人到亲友家报丧,俗称“传事禀”。现时,人亡后,家人都立即向至亲好友报丧。除家住不远的长辈、至亲派人登门报丧外,一般都通过电话报丧。

四、捅当间 烧铺堂纸

死者穿上送老衣后,要移放到当间的“挺尸床”上,俗称“捅当间”。死者已无长辈在世的,“挺尸床”放在当间上首;如仍有长者在世的,要置于当间下首。

20 世纪 90 年代中后期起,穿“送老衣”诸事,多由殡葬服务中心人员进行。

死者安置好后,用一张白纸盖在死者身上。接着,由死者女儿(无女儿可由侄女或孙女)烧纸,先在亡人头前烧纸,一直烧往门外,烧到路上,边烧边哭。意在花钱为死者买路。俗称“烧铺堂纸”。铺堂纸烧后,还要烧“轿”,俗称烧“断气轿”,供死者使用。

五、打狗饼 倒头饭 引魂灯

旧俗,人死后要在其衣袖里放 7 块指头大小的面饼,俗称“打狗饼”(男的左 4 右 3;女的左 3 右 4),以供亡人对付恶狗。还有在亡人袖内(男左女右)放一股香的,俗称“打狗棍”。

亡人头前要放置一碗热水浸泡成的米饭,饭上直插一双筷子,俗称“倒头饭”。以供亡人路上食用。

亡人头前、脚后要各点一盏豆油灯,头前的俗称“引魂灯”,脚后的叫“照路灯”。有“灯光越明亮,子孙越兴旺”之说。此俗现仍盛行。

六、扎哭丧棒

“哭丧棒”又称“泣杖”。用芦柴扎成棒状,外边糊上白纸制成。俗定死者儿子拿的要缠满白纸条条,称“毛泣杖”;侄儿拿的为一半带白纸条条;孙子拿的不带白纸条;重孙拿的则要贴上红纸条。长子拿“泣杖”领丧。如死者长子已不在,要由长孙拿“毛泣杖”领丧,俗称“承重孙”。20 世纪 60 年代前后,此俗全无。80 年代后期,此俗重兴。

七、戴孝

人亡后,亲人要按血缘亲疏及辈分高低,分别穿戴用白布缝制、毛边向外的衣帽,俗称“戴孝”也称“破孝”;亡人的亲生子女和儿媳,从头到脚都着白色,腰间束一缕麻丝,俗称“孝绦”。亲生儿、过继儿、抱养儿统称孝子,身穿齐脚孝袍,头顶 1 尺 7 寸宽,两边拖到地面的白布,俗称“孝搭头”。女儿、儿媳穿与短褂等长的孝褂,“孝搭头”齐膝长,脚穿草鞋,若穿布鞋,要蒙白布。父母双亡的全蒙白布;父母还有一人在的,只前半截蒙白布。

孝帽有讲究,儿子的是“折角”,如父母还有一人在,孝帽要把一角折起来,如父母两人都不在,两个角都要竖起来。侄儿的是“四角”,孙子辈的戴“一把抓”,重孙辈的则要在“一把抓”上钉红布条,曾孙钉红、黄两色布条,有的就戴红孝帽。吊丧亲友都给一顶“一把抓”孝帽。妇女不给孝帽,给孝巾。

此俗20世纪60年代前后废止。80年代后期起,渐又兴起。现时,给吊丧的亲友的“一把抓”孝帽已改为孝帽布。

八、置棺　入殓　吊丧

旧俗,人死后用棺材土葬。老年人在活着时置办的棺材俗称“喜材”,人死后赶制的棺材俗称“寿材”。棺材按其板材厚度分为“元花”“四五六”“一二三”“天地同”和“薄皮材”等几等。贫穷人多用“薄皮材”,有的甚至只能用“芦席包”埋葬。

死者遗体入殓,俗称“上材”。“入殓”后的棺材称“灵柩”。死者若有亲生子女或娘家亲人未到,入殓后暂不封盖。待亲人到齐时,盖棺并用钉钉牢,俗称“煞盖”“封棺”。“封棺”钉“喜钉”时,由孝子用搭头布包住钉子,扶正钉时喊叫死者“躲钉”。“入殓”后,要将“入殓”时留下的“打狗饼”“打狗棒”“蒙脸纸”之类打扫干净。俗称“扫灵”。意在扫除晦气,主家中平安。饯程之日在放“棺材”的门前搭丧棚,放祭桌,桌上置厢亭,亭内放亡人灵牌或遗像,两旁贴挽联。厢亭前置香烛、清茶、果品。桌前放席子、折好的被子,供吊丧人跪拜使用。亲友吊丧时,孝子要陪跪,以示回敬。

1964年起,新浦区实行殡葬改革,推行火葬。现死者遗体已全部实行火化,骨灰置于骨灰盒内,葬于墓内。今置棺、入殓之俗已无。吊丧之俗仍存。

九、送汤　辞灵

旧俗,人亡后孝子要上孝,哭至土地庙,为亡人送“倒头汤”,谓之“送汤”。每天早、中、晚3次。意为给亡人送吃喝之物。亡人“入殓”后饯程之日,中午不送,只早晚送汤,且“送汤”时伴有乐器,俗称送“响汤”,晚上称“送盘缠”“起程”。“送盘缠”回来,晚饭后开始鼓乐高奏,附近近亲均来奉献4碗饺子于丧棚供桌上,叩头后即将饺子撤下,倒入篮中。将空碗口向下退回,并逐一登记。俗称“辞灵”。现此俗仍存,农村尤盛。

十、出棺　安葬

图36-12　图为20世纪70年代民间举办丧事的场面

旧时,出棺当日五更,由孝子将“灵柩”向前移动一下,俗称“移棺”。早晨出棺前,孝子和抬棺人均要吃干饭、豆腐汤,俗称“杠丧饭”,一定要吃光。棺抬起时,由阴阳先生抓把盐、茶、米、面撒向棺材,待长媳随手将撒落在棺材上下各物扫到簸箕里后,“灵柩”方可出屋,置门前路上,重新上抬杠,抬往墓地。当棺材重新抬起时,长子在棺材前头,将“老盆”摔碎,俗称“掼老盆”。

棺材抬到墓地后,先在事先挖好的墓坑(俗称“金井”)中央放上数枚枣、栗、桂圆,再将棺材放入,同时将“照路灯”“引魂灯”放在棺材前后,棺上放张“包棺席”,孝子们各向棺材上推三把土,并各自揣一小石子留带回。最后由抬棺人圆坟，加上坟头，大家才可回家。孝子们回到家门口，要跨火堆，到放置在门前凳上匣里抓点糕（糕里有彩头）、鱼，俗称“抓富贵”。进屋后，将揣回的小石子扔到床底。

殡葬改革后，遗体实行火化，“出棺”之俗已无。但安葬（安葬骨灰盒）、“抓富贵”之俗仍沿用。

第二节　祭扫习俗

一、葬后祭扫

旧俗，孝子要于亡人安葬后第3天去上坟，给新坟添土，俗称“伏三”；人死后第7天为头祭，以后每7天为1次，连祭7次。每次头天晚上设祭，于门前置一小桌，上放4碗饺子、4碗清茶，执事人在桌前烧纸，孝子们跪于桌后长哭。俗称“报七”。

每逢第7日要去上坟。如人死后第7日碰上（农历）初七、十七、二十七这些带“七”的日子，俗称“犯七”。“犯七”的，在第一个七天上坟时要备1把小纸伞和49面小纸旗。孝子们边转边把纸伞插于坟顶，把纸旗插于坟四边。俗称“转七”。另有在第5个七天那天五更时，在门外置桌供菜，家人面向东方，围跪于桌边哭泣，谓之“望七”。

二、周年祭扫

人死亡一周年，俗称“头周”，要上坟祭扫。

人死后逢整生日，家人要上坟祭扫，为其过“冥寿”。过去，此时多烧化纸制钱、衣裤、鞋袜之类，也有扎纸屋烧化供其“享用”的。现时，兴烧化纸钱及纸扎小别墅、沙发及各式家用电器，甚至小轿车的，以示让亡人也“享用”一下现代化生活。

祭扫诸俗，今在民间仍普遍存在。

三、年节祭扫

民间有于清明节、七月半、十月朝、过冬、过年这几大节到亡人墓前烧化纸钱诸物进行祭扫之俗。其中，清明节“圆坟”“十月朝”为亡人“送寒衣”之俗尤为重视。

年节祭扫之俗至今仍兴。

第三节　丧葬禁忌

旧时，丧葬俗中禁忌很多：

忌用柳木打棺材。

“打喜材”时，忌将口朝上。俗以为口朝上有装人之嫌。

禁忌死人进屋。

忌用缎子做寿衣。“缎子”与“断子”谐音，犯断子绝孙之嫌。

禁忌以皮袄、皮裤作为寿衣。否则死者来世会转为兽类。

忌给亡人穿衬衣、衬裤。俗以为死人穿衬衣、衬裤会使后代人丁不旺、受穷。

死者穿衣时禁忌孕妇近前,以防亡灵伤着胎儿。

忌猫、狗一类畜生进入停放亡人遗体的灵堂。俗以为畜生靠近亡人会为其"换气",使其起身走尸,成为"走尸鬼"。因此,皆用"蒙脸纸"将亡人脸盖住。

出棺时忌棺材碰到门框或墙角,否则主晦气。

忌将孝绦落入放棺材或骨灰盒的金井内。否则,主后人"少白头"(少年时期长白头发)。

禁忌孝子在在守灵期间说笑、剃头、洗澡、洗脚、剪指甲等。俗以为此等行为皆属对亡灵不敬。

孝子守孝3年间,春节忌贴红春联、放鞭炮。守孝期间禁忌丧眷参加一切文娱活动,禁忌和别人吵闹打架。

忌戴着别人的孝帽或膀缠别人家的孝帽布进自家的门。俗以为这样与自家长辈不利。

忌戴着孝到别人家去,俗以为会给别人家带来晦气。

忌用梨(与"离"偕音)、桃(与"逃"偕音)之类作祭品。

现时,除打棺材、上材禁忌外,其他各项禁忌,民间仍很讲究。

第七章 岁时习俗

第一节 传统节日习俗

一、过年

【祭灶】 民间以"过年"(春节)为一年中最重大的节日,举行最隆重的节庆活动。"过年"从"祭灶"开始,一直延续到正月十五"元宵节"。

民间认为灶王爷司监督百姓善恶,保佑百姓平安之职,每年回天宫"述职"一次,来去各家均要祭拜,俗称"祭灶"。祭灶分送灶和接灶。农历十二月二十三日或二十四日晚为送灶日。旧时做官人家都在二十三日送灶,一般人家都在二十四日送灶,有"官三民四"之说。过去,做雇工的也要过了祭灶才拿到工钱回家过年。

送灶日的晚上,各家贴印有灶王爷画像的"灶马",烙糖饼(俗称"祭灶饼"),在灶台上放供品,燃烛烧香,为灶王爷送"灶马",祈祷灶王爷上天"述职"时多说好话,送灶人一边烧香一边口念请灶老爷"上天言好事,下界保平安"。送过灶才可以吃祭灶饼,民间有"为块祭灶饼熬烂了眼"之说。祭灶只由男人进行,有"女不祭灶"之俗。

接灶都在三十晚上子夜之前进行,接灶较简单。现民间仍有过祭灶、烙灶饼之俗。送灶、接灶礼仪已淡化。

祭灶过后,各家就开始写春联(俗称"对子"),街头也开始有人卖春联。

【扫陈】 民间在接近岁末的几天里进行大扫除,谓之"扫尘"。除夕夜里十二点钟之前,一定要把室内外再打扫干净，将旧衣裤换下收好，以求新的一年万象更新。

【除夕】　农历十二月三十日（月小的二十九日）称“三十晚”“年三十”，有中午全家人欢聚吃“团圆饭”之俗。饭时按长幼入座，晚辈向长辈敬酒，并说孝敬之话；长辈则对子孙说祝愿之话，共享天伦之乐。午饭后贴对联。

旧时，各家要做“聚宝盆”，即在一盆米饭上插上松枝，松枝上系些染红的花生、白果，盆中加红枣，祈求来年发财；晚间“接灶”（迎接灶神回人间）后，全家人围火盆烤“元宝火”，叙家常，俗称“守岁”；夜近 12 点时，要把地上花生壳、瓜子壳等扫到门后，叫“隔年尘”。要在锅、磨、碓、缸等物上放上两棵葱和一点豆腐或糕之类。俗称“压锅”“压磨”，以示其一年到头空不着，有饭吃。将剪刀和针、锥子之类收藏好。同时，在孩子床头放上糕和钱（俗称“压岁钱”），并嘱咐孩子第二早一醒先吃糕后说话，俗称“开口糕”，以防孩子第二早醒来一开口说些不吉利的话。夜间 12 点整，发“五更纸”，烧“天地皮”，燃放鞭炮，辞旧迎新。

图 36－13　每年祭灶过后人们便开始忙年。图为人们在采购各种糕点、糖果

现时，三十晚烤“元宝火”之俗，已为收看中央电视台春节联欢晚会节目，边看边包“弯弯顺”（水饺）、“元宝”（元宵）所取代。余俗照旧。

图 36－14　除夕前街头写春联卖春联情景

【拜年】　民间盛行农历正月初一早晨吃过“元宝”相互拜年之俗。先到本族长辈家去磕头贺年（长辈还要给孩子们“磕头钱”）。再到亲友家拜年，互祝“新年发财”“万事如意”。各家要在桌上摆“传盒”，盒内放糕点糖果之类，以招待前来拜年的人，俗称“装彩”“抓元宝”。

图 36－15　元宵节人们纷纷走上街头选购花灯

现时，初一早上吃过元宵拜年、访友，相互祝贺新年好之俗仍盛行。20 世纪 90 年代中期起，兴电话拜年或用手机发短信拜年。

【财神日】　旧时，民间谓正月初五为财神日，这天，各家要请财神，敬财神。中午吃面条，俗称吃“财神面”。商店多选此日敬财神，开门营业，以图吉利。今此俗仍兴。

【元宵节】　正月十五为元宵节。这天民间有早上吃元宵，中午吃水饺，夜晚玩龙灯闹元宵之俗。正月十五还为花果山三元宫庙会，旧时，每逢此日，海属四乡八镇，以至淮安、宝应一带皆有大批香客和各路烧香会，前来朝山进香。

晚上，城乡都闹花灯。

现时，吃元宵、闹花市之俗仍盛行。20 世纪 80 年代起，政府部门多在此日举办灯会或放烟花、玩龙灯。“炒虫子”之俗，久已不存。

二、二月二

传说农历二月初二为土地老爷过生日。旧时，此日上午，民间有送寿桃、寿面到土地庙去上供；晚上一起出动，敲锣打鼓，燃放鞭炮，去给土地老爷拜寿之俗。此俗久已不存。

二月二这天，域内还有带出嫁的女儿回家过节之俗，有“二月二，龙抬头，家家带小马猴”之说；有二月二给小孩剃胎头之俗，以为龙抬头之日剃龙头对孩子前程有益。此俗至今仍兴。

三、清明节

民间有清明节前后几天扫墓祭祖之俗，扫墓时给坟上添土，用红纸压坟头，俗称“圆坟”，意为替死者整修住宅。有“清明前十天盖瓦房，清明后十天盖草房”之说。多以水饺为祭品，烧冥纸，叩拜。民间另有于清明早晨在门上插柳之俗。

现时，民间对清明扫墓仍很重视。机关、学校在此日集体到烈士陵园凭吊烈士已成风尚。“踏青”之俗今仍兴。

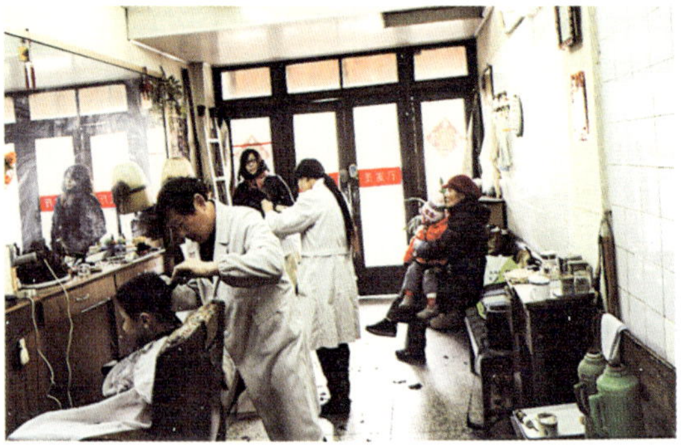

图 36－16　农历二月二，大人都带着孩子到理发室“推龙头”

四、端午节

农历五月初五为端午节，又称“五月端”。民间有吃粽子、在门窗上插艾和菖蒲、贴写着“菖蒲似剑，艾叶如旗”的纸条及挂纸剪的五毒（蛇、蝎子、蜈蚣、蟾蜍、壁虎）之符，室内挂判官画像以避邪气诸俗。更有“晒正午时”“洗百草汤”之俗。

煮粽子时要与鸡蛋、鹅蛋一锅煮，据说吃五月端粽锅里的鸡蛋夏天不生疮，吃粽锅里的鹅蛋可治头疼病。

“晒正午时”一是指，上午各家在院中放张桌子，将五彩绒线、雄黄、矾、红萝卜片等置于桌上，让中午的太阳晒；将矾放到掏空的黄瓜内置于太阳下晒，谓之“晒黄瓜矾”，以备治口疮；将萝卜片放到红糖一起置于太阳下晒萝卜糖，以食用理气；晒雄黄酒，给孩子擦摸身体用，以防蚊虫叮咬、败毒气。二是指，将有皮肤病的孩子脱光身子，用阴沟中的泥抹于身上，中午在太阳下晒一阵。三是指，将墨锭塞于大蛤蟆口中，让中午的太阳晒，傍晚取出墨锭，以备入药用。

图 36－17　端午节前夕街头卖绒线情景

“洗百草汤”是指，先将提前买回的由艾、菖蒲、臭椿枝叶、益母草、苦桃枝叶等组成的“杂草头”，放在太阳地晒着，正午时，将其放大锅内煮水，此水俗称“百草汤”。用“百草汤”洗澡（孩子先洗，大人后洗），俗称“洗百草汤”。洗后，给孩子扣彩色绒线、穿老虎鞋、挂香包，并在肚脐、肛门等处摸晒过的雄黄酒，俗谓可免毒虫咬。今仍兴此俗。

五、六月六

民间有农历六月初六晒衣服，防蛀、防霉和吃炒面之俗。有“六月六晒龙衣”“吃了六月炒，寒天不穿袄”之说。小孩端午节扣在手足上的绒线，于此日剪下抛到屋上，俗称让喜鹊叼去搭鹊桥，以便七月七牛郎织女相会。

六、七月七

民间称农历七月初七为“乞巧节”。旧时，此日中午，青年女子多在太阳下放一碗水，依次向水面放绣花针，观看水底阴影，以能看到似花鸟形阴影为最佳。并有傍晚在院中观巧云之俗。又有，晚间姑娘们设香案，向织女乞巧之俗，故此日也称“七夕节”“乞巧”“女儿节”。

此俗今已不存。

七、七月半

民间视农历七月十五日为“鬼节”，俗称“七月半”。有于此日用饺子去上坟，或在家烧“亡人纸”和中午各家吃水饺之俗。此俗今仍沿袭。

八、中秋节

农历八月十五日为“中秋节”。民间视为每年重大节日之一，尤为重视。旧时出门在外的人，这天中午都要尽量赶回家，和家人一起吃“团圆饭”，故中秋节又称“团圆节”。此日下午，各家烙“团圆饼”（大糖饼），焐芋头、菱角、花生、栗子吃。晚上各家“敬月”。有“男不敬月”之俗。敬月时，在院中设案摆香炉、烛台、“团圆饼”、月饼、芋头、菱角及石榴等时令果品。如有膀蟹放上更好，谓之“爬月”。“敬月”时点烛燃香，烧月光纸，放鞭炮。妇女对月叩头，把杯中清水泼向天空，将供品撒一点给月亮，然后全家人围桌吃供品。“团圆饼”要按家中人数切成若干块，每人一份。在外人的那份要留下，晒干后挂起来，等他们回家时吃。民间还有于次日带女儿回家过一天之俗，称为“翻芋头皮”。现时，敬月之俗已淡出，其余各俗均沿袭。

九、重阳节

农历九月初九，民间有登高、吃蒸糕的风俗。有“重阳吃块糕，一寒也不焦”“重阳吃块饼，一寒也不冷”之谚。重阳节卖蒸糕随送彩色小纸旗，以小旗象征茱萸，寄托对远方亲人的思念。

重阳各俗今仍沿袭。重阳节被定“敬老日”后，此日前后开展敬老活动已成新俗。有的单位还在此日举办登山活动。

十、十月朝

民间称农历十月初一为“十月朝”，为“鬼节”。此日，有上坟祭亡人，给亡人“送寒衣”之俗。花果山乡一带老年妇女中还有此日到当地鸡鸣寺烧香，敬碧霞娘娘之俗。

解放前，“十月朝”也是长工被解雇之日。故有“十月朝小工下锅熬”之谚。

今“十月朝”上坟祭亡人之俗仍存。

十一、过冬

民间称每年“冬至”日为“过冬”，十分重视，有“冬大如年”之说。此日有上坟祭亡人之俗。还有于此日煮红番瓜吃的习俗，有“喝了红瓜汤，冬天不冻疮”之说。

“过冬”习俗今仍盛行。

图 36－18　每年农历腊月初八家家都吃腊八粥

十二、腊八

民间称农历腊月初八、十八、二十八皆为“腊八”。至时，吃腊八粥、看天气，以预测来年丰歉。有“三个八地皮白，又收稻又收麦”和“要得发，扫十八（各家大扫除）”之谚语。

此俗今仍沿袭。

第二节　时兴节日

一、元旦节

公历元月一日称元旦，放假一天。新浦地区各单位张灯结彩，组织各种活动，欢度元旦。

二、妇女节

3 月 8 日，为国际劳动妇女节，妇女放假半天。3 月 8 日前后，新浦区各单位均举行纪念活动，表彰妇女工作先进集体和先进个人。

三、植树节

1979 年国家确定 3 月 12 日为全民植村节，每年植树节前后新浦区各单位均组织职工参加义务植树活动。

四、劳动节

5 月 1 日，为国际劳动节，全体职工放假一天。“五一”前后，域内各单位均举行庆祝活动。

五、青年节

5 月 4 日，为青年节，青年放假半天。“五四”青年节前后，全区各界青年举行报告会，或开展为民服务活动等。

六、儿童节

6 月 1 日，为国际儿童节。“六一”前后，域内各中小学、幼儿园开展丰富多彩的活动。

七、中国共产党建党纪念日

7月1日，是中国共产党建党纪念日。“七一”前后，全区各级党组织广泛开展纪念活动。

八、建军节

8月1日，为中国人民解放军建军节。节日前后，新浦地区各单位均开展慰问烈、军属和军民、军政联欢等活动。

九、教师节

9月10日，为教师节。节日前后，全区开展多种尊师重教、表彰名师、名校等活动。

十、国庆节

10月1日，为中华人民共和国成立纪念日，放假两天。节日前后，域内各单位均张灯结彩，开展庆祝活动。

十一、敬老节

农历九月九日为全国敬老节。每年此日前后新浦区各单位均广泛开展敬老活动。

第三节　岁时禁忌

旧时，忌讳在大年初一早扫地、倒垃圾。以为这样会使财气跑掉；忌见剪刀，以为这样会破财；忌吃药。以为这样主一年药不离口；忌讳打破东西。以为这样不吉利；大年初一到初三，忌借火。以为这样对双方都不吉利。

大年初一煮元宵、饺子，忌讳元宵、水饺破裂。万一遇有破了时，又忌说“破了”“坏了”，而要说“挣啦”，以图吉利。

二月二(农历)忌动针和剪子。以为动了会戳伤龙眼，招来灾祸。

旧时，忌男子敬月、女子祭灶。

第八章　行业习俗

第一节　工商经营习俗

一、开业

【起商号】 起商号又叫“起店号”、“起店名”，商家视为大事。起商号，讲究吉利。解放前，新浦地区商店常用的吉利字有“丰”“泰”“兴”“恒”“福”“昌”“盛”等；合股商店多用“同”“协”“和”“合”“顺”等一类吉利字。自营商店标明姓记和经营内容、方式。

新中国成立后，商店起名除图吉利外，均标明单位名称、所有制性质和经营内容、方式。20 世纪 90 年代起一些上规模的商店、酒店、宾馆，常用“大”“城”“中心”等字，称某某大厦、某某大楼、某某大酒店，也有称某某商场、某某商城、某某销售中心的等。

【挂牌匾】 商店牌匾，俗称“招牌”。商家均视牌匾为脸面，店无论大小都讲究招牌的书写制作。通常请当地书法名家或在社会上有声誉的名人书写，也有请外地书法名家书写，以振声誉的。旧时，商店牌匾多为木质，精雕细刻。也有的直接做于墙上。

现时，招牌字多用金属或塑料制作，且越做越大，工艺越来越精。20 世纪 80 年代，开始出现霓虹灯牌匾和彩色喷绘牌匾等。

商店牌匾一经挂出，就不能随便拿下。“拿牌匾”就意味着“倒店”“倒号”。

【择吉开张】 旧时，商店开业均选黄道吉日，俗称“择吉开张”。开张之日敬财神、放鞭炮、挂牌匾，张贴“开门大吉”“生意兴隆通四海，财源茂盛达三江”之类楹联。大店开张之日还宴请地方军政要员、社会贤达、商界名流、帮派头目。

现时，工商界仍讲究择吉开张，有的选在重大节日开张，举办开业（或投产）典礼，邀请有关单位、人士参加，请地方党政领导和上级主管部门领导为其揭牌、剪彩。

二、求吉

【供敬财神】 旧时，工商各业不论规模大小，都敬财神爷。大店设有财神堂，供奉财神爷像。一般店铺每年过年时设供桌，供财神爷。大年初一的五更时，老板要到店里烧五更纸，敬财神爷。住在近处的店员、学徒都要赶来参加，给财神爷磕头，祈祷财神爷保佑新年发财。生意人对大年初一早接财神、正月初五财神日尤为重视。老板多选在财神日看账，以图吉庆。除布店、旅馆外，一般杂货店，过年后都选在财神日这天开门营业。

20 世纪 50 年代后期起，供财神之俗废止。

改革开放后，受深圳、温州等地商家在店堂内供财神爷塑像之影响，供财神之俗渐又兴起。

【敬奉祖师爷】 手工业和服务行业，最讲究敬奉本行业的祖师爷（创始人），以求指点手艺，生意兴隆。铁匠（俗称“打铁的”）、白铁匠（俗称砸白铁皮的）均敬奉李老君，每年（农历）二月十五老君诞生日，焚香叩头为李老君祝寿。入行拜师必先设香案敬奉李老君。新浦无老君堂，20 世纪 30 年代，新浦铁匠、白铁匠、银匠合伙凑钱，在中山路福神庙里，安放 1 尊铁铸的老君像，每年按时敬奉。其他各业有别，木匠敬奉鲁班，瓦匠敬奉有巢氏，柳匠敬奉蓑衣老祖，裁缝敬奉轩辕氏，鞋匠敬奉孙膑，剃头的敬奉罗祖，推面磨的敬奉雷公，槽坊敬奉杜康，油坊敬奉尉迟敬德，染坊敬奉腊梅老祖和秋葛老祖，砖瓦窑敬奉窑神等等。新浦均无专门祀奉场所，多在自家设案敬拜。

新中国成立后，随着各行各业办培训班培养技工兴起，个人拜师学徒极少。敬奉祖师爷之俗也有所淡化。

【开市大吉】 一般商店、手工业者均在新年开市的第一天优待第一位顾客，以图做成新年第一笔生意，叫“开市大吉”。每天清晨开门也讲究做成第一笔生意，称“开门大吉”。

【重阳吃螃蟹】 旧时，裁缝业有重阳吃蟹之俗。重阳节以后天气渐冷，各家要添置寒衣，裁缝于重阳节吃螃蟹,寓意节后要“七手八脚”忙生意。重阳这天即使熬夜也要把铺里承做的衣服全部做完,以便接更多的生意。

【讲究数字谐音】 改革开放后,受广东等地人影响,民间出现在使用号码、日期、时间时,选用与“发”谐音的“8”、与“钱”谐音的“7”,以图吉利。商家开业多选用带“8”的日期、时间等习俗。以至有的高价拍卖、抢购带“8”的电话号码和车牌照号码,号码中的“8”字越多价格越高。而忌用与“死”谐音的“4”“14”等数字。

三、行规

【学徒要“找保”】 旧时,进店学徒,要找当地有身份或与店老板要好的人担保,俗称“找保”。学徒在学徒期内出事,保人要负责。旧俗学徒3年吃饭不要钱,但事先要交一定的押金,俗称“押板钱”,或叫“押板”。3年满师,压板钱如数退还。如中途学徒出事,或自行离去,压板钱“白冲”(不退)。

【学徒没工钱】 旧时俗规,学徒3年内,除过年几天外,不准回家,以专心学习。学徒期间主要是干杂活,俗称“打杂”、“当小伙计”。3年内老板供吃、住,不给工钱。头一年白吃白干。第二年起,老板按月给点剃头洗澡的零用钱。第三年,零用钱适当增加。学徒期间如干得好,也能破例提前站柜台,正式学生意。

旧时,新浦商帮较多,俗规均不收外路人,即一般只收同籍人当学徒。新中国成立后,此俗已无。

【站柜台】 过去,商店里的店员(今称营业员)从早晨开门,到晚上关门,一律要站着干活,俗称“站柜台”。商家讲究礼貌待人、和气生财,不准店员坐着或趴在柜台上。今多数店铺仍从此俗。

【药铺留小门】 旧时,药铺于每年腊月二十八关门,新年二月初二开门营业。关门期间,只关大门,留个小门,以便病人家进铺抓药,即便是大年初一,有人来买药,也随到随卖。今一般药店节假日均有人值班。

【出诊不收费】 旧时,行医讲究医德,当地医生,凡有病人家来请,均随请随到。前往看病,不收出诊费,只要病人家招待顿饭。病人好后,酬不酬谢、酬谢多少,医生均不讲究,以后照常为其看病。坐堂医生应请出诊,也不收出诊费。

【剃头洗澡同行不收钱】 旧时,理发(俗称“剃头的”)和开澡堂的,对同行的不收钱,但来者必须按行俗亮明身份,说明来意。剃头的来到别人剃头铺,要站到人家下首谦恭地说:“有劳大师兄挥挥山子”,这样不仅剃头不收钱,还要留吃饭。如隐瞒身份被人家察明后,剃完头交了钱还要挨打。同行进了洗澡塘,只要往茶水桌下首座上一坐,拎着拖鞋入池,将拖鞋轻轻放于池口,入池后把毛巾叠为四层,先洗手臂,再洗前后胸,澡堂的人便知是同行来了,不仅接待热情,洗后不收钱,还要招待酒饭,远途的临走时还要送给路费。

【货郎进宅不抬头】 旧时,少女不能出门抛头露面,购物不便。唯货郎担子可以挑进宅内让她们选购。但货郎进宅后只能低头卖货,不能抬头,更不能到处张望。否则,会被视为不规矩。同时,少女买货付款,不能直接交给货郎,只能将钱放于筐匣匾内,由货郎自取。

【饭店不催客】 开饭店的每天早开门,晚关门。晚间,只要有客人在吃饭,再晚也得侍候,不得催促客人快吃快走。今饭店仍从此俗。

第二节　农业生产习俗

一、农民生产习俗

【观天测年成】 旧时，农业生产受制于天气状况及病虫灾害程度。农民认为病虫灾害也是由“老天爷”安排的。故农民迷信天象，便在每年的不同季节、月份或节气察看天象，以寻找当年水旱病虫等对庄稼生长有何影响的预兆。如，正月初一五更头时看风向，认为此时刮东南风，主风调雨顺，虫灾少，庄稼生长好，年成好；如果刮西南方主当年天旱，蝗虫多；刮东北风主雨水多，庄稼会受淹；刮西北风，则主小灾不断，年成不丰。对雷的出现时间也十分注意观测。认为，正月打雷主庄稼多灾，长不好；二月打雷主虫灾多；三月打雷最好。有“正月雷，遍地贼；二月雷，害虫堆成堆；三月雷，狗嚓白米堆”之谚。对一些传统节日当天天象农民尤其重视观测。民间以为“六月六”这天下雨主连阴雨，有“六月六湿了龙衣四十天”之说……。农民们会根据对天象观测结果，安排当年生产并采取相应措施“消灾”、避灾或做好度荒准备。

现仍有少数老农从此俗。

【炒虫】 农民有正月初五、十五、二十五这 3 天晚上“炒虫”之俗。晚上，各家把各种粮食少抓一点，一齐放在锅中炒。烧火和炒粮食的人边炒边问答：“做什么的？”“炒虫子。”“炒死没？”“炒死了。”直至把粮食炒熟，分分吃了，以为这样年内庄稼可免虫害。此俗早已不兴。

【围仓囤】 民间称“二月二，龙抬头”，旧时，有“围仓囤”（也叫“圆仓围”）之俗。此日早晨起床后，男主人首先用锅腔里扒出的灰，在院中或大门外空地上，撒成一个个大小不等的圆圈，以示“仓囤”。把家中的各种粮食抓一点分别放在灰圈内（用片石盖好，以防鸡鸭吃），俗称“围仓囤”。日落时，将“仓囤”内的粮食一样一样收起，叫做“收仓”，分别放到麻袋或笆斗里，以示数量之多，图个吉利。

今已不从此俗。

【咒鼠】 旧时，田鼠、家鼠危害严重。农家有二月二咒鼠之俗。二月二这天晚上，农家老妇会拿着瓦粮食用的“干瓢”（即以成熟的葫芦干透后剖开，除去籽瓤，可舀水为“水瓢”，盛干东西的称“干瓢”），在屋内、院内边敲边说：“二月二敲干瓢，大小老子（老鼠）没落逃”或“二月二敲瓢碴，大小老子只只瞎”。以为这样就可减轻鼠害。此俗早已不兴。

二、山民生产习俗

【拜山神】 旧时，春节过后第一次上山砍草，要拜山神。带大伙上山砍草的领头人（俗称“老大”），在到达砍草地点时，选一路边让大家放下镰刀、扁担、绳，就地焚化由黄表纸印制成的“龙牌”，跪拜山神，祈求山神保佑大家一年砍草既多又平安。今此俗已无。

【祭树神】 旧时，山林属于山主，山主每年将指定范围内、一定规格的树木，卖给收购树木的人砍伐，俗称“点树”。伐木人员在开始砍伐的第一天早晨，开锯伐树之前要烧纸祭树神，边烧纸边口诵：“树神树神莫怪我，我是人家雇来的”，祈求树神不要怪罪自己，保佑自己砍伐树木不出事故。

今山民对山间生长奇特之树仍注意保护，但无祭神之俗。

【十月朝，乱丢刀】 山间俗定秋分前不砍山草，秋分时节各种山草生长成熟，俗称秋分百草灌满浆、丢了籽，砍草质量好，不影响百草繁殖。但秋分开始砍草时，先是看山户在自己所看山场内砍草。不准其他人到有人看管的各山场内砍草。从农历十月初一（俗称“十月朝”）这天起，山上草谁都可以砍，山场内的草自己没砍完，别人也能砍，俗称“十月朝，乱丢刀”。

三、渔民生产习俗

【敬天后娘娘】 新浦一带渔民认为天后娘娘是最慈善、最忠实的海上保护神。农历每月初一、十五都要到天后宫内焚香祈祷。每年三月二十三日天后娘娘诞生日、九月初九天后娘娘的飞升日这两天，渔民会将自己的船名及船上人员名单写在红纸上，放在天后娘娘神像前，祈求保佑。

出远海的每条大船后梢的舵楼内，均有神龛供奉天后娘娘，求其随船保护。船从出海到归来，神龛前的香不能熄火。也有的船制作一面“娘娘旗”，旗上书写或绣上“天上圣母”四个大字，或写上“天后圣母急急如律令”字样。

【造船】 渔民对造船历来十分讲究，开工选双日，在开工、铺置、上大肋、上金头、冠戴等关键性工序开始时，都要举行庆典。

造船从船底开始，船底合好后与第一道横筋（即大桅座）结合是全船的基础，叫“铺置”，船家要烧香、叩头，敲锣打鼓放鞭炮。安装大桅座用的方孔两边两根大钉叫“喜钉”，必须由木匠中大师傅亲自钉，一面钉，一面要说喜话。船两帮上上“大肋”，也要烧香、放鞭炮。安装在船头上叫“金头”的一根横木，必须用榆木或槐木。金头上要雕一双“龙眼”，龙眼两侧上方钉两根钉子，叫“元宝灯”，钉子上挂一束红布条，叫“彩子”。龙眼上涂颜色，叫“开光”。龙眼中心要涂一点红色，叫“点眼”。点眼必须用公鸡冠子的血，被取血的公鸡不能立即杀掉，要放在船后喂养，待船出海返回上岸后杀掉，与第一网捕的鱼一起敬老龙王和天后娘娘。

新船下水的当天，要庆祝，俗称“冠戴”。船主在船头上摆上盐、茶、菜、米、面供品，还要“抛舱钱”，用铜板、银元，由木工边抛边说喜话：“一把金钱抛进舱，马鲛鲰鱼尽船装；二把金钱抛上梁，金银财宝动斗量；三把金钱抛上稍，富贵荣华节节高”。

新船造好后，在下坞前，船上必须日夜有人，俗称“压船”。新船下水，要拖，但不能叫拖下水，而叫“放”。

【起船名】 新船造好后，船主要设盛宴款待全体造船木工，请大师傅给船起个名字。起船名字无一定规矩，可以见到什么、想到什么就起什么名字，只要不犯忌、吉利、通俗、好叫好记就行。船名一经起出，就一语为定，不得更改。而且要齐声说好。

新浦一带渔船不但有大名字，还有小名字。一般渔船的大名字都带船主的姓氏。如刘顺兴、谭兴顺、张福顺等。船的小名字则都比较风趣幽默、好记。如尚五肚子、王大蛮、高二歪、大汤元子等。

船一旦有了名字，就终生不变，即便易主，名字也不能变。

【出海捕鱼】 每年第一次出海，多在清明前后，选双日二、八日出海。出海当天，船老大带领船员捧着猪头，在鞭炮、锣鼓声中祭船敬龙王。一般用椭圆形木桶装着猪头。猪嘴里衔着猪尾巴。祭船后，全体船员一起吃猪头，猪尾巴一定要给二老大吃，因猪尾巴象征测验水深的点水杆，一说是邀鱼鞭子。这时船老大点燃花皮（桦树皮）与芦苇扎成的火把（称“财神把子”），将渔具等船上物品照一遍，边照边说喜话，照完将火把抛向远方，越远越好。

出海渔船，每船有一名负责人，称老大，船主称“板主”；多条船一齐出海，要选一位老大负责，称“旗民”。旗民所在的船称“旗船”；“旗船”桅杆上有特殊旗号，各船要听旗船指挥。

渔船出海，船上人数不能逢七逢八。船上还要带一两个童男子，俗称“小伙计”，以图吉利。

渔船出海离开码头后，船上人就不洗脸，不刷牙了。

船到现在新黄河口外，俗称“过尖老大”，船头、烧锅的几个人要把事先准备好的猪头拿到船头，烧柱香，磕头祷告，接着，就打下南洋第一网。开网取鱼要说喜话。

第三节 行业禁忌

一、工商业禁忌

旧时，工商业者禁忌也多：

铁匠忌大清早上有妇女上门借锤或修磨剪刀。

木匠忌妇女坐案头（干活的木台子）。

忌正月、腊月有人上门修破锅盖。

各手工业者都忌讳人跨自己工具。

裁缝忌讳人拿他尺子空量、当玩具要；忌妇女拍案板或坐案板。

屠夫忌别人从屠刀上跨过，尤忌以屠刀切葱、蒜、韭菜之类。

商业讲究礼貌待客，忌讳店员背朝着店门站着，以为这样对顾客不礼貌，冲撞顾客，破了财路。

二、农渔业生产禁忌

农民忌讳大清早说“碰着了”、“割着了”一类不吉利的话；清早一起来就打喷嚏，更认为兆头不好，一天中干活都要格外小心。

民间以为扁柏性阴；“桑”谐“丧”音；楝树苦。故忌在宅前栽植扁柏、桑树和楝树。

民间称同一树根上并生两枝树干的为连理树。旧时，以为此树有灵气。不论长在谁家山场中，山主都不将其卖给别人砍伐。对陵地的树木也不砍伐。

禁忌把镰刀头朝后扛在肩上，以为刀口朝着自己脖子，不吉利，也不安全。

农民忌讳将木锨、木叉、扫帚之类竹木器农具头朝下靠放在墙上；而又忌讳将铁锨、铁叉、锄之类铁器农具头朝上倚在墙上；更忌讳岔（跨）镰刀。以为镰刀被岔不吉利。如发现确因疏忽岔了别人镰刀或发现刀被人岔了，要马上把镰刀拿起，将刀尖向地上剁几下，以此“破灾”保平安。

每年过年到正月十五前忌吃烧煳了的饭。以为吃了煳饭庄稼会长黑穗子。

渔民忌讳说与不吉利字谐音的字。帆篷，只准说篷，不准带与“翻”字谐音的“帆”字；把物件从高处拉到低处，或把站着的东西放倒，禁说拉、放。把篷往下拉，不能说“拉篷”，而要说“小篷”。把篷往下拉一部分，叫“搓篷”；把低处的东西拉到高处，把平放的东西立起来，要说“起”“拔”；船调换方向，禁说“调头”，而要说“调戗”。拿东西不小心掉了下来，禁说“喔嚯嚯”；接住对方送给的东西，禁说让对方“撒手”，只能说让对方“放手”。渔民认为“撒手”、“喔嚯嚯”是人落水无救的意思。

渔民对数字有忌讳，认为四谐音“死”，八是人的分开，七是鬼的日子，十是谐音“失”，十四是“失事”谐音，二十四是谐音“儿失事”。遇到初四、初十，便说为“大初三”或“小初五”、“大初九”或“小十一”。

也忌选带“四”字的双日子。

渔船上平时绝对禁止触动太平锚、太平篮、太平斧和太平仓。并忌在它们面前说犯忌的话。

渔民忌讳蹲着双手托腮，以为这是遇难犯愁的样子；忌讳人蹲着抱膝头，以为这是生意不好“清等”的兆头。

禁忌将仓板、锅盖翻过来放，而只能揭起左右或前后移动。忌讳将鱼筐等家具等家具底朝上晒或存放。以为翻过来是翻船的恶兆。

渔船出海前，忌怀孕妇女从船头绕过或从渔具上跨过。如发生上述之事，则要推迟出海1至3天。

忌妇女踩、跨渔网、纲绳。万一有女的跨过了纲绳，即以说“小脚跨大纲，鱼虾装满仓”之类吉利话以“破灾”保平安。

渔民出海后在船上吃第一顿鱼，须先把生鱼拿到船头祭龙王、海神，而后整鱼直接下锅，最大的鱼头由船老大吃。盛鱼的盘子放好位置后，不准挪动。每顿鱼不准吃光，留着投入下顿鱼锅内。

船上忌说饼，称饼为“瓦屋垄子”；忌说“盛饭”，应说“装饭”或“起饭”。因“盛”与“沉”谐音。

船上称筷子为“篙子”，忌伸筷子搛别人面前的鱼，这叫“过河”。如犯忌，船老大即将“过河”的筷子夺下来抛入海里，以让筷子做人的替身。

忌将筷子横放在碗口上。俗以为此举会主船搁浅，船横着动不了。

船上忌坐着吃饭，只能蹲着；在一次航行中，吃第一顿饭蹲的地方，就是各人本次航行中每次吃饭蹲的地方，不准移动位置。否则叫“离了窝”。

忌在船帮上小便，小便应到后稍。在后稍两人不能同时大小便。

忌坐在船舵口把腿耷拉下来。

船上忌趴着睡觉。

请求别船帮助，只准伸手摇晃，忌招手呼叫。也可在第二桅杆上打出信号。如见求助而不往，将会受到谴责。

在船上换衣服要在八尺舱内换，忌在船面上把衣服脱光。俗以为，这样天后娘娘会生气。

第九章　崇　拜

第一节　天象崇拜

旧时，新浦地区居民崇拜日月星辰，敬佩雷公、闪将，畏惧风婆、火神。民间认为雷公惩恶，有“不干好事遭雷打”之说。称日食、月食为“天狗吞太阳”、“吞月亮”。遇有此状，敲锣打鼓、敲铜盆、燃放鞭炮，驱赶天狗。久旱无雨，则众人求雨。

新中国成立后，此俗渐废。

图 36－19 南城烟墩山上的“石干大、石干妈”

第二节 石崇拜

旧时，有让娇生儿拜石干大、石干妈之俗。南城西凤凰山南侧一小山头上有两个凸起的岩石，被视为石干大（南一块）、石干妈（北一块）。附近民众都到此拜石干大、石干妈。临洪滩庄南原明朝膘骑将军曹杰墓遗址（众称“石门口”）内，有石桌、石人、石马、石羊、石龟之类。新浦及附近人家便将其作为拜石干大、石干妈的场所。每年农历正月初十，主家自备香烛、鞭炮、食品，带孩子到石门口，给石人烧香磕头。把所带食品、钱物放到石桌上，专事烧香的人，接过香物，便拿出一串由三五枚铜钱串成的长命锁，挂到小孩脖子上。拜石干妈时，不准讲污言秽语；不能往石干妈身上撒脏东西；拜完后要径直回家，不准回头望。此俗延续到 20 世纪 50 年代初。

正月初十这一天，民间还忌拿针。俗以为这一天石婆婆（即石干妈）睁眼，拿针刺了石婆婆眼，人就会害眼。今仍有部分老人沿袭此俗。

民间有竖刻着“泰山石敢当”字样的石碑或石柱避邪之俗。此俗今尚存。

第三节 土地崇拜

解放前，民间崇拜土地神，各地都建有土地庙，每年正月初一寅、卯时，都设香案，烧天地皮纸、放鞭炮，磕头谢天地，祈求天、地老爷多赐五谷，保佑平安。

新中国成立后此俗渐废。

第三十七编　方　言

新浦区居民语言在江苏省内属于江淮方言区中的扬淮方言片区。而辖区内方言又可分为两个小片区:城郊的花果山乡、云台乡、宁海乡、南城镇属灌云方言;城区新浦由于开埠较晚,老居民主要是海州人及省内外经商务工人,语言较杂。但其主体仍属海州方言。本编主要记述主城区新浦的主体方言。

第一章　语　音

第一节　声母发音特点

新浦人说话时习惯于舌尖向上翘,使普通话中的平舌音声母 Z、C、S,发不出来,而全部发为翘舌音 Zh、Ch、Sh。凡声母 Z、C、S 的字,新浦人都混同于声母 Zh、Ch、Sh 的字。

新浦人说话发音习惯于舌头上翘抵住硬腭,使声母 N、L 不分。普通话中声母"N"的拿、哪、纳、奶、南、男、难、恼、内、泥等,新浦人都发为声母"L"音。

新浦人说话发音时有唇齿不靠的习惯,使普通话中很多声母"F"的字发音不准确,变成了声母"H"的字。

新浦方言对平舌音声母发音与普通话对照表

表 37－1

汉字	普通话读音	新浦方言读音	汉字	普通话读音	新浦方言读音
兹	zī	zhí	餐	cān	chān
子	zǐ	zhí	残	cán	chán
字	zì	zhí	惨	cǎn	chán
扎	zā	zhà	灿	càn	chàn
灾	zāi	zhài	仓	cāng	cháng
宰	zǎi	zhái	操	cāo	cháo
再	zài	zhài	曹	cáo	cháo
暂	zàn	zhán	草	cǎo	cháo
葬	zàng	zhàng	斯	sī	shí

续表 37－1

汉字	普通话读音	新浦方言读音	汉字	普通话读音	新浦方言读音
枣	zǎo	zháo	死	sǐ	shǐ
造	zào	zháo	四	sì	shí
怎	zěn	zhōng	苏	sū	shú
增	zēng	zhéng	俗	sú	shuè
刺	cī	chí	酸	suān	shuán
瓷	cí	chǐ	蒜	suàn	shuàn
此	cǐ	chī	虽	suī	shéi
次	cì	chì	梭	suō	shó
擦	cā	chí	锁	suǒ	shó
猜	cāi	chái	孙	sūn	shéng

普通话中声母 F 的字在新浦话中的发音对照表

表 37－2

汉字	普通话读音	新浦方言读音	汉字	普通话读音	新浦方言读音
发	fā	huá	房	fáng	huáng
罚	fá	huá	飞	fēi	huī
法	fǎ	huá	废	fèi	huì
反	fǎn	huǎn	分	fēn	hūn
泛	fàn	huàn	丰	fēng	hūeng
方	fāng	huāng	夫	fū	hū
放	fàng	huàng	父	fù	hù

第二节　韵母发音特点

新浦方言中韵母发音与普通话不同之处，主要在韵尾－n 的前鼻尾音发不出来，而以韵尾－ng 的后鼻尾音替代。而且，在发音时舌根又抬高不到位，造成很多字读音与普通话标准音不完全相同。

（一）在新浦话中韵母 in 的字，基本上都读成韵母 ing 的音。

如，把普通话标准音的斤（jīn）、紧（jǐn）、近（jìn），分别读为 jīng、jǐng、jìng；把银（yín）、饮（yǐn）、印（yìn）、心（xīn）、衅（xìn），分别读为 yíng、yíng、yìng 和 xíng、xìng。

（二）在新浦话中，韵母 en，在尽多情况下，为韵母 eng 所代替。

如，把普通话标准音的奔（bēn）、本（běn）、笨（bèn），分别读为 bēng、běng、bèng；把坟（fén）、粉（fěn）、奋（fèn），分别读为 féng、fěng、fèng 等。

（三）新浦方言对韵母 en 和 eng 的使用比较特殊，即凡是在声母 W 后边时，基本上都变成了韵母 ong，字即完全变了音。

如，普通话标准音的温（wēn）、文（wén）、稳（wěn）、问（wèn），新浦方言分别读为 wōng、wóng、wǒng、wòng；把翁（wēng）、瓮（wèng）分别读成 wōng、wòng 音。

第二章　声　调

第一节　新浦方言的入声声调

新浦方言的声调，在标内和普通话一样有阴平、阳平、上声、去声 4 个声调，另有一个入声声调。即新浦人在读到一些字音时，是随着口腔中的气流入于喉咙内，声音不外扬，只在口腔里形成一个短促的喉塞音。而且，把字的韵母也改变了。

如，普通话中标准音的合（hé）、鹤（hè）、喝（hè），新浦方言都读成入声“ha”音；把菏（hē）、河（hé）、何（hé）和（hé）都读为入声“ho”音；把鸽（gē）、葛（gé）、阁（gē）和壳（ké）、渴（kě），分别读为入声“ga”和“ka”音。

第二节　调　值

新浦话中很多字的四声值与普通话差别较大。如“搭帮”一词，普通话读“dā bāng”，两字都是第一声，声调高扬。新浦的声调则为“dǎ bàng”；“花灯”一词，普通话读“huā dēng”，声调也都为第一声，新浦方言则读为“huǎ dèng”。再如，“可口”一词，普通话中两字都是降升调“kě kǒu”，新浦话则读为“kǒ kòu”，就不柔和，而显得有些生硬。

新浦方言的降升调与普通话的降升调也不完全相同。方言的降升调在降后升时，升不到位，升到一半即结束了。如“恼”字，普通话是降升调，读为 nǎo。新浦方言读“恼”字也为降升调，读“lǎo”音，但声调先降后升，升到中途音即终止。

第三节　着重词尾字声调

新浦人说话着重词尾字音，特别是在说一些地名及动词时，往往把最后一字字音加重，以引起人注意。如新浦人说新浦、海州、连云港、上海、北京这些词时，重音都落在其最后一字浦、州、港、海、京字上。

第三章　有关词类地方词语

第一节　代　词

一、人称代词

新浦方言中除用我、你、他、我们、你们、他们作为第一、二、三人称外，还以“人家”作为第一人称代词。以“这号”“这帮”“那帮”等指代自己不满意的人。

二、指示代词

（一）以“这块”“这国”“这块丁”“这落丁”“这落特”等词指代身边不远的地方；

（二）以“这段”“这段子”指代附近地方；

（三）以“那国”“那国丁”“那落特”“那丁嘎”等，指代较远地方。

三、疑问代词

（一）以“哪个”“哪嘎”，代指“谁啊?”；

（二）以“哪块”“哪国”“哪丁嘎”“哪段丁”“哪段”等代指“什么地方?”；

（三）以“多会”“多会咋”“哪八辈子”等指代“什么时间”?

第二节　方位词

（一）以“当央”“正当央”“中当央”“半边”“边口”“划划边”“把东边”“把摺哨”等词，表示在同一个平面空间所处的位置。

（二）以“半虚空”“地淤眼”“天龙眼”等词，表示在垂直方位所处的不同高度和深度。

第三节　量　词

新浦方言中除运用现代汉语中的量词以外，还经常把盛具的名称及一些动作的动词作为量词使用。如“10 麻袋小麦”“两瓶香油”“一捧芝麻”“一抱柴”“一草”等。

新浦方言中还经常把“扇”“合”“刀”“泡”“窝”等词作为量词。如：“如一扇门”“一合窗”“一刀纸”“一泡屎牛”“一窝小狗”等。

第四节　介词　连词

新浦方言中的介词、连词有“打”“自打”“奔”“上”“搁”“搞”“冲”“敢”“敢勤”“敢就”等。在使用时,“打”“自打”相当“从”“自从”的意思;“奔”“上”,相当于“往”“到”的意思;“搁”,相当于“放”的意思;“冲”,相当于“当着”的意思;“敢”“敢勤”“敢就”相当于“那就”“那就更”的意思。

第五节　副　词

表示时间很短的副词主要有:“将才”“将才将”“脚赶脚”“一转脸”“一卖眼”“眼瞪眼”“脸一掉”等。如,他将才还坐这儿,怎么一卖眼就不见了。

表示正在进行中的副词主要有:“碰”“行行的”等。如:他碰看书给我拉来了;他说行行话犯病了。

表示连续着的副词有:“手连手”“不住成”“不住声”“连火笃”等。如,“这个报告他手连手写了三次”;“为这事他不住成往市里跑”;“这孩子不住声哭,肯定哪里不好受”;“这事你不连火笃追着办,就办不成。”

表示肯定或否定的副词

表示肯定的副词主要有:“笃定”“吸的”“逗”“独逗”等。如,“这事你找他笃定办成”;“你提的这个建议很好,领导吸的能采纳”;“独逗,就是你说的那样”等。

表示否定的副词主要有:“嗤得了”“撅得了”等。如,“扒河计划嗤得了”;“你说那事,给经理一嘴撅得了”。

表示难以肯定或否定的副词主要有:“在两款”“不见得”“兴许”“抓把”等。如,“这事成不成还在两款”;“你要我买的那本书不见得能买到”;“这事他兴许知道底细”;“你说的那事抓把能办成啊?”等。

表示办事情况的副词

相当于“专门”的意思的副词主要有:“得为”“得得为为”“单功”“单清功”等。如,:“为你这事我得为去了趟上海”;“他得得为为给你熬了鸽子汤”;“我单功来看看你的”。

相当于“不经常”的或偶尔巧合的意思的副词主要有:“八八”“二八八”“巧不巧”“碰巧”“独单独巧”“该巧”等。如,“他八八不上我家来”;“我二八八不上他那去”;“他巧不巧也会到我这来”;“这事跟他说说碰巧也能办到”;“他不吃韭菜,一个韭菜包子独单独巧给他摊着了”;“(打牌)三缺一,该巧你来了”等。

表示范围的副词

表示全部的主要有:“通身”“通共”“回回”“把把”“划”“寡”等。如,:“我通身也掏不出一百块钱”;“第二会议室通共能坐100人”;“他们班人回回都提前进会场,值得表扬”;“他跟人下棋把把输”;“那屋里划小孩子”;“听书的寡老年人”。

表示汇总的主要有:“七股八杂”“一括笼统”“杂七杂八”“七逗八逗”等。如,“他家七股八杂也拉来百把斤废纸、废铁”;“我们厂一括笼统百把人”;“这次七逗八逗才收了一吨多废旧物资”等。

表示事物的一部分的主要有:“个把”“一个半个”“个个把把”“次把”“次次把把”“一时半间”“一会回半回”等。如,“到现在才来个把人”;“差一个半个也不碍事”;“一大堆苹果少个个把把也看不出来”;“他一个月能来次把(次次把把)”;“我一时半间没空子,不要等我了”;“肉一个月吃一回半回的也不要紧”等。

表示程度的副词

相当于副词“很”的主要有“稀”“恶”“焦”“苦”等。如,“过去小巷子都是土路,一下雨各落都稀烂的”;“这药恶苦的;”“这种苹果焦酸的;“尖嘴椒苦辣的”等。

相当于副词“非常”的主要有:“鲜”“雪”“透”“剔”“精”“溜”等。如,“这糖鲜甜鲜甜的”;“窗户给他擦雪亮的”;“他两口子都是公务员,小日子透恣的”;“这个水晶球剔圆”;“这捆草精轻的”;“水磨石地面溜滑的”等。

相当于“差不多”一类副词的主要有“靠边”“帮谱”“七打八”“大差不离”“可中可宜”等。如,“他出这个价还算靠边”;“你自己看着买,帮谱够用就行”;“这事你不说我也能估出个七打八”;“什么东西也没有十全十美的,可中可宜就行了”等。

相当于副词“极”“极其”的主要是“死”字。如,“这个人死口”(厉害);“她死骂人”;“那小的死讹人”等。

相当于副词“最”的主要有:“顶”“把”等。如,“这庄子顶东头那红瓦屋就是他家”;“路边把北头那个小店里卖盐”等。

第六节 词 缀

新浦方言中的名词词缀

新浦方言中一般名词后缀多用“子”字。而且,在方言中“子”字不读“zǐ”音,而读为“zhé”音。如,“筷子”“锤子”“剪子”“梳子”“篦子”“盒子”“车子”“桌子”“雀子”“袜子”“靴子”“脸盘子”“腮瓜子”“下弧壳子”“后脑脖子”等。

有些表示行为的动词尾部也缀以“子”字,以示此行为正在进行着。如,“推车子”“挑挑子”等。

新浦区方言中形容词的词缀

多以叠字作形容词后缀,以凸显其程度。如,“红彤彤的”“黄蒯蒯的”“白寥寥的”“黑漆漆的”“绿真真的”“紫呆呆的”“臭渍渍的”“苦叽叽的”“咸斩斩的”“火燎燎的”“热突突的”“麻扎扎的”“稀溜溜的”“干捣捣的”“干巴巴的”“硬梆梆的”“面秋秋的”“软溜溜的”“细绝绝的”“肉滚滚的”等。

新浦方言中有的还以“纳八的”“捣怪的”“的慌”作为缀词。如,“丢人纳八的”“怵人纳八的”“怵人捣怪的”“累的慌”“愁的慌”“疼的慌”等,以加深表达自己的心情、感觉。

第四章　词　语

第一节　词　汇

一、天文气象

太阴	太阳。
凉月	月亮。
杠	虹。
扫帚星	彗星。也说“**扫把星**”。
帽头云	形如帽状的云。也说“**暴头云**”。
太阳烤火	指日晕。
亮月烤火	指月晕。
月亮打围	指月亮外围有一光圈。
花花太阳	指不时被碎云遮挡的太阳。
天狗吃太阳	指日食。也说“**天狗吃太阴**”、“**吞太阳**”。
天狗吃月亮	指月食。也说“**吞月亮**”。
天厚了	指天空云彩增多变阴天了。
天退了	指阴雨天时天上云彩减少变晴天了。
下雾	有雾了。也说“**上雾**”。
鬼风	旋风。
丢点了	多指雨初下时,雨点密度不大。
住点了	雨停了。
小毛雨	毛毛雨。也说“**小乌纳子**”。
雷忽闪的	雷闪不断。
雷暴大雨	雷闪交加的大暴雨。
上冻	即结冰。
麻碴冻	即薄冰,也说“**麻花冻**”。
雪子	即雪霰。
冻溜溜	即冰凌。也说“**冻铃铛**”。
冷阵	即冰雹。
打潮	指空间湿度大,水汽凝结于路面上,显得潮湿的现象。
拿潮	指天气干燥,潮东西干得快。

返潮 指雨季里衣物类变潮。
黑月头 没有月亮的夜晚。
双黑月头 即指没有月亮的夜晚又遇上阴雨天气,外面显得更黑。
发水 发洪水。
水发势天 连降大雨的天气。也说“**水势天**”。
不开天 即连续下雨不晴天。
大水泡天 指雨多成灾,到处是水。
一翘干 长期无雨造成旱灾。

二、地理方位

平阳地 地面非常平坦。
洼塌子 小块低洼地面。也说“**洼窝塘**”“**洼塘子**”。
崖头 指突兀的山石或高陡的土岭。也说“**招崖头**”。(崖,方言读“儿”音。)
湖地 平坦的农田。
茅草荒 荒地。
偎庄田 靠近村庄的农田。
河堆 河堤。
山涧沟 多指常年流水的山沟。
巷口子 即巷道。
拐旮旯 墙角等很背的地点。也说“**背旮旯**”“**旮旮旯旯**”。
坷溜子 小土块子。也说“**泥坷子**”、“**坷啷子**”。
砖溜瓦子 泛指碎砖瓦片子。
油泥地 盐碱性黏土地。(泥,方言读“迷”音。)
烂泥 即泥土。
硪囊礓子 指泥土中一种坚硬似石的土块子。(礓,方言读“蒋”音。)
花花石 即石英石。
乱毛石 不规则的石块。也说“**毛石**”。
地瓜石 指地瓜大小的碎石头。
大碴子 指不规则的建筑用石。
墙拐角 墙角落。
一段 附近、一带的意思。
这段 即这里、这地方。
哪段 即什么地方的意思。也说“**哪段丁**”。
落特 地方,地点。也说“**落丁**”“**国丁**”。(特,读音轻而短促。)
这国 即这里、这地方的意思。也说“**这国丁**”。
那国 那里、那地方的意思。也说“**那国丁**”。
哪落特 即什么地方的意思。

各落特	到处的意思。也说“**各落丁**”。
正当央	即正中间。也说“**中当央**”。
丫根	最下部,也说“**丫丫根**”。
天边	泛指很远很远的地方。
八国	形容很远很远的意思。
头直上	通指上空。也有到跟前的意思。如“平时不准备,事到**头直上**就慌了”。
四周戛	即四边。
把撂哨	指最边远的地方。
山旮旯	即山下最背的地方。
圩下	指盐场。
海里	指海中的岛屿。如,新浦人通称云台山下的村庄为“海里”。
湖里	指田间。
门掩后	通指门后边。有时也指两个耳朵后边。
二面二	指路或沟河的两边。
太阳心	指太阳照射的地方。
阴山背后	太阳常年照不到的地方。
河崖边	即河边。
井崖	即井旁。
上风头	风的上首。风的下首称“**下风头**”。
上溜头	指流动的水的上游。下游称“**下溜头**”。
两合水	多指淡水、海水交汇的地方。
半当腰	通指垂直方向的中间部位。有时也指一半的时候。如“事情干到**半当腰**就不干了,怎么行呢”。

三、时间节令

先番子	以前的意思。
头番子	刚才的意思。
开年	指明年开始时。
前年	二年前。
大前年	三年前。
大大前年	指四年前。
古年十八代	很久很久以前的意思。也说“**哪八辈子**”。
昨个	即指昨天。
前个	前天。
年头	即年初。
年根	即年底。
年上	指过年的时候。

这一节子	即这一阶段的意思。
论节子	有时的意思。
晌心	即中午。也说“**正午时**”。
晌歪了	即过了中午了。
上黑影子	天要黑了。
将将才	刚才的意思。也说“**才将**”。
何头	等一会的意思。也说“**回头**”。(何,方言读 hō 音。)
朝底	往后的意思。
改天	过几天或以后的意思。
一时半间	短时间内的意思。也说“**一时两时**”。
节亮	指过年过节。
二月二	指农历二月初二。民间有此日带闺女的习俗。
五月端	即端午节。
六月六	农历六月初六。
七月七	即农历七月初七。
七月半	即农历七月十五。
八月半	即中秋节。
九月九	即重阳节。
十月朝	指农历十月初一。
腊八	指农历十二月初八。
三十晚	指除夕这一天。
打春	即立春。
过冬	即冬至这一天。
交冬了	即进入隆冬季节了。也说“**交冬数九了**”。
四九心天	指数九后第四个九天,天气最冷。
六月心天	指农历六月,为一年中最炎热的季节。

四、各类动物

沙牛	母黄牛。
盛牛	公水牛。
牯牛	未阉割的公水牛。
犍牛	阉割过的公牛。
草驴	母驴。
叫驴	公驴。
骒猪	母猪。(骒,方音读为 kuō 音。)
拙猪	阉割过的母猪。
奶獾子	泛指正在吃奶的小动物。也说“**奶滚子**”。

公猫	雄性猫。
咪猫	母猫。
儿狗	公狗。
草狗	母狗。
姑老太太	黄鼠狼。也说“**黄狼子**”(狼,方言读 lāng 音。)
小炕鸡	指刚炕孵出来的小鸡。
抱窝鸡	指孵化小鸡的母鸡。
雀子	泛指鸟类。
家雀子	即麻雀。
肉蛋	指尚未长羽毛的小鸟。
柴咽咽	指生活于芦苇荡中的一种小鸟。也说“**咽咽鸡**”。
鱼鹰	即鸬鹚。
猫儿头	即猫头鹰。也说“**夜猫子**”。
咽哥	即布谷鸟。
鹐仗	指禽类以啄相斗。
刀鱼	即鲫鱼。
红鱼	即鲤鱼。
混子	即青鱼。
鰺鲦子	一种身扁长的小鱼。
长鱼	即鳝鱼。
钢针子	即黄颡鱼。
鳗溜子	即鳗鱼。
断码头	章鱼的一种。
八带鱼	章鱼的一种。
沙光鱼	即蝦虎鱼。
鳞刀鱼	指海里的带鱼。
虾婆婆	即海中的螳螂虾。
船蛆	专门蛀蚀木船底的一种贝类。
海鹅	海豚。
大老爷	指大鲸鱼。
滩虎子	指生活在海边淤滩上的一种两栖类小鱼。行走时蹦跳。也说“**弹涂鱼**”。
蚂英	即蚂蚁。
蛛蛛	即蜘蛛。
蝎虎子	即壁虎。
刀狼蛇	即蜥蜴。
秃虺蛇	一种毒蛇,身子短。也说“**七寸子**”。
檐鳖蝠子	即蝙蝠。

土鳖蝠子　即地鳖虫。也说“土鳖子”。
叫乖子　即蝈蝈。
坾通狗子　即蝼蛄。也说“土狗子”。
放屁虫　即斑蝥。
刀螂　即螳螂。
螺螺　即蜗牛。
马蜂子　即黄蜂。
蛐蛐　即蟋蟀。
曲蟮　即蚯蚓。
卢公　即蜈蚣。
驮钱驴子　即灶马。
磕头虫　即金针虫。
山水牛牛　即天牛。
洋辣子　即避债蛾的幼虫，浑身短刺，有毒，触到皮肤极痛。
粪虫　蛀虫。
腻虫　蚜虫。
花大姐　指瓢虫。
急溜　即蝉。
彤蟹　即梭子蟹。
黄钳蟹子　一种小河蟹，两螯大而黄。
歪歪　泛指贝壳。也说“麻歪”。
蚬子　指生长于河中的一种小贝类。
蛤溜　指河蚌。（蛤，在此方言读“嘎”音。）
翻跟虫子　即蚊子的幼虫孑孓。
大头乌子　即蝌蚪。
蛙子　即青蛙。也说“田鸡子”。
癞得蛄　即蟾蜍。也说“癞蛄子”。
蜻蜻　即蜻蜓。
蚊蚤　蚊子。
蛇蚤　即跳蚤。
香大姐　指臭虫。

五、各类植物

麦　即元麦。
旦麦　即大麦。
芦实　即高粱。
秸子　即玉米。

芋头	即芋艿。
山芋	即甘薯。
地蛋	即马铃薯。
山药	即薯蓣。
辣菜	即雪里蕻。
洋菜头	即甘蓝。也说“**包头菜**”“**洋白菜**”。
黄芽菜	当地产的一种菜心卷得很紧实、嫩黄、鲜美的大白菜。
蕨菜苗	即蕨的嫩苗。
空心菜	蕹菜。
四季梅	即四季豆。
老来嫩	指一种看似老了,但吃起来却嫩的豆角。
洋柿子	即番茄。
莴鸡台子	即莴苣。
大椒	即辣椒。
洋葱	元葱。
大蒜	即蒜。
小蒜	即“韮白”。
方瓜	即番瓜。
高瓜	即茭白。
活龙	即葫芦。也说“**活芦**”。
望葵	即向日葵。
海英菜	指生长于盐碱滩地的上一种蒿类作物,叶呈针状,嫩时可食用。
马菜	即马齿苋。
山马菜	即霞草。生于山野,嫩茎叶可食。根汁可去污。
黄花菜	即金针菜。
地卷皮	即地衣。
七七芽	即“小蓟”。
山芋花	即大丽花。也说“**大丽菊**”。
麦稭花	即蜀葵。也说“**大麻饼花**”。
拐磨花	即紫茉莉。
爬墙梅	即蔷薇花。
龙爪花	即石蒜花。
门楼松	即羽叶茑萝,也说“**门柳松**”。
和尚头	夏水仙。
太阳花	即大马齿苋花。也说“**洋马菜花**”。
映山红	开红色花的山杜鹃。也说“**满山红**”。
映山黄	一种开黄花的山杜鹃,有毒。学名“羊踯躅”。

附秧　一种蔓生草本植物，根可食用。
臭美人　即孔雀草花。
狗奶子　即枸杞子。
桑枣子　桑葚。
面枣子　即楝树的种子。
山泼泼　学名茅莓或山莓。
山溜红　山间野山楂的一种，灌木，果实夏末秋初成熟。有红、黄等色。
一窝虎　即中药直立百部
盐蒿子　盐地碱蓬。
牙刷草　即中药海州香薷。开花似牙刷。
不断筋　即中药草繁缕。也说“小驴肠子”。
苾球　一种野草的球状根，可食用。
蒲荠　即荸荠。
边边　即蓖蔴。
拔拔丁　即蒲公英。
猫耳眼　学名泽漆。叶、茎的白浆有毒。也说“五点草”。
草狼子　即苍耳。
橡树　即麻栎。
马尾松　即赤松。
白果树　即银杏树。
冈橘树　即枳。
酸楂　即山楂。
甜梨树　泛指梨树。
簸箕柳　即杞柳。
痒痒树　即紫薇。也说“百日红”。

六、生物繁殖

起栏　牛、羊类发情、交配。也说“打栏”。
起窝　猪、狗、猫类发情、交配。也说“打窝”。
狗吊秧子　狗交配。
带窝　指雌性狗、猫、猪一类已怀孕。
下窝　牲畜产仔。
公花　雄花。
母花　雌花。
打纽子　瓜类生长雌性花了。也说“丢纽子”。
鼓嘴子　即树木发芽了。也说“鼓簪子”“鼓芽子”。
倒丫　指麦子越冬前分蘖。

猜树　　指嫁接植物。
串窝子　　指杂交而生的小动物。

七、人体部位

囟门子　　即囟门。
太阳白　　即太阳穴。
腮瓜子　　指两腮的前部。
脖项梗　　即脖子。又指两腮下部。
下孤壳子　　下巴。
耳堂根　　两个耳朵后边。也趣称“**门掩后**”。
鼻窟窿眼子　　鼻孔。
吞子　　泛指喉咙。也指人的嗓音。(吞,读若特恩第四声。)
吞嗓管子　　气管。
咽喉　　指悬雍垂。
鹅膝子　　指男子的喉结。
牙花子　　即牙床的外部。
肩膀拐子　　肩即膀。也说“**肩拐子**”。
手指头　　即手指。(指,方言读 zhé 音,下同。)
虎丫　　大拇指与食指之间。
手指盖子　　即指甲。
算盘珠子　　指脊椎骨。
心口窝　　指胸前的两肋连接处下方凹陷处。
下身　　泛指人的裆部。也指人的生殖器。
磕头子　　即膝盖。也说“**磕拜子**”。
小烧饼　　指膝盖前部的髌骨。
脚脖子　　指脚踝部位。
脚孤拐　　指脚踝外侧的踝骨。
肝肺肚脏　　泛指内脏。(肺,在此方言读“福”音)

八、身体状态

身段　　指人的身材。
五花个子　　指人身材高矮、胖瘦适中、健壮。
板骨大身　　多指男子身体很魁梧。也说“**横高竖大**”。
结杠　　身体结实、强壮。
肉墩子　　指人浑身是肉。
苗条　　人长得较瘦且标致。
发福　　指人发胖了。

上膘　指人身上长肉了。
干柴郎　形容人长得非常瘦。也趣称“**排骨**”。
病病歪歪　指人经常有病,打不起精神。
娇苗　指人抵抗力不强,很容易被感染生病。
齁齁喘喘　形容喘得厉害。
弯扁担　指人身体弱,经常有点小毛病,但无大碍。
黄皮烂冬瓜　指人面色黄里呈青,一脸病态。
康虾子　指人个子很大但没劲。
耳朵背　即耳朵有点聋。
对眼子　即内斜视眼。
趴鼻子　指鼻梁骨矮。
三瓣嘴　即唇腭裂。也说“**豁唇子**”。
毛窝嘴　指络腮胡子。
螺拔舌头　指人舌头活动不正常,说话不清楚。也说“**咬舌头**”。
牙口好　指人牙齿好,咬嚼能力强。
龟腰子　即驼背。
箩筐腿　指两腿向外弯曲。也说“**大圈**”。
拍子　指下肢瘫痪的人。

九、婚育生日

提亲　请人说媒。
说亲　给人介绍对象。
带亲　娶媳妇。也说“**带新娘子**”“**成亲**”。
出门子　指女子出嫁。也说“**出室**”。
下礼　订婚时送礼金、礼物。
催妆　指喜日子前夕,女方过嫁妆到男方家。
正日子　指正式举行婚礼之日。
压床　指婚期前一天晚上新房布置好后让小男孩在新娘床上睡觉,以期婚后头一胎生男孩。
闹房　指在新房内闹新娘馆、新娘子取乐。
回门　指新婚满月后,新娘子回娘家瞧瞧。新郎随新娘一道到新娘家,称“**双回门**”。
倒站门　旧时对男嫁女家的称呼。
带肚子　即怀孕了。也说“**害孩子**”“**害伢子**”“**有了**”“**怀着了**”。
双身子　指孕妇。
添了　指孩子出生了。
坐月子　即产妇生孩子一个月内在床上休息。
月地里　指产妇生孩子后的第一个月。

红人	指尚未满月的产妇。
双子	即双胞胎。(双,在此方言读 shuàng 音。)
躲尿窝子	指孩子满月第二天到舅奶家过几天的习俗。
娃娃亲	即旧时在孩子很小时就定下的亲事。
采代	指人具有父母的秉性。
头生日	指孩子一周岁生日。
整生日	指逢十的生日。
小生日	指不逢十的生日。
扎小尾巴	指孩子过生日。
暖寿	指过寿头一天晚上的庆贺活动。
咽气	指人死了。也说“**走了**”“**过世了**”“**倒头了**”“**老了**”。
送老衣	即死人穿的一身新衣服。也说“**寿衣**”
一把抓	死者孙子辈戴的团顶孝帽。也说“**菜包子**”。
独角子	死者五服内的侄儿戴的只有一个角的孝帽。
倒头饭	即放在死者头前的一碗半生不熟的米干饭。
头周	即死者去世一周年。也说“**周年**”。
望烧	指不到墓地,而在家附近岔路口或路边烧纸祭奠亡人。

十、住宅起居

丁头舍子	指一种用木棒搭成人字形屋架,上面苫上茅草作屋面,门开在山墙上的小屋。也说“**丁头炮子**”。
笆门子	即用木棍扎成框架,勒上柴草做成的门。
石杠山	即用石头砌成的山墙。
三间两头房	即三间屋,中间作厅,两头房间住人。
连房带灶	即住宿、做饭在一个屋里。
当门	指住宿房间的外间。也说“**当门地**”。
锅屋	即厨房。
茅道	即厕所。也说“**茅房**”“**茅屎坑**”“**茅厕**”。
覆棚子	指用柴或木条作框架、糊上纸做成的室内简易顶棚。
门坎子	即门槛。
屋山	即屋的山墙。
天香庙	旧时屋门侧墙上留作烧香的小洞。也说“**天香阁**”。
土墼	用木框压制的土坯,晾干后作为砌墙的材料。(墼,方言读“今”音。)
梭雨	指雨斜着落进了门窗内。
攲攲	指侧着身体半躺着休息。
歪歪	即打个盹,休息一下。也说“**眯眯眼**”。
算账了	即打盹了。也说“**做神仙了**”。

就窝打铺 指在地上随便打个地铺。
挨被窝子 即睡懒觉。
通腿 指两人一头一个地睡在一个被筒里。也说“**捣腿**”。
馏卷子 指睡觉时没有东西盖。
睡魇子 即睡梦中惊叫,或觉得受压而呼吸困难。也说“**压虎子**”。
推头 即理发。也说“**剃头**”。
电灯泡子 即光头。
哈达毛子 指女子理的短发。
抓髻子 指小女孩分扎于两侧的发结。
掸面花 指在小孩的两眉中间点一红点。
上澡塘 即到浴室去洗澡。
搌澡 即用毛巾沾水擦洗全身。也说“**搌搌**”。
上茅道 即上厕所。也说“**上茅房**”。
溻尿 指小孩子在睡梦中尿床。

十一、衣帽鞋袜

小褂裤 泛指短衣裤。
汗褟子 即汗衫子。
坎肩子 指春秋穿的夹背心。
短打 指穿着短褂、短裤。
棉衣裳 泛指棉袄棉裤。
球衣 指运动衫。
秃膀子 即短袖衫子。
划筒子 即穿棉衣里面没有衬衣。
小毛衫 指婴儿穿的一种小衣服,散布边,只钉两根带子扣起来。
漏裆裤 即开裆裤。
大袂 即大衣襟。
对襟子 指不带大衣襟,在胸前正中扣钮子的衣服。
手插子 指衣服上的口袋。也说“**挎包**”。
裤插子 指裤子两边的暗口袋。
尿褯子 即尿布。
尿衲子 即用多层布缝制的厚尿布。
吊三秋 指穿的衣裤过短。
三块瓦 先后前有帽檐、两边有耳捂的棉(皮)帽子。
狗套头 指一种筒形针织品帽子,用时套在头上,只露出两眼,可挡风雪。
斗篷 即斗笠,顶部呈圆锥形,下部为六角形或圆形。
提篮把子 指女子穿的带鞋襻子的布鞋。

松紧口　指鞋口带松紧带的鞋子。
鞋靸子　即拖鞋。也说“**靸鞋**”。
毛窝子　指用芦苇花和麻绳夹在一起编制的草鞋。过去穷人冬天穿其保暖。
草蒲鞋　指用草或蒲编成的鞋子。
胶鞋　泛指橡胶制成的鞋子。
水陆坦克　指塑料凉鞋,晴天雨天都可穿。
老虎鞋　指小孩端午节穿的鞋头做成虎头形的鞋子。
猪头鞋　指小孩过周岁时穿的鞋头似猪头的鞋子。
洋袜子　指针织品袜子。
单袜子　指质地薄的袜子。
棉袜子　指质地厚或里面带绒子的袜子。
袜头子　即短筒袜子。

十二、饮食菜肴

干饭　即用米做成的干食。
粥饭　指用米类煮成的稀饭。(粥,方言读 zhúo 音。)
二摸头　煮得很稠的米粥。
煮稀饭　指熬粥。
糊嘟　糊状稀饭的统称。
下稀饭　泛指做糊嘟。
秸糈子　指玉米磨成的较粗的面子。
水挨秸糊嘟　指用水包好的玉米磨成稀糊状做成的糊嘟。
豆沫子　指用水磨麦糊和水磨的花生或黄豆面子一道做成的稀饭。也说“**三浆粥**”。
弯弯顺　即水饺。
元宝　即元宵。
旱饺子　即贴在热锅上炕熟的饺子。包的较大的称“**旱合子**”。
锅贴子　指将面糊摊贴到热锅四周,锅心放水或烧菜,蒸炕熟的薄饼。猫耳饺子即馄饨,也说“**小饺子**”。
干面　即面粉。
死面　即没经发酵的面糊。
活面　指经过发酵的面糊。
卷子　指长方形的馒头。
杠饼　指在平底锅中两面炕烙成的香而脆的饼。
锅盔饼　即杠饼的一种,形似钢盔。
油暄饼　即大饼的一种,饼内分层夹有葱花油盐,以油煎炕而成。
煎饼　即在鏊子上加工成的非常薄的饼。
朝牌　即烤牌饼。

果子	即油条。
油哧子	即糖糕。
茶食	泛指桃酥、麻饼一类精细食品。
桂片糕	即云片糕。
千张子	即豆制品百页。
粘广	指熬糊嘟时附着于锅上的糨糊状物。
荷兰水	即汽水。
贺汽水	即蒸汽水。
臊汁子	酒的贬称。
就子	泛指就饭的菜肴。
小就子	指就饭的一般咸菜。
冷碟子	指餐桌上的冷菜。
热盘子	指餐桌上的炒热菜。
坨子	即猪肉圆子。
汤坨子	即下在汤中的小肉圆子。
虎皮肉	即用带皮猪肉煮去油,蒸熟后在皮上摸糖上色的大块肉。
蹄肚汤	即用猪蹄子和猪肚子一起熬制的汤。
肚肺汤	即猪肚子和猪肺一起熬制的汤。
荤汤	泛指用肉类烩制的菜。
鲜头	指虾皮子、虾米一类使菜肴有鲜味的料子。
下水	泛指猪、牛、羊类的内脏。
后坐子	指猪腚部的肉。
肋条	指猪肋部的肉。
槽头肉	即猪脖子部位的肉。
小爪子	即猪蹄子。
腰子	即猪、羊、牛、鸡类的肾脏。
口条	即猪舌头卤制成的肉食。
猪大油	泛指猪体内的板状脂肪。
虾醤	指将一种小虾捣烂,加盐,密封于缸内发酵制成的醤。
蟹籽豆腐	指将成熟的蟹籽捣成糊状,煮熟后状似豆腐,故名。
青头	泛指蔬菜。

十三、餐饮琐事

刀	即用筷子夹菜。
叉	指将筷子张开以多夹菜。
瓦	即用勺子盛干饭或以盛具取东西。
秀	指向嘴里吸食食物。

扤	吃的意思。如说:“昨天又**扤**了顿羊肉,真过瘾”。
哈哈	指把食物放到笼里蒸蒸。
吐吐打打	吃稀食连吃带喝的动作。
小咪	多指少喝点酒。
口重	指人能吃咸。
吃头东西	泛指吃的东西。
零嘴	即零食。
下酒的	指指喝酒时吃的菜。
下小馆	即到小饭店去吃饭。
摆桌子	即安排宴席的意思。
拣嘴	指人吃东西挑着吃。也说“**挑嘴**”。
灶粮	旧时指盐民吃的粮食。
打尖	即临时吃点东西。
垫垫	指饭前先吃点东西。
嘴根子	指吃剩下的饭菜。
纳馋	即吃东西很过瘾。
逃饭碗子	指小孩一吃饭就闹人。
食肠大	即饭量大
刮人	指有些东西吃后让人胃里难受。也说“**潮人**”。
剋食	即有助于消化。
馋猫	戏称孩子馋嘴。
撑着了	指吃得过多胃难受。
伤食	指吃多了引起的消化不良。
嘴壮	指人饮食不讲究,什么都能吃得饱。
忌嘴	指饮食禁忌。

十四、各类器具

碗盏家伙	泛指碗、碟、杯、盘一类餐具。
醋敦子	盛醋或酱油用的、小而深的碟子。
汤瓢	调羹。
铜勺	泛指装饭的勺子。原确指铜制的勺子。
罩囊	笊篱。
捏刀	夹猪毛用的夹具。
擀面杖	擀面用的细长的圆木棍。
擀面轴子	擀饺皮用的两头稍细的小圆木棒。
盖列子	用高粱程子钉制成的锅盖。
鳖盖	用高粱程子做成的形似甲鱼盖子的盛具。

馏列子	蒸馒头的用具。
烤钵子	砂锅。
锅腔	旧时用泥做的圆筒形放锅的灶具,壁上留有门,可以烧火。
三撑子	旧时用泥做的比较矮小、有三个支撑点可以放锅,下边可以烧火的灶具。
火盆	旧时用黄泥做成的盆,可用以烧木炭加温食物,或盛刚烧过的草烬以取暖。
煨罐	瓦质小罐子。
地瓜炉子	一种上口小、下部大的铸铁煤炉子。
火烧心	一种烧开水的炉子,因烟囱在炉子中间而得名。
茶鸡子	带把子的茶壶。
把杯	带把子的搪瓷杯子。
牛眼杯子	指似牛眼般大的酒杯子。
搌桌布	抹桌布。也说"**搌布**"。
米达尺	直的米尺。
印兰纸	复写纸。也说"**过兰纸**"。
马粪纸	即瓦楞纸。
仿影格	指儿童临摹学写字用的纸。(格,在此方言读 gā 音)
圆子笔	圆珠笔。
印色	印泥。也说"**印油**"。
桌椅条凳	泛指各种木制家具。
铜盆	泛指洗脸盆。因起初多为铜制品。
洋瓷盆	即搪瓷盆。
三抽桌子	指有三个抽屉的写字台。
一头	指在三抽桌右首抽屉下带有一个柜子的办公桌。
小马折子	一种可以叠折的小凳子。
洋胰子	即香皂。也说"**香胰子**"。
手巾捏子	手帕。也说"**手巾方子**"。
火纸	即草纸、卫生纸。
吊桶	到井中提水的小桶。
针线匾	指柳条编制的盛放针、线、剪刀等缝纫用品的匾子。
骨子	将废旧碎布先用糨糊一层一层粘在一起,晒干以后作做鞋材料。
顶针子	戴在手指上用以抵针用的金属圈子。
马灯	指带玻璃罩、可以提着行走照明的煤油灯。
带罩灯	带有玻璃罩的煤油灯。
偷油鬼子	不带罩的简易煤油灯。耗油多,故名。
火刀	即火镰。
火石	打击可以冒火星的石英石。
斗头子	指比小笆斗还小的柳编盛具。

升筒	以升为单位的量具。
小合子	量粮食的量具,多为小铁盒子改制而成。一合为一升的1/3。
端子	即卖油、酒、酱油一类的量具。
聚口	漏斗。
小马子	即马桶。
夜壶子	即尿壶。
铲锹	指一种扁长、头部较宽,后有木柄的挖菜用具。(铲,在此方言读chàn音。)
鲁金	镢头。
大钊子	用于刨地、有三股或四股铁长齿的钊子。
范篮	柴篾编织的圆口、方底的篓子,用时多背在身后。
篓	柳条编成,带有长把子,可以挎在身后的篓子,多用于拾粪。
探木	一块木板钉于木柄一端做成的,用于场上推拉粮食的工具。
戽水斗	柳条编制的用于提水灌溉农田或排除田间积水的用具。
拐尺	角尺
锔巴子	补锅、补碗的锔子。
大票车	载客火车。
小鬼车	木制独轮车,车轮在车板面下边。
洪车	木制独轮车的一种,车轮在木车架的中间,车轮两旁有框架可以堆放货物或坐人。也说“**六合车**”。
小平车	即平板车。
脚踏车	即自行车。
黄包车	即人力车。也说“**洋车**”。
小包车	即小轿车。
交通车	指20世纪50年代末由胶东传入的一种带胶皮轮的木制独轮人力车。
踏板子	指简便摩托车。
电瓶车	指带蓄电池的电动自行车。也说“**机器脚踏车**”。
马达	即电动机。
飞子	指自行车后轮的轴承。
转珠子	即轴承。
脚手	指建筑工人用的架子。
推磨	指人力推动或畜力拉动的石磨。
拐磨	指人力拐动的石磨。因磨体较小,也说“**小拐磨**”。
碓	一种由碓身、碓嘴、碓臼组成,由人力踩动,用以捣压粉碎物品的加工工具。
小钢磨	指电动粉碎加工机。

十五、农业生产

下湖	泛指到农田里干活。

倒倒地	把地反复挖挖。
捋种	指用手将籽种按一定规格播种下去。
五黄六月	指夏收夏种大忙季节。
收五季	即收麦子。也说“**收五月**”
拉秧了	指藤蔓作物全部收割完毕了。
下货	泛指采摘瓜、茄、豆角类。
换茬子	指调整作物布局。
倒粪	翻动粪堆。
底肥	即基肥。
漾苗了	指庄稼苗子徒长。
肮毛了	指庄稼过密，长得很细。
蔫别搭杀	指植物枯萎了。
瞎了	指籽种不出苗。
挑河	即挖河。也说“**扒河**”。
口面	指布的宽度。也指沟河的宽度。
拿水	即引水。
打水	指开动抽水机抽水灌溉。
放水	排去田间积水。
出海	指到海上去捕鱼。
小取	指近海捕鱼。
打戽	即在海中打下扣网的木桩。
起篷	把篷拉上桅杆。
满舱	指鱼虾已装满仓。
抱舱子了	指捕鱼丰收，仓仓装满。
收口	指渔船靠岸进港。也指伤口愈合了。
照螃蟹	指晚间用灯光亮将螃蟹引出，以便抓捕。
戽鱼	指将沟塘里的水戽干后抓鱼。
淌鱼	用箩筐或竹帘之类置于水沟淌水口，将顺流而下的鱼虾截住，以便抓捕。

十六、工交生产

洋磨坊	旧时指以机械加工面粉的工厂。
面磨坊	指以石磨加工面粉的作坊。
槽坊	即酿酒作坊。
油坊	即榨油作坊。
电灯厂	发电厂。
染浆坊	指洗染衣物或布匹的作坊。
小料铺子	指生产小型木制家具的木匠铺。

大碾坊　指粉碎车间。
倒耙子　即编竹耙子。
打草鞋　即编织草鞋、蒲鞋。
掌鞋　即修鞋。
打饼　即加工各种饼。
开山　指在山上放炮采石或筑工事。
烧肥　即土法生产化肥。
挂挂面　即加工挂面。
漏粉条　即加工粉丝。
豆浆　用特制的架子系上布过滤豆汁。
蹬三轮　指用三轮车搞客运。
跑人债　指用自行车搞客运。也说“**跑二等车**”。
步辇　即步行。
起旱　指从陆路走。
走水路　即坐船走。
跟车走　指坐汽车走。
赶大票车　赶火车。
脚力钱　即搬运费。

十七、商贸经营

上街　泛指到市场、商店购买东西。
摆粮匾　旧时指零售粮食的摊点。
开　指整批地买货或卖货。
一口价　即要多少钱就多少钱，还价不卖。
整扫装　即把东西全部买下。
一闹抓　即不分孬好地抓，不准挑拣。也说“**大把抓**”。
走符子　指没有收钱东西让人家拿走了，少了一笔收入。
黑灯笼　指一天一笔生意也没做成。
割点肉　即买肉。
称点菜　泛指买菜。
打打价　即打听一下价钱。
汤汤　即了解一下行情。
走马算　指买的东西拿到秤上称，按斤重算钱。
野摊子　指流动摊贩。旧时卖东西多为肩挑，故也说“**野挑子**”。
收门　指店铺关门。
土产行　指经营粮油土产物品的商行。
八鲜行　指经营水产品、水果等鲜货的商行。

食品站	指宰杀生猪、经营猪肉的生产单位。
打秤	指东西很重。
软秤	即斤重不足。
低溜头	指秤杆向下低,分量不足。
小银开子	即小面额的硬币。也说"**小开子**""**小角(gá)子**"。
毛票子	泛指小面额的纸币。也说"**小票子**""**零票子**"。
小非子	指商店收款后出具给顾客的取货凭据。也指收货单位出具给搬运工人的结算凭据。

十八、文化娱乐

唱书	指艺人说唱小词书。也说"**说书**"。
唱大戏	即演京剧。
唱小戏	即演淮海戏一类地方戏。
小词书	即民间的小唱本。也说"**小唱书**""**小纸书**"。
打门头词	指到人家门口说快板或唱词。
开台了	演出开始了。
锣鼓棚子	民间一种乐队组合活动形式。因在一个布棚下活动而得名。
玩出古驴子	即演木偶戏。
假大老爷	一种民间演出形式,一人化妆成大老爷,骑在由两人抬着的大竹杆上,做各种滑稽表演。
出会	旧时民间文艺表演组织,在朝山进香时随"烧香会"一起出动进行表演,谓之出会。
玩龙	即耍龙灯。
玩灯子	泛指灯会、灯展。
玩电影	即放映电影。
三刮子	三弦子。
洋号	即铜号。
洋鼓	即大鼓、小鼓。
洋戏	指留声机。
呜哇	即唢呐。
呱哒板子	说快板用的道具。
醉憨子	指一种头部能活动的小木人。
花棒	一种木制玩具。外涂色彩,内装砂粒,摇晃有声。
独溜	一种以鞭抽打不断旋转的木质玩具。
溜溜蛋子	小玻璃球。
鬼脸子	即假面具。
看牌	指打麻将、玩纸牌

麻雀子	指一种长条形纸质牌具。也说“**纸牌**”。
看麻雀子	即玩小纸牌。
湖了	指打麻将、玩纸牌够牌了。
相眼	看别人打牌。
搿幺	打牌时，赢家从赢得的钱中拿一点给牌场主家。
藏蹦蹦	即捉迷藏。
六州	一种地方棋类的名称。
四股顶	一种地方棋类的名称。
别死茅子	一种地方棋类的名称。
下小窑	一种地方儿童游戏的名称。
下大庙	一种三人玩的棋类。三人代号分别为 147、258 和 369。
弹子	女孩玩的一种游戏，也说“**抓弹子**”。
叨叨鸡	即“老鹰抓小鸡”。
将军宝	一种儿童游戏。玩时以手势代表剪子、锤、布，看出手时各自展示的手势定胜负。胜负规定是：锤砸剪子，剪子剪布，布包锤，相互制约。
打弹子	一种玩小玻璃球的儿童游戏。
搿手巾方子	即儿童游戏丢手绢。
小鞭	即小爆竹。
高升	指一种燃爆后能冲上天空再爆炸一响的爆竹。
天老子	一种带有一根小竹签，点燃后钻向高空的小烟花。升空时伴有响声，故也说“**窜天哨子**”。
滴滴尚	一种用软纸裹着鞭药等材料，点燃后不断向外喷滴火星的小烟花，也说“**滴滴星**”。
哧花子	即放烟花。也说“**放花子**”。
结信子	即鞭炮引信不通，致使鞭炮不能爆炸。
哑盼子	指鞭炮不爆炸了。
识字班	原指扫盲班，后因参加学习多为妇女，故也有代指妇女的。
本学堂	指私塾。
小人堂	旧时孤儿院。
打螃蟹溜子	侧体翻动作。
捣拐	两人各抱起一腿，以膝盖相碰撞，取胜负的体育活动。
掼仗	即摔跤。
跐冻	即溜冰。
洗澡	指游泳。也说“**凫水**”。
飘仰	即仰泳。
秤砣	指不会游泳的人。也说“**旱鸭子**”。
秀球	指打篮球投篮。

打台球 指打乒乓球。
捣球 指玩台球。

十九、医疗卫生

不窝实 指人有病身体不舒服。
不好过 指人身体不舒服,多指孩子有病了。
有褒探 多指孩子病了。
做小狗 孩子生病了的戏称。
头疼脑热 指身体不舒服。
扑风了 指受凉了。
兑 咳嗽。
剪口疮 指生于嘴角的疮。
黏疮 指生于胫骨前面的疮,淌黏液,难愈合。
蛇蛋疮 生于人腰部的湿疹一类的疮。
蜘蛛疮 一种带状湿疹。
大鼓腮 腮腺炎。也说"**炸腮**"。
饭猴子 疣。也说"**猴子**"。
桃花癣 指春天生的癣。
大疮 梅毒。也说"**花柳病**"。
偷眼针 麦粒肿。
坠耳猴 淋巴结炎。
歪眼子 甲沟炎
过人 即传染。
柳仇子 指皮肤上的条形伤痕。
燎浆炮 指因火烧、水烫皮肤上出现的水泡。
抢食炮 指人噍食过急划伤口腔或食道形成的血泡。也说"**抢食泡**"。
就筋 痉挛。也说"**转筋**"。
岔气了 因动作不当胸部扭伤造成的呼吸困难。
崴着了 指胳膊、手腕、腿、脚筋骨扭伤。也说"**蹉着了**""**着**(zhuó)**着**(chè)**了**"。
下孤壳掉了 即下巴脱臼了。
半日子 指疟疾。也说"**半天子**""**打摆子**""**做官**"。
做大事 指孩子出麻疹。
起痧子 指得急性肠胃炎。
隔症 指食道癌、直肠癌。
齁子 指严重的气管炎。
花邪病 癔病。("邪",方言读 qiě 音)
小肠火 疝气。

七朝疯	新生儿破伤风。
袖笼不干净	指人有狐臭。也说“**下风**”“**复臊子**”。
小方子	指中医的处方。
薅牙	即拔牙。
照镜子	指X光透视。也说“**照光**”。
发发汗	指吃点药让病人淌汗。
可口了	指疮疖或伤口开始愈合了。也说“**收口了**”。
没还把	指病没来得及治疗病人就死了。
糟蹋了	指婴儿死了。

二十、亲属称谓

亲亲	泛指亲戚。
大大	父亲。(大大,在此处方言读dādā。)
妈目	母亲。
大爷	父亲的大哥,即伯父
大妈	伯母。
小娘	小爷的妻子。
舅捷	舅舅。
眷目	舅母。
舅太爷	外祖父的父辈。
舅老太	外祖父的母亲。
爹爹	祖父,也说“**老爹**”。
奶奶	祖母。
大爹	祖父的哥哥。
小爹	祖父的小弟。
老嫚子	泛指老年妇女。年龄大的男子对自己老伴也称“**老嫚子**”。
老头子	泛指老年男子。年龄大的妇女对自己老伴也称“**老头子**”。
老鬼	老年妇女对老伴的趣称。也说“**老不死的**”“**老砍头的**”。
媳妇	青年人对自己妻子的称呼。
儿媳妇	儿子的妻子。
老公公	丈夫的父亲。
老婆婆	婆母。
闺勒	即闺女、女儿。
闺女婿	即女婿。
两连襟	指姐妹的丈夫之间的关系。
老表	即表弟兄。
哥格	即哥哥。

兄弟　　指弟弟，也说“**小兄习**”。
孙男子侄　　泛指晚辈。
晚孙塘　　指在家族中班辈很低。

二十一、人际代称

我　　第一人称。（我，方言读带鼻音的“O”音。）
有年人　　泛指年纪大的人。也作对老人的尊称。
您朗　　即“您老人家”。
老骨锥　　多指孤身老人。
大家伙　　指众多的人。
人家　　指别人，有时也指自己。
女眷　　泛指家中女成员。
妇道人-　　泛指妇女。
老姑俩　　指老年夫妻。也说“**老公俩**”。
单手人　　指家中无人帮忙的家庭主妇。
小团子　　泛指小孩子，也说“**小幺**”。
小猴子　　对小男孩的戏称。
小妑　　即婴儿。
新新孩子　　指刚出生的婴儿。
奶尕尕　　泛指吃奶的小孩。
小小福　　小男孩。
小丫特　　小女孩。
闺勒　　指女儿。
小大姐　　指小女孩。
大姐　　老年人对年轻女子的称呼。
大小姐　　指有钱人家的女孩。
老尕子　　指最小的一个孩子。
拖油瓶　　指再嫁女子所带的与前夫所生的孩子。
老大姐　　指老处女。
二衣子　　指非男非女的人。即两性人。
外路人　　即外地人。
街上人　　指当地人，城市人。
乡下人　　指农村人。又寓指对新生事不了解的人。
海里人　　指云台山一带的人。因云台山古时在海中，故称。
工头子　　泛指建筑队的基层负责人。
灶户　　盐民。也泛指盐场的人。
圩下人　　盐民，也泛指盐场的人。

刀客	旧时指专门给人写状子的人。也说“**打刀的**”。
驴驮贩子	指用驴驮运从事贩卖活动的人。
拉洋车的	即黄包车夫。
推洪车的	指贩卖私盐的人。
打长狗的	指专事收购、宰杀狗,做狗肉卖的人。
水作	从事造船的木工。也说“**水木匠**”。
旱作	一般木工。也说“**木匠**”。
扎柴匠	指扎制、裱糊各种造型工艺品的人。
扎柳的	指编织、修理柳编织品的人。
锔锅的	指补锅的人。
推头的	即理发员。也说“**剃头的**”“**剃头匠**”。
挑八根系的	指靠肩挑从事卖菜或货运为生的人。
打更的	旧时指更夫。
跳财神的	指春节期间化妆成财神到人家跳耍要钱的人。
仙爹得	神汉。
仙奶嘞	巫婆。
摸秤杆的	泛指做小生意的人。
逮渡的	摆渡船的人。
收破烂的	指从事废旧物品收购的人。也说“**收荒货的**”。

二十二、人品代称

水嘴子	指好说大话、空话的人。
洋性虫	指好闹洋气的人。
孱头鬼	指习惯于用训斥口气和人说话的人。
细鬼精	指非常吝惜的人。也说“**细骨头**”。
青皮子	土匪。
二混子	不务正业的人。
半吊子	指说话不算数、做事不通情达理的人。也说“**十三点**”“**二百五**”。
街划子	指不务正业、游手好闲的人。
促寿佬	指好说下流话,或好捉弄人的人。
慢秃虺	指阴险毒辣的人。
畜生	指行为不端、没得人性的人。
咳呆手	小扒手。也说“**三只手**”“**小摸贼**”。
大马障	即强盗。
老拐子	拐卖小孩的人贩子。
短路的	拦路抢劫的人。
破鞋	作风不正派的女人。也说“**骚货**”。

靸破鞋的　乱搞男女关系的男人。
半掩门子　指暗娼。
爬灰老头　指与儿媳妇有不正当关系的老公公。

二十三、社交行为

出门　即外出。
遛门子　即邻里之间相互串门子。
走亲亲　指亲戚之间相互探望。
摆桌子　设宴待客。也说“**摆席地**”。
张张　探望的意思。也说“**瞧瞧**”。
来划子　相处较好，经常往来。反之为“**不来划子**”。
打信　写信、寄信。
眼眶子大　看不起人。
抱气　指抱成一团。
不搁人　指不喜欢与别人往来，或与别人处不好。也说“**不搁帮**”。
向道　即叮嘱的意思。
蹲蹲　在一起谈谈心的意思。
嚓呱　在一起闲谈。
磨牙　也说“**课牙**”。通指吵仗、拌嘴。也有说闲话的意思。
拉弯子　调解的意思。
拉偏仗　指拉架时有意偏向一方。
圆成　两边调解，促使事情办成或双方和好。
赔成　赔礼道歉。
孱头　以生硬的语言顶撞人。
日得　以恶言恶语待人。
日弄人　愚弄人。
砍空　即说谎话。也说“**砍空磨云**”。
捣鼓人　即暗地里败坏人。
转人　骗人的意思。也说“**闷人**”“**窜人**”。
涮油嘴子　耍嘴皮子。
揭挑人　提别人过去的短处。
丫派人　硬派人不是。
歪怪人　即错怪别人。
栽害人　栽赃害人
拽绳头　互相扯皮，各不相让的意思。
偷生熟的　多指出嫁女子向娘家拿东西。
盘老舌头　搬弄是非。

呐村　　多指说脏话、臊话。
带字眼子　　指说话时带一些骂人的词语。
搭嘴　　联系的意思。
碰头　　指双方见面交谈。也说“**碰碰头**”。
下绊子　　即暗设障碍。
穿一条裤子　　指互相串通、合谋。贬意。
咂味　　指拿别人开玩笑、取乐。
盘当　　即搬弄是非。
烧火　　即火上加油的意思。
找茬子　　即有意找事、挑衅。
白手拿鱼　　不想负出一点代价,只想得好处的意思。
靠油　　揩油、沾光,白吃白喝的意思。也说“**卡油**”。
拿别别窍　　以自己一技之长别扭人,为难人。
兑账　　即以物顶欠款,或双方以债顶债。也说“**兑崩**”。
直荆　　即直截了当地说。也说“**直荆直**”。
卫济　　维护,有偏爱之意。
有粉就是白　　指交往中人家给一点面子就行了。
挖捂挖捂　　私下处理的意思。
说一答话　　指互相闲谈,有说有答的。
大老交　　指相处极好,交情深厚的人。也说“**老交**”。
不对磨　　指相互有成见,处不来。
有阈子　　即相互间有成见、隔阂。
打清工　　指尽义务帮助别人。
现勾彩　　指帮人忙,当时就要兑现报酬。
掌掌眼　　帮助别人鉴别一下东西的孬好。
变卦　　即改变主意。
打偷刀　　截留别人的财物或重要信息的意思。
嚷一声　　客气地请人的意思。也说“**嚷嚷**”。
带个眼　　帮助别人望一望,照顾一下的意思。
担待　　原谅、包函的意思。
消料人　　即说别人的缺点、不是,让人难看。
疼人纳八的　　很讨人喜爱的意思。也说“**疼人的**”。
疼疼　　亲亲的意见。
搁邻居　　指互作邻居。

二十四、行止举动

撵　　追赶的意思。有时也用于表示疑问。如说:“**撵**,飞机在哪里啊?”

乖	碰、摸的意思。
逗	指把破碎的东西拼凑起来。也表示同意、对的意思。
掮	即抓的意思。
捋	通指用手把庄稼的穗子抓紧,把粮食粒子拽下来。 也有划、割的意思。如说:“手指给竹篾子**捋**道口子。”
踖	踏着的意思。也有往来的意思。如说:“不知为什么他连我家门都不踖了”。
拍	指用力猛踩。(拍,方言读若<u>拍矣</u>音。)踏、踹之意。如,**“拍烂泥”**。
扁	有放、拿、打等多种意思。如说:“把手扁到后边去”、“你屁后扁什么东西?”、“小张昨天给人扁了一顿”。
隔	用一只脚跳动。
畅	轻轻地摩擦。如说:我被墙拐畅掉一块皮。
港	一直向前走的意思。
揉	把东西抛向远方。(揉,在此处方言读 rōu 音。)
颠得了	即跑了。
搭刺	即搔痒。
和溜	即不断地搅动。
坑头	低头。
颠倒	调整、安排的意思。
仓合	多指不停地掀衣服、被子。
滴溜	提着的意思。
条荡	多指把财务败坏了。也说**“抖哈”**。
倒当	翻动的意思。
倒当肚子	反复地盘弄的意思。
国运	即动弹。
闯大魂	指到处乱跑。
闷斗	暗地里的意思。也说**“闷闷斗斗”**。
划勒	到处募集的意思。
镟募	到处寻找的意思。也说**“须留”**。
准性	多指人射击、投掷准确程度。
眯样	比一比,量一量的意思。也说**“眯量”**。
调一戗	即调个方向。
崴崴	屁股不离地面地挪动。
夺夺	指屁股稍微离点地面地挪动。也说**“崴崴夺夺”**。
卖呆	精力不集中,或看景子看得出神了。
推耳聋	装没听见的样子。
滂水	即趟水玩。
坐夜	即值夜班。

戽演子	即倒垃圾。
打枪	指为别人做考卷的作弊行为。
扒勾子	为别人提供自己内部情况的行为。也说“**倒扒灰**”。
犯逃	指人怄气，离家出走。
颠逛	指到处乱跑。也说“**逛荡**”。
拉马	即到处乱跑、顽皮。
对河上岸	即不要别人中介，直接和对方接触。
单溜	指一个人单独行动。
上眼了	指引起注意了。
讨口风	即了解对方有什么想法。
松口	即不再坚持自己的意见。
磕头捣蒜	指到处求人。
胡诌八扯	即尽说假话，到处乱说。也说“**胡诌**”。
说走嘴了	没注意说了不该说的话。也说“**说走口了**”。
兑鬼汤	指暗地出坏点子。
布派	指挥、安排的意思。
随头	指孩子在大人面撒娇。
招姑佬	指女子招引野男人。也说“**招人**”。
逮姑佬	捉奸。
直拎拎	笔直地站着。
倒栽葱	指人头朝下跌下来。
死大趴	即向前跌倒趴在地上。
猪港地	指人被东西绊着，向前冲去跌趴在地上。
仰八叉	指人向后跌倒，仰面朝天。用于男孩子时，也说“**仰白蛋**”。
脑仰大憋气	指人因摔跤或受刺激，一时还不过气来。
巴察	到处打听的意思。
摸听	打听的意思
淌鼻子	即流鼻涕
摆脸	到处炫耀自己。也说“**便脸**”。
拿文作醋	拿架子。也说“**拿劲**”。
翻白瞪眼	指不高兴时，朝人瞪大眼睛。
揣堵	有意推推拉拉欺侮人。
瞎嚓嚓	乱插别人话或不了解情况乱说一通。
磕跟绊跌	指人走路不稳的样子。
嚼蛆捣鬼	多指私下议论别人，或自言自语地嘟囔着。
一发手	一次性、一齐的意思。也说“**一打总**”。
一手一脚	有条理的意思。

突溜下子	形容动作很快。
赶溜	赶快的意思。也"**赶马溜**"。
少当	快而利索的意思。
款款的	慢慢的。
直嗤	飞快的意思。
消停	慢慢的意思。
了巴	最后的意思。也说"**小了巴**"。
赶顶	即等到的意思。也说"**赶到**""**顶到**"。
箍路	绕路的意思。
对超	对直走,不拐弯。
酸	指人办事拖拉,行动缓慢。
慢死鸭子	形容动作很慢,如鸭子走路一般。也说"**慢死笃子**"。
脚前脚后	时间相隔不长,进度差距不大的意思。
眼眨工时	非常快的意思。
脚赶脚	马上、刚才的意思。
手连手	紧接着、接二连三的意思。
何头	等一会的意思。也说"**何头来**""**何来**"。
时不时	经常的意思。也说"**绕不绕**"。
驴年马报窝	没有指望的意思。

二十五、数量形状

一尕尕	很小很小的意思。也说"**一点尕**""**一滴滴**"。
鬼鼻眨眼	指东西小,不受看。
疙瘩瘸拽	指物体表面不平、难看。
丁丁拐拐	指东西很小很碎。
鼓鼓拽拽	指包里东西很多。
邪三拐四	指物体不规则。
苗精鬼细	多指植物长得很细小、瘦弱的样子。
大国叽	指东西很大。
雷骨堆的	形容物体很大很大。也说"**雷堆**"。
无大不大	形容非常非常大。
不大不小	即不小的意思。
邪子块子	即菱形。也说"**白果方**"。
火刀溜子	形容物体非常窄。也说"**刀条子**"。
弯狗十撩	指东西弯曲得非常厉害。
瓢偏	指物体变形了。
到唇不到嘴	太少了的意思,也说"**不够塞牙缝的**"。

泼嚓　　东西很多，可以随便吃或者用的意思。
溜了　　满了的意思。
溜溜带淌　　即满了向外溢了。
遍板板的　　指东西很多，到处都是的意思。（遍，在这里方言读“劈”音。）
丫丫叉叉　　指很多很拥挤。
摽杀枝子了　　形容果实结的非常多，累弯了树枝。
壳壳的　　即满满的。
缕缕大趟的　　多指路上人很多。
压塌街了　　形容货物非常多。

二十六、新旧孬好

雪崭新　　很新很新的意思。也说“**雪新的**”。
里外三新　　指棉被、棉衣的面子、里子、棉花全是新的。
铸壮　　即坚实。
琉朽货　　指不坚实，极易坏的东西。（朽，方言读 qīu 音。）
掉腿掉靥　　指东西残缺不全。
狗啃似的　　指物体表面破损严重。
丝挂丝，绺挂绺　　形容衣物破烂不堪的样子。
散了　　即坏了。
剎了　　即断了。
琉琉和屁做的　　指东西极不结实。
丝闹了　　指食物变质生粘丝了。
糠心了　　指萝卜失去水分内部变软，呈海绵状了。也说“**糠了**”。
正经货　　多指真东西。
鼓荡货　　指不结实的东西。
奈拽　　指东西不是最好，但还可以将就用。
稀松　　指东西不紧实。
一水头　　指衣物质量差，下水一洗就坏了。
毛打一捆柴　　即把东西不分孬好地放在一起。

二十七、事物状态

一灿　　一律，一样的意思。
一槽子　　指事物完全一样。
一挨挦　　指物体高矮或人的年龄上下相差不大。
一妈养的　　指人的性格一样，像一母所生。
一模子倒出来的　　指几件东西完全一样。也说“一模子下来的”。
合槽道　　即指物件规格相同可以组合。

滚瓜溜熟	即非常熟练或完全成熟了。
包管	保证或可能的意思。
大帮谱	差不多的意思。也说“七打八”。
在两可	有两种可能的意思。也说“在两款”。
斗巧	很巧的意思,也说“该巧”“卯巧”。
瞎猫碰死老子	相当凑巧的意思。
巧不巧	碰巧的意思
大离花	悬殊太大了,太离谱了的意思。
大岔了	即和原计划相差太大或指问题严重了。
行行的	正在进行中的意思。
驴唇不对马嘴	完全不是一回事的意思。
抛锚了	多指事情正办时遇到问题停下了。
差差了	出问题了,啰嗦了。
砸得了	指事情办坏了的意思。

二十八、颜色深浅

彤红彤红	很红很红。
雪紫彤红	红里发紫。
黄蒯蒯的	黄的不正常。
黄淌淌	黄得很难看。多用于形容粪便。
创黄创黄	很黄很黄。
黄白俊子	形容人脸黄里带白,很俊。
白寥寥	稍微有点白色。
白渣渣	指白得很难看。
雪绿	很绿。
绿真真	绿的颜色比较明显。
黑黢黢	形容很黑。
紫呆呆	稍微有点发紫。
紫猪肝	形容紫得很厉害。
灰白楚楚	即灰不灰,白不白的颜色。
灰汤火色	指色彩灰暗,不鲜亮。

二十九、冷热干湿

应凉	即很凉。
冰凉	很冷。也说“冰冷”。
扎人	水冷得像针扎似的。
冰扎扎冷	非常非常冷。也说“扎骨骨冷”。

阴屄鬼冷	阴风嗖嗖，寒冷异常。
出火	即身上感觉热了。
滚热	即很热的意思。
突人	即烫人。
火龙龙	天气干热，像烤火似的。
火毒毒	太阳晒人非常厉害。
突着了	被热水烫着了。
哈着了	被热气烫着了。
触溜了被火苗烧着了	多指毛发稍部或衣物表面的纤维被火烧着了。
渥突	又热又闷。
焦干	即非常干。
干捣捣	很稠很稠。
厚	即稠。
望人汤	指饭非常稀，可照见人影子。
盐潮卤纳	指夏季阴雨天，人们感到浑身潮湿发闷的感觉。
水济济	指东西含水较多。
寡寡的	湿透了的意思。
软不丢当	很软的意思。
肉活活	多指食物厚实、软而滑溜。有时也指小动动很肥胖毛滑。
挺巴纳硬	即很硬很硬。
冲脆	形容很脆。
透酥	即很酥。

三十、滋味气味

酸叽叽	有点酸味。
焦酸	即很酸。
鲜甜	很甜很甜。也说“**刁甜**”。
苦叽叽	即有点苦味。
恶苦恶苦	非常苦，难以下咽。也说“**恶嗓嗓苦**”“**苦倒嗓**”。
辣抽抽	有些辣味。
苦辣苦辣	非常辣的意思。
咸斩斩	咸味比较明显的意思。
齁咸	形容咸得很厉害。
齁巴老盐浆	形容非常非常咸。
妥涩	即涩味明显。
锁嘴	涩得很厉害，连嘴都不好张了。
鲜醒醒	鲜味很浓。

进香	香味很浓的意思。（方言说“聘香”）
瘟臭	即很臭。
恶毒毒臭	臭得非常厉害。
臊轰烂臭	形容气味非常难闻。
腥刀刀	腥味较浓。
烂腥	形容腥味很浓。
老猫臊	像猫尿一样臊。
烂臊	非常臊。
霉苍苍	霉味比较明显。
霉咚咚	霉味很厉害。
油滋呐味	指烹制菜肴时散发出的诱人香味。

三十一、人品个性

老诚	指人老实可靠。
知书达理	有文化，懂道理。
板正	指人端庄、实在。
死老冤	老实头，任何情况下都不急不怨。
胡桃子	指不讲道理，好蛮缠的人。
撮阁佬	指相貌不端、办事不实的人。
烧包筒子	指人好挑唆是非。
吊蛋黄梁	指人不诚实，好说谎话。
尿一嘴，屎一嘴	指人说话极随便，不负责。也说“**一口鸡屎，一口糖**”。
吞嗓眼大	指人贪得无厌。
吃一刀二眼盯三	多指人私心重，只顾自己。也说“**嘴里吃着，筷上刀着，眼还盯着**”。
烂板凳	指人爱串门子，谈起来就没个完。
遛门精	指人爱好窜门子。
活套	即灵活。也说“**活跳**”“**翻跳**”。
死板	即呆板。
死木段子	指人呆板、懒动。
死蔫蛇	指人很懒惰。
甩鼻不上墙	指人没能耐又没志气。
不起火，不冒烟	指人忍容性大，沉得住气。
呱呱嘴	多指话多且说话比较随便的人。
离边牛	指人不喜欢和大家在一起。
十眼猴子	指人非常精灵。
一头鞋拔子	指人很厉害，说话生硬、冲人。
短脸子	指人缺乏容忍性，好变脸。

闹害	即厉害。
口	多指人厉害，不大讲道理。
尖闹	多指人没忍耐性，稍触动个人利益即发脾气。
尖头怪	指人脾气古怪。
尖嘴薄舌	即说话尖刻的意思。
软耳根子	指人没主见。
耳根硬	指人固执己见，听不进别人意见。
犟筋	指人执拗、任性。也说“**犟筋头**”。
肘丝头带结巴	形容人固执己见，不通情达理。
没腚眼子	多指人心黑，不可交。
迄惕	指人干活不惜力，怕少不嫌多。
惕奸	即找理由推脱，不愿为别人帮忙。也说“**偷奸惕懒**”。
闷顿	指人性格内向，有事放在心里盘算。也说“**闷顿神**”。
落笃	即鲁笨。
顺毛驴子	指喜欢别人夸奖的人。
吃炝虾子	指人爱和人扳理、争高低。
蚂蚱冲子	指人说话办事不假思索，惹人不高兴。也说“**蚂里蚂蚱**”。
鸡肠狗肚	指人心胸狭窄。也说“**鸡肚猴肠**”。
盛屌殃子	指小男孩好调皮捣蛋。
狗脸栽毛	指人极易翻脸不认人。
舍大料	多指人性格软弱，能力较差。
笃笃痴痴	指人反应迟钝，办事不利落。

三十二、办事态度

捣实锤	指人说实话，办实事。
板板真真	多指办事认真，有条有理。也指人老老实实。
瓜瓜利耍耍	即办事利利索索的意思。
作古正经	指人办事认认真真。也有故作镇静的意思。
酌酌作一	认认真真。
晕大爹哨	指人整天晕晕端端，办事不认真。也说“**晕爹哨**”。
没根	指人办事不扎实。
鬼画符	多指书写作业不认真，草草了事。
王婆画眉	指人办事马虎。
花里胡哨	浮而不实的意思。
打马虎眼	以假象或枝节问题掩盖实质的问题。
二十四两冲一炮	充能的意思。
兴兴头	指办事凭兴趣，一时高兴，坚持不到底。

毛三广	指干活粗糙马虎不求精。
拿劲	即拿架子。也说“做劲”。
推假古	假装的意思。
推横车子	指办事互相推脱,怕承担责任。
猫盖屎	指做表面文章。
虾行不问鱼行事	即事不关己高高褂起。
鱼白大褂子	指遇事怕负责任,怕得罪人。
虚虚泼泼	指办事情虚张声势,不扎实。
不温不突	指办事态度不明朗。
没光棍没眼子	对谁都一样,没有厚薄之分。

三十三、心情神态

拘然	即自己觉得不好意思。
拘心	即自己多心。
不语兴	不放心的意思。
局局念念	即惦记、放不下心。
疑猜	怀疑的意思。
两惑两疑	疑疑惑惑,拿不定主意的意思。
齁馊	后悔的意思。
三不满四不足	处处不满意的意思。
发醋	有点害怕的意思。也说“犯醋”。
巴	盼望的意思。
巴不能	即非常地希望。也说“巴不得”“巴能得过”。
叹兴了	没信心了。
混慌	眼馋的意思。
留留勾勾	恋恋不舍。
吱刚的	多指对老辈或上级说话不服气,又不敢大声说,只低声嘟囔着。
精神骨骨	形容人精力非常充沛,精明强干的样子。
的的合合	形容人办事不利索或一点事就到处张扬。
气鼓捣嗓	不高兴、生气的样子。
冷板脸	即脸上没有一丝笑容,呆板冷漠。
走神	神情恍惚的样子。
掉大魂	指人精神恍惚不定的样子。
挓腮抖鳞	指浑身都动、气势汹汹的架势。贬义词。
秃丫乍得一头毛	指人有一点成绩就觉得不了了。
惊惊诈诈	很惊奇的样子。
闷屁筛糠	人背理时无话可说的样子。

魂不守舍　　精神不定，坐立不安的样子。
瘟鸡似的　　整天钩着头，没精打采的样子。
死撑活挨　　勉强支撑、受罪的样子。
瓤了　　疲劳，没精神了。
没把乱照应　　不知怎么是好，手忙脚乱的样子。

三十四、常用口语

演么　　是的，对。多用于对别人的说法表示同意。也说“**嗯么**”。
嗯么哩　　是的。带有不耐烦的情绪。
好不好　　无缘无故的意思。
得保　　对不对的意思。多用于征求对方意见时。
一乡乡　　继续到底的意思。
做么的　　做什么的。
哎呀来　　表示惊讶。有时也带有幸灾乐祸的意思（说时“呀”音轻长）。
我哇喂　　表示疼痛的反映。有时也带有表示幸灾乐祸。说时“哇”音拖长。
我火　　疼的意思。
我妈妈　　表示惊讶的口语。也说“**我个妈妈**”“**哎哟妈妈**”。
喔忽　　哎呀的意思。也说“**喔忽忽**”。
按哪上　　为什么、图什么、何苦的意思。
那话口　　俗话说的意思。
海了　　完了、糟糕的意思。
坑了　　糟糕的意思。
该栽的　　表示不服气的口语。
怎置的　　为什么、怎么搞的意思。（怎，在此方言读“总”字音。置，在此方言读“止”字音。）
横翻　　反正的意思。（横，方言读“hòng”音。）
该派　　应该、注定的意思。
该在的　　表示不相信的意思。
该败啦　　表示惊讶或表示不满的意思。（说时“败”字语气重。）
扯去吧　　随他去吧、算了吧的意思。讲情、调解时的口头语。
嚼舌根子　　胡说的意思。也说“**嚼蛆**”。
烧胡嘞　　胡说的意思。也说“**胡嚼蛆**”。
发忙病啦　　乱来的意思。多为中老年妇女口头语。
不派　　不应该的意思。
倒头色　　高兴时说，带有打趣的意思；生气时说，则为“死色”的意思。也说“**败气色**”。
倒头鬼　　有表示惊讶、倒霉、晦气、糟了和讨厌等多种意思。例如说：“**倒头鬼**啦，弄半天还是你打电话找我的啊！”表示惊讶的意思；说“你把主任得罪了，看你不**倒头**

鬼的”，表示倒霉的意思；说“**倒头鬼**啦，叫我上午去开会，我忘干净的了”，表示糟了的意思；说“**倒头鬼**，你怎么老跟我说这些事！”时，则表示厌烦的意思。

第二节 民 谚

一、气象变化

一星管半夜。

二八月，看巧云。

二八月，昼夜平。

三月三，冻老头把腰弯。

大瓦风，小瓦雨。

久旱必有久雨，久阴必有久晴。

长顶夏至，短顶冬。

太阳发白，飞沙走石。

六月天，孩子脸。

先下狗毛没大雨，后下狗毛不晴天。

早霞阴，晚霞晴。

早上浮云走，晌心晒死狗。

初一、十五潮，天亮渤摇摇。

初三潮，十八水，二十两头鬼一鬼。

初七、二十三，天亮海底干。

初九、一十、二十五，满潮正子午。

二十二三，潮不上滩。

东杠风，西杠雨，南杠北杠动刀兵。（杠，即虹。）

秋雨不盖天，下起没得边。

春雾日头夏雾雨，秋雾凉风冬雾雪。

蚂蚁搬家山戴帽，必有大雨到。

雪住高山，霜居洼地。

霜前冷，雪后寒。

晚上猪含草，下雪在明早。

雪打元宵灯，人寿又年丰。

七九雪，赛毒药。

晴冬烂年，赤脚拜年。

雷雨三候晌。

二、四时八节

当冷不冷，人畜不稳；当热不热，五谷不发。

一场春雨一场暖，一场秋雨一场凉。

一场春雨一层绿，一场秋雨一层黄。

春雨天天暖，秋雨日日凉。

春打五九尾，使牛冻纠嘴。

春打六九头，扬鞭催耕牛。

清明断雪，谷雨断霜。

清明前后刮鬼风。

清明到，三麦叫。

三月清明花不老，二月清明老了花。

立春一过，百草返阳。

吃了端午粽，方把棉袄送。

夏至水门开。

六月六晒龙衣，湿了龙衣四十天（下雨）。

八月十五雁门开，小燕去，大雁来。

三星未晚出，睡觉不盖脚；三星未晚落，冻小孩哭。

一场秋雨一场凉，一场白露一场霜。

过了冬，长一葱。

冷在四九，热在中伏。

《数九歌》：

一九二九不出手，

三九四九冻上走；

五九六九，沿河插柳；

七九腊梅开，

八九燕子来；

九九加一九，耕牛遍地走。

三、农业生产

民以食为天，食以粮为主。

地里不收粮，饿死三百六十行。

粮食不收，各行皆丢。

有粮心靠墙，无粮人自慌。

人是铁，饭是钢，一顿不吃饿得慌。

当地不收当地穷。

有粮无钱不挨饿，有钱无粮没法过。

科学布局，粮菜富足。

要得庄稼好，三年两头倒(指调换茬口)。

一年一倒茬，茬茬抱金娃。

旱田改水田，一年顶三年。

科学种田，越种越甜。

种田不锄草，等于瞎胡闹。

锄净田间草，庄稼长得好。

锄头有水，锄头有肥。

治虫没巧，治早治小。

虫病不防，一年白忙。

人误地一时，地误人一季。

二八月地如筛，随耕随种莫发呆。

二月二，龙抬头，家家套耕牛。

小满三天遍地黄。

小满樱桃昼夜红。

头伏萝卜二伏菜。

处暑萝卜白露菜。

谷雨麦怀胎，立夏麦吐芒，小满麦齐穗，芒种麦登场。

蚕老一时，麦熟一晌。

豆三麦六，菜籽一宿。（指出苗）

黄金铺地，老少弯腰。

黄豆开花，捞鱼摸虾。

秋分早，霜降迟，寒露正当时。（种麦）

要吃大头蒜，不过八月半。

有钱买种，没钱买苗。

种田不选种，尽把自己哄。

种田不保苗，要端要饭瓢。

种子好，粮满仓；种子孬，满场糠。

种子不选好，满地长杂草。

种前晒一晒，庄稼少病害。

籽种消毒好，庄稼病害少。

地是摇钱树，全靠肥水护。

庄稼一枝花，管理要到家。

庄稼一枝花，肥水来当家。

肥料施得巧，秸秆结壮籽粒饱。

肥是庄稼劲，水是庄稼命。

有收无收在于水，收多收少在于肥。

抽穗莫追肥，追肥粮不回。

青菜萝卜葱，全靠肥水攻。

种田没有鬼，全靠肥和水。

保水如保粮，存粮赛存金。

生土拌熟土，打粮没得谱。

河淤上山金不换，山土下滩土成金。

碱地拌砂土，地力大如虎。

四、捕捞养殖

鱼鸟不失信，潮水不等人。

关门打狗，撒网捕鱼。

一寸水，一寸鱼，水深才能养大鱼。

正月沙光赛羊汤，二月沙光软丢当，三月沙光满墙掼，四月沙光又返阳。

三月彤蟹顶壳黄。

三月三，鲈鱼上岸滩。

大旱三年，万子万孙；水涝三年，断子绝孙。（指蟮鱼）

六月满滩秋鸡狗，霜降过后鲈鱼肥。

谷雨前后打杂鱼。

抢风头，赶风尾，没风没浪看溜水。

一夜东北风,网网不落空。
春风一刮,鱼虾满屋。
虾皮鲜又鲜,出在阴雨天。
树大招风,水大养鱼。
养鱼没得巧,水质要保好。
海是万宝盆,在于取宝人。
水上闯天下,全靠好老大。

五、多种经营

二月二,挑荠菜,
二月半,挖小蒜。
云台山上三件宝,百合黄连大紫草。
无粮心焦虑,无工难致富。
见缝插绿,子孙得福。
种瓜得瓜,种豆得豆。
靠山吃山,靠海吃海。
植树造林,利国利民。
封山育林,利国利民。
荒山成了林,处处聚宝盆。
家有百棵树,不愁吃和住。
家有百棵桐,子孙不得穷。
树多招小鸟,鸟多虫子少。
桃三杏四梨五年,小枣当年就卖钱。
七月枣,八月梨,九月柿子红了皮。
满山绿化,造福山下;满山精光,山下遭殃。
樱桃好吃树难看。

六、工商经营

没有买卖,不成世界。
人无笑脸莫开店。
褒贬是买主,评称是闲人。
生意不成仁义在。
守信生意好,诚招回头客。
经商三样宝,货真价实信誉好。
品牌一响,黄金万两。
信息灵,进金银。
多一个客户,多一条财路。
长木匠,短铁匠,垫垫抹抹泥瓦匠。
不怕不识货,就怕货比货。
会买的不如会卖的。
货比三家,不买烂瓜。
货比货,不得错。

七、勤劳俭朴

细水长流,衣食不愁。
饱带干粮晴带伞。
丰年要备荒,瓜菜半年粮。
丰年不存粮,灾年饿断肠。
吃不愁,穿不愁,算计不好一世愁。
常将有日思无日,莫到无时想有时。
人勤生百巧,人懒病缠身。
人勤地生宝,人懒地生癞。
要想富,五更离床铺。
业精于勤,家富于俭。
早起三光,迟起三慌。
男勤无荒地,女勤无脏衣。
穷无根,富无苗,过好日子靠勤劳。
勤劳好比摇钱树,节约是个聚宝盆。
勤劳是个宝,一生离不了。
勤能补拙,熟能生巧。
懒人急在嘴上,勤人急在腿上。
好吃懒做,必定挨饿。
六月心天冻死懒汉。
一顿省一口,一年省几斗。
一个钱憋死英雄汉。
一米度三关,三个米粒过大山。
一钱一斗谷,没钱看着哭。
新三年,旧三年,补补连连又三年。

大吃大喝一时香，勤俭节约香得长。

不做当家人，不知柴米贵。

节约是美德，为人不可缺。

靠山莫费草，靠河莫费水。

吃喝不可攀，衣着不可比；用钱看收入，吃穿看家底。

外有振钱手，家有聚钱斗。

爱惜五谷，儿孙多福。

八、饮食习俗

人是铁，饭是钢。

一饱无滋味。

人不渴，水难喝。

花下藕，苔下韭，汤白菜，黄瓜纽。

七月菱角八月藕，有钱难买九月韭。

小鱼不解馋，全靠辣和咸。

宁吃鱼锅菜，不吃菜锅鱼。

宁吃飞禽四两，不吃走兽半斤。

蟹过无味。

春上海口秋上山，冬夏吃住在平川。

香油拌榨菜，各人心所爱。

紧火鱼，慢火肉，细火炒黄豆。

主不喝，客不饮。

客随主便。

客走主人安。

九、穿着打扮

人是衣着马是鞍。

穿衣戴帽，各人需要。

穿衣戴帽，各有所好。

好马不在鞍，好人不在衫。

千层纱不如一层棉。

三分长相，七分打扮。

俏人不穿棉，穿棉怕人嫌。

吃不饱没人知，穿不好受人欺。

笑脏不笑旧，笑破不笑补。

鞋不加分，衣不加寸。

愁寒不愁夏，三根纱挂一夏。

歪戴帽，小半吊。

歪戴帽，邪着眼，一辈没有好心眼。

十、生活杂事

一方水土养一方人。

一朝被蛇咬，十年怕草绳。

一正压三邪。

人逢喜事精神爽，恼闷愁肠瞌睡多。

二月二，龙抬头，家家带个小欢猴。

二月二，龙打招，家家带个小翻臊。

刀疮药虽好，不割为妙。

三月茵陈四月蒿，五月砍来当柴烧。

三十晚拾兔子，有它过年，没它也过年。

天有不测风云，人有旦夕祸福。

六十六，吃闺女一块肉。

火叉烧火一头热。

心急吃不了热豆腐。

瓦屋檐下水，点点不离窝。

宁做鸡头，不做凤尾。

打蛇不打头，三年来报仇。

生姜老的辣，柿子软的甜。

瓜田莫拨鞋，果园不整帽。

外财不发命穷人。

有钱难买回头看。

重阳吃块糕，到老不弯腰。

重阳吃块糕，一冬也不焦。

灯高亮远，灯下易黑。

刁子看一眼，痴子看顶晚。

这山巴那山高，不知哪山有柴烧。

好记性不如烂笔头子。

近视眼镜,各投各眼。
饭后一袋烟,赛过做神仙。
刮风下雨,断不了遛门精。
拣花的,拣呢的,拣小鬼没皮的。
贪多嚼不烂,贪贱吃穷人。
急火打不出好饼。
穿海州,吃板浦,南城是个古财主。
笑馋不笑苦,笑淫不笑贫。
酒多伤身,话多伤神。
真愁酒难解,心病药难治。
眼中灰容不得,肉中刺留不得。
隔河千里远,望山跑死马。
锅里有碗里才有。
油灯不剔不亮,道理不讲不明。
死水易臭,活水长清。
千年陈丝不如草。

十一、医疗保健

无病就是福。
身体好,赛珠宝。
健康是个宝,人人不可少。
人是铁,饭是钢,细嚼慢咽身体壮。
一顿吃伤,十顿喝汤。
少吃一口,能过九十九;多吃一口,不屙就呕。
宁可锅里剩,莫要撑出病。
早不酒,晚不茶。
要想身体好,吃饭莫过饱。
食不言,睡不语。
吃时莫笑,吃饱莫跳。
好饭莫过量,好酒莫贪杯。
多吃五谷杂粮,老少身体健康。
贪吃省钱瓜,不是呕就是拉。
青菜萝卜汤,益寿保健康。
早饭要好,晌饭要饱,晚饭要少。
祸从口出,病从口入。
粗茶淡饭,一生平安。
天黄有雨,人黄有病。
千补万补,不如食补。
饭前喝口汤,开胃又通肠。
饭前一碗汤,闲了好药方。
鸡蛋是个宝,一天一个身体好。
鸡蛋是个宝,吃多也不好。
病来如山倒,病去如抽丝。
伤筋动骨一百天。
病怕无名,疮怕有名。
萝卜就热茶,药吊不用拿。
人怕心伤,树怕皮光。
太阳是个宝,多晒身体好。
仙丹妙药灵芝草,不如天天锻炼好。
冬天莫坐冷石,夏天莫倚树木。
十月萝卜赛人参,生吃熟吃都健身。
冬吃萝卜夏吃姜,不用医生开药方。
好吃贪睡,添病减岁。
饱洗澡,饿剃头,不饱不饿爬山头。
贪食伤身,贪杯伤命。
说说笑笑,通了七窍。
笑一笑,十年少;愁一愁,白了头。
笑长命,愁生病。
要活九十九,每顿少一口。
要长寿,多吃素淡少吃肉。
早起早睡,长命百岁。
饭后百步走,能活九十九。
吃饭七分饱,到老身体好。
捂春晾秋,健康无忧。
钱宽剩,不如心宽剩。
寒从脚心起,病从冷上来。
睡前烫烫脚,胜过吃补药。

十二、婚育家教

儿大当婚，女大当嫁。
儿大分家，树大分丫。
女儿大了不可留，留来留去母发愁。
不是一家人，不进一家门。
笆门对笆门，板门对板门，瓦屋对四檐青。
天上无云不下雨，世上无缘难成亲。
自由恋爱，恩恩爱爱。
强扭的瓜不甜，捆绑的夫妻不长。
一日夫妻百日恩，百日夫妻海样深。
一个儿女一条心，十个儿女操碎心。
一子不算子，头疼脑热吓要死。
优生优育，全家幸福。
儿女好，赛珠宝。
儿行千里母担忧，母行千里儿不愁。
行船跑马三分险，带肚老婆一分命。
儿是妈妈心上肉，咬了指头个个疼。
儿大不由大（父亲），女大不由妈。
男大避母，女大避父。
打是亲，骂是爱，娇生惯养出祸害。
名师出高徒，严教出孝子。
冻不着，饿不着，教儿多干活。
贫贱之友不可忘，糟糠之妻不离房。
树苗嫩时育，儿女从小教。
严教是爱，溺爱是害。
一管一护，管死不上路。
要想儿女好，身教最有效。
要想儿女孝，自己先敬老。
疼儿莫给儿知道。
陪不尽的闺女，过不尽的年。

十三、家和事兴

人和百事顺，家和万事兴。
青年夫妻老来伴，到老相互端茶饭。
青年夫妻老来伴，三天不见急得转。
全家一条心，黄土变成金。
好媳妇两头欢，不晓好歹的两头翻。
会做婆婆两头瞒，不会做的两头盘。
会当儿子两头瞒，不会当的两头传。
会疼的疼媳妇，不会疼的疼闺女。
婆媳好，赛珠宝。
心齐无价宝，和睦值千金。
家不和，挨人讹。
秤砣不离秤杆，老头不离老嫚。
恩爱夫妻伴白头，金钱夫妻难到头。

十四、尊老敬老

有老有少，热热闹闹；没老没少，不成世道。
尊老敬老，世道和好。
人生都要老，莫笑老年人。
为人莫笑白头翁，好花能开几日红。
人老见识广，做事稳当当。
不听老人言，吃亏在眼前。
人老心红，赛过黄忠。
人老莫自馁，晚霞一样美。
生姜老的辣，人老见识多。
家有老人，不用烦神。
麦怕胎来旱，人怕老来穷。
活时给温饱，强过死后嚎。
活时照顾好，莫待死后嚎。
百孝顺为先。
要得老人生活好，百事顺心最重要。

十五、个人修养

为人无志，枉活一世。
水怕无源，人怕无志。

人穷莫短志,短志难成事。
好男不吃分家产,好女不争嫁妆衣。
人活一张脸,树活一张皮。
人心不足蛇吞象。
人争一口气,佛争一炷香。
人比人,气死人;命比命,气出病。
三思有益,会忍为高。
火心要空,人心要实。
无理莫争,有理要让。
不怕不明理,就怕不讲理。
不怕有错,就怕不改。
盖楼先奠基,正人先正己。
为人莫做墙头草,点头哈腰顺风倒。
见利不争,胜人三分。
生活莫攀高,干活莫装孬。
大丈夫能屈能伸,好男儿能进能退。
有错就改进步快,知错不改必变坏。
行止要端正,说话要文明。
好人学好事,坏人学不良。
忍得一时气,免却百日灾。
荣誉不夸跑不掉,错误不改不得了。
助人莫图报,图报撩人笑。
帮忙莫图报,图报死没窍。
苍蝇不叮无缝的蛋。
身正不怕影歪。
山外有山,天外有天。
要得人不知,除非己莫为。
听人劝,好一半。
明人不做暗事,真人不说假话。
贪杯伤身,贪色丧命。
知足常乐,能忍常安。
说话莫说满,干事莫留尾。
树怕无根,人怕无德。
害人之心不可有,防害之心不可无。
常在河边转,早晚要湿脚。
宁可不吃,不丢人格。
富贵守本分,贫困莫失格。
宁可缺吃,不可缺德。
一人做事一人当。
蜂爱蜜,蝶爱花,苍蝇偏爱臭鱼虾。
吃人嘴软,拿人手短。
嘴馋志短。
酒杯不大能淹死人,筷子不长能打断腰。
酒色赛毒药。

十六、勤学苦练

天下无难事,只怕有心人。
铁不炼不成钢,人不学不成材。
一口吃不成胖子。
干一行,专一行。
不学无术,博学多才。
不怕不懂,就怕不问。
绳锯能断木,滴水能穿石。
不下苦功夫,难学真本领。
人行千里路,胜读十年书。
求神不如求人,求人不如自己能。
抬头误三针,说话耗精神。
树无根须寸木难长,人无知识寸步难行。
拳莫离手,曲莫离口。
路是走出来的,拳是练出来的。
活到老,学到老。
人老心不老,到老还学巧。
八十学个吹鼓手,遇事还能吃杯酒。

十七、科学管理

科学无止境,技术日日新。
人无十全,瓜无溜圆。
灯越挑越亮,理越讲越明。
有理不在吞子大。

有理不在音高。
有理走遍天下，没理寸步难行。
是树有根，是事有因。
真金不怕火炼，真理不怕诡辩。
真的假不了，假的真不了。
粗细是条根，大小是个理。
黄金有价，真理无价。
路不平有人踩，理不公有人摆。
领导领导，遇事开导。
领导带头，万事不愁。
干部带头干，万事都好办。
说一千道一万，不如亲自带着干。
官为民，民爱官，官民同心万事通。
莫偏听，莫偏信，百姓心中有戥秤。
小毛雨点点入骨，大雨一淌就没。
上梁不正下梁歪，中梁一歪倒下来。
已不正，不能正人。
一把钥匙开一把锁。
管理要严谨，奖罚要分明。
好官欢人言，贪官欢人钱。
扣得住人手，捂不住人口。
快刀斩乱麻。
村看村，户看户，群众看干部。

十八、礼尚往来

在家千日好，出门一时难。
在家靠父母，出门靠朋友。
在外听乡音，不亲胜似亲。
人在人情在，人死两丢开。
人心昼夜转，天变一时间。
人心换人心，四两换半斤。
人情留一线，日后好见面。
人敬我一尺，我敬人一丈。
与人方便，与已方便。
人不可貌相，海水不可斗量。
马有失蹄，人有失言。
马上不知马下苦，饱汉不知饿汉饥。
开口容易闭口难。
受人之托，中人之用。
不看僧面看佛面。
打人莫打脸，骂人莫揭短。
宁助饥时一口，莫助饱时一斗。
雪中送炭一小把，强似锦上添百花。
衣服是新的好，朋友是老的好。
新衣好做，老友难得。
交友要交心，帮人要实心。
有福同享，有难同当。
好兄弟，账账清。
朋友千个不为多，冤家一个也嫌多。
多个朋友多条路，多个冤家多堵墙。
设身处地，将心比心。
近人不说远话，真人不说假话。
两山不碰头，两人会碰面。
两斗结冤仇，两和成朋友。
画虎画皮难画骨，知人知面难知心。
事前客气一声，胜过事后登门。
油多不坏菜，礼多人不怪。
拉仗莫拉一边，看人莫看一面。
看人要看心，听话要听音。
酒逢知己千杯少，话不投机半句多。
冤家宜解不宜结。
黄金有价，友情无价。
到什么山，唱什么歌。
不守俗规，早晚吃亏。
不识乡情，寸步难行。

十九、团结互助

一只筷子易折断，一把筷子难曲弯。
一人一条心，散板不着钉。

千金难买人心齐。
人心齐，泰山移。
人多成城，树多成林。
人多好干事，人少好吃饭。
遇事众人帮，再难心不慌。
万众一条心，黄土变成金。
三个臭皮匠，赛过诸葛亮。
天时不如地利，地利不如人和。
互助互助，穷能变富。
蚂蚁虽小，能搬泰山。

二十、言谈话语

人嘴两张皮，说话管来回。
舌头三寸长，翻覆让人忙。
舌头不是铁，杀人不见血。
刀伤好治，语伤难医。
千句好话难暖人心，一言不慎能伤人心。
不义之财不可取，无情之话不可说。
出口的话，开弓的箭。
先说断，后不乱。
会说的叫人笑，不会说的叫人跳，
会说的不如会听的。
过耳之言不可听，道听途说不可信。
好事不出门，坏事传千里。
好话暖人心，坏话伤人心。
话语无腿脚，夜能行千里。
话到嘴边留半句，事到临头忍三分。
说话轻，过话重。
好话怕三重。
说话不算数，急时无人助。
甜言夺志，蜜语伤人。

第三节　歇后语

一画

火叉烧火——一头热。
剃头挑子——一头热。
小葱拌豆腐——一青二白。
癞得蛄吞骰子——一肚点子。
靠钵子（砂锅）捣大蒜——一锤买卖。
飞机上跳伞——一落千丈。
雪地赶路——一步一个脚印。
茶壶里下饺子——一肚货倒不出来。
黄鼠狼下小老子（老鼠）——一代不如一代。
卤水点豆腐——一物降一物。
挑柴赶集——一路担心（薪）。
荞麦开花——一片白。
三个钱摆两下——一是一，二是二。
进了黄金店——一望无垠（银）。
小卒过河——一去不回头。
擀面杖吹火——一窍不通。

二画

十五个吊桶打水——七上八下。
老嫚裹脚布——又臭又长。
茅道里石头——又臭又硬。
孙大圣翻筋斗——十万八千里。
顶溜划船——力争上游。
泥鳅鱼掉在碓臼里——入地无门。
老鼠过街——人人喊打。
八十岁学吹鸣哇——人老心没老。

三画

穿西装戴斗篷——土洋结合。
一丈二尺长舌头——大口条。
小老鼠拖锨杠——大头在后。
张飞认针——大眼瞪小眼。
高射炮打麻雀——大材小用。
屎壳虫打哈欠——大张臭嘴。
月地里没吃馓子——亏透心了。
大拇指掏耳朵——下不去。
烟袋锅炒芝麻——小扣油。
蚂蚁虾拜彤蟹——小仙(鲜)见大仙(鲜)。
光打雷不下雨——干想(响)。
七月半饺子——干爽。
狗咬尿泡——干欢喜。
小腿肚就筋——寸步难行。

四画

一张纸画个鼻子——不要脸。
蓖麻籽喂牲口——不是料。
戴斗篷亲嘴——不着边。
墙上挂猪皮——不像话(画)。
癞得蛄爬脚面——不咬人活瘆人。
石灰搽屁股——不(白)一定(腚)。
螺螺(蜗牛)赴宴——不速之客。
围棋盘上下象棋——不合格。
双眼色盲——不分青红皂白。
弟兄俩一天带亲——双喜临门。
穿钉鞋拄拐棍——双保险。
上煤气罐子——反走私(扭丝)。
胸口贴符——心中有鬼。
中药店里的搌桌布——五味俱全。
蛐蛐斗仗——以牙还牙。
草包装牡丹——内在美。
何仙姑走娘家——云来雾去。
暖壶挂到旗杆上——水平(瓶)提高了。
梁山上军师——无(吴)用。
拿碗打酒——无凭(瓶)据(具)。

五画

圩下技术员——专管闲(咸)事。
呢帽鞋子喊着卖——头一句脚一句。
大姑娘上轿——头一回。
端着相机调焦距——对象(像)。
抓药拉抽屉——对位(味)。
茅坑里炸鞭——民愤(粪)四起。
家后摆粮匾——外行。
怒揍宝玉——打假(贾)。
小猪爪朝里弯——只只如式。
柳条串蚂蚱——只只如式。

六画

小夏他大(爸)——老下(夏)(下,指下雨)。
刽子手他大(爸)——老砍头的。
图书馆搬家——尽输(书)。
科教专题片《羊》——尽出洋(羊)相。
盐场的工程师——尽管闲(咸)事。
戴乌纱弹棉花——有功(弓)之臣。
兄弟俩拉大锯——有来有往。
正月十五放花子——有声有色。
看彩电——有声有色。
肉包打狗——有去无回。
雪人洗澡——有去无回。
封顶的水泥板——后来居上。
花果山上大圣佛——后台硬。
麻袋装钉子——出尖。
近视眼镜——各投各眼。
卫星上天——各行其道。

猫逮老鼠狗看门——各尽其职。
大腿号脉——各师各传手。
对着镜子表演——自我欣赏。
小大姐围围巾——自绕其脖。
对着镜子作揖——自我恭维。
猪八戒照镜子——自找难看。
稻草人救火——自身难保。
王婆卖瓜——自卖自夸。
狗呐仗——全靠嘴。
五更头赶路——光明在前。
董永的孩子——多疑(姨)。
穿雨衣打伞——多此一举。
螺螺壳戴眼镜——多一层不如少一层。
盐场的现场会——讲闲(咸)话。
出租车打价——论公理(里)。
今天过冬(冬至)——来日方长。
老板聋听报告——充耳不闻。
吊死鬼搽粉——死要脸。
癞得蛄垫床腿——死撑活挨。
客栈里的香大姐(臭虫)——吃客。
猪八戒啃甜秸子——吃棍。
孙大圣去花果山——回老家。
拾起麦芒就穿线——当真(针)了。
一二五六七八九——丢三拿四。

七画

雷锋车组——助人为乐。
穿蓑衣踹难——抖了。
小木人跳河——成(沉)不了。
头顶长疮,脚底淌脓——坏透了。
冰库里插呱——冷言冷语。
打灯笼拾粪——找死(屎)。
苍蝇钻鼻孔——找嗤。
阴天晾衣服——迟早干。
老子(老鼠)钻进风箱里——两头受气。
脚踏车打炮——别(瘪)了。
剃头匠拍巴子——完了。
小家雀站牌楼——好大架子。
阎王老爷照镜子——里外不是人。
穿钉鞋拄拐棍——牢靠把实。
爬山观景——走着瞧。
狗脖上的铃铛——走那想(响)那。
一个模子倒的锅——没大没小。
黑月头走路——没影子。
显像管坏了——没影子。
满筐肝肺肚腰——没心。
进门叫大嫂——没话找话说。
黄狼子给鸡拜年——没安好心。
雪人烤火——忘了本。
太阳心走路——形影不离。

八画

火箭送卫星——直上云霄。
巷口扛木头——直来直去
挑盐过河——放不得。
鸡蛋壳喝酒——放不下。
秃头虱子——明摆着。
豆芽炒龙虾——点头对哈腰。
一只筷子吃面条——单挑。
菜籽掉进针眼里——奇巧。
骑车子单撒把——留一手。
小商品市场——贪(摊)多。
关门夹了鼻尖子——该巧。
老鼠给猫理胡子——拼命讨好。
癞得蛄喝磨刀水——秀(锈)气在内。
碾盘倒到碓臼上——实(石)打实(石)。

九画

玉皇大帝的胡子——神虚(须)。
土地佬淌汗——神虚。
小两口买鞋子——挑肥拣瘦。
戏台上胡子——活的。
六耳猕猴装大圣——冒牌货。
癞得蛄骑小老鼠——冒充大马队。
癞得蛄坐神台——冒充弥勒佛。
蚂蚱往鸡栏里蹦——送死。
老子(老鼠)进书橱——咬文嚼字。
戏台上夫妻——临时组合。
船上跑马——前程有限。
小大姐买裤子——说长道短。
嘴含干面——说白话。
宝玉意中人——待遇(黛玉)。
唐僧念紧箍咒——绝招子。
城隍庙旗杆——独一根。
韭菜台子——独竿子。
电话断了线——南(难)通。
准备演出——涂脂抹粉。
小镰刀扔上天——砍空磨云。

十画

寒暑表——能上能下。
体温表——能上不能下。
鹰头鸭爪——能吃不能拿。
初一早拜年——恭喜发财
录像带——载歌载舞。
箩柜桩改板凳——晃荡一辈子做(坐)人了。
温水烫猪——难缠。
墙上画烧饼——难吃。
带肚女人走钢丝——挺而(儿)走险。
猪八戒的绝招——倒打一耙。
阎王老爷作报告——鬼话连篇。
豆芽炒虾子——弯腰遇了驼背的。
小猪吃食——罢罢罢(叭叭叭)。
零存整取——积少成多。
泥菩萨洗海澡——消声(身)匿迹。
丈母娘夸女婿——样样好。
裁缝师傅拿手活——穿针引线。
洪炉旁的砧子——挨捶(锤)料。
飞机上分娩——高升(生)。
飞机上做算术——高空作业。
飞机送信——高邮。
剃头架势——高抬贵手。
白娘子喝雄黄酒——原形毕露。

十一画

九寸——得寸进尺。
水枪打兔子——疵(嗤)毛。
逛地下商场——深(身)入下层。
鸡蛋贩子——捣(倒)蛋。
戏台上夫妻——假的。
戏台上当皇帝——假威风。
猪八戒抱刀火纸——假装读书郎。
癞得蛄倚门槛子——假装弥陀佛。
麻袋库失火——烧包。
穆桂英带肚子——累阵。
六合车送粪——推死(屎)。
戏台上坐轿——脚踏实地。

十二画

老板聋子拿手机——装样子。
猪鼻子里插葱——装相(象)。
鸭子过河——随大流。
断了线的风筝——随风飘扬。
马尾穿豆腐——提不得。
看小词书淌眼泪——替古人担忧。
土地佬摔儿子——掼鬼。
正月十五贴对子——晚半月。

文武大臣——朝朝相见。

潘金莲竹竿子——惹祸根苗。

十三画

哈巴狗见主子——摇头摆尾。

西瓜掉进油篓里——滑蛋。

二坡坂拉屎——滑下。

老虎屁股——摸不得。

如来发火——福(佛)气。

灶老爷贴在大门上——错位了。

玩戳古驴的——真人不露面。

黑夜里拉二胡——暗中作乐。

王小下饭店——照客兑汤。

三十晚守岁——辞旧迎新。

坐飞机吹呜哇——想(响)的高。

穿蓑衣踹碓——跳挖毛了。

十四画

饺子破了皮——漏馅了。

老牛拉破车——慢腾腾。

穿钉靴拄拐棍——稳稳当当。

狗逮老鼠——管得宽。

跳莲湘舞——敲竹杠子。

香烟上的过滤嘴子——撂货。

刘海拖到鼻子上——障眼法(发)。

葫芦掉下水——漂浮。

放屁拉大椅——遮羞。

馄饨挑掉下桥——锅干瓢净。

十五画及以上

十五根竹竿扎顶篷——横七竖八。

小卒过河——横行无阻。

茶壶里下稀饭——糊(壶)里糊涂(糊嘟)。

啄木鸟——嘴尖。

猪八戒——嘴壮。

秃灰蛇——嘴勤身懒。

水里的月亮——懒痨(难捞)。

网兜里装钉子——藏不住。

掰开的藕——鹭鸶鸟(露丝了)。

烟花厂失火——鞭炮齐鸣。

麻袋装麸皮——露(漏)面了。

秋天的蚂蚱——蹦不了几天。

项羽打哈欠——霸气十足。

铁拐李走路——蹩脚。

第三十八编　乡镇 街道 农林场

新浦地区乡镇建置由来已久。早在东魏武定七年(549),境内南城已设立临海镇。明初,城区新浦西郊设临洪镇。清光绪末年城区新浦设镇,今花果山地区为海州东路镇。民国年间,东部云台山地区多设乡、城区新浦地区设镇。因时局变化,乡、镇建置也多有变化。至民国37年(1948)11月初,新海连解放前夕,今辖内有石东乡、关里乡、东磊乡和三民镇、新市镇、新龙镇、南城镇等乡镇。

新中国成立后,人民政府建立基层人民政权,城区新浦地区设20个镇。今花果山地区、云台地区和宁海地区,仍设乡、镇,分别隶属于新海连市云台办事处和灌云县。

20世纪50年代以后,城区撤镇,改建居民委员会,同时,设临洪乡。至此,城区下属无镇。1955年底,新浦城区成立时,仅有22个居委会和1个临洪乡。

1983年6月至1986年6月,新海区期间辖有新坝乡、锦屏乡、朐阳乡、洪门乡。1986年6月,新海区撤销,恢复新浦、海州两区建置后,新浦区不再有乡镇。

2001年11月以来,市政府几次调整市、区行政区划,花果山乡、云台乡、南城镇、宁海乡和国营云台农场、南云台林场先后划入新浦区。

新浦区人民政府设立派出机构也较早,1960年春,新浦城区已划分为:东艉、西艉、和路南3个街道,同时设立3个街道办事处。但为时不长,于1963年春即撤销。

1971年,经市革命委员会批准恢复3个街道并设立街道办事处后,相对稳定。20世纪70年代末起,随着市区扩大及各项事业发展,城区新浦的街道划分几经调整。

至2005年年底,新浦区辖有花果山乡、云台乡、宁海乡3个乡和南城1个镇,浦东、浦西、新东、路南、新南、新海6个街道。域内另有国有云台农场和南云台林场。

域内各乡镇、街道、农林场自成立起,在各个历史时期均按所属上级党委、政府要求,认真贯彻执行党的方针政策,从各地实际情况出发制定经济和社会事业发展计划,不断深化改革,调整经济结构和各项产业结构,走出各自经济发展路子,形成各自的特色产业,促进了地方各项社会事业发展,人民收入不断提高,生活不断改善。

第一章　乡　镇

第一节　花果山乡

一、自然概况

花果山乡位于新浦区东郊,南云台山北麓。东北与连云区朝阳镇为邻,东南与云台乡相连,北与连云区猴嘴街道毗邻，西连新浦城区。面积39.75平方千米。

花果山乡地质基础为震旦纪变质岩。地势呈由西南向东北渐低，依次为山前坡地、微斜平地和山前平原。云台山最高峰——玉女峰在该乡境内。该乡气候环境良好，四季分明，光照充足。山地土壤为棕壤，山下滩地原为盐碱地。有耕地823.33公顷、山林面积2053.33公顷。盛产稻、麦、水果、茶叶等。花果山乡自然环境优美，国家AAAA级旅游风景区——花果山风景区在此乡内。

花果山乡驻地大村村距区政府驻地新浦7.7千米，紧靠市行政中心。淮连高速公路穿境内而过，10路公交车通过乡境。

二、建置沿革

民国元年，东海、灌云分治，花果山地区属灌云县。民国16年(1927)，灌云县建乡，花果山地区大部分属灌云县郁林乡，乡公所驻大村；今之新滩村属灌云县苍梧乡(乡公所驻南城)。民国19年花果山地区属灌云县第七区。民国28年(1939)春，日本侵略军侵占时起，改属日伪海州东海县第六区公所管辖。

抗战胜利后，花果山地区的大村、小村两村属连云市新县第二区；当路、新滩两村属新县第三区。民国36年(1947)2月1日，花果山地区统属第三区。

解放后，花果山地区属新海连特区云台办事处管理。同时，成立前云区，区公所驻大村，辖大村、当路、温水3个乡。1949年8月，温水乡改名前云乡。

1956年3月和1958年2月，前云乡、当路乡先后撤并于大村乡，建立大村乡人民委员会，隶属云台区人民委员会。

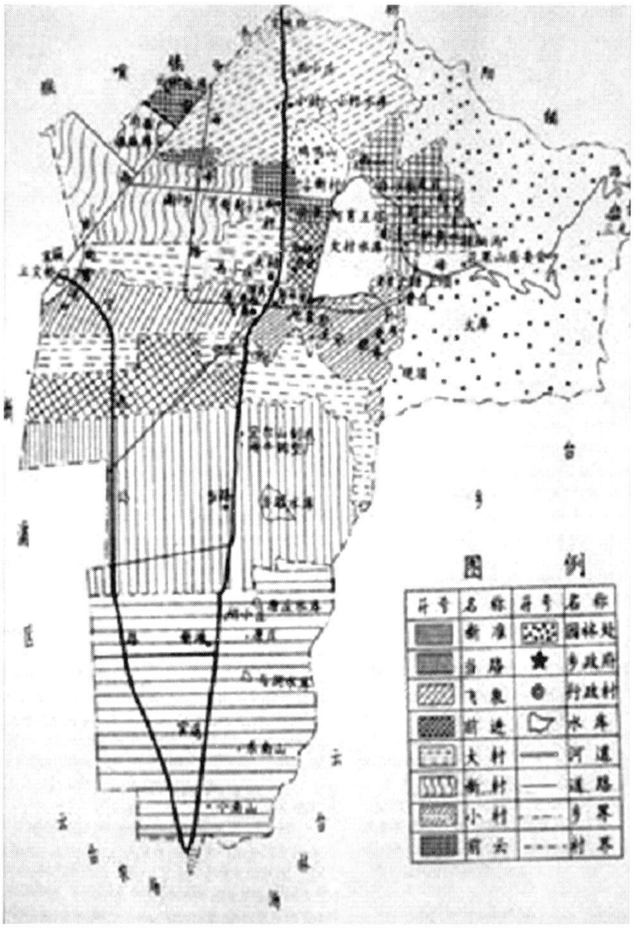

图38－1：花果山乡行政村分布示意图

1958年10月，大办“人民公社”，大村乡人民委员会撤并，成立前云、小村、大村、当路、新华5个生产大队，隶属云台区人民公社。

1961年6月，云台(区)人民公社撤并，花果山地区建成市直属的云台人民公社。

1983年3月，隶属组建中的南城区。同年4月，改称花果山乡。同年7月，南城区与盐区合并成立云台区。花果山乡属云台区。

2001年11月，市政府调整市区行政区划，撤销云台区。花果山乡划归新浦区，但交由花果山景区管委会管理。

2004年1月30日，市政府决定花果山乡由花果山景区管理委员会交由新浦区管理。

至2005年年底，花果山乡辖小村、新村、前云、大村、郁林、当路、新滩、前进8个行政村。有村民

5672户、17084人。

三、经济建设

花果山乡资源丰富，气候宜农，早在夏、商、周时期，此处已有农事活动。隋开皇年间大村西已建造捍海堰，挡海潮，蓄山水，灌溉农田。农作物以水稻、三麦为主。所产稻米质地优良。清代，温水河一带生产的粳稻米为海州一大贡品。

解放前，花果山地区耕地少，荒地多。耕地制度落后，产量很低。

解放后，土地改革，农民分得土地，生产积极性高潮。20世纪50年代，开展互助合作、农业合作化运动，依靠集体力量兴修农田水利，改进耕种制度，粮食产量逐年提高。50年代后期，大力开垦盐碱荒滩、播种水芽稻，在山地中种植山芋、花生等耐旱作物。60年代开始推广插秧稻。70年代进一步推广农业技术，引种优良品种，并扩大旱田改水田，水稻面积占农田面积90%，粮食产量大幅提高。同时，集体种植蔬菜等经济作物，开始发展社、队集体工业企业和个体企业。

改革开放后，实行经济体制改革，农业生产全面推行联产承包责任制，工业企业实行"一包三改"。鼓励农民兴办商业服务业。促进全乡经济全面发展。到20世纪90年代末，全乡水稻种植达580公顷，三麦播种达480多公顷，棉花播种达180公顷，开辟茶田36.4公顷，果园面积达215公顷。

2001年，划入新浦区后，由于新浦新城区开发建设，全乡农田逐年减少。乡党委、乡政府适应乡情变化，转变工作思路，大力实施品种、技术、知识更新三项工程，不断优化种植结构；大力招商引资，加快工业建设。

至2005年底，全乡实现地方生产总值1.29亿元，比上年增长14%。其中，第一产业增加值2500万元、第二产业增加值6124万元、第三产业增加值4300万元。全社会固定资产投资完成5995万元，比2004年增长62%。实现财政收入1200万元，比2004年增长25%。全乡实现农村经济总收入4.13亿元，比2004年增长32.90%。实现农民人均收入4780元，比2004年增长11%。

四、社会事业

新中国成立后，花果山地区以大村为中心开始加强交通、邮政建设。1958年，新浦经新滩、大村通往猴嘴的道路铺筑砂石路面，并开通汽车客运班车。1974年，乡内设邮电支局。1985年，新浦经大村至花果山景区专线开通。20世纪90年代起，乡内各村自筹资金修筑水泥路，实现村村通公路。

2005年，全乡加大小城镇建设力度，投入600多万元修筑道路、安装路灯，增设卫生设施。至当年底，乡驻地大村建成面积达2平方千米。被市评为"村镇建设先进单位"。全乡有小学5所、中学1所。大村中心小学为省实验小学、区特色小学。九年义务教育普及率100%。医疗单位有乡中心医院1所。全乡有12151人参加新型农村医疗保险，参保率达90%，全乡已建起乡、村、组三级联防卫生服务体系。

2005年花果山乡行政村概况表

2005年花果山乡行政村概况表

表38-1

村名	村民小组（个）	户数（户）	人口（人）	耕地（平方千米）	山林（平方千米）	人均收入（元）	备注
新滩村	7	877	2840	9.9	72.60	4983	被评为区社会治安安全村
当路村	8	824	2584	200	10.18	4585	被评为区社会治安安全村
飞泉村	7	585	1587	50	52.40	4720	—
大村村	7	632	1735	113	75.27	4863	乡政府驻地
前进村	3	328	964	93.60	1.04	4664	被评为区社会治安安全村
新村村	7	557	1665	123	12.67	4636	—
小村村	5	661	1946	90	141	4855	被评为区社会治安安全村
前云村	8	500	1996	38	92.80	4733	被评为区社会治安安全村

第二节　云台乡

一、自然概况

云台乡位于南云台山南麓。东与连云区板桥镇相邻，西与南城镇和花果山乡接壤，南与云台农场、东辛农场相接，北与南云台林场及连云港市经济技术开发区毗邻。东西长28千米，南北宽5千米，面积59.6平方千米。

云台乡地质基础为震旦纪变质岩系，夹有碳酸盐、磷酸盐的浅海沉积物。在含磷底层形成后，其上又形成厚厚的泥沙质岩石，经历了沉积、变质、隆起、侵蚀的一个地质过程之后，山体、地丘和谷地形成。乡境内第四系全新底层分布广泛，其山前平原占全乡土地面积一半以上，母质为灰色、深灰色、黑色淤泥质黏土，淤泥为主，厚度20米左右。

域内山体以西向东，连绵起伏，层峦叠嶂，沟壑相间。山间多奇崖陡涧、神洞怪石、瀑布龙潭，风光秀丽，自古为云台游览胜地。今有渔湾、孔雀沟、东磊、丹霞岭等风景区。渔湾景区为国家AAAA级景区。平坦的山前冲积平原由东向西缓慢升高，并散布着鲤鱼山、葫芦山、猫山、普山等独立小山体。

云台乡一带属温暖带南缘湿润性季风型气候，四季分明，雨量、光照充足。平均年降水量950.7毫米，年均日照时数为2166.9小时，无霜期长。山间植被良好，盛产各类果木、樱桃、云台大杏、云雾茶为其特产，有“樱桃之乡”之称。平地宜种小麦、水稻、玉米、花生、大豆、棉花、油菜等作物。

云台乡驻地凌州村距区政府驻地新浦11.4千米。市区26路公交车通达乡政府驻地，另有专线直通渔湾景区。

二、建置沿革

民国元年(1912)东海、灌云分置,云台地区属灌云县东路镇。民国3年属灌云县苍梧乡。民国18年(1929)灌云县改设区,云台一带属第九区。民国34年(1945),抗战胜利后,属连云市第三区。民国36年(1947),云台地区分属连云市第二区、第三区。

解放后,改属灌云县南城区。新中国成立后,仍属灌云县南城区,分别成立东磊乡、龙山乡。1957年底,灌云县撤区并乡,云台地区大部为东磊乡。1958年9月,成立东磊人民公社。同年10月,与原东滩、南城人民公社及云台农场合并为灌云县云台人民公社,仍属灌云县。

1983年3月,划入连云港市,隶属南城区。同年4月,改称云台乡。同年7月,改属由盐区和南城区合并成立的云台区。

2001年11月,云台区撤销后,云台乡划入新浦区。全乡辖凤凰、朱麻、渔湾、东磊、山东、凌州、后关、前关、西山和丹霞10个行政村。有村民9377户、34578人。

三、经济建设

云台乡一带农业生产历史悠久。公元前17世纪云台山下已有水稻种植。到西汉建安年间,境内关里为巨富糜氏庄园,拥有良田千亩。到唐代蚕桑生产兴盛,并始种棉花。南宋时已广种麦子。明洪武十七年(1384)和清顺治十八年(1661)两次“裁海”,土地荒废。“复海”后农业生产逐步恢复。直至解放前,云台一带均以农业经济为主,农业又以传统的种植为主,粮食产量很低。

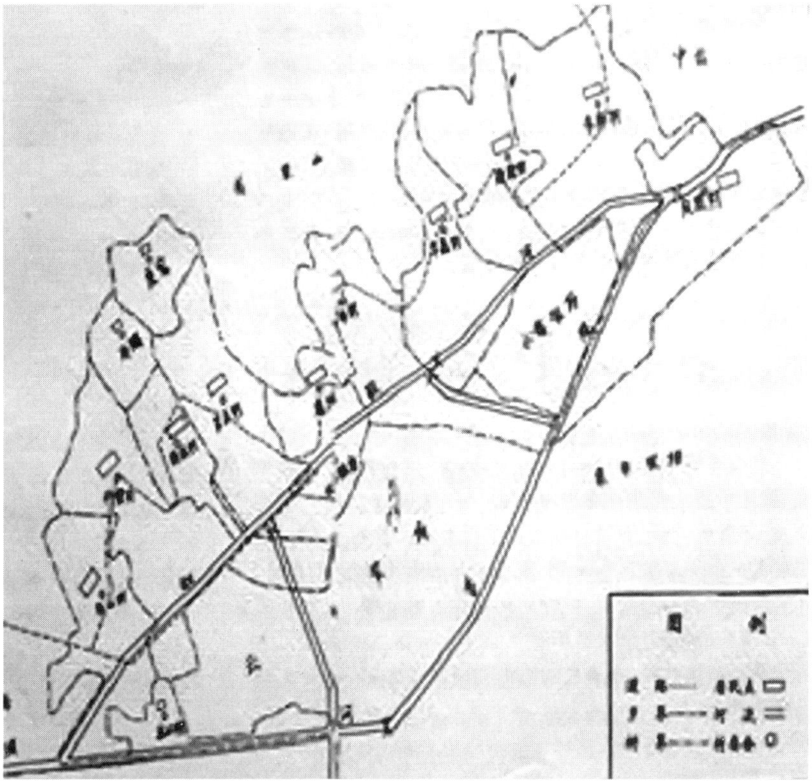

图38-2　云台乡行政村分布示意图

新中国成立后,实行土地改革,农民分得土地,生产积极性高涨。20世纪50年代经过组织生产互助组,成立初级社、高级社、人民公社,农民依靠集体力量兴修水利,开垦荒地,粮食、油料、蔬菜生产不断发展。因“公社化”中“共产风”影响,挫伤农民积极性,加上自然灾害,农业生产明显滑坡,1963年粮食总产降至1957年的水平。贯彻党中央“调整、巩固、充实、提高”“八字方针”后,生产开始全面恢复。

“文化大革命”初期,农业生产一度受到影响。1970年起,开展“农业学大寨”,治山治水,学习科学技术,推行旱改水和春改夏耕作制度,实行稻、麦、绿肥轮作和旱作物套种,逐步形成一年两茬、两年三熟的耕作制度。农业产量、产值连续 6 年增长。被省政府授予“大寨式公社”称号。

图 38－3 云台乡大力发展中药材凌霄花，成为全省最大的凌霄花种植基地。图为农民喜采凌霄花

改革开放后，乡党委、乡政府一方面全面推行农业经济体制改革，全面推行家庭联产承包责任制；一方面调整经济结构，推广农业技术，发展农业机械化。开展改造中、低产田，建设吨粮田活动，发展高效农业，凸显多种经营优势。2005 年，全乡凌霄花、云雾茶和大杏生产规模已分别达到 204 公顷、100 公顷和 133 公顷。云雾茶和云台大杏被认定为省无公害产品。同时，发展工业经济，兴建乡办工业企业和私营个体工商企业，自力更生开发建设渔湾风景区，发展第三产业。推动一、二、三产业全面发展。

2005 年，完成地区生产总值 15263 万元，比 2004 年增长 13.51%，其中第一产业 4178 万元，第二产业 5852 万元，第三产业 5233 万元。三次产业比为 27.38∶38.34∶34.28。彻底改变了以传统农业为主的经济结构，工业经济已成为主要产业。当年，全乡财政收入突破 2100 万元，比 2004 年增长 32.85%。农民人均纯收入达 5005 元，比 2004 年增长 14.7%。当年，云台乡被评为全市经济增长优秀乡镇、市四级联动致富农民先进乡镇和农业产业化经营先进单位。

四、社会事业

云台乡域内的前关村、丹霞村，早在民国 16 年（1927）、和民国 18 年（1929）已先后兴办起关里初级小学和水流村初级小学。至解放前夕，域内已有 5 所初级小学。新中国成立后，域内教育事业不断发展，先后创办诸吾小学、渔湾小学、凌州小学、凤凰小学、虎窝小学、西隅小学、龙山小学、后关小学等 10 所小学和云台中学。九年制义务教育逐步得到普及。开展爱国卫生运动，特别是 1981 年起开展农村改水、改厕工作，各村普遍吃上了自来水；全乡兴建农家卫生厕所 5500 余个，占农户的 81%，其中 30% 达到无害化要求，村庄卫生面貌不断改善。

改革开放后，云台乡各项社会事业加快发展。1986 年起，在村民中开办农业保险业务。至 2005 年，全乡企事业单位团体 100% 参保，市级以上劳动模范 100% 参保，学生团体保险参保率 100%，村民大部分农田参加了农业保险。新型农村合作医疗制度普遍建立。2005 年年底，全乡已有 28930 人参加新型农村合作医疗，参保率为 87%；全乡“五保”老人得到集中供养；598 名困难村民全部享受农村最低生活保障；全乡 50% 农户看上了有线电视，83% 农户安装了电话。乡驻地建成区面积已达 1.5 平方千米。

2005年云台乡行政村概况表

表38－2

村　名	村民小组（个）	户数（户）	人口（人）	耕地（平方千米）	山林（平方千米）	人均收入（元）	备　注
丹霞村	16	1075	4533	196	160	5167	—
西山村	7	1005	4679	180	155.93	5042	—
后关村	6	784	3216	136.66	427.53	4825	—
前关村	12	799	3118	80	200	4842	—
凌州村	6	413	1670	96.13	100	4986	乡政府驻地，被评为区先进单位
山东村	7	730	3053	186.67	122.40	4996	—
东磊村	7	504	2170	160	123.33	5042	被评为市“文明单位”“科普文明村”和区“关心下一代先进集体”
渔湾村	6	355	1560	130.66	153.33	4927	—
凤凰村	5	519	2110	326.70	14.70	4451	被评为2003～2004年度省级文明村、市“发展之星”和区计划生育先进单位
朱麻村	8	665	2745	213.33	—	4370	—

第三节　宁海乡

一、自然概况

宁海乡位于新浦区南部，为市区南大门。东临善后河与国营东辛农场为邻，西邻西盐河与海州区锦屏镇毗邻，南与灌云县板浦镇接壤，北与南城镇相连。面积46平方千米。

境内以平原为主，地势西高东低。主要河流有黄圩河、新北河、埃字河、丰收河、南北大沟等。以农业经济为主。耕地3133.33公顷，水域面积1266.67公顷。自然气候良好，盛产三麦、水稻和蔬菜。

二、建置沿革

民国以前属海州。民国年间属灌云县。

新中国成立后，属灌云县南城区。20世纪60年代初属灌云县云台人民公社。1966年，从云台人民公社中析出，置新河人民公社，属灌云县。1983年，改置宁海乡。

2005年6月，从灌云县划入新浦区。辖魏湾、卞浦、清河、武圩、太平、平安、黄圩、杨场、新圩、新北、海河11个行政村。有村民6459户、25625人。

三、经济建设

宁海乡以农业为主,原以种植小麦和玉米、大豆等旱作物为主,产量不高,每公顷仅450千克左右。

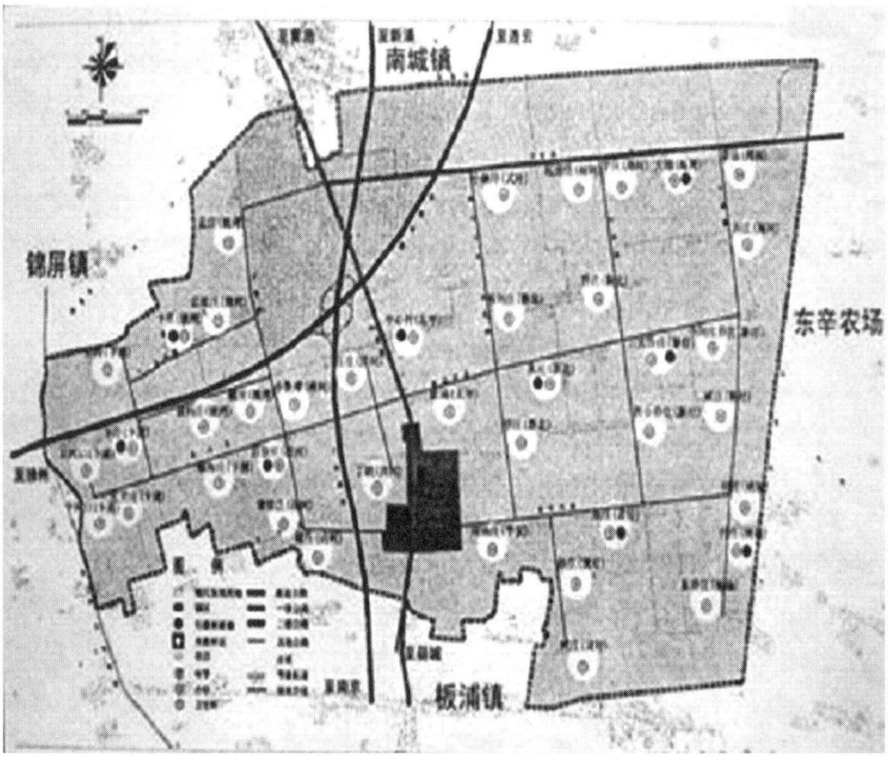

图38－4 宁海乡行政村分布示意图

解放后,实行土地改革,农民分得土地,生产积极性提高,加之政府采取一系列扶持政策,农业生产很快得到恢复。20世纪50年代中期后,社队组织劳力兴修水利,开垦荒地,扩大耕地,推广农业技术和高产良种,发展水稻栽培。粮食产量年年增长,平均年增长幅度为15.9%。三年困难时期粮食减产。经贯彻落实党中央“调整、巩固、充实、提高”八字方针,粮食单产、总产重新稳定增长。不久又遭“文化大革命”干扰,粮食再次减产。

党的十一届三中全会后,特别是改革开放后,全乡推行联产承包责任制,引导农民调整作物布局,组织发展多种经营,全乡经济建设发展速度加快。到80年代末,全乡粮食总产达15203吨,平均每公顷单产7571.45千克;567.6公顷棉田,总产皮棉662吨;年产肉猪1.1万余头,水果1064.45吨,家禽15万只。多种经营产值达797万元。全乡有乡、村两级工业企业39家,社会总产值达5425万元(其中,工业产值1089.7万元、农业产值2556万元);实现财政收入35.66万元。建筑业完成产值550万元,实现利润24.5万元;外出劳务收入110万元。

20世纪90年代起,乡党委、乡政府充分利用204国道、宁连高速、连徐高速等公路在乡境内交汇和靠近连云港民航机场等有利条件,围绕“面向市场搞调整,依托市区建基地,依靠农场抓养殖,减少农民促增产”的农业结构调整总体思想,引导农民加快发展特色农业和提高农业机械化程度。以涉农龙头企业为重点,新建涉农龙头企业,形成了绿壳蛋鸡、罗曼鸡、奶牛饲养和木材加工龙头企业优势项目。在新圩、武圩、海河、新北、卞浦、太平等村分别建设辣椒、丝瓜、西瓜、梨枣、生猪等无公害蔬菜基地、副食品基地和优质稻麦棉基地。同时,通过外向开拓、横向联合、强化投入,开辟建设规划总面积8平方千米的宁海开发区,2平方千米的核心区至2003年已完善基础设施建设,并有8个超500万元的工业项目入驻。至2005年年底,全乡已拥有大中小型拖拉机3000台(套),大中型联合收割机50台、农用载重汽车30辆、排灌动力1400千瓦、农业综合机械化率达95%。拥有各类生产基地8个。全年出口成品木材4000

立方米，出栏奶牛1000头，上市禽蛋570吨、上市蔬菜10.2万吨，出栏生猪20017头。粮食总产16598吨、皮棉445吨。全年实现农村经济总收入10355万元；实现工业总产值31915万元，比2004年增长22.4%；实现财政收入600万元，比2004年增长5.45%；农民人均纯收入4200元，比2004年增长13%。

四、社会事业

清末，乡境内邵庄已有尚志学堂。但后来各项社会事业发展缓慢。

新中国成立后，人民政府大力发展教育、卫生事业，20世纪50年代，境内先后开办了王桥小学、管庄小学、许盛小学、梁庄小学、陈庄小学和武圩初级小学等6所小学。1958年成立人民公社后，各大队均兴办大队卫生所。1966年，成立公社医院。1974年兴办宁海中学。

党的十一届三中全会后，特别是改革开放后，全乡两个文明建设一起抓，社会事业出现崭新发展局面。至1990年年底，全乡已有小学12所、初中1所，在校学生3036人。有乡卫生院1所、村卫生室11个。全乡劳动力中，初中文化的占53.67%、高中文化的占20.23%。

2001年以来，全乡进一步加强社会事业建设，按照“方向明、高起点、分步走”的要求和经济、社会、生态3个效益相统一的原则，充分发挥境内立体交通网的区位优势，主动融入市区，加强小城镇建设。至2005年年末，在204国道两侧已初步形成集工商服务、休闲娱乐为一体的现代新型集镇雏形。全乡实现组组通砂石路、户户通自来水。电话实现程控化，全乡80%以上农户接通了程控电话，乡和部分村逐步开通了宽带网。有线电视覆盖率60%以上。通过整合教育资源、全乡现有宁海、卞浦、武圩4所小学和太平、海河等5个教学点布局合理；宁海中学被评为“模范学校”。全乡有中心医院1所、分院1所、甲级卫生院11所、敬老院1所、新型农村合作医疗参加率达90%以上。人口出生率为7‰，计划生育率达97%。被市评为“20优乡镇”。

2005年宁海乡行政村简况表

表38－3

村　名	村民小组（个）	户数（户）	人口（人）	耕地（平方千米）	人均收入（元）	备　注
卞浦村	12	535	2360	196.67	3300	—
魏湾村	9	620	2570	210	4000	—
清河村	8	602	2156	144	3600	—
武圩村	6	350	1680	152	4100	—
太平村	7	420	1638	114	4460	—
平安村	6	478	1735	108.87	3900	乡政府驻地，被评为市民主法制示范村、文明文化村、科普示范村
黄圩村	6	301	1240	118	3360	—
杨场村	7	402	1589	120.60	3800	—
新圩村	7	475	1960	194	4000	—
新北村	12	622	2458	222	3800	—
海河村	10	682	2897	376	3300	—

第四节　南城镇

一、自然概况

南城镇位于新浦区东南部,坐落于南云台山西南角。东与国营云台农场接壤,南临烧香河,西与海州区锦屏镇相连,北与云台乡毗连。面积4.7平方千米。

南城镇为历史古镇,镇内有东山、西山。因相传西汉始元四年(前83)"冬十月,凤集东海,朝廷遣使者祠其处"而得名凤凰山,分别为东凤凰山和西凤凰山。两山中间为平地。南北朝时宋元徽五年(476),青、冀二州刺史刘善明在凤凰山上磊石为城。东魏武定七年(549)即在此置临海镇。后为古东海县治。

云台山在海中期间,南城为海州与云台山之间重要渡口,和南方香客一年一度正月十五朝云台(到三元宫烧香拜佛)必经之地。古镇十分热闹。清顺治十八年(1661)至康熙十六年(1677)"裁海"16年间,古镇荒芜。"复海"后,稍有恢复。康熙末年海退,始与内陆相连。

南城古迹较多,有始建于隋开皇五年(586)的玉皇宫,有普照寺、碧霞宫、城隍庙和东凤凰山石刻群。为游览胜地。

南城镇是连云港市中心城区的南大门,地理位置优越。气候温和湿润,四季分明。东北离连云港港口40千米,距新浦城区6千米。204国道、宁连高速公路、徐连高速公路过境。市内22路公交车通达镇内,进出交通方便。

二、建置沿革

民国元年,撤海州,设东海县。不久,东海、灌云分治,南城属灌云县。民国18年(1929),南城属灌云县第九区,为区公所驻地。次年,第九、十两区合并为第七区。抗战胜利后,南城属连云市第三区,为区公所驻地。

解放后,属灌云县。1949年1月,灌云县设南城区,南城属其管辖。1957年5月,灌云县南城区撤镇,建立南城镇、东磊乡。次年10月,灌云县云台公社成立,南城镇属云台公社。1966年7月,南城镇从云台公社中划出,直属灌云县政府。

1983年3月,南城镇划归连云港市,属筹建中的南城区。同年7月,盐区与南城区合并成立云台区。南城镇属云台区。

2001年11月,云台区撤销,南城镇划入新浦区。

2005年年底,南城镇辖青春、宁海、凤凰3个社区。有居民3552户、11264人。

三、经济建设

南城镇经济向以农业和传统商业为主。改革开放后,调整产业结构,兴办化工、建材、轻纺、食品等工业企业;兴办农贸市场、百货超市、美容美发等商贸服务业。2001年起,制定旅游业发展规划,开发东凤凰山旅游资源。当年多方筹资300多万元,相继修建了普照寺大雄宝殿、玉皇宫,兴建魁皇阁。同时,实施品种、技术、知识三大工程,推进农业产业化经营,在西凤凰山建立凌霄花生产基地;在宁连公路东侧建立冬枣园;投入26万元,扩大花卉生产基地。

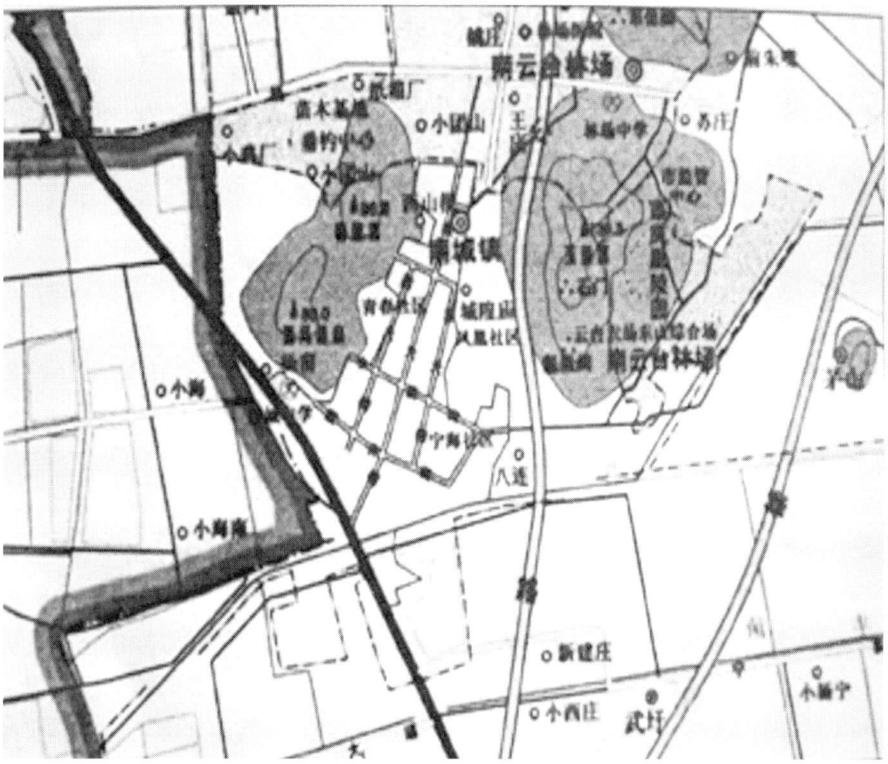

图38－5　南城镇政区图

2001年年底划入新浦区后,确立并实施"调农、强工、兴商、促旅"的经济发展思路,进一步调整三大产业结构,采取"引资兴企、改革兴企、管理兴企、科技兴企、多业兴企"五大措施。2002年起,全镇先后兴办正荣食品、三星化工公司、天宇钢模板厂、华杨农机等15个个体私营工业企业。引进连云港市东方远通汽车营销中心、海南马自达、昌河汽车销售中心、苏奥汽车等项目,为建成南城汽车城打下了基础。同时,加强特色农业建设,扩大花卉基地,培栽花卉品种达20多个,凌霄花生产基地扩大至3.3公顷。冬枣园扩大至3.67公顷。2005年,全镇实现社会生产总值7850万元,比上年增长23.9%;完成工业总产值21771万元、实现销售收入21336万元、利税1285万元,比上年分别增长40%、40.4%和24.8%。实现农业总产值486万元。农民人均收入5247元。

四、社会事业

南城镇古有城墙,城墙拆除后尚有一条长1.5千米的青石板路面的东大街。1970年,镇政府在东大街西侧开辟建设新大街,长2000米,宽27米,柏油路面。大街两侧进行改造,渐成镇主要商业街。同时,镇政府加强新、老城区建设改造,兴建居民小区,加强绿化美化。至2005年,南城镇建成区面积为1.9平方千米。

南城镇不断加强教育、文化、卫生事业建设,加强社区服务工作,全镇建有5支社会治安联防队,有专兼职联防人员57人。坚持开展"平安南城"创建活动,不断治理环境卫生。确保全镇143户低保户的最低生活保障和12名孤寡老人的生活服务工作。全镇计划生育率100%,人口出生率为7.8‰。全镇有南城中学、南城中心小学。有医院3所、诊诊所2所。2004～2005年度,被评为市"文明乡镇"。

2005 年南城镇社区概况表

表 38－4

社区名称	居民小组(个)	户数(户)	人口(人)	备　　注
宁海社区	12	724	2970	—
青春社区	13	785	2313	—
凤凰社区	11	767	2426	镇政府驻地

第二章　街　道

第一节　浦东街道

浦东街道位于新浦区城区西北部，东邻连云区猴嘴街道，南至陇海步行街和陇海东路，西至大浦河、南极路、新新路，北以蔷薇河为界与东海县浦南镇隔河相望。面积 12.43 平方千米；常住人口 3.6 万人，户籍人口 3.9 万人。街道办事处驻陇东社区陇西路 89 号，在区人民政府东北 1.5 千米处；下设陇东、市民、市化、同兴、民主、菜市、机关、路北、建国、万润、站北、市东、龙苑、新桥、浦河等 15 个社区。

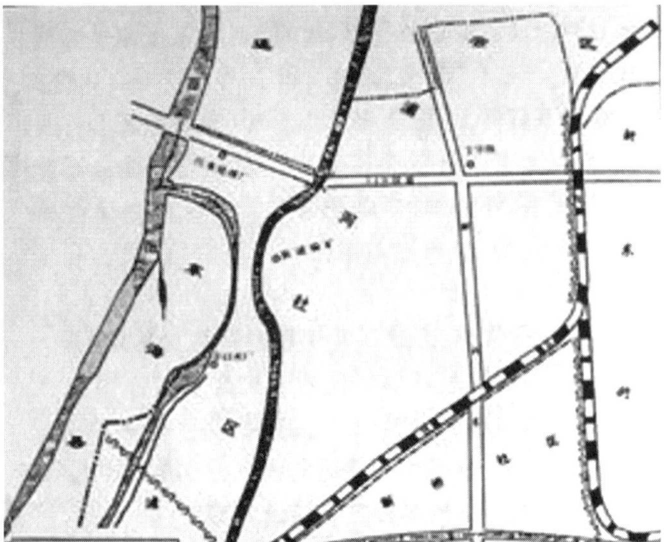

图 38－6　浦东街道社区分布示意图

浦东街道是新浦区老城区之一，原为市、区两级政府驻地，2001 年，市政府由解放中路迁于朝阳东路。辖区内有部、省、市属机关单位 136 个；有连云港百货大楼、中德商业广场、汇金购物广场、苏宁电器、文峰大世界、九龙世贸、东方大厦、国际商城、新一佳等购物商城；有连云港市急救中心、江苏恒瑞医药等医疗制药单位；老字号商店有建于 1915 年的馨祥酱园，建于 1919 年的生庆公茶庄，建于 20 世纪 20 年代的三和兴中药店、30 年代的第一池等。有万润房产、万山房产、温桥房产等房地产开发公司。陇海铁路横贯东西。

辖区内主要道路有解放中路、民主中

路、人民东路、南极北路、海昌北路、通灌北路。民主中路为新浦早期的商业街，路两侧店面均建于20世纪20年代至30年代，建筑风格古朴典雅，直到80年代还是新浦的商业中心。20世纪末以来，大部分老店面在旧城改造中被拆除。中学有省级二星级中学新浦中学。小学有建国路小学。建国路小学是江苏省名小学之一，始建于1924年，初名为“私立普爱小学”。文化体育设施有市少儿图书馆、市体育馆和人民公园等。1、3、7、8、22、23、25、26、27路公交车过境。

2005年，浦东街道完成全部工业产值34701万元，比2004年增长21.2%；实现销售收入25568万元，利税2437万元，比2004年分别增长19.1%、15.5%。当年新上投资1000万元以上工业项目2个。各项社会工作稳步推进。全街道人口出生率为6.8‰。荣获全国经济普查先进集体、省安全生产达标活动先进单位、省先进劳动争议调解组织等称号。被市委、市政府授予“社会治安安全街道”“全市民政工作基层先进单位”称号，街道党工委被区委评为“五好班子”。

2005年浦东街道社区概况表

表38－5

社区名称	居民小组(个)	户数(户)	人口(人)	备　注
民主社区	17	452	1258	被确定为市“党建工作示范点”，被评为区民政工作先进基层单位
万润社区	11	635	1018	被评为市“爱国卫生先进单位”
市化社区	8	196	370	被评为市卫生先进单位、卫生达标单位
市东社区	10	1296	3711	—
路北社区	12	398	1231	被评为市“爱国卫生十佳居委会”“爱国卫生先进单位”“绿色社区”和“民主法制示范社区”
陇东社区	13	1062	1527	—
同兴社区	17	1105	2469	被评为市“十佳卫生社区居委会”“社会治安安全社区”和帮残助残先进集体
菜市社区	16	371	1019	被评为市“民主法制示范社区”“社会治安安全社区”“爱国卫生先进单位”、“关心下一代先进集体”
站北社区	18	1174	3696	被评为区“社会治安安全社区”
浦河社区	22	1081	3162	—
新桥社区	13	2010	7738	—
建国社区	9	656	1669	—
龙苑社区	20	1979	5920	—
市民社区	28	740	1805	—
机关社区	27	386	1009	—

第二节　浦西街道

浦西街道位于新浦区城区西部。东与浦东街道交界，南至陇海商业步行街，西与海州区接壤，北与东海县相邻。面积10平方千米,常住人口3.7万人,户籍人口4万人。街道办事处驻蔷薇社区盐河北路东侧蔷薇小区综合服务楼内(原驻新河路7号,1997年夏迁址河滨路2号;2001年12月迁于此),在区人民政府驻地西北2.5千米处。下设同和、西桥、通池、后河、蔷薇、沈圩、新站、电台、财苑、新中、新西、新洪等12个社区。

驻地有连云港火车站、新浦长途汽车站、市广播电视局、市社会福利院、市康复医院、田申热电厂、市变压器厂、市石油公司、市研磨厂、市沈大金属型材厂等企事业单位;有火车站广场商业黄金圈、陇海商业步行街西街、沈圩桥农贸市场、新中农贸市场、苏果超市、成芳缘超市、家乐福超市等便民购物场所。辖区内主要路街有解放西路、人民东路、盐河北路、民主西路、南极北路。1、3、7、8、22、23、27路公交汽车过境。

浦西街道绝大部分地区为新浦老城区,随着旧城改造,已建成蔷薇小区、新站花园、宝泰新村、幸福家园、新中花园、瑞景花园、兴城花园等一批大型现代居民区。域内有人民广场、盐河北路绿地、河滨绿地和陇海步行街凤凰广场等市民健身广场和休闲场所。学校有连云港市财经学校、连云港市职业技术学校、建国路小学、新海小学、临洪小学、向阳小学等。

2005年,浦西街道完成工业总产值34175万元,比2004年增长21%;实现销售收入27808万元,利税1444万元,比2004年分别增长19%、12.99%。全街554户(1708人)困难家庭全部获得城市最低生活保障。辖内社会治安稳定。全街道计划生育率100%,人口出生率率3.6‰,人口自然增长率在5‰以内。年内,街道荣获省社区劳动保障平台建设工作先进单位称号;获全市经济建设和社会发展目标五优街道办事处称号。在全区年终评比中,获经济建设和社会发展目标争先奖。

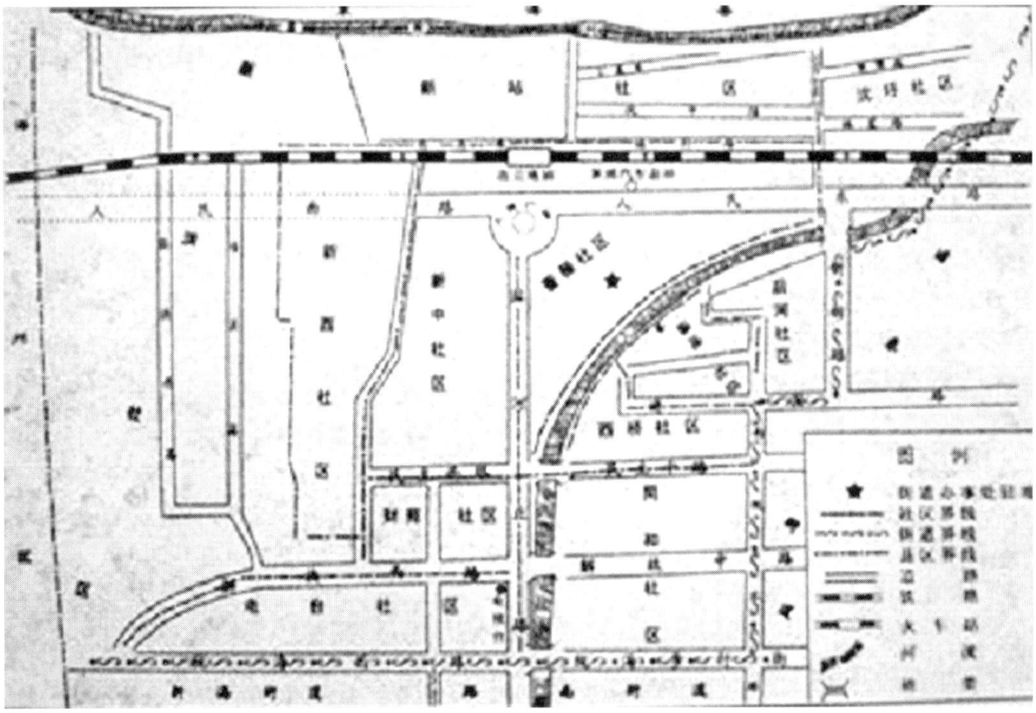

图38-7 浦西街道社区分布示意图

2005 年浦西街道社区概况表

表 38 - 6

社区名称	居民小组(个)	户数(户)	人口(人)	备　注
同和社区	22	853	2371	—
西桥社区	19	972	3042	—
通池社区	15	997	2775	—
后河社区	22	927	2768	被评为区先进基层党组织
蔷薇社区	19	820	1790	被评为区“四五”普法先进集体
”新站社区	16	1100	4867	—
沈圩社区	28	2170	6710	被评为区“科普工作先进集体”
电台社区	10	495	1208	被评为区“四五”普法先进集体
财苑社区	14	543	1614	被评为省民主法治示范社区
新中社区	15	756	2209	被评为区就业再就业工作先进单位、区社会治安安全居委会
新西社区	18	770	2360	—
新洪社区	18	1410	3780	—

第三节　路南街道

路南街道位于新浦区城区中部，东至龙尾河，南至朝阳路，西至西盐河，北至陇海商业步行街。面积 1.7 平方千米，常住人口 3.2 万人、户籍人口 3.8 万人。街道办事处驻贾圩社区整洁路 14 - 7 号(原驻青年路，2000 年迁至此)，在区政府驻地东南 1 千米处。下设公园、贾圩、路南、朝阳、延东、向阳、盐河、葵花、扁担河 9 个社区。

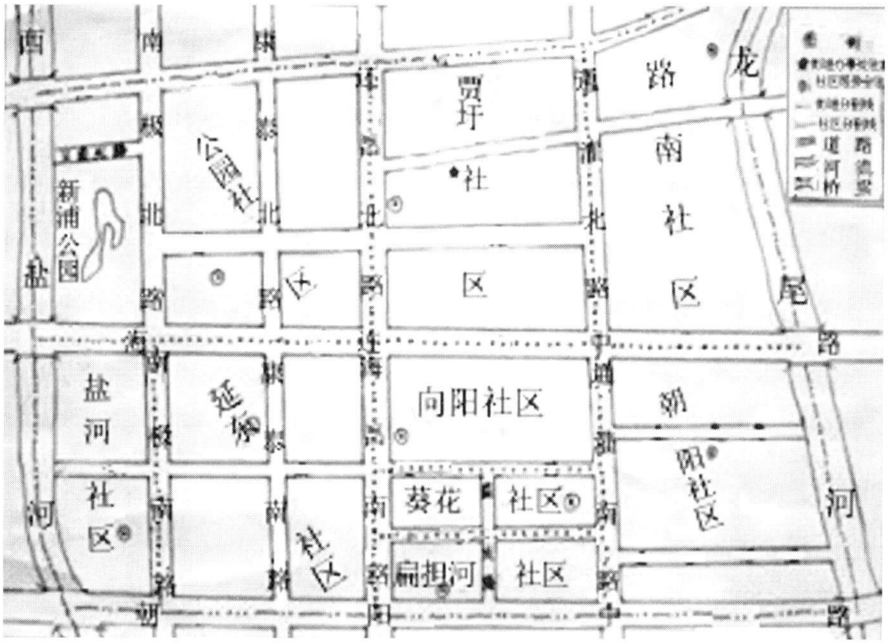

图 38 - 8　路南街道社区分布示意图

路南街道辖区为连云港市重要商贸区、城区繁华地段之一。驻有市财政局、市国税局、市地税局、市建设局、市物价局、市质量技术监督局、市工商局、市商业银行、农行连云港分行、工行连云港分行、建行连云港分行、交行连云港分行、中行连云港分行、农发行连云港分行等26家机关行政事业单位和康缘制药厂、热电供应中心、连云港市被服厂3家市属企业和陇海商业步行街，陇海商城、国安商贸城、时代超级购物中心等商贸企业265家和极美苑、万家乐、校西巷3个农贸市场，现已形成陇海商业步行街、朝阳路电脑配件一条街、青年西路餐饮一条街、海昌路高档服饰一条街等特色商业街，商业积聚效应明显。

辖区内主要路街有通灌路、海昌路、南极路、朝阳路、海连路、康泰路、青年路、整洁路。建有6号街区、东大花园、港利花园等居民小区。有省示范初中新海实验中学和省实验小学解放路小学、新海实验小学、连海路小学、公园小学有市新华书店总店、黄海影剧院、市少年宫及新浦公园、市民广场等文化活动和休闲活动公共场所。1、3、5、6、8、9、19、23、24、25、26、27路公交汽车过境。

2005年，路南街道完成工业总产值12300万元，销售收入8993万元，实现利税646万元，比2004年分别增长20%、19%和13%。发展个体工商户360户。街道坚持党政一把手亲自抓计划生育工作，街道计划生育率100%。人口自然增长率为4.96‰。9个社区全部被评为市“十佳卫生社区居委会”。2005年，街道被授予“全国群众体育先进单位”、市“社会治安安全街道”“家庭教育工作示范街道办事处”和“新浦区基层民主政治建设工作先进集体”“新浦区乡镇（街道）安全生产达标先进单位”等称号。

2005年路南街道社区概况表

表38－7

社区名称	居民小组（个）	户数（户）	人口（人）	备　　注
贾圩社区	16	1013	3162	被评为市“示范社区”“十佳卫生社区居委会”“科普文明社区”，被确定为市“小公民道德建设活动示范基地”
延东社区	19	1870	5530	被评为市“十佳卫生社区居委会”
扁担河社区	15	1250	3150	被评为市“十佳卫生社区居委会”
向阳社区	21	1170	3251	被评为市“爱国卫生先进示范社区”“十佳卫生社区居委会”和区“社会治安综合治理安全城（区）”
公园社区	16	1135	3450	被评为省“科普文明社区”、市“十佳卫生社区居委会”和区“人口与计划生育工作先进单位”“先进基层单位”
盐河社区	17	1382	3900	被评为市“十佳卫生社区居委会”
朝阳社区	32	2029	5983	被评为市“十佳卫生社区居委会”
路南社区	10	536	1608	被评为市“十佳卫生社区居委会”
葵花社区	18	1210	3657	被评为市“十佳卫生社区居委会”

第四节　新南街道

新南街道位于新浦区城区南部，东到龙尾河，南到玉带河，西至西盐河、北至朝阳路。面积4.3平方千米。常住人口5.4万余人，户籍人口5万人。街道办事处驻建康社区建康北路6号，在区人民政府南

2.5 千米处。下设玉带、海宁、建南、建康、兴业、紫云、延南、新龙、云海、海南 10 个社区。

新南街道辖区主要为居民生活区。有市市政总公司、市路灯管理处、市中心血站、市飞燕毛毯公司、环保监察总站、市农行干校等企事业单位和市环保局、市海洋渔业局、市文化局、市规划局、市公安局新浦分局、市工商局新浦分局、市委党校、市车管所等行政机关。新建有玉带新村、兴业小区、海宁小区、龙河小区、玉龙花园、新世纪花园、华阳景都、鸿港花园等大型现代居住区。有市中医院、眼科医院和市群艺馆、淮海工学院通灌分校、市经济干校、海宁中学、特殊教育学校、建宁小学、海宏学校等卫生文化教育机构。

辖区内主要路街有朝阳中路、建设路、海宁中路、南极南路、海昌南路、通灌南路。6、23、24、25 路公交车过境。

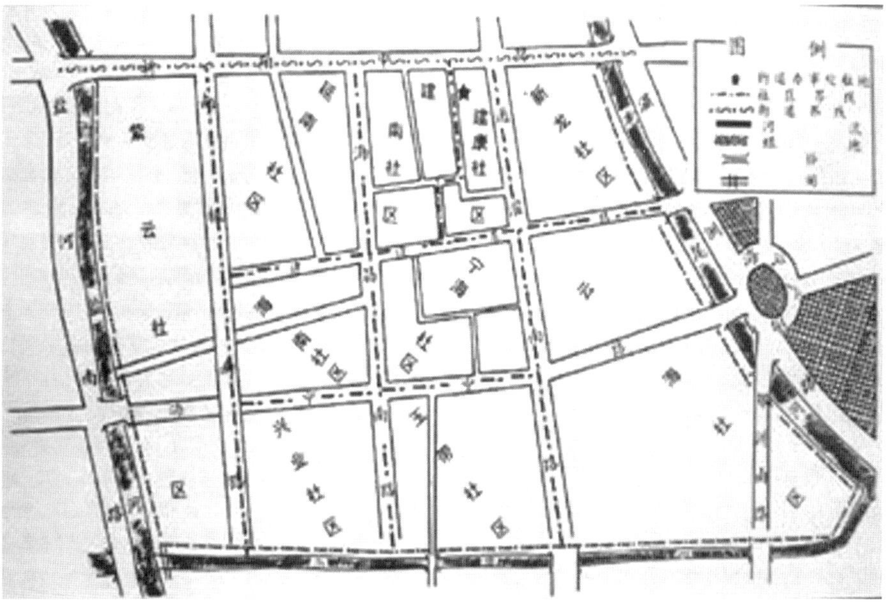

图 38－9　新南街道社区分布示意图

2005 年，新南街道完成工业总产值 19500 万元，实现销售收入 10010 万元，利税 340 万元。比 2004 年分别增长 21%、19% 和 18%。开展“婚育新风进万家”活动，计划生育率 100%；街道按省市示范街道标准，推进社区建设，推进文明城市创建工作。当年，街道先后获得“全国万家社区图书室援建和万家社区读书活动先进街道”、市“消防工作先进单位”“社会治安安全街道”等称号。

2005 年新南街道社区概况表

表 38－8

社区名称	居民小组(个)	户数(户)	人口(人)	备　注
紫云社区	10	1089	3314	被评为市“十佳卫生社区居委会”
海南社区	17	1326	3979	被评为市“十佳卫生社区居委会”
延南社区	17	1200	3756	—
兴业社区	37	1240	3368	被评为市“城管示范社区”
新龙社区	24	779	5106	被评为区“巾帼文明社区”和“示范社区工会”
云海社区	48	3546	10040	被评为区“关心下一代”先进集体
建南社区	43	1500	3805	被评为市“十佳卫生社区居委会”、区“社会治安安全社区”
建康社区	23	1432	4382	被市、区评为“人口与计划生育先进单位”
海宁社区	56	3376	10062	被评为市“十佳卫生居社区委会”“城管示范社区”，为市“党建工作示范点”和“家庭教育工作示范社区”
玉带社区	48	3100	5926	—

第五节 新东街道

新东街道位于新浦区城区东部。东、北与花果山乡毗邻,南与云台农场接壤,西至龙尾河。面积13.3平方千米。常住人口7.6万人,户籍人口7.4万人。街道办事处驻广场社区东方花园C3号、C4号(原驻繁荣路,2004年6月迁至此),在区人民政府驻地东3千米处。下设振东、巨龙、龙尾、苍梧、利民、新城、淮海、东风、广场、艺北、外仓11个社区。辖区东部为新开发建设的新浦新城区,为中共连云港市委、连云港市人民政府驻地。连云港开发区宋跳高新技术工业园区坐落辖区北部。境内驻有市公安局、市法院、市检察院、市电信局、中国联通、市人事局、市教委、连云港日报社、苍梧晚报社、市博物馆、黄海机械厂、正大天晴药业股份有限公司等企事业单位。有七一六研究所、淮海工学院、市电视大学、连云港职业技术学院、连云港师范专科学校、连云港市高级技工学校、新海高级中学、市双语学校等一批教育科研单位。

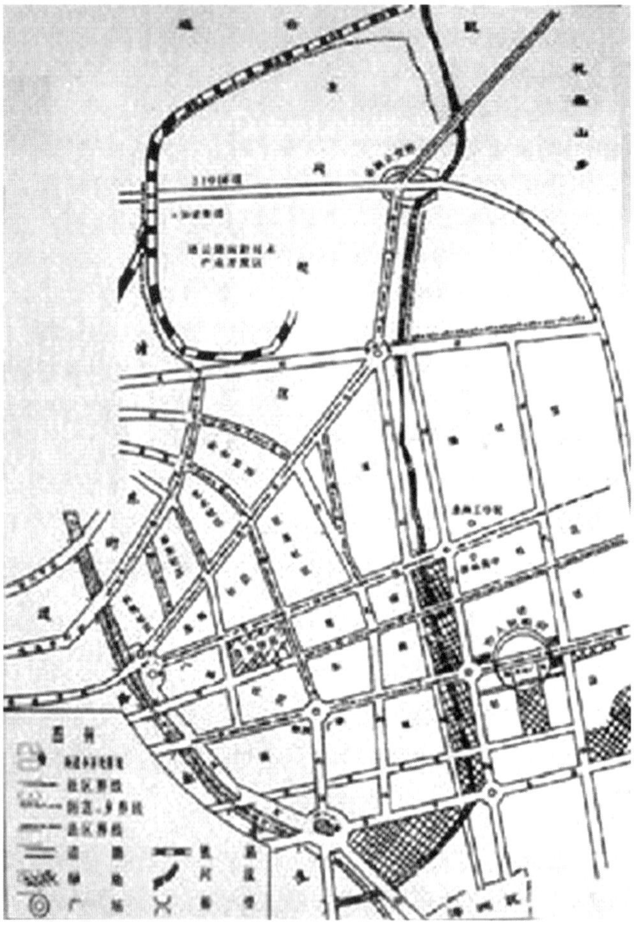

图38-10 新东街道社区分布示意图

辖区内主要路街有苍梧路、绿园南路、朝阳东路、建设东路、海宁东路、瀛洲路、郁洲路、海连东路、巨龙路、科苑路、学院路、龙河路等。有华联商厦、振兴超市、上海超市、龙河电脑城、陇海商城等商贸购物场所。建有苍梧小区、香溢世纪花园、博纳花园、东方花园、海连新天等现代化居住区。有苍梧绿园、东盐河河滨绿地、龙河广场、新世纪广场、景观大道等休闲活动场地。2、3、6、8、19、22、24、25、26路公交车过境。

2005年,新东街道完成工业总产值20532万元,实现销售收入15597万元,利税1927万元。比2004年分别增长45.9%、40.4%和65.7%。街道大力开展"婚育新风进万家""关爱女孩"等活动,推动计划生育管理制度化、规范化。被国家计生委等10个部门授予"婚育新风进万家"活动先进单位称号。经济建设和社会发展在市目标考核中列全市街道办事处第一位,被市委、市政府授予"五优街道办事处"称号。年内,还被评为市"爱国卫生先进单位"。

2005 年新东街道社区概况表

表 38-9

社区名称	居民小组(个)	户数(户)	人口(人)	备　注
利民社区	25	1773	5823	被评为市“民主法制示范社区”“科普文明社区”“家庭教育示范社区”
外仓社区	9	829	2773	—
龙尾社区	35	1207	5772	被市委确定为“党建工作示范点”
振东社区	28	761	2271	—
艺北社区	43	1641	5066	—
广场社区	32	2375	7543	—
新城社区	20	1289	3764	—
东风社区	25	689	5015	—
巨龙社区	65	2210	8096	—
淮海社区	11	751	19771	—
苍梧社区	16	1675	10234	获省“园林式居住区”、“绿色环保社区”和市“示范社区”等称号
东苑社区	26	670	1800	—

第六节　新海街道

新海街道位于新浦区西南部。东至西盐河，西、南与海州区接壤，北至陇海路，面积 4.5 平方千米。常住人口 4.3 万人，户籍人口 4 万人。街道办事处驻新孔社区绣苑路 11 号，在区政府驻地西南 3 千米处。下设西苑、常乐、富强、镇海、新孔、河西、星化、海连、新潮、幸福 10 个社区。

辖区内驻有市国税分局、市供电局、化工部矿山设计院、市涤纶厂、东堡集团等机关企事业单位。有西城农贸市场、农工商超市、苏果超市、连云港市花卉市场、华诚超市等商贸购物场所。花卉市场是苏北鲁南地区规模最大、档次较高、功能齐备的花卉交易市场。有健身工程 1 处，全民健身点 9 个。

域内主要路街有朝阳西路、盐河南路、海连西路、幸福路、陇海西路、新孔南路、海宁西路、大庆西路、富强路、镇海路等。6、19、24、27 路公交车过境。建有青岛花园、麻纺小区、新海花园、常乐新村等现代化居住区。学校有江苏省经贸高级技工学校、市警察学校、临洪中学、大庆路小学、幸福路小学等。盐河南路绿地风景怡人，是市民休闲健身场所。2005 年，新海街道完成工业总产值 9610 万元，实现销售收入 7673 万元，利税 495 万元，比 2004 年分别增长 21.2%、22.2% 和 13.2%。街道坚持开展“婚育新风进万家”和“关爱女孩”活动，推动计划生育工作正常化。同时，街道广泛开展社区文化体育活动，加强社区建设。当年，街道先后被评为“江苏省全民健身体系‘八个一工程’先进单位”、省爱国卫生先进单位和市大调解先进单位、市民政工作先进集体、市消防工作先进单位。

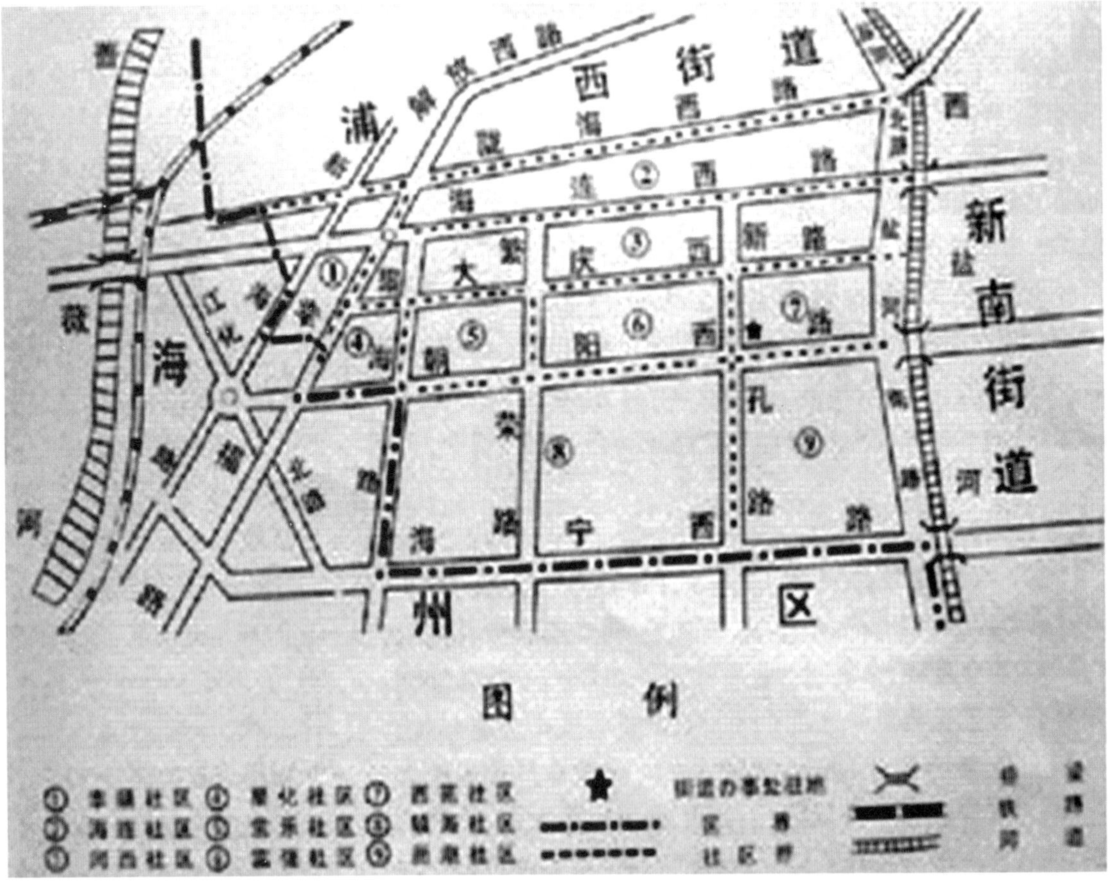

图 38－11 新海街道社区分布示意图

2005 年新海街道社区概况表

表 38－10

社区名称	居民小组(个)	户数(户)	人口(人)	备　注
星化社区	38	1423	3846	被评为市“爱国卫生十佳社委会”“文明社区”“城市管理示范社区”“无烟单位”“家庭教育工作示范社区”
海连社区	13	897	2624	被评为市“爱国卫生十佳社委会”和“社会治安安全社区”
常乐社区	14	1304	3950	被评为市“爱国卫生十佳社委会”“无烟单位”“城市管理示范社区”
西苑社区	13	2400	6409	被评为市“爱国卫生十佳社委会”
富强社区	13	1500	6080	被评为市“爱国卫生十佳社委会”
新潮社区	10	1230	3893	获省“民主法制示范社区”和市“爱国卫生十佳社委会”“见义勇为先进集体”称号
幸福社区	8	620	2013	被评为市“爱国卫生十佳社委会”
新孔社区	36	1509	3730	被评为市“爱国卫生十佳社委会”
河西社区	34	2186	6407	被评为市“爱国卫生十佳社委会”“民主法制示范社区”和“社会治安安全社区”
镇海社区	17	1372	4040	被评为市“爱国卫生十佳社委会”

第三章　农林场

第一节　云台农场

一、自然环境

江苏省云台农场位于，北纬34°30′东经119°17′。地处新浦区东南部。东至栖云河，隔河与连云港市经济技术开发区相望，西、北与云台乡为邻，南、东南与宁海乡和东辛农场相连。另有个别地段散布于云台乡境内。总体东西长20千米，南北宽4千米。总面积29.5平方千米。

境内属暖温带南缘和亚热带过渡区域，为暖温带南缘湿润性季风气候。常年平均气温13.6℃，年均降水量为898.3毫米。四季分明，日照充足。有妇联河、云善河、凤凰河、云山河、普山河等主要河流。土壤因长期受海水浸渍，多为富含氯化钠盐分的重黏性海盐土。经改良后土壤含盐分明显下降。适于麦子、水稻和玉米、大豆、棉花、蔬菜等生长。

二、建置区划

根据1952年6月华东棉垦会议决定当年9月，成立南京市人民政府灌云棉垦管理处，隶属南京市政府领导，为团级事业单位。次年7月，更名为“中国人民救济总会南京市分会云台农场”，仍隶属南京市政府。

1954年10月，定名为“江苏省国营云台农场”，属江苏省农林厅领导。1958年9月，云台农场与东滩乡、南城镇、东磊乡、云台林场合并成立灌云县云台人民公社。次年3月，云台农场、云台林场从云台人民公社中划出，江苏省国营云台农场恢复建制。属淮阴地区和灌云县双重领导。

1969年11月，组建为中国人民解放军南京军区江苏生产建设兵团第一师第二团，隶属江苏生产建设兵团。

1975年8月，恢复江苏省国营云台农场建制，隶属江苏省农垦局（后改为省农垦总公司、省农垦集团）。

1984年9月，市政府决定，云台农场由灌云县划入连云港市云台区行政区域。

1995年1月，云台农场与东辛农场、淮阴棉纺针织厂联合，成立江苏省东辛集团。云台农场属东辛集团和省农垦总公司双重领导。

1997年，东辛集团自行解体，云台农场归省农垦集团领导。

2001年11月，市区行政区划调整，云台区撤销，江苏省云台农场划入新浦区行政区域。

2004年，云台农场改变三级管理两级核算为两级管理一级核算。撤销分场建制，成立5个管理区：小岛管理区、小汪管理区、张圩管理区、于沈管理区和普山管理区。原管理区改为生产片区。同时，成立资源开发中心、农业技术推广服务中心、城镇管理服务中心。负责全场生产管理工作。

三、生产建设概况

云台农场自建场以来,经历了三个发展阶段:

1952～1979年为农场艰苦创业阶段。其间农场引进美制爱力斯轮式拖拉机6台、收割机1台,机引农具13台(套),大力开垦荒地,于1953年开始种植棉花、试种水稻,因条件所限,面积很小、产量极低。后农场大搞农田水利,开沟爽碱,改良土壤。至1957年,形成耕地1533.3公顷。1955年,开始试种水芽稻。1958年,开始创办小型工副业。至1962年,全场实现畜牧业产值55万余元、工副业产值16万元。职工劳动生产率由1957年的255元,提高到1020元。其后,生产逐年发展。后又因"文化大革命"影响,生产发展缓慢。直至20世纪70年代末,农场产业结构单一,经营管理统一,"大锅饭""大呼龙"的经营方式,挫伤了职工生产积极性。建场25年中有21年经营亏损。

1979年起,农场改革经营方式,实行"五定到劳"(定面积、定产量、产值,定生产成本,定利润,定水利、肥料、植树任务)联产承包责任制、"四定奖赔制"(定任务、定成本、定利润总额、定流动资金占用,按比例奖赔)。1984年起,实行"定额上交、自负盈亏、剩余归己,全奖全赔"的大包干责任制,并不断完善经营管理机制。

图38－12　云台农场水生花卉园一角

2000年起,农场对农业种植业实行生活田、承租田"两田制",对不具备大面积承租土地能力的农业职工,每人划给3亩生活田。承租田,向本单位职工公开、公平发租,实行先交钱,后种地,两费(生产费、生活费)自理、自主经营、自负盈亏。不断调动农业职工积极性。

同时,不断加大基础设施建设,改善生产条件。2001年,农场更换了主要变压器,并开始对域内供电设施进行全面改造。在耕作制度上进一步优化重耙灭茬、深松、免耕与秸秆粉碎覆盖相结合的配套性技术体系,扩大稻—麦一年两熟制的种植比例。鼓励并扶持职工投资购置新型农具,提高劳动生产率。

农场从自身地处城郊的特点出发,始终着力于经济结构调整,不断在调优、调强、调活上下功夫,使农场整个经济结构发生了根本变化,由建场初期的单一种植业,初步形成了都市农业、良种繁育、园区工业和房地产业四大支柱产业。

2005年,农场实现销售收入9177.2万元,比上年增3.87倍;实现利润2008.3万元,是2000年的96倍多;粮食总产达15116千克,比上年增长近1倍;职工平均工资7861元,比上年增长45.5%;全场1753名职工,参加养老保险1655人,参加医疗保险1753人。

四、场驻地小城镇建设

1952年建场之初,农场选择猫山东3千米、小普山西北1千米、东窑山南0.5千米的西小滩为场部驻地。始建竹框架、茅草顶简易工棚124幢、活动房屋16幢。同时,修复原徐连公路的盐河至小岛山段土面公路。

1954年，在场部驻地兴建石墙瓦顶种子仓库一幢，可容25万千克种子。铺筑晒场600平方米，兴建三孔、两孔石桥各1座，石基础土墙草顶职工家属宿舍8幢及石墙瓦面职工浴室1幢。1956年在场部驻地又兴建部分职工宿舍和家属住宅。

1960年起，场部驻地按规划相继建造砖石墙瓦顶的礼堂、托儿所、供销合作社、粮站及酒厂、砖瓦厂、木器加工厂等；兴办了农业中学、完全小学、医院等，铺筑了土路面的东山路、猫山路、普山路。

20世纪70年代，兵团建制时，兴建成排营房式职工宿舍和办公用房。兴建农场医院院部，并开始盖起第一幢两层石墙楼房。同时，将东山路铺成砂石路面，使普山路与场外公路衔接，使公交车通过场部驻地。兵团撤销后，农场通过将中心小学迁址普山路与猫山路东侧交会处，在普山路东首北侧、云东路西侧建粮棉油加工厂等措施，扩大场部驻地范围。至70年代后期，场部相继兴办餐饮、照相、理发、烟酒百货等商贸服务门点。并实现户户通上自来水、户户用上电灯。场部小城镇雏形初成。

20世纪80年代后，随着农场各业发展，农场加快驻地小城镇建设，将东山路500米路段铺筑水泥路面。鼓励职工在东山路两侧兴建房住两用楼房。农场自身兴建三层综合办公楼，同时建起物资公司商业楼、医院门诊楼、小学教学楼、邮电所营业楼等建筑物。农业银行连云港分行、江苏东方农村合作银行营业厅、铁通云台营业所相继在农场驻地设立。至90年代末，农场驻地已成为农场的政治、经济、文化中心。

2004年起，农场驻地小城镇建设进一步加快、规范。先后拓宽普山路、猫山路，普山路铺筑沥青路面，并按规划先后铺筑纬一路、纬二路、经一路、经二路。全场道路全部铺筑成水泥路面和人行道砖。道路两旁全部安装路灯、栽植行道树。场部驻地面貌一新。

第二节 南云台林场

一、建置区划

国有南云台林场建立于1950年3月，始称“苏北区立云台山林场”。隶属于苏北行政公署农水处。1953年更名为“江苏省云台山林场”，隶属于江苏省农林厅。为国营农场，事业单位。1955年，江苏省云台山林场与山东省临沂专区林场合并，单位名称和隶属关系均未变。1957年1月，江苏省云台山林场划分为“江苏省南云台林场”和“江苏省北云台林场”两个单位。“江苏省南云台林场”隶属于灌云县。1958年“江苏省南云台林场”与“云台人民公社”合并，名称未变，部分山场交地方人民公社管理。1959年，“江苏省南云台林场”与“云台人民公社”分离，名称未变，隶属于江苏省农林厅。1961年“江苏省南云台林场”移交给灌云县管辖，更名为“灌云县云台林场”。1962年，“灌云县云台林场”从灌云县划出，更名为“江苏省国营南云台林场”，归省农林厅管理。1969年，划归江苏省生产建设兵团，为一师独立二营。1974年5月，生产建设兵团撤销，恢复江苏省国营南云台林场，属江苏省农垦局。2001年11月，划归连云港市。2002年8月，划归新浦区。

南云台林场位于新浦区境内南云台山南麓，东与渔湾风景区相连，西与市行政中心相邻，南至南城镇，北与连云区朝阳镇交界。总面积2800公顷。其中，林地1800公顷、农田86.67公顷。总人口4480

人,职工 112 人。下设山东、九岭 2 各分场、1 个社区、3 个厂办企业和 1 所医院。

二、生产建设概况

该场建立时,荒山面积较大。次年,即开始采取点播赤松、栽植紫穗槐、国槐、侧柏、洋槐、苦楝,播种麻栎等办法,绿化荒山。

20 世纪 60 年代中期开始,南云台林场走科学技术兴林之路,先后引进江南毛竹、日本黑松、美国火炬松、湿地松、江南水杉、印度雪松等优良树种。70 年代,大面积发展美国火炬松、湿地松,并探索研究云台山楸树"人工有性繁殖"获得成功。至 1991 年 8 月"人工有性繁殖"楸树已发展到 27 公顷,第一代楸树已成材。

在引进优良树种同时,不断调整山场林相,淘汰低产、劣质树种,优化生态环境。至 2002 年,1800 公顷山林中,经济林 333.33 公顷,品种 10 多个。其中,云雾茶 40 公顷、板栗 133.33 公顷、白果 66.67 公顷。以美国火炬松、湿地松、江南杉木等 20 多个树种为主的用材林 666.7 公顷。有生态树种 76 种,建成针阔叶混交林 1000 公顷。

2005 年,全场新增造林面积 127 公顷。其中,成片造林 76 公顷、新增经济林 31 公顷。

南云台林场生产的云雾茶为江苏省三大名茶之一。1995 年,在第二届中国农业博览会上获金奖。2000 年 5 月,该场生产的"清妙"牌云雾茶获中国(南京)国际茶博览会金奖。2001 年,在江苏省(淮北片)第九届"陆羽杯"名特茶评比中获一等奖。2005 年,全场生产云雾茶 11080 千克,产值 130 万元。比 2004 年分别增长 10% 和 18%。其苍梧牌云雾茶获省认证为无公害产品。

图 38-13　南云台林场高山有机茶园一角

南云台林场还盛产银杏、樱桃、大杏等果品。全国玉兰花王家族在其境内。

该场农业生产也逐年发展提高。2005 年,全场粮食总产量 774 吨,比 2004 年增长 22.16%,种植蔬菜 1.8 公顷,产量 8 吨,养殖猪、牛、鸡 14000 头(只),比 2004 年增长 7.7%。南云台林场自然风光优美,旅游资源丰富。国家 AAAA 级旅游景区花果山景区、渔湾景区的部分重要景点在该场境内。该场东磊景区旅游开发控制性规模方案已通过市、区审定,已与苏州翔朝餐饮娱乐公司草签协议,由其负责景区开发,总投资 3000 万元以上。一期投资 1000 万元。

第三十九编　人　物

新浦区域内的南云台山，自古是“海外仙山”，为“云台十八村，村村出贤人”之地。汉代，扶持刘备于危难之际，被封为“安汉将军”的糜竺；明万历年间武进士、挂征蛮将军印、圣谕为“天下将才第一”的王鸣鹤；清道光年间出任江南福山镇总兵，后任山东登州镇总兵、统领全省水师，敕赐武显将军的武迎吉等，均走出于这座钟灵毓秀的云台山。

近、现代以来，南云台山地区和新兴商埠新浦，走出了一大批爱国志士、专家、学者和各级领导人。江苏省水利专家武同举、曾任联合国教科文组织预算局局长的杨天全、中国职业教育学家江恒源、曾任国家八机部计划局副局长的武祥鲸、儿童文学家孙佳讯、曾任中国人民解放军铁道兵团工程部长兼总工程师的武可久、曾任新海连市市长的周子虹等，就是他们的代表。更涌现出了杨光銮、武同儒等为了革命事业献出了宝贵生命的革命先烈。

城区新浦，早在清末民初，已为海属地区的新兴商埠，进而成为海州地区的政治、经济、文化中心。在新浦的开发、发展过程中，也留下了沈云沛、许鼎霖、白宝山、刘振殿等客籍人的足迹和业绩。革命战争年代，谷牧、张文海、伍志刚、李欣、万毅等共产党人都曾在这里从事抗日战争。吕国英、李迪仁、顾东石、徐竞等客籍人为了新浦人民解放，在这里英勇奋斗，直至牺牲。

新中国成立后，特别是改革开放以来，新浦区的广大干部、职工、居民群众，在各级党、政组织领导下，以极大热情投入社会主义现代化建设，在经济建设和各项社会事业发展中，争先创优，人才辈出，又涌现出了大批先进模范人物，一批年轻的专家、学者脱颖而出，为推动新浦区乃至连云港市的经济和社会快速发展做出了贡献。

第一章　人物传略

糜　竺

糜　竺(？—223)字子仲，汉东海朐(今云台乡关里村)人。祖辈世代经商，家资巨亿。竺性喜赈恤。曾任徐州牧陶谦的别驾从事。陶谦死后，他奉其遗命，亲往小沛迎刘备任徐州牧。建安元年(196)，吕布偷袭下邳，虏走刘备妻小。建安二年，刘备转军广陵、海西(今东海、灌云、灌南一带)。糜竺将妹嫁于刘备(史称糜夫人)，并给大量金银、骏马、家奴，使刘备得以重振江山。并随刘备转战荆州，为左将军从事中郎。刘备取得益州后，封其为安汉将军。章武三年(223)病故。

元　暖

元　暖(生卒不详)字徽明，河南道人。唐玄宗开元(713～741)初年，任东海县令。任期内两次从苍梧山(今南城镇北九岭附近)至巨平山(今猴嘴山头附近)修筑海堰。外捍海潮，内蓄山水。当地农民既免海潮之害，又得灌溉之利。

曹　杰

曹　杰（生卒不详），明初，海州临洪场（今浦西街道新洪社区）人。以金吾卫指挥征南有功，升辽东广宁参将。他有勇有谋，敌人都很佩服。凡所属城堡人畜有失，他都亲自带领骑兵追击，赶走敌人，收回人畜，归还百姓，老百姓十分拥戴。死后，皇上赐葬祭，赠骠骑将军左军都督府佥事。临洪滩有曹公墓葬一座，至清末已毁，墓碑不存。2003 年 12 月修解放路时，发现曹公墓道陈列的望柱、石人、石马、石羊等石像生。在一砖碑上刻有“建文四年”（1402）字样。

王鸣鹤

王鸣鹤（1550—1617）字羽卿，花果山当路村人。初为海州西海所掌印千户，万历十四年（1586）丙戌科中武进士，升迁为指挥。守备郧、襄（今湖北沔阳县北）时，军士哗变，有安抚平定之功，调京受奖，圣谕为“天下将才第一”。皇封挂印，为甘肃参将，镇守固源。时遇地方头人哱拜勾结西夏人搞内讧，企图叛变。王鸣鹤立即出兵，将其赶出边塞。后奉命南征播（今贵州遵义一带）酋，每战必胜，破海龙囤，平息邛水的苗族叛乱，并攻破巴梁、鬼计等 19 个寨子。远征乐平（今贵州麻哈县北），生擒酋首阿礼生等。进而进攻都匀、养鹅、养蛊等寨，灭王道成等，又擒汪洋大盗陈忠等百余人，立大功，晋升为都督佥事，挂征蛮将军印，镇守广西。后因征思明府（今广西思乐县），有功，晋升为都督同知，上赐一品官服，享一品俸薪。不久，镇守广东。万历四十五年（1617）农历六月二十一日，在征黎族凯旋回师途中染瘴气，患病而逝。皇上赐拜大礼，隆重安葬。毕生著有《登坛必究》《帷间问答》《东粤私忧》《平黎纪事》《教操说》《训兵说》《行兵图》等书。

无　相

无　相（生卒不详）和尚，字德证，俗名谢淳，明代淮安人。素习儒，曾经商，家资丰厚。万历年间，他东游海上云台山（今花果山），登清峰顶，视其为仙山，遂变卖家产到此修建三元宫。当时，东海正逢大饥荒，他以工代赈，救活百姓无数。自万历十五年至二十四年（1587～1596），历时 10 年，苦心经营，三元宫终于建成，他也剃度在此出家，法号德证，人称无相禅师。后明神宗续颁藏经敕谕于云台山三元宫，并封其为“天下名山寺院”。从此，云台山三元宫香火旺盛。从而确立了云台山三元宫“海内灵山”地位。

顾　乾

顾　乾（生卒不详）号苍梧野叟，明末海州人。幼年在云台山下虎窝村镜子崖建居读书。以岁贡生任繁昌县（今属安徽省）训导。不久升迁为山东乐陵王府教授。后回家乡。著有《云台山志》《云台山三十六景诗》《东海志》各一卷。晚年与杜一璠等整理刊印云台山诗及自己著作等，行传于世。

武迎吉

武迎吉（生卒不详）字耀东，号霭亭，清道光年间南城人。行伍出身。历任盐城营额外委，东海营把总、千总，庙湾营守备，高资营都司，京东左营游击，同兼参将，后因屡立战功，擢升京口协副将，保列一等，军机处记名。不久，任江南福山镇总兵，后调任山东登州（今烟台）总兵，统辖全省水师，负责海防事务，加二级，敕赐武显将军。其官任客乡，一样爱家乡父老，有求必应。乡里称其为武大人。

邱心坦

邱心坦（1840—1903）字履平，新浦区南城镇人。幼年读私塾，通晓四书五经。青年时期，仍不辍诗书，兼学兵书，练习武艺，研究兵法。1860 年，辍学从军，入伍曾国藩幕下，立军功升至副将。1882 年辞职后经曾国藩推荐,吴筱轩委任邱心坦任检阅使。任职期间,于1885年漫游朝鲜,企望去日本学习强国之路,未果。1894年,邱心坦随援朝清军,第二次入朝。目睹清朝廷腐败无能,在甲午战争中,节节败退,即离开军旅回国。

回国后与沈云沛、张謇时有诗文互和,并通过张謇结识了袁世凯,袁知邱精通诗文,熟知兵书,才华出众,委派他到天津附近的静海县当县令。任期间,体恤民众,深受群众爱戴。在了解袁世凯为人后,邱心坦即辞职返里,刁诗赋词,著成诗集《归来轩集》。邱去世后,张謇为其付梓出版。

沈云沛

沈云沛(1854—1918)字雨辰,海州人。清同治十一年(1872)中举,入选国子监。光绪六年(1880)经庚辰科同考官廖寿丰荐举,皇室王公测试,被大挑一等签发浙江知县(候补)。光绪十四年(1888)起,在浙江按察使廖寿丰部下任文案两年。光绪二十年(1894)二月甲午恩科,第四次赴京会试中榜。经殿试和朝考一名,被钦点翰林院庶吉士。次年应两江总督张之洞之邀在海州办团练。光绪二十四年(1898)四月二十八日,以朝考第16名被授翰林院编修。光绪二十九年(1903)五月,入商部右参议。光绪三十二年(1906)起,先后任农工商部右参议,转左参议、农工商部右丞、农工商部右侍郎、邮部署理右侍郎,兼任资政院帮办。宣统元年(1909)起,先后兼任津浦铁路帮办、署理邮传部尚书,兼署理邮传部左侍郎;署理邮传部左侍郎。不久改署吏部右侍郎。但他辞去吏部右侍郎,仍留帮办津浦铁路事务,兼任浦信铁路督办。

辛亥革命后,任民国南京临时政府参政(未赴任)。民国3年(1914)1月,任民国政府政治会议委员。1915年9月,梁士诒等游说上下"劝进表",主张君主立宪,沈云佩被推任"全国请愿联合会"会长,拥护袁世凯称帝。后退居天津,不问政事。民国7年(1918)2月,病逝于天津。

沈云沛在职期间,致力于实业救国,是中国近代14个实业巨子之一。光绪二十四年(1898),沈云沛在新浦西郊开办临洪榨油厂。同年,与宋治基等集资在云台山开办树艺公司。光绪二十六年,在新浦开办生生泉槽坊、生生泰油坊、生生泰杂货店等。为新浦早期开发发展作出了贡献。

许鼎霖

许鼎霖(1857—1915)字九香,赣榆县人。光绪八年(1882)中举。曾任驻秘鲁领事,以知府加盐运使衔到安徽,署庐州知府,署凤阳、安徽候补道,署理安徽道,调浙江任洋务总办等。光绪末年,致力于苏北实业开发,在新浦创办了海丰面粉公司、赣丰机器油饼公司等。在前河上架设了样式新颖的拱形桥——洋桥。民国2年(1913)许鼎霖加入国民党,被选为江苏省议会议长。民国4年,任农商部会办,主管导淮及赈务。10月,病逝于上海。

邵长容

邵长容(1863—1944)字治田,新浦区宁海乡人。清光绪年间,授业于板浦敦善书院,海州乡试秀才,复经岁科两试,成绩优等,补为禀生。

1912年,国民政府成立,邵长容膺选为江苏省咨议局议员,任江苏省都督府审计员。是力主东海、灌云分治者之一。其间,乡间民众,将由他代表民意要求官府免除盐滩税成功而退还的税款白银拿出3000两作酬金,他分文不收,全部拿出兴办尚志学堂,并献出一宅四合院作为校舍,亲任堂长,农家子弟每年入学者甚多。为提高教学质量,他聘请清末秀才徐家声、宋兰舟以及有丰富学识的管步洲、邵竹书、郭静堂等人为教员。学校经费不足,邵长容如数支付。

1939年,日本侵略军入侵,学校被迫停办,邵长容一家逃至灌云县东南乡避难。

武同举

武同举(1871—1944)字霞峰、一尘,号雨轩。南城镇人。清光绪年间秀才,后被荐入京到国子监为拔贡,中举后,任海州通判。掌管水利、粮运。他目睹连年水患,人民生活困苦,决心治水,在十分艰苦的情况下,实地勘测,绘制《江北水道图》《海州平面图》,于宣统三年(1911)付印。同时,攻读《格致》《测量学等》中外水利书籍,写出附有详尽图说的《呼吁兴苏北水利文》,要求当局为民造福、兴修水利。

1911年后,他曾一度在江苏省立第八师范和第六师范任国文教员。1918年任《江苏水利协会杂志》主编,同时,开展苏北水系的测绘工作。绘制《淮北下游现势图》,编制《扬州筹运局图表校勘录》、校正《江苏江北水道图》。

为陇海铁路通达海口,武同举与法国海河工程师克那纳一起进行海州港和海门海口的勘察。测出墟沟、西连岛(包括高公岛)的连云港口附近诸海口以及今赣榆县境内秦山与响水县境内的陈家港等处水深及沙淤情况。

1924年,出任江苏省水利署主任,同时,在南京河海工科大学任教,讲授水利史。1928年,任江苏省建设厅第二科长,主管水利。同时,兼任江北运河善后委员会秘书。被中央大学聘为中国史讲师。1931年,改任建设厅第二科视察,兼任江苏、安徽通志局分纂,为《安徽通志》中的“水工”“水系”卷和《江苏通志·水工稿》撰稿。

1938年,武同举离宁去沪,隐居法租界,专心编纂《江苏水利全书》,直至1942年定稿。1944年,武同举病故时,该书仍未付印。

南京解放后,其子将书稿献给南京军管会水利部。1950年冬,该书分三册出版。

白宝山

白宝山(1878—1941)字竣青,河北省宁河县芦台镇(今属天津市)人。少年时在家乡一豆腐坊学徒。因不堪虐待,学徒期满前夕去“口外”混生,学习烧炭、牧马,并与红胡子(土匪)交往,学得一些“武”本领。光绪二十七年(1901)到北京一京官家当马弁,不久得到张勋赏识,到张勋身边当营长。宣统二年(1910)被提升为“统领”军阶,以定武军第四路统领身份带兵进驻海州,任海州镇守使。

民国2年(1913)7月至9月,袁世凯派冯国璋率张勋等部攻南京,白宝山任张部先锋,于9月1日首先攻入太平门,立头功。民国4年12月23日,被袁世凯封为一等男。同月28日,被任命为新设的海州镇守使,少将军衔,辖一个混成旅。民国6年,张勋复辟失败后,白宝山投靠江苏督军李纯。部队改编为江苏陆军第一师,任中将师长,仍兼海州镇守使。

民国13年秋,参加齐、卢之战,白宝山率部首先攻入上海,孙传芳派其代理淞沪护军使。因奉军要南下,白宝山于当年11月中旬率部回海州。次年1月,段祺瑞任白宝山为海州护军使,部属、辖区不变。民国14年10月28日,张宗昌部侵占海州,白宝山部退入山区游击。11月,孙传芳收复海州,白宝山加入孙军,攻入山东,任前线副总指挥。不久,停战回防,加入五省联军,任第五师师长,仍兼任海州护军使。民国16年6月9日,北伐军攻入海州,白残部投降,被改编为国民革命军第三十一军之一部。民国20年,蒋介石任命白宝山为军事参议院少将参议。民国22年,白宝山全家搬入墟沟北崮山大楼居住。抗日战争爆发后,辗转入川,任军事委员会抚恤委员会委员。民国28年(1939)3月,升任军事参议院中将参议。

白宝山在任海州镇守使、护军使期间,看准新兴商埠新浦的发展前景,在新浦大街天后宫东北约200米处,大兴土木,兴建白公馆,在白公馆东旁,兴建新浦第一池。在第一池对面兴建第一饭庄。后白公馆改称“东亚旅社”（今市民俗博物馆）。在新浦大街旁形成了一个建筑风格新颖的餐饮服务建筑群，对新浦发展起到了重要作用。

刘振殿

刘振殿（1881—1947）字召城，东海县富安人。幼年好学上进，饱读诗书，清末庠生拔第一名。27岁于上海龙门师范毕业。民国初年，在新浦开设裕泰恒商行，从事农产品外销业务。连续两届被推选为东海县商会会长。民国7年（1918），当选江苏省议会议员，连任两届。他带头捐资扩建新浦天后宫，在庙东侧建厢房5间、商会会所5间。后又带头出资与商界同仁及其族兄、族侄于天后宫西侧创办新浦第一所学校——东海县第二国民小学。民国初，为南京政府议员。民国6年（1917），与新浦商界人士共同为新浦天后宫立碑，自撰《创建新浦天后宫记》（《创建新浦天后宫记》碑，今立于新浦公园内）。20世纪20年代后期，于家乡富安创办保小学。民国36年，病逝于新浦。

周藩西

周藩西（1884—1953）名之屏，字藩西，赣榆县金山乡大港村人，出生于书香门第，父早亡，家境窘迫，幼读私塾。成年后随当地名医学习中医，其后在本县行医并设馆教书。不久，应日照县尹翰林之聘至夹仓镇仁济堂主持诊务，其间结识了有名的老中医王步康，医道精进。民国5年（1916），周藩西游医至哈尔滨，参加中医考核，以第二名优异成绩获医师执照，在当地悬壶开诊，声名大噪。奉军将领张学良等先后延请其至家问医。民国11年，东北初现战乱，周藩西返乡，到新浦西天池旁赁房行医，后迁至海昌巷设堂开诊。民国20年，新浦霍乱流行，他以针刺和黑锡丹施治，救活很多病人。行医之余，周藩西从事医学著述，有《中医初学捷径》《伤寒论》等著作问世。

周藩西博学多艺，工诗、善书画，尤精于钟鼎、石鼓、汉隶。其书法作品笔墨苍劲，颇有造诣。

江恒源

江恒源（1885—1961）字问渔，号蕴愚。南城镇人。幼读私塾，15岁考中秀才，19岁考入两江师范学堂苏州优级师范学堂读书。毕业后，先后在板浦权舆学堂、海州中学堂任教。辛亥革命后，到南京政府实业部任科员。积极参与东海、灌云的分治活动。南京政府迁往北京后，通过考试被农商部录用为主事，并考入北京大学夜大学习。获文学士学位。毕业后，兼带私立朝阳大学、中国大学的课务。编著《伦理学概论》。

1923年，任江苏省第二厅视学。1924年，任省立第八师范校长。1926年，经黄炎培推荐，任江苏省教育厅长。1927年，应冯玉祥之邀，出任河南省政府委员兼教育厅长。1928年，应黄培炎邀请到上海担任中华职业教育社办事处主任。从事职业教育的研究、提倡、试验和推广工作，探讨职业教育的理论和实践。积极推动上海创办中华职业学校、女子职业学校、职业补习学校和职业指导所等职业教育机构，并创办《职业与教育》期刊。协助黄培炎开创中国职业教育之先河。

1937年，抗日战争爆发后去重庆，担任江苏临时中学校董，收容安置流亡学生。在此期间，他积极支持中国共产党建立抗日民族统一战线。抗日战争胜利后返回上海，积极声援爱国民主人士、爱国学生的反饥饿、反迫害斗争。

1949年9月，应邀赴京参加中国人民政治协商会议。

新中国成立后，他先后担任全国政协委员、政协文教委员会委员、上海市人民委员会委员、上海比诺中学校长，中华职业学校校长等职。1961年2月病逝于上海。

周砚伯

周砚伯(1886—1966)海州人。幼年家境清寒,少年学徒。年长后以行商为业,跑遍江淮以及大江南北,贩运海货向南,捎带南方日用百货返乡,渐有积蓄。20世纪20年代,迁居新浦,开设裕通商号,经营日杂百货。继之,参股永祥百货商店,与挚友王树仁合资经营裕隆恒绸缎布庄。30年代,生意鼎盛,社会声誉不断提高。与当时的中央、中国、交通、农民各银行均建立信贷关系,开始做大宗粮食交易。在东海、灌云一带廉价收购粮食,运往山东、河南乃至陕西销售,采购杂货返回新浦销售,遂成新浦商界巨富,社会地位也相应提高,相继担任东海县商会会长、商团团长、江苏省商会常务委员、中国总商会执行委员等职,当选首届国民代表大会候选代表。

1939年,日军侵占新浦,周砚伯拒任伪维持会长。全家逃往东海县小兴庄。日军报复,血洗小兴庄,周家财物被洗劫一空,流离失所,生活艰难。不久,返回新浦复业裕通号,生意逐渐复苏。

周砚伯,热心社会公益事业,出资参与创办普爱小学,出任校董,凡遇地方修桥铺路,赈济灾民等事,他都慷慨解囊。

解放后,周砚伯任市政协一至四届委员。

甘瑞兰

甘瑞兰(1892—1971)字树侦,湖南长沙人。民国5年(1916)在江西安源煤矿局工作。民国13年到海州。次年,入山东滕县华北神学院学习。民国18年毕业后来新浦基督教堂,任牧师。民国31年5月,被推选为徐州苏淮中华基督教大会副会长。同年6月,担任苏淮基督教海州分会会长。民国36年7月,担任江淮基督教海州区会会长。

1950年10月13日,任海州义德医院院总会副会长,当天带领教会同仁和信徒在《中国基督教在新中国建设中努力的途径》上签字,宣布脱离美国差会,带领海州地区基督教徒参加"三自"爱国运动。1951年,赴上海参加华东地区讨论美国差会办的医院学校移交会议,经办海州义德医院移交给人民政府的签字手续。同年,带领信徒参加抗美援朝运动,并经办信徒捐献飞机大炮款事宜。曾任抗美援朝新海连市分会常务委员。

1950年11月起,连任市二至五届各界人民代表会议代表,市一、二届人民代表大会代表,第一届市政协常委。

杨光銮

杨光銮(1901—1931)字真梧,号若吾。南城镇人。于南城开明学堂(南城小学前身)毕业后,考入江苏省立第八师范。毕业后任家庭教师。1922年抵武昌,入武昌高等师范学校,在校期间加入中国共产党,投身革命斗争。

1927年毕业后,杨光銮受党组织派遣,回到家乡,在海州报馆任主笔,后又受聘于江苏省立第十一中学(后改为东海中学)任教。其间,积极向学生宣传革命思想,领导学生反对校长谷延隽的斗争。1928年秋,任中共东海中心县委组织部长兼秘书,积极在学生、工人、农民中宣传革命思想,先后在东海中学、新浦、郇圩、白塔埠、大浦等地发展党员,建立起党支部。1929年3月12日,纪念孙中山逝世4周年,他起草《中国共产党东海县委员会告全县人民书》和《中国共产党东海县委员会与东海人民首次见面献辞》,让学生在海州城内广为散发,并书写大量传单和标语,让学生张贴。东海县政府出动警察,到校逮捕4名学生。他挺身而出,争取社会各界的支持,使学生安全获释。同年5月,学校当局压制学生。学生们要求驱逐校长谷延隽、训育主任陆秋斋,实行学生自治。杨光銮按照中共东海中心县委决定,联合校内进步教师,向省教育厅来人力陈事件经过,并以学生会名义,致函当地政府,斥责校方无礼欺压教工,处罚学生的野蛮行为。同月16日(即农历四月初八浴佛节),中共东海中心县委在花果山的三元宫西飞楼,召开海属地区党的骨干分子会议,传达中共六大精神。他负责会议文件的起草、誊印工作。为连云港地区党的初期建设工作,作出贡献。

1930年,杨光銮被国民党密令通缉。根据中共江苏省委决定,他秘密赴上海,去广东岭南大学附中任教。一年后返回上海,继续进行革命活动,在参加"纪念彭湃同志遇难一周年大会"时,不幸被捕,在龙华光荣就义,年仅31岁。

武海楼

武海楼(1901—1987)南城镇人。幼年就读于家塾,熟读经史、诗词歌赋。后考入江苏省立第十一中学。1928年毕业于东南大学数学系,获理学士学位。次年,在江苏省立东海中学任秘书兼教数学,他支持进步学生的爱国行动。后几易学校。1930年前后,去日本东京等处考察教育。回国后,到苏北涟水县石湖镇创办江苏省立石湖乡村师范学校并出任校长,以"育人才、启民智、兴国家"为办学宗旨,突出爱国主义教育。

1937年,卢沟桥事变爆发,乡存师范逼迫解散。武海楼带领部分学生到四川重庆。在著名职业教育家黄炎培、江恒源的支持下,创办江苏省临时联合中学。抗日战争胜利后,他从重庆到上海,任教于南通学院上海分部。

1949年8月,他奉调到张家口的军委工程学校任教(该校后迁西安更名为西安电讯工程学院,至1988年再次更名为西安科技大学),直至退休。

武海楼文学功底深厚,善于作诗填词,著有《海楼词稿》。

1987年去世,据其遗言,以其终身积蓄建立"武海楼奖学金"。

邱立麒

邱立麒(1903—1984)字梦麟,南城镇人。10岁入南城武氏家塾——麒凤学堂。1917年,考入江苏省立第八师范。1926年,毕业于南京法政大学,旋即应聘到南京暨南大学附属女中和江苏省立第四师范从教。1928年,回乡务盐。次年,出任灌云县县志局副局长。1931年,当选国民大会代表。1933年,出任淮北盐场商公会主席。

抗日战争时期,赴西安抗日人员训练班受训。后历任江苏省新编第八军(当时住响水口,今泗洪县)军法处处长及江苏省政府视察。泰州县县长、江苏省特别行政公署秘书长、江苏省第三行政区督察专员等职。其间,曾多次保护中共地下党员,与共产党合作抗日。三次与新四军第一支队司令员陈毅晤面,并援助其物资、枪支。

抗日战争胜利后,邱立麒曾任江苏省第六行政区公署专员兼少将区保安司令。1946年2月辞职回乡,重操盐务。

解放后,定居上海,初仍经营盐业。1956年,参加国民党革命委员会,为徐汇区政协委员。后经陈毅、黄炎培等人举荐,周总理批准将其安排为上海文史馆馆员。

著有《碧梧轩诗集》七卷和《黄桥战役历史回忆》等。

武同儒

武同儒(1904—1930)花果山乡人。少年时先后在乡塾、团圆宫海林小学、灌云县第三高级小学(在今连云区朝阳镇)读书。1924年,考入省立第八师范,后随第八师范并入省立十一中学。在进步教师及

“五四”运动影响下，思想进步，敢于抨击时弊。1926 年假期，回乡组织以范培林为首的“穷人会”（“扁担会”前身）。当年，率穷人会会员 300 余人及千余名贫苦山民手持刀斧，挥动扁担高呼“还我山林、反对封山”口号，反对树艺公司霸占山林，禁止山民上山砍柴。县政府派兵逮捕了范培林。武同儒亲自上堂，以孙中山实行耕者有其田的主张，与县长据理力争，要求立即释放范培林。县长不久释放了范培林，树艺公司不准山民上山砍柴的禁令也作废。

1928 年秋，武同儒在东海中学加入中国共产党。为取得合法身份开展斗争，经组织同意，以个人名义加入国民党，并被选为灌云县党部执委、宣传部长。同时，在大村与毛汝南等发展共产党员，建立党的支部，宣传革命道理。

1929 年 5 月，中共东海中心县委在三元宫召开海属地区党的骨干会议，传达中共八大会议精神，武同儒周密安排，做好保卫工作。6 月，被国民党逮捕入灌云监狱，不久转清江监狱，在狱中英勇不屈，被国民党开除党籍后释放。

武同儒回乡后，继续领导农民开展斗争。1930 年 6 月，在大村领导“扁担会”暴动，打击地主山霸。后武同儒调任中共沭阳县委委员兼城区区委书记，在参与组织发动“八一暴动”期间，不幸于同年 7 月 31 日被敌人逮捕。在狱中，武同儒坚贞不屈。当年 8 月 3 日被国民党杀害于沭阳十字桥，年仅 26 岁。新中国成立后，被追认为革命烈士。

李翘欧

李翘欧（1905—1995）连云港市新浦人，共产党员。20 世纪 30 年代初中学毕业后积极参加爱国运动。1932 年，他与同学武葆岑（时任国民党东海县党部监察委员）一道，在新浦创办《连云报》，亲自担任副刊编辑兼记者。在副刊上开辟《艺舟》《海市》、孙佳讯的《海国诗抄》、女诗人蔻红的《蔻红唾余》、陈新民的新体诗《曼陀罗》等专刊、专栏，传播科学文化，宣传民主思想。1935 年，李翘欧被报社作为特派记者派驻连云港口，在中共地下党组织的领导下，开展革命斗争，秘密组织码头工人，成立工会，并创办私立连云小学，担任第一任校长。抗日战争爆发后，日本侵略军飞机轰炸海州地区，新浦、海州、连云港相继沦陷。李翘欧带领家人到抗日斗争根据地灌云、沭阳一带继续进行斗争，并创办油印小报《小言报》。宣传抗日，鼓舞群众斗志。1940 年，《小言报》改为灌、沭办事处的《统战报》。李翘欧时任东海抗日民主政府文教科长，又创办《前进报》。1941 年至 1945 年，李翘欧从事文化教育工作，利用文化、教育等形式和阵地，与日伪军进行斗争。抗战胜利后，李翘欧于 1946 年奉命从灌沭中学带领干部、家属撤至胶东荣城。1947 年底，又按上级组织电令撤回苏北，历经艰辛，于 1948 年夏回到解放区。

1949 年，李翘欧被党组织派到山东曲阜学习后，任邳县师范校长、邳县中学校长，直至 1979 年离休。不久，回家乡连云港市定居。离休后，继续发挥余热。1990 年，被授予“优秀共产党员”称号。

吕国英

吕国英（1907—1930）女，号励之，别名谷音，曾用名芝兰。因革命斗争需要曾化名何月芬。祖籍江苏沛县栖山区吕楼人。家贫，其母节衣缩食供其读书。吕国英 6 岁入改良学堂，不久进沛县县立女子高等小学。毕业后，到徐州考入江苏省立第三女子师范学校。在校期间，担任学生会文书干事，在与学校教务主任、中共徐州地下党负责人之一的吴亚鲁接触中，经常阅读一些进步书籍。

1926 年，吕国英在“三女师”毕业后，到新浦私立普爱贫民义务小学任教期间，积极参加社会各种进步活动。当时正值中国共产党领导的国共合作为基础的第一次国内革命战争时期，北伐军很快就光复海属地区。吕国英抱爱国之心，在普爱小学仅任教 3 个多月，便毅然投笔从戎，随军北伐。北伐失败后，吕国英曾在国民党机构中短期任职。1928 年，辗转回家乡沛县。次年，去上海求学，加入中国共产党。这时，蒋介石在上海疯狂镇压革命，吕国英英勇无畏，积极投入反蒋斗争。在上海 3 次被捕入狱，受尽酷刑，无所畏惧。最后一次出狱后，便离开上海，辗转于南京、武汉之间，积极从事革命活动。

1930 年春，吕国英在武汉接受组织委派，一行 2 男 3 女化妆旅行，去南京参加一次由 27 名共产党员组织的暴动。因出发前已被国民党当局发现，因而一到南京即不幸被捕入狱。在狱中，面对敌人威胁、利诱、严刑拷问，吕国英与敌人展开舌战，始终不屈。1930 年 9 月 4 日，吕国英在雨花台高呼"共产党万岁！""打到国民政府！"等口号英勇就义。

万　毅

万　毅（1907—1997）原名万允和，字顷波，满族，辽宁省大连市人。民国 19 年（1930）毕业于东北讲武堂。"九·一八"事变后，随东北军进入关内。民国 26 年（1937）年底，改任五十七军一一二师三三六旅六六七团团长。民国 27 年 3 月，奉命进驻连云港，团部驻新浦。他拥护中国共产党团结抗日主张。中共地下党员张文海（张喆人）、刘曼生（谷牧）等得以在其团内开展抗日宣传工作。一一二师中共地下工作委员会根据他的一贯表现和申请，由张文海、刘曼生为介绍人，接纳万毅为中共党员，在新浦陇海公寓举行入党宣誓仪式。民国 27 年（1938）6 月，日军侵犯连云港，占领大桅尖。万毅身先士卒，率部队抗战，在保卫孙家山战斗中，激战一昼夜打退日军多次进攻。7 月，又从日军手中夺回大桅尖。民国 31 年（1942）8 月，万毅率部队起义，在抗日战争、解放战争中担任八路军、中国人民解放军的高级指挥员。1955 年被授予中将军衔。荣获一级独立自由勋章、一级解放勋章。1988 年荣获一级红星功勋荣誉章。

刘一麟

刘一麟（1908—1985）东海县富安村人。少年时期他在家乡富安读完小学，1921 年考入江苏省立第十一中学。1924 年 9 月考入上海国立同济大学，攻读德语。1927 年转入该校医学系学习。获医学学士学位。1931 年 8 月，在同济大学德国籍教授卡斯坦因帮助下，去德国罗司多克大学留学，研究脑垂体对皮肤色素及血糖的作用。1933 年 1 月至 4 月，在德国汉堡热带病研究院研究发现布氏菌的嗜菌体，以《关于寻找布氏杆菌的嗜菌体和念珠菌的嗜菌体》论文，获医学博士学位。同年底回国。

1934 年，在新浦开设益龄医院。在《新海报》登出为赤贫免费看病的广告，为贫苦市民服务。

1939 年，新浦沦陷，刘一麟到灌云杨集，当地许多农民身患黑热病，无力医治。他毅然筹备简单医疗器械，自配新霜药液为农民治病，先后治愈数百人。1941 年，刘一麟到上海等地行医。直至 1947 年，因父病而返回新浦，恢复益龄医院。

解放后，刘一麟拥护共产党的方针政策，1949 年应聘任鲁中南卫生学校教师。1950 年，出席山东省各界人民代表会议，被选为省政协委员，并担任市医学建国会会长。1951 年 10 月，益龄医院并入市工人医院（今市第一人民医院），他先后担任副院长、院长、名誉院长等职。

1955 年 4 月，在市第一届人民代表大会上刘一麟当选为副市长兼市体委主任。1959 年 7 月，加入中国共产党。后历任市第二、三、四、五届人民委员会副市长，江苏省政协常委，市政协第五、六届副主席，市科协一、三届主席等职。

1964 年，他以医学工作者的身份，参加"江苏民间代表团"，前往南斯拉夫、阿尔巴尼亚、苏联等国家考察。

刘一麟一生从医，更注重医学研究。他不仅一直担任《中华儿科杂志》编委，更不断总结从医实践，有所创新。1979 年他研制成"新型血液淋巴细胞分离剂"，优于国外的通用剂，获省科技三等奖。1981

年，探明市区夏、秋“婴幼儿急性胃肠炎”病原体为轮状病毒，并撰写论文发表于《中华流行病》杂志。刘一麟一生发表大量中、西医论文，并译著《关于 Reye 氏综合体》《左旋咪唑》《皮肤黏膜淋巴结综合症》《抗∝胰蛋白酶缺乏症》《Aop 与血小板集聚》等百余篇外文资料。

孙佳讯

孙佳讯(1908—1990)原名家训，宁海乡人。先后在江苏第八师范、东海中学和上海中国公学大学部读书。1932 年，继承父业，教书为生。1938 年，任灌云县政府青年抗日队教官，引导青年到抗日根据地参加抗日战斗。1939～1945 年，在灌云县龙王荡教书。抗日战争胜利后，先后在灌云县中学、云台启新中学任教，并任启新中学教务主任。1948 年底，回灌云县中学任教。1950 年调任淮泗中学校长。1951 年至 1957 年，任苏北工农速成中学语文教研组长，副教导主任等职，1959～1966 年任《江苏教育(中学版)》编辑。1978 年离休。1990 年，病逝于南京。

孙佳讯求学期间就爱好文学，努力写作。1927 年与著名儿童文学作家赵景深、陈伯吹共同主编《小朋友童话》(上、中、下)，由北新书局出版。1929 年，他的第一本著作《娃娃石》由开明出版社出版，同年，有作品被北新书局编印的《民间故事丛书》收录。次年，所著童话集《小棉花》《银白的花》由北新书局出版发行；童话集《神仙梨》由现代书局出版。还在《现代儿童》杂志上发表《爱和平的国王》。解放后，他改编的民间童话《戴了满头花》由江苏人民出版社出版，《后羿的故事》由中国少年儿童出版社出版。1959 年，帮助王少堂整理扬州评话《武十回》(即《武松》)。

孙佳讯研究《镜花缘》造诣较深，所著的《镜花缘考补》刊于《秋野》二卷五期。1933 年，又作《再辨镜花缘传说》，1940 年发表于王馥泉主编的《学术》第三期。1979 年所著《镜花缘作者的疑案》，次年，《中华文史论丛》第三期予以发表。1982 年秋，所著《镜花缘公案辨疑》一书，由齐鲁出版社出版。另有晚年整理、尚未出版的新体诗集《云丝小集》、旧体诗集《弃草拾零》。

徐 竞

徐 竞(1911—1943)又名徐汉民。灌云县下车乡大何庄人。曾在江苏省立扬州中学、南京三民中学读书。

1931 年，和工人、市民、店员一道参加爱国救亡运动。继之，去延安学习。1939 年，分配到八路军陇海南进支队第三团工作。后调任新四军九旅民运科副科长。1942 年，在淮海军分区吴集情报站做政工工作。通过关系到当时驻在新浦的伪军部队里，以认老乡等方法接近伪兵，向他们讲解解放区的情况，宣传中国共产党的抗日主张。将一部分伪兵团结在身边，等待时机弃暗投明。同时，徐竞想方设法为解放区输送武器弹药。

1943 年春，由于汉奸的告密，徐竞不幸被日本宪兵抓捕。在日本宪兵队的严刑拷打面前，他英勇无畏，坚贞不屈，只字不吐党的机密。残暴的日本宪兵见徐竞软硬不吃，便将他推入狼狗群，将其咬死，徐竞牺牲的时候，只有 32 岁。1983 年被追认为革命烈士。

杨天全

杨天全(1913—2000)原名汝豹，南城镇人。灌云县立第二小学就毕业后，到新浦三五印书馆当店员。不久到板浦灌云乡师读书，毕业留校当教务员。1935 年，该校迁至邳县，更名江苏省立运河乡村师范，杨天全任教育实验室总干事。1937 年，去武汉加入抗日青年同盟，后考入重庆复旦大学会计系。1942 年毕业后，在国民政府主计处任预算专员。1946 年，进哈佛大学深造，攻读公共行政学，获硕士学位后，进入联合国预算局任预算专员。同时，获纽约大学政治学博士学位。

1949 年 4 月,前往巴黎任联合国教科文组织预算专员。1954 年,担任预算局副局长。1971 年后,多次回国访问。1973 年,陪同联合国教科文组织总干事访华时,受到邓小平等中央领导的接见。1975 年,晋升为预算局局长。1980 年,任主持一般计划及计划资助部门的助理总干事。1984 年退休,续任总干事特别顾问 3 年。

1977 年,杨天全捐赠 10 万美元,在家乡南城镇设立奖学金,每年以其利息奖励品学兼优和家境贫寒的学生以及教学成绩突出的教师。

1986 年 3 月,全国政协六届四次会议增选其为全国政协委员。定期回国参加政协会议,参政议政。

杨天全著有《战地青年》《通货膨胀下的会计处理》及英文版《国际公务人员理论及实践》《联合国教科文组织预算特征》等著作。

武可久

武可久(1913—1996)南城镇人。新县小学毕业后考入江苏省立第八师范。不久因身体原因停学。后到海州中学师范科插原班就读。在校期间,受共产党员杨光銮等教师影响,向往革命。1934 年,考入唐山交通大学。次年,参加抗日救亡运动,组织唐山交大未名剧社,排演爱国主义戏剧。积极投入“一·二九”运动。1936 年,加入唐山民族解放先锋队。

1937 年,抗日战争开始,他去延安陕北公学学习。1938 年夏结业,分配到皖南新四军四支队政治部,做对外联络工作。同年 6 月加入中国共产党。9 月调往长沙八路军驻湘办事处工作。不久,奉命回唐山交大复学,秘密从事党的地下工作。1939 年秋,交大毕业后由国民政府交通部先后分配到兰州公路总管理处西工程处、甘肃省建设厅工作,他以工程师合法身份继续开展党的地下工作。

1940 年年初,奉命返回延安。先后在陕甘宁边区建设厅、延安自然科学院工作,兼任边区土木工程学会负责人。1945 年 10 月赴承德,任热河铁路局工务处处长。1946 年,参加由中国共产党、国民党和美国三方代表参加的军事调解处执行部工作,先后任山东省高密小组、香河小组中共方组长、北平执行部中共交通处副处长、代处长等职。青岛执行小组成立时,任青岛小组组长。是年底,调任东北铁路总局工电部长。1948 年 5 月,中国人民解放军第四野战军组建铁道纵队(对外称“东北铁路工程局”),被任命为副司令员兼总工程师。1949 年 5 月,中国人民解放军铁道兵团成立时,任兵团工程部长兼总工程师(副军级)。1950 年 12 月,调离铁道兵团,任总工程局副局长。1963 年秋,到基建总局工作。1969 年,被下放到黄羊滩干校劳动,不久回北京。1973 年 5 月,到中国科学技术委员会工作。1980 年离休,享受副部长待遇。

韩学敏

韩学敏(1915—1999)江苏东海人。1944 年 4 月,参加革命工作,同年 5 月,加入共产党。1945 年 3 月起,历任海陵县羽西区公所财粮助理、东海县第一粮库、河南区第一粮库主任、东海县羽东区区长、新海县复员委员会行政股长等职。1951 年 10 月起,历任中共盐河区委副书记、新海连市政府民政科副科长、中共龙尾区委副书记、中共新浦区委书记、新浦区区长等职。1960 年 10 月起,先后调任新浦农场场长、马陵山果园党委书记、东海种植场场长等职。1974 年 8 月,任新浦区革命委员会副主任。1980 年 9 月,任新浦区人大常委会副主任。1983 年 2 月离休。

韩学敏参加革命工作后,特别是在新浦工作期间,认真贯彻党的方针政策,组织带领广大党员干部群众,投入各项运动,开展生产救灾活动,发展街道生产,为巩固新生的人民政权和全区社会主义建设作出了毕生努力。

李春藻

李春藻(1916—1995.6)山东莒南县人,中共党员。1943 年 10 月,参加革命工作,先后担任山东莒南县十字路党支部副书记、书记、埠南乡党支部书记。在抗日战争、解放战争期间,他不畏艰苦、不怕牺牲,勇敢地同敌人斗争。新浦解放后,李春藻调到新浦,先后担任中共新海连市新龙区委组织员,新龙区、龙尾区及新浦区区长,中共新浦区委副书记、监委书记。1966 年 3 月,因病离职休养。在新浦任职期间,他亲自组织带领党员干部开展各项斗争,切实维护和巩固人民政权,带领广大党员干部开展生产救灾,投入灭蝗、防洪斗争,组织街道无业人员开展生产自救,发展街道工业,使广大居民很快渡过缺衣少粮难关,积极投入社会主义建设,为新浦区的建设发展做出了贡献。

李迪仁

李迪仁(1917—1948)东海县小兴庄人,贫农出身,家境贫穷,8 岁为其姑父收养,供其读书。在新浦普爱小学毕业后考入东海师范学校。1937 年,因日军轰炸而辍学。1939 年,日军入侵新浦后,炮洗小兴庄,其叔兄李安仁被残酷杀害,从此国难家仇激起他抗日决心,积极参加抗日救亡运动。

抗日战争胜利后,李迪仁任教于普爱小学。1946 年冬,他与新闻记者顾东石及一些工程师、小学教师、会计等中上层人士一起,组织青年读书会,阅读进步书刊,接受革命思想教育,逐步了解共产党的政策。他不避风险,经常撰写文章,在《海报》副刊上发表,揭露学校当局和教育界的黑暗内幕。次年底,李迪仁因联合教师发起索薪斗争,散发《告新浦各界社会人士呼吁书》,发动教师罢课,被排挤出学校,到南城小学任教。

1948 年 4 月 11 日夜,敌人在偷袭中共新海工委驻地赣榆县大兴庄时,从散失的材料中发现新浦市区青年读书会的线索,连夜逮捕了读书会主要成员。在敌人日夜审讯、严刑拷打下,李迪仁从容镇定,大义凛然,没有泄露党的任何机密。敌人将他移交给国民党军事机关看押。同年 11 月初,在敌军溃退西逃的路上,李迪仁被杀害。

1983 年,江苏省人民政府追认其为革命烈士。

南树昌

南树昌(1918—1985)东海县浦南乡半滩村人。民国 26 年(1937 年)父病故后,随母逃荒落户于新浦同和街爱友巷,以卖糖球为生。民国 34 年 8 月,经中共新浦工委宋泉、朱锡周介绍加入中国共产党。入党后,认真执行"长期隐蔽,积蓄力量,里应外合,迎接解放"的城市工作方针,发展周玉泉等 10 人入党,于民国 36 年在新浦建立中共秘密组织——东山一支,任书记。时值荒年,他组织群众到墩尚等解放区领取救济粮,又发动灾民与国民党东海救济分署开展索要救济粮的斗争。组织灾民到东海解放区拾麦度荒。同年,发动群众揭发国民党驻军设在新浦第八工厂附近哨卡杀人越货的罪行。他带领党员骨干多次把从解放区带进的宣传品秘密地散发、张贴于城区,并搜集情报密送解放区。新浦解放前夕,根据上级指示,部署党员带领群众护厂。

新中国成立后,为新海县各界人民代表会议常务委员。历任新华区新路镇镇长、富安乡乡长、半滩高级社副主任等职。

周子虹

周子虹(1917—1983)原名周荣余,新浦临洪滩人。在普爱小学毕业后,考入灌云乡村师范。毕业后,于 1934 年返回普爱小学任教。1937 年,日本侵略军轰炸新浦,普爱小学被迫停课。次年 2 月,参加驻新浦地区的东北军六六七团战地服务队。团长万毅坚决抗日。周子虹参加排演话剧、出墙报、编印

《海潮》周刊等活动，宣传抗日。

1939年3月，新浦沦陷。周子虹到沭阳汤沟参加八路军，在陇海南进支队第三团工作。曾参与《大众报》《徐海日报》（《淮海报》前身）的编辑工作。1941年5月加入中国共产党。至1945年，先后任中共沭阳县委秘书、第十一区区长、建设科科长等职。1945年春，随粟裕部队南下。任浙江吴兴县（即湖州）副县长。

1946年春，随新四军北撤到山东临沂，不久调赣榆县墩尚在滨海地委海州市委城工部工作，对新浦的社会中上层人士开展工作。次年，中共海州市委改组为中共新海工委，周子虹任宣传委员，兼任赣榆县税务局副局长。一面领导新海城区内线工作，一面参加解放区的土地改革等群众运动。

1948年11月，新海连地区解放后，周子虹出任新海市副市长。1950年5月，任新海县县长。年底，任新海连市市长、市第四届各界人民代表会议协商委员会副主席。

1952年6月，周子虹调任山东省临沂专员公署副专员，未到职又转调任中共山东分局工业局，任煤电处处长。1955年，受到不公正的审查。1965年，下放到聊城印刷厂劳动。1981年3月，中共山东省委撤销对周子虹的错误审查结论，恢复名誉、党籍和级别。任聊城专员公署顾问。1983年病故。

武祥鲸

武祥鲸（1918—1987）南城镇人。幼时受家庭教师杨光銮（革命烈士）的启蒙教育，后就读于南城苍梧小学，1932年考入省立东海师范初中部，1935年毕业。

1937年8月，在灌云县杨集小学教书，业余积极宣传抗日。1939年年初，日军侵占杨集。武祥鲸便到杨集西南乡从事抗日活动。不久，参加八路军，分配到苏北八路军陇海南进支队第三团工作，担任宣传队副队长。同年，调任为团参谋。继之，武祥鲸随队改编进淮北八路军苏皖纵队，在宣传股任宣传组长。1940年，入抗大一分校学习。1941年8月调苏北新四军三师十旅文工团任分队长。1943年加入中国共产党。同年10月，回灌云地区，先后任灌东办事处主任、灌云警卫团二营一连政治指导员。1945年1月，转入地方工作，历任灌云县委秘书、机关总支副书记。后调苏北淮海地委城工部，任白区党群工委宣传委员、副科长等职。

解放战争时期，先后担任华中和华东六地委驻鲁办事处直属队长兼政治指导员。1947年11月，调大连任华东局财委驻大连工委军工委员会工委组织干事，军工业生产委员会工程部副科长等职。

新中国成立后，到北京入航空学院学习。毕业后，历任国家第二、第三、第八机械工业部计划科长、副处长、局长等职。

“文化大革命”期间，受迫害。中共十一届三中全会以后平反后，带病工作，为国防科研事业贡献力量。1981年离职休养，1987年病逝。

王友芝

王友芝（1919.6—2003.10）连云港市海州人，原籍江苏镇江。初中文化、民主建国会会员、中共党员。

王友芝出生于布业世家，民国24年（1935）10月到新浦源兴涌布庄学徒。民国27年12月后，先后在新浦鸿祥涌布庄做店员，在同源布店任副经理，在其父王树仁开办的裕隆恒布店任会计。

新浦解放时，他与新浦商界同仁一道到西巃外迎接中国人民解放军进城。解放后，他与人合伙在新浦开设大振布店，并任副经理。1950年6月，大振布店倒闭，在烟酒代销店任负责人。不久与人合伙经营纶昌布庄并任经理。

1949年11月,新海市筹备建立工商业联合会,他被推任筹委会委员、常委。1952年春,担任市工商联筹委会代理主任。同年6月,在全市工商界第一届代表大会上当选市工商联主任委员。从此踏上了献身港城工商联事业的道路。

抗美援朝运动中,他与市领导到临沂专区开会,毅然接受专区分配给新海连市多捐一架飞机的任务。他与市工商联筹委会委员一道做好工商人士思想工作,并带头捐款,在全市工商界中掀起争捐献、争光荣热潮,提前完成多捐一架"新海连市工商号"战斗机的捐献任务。在1956年资本主义工商业的社会主义改造中,他与人合营的纶昌布号率先参加公私合营,带动全市工商业实现全行业公私合营。"文化大革命"中,他被下放到市酿化厂、百货二店劳动。

1980年4月,市工商联组织恢复后,王友兰又废寝忘食地组织带领全市工商界投入改革开放,为港城"四化"建设贡献力量。1998年4月30日,年已79岁高龄的王友兰加入了中国共产党,实现了多年夙愿。

王友芝为市工商联一至七届主任委员、市工商联第八、九届名誉会长;民主建国会连云

港市委第一、二届副主任委员;市政协第三、四、五届副主席;市人大常委会第六、七届副主任;省人大常委会第六、七届常委;省工商联第二至第五届常委;全国工商联第五、六界执委。

车秀民

车秀民(1921.9—1991.9)山东省日照人。1940年参加革命工作,同年5月加入中国共产党,12月,任日照县安东卫镇党支部书记。1942年2月起,先后任安东卫镇党总支委员,安东卫镇党总支书记、日照县安岚区委组织部干事兼安东卫镇党总支书记。1946年2月起,先后任日照县委组织部干事。期间,参加莱芜战役和孟良崮战役,5次立功。1949年6月,任新海连特区组织部组织科干事。同年11月起,先后任新海连市调研室组员、市委组织部干部干事。1953年1月,任中共新海连市委委员、组织部副部长、组织部部长。1958年1月至1960年5月,任中共新浦区委第一书记。后调任市委劳动工资部部长兼市总工会主席。1964年10月至1970年10月,先后任中共连云区委第二书记、连云区革命委员会副主任、常委。1974年10月至1975年10月,任中共新浦区委书记。1975年10月起,先后任市卫生局党委书记、市委统战部部长、市政协副主席。1984年11月离休。

顾东石

顾东石(1922—1948)名兴安,字东石。祖籍东海县浦南乡莒安村,生于新浦。少年时入新浦普爱小学读书,毕业后,考入东海师范学校。将毕业时,因日本侵略军人侵,学校解散,随父母回富安村避难。后应聘在富安小学教书。顾东石受其参加抗日队伍的哥哥顾东山影响,一心报效祖国。

抗战胜利后,顾东石任普爱小学教师。民国35年(1946),受中共地下组织指派,通过关系打入国民党《海报》社当记者。同年冬,与李迪仁等联系一批知识界人士,组成"青年读书会",经常在一起讨论时局并利用《海报》记者合法身份,搜集军事情报。将国民党五十七师和第二十八师在新浦和连云港两次大演习的情报,及时传递到新海工委,受到滨海城工部领导的表扬。在任记者一年期间,送出较高价值的情报10多次,为解放战争做出积极的贡献。

民国37年(1948)4月11日夜,敌人偷袭中共新海工委驻地赣榆县大兴庄,从材料中发现了顾东石、李迪仁的情况,顾东石与李迪仁等同时被国民党逮捕。在敌人严刑拷打,威逼利诱下,顾东石坚贞不屈,视死如归,严守党的机密。同年11月初,中国人民解放军发起淮海战役时,驻新海地区国民党军仓皇溃逃,在西逃的途中,顾东石与李迪仁同时被杀害,年仅26岁。

范伟岩

范伟岩（1924.10—1986.10）山东日照人，中共党员。1944年2月起，历任日照县武工队指导员、科员，日照驻卢山区公安员、连云港市海州公安分局局长，东北鞍钢保卫处科员、连云港市公安局科长、副局长等职。1960年6月至1962年9月，任市劳动局局长。1962年9月，

任中共新浦区委副书记。1963年5月至1967年12月，任中共新浦区委副书记、新浦区区长。后调任海州区革委会副主任，中共海州区委副书记、书记，市政协副秘书长。

刘国华

刘国华（1931—2003）灌云县燕尾港人。幼读私塾，高小未毕业即失学，18岁开始当码头工人。从小喜爱听民间艺人唱小戏（淮海戏）、说大鼓书（淮海锣鼓）。20岁时参加淮北盐场劳模大会，即编写鼓词《唱劳模给奖大会》（发表于《盐场大众》）开始了文艺创作生活。20世纪50年代，先后发表了一批反映码头工人、盐工、渔民生活和斗争的文艺作品。其间创作的大型歌剧《盐场报》，在淮北盐场文艺会演中获一等奖；小戏《换礼》，在江苏省第一届工人业余观摩会演中获创作奖。1954年3月，出席全国第一届青年文学创作会议。1960年5月，奉调到省作家协会创作组从事专业创作工作。创作小说《六封信》，发表于《人民文学》，后被长春电影制片厂改编摄制为《没有字的信》故事片上映。

1970年，调回连云港市工作后，长期生活、工作于新浦。任市文联副主席、江苏省文联委员、江苏省作家协会理事。先后发表《海边游》《海港游》《连云浪花》《激浪奔腾》等文艺著作。1985年，他创作的散文《银色的大地》，获海洋出版社、中央人民广播电台、中国国际广播电台等单位联合举办的"银帆奖"一等奖。同时，他积极开展群众文艺创作活动，培养一大批青年文学创作人员，推动了港城的文学创作事业发展。

胡为德

胡为德（1933—1999）新浦人，祖籍南城。普爱小学毕业后考入普爱中学。解放后入新海中学学习。1951年，新海中学高中毕业，被保送至山东临沂实业公司工作。1953年，被评为市劳动模范。1953年至1958年，任新海连市地方工业局科长、副局长。1959年起，先后任市工业部秘书科长、市体育运动委员会副主任、市人民政府办公室副主任等职。1973年起，历任市建设指挥部部长、常委、市基本建设委员会主任，主持连云港港口建设工作。

1981年，任中共连云港市委常委，后任连云港市副市长。1981年，当选为政协连云港市第七届委员会主席。为江苏省政协第六届委员，连云港市第六、七、八届人民代表。为中国城市科学研究会会员。曾发表《思想观念要变革》《西德的城市建设及经济发展》《要着眼于内联打基础》等论文。

蒋长年

蒋长年（1935—1991）新浦人。1951年参加工作，新浦区人民医院药剂师。1985年9月加入中国共产党。

蒋长年为人清廉。他的妻子耳聋，大女儿残疾，一家四、五口人挤在两间低矮、破旧的平房里30多年，从没向医院要房子。外出采购药品、器械采购时，住最便宜的旅店，出门挤公交车、步行，从不乘出租车。更不从中捞取一分钱好处。有的药品商家给些回扣，他都让商家转入医院账户。仅在他辞世前的两三年中，转到医院账面的药品优惠差价、回扣达10余万元。零星不便转账的回扣，他都如数上交。他常说："你如果多拿公家一分钱，那你就不值一分钱。"

1991年，蒋长年于去北京购药品、器材途中在天津肿瘤医院检查，确诊为恶性淋巴肿瘤时，他一面

从容、镇定地信将情况告知医院，一方面从速前往北京采购。当新浦区人民医院派员携款去天津安排他住院时，他已背着20多千克重的医药、器械回到医院。

蒋长年，先后10余次被评为医院、区先进工作者，两次被评为院级优秀共产党员。1991年被评为市级优秀共产党员。当年11月，病情加重，被送到天津肿瘤医院住院治疗。12月29日，于天津与世长辞。中共新浦区委在全区开展向优秀共产党员蒋长年学习活动。

吴伦东

吴伦东（1962—1982）连云港市徐圩盐场人。初中文化，共青团员。少年时在徐圩小学读书，多次被评为“三好学生”。1979年4月，市毛巾厂招工时被录取，到新浦居住。

1982年6月初，吴伦东参加连云港市纺织公司第二期基干民兵训练。4日晚，担任民兵枪支警卫时，与盗枪的罪犯奋力搏斗，保住了枪支，但吴伦东自己却因多处受伤、失血过多，壮烈牺牲。为表彰吴伦东的英勇事迹，南京军区授予吴伦东“民兵英雄”称号，江苏省人民政府批准吴伦东为革命烈士，中国共产主义青年团连云港市委员会授予吴伦东“优秀共青团员”称号。

赵 林

赵 林（1964.11—1999.2）灌云县人，中共党员。1984年7月，考入江苏警察学校连云港分校，1986年分配至市公安局治安队工年。同年12月，调新浦公安分局预审股任预审员。1998年4月任新浦公安分局浦东派出所副所长。1997年8月被授予一级警司警衔，先后5次受到新浦公安分局嘉奖，2次受市公安局嘉奖，3次被评为先进个人。1999年1月31日，赵林与战友执行任务时，被犯罪分子手榴弹炸成重伤，2月1日，在市第一人民医院逝世。1999年5月，经江苏省人民政府批准被追认为革命烈士。同年11月，被国家公安部追认为全国公安系统二级英雄模范。

杨 兵

杨 兵（1976—1997）灌云县小伊乡人。在读小学、中学期间，品学兼优，多次被评为优秀少先队员、三好学生、优秀班干和学雷锋标兵。1994年5月，加人共产主义青年团。1995年8月，初中毕业后，回家务农。1997年2月，应聘为新浦区公安分局市东派出所联防队员。在联防队工作期间，他服从命令，听从指挥，认真履行职责。进所8个多月，就亲自抓获9名犯罪分子，破获各类案件30多起。1997年10月20日凌晨1时30分，杨兵与3名队友在市区解放路巡逻时，遇到两名歹徒，便上前搜查，歹徒乘机逃跑。在追上歹徒与歹徒搏斗中，杨兵的心脏、肺部被歹徒刺伤，经抢救无效，光荣牺牲，年仅21岁。1998年，经江苏省人民政府批准被追认为革命烈士。

第二章 人物简介

第一节 各界名人

江之菠

江之菠（1624—1687）字异生，号杜若。云台乡人。自幼好学，青年入泮。后为贡生。清顺治十八年（1661）裁海时，迁居淮安。其间常思云台故里，联络同窗，欲奏请朝廷收复云台。得杨肤功、郑三乐、江之雍、成天章诸友支持，于康熙十五年（1676）将奏状呈请于漕运总督帅颜保。帅颜保将其批转淮扬道以下各文武官员详复，后经吏部侍郎哲尔肯吁复，题准开禁。云台山复为内地，利国利民，江之功不可没。

周怀贤

周怀贤（1862—1939）临洪滩人，农民出身。天资聪颖，读书勤奋。诗词歌赋无所不能，书法出众。曾应州试，因病半途离开考场，未中。不气馁，仍苦读。28岁，揽馆教书，对学生不分亲疏、宗族、贫富一视同仁，受庄亲赞佩。曾协助乡里有识之士在临洪滩创立学堂，教书育人40余年，培养学生不下百人。

杨保璞

杨保璞（1899—1983）字持白，南城镇人。民国初年，就读于张謇创办的河海工程学校（今河海大学前身）。毕业后去日本学习、考察。毕生从业水利工程。曾在国民政府水利部任技正之职。20世纪40年代中后期，任江北运河工程局副局长、总工程师诸职，专攻治理运河的相关水利科技项目。治水之余，研究中国古代水利史，针对沂河、沭河当时的现状，研究其流域内的土地变盐碱为良田之策，颇见成效。并坚持数十年苦心研读元代欧阳玄所著《至正河防记》，著成《至正河防记今释》一书。

郭海山

郭海山（1872—1936）字绣锦，沭阳县赵集人。年轻时家境贫寒，随同乡去游浦港做苦工。后去上海谋生，拜上海滩黄金荣为师，成为青帮小头目。他在为厂商推销鸦片中发了财。江浙战争前夕，受厂商委托随船到新浦推销南货，与白宝山相识，结拜成交，落户新浦。在王巷北首开海记商行，贩卖鸦片，开设赌场。20世纪20年代初，在天后宫东的路南侧，建两层楼房两宅，东为四合院、西为三合院。时称海昌里。两院中间留有街道，称海昌巷。在其西宅开妓院海昌书寓，东宅楼上开旅馆，楼下沿街房屋均出租与人开店。20年代、30年代成为新浦商界巨富。

孙肖韩

孙肖韩（1901—1996）祖籍赣榆，出生于新浦。青少年时期，家境贫穷，知上进，努力读书。1924年，入南方大学。在校期间，加入国民党。毕业时，适逢北伐战争，进入江苏省第八工厂工作，秘密发展国民党员。动员劳工参加工会，创立劳工小学，让劳工子弟入学。协助商会创立普爱平民义务小学，提高市民文化水平。北洋军阀五省联军孙传芳残部强占第八工厂时，孙肖韩挺身而出，带领劳工合力抗拒、护厂。致使工厂财物得以保护。

1926年，在国民党东海县第一次代表大会上，孙肖韩当选为东海县党部执行委员。至1929年，历任国民党东海县特别委员会委员，东海县公款、公产管理处主任，东海县总工会整理委员等职。其间，军阀南北混战，新浦治安秩序混乱，孙肖韩发动商户、乡绅等筹款、置枪，成立商团，维护地方秩序。

日本侵略军侵占新浦以后，孙肖韩转入农村活动，升任国民党东海县党部书记长。八年抗战时期，孙肖韩在农村组织武装抗击日军扫荡。

抗日战争胜利后，孙肖韩回新浦，仍在国民党东海县党部任职，投资文化、新闻、救济等事业，促进新浦经济复兴。

1948年11月初，新浦解放时孙肖韩离开新浦，次年，去台湾。

顾铁侬

顾铁侬（1902—1985）原名顾铮，淮安人。幼年读私垫，后随淮安名中医张葆田学医。民国18年（1929）到新浦，在三和兴中药店坐堂应诊，后自开诊所。在内科临床方面有较丰富的实践经验。1953

年，取得中华人民共和国卫生部颁发的中医师证书。1956年5月后，先后在海州人民医院（现市第二人民医院）、新浦人民医院（现市第一人民医院）中医科任医师，直至逝世。

顾铁依擅长书法，为连云港市书法协会理事。1980年，获澳大利亚墨尔本国际书法比赛二等奖。为市政协一、二、三、四、五届常务委员。

张金堂

张金堂（1905—1961）山东烟台人，小学文化。16岁在家乡一杂货店学徒，26岁在烟台聚顺和竹木号当驻沪采购员。35岁任聚昌永商号副经理，兼新浦益昌油坊监理及驻上海、青岛采购负责人。解放后，任新浦益昌油厂经理。

20世纪50年代初，张金堂响应党的号召，积极投入“五反”运动，保证工人福利。1952年9月，他作为新海连市工商界代表去北京参加全国工商界代表会议，受到毛主席的接见。1956年后，曾任公私合营新海油厂分厂经理、红旗化工厂副厂长等职。为江苏省一届政协委员，市第四、五届人民代表会议协商委员会副主席，市一、二届人民委员会委员。

1952~1957年，为市工商联副主任委员。1956~1957年，为民建新海连市委员会副主任委员。1961年病故。

段海洲

段海洲（1906—1995）河北省深县人，土木建筑专家，高级工程师。民国19年（1930）于天津大学土木科毕业。民国21年，到新浦任大陆实业公司（公益盐运公司）主任工程师。在此期间，段海洲还组建建海工程事务所，兼主任，承包中正场场房、徐圩坨地、济南场场房和陈港坨地等全部建设工程。日军侵占新浦后，段海洲去四川，从事教学与工程设计工作。民国34年（1945）秋，应大陆实业总公司总经理林熙生之邀，参加汉口堆栈重建工作，因其建栈有功，升任总公司秘书。民国36年年初，回新浦任新浦分公司经理。

1952年初，任淮北盐务局基建科工程师，兼新海连市政府建设科科长。1958年，调省盐务局工作。1964年，任江苏省制盐工业研究所副所长。1972年退休。

段海洲是江苏省第三、四、五届人民代表。1957午6月补选为市首届政协副主席。1958年当选为江苏省第三届政协委员。1982年当选为连云港市科协副主席。

张晋阶

张晋阶（1907—2002）又名步街、静斋，连云区人，初中文化，民主建国会会员。青年时在大伊山学生意。民国14年（1925）起，先后在板浦、海州、新浦当店员。民国21年，任同胜义商店经理。民国30年起，在新浦自开亿兴公布号，为新浦布业大号，张晋阶被推为新浦商会常委。

民国37（1948）11月5日夜，国民党军仓皇撤离新浦后，新浦市面出现混乱。张晋阶出面联络商界同仁凑钱找人维持秩序。7日上午，他又联系商界同仁到西巃外迎接解放军进新浦，并带头开门恢复营业。1949年底，任新海连特区工商联筹委会主任、新海连特区首届和新海县各界一至三届代表会议副主席。后从事粮食、煤炭经营业务。1959年起，任市日杂公司门市部负责人，至1982年退休。为市政协一、二、三、四、五、六届委员。

张一萍

张一萍（1911—2002）灌云县人，解放后迁入新浦，离休前一直从事教育工作，先后在通灌路小学、解放路小学、同兴街小学任教师、教导主任、校长等职。系连云港市知名国画家。他擅长山水画，师法于明末董其昌和清初四王派的传统技法。青年时期曾得到杭州艺专画师蒋希真教授指点,日常对山水画达到如痴如醉的地步,前清秀才章伦清送他雅号——“云台画痴”,并刻一枚方印相赠。从此,“云台画痴”的雅号伴随了他一生。60余年间,张一萍创作的山水花鸟画达数千幅。1985年,他的两幅山水画被市政府赠送给日本堺市作为友好城市文化交流收藏作品。1986年,在市举办的个人山水花鸟展60幅作品均被市博物馆征集收藏。1990年,市老干部局为其80寿辰举办个人山水画展。

郭干卿

郭干卿(1911—2001)山东临朐人,高小文化。民主建国会会员。14岁起,先后在临朐中药店、临朐景华百货钟表店学徒。民国22年(1933),与人合开义兴祥百货店。民国24年(1935)起,先后在新浦美丽靴鞋店、青岛三星靴鞋店做职员近6年,积累了制鞋经验。民国29年(1940)11月,到新浦独资创办美丰鞋店,采用前店后坊的经营方式,购置1台缝纫机,雇人以手工方式生产布鞋、皮底鞋、皮鞋,自己经销。他熟悉鞋业生产经营各个环节技术要求,经常根据客户需要,指导技工改进工艺,改进产品式样,提高质量,有时自己亲自制作样品。因此,美丰鞋店生产的各式鞋子,广为顾客赞誉,成为新浦地区鞋业生产经销大户。

解放后,在党和政府的扶持下,郭干卿继续经营美丰鞋店,生产取得长足发展。在社会主义改造过程中,郭干卿参加了市皮革鞋帽生产合作社,并被推选为合作社副主任。1959年1月起,先后任市皮革制品厂厂长、市鞋帽厂副厂长,直至退休。郭干卿为市工商联第二至第五届常委,市各界人民代表会议第二、三、五届代表,市政协第一至第六届委员、第二至第五届常委和市人民代表大会第二、第六届代表。

董熙农

董熙农(1913—)海州人。幼读私塾,年稍长,自学中医。得到名中医吴海明的指点,长进很快。后入上海中医学院,1937年毕业。次年,在海州挂牌行医,是当时海属地区唯一科班出身的中医师。日军侵占海州后,董熙农离家去上海开设中药店,亲自坐堂诊病。1940年,回新浦,开设中医诊所。1947年,出任东海县中医公会理事长。

解放后,董熙农于1952年加入新浦第三联合诊所,任中医师。至1958年随联合诊所并入新浦卫生院(新浦区医院前身)任中医师,他用多年积累的中医疗病经验,结合西医疗法,为患者治病,提出许多独特的见解。

20世纪80年代末,董熙农退休后,仍壮心不已。悉心研究古代医学资料和现代医学理论,结合自己的医疗实践撰写10余篇论文,先后发表在《中国城乡企业卫生》杂志上。

董熙农一生丰富的临床经验,得到同行、患者认可。是东海、赣榆、灌云、沭阳等海属地区的20纪中后期的知名中医。

谷 牧

谷 牧(1914—),原名刘家语,后改名刘曼生,山东省荣成县人。民国20年(1931)参加共青团,次年转为中国共产党党员。民国27年(1938),受中共长江局委派到新浦驻军东北军六六七团中做地下工作,发展六六七团团长万毅加入中国共产党。万毅带领官兵投入连云港保卫战,打击了日寇嚣张气焰。民国37年(1948)11月,新海连解放,谷牧再次到新浦,任新海连军事管制委员会主任,继任中共新海连特区委员会书记兼警备区政委。在接管新海连,建立民主政权,保护人民城市,保障人民生命财产,恢复发展生产等方面做了大量工作,为新浦的建设、发展奠定了基础。1949年年底调华东局工作,后调中央工作,历任国务院副总理、全国政协副主席。

于少文

于少文(1914—)女,河北省玉田县人。1931年,考入北平市第二女子中学。在校期间,积极参加“一·二九”学生爱国运动。高中毕业后考入北平独立高等助产专科学校。1943年,毕业后分配到北平市第一卫生事务所从事妇幼保健工作。不久,到河南省开封市维铭医院妇产科任医师。

1946年,到新浦陇西路8号开设少文产科诊所。同年参加东海医师公会。开设诊所之后,不分昼夜,不避寒暑,不论贫富、贵贱,病人有求,随请随到,对赤贫者不收诊金,且赠送药品。其医德、技术深受众人称赞。解放前夕,少文产科诊所,短暂停业。

新浦解放后,少文产科诊所立即复诊。1949年1月,于少文应聘到新海连特区卫生学校助产班任兼职教员。1950年5月,被分配到盐务局工人医院妇产科任医师。她集中培训盐场50名旧接生婆,推广新式接生法。后历任淮北盐务管理局工人医院妇产科医师、科主任,后晋升为副院长、盐务局卫生科长等职。1988年被评为副主任医师职称。历任连云港市妇联副主任,市政协第二、三、四届委员、常委,第五、第六届副主席,农工民主党连云港市第一届主任委员。

彦　涵

彦　涵(1916—　)原名刘宝生,东海县富安人。幼年家境贫寒,在富安读私塾。1926年,随其父到新浦,进普爱小学读书。毕业后,于1932年考入东海师范学校初中部,因反对江苏省教育厅周佛海提出的“抗日必须读书、读书更是救国”的口号,抵制省教育厅的会考制度,被勒令退学。后进国立杭州艺术专科学校学习。1938年毕业后,即去延安参加革命,在鲁迅学院短期学习后参加八路军。在太行山敌后抗日根据地,从事木刻艺术工作,并经常参加革命战争。1945年至新中国成立前夕曾在鲁迅艺术学院、华北大学美术系任美术教员。新中国成立后,在浙江美术学院、中央美术学院从教,并从事美术创作。为中央美术学院教授、中国文联委员、中国版画家协会副主席、中国美术家协会版画艺术委员会主任。

彦涵的版画被原苏联、美国、日本多个国家博物馆收藏。连云港市博物馆专设彦涵版画展览室。天安门广场人民英雄纪念碑中的《胜利渡江》画稿,是他代表作之一。

杜　庚

杜　庚(1922.7—　)山东沂南人。1942年8月参加革命,在沂水伪警察所从事地下工作。1944年6月至1945年2月,在鲁中南区敌工科工作。1945年2~3月,在敌区高密从事地下工作。1945年3~8月,到敌区青州从事地下工作。1945年11月至1946年2月,在三军分区俘虏管制局工作。1946年2月至1949年5月,先后在军区战士报社和三地委群众报社工作。1949年5月,到新浦新华书店工作。1950年6月,加入中国共产党。次年2月起,任中共新海连市委宣传部秘书。1958年3月,任《新海连市报》(后改名《连云港日报》)副总编。1961年4月至1966年10月,任中共连云港市委宣传部副部长兼《连云港日报》总编。1974年10月起,先后任市五七中学、省外贸学校副校长、校长。1981年6月起,任市人大常委会副秘书长直至离休。

杜庚,长于书法、诗词。为中国书法家协会会员、江苏省书法家协会常务理事,江苏省诗词协会常务理事。历任连云港市书法家协会主席、名誉主席,连云港市诗词协会副会长、名誉会长。其书法作品多次参加国内外大型书展。

彭元平

彭元平(1924—　)山东沂南县。1943年10月参加革命。1946年2月加入中国共产党。抗战期间在鲁中南军区后勤部先后任通讯员、保管员。解放战争期间在沂蒙分局坚持游击战。1948年3月,调任夏庄仓库界湖商店主任、副经理。1949年1月,任滨海军区贸易公司人事科干事。同年12月,任沂北百货公司党支部书记。1950年3月起,先后任日照县粮食公司书记、新浦粮食分公司人事科长,新海连市政府人事科长、新海连市政府监察局局长、中共连云港委副书记、连云港办事处副主任等职。1960年5月至1960年12月,任中共新浦区委第一书记。1960年12月至1967年12月,任中共新浦区委书记。1969年10月至1974年10月,任新浦区革命委员会副主任。后调任中共连云区委书记、连云区革命委员会主任,连云港市科委副主任,连云港市政府人民防空办公室主任。1984年离休。

石进明

石进明(1926.4—　)山东文登人,初中文化,中共党员。1945年4月入伍,历任战士、班长、副排长、文化干事、保卫干事、副指导员、指导员,副教导员、教导员、团政治处副主任、主任,团副政委等职。1978年9月转业到地方。1978年11月至1983年6月,历任中共新浦区委副书记、新浦区革命委员会副主任。1984年1月至1984年5月,任政协新海区筹备委员会主任。1984年5月至1986年6月,任政协新海区第一届委员会主席。1986年6月,新海区撤销后,任政协新浦区第一届委员会主席。1986年8月离休。

张云鸾

张云鸾(1929—　)江苏响水县人,初中文化。1947年8月入伍。1949年3月,加入中国共产党。历任市郊区供销社副主任,连云港市商业局、服务局负责人,中共连云港市委组织科长、连云人民公社监委副书记,中共连云港市委组织部干部科副科长,连云港市人事局局长等职。1980年8月至1983年6月,任中共新浦区委副书记、新浦区区长。1983年6月至1984年1月,任中共新海区委副书记、新海区区长。1984年1月,调任市财贸办公室副主任。1986年8月至1990年3月,任新浦区人大常委会主任。

王淑兰

王淑兰(1930—　)女,山东龙口人。中共党员。1954年参加教育工作。1958年任解放路小学教师。在从事教学和担任班主任工作中,深入了解学生家庭环境、个性特点,有针对性地进行教育。在低年级识字教学中,把音、形、义有机地结合起来,充分运用电教、实验手段,增强学生的理解和记忆力。开展丰富多彩的课余活动,扩大学生视野、知识面。并发表《激发兴趣、培养能力》《在语文教学中做点小实验》等论文。1979年被评为特级教师。1979年和1983年,两次获全国"三八"红旗手称号,1980年获省社会主义建设先进工作者称号。1981年获省劳动模范称号。王淑兰为江苏省第五届、第六届人民代表大会代表。

仲伟修

仲伟修(1932—　)江苏沭阳人,中共党员。1955年参加苏北导沭水利工程。同年,任东海县办公室秘书。1965年起,先后任中共东海县山左口乡委员会书记、房山乡党委书记。1971年,任房山中学校长。1979年,任中共东海县委副书记、县革委会副主任。同年,赴西藏支边,任中共桑同县委副书记,兼县农牧委员会主任、县检察院检察长。1981年调回,先后任沛县县委副书记、沛县政协主席、沛县纪委书记等职。1984年1月至1986年6月,任中共新海区委书记。1986年6月起,先后任中共海州区委书记、海州区人大常委会主任。

成以宽

成以宽(1932—　)连云港市海州人。初中文化,中共党员。1951年5月起,先后任团市委统战部部长兼市青年联合会第二届秘书长、团市委学少部部长、团市委常委，市民族宗教事务处秘书，市人委办公室秘书，市煤炭建设指挥部副指挥、党委常委、指挥、党委副书记、连云港市白集煤矿矿长、党委书记等职。1986年8月至1993年2月，历任政协新浦区第一、二、三届委员会主席，直至退休。

来俊华

来俊华(1932—)连云港市人，笔名曲人。中国摄影家协会会员，市摄影协会主席。先后在淮北盐工报社、连云日报社、新浦文化馆工作，从事摄影工作30年，曾获摄影家协会颁发的荣誉证书和奖章。其反映淮北盐场工人生活的作品《淮北盐似银山》曾入选全国影展，并在《中国摄影》《人民画报》《解放军画报》等刊物发表。

陈天柱

陈天柱(1932—)山东省济南人。1948年参加中国人民解放军华东南进总队。后转业地方工作，历任中国人民保险公司山东分公司会计，中国人民保险公司新海连支公司股长，新海连市市民路小学校长，新海连日报社记者、组长，中共连云港市委宣传部宣传科科长，连云港市卫生局党委副书记。1983年10月任连云港日报社总编辑。1984～1994年，当选为连云港市新闻工作者协会主席、连云港市新闻学会会长。为第七、八届连云港市人大常委会委员。1993年10月离休。

在任《连云港日报》总编辑期间，锐意改革创新，在全省地市级报社中，率先实施激光照排，轮转胶印，告别铅与火；改由邮局发行为自办发行，提高投递质量，降低发行费用；注重提高新闻工作者学历和学务水平；在全市市级机关事业单位中，率先进行人事制度改革，实行中层干部竞聘上岗，人员实行双向选择。1989年被评为省优秀新闻工作者。1990年获主任编辑任职资格。

彭　云

彭　云(1933—)江苏省丰县人，中共党员。长期生活、工作于新浦。1950年为《淮北盐工报》见习编辑。1979年起，历任连云港市报社编辑，副刊部主任等职。1984年，任市文联副主席、《连云港文学》主编。曾受聘为《大陆桥经济》顾问。在工作期间、退休之后，一直关心、从事地方历史文化研究，发起并组织《镜花缘》研究会、主编《镜花缘研究》，组织整理影印《海州文献丛书》，著有《海州乡谭》《陪你同上花果山》等，并撰写《九龙桥记》《大圣山庄记》《云台山僧众抗日纪念碑记》《海宁禅寺世纪钟声碑记》等碑文。

刘兆元

刘兆元(1933—)江苏省沭阳县人。1949年3月，参加中国共产党。副研究员，中国民俗学会理事、江苏省民俗学会常务理事。1949年至1953年9月，在家乡任青年团书记。1953年考入新海中学。1958年毕业后留校任学校团委书记。1963年，调至中共连云港市委宣传部工作。1983年起，在市文艺工作者联合会工作。其间，致力于海州地区民间习俗调查研究。1991年10月，编著出版《海州民俗志》。并先后发表著作《中国龟文化》《谚语集成》等。先后获中国民间文艺家协会授予的《中国民间文学集成》编纂成果奖、省政府颁发的《中国龟俗演变初考兼述对日本崇龟俗渊源的猜想》著作成果奖。《海州民俗志》于1994年获江苏省志书优良成果一等奖。同时，他以全部精力、财力收集大批反映海州民俗的文物，在市政府的大力支持下，在新浦新市路原东亚旅社内创办连云港市第一个民俗博物馆。后他又将个人所搜集的所有实物无偿献给政府。为连云港地区民俗文化传承提供了宝贵资料和阵地。

武心铎

武心铎(1934.11—)连云港市人。1951年7月参加工作，1954年9月加入中国共产党。1951年

7月至1955年11月,先后任中共连云港市委土地改革工作队队员、市委“三反”、“五反”办公室办事员、市委驻朝阳农业社工作组组员。1955年11月起,先后任市委农村工作部秘书、市委办公室秘书。1966年8月至1973年8月,任朝阳公社党委副书记、朝阳公社革命委员会副主任。1973年8月起,在市革命委员会机关工作。1975年7月至1981年12月,先后任中共新浦区委副书记、书记,新浦区革命委员会主任,新浦区第九届人大常委会主任等职。后调任市电子工业局党委书记、市供销合作总社党委书记,1995年7月退休。曾任中共江苏省第六次代表大会代表,中共连云港市第五、六、七、八次代表大会代表和市第六届人民代表大会代表。

张玉华

张玉华(1935.7—　)连云港市人。高中文化,中共党员。1951年7月至1955年11月,任中共新海连市土改统计调查组组员、市委宣传部收音员。1955年12月参加中国人民解放军。1960年4月复员。先后任中共连云港市委宣传部理论教员、市广播电台和市报社记者。1962年8月,调团市委工作。1970年4月至1973年2月,在市革命委员会政工组组织组工作。1973年3月起,先后任团市委书记、市第二轻工业局副局长。1979年3月至1983年2月,任团市委书记、党组书记。1982年2月起,任市房产管理局党委书记、局长。1986年6月至1990年2月,任中共新浦区委副书记、新浦区区长。1990年3月起,任新浦区人大常委会主任。1996年7月退休。

寇显仲

寇显仲(1935.10—　)四川省万源县人,中共党员。1950年12月参军,1954年毕业于中央军委通信学校,曾任海军青岛基地训练团教员。1958年4月,转业地方工作,历任市变压器厂人秘科科长,市无线电厂书记、厂长,市变压器厂副厂长,市委监察委员会办公室副主任,市电机厂革委会副主任,市化工局秘书科科长、副局长、第一副经理等职。1986年6月起,任中共新浦区委副书记。1993年1月至1996年1月,任政协新浦区第四届委员会主席。

江尧骝

江尧骝(1935—　)南城镇人。幼年在南城小学读书。曾在新县启新中学、新浦普爱中学读初中。1949年,考入新海连特区建国学校。同年被选派去国民党起义的黄安号军舰工作。1954年加入中国共产党。1955年参加解放一江山岛的战斗,荣立战功并受到奖励。1956年由组织推荐考入大连第二海军学校,毕业后留校工作。1960年,从事海军院校的教学和行政领导工作,后期致力于研究海军现代化管理及领导科学理论。在海军部队期间,任过战士、班长、军士长、机电部门长、参谋、教研室主任、系主任。1983年,任海军工程学院训练部副部长。1987年,调广州海军舰艇学院。1988年,被中央军委授予海军少将军衔。在执行海上各项任务中多次立功受奖。1995年离休。

姜　威

姜　威(1936.2—　)江苏睢宁人,大专文化,中共党员。曾任连云港市文联副主席兼民间文艺家协会主席、连云港市文学工作者协会主席、《连云港文学》主编。系中国民间文艺家协会会员、中国故事学会理事、江苏民间文艺家协会理事、江苏作家协会会员。

姜威早年曾在江苏省新海中学当20余年语文教师,其间即开始文艺创作。转入文艺界后,更潜心民间文学创作,出版过《姐姐要出嫁》《龙腾虎跃》《〈西游记〉外传》《猪八戒出生记》《聪明人的故事》《先行之光》《最好的献礼》《连云港民间传说》《东海孝妇》《生活感觉》《比美》《浮沉海州王》等13部著、编作品。发表小说、诗歌、故事、散文、戏剧、曲艺、杂文等各类作品300余篇。《飞刀孙二娘》《小姐洞》《浮沉海州王》等30多件作品获奖。荣获全国民间文学集成先进工作者称号。其简历、文绩已入选《中国文艺家传集》和《中国当代文艺界名人录》。

鲍建宾

鲍建宾(1937—)河南省尉氏人。1951年参加工作。1955年6月加入中国共产党。历任团市委副书记、市文化局局长、党委书记。1988年4月至1991年6月,任中共新浦区委书记。后调任连云港市总工会主席、党组书记。曾荣获全国“五一”劳动奖章。

周维先

周维先(1937—)江苏宜兴人,大学文化,国家一级编剧,中共党员,现住新浦区苍梧小区。1958年毕业于东北师范大学。至1962年,先后在鄂尔多斯干部业余大学、师范、师专任教。1963年调入内蒙古伊克昭盟文联工作。1973年调入连云港市,先后任连云港市文工团编导组组长,连云港市文化局创作组副组长,连云港市文化局创作组副组长、组长,剧目工作室主任。1980年后,任连云港市文学艺术界联合会副主席、主席、党组书记,后兼任江苏省电影文学学会副会长、江苏省电视艺术家协会副主席。系中国戏剧家协会、中国电影家协会、中国电视艺术家协会会员。第五、七、八届连云港市政协委员。

著有电影《夏之雨·冬之梦》《雪豹,下落不明》《早春一吻》,电视剧《陈圆圆》《半个冒险家》《梅园往事》《小萝卜头》《花开有声》等剧本。中国广播电视出版社曾出版其影视剧作选《早春一吻》。中国戏剧出版社曾出版其长篇电视小说《鄂尔多斯婚礼》。1994年电影剧本《早春一吻》获第14届中国电影金鸡奖特别奖、第二届北京大学生电影节优秀影片奖、1995年获得第三届江苏省文学艺术奖,1999年电视剧剧本《小萝卜头》获第17届中国电视金鹰奖、第19届全国电视剧飞天奖。至2005年,周维先先后获得江苏省劳动模范、首届江苏省十佳电视艺术家、第二届中国百佳老电视艺术工作者称号。

张福山

张福山(1938.11—)山东省烟台市人。大学本科,中共党员。1963年8月参加工作。1964年4月至1974年11月,历任新疆兵团农一师司令部农林科农业技术员、司令部秘书、师党委办公室秘书、师政治部秘书等职。1975年6月至1983年5月,任阿克苏地区农垦局副局长。1983年6月至1986年2月,任新疆兵团农一师四团副团长、团党委常委。1986年3月至1987年2月,任连云港市新浦农场农业科科长、副场长。1987年2月起,先后任云台区政府副区长、常务副区长、区长、区委书记兼区人大常委会主任、区人大常委会主任等职。1996年3月至1998年2月,任政协新浦区第四届委员会主席,直至退休。

杨传书

杨传书(1938—)安徽省长丰人。中共党员,大学文化。1964年7月,于南京林业学院毕业,分配到国营南云台林场任林业技术员。1982年,任南云台林场生产科科长。1984年,任副场长。1986年,任场长。1988年,离任场长,担任林场总工程师。次年,被省评为高级林业工程师。

杨传书到南云台林场后以场为家,其时,正值松毛虫危害山间主要树种赤松之际,他白天活动于场区内的山间,吃山芋,喝涧水,了解山间各种植物分布、生长情况,苦心钻研防治松毛虫等保护林木的技术难题;夜晚在煤油灯下查找、整理资料。终于探求出采用多角体病毒防治赤松大敌——松毛虫的办法,提高了治虫效率,节约了大量资金。

他在掌握全场山林生态和当地自然环境后，于20世纪70年代中期大胆地提出了引种生长快、材质优的美国火炬松、湿地松等用材树种和发展云雾茶、板栗等经济树种的设想。并于1975年春，住进山间，亲自培育第一批火炬松、湿地松苗，在场内推广。1998年春，杨传书退休。34年间，他一直忙碌、奉献在山林间。先后引进30多种国外速生优良树种、20多种国内速生优良树种，发展速生树林800余公顷、经济林240余公顷。使南云台林场原有的2/3低产林得到了改造，经济效益比原来提高5倍。1992年，他荣获全国绿化委员会颁发的首批绿化奖章。

张传藻

张传藻（1938—　）连云港市海州人，大学文化，高级工程师。1960年毕业于南京师范学校，先后在赣榆县任教，供职于赣榆县地震办公室，任连云港市档案局副局长、连云港市土地管理局副局长。长期从事地方地理、历史文化研究，著有《连云港地理与经济》，系中国地理学会会员、中国档案学会会员、江苏省地理学会常务理事、江苏省科普创作协会常务理事、连云港市海洋湖泊学会副会长、连云港市历史学会副会长。

刘洪石

刘洪石（1938—　）江苏省东海县富安人，中共党员，大专文化，副研究员。曾任教师、连云港市博物馆馆长等职。系政协连云港市第七、八届委员。长期从事连云港市历史文化研究，先后出版《连云港市风物志》《连云港市山海奇观》《彦涵研究》《尹湾汉墓简牍》《东海名郡》等著作，曾获市总工会“自学成才奖”、市先进工作者和省人事厅、文化厅授予的先进工作者称号。系连云港市历史学会副会长、连云港市历史文化研究会副会长。

张良群

张良群（1939—　）江苏沛县人。中共党员，大专文化，副研究员。历任赣榆县文教局副局长、赣榆县体委副主任、赣榆县政府办公室副主任、中共赣榆县委宣传部部长、中共连云港市委宣传部副部长兼市社科联主席、连云港市广播电视局局长兼党组书记、政协连云港市文史资料委员会主任等职。系连云港市第七届人大代表，第七、八、九届市政协常委。长期从事徐福研究，先后出版《徐福故里揭秘》（汉日文对照）、《徐福故里揭秘（续集）》（汉日文对照）、《东渡徐福》等专著，并6次应邀赴日本参加徐福和孙中山学术考察交流活动。2002年，被聘为日本电影《我们的徐福》学术指导。

孙　邦

孙　邦（1939—　）连云港市新浦人。从小就读于新浦市龙镇小学。少年时就迷上篮球。因父母早逝，于1953年随姐去山东济南读书。1957年，毕业于济南十六中学，入济南汽车制造厂中等专业学校，其间接受业余体校篮球培训。1959年，入选济南市男子篮球代表队。次年，担任江苏公安篮球队教练兼队员。1972年，调入南京军区，曾任军区女子篮球队教练、男子篮球队二队教练。1979年，任南京军区男子篮球队主教练，经他精心指教，严格训练，第二年该队即由全国乙级队晋升为全国甲级队。至1981年，即名列全国第七，次年获得全国联赛亚军。1987年，获全国锦标赛冠军。他被评为全军英模。1988年，获全国第三届篮协杯赛冠军。至1988年，该队连续4次获全军篮球赛冠军。1989年，荣任国家男子篮球队主教练。该队经他半年教练，在当年举办的亚洲男篮锦标赛中，即以30多分的优势战胜老对手韩国队，获得冠军。从而成为国家篮坛一位资深的军旅教练，被收录于《中国篮坛群英录》。

武心慈

武心慈（1939—　）女，连云港市南城镇人。1956年，武心慈被选入中国人民解放军“八一”女子篮球队,通过名师指导,加上自己的刻苦训练,成为“八一”女队主力队员、主要的得分手,并入选国家女子篮球队。1962 年武心慈获全国甲级联赛“优秀投篮手”称号,成为“八一”女篮和国家女篮酌主力队员。被誉为“中国第一锋”。1975 年退役,任“八一”女篮教练,带领“八一”女篮曾获 1975、1979 年第三、四届全运会第三名,1977 年、1980 年获全国甲级联赛冠军,1982 年获亚军,1976 年亚运会选拔赛获冠军由于武心慈带领“八一”女篮在国内各项比赛和出国参赛中均取得了优秀成绩,国家体委授予她“新中国体育开拓者”荣誉证书,国际篮联及亚洲篮联授予她高级教练职称。1989 年,武心慈被授予全国。三八红旗手,并出席全国劳动模范和全国先进工作者表彰大会。她还担任国际军事体育理事会妇女运动委员会副主席。

陈凤桐

陈凤桐(1939.9—)字文殊,别署石龙桥游子,竹兰轩主。江苏铜山人,大学文化,中共党员。现住新浦苍梧小区。曾任连云港市书法协会秘书长、副主席、主席,连云港市文联副主席兼秘书长。中国楹联学会会员、中华诗词学会会员、中国书法家协会会员。江苏省楹联研究会副会长、连云港市楹联学会常务副会长,连云港市第六、九届政协委员。

陈凤桐酷爱书法,造诣较深,1984 年 6 月,其书法作品参加在郑州举办的国际书法展览,并入刻黄河碑林。2004 年获“皇威杯”中国书画名家终身艺术成就奖,同年获湖南博物馆“金猴之春”中国楹联书法大展赛金奖。此外,曾主编《当代楹联墨迹选》《当代书法家座右铭墨迹选》《连云港市古今楹联选》等。其个人简历被编入《中国当代书法家辞典》《中国楹联艺术家大辞典》。

滕雨成

滕雨成(1940.10—)江苏省赣榆县人。大学文化,工程师,中共党员。1966 年 9 月,毕业于华东化工学院,同月参加工作。历任吉林省碳素厂技术员、连云港市二轻局技术员、市塑料公司工程师、市第三塑料厂厂长、副书记,市皮塑公司副经理、经理、党委书记等职。1990 年 2 月至 1996 年 3 月,任中共新浦区委副书记。1990 年 2 月至 1990 年 3 月,任新浦区代区长,1990 年 3 月至 1996 年 3 月,任中共新浦区委副书记、新浦区区长。1996 年 3 月至 2001 年 1 月,任新浦区人大常委会主任。

童有才

童有才(1941.5—)安徽省全椒县人。1964 年于南京医学院医疗系毕业。同年为市第一人民医院外科住院医师。1982 年,为新浦区人民医院外科主治医师。1984 年、1987 年因完成市科研任务而两次获奖。其撰写的《22 例麻风病人甲皱微循环初步观察》论文,发表在 1987 年第二期《中国协和医科大学学报》。同年,应邀出席在北京召开的第四届世界微循环大会北京卫星会议,科研论文在会上作了交流。1988 年被评定为副主任医师。1993 年 9 月被评定为主任医师。为市中西医结合学会常务理事、国际全息生物学会会员。

庄慧荣

庄慧荣(1941—)女,新浦人,原籍山东莒南县。她出生在一个贫困的工人家庭,解放前因生活所迫举家逃荒要饭落户新浦。1953 年进入建国路小学上学,1958 年工作。1960 年 7 月 13 日夜,新海连市东风钢铁厂化工厂炭黑车间发生火灾,庄慧荣 3 次冲进火海,抢救国家财产。在救火中庄慧荣煤气中毒,身负重伤,当夜海州医院派医生抢救,脱离危险。庄慧荣的英雄事迹传遍了全市。当月 16 日,《新海连日报》以专版通栏大标题“学习党的好儿女庄慧荣的崇高共产主义精神”予以报道,并配发评论《向庄慧荣学习》。中共东风钢铁厂委员会吸收庄慧荣同志为中共预备党员。新海连市总工会、共青团新海连市委员会、连云港市妇女联合会联名号召全市职工学习庄慧荣舍己为公的共产主义精神。中共新海连市委书记、市长祝斌撰文“向庄慧荣同志学习”。同年7月24日，市总工会、团市委联合举办“庄慧荣事迹展览”。市京剧团编演京剧《一颗红心献给党》，将其英雄事迹搬上舞台。江苏省总工会，江苏省妇女联合会均致信慰问庄慧荣。庄慧荣被誉为“活着的向秀丽”。后庄慧荣调去外地工作。

许金芳

许金芳（1942.5—　）连云港市人，1963年毕业于徐州师范学院艺术专修科。1976年，许金芳从新浦文化馆调入市文化局创作组，从事美术、摄影编辑等工作。1980年进入市文联，专职从事摄影。系中国摄影家协会会员、中国艺术摄影家协会会员、原连云港市摄影家协会主席。在其近30年的摄影生活中，创作了大量的摄影作品，发表于全国各地的摄影专业报纸杂志，多次入选省以上影展和画册。1988年拍摄照片《种子》获中央电视台“全国老年题材摄影大赛”三等奖、获江苏省“五星工程”摄影银奖、江苏摄影五十年（1949～1999）优秀作品奖。1989年，许金芳传略入选《中国摄影家大辞典》。在其主持连云港市摄影家协会工作期间（1992～2002年），先后组织摄影培训班10余期，培养一批批摄影人才。其个人摄影作品还在中国历史博物馆及上海、广州等30多个城市和日本、韩国展出。并先后在南京和连云港举办过个人摄影展。1996年，许金芳荣获中国摄影家协会颁发的摄影工作30年荣誉证章和证书。被中国艺术学会授予“中国优秀摄影家”称号。2002年3月，《许金芳摄影作品集》，由中国摄影出版社出版发行。

周承祖

周承祖（1942—　）连云港市人，中共党员，首批中国烹饪大师。曾任连云港市黄海饭店、连云饭店、陇海饭店厨师长、行政总厨、总经理。

周承祖15岁开始学习厨艺。1962年，毕业于苏州烹饪学校。先后师从地方名厨师卞家才、孙松林，并受到胡长龄大师、张祖根大师言传身教。他刻苦学习，精通江苏菜系，尤擅海鲜大菜制作。其精心制作的莲花海参、蟹黄鱼翅、奶汤鲨鱼皮、鸡汁琵琶虾等菜肴，深受中外食客及同行的肯定和好评。其专著《承祖菜谱》于1996年由中国妇女出版社出版发行，详细介绍他制作过的218个品种菜肴制作原料、烹饪技巧。填补了连云港市菜谱和江苏省海鲜菜系菜谱的空白。获连云港市第四次哲学社会科学优秀成果奖。在从业几十年中，他还先后培训军地两用人才及社会烹饪技术人才10000余人次。

周承祖曾多次当选市人大代表，多次被评为市劳动模范、江苏省技术能手、优秀共产党员、江苏省经营明星。1990年起，曾先后被聘为扬州大学烹饪工艺兼职讲师、淮海工学院烹饪专业兼职副教授等。为江苏省烹饪协会常务理事、江苏省饮服业高级技术职称考评员。1995年，被国家劳动部评为中式烹调高级技师。2000年3月30日，被国家国内贸易局授予“中国烹饪大师”殊荣。

李保英

李保英（1942—　）女，连云港市新浦区人，中共党员。1958年参加工作，为连云港市汽车公司大修厂工人。1963年3月5日，毛泽东主席发出“向雷锋同志学习”号召后，她便学习雷锋事迹，立志“向雷锋那样，做一个高尚的人”。并开始利用班后和星期天、节假日时间到新浦汽车总站帮助旅客解难救急，被称为“雷锋式小姑娘。”

不久，李保英被调到新浦汽车总站工作。当时，站里发往山东临沂一带的汽车每天只有两班，乘火车到新浦转车的旅客很容易误点，当天回不了家。她便以雷锋为榜样，和站里郭兰凤等几个姊妹拉着小平车到新浦火车站为旅客排忧解难，成为新浦汽车总站第一代“雷锋车”手。1964年，她被评为连云港市学习雷锋十大标兵之一。1972 年,李保英的儿子出生后时间不长便回站上班,看旅客的婴儿饿哭了时还抱起孩子喂奶,有时弄得自己儿子无奶可吃。更为严重的是,在一次给旅客孩子喂奶后,又喂自己儿子,儿子因此受感染,高烧不退,落下终生残疾。她面对现实,无怨无悔,一直坚持拉好"雷锋车",直到 16 年后调到其他单位工作。退休前,她还曾被评为市妇女工作积极分子、市交通系统优秀共产党员。1989 年被授予江苏省计划生育先进工作者称号。

1997 年退休后,她继续发扬雷锋精神,于 2002 年在站北社区发起成立"学雷锋志愿服务小组",并担任网吧义务监督小组组长,在社区发起社区校外教育辅导站,一心扑在关心下一代工作上。

许厚文

许厚文(1943—)字质辅,号桂石苑主、苍梧印人。江苏省灌云县人,祖籍安徽歙县,现住新浦麻纺小区。1963 年春入伍,1970 年复员,当过医生。1996 年在市委统战部退休。许厚文少年时就喜爱篆刻,先后师从李成章、丁吉甫、陈大羽、秦士蔚等名家。1986 年,他在新浦发起创立"苍梧印社",并任社长。同年,与薛栋、施国斌等篆刻家联手在新浦举办"九印人作品展览"展出作品近千方。多年来"苍梧印社"既坚持开展篆刻艺术创作活动,提高创作水平,又不断发现培养新人,为连云港市篆刻艺术事业作出了积极贡献。

许厚文书印和论文作品多次在国内外刊物上发表,其篆刻作品两次在日本展出。2000 年 7 月,出席在韩国举办的"中韩美术交流展",并进行书艺交流活动。他的篆刻及书法作品先后入选江苏省国画书法印章展览、江苏省名胜古迹篆刻展、全国印社篆刻联展、首届江苏省美术节中国书法大展、全国地方印社社长篆刻邀请展、中国当代艺术家作品展等。论文《浅谈韩天衡篆刻艺术流派在篆刻史上的价值》入选由中国书法家协会等单位编辑的首届全国印学研究会论文集。书印作品分别荣获亚细亚美术招待展金奖、当代文人书画艺术北京邀请展金奖、《中国书法》与《书法导报》联合主办的中国 20 世纪十大杰出书家有奖竞猜活动一等奖、21 世纪中国书画艺术日本交流展三等奖。许厚文孜孜不倦追求篆刻艺术的事迹,被摄制成电视专题片《连云港篆刻艺术》《印人许厚文》在省市电视台及与美国交流播放。传略及作品载入《中国现代书法界人名辞典》《中国当代文艺家辞典》《当代篆刻家辞典》等专集、辞书。2005 年,被国家文化部文化艺术人才中心授予"中国杰出人民艺术家"称号。主编出版有《全国城市印社篆刻联展作品集》《连云港艺文志》。

俞素娥

俞素娥(1943.3—)女,浙江金华人。大学文化,中共党员。1965 年 7 月于浙江师范学院毕业。次月,分配到江苏省盐业干校,历任教师、科长、校党委书记等职。1983 年 1 月,任中共连云港市委常委。同年 6 月,兼任新海区区长。1986 年 6 月至 1988 年 3 月,任市委常委,兼任中共新浦区委书记。1988 年 3 月起,任市委常委、市纪委书记、市委副书记兼市纪委书记。1994 年 10 月,任市委副书记。2003 年 1 月起,任市政协主席。其间,主编《古今连云港》。

孙　弦

孙　弦(1943.6—)江苏灌南县人,中专文化,中共党员,主任医师。

1963 年 6 月,孙弦毕业于连云港市卫生学校,分配到新浦区人民医院眼科工作,先后任医士、主治医师、副主任医师、科主任。1965 年和 1981 年分别在苏北人民医院眼科和上海第二医科大学附属新华医院眼科进修。1988 年 7 月,眼科从区人民医院析出,成立连云港市新区眼科医院,后更名为连云港市眼科医院,孙弦先后任院长、支部书记。在眼科医院工作期间,他不断钻研技术,成功展开近视眼角膜放射状手术，填补连云港市医疗市场空白。他还带领医院医技人员成功开展白内障摘除及人工晶体植入手术等眼科手术。他撰写的论文《近视眼眼角膜放射状切开术》，1990 年获市科学技术进步奖、三等奖，1991 年获新浦区科学技术进步奖一等奖。论文《板层角膜移植运用》，1992 年获市科学技术进步奖、四等奖。

孙弦为新浦区第十一至十四届人大代表、区人大常委会委员，省第七届人大代表，中华医学学会会员、眼科学会理事，连云港市医学学会眼科学会主任委员。

李洪甫

李洪甫（1944—　）连云港市新浦人，研究员，九三学社社员。1962 年，于海州师范毕业后在新浦区任教。1979 年，结业于南京大学历史系考古专业进修教师班。为中国考古学会会员，北京大学特约研究员，东南大学文学院教授兼韩国经济文化研究所所长。政协连云港市第六届委员、第七、八、九届常委。有《连云港地方史稿》《李洪甫史志论集》《太平洋岩画》等专著 10 多种。有《少昊之墟辨》《李汝珍年谱》《孔望山与将军崖》等论文 200 余篇。曾任《中国岩画全集》编委，并主持东南卷编纂工作。对古典名著《西游记》与连云港市花果山关系研究卓有成就，有《寻踪西游》《云台山吴承恩与西游记》《〈西游记〉中花果山原型的文化考订》等大量论著。1990 年，被江苏省人民政府授予有突出贡献专家称号，享受国务院特殊津贴。

王　元

王　元（1944—　）原籍赣榆县。1964 年毕业于海州师范学校。先后在建国路小学、解放路小学任教，后任解放路小学副教导主任。在从事小学语文教学中勤于实践，勇于探索，不断总结出尝试性阅读、深究分析性阅读、消化整理性阅读三段式导读方法，有效地提高学生阅读、写作水平。王元还十分注重课堂教学效果，主张少布置学生家庭书面作业。多次在省内外作学术讲座、上示范课，并在《江苏教育》上发表论文。1985 年被授予特级教师称号。1988 年被评为省劳动模范。

陆振祥

陆振祥（1944.2—　）江苏省新沂人。高中文化，中共党员。1961 年 8 月起，先后任某军通信营报务员、枢纽部机要员，陕西省地质局机要科机要员，第三地质大队政治处机要员、秘书、一分队副指导员、党支部副书记、二分队指导员、党支部书记、大队党委常委、革委会副主任等职。1987 年 8 月起，先后任连云港市煤炭工业公司主任、生产科副科长、组织科副科长、科长、党委副书记、书记等职。1988 年 1 月至 2003 年 1 月，任政协新浦区第五届委员会主席。

邵性庭

邵性庭（1945—　）新浦人，中共党员，国际乒乓球裁判。系连云港市第五、六、七届政协常委。1962 年任连云港市乒乓球教练员。1964 年在省第七届运动会上被授予国家一级运动员（乒乓球）。1980 年被国际乒联批准为乒乓球国际 A 级裁判。同年，任江苏省乒乓球协会裁判委员会主任。1978 年起，先后 14 次在全国乒乓球比赛中任裁判长。担任过第六、八、九届世界杯、第四十五届乒乓球锦标赛、亚运会等 16 次国际重大乒乓球赛的执场主裁判。1985 年、1992 年，两次获国家体委授予的全国优秀裁判员荣誉奖章。

侍少华

侍少华（1945.12—　）新浦人，大专文化。系中国书法家协会会员，江苏省科学艺术学协会理事，国家二级美术师，市书刻协会主席。

20世纪60年代初，侍少华在海州师范学习期间开始学习书画，海师毕业后，曾任中学美术教师，后在市科技报社担任美术、摄影和文字工作。1971年12月任市美术创作组组长。1979年任市文联书法组组长。1982年，与王宏喜合作连环画《松针粉》，入选省第二届科普美术作品展，并获一等奖。翌年又与王宏喜合作连环画《破除封建迷信》，获得江苏省第三届科普美术作品一等奖。

2001年起，侍少华在港城率先开始学习和探索现代刻字艺术。2003年6月，当选连云港市书刻艺术家协会主席。2004年，他运用篆刻艺术的借字法创作的书刻作品《知足常回味》，5个字同借一个"口"字偏旁组成一个整体。于当年10月，入选在福建厦门市举办的第五届全国刻字艺术展，并被选登在中国书协主办的《中国书法通讯》第13期。至2005年，侍少华书刻艺术作品达200余件。其代表作品有《知足常回味》《一言九鼎》《春晓景俏月朦朦》。

赵金香

赵金香(1946—)女，灌云县东辛人。中共党员。1980年进区环卫所当清洁工，工作勤恳，任劳任怨。1983年被评为省"三八"红旗手、1986年被省政府授予劳动模范称号，获全国总工会"五一"劳动奖章。1987年，被评为省优秀党员。1988年，担任副中队长后，仍不离第一线，经常清运垃圾。1989年，被评为全国"三八"红旗手，被授予全国先进生产(工作)者称号。

张连云

张连云(1949.9—)河南开封市人。大专文化。1970年3月工作，1972年10月，加入中国共产党。历任中共连云港港务局委员会办公室秘书，中共连云港市委办公室秘书、副科长，市委办公室副主任、主任等职。1989年6月至1994年8月，任中共新浦区委书记。后调任连云港经济技术开发区党委书记、开发区管委会主任，直至退休。

陈东美

陈东美(1951.1—)连云港市人，原籍江苏赣榆。大专文化，中共党员。历任中共新浦区委宣传部干事、中共新浦区委办公室秘书。1984年1月至1986年6月，任新海区副区长。1986年6月至1989年4月，任新浦区副区长。后调任市计划生育办公室主任。1994年4月至2001年1月，任中共新浦区委书记，2001年1月至2001年7月，任中共新浦区委书记、新浦区人大常委会主任。后调任中共连云港市委政策研究室工作。

李建平

李建平(1951.12—)女，江苏东海人。中共党员，大学文化。1969年3月，作为知识青年从上海到吉林省珲春市哈达门公社一队插队。1970年9月起，先后任哈达门公社妇联主任、珲春县妇联副主任、珲春县团委副书记、书记。1977年9月起，先后任东海县团委书记、中共东海县委常委、东海县副县长、连云港市妇联主任等职。1992年3月至1996年3月，任中共连云区委副书记、连云区政府区长。1996年3月，任中共新浦区委副书记、新浦区区长。2001年7月至2002年1月，任中共新浦区委书记。2002年1月至2005年年底，任中共新浦区委书记、新浦区人大常委会主任。后调任市人大秘书长。

吴新明

吴新明(1953.2—)江苏省句容人，中共党员。1970年10月至1978年2月，为连云港市制碘厂工人、制碘厂政工科科员、制碘厂团总支副书记。1978年2月起，先后任共青团连云港市委青工部副部长，团市委常委、青工部部长。1983年9月至1985年7月，赴南京师范大学团干部政治专修办学习。1985年7月至1992年12月，先后任连云港市委整党办公室秘书组干事、市委组织部办公室副主任、市委组织部组织科科长兼组织员室主任、市委组织部组织科科长(副处级)、市委组织部办公室主任(副处级)等职。1992年12月起,任中共新浦区委副书记。2003年1月至2005年年底,任政协新浦区第七届委员会主席。

江尧桦

江尧桦(1953.6—　)云台乡人。高级工程师,九三学社社员、国际蜻蜓学会会员。1980年毕业于南京林学院林学系森林病虫害防治专业。曾参加全国第一次森林病虫害普查工作,后一直在基层从事林业工作。1987年底,开始从事蜻蜓目分类研究。自选"江苏北部云台山蜻蜓目昆虫分类研究"课题进行研究。两年后开始在国内(包括台湾)权威刊物上发表研究报告、研究简报、学术讨论、国内外书刊评介以及昆虫与文化方面的中、英文文章60余篇,其中有5篇论文获连云港市人民政府颁发的优秀学术论文奖(一等奖3篇、三等奖2篇、优秀奖1篇)。此期间发现蜻蜓新种2个,核定新异名1个。1996年,南京农业大学主编的《水生昆虫与水质监测通讯》提名表彰他在水生昆虫方面的研究成果。他曾多次出席国内昆虫学术会议,2次出席国际学术交流会议,出席在南开大学召开的"第三届东亚水生昆虫学会议"。2002年,获中国林学会颁发的"劲松奖"。同年,连云港电视台和江苏电视台、《人民日报》华东新闻版"华东写真"均对其研究蜻蜓的事迹作了报道。

陈　建

陈　建(1953—　)连云港市新浦人。1969年毕业于新海中学。1970年9月分配至连云港市广播电视台工作,同年12月入伍,1974年4月入党,大学文化。历任战士、坦克排长、连长、师教导队教员、副队长,师司令部作训参谋、科长,坦克团长、师参谋长、旅长、师长、集团军副参谋长、副军长,集团军善后办主任,北京军区某部副部长等职,其间代任过国防大学战役教研室副主任和济南军区空军副参谋长。2002年7月被授予少将军衔。先后荣立二等功1次,三等功3次。

杨廷柱

杨廷柱(1954.6—　)新浦人,原籍江苏灌云县。大学文化,中共党员,高级工程师。1971年3月参加工作。

杨廷柱于1975年3月开始太阳能研发工作,1987年8月任江苏省盐业公司太阳能研究室主任,1989年8月至1990年11月,任连云港市太阳能研究所所长。1990年12月至2004年6月,任江苏省太阳能研究所所长。1981年被评为市劳动模范。1988年10月,被中国科学技术大学工程热物理系聘为客座副研究员。1987年5月,研发PBGU·75-Ⅰ太阳能热水器获全国青年科技成果一等奖。1991年8月,应邀赴美国丹佛出席国际太阳能学会、世界太阳能大会,宣读《太阳能干燥果脯》论文。同时被接纳为国际太阳能学会会员。1992年12月,创研的MBB0.8-Ⅲ太阳能热水器获国家星火计划三等奖。1993年10月7日,创研的太阳能照明灯首获国家专利。1996年11月,主持完成中国第一辆"中国一号太阳能电动轿车"省重大科技攻关项目。1999年编著的《能源工程导论》一书由中国科学技术大学出版社出版,并被中国科学技术大学选为工科专业本科教材。2000年3月,发明中国首辆太阳能电动自行车。至2005年年底,杨廷柱研发的太阳能系列产品有4项获国家专利。

张耀山

张耀山(1955.2—　)连云港市新浦人,1974年7月毕业于海州师范。先后在新浦区解放路小学、建国路小学、少年之家等任教。1987年调至市文联工作。为中国书法家协会会员,江苏省书法家协会理事,连云港市书法家协会主席。

张耀山自幼学习书法，从临摹颜真卿等大家法帖入手，广涉正草隶篆诸体，喜爱草书，尤善草章。先后临习《唐孙过庭书谱》《王羲之十七帖》《急就章》《月仪帖》《出师颂》《平复帖》等。在书法创作中，他追求平和自然，洒脱飘逸的书法风格。20世纪80年代中期始，先后8次在全国重大书赛中获金奖或一等奖。2003年为配合连云港市政府“美猴王”奥运申吉活动，手书古典名著《西游记》，当时国内主要媒体争相报道。翌年，手抄《西游记》由线装书局出版社发行。2005年“五一”期间，应中央电视台国际频道邀请，坐客“欢聚一堂”，向全世界宣传连云港，推介花果山。张耀山简介入编《中国人物年鉴》《中国书法家大辞典》。

滕士花

滕士花（1955— ）女，连云港市人，中共党员。1976年4月参加工作。1985年11月，调新浦汽车总站长途服务组工作。1987年8月任长途服务组组长。1990年起兼任值班站长。

滕士花原在青口盐场邮电局工作。后爱人在部队因公牺牲，市领导打算安排到盐务局机关或市邮电局工作，让她换换工作环境。但是，平时深受新浦汽车站“雷锋车”精神感动的她，主动要求到新浦汽车总站长途服务组“当一名普普通通的服务员”。到新浦汽车总站长途服务组后，她认认真真干好本职工作，发扬长途服务组“宁愿自己千般苦，不让旅客一时难”的优良传统，经常用“雷锋车”把下车旅客送回家，或垫钱为旅客买票。同时，她还经常到市福利院看望孤寡老人，为老人和残疾儿童拆洗被褥、衣物等。1997年被评为连云港市劳动模范，后又相继获得“江苏省十大女杰”“江苏省三八红旗手”“优秀共产党员”等10多项殊荣。

花千红

花千红（1960— ）连云港市人。美术师，江苏省青年美协会员。花千红身残志坚，专攻国画艺术，先后在市、南京、北京举办个人画展。曾获连云港市“十佳青年”和江苏省“新长征突击手”称号。1987年获陶行知艺术奖。其艺术简历被编入《中国残疾名人大辞典》。

吴 舟

吴 舟（1961— ）原名吴洲俞，自号“云台山人”。中共党员。祖籍灌云。现供职于江苏康缘药业股份有限公司。为江苏省药学会中药与天然药物专业委员会会员、江苏省中医药学会中药资源与鉴定专业委员会会员。

吴舟，出生于五代相传的中药世家。1980年，高中毕业后顶替父职开始从事药业。在从业20多年中，一直钻研药材学、本草学、中药资源学等，并坚持理论联系实际，踏遍港城云台山脉，采集云台山区的中药材标本800多种，2000余件，拍摄资料照片6000余幅，撰写《云台山中草药资源普查与研究》《云台山中草药简志》《连云港中药资源普查技术报告》《连云港药物资源名录》等调查报告资料200余万字。先后在国家和省级刊物上发表《郎君子略考》《海州漏芦考辨》《海邦药史杂录》等论文20余篇。编写出版《云台百草》《百树治百病》《百饮治百病》《百鱼治百病》《荠菜及荠菜园艺》等著作。《光明日报》《文汇报》及中央电视台均对其作过报道。1993年，被授予江苏省振兴药业先进人物称号，并载入《中药人才录》。

孙 浩

孙 浩（1977— ）大专文化，中共党员，1997年12月参加公安工作，为连云港市公安局新海派出所西苑社区民警，一级警员警衔。该同志自参加公安工作以来，扎根社区，勤奋工作，尽心尽力服务人民，为群众营造了良好的社区治安环境，赢得了广大群众的普遍信赖和好评。1998年、1999年连续两年受市公安局嘉奖。2000年，在市公安局组织的基础工作岗位练兵大比武中获得第一名，荣获“全市公安系统业务能手和岗位练兵标兵”称号并荣立个人三等功。2001年，被评为市人民满意警察。2002年，被评为市十佳文明服务标兵。2003年2月，被评为全市优秀社区民警。2003年7月，被评为全国优秀人民警察。

第二节　先进模范人物

一、国家先进模范人物

胡银霞　女，连云港市人。1937年10月出生。人民教师。1960年获全国先进工作者称号。同年，获全国先进儿童工作者、江苏省教文卫体先进工作者称号。

王秀英　女，连云港市人。1946年2月出生。曾任东风街居委会主任。1960年获全国优秀民兵称号。

王淑兰　女，山东龙口人。1930年11月出生。解放路小学教师。1978年，被评为特级教师、市劳动模范。1979名，被评为全国“三八”红旗手。1980年，为省先进工作者、市劳动模范。1982年，为省劳动模范。1983年，被评为全国优秀教师。

苗季子　连云港市人。1928年8月出生。新浦区临洪中学教师。1981年，被评为省优秀体育园丁。1982年，被评为全国优秀体育教师。

孙少华　山东金乡县人。1945年7月出生。新浦区南极路小学副校长。1983年，被评为全国先进儿童工作者。

赵金香　女，江苏灌云人。1946年2月出生。新浦区环境卫生管理处工人。1983年，被评为全国服务标兵。1985年，获全国“五一”劳动奖章，同时被评为省、市劳动模范。1989年，被评为全国先进工作者。

成　弦　连云港市人。1928年9月出生。新浦区解放路小学教师。1984年，被评为全国优秀青少年科技辅导员。1987年，被评为省优秀青少年科技辅导员。

童有才　安徽省全椒县人。1941年5月出生。新浦区人民医院主任医师。1986年，获全国红十字会先进会员称号。

杨通富　连云港市连云区人，1938年11月出生。曾任海宁中学校长。1987年被评为国家体育信贷项目优秀工作者。

屠延功　江苏省灌云县人，1954年3月出生。曾任新浦区浦西街道副主任。1987年，被民政部授予民政系统劳动模范称号。

孙友立　江苏省东海县人，1936年11月出生。曾任建国路小学校长。1988年被国家教委授予德育先进工作者称号。

周桂珍　女，江苏省扬州人。1948年12月出生。新浦区糖业烟酒公司经理。1987年，被评为省商业先进生产(工作)者、市先进工作者。1988年，被评为省劳动模范。1989年，获全国商业劳动模范称号。

万锡惠　女，江苏省南京人，1936年1月出生。新浦中学教师。1979年，被授予省新长征突击手称号。1983 年,被授予全国为人师表优秀教师称号。

陈东美 连云港市人,1951 年 1 月出生。1988 年任新浦区副区长。其间,被授予国家级优秀调查指导员称号。

朱显义 江苏省丰县人,1944 年 2 月出生。1988 年任新浦区计生委副主任时,被授予国家级优秀调查指导员称号。

殷月琴 女,江苏省宿迁市人,1949 年出生。1988 年在新浦区计划生育办公室工作时,被授予国家级优秀调查指导员称号。

俞俊芳 女,浙江省宁波市人。1945 年 1 月出生,在新浦区浦东街道办事处工作时,被授予国家级优秀调查指导员称号。

朱崇汉 江苏省东海县人,1938 年 12 月出生。1989 年任中共新浦中学总支书记时,被授予全国优秀教育工作者称号。

颜士龙 连云港市人,1953 年 2 月出生。曾任建国路小学少先队大队辅导员。1990 年,被授予全国学赖宁优秀辅导员称号。

二、省部级先进模范人物

邵士衡 连云港市连云区人,1937 年 5 月出生。历任新浦区小学教师、教导主任、副校长、校长。1956 年被省政府表彰为优秀教师。

丁爱和 女,江苏省灌云县人。1934 年 9 月出生。解放路小学教师。1960 年被评为省教文卫体先进工作者。

马萍卿 江苏省南京市人,1935 年出生。新浦区中学教师。1960 年被评为省教文卫体先进工作者。

金培发 连云港市人,1939 年出生。新浦区市政预制厂职工。1960 年获省劳动模范称号。

刘作淦 江苏省灌云人,1933 年 4 月出生。宁海中学教师。1960 年获省劳动模范称号。

相秉珠 连云港市海州人,1936 年 12 月出生。曾任新浦中学校长。1960 年被评为江苏省教文卫体先进工作者、省群众体育先进工作者。

张琪珍 江苏省灌云县人,1930 年 8 月出生。曾任新浦区财政局局长。1964 年,被授予省财贸系统先进工作者称号。

王笃宝 1952 年 6 月出生。连云港市橡胶厂职工。1976 年被评为省劳动模范。

方士洪 江苏省东海县人,1938 年 2 月出生。新浦公园职工。1977 年被评为省劳动模范。

陈步礼 连云港市人,1938 年 8 月出生。新浦区临洪街道办事处职工。1977 年被评为省先进工作者。

胡天余 江苏高邮人,1936 年 7 月出生。新浦区城建局职工。1977 年被授予省先进工作者称号。

郑全英 女,山东莒南县人,1933 年 11 月出生。延安中学校办厂工人。1977 年和 1980 年,两次被授予省劳动模范称号。

卢发煦 连云港市云台人,1943 年 6 月出生。曾任新浦区人民医院副院长。1978 年,被评为省先进工作者。1983 年被授予省优秀卫生工作者称号。

刘明山 连云港市新浦人,1942 年 7 月出生。新浦区饮食服务公司职工。1979 年和 1980 年两次被评为省劳动模范。1979年至1982年,连续4年被评为市劳动模范。

朱家花　女,连云港市人,1955年12月出生。曾任新浦区统战部副部长。1980年被授予省劳动模范称号。

沈贤聚　江苏省赣榆县人,1931年1月出生。曾任新浦区市政管理所副所长。1980年,被授予省劳动模范称号。1981年、1982年被评为市劳动模范。

杨庆昌　连云港市云台人,1951年6月出生。曾任云台乡党委副书记。1983年被授予江苏省劳动模范称号。

杨先亚　湖北省人,1948年12月出生。曾任通灌路小学校长。1981年被授予市劳动模范、省优秀体育园丁称号。1981年和1985年两次被评为市劳动模范。

顾昆岗　江苏省江都县人,1932年出生。市税务局新浦分局职工。1982年被授予省税务系统劳动模范称号。1989年被授予市劳动模范称号。

张立友　连云港市人,1939年5月出生。曾任新浦区教育局教研员。1985年被授予省劳动模范称号。

陈惠民　江苏省淮安市人,1952年7月出生。曾任新浦中学教导主任。1987年被评为省优秀青少年科技辅导员。1989年被评为省优秀教育工作者。

武心华　女,连云港市云台人。1934年12月出生。解放路小学教师。1987年被评为省优秀辅导员。

王　元　江苏省赣榆县人,1944年9月出生。曾任解放路小学副校长。1987年被评为特级教师。1988年被授予省劳动模范称号。

龚成屯　云台乡人,1944年7月出生。1988年被授予省劳动模范称号。

孙秀英　女,连云港市新浦人,1945年1月出生。曾任建国路小学副校长。1989年被授予省优秀教育工作者称号。

张永晶　连云港市云台人,1966年出生。曾任新浦区工商局临洪工商所所长。1990年被授予省工商先进工作者称号。

姚延华　1949年7月出生。花果山中学教师。1990年被授予省劳动模范称号。

曹开家　新浦人,1942年11月出生。曾任新浦区临洪村村委会主任。1990年被评为市劳动模范、省劳动模范。

陈正坚　1943年4月出生,农民。1996年,被授予省劳动模范称号。

傅名花　女,江苏省灌云县人,1950年10月出生。曾任幸福路小学校长。1996年被授予江苏省劳动模范称号。

孟庆林　连云港市云台人,1954年2月出生。在南城镇人民政府工作。1996年被授予江苏省劳动模范称号。

李学梅　女,江苏省灌云县人,1959年10月出生。新浦区环境卫生管理处职工。2001年被授予江苏省劳动模范称号。

陈跃章　连云港市云台人,1961年5月出生。云台乡采石场场长。2001年被授予江苏省劳动模范称号。

吉令剑　江苏省灌云县人,1965年12月出生。新浦区新潮社区民警。2004年被省委、省政府授予社会治安综合治理先进工作者称号。

三、市级模范人物

倪培华 江苏省灌云人,1920年2月出生。新浦中学职工。1950年被评为市模范工友。

伏建中 连云港市海州人,1929年出生。建国路小学职工。1950年被评为市模范工友。

乔敦枢 江苏省灌云县人,1925年出生。曾任通灌小学校长。1950年被评为市模范教师。

陈绪之 江苏省赣榆人,1937年出生。曾任新浦区土地管理局局长。1958年被授予市社会主义建设积极分子。

孙学召 1954年7月出生,新浦区市政养护管理处职工。1966年被评为市劳动模范。

卞洪兰 女,连云港市海州人,1934年5月出生。曾任通池街居委会主任。1975年被授予市劳动模范称号。

王笃宝 1952年6月出生,新浦橡胶厂职工。1977年被授予市劳动模范称号。

宁盛春 山东莱芜人,1920年6月出生。在新浦区路南街道工作,曾任新浦区财贸科科长。1978年,被授予市劳动模范称号。

黄成凤 女,江苏省邳州人,1936年6月出生。临洪街道五金厂职工。1981年、1982年、1983年3次被授予市劳动模范称号。

王士荣 连云港市新浦人,1928年10月出生。曾任市塑料十一厂厂长。1982年、1983年、1987年先后被授予市劳动模范称号。

柳成林 江苏省东海县人,1936年12月出生。曾任新浦区环卫所路南中队长。1982年被授予市劳动模范称号。

施庆林 女,江苏省赣榆县人,1948年2月出生。新浦区饮食服务公司职工。1983年、1987年被授予市劳动模范称号。

薛秋芳 女,1942年8月出生。新浦中学教师。1985年被授予市劳动模范称号。

赵绍清 连云港市人,1933年5月出生,在连云港市槐庆公司工作。1986年被授予市劳动模范称号。

言国柱 江苏省南通市人,1937年5月出生。新浦中学教师。1986年被授予市劳动模范称号。

朱　栋 江苏省灌云县人,1944年10月出生,建国路小学教师。1989年被授予市劳动模范称号。

耿恒彩 江苏省灌云县人,1958年11月出生。曾任新浦区对外贸易与经济合作局局长等职。1990年被授予市劳动模范称号。

滕屯山 连云港市云台人,1951年3月出生。云台乡山东村党支部书记。1990年被授予市劳动模范称号。

李学亮 连云港市云台人,1934年6月出生。花果山乡前进村村委会工作。1990年被授予市劳动模范称号。

杜兴玉 女,江苏省灌云县人,1950年2月出生。新浦区环卫所职工。1990年被授予市劳动模范、"十佳主人翁"称号。

杨光荣 连云港市南城人,1950年10月出生。新浦区人民医院职工。1990年、1994年两次被授予市劳动模范称号。

李昌权　1944年10月出生,新浦区环卫处职工。1994年被授予市劳动模范称号。

赵斯恩　连云港市花果山乡人,1952年10月出生。花果山机械厂职工。1996年被授予市劳动模范称号。

赵葆靖　1937年9月出生。在海宁小学工作。1996年,被授予市劳动模范称号。

赵绍高　连云港市新浦人,1948年6月出生。槐庆公司职工。1996年被授予市劳动模范称号。

唐桂香　女,连云港市人,出生于1940年。曾任站北社区居委会主任。1997年被授予市劳动模范称号。

王建平　1956年12月。市长城钢模板厂职工。1997年被授予市劳动模范称号。

唐善进　连云港市朝阳镇人,出生于1958年2月。新浦区旅游局局长。1997年被授予市劳动模范称号。

姜恩来　连云港市南城人,1953年3月出生。在南城镇人民政府工作。1997年被授予市劳动模范称号。

卢　琦　江苏省涟水县人,出生于1958年2月。新浦区检察院监察员。1997年被授予市劳动模范称号。

赵良忠　连云港市人,1950年1月出生。花果山乡农机站职工。1997年被授予市劳动模范称号。

王占平　1958年12月出生,市钢木家具厂职工。1997年,被授予市劳动模范称号。

程正斌　连云港市云台人,1947年6月出生。云台乡采石二场党支部书记。1997年被授予市劳动模范称号。

许永海　1955年7月出生。新海助剂厂职工。1997年被授予市劳动模范称号。

王佩芳　女,1954年10月出生,市亚欧工贸集团职工。1997年被授予市劳动模范称号。

杨庆忠　连云港市人,1950年3月出生。新浦区老干局职工。1998年被授予市劳动模范称号。

孙华林　云台人,1957年6月出生。曾任新浦区对外贸易与经济合作局局长。1998年被授予市劳动模范称号。

纪本花　女,连云港市台北盐场人,1954年4月出生。新浦区市政养护管理处职工。1999年被授予市劳动模范称号。

张春娥　女,山东省泰安市人,1962年2月出生。曾任民主社区居委会主任。2003年被授予市劳动模范称号。

孙　弦　江苏省灌南县人,1943年6月出生。曾任新浦区眼科医院院长。2003年被授予市劳动模范称号。

朱立起　江苏省东海县人,1953年11月出生。市研磨厂厂长。2003年被授予市劳动模范称号。

王统才　连云港市云台人,1967年1月出生。云台乡东磊村党支部书记。2003年被授予市劳动模范称号。

徐恒素　连云港市云台乡人,出生于1956年7月。云台采石二场场长。2003年被授予市劳动模范称号。

王宏新　女,江苏省镇江市人,1957年3月出生。海宁中学校长。2003年被授予市劳动模范称号。

张　靖　女,江苏省东海县人,1972年12月出生。新浦区人民检察院公诉科科长。2003年被授予市劳动模范称号。

石保艮　1975年12月出生。解放路小学教师。2003年被授予市劳动模范称号。

林　荣　浙江省人，出生于1973年1月。在连云港市浙江商会工作。2003年，被授予市劳动模范称号。

王　瑾　江苏省灌云县人，出生于1970年12月。宁海乡个体养鸡户。2003年被授予市劳动模范称号。

第三节　能工巧匠

炒货名手王武魁（1890—1974）因耳朵聋，通称"王聋子"。王聋子原为海州锦屏山南酒店村东王庄人。20世纪30年代中期，为谋生举家到新浦，在西瓎外（现西桥社区）西盐河边搭棚落户，以拉黄包车为主。后拜师学习炒花生。其人聪明、爱琢磨，时间不长就掌握了炒货的要领，开始自己炒花生卖，而且在炒货过程中，他又在花生、花生米等浸泡及炒货火候等各个环节不断摸索，很快形成了自己特有的一套炒货技巧。他油炸出的花生米、蚕豆花，油而不腻，粒粒金黄、酥脆喷香，入口难忘；水泡花生更是别具风味，食之香酥，满口生津。

王聋子本来并不聋。据说是在一天，他在后街大戏院叫卖"油炸蚕豆花"时，冲犯了过路的花名叫"蚕豆花"的国民党军一个小队长的小老婆，被抓去毒打致聋的。王武魁耳聋后沿街叫卖的声音更响亮了。从此人们都称他"王聋子"。

"王聋子"在新浦卖的油炸花生米、油炸蚕豆花和水泡花生30余年，远近闻名。后其子王成堂（人称"小聋子"）传承父艺又卖了10多年。

徽章钢模刻手许寿炳（1904—1983）祖籍淮阴，自幼随父学银匠手艺。民国24年（1935）到新浦开"中孚银搂"，兼做徽章。刻制徽章钢模为其拿手绝活，凹凸两块模板相合丝毫不差。在海属一带久享盛誉。

狗肉名手卞洪祥（1911—?）灌云县东辛人。因行三，通称"卞三"。他早年来新浦，从事屠宰业，制生狗肉尤为拿手，远近闻名。所做狗肉原汁原味，口感利落，香醇扑鼻。食者不辞雨雪登门购买。

刻章名手郑洪震（生卒年不详）哑人，祖籍赣榆。青年时拜师学习刻字手艺，勤学苦练，刀法自成一家，所刻黄杨木、牛角图章以字清、堂清、边清称著。解放前直至20世纪50年代，在新浦同行中小有名气。

风筝达人范庆书（1930.4—　）新浦人，祖籍灌云县，市汽车公司退休工人。

范庆书在父亲影响下，七、八岁时便会扎八角、白果、月亮一类简易的风筝。天长日久后便琢磨着扎一些上品位的风筝，特别是退休以后，为了扎好风筝，能连续多天待在屋里忙活。范庆书扎风筝十分讲究工艺，造型不落俗套。他扎的风筝大的平面直径达4米，小的平面直径只有8厘米。更有自己创作制造的对折蝴蝶风筝。他扎风筝造型美观质量好，放起来肯起飞，升空平稳，多次参加全国和本市的风筝比赛，并11次获全国奖，8次获市奖。其中，1990年在北京第一届国际风筝节中获一等奖。1991年4

月，获第四届北京国际风筝节放飞比赛板串（中）类型第一名。同月，获第一届全国风筝比赛串类小型第一名。1999 年 3 月 4 日，获第九届全国风筝赛连云港市选拔赛软翅类小型一等奖。

目测能手郭宜德（1933—　）赣榆人，少年时来新浦学屠宰，在长期实践中练就一手目测毛猪重量绝技。头二百斤重的生猪，一看一摸，估出的重和实重上下不差 1～1.5 公斤。新中国成立后在市食品公司工作。1959 年曾出席全国“群英会”。

贝壳贴画能手纪效芳（1933.7—　）原籍海州，长期生活于新浦，现住新浦星化社区，一生从事教育事业。

从 1985 年起纪效芳开始贝贴制作。20 年来，他潜心钻研贝贴画技艺。初期，在酒瓶上贴画，即把贝壳贴画和酒瓶结合起来，形成具有立体感的酒瓶贴画。在此基础上，他又创作花瓶贴画，即用各种花瓶为模胎，用浸透的纸糊制成花瓶的模型，涂上一层涂料，并用砂纸打平，再涂上一两遍油漆。其后，根据设计画样把选好的各式贝壳粘在“纸花瓶”表面，形成装饰图案。他以此法创作了《紫花瓶》《松竹梅》《编钟》《神鼓》等作品。1990 年，他以 52 件贝塑和贝贴画参加市首届“民间工艺美术博览会”，深受参观者青睐，并获得设计一等奖，制作二等奖。会后，他的作品被全部送省展出。2001 年，在市“社区艺术手工艺品展览会”上，纪效芳送展的 8 件展品获得荣誉奖，其中葫芦瓶、鼓形、李白举杯邀明月等 3 件被选送省展出。2003 年 10 月，在连云港市“康缘杯”首届家庭文化艺术节家庭才艺展中，4 件送展作品受到好评。市电视台曾连续制作播放《瓶艺与老人》专题片。2005 年 11 月，纪效芳 20 件瓶形贝贴画作品参加了江苏省文物节绝技展，其本人还在文物节上现场表演贝贴画制作。

竹器巧匠吴朝宗（1935—　）新浦人，祖籍南城镇。

吴朝宗的父亲解放前在新浦开个小竹铺，以做竹筢子为生。1951 年，吴朝宗初中毕业后，随父学习竹匠手艺。1953 年，进入竹藤工艺厂工作，学得多种竹料编织技能。1993 年退休后，在新浦民主西路 290 号租 1 间门面房，自己开竹器店，竹椅、竹凳、竹篓、竹帘、圈椅、竹筛、橱柜、枕头、衣撑、竹梯等样样会做。尤精于制作茶几和桌子，原料全是选用四川水竹，直到现在自己还留有 1 张茶几和 1 张桌子，作为收藏。邮政、电信、电厂、建筑、装潢、有线电台等单位都用梯子，他几乎成了专业承制户。吴朝宗做竹梯子最讲究质量和工艺。首先注重选好料，一般选用 3 年以上的竹子，竹子筒壁厚，结实耐用。其次是精心于火烤工艺，他用木炭火烤，把竹子整形变直，还可以起到杀虫作用，便于长期保存。画线时做到准确无误，使一道道踏脚保持平行。过去，很多竹梯投放踏脚的孔都是圆的。吴朝宗从多年实践中悟出一个道理，用梯子爬高安全最重要，竹梯子踏脚是圆的，往圆里穿插，做时很省事。但时间一长便容易滚动，人踏在上边不安全。他便改用方形洞嵌踏脚，不会滚动，人在使用梯子就要安全多了。

雕刻能手张福荣（1940—　）新浦人，祖籍徐州贾汪。1962 年矿校毕业后参加工作，退休前任新浦磷矿党委书记。他从小就喜欢画画刻刻，家境贫寒，买不起刀具，他就捡些旧锯条磨成小刀，在砖瓦木块上练习刻画刻字，经过多年刻苦磨炼，练就了一手雕刻的技艺。1967 年，他在单位 2 位木工协助下，历时半年将 2 根 3 米长的圆红木雕刻成一尊毛泽东挥手站像，形象逼真，观者赞不绝口。这尊站像“文化大革命”期间被安放在磷矿办公楼门前的亭子里，供职工瞻仰。此后，他用梨木、枣木等材料，雕刻“嫦娥奔月”“松鹤”“老寿星”等数十种圆雕作品。1983年，他用8个月时间，将一个1米高的大树根，雕刻成题为“云台胜境”（市书法家徐兆良题字）的大型根雕。此根雕参加1984年市文化艺术展获一等奖。2003年，该作品在市工艺美术协会举办的展览中获金奖。

1990年以后，张福荣在进行木雕制作的同时，开始影雕创作，他的一幅在花岗岩硬石板上雕刻的《女神》影雕作品，参加2002年春季连云港市首届书刻艺术展，令人叫绝。至2005年，已完成100多件影雕作品。他的影雕作品被一些亲朋好友收藏。上海一外贸公司还将他的影雕作品打入澳大利亚艺术市场；南通一红木家具公司一次就购买了他的影雕作品10多幅。

剪纸巧手柳学华（1943.3— ）女，新浦人，祖籍山东莒县。小学文化，市麻纺厂退休工人。

清末，柳学华的祖父柳文广举家从山东莒县逃荒到新浦，以剪花为生。其父柳春荣也习得一手剪花手艺。柳学华从1950年开始随父亲学习剪纸。在家传的基础上又融入了自己的特色。她的作品《寿》字、《新婚致喜》等刀味和纸感十足，运用了剪纸艺术中的诸多技法。在长达55年的剪纸生活中，柳学华先后制作了《忠心耿耿》《万年青》《婚庆喜华》等作品近3000件。在北京举办奥运会前，柳学华主动请缨，创作了“群猴图”，配合连云港市申请奥运吉祥物活动。在2003年、2004年区、市第二届社区艺术节综艺活动中，《新婚致喜》和《群猴图》皆获二等奖。2005年11月，她的剪纸作品《玉环》《福娃》获市妇联、市总工会颁发荣誉证书。

“锁王”胡铭（1948.12— ）新浦人，自学小学文化。

胡铭小时患小儿麻痹症，落下手腿残疾，行动不便。十五六岁时，为了生计，便跟王师傅学修锁配钥匙。他心灵手巧，从师4个月后，便在自家门口、浦西巷南首，摆小摊为人修锁配钥匙，风吹日晒，非常辛苦。王师傅看他人残志坚，便把他安排在自己的铺子里干活。1967年4月6日，王师傅收摊不干了，胡铭顶了师傅的门面，成了当时新浦地区唯一的修锁匠。1974年，胡铭用160元人民币买下民主中路180号的门面房。说是门面房，实际是两个山墙之间的夹当，长5.2米，宽仅1.2米，面积不过6.5平方米。至2005年年底，在这个夹当里，胡铭一干就是38年。

胡铭头脑灵活，靠自学有了点文化，能看书、读报。平时，他刻苦钻研修锁、配钥匙的窍门，时间长了，掌握一手过硬的手工修锁配钥匙的本领，特别是摸索掌握了开各种锁的绝活，多次被人请到家帮助开锁，或为丢钥匙的“奔驰”“宝马”“凌志”等高档轿车的车主开锁，被人们称为“锁王”。1997年前后，市刑警队破案在上海查获的一辆轿车，无法打开，便专门把胡铭请到上海把轿车门打开。2003年，一位响水顾客慕名找到新浦，终于在胡师傅这儿配上一种造型奇特的钥匙。胡铭修了一辈子锁，童叟无欺，热情待客。

蛋壳彩绘巧手曹海琪（1949— ）新浦人。他从小就喜欢上美术课，一次因画画得好，老师奖给他2支铅笔，从此，他就更热爱绘画。1998年，他看电视受一位日本人雕刻蛋雕作品启发，开始搞起蛋壳绘画。他买来鸭蛋，进行掏空处理后，在蛋壳上精心作画。当他第一枚彩蛋作品成功后便一发不可收。曹海琪立足于中国传统文化，蛋壳绘画创作大多取材于中国古典文学中的人物，风格为工笔手法。他的彩蛋作品中有《红楼梦》人物系列、古代四大美女系列、《西游记》系列、《八仙过海》系列等，枚枚彩蛋上的各种人物栩栩如生，叫人爱不释手。

曹海琪蛋壳绘画用料广泛，除使用鸭蛋壳外，还有小到鹌鹑的蛋壳大到鸵鸟蛋的蛋壳。他曾在一枚鸵鸟蛋上绘出花果山的秀丽山水。2003年10月，曹海琪的手绘工艺的彩蛋系列作品，参加连云港市“康缘杯”首届家庭文化艺术节家庭才艺展览，获手工制作二等奖。

葫芦画巧手纪光辉（1954—　）新浦人，大学文化，民警。

纪光辉曾祖父纪公告从师王一川学习葫芦画，创立了纪氏葫芦画。纪光辉是纪家葫芦画的第四代传人。纪光辉不仅继承祖辈的葫芦画技艺，而且将传统的烙画艺术与现代审美思维相结合，一改过去葫芦画中呆板单一的线条痕迹，形成自己独特的“仿国画”效果的葫芦画技艺。

纪光辉凭着精巧的技艺，在大小、形态各不相同的葫芦上压画、刻画、研画、烙画。他精心制作的葫芦画作品色泽清新，形象大方、典雅、高贵。至2005年，他创作葫芦画作品达2000余件。代表作品有《水浒一百零八将》《百猴图》等。葫芦烙画《水浒一百零八将》，2004年被拍摄成纪录片在中央电视台播出。2005年，江苏卫视播放了《纪光辉的葫芦艺术》专题报道。同年，连云港电视台也在《云海拾贝》专栏中报道了纪光辉的葫芦画技艺。

根雕巧手张新康（1957.12—　）新浦人，祖籍海州，高中文化。

张新康在中学时代就喜爱书画，1979年从农村返城到市红光五交化商场工作后，在习字练画之余开始根雕创作。在根艺制作中，他特别注重巧妙利用根的自然形态，除了对根材局部进行适量修饰和雕琢外，尽量保留其天然特点和神韵，做到枝、须、节、洞疤合理利用，充分体现树根的自然美，力求“奇”“巧”结合，天人合一的效果。在30多年根艺创作生涯中，他创作根雕作品600余件，题材有人物、仙鹤、孔雀、龟、十二生肖等。2002年8月6日，苍梧晚报以“鬼斧神工一头牛”为题，介绍他的作品《孺子牛》。同月底，市电视台对《孺子牛》也作了播放。2003年，市电视台又播出介绍张新康的根雕作品的专题片。2004年，他花了近一年时间，完成的一件檀木《龙舟》根雕，高1.5米，长2米余。其间，《连云港日报》以“妙趣天成说根艺”一文，介绍了张新康的根雕艺术。2005年9月，在江苏省第四届园艺博览会上，其根雕作品《拾荒者》获二等奖，《展翅》《鸟巢》获三等奖。在商场内退后，张新康在新浦花卉市场里开办了根艺坊，他制作的各种传奇人物和栩栩如生的动物造型及吉祥摆件根雕作品被国内外爱好者所购买收藏。

反剪字巧手杨捍军（1961—　）别名汉君，新浦人。1984年底退伍到浦东街道办事处文化站工作后，刻苦钻研反剪、反刻汉字技艺，练就一手不用书写、直接反剪汉字的绝技，能剪刻6种字休，大到3米见方，小至1.5平方厘米的汉字。

桃木雕刻巧手席瑜君（1964.11—　）大专文化。现住新浦南极南路延南社区。

席瑜君祖父席玉子，清末从苏州阊门避兵祸逃到云台山山东村落户，以木匠手艺为生。平时喜爱雕刻桃木人、桃木剑等。席瑜君父亲席德业自幼学习桃木雕刻工艺，且有较深的造诣。家庭环境的熏染，使席瑜君从小就喜欢桃木雕刻，经常自己动手制作，雕刻技艺不断见长。1982年入伍后，仍利用业余时间下功夫钻研雕刻艺术。转业到地方工作后，更利用休息时间，进行桃木雕刻制作和研究。他大胆地摒除传说中的迷信色彩，从传统文化中吸取有益成分，创造性地进行桃木雕刻的艺术实践。他以自己独特的艺术风格、刀法和意境，创作了《十二生肖》《关公》《钟馗》《除恶图》等作品形神兼备，栩栩如生。小巧的作品仅寸余长，可作为饰物随身佩戴；大的1米上下不等，可悬挂墙壁或置于案头。他还创作了体现连云港市《西游记》文化特色的唐僧师徒取经的系列作品，填补了连云港市地方特色旅游产品的一项空白。至2005年，席瑜君创作的桃木雕刻作品达300余件。其代表作品有十二生肖、桃木剑、桃木锁、钟馗、除恶图、五圣取经等。他的作品有的已被日本、韩国和中国香港、台湾地区人士所收藏。

宣纸贴画新秀魏海丽（1967.12—　）女，新浦人，原籍海州，大学文化。1985年参加工作，为临洪中学教师。

魏海丽祖父魏朝杰是民国年间海州地区有名的剪纸艺人。其父亲魏登科亦以剪纸闻名。魏海丽自幼随父学习民间剪纸技巧，在剪纸实践中，她看到剪纸作品由于纸质材料不坚固，易于破损，便想到把剪纸作品贴起来，固定在纸上，从而渐渐演变成了宣纸贴画（又叫剪贴画），在手法、材质、内容等方面有了质的飞跃。宣纸贴画以阴刻为主，阳刻为辅，阴阳结合，以染色补贴等技法，使整个作品既有剪纸简约淳朴的特色，又有国画写意传神韵味。再加上书法、印章和装框的效果，更显出淡逸、俊雅、传神的效果。

魏海丽创作的宣纸贴画内容非常广泛，除了耕种、纺织、打渔、牧羊、喂猪、养鸡等表现农业生产和生活传统内容外，还有神话传说、戏剧故事等题材。花鸟虫鱼、十二生肖等形象亦十分常见。其中，《喜鹊登梅》《二龙戏珠》《孔雀开屏》《天女散花》等题材的贴画最受欢迎。她的宣纸贴画代表作品主要有：《丹凤朝阳》《天官赐福》《天中辟邪》《乐在其中》《指日高升》《平安五福自天来》《吉庆有余》《竹报平安》《翘盼福音》《傣族姑娘》等，其中，《傣族姑娘》在2003年获市剪贴一等奖。2005年7月，《平安五福自天来》吉祥符系列宣纸贴画，获全国推新人《民间工艺》十佳称号。

第四节　新浦区革命烈士简况表

新浦区革命烈士简况表

表39－1

姓名	性别	出生年月	籍贯	参加革命年月	牺牲时所在单位及职务	牺牲原因、时间、地点	备注
胡为光	男	1916年	宁海乡杨场村二队	1939年	东海县大队1营3连班长	1946年吉林四平街因战牺牲	—
倪长开	男	1922年2月	宁海乡新北村二队	1940年	华东军区2团1营3连战士	1943年清江市南门口因战牺牲	—
王相立	男	1923年11月	宁海乡魏湾村五队	1942年	教导5旅13团通讯员	1948年灌云县龙苴街外因战牺牲	—
江　海	男	1927年11月	宁海乡太平村六队	1943年7月	华东野战军13纵队战士	1947年6月盐城因战牺牲	—
乔士山	男	1917年8月	宁海乡新圩村一队	1940年	39军117师349团2营连长	1954年湖北肖杆失踪	—
张恒亮	男	1929年	宁海乡东风村四队	1951年	志愿军23军67师200团2营4连战士	1953年7月朝鲜石砚洞北山因战牺牲	—

续表39－1(1)

姓名	性别	出生年月	籍贯	参加革命年月	牺牲时所在单位及职务	牺牲原因、时间、地点	备注
乔官连	男	1931年3月	宁海乡杨场五队	1950年	志愿军24军72师214团战士	1952年朝鲜中线南子洞因战牺牲	—
丁乐树	男	1931年	宁海乡海河村四队	1950年	志愿军23军67师团后勤处战士	1953年朝鲜石砚洞北山因战牺牲	—
王耀光	男	1930年	宁海乡魏湾村九队	1951年3月	志愿军23军67师200团1营3连战士	1953年7月朝鲜因战牺牲	党员
张玉南	男	1933年12月	宁海乡清河村一队	1951年3月	志愿军23军67师201团2连战士	1953年3月朝鲜石砚洞北山因战牺牲	立四等功
朱正明	男	1947年12月	宁海乡新南村八队	1965年	3544部队空军高射炮兵炮手	1966年11月援越抗美因战牺牲	团员、三等功
姜子洪	男	1919年	宁海乡黄圩村	1940年	华东军区淮海独立旅连长	1946年涟水县因战牺牲	—
杨开江	男	1922年10月	宁海乡魏湾村七队	1944年	—	—	—
陈芝法	男	1928年	云台乡后关村虎窝	1949年11月	志愿军某部战士	1952年朝鲜因战牺牲	
吴朝林	男	1928年	云台乡西山村	1950年	志愿军23军671师200团担架队战士	1953年6月朝鲜因战牺牲	—
范佑启	男	1925年	云台乡龙山村东窑	1949年11月	解放军某炮兵部队班长	1953年3月上海南专瓦桥因战牺牲	—
顾立方	男	1924年	云台乡前关村	1944年	—	1948年失踪	—
顾立杜	男	1928年	云台乡前关村	1944年	志愿军38军337团1营副排长	1952年9月朝鲜铁原兰山因战牺牲	立大功2次
邱维珍	男	1929年2月	云台乡东风果林场虎窝	1951年5月	志愿军23军67师200团战士	1953年7月朝鲜北山因战牺牲	立三等功四等功各1次
王荣才	男	1923年	云台农场		沭阳县某乡中队长	1945年沭阳因战牺牲	党员
杨文华	男	1952年	云台农场	1970年1月	5808部队副班长	1973年4月陕西省安康县月池因公殉职	团员
高玉法	男	1929年	云台林场九岭大队	1949年3月	志愿军24军71师212团3营9连战士	1953年7月朝鲜上甘岭因战牺牲	—
杨光銮	男	1904年	南城镇	1926年	东海县组织部长	1930年上海龙华被捕牺牲	党员
陈东传	男	1929年	南城镇	1948年	志愿军某部副班长	1951年朝鲜因战牺牲	—
李效山	男	1928年12月	南城镇宁海居委会	1951年2月	志愿军23军67师200团9连战士	1953年7月朝鲜因战牺牲	团员
武心法	男	1931年7月	南城镇东大街15号	1951年3月	志愿军23军67师200团9连战士	1953年7月朝鲜石砚洞因战牺牲	—
江尧年	男	1941年1月	南城镇青春大队3队	1958年2月	海军4008部队中士	1964年2月福建荣师因公殉职	团员
苏贻金	男	1948年4月	南城镇	1968年12月	24军五七化肥厂排长	1978年7月唐山市古治因公殉职	党员
周福祥	男	1939年	南城镇	1961年	解放军某部战士	1963年3月河北省张家口因公殉职	团员
姜国元	男	1888年	花果山乡前进村	1930年	—	1930年大村武装暴动中被捕牺牲	党员,1982年追认烈士
徐殿喜	男	1894年	花果山乡前进村	1929年	大村农民武装团营长	1930年大村武装爆动中牺牲	党员,1982年追认烈士

续表 39－1(2)

姓名	性别	出生年月	籍贯	参加革命年月	牺牲时所在单位及职务	牺牲原因、时间、地点	备注
徐登楼	男	1913 年	花果山乡薄巷	1930 年	—	1930 年大村暴动中被捕牺牲	1982 年追认烈士
卢德礼	男	1896 年	花果山乡新村	1927 年	当地乡镇促进会	1930 年大村武装暴动中被捕牺牲	1982 年追认烈士
杨文才	男	1899 年	花果山乡神山头	1930 年	大村“扁担会”	1930 年大村武装暴动中被捕牺牲	1982 年追认烈士
李少堂	男	1901 年	河南鹿邑县	1929 年	中共东海县委军事委员	1930 年大村武装暴动中被捕牺牲	党员,1982 年追认烈士
武同儒	男	1904 年	花果山乡前云村	1929 年	花果山“扁担会”领导人	1930 年 8 月 3 日被国民党杀害	党员,1982 追认烈士
孙叙会	男	1912 年	花果山乡前云村	1930 年	—	1930 年大村武装暴动被敌人杀害	1982 年追认烈士
赵绍银	男	1908 年	云台乡东小庄	1930 年	—	1930 年大村武装暴动中被敌人杀害	1982 年追认烈士
王维林	男	1910 年	花果山乡前进村	1930 年	—	1930 年大村武装暴动中被捕牺牲	1982 年追认烈士
赵开如	男	1909 年	花果山乡飞泉村	1930 年	—	1930 年大村武装暴动中被敌人杀害	1982 年追认烈士
赵绍发	男	1911 年	花果山乡飞泉村	1945 年	志愿军 38 军 114 师炮兵营排长	1950 年抗美援朝牺牲	1961 年追认烈士
毛汝南	男	—	沭阳县	1928 年	中共大村党支部书记,“扁担会”领导人	在鲁南地区革命斗争中牺牲	党员,新中国成立后追认烈士
孙忠发	男	1918 年	花果山当路村	1947 年	志愿军 40 军 118 师 353 团一营 2 连战士	1950 年朝鲜战场隅里战斗牺牲	—
张步胜	男	1926 年	花果山乡新滩村	1944 年	中原野战军某部司号长	1947 年解放黄山时牺牲	新中国成立后追认为烈士
方国家	男	1918 年	花果山乡大村村	1942 年	教导 2 旅 4 团司务长	1948 年 6 月东海县七里村被捕牺牲	建国后追认烈士
赵斯叶	男	1920 年	花果山乡大库	1949 年	志愿军 20 军 60 师 174 团炮兵连班长	1950 年朝鲜战场牺牲	1982 年追认烈士
赵　吾	男	1922 年	花果山乡小村村	1947 年	二等残废军人	1959 年 3 月在家中因伤口复发逝世	被追认为烈士
刘正生	男	1928 年	花果山乡前云村	1946 年	38 军 113 师 337 团炮 2 连班长	1948 年牺牲	新中国成立后追认为烈士
郁学恒	男	1927 年	花果山乡小村村	1940 年	30 军 88 师 264 团 2 营 8 连班长	1949 年 5 月解放上海时牺牲	1960 年 2 月追认烈士
赵绍创	男	1930 年	花果山乡大村村	1949 年	志愿军 36 军 107 师 321 团 3 营 7 连战士	1951 年 9 月在朝鲜战场牺牲	—
王吉业	男	1930 年	花果山乡新滩村	1948 年	0491 部队 3 分队 7 连副连长	1961 年 10 月在浙江海临长川坝抢救战友牺牲	党员,二等功 3 次
谢绍林	男	1950 年	花果山乡大村村	1970 年	市青山泉煤矿工人	1983 年 2 月在煤矿塌方抢险中殉职	—

续表 39－1(3)

姓名	性别	出生年月	籍贯	参加革命年月	牺牲时所在单位及职务	牺牲原因、时间、地点	备注
吕国英	女	1907 年	江苏沛县	1929 年	新浦普爱小学教师	1931 年在南京雨花台牺牲	—
张印轩	男	—	—	1942 年	箕山抗日游击队队长	1942 年 6 月在山东牺牲	—
闫金斗	男	—	—	1937 年	老 6 团谍报处地下工作人员	1942 年在南京雨花台牺牲	—
张凤山	男	1901 年	新浦民族街祁巷 6 号	1936 年	老 6 团谍报处地下工作人员	1942 年在南京雨花台牺牲	—
何连芝	男	—	—	1938 年	淮海独立团排长	1942 年 11 月在涟水牺牲	—
杨国均	男	—	—	1936 年	东海县包埠民兵队长	1943 年在东海县包埠牺牲	—
吴癖初	男	—	—	1933 年	灌云县联防队主任	1944 年 3 月 21 日在灌云县潘洼牺牲	—
马风新	男	1921 年	新浦新中街	1943 年	滨海军分区 13 团战士	1944 年在山东日照牺牲	—
冯小传	男	—	新浦新村街	1944 年 7 月	113 师 339 团战士	1945 年 1 月在山海关牺牲	—
谢斗生	男	1927 年 7 月	新浦公园街	1944 年 7 月	八路军老 6 团 1 营 2 连 3 排副班长	1945 年 2 月在山东梁山牺牲	—
张步高	男	—	—	1938 年	野战 8 纵队 64 机炮连连长	1946 年 1 月在盐城阜宁牺牲	—
窦小泊	男	—	新浦新生街	1944 年 7 月	113 师 339 团战士	1946 年 5 月在东北新站牺牲	—
李殿增	男	—	—	1935 年	雄里抗日解放小组联络长	1947 年 2 月在河北雄县牺牲	—
单步蟾	男	—	—	1938 年	二师 6 团参谋	1947 年 3 月在吉林刘家屯牺牲	—
管福特	男	—	—	1943 年	新安区刘马乡民兵中队长	1947 年在营庄牺牲	—
薛桂英	女	—	—	1943 年	新安区壮固乡村妇联会长	1947 年 5 月在营庄牺牲	—
张步胜	男	—	—	1946 年	—	1947 年在房山牺牲	—
邓志纯	男	—	—	1947 年	山东昌南太保庄区中队文书	1947 年在山东昌南太保庄牺牲	—
曹守元	男	1920 年	新浦临洪村	1944	地下工作者	1948 年 10 月在新浦牺牲	—
顾东石	男	1922 年	东海县浦南乡	1945	新海报社记者	1948 年 11 月在东海县牺牲	—
李迪仁	男	1917 年	东海县小兴庄	1945	新浦普爱小学教师	1948 年 11 月在东海县牺牲	—
杨廷玲	男	—	—	1945 年	—	1948 年在淮海战役中牺牲	—
平学明	男	—	—	1943 年	华北野战军 25 军战士	1949 年 4 月在渡江作战中牺牲	—
刘洪友	男	—	—	1948 年 12 月	新海连浦西区粮库工人	1949 年 8 月在东海县牺牲	—
范登州	男	—	—	1946 年 5 月	12 纵队特务营副排长	1949 年 8 月东海县牺牲	—
马善左	男	—	—	1942 年 9 月	38 军 112 师供给部审计股战士	1950 年 11 月在朝鲜龙虎山牺牲	—
孙允三	男	—	—	1942 年 1 月	华北兵二局第一兵总厂副厂长	1950 年在安徽宿县牺牲	—
刘永新	男	1918 年	新浦临洪村	1949	22 军炮兵团	1950 年在浙江桃花岛牺牲	—
苏　进	男	—	—	1948 年	志愿军 26 军 76 师 229 团战士	1951 年在朝鲜战场牺牲	—
杨振华	男	—	—	1948 年	志愿军 26 军 230 团特务连班长	1951 年 6 月在朝鲜战场牺牲	—

续表 39－1(4)

姓名	性别	出生年月	籍贯	参加革命年月	牺牲时所在单位及职务	牺牲原因、时间、地点	备注
杨福祥	男	1929 年	新浦沈圩村	—	志愿军 26 军 58 师炮兵连通讯员	1951 年朝鲜战场牺牲	—
李一民	男	1922 年	新浦民主街	1950 年 4 月	志愿军 38 军 112 师 335 团十营二连战士	1951 年在朝鲜战场牺牲	—
许俊德	男	—	—	1950 年	志愿军 38 军 34 师 12 团三连战士	1951 年在朝鲜战场牺牲	—
田孝儒	男	—	—	1948 年 10 月	志愿军 201 师司令部报话员	1952 年 4 月在朝鲜战场牺牲	—
卜秉寿	男	—	新浦市民街	1945 年 8 月	志愿军 162 部队二支队炮兵团排长	1952 年 4 月在朝鲜战场牺牲	—
邱子平	男	—	—	1948 年 11 月	志愿军 26 军特务团战士	1952 年 4 月朝鲜战场牺牲	—
朱立金	男	—	—	1949 年 2 月	志愿军 28 军 63 师 249 团机炮连战士	1952 年 4 月朝鲜战场牺牲	—
刘吉文	男	1931 年	新浦临洪许庄村	—	志愿军 26 军特务团通讯连侦察员	1952 年在朝鲜战场牺牲	—
徐玉胜	男	—	—	1948 年	三野 27 军 79 师 7 团 3 营 7 连战士	1953 年 2 月朝鲜战场牺牲	—
赵昌台	男	1923 年	新浦	1949.10	志愿军 15 军 44 师 131 团警卫连副班长	1953 年 7 月朝鲜战场牺牲	—
王专业	男	—	—	1948 年	0419 部队副连长	1961 年 10 月在浙江平湖县乍浦镇牺牲	—
刘贵平	男	—	—	1961 年 9 月	江苏武警总队 2 连战士	1962 年 2 月 2 日在江苏宝应县牺牲	—
周福祥	男	—	—	1961 年 3 月	解放军外国语学院学员	1963.7 在河北张家口市牺牲	—
何以礼	男	—	—	1950 年	空军 2632 部队副中队长	1969 年 9 月在浙江衢州市牺牲	—
于志军	男	—	—	1969 年 4 月	济南后勤部农药厂战士	1970 年 5 月 27 日在济南后勤农药厂牺牲	—
何爱文	男	—	—	1951 年 6 月	38571 部队军医	1976 年 3 月 20 日在连云港市牺牲	—
石志祥	男	—	—	1968 年	连云港市农药厂助理工程师	1981 年 4 月连云港市农药厂牺牲	—
吴伦东	男	1962 年	连云港市徐圩	1979 年 5 月	连云港市毛巾厂工人	1982 年 6 月 4 日在连云港市毛巾厂牺牲	—
仲跻荣	男	—	—	1973 年 12 月	赣榆九里派出所副所长	1985 年 8 月在赣榆县牺牲	—
杨　兵	男	1976 年 12 月	连云港市	1997 年 2 月	新浦公安分局市东派出所联防队员	1997 年 10 月 20 日与歹徒搏斗中，以身殉职	1998 年 6 月 8 日，经省政府批准，追认为烈士
赵　林	男	1964 年 11 月	灌云	1994 年 12 月	新浦浦东派出所副所长	1999 年 2 月在浦东派出所牺牲	1999 年 5 月 21 日，经省政府批准，追认为革命烈士

附　录

一、2006 年 1 月～2014 年 7 月 5 日新浦区党政领导人更迭情况表

（一）中共新浦区第七、八、九届委员会书记、副书记、常委更迭表

表 1

届　别	职　务	姓　名	任职时间	备　注
中共新浦区第七届委员会	书　记	李建平（女）	2006 年 1 月 1 日～2006 年 5 月 30 日	—
		滕士涛	2006 年 5 月 30 日～2006 年 6 月 25 日	—
	副书记	金建猛	2006 年 1 月 1 日～2006 年 6 月 25 日	—
		刘炳慧	2006 昕 1 月 1 日～2006 年 4 月 29 日	—
		高美峰	2006 年 1 月 1 日～2006 年 6 月 25 日	—
		彭光成	2006 年 1 月 1 日～2006 年 5 月 30 日	挂　职
	常　委	李建平（女）	2006 年 1 月 1 日～2006 年 5 月 30 日	—
		滕士涛	2006 年 1 月 1 日～2006 年 6 月 25 日	—
		高美峰	2006 年 1 月 1 日～2006 年 6 月 25 日	—
		彭光成	2006 年 1 月 1 日～2006 年 5 月 30 日	挂　职
		刘炳慧	2006 年 1 月 1 日～2006 年 4 月 29 日	—
		金建猛	2006 年 1 月 1 日～2006 年 6 月 25 日	—
		王立斌	2006 年 1 月 1 日～2006 年 6 月 25 日	—
		张爱勤	2006 年 1 月 1 日～2006 年 4 月 29 日	—
		汤成元	2006 年 1 月 1 日～2006 年 6 月 25 日	—
		董入海	2006 年 1 月 1 日～2006 年 6 月 25 日	—
		苏西聚	2006 年 1 月 1 日～2006 年 6 月 25 日	—
		孟昭静	2006 年 4 月 29 日～2006 年 6 月 25 日	—
		张金融（女）	2006 年 4 月 29 日～2006 年 6 月 25 日	—

续表1(1)

届别	职务	姓名	任职时间	备注
中共新浦区第八届委员会	书记	滕士涛	2006年6月25日~2008年12月4日	—
		金建猛	2008年12月4日~2010年12月27日	—
		尹哲强	2011年1月8日~2011年6月28日	—
	副书记	金建猛	2006年6月25日~2008年12月4日	—
		高美峰	2006年6月25日~2010年11月29日	—
		王立斌	2008年12月4日~2011年6月28日	—
		汤成元	2009年1月16日~2011年6月28日	—
	常委	滕士涛	2006年6月25日~2008年12月4日	—
		金建猛	2006年6月25日~2010年12月27日	—
		尹哲强	2011年1月8日~2011年6月28日	—
		高美峰	2006年6月25日~2010年11月29日	—
		王立斌	2006年6月25日~2011年6月28日	—
		汤成元	2006年6月25日~2011年6月28日	—
		董入海	2006年6月25日~2010年1月4日	—
		苏西聚	2006年6月25日~2009年4月1日	—
		孟昭静	2006年6月25日~2011年4月13日	—
		张金融(女)	2006年6月25日~2011年4月13日	—
		陈开颜	2007年4月24日~2009年4月24日	挂职
		朱加刚	2008年6月18日~2011年6月28日	—
		张永进	2009年4月1日~2011年6月28日	—
		王友君	2010年1月4日~2011年6月28日	—
		施为民	2010年1月4日~2011年6月28日	—
		姚超	2011年4月13日~2011年6月28日	—
		徐风良	2011年4月13日~2011年6月28日	—
		房忠涛(女)	2011年4月13日~2011年6月28日	—

续表1(2)

届别	职务	姓名	任职时间	备注
中共新浦区第九届委员会	书记	尹哲强	2011年6月28日~2013年2月7日	—
		王立斌	2013年2月7日~2014年7月5日	—
	副书记	王立斌	2011年6月28日~2013年2月7日	—
		单晓敏(女)	2013年2月7日~2014年7月5日	—
		汤成元	2011年6月28日~2012年1月19日	—
		王建明	2012年1月19日~2014年7月5日	—
	常委	尹哲强	2011年6月28日~2013年2月7日	—
		王立斌	2011年6月28日~2014年7月5日	—
		单晓敏(女)	2013年2月7日~2014年7月5日	—
		汤成元	2011年6月28日~2012年1月19日	—
		王建明	2012年1月19日~2013年6月30日	—
		朱加刚	2011年6月28日~2013年11月26日	—
		张永进	2011年6月28日~2012年6月11日	—
		王友君	2011年6月28日~2014年7月5日	—
		姚超	2011年6月28日~2014年7月5日	—
		施为民	2011年6月28日~2014年7月5日	—
		徐风良	2011年6月28日~2014年7月5日	—
		房忠涛(女)	2011年6月28日~2014年7月5日	—
		周国强	2012年6月11日~2014年3月9日	—
		郑斌	2013年11月26日~2014年7月5日	—

注:中共新浦区第七届委员会任期为2001年7月~2006年6月。本表只从本志书下限以后的2006年1月记起,与志书主体部分相衔接。

（二）新浦区第十五、十六、十七届人大常委会组成人员更迭表

表2

届别	职务	姓名	性别	任职时间	备注
新浦区第十五届人大常委会	主任	李建平	女	2006年1月1日~2007年1月19日	—
		滕士涛	男	2007年1月19日~2007年12月30日	—
	副主任	吉宝明	男	2006年1月1日~2007年12月30日	—
		陈学标	男	2006年1月1日~2007年12月30日	—
		刘士俊	男	2006年1月1日~2006年1月6日	—
		陈应聪	男	2006年1月1日~2007年12月30日	不驻会
		陈周德	男	2007年1月19日~2007年12月30日	—
	委员	（以姓氏笔画为序） 王宗路　尹志英（女）　刘建春（至2005年3月30日）　阮立功　吉宝来 江尧春　汪会霞（女）　郑　斌　杨中云　房忠涛（女）　周敏玲（女） 赵又晴（女）　赵新堂　赵淮云（女）　夏　倩（女）　高学成　徐家保 魏苏平			—
新浦区第十六届人大常委会	主任	滕士涛	男	2007年12月30日~2008年12月19日	—
		金建猛	男	2009年1月8日~2011年1月13日	—
		尹哲强	男	2011年2月24日~2012年3月31日	—
	副主任	陈学标	男	2007年12月30日~2011年3月29日	—
		陈应聪	男	2007年12月30日~2012年3月31日	不驻会
		陈周德	男	2007年12月30日~2012年3月31日	—
		刘振华	男	2007年12月30日~2012年3月31日	—
		杨中云	男	2011年2月24日~2012年3月31日	—
	委员	（以姓氏笔画为序） 尹志英（女）　田亚辉（至2009年2月12日）　乔月亮（至2009年12月22日） 朱建红　朱从敏　阮立功　孙君玲（女）　杨中云　陈贤斌　赵又晴（女） 杨永成　陈春梅（女）　李春玉　周敏玲（女）　郑纪东　殷国庆　曹跃华（女） 吴　军　高学成（至2010年10月24日）　魏　茳（女）　夏　倩（女）　章建生 郭宝光（2010年1月14日增补）　柴　通（女,2010年1月14日增补）			—
新浦区第十七届人大常委会	主任	尹哲强	男	2012年3月31日~2013年2月28日	—
		王立斌	男	2014年1月10日~2014年7月5日	
	副主任	陈周德	男	2012年3月31日~2014年7月5日	—
		陈应聪	男	2012年3月31日~2014年7月5日	不驻会
		刘振华	男	2012年3月31日~2014年7月5日	—
		杨中云	男	2012年3月31日~2014年7月5日	—
	委员	（以姓氏笔画为序） 尹志英（女）　王统松　刘　珺（女）　刘龙培　李敬伟　孙君玲（女）　朱从敏 吴　军　陆　兵　武传扬　郑纪东　徐　卿　徐长华　赵又晴（女） 高文清　柴　通（女）　郭宝光　夏　倩（女）　夏新军　殷国庆 章建生　熊胜波（至2013年6月17日）			—

说明：新浦区第十五届人大常委会任期为2003年1月~2007年12月。本表只从志书下限以后的2006年1月记起，与志书主体部分相衔接。

（三）第十五、十六、十七届区人代会期间区政府领导人更迭表

表 3

机构名称	职　务	姓　名	性　别	任职时间	备注
新浦区人民政府—第十五届区人民代表大会期间(2006 年 1 月～2007 年 12 月)	区　长	姜　洪	男	2006 年 1 月 1 日～2006 年 1 月 19 日	免职
		金建猛	男	2006 年 1 月 19 日～2007 年 12 月	—
	副区长	张爱勤	男	2006 年 1 月 1 日～2006 年 5 月 25 日	
		树成旺	男	2006 年 1 月 1 日～2007 年 11 月 17 日	—
		董一洪	男	2006 年 1 月 1 日～2007 年 12 月	—
		王友君	男	2006 年 1 月 1 日～2007 年 12 月	—
		薛　飞	男	2006 年 1 月 1 日～2007 年 11 月 17 月	—
		孙巨传	男	2006 年 1 月 1 日～2007 年 11 月 17 日	—
		魏　勤	女	2006 年 1 月 1 日～2007 年 11 月 17 日	—
		王立斌	男	2006 年 5 月 25 日～2007 年 12 月	—
		陈开颜	男	2007 年 4 月 24 日～2007 年 12 月	挂职
		周成前	男	2007 年 11 月 17 日～2007 年 12 月	—
		徐风良	男	2007 年 11 月 17 日～2007 年 12 月	—
新浦区人民政府—第十六届区人民代表大会期间(2007 年 12 月～2012 年 3 月 31 日)	区　长	金建猛	男	2007 年 12～2008 年 12 月 19 日	—
	代区长	王立斌	男	2008 年 12 月 19 日～2009 年 1 月 8 日	—
	区　长	王立斌	男	2009 年 1 月 8 日～2012 年 3 月 31 日	—
	副区长	王立斌	男	2007 年 12 月～2009 年 1 月 8 日	—
		陈开颜	男	2007 年 12 月～2009 年 10 月 27 日	挂职
		董一洪	男	2007 年 12 月～2012 年 3 月 31 日	—
		周成前	男	2007 年 12 月～2010 年 12 月 22 日	—
		王友君	男	2007 年 12 月～2010 年 2 月 5 日	—
		徐风良	男	2007 年 12 月～2012 年 3 月 31 日	—
		房忠涛	女	2007 年 12 月 30 日～2011 年 5 月 20 日	—
		杨　健	男	2008 年 10 月 31 日～2012 年 3 月 31 日	—
		朱加刚	男	2009 年 2 月 12 日～2012 年 3 月 31 日	—
		姜仁国	男	2010 年 1 月 14 日～2011 年 1 月 30 日	—
		戴庆华	男	2010 年 5 月 20 日～2012 年 3 月 31 日	挂职
		郑　斌	男	2011 年 5 月 20 日～2012 年 3 月 31 日	—
		袁丽霞	女	2011 年 5 月 20 日～2012 年 3 月 31 日	—
		徐雪峰	男	2011 年 5 月 20 日～2012 年 3 月 31 日	—
	区长助理	姜仁国	男	2007 年 1 月 13 日～2010 年 1 月 14 日	—
		董　青	女	2008 年 4 月 26 日～2009 年 4 月 1 日	挂职

续表 3

机构名称	职　务	姓　名	性　别	任职时间	备注
新浦区人民政府—第十七届人民代表大会期间（2012 年 3 月 31 日 ~2014 年 7 月 5 日）	区　长	王立斌	男	2012 年 3 月 31 日 ~2013 年 2 月 28 日	—
	代区长	单晓敏	女	2013 年 2 月 28 日 ~2014 年 1 月 10 日	—
	区　长	单晓敏	女	2014 年 1 月 10 日 ~2014 年 7 月 5 日	—
	副区长	单晓敏	女	2013 年 2 月 28 日 ~2014 年 1 月 10 日	—
		王友君	男	2013 年 12 月 24 日 ~2014 年 7 月 5 日	—
		朱加刚	男	2012 年 3 月 31 日 ~2013 年 12 月 24 日	—
		戴庆华	男	2012 年 3 月 31 日 ~2013 年 5 月 20 日	挂职
		孙晓兵	男	2012 年 3 月 31 日 ~2014 年 7 月 5 日	—
		郑　斌	男	2012 年 3 月 31 日 ~2013 年 12 月 24 日	—
		袁丽霞	女	2012 年 3 月 31 日 ~2014 年 7 月 5 日	—
		徐雪峰	男	2012 年 3 月 31 日 ~2014 年 7 月 5 日	—
		于　卉	女	2012 年 3 月 31 日 ~2014 年 7 月 5 日	—
		章冬斌	男	2012 年 11 月 28 日 ~2014 年 7 月 5 日	挂职
		徐　冰	男	2014 年 2 月 21 日 ~2014 年 7 月 5 日	—

说明：第十五届区人代会期间区政府领导人任期为 2003 年 1 月 ~2007 年 12 月。本表只从志书下限以后的 2006 年 1 月记起，与志书主体部分相衔接。

（四）政协新浦区第六、七、八届常委会组成人员更迭表

表 4

机构名称	职　务	姓　名	性　别	任职时间	备　注
政协新浦区第六届委员会（2006 年 1 月 ~2007 年 12 月）	主　席	吴新明	男	2006 年 1 月 ~2007 年 12 月	
	副主席	戴克大	男	2006 年 1 月 ~2007 年 12 月 30 日	
		顾品举	男	2006 年 1 月 ~2007 年 12 月	
		邵来成	男	2006 年 1 月 ~2007 年 12 月 30 日	
		曹伟平	男	2006 年 1 月 ~2007 年 12 月	不驻会
	秘书长	汤振宇	男	2006 年 1 月 18 日 ~2007 年 12 月	
	常务委员	（以姓氏笔画为序） 于纪荣　王小晓（女）　卞宝志　白　峰　朱加付　汤小兵 李玉章　杨永成　杨全庆　杨泗顺　邵秀兰（女） 邵爱红（女）　苗乃运　钟惠娟（女）　施凤英（女） 姜　华　秦洪礼　徐开华（女）　高海燕（女）			
		王汉亮　张运凤（女）　盛乃玉			六届三次会议增选
		汤振宇			六届四次会议增选

续表4

机构名称	职务	姓名	性别	任职时间	备注
政协新浦区第七届委员会（2007年12月～2012年3月29日）	主席	吴新明	男	2007年12月～2012年3月29日	—
	副主席	顾品举	男	2007年12月～2010年1月13日	—
		曹伟平	男	2007年12月～2012年3月29日	—
		王宏新	女	2007年12月30日～2012年3月29日	—
		于 卉	女	2007年12月30日～2012年3月29日	—
		张景友	男	2009年1月～2012年3月29日	—
	秘书长	汤振宇	男	2007年12月～2012年3月29日	—
	常务委员	（以姓氏笔画为序） 王 祥 王 建 王汉亮 王海鸥（女） 冯怀金 成 晔（女） 朱礼智 刘友君 刘厚君 张运凤（女） 武港生 范永涛 周立岩 陆 荣 南 海 胡启楷 盛乃玉 梁 浩 葛雄灿			—
		王 坚 田 恒 乔月亮 林备战 颜成华			七届三次会议增选
政协新浦区第八届委员会（2012年3月29日～2014年7月5日）	主席	汤成元	男	2012年3月29日～2014年7月5日	—
	副主席	曹伟平	男	2012年3月29日～2014年7月5日	不驻会
		王宏新	女	2012年3月29日～2014年7月5日	—
		张景友	男	2012年3月29日～2014年7月5日	—
		刘建春	男	2012年3月29日～2014年7月5日	不驻会
	秘书长	汤振宇	男	2012年3月29日～2014年7月5日	—
	常务委员	（以姓氏笔画为序） 卜贤超 王 坚 王海鸥（女） 史建梅（女） 叶传雄 田 恒 乔月亮 朱礼智 朱孔宜 陈忠燕（女） 陈露霞（女） 陆 荣 张运凤（女） 杨 杰（女）杨 敏 林备战 罗卫宏 周明珏 周湘屏 封其冰 胡启楷 葛雄灿 路 涛（女）			—

说明：区政协第六届常委会组成人员任期为2003年1月～2007年12月。本表只从志书下限以后的2006年1月记起，与志书主体部分相衔接。

二、行政区划调整文件辑录

（一）有关新浦区行政区划调整文件辑录

连云港市人民政府关于调整市区行政区划的通知
连政发〔1983〕86号

各县、区人民政府，市各委、办、局、行、社。驻连部属、省属单位、市各直属厂矿、直属单位：

经省政府苏政复［1983］86号文批复同意，我们在进行市级机关机构改革的同时，调整市区的行政区划，将新浦区与海州区合并为新海区。其管辖范围包括原新浦、海州区及锦屏、新坝公社和新浦农场；盐区与南城区合并为云台区。其管辖范围包括原盐区和南城区的花果山公社、朝阳公社、中云公社、云台公社、南城镇；连云区建制不动，将宿城、云山公社划归其管辖。

这次决定调整市区行政区划，有利于精简机构，提高工作效率；有利于适应市管县新体制的要求，充分发挥区政府的职能作用。现在的市区体制是条条管理。区里的各类机构多数是市有关局的派出机构。人财物都由市主管局直接管理。而区里无法过问。有的虽然管理，工作也很难开展。这种体制在没有实行市管县之前矛盾不太突出。实行新体制以后，各主管局既要抓好城区工作，又要指导农村工作。这样工作量增加很多。因此，过去的形式已经不适应新体制的要求。为了使主管局集中精力抓好城乡全面工作，下放一部分权力给区里是必要的。区划调整后，区一级机构将得到健全和加强，充分发挥区一级政权的作用。调整市区行政区划还有利于城乡统一规划、统一建设，进一步搞好城市建设和管理。最近省里召开的我市城市规划鉴定会，认为我市城市建设以一市双城式为宜。即：连云、墟沟一片为港区；新浦、海州一片为政治、经济、文化中心。这次行政区划调整，也将符合这一要求。这次调整市区区划，将新海、连云两区附近的公社分别划归两区领导。这样有利于加强城乡之间联系，有利于城市的统一规划、建设和管理。

各有关地区和单位一定要教育干部、群众，充分认识这次区划调整的重要意义。按市委、市敢府的统一部署，有步骤、有秩序地搞好这次区划调整。在调整过程中，各级干部都要认真贯彻执行中央组织部关于机构改革中必须遵守的几项规定，防止和杜绝违反纪律、搞不正之风的现象出现。各级干部及全体机关人员都要坚守岗位，履行职责，认真负责地抓好当前改革和生产、工作，确保这次区划调整的顺利进行。

以上通知，望认真贯彻执行。

1983年6月22日

连云港市人民政府
关于将新海区划分为新浦、海州两区的通知
连政发〔1986〕105号

各县、区人民政府、市各委、办、局（公司）、行、社、市各直属单位：

经国务院国函〔1985〕51号批复，现将新海区划分为新浦、海州两区。新浦区管辖范围为临洪、浦西、浦东、路南、市东五个办事处和沈圩、临洪两个村；海州区管辖范围为海州、幸福路两个办事赴、锦屏镇、洪门（不包括沈圩、临洪两个村）、朐阳、新坝乡、锦屏林场、孔望山果园、洪门果园。

特此通知。

1986年6月3日

中共连云港市委 连云港市人民政府 关于调整市区行政区划的实施意见 连发〔2001〕47号

根据国务院《同意江苏省调整连云港市部分市辖区行政区划的批复》(国函〔2001〕129号)和省政府通知精神,本着有利于建设、有利于发展、有利于管理的原则,按照确保人员妥善分流安置、确保国家资产不发生流失、确保社会政治稳定的总体要求。现就我市市区行政区划调整提出如下实施意见:

一、区划的调整和管理

国务院关于《同意江苏省调整连云港市部分辖区行政区划的批复》主要内容为:(1)同意撤销连云港市云台区。(2)将云台区的朝阳镇、徐圩镇、板桥镇和中云街道划归连云港市连云区管辖。(3)将云台区的南城镇、花果山乡、云台乡和猴嘴街道划归连云港市新浦区管辖。

为了进一步优化资源配置,发挥区域功能优势,加快经济社会发展,从我市实际出发,将中云街道、朝阳镇交由连云港经济技术开发区管理委员会管理;将花果山乡和朝阳林场变由云台山风景区管理委员会管理。上述乡镇、街道和林场除日常管理工作外,凡涉及人大代表选举、司法、人口普查、征兵等方面的工作,均按法律规定,分别列入连云区、新浦区的工作范围。

二、人员的分流和安置

根据云台区行政事业单位人员现状和机构改革中的有关政策,对行政事业单位工作人员采取以下途径和方法予以安排:

1. 条块结合、分类安排。县处级干部由市委统一安排。条条单位直管人员由主管部门负责安排。其他人员由云台区在相关区和单位的配合下作出安排。需要按照法定程序办理的,在履行有关法律手续后再安排到位。

2. 接收人口比例安排。各接收区和单位按接收总人口比例,妥善安排云台区区直行政事业单位的工作人员。对区级机关行政工作人员按划入人口的2‰接收,事业单位人员按划入人口的5‰接收,其中接收的科级干部比例不得低于接收行政工作人员总数的70%。

3. 成建制安排。各乡镇的行政事业单位工作人员随建制划转。根据各接收区和单位产业发展方向、行政管理职能及实际工作需要,将部分区级行政、事业单位人员成建制划转。对不能成建制划转的其他区机关行政事业人员,按照有关区和单位接收比例,统筹作出安排。云台区区级财政供给的离退休人员,全部由新浦区管理。

三、财政划转和资产处置

1. 财政划转和财力分配。云台区区本级税收征管范围内的收入今年维持现状,从2002年1月1日起按属地划转到相关区和单位。收入划转后转移的财力,以2000年为基础年核定财力基数,从相关区和单位上划市级财政,然后由市财政按照“钱随人走”的原则,将财力相应划转有关接收区和单位。其中,云台区区本级财政负担的行政事业单位离退休人员,按2000年离退休人员人均开支标准核定定支出基数,从市财力中划入新浦区;云台区区本级财政负担的在职人员,根据人员分流去向,按2000年云台区区本级人均财力核定支出基数,从市财力中划入接收区和单位。

各乡镇和税收征管范围仍维持现状，乡镇财力依据云台区对各乡镇的财政体制在区域间相应划转。云台区区本级集中或补助各乡镇的财力；以2000年为基期年，分别核定定额上解市基数和市定额补助基数，由市财政与接收区和单位在年终决算时结算。划转后接收区和单位对划入乡镇的财政体制可以自行确定。

2. 资产和债务的处置。成建制划转的乡镇和云台区区本级有关单位，其资产、债务和档案随之划转；云台区区本级和撤销的区直单位的资产、债务由云台区区划调整工作领导小组负责组织清理，弄清情况，分清责任，提出处理意见，报市区行政区划调整工作领导小组研究处置，其档案资料造册装箱，移交市档案馆保存；条条直管单位人、财、物的调整及划转，由市各主管部门负责。

3. 欠发个人工资的处理。对云台区全额财政拨款单位的编制内人员的欠发工资，由云台区各单位、各乡镇财政所列表造册，经区劳动人事、财政部门复核，报市财政局确认。对2001年9月底以前欠发工资的国标部分在市财政支持下先行发放，其余部分由接收区和单位多方筹措资金逐步解决。

4. 社会保险金的划转和管理。云台区的养老保险（包括企业养老保险、机关事业单位养老保险、农村养老保险）、失业保险、住房公积金、在职及退休人员的基本医疗保险金、大病救助金、离休人员医疗统筹金等银行专户存款，自2001年11月21日起，原则上，只进不出。养老保险、失业保险、住房公积金年专户存款、在职及退休人员的基本医疗保险个人账户，待相关划转工作结束后，均按照“钱随人走”的原则，相应划入接收区和单位。对医疗统筹基金账户、大病救助资金结余、离休人员医疗统筹金结余，均核定人均数额，按分流人员去向相应划转。

5. 财产清理与移交。自2001年11月21日起冻结云台区各乡镇、区级各单位的银行账户，封存账簿，并以2001年11月21日为基准日，对各乡镇、区级各单位的资产、债务进行全面清理和财务清算。各单位在办理资产、财务和会计档案移交前，有关人员不得离岗，责任人不得推卸应负之责。对因工作失职造成国有资产流失的，要依法查处，追究责任。

四、组织领导和工作责任

区调整工作在市委、市政府的领导下，由各相关区和单位的党政组织具体负责实施。市成立市区行政区划调整工作领导小组，下设区划调整、组织人事、财产处理、纪检信访、监督交接等工作小组，具体负责区划调整的指导、协调、监督、服务工作。

云台区、新浦区、连云区、开发区、云台山风景区和涉及区划调整的各乡镇都要成立相应的领导小组，负责财产清理划转、人员分流安置等各项具体工作。涉及此项工作的各部门、各单位都事加强领导，明确责任，协同配合，保证区划调整工作措施的落实。

这次区划调整事关大局，事关长远，事关广大干部群众的根本利益，各级各部门一定要讲党性、顾大局、树正气，认真贯彻落实市委、市政府关于市区行政区划调整的实施意见，严格执行各项纪律，确保区划调整工作顺利完成。

中共连云港市委

连云港市人民政府

2001年11月20日

省政府办公厅关于省农垦集团公司所属部分农场实行属地管理的通知
苏政办发〔2001〕131 号

各有关市、县人民政府，省各有关委、办、厅、局，省各有关直属单位：

为促进国有农垦企业的改革与发展，省政府决定，将省农垦集团公司所属的沿湖农场等 9 个农场实行属地管理。现将有关事项通知如下：

一、自文件下发之日起，将省农垦集团公司所属沿湖农场等 9 个农场实行属地管理。其中沿湖农场划归铜山县管理，湖西农场划归沛县管理，南云台林场划归连云港市管理，如东农场、掘港农场划归如东县管理，共青团农场划归镇江市管理，五里江农场划归泗洪县管理，泗阳农场划归泗阳县管理，青伊湖农场划归沭阳县管理。上述 9 个农场实行属地管理后，国有资产相应划转，农场干部、职工的人事、劳动关系移交有关市县管理，养老保险改由所在市县统筹。请省财政厅、人事厅、劳动保障厅、农垦集团公司抓紧与有关市县做好 9 个农场国有资产划拨，干部职工人事、劳动关系管理移交和养老保险统筹划转工作。

二、为使 9 个农场实行属地管理后能够平稳过渡，为今后的改革与发展创造良好条件，帮助有关市县解决一些实际困难，决定实行以下扶持政策：

（一）免除农场所欠部分财政债务。农场所借省财政的周转金免于偿还，所借世界银行贷款本息由省农垦集团公司负责偿还，应予承担的农业综合开发投资省以上有偿资金免于偿还。农场所欠省农垦集团公司债务，由省农垦集团公司进行清理。

（二）考虑到目前农场养老保金支付存在一些缺口，对已参与养老保险统筹的沿湖农场、湖西农场、如东农场、掘港农场、共青团农场、五里江农场、泗阳农场、青伊湖农场，以 2001 年省对农场差进的养老保险金为基数，从 2002 年起定额补助 5 年。所补资金由省劳动保障厅在补助有关市县的养老保险支付资金中戴帽下达，专款用于农场养老金支付，严禁截留挪用。南云台林场尚未参加养老保险统筹，因林场林地大多属生态公益林，经营比较困难，为妥善解决林场离退休人员养老金发放，按省农垦集团公司目前补助林场的资金为基数，由省财政从 2002 年起每年补助 60 万元，一定 5 年不变，所补资金专项用于林场离退休人员养老金发放。

（三）9 个农场实行属地管理后，农场教育事业剥离工作按《省政府办公厅转发省教育厅等部门关于省农垦企业分离办学职能的实施意见的通知》（苏政办发〔2001〕38 号）规定办理。目前欠发教师国家规定标准工资的，按原经费供给渠道补足。

（四）为支持 9 个农场的基础设施建设，从 2002 年起，由省财政每年筹措 400 万元，一定 3 年不变，专项支持 9 个农场的水利等基础设施建设。此项资金由省财政厅会同有关部门按项目管理，专款专用。

三、切实做好 9 个农场的属地管理工作。此次实行属地管理的 9 个农场原来都隶属于市县，土地等资源在当地，人员在当地，经济活动在当地，税收贡献在当地，重新划归属地管理，符合中央十五届四中全会精神，有利于把农场纳入当地经济社会发展“一盘棋”中统一规划，统一配置资源，有利于深化农场改革，有利于加强和改善对农场的管理，是促进新时期农垦事业发展的一项重要措施。各有关市县人民政府要高度重视农场属地管理工作，落实各项政策措施，保证平稳过渡，促进农场发展。

（一）9 个农场实行属地管理后，各有关市县要保持农场管理体制的稳定，不搞层层下放。南云台林场以生态公益林为主,要与当地风景旅游区的设置和规划发展统筹考虑,合理确定林场体制。

（二）各有关市县政府要组织有关部门对农场情况抓紧调查,深入研究,从农场实际出发,明确农场改革方向,选择适应农场实际的改革改制形式,作出专项部署,切实加大农场改革步伐,增强农场活力。

（三）做好农场养老保险参与当地统筹的衔接工作。所在市县要将农场养老保险纳入当地统筹,保证省补助支付资金专款专用,确保农场离退休人员养老金的正常发放,维持社会稳定。南云台林场目前尚未实行养老保险统筹,连云港市要尽快确定南云台林场养老保险形式,将林场养老保险纳入统筹范围。

（四）关心、支持农场基础设施建设。由于条块分割的体制原因,近几年农场得到各级各有关部门基础设施建设项目支持较少。农场实行属地管理后,各有关市县要将农场的基础设施建设纳入当地统一规划,统一列项支持。

（五）保持农场干部队伍稳定,关心、培养和使用好农场干部。实行农场属地管理后,各有关市县要注意保持农场领导班子的稳定,保持工作的连续性。对农场现有干部,要按照国有企业干部管理规定,进行统一管理、培养、调配和选拔使用,充分发挥他们的作用。

特此通知,请认真贯彻落实。

江苏省人民政府办公厅

2001 年 11 月 6 日

新浦区人民政府关于成立南云台林场接收工作领导小组的通知
新政发〔2002〕73 号

各乡镇、街道办事处,区各办局,区各直属单位:

根据苏政办发〔2001〕131 号文件,对农场实行属地管理的批示,为确保南云台林场平稳过渡,尽快完成交接工作,维护社会安定,经研究,决定成立南云台林场接收工作领导小组,成员如下:

组　长:张爱勤　常务副区长

副组长:董一洪　副区长

　　　　周玉宏　南云台林场场长

　　　　李　军　南云台林场书记

成　员:汤成元　区委办公室主任

　　　　胡庆林　区政府办公室主任

　　　　史道友　区委组织部部长

　　　　周宜榴　区发展计划局局长

　　　　祝云华　区劳动人事局局长

　　　　陈周德　区财政局局长

　　　　胡为阳　区农林水利局局长

　　　　金建强　区教育局党委书记

　　　　李　岚　区民政局局长

蔡　林　新浦公安分局局长

郝建华　区卫生局党委委员、区防疫站站长

朱恒山　新浦国土分局副局长

万庆明　新浦规划分局局长

刘佃元　区统计局副局长

谢　荣　区审计局局长

姜　华　区监察局局长

陈　碧　区信访局局长

领导小组下设办公室,胡庆林同志任办公室主任,陈云车、李峰同志为办公室副主任。办公室下设五个工作小组:一是组织人事组,由区委组织部牵头,区劳动人事局、编办等同志参加,主要负责林场干部、职工的接收工作。二是财产清理组,由区财政局牵头,区农林水利局、监察局、审计局等有关人员参加,主要负责资产的核查接收和债务的清理工作。三是社会保障组,由区劳动人事局牵头,区财政局、卫生局等有关人员参加,主要负责职工养老保险、医疗保险等各种社会保障问题的衔接和落实工作。四是教育接收组,由区教育局牵头,区委办、区政府办、区财政局、区编办、区审计局、南云台林场等单位参加,主要负责教育事业的接收工作。五是改革改制组,由区改制办牵头,区劳动人事局、区财政局、区国土局、区编办、区审计局有关人员参加,主要负责审定并组织实施林场改革改制方案。领导小组其他成员单位在各自责权范围内分别做好相关工作。

连云港市新浦区人民政府

2002 年 6 月 30 日

市政府关于花果山乡管理体制调整的会议会纪要

2004 年 1 月 30 日晚,市委常委、常务副市长周保法主持召开会议,专题研究花果山乡管理体制调整问题。会上通报了花果山乡管理体制调整方案,并对体制调整涉及的有关问题进行了讨论,形成了一致意见。现将会议议定事项纪要如下:

一、统一认识。自 2001 年市区区划调整时将花果山乡交由云台山风景区管委会管理以来,对景区的发展起到一定的作用。但是根据花果山乡目前状况,为促进其改革发展稳定,市委、市政府决定将花果山乡交由新浦区管理。各有关单位要充分认识花果山乡管理体制调整的重要性,把思想认识统一到市委、市政府的决策上来。

二、调整方案。一是将花果山乡成建制交由新浦区管理。二是对景区管委会猴嘴风景园林管理处、市政环卫管理处、防疫站按在编在岗实有人员成建制交由新浦区管理,调整后仍然独立运作的机构经费渠道维持不变,归口合并的机构按接收单位的经费渠道确定。临时借用人员按照谁借用谁负责清退的原则予以分流。三是派驻云台山风景区的景区工商分局、国税分局、地税分局、公安分局、国土分局是否保留,由其主管部门研究确定。四是离退休人员按人随单位走的原则相应变动隶属关系,其养老保险金由新浦区负责发放,差额部分由市劳动和社会保障局负责拨付。

三、加强领导。一是市成立调整移交工作领导小组,具体负责调整移交过程中的指导、监督、协调和服务工作。二是新浦区、云台山风景区和花果山乡要成立相应的领导小组，负责人员分流安置、财产清理划转等各项具体工作。三是各有关单位要加强领导，明确责任，协同配合，按照“平稳过渡，抓紧实施，限期到位”的原则，认真做好调整移交工作。市财政要继续支持新浦区解决困难。四是顾全大局，严肃纪律。在调整移交过程中要严肃人事、编制、财经、档案等纪律，对违纪行为要严肃追究责任，确保整个调整移交工作顺利完成。出席：

市政府	周保法李强周文军朱继忠
市公安局	张光东
市监察局	顾普堂
市财政局	张文武
市人事局	吴建成
市劳动和社会保障局	程学光薛抗美
市国土资源局	毛太銮
市审计局	刘岱南
市国税局	刘厚明
市地税局	秦玉莲
连云港工商局	张守伦
市档案局	陈瓦夏
市编办	
新浦区	姜　洪　张爱勤
云台山风景区管委会	孙锡华

记录：于卫军马伟

市政府关于将新浦区猴嘴街道办事处划归连云区管辖的通知
连政发〔2005〕76 号

各县、区人民政府，市各委、办、局，市各直属单位：

接省政府《关于同意调整连云港市区部分行政区划的批复》（苏政复〔2005〕20 号），省政府同意，将新浦区猴嘴街道办事处划归连云区管辖；猴嘴街道办事处辖区范围内的海域和滩涂，一并划归连云区管辖。

行政区划调整后，新浦区行政区域面积 214.1 平方公里，人口 30 万人，辖 6 个街道办事处、1 个镇、2 个乡；连云区行政区域面积 506.35 平方公里，人口 19.8 万人，辖 4 个街道办事处、4 个镇、4 个乡。

为保证这次市区区划调整工作的顺利进行特提出如下要求：

一、统一认识，顾全大局。猴嘴街道办事处管辖权调整涉及新浦区、连云区、连云港经济技术开发区和台北盐场等地区和部门，涉及范围广，影响西比较大。各区、各部门和有关单位要充分认识调整工作的复杂性和艰巨性，高度重视，切实把思想认识统一到省政府文件精神上来，统一到市委、市政府的重大决策上来，全力以赴把工作做细做实，确保区划调整工作顺利进行。

二、明确职责，加强管理。区划调整后，连云区对猴嘴街道办事处行使司法管辖权。为优化资源配置，发挥区域功能优势，从我市实际出发，将猴嘴街道办事处交由连云港经济技术开发区管理，比照连发〔2001〕47 号文件确定的朝阳镇管理模式执行。连云港经济技术开发区要结合这次区划调整，进一步加强基层组织建设，加强对办事处工作的领导。

三、严肃纪律，有序推进。按照依法、依规、有序的总体要求，坚持“随事走，钱随人走，离退休人员随单位走，债务按比例分担”的原则，妥善处理好调整过程中涉及的人、财、物等交接问题。从 4 月 22 日起，猴嘴街道办事处的人、财、物一切冻结，不允许突击提干、突击花钱和弄虚作假。这次区划调整工作，要争取在 4 月底前完成全部交接工作。

四、为搞好这次区划调整工作，市政府决定成立由民政、财政、人事编制、海洋渔业为牵头单位的四个工作组，具体负责区划调整、债权债务划分、人员安置及海域管理的交接工作，相关区及办事处要密切配合，全力支持。

特此通知。

连云港市人民政府

2005 年 4 月 26 日

市政府关于将灌云县宁海乡划归新浦区管辖的通知
连政发〔2005〕111 号

各县、区人民政府，市各委、办、局，市各直属单位：

接省政府《关于同意调整连云港市部分行政区划的批复）（苏政复〔2005〕37 号），省政府同意，将灌云县宁海乡整建制划归新浦区管辖。

行政区划调整后，新浦区行政区域面积 259.54 平方公里，人口 32.45 万人，辖 6 个街道办事处、1 个镇、3 个乡；灌云县行政区域面积 1834.56 平方公里，人口 104.55 万人，辖 8 个镇、12 个乡。

行政区划调整工作涉及面广，政策性强。新浦区、灌云县和市各有关部门要切实加强领导，周密部署，精心组织实施，妥善处理行政区划调整中涉及的人、财、物等问题，确保平稳过渡，确保经济社会稳定。

特此通知。

连云港市人民政府

2005 年 6 月 13 日

市政府关于调整部分行政区划的通知
连政发〔2008〕26 号

各县、区人民政府，市各委、办、局，市各直属单位：

根据省政府《关于调整连云港市部分行政区划的批复》（苏政复〔2007〕77 号），经研究，同意将东海县浦南镇划归新浦区管辖，并将江苏省国营岗埠农场划入新浦区行政区域。行政区划调整后，新浦区行政区域面积 461.1 平方公里，人口 43.9 万人，辖 6 个街道办事处、2 个镇、3 个乡；东海县行政区域面积

2040.9 平方公里,人口 108.8 万人,辖 13 个镇、8 个乡。

行政区划调整工作涉及面广,政策性强,新浦区、东海县和市有关部门要切实加强领导,周密部署,精心组织实施,妥善处理行政区划调整中涉及的人、财、物等问题,确保平稳过渡,确保社会稳定。

2008 年 2 月 29 日

市政府关于调整部分行政区划的通知
连政发〔2009〕90 号

各县、区人民政府,市各委、办、局,市各直属单位:

根据《省政府关于调整连云港市部分行政区划的批复》(苏政复[2009]47 号),经研究,决定将灌云县板浦镇划归海州区管辖;同意将新浦区宁海乡划归海州区管辖。

行政区划调整后,海州区行政区域面积 282.09 平方公里,人口 22.8 万人,辖 3 个镇、1 个乡、4 个街道办事处;灌云县行政区域面积 1775.25 平方公里,人口 102.53 万人,辖 7 个镇、11 个乡;新浦区行政区域面积 415.19 平方公里,人口 43.78 万人,辖 2 个镇、2 个乡、6 个街道办事处。

行政区划调整工作涉及面广,政策性强,海州区、灌云县、新浦区和市有关部门要切实加强领导,周密部署,精心组织实施,妥善处理行政区划调整中涉及的人、财、物等问题,确保平稳过渡,确保社会稳定。

2009 年 6 月 25 日

中共连云港市委　连云港市人民政府
关于调整部分行政区划的通知
连发〔2014〕19 号

各县区委、人民政府,市委各部委,市各委办局,市各直属单位,驻连部省属单位:

根据《国务院关于同意江苏省调整连云港市部分行政区划的批复》(国函〔2014〕56 号)、《省政府关于调整连云港市部分行政区划的通知》(苏政发〔2014〕64 号)精神,结合我市实际,现就做好部分行政区划调整工作通知如下:

一、调整内容

1. 撤销赣榆县,设立连云港市赣榆区,以原赣榆县的行政区域为赣榆区的行政区域,区人民政府驻青口镇琴岛路 2 号。

2. 撤销新浦区、海州区,设立新的连云港市海州区,以原新浦区、海州区的行政区域为新的海州区的行政区域,区人民政府驻新东街道郁洲北路 9 号。

二、管理范围

1 . 赣榆区管理范围为原赣榆县行政区域。

2. 新的海州区管理范围为原新浦区管理范围和《中共连云港市委办公会议纪要》(2013 年第 5 号)明确的原新浦区代管的朐阳街道、海州街道、洪门街道、幸福路街道 4 个街道办事处范围。

3. 市政府授权连云港高新技术产业园区管委会(南部拓展区指挥部)管理原海州区管理的锦屏镇、板浦镇、新坝镇、宁海街道办事处、海州经济开发区(含黄海机械厂)、锦屏林场。

三、时间安排

2014 年 7 月 8 日完成赣榆区、新的海州区和高新区南部拓展区指挥部挂牌。2014 年 7 月 9 日零时为行政区划调整交接时点。挂牌后 3 个月内机构和人员理顺到位。

各有关县区和部门要进一步统一思想,提高认识,加强领导,周密部署,迅速行动,确保行政区划调整各项工作有力有序开展。要按照"精简、统一、效能"的原则,设置行政区划调整涉及的各类机构,及时勘定涉及的行政区域界线。要严肃政治纪律、组织人事纪律、财经纪律、工作纪律,严格按照国务院"约法三章"要求,不新建政府性楼堂馆所,不增加财政供养人员,不增加"三公"经费。要切实加强舆论宣传引导,高度重视社会稳定工作,努力营造良好的舆论环境和社会环境,确保圆满完成行政区划调整各项工作任务。

中共连云港市委

连云港市人民政府

2014 年 7 月 7 日

(二)新浦区街道设置及区划调整有关文件辑录

江苏省新海连市人民委员会
关于同意新浦区成立街道办事处的批复
新人〔60〕字第 33 号

新浦区人民委员会:

为了加强城市街道工作,经研究同意你区成立东巃、西巃、路南三个街道办事处。

特此批复

1960 年 3 月 10 日

江苏省连云港市人民委员会
关于同意撤销三个办事处的批复
连人陈〔63〕字第115号

新浦区人委:

你区二月十六日新办〔63〕字第6号关于撤销三个办事处的请示报告收悉,经研究同意,特此批复。

江苏省连云港市人民委员会

1963年4月10日

江苏省连云港市革命委员会
关于同意新浦区恢复街道办事处的批复

新浦区革命委员会:

经市委常委会研究同意你区《关于要求恢复街道办事处的请示报告》。

所设三个办事处,每处配备干部五名。由市组织组在现有在职干部中调配。

此复。

江苏省连云港市革命委员会

1971年8月20日

中共新浦区委 新浦区人民政府
关于印发《新浦区行政区划调整实施方案》的通知
新委发〔1999〕11号

各街道办事处,区各部、委、办、局:

经区委、区政府研究决定,现将《新浦区行政区划调整实施方案》印发给你们,望认真组织实施。

中共新浦区委员会

新浦区人民政府

1999年6月20日

新浦区行政区划调整实施方案(节录)

为认真贯彻落实连政复〔1999〕6号《关于调整新浦区行政区划的批复》文件精神,促进新浦区经济建设和各项社会事业协调发展,现结合我区实际情况,根据界址清楚、便于管理、有利发展、相对稳定的原则,制定区划调整实施方案:

一、区划调整后各街道办事处界址、辖区范围

（一）浦东街道办事处，西起南极北路、新新路、沈圩路，北与东海县接壤，南至陇海中路。面积3.2平方公里。管理菜市、陇中、陇东、通灌、建国、陇西、民主、路北、同兴、市化、新市、市民、浦中、沈圩、晨阳、曙光共16个居委会、市机关家属委员会和原沈圩村东部区域，8125户，26470人。

（二）浦西街道办事处，西起盐河北路延伸至原沈圩村西界址，东接南极北路、新新路、沈圩路，北与东海县接壤，南依陇海中路。面积4.5平方公里。管理同和、新和、前河、西桥、民族、双池、通池、新站、新新、后河、芳园共11个居民委员会和原沈圩村西部区域，5054户，14963人。

（三）市东街道办事处，西起大浦河，东接云台区境，北至东海县境，南依陇海东路。面积10.5平方公里。管理车站、站北、新桥、北苑、站中、龙北、新东、市东、浦河东共9个居民委员会，5526户、17597人。

（四）新东街道办事处，北接云台区境，南与海州区接壤，西依原陇海铁路，东接云台区境。面积13.3平方公里。管理艺北、巨龙、龙尾、东风、利民、站南、政通、淮海、云山、外仓、新城、广场、河南庄共13个居民委员会，9550户，45019人。

（五）新南街道办事处，北起朝阳中路，南接海州区境，西依盐河，东临龙尾河。面积4.3平方公里。管理新南一、新南二、新南三、新南四、民建、海南、紫云、延南、海宁、云海、龙河共11个居民委员会和矿专家属委员会，8925户，30252人。

（六）路南街道办事处，北起陇海中路，南至朝阳中路，西依盐河，东临龙尾河。面积1.7平方公里。管理路南、朝阳、扁南、扁北、葵花、向阳、青海、新化、贾圩、新生、新村、公园、浦南、延河、延西、延东共16个居民委员会，9978户，27734人。

（七）新海街道办事处，北起陇海西路，东至盐河，西、南分别与海州区境接壤。面积4.5平方公里。管理幸西、通化、港西、民航、港南、航运、河西、富强、新潮、常乐、镇海、幸福路、大庆路、新孔路、海连路共15个居委会、矿山院家属委员会和原临洪村南部区域，10296户，36846人。

（八）临洪街道办事处，北接东海县境，南至陇海西路，西与海州区接壤，东依盐河北路延伸至原临洪村中部。面积5.5平方公里。管理灌青、电台、新海、新中、浦西、新西、临洪、大成共8个居民委员会和原临洪村北部区域。5763户，18019人。

二、机构设置、编制及人员安排（略）

三、工业和三产企业的划分（略）

四、资产划分（略）

五、办公地点

（一）市东办事处暂时在区政府招待所西小楼办公。

（二）新东办事处在原市东办事处办公。

（三）路南办事处在原路南办事处办公。

（四）新南办事处暂时在南小区管委会办公。

（五）临洪办事处在原临洪办事处办公。

（六）新海办事处暂时在西小区管委会办公。

六、其他相关问题

（一）关于档案处理（略）

（二）关于经济指标分解问题（略）

（三）关于居委会名称

目前，全区居委会大部分都带有“街”字，为了与全国居委会名称统一，居委会带街名称中，“街”字一律去掉。凡更名的居委会由区政府另外行文批复，由所在街道办事处刻制印章。

（四）龙河居委会在朝阳路北侧245户居民划归朝阳居委会，隶属路南办事处管辖。

（五）原路南、市东、临洪街道办事处印章归现路南、市东、临洪街道办事处使用，新南、新东、新海三个办事处印章由区委办、区政府办统一刻制。

（六）户籍调整及增设的临洪公安派出所办公地点问题，由新浦公安分局提出方案报请批准后实施。

（七）沈圩、临洪两个村民委员会撤销及善后工作，待办事处调整完毕后，再制定具体实施方案。

七、组织实施（略）

1999年6月20日

连云港市人民政府关于同意调整新浦区行政区划的批复
连政复〔2002〕32号

新浦区人民政府：

你区《关于调整行政区划的请示》（新政发〔2002〕102号）悉。经研究，现批复如下：

一、同意将浦东街道办事处与市东街道办事处合并设立浦东街道办事处。区划调整后，浦东街道办事处面积13.7平方公里，16154户，52635人，辖15个社区居委会。

二、同意将浦西街道办事处与临洪街道办事处合并设立浦西街道办事处。区划调整后，浦西街道办事处面积10平方公里，13672户，43317人，辖12个社区居委会。

街道办事处区划调整涉及面较广，请你区切实加强对办事处调整工作的领导，精心组织，妥善处理行政区划调整中涉及的人、财、物等问题，并就有关事宜积极与公安、编办等部门搞好协调与配合，确保平稳过渡，维护社会稳定。

连云港市人民政府

2002年11月27日

三、新浦区机构改革文件辑录

中共新浦区委　新浦区人民政府
关于印发《新浦区区级党政群机关机构改革实施意见》的通知
新委发〔2001〕44号

各党委（党组）、直属总支，各乡镇人民政府、各街道办事处，区各部委办局，各群众团体：

《新浦区区级党政群机关机构改革实施意见》已经区委常委会议审议通过，现予印发，请认真贯彻执行。

中共新浦区委员会
新浦区人民政府
2001 年 12 月 24 日

新浦区区级党政群机关机构改革实施意见(节录)

根据《中共连云港市委、连云港市人民政府关于印发〈新浦区机构改革方案〉的通知》(连发〔2001〕34 号)、《关于调整市行政区划的实施意见》(连发〔2001〕47 号)文件精神,为积极稳妥地组织实施工作,保证完成各项改革任务,现提出如下实施意见。

一、区级党政群机关改革的指导思想、工作目标和原则

这次区级党政群机关机构改革的指导思想是:以党的十五大精神为指导,认真贯彻中央、省、市有关机构改革的方案和原则,围绕建立社会主义市场经济体制,加强和改善党的领导,转变政府职能,调整组织机构,精简人员编制,完善运行机制。

改革的目标是:

充分发挥区委总揽全局,协调各方的领导核心作用,建立廉洁高效、运转协调、行为规范的党政群管理体系和运行机制,完善国家公务员制度,建设高素质、专业化的公务员和机关工作人员队伍,逐步建立起适应社会主义市场经济体制的有中国特色的党政群管理体制。

改革的原则是:

(一)坚持加强和改善党的领导,理顺党政群部门之间工作关系的原则。坚持党的领导主要是政治、思想和组织领导原则,加强党委宏观管理职能,简化一般性具体管理事项,减少与政府部门和人民团体重复的业务工作,集中精力搞好党的建设,更好地发挥党委在改革开放和经济发展中的领导核心作用。

(二)坚持转变职能,实现政企、政事、政社分开的原则。按照社会主义市场经济发展的要求,转变政府职能,逐步实现政企分开。把政府的职能切实转变到经济调节、社会管理、公共服务等方面上来,把企业生产经营和投资决策权真正交给企业,把社会可以自我调节与管理的职能交给社会中介组织;切实改革行政审批制度,减少行政审批事项,简化和规范行政审批程序,使政府从大量的微观管理和繁琐的审批事务中解脱出来。进一步改善投资环境,加强基础设施建设,维护市场秩序,加强社会管理和社会保障职能,进一步强化城市管理和社区服务功能,加强城市环境的综合整治,加快发展第三产业,促进经济和社会的全面发展。

(三)坚持精简、统一、效能的原则。要调整组织机构,完善运行机制,精兵简政,优化干部队伍结构,提高行政效率,减轻财政负担。政法系统要加强业务机构,调整和精干其他机构,适度精简人员编制,实行分类管理。

(四)坚持科学界定职能,合理划分事权的原则。按照权责一致的原则,理顺条块以及行政层级之间的关系;合理界定部门之间的职能分工,相同或相近的职能要交由同一部门承担,以克服多头管理、政出多门的弊端。

(五)坚持依法行政,规范管理的原则。加强行政管理的制度化、规范化和法制化建设,逐步实现由行政手段管理转向依法管理;加强机构编制的管理监督,建立机构编制管理与财政预算管理相互配套协调的约束机制。

（六）坚持实事求是，因地制宜的原则。根据中央、省、市关于地方机构改革总的要求，从行政管理的职能任务以及新浦区的产业结构、地域特点、经济与社会发展水平、未来发展趋势出发，因地制宜地推进改革。

法院、检察院机关改革还要坚持依法独立行使审判权、独立行使检察权的原则。按照《中华人民共和国宪法》《中华人民共和国法院组织法》《中华人民共和国检察院组织法》以及其他有关法律规定，通过职能调整，强化审判、检察职能，保障人民法院、人民检察院依法公正、独立地行使审判权、检察权。

二、转变职能

党委部门职能关系的理顺：

（一）按照便于集中统一领导、便于有效开展工作的要求，根据形势和任务的变化，从合理调整职能入手，重新界定并进一步理顺与相关政府部门、人民团体的职责分工、规范本部门与其工作关系。

（二）进一步完善指导、协调、代管、管理等方面的制度和方式，努力提高工作水平和办事效率。

（三）按照改革精神，进一步解决党委各部门之间、部门内设机构之间存在的职能交叉、管理重复的问题。

政府部门的职能转变：

（一）逐步解除政府主管部门与所办经济实体和管理的直属企业的行政隶属关系。政府部门逐步做到不再直接管理企业，不干预企业的经营管理和投资决策，把企业经营自主权真正落实到位。

（二）加强和改善对国有资产的监管。改革、完善国有资产管理机制，建立健全配套的监管制度，加强对国有资产运营的监管，逐步建立国有资产监督、管理、营运相互衔接的管理机制。

（三）积极推进事业单位改革，实现政事、政社分开。从改革管理体制入手，分类分批推进事业单位改革，要合理划分政事界限，个别行政职能确需由事业单位承担的，明确予以授权；要积极培育和规范社会中介组织，未脱钩的中介组织要与政府主管部门脱钩，逐步实现企业化、社会化。

（四）改革行政审批制度，大力减少审批事项。在全面清理的基础上，进一步减少政府及其部门的审批事项，要改进审批方式，规范程序，简化环节，设定时限，提高效率。建立审批检查监督制度和审批责任追究制度。

政法部门职能关系的理顺：

区人民法院、人民检察院机关要以《中华人民共和国宪法》《中华人民共和国法院组织法》《中华人民共和国检察院组织法》为依据，按照新修改的《中华人民共和国刑法》《中华人民共和国刑事诉讼法》的要求，进一步加强并完善法律赋予的审判、检察职能，调整和明晰内设机构的职能配置，解决职责重复、分工不明的问题。

群团部门职能关系的理顺：

根据《工会法》《中国工会章程》《中国共产主义青年团章程》《中华全国妇女联合会章程》行使职能，充分发挥纽带作用，密切党和人民群众的关系。

党委部门理顺职能关系的具体要求：

按照“重点精简内设机构和人员编制”的要求，党委各部门要努力做好内设机构和人员编制的精简工作。要根据职能的调整变化，撤销与当前形势任务不相适应的机构；清理合并分工过细、职能交叉重复机构；部门承担有关专项职能的，可以挂有关机构的牌子，其工作由部门有关内设机构负责，不单独设置专门机构。

政府部门实现职能转变的具体要求：

各部门要在对本部门所承担的全部职能进行综合分析的基础上，明确哪些职能应当下放，哪些职能应当交由市场自行调节，哪些职能应当交由事业单位和社会中介组织承担，哪些职能应当下放给企业，哪些职能应当予以弱化或取消，并在机构改革"三定"方案中予以界定。在转变职能的同时，还要理顺部门之间的关系，合理界定职责分工。要对部门之间的职责交叉和相互扯皮的问题，逐项逐条进行梳理和分析，下决心解决那些职责交叉扯皮的问题。要将相同或相近的职能交由同一个部门承担，克服多头管理、政出多门的弊端；对确需几个部门协调进行的工作，要明确主次关系和各自的职责权限，建立健全必要的协调制度。凡调整、转移的职能，也要以"三定"的形式规定下来。

部门之间的职能界定，要按以下原则进行：凡是上级已明确规定了主管部门的，按上级规定办；上级没有明确规定区里有明确规定的，按区里规定办；上级有关部门意见不一致，区里又没有明确规定的，有关职能交叉部门要从实际出发，相互协调，经协调一致的，在部门"三定"方案中明确，部门意见不一致的，首先由区机构编制委员会办公室进行协调，重大问题报请区委、区政府决定。

三、调整机构

（一）党委部门

区机构编制委员会办公室列区委工作机构序列，挂"区事业单位登记管理局"牌子，与区劳动人事局合署办公。

区信访局改为党委部门管理机构，由区委办公室、区政府办公室共同管理。

区委办公室挂"区委台湾工作办公室"牌子。

区委宣传部挂"区精神文明建设指导委员会办公室"牌子。

区委统一战线工作部挂"区民族宗教事务局"牌子。

不再保留区委办公室机要室、区委保密委员会办公室，组建区委机要保密局，挂"区国家保密工作局"牌子，由区委办公室管理。

保留区委办公室、区委组织部（区级机关工作委员会与其合署办公）、区委宣传部、区委统一战线工作部、区委政法委员会（区社会治安综合治理委员会办公室与其合署办公）。

保留区委老干部局，仍由区委组织部管理。

经上述调整，党委部门设：

1. 区纪律检查委员会机关（区监察局与其合署办公）。

2. 工作机构5个，即：

区委办公室（挂"区委台湾工作办公室"牌子）、区委组织部（区级机关工作委员会与其合署办公）、区委宣传部（挂"区精神文明建设指导委员会办公室"牌子）、区委统一战线工作部（挂"区民族宗教事务局"牌子）、区委政法委员会（区社会治安综合治理委员会办公室与其合署办公）、区机构编制委员会办公室（挂"区事业单位登记管理局"牌子，与区劳动人事局合署办公，不计机构个数）。

3. 部门管理机构3个：

区委老干部局、区信访局、区委机要保密局（挂"区国家保密工作局"牌子）。

上述机构中，区委工作机构均为正科级建制；部门管理机构中，区委老干部局、区信访局为正科级建制，区委机要保密局为副科级建制。

区委党校、区档案馆(局)机构维持现状。

(二) 政府部门

1. 综合经济部门

区计划局更名为区发展计划局,挂“区第三产业领导小组办公室”牌子。

保留区财政局,挂“区国有资产管理办公室”牌子,不再挂“区国有资产管理局”牌子。

2. 专业经济部门

区对外经济贸易局更名为区对外贸易经济合作局。

不再保留区经济局、区贸易局,组建区经济贸易局,挂“区乡镇企业管理局”、“区经济体制改革委员会办公室”牌子。在区经济贸易局内设安全生产监督管理局。

因区划调整,根据连编〔2001〕36 号文件精神,增设区农林水利局、区粮食局。

由原云台区划入的区供销总社维持现状。

3. 执法监管部门

保留区城市管理局。

保留区环境保护局。

4. 社会管理和政务部门

区国土资源管理局改为市国土资源管理局的派出机构。

区民族宗教事务局在区委统一战线工作部挂牌。

保留区政府办公室、区教育局、区科学技术局、区监察局(与区纪律检查委员会机关合署办公)、区民政局、区司法局、区劳动人事局、区建设局、区文化局、区卫生局、区计划生育局、区审计局、区统计局。

将区劳动人事局的安全生产监督职能划入区经济贸易局,由其内设的安全生产监督管理局承担。

5. 其他机构

将原区经济技术协作办公室的经济协作职能、原区对外经济贸易局的对外招商职能合并,组建区招商局,为区政府直属事业局。

组建陇海步行街管理委员会办公室,为区政府直属事业机构。

组建区拆迁安置办公室,为区政府直属事业机构。

区老龄工作委员会办公室设在区民政局。

保留区人民防空办公室,为区政府直属事业机构。

因区划调整,根据连编〔2001〕36 号文件精神,增设区旅游局、区农业资源开发办公室,为区政府直属事业机构。

经上述调整,区政府工作部门由 21 个调整为 20 个(区监察局与区纪律检查委员会机关合署办公,列入区政府工作机构序列,不计政府机构个数),即:

区政府办公室、区发展计划局(挂“区第三产业领导小组办公室”牌子)、区经济贸易局(挂“区经济体制改革委员会办公室”、“区乡镇企业管理局”牌子)、区教育局、区科学技术局、区监察局(与区纪律检查委员会机关合署办公)、区民政局、区司法局、区财政局(挂“区国有资产管理办公室”牌子)、区劳动人事局(区机构编制委员会办公室与其合署办公)、区建设局、区城市管理局、区农林水利局、区对外贸易经济合作局、区文化局、区卫生局(挂“区爱国卫生运动委员会办公室”牌子)、区计划生育局、区审计局、区统计局、区环境保护局、区粮食局。

此外，设置直属事业机构6个，即：

区招商局、区旅游局、区陇海步行街管理委员会办公室、区拆迁安置办公室、区人民防空办公室、区农业资源开发办公室。

上述机构中，区政府工作部门均为正科级建制；区政府直属事业机构中，区招商局、区旅游局、区陇海步行街管理委员会办公室、区拆迁安置办公室、区人民防空办公室为正科级建制，区农业资源开发办公室为副科级建制。

区委、区政府各部门还要精简和调整内设机构，精简比例一般不低于15%（司法机关内设机构精简10%）。基本原则是：职能交叉的内设机构要坚决裁并；减少机关自身服务的股室，对非业务股室要进行综合设置；职能相近或工作量不大的内设机构，要尽量进行归并；非常设机构一般不单独设立专门的办事机构，具体工作可由有关部门的职能股室承担。

四、精简编制和人员分流（略）

五、组织实施工作的具体操作（略）

六、关于区级党政群机关机构改革的“三定”工作。（略）

七、实施步骤和时间安排（略）

中共新浦区委关于改建街道党组织机构的决定
新委发〔2004〕21号

各乡镇、街道党委，区各部委办局院场社，各群团组织，各有关单位：

为进一步加强我区街道社区党的建设，充分发挥党组织在社区各项建设中的政治核心作用，更好地调动各方面参与社区建设的合力，根据《中国共产党章程》的有关规定和《中共连云港市委、连云港市人民政府关于加强社区建设的若干意见》（连发〔2001〕10号）的要求，经研究决定，将全区党的街道委员会改建为区委街道工作委员会，为区委的派出机构，具体名称为“中共新浦区委××街道工作委员会”；将全区街道纪委改建为区纪委街道工作委员会，为区纪委的派出机构，具体名称为“中共新浦区纪委××街道工作委员会”

中共新浦区委员会

2004年7月13日

中共新浦区委　新浦区人民政府
关于印发《新浦区人民政府机构改革实施意见》的通知
新委发〔2010〕5号

各乡镇党委、街道党工委，乡镇人民政府、街道办事处，区委各部委，区各办局院场社，各群团组织，各有关单位：

《新浦区人民政府机构改革实施意见》已经区委、区政府同意，现印发给你们，请认真贯彻执行。

中共新浦区委员会

新浦区人民政府

2010年1月29日

新浦区人民政府机构改革实施意见

根据《中共连云港市委、连云港市人民政府关于印发〈新浦区人民政府机构改革方案〉的通知》（连发〔2010〕9号）精神，为积极稳妥地做好区政府机构改革工作，全面完成各项改革任务，现提出如下实施意见。

一、机构改革的指导思想和基本原则

（一）指导思想

高举中国特色社会主义伟大旗帜，以邓小平理论和“三个代表”重要思想为指导，深入贯彻落实科学发展观，坚持以人为本、执政为民，着力解决制约地方经济社会发展的突出矛盾和问题，以转变政府职能为核心，按照精简统一效能的原则，进一步理顺职责关系，明确和强化责任，优化政府组织结构，规范机构设置，完善管理体制和运行机制，推进依法行政，提高行政效能，逐步做到权贵一致、分工合理、决策科学、执行顺畅、监督有力，为实现新浦区科学发展、跨越发展提供体制机制保障。

（二）基本原则

1. 突出重点。以转变政府职能为核心，明确政府的职责重点，完善行政管理体制和运行机制。

2. 上下衔接。积极探索实行职能有机统一的大部门体制，职能调整和机构设置与市政府机构改革相衔接。

3. 因地制宜。从实际出发，部分机构根据新浦经济社会发展状况设置，构建适应新浦发展要求的行政管理体制。

4. 循序渐进。按照到2020年建立比较完善的行政管理体制的目标，积极稳妥，循序渐进，处理好改革发展稳定的关系，做到长远目标与阶段性目标相结合、全面推进与重点突破相结合，统筹规划，稳妥实施。

二、机构改革的主要任务

（一）转变政府职能

按照政企分开、政资分开、政事分开、政府与市场中介组织分开的要求，把不该由政府管理的事项转移出去，进一步下放管理权限，深化行政审批制度改革，减少行政许可，从制度上更好地发挥市场在资源配置中的基础性作用，更好地发挥公民和社会组织在社会事务管理中的作用。

结合新浦实际，在全面履行职责的基础上，突出管理和服务重点，确保党的路线、方针、政策和国家法律法规的有效实施。加强对全区经济社会事务的统筹协调，更加注重社会管理和公共服务，着力解决民生问题，强化执行和执法监管职责，增强处置突发公共事件和社会治安综合治理的能力。

改进直接面向基层和群众“窗口”机构的服务与管理，健全办事制度，公开办事依据，简化办事程序，转变管理方式和作风，提高政府服务水平和公信力。

（二）理顺职责关系

结合区政府各部门“三定”工作，对交叉重复的职能进行梳理，切实解决部门职责交叉和关系不顺的问题。逐步建立和完善部门间协调配合机制,形成工作合力。

(三)明确和强化责任

把明确和强化责任作为区政府机构改革的重要内容。按照权贵一致、有权必有贵的要求,通过定职责、定机构、定编制,在赋予部门职权的同时,明确其相应承担的责任。推进政务公开、绩效考评、行政问责,强化责任追究,切实解决权贵脱节的问题。

(四)优化组织结构

1. 组建区经济信息化与发展改革局。将区发展和改革局的职责、区经济贸易局内贸管理以外的职责,整合划入区经济信息化与发展改革局,挂区中小企业局牌子。不再保留区发展和改革局、区经济贸易局。不再保留区第三产业领导小组办公室、区乡镇企业管理局牌子。

2. 组建区住房和城乡建设局。将区建设局的职责、区拆迁安置办公室的职责、区科学技术局防震减灾的职责,整合划入区住房和城乡建设局,挂区地震局牌子。不再保留区建设局、区拆迁安置办公室。

3. 组建区商务尾。将区经济贸易局内贸管理的职责、区对夕卡贸易经济合作局的职责、区投资促进局的职责、区粮食局的职责,整合划入区商务局,挂区粮食局牌子。不再保留区对外贸易经济合作局、区投资促进局、区粮食局。

4. 组建区文化体育旅游局。将区文化局的职责、区旅游局的职责,整合划入区文化体育旅游局,挂区文物局牌子。不再保留区文化局、区旅游局。

5. 区劳动人事局更名为区人力资源和社会保障局。与区劳动人事局合署办公的区机构编制委员会办公室单独设置,列区委机构序列,既是区委工作机构,又是区政府工作机构。

6. 整合卫生和食品药品监督管理的职责,在区卫生局挂区食品药品监督管理局牌子。不再保留区爱国卫生运动委员会办公室牌子。

7. 将区人民防空办公室的职责划入区政府办公室,挂区政庭外事与侨务办公室、区政府法制办公室、区人民防空办公室牌子。不再保留区人民防空办公室。

8. 区老龄工作委员会办公室的具体工作由区民政局承担。不再保留区老龄工俭委员会杰公室。

9. 将区基层财政管理局的职责划入区财政局,挂区政府国有资产监督管理办公室牌子。不再保留区基层财政管理局。

10. 将区经济责任审计局的职责划入区审计局。不再保留区经济责任审计局。

11. 将区农业资源开发办公室的职责划入区农林水利局,挂区农业资源开发局、区农业机械管理局牌子。不再保留区农业资源开发办公室。

全面清理议事协调机构。撤销工作任务已完成的议事协调机构。对确需设立的议事协调机构,严格按照规定程序进行审批,不单独设置实体性办事机构,不单独核定人员编制和领导职数。

区政府机构改革后,设置工作部门19个(详见附表)。

(五)完善管理体制

根据新浦区经济社会发展的需要,进一步理顺区、乡(镇)政府之间的事权关系,明确区、乡(镇)政府的职责和权限。按照财力与事权相匹配的原则,科学配置乡(镇)政府的财力,增强乡(镇)政府提供公共服务的能力。进一步扩大乡(镇)政府自主权,增强乡(镇)经济发展的活力和实力。

进一步理理顺和明确垂直管理部门与地方政府权贵关系,建立健全配合制约机制,严格执法监管。

(六)严格控制机构编制

严格控制机构数量,不突破中央规定的政府机构限额。对自行设置的机构进行调整归并,不得在限额外设立承担行政职能的事业单位,对已经设立的承担行政职能的事业单位要进行清理归并,逐步解决行政职能体外循环的问题。对人员编制实行总量控制,确保改革后不突破市委、市政府核定的行政编制总额。同一层级内,根据职能的调整,对人员编制实行动态管理,进一步优化结构。严格按照规定核定政府工作部门及内设机构领导职数。

严格执行机构编制审批程序,加强对机构编制规定执行情况的监督检查,对违反规定的要认真查处,限期纠正。采取有力措施切实解决党政机关人员超编问题。建立健全机构编制管理与组织、人力资源、财政预算管理的配合制约机制,积极实施党政领导干部"三责联审"制度,建立机构编制考核评估和责任追究制度,严格执行机构编制实名制管理制度。严禁上级业务部门干预下级机构设置和编制配备。

三、机构改革的组织实施

这次改革分两类情况开展组织实施工作:

(一)新组建的机构

区经济信息化与发展改革局、区住房和城乡建设局、区商务局、区文化体育旅游局由分管区长召集新组建机构和相关部门负责人共同研究组建方案,并制定具体的工作计划,按照"人随职能走"的原则,由区编办制定新组建机构的人员编制调剂方案,报区编委同意后,按照调剂方案将相关机构、编制及人员合并到新机构中,在此基础上,由新机构领导班子根据精简效能的原则制定上报"三定"规定草案。

(二)更名、改变机构性质和保留的机构

由该机构领导班子负责本部门"三定"规定草案的研究制定和上报工作。

不再保留的机构,其下属单位、固有资产、离退休干部等随职能划归相关机构管理。

四、关于"三定"工作

(一)"三定"工作的范围和程序

区政府各部门定职责、定内设机构、定人员编制和领导职数的"三定"工作,是机构改革的重要内容。这次机构改革确定的区政府工作部门,要按照有关要求做好本部门的"三定"工作。

在"三定"工作中,区政府各部门要根据这次机构改革的精神,对职责进行梳理和分解,提出职能转变、内设机构设置和人员编制配备的初步设想,研究形成本部门"三定"规定草案,经与区编办沟通并修改后,正式上报区编委。"三定"规定经区编办审核、区编委审定后,由区政府审批。

(二)"三定"规定草案的内容

"三定"规定草案主要内容包括:职责调整,即提出新增、取消和加强的职责;主要职责,即全面、准确地提出本部门的主要职责;内设机构,即提出部门内设机构的数量、名称和职责;人员编制,即提出本机关行政编制和部门、内设机构两级领导职数;其他事项,即需要特别说明的事项;附则。

(三)"三定"工作的具体要求

1. 定职责。一是坚持以职能转变为核心,准确界定部门职能。要按照政企分开、政资分开、政事分开、政府与市场中介组织分开的原则,对本部门承担的职能进行认真梳理和分析,该取消的取消,该下放的下放,该转移的转移,该加强的加强。新增、取消和加强的职能原则上与市级对口部门相对应,同时做好市级对口部门下放职能的承接工作,通过制定和完善"三定"规定,切实把职能转变的要求落到实处。二是按照权责一致的原则配置部门职能,做到有权必有责、权力与责任对等,避免权责脱节。三是按照上下衔接的原则,合理界定本部门的职责权限。要认真分析研究目前本部门与相关部门存在的职责交叉事项，坚持一件事情原则上由一个部门负责，确需多个部门协助管理的事项，要明确牵头部门，分清主次责任，建立健全部门间的协调配合机制，着力理顺部门职责关系，切实解决职责交叉、推诿扯皮问题。各部门在上报“三定”规定草案前，对部门之间职责划分有异议或存在相互交叉的职责，要主动与相关部门沟通协商，部门之间协商达成一致意见的，在上报的“三定”规定草案，“其他事项”中予以明确；部门协商未解决的，由区编办进行协调，取得一致意见后在“三定”规定草案中予以明确；区编办协调后仍未能取得一致意见的，请区委、区政府分管领导协调；意见仍不一致的，报请区委、区政府决定。

2. 定内设机构。按照精简统一效能的原则，综合设置部门内设机构。这次改革，职能没有变化的部门，原则上维持原有的内设机构数量；因职能强化、任务增加需设立机构的，通过整合机构、撤一建一等办法解决；相关部门合并共同组建新机构的，内设机构要全面整合；不允许部门内部设立两个以上处室与市级部门的一个处室相对应；不设3人以下的处室。按照议事协调机构不设置实体性办事机构的要求，议事协调机构的办事机构不设置为业务处室，其日常工作由相关业务处室承担。区政府各工作部门的内设机构均为正股级。

3. 定人员编制。对人员编制实行总量控制，区政府行政编制总数不突破改革前的规模，区政府工作部门不得使用事业编制，职能没有变化的部门，原则上维持现有编制数不变；职能弱化的部门编制适当精简；职能强化、工作任务增加的部门，要通过合理调整、整合内部资源、创新体制机制等办法解决编制紧缺问题；组建新机构和部门之间调整职能的，按照“人随事走、切块划转”的原则，人员编制随职能划转，计入新部门基数后再按照精简的原则重新核定。部门领导职数按照规定配备；内设机构领导职数从紧核定。

五、实施步骤和时间安排

机构改革工作关系改革发展稳定大局，涉及部门职能的调整和干部的切身利益，必须统筹规划，稳步推进。区政府机构改革工作于今年2月底前基本完成。具体实施步骤和时间安排为：

（一）机构改革实施意见出台后，各部门要迅速组织传达学习，领会文件精神，提高对机构改革重要意义的认识，用半个月左右的时间，制定和上报“三定”规定草案。

（二）区编办对各部门“三定”规定草案进行审核，经区编委审定后，由区政府审批。

（三）“三定”规定批复下达后，各部门抓紧组织实施，完成职能调整、内设机构整合、人员定编定岗等工作。

“三定”规定实施一段时间后，区编办组织力量进行检查验收，总结改革的成绩和经验，对违反政策规定的做法予以纠正。

六、加强对改革工作的领导

政府机构改革是党中央、国务院部署的一项重要工作，各部门要切实加强领导，明确专门人员，周密部署，精心组织，规范操作，积极稳妥地实施机构改革方案。区纪委、区委组织部、区编办、区财政局、区审计局、区人力资源和社会保障局、区档案局等部门要各负其责，相互配合，做好相关职能、机构、编制、人员、资产、档案的划转工作。要加强思想政治工作，严肃各项改革纪律，严禁超编进入，禁止突击提拔干部，严防固有资产流失，保持各项工作正常运转，确保机构改革顺利进行。

附件:新浦区人民政府机构设置

区政府办公室
区经济信息化与发展改革局
区教育局
区科学技术局
区监察局
区民政局
区司法局
区财政局
区人力资源和社会保障局
区环境保护局
区住房和城乡建设局
区城市管理局
区农林水利局
区商务局
区文化体育旅游局
区卫生局
区人口和计划生育局
区审计局
区安全生产监督管理局
区统计局

说明:

新浦区人民政府设置工作部门19个。区监察局与区纪律检查委员会机关合署办公,列入区政府工作部门序列,不计政府机构个数;区政府办公室挂区政府外事与侨务办公室、区政府法制办公室、区人民防空办公室牌子;区经济信息化与发展改革局挂区中小企业局牌子;区科学技术局挂区知识产权局牌子;区财政局挂区政府固有资产监督管理办公室牌子;区住房和城乡建设局挂区地震局牌子;区农林水利局挂区农业资源开发局、区农业机械管理局牌子;区商务局挂区粮食局牌子;区文化体育旅游局挂区文物局牌子;区卫生局挂区食品药品监督管理局牌子。

四、记 考

(一)海州甲子河记

清·嘉庆九年海州知州唐仲冕

中河旧引盐闸清流,经安东莞渎至武障、项冲,受六塘河而北汇板浦,为场河。又自板浦历卞家浦过孔望山,出州东北,为新浦。皆鹾运所经,工归纲贾。自孔望山至州城七八里,崖岸荦确,舟楫不通,城无市廛,米薪缺乏。余奉命来牧,衿耆王志鳌辈以开渠请余。惟海邦瘠苦,昨岁创建石室书院,率民钱已不资,安敢复兴工作,重劳吾民。环而请者敦迫再四,始议董劝。州凡四十八镇,度河之兴,于东南诸镇为尤便。及建议期会,西北冈阜之乡,争先麇至,则夫濒川带阓、较称殷赈者,概可知矣。余乃躬为植,虑事庀材,而属衿耆分治方土。以前督建书院之士绅张锡、乙上英、王振其、王从爱综其财用,稽其功绪。东自新浦口,西达城东门,计长一千一丈六尺有奇,广以六丈为率,深者自七八尺至丈四五尺,为方三万三千五百有三。总论方、记日之夫,高高下下,堑岩、填谷、庳潴、掀淖之力,畚绠缶、木薄铁石之具,与夫算胥、巡隶饩廪、犒劳,凡用钱七千七百五十一缗,造桥、辟坞、立步之费皆在其中。卒不罢而财不匮,五旬而成,不愆于素。是役也,适当淮河之间,酾导纷纭,场河亦大加疏浚。方虑发征罕集,蒇事无期,而四郊农氓不呼自赴,释耒挥锸,云簇星奔,不妨麦秋之时,不忧水潦之降。命之曰“甲子河”,且以名桥者,纪天行、重民力也。夫十干、十二支相配,穷六十为一元,而始于阏逢困敦。此州十年已来,潮渐北徙。故恬风渡最险恶,已成平陆。朐山以东,郁洲以西,得沙田数千顷,更涉一纪,地尽可耕。石室诸生,蒸蒸向学,耕者丰于野,学者献于廷,其必自今河成之岁始矣。虽然,涟河塞而青伊湖乃东溢矣;六塘堤不修而大伊山南皆巨浸矣。涟通潮易淤，当设水门提闳之；六塘有南北二河堤，逶迤数百千丈，沟漱防淫，费累巨万。且盐闸迁，清流弱，中河每借润于黄水。沙停河浅，辄泛民田。民与商争蓄泄，无岁无之。凡此皆守土者所宜熟筹也，岂特兹河哉？是为记。

（二）从古海州志辨新浦之初四疑

韩世泳

新浦——连云港市的政治、经济、文化、信息中心，这个崛起于古海州版图上的新兴城市，历史很短，至今不足200年。按理说，像这样年轻的城市，历史应该是很清楚的。而事实并非如此。由于它“问世”之后，特别是它的最初形成发育阶段，正遇了上清末民初的动荡年代，无人为其写史、修志。因此，关于新浦初期的一些基本情况，无论是报刊文章，还是民间传说，都是各有一说，给人们带来了一些疑题。近几年，我在参与编修新浦区志过程中，为了搞清这些问题，查阅了一些资料，从几部古海州志，特别是《嘉庆海州直隶州志》中发现了许多很有价值的资料。下面我把从古海州志中所受到的启示和由此形成的几点粗浅看法，归纳为四个方面，就教于各位专家。

一、“新浦”原意辨

如今“新浦”是地名，已毫无异议。一提新浦，大家就知道是指连云港市的中心市区。但是，对“新浦”一词的原意是什么，解释并不一致：一说是“新的水滨”，一说是一条小河，一说是“河流入海口”，一说是地名。为什么会有这么多解释呢？我认为，这里边有一个对古海州地区所谓“浦”的特定含义的理解问题。因此，要弄清“新浦”一词原意，必须先搞清古海属地区“浦”的原意。

从各种辞书上看，“浦”字除作姓氏用之外，还有“濒也”、“水边或河流入海的地方”“水源枝注江海边曰浦”“大水有小口别道曰浦”等几种解释。古海属地区之“浦”指的是哪一种？对照一下古海州几部志书关于“浦”的载述，我认为，古海属地区的“浦”就是指那些把“大水”引向“小口”而“别通”的小水渠。

《辞海》说，所谓“大水”是指“平原出水，言水不入土，而出于地，非涌泉出也。”在平原上“非涌泉出”“出于地而又不入土”的水，就是天上降下的雨水所形成的遍地流淌的洪水。“浦”不就是指那些将洪水汇集起来，通过一些“小口”通入大江、大海的一条条小河道嘛！这是从字义上理解的。我们现在再来看看古海州志中记述的“东海诸浦”的特征，问题就更清楚了。

第一，《隆庆海州志》、《康熙海州志》、《嘉庆海州直隶州志》都把“浦”列于山川卷“海州诸水”中加以载述。特别是《嘉庆海州直隶州志》把大村温水河也放在“浦”一起记述，并在“温水河”条下特意加上“此河为小水，故次于东海诸浦之间”的按语。

第二，从古海州志对“东海诸浦”的注释看，古海州地区的所谓“浦”有四个特征：一是“上无源头”，二是“下通海潮”，三是“便渔舟盐舶”，四是相当一部分经过了人工疏浚加工。如《嘉庆海州直隶州志》载：“社林浦，长十五里，阔三丈，深五尺”；“栖云浦，长五里，阔三丈，深七尺”；“台浦，长五里，阔三丈。岸有石墩如台”等。

从以上两方面，我们可以清楚地看出，古海州之“浦”，实际上就是指沿海滩地上那些无正式源泉的、季节性向海里排泄洪水的各自独立的小水系。而后经盐工、渔民加工，成了运盐河道和渔船停泊避风之处。

古海州沿海滩地上为什么会有这些独立的小水系呢？这是海州海岸不断变迁的结果。据海州志记载,古代海州城离海边很近。可到了"明万历六年(1578年)至清咸丰五年(1855年)这277年间,由于黄河全部走苏北入海,泥沙骤增"(《连云港港志》),使苏北海岸发生了巨大变化。大量泥沙的淤垫,使海岸迅速向海州古城东北方向迁徙。原来在大海中的云台山,在这期间逐渐离海归陆。在其周边现出了大片大片的海滩。夏秋大雨季节,洪水漫流,顺势汇集由低洼地带入海。久而久之,这些汇集洪水入海的低洼地带,由于不断受洪水的洗刷和海潮冲淘,越来越深、越来越宽,自然形成了一条条"上无源头"、"下通海潮"的小水系。随着时间的推移,海滩变成了新盐滩,成了人们晒盐、捕鱼的场所,这一条条小水系又得到了疏浚加工。便成了具有上述明显特征的"东海诸浦"。

海岸的不断迁徙,使这些通称"浦"的小水系的下游不断延伸,使其保持"下通海潮"的功能。"新浦"就是在这种过程中产生的。古城海州东南方的海岸,原在现板浦以南。由于大海北徒,出现了"板浦"。后经修浚使板浦河和运盐河正式沟通成为"场河",至"板浦口"(即现板浦镇一带)入海。后"板浦口"以下淤塞为海滩,出现了"卞家浦",经人工挑疏,运盐河又经板浦、卞家浦从卞河口入海。后当卞河口以北又淤成滩地时,从卞河口至孔望山东北处的大海边,又形成了一条小水系,因出现于板浦、卞家浦之后,时人称之为"新浦"(因此河流经朐山脚下,当地人又叫朐山河)。"新浦口"为其入海口。经盐商捐资疏浚,新浦河又成了整个运盐河下游的新河段。"新浦口"理所当然地成了运盐河的人海口。这就是《嘉庆海州直隶州志》所载海州《甲子河记》所说的"中河……北汇板浦,为场河。又自板浦历卞家浦过孔望山,出州东北,为新浦,皆鹾运所经"的"新浦"。由此可见,"新浦"与东海诸浦一样,原是在古海州海岸变迁过程中形成的"上无源头,下通海潮,便渔舟盐舶"的小河流的名称。其入海口——"新浦口"才是当初的地点名称。现在新浦这个地名,应是由"新浦口"简化而来的,而不是"新浦"河名的沿用。

二、新浦初位辨

新浦这个地方,是不是一开始就在现在新浦市区这一带?还是在什么地方?在一些材料中,说法也不一。有的说,当初"新浦"在"卞家浦北,州城以东的地方";有的说,在"现在东海富安至大浦闸一段河口。"哪种说法确切呢?我认为,前种说法比较确切。可以具体地说,作为地方名称的"新浦口",起初就在孔望山东北部,现玉带河与西盐河交汇处的工农桥和玉带河闸附近。因为《嘉庆海州直隶州志》收录的海州《甲子河记》,为我们提供了具体依据:

第一,《甲子河记》说"新浦口"是新浦河的入海口,也是甲子河与运盐河(现西盐河)的接头处。这和玉带河又有什么关系呢?因为,玉带河借用了甲子河下游河道。按古州志记载,海州玉带河原在海州城内"自城东马家汪至西水关"。后州牧孙明忠曾改蔷薇河为玉带河。现在的玉带河是近代开挖的,分东西两段。我们这里所说的是1956年重新开挖的从新海电厂附近至西盐河的西玉带河,它是沟通蔷薇河和运盐河的重要河道。它的走向是从新海电厂北向东,经海州城东北角的城河口、网疃庄、小赵庄至孔望山西麓折向北,在孔望山东北处与西盐河接通,交接处建有工农桥。而在这段河道中,从海州东门外的小赵庄东北,至与西盐河交汇处这一段,正是借用了原海州甲子河的一段河道。甲子河是出城东门,沿护城河向北,在城河口附近折向东,经后网疃庄、小赵庄一带到"新浦口"。现在海州东门外城河口向东的后网疃、小赵庄一带,仍可见当年甲子河故迹。因此,现孔望山东北处玉带河和西盐河交汇口一带,应是当年"新浦口"的所在地。

第二,《甲子河记》说,"自孔望山至州城七八里,崖岸荦确,舟楫不通"。又说,新开挖的甲子河"东自新浦口,西达城东门,计长一千一丈六尺有奇",约合3.3公里。这和玉带河闸至海州东门的距离基本相当。

第三,《嘉庆海州直隶州志》在记述海州甲子河时写道,“嘉庆九年五月,阖州士民率钱开渠,自东门而北,径城河而东,至孔望山东,接朐山河,达于板浦”。甲子河开挖年代,正是知州唐仲冕主修《嘉庆海州直隶州志》之时。《甲子河记》是唐知州利用在率众开挖甲子河过程中所得的第一手资料亲自撰写、当即人志的,资料是真实可靠的。

由此我们可以看出,新浦一地最初的位置应是在现孔望山东北处的玉带河闸一带,而不是在其它地方。

当然,从“新浦”这个小河名称,是当时人和一些形成较早的“老”浦相比而称呼的这一点看,别的地方也可能有叫“新浦”的小河流,甚至其人海口也叫“新浦口”。水利专家武同举所著的《江苏水利全书》中就说“(海州)城之西北也有新浦,亦有运盐河”。[《江苏水利全书》(二)》卷二十三]。但这里所说的“新浦”和我们现在的新浦应该说是两码事。

三、新浦年龄辨

新浦这个地方的历史究竟有多长?这是对新浦初期基本情况认识不够一致的第三个问题。多数同志认为新浦历史很短,至今不足200年。可有些同志持不同意见,却说连云港市海、古、神、幽,闻名遐迩,“与新浦相距不远的海州、花果山阿育王塔、赣榆徐福村历史相当悠久。新浦年龄从何算起?值得研究。”这实际上也是涉及到当初“新浦口”一带是如何形成的问题。

研究任何一个地方的历史,都离不开对其周围环境变化的分析。新浦的出现、兴起与古海州海岸变化密切相关。在这个方面古海州志书也为我们提供了宝贵的资料。

根据古海州志记载,早在公元前20世纪前后的夏商时代,海州就属徐州。到秦始皇统一中国后,这里就设置了朐县。因“朐山压海口”,州城临大海,至东魏武定七年(549年)改为海州。

海州得名于海,海州变化也在于海。刘洪石、张传藻两位同志10多年前曾写过一篇题为《从出土文物探讨连云港附近距今6000~2500年间海岸位置兼论明、清以来云台山成陆原因》的论文,指出古海州一带曾几经沧桑。在“五六千年以前,锦屏山和大村的先民们是来往相通的。从锦屏山到中云台、南云台,并没有海洋的阻隔”。而后,由于宇宙变化多种因素,古海州一带海平面迅速上升。“到秦汉时代整个云台山完全被海水包围”,“锦屏山的前沿也受到上涨中的海水威胁”。“直至清初海州城东仍为海浸,云台山孤立海中”。后来因为黄河决口夺淮从苏北入海,引起了海州海岸的快速变化,以至又出现了清康熙四十至五十年间(1701~1711年),云台山和海州之间逐渐沙淤成陆的现象。古海州志书关于这方面的记载也很多。如乾隆三十七年的《云台山志》说:“康熙十六年,漕运总督帅颜保奏仍复云台山为内地时,山在海中,……康熙四十年后海涨沙淤,渡口渐塞,至五十年忽成陆地,直抵山下”;道光十六年谢元淮总修、许乔林纂辑的《云台新志》说,云台山“自古在大海中,康熙庚寅(康熙四十九年)辛卯(康熙五十年)间海涨沙淤,始通陆地”。再如1923年吴铁秋所著《苍梧片影》也说,“康熙四十年辛巳以后,可望不可及的神山,一旦成为平地。”但所有这些都只是说,自清康熙四十至五十年间,云台山和海州海岸之间,开始有陆地相连,并没有说明先从哪一段连起,连接有多大片场。而事实上,现今新浦这一带,其时不但没有“一旦成为平地”,而且到距今200多年前,仍是古海州的近海区。《嘉庆海州直隶州志》收录的康熙四十九年淮安知府姚陶写的《登云台山记》就可证明。记曰,“庚寅夏,余以赈饥至海州,念海屿民困尤甚,携帑金自海州恬风渡渡海,甫登舟,暴风作,舟人不敢渡。余曰:‘饥民枵腹待赈,奈何不行?’遂扬帆。至中流,风益甚,篷索尽断,大桅忽折,声震若雷,一舟皆惊,无复人色。山下观者飞舟来救。余笑曰：‘刺史固无恙也’。易小舟，到山下，入凤凰城，即南城也。”“‘恬风度’旧名黑风口。广二十里”（《江南通志》）。黑风口，也就是现在海州区锦屏镇范庄村的黑风口。据此记，我们可以看出，直到康熙四十九年（1710 年），海州东门外的黑风口，到南云台山西南角的南城之间，依然是惊涛骇浪的险恶海面。渡口又明明竖有“舟中人众休争渡，海上风高且暂停”的警示牌，而姚知府还冒险从此渡海登凤凰山，很可能就是因为当时海州东北部与凤凰山之间，尚无旱路可走。

另外，从古海州内河变化情况来看，到康熙五十四年（1715 年）因板浦口以下淤塞，海潮不通，向北新开了卞家浦。到了“嘉庆三年（1798 年）淮北盐商以卞家浦海戽淤垫，捐挑戽河”（《江苏水利全书》）。盐商捐资清淤疏浚的河道就是“新浦”。至此，新浦及其入海处——新浦口，方才“问世”。这说明，直到嘉庆初，黑风口至孔望山东北一带，才逐渐脱离大海。而嘉庆九年唐仲冕在《甲子河记》中说，“此州十年来，潮渐北徙。故恬风渡最险恶，已成平陆，朐山以东，郁州以西，得沙田数千顷。”则更清楚地告诉我们，从乾隆五十九年（1794 年）到嘉庆九年（1804 年）期间，古恬风渡及其附近大片大片海域，才真正成为陆地。现在我们生活的新浦这一带，也才随之成为陆地。

新浦这一带，为什么到这时候才海退成陆呢？我们看一看新浦周边的地势就一目了然了。

东南面的灌云县：地面标高，西部为 3～3.5 米，局部条岭地为 5～20 米；东部为 2～2.5 米，局部 2 米以下。

西面的东海县：西部是丘陵地带，标高为 30～100 米；中部为平原坡地，标高为 5～7 米；东部一般为 2～5 米。

西北面的赣榆县：其北部、西部地势高亢，标高为 150～250 米；东部、南部地势低洼，标高为 10～3 米之间。

东北面的云台区：和新浦接壤的云台山西侧，为河网密布的冲积平原，标高为 2～3 米。

海州和新浦之间的地势，总的趋势是，海州高，新浦低。海州城内一般标高为 5～6 米，城内东南角最高，在 20 米上下。海州城向北、向东逐渐低洼，到现在幸福路大转盘、临洪滩一带标高为 3.5 米左右。过了西盐河，即现在新浦市区，更是越向东南越低洼。唯王巷一带较高，标高在 3.5 米左右。而现在的新浦东小区、南小区、新浦农场、直到海州的黑风口一带，标高只有 2.5～3 米左右。1970 年新浦地区发洪水、到处一片汪洋，火车站向东都已划了船，而王巷附近却没有上水，原因也就在这里。

从以上可以看出，新浦地势最低洼。因此，在整个古海州海岸变迁过程中，新浦地区比周边地区“出世”都迟得多，直到“恬风古渡白沙平”，才随之沧海桑田，也是情理之中的事了。

所以，要计算当今新浦的年龄，最多是从开挖新浦河，有了“新浦口”的嘉庆三年（1798 年）算起，至今也不足 200 年。至于以后随着海岸变迁，新浦口逐渐移位到今天新浦民主路、前后河一带，那历史就更短了。因此，新浦这个地方，与早在梁天监十一年（512 年）就建城的海州，与地处赣榆北部高地的徐福村，以及与建于北宋天圣元年（1023 年）的花果山阿育王塔都无法相比。

四、新浦与独树浦辨

新浦与独树浦，是不是一回事，这是又一个需要辨别的问题。

“新浦”原叫“独树浦”的说法直到目前，在人们中仍然很有影响。说实在的，以前我也相信此说。1985 年，当时新海区和青海省哇玉香卡农场，在新浦盐河桥头合资兴建一座综合性商贸大楼时（即现在海云贸易大厦），我就曾建议这座建筑叫“独树浦大厦”。

长期以来，人们为什么把新浦说成是独树浦泥？从一些传说和有关材料看，依据就是新浦原是盐碱地，什么树也不长，唯独西艛头有一株百年老榆树。

其实，这是一种偶然的误会，我们只要研究一下古海州志的有关记载，就可明了新浦和独树浦完全不是一回事。

首先，从形成的时间上看：

明代《隆庆海州志》有这样一些记载："蔷薇河……东流至洪门坝及独树浦下海"；"独树浦桥……永乐五年建。"永乐五年，即公元1407年，可见桥下之"浦"形成更早。

《嘉庆海州直隶州志》在记载"洪门堰坝"时写道："元季王信攻张士诚，围海州，决此堰，移盐仓于独树浦，坝遂废。"据《明史》记载，张士诚是于元至正二十三年（1363年）九月重新自立为"吴王"，其兵力"北逾徐州"，屯兵于海州沭阳一带的元将王信，攻打张士诚部应是在这期间。

按此记载，独树浦至少在630多年前就已出现了，比我们现在的新浦市区要早400多年。

其次，从地理位置来看，新浦与独树浦也相距甚远。《隆庆海州志》说："独树浦桥在州北八里"。《隆庆海州志》"海州总图"中，在城池北标有"渎树浦墩"（《释名》注："渎独也。"）。根据这些记载，以及海州蔷薇河变迁走势等情况分析，当初的"独树浦"可能就在原海州火车站北的范庄一带。很明显这和位于海州城东北的"新浦"及其孔望山东北处的入海口——新浦口，不是一个地方。

再次，从各自所属的水系看，"独树浦"是海州西部蔷薇河的下游，早在元代即为蔷薇河的入海通道；而"新浦"则是海州东南运盐河的下游，在清嘉庆初年为盐河的出海通道，直到后来随着大海迁徙，盐河和蔷薇河同时顺势延伸，"新浦口"移位到如今新浦市区这里时，新浦这个地方才形成这种既"为运河尾闾"，又"据蔷薇河下游南岸"的特殊地理位置。

至于"独树浦"名称来源，是否因当初只有一棵树而得名，无从考证。而现在新浦西艛头确有一棵百年老榆树。在原先只长盐蒿、白花草，直到20世纪50年代初海潮还直达后河底的情况下，西艛头能孤零零地活下这么一棵榆树，实为一大奇迹。但是，我们不能因此而认为"新浦"原叫"独树浦"。

（三）港城第一个飞机场在海州杨圩的考证

首轮新修地方志期间出版的《连云港市志》（方志出版社2000年6月第1版）、《新浦区志》（方志出版社2000年8月第1版）中记述连云港市（古称海州）第一个飞机场建在新浦城区东南郊东风大厦（今称天晴大厦）附近。事后有人提出质疑，认为连云港市第一个飞机场应该是建在海州城东北角的杨圩飞机场。为搞清此事，笔者在于2004年年底、2005年年初，在新浦、海州、大村等地拜访、请教10多位八、九十岁的老人。老人们亲目所睹、亲耳所闻、亲身经历的大量事实证明，连云港市的第一个飞机场的确不在新浦，而是在海州城东北角的杨圩。

一、中国航空公司从蒋鼎文手中买下"杨圩"建海州机场

时年90岁的海州人杨维英老师说，建机场的那片地，在海州古城东北角，原是海州城里杨家的盐圩子。盐田废后成为草滩地。后被海州驻军国民党军队第十二师师长蒋鼎文买去。民国22年（1933），中国航空公司就是从蒋鼎文手里买下这片地建机场的。

当时，飞机场设施极简单，房子很少。飞机也很小，就落在平地上，没有像现在这样的跑道。

二、刘士浏老人亲眼见到杨圩建机场

杨圩在海州古城东北郊，即今德邦化肥股份有限公司（原市化肥厂）一带。祖辈居住于此的老人刘士浏,亲眼见到这里建机场。

刘士浏,出生于1923年。他说,小时就到东边一点的杨圩那里去放牛。10岁那年,那里建飞机场,开始还让我们放牛,飞机场不大,也就200多亩地。四边挑了沟。东边、北边、南边的沟有20米宽,西边圩沟有约10米宽。飞机场上有两三间平房。机场西是好几排营房,营房四个角上,都有个大碉堡。

那时候,飞机场看管也不严。飞机来了,我们都去看。飞机颜色是绿珍珍的,也不大,没下来几个人。事变前(指1937年7月7日"卢沟桥事变")还来过飞机。飞机上下来的都不是军人,有次还下来几个女的,都是外国人。有人还从圆铁盒里抽出烟给看飞机人,拿糖块给我们小孩吃。日本鬼子占领后,也用这个飞机场。鬼子投降后,这个飞机场还来过飞机。

三、中国航空公司"海州电台"设在海州城里葛家大院内

2005年春,时年80岁的海州人葛维珍老师告诉笔者,他七、八岁时,中国航空公司建海州机场,公司就租用他家(坐落于海州城内东大街磨盘巷内)的西家院正厅4间、西厅3间作为办公用房。正厅4间分别为经理室、营业室和经理卧室;西厅为机房和职员宿舍。机房外间摆着无线电收发报机,里间放着小发电机。职员就是两个电报员和一个叫杨揆武的机械工。杨揆武是山西人,五短身材,络腮胡子,擅长武功。负责给飞机检修、加水、加油。当时,电报员除负责收发电报、维修外,还兼卖飞机票。机场建好后,来飞机时,杨先生还带他去看过。飞机场在海州城东北的杨圩。机场上只有几间平房,房子前竖着一根漆成红白相间的旗杆子,旗杆顶是测风向用的长筒型布袋。飞机是绿色,不大,单引擎,双层翼。起飞时,还得靠人用摇把发动。

中国航空公司海州电台驻海州城内葛家西院约两年,后来才搬到新浦第一池西旁的东亚旅社里。

四、众多老人都去过杨圩看飞机

在调查过程中,徐晓非(海州人,时年91岁)、高振远(新浦人,时年85岁)、史善武(新浦人,时年82岁)等很多老人都说,当年去过新浦西盐河西的南杨圩—海州杨圩飞机场看飞机。家住新浦新新路的高振远老人回忆说,我十四五岁时,老师带我们去参观飞机场,还顺路去了孔望山。记得第一次见到飞机时,同学们都说"神奇,真是今古奇观!"那时,新浦街上的大商户及盐务上人,都到那坐飞机上上海。当初飞机没有固定时间,都是提前登报预订机票。

(原文刊于《连云港史志》2008年第四期。作者孟涵。本志录用有所删节。)

(四)地名考

临洪滩 在新浦城区方圆近50平方千米的区域内,绝大部分地区,成陆至今仅200余年,而其西郊的临洪滩,即现在新洪社区一带,却比它要早好几百年,成为新浦这块年轻土地上的"老寿星"。

临洪滩和新浦市区仅西盐河一河之隔,为什么前后会有几百年之差呢?这是由特殊因素形成的。

临洪滩原为古海州城北郊沿海地带。它的形成与古海州水系变化有着密切关系。

古海州境内有两大水系:一曰游水,一曰沭水。游水,即涟河,早已淤垫。沭水进入海州沭阳境后,分为两支,其北一支流向东海县。沿途"与各湖(即青伊、桑墟等湖)混合,出旧涟河。……涟河湮废后,乃改道由蔷薇河出临洪口入海"(武同举:《两轩剩语》)。蔷薇河源于州西北百里之羽山。经州城西一里许,到州北独树浦时,与南来的石湫河汇合。旧时州南境内之水多汇于石湫河,经蔷薇河下游入海。蔷薇河下游直通大海,洪水滔天,又曰临洪河,其入海口叫"临洪口"。当初,临洪口在原海州火车站偏东一带(如今位于赣榆三洋港外的临洪口,则是在后来几百年的大海东徙过程中形成的)。由于临洪河为上游多条河道汇集入海的总渠道,故水势特别凶猛,并夹带大量泥沙入海。泥沙入海时受海潮捧托,在临洪口外逐渐淤垫成滩地,且不断拓展。于是,在州北形成了一大片新滩涂。因在临洪口外,故称之为“临洪滩”。

临洪场 临洪滩一带的盐业生产历史很久。据《二十五史》《金史·食货志》载,金大定年间,即南宋高宗绍兴三十一年至孝宗淳熙十六年(1161~1189年)间,海州已有临洪场,与板浦场、独木场同为海州三大盐场。到元代,临洪场又与莞渎场、板浦场、徐渎场同为海州四大盐场。元世祖至元三十年(1293)已在此置盐使司,配盐场司令。到明洪武元年(1368年)更设置了临洪场盐课司(《隆庆海州志》)。可见,早在800多年前,已有了临洪场。

古海州有两个临洪:一个在赣榆县南部大沙河南岸(即今东海县黄川乡);一个在州城北十里左右。那么,这个临洪场是哪个临洪呢?从以下三方面看,可以认定是在州城北十里左右,即今新浦西郊的临洪滩。第一,《嘉靖盐法志》载,临洪场“……北界赣榆,南抵新坝,广若干里,袤若干里”。很明显,临洪场在赣榆县境南。第二,《隆庆海州志》说“临洪场盐课司去州北一十里”。这与今天新浦西郊临洪滩到海州城的距离,基本相当。第三,据《嘉庆海州直隶州志》记载,在州北临洪滩建临洪盐场时,赣榆县临洪一带尚无盐场。直到明嘉靖年间(1522~1566),因海迁,原在海州城南120里地惠泽乡的天赐场,才“整建制”地搬迁到赣榆县,更名为兴庄场。到清雍正六年(1728),因临洪口北徙,临洪场盐业生产受到严重影响,调整盐场区划时将临洪场与兴庄场合并,定名“临兴场”,设盐课司于赣榆小河口。此后,该场几经变化,至1933年迁署于赣榆青口,便成了“青口盐场”。

古时临洪滩,不仅是海州的重要产盐基地,而且是州北盐运要地。据当地一些八、九十岁的老人回忆,以前西盐河上,即现在新浦盐河桥偏南一点地方,有一条汊河直通临洪滩。河面很宽,五条桅大船畅通无阻。码头就在原临洪村招待所、今临洪经济发展公司驻地的西南角。那里有盐廪、盐店。附近圩下的盐都驳运到这里储存、装上大船通过盐河南运。直到清末临洪场报废,这条河才逐渐淤塞消失。

临洪镇 临洪场的设立,给荒漠的临洪滩注入了生机和活力,随着盐业生产的发展,围绕盐的生产、运输、灶民生活、盐官享用等需求,各种手工业、服务业逐步兴起。这里很快成了穷人栖息谋生场所和商贾牟利宝地。在州城北便出现了一个新的人口聚居点。而古海州有“民聚数十家而为镇”的习俗。这里自然就成了古海州北路一镇——“临洪镇”。

临洪镇形成于何年,无确切记载。《隆庆海州志》只记载“临洪镇,在州北七里临洪场”,没记成镇年代。而对临洪场盐课司设置时间,却明确记载为“洪武元年”(1368)。这是什么原因?原来,古今之镇不同。古代的镇不是一级政权机构。只是有一定规模的居民区的传统称呼。因为那时一般“镇设老人二人,以勾摄游徼。大镇倍之”,“择老成晓事者役”。也就是在当地找两个有威望、能为大家办事的人来干这差事。他们不是朝廷衙门委派的,是“不在编”的。用今天话说,就是一种居民自治组织,是为防盗,求一方平安的群众联防组织形式。因此,古州志中所载诸镇,均只记方位、田亩等,未记始设年代。而盐课司则不同,它是朝廷设立的、“编制内”的机构,盐官皆为朝廷命官。因此,记载翔实。

但是,从古海州志的有关记载中,仍可以作一些探索:一是,从始修于嘉靖元年(1522)的《隆庆海州志》已有州北临洪镇记载看,临洪镇得名最少也有近500年历史。第二,如按“民聚数十家而为镇”而言，那州北临洪镇的形成，很可能还要早得多。因为自金大定年间设临洪盐场后，灶户不断增加。特别是元世祖至元三十年置场官、明洪武元年设盐课司，说明这里的盐业生产、运销已逐步形成一定规模，在临洪滩以盐场官署为中心，“民聚数十家”当是可能的。如是说，那临洪镇很可能得名于明初，或更早一些，距今就有六、七百年了。

新浦口　新浦问世，是大海东徙的结果。200多年前，云台山在大海之中，如今新浦区城区这几十平方公里的土地，和云台山下大片土地一样，为东海（今黄海）鱼虾栖息繁衍之安乐窝。地壳运动等诸多因素使得东海不断东移。到清乾嘉年间，大海已向东北方退至古海州城东孔望山的东北角。使原来作为运盐河入海口的卞河口（在今宁海乡境内）逐渐失去了海盐转运功能。在这同一时期，因雨水流淌、海潮冲刷等原因，在卞河口下游、朐山脚下，逐渐形成了一条新的小河道——新浦（当地人称“朐山河”）。到嘉庆初，新浦已成为运盐河的入海河道。但因是自然形成的河道，河道弯曲且狭窄，盐船运行不便。于是，嘉庆三年（1798），盐商们便捐资疏浚、拓宽新浦河，并将它在孔望山东北角（今玉带河桥附近）的入海处定名为“新浦口”。“新浦口”这个地名从此问世。

新浦镇　“新浦庄”位居蔷薇河和运盐河这两条河的入海处，漕运便利，又靠近古海属地区政治、经济、文化中心的海州城。这种优越的区位，对各路商贾产生了强大的吸引力。到光绪初年，虽海道益东，而新浦庄为河流环绕，潮河（蔷薇河下游，因随海涨潮，通称潮河）、盐河中民船聚集，除运盐外，还兼运小麦、杂粮，商贸活动开始活跃。庄上已有小杂货店数家、代客买卖之土产行（栈）十多家。在其东部靠近海口的地方（今东艞外一带），还驻有“东海营”兵。到了光绪中期，前河（现市化路身底）内樯帆不断，既有往南运盐船只，更有从运河沿岸而来的运输粮食、土产的商船。粮行、土产行在前河沿岸应运而生。前河北岸初步形成街市—老大街（今民主中路一段）；后河（今后河路身底）两岸更是货栈毗邻，成为粮油土产和水产品、水果等交易场所。也成了渔民、船民的生产基地。“新浦庄”已因形成商贸集镇而被称为“新浦镇”。于是，“新浦镇”这个名字，便被叫开了。当然，这时的“新浦镇”还没有正式被列为古海州的一个建制镇，只是人们视其商贸发达、人口聚居程度而言的。直到光绪二十二年（1896）海州人相才编纂的《朐阳纪略》，在其记述的海州五十四镇中，仍无“新浦镇”。

马　艞　老新浦人们习惯说法，把龙尾河以东、原新浦农场一带，统称为“马艞”。此处不少单位也都以此命名，如马艞村、马艞大队、马艞分场、马艞小学等。这里为什么叫“马艞”呢？

大约90多年前，海州刘顶附近小马庄农民马开贵领着一家人，逃荒到新浦龙尾河畔，就在河西岸的艞头，搭个丁头舍子住下，专门为过往行人、船只看艞。靠大家给点钱或粮食维持生活。马家父子为人忠厚、勤快，待人热情。不管是春夏秋冬，白天黑夜，也不管是下雨下雪，从不误人事。后来，他家又在艞头摆了个小摊子，卖点应时瓜果梨枣、茶水之类的。慢慢地马家的丁头舍子就成了过往行人的歇脚地。这座无名木艞，也因姓马的老人看守，而被公称为“马艞”。久而久之，“马艞”也就成了这一带的泛指地名。东边来的人认为到了“马艞”也就是到了新浦。

后来，马开贵一家三代，看守此艞，一看就是几十年。

解放后，马艞一带发生了翻天覆地的变化。昔日遍地盐碱荒滩，满目凄凉寥落。如今已是楼房林立、道路宽敞，一片欣欣向荣景象。以龙河广场为中心而建的华联商厦、外贸大厦、振兴大厦、中国银行

连云港分行大厦、市保险公司大厦、邮电大厦、新银双厦、气象台等高层建筑拔地而起，今日之马뮤，已经成了港城新兴的商贸金融中心和交通中心，更成了展示现代化港城形象的一个重要窗口。

过去马家三代看守的那座古老的木䑸，早已不复存在。一座现代化的瀛洲桥已出现在它的旧址南侧。然而，屹立在龙尾河东岸瀛洲桥南侧的地名碑上，深刻着的“马䑸”二字仍然引人注目。

沈 圩 新浦城区北部、大浦河以北地区名叫沈圩。这里为什么叫“沈圩”呢？

据当地一些近90高龄的老人回忆，一百多年前，这里是一片盐田，原为东海富安刘姓几家所有。到了清朝末年，因大海东去太远，这里大部分滩地无法再晒盐，灶民们生活越来越苦。就在这时，刘家见盐财难发，便把“引子”（即花钱从官府办来的晒盐许可证）卖给了外地人。后来，这里渐渐变成了草滩，分别被海州、东海、赣榆几家地主买去，相应形成了几个村落。如现在沈圩路两边的地，为海州沈云沛家所有，佃户们住的地方叫“沈圩庄”。赣榆许鼎霖家占有两处：一处在现市康复医院一带。因许家在此开“翠泰槽坊”，叫“翠泰庄”；一处在现茅口水厂一带，叫“茅口庄”。富安刘家的地靠近河口，叫“河头庄”。解放前，这里的几个庄子各叫各的，各自为政。没有统一的地名。尽管在这4个自然村落的51户人家，260多口人、近227公顷地中，沈家的庄子占16户、近百人，和近107公顷地，都占大头，是“老大”，沈云沛其时在晚清王朝中官位显赫，但“沈圩庄”只能是“沈圩庄”，替代不了许、刘两家的庄子。“沈圩”真正成为这一带地名统称，是新中国建立以后的事。

在早，这一带与新浦市区之间，隔着一条大河。解放前这儿与富安、太平庄、浦南同为东海县第一区。直到解放初，仍属东海县浦西区富安镇。

1952年，从东海县划归新海连市海州区管辖。次年秋，又划归新浦的盐河区临洪乡。其时，正值全市开展首次区、乡基层选举工作，便把这儿沈圩庄、翠泰庄、茅口庄、河头庄4个自然村合并为一个行政村，以“沈圩”命名，叫“沈圩村”。从此，“沈圩”才成为新浦北郊农村的正式地名。

尽管“沈圩”地名依旧，如今已却面貌大变了。昔日的破落村落，已成为市、区两级政府重点开发地区。东陇海铁路新海绕行线从这里穿过，新火车站—连云港站、新浦汽车总站、市邮电大楼、石油公司、郁洲公园等均早已在此建成投入使用。人民东路和市区景观大道—盐河北路也已开通。新开发的住宅小区，一个个拔地而起。沈圩已成为连云港市的新兴交通枢纽和商贸区。

贾 圩 在新浦区路南街道有条“贾圩街”（现“贾圩社区”），在其附近龙尾河上的那座桥叫“贾圩桥”。这里地处海连中路与通灌路交会点，高楼林立，商店毗邻，为新浦的新兴商贸服务中心之一。新浦的老年人，乃至东边云台山根的老年人，仍把这一带统称为“贾圩”。

这里原来是一片裁废的盐滩，荒无人烟。清朝末年，新浦老大街逐渐兴盛时，这里便成了从东南方向来新浦赶集市的人们必经之地。久而久之，荒草滩上便被人们踩出了一条通往新浦老大街的小路。

民国2年（1913）白宝山部队进驻新浦。他手下有个叫贾从龙的排长，为了把家眷安到新浦，就在这儿路边盖几间茅草屋落了户。接着，从赣榆来新浦谋生的工艺木匠陈钟义和一个姓杨的木工，也在此自建茅屋安身。贾、陈、杨三家落户后，陆续又有姓胡、姓滕、姓魏几家，来此定居。到1925年，陇海铁路从庄北穿过后，此地很快增加到了几十户人家。

其间，由于战争不断，民不聊生，常有盗贼到新浦强抢财物。这里也是东南一带盗贼进新浦街的马脚地。日子稍微好过一点的人家，也不时受到危害。时有结伙盗贼，半夜撞入民宅“架财神”，将人家主要成员“架”走，捆绑起来，用烟熏火燎逼着人家拿钱或首饰一类值钱东西赎人。闹得家家不安，人人心惊。

为了过个安稳的日，大家商量一下，各家拿点钱，找人在住处外围挑沟。因东靠龙尾河，北有铁路，就在关键的南边和西边，挑出深沟，挑沟挖出的土堆在沟里沿，南边沟中间搭有一座木籬，以便夜晚防守。这样，原来很散的聚居地，就形成了外有沟，里有圩的“圩子”。因来这里居住最早也最有势的是贾从龙贾排长，人们便称此地为“贾圩”。从此“贾圩”的名字便喊开了，以至一直流传沿用至今。

许大圩　许大圩，是新浦开发较早的地段之一，泛指现在大浦河南边至后河路一大片。宽、长均约200多米。

据传100多年前，这片土地随着临洪河北徙成陆后，很快便成了人们安身立命之地。隔河相对的东海县富安的李学远一家老弟兄4个首先来此落户，这一带便成了李氏兄弟的地盘。

谁知，这时海州沈家一个姓丁的管事人，看中了这块风水宝地。他暗中来此步了步，便到海州衙门里申报去，说这片地是他丁家的。眼看自己占的地要给人抢走，谁能咽下这口气！李氏弟兄便去找自己的亲戚赣榆许鼎霖许大人告状。许鼎霖与沈云沛同是朝廷命官，交情非同一般，便从中调停。沈家得知此事后，也不愿因此伤了两下和气，便向手下人发了话，姓丁的也就不再作此心想了。

事是平息了，可李氏弟兄总还担心日后难保住这片地，一合计，干脆把小圩沟（现在后河路身底）以北一大片圩地送给许家，自己只留下沟北一溜够住够用的地方。从此，这里大片地便成了许家的，许家还正式委派一个姓赵的管理这片地产，“许大圩”的名字也就喊开了。

许大圩地理环境优越，很快就成了新浦商埠的北大门。到20世纪初，这里不仅是渔民、船民的生活基地，人们还在它东北部的临洪河沿岸建了不少简易码头。特别是其东边大巷口子直对的码头（原市木工厂身底），和西边的西码头（原市造纸厂身底），为新浦商埠主要对外码头。许大圩渡口（今新新路与陇中路交汇处）码头，也常有船只停靠。随着水上运输业的发展，一些商家来到许大圩经商贸易。到20世纪20～30年代，这里已有10多家商行、货栈。使许大圩这块不毛之地好热闹了一阵。

后来随着河道变更，环境的变化，许大圩失去了原来的地理优势和繁荣景象。慢慢地变成了一个聚居区。

洋桥巷　“洋桥巷”，在新浦曾是一个叫得很响的地名，至今还广为人用。然而，现在无论是从新浦街巷名牌上，还是从地名录中，都找不到“洋桥巷”3个字。

“洋桥巷”就是现在南极北路的新浦区人民医院门前那段南至解放中路、北至民主中路的一段。这一小段南极路过去为什么叫“洋桥巷”？这与新浦的发展密切相关。

新浦这个地方，原是海退成陆的，域内沟河遍布，为海河运输要地。特别是市区中有一条东西向河道，因其沟通龙尾河与西盐河，成了不可多得的市内运输河道。因它北边还有一条东西向河，当地人便称这条河为“前河”。当初，海潮也直进前河，几十吨的货船畅通无阻。前河北岸满布简易码头，往来船只川流不息。海河运输发展，带动了新浦的商贸流通，市井繁荣，并在前河北不远地带，已形成一条基本与前河平行的街市——新浦大街。

随着“大街”的发展，前河以南也逐渐被开发起来。光绪三十一年（1905），赣榆人、实业家许鼎霖在这里兴办了海丰面粉公司和赣丰油饼公司，还建了生活区（即现解放中路南侧汇金广场、中央国际和连云港军分区后勤部招待所一带)。海丰面粉公司和赣丰油饼公司运输原料多用船从蔷薇河上运来。转运原料和产品的车辆都要从前河上木桥通过,前河上原有木桥明显不适应需用。海丰面粉公司便出资改造这座桥。改造后的桥为拱形、木结构,桥面有丈把宽。两边设有铁护栏,既坚固,又气派,很“洋”气。老百姓便称它叫“洋桥”。洋桥两头很快形成了一段小街市,也因洋桥而得名“洋桥巷”。洋桥巷占有紧靠新浦商贸中心老大街和顺应新浦发展、拓展商贸区域需要的地利天时,沿街生意十分红火。民国初年竟成为新浦最繁华地段。由于一些倒爷经常出没于此,倒换“洋钱”(银元),此巷又被戏称为“洋钱巷”。

后来,由于海域东移,前河逐渐淤塞。1938 年,“洋桥”被日本侵略军飞机炸毁,洋桥巷便失去了昔日辉煌。解放后,这段路被统一命名为南极路。“洋桥巷”的名字,便只留在一些老人的记忆和口传之中了。

大街一中山路一民主路 200 年前,新浦一带成陆后,渐有人烟。在经历了数十年的以制盐、捕鱼为主的阶段后,又因海远盐田废,盐田变草滩,人们便又利用这里既紧靠古城海州,又位居蔷薇、临洪河出海口,水陆交通便利的优越条件,在沟通盐河和龙尾河的前河(今市化路身底)北岸,择高处搭棚建房,开商店、饭店、客找,圈地设货栈,为渔民、客商、过往行人提供购物、食宿、存货方便,从中谋利为生。到光绪初年,前河北岸已初步形成一条丈把(四、五米)宽的街市。这在那原是一片荒滩的新浦大地上,可算是够大的街面了。因此,往来的人都称其为新浦大街。到光绪二十八年(1902),新浦天后宫建成后,新浦商贸业日渐兴盛,“大街”的名字叫得更响了。

1911 年,孙中山领导的辛亥革命,推翻了清政府。次年,建立中华民国。民国 15 年(1926),为纪念孙中山逝世一周年,东海县国民政府将新浦最繁华的大街,铺成砂石路面,定名“中山路”。20 世纪 20 年代末、30 年代初,新浦大街出现了自己发展史上第一个黄金时代,中山路延长成了三段:东艞至天后宫东侧的大庙巷(今市民路)称“中山东路”(也称“东大街”);大庙巷至洋桥巷(现南极路)称“中山中路”(也称“中大街”),洋桥巷至西艞称“中山西路”(也称“西大街”)。沿街商店也都大兴土木,把原来泥巴墙、茅草屋,推倒重建为突显民国年间建筑风格的楼房,并有了电灯、电话。生意兴旺,世面繁荣,时有“苏北小上海”之称。

1948 年 11 月 7 日,新浦解放。不久,中山路更名为“民主路”。并将西艞桥定名“民主桥”,东艞桥定名为“龙尾桥”。现在,民主桥与龙尾桥之间,称“民主中路”;龙尾桥以东段,称“民主东路”;民主桥以西段,称“民主西路”。

后街一建国路 在大街兴起的同时,其北不远处也相应形成了一条规模稍小但很繁荣的街市。因位于大街之北,人们都称它为“后街”,也就是现在的建国路。

初期,后街上主要是草行、粮行、八鲜行之类的经营场所。新浦刚开发时,用地随便,人们在这一带圈块地,四周用树棒一钉,留个门,就可开行。因此,后街住家不多,街两旁房屋也较少。后街虽然总体是东西走向,但又不全是和大街平行的,东段两街距离明显大于西段。

到清末民初,后街上人家渐多,很多行、栈“转业”,变成了工厂、学校、戏院用地。普爱小学、普益小学、新新舞台、更新舞台等,都建在后街。后来,国民党东海县党部也一度设在后街上。在 20 世纪 20 年代中后期至 30 年代中期,后街已成了新浦的教育、文化活动比较活跃的地方。

后街何时定名为“建国路”的,尚未见到文字记载。但从一些资料看,早在解放前就已称“建国路”。如1946年5月26日的《苏报·海州版》一版已登有“礼合汽车行”地址:“新浦建国路六五号”“永安汽车行”地址:“新浦建国路一三九号”之类广告。再如,1948年夏秋,东海县商会召开一届三次代表会议前,各同业公会登记的会员花名册《东海县粮食输出业同业公会会员名册》中,也有玉泰行、永昌和、永记行、义源商行等12家在“店址”栏目下填写为“新浦建国路”。据此分析,新浦后街定名为“建国路”,很可能是民国初年的事,最迟也是在抗战胜利的1945年。

新浦解放后,人民政府在开展地名工作时,保留了“建国路”之名。不过,已经给它赋予了人民当家作主建设新中国的崭新意义了。

南马路一中正路一解放路 解放前,新浦最宽敞的路就是现在的解放中路(南极路至龙尾河段)。因其在老大街的南边,路又比老大街宽,人们都称它为“南马路”或“大马路”。

1925年,陇海铁路铺到新浦,并在龙尾河东岸设新浦火车站。随火车来的旅客和各类货物,都要沿龙尾河东岸北行,经东海桥(今龙尾桥)进大街。由于新浦的发展,铁路来客、来货数量迅速增加,新浦筑一条沟通火车站与新浦市区的道路,愈来愈显得需要,并纳入了新浦建设议题。2003年5月20日,在解放东路扩建工地、距和平桥东40米地段、地面以下1.2米处,挖出的一个民国22年(1933)所设“国家一等水准点”就说明,当时在火车站与新浦街市之间,架桥、铺路之事的前期准备工作已经展开。20世纪30年代初,在龙尾河上东篪南约200米处(今市第一人民医院中间偏南一点),新架一座长26米、宽可通一辆汽车的7孔木桥,时称“车站桥”(此桥于1957年拆除),开辟了火车站进大街的新通道。桥西的一段“新生路”还铺成了石板路面。桥两头路旁开起了很多客栈、饭店,成了新浦一个新的热闹点。后因日本发动侵华战争,修路之事便被搁置。

1939年3月,新浦沦陷后,日本鬼子把新浦视作其掠夺海属地区资源和运送物资,扩大侵华战争的要地。出于侵华战争需要,于民国31(1942)在紧靠火车站的龙尾河上新架了一座木桥(今和平桥前身)。民国33年(1944),日本侵略军为了加紧掠夺和运送兵力,挽回侵华战争的败局,又从龙尾河新木桥处起,向西抢开一条25米宽的大路,直通洋桥巷南首(今南极北路)处。龙尾河至海昌里(今海昌路)处一段,还铺成了乱石层路面。这就是“南马路”的来历。

日寇投降后,新浦的南马路一直没有什么变化。只是到1947年,蒋介石过六十岁时,各地都忙着给其六十大寿献礼。国民党东海县党部实在没有什么好献,便把南马路稍加整修,把本是大街东篪外路段的路名——中正路冠为此路之名,作为向蒋介石六十大寿的献礼,还举行了献路仪式。从此,南马路便正式称作“中正路”了。

1948年11月7日,新浦解放。人民政府将“中正路”更名为“解放路”,并组织机关、团体、学校、驻军一起动手,将解放路向西延建,跨过西盐河(1949年年底解放桥建成),直达临洪滩,和老新海路连接。宽全部为25米,沙土路面。1952年,改造解放路跨龙尾河的木桥,并定名为“和平桥”。如今的解放路长3967米、宽33米,水泥混凝土路面。为新浦地区主干道之一,也是连云港市的一条繁华的商业街。

海昌路 海昌路,是新浦一条南北向的主干道。这条路为什么叫海昌路呢?追其根由,它源于民国年间新浦的一处建筑物——海昌里。

过去,新浦人喜欢把一些大的院落的整体建筑称为“里”,“海昌里”就是这么叫的。

海昌里,是在新浦做生意的郭海山建造的。郭海山老家沭阳,到上海谋生期间,拜上海滩的黄金龙为师。后受上海一商行委托运货到新浦做鸦片生意,并与驻军第五师师长白宝山结拜成结。后来,他自己在新浦开商行,贩卖鸦片发了横财。到民国10年(1921)前后,郭海山便在新浦天后宫东买下大街与前河之间的一块地皮,兴建楼房。他同时盖了两个宅院。东一宅,四面均为两层楼房,南北楼各为7间。南北楼之间是各为8间的东西两排楼房,后沿与南北楼山墙齐。南北长约50余米。院子中间又有一楼,楼下有过道沟通南北两个小院,楼上均有外走廊相互通连。西一宅,东、南、北三面为两层楼,西为平房,中为院落。楼房南北长度与东一宅相同。两座宅院建筑物都是中式起脊,砖面墙体,仿西式风格。而具体样式,又有别于同时期的其他仿西式风格的建筑物。

东西两宅楼房的沿街墙体、墙角、门窗及其拐角均对称,墙面装饰十分讲究,大方美观。两宅楼的内部,四梁八柱、结构坚实。全部木楼板、木走廊、精镟木栏杆。楼上楼下各自分开。两院内南北各设一公用梯口,走廊为一整体。两边南楼朝南面向前河的一面,也建造了外走廊。楼板、檐板、走廊栏杆、梯道扶手,一律漆为紫红色。整个楼房一派古色古香。

两个宅院北通大街,南濒前河,两楼之间又留有一条近10米宽的路道。因此,楼房一经落成,沿街门面便都被人租出去开店。楼上全部为郭海山自用:东宅楼上,他自开"中央旅社";西宅楼上,开了"海昌书寓"。这"海昌书寓",说是"书寓",却与"书"毫不搭边,实质是个妓院。

郭海山为了自己的事业越来越昌盛,便将这两个宅院起名"海昌里"。两宅中间的道路也因此被人们称作了"海昌巷"。当时,海昌巷北通大街,南临前河,过艞可到河南岸。地理位置十分优越。加之北有老大街带动,南有前河上的流动客户,生意很好做。到新浦解放前夕,在这里经营的店号主要有:中英大药房、德平书店、新光大电料行、三宝银楼、味芳楼、丁实之镶牙馆、兴昌利钟表店、义兴杂货店、杨姓洗衣店、周源兴裁缝铺、刘姓理发店等近20家。

解放后,"海昌里"两个楼院为市房产部门接管,东宅院内为政府机关用房,西宅楼上租给百姓居住。楼下依然出租给人开店。随着城区向南扩展,海昌巷也向南延伸,成为了新浦市区一条主干道,定名为"海昌路"。

改革开放后,新浦旧城改造步伐加快。20世纪90年代末,海昌里的西宅院连同附近其他老建筑物被拆除,建了一座四层整体建筑物——昌旺购物中心;其东宅院也相继拆除,建成了现代建筑国大商厦。海昌路原不足10米宽的"海昌巷"段,也扩建成为30米宽的路道。

南极路 和海昌路一样,南极路也是新浦三条纵向道路之一。

这条路为什么起这个名字呢?不少人不理解,甚至有的人说,这名字不好,让人一听就不寒而怵。把它和地球上的"南极"联系了起来。其实,新浦的南极路与地球上的"南极"毫无关系,它是新浦这个地方发展史上的一个阶段性的产物,反过来,它也记载了新浦的一个发展阶段地域实情。

新浦,自天后宫建成日渐兴旺,成为苏北鲁南一个重要的物资集散地,但直到20世纪20年代,他的地域并不大。当时,被称作"新浦街"的范围也就是东起东艞(今龙尾桥)、西至西艞(今天池牌楼处);北自后潮河(今沈圩农贸市场一带),南到今解放中路。再往南便是茅草荒滩,沟塘散布,过了铁路(原陇海铁路)更是一片土老地(乱坟茔)。

到了20世纪30年代,新浦进入一个新的发展黄金年代,拓展地域成了经济发展的必然要求。横向拓展没问题,而纵向,由于北边有大河阻拦,只能向南拓展。于是,洋桥巷(今南极北路解放路至民主路一段）得以向南延长，一直延伸到铁路根。路开出来了，在起路名时，为了表示这是一条通到新浦顶南边的路，一些文墨之人，便筛选出含有“顶点”“尽头”之意的“极”字，加上其方位，定名为“南极路”。

据一些“老新浦”说，新浦大街北边，还有一条直通到后河河边（河北边为东海县）的路，叫“北极路”，也是表示这条路通到了新浦的顶北边的意思。

南极路形成于什么时候呢？至今没有确切的文字记载。但是，从侵占新浦的日本宪兵队批准印刷的《海州市街图》（日军占领海州地区后即把新浦称作“海州”）上，可以大致看出新浦的“南极路”、“北极路”的铺筑时间。侵占新浦日军绘制的这张图印于日本“昭和十四年十一月二十日”，即公元1939年10月。日军是于1939年3月侵占海州地区的，时隔仅半年，新浦的地图上已标明有“南极路”和“北极路”。而日军侵占新浦初期尚无精力进行市政建设。因此，地图上的“南极路”和“北极路”应该是在新浦沦陷前就已存在，并且，路名都已被广泛使用了。否则，这两个路名不会被用到这张地图上的。这也告诉人们，直到1939年“新浦街”最北边只到通称后潮河的临洪河边，顶南边也只到陇海铁路根。

新中国成立后，市人民政府保留了承载着新浦发展信息的“南极路”名。“北极路”则因与其南端的新新路贯通，被“新新路”之名所替代而消逝。

南极门 解放前，新浦有个“南极门”。但是很多人都说不清，也没见过这个“门”是什么样子。

“南极门”究竟在哪里？据一些八九十岁的“老新浦”说，“南极门”不是“门”，而是日本侵略者侵占新浦时，在南极路的路南头放两个缠满老虎条的木架子，旁边有几个鬼子看守，作为盘查过往行人的哨卡。日本鬼子极为野蛮，不仅强迫过卡的中国老百姓向他们鞠躬，逐人搜身，还动辄就打人。老百姓视此卡为鬼门关。由于卡设在南极路的顶南头，人们便称之为“南极门”。

此“门”并非建筑实体，因此，时间一长，对它的确切位置，说法就不一了。有的说，在现新浦公园门前；有的说，在南极路的原铁路道口上；也有的说，在原铁路北、现市体育场西大门门前一带；有的说，在原铁路南现市自来水公司收费大厅门前一带。

后来，经过有关人员考证确认，所谓“南极门”应在南极北路现市自来水公司收费大厅门前一带。依据有二：一是，民国36年（1947），我党在新浦的地下工作者，为做好解放新海连的准备工作，根据搜集的情况绘制的“国民党44师新浦驻军布防图”。图中在南极路的铁道口南边，标有“××”的炮楼标志，在炮楼之南又标有“××”的圩门标志，并注有“南极门”3个字。这就清楚地说明，“南极门”在原铁路南边。但此图是份手绘草图，据此难以推断“南极门”在铁路南边多远。

另一证据是，民国36年（1947）十一月三日在新浦出版的《新海报》第二版下端，刊登一条消息，标题是：《整饬观瞻，迁移坟墓》。消息说本埠南极门外，离检查哨碉堡约二丈地带，为多年义冢地，坟丘累累……短短20多字说明两个事实：一是，哨所碉堡在“南极门”的南边；二是，碉堡南二丈多远便是“义冢地”。据一些老人说，解放前夕，顺南极路往南，过了铁路没多远，相当于现在新浦公园北围墙一带，是大片乱坟茔，新浦人叫“土老地”。

由此可见，当初日本侵略军在新浦南极路南头所设的哨卡，就在现市自来水公司缴费处门前一带。

索 引

一、新浦区新志索引依据中华人民共和国标准 GB/TZ2466－2008 索引编制规则（总则）的相关规定进行编制。标引内容选用两种索引，即综合主题索引和志首图照索引。志书其它内容，如序、凡例、目录、综述、大事记等不作索引内容。

二、综合主题索引。按标目首字汉语拼音字母排序，同音字按声调顺序排列，同音同声字按第二字拼音字母顺序排列。索引标目后的数字为内容所在的页码。

三、志首图照索引，按页码顺序排列。

综合主题索引

A

B

C

D

E

F

G

H

J

K

L

M

N

P

Q

R

S

T

Y

Z

编修纪略

《连云港市新浦区新志》是在中共新浦区委、新浦区人民政府领导下，由新浦区地方志编纂委员会主持编修的新浦区第二部区志。编修工作自2005年11月底启动，至2013年12月，历时8年，完成志稿；于2014年3月通过市地方志办公室验收。整个编修工作大致经历前期准备、宣传发动、分志撰写编纂、志稿总纂和终审、验收5个阶段。

2005年11月，遵照国务院和省、市人民政府部署，区委、区政府将二轮修志工作作为全区一项文化工程摆上日程。区地方志编纂委员会根据全国二轮修志要求和因行政区划调整，新浦区地域范围扩大数倍，自然环境、产业结构等方面均发生巨大变化的实际情况，决定按照2005年底的区域范围重新编修一部贯通古今的区志，以便完整地记述全区各个方面的变化发展情况，更好地发挥区志存史、资政、育人功能，服务全区改革开放和经济社会发展。为别于一轮新修志期间编修出版的《新浦区志》，新编区志定名为《连云港市新浦区新志》。据此，区地方志办公室即开始制定编修计划、凡例，初定编章结构和编修目录的征求意见稿等各项工作。此为前期准备阶段。

2006年5月19日，区委、区政府召开全区二轮修志工作会议，进行宣传发动，将区志编修任务落实到各乡、镇、街道及全区相关部门、单位。各乡镇、街道、部委办局先后成立地方志工作领导小组，确定修志工作具体负责人和撰稿人。6月28日，举办全区二轮修志人员培训班，请市地方志办公室领导进行业务辅导，提高基层修志人员思想认识，初步掌握志稿编写基本要求。此为宣传发动阶段。

2006年7月，全区各分志承修单位全面开展资料搜集、资料长编整理和初稿撰写工作。经过2年半的努力，绝大部分单位完成分志稿撰写任务，区地方志办公室也基本完成大事记、建置区划、自然环境、艺文、宗教、民俗和方言等相关自写编章志稿。2009年1月起，区志办按程序先后对各分志稿进行个别指导、修改加工并逐编召开评审会，邀请相关的市主管部门地方志办公室专家和部门、单位领导、熟知情况的老同志参加评审。根据评审会上大家提出的修改意见，撰稿人进行加工修改，符合要求后报区志办，由各责任副主编进行分纂。此为分志撰写编纂阶段。

2011年1月起，区志稿开始进入总纂阶段。先由主编"一支笔"按照"凡例"和调整后的编目进行编纂。形成总纂初稿后，区志办进行集体讨论，再由主编调整修改，几经加工，于2012年年底完成总纂稿。此为总纂阶段。

2013年3月12日，市地方志办公室召开《连云港市新浦区新志》终审会。参加会议的各位领导和专家在充分肯定《连云港市新浦区新志》志稿同时，对志稿也提出很多中肯的意见和宝贵的修改建议。区志稿原则通过终审后，区志办根据评委们的意见和建议，从结构调整、资料补充到行文规范等方面作进一步加工修改，于2013年12月完成并向市志办报送了呈请验收稿。于2014年3月通过验收，准予出版。此为终审、验收阶段。

2014年7月初，中共连云港市委、连云港市人民政府，根据国务院批复和江苏省人民政府通知精神，对部分行政区划进行调整，撤销新浦区、海州区，设置新的海州区。建区59年的新浦区完成历史史命。为保存《连云港市新浦区新志》下限2005年以后至新浦区撤销前的有关重要资料，区志办又抓紧时间搜集资料，将"大事记"由原记至2013年12月底，延伸为记至2014年7月8日；同时，在《附录》部分增录了"2006年1月~2014年7月5日新浦区党政领导人更迭情况表"和《中共连云港市委 连云港市人民政府关于调整部分行政区划的通知》（连发〔2014〕19号）。

《连云港市新浦区新志》编修工作得以顺利进行，其根本保证是区委、区政府高度重视。全区二轮修志工作开始后，区委、区政府领导即指出，这是全区一项系统的文化工程，要求全区各单位高度重视，认真参与。并按照国务院颁布的《地方志工作条例》要求，做到"一纳入""五到位"；在编修过程中，区委办公室、区政府办公室还多次组织有关人员到各单位进行督察、指导，印发督察情况通报；区政府坚持每年召开一次地方志工作总结表彰会，促进全区二轮修志工作不断深入开展。

全区各单位的积极、认真参与，为区志编修工作提供了组织和人力保证。修志工作启动后，全区各乡镇、街道及部委办局都相应成立修志工作领导小组，确定各分志稿撰写人员，提供工作条件。全区先后有200余人参与分志编修领导和撰写工作，使区志分志编修工作从始至终有人管、有人干。

全区二轮修志工作得以顺利进行的另一个原因是区志办及其编修人员的共同努力。区地方志办公室虽非正式机构，区志办主任、副主任（均为兼职）换了几任，但大家对区志办工作关心、支持力度没有变，区志编修中遇到具体困难，均能及时得到解决；区志办的编修人员虽都是应聘退休人员，但大家都以编修良志为己任，认真做好各个环节的具体工作，坚持质量第一原则，坚持以人为本，坚持将体现志书功能作为出发点和落脚点，力求资料丰实、真实，先后4次对区志总纂稿进行较大的调整加工，即使在通过验收后，仍根据专家建议，再次对志稿个别编章进行调整、增补，力求凸显新浦区是连云港市政治、经济、文化、教育、信息中心，域内资源丰富，人才荟萃的区情特色和改革开放的时代特色，以更好地发挥志书存史、资政、育人的功能。

《连云港市新浦区新志》的编修工作还得到了市地方志办公室的全面指导和山东省临沂档案馆、连云港市档案馆、灌云县档案馆、灌云县统计局和驻区的市相关单位的鼎力相助，得到了众多老领导、老专家、老百姓的热心帮助。冯家沛、张树庄、蔡立志、张卫怀、吴舟等同志，不仅为我们提供宝贵资料，还亲自为我们撰稿、改稿。值此区志付梓之际，一并致以诚挚谢意！

《连云港市新浦区新志》是新浦区行政区划发生重大变化后编修的一部区志，是全区一项综合性重点文化工程，要求高、规范严，但由于我们水平、能力有限，在志书中肯定还存在诸多缺陷甚至讹误，敬请各位领导、专家、学者和广大读者批评指正。

编　者

2014年9月

連雲港市 新浦區新志

LIAN YUN GANG SHI XIN PU QU XIN ZHI

（上册）

连云港市新浦区地方志编纂委员会 编

方志出版社

图书在版编目（CIP）数据

连云港市新浦区新志/ 连云港市新浦区地方志编纂委员会编. —北京：方志出版社，2014.12
ISBN 978-7-5144-1486-8

Ⅰ. ①连… Ⅱ. ①连… Ⅲ. ①区（城市）—地方志—连云港市
Ⅳ. ①K295.33

中国版本图书馆CIP数据核字（2014）第296809号

连云港市新浦区新志

编　　者：连云港市新浦区地方志编纂委员会
责任编辑：丛　珺　张　昊
出 版 人：冀祥德
出 版 者：方志出版社
地址　北京市朝阳区潘家园东里9号（国家方志馆4层）
邮编　100021
网址　http://www.fzph.org
发　　行：方志出版社发行中心
电话（010）67110500
经　　销：各地新华书店
印　　刷：南京凯德印刷有限公司
开　　本：889×1194　1/16
印　　张：113
字　　数：2966千字
版　　次：2014年12月第1版　2014年12月第1次印刷
印　　数：0001~1000册
ISBN 978-7-5144-1486-8/K·1215　　定价：780.00元

二〇〇五年新浦区政区图

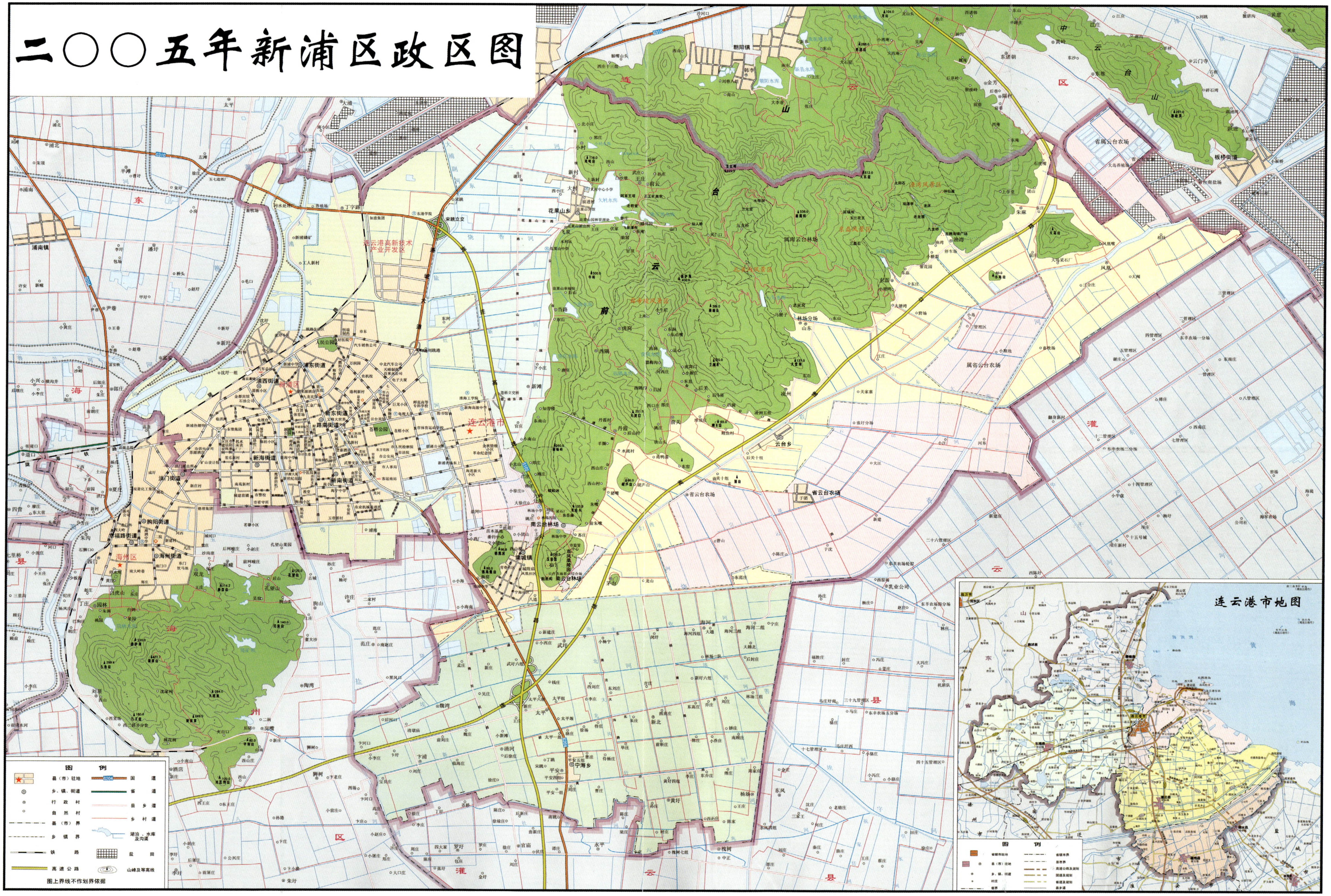

连云港市新浦区人民政府编绘（2006年）

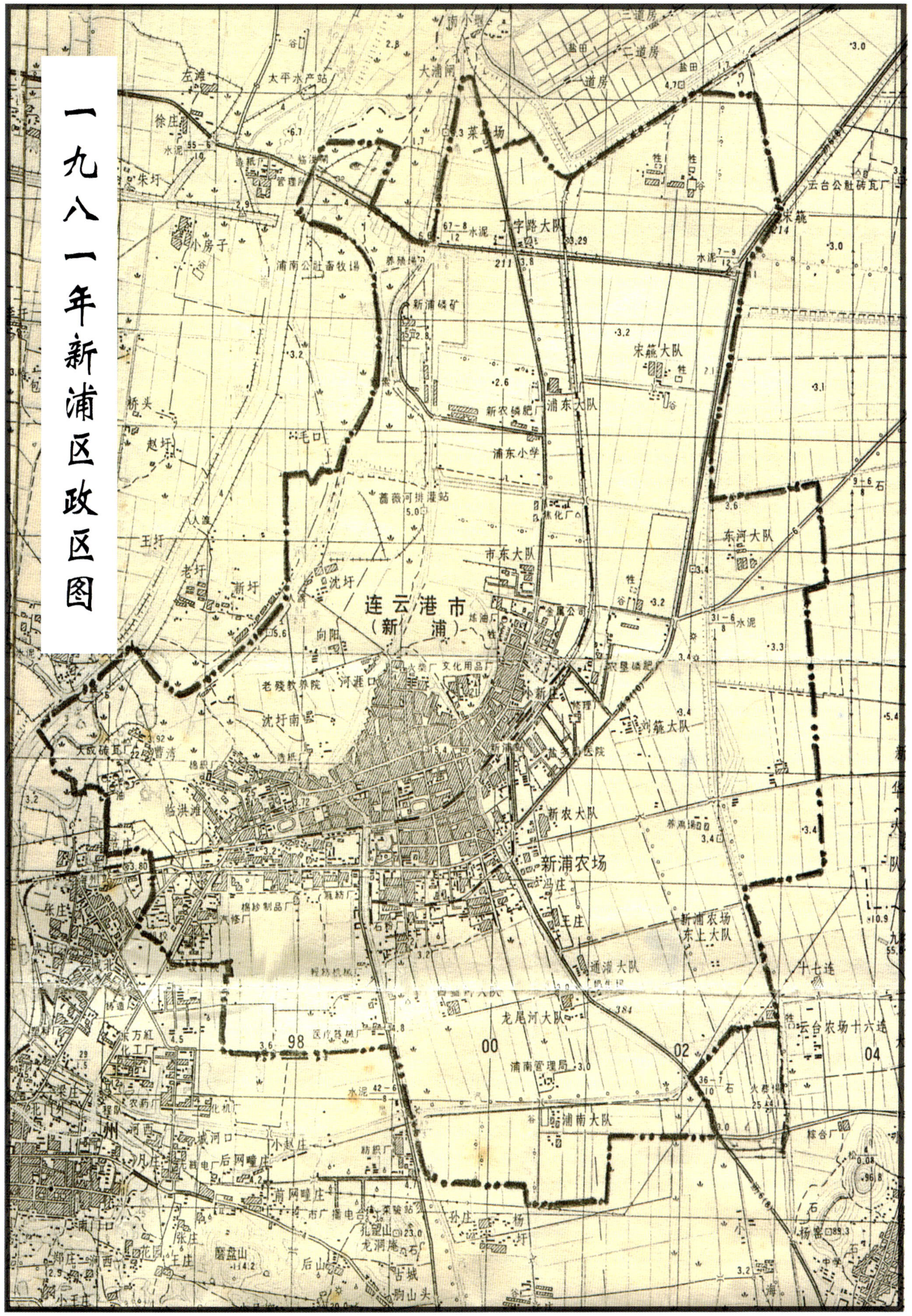

取自《中国共产党连云港市新浦区组织史资料》

连云港市地名办公室编绘

取自《连云港市地名图》

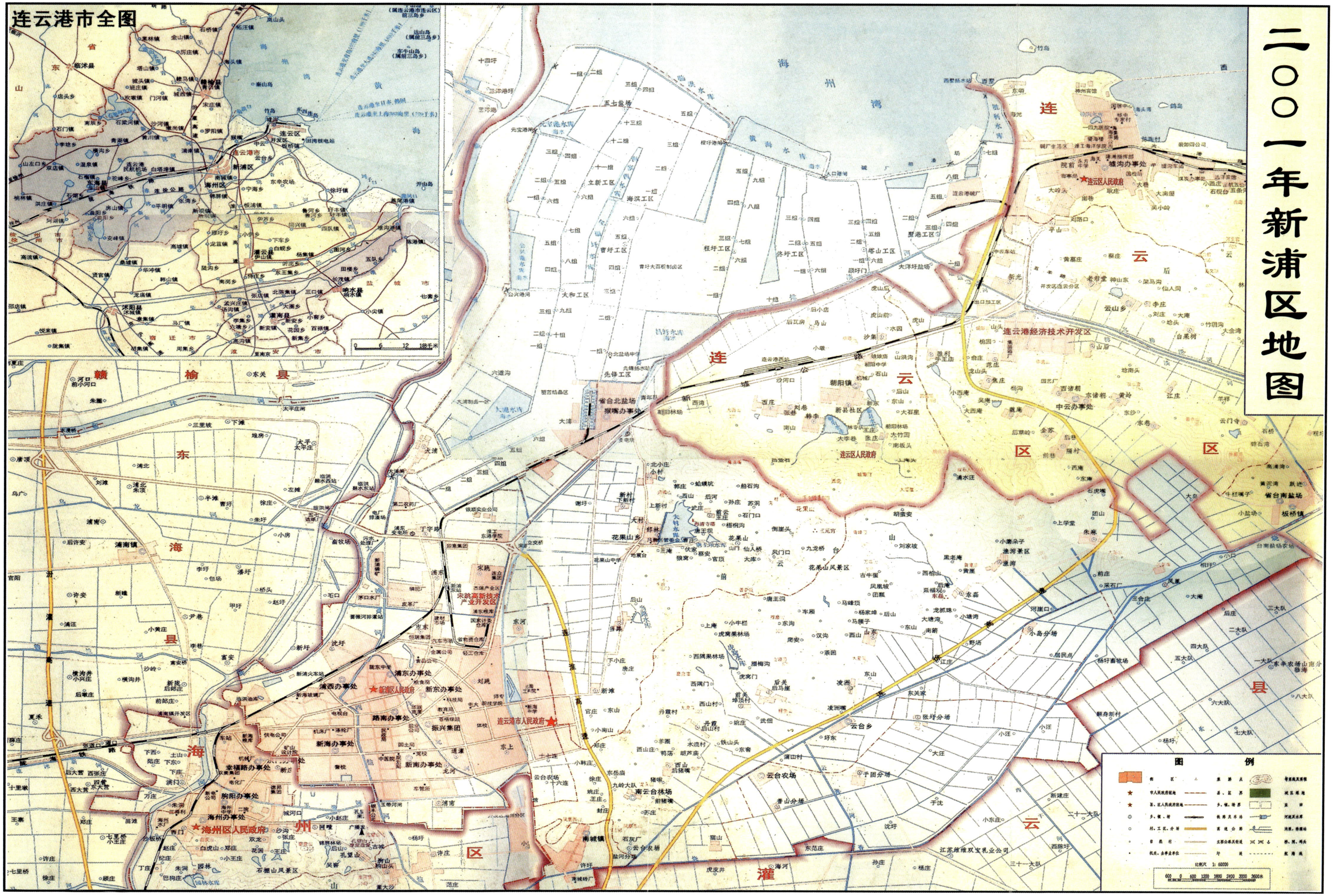

取自《连云港市政区图》

连云港市勘界工作领导小组办公室
连云港市地名委员会办公室
编制

二○一四年新浦区政区图

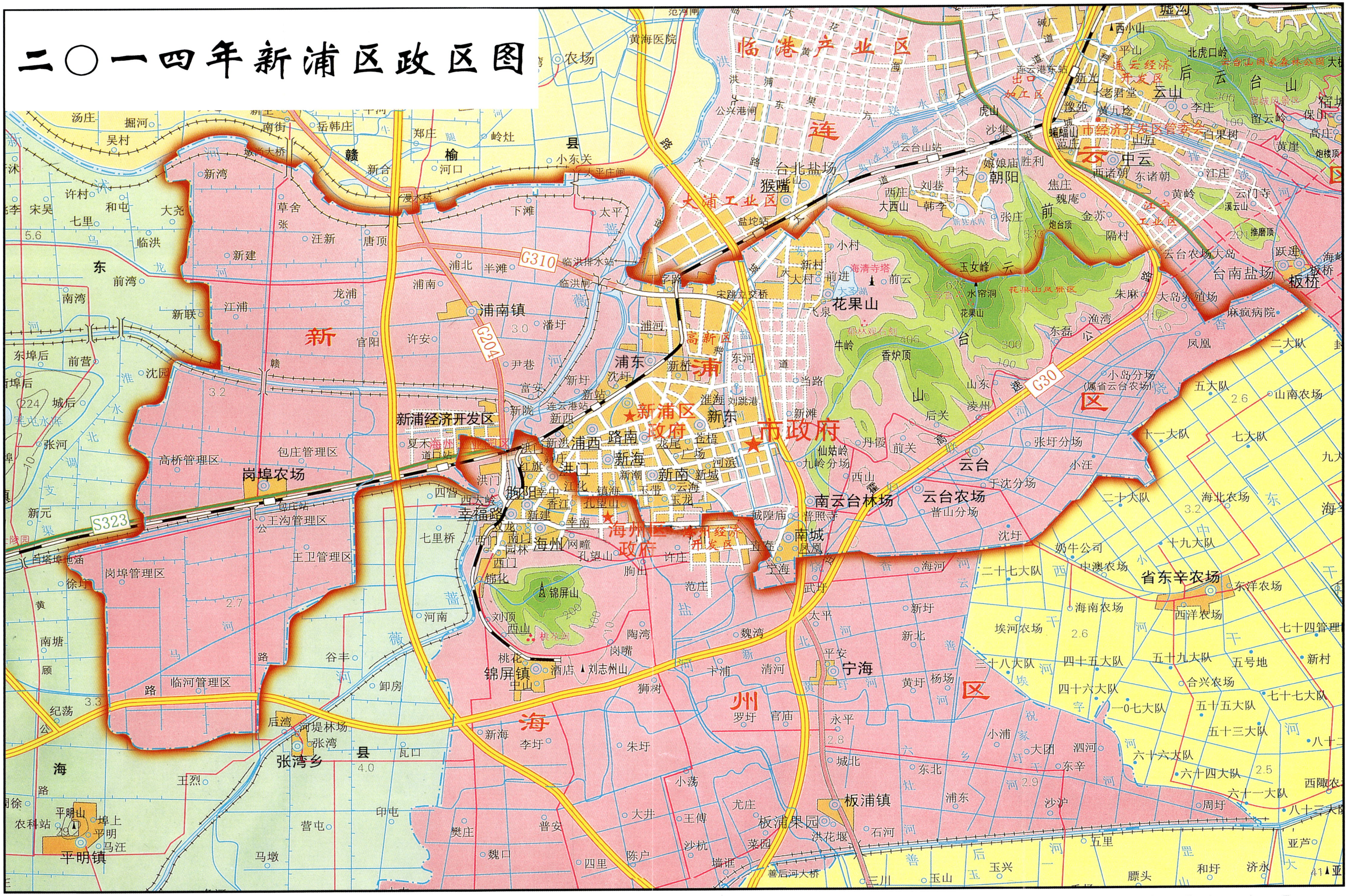

取自江苏省基础地理信息中心、连云港市地名委员会办公室联合编制的《连云港市行政区图》

地图审查号：苏S（2013）085号

新浦城区鸟瞰图（摄于2014年夏）

南云台山地形图

取自《连云港市群山概览》

▲ 云台仙境

▲ 千秋银杏伴龙桥

▲ 湖光山色映古塔

▲新浦老城区鸟瞰（摄于2009年10月）

◀绿树成荫的解放路（摄于2012年夏）

▶流光溢彩的新浦夜景（摄于2003年）

◀老城区新地标——高180米的苏宁广场主厦拔地而起（2014年春摄）

▲民主路文化街夜景（2014年春摄）

◀面貌一新的盐河巷（摄于2014年春）

▶苍梧绿园广场

▲ 银妆素裹玉女峰

▶ 花果山水帘洞瀑布

▲ 壮观的海宁禅寺钟鼓楼（2013年12月17日摄）

▲ 幽静秀丽的孔雀沟（摄于2010年夏）

▶ 春到樱桃谷

▲银装素裹花果山

▼兀立千年的三磊石

▲喷薄不息的渔湾三龙潭（摄于1995年夏）

▲ 龙河广场一角（摄于2014年夏）

▼ 彩霞映苍梧　绿园美如画（摄于2011年5月25日）

▼ 美丽的东盐河畔（摄于2013年春）

◄ 风光如画的苍梧路

▲ 宽敞的朝阳东路（摄于2014年6月）

▲ 云雾茶之乡

▲ 炒制云雾茶

▶ 冬桃

▲ 怀中抱子古银杏

▲ 白果

▲ 新浦区国家AA级东磊景区暨首届樱桃节开幕式场景（摄于2009年4月29日）

▲ 东磊樱桃

▶ 云台大柿

◀ 云台山盛产糯米花茶（流苏）。图为孔雀沟龙凤同体、树龄980年的糯米花树

▲ 板栗

▲ 灵芝

▲ 人参果

▲ 玉兰花王

▼ 金镶玉竹

云台山中草药

海州常山	海州香薷	卷柏
桔梗		忍冬（金银花）

▲ 云台特产粳稻

▲ 新浦区西红柿生产基地

▶ 浦南西红柿

◀ 南云台林场毛竹林

◀ 采摘凌霄花

▲ 宁海立交桥

▲ 宋跳立交桥

▼ 新浦距连云港港口35公里，交通十分方便

▲ 坐落于人民东路的火车站——“连云港站”（2014年5月摄）

新浦主城区距连云港机场仅31.5公里，外出极为便捷

移动通信大厦

联通大厦（2013年摄）

电信大厦夜景

坐落于人民东路、紧靠火车站的新浦汽车总站（2014年春摄）

坐落于解放东路的捷安快客站（2013年摄）

宽敞的花果山大道

▼ 快速公交（BRT）停车站

◀ 宁连高速公路之一段（2014年夏摄）

▶ 公共自行车服务点
（摄于2014年5月）

▲ 新海城区路网更加完善（摄于2013年）

▲ 总投资6亿元的金隆钢材城项目落户新浦区（2004年摄）

▲ 红香溢樱桃酒厂职工严把质量关

◀ 圆周率机械制造有限公司员工正在加紧组装机械

◀新浦区电子信息产业基地逐步形成。图为其龙头企业东海硅微粉有限责任公司全景

◀研磨厂车间一角

▼连云港佳普石油化工机械有限公司职工正在检查产品质量

▲康达智精密技术有限公司生产车间（摄于2009年1月）

▲高纯硅微粉制造车间一角

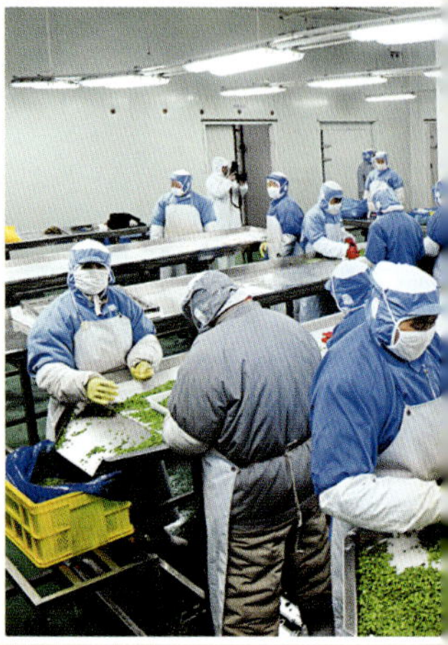

▼宜尔衫制衣有限公司职工在加工服装

▲连云港大唐新能源有限公司新浦光伏发电项目在试发电

▶江苏康缘集团有限责任公司

▲云盛果蔬生产车间一角

▲如连机械制造车间一角

▲江苏恒瑞医药股份有限公司

▲连云港大吉塑业有限公司生产车间一角

▲连云港正大天晴医药有限公司

▲ 新浦区现代农业示范园—市区首家国家级农业项目园区

▲ 蓬勃发展的新浦区现代农业示范园区

▲ 鲜切花生产基地

▼ 采摘加工鲜切花

◀ 育苗大棚

▲ 科学种田喜获丰收

▼ 食用菌培殖基地

▲ 万亩泥鳅养殖基地

▼ 小麦收割实现机械化

▼ 肥鸭满河塘

▲ 改造后的民主路文化街街景（摄于2014年春）

▲ 全国最具升值前景的陇海商业步行街街景

▶ 坐落于解放中路的中央国际

▶ 万润商业街一段

▲龙河广场购物中心

▶百年老店——生庆公茶庄

◀人民广场购物中心

▲百年老店——三和兴药店

坐落于苍梧路上的五星级宾馆——云台宾馆

▲ 坐落于通灌路上的九龙大世界

▲ 陇海步行街上的老凤祥银楼新浦专卖店

坐落于通灌路上的苏宁电器

▼ 坐落于建国路东首的水晶街

▲ 坐落于通灌路上的五星电器

◀ 坐落于解放中路的四星级酒店——九龙国际大酒店

▲ 解放中路上的中德商业广场

▶ 国际商城之亚欧建材广场

▲ 国际商城之装饰城

◀ 坐落于解放中路的东方大酒店

◀ 坐落于海连中路的金桥盐化天然居

▲ 上海华联超市

▲ 农工商超市

▶ 坐落于西小区的江山菜市场

▲ 坐落于郁洲路的大润发超市（摄于2014年5月）

▲ 坐落于陇海东路的泰

▼ 沈圩桥农贸市场

◀ 琳琅满目的地下淘宝城

食城

▲ 解放东路菜场一角

▲ 中国人民银行连云港中心支行大楼（摄于2014年6月）

▲ 中国银行连云港分行大楼（2014年5月摄）

▲ 中国人寿保险公司连云港分公司大厦（2014年6月摄）

▲ 市工商银行大楼（2014年6月摄）

▲江苏银行连云港分行大楼（2014年4月摄）

▼市交通银行大楼（摄于2013年冬）

◀中国农业银行连云港分行大楼（2014年夏摄）

▲进驻新浦的张家港农村商业银行（摄于2014年夏）

▲ 新浦区重视加强社会主义精神文明建设。图为2008年3月区委、区政府召开的创建省级文明城市动员大会会场

▲ 20世纪60年代，新浦汽车总站职工响应毛主席向雷锋同志学习号召，拉起了雷锋车。为第一代雷锋车手在为乘客服务

▲ 连云港市“雷锋车”已成为精神文明建设一面旗帜。2012年7月，连云港市雷锋车先进事迹报告会先后在北京、南京、武汉等地举行。图为7月18日南京报告会会场

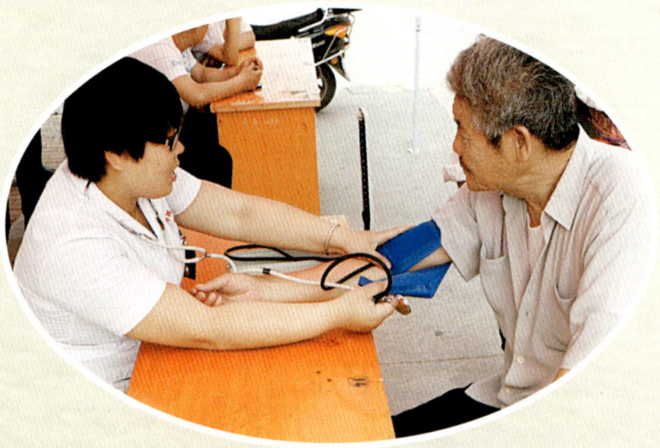

▲ 助人为乐蔚然成风。上左图为医务工作者义务为老人体检（2011年8月27日摄）；上右图为志愿者到养老院为老人服务（2013年7月1日摄）

▲ 新浦区在全区广泛开展“除陋习、美环境、讲文明、树新风”活动（摄于2011年4月16日）

▲ 新浦区广泛开展志愿者活动。图为2009年1月1日“万民志愿者大行动”启动仪式现场

▲ 志愿者走上街头服务社会（摄于2007年6月17日）

▲ 全国百城万店无假货示范街——陇海步行街

▲ 新浦区对在全区改革开放和经济社会发展中作出特殊奉献的市民授予“爱心市民”称号。图为“新浦区2012年度爱心市民表彰大会”会场

▲ 为加强创建省级文明城市力度，更好地为人民服务，新浦区成立了社会管理和群众工作服务中心（摄于2011年5月3日）

▲ 爱心市民在领奖

▶ 新浦区在全区组织开展评选“和美家庭”活动，推动精神文明建设不断深入发展

▲ 为加强精神文明建设而举办的专题广场文化演出（2005年摄）

▲ 新浦人胸怀全局，乐于助人。四川汶川发生大地震后，区里马上抽调精兵强将组成援川抗震安装大队，开赴汶川，并圆满完成任务。图为区领导向援川抗震大队授旗场景（摄于2008年5月）

◀ 图为2010年5月初，新浦区举办首届婚庆文化博览会的情景

▲ 活跃在社区的义务巡逻员

▲ 为金婚银婚老人举办庆典（摄于2002年3月21日）

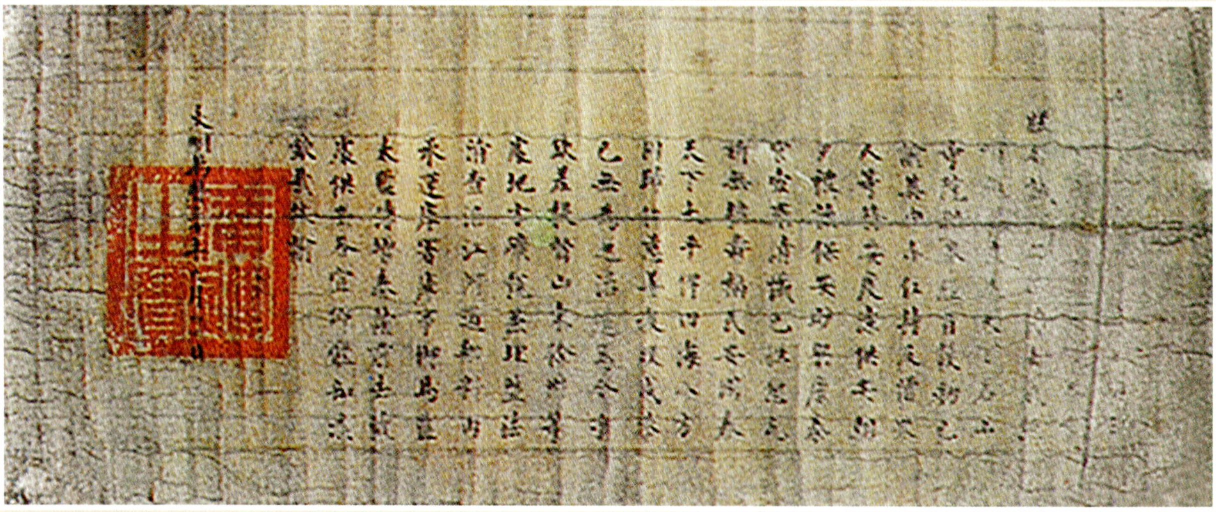

▲ 明神宗续颁敕谕

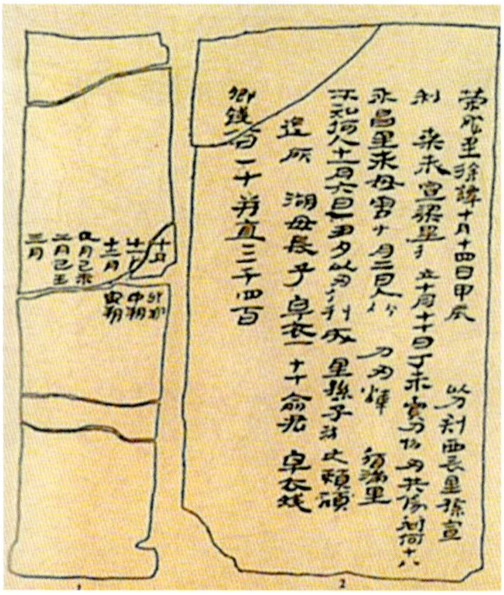

▲ 图为1987年从花果山砖厂出土的西汉简牍

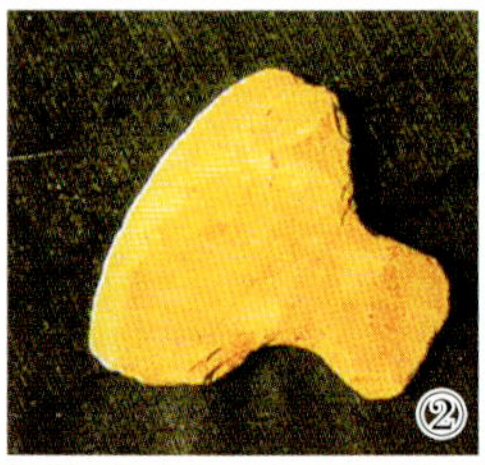

大村遗址出土文物

① 新石器时代晚期的陶器平底盉

② 新石器时代晚期的有肩石铲

③ 商周青铜鼎

海清寺塔出土文物

▲ 北宋汝窑葫芦瓶

▲ 鎏金银棺

▲ 银棺

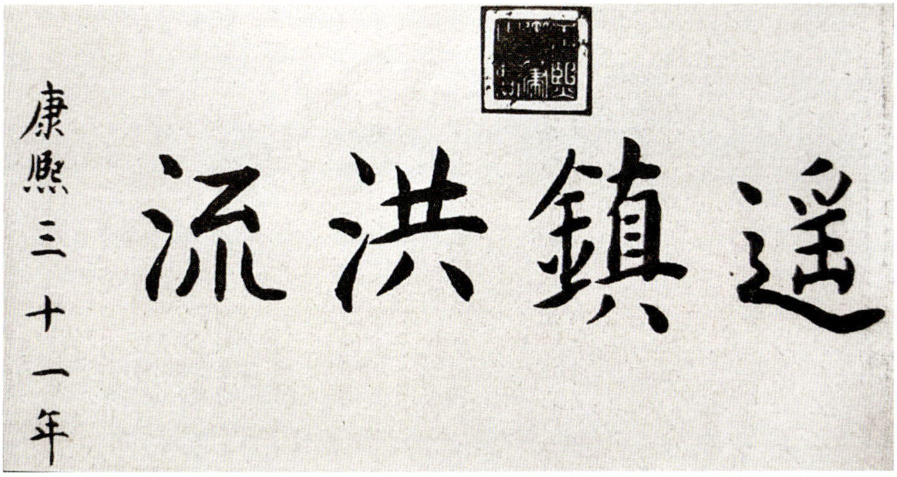

▲ 图为清康熙皇帝为云台山三元宫题写的“遥镇洪流”

▲ 图为1997年12月从花果山高高顶汉墓出土的抄手俑

▲ 图为1960年建大圣湖（原大村水库）时出土的汉代五铢钱

▲ 图为1950年从弥陀庵出土的明代铜质天地水府三元宝印

▲ 大村汉墓群出土的陶罐

▲ 镏金银棺盖

▲ 银精舍

▲ 银精舍盖

▲ 银匣

▲ 著名的唐隶石刻——东海县郁林观东岩壁纪

▶ 小村村禅心寺遗址处唐万岁通天元年（696年）摩崖题刻（拓片）

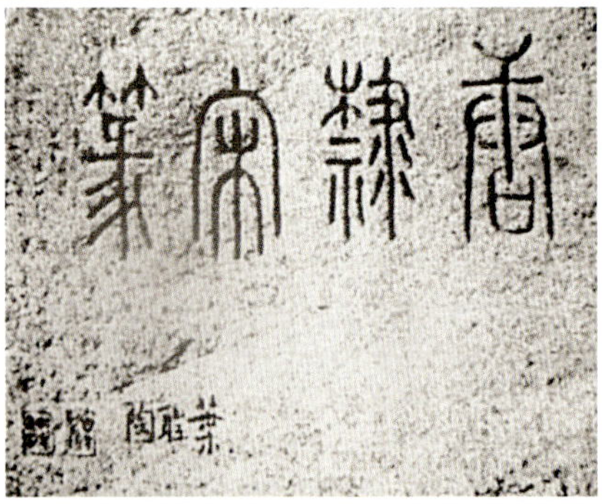

▶ 叶圣陶题刻：唐隶宋篆

▶ 郁林观洞旁宋代海州州判石曼卿题刻：濯缨泉

▲ 花果山郁林观宋代祖无择三言诗篆刻（拓片）

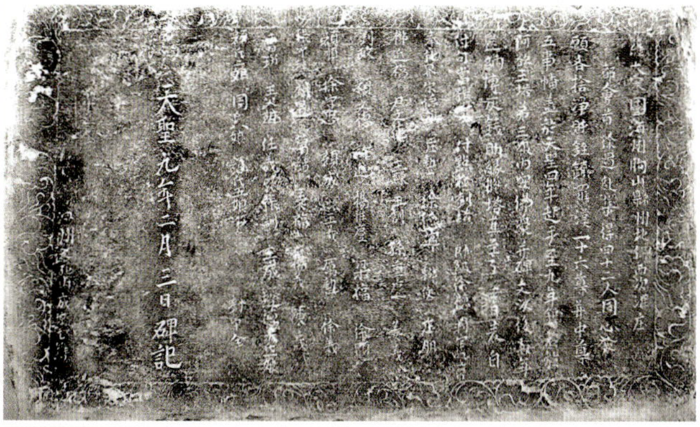

▲ 阿育王塔内北宋天圣九年（1031年）碑刻

▲ 渔湾龙谭涧清代翰林姚士璋题刻

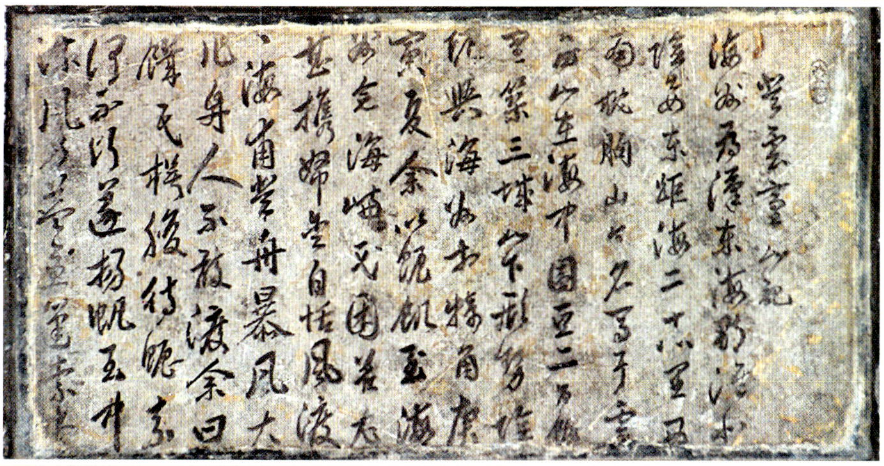

▲ 清淮安知府姚陶《登云台山记》碑刻之一

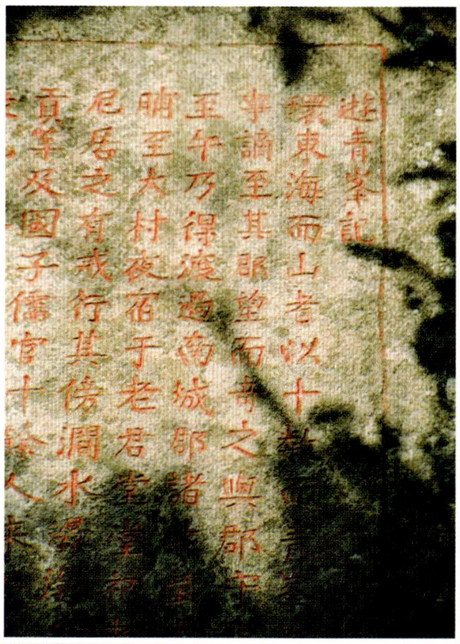

▲ 花果山上《游青峰记》崖刻局部

▲ 南城西凤凰山下的武同举三言诗刻

▲ 图为花果山上集字“毛公碑”：孙猴子老家在新海连市花果山

▲“花果山”崖刻

▲ 花果山水帘洞旁明代海州知州王同题刻：高山流水

▲ 赵朴初题刻：海宁禅寺

▲ 清代海州人黄道传在飞泉下题刻：垂虹溅雪 漱玉歕珠

▲ 肖娴题刻：天在山中

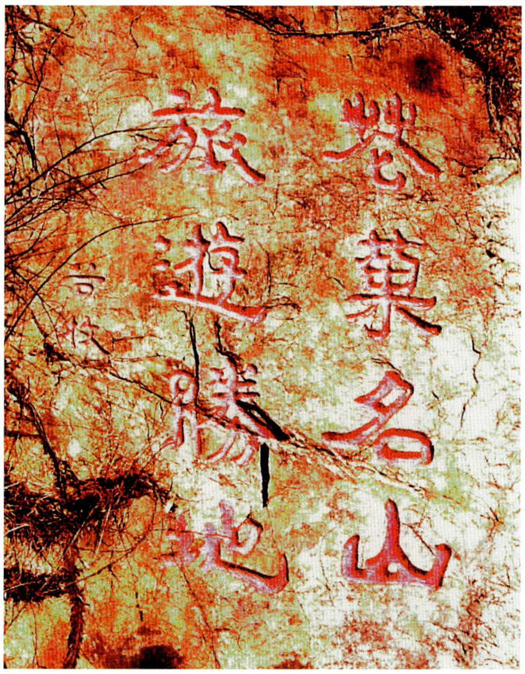

▲ 谷牧为花果山题刻：花果名山，旅游胜地

▲ 舒同题刻：百花齐放

▼ 彭冲题刻：东海胜境

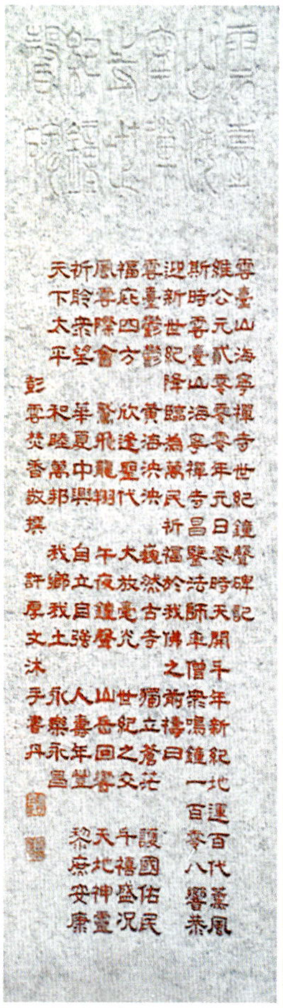

◀ 海宁禅寺世纪钟声碑

◀ 九龙桥碑

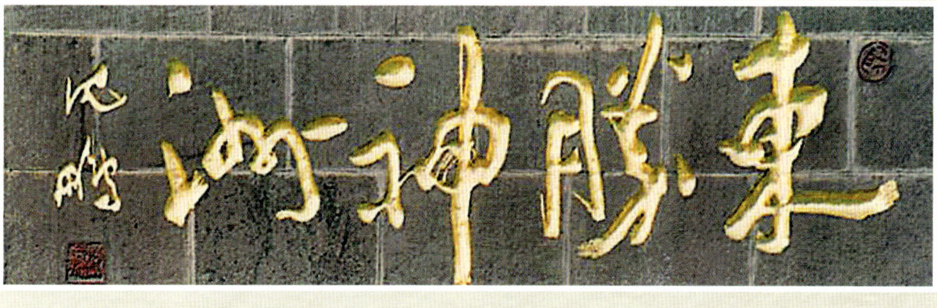

▲ 沈鹏为花果山景区山门题刻：东胜神洲

◀《创建新浦天后宫记》碑文

◀《浚云河碑记》碑文

▲《三元宫重建纪略》铭文

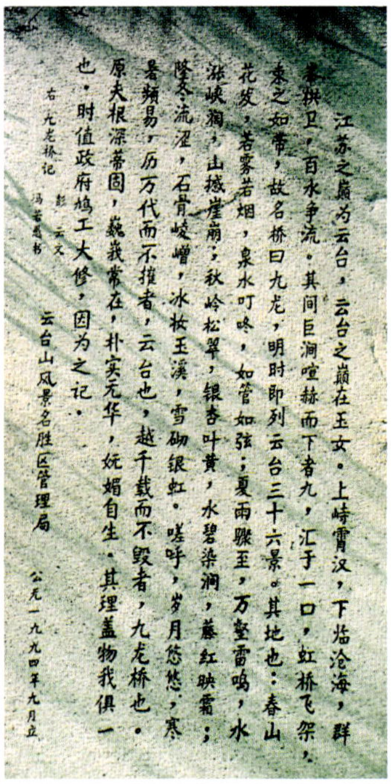

◀九龙桥记碑文

▶大圣湖记碑

东磊龙潭洞抗日题刻

南城东凤凰山徒然洞旁抗日诗刻

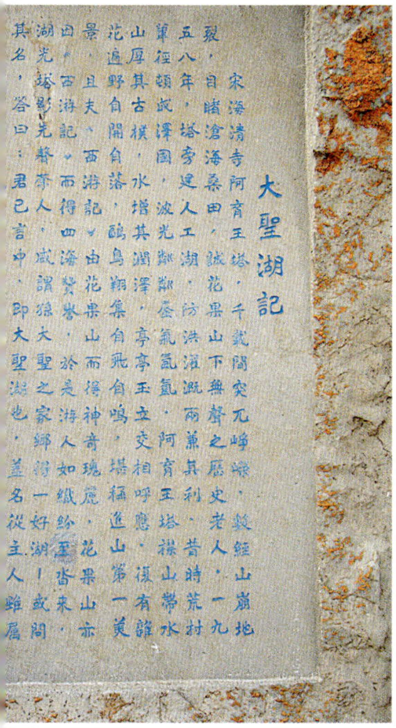

▲ 周庚如题刻：樱桃山

▲ 东磊碧龙潭诗刻

▲ 坐落于朝阳东路的连云港市革命纪念馆（2014年6月摄）

▲ 坐落于朝阳东路的连云港市博物馆（2014年6月摄）

▲ 坐落于朝阳东路的连云港日报社

▲ 连云港市体育馆

▲ 坐落于朝阳东路的连云港市文化艺术中心（2014年6月摄）

▲ 坐落于解放西路的连云港广播电视总台大楼

◀ 坐落于苍梧路的连云港市图书馆（摄于2014年夏）

▲ 市少儿图书馆

舞龙

双狮舞

三人花船在表演

二十世纪五六十年代盛行于民间的锣鼓队

▲二十世纪七十年代的街头演出

▲民间文艺爱好者在演奏海州五大宫调（摄于2005年）

▲新浦区秧歌队多次参加全国大赛并获奖

▲腰鼓舞

▲万人空巷闹元宵（摄于1985年）

▲焰火晚会

▲ 坐落于苍梧路的淮海工学院

▲ 坐落于苍梧路的连云港广播电视大学

▲ 坐落于花果山下大学城的连云港职业技术学院

▲ 坐落于花果山下大学城的连云港中等专业学校

▲ 坐落于花果山下大学城的连云港中医药高等职业技术学校

▲ 坐落于花果山下大学城的江苏省连云港财经高等职业技术学校

▶ 坐落于花果山下大学城的南京医科大学康达学院

▲ 坐落于花果山下大学城的连云港师范高等专科学校

▲新浦中学

▶海宁中学校园一角

◀新海实验中学

▼花果山中学校园一角

◀浦南中学校园新貌

▲ 坐落于苍梧路的新海高级中学

▲ 海庆中学校园一角

▲ 云台中学

▲ 岗埠中学校园一角

▶ 市外国语学校

▲ 坐落于海连中路的解放路小学

▲ 坐落于建国路的建国路小学

▲ 幸福路小学

▲ 新海小学校园一角

▶ 市少年宫一角

◀ 南城中心小学校园一角

▼ 浦南中心小学校园一角

▲ 大庆路小学校园新貌

▶ 六一幼儿园

▲ 浦南镇江浦村幼儿园（2013年12月31日）

◀ 钟声幼儿园

▲ 坐落于南极北路的新浦区人民医院

▼ 坐落在通灌北路的连云港市第一人民医院

▶ 坐落于海昌南路的连云港市眼科医院

▼ 坐落于朝阳中路的连云港市中医院

▲ 坐落于解放东路的连云港市第四人民医院

▲ 坐落于海连东路的连云港市第二人民医院

▲ 改革开放以来，卫生服务机构遍及城乡社区。图为新浦区新东社区卫生服务中心

◀ 坐落于苍梧路的连云港市妇幼保健院

▲ 改革开放后民营医院迅速发展。图为坐落于幸福广场的丽人医院

▼ 改革开放以来个体私营药房遍布城乡。图为坐落于解放中路的老百姓大药房

▲ 海宁禅寺

▲ 海宁禅寺大雄宝殿

▶ 古刹三元宫（摄于1968年）

▼ 新建的清真寺

▲ 铸于1935年的新浦天主教堂大钟

▲ 2002年11月30日东磊延福观三官庙举行神像开光大典情景

▲ 花果山上义僧亭

◀ 海宁禅寺举行盛大佛事活动场景

◀ 南城东凤凰山上的玉皇宫

◀ 基督教堂

▲ 南城普照寺　（摄于2009年5月）

▲1990年7月至2000年8月，新浦区第一部区志编纂任务完成，同时启动《新浦年鉴》编纂工作。图为全区首届修志总结暨《新浦年鉴》编写工作会议会场

▲《新浦年鉴》创刊十周年时，区地方志编纂委员会于2011年11月23日召开座谈会，总结经验。图为座谈会会场

▲举办年鉴业务培训班

▲2005年12月1日，花果山志举行首发式。图为首发式会场

▶1999年12月24日参加《新浦区志》二审稿评审会人员合影

前排左起：盛志良、张树庄、彭云、张义壮、徐家贵、秦光汉、韩世泳、钱梅

后排左起：赵匡民、徐一德、朱殿卿、周志明、孙海平、刘传贤、薛飞

▶图为区志办人员在东磊姆忽山采集太阳石有关资料

▲ 区委、区政府将地方志工作纳入目标考核内容，并且每年召开一次地方志、年鉴工作会议，总结工作，表彰先进。图为2011年春召开的全区地方志年鉴工作会议会场

▲ 新浦区地方志办公室坚持召开各分志稿评审会，把好志稿质量关。图为原第十九编第一、二章分志稿评审会会场

▲ 新浦区地方志办公室编修工作人员合影。自左至右：孙寿鹏、李云高、韩世泳、王恒亮、董修霞

▲ 新浦区已编纂出版的部分志书和年鉴

▲ 图为2013年3月12日参加《连云港市新浦区新志》终审会人员合影
前排左起：孙大伟、陆瑞萍、李东、朱加刚、张斌、刘士俊、王继澍
后排左起：徐敏、李云高、王恒亮、韩世泳、姜龙才、顾德习、孙寿鹏

▲ 园林城市　绿色家园

▲ 东盐河畔的颐和花园

▲ 中央华府一角

▲ 城乡统筹建设中的浦南镇江浦村新貌（摄于2014年春）

▶ 东方领秀小区一角（摄于2014年夏）

▲ 福园名邸小区一角（摄于2014年6月）

▲ 苍梧小区
（摄于2014年夏）

▶ 幽静的住宅小区

▲ 依山旁水的水木华园（2014年5月摄）

▶ 居民区的健身点

◀ 博威住宅小区

▲ 大圣湖畔农民新居

▲ 园林小区

▲ 利华城市花园

◀ 社区小游园

▼ 万润花园一角

▼ 新贵都住宅小区

▲ 科苑路上的苍梧河滨花园一角

▲ 西盐河畔的津华苑

▲ 坐落于郁州南路的香溢·世纪花城

▲ 社区健身房

▶ 新浦社区服务中心游泳池

▶ 苍梧山下的别墅区——名人世家（摄于2014年夏）

▲ 国家水利风景区——大圣湖

▲ 面貌一新的新浦公园

▲ 新浦晨曲

▼ 新浦公园锦绣阁

▼ 充满活力的青年公园

▲ 楼房林立的新城区

▼ 风光怡人的郁洲公园

▲ 新浦区原办公大院(民主中路177号–原民主路343号)(摄于1999年10月)

▲ 原区政府大院门东街景（摄于1999年10月）

▲ 原区政府大院西侧街景(1999年10月摄)

▲ 新浦老火车站站房(摄于1998年8月)

▲ 新浦老火车站站台(摄于1998年8月)

▲ 拆迁前的新浦汽车站(今市第一人民医院门诊大楼处)

▲ 老汽车站停车场一角(摄于1998年8月)

▲ 1952年解放路(今解放中路)街景

▲ 1959年的解放路

▲ 1966年的解放路

▲ 1959年解放路上的交警

▲ 龙尾河下游旧貌(1999年11月摄)

▲ 新浦解放初的龙尾桥（石桥）

▲ 改造前的市民路以西一段民主路街景（1997年3月摄）

▲ 市民路与市化路交叉口东北角拆除前的市杂品公司用房

▲ 1998年底的海连东路（由西向东摄）

▲ 1999年改造后的海连西路街貌（由西向东摄）

▲ 1998年的海连中路

▲ 20世纪80年代中期朝阳中路尚未正式铺筑时的路况

▲ 朝阳中路街景。图左侧为远洋楼（1994年3月摄）

▲ 刚打通的朝阳西路（1999年9月摄）

▲ 玉龙路（今瀛洲路）开始拓宽改造时的情景。图为工人们正在拆除路头的公共厕所（1999年5月摄）

▲ 刚拓宽的玉龙路（今瀛洲路）（1999年9月摄）

▲ 建设中的瀛洲南路（2002年10月22日摄）

▲ 开发初期的郁洲北路（1998年9月摄）

▲ 开发初期的郁洲南路（1998年9月摄）

▲ 改造前的盐河路（1999年1月13日摄）

▲ 20世纪90年代末解放桥以北城区景况（1998年3月摄）

▲ 新浦六号街区（步行中街南侧）旧貌（摄于1998年）

▲ 沈圩桥南、路东侧改造前新浦粉笔厂等单位用房情景（今沈圩桥农贸市场处）

▲ 1998年的龙河广场一带

▲ 穿过新浦市区的铁路影响交通情景（1998年8月摄于海昌路道口）

▲ 20世纪80代初南极路道口西北角的情景

▲ 20世纪80年代初，今沈圩桥北、人民东路北侧旧貌

▲ 市化路之海昌路以东段改造前的街景，左首为海燕照相馆（1998年摄）

▲ 拆除前的市民路之民主路以南段路西侧街景（1998年摄）

▲ 20世纪60年代初临洪滩的民居

▲ 废弃的临洪天池

▲ 郁洲公园处原是一片荒地。1997年区政府在此开发建设人民公园。图为建设人民公园情景（1997年4月摄）

▲ 20世纪70年代的陇东火柴厂办公楼

▲ 原坐落于郁洲南路的连云港市博物馆一角

▲ 拆除前的陇海商城（今苏宁广场处）一角

▲ 拆迁前的新浦港码头（盐河桥南首）

▲ 南极北路（解放路以北段）打通前的景况（2013年5月23日摄）

▲ 新浦海昌巷东侧旧貌（1999年摄）

▲ 青年路与南极路交汇处改造前旧貌（1997年10月摄）

▲ 20世纪30年代新浦大街旧貌

▲ 20世纪初新浦后河码头情景

新浦区地方志编纂委员会

（2007年3月15日调整）

新浦区地方志编纂委员会

（2007年10月27日调整）

新浦区地方志编纂委员会

（2008 年 11 月 5 日调整）

主任委员　金建猛

副主任委员　陈开颜　张金融　郑　斌　高学成　李　锋　汤振宇

委　　员　杨　健　姜仁国　王宏新　梁　浩　杨中云　李敬伟　李春玉　杨永成
朱海波　刘文学　赵绍法　邱洪建　马秀荣　王　芳　杨汝勇　张景友
范益军　张振亭　乔　敏　曹铁成　许　春　宋金玲　王　涛　张宜奎
王绪国　林中青　谷胜迎　张正文　吴其量　王家科　陆　兵　张玉梅
刘　虹　史建梅　何洪壮　杨守清　周云祥

编委会办公室

主　　任　李　锋（兼）

副 主 任　严跃南（兼）　刘亚军（兼）

副 主 编　韩世泳

副 主 编　徐一德　王恒亮　孙寿鹏　李云高

编　　辑　韩世泳　徐一德　孙寿鹏　李云高　王恒亮

编　　务　张　涛　钱　敏　董修霞　李秀英　霍翠英

新浦区地方志编纂委员会

（2009 年 10 月 20 日调整）

主任委员　王立斌

副主任委员　张金融　朱加刚　郑　斌　郭宝光　苏　军

委　　员　吴玉和　汪宝明　杨中云　魏苏平　谷胜迎　张正文　李　军　骆丙春
周云祥　张玉梅　田亚辉　何洪壮　杨守清　胡建国　陈毅敏　乔月亮
李敬伟　李玉春　郭红兵　石德学　赵绍法　邱洪建　葛艳艳　张振亭
刘亚军　杨汝勇　张景友　范益军　杨泗顺　乔　敏　曹铁成　许　春
宋金玲　王　涛　韩树宾　赵斯斌　张宜奎　王绪国　钱　梅　周　明

编委会办公室

主　　任　苏　军（兼）

副 主 任　单新文（兼）　顾德习（兼）

主　　编　韩世泳

副 主 编　王恒亮　孙寿鹏　李云高

编　　务　李兴鲁　刘海波　董修霞　顾其贵　王维彤　古怀丽

新浦区地方志编纂委员会

（2013 年 10 月 31 日调整）

主要撰稿人员

（以姓氏笔画为序）

主要照片摄影及提供人员

（以姓氏笔画为序）

王凤歧　冯　义　成　磊　李　东　李绪宾　吴　舟　来俊华　周永恩
杨桂林　张义彪　张大强　张彦忠　张树庄　张海涛　张明宇　金　城
金　雷　苗运杰　贺方勤　胡宽法　俞永敬　封其灿　段　芳　骆晓玲
顾德习　顾有兵　徐建琴　梁同乐　韩世泳

书名题字及篆刻人员

题字：张耀山

篆刻：许厚文

《连云港市新浦区新志》评审人员

李　东　张　斌　陆瑞萍　唐张新　刘士俊
孙大伟　姜龙才　徐　敏　王继澍

《连云港市新浦区新志》验收单位

连云港市地方志编纂委员会办公室

序

在全区上下奋力拼搏、阔步迈向更高水平小康社会的关键时期,《连云港市新浦区新志》即将与大家见面,这是一件具有重大意义的事情。《连云港市新浦区新志》记载了新浦地区从春秋以来至2005年这两千多年间自然、地理、政治、经济、社会、文化、风俗、物产、人物等基本情况,客观真实地反映了新浦地区漫长而动人的沧海桑田发展历史。

新浦地区历史悠久,新浦人民勤劳智慧。新中国成立之后,尤其是改革开放以来,新浦人民始终保持自强不息、开拓创新、不畏困难、奋发有为的精神状态,在经济、社会发展的大潮中捕捉和把握发展机遇,开创了新浦地区改革开放的崭新局面。新浦发展的每一分进步,群众幸福的每一点积累,都激发出我们向更高目标迈进的信心与力量。

《连云港市新浦区新志》的编纂,自2005年年底启动,于2012年年底形成终审稿。2013年3月通过终审后,区志办人员又作精心编修,终成书稿。在编纂过程中,区地志办全体人员,尤其是韩世泳、王恒亮、孙寿鹏、李云高四位老人,淡泊名利、苦心修志,以编修一部良史为己任,积7年之功,完成了这部功在当代、惠泽千秋的290余万字的巨著。在此,谨向他们以及参与和关心、支持修志工作的区内外人士表示诚挚的谢意!

治天下者以史为鉴,治郡国者以志为鉴。《连云港市新浦区新志》以大量史实记述了新中国成立以来,特别是党的十一届三中全会以来,历届中共新浦区委、新浦区人民政府紧跟党中央战略部署,按照省委、省政府和市委、市政府要求,从新浦区实际出发,坚持不断解放思想,不断深化改革、扩大开放,组织带领全区人民在加快新浦地区经济建设、社会事业发展中取得的巨大成绩和宝贵经验,给我们留下了一笔宝贵财富。我们要切实做好学志、用志工作,充分发挥志书的存史、资政、育人功能。《连云港市新浦区新志》不仅为我们今后制定经济建设和社会事业发展规划提供了重要的参考依据,也必将激发全区人民继往开来、薪火相传,把新浦区的经济社会事业不断推向前进,在我区建成更高水平的小康社会过程中不断发挥作用!

大江流日夜,慷慨歌未央。愿全区人民继续锐意进取、齐心协力,共同谱写发展新篇章,为把新浦打造成为生态宜居、人文荟萃、经济繁荣、社会文明的现代化中心城区而奋斗!

中共新浦区委书记　**王立斌**

新浦区人民政府区长　**单晓敏**

二〇一四年三月

凡　例

一、本志为重修区志，为区别于首轮编修的《新浦区志》，定名为《连云港市新浦区新志》。

二、本志以马克思列宁主义、毛泽东思想、邓小平理论、“三个代表”重要思想和科学发展观为指导，坚持辩证唯物主义和历史唯物主义的立场、观点和方法，详今略古，实事求是地记述新浦区的历史和现状。

三、本志以2005年年底新浦区行政区划为记述范围。对与本区有联系而涉及辖区以外诸事的记述，以说明事物始末为度；对辖区内全市性的事业，本着略市志所详，详市志所略的原则，予以记述，以全面、客观地反映辖区内经济和社会发展状况。

四、本志所记诸事，尽量溯其发端，下限至2005年年底。大事记、图片资料和附录下延至2014年7月8日新浦区撤销时止。

五、本志依据现代社会分工和科学分类，设编立章，横排门类，纵述古今。

六、本志采用述、记、志、传、图、表、录等体裁记述史实。志一般设编、章、节、目4个层次。重要部分增设子目。志首设概述，各编下设无题序，重大事件，设立纪要或专记。

七、本志人物编坚持“生不立传”的原则。对本地区有重要贡献或较大影响的名人、能工巧匠，以人物传略、人物简介、列表等形式入志。同时，兼收对国家和人民有特殊贡献、成就卓著的客居他乡的本籍人物传略、简介。传略和简介，以人物出生年月为序。烈士按牺牲时间为序。先进模范人物按授予荣誉称号或获奖时间排列。

八、本志重视科学运用首轮编修的《新浦区志》，承其史料，并在各编章记述中补其欠缺，修其讹误。

九、本志运用记述文体，述而不作；大事记以编年体为主，其超本志下限的2006～2012年，均于年末设条记述本年全区各项主要指标完成情况，以反映当年全区经济社会发展概况。

十、本志所称新中国成立前（后），指中华人民共和国成立前（后）；所称解放前（后），以1948年11月7日新浦解放之日为界限。

十一、本志纪年，中华人民共和国成立前用历朝年号及民国纪年，并加括号注明公元纪年；中华人民共和国成立后，用公元纪年。

十二、本志行文除引用古籍原文外，所用文字按2001年1月1日起实施的《中华人民共和国国家通用语言文字法》规定，一律使用规范汉字；本志中的数字书写一律执行2011年7月29日国家标准化管理委员会发布的《出版物上数字用法 GB/T18835－2011》；计量单位名称、符号的使用，一律采用中华人民共和国法定计量单位，为保持历史资料原貌，个别地方仍用“亩”的计量单位；标点符号以国家标准化管理委员会2006年修订的《标点符号用法》为准；统计数字，原则上以统计部门正式公布的数据为准，统计部门没有统一公布数据的，以主管部门提供的为据；表格中加“－”的为无统计数据或查无数据。

十三、本志使用地名以市地名委员会公布的地名为准。使用古旧地名时，括注本志下限年份的地名。

十四、本志各编中记述的单位名称，第一次出现时用全称，并括注其简称，如中共连云港市委员会（简称市委）、连云港市人民政府（简称市政府）；中共新浦区委员会（简称区委）、新浦区人民政府（简称区政府）等，再次出现时则用其简称。志中所说“市”“港城”均指连云港市。

十五、本志资料采自有关文献、档案、报刊、专著和口碑，并经鉴别核实。

总　编　目

General Catalogue

Volume Ⅰ

Volume Ⅱ

目 录

（上册）

第一编 建置 区划

第二编 自然环境

第三编 资 源

第四编　人　口

第五编　国土资源管理

第六编　交通运输

第七编 城乡建设与管理

第八编 环境保护

第九编 经济综情

第十编 商 贸 业

第十一编 生活服务业

第十二编　粮油购销

第十三编　信息产业

第十四编　旅　游　业

第十五编　房地产业

第十六编　开放型经济

第十七编　工　业

第十八编 农 业

第十九编 水 利

第二十编　财税　金融

第二十一编　经济综合管理

Main Contents
(Volume Ⅰ)

Part 3 Resources

Part 4 Population

Part 5 Land Resources Management

Part 6 Transportation

Part 7 Urban and Rural Construction and Management

Part 8 Environmental Protection

Part 9 Comprehensive Economic Situation

Part 10 Commerce and Trade

Part 11 Consumer Services Industry

Part 12 Buying and Selling of Grain and Oil

Part 13 Information Industry

Part 14 Tourism

Part 15 Real Estate Industry

Part 16 Open Economy

Part 17 Industry

Part 18 Agriculture

Part 19 Water Resources

Part 20 Fiscal Tax and Finance

Part 21 Comprehensive Economic Management

概述

一

新浦区为连云港市中心城区,市委、市政府驻地。位于北纬34°30′17.08″~34°40′28.03″,东经119°07′31.27″~119°24′39.28″。地处暖湿带和北亚热带的过渡地带,全年平均气温14.1℃,平均降水量901.8毫米。平均无霜期211.8天,平均日照时数为2172.5小时。四季分明,气候温和,宜人宜物。

新浦区东北、北部与连云区接壤,南、东南与灌云县交界,西部与东海县为邻,西南与海州区相连。总面积259.54平方千米。至2005年底,全区辖花果山乡、云台乡、宁海乡、南城镇、南云台林场3乡1镇1场,及浦东、浦西、路南、新东、新南、新海6个街道。下辖29个村民委员会和70个居民委员会。域内有汉、蒙古、回、藏、维吾尔、苗、壮、朝鲜、满族等25个民族,居民109400户、369153人。

二

新浦区地形总体为北高南低。地貌呈多样化,以平原为主,山地次之。域内的南云台山有10多座独立山体、94个山头。其中玉女峰海拔625.3米,为江苏省最高峰。山间层峦叠嶂,瀑布处处,花果满坡,瑞气飘香。花果山景区和渔湾景区两处国家AAAA级旅游景区,及东磊孔雀沟、南城凤凰山等景区均在其间。

新浦区物产丰富。云台山区自古林木茂密,遍布亚热带落阔叶树与常绿阔叶树组成的混交林。有闻名全国的千年玉兰花王"家族"和金镶玉竹。山区有各类植物1200多种,各种药用植物800余种。山区、滩地有各类野生动物2000多种,尤以鸟类、昆虫资源最为丰富,有国家一、二类保护鸟类42种。地下的磷和矿泉水等矿物资源也十分丰富。

全区有耕地7200余公顷、林地4800余公顷。主要生产小麦、水稻、玉米、大豆等粮食作物。盛产板栗、樱桃、大杏、银杏、云雾茶和葛藤粉、首乌粉等农林特产。

区内有蔷薇河、盐河、玉带河、东盐河、大浦河、烧香河等主要河流。河道水面300多公顷。有大村、当路、东磊等水库、塘坝17座,常年蓄水达900多万立方米。南云台山系地下水储量达3800万立方米。

三

新浦地区历史悠久。域内云台山原在东海(今黄海)之中,古称郁州、郁洲。春秋战国时期属鲁,后属楚。秦统一中国后属薛郡、郯郡。汉属东海。南朝宋泰始年间(465~471),青州曾侨立于南城。元徽四年(476),南城山上已垒石为城,成为东海要塞。隋唐以后,先后属东海县、海州、海州直隶州。主城区新浦于清乾嘉年间成陆后,因靠近古城海州,既据蔷薇河下游南岸,又为运盐河入海口,为水陆交通要地,至咸丰、同治年间已发展成为小集镇。光绪年间,进而成为古海州地区的经济中心和苏北鲁南地区物资集散地。

民国年间,新浦属东海县,辖6镇。

新中国建立后,城区新浦设4个区,后不断撤并,于1955年11月成立新浦区。1983年6月,新浦、海州两区合并成立新海区。1986年6月,新海区撤销,恢复新浦区建置。2001年11月,云台乡、花果山乡、南城镇及南云台林场划属新浦区。2005年6月,灌云县宁海乡划入新浦区。

四

新浦地区具有光荣的革命传统。民国17年(1928)8月,中共东海特别支部即派毛汝南、娄子征、李慎之以教师身份到今花果山乡大村村,从事革命宣传活动、筹建党的组织。次年,中共大村支部建立。发动山区农民开展反山霸斗争,并组织领导"扁担会"举行大村暴动。民国18年(1929)初,中共东海县委从海州迁至新浦,在黄包车工人中发展党员,建立党支部。同年5月中下旬,中共东海中心县委在今花果山乡三元宫西飞楼召开会议,传达党的"六大"精神。

抗日战争时期,中共长江局军分区委派张文海、谷牧秘密到新浦,在当地驻军东北军五十七军一一二师中建立中共一一二师工委,积极开展革命活动,并在陇海公寓发展著名抗日将领一一二师六六七团团长万毅等人加入中国共产党,壮大东北军中的革命力量,推动抗日斗争。

抗战胜利后,中共海州市委下辖的新海(新浦)工委,在新浦积极开展城市工作。中共东山一支部(又称新浦地下工作支部),秘密发动市民,开展斗争,团结贫民和商贩,通过各种渠道向解放区输送枪械及各种物资。同时,保护自来水厂等城市设施,迎接新浦解放。

新中国成立后,中共新浦地区的新华、新龙、民主3个区委在市委领导下,认真贯彻落实党中央的路线、方针、政策,组织带领广大党员、干部、群众投入各项运动,稳定社会秩序,恢复生产,巩固和扩大革命成果。1951年8月,新浦地区原3个区撤销。组建龙尾、盐河两个区后,两个区委组织带领广大干部群众,积极开展生产自救,发展工商业和社会事业,使地区国民经济很快得以恢复。1955年11月,龙尾、盐河两区合并成立新浦区后,中共新浦区委、区政府带领全区各级党组和广大干群,积极开展对资本主义工商业的社会主义改造和农业互助合作运动,认真执行国民经济和社会发展"五年计划",积极发展工农业生产,活跃城乡贸易,加强城市建设管理和文教卫生事业,使新浦城乡重新呈现繁荣景象,人民生活不断得到改善。

党的十一届三中全会以来，区委、区政府坚定不移地执行党中央和省、市委指示，不断解放思想，深化改革，扩大开放。在30多年改革开放实践中，先后在全区进行了经济体制改革、事业单位体制改革、用人制度改革、工资制度改革、医疗制度改革及党政机关机构改革等各项改革，全面建立健全城乡最低生活保障制度、医疗保险制度、养老保险制度、住房公积金制度等社会保障制度。同时，坚持以人为本、协调发展重要原则，狠抓社会主义精神文明、政治文明建设，加强党风廉政建设，使全区经济建设和社会事业不断发展，社会治安稳定，人民安居乐业。

五

新浦区域内云台山地区古为东夷人聚居之地，并已开始有简单的农业生产活动。汉魏起，煮海为盐，后铺池晒盐，日渐发展。山上产茶，品质优良，至宋时已成为古海州贡茶重要产地。清初裁海，居民尽迁内地，山中各业尽废。复海后，有所恢复。康熙二十三年（1684），南城设江海关，各业生产一时兴旺。不久，黄河夺淮，大海迁徙，海关撤移，山区生产发展缓慢。海退成陆后，盐业生产一度发展较快。随着海去甚远，盐田尽废，耕种业渐兴。但因地质盐碱，耕作技术落后，产量极低。

清嘉庆、道光年间，新浦成陆后，因得河、海运输方便之利，南北商船翔集于此，交易土货。光绪十八年（1892）商界筹资创建新浦天后宫后，新浦商业日趋兴旺。光绪末年，大浦自开海关，新浦为其依托，形成商埠。海州人沈云沛、赣榆人许鼎霖等到此兴办油饼公司、面粉公司等半机械化工业企业。民国8年（1919），江苏实业厅投资建设的染织企业——江苏省立第八工厂在新浦东艞外建成投产。继之，织布、制皂、制革、制锅、印刷、金银首饰加工等业全面兴起。20世纪20年代，金融机构相继出现，新东电灯股份公司建成发电，东陇海铁路通达新浦。一时间，各路商贾纷至沓来，投资办实业，老大街（今民主中路中段）二面商号毗邻，市容一新，前河、后河商船往来不断，一片繁荣景象。30年代，新浦已有商店、货栈400余家，及东亚旅社、中央旅社、陇海公寓、味芳楼、六合春、天顺楼等数十家设施较完善的旅馆、餐馆，成为苏北鲁南一带的商贸中心，时有“苏北小上海”之称。20世纪30年代末，日军侵占新浦后，新浦地区民族工商业备受摧残。

抗战胜利后，工商业尚未复苏，即因国民党发动内战而无法经营。至解放前夕，工商企业基本关门停业，市面一片萧条。

中华人民共和国成立后，经过三年经济恢复时期和对资本主义工商业的社会主义改造、农业合作化运动，全区工农业生产和商贸服务业很快得到恢复发展。1958年的“大跃进”，继之三年困难时期，尤其是1966年开始的十年“文化大革命”，使新浦区的经济建设受到了不同程度的干扰、破坏。党的十一届三中全会后，区委、区政府坚持以经济建设为中心，发展是硬道理，集中精力加强经济建设工作。特别是1984年连云港市被列为全国14个对外开放港口城市后，新浦区乘势而上，不断深化改革，扩大开放，招商引资，发展外向型经济，并从区情出发，适时调整经济工作思路，确立经济发展战略，落实各项政策措施，使全区经济建设发生了巨大变化。

多种经济成分并存齐发展 改革开放前，由于长期实行计划经济，和左的经济政策，1975年10月，域内仅有的4个集贸市场也全被关闭。新浦区工商企业均为集体所有制企业，个体工商业无生存空间。“文化大革命”结束后，特别是改革开放后，政府允许和鼓励个体、私营商业发展，恢复集贸市场，新建市化路、青年路等小商品市场，开放东方大厦招商市场，为个体、私营商户提供经营阵地。1980年，全区个体、私营商户即恢复到250多户。继之，区委、区政府不断制定出台发展个体、私营经济的优惠政策，鼓励个人独资、合资兴办个体、私营工业企业。区属集体工商企业通过产权制度改革、职工身份置换等深化改革措施，绝大部分转变为个人经营或股份制企业。至2005年底，全区有集体工业企业125家、私营工业企业689家。私营工业企业经济总量占全区工业经济总量的80%；全区个体工商户达6298户，私营工商企业305户。个体、私营商户年营业额达20多亿元，相当于同期区属集体商业的10倍。逐渐形成了国有、集体、个体、私营、股份制等多种经济成分并存，共同发展兴旺景象。

三次产业结构不断优化 区委、区政府在组织领导全区经济建设过程中，不断总结经验、更新观念，从按照市里计划组织生产，逐步转变到按照市场经济规律，从本区实际出发，适时调整经济建设发展思路，制定经济发展战略和各项政策措施。20世纪80年代初起，根据区情变化，先后制定实施"兴商、促工、稳农"、"兴商、促工、开发"、"三产兴区"（以第三产业带动全区经济发展）、"三联（联外、联内、联辖区）驱动"以及"三产兴区、二产强区、民营富区"、"开放立区、二产强区、三产兴区、民营富区"经济发展战略，全区三次产业比例，由20世纪70年代末的11.09:45.65:43.26，调整为80年代末的3.15:31.28:65.57，90年代末的0.33:21.49:78.18，2005年为6.08:21.34:72.58。现代商贸、餐饮服务业，新兴的旅游业、电信业快速发展。同时，三次产业内部的结构，产品结构也不断得到优化，更趋适应市场需求，经济效益明显提高。2005年，全区国内产业总产值达26.03亿元，比20世纪初的1991年增长近38倍；利税总额由1991年的539万元增加到15847万元，增长28倍多。

外向型经济取得长足发展 新浦区工商企业多为集体企业，经营门类较少，流通、辐射范围有限，没有外贸企业。改革开放后，区委、区政府加强开放型经济工作领导，成立领导小组和专门业务机构，制定出台一系列招商引资激励办法和考核细则，从区四套班子到各部门全面实行招商引资责任制。大力兴办"三资企业"，发展对外贸易。从1987年迈出出口创汇第一步，到2005年底，全区出口企业达90家，当年自营出口6557万美元，比上年增长148%；完成外经营业额920万美元，比上年增长27%。被评为市外经贸工作先进单位。

工业经济综合实力明显提升 新中国成立后，新浦区工业企业发展较早、较快，而20世纪60年代初、70年代后期33个骨干企业先后上交市有关局实行行业管理后，全区仅剩12家小工厂，工业年产值仅340多万元。改革开放后，区委、区政府发挥区位优势，在加快发展街道工业、校办企业、村办企业同时，通过招商引资，大力发展私营工业企业。1991年，全区工业经济总量首次突破亿元大关。90年代初起，坚持通过外引内联，引进资金、项目，发展骨干工业企业，上规模、上总量。到2000年，全区工业企业达600多家，完成工业总产值12亿元、工业销售收入11.5亿元，实现利税总额4600多万元。进入21世纪后，全区再次优化工业经济结构，鼓励、扶持发展科技含量高、上规模的工业企业，金属制造和非金属矿物制造等传统产业不断提升，光能源设备制造等新兴产业快速发展，工业经济综合实力显著提升。至2005年底，全区工业企业达885家，规模以上企业发展到38家。全部工业总产值达27.8亿元，产品销售收入21.8亿元、利税总额1.58亿元。2001年至2005年，工业增加值平均每年增长9.4%。

商贸物流中心地位更加凸显 改革开放后，区委、区政府顺应市场经济发展需要，充分发挥中心城区的区位优势，坚持实施"三产兴区"战略，对沿街经营效益较差的工业企业实行"退二进三"（即停办第二产业，改营第三产业），大力发展商贸、餐饮服务业。特别注重结合旧城改造、新区开发，通过市场运作，加大招商引资力度，建设大商圈、大市场、大物流中心，着力发展现代商贸服务业，提高中心城区的现代商贸业的凝聚力和辐射力。到 2005 年底，已建成中央百货、陇海商业步行街、美凯龙国际家居广场、国际服饰城、国美电器、五星电器、苏宁电器、时代超市、振大超市、农工商超市、文峰大世界、振兴特易购、新一佳超市等一大批大型购物场所和火车站等新商圈，中心商圈购物功能和城区服务功能明显增强。配合市有关部门在老城区东部建成占地 53 万多平方米的连云港生产资料国际商城，在老城区东南部建成连云港农副产品批发市场。新浦作为全市乃至苏北鲁南地区商贸物流中心的地位更加凸显。

农业生产开始迈向产业化、标准化　党的十一届三中全会以后，农村实行经济体制改革，调动了农民的积极性，加之推广新品种、新技术，农业发展步伐大大加快。20 世纪 80 年代初起，区委、区政府及时引导农民调整农业经济结构，大力发展社队工业、养殖业、建筑业、运输业，鼓励农民外出务工搞副业，从事服务业。到 20 世纪 80 年代末，农村经济总产值中种植业、工业、商贸服务业的比例，由 70 年代的 62∶33.8∶4.2，转变为 412∶472∶12。20 世纪 90 年代末，农村经济结构调整转向以市场为导向，立足环境保护，科学利用资源，不断延长产业链，调优产品质量，提高经济效益。90 年代末起，各级政府进一步组织新一代农民走出去，学技术，以优惠政策招商引资到乡村兴办合资企业，加强农业产业化、标准化建设。引导农民建立无公害果品、茶叶、中药材生产基地，大力发展各种专业户、经纪人、专业协会、专业合作社，培育贸工农一体化的“龙型经济”。到 2005 年底，全区农村已有各类专业大户 369 个、专业合作社 121 个、农业特色村 17 个，形成特色产业 9 个。全区经济作物面积增加 666.7 公顷，建成并已通过省认证的无公害农产品生产基地 15 个，建成樱桃、大杏、茶叶等农产品基地 6 个及南城凌霄花标准化示范园区、南云台林场茶叶标准化示范园区。特色产业产值已占农业产值的 39%。

财政收入成倍增长　居民收入显著提高　2005 年，全区财政总收入 4 亿元，比 2004 年增长 35%；全年完成一般预算收入 2.1 亿元，比 2004 年增长 40.2%，比 2001 年增长 2.4 倍。2005 年，全区职工人均工资 13101 元，农民人均收入 4664 元，分别比改革开放初期的 1978 年增长 24.6 倍和 23.4 倍。

六

随着经济的发展、人口的增加，新浦城区建设也逐步发生变化。新中国成立后，新浦作为连云港市中心城区和市委、市政府驻地，城市建设步伐更不断加快，档次不断提升，城市面貌焕然一新。

建成区不断扩大　20 世纪 20 年代初，新浦城区面积约 0.75 平方千米，到 30 年代初，扩至近 2 平方千米，并形成了中山路（今民主中路）、新市街（今新市路）两条商业街，街两面楼房毗邻，样式新颖，路旁已有路灯。30 年代末至 40 年代中期沦陷期间，日军出于掠夺物资，扩大侵略战争需要，加紧修桥铺路，安装自来水，市区由前河（今市化路）北，扩展到前河南，面积扩至近 10 平方千米。

新中国建立后，新的城市规划建设全面展开，修桥铺路，建公园，搞绿化，安装路灯、自来水。20 世纪 50 年代起，市区先后向陇海铁路（今陇海商业步行街）以南、龙尾河以东和西盐河以西扩展。至 60 年代中期，基本形成由民主路、解放路、海连路 3 条东西向主干道和南极路、海昌路、通灌路 3 条南北向主干道构成的“田”字型城区框架。主要道路均已铺筑成泥结碎石路面，民主路、解放路等路段已开始建成沥青路面。解放路（今解放中路）也已开始形成新的商业服务中心。

改革开放后，新浦区城市规划、建设步入了快速发展时期，老城区拆迁改造正式启动，经过 80 年代、90 年代的连续开发建设，解放路、通灌路、海昌路、海连路等主要干道得到拓宽、改造，路两旁建成了陇海饭店、上海饭店、五交化商场、国际双厦、天然居、昌旺购物中心等一批大中型商场和现代建筑。通过改造拓宽玉龙路(今瀛洲路),新建盐河南路,对市民广场、临洪广场等周边的拆迁改造,市区南大门、西大门形象大为改观。按市城市建设总体规划,自1991年起,位于新浦老城区东南部的新城区建设全面展开,经过15年的开发建设,占地6.75平方千米的现代化新城区已和老城区相连接,融为一体。

进入21世纪后,全面展开了老城区的棚户区改造工程。以市场运作的方法,注入资金30多亿元,对盐河路、解放西路、康泰路、市酿化厂、新浦老火车站等30余块老城区进行拆迁改造,建成极美苑、瑞景花园、万山花园、兴业时代花园等一大批具有现代气息的住宅小区。老城区面貌发生了很大变化。至2005年底,已形成由纵横各10余条主干道交叉构成的城区框架。城市建成面积已达58.43平方千米。

建设现代园林城市 新浦城区一带原是海滩,土壤盐碱,树木难长,直至解放前夕,仅西艉东首有一棵老榆树。

新中国成立后,新浦人民响应毛泽东主席"绿化祖国"号召,在区委、区政府领导下,坚持每年冬春开展义务劳动,挖塘换土,植树造林。至20世纪60~70年代,解放路、海连路、海昌路等主要道路两旁已有行道树,新浦人民公园建成向市民开放。到80年代末,城区绿地覆盖率已达12.85%,初步形成三季有花、四季常绿化格局。

20世纪90年代以来,按照市委、市政府的创建省级园林城市要求,新浦区不断加大城市园林绿化投资规模,大搞河滨绿化带、居民区绿化和驻地单位绿化、美化,开展创建"园林城市单位"、"绿色社区"活动;不断提升道路绿化、美化档次;大力兴建公园、公用绿地;不断优化、美化行道树和绿化带。至2005年底,城区绿化覆盖率已达33.67%、公共绿地面积已达354.43公顷,人均公共绿地面积达12.27平方米。新浦城区已变成了现代园林城市。

环境质量明显提高 20世纪60~70年代,新浦城区为化工、机械、皮革、塑料等企业所包围,环境污染严重,西盐河、龙尾河一度河水变臭,鱼虾绝迹。

20世纪60年代起,新浦北郊开始修筑化工排污沟,开始治理工业污水污染。80年代,市、区环境保护机构成立后,认真贯彻落实《中华人民共和国环境保护法》环境保护工作进入一个新阶段,两级政府加大对环境保护投入,全面实施大气污染治理、水污染治理、噪声污染治理,先后实施化工企业搬迁、"三河"(龙尾河、西盐河、扁担河)治理、兴建污水处理厂等工程,开展建设烟尘控制区、噪声达标小区创建和创建国家环境保护模范城市活动,加之城市建设道路增加、路面拓宽,新浦城区的大气质量、水质量、声环境质量主要指标年均值,均已符合相应功能区的国家标准,新浦地区环境质量明显提高。

城市面貌发生根本变化 解放前,新浦城市卫生管理力量薄弱,卫生设施缺乏,直到解放前夕,仍然到处是污水、垃圾、粪便,夏秋蚊蝇孳生。

新中国成立后,在加强城市建设同时,区委、区政府不断加强城市卫生管理,规范持久地开展爱国卫生运动,组织职工群众开展义务劳动,填水塘,除杂草,扑灭蚊蝇;逐年增加环境卫生管理设施,兴建公共厕所、垃圾池,搬迁散布在市区的大粪场;在居民和驻地单位中开展卫生红旗竞赛活动,使城区面貌不断发生变化。

改革开放后,城市管理力度进一步加大,先后开展"三整顿"(整顿市容、环境卫生和交通秩序)、"文明礼貌月"、创"三优"(优美环境、优良秩序、优质服务)和创建卫生城市等活动,使城市管理水平不断提高。同时,区委、区政府逐年增加城市卫生管理投入,提高环卫作业的机械化水平,提高管理效率。深入开展环卫管理体制改革,激发环卫工人的积极性,城市环境卫生管理水平不断提高。区委、区政府还注重加强民间保洁工作，在城区推行“门前三包（包门前卫生、绿化、秩序），门内达标”责任制，区政府和各街道、驻地单位层层签定责任书，使城市管理逐步走上正常化、制度化。

七

在经济建设发展的同时，新浦城乡各项社会事业也发生了巨大变化。

城乡教育事业蓬勃发展　自民国元年（1912），南城开明人士兴办七年制的开明高等小学，次年，新浦商界集资兴办东海县第二国民小学起，新浦地区教育事业不断发展。至解放前夕，新浦城乡有小学校20多所，私立初级中学2所。

新中国成立后，人民政府大力兴办教育事业，特别是改革开放以后，区委、区政府不断加大实施《中华人民共和国教育法》和教育改革力度，在城乡全面普及九年制义务教育，切实改善乡镇中小学校办学条件，提高教学质量。至2005年底，全区有中学9所、小学26所、小学教学点11个，在校中小学生37585人，教职工2282人。学龄前儿童入学率100%，初中升学率99%，高中升学率95%，职业高中毕业生就业率达95%以上。成人教育扎实有效。自2000年起，全区成人教育全面转入中等文化技术教育。2001年，全区职工业余教育被定为省社会教育试验区试点单位。全区有成人教育中心、职工学校、南京大学连云港函授站各1所，有社区学校70多所。同时，域内有普通高等院校4所、职业教育院校7所。各级兴办幼儿园58所，其中，省级示范试验性幼儿园11所、市一类园8所。幼儿学前三年入园率96%。

建成四级医疗服务网络　新浦区的卫生事业起步较早，明清时期域内云台山地区已有中医在民间行医。光绪三十四年（1908），西医开始传入新浦。民国11年（1922）即有西医诊所。到抗日战争前夕，新浦地区已有西医诊所34家、中医诊所47家。后因日军侵占和国民党打内战，新浦地区医疗事业受到很大影响。至解放前夕，新浦只有1所新浦公立医院和极少私人医院、诊所。

新中国成立后，人民政府贯彻党的卫生工作方针，广泛开展爱国卫生运动，建立健全各级卫生机构，大力发展卫生事业。20世纪90年代后，政府进一步深化卫生事业改革，加强区属医疗单位建设，大力鼓励和扶持民营医院发展。至2005年底，全区有区属医院、乡镇（场）、街道卫生院（所）17个，民营医院9所、个体诊所247家。医院病床由1990年的210张增加到540张。同时，驻地有国家三级甲等医院——市第一人民医院以及市中医院、市第三人民医院等医疗机构。基本上构成了覆盖全区的市、区、乡镇（街道）、社区（村）的四级医疗服务网络。

文化体育事业空前繁荣　新浦区文化事业源远流长，先民们留下了诸如东磊太阳石之类的瑰宝。唐宋时期，随着宗教活动兴起，民间文化活动日渐活跃。文人墨客纷纷在海外仙山云台山上作诗题刻。新浦成埠后，书店、剧院、电影院、报刊及篮球、排球等现代体育活动相继出现，民间文化体育活动一度兴旺。20世纪30年代后期，日军飞机狂轰滥炸，使云台山中古刹三元宫等建筑和新浦的剧场、影院、报社等毁于一旦。民族传统文化活动更受到极大影响。

新中国成立后，新浦城乡文化体育活动重新活跃。党的十一届三中全会后，在“文化大革命”期间受到严重干扰的各种文化体育活动，如枯木逢春，呈现了百花争艳的繁荣景象。花船、花挑、龙灯及各种民间小调、海州五大宫调等民间传统文化活动迅速恢复发展，各种文艺创作活动广泛展开，硕果累累。

各类文物得到切实保护，新闻出版、图书档案、广播电视、电影戏曲蓬勃发展。竞技体育水平不断提高，全民健身运动遍及城乡。随着社会主义精神文明建设不断深入，先进文化进万家、文化下乡等活动的蓬勃开展，以及建设社会主义新农村工程的实施，农村文化体育事业得到空前发展。

社区服务和社会保障事业日趋完善 新中国成立后，党和政府恪守全心全意为人民服务宗旨，切实加强民政工作，新浦城乡民政服务机构不断建立健全。至20世纪90年代末，全区已建成以为老龄人服务、为残疾人服务和为广大居民服务为主要内容的区、街、居（村）三级社区服务网络。进入21世纪以来，在进行各项制度改革同时，区委、区政府进一步加强街道工作，加强居（村）民委员会基层政权建设，大力实施就业、再就业工程和惠民工程，切实发展社会保障事业，全区养老、医疗、失业、最低生活保障等社会保障体系日趋完善。已构建成区、乡镇（街道）、社区三级就业、再就业服务网络。全区企业离退休人员养老金社会化率达100%；参加养老保险、医疗保险均达8000余人；新型农村合作医疗覆盖率达87.3%。

八

2005年，新浦区人民在市、区党委、政府的领导下，全面完成了第十个五年计划后，坚持以邓小平理论和“三个代表”重要思想为指导，全面落实科学发展观，根据市总体规划要求，从新浦区实际出发，制定了《新浦区国民经济和社会发展第十一个五年规划纲要》，紧紧围绕富民强区和率先建设小康社会的总体目标，坚持改革开放不动摇，迈入了跨越发展、科学发展、和谐发展新征程。一个融国际性海滨城市的工业集聚区、现代服务业核心区、科教文化先进区与文明和谐的人居示范区于一体的新浦区即将呈现在黄海之滨，闪光于新亚欧大陆桥东桥头堡。

大 事 记

春秋 战国

境内云台地区属鲁,后属楚。

秦

嬴政二十六年(前221) 秦始皇统一中国,分天下为36郡,云台地区属薛郡,后属郯郡。

西汉

始元四年(前83) 冬十月,相传有凤凰飞到东海(今南城)山上,朝廷派人到此建祠。因此,此山得名“凤凰山”。

元始二年(2) 大村一带已按百户为一里,设荣成里、西长里、宣梁里、满里、利成里等。

新王莽天凤五年(18) 东海郡人徐宣、谢禄、徐音起兵反对王莽,与樊崇的赤眉兵一起,败王莽的探汤侯田况后,谢禄人马屯驻凤凰山。

中平六年(189) 曹操部属邴原带全家来云台山下渔湾隐居。

建安元年(196) 刘备兵败徐州来云台关里避难。

西汉末年 南云台山下前关建糜竺书院。

南北朝

南朝宋泰始初(465) 侨立青、冀二州于云台。

南朝宋泰始七年(471) 立东海县,南城为东海县治。

南朝宋元徽五年(477) 青、冀二州刺史刘善明在凤凰山上垒石为城。

南朝梁大同三年(537) 六月下霜,农作物受大害。

北朝东魏武定七年(549) 罢青、冀二州,改称海州。境内属海州东海郡。同年,南城置临海镇。

隋

开皇五年(585) 在南城东凤凰山绝顶建玉皇宫。

开皇九年(589) 东海县令张孝征筑西捍海堤,南自南城谢禄山,北至今墟沟石城山,全长31.5千米。

开皇十五年(595) 东海县令元暖率民在县东北三里筑捍海堰,西南至苍梧山(今九岭山),东北至巨平山。长三十九里。外捍海潮,内蓄山水灌田。

开皇二十年(600) 域内道教盛行,在今花果山乡境内建郁林观。

唐

贞观十三年(639) 丞相魏征为南城题写"宁海门"门额。

开元七年(719) 海州司马崔惟平来东海(今云台)巡属县,问耆疾,其子崔逸撰《东海县郁林观东岩壁纪》,刻于郁林观旁狮子岩下巨石上。

开元二十九年(741) 筑东海堰,挡潮蓄水,农业获利。

长庆元年(821) 二月海水冰冻,南北200里,东望无际。

开成三年(838) 日本学问僧圆仁随日本遣唐使藤原常嗣到中国,由涟水赴云台,游新县兴国寺、大村,后至南城。县令李夷甫接待并护送过海到海州州衙,拜见海州刺史颜措。

开成五年(840) 域内夏,螟蝗危害农作物,民受其苦。

大中十二年(858) 域内夏秋发大水农田受淹成灾。

北宋、辽

建隆元年(960) 四月八日,清信女弟子高平郡米氏,舍财修葺阿育王真身舍利塔,周围建行廊12间。

天圣元年(1023) 始建海清寺阿育王塔。天圣九年(1031)建成。

庆历四年(1044) 诗人祖无择、书法家苏唐卿、篆刻家王君章同游郁林观,留诗(即祖无择三言诗)、书、刻于郁林观危崖上。

至和二年(1055) 在南云台山青峰顶创建三元宫(即今海宁禅寺)。

南宋、金

南宋绍兴年间(1131~1162) 临洪滩一带设临洪盐场。

南宋隆兴二年(1164) 八月二十三日,提督京东路水陆军马范荣在南城西凤凰山题写《适野亭记》。

▲ 十月,云台地区被以和约形式正式割让给金。

南宋嘉定十三年(1220) 八月,南宋回师,收复海州,徐稷为知州,云台地区为金控制56年结束。

南宋宝祐二年(1254) 南宋淮西制使贾似道为加强防卫,重修凤凰城,为西南二面控海,东北二面抵山,大城连小城,周围13里,设南、北、东3门。

南宋德祐元年(1275) 东海州(驻今南城)知州施居文降元。

元

至元二十年(1283) 改漕粮海运,海州为漕运必经之地,南城商船云集,商旅熙攘。

至元三十年(1293) 临洪场设盐使司,配盐场司令1人。

明

洪武元年(1368) 设临洪场盐课司。

▲ 大村建起一座长五丈余的石闸，通称“金水坝”。

洪武二年(1369) 南城建东海巡检司。

洪武三年(1370) 大理寺评事王规奏请朝廷，在大岛山与南城凤凰山之间筑堤50里，以防海潮，众称为“王公堰”。同年，东磊围屏山下建成观音殿。后改为延福观。

▲ 淮安卫内的中所移于南城，加强海防。

洪武十七年(1384) 千户万寿在南城十字街东首创建守御东海千户所。

▲ 朝廷实施“裁海”政策，令云台山上居民被迫迁至内陆。

洪武二十一年(1388) 南城建永济仓、天字廒32间，丰年储谷，凶年放赈。

洪武二十六年(1393) 东海守御千户杨从益在南城东北80里设东海营寨。同年，重修万金坝(后被海潮冲毁)。

永乐十六年(1418) 淮安卫指挥周得辛将南城城墙增高2尺5寸，连女墙高2丈2尺5寸。并建城铺25座。

宣德十年(1435) 朝廷严禁私自下海捕鱼。至正统二年(1437)七月，弛禁，渔民方可下海捕鱼。

嘉靖八年(1529) 云台籍掌司钥库御用太监刘荣捐银600两，在已毁的万金坝上重修万金桥一座，长四里，筑20孔以走水。

嘉靖十七年(1538) 东海巡检司由南城迁往新坝。

嘉靖二十三年(1544) 海州知州王同为花果山水帘洞题写“高山流水”、“神泉普润”，勒于水帘洞外崖壁上。

隆庆六年(1572) 云台地区开始出现社学。

▲ 立临洪镇。

万历四年(1576) 在大村西北筑大村堰，上储山水，下挡海潮。

万历六年(1578) 云台山三元宫群筑群竣工。

万历十年(1582) 七月十三、十四日两天，大风雨、海啸，民宅、盐田受损严重。

万历十五年(1587) 修筑九龙桥，建玉皇阁、海曙楼(一名望日楼、望海楼)。万历二十四年九月竣工。

万历二十二年(1594) 三元宫更名为“海宁寺”，建大佛殿。

▲ 皇太后敕谕颁《大藏经》一部、佛像三轴、紫衣一袭、锦幡二联、经幅一方、银元宝一锭赐三元宫。

万历三十年(1602) 九月初六日，明神宗《续颁藏经敕谕》颁施于云台山三元宫，并封为“天下名山寺院”。后制成“圣旨碑”(现存放“玄奘纪念堂”内)。

万历三十一年(1603) 神宗皇帝敕封“护国三元宫海宁禅寺”，颁赐万佛衣、千佛衣各一、瓷钵一、龙碗二。

万历年间 海州通判唐伯元筑大村堰，俗称“唐王坝”。

天启六年(1626) 熹宗朱由校题“敕赐护国三元宫”七字，镌为额刻，嵌于三元宫前山门上。

崇祯四年(1631) 高晋卿等三中官创建延福观。

清

顺治十八年(1661) 清王朝实行“裁海”政策，云台山被禁为界外，山间村民均被强令迁于内地。

康熙二年(1663) 南城设东海三营,由淮安总督漕运部院军门标下管辖。

康熙七年(1668) 六月十七日,郯城地区发生8.5级强烈地震。海清寺阿育王塔安然无恙。

康熙十六年(1677) 清政府宣布云台山解除海禁,居民迁回山上居住,陆上居民也可出海活动。

康熙二十三年(1684) 在云台、宁波、漳州、澳门设四海关,云台海关称“江海关”。大浦形成集镇,车来船往,商旅辐辏,商业渐兴。

康熙三十一年(1692) 康熙帝亲书“遥镇洪流”4个大字,赐云台山三元宫。

康熙三十二年(1693) 南城建城隍庙。

康熙四十九年(1710) 云台山一带饥荒,淮安知府姚陶从海州黑风口乘舟渡海由南城登云台山放赈。

康熙五十年(1711) 云台山始与陆地联接。

康熙五十四年(1715) 云台海关裁撤。

雍正六年(1728) 临洪场和赣榆兴庄场合并为临兴场,场署设于赣榆小河口。

雍正八年(1730) 海州地区大水,遍地水深1丈,直抵南城山下。

乾隆五十九年(1794) 新浦一带(现市区)海水开始东退,逐渐成陆。

嘉庆三年(1798) 盐商捐资疏浚拓宽运盐河之下河口以下的“新浦”河,把运盐河入海口从下河口引至孔望山东北角处,立入海口为“新浦口”。同时设立包垣。

嘉庆八年(1803) 知州唐仲冕蠲俸修葺三元宫。同时复修弥陀庵,通称“云台下院”。

嘉庆九年(1804) 海州开挖甲子河,从城东门直通新浦口。

道光十二年(1832)四月二十六日 太子少保、兵部尚书陶澍偕林则徐、梁章钜、张井、俞德渊、邹锡淳、李湘茝、陶廷杰、李彦章、谢元淮等登云台山(花果山)华严阁作“印心石屋”诗会,陶澍作《蟠龙丈人歌》,题“蟠龙丈人碑”。

咸丰九年(1858) 捻军刘天福部数万人攻破南城,后去赣榆。

咸丰十一年(1861)五月 捻军刘天福部数万人,再攻南城,清绿骑兵驻南城的东海营统领都司石龙章阵亡,捻军占领云台山地区,许多地主富绅藏匿深山或逃往外地。

同治三年(1864) 伊斯兰教开始传入新浦。

同治六年(1867) 新县乡绅张益三率五百丁壮,火烧宣三圩及南城部司衙门,抗议衙门搜刮民财。

光绪十八年(1892) 新浦动工兴建天后宫。当年建成正殿。同年,新浦大街(今民主中路市民路至南极路段)基本形成。

光绪二十四年(1898) 海州实业家沈云沛创办的临洪榨油厂开业。

▲ 宋始基创建云台山树艺公司,在南云台山望海楼、围屏山、唐王洞等处山坡上种植茶、桐、杉、樟、榆1400多万株。

光绪二十六年(1900) 大浦作为临洪口,自行对外开放。

▲ 朝议于海州辟商埠,在新浦建筑海关大厦。

▲ 沈云沛在新浦开办甡泉槽坊、甡泰油坊、甡茂油坊,用机器榨油。

光绪二十七年(1901) 新浦天后宫竣工。新浦第一座戏楼——天后宫戏楼同时建成投入使用。

▲ 新浦旱班邮路开通。邮件经淮阴达镇江,经淮阴、镇江两局转寄各地。

光绪二十九年(1903) 七月,郁林观住持僧本来重建郁林观。

光绪三十年(1904) 赣榆实业家许鼎霖在新浦创办海丰面粉公司。

▲ 新浦前河上兴建第一座木结构拱形桥,时称“洋桥”。

光绪三十一年(1905) 两江总督奏请在新浦东北部临洪口自开商埠,获准。

▲ 新浦第一家中药店——阮天成分店开业。

光绪三十二年(1906) 许鼎霖在新浦开办赣丰饼油公司。

光绪三十三年(1907) 设立新浦邮政代办所。

光绪三十四年(1908) 西医开始传入新浦。

▲ 宁海邵庄人邵冶田创办“尚志学堂”。

宣统二年(1910) 五月二十三日,新浦、板浦、南城等地万余饥民包围海丰面粉公司。洋匠和公司丁勇开枪打死饥民9人,打伤22人。另有7人淹死于护厂河。次日,饥民再次包围海丰面粉公司,浇煤油烧毁面粉公司麻袋船。抢光赣丰饼油公司船上的大豆和万全酒坊船上的豆饼。海州知州施焕亲自督兵镇压。

▲ 海州54镇划片合并,大的称市,小的称乡。新浦属临洪市。临洪市治在大浦镇。

▲ 海州基督教会美籍牧师慕赓扬在新浦后街租民宅作教堂传教。

▲ 临洪、沈圩一带盐滩先后裁废。

宣统三年(1911) 十月初四,革命军进驻东海(南城)。今辖区内正式脱离清政府,属海州自治会。

中华民国

民国元年(1912)

是年 南京临时政府改海州直隶州为东海县。新浦地区隶属东海县。同年4月,花果山、云台、宁海、南城属灌云县。

▲ 东海县警察局新浦警察分所成立。

▲ 东海县在新浦设厘捐总局。

▲ 新浦商人成立轮船公司,开始在盐河上从事客运。

民国2年(1913)

11月 东海县将所辖39镇调整为7市2乡。新浦属临洪市。

是年 新浦商界刘振殿等倡议并捐资兴办东海县第二国民学校。

民国3年(1914)

是年 田径、球类、体操等现代体育活动在新浦兴起。

民国4年(1915)

是年 南城人、江苏水利专家武同举发表《吁兴江北水利文》,呼吁于临洪河口建闸,蓄水拦潮。

民国5年(1916)

是年 新浦的第一家照相馆——夏昶兴照相馆开业。

民国6年(1917)

10月 东海县临洪市新浦商界公立《创建新浦天后宫记》碑。

民国8年(1919)

年初 江苏省立第八工厂在新浦东旐外创办。

6月1日　江苏第十一中学、江苏第八师范、崇真中学和东海县立高等小学校教师，在新浦集会游行，声援“五四”运动。第八工厂因用日本棉纱织布，被责令停机。

是年　新浦第一家专营茶叶的生生庆公茶庄开业。

▲　灌云县于南城设立南城公安分局。

▲　东海县警察事务所在新浦成立。民国15年(1926)改建为新浦警察所。

民国9年(1920)

春　灌云县立大义小学(今大村中心小学)创办。

是年　新东电灯股份有限公司在新浦建成发电，为海属地区第一座发电厂。

▲　新浦霍乱流行。

民国10年(1921)

是年　陇海铁路徐州至新浦段开工铺筑。

▲　云台山所产云雾茶获南洋劝业会大奖。

民国11年(1922)

是年　辖区内第一家西医院——隐慈医院在新浦开业。

▲　新浦第一家挂牌的中医诊所——周藩西诊所开业。

民国12年(1923)

2月　江苏省银行新浦办事处、中国银行新浦办事处相继开业。

是年　海属地区规模最大、药材品种最多的三和兴中药店开业。

▲　新浦老城区东部的自然河道经疏浚拓宽成为龙尾河。

民国13年(1924)

9月　东海县私立普爱贫民义务小学(今建国路小学前身)开学。

是年　新县人张步成在新浦开创汽车行，经营新浦至板浦的客运业务。开海属地区汽车客运先河。

▲　在新浦普爱贫民义务小学院内，首次放映无声黑白电影片《渔家女》。

民国14年(1925)

3月　新浦各界人士在耶稣教堂举行追悼孙中山先生大会。

6月18日　新浦各界救国联合会通电声援“五卅运动”。

7月1日　东陇海铁路修至新浦并通车。次年7月1日，延铺至大浦。

是年　陇海公寓在新浦建成开业。

▲　利达、文记轮船公司相继在新浦设立代办站。新浦内河轮船运输业兴起。

民国15年(1926)

夏　国民党东海县第一次代表大会在新浦后河崖附近一民居内召开。

是年　新浦大街铺筑石子路面，并定名中山路。

▲　东海县商董会在新浦成立。

民国16年(1927)

春　新浦地区篮球运动兴起。

秋　新浦设立新龙、新市、新民、三新、新化5个镇。

是年　大村山民组织“穷人会”，后改为“扁担会”，开展反山霸斗争。

▲ 大村一带开始建乡，名为灌云县郁林乡，乡驻地大村。

▲ 新浦警察分所改建为新浦警察分局。

▲ 东海县商民协会在新浦成立。次年改称东海县商会。

民国17年(1928)

春 新浦搬运(码头)工会、货车工会、民船工会相继成立。

5月 东海县建设局成立，负责新浦城镇建设工作。

6月10日 中共江苏省巡视员寅谷(陈亚峰)到东海县巡视工作，当晚集中东海、赣榆部分共产党员在新浦开会。

8月 中共东海特支委派毛汝南、刘曼霞到海宁小学任教，以教师身份作掩护开展工作，筹建组织。

是年 新浦第一个室内剧场——新新舞台开业。

▲ 新浦通往板浦的新板公路动工兴建。次年竣工通车。

民国18年(1929)

1月2日 国民党东海县党部机关报《东海民报》在新浦创刊。

年初 中共东海中心县委组织新浦、板浦、大浦、南城等地1000余名黄包车工人，在新浦游行示威，反对新浦汽车公司包揽客人，抢夺黄包车生意。当局出动军警镇压，200多人被捕入狱。后经中共东海县委组织营救和社会舆论声援，被捕人员全部获释。

3月 新浦设立戒烟院，收治吸食毒品者。

春 中共大村支部在花果山下海清寺建立。

5月16~21日 中共东海中心县委在云台山三元宫西飞楼召开会议，传达中共“六大”会议精神。

7月22日 中共东海中心县委以大村为中心发动了大规模农民武装暴动——大村暴动，遭国民党军队残酷镇压而失败。

7月26日 《东海民报》主编陈嗣衡和东海县工会常委张劲枢，在《东海民报》上撰文揭露驻军独立第四旅旅长谭曙卿劣迹，被谭枪杀。《东海民报》被迫停刊。此为当时震惊全国的“东海惨案”(社会上称之为“海报事件”)。

是年 在“江苏省品茶会”上，云台山云雾茶与南京雨花茶、苏州碧螺春茶并列为江苏三大名茶。

▲ 新浦5个镇属东海县第二区。次年，改属东海县第一区。

▲ 新浦大街开始安装路灯。

▲ 第一池开业，坐落于新浦新市街。此为海属地区第一个浴室。

民国19年(1930)

1月 改组后的中共东海县委扩大会议决定在新浦、海州等地铁路工人、码头工人、黄包车工人中开展工作，并在新浦、大浦两地建立中共基层支部。

▲ 域内流行黑热病。

▲ 东陇海铁路徐州至新浦、大浦段正式对开客货混合列车。次年，开始对开客运列车。

▲ 爱普小学设初中班，新浦开始出现普通中等教育。

民国20年(1931)

8月5日 新浦至老窑(连云港)铁路正式开工兴建。

夏 新浦地区霍乱流行，持续40余日，患者千余人，死亡率达25%。

▲ 东海县公安局成立，新浦警察所改为新浦公安分局。

▲ 新浦信记海丰机器面粉公司开始使用双龙球牌和双狮牌商标销售面粉。此为新浦首批注册商标。

▲ 东海县开展禁烟运动，在新浦焚毁了查获的鸦片、烟具。

▲ 新浦邮政局成立。

民国21年(1932)

4月15日 开通新浦至墟沟客运列车。

是年 新浦工、商、学各界人士致函、致电声援在上海奋勇抗日的十九路军，并募捐支持抗日勇士。

▲ 淮北盐务稽核分所经理缪秋杰出巨资修筑大村至新浦的公路，长6千米、宽8米，土路面。民国23年(1934)建成通车。

▲ 《连云报》在新浦创刊。

▲ 新浦商会开办的商业中学开学。

▲ 山东旅海同乡会在新浦成立。会馆设于新民路东首。

民国22年(1933)

5月 因叛徒出卖，新浦地区中共地下组织全遭破坏。

夏 世界红卍会新浦分会成立。

8月21日 新浦至东海(今海州)段、长7千米的长途电话线路铺设竣工。

9月 交通银行新浦支行开业。

年底 新浦至青口、新浦至板浦、大伊山、新安镇(今灌南县)的长途电话线路相继铺设完毕。

民国23年(1934)

年初 由中共海属地区地下组织社会科学联盟主办的《飞轮》杂志，在新浦创刊。

4月1日 东海县开始实行保甲制。

5月 中国银行新浦东大街办事处开业。

6月 益龄医院开诊。

7月 江苏省立东海县民众教育馆在新浦开始筹建。年内，在新浦创办实验民众学校1所、商业补习学校1所，组建民众娱乐审查委员会、戏剧研究会、文艺研究会等。

夏 新浦正式设立长途电话交换所，成为海属地区长途电话中心。

是年 新浦改设新龙、新华、新民、三新、新化、浦西6个镇。

▲ 云台山云雾茶首获江苏省物品展览会特别奖。

▲ 新浦开始安装市内电话。

民国24年(1935)

1月25日 《新海报》在新浦创刊。

是月 新浦龙尾河以东的新龙镇划归连云市。

6月 陇海铁路新浦至连云港段建成通车。全长27.8千米。

是年 东海县民众教育馆在新浦举办垫师研究会，指导开办改良私垫。

民国25年(1936)

8月 新龙镇初级小学(今解放路小学前身)创办开学。

11月 中国农民银行新浦办事处开业。

是年 东艞、西艞正式改建木桥,称东艞桥(今龙尾桥)、西艞桥(今民主桥)。

▲ 新浦民间体育组织——建华体育会成立。同时,成立"建华"篮球队、足球队、田径队。

▲ 新浦天主教堂开工兴建。民国28年(1939)落成。

民国26年(1937)

1月 城区龙尾河以东地区划属连云市。

3月 新浦至徐州双铜线长途电话线路开通。

6月 海州电报局迁至新浦,改称新浦电报局。

夏 在新浦火车站查获一起大宗鸦片走私案,缴获烟土500两。主犯徐╳被判处死刑。

10月 日军轰炸新浦。更新舞台、洋桥等被炸毁,炸死百姓多人。

是年 灾荒。新浦红卍字会对乞丐和极贫困户发放"领粥证",凭证每人每天发放两碗小米粥。

民国27年(1938)

2月 中共长江局派巡视员张文海(张喆人)和刘曼生(谷牧)到新浦,连同从山东到新浦的伍志纲、李欣,在东北军第五十七军第一一二师建立中共地下工委。

3月初 在东北军第五十七军第一一二师六六七团团长万毅和长期在东北军工作的中共地下工委负责人刘曼生主持下,以招募新兵名义组织安排的80余名骨干力量(中共党员占三分之一)到新浦,开展抗日救亡工作。

3月11日 东北军第五十七军第一一二师六六七团团长万毅等,由张文海、刘曼生介绍,加入中国共产党,在陇海公寓举行入党宣誓仪式。

6月 日机轰炸三元宫等寺庙及村庄,炸死山民12人,炸毁民居22间。

10月8日 日机轰炸新浦。炸死百姓多人。三五印书馆、华北楼饭店、新东电灯有限公司等被炸毁,新浦供电停止。

是年 日机多次轰炸南城,先后炸死居民32人、炸伤13人,炸毁民房63间。

民国28年(1939)

3月4日 日本侵略军侵占新浦。不久,境内尽被日军占领。侵占新浦日军将新浦改称"海州市"

7月30日 凌晨3时,200余名日伪军从新浦开进南城,将汉奸告密的17名贫民押至南门外芦苇地边,用刺刀刺死。制造了骇人听闻的"南城惨案"。

是月 新浦霍乱流行。

8月28日(农历七月十四日) 驻新浦的日军大队长赖河率日伪军300余人,分四路围剿花果山三元宫及所属寺庙僧众。66间民居及南天门关帝庙3间被烧光。山民朱正奎夫妻、张德富、周玉田、武可宽、孙××、王耀、郁广监、郁佃介等9人及龙岗、德选、绝暄、仁益等4位法师,被日军带至新浦第八工厂,严刑拷打,誓死不屈,后惨遭活埋。

是年 新浦映画场在万康祥食品店楼上开业。此为新浦第一个室内电影放映场所。

▲ 新浦在中山路与铁路之间新辟东西向马路一条,时称新马路(民国36年定名"中正路")。

民国29年(1940)

是年 新浦篮球运动大兴,同时出现"体友""工商""虎啸""林林""试试看"等多支篮球队。

民国31年(1942)

4月　海州发电所建成发电,新浦重新通电。中山路增设白炽灯路灯、建国路(通称“后街”)新安装白炽灯路灯。新浦白炽灯路灯达30余盏。

春　中共山东滨海区党委派孟冲、许耀林领导的滨海武装工作队在新浦郊区开展活动。

▲　新浦龙尾河上与新马路交汇处建成一座长20.5米、宽7米的四孔木桥(今和平桥)。

▲　新浦馨祥酱园酿制的黄豆酱油在巴拿马国际博览会上获金奖,此为新浦第一个获得国际博览会金奖的地方产品。

是年　日伪东海县政府在新浦创办“东海县立初级中学”。

▲　日伪华北交通公司铺设管道,将灌云县东磊山东庄老龙潭蓄水引到新浦东海火车站(原新浦火车站前身),以供车站用水。

民国32年(1943)

春　八路军滨海军分区先后派出谍报参谋吕连义、朱士坦、孙子光等打入新浦开展对敌斗争,在前河街建立掩护点。

5月10日　新浦大街上开始建蓄水池和供水点。同年7月21日,正式向市民供水。

民国33年(1944)

3月　伪中央储备银行新浦分行开业。

▲　日伪华北交通公司和海州工事事务所在山东庄开工兴建蓄水坝,用作新浦自来水水源。次年3月建成,投入使用。

民国34年(1945)

春　南城天花流行。

8月初　中共新浦地下组织在工人中组建“工人军”,名为“工人第三队”。

8月15日　日本宣布无条件投降。新浦各界庆祝抗日战争胜利。

9月　《云台日报》、《大中报》相继在新浦创刊。

10月　代号为“东山一支”的中共新浦地下党支部成立。秘密发动新浦地区工人及其亲属千余人开展斗争,包围东海县救济分署,迫使当局发放救济粮。

是年　新浦至徐州无线电报开通。

▲　东海县政府设立新浦建设委员会,主管新浦规划建设工作。

民国35年(1946)

1月10日　国民党九十八军进驻新浦、海州、连云地区,接受日军投降。

2月16日(农历正月十五)　中断7年的云台山三元宫庙会,在鸡鸣山下团圆宫处恢复。

5月16日　新浦、海州、南城等地灾民在中共新浦地下党组织带领下,开展索粮斗争。

8月　海州发电所停业,新浦断电。

9月　新民初级中学在新浦建校并开学。

民国36年(1947)

春　中共新海(新浦)工委成立临洪特支、墩尚特支,在新浦各界中开展工作。

5月3日　东海县地方法院在新浦组建。

8月　连云市市长张振汉以工代赈疏浚云河(今云台山下烧香河)。

秋　中共新浦搬运工会地下党小组受到破坏。

▲　私立普爱初级中学在新浦建校开学。

是年　中共地下党组织领导的新浦"工人第三队"开展活动，张贴、散发中国人民解放军的传单，宣传解放战争形势。

▲　海属地区旱、涝、蝗灾并发。江苏国民政府赈救委员会在新浦东巃外设粥厂1处，放粥救济灾民。

民国37年(1948)

4月11日　中共新浦地下工作者顾东石、李迪仁被捕。于同年11月初惨遭杀害。

10月1日　中共云台山支部全体人员到灌云县下窑集训，学习党的城市工作政策和城市管理知识，为迎接解放和接管地方政权做好准备。

11月6日　驻新浦的国民党军四十四师从海陆两路仓皇撤退。

▲　"东山一支"及"工人第三队"负责人组织工人，在中国人民解放军包围新浦时，保护了自来水厂。

11月7日　上午，中国人民解放军滨海军分区司令部率一、二、三团解放新浦。新浦部分工商界人士前往西巃外迎接中国人民解放军进城。下午，朱慕萍团长率领的灌云县独立团和梁如仁指挥的锦屏武工队解放南城、大村等云台山地区。

▲　新海连特区(以下简称"特区")在新浦成立。隶属山东省临沂专区。

11月9日　中国人民解放军华东鲁中南军区新海连临时军事管制委员会(以下简称"军管会")在新浦成立(驻原东亚旅社)。谷牧任主任，王晓任副主任。

▲　军管会在新浦天后宫院内召开群众大会，号召工商企业恢复生产、营业，学校复课。

▲　老解放区华中银行发行的华中币、北海银行发行的北海币，在市面开始流通。

11月上旬　前云区成立(辖今花果山乡地区)，驻大村，属新海连特区云台办事处管理。

11月16日　新浦自来水厂更名为新海自来水厂，同时恢复供水。

11月17日　新海连公安总局在新浦成立。

11月28日　新海连特区专员公署(以下简称"特区公署")在新浦成立。同时，划新浦、海州为新海市。原新浦龙尾河以东地区划归新浦。新浦地区撤镇建区，设立民主、新华、通灌、新龙4个区。同时成立中共民主、新华、通灌、新龙4个区委。

▲　新浦及云台山地区中小学全部复课。

是月　北海银行新海连支行在新浦成立。次年11月1日，改为中国人民银行新海连支行。

▲　新华书店华东分店新浦中心店开业。

▲　特区专署将原东海县立初级中学、新民中学、普爱中学合并，在新浦西巃外成立"山东省立新海中学"。

▲　民主、新华、通灌、新龙4个区相继成立妇女联合会。

▲　山东省滨海医院派15人到新浦接管海属新浦公立医院，更名为新海连特区医院。

12月12日　中共新海连特区委员会(以下简称"特委")在新浦成立(驻原东亚旅社)。谷牧任特委书记。同时，撤销军管会。

是月　取消旧保甲制度，建立基层民主政权，进行户口清查登记。

冬　域内云台山地区农村开展反霸斗争和减租减息运动。

▲　花果山地区破获两起国民党"淮海联络站"特务组织。

年底　云台山地区开始开展减租减息运动。

是年　受联合国教科文组织委派，美国黄石公司代表团一行3人，到花果山进行考察，评价花果山是中国的也是亚洲的植物宝库。

民国38年(1949)

1月1日　海州发电所更名新海发电厂，恢复生产，向新浦地区供电。

▲　南城区成立，同时成立中共南城区委和南城区区公所。区公所驻山东村(今云台乡山东村)，时属灌云县。

1月29日　中共新海连特委宣传部在新浦举办1949年春节大团拜演出。

是月　新海连特区卫生学校在新浦建校。

2月1日　人民币在市面流通。

2月14日　特区警备司令部司令员王晓、政委谷牧在新浦主持召开大会，庆祝由鞠庆珍、王子良率领的国民党黄安号舰于当月12日晚9时在青岛起义成功，并于13日凌晨4时顺利驶进连云港。大会向毛泽东主席、朱德总司令发电报喜，得到中共中央通电嘉奖。

是月　新海市调整行政区划。新浦地区4个区调整为民主区、新华区、新龙区3个区。

▲　新浦粪业工会成立。

3月下旬　新浦地区解放后首次开展卫生运动。

是月　中共云台工委组织工作队，到大村等乡、村建立农会，组建民兵。

4月18日　特委在新浦召开大会，欢迎当月15日抵达连云港的国民党空军总部伞兵三团起义官兵。

是月　新海市开展地名管理工作，将新浦中山路更名为"民主路"，中正路更名为"解放路"，将西臃桥更名为"民主桥"、东臃桥更名为"龙尾桥"、共荣桥(华北桥)更名为"盐河桥"。同时在各街巷更换门牌。

春　新浦西郊建于民国23年的黑桥，被冰凌冲毁。

5月17日　解放前夕中断的陇海铁路徐州—新浦—连云港段全线修复通车。

是月　特区机关学校在新浦建立并开学，谷牧担任校长。

▲　大村地区发生蝗害，地方党委、政府发动农民灭蝗保粮。

6月　特区公署决定取消新海市，新浦地区3个区改为3个分区。

8月1日　特区在新浦驻军司令部举办第一个庆祝"八一"建军节文艺晚会。盐场文工队演出大型歌剧《白毛女》。

8月6～12日　连降大雨，蔷薇河泛滥成灾。特区和各分区政府开展救灾工作。

8月8～25日　新浦地区开展解放后第一次工商业全面登记工作。

8月12日　新浦粮油交易所开业。

9月16～18日　特区首届各界人民代表会第一次会议在新浦召开。

是月　为迎接中华人民共和国成立，国营新海连市贸易公司组织新浦等地302名裁缝师自带缝纫机到公司日夜加班，赶制出3万面中华人民共和国国旗。

▲ 新龙、新华、民主3个分区分别成立新民主主义青年团区委员会。

中华人民共和国

1949年

10月1日 特区公署在新浦南广场召开庆祝中华人民共和国成立大会。各界群众1000多人参加。各机关、学校、企事业单位、驻军营地和居民家门前,悬挂了中华人民共和国国旗。

10月8日 特区公署发布公告,揭穿“水怪”谣言,号召群众追查破坏分子。

10月28日 中国共产党新海连市委员会(以下简称“市委”)在新浦成立,特委同时撤销。

是月 新华、新龙、民主3个分区撤销区公所,成立区人民政府。市委任命项怀忠任新华区区长、李春藻任新龙区区长、常宝贞任民主区区长。

11月25日 新海连市人民政府(以下简称“市政府”)在新浦成立,特区公署撤销。同时,撤销新海市。新浦地区仍设新龙区、新华区、民主区,隶属新海连市。

是月 云台办事处决定,撤销前云区与后云区,合并成立云台区。

▲ 农村开始开展土地改革试点工作。

▲ 解放路与西盐河交汇处动工新建一座长24米、宽7.5米的四孔桥,定名解放桥。

1950年

1月 城乡人民积极认购“人民胜利折实公债”。

▲ 各乡先后开展土地改革运动。次年8月底结束。

2月 海州气象站在解放路27号成立。(1953年8月1日,更名为“新浦气象站”,同时迁址于通灌路西侧。1954年1月,改为新海连市新浦气象台。1961年10月1日更名为连云港市气象台。)

3月 国营云台林场成立。始称“苏北区立云台林场”。

▲ 城乡开始推广新法接生。

4月12日 新浦百货公司(市百货公司前身)在民主路原义信、德厚成百货店处开业。

年初 南城区公所改称南城区人民政府。同时,区政府迁驻南城。

5月1日 新海连市与东海县合并成立新海县。县政府设于新浦。同年12月,撤销新海县,恢复新海连市和东海县建置。

6月1日 中共新海县委决定设立中共新华、新龙、民主3个区委,并任命肖宏(女)为中共新华区委书记、高益友为中共新龙区委书记、李子孝为中共民主区委书记。

秋 新浦地区私营中医、西医诊所分别成立联合诊所。

11月30日 新海县决定改新龙区为第一分区、新华区为第二分区、民主区为第三分区。

是月 境内开展镇压反革命运动。

12月9日 驻新浦的各机关、团体、学校和警备三旅共同修筑解放路路面。

25日 新海连市人民文化馆在新浦建立,向市民开放。

▲ 新浦地区开始组建民兵。

是年 新浦解放路、南极路、通灌路、市化路等主要道路先后安装路灯。

▲ 新浦地区开始进行第一次工资改革,改供给制、薪粮制为工资分制。次年结束。

▲ 开始实行计划调配用工制度,单位用工一律按政府劳动力计划招收。

▲ 城区新浦开始设前河底、建国路、菜市街3个农副产品市场。

1951年

3月 城乡人民开展抗美援朝捐献运动。居民、学生纷纷制作慰问品,献给最可爱的人——中国人民志愿军。

5月16日 新浦京剧班废除旧的班主制,建立新海连市人民京剧院。

是月 盐河、龙尾两区分别成立民主妇女联合会。

8月 市人民政府决定撤销新浦新华、新龙、民主3个区,以市民路、军工路(今市民路的建国路以北路段)为界,划分为两个区,东为龙尾区,西为盐河区。中共龙尾、盐河两个区委和两个区人民政府同时成立。市委任命徐淑庆为中共龙尾区委代理书记、李春藻为龙尾区区长;韩学敏为中共盐河区委副书记、魏兆常为盐河区区长。

10月6日 郊区发生蝗灾,城乡人民投入灭蝗斗争。

▲ 南城东西凤凰山山林收归国有。

▲ 境内农村开始开展变工互助合作运动。

11月10日 新浦各厂矿企业废除15小时工作制,开始实行11小时工作制。

12月17日 新海连市推行《中华人民共和国婚姻法》委员会在新浦成立。新浦地区开展宣传《中华人民共和国婚姻法》活动,开始执行新的婚姻登记制度。

是年 城区开始实行户口簿管理制度。

1952年

2月6日 新浦地区各机关、团体、工业企业全面开展"三反"(反贪污、反浪费、反对官僚主义)运动;商业企业开展"五反"(反对行贿、反对偷税漏税、反对盗骗国家财产、反对偷工减料、反对盗窃经济情报)运动。同年6月24日结束。

2月16日 新浦430名船工与资方签订劳资集体会同。

3月 大村、前云一带开始铺筑村际公路。

春 新浦北郊的蔷薇河实施裁弯取直工程,在沈圩北新开河道。

▲ 全面疏浚整治烧香河。

7月10日 山东省人民政府正式批复同意市政府关于新浦地区行政区划调整方案。

8月14日 市政府在盐河区同和街进行建立街道居民委员会试点工作。

9月 新浦益昌油厂经理张金堂作为市工商界代表前往北京,参加全国工商界代表会议,受到毛主席接见。

10月 农村民主建政工作基本结束。

秋 沈圩从海州区划入盐河区临洪乡。

11月 是月起,新浦地区各机关、党派、团体和所有事业单位的国家机关工作人员,开始实行公费医疗制度。

是年 新浦和平桥、西艞桥、车站桥进行修建和加固。

▲ 城镇机关、厂矿开始实行8小时工作制。

1953年

1月1日 新海连市划入江苏省。新浦仍为市政府驻地。

3月　新浦地区党政机关、事业单位开展以反对官僚主义、反对命令主义、反对违法乱纪为内容的“新三反”教育运动。同年6月底结束。

春　开展群众性封山造林运动。

6月1日　市政府在盐河区洋桥街进行第一次全国人口普查试点。

7月1日　盐河、龙尾两区全面开展第一次全国人口普查工作。普查结果:新浦地区计12226户、51980人。

8月2日　新浦各界人民开展各种活动庆祝朝鲜停战。

8月15日~10月5日　盐河区、龙尾区同时开展第一届人民代表大会代表选举工作。两区选民以举手表决方式,共选出人民代表104名。

8月　临洪乡人民政府成立。

▲　南城发生50年未见的特大暴雨,山洪暴发,城内积水过膝。

11月　各村开展粮食统购统销工作。

12月1日　城市居民开始实行粮食计划供应。

是月　盐河区、龙尾区先后召开第一届妇女代表大会。

是年　盐河、龙尾两区开始执行市政府统一编制的国民经济和社会事业发展“五年计划”。

▲　盐河、龙尾两区完成居民委员会组建工作,两区共建11个居民委员会。

▲　农村开展合作化运动,组建初级农业生产合作社。

1954年

6月14~18日　盐河区、龙尾区先后召开首届人民代表大会第一次会议。李春藻当选龙尾区区长,魏兆常当选盐河区区长。

7月下旬　新浦地区全面开展对资本主义工商业的社会主义改造运动。

12月　市委任命刘训祥为盐河区区长,免去魏兆常盐河区区长职务。

▲　大浦闸动工兴建。次年10月竣工。

是年　解放路、民主路、新市路、市民路全部由泥土路面改筑为泥结碎石路面。新浦地区下水道工程全面展开。

1955年

1月1日　城乡开始实行户口登记制度。

1月15~18日　中共新海连市第一次党员代表会议在新浦召开。

3月1日　新人民币在市面开始流通(新旧人民币比率为1 : 10000)。

6月21日至11月5日　新浦地区先后三次集中搜捕反革命分子和犯罪分子。

7月26日　云台乡东磊村大圩湾一组发生土质灾害,滑坡长达150米、厚3~10米,体积1.5万立方米。

7月30日　新浦地区开始按《中华人民共和国兵役法》开展征兵工作。

9月1日　开始对城镇居民实行按人定量供应粮食。

9月21日　经江苏省人民政府批准,龙尾区、盐河区合并,建立新浦区。

11月初　新浦区人民政府(以下简称“区政府”)正式成立。李春藻任区长。同时,中共新浦区委员会(以下简称“区委”)成立,韩学敏任区委书记。区机关驻海昌路29号。

11 月 26 日　新浦区第二届妇女代表大会在新浦召开。

11 月 27～28 日　新浦区第一届人民代表大会第二次会议在新浦召开。李春藻当选区长。

是月　中国新民主主义青年团新浦区委员会成立。

▲　区政府将 11 个居民委员会调整划分为 28 个居民委员会。

▲　新浦区城市绿化工作全面展开。

是年　新浦地区全面开展以除“四害”（苍蝇、蚊子、老鼠、麻雀）讲卫生、消灭疾病为主要内容的爱国卫生运动。

▲　新浦区开始兴办毛巾生产合作社等集体工业企业。

▲　新浦城区停止黄包车、马车从事客运。

1956 年

1 月 18 日　新浦区人民政府改称新浦区人民委员会（以下简称“区人委”）。

1 月 22 日　新浦区工商业实现全行业公私合营。

1 月下旬　农村初级社先后转为高级农业生产合作社。

是月　南城设粮食市场。

2 月　新海连市人民公园（今新浦公园）在新浦西盐河东岸开始筹建（1963 年初步建成，向市民开放）。

2 月 23～27 日　中国人民政治协商会议新海连市第一届代表会议在新浦召开。

3 月　前云乡撤销，并入大村乡。

年初　市工人文化宫剧场在市化路动工兴建。当年底竣工，次年元旦正式启用。

4 月 22 日　区人委首次召开烈军属荣复转业军人积极分子代表会，103 名代表出席会议。

7 月至 8 月　新浦地区流行乙型脑炎。

9 月 1 日　新海连市选举委员会在新浦区市化街进行选举试点工作。

夏　新浦及大村一带发生蝗虫危害。城乡人民投入灭蝗保粮斗争。

是月　六一幼儿园建园。

11 月 1～20 日　开展新浦区第二届人民代表大会代表选举工作。选民们以无记名投票方式，选举出区第二届人民代表 105 名。

11 月 28 日　城镇居民开始实行定量供应食油。

▲　新（浦）海（州）路铺筑成泥结碎石路面，全长 5.12 千米。

是年　全区进行第二次工资改革，由工分资制改为等级工资制。

▲　新浦第一个公共体育场所——人民体育场正式建成。因位于解放路南，通称“南广场”。

1957 年

1 月 18～20 日　新浦区第二届人民代表大会第一次会议在区礼堂召开。大会以无记名投票方式进行选举。李春藻当选区长。

春节　猪肉开始实行凭票（限点不限量）供应。

3 月至 4 月　新浦地区发生流行性感冒，近万人发病。

5 月　南城镇升格为县属镇。

6 月　中国新民主主义青年团新浦区委员会改称中国共产主义青年团新浦区委员会（以下简称“团

区委”)。

▲ 新浦地区农贸市场(通称“自由市场”)全部关闭。

7月10日 市委在新浦召开全市各界人民“反击资产阶级右派分子誓师大会”。新浦地区“反右派”斗争全面展开。

8月17日 云台乡虎窝村大红山因暴雨发生泥石流,流径1300余米,宽4~5米,落差170米。冲毁房屋6间,溺死5人、伤20余人。

9月15日 区委、区人委召开会议,欢送全区第一批21名中小学毕业生去海州区锦屏乡岗嘴村参加农业生产。

是月 新浦区民主妇女联合会改称新浦区妇女联合会(以下简称“区妇联”)。

11月10日 新浦区第三届妇女代表大会在新浦召开。

11月27日 区人委制定下发《关于居民委员会和居民组织工作人员奖励办法》。

冬 云台地区开挖大岛山向南25千米至东陬山埒子口处河道,解决沿河两岸农田涝害。

是年 新浦第一个室内体育场所——“青年体育馆”(草棚球场)在解放路建成投入使用。1976年拆除建迎春商场等。

1958年

1月27日 市委任命车秀民为中共新浦区委第一书记,韩学敏为第二书记。

▲ 区委、区人委迁至民主路164号(海昌路与民主路交汇处)。

是月 当路乡、大村乡合并为大村乡。乡政府驻大村。

3月1日 《新海连市报》在新浦创刊。同年5月1日,改版为《新海连日报》(今《连云港报》)。

3月中旬至4月下旬 选举新浦区第三届人民代表120名。

是月 新浦城区餐饮服务企业划归新浦区管理,新浦区成立商业科。

4月20日 中共中央委员、共青团中央第一书记胡耀邦视察新海连市。胡耀邦在新浦视察了即将开放的少年之家,并为其题词:“长志气、长本领,准备为人民谋幸福。”

5月1日 新海连市少年之家对少年儿童开放。

5月10~12日 新浦区第三届人民代表大会第一次会议在区礼堂召开。韩学敏当选区长。

7月5日 新海连市划归徐州专署。市政府仍驻新浦。

8月 南云台林场、云台农场、南城镇合并,成立云台人民公社。

▲ 在“摆脱家务,走向社会”口号鼓舞下,新浦区街道妇女纷纷走出家门,到街道兴办工厂。开展补洗、缝纫、做鞋、磨面等服务项目。

夏 新浦首条公共交通线路——新浦至锦屏磷矿班车开通。

9月10日 新浦人民公社成立。次年6月撤销,恢复区人民委员会。

是月 位于新浦北郊蔷薇河尾闾的大型挡潮蓄水排洪闸——临洪闸破土动工。次年12月22日竣工。从此海潮不再进入新浦市区内河。

10月 涟水县数百名民工到南城镇,将周长6.5千米的千年古石头城拆除,仅保留下南城门一座和东风凰山后坡一段30米长的城墙。拆下的石头全部被运往涟水县。

11月5~15日 新浦万余军民参与铺筑自海州经新浦至连云港的海连路。次年5月建成通车,全长37.2千米。

11 月 25 日　新浦区卫生院成立(1975 年 11 月,更名为新浦区人民医院)。

12 月　开始对市民实行凭票定量供应猪肉(1985 年取消肉票,敞开供应)。

是年　全区干部、职工、学生、居民数万人参加“大炼钢铁运动”。

▲　云台乡组织社员开挖河道。东自凤凰嘴接烧香河,西至南城接烧香河,因以妇女劳力为主开挖,取名“妇联河”。

1959 年

1 月 1 日　新海连市首届农民运动会在新浦举行。

3 月　新浦区人民武装部(以下简称“区人武部”)成立。

4 月　云台林场建制恢复,南云台林场划为林场第六分场。

5 月 1 日　新海连市人民广播电台在新浦建成开播。

8 月 1 日　新浦区马牖大队与新浦畜牧场、地利农场合并成立新海连市黄海畜牧场。

秋　新浦地区发生浮肿病,人口外流增多。市政府拨款赈灾,帮助群众渡过难关。

10 月　新浦区第四届妇女代表大会在新浦召开。

11 月 20 日　市委在新浦区召开街道工业现场会议,号召大办街道工业。

11 月 22 日　新浦至大村的公路动工修建。全长 9 千米。

12 月　大村水库开工兴建。次年年底主体工程竣工。坝长 1.2 千米,最大蓄水容量 750 万立方米。

▲　在大村水库工地上发现西周墓,出土的一批珍贵文物。

是年　新浦区召开第一次少年先锋队队员代表大会。

▲　云台公社、云台农场为播种水稻共同建成南岛灌溉渠,全长 26 千米。

1960 年

1 月　位于盐河桥南侧的新浦港动工兴建。同年 4 月 1 日竣工,投入使用。

3 月 9 日　经市人委批准,新浦设立东牖、西牖、路南 3 个街道。同时成立 3 个街道办事处,作为区人委派出机构。

3 月 19 日　市人委决定撤销临洪乡,成立市临洪园艺场。次年 10 月 1 日,撤销临洪园艺场,恢复临洪乡,建立乡人民委员会。

4 月 2 ~6 日　新浦地区万余军民将解放路两旁人行道,用石灰、泥、砂筑成三合土路面。

4 月　南云台林场建制恢复。

5 月下旬　新浦制绳厂托儿所受到中华全国总工会、团中央、全国妇联和中国人民保卫儿童全国委员会的奖励。

10 月 23 日　国营新浦农场成立。

10 月　花果山地区开始通电。

是年　新浦至南京、赣榆、东海、灌云、新沂、滨海、盐城等长途电话直达电路贯通。

▲　全区开始整顿城市人口,精简职工。

▲　新浦北郊的蔷薇河再次裁弯取直,移至东海县新圩村北。原新浦沈圩村北河道改为市区饮用水河道。

▲　开始提倡孕妇住院分娩。

1961 年

1 月　境内农村开展以纠正共产风、浮夸风、命令风、瞎指挥风、干部特殊风为内容的“整风整社”运动。

2 月　因自然灾害粮食减产，实行“瓜菜代”，新浦地区开展大种蔬菜运动。

3 月　中共新浦区监察委员会成立。

4 月 20 日　市人委将新地区百货、食品、土产、五金 4 个行业中的公私合营和合作企业，分别划归市有关公司归口领导。

6 月　经市委批准，原云台区的云台人民公社撤销，成立市直属云台公社（今花果山乡）。下辖新滩、当路、飞泉、薄巷、大村、新村、前云、小村 8 个大队。

▲　开放前河、通灌、新建、灌青 4 个集贸市场。

7 月 5 ~ 15 日　选举新浦区第四届人民代表 130 名。

7 月 20 ~ 22 日　新浦区第四届人民代表大会第一次会议在区礼堂召开。邱连德当选区长。

10 月 1 日　新海连市更名为连云港市。市委、市人委仍驻新浦。

是年　对全区妇女子宫脱垂病首次进行普查普治。

▲　新浦地区先旱后涝，出现饥荒，区人委组织群众生产自救，度过灾荒。

▲　新浦区开始组建军、警、民联防制度，加强社会治安管理。

1962 年

2 月 26 日　召开新浦区第五届妇女代表大会。

是月　新浦北郊开工兴建属中型灌区的茅口电灌站。同年 11 月建成，装机 6 台套 450 千瓦。并配套建成 1 条 22 千米长的高渠道。

5 月 8 ~ 9 日　新浦区第四届人民代表大会第二次会议在区礼堂召开。

6 月 2 日　连云港市由徐州专区辖市升格为江苏省直辖市。

是月　市人委成立大村水库大坝加固工程施工指挥部，对大坝实施加固措施。

7 月　临洪乡撤销。

9 月 12 日　经市委批准，沈圩大队由 3 个生产队划为 7 个生产队，试行包产到组。

12 月 3 ~ 4 日　新浦区与新浦农场达成边界协议。

1963 年

3 月 16 ~ 21 日　连云港市群英会在新浦召开。

是月　全区开展“向雷锋同志学习”活动。

3 月 21 日至 4 月 18 日　选举产生新浦区第五届人民代表 130 名。

4 月 10 日　因精简机构，经市人委批准撤销东巄、西巄、路南 3 个街道及其办事处。

5 月 8 ~ 10 日　新浦区第五届人民代表大会第一次会议在区礼堂召开。范维岩当选区长。

9 月 28 日　区人委召开大会，欢送 81 位知识青年参加国营新浦农场、墟沟林场建设。

冬　宁海乡境内兴建埃字河节制闸。1965 年 6 月竣工。

是年　新浦区东风石粉厂、医疗机械厂、眼镜厂等 8 家区属工业企业，上交市工业局归口领导。

▲　全区开始宣传节制生育好处和节制生育知识。

1964 年

1 月　历时 4 个多月的解放桥改造工程全面竣工通车。

是月　南城镇撤销原 8 个街道办事处，合并建立南城、苍梧、临海 3 个居民委员会和青春村委会。

2 月 5～8 日　南云台山地区普降大雪，降雪量 38.8 毫米，为解放以来最大的一次降雪。

4 月　市民生活用煤开始实行凭证记录供应。1990 年取消票证，敞开供应。

6 月 1 日　解放路小学、建国路小学被江苏省教育厅确定为示范学校。

是月　新浦区在全市率先实行殡葬改革，推行火葬。

7 月 1 日　新浦区第二次全国人口普查正式开始。普查结果：全区（即今城区 6 个街道）计有居民 15094 户、68019 人。

是月　新浦区所有商业服务企业划归市商业局管理。新浦区商业科撤销。

8 月　大村农业中学建立。

9 月　连云港市会计职业学校（江苏省连云港财经学校前身）在新浦建校开学。

▲　花果山乡全民动员，修筑唐王坝至玉女峰盘山砂石公路，长 12 千米。

10 月 26 日　首批 139 名南京知识青年到达新浦农场，参加农场建设。

10 月 31 日　新浦区 50 名知识青年赴新坝公社武圩大队，插队参加农业生产劳动。

11 月 1 日　第二批 160 名南京知识青年到达新浦农场。

12 月 15～17 日　新浦区第五届人民代表大会第二次会议在区礼堂召开。

12 月　郊区农村普遍办起耕读小学。

是年　解放路（今解放中路）首批安装汞灯光源路灯。

1965 年

2 月　云台林场在花果山下大崮创办茶场。

3 月 29 日　连云港市公安局新浦分局成立。下设东艉、西艉、路南 3 个派出所。

9 月　连云港市初级农业职业学校从海州迁至新浦，几经易名，后定名为连云港市延安中学，属新浦区管理。

9 月底　307 国道竣工通车，为新浦对外交通主要干线之一。

11 月 21 日至 12 月 21 日　选举产生新浦区第六届人民代表 140 名。

12 月 24～27 日　新浦区第六届人民代表大会第一次会议在区礼堂召开。范伟岩当选区长。

1966 年

1 月 26 日　淮北盐务管理局机关由猴嘴迁至新浦。

5 月 16 日　区机关干部、教师、职工、群众开始投入“破四旧（旧思想、旧文化、旧风俗、旧习惯）、立四新（新思想、新文化、新习俗、新习惯）”运动。

是月　连云港市初级农业职业学校创办浆板厂，开全区校办企业先河。

6 月 23～24 日　新浦区 81 名知识青年，赴新疆伊犁地区尼勒克县支援边疆建设。

7 月 6 日至 8 月中旬　市委“文化大革命”工作组进驻新浦中学等单位。

8 月 27 日　由“红卫中学”（即新海中学）等 14 个单位发起的连云港市第一个“造反”组织——“保卫东风委员会”在新浦成立。

8 月 29 日　连云港市第一个“红卫兵”组织——“红卫中学毛泽东主义红卫兵”在新浦成立。贴出第一张大字报——《炮轰市委》。

9月　各中学开始成立“红卫兵”，各小学开始成立“红小兵”。中学开始“大串联”，“停课闹革命”。小学陆续停课。

夏　最高气温大于（等于）36℃的日数达26天，为新浦地区有气象资料以来首次出现。

11月下旬　东盐河、大浦河、玉带河疏浚工程破土动工。次年5月中旬竣工。

12月　新浦地区市内电话交换机由磁石式改为共电式。

是年　云台山三元宫等残存的佛像、殿宇被“造反派”捣毁、拆除。

1967年

1月10日　“红卫中学毛泽东主义红卫兵”、“矿业专科学校毛泽东主义红卫兵”和市机关中的“造反派”，在新浦联合发起“夺权”，强行接管《连云日报》社和连云港市有线广播站。新浦刮起“夺权”风。

1月25日　“红卫中学”和矿业专科学校的“毛泽东主义红卫兵”与市机关“造反派”在新浦联合成立“连云港市革命造反派夺权委员会”。夺了市委、市人委和市各党政部门的权（通称“1·25”夺权）。自此，新浦地区围绕“1·25”夺权的是与非，展开群众性大辩论，观点对立的两派群众组织逐渐形成。

1月28日　驻连云港市的中国人民解放军开始派出干部、战士，到新浦地区部分工矿企业执行“三支”（即支工、支农、支左）“两军”（军管、军训）任务。

2月12日　“红卫中学毛泽东主义红卫兵”、矿业专科学校“毛泽东主义红卫兵”等17个“造反派”组织，在新浦联合成立“连云港市毛泽东主义人民公社”（简称“公社”）。

5月21日　由38个“造反派”组织联合组成的“连云港市无产阶级革命派反到底联络总会”（简称“反到底”），在新浦成立。同年9月25日，改名为“连云港市无产阶级革命派反到底指挥部”。

6月4日　下午7时10分到40分，新浦遭暴风、冰雹袭击。最大风力12级。最大的冰雹直径1.5厘米。

是月　“连云港市革命造反派夺权委员会”在新浦召开大会，揪斗中共连云港市委和市人民委员会主要领导干部。自此，新浦地区刮起“揪斗风”。

11月19日　中国人民解放军连云港卫戍区“支左指挥部”在新浦成立。

1968年

1月10日　由周恩来总理的联络员孟兆贤、解放军干部徐世平、齐树林等10人组成的中共中央调查组到新浦，劝止连云港市两派武斗，封存上缴武器，恢复港口、铁路、公路交通。

2月21日　撤销中国人民解放军连云港市卫戍区支左指挥部。济南部队连云港市支左指挥部抵达新浦，在中央调查组指导下，开展“三支”（支工、支农、支左）、“两军”（军管、军训）工作。促进两派大联合。

3月10日　“江苏连云港市工人革命造反司令部”在新浦成立。

7月9日　“公社”、“反到底”两派群众组织代表100人和济南军区连云港市支左指挥部及驻军代表，赴京参加中共中央举办的“毛泽东思想学习班”徐海班学习。至9月11日，三方代表在京签订《关于落实“7·3”、“7·24”布告，立即停止武斗，收缴武器的具体措施》，域内暂时平静。

12月15日　驻新浦的济南军区连云港市支左指挥部撤销。由济南军区组织驻连部队成立中国人民解放军驻连部队支左领导小组，负责连云港市“三支”、“两军”工作。

年底　城乡各单位两派群众组织先后实现大联合。

1969 年

2月5日 新浦地区出现极端最低气温 -18.1℃。

是月 江苏生产建设兵团成立。南云台林场、云台农场纳入兵团建制。

7月29日 在北京参加学习班的“公社”、“反到底”和驻连“支左”领导小组三方代表28人组成的工作组,在组长、济南军区守备18师师长亓庆标带领下回到新浦,落实当月22日在京共同签订的《连云港市两派革命群众关于停止武斗,上缴武器,归口闹革命的方案》。

8月上旬 开始收缴“造反派”的枪支弹药。至9月底,武斗基本停止。

是月 今花果山乡新村大队在全市率先兴办农村合作医疗,全村农户全部参加。

9月25日 经中共中央批准,连云港市革命委员会(以下简称“市革委”)在新浦成立。

10月16日 新浦区革命委员会(以下简称“区革委”)成立。

10月28日 中共连云港市革命委员会核心领导小组(简称“市核心领导小组”)在新浦成立。

是年 南云台林场和云台乡从江南引进毛竹栽培成功。

1970 年

1月21日 新浦地区开始动员城市知识青年上山下乡。

1月 居民用煤开始实行凭票供应(1990年起敞开供应)。

2月下旬 全区104个单位分3批先后开展清理阶级队伍(简称“清队”)运动。

是月 全区开展打击反革命破坏活动、反对贪污盗窃、反对投机倒把、反对铺张浪费(简称“一打三反”)运动。

▲ 花果山乡开始实行殡葬改革,推行火葬。

▲ 郊区各公社大队开始推广合作医疗和“赤脚医生”制度。

3月13日 中共新浦区革命委员会核心领导小组成立。

5月7日 国营新浦农场改建为江苏省生产建设兵团一师一团。

本月 市核心领导小组任命军代表王敏忠任中共新浦区革命委员会核心领导小组组长。

▲ 南城镇在“六朝古街”西侧开辟建设新的商业街(通称“新大街”)。

6月18日 由工人、贫下中农组成的“毛泽东思想宣传队”(分别简称“工宣队”、“贫宣队”)开始进驻全区中、小学校。

是月 “市核心领导小组”免去王敏忠中共新浦区革命委员会核心领导小组组长职务,任命军代表邸志勇任中共新浦区革命委员会核心领导小组组长。

7月22~24日 连降暴雨,海潮猛涨。蔷薇河多处决口,洪水冲进新浦市区,水最深处达1.5米左右。房屋倒塌3000多间,公私财产均受到严重损失。市革委、区革委组织居民向云台、连云、海州一带疏散。党政军民奋力抗洪抢险。

8月 “市核心领导小组”免去邸志勇中共新浦区革命委员会核心领导小组组长职务,任命军代表王敏忠任中共新浦区革命委员会核心领导小组组长。

12月10日 是日起全区各机关单位在“清队”的基础上逐步转入整党建党,次年春结束。

是月 云台乡环山渠开工兴建。次年6月底竣工,全长23.4千米。

▲ 盐河桥改建为3孔钢筋砼双曲拱桥。

是年 1969名1966~1968年三届初中、高中毕业的知识青年(通称“老三届”)“上山下乡”,参加农业生产建设。

▲ 南云台林场大量引进印度雪松枝条育苗成功,建成全市第一个雪松苗圃。

▲ 因“文化大革命”干扰,节制生育工作停顿。1970 年全区人口出生率高达 34.9‰。

1971 年

年初 新浦容器厂(市锅炉厂前身)试制成功 KZG1－8 型固定炉排卧式快装锅炉。此为全市第一台地产锅炉。

8 月 8～10 日 中共连云港市新浦区第一次代表大会在新浦召开。大会选举产生由 16 人组成的中共新浦区第一届委员会。军代表张万顺当选区委书记。中共新浦区革命委员会核心领导小组同时撤销。

8 月 20 日 经市革委批准,恢复东艤、西艤、路南 3 个街道,并组建 3 个街道办事处。同时,将东艤街道更名为浦东街道、西艤街道更名为浦西街道。

10 月 浦东、浦西、路南 3 个街道同时建立党总支委员会。

12 月 10 日 区教育系统开展“清队”、“一打三反”和“清查‘5·16’”运动。次年 3 月结束。

是月 云台公社电影放映队、南城镇电影放映队先后建立。流动为群众放映电影,改善群众文化生活。

年底 全区开始在上山下乡知识青年中择优招工。

是年 城区首次开展妇女病普查普治工作。

1972 年

7 月 市革委在新浦区召开街道计划生育工作现场会。

8 月 飞泉小学、连云港云台中学(今花果山中学)先后建立。

9 月 1 日 《连云港报》停刊。

▲ 幸福路与海连路交汇处动工兴建临洪广场,同年底竣工。2005 年正式命名“幸福广场”。

是月 新浦区举办首届运动会,并选拔参加市第六届体育运动会运动员。

10 月 全区开展“批林整风”运动。

是年 区政府开始对属独生子女的上山下乡知青采取照顾措施,让其回城;对病、伤、残知青办理病退手续回城安置工作。

▲ 各公社、大队开展“农业学大寨”运动,改山治水,大造梯田。

▲ 南云台林场引进美国火炬松、湿地松培育成功。

▲ 市百货商店安装使用简易载货电梯,开新浦使用电梯之先河。

1973 年

1 月 新浦中学建校。

2 月 共青团连云港市新浦区第一次代表大会在区礼堂召开。

4 月 26 日 国务院副总理谷牧在江苏省委书记、中共中央政治局委员彭冲陪同下视察花果山。

8 月 22 日 新浦区第六届妇女代表大会在区礼堂召开。

▲ 新浦正式开通使用 SD－101 准电子 1000 门市话交换机。新浦、海州两地在全市率先实现市话自动拨号。

12 月 连云港市新浦区工会委员会成立。

▲ 连云港市博物馆在新浦建成开馆。

1974 年

7 月 1 日　新浦区人民法院成立。院址在民主路 341 号。

10 月　市委任命车秀民为中共新浦区委书记。免去张万顺中共新浦区委书记职务。

是月　连云港市革命委员会拨款 4 万元维修海清寺阿育王塔。

11 月 9 日　维修海清寺阿育王塔施工过程中,在塔心柱内发现一长方形砖砌地宫,从中出土珍贵文物 27 件,均收藏于连云港市博物馆。

是年　在新浦区各单位执行“三支”、“两军”任务的解放军指战员陆续奉命回部队。

▲ 云台邮电支局建立。花果山乡地区电话、电报纳入全国接转系统。

1975 年

3 月　全区各单位开展以“一学”(即学习无产阶级专政理论及安定团结,把国民经济搞上去的指示)、“三批”(即批判修正主义路线,批判资本主义倾向,批判资产阶级法权)、“五大讲”(即讲路线、讲大局、讲党性、讲团结、讲纪律)、“一消除”(即消除资产阶级派性)为内容的群众性自我教育运动。

9 月　贯彻邓小平“文化教育要整顿”指示,全区各学校教学工作逐渐恢复正常。

10 月 10 日　取缔贾圩、海昌、前河、新海 4 处集贸市场。

11 月　全区开展“工业学大庆”运动。

▲ 市委任命武心铎为中共新浦区委书记。免去车秀民中共新浦区委书记职务。

12 月　由 100 余人组成的市委学大寨工作队到云台公社(今花果山乡),开展农业学大寨运动。

是年　全市采取厂社挂钩、学校定向、单位定位、按系统集中对口动员,在郊区建“知青点”的办法统一安排上山下乡知识青年。至 1977 年底,新浦区共动员安置 1975 ~ 1977 年(通称“新三届”)初、高中毕业生 1575 人上山下乡务农。

▲ 省政府拨巨款,大修大村阿育王塔。

▲ 新浦地区全面开展以普及计划生育这一基本国策和人口理论、优生优育、节制生育知识为内容的“三普及”教育,加强节制生育工作。

1976 年

1 月 9 日　全区人民沉痛悼念周恩来总理逝世。

5 月 27 日　连云港市首次上山下乡知识青年代表大会在新浦召开。

7 月 8 日　全区人民沉痛悼念朱德委员长逝世。

9 月 18 日　市委、市革委在新浦人民体育场设立“伟大领袖和导师毛泽东主席追悼大会”会场,近 10 万人参加追悼大会。

9 月　郁林观、海清寺阿育王塔被定为省级文物保护单位。

10 月 15 ~ 17 日　新浦地区近 10 万干部群众集会游行,热烈庆祝中共中央一举粉碎“江青反革命集团”的伟大历史性胜利。

10 月 22 日　市委、市革委在新浦人民体育场召开庆祝粉碎“江青反革命集团”伟大胜利大会。

是月　全区人民揭批“江青反革命集团”的罪行。

1977 年

春　全区开展以结扎为重点的节制生育群众运动。

7月13日　坐落在新浦北郊的茅口水厂一期工程破土动工。1982年7月30日竣工，开始供水。

9月5日　连云港市教师进修学校在新浦建校开学(即连云港教育学院的前身)。

9月10日　云台公社遭8号台风袭击，果菜、水稻等在田作物受到较大损害。

9月25日　区委、区革委由民主路164号迁至343号。

11月15日　新浦至上海直达长途电话线路(1条)开通。

是月　全区各中、小学校的“工宣队”“贫宣队”全部撤出。

1978年

2月13日　新浦公园露天电影院放映《刘三姐》影片。散场后人多拥挤，秩序混乱，过小桥时有6名儿童被踩踏致死。

是月　全区人口控制工作重点由节制生育转向计划生育，提倡一对夫妇只生一个孩子。

3月　开放市东、新海、浦南3个农贸市场。

4月14日　解放路小学被江苏省教育厅确定为重点学校。

6月　新浦区调整街道区划，增设新海街道。同时建立新海街道办事处及中共新海街道总支委员会。

7月23日　新浦区第七届妇女代表大会召开。

是月　在大村水库拦水坝南端，砖厂取土时出土一批汉代简牍。

9月　全区各小学校撤销“革命领导小组”，恢复校长负责制和原有行政机构。撤销“红小兵”组织，恢复少先队组织。

是月　新浦区革委调整街道区划，增设市东街道。同时建立市东街道办事处及中共市东街道总支委员会。

秋　云台人民公社(今花果山乡)红林大队(今花果山居委会)划属园林管理处管理。

10月23日　解放路小学教师王淑兰被评为特级教师，为全区第一位特级教师。

▲　全区企事业单位“革委会”、“革命领导小组”一律撤销。恢复“文化大革命”以前的机构。

▲　云台公社(今花果山乡)全民动员兴修水利，北自牛首山，西至九岭山，依山势修筑溉渠8.5千米，引用大村水库水灌溉农田。

11月　全区有22工业企业被市收归有关工业主管局管理。

是年　新浦区大部分上山下乡知青通过招工、顶职、参军、升学等途径陆续回城工作。

1979年

1月25日　坐落于新浦盐河桥北首的黄海影剧院建成开业。

2月6日　江苏省广播电视大学连云港分校在解放路正式开办。

3月20日至4月18日　选举产生新浦区第八届人民代表219名。

3月28日　《连云港报》在原址(新浦陇西路)复刊。

5月5～7日　中共新浦区第二次代表大会召开，武心铎当选区委书记。

5月15～16日　共青团新浦区第二次代表大会在区礼堂召开。

5月26～28日　新浦区第八届人民代表大会第一次会议在区政府礼堂召开，武心铎当选区革委会主任。

5月　中共新浦区委开始设立纪律检查委员会。

6月　花果山三元宫及旅游区道路开始修复，并增设旅游设施。

▲　新浦地区开始恢复粮油集市贸易。

11月23日　区革委召开表彰大会，奖励新浦地区首批终身只生一个孩子的育龄夫妇。

12月　花果山下新滩村唐庄高高顶发现汉墓，出土一批珍贵汉代文物。

是年　全区各街道开始开展评选"五好家庭"活动。

1980年

1月1日　新浦区人民检察院成立。

6月10日至8月10日　新浦区进行县级人民代表大会代表直接选举试点。共选举产生区第九届人民代表197名。

7月1日　中国人民保险公司连云港分公司在新浦成立。

8月23～28日　新浦区第九届人民代表大会第一次会议在区礼堂召开。自此次会议起选举产生区人大常委会。同时撤销区革命委员会，重新组建区人民政府。武心铎当选区人大常委会主任，张云鸾当选区长。

9月上旬至11月　新浦地区首次进行地名普查。

9月　是月起，农村经济体制改革启动，全面推行以联产承包责任制为主的多种承包经营责任制。

11月　新浦区工会改为连云港市总工会新浦区办事处。

12月23日　新海街道更名为临洪街道。

是年　新浦中学体育教研组受到江苏省人民政府惠浴宇省长嘉奖。

▲　全区首批23座有供水设施的公共厕所建成并投入使用。

▲　新浦地区第一个成片开发的居民居住区——浦南居住区（通称"南小区"）全面动工开发。1985年基本建成。

1981年

3月20日　解放路小学被定为江苏省实验小学。

3月21日　六一幼儿园被评定为江苏省示范幼儿园。

3月24日　建国路小学、民主路小学、通灌路小学被定为中心小学。

8月下旬　省政府正式确定建立4个自然环境保护区，云台山名列其中。

是月　新浦区中心幼儿园建园招生。

是年　新浦区医院眼科成功地开展人工晶体植入手术，填补了全市眼科技术上的一项空白。

▲　新浦地区第一个游泳池——市东游泳池建成投入使用。

▲　猴嘴公园建成。

▲　域内农村"改水"工程先后展开。

1982年

2月22～26日　新浦区第九届人民代表大会第二次会议在新浦召开。

3月上旬　龙尾河治理工程正式开工。同年7月5日基本竣工。

是月　南城镇居民用上了自来水。

5月11～13日　中共新浦区委召开党员干部大会，学习贯彻中共中央、国务院《关于打击经济领域中严重犯罪活动的决定》，开展打击经济犯罪斗争。

是月 市人民政府决定,追认第二次国内革命战争时期参加大村暴动牺牲的李少堂、卢德礼、杨文才、赵开如、赵绍银、王维林、孙叙会、徐登楼、姜谷元、徐殿喜10位同志为革命烈士。

7月1日 开展第三次全国人口普查工作。普查结果:全区(今城区)居民为32335户、121511人。

是月 中共新浦区政法委员会成立。

8月29~30日 共青团新浦区第三次代表大会在区礼堂召开。

是月 经市人民政府批准,花果山九龙桥等6处为市级文物保护单位。

10月9日 临洪中学建校。

10月20日 即日起,全区开展以治理脏、乱、差为重点的"五讲四美"(讲文明、讲礼貌、讲卫生、讲秩序、讲道德;心灵美、语言美、行为美、环境美)活动。

是年 各乡镇卫生院开始实行独立核算、自负盈亏、国家支持的经济管理体制。

1983年

1月1日 陇东中学、延安中学加挂职业中学校牌,设立职业班,进行职业教育。

1月5日 新浦区个体劳动者协会成立。

2月1日 即日起,全区开展以"提倡节俭、反对大办婚事;提倡男女平等,敬养老人,反对歧视虐待妇女、老人;提倡相信科学,反对封建迷信;提倡健康的文化娱乐,反对赌博"为内容的"四提倡、四反对"活动。

3月21日 区政府召开农业先进代表会。

3月15~18日 新浦区第九届人民代表大会第三次会议在新浦召开。

3月22日 新浦地区第一座10层建筑——东方贸易大厦,在解放路与海昌路交叉口东北角破土动工。1986年1月15日建成开业。

是月 南城镇、云台公社从灌云县划入连云港市市区。与原市区的朝阳、云台、中云等公社组建南城区。原市区的云台公社改名花果山公社。

3月至5月 新浦区各街道党总支先后改建为街道党委。

5月25日 新浦区军民共建精神文明领导小组成立。地区各单位与驻军共签"双拥"公约。

6月22日 连云港市调整市区行政区划,新浦、海州两区合并成立新海区。田德洪任中共新海区委书记、吴荫奎任区人大常委会主任、张云鸾任新海区人民政府区长。区政府设在原新浦区政府院内。

是月 中国人民解放军新海区人民武装部(正团级)成立,属军队建制。

7月下旬 新海区的新坝、锦屏两公社开始进行体制改革,实行党政分开、政社分开。

9月5日 区政府在新浦、海州的主要地段推行沿街单位包门前卫生、绿化和秩序的"门前三包"责任制。

9月17日 连云港市职业大学在新浦花果山路(今苍梧路)北侧建校。

10月10日 区政府在砚池街道召开城市孤寡老人帮护工作现场会,推广砚池街道办事处按人建立帮护小组的经验。

12月12~13日 区政府在新浦召开第一次城镇工作会议。

是月 共青团新海区委员会组织9次大型为民服务活动,参加活动的团员、青年计4000余人(次)。

▲ 民主街居民委员会妇代会被全国妇联授予"三八"红旗单位称号。

是年 各社队深化经济体制改革,将土地等生产资料承包给农户经营,由农户自负盈亏。承包期一定15年不变。

1984年

1月 市委任命仲伟修为中共新海区委书记，免去田德洪中共新海区委书记职务。

2月6日 市委、市政府作出《关于适应体制改革需要、充分发挥区职能作用的决定》，扩大新海区政府行政权力。同月14～27日，区政府与市相关委办局完成了城建城管、文教卫生和财贸系统的交接工作。

2月8至5月20日 选举产生新海区第十届人民代表294名。

2月16日 区政府举办大型元宵灯会。新浦、海州地区各单位出动10多条龙灯、100多辆大型灯车，新浦沿街观众达10万余人。

是月 区政府正式向农民颁发集体山林承包书，承包期15年。

▲ 云台乡开始殡葬改革，推行火葬。

3月 区政府组织发动驻地各单位开展义务劳动，将老城区的废西天池填平，改建为“西天池游园”。4月7日 经江苏省人民政府同意，新海区建立洪门乡、朐阳乡；撤销锦屏乡，建立锦屏镇。

5月25～30日 政协连云港市新海区第一届委员会第一次会议在新浦召开。石进明当选区政协主席，郭建德、边守正、周建新、徐文基当选副主席，冯忠礼为秘书长(兼)。

5月26～30日 新海区第十届人民代表大会第一次会议在新浦召开。吴荫奎当选区人大常委会主任，丁全普、马英周、田锁成、王保珊、石衡为副主任；俞素娥当选区长，朱泰增、韩世泳、谷胜玉、姜奎顶、陈东美、王云良为副区长；选举刘持祥为区人民法院院长；程振华为区人民检察院检察长。

5月28日 下午4时许，新浦、海州狂风暴雨。海州、锦屏下冰雹持续约25分钟。冰雹大如蛋黄，小若香丸。粮、菜、果、花损失严重。

6月 全区财贸系统开始全面推行经济承包责任制。

是月 区机关首次面向社会招聘干部。

上半年 区委、区政府研究确定走“兴商、促工、稳农”经济建设思路。

8月27～30日 中共新海区第三次代表大会在新浦召开，仲伟修当选区委书记。区委纪律检查委员会升格为中共新海区纪律检查委员会(以下简称“区纪委”)。严志源当选区纪委书记。

9月7日 省委、省政府决定在连云港市创办苏北地区第一所综合性大学——淮海大学。校址在新浦花果山路(今苍梧路)北侧。次年4月开工建设。1985年9月正式招生。

是月 新浦区举办首届职工田径运动会。

10月27日 中共中央总书记胡耀帮视察花果山。

▲ 新海区第八届妇女代表大会在新浦召开。

10月27～29日 中共中央总书记胡耀邦、中共中央办公厅主任王兆国及中央有关部门负责人到连云港视察花果山景区等地。在新浦期间，胡耀邦为筹建中的淮海大学和市博物馆题写校名、馆名。

10月29～30日 共青团新海区第四次代表大会在新浦召开。

12月17日 市民路小学撤销。

年末 中国工商银行连云港支行在新浦成立。

是年 新浦地区部分职工家庭开始使用液化石油气。

1985 年

2 月 27 日　连云港市化工职工中等专业学校、商业职工中等专业学校、建筑职工中等专业学校在新浦建校。

3 月 21 日　新海区归侨、侨眷联合会在新浦成立。

4 月 9 ~ 11 日　政协新海区第一届委员会第二次会议在新浦召开。

4 月 10 ~ 12 日　新海区第十届人民代表大会第二次会议在新浦召开。

5 月 1 日　连云港市电视台在新浦建台开播。

5 月 2 日　全区开始实施法制宣传教育第一个五年计划。

9 月 8 日　连云港市庆祝第一个教师节大会在新浦召开。

9 月 12 日　区政府成立工资改革领导小组，全面启动第三次工资改革。国家机关、事业单位改等级工资制为结构工资制；企业实行浮动工资制，把职工工资与企业经济效益及职工劳动成果挂钩。

12 月 27 日　解放中路翻建工程竣工。

12 月 28 ~ 31 日　新海地区首届群众文艺汇演在新浦举行。

是年　全区工业企业全面启动以“一包三改”为内容的经济体制改革，职工录用全部由固定录用制改为合同制。

▲　区政府开始自己编制全区经济建设和社会事业发展五年计划——新海区第七个“五年计划”。

▲　市东街道和临洪村被评为全国“计划生育先进集体”。

▲　全区开展第二次工业普查。

1986 年

2 月　国营南云台林场将国有山林承包给职工户，实行家庭联产承包责任制。

3 月 12 日　新海区与青海省哇玉香卡农场合资的海云贸易大厦，在盐河桥东首开工兴建。1989 年 8 月建成试营业。大厦为 8 层，建设面积 6580 平方米。

4 月 1 日　全区蔬菜产销开始实行合同定购。

4 月 26 ~ 29 日　政协新海区第一届委员会第三次会议在新浦召开。

4 月 28 ~ 30 日　新海区第十届人民代表大会第三次会议在新浦召开。大会审议通过了新海区第七个“五年计划”。

6 月 3 日　市政府发出通知，遵照国务院函〔1986〕51 号批复，将新海区划分为新浦、海州两区。

6 月中旬　区人民武装部改为地方建制。

是月　区委、区政府从区情出发调整经济工作思路，开始实施“兴商、促工、开发”经济发展战略。

7 月 9 日　位于解放东路的市食品公司肉联厂炼油车间一号食化锅炉发生爆炸，造成 5 人死亡、1 人轻伤。

▲　市委任命俞素娥为中共新浦区委书记。

7 月 10 日　新浦区安全生产委员会成立。

8 月 4 ~ 5 日　新浦区第十届人民代表大会第四次会议召开。张云鸾当选区人大常委会主任，李维泰、张一平、马英周、王保珊为副主任；张玉华当选区长，韩世泳、陈东美、王云良、崔仁义为副区长；选举滕采勤为区人民法院院长；程振华为区人民检察院检察长。

8 月 6 日　政协新浦区第一届委员会第四次会议召开。成以宽当选区政协主席，郭建德、周旭权、边守正、周建新、徐文基当选副主席，周志风为秘书长（兼）。

8月26日 区政府召开颁发居民身份证大会。

是月 连云港师范学校在新浦建成招生。

9月14日 新浦区社会治安综合治理领导小组成立。

是月 中共新浦区委党校成立。

10月27日 新浦区编制管理委员会成立。

是月 全区工业企业全面实行目标责任制和领导任期终结审计制。

12月1日 新浦区劳动服务市场成立。同时，首次在浦南农贸市场开展招工活动。

12月23日 区政府首次召开先进个体工商户表彰大会。

12月27日 区政府首次召开城镇义务兵优待金兑现大会。

12月29日 市妇幼保健医院在新浦建成开诊。1989年更名为市妇女儿童医院。

是月 新浦区决定农历九月初九重阳节为全区“敬老日”。

▲ 新浦区荣获全省（1983～1985）计划生育先进集体称号。

1987年

1月7日至3月31日 选举产生新浦区第十一届人民代表194名。

3月18日 全区开始办理20世纪60年代初城镇下放户户口、粮油供应就地“农转非”工作。

是月 新浦地区第一块住宅区绿地——海宁园建成，占地面积5500平方米。

4月14～17日 政协新浦区第二届委员会第一次会议召开。成以宽当选区政协主席，郭建德、周旭权、周建新、边守正、徐文基为副主席，周志风为秘书长（兼）。

4月15～18日 新浦区第十一届人民代表大会第一次会议召开。张云鸾当选区人大常委会主任，张一平、孟宪凯、朱崇汉为副主任；张玉华当选区长，韩世泳、陈东美、王云良、崔仁义为副区长；选举滕采勤为区人民法院院长；程振华为区人民检察院检察长。

6月6日 坐落于新浦民主路的陇海公寓被确定为“连云港市革命纪念馆”。

7月7日 新浦热电站建成投产。

7月11日 新浦区红十字会成立。

是月 市第七届人大常委会第29次会议通过整治新浦地区龙尾河、西盐河、扁担河的决议（通称“三河治理”）。

8月25日 全区开始实施《连云港市市民守则》。

9月23～24日 新浦区第九届妇女代表大会召开。

10月8～9日 共青团新浦区第五次代表大会在区礼堂召开。

10月31日 全区广泛开展第一个“敬老日”活动。

11月28日 坐落于海连中路的天然居宾馆开工建设。该宾馆主楼17层，高70余米，时为新浦地区最高建筑物。1989年1月建成并试运营，同年5月22日正式开业。

12月7～9日 新浦区第十一届人民代表大会第二次会议召开。

12月12日 新浦、海州地区和连云、墟沟地区电话并网，直拨通话。同时，新浦可以直拨国际、国内长途电话。

12月19日 新浦地区台属联谊会成立。

是年 海宁中学建成开学。

▲ 新浦中学少年女子排球代表队，在全国少年女子排球赛中夺得桂冠。

▲ “七一六”研究所由四川万县迁到新浦。

▲ 全区首批垃圾中转站——市东、艺北、临洪3个垃圾中转站建成投入使用。

1988 年

1月5日 新浦区文物保护委员会成立。

是月 坐落于龙河广场北侧的多功能大型综合商场——华联商厦竣工开业。

2月2日 区政府首次召开政府法制工作会议，全面部署加强政府法制工作建设。

3月5日 区委、区人大、区政府、区政协、区纪委领导举行联席会议，研究发展全区外向型经济问题。

3月16～19日 政协新浦区第二届委员会第二次会议召开。

3月17～19日 新浦区第十一届人民代表大会第三次会议召开。

3月26日 市委任命鲍建宾为中共新浦区委书记。免去俞素娥中共新浦区委书记职务。

是月 全区农村医疗管理体制改革启动。次年，对各村卫生室实行“四统一、一独立”管理体制(即乡村保健医生、财会、工资、业务由乡统一管理，村卫生室财务收支独立)。

4月1日 新浦区公费医疗制度改革正式启动。

4月11日 各街道办事处开始与区政府签订计划生育责任书。

4月27～29日 中共新浦区第四次代表大会召开。会议选举产生了中共新浦区第四届委员会和中共新浦区纪律检查委员会。鲍建宾当选区委书记，严志源当选区纪委书记。

6月10日 区委、区政府联合发出《关于保证党政机关廉洁作风的六项规定》。

6月21日 全区中小学教师职称评定工作全面展开。

6月28日 新浦区人民医院眼科析出，成立连云港市眼科医院。同年8月1日正式开诊。

是月 区政府颁发《新浦区企业职工退休养老费用社会统筹暂行办法》。

8月30日 新浦区青少年教育委员会成立。

10月22日 区委、区政府首次召开新浦地区见义勇为先进分子表彰大会。对44位先进分子分别给予记大功、记功和授予见义勇为先进分于称号的奖励，并发给奖励证书和奖品。

是月 新浦区中小学体育代表团，在市22届中小学生田径比赛中，共获得25块金牌，居各县区之冠，有5人7次打破6项市纪录。

11月7日 区委召开老干部座谈会，纪念新浦解放40周年。

11月上旬 全国政协副主席谷牧视察解放路小学和新海中学。

是月 龙河广场建成，占地两公顷。

▲ 新浦区第一块烟尘控制区在路南街道建成，面积1.3平方千米。

是年 全区在企业改革中全面推行“共保合同”制度。

▲ 市政府开始对新浦区财政实行收入递增包制。

1989 年

3月1日 新浦区区长首次与市长签订计划生育目标管理责任书。

3月13日 区委印发《中共新浦区委关于加强对人大、政府、政协工作领导，逐步理顺相互关系的暂行规定(试行)》《新浦区人大常委会关于加强对“一府两院”法律监督、工作监督的意见(试行)》、《新浦区人民政府关于接受人大法律监督、工作监督的意见(试行)》和《新浦区人民政府关于加强与政协联系、接受民主监督的意见(试行)》。

3月22~24日　政协新浦区第二届委员会第三次会议召开。

3月23~25日　新浦区第十一届人民代表大会第四次会议召开。

6月1日　区政府制定下发《关于进一步加强居民委员会工作的意见》和《关于居民委员会干部生活待遇问题的暂行规定》。

6月7日　市委任命张连云为中共新浦区委书记。免去鲍建宾中共新浦区委书记职务。

6月9日　区委、区政府制定下发《新浦区街道办事处工作条例》(试行)和《新浦区居民委员会工作条例》(试行)。

9月21日　新浦区新婚夫妇学校开学。

9月30日　区政府举办大型焰火晚会,庆祝中华人民共和国建国40周年。

10月　全区开展民主评议党员活动。

11月　新浦区流动人口管理委员会成立。

12月初至次年2月初　全区选民首次以无记名投票、差额选举方式选举人民代表,共选举产生区第十二届人民代表217名。

12月28日　新浦区消费者协会成立。

是月　新浦区被评为“江苏省全民国防教育”先进单位。

是年　林业科技人员利用云台乡虎窝村杏树进行嫁接,培育出优良品种——云台大杏。被省农业厅定为优良地方品种。

1990年

1月8日　新浦区各街道成立武装部。

2月9日　新浦区第十一届人大常委会第二十次会议接受张玉华辞去区长职务的请求,任命滕雨成为新浦区副区长,并决定滕雨成为新浦区代区长。

3月25~30日　政协新浦区第三届委员会第一次会议在市政协礼堂召开。成以宽当选区政协主席,韩世泳、边守正、徐文基为副主席,周志风为秘书长(兼)。

3月27~30日　新浦区第十二届人民代表大会第一次会议在区礼堂召开。张玉华当选区人大常委会主任,孟宪凯、朱崇汉、姚嗣为副主任;选举滕雨成为新浦区区长,翟立东、王云良、张秋田、林富平为副区长;滕采勤为区法院院长,程振华为区检察院检察长。

4月21日　区政协组织都分委员就扁担河治理问题进行调查论证,并形成《治理扁担河应重视综合治理、开发、利用——对扁担河治理方案的几点看法和建议》建议案,后被市政府采纳。

4月24日　区工会召开第一次代表大会,选举产生了新浦区总工会第一届委员会。

5月15日　新浦地区社会治安综合治理联防指挥部成立。

6月28日　中共中央政治局常委、全国人大常委会委员长乔石视察花果山。

是月　新浦地区全面开展创建国家卫生城市活动。

7月1日　新浦区第四次全国人口普查登记工作全面展开。普查结果:全区(今城区)46686户、181112人。

7月13日 新浦区地方志编纂委员会成立,《新浦区志》编修工作启动。

10月15日 城区第一座公路立交桥——解放东路立交桥开工建设。次年9月29日建成通车。

12月25~27日 共青团新浦区第六次代表大会在区礼堂召开。

是年 全区第一轮承包经营到期的工业企业全部推行"一包五改"改革措施。

▲ 全区开始对4周岁以下儿童进行脊髓灰质炎强化免疫。

▲ 西盐河以西、大庆路以南、朝阳路以北范围内的新居民住宅区(通称"西小区")基本建成。共建楼房75栋(主要为4层楼房),总建筑面积10万平方米。

1991年

1月3日 区委、区政府作出《关于加快我区工业发展的意见》。

2月27日 新浦西小区千余户居民首批用上管道煤气。

3月25日 扁担河综合治理工程正式动工。扁担河全长1.6千米。采取全密封式、石砌体混凝土预制板覆盖方案进行治理。同年6月8日竣工,并通过验收。

3月25~29日 政协新浦区第三届委员会第二次会议在新浦举行。

3月26~30日 新浦区第十二届人民代表大会第二次会议在新浦举行。大会审议通过了新浦区第八个"五年计划"。

3月29日 全长1.54千米、路幅50米的朝阳中路铺筑工程及该路跨越龙尾河的瀛洲桥,同时开工兴建。同年12月28日竣工通车。

是月 花果山乡被列为"江苏百家名镇"。

春 花果山发生松毛虫灾害,面积达610多公顷。省有关方面出动飞机46架次,喷药消虫,使灾情得以控制。

4月4日 新浦区开始实施法制宣传教育第二个五年规划。

4月9日 上午9点30分左右,盐河东路"农民进城经商一条街"1、2、3号杂货棚发生火灾,烧死5人(3男2女)、烧伤4人、烧毁房屋3间。

4月16日 新浦区精神文明建设活动委员会成立。

4月21日 新浦地区电话号码由5位数升为6位数。

5月20日 新捕区拥军优属、拥政爱民"双拥"工作领导小组成立。

5月29日 《新浦区技术进步奖励暂行办法》和《新浦区技术进步奖励范围和评审标准实施细则》正式公布实施。

6月23~25日 中共新浦区第五次代表大会在区礼堂召开。张连云当选区委书记。

7月1日 区委召开"庆祝中国共产党成立七十周年大会",表彰先进基层组织、优秀共产党员和优秀党员干部。

7月14~15日 新浦地区暴雨,降雨量达200多毫米。市、区领导带领广大群众抗洪抢险。

9月1日 新浦区培智学校正式开学,为全市第一所弱智儿童学校。

9月24日 新浦区第一座老人公寓——市东老人公寓建成。同年10月14日开业。

10月24日 由新浦区管辖的连云港市少年宫在盐河桥东首建成。

是月 全区开始按照"面向社会、公开招收、全面考核、择优录用"原则招收新工人。

11月26日 《新浦区居民委员会干部实行退休养老保险金规定的暂行办法》正式颁布实施。

月底　新浦地区14个集贸市场总成交额首次突破亿元关。

12月25日　凌晨2时20分,坐落于云华路的云华宾馆发生火灾,1440平方米客房全部烧毁,14人丧身。

年底　团中央向全国推广新浦区团委做好街道青年教育管理的经验。

是年　市政府在新浦东郊宋艞一带设立宋艞工业区。

1992年

2月13~22日　区政府在新浦公园举办新浦地区1992年大型元宵灯展。观众达10余万人次。

3月24~27日　政协新浦区第三届委员会第三次会议在新浦召开。

3月25~28日　新浦区第十二届人民代表大会第三次会议,在新浦召开。

是月　全区所有企业开始实行全员劳动合同制。

4月3日　全区工商企业开始以破“三铁”(铁饭碗、铁工资、铁交椅)为突破口,深化企业内部改革。建立自主经营、自负盈亏、自我发展、自我约束的生产经营机制。

4月10日　新浦区住房制度改革工作正式启动。1998年底基本完成。

5月18日　区委、区政府作出《关于进一步解放思想,抓住机遇,加快改革步伐,振兴新浦区经济的决定》。

5月27日　新浦区人民政府行政复议委员会成立。

是月　全区开始建立失业保险制度。

▲　区糖烟酒公司获商业部授予的“全国集体商业先进企业”称号。

6月1日　苏北地区规模最大的综合性农副产品批发市场——连云港市农副产品批发市场,在龙河广场南首建成开业,占地4公顷。

6月6日　新浦区档案馆成立。

8月至次年1月　选举产生新浦区第十三届人民代表225名。

是月　新浦地区开始开办理电子信箱业务。

▲　花果山乡、云台乡、南城镇开始筹集农民养老保险金。

9月26~27日　新浦区妇女联合会第十次代表大会在新浦召开。

10月16日　市委、市政府授予新浦区“创建国家卫生城市先进单位”称号。

10月28日　市电视广播大楼在解放西路盐河西岸动工兴建。主楼17层,高82.4米。另有地下室一层、楼顶铁塔一座高40米。

11月25日　新浦区被评为全国城市计划生育先进集体。

12月20日　新浦区开始实施创建噪声控制达标区工程。

12月25日　新浦地区财经学校及站南两个地势低洼片区的防洪排水工程竣工,并通过验收。

是月　新浦地区开通移动电话业务。

年底　新浦区区属工业总产值和销售收入,首次突破亿元关。工业总产值为1.01亿元。比上年增长40%。

是年　渔湾景区开始开发建设。

1993年

1月上旬　新浦区组织经济考察团赴俄罗斯考察,与有关方面签订6个合作协议,迈出“走出国门,兴办实业"第一步。

1 月 29 日　全区开始实施初级中等义务教育。

1 月下旬　新浦地区土地使用权登记工作全面展开。

2 月 22～25 日　政协新浦区第四届委员会第一次会议在新浦召开。寇显仲当选区政协主席,韩世泳、王云良、边守正、徐文基、佟凤兰为副主席,周志风为秘书长(兼)。

2 月 23～26 日　新浦区第十三届人民代表大会第一次会议在新浦召开。张玉华当选区人大常委会主任,孟宪凯、朱崇汉、姚嗣为副主任;滕雨成为区长,徐家贵、张秋田、林富平、刘士俊为副区长;选举刘永奎为区法院院长,陈学标为区检察院检察长。

3 月 8 日　全市第一个别墅区——东方花园,在新浦龙尾河东岸开工兴建。占地 13 公顷。次年 1 月建成,总建筑面积 3 万平方米。

3 月 18 日　中望国际贸易大厦在龙河广场东南侧奠基。大厦主楼 32 层,高 108 米,总建筑面积 10.8 万平方米。

3 月 20 日　区委、区政府召开新浦地区精神文明创建工作总结表彰大会,授予 15 个单位、19 个居委会、1 个村、13 个楼院为 1992 年度区级文明单位称号。

是月　香港爱国人士邵逸夫先生向新浦区解放路小学捐赠 50 万元港币,该校以此资金在校内兴建教学楼——"逸夫楼"。

4 月 1 日　新浦区在全市率先实行集中办理婚姻登记。

5 月 13 日　区政府制定下发《关于推进残疾人事业发展的暂行办法》。

是月　新浦区法院在全国第一家成立青少年行为矫治中心。

6 月 17 日　新浦区关心下一代工作委员会成立。

6 月 26 日　新浦区人民见义勇为奖励基金会成立,表彰奖励 16 名见义勇为先进个人。

7 月 18 日　17 时 29 分至 17 时 38 分,新浦地区遭狂风突袭。解中、海中、新南、新浦、沈圩、连东等 6 条 10 千伏电线短路跳闸,新浦地区大面积停电 10 个多小时。

7 月 26～28 日　共青团新浦区第七次代表大会在新浦召开。

是月　新浦区开始对全区待业职工发放待业救济金,每人每月 60 元。

9 月 23 日　花果山上所有庙宇移交佛教部门管理。"三元宫"更名为"海宁禅寺"。

9 月　区委、区政府出台《集体企业改革实施意见》和《集体企业"公有民营"试行办法》。

10 月 16 日　南城城隍庙、普照寺对外开放。

11 月上旬　新浦新火车站配套工程——凌州路防洪排涝沟工程全面动工。凌州路防洪排涝沟南起解放东路,北至人民东路,全长 680 米、宽 2.8 米、高 1.5 米,全部块石砌筑。为全市最大防洪排涝工程。

12 月 23～24 日　区政协举办"新浦兴盛百年研讨会"。

1994 年

3 月 14～18 日　政协新浦区第四届委员会第二次会议在新浦召开。

3 月 15～19 日　新浦区第十三届人民代表大会第二次会议在新浦召开。

3 月 28 月　坐落在新浦北郊茅口的市第三水厂主体工程奠基。占地 6.4 公顷。设计日供水能力为 20 万吨。1997 年 2 月 3 日,一期工程竣工并通过省级验收,正式投入使用,日供水 10 万立方米。

年初　区委、区政府制定并开始实施“大力发展第三产业，壮大提高第二产业”的经济发展战略。

5月5日　凌晨，新浦东南郊市第二毛巾厂附近，发生一起特大黄金抢劫案。同月15日凌晨4时，两名歹徒被新浦公安分局在灌南县五队乡抓获，另两名歹徒慑于法律威严投案自首。

5月9日　新浦发生一起特大杀人劫车案，4名罪犯将市皇嘉铜塑有限公司刘某某驾驶的皇冠轿车骗至市物资储运公司仓库，将刘某杀死后驾车逃窜至齐齐哈尔市。同年7月8日，案犯全部被揖拿归案。

5月10日　龙尾河清淤疏浚工程全面开工。同月底完成。

5月18日　国务院总理李鹏偕夫人朱琳视察花果山，并在海宁禅寺监院昌鉴法师方丈室内挥毫题词。

▲　坐落于解放东路的“连云港生产资料国际商城”开业。

6月26日　零时起，新浦地区电话号码由6位数升级为7位数。

8月10日　东陇海铁路新海绕行线的新火车站，在新浦人民东路北侧动工兴建。站房东西长163米，南北宽27米。建筑面积6744平方米。

是月　市委任命陈东美为中共新浦区委书记，免去张连云中共新浦区委书记职务。

9月初　区政府将1000多名在新浦务工的外地个体工商户、私营工商户子女安置到各小学读书，解决其子女入学难问题。

9月28日　区委、区政府举办新浦地区首届群众文化艺术周暨家庭文化节，历时9天，约有15000人(次)参加活动。

11月13日　新浦区被命名为全省“民政工作先进区”。

11月29日　新浦区居民委员会干部学校开学。

12月26日　全市规模最大的证券交易所——市建设银行信托大厦，在海昌南路建成。

是年　区委、区政府制定下发《新浦区国家行政机关(事业单位)工作人员年度考核办法》，全区干部年终考核工作正式启动。

▲　市政府开始对新浦区实行分税制财政管理体制。

▲　新浦区在全市率先推行妇女保健保偿一条龙服务。

1995年

1月10日　新浦城区北部的第一条干道——人民东路建成通车。人民东路西起在建的新浦火车站，东至解放东路，全长1.7千米。同日，位于人民东路北侧的新浦汽车总站建成启用。

1月上旬　新浦区获全市1994年度创建卫生城市工作城区组优胜奖。

2月13日　区委、区政府召开对外开放工作会议，决定实施“联外、联内、联辖区”的“三联驱动”经济发展战略。

2月16日　全长2.44千米、宽40米的朝阳西路及其跨越西盐河的朝阳桥(长50米、宽40米)同时动工兴建。同年11月15日，同时竣工通车。

3月6~9日　政协新浦区第四届委员会第三次会议在新浦召开。

3月7~10日　新浦区第十三届人民代表大会第三次会议在新浦召开。

4月13日　海连东路北侧的新浦垃圾堆放场开始搬迁。至6月20日，积存的8.5万余吨垃圾全部清运完毕。

5月10日　区委、区政府召开大会，表彰在1994年度经济建设和社会事业中成绩显著的10个“十佳文明居民委员会”、9个“文明居委会”和10个“经济创收年利润前十强居委会”。

6月15日　新浦区私营企业协会成立，并召开第一次代表大会。

6月21日　区委、区政府印发《关于加快工业发展的意见》和《关于加快第三产业发展的意见》。

6月28日　区委、区攻府作出《关于进一步加强新浦区环境保护工作的决定》。

9月12日　由徐州、淮阳、盐城、连云港四市联办，连云港市承办的苏北有史以来规模最大的对外经济贸易洽谈会，95’中国江苏亚欧大陆桥经贸恳谈会，在新浦龙河广场开幕。国务委员宋健出席开幕仪式并剪彩，省长郑斯林致开幕词。同月16日下午闭幕。

▲　新浦区与江苏省盐城市阜宁县结为友好县区，并举行缔结友好县区签字仪式。

9月16日　新浦区与句容市结为友好市区。

10月30日　新浦区被授予省婚姻管理先进集体称号。

12月上旬　临洪街道港西街居民委员会，被评为全国模范居民委员会。

12月18日　花果山云雾茶在北京农业博览会上获国家银质奖。

是年　宁连一级公路上最大的立交桥——宋髋立交桥，在新浦东郊建成。

1996年

1月1日　全区开展第一次农业普查工作。次年12月底结束。

▲　是日起，城区禁止机动三轮车、人力三轮车从事客运。

1月9日　全长10.06千米的南城至宋髋的南宋公路（宁连一级公路连云港段）通过省级验收、工程质量达到优良级。

1月上旬　市东街道、浦西街道被授予省体育先进街道称号。

1月12日　港城第一家个体出租汽车公司——金轮公司在新浦成立。

2月7日　新浦区计划生育协会被国家计划生育协会授予“全国计划生育先进集体”称号。

2月上旬　朝阳东路、郁洲路开工兴建。同年12月30日同时建成通车。朝阳东路全长800米，道路红线宽60米，为城市6车道；郁洲路全长1.68千米，宽40米，为4车道。

3月中旬　新浦区顺利通过世界卫生组织提出的，以街道为单位儿童计划免疫“四苗”覆盖率85%的审评。新浦区“四苗”覆盖率达95%以上，连续14年无脊髓灰质炎病例、连续16年无白喉病例出现。

3月17～21日　政协新浦区第四届委员会第四次会议在新浦召开。

3月18～22日　新浦区第十三届人民代表大会第四次会议在新浦召开。大会审议通过了新浦区第九个“五年计划”

4月1日　区人武部改为中国人民解放军连云港市新浦区人民武装部，为军队建制。

4月8日　新浦区获市1995年市创建卫生城市优秀目标奖。

4月26日　西小区排水及路面改造工程开工。同年6月底竣工。新铺砼管排水管道587米，为396米下水道清淤，新铺人行道板840平方米、沥青罩面2.5万平方米。

6月18日　市政府印发《连云港市市区部分道路命名、更名意见》，共更名、命名140条道路名称。其中，新浦地区新命名道路51条、更名道路25条。

7月上旬　新浦区开始实施政府组成人员离任审计制度。

▲　海昌南路、西苑、艺北、新新等4个蔬菜直销市场开始运营。

7月31日　全区第三个法制宣传教育五年规划开始实施。

是月　新浦区国防动员委员会成立。

▲　新浦地区首批安居工程——龙河小区动工兴建。1998年1月8日,建成交付使用。

8月16日　《新浦区党政机构改革方案》开始实施。

5月28~30日　中共新浦区第六次代表大会在新浦召开。陈东美当选区委书记。

9月22日　区委、区政府下发《新浦区深化企业改革实施意见》。全区经济体制改革由经营机制改革向产权制度改革深化。

12月22日　下午3:30位于民主路、市化路之间的海昌楼定向爆破一次成功。此为苏北闹市区规模最大的定向爆破拆除工程。海昌楼8层、28米高,建筑总面积4000平方米。

12月23日　连云港市暨新浦区对台招商说明会,在新浦区政府小礼堂举行。来自台湾省的50多位客商与市、区有关部门对口交流,洽谈项目。

12月25日　位于海昌北路西侧、市化路与民主路之间、时为市区最大的旧城改造项目——昌旺购物中心工程举行奠基仪式。次年3月2日正式开工建设。1998年1月19日建成并试营业。工程占地2.7公顷,楼体4层,建筑面积8万平方米。

1997年

1月14日　共青团新浦区第八次代表大会在新浦召开。

3月3~6日　政协新浦区第四届委员会第五次会议在新浦召开。

3月4~7日　新浦区第十三届人民代表大会第五次会议在新浦召开。

3月13日　位于人民东路南侧的人民公园开始筹建。公园占地约14公顷。同年10月31日简易向市民免费开放。

3月24日　新浦区政务信息网络开始建立,分设30个信息报送单位。

4月　新浦区城市居民最低生活保障制度正式建立,初定100元/月为最低生活保障线。(2001年7月1日起调为130元/月;2003年7月1日起调为150元/月;2005年7月1日起调为170元/月。)

5月8日　新浦区工商业联合会成立。

是月　苍梧绿园开工兴建,占地28公顷。1999年7月16日建成并向市民免费开放。

6月16日　新浦区首批成建制外派50名承包建筑工程人员,赴俄罗斯承包建筑工程。

7月30日　新浦地区开始对年满70周岁的公民发放《连云港市老年人优待证》。

是月　渔湾景区举办首届"渔湾民俗风情节"活动。

▲　云台乡虎窝村龙爪沟源头,因暴雨土质滑坡形成泥石流灾害,造成6人死亡,3人受伤。

8月19~20日　新浦地区受11号台风影响,降雨量达203毫米。造成1000余户进水、200余株行道树被折,解放路、朝阳路、沈圩铁路涵洞等处严重积水。区委、区政府领导带领全区人民投入抗风防汛工作。

8月至次年1月　选举产生新浦区第十四届人民代表168名。

9月1日　全区开始实施"蓝天工程",新浦地区停止生活、营业大灶、茶水炉散烧烟煤。

9月8日　新浦新火车站站前广场动工兴建。广场(包括道路、绿地)南北长300米,东西宽220米,面积66000平方米。站前600米长的人民路路段,由15米拓宽成37.55米。同年10月1日建成投入使用。

10月1日 全区开始向百岁老人发放营养补贴。

10月中旬 新浦地区平均气温达20.4℃,高出常年4℃多,为新中国建立后同期第二个气温异常偏高年份(1951年同期为20.9℃)。

12月1日 新浦区获"江苏省社区服务示范城区(市)"称号。

12月2日 在全市卫生"十佳"、"五差"居委会评比中,新浦区龙尾街居委会、海宁街居委会、通灌街居委会、新孔路街居委会、同和街居委会入选"十佳"居委会。

12月24日 关系到新浦地区防洪保安的临洪东翻水工程竣工。

12月30日 即日起,辖区内开始禁止工业炉、窑冒黑烟。

1998年

1月5~9日 政协新浦区第五届委员会第一次会议在新浦召开。陆振祥当选区政协主席,张秋田、刘永奎、边守正、佟凤兰、曹伟平为副主席。

1月6~10日 新浦区第十四届人民代表大会第一次会议在新浦召开。滕雨成当选区人大常委会主任,王云良、杨尔伦、刘士俊、陈应聪为副主任;选举李建平为区长,姜洪、戴克大、陆体洋、汤其好为副区长;选举徐昊为区法院院长,陈学标为区检察院检察长。

是月 新浦区投入30万元,在人民路沈圩段北侧和朝阳桥西侧新建的两座全封闭落地式垃圾中转站,建成投入使用。

2月13日 区委,区政府表彰1997年度全区经济社会发展目标管理中成绩显著的30个先进单位。

2月26日 区政府决定对新浦地区在1997年度计划生育工作成绩显著的25个单位授予"优秀目标奖"、17个单位授予"完成目标奖"、4个单位授予"优秀服务奖"、30个单位授予"先进集体"称号、46人授予"先进个人"称号。

是月 省政府、省军区授予新浦区"双拥模范区"称号。

3月12日 区委、区政府制定下发《新浦区企业产权制度改革实施意见》,全面启动企业产权制度改革。

4月8日 玉龙路(后定名瀛洲路)拓宽改造工程开始。次年7月16日竣工。长2.86千米,宽24米,为6车道。

4月上旬 建国路小学少先队被全国少工委授予"全国红旗大队"称号。

是月 域内国有、集体山林承包期延长50年,并与山林承包户续签《山林承包50年合同》。

▲ 全区社区卫生服务机构改革正式启动。同年6月起,各街道、社区卫生服务中心相继成立。

5月26日 区委、区政府作出决定,命名新浦汽车总站长途服务组为"拥军优属模范班组",授予连云港市供电局等36个单位"双拥工作先进模范"称号,授予侍述明等46人"双拥工作先进个人"称号。

6月上旬 区政府投资50万元,在青年西路兴建"再就业市场",一期工程提供244个摊位。

6月18日 新浦区刘巃小学划归市教育局管理。

6月26日 位于新浦东郊的丁字路公路跨铁路立交桥建成通车。全长525米、宽22米,路面为4车道一级公路。总投资4000余万元。

8月11日 下午6时,新浦老火车站送走最后一趟列车——宝(鸡)连(云港)直快列车,完成历史使命。至此,原穿越市区的铁路线及临洪、南极路、海昌路、通灌路等道口废止。

8月12日 新浦新火车站及相关工程全面竣工,正式开通运营。上午举行竣工开通典礼。新浦新火车站占地34.7公顷,铺设路轨11.5千米。计17股道、道岔43组、站台2座、风雨棚2个、天桥1座、地下通道1道、房屋建筑面积18770平方米,其中旅客站房6744平方米(可容2000人)。

8月18日　全区党政机关干部献爱心,为长江、嫩江流域灾区人民捐款94732元。

9月26~28日　3万余游人云集花果山,参加"'98花果山金秋登山节"开幕式。1500多人参加登山比赛。

11月7日　新浦区在新浦火车站广场举办大型文艺演出,庆祝连云港市解放50周年。

12月2日　区委、区政府作出决定,表彰1997年度"十佳文明居委会"、"文明居委会"、"居办经济前十强居委会"。

1999年

1月6日　全市第一条商业步行街——陇海商业步行街建设工程正式启动。陇海步行街在陇海铁路废址的东起龙尾河西岸,西至西盐河东岸段(全长1.17千米、宽66米)范围内建筑。2001年1月6日,步行街东街建成开业。

1月上旬　新浦地区全面开展"打黄"、"扫非"集中行动,同年6月底结束。

1月17~20日　政协新浦区第五届委员会第二次会议在新浦召开。

1月18~21日　新浦区第十四届人民代表大会第二次会议在新浦召开。

1月31日　晚7时25分,发生一起爆炸杀害民警案。一犯罪嫌疑人在浦东派出所被审查时,突然引爆手榴弹,派出所副所长赵林英勇献身,另一联防队员受伤。次日凌晨,犯罪嫌疑人被擒获归案。同年11月4日,经省政府批准,追认赵林为革命烈士。

3月2日　全区启动开展争创服务示范街道办事处、争创社区服务达标居委会活动。

4月初　瀛洲路、海连中路、海连西路和幸福广场、龙河广场、龙尾河综合治理工程开工。同年9月同时竣工。

4月16日　江苏省军区司令员蒋文郁视察新浦区"雷锋式女子民兵排"。

5月1日　开始对全区失业、下岗职工实行《就业登记证》和《自谋职业优惠证》两证管理。

5月12日　新浦区职工医疗保险制度改革工作启动。

6月9日　自1996年开始的新浦地区地籍调查工作结束,并通过省验收。共完成27.34平方千米、248个街坊、14520宗地的权属和地籍测量。

6月20日　新浦区调整街道行政区划,由5个街道调整为浦东、浦西,市东、新东、新南、路南、新海、临洪8个街道。

7月2日　香港肇丰集团国内连锁连云港时代超市租用"万家乐购物中心"场地开办的时代超级购物中心开业。

7月初　海宁小学被评为"全国环境教育学校"。

▲　龙尾河污水截流管工程正式启动。

7月20日　区政府对居委会名称进行规范,原居委会名称中的"街"字一律去掉。

9月9日　区政府表彰龙尾居委会等17个首批社区服务达标居委会。

9月22日　通灌北路原铁路道口路基降坡工程开工。相配套的道路改造工程全长360米。2001年11月16日竣工通车。

9月28日　新浦区向社会公开招聘居委会干部。至同年11月11日,招聘录用的32名居委会工作人员全部上岗,平均27岁,80%以上为大专以上学历。

10月30日 新浦地区首条贯穿南北的交通要道——盐河路改造工程正式启动。盐河路沿西盐河西岸,北至新浦火车站广场,南至孔望山下,全长4.02千米。首期工程2140米段(火车站至朝阳路)宽60米,双向6车道。总投资9828万元。2000年10月8日(含配套工程)竣工,投入使用。

12月 新浦区人武部被省政府、省军区授予县(市、区)人武部“正规化建设先进单位”称号。

是年 区“双拥”工作领导小组先后被评为省和全国“爱心献功臣行动”先进单位。

▲ 全区所有居民委员会先后实行居务公开。

2000年

1月1日 全区停止住房实物分配。

1月6日 新浦区深化城市管理改革,将海连中路保洁权向社会公开竞标,中标人安排的保洁人员全部上岗。

1月17~20日 政协新浦区第五届委员会第三次会议在市政协礼堂召开。

1月18~21日 新浦区第十四届人民代表大会第三次会议在区政府礼堂召开。

2月23日 龙河广场绿化改造工程启动,改造方案为:由两个对称的圆形绿岛组成,总绿地面积3904.3平方米。

3月初 经国家外经贸部批准,区属连云港市钢模板厂获得自营出口权。

4月8日 海昌北路老铁路道口降坡改造工程开工。降坡工程长度180米,最高处下降4.2米左右。降坡后路面拓宽至30米。主体工程总投资120万元。

4月上旬 浦东街道被省委、省政府授予“社会治安综合治理先进单位”称号。

4月下旬 海宁小学被省环保局、省教委确认为省首批绿色学校,时为全市唯一的“全国互动式环境试点学校”。

6月7日 解放路小学被评为“江苏省模范小学”。

6月上旬新浦区被国务院妇女儿童工作委员会授予“全国儿童少年工作先进区”称号。

▲ 延安中学被国家教育部确定为首批国家级重点职业学校。

6月30日 新浦区被命名为省“社区服务示范区”。

▲ 《苍梧晚报》在新浦朝阳中路4号创办。同年8月1日试刊,10月1日正式出版。

是月 区政府印发《新浦区机关事业单位工作人员养老保险暂行办法》。次月1日开始实施。

7月21日 新浦区新浦中学和延安职业中学划归市教育局管理。

8月13日 全省第一家市场工会在新浦龙河商城成立,首批会员50人。

8月28~31日 受12号强台风“派比安”侵袭,新浦地区降雨达360毫米,约12000户民居进水。解放东路、东风街、灌青街、西小区、海南小区等多处大面积积水30至50厘米深,市恒瑞制药、家电总厂等全面停产。山区出现山洪危害。市、区党政领导带领群众抗洪排涝,至9月上旬全面恢复正常。

8月30日 云台乡丹霞村后山发生泥石流,长700~900米,11户房屋受损。

是月 《新浦区志》由方志出版社出版。

9月1日 连云港警备区300名官兵投入新浦地区抗洪排险斗争。在新浦丁字路西北侧的大浦变电所连续奋战10小时,使被洪水包围的变电所脱离险情。

9月11日 解放路、海宁、大庆路和建宁4所小学,被定为省级教育科研基地。

是月　新浦区被授予“江苏省老龄工作先进集体”称号。

10月下旬　龙尾河两岸的滨河道路建设及河滨绿化工程动工。道路全长6.46千米，绿化带总长5.36千米、绿地面积5.4公顷。次年4月22日竣工。

11月1日　新浦区第五次全国人口普查正式开始。普查结果：全区常住居民户为76405户，总人口为260628人。

11月23日　《新浦区城镇职工基本医疗保险实施细则》公布实施。

是月　解放路小学被命名为国家级现代教育技术实验学校。

是年　花果山乡、云台乡等开始由政府牵头组织新一代农民外出务工，学技术，挣钱回乡办企业。

▲　新浦区正式启动全民健身工程。

2001年

1月3日至3月底　全区开展“三个代表”重要思想集中学习教育活动。

1月10～12日　政协新浦区第五届委员会第四次会议在新浦召开。

1月11～13日　新浦区第十四届人民代表大会第四次会议在新浦召开。大会审议通过了新浦区第十个“五年计划”。

2月7日　新浦区举行“港城拥抱新世纪”元宵节大型花车巡游。

2月20日　郁洲南路、朝阳东路工程开工。同年10月30日竣工通车。郁洲南路北起海连路，南至海宁路，全长2千米，红线宽60米；朝阳东路东起东盐河，西至郁洲路，全长1.18千米，红线宽80米。

3月14日　区政府召开首届修志总结表彰暨《新浦年鉴》编修工作会议。同年12月上旬，《新浦年鉴(2001)》(创刊号)由中华书局出版。

3月30日　全区除离休干部外，公费医疗制度终止运行，实行医疗保险制度。

是月　《花果山志》编修工作正式启动。2005年6月由中华书局出版。

4月26日　位于新浦老城区东部的新浦新区建设全面启动。新浦新区规划面积约600公顷，东起宁连公路、西至瀛洲路；南起海宁路，北至苍梧路。新区包括市级行政中心、市级体育运动中心、大型图书馆、多功能电影厅、文化活动中心、科技馆、青少年活动中心、信息化居住小区等。

5月17日　全市第一个互联网宽带网ADSL在新浦地区开通。

6月29日　区委开始在党员发展中实行“双票—票决”制度。同年11月，市委组织部向全市推广这一做法。

7月15日　市委任命李建平任中共新浦区委书记、姜洪任中共新浦区委副书记、徐川家任中共新浦区委常委。免去陈东美中共新浦区委书记职务、免去王家全中共新浦区委常委、宣传部长职务。

7月23～25日　中共新浦区第七次代表大会在新浦召开，选举产生中共新浦区第七届委员会。在区委七届一次全委会上，李建平当选区委书记，姜洪、吴新明、徐川家当选区委副书记。

是月　新浦区顺利通过省卫生厅组织的消灭脊髓灰质炎计划免疫综合考核。

8月15日　新浦地区“八校联动”工程基本完成校舍置换搬迁工作：新浦中学撤并，解放路小学从解放中路迁入海连中路的原新浦中学校址内。

8月底　新浦区在全市率先实现市、区、街道计划生育工作三级计算机网络信息化管理。全区7万名育龄妇女的280万个信息资料全部建卡入库。

9月3日　全区开始实施第四个法制宣传教育五年规划。

10月30日　新浦区8个街道全部被评为市体育先进社区。

11月5日　《新浦区社区管理体制改革意见》和《新浦区社区组织建设实施方案》开始实施。同年12月中旬结束,全区原105个居(家)委会,撤并为64个社区居委会。

11月15日　市东街道荣获1996~2000年度“全国群众体育先进单位”称号。

11月21日　上午,市委、市政府调整市区行政区划,撤销云台区,将云台区的朝阳镇、徐圩镇、板桥镇和中云街道划归连云区管辖;南城镇、花果山乡、云台乡和猴嘴街道划归新浦区管辖。花果山乡由云台山风景区管理委员会管理。

11月22日　占地2.2公顷、建筑面积2.6万平方米的沈圩桥农贸综合批发市场开工兴建。2003年3月28日建成使用。

12月4日　《新浦区志》在江苏省第三次地方志系统优秀成果评比中获县区志一等奖。

12月24日　区委、区政府公布《新浦区区级党政群机关机构改革实施意见》,区机关机构改革全面展开。

12月30日　区委七届二次全委(扩大)会决定在全区实施“三产兴区、二产强区、民营富区”三大主战略。

12月31日　新浦区工商业联合会第二届会员代表大会在新浦召开。

是年　全区正式开始实施农业标准化建设工程。

▲　全区全面整治经济发展软环境。

2002年

1月14日　新浦区首届农民艺术节在区礼堂举行。

1月20日　新浦区再次被省委、省军区命名为“双拥模范县(区)”。

1月21日　新浦地区以新城区建设、老城区改造等为内容的城市建设大会战全面展开。

1月22~24日　政协新浦区第五届委员会第五次会议在新浦召开。戴克大、顾品举当选区政协副主席。

1月23~25日　新浦区第十四届人民代表大会第五次会议在新浦召开。李建平当选区人大常委会主任,姜洪当选新浦区人民政府区长。

是月　市委书记王国生在区委书记李建平陪同下,视察新浦区社区工作情况。

2月5日　市委书记陈震宁、市长刘永忠等到新浦区走访全国“五一”劳动奖章获得者王贯春和部分困难户。

2月26日　区委、区政府召开目标管理总结表彰大会,表彰2001年度全区经济建设和社会发展目标考核先进单位。

▲　新浦区举行《世纪港城万马奔腾》花灯巡游艺演活动。20个单位近2000名演职人员和20辆花车参加表演,10多万市民观看表演。

3月5日　区委、区政府公布并开始实施《关于对损害投资发展软环境行为实行责任追究的暂行规定》、《关于加快发展私营个体经济的意见》、《新浦区招商引资激励暂行办法》和《关于公开评议投资发展软环境建设工作的意见》。

3月29日　共青团新浦区第九次代表大会在新浦召开。

4月4日　国家旅游局正式授予花果山景区国家AAAA级旅游区金牌。

4月18日　市政府、连云港警备区授予新浦区“双拥工作先进单位”称号。

5月上旬　新浦地区防洪排涝主河道——大浦河应急工程开工。同年6月竣工。

5月20日　新浦区首批74名“离岗兴业”的机关干部，走向市场。

6月3日至7月30日　全区各乡、镇事业单位进行体制改革。

6月20日　新浦区第十一次妇女代表大会在新浦召开。

是月　南云台林场划归新浦区管理。

7月3~20日　全区30所中小学、1800多名教职员工竞聘工作全部完成。53人落聘。

7月4日　《新浦区党风廉政建设责任制责任追究细则(试行)》开始实施。

8月16日　市委书记陈震宁、市长刘永忠等领导到云台乡考察农业结构调整情况。

8月至次年1月　选举产生区第十五届人民代表184名。

9月1日　全区基础教育课程改革开始。22所小学一年级新生全部使用新教材。

9月1~10日　区委书记、区人大常委会主任李建平率市工商贸易考察团一行10人，赴台湾访问、考察，受到台北市海州同乡会的盛情款待。

9月24日　国务院督察组一行12人，对新浦区实施“星光计划”工程情况进行督察，对新南街道新龙社区老人公寓予以充分肯定。

10月29日　市宗教局批准恢复东磊延福观道教活动场所。同年11月26日，区政府批准复建东磊延福观。

11月27日　区委、区政府调整部分街道区划，原浦西、临洪两个街道合并为浦西街道；原浦东，市东两个街道合并为浦东街道。

11月底　至本月底，新浦区常住人口突破30万人，达31.7万人(排除区划调整因素)。

12月9日　区十四届人大常委会第34次会议，决定任命树成旺为新浦区人民政府副区长。免去陆体洋、汤其好、刘大兑新浦区人民政府副区长职务；接受陈学标辞去新浦区人民检察院检察长职务的请求。

12月12日　区委七届四次全委(扩大)会议决定在全区实施“开放立区、二产强区、三产兴区、民营富区”四大发展战略。

是年　新浦区在全市2002年度经济建设、社会发展目标考核中获第二名。

▲　新浦区改革小学、初中招生办法，全面实行《义务教育入学通知书》制度。同时，开始对农村义务教育实行以区管理为主。

▲　全区各乡卫生服务开始实行一体化管理。

2003年

1月7~10日　政协新浦区第六届委员会第一次会议在新浦召开。吴新明当选区政协主席，戴克大、顾品举、邵来成、曹伟平为副主席。

1月8~11日　新浦区第十五届人民代表大会第一次会议在新浦召开。李建平当选区人大常委会主任，吉宝明、陈学标、刘士俊、陈应聪为副主任；选举姜洪为区长，张爱勤、张彩屏、树成旺、董一洪、王友君、薛飞为副区长；张大鹏当选新浦区人民法院院长；王墩海当选新浦区人民检察院检察长。

1月13日　23时许，花果山乡燕嘴山发生森林火灾。经300多名军民6个多小时奋战，大火被扑灭。过火面积达10多公顷。

1月28日　连云港市民俗博物馆在新浦新市路开馆。

2月15日至4月15日　区防汛抗旱指挥部组织力量、投入资金，对蔷薇河东站引河新开河段（南四坝北侧）堤防，实施加固工程。

3月1日　区委、区政府举行“科教兴村小康工程”启动暨经济顾问聘请仪式。南京农业大学3名专家教授被聘为区经济顾问。

3月7日　新浦城区又一条东西向主干道——海宁中路及其跨越东盐河的桥梁开工建设。海宁中路全长1.22千米、宽60米；桥长52米、宽51米。同月10日，海宁西路动工新建。全长2.8千米、宽60米，总投资2600万元。

是月　市委、市政府授予新浦区“2002年度地方交通基础设施建设先进单位”称号。

4月1日　城市防洪重点工程——东盐河治理工程开工。工程全长15.6千米。具备新浦新城区及云台山地区47.6平方千米的防洪排洪和分流大浦河涝水入排淡河的功能。

4月14日　建设东路及其跨越东盐河的建设东桥同时动工。建设东路西起郁洲南路，东至学院路，全长1.26千米，宽32米。建设东桥全长52米，宽32.5米。

4月20日　上午，区委召开党政联席会议，传达省、市关于非典型肺炎（以下简称“非典”）防治工作会议精神，专题研究全区“非典”防治工作。下午，区政府召开全区“非典”防治工作会议，成立新浦区防治“非典”工作领导小组。同月28日改为“新浦地区‘非典’防治指挥部”。

4月26日　新浦区人民医院、新浦区第二人民医院（眼科医院）、新浦区第三人民医院（原云台区人民医院）、新浦区中西医结合医院被确定为防治“非典”发热门诊医院。

4月28日　根据市“非典”防治工作指挥部决定，新浦地区所有网吧、卡拉OK厅、舞厅，影视放映厅、游戏机室等公共娱乐场所，自即日18时起，一律暂停营业。

5月2日　新浦地区“非典”防治指挥部发出《致新浦地区广大居民的一封信》、《防“非典”十项注意》、《关于进一步做好疫情监控工作的紧急通知》、《关于进一步加强公共场所“非典”防治工作紧急通知》及《关于接受社会捐赠渠道的通知》。

5月20日　在解放东路工地、和平桥东40米地段的地下1.2米处，挖出民国22年（1933）设立的国家一等水准点。

5月26日　新浦区“局帮村”致富工程正式启动。全区45个单位、部门抽调58人，组成19个调研组，到云台乡、南城镇和猴嘴街道19个村（居）进行结对帮扶工作，实行区、乡（镇）、村三级联动致富。

是月　新浦区政府网站（www.xinpu.gov.en）建成开通。

6月26日　在通灌南路“东北人家”酒店门前，一辆“辽BD2299”牌照黑色轿车的司机手中6000元人民币不慎被大风吹散。附近居民、职工及行人，见状立即帮助追捡钞票。不到10分钟，6000元分文不差地回到失主手中，被誉为港城“六千元现象”。

7月3日　新浦区妇女晨练队，在全国亿万妇女健身活动中被全国妇联和国家体育总局授予“中国文明健身队”称号。

7月30日　新浦区文艺工作者联合会（以下简称“区文联”）成立。

7月31日　新浦区被确定为省知识产权区域试点单位。

8月　新浦区国有资产管理委员会成立。

9月8日　区委、区政府首次表彰名校（3所）、名师（10名）。

9月20日　全区开展第一个“公民道德宣传日”活动。

9月21日　中共中央政治局常委、全国政协主席李瑞环在省、市领导陪同下，考察新浦区市政建设情况。

10月16日　渔湾风景区被评为2001～2002年度市文明风景旅游区。

10月21日　新浦区首届投资说明会在登泰大酒店8楼会议室举行，66名客商应邀出席会议。会上，与12位客商签订12个投资项目协议，其中投资亿元以上的项目3个。

▲　区政府聘请连云港顺安房地产开发有限公司董事长李松群先生、上海外经集团驻日本国办事处主任林少骏先生、台湾浩辉企业公司驻连云港市办事处首席代表黄建辉先生、雨甸房地产开发公司董事长王坚先生、现代眼业有限公司董事长胡启旭先生为新浦区招商顾问。

▲　全区开始将企业退休职工纳入社区管理。

10月22日　国务院“非典”防治督查组到新浦区新南街道建康社区检查“非典”预防工作。对全区防“非典”工作予以充分肯定。

11月5日　“连云港市新浦区妇女儿童工作委员会”更名为“连云港市新浦区人民政府妇女儿童工作委员会”。

11月11日　陇海商业步行街获省“百城万店无假货示范街”称号。

11月21～24日　国务院研究发展中心研究员岳颂东一行，就新浦中心商务区规划问题，到新浦进行调研。

12月2日　全长15.1千米的云台乡妇联河疏浚工程全面开工。次年2月，工程第一标段(凤凰嘴至大岛桥)完工。

12月17日　区政府与市商业银行的银政合作全面启动。

12月19日　新浦区青年联合会召开成立大会。

12月28日　新浦地区治安辅警总队成立暨誓师大会在新浦火车站广场举行，150名辅警上岗。

12月31日　全省首批社区矫正工作在新浦区新海街道试点。

是月　新浦区正式设立生育保险基金。

2004年

1月1日　新建的“新浦火车站”更名为“连云港站”。

1月5～8日　政协新浦区第六届委员会第二次会议在新浦召开。

1月6～9日　新浦区第十五届人民代表大会第二次会议在新浦召开。

1月30日　市委、市政府决定将花果山乡从云台山景区管理委员会交由新浦区管理。

是月　新浦区小学布局调整：撤销站北小学、民主小学、临洪小学建制。原站北小学并入市东小学；原民主、临洪小学并入新海小学。

2月11～19日　区委对区委政法委副书记(主持日常工作)、区民政局局长、区建设局局长、区环保局局长、团区委书记等5个职位人选，进行公推公选。

2月17日　新浦区作为全国首批社区矫正试点地区之一，正式启动区社区矫正工作。

2月19日　区委常委会讨论通过《中共新浦区委常委会“公推公选”领导干部任用票决办法》。

▲　“陇东中学”更名为“新浦中学”。同年4月27日正式挂牌。

3月　新浦区获2003年度全市服务业目标管理工作先进单位称号。

4月13日　区政府将70吨春荒救济粮全部发放到各乡镇、街道的2740户(6134人)困难家庭。

4月20日　新浦地区6个城管行政执法中队,开始对海昌路、通灌路、南极路、解放路、海连路、朝阳路、苍梧路、郁洲路、瀛洲路、青年路、盐河路等11条主次干道实行全方位立体化管理。

4月23日　新浦区人民法院被评为省级文明法院。

4月26日　《新浦中心商务区概念规划与实施方案》原则通过评议。

是月　总投资181万元的新浦区无公害特种水产品养殖基地中心区,被认定为"省级无公害水产品基地"。

5月上旬　猴嘴、新海、新东、新南4个街道被评为第四批江苏省城市"体育进社区"先进单位。

5月18日　大村水库更名为"大圣湖"。

5月25日　新浦区政协举行成立20周年纪念大会。

是月　区人大常委会开始在各街道设立派出机构——街道人大工作室。

6月1日　少先队建国路小学五(1)中队和新浦中学初一(8)中队被授予全国"李四光中队"队旗。

6月8日　市少年宫被确定为"中国小公民道德实践基地"。

6月11日　上午,以台北市文化教育交流发展协会、台北市海州同乡会理事长李平荫为团长的台湾"海州同乡会"考察团一行32人,到新浦区考察。先后参观新海高级中学、解放路小学、陇海商业步行街。区委书记、区人大常委会主任李建平介绍全区基本情况,随后双方进行交流。

7月10日　"2004渔湾民俗风情节暨江苏经济台第二届旅游节"开幕式在渔湾景区举行。

7月13日　中共新浦区各街道委员会改建为区委派出机构——中共新浦区委街道工作委员会。

7月19日　区委、区政府聘请200余名老干部、老战士、老教师、老模范、老专家为网吧义务监督员(通称"五老义务监督员"),为未成年人健康成长创造良好的文化环境。

8月29日　全区首次社区防空隐蔽演习在浦东街道站北社区举行。

9月8日　区委、区政府在黄海影剧院召开庆祝第20个教师节暨表彰大会,表彰第二批名校(园)、名师和2003～2004年度优秀教师。

▲　武警部队司令员吴双战到新浦视察武警连云港支队。

▲　新浦区扶贫开发协会、新浦区老区开发协会成立。

是月　区委、区政府制定下发《新浦区事业单位改革意见》、《新浦区生产经营型事业单位改制转企实施意见》及《新浦区事业单位未聘人员分流安置实施细则》,全区事业单位改革全面展开。

10月3～5日　区政府和市体育局主办,中共新浦区委宣传部、区文化局以及市太极拳研究会承办的"中国·连云港首届全国太极拳剑交流展示大会",在市体育场举行。来自9个省、市、自治区的28支代表队、300余名运动员参加交流展示。

10月12日　路南街道被国家体育总局、中央精神文明建设指导委员会办公室授予"全国城市体育先进社区"称号。

10月26～27日　区委、区政府组织云台乡、南城镇、南云台林场和区开山采石综合整治执法大队,联合市开山采石综合执法大队,依法对辖区内非法开山采石塘口实施断电关停措施。

11月28日　区政府印发《新浦区农村居民最低生活保障实施细则》,从2005年1月1日起,全区农村居民开始实行最低生活保障制度,并确定2005年农村居民最低生活保障标准为800元,实行差额补助办法。

12月2日　省委巡视组到新浦区检查工作,并视察了宜尔杉制衣、隆迪酒业、花卉市场、宝安商业广场、上海服饰城、陇海商业步行街、海宁中学、海宁社区、新海街道等单位。

12月9日　区委宣传部、精神文明建设办公室在新浦汽车总站举行“新浦驻区单位向‘雷锋车’雕塑捐款突破50万交款仪式”。新浦区及驻区153个文明单位为建“雷锋车”雕塑捐款54.6万元。

12月22日　《新浦年鉴(2004)》获首届中国地方志年鉴奖二等奖。

年底　连云港市行政中心在新浦新区建成投入使用。

2005年

1月8日　在江西南昌举行的全国旅游工作会议上,渔湾景区被确定为国家AAAA级风景区。

1月11日　新浦区被省委、省政府授予2004年度“社会治安安全县区”称号。

1月11~13日　政协新浦区第六届委员会第三次会议在新浦召开。

1月12~14日　新浦区第十五届人民代表大会第三次会议在新浦召开。

1月23日　区委、区政府以400余万元奖金,重奖2004年度纳税大户及招商引资有功人员。

1月27日　新浦区新型农村合作医疗保险工作正式启动。

是月　全区进行第一批保持共产党先进性教育活动。

3月10日　新浦区“十五”人口和计划生育示范区创建工作启动。

3月18日　陇海商业步行街获“中国最具升值前景商业街”称号,为全省唯一获此殊荣的步行商业街。同年6月28日举行揭牌仪式。

是月　《新浦区社区专职工作者管理暂行办法》公布实施。

4月7日　22时30分左右,建设东路“金秋情缘”建筑工地,一两层钢结构活动板房被大风刮倒,致4名建筑工人死亡,8人受轻伤。

4月24日　花果山乡大村、新村、前云、小村4个行政村,遭受雷雨、大风、冰雹袭击约20分钟,地面堆积冰雹约4厘米厚。280多公顷小麦、50公顷蔬菜受灾;云台乡凌州、山东、东磊、渔湾4个村遭冰雹袭击。760公顷小麦、78公顷棉花、35公顷油菜、115公顷水果等受到不同程度损害。

4月26日　市政府调整市区行政区划,新浦区猴嘴街道划归连云区管辖。

4月30日　区政府聘请韩国蒋英实先生纪念事业会的常务会长李万峻先生为新浦区招商顾问。

5月13日　朝阳东路、海宁路、盐河路、科苑路、郁洲路、海连路全面实现机械化清扫。

5月23日　渔湾景区一次性通过北京世标认证中心ISO900质量管理体系和ISO14001环境管理体系现场审核,成为质量、环境双认证的AAAA级景区。

5月26日　新浦区在上海龙通广场举办台湾客商恳谈会,中华海峡两岸新闻事业交流协会、台湾技术服务社、台湾大雄仪电工程有限公司等单位的20位台商应邀参加恳谈会,通过推介和交流的方式加深台商对新浦区投资环境和优惠政策的了解。

6月3日　新浦区民兵某连,在射阳参加省军区组织的高炮实弹射击考核中,取得命中两具拖靶的战绩,受到军地领导的高度赞扬。

6月13日　市政府发出连政发〔2005〕11号文,将灌云县宁海乡划归新浦区管辖。

6月30日　区十五届人大常委会召开第16次会议,任命魏勤为新浦区人民政府副区长,免去张彩屏新浦区人民政府副区长职务。

是月　原市城管局广场管理办公室的广场大队、工程渣土管理处的渣土大队和城管支队的机动大队划归新浦区城管局管理。

7月14日 云台、花果山两乡及南城镇万余户农民领到涉农补贴存折——农村信用社活期专用存款折“一折通”,用于领取各种政策性补贴。

是月 全区29所中、小学、幼儿园2083名教师全员竞聘上岗工作基本结束,106人落聘,校内待岗。

▲ 全区进行第二批保持共产党员先进性教育活动。

8月3日 省军区司令员陈一远一行到新浦区视察人民武装工作。

9月15日 市与中建国际发展股份有限公司签署市区凤凰新城综合开发合作协议。将用15亿元外来资金,在5年内建设一个居住中心。凤凰新城东起宁连路,西至瀛洲路西侧500米,北起海宁路,南至宁海立交桥,规划用地9.45平方千米。

9月28日 区委、区政府在黄海影剧院举办新浦区建区50周年庆祝大会和《走向辉煌》文艺演出。

10月21日 新浦区集中换发第二代居民身份证工作全面启动。

11月18日 新浦区为全区首批105名符合政策的农村独生子女父母发放2005年奖励扶助金。

11月29日 区十五届人大常委会第19次会议,通过关于确认对新浦区十五届人大代表徐同达、姜洪采取强制措施的决定。

12月9日 区十五届人大常委会第20次会议,通过关于接受徐同达、姜洪辞去区十五届人民代表大会代表职务的请求的决定;关于罢免许学海、姜洪连云港市第十一届人民代表大会代表职务的决定;关于补选区十五届人大代表和补选连云港市第十一届人大代表的决定;通过关于金建猛任新浦区政府副区长、代理区长职务的决定。

12月20日 区委召开九届九次全体(扩大)会议,学习贯彻党的十六届五中全会、省委十届九次全会和市委九届六次、七次全会精神。总结“十五”期间全区工作,提出“十一五”期间和2006年的目标定位以及工作举措。

12月22日 新浦区旅游协会成立。首批会员单位为全区61家星级饭店、旅行社。

12月28日 花果山海清寺恢复重建工程举行奠基仪式。海清寺位于花果山下大圣湖畔,整个海清寺工程占地约24公顷。

12月31日 区委、区政府召开庆祝新浦区环卫处成立50周年暨环卫工人表彰大会。

是年 新浦区被团中央授予“全国青年中心建设先进区”称号。

2006年

1月12日 区委、区政府在全市率先启动“零就业家庭”就业援助工程。投入30万元购买50个岗位,让一批失业人员重新就业。

1月15～17日 政协新浦区第六届委员会第四次会议在新浦召开。会议选举汤振宇为区政协秘书长。

1月16～19日 新浦区第十五届人民代表大会第四次会议在新浦召开。会议听取并讨论通过了《新浦区国民经济和社会发展第十一个五年计划纲要(草案)》。金建猛当选新浦区政府区长。

1月21日 省委书记李源潮在市委书记王建华、市长刘永忠等陪同下,慰问新浦区“低保户”。

2月5日 新浦地区普降暴雪,积雪厚度5～10厘米,最深处达13厘米。

是月 新浦区第三次被省政府和省军区授予“双拥模范区”称号。

3月20日 新浦区再次被评为“江苏省社会治安安全区”。

是月　新浦区宁海工业园区管理委员会成立。次年，更名为新浦区海宁工贸园区管委会。

▲　全区教育系统实施教育信息化“校校通”工程。添置电脑772台，计算机室普及率达100%。新增19口网络机房、13个多媒体教室。

▲　区政府聘请龙顺塑料有限公司董事长范育顺先生、民生木业有限公司董事长陈爱民先生为新浦区招商顾问。

4月23日　新浦工商分局在苏北率先开通3·15网站，通过互联网与辖区内各大中型商场、市场、超市实现联动，联手打造放心消费环境。

4月28日　全区启动对小饭店、小旅馆、小浴室、小美容店、小歌舞厅“五小行业”集中整治工作，将新浦地区80个路段和小区中的2064家“五小”单位整治任务按月分解落实到各责任单位。

4月30日　新浦至连云地区的101、102、103公交线路正式开通。

是月　新浦区被评为省“人民防空先进区”。

5月25日　新浦区第十五届人大常委会第23次会议决定王立斌任新浦区人民政府副区长。

6月2日　海清寺塔被列入第六批全国重点文物保护单位。

6月5日　市委任命滕士涛任中共新浦区委委员、常委、书记；李建平不再担任中共新浦区委书记、常委、委员职务。

6月23～25日　中共新浦区第八次代表大会在新浦召开，选举产生新一届中共新浦区委员会、新浦区纪律检查委员会和出席市第十次党代会代表。滕士涛当选区委书记，金建猛、高美峰当选区委副书记，孟昭静当选区纪委书记。

6月28日　新浦区二轮修志工作正式启动。

7月9日　新浦区“重点工业企业扶持基金”和“纳税大户奖励基金”建立。是年起，每年入库税收过500万元、1000万元、1亿元的企业，对主要经营者分别给予5万元、20万元、50万元的一次性奖励。

7月28日　省政府、省军区授予新浦区“人防工程先进区”称号。

8月16日　区委、区政府从区机关单位抽调58名有一技之长的干部，分赴29个村担任新农村建设指导员和联络员。

8月29日　新浦区由海宁中学、海宏中学、海庆中学3所中学初中部组成的连云港市海宁教育集团正式成立并举行揭牌仪式。

9月5日　区关工委获全省“关心下一代工作先进单位”称号。

9月16日　区政府与市体育局共同举办社区体育运动会。

▲　古凤凰城南门抢救加固工程竣工。

10月11日　东磊延福观“玉兰四皇”作为一个整体入选中华古树名木。

10月25日　路南街道获省“群众体育先进单位”称号。

11月2日　区委、区政府制定下发《关于加快教育改革推进教育现代化的决定》。

11月3日　区委、区政府聘请深圳城市规划设计院总规划师张光远先生为新浦区城市发展顾问。

11月28日　新浦区工商业联合会第三届会员代表大会在新浦召开。

▲　新浦区获省“森林防火先进单位”称号。

11月29日　陇海商业步行街被中共中央宣传部、国家发改委、商务部、工商总局等八部委授予全国“百城万店无假货示范街”称号。

12月15日　全国第十六次军民学雷锋经验交流暨中国第一“雷锋车”命名大会在新浦召开。新浦汽车总站“雷锋车”从全国2000多辆“雷锋车”中脱颖而出，被中国雷锋工程委员会、中国雷锋精神研究会等联合授予“中国第一雷锋车”称号。

是月　浦西街道西桥社区84岁的赵绍康老人和浦西街道后河社区68岁的刘长兰(女)老人，被省文化厅评定为“江苏省非物质文化遗产海州五大宫调代表性传承人”。

是年　全区完成地区生产总值30.96亿元，比上年增长17.1%；三次产业结构为5∶21∶74；完成财政总收入6.8亿元，增长67.83%，完成财政一般预算收入3.98亿元，同比增长82.36%；完成农林牧副渔业总产值33522万元，比上年增长9.2%；粮食总产量60371吨；累计完成工业总产值17.36亿元(现价)，同比增长15.2%；实现利税总额0.99亿元，同比增长18.53%；完成全社会固定资产投资总额30.53亿元，同比增长19.04%；内联客方到位资金20亿元，同比增长65.7%；引进外资实际到账1114万美元；实现全社会消费品零售总额23.1亿元，同比增长44%；城市居民人均可支配收入达11630元，同比增长14.7%，农村居民人均纯收入达5383元，同比增长15.4%。

2007年

1月12日　全区镇村布局规划经区长办公会讨论通过。

1月15～17日　政协新浦区第六届委员会第五次会议在新浦召开。

1月16～19日　新浦区第十五届人民代表大会第五次会议在新浦区礼堂召开。滕士涛当选新浦区人大常委会主任，陈周德为副主任。大会同意张大鹏辞去新浦区人民法院院长职务，选举赵伦同为新浦区人民法院院长。

2月5日　新浦区创建国家级社区教育工作通过验收。

2月7日　新浦区“2007和谐新浦文化‘三下乡’”工程，在花果山乡正式启动。

2月27日　区委、区政府召开全区目标管理暨重点工程总结表彰大会，表彰奖励“建设新浦十大功臣”等先进单位和个人。

3月2日　新浦长途汽车总站“雷锋车”女子民兵排整组为“中国第一雷锋车”女子民兵防空导弹连。

3月14日　区委、区政府在陇海步行中街举行纪念“3·15”千人诚信宣誓大会。市委副书记仲琨为陇海步行街颁发全国“百城万店无假货活动示范街”铜牌。

3月17日　江苏省军区政治委员李笃信到新浦，对“中国第一雷锋车”女子民兵导弹连进行指导。

3月20日　全市第一家正式登记注册的农民专业合作社——新浦区云林土特产专业合作社成立。

4月18日　区政府和云台农场决定共建“云台产业园”并签定合作协议书。

4月27日　国家测绘局和建设部公布全国19座名山最新海拔高度，其中，坐落于新浦区花果山乡的云台山玉女峰高度为624.4米。比此前地图上沿用的625.9米矮1.5米，仍为江苏省最高峰。

4月28日　新浦区农村工作领导小组成立。

6月27日　中共新浦区委第一个民营企业党组在九龙国际大酒店举行成立仪式。

7月12日　全区城镇居民基本医疗保险工作正式启动。

7月19日　新浦区获“江苏省工会工作模范区”奖牌。

8月10日　新浦区设立“励志”奖学金，用于奖励参加高考的优秀贫困学生。

8月15日　新浦区城市居民最低生活保障标准由每人每月170元，调整为每人每月200元。农村居民最低生活保障标准由每人每月80元,调整为每人每月90元。

8月27日　省军区政委李笃信少将一行在连云港警备区政委纪安卢、副政委王树均陪同下,到新浦区视察指导人民武装工作。区领导滕士涛、高美峰、苏西聚,区人武部政委张永进等陪同。

10月　历时两个月的2007年港城“社区十大新鲜事儿”市民投票活动落下帷幕。新浦区贾圩社区“创建信用社区”、公园社区“和谐楼幢”、紫云社区“流动人口温馨驿站”、健康社区“邻居茶座”、菜市社区和民主社区“婆婆棉鞋节”、龙尾社区“阳光驿站”、新孔社区“徐毓珍——‘老调新词’唱新风”、新西社区“低保户争当社区义工”入选。

11月20日　南极北桥开工建设。该桥为市区通往新火车站的重要桥梁。桥长33米、宽30米,属装配式桥梁结构。总投资376万元。次年5月竣工。

11月21日　区委、区政府召开原临洪、沈圩两村移交工作会议,将原临洪、沈圩两村的党务、政务、社会管理等各项工作全面移交给浦西街道。

12月20日　全区72个社区居民委员会换届工作完成。

12月21日　区政府公布第一批区级非物质文化遗产,共计6项:童子戏、剪纸、贝贴画、宣纸贴画、云雾茶制作技艺、戴晓觉膏药制作技艺。

12月23日　蔷薇河饮用水源综合整治工程开工建设。

12月26~29日　政协新浦区第七届委员会第一次会议在新浦召开。吴新明当选区政协主席,顾品举、曹伟平、王宏新(女)、于卉(女)当选区政协副主席。

12月27~30日　新浦区第十六届人民代表大会第一次会议在区政府大会堂召开。滕士涛当选区人大常委会主任,陈学标、陈应聪、陈周德、刘振华当选区人大常委会副主任;金建猛当选新浦区区长,王立斌、董一洪、周成前、王友君、徐风良、房忠涛(女)当选副区长;袁惠堂当选新浦区人民检察院检察长;赵伦同当选新浦区人民法院院长。

是月　新浦区通过省级社区红十字服务示范区验收。

是年　全区完成地区生产总值37.09亿元,比上年增长16.4%;三次产业结构为5:21:74;累计完成财政总收入10亿元,增长47.21%,完成财政一般预算收入5.7亿元,同比增长43.87%;粮食总产7.35万吨;同比增长21.69%;获省认证的无公害农产品基地达27个;累计完成工业总产值23.17亿元(现价),同比增长33.7%;实现利税总额1.33亿元,同比增长34.37%;完成全社会固定资产投资总额41.12亿元,同比增长34.68%;内联客方资金到位21.41亿元,同比增长33.17%;全区实际利用外资1139万美元,同比增长20.2%,实现社会消费品零售总额66.65亿元,比上年增长18%;城镇居民人均可支配收入达13254元,增长15.5%,农村居民人均纯收入6256元,增长16.2%。

2008年

1月1日　在“人民公园”处重新开发建设的郁洲公园全部竣工,正式免费向市民开放。

是月　新浦区人武部开展“作风纪律整顿”活动。

2月2日　新浦中学通过三星级普通高中评估。

2月15日　区委、区政府召开全区目标管理总结表彰大会,对2007年度全区经济建设和社会发展目标考核先进单位及优化投资发展软环境建设十佳单位予以表彰。会上,区长金建猛代表区政府与各乡镇、街道及有关部门签订2008年度目标责任状。

2月20日　国家文化部公布第二批国家级非物质文化遗产项目代表性传承人名单,新浦区赵绍康被确定为海州五大宫调乐器演奏代表性传承人,刘长兰(女)为海州五大宫调演唱代表性传承人。

2月22日 海宁工贸园举行苏北农业机械、万利汽车销售维修、彩钢板制造、润贤人造板机械制造、太阳能管件生产线等5个项目集中开工仪式。5个项目总投资达1.5亿元。同时总投资达2.2亿元的船舶管件、园区配套服务区、起重机制造3个项目举行入驻签约仪式。

2月29日 根据省政府《关于调整连云港市部分行政区划的批复》,东海县浦南镇划归新浦区管辖,江苏国营岗埠农场划入新浦区行政区域。行政区划调整后,新浦区行政区面积461.1平方千米,人口43.9万人,辖6个街道,2个镇,3个乡。

是月 新浦区被授予"省'十五'人口和计划生育工作示范区"称号。

▲ 新浦区获"全省知识产权工作先进集体"称号。

3月26日 江苏省军区司令员陈一远在连云港警备区政治委员纪安卢、参谋长曹新民陪同下,观摩新浦区森林防火应急分队的救援演练。

4月7日 新浦区人民检察院被授予"全国文明接待室"称号。

4月28日 新浦区慈善总会正式成立,同时召开第一次会员代表大会。

5月25日 新浦区召开援川抗震救灾安装中队(简称"安装中队")成立誓师大会。安装中队由30名精干技术人员和5名后勤保障人员组成。金建猛区长为安装中队授旗。

6月24日 新浦区新东街道建设社区体育健身俱乐部,被国家体育总局、中央文明办命名为国家级社区体育健身俱乐部。

7月2日 区委、区政府召开迎接援川抗震救灾安装中队全体成员归来欢迎会。区领导滕士涛、金建猛、王立斌、王友君、姜仁国等参加欢迎会。

7月26日 台湾超群传播有限公司董事长刘耀源,金桐石化董事长特助、南京基康生物制药有限公司董事长李志雄等一行35人到新浦区进行商务考察。市政府台湾事务办公室及区政府有关领导陪同考察团参观新浦区浦南开发区,并就不断加强交流与合作进行洽谈。

是月 宁海乡黄圩村、新圩村服务中心和云台乡丹霞村、西山村服务中心被授予省"三星级为农服务中心"称号。

9月25日 比利时富通银行亚太地区总裁 Keith Price、新加坡 H. B. B 投资集团总裁 Chong Choon Nean、新加坡和盛企业管理有限公司董事长 Dyna Chia Mut Sang 一行到新浦区考察。代市长徐一平会见考察人员。区委书记、区人大常委会主任滕士涛,市政府副秘书长李振峰等参加会见。

9月30日 由市政府主办,市体育局、区政府承办的连云港市第四届社区体育节在解放路小学举行。

是月 新浦区人武部在全区各街道广泛开展全民国防教育工作。

12月4日 市委任命金建猛为中共新浦区委书记、王立斌为中共新浦区委副书记。免去滕士涛中共新浦区委书记职务。

是年 全区完成地区生产总值57.22亿元,同比增长15%;三次产业结构为8.9:27.6:63.5;累计完成财政总收入14.35亿元,同比增长31.7%,完成财政一般预算收入7.63亿元,同比增长23.4%;农林牧副渔业总产值完成9.83亿元,同比增长18.9%;粮食总产达21.2万吨;累计完成工业总产值(现价)35.42亿元,同比增长31.6%,实现利税总额6.21亿元,较上年增长224.1%;完成社会固定资产投资57.71亿元,较上年增长11.9%;全年引进客方到位资金33.3亿元,同比增长55.5%;注册外资实际到账3274万美元。实现旅游综合收入40.7亿元,增长23.1%;全社会消费品零售总额达82.87亿元,同比增长24.3%;城市居民人均可支配收入达15255元,增长15.1%,农村居民人均纯收入达7416元,增长14.2%。

2009年

1月5~7日　政协新浦区第七届委员会第二次会议在港利国际酒店召开。

1月6~8日　新浦区第十六届人民代表大会第二次会议在区礼堂召开。金建猛当选区人大常委会主任,王立斌当选新浦区区长。

是月　原浦南开发区改称新浦经济开发区。新浦经济开发区东至204国道、西至汾灌高速公路、南至323省道、北至鲁南河。规划面积8平方千米。

2月23日　区政协启动委员区域活动,为乡镇、街道开展政协委员活动搭建平台。

3月9日　南云台林场投入31万余元,对全国"玉兰花王"等20余株古树名木实施护栏改建、修建及病虫害防治等多项保护措施。

4月11日　区委理论中心组召开学习会,学习《胡锦涛在十七届中央纪委三次全会上的重要讲话精神摘要》、《人民日报》深入学习实践科学发展观活动系列评论之六《量力而行　尽力而为》、《深入贯彻落实科学发展观　努力保持经济平稳较快发展——国务院研究室党组书记、主任谢伏瞻同志解读温家宝总理〈2009年政府工作报告〉访谈录》及观看《赣榆县原县委书记孙荣章忏悔录》等影像资料。

5月1日　位于海宁路与新孔路交汇处西北角的青年公园建成并举行开园典礼,免费向市民开放。

6月25日　市政府发出《关于调整部分行政区划的通知》,新浦区宁海乡划归海州区管辖。调整后新浦区行政区域面积为415.19平方千米,人口43.78万人。辖2个镇、2个乡、6个街道。

7月3日　区政府公布第一批区级非物质文化遗产项目代表性传承人名单(共9人)及第二批区级非物质文化遗产名录(共36项目)。

8月18日　云台乡西山村500立方米容积的秸秆气化站竣工并点火使用,为该村300户居民提供清洁价廉的燃料能源。

9月21~22日　新浦区第十二次妇女代表大会在新浦召开。

9月26日　区委、区政府在黄海影剧院举行庆祝中华人民共和国成立60周年大会暨"唱红歌、颂祖国"歌咏演唱会。

11月24日　新南街道及新海街道星化社区分别被授予全国和谐社区建设示范街道、全国和谐社区建设示范社区称号。

12月10日　新浦区被评为省"扫黄打非"模范先进区。

12月14日　南极北路道路及片区危旧房改造项目正式开工。

是年　全区完成地区生产总值65.88亿元,同比增长14.3%;三次产业结构为8.8:21.5:69.7;累计完成财政总收入16.27亿元,同比增长18.25%,完成财政一般预算收入9.21亿元,同比增长24.17%;完成农林牧副渔业总产值10.93亿元,同比增长11.19%;粮食总产达23.69万吨.增长5.5%;全区规模以上工业总产值23亿元,同比下降10%;完成社会固定资产投资总额63.4亿元,同比增长7.9%;全年引进客方到位资金28.54亿元,同比增长11.35%;利用外资实际到帐3591万美元,同比增长35.4%,实现旅游综合收入43.3亿元,增长6.4%;全社会消费品零售总额达91.79亿元,同比增长10.76%;城镇居民人均可支配收入达16958元,农村居民人均纯收入达8395元,分别比上年增长11.6%和13.2%。

2010 年

1月8日　新浦区通过省专家组验收，成为全市首家知识产权示范区。

1月11～13日　政协新浦区第七届委员会第三次全会在区政府礼堂召开。

1月12日　省政府授予新浦区“江苏省社区卫生服务先进区”称号。

1月12～14日　新浦区第十六届人民代表大会第三次会议在区政府礼堂召开。

1月22～23日　新浦区被授予“江苏省全面实施素质教育先进区”称号。

1月29日　区委、区政府印发《新浦区人民政府机构改革实施意见的通知》，对区政府职能部门进行改革。区政府工作部门由25个减少为19个。

3月30日　苏宁集团与法国雅高国际酒店集团在南京举行合作签约仪式。约定在连云港市新浦区共建首家涉外超五星级苏宁银河索菲特酒店。省委常委、常务副省长赵克志，市委书记王建华和区领导金建猛、王立斌参加签约仪式。

是月　新浦区云台农业生态旅游示范区、孔雀沟生态园被省旅游局评为江苏省二星级乡村旅游区。

▲　新浦区被授予“连云港市电力电器设备制造特色产业基地”称号。

4月4～6日　南城镇举办清明物资交流会，客流量达7万人次，物资总交易额达1000万元。

5月1～3日　新浦区在青年公园举办“枫林湾2010连云港首届婚庆文化博览会”。

5月20日　区第十六届人大常委会第21次会议经投票表决决定：任命戴庆华为新浦区人民政府副区长（挂职）。

是月　全区乡、镇机构进行改革。

6月21日　新浦经济开发区正泰电器等4个过亿元项目集中开工。

7月28日　在南京召开的省第九届双拥模范区命名表彰大会上，新浦区被授予“双拥模范区”称号。

是月　新浦区全面启动居住小区绿化达标活动。

▲　全区组织300余名调查员，经过两个月的奋战，圆满完成全区城市住房困难家庭调查摸底工作。对5388户符合中低收入条件的家庭、146户外来务工人员及169户新就业人员进行登记。

10月　云台乡、花果山乡、南云台林场整建制移交给市科技园区管理。

11月1日　全区开展第六次全国人口普查。普查结果：新浦区常住人口为175550户、587380人（其中：男308138、女279242人）。

11月12日　贾圩社区在全市第一家获“全国社区商业示范社区”称号。

12月6～8日　新浦区教育工作在全市首批通过验收，被认定为江苏省义务教育均衡发展先进区。

12月14日　区政府召开常务会议，讨论《新浦区国民经济和社会发展第十二个五年规划纲要》《新浦区乡村医生养老保障问题实施办法》及《新浦区社区工作人员管理办法》。

是年　全区完成地区生产总值78.01亿元，同比增长15%；三次产业结构为8.3:21.8:69.9；累计完成财政总收入21.24亿元，增长30.51%，完成财政一般预算收入12.72亿元，同比增长38.1%；完成农林牧副渔业总产值12.71亿元，同比增长16.3%；粮食总产19.4万吨；全区规模以上工业总产值完成31.54亿元（现价），同比增长42.5%；完成固定资产投资总额80.4亿元，增长26.84%；全年引进内联客方到位资金36.04亿元，同比增长26.29%；实际利用外资4055万美元，同比增长12.89%；实现旅游综合收入52.6亿元，同比增长22.3%；全社会消费品零售总额达109.2亿元，同比增长18.96%；城市居民人均可支配收入达19020元，增长12.2%，农村居民人均纯收入达9833元，增长13.09%。

2011 年

1 月 11 日　市委任命尹哲强任中共新浦区委书记，免去金建猛中共新浦区委书记职务。

1 月 18 日　区政府与落户新浦经济开发区的 LED 项目签约。该项目总投资 5 亿元，主要生产 LED 灯具。

1 月 20 日　省政协主席张连珍、副省长徐鸣到新浦区走访慰问劳模和困难群众。市委书记王建华，区委书记尹哲强等领导陪同。

1 月 24 日　区政府召开民主路特色街区改造专题研讨会。

1 月 27 日　中共新浦区第八届委员会第十三次全体(扩大)会议在区礼堂召开。会议听取并讨论通过了《中共新浦区委关于制定新浦区国民经济和社会发展第十二个五年规划的建议(草案)》。

2 月 21～23 日　政协新浦区第七届委员会第四次会议在新浦召开。

2 月 22～24 日　新浦区第十六届人民代表大会第四次会议在新浦召开。尹哲强当选区人大常委会主任，杨中云当选副主任。

是月　新浦经济开发区规划面积拓展为 70 平方千米。其范围为：东至 204 国道、西至包青公路以西 1.5 千米处、南至 323 省道、北至乌龙河。

3 月 18 日　市委书记王建华主持召开新浦区滨河新城、金鹰大厦项目专题会议。市领导张同生、董春科和区领导尹哲强、王立斌、朱加刚、徐雪峰参加。同月，新浦区滨河新城开始开发建设。其开发范围为：东至陇海铁路，西至现 204 国道，南至鲁南河、海连西路、人民路，北至乌龙河、310 国道。规划面积 32 平方千米。建筑面积 2500 万平方米。规划居住人口 40 万人。

4 月 11 日　新浦区现代农业产业园区江浦核心区奠基。

4 月 13 日　总投资 15 亿元的浙江美诺华药业集团与新浦经济开发区在云台宾馆正式签订协议。区委书记尹哲强、区长王立斌、副区长徐风良、美诺华药业集团董事长姚成志等出席签约仪式。

是月　区残疾人联合会对全区一级重度残疾人“一人不漏”地进行入户调查、审核和登记造册，并将 111600 元补贴资金全部按程序公开发放到符合条件的重度残疾人手中。

5 月 3 日　区委、区政府决定成立滨海新城开发建设指挥部。指挥部下设综合协调、道路桥梁建设、铁路地涵建设、征地征收、安置小区建设和资金运作等 6 个专项指挥部。

5 月 6 日　新浦区被评为江苏省社会治安综合治理先进集体。

5 月 12 日　新浦区在深圳举办“新浦区(深圳)投资说明会”。向来自广州、福建及中国香港、澳门地区的 70 余位客商推介新浦经济开发区、滨河新城两大开发地块以及 28 个招商项目。现代农业园、凤凰古城、自动售餐机等 13 个项目成功签约，总投资达 41 亿元人民币。区领导尹哲强、徐风良、房忠涛出席投资说明会。

5 月 31 日　横穿新海城区、沟通东盐河和蔷薇河的玉带河沿岸生态长廊建设工程全面展开。该工程包括河道清淤、河型调整、驳岸处理及两岸绿化、沿岸多个景观小品和 6 个休闲广场等项目，整个工程总投资 5 亿元左右。

是月　区委、区政府针对三洋港挡潮闸断航，对浦南镇太平村的渔业生产和码头等造成影响的实际情况，多次与有关部门协调，并组织人力切实做好村民工作，妥善处理相关问题，保证太平村稳定发展。

▲　新浦区对外劳务合作服务平台建立，为全市唯一一家省级对外劳务合作平台。

6 月 3 日　新浦区社会管理和群众工作服务中心(位于区政府东首)启用。

6月27~28日 中共新浦区第九次代表大会在新浦召开。尹哲强当选区委书记，姚超当选区纪委书记。

是月 由区委组织部、区地方志办公室编写的《中国共产党连云港市新浦区组织史资料（1948.11—2011.5）》出版印行。

7月7日 新浦区与连云港广播电视总台签订开办《幸福新浦》专栏协议。

7月18日 区委制定实施《新浦区党政机关竞争上岗实施办法（试行）》。年内有26人通过竞争上岗走上中层领导岗位。

是月 新浦区在全市率先全面实施“一点通”农业信息服务平台项目建设工程。

8月28日 市长杨省世在区委书记尹哲强、区长王立斌陪同下，视察新浦区卫生城创建工作情况。

9月15日 “百万贫困白内障患者复明工程”医疗分队走进新浦区，江苏省人民医院眼科专家在“复明3号”手术车上为新浦区25名贫困白内障患者免费实施复明手术，手术成功率100%。

11月2日 新浦公园改造一期工程开工。改造工程包括绿化、兴建锦绣阁和有关建筑小品，总投资3500万元。

11月10日 市“菜篮子”生产基地授牌暨农民、超市对接签约仪式在浦南镇举行。

年内 区委、区政府在全区党政机关中开展以治庸、治懒、治散、治浮、治假为内容的“五治”活动，加强机关作风建设。

▲ 全区已有27个村庄完成村庄环境整治任务，通过省级村庄整治考核验收，并创建三星级康居示范村1个。其余88个村庄也已全面进行整治。

是年 全区完成地区生产总值94.5亿元，同比增15%；三次产业结构为5.2:23.2:71.6；累计完成财政总收入28亿元，增长37.7%，完成财政一般预算收入16.3亿元，同比增长35.4%；完成农林牧副渔业总产值9.28亿元，增长3.58%；粮食总产16.94万吨；全区规模以上工业总产值40亿元（现价），同比增长26.8%；完成固定资产投资总额86.6亿元，增长23.7%；全年引进内联客方到位资金35.67亿元，同比增长21.28%；实际利用外资2898万美元，同比减少28.54%；全社会消费品零售总额达128.1亿元，比上年增长17.3%；城市居民人均可支配收入达21695元，同比增长14.1%，农村居民人均纯收入11382元，同比增长16.5%。

2012年

1月9日 省政协主席张连珍到新浦区视察。

1月23日 新浦区在市民广场举行“龙腾盛世”千人民俗大联欢、春节“踩街”活动。市、区有关领导与广大市民共庆新春佳节。

2月6日 新浦区在东盐河东岸举办以“龙腾盛世、福满新浦”为主题的大型元宵节焰火晚会。市、区有关领导与10万市民共度元宵之夜。

▲ 在全市农村工作会议上，浦南镇被确定为全市城乡统筹试点镇。年内新浦区完成浦南镇城乡统筹建设相关规划。次年全面启动城乡统筹建设工作。

2月10日 区政府开始对蔷薇河实行“河长制”管理责任制。将区境内蔷薇河堤16千米、东站引河堤防14.2千米的治理、保护责任落实到分管区长和相关部门、单位分管领导，并进行考核。

2月28日 区政府与振兴集团签订《滨河组团合作开发建设框架协议》。

3月1日 在全区政法信访稳定工作暨新浦区社会治安综合治理委员会第一次全体（扩大）会议

上,区委、区政府与驻地有关单位签订社会治安综合治理和信访工作目标责任状。

3月26~29日　政协新浦区第八届委员会第一次会议在连云港山海国际酒店举行。汤成元当选区政协主席,曹伟平、王宏新(女)、张景友、刘建春当选区政协副主席,汤振宇当选秘书长。

3月27~31日　新浦区第十七届人民代表大会第一次会议在新浦区政府礼堂召开。大会选举产生新浦区第十七届人大常委会委员22名,选举尹哲强为区人大常委会主任,陈周德、陈应聪、刘振华、杨中云为区人大常委会副主任;王立斌当选新浦区人民政府区长,朱加刚、孙晓兵、郑斌、袁丽霞(女)、徐雪峰、于卉(女)当选新浦区人民政府副区长;吴明当选区检察院检察长、葛梦阳当选区人民法院院长。大会还选举产生出席市第十三届人民代表大会代表68名。

3月29日　副省长曹卫星在副市长滕雯陪同下,视察新浦区学前教育。

是月　全区正式启动"三百成长"工程,即每年至少抽调100名干部到城建第一线、100名干部到招商引资、园区建设第一线、100名干部到社会管理第一线锻炼成长。

▲　港城第一座220千伏室内变电站在新海新区开工建设。该站占地0.57公顷,总建筑面积9711平方米,总投资1.39亿元。次年5月建成,投入运行。

4月1日　新浦经济开发区西区开工建设。规划面积50平方千米,首期开发核心区25平方千米。产业定位为数控机床和医疗器械。

4月15日　区委、区政府决定,加快推进农村基础设施建设统筹,重点抓好浦南镇和江浦村城乡统筹示范镇村典型培育工作。

4月20日　市委、市政府决定将市科教园区管理的花果山乡交由新浦区管理。

是月　贯穿新浦地区的快速公交(BRT)1号线路动工兴建。同年10月1日建成试运营,11月底正式通车。

5月29日　市政协主席仲琨在区委副书记、区长王立斌陪同下调研新浦区帮扶困难企业工作情况。

是月　中共新浦区个体私营协会委员会成立。同时,成立新浦区个体私营协会党群工作站。并依托基层工商所设立5个分站。

6月1日　新浦公园举行庆祝建园50周年暨一期改造工程竣工庆典仪式。

6月14~18日　新浦区农业信息服务平台——50台"一点通"触摸屏安装调试完毕,正式运行。

7月10日　市委书记李强、常务副市长唐国海、市委常委杨莉、副市长陆云飞等到新浦区分别察看东方花园小区、新磷矿化小区和铁路宿舍小区受灾情况,并现场指导抗洪排涝工作。王立斌、朱加刚、袁丽霞(女)等区领导分别陪同。

7月15日　新浦区滨河新城的龙浦路、龙汪路建成通车。

7月20日　市首届台湾风味小吃节开幕式在新浦区陇海商业步行街中街东广场举行。

是月　滨河新城配套工程郁洲北路延伸路段、大浦河桥及新城内规划六路、浦发路南段建成通车。同时,振华路、浦发路北段开工建设。

8月23日　市政府决定恢复大岛山采石工作协调领导小组,恢复大岛山矿区正常生产。

9月5日　江苏省连云港市新浦硅电子材料科技产业园获批成立。

9月21日　新浦区有3大类7个项目参加全市举行的重点项目集中开工仪式,总投资额达13.26亿元。其中,新浦区滨河新城建设重点项目—郁洲北路下穿铁路桥全面动工兴建。全长380米、路面宽

45.3 米,为机动车、非机动车分离双向 6 车道,总投资 2.5 亿元。

9 月 29 日　新浦区被确定为江苏省实施知识产权战略区试点示范工作单位。

是月　以打造盐河巷仿古一条街为主要内容的新浦公园二期改造工程开工。将打造一座集园林园艺、人文文化、休闲娱乐等功能于一体的综合性场所。

10 月上旬　新浦区制定秋季秸秆综合利用与禁止焚烧秸秆(简称“禁烧”)工作方案,与 7000 农户签订秸秆禁烧“承诺书”。

10 月 11 日　新浦硅电子信息基础材料科技产业园通过省科技厅认定,成为省级科技产业园。该园已有国家级企业 5 家、省级民营科技企业 30 家。

10 月 18 日　新浦区滨河新城管理委员会成立。

10 月 19 日　共青团新浦区第十次代表大会在新浦召开。选举产生由 23 人组成的新一届共青团新浦区委员会。

是月　新浦经济技术开发区道口村通过省三星级康居新村评比验收。

11 月 15 日　新浦区城乡统筹示范单位浦南镇江浦村首批百栋新民居和综合服务中心建成。

11 月 22 日　浦东社区卫生服务中心被卫生部授予国家级示范社区卫生服务中心称号。

12 月 1 日　始建于年初的新浦城区首批 5 条地下过街通道主体工程,共 11 个进出口及配套安装的 11 部电梯建成并投入使用。分别为:苏宁广场处为“井”字形多向互通地下过街通道,行人经此可随意通过通灌路、海连路;龙河广场下为“Z”字形双向互通地下过街道。5 条地下过街通道建筑总面积 3000 余平方米。

12 月 14 日　浦南镇被命名为“第三批江苏省创新型试点乡镇”。

12 月 30 日　中共新浦区九届四次全委(扩大)会议确定,2013 年全区工作以深入贯彻党的十八大精神,紧扣“巩固小康社会建设成果,在全市率先开启基本实现现代化新征程”为总体奋斗目标;以“转型升级增实力,好中求快创一流”作为年度工作主体;以主打滨河新城、都市工业新区、现代服务业集聚区、现代农业产业园区“四大功能区”,力促“四大新跃升”,为把新浦建成当地人自豪、外地人向往的实力新浦、美丽新浦、幸福新浦而努力奋斗,为全年经济社会发展工作指导思想。

年底　浦南新镇区“四路一湖”(国槐路、水杉路、樱花路、龙浦路和人工湖)建设工程全面开工兴建。

年内　全区投入 5200 余万元用于中小学校校舍安全工程。改造、扩建校舍 26900 平方米、加固校舍 9600 平方米,拆除危旧校舍 10000 平方米。

是年　全区完成地区生产总值 108.27 亿元,同比增 13.5%;三次产业结构为 5.2:22.4:72.4;累计完成财政总收入 36.3 亿元,增长 26.6%,完成一般预算收入 22.2 亿元,同比增长 32.3%;财政一般预算支出 17.2 亿元,增长 41.6%;完成农林牧副渔业总产值 11.53 亿元,增长 4.25%;全区规模以上工业总产值 57 亿元,同比增长 40%;完成固定资产投资总额 156.81 亿元,增长 25.72%;全年引进内联客方到位资金 44 亿元,同比增长 23%;实际利用外资 5153 万美元,同比增长 97.7%;外贸出口 8.1 亿元,增长 11%;全社会消费品零售总额达 142.8 亿元,比上年增长 14.8%;城市居民人均可支配收入达 24342 元,同比增长 11.2%,农村居民人均纯收入 13518 元,同比增长 18.8%。

2013 年

1 月 14 ~16 日　政协新浦区第八届委员会第二次会议在新浦召开。

1月15～17日　新浦区第十七届人民代表大会第二次会议在新浦召开。

中旬　政协新浦区第八届常委会协商决定设立新浦区政协"爱心基金"，以重点资助失学学生、孤寡老人和贫困家庭。区政协八届二次全委会期间182名委员慷慨解囊，捐献"爱心款"近10万元，作为区政协"爱心基金"的启动资金。

1月18日　市委书记、市人大常委会主任李强，副市长董春科及市有关部门负责人到新浦区视察城区改造工作。尹哲强、徐雪峰等区领导陪同视察。

1月24日　新浦区公布"爱心团队"和"爱心市民"名单。爱心团队：西苑社区夕阳红服务队、新浦区红十字会爱心义工志愿者服务队。爱心市民：李浩、孙明福、王泽洋、徐红、王凤文、赵云峰、赵登梅、郭文霞、谷连海、詹孝芝、谭立洲、卢明坠、吕秀荣、曹安锡、陶海霞、赵震。

1月31日　市政府对部分县区行政区划进行调整。新浦区撤销花果山乡，设立花果山街道；撤销云台乡，设立云台街道；撤销南城镇，设立南城街道。

2月5日　区委、区政府根据《2012年全区经济建设和社会发展目标综合考评办法》，兑现2012年度目标考核奖，对浦南镇、浦东街道、区教育局、新海街道、区科技局等31个单位分别授予目标考核一、二、三等奖；对区纪委等18个单位分别授予优秀服务一、二、三等奖。

2月7日　市委任命王立斌为中共新浦区委书记。任命单晓敏为中共新浦委员会委员、常委、副书记。免去尹哲强中共新浦区委书记、常委、委员职务。

2月21日　区委任命王立斌任中共新浦区人大常委会党组书记，免去尹哲强区人大常委会党组书记职务。

▲　区委任命单晓敏为中共新浦区政府党组书记，免去王立斌新浦区政府党组书记职务。

2月22日　区委召开政治工作会议，就切实抓好基层组织建设、把握宣传主基调、完善社会管理格局、做好统战工作提出具体要求。同时，将2011年开始的"周六义务劳动"深化为开展"志愿行动在新浦"活动。

2月24日　新浦区在苍梧绿园举办元宵灯会，40万(人次)民众赏灯度佳节。

2月26日　市委书记李强到新浦区浦南镇就城乡统筹进行专题调查。

2月28日　新浦区第十七届人大常委会第十次会议通过《关于接受尹哲强同志辞去新浦区人大常委会主任职务请求的决定》和《关于接受王立斌同志辞去新浦区人民政府区长职务请求的决定》。任命单晓敏(女)为新浦区人民政府副区长，同时通过《关于单晓敏同志任新浦区人民政府代理区长的决定》。

3月2日　新浦区举办"美丽新浦"万名志愿者行动启动仪式，正式拉开"志愿服务在新浦"活动序幕，全区各行业10支志愿者服务队和300多名志愿者代表参加活动。

3月4日　区政府再次召开民主路特色街区改造研讨会，广泛听取设计部门、市文化部门、规划部门及部分"老新浦"的意见和建议。区委书记王立斌主持会议。

3月8日　区委宣传部、区文明办决定在全区开展"与雷锋同行，践行志愿服务，共创美丽新浦"主题活动。

3月9日　市委书记、市人大常委会主任李强在市行政中心听取新浦区城乡统筹建设情况汇报，并提出具体要求。区委书记王立斌、代区长单晓敏参加汇报。

3月13日　副省长谬瑞林到新浦区调研苏北经济发展工作。代区长单晓敏陪同。

▲ 花果山上发现一珍稀新树种。此树生长于一幽静处山坡上,树胸围102厘米,树冠达200多平方米。经专家会商,确认为蔷薇科“细齿稠李”。江苏此树种多产于宜兴。

3月22日 区委召开四套班子领导(扩大)会议,共商城乡统筹、民主路改造、水晶街特色街区建设、新浦公园二期(盐河巷)改造、滨河新城、新浦经济开发区西区建设等重大工程。

3月23日 市委书记、市人大常委会主任李强在市行政中心主持召开新浦区城乡统筹规划建设汇报会。王立斌、单晓敏、王建明、朱加刚等区领导参加汇报会。

4月1日 根据市委、市政府决定,自即日起,海州区朐阳、洪门、海州、幸福路4个街道由新浦区代管理。当日,新浦区召开关于海州区4个街道划归新浦区代管工作会议。

4月3日 区委、区政府召开朐阳、洪门、海州、幸福路4个街道领导人座谈会,切实做好代管的对接工作。王立斌、单晓敏、汤成元、陈周德等区领导参加座谈会。

4月9日 市规划委员会第38次例会在新浦区召开。市委书记李强听取新浦区浦南新镇区中心学校规划、民主路特色街改造方案汇报,并提出具体要求。王立斌、房忠涛、袁丽霞、徐雪峰、王宏新等区领导参加会议。

4月16日 市委副书记张同生主持召开新浦区代管海州区4个街道交接会议。区委书记王立斌、代区长单晓敏参加会议。

4月18日 新浦区举行浦南新镇区总投资6.81亿元的中学项目、小学项目、医院项目、社会服务中心、商业中心和樱花社区的“六个一”项目集中开工仪式。王立斌、单晓敏等区领导参加。

4月29日 市委书记、市人大常委会主任李强走访慰问住新浦地区的全国劳动模范、BRT调度室工作人员及区环卫工人。市领导李国章、董春科,区领导王立斌、徐雪峰参加走访慰问。

▲ 新东街道荣获省级科普示范街道称号。新海街道西苑社区、路南街道贾圩社区被评为省级科普示范社区。

4月30日 朝阳西路、郁洲路、解放路、幸福路及解放桥、和平桥改造工程全面开工。路面“白改黑”(由混凝土路面改为沥青路面),解放桥、和平桥拆除重建,拓宽桥面。

本月 新浦区浦南镇村民王健、孙涛和张刘红从工商部门领取营业执照,成为连云港市首批4位“农场主”中的3位。

5月1日 位于通灌北路与建国路交汇处三禾城中城的连云港水晶街开街营业。水晶街建筑总面积约1万平方米。

5月5日 市委书记、市人大常委会主任李强到新浦工业园区调研。先后察看齐天铁塔公司、奥林匹亚石材公司和新浦经济开发区西区,听取新浦区工作情况汇报,并对新浦工业园区建设提出具体要求。

5月6日 新浦百年老大街——民主路建设改造方案确定。该方案以“新浦印象”为主题,展示民国年间建筑风格和不同历史时期的城市建筑风貌,以展现新浦城市变迁史。该方案由深圳市建筑设计院设计。

5月8日 位于花果山街道飞泉村的郁林观石刻群入选全国第七批重点文物保护单位。

5月9日 连云港市居民健康卡发放仪式在新浦区浦南镇龙浦村举行。省卫生厅办公室副调研员管正涛、市卫生局局长周伟、代区长单晓敏、副区长袁丽霞等参加发放仪式。

5月10日 区委、区政府召开会议,正式接收代管的海州区22个事业单位。王立斌、单晓敏、汤成元等区领导参加会议。

5月11日　坐落于新浦通灌北路和海连中路交汇处的苏宁广场的裙楼封顶。苏宁广场包括裙楼、2座塔楼和地下建筑部分。裙楼高8层;两座塔楼中1座为高100米的高层商品住房,另一座包括酒楼和SOHO商住两用公寓,计41层、高180米。为港城地标式建筑。

5月15日　市委书记、市人大常委会主任李强就新浦区城区中小学校建设及旧城改造工作到新浦区进行调研。

▲　市农业现场会在新浦区召开。市委副书记张同生、副市长吴海云,市有关部门及县、区相关领导等与会人员,现场观摩了浦南镇家庭农场建设情况。

▲　与市首条BRT公交线路对接的首批30辆代步自行车进入新浦公园提供的免费停车场。首批代步自行车为光明医院赞助的,淡蓝色车身、流线型设计,统一配置了车篮、车锁。

5月17～19日　由新浦区政府主办、义乌商品城和四季农贸市场管委会协办的白虎山物资交流大会,在海州城朐阳门内外举办。

5月中旬　苍梧路形象提升工程开工。该项改造工程西起龙河广场,东至花果山大道,全长4.2千米,包括路面“白加黑”(在原水泥混凝土路面上加沥青层)、人行道板铺装、增设污水管道和苍梧立交桥拓宽改造工程。

5月21～22日　市委书记、市人大常委会主任李强到新浦区浦南镇江浦村驻点,就困难群众生活、农民创业致富、农业结构调整等情况进行调查研究。为农民增收致富出谋划策,与干部群众共商城乡统筹,又快又好发展的新思路、新举措。

5月23日　港城首条林荫大道—科苑路开工建设。科苑路位于东盐河东,全长3.4千米,为连接港城东西城区主干道之一,也是新海新区内纵向道路之一。

5月25日　区委举办“科学引领,中国梦兴”——学习十八大精神专题报告会。区四套领导班子听取报告。

▲　区政府与新海新区开发建设指挥部、江苏润科投资有限公司正式签订房产转让协议。后区委、区政府等机关单位将搬入郁洲北路原市科技创业服务中心办公。原民主路177号区政府大院腾出,让其融入民主路建设改造,发挥黄金路段的黄金效益。

5月27日　全市城市饮用水源地“双源、双线、双湖”重点项目的新浦区域内9.37千米段实物征迁工作全面启动。征迁实物调查统计工作,于同年6月中旬完成。

5月29日　郁洲北路景观绿化工程竣工,累计景观铺装2.3万平方米、栽植树木13万株。

5月30日　2013年连云港市庆“六一”主题队会——“红领巾相约中国梦”,在新浦区解放路小学举办。市委常委、组织部长祁彪,及区领导王立斌、施为民、袁丽霞、王宏新等出席。

5月下旬　为适应BRT建设需要,花果山大道改造出新工程开工。

6月1日　“2013汤沟国藏杯”连云港首届茶文化节在花果山山门广场开幕。

▲　新浦区义务巡防“万人红袖标”工程正式启动。

6月6日　以钟楼为标志的民主路老街改造工程举行开工仪式。

6月19日　省委、省政府第八督查组组长盛克勤一行到新浦督查“八项工程”推进情况。市委书记、市人大常委会主任李强,市委常委、组织部长祁彪陪同,王立斌、单晓敏、王建明等区领导参加。

6月20日　全市老旧小区安全防范建设工程全面启动。全市计划改造的147个老旧小区中,新浦区占106个。本次安全防范建设范围包括基础设施、安全防范设施和公共服务设施三大部分。

6月中旬 新浦区各镇政府、街道办事处与7000户农户签订秸秆禁烧“承诺书”，并做好新农机推广、秸秆综合利用工作。全区1.05万公顷小麦在夏收过程中实现了“不冒一处烟、不着一把火、不黑一块地、不污一条河”的全面“禁烧”目标。

6月23日 区审计局对滨河新城规划六路、郁洲路204国道新浦连接线、新浦公园一期改造工程开展跟踪审计和竣工决算审计，送审总价6347万元，审计后核减工程造价1740万元，综合审减率为27.41%。

本月 新浦区组织力量开展城区防治美国白蛾工作。

▲ 全区加强辖区内农贸市场改造工作，至6月底，计划改造的16个农贸市场中的苍梧、九龙、解放东路、洪门等4家农贸市场改造工程已竣工重新启用。

▲ 新浦区第二批88个村庄全部完成环境整治工作。至此，全区100多个村庄环境整治全部达到省市要求标准。

7月5日 新浦区城区最低工资标准调为1280元/月。

7月6日 南京师范大学中北学院2013年赴连云港村官孵化实训社会实践在新浦区正式启动。

7月8日 省农业农村工作第六调研组到新浦区考察调研农业生产情况。市领导吴海云，区领导王立斌、王建明、张景友陪同。

7月10日 近日出现高温天气，是日中午气温为35℃以上，朝阳东路14:00地表温度达56.7℃，苍梧绿园草坪温度为43.8℃。

7月29日 王立斌、单晓敏、汤成元等区四套班子领导先后到连云港警备区、区人武部等10家部队，看望慰问部队官兵。

8月1日 市委副书记张同生一行到新浦区参加重点信访案件会办会。区领导单晓敏等参加。

▲ 区委、区政府召开“公检法司四长联席会议”。部署加强防范和查处虚假诉讼活动工作。区政法委书记王友君，副区长、新浦公安局局长孙晓兵，新浦区法院院长葛梦阳，新浦区检察院检察长吴明参加。

8月6日 区委、区政府举办与万鼎集团玻璃项目签约仪式。区领导王立斌、徐风良、郑斌参加。

8月8日 省“六五”普法中期考核组到新浦检查工作。区领导王立斌、单晓敏等参加。

8月10日 区委、区政府召开全区村、社区党组织换届工作会议。

▲ 区政府举办以“关注农村肢残人兄弟姐妹”为主题的“残疾人活动日”活动。为肢体残疾人送去助残器材轮椅，助行器、拐杖、特殊配置儿童轮椅、儿童阶梯框式助行器，儿童带轮助行器、儿童站立架等辅助器具共116件，方便肢残人的日常生活。

8月16日 区政府、市广电总台共同举办水晶街开街仪式。晚间，举行“梦想水晶街”——新闻主播走进水晶街联欢晚会。

8月19日 市司法局在新浦区召开的网格化矛盾纠纷排查现场会。区政法委书记王友君参加。

8月23日 区委书记王立斌在南京拜访东南大学段进教授，会商新浦区战略发展规划相关事宜。

8月26日 新浦区东站引河大桥建成，打通了城区北拓通道，提升沈圩片区形象。

8月7月27日至9月2日 区委书记王立斌随代市长赵晓江率领的考察团赴台湾考察访问。其期，先后拜访台湾蓝天电脑集团、台湾农特产品协会、中华两岸连锁经营协会理事长王国安和台湾海丽光碟科技公司董事长刘益民;陪同赵晓江市长拜访台湾正崴集团董事长郭台强,参观台湾正修科技大学。还先后参观考察台北金融大楼股份公司、台湾义联集团、泛乔股份公司等。并与有关方面就新浦现代农业产业园区合作开发、百脑汇咨询广场项目等进行洽谈。参加了新浦区驻台联络处揭牌仪式。

9月2日　市区至连云港机场的公交专线开通。专线从新浦云台宾馆发车,途经苍梧路、海连路、瀛洲路、朝阳路、新孔路、海连路、新牛公路至白塔埠机场,全程33千米。

9月3日　新浦区驻香港经贸代表处举行揭牌仪式。区委书记王立斌、副区长郑斌参加。

▲　区政府出台《新浦区做大做强工业骨干企业暂行办法》《新浦区招商引资考核办法》《新浦开发西区共建共用办法》。

9月5日　新浦区召开四套班子联席会议,听取重点工程重大事项推进情况汇报,传达落实省委“十项制度规定”和“三项清理”文件精神。

9月12日　市委常委、政法委书记王加培调研新浦经济开发区重点工业项目和园区建设。区领导王立斌、王友君、徐风良、章冬斌参加。

9月27日　新浦区举行旧城改造挂职干部欢迎仪式。区领导王立斌、单晓敏、等参加。

9月29日　区委书记王立斌在南京参加2013年连云港市推进新特产业技术创新联盟暨政产学研用合作恳谈会。其间,拜会南京财经大学王开田副校长,双方就校地人才建设进行了交流,并代表新浦区与南京财经大学签订“南京财经大学新浦区共建高端人才培育基地暨智力支持合作协议”。

10月9日　市委常委、市纪委书记吴自斌现场督察推进外仓社区、东上渔场等重点地块旧城改造工作。区领导王立斌、王友君、姚超参加督察。

10月10日　区四套班子领导集体收看全省学习贯彻习近平总书记系列重要讲话电视电话会议。

10月12日　区委、区政府印发《2013年秋季秸秆综合利用工作实施意见》。采取加强领导、提高督察力度,实行考核奖惩和资金扶持的办法,禁止秸秆焚烧。秋季实行秸秆综合利用率达37.7%,秸秆机械化还田率达62%。

10月15日　市政协主席仲琨到新浦区视察城乡统筹、盐河巷古街、民主路老街等重点项目推进情况。区领导王立斌、汤成元、王建明等陪同视察参加。

10月17日　省维稳办领导到新浦区调研督查社会稳定工作,观摩省委政法委基层法治规范化建设现场,并对新浦区治安工作进行风险评估。区政法委书记王友君陪同。

10月18日　区委书记王立斌、代区长单晓敏与市铁路办会商连盐铁路安置小区建设相关事宜。

10月19日　赣榆县党政代表团到新浦区参观考察。区领导王立斌、单晓敏等陪同。

10月24日　全国人大常委会原副委员长陈至立视察孔望山景区。省人大常委会副主任刘永忠、代市长赵晓江、市人大常委会副主任董恕娟、区委书记王立斌陪同。

11月5日　区委、区政府召开纪念新浦区关工委成立20周年暨全区关心下一代工作表彰会。区领导王立斌、王建明等参加。

11月9日　区委、区政府召开原区政府大楼业态布置及民主路老街景观设计方案汇报会。王立斌、单晓敏、房忠涛、袁丽霞参加。

11月13日　市地名委员会办公室公布市区5条道路1个广场更名:绿园南路更名为绿园路;新生民路更名为新生路;西南路更名为西南湾路;凌州路、凌州东路更名为凌洲西路、凌洲东路;凌州广场更名为凌洲广场。

11月14日　省供销合作总社党委书记、理事会主任黄宝荣一行到新浦区调研现代农业产业园区建设。副市长吴海云，区领导王立斌、于卉陪同。

11月25日　新浦区纪委在全区范围内开展以厉行勤俭节约为主要内容的“清风行动”，取得明显成效：2012年11月至2013年10月，各部门接待费较去年同期下降43.83%，普通公务用车运行费下降21%。

12月4日　新浦通往东部城区的重要交通节点—苍梧立交桥拓宽工程完成沥青路面铺设。

12月16日　新浦区召开2013年复员军人安置工作协调会，专设复员退伍军人安置办公室。

▲　区委印发《关于进一步加强单位信息公开保密管理的通知》。

12月17日　新浦区投入千万元购置的30辆清扫设备投入使用，市区主要道路清扫实现机械化。

12月23日　经省人力资源和社会保障厅核准，市人力资源和社会保障局审查，新浦区浦西街道下岗失业人员一条街被认定为市级创业孵化基地。

12月26日　连接科苑路与玉兰路的杏坛路建成通车。杏坛路南起玉兰路、北至科苑路，全长4.18公里，路宽40米，其中机动车道15米、人行道6米，非机动车道4.5米，绿化带2米。

12月28日　新浦区民主路文化街28日盛大开街。市、区主要领导出席开街仪式。

是月　新浦区启动2013便民道路修建以及背街小巷和下水道整治工程取得明显成效。全年共整修便民道路路面2.5万平方米，背街小巷路面4万平方米。

▲　截至是月，2013年新浦区共发放廉租房货币补贴757户，安置廉租房170套。

年内　新浦区安监、消防等多部门联动，开展“安全生产年”活动以来，全区累计排查单位2115家，排查一般事故3359处，已整改率达99.8%。

是年　全区完成地区生产总值121.1亿元，同比增长10.5%；三次产业结构为4.9:21.7:73.4；累计完成财政总收入38.5亿元，增长5.9%，完成一般预算收入20.7亿元，同比增长19.3%；财政一般预算支出20.7亿元。增长19.3%；完成农林牧副业总产值14.7487亿元。增长27.92%；全区规模以上工业总产值61.3亿元，同比增长2.4%；完成全社会固定资产投资总额232.5亿元，增长21.7%；全年引进内联客方到位资金61.3亿元，同比增长21.5%；实际利用外资5809万美元，同比增长15%；外贸出口8.03亿元，增长2.5%；全社会消费品零售总额163亿元，同比增长14.1%；城镇居民人均可支配收入达26898元，同比增长10.5%，农村居民人均纯收入15575元，同比增长15.2%。

2014年

1月1日　新浦青峰路跨宁连高速公路桥、跨东盐河桥以及振华路跨东盐河桥正式开工建设。

1月2日　第三次全国经济普查开始。市领导曹永林到新浦区视察第三次经济普查现场登记情况。区委书记王立斌、副区长王友君、徐雪峰参加。

1月3日　新浦区评议机关工作活动全面展开。

▲　新浦区与天马网络公司就仓储物流项目落户现代服务业集聚区签订意向协议。

1月4日　区政府召开蔷薇河钢便桥设计方案讨论会。同时，现场推进东站引河大桥工程进度。

1月7~9日　政协新浦区第八届委员会第三次会议召开。

1月8~10日　新浦区第十七届人民代表大会第三次会议召开。王立斌当选区人大常委会主任、单晓敏当选新浦区人民政府区长。

1月9日　省综治法治创建检查考核组到新浦区检查工作。区委书记王立斌、副区长王友君、郑斌参加。

1月上旬　新浦区举办《国家基本药物临床应用指导》和《国家基本药物处方集》学习培训班。

1月12日　区委书记、区人大常委会主任王立斌召开会议，听取民主路、盐河巷业态布置及招商情况汇报。区委常委、宣传部长房忠涛和副区长徐雪峰参加。

1月14日　区政府召开会议，协调市区饮用水源输水工程及盐河巷开街事宜。副区长徐雪峰主持会议。

1月16日　国土资源部正式批复花果山为国家地质公园。花果山景区和渔湾—东磊景区包括在内。

▲　北京华联生活超市在朝阳东路21号开业。

1月17日　区政府召开全区动物H7N9禽流感防控工作会议。副区长于卉主持会议。

1月18日　区政府举行盐河巷历史文化街开街仪式。区四套班子负责人参加。

1月20日　中央召开党的群众路线教育实践活动第一批总结暨第二批部署会议，区四套班子全体负责同志分别参加省、市分会场电视电话会议。

1月24日　新浦区召开“千名机关志愿者爱心帮扶行动”动员大会。王立斌、王建明、施为民、房忠涛等区领导参加。

1月28日　新浦区机关退休人员社会化管理服务示范点揭牌。区委副书记王建民参加揭牌仪式。

▲　新浦区举行“美丽新浦、最美少年”评选暨颁奖典礼。范星星、王思妍、金睿等10名少年荣获2013年度新浦区首届“十佳美少年”称号；吕蕊彤、朱宇涵、陶西等10名少年荣获2013年度新浦区“最美少年优秀奖”。王立斌、单晓敏、汤成元等区领导参加颁奖典礼。

1月31日　（农历正月初一），新浦区举办春节文艺大联演，龙舞、狮舞、花船、花挑、腰鼓等民间文艺表演走上街头、广场，欢度2014年新春佳节。

2月2日　区委、区政府召开民主路老街、盐河巷改造运营管理办公会。区领导王立斌、房忠涛参加。

2月7日　区政府召开滨河新城建设工程会议。区领导张景友主持会议。

2月8日　区委、区政府召开现代服务业集聚区及310国道物流产业带、洪门物流园区建设工作会议。区领导王立斌、刘建春参加。

2月10日　区政府召开项目管理工作会议。全面部署2014年推进新浦开发区西区、浦南新镇区、滨河新城现代服务业集聚区、旧城改造等一系列重点工程具体任务和要求。

2月11日　省委常委、宣传部部长王燕文到新浦区视察民主路老街。市委书记、市人大常委会主任李强陪同，区领导王立斌、房忠涛参加。

▲　新浦区编制《连云港市新浦区二类疫苗预防接种知情同意书》，具体落实国家《疫苗流通和预防接种管理条例》《预防接种工作规范》有关要求。

2月12日　区政府在滨河新城召开会议，研究部署东站引河大桥、蔷薇河钢便桥、郁洲西路及滨河新城绿化等相关事宜。区领导张景友主持会议。

2月14日　新浦区举办马年焰火晚会，欢度元宵佳节。

2月16日　副市长董春科、尹哲强到新浦区召开中兴智慧城项目建设会办会。区委书记、区人大常委会主任王立斌，区长单晓敏，副区长袁丽霞参加。

2月19日　区政府召开会议,专题研究蔷薇岛征地补偿标准。区领导袁丽霞、张景友参加。

2月20日　区委召开党的群众路线教育实践活动动员大会,部署全区群众路线教育实践活动的目标任务,方法步骤。

▲　新浦区发布公告,开展创建2012～2013年度新浦区文明单位、文明村、文明社区评选工作。

▲　新浦区举办“浦发杯”民主路老街摄影大赛,大赛主题为“魅力老街、美丽新浦”。

2月24日　区委书记、区人大常委会主任王立斌与市水利局局长丁锐一行现场会办盐河巷二期景观桥(人行桥)建设工作,副区长徐雪峰参加。

2月25日　区委、区政府下发《新浦区作风建设约谈暂行办法》。

2月26日　区委书记、区人大常委会主任王立斌,接待菲律宾SM集团中国首席营运官何家华一行。区领导王友君、郑斌、徐冰参加。

2月27日　区政府召开会议,研究规范工程招投标相关工作;协调西盐河人行桥相关问题;部署城市环境综合整治和示范社区创建等工作。

▲　区纪委制定的《新浦区机关作风建设十二条禁令》开始正式实施。

2月28日　《长安》杂志社丁后盾副社长一行到新浦,调研新浦区法治创建的特色做法。副区长郑斌陪同。

3月1日　区委召开座谈会,就开展群众路线教育实践活动征求老干部代表、基层党员及群众代表意见。区领导王立斌、施为民参加。

▲　区政府举行滨河新城招商说明会。区领导王立斌、袁丽霞、张景友、刘建春参加。

3月3日　区委、区政府召开会议,部署城区环境卫生整治及春季绿化工作。区领导王立斌、徐雪峰参加。

3月4日　省道路办拨付2.14亿元,启动连盐铁路新浦段建设工程。

3月初　苍梧绿园开始实施以绿园湖改造为重点的提档升级改造工程。

3月7日　省城市环境综合整治考核组到新浦区,检查2013年城市环境整治工作。区领导王立斌、徐雪峰参加。

3月10日　新浦区苍梧路及河滨社区被市里定为创建省级城市管理“示范”单位。

3月11日　新浦区开展“千人上山”义务植树活动。区四套班子领导参加。

▲　市长赵晓江会见中兴通讯亚太区总经理杨军。副市长董春科、区委书记、区人大主任王立斌、区长单晓敏、副区长袁丽霞参加。

3月12日　省委副书记石泰峰视察新浦区民主路老街。市委书记、市人大主任李强,市领导张同生、吴以桥,区委书记、区人大常委会主任王立斌,区委常委、宣传部长房忠涛陪同。

▲　省委党的群众路线教育实践活动督导组组长张吉生一行到新浦区视察。市委常委、组织部部长祁彪及区委书记、区人大常委会主任王立斌,区长单晓敏等陪同。

3月14日　区委书记、区人大常委会主任王立斌接待台湾科云生医科技股份有限公司董事长柯泽豪一行。区领导徐风良、徐冰参加。

3月21日　新浦区与市城投集团就孔望新城、凤凰新城建设相关事宜进行会谈。区委书记、区人大主任王立斌、区长单晓敏、区政协主席汤成元、副区长郑斌参加。

▲　市民政局局长李锦华到新浦区调研社区居家养老工作情况。王立斌、徐冰等区领导参加。

3月25日　新浦区召开烟草巷等7个收储地块拆迁工作推进会。王立斌、单晓敏、汤成元等区领导参加。

3月27日　区委书记、区人大常委会主任王立斌察看浦南新镇区、滨河新城、现代服务业集聚区及204国道沿线春季绿化推进情况。区领导王建明、袁丽霞、刘建春参加。

是月　新浦区社会管理服务中心(坐落于郁洲北路)建成并投入使用。区社区服务中心面积2500平方米,总投资1000余万元。由综合法治工作中心、公共法律服务中心、社会矛盾调处中心、便民服务中心和信访接待中心组成。并建立健全首问负责、分流指派、督察考核等服务管理工作机制,形成统筹推进基层综治、法治、维稳工作的实战性、枢纽性平台。

▲　新浦区12个街道(含代管4个街道)93个社区的社区办公用房和社区活动用房建设实现全覆盖。全区社区活动用房面积达3.5万平方米,所有社区都有群众健身活动中心、群众集聚活动场所和办公室、党建室、医务室、青少年活动室、老年活动室、社区保障服务站、社区计生站、社区医疗卫生服务站等"五室三站"。

4月1日　新浦区举行"学习焦裕禄精神、践行群众路线"集中学习会。区委书记、区人大常委会主任王立斌作专题学习报告。区机关全体人员及各村、社区负责人参加学习会。

▲　省科协党组书记陈慧娟到新浦区科普惠农服务站、浦南镇江浦村现代农业服务园区等处,就新浦区科普惠农建设情况进行调研。区委书记、区人大常委会主任王立斌,区委常委、组织部长施为民陪同。

4月2日　国家住建部风景名胜区督察组到新浦区检查新浦公园改造工程。省住建厅副厅长刘大威、副市长尹哲强,区委书记、区人大主常委会任王立斌、副区长徐雪峰陪同。

4月4日　新浦地区第一条定制公交班线(一站式直达班车)开通。当日,载有800名乘客的12辆"特殊"公交车从大学城的连云港中等专业学校同时出发,分别达到客运南站和火车站,全程只用20分钟。

4月8~11日　区委书记、区人大常委会主任王立斌、副区长袁丽霞、徐冰赴深圳,参加连云港(深圳)产业合作交流恳谈会。同时,参观考察连云港市农科院三亚科研基地、国家超级计算机深圳中心(深圳云计算中心),并会见红钻集团董事长万宏伟。

4月9日　区长单晓敏专题调研玉龙社区"政社互动"建设工作。听取玉龙社区的情况汇报,实地了解玉龙社区居委会"政社互动"工作状况。新南街道党工委书记许春、新南街道办事处副主任王涛等陪同。

4月10日　连云港市第一本单独二孩准生证由新浦区九龙社区居民领取。

4月17日　市重大项目重点工程、重要工作落实推进领导小组副组长戴元安,到新浦区视察滨河新城建设情况。王立斌、房忠涛、袁丽霞等区领导参加。

▲　新浦区滨河新城管委会与连云港市圣承房地产开发公司就滨河新城建设正式签约。区领导王立斌、姚超、房忠涛、袁丽霞参加签约仪式。

4月中旬　据《连云港日报》报道,自2014年3月1日至4月中旬,新浦地区新注册登记的市场主体达806户,企业数量比2013年同期增加219个。至此,新浦地区共有企业11370家,注册资金总额476.1亿元。其中私营企业10207家,内资1033家,外资130家。

4月24日　省委610办公室教育转化处处长崔恒武和市委610办公室常务副主任惠桂兵,到新浦区视察社区反邪教工作情况。

▲ 区委书记、区人大常委会主任王立斌接待省农垦集团领导一行,协商新浦经济开发区西区用地事宜。副区长徐风良参加。

4月25日 西班牙麦卡莎集团董事长佩德罗一行访问新浦区。双方就加快推进麦卡莎农产品加工及冷链物流项目进行交流并达成合作意向。该项目选址新浦区现代农业服务业集聚区,计划用地120公顷,总投资14亿欧元。

是月 在群众路线教育实践活动中,区委推行“8小时以外”工作方法,采取“民情饭后访”“民声周末议”“民情特办会”定期开和“民事随时办”等措施,把为民办事时间由8小时延伸到24小时,提高为民服务水平和效率。

▲ 区纪委联合各街道及区民政局、人力资源和社会保障局、人口与计划生育局、公安、司法等29个部门,梳理出社区6大类75项职权,在全省率先拉出社区权力清单。

▲ 新浦区投入3000多万元全面启动背街小巷整治工程。至6月底已修建便民路19条,整治背街小巷195条,清掏下水道170千米,整治老旧小区20个,整治范围覆盖5个街道、约40个社区,惠及3.8万居民。

5月1日 区委常委、开发区党工委书记徐风良会见台湾倍利多科技股份有限公司总经理SEIM一行,双方就在开发区中小企业园投资兴建LED灯具项目进行洽谈。新浦经济开发区党工委副书记张涛参加会谈。

▲ 新浦区举办的白虎山庙会暨丝绸经济带文化商贸交流周开幕。

5月1~7日 由新浦区举办的海州白虎山庙会在海州举行。区劳动模范代表、爱心市民及十佳代表应邀参加白虎山庙会开幕式。

5月3日 区政协副主席、工商联主席刘建春及区粮食局副局长张道杨接待浙江新天壹集团有限公司总经理金崇岩、副总经理林卫海,就开发建设鲁兰河大道以及沿线配套设施进行初步协商。鲁兰河大道西起道浦路,东至204国道,道路全长2.08千米,红线宽60米。

5月4日 团区委举行纪念“五四”青年节95周年暨表彰大会。授予区法院等14家单位“青年文明号”称号;分别授予南城街道团工委等20个单位“五四红旗团委”“五四红旗团支部”称号;分别授予相梦然等4人“优秀团干部”“优秀共青团员”称号。

5月5日 台湾农特产品整合行销推广协会副执行长戴增芳一行到新浦区浦南镇樱花园与休闲农场考察,协商决定总投资6000万元,计划用地66.66公顷从事樱花观赏、草莓采摘、加工等。副区长于卉等参加会谈。

5月6日 市委书记、市人大常委会主任李强,到新浦区浦南镇就城乡统筹发展工作进行调查研究。市委常委、秘书长杨莉等参加调研。

▲ 由市广电局主办、新浦区文化体育旅游局协办的2014年“港城一家亲”社区文化艺术节在民主路文化街启动。此次活动将持续到本年11月底结束。

▲ 云台樱桃节在云台街道开幕。

5月7日 党的群众路线教育实践活动市督查组到新浦区玉龙社区检查群众路线教育实践活动情况。

▲ 区委常委、常务副区长王友君陪同上海交通大学国家战略研究中心副主任徐效奇考察新浦经

济开发区并商谈投资事宜。

▲ 江苏省秧歌大赛新浦分赛场在义乌商品城门前广场举行赛事。

▲ 据是日《连云港日报》报道，中央电视台中文国际频道摄制组到南云台林场孔雀沟景区，拍摄树龄近千年(980年)的雌雄同体糯米花(流苏)王。此树高8.5米，根围2.3米。其独特之处为雌雄同体。被国家林业总局列为全国百棵名特古树之一。

5月10日 国务院原副总理吴仪视察民主路老街。市委书记、市人大常委会主任李强，市领导杨莉、董恕娟及区委书记、区人大常委会主任王立斌，区委常委、宣传部长房忠涛陪同。

5月12日 新海派出所“多元融合式调处室”正式运行，配备公安民警1名、人民调解员2名、法律顾问1名。负责辖区86家内部单位、240家场所、企业的社会矛盾调解处理工作。

5月14日 区长单晓敏陪同中兴通讯集团亚太区总裁杨军一行拜访市有关领导，协商智慧城项目推进事宜。

5月15日 市放心消费创建工作现场会在陇海商业步行街召开。

▲ 省委老干部局副局长韩骅到新浦区检查工作。区委常委、区纪委书记姚超陪同。

5月19日 新浦区与西班牙麦卡莎集团洽谈农产品加工项目。区领导王立斌、单晓敏、于卉、刘建春参加洽谈。

5月21日 新浦区开展“三严三实”大家谈活动。区四套班子全体负责同志参加。

5月22日 新浦区推进城乡统筹三大产业基地建设，在浦南镇启动“1个新镇区、2个新社区、3个产业基地、3个特色园区”建设项目。

5月26日 省政府教育督导团第六小组对新浦区进行教育督导。区领导单晓敏、袁丽霞、王宏新参加。

▲ 市人社局局长郝新跃到新浦调研行政区划调整人事方面工作。区委书记、区人大常委会主任王立斌、区长单晓敏、区领导王友君、施为民参加。

5月28日 大圣湖应急水源地开始补水储水。至同年6月2日，大圣湖水位达17米的正常运行水位，补水储水工作完成。

5月下旬 新浦区民主路改造二期工程启动。二期工程将在一期工程基础上向北拓展到建国路水晶街，向南拓展到解放路中央国际，实现中央国际商圈、民主路商圈和水晶城商圈“三圈融合”。

是月 新浦区检察院杨晓明荣获“全国检察机关个人一等功”。

▲ 新浦区新中社区和西大岭社区获“全国综合减灾示范社区”称号。

▲ 新浦区第一家行业协会党组织—连云港市五金机电协会党支部成立。该协会拥有会员单位68家，党员10名。

6月3日 新浦经济开发区与连云港神宇石化设备有限公司的石化流体自动装卸设备生产项目正式签约。该项目总投资2亿元，投产后可实现年产值3亿元，利税2000万元。区委常委、开发区党工委书记徐风良参加签约仪式。

▲ 副区长徐冰一行与江苏中油能源集团董事长张金宝、总经理张秉诚楚待就中油能源集团承接大润发新浦二店建设及运营事宜进行洽谈，并实地考察淮安大润发超市。

6月4日 新浦区在嘉兴海盐举办小型客商座谈会。邀请当地10家知名企业参加。会上，副区长徐冰向与会客商详细介绍新浦区的投资发展环境，区政协副主席、区工商联主席刘建春和开发区副主任徐敏昌分别介绍了新浦区现代服务业集聚区、开发区的招商引资政策。

6月5日　全市城市环境综合整治“百日会战”拉开帷幕。新浦区的解放中路、朝阳路、海连路、秦东门大街、市民广场、幸福广场、苍梧生活广场、解放东路菜场等均在重点整治范围。

6月6日　中小商贸流通企业服务调研座谈会在陇海商业步行街举行。会上，中国步行街工作委员会主任韩继徽向陇海步行街管委会授予“全国中小商贸流通企业服务年活动示范街”牌匾。

▲　浦南镇江浦村范宝友家庭获首届全国“书香之家”称号。

6月10日　玉带社区获得居家养老站省级示范社区称号。

六月上旬　新浦区全面开展以“不烧一把火、不冒一处烟、不污一条河、不黑一块地”为目标的夏季秸秆综合利用与禁烧工作，并建立区、镇（街）、村三级组织网络和责任制，坚持“政府引导、多方参与、综禁并重，疏堵结合原则，确保全区夏收作物秸秆综合利用100%，还田率95%以上。

▲　区委、区政府将2013年以来政府投资的13大类计百余项重点工程全部列入廉政巡查范围。由区监察局牵头，财政、审计等部门抽人组成专项检查组，对项目建设的各个环节进行检查。

6月12日　省住建厅副厅长刘大威一行到新浦区检查新浦公园建设相关工作。区长单晓敏、副区长徐雪峰陪同。

6月13日　区政协副主席、区工商联主席刘建春接待四川省广汉市工商联、广汉市机械工程商会代表团一行，陪同考察滨河新城、现代服务业集聚区和新浦开发区，签订新浦区工商联与四川省广汉市工商联友好商会协议书。

▲　新浦区与安徽国宇置业有限公司举行项目签约仪式，并共商成立水晶文化研究会事宜。区领导王立斌、袁丽霞、刘建春参加。

6月14日　新浦区召开夏季爱国卫生突击月活动动员大会。区委书记、区人大常委会主任王立斌出席会议并讲话，要求举全区之力，还市民一个干净整洁的家园。会后，区四套领导班子领导带领机关干部走上街头，深入背街小巷，开展卫生活动。当天，新浦地区出动志愿者5000余名、车辆86辆、挖掘机14台，清理积存垃圾1500余吨。

▲　市政府督察组到新浦督察稳增长促改革调结构惠民生政策措施落实情况。研究国务院19项政策措施落实情况。区委常委、常务副区长王友君陪同。

6月18日　民主路文化街音乐啤酒节拉开帷幕。月内将开展cosplay动漫秀、电影节、广场世界杯、娱乐嘉年华、街舞大赛、儿童涂鸦、多拉A梦道具展等活动。

6月19日　中央政法委副秘书长、中央综治办主任陈训秋一行在港城调研期间，调研新浦区新海派出所多元融合式调处机制建设情况，并实地考察新浦区社会服务中心，对有关工作给予充分肯定。

▲　坐落于杏坛路以东、青峰路以北的连云港市实验学校主体工程封顶。该校占地10.05公顷，总建筑面积4.5万平方米，总投资2.3亿元。

6月中旬　区委采取整改清单梳理到位、整改责任明确到位、整改落实到位、督导跟踪到位“四个到位”措施，加大对党员干部“四风”问题的整改力度。

6月22日　市老年协会会长俞素娥一行到新浦区就社区居家养老服务站运营情况进行调查研究。区委常委、组织部长施为民陪同。

▲　省委“八项工程”督察组到新浦区督察浦南镇新型城镇化及城乡一体化工作。区领导王立斌、王建明、徐雪峰、于卉参加。

▲ 浦南镇历史民俗博物馆建成并试展。

6月23日 新浦第一社会福利中心开始运营。

▲ 新浦区盐河社区阳光艺术团10位老人，应邀参加江苏电视台综艺频道举办的首届江苏方言听写大赛，获5000元大奖。

6月25日 浦南镇农民摄影展在浦南农民艺术馆开展，为全区第一次农民摄影展。此次展览由区文化体育旅游局与浦南镇联合举办，共展出农民摄影作品100幅。

▲ 浦南镇建成彦涵艺术馆。

6月30日 花果山风景区获全国旅游标准化示范单位称号。

6月下旬 新浦区城区通往浦南镇的郁洲路西延先导段全线贯通。从新浦乘车到浦南由原绕道海州的半小时左右，缩短到10分钟。

▲ 新浦区公安、工商部门针对群众反映强烈的突出问题，联合行动，对广场社区一带美容美发、足疗店进行集中清理，取缔无证美容美发、足疗店15家，依法训诫出租房主8户，从业人员13人。

7月1日 市眼科医院全面启动"人民满意医院"创建活动。

7月5日 市委发出连委[2014]117号等文件，任命新设置的海州区党政领导人，同时免去原新浦区、原海州区党政领导人职务。

7月7日 根据《国务院关于同意江苏省调整连云港市部分行政区划的批复》(国函[2014]56号)、《省政府关于调整连云港市部分行政区划的通知》(苏政发[2014]64号)精神，市委、市政府正式印发《中共连云港市委 连云港市人民政府关于调整部分行政区划的通知》《中共连云港市委 连云港市人民政府关于调整部分行政区划的实施意见的通知》，撤销赣榆县，设立连云港市赣榆区；撤销新浦区、海州区，设立新的海州区。新的海州区行政区域为原新浦区和海州区的行政区域。区人民政府驻新东街道郁洲北路9号。

7月8日 市委、市政府召开全市行政区划调整工作会议，传达贯彻国务院和省政府关于调整连云港市部分行政区划的决定。

▲ 新的海州区揭牌。原新浦区完成历史使命。

第一编　建置　区划

新浦区境内的云台山地区历史悠久，在春秋战国时期先后属鲁、楚。秦时先后属薛、郯二郡。汉时属东海郡。山下大村一带人口较多，已设里（百户为里）管理居民。南朝宋时，南城为东海县治。泰始年间（465～471），青州曾侨立于南城。元徽五年（477），南城山上已垒石为城。东魏武定七年（549）起属海州。南城已置临海镇。南宋建炎元年（1127）境内为金人占领，仍属海州。端平二年（1235）至景定二年（1261），南城曾为海州治。后析置西海州时，东海县为东海州，南城为东海州治。元代，废东、西海州，复置海州，域内统属海州。后一度属海宁州朐山县。清初属海州。清雍正二年（1724）属海州直隶州。光绪年间，新浦成镇。宣统二年（1910）城区新浦一带属东海县临洪市，为临洪市治。

民国年间，时局动荡，域内地区隶属关系常变。民国元年（1912）起，域内云台山地区属江苏省灌云县。新浦城区属江苏省东海县临洪市。民国26年（1937）1月，城区龙尾河以东地区划属连云市。其他地区仍分属东海县、灌云县。期间，新浦已分设6镇，云台山地区设乡。

解放后，新浦城区（含龙尾河以东地区）、南云台山北麓一带（今花果山乡）属山东省临沂地区新海连市。新浦开始撤镇建区。南云台山南麓地区及南端南城镇属江苏省灌云县。

1953年，新浦城区和花果山地区改属江苏省徐州地区新海连市。1955年11月，城区龙尾、盐河两区合并成立新浦区。

1961年10月1日起，境内城区和花果山地区属连云港市。

1983年3月，南云台山南麓的云台公社（今云台乡）、南端的南城镇从灌云县划归连云港市。同年6月，新浦、海州两区合并成立新海区。1986年6月，新海区撤销，恢复新浦、海州区建置。

2001年11月起，花果山乡、云台乡、南城镇、南云台林场、宁海乡先后划入新浦区。国营云台农场划新浦区行政区域。

2005年底，新浦区下辖花果山乡、云台乡、宁海乡、南城镇、南云台林场及浦东、浦西、路南、新东、新南、新海6个街道。下辖29个村民委员会、70个社区居民委员会。域内有国营云台农场。

第一章　建　置

第一节　隶属沿革

春秋战国时期，境内云台山地区属鲁，后属楚。

秦统一中国后，境内云台山先属薛郡，后属郯郡。

汉改郯为东海郡,境内云台山地区属东海郡。

东汉、晋、宋时境内云台山地区仍属东海郡。

南宋泰始六年(470),宋明帝失淮北地,侨立青、冀二州,治南城。东魏武定七年(549)罢青、冀二州,改称海州。境内属海州东海郡。北齐、北周时,于南城置临海镇,属东海郡东海县。

隋代,境内属东海郡东海县。

唐代,属海州、环州,后仍属海州。

五代十国时,境内先后属吴、南唐、后周。

北宋时,属淮南东路海州。南宋建炎元年(1127),境地为金人占领,仍属海州。南宋端平二年(1235),海州徙治东海县(南城)。景定二年(1261),返治朐山,析置西海州,东海县为东海州,治南城。

元朝,东西海州废,复置海州。域内仍属海州。至元十五年(1278)属海州路。复属海宁府东海县。不久,海宁府降为州,隶淮安路。域内属海宁州朐山县。

明洪武元年(1368),海宁州改为海州。境内属海州。

清初属徐海道海州。雍正二年(1724)属江苏布政司海州直隶州。乾隆年间(1736~1795)属江宁布政司海州直隶州。嘉庆八年(1803),属淮扬道海州直隶州。

民国元年(1912),废州设县。域内属东海县。同年4月,以东海县之东南析置灌云县。境内西部新浦属东海县临洪镇。民国2年,属东海县临洪市。境内东部、南部地区属灌云县。

民国3年(1914)6月,江苏设5道。境内分属徐海道东海县、灌云县。民国16年(1927),道废,境内仍分属东海县,灌云县。

民国22年(1933),属江苏省第十三行政督察区。12月,第十三行政督察区改为东海行政督察区。

民国26年(1937)1月,境内龙尾河以东、烧香河以北的新龙镇,划属连云市。其他地域仍分属江苏省东海行政督察区东海县、灌云县。同年,东海行政督察区改为第八行政督察区。

民国27年(1938),改属江苏省淮海专署。

民国28年(1939)3月,日军侵占后,境内分属“伪东海县”、“伪灌云县”、“伪连云市”。

民国31年(1942),属“伪大海州市”。

抗战胜利后,境内城区属东海县,东部山区属连云市,南部宁海乡属灌云县。

1948年11月上旬,解放后,境内城区新浦隶属山东省新海连特区新海市。龙尾河以东的新龙镇划回新浦地区;东部山区今花果山乡属新海连特区云台办事处;南城镇、云台乡属灌云县南城区。

1949年11月11日,新海连特区改为新海连市,新海市、连云市、云台办事处撤销。境内新浦地区和花果山乡属新海连市。

1950年5月,新海连市与东海县合并,成立新海县。境内大部属新海县。同年12月12日,新海县撤销,恢复新海连市、东海县建置。境内城区和花果山地区属新海连市。

1953年1月1日,新海连市划归江苏省管辖。境内大部地区属江苏省徐州专区新海连市。南城镇、云台乡、宁海乡属江苏省淮阴专区灌云县。

1961年10月1日,新海连市改为连云港市。境内城区和花果山地区属连云港市。

1983年3月,原属灌云县的云台公社、南城镇划归市区,属连云港市筹建中的南城区。原直属市的云台公社改名花果山公社,同属筹建中的南城区。同年6月,新浦区和海州区合并成立新海区,新浦地区属新海区;盐区与筹建中的南城区合并,成立云台区。今境内花果山乡、云台乡、南城镇属云台区。

1986 年 6 月 30 日,新海区撤销,新浦区恢复原行政区划。

2001 年 11 月以后,花果山乡、云台乡、南城镇、南云台林场、宁海乡先后划入新浦区。新浦区仍隶属连云港市,为连云港市中心城区。

第二节　区建置

民国 16 年(1927),始建新浦行政区,区公所设于中山路中段土地庙内。不久,行政区撤销,改设为东海县第一区。

抗战胜利后,江苏省第八行政区行政督察专员公署驻新浦后天宫。

民国 37 年(1948)11 月 7 日,新海连地区解放。境内新浦地区设新华、新龙、民主、通灌 4 个区。

1949 年 3 月 23 日,通灌区撤销,并入民主区。

1950 年 11 月,新龙、新华、民主 3 个区,改设为新海县第一、三、三分区。同年 12 月 12 起,新海县撤销后,均恢复原区名。

1951 年 8 月,市人委决定将新龙、新华、民主 3 个区撤销,以市民路、军工路(今民主路的建国路以北路段)为界设立 2 个区:界东为龙尾区(因龙尾河得名)、界西为盐河区(因盐河得名)。

1955 年 9 月 21 日,经江苏省人委批准,龙尾、盐河两区合并,建立新浦区。同年 11 月,新浦区正式成立。

1958 年 9 月,新浦区组建为新浦人民公社。1959 年 6 月,新浦人民公社撤销,恢复新浦区建置。

1983 年 3 月,新浦、海州两区合并,成立新海区。1986 年 6 月底,新海区撤销,新浦区恢复原建置。

2001 年 11 月以来,连云港市区行政区划调整,云台区撤销后,猴嘴街道、花果山乡、云台乡、南城镇及南云台林场划归新浦区。2005 年 4 月 26 日,猴嘴街道划归连云区管辖。同年 6 月 13 日,原灌云县宁海乡划归新浦区管辖。至 2005 年底,新浦区辖花果山乡、云台乡、宁海乡、南城镇和浦东、浦西、路南、新南、新东、新海 6 个街道。

第三节　乡镇建置

西汉时,境内花果山地区已按百户设里,设立荣成里、西长里、宣梁里、满里、永昌里、利成里。

东魏武定七年(549),境内南城地区设立临海镇。

明初,境内城区西部临洪盐场设立临洪镇。

清光绪末年,新浦设镇。清末,花果山地区为海州西路镇。

民国 3 年(1914),境内花果山地区,设有灌云县郁林乡(乡公所驻大村);南城、新滩、宁海一带为灌云县苍梧乡(乡公所驻南城)。

民国 8 年(1919),苍梧乡、郁林乡,分别划入灌云县第九区、第十区。次年,两区合为第七区。

民国 16 年(1927)秋,建新浦行政区,随即撤销,改设为东海县新龙、新市、新民、新化、三新 5 个镇。

民国 18 年(1929)1 月,东海县政区调整为 8 个区,新浦地区 5 个镇属第二区;灌云县的苍梧乡、郁林乡调整，分设南城镇（驻南城）、关里乡（驻后关）、东磊乡（驻东磊）、郁林乡（驻大村）、龙山乡（驻南城北门外）。

民国19年（1930），东海县8个区合为5个区。新浦地区5个镇属第一区。

民国23年（1934），新浦地区5个镇区划调整，改设新龙、新华、新民、三新、新化、浦西6个镇。仍属东海县第一区。

民国24年（1935），境内新浦地区龙尾河以东的新龙镇、灌云县的南城镇、关里乡、东磊乡，郁林乡、龙山乡划归连云市。

民国31年（1942）新浦地区改设三新镇、新民镇、新市镇、新龙镇、新化镇、石东乡。

民国34年（1945），抗战胜利后，新浦地区的新龙镇仍属连云市。云台山地区的大村、小村属连云市第二区（区公所驻新县），当路、新滩及南城镇属连云市第三区（区公所驻南城）。

民国35年（1946），境内云台山地区的南城镇、龙山乡、关里乡、东磊乡划归连云市，属第三区（驻地南城）；新浦地区的三新镇、新民镇合并为三民镇。

民国37年（1948）11月7日，新浦解放，属新海连特区，原属连云市的新龙镇划归新浦地区。新浦改设区。同年12月16日，域内花果山乡地区设大村、当路、温水3个乡。属新海连特区云合办事处。次年8月，温水乡改名前云乡。

民国38年（1949）1月，区域内云台山地区为灌云县南城区，下设南城镇、宁海乡、黄圩乡、武官乡、云南乡、东滩乡、东磊乡、关里乡、龙山乡、山东乡、隔村乡。同年8月，今花果山乡境内仍设大村、当路、前云3个乡。

1949年11月，区境内新浦城区，共分建为和平、后河、建国、胜利、微河、新龙、利民，东池、洪西、义和、新河、前河、西池、新路、龙尾、双龙、贾圩、新成、路南、新生、新建等20个镇。

1953年，新浦地区20个镇撤销，组建为22个居民委员会。同时，设临洪乡。

1956年3月，时属云台区的前云乡撤销，并入大村乡，属灌云县的南城区，设南城镇、隔村乡、东磊乡、龙山乡、东滩乡、临海乡、东北乡、城西乡。

1957年5月，灌云县撤销南城区，建东磊乡、南城镇。

1958年3月13日，当路乡撤销，并入大村乡。同年10月，乡、镇改为人民公社的大队。

1966年，灌云县云台公社的原临海乡地区，成立新河公社。

1983年4月，实行市带县体制。现区域内原属灌云县的南城镇、云台公社划入市区，与市区的市管公社同属筹建中的南城区。原市属云台公社改名为花果山公社。7月，南城区（筹）与盐区合并成立云台区。花果山公社、云台公社、南城镇属云台区。同年秋，农村体制改革先后完成，恢复乡建制。新河公社改称宁海乡，仍属灌云县。

2001年11月，云台区撤销，花果山乡、云台乡、南城镇划归新浦区。

2005年6月13日，灌云县的宁海乡划入新浦区。

第四节　街道建置

1960年3月，经新海连市人民委员会批准，新浦区设立东巄、西巄、路南3个街道，同时成立3个街道办事处，作为新浦区人民委员会的派出机构。

1963 年 4 月，因精简机构，经新海连人民委员会批准，新浦区撤销 3 个街道建置。

1971 年 8 月，经连云港市革命委员会批准，新浦区恢复东巃、西巃、路南 3 个街道建置。同时，将东巃街道更名为浦东街道、西巃街道更名为浦西街道。

1978 年 6～9 月，区委、区政府先后两次调整街道区划，新设立新海和市东两个街道。共设立浦东、浦西、路南、新海、市东 5 个街道。1981 年 6 月，新海街道更名为临洪街道。

1983 年 6 月，市委、市政府调整市区行政区划，成立新海区。新海区设立浦东、浦西、路南、市东、临洪、海州、幸福路 7 个街道。

1986 年 6 月，新海区撤销后，新浦区设浦东、浦西、路南、市东、临洪 5 个街道。

1999 年 6 月，区委、区政府调整街道区划，增设 3 个街道，共设浦东、浦西、路南、市东、临洪、新南、新东、新海 8 个街道。

2001 年 11 月，市委、市政府调整市区行政区划，撤销云台区。原云台区猴嘴街道划入新浦区。

2002 年 12 月，区委、区政府调整街道区划，将浦东、市东合并为浦东街道；浦西、临洪合并为浦西街道。

2005 年 4 月，猴嘴街道划入连云区。2005 年底，新浦区共设浦东、浦西、路南、新东、新南、新海 6 个街道。

第二章　行政区划

第一节　区

1955 年 11 月，新浦区成立。管辖行政区域为：东、北与云台区交界；西临蔷薇河；与东海县隔河相望；南与海州区接壤。辖区面积 46.8 平方千米。

1956 年 9 月，猴嘴区大浦镇划入新浦区。新浦区辖大浦镇、临洪滩乡和 28 个居民委员会及马巃村。不久，大浦镇又划归喉嘴区。

1960 年 3 月，下辖东巃、西巃、路南 3 个街道。

1961 年，下辖临洪乡和东巃、西巃、路南 3 个街道。

1971 年，下辖浦东，浦西、路南 3 个街道。

1972 年，下辖浦东、浦西、路南 3 个街道及临洪大队、向阳大队。

1978—1982 年，下辖浦东、浦西、路南、市东、临洪 5 个街道，以及临洪、向阳 2 个大队。

1983 年 6 月，新浦区、海州区合并，成立新海区。其管辖区域为：东、南两面与灌云县交界；东北与云台区接壤；西与东海县为邻，辖区面积 207.2 平方千米。下辖新坝公社、锦屏公社、新浦农场、锦屏林场、园林园艺场、南门大队、洪门大队、车站大队、新建大队、临洪大队、沈圩大队、浦东街道、浦西街道、市东街道、路南街道、临洪街道、砚池街道、幸福路街道。

1984 年 4 月，新浦区下辖新坝乡、洪门乡、朐阳乡、锦屏镇、锦屏林场、浦东街道、浦西街道、市东街道、路南街道、临洪街道、砚池街道(1984 年 5 月改称海州街道)、幸福路街道。

1999 年 6 月,新浦区下辖浦东、浦西、市东、路南、临洪、新南、新东、新海 8 个街道,及临洪、沈圩 2 个村。

1986 年 6 月,新浦区建置恢复,行政区划与原来相同。辖浦东、浦西、市东、路南、临洪 5 个街道,以及临洪、沈圩(原向阳大队)2 村。

2001 年 11 月,市政府调整市区行政区划,新浦区管辖行政区域为:东南与灌云县接壤,南与海州区交界;西隔蔷薇河(引水河)与东海县相望;北临大海;东北与连云区相邻。辖区面积 316.5 平方千米。下辖云台乡、花果山乡、南城镇和猴嘴、市东、新东、路南、新南、浦东、浦西、临洪、新海 9 个街道。域内驻有国营云台农场。

2005 年 4 月 26 日,猴嘴街道划归连云区管辖。新浦区辖区面积为 214.1 平方千米。辖云台乡、花果山乡、南城镇和浦东、浦西、新东、路南、新南、新海 6 个街道。域内驻有国营云台农场。

2005 年 6 月 13 日,灌云县的宁海乡划归新浦区管辖。新浦区行政区域面积为 259.54 平方千米。辖云台乡、花果山乡、宁海乡、南城镇和浦东、浦西、新东、路南、新南、新海 6 个街道及国营南云台林场。域内驻有国营云台农场。

第二节 乡 镇

民国 16 年(1927)秋,新浦设 5 个镇,其行政区划分别为:

新龙镇:龙尾河以东地区。

新市镇:前河(今市化路)以北、海昌巷(今海昌北路)以东、龙尾河以西。

新民镇:前河以北、海昌巷以西、南极路(今南极北路)以东。

三新镇:前河以北、南极路以西、盐河(今西盐河)以东。

新化镇:前河以南地区。

民国 23 年(1934),新浦设 6 镇,其行政区划为:

新龙镇:龙尾河以东。

新市镇:前河以北、临洪河(也称后河,即今蔷薇河)以南、海昌巷以东、龙尾河以西。

新民镇:前河以北、临洪河(也称后河,即今蔷薇河)以南、海昌巷以西、南极路以东。

三新镇:前河以北、临洪河(也称后河,即今蔷薇河)以南、南极路以西、盐河以东。

新化镇:前河以南、盐河以东地区。

浦西镇:盐河(今西盐河)以西地区。

民国 28 年(1939)至民国 34 年(1945),日军侵占新浦时期,伪政权在新浦设 5 镇、1 乡。其行政区划为:

新龙镇:龙尾河以东地区。

新市镇:龙尾河以西、大庙巷(今市民路)以东、前河以北、后河(今大浦河偏南处)以南。

新民镇:前河以北,大庙巷以西、王巷以东、后河以南。

三新镇:前河以北、盐河以东、王巷以西、后河以南。

新化镇：前河以南地区。

石东乡：铁路（原陇海铁路，今陇海路）以南地区。

民国35年（1946），新浦改设4镇，其行政区划为：

三民镇：东至大庙巷、南到新马路（今解放中路）、西至二道桥（今民主桥）、北至临洪河边卍字会（原陇东火柴厂、今陇中路北侧）。镇公所设在王巷头。

新化镇：东至南极路、南到铁路边、西到临洪滩、北到新马路。镇公所设在火车站（老火车站）北部。

市龙镇：东至东桥（今龙尾桥）口、南至新马路、西至大庙巷、北至临洪河。镇公所设在通灌路（今通灌北路、解放中路北则）东。

石东镇：东至龙尾河、南至贾圩（今陇海饭店处）、西至南极路、北至新马路。镇公所设在贾圩。

1949年11月，新浦地区设3个区，将原4个镇划分为20个镇，分属3个区管辖：

新龙区：辖和平、后河、建国、胜利、微河、新龙、利民、东池8个镇。

新华区：辖洪西、义和、新河、前河、西池、新路6个镇。

民主区：辖龙尾、双龙、贾圩、新成、路南、新生、新建7个镇。

1952年7月10日，新浦地区3个区撤销，以南极路为界，设龙尾区、盐河区两个区。南极路以东各镇属龙尾区；南极路以西各镇属盐河区。

1953年8月，成立临洪乡。其行政区划为西盐河以西、蔷薇河（今大浦河）以北、西与海州区接壤，北与东海县隔蔷薇河（1952年新挖的蔷薇河）相望，属盐河区。

1955年11月，龙尾区、盐河区撤销，建立新浦区。同时撤销各镇，建立居民委员会。

1960年3月19日，撤销临洪乡，建立临洪园艺场。次年10月，撤销临洪园艺场，恢复临洪乡。1962年7月，临洪乡撤销。

1983年6月，新浦、海州两区合并，成立新海区。同年7月，农村体制改革，新海区所辖新坝乡、锦屏乡行政区分划分别为：

新坝乡：东南与灌云县交界；西与东海县交界；北与锦屏乡接壤。

锦屏乡：东与灌云县毗邻；东北与云台区接壤；南邻新坝乡；北与市区交界；西与东海县为邻。

1984年4月7日，撤销锦屏乡，建立锦屏镇，区划不变。同时，由南门，新建两个大队和园林园艺场组建朐阳乡；由车站，洪门两个大队及临洪、沈圩两村，组建洪门乡。

1986年6月，新海区撤销，恢复新浦、海州两区建置。新浦区无乡、镇。

2001年11月，新浦区辖花果山乡、云台乡、南城镇。其行政区划分别为：

花果山乡：东北与连云区朝阳镇为邻，东南与云台乡相连，北与连云区猴嘴镇毗邻、西连新浦城区。

云台乡：东与连云区板桥镇相邻，西与南城镇和花果山乡接壤，南与南云台林场、东辛农场相接，北与南云台林场及连云港市经济技术开发区毗邻。

南城镇：东与云台农场接壤，西临烧香河，西与海州区锦屏镇相连，北与云台乡毗邻。

2005年6月13日，灌云县宁海乡划归新浦区管辖。

宁海乡：其行政区划为：东临云善河与东辛农场为邻，西临盐河与海州区锦屏镇相望，南与灌云县板浦镇接壤，北邻南城镇。

至2005年底，新浦区辖花果山乡、云台乡、宁海乡和南城镇3乡1镇。

第三节 街 道

1960年3月,新浦区设3个街道,至1963年4月撤销。其间,街道区划为:

东艞街道:东至龙尾河,西至南极路,南至陇海铁路,北至临洪河。

西艞街道:东至南极路,西至盐河,南至陇海铁路,北至临洪河。

路南街道:东至龙尾河,西至盐河,南至海连路,北至陇海铁路。

1971年8月,恢复3个街道。同时,东艞街道更名为浦东街道,西艞街道更名为浦西街道。街道区划未变,而龙尾河以东新建成的城区,纳入浦东街道;盐河以西新建成的城区,纳入浦西街道。

1978年6月,将浦西街道盐河以西地区析出,增设新海街道(后改名临洪街道)。其区划为:东至盐河,西、南与海州区洪门大队、车站大队接壤,北至老蔷薇河。

1978年9月,将浦东街道龙尾河以东地区析出,新设市东街道。其区划:东与云台区接壤,西至大浦河、龙尾河,南与锦屏公社许庄大队毗邻,北至310国道北,与云台区接壤。

1983年6月至1986年6月,新海区期间,及其以后恢复新浦区后,新浦地区5个街道区划未变。

1999年6月起,新浦区改设8个街道,其区划为:

新东街道:东与云台区接壤,西至陇海铁路及铁路专用线、龙尾河,南与海州区锦屏镇范庄村接壤,北与云台区交界。

市东街道:东至陇海铁路及铁路专用线,西至大浦河,西南至龙尾河,北与云台区接壤。

浦东街道:东至大浦河、龙尾河,西至蔷薇河、沈圩路、新新路、南极路,南至陇海步行街,北与云台区接壤。

路南街道:东至龙尾河,西至盐河,南至朝阳中路,北至陇海步行街。

新南街道:东至龙尾河,西至盐河,南与海州区接壤,北至朝阳中路。

浦西街道:东至新新路、南极路,西至盐河北路,南至陇海步行街,北至沈圩路、蔷薇河。

临洪街道:东至盐河北路,西与海州区洪门街道接壤,南至陇海西路,北至蔷薇河。

新海街道:东至盐河,西与海州区洪门街道接壤,南至海宁路,北至陇海西路,与临洪街道毗邻。

2001年11月,猴嘴街道划入新浦区。其区划为:东至西墅与连云区墟沟街道交界,西至临洪、青口盐场,南至新墟公路,北至黄海边。

2002年12月,区委、区政府调整街道区划,将浦东、市东两个街道合并为浦东街道;将浦西、临洪两个街道合并为浦西街道。调整后的两个街道区划为:

浦东街道:东至陇海铁路、铁路专用线,西至老蔷薇河、沈圩路、新新路、南极北路,南至陇海步行街,北至310国道北,与大浦化工区接界。

浦西街道:东至南极路、新新路、沈圩路,西与海州区接壤,南至陇海步行街,北至老蔷薇河。

2005年4月,猴嘴街道划入连云区。至2005年底,新浦区6个街道区划未变。

第二编　自然环境

新浦区为连云港市中心城区，位于北纬34°30′17.08″～34°40′28.03″，东经119°07′31.27″～119°24′39.28″。总面积259.54平方千米。南云台山的大部分山体坐落于辖区中部至北部。域内地质基础为震旦纪变质岩。19亿年前原在海中，后因地壳隆起而形成古老的云台山体。全区地形呈北高南低，并由中部向东、南、西三面渐低。境内地形地貌呈多样化，有高山、坡地、丘陵、平原、河湖。以平原为主，山地次之。境内的南云台山有10多座独立山体、94座山头。其主峰玉女峰，海拔625.9米，为江苏省最高峰。国家风景名胜保护区——花果山主体部分在境内。

新浦区辖区内有蔷薇河、盐河、玉带河、大浦河、烧香河、妇联河、埃字河等主要河流及大村、当路、东磊、虎窝等水库。

新浦地区属暖温带南缘湿润性季风气候，处于暖温带和北亚热带的过渡地带，全年平均气温14.2℃，平均降水量908.6毫米、平均无霜期213.9天、平均日照时数为2311.2小时，四季分明，气候宜人、宜物。

第一章　地质地貌

第一节　地质基础

新浦地区地质基础属华北古陆的南缘，为震旦纪变质岩。其形成至少在19亿年前已经开始。19亿年前，这一带原为汪洋大海，在一边沉积，一边缓慢下沉的情况下，逐渐形成东海群沉积岩。后由于地壳隆起，云台山成为古老的山块。元古代至太古代，地壳隆起形成相对稳定的地块。以后地壳一度下沉，发生海浸。云台山东侧的海底发生过海底火山爆发，堆积的酸性火山熔岩及火山碎屑岩，形成夹有少量砂泥质沉积相的云台山组岩体。武陵运动影响使域内地块出现强烈褶皱，变质作用更加典型。

在以后漫长的地质变化过程中，特别是受到燕山期地壳运动、喜马拉雅造山运动等影响，域内地质曾发生过多次构造变化，并伴有强烈的混合岩化作用。云台山山体地质基础主要由元古界至太古界地层组成。各种变质岩和混合岩，成了云台山的主要岩层。域内云台山山体分为上、中、下三段：上段岩性主要是变粒岩，其底部为黄铁线粒岩和白云钠变岩层。厚度大于2280米；中段岩性为含云母变粒岩和钾长变粒岩，其底部为白云蓝晶石英片岩。厚度为1305米；下段岩性为白云二长变粒岩，局部为白云片岩。厚度大于706米。

南云台山边缘，广泛分布着第四系地层。东南部即云台乡、宁海乡一带，厚度大；西部即市区新浦和花果山乡平原地区,厚度较薄。

第二节 地貌

新浦地区地貌特征明显,云台山区主要有构造剥蚀型、侵蚀堆积型、堆积型几类类型。

构造剥蚀型地貌,分布于云台山海拔10米以上地区。岩石比较坚硬,有较陡峭的山峰,山坡北陡南缓,有大小不等的山谷。

侵蚀堆积型地貌,区内云台山山麓堆积及山前冲积扇,岩层是由片岩及片麻岩风化而成的石、碎块及沙砾组成。地表为海拔10~50米不等,在海拔20~50米地段,与构造剥蚀型地貌分布相互交错。近山麓地段,长期受雨水冲刷而形成许多冲沟及小型、近似圆丘状台地和阶坡地,侵蚀堆积型地貌更为明显。而南坡山麓至平原地带逐渐形成冲积扇。

堆积型地貌,主要分布在山前平原地区。地表标高为海拔3~4米。市区新浦一带地面高度一般为海拔2.5~3.5米。

平原地区绝大部分是海积平原,少部分是河流冲积与海积共同作用形成的海积平原。其地貌有平地、洼地、古河道、河漫滩、微倾斜平地和低地等多种类型。

第二章 气 候

第一节 概 况

连云港市属暖温带南缘湿润性季风气候,处于暖温带和北亚热带的过渡地带。域内城区只有暖温带气候特征,而云台乡的山东庄一带已具备北亚热带气候特征。

新浦地区自有气象资料以来常年平均气温14.2℃,其中冬季最冷月1月份的平均气温0.1℃,夏季最热月7月份的平均气温26.8℃。年平均降水量908.6毫米,其中夏季6~8月的降水量566.3毫米,占全年降水量的62%;冬季12月至次年1月的降水量51.2毫米,占全年降水量不到6%。全年平均出现雾的天数17.3天,其中以12月出现雾天数最多为2.6天。11月至翌年1月共3个月出现雾天数7.1天,占全年出现雾天数的41%(1971~2005年)。全年平均出现霜天数79.0天,全年平均无霜天数213.9天(1971~2005年)。≥0℃活动积温5122.3℃,持续304.1天。≥10℃活动积温4572.1℃,持续216.2天(1951~1990年)。年平均日照时数2311.2小时(1971~2005年);年平均风速2.5米/秒(1971~2005年);全年盛行东南东—东南风(1971~2005年)。

新浦区总的气候特点:气候温和,光照充足,雨量适中,雨热同季,四季分明,夏无酷暑,冬无严寒,适宜人类居住和工农业生产,利于发展旅游业,利于喜温、喜光、喜凉作物生长、发育、成熟。

第二节　四季气候

一、四季划分

按照气候学的概念来划分四季，即任意一侯(5天)的平均气温稳定在10℃～22℃为春季，22℃以上为夏季，22℃～10℃为秋季，10℃以下为冬季的概念来划分。通常情况下，新浦地区春季从4月5日至6月10日，共67天；夏季从6月11日至9月11日，共93天；秋季从9月12日至11月7日，共57天；冬季从11月8日至4月4日，共148天。

近些年在全球气候变暖的大背景下，新浦地区的四季呈现出夏季天数有增加至100天或以上，而冬季天数有减少至140天或以下的趋势。

二、四季气候特点

【春季】气温回暖缓慢且不稳定，进入5月份后气温方稳定上升，阳光和煦，干燥少雨，春旱较突出。5、6月间，由于北方冷空气频频南下，有时会形成冰雹等不稳定天气，倒春寒现象不突出。

【夏季】炎热多雨。由于受东亚季风影响，新浦地区进入雨季，在副热带高压控制下天气炎热，而副热带高压的进退加上北方冷空气切入常常酿成暴雨。光照强，光照时间长，湿度大，降雨多，雨量充沛，雨量大多汇合于此季节。有时受台风活动影响，带来大量降水和大风。

【秋季】为全年最短季节。秋高气爽，风微天晴，气候宜人，最适于人们户外活动。昼夜温差大，有利于秋熟作物的发育、成熟和秋收收种。有的年份秋季连阴雨也会影响农业生产。

【冬季】为一年中最长的季节。处于强大而单一的冬季风控制之下，大陆高压稳定。天气较冷，雨雪稀少，平均每年有3、4次寒潮影响，造成剧烈降温并伴有雨雪和大风天气。

新浦地区春秋两季天数虽少，但季节界限比较清楚，即过渡季节明显。

第三节　气　温

一、年季月气温

新浦地区年均气温14.2℃。春季平均气温13.5℃，夏季平均气温25.7℃，秋季平均气温15.8℃，冬季平均气温1.7℃。常年最冷月1月的平均气温0.1℃，最热月7月平均气温26.8℃。极端最低气温零下18.1℃，出现在1969年2月5日。极端最高气温40.2℃，出现在2002年7月15日。夏季≥35℃的高温天数7.0天，其中最多出现≥35℃高温天数26天(1966年)，最少出现≥35℃高温天数0天(共有6年)。

2003年11月2日　中午气温高达28℃，为50多年来11月最高气温。

1951～2005 年新浦区各月平均气温一览表

表 2－1 单位:℃

月份	1	2	3	4	5	6	7	8	9	10	11	12	年
数值	0.1	2.2	7.2	13.8	19.5	23.8	26.8	26.6	22.1	16.2	9.1	2.7	14.2

1951～2005 年新浦区各月极端最高气温一览表

表 2－2 单位:℃

月份	1	2	3	4	5	6	7	8	9	10	11	12	年
数值	17.8	23.8	29.2	35.4	37.1	39.8	40.2	40.0	35.8	32.4	27.9	20.2	40.2
出现日期	31	13	26	12	25	19	15	20	2	1	1	27	7 月 15 日
年份	1987 1996	1996	1954	1955	1982	1955	2002	1959	1995	1998	1979	1987	2002

1951～2005 年新浦区各月极端最低气温一览表

表 2－3 单位:℃

月份	1	2	3	4	5	6	7	8	9	10	11	12	年
数值	－14.9	－18.1	－10.4	－4.0	2.7	10.6	15.8	15.3	6.8	－1.8	－8.3	－15.9	－18.1
出现日期	15	5	3	1	4	5	5 6	30 24	29	28	10	28	2 月 5 日
年份	1967	1969	1958	1972	1961	1973	1976	1955 1974	1972	1966	1968	1967	1969

二、年季月日气温变化

年平均气温最高的年份是 2002 年和 2004 年,为 15.5℃;年平均气温最低的年份是 1957 年和 1969 年,为 13.0℃。

一年中气温变化:以 4 月升温最快,月平均气温升 6.6℃,相当于每个旬升高 2.2℃。以 11 月降温最快,月平均气温降低 7.1℃,相当于每个旬降低 2.4℃。

每个季节的逐日最高气温出现时间变化不一,一般在每日 14～15 时,从 16 时后气温开始下降,一直降至次日清晨,日出前出现当日最低气温。

每日最低气温出现时间受日出迟早的影响(新浦区夏季 5 时左右日出,而冬季 7 时才日出),有明显季节差异,一般春秋季节出现在清晨 6 时,夏季提前至 5 时,而冬季则推迟到清晨 7～8 时。遇有特殊天气(如受强冷空气影响等)当日最高气温、最低气温出现时间均会有变化,无一定规律。

三、作物生长的界限温度和积温

新浦区日平均气温稳定通过 0℃的始日为 2 月 17 日,终日为 12 月 17 日,始终间隔 304 天,期间积温 5122.3℃。日平均气温稳定通过 5℃的始日为 3 月 13 日,终日 11 月 23 日,始终间隔 256 天,期间积温4925.8℃。日平均气温稳定通过10℃的始日为4月6日,终日11月7日,始终间隔216天,期间积温4572.1℃。0℃以下日期平均开始于12月18日,终止于翌年2月16日,期间61天,最长的年份达到111天,最短的年份只有18天。

第四节　降　水

一、年季月降水量变化

新浦区从1951~2005年的年平均降水量908.6毫米,其中年最大降水量是1374.3毫米(2000年),年最小降水量505.3毫米(1978年)。春夏秋冬四季的平均降水量分别是136.6毫米,566.3毫米,154.5毫米,51.2毫米。夏季最多降水量995.6毫米(2000年),最少降水量237.1毫米(1967年)。冬季最多降水量116.0毫米(1986年),最少降水量4.5毫米(1983年)。

2005年,全年降水量达1202.5毫米。比1951~2000年50年间平均年降水量多300多毫米。为1951~2005年间第二个高值年。

月平均降水量最多的月份是7月,为253.1毫米,最少的月份是12月,为14.2毫米。7月份最少降水的年份出现在1967年为86.0毫米,最多降水的年份出现在1963年为503.3毫米。12月最少降水的年份出现在1967年、1973年1987年、1999年都为0毫米。最多降水的年份出现在1974年为45.4毫米。

1951~2005年新浦区各月平均降水量一览表

表2-4　　单位:毫米

月份	1	2	3	4	5	6	7	8	9	10	11	12	年
数值	16.2	20.8	30.3	46.9	59.4	112.2	253.1	201.0	85.0	36.4	33.1	14.2	908.6

二、日降水量变化

日降水量的变化表现出明显的季节差异,即每年日降水量最大值几乎都出现在夏季,但每个月的日降水量也都有一个最大值。

1951~2005年新浦区各月日降水量最大值一览表

表2-5　　单位:毫米

月份	1	2	3	4	5	6	7	8	9	10	11	12	年
数值	27.3	32.4	44.8	55.4	122.0	264.4	167.8	194.5	128.1	85.0	42.8	24.6	264.4
出现日期	6	22	6	22	3	29	6	18	24	16	7	12	6月29日
年份	2001	1979	1966	1989	1985	1976	2004	1957	1971	1994	1991	1957	1976

三、降水与无降水日数

新浦区年平均≥0.1毫米降水日数为93.1天，占全年天数的25.5%。雨日（日降水量≥0.1毫米称为一个雨日）最多年份为116天（1964年），最少年份为68天（1978年）。最长连续降水日数为14天（1965年7月9日至22日），过程总降水量达244.2毫米；最长连续无降水日数为84天，出现在1973年10月28日到1974年1月19日。

第五节 气 压

新浦区气压数值季节变化明显，即夏季低而冬季高。年平均气压1017.1百帕，7月平均气压最低为1004.4百帕，12月平均气压最高为1028.0百帕。

新浦区各年平均气压变化幅度不大：年平均气压最高为1017.9百帕（1989年），年平均气压最低为1015.4百帕（1966年），年平均气压最高值和最低值的差值仅2.5百帕。

1971～2005年新浦区各月平均气压一览表

表2－6　　单位：百帕

月份	1	2	3	4	5	6	7	8	9	10	11	12	年
数值	1027.6	1025.5	1021.5	1015.2	1010.9	1006.1	1004.4	1006.7	1014.0	1020.5	1025.0	1028.0	1017.1

在同一个季节里由于不同天气系统影响，气压数值也会表现出较大差异；在不同季节不同天气系统影响气压变化幅度更大。当新浦区处于强大的冷高压控制下气压很高，最高达到1046.0百帕（1981年12月2日）；当从地面到高空出现气旋波动或低压中心时，新浦地区气压数值很低，极低达到988.9百帕（1983年7月2日）。

第六节 日 照

一、日照时数

新浦地区年平均日照时数2311.2小时，年日照时数最多年份为1988年的2593.0小时；最少年份为2003年的1891.9小时。年最多最少日照时数相差达701.1小时。

新浦地区年内日照分布明显不均匀：以春季4～6月最多为666.0小时，而冬季12月到翌年2月最少为485.9小时，冬季比春季相差180.1小时。一年中又以5月日照时间最长，为239.5小时，平均每天日照7.7小时；1月日照时间最短为162.1小时，平均每天日照5.2小时。最长日照时间比最短日照时间每天多出2.5小时。

2003年，阴雨日多达60多天，其中，8月仅7天为晴天，阴雨寡照天气为近30年罕见。

1971～2005 年新浦区各月平均日照时数一览表

表 2-7　　　　单位:小时

月份	1	2	3	4	5	6	7	8	9	10	11	12	年
数值	162.1	160.9	195.2	217.3	239.5	209.2	187.3	206.9	201.1	197.0	171.9	162.9	2311.2

二、太阳辐射

新浦区太阳总辐射量为 122.2 千卡/平方厘米。一年之中太阳总辐射量的变化,从 1 月份开始逐月递增,5 月份达到高峰,太阳总辐射量达到 14.0 千卡/平方厘米,而后逐步递减,6 月份太阳总辐射量为 13.7 千卡/平方厘米,8 月份雨季结束后又出现一个太阳总辐射量的峰值 12.7 千卡/平方厘米,12 月份太阳总辐射量最少只有 6.2 千卡/平方厘米。

三、日照、太阳辐射峰值

日照时数在全年各月分布有两个峰值,分别出现在 5 月和 8 月的雨季结束后,与太阳总辐射量在全年各月分布的峰值表现出一致性。这两个峰值恰逢夏熟作物和秋熟作物的生长发育趋于成熟阶段,也是瓜果蔬菜快速生长时段,故这两个峰值的出现对农作物生长特别有利。

第七节　风

一、风向

新浦区属季风气候,受海陆共同作用影响,夏季盛行偏东风,冬季盛行偏北风。历年以东南风和东南东风为最多风向,其次是北北东风。

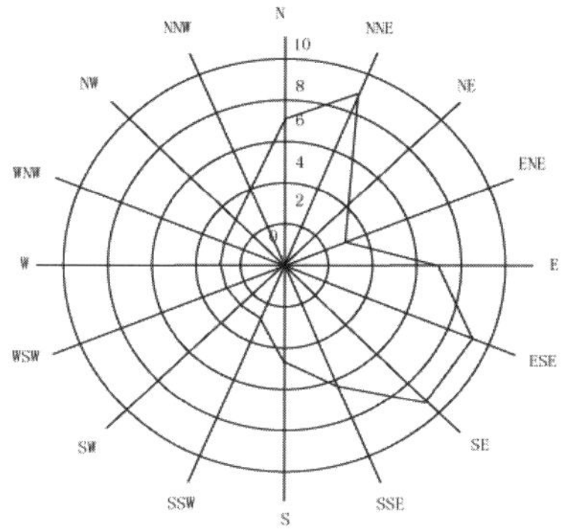

图 2-1　新浦区风向频率玫瑰图

二、风速

新浦区历年平均风速为 2.5 米/秒。春天(3～5 月)的平均风速大,其中 4 月平均风速最大为 3.2 米/秒;秋天(9～10 月)的平均风速小,为 2.1 米/秒。

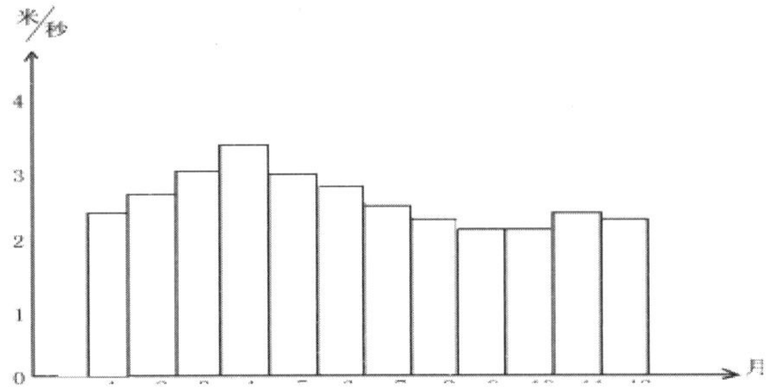

图 2－2　1971～2005 年新浦区各月平均风速图

1971～2000 年新浦区各月最大风速及风向一览表

表 2－8　　　　单位:米/秒

月　份	1	2	3	4	5	6	7	8	9	10	11	12	年
最大风速	18.0	16.0	18.0	15.0	15.3	16.0	16.0	16.3	18.0	14.0	15.0	12.0	18.0
最大风速的风向	E	E	N	NNE	E	2 个	2 个	ENE	NNE	N	2 个	4 个	3 个
最大风速出现日期	18	18	29	24	16	2 天	2 天	19	24	10	2 天	4 天	3 天/ 3 个月
年　份	1971	1990	1971	1971	1990	2 年	2 年	1997	1971	1971	2 年	3 年	1971

1971～2000 年新浦区各月最多风向及频率一览表

表 2－9　　　　单位:%

月　份	1	2	3	4	5	6	7	8	9	10	11	12	年
最多风向	N C	N,NNE C	ESE	ESE	ESE	ESE	ESE	ESE C	ESE C	ESE C	N C	N C	ESE C
频　率	11 19	12 18	13	15	15	19	17	14 17	10 20	8 22	9 21	9 23	11 16

三、有效风时和风能

新浦区年有效风时 3500 小时,年有效风能 1021 千瓦时/米。

第八节　蒸发　湿度

一、蒸发量

新浦区地处日照较多地区,蒸发量也较大,全年蒸发量平均为 1566.4 毫米。历年蒸发量年际变化不很大,但每年各月蒸发量相差很大,5 月蒸发量最大,平均为 209.1 毫米;1 月蒸发量最小,平均为 48.1 毫米。此与全年中的 5 月日照时数最多,1 月日照时数最少同步。

1971～2005 年新浦区各月平均蒸发量一览表

表 2－10　　　　　　　　　　　　　　　　　　　　　　　　单位:毫米

月份	1	2	3	4	5	6	7	8	9	10	11	12	年
数值	48.1	64.2	120.5	176.4	209.1	202.3	176.3	170.3	149.5	120.0	77.5	52.1	1566.4

二、绝对湿度

新浦区 1971～2005 年平均绝对湿度 13.8 百帕。各年,7 月的绝对湿度最大,为 29.0 百帕;1 月的绝对湿度最小,为 4.3 百帕。各月平均绝对湿度相差较大。从 1 月开始,向后各月平均绝对湿度逐渐增大,直至 7 月平均绝对湿度达到最大。8 月向后,平均绝对湿度迅速减小。历史上极端最大绝对湿度 40.3 百帕(1953 年 8 月 13 日),极端最小绝对湿度 0.1 百帕(1963 年 1 月 20 日)。

1971～2005 年新浦区各月平均绝对湿度一览表

表 2－11　　　　　　　　　　　　　　　　　　　　　　　　单位:百帕

月份	1	2	3	4	5	6	7	8	9	10	11	12	年
数值	4.3	4.9	6.5	10.2	15.1	21.4	29.0	28.1	20.1	13.2	8.3	5.1	13.8

三、相对湿度

1971～2005 年新浦区年平均相对湿度 72%。全年,以 7 月和 8 月的相对湿度最大。为 84%,2～4 月的相对湿度最小为 66%。最大最小月份的相对湿度数值相差不很大。历史上极端最小相对湿度为 1%(1955 年 4 月 20 日)。

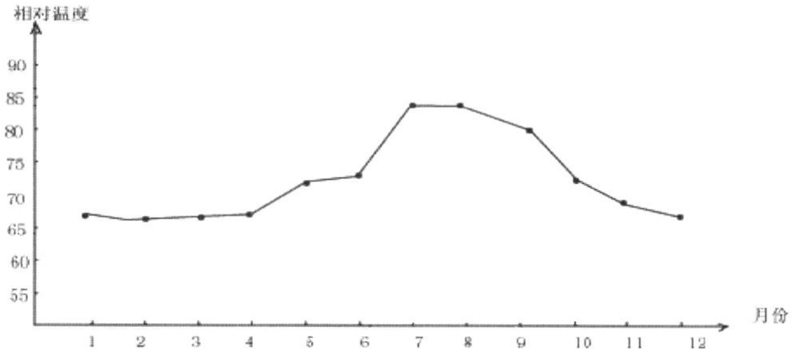

图 2－3　1971～2005 年新浦区各月平均相对湿度图

第九节　雾　霜　雪

一、雾

新浦区年平均雾日 17.3 天。每年各月都会有雾,12 月份为雾的多发月,平均为 2.6 天;1 月和 11

月其次,平均分别为2.3天和2.4天;8月和9月,是雾的少发月,平均分别为0.5天和0.8天。

历史上一年最多雾日达到37天(1951年),最少雾日为6天(1956年)。

1971～2005年新浦区平均各月有雾日数一览表

表2－12　　单位:天

月份	1	2	3	4	5	6	7	8	9	10	11	12	年
数值	2.3	1.6	1.4	1.0	1.3	1.2	1.0	0.5	0.7	1.5	2.2	2.6	17.3

二、霜

新浦区年平均有霜日为79天。其中,每年1月和12月出现霜日最多,分别为21.8天和20.9天。1981年12月霜日最多,为30天。

历年平均初霜日期在11月1日开始,平均终霜期在4月2日,平均初、终霜期间隔为153天。最长间隔190天(1989～1990年),最短间隔97天(1976～1977年)。

年平均无霜日213.9天。最长无霜期268天(1977年),最短无霜期187天(1980年)。

最早初霜出现在1963年10月17日,最晚初霜出现在1961年11月23日。最早的终霜出现在1977年2月18日,最晚的终霜出现在1990年4月24日。

三、雪

新浦区年均降雪日11.7天。平均降雪初日在12月15日,平均终止降雪日在3月9日。平均初、终雪间隔日数为85.9天

最早初雪日期在1959年和2003年,均为11月8日;最晚初雪日期在1973年1月17日。最早终雪日期为1月24日(1961年),最晚终雪日期4月10日(1968年)。

年均积雪日数6天。平均积雪初日在1月5日,平均终雪日在2月14日;初、终积雪日间隔40天。

最早积雪日出现在11月27日(1987年),最晚积雪日出现在4月1日(1987年)。

最大积雪深度达28厘米(1969年1月28日～29日)。

第十节　地温　冻土

一、地面温度

新浦区年平均地面温度16.7℃,比平均气温高2.5℃。一年中7月地温最高,平均达30.2℃;以1月最低,为0.6℃。

各月地面温度变化和气温变化基本同步。1月到11月,各月气温均低于同月地面温度,唯12月气温略高于同月的地面温度。常年6月份气温与地面温度差值最大,为4.8℃。

极端最高地面温度为68.8℃(1966年8月8日),极端最低地面温度为－26.3℃(1969年2月5

日）。

1971～2005年新浦区各月平均地面温度一览表

表2－13　　单位：℃

月份	1	2	3	4	5	6	7	8	9	10	11	12	年
数值	0.6	3.7	9.8	17.9	24.2	28.6	30.2	30.1	25.2	18.0	9.3	2.3	16.7

1971～2005年新浦区各月最高地面温度一览表

表2－14　　单位：℃、日

月份	1	2	3	4	5	6	7	8	9	10	11	12	年
月最高地面温度	26.8	37.0	48.4	55.7	64.3	65.3	66.5	66.4	58.8	51.5	41.9	28.1	66.5
出现日期	26	2天	22	27	23	21	10	1	1	1	4	7	7月10日
年份	2002	1977	1981	1981	2年	1997	1998	1978	1997	1976	1971	1990	1998

1971～2005年新浦区各月最低地面温度一览表

表2－15　　单位：℃、日

月份	1	2	3	4	5	6	7	8	9	10	11	12	年
月最低地面温度	－19.5	－21.0	－15.5	－6.3	0.8	7.7	14.5	13.3	3.2	－4.4	－13.9	－19.9	－21.0
出现日期	16	1	7	1	6	1	3	24	29	2天	23	29	2月1日
年份	1979	1990	1988	1991	1974	1981	1974	1974	1972	2年	1979	1991	1990

二、地中温度

从地面0厘米向地下的地里分5厘米、10厘米、15厘米、20厘米、40厘米、80厘米、160厘米、320厘米，共8层测定地中温度，新浦区地中温度特点是：各层地中温度没有负温即无0℃以下温度；各层的年平均值相差很小，只有0.1℃～0.4℃；5、6、7、8月越向下温度越低，而从11月到翌年3月的5个月中越向下温度越高；在同一层中各月平均地温的差值越向深处越小。5厘米处地温一年中月的最大差值可达27.4℃，到40厘米处地温一年中月的最大差值为21.3℃，320厘米处地温一年中月的最大差值只有5.1℃；一年中月的最低值和最高值均有随深度加深而逐渐后移的现象。如一年中月的最低值从5厘米到40厘米是在1月份，80厘米处月的最低值便后移到2月，160厘米处后移到2、3月，320厘米处后移到4月。同样，一年中月的最高值从5厘米到80厘米出现在8月份，160厘米处出现在9月份，而320厘米处出现在10月份。

1971～2005年新浦区地面下各层各月平均地中温度一览表

表2－16　　单位:℃

月　份	1	2	3	4	5	6	7	8	9	10	11	12	年
5厘米	1.4	3.3	8.2	15.2	21.3	25.7	28.3	28.8	23.8	17.3	9.6	3.4	15.5
10厘米	2.1	3.6	8.2	14.7	20.6	25.0	27.7	27.9	23.8	17.7	10.4	4.2	15.5
15厘米	2.7	4.0	8.3	14.5	20.3	24.7	27.4	27.9	24.1	18.3	11.2	5.0	15.7
20厘米	3.2	4.2	8.2	14.2	19.8	24.1	26.9	27.5	24.0	18.5	11.7	5.6	15.6
40厘米	5.0	5.1	8.3	13.2	18.3	22.3	25.4	26.3	23.9	19.3	13.5	7.8	15.7
80厘米	7.7	6.8	8.5	12.0	16.3	20.0	23.2	24.9	23.6	20.4	15.8	10.9	15.8
160厘米	11.8	10.0	10.0	11.3	13.9	16.8	19.5	21.6	22.0	20.7	18.2	14.8	15.9
320厘米	16.1	14.8	13.7	13.2	13.4	14.2	15.3	16.7	17.8	18.3	18.2	17.4	15.8

三、冻土

新浦区地下10厘米深处土壤冻结的平均初日在1月11日,解冻的平均初日为1月22日;最早冻结日期为12月24日(1973年),最晚冻结日期为2月5日(1971年)。最早解冻日期为1月2日(1974年),最晚解冻日期2月17日(1980年)。最大冻土深度25厘米,出现在1977年1月7～8日。

1960～2005年新浦区最大冻土深度一览表

表2－17　　单位:厘米、日

月份	11	12	1	2	3	4	年
极值	8	19	25	21	8	3	25
出现日期	25 30	31	7 8	10 11	7	1	1月7～8日
年份	1969	1984	1977	1980	1988	1991	1977

第三章　山

第一节　山名

域内南云台山为连云港市云台山的南云台山系的重要组成部分。古时为海上仙山,因山"有九岭如凝之势,古有苍梧之名",又有郁洲山、都州山、郁郁山等名。

明代天启元年(1621),开始称云台山。又分南云台山、中云台山和北云台山三大山体。南云台山南麓在新浦区辖区。明代文学家吴承恩以南云台山为主要背景，写作《西游记》中的“花果山”，为孙悟空的老家。

民国25年（1936），许绍蘧在其著作《连云一瞥》中，于南云台山系诸多山峰中，列出“花果山”之名。

南云台山系总面积10566.67公顷，共有16座独立山体、111座大小山头。其中，10座独立山体、94座大小山头在新浦区境内。

1958年，南云台山中由清风顶、金牛顶、万岭、小窄山、大团山5个山头组成的主要山体，正式定名“花果山”，并于“七十二洞”上方崖壁上勒刻“花果山”三个大字。

区境内的其他山头有鸡鸣山、凤凰山、茅山、蒲山、葫芦山、东窑山、鲤鱼山、大岛山、小岛山。

第二节 山体 山脊 山头

一、南云台山

南云台山是南云台山系的主体，面积9520公顷。由花果山、巨平山、九层顶、九岭山、虎窝山、推磨山、万年山、招崖山、双石人山、朱麻山、鬲峰山、新县大东山等12条山脊、88座山头组成。其中，除鬲峰山、新县大东山两条山脊及17个山头外，其余山脊、山头均在区境之内。

【花果山】 花果山是南云台山的主体，东接万年山，西接巨平山，南对推磨山。由玉女峰、金牛顶、万岭、小窄山、大团山5个山头组成，总面积928.3公顷。其中，玉女峰、金牛顶、万岭3个山头在新浦区境内。玉女峰为主峰，海拔625.3米，为江苏省最高峰。

满山古树名木甚多，奇岩怪洞遍布，名胜古迹集中，林特产品丰富。为国家AAAA级风景区花果山景区的核心景区。

花果山山头概况表

表2－18

山脊名称	山头名称	海拔高度（米）	方位及山势、植被	备　注
花果山	玉女峰	625.3	金牛顶正西，为花果山及整个云台山最高峰。因山峰顶部岩色青白，阳光照耀下如亭亭玉女而得名。峰北100多米处悬崖万丈，俗称“半边翘”。山体坡度在40度左右。西北部更陡险，局部呈90度。山头总面积445.6公顷。植被以赤松为主，局部有板栗纯林，间有麻栎林木	坐落在花果山乡，北坡为连云区朝阳镇
	金牛顶（又称清风顶、青峰顶）	560	玉女峰正东。因相传宋代有金、牛二师在此修炼成道而得名。山头总面积256公顷。山体自然条件良好，坡度在25度以上，林木茂盛，花果满山、四季常青，是花果山景区的核心。海宁禅寺（古三元宫）、水帘洞等均在此山	
	万岭（又名万岩，俗称琵琶地）	333	金牛顶南，万年山西，磨盘山东，推磨顶北。此山为高山环抱，背风向阳，万木葱郁。遍布奇岩怪洞，自然风光秀丽，为花果山景区另一游览胜地	坐落在花果山乡

【巨平山】 巨平山位于花果山玉女峰西北侧，东自花果山乡境内的鼻尖嘴，西到猴石山，长4千米。由鼻尖嘴、由吾峰、小西山、小团山、巨平顶、羊石山、石婆山、西南山、猴石山等9个山头组成，总面积366.67公顷。其中小团山、巨平顶、石婆山、西南山、猴石山在花果山乡境内；鼻尖嘴南坡在花果山乡境内，北坡在连云区朝阳镇境内，由吾峰、西山均在朝阳镇境内。鼻尖嘴为主峰，海拔512米。

巨平山山头概况表

表2－19

山脊名称	山头名称	海拔高度（米）	方位及山势、植被	备　注
巨平山	鼻尖嘴（古称吕母崮）	512	由吾峰南。因山体形如鼻尖而得名。相传汉代农民起义领袖吕母曾率众据此，又称“吕母崮”。山体面积为100公顷，植被以赤松、麻栎为主。山东有茅草沟，西有西山和羊栏顶。“鼻尖嘴”下有“饮马泉”	南坡坐落于花果山乡，北坡为连云区朝阳镇
	小团山	190.7	鸡鸣山北，石婆山西。因形似朝阳大团山，山体较小而得名。山体坡度25度，土层较厚，上部为粗骨棕壤，厚20厘米左右；下部为黄黏土，约80厘米厚。植被为赤松，生长茂盛	坐落在花果山乡
	巨平顶（又名马栏顶）	278	小团山南。赤松为主要树种，林相以混交相为主。	
	石婆山	163	巨平顶南，大村水库东北2千米。因山顶有巨石似老妇而得名。山体面积50.8公顷，坡度平均为24度。	
	西南山	172	石婆山西，因山脊为西南走向而得名。山体面积48.5公顷，坡度平均21度。土壤为粗骨棕壤，赤松为主要植被，山间也有针、阔叶混合林，西侧为簸箕形山谷，涧水不断，终年不冻，涧畔生长大量金银花	
	羊石山	240	小村村北，因山上有形似山羊巨石而得名。山上土壤较厚，上部植被以赤松为主，下部多为阔叶林	
	猴石山（俗称猴嘴山）	207	羊石山西北，因山上有一巨石裂悬于山体之外，酷似一尊坐猴而得名。山体面积56.67公顷。山西北坡陡峭，土层较厚，满布刺槐、苦楝、麻栎类混交林，且生长茂盛。其他地方土层较薄，赤松为主要植被	坐落在花果山乡，北坡属连云区猴嘴街道

【九层顶】 位于花果山西侧，北坡为连云区朝阳镇属地，西坡、东南坡在新浦区境内。由九层顶、大东山、小红山、小南山、神山、小龙头、竹节岭、磨盘顶8个主要山头组成。山体面积733.33公顷，最高山头为九层顶，海拔595米。

九层顶山头概况表

表 2－20

山脊名称	山头名称	海拔高度(米)	方位及山势、植被	备 注
九层顶。	九层顶(俗称九层皮)	595	玉女峰西侧,与鼻尖嘴隔涧(船石沟)相望,因山崖层层叠叠而得名。山北部陡峭,崖石裸露,依次为倒崖、黄崖、黑崖,气势恢宏。土壤为粗骨棕壤,植被以赤松为主,间有扫帚竹、阔叶林木	坐落在花果山乡
	大东山	172	九层顶西、大村村东。山体面积 26.67 公顷。土层较厚,植被基本为赤松纯林,生长茂盛	
	小红山	133	大东山下方。生长针、阔叶林。因秋季红叶满山而得名。	
	小南山(俗称尿尿涧)	168	因在小红山正南得名。与小红山之间为一道山涧,常年流水不竭,流入大村水库。枯水季节,涧水从一石坎上流下,如小儿尿尿,俗称尿尿涧	
	神山(又名沉山)	122.9	大村水库(大圣湖)正东、唐王坝北。因此山神话传说较多而得名。山体由高而低呈沉降态势,故又称“沉山”;山窄且长,似象鼻,俗称象鼻嘴。山体坡度 31 度	
	小龙头	291	神山东上方,且同在一个山脊。因山脊细长,唯此山头高起似龙抬头,而得名。山体面积 80.8 公顷(含神山山头),坡度 30 度左右,土壤为粗骨棕壤,上长赤松、扫帚竹,下有山楂林	
	磨盘顶(俗称西山岭)	410	玉女峰西南、万岭西。山体面积 100 公顷,中、上部为粗骨棕壤,厚 20 厘米左右,下部为棕壤土,厚 40 厘米左右。植被多为混交林,以赤松、麻栎为主。东部与花果山间的山谷畔遍布板栗。山间小气候好,多有南方林木生长;1960 年引进的毛竹已成林。其间南天门附近为花果山云雾茶生产基地	
	竹节岭	205	磨盘岭西南。山头呈东南走向,从仙人桥经十八盘,渐次抬升,至风门口为最高处。山体面积 80 公顷,坡度为 15 度。东西长,南北窄。山体土层浅薄,山石多裸露。土壤为粗骨棕壤,多长赤松、麻栎、扫帚竹,林木生长稠密。竹节岭为进花果山景区的必经之地	

【九岭山】 九岭山坐落于新浦区花果山乡、云台乡和南城镇境内。为南云台山系中最西的一条山脊。全长 6 千米,呈南北走向,有牛首山、牛岭、北车厢、南车厢、狮子山、灯盏窝、仙姑岭、西山、龙头山、铁山头、九岭山、东南山、磨盘崖、大虎口、西隅山等 15 个山头。牛岭为主峰,海拔 300.2 米。西北坡陡峭,山体坡度一般在 30 度左右,东南坡一般在 15～20 度左右。

九岭山古在海中,从海州孔望山东望沧海之中,大约有 9 个山头。古人因其象苍梧之九嶷,便以苍梧山命名,又名九嶷山,俗称九里山。

九岭山山头概况表

表2－21

山脊名称	山头名称	海拔高度（米）	方位及山势、植被	备　注
九岭山（俗称九里山，古称苍梧山）	牛首山（又名牛头山，俗称南山嘴）	162	位于九岭山最北端，因其形似牛头而得名。植被以赤松为主，间生麻栎，西侧有果园	坐落于花果山乡
	牛岭	300.2	牛首山之南，北车厢之北，因山体形似卧牛而得名。山东侧杂树丛生，林木茂盛。花果山石干渠以上岩石裸露，赤松稀疏	坐落于云台乡内
	北车厢（又名东山）	265	牛首山西南，因在牛首山、狮子山之间，形如两车厢，中有山沟相隔，沟北叫北车厢，沟南叫南车厢。与南车厢之间为当路水库。植被以赤松为主	
	南车厢	203.3	北车厢南。与北车厢之间为当路水库。山上植被以赤松为主	
	狮子山	276.5	南车厢之南，因山头形如狮子头而得名。山岩耸危，植被以赤松为主。东坡杂树丛生，山西侧有果园	
	灯盏窝	205	狮子山之南，因山头形如灯盏而得名。赤松为主要植被	
	仙姑岭	260	灯盏窝以南，因山上有仙姑洞而得名	
	西山	226	因位于云台乡西山村之西而得名	
	龙头山	155	云台乡西山之南，因山头隆起如巨龙横卧而得名。山体呈西北向东南走向。南云台林场驻地正北侧山势陡峭，树木稀疏，赤松为主	
	铁山头（又名贴头山，俗称小头山）	92	云台乡西山村东，丹霞村境内，紧贴九里山，因山岩含铁成分较高，呈铁黑色或铁锈色得名。山体较小，裸岩较多，植被稀疏，赤松为主	坐落于南城镇
	九岭山	46.4	西山西，与西山连为一体。因山岭较多而得名。山上有少量赤松和刺槐	
	东南山	36	花果山乡新滩村东南部，为两个连体小山包。山上有刺槐和少量赤松	坐落于花果山乡。
	磨盘崖	187	西隅村南，为九岭山脊一个分岔，因山岩重叠如磨盘而得名。北坡为杂树林，其他多生赤松	坐落于云台乡
	大虎口	111	磨盘崖东南，与其同在一个山脊。山石多裸露，植被以赤松为主，间生少量麻栎等杂树	
	西隅山	150	西隅村南，磨盘崖东北侧。植被为混交林	

【虎窝山】 虎窝山位于九岭山东侧，《嘉庆海州直隶州志》载："虎窝山《顾志》关中村西北隅，即苍梧山右岭。"因其形如虎而得名。《云台新志》载："中藏桃李松篁，春游最盛，亦栖真之所。"其山脊呈西

北向东南走向。长13千米。由狮子崖、官顶、西山、小红山、大红山、黑崖根、雷辟顶、大笔尖子、土城顶、鸡冠顶等10个山头组成。大红山为主峰,海拔401米。

虎窝山为一石质山,土壤为粗骨棕壤。山的中、上部土层较薄,为赤松覆盖;北坡下部土层较厚,一般深50厘米以上。以阔叶林为主,肥沃地段建有果园。盛产梨、桃、樱桃、苹果、葡萄等;东南坡土层薄,多裸岩,植被以赤松为主。

虎窝山为花果山风景名胜游览区的重要组成部分。东汉大富翁、安汉将军糜竺和刘备糜夫人的故居益州院、建于隋开皇年间的郁林观等均在其间。

虎窝山山头概况表

表2－22

<table>
<tr><th>山脊名称</th><th>山头名称</th><th>海拔高度(米)</th><th>方位及山势、植被</th><th>备　注</th></tr>
<tr><td rowspan="10">虎窝山</td><td>狮子崖</td><td>90.9</td><td>大村西,南城北,因形如狮子而得名。山上有飞泉,附近密布历代名人题刻,“唐隶”、“宋篆”二刻尤为名贵;山下有郁林观。西侧300米为阿育王塔</td><td rowspan="3">坐落于花果山乡</td></tr>
<tr><td>官顶(又名观顶)</td><td>110</td><td>狮子崖北,唐王坝南。为一石质小山,土层薄,植被稀疏</td></tr>
<tr><td>西山</td><td>205</td><td>大村水库(今大圣湖)南,大、小红山北,因在飞泉村庄西而得名。山北坡土层厚,为黄粘土。植被以赤松为主</td></tr>
<tr><td>小红山</td><td>390</td><td>大村水库南,与西山相接,大红山北,因山头岩石呈铁红色,山体比大红山小而得名。山南坡都为40度左右陡坡。植被以赤松为主,古松较多。南坡为云台乡虎窝村,盛产樱桃</td><td>坐落于花果山乡与云台乡之间</td></tr>
<tr><td>大红山</td><td>401</td><td>小红山南,山间植被以赤松为主,亦多古松。杂生阔叶林木</td><td rowspan="3">坐落于云台乡</td></tr>
<tr><td>黑崖根</td><td>370</td><td>大红山东,因山头为一耸起的巨大岩石,呈黑色而得名。植被以赤松为主</td></tr>
<tr><td>雷劈顶(又称花果行)</td><td>350</td><td>黑崖根东南侧,与其同在一条山脊上。因山头巨崖曾遭雷劈而得名,山顶巨崖裸露,植被稀,以赤松为主。北坡平缓,土层肥厚,花果丰盛</td></tr>
<tr><td>大笔尖子</td><td>260</td><td>雷劈顶东南侧,并同在一条山脊。因山顶巨石似毛笔笔锋而得名。山上裸石较多。植被以赤松为主</td><td rowspan="3">坐落于云台乡</td></tr>
<tr><td>土城顶</td><td>325</td><td>大笔尖子东南,同在一条山脊。山西麓的关中村,为糜竺故里。土城顶西有镜子崖。镜子崖下,为明万历年间进士顾乾读书处——“半山园”</td></tr>
<tr><td>鸡冠顶</td><td>150</td><td>后关村北,因山头耸岩如鸡冠而得名。山体坡度均在20度左右。土壤为粗骨棕壤,植被以赤松为主。山脚处遍栽樱桃、山杏;山下棕壤土,土质肥沃</td></tr>
</table>

【推磨山】　推磨山在虎窝山东,山脊呈西北向东南走向,长12千米,宽2.4千米。主峰香炉顶,海拔408米,香炉顶与九层顶的竹节岭之间为全市最深、最长的山谷——总长6千米的孔雀沟。沟两侧为棕壤土,土壤肥沃,林木葱浓。植被以赤松为主,另有大片针阔叶混生林和阔叶林。沟畔小山包——大

崮，四周有茶树。

推磨山主要由香炉顶、聚马岭、推磨山、孤顶和大堂顶 5 个山头组成。主峰为香炉顶，海拔 408 米。

推磨山山头概况表

表 2－23

山脊名称	山头名称	海拔高度（米）	方位及山势、植被	备　注
推磨山	香炉顶	408	大红山东 1 千米，山高峻。因顶上有石似香炉而得名。北坡高耸险峻，面临 6 千米长的东西峡谷。冬季多雪，融化慢，雪景迷人	坐落在花果山乡
	聚马岭（一名驻马岭）	240	香炉顶正东，风门口南。山体坡度在 35 度以上。古时因骑马上山观景，到此难以再上，马多栓于此而得名。植被丰盛	
	推磨山	391	香炉顶南 1 千米。因山体高大，登山需迂回而上，势如推磨而得名。植被以赤松为主	经营权属南云台林场
	孤顶	255	推磨山东南 2 千米，因为一孤立大山头而得名。山体坡度平均为 15 度左右。植被以赤松为主。山脚有樱桃及其他林木	坐落在云台乡
	大堂顶（又名大圆顶）	157	凌州村北，因山势如坐北朝南的堂屋而得名。植被以赤松为主	

【万年山】 万年山位于花果山和孔雀沟东侧。东自金牛顶的龟石崖，南至围屏山的凤凰崖，山林长 11 千米。

万年山山体雄伟，有两座山头在海拔 500 米以上。山上土壤肥沃，多生长阔叶与针叶混交林。龟石崖以北属连云区朝阳林场，以南属新浦区南云台林场。

万年山主要由龟石崖、朝阳岭、万灵山、石磊山、凤凰崖、马蜂顶 6 个山头组成。朝阳岭为最高峰，海拔 538 米。

万年山山头概况表

表 2－24

山脊名称	山头名称	海拔高度（米）	方位及山势、植被	备　注
万年山	龟石崖（又名鬼石崖、石龟顶）	505	金牛顶东 1 千米。因山顶有巨崖似老龟而得名。此山面积 300 公顷。山体平均坡度 25 度以上。山头北侧更险峻，有的地方为绝壁悬崖。北坡下为连云区朝阳镇的大雾崖、太白洞。西北角和蚂蟥顶有一平坡，为南云台林场与朝阳林场分界线。南坡下，山花遍野，夏秋蝴蝶特多	坐落在新浦区南云台林场与连云区朝阳镇之间，北坡为朝阳镇，南坡南云台林场

续表 2-24

万年山	朝阳岭	538	花果山的万岭正东，石龟顶西南。山体面积100公顷。山西坡陡峭，东南方为斜坡，斜坡土层肥厚，赤松生长葱郁。此岭全部沐浴于阳光之中，故得名朝阳岭	坐落于云台乡
万年山	万灵山（又名孔雀山）	461	在清风顶东南，孔雀沟上方。西坡陡险。山顶土层很薄，为赤松纯林覆盖。山谷和西部土壤肥沃，生长阔叶纯林，并有板栗、茶树等经济作物	坐落于云台乡
万年山	石磊山（又名中顶、钟鼎、东磊山、围屏山）	315.6	朝阳岭东南，因山中有天生相叠巨石，而得名。此山诸石多峥嵘嶙峋，千奇百怪。山间土壤肥沃。玉兰、樱桃、银杏、楸树、紫荆、金镶玉竹等花木生长茂盛。著名的延福观、玉兰花王均在此	坐落于南云台林场
万年山	凤凰岩	204	石磊山正南，因山头东西两侧都是陡崖，山脊陡峭，如凤凰尾而得名。石土为粗骨棕壤，赤松稀疏，杂有矮小山檀、黄连木。山下有樱桃等果树林	坐落于云台乡
万年山	马蜂顶	204	推磨山脊东侧，东磊水库上方。因为两个小山包，很像马蜂子而得名。植被以赤松为主。山脚一带多生阔叶林木	坐浇于云台乡和南云台林场

【**招崖山**】 招崖山位于万年山山脊东、双石人山脊西，呈西北向东南走向。西北起自连云区朝阳镇大招崖，东南至新浦区云台乡渔湾村南的黄崖顶，全长9.5千米。

招崖山山脊延绵起伏，北坡陡，南坡缓。植被主要有赤松、黑松、山槐、麻栎等。山下灌木有花椒、算盘子、胡枝子等。

招崖山山脊主要由招崖顶、胡蛮庵、朝阳洞顶、小楼堂顶、黄崖顶、小龙头等6个山头组成。主峰朝阳洞顶，海拔512米。

招崖山山头概况表

表 2-25

山脊名称	山头名称	海拔高度（米）	方位及山势、植被	备 注
招崖山	招崖顶（又名大爪崖）	300	石龟山东，石观音西，并与两山相连接。因山头有巨岩伸向西北而得名。北坡陡峭，遍布乱石，有“憋死猫”之称，南坡较平缓开阔。赤松为主要植被	坐落在新浦区云台乡与连云区朝阳镇之间
招崖山	胡蛮庵	412	招崖顶正南，为群山环抱。山头孤立，环境幽静。因清代有南方胡姓女在此建庵修行而得名	坐落在云台乡
招崖山	朝阳洞顶	512	招崖顶东南、胡蛮庵东。为招崖山山脊主要山头。因山顶有一天然朝阳洞而得名	坐落在云台乡

续表 2-25

招崖山	小楼堂顶(又名十丈崖)	356	朝阳洞顶东南。因山头危崖高耸如楼而得名	坐落在云台乡
	黄崖顶	206	小楼堂顶南偏东,云台乡东磊村和渔湾村之间。因山头西部为黄色陡崖而得名。著名的"太阳石"在此山上。山上景色优美	
	小龙头	291	为招崖山的中部向东北延伸的一个山岔,因高于南边邻近的黄崖顶,如龙头昂起又靠近渔湾龙潭涧而得名。此山陡峻,一半裸石,其余地方多生赤松,山谷和土层厚处,生长有山槐等阔叶林	

【双石人山】 双石人山为招崖山东的一条山脊,呈西北向东南走向。主要由双石人、大磨垛顶、小磨垛顶、老窑顶、东山等 5 个山头组成。老窑顶为最高山头,海拔 510 米。

渔湾龙潭涧在此山间。

双石人山山头概况表

表 2-26

山脊名称	山头名称	海拔高度(米)	方位及山势、植被	备　注
双石人山	双石人	508.1	招崖山东,为南云台山东南部的最大山头。因山头有两块巨石并立,如并肩兄弟而得名。山头裸岩占一半以上。植被以赤松为主。山谷间和低洼处有山胡椒、山槐等阔叶林或针阔叶混交林	坐落在云台乡
	大磨垛顶(又名大馒头山)	291	渔湾村东北。因山顶岩石相叠如磨而得名。整个山体拱起,呈馒头状。渔湾龙潭涧在此山西侧	
	小磨垛顶(又名小馒头山)	240	大磨垛顶正南。山势如大磨垛顶。山土为褐色棕壤,肥沃。渔湾龙潭涧在此山西侧	
	老窑顶	510	双石人北,山头巨大平缓。因山东侧山沟中有烧窑的窑址得名。赤松为主要植被。山谷间阔叶林茂盛	
	东山(也称凤凰窝)	183	渔湾村东,故称东山。山东坡平缓,生长赤松纯林。西坡陡峭,局部为绝壁,山下为广阔平原	

【朱麻山】 朱麻山位于南云台山东南端,鬲峰山之南,大岛山之北。总面积 126 公顷。相传宋末元初时,元兵进攻中原后进驻郁洲,此山为牧马场。因此而得名驻马山,后演变为朱麻山。

朱麻山山体不大,山势比较平缓,坡度一般在 12 度左右。上中部植被主要是赤松。中下部和山谷植被以阔叶林为主。

朱麻山主要由笔架山、上学堂、大顶、二顶、团山、石虎嘴、大闸顶等 7 个山头组成。大闸顶为主峰,海拔 300 米。

朱麻山山头概况表

表 2－27

山脊名称	山头名称	海拔高度(米)	方位及山势、植被	备 注
朱麻山	笔架山(又名山撑子，俗称猪嘴山、朱麻西山)	190	朱麻村西，为朱麻山各山头中面积最大的山头。因山上有两个山头似笔架而得名	坐落在云台乡
	上学堂	195	朱麻村北，相传明朝评事王规、王景祖孙二人在这山头上设学堂念书，因而得名	
	大顶	222	朱麻村正北。因比左右山头高大而得名	
	二顶	162	大顶正东。因比大顶低而得名	
	团山	160	上学堂山头东，朱麻村北，因山头呈圆锥形而得名	
	石虎嘴	35	二顶山头正东。因山嘴处有巨大卧石形如虎而得名。山顶有赤松纯林，山下为平坦农田，生长稻麦等	
	大闸顶	222	大顶、二顶北。因此山下山涧上有巨崖似水闸而得名	北为连云区中云街道隔村

二、鸡鸣山

鸡鸣山，坐落于花果山乡小村村南、大村村北。宋代称灵基山(据《海清寺塔柳峦记碣文》)。

鸡鸣山，山体面积 116.67 公顷。海拔 115.4 米。为一独立石质山体，山上土层浅薄，一般只有 15 厘米厚，遍长赤松。

鸡鸣山山体不高大，但地势优越，为大村村的天然屏障，使大村背风向阳。古代附近曾有心静寺、碧霞宫、禅兴寺、元帝观等 10 多座寺庙。

1958 年兴修的大村水库的大坝，就筑在鸡鸣山脚和牛首山脚之间，全长 1200 米。

三、凤凰山

凤凰山又称南城山。坐落在南城镇内，位于新浦南 6 千米处。

凤凰山为南云台山系一个小分支，由东、西两个山体组成。因东西两山对峙，如凤凰展翅而得名。东称东凤凰山，西称西凤凰山。全山有大沟顶、仙人洞顶、石门顶、龟石顶、东小山、谢禄山、石婆顶、奶奶山、团山等 9 个主要山头。仙人洞顶最高，海拔 130.5 米。

凤凰山山体总面积 191 公顷，平均坡度为 14 度。

【东凤凰山】 东凤凰山是凤凰山的主体部分。西南坡土层较厚且肥沃，树木茂盛；东北坡贫瘠，林木稀疏。山顶植被多为赤松。

东凤凰山文化沉淀较厚，连云港市道教活动场所之一的玉皇宫即在此山上。

东凤凰山主要山头为大沟顶、仙人洞顶、石门顶、龟石顶和东小山，仙人洞顶为主峰，海拔 130.5 米。

东凤凰山山头概况表

表 2－28

山头名称	海拔高度（米）	方位及山势、植被	备注
大沟顶	127	位于东凤凰山最北端。因山顶西侧有一涧沟而得名。山西坡土壤肥厚，林木繁盛；东、北坡贫瘠，树木稀少。南部与仙人洞顶相连，山顶较为平缓。植被以赤松纯林为主	坐落在南城镇
仙人洞顶	130.5	大沟顶南，为东凤凰山主峰。因山顶有一石棚，上刻“仙人洞”3 字而得名。山顶高耸巨岩，西临绝壁。“仙人洞”东为玉皇宫。玉皇宫四周阔叶林生长茂盛。主要树种为麻栎、山槐等。山上有众多摩崖石刻	
石门顶	100	南城镇正东。因山顶有条石筑成的“石门”而得名。山顶地势较平缓，生长着赤松纯林。山西侧为麻栎纯林，生长茂盛，遮天蔽日	
龟石顶	35	东凤凰山最南端。山体不大，岩石裸露，形似老龟，因此得名	
东小山	43.4	大沟顶正东。土壤为砾石砂壤，十分贫瘠，山体荒芜，只长红草、茅草和酸枣等	

【西凤凰山】 西凤凰山东坡土壤为砾石砂壤，贫瘠，几无乔木，只长茅草、酸枣、刺槐等。山后土壤肥沃，赤松生长繁茂。山上有明代建筑的碧霞宫、烽火台等。

西凤凰山主要山头有谢禄山、石婆山、奶奶山和小团山。奶奶山为主峰，海拔 96.9 米。

西凤凰山山头概况表

表 2－29

山头名称	海拔高度（米）	方位及山势、植被	备注
谢禄山	82	西凤凰山最西端。因相传王莽时，东海人徐宜、谢禄击王莽手下大将田况时，曾屯兵于此而得名。山上土层浅薄，土壤为粗骨棕壤。山中上部长赤松，北麓长麻栎、赤松混交林，南坡为刺槐纯林	坐落于南城镇
石婆山（也叫石婆顶）	85	谢禄山东。因山头有一巨石，俗称“石干妈”而得名。山南侧长刺槐，山顶和山北坡生长赤松，间有麻栎等	
奶奶山（也叫西山）	96.9	为西凤凰山最高山头，因山顶建有碧霞宫而得名。山上生长赤松	
团山（又称放牛山）	53.3	奶奶山东部，并与其连为一体。因山形似馒头而得名。原荒芜为放牛山场。现有稀疏赤松。东侧有南城古城墙遗址，北侧辟为采石场，山体已残缺不全	

四、茅山

茅山,坐落于东凤凰山东南 2 千米处。因山上多长茅草而得名。又名猫山。古时因山上有土神祠,故又叫社林山。海拔 29.1 米,山体面积 8 公顷,四周均为平原滩地。

五、蒲山

蒲山,又名浦山、普山。在茅山东北,云台乡水流村西南。坐落于云台农场场部东 300 米处,海拔 12.8 米,山体面积 1.33 公顷,为一石质孤立小山包。四周为滨海平原,原为港汊,多生蒲草,现四周已开发为良田及村庄。

六、葫芦山

葫芦山,坐落在云台乡内,在茅山北偏东 2.5 千米处。原名札山。《云台新志》载:“俗乎为茆家山。《顾志》:在水流村南,紧锁一村水口,形小而圆,山阴即鸭儿荡”,因有两个不高的圆形山头呈南北分布,似一只倒扣的葫芦瓢,故名葫芦山。海拔 66 米,山体坡度 15 度,山体面积 8.8 公顷。山上土层深厚,被开垦为农田。

七、东窑山

东窑山,坐落在云台乡境内。《云台新志》中称为杨家山。位于葫芦山东 1.5 千米处,山前为东窑村庄。海拔 48 米,山体坡度 13 度,面积 33.33 公顷。土质为沙壤,为耕地。西北坡有百亩果园。

八、鲤鱼山

鲤鱼山,因山体呈鲤鱼形状而得名。坐落在云台乡境内,紧接凌州村。海拔 65 米,山体面积 10 公顷。山体平均坡度 20 度,土层一般为 20 ~ 30 厘米,生赤松疏林。

九、大岛山

大岛山,又名金蝉大岛,坐落在云台乡境内。清《嘉庆海州直隶州志》载:“大岛《顾志》与小岛对峙,相去三里许,潮生则没其麓。《陈志》东海城北五十里,高二百五十丈,周围约十里。《崔志》一名金蝉大岛。”与小岛山相对,距 1.5 千米。此山在 1836 年《云台新志》成书时仍为海中岛屿。当时云台山二十四景中的“平台水月”描写的即大小岛山。

大岛山由大岛山(海拔 217 米)和凤凰嘴(海拔 18 米)两山头组成,西北高,东南低。西北山体坡度为 50 度左右,东南为 20 度左右。山体总面积 93 公顷。山上岩石嶙峋,土层浅薄,土质为砾石砂壤。林木以赤松为主,西北坡生长茂盛,东南坡稀疏。东南山脚处被辟为采石场。

大岛山四周为滨海平原,在 19 ~ 20 世纪初为盐田,后为荒滩,1958 年始兴修水利,逐渐改造为良田,现植水稻、小麦、玉米、大豆、棉花等作物。

凤凰嘴,因状若大岛山的凤头而得名。西侧辟为采石场,山下为农田,多种小麦、水稻、棉花。

十、小岛山

小岛山,又名金蝉小岛,坐落在云台乡境内。清《嘉庆海州直隶州志》载:“小岛《陈志》在大岛南,高二百五十丈，周围一里。《崔志》一名金蝉小岛”。位于大岛山西南1.5千米处，为一单峰小山，海拔62米，山体面积10公顷，平均坡度27度，为石质山，林木稀疏。

第三节 崖 石 洞

一、山崖

【狮子崖】 花果山的香炉顶西侧，郁林观上方有一山崖形如卧狮，人称“狮子崖”。

【支锅崖】 云台乡朱麻村西北500余米，大涧中有一处两崖相对如巷道，三石相叠如屋，上不见日，下有流水，最为幽静。人称“支锅崖”。

【唐僧崖】 在三元宫东老虎崖上部，峭壁耸立，由三元宫停车场东望此崖，可见两个“人”，其一，头戴僧帽，身披袈裟，两耳垂肩，佛眼微闭，形如唐僧；立于“唐僧”左侧的是孙悟空，正伸着头在唐僧耳边低语，栩栩如生，真天功之作。此景已于1995年7月，被中央电化教育电视摄制组、江苏省旅游电视摄制组作为花果山主要景观，摄于电视中。

【集凤崖】 南城东凤凰山朝阳峰下东麓15米处，大小怪石重叠，崖下长有梧桐数百株，中间一崖石上刻有“凤集灵山”四字。《史记》载，西汉始元三年（公元前83年）10月，凤凰集于东海（南城）。故此崖得名集凤崖。

【老虎崖】 南城西凤凰山西南，山坡上有一巨崖突出，形如虎头，耳、眼、鼻俱全，鼻下开一裂缝，宽1米，高30公分，如虎口大张。因此得名老虎崖。

【迎仙崖】 东磊延福观东，有一天然山崖，高数丈，且上部向前微倾，险峻万分。招崖下有一坡道，连接山麓羊肠小道，迂回曲折，过延福观，通达神仙洞。相传天上众神仙到神仙洞聚会，都是相约在大招崖下齐聚，神仙洞的主人到此迎接，故名“迎仙崖”。

【神仙崖】 坐落于渔湾景区“小瀛洲”上方路旁。崖高约15米，底宽近8米、长10米。崖石与四周山体分开，三面劈陡，极为险峻。夏秋崖上树木葱茏，藤条缠挂，优美无比。相传，古代渔湾一带山民上山砍柴，经常受到雷暴雨袭击。一次几个人挑柴下山，路过此处，陡降雷雨。只见路旁有一老人向他们招手并说：“到这来躲躲吧！”情急之中，大家就都到其身边躲雨，果然就不受雨淋了。不多时雷雨停，大家一看老人不见了，而身边只有一座劈陡的崖石。都说遇到了神仙，便都称此崖石为“神仙崖”。

图2-4 猴石

二、奇石

【猴石】 花果山乡小村村北的山头上，在紧靠港城大道的山坡上海拔80米处，有一巨石与山体间有道垂直裂缝，悬于山体之外。巨石上端稍细，且生就“尖嘴鼓腮”，从港城大道往来路过此处，远远望去酷似一猴蹲于山嘴之上，人称猴石。此山头也因此称猴嘴山头。

【白骨岩】 位于猴石西侧约200米处，有一段灰白色乱崖石，似一堆白骨，阴森可怕，人称“白骨岩”。相传是孙悟空三打白骨精时追怪至此，妖精被打死现了原形。

【射天石】 花果山玉女峰右下方有一长石斜坐于悬崖峭壁边一石上，伸出数米，其下为万丈深渊，因形似大炮，故俗称“射天石”。

图2-5 玉女峰下射天石

【赖雕岩】 猴石之南不远处有两巨石相叠。上石大，似大雕(方言俗称“赖雕”)展翅；下石小，状若猪头。远望似大雕叼个猪头，当地山民称其为“赖雕叼猪头”。

【五羊石】 小村的东北方山腰间有5块石头，通身白色，远远望去如5只山羊在山林间吃草。村民通称其为“五羊石”，其山也称“羊石山”。

【鸡鸣石】 小村东南方鸡鸣山上卧一巨石，相传古时常有金鸡立其上啼鸣。石上有“古愚子”题勒“鸡鸣山”三个大字。巨石西北百米处，原有鸡鸣寺。

【大石桌】 小村东北山间，原禅兴寺南侧有一巨石，四面呈垂直面，顶面一平，村民称之“大石桌”。石上刻有“禅兴寺”和落款为“(民国)三十二年二月”的“瞭望台”三个字。

【立船石】 九层顶西北涧沟西侧，有一巨石，长30余米，斜卧于涧坡上，向下一头宽10余米、高5米，向上一头稍窄稍矮，形如大船顶风破浪前进。通称为“立船石”。东侧山涧因此称船石沟。

【平船石】 “立船石”西北约千米处的涧沟西侧，有巨石，长12米，宽4米，高3~4米，形如船，因平落于地，山民称其为“平船石”，也称“睡船石”。

“平船石”东北角有一片石，长5米，宽1.5~2米，形如紧靠大船的小舢板子。

图2-6 定海神针石

【八戒石(一线天)】 花果山万岭上，在刻有“花果山”三字的巨崖东北百米处，有两巨石相倚而立，中露一线之缝，长约10米。在两石间仰望，得见蓝天一线，故称“一线天”。而在其西北山腰回首观望，则活像头戴僧帽、拱嘴向东，两眼眯虚、双耳奋拉的猪八戒，人称“八戒石”。

【天然碑石】 在八戒石旁，约3米见方，岩面平滑，如一块天生的碑石，故名“天然碑石”。碑面上刻着明代万历年间海州知州唐伯元的《游青峰顶记》，计千余字。

【定海神针石】 花果山三元宫西侧、东秃龙沟畔，有一高6米、围粗3米，上粗下尖的奇石，如神针直插于山坡之上。相传原为东海龙宫的定海神针，被孙悟空扛来插于此处的。

【懒汉石】 在花果山“七十二洞”石刻前的路中，有一长2米、1米多的石头，一头高，一头低，表面光滑如洗，状如躺卧。相传猪八戒来花果山请师兄孙大圣回去救师傅时，因一路劳累，到此稍息，不觉竟呼呼大睡起来。后被小猴发现，抓去见孙大圣。人们得知懒汉猪八戒在上睡过，便都叫它“懒汉石”。

【娲遗石】 花果山小蓬莱北有一石，高5米，宽7米，中开一缝，缝中夹一长1米多的圆形石块，底部悬空，似从石缝中迸出。椭圆石上刻有“娲遗石”三字。相传为女娲炼石补天时所剩之石。石缝前还有一极似半个蛋壳的石块，边缘参差不齐，表面光滑圆润。尖端为一天然猴头；背后有大石，如驼背老猿。

【鼓石】 花果山的小蓬莱西侧，海天洞洞门左首，有一巨石，石面平整光滑，4米方圆，以手叩击，咚咚着响，若鼓声。相传孙悟空在花果山当齐天大圣时就敲此“鼓”，集聚众猴。人们称之为“鼓石”“石鼓”或“聚将鼓”。如果人们耳贴“鼓”面静听，可闻哗哗海潮声。

【香炉石】 花果山的竹节岭和十八盘南，山顶上有一石形似香炉。又称“石香炉”。为明“云台三十六景”和清“云台二十四景”之一的“香炉霁雪”。

【枕石】 花果山的一线天上方，有大石卧于崖下，因状如枕头，得名“枕石”，也叫“石枕”。有流水从石罅中出，溅珠喷玉，铿然有声。为明“云台三十六景”之一的“石枕流泉”。

【晒经台石】 “七十二洞”与懒汉石之间，有一块3米长、4米宽的平石，其侧面呈层层叠叠状，如同一摞经书。相传唐僧师徒西天取经归来，过通天河时，经书落水浸湿，在此晾晒。故名“晒经台石”。

【三磊石】 围屏山中，有巨石三块，天生叠摞而立，高10余米，蔚为大观。因形近“磊”字而得名，附近村庄也因此名为“东磊”。底石上刻有“磊磊落落”等大字。

图2-7 三磊石

【盘陀石】 南云台山棺材沟上方，净土庵遗址前有一巨石，4米、宽2米余，高1.2~1.7米。顶面前头圆边上翘，形似僧帽。立面上刻有“盘陀石”3个大字。

【龙心石】 东磊龙潭涧上段，涧中兀立一巨石，十成人牵手难围其周。石下支撑虽小却牢如生根一般。虽经千万年山洪冲撞而屹立不动。从下方观此石，状若心脏。相传很早很早以前，有一条小龙在此修炼。一天，小龙顺涧而上，一路观山赏景，快乐无比，只见涧中有一石床，便躺上去休息一会，不觉迷糊起来。就在此时，天空乌云滚滚，一道紫闪，紧跟着霹雳一声震天响，小龙还没有反应过来已被咆哮的山洪吞没了。小龙拼命挣扎，到底道行不深，被山洪冲到涧边上，已遍体鳞伤，奄奄一息。一砍柴老汉路过此处，看他可怜，将他抱到涧水中，才得以活命。对此救命之恩，小龙一直耿耿于怀。一朝小龙功满仙化而去时，念念不忘东磊人的救命之恩，便掏出自己最宝贵的龙心献给好心的东磊人，并将其幻化为石，以镇此涧，保一方平安。故人谓此石为“龙心石”。

此石也怪，若从上方观看，此石则形如元宝。里人说，观者可对其许愿，而后择小石向“元宝”上抛掷。若石子逗留“元宝”之上，则心愿可遂。不成，可在“元宝”下潭中洗手重抛，定可遂愿，重在心诚。

【三摞石】 东磊老窑沟上，山崖下有一巨石耸立，顶面微坡，有两巨石叠摞其上，总高10多米，恢宏险峻，大有一触即倾之势。

【太阳石】 云台乡渔湾村与东磊村接壤处的黄崖顶（俗称摸忽山）上中正处，有一A形巨石，高7.5米，宽4米，前窄后宽，石面平滑。因石面上刻有太阳、星辰等图案，得名“太阳石”。据专家考证此为原始文化遗存（详见第二十九编第九章第一节之第一目）。

【镜石】 云台乡境内山中有两处“镜石”：一处在关中村北，有一山崖，崖面光滑似镜，通称“关中镜石”；一处在东磊延福观东南方，有一约两米高、3米宽石面，平滑如镜，加之石中有天然云母矿脉，朝阳映照下，流光溢彩。“镜”面上刻有“海上仙山”四字。

【王母金簪石】 渔湾“小瀛洲”处“神仙崖”上方，路右侧悬崖峭壁下，有一长约10余米的石条直插山岩之上。石条底部有盆口粗，顶端1米多粗，呈长方体，观其整体，酷似妇人首饰簪子。相传此物乃王母娘娘鬓上的金簪子。因当年孙大圣大闹蟠桃会,惹怒了王母娘娘,随手拔下头上的金簪子,向孙大圣投去。不想大圣眼尖,金簪便从大圣身旁穿过,直落东胜神州花果山南小瀛洲。此簪毕竟是神物,故落地生根,千年笔立,万年不倒。

图2-8 金簪石

【宝玉石】 东磊延福观上神仙洞之山上出口处,洞口窄小,有一约两米长、1米宽不规则巨石卡于洞口。从洞内向上望去,巨石边缘熠熠生辉,美妙奇幻。相传为贾宝玉所弃的通灵宝玉,落此生根,人称"宝玉石"。

【蜈蚣石】 花果山乡鸡鸣山西坡下,有多块相连的滑皮石,横于道中,因形似蜈蚣而得名。此石在20世纪90年代居民建房时,大部分已被毁。

【蟹石】 花果山乡阿育王塔西的团圆宫北侧,大村水库东滨,有一片凌乱石崖(通称后崖头),长约60米、宽约40米,远望似蟹子,故名。

【剑石】 花果山乡大村南路旁,有立石二,高3米余,似两把宝剑插于地上,通称剑石。相传此处为"魏王朗墓"。另民间传说,"石剑"为风水先生为了破大村南牛头山的风水地而弄的,意在宰牛头。

【触动石】 有二,其一坐落于东秃龙西沟陡坡上,有一大磐石,石上又有一石,长近10米,宽2.5米,厚1.3米。此石下部不平,中间隆起如鱼脊,支于磐石之上,巨石两头悬空。以手触动此石,巨石便似跷跷板似的上下颤动。故名"触动石"。

其二,位于万年山东坡海拔400多米处,一斜坡山石上,顺坡卧着一块长6米多,宽4米多,下端厚40多公分,上端厚1米多的巨石。猛看巨石平稳,细看底坡巨石与山坡间上、下部均有微隙。在其上端或下端用手指稍一触动,巨石便像跷跷板似地上下微动。故称"触动石"。当地山民也称"活动崖"。可惜前些年不知何因巨石下的天生支撑点错位,再触也不动了。

【试剑石】 南城东凤凰山围屏峰南,凤仪门北约10米处,有一立石,高1.5米,四角见方,顶面平滑如镜,当中有一道裂缝,缝长1.5米、深3公分。相传为明末道士丘处机的"试剑石"。

【牯牛蛋】 东磊与花果山之间的刘家坡,路边有一椭圆形石,高2米多,最大直径1.6米,石面平滑,因形似小牯牛的蛋,山民都称其为"牯牛蛋"。"牯牛蛋"下,是一块长、宽3米上下、厚50公分的大平石。远望又恰似盘子里盛大着个大鸡蛋,十分有趣。

图2-9 "牯牛蛋"石

【斗篷石】 在万年山水平沟北侧海拔约500米处,有一天然圆柱形大石,高约4米,上半部两米直径5米,下半部两米,细于上部。远望酷似一个人带着斗篷,山民称其为"斗篷石"。

【纱帽石】 孔雀沟上方,一天然黑色巨石,高8~9米,直径7~8米。恰似古时县官戴的乌纱帽,石旁一些碎石又像纱帽翅。人称其为"纱帽石"。

三、岩洞

【水帘洞】 花果山金牛顶南坡,有一天然岩洞。洞口呈"人"字形,洞内宛如堂奥,人能直立。洞内

图2-10 花果山唐王洞之一个洞

有一小方口井，井水四季不竭。洞外岩壁峻峭，上有流水沿壁洒下，如帘挂于洞口，故名“水帘洞”。为花果山主要景点之一。

【唐王洞】 位于花果山香炉顶南坡。相传为唐王征东期间其部属驻扎于此时所修筑，遍布山坡。洞内可容数人。洞口有人工石砌围墙。

【朝阳洞】 花果山三元宫东南、“一线天”下，一天然山洞。洞口向南朝阳，洞门旁镌“朝阳洞”三字。洞东西长约7米，内可容10余人。清末民初，为三元宫方丈厚庵和尚修炼处。

【海天洞】 花果山水帘洞东200米处，照海亭下有一岩洞，洞口有天然巨石支撑，上横石梁，朝南处刻有“海天洞”三字。洞口宽约两三米，不高，进需欠身。洞内尚有小洞，由小洞拾级而上，初昏暗不见五指。再入大洞，穿小洞，经长洞，过短洞便又豁然开朗，此时已置身照海亭。海天洞内迂回曲折，幽奇神幻。

【七十二洞】 花果山海天洞附近，一巨石光滑石面上刻有“七十二洞”四个大字。这一带遍布巨大崖石，或倚或敧，或立或叠，形成无数洞穴，或大或小，或方或圆，或深或浅，或明或暗，或相互通连，或独自为洞。有题名的有：二仙洞、万佛洞、狐妖洞、伏龙洞、华严洞、虫妖洞、石佛洞、莲花洞、盘丝洞、蛟魔洞、啸云洞、崩猴将军洞、马猴元帅洞……无名洞更多。

【(花果山)无底洞】 花果山水帘洞北仙桥下，峭壁嶙峋，林木扶疏，其间有一天然岩洞，洞口朝天，洞内漆黑不见底，人称“无底洞”。其实，此洞并非无底，洞深11米，且和别洞相通。从洞口循石级而下，洞身窄，伸手不见五指，至洞底，向左转，顿时明亮在前。出洞口，可览花果山胜景。据民国19年(1930)东海王孟欣的《无底洞留刻》载：“洞内原有西方圣像阿弥陀佛、观世音菩萨”。说明此洞曾是僧人供仰神像的天然佛室。

【(花果山)神仙洞】 花果山乡前云村涧沟的山坡上有一天然石洞，洞口呈馒头形，底宽1.67米，高2.53米，洞深约4米，可容10余人。附近山石嵯峨，草葱木浓，相传古时有神仙出没于此。

1929年，大村扁担会暴动时，此洞曾作为一个指挥点。

【金牛洞】 花果山玉女峰南侧山下，悬崖壁立，崖半腰有一洞，洞口朝西，呈三角形，高1.8米，最宽约0.8米。洞内宽1.5米、深4.5米。因洞之东北处一山岭形似牛头而得名。另有传说，古时金牛二仙在此修炼得道。

【白马洞】 花果山海宁禅寺东南东秃沟内，有一天然山洞，洞口朝南，呈“人”字形，高约1.6米，宽1米。洞口宽约5米，洞深12米。内有直径约30公分的园口井一眼，相传为《西游记》中白龙马藏身、出世之洞。因此又叫“白龙洞”。

【(东磊)神仙洞】 东磊延福观上有一天然岩洞，洞口为一巨石覆盖，很窄，一人侧身可进。洞口下1米多为洞底。洞内漆黑。洞内宽约3～4米，高约4～5米。入洞左拐，曲曲折折，或上或下，或宽或窄。洞身总趋势渐向山上延伸。行约数十米，方可见微光。洞内原有很多石桌、石凳，为每年各路神仙来此聚会时所用之神物。半山腰出口处可见一不规则巨石，相传为贾宝玉所戴通灵宝玉被扔弃时崩落海上仙山，想进神仙洞时被崖石卡住，悬于洞口上端。从洞内迎光相望，不规则的石边熠熠生辉。为神仙洞内增添了神幻色彩。

【藏龙洞】　位于渔湾龙潭涧老龙潭上方,洞口向东南。为两块巨石相抵而成。洞口宽 4.5 米,高 15 米。洞深 7 米多。洞内底部为坡面,砌有台阶 10 多层。洞左上方另有一小洞,仅够一人出入。出此洞口,可继续游览龙潭涧。相传,很久很久以前,龙王三个太子——黄龙、绿龙、青龙来渔湾游玩,见渔湾大旱多年,农民贫困无食。出于怜悯,私自布雨。得罪了老龙王,要捉拿他们治罪,三个太子四处躲藏。其中绿龙躲于此洞,因此得名"藏龙洞",洞前一水汪也得名"绿水汪"。

【(南城)神仙洞】　南城镇东凤凰山仙人洞顶,有一天然石棚,顶部岩石约 3 平方米、厚 80 公分、"棚"内可容 8、9 人。"棚"旁岩石上刻有"神仙洞"3 个字。相传八仙过海时曾来此洞,因此又叫"八仙洞"。

【凤蛋洞】　南城东凤凰山仙人洞顶北,有 3 块"并肩"外伸 3 米许的招石崖,宽 2 米多。招崖下有一天然石洞,深 2 米。洞内有鹅卵石 6 块,均如拳头大小,相传为凤凰蛋,此洞故名"凤蛋洞"。

【观潮洞】　在南城玉皇宫东北约 40 米处,洞口高 1 米,宽 80 公分,深 3.5 米。为古人观海潮处所,故通称"观潮洞"。

1943 年冬,面临败局的侵华日军为做垂死挣扎,将此洞洞口拓展至 1.8 米高、1.2 米宽、4.5 米深。1945 年日本投降,次年,国人高卓然在此洞门上方刻"徒然洞"三字。洞门两侧另有五言诗刻两首,嘲笑日本侵略者的徒劳行径。

第四节　沟　涧　潭

一、沟

【八才沟】　八才沟,又称发财沟。源于推磨山香炉顶,位于香炉顶与竹节岭之间。沟中之水从东向西流至仙人桥,入唐王坝,后汇入大圣湖(大村水库)。全长 1.9 千米,为孔雀沟之西段。

【梧桐沟】　源于九层顶山的磨盘岭,为神山头与小南山之间的山谷,全长 1 千米。梧桐沟的水经花果山乡前云村,泄入大圣湖。

【船石沟】　位于花果山乡鸡鸣山东 1 千米处,源于九层顶西北侧,为九层顶与石婆山之间的大山谷,长 1.2 千米。因涧沟旁有两块船形巨石(详见本章第二节"二、奇石""立船石"条目)而得名。

船石沟实为 4 道岭坡夹着的大美沟、茅草沟和北车厢这南、中、北 3 条涧沟。3 条涧沟之水于"船沟门"处汇而为一,泄入大圣湖。

船石沟一带土壤肥沃,涧水潺潺,植被丰茂,林木蔽日,为寻幽避暑佳境。

【孔雀沟】　源于花果山金牛顶,东南至云台乡山东村,因形似孔雀而得名。

孔雀沟为全市最深大的峡谷。山沟东崖是万年山,最高处海拔近 500 米;沟西崖为大山头,海拔最高处近 300 米。崖深壑巨,全长 4 千米。两侧山场广阔,涧水不断。1942 年。日本侵略军在此下游修筑山东庄水库,铺筑管道,将水引送至新浦,解决火车站用水和部分生活用水。直到 20 世纪 70 年代,仍为主要自来水水源。

孔雀沟两侧土壤肥沃,林木繁茂,环境优美,古时有太平观、洪门寺(一说"铜盆寺")等庙宇,为三元宫寺庙群重要组成部分,也为香客登山参拜三元大帝的重要途径之一。

孔雀沟两侧深藏着猴石、三摞崖、纱帽石、仙姑洞等奇石、岩洞，生长有金钱松、火炬松、湿地松、落羽松、鹅掌楸、乌哺鸡竹，以及古老的糯米茶(流苏)、柿树等名木、古树。极具旅游开发价值。

图2-11 东磊孔雀沟

【老窑沟】 老窑沟为孔雀沟下游至山东庄水库间一段山谷，长约四、五百米。因古时在附近建有砖瓦窑而得名。又因这一带涧沟环绕山头，又称“老围沟”。老窑沟一带山清水秀，风光宜人。

【铁山沟】 源于九岭山之牛岭，上段为西隅涧，水入西隅水库；下段水流穿过云台乡前关村，经大虎口至铁山头，与丹霞涧汇合，经东窑山侧向南流入妇联河。全长5.4千米。

【棺材沟】 位于九层顶西下方，沟深且宽。因山沟一侧卧有一黑色巨石，形如棺材而得名，山沟之水流入石门口水库。沟上部有净土庵遗址，遗址旁有“盘陀石”(详见本章第三节“二. 奇石·‘盘陀石’”)。

【香椿沟】 位于推磨山香炉顶东北。因山沟旁生长很多香椿树而得名。山沟长约2千米。山沟水汇入老窑沟。

二、涧

【九龙涧】 此涧实为发源于青峰顶和朝阳岭的多条山涧汇集而成，故以“九”这最大数字命名为“九龙涧”，多条涧汇集之处谓之“九龙口”。涧水过九龙口，经九龙桥下泄入孔雀沟，入山东庄水库。全长1.5千米。

【飞泉涧】 源于虎窝山之大红山山头的北坡。因山涧过了官顶有一乌龙潭，因此，又叫“乌龙涧”。涧至狮子崖跌落而下，形成著名的“飞泉”，而后汇入大圣湖。全长1.7千米。

【桃花涧】 源于巨平山的由吾峰，为巨平山之小团山和西南山间的山谷，全长1.1千米。传说古时此间有殷氏女，精通医术，以桃树为百姓治病，分文不取。病人好后都以在此栽两棵桃树作为报答。年复一年山涧两边遍布桃树，每到春季，桃花似海，因此得名“桃花涧”。涧水经西山湾入东盐河。

【尿尿涧】 源于九层顶，为小红山与小南山之间的山谷，全长1千米。涧水经石门坎向西入大圣湖。此涧终年流水不断。每逢大旱时，石门坎处也有细水长流，如男童尿尿，故名。

【恶涧】 源于巨平山的石婆山北坡，经小团山西侧流入西山弯水库，全长1.1千米。此处涧深林密，从前，常为强盗出没隐身之地，人皆畏惧，称其为“恶涧”。

【龙池涧】 源于金牛顶，为围屏山与黄崖顶间的山谷，全长5.1千米。因涧中有“碧龙潭”和“女儿池”而得名，又称“东磊龙潭涧”。涧水入东磊水库，溢洪向东入妇联河。

【渔湾龙潭涧】 源于风门顶子，经小龙头，过大、小磨垛顶子南侧，自小磨垛顶子南侧起，往下形成3道瀑布、3处龙潭，因此得名“龙潭涧”。全长5.1千米，涧水过渔湾村后，与西山湾大窑涧汇合，东去经小岛山南侧入妇联河。

渔湾龙潭涧以原生态山水和良好的植被称著，国家 AAAA 级风景旅游区坐落其间。

【朱麻龙潭涧】 源于双石人山的双石人山头，为上学堂山头与大、小磨垛顶山头间的山谷，全长3.3千米。涧水出山谷后向东南穿过云台乡朱麻村入妇联河。

【丹霞涧】 源于九岭山的灯盏窝山头，全长4.2千米。古时因此处有丹霞寺而得名。涧水过丹霞村、水流村，后从葫芦山东侧向东南入妇联河。

三、潭

【碧龙潭】 在东磊龙池涧中，离东磊水库约200米。潭边峻岩高耸，上刻有“碧龙潭”3个大字，字径30余公分。潭上断崖高约10余米。碧龙潭长8.8米、宽11.7米，潭面百余平方米，旺水季节潭深两米多。潭水来源于其上游龙池涧，常年潭水不竭，四周青山绿水映于潭中，潭水、瀑布通体碧绿，如碧龙入潭，故称“碧龙潭”。每逢夏秋雨水季节，涧水雷鸣，飞瀑溅玉，潭水连天，更为壮观。

【乌龙潭】 在花果山乡郁林观东北方的观顶北坡岩崖下，潭深近2米。终年不涸。

【渔湾三龙潭】 在渔湾龙潭涧下段，九孔桥上方，潭呈椭圆形，长12米，东部宽16米，西部宽12米。原深近6米，现深约4米。潭北沿为高12.4米的悬崖峭壁。原峭壁顶端横一10余米长的巨石，涧水翻越横石，喷薄而下，如飞雪喷玉。潭西崖壁上有清末翰林姚士璋题刻“飞雪”；东崖岩上有题刻“三潭汲浪”。1985年夏季，一天夜里，陡下雷暴大雨，山洪暴发，峭壁顶横石被冲落潭中。从此，“飞雪”情景消逝。

【渔湾二龙潭】 在三龙潭上10余米，潭呈三角形，底长16米，最宽处19米，潭北为8米多高微带坡度的光滑岩壁，涧水沿岩滑下，如布如帘，十分壮观。

【渔湾老龙潭】 位于渔湾龙涧二龙潭上约200米处。潭呈三角形，前部长24米，前部至山崖约14米，深5米左右。潭上为楼堂顶与小磨垛顶之间的峡谷，涧水从峡谷顶端飞下，跌落40余米，喷喷撒撒，珠玉四溅如雨雪；三龙潭跌跌宕宕，声震山谷似雷鸣。晴日立观瀑台观赏极为壮观，似天降银龙喷云雾，跌入深潭震山冈，日出祥光照龙潭，直映飞瀑绘彩虹。为渔湾景区一大景观。

第五节 井 泉 池

一、井

【海清寺井】 在花果山乡海清寺内阿育王塔东北角20米处，原海清寺东殿后。井口直径70公分，深约8米。井水甘冽，终年不竭。为海清寺僧人饮用水井。

【团圆宫井】 在海清寺西团圆宫（为“三元家庙”）的西侧，井水呈乳白色，村民称之“粉浆水”。在云台山麓实属罕见。此井原为团圆宫僧人饮用水。久已不存。

【乌龙井】 在花果山乡赵巷村南。井口直径80公分，深4米。井南立一石碑，上刻“乌龙井”三个大字。井水清洌甘甜。为附近民用井水。1959年修筑大村水库时没于水库中。

【三眼井】 在花果山乡当路村北，今宜尔衫制衣有限公司西北约60米的果园边。因井盖板上凿有三个圆井口，故称“三眼井”。此井口直径1.1米，深5.5米。井口盖一块直径1.6米、厚13公分的圆石板,板石上凿有3个直径33公分、等距离的圆孔。板石圆心处还有一边长14公分的正方形井眼。

【慈善龙泉神井】 在花果山景区玉皇阁东北30米处,路北崖石下边。井旁崖壁上竖刻"慈善龙泉神井"6个字。六个字的右上方刻有"中华民国十五年三月谷旦"11个字;左下方刻着"江苏东海百子庵二堂弟子悟禅募化"15个字。此井因年久不浚已淤塞。

【糜竺井】 在云台乡前关小学院内,石井栏上有"糜竺井"3个字,井直径约80公分。相传此井原为东汉安汉将军糜竺家饮用水井。井水甘洌,常年不涸。

【石室神井】 东磊龙潭涧中段右侧山崖下,有一三角形石室。室门底宽2.5米,高3米余,深约5米。石室临门地面上有一眼小井,井口直径0.4米,井深0.5米,水深仅0.25米。此井虽小而浅,但终年不竭。相传井下有海眼,直通老海。但此井水质甘洌,确系山体渗透所成。实为游人小憩解渴之神井。

【匡衡井】 在南城镇南门外城门偏西首一民宅内。井口直径1米,深4米。泉水充足,水质清冽。相传为西汉匡衡所用之井。为纪念这位东海名人,南城原五花桥南1里许亦称"匡井街"。

【官井】 在南城镇城隍庙东北40米处的凤鸣涧下。井口直径2米,深8米。水质甘洌,原为附近百姓民用井。清同治年间,都司衙署将此加盖上锁,并发布告,称此井为官家用水井,禁止百姓取水,因此称"官井"。城内百姓怨称其为"龟盖井"。

【三山夹一井】 南城镇关帝庙巷内,有一古井,其东、南、北三面为3户居民家的屋山头,井夹其中,故名"三山夹一井"。此井井口直径1米,深20米,水质咸,不能饮用,为附近居民生活用水井。相传已有近200年历史。

【矿泉井】 位于花果山乡神山北坡,梧桐沟西南侧,为1984年国家地质勘察队勘察时,钻出的一眼深水井,口径30厘米,深149米。日出矿泉水40吨,水质优,清澈透明,无异味,并含铁、锰、锌、锂、钾、钒、锶等多种有益于人体的元素,属重碳酸钙型矿泉水,为中性—弱碱性淡水。其水质可与注明的法国维希矿泉水和美国阿肯巴州温泉弱碱性矿泉水媲美。1994年,中日合资王子矿泉水有限公司成立后,此井矿泉水得到了进一步开发利用。

二、泉

【濯缨泉】 在花果山乡狮子崖下,泉水清凉。泉畔大石上刻有"濯缨泉"三字。宋代大诗人、海州通判石曼卿来此游玩时,曾在其中洗濯冠缨,故名"濯缨泉"。泉南石壁上刻有石曼卿的《濯缨诗》。

【五龙圣泉】 在花果山乡大村温水河东,泉旁有题刻:"五龙圣泉",下款为"永安二年(259)袭封千户"。其泉共5眼,中间一眼大,其余皆小。水质极佳,终年不竭。

【鸡鸣泉】 在花果山乡鸡鸣山北坡下,今兴思园南侧。口径50厘米,深1米。原为史姓人家饮用水泉。现已夹于两排民房间坡道上。

【一瓢泉】 在花果山乡鸡鸣山下鸡鸣寺废址西南,其名来历说法不一:一说因其泉水石塘很小如瓢,但泉水不断,连舀不绝;一说其泉泉水奇慢,一天只能泉出一瓢水。

【温水泉】 在花果山乡温水河南侧,泉水冬暖夏凉,寒冬季节更显热气腾腾,故名"温水泉"。泉水甘洌,为附近村民饮用水泉。

【冷水泉】 在花果山乡海清寺阿育王塔东北百米处,盛夏泉水很凉,故名"冷水泉"。

【杨公泉】 在花果山景区仙人桥西的公路北侧,一杨姓村民家屋旁崖石下,为杨家所开凿。泉径

80 公分,深 3 米,水自片麻岩隙缝中泉出,水质可与矿泉水媲美。泉东侧崖壁上有原连云港市书法家协会主席杜庚的“杨公泉”题刻。

【黑老崖胜泉】 在花果山乡小村水库东北 1 千米的“黑老崖”东崖脚下,有一“胜泉”,口径 70 厘米,深 1.2 米,泉水清澈,常年不干,为附近村民生活用水。因在黑老崖山下而得名。

【惠心泉】 在花果山景区屏竹禅院门东,泉径 80 厘米,两个井口,深 1 米,水清而味甘。

【洗云泉】 在云台乡虎窝南的镜子崖下。

【玉龙泉】 在南城镇东凤凰山朝阳峰东麓招崖下,泉水乳白色且甘冽,常年不竭。昔日僧人尝用此泉水煮茶待客,饮之爽口留香。

三、池

【天池】 在南城镇东凤凰山仙人洞顶玉皇宫南侧下方约 200 米处,有一天然池塘,塘上口直径近 10 米,深 3 米多。池水来源于天然雨露。池畔崖石上有宋绍熙年间(1190 ~ 1194)书法家逸岑题刻“天池”二字,字径 80 米。

【玉女池】 云台乡渔湾二龙潭上 10 米处有一天然池塘,长 13 米、宽 12 米,深 1 米多。池水清澈见底,两边山崖耸立,背风向阳,环境优美。相传天上众仙女常来此沐浴,故名。

【龙池】 东磊龙潭涧碧龙潭上方,有一天设地段,四周绝大部分为危岩峭壁所围,形若池塘。迎面岩壁上刻有“龙池”二字。龙池长 11 米、宽 9.6 米,水深 1.7 ~2.3 米。相传古代常有小龙在此戏游。龙池水深清澈见底,盛夏坐其畔,清风习习,暑意顿消。龙池中有平面巨石,谓“龙床”;池前有椅形巨石,谓之“龙椅”。是为游人在此消夏之佳处。

【净心池】 东磊龙潭涧中龙心石下方有一天然池塘。相传古时每年各路神仙都要到东磊神仙洞聚会,而后一道上天拜见玉皇大帝,行述职之礼。为表示对玉皇大帝崇敬,上天前大家都要到附近龙潭涧龙心石下池中洗个澡。仙人沐浴意在净心,故人们称此池为“净心池”。

第四章　河

第一节　河　流

一、蔷薇河

蔷薇河是新浦地区的主要水源,本是沭河下游的一部分,新沭河打通后,沭河水系调整,将黄河以下河道称为蔷薇河,主要水域在东海县羽山和安峰以东地区。

蔷薇河原为新浦地区主要内河航道和排洪河道。20 世纪 50 年代初、60 年代初两次改道。目前,境内蔷薇河为 20 世纪 50 年代初裁弯取直的河道,为市区主要供水水源。除去暴雨季节,均由江苏水利厅从洪泽湖调入淡水,以满足本地区工农业用水及居民生活用水。

蔷薇河平时水量不大,正常水位 1.8 米,实际最大流量 530 立方米/秒,流域面积 1816 平方千米,在境内长度15.5千米。但是,蔷薇河水量变率却不小,历史最高水位达5.95米。从海州洪门大桥流到新浦地区,河宽已达到130多米。

二、西盐河

盐河历史上称“官河”,上通京杭大运河。进入连云港市市区后,分东盐河、西盐河。

西盐河从宁海乡与海州区及灌云县交界处入境,流经宁海乡西境,穿过海州区锦屏镇,于孔望山东北角进入新浦区境,到民主桥北侧入大浦河。在区境内共长9.5千米(其中宁海乡境内2.5千米。)底宽10米。常年水位为1.5米,最高水位3.5米。是市内河运输主要航道,也是新浦地区重要排水河道。

三、东盐河

东盐河位于新浦东部,南起玉带河,向北至宋艞流入花果山乡接排淡河。全长15.6千米,流经新浦区的河段6千米。东盐河经玉带河与西盐河沟通,既是新浦东部主要排水河道,更是重要的运输河道。东沿排淡河经宋艞、猴嘴山头流向大板跳,经大板艞闸入海。

四、龙尾河

原为自然河流,源于海州区锦屏镇许庄一带。民国12年(1923),连、灌、沭、海工赈局挑浚。

1956年3~5月,两浚龙尾河,从玉带河进新浦市区,入老蔷薇河后入大浦河引河。

1990年,龙尾河从玉带河向北经马艞至沈圩桥东首出龙尾闸进入大浦引河。河长5.2千米,河底高程0.28~1.42米,护岸顶高程3.4~3.5米。流域面积11平方千米。为新浦区西盐河以东,东盐河以西,陇海铁路以南,宁连公路以北地区的排水干河。

五、玉带河

玉带河位于新浦南部,全段西起海州区北郊新海发电厂北侧蔷薇河,东至新浦区东盐河,全长8.22千米。其中,新浦区境内西盐河玉带河桥(原工农桥)至东盐河的4.02千米河段,开挖于1958年春,称东玉带河。河底标高0米,边坡1:3。为农田灌溉、工业用水和航运河道。1966年12月至1967年5月,东玉带河纳入东盐河水系。

六、云善河

据民国36年(1947)连云市市长张振汉《浚云河碑记》称,云善河开挖于民国初年,初名新烧香河,后称云河。1957年,沿旧河道开挖的一条以灌溉为主,结合排涝航运的河道,南起灌云县东辛乡南侧善后河,至宁海乡与东辛农场交界处向北过烧香河,流经云台农场,北至云台乡的妇联河,得名云善河。全长14.4千米。河底宽10米,河底高程-1.0米。云善河的开挖,改善了宁海乡、云台乡和云台农场、东辛农场北半部的灌溉用水条件。南云台山、大岛山所产石料也可通过该河船运至灌南、响水、淮阴、盐城等地。

七、妇联河

妇联河开挖于1958年1月,因以云台乡妇女为主开挖而得名。该河西起南城镇南烧香河,沿云台山根，贯穿云台乡境内，至大岛山东凤凰嘴入烧香河，全长15.1千米。河底高程-0.8~-1.30米，河底宽6~12米，给云台乡近150公顷农田的灌溉、排涝、洗碱带来便利。当地大批石料通过妇联河运出。

八、烧香河

烧香河西起海州区锦屏镇黑风口处的盐河，东流经南城闸，与东盐河相交，再东沿宁海乡与云台乡、云台农场交界处及云台农场与东辛农场交界处进入云台乡，至小岛山河成岔道，一支向东北经小板艞由烧香河北闸入海；一支折向东南，绕东陬山西侧，过烧香河南闸排水经埒子口入海。

另，花果山乡飞泉村附近有一条通向东盐河的岔河，长2.5千米，也称烧香河。此河原为外地香客到云台山三元宫（花果山海宁禅寺）朝山进香的水路。今已成为花果山乡农田排灌的河道。

九、大浦河

蔷薇河裁弯取直后，新浦北部排水受到一定影响，为解决沈圩一带农田和市区排水问题，1953年，从沈圩桥向北至大浦开挖一条排水河。1954年，在其入临洪河处兴建大浦闸。1964、1966年先后进行疏浚、拓宽。大浦河全长7.25千米，新浦区境内约5千米，河底宽8米，河底高程-1.0米，为市区主要排涝和排污河道。西盐河、龙尾河水汇入此河。全河排涝面积53.3平方千米，河道排洪可达135立方米/每秒。

另一条是大浦副河，南于新墟公路宋艞的桥孔和东盐河相连，北到大浦副河闸与大浦河相连，全长5.26千米，是连云港市新城区的重要排水河道。经应急治理后，达到设计流量70立方米/秒的要求，市区排水能力大为改善，减轻了洪水的威胁。

十、埃字河

埃字河开挖于20世纪60年代中期。西起宁海乡下河口处的盐河，向东穿过宁海乡中部，折向东南，平交过云善河进入东辛农场，至灌云县东辛乡周圩村东入善后河。全长13千米。河底宽8~14米，河底高程-0.5~-1.0米。该河原为宁海乡一条重要的排灌河道。1975年云善河开挖后，埃字河的排涝压力为大减轻。

第二节　河道变迁

一、诸“浦”

新浦辖区内，特别是位于南云台山麓的花果山乡、云台乡的沿山地带，在海退成陆的过程中，由于山水、雨水冲刷，加之海潮顶托，形成很多上无源头、下通海潮、称作“浦”的小河道。很多“浦”经人工疏拓、砌筑石台，成了附近盐田的驳盐河道和渔船的避风场所。据《嘉庆海州直隶州志》的记载，当时南云台山一带在生产、生活中有一定影响的“浦”有于公浦、社林浦、大义浦、当路浦、山阴浦等。南云台山麓的诸“浦”，在后来云台山由岛成陆的过程中均先后失去功能。

二、温水河

温水河为花果山乡大村一带的一条自然小河,因河水温暖,严冬不冰而得名。为当地农民生活、生产水用河。1959年底,修筑大村水库时,该河位于库区,被淹没。

三、临洪河

临洪河为蔷薇河下游之入海河段,清末民初,为新浦北部一条重要航道,通称后潮河。原来河道自东海县富安折向东南,经新浦西艞外北首(连云港火车站广场南一带)向东,经许大圩北(原陇东火柴厂北),流向东南,至东艞东部又折向东北经临洪河口入海。后因海岸变迁,至解放前夕,临洪河已变化为从新浦北郊(沈圩桥外)向东北经茅口、三洋港入海。

1952年,人民政府实施蔷薇河裁弯取直工程,自富安到新浦北部茅口,新挖河道,于20世纪50年代末,在茅口北兴建了临洪闸。临洪闸建成后,临洪河便成为指临洪闸以下至赣榆县三洋港入海口这段河道,为赣榆县与市区分界线;富安至临洪闸的蔷薇河段为新浦区与东海县的分界线。

20世纪60年代初,富安至临洪闸的蔷薇河道,再次取直。新河道全部位于东海县境内。50年代初河道成为市区饮用水河道。

四、前河

前河位于新浦大街(民主路)南百米左右,东接龙尾河,西连西盐河,长约1.5千米,宽20~30米。清光绪年间后期至20世纪30年代中期,河北岸码头毗邻,河面上商船不断,为新浦一条重要的货物集散的河道。20世纪30年代后期,河道淤塞,渐成平陆。40年代中已成为路道,即市化路。

五、扁担河

扁担河位于新浦市区南部朝阳路北侧,原为20世纪40年代初侵占新浦的日军挖的一条战壕,长1.65千米。后成为新浦南郊一条河沟,因河道狭窄,似一条扁担,西头挑西盐河,东头挑龙尾河而得名。20世纪70年代起,河北岸渐成居民住宅区,河道逐渐淤塞变为臭水沟,1991年起开始改造为朝阳路北侧的地下排水沟。后经填土覆盖,在排水沟两侧盖起商铺楼,成为银河购物中心。

第五章　土壤　植被

第一节　土　壤

新浦地区土壤类型主要有棕壤、潮土、砂疆黑土和盐土4大类。

一、棕壤

棕壤为南云台山区典型的地带性土壤,由变质片麻岩残积坡积母质发育而成。分布在云台山及其低山丘陵的中上部。

【生草棕壤】 生草棕壤分布于海拔400米以上的山顶缓坡地及陡崖下北向坡地上。土层厚度多在60厘米以内。土壤呈酸性,PH值5.8左右。宜于地榆、锦鸡茶、羊胡子等草本植物生长,适于栽植黑松等抗风耐瘠树木。

【粗骨棕壤】 粗骨棕壤分布区域在生草棕壤之下、板土之上的山脊或陡坡处,与酸性棕壤交叉分布。土体由表土层、亚表层、半风化母质层或岩基组成,层次分明。有效土层厚度38厘米,厚的也少超过60厘米。表土层、亚表土层质地均以沙壤或砾石沙壤为主,pH质分别为6.5和6.6,通体无石灰反映。土壤质地轻,通透性强。树木以针叶树种为主,间生楝类、洋槐、麻栎等阔叶树种。

【酸性棕壤】 分布在山体海拔40米以上、400米以下的坡度稍缓的地带。上与生草棕壤毗邻,下接板土,与粗骨棕壤交错分布。在东北向的坡地上,也有直接与平原土壤相连的。该土壤通体以轻壤质为主,含水量高于粗骨棕壤,有机质含量较高。

【潮棕壤】 分布于花果山乡、云台乡的山前地带。通体以中性为主,PH质6.7~7.5,无石灰反映,基本无砾石,母质为岗坡的洪积坡积物及部分残积物;土色黑、暗灰或红棕色,通体锈斑明显。土壤障碍层少,有效土层大多在1米以上,保水、保肥性较好,较肥沃,但易板结。

二、潮土

新浦区境内潮土类土壤只有盐潮土一个亚类黏性盐潮土一个土属,分黄黏土和灰底黄黏土两个土种,为滨海盐土经长期耕作脱盐熟化而形成。灰底黄黏土,主要分布在花果山乡和云台乡的山麓;黄黏土主要分布于云台乡近山黄泛海积平原和地势较高排水良好的地方。

三、盐土

盐土,在新浦区境内只有其一个潮盐土亚类和一个潮盐土土属,广泛分布,且离山越远,盐渍越重。云台乡38.8%的耕地、云台农场的所有耕地均为盐土。盐土成分均一,质地黏重,空隙度小,层次发育不明显,由于地下水升降频繁,氧化还原作用交替进行,土层中常是绣纹、锈斑和铁猛结核,心土层以下为潜育层。

四、砂礓黑土

主要分布于花果山乡,云台乡也有零星分布。除在花果山乡有30多公顷为中盐黄黏土外,均为轻盐黄黏土。其成土母质为第四纪次生性古河流冲积、湖相静水沉积和海相沉积物,自然成土过程是草甸沼泽过程。成土年龄较老,土体灰黑色,受淋溶作用使碳酸钙积集于底部,形成砂礓结构(砂礓多在1米以下)。土体含有一定盐分,质地均一黏重,通透性不良,呈灰色或灰黑色,结构差,表层小块粘状结构,干时冷硬,湿时粘烂。

第二节 植 被

新浦区境内的南云台山区植被群落主要有两种,一种是以赤松为主、黑松为次的赤松、白毛香、羊胡子群落。此类植被结构又可分为乔木层(赤松)、灌木层、草本层和蕨类苔藓层。由黄檀、菝葜、盐肤木等组成的灌木层较为发达。草本层以禾本科、蔷薇科、唇形科如黄背草、香草、桔梗、地榆等为多。蕨类有黄牛皮,覆盖地面约三分之一左右。另一种为杂木林群落,分布在土层较厚、水分充足的避风区,以花果山景区三元宫一带最为典型,林中尽多是黄连木、楸、枫香、柏等树种。突出地段可明显看出由楸树、黄连木、枫树、蒙古栎等组成的乔木层或由黄檀、白檀、枸、榆组成的乔木层;由盐肤木、扁担干、山里红等组成的灌木层;由透骨草和少量禾本科组成的草本层,和苔藓、地衣层等五个层次的植被景观。

近山坡地、平原地带,自古就为人们开垦,种植庄稼,栽植果木,形成较好的人工栽培植被。除四季种植的农作物外,主要树木有柳、杨、榆、槐、香椿,侧柏、桧树、桃、李、樱桃、梨、山楂、葡萄、板栗、泡桐等。20世纪60年代至70年代,林场还引进江南毛竹、美国火炬松等,进行人工培育,繁殖成林。

离山较远的低洼平原,古为盐田。盐田裁废后,土壤盐渍度重,只长盐蒿、芦苇一类耐盐碱植物。新中国成立后,开垦荒地,扩大农田,特别是20世纪50年代江苏省云台农场、国营新浦农场成立后,盐碱地变为良田。平原地带的植被也由天然生长的蒿草、芦苇变为人工培植的农作物和田间防风林木。

新浦城区原无树木,解放时只有西巉头一棵老榆树,遍地植被皆为蒿草、海英菜、白花草一些耐盐碱植物。新中国建立后,经过历年植树造林,绿化美化城市,树木由少到多,树种由简到繁,至2005年底,绿化覆盖率已达34.2%。主要树种有法桐、泡桐、柳、合欢、楝、白蜡、黄杨、紫薇、冬青、雪松、广玉兰、女贞、银杏及各类花草。

第六章 自然灾害

第一节 干 旱

民国21年(1932)夏,大旱成灾。

民国36年(1947)夏秋,先旱后涝,贫民断炊。

1959年,出现近30年罕见旱情,居民饮水困难,农田减产。

1962年12月30日至1963年3月6日,67天滴雨未下,冬旱严重。

1964年冬至1965年春,连续干旱,花果山一带农田干裂,麦苗成片干枯死亡。

1965年冬至1966年春,164天仅降雨46.5毫米,三麦普遍减产,春播受到严重影响。云台农场一带三麦单产仅7.5公斤/公顷,棉花单产1.7公斤/公顷。

1966年,全年降水量575.0毫米,仅为历年平均降水量的60%。

1967年,全年降水量559.3毫米,粮食减产2~3成。

1973年10月28日~1974年1月19日,连续84天滴雨未下。时为新浦区历史上最长一次秋旱连冬旱。

1975年12月7日~1976年2月11日,连续67天无雨。

1978年,年降水量505.3毫米,为解放后年降水量最少的一年。

1991年8月~11月,4个月降水135.7毫米,为历年同期平均降水量的1/3,10厘米深处土壤含水量只有5%,严重影响秋播。

1992 年 5 月 25 日 ~7 月 8 日,旱天持续 44 天,降水量只有 13.3 毫米,为历年同期平均降水量的 7.2%。其中 6 月的降水量为 2.4 毫米,蔷薇河主河道水位比控制水位 1.5 米还低 0.25 米。直接威胁新海发电厂发电和新浦区自来水供水。

1995 年 9 月 ~12 月,4 个月降水 52.1 毫米,比常年同期平均降水量偏少 71%,出现秋旱连冬旱。

1997 年 5 月下旬 ~6 月底,降水量 18.1 毫米,出现初夏旱。

1997 年 8 月下旬 ~10 月底,72 天中降水 16.0 毫米,严重秋旱。

2001 年,9 月 ~11 月,3 个月仅降水 30.8 毫米,影响秋种。

第二节 水 涝

新浦区夏秋季节,降雨集中,降雨日多,强度大,加上客水泄入,会形成水涝灾害。

民国 25 年(1936)9 月初至 10 月,黄河故道泛滥,新浦一片汪洋,涝灾严重。

民国 37 年(1948)8 月上中旬,连降暴雨,积水成灾。

民国 38 年(1949)8 月 6 ~20 日,发大水。

1954 年夏季,连降暴雨,农田受淹,少数房屋倒塌。

1955 年 7 月 30 日至 8 月 2 日,云台农场一带降大暴雨 200 多毫米,时最大降水量达 37.3 毫米,造成云台山山洪暴发,地面水位达 40 公分以上,低洼处水深 90 厘米,农作物被淹减产。

1956 年,雨季提前,6 月上、中、下旬多次暴雨,夹带冰雹。月降雨量达 251.6 毫米。6 月 30 日至 7 月 1 日暴雨,降水量达 103.5 毫米。三麦霉烂近半。

1957 年 8 月 17 ~18 日,云台地区连降大暴雨,降水量达 245.6 毫米。秋季严重减产。

1970 年 7 月 21 ~23 日,新浦连降暴雨,降水量达 191 毫米,加上山东沂蒙山区客水入境,海潮顶托,泄洪不畅,蔷薇河水位抬高至 5.9 米,造成破堤,决口 14 处,新浦城区一片汪洋,水深达 1.5 米,市民被迫疏散到连云、海州等地。倒塌房屋 4500 多间,经济损失 3000 多万元。

1971 年 6 月 9 日,雨季提前开始,月降雨量 287.6 毫米,连续阴雨 21 天,三麦霉烂严重。

1974 年 7 月降雨 353.1 毫米,8 月降雨 462.9 毫米,两月累计降雨量 816.0 毫米,接近常年同期平均降雨量的 2 倍,造成农田受淹,郊区不少房屋倒塌,蔷薇河水位猛涨并有决口,洪门至临洪遍地漫水,扁担河两岸严重积水。

1976 年 6 月 29 日,新浦降特大暴雨,几个小时内降雨 264.4 毫米。城乡一片泽国。一儿童在市化路工人文化宫附近一下水道口被漩涡卷入下水道致死。

1989 年 6 月 4 日开始阴雨,7 ~8 日市区又降大暴雨 140.5 毫米,后续几日时阴时雨,出现了多年不遇的“水赶麦”现象,登场三麦霉烂严重。

1993 年 7 月 18 日,下午 4 时许,新浦地区遭 8 级暴风雨夹带冰雹灾害,房屋受损 955 间(约 1.91 万平方米),287 公顷农田受灾,损伤畜禽 6000 余只(头),26 家企业受灾停产。总计直接经济损失 143.6 万元。

2000 年 8 月 27 ~31 日,受 12 号台风“派比安”影响,连降暴雨,5 天内降雨 334.9 毫米。雨涝灾害严重,人畜禽均有伤亡。

2003年6月22日至7月17日，累计降水431.2毫米，为常年同期的3~4倍。其中，7月14日，零时到16时，集中降水107毫米。市区积水影响交通，部分农田涝灾严重。

2005年6~8月，降雨量785.2毫米，降雨日达42天，境内农业生产和人民生活、交通运输均受到不同程度的影响。

第三节 风 灾

新浦地区大风天气较多，常见的大风有冷锋和寒潮过后的偏北大风、低压发展的旋转大风、夏秋时节的雷雨和其他强对流天气发生时的大风、台风。

民国28年(1939)苏北沿海遭飓风、暴雨、海啸袭击，新浦一带受灾。

1956年9月4日晨，受22号台风影响，台风中心在陈家港附近入海，海上风力达12级，陆地风力8~10级。台风除带来大风外，暴雨、海潮也同时袭击。云台农场损房屋20余间，棚舍20余间。棉花受灾落花、落蕾、落铃3~4成；水稻10%不孕。

1962年9月6~7日，受14号台风袭击，云台一带风力8~9级。在田作物严重受灾。云台农场百余间房屋受损。

1971年9月23~24日，受23号台风直接影响，陆上风力8~9级，大风持续24小时，造成水稻倒伏，减产5~30%，部分房屋倒塌。

1977年9月10~12日，8号台风从云台地区过境，风力8~9级，阵风10~11级，持续40小时。水稻、棉花、水果严重减产。

1981年8月31日~9月2日，受14号台风过境影响，阵风11级，行道树、电线杆多处被刮到。

1983年5月20日下午，南城等地受到暴风、冰雹严重袭击。6月17日，傍晚，受飑线袭击，出现20米/秒的瞬间大风，树木、房屋、电杆多处遭到损害。

1986年6月12日，暴雨、大风同时袭击，市区平均风速12.0米/秒(相当于6级风)，瞬时风速26.2米/秒(相当10级风)。全市79条供电线路中有61条线路倒杆断电，市区断电抢修7个小时；邮电线路倒杆260根，多条线路中断。另外，大风使在田未收三麦、倒伏严重，刮倒各种苗木、果树数十万株。

1987年3月7日，花果山乡前云村遭强旋风危害，37个塑料薄膜大棚95%的支架、塑料薄膜被毁；玻璃温室损坏玻璃200平方米。

1997年8月18~20日，遭受9711号由台风登陆后减弱的强热带风暴袭击，除普降暴雨外，还招致9~10级大风，阵风11级，风力之大、维持时间之长，为连云港市有气象记录以来所未见。仅大风带来的灾害就使得全市三杆(电线杆、电话杆、电视杆)刮断2402根，损坏通讯电缆40370米，刮断供电线路70千米；损坏房屋13804间；玉米、大豆倒伏严重，棉花被风吹而脱蕾、落铃损失30%。塑料大棚、畜禽圈舍、果树苗木均严重受损，工厂企业、交通运输、人民生活均有不同程度受损。

2002年5月26日，受飑线大风影响，市区17时35分最大风力9级，瞬间最大风速24米/秒(9级风)，持续时间20多分钟，刮断树木、果树、电线杆，倒房、损屋，毁坏蔬菜大棚，砸死家畜、伤人，吹倒在田农作物等灾情均有不同程度发生。尤以农业经济损失严重。

2004年3月17日晨，受寒潮大风影响出现风速22.5米/秒(相当于9级风)，郊区塑料大棚受到较大损害。

2005 年 4 月 25 日的雷雨大风，市区短时极大风速 21 米/秒(相当于 9 级风)，大风所到之处引起房屋受损或倒塌，树木、电杆因大风而倒断，农作物倒伏均有不同程度发生。

第四节　冰雹　雷电

新浦地区冰雹天气很少，而每年 4 ~ 9 月，为雷电多发季节，有时造成人员伤亡和财产损失。

1966 年 10 月 1 日，云台农场及以南 9 个乡遭冰雹，损失粮食 77.5 万公斤。

1967 年 6 月 4 日 19 时 10 分至 40 分，大风、冰雹袭击，冰雹最大直径 1.5 公分。部分房屋、庄稼受到损害。

1969 年 5 月 24 日，云台乡等地受冰雹灾害，致数千公顷农作物无收，并造成人、畜损伤。

1971 年 4 月 30 日，云台乡受冰雹袭击，损失粮食 17.5 万公斤，砸死 1 人。

1983 年 5 月 20 日 16 时 25 分至 19 时，遭冰雹和暴雨袭击，雹粒大，降雹时间长，受灾面积大，为几十年所罕见。冰雹直径一般在 3 厘米，大的有拳头大，降雹时间一般在 15 ~ 20 分钟。

1984 年 5 月 28 日 15 时 15 分至 17 时，境内降冰雹，雹径 8 ~ 13 毫米，粒重 4 ~ 12 克。历时 10 多分钟，个别地区降雹持续 90 分钟，雹块大的如拳头。宁海乡田头沟里的积雹至次日下午还未化完。

1985 年 7 月 15 日，暴风雨夹带冰雹，雹粒大如乒乓球，小如白果，历时 10 分钟，棉花减产 3 成。

1989 年 6 月 29 日，遭冰雹袭击，遭雹地区玉米叶被冰雹砸成丝状，棉花叶被砸烂，果树叶被砸落。

2001 年 7 月 21 日凌晨 6 时左右，云台乡西山村一男孩在稻田边捉龙虾，遭雷击身亡。

2005 年 4 月 24 日，花果山乡大村、新村、前云、小村 4 个行政村，遭受雷雨、大风、冰雹灾害，约 20 分钟，田间堆积冰雹约 4 厘米厚。280 公顷小麦、50 公顷蔬菜受害。其中 30 公顷蔬菜绝收，70 公顷果树受灾，其中六成当年绝收。同日，云台乡凌州、山东、东磊、渔湾 4 个村遭冰雹袭击。760 公顷小麦、78 公顷棉花、35 公顷油菜、两公顷稻秧及 115 公顷果林、30 公顷蔬菜受灾，减产 3 ~ 8 成。

第五节　寒　潮

新浦地区平均每年有 3 ~ 4 次寒潮发生，以秋末冬初和冬末春初的寒潮影响为大。

1969 年 1 月下旬末北方强冷空气不断补充南下，造成大的雨雪天气和大风、强降温，持续近 1 个星期。2 月 5 日新浦日最低气温达 - 18.1℃，此值为解放后 50 多年的极端最低气温。期间，市区的行道树及树木枝干被折断，电话线、供电线路被压断，交通、通信受阻。

1976 年 1 月 28 日，受寒潮伴有大风天气影响，郊区三麦受冻害，有的大牲畜被冻死，部分房屋被压坏、压塌。

1985 年 12 月 7 ~ 9 日，受寒潮袭击下大雪。12 月 9 日新浦市区的最低气温为 - 12.1℃(此值为新浦区该年冬季的极端最低气温)。该过程中总降雪量 6.7 毫米，积雪 3 天，最大积雪深度 9 厘米。由于寒潮袭击过程中降温幅度大(24 小时降温最大幅度 12.8℃)，降温时间早(比交冬数九之日提前半个月),加上积雪融化慢,在诸多方面形成了一定灾害。

1986年11月26日14时,受寒潮影响,29日最低气温为-5.4℃,30日最低气温为-5.7℃。26日起普降10~30毫米的中到大雨,伴有6~7级偏北大风,阵风8级。27日起,转为降雪,过程雪量8.5毫米,积雪深达14厘米。此次过程降雪、低温来的早且突然,猝不及防,给市民生活带来了较大影响。

1987年2月9~14日,寒潮影响时气温从21℃降至0℃,农作物有不同程度冻害。

1998年3月18日,寒潮带来雨雪伴随降温,降温最大幅度达18.8℃,此过程虽降雪量不大,但因降温幅度大(3月19日市区最低气温为-1.1℃),且时逢冬末,使果树、三麦、蔬菜等受到一定程度冻害。云台乡8公顷樱桃减产80%,致使上市樱桃价格高涨。同时,造成新浦向北客车10个班次停开。

第六节 大 雾

新浦区一年中的每月都有雾发生,秋冬季节尤为频发,且易带来较大灾害。

1994年11月19~21日,市区连续3天大雾,对交通、航空和空气质量造成很大影响。

1997年1月31日,大雾,市区部分供电线路中断,给生产、生活带来一定影响。

1999年12月14日,受大雾影响,宁连路段75千米长的路上能见度只有30米,从市区新浦到灌云、灌南公路上大小交通事故15起,死3人,伤8人。

2005年10月26日、27日大雾,能见度只有10米。11月10日、11日和22日,市区出现3次大雾,其中22日晨的能见度不到5米,连徐、宁连和汾灌高速公路连云港段,在11月19~22日实行交通管制,关闭9个小时。

第七节 连阴雨

新浦地区连阴雨天气一年四季均可发生,但并不都构成灾害。但过程总雨量太大也会形成灾害。

1965年7月9~22日,连续阴雨,总降雨量244.2毫米,造成田间涝渍。

1971年6月9~15日,连阴雨,过程总雨量101.1毫米,而后又断续阴雨21天,月雨量287.6毫米。由于雨季提前,造成三麦严重霉烂。

1975年10月,发生两次秋季连阴雨,共13天,造成山芋干霉烂,棉花烂铃。

1985年5月3日,市区降暴雨后一直连阴至6日,给三麦和春播作物造成不同程度的渍害。9月11日至19日、10月9日至20日两次连阴雨,造成棉花疯长,烂桃,减产3~4成。

1986年6月12日暴雨,降雨50.1毫米,后连阴雨至17日,使部分在田麦子和已收割上场未脱粒、晒干的麦子霉变、发芽。

1989年6月4~15日,连续降雨,总降雨量254.2毫米。造成麦子霉烂,损失严重。

2005年9月15~22日和9日25日至10月7日,域内出现两次连阴雨,过程降雨量分别为65.1毫米和94.1毫米。对秋熟作物、交通运输、旅游、人民生活等许多方面均有不小的影响。

第八节　病虫害

一、病害

新浦地区对农作物、林木、果树造成危害的病害主要有水稻纹枯病、水稻白叶枯病、稻瘟病、水稻条纹叶枯病、小麦锈病(俗称“疸”)、三麦黑穗病、松梢枯病等。20世纪50年代、60年代,小麦锈病多有发生,其中1956年、1958年秆锈病大流行;1958年、1959年叶锈病大发生,造成灾害严重。秆锈病大流行,导致当时小麦主要品种碧码一号被淘汰。1960～1966年,条锈病流行,发病株率50%左右,严重的高达80%～100%,造成减产20%～80%。1989年,云台山区松树普遍遭受松枯梢病危害,有的全株死亡。2002年至2005年,境内水稻条纹叶枯病逐年加重,严重时造成两成减产。

二、虫害

域内危害农作物、林木、果树的害虫,20世纪70年代以前主要是蝗虫,时常发生。造成一定危害的有稻苞虫、稻飞虱、水稻钻心虫、红蜘蛛、玉米螟、麦蚜、金针虫、地老虎(俗称“土蚕”)、天牛、松毛虫等。

民国21年(1932),秋,蝗虫成灾。

民国23年(1934),夏季,有一天成群蝗虫飞进新浦,大街小巷到处都是,持续两天,四周草木、庄稼严重受害。

民国32年(1943)9月25日,蝗虫突至新浦,遮天蔽日,遍地皆是。花草、农田作物多被吃光。

1951年10月,云台地区蝗灾,来势凶猛,大片禾苗被吃光。

1956年夏,蝗灾。临洪、沈圩233.3公顷庄稼受灾严重,有的地块绝收。

1954年、1958年、1964年、1967年、1971年,郊区三麦遭黏虫危害,造成不同程度减产,花果山乡、云台乡一带危害较重。

1988年,中华稻蝗发生危害,花果山乡个别田块稻叶被吃光。

1990年,松毛虫大爆发。花果山景区单株平均虫口密度为20～50条,最高的达单株1020条。受害面积达600多公顷。

第九节　地质灾害

一、山体崩塌

云台山的岩层走向为北东—南西,整体向东南倾斜。在长期地质引力作用下,古代曾发生过山体岩石崩塌,形成陡坎或巨大岩石垒叠,花果山景区的七十二洞、东磊的石海,均为古代山体崩塌而形成的地貌景观。1955年7月26日暴雨后,云台乡东磊村大圩湾一组山坡发生土质滑坡,长150米、厚3～10米,面积3000平方米,体积1.5万立方米,滑距25米。

近代,云台山山体崩塌灾害发生较少。只有采石宕口因操作不当产生局部小型崩塌。2005年初,云台乡凌州村西北山体发生崩塌,体积200立方米,未形成灾害。

二、滑坡、泥石流

境内云台山区是滑坡多发生区域。主要发生在云台乡、花果山乡、南城镇和南云台林场。有记载的滑坡与泥石流36次。

1957年8月17日,降雨266毫米,云台乡虎窝村大红山发生山体崩裂,形成泥石流,冲进“龙爪沟”,长1300余米,宽7~9米,落差310余米,冲毁房屋6间,溺死5人,伤20余人。

1982年7月10日,大暴雨,云台乡丹霞村后山发生泥石流,冲出两条山沟,长900余米,宽2~3米,落差120余米。造成14户人家房屋墙体裂缝,屋体倾斜。8月一天,大暴雨,山洪暴发,渔湾老龙潭山体滑坡,塌石300立方米,阻塞涧沟。

1997年7月,一场大暴雨后,花果山风景区进山道路滑坡;同时,云台乡虎窝村龙爪沟源头发生小型土质滑坡,造成沟溪堵塞,在山洪作用下形成小型泥石流,造成6人死亡、3人受伤,毁坏民居两处。

2000年8月30日,大暴雨,丹霞村后山再次发生泥石流,冲出两条山沟,长700~900余米,宽3~3.5米,落差300余米。造成11户人家房屋墙体裂缝。因转移及时,未发生人畜伤亡。31日,云台乡东磊村大塘湾自然村发生舌状土质滑坡,长100米、宽50米、厚10~15米,面积5000平方米,体积5万立方米;同时,东磊村发生4处滑坡,造成5户民居毁坏,经济损失20多万元。

2001年4月,东凤凰山东山坡山体发生石质滑坡,面积1.6万平方米,体积12.8万立方米。7月,凤凰山东南坡山体发生石质滑坡,长25米,宽40米,厚8米,面积1000平方米,体积8000立方米。滑坡体后缘分布许多裂缝,其中2条长15~20米,宽10~20厘米。8月,云台乡凌州村西北山体发生石质滑坡,长40米,厚约10米,面积1250平方米,体积1.25万立方米。6月29日,大暴雨,东磊大塘湾山体滑坡,7户人家房斜墙裂。因转移及时未发生人畜伤亡。

2003年7月,云台乡东磊村大塘湾一组山体滑坡,滑距7米,对7户居民构成威胁。

2004年8月,大雨后,云台乡西山村桃园一组山坡发生土质滑坡,形成1.5米新陡坎。被列入重点监测灾点,并进行治理。

2005年5月暴雨后,东磊与渔湾交界处发生山体石质滑坡(此处为一古老滑坡),长200米,宽50米,厚15~30米,面积1万平方米,体积5万立方米。滑动面为缘后岩面。

三、软土地质灾害

新浦区平原为全新统海相淤泥黏土,非常发育,大范围厚度超过10米,含水量高达40~70%,孔隙1.0~1.6,多是流塑状态,具有高压缩性、低渗透性和高灵敏度的特点,一旦受到一定工程建设扰动,就可能以灾害形式表现出来,极易发生不均匀沉陷、侧面挤滑、基坑壁滑塌等地质灾害。2000年,徐连高速公路东磊至大岛山的4000米路段,原先采取路堤方案,建成后不堪重负,出现不均匀沉陷,重新改为桥线方案设计施工,遭受损失2000万元。

第三编　资　源

新浦区地处暖湿带和北亚热带的过渡地带，地质基础古老，气候温和，四季分明，雨水、光照充足，为各类生物生长繁衍的良好区域。

连云港市云台山区自古林木茂盛，遍布亚热带落叶阔叶树与常绿阔叶树组成的混交林，参天古树，奇花异草随处可见。后经多次海陆变迁、气候变化及人类活动影响，演变为温带和亚热带阔叶林及针叶林的混交林，植物资源非常丰富，有种子植物、蕨类植物1274种。云台山自古为天然药园，山间有药用植物812种，其中有13种直接以“海州”二字冠名，录入《图经本草》。新中国成立后，先后引进江南毛竹、美国火炬松、湿地松等植物。山区、滩地栖息各类野生动物，据有关资料，云台山及周边地区有2200多种，尤以鸟类、昆虫和其他节肢动物资源最为丰富。仅鸟类就有20目58科302种，并有8种国家一级保护鸟类和34种国家二级保护鸟类。已查明学名的昆虫有19目215科1150种。云台山及周边地区所有的动植物资源，绝大部分在新浦区域内均有分布。区内被列入国家级和省级保护单位的古树名木占全市总量的73%，地区内的磷、矿泉水等矿物资源具有较好的开发利用价值。

新浦区域内山峰叠起，飞瀑处处，山清水秀。古典名著《西游记》创作原型花果山和《镜花缘》创作原型东磊附近的渔湾，已建成两个国家AAAA级风景旅游区。东磊的孔雀沟、南城的凤凰山等景区，都具有较好的开发前景。

第一章　土地资源

第一节　土地总量

新浦区土地面积259.54平方千米，其中乡、镇、场面积为201.1平方千米，占77.48%。城区面积58.44平方千米，占22.52%。在农村土地中，耕地为7247公顷、林地为6667公顷、内陆水域667公顷，累计为14581公顷。占农村土地面积的72.51%。

第二节　矿物资源

一、磷

新浦地区为“海州式”磷矿的含磷地层分布地域。矿层分布在海州—新浦—大浦一带。整个矿体，北从大浦起，经新浦、海州的陶湾、锦屏，南至沭阳的滥洪、华冲，呈北东——西南方向发展，长约60千米，宽约1千米。锦屏的磷矿于民国8年(1919年)由锦屏矿务有限公司正式开采，为全国最早开采的磷矿。新浦磷矿于1970年正式开采。

二、蓝晶石

位于花果山乡的猴嘴南侧山根可见蓝晶石矿点。蓝晶石产于石英片岩中，地层为云台组矿体，走向为北北东、倾角35°，矿体上下盘地层的岩性自上而下为白云片长片麻岩、蓝晶石石英片岩，蓝晶石含量在6%～13%之间，为下层矿；石英云母片岩、蓝晶石石英片岩，为上层矿，从猴嘴山头至大村间的狭长地带，局部有露出矿点分布，露出宽度约60米，有较好的开发前景。

三、建材土石料

新浦区的土壤多为黏土，可以烧制砖瓦。20世纪20年代末，东巃外、临洪河北及临洪滩等地已开始建窑烧制砖瓦。花果山乡大村水库南侧也为更新世的坡积洪积棕红、灰黄亚黏土。20世纪70年代起，建起多处窑厂，取土烧制砖瓦。至20世纪90年代末，绝大部分砖瓦厂停止生产，只剩3家维持生产。

花果山乡、云台乡境内山上岩石可作建筑石料，其中以云台山乡朱麻、渔湾等地材质较好。自古就有山民开山采石。1957年云台采石场成立。20世纪60年代初沿山乡、镇、林场兴办采石场。20世纪90年代初，采石场达60家，一度造成乱开乱采，损害生态环境。20世纪90年代中后期起，开山采石秩序逐步得到整顿，至2005年底，有采石场4家。

四、矿泉水

域内南云台山区的花果山乡、云台乡均有矿泉水，以花果山矿泉水最著名。

花果山矿泉水产于南云台花果山西麓唐王坝梧桐沟畔，赋存于岩石裂隙中，属裂隙水。水质无色透明，无异味，pH值为7.5～8.2，总硬度为7.5～8.4，总矿化度为329.37毫克/升，为160～190毫克/升，可溶性为25～34毫克/升，Na为19～25毫克/升，Ca为40～45毫克/升，属重型碳酸钙型，为中性至弱碱性淡水，含有多种必需的常量、微量元素，如铁、铜、锌、钴、镍、钒、锶、硅等。有害成分极少，如铅、汞、镉、砷、铬等，氟的含量为2.0～2.4毫克/升，均达到和超过矿泉水标准，属卫生系数高的矿泉水。1991年，经国家级鉴定，确认为珍贵的矿产资源。1984年连云港花果山矿泉水饮料厂成立，钻制成深150米、口径0.3米的深井。1985年4月28日，正式开工生产。年产4000吨水帘洞牌天然矿泉水。

1994年3月18日，由江苏三得利食品有限公司、花果山矿泉水饮料公司、日本三得利株式会社共同组建的王子矿泉水有限公司成立，投资256万元，改善生产条件，年产王子矿泉水5000吨。

花果山乡小村村北半山腰的龙眼山泉，2001年已由房思之独资开发，钻出深120米、口径0.25米的深井，进行生产，日产矿泉水30吨。

云台乡的渔湾、东磊也蕴藏矿泉水，并已得到初步开发。

第二章　水资源

第一节　自然降水

新浦区历年平均年降水量 908.6 毫米。6、7、8 三个月降雨集中，平均降水 556.9 毫米，占年均降水总量的 61.75%。期间，雨水资源充裕，有时过剩，顺河入海。而历年 12 月至次年 1 月平均降水量仅占年均降水量的 6%。期间，雨水资源不足。

境内南云台山地区，年均降水量略少于全区年平均降水量，为 886.6 毫米。山区降水也集中于每年 6～9 月份，占全年降水量的 70%，此季节大部分降水都直接进入河流，流入大海，难以发挥作用。

第二节　地表水资源

新浦区河道水面约 333 公顷。过境水主要有发源于新沂马陵山一带、流经沭阳等地的蔷薇河，以及盐河、烧香河等河流。过境客水主要集中于夏秋雨季，为汛期行洪水，近 90% 直接排入大海，无法利用。

辖区内南云台山地区有人工修筑的大村、当路、西隅、东磊、虎窝等水库、塘坝 17 座。正常年景可蓄水 835 万立方米。

第三节　地下水资源

区内南云台山地下为变质岩类隙缝含水岩组。在其风化裂隙带、构造破碎带和侵入岩体与围岩接触带，富集地下水。据水文地质资料，整个南云台山系地下水资源量为 3800 万立方米。新浦区域内主要有大村、山东庄和埠顶三个小型富水区。

一、大村富水区

位于南云台山西北麓大村水库下游。汇水面积约 15 平方千米，含水层由第四系冲洪积相亚黏土夹砾石层组成，厚度一般为 10～15 米，水位埋深 1～2.5 米。为重碳酸钠钙型水，水质尚好。可开采量为 0.37 万立方米/日。

二、山东庄富水区

位于南云台山南麓山东庄、东磊一带，汇水面积 15.6 平方千米，含水层由第四系冲洪积物组成，岩性以亚黏土、亚砂夹砾石层为主，厚度为 10～14 毫米。水位埋深 1 米左右。水质较好，矿化度小于 1 克/升，多为重碳酸钠钙型水。

三、埠顶富水区

位于南云台山南隅山麓的水流村、埠顶庄一带，汇水面积16平方千米，含水层为南云台山第四系冲洪积层，岩性为亚黏土和含砾土夹透镜状砾石层，厚度达6~20米。为重碳酸钠钙型水，水质较好，可开采量为0.46万立方米/日。

第三章　植物资源

第一节　用材树种

区内南云台山区生长的用材树种以松、杉、栎、楸、檀、槐、枫、榆、黄连木，以及各种竹子为主。平原地区栽植的槐、柳、桑、榆、楝、泡桐、银杏等，也为较好的用材种树。

一、赤松

赤松，俗称“红松”。南云台山栽培赤松历史悠久，《云台山志》中多有其名松记述。历经折磨，“蟠龙松”“蟠龙丈人”等早已不存，“美人松”也于1980年春枯死。1992年，遭受日本松干蚧毁灭性侵袭，南云台林场赤松林基本毁灭，花果山景区等地赤松林也受到特大损害。

二、杉木

杉木，俗称楠木。南云台林场自1972年开始引进栽培253.3公顷，至2005年成材林已达140公顷。花果山一带也有分布。

三、火炬松、湿地松

1972年起，南云台林场开始引进培育美国火炬松、湿地松计400公顷，至2005年成材林已达266.6公顷。

四、楸树

楸树俗称“小梧桐”，为港城特有的珍贵速生用材树种，也是云台山区优良的乡土树种，有“北方杉木”之誉。区域内南云台山区多有分布，花果山、东磊等地的楸树一般高20~50米、胸径40~60厘米。

五、麻栎

麻栎，俗称“橡树”、“橡子树”，其木材具有较高经济价值，为著名的硬阔叶用材树种。20世纪50年代中期开始引种栽培，已成为云台山区主要树种之一。区内山地多有分布。

六、杂木

主要有造车船用的黄连木、榔榆；制高档家具的棠梨、山槐；作为农用的黄檀、黄连木、山槐、白檀、野柿;制文具用的糠椴、南京椴、五角枫等。

七、泡桐

区内各乡镇及老城区多有栽植,并已成材。

第二节 食用及观赏植物

一、粮食蔬菜类

【粮食作物】 主要有小麦、大麦、元麦、籼稻、粳稻、高粱(俗称芦秫)、玉米(俗称稖子)、甘薯(俗称山芋)、黄豆、豇豆、绿豆、豌豆等。

【蔬菜瓜果】 主要有青菜、大白菜、芹菜、韭菜、菠菜、芫荽、油菜、包头菜、茄子、辣椒、萝卜、胡萝卜、南瓜(俗称番瓜)、丝瓜、笋瓜、冬瓜、西瓜、香瓜、稍瓜、酥瓜、蘑菇、马铃薯(俗称地蛋)、香椿等,另有荠菜、竹笋、刺槐花及霞草(俗称山马菜)、马齿苋(俗称地马菜)等多种野菜。

二、果品类

主要有板栗(俗名栗子)、柿、桃、梨、杏、樱桃、苹果、葡萄、山楂、银杏(俗称白果)、石榴等,另有桑葚、冬枣、酸枣(俗称山小枣)、山莓(俗称大山拨拨)、茅莓(俗称山拨拨)、野山楂(俗称山溜红)等多种野果。

三、观赏类

域内云台山上具有较高观赏价值的植物很多。主要有银杏(俗称白果、公孙树)、金镶玉竹、枫香(俗称枫树)、玉兰、栀子(栀子花)、桂花、枸杞、五角枫、木瓜、梅花、贴梗海棠、海棠、流苏(俗称糯米茶)、野茉莉、锦带花、杜鹃(俗称映山红。其同属开黄花的羊踯躅,有毒)、紫珠(俗称白棠子树)、油茶、紫藤、石蒜(俗称龙爪花、冒失鬼)、麦冬(俗称沿阶草)、爬山虎(俗称爬墙虎、捆石龙)、紫玉兰、白玉兰、紫薇、金银花、凌霄、玉竹、山文竹、天门冬、夏水仙、卷丹、百合、野菊等。

第三节 药用植物

一、根及根茎类

【桔梗】 俗名包袱花根,系桔梗科多年生草本植物,为传统药材。生于山坡、林缘、草丛中。云台山为江苏省有名的野生桔梗产地,所产桔梗向以条粗匀,质坚实,色洁白,苦味浓著称。

【何首乌】 俗名首乌,系蓼科多年生缠绕草本植物,为传统药材。生于山坡灌木丛和路旁或墙角土坎上。

【紫草】 俗名大紫草,系紫草科多年生草本植物,为传统药材。生于山坡、路旁、草丛、林下。江苏省境内仅云台山有零星分布。1987 年被列为国家重点保护野生药材。

【葛根】 俗名葛藤,系豆科多年生缠绕藤本植物,为传统药材。宋代《图经本草》载有“海州葛根”图文。葛根除秋、冬挖其根,趁鲜去皮,切成厚片或小块,晒干作药用外,将葛根捣烂和水取其淀粉而成的葛藤粉也久负盛名。清代小说家李汝珍在其传世名著《镜花缘》中写道,葛藤粉“惟有海州云台山所产者最佳”。

【拳参】 俗名山虾子,系蓼科多年生草本植物,为传统药材。生长于山坡、林下、草丛中。

【南沙参】 俗名沙参、老鸡腿肉,系桔梗科多年生草本植物。生于山野阳坡林下、草林中。

南沙参种类较多,山中尚有石沙参、杏叶沙参和荠苨等 3 种同属植物。

【地榆】 俗称小紫草,系蔷薇科多年生草本植物,为传统药材。生于山坡、路边、田埂或草地。山上所产地榆以质地坚实,色紫红,条粗匀著称。

【丹参】 俗名红参、紫丹参,系唇形科多年生草本植物,为传统药材。生于山坡草丛、沟边、路旁。云台山所产丹参条粗匀,外红内紫,有菊花状白点,质地优良。

【青木香】 俗名臭铃铛,系马兜铃科多年生缠绕草本植物马兜铃的根,为传统药材。宋《图经本草》载有“海州青木香”文图。花果山乡、云台乡山坡、路旁、荒野均有生长。花果山一带还产一种北马兜铃,为江苏省新分布植物。

【太子参】 俗称孩儿参,系石竹科多年生草本植物。生于山坡林下、草丛或石缝中。

【百合】 系百合科多年生草本植物,为传统药材。生于山坡林下或溪沟边。花果山、东磊一带还产一种卷丹,俗称红合,其鳞茎亦作百合入药。

【百部】 俗名一窝虎,系百部科多年生草本植物,为传统药材。生于山坡灌木丛、草地或竹林中。

【苍术】 系菊科多年生草本植物,为传统药材。生于山坡较干燥处或草丛中。山中尚生长江苏仅见的北苍术,为江苏省新分布植物。

【苦参】 俗称野槐树,系豆科多年生草本植物,为传统药材。域内山区都有分布,花果山一带尤多。生长于阳坡草地和山麓、路旁、溪沟边。

【草乌】 俗名小脚乌,系毛茛科多年生草本植物,为传统药材。生于山地草丛中或林缘地带。草乌有大毒,山民间有“小脚乌沾面酱,神仙赶不上”之谚语,即指此药毒大,以其与面酱同食,立即中毒,神仙也难救活。

二、藤木类

【木通】 俗称八月扎,为传统药材。生长于山坡林缘及灌木丛中。除藤茎入药外,其果实(名预知子)也可入药。

【寻骨风】 俗名猫耳朵、穿地筋,系马兜铃科草质藤本植物绵毛马兜铃的地上部分。生于山坡草丛、沟边及路旁。

【鸡矢藤】 俗名鸡屎屯、臭藤子,系茜草科草质藤本植物,为传统药材。生于山坡、旷野灌木丛中。

【忍冬藤】 系忍冬科木质藤本植物,花开一柄双朵,一黄一白,俗称“金银花”,为传统药物。域内各山山坡林缘都有分布。

【络石藤】 俗名鹿角草,系夹竹桃科藤本植物。区内各山都有分布,附生于岩石、墙壁或树木上。

【南蛇藤】 俗名降龙草、挂廊鞭,系卫矛科木质藤本植物。生于各山山坡灌木丛中。著名的云台山蛇药即以其为主要原料配制而成的。

【爬山虎】 俗名捆石龙，系葡萄科藤本植物。山下山上多有分布，攀援于岩石、墙壁和树上。

三、叶、皮类

【石韦】 俗名金钗匙，系水龙骨科植物有柄石韦，为传统药材。宋《图经本草》所载“海州石韦”即本种。附生于裸露岩石上或岩石缝中。

【臭梧桐叶】 俗名臭桐、追骨风，系马鞭草科植物海州常山，为传统药物。宋《图经本草》所载“海州蜀漆”即为本种。区内云台山地区山坡、路边、村边多有生长。

【艾叶】 俗称艾蒿，系菊科草本植物，为传统药材。区内山坡、路边、林缘、荒野多有分布。

【地骨皮】 系茄科植物枸杞的根皮，为传统药材。区内山坡、路旁、荒地都有分布。

【五加皮】 俗称五加，系五加科植物五加的根皮，为传统药材。花果山、东磊、渔湾一带山坡林中、路旁灌木丛中多有分布。

四、花类

【芫花】 俗名药鱼棵，系瑞香科落叶小灌木，为传统药材。东磊一带有分布，生长于山坡、路旁或疏林间。

【野菊花】 俗称野菊，系菊科多年生草本植物，为传统药材。区内云台山区山坡、路边、旷野多有分布。

【旋覆花】 俗名复花、驴儿菜，系菊科多年生草本植物，为传统药材。云台地区水湿地、河堤、路边多有分布。另产有大花旋覆花和狭叶旋覆花。

【松花粉】 系松科植物赤松（俗称马尾松）的花粉，为传统药材。区内云台山区多有赤松分布。

【闹羊花】 俗称映山黄，系杜鹃花科植物羊踯躅，为传统药材。宋《图经本草》所记“海州山踯躅”即本种。生于山坡林下或山顶疏林或灌木丛中。

【凌霄花】 俗称五爪花、喇叭花，系紫葳科植物美国凌霄，为传统药材。主产于南城，生于肥沃土壤或山坡。

云台山区庭院中有一种凌霄，夏秋花盛开时采摘，晒干可供药用。此花粉有毒，不能入眼。

图 3-1 云台山区生长的美洲凌霄

五、果实、种子类

【枸杞子】 俗称狗奶子，落叶灌木，叶子披针形，花淡紫色。所结果实叫枸杞子。区内山区、市郊农村都有分布。

【山茱萸】 系山茱萸科植物，为传统药材。宋《图经本草》所载“海州山茱萸”即本种。花果山乡大团山有栽培。

【车前子】 俗称猪耳菜，系车前科多年生草本植物，为传统药材。区内各地都有分布，生于山坡、路旁。

花果山乡、云台乡山地还产有一种平车前，与车前子同等入药。

【地肤子】 俗称扫帚苗，系藜科一年生草本植物，为传统药材。区内山地多有分布，生于村舍附近、菜园和道路旁。

【蛇床子】 俗称野芫荽,系伞形科草本植物,为传统药材。各地都有分布,生于田野、路旁、沟渠边。

【酸枣仁】 俗称角针仁、小酸枣,系鼠李科植物,为传统药材。各地多有分布,生长于丘陵山地、岗丘、路边。

【八月扎】 学名“五叶木通”,又名“长生果”。为半常绿缠绕木质藤木。果实富含多种糖类物质,生食之鲜甜可口。有疏肝、补肾、止疼的药效。食之令人心宽,止渴,下气。其木质茎是有名中药“木通”。云台山分布较多野生八月扎,农历八、九月间游人往往于路边随手采食尝鲜。

图 3-2 花果山生长的长生果

六、全草类

【茵陈】 俗称茵陈蒿、白蒿,系菊科草本植物,为传统药材。各地多有分布,生长于山坡、路边、河岸等处。山民有谚语流传:“三月茵陈四月蒿,五月砍来当柴烧”。说明按季节采药的重要性。

【青蒿】 系菊科草本植物,生于荒野、路边、沟坎。域内云台山地区还一种黄花蒿,与青蒿同等入药。

【仙鹤草】 俗名马鞭草、白芽蒿、草郎子,系蔷薇科植物龙牙草,为传统药材。东磊、花果山、渔湾、虎窝一带有分布,生于山野、路旁或草丛中。

【鬼针草】 俗称鬼骨针、小鬼针,系菊科草本植物。区内山地多有分布,生于路边、荒草丛中。另有小花鬼针草、三叶鬼针草两种,与鬼针草同等入药。

图 3-3 香蒿

【益母草】 俗称野麻、小胡麻,系唇形科草本植物,为传统药材。境内山区多有分布,生于山坡、路边、荒地。

【夏枯草】 俗名羊胡草,系唇形科草本植物,为传统药材。区内多有分布,生于山坡、路旁、草地、沟边等处。

【连线草】 系唇形科草本植物。东磊有分布,生于山坡林下、湿地及荒地、路边。

【香薷】 俗名牙刷草,系唇形科草本植物,为传统药材。为国内植物学家张宗葆于 1932 年 10 月 16 日在云台山首次发现,并冠以“海州”地名命名。《中国植物志》《中国高等植物图鉴》都载有“海州香薷”。花果山地区多有分布。

【龙葵】 俗称狗屎端端,系茄科草本植物,为传统药材。各地多有分布,生长于田野、路边、荒地、村边等地。

第四节 竹藤类植物

一、竹类

【金镶玉竹】 云台山的金镶玉竹为国内特有竹类,历史悠久,《云台山志》所记“金镶碧嵌竹”即此

图3-4 金镶玉竹

图3-5 南云台林场的毛竹林一角

竹。后因年久疏记,未引起人们注意。20世纪80年代,连云港云台山发现有几百株野生金镶玉竹,被植物学家认为是很有价值的发现,新华社还专门发了电讯稿。至此,云台山上的大片金镶玉竹才引起全国重视。金镶玉竹主要分布在南云台山的花果山和东磊一带,计26.67公顷。

金镶玉竹生长奇特,竹竿为金黄色,节间纵槽中为碧玉色条纹,具有较高的观赏价值。1993年7月,邮电部发行的四枚一套的《竹子》特种邮票,其中第二枚即为云台山金镶玉竹图案。此竹已被列为国家级保护植物。

【毛竹】 毛竹为20世纪60年代末、70年代初引进栽培的竹类。区内主要分布于东磊孔雀沟上方和花果山景区风门口一带,已成大片竹园。毛竹,既具有较高观赏价值,又是很好的建筑材料,可作建筑物的梁、柱。又可制多类农具、工具、文具、家具、乐器等。竹笋鲜美可食。具有较高的开发利用价值。

【淡竹】 又名粉绿竹。此竹对地形、土壤要求不高。花果山乡、云台乡一带均有分布。

淡竹竹竿笔直,粗细适中,材质优良,用途较广。劈篾可编织多种家具、农具、帘席等,竹竿可作绿篱、晒竿、旗杆、帐竿,搭瓜棚,作瓜架。竹笋鲜美可食。淡竹也是较好的绿化树种。

【乌哺鸡竹】 乌哺鸡竹适应性较强,东磊一带有分布。

乌哺鸡竹竿壁薄,篾性次于毛竹,但竹篾可编织大箩筐,竹竿可做船篷及养紫菜的台架。竹笋味美可食。

二、藤类

【葛藤】 葛藤是云台山得天独厚的自然资源。茎细长蔓生,贴地生长,蔓叶繁茂重叠,如绿色织锦。主根入地深达2米以上,侧根密布表土层中。具有特殊的水土保持功能。葛根可制葛藤粉、葛藤糊等保健食品,具有较高的开发利用价值。

【紫藤】 域内山区到处都有分布,城内公园、绿地也多有栽培。渔湾景区小瀛洲一带成片分布。其间,神仙崖上方一古藤围粗67厘米,下方一棵围粗60厘米。均攀缠古树向上数十米。

【南蛇藤】 南蛇藤俗称降龙草、挂廊鞭。分布于境内各山。系卫矛科木质藤本植物,生长于山坡灌木丛中。其茎藤入药,可治风湿关节痛等症,也为云台山蛇药主要原料。花果山屏竹禅院东涧沟畔,一株400余年的南蛇藤,小碗口粗的古藤,如巨蟒盘缠于一棵古树上,满山罕见。

【忍冬藤】 (详见本章第三节二、藤木类“忍冬藤”条目)。

第五节 古树名木

区内南云台山区古树名木较多。据《云台山资源大观》(沈阳出版社2001年版第)载述,云台山共有国家级、省级保护古树名木45株。其中有33株分布于花果山和东磊一带。

一、银杏

银杏,为最原始树种之一。2005年2月22日,被确定为连云港市市树。

图3-6 老君堂遗址旁的千年银杏

区内南云台山区古银杏较多,被列为国家级保护的就有20株,主要分布于古寺观附近。花果山景区树龄在500~1000余年的16株古银杏,全部生长在海宁禅寺等古寺庙内外。花果山下大圣湖畔老君堂处一株银杏树龄1020年,树高25.5米,胸围近6米,数人方可合抱。大树根处又有一株小银杏,民间称其为"怀中抱子"。年产白果5000公斤。九龙桥旁、海宁禅寺内、七十二洞上方还有4棵树龄在千年以上的古银杏。东磊一带4棵被列入国家级保护的银杏,树龄均有800余年。

二、圆柏

圆柏,山区分布较多。古老圆柏也不少,最有名的数花果山海宁禅寺门前一株,高达10余米,树龄1200余年,姿态古拙优美,上部蜷曲,民间称为"拐棍松"、"拐杖柏"。相传为孙悟空大闹蟠桃会时,太上老君拄着拐杖追赶孙悟空途中,抛出拐棍去砸孙悟空,下落时插到了这里,拐棍下部也碰裂了,再也拔不走了。另外,花果山景区海宁禅寺下自在天院内有一棵树龄400多年的圆柏。花果山乡政府院内(此处原为弥陀庵)一棵圆柏树龄也已有百年以上。

三、松

区内南云台山松树遍布,古树名松较多。清代刊印的《云台山志》《云台新志》多有关于蟠龙松、蟠龙丈人松、睡松、卧松、立松、拐杖松、扇面松、美人松、小蟠龙松等古松名松的记述。但多已久毁。生存时间较长的美人松、小蟠龙松也已分别于20世纪70年代末、80年代中期死去。生长于云台乡虎窝村的一棵赤松,树龄300年,树高12米,胸围2.4米,为全市最大古松,可惜已于2000年因虫害而枯死。

四、玉兰

【白玉兰】 白玉兰,俗称应春花、望春花。每年三月,花开满树,如云如雪,醉倒游人。2005年2月22日,被确定为连云港市市花。云台山上的古老白玉兰集中于东磊延福观内。共4株,最老的两株,树龄800年。一株树高15.4米,胸围3.64米;一株树高13.7米,胸围2.31米。另一株树龄400多年,树高10多米。最小的一株树龄也在150多年。为全国最老的玉兰花群体,最大一株有中国"玉兰花王"之誉称。3株树龄在400年以上的白玉兰,已被列为国家级保护范围。

【紫玉兰】 紫玉兰,又称木笔、辛夷。二月开花,为珍贵树种。花果山景区海宁禅寺门西首一株紫玉兰,有百年树龄。

五、紫薇

紫薇,俗称百日红,因无风时搔其干,树梢自动,又叫痒痒树。东磊延福观内一株紫薇树龄300年,高8米多,为省级保护名木。

六、冬青卫矛

花果山照海亭旁一株冬青卫矛，树龄200年，树高6米，为省级保护古树名木。

七、黄连木

东磊延福观下方一株黄连木，树龄800年，树高20米，为省级保护古树名木。

八、瓜子黄杨

瓜子黄杨生长极慢，东磊延福观下方一株6米多高的瓜子黄杨，树龄已200年，为省级保护古树名木。

九、金镶玉竹

详见本章第四节“一.竹类·金镶玉竹”

2005年新浦区国家级、省级保护古树名木一览表

表3－1

编号	树种	地点	雌(♀)雄(♂)	树龄(年)	胸围(米)	树高(米)	保护级别	保护单位	措施	备注
1	银杏	花果山九龙桥	♀	1000	4.52	25.5	国家级	花果山景区	挂牌、建档	花果山景区银杏树均建档
2	银杏	花果山老君堂	♀	1020	5.81	25.5	国家级	花果山景区	挂牌、砌围、避雷	怀中抱子
3	银杏	花果山茶庵	♀	800	3.33	21.0	国家级	花果山景区	挂牌、砌围、避雷	
4	银杏	花果山大厨后上	♀	800	3.55	19.5	国家级	花果山景区	挂牌、避雷	
5	银杏	花果山大厨后下	♀	800	3.45	17.5	国际级	花果山景区	挂牌、砌围、避雷	
6	银杏	花果山七十二洞上	♀	1000	4.36	23.0	国家级	花果山景区	挂牌、避雷	
7	银杏	花果山七十二洞下	♀	800	3.67	19.0	国家级	花果山景区	挂牌、避雷	
8	银杏	花果山灵宫殿下	♀	800	3.71	19.5	国家级	花果山景区	挂牌、砌围、避雷	
9	银杏	花果山三元宫内东	♂	1000	5.37	28.0	国家级	花果山景区	挂牌、砌围、避雷	

续表 3 - 1(1)

编号	树种	地点	雌(♀)雄(♂)	树龄(年)	胸围(米)	树高(米)	保护级别	保护单位	措施	备注
10	银杏	花果山三元宫内西	♀	1000	4.30	24.0	国家级	花果山景区	挂牌、避雷	
11	银杏	花果山大悲庵南	♀	800	3.39	21.0	国家级	花果山景区	挂牌、避雷	
12	银杏	花果山大悲庵北	♀	800	3.01	19.5	国家级	花果山景区	挂牌、避雷	
13	银杏	花果山三元宫后	♀	500	2.29	15.0	国家级	花果山景区	挂牌、避雷	
14	银杏	花果山袖海餐馆后	♂	800	5.85	19.5	国家级	花果山景区	挂牌、避雷	
15	银杏	花果山团圆宫	♀	800	3.49	20.3	国家级	花果山景区	挂牌、避雷	
16	银杏	花果山多宝佛塔下	♀	500	2.70	8.7	国家级	花果山景区	挂牌、砌围、避雷	
17	银杏	南云台延福观下	♀	800	2.39	13.0	国家级	南云台林场	挂牌、建档	
18	银杏	南云台延福观内	♀	800	3.71	23.6	国家级	南云台林场	挂牌、建档	
19	银杏	南云台延福观内	♀	800	3.14	25.0	国家级	南云台林场	挂牌、建档	
20	银杏	南云台东磊	♀	800	3.33	21.0	国家级	南云台林场	挂牌、建档	
21	银杏	南城城隍庙	♀	800	2.95	10.0	国家级	南城镇政府	挂牌、建档	
22	白玉兰	南云台延福观上	两性	800	3.64	15.4	国家级	南云台林场	挂牌、建档、围栏	中国玉兰花王
23	白玉兰	南云台延福观院内	两性	800	2.31	13.7	国家级	南云台林场	挂牌、建档、围栏	
24	白玉兰	南云台延福观院内	两性	400	1.40	10.8	国家级	南云台林场	挂牌、建档、围栏	
25	圆柏	花果山三元宫门前	—	1210	2.54	8.5	国家级	花果山景区	围栏、支撑、挂牌	拐杖柏
26	圆柏	花果山自在天内	—	412	1.19	11.3	国家级	花果山景区	挂牌	
27	金镶玉竹	南云台东磊	—	—	0.14	8.0	国家级	花果山景区、南云台林场	刻石立碑	国内特有
28	黄连木	南云台延福观下	两性	800	3.01	20.0	省级	南云台林场	挂牌	

续表 3－1(2)

编号	树种	地点	雌(♀)雄(♂)	树龄(年)	胸围(米)	树高(米)	保护级别	保护单位	措施	备注
29	瓜子黄梅	南云台延福观下	两性	200	0.66	6.5	省级	南云台林场	—	生长极慢
30	紫薇	南云台延福观内	两性	300	0.60	8.5	省级	南云台林场	—	著名观赏树
31	楸树	花果山七十二洞下方	两性	70	2.00	18.0	省级	花果山景区	—	珍贵用材观花树
32	冬青卫矛	花果山照海亭旁	两性	200	0.80	6.0	省级	花果山景区	挂牌	常绿树

第六节　林特产品

一、板栗

板栗，俗称栗子，为云台山特色树种之一，山区分布极广，历史悠久。地产栗子一般较小，故又称小山栗子。一般 140～180 粒一公斤，最小的一公斤 360 粒。但栗子肉质好，糯而甘甜。20 世纪 70 年代江苏省栗子评比中港城选送的“红林三号”“宿城一号”，均以糯性佳、糖分高而居炒栗榜首。产于花果山景区红林村的红林三号实生树，树龄 50 余年，单株产量 50 公斤左右。每公斤 120 粒，产量稳定。

花果山乡船石沟于 20 世纪 80 年代初发现一种垂枝栗，树不高，枝条下垂，形态多样。为培育矮化、密植、丰产品种的优质资源。

20 世纪 90 年代起，通过引种和高接换头，栗子产量逐年上升。

二、白果

域内银山区银杏遍布，所产果实白果丰盛，且果肉香甜糯软，营养丰富，有化痰、止咳、定喘、补肺、通经利尿等功能。

三、樱桃

港城盛产樱桃，产量占全省一半，主要又集中于云台乡。云台乡栽培樱桃历史悠久，《云台山志》、《云台新志》都有记述。20 世纪 90 年代末，全乡樱桃面积 123.3 公顷，年产樱桃 235 吨。2005 年总产 370 吨。

云台樱桃成熟早，素有“春来第一果”之誉称。果实大，汁多味甜可口，最受消费者青睐，远销京、沪、宁等地。

1996 年，云台乡开发了樱桃酒，拓宽了樱桃发展新路子。

图 3－7　云台特产樱桃

四、大柿子

域内云台山区野生柿树资源丰富，山民中利用野柿嫁接柿树的经验也很丰富。山民家前屋后多有栽植，云台乡有成片分布。云台大柿以涩柿为主，主要品种是牛心柿，果实大，平均单果重170克左右。每年10月初果实发黄时采摘，经脱涩处理后，变红，肉脆味美可口，富含糖分，有营养。可鲜吃，可酿酒，制醋，可做柿饼，用以代粮，是主要的木本粮食树种之一。东磊老窑沟有一棵柿树胸围120多厘米，树龄200多年，当地山民称之为“神树”。

五、云台大杏

云台大杏为云台乡特产，原产于虎窝村，发现于20世纪50年代，1991年全面推广，后被省定为优良地方品种。其果实呈扁圆形，果顶平，微凹，金黄色中隐透嫩红。一般单果重70克左右，最大的为150克，果实为麦黄杏5～7倍大。成熟期稍晚于麦黄杏，果皮薄，肉色浅黄，汁多味甜，食之口内生香。

云台大杏耐瘠薄，抗旱、抗病虫害能力较强。栽培2年后即结果，5年株产可达15公斤，后逐年增加，盛果期单株可产大杏100公斤左右。

六、葛藤粉

云台山葛藤粉，为用当地野生葛藤之根，洗净捣烂，和入水中滤其淀粉晾干而成，为云台山特产。具有很好的物理化学特征，粉质纯白，呈三角形或多边形，边棱明显。调制后透明度高，胶体脱水慢，淀粉糊老化慢，观之清新爽目，食之清香可口。

云台山葛藤粉，富含蛋白质、全糖、钙、铜、铁、锌、硒及10多种氨基酸和大豆黄酮甙、大豆黄酮、葛根素等药效成分。常食能有效地平衡人体机能，增强骨骼钙质吸收和少儿骨质发育，延缓衰老，降低血压、血脂、血糖、增加脑及冠状血管血流量，对治疗冠心病、高血压、糖尿病等老年病有良好的辅助作用。

七、何首乌

何首乌，俗称首乌。属蓼科多年生草藤植物，为传统药材，以其肥大块根入药。有阻止胆固醇在肝内沉积，延缓和减轻动脉粥样硬化的作用，常服首乌粉，可使白发变黑发。为古今中外医药界公认的“抗衰老中药”。

八、云雾茶

云台山茶叶生产历史悠久，且负盛名。据《宋史·食货志》载，北宋景德二年(1005)，朝廷发布的征税诏书中就写道：“海州茶善而易售，故入钱之数厚于他州”。清代的《云台新志》即称其为“云雾茶”，并誉曰其“形味似武夷小品”，可“上贡帝王”。

云台山所产云雾茶条索紧圆，形似眉状，锋苗挺秀，润绿显毫，香高持久，滋味鲜浓，汤色清明，叶底匀正，特色显明，品质优良。1980年，与苏州的碧螺春、南京的雨花茶同获江苏省“三大名茶”殊荣。

区内云雾茶主要分布在花果山和南云台林场的避风向阳的谷地，大多已筑成梯田。2005年，全区共有茶园108公顷，年产茶叶22吨。

九、云台山野茶

【石花茶】 石花茶，为云台山地区的俗称，学名为藻纹梅花衣，属梅花衣科植物。遍产于裸露岩石上的石花茶，紧伏于岩石之上，颜色递变性，生长无规律，有时可组合成各种妙趣天成的图案，故名。一年四季均可采集其作茶茗。石花茶清香爽口，云台山山民素有以其款待客人之俗。古人更早有诗赞其曰："斑驳如苔藓，还粘石骨生，一般清气味，正好代茶烹"。

【糯米茶】 糯米茶，学名"流苏"，生于向阳山谷中。树形优美，花繁如雪，清秀典雅，芳香宜人。春天，采其嫩叶，阴干，即成糯米茶。以古泉井水泡饮，清香，汤沏，略有苦涩，风味特异。

【地榆茶】 《西游记》第十三回说，山中猎户刘伯钦将唐僧救出虎口，带到家中时，刘母就地取材"将些山地榆叶子，煮水煎作茶汤"，款待唐长老。这里所说的地榆，云台山的山坡、路边均有生长。夏秋穗状花序呈圆柱形，暗紫红色，故山民俗称其为"小紫草"。春季采其叶子，晒干后可当茶叶泡水喝。蒸制晒干后泡饮，汤色较深，口感良好，于淡淡郁香中略有青草苦涩味。

【银花茶】 银花，又名金银花、忍冬，为半常绿缠绕木质藤本，遍布云台山野。春夏开花不绝，每柄有黄白两朵，故曰金银花。花开时节，于清晨采其花蕾及嫩叶阴干代茶，入口幽香清凉。且有清热解毒、抗菌消炎功效。

【夏枯草茶】 夏枯草，因立夏开花，夏至花果成熟后便开始枯萎而得名。其茎直立，方形，带淡紫色；叶卵形或椭圆状披针形，全缘或略带锯齿；轮伞花序顶生，呈穗状，花冠紫色，偶有白色。农历五月间，采集其嫩叶晒干，可代茶。夏季饮夏枯草汤，还可补充因流汗而失却的钾。

十、冬桃

冬桃，又名冬青桃、冻桃，因果实成熟于农历十一月而得名。冬桃树冠不大，叶形长圆，花小，呈粉红色。果实近圆形，果皮乳黄色，有红晕。皮薄肉甜，微带桔味，食之有粉感，为腊月佳果。

第四章 动物资源

第一节 兽 类

自明代隆庆六年(1572)刊刻的《隆庆海州志》，至清嘉庆十三年(1808)刻本问世的《嘉庆海州直隶州志》，都有海州地区有虎、鹿、獐、麂、香猫等兽的记述。到清道光十七年(1837)刊印的《云台新志》，已无有虎的记载。至民国25年(1936)出版的《连云一瞥》，仍记载云台山有狼、獐、白鹿等大型兽类。直至20世纪50年代初，南云台山一带仍捕获过狼、獐。

此后，新浦地区的兽类动物主要有獾、狐、狸、黄鼬、刺猬、松鼠、田鼠、野鼠、野兔、蝙蝠、山狸猫、貉等。

第二节 昆虫类

《云台山资源经济》(海洋出版社2001年4月出版)、《云台山资源大观》(沈阳出版社2001年7月出版)等记载，云台山的昆虫共有19目215科1145种。新浦地区的昆虫类动物主要有蜻蜓、蟋蟀(俗称蛐蛐)、蜜蜂、马蜂、金龟子(俗称推磨虫)、螳螂(俗称刀郎)、蝗虫、蚱蜢(俗称蚂蚱)、蚂蚁、蚜虫(俗称腻虫)、苍蝇、蚊子、萤火虫、蚕、螟虫、豆丹、金针虫(成虫俗称磕头虫)、天牛(俗称山水牛)、大造桥虫(俗称龟腰虫)、松毛虫、地老虎、地蛆、黑蚱蝉(俗称知了)、松寒蝉、耶气布甲(俗称放屁虫)、蝼蛄(俗称土狗子、路通狗)、蜣螂(俗称屎壳虫)、七星瓢虫(俗称花大姐)、蝈蝈(俗称叫乖子)、黄刺蛾(幼虫俗称洋辣子)等及俗称蝴蝶的各种蝶类。

第三节　鸟　类

古代,云台山有"鸟类王国"之称。《隆庆海州志》记载的鸟类有雎鸠、鸳鸯、鹡鸰、鹁鸽、鸬鹚、白鸥、斑鸠、鹭鸶、鹁鸽、鹌鹑、鹈鹕、黄鹂、天鹅、黄头、蜡嘴、伯劳、戴胜、山鹊、雉鸡、野鸭、炼雀、鹤、鹊、鹰、鹞、官鸡、章鸡、鸭等。

20 世纪 60 年代中期以前,南云台山区鸟类依然很多,雕、灰喜鹊、乌鸦、岩鸽等成群结队。后因山区、滩地开发,农药的大量使用,地产鸟类数量骤减,有的已成珍稀之物。

20 世纪 80 年代后,城乡绿化事业发展、环境保护工作加强,人们爱鸟意识增强,新的鸟类广泛引进,域内鸟类品种、数量有所增长。主要有麻雀(俗称家雀子)、喜鹊(俗称花喜鹊)、大杜鹃(俗称布谷鸟、咽哥)、鹌鹑、啄木鸟、鹡鸰、乌鸦、雕(俗称癞雕)、苍鹭(俗称青桩子)、鸮(俗称猫耳头、猫头鹰)、大雁、罗纹鸭(俗称野鸭)、雉(俗称野鸡、山鸡)、百灵鸟、黑枕黄鹂(俗称黄莺)、燕子、灰喜鹊、苇莺(俗咽咽叽)、黄雀等。

第四节　水生类

20 世纪 50 年代中期前,尚有海生动物随海潮进入内河。临洪闸建成后,域内无海生动物。

域内淡水动物主要有鲤鱼(俗称红鱼、拐嘴子)、鲫鱼(俗称刀鱼)、青鱼(俗称青混)、草鱼(俗称混子)、鲢鱼、鳗鱼、黄鳝(俗称长鱼、鳝鱼)、鳜鱼(俗称季花鱼)、罗非鱼、鳊鱼、乌鳢(俗称乌鱼、黑鱼)、塘鳢(俗称肉狗鱼)、泥鳅、黄颡鱼(俗称钢针鱼)、河虾、龙虾、河蚌、水螺、水螅,以及各种水生原始动物。

第五节　其他类

域内其他动物主要有龟、鳖、壁虎、蜥蜴、赤链蛇、水赤链蛇、乌梢蛇(俗称乌风蛇)、红眉锦蛇、水游蛇、石龙子和红、白、灰三个亚种的蝮蛇(俗称"秃虺蛇")、盘古蟾科的华云铃蟾、蟾蜍科的中华蟾蜍(俗称癞蛤蟆)、花背蟾蜍,雨蛙科的泽蛙、黑斑蛙、金钱蛙、无斑蛙、树蛙种的北方狭口蛙以及蚯蚓、水蛭(俗称蚂蟥)、蛞蝓、蜗牛等。

第四编　人　口

域内南云台山地区原为海中仙岛,6000 年前为少昊氏族生活地区。西汉时,山下大村一带已有居民数百户。南北朝时,南城为东海县治,且青、冀二州侨置于此,居民较集中。南宋年间,临洪滩设临洪场,为海州重要的盐业生产、集散地之一,民众聚居成镇。清初"裁海",云台山区居民均被强制迁出,大多去异乡落户,域内人口一度减少。"复海"后渐有恢复。清光绪初年新浦形成集镇,人口迅速增加,至清末,新浦已有居民千户,5000 余人。后域内人口渐增。至民国 37 年(1948)底,城区已有居民 5 万余人。花果山、云台、宁海及南城一带,有居民近 6000 户、26900 余人。新中国成立前,城乡大多数居民为文盲、半文盲。

新中国成立后,随着经济建设和社会事业发展,社会稳定,人民生活提高,人口迅速增加。1963 年开始的节制生育、计划生育工作,使全区人口自然增长率得到有效控制,人口素质不断提高。1986 年,新浦区被江苏省人民政府授予省计划生育工作先进集体称号。1992 年,新浦区政府被评为全国城市计划生育先进集体。

到 2005 年底,新浦区居民为 109400 户、369153 万人,人口出生率为 5.34‰,自然增长率为 2.85‰。居民文化结构发生了根本变化。九年制义务教育全面普及,高中以上文化程度,在城镇人口中所占比例达 49.2%,在农村人口中占 16.66%。人口素质明显提高。

第一章　人口状况

第一节　人口来源

域内云台山为地区,几千年前有少昊部族在此生活。后居民迁徙不断变化,土著氏族已不多。现辖区内居民多为后来迁入。南北朝时,南城为东海县治,后青、冀二州侨置于此,迁来大量外地居民,有的在此安家,世代繁衍。有的是朝廷命官,封疆守戍,全家随迁至此,定居而为当地居民。南城杨氏宗族原为安徽当涂县人氏,明初朱元璋打天下时,杨氏族人随军征战有功,被册封,在南城守卫海疆,后发展成为南城望族大户之一。有的是慕云台山海上仙境而来此落户。花果山下当路村一带王氏家族,始祖为西汉成帝时的京兆尹。因奸佞当权,毅然辞官,登舟跨东海(今黄海),游于海上神山云台山,以为宝地,于汉哀帝元年(公元前 6 年)率全家来此择向阳处设立庄院,命名"当路",经两千年发展成为云台一带大姓。花果山下赵姓居民,原籍江阴,也因看好云台山风水宝地于明嘉靖年间来此定居,成为当地居民的主要组成之一。

清咸丰年间,新浦城区始有居民。据老者相传,最早有“两户半”人家:一户为东海富安人赵再春一家,为躲避捻军于清咸丰十一年(1861)来新浦(今王巷一带)落户谋生;一户是山西榆次人霍翁一家,于清同治初年,到新浦(今后河一带)落户谋生。所谓“半户”是指一放羊的单身汉。此后,海州城里的大户、东海富安刘氏家族,相继来此购地置业,富安、太平庄、洪门的一些渔民来此谋生。清光绪年间,山东、河北、山西、江苏淮安等地商人大量涌入新浦,成为新浦的老住户。

解放后,大批山东老解放区的党政领导干部、工作人员及其家属,因工作需要落户新浦。随后,来此务工、经商谋生者,国家统一调动、分配的工作人员不断增加。改革开放后,外地迁入的居民逐年增多。

第二节　人口规模

西汉时期,境内云台山地区大村一带有数百户居民。南宋年间,临洪滩设临洪场,灶民(盐民)逐渐增加,聚居成镇。清光绪初年,新浦形成集镇,至宣统年间有居民千户,5000余人。民国23年(1934)城区居民已达7288户、32368人。民国27年(1938)日机不断轰炸新浦,民国28年日军侵占新浦,大批居民先后“跑反”到农村避难,新浦人口大幅减少,至民国29年仅有两万余人。民国37年(1948)底,城区新浦有居民12453户、53290人,花果山乡有居民1661户、6051人,云台乡有居民1802户、8360人,宁海乡有居民1188户、7404人,南城镇有1279户、5118人。

新中国成立后,社会稳定,作为连云港市政治、经济、文化中心,新浦的经济、社会事业迅速发展,行政、事业单位办事机构集中于此,地区人口增长较快。1953年6月30日,第一次全国人口普查时,全区51980人。1964年7月1日,第二次全国人口普查时,全区15094户、68019人;1982年7月1日,第三次全国人口普查时,全区32335户、121511人;1990年7月1日,第四次全国人口普查时,全区为47358户、181112人;2000年11月1日第五次全国人口普查时,全区人口为260628人。至2005年底,全区居民109400户,369153人。

第三节　人口密度

清末,新浦居民主要集聚于老大街(民主路)为中心的集镇上,另有临洪滩、马觥等几个零星村落,平均每平方千米不足千人。民国时期每平方千米超过千人。民国34年(1945)每平方千米1897.3人。

新中国成立后,人口密度迅速提高。1982年,平均每平方公里2569.4人。后因城区不断扩大,南小区、东小区、西小区、北小区、沈圩小区等新居民区相继建成,老城区居民逐渐向新居民区迁徙,形成路南、市东和临洪3个街道。2001年,由于区划调整,原云台区部分乡镇划入新浦区,新浦区农业人口增加。2005年,新浦区有3乡1镇、6个街道,平均每平方千米为1422.34人。

1985～2005年新浦区人口密度一览表

表4－1　　(1985～1995)　　单位:人/平方千米

时间 地区	1985	1986	1987	1988	1989	1990	1991	1992	1993	1994	1995
全区	2829.21	3133.93	3251.11	3373.27	3482.17	3573.42	3682.97	3797.99	3911.45	.4102.74	4314.81
浦东街道	26840.25	27110.38	27667.53	26624.67	26283.11	25922.07	26906.49	27077.42	27880.51	28409.09	29459.74
浦西街道	9315.33	1.254.66	9841.33	10224.00	10290.00	10403.33	10624.66	11003.33	11142.00	11608.66	11620.00
路南街道	7898.51	8187.09	8427.29	8885.60	9149.13	9285.11	9453.10	9845.90	10551.61	10922.08	11550.12
市东街道	1050.93	1167.70	1273.78	1395.65	1484.61	1565.17	1730.00	1807.36	1867.60	2032.53	2200.38
临洪街道	3048.63	3338.80	3467.94	3647.26	3792.64	3919.82	4084.44	4158.97	4150.85	4287.77	4435.98
新东街道	—	—	—	—	—	—	—	—	—	—	—
新南街道	—	—	—	—	—	—	—	—	—	—	—
新海街道	—	—	—	—	—	—	—	—	—	—	—
云台乡	401.26	405.04	408.92	424.77	429.86	446.52	449.84	459.47	461.14	456.38	446.58
花果山乡	349.11	351.00	355.03	364.88	367.73	391.23	396.22	393.75	398.91	392.99	392.56
南城镇	2064.25	2053.61	2053.61	2061.91	2058.93	2104.25	2117.23	2098.51	2101.70	2093.40	2076.17
云台农场	140.76	141.88	144.02	146.03	146.70	149.68	151.37	154.95	154.31	153.25	153.70
宁海乡	407.34	414.86	420.73	425.56	439.41	459.91	459.80	456.32	460.08	460.32	459.71

1985～2005年新浦区人口密度一览表

续表4－1　　(1996～2005)　　单位:人/平方千米

	1996	1997	1998	1999	2000	2001	2002	2003	2004	2005	备注
全区	4470.15	4674.27	4838.35	4990.56	5138.65	998.78	1024.11	1101.21	1126.82	1422.34	
浦东街道	29828.57	29518.18	29294.80	7034.06	7857.18	6907.18	2878.39	2876.27	2851.24	2821.16	
浦西街道	11985.33	12290.66	12461.33	4256.00	3684.44	4685.55	3962.40	3930.10	3928.90	4011.80	
路南街道	12002.18	12733.25	13297.02	8904.70	20012.94	20234.70	20915.88	21242.35	21812.35	22095.88	
市东街道	2318.33	2488.15	2652.60	2365.52	1713.67	1865.43	—	—	—	—	2002年与浦东街道合并
临洪街道	4540.08	4668.11	4718.29	4710.59	3371.63	3244.26	—	—	—	—	2002年与浦西街道合并
新东街道	—	—	—	4213.23	4217.74	4453.60	4703.23	5058.12	5369.12	5583.38	1999年新设立
新南街道	—	—	—	9268.14	8091.40	9130.47	9872.79	10517.67	11123.48	11574.88	
新海街道	—	—	—	12247.56	8104.22	8262.22	8297.77	8469.55	8548.00	8844.88	
云台乡	449.10	454.28	551.51	465.96	490.71	556.00	563.17	566.20	573.27	581.14	2001年11月划入新浦区
花果山乡	394.15	394.98	399.04	398.86	418.84	413.78	413.75	410.98	421.25	430.32	
南城镇	2110.42	2118.72	2115.10	2168.29	1640.85	2334.46	2374.25	2370.25	2387.87	2396.59	
云台农场	154.98	157.12	158.88	160.30	179.11	183.57	169.19	170.00	171.30	172.25	2001年11月划入新浦地区
宁海乡	465.00	465.17	489.06	544.30	528.71	524.93	577.10	586.21	574.97	557.06	2005年划入新浦区

注:表中1985～2000年全区数据不包含乡、镇、农场情况

第四节　家庭规模

海属乡风家庭以大和四代、五代同堂为荣。但一般居民家庭众多人口真正同住一院,同在一起吃饭的不多,较普遍的是二、三代同在一起生活,儿孙长大后多独立门户。家庭规模以六、七人为多。少数望族大户家庭人口较多,家庭规模无论大小,多有家规家训,对后代要求严格。

民国28年(1939)春,日本侵略军占领海属地区后,直至民国37年(1948)底解放前夕,战事频繁,民不聊生,家庭规模渐有变化。新浦解放时,平均每户4.27人,较民国23年,户均减少0.17人。

20世纪50年代中期至60年代中期,社会稳定,人民生活有所改善,出生人口增加,家庭规模渐大。1964年,全国第二次人口普查时,市区新浦居民家庭平均每户为4.5人。

20世纪60年代中期起,对城镇居民粮油等生活资料开始实行按户、按人计划供应,同时开始提倡节制生育,继而推行计划生育等,居民家庭规模趋向小型。1982年第三次全国人口普查时,市区家庭平均每户为3.64人;1990年第四次全国人口普查时,市区家庭平均每户3.5人;到2000年第五次全国人口普查时,市区家庭平均每户为3.02人。

乡镇居民家庭规模,在不同时期均大于城市居民家庭规模。据2000年第五次全国人口普查资料,区属乡镇家庭平均人口为:花果山乡3.83人,云台乡3.95人,宁海乡4.02人,南城镇3.66人。

至2005年底,全区家庭平均每户3.37人。其中,城市平均每户3.32人,农村平均每户3.59人。

第二章　人口构成

第一节　民族构成

区内居民多系汉族。新中国成立前,有少数回族、满族居民。新中国成立后,人口流动不断加快,少数民族居民逐步增加。1953年,居民由汉、满、回、瑶4个民族组成。其中,汉族居民占99.96%,其他民族居民占0.04%。1964年,居民由汉、满、回、蒙古、白、苗、高山等8个民族组成。其中,汉族居民占99.87%,其他民族居民占0.13%。1982年,居民由汉、蒙古、回、苗、壮、朝鲜、满、白、畲、高山、锡伯、鄂温克等12个民族组成。其中,汉族居民占99.80%,其他民族占0.2%。1990年,居民由汉、蒙古、回、维吾尔、苗、彝、壮、布衣、朝鲜、满、侗、瑶、白、土家、哈萨克、傣、畲、高山、纳西、锡伯、鄂温克等20个民族组成。其中,汉族居民占99.65%,其他民族居民占0.35%。2000年,居民由汉、蒙古、回、藏、维吾尔、苗、彝、壮、布衣、朝鲜、满、侗、瑶、白、土家、傣、畲、高山、柯尔克孜、土家、达尔、撒拉、锡伯、怒、鄂温克等25个民族组成。其中,汉族居民占99.67%,其他民族居民占0.33%。

第一次至第五次全国人口普查新浦区各民族人口一览表

表4-2 单位:人

时间\人数\民族	汉族	蒙古族	回族	维吾尔族	苗族	彝族	壮族	布依族	朝鲜族	满族	侗族	瑶族	白族	土家族	哈萨克族	傣族	畲族	高山族	纳西族	锡伯族	鄂温克族	藏族	柯尔克孜族	土族	达尔族	撒拉族	怒族
1953年7月1日第一次人口普查	51960	—	18	—	—	—	—	—	—	1	—	1	—	—	—	—	—	—	—	—	—	—	—	—	—	—	—
1964年7月1日第二次人口普查	67912	1	85	—	2	—	—	—	—	9	3	—	2	—	—	—	—	5	—	—	—	—	—	—	—	—	—
1982年7月1日第三次人口普查	121271	4	160	—	2	—	7		12	35	—	—	3	—	—	—	3	8	—	3	3	—	—	—	—	—	—
1990年7月1日第四次人口普查	180486	28	290	5	14	4	21	10	48	142	9	8	21	9	1	1	5	6	3	1	—	—	—	—	—	—	—
2000年11月1日第五次人口普查	346545	146	390	7	25	24	28	13	121	272	7	4	13	26	—	1	16	14	—	7	4	19	1	5	6	1	1

第二节 性别比例

新中国成立前,新浦地区无确切的人口性别统计资料。据口碑资料,解放前重男轻女,溺女婴现象时有发生,人口中男性多于女性。

新中国成立后5次人口普查资料显示,在全区街道居民中,男性略多于女性的有4次。以女性为100计算,1953年7月1日为100:109.69;1964年7月1日为100:96.75;1982年7月1日为100:104.88;1990年7月1日为100:109.38;2000年11月1日为100:104.44。

从每年年底人口统计数分析,以女性为100计算,1987~2005年,全区男性居民比例均高于女性居民。其中,1987~1999年的13年中,男性比平均在104,最高的1988年性别比为100:107.37。2000~2005年的6年中,性别比平均为100:112.69。2005年最高,达100:120.39。

1987～2005年新浦区各街道、乡镇出生人口性别比一览表

表4-3 （以女性为100计算）

单位 年份	全区	浦东街道	浦西街道	路南街道	市东街道	临洪街道	新东街道	新南街道	新海街道	南城镇	花果山乡	云台乡	宁海乡
1987	101.42	98.19	107.82	109.52	100.45	92.01	—	—	—	126.66	124.44	111.97	150.88
1988	107.37	100.00	110.37	99.42	78.20	113.30	—	—	—	117.77	114.40	128.86	120.00
1989	100.62	85.48	116.16	105.58	105.51	103.57	—	—	—	127.27	111.81	135.15	153.45
1990	102.82	113.63	119.35	97.36	115.45	102.70	—	—	—	110.61	95.75	92.09	143.04
1991	101.86	89.74	122.22	105.33	97.08	104.81	—	—	—	96.77	106.08	106.19	139.78
1992	103.82	99.13	101.01	106.28	108.64	100.38	—	—	—	106.06	106.60	102.71	106.25
1993	100.19	—	—	—	—	—	—	—	—	—	—	—	106.38
1994	106.32	96.50	100.49	105.38	112.86	106.34	—	—	—	112.19	108.51	109.55	188.54
1995	105.75	96.63	100.11	104.82	111.92	105.39	—	—	—	93.81	114.89	319.67	179.77
1996	105.09	96.54	100.02	104.12	110.59	104.86	—	—	—	103.57	103.37	112.50	157.26
1997	104.68	95.82	100.50	103.95	109.48	104.52	—	—	—	118.18	98.34	109.67	153.84
1998	105.86	119.14	108.94	99.34	108.70	103.43	—	—	—	100.00	110.30	147.72	157.24
1999	106.53	108.66	87.91	105.74	153.98	109.25	103.50	95.67	109.25	129.21	125.00	237.80	153.01
2000	112.18	116.19	84.48	98.38	126.80	117.14	117.08	111.00	122.05	—	—	—	160.78
2001	105.78	113.82	65.60	117.39	140.47	93.24	117.85	104.90	101.89	137.50	81.75	113.87	136.11
2002	109.31	113.58	63.63	100.62	—	—	124.63	122.77	112.34	101.28	103.69	107.90	121.34
2003	110.00	115.04	84.48	112.87	—	—	110.13	110.34	117.64	108.19	104.76	119.63	150.00
2004	118.53	129.29	112.18	107.22	—	—	111.87	102.62	129.53	142.25	127.10	133.48	114.28
2005	120.39	113.14	107.73	116.76	—	—	113.66	143.51	115.62	119.11	143.52	115.05	129.34

注:1987年至2000年全区出生人口性别比数据,不包含2001年后划入辖区的乡镇数据

第三节　年龄构成

解放前,居民年龄情况无统计资料。新中国成立后,在历次人口调查、人口普查中,对居民年龄均有准确统计。20世纪60年代起,居民中年轻人渐多。20世纪80年代末、90年代初起,居民年龄结构开始趋向老龄化。1990年初,全区居民中60岁以上的为13851人,占居民总数7.65%;65岁以上的占4.94%;80岁以上的1205人,占0.67%。2000年底,全区居民中60岁以上的为33918人,占9.76%;65岁以上的22717人,占6.53%;80岁以上的3110人,占0.89%。10年间,分别上升2.11、1.59、0.22个百分点。2004年,全区居民中有百岁老人5人。2005年,全区有百岁老人4人。

第四节　文化程度

解放前,新浦城区居民中80%为文盲、半文盲,农村居民中文盲、半文盲占90%以上。

新中国成立后,特别是20世纪50年代后期城乡全面开展扫除文盲运动,加之城乡学校教育、职工教育的展开,居民中文盲、半文盲明显减少。城区12周岁以上居民中文盲、半文盲占居民总数比例至1964年降至24.72%。

改革开放后,引进人才增多。1986年7月1日起贯彻实施《中华人民共和国义务教育法》。九年制义务教育全面普及,高等教育迅速发展,新浦区居民文化结构发生了根本变化。6岁及6岁以上居民中不识字或识字不多的比例大幅下降,中专以上文化程度的比例大幅上升。至2000年全国第五次人口普查时,全区6岁及6岁以上城镇居民不识字或初识字的占5.47%,农村居民中占11.47%;中专、高中以上文化程度的城镇居民中占49.27%,农村居民中占16.66%。

第二至第五次全国人口普查新浦区居民文化程度构成情况表

表4－4

项目／数字／年份	大学或相当于大学		中专高中		初中		小学		不识字或初识字	
	人数	(%)	人数	(%)	人数	(%)	人数	(%)	人数	(%)
1964 第二次人口普查	381	0.56	2227	3.27	7481	11	21679	31.87	16815	24.72
1982 第三次人口普查	2971	2.44	18678	15.37	39339	32.37	33011	27.17	14788	12.17
1990 第四次人口普查	15248	8.41	40676	22.46	57542	31.77	33175	18.31	19249	10.63
2000 第五次人口普查	49941	19.16	84286	32.33	101217	30.38	66695	25.59	24256	9.30

第五节　城乡人口构成

清末民初,新浦成为商埠以后,除临洪滩一带有部分农民从事农业生产,其他绝大部分为从事工商各业的城镇人口。解放初,新浦城乡人口相对稳定。1953年,农业人口占总人口的3.95%。20世纪50年代中期农业生产合作化时,组织部分城市无业贫民成立农业社。1956年,全区有农、渔业人口3424人,约占全区人口的6%。50年代后期起,市政建设和工业用地逐年增多,大片农田被征用,农民按"土地带人"政策,进入工商企业,转为城市人口。1964年,第二次全国人口普查时,全区农业人口2964人,占总人口的4.36%。1982年,第三次全国人口普查时,全区农业人口2296人,占总人口的1.89%。1990年,第四次全国人口普查时,全区农业人口4544人,占总人口2.72%。2000年,全区农业人口508

人,占全区总人口的0.21%。2001年起,行政区划调整,周边的部分乡镇划归新浦区,全区城乡人口比例发生明显变化。2001年,全区农业人口占总人口比例达11.03%。2005年底,全区农业人口占总人口比例上升到15.43%。

1987~2005年新浦区非农业人口与农业人口一览表

表4-5　　单位:人

年份＼项目	非农业人口	农业人口	年份＼项目	非农业人口	农业人口
1987	147288	4864	1997	218075	681
1988	153256	4613	1998	225758	677
1989	158406	4557	1999	233040	518
1990	162692	4544	2000	239981	508
1991	168192	4171	2001	281232	34881
1992	176814	932	2002	288906	35234
1993	182117	939	2003	316761	31771
1994	189600	600	2004	324437	32203
1995	200900	1000	2005	312194	56949
1996	208100	1100			

注:①1992年起,因国家建设征用农村土地,区郊临洪、沈圩两个村大量农业人口因"土地带人"转为非农业人口,固农业人口大为减少

②2005年因宁海乡划入故农业人口大增

第三章　人口变动

第一节　自然变动

解放前,新浦地区民间受"多子多福"、"养儿防老"、重男轻女等旧的思想观念影响,生育问题无人过问,生育率高。但因生活条件和卫生医疗条件低下,加之社会不稳定,新生婴儿死亡率也很高。人口自然变动一直处于高出生率和高死亡率并存状态,人口自然增长率低。

新中国成立后到20世纪60年代,居民中仍然存在着早婚早育、多胎生育情况,人口出生率高达30‰以上。由于推广新接生法,以及人民生活改善,医疗条件的提高,人口死亡率逐年降低,人口自然增长率不断提高。70年代开始实行节制生育、计划生育,提倡一对夫妇只生一个孩子,人口自然增长率明显下降。到20世纪80年代初降至11.60‰,到1990年降为7.08‰,2000年降至3.35‰,2005年,降至2.81‰。

第二节 机械变动

一、迁入

清光绪年间(1875～1908),新浦集镇日趋兴盛。山东、河北、河南等省及江苏扬州、镇江、清江等地商贾和附近失业盐工、失地农民等数千人涌入新浦兴办工商企业,或从事捕捞、搬运等业。至清宣统年间,新浦居民已达5000余人。

20世纪20年代中期至30年代中期,东陇海铁路铺筑至新浦,连云港码头建成,新浦的地理优势凸显,成为海属地区政治、经济、文化中心和苏北鲁南的货物集散地,再次吸引大批外地人到此落户。至民国23年(1934),新浦居民已达3万余人。

新中国成立后,新浦一直为连云港市政治、经济、文化中心,市级行政、事业单位设立于新浦,国家统一调配干部、分配各类学校毕业生、安置劳动力,迁入新浦的居民逐年增加。1953年秋,沈圩等4个自然村51户、260人从海州区划入新浦辖区。1961年,新沂县建骆马湖水库,有500余户迁入辖区内的新浦农场。1964年,大批南京知青落户新浦农场。

改革开放后,七一六研究所、黄海机械厂等大型单位从内地迁到新浦,淮海工学院(初名淮海大学)、职业大学等大专院校在新浦兴办,江苏省粮食技工学校、江苏省连云港市中药学校、连云港化学矿业专科学校等迁来新浦。20世纪80年代,平均每年有4000人迁入。

21世纪以来,随着对外开放步伐加快,到新浦经商办企业的客商越来越多。2001～2005年,每年迁入居民均在万人以上。2001年及2005年,花果山乡、云台乡、南城镇及宁海乡先后划入新浦区,全区居民猛增近8万人。

二、迁出

20世纪30年代末,日军轰炸新浦进而侵占新浦期间,直至民国37年(1948)11月7日新浦解放前,新浦大批居民外出避难、逃荒。

解放初,居民迁出数量不大。20世纪60年代初起,城镇居民下放到农村,机关、企业职工下放回乡务农,先后有2400多名知识青年"上山下乡",迁出人口增多。

改革开放后,企业用工制度改革,每年都有大批大专院校毕业生及企业下岗职工外出谋业,迁出人口量较大。平均每年迁出居民,从20世纪70年代的不足千人,到80年代末增加到2000余人,90年代末增至7000余人。2001～2005年,平均每年迁出8000余人。

1981～2005年新浦区人口变化情况一览表

表4－6 单位:人

年份＼项目	自然变动			机械变动		
	增长数	其中		增长数	其中	
		出生	死亡		迁入	迁出
1981	1438	1974	536	1765	2928	1163
1982	1610	2125	515	2198	3159	961
1983	890	1440	550	1595	2656	1061
1984	781	1321	540	2351	3404	1053
1985	837	1452	615	3214	4801	1587
1986	1056	1646	590	5603	7082	1479
1987	1390	1974	584	3538	5143	1605
1988	1365	1997	632	2444	4323	1879
1989	1286	1936	650	1628	4026	2398
1990	1281	1963	682	1340	3777	2437
1991	1029	1728	699	5495	3976	2468
1992	1140	1865	725	2548	5004	2456
1993	581	1413	832	3589	5962	2373
1994	911	1552	641	5495	8719	3224
1995	1544	2247	703	5759	8888	3129
1996	1295	2166	871	4523	8470	3947
1997	1323	1984	661	5734	9947	4213
1998	1731	2456	719	3900	8831	4931
1999	1781	2435	654	3190	9601	6411
2000	1747	2595	848	2915	10043	7128
2001	2149	2990	841	5632	13630	7998
2002	2270	3035	765	2859	10882	8023
2003	1052	2583	1531	4949	13098	8149
2004	2442	3490	1084	3336	12415	9079
2005	3040	4192	1152	2380	10910	8530

第四章　人口调查与普查

第一节　调查登记

民国 23 年(1934),江苏省政府为配合连云港港口建设工程,责成省土地局组队测量连云港港区域土地状况并派员办理土地、地价、人口等情况调查。新浦是连云港的依托亦在调查范围之列。据查,当时新浦六镇有居民 7288 户、32368 人。

民国 37 年(1948)12 月,新海连特区行政专员公署决定建立区级政权。同时进行居民调查。民主、新华、通灌、新龙 4 个区,共有居民 12453 户、53290 人。

民国 23 年新浦六镇人口调查情况表

表 4－7

镇别	户数	人口(人)	镇别	户数	人口(人)
新龙镇	1142	5710	新市镇	1293	5172
新民镇	1546	6184	三新镇	1233	4932
新华镇	1248	6240	浦西镇	826	4130

民国 37 年 12 月新浦四区人口调查情况表

表 4－8

项目 区别	户数	人口(人)	项目 区别	户数	人口(人)
民主区	3393	17072	新华区	3524	14729
通灌区	2364	10284	新龙区	3172	11205

第二节　人口普查

一、第一次全国人口普查

1953 年,在第一次全国人口普查中,共普查登记姓名、性别、年龄、民族、住址、与户主关系 6 项。普查结果,截至 1953 年 6 月 30 日 24 时,盐河区:6424 户、27625 人,其中农业人口 2055 人。龙尾区:5802 户、24355 人,无农业人口。

二、第二次全国人口普查

1964年,在第二次全国人口普查中,共普查登记姓名、性别、年龄、文化程度、成份、职业、住址、与户主关系9项。普查结果,截至1964年6月30日24时,全区共有15094户、68019人,其中男33447人、女34572人。

三、第三次全国人口普查

1982年,在第三次全国人口普查中,按人填报姓名、与户主关系、性别、年龄、民族、常住户口登记情况、文化程度、行业、职业、失业人口情况、婚姻状况妇女生育子女数和存活子女数、1981年育龄妇女情况等13项;按户口填报户口类别(家庭户或集体户)、住址编码、人数、1981年出生人数、1981年死亡数、常住户口已外出生一年以上的人数等6项。普查结果,截至1982年6月30日24时,全区共有32335户、121511人。其中,男62210人、女59301人。

四、第四次全国人口普查

1990年,在第四次全国人口普查中,按人填报登记项目较第三次人口普查增加"1985年7月1日常住地情况和迁来地原因"两项。按户填报同第三次人口普查。普查结果,截至1990年6月30日24时,全区共有47358户、181112人,其中,男94612人、女86500人。

五、第五次全国人口普查

在第五次全国人口普查登记中,到2000年10月31日,全区常住人口为260628人,家庭户76405户,其中,男133142人、女127486人。

1953年第一次全国人口普查新浦地区人口情况表

表4-9

区别		自然村	街道	户数	人口数		
					合计	其中	
						男	女
盐河区	小计	7	11	6424	27625	14453	13172
	市区	—	11	5978	25570	13402	12168
	临洪乡	7	—	446	2055	1051	1004
龙尾区		—	11	5802	24355	12739	11616
总计		7	12	12226	51980	27192	24788

1964 年第二次全国人口普查新浦区人口情况表

表 4 − 10　　单位:人

地区		户数	人口数		
			合计	男	女
	全区总计	15094	68019	33447	34572
东艉派出所	小计	5810	25755	12425	13330
	市化街	305	1258	593	665
	通灌街	453	1862	872	990
	车站街	381	1802	889	913
	新市街	363	1423	641	782
	浦中街	468	1864	877	987
	市民街	563	2287	1028	1259
	站北街	425	1749	84	906
	民主街	599	2510	1169	1341
	建国街	789	3066	1386	1680
	市东街	458	1970	905	1065
	同兴街	380	1585	743	842
	浦东街	190	948	496	452
	陇东街	404	1801	836	965
	集体单位	32	1630	1149	483
西艉派出所	小计	5755	26277	13090	13187
	同和街	705	3014	1432	1582
	灌青街	600	2576	1232	1344
	新海街	620	2668	1226	1442
	西艉街	368	1486	703	783
	前河街	456	1909	916	993
	民族街	535	2176	1001	1175
	通池街	339	1410	623	787
	双池街	419	1860	921	939
	新新街	468	2000	921	939
	后河街	362	1501	692	809
	临洪大队	583	2374	1162	1212
	沈圩大队	127	590	294	296
	集体单位	164	2713	1942	771

续表4－10

地区		户数	人口数		
			合计	男	女
路南派出所	小计	3529	15987	7932	8055
	路南街	680	2252	1066	1186
	贾圩街	476	1917	921	996
	新生街	590	2358	1128	1230
	新村街	915	3804	1757	2047
	菜市街	497	2132	961	1171
	路北街	361	1513	699	814
	集体单位	10	2011	1400	611

1982年第三次全国人口普查新浦区人口情况表

表4－11　　单位:人

地区		户数	人口			备注
			合计	男	女	
全区总计		32335	121511	62210	59301	
市东街道	小计	7278	26482	13697	12785	
	新东街	428	1449	725	724	
	市东街	587	2192	1078	1114	
	浦河东街	293	1126	562	564	
	外仓街	577	1873	939	934	
	车站街	710	2481	1250	1231	
	站北街	687	2544	1257	1287	
	站南街	832	2920	1033	1024	
	河南庄街	566	2057	1033	1024	
	路南街	592	2202	1082	1120	
	朝阳街	878	2668	1357	1311	
	新浦农场	1066	3420	1703	1717	
	集体户	62	1550	1269	281	

续表 4-11(1)

地区		户数	人口			备注
			合计	男	女	
浦东街道	小计	5985	21588	10458	11130	
	陇东街	601	2320	1150	1170	
	同兴街	580	2123	1250	1098	
	市化街	346	1294	588	706	
	市民街	576	2006	967	1039	
	民主街	619	2215	1089	1137	
	浦中街	413	1403	660	743	
	路北街	621	2198	1084	1124	
	菜市街	528	1958	1704	1124	
	新市街	417	1392	677	715	
	建国街	353	1200	578	622	
	通灌街	375	1312	609	703	
	陇西街	513	1850	884	966	
	集体户	25	317	246	71	
路南街道	小计	6924	25916	13250	12666	
	贾圩街	823	2961	1455	1506	
	新化街	678	2405	1187	1281	
	新生街	508	1876	950	926	
	新村街	438	1565	781	784	
	公园街	50	2034	1012	1022	
	浦南街	389	1459	724	735	
	盐河街	601	2031	1010	1021	
	延安街	1003	3511	1750	1761	
	扁北街	1218	4387	2217	2170	
	扁南街	693	2441	1212	1229	
	集体户	43	1246	952	249	

续表 4－11(2)

地区		户数	人口			备注
			合计	男	女	
浦西街道	小计	4463	16319	8106	8219	
	同和街	713	2655	1296	1359	
	前河街	402	1400	704	696	
	西桥街	420	1409	681	728	
	民族街	594	2063	997	1066	
	通池街	327	1194	612	582	
	双池街	589	2010	1045	965	
	新新街	500	1811	867	944	
	后河街	630	2358	1181	1177	
	沈圩大队	259	1211	578	633	
	集体户	11	208	139	69	
临洪街道	小计	7670	30730	16241	14489	
	新海街	519	1806	905	901	
	新中街	489	1739	874	865	
	灌青街	646	2374	1193	1181	
	电台街	671	2611	1293	1318	
	新西街	551	2118	1063	1055	
	幸福路街	680	2677	1329	1348	
	幸福路西街	312	1063	538	525	
	港西街	686	2374	1167	1207	
	河西街	703	2665	1311	1354	
	连海路街	550	1979	1016	963	
	浦西街	728	2765	1326	1439	
	临洪街	710	2175	1129	1046	
	临洪大队	379	1085	487	598	
	集体户	46	3299	2610	963	
	集体户	15	476	464	12	
云台乡		5566	23100	11677	11423	2001 年 11 月划入新浦区
花果山乡		3962	113794	6915	6879	
宁海乡		4502	19166	9577	9589	2005 年 6 月划入新浦区
南城镇		2449	9481	4677	4804	2001 年 11 月划入新浦区
云台农场		1179	4842	2446	2396	

1990年第四次全国人口普查新浦区人口情况表

表4-12 单位:人

地区		户数	人口			备注
			合计	男	女	
全区总计		47358	181112	94612	86500	
浦东街道	小计	5668	19218	9495	9786	
	陇西街	509	1596	771	825	
	陇东街	517	1904	952	952	
	路北街	714	2570	1281	1289	
	同新街	615	2183	1106	1077	
	浦中街	368	1163	561	602	
	建国街	282	860	438	422	
	菜市街	541	2051	1014	1037	
	通灌街	314	1068	527	541	
	新市街	436	1423	698	725	
	市民街	551	1895	915	980	
	民主街	504	1498	735	763	
	市化街	317	1070	497	573	
浦西街道	小计	4892	17697	8850	8847	
	前河街	279	291	443	478	
	新和街	405	1495	735	760	
	同和街	343	1288	641	647	
	西桥街	380	1414	697	717	
	民族街	486	1592	793	799	
	通池街	401	1333	673	660	
	双池街	541	1969	988	981	
	新新街	470	1579	769	810	
	后河街	571	20053	1061	992	
	沈圩街	459	1931	810	821	
	新站街	557	2422	1240	1182	
市东街道	小计	12545	52911		32700	
	浦河东街	693	3273	1976	1297	
	浦东街	1065	3631	1890	1741	
	市东街	715	2535	1267	1268	
	站北街	421	1462	729	733	

续表 4－12(1)

地区		户数	人口			备注
			合计	男	女	
市东街道	龙北街	795	2930	1446	1484	
	站中街	347	1205	615	590	
	车站街	265	978	527	451	
	路南街	717	2480	1221	1259	
	河南庄街	666	2690	1359	1331	
	利民街	522	1969	1044	925	
	站南街	722	2570	1273	1350	
	艺北街	686	2175	1175	1000	
	外仓街	831	2898	1497	1401	
	东风街	606	2732	1535	1197	
	朝阳街	544	1867	955	912	
	龙河街	910	4198	2408	1790	
	龙尾街	795	3495	2031	1464	
	巨龙街	1208	6905	4054	2851	
	铁二局四处	35	2910	2209	701	
路南街道	小计	10887	38991	19540	19541	
	新南一街	755	2696	1384	1312	
	新南二街	480	1651	801	850	
	新南三街	679	2433	1220	1213	
	新南四街	894	3071	1540	1531	
	扁担河南街	547	1914	955	959	
	延安西街	603	2095	1053	1042	
	扁担河北街	513	1087	916	891	
	葵花街	686	2343	1177	1166	
	民建街	165	658	326	332	
	延安南街	748	2830	14702	1428	
	延安东街	675	2435	1236	1199	
	盐河街	608	2081	1046	1035	
	浦南街	388	1610	829	781	
	新村街	449	1584	803	781	
	贾圩街	455	1724	859	865	
	新化街	329	1185	575	610	
	公园街	401	1565	793	771	

续表 4－12(2)

地　区		户数	人　口			备　注
			合计	男	女	
路南街道	新生街	452	1568	780	788	
	青海街	530	1865	943	922	
	向阳街	530	1877	902	975	
	新海街	313	1210	605	605	
	新中街	541	1982	991	991	
	新西街	805	2929	1466	1463	
	临洪街	402	1535	776	759	
	大成街	546	2122	1111	1011	
	灌青街	457	1916	95	963	
	电台街	682	2500	124	1256	
	连海路街	767	2831	144	1397	
	幸福路街	453	1579	79	780	
	通化街	343	1332	681	651	
	幸福路西街	532	1909	990	919	
	大庆东路	713	3176	1732	1444	
	港西南街	446	1596	788	808	
	民航楼街	542	1816	907	909	
	新孔路街	659	2213	1092	1121	
	港西街	665	2428	1238	1190	
	航运街	951	3178	1503	1494	
	河西街	845	2997	1503	1327	
	矿山院家属区	746	2730	1403	1327	
	水上户口	24	1007	863	144	
	新浦农场	1083	4447	2291	2156	
	市公安局	28	1096	1085	11	
云台乡		7016	27390	13932	13458	2001 年 11 月划入新浦区
花果山乡		4036	15953	8150	7803	
宁海乡		5165	21156	10785	10371	2005 年 6 月划入新浦区
南城镇		2067	7190	3555	3635	2001 年 11 月划入新浦区
南云台林场		786	3370	1690	1680	
云台农场		1478	5256	2699	2562	

2000 年第五次全国人口普查新浦区人口情况表

表 4－13 单位：人

地区别	户数	人			备注
		合计	男	女	
总计	81541	260628	133142	127486	
浦东街道	7563	260628	10988	11241	
浦西街道	6169	22229	9745	9706	
市东街道	7597	19451	11612	11527	
新东街道	17056	23139	32063	27801	
新南街道	14064	59864	22817	21652	
路南街道	11304	44469	17369	17162	
新海街道	12800	40431	20378	20053	
临洪街道	4988	16514	8170	8344	
云台乡	7389	29256	15268	13988	2001 年 11 月划入新浦区
花果山乡	4346	16628	8602	8026	
宁海乡	6049	24321	12611	11710	2005 年 6 月划入新浦区
南城镇	2111	7712	3909	3803	2001 年 11 月划入新浦区
南云台林场	1026	3727	1907	1820	
云台农场	1757	5606	2892	2714	

第五章　人口控制

第一节　管理机构与网络

1971 年 3 月，新浦区计划生育办公室成立，工作人员 3 人，负责新浦地区计划生育及幼儿园、托儿所、妇幼卫生工作。1976 年，成立新浦区计划生育领导小组，区委书记任组长，驻地市政府各委、办、局（公司）领导人为成员。1978 年，区计划生育办公室调整为专管新浦地区计划生育工作。

1983 年 6 月，成立新海区计划生育委员会，下设办公室，工作人员 6 人。各乡镇、街道、驻区单位和厂矿企事业设立计划生育管理机构，协助党委抓好同级计划生育工作。各街道办事处还配备了计划生育干部。1986 年 6 月，因行政区划调整，恢复新浦区建置后，区立即成立区计划生育委员会，下设办公室，工作人员 4 人，负责新浦地区的计划生育日常管理工作。

1988 年 2 月，成立新浦区计划生育服务所，工作人员 5 人（1999 年扩编至 8 人），性质为自收自支事业单位。1993 年 11 月，新浦区计划生育指导站成立，工作人员 3 人，性质为全额拨款事业单位，与新浦区计划生育服务所合署办公(2003年7月,迁至海昌南路的新浦区社区服务中心)。主要承担全地区计划生育宣传教育与落实节育措施任务,围绕全地区育龄妇女孕前管理、孕中服务等开展工作。

1989年3月,新浦区计划生育协会成立,性质为群众组织。

20世纪80年代,新浦坚持"条条管理,块块负责,以条为主,条块结合"的管理模式,充分发挥地区各系统对计划生育管理作用,形成管理网络。

1996年,新浦区计划生育委员会更名为新浦区计划生育局,下设办公室,核定人员编制6人。辖区内有各级计划生育协会183个,拥有会员73259人。

至20世纪90年代末,辖区单位均设有计划生育工作办公室,200人以上企事业单位及各街道、乡镇、(居)村民委员会配有计划生育专干,各班组、居(村)民小组有计划生育信息员。形成计划生育管理服务网络。

2005年4月,新浦区计划生育局更名为新浦区人口和计划生育局,下设办公室,核定编制6人。年底,辖区内有各级计划生育协会183个,会员73259人。

第二节 计划生育

新中国成立初期,受"早生贵子"、"多子多福"等旧生育观和"人多热气高"、"人多好办事"等思想的影响,群众中早婚早育、多胎生育现象相当普遍,严重影响群众生活和育龄妇女就业。1963年起,区政府开始广泛宣传节制生育的好处及节制生育的科学知识,鼓励育龄妇女采取节育措施。

1963年6月,区医院设立避孕指导门诊。提倡采取节育措施,鼓励多子女育龄夫妇一方采取绝育措施。"文化大革命"开始后,节制生育工作停顿,1970年人口出生率高达34.92‰。

20世纪70年代初起,开始提倡"晚(晚生)、稀(生育密度稀)、少(少生)",要求一对夫妇只生两个孩子,且中间间隔4年。已有3个含3个以上孩子、女方年龄在40周岁以下、无禁忌症的育龄夫妇动员一方做绝育手术。1975年,开展以普及计划生育这一基本国策和人口理论、优生优育、节制生育知识为内容的"三普及"教育,提倡有两个孩子的育龄夫妇的一方做绝育手术。重点控制、减少多胎生育。1977年春季,以结扎为重点,以沈圩村为基点,先后3次开展结扎工作,带动其他节育措施的落实。70年代中期一度出现惩罚过重、连带惩罚等过激做法,后很快得到纠正。

1978年2月起,人口控制工作开始由节制生育转向计划生育,"提倡一对夫妇只生一个孩子"。区革命委员会转发市革命委员会《计划生育奖惩暂行规定》,次年11月23日,区机关表彰13对终生只生一个孩子的育龄夫妇。同月,新浦地区614对领取独生子女证的育龄夫妇受到市政府表彰奖励。1982年3月1日,区委、区政府召开计划生育先进集体、先进个人表彰大会,表彰了25个先进集体、239名先进个人。当年,新浦地区独生子女领证率达99.83%。同年,区委、区政府制定《新浦区计划生育若干问题的规定》,建立奖惩制度,明确要城镇晚婚年龄为女24周岁,男26周岁,提倡一对夫妇生育一胎,严格控制二胎,杜绝多胎。1985年,市东街道办事处和临洪村被评为全国计划生育先进集体。1986年,全区城区人口出生率为11.68‰,自然增长率为7.94‰,计划生育率达99.67%。区政府被江苏省人民政府授予省计划生育先进集体称号。

1988年,新浦区在全市率先实行计划生育管理责任制,区长和分管计生工作的副区长代表区政府与各街道办事处签订计划生育责任书。同年,区计划生育服务所被评为省先进“三结合”技术指导站。1989年,区政府与市政府签订计划生育目标管理责任书,年终获一等奖。同年11月,区政府制定《关于加强个体工商户及流动人口计划生育管理的暂行规定》。1990年,民主街计划生育协会被评为省计划生育工作先进集体。

20世纪90年代起,区委、区政府不断探索流动人口和改革过程中出现的一些特殊人员的计划生育管理办法,并进一步规范基层计划生育管理工作。1991年,区计划生育部门在市东街道试点,总结出“明三情”(婚情、孕情、节育情况)、“把三关”(居委会把计划生育证明审验关、公安部门把好户口关、工商部门把住营业关)、发“三证”(计划生育审验证、暂住证、营业执照)的流动人员“三三制”管理程序,并在全区推广。1992年,区委、区政府制定下发《新浦区街道居委会计划生育规范化管理标准》和《新浦区基层事业单位计划生育规范化管理标准》开展计划生育管理标兵居委会、合格居委会和不合格居委会评比活动。同年11月25日,区政府被国家计划生育委员会评为全国城市计划生育工作先进集体。1995年2月,区政府制定《新浦区停薪留职人员计划生育暂行规定》。对辖区内停薪留职人员、放长假人员,被单位除名人员、解除合同人员,空挂个人档案人员,空挂户口和买户口进城人员,亦工亦农人员,房屋拆迁人员及离婚、再婚人员等7种特殊人员的婚育、节育情况进行全面清理。年内还清理流动人口2万余人,为1.5万人登记建档。同年秋,区委、区政府进一步明确单位一把手亲自抓计划生育的职责,将责任落实到位。

1996年3月,新浦区获得全市计划生育目标管理一等奖。4月,花果山乡计划生育服务站被评为1995年度市计划生育先进服务站。

20世纪90年代后期,全区计划生育工作重点转向加强服务。1996年10月,区政府牵头,计划生育、司法、卫生、文化等部门联合开展计划生育“三下乡”活动。1998年,对全区育龄妇女网络版信息系统进行升级,实现省、市、区、街四级信息数据传输网,构建信息资源共享平台。同年10月,区计生、财政、审计、监察部门联合开展计划外生育费专项清理。

1999年5月,区政府决定辖区内因企业改制、减员等情况而离岗、下岗的已婚育龄妇女,由所在单位为其向户籍所在社区缴纳100元服务费,由社区负责其49周岁以前的计划生育管理服务工作。同年11月,新浦区启动“独生子女父母下岗再就业工程”,1979年第一批领取独生子女证的789名待业、失业的独生子女父母,在政府帮助下重新找到就业岗位。

2000年3月,在全区推广“以房管人、看图说话”工作模式,整顿私房出租情况,使暂住人群的人口与计划生育管理有机结合。在旧城改造中的拆迁户中建立迁出与迁入共管制度;在改制企业中落实企业法人计划生育责任制,协调辖区单位与社区居委会建立并完善下岗职工等特殊人群计划生育委托与移交管理制度。4月,市计划生育委员会(以下简称市计生委)与新浦区共同启动“独生子女扶贫解困滚动工程”,区政府、市计生委共同出资2万元,购买面条机、烤箱等帮扶独生子女特困户17名。同年8月,新浦区举办村(社区)计划生育专干持证上岗业务考试,全区82名计划生育专干参加笔试,计生专干参考率达95%。9月,市领导到新浦区走访慰问独生子女特困户18户,发放慰问金近万元。

从20世纪末开始,对育龄妇女信息卡进行微机管理。2000年各街道办事处全部配备微机,由区计生局实行联网管理,做到卡、簿、册、表、单“五统一”。计划生育工作推广居民委员会属地化管理模式,驻地单位在接受行业系统管理的同时,接受社区居委会管理,社区居委会受区政府委托,与辖区单位签定计划生育目标管理责任书,并将无用工单位、无主管部门的人员的计划生育纳入正常管理。由计划生育部门与公安、工商、民政等部门齐抓共管、综合治理。

2001年2月，区委、区政府召开全地区计划生育工作会议，开展省“十五”人口和计划生育示范区创建工作。改革计划生育管理体制，变属地化管理为现居住地管理，推广使用《社区居民委员会计划生育工作手册》，在全区范围内取消《一孩生育证》，启用《一孩服务证》。拓宽育龄妇女信息采集渠道，由公安分局提供总人口数及申报户口数，区民政局提供初婚、复（再）婚数及个案信息，区卫生局提供孕妇、产妇动态信息，区计生局对采集信息进行纵向比较，指导基层有针对性地开展服务工作。

2002年2月，在全区72个村（社区）推行计划生育村（居）民自治，按照《村（居）民自治章程》，村（居）民的婚姻、生育、节育等婚育行为由村（居）民委员会进行自我教育、自我管理、自我服务，计划生育各项法律法规落实到基层。在云台乡的渔湾村、凤凰村进行计划生育管理“以居住地为主”的试点工作。同年9月，区计生局在市民广场举办大型计划生育广场文化活动，学习、宣传和贯彻2002年9月1日起施行的《中华人民共和国人口与计划生育法》。同年12月3日，在云台乡召开全区计划生育村民自治现场会，推广渔湾、凤凰两个村的经验。

2003年，全区计划生育管理工作围绕制定创新项目和重点工作责任推进表，进行综合改革。按照建立全方位的宣传教育体系和科技含量高的计生技术服务体系，建立计划生育干部激励与制约机制，建立计划生育工作利益导向机制，为独生子女建立爱心卡，经常走访慰问独生子女特困户。在全区推广路南街道扶持独生子女特困户的利益导向典型经验；改革计划生育管理体制，改革目标管理考核办法；强化计划生育依法管理的“三建”、“两改”、“一强化”工作思路，先行试点，并通过现场会予以推广，在全区全面开展计划生育管理综合改革。同年9月，省计生委派出4名计划生育工作专家，对新浦区“十五”人口和计划生育示范区创建工作开展中期评估，从定性和定量两个方面进行，定量样本点抽查了路南街道公园社区。全区计划生育率、流动人口管理服务率均达100%，信息准确率、计生干部结构调整率和村（居）委会达标率、群众满意率均达95%。省计生委检查组对新浦区争创计划生育示范区工作比较满意。年底，在市目标考核中，被评为计划生育先进单位。

2004年1月，行政区划调整，花果山乡计划生育纳入全区统一管理。同年3月，召开全区计划生育工作会议，浦东街道办事处等47个单位和115名计划生育工作先进个人受到表彰。5月，新浦区计生局与市广播电视报社联合举办万人计划生育知识竞赛，试卷回收率达65%。11月，区计生局召开全区计划生育创新项目现场会，9个乡镇、街道各推一个创新项目，70名计生干部现场观摩学习交流。

2005年3月，区政府在宁海乡举办对农村部分计划生育家庭实行奖励扶助制度奖励金首发式，全区有105名符合条件人员领到每人每年600元奖励金。当年，全区还为548户独生子女特困户办理了低保手续，建立独生子女特困帮扶基金30万元。为7313个独生子女家庭建立了档案。年内，全区人口出生率在9.5‰以下，计划生育率达99.5%。

第三节 晚婚晚育

1971年，区革命委员会号召适龄青年晚结婚、晚生孩子。1975年，区革命委员会对晚婚、晚育作出规定：男26周岁，女24周岁结婚为晚婚。对不响应晚婚号召，按法定年龄准备结婚的，动员尽量推迟婚期；婚后落实节育措施，按生育计划生育。1980年，区政府21号文件规定，如一方年龄过大（男30周岁，女27周岁)，另一方比晚婚年龄要求差1岁也予以登记结婚。新婚夫妇原则上随时安排生育计划，如新婚夫妇多，超过当年生育指标的单位，安排生育计划时，则要求共产党员、共青团员和国家干部让群众、年龄小的让年龄大的，后结婚的让先结婚的。当年纳入生育计划而未生的，下年优先安排。1985年，区政府出台42号文件，调整晚婚年龄为男25周岁，女23周岁。规定凡晚婚的可享受10天婚假。

在各个不同时期，根据晚婚年龄规定，区婚姻登记机关严把晚婚关，计划生育办公室出具证明，办理一胎生育计划，由计划生育分管领导签字。不符合晚婚晚育条件的一律不予登记，对不执行晚婚(年龄)，不办理结婚登记，形成事实婚姻的，按计划外怀孕处理，根据有关规定进行处罚。凡做到晚婚晚育的可享受86天产假，婚假产假和落实节育措施期间，工资照发，奖金不受影响。

20世纪90年代，新婚姻法规定男22周岁，女20周岁为法定婚龄，不再将晚育纳入考核指标，但也鼓励公民晚婚、晚育。"十五"期间鼓励公民晚婚、晚育，从有利于公民学习、创业、优生优育以及对子女教育和有利于国家人口控制目标的实现加以引导和号召，在计划生育管理中，不以晚婚年龄代替法定婚龄来限制青年男女结婚，也不以晚育来限制符合法定婚龄依法登记夫妻的合法权利，志愿按晚婚晚育政策执行的，仍可以享受《江苏省人口与计划生育条例》奖励与社会保障所规定的相应待遇。

第四节　优生优育

清至民国初年，产妇均在家分娩，请民间守生婆接生，卫生条件差，且有诸多陈规陋习。民国18年(1929)出现新法接生，个别私人医院还专门开设接生门诊。但大多数产妇仍沿旧习。新生儿常因破伤风(俗称"七朝疯")而死，产妇也有因产褥热、大出血等丧命的。其间高出生率与高死亡率并存。

1950年，市卫生部门在新浦率先大力宣传、推广新法接生、培训接生人员，革除陋习，保证母婴健康。1951年，推广无痛分娩法。1955年起多数产妇已住院分娩。

1958年11月25日起，实行婚前检查。区医院设立了婚前检查门诊，对婚约双方进行健康、遗传等方面的检查。对患有不能结婚生育或患有生育疾病未治愈者，耐心说服教育，暂时不予登记结婚，防止影响下一代健康。

20世纪60年代末开始，加强对儿童生理、心理、营养、健康和教育、卫生等方面的咨询服务。每年"六一"儿童节对部分儿童进行体格检查。

1978年起，向登记结婚的青年提供《新婚必读》等资料。妇幼保健部门为孕妇建立保健卡。

20世纪80年代，全区在独生子女中开展健、优、美儿童评比活动，广泛进行育儿知识教育，宣传优生优育和三岁前幼儿早期教育知识。建立孕妇产前定期检查、产后定人访视制度，加强孕妇、产妇保健工作。江苏省盐业公司总医院设立遗传研究室，并开设遗传咨询、孕前和产前诊断、生育指导及一些遗传疾病治疗业务，减少了先天缺陷婴儿的出生。建立孕妇围产期保健，降低难产率。区妇联、民政局、计划生育办公室联合开办新婚夫妇学校，向在本区婚姻登记站领取结婚证的新婚夫妇，传授婚育、家庭等方面知识。举办健、优、美儿童评比活动。区政府举办人口与计划生育基础知识教育培训讲座，邀请17名专家、学者编写优生优育和遗传方面知识教材。全年举办10期培训班，共培训计划生育工作骨干800余人。全面推行幼儿园教育，对3~6岁学龄前儿童进行心理教育。区政府通过不同渠道培养学历合格幼儿教师近千人，并从婴幼儿常见病、多发病着手开展免费检查，由卫生部门进行计划免疫和接种。

20 世纪 90 年代，全区通过加强计划生育全程服务和生殖健康服务，深化优生优育工作。1994 年 1 月 20 日至 27 日，在市家具厂举办新浦地区优生、优育、优教知识展览，放映优生、优育、优教科教影片，开展遗传及优生学知识咨询，普及优生、优育、优教知识。1996 年，在辖区内实施以避孕节育全过程服务和生殖保健服务为重点到优质服务。当年 11 月中下旬，全区开展计划生育、优生优育和生殖保健知识宣传咨询宣传周活动，广泛宣传优生优育知识。期间，在开展婚前检查和男女双方凭卫生部门签署意见领取结婚证的同时，切实加强女职工卫生保健工作，辖区内凡有 50 名以上女工的工矿单位，绝大部分都设立了女工卫生室。依托卫生医疗单位做好婚前教育、婚前体检、初孕检查、产前检查，保证胎儿健康发育、出生、成长。在卫生系统和计划生育服务机构开展出生缺陷一级干预，推广使用干扰素“福施福”预防出生缺陷。“十五”期间，全区依托区计划生育指导站服务窗口和区民政局婚姻登记平台，大力宣传普及预防出生缺陷科学知识，积极开展“孕前—围产期保健”工作，在强化提高出生缺陷一级预防措施的基础上，加强对符合条件再生一孩的预防和干预力度，着力提高出生人口素质。

2001 年 10 月 28 日，全区各街道、乡、镇全面开展“男性健康宣传日”活动，以各级人口学校为阵地，宣传、普及男性生殖健康科学知识，提供男性生殖健康服务。年内还先后在华联广场、市民广场和百货大楼广场举办“男性健康”宣传演出活动。2004 年，全区邀请专家先后举办 6 场计划生育保健专题知识讲座。

2005 年，区政府投入 8 万元为已婚育龄妇女和流动人口进行生殖健康检查，为 817 名孕妇进行产前筛查，把优生优育措施落实到实处。

第五节　出生人口性别比治理

受传统生育观念及传宗接代等封建思想影响，20 世纪 90 年代前后开始，在一些育龄妇女中出现孕期通过 B 超查实胎儿性别，引流女性胎儿现象间有发生，直接导致出生人口男女性别比失衡，男性比例持续升高，出生人口性别比超出正常值范围，而从 1987 ~ 2005 年新出生人口性别显示，19 年中，男性比例总体呈逐年升高趋势。以女性为 100 计算，19 年中除 1989 年、1993 年，男性分别为 100.62 和 100.19 外，其他年份男性均在 101 以上，有 12 年男性比在 105 以上。21 世纪初的 5 年中，男性比更由 2001 年的 105.78，直线上升至 2005 年的 120.39。乡镇情况更为突出，有的乡镇个别年份新出生人口男性比高达 140 以上。直接影响着人口结构、人口质量和经济社会的可持续发展。省委、省政府 2005 年 12 月在连云港召开全省出生人口性别比升高问题专项治理工作会议，对出生人口性别比升高提出了具体要求。区委、区政府随即成立出生人口性别比升高问题专项治理工作领导小组，将此纳入人口和计划生育目标管理责任书，建立融宣传教育、依法管理、优质服务、利益到乡于一体的综合治理工作机制，从建立 B 超管理使用与监管机制入手，对全区医疗机构、个体诊所及计生服务机构和 B 超使用情况进行清理、整顿和规范。完善定点分娩、引产和孕检制度。决定今后每年组织 4 次出生人口性别比专项检查，对超出职业范围的违规行医人员取缔其行医场所，对未经批准擅自使用 B 超或染色体进行非医学需要的胎儿性别鉴定人员和超出执业许可，擅自实施终止妊娠术人员吊销其执业许可证。同时，建立全程优质服务机制，结合转变群众观念，建立新型生育文化机制，落实优惠政策，建立利益导向和社会保障工作机制，遏制出生人口性别比升高势头。

1986～2005年新浦区计划生育情况一览表

表4－14

年份	人口总数（人）	出生人数（人）	人口出生率（%）	自然增长率（%）	死亡率（%）	女性初婚人数（人）	晚婚率（%）	已婚育龄妇女人数（人）	落实节育措施人数（人）			节育率（%）	一孩出生率（%）	二孩率（%）	计划生育率（%）
									结扎	上环	药具				
1986	142168	1697	11.93	11.93	4.15	1662	75.09	25759	5050	15879	3000	92.9	94.78	5.22	99.64
1987	149410	1974	13.21	9.3	3.91	1360	77.21	28293	5226	19103	2470	92.62	93.41	6.59	99.34
1988	155011	1997	12.88	8.8	4.08	1197	85.8	29799	5130	16890	1511	89.03	92.41	7.51	99.3
1989	160416	1956	10.95	6.9	4.05	1104	84.42	32057	4809	19704	1347	91.9	94.73	4.75	99.48
1990	162963	1967	10.81	7.08	3.73	937	85.91	38502	4782	25446	1800	86.4	95.01	4.68	99.69
1991	172911	1470	8.47	4.96	3.51	1150	96.17	38379	4691	25851	1318	92.57	94.49	5.51	99.52
1992	178615	1562	8.9	5.2	3.7	1154	97.66	40135	4429	30567	1270	91.34	96.29	3.71	99.74
1993	189606	1772	9.5	5.85	3.65	1500	95.22	42533	4350	32843	1541	91.20	97.63	6.26	100
1994	194097	1596	8.32	5.24	3.08	1380	96.96	42674	4004	33939	2851	93.51	97.87	2.13	100
1995	204567	1664	8.26	4.76	3.51	977	99.28	44754	3889	33007	2997	88.59	97.24	2.7	100
1996	213529	1737	8.3	5.41	2.89	999	99.5	48492	3738	35442	3602	93.17	97.87	2.13	99.83
1997	217934	1920	9.01	2.59	6.43	1363	99.34	47661	3304	35225	3033	91.67	98.49	1.46	99.84
1998	225491	1515	6.81	4.36	2.44	887	96.05	49906	3551	35442	3718	91.45	98.55	1.45	100
1999	230085	1939	8.53	4.62	3.9	1296	91.28	52977	2695	38106	3235	89.45	98.04	1.96	99.95
2000	238627	1760	7.51	3.35	4.16	951	97.37	52491	2271	39395	2930	91.74	98.81	1.19	100
2001	247446	1471	6.05	3.66	2.39	784	94.51	51745	2334	41656	2138	89.54	98.37	1.63	100
2002	248335	1874	6.17	3.46	2.71	968	79.33	51470	2745	41661	2408	91.45	97.29	2.77	100
2003	309158	1738	5.44	3.02	2.42	861	74.56	64590	7674	48405	3308	92.25	97.01	2.99	100
2004	353532	1889	5.36	2.72	2.64	997	78.03	68779	8955	50386	2596	91.51	96.72	3.23	99.95
2005	369153	1863	5.34	2.8	2.53	884	73.41	68774	9653	49737	2895	92.24	96.67	3.27	99.95

第五编　国土资源管理

解放前，新浦地区土地资源基本上为地主和资本家占有，广大农民主要靠租种地主的土地或为其看山来养活自己。土地可以自由买卖。

解放后，城市土地为国家所有，工商户、居民只有土地使用权。1951 年，新浦地区开始进行土地改革，农村耕地为广大农民所有，山林绝大部分为国家所有。

1953 年起，农村开始成立初级农业生产合作社，农民以自己的土地入股参加农业社。1956 年成立高级农业生产合作社，1958 年成立人民公社，至此，农村耕地及农民家前屋后山林，先后为农业合作社、人民公社集体所有。由集体统一安排种植计划。农民无权动用。国家建设需要也要按国家有关政策、法规办理土地征用手续，并给予一定补偿。城镇国有土地由市政府职能部门直接管理。

1986 年 12 月 12 日，新浦区土地管理办公室成立。1988 年 3 月 3 日，新浦区土地管理局成立，具体负责辖区国土资源管理工作，编制辖区内土地资源利用整体规划。当年 9 月，开展城镇地籍调查及全区土地使用权申报和颁发土地使用权证书。

20 世纪 90 年代初起，改革开放深入发展，土地市场开放，国有土地使用权由原来政府按规划无偿划拨，无限期使用，改为按规划有偿划拨，进而采取招标、竞标等办法实行有偿、有期、流动的土地使用管理制度。搞活土地资源市场，促进城乡的开发建设。

第一章　土地资源利用规划

第一节　1980 ~ 2000 年新浦用地规划

一、新海片区总体规划

解放后，新浦为新海连特区、新海连市党政领导机关驻地。1957 年至 1960 年 7 月，在新海连市政府首次编制的《新海连市城市总体规划》中，把新浦作为全市政治、经济、文化中心，主要围绕解放路、民主路进行建设；新浦与海州之间规划为化工区（后因“文化大革命”影响未能实施）。

1975 年至 1976 年，市革命委员会生产指挥组规划组编制的《连云港市总体规划》第一稿和 1980 年至 1982 年 12 月，市规划处编制的《江苏省连云港市城市总体规划（1980 ~ 2000）》，明确全市总体布局为“一市双城式”。新浦和海州作为西部一“城”称新海片区，规划为全市的政治、经济、文化中心及主要工业区。此规划于 1983 年 10 月由市人大常务委员会审议通过。

【规划年限】 近期到1995年,远期到2000年。

【城市性质】 连云港市的政治、经济、文化中心,主要工业区。

【发展规模】 到2000年,规划面积25.6平方千米,主要向东、向南发展。非农业人口22万人。

【规划布局】

1. 工业区

大浦工业区:用地60公顷,主要安排化工企业。

浦北工业区:用地25公顷。现有第二玻璃厂、制革厂、第二塑料厂。

浦西工业区:用地130公顷。通过技术改造,形成轻纺、食品、机械工业区。

新海工业区:用地70公顷。以轻工、机械工业为主。

海宁工业区:用地70公顷。主要安排电子、纺织工业。

2. 库区

浦东库区:用地170公顷。作为港口中转库,国家、部、省属专业仓库建于该区内。

浦西库区:用地73公顷。为地方工业和生活服务库区。

3. 居住区

浦北居住区:西盐河以东、海连路以北,面积175公顷,安排5.7万人。

浦南居住区:西盐河以东、海连路南,面积1320公顷,安排6.3万人。

浦西居住区:西盐河以西、铁路新线以南,面积175公顷,安排5.4万人。

海州居住区:玉带河以南、光明碳素厂以西,面积230公顷,安排4.6万人。

4. 公共建设

市级机关在解放路南侧和海昌路两侧,文教、科研单位在苍梧路两侧,商业街以解放路、民主路、海昌路、通灌路、中大街为主。

5. 公用事业

续建茅口水厂二期工程,新建、改建公共厕所和增加环卫机具,兴建煤气发生站1处,新建电信邮政综合大楼。

6. 城市道路

采用方格路网布局。主干道路宽40~60米、次干道路宽22~50米、区级道路宽15~20米。主次干道总长63.51千米,干道网密度2.6千米/平方千米。

7. 园林绿化

续建新浦公园,新辟苍梧公园,修复孔望山景区,建设好西盐河、龙尾河、扁担河旁绿带;建设幸福路、苍梧路、朝阳路林荫道,新建龙河广场绿地。

8. 对外交通

铁路:"七五"期间建成新海站。近期对陇海铁路徐连段进行单线技术改造,将穿过新浦城区的铁路线北移。远期修建徐连段复线并逐步电气化。

内河:从西盐河经玉带河、东盐河至刘艞,拓宽为5级航道,新建刘艞港,远期开通新浦至港口的新墟运河。

二、新浦分区规划

1990年4月,新浦分区规划通过市城市规划技术鉴定小组鉴定审批。

1. 城区规模:城市人口22~24万人;城市用地按22平方千米控制。

2. 居住区划:根据分区现状和发展要求,按道路和地形界线,划分为6个居住区,规划期内进行配套建设。

3. 工业区划:分区以北安排内联工业企业。控制居住区内工业企业用地,并逐步搬迁原有工业企业,调整污染严重的工业企业,建立一个优美舒适的生活环境。

4. 城市排水:按规划确定的排水系统建设排水工程。规划期内老城区按半分流制,新城区按分流制进行建设。

5. 三河治理:对老城区内污染严重的西盐河、龙尾河和扁担河进行综合治理:第一阶段,延长工业污水管道,建节制闸和翻水站,定期排换市区内污水;第二阶段,建设截流管道和污水处理厂,加强污染源治理。

6. 综合开发:坚持"统一规划,合理布局,综合开发,配套建设"的原则进行开发建设,提高开发效益。

第二节　1997~2005年新浦区土地利用规划

到2005年,新浦城区土地总面积4182.33公顷。其中,农用地715.13公顷,占土地总面积17.10%(其中耕地378.47公顷,占9.05%;园地1.16公顷,占0.03%;林地111.51公顷,占2.67%;其他农用地223.93公顷,占5.36%);建设用地3213.85公顷,占土地总面积76.84%(其中城镇村居民点用地2881.7公顷,占68.90%。

独立工矿用地178.76公顷,占4.27%;特殊用地1.27公顷,占0.33%,;交通用地50.26公顷,占1.17%;水利设施用地103.07公顷,占2.46%;未利用地253.33公顷,占土地总面积的6.06%(其中未利用土地11.99公顷,占0.29%;其他土地174.6公顷7,占5.77%)。

近期建设占用土地总量控制在1355.93公顷之内,其中占用耕地20公顷。

近期规划净减耕地60公顷。到2005年,城区耕地保有量保持在378.47公顷。

第三节　1997~2010年新浦区土地利用总体规划

1997年12月至1998年3月,新浦区政府按省市有关要求,遵循"一要吃饭,二要建设"的原则,坚持实现耕地总量动态平衡的目标,在上一轮土地利用总体规划的基础上,以当地国民经济和社会发展"九五"计划和2010年远景目标为依据,科学调整土地利用方向、结构和布局,完成了1997~2010年新浦区土地利用总体规划修编工作。

2001年底行政区划调整后,新浦区按照江苏省国土资源厅《关于积极稳妥开展乡镇土地利用总体规划调整完善工作,进一步落实基本农田保护面积的通知》要求,对区辖浦西、浦东、市东、新东、新海、路南、新南各个街道和各乡镇场的土地利用总体规划进行调整。于2004年4月2日通过省国土资源厅评审。

新浦城区土地利用总体规划(1997～2010)按新浦区原管辖的行政区域,土地总面积34.48平方公里,城区内设浦西、浦东、市东、新东、路南5个街道,人口260628人进行规划,依据连云港城市总体规划目标年新浦区城区面积33.96平方公里。

1. 土地利用现状结构　根据1996年土地变更调查资料,城区土地总面积4182.31公顷。其中:农用地1047.13公顷,占土地总面积的25.04%(内有耕地438.47公顷,占10.48%;园地6.49公顷,占0.16%;林地18.17公顷,占0.43%;其他农用地583.97公顷,占13.96%);建设用地2863.19公顷,占土地总面积68.46%(内有城镇村居民点用地1712.17公顷,占40.94%;独立工矿用地77.56公顷,占18.54%;特殊用地6.8公顷,占0.16%;交通用地105.13公顷,占2.53%;水利设施用地263.07公顷,占6.29%);未利用地271.93公顷,占土地总面积的6.50%(内有未利用土地30.66公顷,占0.73%;其他土地241.38公顷,占5.77%)。城区已利用土地3910.32公顷,土地利用率达93.50%。

2. 土地利用特点　土地利用程度较高,建设用地比例大。据调查城区已利用土地3910.32公顷,占城区总面积的93.50%,建设用地2863.19公顷,占城区总面积的68.46%;用地增长较快。随着城市建设的迅猛发展,建设用地增长速度快,大量的农用地转为建设用地。

3. 土地利用存在的问题　耕地日益减少,人口增多,形成土地供给与土地需求关系非常紧张;土地利用率较低,不少土地被征用后长期闲置,需进一步开发利用;土地资源破坏现象依然存在,局部地区土地质量下降,特别需要注意耕地的保护。

4. 土地利用潜力　城市建设区闲置土地面积较大,土地利用率不高,规划期内,通过节地挖潜,充分利用闲置土地,可以进一步盘活存量土地。

5. 土地利用目标　规划期间建设占用耕地量控制在23.92公顷以内。其中,原规划下达新增建设占用耕地指标20公顷;规划建设用地置换指标3.92公顷。规划近期1997～2005年期间建设占用耕地20公顷;远期2006～2010年期间建设占用耕地3.90公顷;规划期间净减耕地117.25公顷。规划近期1997～2005年期间净减耕地60公顷;远期2006～2010年期间净减耕地57.25公顷。

6. 土地利用方针　切实保护耕地,实现土地的可持续利用;合理调整土地利用结构,正确处理"建设"与"吃饭"、"发展"与"保护"的关系;以土地利用总体规划为龙头,建立土地用途管制制度。

7. 土地利用结构调整

【农用地调整】 规划基期农用地面积1017.13公顷,占土地面积的25.04%;到2005年农用地为715.13公顷,占土地总面积17.10%,净减332公顷。其中:耕地规划基期年耕地面积438.47公顷,到2005年净减5.33公顷,近期园地1.16公顷;规划基期林地面积18.17公顷,到2005年净增93.33公顷,近期林地111.51公顷;其他农用地面积58393公顷,到2005年净减360公顷,近期其他农用地223.93公顷。

【建设用地调整】 规划基期年建设用地面积2129.33公顷,占土地面积的68.46%;到2005年净增350.67公顷,近期建设用地3213.85公顷,占土地总面积76.84%。其中:规划基期年城镇村居民点用地面积1712.17公顷,到2005年净增1169.53公顷,近期城镇村居民点用地2881.7公顷;规划基期年独立工矿用地面积775.43公顷,到2005年净减596.67公顷,近期独立工矿用地178.76公顷;规划基期年特殊用地面6.8公顷,到2005年净减5.53公顷,近期特殊用地1.27公顷;规划基期年交通用地面105.73公顷,到2005年净减56.67公顷,至2005年末交通用地49.06公顷;基期年水利设施用地面263.07公顷,到2005年净减160公顷,至2005年末水利设施用地103.07公顷。

【未利用地调整】 规划基期年未利用土地面积271.99公顷，占土地总面积28.0%；到2005年净减18.67公顷，至2005年未利用地253.33公顷，占土地总面积6.06%。其中：基期年未利用土地面积30.66公顷，到2005年净减18.66公顷，至2005年未利用土地11.99公顷；基期年其他土地面积241.33公顷，规划期间不作调整。

8. 城区土地利用现状

规划基期年城区土地面积1712.17公顷，其中建设用地面积256.83公顷。

9. 城区供地规模

规划期间城区新增建设用地1712.17公顷，其中占用耕地25.72公顷，其他土地1669.95公顷。到规划期末城区面积3396.04公顷。城区人口1996年260628人，预测2010年达到367021人（包括引进外来人口100000人）。建设用地由1996年的65.69平方米/人，增至2010年的92.28平方米/人。

第二章　地籍管理

第一节　地籍调查

境内花果山三元宫门前，有一块清康熙二十四年（1685）十一月立的地籍碑，碑文记载着三元宫庙产香火田的使用范围，权属来源和面积。

清光绪三十一年（1905）绘制的海（东海）赣（赣榆）、沭（沭阳）地亩图，比例尺为五十万分之一，已明确有新浦的地域。

民国初年，东海县政府对土地进行登记造册，谓之地籍整理。民国23年（1934）6月1日，江苏省土地管理局组织专业队到新浦等地丈量土地，历时3个月。丈明新浦6个镇“东西14$\frac{7}{9}$里、南北14$\frac{7}{9}$里、总计25600亩”（合1706.7公顷）。民国36年春，在新浦设地籍整理办事处，进行土地权利清理工作。

新中国成立之初，农村土地改革期间，普遍进行地籍整理，清丈土地，划界定桩，登记造册，颁发土地所有权证。

1958年至1960年，地籍管理着重于土地资源调查和土地勘测，编印有关土地的自然状况和经济资源资料。

1962年，新浦地籍归市城市建设管理局房地产公司管理。次年底，转归市房地产管理处管理。

1985年至1986年，开展土地利用现状调查。1987年下半年起，区土地管理办公室根据新颁布的《中华人民共和国土地管理法》，开展对非农业建设用地的清查和部分土地统计工作。

1988年9月起，按照市人民政府统一布置，开展城镇土地权属调查。各单位和居民用地达到权属合法、界址清楚的区政府发给《土地使用权登记证书》。继而进行城镇地籍调查和地籍测量，单位、居民用地达到权属合法、界址清楚、面积准确的区人民政府颁发土地使用证。

1989年7月，根据市政府制定的《连云港市关于确定土地权属的暂行规定》，对宗地内由几个使用者共同使用而难以划分权属界线的以共用宗地处理，标绘于1:1000～1:2000的地形图，并编制地籍号。单位使用的土地，由法人代表（或委托代理人）出席指界，并出具身份证明和法人代表身份证明书；个人使用的土地，由户主（或委托代理人）出席指界，并出具身份证明和户籍簿；共用宗地由土地使用者共同委托的代表出席指界，并出具身份证明和委托书。界址一经认定，即由调查人员设置界标，实地勘丈，将调查核实的土地使用者的名称、权属性质、用途、宗地坐落、四至、界址间距以及权属调查记事、调查意见一并填入《地籍调查表》中，调查人员在有关栏目签字。土地所有权和使用权有争议的，由当事人协商解决。

1990年，开展农村宅基地清理发证工作，各乡镇成立领导小组，组建专业队，对农村宅基地逐户丈量、登记、造册、建档，经区土地管理局认定权属合法、界址清楚、面积准确、材料齐全的，由区人民政府颁发《宅基地使用证》。

2000年，全区城区申请发证653宗，现场调查符合发证条件612宗。其中，新北所219宗，新南所28宗、新海所154宗、新东所39宗、地籍科172宗。发证率100%。年内，区国土局对土地市场进行调查管理，并按规定标准，对186宗地（计14674.56平方米），收取年租金16.70万元。

2001年，全区共申请发证711宗，现场调查符合发证条件711宗。其中，新北所400宗、新南所53宗、新海所92宗、新东所42宗、地籍科124宗，发证率100%。发证合格率100%。同时，按规定标准办理年租金183宗，其中新东所48宗、新南所63宗、新北所30宗、新海所27宗、地籍科15宗，共计收入17万元。

2002年，国土新浦分局共办结居民土地登记2160宗，完成居民申请土地登记100%，实际完成辖区80%居民的土地登记。协助市局完成宁连、连徐、汾灌、宁靖盐4条高速公路基础地籍调查、宁连高速公路跨线桥及配套服务中心土地登记发证权属调查和省厅、市局交给的特殊用地籍调工作。通过省国土资源厅地籍管理现代化的验收，新浦地区地籍管理实现卫星控制测量数字化。同年，国土云台分局成立辖区内连徐高速公路段确权发证工作前期权属调查领导小组，抽调16名专业技术人员和业务骨干，对沿线涉及到的10个行政村、全长16千米路段进行权属调查。埋设界桩520处，填写好地籍调查表，绘制草图，与相关村签订接连协议，并通过市局验收，同时，依法颁发集体土地使用证10余本。

2003年，国土新浦分局严格监督《新浦区土地利用总体规则（1997～2010）》执行情况，及时做好土地利用总体规则调查完善工作以及年度土地变更调查工作。同时，配合市局地籍处完成单位发证及地籍调查296宗，面积3654287.7平方米。完成新浦老火车站至连云区朝阳镇西山全长约9公里铁路用地地籍调查、土地登记发证以及新浦地区测量标志普查工作，共普查测量标志点72个。国土云台分局为徐连高速公路及附属用地登记发证作好前期地籍调查工作。协助云台农场做好发证的地籍调查工作，完成云台农场、花果山乡和南云台林场土地利用总体规划调整完善工作。2003年与2002年相比，云台分局管辖域内土地变更总面积为24.88公顷。以2002年年初数据为基数，面积增加的地类为交通用地增加24.88公顷（其中公路用地增加24.4公顷、水浇地0.74公顷、旱地0.04公顷），其他农用地减少2公顷（其中农村道路0.2公顷、农田水利用地1.64公顷、田坎0.17公顷），居民点及独立工矿用地减少1.26公顷。为徐连公路及附属实施登记发证做好前期地籍调查工作，协助云台农场与20宗地定位签订地界协议和地籍调查表。

2004年，云台国土分局完成市食品公司、花果山景区和云台农场等50余个事业单位的地籍调查、测量工作。新浦国土分局完成云台乡和云台农场700宗住宅用地的地籍测量和资料整理工作。完成云台农场5宗，计2946.39公顷国有土地产权确认和发证工作。国土新浦分局完成居民发证380宗，房改房发证300本。发证合格率100%。

2005 年，国土新浦分局共完成居民土地发证 160 宗，房改房发证 70 宗，单位用地发证 80 宗。

第二节　登记发证

1988 年，新浦区人民政府下发《关于转发 < 加强地籍管理，搞好土地申报登记的实施意见 > 的通知》等文件，正式开展地籍管理登记发证工作。并和市土地管理部门一道，首先在用地情况复杂的老城区浦西街道，选择 6 个不同性质的党政机关和企业单位进行试点，摸索经验，组织现场参观、交流。同年 7 月，全区土地使用权申报工作全面铺开。以居委会、村委会为登记单位，组织若干申报登记工作小组，对其区域范围内的单位、个人用地的历史、现状、宗地数等进行摸底、绘制工作草图，防止出现漏报、重报、错报现象。而后按照“先集体、再个人”的步骤按期登记。对申报中出现近 500 起权属矛盾和界址不清的矛盾纠纷，及时调解解决 455 起，调解成功率达 91%。至 1989 年 5 月，全区城区土地申报登记工作基本完成，共土地申报登记 1354 处，申报率为 95.21%；完成私人住房用地申报 9685 户，申报率为 95.96%。在抽查的 159 处单位用地中，合格率达 95% 以上，抽查 668 户居民用地，合格率达 90.8%。

1990 年 10 月 14 日，新浦区人民政府成立颁发土地证领导小组。从当年开始，本着调查登记一批、发证一批的原则，登记发证工作有序展开。至 2000 年，老城区土地发证率达 72%。2001 年，完成 711 宗登记申请发证工作，发证率达 100%。2002 年，办结居民土地登记 2160 宗，完成土地申请登记 100%。辖区居民土地登记累计完成 80%。发放房改房土地使用证 3160 件，累计发证率 70%。同年，云台国土分局，依法颁发集体土地使用证 100 件。

2003 年，新浦国土分局除按市政府要求暂缓发证的东风街、淮海街的糖兴巷、东河、东上片区等，完成房改房发证 183 宗，面积 10636.8 平方米。完成居民户发证 430 宗，面积 56576.41 平方米。云台国土分局全年共办理集体建设用地使用权证 10 家，发国有土地使用证 5 宗，发证面积达 6 万平方米。

2004 年，发放单位土地使用证 68 宗。云台国土分局完成云台农场 5 宗计 2946.39 公顷国有土地权确认和发证工作；发放居民土地使用发证 380 余宗，发放房改房证 300 本，发证合格率 100%。同年，认真开展登记发证清查工作。新浦国土分局共清查 4381 宗，其中国有土地使用证 3953 宗、集体土地使用证 428 宗。云台国土分局共清查 10556 宗，其中，国有土地使用证 774 宗、集体土地使用证 9801 宗。通过清理，发现 6072 宗不合格，均及时进行整改。

2005 年，新浦国土分局加发放居民土地证 160 宗、房改房土地使用证 70 宗、单位用地证 80 宗。至年底，全区累计发放土地使用证 7734 本。其中，个人土地使用证 7554 本。

第三节　土地监察

1988 年 11 月，区国土局抽调 19 人组成 4 个小组，对全区非农用地进行全面清理。发现市罐头厂未经审批于 1986 年 10 月擅自征用临洪村 6.4 公顷非耕地。除责成该厂依法补办手续外并罚款 1200 元。市房屋开发公司征用临洪村 10.7 公顷耕地（其中矿山院用去 2.7 公顷），征后两年未用。立即通知征地方抓紧使用，并依法予以处理。市长途汽车站征用沈圩村耕地 2.6 公顷，站、村双方在达成协议后发生矛盾，区国土局以监证人身份参与调解,达成谅解。1989 年,根据市政府《关于认真清理和严肃纠正违法占地情况的紧急通知》,新浦区组成以分管副区长为组长的执法检查领导小组。对新浦区两个住宅小区和 7 个用地单位进行检查。查出违法用地 18 件,违法占地 14.2 公顷(包括新浦农场 110 户、新浦城区 6 户),分别依法补办手续,并给予经济处罚,共补交耕地占用税 2160 元,土地补偿费 4498.92 元,罚款 4440.96 元。

1993 年 4 月至 6 月,对全区 1989 年以来的各项建设用地和隐形土地市场进行检查和清理,共查 130 多个单位,其中存在问题的 107 个单位。11 月份,对全区土地市场进行清理检查,重点检查 39 个单位。通过检查发现辖区内土地隐形市场情况复杂,行政无偿划拨的土地被市第三塑料厂、港务处、航运公司等未办理用地手续而随意改变用途,其土地增值部分都落入企业,国家应收费用未能收取;有的沿街单位破墙开店,出租房屋。国家投入形成的市中心黄金地段最高每平方米月租金 100 元,形成级差地租严重流失;有的把公共事业性用地改作他用。1994 年,以强化宣传为主导,深层次开展土地监察工作,共调查 130 多个单位用地情况,对查出的各类违法占地和用地依法补办手续或予以处罚。年内,区国土局与区规划管理办公室共同查处村民、居民乱占集体土地营建私房,停建 210 处。1995 年,结合土地权属调查,对查出的将黄金地段行政划拨用地房屋出租,地价部分未交使用费等 1205 件不同程度的违法占地案件,及时进行处理。对临洪、沈圩两村占用集体土地乱搭乱建进行清理,对 3 户违章建筑下达整改通知书。1996 年上半年,检查发现 40 多个单位存在违法用地行为,对情节较重的 20 多个单位及时予以处罚;对虽办理用地手续,但土地费用未上缴的 20 多个单位督促其补缴。1997 年,查处私下出租、转让、抵押土地使用权等违法行为 99 宗。1998 ~ 1999 年,与市国土局联合组成土地执法队伍,建立土地巡回监察制度,共立案查处土地违法案件 22 起,结案 15 起。2000 年,对检查发现的连云港开发区东方轮船公司、市第三建筑集团非法转让土地的案件;市蔬菜公司、市地毯厂、市工业设备安装公司、省金桥盐业有限公司、市皮革厂擅自改变土地用途的案件;沈圩街居委会、市远方实业发展有限公司未批先用土地、非法倒卖土地使用权案等 9 起违法用地案均及时立案查处。除连云港开发区东方轮船公司因资金短缺,土地有偿使用费未补交外,其余案件全部当年了结。

21 世纪以来,土地使用制度改革进一步深化,与土地相关的矛盾日益突出。区国土局设立信访接待室,局领导带班,专人负责接待,处理信访案件。2001 年共接待群众来信来访 400 多人次,结办率 100%。2002 年,共查处违法用地案件 3 起,查结率 100%。2003 年,云台分局共立案查处违法用地案 4 宗,涉及用地单位 10 余家,违法用地面积 4 万余平方米,在相关部门配合下,强制拆除违法建筑 1000 余平方米。2005 年,新浦、云台两个分局建立并完善违法案件备案制度、信访第一责任人制度、行政违法错案追究制度及动态巡查等 12 项执法监察制度,加大国土资源执法监察力度。查处 2004 年度违法用地未结案件 1 起。对当年发生的渔湾风景区未经批准擅自占用土地搞建设等 3 宗违法用地案及时依法予以处罚。

第三章 用地制度改革

第一节 私有土地交易

解放前,农村土地为私人所有,城镇土地一经申报批准付款后也归私人所有。土地可以自由交易。

买卖双方经过协商，地价达成一致意见即可成交。卖方交出地契，买方付出地资，双方签订契约，并由中间人签字作证，便完成土地买卖交易。土地自由买卖，价格随行就市，双方认同即可。民国初期，农村地价每公顷 7 元（银洋），街市地价每公顷 20 元。20 世纪 20 年代中期起，随着陇海铁路建设，新浦商埠的发展，地价逐步升高。至民国 14 年（1923 年），农村地价每公顷 40 元。民国 23 年（1934）11 月《连云港埠区域地价变迁及地权分配概况调查报告书》载，"新浦六镇地价，以新市、新民、三新三镇为最高，……其余三镇因在商业区域之外，地价稍低，尤以浦西镇之较西部分，地瘠人稀，地价更为低廉。"

解放后，城镇土地归国家所有，个人不能买卖。

新中国成立后，农村土地改革后土地归农民所有，仍有自由买卖现象。直到 20 世纪 50 年代中期农村合作化，农民以土地入股参加合作社，土地归集体所有后方不可自由买卖。

第二节　集体土地使用

一、农业社统一使用

20 世纪 50 年代中后期，农村实现合作化后，除农民少许自留地外，农业用地归集体所有，由各农业生产合作社统一规划使用。人民公社化后，农村土地的使用性质、作物布局安排等，均归人民公社统一管理。

1960 年底，落实《中共中央关于农村人民公社当前政策问题的紧急指示》，实行人民公社、生产大队、生产队三级所有，队为基础体制，土地改由生产队统一经营。

二、土地承包经营

1980 年起，区郊农村实行经济体制改革，开始推行联产承包责任制。经过 3 年试点推广，新浦地区相继出现"专业承包，联产到组""统一经营，联产到劳（劳动力）""分段包工，定额计酬""包产到组，联产计酬"多种土地承包经营形式。至 1983 年全区农村全部实行承包经营。农村土地在所有制不变的前提下，承包给农户经营，土地承包期一定 15 年不变。在承包期内，土地使用权归农户所有。作物布局、茬口安排由农户自己做主。

20 世纪 80 年代中后期，随着农村经济结构调整，外出务工、经商农民逐渐增多。开始有少数外出务工农民将自己承包的土地转包给在家务农的农户。土地使用权出现二次转换。

1998 年，农村又实行农田承包"两田"（口粮田和责任田）制，少数地方还对耕地实行适度规模经营，确定土地承包期 30 年不变。到 2005 年，全区农户均参与不同土地类型的经营承包，签订包括耕地、林地、园地、水产养殖水面等各种类型的土地承包合同。

其间，还出现云台乡李庄村将 4 公顷土地发包给新浦居民袁乃成建花房培育花卉、南城镇将 1.3 公顷土地包给新浦居民李华清建花房之类的情况。租金一般每年每亩 300 ~ 500 元。

三、农村宅基地使用管理

新中国成立后至 20 世纪 70 年代，农村宅基地实行无偿无限期的使用方式，先后由农业生产合作社、人民公社、乡镇人民政府根据规划，统一划给确需建房的农户。

1980年1月，国务院批转国家土地管理局《关于加强农村宅基地管理工作请示的通知》，开始对农民建房宅基地实行有偿使用原则。建房用地标准范围内的农民宅基地收费按每平方米0.02～0.10元收取，超过标准的部分在1986年12月底前的按每年每平方米0.10元收取；1987年1月1日以后使用的，应拆除或没收非法占地上的建筑物，并退还土地，退地之前按每年每平方米1～10元标准收费。

1992年，新浦区各乡、镇全面实施宅基地使用制度改革，实行有偿使用制度，农村宅基地的使用方法得到规范。少数有权的干部、有钱有势的"能人"超标准用地、违法用地等现象得到遏制。

农村宅基地使用费和超占费的收取，由乡、镇土地管理部门负责，用地单位和个人于每年年底向土地管理部门交清当年费用，不足半年的以半年计收，超过半年的按一年计收。

1993年，国务院下达关于减轻农民负担的指示，同年9月，中共江苏省委办公厅和省政府办公厅在《关于涉及农民负担项目审核意见的通知》中规定，取消农村宅基地有偿使用费和农村宅基地超占费，违法占地的按有关法律规定处理。农村宅基地有偿使用于1995年停止施行。

第三节　国有土地使用

一、城镇土地使用

新中国成立后，区内国有土地使用归市政府统一管理，由市政府相关职能部门根据全市规划审批用地。凡经政府审批使用国有土地的一律实行无偿划拨、无期限、无流动地使用。到20世纪80年代中、后期起实行有偿划拨。

2002年3月，新浦城区开始对国有土地使用权采取招标拍卖办法予以出让或转让。

根据《江苏省国有土地使用权招标拍卖挂牌出让办法》，对规划使用地块的使用权进行挂牌招标。通过竞标，最终确定中标者。当年，转让8块国有土地使用权，总面积38.9平方米。至2005年底，共招标出让、挂牌出让、土地使用权65宗，总计312万多平方米。使用权出让期一般为居住用地70年、公共设施用地50年，商业用地40年。

二、农场、林场国有土地出租

1983年，新浦辖区内的云台农场开始实行土地承包出租制，农场将土地承包到分场，分场将土地承包到作业区，作业区再将土地承包到农户，层层签订承包合同。承包时按小麦、水稻、花生、棉花的生长期发包。承包金按小麦上交1350千克/公顷（折2100元/公顷），水稻上交1350千克/公顷（折2250～2700元/公顷），花生上交1125千克/公顷（折3000～3750元/公顷），棉花上交900千克/公顷（折4800元/公顷）。如按年发包，承包金为3000～4800元/公顷。外来农户承包，承包金比农场内部职工高10～20%。

国营南云台林场山区可耕地不多，但丘陵岗地条件差、产量低，地租也相对较低。1990年前后，林场按一年生林地林粮间作土地承包金为每公顷每年600元，二年生林地450元，三年生林地为每公顷每年375元的租赁价发包给各分场。分场再出租给农户，农户要先交租金再种地。分场承包租金一般高于林场发包租金的10～20%。

三、城镇土地租赁

改革开放以后，新浦地区城镇商业街道两侧国有土地，普遍被连同门面房一道租出。城区新浦的解放路沿街土地出租率达50%以上。同时，还有大量土地以房屋出租的形式被租赁。1990年，铁路以北地区每年因出租房屋而出租的土地面积达18万平方米。承租房屋土地的多为个体工商业者。

1995年6月，江苏省物价局和省土地管理局发出《关于全省土地管理系统行政事业性收费中有关问题的通知》，对临时使用土地的单位和个人，其中包括因工程建设和从事各经营活动需占有国有或集体土地的单位和个人，城乡居民或单位破墙开店或申请批准的营业用地的城乡居民或单位收取临时用地管理费：建设临时用地按每年每平方米1.2元收取；各类经营临时用地按每年每平方2.5元收取。1995～1996年，新浦区共调查2895个单位（出租方）承租户1658户，调查居民出租土地使用权1488户，颁发承租证明书777份。1995年，发生不同程度的违法出租土地使用权案例1205宗。当年处理补交费和颁发承租证明书57个单位，收缴费用约50万元。1996年，补办手续59个单位，收缴费用约100万。

1997年，新浦国土分局配合市局对新浦地区170多个单位私自出租和改变土地用途行为进行调查，处理82个单位，收费到账率比1996年提高10%。1999年，全年共办理土地出租52宗，面积2292平方米。2000年，对186宗、14674.56平方米出租土地收取年租金16.70万元。2001年，办理出租土地183宗（其中，新东所48宗，新南所63宗，新北所30宗，新海所27宗，分局地籍科15宗），收费17万元。2004年至2005年，征收出租土地单位54户、个人288户，共收费43.7万元。

2002年新浦地区公开招标出让国有土地一览表

表5－1

中标地块单位（或地块名称）	出让日期	出让方式	出让面积（平方米）	土地费用（万元）	土地位置	土地用途
江苏省源房开发有限公司连云港分公司	2002.3.1	招标出让	77437.35	361.16	朝阳东路以北、东盐河以西“科苑新村”	住宅
郁州公园小区	2002.5.29	招标出让	168706.3	8928.24	朝阳东路南侧、郁州南路东	住宅
连云港兴业房地产开发有限公司	2002.7.18	招标出让	51325	4249.71	苍梧路南侧、巨龙北路西侧	住宅
连云港市民生房地产开发有限公司	2002.7.18	招标出让	31169.89	2519.66	南极路东侧、康泰新村西侧	商住
江苏万润房地产开发有限公司	—	挂牌出让	13444	265.00	解放路西侧、陇海铁路东侧	商办、市场、交通
连云港金龙房地产开发有限公司	2002.12.6	挂牌出让	6376	48.22	新孔路西侧、大庆西路南侧	商住
连云港祥源房地产开发有限公司	2002.12.6	挂牌出让	13942.3	868.88	朝阳中路南侧、西盐河东侧、原造船厂	住宅
连云港香溢房地产开发有限公司	2002.12.6	挂牌出让	26960	1619.18	朝阳东路南侧、巨龙路西侧	商业

2003年新浦地区公开招标出让国有土地一览表

表5－2

地块编号	出让地块(单位)	竞得单位	竞得时间	起始价格(万元)	竞得价格(万元)	面积(平方米)
LCG2003－02	苍梧路北、郁州路东	万润房地产公司	2003.2.18	1866	2196	21543.3
LCG2003－03	盐河北路、海连西路交叉西北	市城建房地产开发有限公司	2003.2.18	1500	1500	20270.4
LCG2003－05	南极北路交警支队	东盛房地产综合开发有限公司	2003.2.18	500	500	1734.3
LCG2003－06	朝阳东路南、学院南路西侧	连云港联通置业有限公司	2003.2.18	3570	4120	95190.4
LCG2003－08	大庆西路南、新孔东路	市江山房地产开发有限公司	2003.5.9	495	655	9673.2
LCG2003－11	市涤纶厂东、大庆西路北	张家港市福港房地产开发有限公司	2003.5.29	2168.5	3173.5	68322.2
LTC2003－01	海连西路北、规划新孔路东	市建工房地产开发公司	2003.5.23	315	320	51985.6
LCG2003－15	朝阳东路南、郁州路东	温州市南方皮塑公司	2003.5.30	2710	2810	43371.68
LCG2003－16	海连西路北、规划新孔路西	华阳房地产	2003.5.30	407	407	19625.6
LCG2003－17	海连中路北、康泰西路	东盛房地产综合开发有限公司	2003.5.30	510	510	2943.5
LTC2003－02	巨龙东路、海连南路	连云港中蓝置业有限公司	2003.9.11	3800	5600	114292.8
LCG2003－03	通灌路西、青年路北	连云港市齐达房地产开发有限公司	2003.9.11	4000	4000	8624.8
LTC2003－04	大庆西路、绣苑路东	连云港中德房地产开发有限公司	2003.9.11	400	400	3517.3
LTC2003－05	海连西路北、规划新孔路东	连云港市建工房地产开发公司	2003.9.11	620	620	10798.4
LTC2003－04	建设西路北、盐河南路西	南京广厦置业(集团)有限公司	2003.11.25	1200	2060	22805.9
LTC2003－11	人民路南、人民公园西	连云港银泰置业发展有限公司	2003.11.25	840	980	23070.4
LTC2003－12	康泰南路西、聋哑学校南	连云港华阳房地产	2003.11.25	2200	3600	30210.6
LTC2003－13	站南路东、艺北市场北	连云港市建达房地产开发有限公司	2003.11.25	20	20	2661.2
LTC2003－14	解放东路西(弹簧厂)	连云港振兴实业集团有限公司	2003.11.25	330	330	7422.7
LTC2003－17	海连路南、通灌南路东	江苏晶元房地产开发有限公司	2003.12.26	700	720	9884.02
LTC2003－18	桐木厂及周边	绍兴县锦泰房地产开发有限公司	2003.12.26	1314	1334	85400
LTC2003－19	朝阳东路南、景观大道西	连云港市苍梧房地产开发有限公司	2003.12.26	7000	11830	114405
LTC2003－20	巨龙南路、解放东路东	浙江日月房地产开发有限公司	2003.12.26	2500	3140	56284
LTC2003－21	朝阳东路北、市法院东	东盛房地产综合开发有限公司	2003.12.26	2100	2130	31654

2004年新浦地区公开招标出让国有土地一览表

表5－3

地块编号	出让地块(单位)	竞得单位	地块状况	约计土地面积(平方米)	竞得价格(万元)	土地用途	出让年限
LTC2004－03	朝阳路南、警校以北	连云港华茵房地产开发有限公司	净地	5464.5	530	商业用地 居住用地	40 70
LTC2004－04	中药学校东、716研究所西北	连云港恒利房地产开发有限公司	毛地	5431.1	35	居住用地	70
LTC2004－05	南极南路西、运管处南	连云港百达房地产开发有限公司	净地	16064	2235	居住用地 公共设施	70 50
LTC2004－06	同和东巷西、同和南巷北、南极路小学及周边	连云港国大房地产开发有限公司	毛地	13029.9	75	居住用地 教育用地	70
LTC2004－10	学院路东、朝阳东路北、宁连高速公路西	连云港新电房地产开发有限公司	净地	85938.9	7500	居住用地	70
LTC2004－14	新建路南、外国语学校西	张如根	毛地	28748.1	390	商服用地 居住用地	40/70
LTC2004－45	龙尾河东、建国北路	三禾置业(连云港)有限公司	毛地	56960.4	1220	居住用地 公共设施	70/50
LTC2004－16	建国路北、龙尾河西、市民路东	三禾置业(连云港)有限公司	毛地	77153.1	2830	居住用地 商业用地	70/40
LTC2004－17	民主路北、建国路南、陇西路西、市民路东	三禾置业(连云港)有限公司	毛地	26416.6	2020	居住用地 商业用地	70/40
LTC2004－20	陇海东路南、站南巷东	连云港万山房地产	毛地	11494.4	625	居住用地可兼容商业用地	70 40
LTC2004－22	学院路西、海宁路北、景观大道东、建路南	连云港康居房地产开发有限公司	净地	149452.2	12150	居住用地	70
LTC2004－24	公园西路北、苍梧小区东	江苏中体地产有限公司	毛地	39230.6	3440	居住用地 体育用地	70 40

2005年新浦地区公开招标出让国有土地一览表

表5－4

地块编号	地块坐落	地块状况	约计土地面积(平方米)	规划设计主要指标					起始价	成交价格(万元)	竞得单位
				土地用途	出让年限(年)	容积率	建筑密度(%)	绿地率(%)			
LTC2005－01	海宁东路北、运河路西、建设东路南、巨龙路东	净地	224655.5	居住用地 市场用地	70 40	多层<1.5 高层<2.5 混合用地按比例折算,市场用地<1.8	多层<26 高层<18 混合用地按比例折算，市场用地<40	居住用地>35 市场用地>20	20300	44300	青岛德源置业有限公司
LTC2005－02	解放路南、龙尾河西	净地	5433.4	居住、商业、办公宾馆用地,兼容市政设施用地	居住用地70年、办公用地50年、商业宾馆40年	<5.5	<45	>20	1100	2000	上海恒地企业发展有限公司
LTC2005－06	规划建设路北、富强路西	毛地	40100.1	居住用地 商业用地	70 40	1.5－1.7	<30	>30	800	860	连云港祥源房地产公司
LTC2005－07	巨龙路东、公园南路南	净地	5421	商业用地 办公用地	40 50	<2.7	<48	>20	680	2100	连云港市超人置业有限公司
LTC2005－08	公园南路南、科苑路东	净地	23783.8	旅馆用地	40	<1.5	<20	>20	1440	2920	江苏启秀房地产开发有限公司
LTC2005－09	巨龙北路东、海连东路南	毛地	41344	居住用地	70	按市规划局批准的方案公开出让			1240	1260	连云港巨龙花园房地产开发有限公司
LTC2005－17	海连东路西、规划凌州路南	毛地	135744.3	商业用地 居住用地	—	<3.5 <2.5	<40 <20	>20 >3	4100	4120	江苏万润房地产开发优秀公司 南京城市建设开发有限公司
LTC2005－35	规划建国路西、人民路南	毛地	74488.4	居住用地 办公用地 商业用地	居住用地70年、办公用地50年、商业宾馆40年	多层<1.5 高层<2.0 公建<4.0	多层<22 高层<20 公建<40	居住>35 公建>20	2250	2270	连云港亿人城建开发有限公司
LTC2005－36	人民路南、解放东路西、规划建国东路	毛地	115810.4	居住用地 办公用地 商业服务用地	居住用地70年、办公用地50年、商业宾馆40年	多层<1.6 高层<2.0 公建<3.5	多层<22 高层<20 公建<40	>35	3500	3520	连云港亿人城建开发有限公司
LTC2005－38	富强路东、河滨路北	净地	117267.3	居住用地	70	<1.8	<24	>30	9000	11600	连云港颐和园房地产开发有限公司

续表5－4

地块编号	地块坐落	地块状况	约计土地面积（平方米）	规划设计主要指标					起始价	成交价格（万元）	竞得单位
				土地用途	出让年限（年）	容积率	建筑密度（%）	绿地率（%）			
LTC2005－39	富强路西、海宁路南	净地	25274.1	居住用地可容商业用地	70 40	按市规划局批准的方案公开出让	1980	1980	连云港中茵房地产开发有限公司	—	—
LTC2005－40	花果山风景区管理处唐王坝北侧	净地	10543.7	商服用地	40	<0.75	<30	>30	480	500	连云港君豪实业有限公司
LTC2005－43	解放路东、310国道南	净地	163807.9	市场用地	仓储用地	50	按市规划局批准的方案公开出让	6200	6250	连云港振兴汽车置业有限公司	—

第四节　征地补偿

1979年12月17日，连云港市革命委员会发布《连云港市关于基本建设征用土地和拆迁房屋暂行办法》，规定各类土地补偿费标准为："蔬菜地分新、老菜地两类，1975年前的老菜地，每亩3年补偿费2000元；1975年后的为新菜地，每亩3年补偿费1500元"；"苇柴地长势良好的大面积柴塘，按每亩年产苇柴1500千克计算，3年补偿费540元、一般柴塘按每亩产苇柴1000千克计算，3年补偿费450元"；"一般农田划为三类，年平均亩产（下同）750千克以上的，每亩3年补偿费750元、500千克以上、750千克以下的每亩/3年补偿费600元、500千克以下的，每亩3年补偿费450元"。

此后，市政府于1984年11月8日，发布《连云港市国家建设征用土地补偿安置实施细则》；1986年7月11日，颁发《连云港市国家建设征用土地补偿安置实施细则补充规定》；1991年12月24日，发布《连云港市关于〈江苏省土地管理实施办法〉的补充规定》；1997年，市政府批转市国土局、物价局《关于调整征用土地补偿标准的意见》，对征地补偿标准多次进行调整。

1984年新浦地区国家建设征地补偿标准一览表

表5－5

类别	等级	用地等级标准	每亩年产值（元）	每亩赔偿费（元）
耕地	水田	三年以上计划内的	280	1400
	旱田		260	1300
菜田	老菜田	三年以上计划内的	600	3000
	新菜田		400	2000

续表 5－5

类别	等级	用地等级标准	每亩年产值（元）	每亩赔偿费（元）
山林地 柴山	每亩 200 棵以上	树木归种植者所有，砍伐费要另计，有收益的柴山（一次性补偿）	100	200 300
苇塘地	良好	长势良好，大面积高产，面积大于 5 亩以上	180	540
	一般	一般零星苇塘地	150	450

（维持原表计量单位，1 公顷 =15 亩）

1986 年新浦地区国家建设征地补偿标准一览表

表 5－6　　单位：元/亩

土地类别		年均产值（元/亩）	补偿标准（年均产值倍数）	金额（元/亩）
耕地	水田	340	5	1700
	旱地	320	5	1600
菜地	三年以上	800	5	4000
	三年以下	600	5	3000
山林地	直径 5 厘米覆盖 50% 以上	300	3	900
	幼林地	200	3	600
苇塘	良好	240	3	720
	一般	200	3	600

（维持原表计量单位，1 公顷 =15 亩）

1991 年新浦地区国家建设征地补偿标准一览表

表 5－7

<table>
<tr><th>土地</th><th>类别</th><th>年均产值
（元/亩）</th><th>补偿标准
（年均产值倍数）</th><th>金额</th><th>说明</th></tr>
<tr><td rowspan="2">耕地</td><td>水田</td><td>600</td><td>6</td><td>3600</td><td rowspan="16">一、林木苗圃地参照临近耕地标准执行
二、鱼塘、虾塘、藕塘系指人工开挖有收益的土地。除支付土地补偿费外，另外开挖投入等费用计补
三、划拨开发的国有土地，其土地补偿费由在县、区土地管理局收缴地方财政
四、海带养殖场按海带每台 200 元，每亩 2000 元计补</td></tr>
<tr><td>旱田</td><td>550</td><td>6</td><td>3300</td></tr>
<tr><td rowspan="2">菜地</td><td>三年以上</td><td>1000</td><td>6</td><td>6000</td></tr>
<tr><td rowspan="3">三年以下</td><td>700</td><td>6</td><td>4200</td></tr>
<tr><td>鱼虾塘、藕田</td><td>800</td><td>5</td><td>4000</td></tr>
<tr><td>果园、藕塘</td><td>500</td><td>5</td><td>2500</td></tr>
<tr><td rowspan="2">林地</td><td>直径 5 厘米覆盖率 50%以上</td><td>300</td><td>5</td><td>1500</td></tr>
<tr><td>幼林</td><td>200</td><td>5</td><td>1000</td></tr>
<tr><td rowspan="2">苇塘（蒲塘减半）</td><td>良好</td><td>300</td><td>3</td><td>900</td></tr>
<tr><td>一般</td><td>200</td><td>3</td><td>600</td></tr>
<tr><td rowspan="2">牧地</td><td>高产</td><td>250</td><td>3</td><td>750</td></tr>
<tr><td>一般</td><td>200</td><td>3</td><td>600</td></tr>
<tr><td rowspan="2">盐池</td><td>高产</td><td>400</td><td>6</td><td>2400</td></tr>
<tr><td>一般</td><td>300</td><td>6</td><td>1800</td></tr>
<tr><td>一般土地</td><td>参照邻近耕地减半执行</td><td>—</td><td>—</td><td>—</td></tr>
</table>

（维持原表计量单位，1 公顷 =15 亩）

1997 年新浦地区国家建设征地补偿费用标准一览表

表 5－8

土地类别		年均产值（元/亩）	补偿标准（年均产值倍数）	金额	备注
耕地	水田	1400	6	8400	一、果、林木苗圃地参照邻近耕地标准执行 二、鱼塘、藕田、盐池支付土地补偿费外，另加开挖投入费用 三、海带、紫菜养殖场按每亩 2000－4000 元计补 四、未开发的滩涂参照邻近耕地减半执行
	旱地	1100	6	6600	
	菜地	2250	6	13500	
	棉花地	1500	6	9000	
鱼塘	精养鱼塘	2000	5	10000	
	一般鱼塘	1500	5	7500	
藕田	苹果、梨、桃	1000	5	5000	
果园		1000	5	5000	
林地		200～700	5	1000～3500	
苇塘	良好	450	3	1350	
	一般	350	3	1050	
盐田（含）结晶池	高产	1400	6	8400	
	普通	1000	6	6000	
其他经济作物用地		800～1400	6	4800～8400	
一般土地		—			

（维持原表计量单位，1 公顷＝15 亩）

1997 年新浦地区国家建设征地青苗和林木补偿标准一览表

表 5－9

类别	品种规格	补偿标准	说明
粮食	水稻	700 元/亩	一、圃地：二年以下，每亩按 500 至 1000 元计补；二年以上，每亩按 800 至 1600 元计补 二、零星林木栏中补偿数额指砍伐费，单株不再补偿损失费
	麦、玉米等	400 元/亩	
蔬菜		800 元/亩	
棉花		600 元/亩	
其他经济作物	油料、药材、藕等	200 元/亩	
其他作物	芦苇、蒲草	800 元/亩	
鱼虾	精养	500 元/亩	
	普通	26 元/亩	
葡萄	6 年以上	18 元/株	
	2 至 6 年	5 元/株	
	1 年苗	元/株	
苹果、梨	10 年以上	100 元/株	
	5～10 年	60 元/株	
	新植(1～5 年)	15 元/株	
桃、杏	10 年以上	60 元/株	
	3～10	30 元/株	
	新植(1～3 年)	10 元/株	
枣、栗、樱桃、柿、山楂、石榴等其他果树	10 年以上	70 元/株	
	5～10 年	40 元/株	
	新植(1～5 年)	12 元/株	
零星林木	胸径 30 厘米以上	60 元/株	
	胸径 20～30 厘米	40 元/株	
	胸径 10～20 厘米	25 元/株	
	胸径 5～10 厘米	15 元/株	
	胸径 5 厘米以下	5 元/株	
针叶成片用材林	幼龄林(5 年以下)	1440 元/亩	
	中龄林以上(5 年以上)	960 元/亩	
杂阔成片用材林	幼龄林(5 年以下)	2400 元/亩	
	中龄以上(5～10 年)	1600 元/亩	
	近熟林(10 年以上)	800 元/亩	

(维持原表计量单位，1 公顷＝15 亩)

第五节 安置补助

一、安置补助费

1986 年 7 月 11 日,《连云港市国家建设征用土地补偿安置实施细则补充规定》规定,国家建设征用土地的安置补助费标准为征地前人均耕地在 0.067 公顷(1 亩)以下的村(生产队),征用每亩土地的安置补助费从年产值 3 倍算起,人均占有耕地每减少 0.067 公顷,相应增加年产值 1 倍;征地前人均占有耕地在 0.02 公顷以下的村(生产队),安置补助费均按年产值 10 倍计算。1991 年 12 月 24 日,《连云港市关于〈江苏省土地管理法实施办法〉的补充规定》规定,征地前人均耕地在 0.067 公顷以上的村民小组,安置补助费为该耕地前 3 年平均年产值(灌溉水田每公顷为 2250 元、旱田及其他耕地每公顷为 18000 元)的 3 倍;人均耕地在 0.067 公顷以下的,每公顷安置补助费从年产值的 4 倍算起,人均占有耕地每减少 0.007 公顷(0.1 亩),安置补助费相应增加 1 倍,但最高不得超过年产值的 10 倍。剩余劳力的安置补助费不足 4000 元的,由建设用地单位补足 4000 元。征用人均耕地在 0.067(不含 0.067)公顷以下至 0.007 公顷以上的村民小组,建设单位除按规定支付各项补偿费外,还应向被征地村民小组交纳老人、残疾人安置预备金作为今后该村民小组撤组转城时,对不能就业的老人、残疾人生活费的补助。其标准为:人均 0.067 公顷以下,0.02 公顷以上(含 0.02 公顷),每公顷补助 30000 元;人均 0.02 公顷以下,0.013 公顷以上(含 0.013 公顷),每公顷补助 45000 元;人均 0.013 公顷以下,0.007 公顷以上(含 0.007 公顷),每公顷补助 60000 元。

2003 年 6 月 1 日开始实施的《连云港市征用土地补偿安置暂行办法》规定,征用耕地的土地补偿标准为:市区耕地每公顷为 210000 元,常年种植的菜地每公顷为 270000 元。

征用耕地安置补助费,按照需要安置的被征地农民人数计算。需要安置的被征地农民人数,按照被征用的耕地数量除以被征地的农村集体经济组织征地前平均每人占有耕地数量计算,即:需要安置的被征地农民人数 = 被征用的耕地数量 ÷ 征地前被征地单位人均占有耕地的数量。市区每 1 名需要安置的被征地农民的安置补助费标准为为 13000 元。

征用其他农业用地的安置补偿费,按照耕地的土地补偿费标准的 70% 计算。征用其他农业用地需要安置的被征地农民人数,按照该土地补偿费总和的 70% 除以当地人均安置补助费计算。

征用未利用地和农村集体经济组织所有非农业建设用地不支付安置补助费。

以征地补偿安置方案批准之日为界限,被征地农民划分为 4 个年龄段:第一年龄段为 16 周岁以下;第二年龄段为女性 16 周岁以上至 45 周岁,男性 16 周岁以上至 50 周岁;第三年龄段为女性 45 周岁以上至 55 周岁,男性 50 周岁以上至 60 周岁;第四年龄段(养老年龄)为女性 55 周岁以上,男性 60 周岁以上。被征地农民自征地补偿安置方案批准之日的当月起,实行基本生活保障,按不同地区、不同年龄段,实行不同保障标准,新浦区的保障标准为:第一年龄段人员,采取一次性生活补助费每人 4000 元,该年龄段人员领取一次性生活补助费后,不再纳入基本生活保障体系;第二年龄段人员按月领取每人每月 120 元生活补助费,到达养老年龄时,按月领取养老金;第三年龄段人员,按月领取每人每月 100 元的生活补助费,到达养老年龄时,按月领取养老金。第四年龄段(养老年龄)人员,按月领取每人每月 140 元的养老金。

二、劳动力安置

20 世纪 70 年代起，农村集体土地被征用后，剩余劳动力的安置实行按人均耕地比例确定所需安置劳动力人数，由征地单位直接安置到有关企业就业，同时，转为“城市户口”，俗称“土地带人”。征地单位无法安置的，由征地单位主管部门及市劳动局与有关单位协商，予以安置。征地单位按政府规定按人支付安置费。

1991 年 12 月 24 日，《连云港市关于〈江苏省土地管理实施办法〉的补充规定》规定，国家建设征地后造成的多余劳动力，由县级以上土地管理部门和乡（镇）人民政府组织被征地单位、用地单位和有关单位进行安置。安置不完的，由劳动部门会同有关部门优先安排到有劳动力计划指标的用地单位或其他单位就业。

1995 年 1 月 28 日起，国家建设征地后剩余劳动力的安置，按“谁征地谁负责落实安置，谁受益、谁负担”的原则，符合安置条件的征地剩余劳动力，均由征地单位负责自行安置或有偿安置。土地管理部门在审批征地手续时，先审查落实劳动力安置方案。

1996 年起，对征用土地后所有剩余劳动力，按人发放 3000 元至 1000 元不等的安置费，由其自谋职业。

第四章 地矿管理

第一节 审批发证

1985 年 7 月 17 日起，辖区内的石场，由区人民政府的征地拆迁部门主管，开山采石单位与山场所属单位签定征用协议，经地方主管部门见证后报市规划部门审批。由公安部门发给爆炸物品使用许可证，安监部门发给安全生产许可证，报市地矿局备案。营业性的还需到工商部门领取营业执照。禁止任何单位无证无照开采。

1991 年至 2001 年 7 月，域内石场均由所在乡、镇政府组织乡镇国土所、公安派出所、安全生产办公室和采石公司初审签署意见后报区计经委，由国土分局、公安分局和区安监、环保等部门联合拟定审批意见，报市国土资源局、公安、安监、消防、环保等部门会办，由市地矿局批准后方可开采。

2001 年 7 月以后，由区国土局审查报市国土资源局审批发证。经市、区环保局、安监局讨论后，办理采石企业营业执照、税务登记证，同时，由市国土资源局对企业开采场地画线定桩，并由相关部门逐月检查，跟踪管理。

第二节 整治非法开山采石

一、禁止非法开采

新浦地区自古就有开山采石业，主要集中在南云台山区域的云台乡、花果山乡和南城镇及南云台林场。建国前，长期无专门机构管理。新中国成立后至 1957 年，采矿业仍处于自发就地采掘状态，山区村民就近开采山石建房，生产队自主开采石材，少数村民迫于生计也乱开乱采。即使国防军事用房也多自行就地开采山石建筑，采石市场混乱，对自然环境和生态环境造成严重影响。

20世纪80年代起，政府加强采石山场管理，但受到利益驱动，乱开乱采山石和非法采石行为仍经常发生。

1995年，市地质矿产局下文责令新滩石子厂停产开采。同时，停止了影响国防工程的当路村和南云台林场采石厂等12家的采矿权。

1996年8月26日，时任市委书记的郁家树对云台山等景区保护工作批示："如何保护、开发、建设好云台山国家级风景名胜区的问题，请宋书记（市委副书记宋开智）、龚主任（市人大副主任龚来宝）、高市长（副市长高有为）会同有关部门作出调查，并在此基础上提出如何加强管理和保护的意见。"

1999年6月19日，市委书记郁家树对云台山风景区保护工作再次作出批示："云台山已千疮百孔，伤痕累累，如再不下决心对开山采石加强整顿，我们将无颜向子孙交代"。此后，市政府发文将开山采石整治工作列为市政府2000年30项奋斗目标之一，本着"谁开采，谁治理；谁破坏，谁恢复"原则，确定云台乡大岛山为可采区，丹霞岭、前关、西山削坡排险整治、复绿的限采区。其余均列为禁采区。通过整治关停了绝大多数开山采石塘口，只保留7个开山采石塘口开山采石企业。2家全部实行规模化分层次分台阶开采。2000年，针对云台乡前吴村、南云台林场采石业主等围堵整治执法现场行为，执法人员联合公安部门采取停止爆破器材供应；联合供电部门切断电源，收缴采矿工具等措施，禁止乱开乱采行为。同时，开始采取削坡整治、平整、水库扩容等办法治理废弃塘口。

2001年，为保证港口、道路及城市建设对石材的需要，确定云台乡马涧、黄草沟、丹霞岭、南云台林场等老采石场及大岛山等处为凹陷式或集中式开采区，并以招标方式确定采矿权人。

2002年，随着连徐高速公路的通车和新墟公路拓宽改造工程的实施，石料需求量加大，非法开采现象再度出现。区委、区政府动员全社会力量，采取强硬措施，进行综合整治。区政府制定"条块结合、以块为主、各负其责、齐抓共管"的长效管理机制。建立由区政府主要领导及区监察、宣传、国土、公安、检察、法院、环保、林业、安监、工商等部门负责人组成的开山采石综合整治联席会议制度，统一行动，联合执法，将塘口整治的具体任务落实到相关乡镇、村（居），形成一竿到底的管理机制。当年3月，配合市国土资源局对云台乡西山采石厂发出矿产资源行政处罚决定书。同时，根据石料总体需求情况，采取堵疏结合，科学规划，调整开采点的办法，扩大大岛山矿区开采点规模。对小型采石场实行关停，注销其采矿许可证。马涧工程、大岛山矿区均实施规模分层开采，既缓解石料供应紧张情况，又增加安全系数。

2004年10月，区委、区政府落实市开山采石综合整治动员大会精神，对辖区内61个采石塘口全面进行分析研究，制定综合整治方案，成立综合整治督查指挥部，区长亲任指挥。同时，成立综合整治执法队，于当月20日，召开全区开山采石综治动员大会，并将综合整治要求逐一落实到61个塘口，各自开展检查整治。在此基础上，当月26～27日全区进行首次联合执法行动。对非法开山采石的云台乡桃园、头道涧、三道涧、东凤凰山等采石塘口，采取断电、拆除供电设备等措施，禁止其继续开采。经过综合整治，至2005年底，全区61个采石塘口有49个塘口关停整治，12个继续开采。并按照"关停、复绿、管理"六字方针，继续进行整治，确定南云台林场九岭南山塘口、云台乡西山南山塘口、南城镇老虎嘴塘口等12个塘口，作为首批重点整治塘口，进行平整和复绿。

二、制定宕口修复计划

新浦地区共有废弃采石宕口72个，总面积近70万平方米。废弃采石宕口大多为斜坡式采宕，宕口多为招崖头，坡度一般在55～70度，高度在15～120米，个别宕口坡度达80度，高差近100米。宕口边坡陡峭，场地坑坑洼洼，高低不平，且多数处于市区风景名胜区、城市规划区和重要的高等级公路沿线。严重影响城市整体景观，并存在着滑坡、崩塌等地质灾害隐患。由于这些塘口具备开采的基础，极易成为非法开采的地段。故新浦区在综合整治非法开采同时，注重强化山体恢复。2005年，区政府和市相关部门一道制定宕口修复计划，做到统一规划、因地制宜、突出重点、分期实施，力争用3年时间，完成位于主城区、高速公路两侧、主要风景区的废弃塘口整治；用5年左右时间，基本完成排险整治和植被恢复。并按塘口制定治理方案，逐个落实宕口治理的责任主体、管理体制等问题。区政府决定从财政中安排专项资金，同时，设法筹集建设资金。国土资源管理部门采取以奖代补的方式，对按要求完成环境整治任务的单位给予奖励，并从土地出让净收益中安排部分资金用于宕口修复整治。

第五章　管理机构

第一节　区级管理机构

1986年12月12日，新浦区土地管理办公室成立，负责全区土地管理工作。1988年3月3日，新浦区土地管理局成立，行政编制3人。1996年8月，更名为新浦区国土资源管理局（简称“区国土局”）。2000年，新浦区国土资源管理局，编制25人。内设办公室、财务科、建设用地科、地籍科、监察法规科。办公地址在朝阳西路24号。

2001年12月24日，新浦区国土资源管理局改为连云港市国土资源局的派出机构，更名为连云港市国土资源局新浦分局（以下简称为新浦国土分局）。2002年8月，成立云台国土分局，负责花果山乡、云台乡、花果山景区一带国有土地管理工作。2005年12月，云台国土分局并入新浦国土分局。

第二节　基层管理机构

一、南城镇国土管理机构

1982年，成立云台区南城镇房地产管理办公室。1984年，更名为南城镇城镇建设办公室。1986年，更名为南城镇土地管理站。

1992年，成立南城镇土地规划建设管理站。1996年，更名为南城镇国土管理所。2001年11月，更名为新浦区南城镇国土管理所。

2004年11月22日，新浦区南城镇国土管理所划归市国土资源局管理，更名为连云港市国土资源局南城镇国土管理所。

二、云台乡国土管理机构

1987年底，成立云台区云台乡土地管理站。1993年，更名为云台乡土地建设管理站。1998年，更名为云台乡土地规划建设管理站;增设土地规划办公室,隶属于市规划局,“两块牌子,一班人员”。2001年11月,更名为新浦区云台乡国土管理所。

2004年11月22日,新浦区云台乡国土管理所划归市国土资源局管理,更名为连云港市国土资源局云台乡国土管理所。

三、花果山乡国土管理机构

1986年12月9日,成立云台区花果山土地管理办公室。1988年3月,更名为花果山乡土地管理站。2001年11月,更名为新浦区花果山乡国土管理所。

2004年11月22日,新浦区花果山乡国土管理所划归市国土资源局管理,更名为连云港市国土资源局花果山乡国土管理所。

四、宁海乡国土管理机构

1987年6月,成立灌云县宁海乡土地管理站。1997年,更名为宁海乡国土管理所。2002年,更名为宁海乡国土资源管理所。

2005年6月,更名为连云港市国土资源局宁海乡国土管理所。

五、乡、镇地矿管理机构

2001年11月市行政区划调整以前,花果山乡、云台乡和南城镇境内的地矿,由属地相关部门分别管理:1960年至1966年,属灌云县建材局管理;1967年至1970年,由灌云县革委会财贸组管理;1971年,灌云县革委会下设砂石生产指挥部,委托云台公社管理爆炸物品和砂石开采销售的税费上缴;1974年,由乡工业办公室配合云台砂石管理站进行管理。1983年,云台乡、花果山乡划入云台区后,由云台区砂石管理站管理;1986年,隶属于云台区计经委。其地区采石规划、选址、审批,安全生产均由区计经委牵头管理,云台区砂石管理站、乡国土所和乡采石公司具体管理。

2001年7月12日起,乡、镇地矿开采由市国土资源局地质矿产科(2002年改称地质矿产处)管理。

2002~2005年,乡镇地矿资源由乡镇国土管理所和农村经济服务中心具体管理。

第六编　交通运输

清代，新浦地区集镇、盐滩、渔村交错。运输主要靠肩挑、人扛。交通工具仅有木船、独轮车和牛、马、骡车等。后埠兴，交通运输亦不断发展。

民国初年，黄包车传入新浦，市区和近郊有钱人以此代步。水运因海岸东移，出海码头常有变迁，但新浦前后河码头时有船泊。民国14年(1925)，陇海铁路通至新浦，次年达大浦。其后，公路线相继开通新浦至海州、墟沟，新浦至板浦、大伊山及新浦至沭阳、淮阴、青岛等路线。均土路面，晴通雨阻。民国22年(1933)，中美合资的中国航空公司开通沪平线后，新浦商户开始乘飞机去上海购货。抗战前夕，新浦已成为海属诸县的交通中心。

日军侵占新浦后，水路、铁路、公路交通均遭破坏。黄包车、平板车、二轮车增多。

抗战胜利后，新浦至墟沟、板浦、伊山、淮阴、沭阳、青岛等公路逐步恢复，但无一条晴雨均通车的公路线。

新中国成立后，新浦地区的交通运输业得到迅速发展。水路运输，仍以盐河的主干道，建有新浦港、刘艞港；铁路客运开通了至上海、宝鸡、徐州专线，货运与全国联网；公路线有204、310(原称307)国道、新淮省道经新浦，市内道路均为沥青路面，达三级以上标准。汽车客运四通八达。

20世纪80年代后期，随着改革和对外开放的不断深入，"要致富，先铺路"已成人们共识，交通基础设施建设逐步成为基础设施投资的热点。新浦地区开始调整交通投资结构，汇集财力保证公路重点建设项目。1989年底，新浦至墟沟的一级公路建成，揭开了新浦地区高等级公路建设序幕。至1990年底已开通新浦至省内南京、苏州、无锡、常州、南通、徐州、盐城、淮阴、扬州，省外至上海、杭州、青岛、潍坊、泰安等多条长途客运线，航空运输，1990年已开通连云港至北京、上海、广州航线。由此，新浦区已形成了便捷的交通网络。

20世纪90年代起，交通基础设施建设不断提速，全面运用招投标管理信息系统，推行招投标诚信制度，干线公路改扩建工程、地方重点工程招投标达100%。加快了公路建设的跨越发展。1996年10月8日，南京至连云港一级公路建成通车。而后，历时4年奋战，连徐、汾灌高速公路于2002年建成并正式通车。新浦地区实现了高速公路"零"的突破。同时，干线公路建设也实现同步跨越，204国道改建成部级文明样板路；按照一级公路标准，扩建新浦到东海县城的新牛公路；改扩建新浦至连云港机场专用公路；扩建新浦至连云港港口的新墟公路。农村公路建设取得历史性突破。高速公路、干线公路、地方重点工程及农村公路建设的质量监督覆盖率达100%，一般工程达92%。连徐高速公路荣获国家"第四届詹天佑土木工程大奖"，汾灌高速公路荣获交通部首批优秀工程质量奖，连徐、汾灌两条高速公路荣获江苏省"扬子杯奖"。

干线航道建设步伐也逐步加强，新建航道护岸21770米，疏浚航道1944741米，改善了航道通航条件。养护管理工作日趋完善，国省干线公路平均好路率由76%上升至96%。干线航道通航保证率达

95.5%,航标正常率达99%。

在加快交通基础设施建设同时,大力实施依法治交通战略,不断加大执法装备投入力度,提高行政执法现代化水平。推行行政执法责任制,加强交通安全生产监管,以新浦汽车总站"雷锋车"组为榜样,开展文明服务创建活动,提高服务质量。全系统涌现出一大批国家级、省部级先进个人。在出租汽车行业中,涌现出了共产党员车队、文明示范车队、雷锋车队、爱心车队等4支特色服务车队。新浦汽车总站长途服务组"雷锋车"成功入选首届"江苏交通十大服务品牌"。新浦地区交通运输环境、秩序和服务质量不断优化。

第一章 铁路运输

第一节 线 路

一、陇海铁路徐连段

图6-1 新浦站老站房

民国4年(1915)5月,陇海铁路开封至徐州段建成通车。民国10年(1921),筑徐州至新浦段。民国14年(1925)7月1日竣工通车,设站于龙尾河东岸。次年,铁路从新浦旗站延伸至大浦码头,全长2.82千米(民国37年拆除)。

民国20年(1931)起筹建新浦旗站至老窑(今连云港)段。次年4月筑通至墟沟的20千米段。民国24年(1935)6月,新浦至老窑,全线27.8千米竣工通车。

抗日战争爆发后,国民政府下令将铁路拆除。日军侵占新浦后,强迫民众抢修通车。

解放前夕,新浦铁路交通中断。

民国37年(1948)11月初,新(浦)海(州)连(云港)解放,中共江淮区党委征集民工抢修铁路。至民国38年(1949)5月,徐州至连云港之间全线修复、通车。

新中国成立初期,由于原线路质量差,设备陈旧,行车时速仅40~50千米。1959年至1971年,更换铁轨、机车,清筛道床,补充石碴,增加枕木,建设桥梁。至20世纪70年代,时速达80~90千米。

1984年,在新浦东增设新浦东站(货运站)。1985年建成投入使用。同年4月20日,江苏省政府、连云港市政府、济南铁路局、徐州铁路分局一同向铁道部请求开通连云港至上海的直快列车。

1986年,市委、市政府提出实现"三直通"的奋斗目标,即:北至北京,南至上海、西至西安及以远的直通列车。

1987年9月1日,济南铁路局徐州枢纽建设指挥部、铁道部第四设计院、徐州铁路分局和其他参建单位在徐州市第二招待所联合举办“徐州铁路枢纽、徐连线技术改造工程建设新闻发布会”,新华通讯社、人民日报社等24家新闻单位的记者和江苏省建委、徐州市、连云港市的有关领导应邀参加会议。1987年以后几年中,相继开通连云港至宝鸡、至上海的直快列车。

20世纪80年代末,因港口发展需要,从徐州向东修建复线,至1990年,路基工程已过新浦东站。同年2月15日,经分局办公室会议研究决定:新浦工务段与徐州工务一段的分界点改在陇海线K202+000处。同年4月16日,徐州铁路分局根据1988年“8·4”胀轨事故教训,制定8条防止胀轨跑道措施,确保夏季行车安全。徐州工务一段、徐州工务二段和新浦工务段积极对无缝线路进行全面检查,采取措施,认真落实分局的防胀轨跑道措施。同年12月3日,新浦工务段153处正线道口全部更换了国产高强级反光标志牌,提高道口的安全系数,每年节约道口标志维修费3000元左右。

1991年,为加快新海火车站的建设速度,加强工程质量的管理工作,徐州铁路分局决定,成立“新海火车站筹建组”。办公地点暂设于铁路办事处院内(在老火车站票房西首)。5月24~25日,分管局内连续降雨111毫米,部分地区降雨量达160毫米,先后发生水害24处,其中被迫封锁和慢行线路有6处。徐州工务一段、工务二段、新浦工务段领导迅速组织干部职工冒雨投入水害线路地段抢修,被封锁的线路先后全部开通。至1993年底,车路“三直通”目标基本实现。

1993年,东陇海铁路新浦至海州之间的绕行线(从新浦市区移至新浦北郊)工程动工兴建。11月12日,市召开“东陇海复线征地拆迁”会议,成立了铁路建设工程指挥部。

1994年4月28日,新浦工务段获1993年度局级安全优质工务段称号。

1995年元月11日零时起,原为地方民兵看守的东陇海K134+125及K153+795两座特大桥由新浦工务段担当巡守。次日,东陇海线换铺P50无缝线路工作完成,并通过竣工验收,总计96.39千米。济南换轨段与新浦工务段交接协议生效。8月23~29日,路局轨道检查车对全局四大干线2170千米线路进行动态检查,徐州分局京沪、陇海两大干线790千米线路合格率为100%,优良率为84.4%,新浦、徐一、徐二工务段名列全局第三名,创历史最好成绩。8月31日,由新浦工务段和局科研所合作开发的“工务线路维修计算机软件包”通过路局鉴定。10月12~23日,分局长于汉宗、党委书记范振耀等负责人先后到新浦工务段、连云港西站、连云港车辆段、新浦铁中等处现场办公,并检查建线工作。同月25日起,原每天由连云港市开往浦口的244次列车延伸至杭州。早上8点零5分从连云港站出发,8时50分到达新浦站,经南京、上海西站次日凌晨4点50分达到杭州。此列车开通后,连云港至上海的隔日开列车停开。

新浦至连云港市郊列车,于1996年4月15日起停止运营。东陇海复线连云港段工程(中云站-张道口)全长24.84千米,总投资3.5亿元,1996年全面动工。新浦东郊的丁字路立交桥,于1996年3月1日开工。

1997年2月7~8日,东陇海邳县—连云港复线路工程基本完工。4月12~15日,路局轨道车对分局817千米(津浦线296千米、陇海线521千米)线路进行调图提速后的首次动态检查,其中优良773千米,占94.6%,消灭了失格千米。新浦工务段管辖的248千米,全部为优良。

1998年4月23日,徐州至连云港217千米SDH光同步系统全面开通,为国家投资东陇海线二期改造工程的重点项目之一。7月7~9日,济南铁路局局长彭开宙及路局有关部门负责人与分局领导王辉、尚景武,会同郑州铁路局局长冯凌云、副局长刘清林、郑州分局副局长陈有详等,就畅通陇海线、加强路港合作、联合开发华东煤炭市场及疏通万寨港、邳县港、连云港港口存煤等问题，分别与徐州、邳州、连云港港务局领导座谈讨论，并实地考察。同月17日，分局组织徐州—连云港间上下行列车提速试验。试验牵引机车采用东风D型内燃机车，编挂客车18辆。徐州—连云港间223.4千米下运行2小时27分，平均速度91.2千米/时，最高速度达121千米/时；连云港—徐州间上行运行2小时23分，平均速度93.7千米/小时，最高速度达120千米/小时。同月20日1时，东陇海线遭罕见的大暴雨袭击，K1～K2处山体滑坡，倾泻下的泥石流将K1+972涵洞堵死，泥沙、碎石、山水冲上连云港站西场2、3、4道厚达150毫米。经紧急抢修，共清理泥沙、碎石近600立方米，疏通K1+972涵洞。6时45分，正线开通，时速10千米，8时40分恢复常速。8月12日，东陇海铁路新(浦)海(州)绕行线工程全面竣工并正式开通运营。结束了铁路线穿过新浦市区的历史。

1999年8月14日，由济南铁路工程一公司承建的徐连复线配套工程——连云港客整所工程竣工。新建客车整备线6股，临修棚等房屋5600平方米，另有水暖电等配套设施，总投资5940万元。连云港客整所的开通，结束了连云港到发客车在徐州整备的历史，提高了东陇海线的运能。

2000年7月3日，徐州工务一段与新浦工务段管界由陇海线202+000千米处变更至217+000千米处。8月25日15时35分，编组50辆、装载100个6.09米集装箱的连云港至郑州、西安的8864次“五定班列”由连云港西站发出，是连云港西站继至阿拉山口、成都“五定班列”开行以来尝试开通的第三条“五定班列”专线。10月21日零时，全路实行新列车运行图。分局管内陇海线新沂——新浦段区间速度由原80千米/小时提高到110千米/小时。

2001年3月12日，徐州—连云港段自动闭塞改造工程开工，经过3个阶段、46天的紧张施工，4月27日全面开通投产。

2002年7月17日，分局管内东陇海线“平改立”工程招标工作结束。5个标段总造价为1000万元，其中四、五标段被新浦工务段多经公司竞得。

2003年3月25～27日，分局长翟世刚带领计统、运管、电务、房生、建设分处和设计院、建管中心负责同志到东陇海线新浦、盐坨、连云港、墟沟、中云、连云港西站等处进行调研，通过现场察看、研究，征求站段意见，现场确定房舍的定位、造型、功能等方案。

二、专用线

1979年，在新浦城区东郊建成外贸连云港市包装公司专用线，全长6千米。1984年11月，建成轻工部连云港储运仓库专用线，全长1602米、商业库专用线，全长2532米、省库专用线，全长1858米、物资库专用线，全长3133米。

1998年8月，东陇海铁路新(浦)海(州)绕行线全面竣工开通后，上述专用线先后废止。

第二节 运输

一、客运

民国19年(1930)，徐州至大浦段正式对开客货混合列车1对(11/12)次。次年，对开1列客车(3/

4)次，星期日停开。列车上升一、二、三等车厢，设餐车。

民国 21 年(1932)4 月 15 日，开行新浦至墟沟客车，每日上午两次。同时，徐州至新浦段客车，每逢星期单双日各加开一班特快车，客货运输均很拥挤。民国 24 年(1935)，老窑经新浦至铜山开行(5/6)次特别快车，编外挂小型列车 6 节，新浦至老窑开行 1 对客货混合列车。

抗日战争时期、解放战争时期，客运业务时办时停。解放前夕，新浦铁路运输全部中断。

解放初期，徐连段以棚车每日开 1 对客货混合列车。

1950 年，新浦站旅客发送量为 5.8 万人次。1954 年，有两对正式列车投入客运。新浦站的客流量迅速增加。1958 年，旅客发送量为 25.08 万人次。1960 年为 38.66 万人次。1964 年为 31.82 万人次。1970 年为 27.59 万人次。1980 年为 39.72 万人次。1987 年 2 月 18 日，连云港站实现连续 29 年无职工死亡、1000 天无职工轻伤事故。至 1990 年，直达南京、上海、天津、宝鸡、徐州的旅客列车达 6 对。节假日客流量高峰时，另行安排临时客车。同年，新浦站旅客发送量猛增至 83 万人次。同年 4 月 25 日新浦工务段连续实现 6 周年无一切行车事故。同年 5 月 20 日，新浦车站被命名为“作业标准化车站”。同年 11 月 21 日，新浦工务段实现行车安全 2400 天。

1991 年元月 28 日，分局在春运期间增开的连云港至天津西站 205/206 次临客于 20 点在连云港站首趟开行，分局领导曹可久、管金华莅临指导。5 月 20 日，新浦站至连云港站间增开 705/710 次三对市郊列车。1994 年 8 月 10 日，新浦新车站开工兴建，该工程建筑面积 6700 平方米。

1995 年元月 11 日 8 时 5 分，244/241 次延长至杭州第一列直快列车在连云港站举行剪彩典礼后正点驶出。

1996 年 2 月 1 日，首趟连云港—鹰潭 244/241 次临时客列车开行。4 月 12 日，为减少运能浪费，经路局同意，新浦—连云港间 782/786、707/708 次两对市郊列车停运。6 月 18 日，冠以“王子”号的 241/242 次列车分别从南京、连云港两地对开。这是江苏省境内首列获商业冠名的旅客列车。8 月 31 日 16 时 09 分，首趟连云港—北京南站的 204 次直通列车从连云港站发出。经由陇海、京沪、京九三大干线，全程 1108 千米，运行 23 小时 33 分。这是连云港首列进京列车。

图 6-2　1998 年 8 月 12 日新海绕行线开通，新站启用迎来第一列客车

1997 年 2 月 12 日，首列新浦—大庆 180 次临时客车开行，旅客达 1500 余人。此次临客隔日开行，春运期间共计开行 27 列，运输旅客 49315 人次。7 月 1 日，连云港—浦口间图定 544/541、542/542 次客车延长至常州运行，并改车次为 545/546 次。由连云港、枣庄两地隔日开行。

1998 年 4 月 25 日 6 时，首趟郑州—连云港 Y25 次列车抵达连云港站，此为连云港建站以来的第一列旅游列车。此趟列车每周五从郑州开出，周日返回郑州。至 9 月 30 日共往返开行 24 趟，运送旅客 21520 人。同年 6 月 18 日，徐州、枣庄、连云港市的 5 个建行营业网点受济南铁路局的委托，开展铁路客票联网代售业务。同月 25 日 21 时，虞城县、夏邑县、砀山、徐州、枣庄西、邳县、新沂、东海县、墟沟、连云港站计算机联网售票全部开通使用。同年7月4日，连云港—成都首列“五定班列”试运行，“10·1”正式定图。8月12日，新浦新客站暨相关工程竣工开通。江苏省政府副秘书长施绍祥，路局副局长于汉宗，连云港市委书记郁家树、市长夏耕，徐州枢纽建设指挥部常务指挥长蔡舜田，分局领导蒋衍星、王辉、应春明、孙信，铁二局、铁四院、江苏省及徐州、宿迁、盐城、日照、淮阴市的有关领导，分局有关单位、分处室负责人及有关新闻单位参加了开通典礼。11月8日，连云港—北京南503/504次列车冠名“八喜号”。同月24日，分局在徐州铁路医院、新浦站、新沂站、砀山站、黄口站、徐州电务一段报话车间、徐州生活管理段铁路招待所、连云港西站(客运系统)、545/546次列车、503/504次列车、徐州水电段给水车间等11个单位推行承诺服务制度。

1999年5月31日，分局在连云港举行连云港—徐州—库尔勒首趟列车开行仪式。6月1日全路微调列车运行图，分局辖区增开济南、连云港—库尔勒189/192次(隔日)列车，徐州—连云港635/636次列车，徐州—连云港637/638次(隔日)列车；连云港—广州(隔日)，济南—徐州的607/608次列车延长至连云港。10月10日0时，铁道部再次微调旅客列车运行图：连云港—北京南504/5/4、503/6/3次旅客列车改径商丘、菏泽去北京南，车次改为404/1/4、403/6/3，路程减少59千米，运行时间缩短56分。

2001年，春运客流量来势猛，1月12日，新浦火车站即迎来第一个春运客运高峰，当日发送旅客超过3000人，比平日发送量增加加20%，为适应春运需要，1月29日到31日，铁路、路客运增开了连云港至齐齐哈尔和连云港至通化的旅客列车。从1月28日(农历正月初六)至2月5日，新浦火车站每天发送旅客都超过40万人。2月上旬，客流量超过4万人次，其中，2月8日(正月十六)一天发送旅客达5300多人次，创最高纪录。至2月17日，圆满完城历时40天的春运任务。4月16日起，铁路部门优化客车开行方案，停运徐州—连云港7827次和连云港—徐州4902次，连云港—上海2528/2525、2526/2527次，改变列车交路。

2002年，新浦火车站提前做好春节期间客运安排工作。2月10日，为春运的第一个高峰，当日发送旅客3700人次。2月14日(正月初三)客运再次新高峰，当日发送旅客4000余人。为满足旅客需要，2月17日至3月8日，又增开了至齐齐哈尔、乌鲁木齐和常州等地的临时列车。

2003年元月25日16时30分，连云港至北京西1504次旅客列车举行冠名权新闻发布会，冠名权被连云港市康缘制药有限公司赢得。19时43分，首列更换为25G型空调车的“康缘号”旅客列车驶离连云港站。10月30日16时，连云港、新浦、东海县、新沂、邳县、砀山、虞城县7站计算机售票服务器完成升级。11月26日，济南军区驻连云港站军事代表办事处设立。

2004年1月6日，“新浦站”更名为“连云港站”正式揭牌启用。

2005年春运期间，新浦地区的连云港站运送旅客120万人次。

二、货运

民间24年(1935)，东陇海线通车后，主要运输薛城、枣庄的煤。

新浦沦陷期间，日本侵略军通过这条铁路掠夺煤、盐、磷矿石等资源。

抗战胜利后，货运基本停滞。

民国38年(1949)初，徐州至连云港沿线，货运业务逐渐展开。1951年，新浦站货物发送量为5.57万吨。1953年货源增多，运载能力一时不能适应。1954年，车站采取轻重配装、大小三层、多拉快跑等措施提高运载能力。1958年，采取上门联系货源，提前安排进站，整批零担有货就装等办法，以满足物资部门的需求。20 世纪 60 年代至 70 年代，机车全部换为大功率的蒸汽机车，车速由 60 ~ 70 千米，提高到 80 ~ 90 千米。80 年代末，开始使用大功率内燃机车，列车由原来挂 36 ~ 40 辆车厢，增至 50 辆车厢，运载能力明显提高。1987 年元月 20 日 18 时，新浦工务段实现连续 1000 天无行车事故和路外伤亡事故。1990 年，新浦站到货量达百余万吨。

1991 年 5 月 20 日，分局对 26 个基层单位的站段长第一届任期目标完成铺况进行了全面考核。全部完成任期目标的有徐州车务段，水电段、工务一段、工务二段，新浦工务段等 13 个单位；考核指标有 1 项没有完成的有徐州机务段、车辆段、列车段等 9 个单位；发生人身伤亡、行车事故件数超过计划、严重违反财经纪律、企业亏损等没有实现任期目标的有 4 个单位。

1993 年，新浦火车站发送货量达 27 万多吨。

1994 年 2 月 8 日，新浦车站货场被命名为济南铁路局 1993 年度文明货场，并授予奖牌。

20 世纪 90 年代中期，新浦地区火车货发运量总体呈上升趋势。

90 年代后期起，货运有所减少。2005 年货物发送量为 51815 吨。

1950 ~ 1990 年新浦火车站旅客发送量统计表

表 6 - 1　　单位：万人次

年份	发送量	年份	发送量
1950	5.80	1971	23.09
1951	14.25	1972	25.97
1952	11.29	1973	28.97
1953	15.98	1974	29.77
1954	12.21	1975	34.56
1955	10.38	1976	36.70
1956	18.25	1977	26.79
1957	20.70	1978	39.37
1958	25.08	1979	37.85
1959	32.78	1980	39.72
1960	38.66	1981	42.75
1961	51.29	1982	46.40
1962	63.84	1983	45.08
1963	39.69	1984	63.31
1964	31.82	1985	83.10
1965	27.38	1986	80.76
1966	24.93	1987	68.64
1967	27.83	1988	74.00
1968	12.67	1989	74.88
1969	12.85	1990	83.00
1970	27.59		

1991～2005年连云港(新浦)火车站旅客发送量统计表

表6－2

年 份	发送人数(万)	年 份	发送人数(万)
1991	66	1999	107
1992	87	2000	105
1993	95	2001	106
1994	101	2002	101
1995	97	2003	94
1996	83	2004	110
1997	90	2005	120
1998	92		

1951～1990年新浦火车站货物到发量统计表

表6－3

年份	发送量(万吨)	到达量(万车)	年份	发送量(万吨)	到达量(万车)
1951	5.57	5.76	1971	5.16	0.69
1952	6.91	6.76	1972	6.99	0.82
1953	4.25	79421(吨)	1973	8.24	0.86
1954	2.83	6.21	1974	9.35	0.64
1955	3.08	8.49	1975	7.01	0.75
1956	4.25	14.76	1976	8.41	0.74
1957	4.60	14.00	1977	11.50	0.91
1958	4.63	0.89	1978	11.92	1.01
1959	10.42	6.12	1979	11.99	0.98
1960	18.43	0.60	1980	12.18	1.22
1961	14.90	0.48	1981	12.75	1.22
1962	17.86	0.45	1982	14.32	1.41
1963	5.85	0.63	1983	14.96	1.38
1964	3.54	0.67	1984	12.99	1.45
1965	4.25	0.58	1985	12.66	1.61
1966	4.64	0.87	1986	20.30	2.05
1967	4.11	0.56	1987	22.45	1.84
1968	3.70	0.08	1988	16.34	1.81
1969	2.17	0.17	1989	16.61	2.10
1970	4.89	0.60	1990	15.43	1.71

1991～2005年连云港(新浦)火车站货物发送量统计表

表6-4

年　份	发送量(吨)	年　份	发送量(吨)
1991	124205	1999	101158
1992	150219	2000	84586
1993	271420	2001	67677
1994	238138	2002	55123
1995	252471	2003	66341
1996	168993	2004	78709
1997	181368	2005	51815
1998	156668		

第二章　公路运输

第一节　公路铺筑

一、国道

1. 204国道

新204国道即通榆汾线。通榆汾线新浦段,原为民国17年(1928)前自然形成的新浦至大伊山间的一条大路。民国17年至18年,淮北盐务稽核分所将此路筑为土路面公路伊新公路,全长52千米。原为民国21年(1932)国民政府紧急修筑南通至山东日照的通榆军用公路。初不经新浦,民国23年(1934)截弯取直后经新浦。抗日战争、解放战争期间,路基时毁时复,交通不畅。新中国成立后逐步修复。1950年,伊新段拓宽加高。1954年,被定为省干线。同时,向北延伸至山东汾水,全长460千米。后逐步改筑为砂石路面、沥青路面。1989年,新浦至南城段已改造筑为一级水泥路面。同年,公路已北通山东烟台、南抵上海嘉定。

204国道连云港市区段(470K+744～487K+191)起于新牛公路与204国道交汇处(交巡警八中队),经新浦幸福路转盘、华联,止于宁海收费站,全长13.459千米。

204国道新浦至南城段共4.34千米,原为二级公路标准。1990年4月,省交通厅公路局决定按一级公路标准对其实施改造,路基宽24米,快车道为水泥混凝土路面,宽14.5米。同年7月20日,快车道工程完工,慢车道及附属工程于同年9月22日全部完工。总投资470.5万元。1991年,新浦至南城一级公路工程,通过省交通厅公路局验收,被评为省全优工程。

1997年3月5日,对204国道宁海立交桥至玉带河魏糍桥段5.56千米按一级公路标准实施改造,设计道路路幅为32米,道路轴线以原道路中心线为准,向两侧拓宽。采用三块板断面形式设计,路基宽为:中间23米宽机动车道(六车道),两侧各设0.5米分隔带,3米宽非机动车道,0.5米硬路肩。其中机动车道原有部分水泥混凝土路面予以利用;魏艞桥至南城桥机动车道拓宽部分和非机动车道部分采用沥青混凝土路面结构;南城桥至宁海立交桥机动车道23米(六车道)全部采用水泥混凝土路面,非机动车道为沥青路面。

1998年,对204国道海连西路1千米进行拓宽改造,此是市委、市政府重点工程之一,按一级公路标准实施,新建蔷薇河大桥1座,长210米,宽11米;道路改建799.76米,其中,水泥混凝土路面162米,沥青路面637.76米;两处平交道口中,一处铁路跨公路立交。

1999年3月,对204国道瀛洲路(时名玉龙路)共2.86千米按城市一级交通主干道进行改造。改造后路面宽60米,主车道宽24米,两侧各1.5米分隔带,6米非机动车道,5米人行道,西侧有11米绿化带。路面结构:主车道为24厘米水泥混凝土路面,下为35厘米二灰碎石基层,50厘米厚的山场碎石土,30厘米厚手摆片石软基处理,路基桥头高填方段为12厘米沥青混凝土路面,下为50厘米二灰碎石基层,先采用粉喷桩软基处理后用轻质填料粉煤灰分层回填,非机动车道为3厘米沥青混凝土路面,人行道采用5厘米彩色人行道板。同年9月20日竣工,工程质量评定优良。

2003年4月26日起,对204国道蔷薇河桥至宁海段共10.8千米按一级公路标准进行改造,路基宽26米,路面宽24米,路面结构为24厘米水泥混凝土面层+20厘米二灰碎石,设计车速100千米/小时,桥涵设计荷载为汽超-20,挂-100。总投资1.1亿元,同年11月竣工。其中,市区段(海连路)2.82千米拓宽改建按城市入口道路设计,设计车速为40千米/小时,交叉口为25~30千米/小时,道路总宽60米,本路段道路横断面总宽60米(机动车道24米,两侧依次为分隔带3米、非机动车道6米、人行道5米、绿化带7米)。车行道采用沥青混凝土高级路面,人行道采用C25彩色人行道板铺砌。机动车道两侧布设12米高高雅型中杆路灯。人行道内设置行道树,分隔带内及道路南侧分别作了绿化设计。总投资2620万元(其中道路工程投资1335万元)。同年10月25日竣工,工程质量评定优良。

2. 310国道

310国道原名307线,为1963年交通部决定修筑的一条西起徐州东至连云港与陇海铁路平行的国防公路。1964年3月动工,1965年底竣工。经新浦与204国道交叉。1981年,被列为310国道。1990年被国家确定为东起连云港、西至新疆霍尔果斯的国家主干线之东段。

1985年,310国道新浦至墟沟段为二级公路(沥青路面),自宋艞向东经猴嘴、朝阳、黄九埝、平山至墟沟海棠路,全长22.59千米。1986年12月,经省交通厅、江苏省计划经济委员会正式批复,在原有的基础上修建310线新墟段一级公路工程,计征用土地57.3公顷,拆迁房屋1.5万平方米。按一级公路标准改造后,路基宽28.5米,设上下行两个车道,每幅车道宽12米,中间分隔带宽2米,沥青混凝土路面,设计车速120千米/时。桥涵设计荷载为汽-20、挂-100,昼夜通行能力为2.5万辆次。全线共建涵洞86道,中、小桥两座。总投资4900万元(由交通部投资三分之一,省交通厅投资三分之一,市里出资1600万元)。1990年11月29日全部竣工。公路建成后,省交通厅以"累计颠簸仪"测试,沥青路面平整度达到国际标准优良级,时为全省第一名。

2004年3月至2005年12月,对310国道新浦宋跳至海棠路段20千米按一级公路标准进行改造,路基宽60米,路面宽28米,路面结构为9厘米沥青混凝土面层+20厘米二灰碎石,设计车速100千米/小时,桥涵设计荷载为汽-20、挂-100,总投资为3亿元。

3. 327 国道

327 国道原名沙夏线，自赣榆县沙河至山东省临沭(夏庄)，1979 年被列为省干线，1981 年被列为 327 国道。

327 国道连云港市段起于新浦幸福路大转盘，沿海连路，经巨龙北路、解放东路、丁字路、临洪闸、东海县浦南镇大酒壶、赣榆县罗阳、墩尚、沙河、大岭、欢墩等镇，止于与山东临沭交界处，全长约 53.4 千米，其中与 204 国道重复 21.38 千米，与 310 国道重复 11.98 千米。

1991 年 4 月，对 327 国道新浦丁字路至高渠道段共 1.7 千米进行改造，对原路基补强 45 厘米厚，在原 9 米宽沥青路面的基础上，改建成水泥混凝土 22 厘米厚，12 米宽路面。总投资 117 万元。1992 年 8 月，对 327 国道新浦城区段至铁道口共 10.5 千米进行拓宽改造。该工程拓宽快车道 15 米。总投资 63.79 万元。

2004 年 5 月至 2005 年 12 月，对 327 国道市区新浦龙河广场至丁字路段共 6.3 千米按二级公路标准实施改造。改造后，路基宽 14 米，路面宽 12 米，路面结构为 24 厘米水泥混凝土面层 +20 厘米二灰碎石，设计车速 80 千米/小时，桥涵设计荷载为汽超 -20，挂 -100。总投资 4950 万元。

二、市县公路

1. 新宋线

1959 年，新浦至宋跳的新宋线建成，路面宽 7.5 ~10 米，全长 6 千米。

2. 磷矿线

新浦至锦屏磷矿的磷矿线建成，路面宽 6 米，全长 14.7 千米。

3. 新墟公路

此路原为 20 世纪 40 年代中期苏豫交通要道海郑公路一个路段——墟新路。50 年代后期“大跃进”年代，被改造为 5 米宽的砂石路面；1966 年前，宋跳以东到连云港港口路段为 307 公路一段，增宽 1 米，铺为碎石路面。后经多次改造，成为一级公路的新墟公路，全长 22.59 千米。

4. 丁字路支线

1965 年，新浦至丁字路的 307 支线建成，路面宽 9 米，全长 3.5 千米。1971 年起，改为沥青路面。

5. 朐山线

1972 年至 1976 年，新浦至海州朐山的朐山线建成，路面宽 5.5 米，全长 10.5 千米。

6. 云台线

1979 年，新浦至猴嘴的云台线竣工，路宽 3.5 ~5.5 米，全长 12.8 千米。

7. 新牛线

1985 年至 1987 年，新浦至东海牛山的新牛线竣工，路宽 16 米，全长 36 千米。

8. 南岛线

南岛线东接市开发区徐圩线和 242 省道，西至 204 国道，全线长约 23.9 千米。该道路贯穿南云台风景区，是进入国家 AAAA 级渔湾景区的重要通道。原为沙石简易路面。2003 年起，分段列入农村公路建设计划，至 2005 年底，主要路段已建成二级水泥混凝土道路。

9. 云台线

云台线位于新浦区境内，南自云台乡，北至连云港市经济技术开发区，全长 8.7 千米，是开发区和云台乡进入国家 AAAA 级花果山景区的最便捷通道。2004 年，再次对其进行改造。

第二节 客 运

一、人力、畜力客运

清代以前,域内已有以轿为工具的客运业,数量极少,多为富人乘坐。

清末民初,新浦与海州之间,开始有人以独轮车、牛车和毛驴经营运客,轿渐被取代。直到20世纪30年代中期,临洪滩仍有10多户农民,农闲时赶毛驴在新浦至海州、大浦、板浦等地之间从事客运。

民国9年(1920)起,马车、黄包车在新浦兴起。此后一直为新浦与海州、板浦等地间的客运力量。

解放后,为了缓解汽车客运力量不足的矛盾,新海连特区军管会发动黄包车工人经营新浦与海州、猴嘴等地间的客运业务。1955年,黄包车停止客运业务。

1956年,市搬运公司成立三轮车联运处,组织50辆三轮车、50辆自行车、15辆马车,经营新浦至海州北门、刘顶及猴嘴、南城等地客运业务。

1961年,停止自行车带客。1963年,客运脚踏三轮车逐渐淘汰,由机动三轮车替代。

20世纪80年代后期至90年代初,三轮车一度发展至350多辆。后随着公共交通和出租汽车的发展而逐渐减少,至1996年元月1日,禁止机动三轮车、人力三轮车在市区从事客运,400多名三轮车工人转营他业。

二、长途汽车客运

民国13年(1924),新县(现连云港市连云区朝阳镇)绅士张步成,用白宝山赠送的4辆汽车在新浦开设汽车行,经营新浦至板浦间的客运。次年,青口孙东文开办孙东记汽车公司,经营沭阳马厂至新浦客运。民国17年(1928)2月,普益商营长途汽车公司,在新浦中山路开业,经营新浦至大伊山的客货运输。途经南城、板浦、小伊山、仙桥、任二庄达大伊山,全程52千米。同年9月,新大商营长途汽车公司在新浦开业。抗战前,新浦先后有过5家客运汽车公司,共有客车(为货车加帆布篷)20余辆,经营新浦至板浦、新浦至海州、新浦至大伊山、新浦至墟沟及新浦至赣榆的客运业务。另有黄包车300多辆,主要经营新浦至海州的客运业务。同时,沭阳的三益商营长途汽车公司,也经营淮阴至新浦的运输业务。

日军侵占新浦后,普益、东华等商营汽车公司均遭浩劫,车辆被日军查缴毁坏。民国29年(1940),日伪政府令区、乡、保、甲按人摊工,修复新浦至大伊山公路,并改道经板浦、大柴墅、仲集、小柴墅至大伊山。新浦至沭阳公路同时修复。上半年,日伪华北交通株式会社开始经营新浦至海州、板浦、大伊山客运业务。民国30年(1941),新浦至大伊山客运线延长至淮阴(民国32年中断)。新浦至板浦客运车由每日3班增至5班。

日本侵略者投降后,新浦商营汽车公司有所恢复,客运只在新浦与海州、连云港、板浦间营运。民国36年,新浦华裕汽车行经营新浦至淮阴的客运,次年即中断。同年,新浦汽车客运基本停业。

解放后,新海连特区军管会发给民营汽车临时执照,组织部分车辆恢复新浦、海州、连云港间的客运业务。接着,开通新浦至胶县、潍县、周村、临沂等地班车。

1950年,修复新浦至大伊山公路,由私营利通汽车公司经营此线客运,每日一班。1953年,增至每日两班。1952年,临沂汽车运输公司在新浦设汽车站,开通新浦至十字路、新浦至汾水客运线路。1955

年下半年，公私合营利通汽车公司开通新浦至青口客运班车。同年 10 月，国营淮阴汽车公司经营淮阴与新浦间和伊山镇至新浦的客运业务。

20 世纪 60 年代初，全省调整汽车运输管理体制，新浦地区的汽车运输先后属淮阴汽车运输管理处和徐州汽车运输处管理。“文化大革命”初期，长途汽车客运不正常，后逐渐恢复。

中共十一届三中全会后，长途汽车客运开始开展旅游客运业务。1980 年 9 月，开通新浦至上海旅游客车。设在新浦的各旅行社也开始不定期地经营新浦至市外各景区的旅游客运业务。至 1990 年底，新浦汽车站已开通新浦至南京、上海、杭州等 31 个省内外城市长途客运线和市内 3 县县城的长途客运业务。

图 6－3　位于瀛洲路的苏欣汽车客运站

20 世纪 90 年代起，新浦至全国各大中城市、县城和旅游景区的长途汽车客运业务，进入快速发展阶段，客运线路不断增加，客运车辆档次也不断更新、长途客运质量明显提高。1995 年初，新建于人民东路的新浦汽车总站启用后，新浦汽车总站接发长途客运业务更加繁忙。2000 年，连云港汽车运输总公司新增长途班次，有新浦至盐城、日照、灌南、临沂、博山、莱州、张家港、圩丰、泗阳、泗洪；灌云至新浦（依维柯快客）。至此，连云港汽车运输总公司客运班次线路有：新浦至上海、北京、天津；以及至浙江省的杭州、宁波、温岭、义乌、温州；至福建省的莆田；至广东省的深圳、广州；至山东省的济南、临沂、枣庄、日照、淄博、东营、烟台、威海、青岛、潍坊、牟平、泰安；至辽宁省的沈阳；至安徽省的芜湖、合肥；至河南省的郑州；至湖北省的武汉。以及至江苏省内的南京、徐州、淮安、扬州、盐城、南通、苏州、常州、无锡、泰州、宿迁、镇江等长途客运班车。2000 年，客运量为 6824243 人次。2001 年，新浦长途汽车客运发车站有 3 处：新浦汽车总站（位于人民路 19 号）、苏欣快客站（位于瀛州路 26 号）、新浦汽车客运东站（位于解放东路 138 号）。全年，客运总量为 311 万余人次。其中，新浦汽车总站、苏欣快客站计 300 万人次，客运东站 10.95 万人次。当年春运期间，新浦汽车总站投入 21 台电脑，在春运联网售票、检票中发挥了很大作用。春运第一个客流高峰，新浦汽车总站就发送旅客 12000 多人，比平时增加 50%。春运期间，每日发往 13 个省、直辖市的 329 班车，30 天发送旅客 30.5 万人次，无 1 人漏乘、错乘。安全顺利地完成了春运任务，新浦汽车总站的营运收入也增长近 30%。

图 6－4　位于瀛洲路南段的新浦城南汽车客运站

2002 年，新浦汽车总站增开至盐城、兴化等地班次；苏欣快客在 1 月 28 日至 2 月 10 日期间加开南京专线班车，每天发车达50个班次。连汽快客主动与一些单位联系，于2月8日至春节前夕，开动“迎亲直达快车”20个班次，专程去常州、杭州等地，接在外务工人员安全返程。市公交公司202台车，日发班车达1367对次。所有线路发车时间，均由原8分一班，缩短为5分钟。春运40天，新浦地区公路客运近200万人次，同比增长2%以上。

2003年，新增、更新102辆中、高档汽车，新浦与各县际以上的客运运力结构明显改善。

2005年，新浦汽车总站已接发新浦至北京、上海等57个城市、县城长途客运业务。其中，与山东的临沂、日照间日发车均在20班次以上。苏欣快客站运营新浦至上海、南京、杭州等38个城市、县城的长途客运业务。“连汽快客”站还运营了新浦至上海沪太路、南京中央门等5条直达客运业务。

三、公共交通客运

新浦地区公共交通事业始于1958年夏，当年开通新浦至海州、锦屏磷矿公共汽车，每天8个班次。1959年，开通新浦至猴嘴、连云公共汽车。1961年，新浦至磷矿公共汽车每天增至14个班次，至猴嘴的每天增至7班，至连云的每天增至3班。1964年，增开新浦至大村公共汽车，每日4班。1966年至1968年，公交客运受“文化大革命”干扰，客运量下降。1969年后渐恢复。1971年新开新浦至海州西门线。1973年，新浦至朐山、大浦公共汽车开通。

图6－5　1959年新浦解放路上的公交车

改革开放后，新浦地区公路客运业进入新的发展时期，公共交通线路不断增加。1978年，开通新浦至台北盐场海滨工区的公共汽车，增开新浦至磷矿夜班车。1980年上半年，增开新浦市区的环城公共汽车，时称8路车。增开新浦至花果山客运班车。1981年，增开新浦—连云港的直达快车。新浦至海州的1路公共汽车和新浦至磷矿的3路公共汽车，每日均增至30班。海连路、南小区也设站开展市区内客运业务。1984年，连云港市只有1路、2路、3路共3条公交线，不到30辆车。新浦至海州磷矿的3路公交车，是市区主要公交线路之一，该线路沿线设置16对停靠点，修建31个公交候车亭，为乘客的出行提供方便。1990年，全市市区公共交通客运线路达165条，绝大部分自新浦发车，其中由新浦至海州西门的1路车，每天37个班次，通云旅社至猴嘴镇的2路车，每天25个班次、解放东路至锦屏磷矿的3路车每天43个班次，海连路经大村至猴嘴镇的每天8个班次，新浦至连云的每天73个班次。

1992年9月20日起，市汽车公司在新浦与海州间新增中巴公交车，共6辆，车身喷有“国营公交，笑迎天下客，招手停车”字样，全天候服务。1995年1月10日，新建于人民东路西段的新浦汽车总站启用。总站建筑面积6000平方米，停车场8000平方米，可停车200多辆。大小候车室2000平方米。其间，公共汽车业也有新发展。市汽车公司一、二队开通了经过新浦的海州至墟沟海滨浴场班车。新浦地区已有8条公交线路，即1路、2路、3路、4路、6路、7路、8路、10路，车辆数达到81台。其中1路、2路、3路是市区主要公交线路。公交运营主体为江苏省汽车运输公司连云港分公司102车队。4月8日开始,增开新浦至花果山乡大村的公交线路。每天14个班次往返24趟。沿途妇儿医院、市博物馆、职教中心、淮工等,全程11千米,票价1.5元。1999年2月民营企业连云港市佳连公共交通有限公司投入运营。该公司于当年投放46台“友谊”中巴车,开辟新浦至海州等地的21~24路公共交通汽车。2000年4月初,开通新浦、海州之间的19路车,自华联商厦经海连路、海青路至海州西门。实行无人售票。原从海州西门至新浦国际商城的7路公交车,4月初,延至新浦丁字路口。6月1日起,3路车加开夜班车,晚7时30分至夜12时,发车4班。10月1日,位于解放东路138号的客运东站启用。占地面积1240平方米,硬件设备达二级客运站标准。日发长、短途快客班线各100余次。日接送旅客6000多人次。11月8日,开通9路车,为新浦环城公交车。同月,开通25路公交车:自新浦磷矿,经华联商厦、盐河桥、朝阳桥至海州许庄。至2000年末,新浦有市公交公司和佳连公交公司营运的14条公交车线路。新浦地区汽车客运专线站有:连云专线站,坐落于海连东路,市电信局东首;赣榆专线站,坐落于人民东路,新浦火车站东。东海专线站,坐落于人民东路,新浦火车站西侧;连云、灌云、赣榆依维柯专线站,坐落于解放东路和平桥东首;四队专线站,坐落于解放东路和平桥东首。

2001年,新浦地区新增公交营运线路3条,其中,市公交公司两条(5路、11路),佳连公交公司1条(25路)。至年末,新浦地区有公交汽车营运线路14条。其中,市公交公司9条,佳连公交公司5条。

2003年,新浦运管所认真做好辖区内客运线路调整、改造工作,全年完成线路改造车辆19辆,其中新浦至墟沟9辆、新浦至东海4辆,新浦至灌南6辆。

2004年,驻地市公共交通总公司改制更名为连云港海通公共交通有限公司。共运营公交1、2、3、4、5、6、7、8、9、10、11、19路及夜班3路线和双层巴士环城线共14条公交线路。同年3月3日,连汽出租公司由40辆出租车组成的“雷锋的士车”开始上路运客。两年来共免费接送军人、残疾人2389人,做好事669件,收到乘客表扬信151件次、锦旗30面。

2005年底,新浦地区共有连云港海通公共交通有限公司、连云港市佳连公共交通有限公司和连云港东部公共交通有限公司等3家公交企业。运营公交线路23条,上路公共汽车保有量384辆,年发送旅客4000万人次。设置公交站点192对,公交站牌394个,公交候车亭166座。

四、出租车客运

新浦地区出租汽车出现于1984年,初为个体经营。自1985年4月中北汽车出租公司成立起,汽车出租公司逐渐增多。1992年下半年,新浦地区出租轿车达50余辆。次年,个体经营的中巴车、私营出租小汽车发展到120多辆。1995年9月,市汽车客运公司在新浦成立云阳汽车出租有限公司,有松花江牌出租车285辆。同年10月,阳光汽车出租车有限公司在新浦成立,时有出租车146辆。1996年1月,港城第一家个体出租汽车公司——金轮公司在新浦成立,新浦地区原个体出租汽车成为该公司职工。2000年11月10日,市交通局发出《关于出租汽车更新的通告》,出租汽车更新工程启动。首批投放的150辆富康出租车几天之间为港盛、神龙、云阳、益云、金联等公司订购,并于当月15日,在新浦火车站前广场举行“首批富康出租车港城投放仪式”。当年富康出租车更新工程完成。出租面包车和低档次、老化的出租轿车全部淘汰。当年,新浦地区有出租汽车公司12家,拥有出租汽车1861辆。

2001年,新浦地区有出租汽车公司14家,拥有出租汽车1960辆。

2002年至2005年底,经过整组,新浦地区有6个汽车出租公司,有出租车1800余辆。原有旧夏利车基本淘汰,添置新款的桑塔纳、富康、捷达等高中档出租车1400辆,占出租车近80%。同时,在出租车司机中开展“文明出租车,亲情伴你行”主体活动,推出近200辆文明示范车、特色服务车、党员示范车,进一步规范服务,提高服务质量。

第三节 货 运

辛亥革命前,陆路货运以肩挑、人扛、牲畜驮拉为主。

辛亥革命后,机动车辆传人境内,运输能力增强。

民国10年至23年(1921-1934),运货车渐多。以客运为主的商营汽车公司、汽车行,也兼营货运。普益汽车公司和沭阳的三益汽车公司各有货车1辆在新浦从事货运。淮北盐务稽核分所淮北税警团及各盐场有100余辆大小汽车,往返于新浦与各场之间运输煤、盐、粮油、土特产品。

日军侵占新浦后,日商的华北交通株式会社经营新浦至海州、淮阴的汽车客货业务,所运多为军需物资。民国30年,日军石油紧缺,运输车辆改用木柴、石炭或酒精为燃料,维持运输。

抗战胜利后,国民政府派员接收新浦、海州、连云一带东华、新大等25家商营汽车公司计50余辆汽车,在新浦成立联合经营同业公会,徐州、板浦、响水口和连云港等地间运输食盐、百货等物资。新浦解放前夕,基本停止营运。

解放后,新海连特区军管会组织新浦等地商营汽车和盐务局、磷矿等单位的汽车,组成支前车队,支援淮海战役,担负徐州至永城一线物资运输任务(淮海战役结束后返回)。1948年12月,民营利通汽车公司在新浦成立,独家经营汽车货运业务。新浦地区的短途货运,主要靠平板车、骡马车。

1950年6月20日,新海连市搬运公司在新浦成立,下设5个搬运大队,同时新浦成立民营马车联社,也称马车站。有马车58辆。

1954年,民营利通汽车公司公私合营,有货车20辆,计61个吨位。1955年,民营马车联社马车达93辆。1956年,公私合营利通汽车公司转为国营新海连市汽车运输公司。同年,马车站撤销,但新浦尚有部分牛车在新海联运办事处调度下从事货运业务。1958年,强调运输高速度,市汽车运输公司“放卫星”搞汽车运输“列车化”,以一辆载重7吨的史可达柴油汽车和一辆载重5吨的捷姆西货车为动力车,拖带22节载重各2.5吨挂车,全长78米,由新浦往大伊山运送小麦,时速14.5千米,为保卫“卫星升天”,专派一辆工具车和50余维修人员随行。因行驶不便,车辆零件损失较大,行驶一趟即告终止。

1966年至1969年,受“文化大革命”影响,货运量连续下降,1970年始有回升。在此期间,市粮食车队、外贸车队等厂矿企业自备货运车辆在新浦陆续投人营运。

中共十一届三中全会以后,各单位的自备运输车辆,也参与社会货运。1983年运输市场开放,新浦运输车辆猛增,运输货源竞争激烈。1986年8月30日,成立“连云港市新浦运输公司”。撤销原“新海区运输公司二队”,成立“新浦运输公司一队”;临洪运输队改为“新浦运输公司二队”;沈圩运输队改为新浦运输公司三队。新浦运输公司属区计经委直接领导。20世纪80年代中期起,部份运输企业因油料供应不足,退休人员增多及管理不善等原因,利润下降。1990年起,随着公路快速建设和机械化作业程度的不断提高,板车、三轮拖拉机、三卡机动车、拖拉机逐步退出货运市场,代之而起的是普通汽车、大型集装箱运输车、特种车辆和危险货物运输车以及货运出租车。汽车货运渐转正常,并逐步发展。

1996年~1998年,汽车货运从驻点管理、组建货运交易,到接纳社会车辆进场交易、组建有形货物运输交易市场,货运交易市场逐步培育成熟。

2002 年,汽车货运重型、中型、轻型比例为 1:4:5,货运企业达到三级资质 2 家、四级资质的 7 家,五级资质的 74 家。危险货物运输 10 户,集装箱运输业 9 户,大件运输业户 3 户。2005 年产成货运量 3843 万吨,周转量 377607 万吨千米,经营货物运输计 6554 户,货车总数增长至 7830 辆、45644 吨,中储物流达到规范化经营,实现货运的历史性跨越。

第三章　水上运输

第一节　航　道

一、西盐河

西盐河为新浦地区主要水上运输航道。南上达板浦、磨行口(大柴市)、大伊山、新安镇(灌南县)、安东县(涟水县)至淮安河下镇入京杭大运河。后改经淮阴县王营从杨庄入大运河,全长 152 千米。全年船流量上行 6.5 万只,下行 7.17 万只。

2000 年,市航道管理处航道工程公司筑成了盐河的市区段 1050 米护岸,及其墙土填实工程。均被省、市评为优质工程。在盐河因大旱枯水时,管理部门及时协调,采用分段保水、依次航行等措施,保证了船只畅通。

2001 年 3 月中旬至 5 月底,市航道管理处修建了盐河市区段 500 米护岸工程。同时,完成经省局批准的盐河市区段疏浚工程。盐河市区段护岸工程,被评为省航道局优质工程。

二、临洪河

临洪河为蔷薇河下游入海河段。20 世纪 50 年代以前,为新浦海河运输主要水道。1952 年,蔷薇河裁弯取直,临洪河下游河道移至沈圩村北。1959 年建临洪闸,切断出海航道。

第二节　渡口　码头　港口

一、渡口

民清时期,域内各河道上均有渡口,以渡船载人过河。清末,城区新浦一带渡口逐渐为艞所替代。唯北郊临洪河上仍有两个渡口,东渡口在现沈圩桥东首后,西渡口在现火车站南新浦热电厂一带。后因蔷薇河弯取直和建沈圩桥,两渡口均废。在新河道上沈圩与东海县浦南镇新圩村之间,建新圩渡口一处。20 世纪 90 年代末,由原祖籍新圩村的香港客商捐资修建农用桥——新圩桥 1 座,渡口遂废。

图 6－6　图为新浦北郊老渡口

二、码头

【新浦口码头】 清嘉庆三年(1798)立新浦口后,盐商在此设包垣,建码头,集运淮盐。嘉庆九年,海州知州唐仲冕开甲子河,从海州城东门口直通新浦口,新浦口码头成为海州粮草转运码头。后因海徙而废。

【前河码头】 位于今市化路西段,形成于清光绪年间,码头主要分布于紧靠新浦大街的前河北岸。清末民初极为兴旺,河岸码头毗连,河内船只如梭。西段沿岸多粮行。后因海东徙,于抗战前夕前河渐淤,码头随之缩至紧靠盐河岸一带,后废。

【后河码头】 位于临洪河中段龙尾河东岸,为内河船只和海运船只共用码头。民国元年至19年(1912～1930)间,逐步取代前河码头。后河有东码头、西码头和轮船码头。涨潮时可进千吨海轮。民17年(1928)与青岛之间来往船只达226艘(次),吞吐量为16078吨。民国19年(1930)增至315艘,吞吐量达41845吨。后因海东徙,大浦港兴起,后河码头渐衰。至1952午,蔷薇河裁弯取直,河道北迁,码头始废。

【龙尾河码头】 与前河码头同时兴起。码头主要分布龙尾河下游,现龙尾桥东。为新浦出海航道之一。后因大海东徙,大浦港兴起,码头渐废。

三、港口

【新浦港】 位于新浦盐河桥南首东岸。原为民国29年(1940)侵占新浦的日军在此修筑1座长20米、宽4米台阶式的钢筋混凝土码头。因时有华北船队在此,故俗称“华北桥码头”。

图 6－7　20世纪80年代、90年代的新浦港

新中国成立后,改名盐河码头,与前河码头、后河码头、龙尾河码头等组建新浦港。后新浦其它码头渐废。1960年,盐河码头投入15万余元新建石砌码头250米,修筑货场5万平方米。同时,由连云港市搬运公司投资15万元铺设小铁道4500米,与新浦火车站相连(1985年拆除),转运灌云、响水、涟水等县物资。1960年5月1日,成立新浦港务管理处,装卸驳岸从几十米发展到500米,其中直立式块石驳岸100米,其余为顺岸河坡。20世纪60年代至70年代,随着国家、集体的逐步投资,发展迅速,70年代末已发展为占地8公顷,直立式顺岸浆彻块石岸驳岸950米,其中盐河东岸750米。西岸200米;固定式吊车11台,铲车5台,汽车吊两台,最大起重能力16吨;堆场面积10.03万平方米,仓库1553平方米,年吞吐量最高达一百余万吨。为市区厂矿企业、周边市县和山东鲁南、上海、浙江等地区的化肥、粮食、煤炭、建筑村料、抗洪救灾物资等货物的内河装卸运输作过一定的贡献。至

1985年，新浦港水域面积约3.7万平方米，港区平均水深2.5米左右。港口作业点码头岸线长达1400米。全港码头前沿河可提供60吨级船舶泊位95个。丰水期可停靠120吨级船。

1994年3月25日，连云港市最大的内河船队——连拖610号队抵达新浦港。船队属连云港开发区新成立的首家水运企业连云港东方轮船公司。船队1轮12驳，总拖载量1440吨。

2000年，完成吞吐量10.39万吨、操作量29.67万吨。同年12月底，新浦港停航，开始搬往刘艞港。

2001年，新浦港完成吞吐量13.03万吨、操作量37.63万吨。

2003年7月，因城市规划建设需要，新浦港搬迁至玉带河港，与玉带河港合并成立新浦港。

【刘艞港】 位于新浦东部东盐河畔，1982年开始兴建。设计年吞吐量50万吨，其中煤12万吨，磷矿石6万吨，水陆转运物资32万吨。

1987年一期工程建成投产，占地8公顷，岸线约1000米，其中顺岸直立式浆彻块石驳岸300米，固定岸吊4台，汽车吊2台，转运自卸车42辆，堆场面积近20万平方米。年均吞吐量达80万吨。

2000年，完成吞吐量4.15万吨、操作量44.34万吨。

2001年7月，因市区规划建设原因。刘艞港停止使用，管理机构迁至盐河桥头的新浦港务处。

【玉带河港】 玉带河港始建于1980年，先期为顺岸河坡简易码头，主要经营黄砂、煤渣和市纺织厂生产原料，时属新浦港经营管理。1994年，成立玉带河港，新建顺岸浆彻块石驳岸70米，顺岸堆场2000平方米，设8吨岸吊两台，16吨轮胎吊1台，铲车两台，年吞吐量最好年份近20万吨。

2003年，新浦港因城市建设需要搬迁，与玉带河港合并经营，成立新浦港。

【大岛山港】 为适应港城东部开发和连云港港口建设发展需要，2003年，经海通集团批准在东疏港通道烧香河大岛山段建设大岛山港，岸线长100米，设岸吊两台，散装货物倾卸码头嘴1座，有斗铲、叉铲等配套装卸设备6台套，泊位3个，最大靠泊能力400吨，堆场面积1500平方米，年吞吐能力50万吨，最好年份吞吐量近20万吨。

第三节　运　输

一、客运

新浦四面环水，水运便捷，自古即有客货船往来于外地。临洪滩与临洪河北富安等地交通，也靠渡船载运。明清时期，盐河上有木帆船专门从事客运，时称“航船”。航船一般载重2~3吨。南云台山下烧香河上也有“航船”。南方香客多乘船经运盐河、烧香河到云台山三元宫朝山进香。辛亥革命前夕，清王朝改革邮传制度，以航船传递邮件兼营客运。

民国初年，新浦商人成立轮船公司或轮船局，在盐河上经营海州至淮阴间客运。枯水季节改用航船营运。其间，青岛至新浦也有小火轮往来从事客运。后灌云、东海两县约有航船10余只，属“客邮帮”，往返于新浦至淮阴石坝之间。客多时，货船也兼运旅客。

新中国成立后，航道经过不断综合治理，客运一度繁忙。1958年，淮阴航运局用载客50~100人的客轮，从事新浦与淮阴间的客运，每日对开1班。1959年起，市航运公司开辟新浦至伊山客运航线。1962年，开辟新浦至新坝客运航线。1963年，开通新浦至陆口的航线。至1966年，各内河轮船客运均先后停班。

二、货运

金大定年间(1161－1189)设临洪盐场后,临洪河上盐运业即兴起。清嘉庆三年(1798)立新浦口,新浦河(盐河下游入海的新河道)上货运也随之兴起。光绪年间新浦前、后河货运兴旺,运输货物以盐、粮、柴、煤为主。

民国元年至27年(1912－1938),新浦前、后河码头以运输盐、煤、粮、百货为主。

日军侵占新浦后,在新浦召募民船组成华北船队,为其运输食盐、粮食及军用物资。

抗战胜利后,河道失修,加之内河关卡捐税繁多,水运濒于瘫痪。

解放初,水运船只多数质量较差,载重量一般在10吨左右。民国38年(1949)春,新浦有26只民船,响应号召,为解放舟山群岛运输物资。

新中国成立后,水路货运逐渐恢复发展,主要经盐河向南去灌云、淮阴、扬州、南京、苏州、无锡、上海乃至湖南一些港口,营运黄沙、煤炭、粮食、食盐等物资。1956年,新浦木船运输合作社成立,专事内河货运。货源充足,运输量大。盐务局将猴嘴木船社调到新浦,组建为新浦木船运输合作社二社。1959年1月,新浦木船一社、二社与船舶修造厂合并,成立地方国营新海连市内河运输公司。有木帆船119艘1229吨,木驳船11只660.05吨,机动船7艘188千瓦。同年8月,市内运输公司改为新海连市航运公司。1960年,开始以轮船拖驳船,提高货运效率。

1983年开放运输市场后,个体船运户逐渐增多。1984年,市交通主管部门组建港航联组,办公地点设在市港务管理处,对新浦港出港的货物进行计划平衡、调度,使内河运输市场有序健康协调发展。1985年至1990年,新浦地区港航企业逐步发展壮大。

1990年以后,随着运输市场的不断开放,原有的由国有、集体大中型专业运输业长期垄断的体制被彻底打破,社会公路、铁路运力迅速增长,水运企业运输生产在全社会运输生产中所占的比重逐年下降。“八五”期末至“九五”初期,内河水运总运力骤减,仅占社会总运力的10%。船多货少、运价暴跌、船舶待装卸和侯闸时间长。(从新浦港到张家港千吨船队侯闸时间,由原来10天1个航次,变为最快也要50天才运1个航次),造成运输效率大为降低,生产成本大幅提高。市航运公司连续亏本,企业纷纷改制转型。

2000年,市港务总公司深化企业改制工作,实行船舶产权制度改革,全公司13个船队,150多只运输船(15000个吨位),全部由职工以分期付款方式予以认购,实现船舶所有权和运营权的统一,确立经营者市场主体地位。同时,公司筹集资金购买船只形成一支2080吨的大船队,优化船舶结构,提高营运率。全年完成货运量28万吨。货拖、货驳营运率均为100%。

2005年,新浦地区的水运市场结构调整初步完成,一批新兴民营水运企业落地生根,水路货运业再现勃勃生机。

第四章 驻地主要运输单位简介

第一节 主要公路运输企业简介

一、江苏省连云港汽车运输总公司

该公司成立于1954年,是连云港市唯一从事公路客货运输的国有中型一类企业。于2002年初通过了 IS09001:2000 质量体系认证。至 2005 年,公司下辖 20 个二级单位,分布于连云港市四县三区。拥有一级客运站 2 个、二级客运站 7 个、三级客运站 3 个。经营业务以公路旅客和货物运输为主,兼营汽车及配件销售、出租车营运、汽车维修及技术服务、旅行社、宾馆、公路绿化及养护等。公司有员工 1848 人,拥有营运客车 564 台,出租车 521 台。营运线路 249 条,客运量 2536 万人次,周转量 114.68 亿人千米,日发班次 2310 班,班线通达南至深圳、北至沈阳、西至西安,线路覆盖江苏省内各县市,通往京、津、沪、鲁、豫、皖、浙、赣、鄂、闽、粤、辽、湘、冀、陕共 15 个省市。

公司始终坚持两手抓的方针,一方面以生产经营为中心,一方面始终强化文明创建,在企业内部开展各种形式的优质服务竞赛活动,特别是公司培养出的"雷锋车"品牌,45 年如一日,风雨无阻,奉献社会做好事,其事迹已成为全国精神文明建设的重大典型。公司先后被评为"中国企业文化建设先进单位""省级文明单位"等。

二、连云港市海通公共交通有限公司

该公司原为连云港市汽车运输总公司 102 队,1996 年经市政府批准成立连云港市公交总公司,由市交通局管辖,属国有企业,下属 3 个分公司,共有车辆 56 台,经营公交线路 7 条,客运周转量 7641.5 万人千米。1998 年 8 月,正式托管第五运输公司并成立公交四公司。公交线路增至 12 条,客运周转量达 11085.76 万人千米。1999 年 4 月,磷矿线个体中巴车主划归公交总公司统一管理。营运车辆增至 114 台,线路 16 条,客运周转量 15070.28 万人千米。同年,根据市政府规定执行现役军人、盲人、归侨、70 岁以上老人免费乘车的乘车政策。

2001 年,市交通局实行政企分开,连云港公交总公司划归海通集团。经营公交线路 20 条,营运车辆 195 台,客运周转量达 2.01 亿人千米。在企业经营上逐步建立一业为主,多种经营为辅的新的经营机制,根据市场需要成立了公交旅游有限公司、公交广告公司,实行自主经营、自负盈亏经营模式。2002 年拥有公交线路 20 条,运营车辆 212 台,线路总长 261 千米,年客运周转量 2.71 亿人千米,行驶里程 1331.33 万车千米。公司下设四个基层公司,一个保修厂。年内,对 15 条线路 162 台车实行内部承包经营。2003 年客运周转量 2.678 亿人千米,总行驶里程 1324.5 万车千米。

2004 年 2 月 23 日,连云港市公交总公司改制为国有控股企业,整体改制为连云港海通公共交通有限公司,注册资本 920 万元。6 月,原公交四公司整编制划出,成立东部公交有限公司。

2005 年底,海通公交公司拥有 252 辆公交运营车辆,20 条运营线路总长 322 千米,日发班次 1424 对,年客运周转量 2 亿多人千米,公交站场 6 处。公司拥有 3 个运营分公司和汽车维修分公司、旅游公司、广告公司和两个加油站等 9 个基层单位。

三、连云港市佳联公共交通公司

该公司成立于 1999 年 2 月 10 日,为市招商引资企业,是全市公共交通行业中唯一一家民营企业。由黑龙江省佳木斯市公交总公司筹集资金 400 余万元,先期投放 46 辆"友谊"牌中巴车,开通沈圩至车管所的 21 路、火车站至南城镇镇府的 22 路、火车站至兴业小区的 23 路、淮海工学院至海州石棚山的 24 路 4 路等互联的中巴车公交线路。2000 年 4 月,又投入资金 100 万元,开辟东港学院至运管处的 25 路公交路线,并增加 12 台公交车。到 2000 年底,佳联公司每天有 58 辆公交车在 5 条线路上往返运行。2002 年,公司相继投入资金 300 万元,开通了 26 路(昌旺购物中心至云台乡后关)、27 路(新浦火车站至海州南园新村)2 条公交线路,并且车型也由中巴车提高档次变为大型客车。同年底投入 50 万元购入 5 台大型机动客车,新车配置了电子路牌,电脑语音报站器,投币箱,再次带动了城市公交的跨越发展。至 2005 年,公司经营 21 ~ 27 路 7 条公交线路,投入运营车辆 101 台,从业人员 260 多名,其中安排市区下岗职工再就业人员占 90% 以上,线网总长约 196 千米,年客运量约 1300 万人次。

四、新浦汽车总站

江苏省新浦汽车总站,始建于 1954 年,位于新浦通灌北路(今市第一人民医院门诊楼处)。1995 年 1 月重建于人民路,建筑面积 6800 千米、候车室面积 2000 平米、主楼 6 层。每天发往北京、天津以及山东、沈阳、河南、江西、广东等 16 个省、直辖市长途、超长途客班 400 余班,旅客流量达 1 万人次,是连云港市主要交通客运枢纽中心,是交通部核定的国家一级汽车客运站。闻名全国的"雷锋车"诞生于新浦汽车总站。新浦汽车总站党支部先后被中共中央和江苏省委授予全国和全省先进基层党组织称号,新浦汽车总站连续 25 年被国家交通部授予"全国文明汽车站",同时还被国家及有关部门授予"全国学雷锋先进集体""全国'五一'劳动奖状""全国职业道德建设十佳单位"等荣誉称号。

五、连云港市汽车货运公司

该公司成立于 1950 年初,坐落于解放东路,是港城唯一的市属集体所有制专业公路货物运输企业。公司下辖 16 个基层单位,主要从事公路客、货、大件、危险货物运输、汽车出租、汽车检测、汽车销售、汽车配件制造销售和汽车驾驶员培训、超重装卸、搬家、客货站(场)等经营业务。

公司所辖汽车运输分公司,拥有各种类型汽车近 400 台,可承运 10 ~ 300 吨超高、长、宽不解体大件及特大件货物。汽车修配拥有各类机械设备数十台(套),可进行各种车辆的大修、保养及机械制造。连云港解放商用汽车服务站是中国一汽集团在连云港地区唯一的定点服务单位。连云港捷安快速客运有限公司,拥有世界一流的瑞典沃尔沃 BIOM 大巴,专营长途快速客运和旅游业务。连云港苏港汽车综合性能检测中心(站)是连云港唯一的通过省交通厅认证的汽车综合性能"A 级"检测中心(站)。东港汽车驾驶员培训中心,培训合格驾驶人员年逾 1000 名。

该公司成立以来,对港城经济建设和社会发展作出了大贡献。先后被江苏省人民政府授予"大庆式企业",被连云港市人民政府评为"连云港市先进企业",被江苏省交通厅评为"江苏省优质运输先进集体"和"江苏省节能先进集体"。

六、连云港市全福出租汽车有限公司

该公司成立于 1995 年 10 月,是由全福、云阳、货运、港盛、新连、通港出租车公司整合而成的从事出租客运经营的四星级企业,公司拥有出租汽车 394 台,90% 车辆属公司化运营。公司隶属于海通集团,坐落于解放东路 271 号。

1995 年 9 月,连云港市汽车货运公司率先在全市成立了有 285 辆松花江牌出租车的云阳汽车出租有限公司、15 辆车辆的货运汽车出租公司,成为全市挂靠经营模式的同行之首。2004 年 6 月,"云阳、货运"合并为连云港市云阳汽车出租有限公司。

2003 ~ 2004 年,连云港市集装箱公司下属的"新连""通港"出租车公司的 152 辆与连云港市港务总公司下属的"全福礼仪""港盛"的 120 辆出租车合并成立全福礼仪公司。后"云阳""全福礼仪"出租车公司整合为连云港市全福出租汽车有限公司，拥有注册资本470万元，出租车394辆，公营车辆达97%。主要车型为红旗、桑塔纳、捷达，位居行业之二。

公司坚持“诚信经营，文明服务”“乘客为本，信誉第一”，拥有“党员的士车队”，以党员的标准严格要求，以科学发展观为指导，涌现出一大批优秀驾驶员。公司在出租车行业中首家建立了自己的网站。连续多年被市运管处评为品牌企业“优胜单位”。为“城市客运四星级企业”。

七、连云港阳光汽车出租有限公司

该公司成立于1995年10月，隶属于万联能源集团公司。公司拥有出租车370辆，“诚信的士”品牌车队1个，“薄荷青”色作为公司车辆标识色，随车配备了GPS卫星定位系统，安全防护设备、白色座位套，统一车身标识。公司已实现了微机化管理，通过ISO9001质量管理体系认证。

1995年，阳光公司成立之初仅有车辆146台，车型为菲亚特。1997年，菲亚特淘汰，车型更改为夏利，车辆数210台。2000年至2002年间，阳光公司在拥有210台夏利车基础上，收购和兼并了“中北”“安全”“白云”“蓝天”“天乐”等5家出租公司的160台车辆。2002年，更新为160多辆崭新的标有“阳光”字号的桑塔纳出租车。同7月，公司又收购了“益云”出租公司车辆63台，车辆总额达到432台。出租车车型为夏利、普桑、富康。2005年12月，出租车经营模式开始由挂靠经营向公司化经营转变。出租车更新车辆39台。保有量由原来的432台减少至370台。

阳光出租公司在规范出租车营运的同时，加强精神文明建设，打造“阳光品牌”，涌现出港城卫士、省见义勇为先进分子李传义、全国先进驾驶员李海平、爱心市民卢磊等一批优秀出租车驾驶员。公司连续多年被上级主管部门评为“春运先进单位”、全国“三星四级”先进单位、“A级明星企业”“连云港市消费者协会服务满意单位”“市AA级重合同守信用”企业等称号。

八、连汽出租公司

该公司成立于1995年，由连云港汽车运输总公司投资组建，初期仅有50辆出租车，其中面包车30辆，夏利牌小轿车20辆，全部采取挂靠经营模式实施管理，即驾驶员出资购车，营运证、行驶证挂公司名称，驾驶员每月向公司缴纳管理服务费。

1999年，连汽出租公司对一批经营规模小、管理不规范，且不具备经营资质的小型出租车企业及个体户进行兼并和收购，出租车数量也由原有的50辆，发展到254辆。

2000年11月，连汽出租公司陆续将老旧出租车更新为桑塔纳、捷达、富康等几种中档车型。2004年4月，神龙出租公司划归连汽出租公司管理。连汽出租公司车辆数由254辆，增至555辆，企业经营规模跃居行业第一，占行业车辆总数的1/3。

2005年10月15日，连汽出租公司，首批28辆公司化经营车辆（桑塔纳20台，红旗8台）率先投放营运市场。

公司2004年3月成立“雷锋的士车队”，率先在全市同行业推出了“军人、残疾人免起步价”的特色服务，相继开展了“关爱在同一蓝天下”免费高考活动，“送一缕清凉，留一份真情”慰问交巡警活动，“九九重阳节慰问福利院老人”等一系列社会公益活动。受“雷锋的士”车队品牌形象的影响，驾驶员奉献意识不断增强，好人好事层出不穷，深受社会各界人士的广泛赞誉。公司连续多年被中国出租汽车暨汽车租赁协会授予“全国先进出租汽车企业”称号，被市委、市政府授予市“文明单位”“首届文明诚信企业”称号,被市文明办、市交通局授予“品牌创建优胜单位”“诚信服务单位”“五星级出租汽车企业”称号,被市团市委授予“市青年文明号”,授予连云港市用户满意“服务明星班组”称号。连汽“雷锋的士车队”也先后被连云港市文明办授予“连云港市首批优质服务品牌”“市第四届十佳文明诚信服务窗口”称号,被市总工会授予“市五一劳动奖状”,被省交通厅授予“全省交通行业优质服务品牌”称号。多名出租车驾驶员荣获国家、省、市、及行业“先进个人”“服务标兵”等光荣称号。

第二节　主要水路运输企业简介

一、连云港市航运公司

连云港市航运公司成立于1959年,由新浦木船社和猴嘴木船大队组成,企业名称为“地方国营新海连市运输公司”,1960年1月公司更名为集体性质的“新海连市航运公司”,1965年,公司更名为“连云港市航运公司”。是连云港市唯一从事内河货物运输的一家中型企业。1977年被交通部授予“大庆式企业”荣誉称号,1978年被江苏省委、省政府、市委、市政府授予“大庆式企业”荣誉称号。公司通过逐年发展,到2000年,拥有拖轮25艘,2160马力,货驳182艘,16140吨位,组建成18个船队,年完成货运量28万吨,货运周转量1.36亿吨千米,主要航区以盐河、长江、大运河、里下河为主要航区,运输范围遍及江苏全省各市、县以及山东、安徽、浙江、上海等地。

1984年,连云港市航运公司实现了三个一(利润100万,固定资产1个亿,船舶吨位1万吨),企业发展处于鼎盛时期。随着市场经济逐步取代计划经济,运输市场开放搞活,个体运输户的灵活经营,对水上运输企业的发展影响很大,加之公路运输企业的蓬勃发展,也分流了一部分货源,从90年代开始,航运公司主业逐步萎缩,船舶运输效益下滑,亏损逐年增加,仅1996年企业就亏损近700万元,公司经营举步艰难,基本处于停产、半停产状态。2004年7月,经市体改办批准,公司整体歇业清算。

二、连云港市联运公司

连云港市联运公司成立于1982年11月22日,坐落于海昌南路422号,是从事铁路、公路、水上联运服务的全民企业。1990年,有职工120人,固定资产420万元。下设12个营业点,1.2万平方米标准库场,有优良的仓储、运输、中转换装条件和汽车队,具有修理、运输和集装箱到门运输功能,配载服务部随时为过境空驶车辆配货。

该公司是中国东方集装箱总公司和陇兰集装箱总公司成员单位,中国联运联合会常务理事单位,连云港市市级先进企业。

第七编 城乡建设与管理

清光绪年间(1875~1908),新浦区已形成以老大街(今民主路的市民路至南极路段)、后街(今建国路的市民路至南极路段)、新市街(今新市路)、大庙巷(今市民路)为框架的城镇雏形。特别是光绪二十八年(1902)新浦天后宫建成后,新浦日益兴盛。

清末,大浦建港后,海州直隶州将新浦作为大浦港的依托城镇加以建设。新浦市政建设加快,大街、后街迅速向东、西延伸。两街与前后河之间行栈、民宅增多。

至民国初年,已形成东西长1.5千米、南北长0.5千米,约0.75平方千米的市区。

20世纪30年代中后期,东海县政府将新浦作为商埠规划建设。市区面积扩大至近2平方千米。大街已铺成砂石路面,并安装少许路灯。大街两旁商铺已改造为新式两层楼房。民国24年(1935)后,龙尾河以东地区纳入新浦建设规划。

日军侵占新浦时期,为侵华战争需要,曾拟定以新浦为中心的所谓“建设大海州”计划并开辟新马路,确定以新马路为中心建设新市区。其间,新浦通上自来水。

新中国成立后,新浦为新海连市党政领导机关驻地。1957年至1960年7月,新海连市政府首次编制《新海连市城市总体规划》,新浦被作为全市政治、经济、文化中心,主要围绕解放路、民主路两条主要道路进行建设。

20世纪50年代中后期起,城区开始向南拓展,建成了解放路,开辟了海连路,改造、延伸了南极路、海昌路、通灌路,城区规模不断扩大,主要路道两旁高层建筑不断出现。至“文化大革命”前,已基本形成通灌路、海昌路、南极路和海连路、解放路、民主路(通称“三横三竖”)为框架的新浦城区。

改革开放后,新浦区城乡建设管理机构逐步完善。新城区建设步伐明显加快,老城拆迁改造正式启动。特别是1980年市规划处编制的《江苏省连云港市城市总体规划(1980~2000)》,明确全市总体布局为“一市双城式”,新浦位于西部一“城”之中,仍为全市政治、经济、文化中心。新浦的新老城区建设进入快速发展阶段。1983~1990年,城区主次干道路面得到拓宽,路面均铺筑为混凝土路面或沥青路面。同时,412条小街巷路得到彻底改造,路面硬化率达100%。至1990年底,新浦建成区面积已达20余平方千米。城区绿化成绩显著,已于解放时的一棵树,发展为绿树成荫,绿化覆盖率达12.85%。

20世纪90年代,通过招商引资,老城区成片改造建设、新城区的开发建设和乡镇驻地规划建设全面展开。城区主次干道一般都拓宽为40~50米,有的宽达60米,分快慢车道、人行道。并实行道路、绿化、公用设施等同步规划、建设,照明、通信、煤气等管道开始转入地下。现代城市风貌不断展现。2000年底,建成区面积达27平方千米。

进入21世纪以来,位于老城区东南部的新城区建设步伐加快。河滨路、海宁路、建设东路、朝阳东路、科苑路、学院路、瀛洲南路、郁洲南路、巨龙南路等主干道相继建成通车。老城区南部约5平方千米的新城区、东郊占地6.75平方千米的新城区均和老城区连接,融为一体。

至2005年底,新浦建成区面积达58.43平方千米。形成了由盐河路、海昌路、郁洲路等14条纵向主次骨干道和海连路、解放路、海宁路等10余条横向主次干道交叉而成的城区框架。城区绿地总面积达到606.11公顷,绿化覆盖率达到32.7%;公共绿地面积达到354.43公顷,人均公共绿地面积达到12.27平方米,比"十五"期末增加9.28平方米。共有路灯26395盏,乡镇基本达到村村、路路有路灯。自来水普及率达100%。城区居民已普遍使用液化石油气、管道燃气或天然气。新老城区工商企业和大部分新建住宅区已实现集中供热。

在"人民城市人民建,人民城市人民管、公益事业大家办"的城建城管思路指导下,城市管理工作不断加强,城市管理机制不断创新。通过推广"门前三包,门内达标"责任制、改革环境卫生管理体制,将竞争机制引入城市管理和广泛开展创建卫生城活动,增强城管监察力度,"四城同创"活动的深入开展,使城镇面貌发生明显变化。

第一章 规划管理

第一节 城市规划

一、新浦的定位

清末,海州直隶州将新浦作为大浦港的货物集散地,加以建设。

辛亥革命后到20世纪30年代中期,东海县政府将新浦作为商埠规划建设。民国24年(1935)后,龙尾河以东地区纳入连云市建设规划。

日军侵占新浦时期,为了侵华战争需要,曾拟定一个以新浦为中心的所谓"建设大海州"计划并开辟新马路,确定以新马路为重点建设新市区。

民国37年(1948)11月28日,原龙尾河以东地区划回新浦区规划管理。

新中国成立后,新浦为新海连市党政领导机关驻地。1957年至1960年7月,在新海连市政府首次编制的《新海连市城市总体规划》中,新浦被作为全市政治、经济、文化中心,主要围绕解放路、民主路进行建设。

1976年,市革命委员会生产指挥组规划组编制的《连云港市城市总体规划》和1980年市规划处编制的《江苏省连云港市城市总体规划(1980~2000)》,明确全市总体布局为"一市双城式"。新浦和海州作为西部一"城"称新海片区,规划为全市的政治、经济、文化中心及主要工业区。此规划于1983年10月由市人大常务委员会审议通过。

总体规划将连云港市定为中等城市,城市分新海、连云两部份,即"一市双城式"建设面积近期25.4平方千米,远期45.2平方千米,新浦拟向东南扩展。1984年连云港市对外开放后,于次年对规划进行调整,1987年批准实施,调整后规划仍为"一市双城"式,城市总人口53万人,建设用地50.5平方千米。随着新亚欧大陆桥的开通,国家计委批准连云港市为新亚欧大陆桥东桥头堡。

1993年,连云港市总体规划作第二次调整,1995年批准实施。调整后的规划期限为1991~2010年,城市总人口88万人,建设用地101.83平方千米,仍为"一市双城"式布局,新浦仍作为全市行政中心。

2001年8月,市政府委托江苏省城乡规划设计研究院编制、2005年4月8日获省政府批准实施的《连云港市城市总体规划(2003～2020)》,新(浦)海(州)城区仍为城市的政治、文化、商业、商务中心。

二、新海地区总体规划

1991～2010年《连云港市城市总体规划》中新海地区的规划:

【人口规模】 新海地区近期17万人,远期22万人。

【用地规模】 新海地区近期18.1平方千米,远期为25.6平方千米,主要向东南方向发展。

【工业区】 新海工业区是将现有工业区通过调整改造发展为机械、食品等综合性工业区,用地面积约为120公顷。

【仓库区】 根据现状新浦地区分浦西、浦东两个库区,用地243.2公顷。

【生活居住区】 新浦地区为(1)浦北居住区:东南以海连路为界,西至西盐河,北至规划铁路和高渠道。面积275公顷,可容纳5.7万人,人均48.2平方米,区中心在解放路中段。(2)浦西居住区:东起西盐河西至海州火车站,南到浦南路,北至新铁路。面积275公顷,可容纳5.43万人,人均50.9平方米,区中心在解放西路。(3)浦南居住区:在海连路以南与东西盐河之间。面积约320公顷,可容纳6.3万人,人均50.8平方米,区中心在浦南路中段。

【城市道路及广场】 新浦地区采取方格网,主次干道有海连路、海宁路、人民西路、海连西路、幸福路、盐河路、郁洲路、人民路、朝阳路、解放路、苍梧路、镇海路、通灌路、南极路、灵泉路、新海路。主干道宽度一般在40～60米,次干道一般在22～50米,主次干道长度为63.51千米。

新浦地区广场有:新火车站广场(集散广场)、盐河桥头广场、贾圩桥头广场(绿化广场)、临洪广场、刘巃广场、沈圩广场(交通广场)、蔷薇广场。

【对外交通】 (1)铁路:将原新浦、海州两火车站合并,在造纸厂北新建新浦火车站规模按一等站设计。(2)公路:提高307公路和通干汾线为一级公路,扩建通往白塔机场的专用公路,新建新浦经大浦、沿大堤经胜利水库至墟沟的临洪公路,新建连云港经中云、南城、锦屏山南至洛阳的一级公路和连云港至南京的一级公路。

随着城市建设的需要,新浦市区向东向南发展,新浦地区规划几经调整,主要有《连云港市新浦区总体规划(1990～2010年)》蓝本及2000～2020年蓝本。至2005年将新浦东部地区纳入总体规划。

三、新浦分区规划

【位置与范围】 全市按《江苏省连云港市总体规划(1980～2000年)》为"一市双城"式格局,新浦分区位于"双城"的西城区。规划范围:北以高渠道及蔷薇河为界,南到海宁路,东至东盐河,西以新浦区与海州区的行政区划为界,分区总面积2666公顷,其中规划用地为2201.98公顷。

【规划年限】 根据城市总体规划新浦分区规划年限定为至2000年。

【分区性质】 根据城市总体规划的功能特征,新浦区的性质定为连云港市的政治、经济、文化中心。

【规模】 (1)人口:到2000年底人口为24万人。(2)用地:分区规划总用地为2201.98公顷,人均91.75平方米。(3)工业布置:根据总体规划区内设3个工业区:新浦北轻工业区,新海综合工业区,新浦南轻纺机械工业区。(4)仓储区:对现有的浦东及浦西仓储区进行统一规划调整,提高现有库区的土地利用率,新建部分为城市工业及生活服务的仓库。(5)生活居住区:根据城市总体规划新增一些生活居住用地外,对老城区进行全面改造,根据城市发展的实际需要新浦区划分为6个居住区:

A. 海连路以北、盐河路以西为一生活居住区。区内总用地为40.5公顷,能容纳为1.76万人,中心位置于站前广场。

B. 海连路以北、盐河路以东、龙尾河以西为一居住区。区内总用地为103.23公顷,能容纳4万人,中心位于解放中路。

C. 海连路以北、龙尾河以东为一居住区。区内总用地为74.67公顷,能容纳3.56万人,中心位于解放东路。

D. 海连路以南、盐河路以西为一个生活居住区。区内居住总用地为87.62公顷,能容纳4万人,中心位于朝阳西路。

E. 海连路以南、盐河路与通榆路之间为一个生活居住区。区内总用地为127.625公顷,能容纳5.8万人。

F. 海连路以南,通榆路以东为一生活居住区。区内居住总用地为80.27公顷,能容纳4.27万人。中心位于朝阳东路。

(6)城市道路及广场:新浦地区道路分为四级。一级为城市主干道,多以交通性为主,有人民路、海连路、海宁路、幸福路、盐河路、郁洲路6条,宽度为40~60米;二级为次干道,多以生活性为主,有朝阳路、苍梧路、解放路、镇海路、灵泉路、南极路、通灌路等,宽度为24~50米;三级为居住区道路,有海昌路、盐河东路、盐河西路、文昌路、新农路等,宽度为16~25米;四级为小区主路,宽度为12米。广场有:新海火车站站前广场、海宁广场、龙河广场、刘䴘广场、沈圩广场、新海广场、市政府前新世纪广场等7个广场。新浦火车站广场为疏散绿化广场、新世纪广场为文化休息广场,其余广场为交通广场。

四、新浦新区规划

根据《连云港市城市总体规划(2001~2020)》的要求,作新浦区新区规划。

【新浦区新区规划范围】 新浦区新区位于连云港市新浦区的东北部、北到宁连公路、南至凌州路、西临新港城大道,规划用地面积2.64平方千米。

【新区规模】 规划用地263.73公顷,居住人口3.42万人,工作人口0.43万人。

【新浦新区的功能片区】

(1)行政中心:位于经一路、纬五路、学院路、纬六路围合的区域内,主要布置市委、市政府、市人大、市政协及市有关部委办局等办公用地。

(2)文化中心:位于学院路、纬五路、经四路、纬六路围合的区域内,主要布置会展、图书、影剧院等文化用地。

(3)商业中心:位于科苑路、纬四路、经一路、纬六路围合的区域内,主要布置商业步行街。

(4)1号、2号居住小区:位于科苑路、宁连路、振华路围合的区域和科苑路、振华路、宁连路、纬三路围合的区域,主要布置配套齐全、环境优美的现代化居住小区。

(5)3号居住小区:位于科苑路、纬三路、经四路、纬五路围合的区域内主要布置高标准、以小高层住宅为主的居住小区。

【居住用地】 规划总用地94.40公顷,占规划建设用地的36.84%,居住人口为3.42万人,新区设置初中 1 所、小学两所、幼儿园 3 所。

【公共设施用地】 规划公共设施用地 31.48 公顷，占规划用地的 12.28%。

（1）行政办公用地：主要位于经一路、学院路之间，规划用地面积 5.35 公顷，三面围合成政府广场，向凌州路北侧绿化景观带敞开。

（2）商业金融用地：分两级布置，居住区商业中心和居住小区商业中心，居住区商业中心位于科苑路、经一路之间，以商业步行街形式布置，居住小区及商业中心分别位于各个居住小区内部，可布置超市，农贸市场等用地，规划金融用地 15.29 公顷。

（3）文化娱乐等用地：主要位于学院路、经四路之间，规划用地 3.74 公顷。

（4）体育设施用地：规划用地范围内设 3 个居住小区级体育设施用地，分别位于振华路、学院路交叉口，纬二路、经一路交叉口、纬四路、经二路交叉口，规划用地面积为 1.75 公顷。

（5）医疗卫生用地：根据居住规模、在纬二路与经一路交叉口的西南角布置了一处片区级综合性医院。规划用地面积为 1.91 公顷。

【道路交通规划】 新区道路分为五个等级：快速路、主干道、次干路、支路和组团内部道路。

（1）快速路：宁连公路

（2）主干道：形成“二横一纵”的格局，分别是振华路、凌州路、科苑路。

（3）次干道：形成“一横一纵”的格局，分别是纬三路、学院路。

（4）支路：分别为纬一路、纬二路、纬四路、纬五路、纬六路、经一路、经二路、经三路、经四路。

（5）组团内部道路：7 ~ 9 米，街坊内部道路。

【绿地系统规划】 规划绿化用地 69.82 公顷，占规划用地的 27.24%，其中公共绿地 61.35 公顷，占规划建设用地 23.94%。

第二节 乡镇规划

一、花果山乡规划

花果山乡乡镇规划于 1980 年随市区整体规划启动，几经修订，到 2005 年纳入新浦东片区即花果山片区规划。

【规划目标】 山地相融的生态人文住区，产业技术支撑的科教基地，高层次的旅游服务平台。

【规划原则】

（1）功能整体原则：花果山片区北邻日韩工业园，南接新海城区，紧靠城市新行政办公中心，有花果山大道串通。其中，功能设置与城市总体要求相匹配，布置市级体育中心、高教科研中心、旅游服务基地、生态人文住宅区，共同打造城市发展轴线。

（2）景观特色原则：营造花果山片区山水环境的城市景观特色，通过景观轴线，视线通廊景观节点等城市设计手段，将片区内水面、公共绿地、广场等城市开放空间与山体敞开空间有机联系，形成特色景观区。

（3）前瞻性原则：花果山片区规划理念上引入先进的开发模式，通过土地开发的“TD”模式，城市公共资源共享模式等,共同打造资源利用高效的城市新区,体现高标准前瞻性要求。

(4)可操作性原则:针对淮连高速分隔用地的实际情况,规划结合片区的整体发展,选择主要道路以合式的方式进行上跨和下跨,使东西两片形成整体,循序渐进分区开发,逐步建设。

【规划理念】 显山现水突出地域特征,强化城市发展的轴线景观,交通功能组织作用。土地使用和公共交通的结合,面向公共交通开发,土地利用集约化。

【人口规划】 片区居住人口约18.8万人,学生约5.5万人,规划人口合计约24.3万人,加上新浦区东河新城区规划人8.9万人,整个规划范围人口约33.2万人。

【用地规模】 淮连高速以东,西北抵东盐河,南至苍梧路,东以花果山麓30米高位置为界,面积17.40平方千米,加上东河新城为21.81平方千米。

【结构】 为“一源、两轴、三带、四区”。一源:指以花果山山体为依托的城市和片区的生态涵养源;两轴:新港城大道和花果山大道城市发展轴;三带:片区东、中、西部3条纵向绿化带;四区:北部高教科研区、中东部旅游服务区、南部居住区、西南高校区。

二、云台乡规划

云台乡位于新浦区南部,距新浦中心城区15千米,北起云台山南麓,西与南城镇接壤,东接市开发区,南与云台农场相接,辖区面积共59.9平方千米。

云台乡东西狭长,东北高、西南低,其中平原占三分之二,山地占三分之一。地面高出海拔2.7~4米,属于北暖温带,气候温和。

至2005年乡现辖10个行政村,从西至东分别为西山村、丹霞村、前关村、后关村、凌州村、山东村、东磊村、渔湾村、朱麻村、凤凰村。47个自然村,有人口2.98万人。

根据新浦区政府、云台乡政府、云台农场等多方意见,将云台乡政府移到云台农场场部,云台乡不再涉及镇域人口,规划农村人口为1.75万人,分布在14个居民点内。14个村庄分别为西山村、苏庄、龙山、丹霞、东窖村、姚庄村、埠顶村、后关村、凌州村、凌州嘴、山东村、东磊村、朱麻村、凤凰村。撤并33个自然村庄。

乡设中学一所,位于凌州嘴村,为18个班。小学10所,40个班。

规划改善云台卫生院和各行政村村级卫生设施,满足远期村民日常的医疗需求。

乡域的商店、餐饮、文化设施、农贸市场集中在凌州嘴设置。

交通设施在乡域现有道路的基础上改造完善。提升南岛路为一级路,环山路为二级路,其它连接公路为四级路。打通马涧通道,使之成为联系南云台和市区的主要通道。

三、宁海乡规划

宁海乡行政辖区共45.45平方千米,土地总面积4545公顷。其中,建设用地583公顷,耕地面积1928公顷,水域及其他用地2034公顷。宁海乡下辖11个行政村,79个自然村。全乡5284户,21746人。其中,农业人口21025人,非农业人口739人,全乡人口密度为每平方千米479人。

1996年,宁海乡政府制定了《宁海乡域布局规划(1996~2020)》,后几经调整补充,至2005年,规划主要内容如下:

1. 人口规划:全乡总人口约为2.4万人,集镇人口规模为0.5万人,村庄人口规模为1.9万。村庄布局调整为1个集镇和10个行政村，共撤并自然村68个。

2. 公共设施规划：结合村庄调整后的布局规划，撤并部分教学点，共规划1所中学，4所小学共计66个班。强化宁海乡卫生院的主导作用，完善服务设施，达到三级卫生院标准，每个村庄配套卫生所1个，共配套卫生所10个，达到甲级标准。集贸市场配套卫生设施，改善其购物环境，其他文化服务设施主要集中布置在镇区。

3. 基础设施规划：对外交通依托204国道和宁东路。逐步提高乡村道路等级，拓宽路面，实现村村通汽车和农业机械车辆。以盐河为基础，与域外各干线航道相遇，实现内河航道网络化。供水由市区供水管网提供，输水管沿204国道送至宁海乡，乡域内自来水普及达100%。村庄生活污水排放前需采用化粪池、生活污水净化沼气池等方法进行处理。供电、邮电、广电工程、燃气工程根据村庄居住位置进行详细改造规划。

四、南城镇规划

1995年，由市设计院编制南城镇建设规划。

2003年9月15日，市政府召开南城概念性规划说明会。上海同济大学城市规划设计院和中国历史文化名城研究中心合作的《连云港市南城镇概念规划》完成。

2005年9月15日，市政府与中建国际发展有限公司正式签署“凤凰新城”综合开发协议。

凤凰新城为海宁南片区开发项目，“新城”范围东起宁连高速公路，西至瀛洲路，北起海宁路，南至宁海立交桥，规划用地9.45平方千米。协议确定投入15亿人民币，用5年时间，再造一个居住中心。

随着连云港市城市建设发展需要，将南城镇的规划纳入连云港市凤凰新城的控制性详细规划。

凤凰新城位于连云港市新浦区东南部，东到宁连高速公路、西至瀛洲路、北至海宁路，南抵互通立交，规划范围总面积721.43公顷，规划期内人口控制规模6.93万人。

1. 总体用地布局：以新建东路与烧香河为界，自然划分为3个片区：北区居住及公共服务、中区旅游商贸和休闲娱乐、南区仓储物流和防护绿地。

2. 居住用地规划：现存农村居民点（自然村）及南城镇居民逐步迁入回迁安置居住用地，原用地纳入城市用地。规划为3个居住区和9个基本社区。

3. 道路系统规划：主干道宽35～70米，次干道30～42米，支路宽12～24米。

交通主干道有：瀛洲路、海宁路、新建东路、科苑路、学院路；次干道有：纬二路、中轴路、经五路；支路有：纬一路、纬三路、纬四路、西山街、匡井街、纬五路、经四路、新大街等。

第二章　勘察设计

第一节　勘　察

新浦地区大规模、高层次的工程地质勘察始于20世纪80年代初。1982年兴建的市外贸大厦，1983年建成的云台宾馆，1986年兴建的华联商厦，1987年兴建的天然居宾馆等80年代市区形象工程的地质勘察由市建筑设计院和化工部矿山设计院完成。

1990～2000 年，新浦地区兴建市建设银行、市交通银行、“东方大厦”二期工程、市百货大楼二期工程、时代超市等一批高层和大型建筑，事先均进行高精度的工程地质勘察，为工程实施提供科学依据。

2001 年，由市建筑设计院勘察公司完成的连云港市 110 指挥中心地基勘察工程，在施工中解决了桩柱侧斜问题。该工程在基础施工中，施工单位采用机械开挖一次到位，并在基坑边上大量堆土，附加荷载增大，使整个土体向东滑移，造成了大面积的预应力高强度管桩侧斜现象。经专家分析论证，决定先充分利用打入风化岩的尚且完好无损的桩，由 1 层地下室改为 2 层地下室，再采用支护、止水措施，继续开挖至 9 米，保证了基础工程的正常施工。

通过多年对连云港地区软土地质的勘察，市勘察技术人员有了科学合理的认识，并取得一些科研成果，他们在报告中提出，连云港有大量的滨海相沉积的第四系全新统淤泥或淤泥质土，属高食水、高朔性、高压缩性、高灵敏度、低强度情况，且存在一定的结构强度，沿深度方向有不断增长的趋势并具触变性、流变性和低透水性，主要物理力学指标：

2005 年，市建筑设计院经过测验，提出连云港市工程地质勘察中应注意对软土的取样要采用薄壁取土器，同时，现场宜进行十字板抗剪强度试验。试样的保管应防止土样失水。饱和黏性土应采用在土的有效自重压力下三轴试验，确定抗剪强度指标。为使结果不至过低，应采取在自重压力下进行固结后再进行不排水的做法。这项科研成果已在连云港市工程勘察行业得到广泛重视。

新浦地区地质主要物理力学指标一览表

表 7－1

含水量 W(%)	重度 Y g/cm³	孔隙比 e	液限 WL (%)	塑性指数 Ip	液性指数 IL	压缩系数 a1～2 Mpa～1	渗透系数 K Cm/s	固结快剪		快剪	
								Φ ·	c Kpa	Φ ·	C Kpa
45 ～ 75	15.5 ～ 17.5	1.2 ～ 1.8	43 ～ 55	20 ～ 30	1.1 ～ 1.8	1.0 ～ 1.6	3×10 ～ 8	12 ～ 6	16 ～ 11	9 ～ 2.5	10 ～ 4

第二节 设 计

一、民用建筑设计

解放前，新浦地区一般民用建筑为砖木结构，多由领工工匠根据用户的实际需要决定建筑造型和设计特点。

新中国成立后至 1978 年，新浦地区的民用住宅以平房为主，少数二、三层楼房。20 世纪 80 年代以后，新浦地区住宅设计以适用型为主，造价标准低，功能单一。1984 年，由市建筑设计院设计的 17 栋点式住宅小区。位于新浦龙河广场北部，建筑面积 4 万多平方米。该工程主要是利用拆除小铁路沿线狭长地带，布置 17 栋点式群体。随地形呈弧形布局，成为东小区的西部屏障，布局自然，富有变化。在单体平面布局上,追求“三明”,即明厅、明厨、明厕。为一梯两户,楼梯开间2.4米,并且采用扩大平台的措施,使用方便。层高设计为2.7米,比层高2.8~3.0米节约总造价2%~3%。在水道设计上,采用地下水池加泵供水,确保正常使用。电器线路设计上,在各间均留有较多的电源插座,以满足家用电器普及化的要求。此小区在80年代全市民用建筑设计中处于领先地位。

1990年起,新浦城区住宅建筑从适用型向“以人为本”的舒适型过渡。当年8月,由市建筑设计院设计的市政府住宅楼,位于海昌北路市政府生活区院内,7层楼房,4个单元,桩基础混合结构,建筑面积4597平方米,共56户。主要设计特色有:在平面布局上,将厨房、卫生间放在北面,主卧室放在南面,16~18平方米开间。适当增加客厅的建筑面积,便于节假日家人团聚设宴。同时,将厅与南面卧室之间的墙改为玻璃隔断。隔断上部设常用的离盒,下部设计成0.6米低柜,既美化客厅,贮藏杂物,又增强客厅的采光能力。楼梯设计成坡道,改善了住宅的使用功能。在电器线路方面,除正常的配电外,还增设了吊扇,配备共用电视天线插座、电话插座,以满足居家多方面需要。设计上吸取了大厅小卧室的优点,同时又兼顾了传统大卧室设计的长处,使得住户各得其所。

1999~2001年,由市建筑设计院设计的“苍梧小区”,位于新浦苍梧路南侧,总用地面积13.28万平方米,总建筑面积20.96万平方米,居住人口约7000人。苍梧小区分两期建设,属于连云港市房地产开发初期第一个环境优美、人文气息浓郁、配套设施齐全,并有完善的物业管理的高档住宅小区。

进入21世纪后,民用建筑设计理念从计划经济转向市场经济,重视“节约能源”和“关注人与自然的和谐”。2002年,由市建筑设计院设计的“香溢·世纪花城”小区,占地17.54公顷。共47幢住宅楼,其中,33幢多层住宅,4幢点式小高层住宅,10幢排屋;两个地下汽车库,5个半地下车库,1所幼儿园及沿街商铺拥有社会服务中心。地上建筑面积207500平方米,地下、半地下建筑面积10500平方米。该建筑通过景观和环境的精心设计与布局,破除了行列布局的呆板单调,小区高层、多层、排屋建筑分区布局,高低错落,疏密有致,结合架空层、水面、台地、绿化和一系列有序的景观语言为小区提供了丰富的生活场景营造出高质量的人居环境。

二、工业建筑设计

1965年前,新浦地区的工业建筑设计多是砖石混合结构,和少量钢筋混凝土结构。

1976年起,新浦地区工业建筑设计开始大规模采用钢筋混凝土结构,并普遍推行预应力构件。1977年,由市建筑设计院设计的市变压器厂(解放西路)总装配车间,车间主跨24米,屋面承重构件为24米后张拉预应力排架,内部设有30吨和50吨两台吊车,两边各有15米副跨,内各有两台5吨吊车。由于设计方案科学严谨,工艺流程先进,总体布局紧凑合理,建成投产后是当时全国第10个大型变压器生产车间。国家机械工业部在连云港市召开现场会,推广市建筑设计院先进设计方案。

1990年以后,外资企业、外地企业相继进入新浦地区,工业建筑设计项目逐年增多。1995年,由市建筑设计院设计的“连云港药用材料包装厂”、1998年设计的黄海机械厂总装车间、2001年设计的日本独资企业“味之素”食品加工厂、2002年设计的日资企业“恩佳升”电线电缆厂等,主厂房跨度已达到40多米,附跨也达20多米。在设计上还注意了厂区的环境布置。

2005年,由市建筑设计院设计的“东方国际集装箱项目”,该工程占地面积153亩,总建筑面积44500平方米。在一期工程中,结合生产工艺要求,共布置3栋主厂房和1栋木地板仓库。另外,还包括配电房、辅料仓库、备料场、料库、食堂、浴室、污水处理站附属用房。3栋主厂房分别为:开卷车间、预处理、冲压、总装车间、美装车间，均为轻钢结构。其中，开卷车间建筑面积8736平方米，4等单体×21米跨标准厂房，总长104米，柱顶高度12米。预处理、冲压、总装车间建筑面积24480平方米，共3跨，总跨度60米，分别为21米、15米、24米，长度408米，柱顶高度11米。美装车间建筑面积134400平方米，共两跨，每跨24米，长度280米，柱顶高度12米。木地板仓库面积3528平方米，总长度168米，为21米跨轻钢结构。立面造型设计体现海滨建筑的特点。生产厂房建筑多以大跨度的钢结构为主，夹层的彩钢板外墙与玻璃交相呼应，使建筑不同于传统的工业厂房。厂区建筑一方面要满足集装箱生产、运输、安装的工艺要求，另一方面建筑物要符合时代特征，特别是沿道路一侧建筑注重景观环境效果。建筑外墙色彩简洁明快，建筑造型整齐大方。

三、公共建筑设计

1949年以前，新浦地区公共建筑设计项目很少。

20世纪50年代到60年代中期，一般公共建筑设计主要是功能型，强调以实用为主，平面布局简单，立面造型单一，一般是砖石结构。少数工程根据建设单位使用需要，采用砖混结构和钢筋混凝土结构。层高多在一至两层。主要设计的公共建筑有市防疫站检验楼、市人民医院病房楼、市百货公司批发部、市五金公司营业楼等。

60年代中期到70年代中期，公共建筑设计在结构、层次、风格上变化不大。主要设计工程有市汽车公司新浦汽车站、市体育馆、新海中学教学楼，年完成公共建筑设计面积2万平方米左右。驻地设计部门能独立完成中小型公共建筑设计。

20世纪70年代末起，新浦公共建筑设计普遍采用混合结构和框架结构。钢屋架结构也开始在大型公共建筑物上应用，有低层的，也有高层的，具备防震抗震能力。80年代中期，高层公共建筑设计不断涌现，电梯、电讯和消防设计基本齐全。公共建筑设计向布局合理、风格别致、造型求新、功能齐全的方向发展。1987年，由市建筑设计院设计的位于新浦解放西路的连云港市“东方影视中心”，总建筑面积2万平方米。在总体设计上从各空间的使用功能出发，组合成虚实、高低、曲直对比强烈的几何体。在平面设计中，采用5米模数的基本轴线网络，同时旋转45°。在空间组合中，以门厅、中庭为核心布置各使用空间。在建筑造型上，突出连云港市的“海”之韵味与文化娱乐建筑的活泼、轻巧的特征，在平、立面中，反复运用弧线、圆形等建筑词汇，围绕“海”之主题赋予建筑一定的情感与内涵。在结构上，采用钢筋混凝土桩基，框架结构，观众厅25×35米。采用球节网架结构，7度设防，宽敞明亮，视野开阔，音响效果良好。该工程在文化部优秀设计工程评比中获优秀设计二等奖。1989年5月，由市建筑设计院设计、坐落在新浦苍梧路南首的市妇女儿童医院门诊楼，建筑面积3200平方米，7度设防，钢筋混凝土桩基，上部为砖混结构。在工程设计中，除了组织好门诊楼各科室的合理分区与联系外，着重在满足普通医疗使用功能的基础上探索其精神功能、心理功能、环境功能。设计人员在进行建筑造型构思时，在整个建筑中大量采用弧线、曲线、圆角，在建筑的主入口处，用雨蓬、花架、变形的柱子等构件组合，中部5层突出的形体与左右两边连续的4层成桃形体。该工程获1990年度全市优秀设计奖，同年获江苏省优秀设计三等奖。

2002年，由市建筑设计院设计的连云港市行政中心。该工程位于新浦新城区，朝阳东路北侧。总建筑面积约5.5万平方米，其中，地上约5万平方米，地下约5000平方米，地上建筑21层，地下1层。市行政中心属于大型行政办公大楼，其主要功能为市委、市政府、市人大、市政协等4套班子及组织部、纪委、宣传部等单位办公大楼。“舟行海上，扬帆远航”是该项目设计主体思想。设计上充分体现政府以良好的形象领导全市人民扬起风帆，万众一心，乘风远航的理念。并注意配合周边环境广场，以其新颖的造型，寓意深远的设计成为新城区一道靓丽的风景和标志性建筑。

2003 年，由市建筑设计院设计的市博物馆，位于新建的市行政中心对面、朝阳东路南侧，占地面积 2 万平方米，总建筑面积 13332 平方米，其中，地下 1 层，地上 3 层，地下室层高为 4.2 米；地上 1～3 层每层高 5.1 米，采用全框架结构形式。该馆以展览为目的，内部功能由展览陈列、藏品库、行政办公等区域组成。展览陈列集中在东北侧和西南侧两个方形展厅内。1 层为彦涵展厅、临时展厅。2 层为临时展厅，3 层为专题陈列厅、尹湾汉简陈列厅。主要柱网呈方形陈列，使展览空间方正灵活，适于设计各种性质的展览活动。同时结合南侧入口平台设置室外展场，形成室内展览与陈列空间的延伸。设计中注意无障碍设计，在该馆西南角设置供残疾人使用的坡道，坡度为 1/12。由坡道进入展厅，再由电梯到达任何一层，每层公厕设置残疾人使用的卫生洁具。

2004 年，由市建筑设计院设计的位于市博物馆西首的连云港市文化艺术中心，总建筑面积 31635 平方米，其中，地下 1 层、A 区地上局部 6 层，总高度 28 米，B 区地上 4 层，总高度 20.0 米。结构形式采用全框架及框架剪力墙形式。该中心集剧场、音乐厅、小影视厅、辅导、文化局办公、文化馆及书画院等多功能为一体。其中剧场、音乐厅、小影视厅位于 A 区，其余的位于 B 区。该中心基地为扇形，依据功能体块上分为南北两块，东北角对应于东侧博物馆及下部广场空间。局部打开，设置有大台阶上至二层平台。在竖向上进行流线区分，向西进入剧场，向南进入文化艺术展厅，并在入口处做了一个大玻璃顶雨棚，形成一个大空间，便于人员集散。1100 人剧场沿朝阳路布置，形成连续完整的立面，多厅影院与音乐厅位于大台阶下部拥有独立出入口。靠西南环形路部分处理有利于和人民广场形成一个完整的立面。各层相应功能都有单独出入口，管理方便，流线分开，互不干扰。

2005 年，新浦地区公共建筑已呈现多元发展趋势。

第三章　城镇开发建设

第一节　老城区建设改造

20 世纪 70 年代末，新浦老城区改造正式启动，首先拆除从贾圩至解放路的通灌路两旁低矮民房，建成商店和住宅楼。1978 年 12 月，在原贾圩庄旧址处，建成新浦地区第一座主体 5 层局部 6 层，功能齐全的综合性饭庄——陇海饭店。一时成为新浦标志性建筑之一。经过 80 年代、90 年代的继续开发建设，上海饭店、市五交化商场、国际双厦等一批大中型商场的现代建筑先后建成投入使用。原来沿街房屋低矮、道路狭窄、泥泞的通灌路（今海连路至解放路段）面貌发生了根本性变化。

20 世纪 80 年代，开始大规模改造海昌路、南极路沿街建筑，形成新的住宅小区。

20 世纪 90 年代中后期起，新浦地区开始对旧城区进行成片改造建设。

1996 年冬起，实施海昌北路的市化路与民主路之间老城区改造。于当年 12 月 22 日下午，以定向爆破，一次成功地拆除了闹市区的海昌楼（8 层、28 米高、4000 平方米）。同月 25 日，在此处实施了全市最大的旧城改造项目——昌旺购物中心奠基,次年 3 月 2 日正式开工建设。购物中心占地 2.7 公顷,4 层楼,建筑面积 8 万平方米。1998 年 1 月 19 日建成并开业。

1998 年,拓宽海连西路,拆迁工程于 5 月 11 日开工,共投资 120 万元,拆迁范围从幸福广场至市化轻仓库西围墙,长 950 米,其中涉及 13 个单位,21 户居民,共计拆迁面积 9295 平方米。同年 8 月,东陇海铁路新(浦)海(州)地区绕行工程完成后,区委、区政府立即对新浦城区的铁路废址进行全面改造,建设陇海商业步行街,并将其在南极路、海昌路、通灌路交汇处的 3 处道口进行降坡。

1999 年,开始改造市区南大门、西大门形象,实施玉龙路(今瀛洲路)拓宽改造、盐河南路、龙河市民广场、龙尾河及海连西路、盐河南路、临洪广场周围的拆迁改造。共计拆迁各类房屋面积达 116156.37 平方米。其中,海连中路拆迁面积为 43130.79 平方米,涉及 66 个单位,90 户居民。玉龙路拆迁面积 13226 平方米,涉及 23 个单位,59 户居民。盐河南路拆迁面积 257.17 平方米,涉及 7 户居民。龙河市民广场占地近 1 公顷,拆除房屋面积 6501 平方米,涉及塑料十一厂、盐业总公司 2 个单位、39 户私人住房。龙尾河污水截流拆迁范围为:北起人民桥,南至贾圩桥两端 15 米红线范围内,拆迁面积为 17095.12 平方米,涉及 33 个拆迁单位、拆迁户 173 户。

从 2000 年开始,相继对海连路、盐河路等 8 条主干道的沿街建筑进行大规模的改造工作。

2001 年,对棚户区实施改造。在人民路北侧地块开发建设了新站花园住宅小区,瑞景花园共开发商住楼 7 幢。同年,由常州九龙公司在陇海步行街东端开发建设的九龙世贸城(4.5 万平方米)于 2004 年 3 月份竣工开业,已有苏宁电器、文峰大世界等多家大型经销商加盟,初具繁荣景象。2003 年,开始对朝阳路、海连路、郁洲路、解放中路等 10 余条主干道沿街建筑进行全面的整治拆迁和美化亮化工作。至当年底,累计拆除沿街旧建筑及违章搭建近 20 万平方米,建成陇海商业步行街、汇金世贸广场、中德广场、花卉交易中心、沈圩桥农贸市场等一大批综合商贸建筑,同时新建透空漏绿围墙 8000 多米,绿化、硬化 6000 多平方米,美化亮化建筑物 3.6 万平方米。2004 年,启动全长 850 米的通灌北路开发改造(建国路至人民路段)工程,总投资约 6000 万元,其中拆迁费用约 4000 万元,道路及管线建设费用 1000 多万元。

2001 至 2005 年,采取市场化运作的方法,共推出了构件厂、延安街、盐河路、人民路、园科所、灌青街、解放西路、市酿化厂、市绝缘材料厂、康泰路、新浦老火车站等 30 余块旧城区改造地块,共引入 30 多亿资金注入旧城改造项目,开发建设了极美苑、瑞景花园、兆隆新贵都、万山花园、康泰新村、兴业时代花园、万润花园等一大批具有现代化气息的住宅小区。“十五”期间,新浦旧城区累计改造拆除各类房屋约 100 万平方米,约有 2 万户居民从棚户区搬进了设施齐全、宽敞明亮、环境优美的生活小区。

第二节　新城区建设

1991 年,市政府在新浦与猴嘴之间设立宋巍工业区,使市区逐渐向东延伸。同时,开发新浦南片区,通灌路、海昌路、南极路 3 条南北主干街道一直延伸至新浦南部玉带河,形成约 5 平方千米新城区并与新浦连成一片。

1998 年,完成花果山路两侧房屋的拆迁工作,涉及 9 个单位(个人),拆迁面积 1851.17 平方米,其中平房 1335.93 平方米,楼房 385.12 平方米。

2001 年 4 月 26 日，新浦新区建设全面启动。新区位于新浦老城区的东南，西至瀛洲路，东至宁连公路，北至苍梧路，南至海宁路，占地 6.75 平方千米（相当于 20 世纪 80 年代新浦旧城区的总面积）。新浦新区规划为集行政、文化娱乐、体育、教育和地区性商业、金融、居住为一体的现代化的新城市中心区。

新浦新区以东盐河绿化风光带为界，分为东、西两片：东片为连云港市的政治、文化、体育中心；西片为新区生活居住地，并配套发展片区商业服务设施。新区规划“三横四纵”道路总框架，“三横”即苍梧路（宽 50 米）、朝阳东路（宽 80 米）、海宁路（宽 60 米）。“四纵”即瀛洲路（宽 60 米）、郁洲路（宽 60 米）、科苑路（宽 60 米）、学院路（宽 40 米）。

连云港市行政中心于 2004 年底投入使用，由行政中心主楼（5.6 万平方米）、市政广场（5 万平方米）、北广场地下停车场（0.48 万平方米）、绿化（3 万平方米）、区内市政道路（2.7 千米）组成，总投资 4 亿元。

2005 年，新浦新区建设主要包括新区的科苑南路、景观大道及周边道路建设以及市行政中心前市政广场、郁海广场和科苑路 5 条道路绿化工程。投资 1200 万元，完成科苑南路建设工程；景观大道及周边道路建设工程，投资 2000 万元，景观大道完成混凝土基层，周边道路完成道路和绿化工程；郁海广场绿化面积 72300 平方米，总投资 580 万元；市民广场绿化面积 3 万平方米，完成种植土回填和部分苗木种植；科苑路绿化面积 21000 平方米，总投资 170 万元；海宁东路绿化面积 42070 平方米，总投资 720 万元；建设东路绿化面积 29000 平方米，总投资 47 万元；运河路（即今东盐河路）绿化面积 19500 平方米，总投资 42 万元；巨龙路绿化面积 7520 平方米，总投资 32 万元。至 2005 年底，新城区建设已基本完成，苍梧小区、丽都花园、香溢小区、东方花园、苍梧绿园等一批居住小区和休闲娱乐场所已建成使用；市行政中心、市检察院、中级人民法院等一大批标志性办公楼建成使用。

第三节　乡镇驻地建设

一、花果山乡驻地建设

直至 20 世纪 50 年代中期，花果山乡驻地——大村村公共设施建设少且简陋，乡村道路弯曲狭窄。农民多居于低矮的茅草房内，住房与畜圈混杂，脏、乱、差现象严重。1957 年，乡政府投资新建排水主沟 1500 米。1958 年，云台人民公社发动群众大修道路，从新浦经境内新滩、当路、大村、小村直达猴嘴镇修建一条沙石公路，宽 6 米，长 13 千米。

1960 年以后，乡村公共建设有了较大发展，新建厂房、影剧院、学校、医院、商店、招待所、办公楼、公厕等公共设施。1960 年至 1989 年的 30 年间，全乡新建公共建筑 45933 平方米。

1970 年至 1989 年间，乡、村自筹资金 66 万元，建设自来水管道 12500 米。1970 年至 1990 年，乡、村自筹资金 150 万元，共建设道路 27 千米，其中沥青、水泥路 11.2 千米。

1987 年，由乡投资 6 万元，安装乡驻地主街道路灯 20 盏。

1990 年 7 月，乡政府与市交通局共同投资 30 万元，将乡内主干道上水漫桥改建为大跨度钢筋混凝土桥梁。

1998 年，乡内建有公路 52.6 千米，其中沥青路面 25.6 千米，水泥路面 16 千米，沙石路面 5 千米，土路面 6 千米。

2001 年至 2005 年，全乡投资 663 万元，改造乡村道路。其中，投入 3 万元重新改造环山线大村段 36 盏路灯线路；投资 550 万元，新修环山线当路至新滩段，新村至猴嘴段，二级道路砼刻纹路面长 4.86 千米；投入 20 万元，新修新滩村通村水泥路 1 千米；投入 60 万元，新修向当路村延伸的道路水泥路面长 2000 米。拆除违章建筑 1000 平方米，有效控制乱搭乱建势头。

至 2005 年底，全乡有公路 52.6 千米（其中沥青路、混凝土路面 16 千米），自来水管线长 12500 米，受益人口 7483 人，居民住宅建筑 271814 平方米，人均居住面积 18.6 平方米。当年，被市建设局评为“全市村镇建设先进单位”。

二、云台乡驻地建设

1966 年 8 月，根据上级政府规划，云台乡政府驻地——凌州村道路为两纵两横的井字形布局，当年新筑一纵一横两条供排水配套的砂石公路。新建公社办公大院、农行、信用社营业所、邮电所、广播站、供销社、粮管所、食品站、农机站、云台中学、农具厂、医院、综合厂等十二家单位，均为排式平房。

20 世纪 70 年代初，公社陆续兴建平楼式小会堂、办公楼、宿舍楼、军民大食堂、公社医院用房。1975～1978 年，公社兴建水利站、水泥制品厂、造纸厂等办公用房和生产用房及仓库。建成供销社营业楼，云台中学扩建教室、宿舍，新建公社医院门诊楼和云台派出所建办公用房。

20 世纪 80 年代，云台中学新建办公楼、教学楼、宿舍楼。新建乡政府办公楼、集贸市场营业棚，中心路两侧新建饭店、招待所、理发店、商店。1988 年，农业银行和信用社共建营业楼，乡政府建机关幼儿园；筹资 200 万元建云台变电所。

1993 年，乡政府驻地复铺沥青路，并进行路旁绿化。1996 年，邮电所建营业楼，税务所建办公楼。1998 年，兴建供电所营业办公楼。

2002 年，乡政府建计划生育服务站综合楼，开发建设农村住宅区、铸钢厂住宅区、沿路改建商店、饭店营业楼。2003 年，乡中心路铺筑成水泥路面。至 2005 年底，云台乡已铺筑了大岛山至连云港经济技术开发区、长 8.1 千米混凝土路面的道路、南岛路的凌州至新浦段的 8.5 千米水泥混凝土路面、龙山村至南岛路 1.8 千米的龙南路，虎窝村至南岛路 3.67 千米长的虎南路、前关村至南岛路 2.1 千米长的前南路。

三、宁海乡驻地建设

宁海乡位于市区南大门，北距市行政中心 6 千米，东、西距连云港港口、民航机场各 25 千米，204 国道、宁连高速公路、连徐高速公路在境内交汇，苏北地区最大的立交桥群体坐落在宁海开发区，构成了纵横交错的立体交通网。

1991 年 6 月，乡政府组织各村铺路。太平村 46 名党员义务参加筑路。全乡出动 1300 台次手扶拖拉机，其中有 980 台次义务拉砂石 5 万多立方米。至当年 7 月 1 日，全乡新铺 26 千米砂石路，一次性通过验收合格。至此全乡 13 个村有 11 个村通上公路。

至 2005 年，基础设施基本完善，投资环境改善。在全乡 11 个行政村铺设 26 千米水泥路，完成宁连东路 8 千米水泥路铺设任务，使全乡人民走上平坦路。全乡人民已吃上自来水。

四、南城镇驻地建设

解放初，南城镇只有几条很窄的板石铺的小街，是有名的历史古镇，除庙宇外，无大规模的建设。

1970年5月，新建南北走向的街道，称新大街，为砂石路面，长2000余米，宽为27米。

1987年，新建北大街居民小区。

1989年，开始修复城隍庙。同时对新大街路面进行扩建修建，将原砂石路面铺筑为沥清路面，与204国道衔接，同时向两端延伸，形成镇内3条“川”字形街。

1992年开始，在西山根和东门外建设居民点，一般为样式新颖的各有特色的两层小楼。

1996年，对新大街进行改造，在沿街建起2至3层小楼，配套排水网络。新大街居民院落普植凌霄花，有“花街”之美称。

2004年5月，区政府和南城镇及区市政养护管理处，共同出资20万元，修筑南城镇1.8千米长的新大街，同年8月竣工。共补强路基3800平方米、新浦路边石150米，铺筑沥青路面5000平方米。

2005年，南城镇以全市开展“四城同创”为契机，加大力度改善城镇环境，推进小城镇建设，着力解决事关百姓生产、生活的突出问题，划拨专项资金维修新大街，铺设沥青路面2000多平方米，整平路牙石1000米，铺设人行道板5000平方米。拆迁原有的破旧房屋，加大绿化投入，东、西凤凰山新种植常青树12500株，播撒麻栗种30千克。

第四节　拆迁安置

新浦自清末形成商埠、城镇以后，四周空地较多，加之城市发展缓慢，拆迁安置方面情况极少出现。

新中国成立后至1978年，新浦城区建设有了较大规模的发展，但主要是向陇海铁路线（今陇海步行街）以南和龙尾河东岸地区扩展，涉及拆迁安置方面的问题也很少。

1979年起，新浦区开始加快旧城区改造。首先是改造城区南入口通灌路，陆续拆除通灌路与海连路交汇处东北角贾圩老住宅区的低矮民房，拓宽通灌路（今通灌北路南段），将街道两旁改造成商业用房。在沿街商业用房后建成新的住宅小区。

1984年2月，区政府成立拆迁安置办公室，进一步加强老城区改造工作。当年，继续开展通灌北路至解放路段沿街两侧改造工作。

1986年，市房屋建设开发公司开始在沈圩路东建设占地2.13公顷的拆迁安置小区。共建设54栋两层楼房，安置拆迁户200余户。同年，在南小区也建成占地0.67公顷的拆迁安置小区。当年，基本完成通灌北路的海连路至解放路段的拆迁改造任务。

1987年，新浦区全面开展和平桥头、海昌路两侧、青年路东段、财校生活区、新火车站附近地区、龙河广场周围及盐河路一带的拆迁改造工作。

1988年，拆迁改造南极路旧城区及整个铁路以南地区（包括青年路、公园街）旧城区，初步解决铁路以南旧房改造及居住拥挤现象。

20世纪90年代起，新浦老城区改造步伐加快，众多房地产开发商通过竞标，参与旧城区改造。市、区国土管理局根据市政府关于拆迁安置政策、补偿标准，做好拆迁安置工作。1995年，新浦地区完成房屋拆迁项目41个,拆迁总面积91350平方米,安置总面积53520平方米,原地安置总户数522户,异地安置户数786户,在外过渡户数321户,一步安置到位率61%,物资回收率40%,差价收缴率100%,产权调换率95%,接待争议纠纷11起。

1996年起,新浦城区房屋拆迁项目转入以加快旧城改造,实施城市规划为目标,以拓宽城市道路、加强管网建设、增加绿地面积、改善城市环境为目的。拆迁安置也由福利性安置改变为有偿安置。1999年,全区旧城改造拆迁面积达23万平方米。至2000年,共拆迁各类房屋20万平方米,拆迁单位41家,涉及居民1000户,保证了各项市政建设和旧城改造任务。

2004年5月23日,区政府召开通灌北路拆迁动员大会,涉及拆迁的310户居民户、11家单位出席大会,通灌北路打通工程正式启动。通过拆迁,新浦地区的盐河路、海昌路、通灌路、苍梧路等面貌一新。

2005年,根据新修订的《连云港市城市拆迁管理规定》《连云港市房屋拆迁补偿评估技术规范》,在拆迁工作中坚持"以情拆迁、文明拆迁、人性化拆迁"的服务宗旨,保护群众合法权益。共发放拆迁许可证42项,批准拆迁面积60.75万平方米,拆迁居住户3200户,完成房屋拆迁面积50万平方米。其中货币安置占60%,产权调整安置占40%,全年共发放补偿资金3亿元。

专记:新浦新区开发建设纪略

新浦新区系指新浦区老城区之东新开发建设的一个城区。具体范围为:连宁高速公路以东至花果山下,面积约22平方千米;连宁高速公路以西、老城区正东的片区,约6.5平方千米。

新浦新区开发建设自2000年底市委、市政府作出此项决策,至2005年底,连宁高速公路以西、苍梧东路以南的起步区,以市行政中心主楼及室外工程同步竣工并交付使用为标志,初步建成,并引领整个新浦新区的开发建设加快发展。

开发建设新浦新区缘由

1984年,国务院确定连云港市为全国首批14个沿海开放港口城市之一,市委、市政府决定在市中心城区新浦与连云港港口之间的中云乡黄九埝区域建设国家级连云港经济技术开发区。

港城经济建设重心转到整个市区东部的新形势,引出了一个大家普遍关心的新问题:港口在东郊,开发区在东郊,城区中心要不要向东移?

面对新问题,市委、市政府曾动意向东部城区搬迁,并于1992年在连云区墟沟镇设立临时办事机构,以作东迁准备。但囿于土地利用、发展空间等多种因素,此构想未能达成共识。而社会各界对将新浦老城区向东拓展,扩大市中心建成区规模,以对接港口和开发区建设的方案,意见比较一致。

市委、市政府听取社会各界及有关人士的意见,借鉴外地经验,最终决定:新浦城区向东拓展,建设新浦新城区,以大大缩短市中心城区新浦与连云区之间的空间距离,呼应包括港口和经济技术开发区在内的东部地区建设发展。

新浦新区规划

经勘察论证,市委、市政府决定摆脱传统的紧贴老城周边"摊大饼"式的城市发展模式,以改革精神,跳出老城区,选择适当距离开发建设新城区,带动老城区开发建设。确定新浦新区区域大体以连宁高速公路为界,以东至花果山下,约22平方千米。此片呈南北长、东西宽狭长形状;以西约6.5平方千米。此片在苍梧东路以南、老城区正东方向,呈三角形状。

1995年,市政府分管领导带领市规划局、国土管理局等部门人员,在现场察看、规划研究的基础上,研究制定新浦新区规划基本思路，并委托江苏省城市规划设计院做该区域总体发展规划。规划从城市发展水平和建设承担能力出发，分两步实施：连宁高速公路以西、苍梧东路以南片区为近期开发的起步区，编制控制性详细规划；连宁高速公路以东至花果山下的片区为远期开发区，编制概念性规划。

2001 年，《新浦新区控制性详细规划》完成，并决定市行政中心建于近期开发的起步区。此处离新浦老城区 2000 多米。具有发展空间大、可以带动周边乃至引领整个新区开发的优越性。据此，以东盐河为界，以西至老城区基本为住宅开发用地；以东至连宁高速公路，以行政办公、社会事业用地为主，兼顾部分住宅开发用地。此举，既可带动老城区向东拓展，又可呼应花果山片区开发建设。

开发建设

2000 年底，新浦新区开发建设工程正式启动。

首先，市委、市政府决定将自己坐落于新浦解放中路黄金地段的办公大院及周边的解放路小学、人民药店和新华书店门点整体搬迁，腾出 4 公顷多地段，发展商贸业，以提高土地利用价值和经济价值，并列为全市 2001 年城建重点招商项目。2001 年下半年，该黄金地段即正式签订出让开发协议书。市委、市政府带头搬迁，并给予解放路小学（迁至原新浦中学校址）、药店及新华书店搬迁和用地补偿，随同搬迁。一方面腾出黄金地段让开发商建设“汇金广场购物中心”，一方面以土地出让全部收益用于市行政中心建设。

2002 年，新浦新区市政建设全面展开。同年 6 月，市行政中心主楼正式开工建设。当年底，市行政中心封顶。不久即推出苍梧三期开发地块，由苍梧房地产开发公司中标开发建设住宅小区，带动了东盐河以东地段内海连新天等住宅小区的开发建设。

2004 年 12 月 31 日，市行政中心主楼及室外工程同步竣工，交付使用。2005 年 1 月底，市委、市政府及相关部门搬迁入住。同年 6 月，市行政中心附属楼及相关配套工程开工建设。

至 2005 年底，新浦新区市政道路建设基本完成，初步形成学院路、科苑路、运河路（东盐河路）、巨龙南路、郁洲路“五纵”与苍梧东路、绿园路、朝阳东路、建设东路、海宁东路“五横”相交的市政道路网，及新世纪广场、百米景观大道等工程。同时，还完成了域内东盐河疏浚、护栏建设和部分地段绿化风光带建设及相关城市基础设施建设。

在新浦新区开发建设过程中，始终引入市场竞争机制。域内所有市政道路建设及其附属工程，均采取公开招标办法选择规划、施工及施工监理单位，以降低工程造价；在建设用地上，凡经营性用地全部进入土地市场，公开招标出让，或挂牌竞价出让，增大土地收益量，使新浦新区开发建设得以顺利进行。

第四章　市政建设

第一节　道路建设

清光绪十八年（1892），城区新浦最早的主干道——老大街（今民主中路的市民路至南极路段）基本形成，长约 500 米。在其北形成的后街（今建国路）也随之建为干道。

民国初年起，大街、后街先后向东延至龙尾河边，向西延至盐河边。两街之间相继形成大庙巷、海昌

图7-1 保存至今的新市路老石板路面

巷、洋桥巷、王巷、维新巷、福利昌巷等小街巷20余条,初步构成新浦的道路框架。此时,大街等街巷均为土路面。民国14年(1925),东陇海铁路铺至新浦,在龙尾河东岸建海州火车站(后改名“新浦站”)。从火车站向西沿龙尾河东岸向北约200米处,经一小桥过龙尾河进新浦街的新生路(今解放路与民主路之间)开始形成,并成为人们赶火车的必经之路。

20世纪20年代中期起,大街沿街商店先后改造,重建为2~3层楼房。同时,大街路面铺成5米宽的砂石路面,路中央铺有3排条石路面。新市路则全部铺成块石路面。民国21年(1932),修筑新浦至墟沟的公路,宽7米,土路面。

民国26年(1937),驻海州的税警团铺筑海州至新浦的石子路(即从海州北门外经发电厂、面粉厂、临洪滩至新浦西艞头的原新海路)。民国28年(1939)底,前河淤塞,后被填平,形成一条东自龙尾河,西至盐河的东西道路——市化路。日军侵占新浦后,为开汽车平稳,于次年将大街上的条石路面拆除,全部铺为砂石路面。

20世纪30年代中后期,在大街以北至临洪河之间,逐渐形成北极路、新新路。

民国33年(1944),侵占新浦的日军,在前河南岸新辟一条马路,东起龙尾河边,西至洋桥巷南首,宽25米,其中龙尾河至海昌巷段为乱石层路面,时称“南马路”、“大马路”(今解放中路的和平桥至南极路段)。同时,开辟南极路(今解放路至海连路段)。

1949年底至1950年初,新海县人民政府组织机关、团体、学校、驻军一起动手,将解放路向西延伸,越过西盐河,铺至临洪滩,路宽25米,土路面。1952年,市城建部门改造新新路、北极路,将两路连通,定名新新路。

1953年至1957年,市民路向北延伸至陇东火柴厂,铺设市民路、解放路(今解放中路)、民主路、解放西路和解放东路的和平桥至火车站段的泥结碎石路面。1959年3月31日,开工修筑南极路,次月底完成。同年,市政府发动市民义务劳动,开辟新浦至海州的幸福路,初期路宽10米,石子路面。区政府组织干部群众千余人,自己动手,将市化路、海昌路铺成泥结碎石路面。同时,修筑解放东路,并试铺一段长10米、宽7米的水泥混凝土路面。1960年4月,新浦万余军民参加义务劳动,自己动手铺筑解放(中)路人行道,用石灰、泥、沙筑成三合土路面。

1961年10月,在解放路进行煤焦油养护路面试验并获成功。次年9月4日至月底,民主路(今民主中路)铺筑成全市第一条柏油路面。海昌路的解放路到海连路段铺成泥结碎石路面。1963年起,对解放中路、海昌路的民主路至解放路段、通灌路的民主路至解放路段和民主路等进行双层沥青表面处理。1964年,采用热拌热铺法对海昌路的解放路至铁路段进行双层沥青表面处理。将南极路的民主路至解放路段改建为泥结碎石路面。1965年,将通灌路的解放路至海连路段建成沥青路面。陇中路、市场南路、民丰巷、车站路、东池路、货场路、海丰巷、水管路(今康泰路)、站南路、新闻巷、灌青路等,先后新铺成泥结碎石路面。同年,各街道办事处发动居民建设小街巷,浦西街道办事处首先将15条小街巷的土路面改铺为简易煤渣路面。至1966年,城区主要干道已形成“田”字形布局。即东西走向的民主路、解放路、海连路和南北走向的通灌路、海昌路、南极路6条主干道，通称“三横三竖”的道路主框架。

“文化大革命”期间，铺设解放东路、解放西路、南极路的民主路至海连路段、海昌路的铁路至海连路段的沥青路面；拓宽解放东路和解放西路的罐头厂至临洪广场段路面；将南极路和海昌路向南延伸至扁担河北岸，并铺为泥结碎石路面。新铺筑了整洁路、青年路、民建路、通赣路、新中路、工农路、新河路等一般道路。

图7－2　20世纪60年代新浦解放路街景

1978年至1981年，拓宽海连西路、海连中路路面，并铺成沥青路面；海连东路和海昌路的海连路至扁担河段铺成沥青路面；通灌路延伸至扁担河北岸，并铺筑沥青路面。同时，以民办公助形式，全面开展小街巷路面改造。

1983年至1989年，新农路的解放路至铁路段、解放中路和通灌路的铁路至海连路段，先后铺筑为水泥混凝土路面；新孔路的海连路至大庆路段铺为沥青路面；通灌路和海昌路从扁担河向南延伸至机耕路（今建设路），为沥青路面。幸福路东侧混合车道建为水泥混凝土路面。1988年，新建从站南路至海昌路长560米的郁洲路（沥青路面）。1989年，新建朝阳路（今朝阳中路），并分段铺为沥青和土路面，苍梧路铺筑为沥青路面。新浦至墟沟的新墟公路改建为全市第一条一级公路。为水泥混凝土和沥青路面，长23千米、宽27.5～33米，上下道分道行驶。新建成通往白塔埠机场的蔷薇路。同时，拓宽海连东路及盐河东路、向阳路、经济路、临洪路、白水路、聚兴路、龙河路、干休路、大庆路、巨龙路等一般路道，并先后铺筑成沥青或水泥路面。期间，于1984年起，小街巷建设由市城建部门统管改为区政府管理后，各街道办事处采取政府拨一点、单位集一点、街道拿一点的多渠道集资办法，加快小街巷建设。1985年，解放中路翻建，铺筑为水泥路面，解放西路、解放东路复铺沥青路面，总长3967米。至1986年底，共铺筑小街巷水泥道板路面280条，计5.7万平方米。铺干道人行道板2.3万平方米。69.5%小街巷路面得到整治。至1990年底，新浦地区实铺主次干道路长45.05千米。分布于城区的412条小街巷，全面铺成沥青或水泥混凝土路面。城区小街巷路面硬化率达100%。

20世纪90年代起，新浦地区道路建设进入快速发展阶段，且道路规格质量、绿化美化水平明显提高。1991年3月29日，全长1536米，路幅50米宽的朝阳中路改造工程正式开工。道路为三块板型式，分设快车道（四车道）、慢车道、人行道、绿地和隔离带。路幅内埋设给排水、煤气、邮电、照明等管线系统。时为全市城市道路配套实施最全的一条道路。也是城市道路建设中第一次使用沥青混凝土铺筑路面。至当年12月28日，道路改建全面竣工通车。同时，完成朝阳中路路灯安装及朝阳中路跨越龙尾河的瀛洲桥建设工程。当年，全区共翻建、修建主次干道5条，铺人行道板和小街巷路面13540平方米，修补路面40369平方米。

1992年7月，修筑从龙河广场至连云港师范专科学校长2000米的苍梧路。其中，市保险公司至市妇女儿童医院320米段，路宽40米；妇儿医院至连云港师范专科学校段宽18米。

1993年3月1日，开始实施海连东路慢车道改造工程。改造路段西起巨龙路，东至新墟公路入口

图7-3 海连东路一段

处,全长1000米。人行道每边宽6米。同时,将原路面内13米宽的混凝土路面和10米宽的沥青路面快车道,补强为14米宽。改造后的海连东路宽为36米。当年9月中旬建成并通过验收,交付使用。同年4月至9月,还完成了东起新东路,西至市东老年公寓的站南路改造工程(长1020米、宽20米,沥青混凝土路面)和西起龙河广场,东至蜂疗医院的苍梧路段(长320米、宽14米)的改造任务。同年,还翻修民主西路、民众路、校西路。新建艺北路、法教路、康乐路、站南西路。

1994年2月,开工修筑新火车站配套工程——人民东路。该路长1700米、宽18米,投资1000余万元。于1994年10月建成通车。1997年9月,对其火车站向东的600米路段进行扩建,路面拓宽至37.5米。于当年10月1日建成投入使用。

1995年1月,开工铺筑北起机耕路、南至市车管所的通灌南路。该路长490米,宽24米(其中快慢车道14米,人行道10米),沥青混凝土路面。同年2月21日,开工建设朝阳西路、朝阳桥。该路长2450米,宽40米,中间为15米宽机动车道、5米宽人行道和绿化带。该路、桥总投资2400万元,其中1000万元为全市人民捐资。当年11月15日正式通车。当年,还大修新新路、玉门路、陇西路。发动解放中路沿路单位投入资金85万元,将全路两旁15000平方米的普通道板全部更新为彩色道板,使解放中路面貌一新。

1996年2月,开工新建朝阳东路的郁洲路至通榆路段(长800米、宽60米、6车道)、郁洲路的朝阳东路至海连东路段(长1680米、宽40米、4车道均于当年12月30日竣工通车)。同年,完成西盐(大浦)河南1405米长路道铺筑及海连西路分隔带改造任务。

1998年,大修青年路路面。将海连中路两侧5613平方米人行道道板更新为彩色道板。完成海连路、解放东路(和平桥至蓝天商场)、水管路、青年西路及昌旺购物中心周边路面大、中修工程。

1999年4月初,瀛洲路(原名玉龙路)、海连中路、海连西路及幸福广场、龙河广场、龙尾河综合治理工程全面开工。当年9月28日同时举行竣工典礼。改造后的瀛洲路、海连中路、海连西路均拓宽为双向6车道,并将照明、通信、煤气等管道全部转入地下。同年10月30日,城区首条贯穿南北的交通要道——盐河路改造工程开工。该路南自孔望山下,北至新浦火车站广场,全长4020米。首期工程从火车站至朝阳路段长2140米、宽60米,为双向6车道(工程总投资9828万元。于次年10月8日竣工,投入使用)。

2000~2001年,先后投资120万元,完成海昌路废铁道口和南极路废铁路道口降坡工程,施工长度160米,路宽30米。建成西盐河西岸的景观大道。该工程北起新浦火车站,南至朝阳路,全长2200米,红线宽60米,工程总投资1.03亿元。同时,完成小学路、扁担河路、滨河路、整洁路等维修工程,全年维修道路2.8万平方米。同年8月,海昌南路南延工程开工。全长466米,宽30米。于次年7月5日竣工通车。新建全长2100米的河滨路。

2002 年，完成市区道路沥青封面 3.6 万平方米，沥青底层 5800 平方米，维修混凝土路面 3700 平方米，平整人行道板 8600 平方米，调整路边石 1200 米。同年 7 月 19 日，盐河路工程被评为 2000 年度江苏省“市政金杯示范工程”。此为江苏省市政工程质量最高奖项。

2002 年 1 月 15 日，接连新浦新、老城区的郁洲北路开工建设。次日，朝阳东路（东段）、学院路、巨龙路及苍梧桥、朝阳桥同时开工建设。3 月 29 日，振海路开工建设，同年 10 月 26 日竣工。该路北起海连路，南至海宁路，全长 1600 米，红线宽 30 米，中间为 15 米宽混合车道（水泥混凝土高级路面）、两边各 7.5 米人行道和绿化带。供水、排水、煤气、热力、路灯、消防、交通工程同步建设。同年 4 月 26 日至 11 月 28 日，拓宽改造通灌北路的民主路至解放路 257.25 米长路段，红线宽 40 米，中间为 15 米机动车道，两边各 1.5 米绿化分隔带、6 米非机动车道、5 米人行道。机动车道为水泥混凝土高级路面，非机动车道为沥青混凝土高级路面。并同步建设排水、污水、路灯、通信、广电、供水、煤气等市政工程。同年 4 月至 7 月，大修海昌南路北起朝阳中路南至市农贸市场 360 米路段，红线宽度 20 米，中间建成 10 米宽混合车道，两边各 5 米人行道。同步实施煤气、通讯管线工程。同年 9 月至 11 月投资 200 万元，维修解放中路、海连中路、朝阳中路、南极路、海昌路、通灌路的人行道板，采用混凝土砌块、彩色道板、普通道板等多种结构形式进行铺筑。同时，维修道路红线内人行道 8 万平方米、红线外人行道 1 万平方米。

图 7－4　苍梧路一段

2003 年 3 月 7 日，城区又一条东西向主干道——海宁路及其跨越东盐河的桥梁开工建设。海宁路全长 1220 米，宽 60 米。桥长 52 米、宽 51 米。同月 10 日，连接盐河南路与幸福路的海宁西路开工兴建。海宁西路长 2800 米、宽 60 米。同月 20 日，长 980 米、宽 20 米的龙河南路开工建设。同年 4 月 14 日，东起学院路、西至郁洲南路，全长 1260 米、宽 32 米的建设东路及其跨越东盐河的建设东桥开工兴建。同月 15 日，解放东路改造扩建工程开工（上述工程分别于当年底和次年完工）。年内，还投资 300 万元，铺筑西盐河东岸滨河路的解放桥至朝阳桥路段沥青路。投资 150 万元，铺筑通灌北路的民主路至建国路 146 米长路段沥青路。同年，还完成解放东路翻修任务，并完成市区道路沥青封面 6.1 万平方米，沥青底层 7000 平方米，调整人行道板 2.6 万平方米。

2004 年，建设通灌路的解放路至海宁路全长 2720 米路段，规划宽 40 米，中间为 21 米混凝土路面混合车道，两边各 9.5 米绿化带及人行道。并同步实施排水、给水、消防、广电、通讯、热力、燃气、供电、照明和交通工程。投资 5000 万元建成通灌北路的建国路至人民路段，使通灌路成为新浦城区第二条贯通南北的城市主干道。年内，还投资 2000 万元建成云台乡南岛线农村公路，投资 585 万元修筑海丰巷、南城新大街等 9 条便民路。投资 280 万元，完成解放西路、海昌北路、龙河路、大庆路等 4 条道路人行道板的整治和调整工程。

2005 年，投资 1140 万元，完成工农路、小学路、惠苑路、育红路、普庆路、通园路、健康东路、新河路、临洪西路、光辉路、市民路、振海路、兴隆路(原名新农路)等30多条便民道路修建工程。当年,城区共新增道路68.7千米,计116.4万平方米。

至2005年底,新浦地区实铺主次干道路长227.928千米,计358.27万平方米。城市人均道路面积由2000年的10.6平方米增加到13.06平方米。基本形成布局合理、功能齐全、便捷通畅的城区交通网络,分布于各社区的412条小街巷,全面铺成沥青或水泥混凝土路面,或铺上了人行道板,新浦城区内的小街巷路面硬化率达100%。

2005年新浦区主干道一览表

表7-2

道路名称	起止点	道路长度(米)	红线宽度(米)	水泥混凝土面积(平方米)	沥青混凝土面积(平方米)	人行道面积(平方米)
苍梧东路	郁洲路至高速公路	2500	45.5	57500	38750	25000
苍梧路	振兴大厦至郁洲路	815	45.5	18745	12632.5	8150
朝阳东路	瀛洲路至学院路	2980	41	50928	69737	25300
朝阳西路	朝阳桥至镇海路	1486	36	—	42351	14860
朝阳中路	瀛洲桥至朝阳桥	1867	36	28005	25204	22404
东盐河路	苍梧路至海宁路	1945	40	35010	—	21395
海连东路	龙河广场至凌州广场	2520	42	60480	30240	20160
海连东路	凌州广场至宋跳	2537	36	60880	25370	15222
海连西路	境界线至盐河路	2428	45.5	57058	36420	29136
海连中路	盐河桥至贾圩桥	1409	45.5	33816	19021.5	16908
海宁东路	海宁东桥至学院路	1167	33	28008	17505	9336
海宁东路	郁海广场至海宁东桥	848	—	20352	12720	6784
海宁西路	振海路至海宁西桥	1682	—	40368	25230	13456
海宁中路	海宁西桥至郁海广场	2326	46	55824	34890	18608
花果山南路	苍梧路至花果山进山路	5495	25	—	82425	
建设东路	通灌路至瀛洲路	590	10	—	8850	5310
建设东路	学院路至运河路	1190	30	16660	13090	7140
解放东路	和平桥至高渠道	2566	37	47548	17603	30792
解放西路	西元盘至解放桥	1402	18	—	22375	11262
解放中路	解放桥至和平桥	1350	18	21600	—	32400
巨龙南路	连海东路至朝阳中路	1960	13	14730	25428	14706
巨龙南路	朝阳东路至海宁东路	913	30	12782	10043	5478
科苑南路	苍梧路至海宁东路	1886	36	—	73554	11316
科苑南路	海宁东路至红砂路	1107	60	—	39852	6642

续表 7－2

道路名称	起止点	道路长度（米）	红线宽度（米）	水泥混凝土面积（平方米）	沥青混凝土面积（平方米）	人行道面积（平方米）
凌州西路	海连东路至解放东路	1460	60	35040	—	14600
绿苑南路	郁洲路至学院路	2400	25	33600	26400	14400
人民东路	解放东路至郁洲北路	683	15	—	26637	4098
通灌路	建国路至车管所	3030	29	59055	4017	27270
新孔北路	解放西路至连海西路	490	25	—	7380	4900
新孔南路	连海路至大庆路	371	13	—	5565	2226
新孔南路	朝阳路至大庆路	458	25	—	6870	4580
学院路	朝阳东路至苍梧路	868	30	—	24738	5208
学院路	朝阳东路至海宁东路	922.55	44	—	24908	5535
盐河北路	火车站至朝阳路	1274	45	28944	18933	12740
盐河南路	朝阳路至海宁西路	828	45	19872	11592	7452
瀛洲南路	华联广场至立交桥	6882	60	165168	99789	68820
玉河路	南极南路至西盐河	120	18	—	2160	1440
郁洲北路	解放路至海连路	960	41	—	41280	7680
郁洲路	连海路至朝阳路	1645	41	—	57575	9870
郁洲南路	朝阳路至瀛洲路	722	41	—	30324	5776
振海路	海连西路至燃气公司	1400	15	21000	—	11200

2005 年新浦城区支干道一览表

表 7－3

道路名称	起止点	道路长度（米）	红线宽度（米）	水泥混凝土面积（平方米）	沥青混凝土面积（平方米）	人行道面积（平方米）
艺北南路	连海路至苍梧路	343	13	3773	—	2744
龙河北路	解放东路至海连东路	802	20	8020	—	8020
龙河南路	苍梧路至朝阳中路	970	16	9700	—	8730
绿苑东路	苍梧路至绿苑南路	470	15.5	2820	—	2820
海昌路	民主路至玉带河	3180	31	—	38584	31800
盐河西路	盐河南路至公安小区墙头	466	12	—	5592	—
富强北路	大庆路至连海路	350	10	—	4200	2800
幸福路	幸福广场至矿山院	820	20	8200	8200	9840
市民广场南环路	市政府南	730	18	—	7300	5840
建设中路	海昌路至通灌南路	714	26	—	7140	4284
建设西路	南极路至西盐河	280	20	—	2800	2800
巨龙北路	连海路至解放路	1110	13	4340	10140	6660

续表 7-3(1)

道路名称	起止点	道路长度（米）	红线宽度（米）	水泥混凝土面积（平方米）	沥青混凝土面积（平方米）	人行道面积（平方米）
兴隆路	海连东路至瀛洲路	996	8~17	10956	—	7968
陇海东路	通灌路至龙河路	604.52	20	6045.23	—	6045.23
陇海西路	西盐河至新孔路	656	16	6560	—	4592
陇海路	巨龙路至龙河路	945	20	9450	—	8032.5
三塑巷	盐河西路至苗圃	150	10	1500	—	—
公园南路	郁洲路至瀛洲路	934.67	20	9346.7	—	9346.7
大庆路	盐河路至幸福路	1636	16	—	16360	14724
大庆路	南极路至盐河	300	13	3000	—	1800
大庆中路	南极南路至海昌南路	388	20	3880	—	3880
大庆东路	通灌路至海昌路	504	20	—	5040	5040
建设西路	镇海路至新孔路	720	20	—	7200	7200
新市路	陇西路至市民路	212	5	—	1060	—
陇西路	建国路至民主路	240	5	—	1200	—
高渠巷1	解放路至铁路边	273	10	1365	—	—
粮站路	粮站至连海路	222	13.6	1110	—	1110
浦河东路	解放东路至新磷矿路	1490	6	—	8940	—
建国路	南极路至民主路	686	9	—	1902	4116
民主路	玉门路至市东巷	3200	5	—	19835	12800
新市路	维新路至陇西路	150	6	—	900	—
外仓街	陇海路至外贸仓库	570	8	—	4560	—
福康路	南极路至海昌路	360	4	—	1440	1800
青年路	通灌路至南极路	779	12	—	5453	3895
后河路	新新路至后河	336	7	—	2352	2016
经济巷	新新路至卫生巷	172	9	—	1032	516
新干路	市民路至维新路	317	5~10	—	1902	1268
车站路	解放路至步行街	124	9	—	744	372
通进巷	通灌路至陇西路	200	7	—	1200	100
爱家路支巷	爱家路至居民区	460	6	—	2760	—
海丰巷	解放路至市场路	155	6	—	930	—
新中巷	解放西路至新中巷21号楼	310	6	—	1860	—
盐建宿舍路	解放东路至解放东路164-14	100	6	—	600	—
制药巷	人民路面至陇海花园路头	300	6	—	1800	—
市场南路	海昌路至南极路	352	11.5	—	1936	2112
东上路	朝阳东路至建设东路	480	5.4	—	2592	—

续表7－3(2)

道路名称	起止点	道路长度（米）	红线宽度（米）	水泥混凝土面积（平方米）	沥青混凝土面积（平方米）	人行道面积（平方米）
市民路	解放路至陇中路	789	7	1400	5523	3156
西苑南路	朝阳西路至祥源房地产	140	5	—		560
新河路	解放路至民主路	120	11	—	600	720
通干路	民主路至玉门路	778	9	—	3890	3112
古河路	河边路至龙河北路	230	7	—	1150	—
龙西南路	市民广场至朝阳路	900	7	—	3000	—
常乐新村2	富强路至E－5号	150	6	—	750	—
泊水路	民主路至北小区	210	5	—	1050	—
东西路巷	制药路边至解放路边	260	5	—	1300	—
灌清路	民主路至造纸厂	185	5	—	925	—
解放桥南巷	陇海步行西街至解放中路	280	5	—	1400	—
凯旋巷	经济巷至后河路	400	5	—	2000	—
天然巷	天然巷1号至天然巷69号	200	5	—	1000	—
向阳路	通灌路至海昌路	506	5	—	2530	3036
育才路2	11至18号	140	5	—	700	—
运方公寓小巷	南极南路24－8～22－5	60	5	—	300	—
中华巷	民主中路至兴隆巷	120	5	—	600	—
中学路	西大街至杨窑	418	5	—	2090	—
道南街巷	利民路至陇西路	600	6	2400	—	—
南小区1#路	眼科医院－ 科技之家	1800	7	650	4550	—
南小区3号路	1号路向南	220	7	1540	—	—
南小区4号路	育苗幼儿园至通灌路	370	7	2590	—	—
南小区5号路	3号路至1号路	100	7	700	—	—
轻纺路	新大街东至东大街	90	7	630	—	—
通灌大院支巷	平房至围墙	50	1.5	350	—	—
普庆路	小学路至银河中门	240	6	1440	—	960
盐河西巷	盐河西路至朝阳西路	260	3	1560	—	1300
社区东路	公园北路至社区北路	30	7	180	—	—
河滨路	人民路至农贸市场	3920	6	23520	—	—
建城巷2	海狮EP印刷至省经贸学院东	102	6	612	—	—
建联路	陇海东路至繁荣路	290	6	1740	—	—

续表7－3(3)

道路名称	起止点	道路长度（米）	红线宽度（米）	水泥混凝土面积（平方米）	沥青混凝土面积（平方米）	人行道面积（平方米）
通孔路	新孔路至富强路	370	6	2220	—	—
西小区丁苑路	新孔路至大庆路	460	6	2760	—	—
镇海路东巷2号	镇海路至16号前后墙	45	6	270	—	270
沿河北路	朝阳桥至沈圩桥	3210	5.8	19260	—	9630
新进巷	通进巷至东大新村	100	5	600	—	—
幸福路东西镇海路五巷	35号西墙至镇海路	60	5.6	336	—	—
幸福路东西镇海路六巷	黄海度假村至振海路	63	5.6	352	—	—
幸福路东西镇海路七巷	黄海度假村至振海路	63	5.6	352	—	—
浦南民路	连海路至小铁道	383	7	1981	—	—
大庆东路107－2	107号楼东至107－2楼西	100	5	500	—	400
东池路	解放路至民主路	161	5	805	—	—
巨龙小路	6至9号	250	5	1250	—	—
聚兴南路	步行街至民主路	312	5	1560	—	—
民建路	海昌路至南极路	233	5	1165	—	—
新汇金南路	台南路至海昌路	180	5	900	—	—
沿港巷	南极路至永进巷	119	5	595	—	—
紫云路	南极南路至南极路79号	120	5	600	—	360
新中路	解放路至通干路	220	7～10	—	1901	—
新新路	建国路至向阳桥	745	12	—	5960	4470
站北街	西大街至204国道	166	8	—	1328	—
育才路1	28至29号	105	7.5	—	788	—
金桥路	解放东路至万润苑4号	95	14	—	665	665
大庆一巷	大庆西路至大庆巷	270	7.8	—	1685	—
市化路	解放路至陇中路	1111	10	—	6666	5555
临洪西路	解放西路至人民西路	400	10	—	2400	2400
锦苑路	新孔路至绣苑路	210	14	—	1260	1260
爱家路	康民路至龙尾路	510	10	—	3060	—
常乐新村1	临洪中学南至E11号	300	8	—	1580	—
育红路	朝阳路至大庆路	460	11	—	2300	2760
体育馆西门路	南极路至西大门	47	9.5	—	235	—
建南路	朝阳中路至健康路	150	8	—	750	600
玉河南路	玉河路至小闸口	665	8	5320	—	—

续表7－3(4)

道路名称	起止点	道路长度（米）	红线宽度（米）	水泥混凝土面积（平方米）	沥青混凝土面积（平方米）	人行道面积（平方米）
健康南路	建设东路至健康东路	204	10	1428	1836	—
工农路	人民路至解放西路	425	4	2975	—	—
南苑北巷	南苑南巷至朝阳路	200	8	1200	—	400
警校路	新孔南路至收割机厂	300	12	1500	—	—
普庆路	小学路9号至大庆东路14号	160	4	—	800	640
繁荣路	连海路至陇海东路	630	13	—	3990	3780
金苑路	新孔南路至南苑1号巷	400	6	—	2400	—
聚兴北路	民主路至防空办	217	5.5	—	1194	—
富强南路	朝阳路至大庆路	470	8	—	3760	—
整洁路	海昌路至通灌路	370	5	1850	—	—
惠苑南路	朝阳西路至盐河西路	280	13	1680	—	—
文昌路	郁洲南路至巨龙南路	540	16	4320	—	4320
天晴路	天晴大厦旁边	410	5	2050	—	—
玉门路	解放路至通干路	446	3～7	—	2676	—
公交1号巷	郁洲北路至公交巷终点	160	6	960	—	—
高渠巷	制药巷路边至解放路边	215	5	—	1560	860
景观大道两条	朝阳东路至建设东路	1400	23	—	—	28000
海宁中学路	建设路至房开	160	14	—	—	640
气象巷	瀛洲路至兴隆路	265	12	1855	—	1325
新生民路	南极路至海昌路	380	13	2660	—	1520
海宁中学西路	建设中路至海韵幼儿园	162	10	972	—	648
云华路1	海连东路至朝阳东路	460	9	2300	—	1840
健康东路	朝阳路至眼科医院	650	13	—	4875	5850
市民广场东西支路	市政府南	430	13	—	3010	—
高渠巷	解放东路至振兴房开	206	11	—	1442	824
南小区东入口道路	通灌路至健康路	300	8	—	1950	2100
西苑路3	朝阳路至大庆路小学	350	12	—	2100	2100
新农路	苍梧路至公园南侧	460	12	—	2760	2760
维新路	民主中路至建国路	107	8	960	—	—
建欣路	朝阳中路至健康路	200	10	—	800	—
聚兴路	步行街至民主路	312	9	583	977	1248
工农巷	民主路至绝缘厂	143	3.6	—	515	—

2005年新浦城区主要街巷一览表

表7－4

街道名称	起止点	道路长度（米）	红线宽度（米）	水泥混凝土路面（平方米）	沥青混凝土路面（平方米）
文艺巷	解放路至文艺巷	80	5.5	—	440
新西巷	人民西路至玻璃厂后楼	300	4.5	1350	—
通河路	建国路至陇中路	322	4～5	—	1375
扁北二巷	通灌路至小学路	300	6	—	1800
西大街	匡井街至城隍庙	960	3～7	—	3840
民丰路	解放路至民主路	150	3.5～5	—	832
南极西路	解放路至步行街	338	2～4	—	1352
扁担河路	通路至陇西南路	340	6	—	1200
河边路	古河路至通灌北路	420	6	—	1680
联合巷二巷	大庆西路南侧至供电局宿舍	120	6	360	—
东站南路	铁路至车站派出所	147	4	—	588
工农西路	工农路至罐头厂宿舍	500	4	—	2000
工西巷	棉织厂宿舍至车辆厂	505	4	—	2020
工西巷	玻璃厂宿舍至人民西路	400	4	—	1600
建工西巷	解放西路35号至陇海路	140	4	—	1200
建新路	南极路至盐河	307	4	—	1228
同和东巷	爱友巷至南极西路	150	4	—	600
同和路	陇海西路至解放中路	240	4	—	960
南极路宿舍区	宿舍区至南极路	60	5	—	225
健康社区路	建设东路至健康路	165	6	—	580
民众路	解放路至民主路	297	3.5	—	1040
沿河西路	民主路至后河	154	3.5	—	539
车站北路	车站至聚兴巷	343	3.5	—	1200
市化南路	解放路至市化路	96	3.5	—	333
河边北路	古河路至居民区	690	5	—	2070
建工东巷	解放西路至陇海路	109	3	—	900
解放西路边	盐河路至解放西路	700	3	—	2100
临洪西路	临洪西路至草湾路	130	3	—	300
幸福路南北巷镇海路一巷	53号西巷至35号西墙	50	4.8	240	—
昌盛路及支巷	文昌路至海连东路	1056	4.6	4857.6	—
新村巷	大庆西路至矿山院宿舍区	220	5.5	990	—

续表 7－4(1)

街道名称	起止点	道路长度（米）	红线宽度（米）	水泥混凝土路面（平方米）	沥青混凝土路面（平方米）
茅口路	解放东路至第三水厂	1580	4.5	7110	—
通灌大院路北路	朝阳东路至气象站南	86	4.5	387	—
通灌大院路南路	瀛洲南路至宿舍区	112	4.5	504	—
邮建支巷	公园南路至朝阳东路	400	4.5	1800	—
云山路	东方浴场至龙河南路	160	4.5	720	—
浦河路	建国路至河滨路	560	5	2425	—
市委院巷	海连路至站南巷	230	4.2	966	—
糖兴巷	昌盛路至东耕地	460	4.2	1932	—
扁担巷	扁担河至居委会	155	4	620	—
步行街副街	南极路至海昌路	410	4	1640	—
工商路	社区北路至朝阳中路	80	7	320	—
海宏南路	健康南路至海宏西路	150	7	600	—
海宏西路	健康路至建设东路	50	7	200	—
社区北路	社区东路至建欣路	150	7	600	—
园前路	公园北路至健康路	40	7	160	—
公园东巷	公园东巷 1 至 3 号	120	6	480	—
水管西巷	水管西巷 1 至 7 号	100	6	400	—
东池北巷	曙光宿舍至人民医院宿舍	82	4	328	—
东池巷	解放东路至市东小学	335	4	1340	—
东河路	海连东路至盐业加工厂	960	4	3840	—
河边路	陇海东路至海连东路	350	4	1400	—
河运路 37 号南	楼东至楼西	300	4	1200	—
河运巷	南极南路 55 号东至河运巷 33 号	500	4	2000	—
吉祥路	青年路至铁路	222	4	888	—
建新巷	南极路至爱友巷	121	4	484	—
立圩路	西南路至后大堆	320	4	1280	—
连海化巷	解放路至铁路	182	4	728	—
龙尾河河边	龙尾路至解放路	150	4	600	—
陇西北路	通灌路 5 号至陇河路边 7 号	100	4	400	—
陇西北路 1－4	1 号至 4 号	360	4	1440	—
棉宿巷	海昌路至通灌路	395	4	1580	—

续表7-4(2)

街道名称	起止点	道路长度（米）	红线宽度（米）	水泥混凝土路面（平方米）	沥青混凝土路面（平方米）
民丰巷	民主中路至市化路	85	4	340	—
民建街	海昌路至康泰路	220	4	880	—
派出所小巷	南极南路至路南派出所	60	4	240	—
皮坊巷	河池路64号至皮坊巷25号	100	4	400	—
浦东中心路	解放东路至锦云彩瓦	537	4	2148	—
前河巷	南极路至第九粮站	147	4	588	—
蔷薇路	连海路至幸福路	40	4	160	—
热电巷	民主西路至人民西路	500	4	2000	—
仁义路	永存巷至后河路	120	4	480	—
三处巷	海连东路至三处宿舍	200	4	800	—
沈圩路	涵洞至新磷路	400	4	1600	—
双池路	民字巷至西池路	160	4	560	—
水表巷	海连西路至水表巷6号东	75	4	300	—
台南巷	台南路至解放路	204	4	816	—
太平巷	解放路至铁路	187	4	748	—
天晴路	巨龙北路至轻工巷	500	4	2000	—
西小区支路	1至4号	370	4	1480	—
西苑东路	西苑路至惠苑路15号	75	4	300	—
小学路9至1号	9至1号东单元至西单元	50	4	200	—
新建巷	解放路至铁路	202	4	808	—
新磷路	可可超市至后大堆	500	4	2000	—
新闻巷	民丰巷至通灌北路	110	4	440	—
幸福路东西巷镇海路三巷	49号至镇海路	200	4	800	—
幸福路东西巷镇海路四巷	幸福路至镇海路	200	4	800	—
幸福路东西巷镇海路一巷	53号至镇海路	151	4	604	—
幸福路南北巷镇海路三巷	海连西路至45号东	142	4	568	—
幸西巷	新海路至幸西巷7号	160	4	640	—
学校南路	西苑路至学校西前墙	140	4	560	—
烟草路	南空路至烟草仓库门前	200	4	800	—
盐场医院宿舍路	连海路至盐场宿舍	245	4	980	—
养老巷	新大街东至东大街	74	4	296	—
医疗巷	解放路至市化路	79	4	316	—

续表 7-4(3)

街道名称	起止点	道路长度（米）	红线宽度（米）	水泥混凝土路面（平方米）	沥青混凝土路面（平方米）
云华路 2	云华路 2 号至 17 号	30	4	120	—
电台巷	解放路至铁路	197	4	776	—
福星路(2)	沈圩路至鱼塘	350	4	1300	—
爱友路	南极路至步行街	313	3～4	1162	—
刘家巷	民主路至新孔巷	99	3.5	347	—
新海巷	解放路至民主路	103	3.5	361	—
民治巷	通灌路至旅社	207	3.5	725	—
鸿喜巷	民族路至后河	223	3.5	781	—
螺形巷	民主东路至聚兴巷	227	3.5	795	—
山水路	通灌路至山水巷	283	3.5	991	—
道南巷	铁道至利民路	345	3.5	1208	—
蓓蕾巷	海连路至艺北市场	300	3.5	1050	—
车辆巷	新海路至车辆巷 10 号楼	250	3.5	875	—
蓝天路二路	蓝天路 35 至 40 号	111	6	388.5	—
福利一路	西涵洞至荣阳房产	90	3.5	315	—
福小巷 1 号路	镇海路至群艺巷 7 号楼	200	3.5	700	—
福小巷 4 号路	福小巷 1 至福小巷 2	130	3.5	455	—
公园北巷	南极路至盐河	300	3.5	1050	—
航运巷	新孔路至航运公司	194	3.5	679	—
河池路	河池路 86 至 108 号	100	3.5	350	—
火车站东侧	人民路北侧至铁路	30	3.5	105	—
康乐路	海昌路至南极路	582	3.5	2037	—
老干部区	龙河南路至兴隆区	100	3.5	350	—
连海北巷	连海路至铁路	292	3.5	1022	—
楼东巷	建连路至陇海路	520	3.5	1820	—
民光巷	民族巷至盐河巷	116	3.5	406	—
民亨巷	民亨巷 15 号至 145 号	100	3.5	350	—
民族路	六一幼儿园至南极北路	380	3.5	1330	—
浦西巷	浦西巷至市民巷	80	3.5	280	—
蔷薇社区出口	沿河路至蔷薇小区	40	3.5	140	—
蔷薇小区 4 号楼西侧	3 号楼下至公共厕所	20	3.5	70	—
人民路东涵洞	人民路北侧至铁路	30	3.5	105	—

续表7－4(4)

街道名称	起止点	道路长度(米)	红线宽度(米)	水泥混凝土路面(平方米)	沥青混凝土路面(平方米)
人民路绿化带北侧	人民路至城管大楼	100	3.5	350	—
沈新路	沈圩路至铝粉厂宿舍	350	3.5	1225	—
通海路	旅社至龙尾河边	498	3.5	1743	—
通河路	陇中路至建国路	400	3.5	1400	—
卫生巷	民族巷至通池巷	116	3.5	406	—
文教巷	文教巷1至13号	50	3.5	175	—
协和巷	市化路至协和巷	72	3.5	252	—
新民路	市民路至新新路	138	3.5	483	—
新滩巷	电台巷至新滩巷	64	3.5	224	—
幸福路东西巷镇海路二巷	51号至镇海路	200	3.5	700	—
许新西巷	治港巷至校邻巷	134	3.5	469	—
许新巷	治港巷至校邻巷	104	3.5	364	—
沿池巷	通池巷至民族巷	228	3.5	798	—
盐河巷	南极南路西5至沿港巷67号楼东	300	3.5	1050	—
周巷	民主中路至民族路	80	3.5	280	—
永进巷	永新南巷6号楼北至永进巷6号楼北	1100	3	3850	—
民主巷	民主巷至建国路	515	3.5	1802	—
许马巷	连海路至铁路	113	3.5	394	—
三公司宿舍	东涵洞至三公司厕所	70	3.5	240	—
公交3号巷	公交巷西至居民区	30	3.3	99	—
恒瑞药厂宿舍	陇海东路至宿舍区	140	3.3	462	—
木材公司宿舍	陇海东路至宿舍区	85	3.3	280.5	—
汽车公司宿舍	陇海东路至宿舍区	150	3.3	495	—
福宁巷	新新路至凯旋巷	210	3	690	—
永存巷	新新路至凯旋巷	210	3	690	—
东池北巷	木材公司宿舍至桐木厂宿舍	80	3.2	256	—
东池支巷	曙光宿舍至东池北巷	45	3.2	144	—
东河支路2	东河中路至耕地	185	3.2	592	—
楼西巷	利民路至陇海东路	230	3.2	736	—
公园北路	建南路至建欣路	310	7	930	—
建南旅馆路	市场路至海昌路	40	7	120	—

续表 7－4(5)

街道名称	起止点	道路长度（米）	红线宽度（米）	水泥混凝土路面（平方米）	沥青混凝土路面（平方米）
健康北路	朝阳中路至公园北路	110	7	330	—
建行路	朝阳路至健康路	250	6	750	—
福小巷 3 号路	福小巷 1 至海宁西路	50	5.9	150	—
津海巷	新市路至民主路	117	4	351	—
爱友南巷	爱友巷至星球围墙	80	3	240	—
百坊巷	新市路至百坊巷	70	3	210	—
朝阳巷	朝阳巷 1 至 28 号	50	3	150	—
大庆东路 128 至 1 号	128－1 号东单元至西单元	50	3	150	—
东河支路 1	东河中路至耕地	176	3	528	—
凤凰巷	新新路至河滨路	210	3	630	—
福利路	东涵洞至西涵洞	300	3	900	—
福新路(4)	沈新路至铁道	200	3	600	—
公交 2 号巷	郁洲北路至公交巷东	20	3	60	—
果酒巷	新海路至果酒巷 11－1 号	130	3	390	—
海连北巷	海连西路至陇海西路	250	3	750	—
红旗巷	后河路至红旗宿舍	110	3	330	—
后河巷	新新路至凤凰巷	180	3	540	—
黄家巷	新新路至庆河巷	80	3	240	—
黄兆巷	黄家巷至凤凰巷	90	3	270	—
货运巷	新海路至货运巷 4－7	90	3	270	—
机床巷向东二巷	机床巷至机床巷 7－1 后墙	40	3	120	—
建成巷	解放西路至民主西路	200	3	600	—
建国巷	建国路至建国路 199 号	35	3	105	—
建筑巷	解放桥南巷至建筑巷	100	3	300	—
津海巷	建国路至民主路	237	3	711	—
锦化路	富强路西至朝阳路边	360	3	1080	—
警校路	绿化队至建设西路	400	3	1200	—
葵花东巷 1	小学路 5 号至 2 号	100	3	300	—
葵花东巷 2	小学路 5 号至小学路 7－3 号	100	3	300	—
葵花西巷	小学路 7 号至小学路 7－3 号	100	3	300	—
老干部区	龙河南路至兴隆区	50	3	150	—
利民巷	建联路至陇河东路	385	3	1155	—

续表7-4(6)

街道名称	起止点	道路长度（米）	红线宽度（米）	水泥混凝土路面（平方米）	沥青混凝土路面（平方米）
粮店巷	解放西路36号至建工西巷	100	3	300	—
粮店巷前门面	建工西巷至解放西路	100	3	300	—
楼中巷	利民路至陇海东路	230	3	690	—
民政宿舍路	海连中路100-1至民政宿舍楼	70	3	210	—
南化巷	镇海路59-2号至71-4号	70	3	210	—
南小区2号路	朝阳路至1号路	230	3	690	—
南小区6号路	1号路至2号路	180	3	540	—
南苑1号巷	南苑新村17号至南苑警校	500	3	1500	—
南苑2号巷	南苑新村9号至南苑警校	500	3	1500	—
庆河巷	后河路至凤凰巷	280	3	840	—
邵家巷	邵家巷5号至仁义路	50	3	150	—
沈西路	沈圩路边至慈善路	200	3	600	—
沈中路	老乡建材至苗苗幼儿园后	700	3	2100	—
升平巷	后河路至河滨路	370	3	1110	—
市民西巷	建国路至新民路	140	3	420	—
水表巷向西二巷	水表巷至水表巷5-9号	36	3	108	—
顺心路	民主东路至万山花园大门	200	3	600	—
填河路	永存巷至后河路	120	3	360	—
同河东巷	爱友巷至同河南巷	140	3	420	—
同河南巷	同河南巷至同河路	120	3	360	—
同心路	建国路至陇中路	260	3	780	—
圩里巷	许马巷至许马巷	160	3	480	—
卫生巷	建国路至明光巷	200	3	600	—
西南路	西涵洞至赵绍平家	950	3	2850	—
西山巷	西大街西至西山报	130	3	390	—
西小区1号路	大庆路至朝阳路	440	3	1320	—
西小区4号路	朝阳路至修苑路	240	3	720	—
西小区青红路	朝阳路至大庆路	440	3	1320	—
喜鸿巷	喜鸿巷3至164号	180	3	540	—
夏家巷	市化路至前河路	74	3	222	—
小东路	38号楼至后大堆	200	3	600	—

续表 7－4(7)

街道名称	起止点	道路长度（米）	红线宽度（米）	水泥混凝土路面（平方米）	沥青混凝土路面（平方米）
小学路 5 号	5 号东单元至 5 号西单元	50	3	150	—
小学路 5－1 号	5－1 号东单元至 5－1 号西单元	50	3	150	—
小学路 5－2 号	5－2 号东单元至 5－2 号西单元	50	3	150	—
小学路 7－3 号	7－3 号东单元至 7－3 号西单元	50	3	150	—
小学路 9 号	9 号东单元至西单元	50	3	150	—
新丰巷	新丰巷 1 至 15 号	150	3	450	—
新海路	新海路至车辆巷 3－18	185	3	555	—
新磷支路	新磷路中段至杰圩化工厂	300	3	900	—
新闻路	通灌路至民丰路	153	3	459	—
幸福路南北巷镇海路二巷	53 号东巷至 35 号东墙	71	3	213	—
幸福路南北巷镇海路四巷	9 号 105 室前至 31 号西	100	3	300	—
绣苑南路	朝阳西路—办事处宿舍	270	3	810	—
许马巷	海连北巷至圩里巷	240	3	720	—
许巷	新孔北路至海连北巷	100	3	300	—
学校西路	锦苑路至绣 28 号楼	140	3	420	—
延安村东西小巷	南起第一条至 1 号楼	40	3	120	—
延安村东西小巷	南起第二条至 2 号楼	40	3	120	—
延安村东西小巷	南起第三条至 3 号楼	40	3	120	—
延安村东西小巷	南起第四条至 4 号楼	40	3	120	—
延安村东西小巷	南起第五条至 5 号楼	40	3	120	—
延安村东西小巷	南起第六条至 6 号楼	40	3	120	—
延安村马庄巷南北巷	马庄巷 1 号至马庄巷 19 号	200	3	600	—
延安村南北小巷	1 号楼至 9 号楼	180	3	540	—
沿港巷	永新南巷 5 号楼北至沿港巷 67 号楼北	600	3	1800	—
阳光巷	阳光大酒店至汇金广场	90	3	270	—
义太路	市民路至新新路	450	3	1350	—
永进巷	治港巷至校邻巷	139	3	417	—
幽园 4 号楼下	4 号楼 1 单元至 3 单元	50	3	150	—
幽园 9 号楼下	幽园 9 号	50	3	150	—
裕民巷	新新路至凤凰巷	150	3	450	—

续表7－4(8)

街道名称	起止点	道路长度（米）	红线宽度（米）	水泥混凝土路面（平方米）	沥青混凝土路面（平方米）
站南巷	繁荣路至蓓蕾路	200	3	600	—
镇海路东巷六巷	新化巷9－2号西至幸福路2号	45	3	135	—
镇海路东巷三巷	镇海路至新化巷47号	40	3	120	—
镇海路东巷一巷	镇海路至16号前东墙	45	3	135	—
镇海路路西二巷	镇海路至镇海路61－9	60	3	180	—
镇海路路西六巷	镇海路至镇海路69－8	60	3	180	—
镇海路路西七巷	镇海路至镇海路71－8	60	3	180	—
镇海路路西三巷	镇海路至镇海路63－9	60	3	180	—
镇海路路西四巷	镇海路至镇海路65－8	60	3	180	—
镇海路路西五巷	镇海路至镇海路67－8	60	3	180	—
镇海路路西一巷	镇海路至镇海路59－5	60	3	180	—
制冰巷	盐河西路至警校路	150	3	450	—
制药交叉巷	制药巷路边至解放路	380	3	1140	—
中翠巷	民主路至建国路	100	3	300	—
周家巷	新新路至庆河巷	120	3	360	—
自治巷	建国路至经济巷	230	3	690	—
王巷	民主中路至民族巷	60	2	180	—
朝二路	朝阳路至大庆路小学	122	—	366	—
人民舞台路	民主路至建国路	115	2.7～3	335	—
市化北巷	民主中路至市化路	75	2.7	202.5	—
明光巷	民族路至建国路	138	2.5	346	—
健身广场路	建设东路至海宏南路	120	7	300	—
爱友巷	南极北路至同和东巷	120	2.5	300	—
池西巷	池西巷1至32号	200	2.5	500	—
福小巷5号路	福小巷2至水文局西	38	2.5	95	—
富强西巷	富强路25号至锦化路	350	2.5	875	—
机床巷向东一巷	机床巷至机床巷20号	88	2.5	220	—
建筑巷	同河路至建筑巷	100	2.5	250	—
市政宿舍东西路	康泰南路50－5至海昌南47－20	180	2.5	450	—
市政宿舍南北巷西边1	康泰路至海昌路	70	2.5	175	—
市政宿舍南北巷西边2	康泰路至海昌路	70	2.5	175	—

续表 7－4(9)

街道名称	起止点	道路长度（米）	红线宽度（米）	水泥混凝土路面（平方米）	沥青混凝土路面（平方米）
水表巷向西一巷	水表巷至水表巷 6 至 6	40	2.5	100	—
水利路	后河路至新新路	210	2.5	525	—
通财巷	民主西路至财经学校	180	2.5	450	—
艺北南巷	蓓蕾路至站南路	100	2.5	250	—
镇海路东巷四巷	镇海路至福小巷 1 号	40	2.5	100	—
火柴厂宿舍区支路	厂区至厂区	1100	2	2750	—
陇中路支巷	陇中路至通灌路	1120	2	2800	—
福小巷 2 号路	福小巷 1 至大庆西路	280	5	560	—
三居楼路	健康东路至建设东路	120	5	240	—
安康巷	庆河巷至庆河巷	120	2	240	—
草湾路 1 至 18#	临洪西路至草湾路	120	2	240	—
陈巷	民主中路至民族巷	70	2	140	—
大庆东路 106 号西	大庆东路 106 号至大庆东路 106 号	50	2	100	—
大庆东路 107－3	路牙石至 107－3	20	2	40	—
殿河巷	永存巷至后河路	120	2	240	—
东升巷	民主中路至安装公司宿舍	150	2	300	—
福吉路	福吉路至晨阳老年公寓	250	2	500	—
福吉路(1)	福新路至铁路	100	2	200	—
福星路(1)	沈圩路至鱼塘	350	2	700	—
福星路(3)	沈圩路至宝贝园	300	2	600	—
港务巷	沿港南巷平房北至港务巷 35 号	300	2	600	—
鸿昌巷	新新路至庆河巷	80	2	160	—
后河巷	水利巷至后河路	95	2	190	—
建筑巷	解放桥南巷至同和路	300	2	600	—
葵花巷 6 号	6 号东单元至西单元	50	2	100	—
煤矿小路	光辉路至建设东路	260	2	520	—
民族路	南极北路至西池路	230	2	460	—
人民东路	人民路南侧至沿河	50	2	100	—
森太巷	宝泰新村至河滨路	130	2	260	—
邵家巷	仁义路至邵家巷 7 号	50	2	100	—
沈新路	沈新路至农田	50	2	100	—

续表 7－4(10)

街道名称	起止点	道路长度（米）	红线宽度（米）	水泥混凝土路面（平方米）	沥青混凝土路面（平方米）
市东巷	东池巷至民主中路	53	2	106	—
通灌大院安全局	共3条	80	2	160	—
通灌大院内	共4条	110	2	220	—
小学路7号	7号东单元至7号西单元	50	2	100	—
小学路7－1号	7－1号东单元至7－1号西单元	50	2	100	—
小学路7－2号	7－2号东单元至7－2号西单元	50	2	100	—
校邻巷	民主东路至东池巷	159	2	318	—
新立巷	民主中路至东池巷	50	2	100	—
新设巷	东池巷至民主中路	53	2	106	—
幸福巷	幸福巷1号至9号	70	2	140	—
沿河边	沈圩桥至预制厂	200	2	400	—
镇海路东巷七巷	新化巷4号西至14号东	45	2	90	—
镇海路东巷五巷	镇海路至新化巷2号西墙	35	2	70	—
公园西路	公园北路至健康路	60	7	105	—
东上渔场(路西)	共29条	50	1.5	75	—
二人巷	新市路至二人巷	70	1.5	105	—
机床巷向西二巷	机床巷至机床巷5－13号	68	1.5	102	—
机床巷向西一巷	机床巷至机床巷14号	68	1.5	102	—
美味巷	南极北路至解放中路	130	1.5	195	—
市民巷	浦西巷至张忠好家	210	1.5	315	—
同河北巷	同河路至同河路	120	1.5	180	—
西小巷	民主西路至造纸厂墙头	100	1.5	150	—
造纸巷	民主西路至造纸厂墙头	50	1.5	75	—
赵巷	赵巷1号至10组	60	1.5	90	—
忠义巷	忠义巷1号至12组	110	1.5	165	—
三公司宿舍	新站花园至涵洞	450	3.5	575	—
机床巷向西三巷	机床巷至机床巷7－4号	20	1.2	24	—
机床巷向西四巷	机床巷至机床巷9－5号	20	1.2	24	—
机床巷向西五巷	机床巷至机床巷11－5号	20	1.2	24	—
民康巷	民主西路至民主西路	90	1.2	108	—
草湾路	草湾路至油库宿舍	120	1	120	—

续表 7－4(11)

街道名称	起止点	道路长度（米）	红线宽度（米）	水泥混凝土路面（平方米）	沥青混凝土路面（平方米）
祁巷	民主中路至民族路	80	1	80	—
港西路	大庆路至西城浴室	273	7	262	—
法教巷	群艺路 7 号东至大庆西路	75	6	300	—
新龙河小区路	海宁大道至建设东路	560	8	—	2080
龙尾路	通灌北路至康民路	930	8	—	3255
西池路	福利昌巷至双池路	250	—	—	750
光辉路	通灌路至市场路	491	12	2037	1400
河边南路	和平桥至古河路	450	10	1800	—
河边路	利民路至海连东路	350	4	1400	—
一建巷二巷	大庆西路南侧至一建公司宿舍楼	65	4	260	—
朝南路	朝阳路至学校南路	127	12	445	—
惠西路	大庆路至惠苑路 9 号	138	12	483	—
鸿喜巷	民主巷至浦河	223	3.5	669	—
绣苑路至巷	朝阳路至 18－1 楼	138	14.5	280	—
锦苑支路 3	锦苑路至 1－2 号楼	72	9	220	—
锦苑支路 2	锦苑路至 4－2 号楼	80	11.5	240	—
锦苑支路 1	锦苑路至 2－2 号楼	82	11.5	156	—
东河滨路	沈圩桥至贾圩桥	2144	7	8576	—
康泰路	步行街至海连路	393	10	1572	—
慧苑南路	朝阳西路至盐河西巷	500	10	2000	—
慧苑路	朝阳西路至大庆西路	460	9	1840	—
锦苑路	新孔中路至西苑路	365	9	1460	—
绿苑路	朝阳西路至大庆西路	460	9	1840	—
西苑路 2	朝阳西路至新孔路	470	9	1880	—
绣苑路	朝阳路至大庆路	478	12	1720	—
维新路	民主中路至建国路	107	8	960	—

2005年南城镇主要路、街、巷概况表

表7-5

名称	起止点	长度（米）	宽度（米）	路面结构
新大街	南起南马路，北至北城河	2000	27	柏油
东大街	南起凤凰城门，北至北城河	约1400	约20	石板
西大街	南起匡井街，北至青春二队	约1400	约25	水泥
宁海街	南起东湾路，北至古凤凰城门	不足1000	约20	水泥
东门街	东起老东门，西至东大街弯口	约1000	标10	水泥
东横街	东起东大街弯路，西至新大街	约150	约10	水泥
西横街	东起新大街，西至西大街	200余	约15	水泥
城河路	南起大兴巷，北至城隍庙	约600	3	水泥
新建街	东起东门口，西至古凤凰城南	200余	20	水泥
匡井街	西起凤凰城经木器厂向北至东门街	约1500	25	水泥
城隍路	东起天桥西至新大街	1000多	6	水泥
东弯路	西起新大街，经造纸厂向北至匡井街	约150	4	水泥
许巷	东大街中段，中大桥至大兴巷	约50	1.5	石板
水塘巷	东起大烟巷，西至东大街	约30	10余	水泥
西山巷	东起西大街，西至凤凰山	约40	10余	水泥
大兴巷	东起城河街，西至西大街	不足1000	10余	水泥
孙巷	南起东门街，西至关庙	约30	2.5	水泥
造纸巷	南起东弯路，西至许圩	200	不足10	水泥
磨盘巷	东起城河边，西至建筑站后墙	300	2.5	水泥
老蒸巷	东起城河街，西至东大街	200	4	水泥
城东巷	东起东大园，西至东大街	30	5	石板
杨老巷	东起东大街，西至新大街	约100	20	水泥
城西巷	南起西山路，北至大兴巷	30	5	石板
碧霞巷	南起派出所，北至西山	80	3.5	水泥
毛巷	东自新大街，西至西大街	100余	15	水泥
关庙巷	南起东大街，北至磨盘巷	100余	10	水泥
猪圈巷	东起关庙巷，西至东大街	约150	不足10	水泥
烟店巷	南起水塘，北至东门街	150	10余	水泥
东园巷	南起城河巷，北至水塘巷	100	10	水泥

第二节　桥梁建设

一、艞

新浦初兴时期，河上无桥，人们过河靠艞，即在河两岸打木桩，在木桩上搭上木板，人称“艞”。过人时木板搭上，过船时把木板抽到一边。后改为一边固定，可以推拉，有专人看管。新浦地区的艞多以地名或看艞人姓氏命名。

【西艞】　搭建于清光绪年间，因在新浦大街最西端的盐河上，故名西艞。民国初年，随西盐河改道，西艞移至现民主桥处。由丁姓人家看管，故民间也称“丁艞”。

【东艞】　搭建于清光绪年间，因位于新浦大街东端的龙尾河上，故名。

【马艞】　搭建于清光绪末年，位于现瀛洲桥偏北的龙尾河上。民国初年，因海州刘顶农民马开贵一家逃荒至此以看艞为生而得名。解放后渐废。

【刘艞】　搭建于民国初年，位于市区东南部的东盐河上，原刘艞小学（现连云港师范第三附小）附近。因看艞人姓刘而得名。

【魏艞】　搭建于清末民初，位于市区东南部，现玉带河与通榆路交汇处附近。因魏姓看艞而得名。

【宋艞】　搭建于清末民初，位于市区东北部，现宋艞立交桥附近。因看艞人姓宋得名。

二、平交桥梁

【洋桥】　位于现南极路与市化路交汇处。为光绪末年由海丰面粉公司出资兴建的拱形木桥，金属栏杆，因样式时新，通称“洋桥”。桥上行人，桥下行船。20 世纪 30 年代后期，前河淤塞，桥渐废，后毁于日本侵略军轰炸。

【民主桥】　抗战前，西艞改建为木桥，时称西艞桥。解放后随路命名为“民主桥”。1952 年重修，仍为木桥。1970 年，拓宽改建为双曲拱桥，下部为灌注桩，桥面为沥青砼结构，拱形。桥长 21.1 米、宽 6.1 米。荷载标准为汽车 15 吨、挂—80 吨，抗震等级 8 级，梁底标高 4.5 米。为市区中心通往海州的重要桥梁之一。

【龙尾桥】　光绪末年，东艞改建为木桥，时称东艞桥。民国 26 年（1937 年），改建为石桥。解放后，随河命名称“龙尾桥”。1951 年，改建为木桥。1970 年，拓宽重建，桥长 14.1 米，宽 5.1 米。载荷标准为汽一 15 吨、挂 80 吨。为市区与东郊间主要桥梁之一。

【黑桥】　民国 23 年（1934），为两淮盐务局所建。位于新浦市区西北部的临洪河上（今新浦热电厂附近）。木桥长 200 余米、宽 6 米左右，可对开汽车。因桥桩、桥板均用煤焦油涂抹防腐，通称“黑桥”。为新浦通往东海、赣榆重要桥梁。民国 38 年（1949）春，被冰凌冲毁。

【盐河桥】　建于 20 世纪 40 年代初，当时因日军华北船队在此作业，通称“华北桥”。为木桥，长 43 米，宽 5 米。解放后，因河更名为“盐河桥”。1970 年，改建为钢筋砼结构，长 42 米，宽 13 米，为 3 孔双曲拱桥。1982 年拓宽。1999 年 9 月拆除重建为预应力梁桥，4 孔，长 46 米、宽 54 米，载荷标准为汽—20 吨、挂 100 吨，抗震等级 8 级，梁底标高 5 米。为市区连接海连中路和海连西路、通往海州、东海的重要桥梁。

【和平桥】 始建于民国31年(1942),为侵占新浦的日军新辟南马路通往火车站时在龙尾河上架设的4孔桥梁。1952年改造时,正值抗美援朝,定名为“和平桥”。1957年,改建为钢筋砼“T”型结构,单孔,采用9米悬臂。1979年,保留原桥为快车道,在原桥两侧各加5米宽慢车道、2.2米人行道,形成三块板格体。载荷标准为汽—15吨,挂80吨,抗震等级6级,梁底标高4.5米。该桥连接解放中路与解放东路,是通往云台、连云地区及徐连公路、通榆公路的主要桥梁。

【解放桥】 建于1949年12月。位于解放路与盐河交会处,因解放路而得名。初为3孔木桥,长24.3米。1963年8月至1964年1月,重建为砼结构“T”型桥。1985年10月,改建为板梁,长35.7米,宽14.4米。载荷标准为汽—15吨,挂80吨。抗震等级8级,梁底标高4.8米。此桥为连接解放中路与解放西路、通往海州和东海的重要桥梁。

【贾圩桥】 始建于20世纪40年代初,原称“兴亚桥”。抗战胜利后,因其坐落于贾圩南边,改名为“贾圩桥”。1963年,改建为两跨钢筋混凝土板梁桥,长50米、宽8米。1981年拓宽为25米。1999年3月,拓宽改建板梁+T梁。载荷标准为汽—20吨,挂100吨。抗震等级8级,梁底标高5米。是连接海连中路、海连东路、通榆路和新墟一级公路的重要桥梁之一。

【沈圩桥】 坐落于市区北郊大浦排污河上。始建于1971年,为钢筋混凝土结构双曲拱桥,长50米、宽4米。载荷标准为汽—5吨。因靠近沈圩村而得名。“文化大革命”期间,曾改称“向阳桥”。1980年恢复“沈圩桥”名。1994年12月,拆除旧桥,在其东首建新桥,1985年7月31日竣工。新桥为预应力板梁,长51.24米,宽10.5米,荷载汽—15吨,挂—80吨。此桥是连接新浦市区与北郊人民路及沈圩地区的主要桥梁。

【南城桥】 位于瀛洲南路跨越妇联河处。始建于1989年,为3孔桥,长40余米,宽17.5米.1992年,扩宽为34.7米。2002年4~9月,再次改建,桥长48米,宽49米。中间行车道23米,两侧依次为3米分隔带、6米慢车道和4米人行道。为城市一级主干道上的重要桥梁。

【人民桥】 位于人民路跨越大浦河处,建于1994年10月。为预应力梁桥,5孔,长120米,宽46.5米。荷载汽—20吨,挂—100吨。抗震等级8级。梁底标高4.8米。

【朝阳桥】 位于朝阳路跨越西盐河,建于1995年10月。为预应力梁桥,浇灌柱桩28根,每根桩长27米、直径1.2米,铺桥面板105块。4孔,长50.8米,宽40米。荷载汽—20吨,挂—100吨。抗震等级8级,梁底标高5.5米。是连接新浦、海州的重要桥梁。

【朝阳东桥】 位于朝阳路跨越东盐河处,于2002年1月15日开工兴建,同年9月20日全面竣工通车。为T型桥。长52米、宽60米,荷载汽—20吨,挂—100吨,抗震等级8级。

【瀛洲桥】 位于朝阳路跨越龙尾河处,1991年3月29日开工兴建。同年12月8日竣工。板梁,3孔,长26米,宽36米,汽—20吨、挂—100吨。抗震等级8级。梁底标高4.5米。是连接新浦、海州、东海的重要桥梁。

【建设桥】 位于建设路跨越龙尾河处。建于2001年3月29日开工兴建,同年12月8日竣工。板梁,3孔,长18米、宽30米,荷载汽—20吨、挂—100吨。抗震等级8级,梁底标高4.5米。该桥不仅使朝阳东路全线贯通,还起到连接新浦新城区内南北向的学院路、沟通苍梧路、淮连高速公路的作用。

该桥由济南市政设计研究院设计及、连云港市市政工程总公司施工建设。总投资969万元。

【建设东桥】 位于建设东路跨越东盐河处。2003年4月14日动工兴建,2004年10月竣工。桥长63米,宽40米。其中,机动车道宽14米、两边分隔离带各宽1米,非机动车道各宽5米、人行道各宽3

米。荷载汽—20吨、挂—100吨。抗震等级8级。总造价204.9万元。

【苍梧桥】 位于苍梧路跨越东盐河处。始建于20世纪60年前期,因靠近云台山下新滩村,称“新滩桥”。为3孔(6米+10米+6米)板筑桥,宽5.5米。1961年,改建为钢筋混凝土结构,长31米、宽5.5米,3孔。1993年,拆除重建为3孔悬擘T型桥(20米+30米+20米),桥宽14米。2001年12月31日至7月30日,拆除重建。由东南大学建筑设计院设计,市交通工程建设总公司施工。建为3孔20米空心板梁桥,桥长31米,总宽50米的。总投资408万元为新浦老城区通往新城区、花果山景区、市高教区的城市主干道桥梁。同时更名为“苍梧桥”。桥名为书法家武中奇题字。桥栏采用优质河南芙蓉大理石制作,中间花板(每边22块)首次采用连续浮雕表现手法,雕刻了由清华大学美术学院张昌教授设计的44幅《西游记》故事图案。

【海宁大桥】 位于海宁路跨越西盐河处,建成于2003年12月。为T型桥,长60米、宽60米。分快、慢车道、人行道。荷载汽—20吨、挂—100吨。抗震等级为8级。

【海宁东桥】 位于海宁路跨越东盐河处,2003年3月7日开工建设,2004年10月建成。为T型桥,长59米、宽60米。分快、慢车道、人行道。荷载汽—20吨、挂—100吨。抗震等级为8级。

【花果山桥】 位于花果山乡驻地大村村南头,始建于1959年。原为块石铺成的水漫桥。1990年7月,市交通局将此桥改为混凝土桥,长24米,宽15米,4孔,两边竖有铁栏杆,是新浦通往花果山景区及猴嘴地区的重要桥梁。

【利民桥】 坐落于铁路南侧的龙尾河上,建于1984年9月,因利民路而得名,为钢筋混凝土结构,长14米、宽3.2米。1988年拓宽至8.2米,中间为砼T梁,两边为木桥。

【大浦桥】 位于新浦北郊、徐连公路与大浦河相交处。建于1965年,长67米、宽7米,4孔。桥面为钢筋混凝土结构,下部为钻孔灌注桩。载荷标准为汽—13吨,挂—60吨。是新浦通往赣榆县、东海县和徐州的主要桥梁之一。

【刘艞桥】 1958年由刘艞改建为木桥,故名。1967年改建为钢筋混凝土结构,长31米、车行道宽5.5米,高5.5米,有3孔。载荷标准为汽—10吨,挂—30吨。是新浦通往云台地区的重要桥梁。

【宋艞桥】 解放前由艞改建为木桥。1972年,将木桥改建为钢筋混凝土结构,长60.8米,宽10米、桥高10米。载荷标准为汽—15吨,挂—30吨。为新浦通往花果山乡的主要桥梁。1995年,建宋跳立交桥时拆除。

【魏艞桥】 位于瀛洲路跨越玉带河处。解放前,此处为魏艞。20世纪60年代初,改为4米×10米的简支板梁木桥,称魏艞桥。1965年,将木桥改建为石桥。1989年,拆除石桥,重建为3孔(20米+30米+20米)T型简支桥梁,宽12.5米。1992年,于桥东侧拓建一幅相同标准的T型梁桥,形成桥宽24米。为6级通航桥梁。1999年,大修。2002年4月26日至9月15日,拆除原桥,在原址东12米处重建为3幅3孔20米空心板梁桥,桥总长55米,总宽50米:中间23米为机动车道,两边依次为分隔带、6米慢车道和4米人行道。总投资400万元。为城市主干道桥梁。桥梁栏杆采用优质北京房山汉白玉制作,花板上雕刻着明代海州通判林廷玉题“朐阳八景”,再现古海州秀美风光。

【新建桥】 位于花果山乡小村村北首。始建于1963年,1982年拓宽。桥为长条石铺筑,柏油路面。长4米,3孔,中孔宽1.3米,南北孔各宽1.1米。桥上路面宽4米。为新浦通往猴嘴地区的公路桥。

【猴嘴大桥】 位于花果山乡大村至猴嘴公路跨越东盐河处。始建于1966年,此桥北首紧接新墟公路,为石砌桥墩、钢筋水泥大梁,上铺水泥预制板桥面。长20米、宽5米,高5.4米,桥下3孔均宽6

米。桥两边设有护栏。此桥为新浦经由大村去猴嘴或上新墟公路的重要桥梁。

【黑桥(花果山乡)】 位于花果山乡谢圩西的盐河上,西接新墟公路。始建于1960年,原为木桩、木板铺成的木桥,因涂以沥青防腐故名。后改建为石砌桥墩、板石桥面的石桥。1964年,因建高渠道而重建为3孔桥,长24米、宽4.4米,桥高5.5米。

【玉带河桥】 位于盐河路跨越玉带河处。此处原有工农桥,2000年在工农桥西侧新建玉带河桥。此桥为T行结构,长68米,宽60米。设计荷载汽—20吨,挂—100吨。桥下净高5米。抗震级别8级。为新浦、海州间重要桥梁。

【玉带河桥(云台乡)】 位于云台乡东磊村,古称“仙桥”。始建于明代,为19孔石桥,长40余米、宽2米、高3米。清康熙年间海退后,改建为5孔石桥,桥长13米、宽2米。

【烧香河大桥】 位于云台乡凤凰村,始建于1976年,9孔,长80米、宽6米。

三、立交桥

【解放东路立交桥】 1990年10月15日开工兴建,1991年9月建成通车。桥身长52.87米,灌桩40根,累计长度834米。为全市市区第一座公路铁路立交桥。

【校友桥】 1993年9月,新海中学校友为庆祝母校50年校庆集资而建,故名。校友桥高架于新海中学南北两校区之间的解放西路上空,为新浦城区第一座横跨道路的高架桥。

图7-5　宋跳立交桥

【宋跳立交桥】 为宁连一级公路最大一座立交桥,因地处新浦东部宋跳而得名。建成于1998年6月。为双幅4车道,宽30余米。桥长660米,同时跨越新墟公路和东盐河。桥两边伸出8个环形匝道,与310国道和新墟公路交汇。

【丁字路立交桥】 位于新浦北丁字路东首。1998年6月建成,全长525米,宽22米,双向四车道。为跨公路、铁路大型立交桥。总投资4000万元。

【宁海立交桥】 位于连徐高速公路宁海乡境内。2000年11月20日,建成通车。此桥全长2000米。其中主桥长1284.5米、桥宽28米,双向四车道。8座匝道。占地34公顷。总造价1.1亿元。为连徐高速公路连云港市境内主要桥梁。

2005年新浦区城区主要桥梁概况表

表7-6

桥梁名称	桥梁分类	所在路(河)名称	道路等级	主桥结构形式	桥梁长×宽(米)	设计荷载	抗震等级	通航等级净空	建造年月
人民桥	多跨中型	人民路	主	T型	80×16	汽-20 挂-100	八	4.8	1994年10月
民主桥	单跨小型	民主路	支	拱型	14×10	汽-15 挂-80	八	5	1970年

续表 7－6(1)

桥梁名称	桥梁分类	所在路(河)名称	道路等级	主桥结构形式	桥梁长×宽(米)	设计荷载	抗震等级	通航等级净空	建造年月
龙尾桥	单跨小型	民主路	支	T型	14×5.8	汽－15 挂－80	六	4.5	1970年
解放桥	多跨中型	解放路	主	T型	35.7×14.4	汽－15 挂－80	八	4.8	1985年10月
和平桥	多跨小型	解放路	主	T型	26×24	汽－15 挂－80	六	4.5	1963年改建
新海天桥	单跨中型	解放路	主	T型	45×3.5	—	八	5	1990年10月
賈圩桥	多跨中型	海连路	主	T型	50×22	汽－20 挂－100	八	5	1970年
盐河桥	多跨中型	海连路	主	T型	46×54	汽－20 挂－100	八	5	1999年9月
朝阳桥	多跨中型	朝阳路	主	T型	50.8×40	汽－20 挂－100	八	5.5	1995年10月
瀛洲桥	单跨小型	朝阳路	主	T型	26×36	汽－20 挂－100	八	4.5	1991年10月
利民桥	单跨小型	利民路	支	T型	14×8	汽－15 挂－80	六	4.5	1998年10月
建设桥	单跨小型	建设路	次	T型	18×30	汽－20 挂－100	八	4.5	2001年10月
海宁大桥	多跨中型	海宁路	主	T型	63×60	汽－20 挂－100	八	5	2003年12月
海宁东桥	多跨中型	海宁路	主	T型	59×60	汽－20 挂－100	八	5	2004年10月
建设东桥	多跨中型	建设路	次	T型	63×40	汽－20 挂－100	八	5	2004年10月
朝阳东桥	多跨中型	朝阳路	主	T型	63×60	汽－20 挂－100	八	4.8	2002年10月
海宁广场1桥	单跨小型	瀛洲路 郁洲路 海宁路	主	T型	25×10	汽－15 挂－80	八	4.5	2004年10月
海宁广场2桥	单跨小型	瀛洲路 郁洲路 海宁路	主	T型	27×8	汽－15 挂－80	八	5	2004年10月
海宁广场3桥	单跨小型	瀛洲路 郁洲路 海宁路	主	T型	27×12	汽－20 挂－100	八	4.5	2004年10月
海宁广场4桥	单跨小型	瀛洲路 郁洲路 海宁路	主	T型	30×18	汽－20 挂－100	八	4.8	2004年10月
沈圩桥	多跨小型	新新路	支	拱型	51×10.5	汽－15 挂－80	八	4.5	1971年
凌州桥	多跨中型	凌州路	支	T型	52x60	汽－15 挂－80	八	5	2003年5月

续表 7－6(2)

桥梁名称	桥梁分类	所在路(河)名称	道路等级	主桥结构形式	桥梁长×宽(米)	设计荷载	抗震等级	通航等级净空	建造年月
玉带河桥	多跨中型	盐河路与玉带河	主	T型	68x60 汽－20	挂－100	八	5	2000年1月
魏巍桥	多跨中型	瀛洲路	主	T型	55x50	汽－20 挂－100	八	5	2002年12月
步行街盐河桥	多跨中型	陇海步行街	支	T型	37x16	汽－15	八	4.5	2002年12月
南城桥	多跨中型	瀛洲路	干	T型	48x49	汽－20 挂－100	八	4.5	1989年
宋跳立交桥	—	新墟公路东盐河	干	—	长660	—	—	—	1998年6月

第三节　广场建设

一、幸福广场

位于新浦城区西部幸福路与海连路交汇处，它北连新浦火车站，南达古城海州，西通连云港民航机场，是进入市区的西大门。始建于1972年，原称“临洪广场”。1999年6月25日开工进行改建，当年9月15日竣工，工程造价560万元。现广场的圆形绿岛直径40米，周围为沥青表面处理的15米宽的行车道，外围是5米宽的人行道。2005年8月26日，市地名委员会正式命名为“幸福广场”。

二、龙河广场

位于龙尾河东岸的海连路、瀛洲路、苍梧路交汇处。1987年7月开工兴建，1988年12月竣工。为交通性和生活性共兼的综合性广场。广场占地2公顷，南北双岛式，两个绿岛直径均45米，周围环道宽20米，水泥混凝土路面。广场四周有华联商厦、振兴大厦、写字楼、中国银行等高层建筑，为新浦繁华地带之一。1999年8月至2000年5月进行改造，占地2.6公顷。广场圆盘绿化改造于2002年3月2日全面完工，绿化面积3409.3平方米，回填种植土600立方米，栽植小龙柏3700株，大龙柏球700株，丰花月季1.3万株，葱兰6.5万丛。

图7－6　龙河广场一角

三、人民广场

位于新浦火车站南面，为交通性广场。1997年9月8日开工兴建，当年11月建成。于1998年6月28日至1998年9月30日进行改造，总投资180多万元。改造后广场总面积为13226平方米，包括绿化、喷泉、喷灌、铺装、景灯、不锈钢栏杆等部分。其中绿化面积为9435平方米，喷泉广场面积为1962.5平方米，不锈钢栏杆总长660米，在喷泉周围还布置了8组景灯，32座石灯。

四、凌州广场

位于新港城大道、海连东路和凌州路交汇处，是新墟公路的西起点，为交通性广场。2002年4月26日开工兴建，同年10月26日完工。广场占地面积为4.3万平方米。其中绿化面积为2.03万平方米。机动车道和非机动车道为沥青混凝土路面，人行道铺设矩形混凝土砌块。同步实施排水、污水、供水、供电、通讯、路灯、消防、交通工程等市政公用设施。

五、新世纪广场

位于市行政中心南，建成于2004年9月。广场分南北两块，市行政中心大楼南广场为主体，占地7.14公顷。设有广场、绿化带、喷水池等。市行政中心大楼北广场较小，占地1.85公顷。原名“行政广场”，2005年8月26日，正式命名为“新世纪广场”。

第四节　城区排水设施建设

一、下水道建设

【城区下水道建设】 20世纪20年代起，新浦开始建明排水沟、暗下水道。先是大街、后街、陇西路，继而市民路、新民路、新市路，少数小街巷筑有排水沟。解放前夕，新浦大街小巷两旁计有明排水沟、暗下水道50余条，长8800余米。绝大多数为明排水沟。

1949年底，建成解放路(今解放中路)、市化路西段、南极路北段和通灌路北段等12条下水道，总长3000余米。1952年，市化路东段及新新路建下水道。1953年，市化路及市民路北段建下水道744米。1956年，今解放路中东段石砌明排水沟改建为地下排水沟，修建窨井8个。至1957年，海连路、通灌路的解放路至海连路段、市民路的民主路至解放路段、今解放东路的和平桥至火车站段等先后新建下水道。除解放东路的和平桥至火车站段为水泥混凝土圆管外，其余均为石砌暗沟。1958年5月，对市区主要道路和小街巷总长11千米的下水道全面进行疏通维修。同年，修筑了双池街、同和街、民主西路、新河路、民族路、沿河路、建国路、陇西路和南极路的解放路至海连路段等路道下水道，总长达2550米。老城区排水能力明显提高。

1962年，新建、改建建国路自市民路至陇西路段下水道。1963年，在铁路以南新建的居住区内新建下水道。1964年，在青年路一带新建下水道，改变了通灌路以西、南极路以东、铁路以南区域的严重积水状况。

1973年至1974年，改建海连西路下水道、修建解放西路下水道。1977年至1979年，新建通灌路、南极路自海连路至扁担河段下水道，改建海连西路下水道。1980年，完善新新路、建国路等13条路道下水道。

1982年，疏浚下水道46千米。1983年至1987年，新建新农路、新海南路、幸福路东侧、朝阳路和龙河广场等下水道，改建市场南路、海连东路等下水道。1989年5月，新建新孔路、蔷薇路下水道。疏通下水道16千米。1990年，配套修建朝阳西路北侧下水道475米。

1991年7月,对新浦地区总长55.5千米的下水道,进行全面清淤排障。1992年7月至1993年8月,修建苍梧路的龙河广场至妇幼保健医院段两侧下水道1936米,铺设水泥排水沟管100米;人民中路的站前广场至沈圩桥段排水工程830米。1995年,投入134万元,完成对苍梧路排水和道路整治,新建两侧石砌排水沟640米,铺装人行道板6000平方米。1998年,完成外仓街排水工程,新铺民建东路115米长排水管道。2000年,修建城区道路时,同时配套修建下水管道、水泥涵管,修建东风街排洪工程,全长927米,总投资160万元。

2001年,清掏下水道126000米,疏通下水道38000米,对重点路段排水、过路沟依次疏通,共清掏大井3900座、小井11000座,更换大井盖200个、小井盖350个,确保了城区排水系统的安全畅通。2004至2005年,建设通灌中路、郁洲北路、解放东路等道路工程时,同步实施雨水、污水排水管道等市政基础设施。共清掏大小井1.8万座次、维修大小井3.7万座次,确保了城区排水系统的安全畅通。

至2005年,新浦城区下水道总长已达253430米。

【乡镇下水道建设】 20世纪90年代起,乡镇实施中心村规划建设,规范楼房、路道、排水沟一齐施工。楼与楼之间筑有爽水沟,巷道排水沟均为水泥凝制沟。村道旁筑有水泥块石砌排水沟沟。

2000~2005年,乡村投资,村民出工,整修老村庄排水沟,清理污水塘,新建村庄凝制排水沟。村民宅院前后筑水冲沟、巷沟、路沟,采用水泥块石铺底,沟宽0.8~1.0米,通畅无积水。

二、河道治理

清嘉庆九年(1804),海州知州唐仲冕组织人力开挖甲子河,东自新浦口,西抵海州城东门,长1000丈(约3330米)。清道光十九年(1839),知州王用宾再浚甲子河1155丈(约3846米)。

民国12年(1923)挑浚龙尾河。

1950年至1953年,疏浚城区南部的玉带河、东部的龙尾河和北部的临洪河。在龙尾河下游新建3孔水闸一座;筑临洪河大堤一道,为新浦市区重要防汛设施。1955年冬,开挖大浦河,建3孔大浦闸,以利排泄新浦城区积水。1956年上半年,疏浚贯穿市区内的西盐河、玉带河和龙尾河。

1966年11月至1967年5月,疏浚东盐河、大浦河和玉带河。1969年11月至1970年2月,疏浚蔷薇河临洪闸上游段4千米,下游3千米,河道取直,以利城区排洪。1970年11月,对蔷薇河后堤加固、修建护坡。

1971年5月,在东盐河西端建3孔玉带河闸。1973年至1974年,新建西盐河自民主桥至铁路桥段石砌护坡挡墙。其间,再次修建、加固蔷薇河堤。

1982年4月至1986年12月,分3次完成龙尾河的北起陇东中学南至朝阳路2640米段的石砌护坡挡墙工程。1983年11月,新建西盐河自铁路桥至盐河桥段长400米的石砌护坡挡墙,并疏浚该段河道。1986年11月,疏浚玉带河。1987年7月,市七届人大常委会第二十九次会议听取新浦地区"三河"(龙尾河、西盐河和扁担河)的现状及治理情况汇报,并通过整治"三河"决议。

1995年3月至6月,完成西盐河的北自沈圩桥东侧南至原陇海铁路桥河段护坡挡墙与河道疏浚。1997年4月疏浚龙尾河的瀛洲桥南侧至南节制闸段河道,并砌筑护坡挡墙。1999年,对重点防汛地段的凌州路河道、铁路二工区排水沟、建设东路排水沟进行了清淤、清障、打捞漂浮物,共清理杂草10吨,清淤600立方米,打捞漂浮物450平方米。1999年后河道归市水利局管理。

2005年,新浦城区河道整治,纳入市城市建设总体规划。

三、防洪除涝工程建设

新浦城区原为海滩，地势低洼，洪涝危害较重。新中国成立后，市人民政府重视该地区的防洪排涝工程建设。1954年底，首先在城区北郊大浦河下游建成挡潮排水设施——大浦闸。1959年底，又在北郊临洪河下游建成临洪闸。彻底解决了海水进入市区的问题。

20世纪60年代起，逐年通过加大城市市政基础建设，不断增强城区排水能力。

1970年夏秋，新浦城区发生特大洪涝灾害后，对城区防洪排涝工作更加重视。

1978年，新浦地区防洪排涝主体工程大浦河抽水站工程，通过国家批准立项，于1980年初开工建设。同年底，因国家宏观经济调整而停缓建。

1992年4月，城区站南路和财经学校两个低洼地段防洪排涝工程开工。这两处汇水面积均达25公顷左右，长期以来，存在雨季积水受淹问题。当年，经由新浦区城乡建设委员会和市政工程公司组织施工，在站南地段铺设大口径排水管及砌筑方沟计1800多米，解决了两地的长期涝害。

1993年11月，新浦新火车站配套工程——凌州路防洪沟工程全面开工。该防洪沟南起解放东路，北至人民东路，全长680米、宽2.8米、高1.5米，全部为块石砌筑。为全市城区排水市政工程中孔径最大、排水量最大的一项工程。竣工后使郁洲东路、高渠道西及铁路一带102.6公顷范围内的雨水、污水经排水管道汇集凌州路防洪工程，排入大浦河，免受内涝之害。

2000年，大浦河抽水站工程，获得国家计委重新立项和复工审批，于当年11月27日复工兴建。主要工程有泵站、排涝涵洞、调度涵洞、引河、送变电等。同年7月，新浦老城区东部东风街地段排水防洪工程动工兴建，由区市政管理处承建，当年完成长927米的排水道工程。

2001年6月25日，大浦抽水站工程完成水泵层浇制。2002年6月建成投入使用。该工程承担122平方公里地带的强排涝任务。

2002年5月2日，新浦城区防洪排涝主河道——大浦河应急工程开工兴建，同年6月底竣工。该工程开挖土方68万立方米，两岸局部砌筑石挡土墙和护坡、护栏共1.3万立方米。整治后大浦河河底宽达30米，河口宽近70米，河底高程-1.3米，边坡为1:4，过水流量168立方米/秒，为原流量的3倍多，达20年一遇防洪标准。疏通了城区防洪除涝的“肠梗阻”。同年11月27日，大浦河抽水站工程通过省水利厅组织的竣工验收。

2003年4月1日，城区防洪重点工程——东盐河治理工程开工。工程全长15.6千米。承担市区西至西盐河，南至新东公路，北至大浦河27.31平方千米及云台山区20.3平方千米的防洪除涝功能。一期工程由两大部组成：一是河道平移和护岸工程，长1290米，流量为159立方米/秒，河底高程-1.0米，河底宽35米，边坡1:3.5，河口宽64.4米，总土方34万立方米。边坡采用砼预制块护砌，护砌工程量3.8万立方米，护坡顶修建雪花大理石栏杆；二是高渠改暗渠工程，长2700米，土方10万立方米。当年11月18日完成。同时，二期工程开工。主要把原河道中心线右侧平均向外46米进行拓宽疏浚。开挖土方107万立方米，回填土方41万立方米，及有关桥梁工程（于2004年完工）。同年，还完成沟通东盐河和大浦河、全长4.86千米的大浦副河整治工程。整治后的大浦副河设计水流量达70立方米/秒。

2005年，实施东盐河三期治理工程。完成苍梧桥至魏巙桥段水下工程并拆坝放水。共完成河道开挖和挡土墙后填土土方15.8万立方米，处理滑坡段土方2万多立方米和1000多棵木桩，浆砌石4500立方米、混凝土6500立方米，增建排水涵洞7座。进一步完善了东盐河防洪除涝功能。

第五章 公用事业建设

第一节 供 水

一、天然水

民国32年(1943)前,新浦城区居民生活用水和工业用水主要靠人工挖的俗称“天池”的大水塘贮存淡水。较大的天池有10余处,夏秋每逢下大雨,或大海退潮,蔷薇河、盐河上游下来大量淡水时,市民便趁机扒开天池坝口,贮满淡水,再堵牢水口。冬天则往“天池”内堆积冰雪,待溶化食用。遇到干旱,天池无水,则到东边云台山根(俗称东山根)、西边海州或东海太平庄弄水吃,或买水吃。

花果山乡、云台乡、宁海乡、南城镇居民饮用水多为山涧、沟、河、塘、泉、井水,靠近山区的花果山乡和云台乡饮用水以涧、泉水为主。比较著名的水源有飞泉涧、桃花涧、马涧、玉龙圣泉、鸡鸣泉、惠心泉等。

解放前新浦部分居民用水天池概况表

表7-7

名称	位置	形成时间	水源	使用范围	备注
临洪滩东天池	临洪滩许马庄南	清代以前	引贮盐河淡水及雨、雪	许马庄住户	新中国成立后废
临洪滩西天池	临洪滩庄西首	清代以前	同上	临洪滩住户	20世纪50年代废
西天池	新浦大街西首路北侧	清末	同上	浦西街道大部分居民	20世纪50年代中期废,1984年改建为绿地
同和天池	原南极路小学处	民国年间	同上	同和油坊及周边居民	(建同和油坊时取土而成)20世纪50年代废,1971年,被建为防空洞
四泰天池	西天池东,与其合称“双池”	民国年间	同上	四泰油坊及周边居民	建四泰油坊时取土形成,后废
第八工厂天池	今民主东路、区卫生防疫站处	民国8年(1919)	引蓄临洪河淡水	第八工厂及附加居民	建第八工厂时取土而形成。20世纪70年代被因势建成防空洞
东公司天池	今解放路与海昌路交会处东南角	清末	引蓄龙尾河淡水	赣丰油饼公司及附近居民	建赣丰油饼公司时取土而成。久废
翠泰天池	今市康复医院处	民国4年(1915)	引蓄临洪河淡水	翠泰槽坊及附近居民	建翠泰槽坊时取土而成
仁和天池	今民主中路南侧	民国20年(1931)	引蓄盐河淡水及雨、雪	附近居民	建仁和浴池时取土而形成
贾圩北天池	今贾圩桥西北	民国初年	引蓄龙尾河淡水	贾圩村居民	建贾圩村时取土而成

二、自来水

民国32年(1943)5月10日,伪东海县政府和日军居留民团共同出资,由日军海州临时上水道事务所在新浦新村接分水管,将灌云县山东庄老龙涧水引往海昌巷,并在新浦街上安装7个水龙头,新建1座蓄水池,于7月21日开始向新浦居民售水,日供水30吨。民国33年(1944)3月至民国34年3月,华北交通公司和海州工事事务所在山东庄新建一座蓄水坝,即山东庄水库,作为新浦和火车站供水水源,并在新浦街上安装一批支管,增建1座蓄水池,设立4处售水站。民国33年4月1日,正式成立新浦供水机关——海州日华上水道协会。日供水增至175吨,普通居民购票取水。同年11月,供水机关由第八专署接管,改名为新浦自来水厂。民国35年(1946)4月至民国36年(1947)10月,新浦自来水厂增设两处售水站,专供地方官办槽坊用水。

民国37年(1948)11月7日,中国人民解放军华东鲁中南军区接管新浦自来水厂。同月16日,改名为新海自来水厂,并复工营业。初有5个自来水供水点。至1949年,每日供水30吨。售水价为每百斤100元(旧币)。1955年8月,新海自来水厂在山东庄增建一座水坝,增加对新浦的供水量。1956年,新浦售水点发展到30个。1958年8月1日,新海自来水厂改名为新海连市自来水厂。

1961年6月17日,市自来水厂更名为新海连市自来水公司。同年10月1日,又更名为连云港市自来水公司。1966年10月,市内第一座地面水厂——海州水厂建成,每天向新浦供水1万余吨。1966年至1976年,因蔷薇河水严重污染,水质较差,海州水厂采取措施提高水质。管网水含细菌合格率、管网水大肠杆菌合格率、管网水余氯合格率、出厂水纯度合格率均明显上升。并进行挖潜改造,增加供水能力。

图7-7　市自来水厂一角

1977年7月13日,市第二座地面水厂——茅口水厂第一期工程在新浦北郊茅口开工兴建。1982年7月30日竣工,开始向新浦、猴嘴、连云等地供水。

1985年7月,花果山乡自来水公司,利用大村水库水源,铺设管道,先后安装两台水泵,开始向全乡8个村供应自来水,年供水量18万吨,80%村民吃上自来水。单位全部用上自来水。

1986年3月,云台乡凤凰村自筹资金21万元,建设安装自来水管道,解决了全村农民的饮用水困难。同年5月,茅口水厂二期工程开工建设。同年9月,云台乡西山村自筹资金13万元,安装自来水管道,解决本村农民吃水困难。1988年,花果山乡前云村自建供水点,向全村350户村民供应饮用自来水。1989年1月,云台乡朱麻村自筹资金18万元,建设安装自来水管道,解决本村农民的饮用水困难。同年10月25日起,海州水厂再次改造,增加对新浦等地供水量。1990年7月,茅口水厂二期工程竣工并开始供水。日供水能力10万吨。新浦供水条件大为改善。

1993年,市第三座地面水厂——市第三水厂在茅口筹建。1995年,市第三水厂一期工程建成,投产运行。并铺设茅口至黄九埝涧两条直径800毫米的管道17.71千米,铺设黄九埝至连云港管道13.5千米,把新浦、云台、开发区和连云港地区供水连接在一起。1997年,茅口水厂日供水能力达到10万吨。

2003年5月23日,花果山乡新滩村通上自来水。

2005年,新建、改建供水管道30余千米,完成户表改造3万户。花果山、云台、宁海等乡农村居民告别吃井水的历史。新浦地区自来水供水普及率达到百分之百。

第二节 路 灯

民国10年(1921)前后,新浦闹市区海昌巷、洋桥巷、王巷和新市街等处的较大商号,开始以自备的带玻璃防风罩的煤油灯,挂在门前灯柱上,作路灯,约20余盏。每天晚上有专人加油点灯,午夜油干自熄。

民国18年(1927),新东电灯有限公司在新浦大街上安装白炽路灯。民国30年(1941)4月,海州电灯厂投产,新浦大街的白炽路灯增到30余盏。民国35年(1946)8月,海州电灯厂停产,新浦路灯照明中断。

民国38年(1949)元旦,海州发电厂恢复新海地区供电。1950年至1965年,解放西路、解放东路、南极路、通灌路、市化路、民主路、市民路等主要路道先后安装弯型路灯。其中,解放路于1964年安装木杆弯灯,并采用国内较先进的汞灯照明。

1971年至1974年,新装海连中路、海昌路水泥柱弯灯,幸福路首次安装水泥柱单臂路灯,解放路、海连西路路灯改为水泥柱单臂灯。光源均为高压汞灯。1978年,在市城建局院内建成全市第一处路灯光电自动控制室,新浦和海州地区的路灯由过去拉线开关控制,改为光电自动集中控制。1979年至1985年,新装通灌路、南极路、海昌路3条道路的海连路以南路段的水泥柱弯灯和海连东路的水泥柱单臂灯。海连西路、海连中路路灯改装为水泥柱双臂灯,通灌路的铁路道口至海连路段路灯改为金属柱单臂灯。

1985年起,采用民办公助形式,安装了一批小街巷路灯。其间,解放路、民主路、通灌路中段和海连东路、海连中路、海连西路改用高压钠灯。海昌路自海连路向南路段采用汞灯。1987年至1990年,新孔路的大庆路至海连路路段、幸福路的东车道集苍梧路新装的路灯,为水泥柱单臂灯。新装龙河广场水泥柱花灯和金属柱庭院灯,通灌路自海连路向南路段路灯改为水泥柱单臂灯。光源多采用高压钠灯,只有极个别小巷仍为白炽灯。路灯管理在过去光电自动控制基础上结合时钟控制。1988年海昌路路灯第一次采用自制金属杆。至1990年底,除少数干道路灯使用金属柱或水泥柱专用灯杆外,多数路灯以供电部门的水泥电线杆作灯杆。

1991年,新农路新安装250瓦钠灯36盏,苍梧路立杆16根,地埋线520米,装表箱2套,安装250瓦钠灯32盏。同年,在市路灯管理处院内建成1座200平方米的路灯微机控制楼,市区路灯实现微机控制。同年12月,朝阳中路首次采用最新式灯具——比利时式路灯,安装86套、215盏新钠灯。为全市城市道路中第一条全幅照明道路。

1992年,新海南路立杆10根,架线2800米,250瓦钠灯24套,表箱1套。1995年至1997年,新浦地区新建朝阳路、郁洲路、人民路等路段的路灯,并对解放东路的路灯进行改造,小街巷的白炽灯基本改造完毕。

1996年,朝阳桥安装中杆组合灯。同年,在朝阳西路首次安装一套高30米、24火400瓦高压制灯的高杆组合灯。

1998年,新火车站站前广场安装中杆灯15套;解放中路改建工程中共安装8座拱型过街架灯,东起和平桥，西止解放桥，全长1300余米，每座灯桥安装了3幅广告灯箱和40组霓虹灯，并在每座灯桥之间的道路两侧人行道上，各安装了两套不锈钢杆步行灯。揭开港城市区路灯史新一页。

1999年，改建海连路路灯工程，该工程东起新墟公路入口处，西到蔷薇河大桥，全长7.9千米，共安装各类照明灯具558套。其中，安装5火不锈钢圆球花灯380套。盐河桥、贾圩桥分别安装11火和9火不锈钢不碎罩花灯各4套，在道路交叉口共安装10套中杆灯。幸福广场东、西两侧各安装1套25米高24火空透或双管高杆灯，在圆盘和绿化地周围，每隔5～6块路牙石安装一套绿化地灯，共安装106套。另在圆盘中央装配12套投光灯。同年，在龙河广场安装13套11火不锈钢圆球花灯。

2000年，先后实施了盐河路、苍梧小区、海宁小区、海南小区等道路、小区、广场路灯照明新建、改建工程。新增路灯1000多盏，专用线路20余千米，总投资500余万元。

2001年11月28日，全市第一条实现四排同向路灯的主干道——朝阳东路送电亮灯。该路快车道的32套高压钠灯与慢车道的52套步行灯互相搭配，错落有致；4套24火高杆灯呈菱形分布于朝阳东路与郁洲南路交汇处。

2002年，在菜市街、市场路、幸福路西侧，新海路北段、群艺巷一些主次干道架设线路5千余米，新补增37盏照度好、透雾性强的高压钠灯和高压汞灯。其中，菜市街、市场路安装单臂琵琶灯7套。同年，还完成花果山大道亮化工程。新建、改建郁洲北路、巨龙路、镇海路、凌州路、通灌北路、陇海路、龙河路等路灯。

2003年，完成新城区学院路、科苑路，老城区解放东路、大庆中路、龙河南路等道路及小街巷路灯安装和改造工程。

2004年5月，西起龙河转盘，东至凌州广场全长3千米的海连东路旁，共安装高低臂式双臂灯126套，庭院灯130套，共敷设电缆15千米，安装控制表箱6个，共投资424万元。同年，完成海宁中路、海宁西路、通灌路、巨龙路等道路路灯安装改造工程。

2005年，完成科苑路、朝阳东路、公园南路、海连东路、盐河南路路灯改建工程。同时，完成新港城大道的凌州广场至宋跳立交桥段路灯安装工程。该路段路灯为12米海鸥式双臂灯灯型，快车道为400瓦钠灯、慢车道为250瓦钠灯，在两边海鸥板下各有1盏18瓦节能灯。

至2005年底新浦地区共有路灯26395盏。

区属三乡一镇自1965年乡镇政府驻地安装路灯，到2005年，基本村村、路路安装了路灯。

2005年新浦城区主干道路灯一览表

表7－8

道路名称	起点	终点	线路长度(米)	敷设方式	灯型	盏数	光源
朝阳中路	朝阳桥	瀛洲桥	900	地埋	单臂	16	钠
朝阳中路	朝阳桥	瀛洲桥	5000	地埋	双臂	186	钠
海连路	龙河广场	火车道	11000	地埋	5火花灯	1255	钠

续表 7-8(1)

道路名称	起点	终点	线路长度(米)	敷设方式	灯型	盏数	光源
海连路	海连路	通灌路	800	地埋	中杆灯	40	钠
海宁中路	盐河路	瀛洲路	6300	地埋	双火庭院灯	210	钠
海宁中路	盐河路	瀛洲路	6300	地埋	双臂	248	钠
海宁中路	盐河路	瀛洲路	1000	地埋	中杆灯	60	钠
解放中路	解放桥	和平桥	3206	地埋	荧光灯	36	荧光
解放中路	解放桥	和平桥	3206	地埋	霓虹灯	72	霓虹
解放中路	解放桥	和平桥	3206	地埋	四火庭院灯	288	钠
解放中路	解放桥	和平桥	3206	地埋	拱型过街灯	32	钠
通灌北路	解放路	民主路	750	地埋	单臂	14	钠
通灌南路	朝阳路	海宁东路	4700	地埋	5 火庭院灯	480	钠
通灌中路	文峰门口	朝阳路	200	地埋	6 火中杆灯	12	钠
盐河北路	新浦火车站	孔望山山门	—	地埋	海鸥灯	474	节能
盐河北路	新浦火车站	孔望山山门	14220	地埋	海鸥灯	474	钠
盐河路	新浦火车站	新建路	0	地埋	中杆灯	64	钠
朝阳东路	郁洲路	学院路	4000	地埋	双火庭院灯	146	钠
朝阳东路	瀛洲路	郁洲路	1600	地埋	双臂灯	60	钠
朝阳东路	郁洲路	学院路	4800	地埋	双光源单臂灯	174	钠
苍梧路	华联广场	苍梧立交	7000	地埋	5 火花灯	855	钠
海连东路	华联广场	凌州广场	6300	地埋	双火庭院灯	260	钠
海连东路	华联广场	凌州广场	7000	地埋	双臂	258	钠
海连东路	华联广场	凌州广场	1000	地埋	中杆灯	28	钠
海宁东路	瀛洲路	学院路	5000	地埋	双火庭院灯	316	钠
海宁东路	瀛洲路	学院路	—	地埋	双臂	166	钠
解放东路	人民路	郁洲路	550	架空	单臂	9	钠
解放东路	和平桥	巨龙路	2600	地埋	单臂	56	钠
解放东路	和平桥	凌州路	4500	地埋	高低臂	216	钠
解放东路	310 国道	人民路	2500	地埋	双臂	100	钠
科苑路	海宁路	苍梧路	5000	地埋	双火庭院灯	184	钠
科苑路	朝阳路	科苑路	500	地埋	高杆灯	72	钠
科苑路	海宁路	苍梧路	5000	地埋	双光源单臂灯	194	钠
科苑路	海宁路	科苑路	500	地埋	中杆灯	14	钠
新港城大道	商业储运站	朝阳	—	地埋	海鸥灯	1468	节能

续表 7－8(2)

道路名称	起点	终点	线路长度(米)	敷设方式	灯型	盏数	光源
新港城大道	商业储运站	宋跳	38800	地埋	海鸥灯	1472	钠
新港城大道	商业储运站	宋跳	500	地埋	中杆灯	48	钠
瀛洲路	龙河广场	海宁广场	23000	地埋	双臂	384	钠
郁洲北路	海连东路	解放路	3000	地埋	双火庭院灯	102	钠
郁洲南路	朝阳东路	海宁路	2000	地埋	双火庭院灯	70	钠
郁洲路	解放路	郁洲路	460	地埋	7 火中杆灯	14	钠
郁洲路	解放路	郁洲路	460	地埋	高杆灯	144	钠
郁洲北路	海连东路	解放路	3300	地埋	单臂	57	钠
郁洲南路	公园路	海宁路	3600	地埋	单臂	62	钠
郁洲中路	朝阳东路	海连路	2700	地埋	双臂	106	钠
大庆东路	海昌路	通灌路	450	架空	单臂	8	钠
大庆中路	南极路	海昌路	500	地埋	单臂	9	钠
大庆中路	南极路	西盐河	500	地埋	单臂	9	钠
海昌北路	海连路	解放路	1800	地埋	单臂	36	钠
海昌南路	海宁路	玉带河边	680	地埋	单臂	7	钠
海昌中路	海连路	海宁路	1400	架空	单臂	28	汞
建设路	通灌南路	瀛洲路	420	架空	单臂	9	钠
建设路	通灌南路	海昌南路	1100	地埋	单臂	22	钠
康泰南路	朝阳路	新生民路	650	架空	单臂	16	钠
陇海路	河滨路	通灌路	180	地埋	单臂	3	钠
南极路	海宁大道	解放路	1400	架空	单臂	23	钠
青年路	通灌路	南极路	600	架空	单臂	11	钠
整洁路	海昌路	通灌路	550	地埋	庭院灯	11	钠
公园南路	郁洲路	瀛洲路	1600	地埋	单臂	30	钠
公园南路	学院路	郁洲路	6500	地埋	双臂	252	钠
海丰路	港城大道与花果山大道交汇处	花果山景区山门	5600	地埋	单臂	87	钠
猴嘴路	通园路	废河	1150	架空	单臂	24	汞
花果山南路	海丰路	花果山山门	3500	地埋	9 火花灯	585	节能
建设东路	学院路	郁洲路	6500	地埋	双臂	258	钠
巨龙路	海连路	解放路	300	架空	单臂	5	钠

续表 7－8(3)

道路名称	起点	终点	线路长度(米)	敷设方式	灯型	盏数	光源
巨龙路	苍梧路	海连东路	1100	地埋	单臂	20	钠
巨龙路	海宁路	苍梧路	2100	地埋	双臂	162	钠
巨龙路	海连路	解放路	800	地埋	双臂	28	钠
龙河北路	海连东路	解放路	1400	地埋	双臂	50	钠
龙河中路	海连东路	朝阳路	2500	地埋	单臂	40	钠
陇海路	巨龙路	郁洲路	2500	地埋	单臂	41	钠
人民东路	火车站广场	解放路	2300	架空	单臂	32	钠
文明路	新墟公路	台南路	950	架空	单臂	23	钠
学院路	苍梧路	朝阳路	2600	地埋	双臂	100	钠
运河路	苍梧路	海宁路	2600	地埋	双火庭院灯	204	钠
运河路	苍梧路	海宁路	2600	地埋	单臂	50	钠

第三节 供 气

一、液化石油气

1984年底，市政府机关60户职工家庭开始使用液化石油气（通称液化气）。气源来自徐州华东输油管道局。随后，市内一些单位自行赴外地采购液化石油气供应所属职工家庭。1985年10月，全市第一家液化气站——市机关液化气站在新浦建成投入使用。备有40立方米贮罐1只、槽车1辆，气源来于山东和本省各炼油厂。1987年，市机关事务管理局液化石油气钢瓶检测站建成。1989年，轻工部连云港储运处液化气站、市涤纶厂液化气站也先后在新浦建成供气。同年，新浦区液化气站在盐河路北区拔丝厂处建成，年供气量50吨。使用液化气的职工家庭渐增。1990年9月24日，市建委印发《连云港市液化石油气贮罐整顿实施细则》，对机关、企事业单位液化石油气贮罐站的安全使用和管理作出相关规定。同年底，燃料气化率已由1985年的5%上升为25%。

1991年起大批居民开始使用管道燃气、天然气，液化石油气用户逐年减少。至2005年，新浦有液化石油气站4家，储存能力740立方米。

二、管道燃气

1984年12月，市煤气筹建处在新浦成立。1986年12月，委托上海化工设计院作市内管道燃气工程可行性研究设计。1987年1月，又委托华北市政设计院对工程作初步设计。气源采用市化肥厂生产的煤气、碳化气及施放气，生产规模8万立方米/日。规划供气范围为新浦地区的西小区、镇海小区、南小区、东小区、通灌路两侧、机耕路以南居民小区。同年12月28日，占地2.67公顷、储气量5.4万立方米的煤气储配站工程开工建设。

1988 年,完成气源厂改造,供应优质煤气。同年,铺设管道 40 余千米。1989 年,铺设化肥厂至储配站的 DN400 中压管道、储配站至西小区的 DN500 中压管、西小区内的低压管道。主体工程于 1990 年 9 月建成。

1991 年 2 月 27 日,首次向西小区居民送气点火,当天有 600 户居民用上管道煤气。同年 9 月,安装西盐河煤气拱管,净跨 56 米,为江苏省内净跨最大的煤气拱管。至此,南小区、海宁小区、马巅小区、龙河小区、七一六研究所生活区 1 万余户居民通上管道煤气。至年底,总供气 41.45 万立方米,共安装用户 1750 户。1992 年,动工铺筑西小区至南小区的 3 千米长中压煤气管道及 1 座调压站,并成功地完成置换气任务。当年底,北至原扁担河、南至机耕路(今建设路),东至龙尾河、西至西盐河范围内的居民及部分工业企业、餐饮企业用上管道煤气。1993 年底,向镇海小区、南小区、西小区部分用户送气。同时,城区东南部马巅住宅小区输送管道煤气成功。至此,新浦地区使用管道煤气居民已达 3500 户。1994 年,市煤气公司加强管道煤气社区网络化建设,当年,新浦地区"七一六"研究所生活区、新龙新村及南极路两居民区等 5 个居民小区开气管道煤气。当年,新增管道煤气用户 1200 多户。1995 年 3 月 31 日,海宁小区管道煤气正式开通。1996 年 6 月,矿山设计研究院 1100 户用户成功并入市煤气管网。

1997 年,连云港市管道液化气工程开工。8 月,管道液化气罐装车间建成投产,开始向市国税局、地税局共 102 户职工家庭供气。1999 年 3 月,启动连云港市气源改造工程,在原水煤气储配站内新建一座储量 200 立方米的液化气混空站。2000 年,新海气源厂建成,当年 5 月 28 日成功实施气源置换,新浦地区 1.4 万户居民告别水煤气,改用液化气混空气。

2004 年,为适应城市建设的快速发展和迎接西气东输的到来,新奥燃气公司加大市区燃气管道的建设力度,铺设直径为 200 毫米 ~700 毫米的中、高压天然气管线 51 千米,新增管道燃气用户 7043 户。同时加强燃气管道建设的督查和协调,确保燃气管道保质保量顺利施工。

三、天然气

2005 年 3 月,连云港市开展西气东输天然气前期工作。该工程包括建设天然气门站 1 座,高压管道 55 千米,汽车加气站 6 座。至 2005 年底,燃气管道高压管线中压管线 92.8 千米、低压管线 172.21 千米成功运作呼叫中心,全天候接受用户的咨询、报修等服务,实现了用户服务"一站式"。2005 年报修数量 11682 次,接受用户咨询 8629 次,零散报装数量 1892 户。

第四节　供　热

1984 年 5 月,"新浦造纸厂热电站"在站西路(今盐河北路与人民西路交汇处)开始筹建。标志着新浦地区热电事业开始。

1986 年,水管路(今康泰南路)集中供热站建成并投入运营。次年,通灌路集中供热站建成。铁路(今陇海商业步行街)以南一些企业、事业单位和机关,开始实行集中供热。

1987 年 7 月 7 日,全市第一家热电企业新浦造纸厂热电站建成,定名"新浦热电厂"(今"田申热电有限公司")并正式投产。用管径 225 毫米的管道向市区西郊 1 千米范围内的市造纸厂、罐头厂、色织一厂和变压器厂等9个工厂供热。南线管道出口管径300毫米，向新浦城区西南部工商企业用户供热。该热电厂经过二期和技改工程建设，年供热量75万吨，发电量7000千瓦时。成为集供热、供电为一体的热电联产企业。供热范围为以该厂为中心的5千米半径区域

1989年，坐落于城区东部的市炼糖厂供热管道建成，向附近七一六研究所等单位供热。并在市炼糖厂的基础上成立连云港第二热电厂，是新浦东部地区城市供热热源。

1999年，连云港田申热电有限公司东线管道建成，出口管直径400毫米，主要为市区民用和商业服务业服务。

2000年，新浦区推动集中供热，完善基础设施建设。由新浦地区的热电厂为市政府大院、市第一人民医院、陇海步行街等多家用户提供热源，集中供热用户达82家。新海发电有限公司投资3000万元进行小机改造工程，在为周边企业提供热源的基础上再扩大供热范围。市政府行管局牵头，成立新浦东部地区集中供热营运公司，投资200多万元修复糖厂两台锅炉，投资200万元铺设供气管道，使东部地区的716研究所、商银双厦、云台宾馆、苍梧小区一期、二期工程等用户实现集中供热。

2002年8月，市第二热电厂改建为连云港新城热电有限公司。2003年11月，市政府和中国蓝星(集团)总公司进行会商，决定将热电厂东迁至宋跳开发区高渠道南。

2003年至2005年，连云港新城热电有限公司铺设文昌路至苍梧路、巨龙路、科苑路至联通置业小区、兴隆路、金色家园、翠竹园、温哥华小区、东盐河路段、瀛洲广场至兴隆路段，管径分别为480、325、723、426、530毫米供热管线8870米。

第六章　园林　绿化

第一节　植树造林

一、绿化活动

新浦土质盐碱，解放前，市内难见绿色，树木很少。

1955年，响应毛泽东主席“绿化祖国”的号召，新浦市民在河堤、空地、路旁营造青年林、少年林、妇女林，虽因土地盐碱成活率很低，但坚持每年“五九”、“六九”期间组织干部群众义务挖塘换土，植树造林。1979年起，每年3月12日“植树节”前后，全区各机关、驻地部队、工厂、学校均组织人力，到划定地点植树造林。1990年，参加义务植树达63100人次，集资65.83万元，栽植各类乔木12.09万株，花灌木1.36万株，球类植物6万株、绿篱2.2万米，铺设草坪3.63万平方米，垂直绿化的攀缘植物4673株，完成绿化面积14.8万平方米。当年，全区新增绿地3.2万平方米，栽植树木28.45万株。人均绿地由1989年的1.23平方米，增加到1.44平方米；绿地覆盖率由1989年的12.35%，提高到12.85%。初步形成了以公园、广场为重点，以道路绿化为彩链，以居民区为基础，以绿色为基调，以花卉为主题的三季有花、四季常青的北方城区绿化格局。

“十五”期间，新浦地区绿化建设投资规模较大，围绕市委、市政府提出的创建省级园林城市奋斗目

标，不断加快街巷、居住区绿化建设。在此期间，盐河路、郁洲路、苍梧路、龙尾河滨河绿地、苍梧绿园等一大批具有代表性的园林绿化精品工程相继建成。

截止2005年底，全区绿地总面积达到606.11公顷，新增378.04公顷；绿化覆盖面积达到754.44公顷，新增356.23公顷；绿化覆盖率达到32.67%，比“十五”期末增加17%；公共绿地面积达到354.43公顷，新增276.4公顷；人均公共绿地面积达到12.27平方米，比“十五”期末增加9.82平方米。

二、绿化树种

20世纪50年代中期，绿化树种单调，市区道路绿化以洋槐为主；市郊路旁主要栽植耐碱的苦楝、榆树、速生的加拿大杨树（通称穿天杨）。

50年代末至60年代初，市区人行道旁栽植柳树，海昌路等少数路道旁栽植楝树。市郊路旁的加拿大杨树逐渐为柳树替代。70年代，新浦城区行道树改植法桐。1976年后，开始引进白蜡树，主要绿地栽植雪松、法国青、海桐、蜀桧、紫荆、紫薇、金钟、月季等。

20世纪80年代初期，市区行道树普遍更换为白蜡树。小街巷开展见缝插绿活动，栽植木香花、凌霄花、藤本月季等。老居民区新建廊架，花池等小品。新建小区绿化树种纳入小区统一规划。

90年代初，市区行道树开始向品种多样化发展。大批量栽植马尼拉草坪，天鹅绒草坪、四季青播种草坪。其间，发生突发性虫害，导致白蜡树大面积管理失控。1996年上半年，在朝阳巷和葵花巷行道绿化时，首次引进常绿乔木——香樟作为行道树。在道路两旁共栽植近百株，并获成功。此后，香樟树逐渐成为一些主干道的绿化树。1997年，天牛虫灾给全地区行道树带来毁灭性破坏，进行砍伐，更换树种。随着城区排水工程配套和采取换土等措施，新浦绿化树木、花卉迅速增加，乔木有法桐、白蜡、黄杨、合欢等；灌木有紫薇、花石榴、海棠球、丝兰、女贞、木槿、腊梅、红梅、金钟，以及月季、美人蕉、翠菊、一串红、蜀葵等四季花木。

进入21世纪后，城区大面积实施河滨绿化，道路绿化，广场游园、居住区等绿化工程，大量栽植香樟、乌桕等常青乔木及竹类植物。

2003年3月5日，70多名区机关干部在龙尾河西岸栽植数千丛金镶玉竹，拉开全市“名竹下山”工程序幕。

至2005年底，城区栽植的各种植物等达125种以上。

第二节　道路绿化

解放初期，行道树试栽槐树，后改植柳树。时因土壤盐碱度高，生长不好。

1971年，今解放中路一板两带，改植法桐，株距5米，共种852株。1973年，在幸福路（两板三带）栽植法桐272株。在该路与海连路交汇处的临洪广场中央植雪松，四周为黄杨绿篱。雪松与黄杨之间由扁柏组成图案，并间植四季花卉7500多株。1976年，今解放东路三板四带，解放西路一板两带，栽种白蜡，共1382株。长势良好。

1978年，对海昌路铁路以南至海连路段（一板二带）两旁栽植白蜡树，计1094株。同年，幸福路改造，建路中绿化带，宽10米，中央栽雪松，两旁植红梅、绿梅、腊梅、芙蓉、木槿、月季、金钟、油橄榄、百日红、美人蕉等灌木花卉和花草。

图7-8 解放路林荫道

1979年，开始实施今海连中路绿化工程。该路为三板四带，栽白腊6行，计3451株。绿岛中为白腊、雪松间植，围以大叶黄杨绿篱，总长18000米，以紫薇、花石榴、海棠球、丝兰等为点缀，配以美人蕉、翠菊、一串红、蜀葵等花草，步行道内侧植大叶女贞。同年，在海昌路铁路以北至解放路段两侧，栽植法桐，计116株。1982年，开始绿化南极路。先在其解放路至海连路段两旁各栽植1行法桐，株距5米，计183株。接着，在其海连路至朝阳路段两侧，各栽1行白蜡，计286株。

1988年，将海连路绿岛中的雪松移出。沿街单位的墙外全部栽植大叶女贞。同年，龙尾河东岸建成绿化带。

1990年，在幸福路人行道两侧又建绿化带，栽植灌木花卉和花草31个品种，计7569株，植草坪1800平方米。同年，在海昌路的铁路以南段人行道宽阔处建花坛13处，面积400余平方米，内植各种球类植物和花草。

1992年，完成了海连东路、龙尾河东岸、扁担河等公共绿地5.53公顷，对海连东路、朝阳路、蔷薇路、站南路进行了绿化。

图7-9 西盐河滨河绿地一角

1999年初，实施新墟公路绿色风光带一期工程同年5月31日完成。工程共计投入资金80万元。该工程采用红色的红叶小蘖(7860株)、金黄色的金叶女贞(6860株)、绿色的大叶黄杨(7040株)、瓜子黄杨(8240株)等4种植物组团成长40米、宽5米的色块，并且每个色块间距20米，在花池中做成日出、波浪、船帆图案，以体现海滨城市的特色。同年，建设海连东路东段精品绿化工程。在原有的绿化基础上，采用红叶小蘖、金叶女贞、红花酢浆草等低矮色叶花草，在花池中做成海浪图案，共栽植金叶女贞3500株，雀舌黄杨8600株，红叶小蘖4150株，洒金柏2000株、红花酢浆草9000株，新栽植草坪1000平方米。

2000年，完成新墟公路绿化风光带二、三期工程，栽植雪松206株，蜀葵77株。其中，三期工程以栽植花草为主，在每个植物色块组团中间，间隔栽植草花色块。每个花色块长20米、宽5米，共13个草花色块，培植草花32500株。

2002年，建设路绿化面积3500平方米，1400米长的人行道栽植国槐400株；3500平方米的分车带内栽植大叶黄杨、金叶女贞4万余株、麦冬草400多平方米。同年，进一步绿化海昌北路，新增加工土壤1000立方米，绿化面积3000平方米，栽植法桐120株，龟甲冬青、金叶女贞、红叶小蘗4.8万株。

2003年，在总工会绿地、朝阳桥头绿地、蔷薇园、西天池绿地、海连东路绿地、龙尾河两岸绿地、郁洲公园、扁担河绿地等8处栽植金镶玉竹1500丛。

2004年，实施海昌南路海宁路至滨河路418米路段绿化工程，两侧分车带各4米宽，以龟甲冬青为衬底，中间布有金叶女贞和红叶小檗组成3组椭圆形图案，每40米一循环。种植立面形成中间高、四周低格局。共栽植龟甲冬青、金叶女贞、红叶小檗51200株、栽行道树160株，绿化面积3000平方米。同时，实施"名竹进城"工程，在市总工会绿地、市电视大学、市体育局、市科委、七一六研究所、淮海工学院等23处，栽植金镶玉竹10798丛。年内，全区共投资2000余万元，新建朝阳东路、郁洲南路、建设路、苍梧东路、海昌南路等道路绿化，改造完善海连中路、龙河广场绿岛、苍梧绿园、玉带河生态防护林、龙尾河南段等绿化工程。

第三节　单位绿化

1978年起，新浦地区部分单位开始重视美化环境，在院内植树栽花，建花坛，种绿篱。1980年起，大部分单位因地制宜，开展花园化、庭院式单位的建设。1986年，化工矿山设计院被省政府授予全民义务植树五周年绿化先进单位称号。1987年，市毛巾厂被全国环境美化工厂评委会命名为"环境优美工厂"。1988年，新浦地区受市政府表彰的庭院绿化达标单位16家：化工部矿山设计院、连云港市云台宾馆、连云港市建筑设计院、江苏省连云港财经学校、连云港市机关事务管理局、连云港矿业专科学校、连云港市房屋建设开发公司、连云港市交通局机关、连云港市第一人民医院、连云港市水泵厂、江苏省盐业公司总医院、连云港市科学技术委员会、江苏省盐业公司机关大院、连云港市环境保护监测站、江苏省连云港中药厂、中共连云港市委党校；绿化先进单位7家：连云港涤纶厂、连云港市房地产管理局、连云港市新浦区城市建设管理委员会、市东街道办事处、路南街道办事处、连云港市多种经营管理局、江苏省连云港市郊区公路管理站。

图7-10　"园林式单位"新浦热电厂厂区一角

1990年起，根据市委、市政府统一部署，新浦地区开展创建省级园林式单位活动。至1996年，云台宾馆和连云港化工高等专科学校，获省级园林式单位称号。1998年，连云港市第三水厂、连云港市职业教育中心、连云港天晴制药厂和连云港市职业大学被评为第二批省级园林式单位。

2001年，连云港市新浦热电厂获第三批省级"园林式单位"称号。

2002年12月，江苏省第一个"绿色社区"创建试点，在淮海工学院通灌分校启动。

2003年，江苏省电力公司连云港供电公司、花果山景区管理处被评为第四批省级"园林式单位"。

2005 年，新海高级中学、连云港市建筑设计研究院有限公司获省级“园林式单位”称号。

至 2005 年底，全区有普通绿化达标单位 59 家，省级园林达标单位 11 家，市级园林达单位 27 家。

第四节　居民居住区绿化

改革开放后，区政府开始倡导在搞好环境绿化同时，加强城区居民居住区绿化。老城房屋密度较大，一般采取见缝插绿的办法在路旁、庭院内植树栽花，或居民家中培植盆花。

20 世纪 80 年代后期，老城区改造和新住宅小区开发建设步伐加快，小区建设从规划设计开始，就按省有关规定，将居住小区绿化纳入规划，与住宅建设同步实施。2000 年 3 月，坐落于郁洲与苍梧路交汇处西北角的“七一六”研究所的“杰瑞新村”开始建设。小区占地面积 21753 平方米，绿地面积 8512 平方米，其中公用绿地 3240 平方米，绿地率 39%，绿化覆盖率 42%，人均绿地面积 5 平方米。小区入口处还设有小游园，栽植香樟树，并设有林荫小道、坐凳等。

图 7－11　通灌北路旁的和煦园

位于郁洲路与苍梧路交汇处东南角的苍梧小区，占地 13.7 公顷，总建筑面积 20.6 平方米（其中住宅面积 16.4 万平方米），绿化面积 55094.2 平方米，绿化率达 40%。绿地内栽植桂花、樱花、红叶桃、海棠等名贵树种和木槿、红枫、紫薇、西府海棠等 40 多种植物，中小乔木 1800 余株，小龙木、冬青等灌木近 5000 平方米，铺设常绿草坪 28000 平方米。住宅楼间由数千株树木组成梅花形和“S”形色带。草坪设有自动喷淋系统、东西绿化中轴线及二期生态园中还置有 29 块风格迥异的奇石。

2000 年建成的兴业时代花园，坐落于郁洲南路，占地 9.3 公顷，总建筑面积 15 万平方米。栽植名贵树种 1000 余株、金叶女贞 14000 株、红叶小檗 12000 株，培植常绿草坪 16000 平方米、马尼拉草坪 6000 平方米。小区内楼间分布桂花园、樱花园、广玉兰园、香樟园、棕榈园等 12 个。2003 年 9 月，被授予第四批省级园林式居住小区。同年，被评为第四批省级园林式居住区的还有万润小区、阳光小区、苍梧小区。

2005 年，新浦地区的园林花园小区、兴业小区、香溢·世纪花园被授予省园林式居住区称号。天晴小区、青岛花园、万顺花园、万山城市花园、极美苑、新海花园、中华新村、康泰新村、民生花园、杰瑞新村、玉带花园、兴业小区、园林花园小区、新世纪花园、宝泰新村、华阳丽都等被评为第二批市级园林式居住区。

至 2005 年底，新浦地区有居住区 114 个，小区总面积 451.04 公顷，绿地总面积 106.93 公顷，绿化覆盖面积 110.60 公顷，全地区居住小区平均绿地率 24%，绿化覆盖率 24.6%。市级园林式居住区达标 19 个，省级园林式居住区达标 8 个。

2005 年新浦区社区小游园分布概况表

表 7－9

位置	面积（公顷）	建成时间	位置	面积（公顷）	建成时间
南小区花园	1.22	1982	兴业小区	0.5	2001
西天池绿地	0.33	1984	幸福家园小区	0.6	2003
沈圩小游园	0.5	1986	学生公寓（振兴集团）	0.5	2000
博纳花园城	1.12	2002	阳光园小区	0.6	2000
苍梧小区	1.06	2002	颐和花园小区	0.2	2004
常乐新村	0.2	2000	玉龙花园	1.2	2000
东方花园	0.5	1995	园林宿舍	0.2	2004
东盛海港花园	1	2000	兆隆新贵都	1.05	2005
港利绿园	1.1	2000	金苑小区游园	1.15	2002
港利新城	0.3	2001	玉带新村	0.5	2004
海南小区	1.1	1999	祥和苑	1.1	2004
海宁小区	1	2000	民生花苑	1.1	2005
恒利花园	0.8	2000	康缘小区	1	2004
华阳丽都佳园	0.43	2001	青岛花园	0.54	2002
基业玫瑰园	0.1	2002	香溢小区	0.7	2002
极美苑小区	0.47	2004	金色家园	0.5	2004
杰瑞新村	0.91	2002	博纳花园	1.2	2002
康泰新村	1.15	2001	矿山院小区	0.5	1986
六号街区	1.08	2003	万润花园	1.2	2002
龙河小区	0.5	2001	园林小区	0.3	2004
陇园新村	0.5	1998	万源花园	0.12	2004
麻纺小区	0.4	2000	杏砝花园	0.39	2002
南小区	0.56	1982	华茵小区	1.03	2002
南苑新村	0.32	2000	华阳景都	1.52	2005
普天安花园	0.09	2002	怡景苑	1.2	2005
杰瑞一村	1.1	1994	新港国际	0.26	2005
蔷薇小区	1.32	2000	天晴小区	0.62	1994
西小区	0.61	1984	利华城市花园	1.15	2004
新海花园	1.2	2002	万山花园	0.22	2002
新龙新村	0.3	1998	通泰名人居	0.28	2003
新世纪花园	0.32	2000	鸿港花园	0.15	2004
兴业时代花园	1	2001	中房鑫城	1.12	2004

第五节 公 园

一、新浦公园

图 7-12 新浦公园一角

新浦公园位于南极路西侧,西临西盐河、南傍海连路。此处原是一片芦柴地、乱坟地。1956年2月开始筹建,1958年正式开始建设。公园占地9万平方米,其中陆地7.4万平方米,水面1.6万平方米,配有绿地、花带,绿化设计主要以传统型为基调风格。1960年简易开放。1962年10月,按正式规划设计进一步建设。1963年,正式对外开放。原名"新海连市人民公园"(因位于市区最南部,群众通称"南公园")。1964年,改名"连云港市人民公园"。1984年,公园下放由新浦区城建部门管理,改用现名。1987年,建花卉馆,占地4800平方米,建筑面积340平方米,系仿清建筑结构。分东西院落,馆内建有亭台、楼阁、廊、榭、水池、拱桥、假山等,布局精巧,高低错落,质朴典雅,自然含蓄。公园内栽有青松翠竹,奇花异草。有绿化树种86种,300余株,花卉370余种,各种盆景6000余盆。还有喂养13目19科37种珍禽异兽的动物园和装有各种电动玩具的儿童乐园。1998年,改善园内环境,投资近4万元改造、新建园内道路。投入10万元新建了水禽笼舍。2001年,公园新铺彩色道板路2000平方米,新建两个动物笼舍、5个花坛座凳。

二、猴嘴公园

猴嘴公园,始建于1981年。位于猴嘴镇东南,因公园内山头有象形猴石而得名。东侧与朝阳林场山场相连,南侧与小村山场相连,北侧邻近新墟公路,西侧靠通大村公路,占地面积48公顷。在半山腰处建立观猴亭及半山亭,在公园东侧建立少年活动中心。主要景点有:猴石、八戒石、白骨精石、乌龟井、洞天乐园、银门游乐中心等。

图 7-13 郁洲公园一角

三、郁洲公园

公园位于人民东路与郁洲北路交汇处西南角。公园占地14.5万平方米。原名"人民公园",始建于1997年3月13日。开挖水面1.6万平方米,完成土方2.7万立方米,栽植各类苗木4716株,铺设草皮1万平方米,完成公园内1100米主路建设。当年10月31日简易对外开放。1998年,实施公园二期工程,同时,开正门于郁洲北路,更名为“郁洲公园”。栽植各类苗木1368株,新铺草坪400平方米,挖排水沟132米,修建下水道146米。2003年,郁洲公园续建,完成地形改造挖转土方5000立方米,上山土2000立方米,铺草坪2000平方米,栽植各类苗木4000余株,绿化面积20000平方米。整个完成工程投资约200万元。

四、苍梧绿园

图7-14 苍梧绿园一角

苍梧绿园始建于1997年5月,1999年7月16日正式开放迎客。位于新浦苍梧路与郁洲南路交汇处西南角,东临苍梧小区,南接东方花园,西有农贸市场,北靠苍梧路。绿园东西长570米,南北长480米,占地总面积28万平方米,其中陆地面积23.4万平方米,占绿园总面积83.6%;水体面积4.6万平方米,占绿园总面积16.4%,并建有2500多平方米的喷泉池。在陆地中,绿地面积18.94万平方米,占67.67%;园内道路及广场铺装面积4.2万平方米,占15%;建筑面积0.26万平方米,占0.93%。园内二级路以上的道路总长约4千米。全园分东、南、西、北4个出入口。整个绿园分为5个景观功能区,即中心广场景区、自然山水景区、游戏活动区、运动休闲区、竹岛、分类园等。全园共栽植香樟、广玉兰、雪松、银杏、黑松、合欢、栾树、乌桕等大规格苗木4300余株,栽植各类花灌木5万株、地被16万平方米、草花5万株,竹岛栽植金镶玉竹、佛肚竹、黑竹等竹林3560平方米。园内安装200余盏草坪灯。中心广场配有花柱灯6盏、壁灯40盏、蝴蝶灯6盏、广玉兰泛光灯30盏、雪松泛光灯44盏、音乐之声灯、现代都市灯等灯饰。苍梧绿园集休闲、观赏、娱乐、健身、科普于一体,为江苏省城市中心城区内最大的综合性市民广场。

第六节 公共绿地

一、龙河广场绿地

建于1987年,位于贾圩桥南,龙尾河东西两岸,呈长条形河滨绿地,占地面积0.24公顷。栽植花灌木38个品种、5233株。绿地内建有花坛、凉亭、花廊等园林建筑小品和曲径小路。1989年,受省政府表彰。

二、西盐河滨河绿地

2005年建成,北起火车站,南至朝阳桥,全长2.2千米,总面积6公顷,其核心部分滨河广场占地面积3公顷,投资约1139万元。滨河绿地是盐河路的主要绿地,根据不同地段的环境、功能、景观及游人的心理进行不同的平面造型组合,展现出层次变化、季相变化。以常绿草坪为基

调,适当点缀乔灌木及四季花卉。形成树林草地的效果。局部地段设休闲小广场及游览步道,营造园林空间。整个建设工程共完成景柱、大理石铺装13400平方米,水景景观面积100平方米,张力膜景观构筑物150平方米,游览步道4800平方米,管理用房300平方米,绿地4.2公顷等。

三、新港城大道绿化景观带

新港城大道绿化景观带西起凌州广场，东至连云区的平山广场，全长 23 千米。2004 年开工建设。道路横断面为中间 1 ~ 6 米中央分隔绿带，两侧各 12 米快车道，各 3 ~ 8 米分车绿带，各 3 ~ 5 米非机动车道，各 20 米绿地，绿地总面积约 63 公顷，道路绿化率为 42%。栽植火炬树、山麻杆、椤木石楠、旱柳、银杏、大叶女贞、栾树、垂柳、毛白杨、国槐、落羽杉、广玉兰、紫薇、碧桃、红枫、火棘球、紫叶李、小龙柏、金叶女贞、红瑞木、雪松、石楠、花石榴、紫荆等近 10 万株，色块灌木近 100 万株。

至 2005 年底，新浦地区各类公园绿地面积已达 292.28 公顷。

2005 年新浦区街边绿地分布概况表

表 7 - 10

名称	位置	面积（公顷）	建成时间（年）
车站花园	车站花园	1.62	2002
东方花园游园	东方花园	0.75	1996
洞天乐园	猴嘴公园排淡河边	3.70	1994
凤凰园	南城城隍庙	0.50	2005
海通绿地	海通绿地	2.00	2004
凌州广场	凌州广场	2.20	2002
龙河广场	龙河广场	1.00	2000
龙河人防绿化工程	绿化人防工程	0.70	2004
蔷薇园三角绿地	蔷薇园绿地	0.75	1993
市民广场绿地	市民广场	1.29	1998
新世纪广场绿地	市政中心南侧	11.00	2000
祥和园绿地	朝阳桥东南侧	0.42	2002
桃花园	通灌南路海连中路交叉西北侧	0.30	2000
幸福广场东侧绿地	幸福广场	2.00	2000
人民广场绿地	新火车站站前	5.00	1999
总工会绿地	总工会	0.30	1996
海宁园	朝阳中路南	0.96	1984
海宁路游园	海宁路南侧	1.20	2004
巨龙中心游园	海连东路与巨龙北路交叉南侧	0.24	1994
市东游园	龙河北路，陇海东路南侧	0.05	1993
陇苑中心游园	郁洲公园南侧	0.10	1986
陇苑小游园	郁洲公园南侧	0.04	1986
怡和园	西小区中心花园	0.45	1984
新海苑（新海游园）	朝阳西路北侧，新孔南路与西盐河之间	0.15	1984
常乐新村游园	朝阳西路与新孔南路交叉西北侧	0.70	2000
新孔社区锦苑游园	朝阳西路与新孔南路交叉周边	0.06	1986
海宁广场百花园	海宁中路北侧通灌南路西侧	0.70	2002

2005 年新浦区带状绿地分布概况表

表 7 - 11

绿带名称	位置	长度(米)	宽度(米)	面积(公顷)	建成时间(年)
龙尾河两岸绿地	魏巅桥至人民桥	4782.2	30	29.56	2000
扁担河绿地	朝阳东路北侧	330	30	0.99	1993
行政中心景观大道	新世纪广场南	930	150	13.9	2000
西盐河东岸绿地一	大浦闸农贸市场至海连路	670	45	3	2000
西盐河东岸绿地二	朝阳桥至新建东路	2000	10	2	2000
西盐河东岸绿地三	海连路至朝阳桥	760	10	0.76	2000
西盐河西岸绿地	西盐河西岸(河滨广场)	3750	50	20.75	2000
朝阳中、西路两侧外侧绿地	朝阳中路、朝阳西路	2500.2	6	3	2002

图 7 - 15　郁郁葱葱的东盐河畔

第七节　苗木培育

解放前,域内苗木培育仅限于云台山地区少数山民和城区一些有爱好的富户家庭,规模小,品种少。

20 世纪 50 年代末,城建部门开始建立苗圃,主要培植杨树、榆树、柳树、大叶黄球、大叶女贞等。70 年代末,开始引进天津白蜡树大批繁殖。80 年代中期,兴建花果山茶林公司苗圃,培育雪松、广玉兰、法青、蜀桧、紫荆、紫微、金钟等花灌木苗木。90 年中期兴建振兴花卉园,以培植金镶玉竹、兰花等观赏性植物为主。2000 年初,兴建花台湾吉利园苗圃、南城凌霄花园和切花基地、猴嘴园林处苗圃、新浦塌陷区苗圃、浦东苗圃等 10 处苗木繁育基地,为丰富本地苗木品种多样化提供有力保障。

2000 年,市建设部门在新浦海连西路兴建花卉交易中心,2002 年建成开业。总建筑面积 1.4 万平方米,总投资 2700 万元。有广州、徐州、临沂、淮阴等地的多家园艺场、苗圃以及花卉经销大户在此落户。花卉交易中心为集花卉交易、花卉文化、花土肥药、奇石根雕、陶瓷器皿、观赏鸟鱼、科研教学等多功能为一体的专业花卉产供销集散地。2003 年,发展苗木基地 3.33 公顷,在城建苗圃种植广玉兰、大叶女贞、银杏、苦楝等 30 余种,计 8 万多株苗木。2005 年,苗木培育引入市场竞争机制,品种规模有所扩大。

第七章　环境卫生管理

第一节　设施设备

一、环卫设施

解放前，新浦地区公共厕所不足10座，主要分布在中山路（今民主中路）和大庙巷（今市民路），均为砖瓦结构旱厕所。无专用垃圾池、桶、粪场。

解放后，人民政府开始兴建环境卫生设施。至1949年1月8日，新浦地区有公共厕所102座。其中，新建75座；垃圾箱92个，其中新建83个；粪池（缸）29个，其中新建9个；居民户私人厕所200多座。

1951年至1965年，建公共厕所近百座，均为砖瓦结构旱厕所。部分公共厕所开始安装电灯照明。私人家庭厕所渐废。

1977年，在海昌路“南场”（即现在的海昌南路45号佳嘉小区处）和向阳大队（现沈圩村）火柴厂北向阳桥（现沈圩桥）东北角（现区城管大楼处）建成南北两座垃圾粪便中转站占地面积各为5.42亩，系用砖石搭建成约4米高的平台和长宽各5米，深2米的储粪池及10米长的斜坡道，全部需人工操作，以原陇海铁路为界、分南北两片，分别由垃圾、粪便清运工人用板车运至中转站，由辅助工人帮推上约10米长的斜坡到达4米高的平台，将垃圾倒入下面的汽车内运走，粪便侧倒入储粪池再由专用的粪罐汽车运往处理场或直接运到农户田头。

1980年，全区首批23座带有供水设施的公共厕所建成投入使用。

1987年，为91座旱厕安装自来水，建成市东、艺北、临洪3个垃圾中转站。

1988年秋，在解放中路与海丰巷交叉处建成全市第一座沼气公共厕所（两层建筑）。在原工人电影院（现人民公社饭店）旁边建水冲式公共厕所1座，造型新颖，装贴瓷砖、地砖和马赛克，配有洗手池、挂衣钩、照明设施。翻建旱厕所8座。大部分为砖混结构，水泥或水磨地坪，配有水电设施，并为21座厕所接上自来水。

1989年，市区民主路、解放路、海连路、通灌路、海昌路、南极路等6条主要干道两侧，放置果皮箱100余只、铁皮垃圾桶390只，在居民区建有垃圾池575个。

1990年，6条主要干道两侧垃圾桶全部移至附近次干道，定点40处，设置密闭式垃圾桶590只，建垃圾桶点地坪600余平方米。6条主干道两侧公共厕所全面进行改造，粉刷255座，其中110座的小便池贴上瓷砖。翻建旱厕所8座，新建水冲式厕所12座。年底，全区共有公共厕所257座，其中，水冲式厕所22座。同年，对新改造的水冲厕所实行“以厕养厕”政策，收费入厕，有专人管理。经物价局批准，一类厕所3角、二类厕所2角。厕所管理人员工资及厕所的水、电、厕纸、洁具、设备、维修费用都从收费中解决。

1991年，新浦区政府本着“人民城市人民建、人民城市人民管、公益事情大家办”的原则，与辖区内55家单位签订公厕旱改水包建责任书，由环卫处提供改建图纸，责任单位提供资金的方式将77座旱厕改造为水厕所。至年底,全区有水冲式公厕97座。

1995年3月,环卫处投资16万元新改建84个造型新颖、外贴马赛克的密闭垃圾池。同年,还投入24万元将位于浦西街道后河街的露天垃圾中转站改建为密闭式。年底,新浦地区有收费厕所26个。

1998年2月,环卫处投入30余万元将临洪垃圾中转站改建为全市首座密闭压缩式垃圾中转站并一次试车成功。该中转站由两台压缩机、装运车及一些辅助设施组成,可把垃圾压缩成块状,整个过程只需10分钟,减少二次污染,清运效率提高一倍。同年5月,环卫处投入7万元新建55座密闭垃圾池。同年8月,环卫处投入80万元分别在沈圩桥人民路北侧和朝阳桥西侧及大庆东路、小学路、边防支队门西等处新建12座全封闭落地式垃圾中转站(后因坑内积水,用电不安全等原因,于2000年废弃)。9月,环卫处在新火车站添置25只加厚不锈钢、内外喷塑、镀锌内桶、造型美观大方的新式果皮箱。

1999年6月,环卫处投入7万元新建55座密闭垃圾池。

2001年,环卫处在改造后的盐河桥西北首新建一座一类公厕,占地面积150平方米。同年,又投入3万元将在盐河路改造中废弃的朝阳桥公厕进行修复。同年9月,新浦区环卫处针对广大居民的意见,筹措资金2.5万元对浦西街道的森太巷和原新浦区苗圃西墙外、市财校宿舍43号、临洪街道的勤俭巷3号、路南街道的向阳街18号等5座破旧公厕进行改造。

2002年,环卫处投入40万元将位于新浦区法院北侧,市艺校南的新海垃圾中转站改建为密闭压缩式中转站。同年11月,经新浦环卫处多方争取,建成全市首座由社会投资建设的建设桥公厕,该公厕位于新浦区建设路东首、建设桥北侧的绿地内,占地面积65平方米,吸引社会投资6.8万元,公厕建成后,投资人将拥有对公厕15年的经营权。

2003年8月,新浦环卫处在市区5条主干道两侧设置330只果皮箱。同年,还与南京协力环卫公司合作引进10座环保型免水冲移动公厕投放在新浦中心地段与窗口地段,这种公厕具有环保、节水、方便、灵活等特点,实行有偿使用,每人每次收费0.5元,全天候为民服务。同年11月,环卫处将位于海宁小区内的海宁垃圾中转站改建为密闭压缩式垃圾中转站。

2005年4月,新浦环卫处在海昌路两侧添置22只可分拣的垃圾桶。同年,新浦区环卫处采取招商引资,多元化投入,市场化运作等方式,由南京协力公司投资制作免水冲环保型移动公厕40座,在城区主干道投入果皮箱650只、垃圾桶200只,还采取吸纳社会资金的方式投入200余万元新改建11座造型各异,并标有中、日、韩、英四种文字的星级公厕。

二、机械设备

解放前,新浦的粪业工人清掏厕所、清扫道路、清运垃圾粪便全靠手工作业。

新中国成立之初,仍是"掏扫要弯腰、清运靠肩挑"。

1960年,开始添置人力平板车拉运垃圾。至1967年,小平车发展到83辆,清运粪便开始使用带车厢的平板车。

1968年,中国人民解放军连云港市军事管制委员会为新浦清管所添置1辆0.5吨机动三轮车,用于清运垃圾。此为新浦环卫系统第一辆机动车。至年底,基本结束了肩挑人抬作业。

1969年,清管所自行购进1辆2吨"上海—130"型4轮机动车、1辆5吨10轮旧大卡车。

1977年,开始购进专用粪罐车1辆。次年,购进两辆0.5吨机动三轮车。

1983年,开始购进机动扫路机2台。

1986 年,首次购置道路冲洗车 1 台。

1987 年,添置吊装式垃圾车与 3 个垃圾中转站配套。至 1990 年底,区环卫处已有各种专用机动车 41 辆,生活垃圾机械化清运率达 36%,粪便机械化清运率达 64.8%。

1991 至 1995 年,新浦环卫处新增、更新垃圾运输车 5 辆、吊装式垃圾收集车 1 辆、吸粪车 2 辆。

20 世纪 90 年代起,新浦区环卫处机械增添速度加快,品种增多。1996 年,首次购入一辆多功能吊装式垃圾车,并购入 2 个集装箱与之配套,减轻了工人的劳动强度。至 2000 年,简易中转站设备逐步被压缩式垃圾转运方式取代。

2004 年 9 月,环卫处鼓励清运工人自费更新清运工具,打破传统的靠人力平板车清运垃圾的现状,当月就有 2 名职工自费购买机动三轮车投入垃圾清运,既减轻了劳动强度也增加了个人收入。年内,先后有 48 名职工自费购买了机动三轮车投入垃圾清运工作。

2005 年,新浦环卫处进一步加大对机械运输设备的投入,新购置高压冲洗车 3 辆,道路清扫车 4 辆,压缩垃圾车 4 辆,摆臂式垃圾车 1 辆,吸粪车 2 辆,柴油自卸车 4 辆,机械投入创历史最高。至年底,新浦环卫处共有 26 辆环卫专用车辆。

第二节 道路保洁

解放前,新浦粪业公司固定 12 人负责清扫中山路、建国路(通称后街)、新市路和大庙巷。每天凌晨 4 时到 6 时半清扫一次。小街巷由沿街住户自扫。

新中国成立初期,有 20 余名清道工人负责清扫市区主要道路,每天清扫 1 次。

1956 年,清扫道路职工增加至 60 余人。同年,道路清扫面积增至 1.5 万平方米。

1982 年,开始将解放路、民主路、海连路、南极路、海昌路、通灌路等 6 条主干道纳入环卫保洁,由清管所负责,在每天凌晨和下午 1 时左右各清扫一次,其他道路每天仍扫一次。同年,开始使用简易扫路机,但因路面硬化率低,尘土太多,不久即停用。

1983 年 9 月,在城区主要道路两旁推行"门前三包"(包卫生、包绿化、包秩序)责任制。由各街道办事处与沿街单位签订"门前三包责任书"。同年,各居民委员会民办保洁员上岗,负责清扫小街巷。

1985 年,花果山乡镇府设专人打扫乡镇府附近道路,清除垃圾。

1987 年 1 月 1 日起,环卫工人负责清扫的城区干道由原 6 条,扩大为海连路、解放路、民主路、通灌路、海昌路、南极路、朝阳路、市化路、陇西路、市民路、幸福路等 11 条道路,总计 31.6 万平方米,并实行任务、经费承包责任制,每天清扫两次,保洁一次。做到路面、路牙无泥土、无杂物,路面净、人行道净、栏杆净,按指定地点堆放垃圾。此后,大庆路、新农路、站南路、郁洲路、通榆路、解放东路伸延部分、龙河广场等先后纳入环卫所打扫、保洁。

至 1990 年底,专业队伍清扫、保洁任务增加至 39 条道路和龙河广场,总计清扫面积 58.83 万平方米。其中,解放中路和通灌路日冲洗两次。

1995 年,环卫专业队伍清扫道路 58 条,清扫面积为 65.3 万平方米。

1998 年 3 月,环卫处对解放路、海连路、朝阳路、南极路、海昌路、通灌路等 6 条主干道实行全天候保洁管理,即每天两次清扫外,上午 8:00 至 12:00,下午 14:00 至 18:00 安排专人保洁。同年 7 月,环卫清扫工人配发统一橘红色反光背心，实行统一着装上岗，增加了清扫工人的安全系数。

2000年元月，区环卫处改革道路保洁传统做法，用公开招标的办法，将海连中路清扫保洁权推向社会。通过竞标，原华联水产公司职工、毕业于彭城职业大学的赵勇以年5.6万元的价格中标，成为连云港市道路保洁中标的第一人。同年4月，赵勇又以6.5万元的价格承包了海连西路清扫保洁工作。该路段东起盐河桥，西至新海路口，全长2150米，包括幸福广场计清扫面积为4.35万平方米，实行每天两清扫，12小时保洁。中标后，赵勇与环卫处签订了一年的承包合同书。同年8月，环卫处成立主干道清扫管理所，负责10条主干道和幸福、龙河广场的路面清扫保洁。一年后，赵勇没有继续承包，承包期内卫生状况没有明显提高。

2001年，环卫处通过在职工内部公开竞标的方式，将通灌路、盐河路、朝阳路、解放路、海昌路、瀛洲路6条道路清扫保洁工作，承包给6名职工，承包期为一年。次年，环卫处主干道管理所撤销，市区主干道仍归各辖区环卫所负责清扫保洁，并调整保洁时间：一级道路为16小时、二级道路为12小时、三级道路为8小时。

2005年，对苍梧路、郁洲路、海连路、盐河路、海宁路、绿苑路、科苑路等11条道路和幸福、龙河、郁海3个广场实行机械化清扫，清扫面积116万平方米，机械化清扫率达45.3%。

第三节　垃圾粪便清运处理

一、垃圾粪便清运

【垃圾清运】　民国初，新浦大街附近居民生活垃圾由经营垃圾粪便肥料的人自行收集。大粪多集中倒于许大圩（原陇东火柴厂东南部）、南广场（今市体育场）等地拌制、晒干。

新中国成立后，生活区开始建垃圾池，每天由清洁工人负责清运。民主路等主要街道各家的生活垃圾由清洁工人每天早晨沿街摇铃收集。主要干道清扫的垃圾，由清洁工人随时运往垃圾处理场，即（南场）现北至大庆路、南到朝阳路、西至南极路、东至海昌路一带土地原都属垃圾粪便处理场。

20世纪70年代，单位、居民生活垃圾全部倒入垃圾池由环卫工人清理运往位于新浦高渠道北、原皮革厂东侧的垃圾粪便处理场（简称北场，占地面积46715.1平方米），经过高温发酵数月后由工人扒开筛成细灰，拌入粪便晒干后卖给农户作肥料，这种粪肥十分畅销、供不应求，基本上日产日清。

1981年，环卫所从北京购进75只垃圾桶和北京130吊桶式垃圾收集车，并首先在南小区实行机械化收集清运垃圾。此后，市区解放路、朝阳路、海连路、南极路、海昌路、通灌路等主干道及七一六、矿山设计院等居民区陆续实行垃圾桶收集，机械化清运。

1987年元旦起，对生活垃圾先分片集中于垃圾转运站，后由吊装式垃圾车转运到垃圾处理场进行处理。建筑垃圾、生产垃圾由特种垃圾清运队实行有偿清运。

1990年底，新浦区环卫处年清运垃圾9.8万吨。

1991年起，开始创建卫生城市，每年都对垃圾粪便中转站进行检查整治，加大药物消杀力度，减少二次污染。1994年，南场中转站因土地开发被拆除，原垃圾分流清运到新建成的海宁中转站，粪便清运至朝阳桥西首新建的落地式粪便中转站。

1995年2月23日，本市第一座现代化垃圾处理场——钓鱼山垃圾处理场(位于锦屏山东麓)开工兴建，当年7月31日竣工，通过验收并投入使用。同年4月13日，新浦垃圾场搬迁工作全面启动，该场距居民区近，有8万吨积存垃圾。当时，连云港警备区出动50多名官兵，10辆军车和环卫工人一道搬运积存垃圾，3天义务清运积存垃圾240余吨，同时，驻地市地税局、人民银行、建设银行、市邮电局等50多个单位也出人、出资金给予大力支持。至6月20日，北场积存的8万吨垃圾全部清运完毕。

1996年5月，开始实施“垃圾袋装化”试点工作，首批由东堡公关广告公司向市民赠送20万条垃圾袋，“袋装化”先在主干道两侧居民区、市机关以及南小区试点。

1997年，垃圾袋装化工作在城区全面推开，主次干道的垃圾桶已基本撤除，配备了24个袋装垃圾收集房。同年，环卫处购进4台农用车对解放中路、民主中路、海连中路、朝阳中路、海昌中路、南极中路及供电局宿舍、交警支队宿舍、银河公寓、新大地公寓、紫云公寓、716宿舍、人民医院宿舍、市机关大院宿舍、矿专宿舍、公安局宿舍、新浦工商分局宿舍、同兴街点式楼等地段实行垃圾袋装，摇铃收集，收集时间为上午5:30至9:30，下午15:00至19:00。因措施不完善、设备不配套等原因，袋装化收集仅有10%，旋即又改为垃圾入池，集中清运。当年清运垃圾量13.5万吨。

2000年，新浦城区的生活垃圾由环卫工人一次清运到中转站，经中转站压缩成块后运至钓鱼山垃圾处理场。

2001年，环卫处成立了专门的垃圾清运公司，即垃圾清运一公司(机械清运)、垃圾清运二公司(人力一次清运)，调整了清运格局，以中转站为中心，向周边辐射，以最短运距、划片分流，即：艺北中转站承担原陇海路以南、龙尾河以东片区的垃圾转运；市东中转站承担原陇海铁路以北、龙尾河以东的垃圾转运；海宁中转站承担原陇海铁路以南、两河之间的垃圾转运；浦西中转站承担原陇海铁路以北、两河之间的垃圾转运；临洪中转站承担原陇海铁路以北、西盐河以西片区的垃圾转运；新海中转站承担区陇海铁路以南、西盐河以西到幸福路片区的垃圾转运，环卫处在每个片区设一名片长，专职负责片区的垃圾清运和统计等工作，对特殊地段坚持摇玲收集，确保主次干道居民区生活垃圾日产日清，年清运垃圾量13.95万吨。

2002年9月，环卫处设立垃圾袋装化管理办公室对海连东路和解放东路一带的垃圾实行袋装摇铃收集，每天安排专人于上午9:00前，下午17:00前沿路两侧定时巡回收集，沿街商户及居民听到铃声后将袋装垃圾送到垃圾车内。

2004年，环卫处购进首辆压缩式垃圾收集车对苍梧小区实行垃圾密闭压缩收集，提高了运行率，减少了二次污染。

2005年底，新浦城区年垃圾清运量14万吨。

【粪便清运】 民国初，新浦大街附近居民家庭备有马桶，每天由粪业工人收集处理。其他地方主要靠经营粪便的私人清理收集、拌上垃圾晒干处理出售，供农村田地施肥。

20世纪30年代中期至40年代末，公共厕所和私人厕所，由身穿标有“粪夫”字样马夹的清洁工清掏。大街上每天清晨有人挑着粪桶沿街让住户倒马桶，收集粪便。马路上牲畜粪便由清道工清扫。

新中国成立后，公共厕所、单位厕所、家庭厕所逐渐归清管所统一清掏。1958年，清掏大粪量近5000吨。1960年，大种瓜菜时有239个单位将37个厕所收回自行打扫积肥。次年，大粪清掏量降为4400吨。1963年后，各单位厕所仍归清管所统一清掏。用平车运往今解放东路立交桥东北处的垃圾粪便场处理。

20 世纪 80 年代后期出现水冲式厕所，每天由环卫工人清扫。化粪池由环卫所定期吸抽清理。各单位的化粪池由环卫所实行有偿清理。旱厕清理的粪便由工人用小粪车（平板车上装木制粪箱）清掏清运至南、北两座（南站位于当时海昌路 393 号，现位于新浦区民政局西南侧，北站现位于人民路人民桥西北角）中转站，再由机动粪罐车运到处理场或直接运到购粪农户的田头。

20 世纪 90 年代以后，随着市区旱厕逐步被改建成水冲式，旱厕粪便逐年减少。1995 年，钓鱼山垃圾处理场建成投入使用，新浦地区的粪便全部转运到钓鱼山处理场处理。到 2005 年底，新浦城区公厕年清运粪便量达 1.6 万吨。

二、垃圾粪便处理

解放前，无专用垃圾粪便处理场所。少数靠卖粪肥维持生计的人将垃圾粪便挑到许大圩（原陇东火柴厂南一带现已开发建成）、铁路北南广场（今体育场处）或一些河堆上拌和、晒干出售。

新中国成立后，人民政府首先划定铁路南今海昌南路西侧的区环卫所院内（时称“南场”。现已开发成为综合性商业、办公、住宅区）、许大圩和南广场靠铁路旁一带等 3 处为垃圾粪便处理场所，进行露天堆放、泥封发热处理后，晒干出售。无害化处理率很低。20 世纪 50 年代中后期，许大圩、南广场两处粪便晒场被取消。

1970 年，在市区东北郊（今解放东路立交桥东北侧）征地 5.2 公顷，建正式垃圾粪便处理场（通称“北场”）。

1972 年，南场（指海昌南路区环卫所院内粪场）停止堆放垃圾粪便。北场初期无害化处理程度较低，全靠手工操作，平均每人每天筛选垃圾 5 立方米，搅拌、翻晒粪便 5 吨。

1989 年，垃圾粪便处理场建无害化处理化粪池 8 格，计 224 立方米，用于贮存水厕粪便，经 20 天左右厌氧发酵处理后，再销售给农户作肥料。

20 世纪 70 年代至 90 年代，新浦地区的旱厕产生的粪便（俗称“黄粪”），一直是由掏粪工人清掏清运至垃圾粪便处理场后，再由晒粪工人将堆放一段时间的垃圾筛选成粗灰，再由摇筛（一种特制的由人力摇动的筛子）筛出细灰按比例与粪便搅拌摊晒成粪干销售给市郊新坝乡、洪门乡、朝阳乡及东海县、赣榆县、灌云县等地的果农、菜农作肥料。山东省临沭、寿光等地果、烟农也有前来购买粪干装入草包由火车托运回去使用的。当时粪干的售价达每吨 250 元，“黄粪”每车 130 元，水粪（水厕粪便）每车 90 元，均是直接送到农户田头、鱼塘、果园，环卫处粪肥销售收入年均 31.4 万元。

1990 年 8 月，连云港市开始创建国家卫生城市后，因为区环卫处加强垃圾粪便处理场建设，平整场地 3.4 万平方米，铺筑沥青路面 1236 平方米，将历年堆存的 13 万吨垃圾推平压实。建分隔墙，将处理场分为两片：西片为垃圾堆放、筛选场；东片为粪便堆晒、成粪拌制、无害化处理场。对 8 格化粪池进行改造，实行全封闭无害化处理。同时，对 3 个垃圾中转站及处理场进行定期药物消毒，杀灭蝇蛆。

1992 年，环卫处从天津购进一台电动滚桶式垃圾筛选机，用于垃圾筛选处理，日筛选垃圾细灰（用于粪便拌晒处理）约 40 立方米。

第八章 市容管理

第一节 民间保洁

新中国成立前,新浦一般街巷主要靠沿街住户自行清扫。

新中国成立后,开展爱国卫生运动,各居民委员会均设有卫生委员会,由1名副主任负责管理清洁卫生工作,在居民组中实行卫生循环值日制,每天有值日居民户门上插卫生值日小红旗,负责本组卫生保洁。

20世纪50年代至60年代初,各居民委员会在居民小组之间,开展卫生流动红旗竞赛,并将卫生工作纳入争创“五好家庭”活动评比内容,促进民间保洁工作。“文化大革命”十年,民间卫生保洁中断。

改革开放后,民间卫生保洁制度恢复,1983年起,城管次干道和小街巷由各街道办事处和居民委员会负责清扫、保洁,各街道居民委员会设1名保洁员。次年6月19日,区政府决定各居民委会员设1~2名民办保洁员,负责小街巷的卫生保洁工作。

1987年1月1日起,民办保洁队伍由区政府城市管理办公室管理,至1990年底,共有民办保洁员356人。1991年底,民办保洁员下放至各街道办事处城管科管理。

2002年4月,新浦区成立了社区保洁服务公司,将原民办保洁人员统一归社区保洁服务公司管理,社区保洁公司隶属新浦区城管局领导,属公益服务性企业,经费来源靠收取居民生活垃圾处理费维持,当年还以政府购买公益岗位的方式招聘下岗职工及社区困难户80余人再就业,共有保洁人员102人。

2003年4月,新浦区社区环卫一体化作业模式在市城管局召开的“社区环卫作业一体化改革现场会”上,向全市推广。同年底,社区保洁服务公司因居民生活垃圾费收取率太低,难以维持正常工作,并入新浦区环卫处,坚持全区环卫保洁一体化作业大格局。

2005年初,新浦区环卫处将社区保洁按街道辖区划入各基层环卫分公司管理。

第二节 市容整顿

新浦区城区市容整顿工作始于1961年。后因“文化大革命”干扰中断。加之“防震”期间到处搭建防震棚,乱搭乱建一度成风,脏、乱、差现象日趋严重。1977年,连云港市革命委员会颁发《关于进一步加强城市管理的通知》和《连云港市城市建设管理暂行办法》。新浦区革命委员会组织力量,拆除防震棚2228间,清理路障、路旁堆积物8870吨、拆除违章建筑122间。

1980年,开展以整顿市容、环境卫生和交通秩序为内容的“三整顿”活动。市长坐镇指挥拆除坐落于新浦地区的市罐头厂、市鞋帽厂和财会学校等单位的违章建筑。新浦地区全面展开以制止乱搭、乱建、乱堆、乱摆、乱停车辆、乱抛废弃物为内容的制止“六乱”工作,并取得明显效果。

1981年9月,区政府成立“三整顿”(整顿市容、整顿环境卫生、整顿交通秩序)办公室,统一抽调

200 多名干部组成检查团，设 5 个分团，分别到 5 个街道进行大检查、大整顿，历时半年，于 1982 年 4 月基本结束。共拆除违章棚、屋 2500 处，计 2 万平方米；拆除违章围墙 134 处，全长 2200 米。清理违章堆积物 1600 多处，计 3.8 万立方米；对龙尾河、西盐河两岸及铁路沿线两侧进行治理，清理垃圾 8000 多吨，初步改变了中心城区内部分地段脏、乱、差的状况。

1982 年，结合开展“文明礼貌月”活动，采取各单位包清理拆除违章建筑、包环境卫生、包植树绿化、包家禽家畜管理和处理的“四包”办法将市容整顿任务落实到各单位。各路、街、巷及单位办公院落逐步配备了安全卫生监督员，初步形成管理网络。

1987 年至 1990 年，对解放路、通灌路、海昌路、南极路、海连路等干道两侧的乱堆乱放、乱搭乱建、乱摆摊点、乱停车辆等进行整顿，取缔无照摊贩 151 户，清理违章搭建 51 处、乱堆乱放 60 处，迁移了影响市容、交通的和平桥东首市场，使主干道和窗口地段整洁畅通。

1998 年至 2002 年，采取市场运作的方式，加强城区亮化管理，从严把户外广告、亮化设施设置审批关入手，注重加强日常管理，落实《连云港市禁止乱张贴乱涂写乱刻画暂行规定》，及时组织全辖区性的集中清理“小广告”污迹活动，维护了市容环境的美观整洁。

2002 年 10 月，加大市容整治力度，确保主城区 6 条主干道无任何摊点。

2004 年 6 月，集中力量重点清理朝阳桥、沈圩桥两侧乱堆乱放砂石市场 15 处，总计 446 平方米，还路于民。

2005 年，共计查纠各类违章 51120 起，查扣物品 7976 件，共处罚 7390 起，依法对被管理人减轻、减免处罚 726 起。

第三节　“门前三包”

1983 年 9 月 5 日，新海区政府公布《关于推广“门前三包”责任制的意见》，首先在解放路的主要路段推广以包门前卫生、绿化、秩序为内容的“门前三包”责任制，沿街单位自配“门前三包”执岗员，负责做好“门前三包”工作。

1986 年 12 月，提高解放中路的卫生、交通管理、门面装潢、美化、绿化标准，推行“十不准”制度。即：不准随地吐痰，不准乱抛瓜皮果壳和废弃物，不准在路边摆摊设点，不准乱倒垃圾、污水，不准乱搭乱建，不准任意张贴、涂画，不准损坏花草树木，不准饲养家禽、家畜，不准损坏、拆迁移动公共设施，不准乱停车辆和抛洒滴漏杂物。

1987 年 8 月 25 日，按照《连云港市“门前三包”责任制管理办法》，对解放路、通灌路、海昌路、南极路、海连路等干道沿街单位全面实行“门前三包”责任制，明确规定单位围墙外 6 米或相应人行道内、居民住宅前后为“门前三包”范围。

1990 年，区政府公布《新浦地区“门前三包，门内达标”责任管理暂行规定》，凡驻新浦地区的机关、团体、学校、部队、办事机构、企事业单位、个体工商业者、居民户，均应承担“门前三包，门内达标”责任，接受所在街道办事处的统一管理。并明确各单位、居民户的院内外、室内外和主要道路两侧的人行道及院墙四周所及范围，次干道、小街巷以中心线为界为“门前三包，门内达标”范围。同时，按“条块结合，以块为主”的原则，分管区长分别与各街道办事处签订责任书；各单位和居民户与所在地街道办事处或居民委员会签订责任书。配备相应数量的管理员,每天佩戴标志按时上下岗,责任区做到单位、人员、范围、制度、责任人落实,有保洁管理员、有卫生设施、有保洁工具和责任状、制度上墙、承包责任人和措施上墙。当年,解放路、民主路、南极路、海昌路、通灌路、海连路等6条主干道沿街的823个单位全部签订了责任书。按区政府《新浦地区"门前三包、门内达标"责任管理暂行规定》的百分考核制,每月一检查,每季度评比一次。年底,评选百货大楼、华联商厦、第一人民医院等20个"门前三包"先进单位,受到区政府表彰。

1996年6月,采取"能者上,庸者下"的原则,充分调动街道办事处,区有关部门和辖区单位积极性,采取代包、自包等不同形式"门前三包",原则上以街道办事处为主,对确有能力自包的单位实行自包;在海昌中路试行环卫部门统包。执岗员要求在60岁以下,基本工资150元,值岗为双岗制,全天候保洁;街道和有关部门设监督员,实行日考勤制度;城管部门定期通报,凡"门前三包"自包不力者,黄牌警告,代包不力的取消资格。

1997年,区城管局成立"门前三包"办公室,人员15人,将"门前三包"工作作为一项常规工作纳入日常管理。同年10月,在市百货大楼门前安排了8个值岗员,分成两班,中午不脱岗。保健品商场、海昌路邮电支局等沿街单位都安排了保洁人员。

1998年,区"门前三包"管理所首次从下岗职工中招聘的133名环卫执岗员上岗。

1999年5月,将原来审批的各类摊点、亭棚的占用证全部收回。对新浦城区的4个临时早、晚饮食点和9个快餐点进行划线、定点,并对申请经营的经营户进行审查、登记、发证,与经营户签订了责任书,规范了对各临时摊点群的管理。

2001年,根据市创建"城管示范路"领导小组要求,开展海昌中路(解放路至朝阳路)"城管示范路"创建工作。同年,"门前三包"办公室撤销,原有人员并入区环卫处。

第四节 城管监察

新浦城区的城市卫生管理监察工作1985年起,其市容环境卫生管理的计划、监督、协调、处理工作由区城市管理办公室(简称"城管办")统一牵头。

1995年5月,成立区城建管理监察大队,编制26人,为全民事业单位,经费实行自收自支。其中分市政、市容、环卫、绿化、规划、违管、环保6个中队。

1996年8月,区政府撤销区城管办,成立区城市管理局。

1998年,成立市城市管理监察支队新浦大队,其队员均通过公开考试录用。大队实行由市城管局执法监察支队与区城管局双重领导,市财政差额拨款,编制39人,为全民事业单位。

1999年3月底,新浦区成立联合执法队,对新浦地区的"六乱"(指:乱搭乱建、乱堆乱放、乱设摊点、乱贴乱画、乱挂衣物、乱挖乱点)违章现象进行了清理整治。

2000年4月,成立新浦区城市管理联合执法大队,加大管理力度,认真清理城区主次干道、广场及公共场所存在的"六乱"现象,城区市容市貌得到明显改善。

2001年,区地管联合执法大队开展民主评议行风活动,抓好队伍教育,开展自查自纠活动,人人制定整改措施,提高了行风建设水准,树立较好的城管队伍形象。

2002 年，新浦城管监察大队先后完成了迎接市城市工作会议、省级文明城市验收、“西游记”文化旅游节等重大活动的市容秩序保障工作。被江苏省建设厅授予“城建监察先进集体”称号。

2004 年，成立连云港市城市管理行政执法支队新浦大队。

2005 年 6 月，市城管局对新浦地区城管行政执法队伍重新整合。原市城管局广场管理办公室的广场大队、工程渣土管理处的渣土大队和城管支队的机动大队划归区城管局管理。整合后，新浦地区城管行政执法人员共有 141 人。同年，开展以争做依法管理标兵、争做管理创新标兵、争做优质服务标兵、争创精细管理示范路段、争创规范管理场点、争创“红旗中队”为内容的“三争三创”活动。广泛开展城管法规知识竞赛和城市执法技能素质大练兵、大比武活动，开展市民“一日城管”和城管人员“一日练摊”活动，掀起比学习、比技能、比奉献、比实绩的争先创优的热潮。全年拆除违法建设 50000 余平方米。

第九章　管理体制改革

第一节　管理权下放到区

新中国成立后，新浦地区的城市建设管理工作，一直由市政府有关部门直接负责，区政府根据市政府要求办理各项具体工作。

1984 年 2 月 6 日，市委、市政府发出《关于适应体制改革需要，充分发挥区职能作用的决定》，市城市建设管理部门根据市政府要求，向新海区政府放权，并将市政建设、城市环境卫生管理、市容管理及园林绿化等相关机构、技术人员、管理人员和苗圃等实体下放给区政府。并明确，除市重点建设项目外、城市建设管理工作改变过去条条（市政府职能部门）一管到底做法，实行条块结合，以块（区政府）为主的做法。

1986 年 6 月，新海区撤销，恢复新浦区后，至今一直实行该管理体制。

第二节　环卫管理体制改革

一、实行任务承包合同制

1986 年 10 月，市政府召开首次环卫工作会议后，环卫行业开始实行改革，实行环卫经费承包责任制，按照任务量规定计算，测算定额及自收入部分一定三年不变。环卫任务承包后，改变原来经费管理办法，将经费划归市市政公用局统一管理，由市市政公用局与区环卫所签订承包合同书和逐级建岗定责承包责任制，考核完成实绩，然后按季拨付区环卫所。同时，分期分批解决环卫职工家属户口“农转非”问题，并首批将工龄在 15 年以上的 21 名农村户口的环卫工人转为城市户口。对环卫作业车辆用油，按照常年基数，一年定一次指标。指标内供平价油，指标外供议价油。对环卫作业专用车辆挂专标志，免交养路费。另外，开始收取卫生保洁费。

1986年10月21日,新浦区环卫所与市市政公用局环卫管理科签订了全市环卫史上的首份任务承包合同。

1989年,推行"共保合同",由环卫所长代表行政,工会主席代表职工,签订"共保合同",明确双方的责任,增强了职工的事业心,责任感。经过努力,当年的经济、卫生、机械设施,环卫作业质量、职工生活、精神文明建设6个方面计202项建设管理发展目标全部完成。

1990年起,在总结环卫三年改革经验基础上,引入竞争机制,实行"双向"承包,即环卫处内部搞承包,上级主管部门也搞承包,帮助下面解决问题。进一步解决不同程度上的吃"大锅饭"问题。

1993年7月,环卫行业实行新一轮承包合同制,区环卫处与市市政公用局签订环卫承包合同。新一轮环卫承包合同期限为两年,主要承包内容包括道路清扫保洁、公厕卫生、核定经费和自收入等指标,同时,建立环卫作业质量标准考核制度。

1997年,新浦环卫处完善岗位经济责任制,在基层环卫所进行定员、定额计件保底工资制,将"人、财、物"三权下放基层的试点。

1998年4月,对环卫工作实行目标化管理,对公厕保洁、垃圾清运、道路清扫三大工种实行"三定一包",即定任务、定人员、定经费、包质量,对车辆运输、修理及环境卫生管理监察等工作实行任务承包、责任落实、经费定额、质量保证、考核实绩、奖罚兑现、层层建立责任制。

二、实行管理人员聘任制

2000年11月,全市第一家事业单位事务公开改革,在新浦区环卫处进行试点,至次年4月中旬结束。改革的内容主要围绕新浦区人民政府批转区城管局等五部门的《关于新浦区环卫改革实施意见》。

按照"公开、公平、公正"的原则,根据管理人员的标准和德、能、勤、绩、廉的要求,对新组建的环卫服务总公司所有管理人员实行聘任制,竞争上岗、双向选择、绩效挂钩,进一步增强管理人员的责任心和事业心;在机构设置上,撤销区环卫所,成立区环卫服务总公司,公司与环卫处一套班子,两块牌子,总公司内设办公室、综合科、收费管理办公室、监察队,下设清运一公司、清运二公司、清掏公司、清扫公司、综合服务公司;在管理人员的聘用上,对总公司总经理及以下管理岗位全部采取竞争上岗,双向选择、择优聘用,总公司总经理由区城管局聘任,副总经理由总经理聘任,总公司各科室、各分公司负责人通过公布标的,自愿报名、公开答辩、民主测评,组织考核程序产生、逐级聘任,当年环卫管理人员由原来的124人精简为70人,精简率为43.5%。

三、用工制度改革

改革劳动用工制度,按现有环卫工作任务设岗定员,所有岗位由在编在岗职工优先选择竞聘,不足的由其他职工选择充聘,在编在岗职工未竞聘到岗位的作为待岗处理;参照建设部颁布的工作量定额标准,结合本区实际由城管局制定道路清扫,垃圾清运、厕所保洁的工作量定额,面向职工和社会公开招标承包;对未能上岗人员,竞聘落聘或不参加竞岗及不服从组织分配安排等人员实行待岗、辞退制度,对因年龄、身体等原因不能参加岗位竞争者,经本人申请,报总公司审批后,可以办理内部退养(病退)手续,至退休年龄再办理退休手续。

2001年3月,新浦区环卫改革领导小组,对环卫职工的养老保险、医疗保险及环卫经费等遗留问题,制定出解决方案,保证了环卫改革的稳定性。区环卫处召开了职工代表大会进行了宣传发动,完成了各工种岗位及管理人员竞争上岗，下发聘书，签订目标责任书等工作。

2002 年 4 月 28 日，新浦区社区环卫保洁服务公司成立，首先在新海、临洪两个街道进行社区保洁与垃圾清运一体化管理改革试点。同年 12 月 1 日，在全区 6 个街道的 64 个社区全面推行，实现了社区环境卫生全面纳入环卫服务正常工作范围，得到了省建设厅领导的充分肯定。

四、环卫管理机制改革

2003 年 2 月，区城管局对环卫管理机制进行改革，将新浦社区保洁服务公司并入区环卫处，实行统一环卫管理、统一作业标准、统一质量考核的“三统一”的管理办法，形成新浦大环卫格局，一声号令喊到底，一把扫帚扫到底，实现城区环卫无缝覆盖。

2004 年起，区城管局将区环卫服务总公司按垃圾清运、道路保洁、粪便清掏环卫三大工种作业，划分为 10 个分公司和 3 个职能科室，对环卫处 34 个中层管理岗位全部实行竞争上岗。同时，全面启动成本管理为基础的经费包干制度，实行收支两条线，经费总额包干、独立使用、超支不补、节余自留。

第三节　卫生保洁费征收

1986 年底，市政府决定开征居民卫生保洁费，卫生保洁费收缴标准为每居民户 2 元/年。

1993 年 11 月 25 日，新浦区人民政府下发新政发[1993]183 号《关于贯彻落实连政发[1993]141 号文件的实施意见》，对收取卫生保洁费工作进行了细化和明确的职责分工，居民卫生保洁费由环卫委托居委会代收，居委会留存总额的 50% 用于小街巷保洁，其余 50% 返还区环卫处，用于居民垃圾清运处理、公厕保洁和环卫设施维修、新建。

1994 年起，全区的“门前三包”工作由区城市管理办公室牵头，辖区街道办事处管理，市物价局定标准，由各街道办事处收取门前三包管理费。

2000 年 3 月，新浦区人民政府下发新政发[2000]29 号关于印发《新浦地区居民卫生保洁费收取管理暂行办法》的通知，规定居民卫生保洁费每户每月 3 元，原则上全年一次性交清，居民卫生保洁费由区城管部门委托各街道办事处统一组织征收，收费人员由各街道办事处确定，培训上岗，持物价部门统一制发的《收费许可证》和《收费员证》亮证收费，收费必须使用财政部门监制的统一收费票据，票据由区城管部门统一发放，同时将收费标准，保洁制度，保洁内容以及监督电话、保洁、收费人员名单公布上墙接受群众监督，各街道办事处收取的居民卫生费，分别按季返还给环卫部门，用于生活垃圾一级清运和居民区保洁。

2002 年 9 月，新浦区人民政府下发新政发[2002]95 号《关于调整垃圾处理费征收办法的通知》，规定居民垃圾处理费不再委托社区居委会征收，改由区城管局委托区环卫服务总公司和社区环卫服务公司收取，收费标准为每月每户 5 元；摊点收费标准调整为按摊点占道长度每米每月 0.5 元征收；单位和个人家庭装潢的按装潢面积每平方米 1 元一次性征收垃圾处理费；机关、企事业单位承担的生活垃圾处理费按在职职工每人每月 3 元由市财政、地税部门代为征收，农贸市场、专业市场、旅游景点、小型超市、照相等商业服务和网吧、游戏机室、宾馆、饭店、旅社、招待所、舞厅、保龄球馆、健身房等娱乐场所的垃圾处理费由区环卫服务总公司收取，确保垃圾处理费“取之于民、用之于民”。为此，新浦环卫处成立了规费征收办公室,共有收费人员 68 人。

2003 年 6 月,新浦区环卫处首次向不交垃圾处理费的 30 户居民通过特快专递下达了城镇垃圾处理费催缴通知书,有 9 户居民和 5 户个体户接到通知书后交纳了拖欠的生活垃圾处理费。不补交的通过法院强制征收,全部补齐。

2004 年 11 月,新浦区环卫处首次将拖欠和拒交垃圾处理费的永和大酒店等 7 家企业告上法庭,申请由新浦区人民法院强制执行,征收金额 16254 元。

2005 年 3 月,新浦区人民法院发出行政裁定书,对新浦地区 72 家拒不缴纳垃圾处理费的企业、个体工商户及居民强制执行,缴齐拖欠的垃圾处理费和滞纳金。

第十章　机构　队伍

第一节　机　构

民国 17 年(1928)5 月,东海县政府成立建设局,内设技术员室和建设科,主管全县规划、建设事宜。民国 24 年至 28 年(1935～1939),东海县为江苏省第八行政区,区行政公署内设建设科,主管城市建设事宜。抗战胜利后,东海县政府设新浦建设委员会,主管新浦规划建设事宜。

新中国成立后,新海连特区成立城市建设局,统管新浦城镇规划建设管理工作。20 世纪 50 年代至"文化大革命"期间,由市基本建设委员会负责此项工作。

1979 年,市城建局在新浦区设新浦城市管理办公室。

1981 年 12 月,成立连云港市城市建设局新浦分局,负责新浦地区城市管理工作。同时,撤销新浦城市管理办公室。

1982 年 4 月起,新浦地区城市规划管理由市规划局负责。

1983 年 6 月,成立新海区城乡建设环境保护局,负责新浦、海州地区城乡规划、建设工作。1986 年 6 月底,新海区撤销,恢复新浦、海州两区后,新浦区成立城市建设管理委员会,负责新浦地区城市建设管理工作。1990 年底,区城乡建设管理委员会下设规划管理办公室、环境保护办公室、城市管理办公室、建筑安装管理处等科室,分别管理新浦地区城乡规划、建设。

1996 年 8 月起,区委、区政府对区级党政机构进行改革,成立新浦区建设局和新浦区城市管理局,分工负责全区城乡建设城乡管理工作。

1997 年 9 月起,新浦地区规划管理由市规划建设委员会直接负责。区规划办公室改为市规划建设委员会新浦办公室。

2001 年 12 月起,新浦规划办公室改设为新浦规划分局。

第二节　队　伍

一、市政队伍

1984 年 4 月，成立连云港市新海区市政养护管理处，主要负责市政设施养护维修管理。1986 年 6 月撤销新海区恢复新浦区后，成立新浦区市政工程管理所。1991 年，更名为连云港市新浦区市政养护管理处。1995 年，该处设立河道管理所。1999 年，将市政河道管理业务移交市水利局。至 2005 年，新浦区市政养护管理处一直从事市政道路、下水道、市内桥涵等市政设施的养护维修管理工作。

二、环境卫生管理队伍

20 世纪 30 年代初，新浦有刘季念、刘洪亭、陈振清、赵秉年、赵开衍、史学仁、周怀鲁等 7 家粪行，收购拾粪工人拾制的粪干外运赚钱。

民国 25 年（1936），上海人王球年到新浦开办新浦粪业公司，注册资金一万元，在后河北（今沈圩桥北头）买地，挖粪塘、设晒粪场，在大街（今民主路）、后街（今建国路）一些巷道头摆置粪缸，雇佣 20 名工人每天将粪缸里的粪便挑往公司晒粪场。因遭当地拾粪工人和粪行反抗，新浦粪业公司于民国 27 年（1938）停业。

20 世纪 40 年代至新浦解放前夕，新浦粪行依然存在。民间拾粪人自发形成 4 个粪场：第一场在华北桥（今盐河桥）西路北侧，领头人赵绍康。第二场在铁路南，领头人张巨成。第三场在今海连中路极美苑一带，领头人滕兆科。第四场在大街东原市食品公司东一带，领头人严学盛。每个粪场均有 40～50 人，晒粪场地 10 公顷左右。各粪场所集粪干，由各粪行收购，通过外地商人运往青岛、岚山头、安东卫等地销售。

民国 34 年（1945），新浦粪业公司成立，有清道和清粪工人 30 余人。

民国 37 年（1948）11 月，新浦解放后，新海连特区公安局组织 48 人的清洁队，负责清掏新浦地区的公共厕所。次年 2 月，成立粪业工会。

1955 年，成立新浦粪业合作社，下设龙尾区、盐河区和猴嘴 3 个互助组。

1956 年 1 月 16 日，成立新浦清洁卫生管理所，有职工 200 余人，办公地点在同兴街。业务属市爱国卫生运动委员会指导。

1962 年，有职工 215 人（男 173 人，女 42 人）。

“文化大革命”期间，新浦清洁管理所工作受到很大干扰，直至 1968 年成立新浦区清洁管理所革命委员会，将清洁工人按民兵建制组织起来，方逐步恢复城区道路垃圾粪便的正常清扫清运。

1976 年，新浦清洁管理所办公地点由同兴街迁到海昌路 393 号。

1981 年 1 月，新浦清洁管理所更名为新浦环境卫生管理所，属市城建局市政环境卫生管理处管辖。

1984 年，市环境卫生管理处撤销，成立新海区环境卫生管理所，归区城乡建设环境保护局管辖。有职工 206 人。

1986 年 6 月，成立新浦区环境卫生管理所（简称“区环卫所”），为区属股级全民事业单位，定编为

318人,下设临洪、浦西、浦东、市东、路南5个中队和1个粪便处理场。归新浦区城市建设管理委员会领导,业务上接受市市政公用局指导。

1988年2月,区环卫所成立特种垃圾清运队。

1990年底,区环卫所有职工428人,下设5个中队,1个垃圾、粪便处理场,另有汽车队、修理厂两个单位。

1992年4月6日,新浦区环卫所更名为“新浦区环境卫生管理处”(简称“区环卫处”),下设路南、路北、临洪、市东4个环卫所和车队、修理厂、旅社、后勤等5个直属单位,共有在编职工317人,临时工180余人。同年9月19日,成立新浦区环境卫生监察队,由环卫处内部调剂20名队员,统一着装,佩戴标志,依照国务院颁布的《城市市容和环境卫生管理条例》进行环境卫生监察执法。

1997年4月,成立新浦区“门前三包”管理所。

1998年4月23日,成立新浦环卫综合服务部,隶属新浦区环卫处领导,为自负盈亏,独立核算企业,解决环卫职工家属及子女49人就业难问题。

2000年7月,全区街道区划调整后,环卫处下设新海、临洪、新东、市东、路南、新南、浦东、浦西等8个环卫所和车辆管理、主干道清扫管理所、规费稽征办公室,共有职工682人。

2001年3月,新浦区环卫处将“门前三包”管理所和原有的9个所合并组建新浦环卫服务总公司,实行一套班子、两块牌子,下设清掏、清扫、清运一(机械)、清运二(人力)及有偿服务5个分公司。同年11月,市行政区划调整,原云台区环卫处猴嘴、南城两个环卫所划入新浦区环卫处管理,更名为南城环卫分公司、猴嘴环卫分公司,增加职工69人。

2002年4月,成立新浦区社区保洁服务公司,共有职工210人。

2003年12月,社区保洁服务公司并入区环卫处,由环卫处统一组织环卫保洁服务工作。全处共有职工1256人。

2005年10月,猴嘴环卫所划归连云区,新浦区环卫职工为1191人。

三、园林绿化队伍

1958年,成立新浦路工队。次年,改建为新浦城建绿化队,有职工十多人。1963年,市园林管理处成立,新浦城建绿化队业务上属于市园林管理处管辖。

2003年,新浦城建绿化队更名为新浦城建绿化管理处,具有园林绿化工程三级企业资质。至2005年,有职工76人,其中技术工人55人,技师3人,各级工程技术人员16人。有工具车、洒水车、吊车、面包车、机动电瓶车、打药车等各种车辆共12台,有绿篱机、割灌机、高枝绿篱机、油锯、水泵、喷雾器、各类枝剪手锯等各类园林机械18台,注册资金100万元。

第八编　环境保护

新浦区地处海滨，境内有山有水，环境自净能力较强。直至20世纪50年代末，域内高层大型建筑群体不多，故城市热岛效应不显著。大气方面，空间漂尘量略超过国家标准，基本较好。水体方面，市区唯一饮用水源蔷薇河，水质达到国家饮用水标准；域内的东盐河、玉带河、西盐河、龙尾河水质较好，鱼虾满河。

20世纪60年代起，新浦与海州之间建起化工区，新浦北郊大浦河为新海地区工厂的天然排污沟，污染日渐严重，水质黑臭。随着市、区在新浦城区内兴办大批化工、机械、食品工业企业。大量的工业废水、废气、粉尘及各类噪声无节制地排放。加之城市人口快速增加，生活污水、废弃物成倍增加。而环境治理不到位，城区河水质量日趋下降、恶化。至80年代初，西盐河、龙尾河、大浦河等河水均变黑发臭，鱼虾绝迹。城区主干道，尤其是干道交汇口噪声超标。大气中的主要污染物总悬浮微粒年均值，接近国家Ⅱ级大气标准。

20世纪80年代初，市、区环境保护机构相继成立，环境保护工作逐步展开。1989年12月26日，《中华人民共和国环境保护法》公布实施后，居民环境保护意识逐步提高，环保部门依法治理各种污染的力度不断增强。市、区两级政府加大环保投入，先后实施化工污水治理工程，“三河”治理工程，蔷薇河污染治理及蔷薇河送清水工程；调整工业布局，将城区内化工等污染严重企业迁出市区；开展大气污染治理工作，建设烟尘控制区和清洁能源小区；加快城市道路改造和建设，开展噪声治理专项行动。并在全区开展创建国家环境保护模范城市活动。新浦区城乡环境质量不断回升。内河重见鱼虾。饮用水源蔷薇河新浦地区茅口水厂取水口水质达标率为100%。大气质量各项主要指标年均值，均符合相应功能区的国家标准。城区声环境质量总体良好。2005年底，经省环保厅和省爱卫办组成的专家组考核验收，新浦区承担的全市创建环境保护模范城市的各项任务圆满完成。

第一章　大气质量及污染治理

第一节　大气环境

新浦区地处海滨，且有大片山地，环境自净能力较强。20世纪60年代中期以前，大气中的主要污染物总悬浮微粒年平均值，接近国家Ⅱ级大气标准。

20世纪60年代末至70年代，由于工业布局不合理，在城区居民密居区域兴办的市红光化工厂、曙光化工厂、新光化工厂、有机化工厂、市制革厂、毛巾厂、水泥厂等一批污染严重的工厂，造成有害气体排放量日渐增加和烟煤型大气污染问题日益严重。80年代,新浦地区工业能源以煤为主,居民生活用煤、冬季取暖用煤及餐饮业用煤量增大,特别是民用燃煤,污染物未经处理直接进入大气,更增加了大气环境负荷。加之城市绿化及森林覆盖率较低,受城市建设、北方沙尘等因素所引起的浮尘和扬尘影响,新浦地区大气"煤烟型"污染程度更加严重。1984年至1990年,域内大气环境质量超过国家Ⅱ级标准,主要污染物中总悬浮微粒超过国家Ⅲ级标准;二氧化硫污染呈发展趋势;氮氧化物年均值符合国家Ⅱ级标准;降尘量逐年增加。

1991至1995年,新浦区加强对烟尘污染的管理和治理,大气中二氧化硫、氮氧化物、总悬浮微粒、降尘等主要污染物年日平均浓度均达到国家Ⅱ级标准,仍属中度污染。由于域内工业生产能源、民用能源仍以煤炭为主,工业耗煤量呈递增趋势,又无脱硫措施,工业二氧化硫年排放量逐年增加,造成大气环境中二氧化硫浓度逐年上升,大气主要污染物为含硫化合物。

1996年起,新浦区加大空气环境管理力度,环境空气质量状况较"八五"期间有所好转,空气中各项污染物年均值浓度均达到国家Ⅱ级标准。空气中二氧化硫、总悬浮微粒物浓度逐年下降。至2000年底,新浦区大气环境中二氧化硫达到国家Ⅰ级环境质量标准,总悬浮微粒物达到国家Ⅱ级标准。

2001年3月6日,市区受地区扬尘和西北地区沙尘暴影响,空气质量污染指数达363,为重度污染。

2001至2005年,全市加大城市环境综合整治力度,实施"碧海蓝天"工程,新浦地区大气中可吸入微粒物浓度逐年下降。

2003~2005年,新浦区大气中可吸入微粒物年均值达到国家Ⅱ级标准。而期间居民生活用煤增加、机动车流量增多,造成大气中二氧化硫、二氧化氮浓度有所上升,但年均值均符合相应功能区的国家标准。

第二节　大气污染治理

一、烟尘控制区建设

1974年,新浦区开始消烟除尘,净化大气工作。1980年,启动对区内造成污染的锅炉进行更新改造工程,增设除尘器;凡新装锅炉的环保设施,均要和新建项目主体工程同时设计、同时施工、同时投产(简称"三同时"),以防产生新污染源;对生活营业性大灶进行改造,推广使用北京和天津的二次风消烟节能灶,推广型煤(加工好的煤球、蜂窝煤等),增加型煤品种,帮助用户改造型煤炉具。

1987年,区政府开始在路南街道创建烟尘控制区(简称"烟控区"),并于1988年建成1.3平方千米的烟尘控制区。1989年,实行市长、区长环境保护目标责任制,并立环保目标责任状。

1990年6月27日,区政府部署新浦地区烟控区建设工作。并在创建省级卫生城市活动中,不断加快烟控区的建设速度。至当年底,市区锅炉烟尘排放达标率达90%、型煤普及率达81%,茶水炉改造率达90%以上。影响大气环境质量的主要污染物总悬浮微粒年日均值,由1985年的520微克/立方米,降为390微克/立方米,接近全国379微克/立方米年日均值,达到国家Ⅲ级标准。酸雨频率由1989年的36.6%降为14.4%。

1993年起,新浦区加强对烟尘控制的监督管理,每半年全面进行一次检查,对新增加的饮食网点和服务业严格把关,确保无新增污染源。对地区内新增加锅炉,全部督促配备除尘装置,基本达到定期排尘。当年新增大灶451眼,达标431眼,达标率为98%;新增锅炉30台,全部合格,达标率达100%;区内生活炉灶、锅炉达标率达92.5%,比原有达标率上升1.7%,烟控区建设、烟尘治理成果得到巩固。

1997年,区政府落实《连云港市烟尘控制区管理办法》,扩大烟控区建设。至1999年底,路南、浦西、浦东、临洪、市东5个街道全部建成烟控区,全区烟控区面积达16.92平方千米。

1999年,市政府印发《连云港市建设清洁能源小区实施方案》。新浦地区的西盐河以东,龙尾河以西,解放中路以南,朝阳路以北区域,被定为全市创建的第一个清洁能源小区。

烟控区内原有1658台(眼)炉、窑灶。其中,停、备用300台(眼),运行1358台(眼)。分别是窑炉9台,锅炉130台(大于1吨100台),E级锅炉77台,生活大灶1020台(眼),茶水炉122台。经过治理,已有1059台(眼)使用清洁能源,清洁能源使用率达78%,烟气黑度和烟尘浓度达标率均为100%。至2000年底,顺利完成创建全市第一个清洁能源小区的第一阶段任务,并通过市政府达标验收。

图8-1 区环保局管理人员在研磨厂调查粉尘治理情况

2001年,区环保部门结合行政区划调整,对新南街道海宁路以南、玉带河以北、西盐河以东、龙尾河以西居住区内运行的3台无烟煤茶水炉、11眼燃油大灶进行经治理,新建成0.8平方千米烟控区。全区烟尘控制区面积达18.02平方千米。烟气黑度达标率均达100%。同时,区政府召开清洁能源小区内整改单位的法人会议,并下发《关于对清洁能源小区内中国银行等31个单位燃煤炉具进行限期治理的决定》,全面实施创建市第一个清洁能源小区第二步建设方案,区人大常委会于当年10月,对该项工作组织专题视察,加强监督。年内,基本建成全市第一个清洁能源小区。

2003年1月27日,对位于花果山景区花果山乡飞泉村、大村村的2家砖厂烟囱引爆拆除。其余3个随后也全部予以拆除。年内,花果山风景区新增6.3平方千米烟控区。2003年,依法关闭德泰箱包厂、社会福利一厂的电镀项目及南城电镀厂等对大气污染严重的生产项目。

至2005年底,新浦区大气中二氧化硫、二氧化氮、可吸入颗粒物年日均值浓度分别为0.048毫克/立方米、0.024毫克/立方米、0.097毫克/立方米,均达到国家环境空气质量Ⅱ级标准。与2004年相比,二氧化硫、二氧化氮、可吸入颗粒物年日均值浓度均呈上升趋势,市区空气质量综合污染指数上升10.6%。市区全年空气质量为优的天数为57天,占15.62%;空气质量为良的267天,占73.15%;空气质量优良率为88.77%;空气质量为轻污染的40天,占10.96%,中度污染1天,占0.27%。全区烟控区面积达28.24平方千米,比2004年增加2.7平方千米。烟控区各种燃烧装置基本达标排放,全区的烟尘控制区覆盖率达到100%。并通过市环境保护委员会的复查验收。

二、餐饮油烟污染治理

2001年,新浦区政府开始对严重影响城区大气环境的餐饮油烟污染进行治理。青年西路是新浦区一条支干道,两侧多为综合商住楼,沿街饭店达58家,排放的餐饮油烟严重影响居民生活。当年6月13

日,区政府召开青年西路环境污染综合整治专题会议,由区环保局牵头,新浦工商分局、新浦区城管局等部门配合,对餐饮油烟、噪声进行治理。7月,区政府下发《关于对青年路餐饮服务业限期进行环保治理的决定》,据此,区环保局向青年路58家餐饮业主下达《关于青年路餐饮服务业限期进行环保治理的决定》,限期整改。同时,通过新闻媒体加大宣传教育力度。7月上旬完成15家餐饮企业的油烟净化器安装工作。区环保局依照《中华人民共和国大气污染防治法》规定,对未采取有效治措施,油烟超标排放的大华饭庄等5家酒店和未到环保局办理建设项目环境保护评估而擅自开业的坚尼烧烤等3家烧烤店,下达行政处罚通知书,加大综合整治力度。至年底,青年西路餐饮油烟扰民现象有明显改观。

2002年,区环保部门对市区餐饮企业的规模、性质、建设项目审批、污染治理、群众信访、排污费缴纳等情况,进行全面调查,建立台账。并以市环保局下达的10家餐饮企业油烟污染治理单位和青年路餐饮业环保综合整治为突破口,对有关餐饮企业逐一调查,分别制定整治方案,下达限期整改通知。对荣旺水饺馆等9家未按期完成治理任务的企业,依法予以行政处罚。圆满完成各项整治任务。青年路油烟扰民问题取得根本好转。年内,还对市政府食堂等101家餐饮业单位落实《连云港市人民政府关于防治油烟污染的通知》和《关于对餐饮业油烟污染单位开展限期治理的通知》情况,进行监督检查,推进油烟净化器安装工作。

2003年,以通灌路和盐河路新贵都商住综合楼油烟污染治理为突破口,制定治理方案,实行限期治理,取得明显效果,该地段油烟扰民现象基本消除。当年,有90多家餐饮单位新安装了油烟净化装置。

2004年,开展"清理整顿不法排污企业,保障人民身体健康"专项行动。对居民反应强烈的50多家单位下达限期整改通知,并指派专人跟踪监督。飞翔公寓和整洁路的餐饮单位采取集中高空排放和安装油烟净化装置后,油烟污染明显减少。

2005年,新浦区落实《连云港市餐饮业油烟污染治理方案》,除完成市环保局下达的46家餐饮业油烟污染治理任务外,又对新发现的22家饭店油烟污染进行治理。同时,开展青年路第二批31家饮食油烟污染单位的治理工作。当年,新浦区被市环境保护委员会授予"2005年度饮食业油烟污染防治工作一等奖。"

第二章　水质量及污染治理

第一节　水环境质量变化

直至20世纪50年代中后期,新浦河流直通大海,涨潮时海水直入市区各河流及其支叉河沟。河水处于海淡水交流状况。城区的盐河、龙尾河还鱼虾满河。50年代后期"大跃进"大办工业,新浦、海州之间被定为市化工区,一批化工企业建成投产。连同老城区兴办的工厂的污水,均排入盐河、龙尾河和大浦河。加之1959年临洪闸建成投入使用,新浦各河只能定时排水入海,河水质量逐渐下降。

改革开放后,工业生产和城市建设的快速发展,新浦地区工业废水和生活污水排放量逐年增大,虽然采取一系列管理、治理措施,但仍有相当量的超标废水携带各种有机物、氨氮等有毒有害物质,排入蔷薇河、龙尾河、西盐河、大浦河、玉带河,河水受到不同程度的污染。高锰酸盐指数、生化需氧量、氨氮、总磷、石油类等超标现象严重，部分水体已呈富营养化状态，天暖时河水发臭。1980 年，市环境保护监测站对市区蔷薇河、玉带河、大浦河、西盐河进行监测，饮用水源蔷薇河水 28 份样品中化学耗氧量均超出饮用水卫生标准，最大超标 11 倍；酚超标率 57%；重金属也有不同程度地被检出。玉带河水化学耗氧量超标率 93%，最大超标 12.5 倍，达 73.62 毫克/升；酚超标率 67%，最大超标 424 倍。大浦河水化学耗氧量最大超标 14.7 倍；氨氮最大超标 80 倍；酚最大超标 164 倍；其他各种有毒有害物质如氰化物、铜、铅等重金属均有超标现象。西盐河水的化学耗氧量全部超标。在蔷薇河、玉带河、东盐河上经常出现死鱼漂浮，玉带河、大浦河鱼虾已绝迹。1988 年 7 月 6 日，新浦农场浦南、马艞两个农业分场，因浇灌受污染的东盐河、玉带河水，地表层呈粉红锈状颜色，66.7 公顷玉米出苗 6 成，损失粮食 195 吨，约合 16 万元。

20 世纪 70 年代末、80 年代初起，市政府不断加强工业废水污染治理工作。同时，从根本上调整市区工业布局，在大浦设化工区，有计划地将市区的化工企业迁入化工区。其他工业企业污水通过处理实现达标排放。到 90 年代初，市区工业废水排放量呈逐年下降趋势，工业废水处理达标率接近 100%。但随着建成区不断扩大，城市人口快速增加，生活污水污染负荷增大。

从 2000 年开始的水环境综合整治，使水环境质量不断得到改善，地表水水质已基本达到相应功能区标准。到 2005 年，市区蔷薇河、西盐河、大浦河地表水功能区水质达标率为 100%。龙尾河、烧香河、玉带河高锰酸盐指数的达标率分别为 100%、66.7%、100%，氨氮达标率分别为 50%、91.7%、33.3%。但市区河流仍呈现有机污染特征，首要污染因子为氨氮，其次为高锰酸盐。

第二节 工业污水处理

1971 年至 1973 年，新建海州锦屏化工厂至新铺西盐河的工业排污管沟工程。工程分三期完成：一期工程完成江化路至海连路 2.12 千米石砌排水沟；二期工程铺筑锦屏化工厂至化肥厂铁路段水泥排污管道；三期建成海连路至西盐河段的石砌排污为 1.7 千米。

1978 年，国务院渤黄海治理办公室投资 105 万元，对坐落于新浦的市造纸厂、制革厂及坐落于海州区，而废水流经新浦的市第一农药厂、锦屏化工厂的工业废水进行治理，对制革厂废水提取毛蛋白进行中等试验。次年 1 月，市计划委员会、城乡建设委员会和环境保护办公室联合行文，首次提出市造纸厂等 18 个企业污染源治理项目。对坐落于临洪街道的市棉织厂采用扩容蒸发器处理废水。1981 年底，市造纸厂实施的白水回收工程竣工。

1983 年，市投资 70 万元建成一条由海州至新浦长 4 千米的专用污水排放沟。1988 年 11 月至 1990 年 8 月 30 日，将原工业排污沟向东北延伸至大浦河，为石砌方沟，长 2.3 千米，宽 2 米，平均沟深 1.57 米。使西盐河、龙尾河、大浦河沿岸排放的占全市区总量 40% 的污水，不再经大浦河排放。当年，大浦河水质明显改善。与 1984 年、1983 年相比，化学耗氧量浓度分别下降 45.9%、61.2%，氟化物分别下降 21%、37.6%，并消除铜、酚的污染。同年，市第一人民医院、盐务局总医院，分别采用次氯酸钠或臭氧发生器、液氯消毒等办法处理其排放的含菌污水。区大理石厂采用多级沉淀、循环使用办法治理，减少了污水中的沉淀物，每年还节约用水 3 万余吨。

1998 年底，开工建设新海地区污水处理工程。一期工程总投资 1.29 亿元，包括 10 万吨/日一级污水处理厂1座、1.79千米截流管网、5座提升泵站。

1999～2000年,新浦城区在西盐河两岸、龙尾河两岸、大浦河北岸铺设污水截流管网17.81千米,将新浦城区污水经截流管网收集后经污水提升泵站送至污水处理厂。

2001年底,建成长17.8千米的新海城区污水截流管道,建成1号至5号泵站。2002年,新建朝阳东路、科苑路、陇海路等城市道路配套10多千米污水管道。2003年,新建郁洲北路、陇海西路等城市道路配套污水管道。2004年,建于新浦地区的海宁泵站投入运行。2005年,新建人民西路、科苑南路城市道路配套的污水管道,新建苍梧绿园、郁洲公园污水提升泵站。

第三节 河流污染治理

一、蔷薇河污染治理

蔷薇河是新浦城区唯一集中饮用水源,除供市区居民日常饮用水外,同时担负公共用水、农业用水,一直为全市重点保护河流。市环保部门在该河上设立5个监测点位。常年定期进行水质监测。1980年,市环境监测站通过对其28份样品化验证明,其中化学耗氧量超过国家饮用水卫生标准,引起政府重视。1983年,市政府投资大量资金兴修排污管道,减少入河污水,沿岸严格控制新建有污染的工业企业,强行拆除影响河水质量的河中罾网。对位于河流下游、无法改道排污的白酒厂,投资60万元进行废水治理。1989年,蔷薇河水质调查表明,市境内的污染源已基本消除,水质达标率为100%。

20世纪90年代初,由于受上游境外污染源等影响,蔷薇河水中高锰酸盐指数和石油类100%超标,氨氮40%超标,总磷20%超标,生化需氧量60%超标,水质下降现象比较严重,水质出现恶化趋势。1990年,市政府制定《蔷薇河饮用水源保护区污染防治规定》,划定水源保护区,并将此列入市长环境保护目标责任状。1992年,市政府采取切断市区向蔷薇河排污的主要污染源措施,于上半年落实最后一个污染源洪门酒厂的治理任务,使蔷薇河水质达标率达到95.2%。1993年,蔷薇河3次受到上游严重污染。每次污染发生后,环保部门和水利部门首先采取关闸调水冲污等措施,恢复饮用水源的水质,当年蔷薇河饮用水质达标率为93%。1994年初起,建立蔷薇河水质状况月报制度,每月向上级部门通报水质状况,市有关部门制定"解决蔷薇河污染综合整治方案",加大蔷薇污染治理力度。1995年,蔷薇河水两次遭到客水严重污染,省、市有关部门采取应对措施,对蔷薇河沿岸排水口和污染源进行整治,拆除沿岸小码头,清理河道淤积近10年的粉煤灰。1996年12月30日,市政府实施的蔷薇河送清水工程开工建设。该工程采取清污分流,污水专道排放措施,保证蔷薇河饮用水质。至1997年底的一期工程投资3590万元。蔷薇河饮用水源水质达标率达到97%。1999年全市饮用水质达标率保持在99.3%以上。1999年3月至2000年5月的二期工程投资9099.22万元。至2000年底,蔷薇河送清水工程竣工。此后,蔷薇河水质达标率一直保持在100%。

2003年,防"非典"期间,市、区环保部门加大对饮用水源督查力度,在确保无工业污染源、集中生活污水和无医疗废水排入的同时,清除保护区内的渔网、垃圾,禁止其他影响饮用水源水质情况的发生。

2005年,蔷薇河水位降低,加之东金化工厂的大量排污和黄川镇越秀食品有限公司的废水汛期外流，造成蔷薇河水质下降。区政府立即制定下发《新浦区蔷薇河饮用水源综合整治实施方案》《新浦区蔷薇河饮用水源综合整治任务分解表》，并通过召开整治现场推进会，开展联合执法等形式，依法关闭整洁路、青年路、国安商城和朝阳路一带46家餐饮企业向水源地排污的污染源，并加强对市食品公司的污水管理，全面清理河岸垃圾，取缔河中簖网捕鱼、河岸畜禽养殖，在取水口等显要位置安装6块“饮用水源地保护警示牌”，蔷薇河饮用水源地周边环境得到明显改善。同时，向市环保局争取10万元专项污染防治资金，在蔷薇河新浦段种植杨树、柳树近1.8万株，在茅口水厂取水口附近建设一处景观，打造蔷薇河沿岸绿色廊道。年内，饮用水源蔷薇河新浦地区茅口水厂取水口水质达标率为100%。

二、城区“三河”污染治理

新浦城区的龙尾河、西盐河、扁担河3条河，是城市主要排水河道，民间通称为“三河”。自20世纪60年代疏浚后20多年没有彻底疏浚，河道淤塞严重，排水不畅。加之每日排入“三河”的污水达15.3万吨，河水黑臭，鱼虾绝迹，成为臭河。1985年，市环保局对“三河”的170个断面进行测量，制定“疏、冲、管、治”分期实施的综合整治方案，并投资10万元，着手治理。

1987年7月22～24日，连云港市人大常委会第十九次会议，听取新浦地区“三河”现状及治理情况汇报，并通过《关于整治“三河”的决议》。次月，市规划局作出《关于西盐河、龙尾河、扁担河河岸建设控制范围的规定》，规定西盐河两岸分段控制15～30米，龙尾河两岸控制12米、15米至40米，扁担河两岸各控制17米。区政府于1987年年底下发关于“三河”管理通告，拆除“三河”两岸违章建筑31处、679平方米、清理26处计1.1万平方米被占用的河岸。同时，市政府分期投资205万元修筑西盐河、龙尾河石砌挡墙护坡4.4千米，为“三河”总长的63%。

1989年底，新浦区人民政府制定并实施《关于今冬明春对扁担河进行整顿治理方案》，开始拆除扁担河（1700米）两侧违章建筑、河道疏浚、两侧护坡及绿化工程。1990年1月，市规划市政设计室制定出《扁担河治理管理方案》征求各界意见。当年2月2日，新浦区人民政府成立扁担河治理工程领导小组。4月，区政协组织专家学者对扁担河进行考察，就扁担河治理方案进行论证，提出“覆盖治理，综合开发利用”的建议，被市政府采纳（实施后，原扁担河成为一条地下排水道，原河面上建起楼房，成为银河购物中心）。

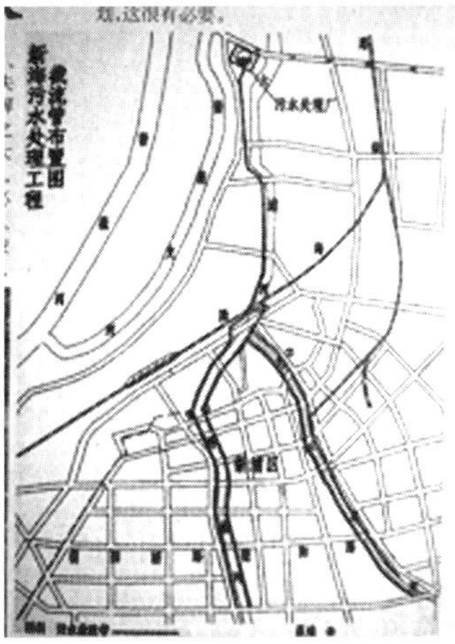

图8－2 新海污水处理截流管道分布图

1998年龙尾河、西盐河污水截流管网全部建成，并分别于2000年10月20日和12月26日运行。2000年底又实施了污染企业产业结构调整和清洁生产审计等措施。2003年，实施西盐河水体变清工程以后，有效遏制水污染，水质得到明显改善，高锰酸盐指数、氨氮、总磷、生化需氧量、石油类等年均值呈下降趋势。至2005年，除氨氮、总磷年均值超标外（超标倍数分别为0.20、1.10），其他各项指标均达到地表水Ⅴ类标准；龙尾河氨氮、总磷年均值出现超标现象（超标倍数分别为1.06倍、2.05倍），其他各项指标均符合地表水Ⅴ类标准。

三、大浦污水处理厂

1998年底起，市政府投资兴建大浦污水处理厂，并采取对大浦河、龙尾河两岸的污水实施截流措施。2000年1月4日，大浦河污水截流方涵浇筑及污水压力管铺装工程定标。工程包括3.2千米长,2.4米×2米的钢筋混凝土土方涵,和608米长、管径1米的污水截流压力管道。2000年5月27日,新海污水截流工程大浦河方涵主体工程提前20天完工。2000年起,对市区河流全面实施河道清淤疏浚工作,至2002年完成河道清淤拓宽、护岸护坡、沿河道路整治。至2002年底一期工程投入使用。同年11月26日,大浦污水处理厂二期工程开工建设,并于2004年底建成并投入使用(累计实施投资2.54亿元)。新浦城区河水质量明显提高。过境河流玉带河的水除氨氮、总磷分别超标1.21和5.40倍数外,其他各项指标也均达到地表水V类标准。

2005年,地下水监测结果表明,市区地下水水质较好,各项指标均符合地下水Ⅳ类水标准,基本满足农业和非饮用生活用水要求。

1984~2005年蔷薇河水质变化一览表

表8-1　　　　单位:毫克/升

项目/数量/年份	溶解氧		高锰酸盐指数		氨氮		总磷		生化需氧量		石油类	
	均值	超标倍数	均值	超标倍数	均值	超标倍数	均值	超标倍数	均值	超标倍数	均值	超标倍数
1984	—	—	3.20	—	—	—	—	—	—	—	—	—
1985	7.94	—	3.49	—	0.52	0.04	—	—	—	—	0.09	0.80
1986	—	—	4.50	0.13	0.17	—	—	—	—	—	—	—
1987	7.03	—	4.10	0.03	0.27	—	0.05	—	2.05		0.23	3.60
1988	—	—	4.65	0.16	—	—	0.10	—	1.94	—	0.11	1.20
1989	7.37	—	4.62	0.15	0.29	—	0.06	—	2.00	—	0.15	2.00
1990	7.23	—	4.43	0.11	—	—	0.11	0.10	1.27	—	0.28	4.60
1991	—	—	4.90	0.23	0.50	—	0.11	0.10	2.00	—	0.23	3.60
1992	7.86	—	5.70	0.43	1.32	1.64	0.11	0.10	3.10	0.03	0.21	—
1993	8.50	—	5.80	0.45	1.64	2.28	0.07	—	3.30	0.10	0.26	—
1994	8.70	—	5.60	0.40	0.39	—	0.09	—	3.40	0.13	0.38	6.60
1995	9.70	—	5.90	0.48	0.96	0.92	0.07	—	3.00	—	0.21	3.20
1996	8.60	—	6.10	0.53	1.33	1.66	0.15	0.50	2.90	—	0.28	4.60
1997	8.50	—	5.20	0.30	0.33	—	0.15	0.50	2.50	0.30	0.04	—
1998	9.10	—	5.40	0.35	0.28	—	0.14	0.40	2.60	—	0.04	—
1999	9.00	—	4.87	0.22	0.54	0.08	0.09	—	2.92	—	0.04	—
2000	7.80	—	4.70	0.18	0.34	—	0.09	—	2.50	—	0.04	—
2001	8.70	—	4.50	0.13	0.14	—	0.08	—	1.90	—	0.04	—
2002	8.60	—	4.60	0.15	0.26	—	0.13	—	1.70	—	0.03	—
2003	8.70	—	4.30	0.08	0.24	—	0.20	1.00	1.90	—	0.02	—
2004	8.20	—	5.40	0.35	0.14	—	0.19	0.90	2.40	—	0.03	—
2005	7.30	—	5.10	0.28	0.32	—	0.16	0.60	2.60	—	0.03	—
评价标准(Ⅱ)	≥6		≤4		≤0.5		≤0.1		≤3		≤0.05	

1984～2005 年龙尾河水质变化一览表

表 8－2　　单位:毫克/升

项目/数量/年份	溶解氧		高锰酸盐指数		氨氮		总磷		生化需氧量		石油类	
	均值	超标倍数	均值	超标倍数	均值	超标倍数	均值	超标倍数	均值	超标倍数	均值	超标倍数
1984	0.00	超标	32.0	1.13	8.55	3.28	—	—	—	—	0.64	—
1985	1.91	超标	78.9	4.26	50.40	24.2	—	—	—	—	0.86	—
1986	0.88	超标	62.1	3.14	12.87	5.44	—	—	—	—	1.68	0.68
1987	1.26	超标	50.4	2.36	16.24	7.12	—	—	110.4	10.4	2.31	1.31
1988	0.37	超标	39.5	1.63	11.07	4.54	1.05	1.63	90.9	8.09	1.67	0.67
1989	0.40	超标	54.4	2.63	16.40	7.20	1.20	2.00	327.0	31.7	1.94	0.94
1990	0.20	超标	154.7	9.31	16.43	7.22	1.62	3.05	97.5	8.75	3.05	2.05
1991	0.75	超标	37.4	1.49	27.31	12.66	2.32	4.80	103.9	9.39	2.88	1.88
1992	0.77	超标	42.8	1.85	31.72	14.86	2.17	4.43	79.1	6.91	1.84	0.84
1993	0.50	超标	40.8	1.72	23.29	10.65	1.84	3.60	158.8	14.88	2.87	1.87
1994	0.50	超标	68.2	3.55	10.61	4.31	1.72	3.30	181.6	17.16	6.43	5.43
1995	0.70	超标	43.1	1.87	22.54	10.27	1.26	2.15	86.2	7.62	3.63	2.63
1996	1.80	超标	27.4	0.83	16.80	7.40	1.24	2.10	63.3	5.33	10.2	9.20
1997	0.70	超标	27.6	0.84	18.30	8.15	1.96	3.90	72.8	6.28	3.62	2.62
1998	1.00	超标	22.8	0.52	18.60	8.30	2.13	4.33	44.7	3.47	2.74	1.74
1999	1.20	超标	21.3	0.42	12.50	5.25	2.15	4.38	53.6	4.36	2.11	1.11
2000	1.80	超标	15.3	0.02	20.90	9.45	2.18	4.45	30.4	2.04	0.24	—
2001	1.30	超标	18.3	0.22	28.32	13.16	1.91	3.78	16.9	0.69	0.06	—
2002	1.70	超标	22.3	0.49	29.10	13.55	3.00	6.50	25.8	1.58	0.08	—
2003	2.80	—	10.8	—	5.52	1.76	1.49	2.73	13.3	0.33	0.05	—
2004	2.10	—	11.6	—	6.12	2.06	1.30	2.25	12.1	0.21	0.04	—
2005	3.50	—	11.1	—	4.11	1.06	1.22	2.05	6.20	—	0.03	—
评价标准(Ⅴ)	≥2		≤15		≤2.0		≤0.4		≤10		≤1.0	

1984～2005年西盐大浦河水质变化一览表

表8－3 单位：毫克/升

项目/数量/年份	溶解氧		高锰酸盐指数		氨氮		总磷		生化需氧量		石油类	
	均值	超标倍数	均值	超标倍数	均值	超标倍数	均值	超标倍数	均值	超标倍数	均值	超标倍数
1984	1.35	超标	24.98	0.67	11.74	4.87	—	—	—	—	2.18	1.18
1985	2.05	—	12.95	—	8.16	3.08	—	—	—	—	1.04	0.04
1986	1.92	超标	21.95	0.46	12.00	5.00	—	—	—	—	1.99	0.99
1987	1.07	超标	25.89	0.73	11.51	4.76	—	—	36.30	2.63	1.96	0.96
1988	1.51	超标	20.30	0.35	12.96	5.48	1.17	1.93	39.70	2.97	1.90	0.90
1989	1.28	超标	20.31	0.35	14.56	6.28	2.19	4.48	31.66	2.17	1.55	0.55
1990	1.60	超标	16.20	0.08	19.43	8.72	1.69	3.23	16.10	0.61	1.98	0.98
1991	2.15	—	12.50	—	18.40	8.20	1.31	2.28	15.90	0.59	2.07	1.07
1992	1.25	超标	21.35	0.42	12.04	5.02	1.63	3.06	26.25	1.63	1.53	0.53
1993	0.98	超标	19.40	0.29	16.19	7.10	1.04	1.60	31.40	2.14	0.96	—
1994	1.90	超标	27.65	0.84	12.52	5.26	1.52	2.80	33.65	2.37	3.74	2.74
1995	0.80	超标	27.85	0.86	14.75	6.38	0.87	1.18	53.80	4.38	1.90	0.90
1996	1.20	超标	18.30	0.22	30.30	14.15	1.39	2.48	34.80	2.48	2.49	1.49
1997	0.90	超标	20.40	0.36	10.90	4.45	2.05	4.13	38.50	2.85	1.25	0.25
1998	1.80	超标	13.20	—	7.92	2.96	1.39	2.48	17.20	0.72	0.94	—
1999	1.00	超标	17.90	0.19	10.50	4.25	1.80	3.50	22.70	1.27	1.76	0.76
2000	2.20	—	11.70	—	17.60	7.80	1.47	2.68	14.60	0.46	0.15	—
2001	3.20	—	13.90	—	24.64	11.32	1.45	2.63	14.10	0.41	0.07	—
2002	2.20	—	14.80	—	23.69	10.85	2.34	4.85	19.60	0.96	0.06	—
2003	2.80	—	7.90	—	4.88	1.44	1.26	2.15	5.50	—	0.04	—
2004	3.30	—	8.20	—	2.76	0.38	0.97	1.43	5.60	—	0.04	—
2005	3.90	—	8.80	—	2.40	0.20	0.84	1.10	5.40	—	0.03	—
评价标准(Ⅴ)	≥2		≤15		≤2.0		≤0.4		≤10		≤1.0	

1984～2005 年玉带河水质变化一览表

表 8－4　　单位:毫克/升

项目 / 数量 / 年份	溶解氧		高锰酸盐指数		氨氮		总磷		生化需氧量		石油类	
	均值	超标倍数	均值	超标倍数	均值	超标倍数	均值	超标倍数	均值	超标倍数	均值	超标倍数
1984	5.39	—	16.97	0.13	1.08	—	—	—	—	—	0.70	—
1985	3.39	—	17.40	0.16	1.08	—	—	—	—	—	0.58	—
1986	2.01	—	22.06	0.47	6.88	2.44	—	—	—	—	2.22	1.22
1987	2.09	—	12.80	—	0.66	—	—	—	29.1	1.91	0.41	—
1988	2.09	—	12.80	—	34.40	16.20	0.84	1.10	14.9	0.49	0.52	—
1989	0.96	超标	12.50	—	43.70	20.85	0.57	0.43	11.0	0.10	0.86	—
1990	1.00	超标	16.40	0.09	16.15	7.08	1.10	1.75	27.5	1.75	1.51	0.51
1991	2.00	—	16.70	0.11	31.53	14.77	1.70	3.25	23.1	1.31	0.68	—
1992	3.00	—	27.40	0.83	19.80	8.90	1.37	2.43	27.4	1.74	0.69	—
1993	1.90	超标	25.00	0.67	12.45	5.23	1.24	2.10	65.6	5.56	0.83	—
1994	0.00	超标	28.30	0.89	32.33	15.17	2.05	4.13	55.4	4.54	0.83	—
1995	1.30	超标	34.40	1.29	24.93	11.47	1.68	3.20	45.8	3.58	2.49	1.49
1996	1.70	—	28.00	0.87	82.80	40.40	1.82	3.55	51.0	4.10	1.14	0.14
1997	2.70	—	14.40	—	12.20	5.10	1.77	3.43	22.0	1.20	0.85	—
1998	3.60	—	7.50	—	9.47	3.74	1.32	2.30	5.4	—	0.62	—
1999	2.80	—	11.40	—	11.50	4.75	1.66	3.15	15.6	0.56	0.35	—
2000	1.90	—	10.90	—	18.10	8.05	1.64	3.10	17.4	0.74	0.20	—
2001	2.70	—	7.80	—	18.44	8.22	1.04	1.60	4.7	—	0.05	—
2002	2.30	—	9.20	—	5.13	1.57	2.19	4.48	8.7	—	0.04	—
2003	2.50	—	7.20	—	6.22	2.11	1.74	3.35	4.0	—	0.04	—
2004	2.30	—	11.40	—	3.04	1.21	1.61	5.4	9.0	—	0.04	—
2005	2.50	—	9.30	—	4.41	1.21	1.33	2.33	5.4	—	0.03	—
评价标准(Ⅴ)	≥2		≤15		≤2.0		≤0.4		≤10		≤1.0	

第三章 声环境污染治理

第一节 交通噪声治理

20世纪70年代后期起,新浦城区开始治理声音环境。

1980年,新浦环保部门在新浦解放路、海连路、民主路及铁路两侧安置20余个噪声监测点。

1981年,市区内主要交通干道的车流量平均为110辆/小时。解放路、海连路、新海路3条主干道声音环境分别为71.8、74.4、75.2分贝(A)。其中,干道叉口附近的陇海饭店(海连路与通灌路交汇处)、长途汽车站(解放路与通灌路交汇处)、五金公司(解放路与南极路交汇处)、黄海影剧院(海连路与南极路交汇处)处,分别为74.4、73.8、74.8、74.8分贝(A),全部超出标准。1982年,市区环境噪声等效声级为58.4分贝(A)。

1982年起,新浦地区加强交通噪声治理,拓宽了解放路、幸福路、通灌路等主要干道,改造了部分主要干道路面。"七五"期间,新建一级公路30千米,新增城市道路18千米,使市区人均拥有道路面积达2.85平方米。同时,加强交通管理,在主要干道上开辟快慢车道,使车流、人流分开;限制过境车辆进入市区,将解放路中段和平桥至解放桥划定为禁鸣路段,禁鸣高音喇叭。1985年,市区几大干道交通噪声等效声级监测值为76.7分贝(A)。

20世纪80年代后期起,按《中华人民共和国环境噪声管理条例》,依法拆除市区6条主要干道沿街商店的高音喇叭,对录像放映点及其音响设备加强管理。

20世纪90年代起,市、区政府加大城市道路建设改造力度,先后拓宽、改建和新建建成区内的朝阳路、郁洲路、苍梧路、人民路、瀛洲路、海连路、盐河路、海宁路、新港城大道、310国道、学院路、科苑路、新火车站站前广场、幸福广场和市民广场,提高车辆通过速度。同时,区政府于1992年12月20日成立新浦区创建噪声达标领导小组,强化噪声治理工作。实施市区机动车禁鸣专项整治,改善市区交通环境,降低城市交通干线噪声。"九五"期间交通噪声平均等效声级在67.1~67.9分贝(A)之间,全部达到国家标准。超标路段由"九五"末的18.3%,降至"十五"末的4.8%。2005年,城区交通噪声等效声级为67.1分贝。

1981~2005年新浦城区交通噪声变化一览表

表8-5　　　　单位:分贝(A)

年份	1981	1982	1983	1984	1985	1986	1987	1988	1989	1990	1991	1992	1993
分贝	72.3	73.2	73.9	76.3	76.7	74.7	73.4	75.1	76.2	72.2	72.0	71.8	70.9

年份	1994	1995	1996	1997	1998	1999	2000	2001	2002	2003	2004	2005	
分贝	72.1	72.6	69.0	67.3	67.3	67.7	67.6	67.5	67.8	67.5	67.1	67.1	

注:噪声达标标准为70分贝

第二节　其他噪声污染源治理

20 世纪 80 年代起，新浦区依法加强对辖区内各种噪声污染的治理。对市涤纶厂的长丝车间、渔网车间及区食品包装加工厂等工业企业的机械噪声，采用安装隔音封闭窗、消声密封门和安装低噪声排气扇等办法，使噪声由原来的 78 分贝，降到 54 分贝以下。在各建筑工地，禁止夜间打桩和开动混凝土搅拌机。并严格执行夜间施工许可证制度，防止夜间噪声扰民。

20 世纪 90 年代后期起，开展“绿色护考”活动，每年临近中、高考时，环保、公安、交通等部门共同努力，严格控制夜间施工数量和时间，考试期间城区范围内所有建筑工地全面停工，考场周围实行临时性交通管制，禁鸣喇叭。市、区环保监察人员在考场四周百米范围内巡查，发现噪声，立即予以制止。给考试营造一个安静的学习、考试和休息环境。

2002 年 6 月 8 日，位于花果山乡、云台乡之间的马涧通道工程开工，一时间工地附近私自安装的 20 多台粉碎机，昼夜 24 小时施工，噪声高达 90 分贝，粉尘随风飞扬，严格干扰附近村民生活。区环保局及时依法查封私自上马的石子厂，并进行整治，禁止新增石子厂。靠近居民点的石子厂，禁止夜间作业。其他碎石机在出料口安装挡风帘，进料口道路洒水，尽量减少噪声、粉尘污染。6 月 6 日，新海高级中学住校学生反映市行政中心建筑工地，夜间施工，噪音大，影响休息。环境监察人员立即赶赴现场调查，并采取治理措施。该工地自次日凌晨起，停止夜间施工。

经过 10 余年的努力，市区声环境质量得到很大的改善。至 2005 年，市区区域环境噪声为 54.0 分贝，区域环境噪声平均值较 2004 年下降 0.1 分贝。区域环境噪声总体呈现逐年下降趋势；在交通干线车流量略有增加的情况下，交通噪声等效声级为 67.1 分贝。市区区域环境噪声构成比为生活噪声源占 77.23%，交通噪声源占 16.83%，工业噪声源占 5.94%。市区各功能区噪声昼间平均等效声级均符合国家同类标准。Ⅰ类区 1 个测点、Ⅳ类区 2 个测点的噪声夜间平均等效声级超过国家同类标准，其余测点夜间平均等效声级均符合国家同类标准。“十五”期间，市区区域环境噪声基本稳定，年平均等效声级在 54.0～54.7 分贝（A）之间，较“九五”期间略有下降，新浦市区声环境质量总体良好。

第三节　噪声达标区建设

1987 年，新浦区在南小区开始噪声达标区创建工作。至 1989 年，建成南小区 1.1 平方千米、人口近两万人口的噪声达标区，占市区建成面积的 0.3%。年内，南小区内的环境噪声平均值达 50.25（白天）分贝，已达到国家规定的 55 分贝标准。

1993 年 3 月，在路南、临洪两个街道的幸福路以东、海连路以南、通灌路以西建成 4.2 平方千米噪声达标区。

1994 年 1 月，在辖区南部的幸福路以东，铁路线以南、轻工仓库东墙和淮海大学东墙以西范围内建成 11 平方千米噪声达标区。

1997 年 11 月，在市东街道内的东起东盐河，西至龙尾河、新农路，南至老铁路、文昌路，北至新铁路范围内，建成4.45平方千米噪声达标区。

2000年，市区噪声功能区划调整后，在浦西、浦东和新东3个街道区域内的北起人民路、南至民主路、东至龙尾路范围内，新建3平方千米噪声达标区。

2001年，猴嘴街道区划入新浦区后，在猴嘴新建5.6平方千米噪声达标区。当年12月4日，市环境保护委员会组成市噪声达标区验收组，对新浦区调整和新建的18.02平方千米噪声达标区进行验收。验收组通过听取新浦区政府关于噪声达标区建设的工作汇报，审查有关资料，现场检查监测登泰大酒店、宝泰酒店、钢模板厂3家固定噪声源，察看居民小区和禁鸣路段。监测区域环境噪声平均值符合相应的功能区标准，现场抽测的固定噪声源达到规定标准，已达到省环境噪声达标区建设标准，顺利通过验收。

2005年，新浦区噪声达标区面积已达到23.62平方千米，噪声达标区覆盖率达100%。

第四章 废弃物污染治理

第一节 “白色污染”治理

20世纪80年代起，随着一次性发泡快餐盒和超薄塑料袋的大量使用，新浦地区随地抛弃快餐盒、塑料袋现象日趋严重。对生活环境造成污染(通称“白色污染”)。

1997年1月1日起，按市统一部署，新浦地区饮食业中推广使用纸质快餐盒。

2001年4、5月间，新浦区落实市“白色污染”防治工作会议要求，开展以收缴发泡餐具为重点的综合整治行动。结合爱国卫生突击旬活动，区环保局成立3个检查组，对发泡餐具和超薄塑料袋经销、使用情况进行专项检查。共检查经营单位、农贸市场和窗口单位近百家，收缴一次性发泡塑料制品和超薄塑料袋近10万件。7~8月份，新浦区环保局会同新浦工商分局在市区范围内开展对批发商场、购物中心等多家单位的专项检查。共下发整改通知155份，当场处罚21家，没收发泡餐盒15万件，一次性口杯10万只，超薄塑料袋20余万件。同时，加强对销售渠道的查封。共查获超薄塑料袋15万件，一次性口杯8万只，餐盒10万件。

2004年、2005年，进一步加大“白色污染”治理力度，制定“白色污染”防止方案，结合夏季爱国卫生突击月活动，区环保、城管、工商部门联手对城区“白色污染”进行专项执法检查，查收超薄塑料袋和一次性快餐盒2万余只。

第二节 危险废弃物治理

2004年7月22日，新浦区开展“清查放射源，让百姓放心”专项行动，对可能存在放射源的60余家单位进行全面、彻底排查，建立完整的放射源资料。

2005年，区环保局制定《关于进一步加强危险废弃物管理的规定》，开展危险废物产生和流向调查，全面摸清辖区危险废物底数，建立资料数据库。督促永利化工厂、杰圩化工厂、长城化工厂、三菱化工厂和太阳雨集团等制定了《废弃物危险品封闭管理制度》，建立相关台账，并与市危险废物处置中心签定安全处置合同，危险废弃物安全处置率达100%。同时，对辖区内近200家个体小诊所和民营医院进行全面调查摸底，逐家进行排污申报登记。由区消杀站对医疗废弃物进行初步处理后，统一交由市危险废物处置中心集中处置。至2005年底，区医院和眼科医院的焚烧炉全面停用。新浦地区的友好医院、仁安医院、友谊医院和国泰医院等民营医院，均与市危险废物处置中心签订医疗废弃物安全处置合同。

第五章　机构与管理

第一节　机　构

一、管理机构

1983年6月，新浦区、海州区合并成立新海区时，设城乡建设局，辖区环境保护工作由其兼管。

1984年5月，新海区城乡建设局改建为城乡建设环境保护局。同年6月，局内下设环境保护科，专司环境保护工作。

1986年6月，撤销新海区建置，恢复新浦区、海州区后，新浦区设城市建设管理委员会内设环保科。

1988年5月，成立新浦区环境保护办公室（在新浦区城市建设管理委员会院内），隶属区城市建设管理委员会，有工作人员3名。

1995年5月，新浦区城市建设管理委员会增挂新浦区环境保护局牌子，区城市建设管理委员会主任兼任局长。

1997年3月20日，成立新浦区环境保护局（简称“区环保局”），行政编制4名。

2000年1月，区环保局由盐河路177号迁至大庆路17－1号。2003年8月3日，迁至海连西路28号。

二、执法机构

1997年5月9日，成立“新浦区环境监理大队”，为股级全民事业单位，编制5人，隶属区环保局领导。办公地点在新浦区城市建设管理委员会院内。1999年9月，增加全民事业编制4名。

2002年3月，编制增加13名，办公地点迁至大庆路17－2号。

2003年8月18日，新浦区环境监理大队更名为新浦区环境监察大队。办公地点迁至海连西路28号。

第二节 环境保护宣传教育

1987 年、1988 年，新浦区延安中学和市环保局联合开办两届环保职业高中班，共培养 110 名初级环保人员。

1990 年 5 月 20 日至 6 月 20 日，全区开展第一个《中华人民共和国环境保护法》宣传月活动，在新浦公园举办环保有奖猜谜活动和“前进中的环保事业”展览。

1997 年，区环保部门和教育局组织全区中小学校以“为了地球上的生命”为主题开展“环境小卫士”“小小环境监测哨”“生物活动小组”和“环保征文”等活动。同年 6 月 14 日，在新浦公园举办环保知识猜谜活动。7 月，区环保局、团区委和区教育局联合举办环保夏令营活动。1998 年上半年，开展“妇女、家园、环境”（安尔乐杯）主题宣传教育系列活动。12 月 11 日，新浦区环保局组织举办环保法律培训班，餐饮业和区属企业法人 20 余名参加培训。1999 年 6 月，区环保局、教育局联合组织全区小学生参加全市“拯救地球就是拯救未来”小学生百米长卷书画比赛活动。4～8 月，区环保局、教育局联合举办以环保为主题的写字、绘画和作文征选活动。2000 年 4 月，海宁小学被省环保局、省教委确认为省首批绿色学校，成为全市第一个“全国主动式环境试点学校”。同年 6 月，市环保局、市教委向解放路小学、海宁小学颁发“江苏省绿色学校”铜牌。

图 8－3　全区组织人员走上街头开展环保宣传工作

图 8－4　在全区青少年中开展认养绿地，保护环境活动。图为绿地认领仪式

进入 21 世纪后，新浦区进一步加强环保法规和相关知识的宣传教育。2001 年 4 月 1 日，区委宣传部、环保局、教育局、文化局等单位联合组织举办新浦地区“环保杯”美术、书法、摄影作品大赛。400 余份作品参赛，参赛者来自全市各行各业，年龄最大的 78 岁，最小的 8 岁。同年 6 月 3 日，新浦区 20 余所中、小学校的 400 余名学生代表携带收集的 400 多节废旧电池来到华联广场参加全市“6·5”世界环境日纪念活动，将废旧电池交由环保部门集中处理。6 月 5 日，在解放路小学举办新浦地区“环保杯”美术、书法、摄影作品展，共有 117 幅美术、书法作品和 60 余幅摄影作品参加了展出。展后，1000 余名群众在“保护环境、爱我港城”百

米长卷上签名留念。8月，南京经济学院“绿色行”暑期社会实践活动小分队和新浦区环保局联合举办“传播环保之种，探索绿色经济”系列环保活动。活动期间，组织师生们参观了钟山氨纶有限公司和连云港罗盖特有限公司的污染处理工艺流程；在花果山景区和渔湾风景区进行“人类只有一个地球”环保宣传；在华联广场举办“绿色港城、绿色财大、绿色奥运”大型签名活动。年内，花果山风景区管理处被授予“江苏省环境教育基地”称号。2002年3月23日，市环保局等20多个单位在新浦市民广场举办“环保与公众心连心”大型宣传活动。2004年3月，开展以环保进企业、进学校、进村镇、进社区为主题的环保“四进”活动。6月5日，新浦区委宣传部、区机关工委、环保局和教育局联合在陇海步行街爱国主义教育基地举行新浦区“创建国家环保模范城市人人有责”万人签名活动。9月16日，新浦区环保局组织各乡镇、街道办事处和区属企业及环保局职工集中进行“行政许可法和建设项目环境保护管理”培训，50余名干部职工参加培训。2005年上半年，新浦区委宣传部、环保局、科协联合举办环保书法作品比赛，5月19日，区环保局组织辖区内10多个房地产公司有关管理人员集中学习《连云港市服务业环境管理办法》。增强大家环保意识，在城市开发建设过程中，同步做好环保工作。

图8－5　全区开展创建全国环保模范城市宣传活动

第三节　建设项目管理

1980年起，区政府依照《中华人民共和国环境保护法（试行）》，开始对辖区内新上建筑项目执行“环境影响报告书”制度，环保部门会同计划、规划、工商、劳动、银行等部门，共同做好新建项目审批和竣工验收工作。1981年3月，对排放污染物实行收费和奖励治理有效者的办法。1990年，对辖区内8家企业实行排污申报登记，有4家领得排污许可证。

20世纪90年代起，项目建设准入的环保要求不断提高，通过严格执行环保审批制度，从源头上阻止污染的发生。1996年12月13日，市环保局召开现场会，决定放宽区环保局项目审批权限，明确区环保局有权审批辖区内固定资产投资在200万元以下的区属及区属以下单位的建设项目（原审批权限为50万元）。1998年，新浦区环保局设立管理股，在辖区范围内实行建设项目环保预审制度，并与区计划、经贸、工商等部门建立项目审批联系制度。在审批工作中认真贯彻落实“环保第一审批权”，实行“三级审核，一人审批”和重大项目会审制度，严格执行审批权限。

2001～2005年，新浦区共审批建设项目727个，建设项目环境管理预审率、环保评审执行率和“三同时”（同时设计、同时施工、同时投产使用）执行率均达100%。

第四节 征收排污费

1980年6月起至1995年,新浦地区的排污费收缴工作均由市环保部门直接管理。

1996年,市环保局向区环保局放权,新浦区环保局开始征收排污费。

1998年3月16日,市环保、物价、财政3个部门联合转发《江苏省按排放污染物总量征收排污费暂行办法》,全面启动总量收费试点工作。

2003年,新浦区环境监察部门按照国务院颁布的《排污费征收使用管理条例》,由浓度收费向总量收费的转变和单因子收费向多因子收费的转变,实行"部门开票、银行代收、财政统管"的征管方式,严格执行"收支两条线"。1997年至2005年,全区累计征收排污费799.96万元。

第五节 环保行政处罚

清光绪三十年(1904)三月,南城镇公仪桥头立一方碑,碑上刻有"公仪桥下水道,毋准委弃污秽泥土,违者每担罚洋壹元。"此为域内发现最早的对污染环境行为予以惩罚的警示牌。后来,在城镇的街头巷尾,墙角路边,及沟边桥头也都出现过"此处禁止倒垃圾,违者罚款"之类的警示标志。但多为单位或个人行为,且难以兑现或贯彻始终。

1997年5月,新浦区环境监理大队成立后,依法对环境保护工作进行监理,对严重污染环境和整治不力的单位,依法进行行政处罚。2001年初,居民投诉反映市太平洋宾馆自1999年开业以来,未按环保部门要求安装配套治理设施,造成油烟、噪声和污水危害四邻。市环保局责成市环境监理支队的新浦区环境监理大队两次到现场查处,并责令限期整改,但该宾馆逾期仍未认真改进。为此,市环保局依法对市太平洋宾馆给予罚款5万元的行政处罚,责令限期整改。同年,新浦区环保局对油烟超标排放和未到环保局办理建设项目环保评审而擅自开业的沁园春海鲜苑、韩国烧烤、九味居、坚尼烧烤、海味居、永和豆浆、裕馨园酒店、海宁游泳浴池、毛巾浴池、大华饭庄等10家企业下达行政处罚通知书,通过法律手段,加大环境综合整治的力度。

2002年至2005年,新浦区环保局先后对红天水大酒店、川景盛、重庆巴将军火锅、荣阳房地产开发公司等58家(次)油烟超标排放或未办理环保审批手续擅自营业的企业,依法予以处罚,并督促其制定措施,进行整改。

第九编　经济综情

新浦地区经济发展历史较长，城区新浦自清光绪中后期商贸业日渐兴旺，至20世纪20～30年代已成为新兴商埠和苏北鲁南物资集散中心。

新中国成立初期，新浦是市政治、经济、文化中心。但新浦地区的工商企业，绝大部分为市属企业，作为市中心城区的新浦区经济基础很薄弱。1958年，新浦区开始兴办区属集体工业企业，发展街道工业。当年底，全区集体工业企业达200多个。后先后战胜"三年困难时期"和十年"文化大革命"的困扰，工业经济几起几落，最终得恢复和发展。至1976年底，全区工业总产值达1800余万元，并形成一批年产值百万元以上的骨干企业。其间，市政府对工业生产加强归口管理，至1978年底，新浦区初具规模的33个工厂全部上交。其后，区政府从头做起，重新发展工业企业。

改革开放后，特别是1984年市政府向区级政府放权后，新浦区经济从一、二产业为主体，变为一、二、三产业齐全，且三产、二产加快发展，三产渐成支柱产业的格局。区委、区政府从新浦区区位、区情出发，不断调整经济建设思路，先后实施"兴商、促工、稳农"、"兴商、促工、开发"、"工商并举，大力发展第三产业"、"三产兴区、二产强区、民营富区"等经济发展战略，使三次产业结构在不断调整中得到优化。到2005年，全区一、二、三产业比例已由1986年的2.33∶71.68∶25.99调整为6.08∶21.34∶72.58。产业结构调整促进了经济快速发展，经济效益不断提高。特别是第八个"五年计划"以来，全区各业齐兴旺，社会生产总值、社会商品零售总额均成倍增长。2005年，全区社会生产总值达26亿多元，社会商品零售总额达47.89亿元，地方财政收入达2.18亿元。分别比"九五"末的2000年增长1.22倍、2.7倍和1.5倍。全区经济实力明显增强。

第一章　经济发展概况

第一节　解放前发展概况

清嘉庆后期至道光年间，新浦为盐运要地。咸丰、同治年间，在沟通盐河和蔷薇河的前河、后河之间经营粮油、土产和生活用品的货栈、客栈不断增加，渐成小集镇，人烟渐稠。光绪二十七年（1901）新浦天后宫建成后商业日兴。清末民初，沈云沛、许鼎霖等实业家到此兴办半机械化粮、油、酒等工业企业和百货、餐饮、旅社等业，工商各业发展加快，进而成为古海州地区的新兴工商贸易中心和苏北鲁南物资交流中心。

20世纪20年代起，新浦大街沿街商店改造，由原茅屋平房翻建成砖石墙体瓦屋面结构、民国建筑风格的两层(极少三层)楼房。凭借水路、公路、铁路运输条件和发电、榨油、制粉、酿酒、织布等工业、手工业支撑,新浦大街商铺毗邻,后街货栈遍布,前后河上商船不断,市面繁荣,时有“苏北小上海”之称。1938 年,日本侵略军轰炸新浦,及至 1939 年春日军侵占新浦后,民族工商业备受摧残。抗战胜利后,因国民党忙于内战,新浦工商业未能得到恢复发展,至 1948 年解放前夕,新浦各业凋零,通货膨胀,民不聊生。

第二节　解放后发展概况

解放后,新浦地区经济逐步恢复发展。1953 年起,开始执行全市国民经济建设第一个五年计划中的相关各项任务,至 1957 年第一个五年计划期末,全区粮食总产 324 吨,农副业收入 2.67 万元(比 1956 年增长 40.5%),并开始组织市民兴办福利生产(工业生产由市里直管),增加居民收入,减少政府救济。

1958 年起,在“左”的思想影响下,各行各业“大跃进”,新浦区“全民大办工业”“大办农业”。当年办起区属工厂 16 个,街道居民委员会办起小工厂 200 个,生产工业产品 281 种。1959 年,全区手工业产值达 150 余万元;粮食总产值达 74.5 万千克,单产每公顷 1605 千克,创历史最高水平;商业零售总额达 1170 万元,比 1958 年增长 80%。1960 年,经济建设开始出现困难,很多小工厂难以维持生产,纷纷“下马”。社会商品零售总额下降到 342 万元。1961 年,全区贯彻调整、巩固、充实、提高“八字方针”,对区属和街办工厂进行调整合并,增加商业服务网点,下放部分城市人口,支援农业生产。经济建设渐有恢复。到“文化大革命”前,全区工业总产值达 389 万元。“文化大革命”开始后,工农业生产均受到严重影响。至 1969 年底,全区工业总产值下降为 251 万元,实现利润 39 万元;

1969 年 10 月区革命委员会成立后,各项生产逐渐恢复。到 1978 年,全区工业企业固定资产总值达 465 万元,比 1969 年增长 6.3 倍;工业总产值达 820 万元,比 1969 年增长 6.57 倍。粮食总产比 1969 年增长 1.45 倍。

党的十一届三中全会后,特别是改革开放后,区委、区政府将工作中心转向经济建设,从农村到工厂全面进行经济体制改革,调动了农民生产积极性,激活了工业企业活力。1984 年,区政府开始编制全区经济、社会发展“五年计划”(第七个“五年计划”)后,区委、区政府从区情出发,适时调整经济建设思路和发展战略,产业结构不断优化,一、二、三产业得到全面快速发展。到“七五”计划末的 1990 年,全区地区生产总产值达 1.06 亿元,比新海区撤销后恢复新浦区建置的 1986 年增长 69.8%。其中,工业总产值 6751 万元,同比增长 93.7%;社会商品零售总额达 4804 万元,同比增长 122%;地方财政收入达 3029.2 万元,同比增长 90.02%。

到区第八个“五年计划”末的 1995 年,全区地区总产值达 94959 万元,比“七五”末的 1990 年增长 92.2%。其中,工业总产值达 30152 万元,同比增长 3.46 倍;社会商品零售总额达 30027 万元,同比增长 5.25 倍;地方财政收入 3094 万元,同比增长 2.1%。

2000 年,圆满完成第九个“五年计划”,全区地区生产总值达 117180 万元,比“八五”末的 1995 年增长 1.79 倍;社会商品零售总额达 129084 万元,同比增长 3.29 倍;地方财政收入达 8675 万元,同比增长 1.8 倍。

2001 年底,市政府调整市区行政区划后,区委、区政府针对全区农村面积扩大,整个经济结构发生变化的实际情况,及时制订新的经济发展战略,调整区第十个"五年计划"指标和措施。在2001年至2005年的第十个"五年计划"期间,全区产业结构不断优化,产业快步升级,经济持续快速增长。至2005年末,全区地区生产总值达260348万元,比"九五"末的2000增长1.22倍;农业增加值达1.58亿元,同比增长5.8%;社会商品零售额达47.89亿元,同比增长2.7倍;地方财政收入达21812万元,同比增长28.6%。

第二章　经济结构

第一节　三次产业结构

1983年6月以前,新浦区基本是纯城区,农业只有两个生产大队。地区内绝大部分商贸企业由市商业、供销部门直接经营管理。区政府的经济工作主要是抓好区属和街道、居(村)委会工业生产。一产在国内生产总值中所占比例不高。二产、三产所占比例相差不大。1982年全区三次产业比为6.81:45.73:47.46。

1983年6月,新浦、海州两区合并成新海区后,全区经济结构发生根本变化,一、二产业成为全区经济主体。当年,全区工农业总产值7489万元,一、二产业比为37.96:62.04。

1984年,市政府向区放权,将新浦、海州地区的集体商业、供销合作商业、国有粮食、蔬菜企业下放给新海区,新海区一、二、三产业方才齐全。在经济建设中,区委、区政府以农业和商贸业为主,同时注重发展乡、镇工业。至1985年底,全区三次产业比为20.43:32.65:46.92。

1986年6月,新海区撤销,恢复新浦区原建置。区委、区政府及时调整经济工作思路,稳定发展一产、大力发展二产、加快发展三产。当年底全区三次产业比为2.33:71.68:25.99。

1987年起,区委、区政府从新浦区是连云港市中心城区特定区位的功能和优势出发,先后实施"兴商、促工、开发"和"工商并举,大力发展第三产业"的经济工作方针。二、三产业,特别是第三产业发展速度不断加快,工业生产规模和生产水平也不断上升。到第八个"五年计划"末的1995年,全区三次产业比例为0.99:18.72:80.29。

从第九个"五年计划"开始,区政府落实区委制定的全区经济建设方针,努力壮大提高第二产业,大力发展第三产业,实施"三产兴区"战略。至第九个"五年计划"末的2000年,全区三次产业结构为0.33:21.49:78.18。与"八五"期间末相比,一产和三产分别下降0.66个百分点和2.11个百分点,二产比重上升2.77个百分点。

进入21世纪后,随着改革开放的深入发展,特别是2001年底市区区划调整,云台乡、花果山乡、南城镇及猴嘴街道划入新浦区,全区经济结构再次发生变化。区政府按照区委制定的"三产兴区、二产强区、民营富区"三大主战略,抓好经济建设,主攻三产,强化二产。"十五"期间,在全区经济总量快速增长的情况下,二、三产业在全区地区生产总值中一直占90%以上,其中第三产业均占70%以上。2005年,全区三次产业比为6.08:21.34:72.58。

1978～2005 年新浦区三次产业比变化情况表

表 9－1　　　　单位:%

产业/比例/年份	第一产业	第二产业	第三产业	产业/比例/年份	第一产业	第二产业	第三产业
1978	11.09	45.64	43.26	1992	2.35	31.73	65.92
1979	9.22	49.15	39.73	1993	1.62	26.74	71.64
1980	8.90	51.89	39.21	1994	1.26	26.37	72.37
1981	8.03	54.19	38.78	1995	0.99	18.72	80.29
1982	6.81	45.73	47.46	1996	0.72	18.59	80.69
1983	5.59	45.48	48.93	1997	0.53	20.64	78.83
1984	4.96	45.46	49.58	1998	0.45	27.71	77.84
1985	4.15	40.25	55.60	1999	0.36	27.20	78.44
1986	4.22	44.71	51.07	2000	0.33	21.49	78.18
1987	3.91	38.66	57.43	2001	3.87	23.47	72.66
1988	4.33	37.59	58.08	2002	4.08	23.45	72.47
1989	3.62	35.62	60.76	2003	3.81	24.10	72.09
1990	3.16	31.27	65.57	2004	3.59	25.08	71.33
1991	2.75	33.00	64.25	2005	6.08	21.34	72.58

注:表中 1983～1985 年数据均已剔除海州区的数据

第二节　经济成分

解放前,新浦地区工商业主体是私人企业。

新中国建立初期,除市属百货、粮油、煤炭等国营公司外,地方工商业绝大部分是私营企业。

20 世纪 50 年代中期,对私营工商业进行社会主义改造,新浦地区私营工商业均按行业实行公私合营。而后落实赎买政策,转为国营企业,属市管理。一般个体商贩通过互助合作转为集体、合作企业。也由市商业、供销部门管理。

1955 年新浦区成立后,开始兴办区属集体工业企业、街道集体工业和商业服务企业。1957 年,开放市场,全区出现个体商贩,但受“左”的思想影响,直到“文化大革命”前也不足 200 户。在全区经济中所占比例极小。“文化大革命”期间,个体工商户基本被“取缔”。

党的十一届三中全会以后,国家允许发展多种经济成分的工商企业,个体私营工商业开始得以发展。1979 年,全区已出现私营、个体工商户 150 余户,由于经济规模不大,其营业额在全区社会消费品零售总额中仅占 8.88%。改革开放以后,区委、区政府采取多种扶持措施,促进个体私营企业发展。

1983 年 6 月至 1986 年 6 月的新海区有了国营粮油、蔬菜企业。在全区社会消费品零售总额中,国营商业占到38.83%，集体商业占42.85%，个体私营经济占18.32%。1986年恢复新浦区建置后，国有粮油、蔬菜企业全部归市直管，供销合作商业划归了海州区。新浦区除与青海哇玉香卡合资兴建、尚未经营的海云贸易大厦外，别无国营工商企业。1990年，全区商业零售额中，个体商户零售额占到75.87%；全区工业总产值中，个体私营企业占26.55%，集体企业占73.45%。

1992年，贯彻邓小平南方重要讲话精神，区委、区政府一方面招商引资发展私营企业，一方面深化集体企业产权制度改革，绝大部分集体工商企业转变为私营个体企业，私营个体经济明显壮大。1995年，个体私营工业总产值达4300万元，比1990年增长62.9%，个体私营商业营业额达25057万元，是1990年的10倍多。2000年与1995年相比，个体私营工业总产值增长5倍，个体私营商业营业额增长2倍。

进入21世纪后，区委、区政府将"民营富区"作为全区经济发展三大主战略之一，引导民营企业走规模发展之路，民营企业发展速度加快，效益增强。2005年，全区私营企业达924家。其中，工业企业689家，工业总产值占到全区工业总产值的79.73%，对地方财政收入贡献份额达32%，成为全区经济主要成分。

第三节　从业人员分布

一、三次产业从业人员分布

至20世纪70年代末，新浦区从业人员主要分布在二、三产业。从事二产业人员占到50%以上，从事三产业人员不足40%。1981～1988年，从事第三产业人员增多，占50%上下，从事第二产业的人员占45%上下。20世纪80年代末起，随着第三产业发展加快，从事第三产业人员比例上升到60%以上，到90年代中期达80%以上。从事第二产业人员由40%左右下降到不足20%。

2001年和2005年两次行政区划调整后，从事第一产业人员比例上升。至2005年，从事第一产业人员占24.62%，从事第二产业人员占29.66%，从事第三产业人员占45.72%。

二、不同单位从业人员分布

按城镇不同性质企业和农村劳动者划分，20世纪70年代末，75%以上从业人员集中在集体工商企业，20%左右在农村从事各业，从事个体经营的只占5%上下。80年代前3年，从事个体私营经济的上升至20%左右，农村从业人员下降到15%以下。1984年改革开放以后，集体企业从业人员维持在75%左右，从事个体私营经济的在20%左右，农村从业人员占10%左右。20世纪90年代起，个体私营经济发展加快，其从业人员在全区从业人员所占比例超过50%以上，最高的1995年达66.9%。农村从业人员下降到8%左右。2001年和2005年两次区划调整后，农村从业人员比例上升，从事个体私营经济人员比例同时上升。至2005年，集体经济从业人员占13.15%，从事个体私营经济的占35.94%，农村从业人员占49.45%。

1978～2005年新浦区从业人员按行业分布一览表

表9-2

项目/数量/年份	从业人员总数	按单位分布							
		集体企业		私营个体企业		乡村从业人员		其他	
		人数	（%）	人数	（%）	人数	（%）	人数	（%）
1978	4234	3101	73.24	120	2.83	1013	23.93	—	—
1979	5209	3966	76.14	150	2.88	1093	20.98	—	—
1980	5384	4049	76.04	359	6.67	931	17.29	—	—
1981	5949	4139	69.84	927	15.65	859	14.51	—	—
1982	6093	4058	66.62	1196	19.63	839	13.77	—	—
1983	6386	4101	64.22	1465	22.94	820	12.84	—	—
1984	10493	7843	74.75	1854	17.66	796	7.59	—	—
1985	11232	8560	76.21	1884	16.77	788	7.02	—	—
1986	11500	8809	76.60	1914	16.64	777	7.76	—	—
1987	11889	8457	71.13	2233	18.78	1199	10.09	—	—
1988	12564	8489	67.57	2846	22.65	1229	9.78	—	—
1989	15065	8458	56.14	4914	32.62	1693	11.24	—	—
1990	15293	8663	56.65	4528	29.61	2101	13.74	—	—
1991	14481	8368	57.79	4467	30.85	1646	11.36	—	—
1992	15119	8300	54.90	5207	34.44	1612	10.66	—	—
1993	24403	8807	36.09	14011	57.41	1612	6.60	—	—
1994	29534	8279	28.37	18872	63.90	1889	6.40	394	1.33
1995	29897	8190	27.39	19864	66.44	1611	5.39	232	0.78
1996	22925	7940	34.63	13335	58.17	1423	6.20	227	1.00
1997	19227	7626	39.66	9903	51.51	1573	8.18	125	0.65
1998	20257	8233	40.64	10187	50.28	1527	7.54	310	1.53
1999	20508	7529	36.71	11293	55.07	1533	7.48	153	0.74
2000	16669	6682	40.09	8383	50.29	1527	9.16	77	0.46
2001	38220	10966	28.69	10133	26.52	17101	44.74	20	0.05
2002	41866	11082	26.51	13266	31.73	17117	40.94	341	0.82
2003	42241	11019	20.09	15695	37.16	15136	35.83	391	0.92
2004	53171	10472	19.70	19877	37.38	22185	41.72	637	1.20
2005	66929	8798	13.15	24051	35.94	33100	49.45	980	1.46

1978～2005年新浦区从业人员按三次产业分布一览表

表9－3

项目／数量／年份	第一产业		第二产业		第三产业		项目／数量／年份	第一产业		第二产业		第三产业	
	人数	(%)	人数	(%)	人数	(%)		人数	(%)	人数	(%)	人数	(%)
1978	775	18.30	2422	57.20	1037	24.49	1992	587	3.88	4442	29.38	10090	66.74
1979	874	16.79	2632	50.52	1703	32.69	1993	609	2.49	4468	18.30	19353	79.31
1980	808	15.02	2728	50.66	1848	34.32	1994	592	2.00	5232	17.72	23710	80.28
1981	741	12.45	2811	47.25	2397	40.29	1995	631	2.11	5292	17.70	23974	80.19
1982	418	6.86	2988	49.04	2687	44.10	1996	370	1.61	4066	17.74	18489	80.65
1983	412	6.45	3114	48.76	2860	44.78	1997	357	1.85	4365	22.70	14505	75.45
1984	391	3.73	4914	46.83	5188	49.44	1998	359	1.77	3987	19.68	15911	78.55
1985	387	3.44	4944	44.01	5901	52.53	1999	369	1.80	4002	19.51	16137	78.69
1986	385	3.34	5523	48.02	5592	48.62	2000	376	2.25	3817	22.90	12476	74.85
1987	650	5.46	5112	42.99	6127	51.53	2001	2173	5.68	2846	7.45	33201	86.87
1988	712	5.66	4916	39.13	6936	55.21	2002	3031	7.24	3399	8.12	35436	84.64
1989	715	4.74	4842	32.14	9508	63.11	2003	10064	23.82	10056	23.81	22121	52.37
1990	726	4.74	5112	33.43	9455	61.83	2004	11045	20.77	15772	29.66	26354	49.57
1991	595	4.10	4534	31.31	9352	64.59	2005	16479	24.62	19853	29.66	30597	45.72

第三章　规模　效益

第一节　固定资产投资规模

早期，新浦区区属和街道工业企业，属“小集体”性质企业，规模小，资金不足，历年固定资产投资很少。1981年，城乡集体企业固定资产投资仅87万元。20世纪80年代中后期有所增长，平均年固定资产投资在300万元左右。

1992年起，房地产开发业兴起，工业企业加大更新改造投入，固定资产投入增长加快。当年，全区固定资产投入达3413万元。到“八五”期间末的1995年，全区固定资产投入首次突破亿元。

到“九五”期间末的2000年达20999万元。比“八五”期间末增长1倍，平均每年增长20%。

2005年，全区固定资产投入达11.45亿元，比2004年增长87.79%，比2000年增长4倍多。

1978～2005 年新浦区固定资产投资一览表

表 9－4　　　　单位：万元

项目 / 数量 / 年份	固定资产投资总额	其中				
		基本建设	更新改造	其他投资	房地产开发	城乡集体
1978	63	20	—	—	—	43
1979	74	23	—	—	—	51
1980	103	33	—	—	—	70
1981	128	41	—	—	—	87
1982	186	59	—	—	—	127
1983	259	82	—	—	—	177
1984	378	120	—	—	—	258
1985	574	182	—	—	—	392
1986	529	199	—	—	—	330
1987	644	255	—	—	—	389
1988	1222	465	—	—	—	757
1989	423	248	—	—	—	175
1990	993	480	—	—	—	513
1991	1331	953	—	—	—	378
1992	4118	705	—	178	983	2252
1993	6154	1365	—	1437	2154	1192
1994	8002	1479	122	2163	2535	1703
1995	11702	1637	1610	238	3977	4140
1996	22671	3240	1046	94	11140	7151
1997	21792	3894	181	575	10866	6276
1998	19349	3597	1359	2382	4900	7111
1999	27569	11199	1511	2647	3086	9126
2000	33448	12449	1536	3197	1020	15246
2001	45837	14530	2838	—	4200	17679
2002	45013	11000	2305	3939	14015	13754
2003	58119	11034	3026	14099	23372	6588
2004	82489	11464	5536	15938	36314	3178
2005	114493	64585	42053	7855	—	—

注：2005 年因固定资产投资报表制度变化，“房地产开发”“城乡集体”投资无法单列

第二节 规模以上工业企业

20世纪80年代中后期，全区工业企业全年产品销售收入达到100万元的为重点工业企业（简称“百万元以上企业”）。至1990年，共有“百万元以上企业”22个，年产品销售收入总额为2772.3万元，占全区90个独立核算工业企业年产品销售总额的56.89%；年利税额为170.8万元，占整个独立核算工业企业利税总额的47.58%。

1990年，全区独立核算工业企业中开始出现1个年产品销售额500万元以上规模企业（以下简称“规模以上企业”）。

1991年，“规模以上企业”增加到4个。并且，其中有两个企业产品销售收入超过1000万元。此后，“规模以上企业”逐年增加，在全区工业经济中所占比重逐年上升。

1995年，“规模以上企业”达10个。其中，有4个企业年产品销售收入超千万元。

2000年，“规模以上企业”为16个，产品销售收入占全区156个独立核算工业企业产品销售收入的49.95%，利税额占全部独立核算工业企业的48.60%。

2005年，全区“规模以上企业”增加到38个。产品销售总额达102172.4万元，占全区独立核算工业企业产品销售总额的53.20%；实现利税6634.6万元，占独立核算工业企业利税额的51.84%。

1987～1992年新浦区产品销售100万元以上工业企业概况表

表9－5 单位：万元

项目 数量 年份	个数	固定资产原值		产品销售收入		利税总额		全区独立核算工业企业个数
		金额	占独立核算企业%	金额	占独立核算企业%	金额	占独立核算企业%	
1987	8	662.70	46.31	1435.90	43.19	73.70	23.03	91
1988	12	808	47.11	1551.10	39.55	183	38.12	100
1989	17	1070	56.40	2337	50.50	217	50	90
1990	22	1042.50	46.70	2772.30	56.89	170.80	47.57	90
1991	29	1526.30	63.12	4462.90	74.66	366.10	68.30	87
1992	23	1560.40	52.71	5758.60	70.12	614.50	65.37	102

1993～2005年新浦区产品销售500万元以上工业企业概况表

表9－6　　单位:万元

项目/数量/年份	企业个数	固定资产原值		产品销售收入		利税总额	
		金额	占独立核算企业(%)	金额	占独立核算企业(%)	金额	占独立核算企业(%)
1993	5	803.50	30.79	4863.80	40.36	299.90	25.50
1994	5	1104.9	32.61	4748.40	35.10	417.10	27.86
1995	8	1166.20	30.28	7823.70	36.85	485.50	25.79
1996	20	2614.30	51.06	20288.50	54.74	1668.30	53.72
1997	13	1641.80	29.40	16051.60	28.35	1261.40	29.72
1998	16	4118	44.81	32955	45.70	2056	38.74
1999	16	5027	54.64	39623	47.49	2393	47.70
2000	16	6720	78.94	35067	49.95	2260	48.60
2001	29	7679	51.67	38897	37.68	2363	36.48
2002	30	7294	39.71	42611	38.95	2709	37.59
2003	27	9387.40	49.40	47696.80	35.37	3771.30	41.25
2004	34	10457.40	46.08	63856	37.30	4583.10	39.49
2005	38	13707	58.47	102172.40	53.20	6634.60	51.84

第三节　全区经济规模与效益

直至20世纪70年代末,新浦区经济规模较小,区属和街道工业企业仅72个,固定资产原值300万元左右,国内生产总值600余万元。独立核算工业企业年创利税总额100余万元。全区财政收入不足900万元,时称“吃饭财政”。

第六个“五年计划”期间,全区经济规模略有增大,至“六五”末的1985年,工业企业达108个,固定资产原值突破千万元,达1177万元;全区国内生产总值比“五五”末的1980年增长2.8倍;独立核算工业企业年创利税总额达241万元;全区财政收入达2008万元。

1986年起,全区经济发展速度加快,至“七五”末的1990年,区、街工业企业发展到120个,独立核算工业企业固定资产原值达2232万元,比“六五”末的1985年增长89.63%;独立核算工业企业利税总额比“六五”末增长48.96%;全区财政收入达3030万元,比1985年增长51%。

20世纪90年代,特别是自1993年区委、区政府不断深化企业改革,加大招商引资力度,壮大提高第二产业,大力发展第三产业,全区经济开始进入跨越发展阶段,经济规模成倍增长。至2000年,全区独立核算工业企业总产值达10306万元,比1990年增长3.6倍;国内生产总值比1990年增长17.86倍,达117180万元;独立核算工业企业年创利税总额为4650万元,比1990年增长11.95倍;全区财政收入比

1990年增长1.86倍,达8675万元。

2001年,行政区划调整后,全区农业经济比重加大。至2005年末,全区独立核算工业企业固定资产原值达27033万元;全区国内生产总值由2000年的117180万元增长到260348万元;独立核算工业企业年利税总额达12797万元,比2000年增长1.75倍;农林牧副渔业总产值达26565万元,比2001年增长1.58倍;全区财政收入比2000年增长3.66倍,达40493万元。

第四章 “五年计划”执行情况

第一节 第七个“五年计划”执行情况

至1990年底,新浦区“七五”计划各项目标顺利完成,全区经济持续稳定发展,经济规模不断扩大,经济实力明显增强。全区完成社会生产总值10643万元,比“六五”计划末增长1.53倍,平均每年递增20.39%;地区生产总值达4174万元,比“六五”计划末增长1.43倍,平均每年递增19.4%;国民收入达3136万元,比“六五”计划末增长1.29倍,平均每年递增18.07%。

农村社会总产值达2566万元,比1985年增长1.73倍,平均每年递增28.59%。“七五”期间农业总产值各年分别为110万元、104万元、104万元和103万元。由于城市建设征地,粮食产量由1986年的150万千克下降到1990年的102.7万千克,种植业、渔业收入有所增长,农民生活逐步提高,农民收入年平均递增5.49%。

全区工业企业由97个增加到120个,完成工业产值6751万元,比1985年增加1.23倍,年平均递增17.84%。

工业结构进一步得到调整,重轻工业的比例由1985年的39:61转为50:50。工业产品销售收入,从1986年的2702万元,提高到1990年的4872万元。出口产品从无到有,1990年完成出口产品产值380万元。1990年全区劳动生产率(按1980年不变价)人均达19830元,比1986年增长近1倍。

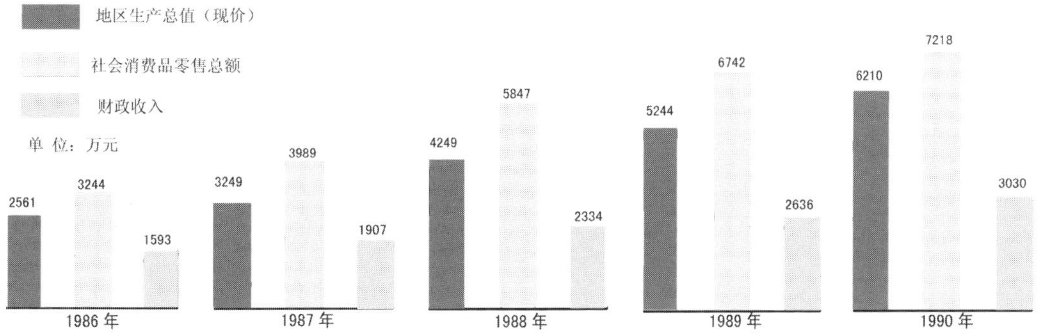

图9-1 新浦区第七个“五年计划”期间地区生产总值、社会消费品零售总额和财政收入增长示意图

1990年,全区社会消费品零售总额为4804万元,比1985年增长1.29倍。平均每年递增18.05%;商业零售额由1985年的1678万元,上升到1990年的3182万元,平均年递增13.65%。饮食业零售额

1990年比1985年增长1.3倍,平均每年增长速度为18.21%。1990年集市贸易成交额达8251万元。

"七五"计划期间,共完成固定资产投资4146万元,其中全民固定资产投资1985万元,集体企业完成投资2161万元。在总投资中,生产性投资2285万元,占55%以上。5年的固定资产投资额分别为529万元、644万元、1557万元、423万元、993万元。

1990年,完成建筑业总产值1388万元,比1985年增长1.72倍,平均每年增长22.17%;建筑业劳动生产率从1985年的人均6813元,上升到8804元。

交通运输业,1990年完成营运收入244万元,比"六五"计划末年增长46.1%,平均每年递增9.9%;货物周转量达1017万吨公里,比1986年增加23.4%,平均每年递增5.4%;完成货运量38.72万吨。

第二节　第八个"五年计划"执行情况

"八五"期间,新浦区经济建设和社会事业实现持续、快速、健康发展。1995年底,全区完成地区生产总值4.1851亿元,5年平均递增180%。完成社会生产总值9.5亿元,是"七五"末的8.96倍。

农村社会总产值达11849万元,比1990年增长3.62倍。"八五"期间农业总产值达到778万元,农业增加值达到414万元。由于城市建设征地,城郊粮田面积逐年减少,粮食产量由1990年的102.7万千克下降到1995年的101.7万千克。渔业等多种经营发展,城郊农民收入大幅度增加,1995年,城郊农民人均收入达到3287元,比1990年增加2341元。

工业企业由120个增加到175个,完成工业产值32410.6万元,比1990年增加3.8倍。

工业结构进一步得到调整,重轻工业的比例由1990年的50:50转为38:62。工业产品销售收入从1990年的4872万元,提高到1995年的21226万元,年均增长67%。出口产品进一步增多,1995年完成出口产品产值4500万元。

1995年,全区社会消费品零售总额为3.01亿元,比1990年增长5.27倍;批发零售额由1990年的3182万元,上升到41676万元,平均年递增240%;第三产业销售收入达100987.8万元;集市贸易成交额达104028万元,是1990年的12.61倍。

"八五"计划期间,共完成固定资产投资31307万元,是"七五"期间的7.55倍。其中,基本建设投资6139万元,集体投资完成9671万元。五年的固定资产投资额分别为1331万元、4118万元、6154万元、8002万元、11702万元。

1995年,完成建筑业总产值8039.3万元,比1990年增长4.79倍;建筑业劳动生产率从1990年的8804元,上升到17438元。

交通运输行业,1995年货物周转量达4095.5万吨公里,比1990年增长403%;完成货运量212.9万吨,是1990年的5.5倍。

全区地区生产总值实现农业总产值0.0241亿元,工业总产值0.4056亿元。经济结构调整使产业比例趋于合理。"八五"期末,全区一、二、三产业比例为0.99:18.72:80.29。城市建设步伐加快,总体功能增强。"八五"期间一批城镇重点建设项目相继完成,同时,以多种形式建设居民住宅,城市设施功能进一步完善,群众吃水难、行路难、入厕难问题得到缓解,城镇面貌大为改观。社会事业有新发展,人民生活水平提高。1995年,城市居民人均生活费收入和农村人均纯收入均超过3000元。

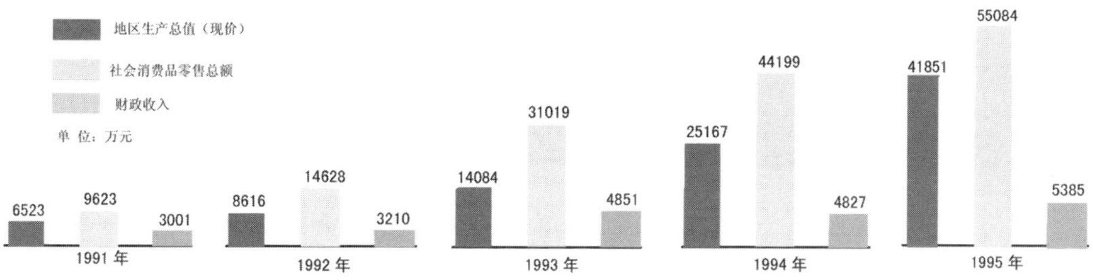

图 9－2　新浦区第八个“五年计划”期间地区生产总值、社会消费品零售总额和财政收入增长示意图

第三节　第九个“五年计划”执行情况

至“九五”期间末的2000年底，除农业增加值比“八五”期间末下降6.76%外，其他均成倍增长。全区地区生产总值到达到11.7180亿元（现价），按可比价计算，比1995年增长1.8倍，年均递增21.8%；第二产业增加值达2.48亿元，比1995年增长2.2倍，年均递增28.2%；第三产业增加值为9.1614亿元，年递增19.9%；社会消费品零售总额达到12.9084亿元，比1995年增长1.3倍，年递增18.6%。

“九五”期间，全区地方自营出口总额累计达3340万美元，是“八五”时期的8.6倍；实际完成外经营业额375万美元，是“八五”时期的5倍；5年累计新办外资企业29家，实际利用外资2300万美元，是“八五”时期的1.4倍。

“九五”期间，全区累计完成全社会固定资产投资12.5亿元，相当于“八五”时期的4倍，年递增23.4%。其中，基础设施建设投资达3.5亿元，比1995年增长6.6倍，年递增50.2%；房地产开发投资达3.1亿元，比“八五”时期增长2.2倍，占固定资产投资总额的24.8%。

2000年，人口自然增长率控制在5‰以内；农村人均纯收入达到5300元（现价），比1995年增长0.6倍，年递增10%；城镇居民人均生活费收入达6356元（现价），年递增7.9%。

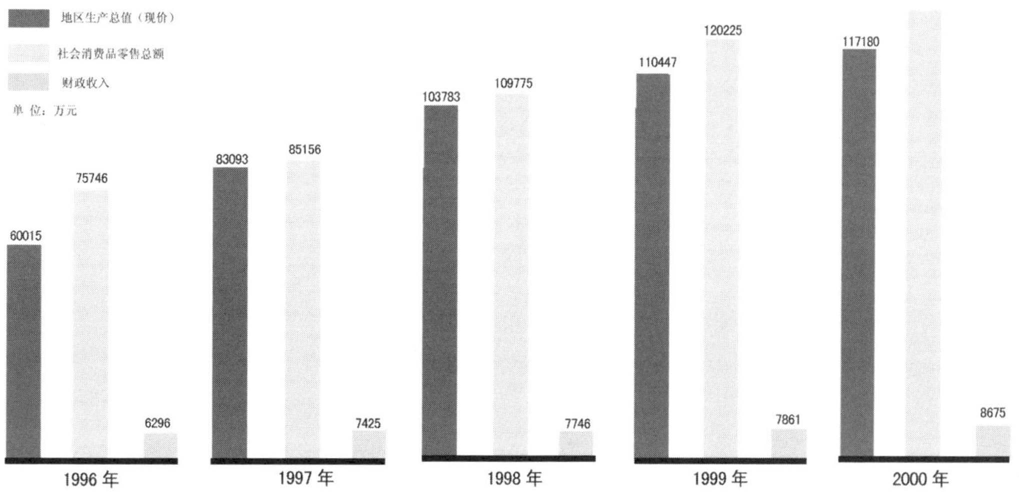

图 9－3　新浦区第九个“五年计划”期间地区生产总值、社会消费品零售总额和财政收入增长示意图

2000年，全区财政收入达到0.8675亿元，比1995年增长0.6倍，年递增10.0%；地区生产总值达到11亿元；城镇失业率控制在3.5%以下。5年全区累计完成财政总收入3.8亿元，比“八五”期间累计

数增长0.8倍，为全区财力增长最多的一个时期。

2000年，全区工业企业数达到632个，比“八五”期间末增加475个，完成工业产值12.07亿元，是1995年的3.38倍，年递增27.6%。工业增加值达1.9661亿元，比1995年增长2.5倍，年递增30.4%；产品销售收入7.02亿元，年均增长27%；实现利税4650万元，年均增长19.8%。

第四节　第十个“五年计划”执行情况

新浦区第十个五年计划，于2001年1月12日在区第十四届人大第四次会议上通过并开始执行。当年11月底，市调整行政区划后，区委、区政府及时调整“十五”计划，并经区人代会审查，批准实施。至“十五”末的2005年底，全区地区生产总值达26.03亿元，平均年增长12.96%；5年累计完成财政总收入12.3亿元，年均递增36.1%；累计完成固定资产投资34.6亿元，是“九五”期间的2.8倍；实际利用外资7184万美元，是“九五”期间的3.12倍；内联客方到位资金25.8亿元；全区规模以上工业企业由13家增加到38家，金属制造、非金属矿物制造和化学传统产业不断提升，太阳能和机电设备制造业快速发展；城郊特色农业、沿山特色农业发展良好；商贸流通、旅游、房地产等成为经济发展的主要增长点；新区建设、旧城改造累计投入60亿元，完成了盐河南路、朝阳东路、通灌北路等35条城区主次干道建设，完成了海昌路、南极路降坡改造工程，改造修建了整洁路、利民路、康泰路等50余条便民道路，新建、改建南岛路等农村公路50千米。建成区面积由28平方千米扩大到35平方千米。

2005年底，全区总人口达到36.92万人。“十五”期间人口自然增长控制在4.25‰以内。人民生活不断改善，城市居民最低生活保障范围扩大到2658户、7258人。制定下发《新浦区农村居民最低生活保障实施细则》，647户农村低收入家庭生活得到保障。全区累计新增就业人数10872名，转移农村劳动力6026人。农村新型合作医疗方案得到落实。城镇居民人均可支配收入、农民人均纯收入年均分别递增11.2%和11%。

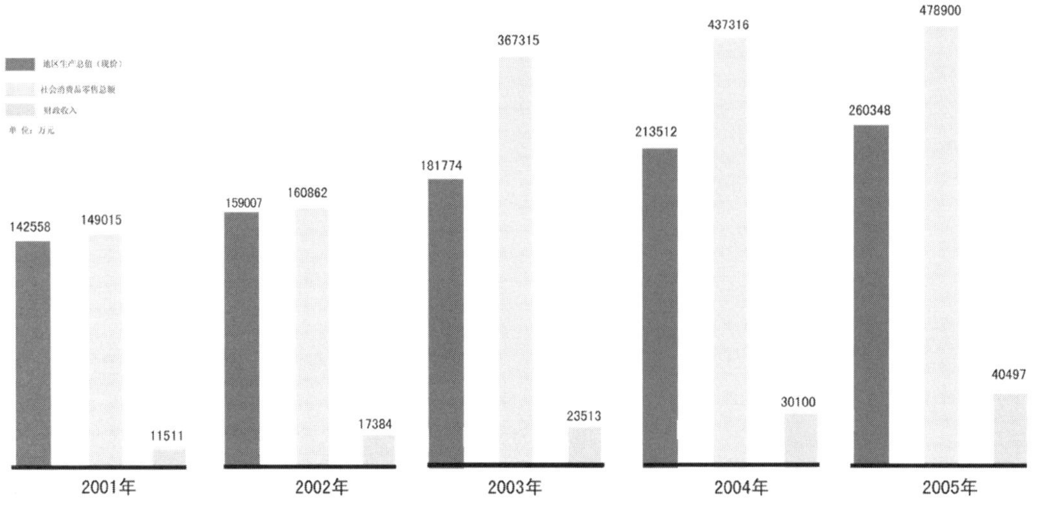

图9-4　新浦区第十个“五年计划”期间地区生产总值、社会消费品零售总额和财政收入增长示意图

第十编 商 贸 业

南北朝时期(420~589),作为东海县治的南城已“居民密集、商贾往来”。至清初裁海,居民内迁,商业告终。清康熙十七年(1678)复海后,南城、大村、云台等地居民回迁,商业活动开始恢复。

清光绪十八年(1892),地方商界在新浦兴建“天后宫”(现新浦区人民政府院内),作为商务会所和商会驻地。新浦有靠临洪河出海口之便,众多货船停泊靠岸,商业自此日渐兴盛。光绪二十六年(1900)后,清廷邮传部右侍郎、海州人沈云沛,清廷驻秘鲁领事、江浙洋务总办、赣榆县人许鼎霖等实业家在新浦兴办油坊、糟坊、面粉厂,开办杂货店、布店等,加快了新浦商贸业的发展。清光绪三十一年(1905),大浦港对外开放,新浦为其衬托商埠。民国14年(1925)东陇海铁路通至新浦后,各路商贾云集新浦,英、美烟草、石油代理商号也驻足此地,新浦大街两侧商号毗邻,门面改造装帧一新;后街盐号、土产行(栈)集中,前河(今市化路身底)、后河船来船往,装卸繁忙。此时,新浦成为海属地区及鲁南一带商业贸易中心。民国16年(1927)东海县商民协会在新浦成立。次年,改为东海县商会。加之期间铁路修到大浦港,更加促进了新浦商贸业的发展。至30年代后期,新浦商贸业有13业36行,行、栈、店400多家。时有“苏北小上海”之称。

民国28年(1939)春至民国34年(1945)8月,日本侵略军占领新浦期间,民族商业饱受摧残,日商在新浦开办40多家大小洋行及各类酒店、餐馆、旅馆,控制市场,倾销日货。日本特务机关笼络商人组成商工公会、官盐总栈,为其收购粮食、油料、废钢铁等战略物资,作侵华战争之用,致使新浦的商贸业一度畸形发展。

抗日战争胜利后,新浦地区民族商业一时复苏,旋即冷落。至解放前夕,虽有412家大小商店,均因社会动荡,物价暴涨,加之交通隔断,商贸市场一片萧条景象。

1948年11月7日,新浦解放,新海连特区政府扶持私营商业恢复营业。当月15日,国有商业企业——鲁中南贸易公司新浦分公司在新浦成立。一面下设4个专业公司进行营业;一面从货源等方面扶持私营商贸业发展。到年底,新浦商贸有11个行业508家。1949年7月,新海连特区合作推进社在新浦成立,合作商业很快兴起。

新中国成立后,区内商贸业进一步发展。至1950年底,新浦商业户由年初的733户发展到926户。1956年,国家对资本主义工商业进行社会主义改造时,新浦地区私营商户实行公营合营,个体商贩组成45个合作商店、合作小组或代销店。次年,新浦区政府成立商业科,加强商贸业领导。期间,新浦地区国营、公私合营、集体商业齐头发展。

20世纪60年代,因自然灾害和“文化大革命”影响,新浦地区商贸业发展缓慢。

改革开放以后,市、区党委、政府重视发展第三产业。新浦地区的商贸业重现生机,国有、集体、个体和私营商业、供销合作商业齐发展,集贸市场重新恢复,新浦地区呈现出多种经济成分,多种流通渠道竞相发展的新格局。特别是1984年春,新浦地区集体商业划归区政府管理后,区委、区政府确立了“兴商、促工、开发”的经济工作思路。至20世纪80年代末,全区有区属全民商业服务企业1家,集体商业服务企业591家,合营企业两家,个体商户789家,从业人员5529人。全区社会商业零售额4804万元,商业零售额3182万元,集贸市场成交额8251万元。

20世纪90年代起,新浦地区商贸业企业规模迅速扩大,经营档次不断提高。扩建后营业面积达1.2万平方米的国有连云港市百货大楼于1991年1月19日试营业。同年10月,营业面积1万平方米的华联商厦全面开业。同时,区委、区政府进一步明确“三产兴区”发展战略,鼓励和支持兴办个体、私营商贸企业。为大批涌进的浙江、广东、福建等地个体、私营经营户创造良好经营环境。域内个体、私营商贸业发展迅猛。至2000年底,全区个体、私营商户达5600余家。个体、私营商业年销售总额达94120万元。个体、私营商贸业已成为新浦地区商贸业的重要组成部分。全区各类市场达39个,其中过亿元市场13个。全年实现市场成交额34.7亿元。

2001年起,全区大力发展第三产业。当年12月,区政府组建经济贸易局,统管区经济贸易工作。一时呈“工农兵学商,一起来经商”之势。2002年,区属集体商业40个商业网点全年销售额达2.3亿。2003年,区政府组织建设的陇海商业步行街全线贯通,西城综合市场、沈圩桥农贸市场建成营业,花卉交易中心二期、三期市场展销大棚竣工。同时,九龙世贸城、朋来源文化城主体工程完工,汇金世贸广场部分商户入驻,中德商业广场加快建设,解放中路和通灌北路两大商业圈的初步形成。2004年,《新浦区中心商务区规划》通过初审,对全区各商贸区域进行定位和布局。当年,九龙世贸城、汇金世贸广场建成交付使用,苏宁电器、中百连云港店、上海农工商等连锁企业、综合商场、大型购物超市入驻经营。

2005年,美凯龙国际家居广场、国际服饰城、新一佳超市、国美电器、振兴特易购等一大批大型商场、超市及马自达等汽车销售4S店等先后建成营业。基本形成了以连云港中央百货(原市百货大楼)、东方贸易中心、明珠鞋城、新一佳、汇金广场为龙头的解放中路商业中心;陇海步行街商业中心;以时代超市、五交化商场(五星电器)、九龙(大世界)世贸城、苏宁电器为中心的通灌路商业中心;以华联商厦、振兴大厦与重点主体的新浦龙河广场商贸中心和以连云港市生产资料国际商城为主体的解放东路购物中心。购销环境显著改善,消费市场持续活跃。城区新浦作为全市商贸中心的地位更加凸显。

第一章 体制及其改革

第一节 个体私营商业

金大定年间,即南宋高宗绍兴三十一年至淳熙十六年(1161~1189),临洪滩形成集镇时,就有人从事小本买卖。清光绪年间,鲁商林乾一、林栋臣等到新浦经商。清末民初,富安刘姓、海州沈、杨、殷、葛姓等大户也到新浦开办粮行、布庄、杂货店。新浦的生意人渐多。

民国8年(1919),河北冀县人张质轩到新浦与海州的沈云沛合伙开办“甡庆公茶庄”。民国12年,山东人杨雨亭在新浦开办“馨祥酱园”。20世纪20年代前后,山东、河北、山西、安徽及江苏清江等地商贾,纷纷结伙到新浦开店经商。30年代后期,新浦自营、合股经营的各类商店、商行、货栈、公司计300多家。海州人开设的恒兴仁粮行、裕兴永布店、长兴恒杂货店等,资本金在1万至5万银元。胶东养马岛林氏家族所开店、栈、行，多集中于新浦后街（今建国路），有“林半截（半条街）”之称。外路商帮经营行业特色明显：山东商户多开粮油货栈和布庄、饭菜馆。河北商人多卖百货、五金、电料。徽州商户多经营布匹、杂货。此间，新浦还有外国商人通过代理商开办的煤油、烟草等公司。

日军侵占新浦后，民族商贸业受到摧残。日商垄断粮油、布匹、木材等市场。

抗战胜利后，民族商业有所恢复，至民国37年（1948）春，私营商户达547家。同年夏秋，因战争等因素，近半商家关门停业。

新中国成立后，人民政府扶持私营商业。1949年底，新浦有门面字号的商家已有400余户。

20世纪50年代初，私商经营面临困难，政府及时撤销4个国营、合作商业零售点，将百货、杂货、文具等579种商品让给私营商家经营，同时，取消批发起点的限制，拉平零售价格，放宽对私商贷款额度，使私营商业经营很快回升。1955年9月，全区私营商贸业发展到1000户，从业人员近2000人。1955年底，开始公私合营。次年1月22日，新浦地区全面实现按行业公私合营，当年，对私营商贩停止发证。1957年，开放“自由市场”，全区新登记开业的私营烟酒店23户、杂货店3户、油盐店12户、烟酒摊贩135户，从业人员共214人。“大跃进”期间，个体商店合并为集体商业，私营商店所剩无几。

20世纪60年代初，在国民经济调整时，部分并入国营企业、供销社的商贩重新划出。1963年，计有私营烟酒店23个，从业32人，烟酒流动摊贩136个，从业137人，杂货店9个，从业100人，油盐店12个，从业39人。60年代中期，在“管好管了”思想指导下，个体商户成为市场管理主要对象，屡受冲击。106家个体商贩，组成14个合作小组。

1975年10月，新浦城区4个集贸市场全部关闭。

改革开放后，新浦地区个体商业逐步得到恢复和发展。1980年，个体、私营商业户为251户。市化路、海昌路、青年路等小商品市场和东方大厦招商市场开放，为个体商户提供阵地。

1986年，安徽和县一个体商户在新浦解放路旁摆摊，被有关部门查禁后，上书省、市领导，抱怨“解放路上不解放”。在市区引起一场进一步解放思想的大讨论，带来一个为个体经营发展创造良好经营环境的新局面。当年12月23日，区政府首次召开先进个体工商户表彰大会。1987年，坐落于解放中路地段的国营黄海饭店率先将改造好的小门面租给个体户经营。此后。沿街单位被破墙开店、建市场，为个体商户提供经营场所。新浦地区个体商贸业进入一个新的发展阶段。1990年底，个体商户为711户，从业1829人，注册资金326.4万元，全年营业额2414.8万元。

1991年，全区有个体商户685户，从业1801人，注册资金311.4万元，全年营业额3982.9万元。个体商户中，从事百货业的210户，520人；从事水产业28户，63人；从事蔬菜业52户，87人；从事肉食业8户，17人；从事干鲜果品业45户，90人；从事服装业159户，413人；从事粮油业13户，24人；从事图书业13户，18人；从事废旧物资收购业1户，3人。

1992年9月3日，原市电焊厂职工徐传明开办的改革开放后全市第一家私人粮行——徐记粮行在新浦南极路开业。当年，全区个体商户增加到1138户，从业2203人，自有资金367.4万元，全年销售总额5002.6万元，商品零售额4559.7万元。当年水产业新增61户，106人；蔬菜业新增38户，88人；肉食业新增54户，101人；干鲜果品业新增92户，175人；服装业新增174户，225人；粮油业新增27户，56人；图书业新增7户，20人。

1993年2月4日，改革开放后全市首家民营电讯企业——龙飞电讯有限公司在新浦海昌南路成立。同年3月，国家进一步放宽个体和私营企业政策，鼓励发展个体和私营企业。同年4月10日，中共新浦区委、区政府召开加快发展个体私营经济动员大会。并制定了进一步扩大登记范围、简化注册登记手续、放宽经营范围和方式等优惠政策。至年底，全区个体商业猛增至4092户，从业5738人。自有资金933.1万元，销售总额达10942.2万元，商品零售额9741.2万元。私营商业企业17个，雇工138人。注册资金851万元。其中固定资金170万元，流动资金681万元。

1995年1月12日，改革开放后全市第一家私营商场——海马大厦在新浦解放路原汽车站对面开业。商场投资100多万元，营业面积1100平方米。当年，全区私营商业企业达64户，雇工492人，注册资本1950万元，全年营业收入1633万元。

1997年，全区有私营商业企业72户，雇工728人，注册资本1191万元，全年营业收入1439万元。

1998年，全区个体商业比上年增加104户，从业人员比上年减少719人，注册资金比上年减少740万元，全年营业收入比上年增加12831万元。私营商业户比上年增加8户，雇工比上年增加236人，注册资本比上年减少957万元，全年营业收入比上年减少606万元。

1999年，全区有个体商业（含餐饮业）3569户，从业7366人，注册资金3722万元，全年营业收入32100万元。私营商业企业（含餐饮业）83户，雇工1032人，注册资本316万元，营业收入38000万元。

2000年3月20日，全市首家按照新颁发的《中华人民共和国个人投资企业法》正式登记的个人独资企业连云港市新浦丰利机电商行正式成立。当年，全区有私营商业企业128户。注册资本1996.40万元，全年营业收入35820万元。

2000年底，区委、区政府在制定"十五"规划时，提出要放开、放心、放胆发展个体私营经济，调动街道办事处发展个体私营经济积极性。至2001年底，全区个体商业增至4982户，从业5040人，注册资金4821.4万元，全年营业收入64852万元。私营商业企业224户，雇工1366人，注册资本2622万元。

2002年，区政府引导私营个体商户"走规模发展之路"，对下岗失业人员申办私营个体商贸业的优先受理、发照。当年，全区个体商户比上年增加1344户，从业人员增加1376人，注册资金增加1996.6万元，全年营业收入增加31388万元。私营商业企业比上年增加92户，雇工增加802人，注册资本增加1426.5万元。

截止2005年12月底，全区有个体商户6298户，从业7765人，注册资金8470万元。私营商业企业305户，雇工850人，注册资本4015万元。

1987～2005年新浦区个体商业基本情况表

表10－1

项目 数量 年份	户数	从业人数（人）	注册资金（万元）	年营业额（万元）	雇工人数（人）
1987	484	561	33.70	1208.10	–
1988	621	778	61.70	717.70	–
1989	789	2014	321.30	1222.10	–
1990	711	1829	326.40	2414.80	–
1991	685	1801	311.40	3982.90	–

续表 10－1

项目 / 数量 / 年份	户数	从业人数（人）	注册资金（万元）	年营业额（万元）	雇工人数（人）
1992	1138	2203	367.40	5002.60	-
1993	4092	5738	933.10	10942.20	138
1994	5236	7786	1321.40	13908.20	290
1995	4352	4429	940	14426	492
1996	2852	5339	1675	16179	439
1997	3717	4461	2485	23156	728
1998	3821	3742	1745	35987	964
1999	3569	7336	3722	32100	1032
2000	4181	4253	4075.09	54150	1026
2001	4982	5040	4821.40	64852	1366
2002	6326	6416	6818	96240	2168
2003	5883	8478	7657	238982	1426
2004	6118	9634	8790	-	825
2005	6298	7765	8470	-	850

第二节 公私合营商业

1955 年底，新浦地区私营商业企业开始公私合营，时有 13 个行业，131 户，255 人，191522 元股金，292 个股东，组成 11 个公私合营店，公股代表 15 人。当年，对私营商贩停止发证。

1956 年 1 月 22 日，新浦区工商业实现全行业公私合营。同月 25 日，市政府在新浦召开 3 万多人参加的“新海连市私营工商业全面实行公私合营或组成合作组（店）祝捷大会”，庆祝全行业实现公私合营或合作化，完成了资本主义工商业向社会主义的过渡。同年，新浦公私合营店增加经营货物品种 2800 种，营业额达 2982000 元，比 1955 年增加 98.91%。

1958 年，新浦城区公私合营商店归新浦区管理，按行业划分为食品、西药、照相、旅馆、百货、五金 6 个总店。芦席业归市供销社管理。

1960 年，新浦城区有 44 个公私合营商业网点，分别归国营百货、五交化、饮食服务等公司领导。

“文化大革命”中，取消公私合营商业的私营代表和定息，全部并入国营商业企业。“文化大革命”后，落实政策，归还部分股金，不再恢复公私合营，公私合营到此终结。

第三节 集体商业

1956年,在对资本主义工商业进行社会主义改造运动中,新浦区的百货、烟酒、杂货、果蔬、自行车零件、修配等行业私商小贩组成40个合作商店、合作小组。

1958年初,大办合作商业。当年5月,合作商业归区政府领导。年底,全区有烟酒杂货合作商店、蔬菜合作商店、水产合作商店、鸡鸭熟肉合作店、豆腐合作店、凉粉合作店、旧货委托合作店等合作商店。1959年,全区有合作商店5个,下设106个门市部和80个流动摊、挑,合作股金38055元,职工1181人。

20世纪60年代初,受自然灾害影响,集体商业企业减少。1963年起,合作商业门点开始增多。当年底。全区有合作商业门点71个、职工815人。其中,烟酒杂货店29个,职工198人;水产门点5个,职工85人;百货门点4个,职工18人。1964年下半年起,区属商业企业划归市商业局管理。

1984年3月,市商业局将新海区内的63个商业门点、71个蔬菜销售点等集体所有制商业企业,及其职工交由新海区政府管理。次月,新海区组建成区百货公司、糖业烟酒公司、蔬菜公司及区供销社等经营管理机构。1986年7月,新海区撤销,恢复新浦区、海州区后,蔬菜公司归市商业局领导,供销社归海州区管理。新浦区商业局管理的集体商贸企业有糖业烟酒公司、百货公司。区委、区政府提出大力发展第三产业,各街道办事处把发展商业作为经济建设重要任务之一。街道集体商业发展加快。当年,各街道兴办小商店等近百个。1987年,区糖业烟酒公司开办"上海布庄"。1989年10月6日,江苏省集体商业经济联合会第七次理事会在新浦区海云大厦召开。同年12月13日,江苏省集体商业工作座谈会在新浦区召开,新浦区糖业烟酒公司在会上作了经验介绍。1990年底,区直属糖业烟酒公司、百货公司及各个街道347个商业门点、校办、厂办23个商业门点等,总销售额6310.15万元,纳税282.65万元。

1991年,全区有集体商业582家,从业人员4847人,商品销售总额8607.21万元。当年,全区掀起大办公司热潮,部分公司挂靠在区机关行政事业等单位。区糖烟酒公司、区物资公司则大办子公司。学校发挥自身优势开办文印、文具类公司。一时间,全区新办公司1000余家。1992年,全区集体商业比上年增加810家,从业人员增加14464人,商品销售总额增加2968.58万元。1994年,全区集体商业商品销售总额45400万元。1997年,全区集体商业社会商品零售总额62796万元。1998年,在1991年大办公司时办起的公司,由于缺资金,缺人才,2/3已关门停业。当年,全区商品销售总额为62307万元。1999年起,开始清理机关办企业,原挂靠在机关等单位的公司先后"脱钩",改制为民营、个体企业。当年,全区集体商业商品销售总额为68884万元。

2000年,区商业系统进一步深化产权制度改革,推行职工个人或集体买断经营权,或者采取风险抵押承包经营。亚欧工贸集团公司、区百货公司、新浦宏利经贸公司的经营网点,全部实行租赁或承包经营。新浦区炉料公司、连宁交电站等商贸小企业分别进行拍卖或由职工买断经营权,集体资产退出。改革后,新浦物资回收公司、新浦区炉料公司走出困境,进入常规运行。

2001年,区集体商业进一步落实区委、区政府"三产兴区"战略,按照"改革、开拓、盘活、联合"的指导思想,加大经营体制改革力度,盘活存量资产,全面参与市场竞争。全区全年集体商业完成销售总额近2亿元,实现利税260万元,分别完成年度计划的101%和102%。

2002年,区政府切实解决集体商贸业在改革中出现的具体问题,对所有企业进行清产核资,盘准家底，在全系统统筹120万元，对170多名职工进行妥善安置。关闭了长期经营不善的新浦区燃料公司。投入4500万元建设西城综合市场。区集体商业企业通过改革，创新经营方式，走小而特、小而专的经营路子。小上海糕点经营部主动与4家个体商户挂钩，进行“双鸡”系列食品糕点专卖，扩大商品在当地市场的覆盖面。上海布庄、“马仕”西服店、“完美”专卖店等特色经营网点，很受顾客欢迎。当年，区直属8家商贸企业销售收入达2.3亿元，实现利税288万元。

2003年，区属集体商业企业面临困难较大，一些使用市房产部门房屋经营的老企业，因老城区改造步伐加快，无法经营。同时，部分网点负债较重，欠银行贷款本息达199万元，欠养老金70多万元，直接影响企业经营。针对这种情况，是年起，区商贸系统一面稳定企业正常经营，一面全面启动产权制度改革。对已关闭的、停业的区燃料公司、拍卖行、商业机械商场进行资产清理。

2005年，全区集体商业销售总额为2.2亿元。

第四节　供销合作商业

一、发展概况

新浦地区早期商业活动，除盐业官卖外，其他多为私人经营。民国年间，一些小资本的坐商、行商（小商小贩）以及货郎，以集市和庙会为中心，以走街串巷等形式进行货币交换或以物换物。

1949年10月，南城区（辖今南城镇、云台乡、宁海乡）人民政府支持武可璋等人创办南城小盐店。1950年，在此基础上成立南城区消费合作社，下设龙山、关里、山东、东磊、朱麻、乔庄等供销社和贾圩等柴草收购站。同年，大村等地相继创办联村社和生产合作推进社。建国初，新海连特区合作社在新浦设立新浦货站。

1952年，新浦货栈撤销，设立渔业经理部。1955年，改为生产资料经理部。1957年，生产资料经理部改为业务经营科。

1959年4月，花果山地区供销合作社下放到所在地人民公社，改称为人民公社供销部。同年5月，南城区供销社改称云台供销部。

1961年10月，设立盐区百货商店、花果山供销社等专业经营机构。1962年8月，花果山供销社与朝阳、中云供销社合并为花果山供销合作社。1966年9月，乔庄供销站从南城供销社分出，在此基础上成立新河（今宁海乡）供销社。

1976年8月，云台农场供销社成立。

1979年春，省、市供销社投入近20万元并提供相关建材供应计划，在花果山九龙桥上方兴建“花果山茶社”，建筑面积约2000平方米，开展照相、餐饮、工艺品经营等（1984年因旅游景点开发，茶社被拆除）。

1983年7月，花果山供销社、南城供销社、云台供销社划归云台区供销合作联社。12月19日，成立猴嘴供销合作社。

1984年6月，猴嘴向阳合作商店、新新理发社、猴嘴合作商店、大浦合作商店等从供销合作联社划归商业服务公司。1985年，云台地区的百货商店、综合批发部、贸易公司合并成立人民商场，下设综合批发部、贸易部和零售部。1987年1月，成立农业生产资料公司，经营农药、化肥。1989年3月，原云台区汽车修理厂划归区供销合作联社。同年,连云港市食品一厂移交给原云台区供销合作总社。1990年,成立农副产品购销经营部。商场废旧物资收购站划出,成立废旧物资回收总站。

1992年7月,组建成立棉麻公司。同年,相继成立供销集团化肥公司、农化公司、云港公司、商贸公司、农资公司、经营部、化工公司等经营机构。1994年,设立驻广西北海办事处(1996年撤销)。

2002年10月至12月,新浦区供销合作总社将徐圩、板桥供销社移交给连云区;中云供销社、朝阳供销社、区供销社汽车修理厂、织布厂移交给市经济技术开发区。2003年6月,组建新浦区福磊凌霄花专业合作社。同年,组建云台农场供销社为农服务社。2005年,组建云台乡后关、丹霞、西山、山东村服务社。同年,宁海供销社划入新浦区供销合作总社。至此,全区供销系统下设6个基层社及商场、公司、集体商服业共15个基层单位,42个商业服务网点。

2005年新浦区供销系统经营单位概况表

表10-2

单位名称	成立时间	经营范围	法人代表	地址
云台供销社	1959年	百货、食品、五金、农资、杂品	陈卫东	云台乡凌洲
云台农场供销社	1976年	百货、食品、五金、农资、杂品	席宇军	云台农场
南城供销社	1950年	百货、食品、五金、农资、杂品	武传德	南城镇新大街
花果山供销社	1950年	百货、食品、五金、农资、杂品	赵新淮	花果山乡大村
新东供销社	1983年	百货、食品、五金、农资、杂品	李佃荣	市经济技术开发区猴嘴街道
宁海供销社	1966年	百货、食品、五金、农资、杂品	王瑾	宁海乡平安村
区人民商场	1985年	百货、食品、五金、农资、杂品	王绪成	市经济技术开发区猴嘴街道
猴嘴集贸市场	1994年	设施租赁、管理维护	周买兵	市经济技术开发区猴嘴街道食品巷
区供销社农业生产资料公司	1987年	农药、化肥	徐胜友	市经济技术开发区猴嘴路1号
区农业生产资料采供站	1992年	农药、化肥	张玉德	市经济技术开发区猴嘴路1号
区宏业农资公司	1992年	农药、化肥	祁成进	市经济技术开发区猴嘴路1号
区供销集团农资公司	1992年	农药、化肥	李浩然	市经济技术开发区猴嘴路1号
区供销社兴隆农化公司	1992年	农药、化肥	王昌年	市经济技术开发区猴嘴路1号
南城商业总店	1958年	服务业	李永胜	南城镇新大街
南城饮食总店	1958年	服务业	杨跃文	南城镇新大街

二、体制及改革

【社员代表大会制】 新中国成立初期,供销合作社以社员代表大会和理事会为民主管理机构,监事会为民主监察机构。

新浦区供销社前身原盐区供销合作社于1954年6月选出代表10人,参加市供销合作社代表大会。

1956年3月,盐区供销合作社召开第一次代表大会,参加会议代表27名。

"文化大革命"期间,由贫下中农和工人代表组成"毛泽东思想宣传队"进驻供销社参与企业管理。

1982年,恢复社员代表大会和职工代表大会制度。

1983 年，清理库有社员股金，发放红利，发展新社员，扩大股金，恢复理事会、监事会，通过社员代表大会民主选举供销社的领导人员。

1984 年 5 月，区供销合作联社召开首届社员大会，到会代表 108 人，选举产生了理事会和监事会。

1985 年，成立企业整顿、体制改革领导小组。确定“入股自愿、退股自由、付息分红”的入股政策。推行内部配套改革，农村基层供销社主任由理事会推选制改为社员代表大会直接选举制；副主任由理事会推选制改为主任提名、理事会任命制；中层干部改任命制为聘任制；没有社员股金的城镇基层供销社试行职工代表大会制度，选举主任，实行主任负责制。1988 年 7 月，云台、云台农场、南城、花果山等各基层供销社代表大会相继召开，选举产生社务管理委员会。1989 年 3 月 6 日，区供销合作联社召开第二届社员代表大会，出席会议代表 69 人，选举产生了区供销联社社务管理委员会和出席市供销联社第五届社员代表大会代表。

【经营承包责任制】　1984 年起，区供销系统开始实行经营体制改革。当年 6 月，云台、南城、花果山等基层供销社试行经营承包责任制。7 月，全区供销社系统全面实行承包责任制。

1989 年 4 月起，区供销合作联社制订和实施《职工优化劳动组合制条例》《工资总额同经济效益挂钩暂行办法》，开始进行工资制度改革。1990 年，全面实行领导任期目标责任制。

1991 年，全系统推行定销售、定毛利、定费用、定库品、定品种及经济指标与职工工资、奖金挂钩考核为具措施的“五定一奖”经营责任制。

1997 年至 1999 年，云台乡、云台农场、南城镇、花果山乡等基层供销社和区人民商场陆续进行柜台抽底承包，即，将经营柜组的库存商品以承包人按进货价 70% 左右的价格卖断，进行承包经营，自负盈亏；承包人以职工自由组合、竞争上岗的办法产生。富余人员通过内退、限期调出等方式进行分流。

2000 年 6 月份起，区供销集团总公司所属各公司相继关停。

【置换职工身份和企业产权】　2003 年，全系统开始实施以置换职工身份、置换产权为主要内容的企业改革改制。改制的主要方式为出让部分社有资产，以资抵贷筹集改制资金。至 2005 年底，云台乡供销社、花果山乡供销社、区棉麻公司、区冷冻加工厂、区供销社酿造厂、区人民商场、区农资采供站、市食品一厂等 8 个单位改制到位，有 339 人与原单位解除（终止）了劳动关系，由原职工身份置换为社会人员，供销社共支付职工改制金 289 万元。

第五节　国有商业

民国 37 年（1948）11 月 15 日，山东省鲁中南贸易公司在新浦设立贸易分公司，新浦始有国有商业机构。主要经营粮食、油脂、百货、花纱布等几大类商品。当时物资匮乏，少数投机商人囤积居奇，哄抬物价，造成市场动荡。新浦贸易分公司以平价向市场供应粮食 60 万千克，花生油 65 万千克，纱布 3880 米，棉布 1591 捆等物资，平抑物价、稳定市场，安定人民生活。

1950 年 4 月，鲁中南贸易公司新浦分公司撤销，分别成立中国粮食公司新浦分公司、中国百货公司新浦分公司、中国油脂公司新浦支公司、中国花纱布公司新浦办事处，负责全市及周边地区粮油、布匹、及日用百货的采购和供应。当年，境内春荒，购买力下降，私营商业经营困难，新浦百货业 48 户歇业五分之四。国营花纱布公司新浦办事处缩小零售业务，扩大批零差价，准予私营商业代销布类，扶持私营业发展。

1951 年 6 月，中国土产公司新浦支公司成立。翌年 10 月，中国石油分公司新浦供应组成立。

1952 年，“三反”（反贪污、反浪费、反官僚）、“五反”（反行贿、反偷税漏税、反盗窃国家资产、反偷工减料、反盗窃国家经济情报）运动后，国有商业发展加快，占销售总量比重过大，私营商业受到限制，出现歇业现象。国有商业再次调整，除国家规定 11 种物资外，准予私商经营，并调整 148 种商品批零差价。百货公司把 28 种商品让给私营商业经营，私营商业销售比重有所增加。

1953 年，新海连市划归江苏省，原属山东省的粮食、油脂公司人员全部撤回，百货分公司留下部分人员成立新浦百货商店。其间，徐州各专业公司来新浦设立药房、煤建经营处、木材经营处、花纱布批发店、烟酒专卖批发部、食品收购组、土产营业所等。

1955 年，新浦地区内有百货、烟酒专卖、食品、木材、医药、花纱布、油脂、烟酒专卖、食品、木材、土产、煤建 9 个支公司和文化用品公司、水产公司、石油分销处等共 12 个国营商贸业单位。

1956 年，对私营商业社会主义改造基本完成后，国有商业掌握批发和大部分零售业务。在保证市场供应、满足人民生活需求方面发挥主渠道作用。

在三年自然灾害期间，商品供应严重不足，国有商业努力开辟货源，供应市场。并实行凭证、凭票定量供应，保证居民基本生活必需品的供应。1962 年底，区属地方国有商业企业全部划归市专业公司管理。

1984 年，国有新浦蔬菜公司下放到新海区管理。1986 年 6 月初，新海区撤销，恢复新浦区、海州区后，国有新浦蔬菜公司划归市专业公司管理。

1986 年 3 月底，新海区与青海省哇玉香卡农场合资兴建全民所有制的海云贸易大厦，1986 年 7 月划归新浦区管理。1987 年竣工，1988 年，试营业。1990 年 3 月正式营业，1994 年底基本停业。1998 年底，全面停止营业。此后，海云大厦又采取承包或租赁方式经营，但成效不佳。

1998～2005 年新浦区商贸服务企业产权改制（含二次改制）情况一览表

表 10－3

企业名称	改制形式	完成年份	企业名称	改制形式	完成年份
连云港设计研究临洪实验室	联营	1998	新浦区临洪招待所	租赁	1998
新浦物资经贸公司	租赁	1998	新浦宏达物资公司	售租	1998
连云港市上海布庄	建有限责任	1998	新浦区饮食服务公司	租赁	2000
新浦双得利贸易公司	承包	1998	新浦区燃料公司	承包	2000
新浦中亚贸易公司	租赁	1998	海云贸易大厦	转让	2001
天鹅商场	转让	2001	良友贸易公司	资产重组	2002
新浦南城供销社	部分出售	2002	新浦区棉麻公司	租赁	2002
连云港市玉龙物资公司	公转私营	2002	新浦富盛商贸公司	公改民营	2003
新浦区人民商场	以资抵债	2002	新浦区粮食仓储公司	国资退出	2003
云台供销社	承包	2002	新浦区粮油贸易公司	国资退出	2003
猴嘴照相馆	资产重组	2002	新浦区南城粮管所	出让固定资产	2003

续表 10－3

企业名称	改制形式	完成年份	企业名称	改制形式	完成年份
浦东供销公司	转让	2002	新浦区商业服务公司	拍卖资产	2003
新浦区地产公司	转让	2002	新浦区棉麻公司	转让	2003
新浦区外贸公司	破产	2002	新浦区蔬菜公司	出让固定资产	2003
新浦区对外经济技术合作公司	租赁	2002	猴嘴集贸市场	出让部分资产	2003
南云台林场花木公司	租赁	2002	新浦区云台供销社	出售部分资产	2003
连云港云台对外贸易有限责任公司	国有股退出	2003	新浦区对外经济技术合作公司	出售	2003
南城供销社	部分资产出租	2003	连云港市云台工贸公司	转让	2004
新浦区人民商场	拍卖部分资产	2003	新浦区购销公司	出让	2005
新浦区供销社酿造厂	破产	2003	连云港市庆丰科学仪器公司	公转民营	2005

第二章 经营门类

第一节 日用百货

清光绪三十四年(1908),海州自开商埠,上海、青岛等地日用百货,经河、海运输进入新浦,转销苏北、鲁南地区。海州人沈仲常来新浦开设生茂永布庄,经营布匹零售业务。

民国初年,鲁南人梁志臣来新浦开设源兴涌布店。其间,隆太圣、复和祥、万圣太等布店和永祥恒百货批发店等相继开张。

新浦通火车后,商业兴旺。利源太、裕隆恒、乾大、鸿祥涌等布庄;义信、华中裕、公大等百货店,鼎丰茂百货批发店及福音鞋帽店等一大批日用百货商店开业。20 世纪 30 年代,中山路等处已有布店 30 多家、百货店 30 多家。永祥恒、鼎丰茂等百货批发店,年营业额近 200 万银元;华中裕、义信、公大、德厚成 4 家零售店,年销售额在 300 万银元左右。

日军侵占新浦期间,日资企业向市场倾销日产棉布、棉纱,棉布业畸形发展,多达 50 多家。较有影响的布店有亿兴公、裕隆恒、利源太、公太等,百货店有鼎大、德厚成等。

抗战胜利后,布业、百货业生意不景气,到解放前夕多已关门。

20 世纪 50 年代初,国营新浦百货公司及城乡供销合作社成立,开展日用工业品一揽子经营。1952 年,国营百货企业以批发为主,扶持私商扩大零售业务。当年底,新浦有私营百货业 56 户、文具纸张业 20 户、绸布呢绒店 46 户、棉花棉纱业 4 户。1953 年上半年,百货公司经营商品 700 多种。1954 年一季度增至 2000 种。同年 4 月,新浦百货公司划分为文化用品、针棉织品、杂货、百货等专业批发部。新浦百货公司及集体百货店经营商品不断增加。

20 世纪 50 年代末 60 年代初"三年困难时期",肥皂、毛线、手表、铁锅及棉布、棉纱制品开始凭票供

图10-1 原华中裕百货店

应。1962年，百货业经营商品4790种，其中凭票供应的为1314种，凭证及记录供应的262种，占零售商品的33%。1963年，部分日用百货免票供应。

“文化大革命”期间，货源不足，日用百货品种比“文化大革命”前减少25%左右。手表、缝纫机、热水瓶、肥皂粉、铁锁、塑料制品，及笔墨纸张、体育用品供不应求，出现排队争购现象。1969年，肥皂、火柴、手表、缝纫机、丝绸、呢绒、化纤布、布胶鞋、线袜、暖水瓶等日用百货重新实行凭证、凭票供应。1970年初，日用百货商品零售品种达5200种，年底增至8500种。

图10-2 市百货大楼商场鸟瞰

改革开放后，日用百货商品供应好转，各种票证逐步取消。兴建的一些大型百货商场和小商品市场，百货经营品种逐年增多，全部敞开供应商品，质量也发生很大变化。传统的肥皂、香皂、硫磺皂逐渐被各种透明皂、肥皂粉、洗发液、沐浴液等替代；传统的火柴，被各式各样的打火机取代；传统的竹壳保温瓶，变为彩色塑料壳或精制铁壳保温瓶取代；各种精制的印花、提花棉纱毛巾取代了传统粗纱毛巾，也取代了一度畅销的腈纶毛巾。各式各样的保温杯、搨花被、箱包、成套的床上用品等新兴日用百货品各大商场均有出售。一般小商品市场所卖的日用百货商品档次偏低，且以小商品为主。大型商场所卖的日用百货质量档次较高。供销合作商业供应各类日用百货达12000多种。

民国37年(1948)10月新浦百货店一览表

表10-4

店　名	店　址	店　名	店　址
福音太记	中山西街381号	义兴永	中山中街168号
大华	中山中街	同顺成	中山路389号
协泰祥	中山中街161号	恒丰和	中山路310号
兆丰	中山中街	源丰裕	中山路360号
同兴昶	中山中街	连记	中山路340号
恒盛	中山路134号	芳记	中山路35号
恒源	中山路165号	福光	中山路345号
大陆	中山中街	恒光隆	中山西街
复生祥	中山西街114号	同丰和记	前河街124号

续表 10－4

店 名	店 址	店 名	店 址
德记	中山路 220 号	同丰	中山路 335 号
福华	中山西街 69 号	荣泰线店	中山中街 150 号
福隆	中山东街 20 号	增泰号	中山路 271 号
永成	中山路 343 号	永德祥	中山路 104 号
复兴成	中山西街 312 号	庆有	中山路 263 号
道生	中山路 377 号	天祥	中山中街
华兴永	中山西街 371 号	华成	中山路 398 号
明志	中山西街	彬记	中山西街 316 号
仁聚昌	中山中街	聚丰厚	中山路 137 号
福记	中山西街	长茂永	中山西街 314 号
仁永昌	中山路 341 号	殿记	中山西街 407 号
致远	中山中街	裕华	中山路 182 号
永利	中山路 140 号		

民国 37 年(1948)10 月新浦钟表店一览表

表 10－5

店 名	店 址	店 名	店 址
享得利	中山路	永得利	中山路
美华利	中山路	华达利	中山路
兴昌利	中山路	新美利	中山路
大中华	中山路	美兴	中山路
伯特利	中山路	华美	中山路
亨德利	中山路	耀记	中山路

民国 37 年(1948)10 月新浦布店一览表

表 10－6

店 名	店 址	店名	店址	店 名	店址
福兴隆	中山路	正记	中山路	源茂	中山路
惠康	中山路	司源永合记	中山路	盛兴	中山路
鸿章	中山路	振隆	中山路	源丰	中山路
华大祥	中山路	复生昌	南极路	德生	中山路
张同兴	中山路	华泰	中山路	泰兴	中山路

续表10-6

店　名	店　址	店名	店址	店　名	店址
义源	中山路	亿兴公	中山路	义丰	中山路
振兴德	中山路	华昌	中山路	永丰	中山路
聚昌永	中山路	同兴和	中山路	兴记	中山路
德泰	南极路	同聚祥	中山路	湘记	中山路
聚源祥	三民路	吉泰永	中山路	庆记染坊	三民路
德和祥	中山路	吉泰	中山路	德隆	中山路
厚昌祥华记	中山路	利丰公记	中山路	合兴祥	中山路
聚兴隆吉记	中山路	和生	中山路	谦祥	中山路
永丰商行	福利昌巷	隆盛	中山路	鸿昌祥	三民路
协记	中山路	仁泰祥	中山路	慎昌	中山路
盛祥公记	中山路	恒源	中山路	裕祥	中山路

1984~2005年新浦区供销社系统主要商品销售一览表

表10-7

品名 数量 年度	自行车（辆）	缝纫机（架）	手表（只）	钟（只）	收音机（台）	收录机（台）	洗衣机（台）	电风扇（台）	电视机（台）	电冰箱（台）
1984	2000	950	2100	460	650	400	100	1400	850	
1985	2100	1000	2250	270	850	650	110	2350	1150	4
1986	1750	750	2050	305	450	850	930	4500	950	55
1987	2300	850	2200	420	750	1100	1150	5500	980	45
1988	1750	1010	1520	650	615	800	2000	5000	1100	350
1989	1210	280	1250	580	350	300	460	2000	390	420
1990	1350	220	1050	700	450	380	415	2750	410	650
1991	1360	200	1100	800	400	280	420	3000	450	600
1992	1500	230	1500	900	400	200	400	2900	500	610
1993	1800	150	1000	850	380	100	380	3300	420	350
1994	1700	110	1200	700	350	20	260	3800	430	200
1995	1326	122	1080	600	200	5	195	4326	320	95
1996	1500	80	1000	750	300	10	160	4000	280	80
1997	1350	80	800	500	300	50	100	2800	150	50

续表 10－7

品名 / 数量 / 年度	自行车（辆）	缝纫机（架）	手表（只）	钟（只）	收音机（台）	收录机（台）	洗衣机（台）	电风扇（台）	电视机（台）	电冰箱（台）
1998	消费品零售额					3500 万元				
1999						3600 万元				
2000						4000 万元				
2001						4200 万元				
2002						4200 万元				
2003						4800 万元				
2004						5000 万元				
2005						5500 万元				

第二节　服装鞋帽

解放前，新浦地区先后仅有美丽鞋店、福音鞋店、美丰鞋帽店、三星鞋帽店、云龙鞋帽店、美华鞋帽店等 10 多家鞋帽店先后销售鞋帽。有天星洋服店等服装缝制兼成衣销售店。

民国 37 年(1948)11 月初，新浦解放。当月，鲁中南贸易公司在新浦设立分公司，开始经销汗衫背心、棉毛衫裤、卫生衣裤、胶鞋、布鞋、皮鞋等商品。

20 世纪 50 年代起，新浦百货公司、大华百货商店等均有成品服装、鞋帽销售。服装面料以棉布、卡其布为主，颜色以黑、兰、灰为主。60～70 年代，国营商店和公私合营商店出售服装，面料大多为凡立丁、的确良、乔其纱、的卡、的平等，颜色多为湖兰、白、水红、灰色居多。

改革开放后，国营、集体、私营、个体服装、鞋帽公司、商店迅速增多。经销的服装品种由主要为单衣发展为单、棉、风衣等男装、女装、童装、休闲装、夹克衫、羽绒服、太空服等。并有胖人服、孕妇服等特殊服装出售。1985 年 2 月 14 日，连云港市体育实业公司体育用品商店在海昌路 83 号开业，经营运动服、鞋帽等批发、零售业务。1988 年，连云港市皮鞋厂金川皮鞋商店在南极路开业。1989 年，全区共有 40 家服装业、22 家鞋业商户。

20 世纪 90 年代起，市场销售服装鞋帽面料质量、款式发生明显变化。并开始出现一些名品专卖店。1991 年 7 月 6 日，连云港市隆达皮货商场在新浦解放中路 56 号开业，主营裘皮服装、皮鞋等。1993 年 11 月 3 日，连云港市海螺服装专卖店在新浦解放中路 77 号开业。1995 年，原新浦区委办公室从事文秘工作的大学毕业生许健下海经商，在新浦海昌路开办“十点利倾城时装精华”店，后又兴办“美丽新娘”婚纱店、“倾城现代男装经典”专卖店。1997 年夏，他在海昌路开办的太平服饰园、专门销售京、沪、汉三大流派名牌女装。1998 年与京港公司合作，在二楼开办名牌时装购物天堂。1995 年 12 月 27 日，森达皮鞋专卖店在海昌中路百达门面房开业。

1997 年 12 月，有“中国鞋王”之誉的康奈皮鞋专卖店在新浦解放中路市百货大楼下门面店开业

(2001年迁至步行中街19－8号继续经营)。1998年,新浦较大的鞋商经营场所——明珠鞋城在解放中路60号开业。主要经营童鞋、女鞋、时装鞋、运动鞋及休闲鞋等各种鞋类。营业面积700余平方米。1999年8月4日,个人独资企业——迎春鞋帽批发城在解放中路原迎春商场一、二楼开业。2000年10月,浙商陶成文经营的"意尔康鞋城"在陇海商业步行街6号楼1号开业。鞋城经营面积1000平方米。分为南北对面两个门面,专营意尔康品牌各款式男女皮鞋。

2001年后,经营服装鞋帽的摊点、商铺遍布新浦、南城市面。特别是2003年陇海商业步行街全面贯通后,进驻商户大多数经营各种名牌或时兴服装鞋帽。同年,在新浦市场路6号开业的连云港主流鞋业有限公司主流假日鞋业专营店,经营劲王、酷牛、银鼎目、思皮尔、涣叉、麦德宝、卡尼奥尼、法尼尔森、奥鹏、希亚骆驼、天泰、猎兽王、帕菲特、全迈王、奥古斯都等名品牌男鞋,及卓诗尼、戈美琪、皇妹、雅迪、珂卡美、跳跳鱼、卡莱莉尔、干履本色、思波儿、金迈王、巨日、印心鸟、狂野分子等多种品牌女鞋。当年,全区有29家经营服装、12家经营鞋业商户开业。2004年,新浦辖区内有安贞美韩国时尚女鞋专卖店等256家服装鞋帽店在区工商局登记注册,其中服装营业户197家、鞋帽业21家、服装鞋帽百货兼营户38户。2005年,全区又有158家服装,鞋帽业商店(柜)在区工商局注册。其中,服装业120家,鞋帽店18家,服装、鞋帽、百货兼营20户。

第三节　烟酒杂货

一、烟酒

清末民初,新浦地区烟酒杂货店大多卖地方产品。期间,新浦市面出售的酒主要是海州洪门酒厂的玫瑰大曲、新浦生泉槽坊酿制的玫瑰牌白酒和翠泰槽坊的白酒。南城镇烟酒店则主要出售当地何、武两家按传统工艺酿造的泡酒和花酒及江、杨、许3家槽坊所产的白酒。市面上所卖的烟多为地产土烟。

20世纪20年代初,英美烟草公司用免费赠吸及降价赊销办法推销"洋烟"。民国13年(1924),新浦私营裕新公司代销英美卷烟,并在附近集镇开设22个代销点,每年销售卷烟150～200箱(每箱5000支)。民国14年(1925),陇海铁路通达新浦后,外地烟、酒进入新浦并逐年增多。

20世纪30年代,新浦家庭卷烟业兴起,地产"进宝""大力士""大花鸟""天坛"等牌卷烟,经销于商店和烟摊上。同时,"富丰隆"等烟叶行在新浦后街、王巷等处开业。民国23年(1934),连云港开港后,新浦商家从上海、青岛采购,经海港输入卷烟502吨。民国25年(1936)达750吨。

民国28年(1939)春,日军侵占新浦,日商从青岛经海轮运进卷烟在市场经销。地产香烟因价格低廉,在市场上仍然畅销。

新中国成立后,烟酒由国营商业专卖。1951年,烧酒由市烧酒专卖处经销,不准私酿和自行采购。新浦烟酒店只能到专卖处批货。市面上经销的酒主要有地产洪门白酒、外地产长白山酒、兰陵美酒、通化葡萄酒等。南京、青岛、徐州等地卷烟进入新浦城乡市场。

1954年,烟酒实行计划产销,酒类销售量受到限制。20世纪50年代,地产的葡萄酒、山楂酒等果酒开始大量面市。1960年,市场白酒敞开供应,曲酒凭证按户供应。1961年,实行高价敞开供应,洪门甲种二锅头平价每公斤1.94元,高价6.98元;乙种二锅头高价每公斤5.9元。各烟酒店和摊贩只经营零售业务。

1955年,全区有私营烟酒零售商200余户。1956年,全区28个居民委员会开办28个合作烟酒店,零售烟酒。经销的香烟主要有外省市的飞马、前门、恒大、中华,省内徐州的红旗、勇士、宝石、红骑兵,淮阴的淮阴、大运河、丰收、华新、经济、丽华等品牌。国营公司将杂货、烟酒业合并经营,销售点遍布各街巷。1957年,新浦区经营烟酒的商贩有坐商23户、摊贩135户。1958年,成立新浦区烟酒杂货合作商店。

1960年,香烟凭票供应。消费者按甲、乙、丙、丁4个等级烟票购买香烟。同年底,白酒凭票供应。区各合作烟酒店烟酒供应计划数量少,并以丙、丁两级卷烟为主,企业经营受到影响。1963年,停止销售高价酒。零售仍定量供应。1965年,烟酒敞开销售。1973年,零售曲酒凭证记录供应,1次限购1公斤。散装曲酒每次购0.25公斤以下不凭证。曲酒供应的品种主要是汤沟、高沟、双沟和洋河生产的各种曲酒,群众称之为"三沟一河"。

改革开放后,原由国营商业经营的烟酒渠道初步放开,新浦地区经营烟酒的公司、商店和个体摊贩发展较快。1979年,中日合资三得利啤酒厂投产,生产的"花果山"啤酒(夏季也有散装啤酒)在新浦市场上敞开供应。

1982年,新浦区劳动服务公司在海连路15号(原盐场医院门面)开办新浦糖业烟酒综合商店,安置待业青年20余人。1983年,该店在海昌南路靠连海路处,增设1个门点。20世纪80年代中后期起,销售烟酒的商场、商店遍布大街小巷。所销烟酒档次明显提高,省内洋河、汤沟、双沟、高沟等酒和川酒、东北人参酒畅销市场。花果山啤酒销售渐畅。期间,新浦地区烟酒市场竞争激烈,国家、集体、私营、个体一齐上,出现了"家家卖服装,户户烟酒糖"的局面。

20世纪90年代中期起,随着群众生活水平和消费需求的不断提高,市面上销售的低档烟酒明显减少,中高档烟酒大幅度增加。中华、红塔山等香烟成为市场主销品种。茅台、五粮液等名酒供求保持稳定增长势头。城乡居民对酒的需求发生结构性变化,低度白酒、啤酒、果酒等酒精含量少的低度酒受到青睐。啤酒销售量超过白酒,"洋酒"陆续在城区登场,且销售量逐步上升。

二、食糖糕点

清末,新浦裕兴祥、裕大生等杂货店已经销食糖。所卖食糖多从青岛、上海进货。

民国初年,新浦裕兴祥、恒慎、裕通等食品杂货店,销售自做糕点。民国10年(1921),经大浦港运进砂糖8000包(每包60公斤),新浦开始销售太古糖,红糖居多。民国18年(1929),山东黄县人金范五,在新浦天后宫东开办稻香村食品店,不仅在上海、青岛、天津等地设"座庄",采购货物,还自设糕点作坊,所产苏式、广式月饼及鸡蛋糕、沙琪玛、饼干、条酥、香蕉饼、蜜三刀等糕点,在海属地区享有盛誉。

20世纪30年代中期至40年代,稻香村、德康等食品厂都在上海、青岛、天津等地设"座庄",或通过外商洋行购进食糖。生意最好时,德康食品店一天销售食糖10多包。40年代后期开业的万康祥食品店,一方面从上海等地进各种食品罐头、各式糖果、沪产奶粉、奶糖、奶油巧克力、奶油饼干等上市销售,一方面销售自己生产的条酥、麻饼、金钱饼、芙蓉果(俗称"大头果子")、白糖果、月饼、杂糖等糕点食品。日商三井、三菱洋行新浦分行,在新浦推销饴糖和东北甜菜糖。三井洋行每月从青岛、上海进食糖数百包,海州、赣榆、沭阳、灌云及临沂一带商号都到新浦批购食糖。至解放前夕,新浦已有数十家经营糕点食品的杂货店,经营地产糕点50多种。

新中国成立初,糕点食品归蔬菜公司经营。1950年,食糖由市百货公司经营。当年,国营新浦百货商店调进食糖33吨,供应市场。区属各烟酒店、食品店,多销售红糖、白糖和糖果。

1957 年,食糖实行计划分配,开始按人定量,凭证供应,居民凭户口簿每人每月供应 0.2 公斤。商店按分配计划进行销售。20 世纪 60 年代初,糕点食品改由烟酒糕点公司经营。1963 年,该公司在新浦开设红旗食品店。其时,糕点食品货源不足,供应紧张。1965 年起,食品糕点品种、数量逐渐增加。食糖开始实行平价敞开供应。1969 年,新浦新增解放桥、胜利、庆丰 3 个食品店。同年,食糖再次实行凭证定量供应。1977 年起,免票供应食糖。

改革开放后,广州、深圳、海南等地糕点食品大量进入新浦市场,地产糕点食品品种、质量、包装明显提高。1980 年,民用白糖再次实行凭证定量供应,行业生产用糖按计划控制销售。1990 年,食糖敞开销售。市场糖果糕点供应进一步改善。20 世纪 90 年代起,市场销售的糖果糕点品种结构发生明显变化,各种高级营养食品、保健食品日渐畅销。经营企业越来越多,除迎春商场、万康祥等专卖糕点食品外,百货大楼、东方大厦等大型商场,都设有糕点食品专部、专柜。区糖业烟酒公司各门市部和各街道烟酒店、私营杂货商店,均销售糕点食品。1998 年 1 月,在新浦海连东路 179 号开业的连云港新国道食品超级交易市场,营业面积 3600 平方米,经营食品类、糖酒类 6000 多个品种。同时,大量外地个体户到新浦开设糕点食品作坊,边生产,边销售。在新浦个体食品糕点市场中,外地个体户占有半壁江山。

2000 年,亚欧工贸集团的小上海糕点厂扩大规模,开办小糕点超市,创造名牌产品。其自产自销的"双鸡"系列食品糕点深受消费者欢迎。2002 年,在全国月饼生产技术比赛中,小上海糕点食品厂获得"优秀奖"。2003 年,小上海糕点食品厂在新浦地区设立 7 家直销点,年销售系列糕点 200 吨。至 2005 年,小上海糕点厂已生产销售烙烤系列、油炸系列、膨化系列、无糖系列、面包系列等 5 个系列 200 余个品种。

三、杂货

清末民初,新浦、南城等地日用杂货店已初具规模。新浦经营陶瓷器的杂货店有同利杂货店(5 间门面、2 万元资金、10 名店员)、恒慎杂货店(2 间门面、10 万元资金、10 名店员),裕通杂货店(3 间门面,2 万元资金、10 名店员)。当时,城镇杂货店(摊)主要经营油盐酱醋和附近土窑烧制的瓦盆、黑窑碗(因碗内外上黑色釉子,故名)、煨罐,以及秫苗扎制的洗锅子、扫帚、成熟葫芦剖开的水瓢之类日用杂品。有的也经营山东、浙江、安徽、江西、河北等地生产的土纸和周边地区生产的烟花爆竹。民国 14 年(1925),山东郯城人杨雨举在新浦中山路(今民主路 150 号)兴办的馨祥酱园开业,该店采取前店后坊、批零兼营的方式,销售自己生产的 40 多种酱菜和近 10 种酱油。在新浦、海州及周边县城小有名气。其生产、销售的"寿星牌"酱油,在 1942 年巴拿马国际博览会上获金奖。

20 世纪 20 年代中期起,随着铁路、公路运输的发展,京、广杂货在新浦市面日渐增多。

解放前夕,新浦有杂货店 94 家,经营不旺。

新中国成立初期,新浦经营陶瓷制品的摊点和商店增多。乡镇供销社主要经营锅盆碗筷、油盐酱醋、煤油、火柴等人民日常生活资料商品。1950 年,新浦地区天庆瓷店在民主路西首开业,专营陶瓷器。至 1953 年,经营陶瓷制品摊点近 200 个,日用陶瓷商店 170 多家。1956 年,成立公私合营新浦土产杂货店,后为供销合作社组成部分。铁锅也划归供销社计划购销。国营商店、供销社及公私合营杂品店,还经销浙江、福建、广东、江西、安徽、贵州、河北等地的纸张。1955 年,土纸经营由市日用杂品公司统一管理,新浦各合作商店、合作小组继续零售。1957 年底,全区有公私合营杂货店 9 户、油盐店 12 户。1958 年,市场开始销售市造纸厂生产的纸张。次年,市造纸厂停产,纸张经营出现供不应求的现象。

1960 年,土纸实行凭票、凭证销售,只保学校、国家机关和宣传部门等重点单位用纸。1962 年,陶瓷器逐步恢复传统流通渠道和经营方式。合作组恢复集体性质，实行独立核算、自负盈亏。陶瓷市场货源充足，花色品种增多，碗、盆、缸、坛、罐、碟敞开供应，价格稳定。但此类杂品质量较低。1964年，市供销社在新浦设立日杂果品公司，专营日用陶瓷器。南极路日杂商店、市化路日杂商店等均出售陶瓷器。1966年，铁锅实行凭票销售。1967年，土纸经营趋于正常，纸质提高。

1971年，取消锅票，杂品商店铁锅经营趋于正常。烟花爆竹销售品种渐多，除小鞭、高升外，还有滴滴锦、穿云哨、钻地鼠、掼炮、白果花、花皮炮、铁鞭等16个品种。

改革开放以后，杂货业出现了全民商业、集体商业和个体户一起经营的景象。城区新浦和各乡镇驻地，日用杂货经营繁荣，品种增多，百姓随时可买。新浦南极北路的民主路至解放路段两侧，及青年路、盐河东路等处有多家个体瓷器店、烟花爆竹店。

此时，城乡市场销售的日用杂货质量也发生根本变化，各种铝合金、不锈钢炊具替代了各种陶质、木质炊具；各类燃气灶、各式电气灶，先后取代了传统的泥制锅腔和各式煤炉。传统的铸铁锅已基本退出市场，让位于不锈钢锅、高压锅等转新锅具。各种规格、样式的塑料盆、铝合金盆、不锈钢盆，先后取代各式各样的瓦盆，陶瓷盆市面也已极少销售。扫地、洗刷用的把子也由原来秫苗扎制品变成了塑料制品。各式各样精制的拖把、瓜刨、厨房用品，各商场、商城及日杂商店、摊点都有销售。

民国34年新浦主要烟酒食品店概况表

表10－8

店名	店址	经营范围	人数
复泰永	中山路中段	糖烟酒糕点	18
稻香村	中山路中段	糖烟酒糕点	16
恒信	中山路中段	糖烟酒糕点	13
同复春	中山路中段	杂货食品	14
复源永	中山路中段	糖烟酒糕点	18
永盛祥	王巷附近	糖烟酒糕点	9
德康	中山路中段	杂货食品	14
恒康	中山路中段	烟酒杂货	10
仁康	中山路中段	糕点食品杂货烟酒	12
德丰	中山路中段	糖烟酒糕点	7
生生孚	中山路中段	糖烟酒糕点	7
仙露芳	中山路中段	糖烟酒糕点	12
鼎茂	中山路中段	糖烟酒糕点	6
永安	电影院巷头	糖烟酒糕点	7

第四节 蔬菜副食品

一、蔬菜

清末，蔬菜经营户基本上是自产自销。新浦周边南城、海州洪门、东海浦南、赣榆沙河一带菜农用车推菜运到新浦出售。城区一些贫民靠沿街挑葱卖菜为业。

民国初年，出现菜行，作为菜农与商贩中介，从中收取行佣。每天进出蔬菜不过百担。

民国22年(1933)周、李、尹、霍四姓在新浦开办菜行。菜行本钱小，设施简陋，有的只有一杆大秤。民国37年(1948)，新浦有顾、郭、张、霍姓等10余家菜行，肩挑卖菜40多人。海昌路西的铁路北(今市百货大楼南)有中央菜场，成为新浦城区蔬菜交易中心区域，老百姓俗称该地为"菜市街"。每天成交蔬菜200担左右。

新中国成立初，新浦有4家菜行和100多个菜贩继续经营蔬菜。供销合作社也兼营干鲜蔬菜。1956年，新浦有干菜摊33户，128人，资金4355元。青菜摊36户，131人，资金361元。当年，新浦4家菜行和100多户菜贩合并成立蔬菜代理行，下设2个蔬菜合作组，另有200多个蔬菜摊、挑户经营。代理行由市饮食公司代管，后归市蔬菜公司管理。初期蔬菜公司不具体经营蔬菜，蔬菜供应仍靠代理行。1957年，代理行改为蔬菜中心店，停收佣金，以代扣税、代储金、代购货等形式，维持个体菜贩正当经营。1958年8月，以蔬菜中心店的菜组和个体菜贩为主，成立新浦区蔬菜合作商店，同时，城区28个居委会及临洪大队各设1个供应点，另设妇幼保健供应点1个、机关食堂供应点2个。将职工分布在每个供应点上，实行独立核算，自负盈亏。区蔬菜合作商店派人入驻蔬菜产区，指导生产，田头收购，并添置100多辆小平车，自己运输。合作菜店实行干鲜蔬菜、肉禽蛋综合经营。当年秋，新鲜蔬菜供应不足，市蔬菜公司从外地购进5万千克霉干菜，100多坛雪里蕻，及时投放市场，弥补供应缺口。1959年，新浦蔬菜合作商店并入市食品公司。20世纪60年代初，市民粮食供应标准较低，副食品供应不足，实行"瓜菜代"，国营蔬菜公司加大瓜菜购销量，市政府在海州郊区及新坝公社、云台公社(今花果山乡)等地扩大瓜菜种植面积。地产蔬菜由市蔬菜公司统购统销。新浦各蔬菜供应点，除海州菜农负责供应外，还按市蔬菜公司调配计划，自行到新坝公社采运蔬菜，分街定点，凭证限量向市民供应蔬菜。1960年，蔬菜经营下放给新浦区，成立新浦区副食品商店，在城区28条街设28个销售点。1961年，撤销副食品商店，设立解放、建国、前河、通灌4个综合型菜场，保持每天供应市民蔬菜人均0.5千克以上。

1963年，新浦蔬菜交易所成立，蔬菜产销双方面议成交。各蔬菜供应点、菜场独立经营、自负盈亏。同年，撤销解放、建国、前河3个菜场。1964年，对冬季食用的萝卜、大葱、大白菜、洋白菜，实行派购，由单位统一按计划到指定产区购买运回，由职工买回家中储藏食用。

"文化大革命"期间，蔬菜供应趋紧，市场再度出现排队买菜现象。大白菜成为市民冬季必储的主食菜。1972年，政府再次采取计划派购措施，由单位从田头把蔬菜运回分发给职工冬储，并且，每千克给予1.4~2分钱补贴。1975年，市区"自由市场"关闭，居民食用蔬菜全靠市蔬菜公司各菜场供应。

改革开放以后，蔬菜供应形势好转，春菜上市逐年提前，秋菜下市逐年推迟。西红柿、黄瓜、花菜、青椒、茄子等品种新鲜蔬菜逐年增多。市场供应蔬菜品种达90个。1980年，市蔬菜公司在市化路26号建设人民菜场，营业面积2025平方米。

20世纪80年代后期，蔬菜市场全部放开。此时，蔬菜公司对市场"管淡放旺"，发挥主渠道作用，销售量逐渐减少。城镇农贸市场不断增加。允许私人长途贩运蔬菜瓜果。1992年6月，市农副产品批发市场在新浦建成投入运营后，东北、山东及南方各省及周边农村生产的蔬菜大量进入区内城乡市场。加之农村蔬菜大棚普遍推广，科学种菜水平提高，新浦地区市场销售的蔬菜，货源充足，品种繁多。各种反季节蔬菜源源进入市场，一年四季均有新鲜蔬菜上市。冬季供应黄瓜、西红柿、韭菜、青椒、豆角等春夏菜已很普遍。

二、水产品

清末民初，新浦为临洪河入海口，带鱼、鳓鱼、黄鱼、马鲛鱼、鲈鱼、比目鱼、狗腿鱼、梭子蟹、对虾及贝类等海产品，应时上市。内河也有小渔船捕捞鲫鱼、鲤鱼、草鱼、家鱼、黑鱼、虾子等淡水鱼虾上街出售。经营水产品的鱼行较多。直至解放前夕，新浦后河底一带仍有常茂永、万兴顺、合兴永等六、七家鱼行；中山路西段有洪源汇、义兴公、华兴东、鸿兴恒、义信大等五大鱼行，从事水产品购销业务。中央菜场和前河底鱼市等处为鱼贩卖鱼场所。

新中国成立初期，私营鱼行改为水产代理行，继续经营。另有42户鱼贩从事水产品零售。后市水产部门也在新浦设门点零售水产品。1956年，以私营水产代理行为主，吸纳40多家鱼贩，在解放路204号成立新浦水产合作商店，负责经销各种水产品。1960年，水产品减少，对居民发放“鱼票”，按人定量供应，春节每人供应鱼500克，平时有咸鱼、鱼干供应，售完为止。20世纪60年代后期，水产品改为凭粮油供应证购买。节日适当增加供应量，由市、区经营部门在居民区设临时销售点，凭证供应。

20世纪80年代起，水产品逐步敞开供应。农贸市场和水产品专卖市场不断增加。1991年，新浦工商部门与市水产公司、食品公司、联运公司联合开设水产品批发市场。1997年，新浦农产品直销市场在海昌南路开业，场内专设水产品交易区。1998年，市东水产品交易市场建成投入使用，进一步改善了水产品交易环境。各农贸市场内均有部分个体商户，直接到养鱼场或港口渔船上购进鲜活水产品，及时进入市场，居民在各农贸市场均可挑选购自己满意的水产品。20世纪90年代后期起，新开业的大型商场、超市，均设有水产品销售区，销售各种鲜活鱼蟹、及各种海、淡水产品。

三、肉食品

清末民初，新浦为海属地区生猪集散地，最盛时有33家转运户，通过盐河、沭河将海、赣、沭、灌等地生猪运来新浦，通过猪行，销往上海、青岛等地。同时，有几家屠宰户，自收自宰，向菜馆和市民出售猪肉。

城区新浦市面上卖猪肉的商户分两种：一种是坐商，有门面房，只卖肉，不杀猪。猪肉来源于屠宰户；一种是自宰自卖户，自家收购生猪，自己宰杀，自己在街面上搭架出售。基本上都是只卖一个早市，过了天晌，若销售不了，便沿街叫卖。遇到节日和天气变化，也会向亲友、邻居派卖。平时，每家一天只卖1~2头猪肉。

20世纪40年代初，新浦有屠宰商10余户。一部分将猪肉和猪下水(内脏)批发给坐商经销。坐商既卖生鲜猪肉，也卖加工好的熟肉品。一部分屠宰仍然自宰自卖。

新中国成立初期，市场上肉类仍由私人屠宰、供应。1950年起，中国土产公司新浦支公司开始兼营生猪收购和调拨业务。1953年，江苏省食品出口公司在新浦设立生猪收购站。1955年8月，新海连食品支公司在新浦成立，同时建成生猪屠宰车间，日宰生猪10余头，按9%批零差率全部提供给私营肉案零售。此时，新浦有30多个私营肉案，每天零售猪肉约200千克。1956年，对资本主义工商业进行社会主义改造，市食品公司将新浦24名私营屠宰商吸收为公司职工，其他私人肉食品商贩转营他业。公司在新浦设9个门市部。自此，肉食品全部由国营公司门市部经营。当年，平均日销售猪肉1000余千克。次年，肉食品平均日销售量1500余千克。

1957年春节起，猪肉开始凭票供应，只限供应点不限购买量。1958年，肉食品按人定量供应，城市居民每人每月 0.25 千克。1959 年,受自然灾害影响,再次压缩供应,城市居民人均年供应肉食品 1.365 千克。1960 年,对城市居民按月发票,计划供应肉食品。春节、元旦、中秋节、国庆节等四大节日,还凭证供应少量猪下水。1962 年,农业生产逐步好转,生猪饲养量增加,肉食品供应紧缺现象开始好转。1963 年,城市居民肉食品定量供应标准,回升到 1958 年水平。同时,有议价猪肉敞开供应。

1968 年,受"文化大革命"等影响,货源不足,肉食品供应再度紧张。城市居民凭票限量只能买到冻肉。1977 年,城市居民人均供应肉食品 22.45 千克,农村人均 6 公斤。

改革开放后,国家提高生猪收购价,农村肥猪出栏率猛增,为保护农民利益,城市实行降价销肉,每公斤由 2.08 元降为 1.94 元,各单位发动职工吃"爱国肉"。1982 年,食品公司按猪肉肥瘦等级在市场销售,优质优价。1983 年,增加肉糜、肉丝、精加工猪爪,实行小包装供应,方便用户。

1985 年,生猪市场和肉食品经营渠道放开,允许个体屠宰户(俗称"小刀手")屠宰和经营肉食品。个体小刀手大量增加,经营多为鲜肉,按质论价。同年 9 月,区饮食服务公司成立合作肉店,自行收购生猪,自行宰杀销售。每天供应市场猪肉 500 余千克。

1986 年,市场供应肉食品实行两种价格:一部分是由地方财政补贴的平价肉,实行凭证定量供应;一部分是议价肉,敞开供应。敞开供应的肉食品还包括制成的猪下水及肉片、肉丝等小包装肉食品。

1987 年 10 月底,猪肉再度实行凭票定量供应。城市粮食定量人口,每人每月供应 1 千克。1989 年,国营食品公司大量生产分割肉及肉类小包装、灌肠、熟肉制品供应市场。

1990 年,生猪销调困难,白条肉严重涨库,国营公司一面扩大外调,一面设法扩大内销,全年两次降价销肉,并倡导有条件企业单位,用部分集体福利购买肉食品发给职工,保持了肉食品市场购销平衡。市场上牛、羊肉销售极少,大多指定为供应当地回民。

20 世纪 90 年代,随着农村经济体制改革不断深化,出现大量养猪、养羊、养牛专业户,农村猪、羊、肉牛饲养大量增加,城镇市场猪肉、牛肉、羊肉敞开供应,猪、牛、羊下水也能随时买到。大中型商场、超市的肉食品卖场还大量销售分割肉、散装肉制品和小包装肉食品。2003 年,市政府实施"肉菜粮放心工程",市场销售的肉食品质量进一步得到保证。

四、禽蛋

清末,市民食用禽蛋,主要靠附近农民上市出售,数量不多,价格便宜。有的兑银,有的换物。也有少数商贩到农村采购,在城区沿街叫卖。

民国年间,有商贩从农村零星收购鸡蛋,批发给商行,销往上海、青岛等地。新浦部分土产商行在附近农村设点收购鸡蛋、鸭蛋,运回出售,或加工成咸蛋出售。

新中国成立初,禽蛋主要靠私商购销。1951 年,国营中国畜产公司新浦蛋品收购组冬春两季派人到灌云、响水、沭阳、东海、赣榆等县设点收购,或委托当地供销社收购,当年收购鸡蛋 17.58 万千克,全部外调销售。城区市民食用禽蛋仍靠从当地商贩和进城农民手中购买。1953 年,市食品公司在新浦设禽蛋收购组,分春秋两季收购禽蛋,协助供销社开展业务。

1954 年,市食品公司开始对市民供应鸡蛋。1955 年,增加活禽供应。1957 年初,市食品公司在新浦建成 1 座 209 平方米的蛋仓,以调节市场供应。

1958 年起,禽蛋收购量减少,市场供应紧张,对城市居民实行凭证限量供应。1959 ~ 1960 年,市食品公司在市郊农村实行派购,开展 4 次"千担万蛋"突击收购活动。1959 年,规定养鸡户每只母鸡交售鸡蛋50个(2千克)。1960年,改为每只母鸡交售鸡蛋12个(0.5千克),当年收购2万千克。1963年,改派购为奖励收购,农民向食品公司交售0.5千克鸡蛋,奖售饲料粮0.25千克,或食糖0.1千克、乙级香烟1包。当年2季度起,食品公司又采取进价加费用计价方法经销,敞开供应鸡蛋。1964年,市食品公司加强活禽收购。每千克活鸡价格相当于猪肉价的70~90%,每千克活鸭价格相当于鸡价的60%。每天可收购活禽100~200只,最多500只,随收随送省食品公司。

“文化大革命”期间,对城镇居民恢复凭证供应鲜蛋。1970年后,市食品公司采取计划收购与工业品换购相结合的办法,全年收购鸡蛋29万千克。1975年,收购鸡蛋30.5万千克。1979年,收购鸡蛋71万千克。

1980年起,城乡集市贸易发展,集贸市场、副食品市场均有活禽鲜蛋出售。市食品公司在春秋产蛋旺季多购进,多储备。只在淡季按每月每人0.25千克标准向城镇居民供应鲜蛋,节日加倍供应。每年3~8月鲜蛋上市旺季、5~11月家禽上市旺季,不组织市场供应。1985年起,禽蛋多渠道经营,全部实行议购议销。1987年起,为稳定货源,保证供应,每年11月份开始,分3个月,对城镇居民凭券定量供应补贴价鸡蛋,议价鸡蛋敞开销售。1990年起,集市贸易进一步发展,禽蛋全部敞开销售。新浦地区各农副产品市场每天都有鸡、鸽等活禽和新鲜鸡蛋、鹌鹑蛋、咸鸭蛋销售。驻区各大超市,每天除有大量新鲜禽蛋供应外,还出售光鸡、分割鸡肉及小包装鸡肉。

第五节 五金交电化工

清末民初,新浦地区所用五金交电化工(以下简称五交化)商品均从上海、青岛等地购买。

民国11年(1922),福利昌车行在新浦中山路(今民主路)西段开业,销售德国“站人牌”自行车。同年,新东电灯股份有限公司自营电灯泡、电线、灯头等电料。民国14年(1925),上海川沙人、木工出生的张松泉在新浦开设长生泰五金店。民国15年、16年,赵德记车行、福恒昌车业相继开业。民国18年,河北冀县人桂树芬开办的萃丰五金店在中山路东段开业。萃丰五金店为四合院,楼上楼下10多间房屋,经营五金用具、交电、油漆、玻璃、化工等商品逾千种,并在上海、青岛、天津设“座庄”,直接采办货物,生意兴隆,响水口、大伊山、板浦、新安镇(今灌南县)等地商家都到此店批购五金、交通、化工商品。民国35年(1946),清江人刘古璜开设的新光大电器行开业。至解放前夕,新浦经营五金电料的大小商店、车行计42家。

解放后,大部分私营五金电料店相继复业。国营商业由百货、土产两公司跨行业经营五交化商品。1949年底,大声无线电修理店和宏声无线电社,以修带卖,专营收音机、扩大器等电讯设备。实行公私合营时,原有7家五金业、9户自行车零件业、2户油漆颜料业、1户电料业加入公私合营新浦五金车料零售商店,属国营市百货商店(1961年5月1日划归市国营五金公司)。1956年10月,中国五金机械公司江苏省新海连支公司在新浦成立,五交化商品归口经营。后各百货商店多设专柜或经营部,经营五交化商品。1981年1月,市红光五交化商场在解放中路开业,专营五金、交电、家用电器、机电产品、化工产品等。1983年1月,江苏省五交化公司连云港分公司在新浦成立,下辖长生泰、公园、幸福路、明东和自行车等5个商店及东、西两个仓库。1988年春,区百货公司成立大光明五交化商场。次年底,设立新浦区五交化站,经营五金、电器、油漆等商品。1990年底,新浦经营五交化商品的大小商店近百家。市百货大楼、华联商厦、东方大厦、轻工商场、振兴大厦等10多家大型商场都专设柜、组，经营五金电器。

20世纪90年代起，新浦地区经营五交化产品的专营商店不断增多，不仅百货大楼、华联商厦、时代超市等大中型商场经营五交化商品，集体、私营和个体五交化商店也蓬勃发展，打破了国营五交化商业的垄断经营局面，形成多家经营格局。所经销的五金、交电、化工商品门类繁多，商品的功能和质量向高档化发展，中高档家电产品，特别是名、特、优、新产品更为畅销。名牌彩电，录像机、音响设备、高档自行车、摩托车、家用电脑、空调等高档耐用商品已成热销产品。

2001年，市五交化总公司开拓经营市场，还开办了专卖灯具的“金三角灯具市场”。2002年，市五交化总公司改为股份制，同时更名为天晟五交化有限公司。当年引进省内家电巨头——江苏省五金集团，投资200万元，将通灌路五交化商场改造为市区规模最大的电器卖场——五星电器。同年，市百货大楼将四楼4000平方米营业场所改作专卖家用电器的“家电大世界”。华联商厦也在其四楼设“家电大世界”，专卖各种名牌家用电器。2005年，全国家电巨头——国美电器进驻新浦轻工商场，经营家用电器。

第六节　燃　料

一、煤炭

民国17年(1928)，新浦永昌和土产商行经营抚顺烟煤。民国19年(1930)，蒲禹峤的中兴公司在新浦开业，经营枣庄煤。同年，聚兴煤栈(今聚兴巷附近)开张，主要经营贾汪煤。民国28年(1939)3月，日军侵占新浦后煤炭由日商“华北石碳株式会社”垄断经营。

抗日战争胜利后，原经营煤炭的商号，陆续复业。

解放后，鲁中南贸易公司新浦分公司开始经营煤炭业务。

1950年5月，中国煤业建筑器材公司徐州分公司新浦经营处成立(为报账制单位，有职工12人)，在和平桥东(今解放东路31号)建新浦煤栈，占地约5300平方米。经营煤炭批发业务。同时，对单位及厂矿、企业生产用煤，按计划供应平价煤。1953年5月，新浦经营处更名为中国煤业建筑器材公司江苏省新海连支公司，为独立核算单位。1954年10月，更名为新海连市煤建支公司。1958年，新浦煤栈迁至解放东路43号。1959年，迁至解放东路38号。其间，市煤建支公司建立新浦煤球厂下设10个门市部，压制煤球、蜂窝煤供应居民。

1964年4月，对城镇居民生活用煤，实行凭证记录不限量供应。对集体伙食单位实行“以人定煤”，凭证记录供应，每月每人供煤15千克。1970年1月，居民生活用煤改为凭证定量供应，以户为单位，以1人户70千克为基数，每户每增加1人，增加煤10千克。同年4月，对单位烧茶水用煤，开始按单位在册人数(含临时工、合同工)每人每月供应1.5千克。

1977年1月起，对浴池用煤开始实行按每百元营业额供煤1200千克标准供应。同年3月，对招待所用煤，开始按每床位每日0.5千克标准供应。当年，对城镇居民生活用煤实行凭证加凭票供应，供应数量调整为1人户每月供应35千克，2人户为40千克，户增1人增加供煤5千克。1980年9月，居民用煤定量标准再次调整：1人户定量60千克，1～5人户每户增加1人，增煤10千克；6～10人户，每户每增加1人，增煤5千克；集体伙食单位用煤，改为以粮定煤，每月用粮500千克以内的，每千克粮食供煤1

千克;用粮1000~2000千克,每千克粮食供煤0.6千克;每月用粮2000千克以上的,每千克供煤0.5千克。对单位烧茶水用煤标准调整为:机关、团体、企事业单位、大专院校,3000人以内的,每人每月供煤4.5千克;3000人以上的,每人每月供煤3.75千克;中小学校每人每月供煤0.75千克。

1984年底起,城区部分家庭开始使用液化气(至1990年底,使用液化气的居民户已达25%),居民用煤量逐年减少。1986年1月,对单位烧茶水用煤标准调整为:机关事业单位每人每月供应烟煤4.5千克,高校每人每月供应烟煤0.5千克。同年7月,对集体伙食单位用煤调整为:用粮1000千克以下的,每千克供煤1千克,用粮1000千克以上的,每千克供应煤0.7千克。同时对集体单位的茶水房、浴室、招待所用煤也作了相应规定,浴池供煤标准,分盆池、大池和不同季节,按营业额予以供应。

1990年,市民生活用煤取消票证,敞开供应。

1993年起,煤炭市场逐步放开。1994年5月18日成立的江苏省连云港市生产资料国际商城内,建有连云港燃料集体开办的煤炭交易市场。至1996年,煤炭全部实行市场经济,个体煤商、煤球厂经营的煤炭涌进市场,城镇居民均直接到煤球厂门市部或个体煤厂购买。

2004年5月,新浦煤球厂及其下属10个门市部进行产权体制改革,职工买断工龄,陆续回家。至2005年3月,前河底第三门市部关闭,至此,新浦煤球厂全部退出煤炭供应市场。

1959~2005年新浦10个售煤门市部分布表

表10-9

名 称	地址
第一门市部	原东天池,后迁至现港师一附小所在地
第二门市部	原大庙港,现新新路
第三门市部	原民主小学东前河底
第四门市部	贾圩
第五门市部	解放桥西首
第六门市部	南极中路,后迁至现五千年大酒店南侧
第七门市部	原市工人文化宫北面巷内
第八门市部	和平桥东首
第九门市部	同兴街西巷内
第十门市部	原市服装厂现市药材采购站所在地

二、石油

民国14年(1925),王书成在新浦陇西街东首开设亚细亚煤油代销店,经销亚细亚煤油公司煤油(民国28年停业),是境内首家经营石油制品的商号。民国17年(1928),外商美孚洋行,在中山路(今民主路)北侧设经销处,专卖美孚煤油(民国23年停业)。民国20年,外商光华煤油公司,在三新街西开设光华煤油行,经销光华煤油(民国26年停业)。民国21年(1933),郝法臣开办煤油公司,代销德士古煤油。

日军侵占新浦期间,日商在新浦开办增兴、三菱、三野、森林等洋行,垄断煤油市场。

抗战胜利后,因交通不畅,煤油来源不足,市场煤油供应紧张。

新中国成立之初，石油被国家列为重点统配物资。国营商业部门从青岛运进煤油，供应市民。1952年10月，中国石油公司徐州支公司新浦供应站成立，在西巄外租赁一旧四合院作为临时储油场所，开始对生产用油实行计划管理。次年8月，在临洪村西北角征地正式建临洪油库。1956年10月，新浦供应站更名为江苏省石油公司新海连支公司。1960年4月，新海连石油支公司与煤业建筑器材经营部合并，组建新海连市煤建石油公司。1961年10月，更名为连云港市煤建石油公司。1967年，机动车辆开始使用汽车加油券。1971年10月，解放路加油站建成，年供油700吨。1978年1月，石油业务从煤建石油公司中划出，成立江苏省石油公司连云港市分公司（解放西路83号）。

1982年，海连路加油站建成。1985年5月，朝阳东路加油站建成。同年10月，开始对工业用油实行定量供应。1988年起，按生产单位和用车企事业单位用油计划予以供应。同年7月，丁字路加油站建成。

1991年，成立连云港市石油公司，公司拥有350米陆河专用线，5500立方米储油设施，可同时装卸两千余吨成品油。

20世纪90年代初，南城加油站建成。2002年10月，重建并投入使用。

2002年4月，新浦朝阳路加油站建成。进一步方便了过往车辆加油。

第七节　建筑材料

一、木材

清末民初，新浦地区木材均为私人经营。民国10年（1921），森泰木厂（现"六一"幼儿园址）开业，经营南方木材。民国17年（1928），永昌和木行（龙尾桥西北）大宗经营东北木材。民国20年（1931），协泰木行在新浦设立分号联泰木行，经营南北两方木材。民国28年（1939），三益锯材厂（现陇东社区处）开业，从事原木加工业务。民国37年（1948），建生竹木行开业，经销南方原木和毛竹。

解放初期，鲁中南贸易公司新浦分公司成立，为稳定木材市场物价，恢复发展生产，国营商业开始控制木材等主要物资的经营。

新中国成立后，木材被列为国家统购物资，市煤建石油公司在解放东路43号建立木材仓库1座。1954年，中国木材公司徐州支公司新浦营业处成立，专营木材业务。1956年起，木材实行按计划供应，优先供应工、农业生产用材，适当供应市民生活用材。

改革开放以后，木材销售以计划调节为主，辅以市场调节，计划外木材供应量渐多。1984年起，木材市场逐渐形成多渠道、多层次、少环节、开放式的流通局面。1985年起，个体和集体木材商户大量进入市场竞争，木材基本敞开供应。

20世纪90年代起，市木材批发市场（海昌南路418号）、连云港市生产资料国际商城木材交易市场及其福连、隆鑫、兆文、云森、静水、宏伟、林海、建军、兴林等9家木材经营（销）部先后在新浦地区建成投入运营，新浦地区木材交易空前活跃。90年代中后期起，城镇居民购置成套家具渐多，居民购买木材的越来越少。

二、金属材料

20世纪20年代末至40年代末，新浦翠丰、长生泰、赵德记、永昌等五金行兼营小型钢材。当地所用大、中型钢材，多从上海、青岛、徐州等地采购。

1950年，钢材被国家列为计划管理物资。1953年，生铁、钢锭、铜、铝、锌、锡、铜材等也被列入计划管理范围。1962年，市调剂公司在市民路64号，利用一个旧车间建立1座金属材料仓库。次年迁至新农路2号。

1964年开始，金属材料的经营由连云港市综合公司金属科负责。

1971年起，对钢材、铜锭、生铁、铜、铜材、铝、铝材、锌、镍等11种计划管理金属材料实行平衡分配。市下达给新浦区的产品计划所需金属材料，由市安排解决；其他项目所需金属材料，经市综合平衡后下达指标，计划供应。市下达给新浦区的金属材料分配计划，由新浦区各需用单位填报规格、品种、订货卡，经区政府汇总后报市金属材料公司，市公司完成市内平衡后，汇总上报省金属公司，并派员参加省、国家组织的订货会，落实品种、规格、数量和交货时间，签订供需衔接合同，组织催调。7月，市综合公司金属科并入市物资公司金属科。次年3月，在物资公司金属科基础上组建连云港市金属材料公司（解放东路50号）。1978年起，计划外金属材料逐年增加。市金属材料公司在新浦设立金属材料门市部，销售计划外金属材料。1980年6月，市金属材料公司在新浦设中国金属材料公司连云港供应站，负责中央各部和省厅、局驻连企事业单位的金属材料指标的划拨、供应。至1988年，在新浦的市金属材料公司门市部销售钢材4645吨，有色金属材料23吨。

1990年起，钢材敞开供应。

连云港市国际商城建成后，在解放路东旁的钢材市场、铝型材市场先后开业，主营钢材和各种铝型材。2005年，连云港市四方钢材有限公司年成交额达1.5亿元。

三、装饰材料

改革开放以后，装饰材料作为一类新型建筑材料而逐步被推广使用。新浦地区装饰材料商店、商场（商城）及兼营装饰材料的商户日渐增多。

1986年，市场出现一批经销贴墙纸、贴墙布、釉面砖、外墙砖、马赛克等产品的装饰材料商店。1989年10月31日，连云港市康祥工贸公司在新浦南极北路98号开业，主要经营建筑装饰材料。同年12月5日，经营装饰材料的连云港市金海粮油公司综合贸易部在新浦民主路361号开业。1990年，新浦民主路138号装潢商店、解放中路204号的锦艺家具装潢商店等先后开业。同年7月31日，连云港市经济适用住房发展中心综合经营部在新浦区葵花街中段开业，经营装饰材料。

20世纪90年代初起，房产开发业发展加快，且由出售成品房变为卖毛坯房，带动了装饰材料市场发展。1993年，市生产资料公司率先经营陶制品。振兴集团兴办建材市场经营木地板、釉面砖、陶瓷马赛克等装饰材料。随后，市电化厂塑料装潢板材经营部（解放中路69号）、市建筑材料总公司的玻陶分公司（解放东路56号）、名苑室内装潢商店（海昌路14号）、新浦区建材装潢经营部（海昌路9号）、市新宇实业公司（东方大厦9楼）、新浦华信经贸公司（站南路14号）等一大批经营装饰材料的公司、商店先后开业。90年代中期起，在坐落于新浦解放东路的连云港市生产资料国际商城内，已有相对集中的金三角建筑装潢市场、建筑装饰交易市场、陶瓷建材交易市场、装饰城等经营建筑装潢材料。

1997年7月,国际商城内装饰材料市场管理委员会,对商城内的装饰材料市场实行统一规划、统一决策、统一招商、统一收费。先把“皇都”改为陶瓷市场,振兴集团装饰城改为木制品市场。同年,占地1.3公顷的金三角装饰城及占地2000平方米的金三角灯饰城先后开业。灯饰城经营广东、上海等地产的节能灯、筒灯、天花板灯、厨卫吸顶灯、镜前灯系列灯饰品千余种。

1998年,专营陶瓷制品装饰材料的万隆陶瓷率先从振兴集团装饰城搬进调整后的陶瓷市场。

1999年,建于国际商城内的温州装饰城正式投入营运。

进入新世纪后,解放东路经营装饰材料的各市场经营场地,先后由玻璃钢大棚改建为室内市场。同时,位于海连中路的万家欣装饰材料市场,坐落于新浦火车站附近的天诚建材有限公司,位于通灌南路、主营装饰材料的聚友贸易有限公司,坐落于昌盛路、主营装饰材料的百泰贸易有限公司相继开业。至2005年底,新浦地区经营装饰材料的商户已由20世纪90年代中期的40多户,发展到近300户。仅国际商城内各专业装饰材料市场就有百余户。其中,80%为来自福建、浙江、山东、广东等省的个体经营户。

市场经销的装饰材料,初期的为木地板、釉面砖、陶瓷马赛克、PVC扣板、三合板等低档材料。20世纪90年代后期,贴墙纸、贴墙布、复合地板、实木门、复合门、钢木门、亚克力浴缸等各种门类质地优良、美观典雅的装饰材料替代了低档材料。

四、其他建筑材料

解放前,新浦的翠丰、赵生记、永生、长生泰等五金商店(行),兼营水泥、砖、瓦等建筑材料。

1950年,水泥被定为国家统配一类物资,玻璃、油毛毡、石棉瓦、沥青等为部管二类物资。砖、瓦、黄沙、石料等大宗建筑材料属三类物资,由市政府计划管理。同年5月,建筑材料,由中国煤业建筑材料公司徐州分公司新浦营业处负责分配、管理。企事业单位和个人凭计划划拨单直接到市大成砖厂、制瓦厂购买砖瓦。同年,供销合作社开始收购少量芦苇(柴),1952年,在新浦等地设立芦苇收购站。1957年,芦苇分规格收购。5市尺(每市尺合0.33米)以下为建筑用柴。1959年,国家将芦苇列为二类物资,由商业部门统一收购,每年由全国专业性会议平衡分配,按计划调拨。

1952年,厂部设在新浦的新海连市采石厂成立,负责全市的采石生产和销售。1957年成立的南城、云台采石厂,所采石材,除主要供应治淮工程和水利建筑外,也供应企事业单位和个人用户。1958年秋起,区内采石厂归市采石公司统一管理。

1973年起,域内各企事业单位建设所需砂石材料由市沙石公司统一分配。

改革开放以后,市场全面放开,砖、瓦、水泥、柴、玻璃、油毛毡和石材、黄沙等均可在市场自由选购,不受限量。

第八节 医药医疗用品

清光绪年间前,新浦地区只有串街郎中替人看病兼出售中草药。清光绪三十一年(1905),新浦第一家中药店——阮天成分店在大街开业。

光绪三十四年(1908),美国人慕庚杨到海州传教,行医看病,西药开始传入新浦。

民国初,坐落于老大街中段的天成药店开业,经营中草药、中成药。民国12年(1923),河北人氏孔仲安在新浦老大街东段开设的海属地区规模最大、药材品种最多的三和兴药店开业。民国19年,经营西药的华东大药房、中英大药房先后在新浦中山路开业。民国23年,江都人钱仁山和盐商合伙投资3000元,在中山路开办中西大药房,不久,改由钱仁山独资经营,并将药店改名为中南仁记大药房,批发、零售药品、小型医疗器械、玻璃仪器和卫生用品,兼营中成药等。此为新浦第一家专业西药房。民国24年,蒋玉书在新浦中山路开办大华药房,出售西药。同年,孔南凯的同庆和中药店在新浦中山路西段路南侧开业。在民国26年前,中美、中南、大华3家西药店(房),批零兼营,代售上海、天津、广州等地厂家医药,同时出售英、美、日、德诸国名牌药品;三和兴中药店经营药材达2000多种,常用药材400多种,还自制多种膏、丸、丹、散供应市场。

日军侵占新浦期间,日商开设"山崎""松尾""石井公济堂"三个药房,大量倾销日产药品,民族医药业遭到严重摧残。1940年,云台人杨敬斋在新浦中山路开办万善堂药店。

抗日战争胜利后,民族医药商业有所复苏。1946年,先后有陶俊东的陶同德中药店在中山路东街北首开业、戴晓觉药店在中山路开业。戴晓觉药店以中医外科为主,接待门诊,同时用祖传秘方自制膏药,自用,亦对外出售,其膏药名扬海属地区。

解放前夕,新浦有中药店10家,西药房12家。

1950年,国营山东新华制药厂在新浦菜市街设立销售点,经营自产的蛔虫丹、十滴水、止咳糖浆、苏打片、磺胺嘧啶片及药棉、纱布等(不久即停业)。同年,新浦有私营西药房15家。

1953年下半年,国营新海连贸易公司在新浦设立西药专柜,经营西药。1954年,中国医药公司徐州支公司在新浦民主路原中南药房旧址,开办新海连药房,招收职工10余名。原国营新海连贸易公司的西药专柜业务并入新海连药房,统一经营。1956年7月,新海连药房升格为徐州医药分公司新海连支公司,统一管理中西药、医疗器械的经营。同年,三和兴药店、大华药房等中西药店全部实行公私合营。1958年,新海连医药支公司改为新海连市医药公司,新浦地区公私合营医药商店与国营医药零售门市部经营的中西药品、医疗器械、化学试剂、玻璃仪器等批发业务统一由国营商业经营。同年,医药经营业务由商业局划归卫生局管理。新海连医药公司改为江苏省医政管理局新海连二级站。同年,人民药店在解放路开业。人民药店药品全部由新海连二级站供应。并在公私合营三和兴药店的基础上,建立中药加工厂,生产丸药供应市场。

20世纪50年代以后,新浦地区各医药商店增加避孕膏药具品种的销售项目,并逐年增多。

1970年以后,国家免费供应各种常用的避孕药具,新浦地区各个医药商业网点免费发放供应。发放品种从4~5个发展到21个品种。1983年以后,转为计生部门发放。

1979年,医药采购供应站划归新成立的市医药局领导。此后,在新浦设立10个经营部。

1984年7月10日,南城药店划归连云港市医药站管理。12月24日,连云港市中药材贸易货栈在新浦成立。

1985年1月24日,连云港市医药、药材贸易货栈在新浦成立。5月7日,连云港市医药工业公司供销经营部在新浦成立,属全民所有制性质,定员30人,独立核算,自负盈亏。主要经营中西药品、医疗器械,兼营各种电器产品。5月28日,市医药公司与三环医疗器械服务公司联合成立连云港市康复医疗器械经营开发公司,属全民性质,独立核算,自负盈亏。经营医疗设备、康复器械、科学教育仪器和家用保健器械、电器等。

1986年11月15日,连云港市康复医药商店在新浦解放中路135号成立,经营中西药品、医疗器械、化学试剂、玻璃仪器等。

1987 年 6 月 2 日，康泰医药商店与人民医药商店的医疗器械、化学试剂、玻璃仪器专柜合并，同时，康泰医药商店更名为“连云港市医疗器械、化学试剂、玻璃仪器商店”。经营医疗器械、化学试剂、玻璃仪器材等。1987 年以后，市医药局在新浦设立三级批发经营部，向新浦地区医疗单位批发药品。

1988 年，市新药经营部在新浦成立。经营部先后组织召开了西安杨森、天津史克、上海施贵宝、无锡华瑞等公司的新药推广会。聘请市内外医疗单位主治医师、药剂主任为新药经营部顾问，介绍新药疗效。当年，新药经营部年销售额为 200 多万元，1990 年达到 687 万元。到 1990 年，共召开得乐冲剂、三九胃泰、强力宁、尼莫地平、慢肝灵等数十种新药推广会。

1992 年 11 月 21 日，连云港医药保健品经营部在新浦海连中路 56 号开业。1993 年 1 月，连云港市器化玻璃经营部在新浦成立，主营化学试剂、玻璃仪器、医疗器械，兼营中西药品零售，保健品代购代销。1995 年 1 月 10 日，市医药管理局，首批颁发《医药经营（零售）企业合格证》。新浦地区的人民医药商店、大华药房、三和兴药店、南小区医药商店、器化玻商店药品柜、大庆路医药商店、东方医药商店、华联商厦药品柜等企业获得合格证。3 月 6 日，新浦地区兴隆商场药品柜、市医药供销公司医药商店获得第二批合格证。6 月 2 日，连云港永泰医药器化玻经销站在解放中路 36 号成立。主营医疗器械、玻璃仪器、化学试剂，兼营中西药品、保健药品、日用化学品、烟酒、五金、日用百货。7 月 20 日，天晴大厦商场增设药品零售柜。零售化学原料、药制剂（不含针剂）、中成药、保健品。10 月 5 日，经营医疗机械的新浦华阳物资经营部在民主路 279－12 号开业。1998 年 1 月 19 日，连云港康达医药保健品商场在解放东路 153 号开业。2 月 26 日，新浦龙河北路增设益民医药保健品商场、陇西路（原市公安局对面）增设国信医药保健品商场。4 月 29 日，市医药站在新浦朝阳西路 148 号设立连云港仁和药店，在大庆路临洪中学旁设立保健品商场大庆路分部药品柜，在通灌南路设立天宝药店，在解放东路 234－3 号增设市中药学校药品零售网点，5 月 4 日，康缘制药有限责任公司在新浦海昌南路 58 号设立康缘大药房，零售中药饮片、中成药（限康缘公司产品）。2000 年 10 月，苏兰大药房在宁海乡宁海街 88 号开业。

2002 年，天宝药房、天济药房、仁和药房等 27 家医药零售商店和 1 家医疗器械维修部在新浦地区开业。2003 年，天天好药品超市、广济大药房、中正药店等 19 家开业，其中有 1 家是兽药经营部。2004 年，有东方德仁堂大药房、生源大药房、延寿堂药店等 20 家在新浦地区开业，其中有 2 家兽药店，2 家经营避孕器械。2005 年，有康欣大药房、万全堂大药房、南城吉祥大药房等 11 家在新浦地区开业，其中有 2 家兽药店，1 家经营医疗器械。

至 2005 底，新浦地区共有药房（店）94 家。

民国 37 年（1948）10 月新浦药品商店一览表

表 10－10

中药店		西药店	
三和兴	中山路	大华药店	中山路 144 号
同庆和	中山路	中英大药房	海昌巷头
名道药号	中山路	国泰大药房	中山路
仁安堂	中山路	永业大药房	中山路
协和成	中山路	中美大药房	中山路

续表 10－10

中药店		西药店	
吉顺泰	中山路	华东大药房	中山路
高善除	中山路	大生大药房	中山路
宏盛和	中山路	新生大药房	中山路
戴晓觉	中山路	礼德大药房	中山路
陈同德	中山路	中华大药房	中山路
新新大药房	中山路	天安大药房	中山路

2005 年新浦地区药店（房）一览表

表 10－11

名　　称	地　　址
连云港市老百姓药品零售有限公司	解放中路 22 号 112－114 号门面
连云港市新浦区东方德仁堂大药房	解放中路中德商场 8－7 号
新浦区新达药房	解放东路制革厂宿舍区门面房
连云港市新浦区德仁堂大药房	解放中路 7 号（新一佳超市一楼东门）
连云港市新浦区开心人大药房	解放东路 185 号
连云港市新浦区仁和药房	解放东路 162－2 号
连云港妙济堂医药零售有限公司	解放西路
连云港市新浦区福源大药房	解放西路 61 幸福家园 1 号楼 2 号门面
连云港市新浦区市东社区开元大药房	解放中路 6 号水岸峰景 01 幢 106 室
连云港市新浦区天正药房	苍梧路 7－2 号
连云港市新浦区新海社区知蜂堂药房	海连西路 3－18 号综合楼门面房一层
连云港市新浦新华大药房	海连中路港利大厦商场 2 号
连云港华联商厦有限责任公司华联大药房	海连东路 1 号华联商厦 1 楼
连云港市新浦天济药房	海连东路 37#西首
连云港仁济大药房	海连东路 41 号盐场医院综合楼西单元西第二间
连云港市新浦区东江药房	振大超市内
连云港市新浦恒辉药房朝阳路分店	朝阳中路 10 号楼西单元
连云港市新浦区生源大药房	朝阳中路 87 号
连云港市瑞康大药房	扁南街朝阳路 B 楼
连云港市天泰大药房有限公司	朝阳西路 46 号
连云港新力大药房有限公司	朝阳西路北常乐新村 C－9#一层 4 号门面
连云港市新浦区同安堂药房	朝阳西路新电光明小区 B－8 号楼 6 号
连云港恒瑞大药房	南极南路都市花园 4 号门面房
连云港市新浦区健平堂大药房	南极南路新世纪花园 4 号楼 17－2 门面
连云港市新浦区海南社区善信堂药房	南极南路 127－30 号门面
连云港市新浦恒辉药房	海昌南路 422－1 号一楼门面房
连云港市国瑞堂大药房有限责任公司	海昌南路 119－22 号海南小区 18B 楼底层从北向南第 8 间
连云港市瑞芝堂大药房有限公司	海昌南路 37－6 号门面
连云港市瑞芝堂大药房有限公司第一分公司	海南小区 21B 楼门面
连云港市博士大药房有限公司	海昌南路兴业小区 AM－23 号
连云港市天泰大药房有限公司华泰药店	海昌南路 57－13 号

续表10－11(1)

名　　称	地　　址
连云港市新浦区天天好药品超市	海昌南路49号(市消防支队朝阳路门面房)
连云港市老百姓药品零售有限公司	解放中路22号112－114号门面
连云港市新浦区艺北社区政和药店	海昌南路61－12号
连云港市华东大药房	通灌北路中德商业广场D9－D11号
连云港正源大药房有限公司	通灌南路6号
连云港市博瑞大药房有限公司益生堂药店	通灌北路123号
连云港市新浦天瑞大药房	通灌北路39号(时代超市三楼)
北京同仁堂连云港药店有限责任公司	通灌南路国安商贸城3－5号－层
连云港市瑞芝堂大药房有限公司第二分公司	通灌南路219号
连云港市新浦区巨龙社区金典药堂	通灌南路140－80#
连云港市新浦区扁北社区冯卫大药房	通灌南路75号兆隆新村A－5号楼底层门面108室
新浦区百信药房	通灌南路369号九龙城市乐园28号楼一层东1号门面房
连云港市新浦恒天缘大药房	青年东路67号门面
连云港市新浦区宏信大药房	青年路34－2号
连云港市新浦万全堂大药房	青年西路52号
连云港市新浦恒天缘大药房第一分店	公园新村7号楼109号
连云港市新浦裕康福药堂美明大药房	大庆东路6－1号101门面
连云港市新浦裕康福药堂	大庆东路极美苑A－4－12号门面
连云港市新浦区天德药房	大庆西路麻纺小区东排一号
连云港恒源大药房有限公司	大庆西路22－A17号
连云港市新浦区富强社区仙寿堂大药房	大庆西路42－1－7、42－1－8
连云港市新浦区常乐社区福生大药房	大庆西路27号
连云港市瑞康大药房西苑药店	西苑路7－5号
连云港全泰堂大药房有限公司	幸福路4号(黄海度假村东侧)
连云港市新浦区欣宇大药房	常乐新村D组团12号
连云港市新浦区镇海社区金色年华大药房	镇海路38－3－2
连云港市新浦区蔷薇社区安平药房	人民东路39号鑫园商住楼底层39－12号门面
连云港祥瑞医药有限责任公司	人民路新站花园5号楼
连云港市新浦区沈圩社区众仁大药房	沈圩桥农贸市场A－8门面房
新浦区沈圩社区众友大药房	沈圩桥农贸市场A号楼底层4号
新浦区百信药房	新新路178－10号
连云港市新浦区国安堂大药房	海宁小区建宁路17－7号
连云港市新浦圣格大药房	建设东路70－8号
连云港市新浦区康辉药房	建南路(南小区管委会对面)
连云港市老百姓药品零售有限公司	解放中路22号112－114号门面
连云港市新浦区康安堂大药房	光辉路众兴城公寓6号门面
连云港市新浦区天福堂大药房	陇海东路77号楼－1－121号
连云港市新浦区恒润药房	繁荣街19号楼
连云港众康大药房有限公司	龙河北路128号
连云港市新浦区广场社区华顺药房	龙河南路振兴公寓D号楼一单元101室
连云港市云台天和大药房	兴隆路26号(苍梧生活广场A排10号)
连云港市天泰大药房有限公司泰和药房	郁洲南路12号家得福超市一楼(大门东侧)
连云港市新浦区靖源大药房	郁洲南路88号香溢世纪花城10－14号

续表 10－11(2)

名　　称	地　　址
江苏海王星辰健康药房连锁有限公司连云港大润发店	郁洲北路与陇海东路交叉口(大润发超市内)
连云港市新浦区巨龙社区振康药房	巨龙南路 58 号
连云港市新浦区徐伏记药房	巨龙南路 22－1 号
连云港市新浦区恒祥药房	巨龙南路 34 号楼门面 5 号
连云港市新浦区巨龙社区安心大药房	海连东路 56 号温哥华小区门面房东首第二间
连云港市国瑞堂大药房有限责任公司学院路分公司	学院南路 28 号金秋情缘 13 号楼 1 号门面
连云港市新浦区恒信大药房	东盐河路 9 号颐和花园沿街商住楼 87 号
连云港市新浦区浦河社区禾田药房	解放东路浦河东路 2 号
连云港市新浦区云台农场永兴和大药房	云台农场东山路 148 号
连云港市新浦区南云台林场苏欣药房	南云台林场九岭管理处南岛路北侧连徐高速西 50 米
连云港市新浦区和平大药房	云台农场普山路(农场中学南 50 米)
连云港市新浦区云台乡丹霞药房	云台乡丹霞村(村委员会东侧)
连云港市新浦安康大药房	南城镇中大街供销社南侧
连云港市新浦区呈祥大药房	南城镇新大街 45 号
连云港市新浦区南城镇吉祥大药房	南城镇新大街 136 号
连云港市新浦区凤凰社区康乃兴大药房	南城新大街 134 号
花果山佳讯大药房	花果山乡花果山北路 129－1 号
连云港市新浦区花果山乡健佳大药店	花果山乡花果山北路(乡政府南侧 30 米)
连云港市新浦区花果山乡万盛大药房	花果山北路 30 号
连云港市新浦区花果山乡康旺大药房	花果山乡当路村花果山南路 138 号
连云港市新浦区花果山乡民康药房	花果山乡小村大队门面房第 10 间
连云港市新浦区宁海乡苏兰大药房	宁海乡街道 88 号(乡政府对面)

第九节　文化用品

解放前,新浦有振兴文具店、江顺堂、海文书局、德平书店、奎元书店、德发书店、艺文书店、德康永书店等商店经营中外文具、书籍等文化用品。

解放后,原私营文化用品商店大部分恢复营业。

1950 年 4 月,中国百货公司新浦分公司成立,公司设专柜经营文化用品。1955 年 8 月,新浦文化用品公司成立,专营文化用品。新浦、南城街面上也有百货店、杂货店兼营文化用品。1956 年 1 月 18 日,新浦 11 家文具店实行全行业公私合营,成立“公私合营新浦文具零售店。”有职工 19 人(其中,劳方 5 人,资方 14 人)。商户票选徐希善为经理。该社先后易名为“新浦文化教育用品社”“新浦文化用品商店”。“文化大革命”中更名为红星文化用品商店(今民主中路 219 号),时为全市最大一家专营文化用品商号，经营笔、墨、纸张、账册、各类乐器、体育活动器械、各种球类、靶纸等数百种文化用品类商品。

1965年前后，经营小百货、小五金、小文具的“三小门市部”在新浦南极北路大众饭店附近开业。后两次迁址至民主路178号和民主路201号。其文具柜负责人张建萍经营的文房四宝等小文具特色鲜明，店堂书香气十足，一时名享誉新浦。

1980年，个体经营的文化用品商店“文华轩”在海连路上黄海影剧院东门北侧开业。牌匾“文华轩”为爱新觉罗·溥杰题写。该店于1994年迁至新浦民主中路217号，经营面积100平方米，经营文房四宝及书画。

1991年3月22日，集体企业新浦新华文化用品商店在盐河东路开业。1992年7月30日，集体企业连云港市宏扬体育用品商店在新浦通灌路246号开业，注册资金3万元，主营体育、文化用品。7月31日，全民企业连云港市总工会职工文化书社在南极路219号开业，注册资金5万元，经营书刊、报纸、杂志文化用品、体育用品等。9月3日，全民企业连云港市新华贸易公司在新浦民主路152号开业，注册资金27.9万元，经营书刊、音像制品及设备等。

1993年2月8日，集体企业新浦绿草原教学设备物资公司在新浦解放中路98号开业，注册资金50万元。经营学生课桌、教学设备、辅助设备及仪器制造销售。3月25日，全民企业连云港市金鹤贸易公司书画装裱经营部在新浦海连中路49号开业，注册资金2万元。经营字画装裱、古字画、图书修复、室内外装潢等。6月3日，集体企业新浦凤鸣渔具部在民主路176号开业，注册资金10万元，经营进出口鱼料、鱼竿、鱼钩、文体用品、玩具等。6月16日，集体企业新浦艺海书画院在海连西路10号开业，注册资金20万元，经营文化用品、工艺品、名人字画、陶瓷玉器等。12月29日，全民所有制的连云港风雅艺术发展中心在新浦海连东路开业，注册资金30万元，主要经营书刊、画册、封面插图设计等。1997年7月，个体户王同霞在新浦陇海商城开办的“天天文具”商店开业。经营各类办公用品、学生学习用品、文化体育用品等，经营面积100平方米。8月，个体户孙从喜投资2万元，在新浦民主路184号开办晨光文化用品奖品商店，经营奖品和文化用品。1998年，集体企业新浦聚盛源体育文化用品经营部（海昌北路149－3号）、市新恒达贸易有限公司（青年路153号）、个体户周玉霞开办的连云港市新浦区民主捷宝办公用品商店（民主路中路188号）等文化用品商店先后开业。

2001年11月14日，王秋童创办的红楼文化办公会计用品公司在新浦海连东路35－2－8号开业，营业面积70平方米。经营各类办公用品、会计用品、学生用品、体育用具。

2002年7月2日，个人独资企业新浦金贝少儿用品商店在新浦苍梧路龙河大厦开业，注册资金4万元，经营国内版图书、电子出版物、文具、玩具文化用品。10月21日，自然人控股企业连云港市通乾商贸有限公司在新浦青年路9－3号开业，注册资金50万元，经营文化用品、办公用品等。

2003年1月16日，全民所有制企业连云港市天弩体育用品商店，在新浦海连东路市体育局楼下开业。经营体育器材、体育用品、体育服装等。12月12日，经营旅游物品、文化用品、办公用品、办公自动化设备的连云港市海之旅旅游有限公司星期天假日俱乐部，在新浦朝阳西路光明超市三楼开业。

2001年至2005年底，新浦地区先后开业的个体文化用品的商店达31家

1955 年新浦私营文化用品商店一览表

表 10－12

文具店名称	地址	经理
新大文具社	民主路 208 号	徐希善
振兴文具纸号	民主路 137 号	况子英
艺文书社	民主路 217 号	李子衡
德平书店	民主路 531 号	冯德屏
永兴文具店	民主路 130 号	许敦高
文化文具社	民主路 511 号	张建萍
春明文具社	民主路 182 号	王如元
德发书社	民主路 465 号	张继发
江顺堂文具笔墨店	民主路 446 号	孙万江
广益文具店	民主路 397 号	王锦荣
勤生文具局	民主路 179 号	夏德美

第十节　金银珠宝

从民国 24 年(1935)淮阴人许寿炳到新浦开办“中孚银楼”开始,到 1948 年 11 月初新浦解放前夕,新浦地区有大小银楼 21 家。其中较大的银楼有“老天宝”“金城”“天森”“严兴”“兴和”“三宝”等。各银楼以为客户加工金银饰品为主,兼金银回收、买卖。民国 36 年(1947),国民党 74 师在孟良崮被中国人民解放军打败后,部分被释放的俘虏兵途经新浦时,把随身携带的金银器在各大银楼兑换现钞做路费,新浦各银楼生意一度兴隆。

解放后,新海连特区军管会立即整顿市场,制止黄金、银元计价流通。规定以北海币为计价货币。同时,成立北海银行新海连支行,开展金银的收购工作。民国 38 年(1949)6 月,特区政府根据《华东区金银管理暂行办法》,组织银行、公安机关严厉打击金银黑市买卖,取消个体银楼。

新中国成立后,新浦无金银珠宝销售店面。20 世纪 50 年代后期,民间银匠铺有所恢复,但仍以为顾客加工银镯、银耳环等为主。

“文化大革命”中,金银珠宝首饰被当“四旧”处理。

改革开放后,新浦地区开始出现金银首饰销售业务,且日趋兴盛。1985 年,中国人民银行连云港支行在新浦解放中路 53 号营业楼下门厅内开设金银制品销售部。此为改革开放后连云港市第一家开业的金银制品销售商户。接着华侨商店在新浦海连东路 46－6 号开业,经营黄金饰品、珠宝翡翠、古董玉器等。到 1990 年底,市百货大楼、连云港百货商店、工农兵商场、市工艺商场、华联商厦等均设立专柜销售金银首饰、珠宝玉器等。

1991 年起,新浦地区开始出现个体私营金银首饰、水晶珠宝商店,金银珠宝市场日趋活跃。当年,个体经营的连云港市荣华水晶礼品有限公司,在新浦解放中路原市第一招待所南墙门面房开业,此为新浦地区第一家水晶店(后迁至陇海商城,2001 年迁至现址通灌北路 55－5 号),经营天然水晶及项链、手链、雕刻件、把件、天然水晶印章料和眼镜等水晶制品。1992年4月3日，集体企业连云港市金龙珠宝商店在新浦银河购物中心开业。1993年10月，金龙珠宝商店与泰国艺全集团有限公司合资，成立中泰合资连云港金艺珠宝有限公司。年底迁址于海昌北路135号。1996年，化工部化工矿山设计院在朝阳西路51号开办珠宝店，经营金银饰品和珠宝玉器等(2003年该店迁至海州区光明小区)。1997年5月，晶之恋礼品店在新浦解放中路开业(该店于2003年3月迁至海连中路11号，并更名为“水晶之恋”)，经营各式水晶项链、手链、挂件、眼镜等。

1998年，中国人民银行连云港市支行金银制品销售部改制为私营企业，并更名为连云港市广源金银珠宝有限责任公司广源金店。经营黄金、白银及金银饰品、珠宝玉器、各式金银纪念币等。

2001年11月，江苏通灵翠钻连云港分公司进驻新浦陇海商业步行街中街2－218号，营业面积100平方米。2002年1月1日，金盛元(珠宝)翠钻有限公司(简称“金盛元”)在陇海商业步行西街1－105号开设专营店，注册资金100万元，主营黄金、铂金、钻石、玉器、红蓝宝石、G750金系列、珍珠、银器等各类饰品，营业面积300余平方米，一楼为钻石大厅，二楼为黄金、玉器、铂金、珠宝大厅。9月30日，连云港千年翠钻珠宝有限公司(简称“千年翠钻”)，在陇海商业步行中街4号楼开业。营业面积105平方米，注册资金102万元。经营贵金属、珠宝、饰品及相关金银、珠宝物品、工业品设计等。2004年，金永恒金店在陇海商业步行街开业。

2005年1月，坐落在陇海商业步行街西街、市建设银行北门面楼下的连云港铭洋珠宝有限公司上海老凤祥银楼专营店(简称“老凤祥”)开业。经营黄金、白银、K金、铂金钻石、珠宝玉器、金银纪念币、工艺品等。当年，营业额即达600万元。11月24日，注册资金50万元的连云港仙源有限公司在新浦兴隆路18#楼4单元201室开业，主营水晶制品等饰物。

第十一节 电子产品

民国34年(1945)，山东蓬莱人刘开方到新浦开办中友电业。民国38年(1949)，浙江绍兴人章敏镖在新浦开设大声无线电维修站。同年，苏州人龚荣滨在新浦开设宏声无线电社。均以修带卖，经营收音机、留声机、扩大器等。

20世纪50年代，新浦地区只有新海连市百货公司、车站百货商店、大华百货商店等国营商贸企业销售电子产品。

20世纪60年代初，市五金公司在新浦成立，主营电子商品。1961年，市无线电厂生产的“黄海”牌六管交流电子管收音机，在新浦市场开始出售。1962年，市五金公司将电子元件等商品交由物资局下属物资调剂公司经营。60年代末至70年代初，新浦地区市场上开始经销半导体收音机和黑白电视机。1970年，市五交化公司出售黑白电视机20台。翌年出售电风扇15台。

改革开放以后，各种家用电子产品销售量逐年上升。1978年，五金公司出售电视机331台，电风扇343台。同年底，新浦区少年之家在解放路77号开办字画电器服务部(1980年改名为华声商店，修理兼经营电子产品)。1979年，市无线电厂生产的“迎春”牌751型七管晶体管收音机在新浦市场上开始销售。1980年，连云港市电器厂、国营七七八厂连云港分厂组装生产的黑白电视机进入新浦地区市场。当年，市五金公司销售电视机2651台。1982年达4671台。

1983 年至 1984 年,市广播电视台以分期付款方式向市场销售武汉产的鹦鹉牌、苏州产的孔雀牌黑白电视机和上海产的金星牌彩色电视机。1984 年,市五交化公司用外汇购进彩色电视机 1000 台,投入市场,很快销售一空。该公司当年销售电视机 3105 台、洗衣机 334 台、电冰箱 66 台、电扇 7679 台。1990 年,该公司销售彩色电视机 22110 台,洗衣机 15218 台,电冰箱 11971 台。同年,黑白电视机在新浦地区市场上基本退出。20 世纪 80 年代末,港城第一家专营家电产品的连云港市电子商场,在解放西路 89 号开业。经销熊猫、孔雀、虹美牌电视机和上菱、航天、香雪海系列冰箱、冰柜及各种洗衣机、电风扇、录像机、空调等。至 1990 年底,新浦有 70 余家商户经营电子产品。

20 世纪 90 年代起,新浦地区经营电子产品的商户日渐增多,销售的电子产品门类逐渐增多,产品档次明显提高。1991 年 6 月 5 日,市广播电视服务公司在解放中路 135 号开业,经营电子元件、电视和播音器材。9 月 6 日,北京云鹤(连云港)经济技术发展公司在海昌路 38 号开业,主营电子元件。1992 年,苍梧路上经营计算机及其配件的连云港市东江贸易公司,坐落于海连东路 145 号、经营电子元件等的连云港盐业鸿达实业公司先后开业。1993 年,坐落于解放西路 89 号的连云港市华菁电子贸易公司、坐落于扁北街的连云港市众诚科工贸实业公司、坐落于银河购物中心 2 - 2 - 14 号的连云港市明星电脑公司先后开业。1994 年 4 月 18 日,艺北路 3 - 1 号的新浦远东物资贸易中心开业。经营电子产品。1996 年 4 月 30 日,新浦远健电子器材经营部在海连东路“七一六”宿舍区附近开业。5 月 20 日,连云港市远方促销有限公司在通灌南路金城公寓三楼开业。12 月 9 日,坐落于陇东路 76 号的新浦恒通信息贸易部开业。其间,电子产品销售企业,除经营一般电子产品外,已开始经营计算机、传真机、复印机、摄影机、微波炉等。1999 年,市东方大厦销售彩电 1260 台、冰箱 821 台、空调 1660 台、热水器 647 台、微波炉 1116 台、计算机 498 台、摄像机 692 台、照相机 856 台、手机 1682 只。年销售额达 3000 余万元。

进入 21 世纪后,辖区内电子产品销售势头继续上升。2001 年至 2005 年,新开业的电子产品销售商户近 40 家。至 2005 年底,新浦地区经营电子电脑产品商户达百余家,并相对集中在国安电脑城、龙河电脑城、陇海电脑城、华联电脑城、振兴电脑城中。并有国美电器、五星电器、苏宁电器等大型电器商场先后开业。此外,中央百货、东方大厦、时代超市、新一佳超市、农工商超市、华联大厦、文峰大世界、万润数码港和高翔数码广场等大中型商场、超市均设有专门楼层、柜面自营和出租,经营电子、数码商品。

第十二节　农业生产资料

一、肥料

20 世纪 50 ~ 70 年代,供销社在引导和帮助农民采草、种田菁积肥的同时,抽出专人收购田菁种和青草,田菁种收购价每千克 0.5 元。为鼓励农民种草绿肥,供销社印发红、绿卷供出售田菁种的农民到供销社优惠购买紧俏的工业品。

20 世纪 50 年代初,供销社受政府委托开始计划供应化肥。当时进口货源不足,销量极少,每年仅销 10 余吨。自 20 世纪 60 年代初起,每年约销售化肥 100 余吨。品种主要有氯化铵、磷肥、钾肥和复合肥等。20 世纪 70 年代,经营品种增加到近 10 种,每年销售近 1 万吨。

20 世纪 80 年代,化肥为农民购买生产资料的主要品种,销售办法也由原生产队集中购买变为一家一户自行购买。为方便农户购买，供销社开展拆零销售、预约登记、送货上门、服务到户等便民措施。

1990年以来，化肥经营品种10余种，其中以进口尿素、复合肥、天津氯化铵等优质化肥最受农民欢迎。供销社通过组织外购、外采，年经销各类化肥2万吨。

二、农药

1952年，六六六粉化学农药和喷粉器、喷雾器等农药械开始推广，由供销社受政府委托代办手续。20世纪60年代、70年代，经营的化学农药主要有六六六粉、滴滴涕、赛力散、西力生、硫酸铜等；农药器械主要有喷枪、喷粉器、喷雾器3种。20世纪80年代后，棉田面积逐年扩大，化学农药需求量日益增加，品种也愈来愈多。1990年，全区供销系统经营的化学农药主要有敌敌畏、乐果、多菌灵、久效磷、辛硫磷等25个品种。2000年以后，经营的品种主要有毒死蜱、梧宁毒素、甲基对硫磷等近30个品种。

三、农用机械

供销合作社经营的中小农具有整地、播种、积肥、施肥、灌溉、收割、打场、仓储、运输、园艺等16类。主要品种有犁、耙、播种机、杈、锹、镰刀、水车、筐、锄头、粪桶、笆斗等。1978年以后，农村推行联产承包责任制，中小农具一度紧缺，供销社大力组织货源，保证了供应。此后，随着农业机械化程度的提高，供销社经营的中小农具品种、数量逐年减少。

四、农用薄膜

1958年，域内开始引进农用薄膜，用于早稻、棉花等农作物的育秧、育苗试验。1958年至1965年，农用薄膜由农业生产资料公司归口负责；市农业部门负责农用薄膜需求计划的申报和使用技术指导。"文革"期间，农用薄膜经营渠道被冲乱，形成多渠道经营。

1980年起，农用薄膜改归农业部门分配，供销合作社经营。

农村推行家庭联产承包责任制后，农用薄膜的购买、使用、保管除部分集体单位外，大部分落实到农户。20世纪80~90年代，全区供销社每年销售、供应农膜10余吨。1988年销售35吨。此后，由于市场多头经营，农户购买渠道扩大，供销社农膜经营量逐渐减少。2005年仅销售10吨。

五、桐油

解放前，桐油主要由集镇私营油漆店经营。1950年起，国家对桐油实行统一管理、统一分配。1953年，桐油主要供应修船、中小农具、造漆以及工业用油。1954年，桐油由油脂公司经营，1958年1月，由粮食油脂部门所经营的各种工业用油（桐油、红油、本红油等）油料、加工用油等移交供销合作社经营，自此桐油一直由供销合作社按国家分配计划经营。

20世纪60年代，区供销社每年销售桐油不足1吨，供应相当紧张；70年代，供应量增加，年销售量增长至5吨左右，供需基本平衡；80年代，由于多种油类产品的出现，桐油市场受到冲击，需求量大幅度下降，至20世纪90年代初起，供销社基本退出桐油经销。

六、竹材

解放前，竹材市场主要由私营工商业者经营，价格随行就市。1951年起，基层合作社逐步经营竹材，价格由供应单位根据市场需要自定。1952 年，供应小竹 15 吨。1956 年，国家对竹材实行计划分配供应，至 1974 年，供应量逐年增加，当年供应 50 吨。1974 年以后，竹材货源增加，且部分用竹量大的项目被金属、塑料等制品取代，供销社竹材经销量减少。1985 年后，竹材市场逐渐放开，各基层供销社销售量逐年下降，直至停止该项业务经营。

七、防汛物资

供销社从建社开始，就承担区域内防汛物资储备、供应任务。主要品种有草包、筐、扁担、铁锨、麻袋、铁丝等。20 世纪 60 年代，储备 1 万余元防汛物资，70 年代、80 年代，储备防汛物资价值增加至 2 万余元。2000 年以后，防汛物资储备、供应方式由供销社自身储备转变为组织市场储备。2005 年，落实市场储备编织袋 5 万余条、圆木 2 万余棵，毛竹 3 万余根等。

1984～2005 年新浦区供销系统主要农业生产资料销售一览表

表 10－13

品名 / 数量 / 年度	化肥（吨）	农药（吨）	农膜（吨）	中小农具（万件）	喷雾器（架）
1984	5500	60	16	2	2000
1985	3000	30	17	3	1100
1986	5500	35	14	1.1	1200
1987	7000	40	13	1.8	1400
1988	7000	65	35	1.9	1500
1989	11000	70	16	2	1200
1990	20000	70	11	1.6	1500
1991	22000	72	12	1.7	1550
1992	35000	80	15	1.7	1600
1993	66000	100	14	2	1200
1994	80000	85	15	1.8	1200
1995	90200	65	10	2	1000
1996	78000	80	15	2.2	1800
1997	70000	75	17	2.5	1700
1998	72000	75	20	1.9	2000
1999	50000	70	18	2	2000
2000	40000	75	15	1.8	500
2001	42000	72	15	1.8	1900
2002	40000	68	13	1.8	1200
2003	38000	68	12	2	1100
2004	30000	80	11	1.6	1000
2005	23000	70	10	0.5	400

第十三节 烟花爆竹

1949年至1955年,区内烟花爆竹大部分是农民自产自销,城镇居民烟花爆竹一部分是私营商户从外省市购进,一部分是从农民小作坊购进销售。1956年以后,烟花爆竹由供销合作社、合作商店和合作小组以及国营商业部分零售商店经营。20世纪60年代、70年代,经营品种比较单调,只有小鞭、高升、掼炮等12个品种,年销售额在1万元左右;80年代、90年代,随着居民消费需求增长,烟花爆竹的品种逐渐增多,主要有烟花类的喷花类、旋转类、吐珠类、线香类、小礼花类等,花炮类的快引鞭炮、牛口鞭炮、铁鞭、行鞭等。2000年以后,随着市场放开,个体经营户增多,供销社烟花爆竹经营量逐年减少,到2005年底,只有个别门点零星经营。

第十四节 棉花

1955年,全国实行棉花统购。南城供销社受东辛农场、云台农场以及五图河劳改农场委托,负责收购其生产的棉花。1956年,实行按预购合同发放预购定金制度。1957年,进一步落实棉花统购政策和留用棉每个种植户最多不得超过1千克皮棉的规定。

20世纪60~80年代末,南城、云台、花果山、宁海等供销社棉花收购分别为灌云县和连云港市棉麻公司委托代购,并支付预购定金。代购供销社按规定提取手续费。

1962年,自新棉上市起,每收购50千克皮棉,按规定奖售外,再增加售给糖750克,卷烟6盒。

20世纪80年代,供销社组织培训检验人员,购置棉花检测器,通过品级检验合理定级,按"优棉优价、优棉优用"政策正确定级。自1984年新棉上市起,棉花收购奖励改为按比例奖粮、边收购边奖售,取消自留棉换购,凡向国家交售一至七级棉花一律按统购棉加价,奖粮、奖化肥。1986年新棉上市起,地产棉花加价比例由"倒三七"改为"倒四六",即40%按统购价、60%按超购价。区供销社收购的棉花全部交市棉麻公司,分级检验。

1993年起,区棉麻公司按国家定价接收各基层供销社收购的新棉,并按收购金额结算给各收花单位手续费,同时对棉农奖售化肥。

2001年,区棉麻公司关停,至此,各基层供销社停止新棉收购。

第十五节 废旧物资收购

解放前,新浦已有人经营回收旧物资业务,时称收荒货。收荒货者既收购废旧金属器皿、旧书、估衣,又捡拾废纸、破布、碎棉絮、杂骨及废旧金属等,而后卖给经营商贩。

1950年,市黑铁业手工业合作社在新浦成立,专营收购废铜废钢铁。1952年起,废钢材收购由供销合作社经营。1955年起,所有废旧物资回收业务,统归供销合作社经营。城乡个人收购、捡拾的废旧物资，一律由基层供销社收购。

1984 年 3 月，市拆船公司在新浦市化路 48 号成立。该公司通过拆船回收废旧金属和物资。同时，坐落于新浦海昌路 242 号的连云港市物资综合总公司的拆船再生公司也经营拆船及废旧金属、报废汽车、报废机电设备的回收、加工利用业务。该公司拥有储存和销售库场 10000 平方米，常年经销各种汽车旧零配件，各种旧电机设备、各种型号规格的废旧钢材。

1988 年，新浦区成立废旧物资回收公司，先设于民主路西段原振泰旅社院内，后迁至解放东路。收购的废旧金属纳入市计划。回收的废旧书报等废旧物资自行销售。当年总营业额 20 万元。

20 世纪 80 年代后期，出现回收废旧物资的个体户。至 1990 年底，新浦地区有废旧物资回收个体户 7 户，从业人员 21 人。

1991 年 8 月，市燃料集团在新浦解放东路 18 号建立连云港市物资再生利用拆船总公司和连云港市再生资源交易市场，从事报废汽车、报废机电设备、废旧金属回收利用和拆船业务。当年底，新浦有废旧品专业市场 1 个，城乡集市贸易废旧品成交额 10.54 万元。废旧物资收购个体商户 1 家，从业人员 3 人，注册资金 0.5 万元，年营业额 5.2 万元。1992 年，新浦有废旧品专业市场 1 个，新浦城乡集市贸易废旧品成交额 11.32 万元。1993 年，新浦有废旧物资收购个体商户 3 户，从业 6 人，自有资金 1.2 万元，年销售总额 8.4 万元，商品零售额 7.1 万元。有废旧品专业市场 1 个，城乡集市贸易成交额 64.4 万元。1994 年，新浦集市贸易废旧品 56 万元；有废旧物资收购个体商户 3 户，从业人员 6 人，自有资金 1.4 万元，年销售总额 8.1 万元。

2002 年，新浦区废旧物资回收公司收购废旧物资、废旧钢材 1100 吨，价值 100 余万元。2003 年，收购废旧物资、废旧钢材 1200 吨。2004 年收购废旧物资、废旧钢材 1000 余吨。

至 2005 年底，新浦区废旧物资回收公司尚在企业改制中。

1984～2005 年新浦区供销社系统废旧物资收购一览表

表 10－14

品名 数量 年度	废铁（吨）	废铜（吨）	废铝（千克）	废锡（吨）	废橡胶（吨）	废棉（吨）	破布（吨）	废麻（吨）	废纸（吨）	废塑料（吨）	杂骨（吨）
1984	22	0.8	0.35		9.5	0.2	6.5	2	60	6.5	16.5
1985	38	0.7	0.45	5	7.5	0.4	6	1.5	72	1.6	12.5
1986	30	0.65	0.31	2	4.5	0.4	5.5	1	75	2.7	7.5.
1987	31	0.95	0.36	2	3	0.3	11.5	1.1	150	55	5
1988	31.5	0.5	0.27	65	2	0.9	2	0.6	85	0.9	2
1989	20	0.55	0.335	12	4.5	0.2	0.7	0.5	65	5.1	1.5
1990	20	1.3	1.1	18	2	0.3	0.2	0.3	61.5	3	1.5
1991	26	1	1.5	5	2.5				65		
1992	30	0.8	1	6	1.8	停收			70		
1993	40	1.1	1.8	4	2.8				90	停收	
1994	60	1.5	2	3	3.5				110		

续表 10－14

品名 数量 年度	废铁 (吨)	废铜 (吨)	废铝 (千克)	废锡 (吨)	废橡胶 (吨)	废棉 (吨)	破布 (吨)	废麻 (吨)	废纸 (吨)	废塑料 (吨)	杂骨 (吨)
1995	78	1.8	3	5	3				120		
1996	80	1.5	1	4	3	停	停	停	130	停	停
1997	60	1.1	1.6	2	2.6				130		
1998	70	1.5	2	1	2.2				135		
1999	80	1.6	3	0.8	1.8				140		
2000	100	2	3.5	2	2				150		
2001	110	2.1	1.6	1.5	1.6				150		
2002	80	1.9	1.8	1.9	1.2				155		
2003	90	1.2	2.2	2.6	1.5	收	收	收	150	收	收
2004	100	1	1.5	1.8	1				155		
2005	95	0.8	2.8	2	2				160		

第三章　经营场所

第一节　商贸中心区

清末民初，新浦区已成为苏北、鲁南地区物资交流中心，时有“苏北小上海”之称。但直至20世纪的70年代末，新浦地区的商贸中心区只有今民主中路一处。其间，市第一百货商店、大华商店、长生泰五金店、馨祥酱园、生庆公茶社、三和兴药店等主要商贸、餐饮服务企业都集中在此街。

图10－3　20世纪90年代初市百货大楼营业厅

1956年，市第一百货商店从民主路迁至解放路(今解放中路)后，此路两旁相继出现果品大楼、水果门市部等商店。“文化大革命”10年中，此路建设发展受到影响。改革开放后，东方大厦、迎春商场、红光五交化商店、轻工市场等规模较大的商店先后在解放路建成开业。市第一百货商店于1985年进行改造，将原平房营业房重建为楼房，并改称连云港市百货大楼，更带动了整个解放路的发展，商贸业日渐兴旺。到20世纪80年代中期，解放中路已形成新浦地区的一个新的商贸中心区。

20 世纪 90 年代中期起，新浦地区开发建设步伐加快，市、区两级政府通过招商引资，大力发展第三产业，新浦地区又出现通灌北路、海昌北路、解放东路、龙河广场 4 个商贸中心区。至 2005 年底，新浦地区已有民主中路商贸中心区、解放中路商贸中心区、陇海商业步行街商贸中心区，以及以时代超市、苏宁电器、文峰大世界、五星电器、陇海商城为主体的通灌北路中心商圈，以华联商厦、振兴大厦、龙河商城、龙河电脑城、华联电脑城等为主体的龙河广场中心商圈，以连云港生产资料国际商城为主体的解放东路中心商圈等六大商贸中心区。

2005 年新浦地区大中型商场一览表

表 10－15

企业名称	开办时间	营业面积（平方米）	营业地址
连云港中央百货	1952	36000	新浦解放中路 59 号
迎春商场	1981	700	新浦解放中路
红光五交化商场	1981	700	新浦解放中路
东方贸易大厦	1986	6600	新浦解放中路
物华商场	1987	2000	新浦通灌路
五星电器	1988	5000	新浦通灌北路 76 号
供销大厦	1988	3000	新浦南极北路
振兴大厦	1988	4800	新浦海连东路
工艺美术商场	1988	957	新浦通灌路
国际双厦	1989	1600	新浦通灌路
轻工商场	1989	2000	新浦解放东路
华联商厦	1990	14000	新浦海连东路 1 号
陇海商城	1994	8400	新浦通灌北路 222 号
龙河商城	1997	25000	新浦海连东路 6 号
苏果超市	1998	800	新浦南极北路
万家乐购物中心	1998	30600	新浦通灌北路
九龙大世界	2004	10000	新浦通灌北路
苏宁电器	2004	4000	新浦通灌北路 128 号
农工商超市	2004	13000	新浦盐河北路 23 号
文峰大世界	2004	30000	新浦通灌北路 118 号
汇金购物广场	2004	100000	新浦解放中路 22 号
红星美凯龙国际家居广场	2005	39000	新浦人民路 66 号

第二节　农副产品市场

解放前，南城有柴草、蔬菜市场。新浦城区菜市街、鱼市巷等地有自发形成的蔬菜市场。在海昌路西侧、原铁路北建有中央菜场,市民所需蔬菜、鱼肉、禽蛋和副食品到此选购。

1950年,新浦前河底、建国路、菜市街3处有农贸市场。1954年,实行粮食统购统销,个体商贩参加合作组,农副产品市场不复存在。

1960年,南城中大街设农副产品市场。1961年6月,城区新浦设立前河、通灌、解放、建国4个集贸市场,时称“初级市场”。1963年撤销解放、建国、前河3个市场。

“文化大革命”初期,市场缺乏管理,有些商贩离开市场,在街道两旁摆摊设点,自发形成一些路边小市场。

1975年10月,农副产品集贸市场先后被关闭。

图10-4 沈圩桥农贸市场

党的十一届三中全会后,农贸市场逐步恢复。1977年秋,在新浦北郊向阳大队(今沈圩村)开放向阳市场。1978年3月,新浦城区开放市东、新海、浦南3个农副产品集贸市场。1979年8月,浦南市场从南极路迁建于海昌路南首。同年,花果山地区的大村建成一占地320平方米、设有105个摊位的农贸市场。至年底,新浦城区已有12个集贸市场。

1981年,云台乡驻地凌州开办集贸市场。同时,城区农副产品集贸市场建设步伐加快。位于新浦西首玉门路与解放西路交汇处的工农兵市场建成开业,市场总长约525米,室内营业门点150平方米、露天摊位700个,为经营蔬菜、豆制品、肉禽蛋、水产品、干鲜果品、小百货和烟酒的综合市场。1982年秋,增建市东、市化路、文化宫、盐河桥4个农副食品市场。1983年,开放花果山乡农贸市场牲畜市场。1984年至1985年,区工商局先后投资160万元,在盐河东路(今大庆东路)海昌路以东路段建玻璃钢瓦顶棚、设400个摊位的农民进城经商一条街,及一个农副产品批发市场;一个粮食市场,在盐河路的南极路至海昌路段,形成一个总面积7005.4平方米(其中,室内面积514平方米,顶棚覆盖5691.4平方米)的浦南集贸市场。为当时新浦地区最大的综合性集贸市场,市场内共有1500个摊位(房),并设有停车场,服务台、黑板报、广告牌、照明灯、自来水等设施。每日上市交易农副产品8大类,500多个品种。

1985年7月,西自文化宫,东到新浦长途汽车站北门的文化宫农副产品市场迁至和平桥头,更名为和平桥农贸市场。后市场又迁至老火车站广场东的解放路南侧。同年,花果山乡新建市场300多平方米。至1986年底,全区有12个农贸市场和1个周末集贸市场,年成交额达2624.5万元。

1988年,南城镇兴建2000平方米的农贸市场。其中,玻璃钢瓦顶棚市场154.2平方米。

1990年3月,总投资150万元的西小区西苑市场动工兴建,次年8月15日在西苑路10号建成开业。市场内设蔬菜、水产、禽蛋、肉类、烟酒、小百货等300多个摊位,实用面积2735平方米。为全市第一座全封闭厅楼式集贸市场。至1990年底,全区有8个农贸市场、6个季节性瓜果市场。

1991年2月8日,新浦浦南农贸市场被省工商局命名为1989~1990年度江苏省文明集贸市场。11月27日,艺北农贸市场建成开业。艺北农贸市场原为马路市场,经新浦工商局与新海水产公司商定,水产公司利用自己闲置的场地,投资33万元建成大棚式市场,交路南工商所管理。市场占地2800平方米,其中顶棚面积1500平方米,室内面积900平方米。当年即有33个国营、集体单位、55个个体户和

368 个进城直销蔬菜的农民入驻，经营蔬菜、肉禽蛋、水产、百货等 8 大类数百个品种。同年，云台农场农贸市场建成投入使用。市场占地面积 692 平方米，为平房与玻璃钢大棚结构，内设摊位 100 多个。

1992 年 6 月 1 日，由连云港市工商局兴办的、占地 5.3 万平方米的连云港市农副产品批发市场在新浦海宁路与瀛洲路交汇处、龙尾河西岸建成投入使用。

1993 年，新浦区工商局与市水产公司、食品公司、联运公司分别联办了水产品、肉禽蛋等市场。同年，由连云港市振兴实业集团有限公司投资兴建的振兴农副产品交易市场在瀛洲路与建设路交汇处西南角建成开业。该市场占地面积 10 万平方米，其中营业用房 2.8 万平方米，彩瓦钢架大棚 2.6 万平方米，混凝土经营场地 3.7 万平方米。总经营面积 105386 平方米。配有 80 吨电子地秤、电脑监控系统等各类服务性设施。为经营肉类、淡水鱼、卤货、豆制品、腌制品、禽蛋、海干货、炒货、粮油、果品等为主的大型综合性批发交易市场。为 2000 余人提供了就业机会。同年，新浦建成振海集贸市场和新海中学集贸市场。

1995 年 10 月 25 日，位于新浦沈圩桥西侧、大浦河南岸的沈圩桥露天农贸市场开业。1996 年初，连云港市蔬菜活禽直销市场（简称直销市场）于海昌南路竣工开业。市场占地面积 9438 平方米，建筑面积 3398 平方米，总投资 550 万元。市场东、南两侧为两层建筑。西侧局部 3 层，中间建有 3750 平方米钢骨玻璃钢瓦大棚。市场内分 15 个交易区，设摊位 526 个，摊位总长 1026 延长米，另有营业房 76 间，商住户 16 套。主要经营蔬菜、水果、海干水发货、水产品，牛、羊、猪肉、豆制品、半成品、卤货熟食、调味品、禽蛋、南北货、副食品等。1996 年 7 月 15 日，南路直销市场、西苑市场、艺北市场、新新市场等 4 个市场开始实行蔬菜直销。首批获得市工商局、市交警支队核发《蔬菜直销通行证》的郊区 600 名菜农进入直销市场，并享受免缴直销管理费和减半摊位费的优惠，为农民进城打开一条“绿色通道”。

1998 年 9 月 26 日，由连云港市资产经营公司和市百货总公司投资兴建的全市第一家股份制室内大型副食品市场——万家乐购物中心在通灌北路建成开业。该购物中心占地 1 万多平方米，使用面积 1.4 万平方米，内设 25 个经营区、595 个摊位、全玻璃营业用房 80 间、副食品超市货架 300 组。经营蔬菜、水产、肉类、海干货、粮油等 10 多大类逾 2000 种。同年，市东肉禽水产品交易市场和巨龙南路农贸市场建成。2000 年 10 月 9 日，新新农贸市场临时迁至沈圩桥露天农贸市场。

2001 年 11 日，沈圩桥农贸市场开工建设。该市场为室内市场，占地 2.2 公顷，总建筑面积 2.6 万平方米。2003 年 3 月 28 日建成开业。市场内有固定摊位 400 多个，门面房 150 间。沈圩桥露天农贸市场同时取消，商户进入室内市场。

2004 年 10 月，由江山房地产开发公司投资兴建的江山农贸综合批发市场开始试营业，2005 年 6 月 10 日正式开业。该市场位于大庆西路 26 号。经营面积 5000 平方米，主楼 5 层，为厅楼式全封闭市场。经营大棚内设有近 300 个摊位，主要经营蔬菜、水果、肉禽蛋、水产品、豆制品、粮、油等。另有多间门面房和楼房出租。

至 2005 年底，全区共有正规农副产品市场 15 个，另有前河、沈圩路、南小区光辉路、常乐新村、第一池、文昌路、葵花街、大村街、南城等多个露天马路市场。农副产品交易繁荣。同年，市农副产品批发市场交易总量达 190 万吨，成交额 26 亿元。振兴农副产品交易市场年成交额 13 亿元。蔬菜活禽直销市场年成交额 4 亿元。连云港市蔬菜活禽直销市场被评为江苏省文明市场。

2005 年新浦地区主要农副产品市场概况表

表 10－16

市场名称	地址	经营面积(平方米)	开业时间
市农副产品批发市场	致富路 18 号	30682	1992 年 6 月
市蔬菜活禽直销市场	海昌南路 108 号	6800	1996 年春
振兴农副产品交易市场	云海街浦南中心路	5600	2005 年 9 月
沈圩桥农贸市场	新新路 188 号	28100	2003 年 3 月
西城综合农贸市场	大庆西路 22 号	7000	2003 年 6 月
江山农贸市场	大庆西路 26 号	5000	2005 年 6 月
极美苑农贸市场	大庆东路 854 号	4200	2001 年 9 月
艺北农贸市场	龙河北路 105 号	2800	1991 年 11 月
龙河农贸市场	兴隆路 26 号	3700	1999 年 10 月
巨龙路农贸市场	海连东路 11 号	3160	1998 年 9 月
浦西商贸市场	解放西路 16 号	3000	1990 年 12 月
海宝水产品批发市场	瀛洲路 19 号	3000	2005 年 9 月
鑫鑫水产品批发市场	解放东路 169 号	6700	1992 年 12 月
国际商城食品批发市场	解放东路 59 号	1000	1998 年 1 月
解放东路农贸市场	解放东路 233 号	5000	2005 年 10 月

第三节　工业品市场

1978 年，在新浦市化路的海昌路至南极路段，经营日用百货等小商品的个体摊点日渐增多，自然形成一个小商品市场。1980 年 2 月，新浦区人民政府在此建成正式小商品市场，并定名为“市化路小商品市场”。该市场东西长约 200 米，内有 340 个摊位、104 间营业用房。主要经营小手工业品、日杂用品、花鸟、字画、旧货等。1983 年以后，主要经营服装、鞋帽、日用小百货等。

1990 年，新浦区曾在青年路的通灌路至南极路段开办工业品专业周末夜市。同年 6 月 13 日，扁担河小商品市场开工建设。一期工程总投资 2000 多万元，建筑面积 2 万平方米、高 2 层、600 多个门面（市场于 1993 年 7 月建成，易名为新浦区银河购物中心）。

20 世纪 90 年代初起，新浦地区出现社会办市场热潮，小商品市场日渐增多。1992 年，路南街道利用辖区内原小铁路废址，兴办通灌路小商品市场（通称“老扬州小商品批发市场”），于当年 6 月底开业。市场内有小商品批发个体商户 30 多户。同年 8 月，市东街道投资 19.3 万元，在海连东路北侧兴建的艺北路小商品市场竣工并投入使用，建筑面积 689.6 平方米。同年 12 月 1 日，市首家旅游商品批发市场在南极北路中心地段开业。市场内拥有个体、集体商户 30 家，批发零售各种旅游用品、纪念品等。

1993 年元月 1 日，苏北首家“跳蚤市场”在市体育场开业。又称“星期日集贸市场”，设 600 多个摊位。对入场经营者实行免收管理费、免征营业税等优惠政策，为从事第二职业的“下海”人员练兵创造条件。同月，新浦区工商部门自筹 35 万元资金，由浦南农副产品批发市场改建而成的新浦浦南小商品市场开业。市场占地3650平方米，内设约280个营业房、钢丝网格摊位。市场内主要经营男女服装、童装、各种鞋帽、布匹、日用小百货等。同年9月30日，市工商联利用办公院（位于民主路与市化路中间）兴办的“小香港商城”开业。市场内有营业房40余间，经营场所550平方米。

1994年1月18日，市国营商业企业利用闲置场地在通灌北路1号兴办的陇海商城一期工程竣工并开业。摊位全部出租给个体商户经营各类小商品。同年3月下旬，新浦区投资600万元扩建改造的新浦市化路小商品批发市场首期工程开工兴建。于同年8月28日竣工开业。首期工程占地5000平方米，设80间厅门面房，100余间经营、仓储用房和230个摊位。

1995年，由极美生化食品总公司投资78万元，利用原厂址兴建的新浦日杂市场竣工开业。该市场位于海连中路与大庆东路之间，占地5000平方米，建筑面积2200平方米。同年，陇海商城二期工程完成。至此，整个商城占地6600平方米，出租门面房近200间，玻璃钢大棚3000平方米。

1997年，新浦区社会办市场总投资达5000多万元，新建昌旺购物中心和龙河商城。龙河商城坐落于新浦海连东路6号，由振兴实业集团有限公司投资兴建。一、二期工程总面积1.5万平方米。同年9月9日投入运营。为300多名下岗职工提供重新上岗岗位。1998年，开发三期工程并落成营业。至此，商城总面积2.5万平方米，营业门面房360多间。经营项目有通讯器材、烟酒副食、服装百货、五金交电、化工、家用电器、文化体育用品、自行车等。另有美容美发、餐饮等配套服务设施。

1998年底，新浦区委、新浦区人民政府根据市委、市政府关于加快推进新浦地区旧城改造和商贸城建设的要求，通过招商引资引进资金4.5亿元，在原陇海铁路东起通灌路西到盐河路东岸段旧址上，开工兴建陇海商业步行街。步行街全长1170米，占地7.7万平方米。规划建成集购物、文化、餐饮娱乐、健身、旅游观光、商务办公、展示博览于一体的现代化商业步行街。

1999年6月，新浦昌旺购物中心引进红星家具进驻经营。同年，12月15日，由市糖烟酒公司仓库改建的连云港市日杂市场（大庆东路101号）开业。市场一期工程占地9500平方米，营业面积3070平方米，建门面房177间，时为全市最大的日杂市场。经营各种装潢材料、油漆、厨房炊具、五金用品、玻璃制品、塑料制品等日杂用品。

2000年初，投资7000万元、占地2.1万平方米的陇海步行街东街（通灌路至海昌路段）建成试营业。至年底有40余户商家进场营业。截止2001年底，入住步行东街、中街的商户达260多家。节假日东街人流量达1.5万人次，常日为5000人次。

2002年底，规划长度280米，占地2.99万平方米，总投资8000万元的陇海步行西街竣工。次年5月开始营业。2004年春，位于解放中路22号的汇金广场开业。汇金广场占地面积10万平方米，建筑面积22万平方米。分设6个交易区和国际商务酒店，计295个门面房，经营各种日用百货千余种。同年，整个陇海商业步行街年商品零售额超8亿元，人流量年日均2万人次，节假日达5万人次。2005年9月，陇海商业步行街西街转型为妇女儿童用品一条街，商铺利用率达100%、经营妇女儿童用品商户达40家，形成了初具规模的妇女儿童用品集群街区。当年，陇海商业步行街商品零售额达8.5亿元。

至2005年底，全区有工业品市场9个，年成交额18亿元。

第四节 生产资料市场

新浦地区生产资料市场出现于20世纪80年代后期。1987年，连云港市钢材市场，在新浦解放东路

50 号开业。该市场由连云港市金属材料总公司主办，采取专营、联营、经销、代购代销、协作及开各种供货会、调剂会、联购联销会等多种经营方法，组织各方商户进场交易。

1992 年 2 月，位于市中心、临近新浦长途汽车站、新浦火车站的连云港市建材批发市场开业。市场为 6 层楼结构，营业厅面积 3000 平方米，办公用房面积 2000 平方米，另有仓储库房 4000 平方米和露天货场 5000 平方米。主营建材商品，兼营钢材、汽车、煤炭、木材、建筑机械、装潢、贴面材料、水暖器材等生产资料。

图 10－5　木材市场

1994 年 5 月 18 日，以经营各种生产资料为主的江苏省连云港生产资料国际商城（简称国际商城）开业。国际商城坐落于新浦老城区的东部，解放东路和海连东路一带。北起高渠道，南至老火车站，东起刘艭港，西至郁洲公园，全长 2000 多米，占地面积 251211 平方米。投资达 1615 万元。当年即建成市木材批发交易市场和连云港市国库木材市场等 11 个专业市场。1995 年，国际商城建筑材料市场，吸引广东、福建等地客商进入市场，新扩建的二、三期工程营业房、摊位全部售出。当年，国际商城现货成交达 10.7 亿元。1996 年，在海连东路一带，以钢材、煤炭市场、木材市场、毛竹市场为主体的海连东路生产资料市场群已形成规模。至年底，实现成交额 4.55 亿元。1997 年，国际商城内新增板材批发市场，有 5000 多节车皮约 30 万立方米板材进场交易，实现成交额 5.5 亿元。成为苏北、鲁南地区的板材批发的龙头市场，且开始向长江以南地区辐射。木材市场内的商户以路桥为媒，与俄罗斯开展易货贸易，换回木材 1500 多个车皮。满洲里口岸 70% 的进口木材进入该市场交易。年内，建筑材料市场附近的工业企业"退二进三"，腾出闲置厂房、场地办市场，使专业市场由 1996 年的 2 个增加到 7 个，市场面积由 1996 年的 2.7 万平方米扩大到 7 万平方米，年成交额由 1996 年的 6000 万元猛增到 4 亿元。1998 年，生产资料国际商城实现年成交额过 20 亿。1999 年，市生产资料国际商城大力支持周边困难企业"退二进三"办市场，先后扩建了四方钢材城以及石材、煤炭市场，转向启动 5 个"翻牌市场"，新建了温州装饰城、汽车配件修理城、华运板材、旧货交易、钢材等专业批发市场群，年内共招徕南北客商 300 多户，其中木材、灯具、钢材、汽配等经营大户百余户，引进资金上千万元。当年，商城成交额达 24 亿元。

截至 2005 年底，新浦地区有生产资料市场 8 个，年成交额 34.82 亿元。

第五节　旧货市场

一、旧货综合市场

新浦区旧货交易始于估衣买卖。解放前河南开封等地灾民逃荒到新浦，不少灾民靠摆地摊卖估衣谋生。估衣有新有旧，面料多是开封农村纺织的土布，纱粗布厚，色彩单调，但经磨耐穿，价格便宜，购买者大多是城乡贫穷人。新浦当地人也有做估衣买卖的。货源除开封的估衣，还有从外地购买的各种旧衣服，款式多样，价钱实惠，销路很畅。估衣市场极盛时期，新浦约有上百家经营者。在南极北路原老铁路北侧沿街地段估衣市场上，亦有不少旧日用杂品地摊。旧日用杂品中主要是居家常用的锅碗瓢盆、菜刀、棒、铁器及旧的桌椅板凳、木床、铺板、箱柜、茶几等。另有一些旧农具。出售者，一般都在物品上插根折成三角形的柴草，以示此物出售。直到 1952 年，新浦仍有 11 个估衣小组(161 人)卖估衣，有 188 户人家靠拾荒货(废旧物资)为生，有 73 人挑挑子沿街收购废旧物资。1955 年，还有 174 户人家经营估衣、旧货。

1957 年，新浦有废旧家具合作组专门经营废旧家具。

20 世纪 60 年代、70 年代，市面上长期无旧货市场。民间用旧物品多自行处理或当废品出售。

1997 年秋，连云港市大陆桥旧货交易市场在市百货大楼西侧海丰巷路西(原军区院内)开业。时为全市唯一一家享有特种行业经营许可证的旧货市场。市场内商户经营古玩、旧电器、旧家具和其他各类旧货。

1999 年 1 月 9 日，市旧货交易市场在新浦解放东路 248 号开业。市场占地 20000 平方米，营业门点 200 间，标准库房 2000 平方米。经营生产资料、生活资料，包括日用杂品、家具旧货、古董古玩、音像制品、抵押拍卖、工矿产品及闲置资产、机械设备、五金工具、电子、农具等。

2001 年 1 月 1 日，大陆桥旧货交易市场迁至华联商厦后，经营场地 3000 平方米、150 余间门面房。该市场地处海连东路和海连西路交界处，南临龙河广场、北依东小区，为市区黄金商业中心地带。市场内经营旧家用电器、二手通讯器材、电脑、软件、新旧自行车、古玩字画、音像制品、企业闲置物资、积压商品、罚没抵押拍卖物品、陶瓷器、旧红木家具、旅游工艺品、水晶、奇石、花鸟虫鱼、地毯、藤编等。

二、旧书市场

新浦区旧书市场出现于 20 世纪 90 年代初。1993 年，一瞿姓退休工人在通灌路化工高专附近路边摆书摊，出售旧书。后来一些下岗职工也到此处参与旧书经营，在化工高专附近自发形成旧书市。至 90 年代末，旧书经营者增多，摊点分散，除化工高专有旧书市外，新浦公园附近、火车站广场、绿园南路、青年路、沈圩桥头、陇海步行街西首等地均有旧书摊点。

2001，华联商厦北建“大陆桥旧货市场”后，市有关部门于 2002 年冬，将市区旧书摊统一安排在华联西侧龙尾河东岸，25 个旧书摊依次摆开，形成露天旧书市场。至 2005 年，新浦陇海商业步行街西街西首等地仍有露天旧书市场。

三、古玩市场

1990 年，新浦海连路邮电局门前出现自发性古玩小集市，每到星期六、星期天，卖古董的小商贩聚集此地，进行交易。上市的古玩种类主要有青铜器，旧瓷器、古钱币、银洋、宝德炉、玉器、宜兴紫砂产品、旧字画、佛像以及邮票和各种纸币、金属币，还有“文化大革命”期间各种物品等。

1997 年开业的市大陆桥旧货交易市场内有 10 余家从事古玩生意。

2001 年，“大陆桥旧货市场”在华联商厦北建成后，有数间门面房经营古玩、字画、票证等。邮电局门前的古玩小市场便逐渐消失。海丰巷内仍有“连云港古玩市场”，有 7 家商户进行古玩交易。

2004年2月，收藏爱好者柳文华在高立明、莫希林的协助下，在新浦公园北门新生民路22号院内建“连云港市郁洲文化市场”，占地面积6000平方米，院内有仿古建筑、凉亭、小桥、池塘，大树参天，秀竹青翠，于当年4月18日正式开业。市场内有固定店面45个，露天场地也可以摆设临时摊位。市场主要经营古瓷器、玉器、古木器、铜器、字画等古玩和收藏品。市场以每月6日、19日为常年固定交易日。此外，不定期举办交流会，为全国各地和本市的古玩客商提供交易场所。

四、旧车市场

【旧自行车市场】 1981年，新浦地区第一个旧自行车市场在青年路开业。1989年，因市政建设需要搬迁至水管路(今康泰南路)，占地500平方米。每周上市车辆约50～60辆，平均每天20辆左右。同期，在海昌路西侧的老铁路北也有1处自发形成的旧自行车交易市场。1992年，均被取消。

2000年，在华联商厦北的大陆桥旧货交易市场内设旧自行车交易市场。后市场逐渐消失。

【旧机动车交易市场】 1994年5月18日，市物资再生利用拆船总公司主办的连云港市旧机动车交易市场，在新浦海宁路北开业。此为新浦地区第一个旧机动车交易市场。1998年5月，该市场搬迁至海宁中路18号，占地26000平方米。市场内设10个部门，具有旧车过户、旧车展销、旧车交易、新车展销、以旧换新、报废回收、汽车出租、尾气净化、车辆专用消防器材、汽车维修美容、车辆检测评估及汽车业务代理、信息咨询、仓储、餐饮娱乐等综合配套服务功能。拥有全封闭仓库1800平方米，汽车展厅1000平方米。交易市场大厅内设有现代化电脑信息系统，与全国同类市场联网，顾客可通过触摸屏自行查询。同时，附近有力达汽车中介公司、老蒲货车中介公司等中介企业为其服务。

1996年8月，连云港生产资料国际商城旧机动车辆交易市场在解放东路32号开业。此后，坐落于海连东路181号的连云港市环东旧机动车交易市场开业。市场占地2185平方米。

2005年，市旧机动车交易市场年成交额达1.3亿元。

2005年新浦地区成交额过亿元市场一览表

表10－17

市场名称	地址	成交额(亿元)	经营面积(平方米)	市场类别
连云港市农副产品批发市场	新浦区瀛洲路	26	30682	农副产品市场
连云港市振兴农副产品交易市场	新浦区瀛洲路南首	13	105386	农副产品市场
连云港市蔬菜活禽直销市场	新浦区海昌南路	4	6704	农副产品市场
连云港市国际商城振兴装饰城	新浦区解放东路278号	2.8	37355	生产资料市场
连云港市龙河商城	新浦海连东路6号	2.5	9000	工业品市场
连云港市陇海商城	新浦区通灌路222号	1.5	8400	工业品市场
连云港市红星美凯龙国际家居广场有限公司	新浦区人民路66号	1.5	39000	工业品市场
连云港市化肥市场	新浦区海连东路147号	1.5	54200	生产资料市场
连云港市四方钢材有限公司	新浦区解放东路219号	1.5	12900	生产资料市场
连云港市煤炭市场	新浦区凌州路8号	1.5	125715	生产资料市场

续表 10－17

市场名称	地址	成交额（亿元）	经营面积（平方米）	市场类别
连云港市木材批发交易市场	新浦区凌州路 8 号	1.5	666000	生产资料市场
连云港市金叶家具城	新浦区海连中路 128 号	1.3	2300	工业品市场
连云港市旧机动车交易市场	新浦区海宁中路 18 号	1.3	26000	工业品市场
连云港市大豆批发交易市场	新浦区凌州路 8 号	1	9140	生产资料市场

第六节　超　市

20 世纪 80 年代末，新浦地区开始出现超市。1989 年 10 月 13 日，大天门超市在新浦通灌路 183 号开业，经营纺织、服装、日用品等。

1991 年 6 月 21 日，连云港职业技术学院劳动服务公司开办的江苏省教育超市在新浦苍梧路开业，1995 年，市百货供应站首创仓储式超市成功。同年 5 月，连云港市阳光超市贸易有限公司在新浦海昌路 395 开业。

1996 年 1 月，连云港市食品公司三元超市在新浦南极路开业。同年 4 月，连云港市天一糕点糖果厂乐家超市在新浦建国路 183—187 号开业，同年 9 月，连云港市佳惠超市有限公司在新浦南小区建南路 21 号开业。

1997 年 7 月 15 日，连云港市鑫鑫生活用品公司民主路大天门超市在新浦民主路 284 号开业，同年 12 月，连云港市新浦百惠办公用品超市在新浦海连中路 82 号开业。同年底，全市第一家国内连锁超市——北京新国道连云港超市，在海连东路落户开业。该超市是由北京新国道食品工业市场发展有限公司和中国物资储运公司南京公司连云港仓库共同创办的货仓式超市。营业面积 3600 平方米。次年底停办。

1998 年 1 月 8 日，连云港市汇中贸易经理部汇中超市在新浦南极路开业。经营食品类、糖酒类达 6000 多个品种。同年 1 月 13 日，连云港佳惠超市有限公司第二分店（临洪中学门西）、第三分店（陇东街 10 号）、第四分店（大庆路十六粮店）同时开业。同年 9 月，市百货供应站开办的“好联多”超市在解放东路开业。同年，连云港市金海洋工贸有限公司绿洲超市（新浦解放西路 83 号）、新浦超华百货超市（新浦解放中路 11－6 号）、连云港市国贸发展公司超市（通灌路 112 号）、连云港银发超市（南极路 219 号）、连云港市汇中妇幼用品公司汇中超市（南极路）先后开业。同年 12 月 28

图 10－6　农工商超市

日，南京苏果超市第35个加盟店落户新浦南极商厦。经营商品8000多种。

1999年2月4日，市糖业烟酒总公司开办的迎春商场副食品超市在大庆东路99号开业。同年3月，连云港苏果副食品超市在镇海路青岛花园3号公建楼门面房开业。4月，江苏时代超市有限公司万家乐购物中心在通灌路开业。同年7月，全市第一家“洋超市”香港肇丰集团国内连锁店连云港时代超市在通灌路的万家乐购物中心开业。超市营业面积达30600余平方米，以经营生鲜副食品、熟食品及大众化日用工业品为特色。连云港百货站好联多超市新新路店和解放东路店、连云港好又多超市（南极南路41号）、兴业超市（海宁小区43号楼）、汇金书刊音像超市（解放中路22－119号）也先后开业。

2000年5月，连云港金艺办公用品超市在新浦海连中路106号开业。同月，苏果副食品超市有限公司财校实习超市在新浦新西路开业。6月，连云港市迎春商场超市门市部在新浦康泰路开业。8月，个人独资企业新浦百惠办公用品超市新浦朝阳路分店开业。上海华联超市有限公司华联超市在新浦解放东路150号开业。同月，德恒超市在苍梧路淮海工学院内开业。11月，连云港市华诚超市有限公司华诚超市在新浦西苑路10号开业。同月，市汇友糖烟酒有限公司朝阳路超市开业。

进入21世纪后，新浦地区不仅城区各物流中心区主要街道超市增多，上海华联超市、保真超市、家得福超市、苏果超市等超市还将分店开进校区、居民区，方便群众购物。2001～2005年，新浦区城乡先后开业的超市达53家。其中，规模较大的有2004年开业、位于盐河北路23号的上海农工商超市和2005年4月22日开业、坐落于解放中路7号的徐州新一佳超市有限公司连云港分公司新一佳超市。

2001～2005年新浦地区新开业超市分布表

表10－18

企业名称	开业时间	地址
家得利自选超市	2001年2月	西苑市场南大棚
市百货总公司超市	2001年3月	解放东路26号
三鑫超市（庄沈阳）	2001年4月	朝阳路20号
万客隆摩托车超市	2001年4月	解放东路59号
康发百货超市	2001年5月	海连东路25号
康发百货超市苍梧嘉信分店	2001年6月	苍梧路9号
康发百货超市通灌路诚信分店	2001年6月	通灌南路178号
恒旺超市	2001年6月	东方花园
上海华联超市新新商场	2001年6月	新新路
南方超市	2001年6月	海昌南路鸿港花园门面房
聚丰源超市	2001年8月	郁洲路商业网点北5号
人人超市	2001年8月	郁洲南路苍梧小区网点北段8号
万家缘超市	2001年9月	建国路89－1号
倍佳超市	2001年9月	解放西路53号
苏果副食品超市青年路连锁店	2001年10月	海昌北路21号
荣茂源超市	2001年10月	解放中路20号
东方文化用品超市名连步行街店	2001年11月	陇海步行街4号楼105号

续表 10－18

企业名称	开业时间	地址
光明超市	2001 年 12 月	新浦常乐新村
保真超市	2002 年 1 月	通灌南路龙河小区众兴城
保真超市建设店	2002 年 1 月	建设东路陇河小区 29 号楼
会缘超市	2002 年 1 月	朝阳街自来水公司马髋宿舍区
农资批发超市	2002 年 2 月	瀛洲路新南综合楼 8～9 号
汇丰超市	2002 年 3 月	利民路商校综合楼 107 号
东方文化用品超市	2002 年 3 月	陇海步行街 4 号楼 105 号
家家乐超市	2002 年 3 月	花果山乡大村村
华联超市	2002 年 4 月	苍梧路龙河大厦一、二楼
德恒超市	2002 年 4 月	苍梧路连云港师专院内
黄海百货超市	2002 年 4 月	建设东路 50 号
苏果副食品超市阳光园连锁店	2002 年 5 月	阳光园小区门面房
荣信手机超市	2002 年 8 月	龙河广场人防地下商场
苏果副食品超市通灌路店	2002 年 9 月	通灌南路 178 号
万福超市	2002 年 10 月	海连东路外国语学校对面综合楼 3 号
万福超市东方花园分部	2002 年 11 月	苍梧路东方花园 E 号楼 1 号
三鑫超市(董淑芳)	2002 年 11 月	朝阳路 20 号
恒德超市新园分公司	2003 年 1 月	人民路新站花园 5 号楼
天宇食品批发超市	2003 年 1 月	海昌南路 393 号
苏果副食品超市建设东路店	2003 年 3 月	建设东路新龙新村 7 号楼门面房
申圣家具超市	2003 年 3 月	市化路 60 号列奇达花园商场
万福超市大庆西路分部	2003 年 3 月	通灌南路纳比克小区 C 座
大自然服饰超市	2003 年 4 月	通灌北路 55－7 号
沁园超市	2003 年 4 月	解放东路江山综合楼 1－7 号
家得利自选超市分店	2003 年 7 月	西城市场 1 号楼 1008 号
万通超市	2003 年 9 月	瀛洲路 16 号楼桂菊苑 A6－05－2 号
苏果超市(连云港)有限公司	2003 年 12 月	陇海步行街西街 A 楼
好又多贸易公司东港学院超市	2004 年 3 月	苍梧路淮海工学院内
红豆鲜花超市	2004 年 3 月	青年路 8 号
连云港市华港超市有限公司	2004 年 4 月	苍梧路淮海工学院内
家得福贸易有限公司海宁超市	2004 年 5 月	海宁小区 43～45 号
家得福贸易有限公司南极路超市	2004 年 5 月	盐河街盐河公寓底层
可可超市	2004 年 6 月	健康路
连云港农工商超市有限公司	2004 年 7 月	盐河北路 23 号
兰陵超市	2005 年 3 月	健康路 33 号
新一佳超市	2005 年 4 月	解放中路 7 号

第七节　专卖店

20世纪60年代以前，新浦商贸企业多以专营形式开办粮行、布庄、香烟店、中西药店、糕点店、肉店、鱼行、木行、酱菜店、茶叶店等，专卖同一类商品，极少跨行经营。以“生庆公”茶庄、“三和兴”药店、“馨祥”酱园尤具特色，被称为新浦“三不倒”。

1955年，国家实行资本主义工商业改造后，大中型国营、集体商业和综合商店遍布市区。改革开放后到80年代初，新浦一些小型商贸企业、个体商户，综合经营难于大中型商业企业抗衡，便走上专卖之路。相继出现专卖李宁品牌运动服、运动鞋、运动器械等系列商品的专卖店，专营眼镜的新浦亚光眼镜店（原民主路369号）、浦中街衡器门市部、个体户章兵在民主中路199号开办的经营地秤、电子秤、汽车衡器和各种台秤的衡器专卖店等。

1987年，新浦区糖业烟酒公司开办“上海布庄”，专营上海各种时新、优质布料。同年11月10日，新浦区饮食服务公司在民主路256号开办全市第一家商业机械专业经销企业——新浦商业机械经销部，专卖食品机械、炊事机械、冷藏设备和家用不锈钢厨具（1989年更名为新浦商业器械商场，1995年又更名为东港厨房设备商场），一时生意兴隆。同年，个体户杨淮英专营茶叶的绿缘茶社在新浦民主中路166号开业。主要经营地产云雾茶和各地名茶，如龙井茶、碧螺春、普洱等。

1992年5月28日，通灌路三鑫鲜花苑开业，花店专卖从广州、上海空运来的各种鲜花。其间，海昌路时代精品店开业，经营音乐盒、帆船等高雅精美礼品数百种。1993年至1994年7月，新浦城区出现了西服店、鞋帽店、礼品店、家具店、书画社、家电产品、女士用品化妆品、建筑材料、装潢材料等各种类型的专卖店50多个。其中，1993年3月开业的新浦区金马交通器材公司，把背靠名牌大业、走专业经营之路作为发展、上规模的立足之本。先后争取海南“新大洲”摩托车在华东地区总代理经营权，在华东地区建立了30多网点，使企业迈向腾飞之路。当年实现产值3000万元（1994年创产值7800万元，公司收益30多万元，1995年初起，“新大洲”一度断货，公司又先后在金城、建设、大洋、幸福等10多个名牌摩托车企业结缘，经营的摩托车种类发展到50多个，效益大幅提升）。同年夏，在海昌路市体育馆对面，苏州人陶为滇开办的童车专卖店开业，专营中日合资昆山好孩子儿童用品公司的推车、学步车、睡车、小三轮车、小自行车。同年，位于民主路的佳佳瓷庄开业，商店面积50平方米，卖广东潮州、江西景德镇、山东淄博等地中式高、中、低档餐具、茶具、烟具及瓷制工艺品等348种，是全市最大的一家瓷器的专卖店。

20世纪90年代中后期起，新浦地区的专卖店不仅数量增多，规模也日渐扩大，并出现了以经营同类商品“×××城”之类专卖商场。1998年，连云港市饮食服务公司在解放中路60号开办的明珠鞋城，经营场地1300多平方米。经营童鞋、女鞋、时装鞋、运动鞋、男士休闲鞋等各种鞋类。成为全市最大的鞋商经营场所之一。1999年9月16日，市金桥商厦鞋帽商场重新装潢开业，专卖森达、千百度、倩女、红蜻蜓、芭妮、老人头、意尔康品牌皮鞋和上海红绶带女鞋及万事达、康踏童帽等名牌鞋帽。同年9月，位于龙河广场东侧的振兴大厦家具商场开业；汤沟酒专卖店在海连中路112号及站南街、沈圩桥西头、银河购物中心设立的专卖店开业；连云港庄姿妮时装特许专卖店在海昌北路159号昌旺购物中心开业；国安电脑城入驻专卖商户72家。同期开业的还有位于百货大楼西广场的康奈皮鞋连云港专卖店、位于南城收费站南侧的中国一汽的红旗、奥迪连云港轿车代理专卖店、位于解放路59号，专营电脑产品的红光电脑城等。2000年。市振兴集团投资兴建的面积5000多平方米，专卖各种品牌电脑、数码产品的龙河电脑城开业。

2001年起，青年路东段出现了一个品牌一个店电动车专卖店。各自专卖小鸟、绿源、千鹤、雅马哈、上海迪鼠、安乐琪、星月神等10余个品牌电动车。新浦银河购物中心出现专卖明亮、光辉、辉煌、腾浪、展望、三金等品牌太阳能热水器的太阳能专卖店。华联通讯城为手机行业专卖店集中地。同时，上海罗莱家纺专卖店(2001年)、龙河电脑城(2001年)、五星电器(2002年)、苏宁电器(2004年)、老凤祥银楼新浦专卖店(2005年)等大中型专卖店也先后开业。其间开业的陇海商业步行街中绝大部分都是各种商品专卖店。步行街西街更为专卖儿童用品一条街。该街近40家店铺皆为品牌儿童服装、鞋帽、玩具等商品专卖店。

第八节 拍卖行

1993年4月8日，连云港市首家典当行业——营达典当商行在新浦南极北路13号正式成立并对外营业，该商行也经营拍卖业务。

1993年4月18日，连云港市拍卖行在新浦康泰路(原水管路)270号正式成立并开业。市邮电局委托其对普通电话、BP机、“大哥大”3种类型的13个吉祥号码进行拍卖。通过拍卖，除去1个BP机号码未拍成交，其余12个号码拍卖总额达42.82万元。“46888”电话号码被市开发区钟山氨纶公司以16万元购得。之后，该公司又连续买下3个电话号码，总额23万元，占拍卖款的54%。

1995年6月24日，由省职工收藏协会和市总工会等单位联合举办的连云港市首届名家书画拍卖会，在文化宫大富豪夜总会进行。有50位书画家所作的70余幅书法和国画精品参加拍卖。其中包括范曾、林敬之、溥杰等大家作品。范曾的《老子出关》一幅起价3万元，低的只有几百元。到会的市内外竞拍者约60余人。连云港籍青年画家穆家善一幅山水画，以3000元被南京人买去，吉强的影墨工笔人物《独坐幽篁里》以2200元被本市青年买得。

1997年6月，连云港市安德拍卖行在新浦朝阳西路48号弘瑞楼9号楼991室开业。为全市首家进行有偿服务的拍卖单位。2002年4月，改制后更名为安德拍卖责任有限公司，同时迁到新浦区通灌南路35号华润公寓804室。公司是中国拍卖行业协会会员单位、江苏省拍卖协会常务理事单位、连云港市中级人民法院指定拍卖单位。属于连云港市投资公司，具有独立法人地位。经营范围：罚没物资、无主物资、积压清仓处理物资、闲置设备、破产企业动产和不动产、私人财产、知识产权等。公司成立后，坚持“公开、公平、公正”原则。成功举办了连云港市首届大型物资拍卖会、江苏省首次广播电视广告段位拍卖会、迎新春书画拍卖会、轿车专场拍卖会、金融系统抵债物资拍卖会、法院执行物品拍卖、罚没物资专场拍卖会、破产企业拍卖会、海关缉私物资拍卖会等100余场。2003年成交额为29.7万元，2004年44.2万元，2005年达到155万元。

2000年4月，连云港市云府拍卖有限公司在解放中路成立并开业。2004年迁至郁洲南路99号。

2001年5月，由市计委批准成立、新浦区财政局经办的连云港市罚没寄售物品拍卖行在民主中路开业。拍卖行始为集体企业，因连云港海关不能向集体企业提供商品，故不久市计委即将原发文件收回重新发文，改为全民企业。此时，拍卖行已移交区商业局管理。连云港市罚没寄售物品拍卖行当时是江苏省首家罚没寄售物品拍卖行。

2004 年 2 月，金裕拍卖有限公司在新浦解放东路 201 号九龙世贸城 A 楼 906 室成立并开业。

2005 年 11 月 22 日，江苏天易拍卖行有限公司在新浦朝阳中路 168 号祥源大厦 503 室成立。拍卖行有限公司是经江苏省经济贸易委员会批准的综合性拍卖企业。公司系中国拍卖行业协会会员，江苏省高级人民法院注册拍卖机构，市人民政府指定公物拍卖机构。可以从事人民法院委托的强制执行的拍卖、政府机关罚没资产、金融机构资产、企业及个人委托的各类标的的拍卖业务。公司注册资金 500 万元。拍卖厅 100 平方米，办公场所 300 平方米及相应的专业技术设备，能组织各类型拍卖会。公司拥有自己的网站和潜在竞买客户群体。

2005 年 11 月，江苏省拍卖总行有限公司连云港分公司在新浦海连东路 43 号成立。该公司系连云港市拍卖业务主管单位。

第九节　夜　市

新浦地区的夜市始于改革开放后的 1979 年。市计委和新浦区革命委员会共同研究改革新浦地区商店夜晚不经营，职工购物不方便的经营习俗及小吃开发工作。决定由新浦工商分局牵头组织，在解放中路举办周末夜市，为职工下班后供购物场所。入市经营户按在工商部门登记顺序，对号进点摆摊经营。夜市主要经营日用百货、电器五金、服装、日杂用品、食品、书本和小吃等。1983 年秋，因解放路路面改建，夜市迁至海昌路铁路以南至海连路段。后又一度迁至南广场。1984 年 4 月，夜市迁至青年路。1986 年停办。

1990 年，新浦区政府在新浦青年路重新开设夜市，市场东起通灌路，穿过海昌路，连接南极路，全长 1 公里，属马路市场。每到周六，新浦地区一些国营、集体、个体商户及市内各县区乃至外省市一些客商都到此摆摊经营。夜市主要经营工业品，品种繁多，是新浦地区工业品交易最活跃的场所。1992 年，夜市停办。

20 世纪 90 年代中后期起，各大商场、超市先后开始调整营业时间，上午 8 时或 9 时开门，晚上延至 9 点前后关门。方便了居民购物。

2002 年 7 月 1 日至 9 月 29 日，陇海商业步行街管委会在步行中街举办为期 3 个月的夜市，商户每晚营业至 10 点，每晚夜市人流量达 1 万人次，全街营业额较以往提高 20%。2004 年 5 月 1 日，步行街再次开办夜市，既方便客户购物，又为 300 多名下岗职工得到创业锻炼。

图 10－7　青年东路花卉市场一角

第十节　花卉市场

20 世纪 80 年代中期，青年路东段出现新浦地区第一个花卉市场，为露天市场。沿街固定经营户 10 多家，临时摊点数十个。沭阳等地花卉经营户多到此出售各种花木。苏南地区和浙、闽等地花木经营户也常到此经销南方花木。市场销售的花盆多从山东临沂、淄博和苏南宜兴等地进货。90年代以后,青年路花卉市场日趋繁荣,除经销花木、花盆外,还经销各种树桩、鸟类、鸟笼、金鱼、宠物等。

2000年12月21日,新浦区城建部门在海连西路28号兴建新浦区花卉交易中心。2002年9月18日建成开业。市场占地面积22000平方米,建筑面积13427平方米。时为全市最大的室内花卉市场。

市场主要经营各种花卉、苗木、树桩、盆景、假山、金鱼以及花盆、花缸等。至2005年底,花卉市场有21户经营户入驻,年成交额200万元。

第四章 主要商贸企业与商城简介

第一节 新浦区主要商贸企业选介

一、连云港市亚欧工贸集团公司

该公司前身为新浦区糖业烟酒公司,坐落于南极路198号。

1984年春,市烟酒公司将其分布在新浦的3个烟酒合作商店,计28个门点,177名职工移交给区管理。1986年7月,成立新浦区糖业烟酒公司,下设28个经营网点。初期门面矮小,设施陈旧,总营业面积约800平方米。以经营烟酒杂货为主。

公司成立后,坚持"一业为主,多种经营并举"的经营方针。1987年,与市人民银行机械厂合股兴办浦中城市信用社,与海州湾实业公司合资养殖对虾。1988年起,开办上海布庄,专营上海时新、优质产品;开办天鹅商场,主要经营大小百货、床上用品、针纺织品、服装、五金交电、家用电器、副食品等。开办天龙商场、白天鹅餐厅。公司还先后在临洪、市东及公司驻地兴办3个批发部。并与全国27个省、市、地区、216个县市的896个生产厂家建立了业务关系。公司整体经营效益明显提高。至1990年底,全公司有4个商场、3个批发部、36个烟酒零售商店、4个布庄、3个生产厂、7个联营项目及运输队、餐厅、家电维修部各1个,总营业面积6100平方米,经营商品20大类2000多品种。年营业额5000.38万元,实现利润38.55万元。固定资产比1986年增长14倍多。经营效益每年递增33%。跨入了全省、全国集体商业先进行列。1989年至1991年连续被省商业厅评为"江苏省集体商业先进企业",1991年被省政府授予"江苏省先进集体",1992年被商业部授予"全国集体商业先进企业"称号。

1995年起,公司下辖的28个零售店,实行连锁经营。并以公司批发中心为龙头,在市区边缘及居民集中地带办起16家连锁批发部。在东海县、赣榆县及连云区的陶庵、云台区的朝阳等地开办连锁店,扩大公司经营覆盖面。1995年10月8日,又在市国际商城食品市场开设糖、酒、杂货、日化、粮油、电子等5家连锁店,营业面积近百平方米。当年,公司被授予市级文明单位以及省和市"巾帼建功"先进集体。

1996年,公司多渠道筹资,投入2000多万元在公司原址上建成了集餐饮、服务、购物、娱乐于一体的综合商厦——亚欧商厦。同时,区糖业烟酒公司易名为市亚欧工贸集团公司。

1997年5月18日,市亚欧工贸集团被授予进出口自营权并投入运行。当年完成销售总额1.48亿元,跻身全国商业批发企业500强,名列第354位。

2000年,区商业系统继续深化产权制度改革,普遍推进职工个人或集体买断经营权及风险抵押承包租赁经营。公司清理不良资产,调整企业经营结构。采用分割突围的方法,以亚欧商厦抵银行贷款,出卖天鹅商场、天龙商场等网点,筹措资金,基本上还请了银行4000多万元贷款、800多万元职工集资货款和拖欠的100多万元职工养老金,实现轻装上阵。同时,充分利用所属企业外贸进出口自主权,招聘营销人员,拓展外贸业务,年内进口价值20万美元的产品,对外贸易实现零的突破。亚欧工贸集团公司的小上海糕点厂扩大规模,兴办糕点小超市、创造名牌产品,提高经营效益,销售市场有新的突破,年销售收入220万元。

2001年,亚欧集团拍卖一批小型偏僻的网点,加快集体资产退出步伐,解决职工安置等具体问题。2003年,亚欧工贸集团公司加强对所属网点的服务、管理,确保依法经营,稳定增长。下属小上海糕点厂灵活运用前店后厂经营之道,在市区设立7个直销点,优先使用下岗职工和厂内职工。企业生产销售系列糕点200吨。当年,筹措30万元资金用于补缴职工养老金,为10名下岗个人安排再就业。2005年,小上海糕点厂推出焙烤系列、油炸系列、膨化系列、无糖系列、面包系列200余个品种,10余个直销门市部,年销售130余万元。该厂为市免检企业,"金鸡"牌商标为市知名商标,其产品为放心食品,荣获中国食品博览会金奖。

二、新浦区百货公司

新浦区百货公司坐落于解放中路110号,成立于1986年7月。前身是1984年春市商业局移交给新海区管理的利华百货总店。下设志成、利华、海星、海康、新康、新村、廷安、海丰8个门市部,均为集体所有制企业,职工85人。固定资产不足10万元,自有流动资金15万元,总营业面积470平方米。另有3个百货合作小组。以经营百货、文化用品、针纺织品、五金交电商品为主。

新浦区百货公司成立后,先后兴办了五交化供应站、针纺织品采购供应站等。由于管理不善,连年亏损,至1990年,全公司亏损近20万元。

20世纪80年代后期起,公司所有网点先后实行租赁或承包经营。

2001年起,区百货公司采取网点出售、职工置换身份等办法,进一步深化改革。2004年,公司筹集40万元资金,理顺职工劳动关系。至2005年底,百货公司全系统仍在改制中。

三、海云贸易大厦

海云贸易大厦坐落于新浦海连中路、盐河桥东首。原为1986年3月底,新海区与青海省哇玉香卡农场合资兴建的全民所有制商贸企业。同年6月底,新海区撤销后转由新浦区与青海省哇玉香卡农场合资兴建。大厦占地5500平方米,8层框架结构,建筑面积7200平方米。1987年4月,海云贸易大厦竣工。1988年试营业,有职工136人。其中,新浦区58人、青海方78人。

海云贸易大厦一楼为接待大厅、营业厅、烟酒店、美容美发厅;二楼至七楼为客房、计77间,248个床位。每个房间设有卫生间,配有空调、彩电;大厦餐厅一次可以接纳220人同时就餐,另有2个高档雅座间。舞厅、咖啡厅一次可以接纳100位客人。

1989年8月,海云贸易大厦开始正式营业。当年实现利润16.10万元。1990年总营业额690.98万元,纳税9.15万元,实现利润77.6万元。此后,因资金、经营管理等问题,年年亏损,到1994年底基本停业。至1995年8月底,海云贸易大厦欠4家银行贷款526万元,欠外债24万元。此后,大厦采取承包或租赁方式经营。

第二节　驻地商贸企业选介

一、连云港中央百货

连云港中央百货责任有限公司（简称“中央百货”），坐落于解放中路56号。建筑面积3.6万平方米，经营面积2.4万平方米，是连云港市创建最早、规模最大的以零售为主、批零兼营业的综合性国有大型购物中心，是全国新百联商业集团成员单位，是苏北、鲁南百货商店（场）联合会总部所在地。

中央百货原为连云港市百货大楼。1948年11月初，新浦解放后，鲁中南贸易公司新浦分公司下设新浦百货商店，位于今民主路。1956年迁至现址，为市百货公司下属百货一店，经营店名原为平房。1985年建成大楼，始称百货大楼，直属市商业局领导。1990年底，有职工574人。固定资产3000多万元。大楼下设珠宝、化妆百货、鞋帽、女装、针纺、男装、运动休闲、童装家居、工艺文化、时装、交通等11个专业商场。经营品种达3万余种。年销售额6000余万元。

20世纪90年代，百货大楼多次获得市“先进企业”、“物价计量信得过优秀企业”、省“金融特级信任户”、市政府命名的“财贸系统行业排头兵”、省政府颁发的“先进企业嘉奖令”“文明单位”等荣誉称号，为AAA级信用企业。2000年，百货大楼被授予“江苏省百城万店无假货示范店”称号。

图10-8　原连云港市百货大楼

1997年，百货大楼在全市国有企业首批试点改制中，改为国有控股的有限公司。2002年，通过二次改制转为民营企业。为适应现代商业竞争的发展需要，做大做强连云港黄金商业圈，2003年，市百货大楼主动攀亲结缘，与江苏省知名商业企业——南京中央商场股份有限公司实现联合重组，由中央商场控股企业——南京中央百货连锁有限公司出资收购连云港市百货大楼80.2%的股权，成立连云港中央百货有限责任公司，并注入亿元资金，按照连云港商业龙头地位，对百货大楼现有资产进行重新整合，实施现代百货连锁经营，首开连云港市大型零售商业企业引资嫁接的先河，为迄今全市流通领域最大的引资项目。

2004年，通过投入近3000万元改造装潢，并导入全新的经营理念，服务理念，以及最先进的管理体系进行营业。

至2005年底，连云港中央百货有固定资产7633.19万元，有员工1000余人。年商品销售额4600万元。

二、连云港华联商厦有限责任公司

连云港华联商厦有限责任公司（简称“华联商厦”），坐落于海连东路1号，龙河广场北侧。商厦始建于1987年5月，1989年1月竣工并开业。商厦主楼15层，高60米，建筑面积14000平方米，经营面积10000多平方米。华联商厦原为国家商业部投资在全国14个沿海开放城市建立的华联集团成员。是全国华联商厦集体成员单位，所属华联大酒店是全国华联饭店集体理事单位。商厦下辖对外贸易公司、华联水产公司。

图10－9　华联商厦

华联商厦设计新颖，内装典雅，采用集中空调、中央音响、闭路电视、自动扶梯等先进设备、商厦内设针织品、纺织品、服装鞋帽、五交、家电、黄金、钟表、食品、日杂、日用百货、电子产品、烟酒、箱包等零售、批发市场，经营商品1.5万余种。大酒店内设高中档客房、舞厅、大中小会议厅。集吃、住、玩于一体，融南北菜肴于一炉，荟萃国内外之精品，展示两大集团之特色，为客户提供全方位服务。经营效益和社会效益逐年提高。

2002年9月，华联商厦实行改制，国有资产完全退出。引进无锡客商投资1600万元，双方签订资产租赁合同，按照三星级涉外宾馆标准，对闲置多年的华联大酒店进行装修改造，翌年以凯悦大酒店之名开始营业。

2003年，华联商厦引进“中国IT专业卖场十强之首”的宏图三胞高科技术股份有限公司，在商厦开设IT专业连锁大卖场。同年，商厦荣获“全国服务月先进单位”称号和“全国安全消费先进单位”称号。

从2001～2005年，华联商厦荣获“省消费者协会诚信单位”“市重合同守信用先进单位”“市消费者协会满意服务单位”“市先进监督站”多项称号。

2005年，华联商厦固定资产6000万元，职工500人。当年商品销售额8000万元，实现利税300万元。

三、连云港市东方贸易大厦有限责任公司

连云港市东方贸易大厦有限责任公司（简称“东方大厦”）原是连云港市供销合作总社下属最大的一家集商场、宾馆、娱乐设施于一体的多功能、综合性商业企业，当时和市百货大楼同为市区百货零售商场的旗舰店。

东方贸易大厦坐落于新浦区中央商业区解放中路37号，三面临街，交通方便。1983年3月22日动工兴建，1986年元月15日建成并开业。大厦主楼10层，建筑面积5000余平方米。1992～1994年4月30日二期工程完成后，大厦总建筑面积15950.80平方米（含原属大厦的东方大酒店），商场营业面积8000平方米。新、老楼连成一体，成为多功能综合商厦。商场设有中央空调、电梯。开展自营和代理各类商品及技术的进出口业务，经营进料加工和“三来一补”、对外贸易和转口贸易、汽车出租、停车场服务、信息咨询服务、各类广告代理。商场经营百货、五金、家电、针织、服装、鞋帽、副食、烟酒、黄金饰品等2万多种商品。

2002年4月，肯德基落户东方大厦月开展快餐经营。

2004年10月，东方贸易大厦开始改制，至2005年5月，正式改制为民营企业。

1996～2005年，东方贸易大厦年平均营业额为1.5亿元。

大厦先后被授予“一级信用企业”“重合同守信用企业”“市文明经营单位”“职工教育先进单位”省“物价计量信得过最佳企业”市“消费者信得过企业”等称号。

四、时代超级购物中心

时代超级购物中心(简称“时代超市”)坐落于通灌南路39号。原为1998年建成开业的万家乐购物中心。1999年,香港肇丰集团国内连锁连云港时代超市租用此场地,并于当年7月2日正式开业。商场主楼5层,营业面积2万平方米。2002年1月16日,改造升级为江苏省时代超市有限公司连云港时代超级购物中心。

时代超市地下一层为餐饮、娱乐广场,一楼为商店街,二楼经营百货,三楼经营生鲜副食品。品种多达20000余种。成为带动全市零售商业的龙头企业。

2005年,时代超市商品零售额2.07亿元。获省级“先进市场”称号。

五、振大超级购物广场

振大超级购物广场(简称“振大超市”),坐落于龙河广场东侧海连东路2号。原为连云港振兴实业集团投资兴建的连云港振兴大厦有限公司下属全民商贸企业——振兴大厦。于1988年试营业,1992年5月1日,全面正式开业。大厦主楼为7层,占地面积4000平方米,建筑面积20000平方米,仓储面积5000平方米,商业营业面积5000平方米。大厦为融购物、贸易、食宿、娱乐为一体的大型综合性购物中心。大厦设有3个商场11个经营部,3个专业批发部。有可容纳300人的客服、200人会议厅、300人的宴会厅和5000平方米的零售商场,经营品种3万余种。

图10-10 振大超级市场

1997年7月起,振兴大厦进行经营体制改革,实行租赁经营。1998年1月至2000年1月,改为振兴大厦家具市场。2000年7月,振兴大厦改由浙商经营,并改名为“振大超级购物广场”。

六、文峰大世界

文峰大世界位于新浦核心商圈的最繁华地段——通灌北路118号。2004年9月17日正式开业。

文峰大世界是中国知名连锁企业——江苏文峰大世界连锁发展有限公司与连云港地区优势企业——九龙地产开发公司合作开办的集购物、休闲、餐饮为一体的综合性现代化百货商场,投资额300万元,营业面积逾3万平方米,商场配套设施齐全,购物环境宽敞舒

图10-11 文峰大世界

适，有员工900多人。

场内经营品种有黄金珠宝、鞋帽箱包、针纺化饰、服装、家电、数码产品、运动健身器材等上万种商品。同时，开展美容、小吃等经营项目。2005年，销售额达1.17亿元。当年荣获“明码标价规范单位”、“先进维权监督站”“2005年度中国质量月服务信誉AAA级企业”“投诉不出门先进单位”等称号。同时被评为省、市“百城万店无假货活动示范店”。

七、大华百货商店

连云港市大华百货商店，坐落于民主路299～301号。为20世纪50年代至90年代民主路上规模最大、经营品种最多的百货商店。其间，商店主要经营大小百货、钟表、缝纫机、针纺织品、服装鞋帽、五金交电6大类商品。商店以良好的服务态度和服务质量，得到广大消费者的好评，为连云港市商业系统文明示范单位。

1997年，大华百货商店进行经营体制改革，实行柜组承包经营，即由3～4人一组承包一个柜台。2002年，改为个人承包柜台经营。

至2005年，大华商店主要经营针织品、毛绒、床上用品、钟表零售及其维修等。

八、连云港市苏果副食品超市有限公司

1998年12月底，连云港市苏果副食品超市有限公司（简称“苏果超市”）在新浦南极北路供销大厦落户。该超市是由市供销合作总社引进的省内第一家超市——苏果超市在港城开办的“苏果连云港超市”，为江苏供销合作总社下属南京苏果超市第35个加盟店。超市营业面积800平方米，经营商品8000多种。之后，该公司在新浦地区又先后设立陇海路社区店、兆隆便利店、海宁小学便利店、建设路便利店、青年路便利店、常乐新村便利店、新站便利店、财校便利店。2005年，该公司商品零售额达2.07亿元。

九、徐州新一佳有限公司连云港超市有限公司

徐州新一佳有限公司连云港超市有限公司（简称“新一佳”），坐落于解放中路7号。于2005年6月1日开业。超市营业面积11384平方米。有职工300余人。

新一佳主要经营烟酒、定型包装食品、冷冻食品、糕点、服装、鞋帽、床上用品、化妆品、日用百货、家具、箱包、皮革制品、日用杂货、图书等，商品达4万多个品种。

新一佳管理理念是做中国“三最”大型连锁企业：核心竞争力最强、管理思想理念最强、文化素质最强；最好的商品组织、最好的商品、最好的员工、最好的服务；用最专业的管理团队、最专业的发展眼光、最专业的品牌导向、成就最专业的零售企业。

2005年，新一佳从开业至年底，仅半年时间营业额达3548万元。

十、连云港轻工商场有限责任公司

连云港轻工商场有限责任公司（简称“轻工商场”）坐落于新浦解放中路31号，1989年1月建成开业。公司为全民企业。以零售为主，批零兼营。商场营业面积5000平方米。下设5个商品部、1个批发部、6个职能科室。经营五金、交电、化工、针织、鞋帽、日用百货、食品等20多类1万余种商品。

商场把“开拓务实求发展,文明优质奉‘上帝’”作为宗旨。靠严格的企业管理,良好的员工素质,过硬的售后服务和出色的公关、促销手段,站稳市场。以商品质量好,购物环境优雅和优质服务赢得社会各界和广大消费者口碑。1989 年,获得“市物价计量先进单位”称号,1990 年,获得“市首届商品质量信得过单位”称号,1992 年,被省计委、商业厅评为“质量信得过企业”。

1998 年 6 月,改制为股份制企业,商场以租赁经营为主。2005 年,商场引进家电巨头——国美电器进驻经营。

十一、迎春商场

迎春商场原坐落于解放路与市民路交汇处。1981 年开业,营业面积 700 平方米。商场一楼设糕点、糖果、烟酒等 10 个商品柜组和 1 个批发部。二楼设苏北最大的 300 平方米的自选商场,经营副食品 800 余种。

迎春商场坚持“服务第一,顾客第一、信誉第一”的宗旨,重视塑造自身经营特色,形成“名、特、优、新、奇”商品优势和“诚、优、便、廉、治”的经营风格,赢得了广大顾客。时为全市文明建设的重点窗口。1986 年,被吸收为省大中型副食品零售商场经济联合会成员单位。1987 年至 1990 年,连续 4 年被评为市文明单位;1988 年至 1991 年,连续 4 年被评为省级文明单位。

2000 年 10 月,迎春商场迁至大庆东路 99 号,商场经营面积 600 平方米,有职工 50 多人。同时,在康泰路开办迎春市场超市。2005 年,商场营业额 2300 万元。

十二、连云港市红光五交化商场

连云港市红光五交化商场(简称“红光五交化”)1981 年 1 月建成并开业。坐落于解放中路 41 号。

红光五交化是全国大中型五交化销售服务集团之一,营业面积 3000 平方米。内设 5 个营业部,18 个专业柜组和 1 个批发部。经营五金、交电、家用电器、化工、机电、油漆等商品万余种。商场坚持文明经商,以诚待客,顾客至上、信誉第一,不经销假冒伪劣商品,深受顾客欢迎。从开业至 1993 年 11 月底,人均创利税 24000 元,居全市大中型企业人均创利税之首,在全省也名列前茅。

红光五交化曾连续 5 年被区、市、省评为“文明单位”、“双信单位”、“重合同、守信用”企业。1992 年,被市消费者评为“消费者信得过单位”,获省、市“文明经营示范单位”称号,被省、市工商银行评为“特级信用优良企业”,是全市国有商业系统唯一获得省“商品质量信得过单位”荣誉称号的企业。

2002 年,红光五交化迁至解放中路 87 号,与解放路五交化商场合并,并沿用红光五交化商场的名称。

十三、五星电器

五星电器坐落于通灌北路 76 号。市五交化天晟有限公司于 2002 年引进外资独资企业、江苏五星集团,投资将原市五交化商城改造而成的电器大卖场。当年 12 月 18 日正式开业。经营面积 3960 平方米。时为港城市区规模最大的电器零售商场。商场经营空调、电视、手机、数码产品、电脑、冰箱、洗衣机及厨房卫生洁具、商用小家电等近 3 万种商品。被评委消费者信得过企业。开业以后,经营效益一路攀升。2003 年销售收入为 8200 万元;2004 年,达 9700 万元;2005 年,达 1.17 亿元。

十四、苏宁电器

苏宁电器为江苏省苏宁集团于2004年初进驻新浦通灌北路128号。同年3月13日开业。营业面积4200平方米。注册资金5000万元。一楼经营手机、数码电脑；二楼为小家电卖场；三楼经营彩电；四楼经营冰箱、空调、洗衣机等。苏宁电器注重经营名牌产品和优良服务，开业后吸引广大顾客。当年营业额达8000万元。2005年，营业额更突破亿元大关，达10300万元。

十五、老凤祥银楼新浦专卖店

老凤祥银楼新浦专卖店坐落于陇海步行街东街陇海中路21－19号，2005年1月开业。为连云港市金银珠宝首饰行业协会副会长单位。

老凤祥银楼经营项目有黄金、白银、金、铂金钻石、珠宝玉器、金银纪念币、工艺品等。至年底，营业额600万元。

当年，被评为新浦区文明单位、消费者信得过单位、明码标价规范单位、服务满意单位、中国名牌单位。市质量技术监督局定其为产品质量认证单位。

第三节　主要商城选介

一、江苏省连云港生产资料国际商城

江苏省连云港生产资料国际商城（简称“国际商城”）建于1994年5月18日。坐落在新浦老城区东部，北起高渠道，南至老火车站，东起刘艞港，西至今郁洲公园，占地面积53.5万平方米。分为南北两个批发交易中心：南有沿海连东路的中轻集团连云港公司的木材批发交易市场、中储连云港公司的国库木材批发市场、中储物流配载市场、化肥市场、连云港燃料集团的煤炭市场及大豆市场、板材市场；北有沿解放东路的温州装饰城、木制品市场、陶瓷市场、洁具市场、铝型材市场、石材市场、钢材市场、五交化市场、农资市场、旧货市场。

国际商城成立当年，市场成交额52787万元。1996年市场成交额6000多万元，1997年达4亿元，1998年突破20亿元。市场安置就业人员3309人，接纳进场企业和商户1000余家。2005年，商城实现成交额22亿元。开业以来，累计实现利税1亿零27万元。

二、龙河电脑城

龙河电脑城是由振兴集团投资兴建的集采购、娱乐、咨询、教育为一体的大型IT商城。商城位于新浦龙河广场东，苍梧路5－10号。

电脑城于2001年秋开业。营业面积5000多平方米。内有商户100多户。一楼主要经营各种台式品牌电脑、笔记本电脑及数码产品；二楼经营DIY（组装机）、电脑配件、耗材软件；耗材一条街主营电脑耗材。

电脑城注重软硬件环境建设。2002年，开办消费信贷购买电脑。2003年，设立30万元诚信保证金,在港城率先建立先行理赔制度;2004年3月,成立全天候服务中心,为顾客提供更好的服务。

龙河电脑城经营定位明确,规划超前,服务措施周全,吸引了联想、清华同方、七喜、惠普、明基、神舟、清华紫光、华硕等国内外知名品牌进驻。进驻的商户80%为品牌的总代理或金牌销售商。电脑城开业后,经营一直看好。2005年,销售额近2亿元。

三、连云港市农副产品批发市场

连云港市农副产品批发市场位于新浦区海宁路与瀛洲路交汇处、龙尾河西岸。1992年6月1日建成投入使用。该批发市场占地5.3万多平方米,建有经营门面房近300套。设有1万平方米水果交易大厅和1万平方米蔬菜批发大棚、副食品大棚及4千平方米交易场地。市场经营以蔬菜、水果为主,禽蛋肉、水产品、粮油、副食品、调味品、土特产品、花卉为辅等9大类、1000多个品种,集聚商户3000余户。商品辐射苏北、鲁南及皖、豫、江、浙等10多个省市。同年12月21日,由新浦区工商局和市水产供销公司合办的新新集贸市场在新新路原市水产公司院内建成开业。该市场为棚顶式全封闭市场,占地面积2100平方米,棚顶覆盖面积1660平方米、营业房300平方米。场内设430个摊位,主要经营肉禽蛋、蔬菜、水产品等农副产品。为周边5万居民提供方便。

该批发市场为苏北鲁南规模最大品种最全的大型综合性农副产品批发市场、华东地区重要的农副产品集散地。2005年,市场交易总量达190万吨,成交额26亿元。为农业部定点批发市场、江苏十强农副产品批发市场,被省工商局命名为"肉菜粮放心工程先进单位"。

专记10—1:新浦大街上的"三不倒"

新浦老大街—民主路自成街100多年来,沿街商店不断更换,唯有生庆公茶庄、三和兴中药店、馨祥酱园3家商号,历经几个历史时期,却始终没有垮过,且生意兴旺,被连云港市人誉为"三不倒"。

生庆公茶庄

新浦民主路上的生庆公茶庄迄今已近90年,他的创始人张质轩原在河北沂州府与人合伙开隆庆恒茶庄。1919年,他看到新浦有发展前途,便到此与海州沈云沛家总账房赵理斋联系,借沈家的势力和声望,合资共同办茶庄,因沈家的商号皆是生生字开头,故取名"生生庆公茶庄"。

张质轩是个儒商,很注重商店的文化氛围。茶庄建成后,他请著名书法家胡小石的老师、清朝道人李瑞清书写了"生生庆公"大字招牌及"陆羽评经"、"东坡制谱"的旁牌。店堂内设一个大曲尺柜台,正门东西两边靠窗处对称摆放两张半圆形茶桌及木椅,以供顾客小憩和品茶之用。后因北伐军打倒土豪劣绅,茶庄退还沈家资金,同时将招牌改为"生庆公茶庄"。

张质轩讲究经营之道。当时海州一带人喜欢喝毛峰,烘青茶和珠兰花茶。这两种茶销量大,他就采取直接收购,自行加工的方法,派人到皖南黄山产茶区直接向茶农收购,在徽州的农村租房设厂、雇佣制茶老师傅加工窨制珠兰花茶。既保证了质量,又降低了成本。其他品种,则根据销量,采取不同办法。如龙井茶等,新茶上市时,在产区采购半年销量,其余一半,则在产茶季节与上海、杭州等地信用可靠茶商预约订货,分期进货,既保证质量,又减少资金占用。生庆公库存茶叶多达3万~4万千克,茶源紧缺时,少则有2000千克上下,所以茶庄销售从未缺货。

生庆公的经营之道还体现在讲究货真价实,特别是每当一种新茶上市,茶庄先不标价,而是请一些老顾客品尝后再定价。每次茶叶加工配制拼成样品后,张质轩总是亲自品尝,认可了方可销售。只要市场没有大的波动，全年一个价，绝不少秤，谁都一个样。茶庄以零售为主兼营小量批发，好货宁愿以一般利润自卖，也不以较高利润卖给同行。生庆公的茶叶包装也新颖别致，一两茶叶用单层纸包装成虎头状，叫虎头包；二两以上是双层纸包装，棱角分明形似宝塔，叫宝塔包。每张包装纸上都印有生庆公字样。

生庆公茶庄在常年经营中，不断传承优质传统，恪守质量第一、买卖公平。虽然业主几经更换，而店号却经久不衰，誉满港城。

三和兴药店

新浦大街上的三和兴药店是原沭阳“三和公”药店经理、河北邯郸武安人孔仲安于1923年到此创办的。能很快在新浦站住脚，打开局面，且经久不衰，得益于他经营的中药材品种齐全。三和兴药房创业资金10000多银元，后发展到资本20000多银元。经营药材2000多种，其中常用药材达600多种。在上海、郑州、广东、四川等地都有常驻人员采购药材。三和兴是海（州）赣（榆）沭（阳）灌（云）及周边地区规模最大、品种最多的中药店。

药店长期不衰的更重要的还在于经营有方。三和兴采用前店后坊的经营方式，自行采购，自行加工。药店销售的膏、丹、丸、散等都是自己制作，很少从外地购进。为的是保证质量，让顾客信得过。店里自制的保和丸、藿香正气丸、逍遥丸、安宫牛黄丸、酒治大黄、绿袍散、眼药眼膏、冰硼散及各种膏药均受顾客欢迎。特别是鹅毛管眼药和锡盒眼膏，专治老人烂眼，一用即好。

三和兴药店极讲究信誉，药品货真价实，老少无欺。在药剂包装上十分考究，每一味药都是事先单包，包上贴有印好的“三和兴”字样及说明书，图文并茂，注明药物的性味、功能、禁忌、剂量，甚至产地。配方时，只要将这些小包集中到一起，就成为一剂中药。抓取方便，既清洁卫生又利于剂量准确。在服用中，还可以根据病情的变化，随时对某味药进行加减。为方便患者就诊后及时抓药，三和兴药店还聘请地方名医王云门、张绍田、顾铁侬等任店堂医生。

三和兴创建几十年，不论是1956年以三和兴为主体成立的公私合营三和兴国药号，还是改革开放后，经历经营体制改革后的“三和兴”，几代三和兴人都始终注重以优质的服务维护老店的良好信誉，赢得人们的信赖与青睐。

馨祥酱园

馨祥酱园是新浦第一家专业酱园。他的创始人是山东郯城人杨雨亭。杨雨亭原在邳县官湖镇开源祥涌槽坊。陇海铁路铺到新浦前后，他到新浦考察，看新浦正在兴起，而且没有一家专业酱园，便于1926年到此租地，建造27间厂房和5间营业房，开办馨祥酱园。开始就注重规模生产，备有600多口酿制酱货的大缸，外加腌菜池3个。馨祥主营酱园，并采取购原材料和收购粮食，相互穿插，资金的调用亦做到互相配合，互不影响。到抗日战争之前，馨祥酱园已经营酱货40多个品种，产各种酱菜15万千克左右，各种酱油、酱类年产20万千克左右，青岛、郑州等地均来批发、订货。每年酱货及其他商品的零售额10万元左右，成为新浦及周边地区最大的酱园。

1947年11月，杨雨亭的儿子杨筱亭来到馨祥酱园，协助父亲管理企业。他从原材料采购、生产工艺到市场营销做起，很快掌握了酱园业的生产经营特点。他接过父业主持酱园的生产经营管理后，继承并弘扬父辈经营之道。1948年，新浦解放前夕，经济萧条，金圆券贬值，当地掀起抢购风潮，馨祥产的成品被抢购一空，行将倒闭。幸得不久新浦解放，馨祥酱园获得新生，在人民政府保护民族工商业政策的关怀扶持下，经营有了发展。1954年，企业资金不足、经营困难，杨筱亭通过市工商联的帮助，与从事纸张、糖、碱批发业务，因受国营商业批发业务迅速发展影响而业务萎缩的新昌杂货号达成私私联营协议，仍定名为馨祥酱园。联营后，新昌杂货号转入资金11000余元，及时购进原料、增建设施，调整产品结构，当年即扭亏为盈，生产经营出现新气象。1956年初，馨祥酱园参加公私合营，与万祥酱厂等7家企业合营，成立公私合营新浦酱园。直至后来又成为连云港市酿化厂。

馨祥酱园自创办至公私合营，30年长兴不衰，其酱品质量在海属地区有口皆碑，该店与生庆公茶庄、三和兴药店被港城人民誉为“三不倒”商号。

专记10—2：连云港市陇海商业步行街

连云港市陇海商业步行街（以下简称“步行街”）位于新浦中心商业区，东起龙尾河，西至盐河，全长1170余米，占地近12.27公顷，建筑面积131.3万平方米。始建于1998年底，全街入驻商户500余家。东街、中街主要经营服装、鞋帽等日用百货，西街为妇女儿童用品一条街。整个陇海步行街为江苏省“百城万店无假货示范街”和“全国最具升值前景商业街”。

高起点，高标准建设现代化商业街

陇海商业步行街用地原是陇海铁路新海绕行道工程完工后遗留下的铁路废址。1998年底，新浦区委、区政府根据市委、市政府关于加快推进新浦地区旧城改造和商贸城建设的要求，决定在此铁路废址上兴建一条集购物、餐饮、文化娱乐、健身、旅游观光、商务办公、展示博览于一体的现代化商业步行街。按照高起点、高品位、高标准的理念要求，请清华大学建筑学院进行建筑设计，中央美术学院进行环境绿化设计。整个街区设计为由现代建筑风格的九龙世贸城、海滨建筑风格的东街、简欧建筑风格的中街和园林建筑风格的西街四段组成。在市政府的统一领导下，陇海商业步行街按照“政府组织领导，企业法人实施，市场经济运作”的思路进行开发建设，通过招商，先后引进资金4.5亿元。并将各街段开发建设任务落实到具体开发单位：东街分别由市房屋开发公司、市房屋修缮公司、市百达房产公司、新浦区房屋开发公司等单位开发建设；中街由温州瓯新建设开发公司建设；西街由温州国大开发公司开发建设。

图10－12 陇海商业步行街

1998年11月3日，正式成立步行街建设指挥部。于1999年1月6日，召开陇海步行街工程拆迁工作动员大会，正式启动步行街开发建设工程。得到沿街66米宽范围内单位和居民的大力支持，先后拆迁各类建筑3.8万平方米。同时完成了通灌路、海昌路、南极路3条南北主干道的铁路基降坡工程。同年6月22日，陇海步行街建设工程奠基动工。8月16日，由市私营企业家李健康投资2000万元人民币在陇海步行街西街兴建的华裕宾馆，第一个建成开业。标志着陇海步行街营运开始启动。2000年4月9日，陇海步行东街主体工程基本完工。次年1月6日，陇海步行街东街揭牌开业。53家店面开门迎客。截至年底，入住商户已达200余家。同期，中街也有60多户商家开业。节假日东街人流量达1.5万人次，正常情况下日人流量5000余人次。

2002年11月底，陇海步行街西街竣工。次年5月，步行西街开始营业，一楼75%店铺开张营业。全街新增经营户50多家。至此，陇海商业步行街全街贯通营业。至2005年底，全街商户达500多家，年商品销售额达 8.5 亿元。

优化服务创建文明商业街

2001 年 11 月，新浦区政府正式成立了以区长任主任、分管区长任副主任的陇海步行街管委会，下设办公室、综合管理科、保安大队、保洁大队。管委会从当年 8 月开始筹建起，即积极开展工作，为步行街的开发建设，为进街经营商户从各方面提供优质服务。办公室人员就着手搜集情况，每周编印一期四开四版的《步行街商情》，随《连云港日报》发送，从各方面宣传步行街，扩大步行街的影响，吸引广大居民到步行街购物，使步行街渐现商业街气氛。管委会成立后立即参观学习上海南京路、苏州观前街、南京湖南路步行街经验，结合自身实际，制定了《陇海步行街综合管理规定》，实行 24 小时规范化治安管理和 12 小时全街保洁制度。同时，下属物业管理公司、陇海广告公司分别为步行街提供物业和广告设置服务，使步行街很快走上正常运转。

为了增强步行街的人气，带动商气，推动商业街繁荣，管委会在步行街东街、中街举办大型商品展示活动和江西景德镇工艺名瓷器展销活动。拉动了步行街经营活动。当年，步行街东街 200 余家商户，正常情况下每天客流量达 5000 余人次，节假日客流量更达 1.5 万人次。大部分商户正在装潢的步行街中街，每天客流量达 1000 人次，节假日达 3000 余人次。投入运营第一年，街面即初步繁荣。当年，东街、中街商品零售额接近 2 亿元。

2002 年，陇海步行街管委会进一步优化服务，一面加强沿街亮化、美化设施建设，美化沿街店铺门头招牌，使沿街广告牌霓虹灯率达 75%；绿化带、高层建筑使用泛光灯和软管彩管亮化率达 80%。一面召开商户代表参加的创建文明商业街动员大会，在全街商户中广泛开展创建文明经营示范街和“百城万店无假货示范店”活动。在商业街内商户中开展丰富多彩的文化活动。夏季，在步行街中街文化广场连续 3 个月，每晚放映一部革命历史体裁的影片；每周举办 1～2 场文艺演出；举办市首届“百城万店无假货示范店”展示文艺演出，市首届模特大赛及颁奖文艺晚会；承办市政府主办的江苏国际服装节、服饰博览会连云港分会场暨第四届连云港服装节等活动，增强商业街的文化品位，提高了陇海步行街的知名度，促进了商业街的繁荣，成为港城人气、财气最旺的商区之一。当年，在连云港市首届“百城万店无假货示范店”评比中，步行街的“现代眼业”等 14 家商店榜上有名。陇海步行街也被区委、区政府授予“文明经营示范街”、“城市管理先进集体”、“文明示范路”等称号。

2003 年，陇海步行街继续深入开展文明经营示范街创建活动，推动全街“三个文明”建设。全年新增 50 家商户，总投资达 8000 多万元。其中，百万元投资商占 60%，全街年商品零售额突破 5 亿元。被授予市“百城万店无假货示范街”和江苏省“百城万店无假货示范街”称号。

2004 年，陇海步行街进一步开展创建全国“百城万店无假货示范街”活动。当年，全街新增商户 25 家。全街年商品零售额超过 8 亿元。日均人流量两万人次，节假日高达 5 万人次。

2005 年，2 月 28 日，陇海步行街再次召开“创建”大会，会上举行商户集体宣誓仪式，管委会与商户签订“创建”责任状，以创建国家级文明经营示范街为目标，进一步规范管理服务，改善经营环境，大力营造亲商、安商的浓烈气氛，进一步凸显陇海步行街集采购、餐饮、旅游、休闲于一体的高品位商业街的龙头地位。当年 3 月 18 日，在芜湖召开的“全国最具升值前景商业街命名表彰大会”上，陇海步行街被中国城市商业网点联合会、中国步行街工作委员会授予“中国最具升值前景商业街”称号。5 月，有红蜻蜓皮鞋店等 15 家商户被授予市首批品牌经营示范店称号。12 月，陇海步行街以高分通过了江苏省“百城万店无假货示范街”的复查验收。

创新非公党建工作促进街区三个文明建设

陇海步行街是新浦区较大的非公有制企业（简称“非公企业”）集中地区，全街有非公商户500多户，从业人员3000余人。在这些从业人员中有的就是共产党员。为了发挥党员在步行街建设中的作用，步行街全面开业后，即着手探索非公企业党建工作的路子，于2003年“七一”前夕，以非公经营户中11名党员和管委会机关2名党员共13名党员，成立全区第一个非公单位党支部。至2005年底，步行街已建立党总支，下设东街、中街、西街3个综合支部，1个机关支部，共有党员60余人。

党组织建立后，立即本着有利于开展党内生活，有利于党员管理和有利于步行街经济繁荣的原则，开展“业余、小型、灵活、务实”的组织活动。在研究步行街商务工作的同时，始终注意把发挥党组织和党员作用，不断增强党组织的凝聚力、向心力作为开展党建工作的着力点。坚持在制定工作计划时，党建工作和经济工作的目标同步谋划，组织实施时同步运行、检查时同步考核、落实奖惩时同步兑现。同时，党总支针对非公经营商户中的党员长期脱离原组织，很少参加组织生活的实际情况，加强党员先进性教育，在全街开展以“为步行街需要、为业主所理解、为员工拥护、为党员所欢迎”为内容的“四为”党组织创建活动，在党员中开展“党员经营示范户”“党员经营示范岗”“三讲三带”“三优三好”“双合格双满意”等活动，党员公开挂牌上岗，自觉接受社会监督，充分发挥党员的模范带头作用。在创建“百城万店无假货”示范街活动中，全体党员、干部做到诚信经营实干在前，改革思路创新在前，情系消费者服务在前，激发了广大业主的参与创建的热情；在开展文明诚信活动中，业主中的党员带头遵纪守法，文明经营，明码标价，不经销假冒伪劣商品，并自觉统一着装、统一挂牌上岗、统一文明用语。非公商户中的党员还积极参加党总支组织开展的捐款、“献爱心”、义务献血等社会公益活动，先后为希望工程、“局包村”等捐款近20万元。到2005年底，党总支已为20多户党员经营户授牌，党员经营户已成为步行街文明经营的一面面旗帜，带动广大商户，倾注真情热爱步行街，勤奋努力奉献步行街，信心百倍地建设步行街，开拓创新发展步行街。

2003年至2005年，已有5名非公业主、员工光荣加入中国共产党，有3名非公商户当选市、区人大代表、政协委员。有100多个商户先后被省、市、区授予“文明经营户”“明码标价示范户”“党员经营示范户”“党员经营示范岗”等称号。步行街党总支先后被省委、市委和区委授予先进基层组织荣誉称号，并被确定为非公党建示范基地。

第五章　管理机构

第一节　区商业管理机构

民国16年（1927），东海县商民协会在新浦成立。次年，改为东海县商会。至解放前夕，新浦商界事务由商会及各同业公会管理。

1949年7月，新浦地区商业企业由山东省鲁中南行署新海连特区专员公署与新海市政府合署下设的工商局统管。11月，由新海连市政府工商局管理。1950年5月，新浦商业由新海县政府工商科管理。1951年1月，新浦商业由新海市政府工商科管理。1955年1月，新浦商业由新海连市政府商业科管理。

1956 年 6 月,新浦商业由新海连市政府商业局管理。1957 年 12 月,新浦区政府设商业科。

1964 年 7 月,区商业科撤销。商业由市商业局直接管理。

1983 年 7 月,新海区政府设商业局。1984 年 6 月,新海区政府设财贸办公室和粮食局。1986 年 6 月,新浦区政府设商业局,内设人秘科、业务科、企管科。1987 年底,新浦区各街道办事处设商业科(或第三产业办公室),管理街道商业。1989 年,区政府于商业局内设社会商业调研室(副科级),负责管理全区社会商业。

1996 年 8 月,撤销区财经贸易办公室、区商业局、组建区贸易局。

2001 年 12 月,区政府撤销区经济局、区贸易局,组建区经济贸易局,统管全区经济贸易工作。

第二节 供销合作商业管理机构

民国 38 年(1949)7 月,新海连特区合作推进社在新浦成立,新浦地区合作社事业受其管理。

1951 年 5 月,新海连市合作推进社改为合作社联合社。

1953 年 1 月,新海连市合作社归江苏省合作社联合社领导和管理,新浦地区合作社受市合作联社管理。

1954 年 7 月,新海连市合作社联合社改为新海连市供销合作社。

1955 年,市供销合作社的消费合作社划归国营商业,手工业生产合作社划出,单独成立手工业联合社,由当地人民政府直接管理。

1958 年,市供销合作社与市商业局合并。基层供销社下放到当地人民公社,改为人民公社供销部,成为基层政权附属部门和国营商业的基层单位。同时,公私合营合作商店、合作小组过渡到人民公社供销部,变为国营商业。

1960 年下半年,供销合作社重新确定为集体所有制性质,恢复基层供销合作社,原过渡进供销合作社的小商小贩划出,重新组成合作商业、合作小组。

“文化大革命”期间,供销合作社再次与商业局合并,变成国营商业。农村供销合作商业由贫下中农管理。

1978 年 10 月,恢复供销合作社管理体制。

1983 年 7 月 2 日,成立新海区供销合作联社,辖新浦、海州、锦屏、新坝 4 个基层供销合作社。

1986 年 6 月底,新海区划分为新浦、海州两区。同年 8 月,新海区供销合作联社划归海州区改为海州区供销合作联社。新浦区不设供销合作社。

2001 年 11 月,市区行政区划调整,撤销云台区,云台区供销合作总社整建制划归新浦区,更名为新浦区供销合作总社。

第十一编　生活服务业

新浦区以餐饮服务为主的生活服务业兴起于南云台山区的南城、大村一带。南朝宋泰始(465～471)年间,侨立青州于云台。后立东海县,县治南城,南城即有人从事餐饮服务业。明清时期,云台山三元宫、南城玉皇宫香火旺盛,南城城隍庙清明庙会规模渐大。期间均有人卖茶、卖饭,开临时客栈。直至顺治十八年(1661)裁海,云台山被裁定为海外禁地。

清光绪初,新浦渐成集镇,餐饮服务业应运而生。光绪十八年(1892),新浦初成商埠,餐饮服务业随之兴盛。光绪三十一年,大浦以"胶海关海州分关"名义自行开放,为其依托城镇的新浦,饭店、客栈进一步发展。

辛亥革命后,特别是民国14年(1925)东陇海铁路通到新浦后,新浦成为苏北鲁南贸易集散地,商贾云集,人口骤增。饭店、客栈数量增多,并在中山中路(时称"中大街",即今民主中路)、新市街一带出现陇海公寓、第一饭庄、六合春菜馆、味芳楼(饭馆)、第一池、夏昶兴照相馆、摩登照相馆等具有一定规模,经营有特色,服务档次较高的生活服务企业。

民国28年(1939)春至民国34年(1945)8月,日军侵占期间,新浦餐饮服务业一度发展。但市场多被日商占领,民族餐饮服务业受到摧残。

抗战胜利后,新浦、南城一带餐饮服务业开始复苏,但因时局不稳,交通中断,不久便经营惨淡。

新中国成立后,人民政府大力扶持私营业主恢复营业,同时积极兴办国有商业,为私营业主提供支持。20世纪50年代中期,通过公私合营、合作经营,壮大原有餐饮服务业经济实力。国有、集体餐饮服务企业不断增多。20世纪60年代初的"三年困难时期"及之后的十年"文化大革命"中,取消私营企业,新浦地区餐饮服务企业一度萎缩。

中共十一届三中全会后,拨乱反正,改革开放,新浦城乡餐饮服务业进入新的发展阶段,个体经营的餐饮服务企业逐年发展。1984年,新浦地区集体商业划归区管后,区委、区政府先后制定、实施"兴商、促工、开发"和"三产兴区"经济发展战略,鼓励街道居委会、村委会及各单位兴办第三产业,餐饮服务企业发展加快。至20世纪80年代末,新浦地区大小餐饮企业发展到539家。其中,个体经营的占76.6%;服务企业143家。陇海饭店、云台宾馆、天然居等高档宾馆相继建成开业。家政服务开始兴起。

20世纪80年代末、90年代初,深化改革,扩大开放,新浦地区国有、集体餐饮企业经过经营机制改革、产权制度改革,部分"国有""集体"退出,进一步搞活经营。个体经营、私营、合资经营的餐饮服务企业长足发展,多种经济成分的餐饮服务业构架基本形成。私营、三资和个体餐饮企业网点,占餐饮行业的97%左右。

改革开放,社会发展,不仅促进新浦地区传统餐饮服务业的发展,更加快了行业内部结构和经营方式的发展变化。"洋快餐"进入百姓生活。西餐厅、茶楼、咖啡馆先后出现,川菜、湘菜已成为当地主要菜系之一。南方北方、新亚欧大陆桥沿线数十种风味各异的小吃落脚新浦城乡;美容护肤、足浴足疗、文印喷绘、电脑设计、婚纱摄影以及搬家、家政服务、礼仪服务等新兴服务项目相继出现并形成行业，方便了居民生活。到2005年年底，全区以餐饮服务为主的生活服务企业已达4700余家，遍布城乡各地。

第一章 餐饮住宿业

第一节 体制改革

一、国有

1954年9月，新浦地区出现第一家国有餐饮服务企业——国营新浦饭店。此店原为公私合营六合春饭店。1954年9月，六合春饭店资方放弃经营，当时市工会予以扶持，将饭店改为职工饭店。1956年2月，职工饭店申请，经市人委对资改造办公室批准，改为"地方国营新浦饭店"，为新浦区第一家国有餐饮企业。同月，原为工人生产自救性质的工人浴池，经市人委对资改造办公室批准，改为"地方国营新浦浴池"。1957年，地方国有新浦回民饭店在市化路开业（初属地方国营新浦饭店统一管理，1963年1月，划出独立核算）。

20世纪60年代初，市百货公司在解放中路开办黄海饭店（民间通称"高价饭店"）、大众饭店等国营餐饮服务企业。同时，将原属新浦区的地方国有新浦饭店、新浦浴池收归市饮食服务公司领导、管理。充分发挥国有餐饮服务企业在稳定、改善市场供应和方便人民生活方面的主导作用。

"文化大革命"期间，国营餐饮服务业发展停滞。

改革开放以后，驻地一些企事业单位兴办国有餐饮服务企业。1980年1月，市商业系统兴办的全民所有制的大众饭店、新浦饭店先后在南极北路、解放中路开业。1986年底，新浦区与青海省哇玉香卡农场合资兴建全民所有制的海云贸易大厦，1987年建成。次年试营业。其间，全民所有制的房地产大酒店、天晴大厦、明珠大酒店等先后开业。

20世纪90年代以后，新浦地区全民所有制的餐饮服务企业发展速度加快。华联大酒店、喜尔登大酒店、民乐饭店、鹏程饭店、小观园大酒店、金桥酒店、大陆桥酒店、罗马大酒店、中百大酒店、东龙大酒店、金沙湾大酒店、金星大酒店、黄海大酒店、齐天大酒店、百花大酒店、金色年华大酒店、东亚饭店、云府大酒店、聚丰园酒店、奥林大酒店、王府美食城等全民所有制餐饮服务企业相继开业。至2005年底，新浦地区有全民所有制餐饮服务企业93家。全民所有制餐饮服务业的经营机制，通过改革，一般都采用承包、租赁等办法，实行国有民营。国有餐饮企业继续以技术、品牌、信誉等优势占领市场，并起着示范、骨干作用。

二、集体所有制

在1956年的对资本主义工商业社会主义改造中，新浦地区私营餐饮服务企业，全部按行业组成合作商店。2户小型饭店和7户较大饮食摊贩组成"车站合作饭店"，对10户小饭馆进行经济改组，组成统一经营、统一核算的"味芳楼合作饭店"，将59户小旅馆、采用经营地点不动，实行统核算办法，组成"新浦合作旅社"。照相业成立"公私合营新浦照相馆"，开设富美、新明、真善美3个照相馆。永新、复新、信诚、志诚、东方等5家洗染店实行合作，成立“新浦洗染店”。南城镇理发店成立互助合作组，在南城街、中心街、新民街和东大街设立4个理发门市部，缝纫业成立成长互助合作组。

1958年，受农村人民公社化影响，新浦餐饮服务行业进入合作化高潮。新浦36户理发店联合成立新浦理发合作社，分设人人、友好、大众、和平、创新、路南、通灌、普记、新菜、洪记11个门市部。尚未参加合作社的183户饮食店，连同车站合作饭店、味芳楼合作饭店合并成立“新浦合作饭店”，开设新海、西巃、王巷、南极、建国、通灌、路南、车站、味芳楼10个独立核算店。

20世纪60年代初，“三年困难时期”，集体餐饮服务企业明显减少。1962年，新浦地区餐饮、服务业合作门点不足40个。1963年起，随着经济形势好转，合作餐饮、服务门点渐渐恢复、增添。当年，即有合作饭店13个，职工142人；旅社28个，职工107人；理发店15个，职工105人。1964年下半年，区属餐饮服务业企业全部划归市商业局服务公司领导、管理。

1984年3月，市政府向区政府下放权力，新浦地区市属集体餐饮、服务业企业及职工，移交给区商业局管理。当年，共有合作饭店6个，下设28个门点，旅馆5家、理发门点14个。1986年底，区委、区政府提出要大力发展第三产业后，各街道办事处把发展商贸饮食服务业作为经济建设重要任务，并分别成立商业科和第三产业办公室，街道办、居委会办集体餐饮服务业发展加快。1987年底，新浦地区有区属餐饮企业92个，从业人员880人，街办餐饮企业32个，从业人员309人；区属服务企业88个，从业713人、街办服务企业29个，从业人员176人。1990年，全区有集体餐饮企业107家，从业人员1010人，服务企业93家，从业人员780人。1991年底，区饮食服务公司提出“一业为主，多种经营”方针，对33个门点分别实行任期目标管理和盈亏大包干，并兴办汽配公司、恒大物资贸易公司等4家企业，逐步实现扭亏为盈。

20世纪80年代后期起，区属集体餐饮服务企业开始进行经营机制改革，实行个人承包经营和租赁经营。

20世纪90年代初起，进行“公有私营”改制，公司公开招标各网点经营者，并依法确定与经营者的关系，核定税金、租金、人员及离退休职工统筹等等指标。原有职工实行下岗待业。经3个月再就业培训，争取再上岗。有能力的可从事个体经营。先后有50名职工下岗。90年代中后期，企业实行产权制度改革，集体餐饮服务企业全部实行“集体退出”，出售给个人经营，原有职工采取买断工龄等办法“置换身份”，自谋职业。

三、私营、个体经营

南北朝时，南城已有人家开办饭店、茶水摊、客栈一类店铺。

明代，临洪滩为盐业生产集散地，形成集镇时已有人开油条、大饼店和简单的客栈。

清光绪年间，鲁南林乾一、林栋臣等到新浦经商。新浦各巃口已有小饭棚。天后宫及大街、后街及许大圩、小桥口一带已出现饭店、客栈。

清末民初，新浦渐成商埠，饮食服务业随之兴盛。民国5年（1916）安徽人夏少民开办的“夏昶兴照相馆”在新浦新市街开业。民国8年（1919），河北冀县人张质轩与海州人沈云霈合伙在新浦开办“生生庆公茶庄”。民国12年（1923），南城大街设有较文明的新凤居菜馆、索记酒馆、苏印铁酒菜馆等8个小吃店、2户卤肉店及10多家大饼油条店。

20世纪20年代起，随着东海陇海铁路通车，新浦日兴，山东、河北、山西、安徽、清江等地商人先后到新浦经商，新浦餐饮服务业遍布大街小巷。味芳楼、第一饭庄、天顺楼、聚乐园等饭店和陇海公寓、陇西旅社、中央旅社等档次较高的旅店已享誉海属地区。

民国28年(1939)春，日军侵占新浦地区，不少饭店、旅馆、客栈关门。后为谋生又逐步恢复经营。

抗战胜利初期，有一定规模的餐饮服务企业有所恢复。至民国37年夏，新浦已有饭店菜馆25家、小饭店30多家、旅馆客栈40家、浴池4家、照相馆12家。后因时局不稳，物价飞涨，民不聊生，餐饮服务业受到极大影响。到解放前夕，新浦、南城等地绝大部分饭菜馆已处于关门或半歇业状态。

新中国成立后，在人民政府扶持下，各家餐饮服务店迅速开门恢复营业，并有一些无业市民从事餐饮服务业。到1950年初，新浦就有酒菜馆9家、风味小吃店7家，饭铺45家、面条店33家、大饼油条店91家、摊煎饼摊46家。1954年，新浦已有62家旅馆、照相馆5家、理发店36家。1958年5月底，新浦的私营饮食店发展376家。

1955年底，开始公私合营。至次年1月，餐饮服务业按行业实行公私合营。

1957年，开放“自由市场”，允许私人经营餐饮服务业，新浦又出现376户饮食业单干户。次年6月1日，餐饮服务业又实行全行业合作化。

党的十一届三中全会以后，允许多种经济成分并存，个体、私营餐饮服务业重新发展。到1991年底，新浦地区从事餐饮服务业的个体户达810户，营业收入为714.5万元。到1992年底达1038户，营业收入为1272.5万元。

20世纪90年代中后期，随着改革开放的不断，饮食服务企业中个体、私营企业发展更快。1999年10月18日，全市个体私营餐饮企业中规模最大的无锡鸡粥餐饮有限公司在新浦开张营业。至2005年底，新浦地区从事餐饮住宿业的个体户达1378户，从业人员2359人，注册资金5852万元、从事居民服务和其他服务的个体户达1346户、1802人，注册资金1673万元。从事住宿和餐饮业的私营企业104家，雇工人数1077人，注册资金1492万元。

2001～2005年新浦区个体餐饮服务业概况表

表11－1

项目 年份 行业	户数(户)					从业人员(人)					注册资金(万元)				
	2001	2002	2003	2004	2005	2001	2002	2003	2004	2005	2001	2002	2003	2004	2005
餐饮业	513	777	586	745	675	526	830	710	1499	2357	800.9	798	622	1590	5852
住宿业	213	259	266	452	703	213	251	334	682		240	357	524	1520	
洗浴业	29	41	45	45	45	31	45	52	68	68	66.8	93	114	114	114
理发、美容、化妆业	456	583	440	519	703	457	511	548	725	725	155.2	246	231	1327	1673

四、合资经营

20世纪90年代起，连云港市扩大对外开放，大力吸引外资和港、澳、台客商到港城投资办企业。1991年，全市第一家中外合资餐饮企业——北京饭庄，在海昌南路建成开业。1992年7月，与澳门客商合资经营的连云港华侨大酒店，在海昌路422号开张营业。同年9月，与澳门客商合资经营的连云港龙苑大酒店，在海连西路 4 号开业。

1993 年 8 月 18 日，市家用电器总厂与阿联酋金城实业公司合作经营的连云港天方夜谭大酒店在海连西路 21 号开业。同年 9 月，与台商合资的连云港公爵啤酒屋在海连中路 23 号开业。

1995 年 5 月，中外合资经营的连云港库斯科康乐保健有限公司，在解放东路 81 号开张营业。同月，中外合资经营的连云港勤利玛保龄球俱乐部有限公司，在海昌路 83 号开业。

1998 年 2 月，台商独资在海连中路 139 号经营的连云港太阳城酒店有限公司开业。

五、管理体制改革

解放前，新浦地区餐饮服务业统由东海县商业同业公会实行行业管理。

新中国成立初期，新浦地区餐饮服务业由新海连特区政府商业部门直接管理。今辖区内乡、镇餐饮服务业由基层供销合作社管理。

1956 年，中国饮食公司江苏省新海连市支公司在新浦成立。新浦地区餐饮服务业受其直接管理。

1957 年 2 月，新海连市服务公司在新浦成立。同年 5 月，市服务公司与供销社合并，成立市服务局。同年 8 月，市服务局与商业局合并为商业局。新浦地区餐饮服务企业均受其直接管理。

1958 年 3 月，新浦地区餐饮服务企业，划归新浦区，新浦区成立商业科，领导、管理新浦地区餐饮服务企业。1962 年 12 月，市人委决定，新浦地区的国营、公私合营、合作（含街道办）饭店、浴池、照相、旅馆、理发、洗染 6 个行业，归市商业局归口领导、管理。1964 年 7 月，新浦地区所有商业企业全部划归市领导。新浦区商业科撤销。

1983 年 6 月，新浦、海州两区合并成立新海区，区政府设立财贸办公室，下设饮食服务公司，管理区属饮食服务企业。

1986 年 7 月，恢复新浦区建置，新浦区设商业局，全区餐饮服务业属其管理。1987 年底，各街道办事处设商业科（或三产办公室），管理各街道及居委会办的餐饮服务企业。今辖内各乡镇的餐饮服务企业归基层供销社管理。

1989 年，区政府在区商业局内设社会商业调研室，管理全区社会商业。

1997 年底，区商业局撤销，成立区贸易局，全区餐饮服务企业归其管理。

2001 年 12 月 24 日，区贸易局、经济局撤销，组建区经济贸易局。自此至 2005 年，全区餐饮服务业归其管理。

第二节　餐饮业

一、小吃部

南北朝时，南城已有小饭店。

明代，临洪滩形成集镇，有人开大饼、油条店，为过往人等供应简单茶饭。

清光绪年间新浦街初见规模，商贸业、海河运输业日渐繁荣，一些巄口、水陆运输要道口，小饭店、小吃摊点不断出现。主要经营油条、大饼、稀饭。

20世纪30年代前后，新浦地区的小吃店发展较快。期间，在新浦比较有特色的小吃店有王巷里的十景斋包子铺（经营天津包子），中山路的一乐圆（经营天津包子）、海昌里的福成面店（经营锅贴子）、吕四娘馄饨铺，新市路上的“把子大肉”（经营把子肉、鸡豆、百页、油豆腐等）、顺成饺子铺（经营水饺、馄饨），市化路的开一天（包饭小吃）、鲁南包子铺（经营小笼包子）等20家。1923年，南城有小吃店8家。

解放前夕物价飞涨，新浦地区稍有一点规模的饭店、酒店都难以正常经营。解放后，人民政府首先扶持恢复并发展小吃部、小饭店，直到新中国成立之初，新浦居民和过往人员主要靠100多家小饭店、小吃部和早晚经营的饮食摊贩供应饮食。三年经济恢复时期之后，经济好转、饭菜馆相继复业，遍布街头巷尾的小饭店、小吃部也随之发展。1954年，新浦有风味小吃店7家、小饭铺45家、大饼油条店91家、煎饼店46家。1956年，有小饭铺260余家、饭挑110余户。

20世纪50年代末、60年代初，经济困难时期，90%的小饭店、小吃部歇业。1961年，开放集贸市场，重新出现小吃部、饮食摊点200多个。“文化大革命”期间，个体经营的小饭店、饮食摊点基本被取消。

1978年，为解决居民吃早点难问题，区政府本着小型、分散、便民原则，发动各街道居民委员会发展以经营早点为主的小吃部。同年10月，市饮食服务公司在新浦设立以早点供应为主的代营总店，在盐河、新中、同兴、新生、新新等5个街道居委会范围内和新浦农场的通灌路、丁字路两个大队设7个代营点，由街道居委会组织代营。1979年8月20日，兴建五味斋面食馆春城糕团店、市东小吃部、众乐小吃部、长征小吃部和站南小吃部等6个小吃部。9月，市商业部门在新浦举办早点展销群评会，参展早点品种达75个。

1983年9月29日至10月1日，市饮食行业在海昌路举办饮食小吃品种展销会，展销饼馍、糕团、油炸、酥点、包馅、卤菜等6大类103个品种，销量达500余公斤。

1984年5月1日，建于海昌路的“风味小吃群”正式开业。小吃群内主要设有金银居锅贴店、烤三件烧饼店、双园宣饼店、新成甜食店、金扇馓子店、翡翠烧卖店和古月酥烧店7个各具特色的小吃店。

改革开放后，各街道居委会和个体工商者经营的小饭店、小吃部、流动摊点发展加快。到1990年，新浦地区有各类小饭店、小吃部413家。

20世纪90年代起，小吃部、小饭店、大排档等数量增加，品种增多，并相对集中形成市民路豆腐卷一条街、康泰路小吃一条街、小学路小吃一条街、民丰巷火锅小吃群、通灌北路火锅小吃群、新浦公园北火锅小吃群等数十个各有特色的小吃一条街、小吃群。打烤牌、做大饼、蒸馒头、炸油条、卖豆浆等小吃部更是遍布大街小巷。2004年9月，上海城隍庙小吃，在农工商超市一楼开业，营业面积120平方米，制售盖浇饭、海派砂锅、炒饭、汤粥及各色面点、小菜等上海老城隍庙传统风味小吃。至2005年底，全区个体经营的小饭店、小吃部达1279家。其中，云台乡23家、南城镇18家、花果山乡9家。

二、饭店　酒店

民国3年（1914），业主杨立富在新浦大街开设“海州饭店”，经营地方菜。次年，“同乐园”“聚乐园”两家饭菜馆先后在新市街开业。前者经营北京菜，后者经营鲁菜。民国5年，以经营地方菜为主的“九如饭店”在大街开业。民国12年（1923），南城镇内的“新凤居菜馆”“索记酒楼”等已颇具名气。

民国14年（1925），东陇海铁路铺新浦，随之向大浦延伸，后通至连云港港口。新浦商贸业盛极一时，饭馆、酒楼发展加快。天顺楼、味芳楼、小乐意、民主饭店、同兴饭庄、四海春、三义春、世界饭店、醉仙楼等先后在中山路、海昌里、新市街、王巷等地开张营业。世界饭店还开新浦经营西餐之先河。民国20

年(1931),在新浦中山路中段(今民主中路)路南侧开业的六合春菜馆,营业用房20间,职工20余人。以制作油炸双脆、炸芝麻里脊名菜和制作葱卷、杂烩面出名。民国22年(1933),山东牟平养马岛人魏玉堂、孙松林在新浦新市街第一池对面创办的第一饭庄开业。主打菜肴既保持鲁菜风格,又根据海属人口风味大胆创新,尤以孙松林烹制的蟹黄鱼肚、玉珠海参、红扒大黄鱼、油爆乌花等享誉一方。位于海昌里的味芳楼,制作的蟹段汤面、馄饨、干菜包及软兜长鱼、肴肉、煮干丝等饭菜享誉海属地区。

民国28年(1939),日军侵占新浦之初,新浦不少饭店、酒馆关门,后逐渐复业。并有世界饭店、六合春、中国饭店、会英楼、华北楼、四五六菜馆、九华饭店等一批饭菜馆开业。

抗战胜利初期,辖区内餐饮业一度恢复发展较快。不久因国民党挑起内战,时局不稳,餐饮企业受到很大影响。至民国37年(1948)夏,新浦有饭菜馆25家、小饭店30多家。后因物价暴涨,民不聊生,到解放前夕,新浦、南城地区的饭店菜馆绝大部分处于关门和半歇业状态。

解放后及新中国成立初期,专业饭菜馆、酒店逐渐得到恢复。1954年,新浦有酒菜馆9家,经营风味小吃的饭店7家。同年9月,六合春饭店中资方放弃经营,由市总工会扶持继续经营,并更名为职工饭店。1956年1月,职工饭店改为国营职工饭店。同年,私营饭店全行业合作化,新浦组成车站、味芳楼和肉店3个合作饭店。另有国营职工饭店。同年,还新办明盛斋、鼎如、味芳楼3家酒楼。1957年,在市化路与南极路交叉口开办新浦回民饭店。不久改为地方国营新浦饭店。

1961年,物资匮乏,各种食品凭票供应,市商业部门在解放中路兴建黄海饭店,经营高价饭菜。时称"高价饭店"。

1963年9月,国营大众饭店在南极路建成开业。1964年10月,国营新浦饭店在解放中路建成开业。内设旅馆、浴室、理发室、开展综合性服务。1965年8月,建于通灌路上的通云饭店开业。早晨经营稀饭、油条、糖糕类;中午、晚上供应米饭、面条、水饺,同时国营炒菜、烧菜和各种汤菜。

"文化大革命"期间,特别是两派"武斗"严重时期,饭菜馆无法正常经营。

改革开放后,饭菜馆(店)、酒店发展加快。20世纪80年代初起,云台宾馆、云华宾馆、上海饭店、明珠大酒店、海云大厦、花果山宾馆、华联大酒店等一批规模较大的餐饮服务企业先后开业。到80年代末,新浦地区已有规模较大、设施多较为完善的饭庄、大酒店等19家,一般饭店107家。

20世纪90年代起,随着港城对外开放不断扩大,新浦地区饭店、酒店进入新的发展时期。外商和港、澳、台客商开始到新浦投资兴办餐饮企业。1991年4月,全市第一家江苏省涉外定点酒楼——龙凤居酒楼在贾圩桥西首开业。同年起,合资餐饮企业北京饭庄、华侨大酒店、龙苑大酒店、天方夜谭大酒店、公爵沙拉吧、公爵啤酒屋及台商独资经营的太阳城大酒店等餐饮企业陆续在新浦开张营业。同时,黄海度假村、金都大酒店、希尔顿酒店、凯悦花园酒店、苍梧金榜大酒店、五千年大酒店、华威大酒店、千禧大酒店、东方大酒店、长城宫大酒店、无锡鸡粥店、千府酒家等一批档次较高的国有、集体餐饮企业和西游饭店、同和酒家、弯弯顺美食城、上海美食城等一大批面向工薪阶层、大众化的餐饮店在新浦主要街区开门经营。2000年底,新浦粮油总公司与市军粮供应站共同投资近2万元,组建市民中心厨房有限公司,生产"富康"馒头、包子、花卷系列食品,方便市民生活。2002年10月,该公司通过招商引资,组建连云港市齐春阁早餐工程有限公司,生产和销售市民早餐,所经营食品全部通过QS认证。被市政府列为"放心工程"。至2005年底,该早餐工程有限公司已拥有生产、配货基地1万平方米、配送车辆10余台,生产各种早餐7大系列、80多个品种,年销售额达1500多万元。同年底,新浦地区具有一定规模的饭店、酒店达210多家。其中,20世纪90年代以后新开的100余家。

1914～1948年新浦饭店酒馆一览表

表11－2

店名	业主姓名	开业年份	地址	菜肴类别
海州饭店	杨立富	1914年	中山路	地方菜
同乐园	刘忠汉	1915年	新市街	北京菜
聚乐园	尹杰三	1915年	新市街	鲁菜
九如饭店	姜文	1916年	中山路	地方菜
东海楼	王瞎子	1925年	——	鲁菜
天顺楼	于培汉	1925年	中山路	鲁菜
味芳楼	金宝元	1928年	海昌巷	淮扬菜
小乐意	林化高	1928年	王巷	鲁菜
第一饭庄	魏玉堂、孙松林	1933年	新市街	鲁菜
新华楼	于政义	1935年	中山路	地方菜
民主饭店	马开基	1935年	新市街	地方菜
同兴饭店	姜七	1936年	中山路	地方菜
四海春	盖玉新	1937年	中山路	鲁菜
三义春	郭功臣	1937年	王巷	鲁菜
世界饭店	李元庭	1938年	中山路	西餐
醉仙楼	于先庭	1938年	新市路	鲁菜
第一饭店	徐品山	1939年	新市路	地方菜
六合春	崔泰金	1939年	中山路	鲁菜
中国饭店	于家宾	1939年	中山路	淮扬菜
会英楼	孙保忠	1940年	中山路	鲁菜
华北楼	于家珍	1940年	中山路	鲁菜
四五六菜馆	杨步青	1940年	新市路	淮扬菜
九华饭店	黄金奎	1941年	中山路	地方菜
经济饭店	孙保忠	1942年	中山路	鲁菜
亚洲饭店	翟明侯	1945年	中山路	鲁菜
和平饭店	赵绍岩	1945年	中山路	地方菜
泰华楼	孙松林	1946年	中山路	鲁菜
陇海饭店	——	——	新市街	淮扬菜
豫东饭店	侯××	——	中山路	豫菜
晏乐春	张大吹	——	建国路	豫菜
半斋	祝贡轩	——	新市街	淮扬菜

三、快餐店

新浦第一家快餐企业——红磨坊快餐店，于1992年6月28日在青年路开业。该快餐有营业房3间，布置典雅，主要制作广东的沙朗饭、咖喱鸡饭、牛肉包饭、西德的汉堡包，还有陕西的蛋炒饭、炒馍馍、炒面条，以及青海、南京、福州、上海、苏州等地的风味小吃。随时以最快速度将饭菜送给消费者。随后，在市民路上，相继出现梦梦快餐、意达快餐两个快餐店，均以经营豆腐卷为主。梦梦快餐店还制作具有地方风味的海英菜包子；意达快餐店粉丝卷、南瓜卷也很受客户欢迎。

1994年初，华联商厦下属的劝业发展公司和瑞典北欧投资贸易公司，共同投资15万美元，兴办四星快餐公司。并于当年4月启用第一辆快餐车为顾客送饭。快餐车中有进口的美式压力锅、自动电油锅等全套不锈钢快餐设备，可随时为消费者提供新鲜的系列炸鸡、北京风味的羊肉串、扬州风味的蛋炒饭等20多种快餐盒饭。快餐车以“三块、两块，吃个痛快”的广告词和随时制作的快餐盒饭，赢得广大顾客的欢迎。同年3月，新浦区物资公司与台商合资（台商投资8万美元、新浦区物资公司以资产作价9万美元）兴办的玮宝快餐冷食有限公司在市民路南首开业，营业面积700平方米，有职工60余人（合资经营期为3年）。1995年5月，采食速递公司——华德采食速递公司开业。1996年5月1日，“五一”快餐公司在朝阳东路3号开业。该公司有1500平方米营业厅。为便于顾客联系，公司安装8部电话，并配备20辆摩托车、1辆日本五十铃工具车，以最快速度将快餐送到客户手中。公司实行工厂化生产，规模化管理，标准化服务，大众化价格赢得顾客欢迎。开业后，经营一直较好。最多时一天订购快餐的达1500人次。

2000年，通云旅社成立通云快餐部，推出港城快餐第一品牌——大嫂水饺。

2001年起，一些外地和国外的快餐企业开始进入新浦。2002年4月15日，国内中式快餐大娘水饺连云港连锁店，在通灌北路万家乐购物中心开业。同年6月，第一家“洋快餐”麦当劳连云港店，在万家乐购物中心开业。7月26日，肯德基连云港店在东方大厦一楼开业。12月，德克士连云港店在陇海步行街中街开业。

2003年起，地产品牌快餐有所发展。当年，通云快餐部成立美味配送中心，形成统一配方投料、统一质量标准、统一口味风格的产品特色和“冷链化”的生产销售系统。“大嫂水饺”新增4家连锁店。同时，城区还出现了以馄饨、包子为品牌的美味斋连锁店、小武凉皮连锁店等地产快餐连锁经营企业。

至2005年底，新浦地区先后开办的快餐公司、快餐店达23家。

四、火锅店　烧烤店

20世纪80年代末，从北京饭庄经营涮羊肉起，吃火锅开始在新浦兴起。90年代初，吃火锅逐渐普及。影响较大的是坐落于市化路的大富豪夜总会，先后推出滋补药膳类及各式野味砂锅和情侣火锅等50余种系列火锅，并根据顾客需要制作川味、粤味、鲁味等不同风味的火锅。以枸杞牛宝火锅、羊肉苹果火锅、驴肉沙姜火锅等20多种特色菜，名噪港城。1993年11月6日，港城首批涉外饭店之一的龙凤居（坐落于新浦海连中路贾圩桥西首）推出四川鸳鸯火锅。

20世纪90年代中后期，吃火锅已由冬令食用逐渐成为正常餐饮，在通灌北路陇海饭店附近、南极北路新浦公园两边和通灌北路市第一招待所西的民丰巷等处，汇集着挂有“四川”“重庆”“山城”等字样招牌的火锅店，初步形成火锅小吃群。通灌路上的王子火锅等火锅店，还专门从四川等地聘请名厨配料，生意十分红火。

2001年3月，专门从事国内经典火锅与各地风味相结合的新食源特色火锅饮食企业——连云港老正川饮食有限公司在新浦成立。公司有员工150多名。其中，高级管理人员12人，专职技术人员22人，并有高级市场策划师、专职技师及服务培训师组成的专家组。公司还在海昌路、盐河南路开设火锅直营和火锅底料厂。总面积2500平方米，可同时容纳千人就餐。其间，个体经营的火锅店、烧烤店遍布大街小巷。至2005年底，新浦地区先后开业的火锅店、烧烤店达74家。

五、街头小吃群

解放前，新浦街头小吃蒸糕、发糕、油条、考牌、杠饼、锅盔饼、小油饼、油糍（糖糕）、麻团、凉粉、百草糕等，品种极少。晚间有很少几个馄饨摊卖馍饨、小饺面之类。农村卖小吃更为罕见。

图11－1　街头小吃群

新中国成立后，直至20世纪70年代中后期，街头小吃仍然停留在传统品种上。

改革开放后，随着人们的生活节奏加快，方便居民生活的小吃业发展加快。1984年4月，海昌路上建起“风味小吃群”，金银居锅贴店、烤三件烧饼店、双园宣饼店、新成甜食店、金扇馓子店、翡翠烧卖店和古月酥烧店7个门点生产的小吃各有特色，备受市民欢迎。外地小吃品种渐入域内。20世纪80年代中期起，摊（鸡）蛋饼传入新浦。经营者用三轮车拉着蜂窝煤炉，炉上放个鏊子，将事先和好的稀面糊，舀于烧热的鏊子上，摊成薄饼，将鸡蛋打在饼上，摊开，撒上榨菜丁、芫荽之类，抹上一层面酱，稍烤一会儿，卷起即食，也有在其中卷根油条的，买者稍等即得，十分方便。很受儿童和青年职工欢迎，很快遍及各生活区和小学校门附近。凉面、凉皮、脆皮、小鱼煎饼、拉酥糖、摇棉花糖、蛋挞、烤羊肉串、糍饭、糍粑、肉夹馍、鸡肉卷、炸串子、烤山芋、糖炒栗子、炸臭豆腐以及各种包装的豆汁、牛奶等数十种小吃，也先后落脚新浦，居民日常小吃品种空前丰富。

六、茶楼　咖啡店

图11－2　爵士岛咖啡店

新浦地区居民原无喝茶习俗。早期，牖头、渡口、路边有卖茶摊点，只供行人解渴用。直到20世纪70年代末，街面上仍无专业茶楼、咖啡屋。

改革开放后，南方诸省市客商云集新浦地区，在带来资金、项目同时，也带来喝茶习俗。1998年5月开业的天然居宾馆内设有音乐咖啡厅，为顾客提供喝咖啡服务。20世纪90年代中期起，市区新浦先后出现王牌茶社（建设东路158号)、西子茶楼(陇海步行西街)、皇驾咖啡店(通灌南路238号)、久福茶艺馆(南极南路10号)、上岛咖啡店(南极北路96号)、润港茶吧(海丰巷)等茶楼、咖啡店。

第三节　住宿业

清末,新浦始有少数设施简陋的附属于骡马店内的客栈。民国年间,新浦后街、许大圩、小桥口一带货栈附近都有人家开客栈,为过往客商住宿提供方便。其间,南城有江、郭、姜3家开设客栈。客栈一般是三、四间屋打通的大通间,地面铺砖,铺上柴席成大通铺。客栈中多备有锅灶,供旅客自买粮菜做饭。投宿客栈旅客多为肩挑、推车、赶马车的小商贩。

20世纪20年代起,新浦市面繁荣,到新浦从事商贸活动的客商渐多,旅馆业随之兴旺。民国14年(1925),白宝山部下一个营长、河南人雷鹤亭解甲从商,在新浦中山路东首建造高级旅馆,因当时陇海铁路铺到新浦,取名"陇海公寓"。陇海公寓坐北朝南,两层楼房,民族风格,装潢典雅。前门面长近20米,高约15米。门面顶端有5根圆柱,柱间为4个三角形墙面。屋山为半圆形。楼顶塑一大宝葫芦。门面正中砖镶拱顶门,门上方两旁各有一紫红色圆柱,上面为雕刻彩绘荷花。大门上有四块门额,分别书写"迎宾"、"群贤毕至"、"少长咸集"、"陇海公寓"字样。公寓为前庐后井,楼上有雕花护栏,正中顶部为大型玻璃天窗。公寓共设27个客房,分为单人、双人、4人间,还专设夫妻间,可同时接待60多位旅客。楼上客房设施考究,并有电话。陇海公寓以精良设施和高档次服务,一时名噪苏鲁。

20世纪30年代、40年代,新浦地区旅馆业发展加快。陇西旅社、东亚旅社、中央旅社、海州旅社、陇海旅社、中国旅社、交通旅社、寰球旅社等一批具有一定规模的旅馆先后开业。至解放前夕,新浦有大小旅馆40家。

图11-3　20世纪70年代末港城最大的饭店——陇海饭店

解放初,绝大部分旅馆继续营业。1949年底,新浦地区有大小旅馆、客栈84家,有床位457张,客栈中有通铺34个。1955年,旅馆客栈减少至50余户。

20世纪50年代中后期,实行公私合营、合作化。1956年,成立公私合营新浦旅社,下设陇海公寓、徐州旅社两个门市部,共有36个房间、56个铺位。和兴、东方、聚美、顺兴等59家私营客栈,组成新浦合作旅社,各客栈作为门点,实行统一经营。后扩大部分门点经营规模,裁减部分小门点。至1961年,新浦有门点46个。其中,新浦合作旅社有门点27个。1962年春节前,区政府将坐落于通灌路与解放路交汇处西南角的草绳厂改建为通云旅社,有61个客房、142张床位。同年8月,位于民主路671号的东风石粉厂改造为新建旅社。1963年,新浦合作旅社对振泰、新华、三泰3个主要为农民服务的旅社进行改造。在旅社内增设通铺,扩建马棚、猪圈,并为住店农民做饭提供煤炭、水和餐具。其间,南城镇兴办南城旅社,设有客房12间。其中,单人间2个,3人间8个、仓库2间，为客人存放物资。客人随带贵重物品、货币交柜台代为保存。1965年，国营新浦饭店开设旅馆部，开展餐饮服务综合经营。

“文化大革命”期间，旅馆业经营受到严重影响。

1978年起，新浦地区旅馆业进入一个新的发展阶段。当年，具有340张床位和先进设备的陇海饭店在通灌路与海连路交汇处东北角、原贾圩村一带建成开业，成为连云港市接待能力最大、条件最好的一个旅馆。1983年，市政府专门接待外宾的云台宾馆，在新浦云山路(今苍梧路)建成开业(2002～2004年后重新改造，建成一座主体为18层，建筑面积4.2万平方米的高层建筑，拥有豪华客房78套、间)。1988年，新浦区与青海省哇玉香卡农场合资兴办的海云大厦建成试营业。大厦坐落于海连中路、西盐河东岸，占地5500平方米，建筑面积7200平方米，拥有客房77间、床位248个。客房内卫生间、空调、彩电等设备齐全。并有大小餐厅、舞厅、咖啡厅、美容美发厅等服务项目。1989年5月22日，位于市区繁华地段、坐落在海连中路与海昌路交汇处的天然居宾馆建成开业。宾馆主楼17层，建筑面积8600平方米。设有88套客房、165个床位。中央空调、闭路电视、消防报警灯等设施、设备一应俱全。并设餐厅、音乐咖啡厅、出租车队以及打印、复印、电传、传真等服务项目，使新浦地区的住宿接待水平迈上一个新台阶。同时，具有一定接待能力的东风大厦(今天晴大厦)在巨龙北路建成开业。

20世纪90年代起，市、区政府倡导大力发展第三产业，鼓励各行业、各单位和个体、私营企业兴办住宿、餐饮企业，并引进资金，合资兴办宾馆、饭店。期间，华联大酒店、银珠饭店、郁香屯饭店、龙苑大酒店、鑫鑫大酒店、新南饭店、常相居酒店、华裕柏悦大酒店、金兰大酒店、东龙大酒店、城建大酒店等数十家多种经济成分的住宿(或兼营餐饮)企业先后在新浦地区开业。到2005年底，新浦地区有全民、集体、个人独资及有限公司性质的住宿(或兼餐饮业)企业228家，个体私营的旅馆526家。

民国37年(1948)夏新浦地区旅馆一览表

表11-3

名称	地址	经理(籍贯)
中国公寓	新浦中山路17号	韩建初(山东)
陇海公寓	新浦中山路21号	李云峰(河南)
交通旅社	新浦中山路19号	刘泽民(东海)
大华客栈	新浦民丰巷11号	翟民侯(山东)
大来客栈	新浦新生路38号	李玉璋(东海)
永安客栈	新浦新海路115号	张建峰(东海)
元兴客栈	新浦灌青路28号	彭元祯(东海)
德记客栈	新浦义丰巷6号	武士庄(东海)
福来客栈	新浦南极路25号	刘福中(山东)
升记客栈	新浦灌青路4号	张万国(东海)
三泰客栈	新浦前盐河路39号	李萧氏(女)(东海)
胜利客栈	新浦灌青路22号	于万胜(山东)
德和客栈	新浦王方巷21号	王兴隆(东海)

续表 11 - 3

名称	地址	经理(籍贯)
和平客栈	新浦灌青路 16 号	谢忠(东海)
复兴客栈	新浦中山路 26 号	曹振山(山东)
新安客栈	新浦新海路 5 号	刘同才(东海)
裕升客栈	新浦新生路 16 号	李学富(东海)
新升客栈	新浦新生路 41 号	郭士标(东海)
长生客栈	新浦新生路 42 号	徐中华(东海)
新新客栈	新浦新生路 18 号	刘凤美(东海)
东新客栈	新浦新生路 17 号	丁松芝(东海)
三星客栈	新浦新生路 21 号	朱寿之(东海)
德生客栈	新浦新生路 23 号	张怀雨(东海)
新来客栈	新浦新生路 37 号	闫兆生(东海)
顺兴客栈	新浦新生路 40 号	张金标(东海)
隆兴客栈	新浦灌青路 41 号	张守功(东海)
知友客栈	新浦龙尾路 26 号	阚金台(东海)
保安客栈	新浦龙尾路 10 号	索跃亭(东海)
朐阳客栈	新浦新海路 111 号	陈庆春(沭阳)
永利客栈	新浦新海路 2 号	尹同利(东海)
中兴客栈	新浦中正路 6 号	陈清芳(河南)
连灌客栈	新浦通灌路 3 号	穆俊卿(东海)
东来客栈	新浦龙尾路 9 号	赵开美(东海)
永升客栈	新浦三达巷 3 号	徐毓洪(东海)
泰安客栈	新浦通灌路 25 号	吴凤山(山东)
长安客栈	新浦通灌路 21 号	曹发盈(东海)
中国客栈	新浦通灌路 5 号	徐振海(东海)
王记客栈	新浦仁信巷 16 号	侯玉山(东海)
振来客栈	新浦贾圩街 2 号	王振科(东海)
南顺兴客栈	新浦南极路 36 号	王俊高(东海)

第二章 洗理美容业

第一节 洗 浴

一、浴池

民国6年(1917),新浦第一家专业浴池——第一池在新市街建成开业。浴池为两层楼,有营业用房108间,一次可接待250人洗浴。楼上为男子部,楼下为女浴室。均为大通池。一年多后,老板朱冠五将浴池转让给刘某经营。刘又将其卖给海州镇守使白宝山。海州富户杨八为其门前铺筑一条石板路。第一池营业环境大为改善。

20世纪20年代中期后,三新池、文泉池、仁和池、山水池、安泉池、三义池、天乐池、经济池先后开业。此时,各浴池全部使用柴草、土灶烧热水。民国17年(1928年),开始以煤代草烧水。

抗战胜利后,第一池一度改名"归泳池",继续维持经营。其他浴池因社会动荡,民生困难,经营惨淡,多数停业。至解放前夕,新浦仅有第一池、山水池、安泉池、经济池4个浴池。其中,第一池已设西式女池,为女子提供洗浴服务。

新中国成立后,人民政府扶持服务业,保证浴池用煤,营业正常。1951年,第一池添置水磨石浴盆12个。其中女子部8个,男子部4个,改善洗浴卫生条件。1952年,第一池、安泉池、山水池合并成立职工浴池。后因资方退出经营,职工浴池由职工自己经营,生产自救。1956年,职工浴池改为地方国营新浦浴池。同年秋,市长周思德了解到浴池仍以土灶烧水,便亲自从市人民银行调用1台锅炉,并请连云港港务局技术工人帮助将锅炉安装到原第一池。从此新浦地区浴池开始使用锅炉烧水。1957年,新浦浴池在原第一池安置18个搪瓷浴缸(其中,女子部14个、男子部4个),替代原水磨石浴缸。同时,新浦浴池开始在男、女浴池安装淋浴设备。1958年,新建于解放西路的新海浴池、新建于市化路的新华池先后开业。同年起,驻地较大厂矿单位先后兴办福利性职工浴池。1960年,新华浴池改为女浴池,以盆浴为主。妇女洗澡难得以缓和。

1965年,市商业系统在解放中路兴建黄海浴池,分设男池、女池。夏季业务清淡时,女子部停业,经营冷饮。1967年,新海浴池因周围厂矿开办职工浴池较多,客源锐减,开始兼办冰棒厂。1977年,陇海饭店内部浴池——碧波池开始对外营业。1978年,黄海浴池、碧波池的女浴池改盆池为淋浴。次年,坐落于南极路的健康池建成开业,为全民所有制企业。1980年,新海浴池停业。

20世纪80年代中后期至90年代初,新浦地区国有、集体浴池体制改革,由个人承包、租赁经营。政府允许私人兴办浴池。1988年11月,第一池在全市首家引进桑拿浴。1993年,该浴池又在全市率先推出冲浪浴(每次收费20元,全套服务收费40元)。到90年代中期,个体经营的小浴池遍及城乡。城区新浦个人经营的小浴池达90多个。个体浴室均分设男、女浴室。后有部分小浴池因安全、环保、卫生等方面不符合要求而关停。90年代后期起,大批居民搬进实施齐全的新住宅,加之宾馆、饭店客房都有浴室,部分小浴池因客源不足而停业。而规模较大浴室则不断改善经营条件,开辟新的服务项目。1996年1月,中外合资的库斯科康乐大世界增设女子桑拿项目。1999 年 1 月 18 日，明珠桑拿城开业。男宾室设桑拿室、芬兰浴室。有 3 个美国进口的冲浪、鼓浪池，9 个喷淋头。同时，开展修脚、保健按摩等服务项目。至 2005 年，新浦地区有第一池、碧波桑拿中心、黄海浴室 3 家规模较大的浴池和 45 个个体经营的小浴池。

二、搓背

解放前，新浦地区各浴池男子部都有专人从事搓背服务。

新中国成立后，搓背服务在各浴池继续存在，仍限于男浴池。

“文化大革命”中，搓背服务项目被取消，洗澡人多“自我服务”或相互搓背。

1977 年，浴池搓背服务项目得到恢复，从事搓背服务的人很少。

20 世纪 90 年代初起，随着个体小浴池增多，进城务工农民开始从事搓背业。1990 年，东海县白塔埠镇军屯村青年戚延龙，经亲戚介绍，到新浦第一池学习、从事搓背。随后，该村便有少数男青年到新浦小浴池干搓背工。1992 年，该村青年戚延十开始介绍本村青年到新浦当搓背工。搓背工，每年搓背 6 ~ 7 个月，夏秋不误农忙，一年净得万余元。随之，东海县白塔镇其他村、赣榆黑林乡等地青年陆续到新浦各浴池从事搓背服务。1993 年，碧波池桑拿中心首推女子搓背服务，带动每天营业额上升 40%。自此，女浴池搓背服务渐兴。到 2005 年底，新浦区城乡浴池中从事搓背的男女服务人员达 300 余人。其中绝大部分是进城务工的青年夫妇。

三、足浴

过去，新浦地区浴池内有修脚、捏脚，治脚垫、鸡眼等服务。20 世纪 90 年代末起，新浦开始出现专事足浴、足疗的服务企业。

第二节　理　发

辛亥革命后，剪辫子，理发行业渐兴。新浦、南城出现理发店、乡村出现流动剃头挑（俗称“剃庄头”）。20 世纪 20 年代中期，陇海铁路通到新浦后，新浦外来客商骤增，理发业随之发展，理发店的设备、技术水平明显提高。民国 31 年（1942），红玫瑰理发室率先开展火钳烫发业务，同行相效仿，火钳烫发风行一时。解放前，开设于陇西巷中段的“国际理发厅”规模最大，设备最好。理发厅有理发师 11 人，均是从上海聘请和从当地理发人员中遴选出的技术高手，并已开展电烫、吹风等美发业务。宿迁人孙永才在中山路（今民主中路）开办的“龙凤理发室”，不仅开展一般理发业务，还开展按摩服务，理发后为顾客敲背、推拿、治疗脱臼复位、扭腰岔气、落枕等效果尤显，时有推拿技法之冠之称。至解放前夕，新浦已有一乐也理发、世界理发、国际理发厅、大中华理发厅等理发店（铺）35 家，从业人员 69 人；理发挑 46 个。南城有 3 家理发店、3 户挑担街头理发、5 户串乡“剃庄头”。解放前夕，理发行业社会地位低下，理发人员被通称为“剃头匠”“推头的”。理发收入微薄，很多人兼做吹鼓手。

新中国成立后，人民政府扶持理发业。1956 年成立新浦大众合作理发店，有职工 27 人。另对 71 户、103 名理发人员实行组织合作，业务上仍然各自经营。同年，面向社会吸收女理发员，19 岁的女青年陈少华等 4 人，带头冲破传统观念，学习理发，成为新浦地区第一代女理发员（此后，女理发员渐多）。

南城成立理发合作组，在南城街、中心街、新民街、东门街设4个门市部。每个门市部设3张座椅。理发人员采取“死分活值”办法进行分配。1958年6月21日，新浦实行理发全行业合作化，成立新浦理发合作社，理发人员106人。合作社下设人人、友好、大众、和平、创新、洪记、路南、通灌、普记、车站和新荣11个门市部。技术力量由合作社统一调配，各门市部划类分等经营。电推、电吹风等理发工具普遍开始使用。

1963年8月，市商业系统集中新浦区理发技术好手，在解放中路（今商业银行大楼东，原市商业局门西首）开设百花理发室，并配有电烫机等全新设备，成为港城理发业第一个甲级店。次年10月，新建于解放中路40号的友谊理发室，以一流设备、精湛技艺开门营业。为新浦地区第二家甲级理发室。1965年，新浦地区除百花、友谊2个甲级理发店外，还有大众、三八、人人、德和、车站、新生、明光7个乙级理发店和10个丙级理发店。

“文化大革命”期间，理发吹风、烫发被视为资产阶级生活方式，吹风、烫发业务停止。

中共十一届三中全会后，理发行业进入新的发展时期，烫发等普遍恢复。1978年，友谊理发室在楼顶平台上安装1.5立方直管式太阳能热水器，作为为顾客洗头用水，省煤又方便。同年，南城开始开展烫发业务。1979年，坐落于通灌路和海连路交汇处的陇海饭店，开设芙蓉理发厅，从两个甲级理发店抽调理发师，技术力量雄厚，并引进化学烫发工艺，以发型新颖、服务质量好得到顾客欢迎。同年，新浦新增公园理发厅（人民公园对面）、玫瑰理发室（解放西路工农兵商店后）、延安理发室（南极南路延安村）、春风理发室（站南街）、留芳理发室（龙尾桥东首）5个理发门点。1980年，市饮食服务公司在解放桥东首开办理发师资进修班，开设男、女两个班，培养理发师，兼营美容服务和出售理发用具。1981年，新浦地区女子烫发网点增至14个，配有电烫机19台。1984年春，市饮食服务公司管理的11家集体理发店移交给新海区管理，由新海区饮食服务公司领导（1986年新海区撤销，恢复新浦区、海州区后，新浦地区的集体理发店由新浦区饮食服务公司管理）。

20世纪80年代起，个体理发室、发廊、美容厅迅速兴起。1983年，国营友谊理发室职工李保余辞职，开办起“家店合一”的个体理发店——“百乐发厅”。其间，浙江温州个体理发人员开始进入新浦，在市化路大众饭店东首开设“港台新式发廊”等发廊；江苏江都县一家三兄弟来新浦在海昌北路开设“红发廊”；上海人朱平夫妻在通灌北路上海饭店后开设“上海发廊”，推出新颖发式，顾客不断。到1991年7月，个体发廊达105个，其中近70%为温州等地人经营。随着个体发廊兴起，新颖发型不断推出，爆炸式、奔头、螺丝烫、水晶烫、拐子烫、兰花式等发型流行于市。同时，也出现行业管理较乱现象，一些从业人员技术不高，服务质量差，引起消费者不满。1991年9月，市工商行政管理局、市科协等部门联合对个体理发人员进行技术考核，对少数技术水平差的取消其经营资格。

20世纪90年代中期起，新浦地区市、区理发行业深化体制改革，职工身份置换，个人从事个体经营。同时，个体经营的理发门点不断增加。一般门点都能烫发、染发。并出现专门进行发型设计的美发厅。男青年中开始出现染红发、绿发的，女青年中有染金色头发的。至2005年底，全区城乡有理发门点298家。

第三节　美容　护肤

1988年，新浦区出现第一家专业美容院——艾蒙德美容院。不久施美、嘉惠、高美、影星、丽丽、维尔丽、海云等美容院相继开业。同时,市理发师进修班、市皮肤病防治所、面部按摩等美容业务。1991年7月,坐落于海连中路62号的海云大厦“十美”美容中心开业。开展无痛文眉、文眼线、做殿睫毛、机械皮肤护理、紫外线电疗、特效去粉刺暗疮、冷热面面膜、舞宴妆、新娘妆等业务。1995年10月1日,原盐场医院皮肤科门诊大夫孟美荣创办的“天艺美容厅”在新浦开业。并于1997年开设美容业技能培训班,成立“连云港天艺美容研究所”,填补港城美容科研的空白,被评为市先进私营企业。其后,月亮湾美容美发休闲中心、富丽美美容室、超英美容业、华丽美护肤美容院、百分女人养颜生活馆、特莱维护肤养厅、天山雪莲伊人中药护肤美容店等个体私营护肤美容企业相继开业,遍布城乡。

至2005年底,全区有专事美容服务的店面106家,从事护肤服务的店面20个、兼作美容业务的店面78家。

第三章　家庭生活服务业

第一节　搬家服务

旧时,居民以安居为乐,轻易不搬家。有“搬家三年穷”之说。20世纪60年代以前,城乡普通居民家庭设备简陋,搬家时多为自己动手或亲友帮助扛抬,用平板车拉运,农村多用六合车或牛车搬运。20世纪60年代、70年代,城乡居民家具、用具逐渐增多,搬家多为亲友帮忙,或借用单位汽车搬运。仍无专事搬家服务人员、组织。

改革开放后,旧城改造,新住宅区建设加快,居民搬家渐多。而此时居民家中大型、高档家具、家用电器越来越多,搬家难度加大。路口、桥头开始出现用平板车、三轮车为居民提供服务的农民工搬家服务队伍。

1999年8月26日,海州人范月波在新浦南极路市总工会附近,租用1间8平方米门面房和一辆小货车开办的新浦第一家专业搬家服务企业——蚂蚁搬家公司正式开业。公司3人到处招揽业务。次年营业转好,公司自购1辆1.5吨的小货车,员工增至7人。2002年,公司车辆增至14人,并迁址朝阳桥东首。同年,顾家锦创办的好日子搬家服务部在南极南路开业。新浦地区搬家服务业一时兴旺。2005年前,先后出现搬家服务企业近20家。至2005年底,尚有蚂蚁搬家公司和步步高、好日子、大象、好运来、顺意、喜顺、乔迁等7家服务企业。蚂蚁搬家公司已有员工40余人、集装箱等搬运车辆10辆,并已实现现代化办公。搬家业务也已扩展到外省市。

第二节　礼仪服务

解放前,新浦城乡均有专为民间婚庆提供礼仪服务的唢呐班子,以唢呐、锣鼓等吹奏喜庆乐曲,为婚庆活动增添喜庆气氛。建国后,此类服务中断。

改革开放后,民间婚庆宴请开始从家庭走进饭店。而后,迎新娘也逐渐使用轿车。

1993年4月初，新浦区民族街居委会创办港城首家喜庆服务公司。为民间提供古典民族特色的婚嫁、祝寿服务。同年8月1日，由好望角广告公司组建的全市第一家木兰礼仪车队成立，20辆红色轿车行开上新浦街头，为三得利公司生产的女士啤酒促销助兴。该礼仪车队还为工商企业开业、工程项目开工、产品促销、民间婚嫁丧事提供礼仪服务。至1994年，新浦地区大小礼仪服务公司已近10家。并出现了"康平公关"等专业化、综合性强的礼仪服务公司。

1995年5月26日，由退休工人王佃国创办的、专门提供丧事服务的"安乐服务部"，在民主路开业。同年郊区乡镇出现了提供包括为死者穿衣、设置灵堂、联系殡仪馆、安葬等"一条龙"服务的殡葬服务组织。

20世纪90年代后期起，新浦城区开始出现为各种庆典活动仪式提供策划的礼仪策划公司，一些大型饭店、酒店，在提供喜宴服务的同时，还组织专门人员，为办喜事人家提供婚礼、祝寿全过程服务。礼仪服务已逐渐形成从礼仪策划、场景布置、广告设计，到礼仪队伍、礼仪用品、婚礼主持、摄影、摄像等全方位、系统化"一条龙"服务。

第三节 家政服务

20世纪90年代以前，新浦地区只有少数人通过私人介绍，到人家从事带孩子、做饭及照顾老人、病人之类的家庭服务。

20世纪90年代起，作为一种新兴服务行业——家政服务业在新浦地区初步形成。社会上出现了专门介绍家政服务人员的中介机构——家政服务公司（社）和专事保姆介绍的巾帼联佳服务中心等中介服务机构。社会上一些下岗职工、进城务工人员，到各家政服务公司登记，一旦有需要雇请家政服务人员的，中介机构即根据需要与有关登记人联系，如双方面议合适的，雇佣方交给一定数额的中介费，即可带人回家从事服务。雇佣方按约定数额，按月付给劳务人员报酬。

初期，家政服务以从事买菜、做饭或带孩子为主，多以按月按季签定合约（或口头协议）的方式，明确服务内容、要求、服务报酬及违约处理意见等。到90年代中后期，家务服务范围扩大到看护病人、家庭保洁、接送入园、入学儿童等方面。家政服务时间也趋于灵活，出现了钟点工、一周上门服务1次或两次的按日计酬工。这一期间，家政服务报酬偏低，一般保姆每月报酬为300～500元。

到2005年底，新浦地区共有持证家政服务中介公司32家。经中介公司介绍进入家庭从事各种家政服务的人员约1万人上下，且以女性为主。

第四章 其他服务业

第一节 照　相

民国5年（1916），安徽人夏少明从淮阴到新浦在新市街东首路南兴办新浦第一家照相馆——夏昶兴照相馆，独家经营，从摄影到冲洗底板、照片都是自己动手。拍摄的照片质量高，很受顾客喜爱，生意兴隆。

夏少明摄影技术较高，社会上爱好摄影者多拜他为师，他所教的徒弟有20余人。

民国14年(1925)，扬州人居肯到新浦在大街津海巷开办摩登照相馆。从上海购置照相机、放大机、摇头镜头等各种设备，开展个人和集体照相业务，并设橱窗展示样片，吸引顾客，营业看好。同年，其妻兄、扬州人丁实之也到新浦，在大街万康祥食品店对面开办振雅轩照相馆，兼营镶牙，生意较好。不久，扬州人刘松如，新浦与居肯的摩登照相馆合伙经营，定名新时代照相馆。1935年，居肯重新挂出摩登照相馆招牌，并迁址东大街(今民主中路市民路以东段)。新时代照相馆改名松记照相，由刘松如经营。其间，新浦各照相馆所用设备器材比较简陋，多采用木制三脚架，配"皮老虎"照相机，靠从屋顶天窗透进的阳光，辅以汽油灯光照相。并开始拍照美术照片。但此时底片为大尺寸玻璃干片，易碎，感光慢，且要等一大块底片全照完才能冲洗，取照片时间较长。

民国28年(1939)春，日军侵占新浦后，日商松井宗光在中山路(今民主路)东段开设中央照相馆、日商北泽武门在中山路生庆公茶庄斜对面开设北泽照相馆，兼营照相器材。

民国30年(1941)8月，海州人胡敬同将其在海州开设的同华照相馆，迁到新浦王巷西首，并改名苏北照相馆。照相馆在院内建有玻璃摄影房，光线充足，画有各式布景，并首家使用软底片照相。日军侵占期间，日本宪兵队、日伪警察局等部门规定"良民证"、旅行证、营业证等各种证件，及名目繁多的各种许可证，均要贴照片，照相业一时兴旺，照相设备、器材有所改进，软质底片开始使用，放大照片也开始用水彩着色。但照相业务多为日商垄断，地方照相馆受到冲击。松记照相馆老板刘松如经常带徒弟下乡照相，一次去灌云县张店照相时被日军杀害，松记照相馆倒闭。

抗日战争胜利后，新浦地方照相业有所恢复。民国35年(1946)，苏北照相馆迁至中山路教育巷(今民主路浦西巷)1号，更名为真善美摄影社，并增添新设备。业主胡敬同追求摄影艺术，所拍摄的凭证照、纪念照片、艺术照片均受顾客欢迎，真善美名声渐起。民国37年(1948)，扬州人陆景椿，用经营中央旅社积攒的资金，在海昌里建房开设富美照相馆，设备齐全，由其子侄3人掌握技术，经营规模与摩登照相馆并驾齐驱。至解放前夕，新浦有12家照相馆。

新中国成立后，部分私营照相馆继续营业。1950年至1952年，真善美摄影社扩大营业，曾先后到赣榆、日照、郯城、临沂等地开设分社。1954年，夏昶兴照相馆与李训彩合资在民主路开办照相馆，将夏昶兴照相馆更名为新美照相馆。当年底，新浦有富美、真善美、新美、新明、爱华5家照相馆。

1956年，照相业实行公私合营，富美、真善美、新美、新明、爱华5家私营照相馆联合成立公私合营新浦照相馆，设富美、新明、真善美3个门市部，从业人员24人。同年，照相企业归市商业局管理。1958年起，新浦照相馆全部改用灯光照相。同时，开始以油彩替代水彩着色。1963年3月20日，市公安局在民主路开设的东风照相馆，移交给市服务公司归口管理(后该照相馆更名为工农兵照相馆)。

"文化大革命"期间，照相业务清淡，门点多次撤并。

改革开放后，照相业重新兴旺。1978年11月，市服务公司在南极路(新浦公园对面)开办的冬梅照相馆开业。该照相馆引进先进设备，使用摄像合成联合控制器，开始使用放大机自动对焦新工艺。1980年冬梅照相馆率先开展彩色照相业务。此后，海燕(原名富美)、曙光等照相馆相继开展彩色照相业务。1982年起，冬梅等照相馆开始拍摄艺术人像。

1984年，原籍连云港市的华侨陈某到新浦与市第一招待所合作在市化路开办云侨照相馆，以进口的麦士彩扩机，在新浦地区率先开展彩色照片扩印业务(营业一年多后停业)。1986年7月，冬梅照相馆购置国产811彩扩机1台，租用在通灌路与解放路交汇处的通云旅社54.4平方米门面房，开设冬梅彩色摄影社分部。1988 年，海燕照相馆购置国产 811 彩扩机 1 台，开展彩色照片扩印业务。1990 年，海燕照相馆翻建，营业面积由 200 平方米扩大为 400 多平方米。并添置科宝 6030 彩扩机 1 台。同时，市彩扩中心添置诺日士彩扩机 1 台。1991 年 3 月 29 日，市饮食服务公司投入 60 万元进口 1 台“富士迷你 23 分钟冲印机”，在坐落于解放中路的市彩色照相扩印中心安装试车成功。成为新浦地区第一家具有照、冲、扩、洗完全配套服务能力的彩色照相企业。每小时可冲洗彩色胶卷 92 卷、扩印彩色照片 1800 余张。

图 11－4　敦煌照相馆

20 世纪 80 年代末起，港城深化改革，扩大开放，上海、南京等地人员及台商先后到新浦开办米兰、雪中情、伊利梦等婚纱摄影企业。原有国有、集体照相馆深化改制，职工开始辞职自营。原海燕照相馆暗房二级技师胡奇于 1990 年 10 月第一个“下海”（离开单位自己经营，时称“下海”），自筹资金购置 1 台国产 808 彩扩机，在解放中路创办敦煌摄影公司。1995 年春节，沭阳华冲人李武、张素霞到新浦海昌北路（市体育馆对面）开设台湾三毛照相馆，开展黑白、彩色照相业务。同年春，市饮食服务公司业务科长冯久雨停薪留职，自营照相业，与原市彩扩中心职工时宽友、房卫红合作，在海昌北路与市化路交汇处的海昌楼开设天成照相馆，购置诺日士 52R 彩扩机 1 台，开展彩扩业务。1997 年，台湾三毛照相馆迁址海昌北路铁道口北首、路东，同时，更名为大花轿婚纱摄影店，营业面积 70 平方米。1998 年 8 月 8 日，冯久雨自营的上海维纳斯婚纱摄影连云港店，在海昌北路 88 号开业，营业面积 1000 余平方米。其间，新浦地区国有、集体照相馆经过体制改革，全部转为个人经营。1999 年 9 月，敦煌照相馆购置明室自动载放机并投入使用，制作连云港市庆祝建国 50 周年摄影展图片。新浦地区照相放大开始由手工转入自动化。

进入 21 世纪后，新浦地区照相行业进一步壮大。2002 年，敦煌照相馆投资 150 万元，购置富士 350 魔术手数码激光扩印机 1 台及配套设备。2003 年 5 月投入使用。开新浦地区照相制作数码化先河。2005 年，大花轿婚纱摄影店迁址新生民路，营业面积 500 多平方米，职工 20 人。至 2005 年底，新浦地区规模不等的照相馆达 85 家。

民国 37 年（1948）夏新浦地区照相馆一览表

表 11－4

名称	地址	经理（籍贯）
摩登照相馆	中山路 118 号	居肯（江都）
富美照相馆	海昌里	陆景椿（江都）
真善美摄影社	中山路教育巷	胡敬同（东海）
夏昶兴照相馆	东大街	夏少明（安徽寿县）
大光明照相馆	陇西街	孔超然（安徽寿县）
华安照相馆	西后街	陆幼泉（灌云）

续表 11－4

名称	地址	经理(籍贯)
昌明摄影社	中山路 161 号	纪梅芳(东海)
新光照相馆	大庙巷	郭家骏(东海)
苏北照相馆	西巃外	胡志夫(东海)
天真照相馆	大庙巷	郭瑞吉(东海)
中央照相馆	中山路	江剑秋(东海)
华美照相馆	中正路	袁世亭(东海)

第二节　洗　染

民国 29 年(1940)4 月,灌云人胡希鉴到新浦开办复兴染坊。民国 31 年,山东人李朝杰在新浦天池崖开办志诚洗染店(后迁新市街 32 号),以洗为主,染色为辅。民国 35 年,杨吉荣开办的复兴洗染店开业。至解放前夕,新浦共有志诚洗染店、复兴染坊、复兴洗染店、永新洗染店和东方洗染店 5 个洗染店,且多系夫妻店。

20 世纪 50 年代初,信诚洗染店(民主路 554 号)、海兴洗染店(新市街 23 号)新光明洗染店(民主路 573 号)先后开业。1956 年,志诚、信诚、永兴、复兴、东方 5 家洗染店组成新浦洗染合作社。次年,恢复分散经营。1958 年,志诚、信诚、东方、永兴 4 家洗染店组成新浦合作洗染店。同年,洗染店开始使用电熨斗。1961 年 12 月,再次分散经营。1963 年,信诚、志诚、东方、永兴 4 家再次组成新浦合作洗染店。海兴洗染店成为街道洗染店。1965 年,市饮食服务公司在解放路兴办全民所有制的国营新浦洗染店,主营洗染,兼营制作锦旗及球衣等各类针棉织品印字业务。合作洗染店并入,人员为国营带集体。其间,洗染企业主要开展水洗(去污)、染色(以兰、黑、灰色为主)、印染(印制锦旗、奖旗、球衣字样、号码等)、熨烫 4 项业务。洗工全为露天作业,收费低,企业经济效益差。

20 世纪 70 年代初,开始使用半自动洗衣机,一次可洗衣物 40 公斤。1973 年,洗染业务由洗成衣为主,转向染整布、绸缎为主。70 年代末,干洗业开始兴起。初期,一些洗染店采用干布沾汽油擦洗法,工效低,效果差。1987 年 1 月,"第一池"投资 10 万元购置干洗机 1 台,以楼底东山墙门面房开设洁美干洗店,利用蒸汽及四氯乙烯,一次可干洗 30 件,效率高,质量好,深受顾客欢迎,生意兴隆。接着,陇海饭店、友谊理发室、新浦服装厂等单位开设的干洗店也先后开业。

改革开放后,居民穿着水平提高,衣物染色业务很快退出。干洗风行,个体干洗店发展加快。1993 年,新浦地区有个体干洗店 50 余家。至 2005 年底尚有个体干洗店 42 家。

第三节　文印　喷绘

1985 年,驻军"五七"造纸厂与沪商合作在解放中路开办沪连复印中心,开展复印业务,兼营打字

（铅字打字机），为新浦第一家文印服务企业。次年，市工商联利用单位门面房与沪商合作，在民主中路兴办新风制图厂，开展复印、晒图、打字服务，有职工10余人。1988年，残疾人赵新光自筹资金购置3台铅字打字机，率先在南极北路（新浦公园对面）开办个体经营的新光办公设备维修商店，开展打字和打字机维修业务（该店于1996年迁址民主中路原新风制图厂厂址，2003年迁址市化路59－41）。

20世纪80年代末，沪连复印中心、新风制图厂、新光办公设备维修商店先后购置四通打字机，铅字打字机逐渐淘汰。90年代初，一些下岗职工看中这项投资规模不大、经营风险小的服务项目，购置打字机、复印机，在海连中路新浦中学附近，租房开办个体文印社（店）。新浦地区文印服务渐成行业。

1995年，淮海工学院讲师朱崇国自购设备，在海连中路租用新浦中学门面房开办鼎将，在新浦地区第一家开展电脑刻字服务项目（后迁至通灌南路国安商城）。

20世纪90年代末，新浦地区开始出现电脑喷绘服务。期间，沪连复印中心改制成为京连、巨力两家私营文印企业（在海连中路库斯科楼下）。

2001年起，新浦区个体文印服务业发展更快，遍及城乡，并出现巨力（国安商城内）、宇骏（海昌南路）、金像（国安商城内）几家实力较强的骨干企业。至2005年底，新浦地区文印服务企业达74家。

第四节　眼镜修配

中共十一届三中全会后，外地客商开始进入港城。1981年，浙江台州人李国顺等到新浦市化路人民菜场附近摆摊销售、修配眼镜。随后，浙江人李老卓、胡启旭、项良平等从事眼镜修配、销售的个体工商户相继进入新浦，在市化路、青年路等处，或流动摆地摊，或租赁小房（一般10平方米）开设眼镜店。初期以出售各式各样墨镜、太阳镜和各种规格老花眼镜为主，兼营眼镜修配。至20世纪80年代后期，新浦地区以现代眼镜店、精益眼镜店、诚明眼镜店、东方眼镜店、亨得利眼镜店、大光明眼镜店、四明眼镜店等为主体的眼镜修配业初成行业，且经营效益较好，业主渐有积累。

图11－5　精益眼镜店

20世纪90年代初起，新浦的眼镜修配业开始由初期的手工或半机械化制作向机械化、自动化发展。随着经营规模扩大，商业用房也由原租赁小店铺向租赁或自购大店铺或进入大型商场、超市设专柜发展。至90年代末，诚明眼镜、现代眼镜、精益眼镜、亚光眼镜等眼镜店（公司）均已使用验光仪、瞳距仪、查度仪及磨片机等先进设备，眼镜修配水平明显提高，验光、配眼镜业务日渐兴旺。

2001年11月，连云港市眼镜业商会在新浦成立，新浦地区眼镜修配业的行业管理更趋规范。至2005年底，新浦地区从事眼镜修配销售公司（店）计20余家。

第五章　新浦地区饮服企业及名菜简介

第一节　新浦区饮食服务公司简介

新浦区饮食服务公司坐落于新浦民主东路。前身为市饮食服务公司下属的新浦合作饭店6个门点、合作旅社4个门点、理发社11个门点及新浦合作肉店。1984年春移交给新浦区管理后,成立新浦区服务公司、糕点饮食公司,属新海区商业服务公司管理。1986年7月,成立新浦区饮食服务公司。同时撤销饮食、理发、服务、食品4个总店,成立业务、饮食、人秘、财务4个科室,经营门点直接由公司业务科管理。

新浦区饮食服务公司,绝大部分门点分布在背街巷内,房屋破旧、设备简陋,退休职工人数多。1987年11月,利用民主路西段原红卫卤肉店身门面房,开办全市第一家商业机械商场,专营全国各地生产的不锈钢炊事机械、器皿。3年时间,商场与全国60家生产厂家建立直销关系,成为全市不锈钢商业机械经销点。商场营业面积由70多平方米扩大到400多千方米,年营业额由200万元增加到400万元,创利由5万元上升到8万元。同时,公司积极开展废旧物资回收、商业经销业务。1990年底,全公司有24个经营网点,总营业额518.72万元,亏损10.95万元。

1991年,区饮食服务公司,由于网点小而破,企业负担重,加之地处偏僻以及受资金、机制等方面制约,企业连年亏损,当年亏损16万元,在职职工发不出工资,退休人员的收入也无法保障。同年底,区饮食服务公司坚定“只要精神不滑坡、办法总比困难多”的信念,从理顺条块关系入手,改革企业内部管理体制。年底,撤销了带有管理性质的5个总店,财务上实行“一支笔”管理制度。公司强化承包机制,加强合同管理。1992年初,对30多家租出和非独立核算单位分别实行了任期目标管理和盈亏大包干,对不能履行合同和限期内不能扭亏的网点进行关、停、并、转和租赁。当年,全面扭亏并首次盈利。

1993年,在国家大幅度调整水、电、煤价格,职工工资调整和提高退离休人员待遇,企业增本减利30多万元的不利情况下,仍实现营业收入800万元,创利税56万元。1993年新浦区饮食服务公司先后迁址新浦南小区和民主路东段分别新建4层和3层综合楼1座。1994年,公司共实现营业收入1050万元,创利税60多万元。1995年1月,营业收入、利税分别同比增长35%和22%。被市、区评为“文明单位”;被市总工会授予“先进退休职工之家”;被区政府授“职工教育先进单位”。2000年,区饮食服务公司加大企业产权制度改革,将下属网点全部实行租赁或承包经营。公司利用旧城改造机会,大力改造网点积极探索发展新的经营形式,不断扩大代理的形式、范围、品牌、规模,在质量、实效服务上努力使用户满意。当年,新浦餐饮业销售额542万元。

2001年,公司以租赁、承包、拍卖等形式进行产权制度改革,公司在经营中以大众消费为主体,坚持发展经济型小旅馆、小餐厅、小便民等“三小”特色,利用小有名气的东升、明盛斋等老牌企业做好市场。2002年,区饮食服务公司针对下属网点大多没有产权证的情况,经多方协调,在短时间内办齐有关手续,增产近百万元,部分网点在拆迁中获得补偿,公司筹集50多万元对东升旅社、三八旅社、理发总店,食品总店共40名职工作了“一次性”安置。商业服务公司招商50万元,盘活了“味芳楼”的资产,并引进资金、技术,改造添置设备,上马一条白酒生产线,已初具规模。当年,全区餐饮业销售额达542万元。2003年,区饮食业服务公司进一步顺80多名职工劳动关系,拿出100多万元资金用于职工安置工作,其中在册人员20名、退休人员185名。2005年,区饮食服务公司继续进行体制改革。

第二节 驻地重点餐饮服务企业选介

一、天然居宾馆

坐落于新浦城区繁华地段海连中路与海昌南路交汇处。宾馆主体建筑高17层,建筑面积8600平方米。为市经济联合开发公司、连云港国际信托投资公司共同投资,并利用部分外资兴建的一座国际性高层旅游宾馆。于1989年5月23日开业。

天然居宾馆设备先进,功能齐全,设客房88套,床位196张;有中餐厅、西餐厅、宴会厅、旋转宫、音乐咖啡厅、卡拉OK酒廊、理发、洗衣、出租汽车队,为顾客提供餐饮、住宿、娱乐、观光等服务。同时,设有多功能的商务服务中心,并具有设备齐全的会议厅、中央空调、闭路电视、音响自动烟感消防报警、保安电话等18套从国外进口的先进设备。

天然居宾馆内部管理规范。1991年9月,被国家旅游局批准为国际三星级旅游涉外饭店。

二、云台宾馆

坐落于新浦苍梧路27号,开业于1983年6月。宾馆主体建筑为18层,建筑面积4.2万平方米。有豪华舒适客房278间(套)、中餐宴会包房、大型宴会厅、西式咖啡厅,可同时接纳千余宾客用餐。宾馆以久负盛名的淮扬美食与黄海鲜珍构成自身特色菜肴,更融合新派川菜、沪菜、粤菜及法式西餐,为中外嘉宾提供满意的服务。

图11-6 云台宾馆

云台宾馆靠近国家AAAA级风景旅游区花果山景区。周边环境优美,交通便捷,购物方便。宾馆内部装饰豪华而典雅,以云台山胜景和西游记文化,构成宾馆独特的文化内涵。

至2005年底,为三星级涉外旅游宾馆。

三、东方大酒店

东方大酒店总建筑面积8000平方米,坐落于新浦海昌北路146号,地处市区政治、经济、文化中心。开业于1995年3月,现为集餐饮、客房、娱乐为一体的三星级涉外旅游宾馆。酒店有主楼4层,设有1500平方米的中餐厅,可同时接400位宾客就餐;有一个供200人同时用餐的零点大厅,还有18个独立包间。酒店技术力量雄厚,有中国烹饪名师、江苏烹饪大师、餐饮服务大师等6人。酒店制作的名菜、名点200余种,以鲍参翅肚、生猛海鲜等地方风味品种,尤具特色。酒店还附有地下停车场、会议中心、商务中心、健身房、美容美发等配套服务设施。

四、花果山宾馆

坐落于花果山下、大圣湖畔的花果山北路36号。开业于1986年春。宾馆建筑面积8000平方米，集餐饮、住宿、娱乐、商务、会议服务为一体。设有各具特色的大、小餐厅2个、豪华雅间16个，可同时接待700人用餐、260人的会议。并设有不同规格的会议室、桑拿、娱乐室、KTV包房、大型停车场等配套服务设施，为二星级宾馆。

五、银城国际酒店

银城国际酒店坐落于新浦通灌南路58号，地处繁华的商业中心，为连云港银城房地产开发有限公司按国际四星级酒店标准建造的商务酒店，开业于2005年11月。酒店主体建筑17层，建筑面积18000余平方米。拥有按4星级标准装修的客房322间，设有豪华套房、行政套房、标准双人房、标准单人房及残障人士专用客房。设有中、西餐厅。中餐有上汤炖宫燕、鲍汁扣鹅掌、红烧大鲍翅、红烧澳洲网鲍、百灵菇扣辽参等名菜佳肴。酒店还设有24小时送餐服务、衣物送洗及熨烫服务、美容及发型设计服务等，为集高级客房、餐饮、娱乐、康乐、商务活动于一体的多功能餐饮服务场所。

六、黄海度假村

黄海度假村坐落于海连路与幸福路交会点，幸福广场西南角。为市商业局于1995年4月按国际三星级标准投资建成的。建筑面积8400平方米。有标准客房、套间近百套。设有大型餐厅和包间。可同时接待200人住宿，500人就餐。同时，内设中央空调、游泳池、桑拿浴、健身房、歌舞厅、KTV包房及多功能厅、商务中心等。

七、港澳城饮食娱乐有限公司

港澳城饮食娱乐有限公司，坐落于新浦南极南路，为新浦区规模较大的餐饮服务企业之一。营业面积42000平方米，餐位1500余个。设有宴会包间50间、宴会大厅和多功能厅，设备齐全，并拥有港城第一部观光电梯。公司自1999年开业以来，致力于打造品牌，坚持“诚信经营，服务第一”，在港城餐饮业中享有较高知名度，为江苏省餐饮名店、连云港市餐饮业商会会长单位。公司餐饮主营正宗川、粤、鲁、苏、淮扬风味，并长期聘请香港特级大师及国内知名餐饮企业名厨传授厨艺。

八、登泰大酒店

位于新浦通灌南路98号，地处繁华黄金地段。酒店建筑面积12000平方米。为集客房、餐饮、娱乐、会议接待、商务活动于一体的三星级酒店。2000年开业以来，始终重视坚持三星级标准，规范服务意识、质量。曾先后被评为连云港市星级示范酒店、市十佳星级酒店、江苏省淮扬菜餐饮名店。酒店菜肴主打淮扬菜和地方海鲜品牌，不断推陈出新，菜肴风味独特，尤以金牌烤鳗、新派奇味龙鱼卷、温拌参皮、蛋黄香蕉卷拼海皇宝、堂煎毛贝和香辣豆丹等招牌菜，深受宾客喜爱。

九、九龙国际大酒店

九龙国际大酒店为九龙云天集团有限公司投资兴建的四星级酒店。坐落于解放中路31号,地处商贸繁华地段,并邻近市区规模最大的陇海商业步行街。酒店主楼高28层,为目前新浦最高建筑物。位于酒店五、六层的九龙国际公馆、拥有西餐厅、宴会大厅、多功能厅及8个豪华包间,有餐位1000余个。餐饮服务主打粤菜、淮扬菜,并有川菜、地产海鲜配套。酒店特聘广东资深大厨,精心料理燕、鲍、翅等高等菜肴,为江苏餐饮名店。

图11-7 九龙国际大酒店

十、凯悦花园酒店

凯悦花园酒店坐落于市区繁华地段新浦华联广场。营业面积8000平方米。是一家集客房、餐饮、会务与一体的三星级旅游酒店。拥有80多套客房、18个宴会包间,餐位600余个。以淮扬菜、粤菜为主打菜,海纳中西菜肴、苏南经典精品美点,享誉港城,为江苏省餐饮名店。

第三节 新浦地区名菜选介

一、奶汤鱼皮

鱼皮,为筵席中的珍品,含有蛋白质、钙、磷等物质,营养丰富,以连云港海州湾渔场所产小白鲨鱼皮滑嫩,做鱼皮菜肴尤佳。以此烹制的奶汤鱼皮,软糯肥嫩,浓汤如奶鲜美可口,深受食客的喜爱。

主料:水发鲨鱼皮500克。

辅料:鲜虾仁60克、熟火腿15克、冬笋罐头20克、水发香菇20克。

调料:鸡清汤1000克、花雕汤20克、猪大油50克、白胡椒粉2克。

制作方法:

将水发鱼皮切成长约7厘米、宽约3厘米条块,先焯水,后焯汤去腥味将其他配料焯水备用。后将锅烧热,舀入熟猪油(50克),烧至五成熟,放入葱段(5克)姜片(5克)炸香,舀入鸡清汤(500克),烧约5分钟后,捞取葱段、姜片,将鱼皮放入锅的一边,另一边放入火腿片,玉兰片、冬菇、青菜心,加盐、味精烧沸,用淀粉勾芡,加入绍酒(5克),起锅装盘,配料垫底,鱼皮置于其上。

二、爆海贝

连云港沿海所产海贝、肉似小舌,洁白细嫩,以其为主料制作的爆海贝,滑嫩鲜美,营养丰富,为席中佳馔。

制作方法：现将海贝放入清水中浸养，让其吐出泥沙后捞出，破开挖取其肉，撕去里膜和籽，洗净沥去水，片成薄片，放入碗中，加入蛋清、干淀粉拌和好后，以旺火烧热锅，舀入熟猪油，烧至七成熟，将拌好的贝肉放入略炸，以漏勺捞出沥去油。再以旺火烧热锅，舀入熟猪油(50 克)，烧至五成熟，放入姜末、香菇、笋片、青豆，颠炒几下，再放入贝肉、韭黄，加白酱油、精盐、白糖、绍酒，烧约 1 分钟，起锅装入盘中，淋点香油，撒上胡椒粉即成。

三、锅搨鲈鱼

锅搨鲈鱼为新浦六合春菜馆马俊亭师傅烹制的地方传统地方菜肴。几十年来享誉海属地区。

锅搨鲈鱼以连云港海域所产的鲈鱼为主料。鲈鱼富含蛋白质、脂肪、碳水化合物、无机盐、维生素 A、烟酸等。

锅搨鲈鱼制作方法别具一格，成菜色泽酱红，鲜香酥嫩。制作时，先将鲈鱼刮鳞，去腮，沿脊背从头至尾剖开(腹部仍连，成双头双尾状)，区内脏，剔除脊骨、胸刺，洗净，在肉面上剞十字形刀纹。将加精盐、水淀粉搅匀后的鸡蛋黄抹于鲈鱼肉上。而后旺火烧热锅，舀入花生油，烧至六成熟时，将鱼肉面朝下放入，炸至金黄色，倒入漏勺沥去油。再将锅用旺火烧热，舀入熟猪油，放入葱末、姜末、蒜末炸香，舀入鸡清汤，加绍酒、酱油，白糖烧沸，将鱼肉面朝下放入，盖锅烧约两分钟，沿锅边淋入芝麻油，晃动炒锅，装入盘中即成。

四、红烧沙光鱼

沙光鱼栖息于近海岸或河流入海口处的咸淡水交汇处，是连云港特产，资源丰富。此鱼头大、鳞细，尾鳍末端尖呈矛状。鱼肉色白细嫩，风味独特，但季节性很明显，民谣曰："正月沙光熬鱼汤，二月沙光软丢当，三月沙光撩满墙，四月沙光干柴狼，五月脱胎六还阳，……十月沙光赛羊汤。"秋季沙光鱼最肥。

沙光鱼制作方法多种多样，而以红烧沙光尤佳，其菜色泽酱红，肉质鲜嫩，咸中带酸，味美爽口，为地方脍炙人口的美味佳肴。

制作时，先将沙光鱼洗净，用干布吸干水分，至盐中，加入葱段(5 克)，姜片(5 克)，酱油(15 克)，绍酒(5 克)，浸渍 2 分钟。后将锅置旺火上，舀入花生油，烧至六七成熟时，将鱼放入炸约 2 分钟，至鱼面呈金黄色捞出，沥去油。原锅仍置于旺火上，舀入熟猪油，烧热，放入葱段(5 克)、姜片(5 克)炸香，投入沙光鱼加入绍酒(20 克)、酱油(60 克)、精盐、白糖、糖色和清水(500 克)，盖锅，旺火烧沸后，以小火烧约 10 分钟，用旺火收浓汤汁，烹入香醋，淋入芝麻油即成。

五、爆乌花

爆乌花是海中乌贼鱼的脯片加工成的海鲜佳肴。也是连云港地区各档筵席和亲朋小酌之宴不可或缺的一道菜。此菜功在刀花精细，食时脆嫩可口，滋味鲜美。

制作时，先将乌贼鱼洗净，取其肉片，剞成荔枝花刀块，放入开水中氽一下，沥水待用，再以旺火烧热锅，舀入花生油，烧至六成熟时，投入葱末、姜末、蒜末，炸香后放入乌花、玉兰片、木耳、青豆、香菜，加入绍酒、白糖，用水淀粉勾芡，装盘后撒胡椒粉即成。

六、凤尾对虾

凤尾对虾，是以鲜对虾为原料的海鲜珍馐，是地方传统佳肴。对虾富含蛋白质和钙、磷等物质，肉质细嫩,此菜更具有色泽金黄,虾尾鲜红,外香酥可口,内鲜嫩味美之特色。

制作时,先将对虾洗净,去壳(留尾壳),去虾肠,刮去尾部黑斑,剖开脊背,割断筋脉,用葱姜汁水、白胡椒粉、精盐、绍酒、味精浸渍约10分钟取出,用布吸去水。同时,将鸡蛋打入碗中调匀,加干淀粉搅成蛋糊备用。后用旺火烧热锅,舀入花生油,烧至六成熟时,手提虾尾逐只蘸满蛋糊(尾壳不不蘸),放入油锅,不断翻动,炸至金黄,倒入漏勺,沥去油,放于砧板上,每只斜片2刀后,保持原形装入盘中,撒上椒盐即成。

七、八宝酿香瓜

八宝酿香瓜,是新浦老牌餐饮店味芳楼厨师金少卿,用香瓜(又名甜瓜)佐以八宝馅制成的传统夏令筵席美菜。香瓜含糖、钙、磷等物质。以此成菜,糯软香甜,味美生津,口口留香,并可清热消暑,消烦渴,深受食者欢喜。

制作时,将香瓜削去皮,在瓜蒂处开7厘米见方的口,(取下部分作盖用),从中掏尽瓜瓤、籽,放清水洗净,沥去水,在瓜的正面刻菱形花刀(刀深约0.4厘米)。同时,将糯米淘尽,放入盘中,上笼蒸熟,用白糖拌和待用。再将猪板油、蜜枣、青梅、莲子、金橘饼、香木缘条、白果肉、核桃仁切成小丁拌和,从方口处填入瓜中,糯米饭放在周围。将炒锅置于旺火上,舀入清水300克,放入白糖(250克)烧沸,用水淀粉勾芡,浇在香瓜上即成。

八、荷花铁雀

荷花铁雀是地方传统的鲜美野味之一。

此菜主要原料是栖息于海边盐碱草地中的鹡鸰鸟。当地群众通称“小鸟”,因其肉色如铁,又名“铁雀”。铁雀,冬季嘴肥美,其肉经两次油炸,色呈金黄,骨酥肉香,入口酥脆,五味俱全,口感极佳,有“宁吃飞禽四两,不吃走兽半斤”之说。

制作时,先将铁雀去毛,在尾部剖一小口,挤出内脏,从尾部沿脊骨剖开,剔去胸骨,拍断脊骨,斩去尖嘴、爪甲,挖取双眼,洗净沥干,放入碗中,用绍酒、精盐、葱姜汁浸渍10分钟,取出,沾上糯米粉待用。将锅置于旺火上,舀入花生油,烧至七成熟时,依次放铁雀,炸透捞出,稍凉后,入油锅炸至酥脆,呈金黄色,捞入盘中。再将锅上火,锅中留花生油25克,放入蒜末炸香,加入醋、白糖、清水熬稠,淋芝麻油,浇于盘中铁雀上即成。

九、炒铁雀头脯

炒铁雀头脯是市特级厨师朱建余的拿手好菜。其高徒高振江所做的炒铁雀头脯也负盛。冬令铁雀最肥,其肉鲜美无比。此季制作的炒铁雀头脯,脯肉香嫩、雀头酥脆,为佐酒佳肴,且有助阴益阳之功效,很受食者欢迎。

制作时,先将铁雀从胸脯划一刀,剥去皮,取雀头(斩去嘴)、胸脯肉(去胸膜),一起放入碗中,加鸡蛋清、水淀粉拌匀。将青菜心洗净,切成2厘米小段;白果肉和栗子放入沸水中煮月8分钟,取出切成薄片。将锅置于大火上烧热,舀入花生油,烧至四成热时,放入雀脯肉炸至变色,用漏勺捞出;待油至七成熟时,放入雀头,炸至酥脆,倒入漏勺。园锅置旺火上,舀入熟猪油,放入葱末、姜末、蒜末炸香,再倒入青豆、栗子片、白果肉、青菜心,煸炒几下,放入雀头、雀脯,再加肘油、精盐、白糖、醋炒匀,起锅装盘即成。

十、黄芽菜拓

黄芽菜拓，是港城厨师以地产普通菜烹制而成的、特具有地方风味特色的名菜。黄芽菜润滑清香，配上虾仁、火腿、冬菇等，油炸后，外酥内嫩，为佐酒佳肴。

制作时，将黄芽菜心叶洗净，平铺砧板上，轻轻拍松，将虾仁斩成茸，火腿、香菇、玉兰片分别切成丁，一起放入碗中，再放入青豆，加蛋清（2 个），绍酒、精盐、葱末、姜末、花椒末、味精，搅匀后涂到两片菜上，分别盖上 1 片菜叶，即成菜拓。

另将 4 个蛋清放入碗中，加入糯米粉拌匀成糊状。再将锅置于旺火烧热，舀入花生油，至六成熟时，将菜拓蘸满蛋清糊，放入油锅中，炸至呈现金黄色，倒入漏勺，后切成柳叶块装入盘，淋上芝麻油即成。

十一、莲花海参

莲花海参，是中国烹饪大师周承祖的代表佳作之一。以“海八仙”之首、富含蛋白质、糖类而不含胆固醇的海参为主料。造型美观，色彩艳丽，口味鲜美深受中外食客好评。

制作时，先将水发刺参（500 克）焯水后再用老汤焯 2 次，以去腥味。后用葱油加调味红烧后扣入碗中，上笼蒸 20 分钟。将野鸡蛋（10 只）煮熟后用小刀雕刻成“小荷花蛋”，并在其中酿入鲜虾茸，装点“莲籽”后入笼蒸熟待用；将莴苣笋刻成翠珠，焯水后凉透备用；将火腿切成“荷花瓣”，备用。然后，将还参扣入盘中，四周整齐地装点翠珠、青菜叶、“荷花蛋”及“荷花瓣”，各浇其汁即成。

十二、蟹黄鱼翅

蟹黄鱼翅，为港城传统菜式，是中国烹饪大师高振江佳作之一。此菜以鱼翅为主料，配以蟹黄，华贵典雅，香酥可口。

制作时，将水发金钩翅（500 克）放入高汤、蟹黄、料酒、鸡入锅，用微火扒煨至软糯，油菜拉油后浸口入味。再加耗油、精盐、胡椒粉，烧开勾芡，盛入盘中，以油菜围边即成。

十三、琵琶大虾

琵琶大虾是以对虾为主料，辅以净虾肉等制作而成港城名菜。工艺精湛，形色俱佳，味美鲜嫩。

制作时，将对虾（10）只去头壳留尾制成坯，用葱姜汁浸口。另将净虾肉（250）克剁成茸，加蛋清、水、盐、料酒制成虾胶胶。再将辅料火腿（10）克改刀切成细丝状，香菇（5 克）切成半圆状，将鸡蛋清制成蛋泡糊。而后将虾胶涂在虾坯上，再涂上一层蛋泡糊，用香菇、火腿、泡椒丝制成琵琶状。上笼用小火蒸 10 分钟，淋上琉璃芡即成。

十四、红衣鱼方

红衣鱼方，是以净鱼肉、蟹黄为主料，辅以胡萝卜、咸蛋黄、蛋清制作而成。创意新颖，入口鲜美。

制作时，将鱼肉斩成细茸加入水，蛋清、淀粉、盐调匀，包裹蟹黄、咸蛋黄、姜末炒制成的馅心，上笼蒸熟，改刀备用。将胡萝卜切成条，编用席状，将鱼茸放上蒸 15 分钟。出笼后，改刀成方块状，淋上琉璃芡即成。

十五、芙蓉浓汤鱼翅

芙蓉浓汤鱼翅，以金钩翅（400）克、蛋清（300）克为主料，高汤（500）克、油菜核（10 棵）为辅制作的咸鲜味型名菜。富于创意,色彩分明,入口鱼翅软糯。

制作时,将蛋清制成高丽糊,加入生粉,分别装入鱼翅盅上笼蒸4分钟。将金钩翅放入高汤、料酒、鸡粉、盐、胡椒粉、耗油中,火煨至软糯,盛入蒸好的蛋清中,油菜炒制周边即成。

十六、兰花虾鲍

兰花虾鲍,是以活鲍鱼(6只)、虾茸(50克)、熟鸡脯(20克)、熟鸽蛋(6枚)、养殖对虾(12只)、冬菇(1只)、熟冬笋(50克)为辅料制作的咸鲜味型名菜。色美味鲜,软嫩爽滑。

制作时,先将鲍鱼杀净切片剞刀入锅,煨透入味,与鸡脯、冬笋一起扣碗,虾批片做托,酿虾茸,放鸽蛋,装点为兰花形。鲍鱼蒸透翻扣盘中间,四周围上下托即可。

十七、玉莲蟹黄墨鱼球

玉莲蟹黄墨鱼球,为咸鲜味型名菜。以鲜墨鱼肉(350克)、小墨鱼(12只)、蟹黄、面包糠、肥膘、马蹄、鸡蛋清为原料。食之外脆内嫩,蟹香浓郁,清鲜淡雅。

制作时,将墨鱼肉斩成泥茸,加蛋清、猪肥膘、马蹄一起搅上劲,包入蟹黄,粘面包糠,炸至金黄色,置盘中。将小墨鱼洗净做成马蹄状,围边即成。

十八、油爆海螺片

油爆海螺片,是以海螺、鲜芦笋、小葱等为主辅料制作的咸鲜味型名菜。观之色彩鲜艳,入口脆香鲜嫩。

制作时,先选连云港产大海螺若干只,水煮,取其肉,切片,用黄油爆炒。以焯水芦笋垫于盘底,将螺肉装其上即成。

十九、温炝八爪

温炝八爪,是以八爪鱼(450克)、珍珠笋(6条)、笋(约50克)、青豆角(2两)、干葱茸、蒜蓉、老干妈豆豉等为主辅料制作的鲜辣味型名菜。

制作时,先将八爪鱼去内脏,洗净,改刀。1两只的,将每一只爪切下,身子分成3段;小些的两只爪为一组较合适。将锅中加热(水以漫过八爪鱼为好)。待水沸腾时,将八爪鱼倒入,继续大火加热,并用铲子不断翻八爪鱼,待水未开,锅边已出现少许白沫时即关火,捞出八爪鱼,入碗备用。将小葱切斜薄片备用。在八爪鱼碗中加入适量盐、味精,放入葱片,倒入适量醋,拌匀装盘即成。

第十二编　粮油购销

新浦区域云台山地区，自古为海州重要粮油产地之一。早在南北朝时，作为东海县治的南城，民间已有粮食买卖活动。明隆庆年间，新浦地区临洪滩形成村镇，始有粮食经营。自清康熙二十三年(1684)到民国期间，粮油贸易、粮油加工日渐兴旺。清光绪年间，新浦前河、后河沿岸粮食行栈数十家，已为苏北鲁南粮油集散中心。街里以生生泰油坊、海丰面粉公司、赣丰油饼公司为代表的粮油加工业随之兴起。民国7年(1918)新浦年集散粮食约100多万吨。

日本侵略军侵占后，新浦地区粮油市场被日商把持。日本投降以后，由于物价波动较大，新浦粮食市场开始萧条，经营萎缩，油坊、粮行、面粉厂纷纷倒闭。至解放前夕，新浦的粮油流通形式为自由贸易，粮源自购、价格自定，整个粮油市场都被少数私营粮商和粮贩所垄断。

解放后，鲁中南贸易公司即在新浦设立分公司，从事粮油经营业务，以平稳粮油市场价格，保障人民生活。20世纪50年代初，新浦地区粮油贸易已基本由新海连市粮食贸易公司实行统一领导、统一计划、统一调度。私营粮商通过社会主义工商业改造，实现公私合营。1953年10月，根据中共中央公布的《关于实行粮食计划收购与计划供应的决议》，对粮食市场进行全面整顿，一律不准私人经营粮食。12月1日起，居民每月食用粮食(简称“口粮”)实行计划供应，由国有粮站(店)定点定量供应。

改革开放以后，粮油自由贸易市场重新开放，个体、私营粮商日渐增多，粮油市场日臻兴旺。1993年3月31日，粮食统销供应结束。4月1日起，新浦城乡粮油供应全部实行市场化流通。1997年，国有粮店相继退出粮油供应市场。除农民余粮收购，国家及省政府制定最低限价和市场指导价，由国有粮食部门进行收购外，其他收购和销售价格全部实行随行就市。至2005年底，新浦地区有多种经济成分的粮油购销经营企业133家，粮油市场进入全面繁荣时期。

第一章　粮油收购

第一节　市场收购

一、粮食收购

清末民初，新浦后河沿岸有粮行(俗称大市行)10多家，专门收购苏北、鲁南一带生产的粮油、油料，通过大浦港运销上海、青岛等地。

民国37年(1948)11月，新浦解放初，不法粮商囤积居奇，哄抬粮油价格。新成立的鲁中南贸易公司新浦分公司粮油部，立即开展粮油收购业务。当年12月中旬，以每0.5公斤小麦北海币（老解放区出的一种货币）750元价格（市价400元北海币/0.5公斤）大量收购，保护农民利益。至年底，共收购小麦75.19吨、面粉1.4吨，价值6525.64亿元（北海币）。12月份收购小麦250吨。民国38年3月，收购小米57吨，每公斤均价30.14元；收购玉米40.86吨，每公斤均价24.82元。7月26日，滨海地委指示，统一粮食收购范围和价格，鲁中南贸易公司新浦分公司，负责竹庭县（今赣榆县）的欢墩埠、沙河、厉庄、黑林和郯城县、东海县收购任务。

1950年，中国粮食公司新浦分公司共收购粮食8129吨。其中，城市收购1031.3吨，乡村收购7097.7吨。

1951年，国营粮食企业，把收购任务作为政治任务、战斗任务，本着多收多存和以质论价的原则，将85%以上的上市粮食收进。2月上市量最低，为351.7吨，10月上市量最高，达5498.8吨。购款中断时便赊购，6月20日即赊进59.5吨小麦。全年收购粮食49527.4吨，完成上缴任务。在扩大城乡物资交流，稳定粮价，稳定社会秩序方面作出了贡献。

1952年，贯彻"大量收购，完成计划，保持合理价格，城乡兼收"的收购方针，国家购入比例日趋增高，私营粮行购量趋于下降。新浦地区六、七月份小麦市场成交量达2900多吨。

1953年底起，实行统购统销后花果山粮管所、南城粮管所、云台粮管所及宁海粮管所，在国家指导下实行粮食收购，不再到市场收购粮食。

二、油料（脂）收购

1948年11月至1949年3月，鲁中南贸易公司新浦分公司油粮部收购生油25.361吨。

1950年4月，中国油脂公司新浦支公司接收鲁中南贸易公司新浦分公司花生米313.73吨、生油73.19吨。8月，按照中央确定的"开拓国外市场，扩大输出数量，以达到恢复与发展国内油料生产"的油脂经营方针，新浦油脂支公司在欢墩埠、李埝、河阳、莒城、大店、路镇、柘汪、巨峰、石臼所设立9处集中收购点。当年收购花生仁2059.99，为任务的144.56%；收购生油158.07吨，为任务的112.91%。

1951年，新浦市场花生仁、花生油价格趋于上升，给收购带来困难。上半年，新浦油脂支公司计划收购花生仁9500吨，实际收购8859.31吨，占计划的93.26%；计划收购花生油500吨，只收购209.35吨，完成计划41.87%。全年收购花生仁1317.01吨，为上市量1450.64吨的90.79%。

1952年，收进花生仁34935.66吨，完成计划105.13%，购进花生油3099.32，完成计划的109.44%。

1953年，市场收购油脂（料）用款1345.41亿元，完成计划的97.92%。

第二节　计划收购

1953年10月16日，中共中央作出《关于实行粮食计划收购与计划供应的决议》后，新浦地区于当年12月初开始对农村粮食实行统购。

1954年，因水灾减产，但征购比1953年增加，形成1955年的春荒。

1955年起，根据国务院发布的《农村粮食统购统销暂行办法》，将农户分为余粮、自足、缺粮3种类型，评定全年粮食产、购、销标准，一定三年不变并预付部分统购价款。统购后的余粮，农民可以自由处理。当年,新浦的盐河区、龙尾区种植面积400公顷左右,预测平均亩产30公斤,秋季分别核定税粮为:盐河区14.48吨,龙尾区4.98吨。主要品种是大豆和高粱。当年实际完成分别为11.11吨和4.98吨。1956年以后新浦近郊农村未再征购。

1956年5月起,改统购农户余粮为统购农业合作社余粮。1957年以后,征购实行一年一定。花果山、云台、南城、宁海等地征购粮改各农户交售为生产队统一交售,统一结算。按照先确定征购粮,再确定农民口粮,其次种子粮,最后饲料粮,剩余为余粮的原则,核定粮食征购指标。1958年后,农村一度出现高估产、高征购,农民负担逐年加重,生活困难,出现浮肿病人,甚至发生不正常死亡。1959~1960年,发生严重自然灾害,粮食减产,全区粮食统购甚少。

1965年,农村粮食征购任务恢复一定三年的办法。

1971年起,粮食征购基数实行一定五年不变,全区农村粮食产量开始逐年提高,花果山、南城、宁海等粮管所的年收购量从百吨上升到千吨。

1976年,4次调减征购粮基数。1979年国家又大幅度提高粮食收购价格,平均每百公斤粮价由原来的21.20元提高到25.48元,提高20.19%。超购部分在此基数上再加价50%。

1982年10月,农村实行土地联产承包经营制度,征购任务仍一定五年不变。按照先征购,后超购,再议购原则,分户计算,粮食部门与农户签订统购合同,交粮时与农户兑现。

1979~1984年,粮食连年增产增收,粮食部门收购库容不足,一度出现"卖粮难"。

第三节　合同定购

1985年起,取消粮食统购,实行合同定购。对定购的粮食实行比例价,即30%按统购价,70%按超购价收购。开始,合同定购数量是国家向农民征购的指令性任务,定购任务由国家、省逐级下达到乡村,然后由村逐户分解落实到农户,全年任务一次下达,两季完成。农户每季凭合同定购手册到本地粮管所(站)交售定购粮,不足的要补交,多交的按议价收购。花果山粮管所、云台粮管所、南城粮管所、猴嘴粮管所、宁海粮管所负责所在乡镇合同定购粮收购工作。收购的主要品种:夏季为小麦,秋季粳稻谷、杂交稻谷、糯稻谷、玉米等。1987年以后,玉米不再顶合同定购数,转入议价收购。为确保合同定购任务的完成,云台、花果山、宁海等乡(镇)政府实行第一首长负责制度,层层成立粮食收购领导小组,各村成立工作组,深入农户做好组织工作。粮食部门主动进村收购、上门收购。1989年6月,因连降大雨,三麦生芽、霉变,减产达50%,直接影响当年夏粮定购任务的完成,各乡镇采取以秋补夏办法,完成全年定购任务。

1987年起,合同定购实行激励政策:农民每交售100公斤合同定购原粮,供销部门供应5公斤综合价优质化肥,石油部门供应2公斤平价柴油。同年起,猴嘴地区农户取消合同定购任务。

1990年,合同定购改称国家定购。同年,南城地区农户取消定购任务。

1993年4月,国家对粮食统销价放开,国家定购改为合同订购,合同订购不再作为国家指令性任务,只作为地方政府宏观调控办法,保护农民利益。

2000年,域内统购价格放开。

第四节 议价收购

1982年后，农民余粮增多，国有粮食收购企业对农民完成定购任务后的超售粮，全部实行议价收购。1984年，区粮食系统成立议购议销公司，在农民完成定购任务后，入市敞开收购农民余粮。各粮管所（站）也兼营粮油议价收购业务，同时，兼营农副产品和饲料议购议销业务。并抓住农副产品进出口机遇，到甘肃、吉林、黑龙江等地大量开展豆粕、菜籽粕、蚕豆等农副产品议购议销业务。

1993年3月，粮油市场放开。同年4月起，国有粮食部门的所有粮油经营活动，不再享受国家财政补贴，全部随行就市，自主经营。国有粮食部门的收购量大幅减少。

2001年后，为维护农民利益和种粮积极性，国家实行粮食最低限价，省政府实行市场指导价，国有粮食部门积极组织各农村粮管所抓好农民余粮收购，对符合国家粮食质量标准的粮食，实行敞开收购，不限收、不拒收、不打白条，积极维护农民利益。进入市场经济后，新浦城区的粮食批发市场和零售行业不断增多，减轻了农民卖粮难，也满足了城区人民生活需求。

1984～2005年新浦区粮食收购统计表

表12－1　　　　单位：公斤

年度	合计	其中	
		夏粮收购	秋粮收购
1984	10897767	3369549	7528218
1985	6221586	2406247	3815339
1986	5071932	3308739	1763193
1987	11151527	4850679	6300848
1988	3781689	1555230	2226459
1989	4261073	1891135	2369938
1990	11384004	5341670	6042334
1991	4255934	1968042	2287892
1992	3453843	1951723	1502120
1993	4468523	2757868	1710655
1994	23464793	13605540	9859253
1995	7064316	4705996	2358320
1996	16212642	7198307	9014335
1997	105446566	8180038	2366528
1998	3860000	2703000	1157000
1999	5731000	3616000	2115000

续表 12－1

年度	合计	其中	
		夏粮收购	秋粮收购
2000	5730160	3916160	1814000
2001	3531000	2926000	605000
2002	3715620	2925000	790620
2003	6285592	4056592	2229000
2004	6650000	3050000	3600000
2005	11190000	6110000	5080000
合计	156502699	80367922	76134777

第二章　粮油销售

第一节　私营粮油市场

汉代，今花果山下大村一带，民间已有粮油贸易市场，南北朝时期，南城为东海治所，粮油等物资交易已较繁荣。清代后期，新浦形成商埠，海属及其邻区的黄豆、豆油、豆饼等经此由海运至浏河等地。光绪初年，新浦已有土产行栈数十家，运盐船也兼营小麦、杂粮的运销。光绪十八年(1892)新浦以粮油土产为主的商业经营日益繁盛，成为海属地区粮油集散中心。清光绪二十六年(1900)后，海州沈云沛在新浦建生生泉槽坊、生生泰油坊等，其子沈仲长也在新浦开办生生茂永粮食商行。继而，海州杨景衢在新浦兴办裕兴永粮行。光绪三十一年(1905)，大浦自辟通商口岸后，新浦一跃成为商贸重镇。苏北、鲁南出产的小麦、大豆、杂粮、花生及豆饼、豆油等在新浦汇集，经大浦港运销上海、青岛等地。

民国初，山东、河北、安徽、山西等地商人也纷纷来新浦开办粮行、油行。新浦拥有大市行 16 家，小市行几十家。德商汗里善由青岛带两艘轮船来营运粮食等土产，由裕兴永粮行为之代理，直至第一次世界大战爆发。民国 7 年(1918)，仍有驻青岛的日本富罗洋行的轮船来新浦装粮运往青岛。其间，新浦年集散粮食约 100 多万吨。

民国 14 年(1925)7 月，陇海铁路修至新浦，次年延伸到大浦。新浦的粮油土产商行日渐增多。民国 18 年(1929)，已有粮行 30 多家。有名的油坊 11 家，年产豆饼 1.8 万吨、豆油 1000 吨，南销浒浦、浏河，北售青岛、营口等地。粮商除坐地收购外，每年还为外地粮行代购 8300 多吨小麦、大豆、花生、山芋干等。其间，用 13.6 元即可领一张开业行贴。民国 21 年(1932)新浦粮行达 44 家，年集散各种粮食达 8.5 万吨。抗日战争前，新浦市场年集散粮油达 28.8 万吨。民国 27 年，(1938)驻青岛的日商通过华商来新浦收购粮食，遭到新浦商会的抵制。停泊于后河底的两船玉米，被当地饥民抢光。

民国 28 年(1939)春，新浦地区沦陷，粮油资源及贸易为日军、日商控制和垄断。同年底，日本特务机关强迫永昌和、福聚东、德合同、公和昌、隆盛永、福隆兴、信诚、慎泰、元和盛等 10 家大粮行组成“海州华商粮谷组合”,姜文山任会长、刘洪仪任副会长,受日本特务机关经济科领导,垄断苏北、鲁南的粮油资源。民国29年(1940)11月21日,汪伪国民政府公布《米商登记暂行办法》,民国30年,日本三井洋行在新浦设“三井株式会社新浦出张所”,收买或以日用工业品换购粮油土产。此时,外运粮油须由粮谷组合签证,华商经销的粮油必须卖给粮谷组合。为生活计,其间有83家华商加入粮谷组合。日本投降前,粮谷组合每年在新浦掠夺粮食、油料、油品等达52.5万吨至70万吨。日本投降前夕,新浦的主要油坊有公和昌、福聚永、聚源兴、同大、同和、益昌、仁丰、隆和、亚兴、永顺;主要小机电面粉厂有三大公司面粉厂(胜利面粉厂)、瑞兴永(泰丰面粉厂)、隆祥、新兴(万昌植)、元兴(隆丰)、恒信、仁泰、恒聚、洪兴(福丰)等厂。

抗日战争胜利至解放前夕,物价波动,新浦粮油市场萧条,经营萎缩,油坊、粮行、面粉厂纷纷倒闭,仅有粮行51家,油行、油店44家,南城有粮行9家。1947年10月至12月,连续发生两起民众抢粮事件。

解放后,至粮油统购统销前,新浦地区仅有少量私营粮油商户,从事粮油营销。1953年12月1日,新浦地区粮油自由市场被取消。

1962年9月,中共中央作出《关于粮食工作的决定》,重新开放集市贸易(也称自由市场),允许集体经济单位在农民完成粮食征购的前提下,开展议购议销,但严禁私商参加粮食集市交易和投机贩运。次年9月,新浦区成立新浦市场粮油交易所,全面开展粮油市场的议购议销工作和市场管理、成交服务工作。10月起,在“堵资本主义路”的“左”的思想指导下,集市粮油贸易形势逆转,长途贩运粮油受到限制,农民入市出售剩余粮油也要办理“证明卡”。粮油市场迅速萎缩。至1971年11月9日,粮油由国家统购统销,粮油自由市场再度关闭。

解放前夕新浦主要粮行分布表

表12-2

商号名称	店址	商号名称	店址	商号名称	店址
三兴公	三民镇	福兴祥	新化镇	万兴祥	三民镇
复兴	新化镇	大丰	三民镇	恒兴泰	新化镇
复新	新化镇	同兴祥	三民镇	振颐公	三民镇
华兴永	三民镇	新昌恒	三民镇	恒泰	三民镇
新泰祥	三民镇	公泰永	三民镇	永昌恒	新化镇
聚丰祥	三民镇	公记	新化镇	三泰	新化镇
永聚公	新化镇	同兴公	新化镇	义合兴	新化镇
振兴公	新化镇	吉星公	新化镇	利民	新化镇
祥泰	新化镇	谦泰	三民镇	利华	新化镇
裕和盛	三民镇	恒森泰	新化镇	广盛	三民镇
合兴公	新化镇	同义祥	新化镇	义兴隆	新化镇
鸿和祥	新化镇	德泰	新化镇	华丰永	新化镇
公茂永	新化镇	久大昌	三民镇	永兴	新化镇
盛利永	新化镇	馀记	三民镇	三义兴	新化镇
新泰恒	三民镇	大兴	新化镇	同源	新化镇
永和	新化镇	华利	三民镇	顺德记	新化镇
三兴永	新化镇	同聚永	新化镇	三元	新化镇

解放前夕新浦主要油行分布表

表 12－3

商号名称	店址	商号名称	店址	商号名称	店址
鸿泰油坊	新海路	永盛	西大街	朱茂永	新海路
和盛	西大街	同聚源	新海路	德成永	西大街
涌泰	新海路	益盛源	西大街	春泰	新海路
同成	西大街	胜利	西大街	信昌	西巃外
聚和盛	西巃外	鸿丰	南极路	赣兴永	西巃外
顺兴	灌青路	义聚和	西巃外	聚泰永	灌青路
新茂永	西巃外	永兴	灌青路	公盛	西巃外
隆盛	灌青路	义信恒	西巃外	隆永兴	灌青路
永成	西巃外	东兴永	灌青路	三友	西巃外
公和祥	灌青路	齐鲁	西巃外	德泰	灌青路
盛昌	灌表路	同兴公	新海路	恒隆	灌青路
中和	灌青路	恒泰	灌青路	合成	灌青路
鸿兴	西大街	胜利永	新海路	裕泰	西大街
顺利	新海路	同聚兴	西大街	立成	新海路
仁泰	西大街	玉兴	新海路		

第二节　国有粮油贸易

解放后，新海连特区政府成立国营贸易公司，在新浦设立粮油门市部，在市郊设立大村、当路、猴嘴等粮站，从事粮油贸易。调控粮油市场。1949 年 6 月，京、沪、平、津粮价上涨，小麦价格皆高于新浦市场价，特区贸易公司便在农村产区主动提高粮食收购价，大量收购小麦，麦价从每公斤 28～30 元提高到 38 元。新浦市场上市量也日趋增加，日收购量最高达 100 吨。7 月初，北海币市面贬值，粮价暴涨，商人抢购，市面一度混乱。特区贸易公司立即停止收购，并于 7 月 5 日挂牌抛售，市场粮价趋于平稳。8 月 12 日，新海连特区政府工商局在新浦设立粮油交易所，强化国有贸易公司在市场上的主导地位。同时，对 16 家土产行、57 家小粮行、25 家油行、15 家油坊、7 家私人面粉厂按行业登记编组，加强管理，及时控制了粮油市场。9 月份，因新粮登场，粮源日增，小麦每公斤价由旬初的 240 元降至旬末的 200 元。国有贸易公司为提高农产品价格，大量收购，仅新浦市场即收购 2000 吨。

新中国成立之初，老解放区的各种粮油大量涌入新浦，每 0.5 公斤小麦只卖 400 元（北海币），300 公斤小麦才换一匹白洋布。为繁荣市场，保护农民利益，1949 年 12 月中旬，新海连特区贸易公司将小麦收购价提到每 0.5 公斤 570 元。为缓解新浦生油奇缺、价格昂贵状况，贸易公司设法调入 75 吨花生油投入市场，使每 0.5 公斤油价从 2600 元降至 1600 元。

1950年4月12日起，新浦地区粮油贸易由中国粮食公司新浦分公司掌握经营。

1952年9月起，新浦地区粮油贸易由新海连市粮食公司统一领导、统一计划、统一调度粮食贸易，向国家统一粮油贸易过渡。

1953年10月16日，中共中央作出《关于实行粮食的计划收购与计划供应的决议》，“实行由国家严格控制粮食市场，对私营粮食工商业，实行严格控制，并严禁私商自由经营粮食的政策”。同年11月19日，政务院颁布《粮食市场管理暂行办法》，规定私营粮食工商业，一律不准私自经营粮食，但允许在国家严格监督和管理下，经政府批准，由国家粮食部门委托，私商可代理销售粮食的业务。至此，新浦地区除部分私营粮商被批准为国营粮食公司代销店外，粮油购销全部由国营粮食企业经营，并平稳过渡到统购统销。

第三节　多元化粮油市场

改革开放后，粮油自由市场重新放开，国家鼓励和支持个体经济发展，调动广大粮油个体户的积极性。1979年9月，新浦地区开始恢复集市贸易。1983年1月，中共中央1号文件提出“对农民完成统派购任务后的产品（不包括棉花）和非统派购产品，应当允许多渠道经营”的方针，辖区内各集贸市场开始自由购销粮油，且日趋旺盛。

1985年至1987年，因粮食连续减产，严格控制定购品种上市，控制大米（稻谷）、大豆、玉米、食油（油料）外销，工商、物价、公安、交通、民政、铁路、粮食等部门组成管理领导小组，加强对粮油市场的监督管理。

1992年9月，改革开放后全市第一家私营粮行——“徐记粮行”在新浦开业。随后，个体、私营粮油行、店遍及城乡。20世纪90年代中后期起，时代超市、苏果超市、振兴超市、南方超市等大型超市，设立粮油专卖区，出售精品粮油。新浦地区粮油市场基本形成国有民营、私营、个体经营等多种所有制并存的多元化经营格局。

2001年起，市委、市政府将“放心粮油”建设列入每年的惠民工程。2002年起，全市开展“放心粮油店”建设、评审工作，进一步规范粮油市场秩序和经营水平。在2002年度和2004年度全市评审中，新浦地区先后有26家粮油销售企业被评为市级“放心粮油店（柜）”。2005年，新浦区粮食市场从事粮食购销、经营企业增加到133家。当年，新浦区粮食局被市粮食局评为放心粮油供应先进单位。

2005年新浦区粮食购销企业一览表

表12－4

企业名称	地址	法人代表
新浦区粮食购销公司	新浦海连西路28号	周永贵
新浦区云台粮管所	云台乡	徐断胜
新浦区宁海粮管所	宁海乡	周同友
连云港市浦东国家粮食储备库	新浦新港大道	薛金文

续表 12－4

企业名称	地址	法人代表
连云港春辉商贸有限公司	新浦海昌路	单浦玲
连云港隆辰粮油贸易有限责任公司	新浦海昌路	朱龙义
连云港华谷粮油贸易有限公司	新浦极美苑 B2 楼二单元	刘作桃
连云港谷缘粮油贸易有限公司	新浦通灌北路	朱国宝
连云港雪花面粉有限公司	云台乡凌州村	陈长年
江苏省云台农场	云台农场	缪素华
连云港市苏北粮城	江化北路 67 号	薛金成
连云港市军粮供应站	新浦解放东路	屠云海

2005 年新浦区粮油批发零售企业一览表

表 12－5

企业名称	地址	法人代表
南方超市	新浦海昌南路综合楼	殷旭辉
连云港嘉德贸易有限公司	新浦陇海东路	张玉珍
成芳超市	新浦解放西路 30 号	朱立成
连云港时代超级购物中心	新浦通灌北路 39 号	张小兵
连云港苏果食品超市	新浦陇海步行西街	徐开华
大方正粮油店	新浦海昌南路	掌明
家得福南小区超市	新浦海昌南路	王峰
振大超市有限公司	新浦海连东路 2 号	陈正伟
振兴特易购	新浦巨龙南路 58 号	林富平
连云港农工商超市	新浦海连西路	孙立伟
新一佳申德店	新浦解放中路	李造
保真超市	新浦通灌南路	李秀
天宇批发超市	新浦海昌南路 383 号	祝春俊
喜乐年华超市	新浦海昌南路	林艳
雨润食品店	新浦海昌南路 10 号	徐学军
家乐福超市	新浦新浦北小区汇宇楼	陈启英
光明超市	新浦朝阳西路 31 号	成黎明
华诚超市	新浦西苑路 10 号	鲍建华
佳洁超市	新浦民主西路	马广勤
万佳超市	新浦瑞景花园 6 号	夏振东

续表 12－5(1)

企业名称	地址	法人代表
泽成百货超市	新浦民主西路 47 号	尹虎
上海华联超市	新浦苍梧路	汤琪
好邻居超市	新浦通灌路 108 号	杨海玲
海宁小区厨盛食品商行	新浦海昌南路 110 号	张立
李敏霞粮行	新浦海宁小区 55 号楼	李敏霞
大名府小磨香油坊	新浦海宁小区 55 号楼	杨广彪
大众粮油店	新浦海昌南路 106 号	徐克军
便民粮油店	新浦康泰南路	齐德军
东海粮油店	新浦海南小区 35 号楼	石宝根
小柳粮行	新浦海南小区 35 号楼	江希民
保真粮油店	新浦建设路 27 号	张洋生
新浦青春社区成林粮油批发部	新浦海南小区 21 号	刘成林
张兵粮行	新浦海南小区 35 号楼	张兵
新沭粮油店	新浦振兴批发市场	赵希忠
广辉粮油批发部	新浦龙河小区门面房 4#	刘广辉
帅虎粮油批发中心	新浦龙河小区门面房	黄健
张文浩粮油店	新浦农贸市场	张文浩
海源粮油经营部	新浦批发市场杂货城	张洪牛
海全粮油批发部	新浦农贸市场 8 区	张海全
天天旺粮油批发部	新浦农贸市场 6 区	李想
恩宇粮油店	新浦农贸市场 6 区	李广才
尧路粮油店	新浦农副产品交易市场	江尧路
贺大全粮油店	新浦农贸市场西区 28 号	贺大全
刘健粮店	新浦致富路 26 号	刘健
东海粮店	新浦致富路 21 号	李广美
小刘粮店	新浦农贸市场东区 15 号	刘林
雪山粮店	新浦致富路 22 号	李玉
康林粮油批发部	新浦农副产品交易市场	庞林
李富启粮店	新浦农副产品交易市场	李富启
新浦健康社区服务部	新浦新南派出所对面	詹少武
徐运贵粮行	新浦南小区市场	徐运贵
聂义龙粮行	新浦南小区市场	聂义龙

续表 12－5(2)

企业名称	地址	法人代表
海友粮油店	新浦大庆东路	张海友
超源粮油超市	新浦龙河农贸市场	陆保军
昌盛粮油批发部	新浦龙河农贸市场	单维昌
北大荒粮行	新浦龙河农贸市场 8 号	韩迎善
华军粮油店	新浦龙河小区 37 号楼	王华军
李记粮行	新浦巨龙市场	李立奎
振江粮油经营部	新浦艺北市场	李振江
陆祥粮店	新浦艺北市场	陆祥
裕祥烟酒店	新浦站南路 29 号	吕玉芳
赵继金粮店	新浦爱民巷 2 号	赵继金
李扬粮油店	新浦繁荣路	李扬
建国社区礼成粮油店	新浦陇西路 6 号	丁礼成
寇田堂粮店	新浦沿河路 65 号	寇田堂
闽燕粮油店	新浦陇西路 16 号	朱闽燕
同兴粮油店	新浦市民路 803 号	王金安
小刘粮油店	新浦农贸市场	刘长璀
市粮油店	新浦沈圩桥农贸市场	孙成芳
面条加工	新浦沈圩桥农贸市场 F－1－12 号	王之留
无名粮油店	新浦沈圩市场 F－2－34 号	徐子峰
诚信米面行	新浦沈圩农贸市场	李娟
王永德粮行	新浦沈圩桥农贸市场	王永德
付明石粮行	新浦福星路 2－3 号	付明石
石以田粮行	新浦福星路 2－5 号	石以田
新浦区西苑神农粮油部	新浦大庆西路西城市场	杨永健
红慧粮油经营部	新浦西城市场内	苗德慧
李梦粮油店	新浦西城市场内	李梦
景红经营部	新浦西城市场内	刘加涌
永盛杂货店	新浦时代超市后面	桑学兵
祥友粮油店	新浦万家乐粮市 7 号	张召祥
前进粮油店	新浦六号街 20 号楼 15 号门面房	张召进
益民粮油店	新浦民建路	梁龙举
弘瑞便利店	新浦朝阳西路 48－4 号	王士俊

续表 12－5(3)

企业名称	地址	法人代表
新浦区同云粮油超市	新浦建设路55号楼10号门面房	王同云
新浦区朝阳禽蛋经营部	新浦朝阳中路群艺馆对面	赵素芹
新浦区亚行粮油店	新浦大庆东路酿化厂营业房	杨志明
纪恒春粮店	新浦艺北街龙河北路109－2号	纪恒春
面条加工	新浦艺北市场	屈长全
新浦区诚信粮油店	新浦前河街民主路242号	仇新荣
工农兵粮店	新浦工农路金属回收公司门面房	李成立
云台农场粮贸公司	云台农场	王洪喜
孙志军粮行	云台农场十五队	孙志军
徐法俊粮店	云台农场部	徐法俊
新浦区桂浦烟酒商店	新浦民主路105号	孙桂浦
新浦区粮城烟酒店	新浦大庆西路16号楼1－101	顾介松
金同根粮店	新浦龙河小区门面房西头第三间	金同根
食为天粮油门市部	南城河头	许乃香
许乃英粮店	南城新大街84－6	许乃英
兴祥粮油	南城新大街104号	马兆英
苏果生活超市	南城新大街125号	姜丽丽
刁洪江粮店	大众市场全羊巷	刁洪江
新浦区孔祥国粮油店	新浦大庆西路22－3西城市场门	孟祥国
新浦区新西区法华粮油店	新浦浦西街工农路8－4号一单元	吴法华
新浦区盈诚超市	新浦朝阳社区通建巷省盐业生活服务	马亮
新浦区晓佳粮油店	新浦巨龙小区市场门面房B4、5	牛萍
新浦区天兴烟酒百货店	新浦陇北街龙尾路53号	吴植平
新浦区冯二面条店	新浦大庆东路107－3号2单元	冯宜科
新浦区张湾粮油店	新浦常乐新村A2楼南侧4号门面房	刘杰
新浦区昌荣粮油商行	新浦临洪街临洪路7号	李昌荣
新市粮油店	新浦新市路12号	孙校苏
刘三综合门市部	新浦西城市场内	刘三
大江粮油	新浦西城市场	张晓红
永盛粮油店	新浦西城市场	汪正雷
兴隆粮油门市	新浦西城市场	徐在禄
新东方超市	新浦西城市场	陈玉梅

续表 12 - 5(4)

企业名称	地址	法人代表
粮油超市	新浦西城市场	徐克明
无名粮店 3	解放西路浦西商贸市场 17 号	武宜燕
无名粮店 4	新浦商贸市场 21 号	刘挺华
粮油杂货	新浦商贸市场 4 号	宋正梅
东海章三粮油店	新浦西城市场	张杰考

第四节　国有粮食企业改革

一、国有民营与连锁经营

1993 年 4 月,新浦地区国有粮食销售企业开始推行“国有民营”的经营方式。同年 9 月,猴嘴第三粮站作为全市第一家试点单位,将国有粮站的资产以承包的形式,发包给个人经营。随后,全区 70% 的粮站实行“国有民营”。经过 1993 ~ 1995 年的运行,由于个人的经营能力,特别是经济实力有限,很难支撑起人员臃肿、资金缺乏的老企业,至 1995 年底,全部终止“国有民营”经营方式。

1996 年,学习推广苏南各市国有粮食企业实行连锁经营的经验,将下属粮站开办成连锁店,全区各国有粮店实行统一配货、统一价格、统一核算、统一店面、统一标志、统一着装,连锁经营。运营不到 1 年,因资金短缺和经营艰难而关闭。到 1997 年,全区国有粮食销售企业全部停止粮食销售。

二、双轨制运行

1996 年,加快国有粮食流通体制改革,区粮食系统全面推行双轨制运行机制,将各粮食基层企业的经营业务,分为主营业务和附营业务。主营业务为负责粮食购销储存;附营业务为从事农副产品、食品加工、餐饮等经营。国家对主营业务亏损挂账予以承认,附营业务亏损则自负盈亏。

1999 年,国有粮食部门实行行政与企业分开、主营与附营分开,人、财、物全部分离,各自实行独立核算、自主经营、自负盈亏。

三、产权和用工制度改革

2000 年,区国有粮食企业加大改革力度,实行减员增效,全面推行国有资产产权制度改革和劳动用工制度改革,在企业内部实施拟股份集体承包方案,至同年 3 月中旬,全区 25 个粮食经营单位(网点)全部由职工中标承包到位。

2001 年底起,全区对国有粮食企业的闲置资产实行产权转让,变现资金,加快和推动劳动用工制度的改革。先后对花果山粮管所、南城粮管所和猴嘴第一粮站、第二粮站、第三粮站及塔山粮站、大浦粮站的固定资产产权进行公开转让出售,共变现资金 190 万元,利用资产变现资金和上级拨付的 148 万元改制资金,作为支付解除或终止劳动合同人员的经济补偿及养老保险金。

2002 年起，利用资产变现资金和上级拨付资金，对全局 11 个粮食购销和综合零售企业全面开展劳动用工制度改革，解除或终止劳动合同 141 人，占全局粮食购销企业实有人数的 85.5%。新浦原有 19 个粮站，实行资产重组和减员分流。

至 2004 年，全区除粮食收购企业仍然占领收购市场，继续发挥国有粮食主渠道作用外，24 个国有粮食销售企业已全部退出粮食零售市场。

第三章　粮油供应

第一节　居民口粮供应

一、城镇居民口粮供应

1953 年 10 月中旬，盐河区、龙尾区开始宣传贯彻中共中央关于实行粮食计划收购与计划供应的决议。同年 12 月 1 日起，开始对市民生活用粮实行计划供应，用粮计划数由市民自订，凭证到国营粮站购买。

1954 年 2 月起，机关、学校、工矿企业的集体伙食单位，实行凭证按计划购粮。4 月，盐河区、龙尾区分别成立节约用粮委员会，居民用粮计划需各街道居民委员会审批核定方可领证购粮。

1955 年 4 月，市民生活用粮改为“按户核定”供应。6 月起，按机关、厂矿人员每人每天 1 斤 8 两，市民每人每天 1 斤 2 两，渔民、船民每人每天 1 斤 6 两（以上均为 16 两制）标准供应口粮。9 月 1 日，盐河区、龙尾区在全市首批进行按户口簿核对人口、年龄、职业，按人登记，分户造册，按册填证，以人定级定量，以户为单位发给购粮证，由指定粮站供应口粮。10 月起，可凭有关部门证明，向当地粮食部门申请变更定量标准，或办理粮食供应转移证明。同年，开始使用全国通用粮票和江苏省通用粮票。

1956 年春，居民粮食定量标准为人均每月 15.15 公斤。1957 年，在城镇居民、机关人员中提倡节约用粮，居民人均月定量口粮调整为 14.05 公斤。

1960 年，居民粮食定量标准调为人均每月 13 公斤。供应混合粮，标准面粉占 16%、大米占 26%、地瓜干（粉）占 29%、杂粮粉占 29%。1961 年，居民食油定量调为每人每月 100 克。1964 年，居民粮食定量标准调为人均每月 13.75 公斤。食油定量标准调为人均每月 200 克。次年调为 250 克。

1975 年，居民定量供应粮中“七五”粉占 0.8%、标准粉占 45.7%、大米占 53.5%。

1988 年，居民粮食定量标准调为人均每月 15.7 公斤。定量供应粮食中，“七五”粉占 40%、大米占 60%（其中标一粳米 48%）。此标准一直执行至 1993 年 3 月取消计划供应。

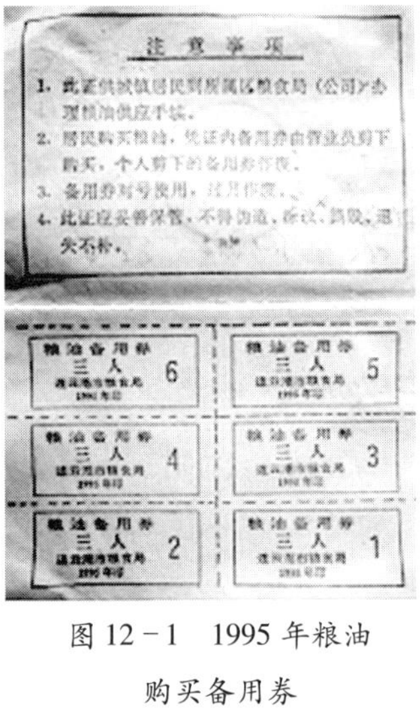

图 12－1　1995 年粮油购买备用券

粮食统销价格放开后，为保证城镇居民基本口粮供应，新浦粮油总公司下属各粮店根据市政府要求，于1994年8月22日起，再次采取凭粮油购买证定点、记录办法向市民供应大米。次年，连云港市重新印制《连云港市城镇居民粮油供应证》，全区各国有粮站按照原供应范围对城镇居民发放粮油供应证，证内附粮油备用券。根据居民家庭人口不同，粮油备用券分1人券、2人券、3人券等，凭证券到国有粮站购买粮油，每1人券可购买粮食15公斤。粮站按照市政府确定的市场指导价格，实行挂牌供应。至1997年，由于政府指导价与市场零售价价差越来越小，大部分居民主动放弃持证到粮站购粮。至同年底，城镇居民用粮全部进入市场购买。

1956年居民口粮定量变化情况表

表12-6　　单位：公斤

类别	每人每月定量		人均节约
	节约前每人平均	节约后每人平均	
合　计	14.65	14.05	0.60
特重体力	26.95	25.94	1.01
重体力	22.1	21.32	0.78
轻体力	16.7	16.02	0.68
机关	16.35	15.84	0.51
学生	17.86	17.32	0.54
居民	14.26	13.67	0.59
儿童	8.31	7.98	0.33

二、农村缺粮户口粮供应

南城、云台、临洪、沈圩等乡镇(村)，在统购统销初期，80%的农业家庭口粮不能自给，欠缺部分由国家供应。1954年6月起，缺粮农民每人每天供应标准控制在9两7钱(16两制)。同年7月，市粮食局培训专业人员下乡对缺粮户及人口进行核实，并对缺粮户发放《缺粮户供应证》。1955年，按照杂粮区和稻谷杂粮夹种区两种类型，不分人口、年龄大小，按杂粮区标准核定缺粮户每人每年供应182.5～190公斤。

1956年6月开始，对“定产、定购、定销”进行以户并社，给缺粮社核定年定销计划，对缺粮队实行增产抵消，多增产多抵消，直至自给。至1957年，域内农村基本实现口粮自给，对少数缺粮户，在不突破年度核定口粮总数的原则下，按照年龄大小、劳力强弱实行以人定量，年平均口粮标准为196公斤，保持供应。

1958年“大跃进”开始后，社队大办起食堂，刮起吃粮无计划、吃饭不要钱的“共产风”，使农村粮食供应量增加。1959至1961年自然灾害，粮食大幅减产，农民口粮不足，缺粮人口供应标准为年140公斤，每天每人8两，粮食不足，用野菜充饥，致一些社员患上浮肿病。

1963年10月，根据粮食部《关于农村粮食统销的若干政策问题的意见》相关规定，对粮食自给有困难但有归还能力的生产队，实行借销，到下一季或下一年收成好时，归还给国家；对种植经济植物和确实重灾地方，继续实行统销，不搞借销。1964年以后，农村缺粮户供应逐步减少。

1982年夏，农村实行联产承包责任制后，以种粮为主的农民不再实行统销。对农村五保户、20世纪

60 年代城市下放人口、上山下乡知识青年、农村民办教师、残废军人等继续实行统销。直至 1993 年取消粮油计划供应。

三、菜农口粮供应

1975 年，花果山地区的前云、大村等 15 个生产队根据市革委会决定，由农业队改为蔬菜专业队。蔬菜专业队农户口粮实行全购全销，标准不低于附近产粮生产队标准，并与蔬菜产销合同完成情况挂钩，完成产销合同的增加供应 5%；反之，减销 5%。

1984 年 4 月，菜农口粮供应标准调整为每年每人 269 公斤。

1986 年 1 月，市区实行购粮券，菜农不分人口大小，每人每月供应成品粮 15 公斤。直至 1993 年 3 月底结束。

四、水利民工口粮供应

1960 年以前，参加省属大型水利工程的民工，每个劳动日补助口粮 350 克，参加省级以下地方水利工程的，每个劳动日补助口粮 250 克。1960 年后，调整为省级工程每个劳动日补助 450 克，地方工程每个劳动日补助 350 克。

1965 年 12 月，江苏省粮食厅和水利厅对民工口粮补助标准再次进行调整，核定基本建设、大型电灌工程，每个劳动日补助 550 克，雨天和公休日每天补助 500 克。农田水利和机电排灌等工程每个劳动日补助 250 克。至 1993 年 3 月结束。

五、其他用粮供应

1961 年 4 月 3 日，根据中共中央《关于收购重要经济作物实行粮食奖励的指示》，新浦区对种粮食生产队的耕畜、集体饲养的牲畜和家禽的饲料，主要靠自留。对菜业专业队饲养的耕畜、牲畜、家禽和农民家养牲畜给予奖售粮。菜业专业队集体饲养的耕牛、菜牛和母猪，每年每头供应饲料粮 125 公斤，菜业队集体饲养和农民家庭饲养的肉猪每年每头供应饲料粮 40 公斤，家禽每只每年供应 2.5 ~ 5 公斤，奶牛每天供应 3 公斤。

1974 年，生猪奖售粮列入国家粮食统销计划，当年 8 月 1 日起，在执行收购生猪每元奖售 250 克粮食的基础上，凡收购一头生猪金额超过 50 元的，超过部分，每元在奖售 250 克的基础上再增加奖售粮 500 克。超过 50 元以上部分，每元奖售粮为 750 克。

1983 年 3 月 1 日起，收购每头生猪超过 100 公斤以上的部分，不供奖售粮。同年 7 月 1 日起，收购金额打 8 折计算，在 50 元之内每元奖售 250 克不变，超过 50 元的部分，由每元奖售 750 克改为 500 克。至 1985 年 3 月底，各种奖售粮取消。

1986 年起，实行生猪换粮政策，对安排调出的生猪，每头给饲料粮 35 公斤，属于地购地销的每头给饲料粮 15 公斤。至 1988 年 4 月 1 日，生猪换粮政策取消。

第二节　军粮供应

民国元年至民国 18 年（1912 ~ 1929），国民政府对军需粮采取按月发饷，就饷扣算办法，由部队直接在市场购买。民国29年(1940)开始,国民政府对军粮实行由粮食机关统一管理和分配,所收田赋之粮,如不够军粮供应,则通过农民银行或民食调配委员会在市场收购予以供应,也有军方在市场直接购买的。

解放后,驻地部队的粮油供应,由设在东海县富安的新海连特区军管会临时军粮供应站,凭山东省粮食总局发行的粮票和支拨书供应。粮食主要是从山东莒南、日照等地调拨,有时向东海县、赣榆县农民预借(征)。

1949年7月1日起,凭山东省粮食总局发行的竖版麦粮票、秋粮票、马料票、柴草票、马草票等供应粮草。

1952年10月,使用军用粮票。次年,取消军用粮票,改以支拨书拨付军粮。新浦地区驻军单位多核定在海昌路菜市粮站、浦东粮库、花果山粮管所、猴嘴粮库供应。

国家对粮食实行计划收购与计划供应后,江苏省粮食厅颁发《1955年度军需粮秣供应办法》规定:士兵凭粮食部门开的支拨证提粮;军官和工资制人员以现金价购粮食。部队支拨证或价购粮,由团以上单位编制年、月计划,报专署粮食局审核后下达市粮食局执行。

1956年11月起,执行粮食部、中国人民解放军总后勤部军需部颁发的《军粮供应办法》。军粮供应走上制度化,团以下部队每人每日供应口粮:校级军官1斤6两(16两制,下同),尉级军官1斤7两。食油:军官每人每月少尉至上尉1.5公斤,大尉至中校1.25公斤,上校以上1.5公斤。在部队服务的职员,工人粮食定量与相当的军官或士兵相同。

1957年起,取消支拨证,士兵口粮凭粮食部印发的“军用粮定额支票”供应。供应比例:陆军大米80%、面粉20%;海军、空勤人员大米60%、面粉40%。

1960年,部队军官口粮凭“军用价购粮票”供应,购粮时收取现款。供应比例:大米70%、面粉30%,口粮标准略有降低。1963年后,粮食情况好转,团以上军官每人每月粮食19公斤、营以下军官每人每月24公斤;食油每人每月尉级军官700克、校级军官1公斤;上校以上军官和在部队服务的高级知识分子,除上述定量外,每人每月可供应高于市价3倍的食油750克;士兵每人每月陆军一号灶500克,二号灶750克,三、四号灶1公斤。

1970年,实行凭《军用粮油豆供应证》供应制度。《军用粮油豆供应证》全国通用。

1975年5月1日起,边防检查站干警的粮、油、豆按现役陆军标准供应。

1982年11月起,执行商业部、公安部规定:对驻地武警中队干部、战士伙食标准按照与解放军陆军现行给养标准制度灶别同供应粮油。粮食定量每人每天750克,食油每人每月600克,供应品种、比例、质量与供应陆军相同。

1988年,域内有军粮供应任务的有新浦粮站、猴嘴一站、花果山大村粮站、南城粮站4家单位,距部队驻地均在15公里以内。

1993年,粮食统销价格放开以后,为确保军粮供应,市粮食局在新浦解放东路成立连云港市军粮供应站,新浦及近郊驻军、武警等粮油由市军粮供应站供应。

第三节　食油计划供应

居民食油计划供应开始于1956年11月,初期每人每月供应标准为:城镇居民9两,盐、船民10两,机关团体13两,散居街道(在家吃饭)的职工、干部及家属与市民定量相同,农民6两。1957年2月1日起,每人每月定量标准调低为:市民7两,盐民8两,船民7两,机关伙食单位10两,磷矿井下工、搬运工10两,农民5两。4月1日起,再次调整食油定量标准,市民、盐民、农民大人供应标准不动,1~10岁儿童5两,机关伙食单位7两,磷矿井下工、搬运工8两(以上均为16两制)。

1960年至1962年的"三年困难时期",居民食油定量标准年年降低,1960年10月,每人每月调整为:市镇居民、10周岁以上的175克,10周岁以下儿童150克;1961年3月调低为不分大人小孩每人每月100克;盐工150克,矿山井下工200克。

1964年,油料生产好转,当年5月1日起,定量居民每人每月食油定量增加到150克。同年12月1日起,又调整为200克。

1965年8月1日起,城镇定量人口食油供应标准调整到每人每月250克,直到1993年3月统销供应结束。

1953~1993年新浦区城镇居民粮油供应量一览表

表12-7 单位:公斤

年度	粮食	食油	年度	粮食	食油
1953	9980000	—	1974	17972000	292000
1954	10176000	—	1975	18573000	302000
1955	10556000	—	1976	19757000	310000
1956	10736000	—	1977	20354000	318000
1957	11483000	171000	1978	20927000	328000
1958	11483000	174000	1979	21647000	340000
1959	12098000	182000	1980	22246000	348000
1960	12488000	84000	1981	22924000	359000
1961	12776000	86000	1982	23331000	365000
1962	12964000	90000	1983	24731000	387000
1963	13003000	204000	1984	26154000	409000
1964	13056000	204000	1985	27495000	430000
1965	13536000	211000	1986	28865000	441000
1966	13862000	225000	1987	30231000	462000
1967	14326000	235000	1988	31659000	488000
1968	14902000	247000	1989	33261000	514000
1969	15498000	256000	1990	34773000	543000
1970	16058000	261000	1991	35604000	556000
1971	16587000	270000	1992	36668000	565000
1972	17006000	277000	1993	38071000	207000
1973	17385000	283000			

第四节　行业粮油供应

1953年12月实行统购统销后,饮食糕点、酿造、副食品(豆制品、粉丝)生产用粮,由业户按年、月编制用粮计划,报区政府核发行业用粮供应证,凭证供应。

1955年9月1日起,行业用粮开始实行定量供应。先由用粮单位照行业当年6~8月份的用粮平均水平,制定用粮计划,由粮食部门核批。对挂面、切面等凭粮票供应,每0.5公斤挂面收粮票5两,每0.5公斤大刀面收粮票12两,0.5公斤机器面收粮票13两(粮票均为16两制),贡面收票1斤顶1斤,业户凭收回粮票到指定粮站购买粮食。米饭、大饼、烧饼、熟面条、包子、水煎饺、水饺、馄饨、汤圆、稀饭及油炸货、煎饼等暂不收粮票,实行限量供应。小脆饼、水糕、红糖果、条酥、饼干等糕点不收票,每次1人只准选购一样。豆腐、豆芽及酿造品随意购买,

1957年7月,市人委在新浦地区进行熟食、糕点收粮票供应试点。1959年2月起,熟食、糕点全部实行收粮票供应。

1960年9月27日起,对收票供应的熟食、糕点收票率提高到100%。同年,对豆腐、豆芽、粉丝、粉皮实行凭票供应。行业用粮、凭票到粮管所(站)购买。

行业用油,1953~1983年按核定指标购买。1984年起,改为以粮带油,糕点行业凭粮票,每购50公斤粮带油8公斤;饮食业每购50公斤粮带油3公斤。次年4月1日起,酒精、溶剂、制药、服装制革等工业生产用粮,一律停止平价供应,改为议价供应。

1988年,行业用油压减30%,即糕点业每购买50公斤粮食带油5.6公斤,饮食业每购买50公斤粮食带油2.1公斤。

1991年1月1日起,酱油、食醋用粮停止平价粮供应,改为议价粮供应,酱油等产品相应调价。糕点、餐饮业所用粮油仍然执行平价供应,平价食用油不足部分可购比例价食油补充。

1993年3月底计划供应结束。

第四章　粮油储运

第一节　粮油储存

一、粮仓

民国27年(1938),东海县政府在新浦东巃外建造储粮仓房3幢,面积1329平方米,容量1500吨。

解放后,特区国营贸易公司接管东巃外粮仓。同年底,在猴嘴建设石木结构的简易粮库。1951年1月,云台粮库和东磊粮站建成。同年,为解决储粮困难,南城镇借用地主家房屋储粮10万余斤,并开始筹建南城粮管所,建成品粮仓279.2平方米,可存粮300吨。

1954年6月5日，经徐州专区专员公署粮食局批准，投资40200万元（旧人民币），在猴嘴粮管所建2000吨容积的杂粮仓，为新海连市第一幢苏式粮仓。

到20世纪70年代，原平房简易仓、土圆仓、露天囤逐步被淘汰更新。新浦城区主要以销粮为主，实行以站代库，保证供应粮油不脱销。猴嘴粮管所、花果山粮管所、南城粮管所、云台粮管所和宁海粮管所，以购带销，以农村粮食收购为主，存粮较为集中。

1993年以后，区属国有粮食部门实有粮仓仓容达1.9万多吨。

2005年，新浦地区国有粮库仓面积达5958.74平方米（其中，猴嘴粮库1250平方米、云台粮管所2434.6平方米、宁海粮管所1644.14平方米、花果山粮管所630平方米）、粮仓容积19600吨（其中，猴嘴粮库4000吨、云台粮管所8000吨、宁海粮管所5000吨、花果山粮管所2600吨）。

二、储存

1953年，粮食实行统购统销后，新浦作为粮食主销区，各粮食供应站，在保证主销粮油品种（大米、面粉、食油）不脱销的情况下，只储3～5天零售周转库存粮。郊区以购为主的粮油管理所，以存原粮为主，根据市粮食局统一安排，作好每季收购入库粮食的周转储备，正常原粮保管量1.3万吨左右。2000年，国家将沿海省市统购粮放开。花果山、云台、宁海等农村粮管所收购以自营为主，收购量和储存量明显减少，正常储粮量3000吨左右，大部分粮库出现闲置，到2005年底，粮库闲置近70%。

第二节　粮油运输

新浦成埠之初，入市交易的粮油，近处的靠人挑，车推，或牛车、马车拉。远处的通过内河运输。到清末，新浦海运兴起，一些较有实力的粮商，从蔷薇河临洪口和大浦港通过海运与山东等地进行粮油及农副产品交易。清光绪二十六年（1900），海州沈仲长开办的生生茂永粮食商行，备有载重140吨的海船两艘。从新浦、大浦港，通过海运向上海、青岛等地运粮。山东青岛等地粮商也通过海运往返于新浦、青岛等地之间，从事粮油交易。

民国11年（1922），大浦港的粮油交易量占其物资交易总量的80%。重点运输小麦、花生、大豆和其他杂粮。抗日战争前鼎盛时期，新浦每年通过船舶运输粮食达28.75万吨。

民国15年（1926）陇海铁路修至大浦，火车成为新浦地区粮食运输的主要工具。民国23年（1934）铁路延伸到老窑（连云港）后，进入大浦的粮食逐步减少。

新中国成立后，火车运输仍然是粮食长途运输的重要途径。

粮食统购统销以后，新浦城区的粮食运输主要由市汽车运输公司承担。“文化大革命”期间，一度因港口阻塞，交通中断，全市粮食供应紧张，驻连部队用军车运输，保证粮油正常供应。1969年9月，连云港市革命委员会成立以后，粮食运输混乱局面得到好转。1979年，市粮食局成立粮食汽车队，自此新浦地区粮油全部由市粮食汽车队运输。

第五章 机构 管理

第一节 机 构

一、管理机构

解放后,新海连特区政府成立国营贸易公司,负责对新浦粮食市场的领导和调节。民国38年(1949)8月,新海连特区工商局在新浦设立粮油交易所,并负责市场监督管理。1950年4月,撤销新浦国营贸易公司,成立中国粮食公司新浦分公司。1952年9月,新浦分公司撤销,成立新海连市粮食公司,掌握全市粮食经营和管理。

1955年10月20日,为适应市镇粮食定量供应,成立新浦粮油管理所(简称"新浦粮管所"),隶属新海连市粮食局。新浦粮管所负责新浦地区粮油供应和各下属粮站(店)的管理工作。

1983年6月底,新浦区和海州区合并为新海区,成立新海区粮食局,为区属行政管理机构,负责全区粮油购销和行政管理工作。

1986年6月30日,新海区划分为新浦和海州两个区,新海区粮食局撤销。新浦地区成立新浦粮油总公司,为连云港市粮食局直属企业,代管新浦地区的粮油购销及粮食企业的行政管理工作。

2001年11月27日,市区行政区划调整,云台区撤销后原云台区粮食局整建制划入新浦区,并更名为新浦区粮食局,负责全区粮食购销、市场管理和行政管理工作。新浦粮油总公司不再兼管新浦地区粮食购销和管理工作。

二、经营机构

解放后,鲁中南贸易公司在新浦设立新浦粮食分公司,于1948年11月15日对外营业。公司内的粮油部经营粮油,下设新浦门市部等经营门点。

1949年,新浦门市部改为新浦粮站,由市财粮局直管,负责新浦地区接收公粮和党政机关和驻军粮草供应。同年8月12日,新浦粮油交易所成立。

1950年4月,中国油脂公司新浦支公司成立。同年,中国粮食公司新浦分公司成立。

1952年9月,新浦粮食分公司撤销,成立新海连市粮食公司,对粮食贸易实行统一领导、统一计划、统一调度,并做到行政管理与企业经营相结合,为实现粮食统购统销打下了基础。

1953年12月1日,新浦地区城镇居民开始实行粮食计划供应,城区首批承担计划供应的有临洪、通灌、陇东、双池、浦东、新海等6家粮油供应站(店)。随着新浦市区的扩大,城市居民的增加,国有粮油供应站布局不断调整和增设。到1993年,新浦地区的国有粮站为19个。

2001年以来,新浦辖区内除市属粮油经营企业外,尚有新浦区粮食购销公司、猴嘴粮管所、台北粮管所、南城粮管所、云台粮管所、花果山粮管所、宁海粮管所等7家区属国有粮食企业,按照国家粮食购销政策和价格政策，敞开收购农民余粮，抓好国家委托收购、自营收购和储粮保管等工作。至2005年，新浦地区粮食流通领域已形成多元化格局，各大超市设立粮油专柜，粮油批发和零售店（站）发展迅速，遍布城乡各地。

1993年新浦地区国有粮站分布表

表12－8

粮店原名	后改名称	地址
新浦临洪粮站	新浦第一粮站	新浦解放西路
新浦通灌粮站	新浦第二粮站	新浦民主路
新浦陇东粮站	新浦第三粮站	新浦陇西路
新浦双池粮站	新浦第四粮站	新浦双池路
新浦浦东粮站	新浦第五粮站	新浦聚兴巷
新浦新海粮站	新浦第六粮站	新浦民生路
新浦新化粮站	新浦第七粮站	新浦民建路
新浦市民粮站	新浦第八粮站	新浦新民路
新浦前河粮站	新浦第九粮站	新浦市化路
新浦菜市粮站	新浦第十粮站	新浦海昌路
新浦贾圩粮站	新浦十一粮站	新浦青年路
新浦新浦粮站	新浦十二粮站	新浦海连中路
新浦延安粮站	新浦十三粮站	新浦南极中路
新浦扁北粮站	新浦十四粮站	新浦向阳路
新浦站南粮站	新浦十五粮站	新浦站南路
新浦港西粮站	新浦十六粮站	新浦西小区港西街
新浦扁南粮站	新浦十七粮站	新浦南小区海南路
新浦市东粮站	新浦十八粮站	新浦海连东路
新浦沈圩粮站	新浦十九粮站	新浦北小区沈圩

2005年新浦区各乡镇国有粮食企业分布表

表12－9

企业名称	地址	下设机构
猴嘴粮管所	猴嘴大浦路57号	猴嘴一站、大浦粮站
台北粮管所	猴嘴车站路10号	猴嘴二站、三站、塔山粮站
花果山粮管所	花果山乡政府对面	大村粮站
南城粮管所	南城镇西大街12号	南城粮站
云台粮管所	云台乡凌洲村	云台粮站
宁海粮管所	宁海乡平安村	—
新浦区粮食购销公司	新浦海连西路	猴嘴粮库

第二节　粮食安全管理

20 世纪 50 年代初，粮食部门坚持执行“防重于治”和“以清洁卫生为基本，物理、机械为主要，化学药剂为最后”的粮食安全保管方针。采取各种措施切断虫、霉、鼠、雀传播途径，抑制其生长繁殖，减少储粮损失。1954 年推行以无虫害、无霉变、无鼠、无事故（简称“四无”）为内容的粮仓安全保粮标准。花果山、云台、宁海、猴嘴等存粮库以创造“四无”达标或“四无”免检单位为目标，层层制定防治措施，落实责任制、查仓制和奖惩制度，切实保证粮食安全。猴嘴粮库、花果山粮管所和云台粮管所曾多次获得市级或区级“四无”粮仓免检单位称号。1961 年以后，重点坚持贯彻“以防为主、防治并举”的方针，加强对虫害、霉变、鼠害和雀害的防治。

20 世纪 70 年末，国有粮食部门开始实行科学保粮，重点推广低温、低氧、低药量保粮技术。80 年代，仓库不断更新改造，增添防潮、防湿、机械排风、电子控温、防虫、防鼠雀等设施。1985 年，浦东粮库采用 6 面封、低药量和准低温储粮方法，基本解决了大米、面粉过夏发热、生虫、结板、陈化等难题。90 年代起，新浦粮库、猴嘴粮库，及云台粮管所、花果山粮管所、宁海粮管所等郊区粮管所全面推广和应用机械通风、塑料薄膜密封和电阻测温等科学保粮方法，科学保粮和安全保粮水平进一步提高。

第三节　粮油票券管理

1955 年 9 月起，在粮食统购统销期间，新浦地区流通的粮油票券种类有：全国通用粮票、江苏地方粮票、江苏省粮食厅地方粮票、徐州专署地方粮票、连云港市购粮券、连云港市购油券、军用粮定额支票、军用价购粮票、军用供给粮票等。到 1993 年 3 月，粮油票券全部停止使用。

粮票（券）以成品粮为计算单位。城镇居民外出需要粮票，可持粮油供应证到粮站扣除计划粮数后，领取等量粮票（出省则换给全国通用粮票）；农民以原粮兑换粮票，按国家统一折率折成成品粮后换取等量粮票（出省则换给全国通用粮票）。

国有粮食部门，对粮油票券一律实行双人管理，粮食部门设有专库，各粮管所（站）均设专柜，库柜区日夜有人值班。票券管理保持收支有据，账簿齐全，日账日结，达到账相平，账表相符，票账相符。如发生短少或账面数与票不符，必须按照处理权限逐级报批，个人不得擅自进行账表涂改或账务调整，违者根据情节从重处理。“文化大革命”期间，新浦地区“造反”组织随意动支粮票，造成新浦粮管所粮票短少 21363 公斤。此悬案直到 1981 年 6 月，经市财贸办公室批准才核销。

粮食部门会同工商、公安部门严格查处倒卖粮票（券）套购国家粮食差价的不法行为。1988 年 9 月 23 日，在审理东海县一农民倒卖粮票及连云港市购粮券 2.65 万公斤一案时，新浦地区涉案的新化、扁北、新海 3 个粮站因被套购粮食 19550 公斤，均受到查处。

第四节 经营管理

一、财务管理

1955年9月起,区粮管所实行独立核算,所下设各粮站(店)为非独立核算企业。1957年2月起,粮管所对商品资金和非商品资金实行定额管理。1959年起,粮食商业的全部收入和支出列入地方预算,企业的全部财产(固定资产、流动资金)移交地方财政部门管理。1960年8月11日,按市粮食局规定对现金、粮票、粮油、包装、器材及其他财物实行月盘点制度。

1961年8月9日起,基层粮油经营单位实行损失报批制度。未经上级批准一律不得擅自报销损失。1962年,改企业独立核算制度为报账制度。

1978年3月30日,恢复基层单位实行独立核算,财务指标落实到各核算单位。各基层粮管所均相应制定财务管理制度。

1980年,试行政策性亏损定额补贴办法,逐步分清政策性与经营性亏损,促进企业的经济核算。

1988年至1993年,财务实行净亏损包干。

1993年至2005年底,区级粮食部门完全实行自负盈亏。

二、营业管理

基层粮站收款员和付粮员对每天所销售的每一笔粮油,均进行核对,达到扣除的计划数和售出的粮油数量一致、付出的粮油与所收的现金一致。买粮人在收款处凭粮油供应证或粮票(券)购买粮油,收款员扣完计划,收足粮油款后,将不同种类的牌子或票据(俗称"小飞子")交于买粮人;付粮员收到买粮人所交的牌子或票据,先核实所买的数量是否与所扣的计划相符,然后根据品种和数量,准确支付粮油,发现问题或误差,及时与收款员进行核对和纠正。当日经营情况均在当晚下班前,在粮站(店)负责人的监督下结账。结账前,收款员先向付粮员报出当日所收的经营款数量,然后付粮员凭当日所收的各类牌子或票据进行逐笔登记,按照品种、价格、数量,计算出总数量和总收入,再与收款员对账,当日经营款发生长款或短款在千分之一以内属于正常,否则,当日即查明原因,长款查明原因后,予以退还;短款无论结果如何,收款员均于当日赔偿。

三、计划管理

在城镇居民口粮实行定量供应期间,各粮管所(站)配备专职粮管员(也称人粮干事)负责本所(站)供应范围内的户粮管理工作。按户建立粮食供应底卡,按照户口簿、粮食供应证、粮食底卡"三相符",人口、定量、粮证、底卡、报表"五一致"要求,做到一人一份粮,干什么工种吃什么定量。如居民迁出、迁入、婚嫁、出生、死亡、分居等,均凭户口证件到粮食供应地粮食部门办理粮食供应的增减手续或迁移手续。市区增加"农转菜"(粮农转为菜农)、"农转非"(农村人口转为城市人口)等吃商品粮人口,由市公安局、劳动局、粮食局共同审查核定,粮食供应单位凭市公安局、粮食局联合批准的名册,办理粮油入户供应手续。居民就业,凭劳动部门招工手续和单位安置工种证明,到粮食部门办理工种粮供应手续。

第十三编　信息产业

新浦地区的信息产业早期仅限于信件传递。邮务由海州电报局代理。光绪三十三年(1907)7月1日,新浦设立邮政代办所,归海州邮政局管辖。

20世纪20年代后期,随着商贸交通发展,民间广告业开始兴起,邮电部门也先后开展商务传递、保价、航空信函、汇兑、保险等业务。30年代初新浦设长途电话交换所,铺设电话线路,开展电话通信业务。民国25年(1936),开通新浦至连云港长途电话。次年6月,新浦电报局成立,开展电讯业务。

日本侵略军占领新浦后,新浦地区邮电系统被日伪政府把持。民国34年(1945)新浦邮局定为二等乙级局。解放前夕,新浦地区邮政、电信业务基本瘫痪。广告业基本被取消。

解放后,中国人民解放军新海连军管会接管邮电局。3天后新浦邮政局、电信局即恢复营业。

新中国成立后,人民邮电兴起。市邮电局设于新浦,新浦地区邮政电信事业得到迅速发展。

20世纪60年代,新浦地区的电报业务,开始使用自动快机,增加了电话交换机容量。

"文化大革命"初期,邮电事业实行军管,事业发展受到一定影响。

1973年,设于新浦的邮电局恢复工作。当年,新浦地区开始使用准电子交换机。

20世纪80年代,新浦地区的信息产业进入新的发展时期。先后实现市话自动拨号,进入全国自动转报网。开始使用程控电话交换机。开通国际国内长途直拨业务。报刊、电视广告开始兴起,路牌、灯箱等广告载体不断出现。实现了转报自动化。

20世纪90年代起,新浦地区邮电事业进入计算机与通讯网络结合的发展阶段。1991年4月21日,市邮电局引进瑞典爱立信AXE－10市话16000门程控交换机,在新浦安装成功,并开通使用,电话号段升为5位数。同年,新浦街头安装首批投币式电话亭。1992年,新浦等地设立7个移动电话系统基础站,开始开办当地移动电话业务。在全省率先建设移动通讯网络。1993年2月28日,全市第一家电讯企业——市龙飞电讯有限公司在新浦成立,4月1日正式营运开通。1994年6月6日起,市区和三县电话联网。1997年,中国联通有限公司连云港分公司在新浦成立。1998年,寻呼、卫星和移动业务从电信局剥离,拆分成中国电信、中国移动和中国卫星通信。1999年,江苏省移动通信有限公司连云港分公司在新浦成立。

2001年8月,新浦率先建设市区无线市话网络,成为全省第一批开放小灵通业务的城市。

2002年2月中旬,新浦火车站等铁路电话与地方电话实现互通。

2004年1月,主营基础电信业务的各项增值电信业务的中国铁通连云港分公司在新浦成立。

2005年在新浦邮政支局开设办理国际邮政特快专递业务。

其间,新浦地区专业广告公司相继成立,广告印制企业遍布城乡。大屏幕显示器、大幅彩绘广告、汽车流动广告、彩印广告等各种广告载体,充斥市面,信息空前流通。

第一章 邮 政

第一节 邮 路

一、干线邮路

清光绪二十七年(1901),新浦旱班邮路开通,邮件由镇江及清江浦邮政局转寄。光绪三十三年(1907),新浦邮政局至外地邮件仍为旱班运至清江浦、镇江两局转寄。

民国4年(1915),清江浦经新浦至青口旱班邮路开通。民国12年(1923),设新浦—石臼所—青岛委办定期轮船邮路1条。民国15年(1926),灌云干线邮路北线路由板浦经南城到新浦。民国22年(1933),开通上海—南京—海州—青岛—天津—北平航空邮路1条。民国24年(1935),开通连云港至徐州铁路邮路1条。同年,设新浦一赣榆、新浦一灌云旱班邮路2条。

日本侵略军侵占新浦期间,开辟航空邮路1条。同期,新浦另有铁路邮路1条、轮船邮路1条、旱班邮路3条。

抗日战争胜利后,航空邮路停止使用。至民国37年(1948),其他邮路也近中断。

解放初,邮路调整,撤销新浦至青岛轮船邮路。铁路邮路中断。临时开辟委办汽车邮路1条,新浦所有至徐州或由徐州中转邮件,均委托商营汽车公司带运。陇海铁路东段修复通车后,临时委办汽车邮路停止。

1950年,建立灌云到新浦的南城交接干线步班邮路。1952年,由自行车代替步班。

1953年,新浦被列为连云港—徐州的铁路邮路邮件交换点。1955年,灌云到新浦的邮件于南城交接。1957年,开设灌云到新浦委办汽车邮路,全长38公里。1957年、1958年,增设新浦至十字路委办汽车邮路1条、新浦至滨海委办汽车邮路1条。1959年,新浦至滨海委办汽车邮路撤销。

1964年,设新浦至东辛农场委办邮路1条。1967年,设新浦至日照委办汽车邮路1条。1975年,新浦经灌云、淮阴至南京的汽车邮路开通。原新浦—灌云委办汽车邮路撤销。同年,新浦—赣榆邮路由委办改为自办。设新浦至海堤(张圩圪)委办汽车邮路1条。

1981年,新浦至南京汽车邮路撤销。设新浦至灌云二级干线自办汽车邮路1条。1985年4月起,新浦被定为连云港至南京二级干线火车邮路邮件交换点。1990年5月15日起,新浦至赣榆二级干线邮路延伸至赣榆部分支局、所。邮车每日往返1趟。同年12月10日,灌云县各邮件交换点与市区东西两条农村邮路组合成2条省内二级干线邮路,新浦均为起止点。

1991年5月25日,增开赣榆北线省内二级干线汽车邮路,邮路走向及邮件交换点为新浦—浦南—罗阳—宋庄—赣榆(青口)海头—九里—柘汪—石桥—徐福—厉庄—黑林—官河—赣马—赣榆(青口)—新浦,邮路长210千米。11月10日,灌云(伊山)至东王集乡路段桥梁建成通车,市局调整新浦—灌云东线邮路为杨集—沂北—东王集—灌云(伊山)—下车—板浦—宁海—南城—新浦。1993年3月1日,增开新浦—灌云邮路1条,路向交换点为新浦—宁海—板浦—灌云(伊山)—新浦,邮路长84公里。

11 月 25 日，开通新浦—东海东线省内二级干线汽车邮路 1 条，邮路走向及交换点为新浦—张湾—平明—房山—安峰—东海（牛山）—石榴树—驼峰—青湖—石梁河—黄川—包庄—新浦，邮路长 193 公里，使口邮件的时限缩短 1 天，标志着连云港邮区中区局体制框架基本形成。12 月 1 日，增开新浦—赣榆 2 班省内自办汽车干线邮路 1 条，路向及交换点为新浦—锦屏—赣榆—海州—新浦。1994 年 7 月 11 日，开通连云港—广州委办航空邮路，单程长 1520 公里，每周一、三、五往返，连云港市至广州的出口邮件运递时限缩短 1 天。1995 年 2 月 28 日，开通由市局组开的新浦—盐城及南京局组开的南京—新浦日班省内二级干线汽车邮路，江苏省东部沿海地区与苏北腹地邮路联通，加快了连云港市至南京、淮阴、盐城、南通地区邮件的传递速度。

2004 年，开通连云港—山东潍坊"全夜航"特快邮路，使港城至全国 50 个城市的特快邮件实现当日收寄次日投递，至山东省的特快邮件提前半至 1 天。当年还增开连云港—淮安二级干线邮路 1 条。

2005 年开通连云港（新浦）至山东潍坊物流专线，使连云港（新浦）至山东 11 个东部地区物流邮件提速 2 至 3 天，山东 11 个东部地区至江苏全境内物流邮件提速 1 至 2 天。

二、市区邮路

光绪二十九年（1903），新浦、海州之间开始形成市内邮路。

民国 24 年（1935），火车通到连云港后，新浦和海州同时到火车站接发火车运送的邮件，形成本地最初接发火车邮路。

1950 年，增设新浦至板瓞委办邮路 1 条。1958 年 3 月 1 日，《新海连市报》创刊发行，新浦至海州（1959 年延伸至锦屏磷矿，1961 年延伸至新坝）、新浦经板瓞、徐圩、燕尾港而达陈家港（后燕尾港、陈家港划出连云港市，邮路只到徐圩）两条委办运报邮路开通。

1967 年，新浦接发火车邮件由平板车改用三轮汽车，为全市第一条市内汽车邮路。

1971 年，新浦至新坝委办汽车邮路改为自办摩托车邮路。1978 年，新浦至新坝、新浦至徐圩的两条委办运报邮路，改为自办邮路。

1985 年，新浦至高公岛委办汽车邮路开通。同年，连云港—宿城、高公岛 2 条自行车邮路撤销，改设新浦—高公岛委办汽车邮路 1 条；1987 年 10 月 5 日，新浦以东的云山、高公岛、云台、云台农场等地邮件，全部纳入新浦至徐圩的自办汽车邮路。1990 年 5 月 11 日起，新浦地区从市邮电局邮件科至解放路支局、至海昌路支局、至南小区支局和至海连路支局的趟车邮路，分为 8 时和 14 时两个频次。10 月 1 日起，新浦至墟沟、连云港的市内转趟邮路开通。12 月 1 日，连云地区至新浦的市内转趟邮路 3 条开通。12 月 5 日，新浦至海州增开 1 条市内转趟邮路。

1991 年，开通市内城区之间邮路 3 条，市内转趟邮路 2 条，使市内互寄快件上午收寄下午投递，下午收寄次日上午投递。1992 年，增开新浦—海州市内趟车 1 班，新浦—淮海工学院趟车 2 班，墟沟—新浦转趟邮路 2 条，新浦—新坝、云台和新浦—新县、板桥、高公岛等农村支局所的邮路 2 条，使各类邮件流转时限、频次都达到邮电部、省局要求。1993 年 3 月 1 日，撤销海州支局末班转趟邮路，增开市郊东、西 2 班邮路 2 条：东线邮路每天 16 时从新浦出发，18 时 10 分返回新浦，邮路走向及邮件交换点为新浦—花果山—新县—中云—板桥—高公岛—云山—新浦；西线邮路每天 16 时从新浦出发，18 时 35 分返回新浦，邮路走向及邮件交换点为新浦—东辛农场—云台—云台农场—南城—新坝—锦屏—海州—新浦。4 月 1 日，铁路部门调整运邮车次时间，为使市区各局所特快专递邮件及时赶发有效车次，增开新浦、海州市内转趟1班,邮路南向及邮件交换点为市局转运科—南小区—海昌路—解放路—海州—海连路—转运科。12月1日,增开新浦—赣榆2班省内干线邮路1条,同时撤销市郊西线2班邮路。1994年7月11日,增设新浦至白塔埠机场接发飞机邮路。1999年,取消花果山交接点。

至2005年末,市邮政局计有市内邮路27条。

三、邮政投递

民国37年(1948),新浦邮局有信差4人,投递均为步班。

新中国成立后,邮政业务恢复,仍全靠徒步投递。

1952年,投递员开始配备自行车,其余仍徒步投递。1957年,新浦有专职投递员3人,投递频次由3日班、间日班逐渐改为逐日班。三年困难时间,投递量大幅下降。1963年起,日渐回升。"文化大革命"初期,因武斗,投递量大幅下降。

1971开始回升。邮路开始使用机器脚踏两用车。1978年后,投递段道不断增设,投递量日增。至1990年,新浦各邮电支局进口邮件及报刊每日投递两次。

1991年3~5月,市邮电局整顿城乡投递工作,城市投递落实"四定"(定人、定员、定责任、有协议),村民小组做到定位妥投。1994年起,驻地邮电部门与大宗用户签订"投递邮件协议书",加强与用户的协作配合,提高投递质量。1995年5月1日,开展"让客户满意在投递"的竞赛活动,提高了邮政投递工作质量。1998年邮电分营后,邮政部门加强投递基础建设,安装立式信报箱,初步缓解城市住宅楼房通邮难的问题;2000年进一步加快"户箱工程"建设速度,并取得较好成效。

2002年,加强投递作业组织调整,整合投递部门的相关业务功能与生产资源,进一步优化畅销报刊的分发、运输作业组织,提高畅销报刊的传递速度;2004年12月份,成功实现《扬子晚报》当日早班投递。自3月份起,对投递段道实行改造,逐步实施信报分投,投递质量和服务水平明显提升。

第二节 设 备

一、邮运器械

清光绪年间,新浦开办邮政后,邮件靠人力背挑运输。

民国12年(1923),新浦—石臼所—青岛邮路后,新浦邮政局始用委办轮船运送邮件。

民国24年(1935),东陇海铁路通达连云港后,新浦邮政局始用火车运邮,但接发火车邮件以人力负运,工具为扁担、箩筐。

1948~1949年,东陇海铁路运输一度中断,仍使用委办汽车运送邮件。

新中国成立后,邮运条件改善,远途运输以委办汽车为主,接发火车改用人力车、自行车。

1965年,开始使用自备三轮汽车接发邮件。

1971年,新浦—新坝邮件运输改为自备摩托车运邮。1975年,新浦—赣榆使用自备卡车运送邮件。此后运输机械设施逐年增加,并逐渐改用自备汽车。1978年末,市邮政局有运邮汽车7辆、摩托车8辆、机器脚踏两用车2辆、自行车53辆。

改革开放以后，至1985年末，运邮车辆有汽车10辆、摩托车11辆，自行车98辆。随着商品经济的发展，邮件运量日益增多。邮政部门先后购置多种运输车辆，开始购置空调邮车。

1983年，在新浦火车站、车辆厂、黄海影剧院等处增设邮亭。

1994年7月11日，开办了至广东全省航空快件邮件，促进了外向型经济发展。1995年，市局已有邮运汽车44辆。

至2005年，驻地邮政部门共有运邮汽车109辆。

二、其他设备

解放前，邮政部门采用火漆封发各种邮袋。

20世纪50年代开始使用铅志封发邮袋。

1965年起，开始使用新式分拣格架，并使用分拣板，格眼由50个增至186个。

1974年，新浦海昌路支局先后配置邮票、报纸、信封、明信片自动出售机，方便了群众用邮。1976年，自制升降机1台，用于邮件分拣传输。同年，添置了包裹收寄机，提高了工作效率。

1987年，购入浙江科研所生产的YBSW－10型智能包裹收寄机1台、南京邮政局生产的YBSM－01包裹收寄机1台、上海邮政机械厂生产的YD2－四型信函过戳机1台。1990年5月，海昌路支局添置电子秤1台，用于包裹收寄。11月，购入上海三所生产的A型信函过戳机2台，用于海昌路、解放路支局，减轻了投递人员的劳动强度，提高了邮件处理速度和规格标准。

1991年，开始使用邮政科学研究所生产的ZDQ－B型手携扎袋器，提高了封发工作效率。1994年7月30日，引进日本电气株式会社（NEC公司）的计算机网络设备，在海昌路支局建成第一个电子化支局。结束了邮政营业长期以来依靠手工操作的历史。此后，在邮政储蓄、报刊发行、邮政速递、商业信函、邮件内部处理等工序相继添置微机，实现了自动化管理。1995年1月，购入贵阳邮电通信机械厂推式悬挂输送机3台，LB65链板机1台，CFZ－1包裹初分机1台，YFSO1包裹细分机1台，江苏安保技术工程公司生产的电视监控系统1套，提高了邮件处理机械化、自动化程度。11月16日，集邮业务微机管理投入使用，使邮票品入库、销售全过程实现无纸化。12月30日，市局邮政枢纽楼的转运推挂系统、包裹推挂系统、包裹分拣系统及电视监控系统投入运行，改变了邮政作业的落后面貌。当年末，驻地邮电单位计有电视监控系统1套、包裹初分机1台、包裹细分机1台、输送机5台、微机30台、包裹收寄机9台、电子秤42台、点钞机16台、信函过戳机16台、报刊捆扎机1台、信捆扎器10台。1998年邮电分营后，邮政科技和信息化水平不断提升。新浦地区邮电储网点顺利实现新旧系统的割接，柜台业务开始运用新系统作业，完成电子化支局的安装工作。加强了邮政计算机综合网建设，电子化支局的账务处理系统、“185”智能平台、客户服务中心建设及计算机2000年时钟问题均得以落实；1999年1月26日，实现市内绿卡通存通兑，6月26日，绿卡工程实现与南通、徐州两城市中心的通存通兑。当年还完成了13台ATM自动柜员机的选点、安装任务；2000年绿卡工程完成115个网点44台POS机、23台ATM机的安装和调试工作，并投入使用。“185”客户服务中心正式投入运行，并顺利通过省邮政局组织的终验。

2001年，绿卡实现所有ATM机24小时营业，方便了持卡用户。完成邮政枢纽大楼、朝阳路办公楼的综合布线、FTP传输系统的建立和语音网工程，实现省内办公、人教、财务等部门文件通过综合网传输，实现与省邮政系统内部语音网连接。2002年，加快和完善了电子汇兑网建设，完成电子汇兑网点联入全国网工作。2004年，深入推进邮储“统版”升级工作，作为一号工程来抓，10月4日，邮政储蓄中间业务平台成功上线。11 月份,通过“统版”上线测试和切换预演。12 月 3、4 日,“统版”正式上线成功并顺利对外营业;2005 年上半年,成功实施“两网互通”工程,5 月 20 日正式上线,实现了现金—账户、账户-现金、账户—账户三类汇款业务,至 2005 年末,邮政信息化水平达到了新的高度。计有电视监控系统 27 套、微机 213 台、邮政摩托车 3 辆、邮政牵引车 1 辆。

第三节　邮　务

一、函件

清光绪三十三(1907),新浦邮政代办所开始办理邮政业务。经办的函件主要有信函、明信片、印刷品和盲人读物 4 种,以信函为主。函件使用英制计量单位,每件重 0.25 英两,邮资银元 2 分。宣统元年(1909),加办快递、货样等业务。函件重量按市制单位折合英制单位计算,邮资一律按银元计收。

民国元年(1912)起,函件的重量单位改为公制,平函每件重量 20 公分(相当于 10 克),邮资为银元 3 分。

民国 21 年(1932),新浦邮政局开始办理航空邮件和保价信函业务。至民国 26 年(1937),新浦邮政局每日函件收寄量达 200 余件。日军侵占新浦期间,函件业务量下降。

民国 35 年(1946),函件业务量有所回升。次年起,国民党驻军日增,商民用邮渐少。物价恶性膨胀,邮资接连调升 10 多次,至解放前夕,平函每重 20 克的邮资已高达 500 万元(法币)。

民国 37 年(1948)11 月 12 日,新浦邮局恢复营业,当天收寄平信 100 余件、挂号信函 9 件。1950 年,开始执行全国统一资费标准。1954 年末,恢复办理邮资总付业务。1957 年 9 月 1 日,开办现役士兵平信免费业务。交寄平常函件和明信片,加盖三角形“免费军事邮件”戳记。1960 年 10 月,开办特种挂号信函业务,可装 60 市斤粮票(指票面数额)、15 市尺布票(指票面数额)及食油票、粮食转移证、户口迁移证等票证。1965 年,函件种类已有信函、明信片、印刷品、事务文书、盲人读物和货样 6 类。1966 年,免费挂号收寄毛泽东著作、毛泽东语录牌。红卫兵串联交寄信件半价收费。1967 年 12 月停止上述免费、半价办法,按原规定收费。1969 年 4 月,停止军事函件免费规定,按标准邮资收费。1968 年,函件业务量降为解放后的最低点,计费业务量只为 1950 年的 74.9%。1978 年后,函件出口计费业务量不断增加。

1984 年 10 月,开办义务兵免费信件业务。11 月 1 日,海昌路支局开办国际、国内特快专递业务,寄至济南、天津、北京、南京、苏州、上海、郑州等局特快专递邮件均在次日收到;1987 年 7 月 1 日,停止收寄和传递信封上印有广告的信件。11 月 5 日,开办贺年明信片业务。同月 10 日,海昌路支局开办邮政快件业务;1988 年 5 月 1 日,境内各支局同时开办国内邮政快件业务。但由于电信业务的超常发展及替代物的增加,使用函件用户减少,加之快件业务量另作统计,函件业务量下降明显。1989 年 1 月 1 日,对盲人读物平常邮件实行免费寄递。5 月 1 日,停止收寄使用非标准化信封的信件。6 月 1 日,对使用“全国人大代表建议专用信封”的邮件,一律由收件人付费,并按普通挂号信函收寄。7 月 1 日,对非标准化的国际信函、明信片采取经济手段,实行按高一重量级别(20 克以上至 50 克)的函件资例计发邮费。1990 年 1 月 1 日起,新浦地区邮电支局、所收寄公众信函开始使用标准信封。

1991年1月1日起,对人民法院按挂号信函交寄的诉讼文书恢复回执业务。2月1日,开始对国内物品类特快专递邮件一律按保价处理。7月15日起,对一次性邮寄大批(1000件以上)国内平常信函用户实行资费优惠。9月1日,实行特快专递信函专用信封制度。10月9日,开办礼仪信函业务。1992年春节期间,开办中国邮政贺年(有奖)明信片业务。当年,又开办商业广告信函业务。1993年1月起,扩大信函资费优惠范围,并放宽国内特快专递邮件重量。5月1日,开办安邦国际快件代客报关业务,每件收取报关服务费4元。7月,开办企业名片业务。10月9日,开始发行电台点歌明信片。1994年2月1日,开办礼仪特快专递业务。3月2日,开办省内邮送广告业务。6月8日,与台湾合统快递有限公司试办海峡间快件业务。当年,又向社会开放代送贺上学、贺信、锦旗、鲜花等专递新型业务。1995年1月1日,停止收寄未使用标准信封交寄的信函,投入信箱(筒)的退回收件人,无法退回的作无着邮件处理。10月,开办中国邮政明信片咨询业务。12月28日,驻地市邮政速递公司在距当地1000公里以内市级城市间试办"点对点"特快急便业务。同时,邮政部门加大特快业务宣传,并采取上门揽收、延长服务时间等一系列便民措施,业务量逐年上升。1998年后,函件业务逐渐从传统函件向邮送广告、商业信函、明信片、账单等转变。1999年,函件业务以邮送广告和企业明信片为重点,共出版邮送广告12期120万份。

2001年,开展劳动竞赛为契机,积极发展邮递类业务,重点抓《连云港市邮政编码簿》、园林门票明信片的开发工作,并为高公岛风景区印制了7万枚门票明信片;2003年,商函广告业务取得突出成绩。"孙悟空"专用邮资图邮资封突破250万枚,100万枚企业拜年卡的业务顺利完成;2004年,函件专业邮送广告基本涵盖新浦地区各大卖场和超市。同年,配合申办2008年奥运会吉祥物活动,专门制作美猴王邮资图、邮资封,并开展以"致2008年北京奥运会的一封信"为主题的全市大中小学生书信比赛,为市申吉活动推波助澜。2005年,函件业务结构发生较大变化,普通的私人函件占函件总量32.4%,邮送广告类函件占函件总量达64.7%。

2005年新浦地区邮政编码一览表

表13-1

名称	邮政编码	名称	邮政编码
连云港市邮政局	222000	海连路邮政支局	222004
海昌路邮政支局	222002	花果山邮政支局	222061
解放路邮政支局	222003	南城邮政支局	222062
通灌路邮政所	222002	云台农场邮政代办所	222063
南小区邮政支局	222001	云台邮政代办所	222064
淮海工学院邮政所	222005	宁海邮政代办所	222243
西小区邮政所	222004		

二、包件

民国15年(1926),新浦邮政代办所开办包件业务。民国21年,新浦邮政局开办保价包裹业务。解放前夕已停办此项业务。

民国37年(1948)11月12日,新浦邮政局恢复办理包件业务。

1949年,执行华东邮电管理局调整包裹资费的规定,不论重量多少,每件另加手续费16元(旧人民币)。同年6月,新浦邮政局成为华东解放区山东邮区通包局。1951年,只收寄15公斤以下小件包裹,重者由铁路办理托运。1957年,包裹和快递小包起重单位由1949年的500克改为100克。1958年1月1日起,执行全国调整后的包裹资费。

1978年6月,遵照邮电部通知,恢复收寄5公斤以下工业品包裹。1979年,将保价包裹分为甲乙两类,开办乙类保价包裹业务。同时恢复收取包件逾期保管费。

1985年11月6日起,允许用户使用“用户专用袋”交寄包裹,并规定每件重量可达25公斤。当年,包裹出口业务量达7.21万件;1986年5月3日,根据国务院关于加强烟草专卖管理规定,将邮寄卷烟、雪茄烟由10条为限,改为以2条为限。1987年,开办大件商品包裹业务。1988年9月1日,暂停收寄香烟包裹。9月5日,将快递小包的最大限重放宽至2公斤。1990年起,开办1~2公斤小包业务。

1991年2月1日,停止收寄“用户专用袋”包裹业务。1992年6月1日,执行有关规定,对退回美国和美国退回的各类包裹收取退包费。1993年2月9日,放宽商品包裹和大件商品包裹的重量为28公斤,尺寸以3号邮袋为限。3月1日,恢复烟草(每件限5公斤)及其制品(每件限2条)的邮寄业务。5月1日,开办出口国际特快专递邮件(信函除外)、台湾快递包裹(含文件资料类)收寄代客报关业务,并收取每件代客报关服务费4元。6月1日,开始使用标准化的包裹封装箱和印刷品包装袋。1995年1月18日,南小区、海昌路、解放路、海连路等支局和邮政速递公司开办江苏省邮政礼仪专递业务。3月1日,收取国际特快邮件(信函除外)、国际包裹、小包每件代客报关服务费4元。7月1日,邮政礼仪专递业务与全国联网。9月1日,对进出口国际邮件实施卫生检疫,并收取每件检疫费2元(收寄的国际特快和收寄、投递的国际包裹、小包)。1996年,包裹业务量为19.74万件,其中国内包裹19.69万件。1997年起,包裹业务量增量不高,一直保持在年20万件左右,至2005年包裹出口业务量达25万件。

三、汇兑

民国9年(1920),新浦邮政代办所开办汇兑业务,每笔汇兑款最高限额为100元。民国25年,新浦邮政局每笔汇兑款限额提高到2500元。

民国26年(1937)11月29日,新浦邮政局依照江苏邮政管理局命令暂停汇兑业务,直至解放。

解放后,恢复办理汇兑业务。1949年,驻地新海连特区邮政机构设专职汇兑业务员1人,负责新浦地区的汇兑业务。

1953年,邮电局与银行分工,个人汇款由邮局办理,每笔汇款最高限为300元。社会团体汇款由银行办理。1958年1月1日,按国家规定调整邮资,普通汇款汇费按汇款金额的1%收取,每笔汇款最低汇费为0.1元。电报汇费每笔加收1元电报费,附言每字0.07元。

1962年,遵照邮电部命令,办理汇款每笔最高限额为300元,超过部分可分笔交汇,汇费一概收取现金,不收票据。1964年,开办向西藏地区汇款业务,并规定收款人只能到县、市以上邮局领取。1967年3月,学校师生的电报汇款汇费,由每笔1元调整为0.5元,电报附加费仍按字计收。

1982年,邮政汇款限额由300元调整到5000元。1988年5月,开办快件汇款业务,范围同邮政快件,缩短了汇款时限,方便了用户。1990年3月,解放路支局开办电报汇款业务。

1992年7月1日,海昌路支局开办中日、中美国际邮政汇兑业务。1995年3月,市局汇兑周转金增至14万元。当年,共开发计费汇票16.84万张,汇兑收入74.73万元。1996年,汇票显著增加,全年开发汇票36.53万张。1998年,开发汇票37.49万张。1999年达到38.61万张。从2000年开始,汇票量逐步下降,至2005年,全局开发计费汇票19.6万张,开发汇票金额5871万元。

四、报刊发行

民国38年(1949)1月至6月,新浦电政局开办《大众日报》《鲁中南报》《新徐日报》发行业务,共发行923份。

1951年,邮电局增加了刊物发行业务。新浦原由私人经销的报纸也收归邮电局统一发行,私营分销处改为邮电局的报刊销售处。1958年3月起,邮电局开办发行本埠报纸业务。

20世纪70年代末起,停刊多年的报纸、杂志相继复刊发行。对《中国青年报》《大众电影》等报刊,采取限额和分配方法发行。1981年4月,海昌路邮电支局在营业厅内开办报刊零售、出租业务。1985年4月,连云港市报刊零售公司在新浦成立。1987年,外埠报刊发行量继续增长。《连云港报》《淮北盐工报》《连云港科技报》《化工矿山技术》《连云港文学》等5种报刊也扩大发行范围。随着商品经济的发展,报刊发行业务也出现竞争,部分出版社和报社开始自办发行,邮发报刊数量大幅度下降。1988年,《连云港报》自办发行。此后,《淮北盐工报》《连云港文学》等也相继自办发行。当年,报刊订销累计数减少至2487.35万份,仅为1987年的52.46%。市局开始加强经营、改善服务、扩大零售、发展代办,增强邮发系统的整体竞争能力。1990年,邮局所经销的报刊,开始向社会单位和个体户批销。

1991年7月,邮政单位停办报刊代发业务。1993年1月,驻地邮政部门开办报刊破月订阅业务,不断增加报刊销售种类和网点。当年,新设天然居宾馆、火车站、南极路等零售点,报刊销售种类近800种。1994年在百货大楼、华联商厦等繁华地段摆摊设点,现场收订报刊。1995年11月,《连云港广播电视报》部分改为邮发。报刊发行种类达4181种,其中报纸870种,杂志3311种。全年订销报刊累计数达3814万份。1998年,报刊收入同比增长25.8%,零售业务收入同比增长62.8%。1998年邮电分营后,邮政部门采取招、投标方式对市区所有自办报刊零售网点实行承包经营。

2001年,结合"户箱工程"的推进,大力发展自费订阅。同时,加大零售市场开发力度,新增委代办网点,增设报刊亭,开设"邮政书刊超市",开办图书、杂志、中小学教辅材料和音像制品零售业务。2005年,邮政局与现代快报社磋商,负责连云港地区《现代快报》的批零、订阅等业务在省内第一个实现《现代快报》全面回归邮发。

第四节　机　构

光绪三十三年(1907)新浦邮政代办所成立,属海州邮政局管辖。

民国元年(1912),境内南城设信柜,负责投递公文、信件。

民国19年(1930),南城胡希有洗染坊经理邮政,挂牌为灌云县邮政局南城邮信代办处。

民国20年(1931),新浦邮政局成立,隶属东海邮政局(二等局)。

民国26年(1937),新浦邮政局、电报局划归河南邮区,由江苏邮区暂管。

民国28年(1939)3月后,新浦邮政局由日伪华北电气通信股份有限公司接办。

民国30年(1941),南城邮信代办处划归海州邮政局管辖。

民国34年(1945),新浦邮政局定为二等乙级局。

1945年,抗战胜利后,南京国民政府派员接收邮电机构复归江苏邮区管辖。

民国37年(1948)11月7日新浦解放,山东鲁南、滨海两支部队接管新浦邮政局。1949年2月12日,设于新浦的新海连特区邮电局成立,隶属于山东省邮电局。11月12日起恢复办理各项邮电业务。

1949年8月25日,新海连特区邮电局分设为新浦邮政、电信两局,属于山东省邮政管理局。

1951年4月3日,新浦邮政、电信两局合并为新海连市邮电局。自此,新浦地区邮电业务均由市邮电部门管理。

1965年底起,今境内先后设立海昌路邮电支局、南城邮电支局、解放路邮电支局等邮电分支机构。至1995年,城区新浦已建有海昌路、解放路、海连路、南小区4个邮电支局和浦东、淮海工学院、西小区3个邮电所以及速递公司营业部、大庆路代办所、宁海代办所。

1998年,邮政、电信分营。境内邮电分支相应分营。至2000年,市邮政局在新浦设立邮政支局7处,自办邮政所3处,代办邮政所2处。2002年,市邮政局设在新浦地区的分支机构有速递公司、发行科、集邮公司、函件局、机要科、储汇分局、物流业务局、递送公司、邮区中心局8个专业公司(科、局)和朝阳路中心支局、解放路中心支局、龙河支局、花果山支局、南城支局、宁海邮电代办所和淮工邮电所7个支局所。

2003年在新浦地区增设了报刊零售公司。朝阳路中心支局含朝阳路支局、海昌路支局、火车站支局。此外,在新浦西小区、云台乡、云台农场设有3个邮政代办所。

2005年,新浦地区邮政支局有8个其他业务机构12个。

2005年新浦地区主要邮电机构概况表

表13-2

单位	成立时间	现地址
速递局	1998年10月	人民东路7号
发行科	1998年10月	人民东路7号
邮资票品局	1998年10月	南极南路9号
函件局	1998年10月	南极南路9号
机要科	1998年10月	人民东路7号
储汇分局	1998年10月	南极南路9号
报刊销售公司	2001年2月	人民东路7号
物流业务局	2002年3月	人民东路7号
投递局	2001年2月	人民东路7号
邮区中心局	1998年10月	人民东路7号
朝阳路中心支局	1999年6月	南极南路9号
解放路中心支局	1999年6月	解放中路107号
龙河支局	1998年10月	兴隆路1号
花果山支局	1998年10月	花果山乡

续表 13-2

单位	成立时间	现地址
南城支局	1996 年	宁海乡
宁海邮电代办所	1998 年 10 月	猴嘴镇
玉带新村支局	2005 年 12 月	玉带新村门面
淮工邮政所	1998 年 10 月	淮海工学院院内
行政中心邮政所	2005 年 4 月	市行政中心二楼
云台邮政支局	1998 年 10 月	云台乡政府驻地
云台农场云农代办所	1998 年 10 月	云台农场驻地

第二章 电 信

第一节 固定电话

一、市内电话

民国 23 年(1934),新浦开始安装市内电话,其通达地点为海州、大浦。

民国 26 年(1937),新浦电报局兼办市话业务。使用磁石式交换机,容量为 155 门。

日本侵略军侵占新浦后,日伪新浦报话局继续开办市话业务。时有磁石式交换机 400 门。长话、市话合一。

抗战胜利后,国民政府接收新浦电信机构,开办市话业务。有磁石式交换机 400 门。

解放后,中国人民解放军军管会立即修整电话设备、线路,以 200 门磁石式交换机开展市话业务。1948 年底,已开通市话用户 100 多户。均为机关、部队和商号。

20 世纪 50 年代起,市话设备不断增加,1955 年底,新浦地区市话磁石交换机容量发展到 200 门。至 1959 年底,市话交换机容量达 1230 门。

1966 年 12 月,新浦地区市话交换机由磁石式改为共电式。

1973 年 8 月 1 日,新浦 SD-101 准电子 1000 门市话交换机割接成功,投入使用。市话由人工交换改变为自动交换。海州磁石交换机拆除,用户并入新浦市话自动网,新浦、海州两地市话在全市率先实现自动拨号。

1980 年 6 月 4 日,新浦 2000 门 SD-106 市话准电子交换机割接成功,投入使用。1985 年 3 月,新浦装设 1+1 市话 100 回线环路载波机 1 套。9 月,引进比利时 S-1240 程控电话交换机,组建市内电话自动网。11 月,新浦地区解放路、海连路、南极路铺设通信电缆管道 6.3 公里。年内,还建成新浦至连云港经济技术开发区光缆管道 24.91 公里。1987 年 8 月,新浦至连云港港口、及连云港经济技术开发区中间 1920 路数字终端电路开通。12 月,新浦市话交换机容量由 2000 门增至 4000 门。新浦与海州、连云地区间市话实现直拨。新浦、海州电话号码由4位升至5位。1988年4月,新浦、海州两地市话话费由一直沿用的包月收费改为按复式计次标准收费。同年9月,新浦至猴嘴24路环路载波电话割接开通。1989年6月,新浦S-1240程控交换机扩容。1990年2月,新浦至墟沟光纤传输系统扩容3个3次群,电路达1920路。3月,新浦S-1240程控电话的功能延伸至港区和市开发区。6月,新浦至连云港之间,新增脉冲编码调制器1套,增开电路30条。至1990年底,安装在新浦的市话自动交换机容量为6144门,全为程控自动交换机。其中,住宅电话41支局832部、45支局545部,共计1377部。

1991年春,从瑞典引进的爱立信AXE-10市话16000门程控交换机开通。新浦城乡全部用上程控电话,电话号码由5位升至6位,同时,新浦等地出现"电话热",电话逐渐进入居民家中。同年8月,新浦在市政府大院和市百货公司附近,首次安装投币式电话亭2座,结束了港城无公用电话亭的历史。1993年,市区繁华地段设置7座有人值守的公用电话亭。1994年1月起,开办"168"声讯业务。同月,市话初装费调整:居民住宅和事业单位安装,由原2100元调至2400元;企业仍为4200元。3月,铺设新浦至赣榆长途光缆,组建市话本地网。8月28日,新浦与市区及赣榆、东海、灌云3县实现市话直拨,电话号码升至7位。5月,住宅、事业单位的初装费调整至3000元。12月,新浦南小区、西小区、海宁小区等处开设市话营业点,现场受理电话安装业务。家庭电话迅速增多。1995年5月,开通南云台2000门程控交换机。同年7月,南城、云台2048门A×X-10程控交换机分别开通。同年9月,花果山2048门A×X-10程控交换机开通。10月1日,龙河大厦15360门A×X-10程控交换机割接开通。2000年,新浦地区新增电话用户近万户。新浦地区各类公用电话达1020部。当年,新浦地区的电话交换局号共18个,分别为:510局、511局、512局、515局、540局、541局、545局、546局、547局、548局、550局、551局、552局、559局、569局、580局、581局、582局。

2002年2月中旬,新浦火车站等铁路电话与地方电话实现互通。当年,全区固定电话入户率达97%。

2005年,全区固定电话入户率达134.35%。

二、长途电话

民国22年(1933)8月,新浦至海州(时称东海)铺设电话线路,长7公里。同年9月,新浦向北至青口、向南经南城达灌云(今板浦)的电话线路架设完工。同年,新浦开办长途电话业务。以新浦为中心,向北至青口,向西至东海(海州),向南灌云(后延伸至、大伊山、新安镇),隶属于江苏长途电话管理处。

民国23年(1934),新浦长途交换所成立,隶属江苏长途电话交换所(驻镇江)。

民国23年(1934)新浦地区长途电话线路概况表

表13-3

线路名称	长度	电杆		线条		交换机	
	(公里)	长度(米)	梢径(厘米)	号数	质别	程式	门数
东海—新浦	6.72	7.32	10.16	12	铜	磁石式	新浦10门
新浦—青口	33.40	7.32	10.16	12	铜	磁石式	青口10门
新浦—灌云	17.20	7.32	10.16	12	铜	磁石式	灌云10门

民国25年(1936),开通新浦至连云港长话线路。次年3月,徐州至新浦双铜线路开通,徐州经新浦

可与灌云、宝应等苏北部分地区通话。民国27年(1938),新浦至徐州线路中断,次年10月恢复。民国28年(1939),日军侵占新浦后,新浦长途电话由日伪华北电气股份有限公司经办。

民国35年(1946)3月后,新浦长途电话受徐州第一线务段和徐州长途电话线务段管辖。新浦解放前夕,新浦与外埠长途电话全部中断。

新浦解放后,即恢复办理长途电话业务。1950年10月23日,连云港至徐州三路载波机开通。1952年,连云港电信局日式MSB3路载波机迁至新浦,开通新浦至徐州电路,外埠电话由徐州接转。1955年,新浦长途线务段归徐州长途中心站管辖。1958年,受"大跃进"影响,新浦长话业务服务点增至33路。其中,新浦至徐州2条,新浦至各县6条,新浦至郊区25条。

1960年,使用12路载波电话终端机,开通新浦至徐州电话。新浦至南京、赣榆、东海、灌云、新沂、滨海、盐城等地均有直达电路。1961年3月,开通新浦至赣榆长途3路载波电路。1966年,增开新浦至淮阴12路载波机,新浦至南京3路载波机。1967年1月,将清江(淮阴)至徐州、徐州至新浦备用载波电路由徐州接转,开放清江至新浦直达业务电路1条。1968年,市区长话业务量降至1961年以来的最低点。

1972年4月10日,因电信机房起火,烧毁部分器材,更换新浦至徐州、淮阴方向晶体管12路载波机各2套,新浦至新沂、赣榆、东海、灌云方向的3路载波机各1套,新浦至连云港方向的3路载波机4部和6席长途交换台。1973年9月,增开新浦经淮阴至南京人防电路1条。1976年9月,增开新浦经淮阴至南京人防电路1条。1977年8月,淮电子市话交换机割接成功后,长途电话仍用人工接续方式,即由双方长途台话务员共同配合建立长途呼叫。9月,市区经灌云至淮阴暂开载波电路1条。1978年,增开新浦至南京电路2条,新浦至淮阴电路1条,东海经新浦至赣榆电路1条,东海至新浦电路1条。1979年,开通新浦至新沂、东海、响水、南京、徐州载波电路。1980年,增开徐州至新浦电路1条,东海至新浦电路2条、载波1条。

1981年,先后增开新浦至墟沟、灌云、猴嘴、赣榆电路。1982年10月,增开新浦至连云港电路3条。1983年1月18日,实行市管县体制后,同年2月增开新浦至赣榆、灌云、东海电路各2条。3月至4月,增开新浦至连云港电路2条。1984年,安装EJ－12型载波机,新浦与猴嘴两地对开。安装ED－04型12路载波机1部,开通徐州方向电路。当年,长途电话呼叫开始采用立即接续方式,即由主叫长途台话务员直接拨通对方号码。1985年初,新浦2000门准电子交换机已安装1748门,高负荷87.40%,造成机键超忙运转。为了缓解市话紧张状况,3月,新浦装设1＋1市话100回线环路载波机1套,此后又采取发展用户小交换机的办法。增开新浦至白塔埠机场载波电路。9月3日,市话初装费调整,企业电话由1500元升至3500元。11月,铺设新浦地区解放路、海连路、南极路通信电缆管道6.30公里。12月,开通新浦至苏州、南通长途电路。同年,又开通新浦至南城3路载波电路,增开新浦至镇江、常州长话电路。建成新浦至连云港经济技术开发区光缆管道24.91公里。至1985年,新浦开办长话业务的网点有26个(其中局营业处1个,通灌路支局1个,其他处所24个)。1986年4月,铺设新浦地区解放路、海连路、南极路6.3公里管道电缆,布放电缆40.96皮长公里,分线设备149只,出局线对增至6200对,形成了新浦地区地下通信管道网。5月,新浦地下管道网割接使用,缓解了市话线路紧张状况。6月7S－1240程控交换机在新浦安装,至9月4日硬件安装完毕。1987年4月,开通新浦至合肥直达电路1条。1987年8月1日,从日本引进的新浦至墟沟长28.15公里6芯单膜长皮光缆和数/膜转换设备(PCM)2次群、3次群、4次群复楼设备及4次群光端机的140MB/S光纤传输系统安装完毕。同月6日,此为引进日本第一套长距离光纤通信系统投入使用,开通了新浦至连云港及连云港经济技术开发区数字中继电路,此为连云港市第一次利用微波设备开通长话电路。12 月 12 日,从比利时引进的 S-1240 程控电话交换机割接开通,通过徐州至新浦微波设备,开通长途自动电路,连云港市国际国内长途电话实现自拨。通过新浦至连云港光纤电路,连云地区进入市话自动网,新浦、海州、连云地区市话实现直拨。同年,增开新浦至灌云、赣榆人工电路各 4 条,新浦至连云港电路 2 条。1988 年 5 月,增开新浦至济南 3 来 3 去自动电路,新浦经徐州、新沂、郯城至日照人工电路 1 条。同年,开通新浦至东海、赣榆自动电路。8 月 8 日,开通新浦至灌云自动电路,至此,市区、赣榆、东海、灌云长途自动电话全部开通联网,并进入全国长途自动网。9 月,增开新浦至北京、上海、南京自动电路 21 条,人工、半自动电路 31 条,新浦至南京三去两来电路 2 条,至镇江、常州、苏州、淮阴、青岛人工电路各 1 条,至上海三来三去电路国际自动电路 2 条。11 月,增开新浦至北京 4 来 4 去自动电路。1989 年 5 月 28 日,新浦海昌路支局开办昼夜长话业务。1989 年末,增开新浦至猴嘴、赣榆、响水 12 路载波各 1 套,新增电路 30 条。

1991 年 4 月 21 日,市局开通瑞典 AXE-10 长途 800 路程控交换机,设海连路长途电话交换局。9 月,增开新浦至淮阴自动电路 30 条及新浦至赣榆、新沂、响水载波电路。10 月 26 日,增开新浦至南京方向光纤电路 90 条。同年,铺设了新浦至南城电缆,增开新浦至灌云载波电路。1992 年 7 月,开通盐城至新浦至赣榆 480 路数字微波电路,新浦至淮阴至徐州光缆电路。同年,增开新浦至南京电路 62 条。

1993 年 5 月 24 日,增开上海至新浦 15 去 15 来自动电路。

1994 年 6 月 26 日,建成包括市区、赣榆、东海、灌云在内的江苏省第一个市话本地网,3 县电话号码升至 7 位。8 月 28 日零时,市区电话号码升至 7 位。至此,新浦至赣榆、东海、灌云 3 县长话纳入市话本地网。

1995 年 7 月起,长途电话人工接续方式完全退出。

第二节 移动电话

1992 年,市邮电部门投资 2000 万元人民币,引进美国摩托罗拉公司 900MHZ 蜂窝式移动电话系统,在新浦、墟沟、开发区等地、旗台、青口、牛山、伊山设立 7 个基站,同年 12 月正式开通办理移动电话业务。1994 年 12 月 18 日,利用南京电信局法国阿尔卡特公司 S12 移动电话交换机,在新浦、墟沟设立 G 网移动电话基站 2 个,共 100 个信道,开办数字式移动电话业务。1998 年,移动通信新建基站 76 个,扩容信道 1961 个,新建基站控制器 3 个。

在市经济开发区完成工商登记注册,地址在市开发区。

企业类型与外商独自经营。营业场所租赁市电信局新浦龙河大厦房地址位于新浦区兴隆路 1 号。

2001 年,新浦地区移动电话入户率 26.98%。2002 年 1 月,连云港联通 CPMA 移动通信正式开通。3 月 5 日投入运营,当年发展用户 16796 户。至年底,连云港联通移动用户突破 15 万户。新浦区移动电话入户率升至 43.03%。2003 年,新浦地区移动电话入户率 78.75%。2004 年,为 81.88%。

2005 年,新浦区移动电话用户达全区住户总数的 63.36%。

第三节 无线寻呼

1989 年 8 月 1 日,连云港市邮电局设“126”人工寻呼台,开办公众无线寻呼业务。在新浦设立 1 个寻呼基站,使用上海邮电一所生产的 YCF 发信机 2 台,容量为 1 万门,寻呼范围东至墟沟、西达东海温泉、南至灌云伊山、北达赣榆青口。

1993 年 3 月 28 日,连云港市龙飞电讯有限公司无线寻呼台在新浦开业。同年 10 月 31 日,市机关事务管理局与北京计算机二厂共同投资兴办的云府寻呼台正式开呼。为新浦第 4 家地方无线寻呼台。1995 年 9 月 18 日,市电信引进美国摩托罗拉 5 万户寻呼系统,开通本地网寻呼系统第二频点“998”人工寻呼台和“999”自动寻呼台,满足了用户需求。12 月 8 日,开通 10 万户寻呼系统,通过 X. 25 分组交换与省内 11 个地级市联网,开办全省联网“128”人工寻呼和“129”自动寻呼业务,至年末,寻呼用户达 28358 部。1999 年 9 月,电信寻呼业务划入联通公司。联通寻呼拥有多个全国统一的接入号码,其中,126/127 为本地网,128/129 为省网,191/192 和 198/199 为全国网。融合后,连云港联通寻呼主要经营传统寻呼业务、增值业务、无线信息业务和呼叫中心业务四大业务。其中无线信息和呼叫中心业务成为融合后连云港联通联通寻呼发展的重点。

2001 年起,联通寻呼开始受到移动业务的巨大冲击,至 2004 年,连云港联通陆续关闭了 126/127、191/192 寻呼网络。2005 年 7 月 20 日,连云港联通关闭寻呼业务。在网用户在 2005 年 12 月 31 日之前,全部办理退网退费手续。

第四节　电　报

民国 26 年(1937)6 月,新浦区电报局设立。日军侵占新浦后更名为新浦报话局,隶属于日伪华北电气股份有限公司。民国 29 年(1940),新浦至徐州电报线路为幻线,电路方式为音响单工,电报局电报设备为人工音响电报机。民国 34 年(1945),新浦至徐州的无线电路开通,与济南联系也通过无线电台进行。

抗日战争胜利后,新浦报话局改称为新浦电信局,仍使用日伪时期的电报设备。此时经办电报以通往青岛方向的商务电报居多。民国 35 年(1946),新浦到灌云有电报电路 1 条(与长途电话共用)。民国 36 年(1947),因战争原因,新浦至徐州电报线路中断。

解放后,新浦电信局恢复办理电报业务,有线电路只通徐州,外埠电报由徐州经转。此时,新浦电信局只有音响电报局一部。民国 38 年(1949)6 月,开通新浦至青岛电路。当年,电报业务渐多。电报设备仍很简陋,主要使用外差式收讯机、100 瓦发讯机和音响电报机。

新中国成立初期,电报设备继续使用解放后的老设备。1950 年,灌云至新浦长途线路架通。1951 年 10 月,开通灌云至新浦有线电报线路(后废除)。同年,开办军、政、企业、公益、新闻、普通、防空、气象、邮传、书信、土改等 13 种电报业务。1953 年,新浦无线台撤销。同年,开通新浦至海州话传电报电路,并增设气象站电报专线。1955 年,新浦机房增设莫尔斯收报机 1 部,利用快机接收南京来报。1956 年,新浦至徐州电路为自动快机,双工、幻线。1957 年,电报业务有了较大发展,添置了钟锤式自动发报机、莫尔斯收报机、键盘凿孔机。新浦至灌云、白塔埠、牛山、阿湖、猴嘴、新县、陈家港、海州等地有话传电路通达。1958 年,新浦无线电台恢复。同年,新浦与东海之间电路开通。1960 年,市局配备 55 型电传打字机两部、开始用其收、发电报。1961 年,市局增添单路载波电报机 1 部,开通新浦至徐州方向单路载波电路 1 条。1965 年,新浦至东海、赣榆电路停开。同年 12 月,新浦无线电路与南京、徐州保持定时联络，作为备用。至1967年末，设在新浦的市局共有55型电传打字机3部、钟锤式自动发报机3部，人工发报机5部、自动收报机3部、键盘凿孔机4部、3路载波电报机1部。1970年，开通灌云至新浦电报电路1条。1972年，添置晶体管12路载波电报机1部。1975年，增添五单位双机头发报机2部，提高了电报传递速度。

改革开放以后，电报业务发展加快，各种新设备先后投入使用。至1978年末，共有载波电报机3部、电传打字机10部、五单位自动发报机5部、短波发报机6部、短波收信机2部。1979年，安装新浦至南京16载波电报机1部。

1983年12月，开通新浦至赣榆、东海、灌云无线电路，作为备用。1984年初，增开新浦至赣榆、东海、灌云的电传电路，新浦报房成为与连云港市电报业务处理中心。同年，增开新浦至南城话传电路。增添新浦至徐州方向16路载波电报机1部、5单位双机头发报机2部、BHC83B型汉字电传机1部。新浦至赣榆、东海的电传电路开通。其间，设在新浦的市局成为当地电报业务处理中心局。新浦地区有线电报进入全国自动转报网。1985年3月，市邮电局增添用户电报集中器1部，开办用户电报业务。3月15日，开通南京至新浦用户电报电路。4月1日，执行邮电部新修订的《国内公众电报业务规程》，办理天气、水情、公益、政务、新闻、普通、汇款、公电等8类电报业务，同时，开办特急、加急、邮送电报3种特别业务。5月，增开新浦中心报房至通灌路支局单工电传电路1条，通灌路支局开始办理电报业务。12月24日，新浦至南京电传电报接入南京256自动转报网。当年，新浦至南京电传电路全年收发电报134.5万份无差错，创历史最好水平，被江苏省邮电管理局评为红旗电路。至年末，市邮电局主要电报设备有119部。1986年3~5月，东海、赣榆、灌云先后接入南京265自动转报网。同年3月11日，停开新浦至东海电传电路。4月，市电信局引进新加坡TX-20型二手电子电传机8部。停开新浦至赣榆电传电路。5月，停开新浦区至灌云电传电路。5月21日，开放新浦至徐州固定人工备用报路。5月31日，关闭南京至新浦自动报路2条。同年，市邮电局更换电报互换器、配载架。1987年4月2日，开通新浦至合肥电传电路1条。7月1日，增开合肥至新浦固定备用报路。同月，市邮电局开通256线用户电报交换机1部。同年，省邮电局增设市邮电局为用户电报转口局，徐州、淮阴两地的用户电报经市局出口。1988年，先后增设淮海大学邮电所和连海路支局电报业务，增开新浦中心报房至淮海大学邮电所话传电路。市邮电局开办礼仪电报业务。1989年5月20日，市中心报房由解放路迁至海连通信综合楼。同日，增开中心报房至海昌路支局电传电路。海昌路邮电支局开始日夜开办电报业务。5月28日，通信综合楼的公众电报及用户电报系统一次割接成功。12月，中心报房购进E-315型二手电子电传机7部、ASR型二手电子电传机3部。年底，安装小“八一”15瓦短波无线电台1部，替代原大“八一”电台。其间，市局增设浦东邮电所电报业务。1990年5月17日，市邮电局64路电报分集器开通，各支局至市中心报房的电传电路全部改为自动转报电路，实现转报自动化。同年12月，开办请柬电报业务。

1991年8月11日，市邮电局安装100瓦短波电台1部，小“八一”电台备用。1992年4月，港城用户电报交换机管理获江苏省邮电管理局评比第一名，电报分集器管理获一等奖。1993年1月，增开中心报房至电汇台传真电路。12月，中心报房、海昌路支局开始使用翰林系列汉字电子电传机凿孔。1994年5月16日，开办异地、同城鲜花礼仪电报业务。7月，开通中心报房至解放路传真电路。1995年10月26日，海连路电信营业处开通智能营业窗口式电报自动转报系统，改计费、票据、报样人工处理为自动化，实现电报立等即发。12月20日，开办江苏省及同城蛋糕电报业务。至年末，新浦地区开办电报业务的机构有市局电信营业部、海昌路邮电支局、解放路邮电支局、南城邮电支局、花果山邮电支局、淮海工学院邮电所、云台邮电代办所、云台农场邮电代办所等 8 家。市邮电局主要电报电路有 45 条，其中用户电报电路 12 条，公众电报业务电路 33 条主要电报设备有 256 线用户电报交换机 1 部、64 路公众电报分集器 1 部、4 路插报机 11 部、16 路载波机 2 部、22 路时分载波机 1 部、46 路载波机 3 部、电子电传机 63 部。全年电报出口计费业务量为 8.25 万份。1997 年 3 月 2 日以后，取消国际公众传真电报业务，同年 4 月 23 日，开始取消电报附加费。8 月，停开 64 线分集机、开通 DN－822 电报/传真分集机，9 月 8 日，停止开办国际相关电报业务。

2000 年以后，电报业务逐渐淡出，而被电话、传真和电子信函所取代，至 2005 年，电报业务基本结束。

第五节　数据通信

1991 年 12 月，连云港市邮电局开通美国 SPRINT 公司 TP3325E 网络集中器 1 套，与省内 10 个地级市邮电局集中器连接，组成江苏省分组交换公用数据网（JSPAC），开办同步专线、异步专线与异步拨号业务。同月，驻地中国工商银行连云港分行加入江苏分组交换网，成为连云港市首家开通 2400 异步专线用户。1992 年 8 月，开办电子信箱业务。1993 年 10 月，开办电子数据交换、传真存储转发与江苏省电子信箱业务。年末，建成江苏省数字数据网，开始向全社会提供高速率全透明传输通道。1994 年 12 月，建成市分组交换公用数据网。1995 年 1 月，建成连云港市数字数据通信网。7 月 6 日，驻新浦的工行连云港分行通过上海端口，加入国际互联网，成为港城首家使用 INTERNET 用户。1998 年，新增本地 DDN 网端口 448 个，完成 ATM 工程和互联网建设工作。1999 年完成信息港湾到县工程，2000 年，启动政府上网、企业上网工程，全年完成上网企业 7122 家。

2001 年，建成并开通 ADSL 业务，满足用户宽带上网需求，随后相继实施了学校上网和家庭上网工程，先后组建、服务于全市电子政务网、部队国防信息网、公安四级通信网、教育城域网、银行金融数据网和市政府新区通信网络等影响全市信息化发展的重大工程项目，为政府、金融、教育及大中型企业单位提高工作效率、实现资源共享提供了高速率、大容量的网络平台。截止 2003 年，仅江苏省电信连云港分公司宽带用户突破 7 万户。已建成信息化小区 30 个，具备完善的骨干网络架构，数据通信网有 DDN、ATM 网络、IP 城域网和宽带接入网，同时承载沈大沪、北沿海、徐连等传输一级干线，苏北环、徐连、淮连、互联网系统等传输二级干线。2003 年 5 月，新浦区政府网站（www.xinpu.gov.en）建成开通，通过网站及时发布新浦概况、领导致词、投资新浦、政府要闻、政府政务等各类信息。同年，区政府投资 135 万元，为区教育局、区统计局、区卫生局等单位配备计算机 270 台。新建区建设局局域网及新浦区人事网、新浦区招商网两个网站。2005 年，升级改造政府网网络平台，互联网接口宽带由原来的 2 兆提升至 10 兆，并增添硬件网络防火墙。

第六节　无线电话

2001 年 8 月，连云港电信分公司在新浦城区建设无线电话网络，开通“小灵通”业务。至 2005 年底，驻地电信部门累计投资 3.5 亿元完善、优化小灵通网络建设，小灵通用户近 30 万户。

第七节　机　构

民国23年(1934),新浦设长途电话交换所,隶属江苏长途电话交换所(镇江)。

民国26年(1937)3月,海州电报局迁至新浦,改称新浦电报局,隶属国民政府交通部。开展电讯业务,兼办市话业务。

民国28年(1939)3月,日本侵略军占领新浦,新浦电报局更名为新浦报话局,隶属日伪华北电气股份有限公司。

抗日战争胜利后,国民政府派刘东天接收新浦电报局,后有宋从忠接任(刘东天离任后,在新浦开设东天牙科诊所)。新浦电报局后改称为新浦电信局。因战争关系,电信业务几乎陷于瘫痪。

新浦解放后,山东鲁南、滨海两支武交队接管新浦邮政局、电信局。

1949年2月12日,新海连特区邮电局成立,隶属山东鲁中南邮电分局。自此,新浦电信工作由市邮电局统一管理。后于1969年12月2日和1973年11月2日,邮政和电信两部门曾分立又合并。

1992年12月,连云港移动通信公司(以下简称移动公司)成立,移动公司行政上隶属于连云港市邮电局,经营、财务、业务技术管理受江苏省移动通信公司领导,为省属全民所有制企业。

1993年2月8日,龙飞电讯有限公司在新浦南极北路(新浦公园大门北首)成立。4月1日正式营运开通。为全市第一家民办通信企业。

1997年5月4日,中国联合通信有限公司连云港分公司(筹)(以下简称联通)在新浦明珠大酒店四楼成立。1998年6月,中国联通通信有限公司连云港分公司在新浦海昌南路47号正式成立。8月,连云港移动通信正式从连云港市邮电局析出。成为境外上市公司中国移动(香港)公司全资子公司江苏移动通信有限责任公司在连云港的分支机构。9月,寻呼业务从电信系统剥离,成立江苏国信寻呼公司连云港支公司。10月14日,电信、邮政分营,成立连云港市电信局。

1999年3月19日,江苏省移动通信有限责任公司连云港分公司移动公司正式成立。办公和营业场所设在新浦兴隆路1号(租赁原市邮电局龙河大厦局房)。

2000年7月,江苏省电信公司连云港分公司挂牌。保留连云港市电信局名称。9月15日,江苏国信寻呼公司连云港支公司并入中国联通通信有限公司连云港分公司。11月28日,中国联通通信有限公司连云港分公司更名为中国联通有限公司连云港分公司。

2002年11月,江苏省电信公司连云港分公司改名为江苏省电信有限公司连云港分公司。同年,移动公司移址新浦朝阳中路139号办公。

2004年1月,中国铁通连云港分公司在新浦成立。主营基础通信业务的各项增值电信业务。11月,中国网络通信有限公司连云港分公司在新浦朝阳中路77号连云港市邮政局四楼成立。

第三章　广告业

第一节　广告企业

清末民初，新浦地区无专业广告企业。市面上出现的广告，多为工商业户或剧场雇用美工人员绘制张贴于在墙上，或用油漆、染料直接画于墙上。20 世纪 20 年代末起，《东海民报》《连云报》《新海报》《大中报》《海报》等报纸先后在新浦创刊后，各报社均在报上辟专栏、设专版，刊登广告，经营广告业务。直到民国 35 年（1946）春，新浦贾圩人陈少林（后为新海中学美术教师）在中正路（今解放中路）开办“青年美术广告社”，为剧场书写演出海报、绘制舞台布景。其间，宗正广告社在新市街 8 号开张营业，并在《大中报》《苏报》上刊登广告，招揽广告业务。

海—滬客機
本星期內有巨型客機一架直飛上海旅客請巡向本台登記定座
票價二十二萬行李限帶十五公斤
中國航空公司海州電台啟
徵詢汽車產權聲明

图 13－1　载于《苏报》（海州版）民国 36 年（1947）5 月 26 日一版的一则广告

20 世纪 50 年代后期起，《新海连市报》（今《连云港日报》前身）、新海连市人民广告电台（今连云港人民广告电台前身）先后在新浦创刊、开播后，均开展小量广告业务。工商企业也会张贴一些自制的海报式广告，宣传产品、商品。市面上无专业广告企业。

中共十一届三中全会后，广告业获得新生和发展。1983 年，《连云港日报》开始刊登广告。1984 年 7 月，连云港日报社成立发行广告部。1985 年，连云港日报社创办的港城开放后首家广告企业——连云港市广告公司在新浦成立。5 月 1 日，市电视台综合广告部成立，并通过电视、《连云港广播电视报》开展广告业务。1989 年 5 月 23 日，连云港市广告装潢公司在新浦民主中路 93 号开张营业。9 月 26 日，江苏省连云港汽车运输总公司广告装潢分公司在解放中路开业，承办汽车车身及汽车站台广告业务。

20 世纪 90 年代，新浦地区广告业发展较快，不仅数量多，企业规模也较大。从 1991 年到 2000 年，先后有东堡公关公关公司、阳光广告发展公司（海连中路 48 号）、中泰合资的连云港金三角广告有限公司、万豪设计公司、新视觉广告公司（通灌南路通建巷 16 号）、云府广告公司（解放中路 189 号）、齐天广告装饰有限公司（陇海步行中街）等 80 多家广告企业开业。其中，注册资金在 30 万元以上（含 30 万元）的 13 家、注册资金 50 万元以上（含 50 万元）的 26 家。

2001 年至 2005 年，先后出现天马广告有限公司（郁洲花园 A－3 号）、酬缘广告代理事务所（繁荣路 9 号。后改称酬缘广告装饰公司）、大圣文化广告有限公司（兴业公寓 4 单元 60 号）等近 50 家广告企业。其中，注册资金 50 万元以上（含 50 万元）的 19 家，100 万元的 2 家。

至2005年底,新浦地区先后在工商管理部门注册登记的广告企业计130多家。

第二节 广告载体

早期新浦地区的广告载体大多为幌子、实物或海报。清末民初时期直至新浦解放初,一些酒店、饭铺、茶社、旅馆、商号在自己经营的门面外挑出用布或丝绸制作的幌子,上写着"酒""茶"等之类字样,理发行业在门前或挑子上(流动的街头理发)用绳子拴上一小束头发挂起来;卖肉的则在案前挂一块肉以表示商户的行业。海报是用纸写好贴在墙上或板块上,也有直接写画在墙体上的。名片运用广泛,商贸业者在名片上登出具体企业、公司、商号的名称、地址、经营项目,产品(商品)介绍等。多数名片不乏文明、诚信等词语来表本人的态度,进行商业宣传,招徕客户。此外报纸、杂志刊登广告。新中国成立后,随着国民经济的发展,广告的载体亦不断地发展变化,不少商家、企业为了扩大商品的知名度,在商品的外包装上印出广告。火柴盒上则即用"小心安全"的提示人们注意用火安全,20世纪80年代后期,市报创刊、市广播电台成立后,也均刊播各类广告。

改革开放以后,除在驻地出版的《连云港日报》《苍梧晚报》《连云港广播电视报》和散布街头的广告栏、广告牌外,电视、电话(手机)、霓虹灯、电子显示屏、路牌、汽车等也作为广告载体,做广告宣传。1992年7月1日,由化工部矿山设计院电气室研制成功的连云港市第一块大屏幕显示器,面积9平方米,在新浦解放路市百货大楼沿街门面上正式使用,标志新浦地区广告业进入现代化设备阶段。其后,新浦地区一些企业、商家利用模特时装表演,在公交车和出租车车体上绘制广告进行商务宣传。20世纪90年代后期,出现为重要庆典活动进行广告宣传的鼓乐队。气球、充气拱门、航空器、高炮等广告载体不断面世。

图13-2 街头大屏幕广告

第三节 广告制作

清明民初,新浦地区的广告,制作简易,材料花费不大,茶社、酒家使用的幌子,主体用布或丝绸缝制而成,上写"酒""茶""客栈""饭"等字用一根竹竿系上绳子把其挂好,挑立门旁。理发店(俗称"剃头铺")、修秤的更简接,扣一缕头发或一杆秤挑挂在门旁即可。

20世纪30年代起,各种海报制作水平有所提高。新新舞台、更新舞台都聘请专人绘制海报。有的商店开始制作简易的灯箱广告。用玻璃框,玻璃上写上广告词语。白天显见,晚上则通过玻璃框内的灯光显示广告内容。一般灯箱的字不多,少则一个字,如“茶”“酒”,多的数字如“××馆社”“××饭店”“××浴池”等。这类形式的广告一直流行到20世纪70~80年代。

改革开放以后,广告业蓬勃发展,广告制作技艺越来越现代化。运用当代先进科学技术的彩色印刷、大型喷绘、翻版、大屏幕显示等先进制作方法被广泛应用。如“高炮广告”,用直径近2米的钢筒立在地面,地面下挖有4米深、边长10米的方形底槽,然后在槽内浇灌成钢筋混凝土座,固定钢筒高度达15米左右。钢筒顶端呈等边三角形三面广告栏,每面3米×20米不等,面积达60平方米左右,每等边下方有照明设施。筒壁从下而上焊出扶手供人攀爬装帧广告。此广告多被房地产企业或其他大型企业租用。而被广泛利用则是电脑操作的屏幕显示广告。广告部门应使用广告企业的要求,在其空旷的门面上、过路(街)的牌额上,制作成大小不一,形式各异的屏幕广告,广告内容时文字、时画面,广告词伴其乐曲不断插送,还有的把广告内容、画面绘制在汽车、出租车上,随着车的行驶而广而告之,达到引人注目的效果。

第四章　新浦地区主要信息产业单位选介

第一节　新浦地区主要通信单位简介

一、连云港市邮政局

连云港市邮政局前身为清光绪三十三年(1907)成立的新浦邮政局、民国26年(1937)新浦邮政局。

1948年11月新浦解放后建立新海连市邮电局。新中国成立后邮电局几度拆分为邮政、电信两局。1998年邮政、电信分营后,当年10月14日成立连云港市邮政局,坐落于新浦南极路179号。邮政局在全市普遍设立了办理函件、包件汇兑、邮政快件、订销报刊等业务。市邮政局设立了邮政特快速递站处、在新浦支局办理国际邮政特快专递业务。

2005年,市邮政局在全市设报刊零售点138处、邮票代售处140处,设信箱(筒)578个,设邮政储蓄点117个。当年邮政业务总量达1.43亿元。

二、江苏省电信有限公司连云港分公司

江苏电信有限公司连云港分公司又称连云港市电信局,坐落于新浦兴隆路1号。其前身为海州邮政局、海州电报局、东海邮政局、连云港邮政局、连云港电报局、新浦邮政局、新浦电信局、新海连邮电局演变过程。1984~1998年为连云港市邮电局。1998年邮政、电信分营,当年10月14日成立连云港市电信局。1999年,寻呼、卫星和移动业务从连云港市电信局剥离,同年3月,成立江苏省移动通信有限责任公司连云港分公司。9月,寻呼业务并入联通公司。2000年7月,江苏省电信公司连云港电信分公司在新浦成立,保留连云港市电信局称谓,2002年11月14日,公司更改名江苏省电信有限公司连云港分公司。2004年3月,连云港电信电话用户总数突破100万户,2005年达到130多万户。宽带ADSL总容量102646线,宽带上网用户超过7万户,渗透率7.33%。

2005年,公司下辖赣榆、东海、灌云、灌南4县电信分公司,有正式员工1200人,劳务工800人,固定

资产30多亿元。主要为全市提供固定电信网络与设施,以及基于固定电信网络的话音、数据、图像、多媒体通信与信息、无线市话等综合信息服务,并承担党政、军队专用通信、应急通信等重要任务。当年,公司荣获全国文明单位称号。

三、中国联通有限公司连云港分公司

1997年5月4日,中国联合通信有限公司连云港分公司(筹)在位于新浦海连中路的明珠大酒店四搂成立。1998年6月,中国联合通信有限公司连云港分公司正式成立,设公司总经理,下设办公室、人资部,市场部、计划部、财务部、市场部、工程部、客服、结算与信息部。公司负责中国联通在连云港地区的网络建设和营销服务,公司驻新浦海昌南路47号。

2000年,根据国务院关于中国电信业改革的总体部署,中国联合通信有限公司连云港分公司与国信寻呼连云港分公司整体融合,于6月22日在香港联合交易所成功上市。中国联合通信有限公司连云港分公司从此步入国际资本市场,成为国际性电信运营企业,并更名为中国联通有限公司连云港分公司。2002年7月,设立大客户中心,启动社会直销工作。2003年5月1同,公司在连云成立经营部。2004年,公司在新浦、海州、连云、及东海赣榆、灌云、灌南先后建立分公司。2005年10月,公司迁入新址:新浦朝阳东路综合通讯楼。同年底,人员编制达到118人,共建成建成8座自建营业厅、80多个合作营业厅及100多个特约代理点,实现了对全市95%以上的县区、乡镇销售覆盖,县区分公司设总经理,总经理下设市场部、综合部,县区分公司负责在县区的经营、服务、合作营班厅建设等工作。

四、江苏移动通信有限公司连云港分公司

连云港移动通信于1992年12月正式开通,初由连云港邮电局移动通信科(公司)负责经营管理。

1998年8月,连云港移动通信正式从连云港市邮电局剥离出来,成为江苏移动通信有限责任公司在连云港的分支机构。1999年3月19日,江苏移动通信有限责任公司连云港分公司在连云港经济开发区完成工商登记注册,营业执照注册。隶属江苏移动通信有限责任公司办公营与营业场初期设在新浦兴隆路1号。2000年,移至新浦朝阳中路77号。

1999年,公司内设办公室、财务部、经营部、工程部、维护部、客户服务中心等机构,下辖赣榆、东海、灌云、灌南四个县分公司,共有员工108人。

2000年,内设的经营部更名为市场经营部。

2002年,公司迁至新浦朝阳中路139号。

2005年,公司内设机构为综合部、人力资源部、计划财务部、市场经营部、工程维护部、客户服务部、集团数据部,下辖赣榆、东海、灌云、灌南四个县分公司。在岗员工439人,专科以上学历占员工总数66%,员工平均年龄29岁。

五、中国铁通集团有限公司连云港分公司

中国铁通集团有限公司连云港分公司于2001年9月10日在新浦龙河大厦正式成立(原名为"铁道通信信息有限责任公司",2004年1月20日更改为现名)。公司设有五个管理部门和10个经营分局,公司现有员工125人,其中大专以上学历74人;在岗员工平均年龄31岁。公司位于人民西路1-8号。2005年,铁通公司在连云港投下巨额资金,建成了一个覆盖连云港市区和四县城区的集本地交换网、长途通信网、IP

骨干数据业务网于一体的完善的综合网络。当年,公司完成经营收入2400万元,较上年增长233.77%;固话新增用户25000余户,XDSL宽带业务新增用户4000余户。目前,公司拥有固定资产1亿余元,交换机总容量近七万线,XDSL端局设备近万线线。建设通信管道200余孔公里,敷设光缆近200千米。中国铁通连云港分公司有固话品牌“都市E家”、宽带业务“新时速”、新业务“固话小秘书”、“一号通天下”等。和宽带“宝成影院”。并推出预付费固话业务、智能公用电话业务、IP长途主叫等业务。

第二节　新浦地区主要广告企业简介

一、连云港日报社广告中心

1983年,连云港日报社(简称报社)开始经营广告业务。1984年7月,成立发行广告部,当年广告收入达11万元。1985年,报社成立“连云港市广告公司”,经营广告业务。公司先后制作了《连云港市工商企业名录》《连云港口岸》《连云港对外经济》等6本画册和彩色挂历《金陵十二钗》。1989年,报社成立广告部。

1992年底,报社扩办广告经营类专版“经济版”。同时,对广告经营业务实行竞争上岗。1993年,根据国家工商总局有关广告试行代理制的要求,报社成立广告经营管理委员会,下设新闻发展中心、广告部。1994年,报社恢复出版《周末特刊》,实行采编与广告经营一体化,广告经营得到长足发展。

2000年,报社成立广告总公司,总公司下设日报广告、周末广告、市场信息、港城视窗4个广告经营部门。10月1日,《苍梧晚报》(简称晚报)正式创刊,晚报广告部同时成立。

2001年4月,广告总公司改为广告管理办公室。办公室对日报广告、周末广告、社会特刊、经济特刊、晚报广告5个经营部门的价格实行统一管理,经营部门实行独立经营。

2004年,报社调整日报和晚报广告管理、经营机构和运行机制,实行报社党委领导下的两报广告统一管理、统一经营、统一价格、统一发布、统一结算、分行业承包责任制。当年,广告经营实现利润1820万元,比2003年增长25.9%。2005年,两报广告实现利润2071.5万元(其中日报1022.9万元,晚报984.8万元,其他63万元),比2004年增长13.8%。

二、连云港市陇海广告有限公司

该公司前身为创立于1992年5月14日的东堡公关广告公司,坐落于新浦朝阳路20号楼。公司成立后,先后策划并运作了汤沟酒业、东风汽车等系列广告活动。使汤沟酒业顺利占领全市白酒市场,东风汽车打开了销路。陇海步行街建设启动之前,通过竞争,该公司取得整个陇海步行街广告发布权。

2002年改制后,更用现名,并迁址陇海步行街中街。曾独立策划和运作“海誓山盟集体婚礼”大型庆典活动及其广告宣传。承办全国第十三届城市运动会(连云港赛区)模特大赛和第六届全国文化节(连云港地区)礼仪小姐大赛。

三、连云港金三角广告有限公司

1993年10月15日,连云港市绿洲人力资源发展有限公司与泰国艺全集团有限公司合资的金三角广告有限公司在新浦成立,注册资金25万美元,公司驻新浦兴业时代花园A4号楼3单元301室,下设市场部、策划部、财务部、办公室,共有职工12人。该公司为连云港市首家中外合资广告企业。公司主要经营设计、制作、代理国内外各类广告及信息咨询等业务。公司从成立至2005年,先后与江苏省测绘局绘制《连云港市地图》《连云港市交通导游图》、与中共连云港市委宣传部合编《连云港风采录》与连云港市城管局合编《连云港市城管指南》《花果山导游图》;与新浦区经贸局共同策划、组织“中国名酒展销会”。该公司被市广告协会评为优秀会员。

四、连云港市万豪设计公司

连云港市万豪设计公司坐落于通灌南路215号。1995年11月1日创立。下设市场部、策划部、设计部、制作部、网络部、影视部、办公室、财务部。有职工28名。

连云港市万豪设计公司,在港城同行业中,是唯一能自主开发软件并应用于办公、业务、财务管理等方面的实力较强的专业设计策划公司。在设计、品牌推广、展览展示、企业形象识别、网络等多方面均显出领先优势,服务单位达3500多家。先后承担过“通用汽车连云港市场营销代理”“江苏大盛板业品牌推广”“中国首张证券行业多媒体光盘”“万得资讯大全”等多次大型广告代理工作,促进品牌营销推广活动。并为中盛连海设计院、上海泰格化工科技公司、南京桑瑞斯电动车公司、盐城汇众集团、江苏大盛板业、三禾置业等单位成功导入VI,全面代理了中国电信《’97连云港黄页号簿》的设计排版、印刷业务,参与了“连云港之夏”“花果山登山节”“第五届中国国际风筝赛”等大型活动的策划及广告代理业务。2001年万豪设计公司进军网络业,取得了连云港市第二张电信增值服务ICP证,2004年被市工商局授予2004~2006年度免检企业,2005年被授予省广告协会优秀会员单位。

五、连云港酬缘广告装饰公司

连云港酬缘广告装饰公司开业于2001年2月23日。坐落在新浦海连东路市外经贸大厦6楼。

该公司是集广告设计、企业策划、印刷喷绘、装饰工程、绿化工程、演出代理、大型户外广告发布于一体的综合性企业。2005年,独家代理世界旅游日中国主会场庆祝活动门票销售。连续五年承办《西游记》文化节及“连云港之夏”的大型宣传活动,并成功举办了“美国钢琴公主音乐会”“中国猴王”徐培晨画展、张耀山“手书西游记”书法展等大型文化交流活动。2005年,该公司被市广告协会评为优秀会员单位。

六、连云港三禾广告有限公司

该公司创立于2001年,坐落于新浦海昌北路101号。为连云港市广告协会优秀会员单位、常务理事单位。公司设有策划部、创作部、媒介部、网络部、工程部等部门。公司创立之初,主要从事电视媒介代理工作,成功开发并代理过连云港电视传输总台“角标”广告。

2002年起,开发户外广告,曾首次开发并发布市区路灯杆彩旗广告。同年,运营百货大楼近2000平方米的港城A类户外媒体,当年,开发并经营的户外黄金位置广告媒体达3000多平方米。2003年、2004年,为苏宁、五星电器、千年翠钻、恒安地产做好广告执行发布。2005年全面介入房地产营销行业,成功打造并运营了连云港房地产业的门户网站(www.0518home.com)。先后有广告在第十一届、第十二届江苏省优秀广告设计作品评选活动中获得银奖和铜奖。

第十四编 旅 游 业

新浦区地处暖温带,四季分明,雨量适中,光照充足,气候宜人。南北过渡的气候条件和复杂多样的地形地貌,赋予新浦区丰富的自然资源和独特的旅游资源。域内云台山区植被茂密,花果满山,奇峰异石,随处可见,潭涧飞瀑,风光秀丽。域内既有《西游记》创作原型花果山,又有《镜花缘》创作原型东磊小蓬莱;既有全国最大的玉兰花王,又有享誉全国的金镶玉竹;既有江苏第一高峰玉女峰,又有苏北地区最老、最高、保存最完好的阿育王塔。区内有国家AAAA级花果山风景区、渔湾风景区,以及东磊、孔雀沟、南城等5景区上百个景点。自古以来,吸引无数高官显贵、文人墨客到此游历,留下许多诗文碑刻。

改革开放后,政府逐步重视旅游事业,加大旅游业投入,进出道路、停车广场等景区基础设施不断完善,花果山、渔湾等景区自然环境、服务环境得到改善,并开发建设一批新的景点、景观,景区文化品位明显提升。

新浦区地处连云港市中心,紧靠连云港港口和连云港民航机场,陇海铁路、宁连高速公路等穿境而过,交通便捷。驻地更有众多旅行社和高档宾馆、酒店,为旅游事业发展提供有利条件。随着旅游业迅速发展,接待量不断攀升。2005年,新浦地区接待游客量已达280万人次,比2004年增长16%;实现旅游综合收入24.6亿元,比2004年增长18%。2005年,渔湾景区门票收入360余万元。

第一章 旅游资源

第一节 自然资源

新浦区旅游自然资源丰富,境内有两个国家AAAA级旅游区——花果山景区和渔湾景区。另有东磊、孔雀沟及南城凤凰山等自然风景区。

南云台山有16个山体。花果山是南云台山中最高的一条山脊,其主峰玉女峰是江苏省第一高峰,海拔624.4米,青白色变质岩装点着山峰,格外壮观;清风顶、金牛顶、唐僧石、娲遗石、八戒石、定海神针等奇峰怪石遍布山间,更有“水帘洞”“海天洞”“朝阳洞”“啸云洞”“狐妖洞”等号称七十二洞的洞天世界。大团山上的古木、小窄山上的竹海,奇上加奇;渔湾的绝壁飞瀑、三潭汲浪;东磊的磊石、石海、迎仙崖、神仙洞等,自古皆有人驻足往返。明清时期文人墨客著云台三十六景诗、二十四景诗,大多是描写境内云台山区景点。

境内云台山区植物品种繁多,为又一笔丰富的旅游资源。南云台山漫山都生长着松、柏、竹、银杏、玉兰、楸树等古老树木及各种奇花异草，计有植物1700余种，其间，东磊延福观内4株树龄在400年以上的玉兰花王家族，闻名全国，其中一株树龄800余年，为全国之最。山间还有全国稀有的金镶玉竹和玉镶金竹。樱桃、板栗、大柿等山间特产更是四季游人的品尝佳品。

第二节 人文资源

区境内的南云台山和坐落于连云区的中云台山、北云台山，形成于16亿年前震旦纪，古在大海中，并称"海中三神山"，后与大陆相连。山中蕴藏着秦汉以来两千多年丰富多彩的人文内涵。这里有唐、宋、元、明、清历代修建的寺庙古塔，为香火旺盛的道教、佛教圣地，被誉为"东海第一胜境"、华夏"三神山"之一。千百年来的古建筑、古遗址、古石刻以及历代文人墨客的游踪手迹遍布山中。唐朝的钱起、独孤及、崔逸，宋朝的祖无择、石曼卿、苏轼、刘居实，金朝的贾伯良，明朝的廖世昭、张朝瑞、吴承恩、王典、周于德、朱之藩、王同、杨本俊、王鸣鹤、顾乾、顾坤、顾桥、黄九章、武尚行、朱世臣、薄询、杜潘，清朝的管干贞、阮元、唐仲冕、凌廷堪、程枞、李大全、程校、陶澍、林则徐、李汝珍、赵琴、陈鹏年、李霞、崔应阶、吴恒宣、梁章钜、李湘、陶延杰、李彦章、谢元淮、钱泳等近百古人，都在此留下了足迹和诗作、题刻。

淮安人吴承恩，以南云台山的花果山为原型，创作了国内外闻名的神话小说《西游记》；寓居千年古镇板浦的李汝珍，以南云台山东磊小蓬莱为原型，创作了不朽的传奇小说《镜花缘》。20世纪50年代，毛泽东主席先后三次谈到"孙猴子的老家在新海连市花果山"，境内花果山更加名扬国内外。众多名人学者到此游览、考察，举办《西游记》学术研讨会。1982年10月参加全国首届《西游记》学术研讨会的127名专家经考察一致认同，连云港市的花果山是真正的孙悟空老家，进一步扩大了花果山的知名度。

改革开放后，景区加强建设，先后开发建设有墨香小径、怪石园、瑶池、进入世界吉尼斯纪录的"神"字王等大批景点。宗教活动恢复正常，山中寺观得到较快复建、扩建，也为广大游人提供了更多的游览场所。

第三节 其他旅游资源

新浦区旅游服务设施齐全，辖区内二星级以上宾馆23家，其中三星级宾馆9家。其他社会旅馆、旅社等共计1000余家，可容纳各类宾客20万人。新浦地区旅行社有35家，其中出境旅游旅行社1家，旅行社总数占全市旅行社近一半的比重。

辖区内有生态农业示范点2个，大型花卉观赏园2个。大型专业市场30余个，年市场成交额超百亿元。全长1170米，拥有500多家商铺，集购物、休闲、旅游、观光为一体的陇海商业步行街被评为"江苏省百城万店无假货示范街"和"中国最具升值前景商业街"，是很好的旅游观光、购物场所。

第二章　旅游风景区

第一节　花果山景区

一、景区概况

国家AAAA级旅游区——花果山风景区，为国家重点风景区名胜区云台山中的一个最具特色、最为秀美的景区，位于城区东南15公里，连云港市南云台山中部。其玉女峰海拔625.9米，是江苏省的最高峰。

改革开放以来，尤其是近几年来，经过市园林部门及景区管理机构的精心策划，景区环境大为改善，20多个老景点锦上添花，60多个新景点齐放异彩，形成了以玉女峰为主线的生态游，以水帘洞、女娲石、七十二洞为主线的西游神话故事游和以神路、怪石园、唐僧崖为主线的寻奇探幽游等多条旅游专线。突出了古典名著《西游记》中花、果、猴、石、洞天福地的文化氛围，山中处处有景，景景传神。

二、主要景点

【猴石】 猴石，位于花果山的北山坡，峰顶巨岩竖裂形成外凸之石，酷似一只蹲坐的猴子，凝视西北方，惟妙惟肖，被誉为花果山的看门石猴，山下的猴嘴镇也因此得名。乡土诗人张学瀚吟诗赞道："茅君酒饮醉初醒，化石三年性最灵。磴结须眉能肖影，天生口鼻有奇形。回头雨洒三声泪，放眼云封两点星。若待猱升依古木，月明偷果梦中听。"

1985年，花果山景区在半山修建观猴亭，为观赏石猴的最佳位置。亭内联曰："山观石猴，西行逸闻依旧，浪士非同甄士隐；海映镜花，东航缀紫犹新，本隶岂是贾雨村。"

【海清寺阿育王塔】 海清寺阿育王塔，因耸立在花果山的入口处大村，俗称大村塔。一般资料均认为始建于北宋天圣元年(1023)，竣工于北宋天圣九年。

海清寺阿育王塔，是江苏北部历史最久、体量最大、保存最为完好的一座宝塔。高40.58米，9级8面。塔为全砖结构，正东、正西、正南、正北均辟有拱状券门，四个侧面还隐出直棂窗。中间塔心为八角形砖柱，可沿台阶逐级而上。第九层藻井券成笼盖状。海清寺阿育王塔保持了宋代营造法式的优良风格，与河北定县宋开元寺料敌塔，并称为我国古塔建筑中的南北两巨构。

海清寺阿育王塔是花果山风景名胜区的主要景点之一。明代顾乾《三十六景图》中称之为"古塔穿云"；清代黄申瑾《二十四景图》称之为"塔影团圆"。人登塔顶观山，顿觉四周群山变矮；登山望塔，则塔如脚下一支笋。里人俗称"山拜塔、塔拜山"，或"山不压塔，塔不压山"。前人赞道："九级云梯攀到顶，一天星斗喜垂肩。关心海岛千山雨，放眼齐州几点烟。"

海清寺阿育王塔建成以来，曾经历经多次强烈地震。清康熙七年六月十七日(1668年7月25日)受郯城8.5级大地震的波及，连云港市和赣榆一带海岸线迅速向黄海推进15公里。《嘉庆海州直隶州志》记载：海州"城倾十之二三"，"屋宇多圮"。而海清寺阿育王塔却巍然屹立，安然无恙。

1958年10月18日,江苏省人民委员会公布海清寺阿育王塔为省一级文物保护单位。1975年连云港市人民委员会拨款4万元对其进行大修。拆补第一层台阶时,发现方形地宫,从中出土石函、鎏金银棺,舍利子、佛牙、鎏金小铜佛、鎏金小铜狮和一批宋代以前的铜币等珍贵文物。

【大圣湖】 大圣湖原名大村水库,是连云港市区最大的人工水库,始建于1959年12月,建成于1960年7月。水库大坝北起鸡鸣山南坡,南至牛首山北坡,长1200米,高17.5米,底宽100米。后经历年整修、加固,坝高增加至22.5米,坝顶宽达3.5米,总库容为650万立方米,可保障山下1.5万亩农田灌溉。

水库不仅集蓄洪、灌溉,水产养殖、城乡工业用水和居民用水等功能于一体,还与其周围的诸多山峰、林木及阿育王塔相映衬,湖光山色,一派诗情画意,成为花果山景区的迎宾景点。

图14-1 海州知州王同题刻“飞泉”

【飞泉·郁林观碑刻群】 在花果山下大圣湖东南方不远处,有一山头——狮子崖,山虽不高,风光却美,崖头耸立,岩石错落,林木浓郁,十分幽静。隋开皇五年(585),崖下已建郁林观。唐开元初年(713),东海县令看中此处,在山涧源头磊石蓄水,抬高水位,让涧水翻越崖头,飞奔而下,名曰“飞泉”。

因此,狮子崖名声大噪,引来历代文人名士游览,题字勒石。如今,在这方圆几百平方米范围内,留下上自唐宋、下迄民国年间的数十处石刻。刻面大如屋面,小若几面;刻字大如桌面,小似鹅卵;字体不一,风格各异。1976年,郁林观碑刻群被定为省级文物保护单位。

郁林观石刻群中最有价值的为公称“唐隶宋篆”的两处碑刻。一处是刻在一块净面高2米、宽3.8米巨石斜面上的《东海县郁林观东岩壁纪》,为隶字书写,通称“唐隶”(详见第三十编第二章第五节《唐·东海县郁林观东岩壁纪》)。北宋年间此刻就被李清照收录于《金石录·今存碑目》。

另一处,在“唐隶”斜对面,刻于高5米,宽6米的立岩面上,为宋代的《祖无择三言诗勒》,祖无择撰文,苏唐卿篆书,王公衮镌刻,人称“三绝碑”,通称“宋篆”(详见第三十编第二章第五节《宋·祖无择三言诗刻》)。

【仙人桥】 相传为各路神仙进山相会之处,故又名“聚仙桥”,立有回文诗碑一块,供游人辩读赏玩。全诗由“聚仙桥上得逍遥瑞气飘香花结彩”14字组成4句,将每句的后几个字作为下一句的前几个字,便可读为“聚仙桥上得逍遥,上得逍遥瑞气飘,瑞气飘香花结彩,香花结彩聚仙桥”。

【十八盘】 由仙人桥步行登山,沿途有18组计349级阶梯,名曰“十八盘”。它砌建在形峻如竹节的竹节岭上,依山势的起伏或左或右,逶迤而进,逐级升高。前人曾以“步步阶梯盘若线,层层石栈巧相钩”和“绝壁千重须到顶,回头喘咳似吴牛”来形容建筑的精巧和攀登的艰辛。十八盘路侧有大石如鱼头,俗称“鲤鱼石”。传说云台山有龙脉,此石头为龙头,十八盘上方有一天门,鲤鱼只要跳过天门,就能成龙。皇帝知道后,十分惊慌,派阴阳先生到云台山来破风水。阴阳先生在山上住了半年,取得了山民

图 14－2 花果山十八盘一段

的信任,便对他们讲,鲤鱼是要想成龙,必须修十八盘山道,连成一条龙形,鲤鱼才能跳过天门,真龙天子才会出现。山民凑钱修建了十八盘。谁知此举破了风水,鱼盛到 18 个“盘”子里,无法成龙!

【南天门】 南天门在竹节岭之上,背倚峻岭、形势险要,它是通往九龙桥、三元宫、水帘洞、照海亭、袖海园、玉女峰等景点的必由之路。在《西游记》小说中,南天门是玉皇大帝凌霄宝殿的外大门,孙大圣往返天庭都是由此门出入。

南天门建于明代,石拱门,门前有石级,有照壁俯临深涧。立足天门,如置身云端。清黄申瑾《云台二十四景》将南天门列为“云护天门”,称道“群峰环拱,云气卷舒,豁人心目,令观者有物外之思”。清道光年间,陶澍倡捐最后一次修缮南天门。竣工后亲题“高镇南天”四字横匾悬于门额。并作对联云:“义气干霄,近指白云开觉路;威声走海,遥凭赤手挽洪流”。南天门内祀武圣关公,又叫“武安宫”。关公塑像随庙宇毁于战火,从此成为断壁颓垣,人迹罕至之处。现存大门为明代建筑。

【九龙桥】 此桥始筑于唐宋年间,原为山僧在涧上架设的石板小桥。由于山洪激流的冲击,屡修屡垮。明万历十五年(1587)重建三元宫时,将石板桥改建为长 33.4 米、宽 8 米的石拱桥。拱顶高耸,拱洞长跨,气势不凡。是连云港市目前历史最为悠久的拱桥,因此,又称“万寿桥”。

图 14－3 九龙桥

九龙桥筑于西沟、松溪、石涧、秃龙沟、华严涧、万沟、别峰涧等多条山涧汇集的九龙口上。明代云台《三十六景》诗中称作“长桥飞瀑”,着眼于“飞瀑半空,声闻数里。”清代云台《二十四景》诗中将其列为二景:一曰“九涧争流”,一曰“龙桥喷雪”。

桥畔有一棵千年银杏,高 20.5 米,树围 4.52 米,雌性,为省级保护名木。古老的枝丫已紧贴桥身,两情依依、难舍难分。银杏树冠硕大,犹如伞盖,遮天蔽日,浓荫覆桥,使九龙桥成为游人理想的休息处所。桥西北侧,原为九龙将军庙,石结构木梁草顶,无片砖片瓦,充满山村野趣,内奉九龙将军。清两江总督陶澍曾作一联悬于正门上:“倚树论功名,爽籁留声清涧壑;在田占利用,甘膏洒润普桑麻。”

解放前,九龙桥因年久失修,早已破损荒芜。新中国成立后,人民政府多次维修,九龙桥面目一新。1995 年 10 月,在桥西首立一“九龙桥记”碑,碑高 2 米,宽近 1 米。正面刻有市书法家杜庚所书“九龙桥”3 个大字;阴面刻有市作家彭云撰文、时年 86 岁老妪冯若愚楷书的《九龙桥记》。

【吴承恩纪念馆】 九龙桥东原有一茶庵，始建于明代。道光年间与九龙将军庙同时重修，气度雄伟，清幽宜人。1996年改建为“吴承恩纪念馆”。院内有一棵大银杏，高21米，胸围3.33米，树龄已800余年，为省级保护名木。重修时陶澍专门为其撰联曰：“云水漫匆匆，半日闲谈僧院竹；海山还历历，一庵同吃赵州茶”。馆内藏吴承恩及《西游记》的各种史料，照片、碑刻和实物。

1996年5月，中国科学院古人类研究所与美术家合作，根据吴承恩头骨，科学地复原面容。据此立一尊吴承恩铜像安放于此。

【三元宫】 云台山的三元宫，发迹于唐，重建于宋，敕封于明，大修于清。它是云台山的主庙，是徐淮地区历史上著名的佛、道二教的胜地。今称海宁禅寺。为港城乃至苏北地区重要的佛事活动场所（详见第三十五编第二章第二节）。三元宫是一组规模庞大的建筑群。加之建于玉女峰下山脊之上，地势显凸，周边古树参天，松竹常青，远远望去，如天宫仙阙隐现于碧海烟云之中，气势非凡。

三元宫门前旁有一株古柏，相传为当年孙悟空大闹天宫后，蹬翻李老君炼丹炉，架起筋斗云而去时，李老君拿他不着，便抛出拐杖，砸向悟空，没砸着而落于此地，插入山石中的。因此，此松又叫“拐杖松”。三元宫下方为俗称“五十三参”的石阶踏步。立于山门前，可见茶田层层，如碧玉云梯；山道弯弯，似龙行云间；群峰耸立，若各路大仙朝拜天宫。

三元宫内大殿前有两棵银杏，雄株高28米，胸围5.33米；雌株高24米，胸围4.3米，树龄逾千年，为省级保护名木。三元宫一带还有多株古银杏，树龄均在500年以上，生长旺盛，每年结子累累。秋深时节，树叶一片嫩黄，与满山红叶交相辉映，形成独特的景观。三元宫，不仅是众香客进香拜佛之处，更是广大游客观景游玩的佳处。

【屏竹禅院】 屏竹禅院坐落在海宁禅寺西北的涧沟侧的一片金镶玉竹丛中，因丛竹如屏而得名，是花果山建筑群中最为清幽的处所之一，也是整个建筑群中的主体部分。曾有“松风殿”、“好生堂”、“屏竹社”等名，俗称“西竹园”。屏竹禅院是明代的建筑物，为高僧修行之场所，一般人难得入内观光。清乾隆年间的常建极曾为屏竹禅院写过一副对联：“世外凭临，一面峰峦三面海；云中结构，二分人力八分天”，就是对这里最好的写照。1938年被日军焚毁。

1984年，在原址上复建屏竹禅院，并在其间修筑房舍、亭台、月门、回廊等古园林建筑，兴建供游客观赏的鱼池，栽植古木和珍稀的金镶玉竹。屏竹禅院将自然景观与人文景观融为一体，交相辉映，相得益彰，成为花果山中的一个重要古景群。

禅院门前有一条为绿荫笼罩的弯弯山溪，终日流水潺潺，溪旁的“惠心泉”有两个泉眼，情侣们如分别站在两个井口，可以互相看到对方在水中的影子。泉水质地甘洌，以其冲泡云雾茶，色汁绿润，清新味美，是待客的上品。

禅院南下方毗邻袖海园。袖海园翠掩碧拥，曲径通幽，恬雅宜人，是集餐饮、住宿、接待、观光为一体的园林化建筑。

【义僧亭】 义僧亭位于屏竹禅院旁。1992年，为纪念抗日战争中英勇牺牲的三元宫僧众而建。亭上有“义僧亭”三字匾额，亭内立纪念碑一块，正面刻“云台山爱国僧众抗日纪念碑”12个大字，为全国政协副主席、中国佛教协会会长赵朴初所书。纪念碑背面所刻碑文，为连云港市文联副主席彭云先生所撰，市书法家周庚如先生书。它记录了1938年到1939年间，花果山僧众抗击日寇可歌可泣的英勇悲壮事迹。1939年春，日军侵犯三元宫未能得逞，惨败而归。于同年农历七月十四日晨，集结300余人，兵分四路大举进犯三元宫及其所属寺院，戳死住持僧仁芳法师，并将仁益、德选、德暄、隆刚等法师及周玉田等6位山民抓到新浦原第八工厂处，严刑审讯。面对穷凶极恶之敌，德选法师凛然对曰："尔等肆意践踏中华国土，残杀无辜人民，禽兽不如"。丧心病狂的日军侵略者残加迫害，除放走山民一人外，其他9人均被推入土坑活埋。

图14－4　义僧亭

连云港市人民政府为纪念义僧义举，建此碑亭，游人登亭观碑，顿可受到启迪，不忘前事，永记国耻，奋发建国，增强国力。

【水帘洞】　水帘洞，为花果山自然风光之精华处。它位于三元宫上方的团圆宫东约10多米处，洞口为"人"字形，中有方形小池，名曰"灵泉"，泉水甘冽，常年不涸。传说用此泉洗眼可以明目和治愈眼疾。洞上为刀劈一般悬崖绝壁，石壁上刻有明代嘉靖二十三年(1544)海州知州王同题写的"高山流水"4个大字，有清道光皇帝手笔"印心石屋"摩崖。石刻还有"神泉普润""水帘洞"等题刻。"水帘洞"之名，早在吴承恩的《西游记》之前，明代张朝瑞在《云台山三元庙碑记》中就已出现，并指出水帘洞为游客必访之处。此洞上方，山水从绝顶直泻而下。雨水季节，瀑布封门；水稍少时，则似晶帘垂挂；隆冬时刻，更是银镶玉饰，分外壮观。这里是当年的孙大圣出世后第一个发迹之处。吴承恩在写孙猴子老家的水帘洞时，说它是"一派白虹起，千寻雪浪飞"，如今游人至此，无不一跃而破帘入洞，以体验当年孙大圣入洞之感觉。

图14－5　花果山水帘洞瀑布

【大圣佛】　大圣佛在水帘洞东、照海亭北侧的山坡上，是一尊取经归来已经成佛的孙悟空巨像。像高10米，背倚清风峻岭，双手合十，目视南天，火眼金睛，雍容大度。游人登58级台阶至一级平台，再登9级台阶至二级平台，便是大圣佛像，上有石雕香炉、供人祭祀焚香。

据《西游记》记载，孙悟空保护唐僧西天取经归来，功德圆满，被封为斗战胜佛，意为好斗善斗，凡斗必胜。后世崇敬孙悟空忠贞果敢、坚忍不拔、一往无前的精神，立佛教奉祀，信徒遍及台湾、东南亚。

【墨香小径】　从九龙桥向上登崎岖山道，过多宝佛塔不远有一石坊门，横额上刻"墨香小径"四字。此为20世纪90年代初新开发的一个景点。这里原是一道掩于绿荫下的乱石涧，长数百米，有"石河"之称。20世纪90年代初，开始规划。1994年大兴刻工，在体量、形态各异的石块上镌刻104位国内当代名家的墨宝，使荒山“石河”顿变为曲径通幽，墨香处处，故得名“墨香小径”。

墨香小径镌刻的墨宝，主要取材于陈振伦、陈凤桐二位主编的《当代楹联墨迹选》。大部分为国内名家书写连云港市风光的作品。“墨香小径”中有的是采用整幅楹联，有的只选取最精彩的几个字，其中包括当代书法大家林散之、叶圣陶、王个簃、启功、舒同、沈鹏、彦涵等人的作品。“墨香小径”是集国内现代书法佳作之天然碑廊。游览“墨香小径”，是艺术享受，可陶冶情操。

图 14－6　娲遗石

【怪石园】 怪石园是16亿年前一次大的地壳运动时形成的，许多山嘴、石头形状怪异，令人称奇。和《西游记》里描写的怪石联系起来互有呼应，惟妙惟肖。尤其是经过市工艺美术家李家华先生的揣摩而发掘、整理后，更成为千姿百态的神妙奇景。

怪石园中主要有四圣佛像、白骨精、猴子拜师、上山虎、哮天犬、佛手石、娃娃猴、玉兔拜月、双飞燕、大佛头、骆驼石、千年老鼋等，很多意境再现了《西游记》神话传说中描写的形象，令人叫绝。

【娲遗石】 娲遗石是《西游记》中孙猴子的出生地。相传此石为女娲炼石补天时剩下一块，觉着无用，随手一扔，落到花果山上两大石夹缝之中，上不靠天，下不着地。天长地久，得四季光照和雨露滋润，竟然孕育出一个大闹天宫的孙大圣。吴承恩的《西游记》里有这样一段描述：“这部书单表东胜神州，海外有一国土，名曰傲来国，国近大海，海中有一座名山，唤为花果山。……那座山正当顶上，有一块仙石，其石有三丈六尺五寸高，有二丈四尺围圆。上有九窍八孔，四面更无树木遮阴，左右倒有兰芝相衬。内育仙胞，一日迸裂，产一石卵，似圆球样大。因见风，化作一个石猴。”娲遗石旁那半个圆球、边口残缺的石头，传说就是当年石球迸裂时剩下的，另一半被孙猴子往外蹦时顶没了。娲遗石右上方的巨石，是个十分形象的猴头，传说就是孙猴子成仙后，思念出生地而将自己的凡胎专门留于此处。

【照海亭与七十二洞】 照海亭位于水帘洞东南方不远处，为四角亭。其亭半掩石下，半露岩上，粉墙琉瓦，四角起翘，古色古香。亭附近有七十二洞。为花果山景区一大看点。

七十二洞，为数万年前一次造山运动所形成。清光绪二十九年(1903)，年事已高的高僧悟伍看中这里怪石磊叠，洞穴连接，神秘幽静，离三元宫又近，决定在此养身修性。他凿通靠近的大小洞穴，清理内壁，在洞间砌成一个洞洞相连、洞中有洞的洞天世界。将自己居住的、最大的一个洞取名为“海天洞”。后在海天洞上建亭一座，名曰“照海亭”。游人可以从洞中登亭，饱览花果山美景；也可从亭中入洞，体验洞天之幽静。

照海亭附近的七十二洞中，除海天洞外，有名的还有万福洞、莲花洞、朝阳洞、华严洞、啸云洞、二仙洞、法龙洞、盘丝洞等近20个，无名小洞难以计数，但洞洞都有神奇的传说。

照海亭、七十二洞一带还遍布古今名家石刻，有刻于岩壁上的大字题刻“洞天福地”“别有洞天”，有刻于巨岩顶面的“海天一览”，“涧水环流，人堪涤滤；云山镇海，海不扬波”，有晚清大书法家李瑞清的题刻“环瀛仰镜”，还有清末民初的全国著名书法家，花果山下大村人章兰溪书刻镶于海天洞内壁上的《云台山海天洞缘起纪略》。其间,“花果山”“七十二洞”两大字题刻,则为20世纪50年代末地方书法家、新浦人陈永高所书。

照海亭与七十二洞为天、地、人三者合力为游客构造的游览佳境。

【毛公碑】 照海亭南不远处,一耸立巨石上镌刻着“孙猴子的老家在新海连市云台山”14个行草大字。此刻是按照1956年毛泽东主席途经徐州,与徐州地委负责人交谈时,谈及“孙猴子的老家在新海连市云台山”,以及1958年4月,毛泽东主席要外出调研的团中央第一书记胡耀邦顺便到新海连市“看看孙猴子老家是什么样子”之史实,于1993年,集毛泽东之手书镌刻于此的,故称“毛公碑”。此刻意在纪念毛泽东100周年诞辰。整个题刻布局自如、气势磅礴,也为花果山一景。

【天然碑】 天然碑位于一线天侧,是云台山中最大的一块古代摩崖石刻。碑文是明万历年间海州知州唐伯元《游青峰记》(详见第三十编第二章第五节和第三章第一节)。

图14-7 照海亭

此碑不仅碑文优美,读来大有随之游云台,登青峰之感,观之更会感到大自然的造物神力。此碑面大光滑,但绝非人工劈凿打磨而成,而是在自然力的作用之下,顺着自身纹理裂开,上一半滑落后形成的,故称“天然碑”。明代地方诗人杜一潘诗曰:“驳落非关风雨凄,天生没字屹丰碑。神仙应待鸿文久,专为名公勒石题。”说这碑面是老天爷早就为唐公伯元准备好的。

天然碑附近,有一扁圆形巨石,面上周高中凹,石上刻有“仙砚”二字,传说这是吴承恩写《西游记》时用的砚台。另传说是猴子们不满意吴承恩把它们写成调皮捣蛋的形象,把他的笔墨纸砚掀翻了,笔崩落于高公岛的柳河,成了“文笔峰”,砚台就在此落地生根了。

【一线天与八戒石】 一线天也是由许多巨石和洞穴组成的一处景观,古人称其为“天通一线”和“石壁洞天”。一线天的主景是由两块几十米高的巨石相互倚靠形成的一条狭窄的通道,顶端有缝,故有“撑开半壁斜阳影,露出中间一线天”的优美诗句。人行其间,仰视可见白云,飞鸟从一线蓝天中匆忙流过,妙趣横生。

一线天内有诸多岩间空洞,是花果山景区又一处洞天世界。洞间道路回旋,处处相通,忽上忽下,忽隐忽现,人钻其间只闻语声,不见踪迹。如若迷宫。若是炎夏进入洞中,则如入中央空调间,凉风自来,暑气顿消。

山中奇石,步移景换,“一线天”也如此。游人如到三元宫下的停车场处眺望一线天,便可见一个戴着僧帽的猪八戒。它拱着嘴,眯着眼,耷拉着耳朵,仿佛在绿树丛中呼呼大睡。这便是著名的“八戒石”,此形象对吴承恩塑造猪八戒的性格,起到了一定的作用。

【玉皇阁】 玉皇阁是三元宫古建筑群重要组成部分,位于建筑群的最高处。原阁毁于日军轰炸。现阁为1988年由著名建筑学家潘谷西教授设计,在原址上重建的。阁高24米,8面3层,红壁黑顶,檐悬风铃，飘动悦耳。阁前有平台，凭栏可饱览花果山美景。

玉皇阁位于花果山景区中途要道口，步行游人多于此小憩蓄力，再登高峰。

【“神”字王】 三元宫东边的秃龙沟西岸，有块方方正正的大滑皮崖，石骨裸露，四周绿树成荫，仿佛是一张白纸放置在绿色的地毯上。1994 年，花果山景区选用唐代大书法家怀素和尚狂草的“神”字，放大后镌刻于此。字长 39.40 米，宽 15.80 米，站在山崖上，远远望去，朱红色的“神”字，潇洒飘逸，气势磅礴。走近字边，则可见字的笔画如沟如塘，笔画宽的地方约 2 米，人行其间，如入壕沟，蔚为壮观。为当今世界上最大的单体汉字摩崖石刻。1996 年入选吉尼斯世界纪录。

为让游人更好地观赏“神”字王，景区管理处于 1995 年从怪石园东的唐僧崖向南修筑了一条石板路，直通“神”字王上方，并筑有观“神”台。石板路因两旁崖壁上镌刻着古今名家书写的、神态各异的“神”字，名曰“神路”，为游人增添了途中看点。

【瑶池】 瑶池在玉皇阁上方，依自然山势而建，坝长 70 米，宽 25 米，坝栏，为汉白玉制成，水深 6 米，蓄水量 6000 立方米。池中保留原有的山石形貌，自成一景，如《西游记》中描绘的天上瑶池，又称“王母瑶池”。

瑶池碧水与周边绿树、怪石、雕栏呼应为景，成为和玉皇阁相互依托的优美景点。

【玉女峰】 玉女峰，海拔 625.9 米，为云台山绝顶，也是江苏群山第一高峰。云台山坐落于黄海之滨，耸立于极近海平面的大地之上。因此，游人登上玉女峰，一样会大有“会当凌绝顶，一览众山小”之感受。

图 14－8 江苏最高峰——花果山玉女峰

玉女峰所在地古称清风顶。于明代成化年间，一自称是鲁王孙、法号“清风”的人在此出家，并化缘重建三官殿。因此峰高险，四季常青，又称青峰顶。此峰山岩色白，光滑，酷似玉立仙女。清同治年间贡生、新县（今连云区朝阳镇）人，张兼在描写家乡景胜时说，“新县南山（今花果山）双峰耸立，——西曰玉女，为云台主峰”。1986 年，花果山景区管理处采用港城画家金大学、李家华按照民间“太阳是金童、月亮是玉女”的传说合作设计的方案，在玉女峰顶竖立起一个弯弯的月牙儿，使秀美的玉女峰更添诗情画意。

玉女峰不仅自身环境优美，还可观看云台山两大自然美景。一是观红日浴涛。明代已在此建有海曙楼、观日楼等建筑物，供游人晨起观日，并将此景点称为“山楼望日”。清代人又称其为“红涛浴日”。古代观日楼台久已不存。1986 年，景区管理部门又在此建造全国最大的全石结构的迎曙亭。游人凌晨至此一带，可观红日浴涛美景，太阳从大海中探出头来，忽露忽隐，忽扁忽长。随着太阳一蹦一跳地往上冒，海天一线之处渐变得红霞道道，金光闪闪，继而，万顷红涛将一轮红日托出海面，大放光芒，蔚为壮观。二观“云台铺海”。在雨后天晴，清风徐徐之时，云台山上白云层出，飘飘忽忽，时近时远，时高时低；时而如羽绒棉絮飘忽于山石林木之间，时而铺天盖地笼罩于大小山头之上；时而风息平静，白云如雪，时而风紧林动，白云翻滚，玉女峰、迎曙亭、三元宫……和满山古树林木，忽隐忽现，如人间仙境，让人大饱眼福。

【大圣山庄】 大圣山庄位于花果山玉女峰顶海拔 585 米处，是我国东南沿海最高的一座高山宾馆。

大圣山庄建有门楼、蟠桃轩、云汉亭、《大圣回山》雕塑等。广植奇花异草以及玉兰、红叶树、金镶玉竹、猕猴桃、冬青桃等名特果木，是一个微型的山顶植物园。建筑物上有许多国内、市内名家咏题的楹联。

在大圣山庄小住，时常会碰到高山行云，人如在五里雾中，飘飘欲仙。白日四顾，群山环拱，一览皆小；大海浩荡，漂无涯际，港城繁荣景象尽收眼底。夜晚但见山下万家灯火，灿若繁星。黎明时分可观海上日出，是内陆诸山无法见到的奇景。

图 14－9　坐落于花果山顶的大圣山庄

第二节　渔湾风景区

一、景区概况

渔湾景区，位于南云台山南麓的云台乡渔湾村。200 多年前，云台山在海中，此处是停泊渔船的天然港湾。渔湾背山向阳，环境幽雅秀丽。一条 5000 余米长的龙潭涧，从山顶逶迤而下。涧旁，山势俊峭，古树成荫；涧中“飞雪”道道，龙潭处处。涧右首之“小瀛洲”，更是峡谷深邃，林木蔽日，峭壁如削，山石怪异，为李汝珍创作《镜花缘》之瀛洲仙境原型。

1992 年，渔湾村村民自己动手开发渔湾景区，发展旅游事业，得到区、乡政府和市园林部门等大力支持，景区逐年完善、升级，2005 年，被国家旅游局评定为 AAAA 级风景区。同年，获得 ISO9000 质量认证和 ISO14000 环境管理认证。

渔湾景区景点遍山，以水见长，以水夺声。

图 14－10　神鱼化龙雕塑

二、主要景点

【神鱼化龙雕塑】　坐落在渔湾风景区龙腾广场上的神鱼化龙雕塑，高 8.2 米，龙首高达 3.5 米，被誉为“亚洲第一龙首”，其造型取自汉代出土的龙首鱼身玉雕造型。这里自古就流传着东海有大鱼化身成龙的神话传说。而古代位于东海（今称黄海）之滨的渔湾就是神鱼化身成龙的宝地。巨大的龙嘴不时向外喷水，令雕塑周围水雾弥漫，为游客营造出神鱼化龙即将腾空而去的神奇景象。

【珍珠瀑】　景区山门东侧，是一堵刀砍斧劈似的万丈悬崖。峭壁中间一股涧水从乱石缝中跌落而下。气势虽不如山上飞瀑壮观，但其水流飘飘洒洒挂于峭壁之上，在阳光的折射下，如串串五光十色的珍珠帘，煞是喜人，故名珍珠瀑。

图 14－11　九孔桥九龙戏游人

【九孔桥】　进入景区山门，有一座拱形石桥跨于山涧之上，桥有九孔，名“九孔桥”，也称“龙桥”。桥面宽数米，两旁护栏各有 10 根石柱，石柱顶均为雕琢精细的龙头，龙头稍仰，相对于桥面。护栏下，每边还各砌 3 个龙头。游客来时，26 个龙头统一行动，喷珠射玉，喜迎贵宾。顿时，桥面上便水网高挂，化作霏霏细雨，将阳光折射为七色彩虹。桥下，涧水奔腾不息，九孔争流。九孔桥为进山第一景观。

【三龙潭】　过九孔桥向上入龙潭涧。龙潭涧山石嵯峨，形成多处飞瀑、龙潭。列其大者，最下方为三龙潭。

三龙潭呈椭圆形，宽、长各 10 余米，深 5 米左右，潭上方为悬崖，高 10 余米，崖顶有二石矗立左右。早时有一巨石横卧其上。夏秋雨季时，涧水翻越横石，飞腾而下，声震山谷，数里之外可闻。飞瀑撞击于崖石之上，浪花四溅，似漫天飞雪。清末大学士姚士璋观景后，题刻“飞雪”二字，至今仍存于涧西石壁之上。崖顶横石已毁于 1985 年夏的一场特大山洪，但三龙潭的飞瀑依然“日夜自喷薄”。

图 14－12　渔湾二龙潭飞瀑

【二龙潭】　二龙潭在三龙潭上方，此潭幽深水黑，上方有瀑布从近十米高微坡的崖面上急流而下，把崖面磨得油光发亮。相传二龙潭潭底有洞直通东海龙宫。小白龙每年农历六月初三就从这里回龙宫探母。

二龙潭上方有一水池，池旁崖壁上面岩石突兀，倒映于涧水中如朵朵石莲飘于涧中，人称“莲花池”。游人多于此观景嬉水，乐而忘返。

【老龙潭】　从二龙潭向上，两边峭壁对峙，山涧狭窄且曲折。行约 200 米，便可听到轰鸣阵阵，抬眼望去，一条白练挂在山间。这便是著名的老龙潭瀑布。瀑布从山巅飞流直下，落差四十余米。涧旁有观瀑台，在此，仰望飞瀑，如白龙入潭。早晨，阳光斜照，飞瀑在七彩光环映衬下，更显绚丽神奇。

【上天梯】　老龙潭前，为千丈峭壁，唯南岸有“上天梯”上攀。“上天梯”是渔湾人硬是用双手在绝壁上抠出来的。山道砌有石阶，道旁立有铁索护栏，依顺山势，几经回转，计 188 级。山道入口处石壁上赫然刻有“上天梯”三个大字。

“上天梯”窄且陡，一般在 50 多度，其中有 88 级在 70 度左右，几近垂直，令人望而心惊。游人扶栏面壁，拾级而上虽觉费力，然登至崖顶，便觉天地开阔，风光无限。

【上下龙床】　上天梯上有小亭供人小憩。小亭位于老龙潭瀑布直上，飞瀑跌落山间的轰鸣声，声声可闻，故名"闻瀑亭"。

出"闻瀑亭"，再进龙潭涧，涧中巨石遍布，石面光滑，其间，有两块石面又大又平，一上一下，相距几米。下者大，长 10 米、宽 7 米；上者小，长 5 米，宽 4 米余。相传，隐居于老龙潭的老龙经常到达两块石上晒太阳，故称上龙床，下龙床。今人会意，在两个龙床上面，以双钩手法刻上了草书"龙"字，其中，上龙床上的龙字为反字。山里人说，在龙潭涧里洗个澡，躺卧于"龙床"上晒晒太阳，可治腰酸腿痛症。

图 14－13　上龙床、下龙床

图 14－14　渔湾藏龙洞冬景

【龙湫·龙井】　龙床上方地势平缓，涧中有一池，池水清澈见底，名曰"龙湫"。

龙湫东侧，有一巨大招崖，南北长 7 米多，似帽檐一般，顶部向外伸出近 5 米，为一天成"凉棚"。"凉棚"下石面平坦，可供 10 余人纳凉。在招崖与平石相交处的正中间，有 1 米多隆起，在其两边各有一眼直径 40 公分左右的小井。两眼井均不深，水不少，甘冽可口，终年不涸。招崖侧壁上，有市书法家赵斯武题刻"龙湫"、陈凤桐题"龙井"。

龙湫西为笔立耸岩，与招崖相对，形成夹道，山风至此被逼加速，清凉宜人，为游人乘凉休息佳境。

【藏龙洞】　龙湫上二、三百米处，龙潭涧再次为巨石所挡，此石高 10 余米，岩面上水帘悬挂，跌落有声。水帘后为一黑黝黝的山洞，洞口为右首耸岩所半掩，传说老龙潭中的老龙经常躲藏与此，故名"藏龙洞"，又叫"老龙洞"。

藏龙洞内终年昏暗，唯左上方有天窗似的洞口，洞口被两块倚石分隔成几个小洞，人称"天洞"，从中透进几缕弱光，使洞更显得幽静。游人至此，仰望天洞，蓝天几点，回视洞口，晶帘闪闪，银珠蹦跳。

藏龙洞内空间较大，可容数十人。地面呈三级台地，平台下各有踏步 10 多级。天洞中最大一个可容 1 人出入，游人可登梯出洞继续游览。

【拦水坝】　登石阶过藏龙洞、绿水汪，沿溪边继续向上走，两边怪石突兀，形形色色，抬眼望去，一座拦水大坝跃入眼前。在雨水充沛的季节。水流从大坝漫过，整个坝体如飞雪覆盖，与山下的三龙潭的飞雪美景遥相呼应。上了拦水大坝，视野豁然开阔，苍山绿树、白云、蓝天倒映水中，另是一番美景。立于坝上，回首来程，可见涧水蜿蜒，流淌于曲折的涧沟中，宛如苍龙归海。视者可顿时悟出此人们称其为龙潭涧的道理。

【凤凰涧】 从拦水坝向东走，走过一片郁郁葱葱的松树林，沿木栈道下行，步入由樟树、楸树、松树等各类树种构成的天然的大氧吧，呼吸着沁人心脾的山间清新气息，会顿觉得浑身轻松。石阶尽处，一块巨石矗立在眼前，高约二、三十米，植被覆盖其上。巨石与山体之间有一道刀劈斧剁似的、仅够两人并行的通道。使巨石更显得兀突险峻。当地人称它为神仙崖。

穿过狭窄的山道，便进入渔湾景区的另一条大涧——凤凰涧。此涧山势平缓，水流潺潺，山水流过只能闻其声而不见其影，走近水边才发现整个溪水隐藏在郁郁葱葱的树丛中间。凤凰涧中更有两颗明珠就是——滴水崖和小瀛洲。据考，《镜花缘》中唐敖和多九公遇仙山登其顶的地方就是凤凰涧的小瀛洲。游人在树木与溪水间嬉戏玩耍，别有一番趣味。

第三节 东磊风景区

一、景区概况

东磊风景区坐落在南云台山系的围屏山中，紧靠云台乡东磊村，其东为招崖山黄崖顶，南临南岛公路，西为万年山，正南是凤凰崖，北为金牛顶，面积约为 9 平方公里，与花果山景区、渔湾景区为邻。围屏山，海拔 315.6 米，山峦层叠，奇石如海，古木参天，玉竹亭立，玉兰飘香，朱樱璀璨，如诗如画，自古为云台山游览胜地。1994 年，国务院批准的《云台山风景名胜区总体规划》中，将其定为"以延福观、玉兰王、太阳石为主要古迹景观景色，以开展东磊石海自然风光游览，山村农家生活体验为主要活动内容的游览区，是云台山风景名胜区的核心景区之一"。

二、主要景点

【延福观】 延福观，原为明洪武三年(1370)，建于围屏山下观音殿。万历年间，观音殿拆除，后在此基础上建延福观，是苏北最大的道观，观内供有三官老雕像。"文化大革命"中道观被毁。"文化大革命"后又按原貌恢复。道观前门为保存完好的原建筑，圆门上"敕赐护国延福观"7 个大字清晰可见。

延福观建于围屏山中，地势险要。观后峭壁数十丈，挂满野藤山花。观前，为石砌平台，东望海天，极目千里。二三百年前山下是汪洋大海，明月初升，静影沉璧。那为云台山的一个名景：平台水月。如今，虽大海东去，但登此台观云台秀色，仍让人心旷神怡。

延福观周围多南方草木，这里的银杏、格木、黄杨、紫薇等，均为数百年古物。观旁石隙间泉水淙淙跌落崖下，状如飞雪散珠，叮咚有声。观旁崖间更有一处摩崖石刻，为篆书"小蓬莱"3 字，字径 30 厘米，笔力刚劲。相传，此景对李汝珍构思《镜花缘》很有影响，便将此"小蓬莱"作为唐敖及其女儿——百花仙子唐闺臣步入仙境之处，写入书中。

【玉兰花王】 玉兰花王生长于延福观观内，共有 4 株，其中两株树龄在 800 年以上(详见第三编第二章第五节"白玉兰"条目)。外地的古玉兰花多为单株，东磊的玉兰王却是小群体，堪称"玉兰王"家族。更有奇趣的是，这里较高的纬度和稍凉的海洋性气候，推迟了玉兰花期，每年 4 月，江南的玉兰早已凋谢，而东磊的玉兰却刚刚开放。花开时，巴掌大的洁白花朵开满枝头，远远望去，如同万只乳鸽栖息树间。

清末云台诗人张百川吟玉兰诗咏玉兰道:“洗尽嫣红别样妆,天生丽质斗芬芳。镜中眉黛颜如玉,画里荣华鬓已霜。北院方疑柳絮落,东风却送粉花香。三山名士群相慕,缟素真堪对夕阳。”

【石海】 石海形成于亿万年前,为古冰川遗址地质景观,古人曾将此与黄山、峨眉的“云海”,贵州镇安的“树海”,杭州西溪的“花海”相提并论为“四海”。

东磊的石海经千万年风雨和海水冲刷,自然圆润,千形万状,鬼斧神工,加之石上藤蔓攀岩,石间树木丛丛,杂以山花矮竹,犹似无数大型盆景陈列其间,游人漫游石海中,犹如穿行于飞禽、猛兽、鲸鱼之间,又如观看房屋、桌椅、船只,处处身移景变,令人目不暇接。

石海附近有樱桃涧,涧中奇石更多,块块形象逼真,尤佳者为“狮子护佛石”,石形如舞动的雄狮。狮旁一石如人定参禅的“老僧”,人称“狮子护佛”。其上的“猪八戒”,“天狗”诸石,更是活灵活现,妙不可言。

图14-15 东磊神仙洞半山出口

【石门玉女】 延福观后的围屏山山峰翠绿,“屏”上杂花垂挂,芳草如茵。“屏”中有一裂缝,如围屏敞开一门,人称“石门”。石门内山泉淙淙,跌落崖下,状如飞雪奔珠,叮咚悦耳,如琴如瑟,石门上“焦石鸣琴”四字题刻,更使其韵味无穷。日久天长滴水处形成一个圆池,池水清澈碧透,相传玉女常来此洗头,故人称“玉女洗头盆”。其侧石壁上镌刻有“飞流飘洒云山根,冷韵清音听石门。恍如华山来玉女,观看珠落洗头盆。”七律一首。更妙者是石门北侧有温泉一眼,南侧有冷泉一眼,二泉相距几步,互不相扰,千古各自流,泉为玉女备,冬夏好洗头。

【迎仙崖与神仙洞】 相传,云台山在大海中为海外仙山时,各路神仙看中围屏山一带风光,常常到此聚会。每到春暖花开时,驻山之仙早在西山嘴一大招崖处恭候。此招崖便是“迎仙崖”。先到之神仙均在此暂息,以琴瑟自娱。聚齐后,沿山根小道前往神仙洞集会。如今,迎仙崖下的“琴瑟石”,沿途的“群仙聚会”等题刻,就是那时留下的。

神仙洞,位于围屏山崖底,是很久很久以前的大地震时乱石飞崩,数块巨石从空中坠落堆磊而成。洞口狭小,仅够一人侧身而入,隐于重重怪石和杂草树丛中。洞内,弯曲险要,蜿蜒渐高。洞宽2~3米,高6~7米,其间有一高大洞厅,可容数十人。洞口凉风嗖嗖,洞内干燥宜人。洞厅前五、六米高处为“人”字形洞口。“人”字的撇、捺之间夹着一块米把长、多棱角的奇石,迎光望去,边角似有灵光闪烁。据说,清朝改良家、著名学者魏源慕名前来游览此洞,游至洞中央时,遇见巨蟒挡住去路,退回时,将一只靴子绊落洞中,在当时传为美谈。清嘉庆年间,海州司训杨廷镇观此洞后情不自禁吟诗一首:“蒙茸虎豹尽高蹲,肤寸氤氲古洞昏。苍狗白衣何处去,飘然随我到昆仑。”诗刻至今仍存于洞口。

【三磊石·天愚亭】 三磊石,在石海北方,为天生三块巨石叠压成磊字状,故名。三磊石,上宽下窄,看似基垫不牢,摇摇欲坠,然而,历经千百年的风吹雨打、地动山摇,依旧巍然屹立,真乃巧夺天工。三磊石,自古以来均为石海中之极品,石上有民国17年(1928)宋球(字天愚)“重游东磊”题刻。宋球,字天愚,灌云县白蚬人。20世纪30年代曾任灌云县文教科长。抗日期间,亲率壮丁抗日。1942年,去世。其子宋光梁,为陶瓷专家,旅居海外,20世纪90年代初回国观光,言父遗愿,经市政府批准,出资在三磊石旁建一游亭，名曰“天愚亭”。游亭依山傍水，红柱流瓦，飞檐翘角，已为一景。

【龙池涧】 三磊石东为东磊水库，水库上为约5000米长的龙池涧，又称东磊龙潭涧。水库上方约200米处为一天生之潭，深约数米，碧清见底，潭旁巨崖上刻“碧龙潭”3个大字，字径30余厘米，清秀挺拔，潭上断崖高10余米。平时细流垂落，淙淙有声。夏秋雨季，涧水奔流，瀑越断崖而下，如碧龙狂舞入潭，搅的潭水翻腾，声震若雷，回响山间，无比壮观。

碧龙潭下近百米处，有一天池，相传为仙女洗澡之池，人称“女儿池”。潭北有一椭圆形洼塘，深可漫脐；塘旁另有一小池，水均清柔。相传大塘为龙女沐浴之处，小处为“龙女洗头盆”。

龙潭之上，有龙池，深广均超龙潭，池边悬崖峭壁，怪石峥嵘，丛林错落，白云飘绕。池旁绝壁上有抗日题刻“血战连云”4个大字，旁镌小序：“民国二十七年五月，余率所部，守备连云，与倭寇血战数昼夜，转战老窑，途径东磊”。题名“李志”。池上坡石上有民国35年连云市官员张仁赞连云市第一任市长张振汉诗刻：“未建新都市，且先劝务农，黄花香晚节，老圃淡秋容，沧海难言量，出山不计重。未随潮起落，百政在中庸”。

【糜夫人故里】 云台乡关中村是三国时刘备糜夫人的故里。糜夫人哥哥糜竺、糜芳是当地的大富商。东汉建安六年(197)，刘备兵败徐州，逃到海西(今灌南一带)，东海巨富糜竺出资财钜万和大量兵员支持刘备，并把妹妹嫁给刘备，使刘备得以东山再起。刘备得天下后，封糜竺为“安汉将军”，因刘备做过益州牧，人称其为“刘益州”。明代在糜家故宅——刘备招亲的地方，曾建立纪念性建筑益州院。现今“益州院”的刻石尚存，院内古井镌有“糜竺井”三字。

旧时，糜夫人故里山光水色别具特色，《云台三十六景》将其分成二景：一是关里前村的“水村获稼”，一是关里后村的“半山野眺”，描述其“四山回合，土沃民勤，水田稼穑，秋成最盛。”

【太阳石·日晷石】 渔湾和东磊接壤处统称黄崖顶，又称“姆忽顶”。其上，有一块面向东方斜卧的巨石，长7.5米，宽2~4米，前窄后宽，表面平坦，人称“姆忽石”、“太阳石”。上方刻着两个大圆圈，直径分别为18厘米和25厘米。这两个圆圈，一个中间有简单的图案，月亮的图形，另一个圆圈周围刻着象征光芒的线条，为太阳图形。太阳图形下面，有七个鸡蛋大小的洞，位置的安排好像北斗七星。石面上还刻有几个网格图案及一些奇形怪状的符号和类似星图的圆洞。20世纪90年代，经专家学者考证，此石为4000多年前尧帝派仲羲到“旸谷”祭日之处，故称其为“太阳石”(详见第二十九编第九章第一节第一目)。

图14-16　东磊日晷石

在太阳石东边不远处，白云寺遗址附近，还有一块巨石，上面刻有大小3个圆圈相套的图案。最外边的大圆圈如罗盘钟表，一圈分为24等份，圆心为一深洞，插小棒于洞中，中午12时，棒影落于子午线上，其他时间棒影落于相应刻度上，此石为“日晷石”，是先民们计时的“科学仪器”。

第四节 南城风景区

一、景区概况

南城风景区位于南云台山脉西南端的南城镇，紧靠市行政中心，北距市中心新浦6公里，东北距花果山景区10公里，位置优越。宁连、徐连高速公路及204国道在此交汇，交通十分方便，区位优势十分明显。

南城历史悠久，《汉书·昭帝纪》载：昭帝三年“冬十月，凤凰集东海，遣使者祠其处”。皇帝颁诏书建凤凰祠，故又称凤凰城。

南城古在海中。是东方门户之一，从南朝泰始七年到南宋景定二年，近800年间为县（郡、州）治所在地，是海属地区著名的政治、经济、文化中心，物资集散中心和军事重镇。加之镇内东西凤凰山，山势俊秀，境内多有自然人文景观。

近几年来，南城人重视发展旅游业，精心打造凤凰山。架天桥，铺云路，修筑凤凰湖。南城已初步形成一个古味浓郁风光秀丽的旅游景区。

二、主要景点

【玉皇宫】 玉皇宫位于在南城东凤凰山绝顶。始建于隋开皇五年（585），是海属地区最古老的道教宫观。宫内供奉玉皇大帝。后被日本飞机炸毁。20世纪末，民间集资修复玉皇宫、观音殿、三元殿及送子娘娘殿等宫观建筑。玉皇宫前山门立柱为隋代遗物，至今已有1400余年的历史。（详见第三十五编第一章第二节）

【城隍庙】 城隍庙坐落在东凤凰山下，清康熙三十二年（1675），建于原普照寺的旧基之上。

城隍庙正殿供奉“剪恶除凶、护国安邦”之神——城隍老爷神像，旁有城隍缉凶除奸助手周二爹爹。东西厢房为大奶奶、二奶奶的卧室。自古人们都到此烧香许愿，香火极旺。

古时，每年清明这天，为城隍老爷巡城之日，周二爹爹护神保驾，全城举行盛大的庙会，许愿之人多在此日来此还愿，并有大型“抬阁”等地方文艺表演。如今，庙会依然，敬香、购物人山人海，十分热闹。（详见第三十五编第一章第二节）

【普照寺】 始建于宋代，与城隍庙交互兴废。今日普照寺位于城隍庙东侧，兴建于20世纪末至2002年（详见第三十五编第二章第二节）。

【六朝一条街】 1500多年前的南朝宋泰始三年（467），淮北青、冀、徐、衮四州失守，青州曾乔立于南城。至东魏武定七年（549），在南城建临海镇（县级），北周置东海县。至元末，南城一直是县治所在。城内一条南北大街。人称“六朝一条街”，是连云港市现存唯一的历史文化街区。街长约1500米，宽4米余，路面以大小不一的1399块青石板铺成，路中稍高，两旁原为店铺，片石体墙，青色筒瓦，如今一些古色古香的飞檐斗拱虽已折去，但古朴之风仍存。街北头路东，有清初“登州信府第”深宅大院，占地15公顷，门口有上马台，宅内7道院落，全部青砖墙，筒瓦顶，典型的明清建筑风格。沿街一般民居多为石头砌成，但石头之间不用泥灰，全部用大小片石垫平。当地人称“碎石墙”。手艺精巧，别具一格。屋前墙门两旁及“天香庙”附近刻着吉祥图案和文字的砖刻，洋溢着六朝老街的气息。大街南端为南城城

图 14－17　南城六朝一条街

门,唐贞观十三年(639),复修城堞时筑,城门刻额“宁海门”3 个大字,为唐宰相魏征手书,此门额现存于市博物馆。今“凤凰古城”门额为清咸丰年间州牧黄金钧题写。城南门为全市唯一一座保存完好的古城门。门东侧碑刻“凤凰城郭古郁州”,西侧碑刻“六朝一条街”。

【匡衡井】 南城南门外,有一条“匡衡街”和一口“匡衡井”,是地方人民为纪念匡衡命名的。匡衡是西汉元帝时山东兰陵人。相传幼时流落到云台山地区,在南城一带留下了他“凿壁偷光,勤奋读书”的传说。后经东海人举荐,匡衡到朝廷任职,官至丞相,领安东侯,成为万古流芳的贤臣良相。自古以来南城人多以匡衡为榜样,激励子女勤奋学习,正直做人,造就了一大批为国家做出卓越贡献的人才。

【凤凰东山】 从城隍庙东行不远,过天桥越宁连公路便到凤凰东山,沿石砌踏步拾级而上,渐登山顶。凤凰东山西坡土层肥厚,植被茂密,加之山顶巅有建于隋开皇五年(548)的玉皇宫,自古为游览胜地。进山在海拔百余米处,有一石门,两柱六角,石柱上端嵌一石匾,朝西一面刻“紫气东来”四字。相传为玉皇宫前门,可想当初玉皇宫规模之大,石门一带,松海一片,果树满目,景色宜人。右首有“魁星阁”。过石门向上,道旁有古玉皇宫道人饮用水池——天池。过天池便可见玉皇宫。玉皇宫西侧东山绝顶处有“仙人洞”,洞南一巨崖上刻“观澜”两个大字,为古人观沧海波澜之处。如今大海远去难观,但登此处,可远眺万顷绿园,古城全景。

玉皇宫东南下方有一山洞,原为 20 世纪 40 年代初侵华日军作最后垂死挣扎时所凿,谁知工未竣已投降。抗战胜利后,中国军队在洞上刻“徒然洞”,以笑日军徒然也。洞门旁另有诗刻(详见三十编第三章第二节)。

东凤凰山留有多处古人题刻,半山腰路北侧较为集中(详见第二十九编第九章第三节),字径不一,形体各异,可见当初南城文化之繁荣。

第三章　旅游景区开发建设

第一节　景区规划

一、花果山景区

1993 年 10 月 8 日,中共连云港市委、连云港市人民政府委托中国城市规划设计研究院风景园林所编制《云台山风景名胜区总体规划》。1994 年 7 月 7 日,由江苏省建委受国家建设部委托,召开高层次评审会,正式通过。

该规划认为,花果山景区是以历史文化遗存和《西游记》中花果山原型而闻名,应以“海、古、神、幽”和山、海、港、城相依为主要景观特色,建成可供风景游览、休养度假和开展多种形式文化探讨、科研考察等活动的国家级重点风景名胜区。

景区的面积由原12.8平方千米扩展为84.32平方千米,范围为云台山系中的南云台山体和鸡鸣山独立山体。其中一级保护区为4.75平方千米,占其面积的5.6%,范围由唐王坝、郁林观石刻起,沿山路向上,经已经开发的景点达后顶、观象台,界线沿山脊、山路、山谷划定。二级保护区为29.35平方千米,占其面积的34.9%,范围为一级保护区之外围,由猴嘴沿山脊线,经九层顶至朝阳水库南,向东经万丈崖、鬼牙、大磨垛子,达渔湾;大圣湖南线经牛岭、仙人石崖、老窑沟西,绕马腰顶,经凤凰坡,至东磊,再沿其区域边界线与渔湾回合。一、二级保护区范围外的所有地段为三级保护区,面积为50.23平方千米,占全景区面积的59.5%。

整个花果山风景区划分为7个游览区,其中新浦区境内有阿育王塔游览区、丹霞岭游览区、玉女峰游览区、《西游记》境界游览区和东磊游览区5个游览区。规划建设94个主要景点,其中自然景源67个,人文景源27个。

二、渔湾风景区

渔湾风景区开发于1992年,原无完整景区规划。

2002年,区委、区政府邀请洛阳规划设计院广州分院、深圳联合空间展示公司、苏州园林设计院等单位对渔湾景区建设进行全面规划。规划部门专家经过实地勘察、研究地情资料,与市、区熟悉渔湾地情的专家、学者座谈,就该景区的定位、景点建设等进行全面规划,并提出分期规划建设意见。

根据规划,在区旅游局的指导下,渔湾风景区管委会采取借资、建设单位垫资和贷款等方法,加大景区建设,整治渔湾景区入口处环境,景区投入200多万元拆迁37户居民和学校以及水厂。拆迁总面积达8700平方米,拆迁后新增加空间面积达3万多平方米、增加广场面积8000多平方米;投入资金70余万元对拆迁后的新区道路、电力、排水等工程进行规划和建设,为开发游客在农家吃、农家住项目奠定基础;投入资金60万元将原为沙土地面的5000平方米的演艺广场,改造为用水泥砖铺装,改变了景区的大环境;投入25万元新建环保厕所1座,解决游客上厕所难问题;投入35万元对入口处的涧沟进行整治与改造,建隔水坝供游客在景区嬉水玩耍;投入近70万元对渔湾景区进行总体规划和形象策划。

第二节 道路建设

1996年4月8日,新浦至花果山乡大村的公交线路开通。

1997年,花果山景区投入800万元新建了从九龙桥至玉女峰、全长1388米的索道。

20世纪90年代后期起,花果山景区加强景区道路建设,先后投资1388万元建成山门广场至玉女峰的全长12.5千米的盘山公路;投资1658万元,建设自新墟公路起连接花果山乡大村全长3.77千米的花果山路及全长2.47千米的进山大道。

2002年4月,花果山景区投资3600余万元,新建全长4.35千米、宽15米的双向车道的花果山南路。同年6月8日，沟通云台乡丹霞村与花果山乡新滩村的马涧通道工程开工。同年6月16日，花果山环山南岛路开工兴建。

2003年3月上旬，新浦通往机场、火车站、汽车站及主要旅游景区的道口，增设了带有中、英文对照的交通指示标志。年内，东磊村和南云台林场共同出资，维修通往东磊景区的长500余米的步行山道。同年，区政府多方筹资4000余万元，拓宽改造28千米渔湾对外交通道路。建成长19千米，宽9米的南岛环山路，凌州至东磊段6.2千米，朱麻至市开发区段2.66千米。

2004年8月3日，连接花果山景区和市区主要道路桥梁——海丰桥建成通车，使市区到花果山景区畅通无阻。

第三节　景点建设

一、花果山景区

花果山景区建设始于20世纪70年代初，主要是对古景点进行的修复性建设。1974年11月至1975年底，投资11万元维修了海青寺阿育王塔。

20世纪80年代，先后修复了自在天、海宁禅寺、屏竹居、团圆宫、藏经阁、茶庵、草堂庵、玉皇阁等古景点。

从20世纪90年代起，花果山景区投入2200多万元，对照海寺、九龙桥、水帘洞多宝佛塔、玉皇阁等10多个老景点进行改造。

在恢复、改造老景点同时，花果山景区还投入2470余万元，兴建了观猴亭、迎曙亭、毛公碑、玉女亭、怪石园、墨香小径、瑶池、鹿苑、蟠桃园、猴苑等36个新景点，使花果山景区的《西游记》特色更加彰显。

1974～1995年花果山景区古景点修复概况表

表14－1

名称	投资金额(万元)	开工年月	竣工年月	面积(平方米)
海青寺阿育王塔	11	1974年11月	1975年12月	1750
灵宫殿	8	1980年3月	1980年6月	130
自在天	10.06	1980年3月	1983年7月	155
海宁禅寺	218.71	1982年10月	1984年10月	2854.96
屏竹居	9.59	1983年10月	1984年4月	262
团圆宫	5	1983年10月	1984年10月	45
藏经阁	27.70	1983年10月	1984年10月	95.20
茶庵	113	1984年10月	1985年11月	421
草堂庵	10	1985年11月	1986年10月	113
玉皇阁	52	1987年6月	1988年10月	297.20
五十三参	20	1995年6月	1995年7月	140

1982～2003 年花果山景区老景点改造概况表

表 14－2

名称	投资金额(万元)	开工年月	竣工年月	面积(平方米)
照海亭	8.60	1982 年 10 月	1982 年 11 月	48
九龙桥	58.53	1986 年 10 月	1987 年 9 月	267.20
玉女峰	10.05	1987 年 3 月	1988 年 12 月	360
水帘洞	297.20	1989 年 4 月	1999 年 7 月	700
多宝佛塔	34	1995 年 3 月	1996 年 10 月	88.54
大圣山庄	1088.40	1995 年 11 月	1997 年 3 月	1533
七十二洞	125	1997 年 11 月	1998 年 10 月	750
唐王坝	125	1998 年 10 月	2000 年 6 月	3000
仙人桥	15	2001 年 3 月	2001 年 4 月	300
神路	35	2002 年 3 月	2002 年 4 月	1500
玉皇阁	10	2002 年 6 月	2002 年 9 月	350
唐王坝水库	400	2003 年 1 月	2003 年 4 月	5000
荠菜沟瀑布	40	2003 年 3 月	2003 年 5 月	200

1958～2005 花果山景区新景点建设概况表

表 14－3

名称	投资金额(万元)	开工年月	竣工年月	面积(平方米)
花果山题名石刻	1	1958 年 3 月	1958 年 4 月	100
观猴亭	7	1985 年 3 月	1985 年 10 月	200
迎曙亭	13.82	1985 年 10 月	1986 年 10 月	100
猴王后花园	18.80	1987 年 7 月	1987 年 10 月	500
梅花园	42	1989 年 3 月	1999 年 3 月	8000
袖海苑	258.87	1990 年 10 月	2001 年 10 月	450
玉女亭	23.80	1992 年 4 月	1993 年 11 月	520
毛公碑	7.80	1993 年 10 月	1993 年 12 月	100
义僧亭	13.40	1994 年 4 月	1994 年 11 月	132
金镶玉竹	198.15	1995 年 2 月	2001 年 9 月	38100
索道	800	1995 年 6 月	1997 年 7 月	1388 米长
猴雕山门	87.30	1995 年 7 月	1996 年 7 月	109.40
墨香小径	18.33	1995 年 10 月	1999 年 5 月	3600
日军轰炸三元宫遗址碑	1.50	1996 年 10 月	1996 年 10 月	20
怪石园	10	1996 年 10 月	1997 年 10 月	41000
药草园	13.50	1996 年 10 月	1997 年 10 月	11115.27

续表 14－3

名称	投资金额(万元)	开工年月	竣工年月	面积(平方米)
“神”字王	2.40	1996 年 11 月	1997 年 4 月	522.52
观神台	5.20	1997 年 11 月	1998 年 2 月	50
樱花园	51.20	1998 年 2 月	2001 年 4 月	8080
杜鹃园	21.30	1998 年 2 月	2001 年 4 月	3000
大圣佛	5	1998 年 3 月	1998 年 12 月	168
蟠桃园	15	1998 年 10 月	1999 年 3 月	3500
墨香亭	15.80	1999 年 10 月	2000 年 5 月	36
瑶池	95.04	2000 年 3 月	2000 年 10 月	1750
鹿苑	40.55	2000 年 6 月	2000 年 9 月	5280
猴苑	109.22	2000 年 6 月	2000 年 9 月	1500
迎客松	19	2001 年 8 月	2001 年 9 月	120
渡仙桥	60	2002 年 1 月	2002 年 4 月	长 32 米,宽 5 米,高 7 米
松鼠园	120	2002 年 7 月	2002 年 9 月	1115.27
《西游记风雷图》锻铜浮雕壁画	56	2002 年 7 月	2002 年 9 月	125
罗汉堂	260	2002 年 7 月	2003 年 11 月	530
花果山松门	80	2002 年 8 月	2002 年 9 月	15.2 米高

二、渔湾景区

2001 年,渔湾景区采取银行贷一点,施工单位垫一点,旅游收入挤一点的办法,筹措资金,投资 140 万元。新铺花岗岩路面 1500 平方米,铺装草坪砖及人行道 1600 平方米,整修石板路 150 平方米,建设花坛绿地 1600 平方米,栽植花草、灌木 7000 多株,补栽行道树 200 株,新植草坪 1200 平方米。铺装草坪砖及曲坡板 1000 平方米。完成涧沟塌方的整治工程,使九孔桥桥面龙头恢复喷水。

2002 年,开始创建国家 AA 级景区。

2003 年,投入 1200 余万元,对景区入口环境进行大规模改造建设,初步建成占地 1.1 万平方米的山门广场——龙腾广场和水上游乐园等配套设施。在渔湾景区主要道路两侧栽植 1600 株金丝柳,为景区门前增添了一条千米柳荫大道。

2004 年,在创 AA 级景区基础上,开始争创国家 AAAA 级景区。区委、区政府成立创 AAAA 景区领导小组,进一步制定景区规划,全方位加强景区建设。当年,投资 4000 多万元加快渔湾景区的建设,建成占地 1.3 万平方米的龙腾广场,建成 1 万多平方米的生态停车场。景区旅游面积增加 1.2 平方千米,建成近万平方米的水上娱乐区、开工新建广场“神鱼化龙”雕塑一,神仙崖等景点,铺设步游道 3500 多平方米。此外,景区新增、改造新型环保公厕 3 座,中英文说明牌 45 块,垃圾箱 20 个,休息石凳 15 个,安装 IC 卡公用电话两部。年底,创建工作通过国家旅游局检查验收。

2005 年,投资 1050 多万元完善景区广场地面景观雕塑工程。投入 100 万元,建成广场标志性建筑——“神鱼化龙”，于7月初正式向游客开放。投入150万元新增市树市花1500株，合欢、宝塔松1000株，金镶玉竹15000丛，黑松1万株，水杉、雪松200株，木香花、金丝桃等千余株。新增绿地面积1万平方米，完成生态停车场草坪绿化工程，进一步提高了景区的绿化覆盖率。当年5月23日，一次性顺利通过北京世标认证中心ISO1400环境管理体系和ISO9000质量体系认证，成为质量、环境双认证的AAAA景区。

第四节 景观整治

2002年11月26日，区政府批准复建东磊延福观。东磊景区投入150万元，完善延福观的改造和复修工程。11月30日，东磊延福观内三官殿落成，三官神像开光。

2003年，位于市区中心的陇海商业步行街，在全力发展商贸业同时，加强环境美化、亮化建设，积极打造旅游购物一条街的氛围。全年步行街管理办公室投入近百万元，在街内新安装了背景音乐系统、电视监控系统，新上街景移动式花盆26只、霓虹灯亮化观景亭8个。全街霓虹灯亮化率达80%以上。2003年，被评为市“旅游购物一条街”。

2003年6月9日，渔湾景区龙腾广场开工建设。广场占地11万平方米，总投资1000万元。

2004年4月17日，新浦公园改建闲置的花卉馆为文化市场，开门迎客。来自上海、武汉、山东等地的30多家古玩经营户进场，进行藏品交易。

2005年，渔湾景区投入120万元，在停车场新建高标准星级公厕及餐饮、超市，景区还专门设置中、英、日、韩文标识牌45块，为中外游客提供了方便；景区投入40多万元，栽黑松万余株，玉兰、银杏、水彬、雪松、合欢树200株，木香花、金丝桃千余株。同年8月7日花果山唐王坝游客服务中心开工建设，该中心投资1200万元，占地1.3公顷，建设面积1860平方米。同年12月28日，由社会各界捐资100万元修建的海宁禅寺钟鼓楼落成。钟鼓楼内悬挂的钟重7吨，直径1.8米，高3.6米。为江苏省及山东省鲁南地区各寺院中最大的钟。

第四章 旅游推介活动

第一节 花果山金秋登山节

首届花果山金秋登山节由连云港市政府主办，于1997年10月10日上午9时开幕，12日结束，历时3天。连云港市领导、运动员、游客以及群众等近3万人出席开幕式。1250名运动员，组成青壮年组（1000人）、独生子女家庭组（150人）和老年组（100人）参加登山比赛。同时，举办群众操、拳、功、舞表演和摄影、书法笔会等近10项活动。3天中，花果山景区共接待游客6万多人次。

第二届花果山金秋登山节，举办于1998年9月26～28日，15000人出席开幕式，历时3天，9月28日落下帷幕。出席开幕式有连云港市领导、运动员、游客、群众等。在开幕式的文艺演出中，总政歌舞团歌唱家郁钧剑、中国歌舞剧院歌唱家卢秀梅等登台献艺，中国第一位登上珠穆朗玛峰的女性潘多和连云港籍国家田径队领队兼总教练韩永年先后登台与观众见面。1250名运动员参加登山节比赛，组成青壮年、老年和独生子女（子女限幼儿园大班）家庭三个组，同时，举办花果山寻宝、江苏省木偶剧团木偶剧表演和群众操拳表演等活动。此次登山节期间，花果山共接待游客近8万人次。

第三届花果山登山节为花果山登山节和江苏省首届登山比赛联合举行，由江苏省体育运动委员会和连云港市政府主办。举办于1999年9月26日至10月5日。3万人出席开幕式。1458名运动员参加比赛，共编5个组，其中省辖队青年组104人，省辖队中年组104人，市队青年组1000人、老年组100人，独生子女家庭组50人。同时，举办杂技、驯兽、高空车技、时装模特表演和京剧票友演唱会5项活动。南京市代表队丁礼圣夺得男子组冠军；连云港市中年组代表队夺得中年组第一名；连云港市云台区代表队包揽连云港市全民健身登山比赛的男、女团体两个第一名；连云港碱厂职工王强夺得男子青壮年组冠军；七一六研究所夺得老年组第一名；5岁半的小朋友张鑫及其父母夺得独生子女家庭组冠军。10天中，花果山景区共接待游客10万余人次，实现门票收入84万余元。

图14－18　花果山金秋登山节开幕式场面

第四届花果山登山节与全国首届登山邀请赛同时举行，由江苏省体育局和连云港市政府主办，举办于2000年9月10日至10月22日，历时42天。江苏省体育局领导、连云港市领导、应邀单位负责人和运动员、游客、群众等近3万人出席开幕式。开幕式上，北京京剧院表演孙悟空在花果山占山为王的神话故事片断；青岛歌舞剧院演唱《我登上高高的玉女峰》《金秋花果山》等歌曲；著名歌唱家蒋大为演唱《牡丹之歌》《在那桃花盛开的地方》《北国之春》《敢问路在何方》等。

来自全国各省、市、自治区、大陆桥沿线城市及江苏省部分省辖市运动员近200人参加邀请赛；9月16日上午9时，连云港市各县区、各企事业单位的400多名登山爱好者参加登山比赛；10月6日，举行重阳节尊老登山比赛；9月10日至10月22日，组织游客和群众进行有奖登山比赛，每周进行2～3次。登山节期间，首次邀请中国滑翔伞队表演，举办歌舞和时装模特表演38场次；在玉皇阁展出全国著名画家的猴画40余幅。登山节期间共接待游客10.2万人次，其中开幕当天接待游客3万多人次。

第五届花果山登山节与“王子杯”登山比赛同时举行，由连云港市政府主办，于2001年9月29日上午举行开幕式。来自全市机关、企事业单位和学校、幼儿园的60个代表队、千名运动员，组成青壮年组、家庭组、老年组参加登山比赛。数千名游客参与了登山活动，其规模超过历届。年龄最大的是连续参加5次登山活动的连云港市机关71岁退休干部史学仲。年龄最小的仅2岁，是来自阿根廷的小姑娘西米娜，其父亲乌高是连云港市的投资商，母亲米达在连云港市钟声幼儿园教英语。青壮年组，连云港碱厂代表队的青年组选手王强，以36分30秒的成绩第一个冲到玉女峰，第三次获得个人第一名。

2002年至2005年，均于重阳节举行各种类型的登山活动。

第二节　渔湾民俗风情节

渔湾民俗风情节开始于1997年7月，以“渔湾风景情系游客”为主题，邀请市歌舞团、歌剧院到场表演，吸引游人11万多人次。渔湾景区影响随之扩大。1998年7月19日至8月8日，景区举办第二届民俗风情节。云南省景洪市傣族歌舞团应邀到渔湾景区先后表演40场，风情节期间游人达12万多人次。自1999年的第三届起，在市、区领导的支持下，一届比一届开的隆重，游客逐年增多，提高了景区的知名度和美誉度。

图14－19　2002年渔湾民俗风情节场景

2003年6月30日，第七届渔湾民俗节在渔湾景区门前广场开幕，来自全国各地的近万名游客汇聚渔湾。开幕式上艺术家们表演了《神奇的渔湾》《山路十八弯》《那片海》等歌舞节目，应邀前来的广西壮族民族风情表演更具特色。开幕式后，持续两个月，每天都有文艺演出。风情节期间30多个外省旅行社组团来渔湾景区旅游。游客们吃、住在景区广场南侧新建的37户农家乐居住区，开展农家游活动，体味农家之乐。

2004年7月10日至20日，第八届渔湾民俗风情节暨江苏经济台第二届旅游节在渔湾景区举办。在7月10日的开幕式上，《刘老根》剧组部分演员走进渔湾，现场表演东北二人转；新疆民族歌舞团表演新疆风情歌舞。

连云港第九届渔湾民俗风情节于2005年7月17日在渔湾风景区开幕，来自省内外10000多名游客参加了开幕式。开幕式后游客畅游了渔湾风景区。

1997～2005年渔湾景区历届民俗风情节概况表

表14－4

界次	时间	主题	表演单位	演出场次	期间游客数（万人）	投资（万元）	收入（万元）
1	1997年7月	渔湾风景情系游客	连云港市歌舞团、歌剧院	16	11.6	8	144
2	1998年7月	走进渔湾回归自然	云南省景洪市傣族歌舞团	40	12.6	12	168
3	1999年7月	观渔湾风景看民间艺术	海州区民间演出队	20	8	12	152
4	2000年7月	乐游渔湾风光，体味乡村风情	云南省景洪市歌舞团	20	15.8	16	186
5	2001年7月	神幽渔湾无限风光	云南省苗族歌舞团	30	16.2	16	183
6	2002年7月	江苏九寨沟渔湾山上美	新疆苗族歌舞团	30	17	16	181
7	2003年7月	观民俗风情表演，游渔湾山水景观	广西壮族歌舞团	30	17	16.8	189
8	2004年7月	渔湾风景独好	辽宁铁岭艺术团《刘老根》剧组	30	16	17	173
9	2005年7月	渔湾奋进的渔湾	山西民歌艺术团	30	16	15	178

第三节　东磊玉兰花会

自1985年起，每年清明前后，玉兰花开时，连云港市政协、连云港市文联等单位均在此举办“玉兰花会”。文人墨客，画家书友，云集于此，赋诗作画，轻歌曼舞。

1997年，时值中国旅游年，连云港市政府、云台区政府主办连云港市第一届玉兰花会。从此，每年举办一次，每次为期15～20天。

2002年3月23日，连云港市政府、新浦区政府主办第六届民间艺术游、东磊玉兰花会，近万人共赏中国玉兰花王。同时，在水库边、山岭上欣赏市职工艺术团富有浓厚乡土气息的歌舞、时装表演。

2004年4月4日举办第七届玉兰花会，市文联组织20余位书画、文学家、摄影艺术家到会赏花，咏花。活动期间共接待游客2000多人次。2005年3月27日，新浦区政府举办“第一届中国玉兰花王观赏大会”。市文联组织10余位书画、文学、摄影艺术家到东磊赏花。

第四节　《西游记》文化节

中国首届《西游记》文化节于2001年9月30日至10月10日，在新浦地区举行，由江苏省建设厅、连云港市人民政府、新华日报社、扬子晚报社联合主办；省文化厅、省旅游局、省体育局、省宗教局联办；连云港市建设局和云台山风景名胜区管委会承办。9月30日上午，5万余人在花果山景区广场参加开幕式。开幕式上，孙悟空的扮演者六小龄童与配音演员李扬联袂，三叶草演唱组、魔术大师汪其魔、扮演伟人毛泽东和邓小平特型演员等登台表演。

首届中国《西游记》文化节期间，先后举办第六届全国《西游记》学术研讨会、连云港市第五届金秋登山节、群众操、拳、功和舞表演、摄影、《西游记》灯展及书画笔会等活动，国内及省市新闻媒体均作报道，江苏卫视现场直播开幕式。11天时间，花果山景区就接待游客12万人次，比前一年同期增长了32%。

第二届《西游记》文化节由连云港市人民政府、中央电视台于2002年9月25日至10月8日联合举办，连云港市云台山风景名胜区管理委员会、市建设局、广播电视局、旅游局承办，市公安局、交通局、文化局、城管局、宗教局、外事办公室、卫生局、经贸委、科技局、连云港市供电公司、社科联、连云港日报社协办。于2002年9月25日晚19时30分在花果山猴雕山门广场举行开幕式暨大型文艺晚会。同时，分别在吴承恩石像前平台和十八盘北侧燃放焰火，使文化节充满“名山胜景、奇书神猴、陆桥大港”的热烈气氛。在连投资的海外客商，韩国木浦文化放送株式会社访连代表团和游客、群众1万多人参加开幕式，观看演出。

文化节期间，连云港市建设局在市区、县和周边城市组织花车巡游活动；连云港市建设局所属克立林有限公司在黄海影剧院承办河北杂技集团组织的《玄光》大型魔术专场演出；屏竹禅院内举办以花果山云雾茶品尝和《西游记》文化体悟为主题的茶艺表演；连云港市云台山风景名胜区管委会在花果山山门广场举办猴嘴街道高跷队和连云港警备区锣鼓队表演；连云港市美协、花果山风景区管理处联合在花果山玉皇阁举办国内猴画精品和猴文化艺术品展出；连云港市宗教局、海宁禅寺在海宁禅寺院内举行玄奘法师纪念堂奠基仪式暨观世音菩萨佛像开光庆典法会；连云港市文化局在花果山水帘洞下东欧广场举办人体彩绘表演；连云港市社科联、连云港市外办举办名人名著与花果山研讨活动；连云港市建设局在黄海影剧院举办“建设之光”文艺晚会；连云港市美协在花果山山门广场举办“花果山千米长卷画西游”小画家现场绘画评奖赛。

第二届《西游记》文化节日期间，花果山景区共接待游客 15 万人次，门票收入达 500 多万元，比 2001 年“十一”黄金周期间接待人数增长 47.69%，经济效益增长 123.68%。

第三届中国连云港《西游记》文化节由中央电视台、江苏省建设厅和连云港市人民政府主办，于 2003 年 9 月 8 日晚 8 时 30 分在新落成的花果山景区五圣广场举行开幕式及文艺晚会，中央电视台党委副书记、中国国际电视总公司总裁李建、中国国际电视总公司副总裁张海潮及省、市有关领导出席开幕式。

图 14－20　花果山世界儿童节活动场景

湖南卫视《快乐大本营》栏目主持李湘和凤凰卫视《音乐无限》栏目主持梁永斌担任文艺晚会主持人，邀请羽泉组合以及韩红、雪村、陈明、解晓东、蔡国庆、六小龄童、蒋大为、满文军、千百惠、顾海滨等 30 多位演艺明星加盟表演。都市传媒 50 个网络台主持人参加，观众达 28000 余人。

第四届《西游记》文化节全称为花果山世界儿童联欢暨中国连云港《西游记》文化节，于 2004 年 8 月 4 日至 10 日举办。来自德国、法国、英国、俄罗斯、南非、古巴、赤道几内亚、罗马尼亚、比利时等国家 300 多位小朋友及其国家驻中国使馆的参赞、领事馆馆员和来自全国各地的魔术、杂耍大师与《西游记》中的“神仙鬼怪”们一道光临花果山，与游客联欢。

文化节期间，花果山上设联欢演出园区、孩子们乐园园区、蟠桃联欢晚会园区和儿童健康教育园区。并先后举办 10 台精彩演出。香港电视台、上海电视台都先后转播了花果山世界儿童联欢暨中国连云港《西游记》文化节活动盛况。文化节期间，花果山景区共接待游客 16 万人次。

第五节　第 26 个世界旅游日

2005 年 9 月 27 日，第 26 个“世界旅游日”中国主会场在花果山景区五圣广场举行开幕式。全国政协副主席张怀西宣布庆典开幕，联合国世界旅游组织代表日耳曼·帕拉斯·奥莱拉、波黑驻华大使派罗·巴昂西克，国家旅游局副局长孙刚，江苏省副省长张卫国、省政协副主席李仁、省旅游局局长陆素洁，市委书记王建华、市长刘永忠及美国、加拿大、巴西、新加坡、韩国、罗马尼亚、尼泊尔等国驻中国使馆馆员、国际友人等出席开幕式，并观看盛大文艺演出。

第五章　行业管理

第一节　景区宣传

2001年起，区旅游部门加大景区推介力度，树立渔湾景区品牌，全年先后6次自行组团到苏南地区和陇海沿线城市开展旅游促销活动，与所在地旅行社签订友好合作协议。同时，在各地发放渔湾景区宣传画册一万多份。组织人力到上海、安徽、河南以及西安、山东、武汉等省、市举办旅游推介会。6月份，投资4万多元制作景区模型花车一辆，与市旅游促销巡游团一道前往扬州、南京、镇江、无锡、盐城、淮安等地进行为期1周的宣传。在做好外地促销的同时，还注重挖掘市内旅游市场，主动上门与一些大企业联系，作好对碱厂、恒瑞、电厂等单位的接待服务工作，与市内36家旅行社、宾馆签订合作协议书，做到互惠互利、相互促进，为渔湾景区赢得更多的游客份额。

2002年，区旅游局组织渔湾景区开展"山风海韵"旅游促销活动，派员参加南京国内旅游交易会和上海旅游推介会，先后组织景区和市各旅行社一道到上海、山东、安徽、河南、南京、无锡、武汉等省市进行广泛的宣传促销，在巩固老客源市场基础上，积极扩大新的客源市场，与省内外近40家旅行社，签订合作协议，散发景区宣传画册、光盘等资料近3万份。

2003年6月，区旅游局先后组织渔湾景区和辖区近30家旅行社，到周边省、市和地区，大力宣传新浦区渔湾、东磊等景区山水风光景点，扩大区景区、景点的知名度。年内，国内发生非典疫情时，区旅游部门和渔湾景区管委会一道，通过互联网、信函等渠道，宣传港城无非典疫情发生，打造"健康旅游"。通过市电视台和报社、南京电视台、中央电视台二套"中国市场信息"栏目，发布渔湾景区信息。并先后两次组织人员到上海、安徽、武汉、河南、南京、苏州、无锡、常州等地，巩固老客源市场，到周边省市大专院校宣传，开辟新客源市场。与省内外50余家旅行社签订了合作协议。年内还推出本市市民和高考、中考考生免票游举措，让广大市民走出家门，缓解紧张情绪，掀起了本市居民旅游热，带动整个旅游热。

2004年7月17日，渔湾景区与市中国旅行社、花果山春秋旅行社等5家旅行社联手推出"万人游渔湾"活动，对上述5家旅行社组织的首批游客免收景区门票。

2005年，区旅游局组织辖区的景区和相关旅行社参加省内外大、中城市举办的大型旅游交易会、推介会以及旅游宣传活动，提高辖区内景区知名度，拓展客源。1月份，组团参加市政府组织的苏锡常旅游推介会。6月10日至16日，在山东济南、济宁、泰安等地开展宣传推介活动。在南京、西安等地进行一次有一定规模的旅游促销、推介活动。全年宣传促销活动覆盖面达8个省19个地区，共发放各类旅游宣传材料近10万份，其中旅游宣传材料近10万份，光盘1300多盘，与中国旅行社等60多家旅行社签订了观光旅游协议。

第二节　开通"渔湾号"旅游专列

2002年4月，渔湾景区与郑州市"十佳"旅行社——希望旅行社签订合约，由该旅行社组织旅游客源，租赁6列由郑州开往连云港的专列，并买断冠名“渔湾号”的冠名权。7月13日起，“渔湾号”列车每逢双休日直发连云港站，每次游人1200人左右。由渔湾景区派专车去连云港火车站迎接，直开渔湾景区。郑州希望旅行社总经理于俊随首列“渔湾号”来到渔湾景区，对渔湾景区的自然风光、景区的周到服务表示满意，将专列由原来设定的6列增为7列。

2003年7月18日，从郑州站发车的“渔湾号”旅游专列，抵达连云港站。云台乡政府及渔湾景区在连云港火车站举行仪式，欢迎千余名游客前来渔湾景区游览观光。年内7月18日至8月25日，此专列每周开通1次。

2003年7月25日下午2:50，新浦至张家界旅游专列从新浦首发。该专列是由市中旅旅行社、连云港中国国际旅行社等5家旅行社与铁路部门合作开通。同年8月9日上午，满载600余名武汉游客的汉口至连云港旅游专列“渔湾号”驶达连云港站。11月9日，开通武汉至连云港“渔湾号”旅游专列。

2004年，从郑州始发的“渔湾号”专列，先后开通6趟，为渔湾景区带来郑州、洛阳等地游客千余人。

2005年8月6日，“渔湾号”旅游专列为渔湾、花果山、海滨等景区带来796名河南郑州游客。同年9月3~4日，由北京旅游沙龙所属的41家旅行社主管发团的50名业务经理和中央电视台数字频道、《北京晚报》《京华时报》等4家新闻媒体组成的线路考察团到连云港市考察了花果山、渔湾等国家AAAA级景区。

第三节 景区安全管理

2001年初，区旅游局成立安全生产领导小组，按照创建国家优秀旅游城市标准和等级景区要求，加强渔湾景区内部管理，调整内部人员结构，实行优化组合，对保安、保洁、绿化、摊点、检票等工种一律建立目标责任制，做到目标明确，任务到人。全体员工树立“以游客为本，不让任何一位游客留下遗憾”的经营理念，实行文明管理，微笑服务，全体员工实行统一着装，挂牌上岗。对景区各景点设施反复进行检查，找出事故隐患，及时整治。上半年，共维修上山道路260米，整治山体塌方300平方米，砌筑山体护坡90平方米，浇灌沟底40平方米。整修安全护栏18根，更换维修铁链120米。并在险段设立警示牌，旅游旺季在险段还安排专职安全员负责管理。

2002年，景区制定和完善各项规章制度，优化组合，责任到人，对景区内的摊位，实行统一制作，逐步达到整洁、整齐，实行挂牌服务，文明管理，树立港城窗口形象，对星级饭店、旅行社专业人员进行培训。做到从业人员持证上岗，文明服务，把美好的印象留给游客。

2003年6月15日，市首家旅游景点消费投诉中心在渔湾景区挂牌，对游客予以维权保护。9月中旬，对全区旅游企业进行拉网式排查。重点检查渔湾景区旺季安全生产。经检查，景区整体状况良好：应急预案齐全，应急体系完备，并建立了相关的安全制度，配备相关急救设备，并进行了两次消防和安全演练。

2004年，新浦区在各景区开展打造旅游品牌工作，加强景区安全管理，确保游客安全。4月22日，花果山园林派出所，到花果山景区入口处，向游客发放“警方提示卡”，告知游客游览时注意事项，征求游客对景区管理工作的意见，确保安全。5月10日，北京中国航天科技集团第三研究院退休职工刘新环和老伴董恩惠到渔湾景区旅游。下午2时，董恩惠在半山腰清妙茶馆冠心病突然发作，茶馆老板许广成急忙拿出母亲备用的速效救心丸让董服用，景区管委会及时打电话向“120”求救，东方医院立即派救护车赶到，景区保安人员和投诉站人员共同努力，花1个多小时沿着崎岖山路将董抬到山下，送上急救车，董获救脱险。参与送董下山人员，谢绝刘新环的金钱酬谢。刘新环制锦旗一面，赠给景区管委会，表示感谢。7月24日，区卫生防疫站人员冒夏季高温对花果山景区范围内的饭店和食品零售点进行拉网式检查，以确保旅客安全。

第四节 服务质量管理

2004年，区旅游局重视提高旅游服务水平，督促旅游饭店加强对旅游管理、服务人员的技能培训，提高旅游从业人员自身素质。改善旅游软环境，净化旅游市场，打击“宰客”违法行为。同时，开展向游客推荐购物商店活动。10月22日，市旅游协会为新浦陇海步行街的现代眼业商店、李宁体育用品商店、通灵翠钻连云港店等10家商店颁发了连云港市特别推荐旅游购物商店匾牌。

2005年，区旅游局加大改善旅游软环境的力度，督促旅游企业加强对旅游管理、服务人员的技能培训。同时，开展向游客推荐旅游餐饮场所活动。年初，市旅游协会授予无锡鸡粥店、爱家楼大酒店、三峡饭庄、老正川总店等为连云港市特别推荐旅游餐饮场所，确定通灌路为特别推荐餐饮一条街。3月18日，新浦区旅游局在千府大酒店举办新浦地区旅游企业安全生产培训会，对旅游企业安保人员进行安全生产知识培训，坚持“以人为本，安全第一”的科学发展观，让管理人员做到“三懂”、“三会”，即：“懂火灾危险性、懂预防措施、懂扑救方法”；“会报警、会使用灭火器材、会扑救初期火灾”。4月底，新浦区旅游局积极开展安全生产督查专项活动，深入重点路段近10家星级饭店进行安全生产抽查，发现绝大多数酒店安全设施基本符合要求。对个别消防通道标识数量偏少的酒店，当即督促其进行整改。

第五节 旅游企业

20世纪90年代以来，新浦地区旅游事业发展迅速，旅游企业随之发展，相关配套设施也逐步完善，星级饭店、旅行社不断增加，至2005年底，新浦地区共有国际国内旅行社35家、星级饭店23家。

2005年新浦地区旅行社一览表

表14－5

旅行社名称	电话	传真	通讯地址	成立时间
连云港中国国际旅行社	5517801	5018860	新浦海连中路40－1号	1991年4月
连云港青年旅行社	5410556	5011082	新浦海昌北路百达综合楼5单元201	1991年4月
连云港航空旅行社	5107777	5400200	新浦朝阳西路48号	1997年9月
连云港市中旅旅行社	5482937	5410400	新浦海昌南路16号	1993年2月
连云港风光旅行社	5681081	5681084	新浦瀛州路26号	1997年12月

续表 14－5

旅行社名称	电话	传真	通讯地址	成立时间
连云港市安华旅行社	5192890	5193890	新浦东方花园 B－58 楼	1998 年 4 月
连云港东方航空旅行社	5405777	5503131	新浦步行中街 1 号楼 301 室	1998 年 5 月
连云港市中联旅行社	5420299	5420297	新浦海连中路 68 号	1999 年 4 月
连云港市假日旅行社	5524003	5525299	新浦陇海步行东街 5 号楼 竹园茶楼 4 楼	1999 年 5 月
连云港鸿雁邮政旅行社	5630088	5632115	新浦邮政大楼	1999 年 11 月
连云港花果山春秋旅行社	5722228 5721716	5722228	花果山景区内 5721716	1999 年 12 月
连云港康辉旅行社	5489880 5012166	5489881	新浦通灌北路 55#(华夏证券 4 楼)	2001 年 1 月
连云港园林旅行社	5593799	5593277	新浦盐河北路 23 号	2001 年 3 月
连云港市振兴旅行社	5805909 5805511	5811300	新浦区苍梧东路 36 号	2001 年 5 月
连云港市公交旅行社	5400611 5400680	5400622	新浦海连中路 15—7 号	2001 年 6 月
连云港蓝天旅行社	5506736 5506738	5506038	新浦通灌南路 125 号	2001 年 8 月
连云港海之旅旅行社	5508222 5509222	5509222	新浦朝阳西路光明超市 3 楼	2002 年 5 月
连云港港城旅行社	5010170	5310170	新浦海连东路 22 号	2002 年 11 月
连云港山水旅行社	5808232	5830918	新浦振兴大厦 616	2003 年 1 月
连云港光大旅行社有限公司	5508060 5523270	5508070	新浦通灌南路兆隆大厦 310 室	2003 年 7 月
连云港华航旅行社有限公司	5808911	5811331	新浦振兴大厦 629 室	2003 年 4 月
连云港宏达旅行社有限公司	5421678	5421766	新浦区通灌北路 62 号上海饭店内	2004 年 1 月
连云港市永安旅行社有限公司	5425566	5428111	新浦区海连东路 2－2 恒缘宾馆	2004 年 2 月
连云港苍梧教育旅行社有限公司	5822228	5822216	新浦区苍梧路 23 号	2004 年 3 月
连云港鑫海旅行社有限公司	5610108	5610109	新浦区海连东路 2 号	2004 年 2 月
连云港太阳石旅行社有限公司	5985666	5572131	连云港职业技术学院院内	2004 年 6 月
连云港方正旅行社有限公司	5528711	5527376	新浦青年路恒利综合楼 603 室	2004 年 6 月
连云港华云旅行社有限公司	5516377 5010777	5509705	新浦朝阳中路 9 号长城宫 6 楼	2004 年 11 月
连云港市海峡旅行社有限公司	5861185	5861181	新浦学院路 28 号	2004 年 11 月
连云港正大旅行社有限公司	5361937	5462046	新浦通灌南路 75 号兆隆大厦 708 室	2005 年 2 月
连云港丽景旅行社有限公司	5479711	5894849	连云港市海昌北路汇金广场 108—215 号	2005 年 6 月
连云港希望旅行社有限公司	5605666	5474519	连云港市海昌北路 108 号	2005 年 6 月
连云港中山旅行社有限公司	5611977 5611988	5611966	新浦区海连东路 43 号南光大厦 816	2005 年 7 月
连云港美景旅行社有限公司	5571310	5529955	新浦区海连中路 11 号 304 室	2005 年 8 月
连云港九龙旅行社有限公司	5571377 5571369	5571312	连云港市新浦区海连中路中恒大厦 523 室	2005 年 11 月

2005年新浦地区星级饭店一览表

表14－6

饭店名称	星级	总台电话	传真	成立时间
天然居大酒店	三	5411688	5411851	1989年5月
登泰大酒店	三	5512999	5408343	2000年6月
杰瑞大厦	三	5821088	5823719	2004年4月
嘉悦大酒店	三	5018888	5017770	2003年10月
明珠大酒店	三	5420888	5423688	2005年8月
东方大酒店	三	5466666	5462552	1995年6月
千府大酒店	三	5486888	5424099	2002年8月
天晴大酒店	三	5685759	5804366	2005年10月
凯悦花园大酒店	三	5017771	5017771	2005年10月
鱼水情大酒店	三	5528999	5528999	2005年7月
华裕宾馆	二	5681879	5520818	2001年2月
锦云宾馆	二	5682114	5403141	1998年1月
苏欣宾馆	二	5681108	5822042	2005年10月
黄海度假村	二	5523788	5484153	1995年7月
金都宾馆	二	5469888	5469666	1999年12月
上海饭店	二	5420999	5420511	1994年6月
安华宾馆	二	5807900	5807901	1997年9月
聚丰大酒店	二	5688488	5605069	2003年5月
花果山宾馆	二	5722000	5720111	2005年8月
康平大酒店	二	5511888	5682489	2005年6月
五千年大酒店	二	5420078	5420078	1994年
陇海饭店	二	5420805	5413879	1978年12月
中正宾馆	二	5520233	5520230	2005年1月

第十五编　房地产业

明清时期,官府为完纳赋税与清理产权纠纷,定期清丈土地,并在房、地产交易时征收契税。

民国时期,东海县政府先后设地亩科、建设科、负责整理地籍、测量土地,登记权产,颁发权状。

解放后,新海连特区军管会成立建设科,城区相继建立木工会、瓦工会、建筑合作社、建筑联社。

1949 年 10 月,域内第一家国营建筑企业新海连市公营新茂建筑公司成立。随后,人民政府接管所有公房。20 世纪50 年代,对城市出租私房实行社会主义改造。同时,市房管部门在城区 28 个居民委员会(简称"28 条街")范围内进行房产普查登记。时城区共有房屋 22546 间。其间,驻地各机关企事业单位开始建造房屋,分配给职工居住。

20 世纪 60 年代初,市房管部门开始对房屋产权、出租及有关情况进行全面调查,并对城区 28 条街分别建立台账加强管理。

"文化大革命"期间房屋产权受到干扰,不少私房被侵占。

中共十一届三中全会以后,落实房产管理政策。1981 年,市房地产管理局在新浦成立。1982 年 2 月 26 日,成立市房地产管理局新浦分局,原市房屋修缮公司与新浦分局合署办公。8 月开始落实去台湾人员、华侨、高级知识分子、民主人士和知名人士私房政策。

随着改革开放深入发展,城乡建设步伐加快,城乡房屋建设规模不断扩大,建筑业发展迅速。至 20 世纪 80 年代末,城区直管公房 22978 间,净值 7006 万元。公私房产予以登记建档,加强管理。城市居民人均住房达 8.42 平方米,农村住户人均住房达 16.4 平方米。驻新浦地区部省属建筑企事业单位有 151 个,从业人员 12 万人以上。形成了勘察、设计、土建施工、设备安装、机械化施工、构配件生产、材料供应、科研教育、建筑机具制造等门类齐全、专业配套的行业体系。

20 世纪 90 年代初,新浦地区开展大规模房屋普查工作。同时,启动住房制度改革工作。并于 2000 年 1 月 1 日起,停止住房实物分配制度,实行住房分配货币化。房产交易市场日趋活跃。

20 世纪 90 年代后期起,新浦城区小区开发出现强劲势头,一大批外省市建筑企业和个人纷纷到此投资开发建设住宅小区。新建住宅小区遍布新老城区。为适应社会保障需要,1996 年开始实施经济适用住房开发建设工程。近 10 年间,新浦地区先后建成经济实用住房 200 余万平方米。同时,市、区政府加强建筑市场管理,实行工程公开竞标承包,在建筑工地全面开展"创建文明工地"活动,彻底改变了过去敞开工地,占用道路,现场搅拌混凝土的落后施工习惯。新浦地区建筑市场秩序进一步得到规范。

第一章 房屋建筑安装

第一节 建筑施工

一、基础施工

新浦地区平原、滩地海淤层较深,早期建筑基础施工沿袭传统手工工艺,建筑物多矮小简陋。民间住宅建筑,一般采用挖地槽下碎石垫层基础或毛石层基础。深度一般为0.7~1米,多用白灰砂浆砌筑。贫民建屋无地基,只用木棍插入地下,绑成框架,勒上柴只,用泥抹成墙体。20世纪20年代中期起,大街两侧的商业门面房先后进行翻建,地基比较讲究,有的用整条石做基础,用水泥砂浆砌筑。有的打木桩,增加地基承受力。新建楼房多为两层。20世纪30年代初始建3层楼房(公大商行)。40年代初筹建的日伪储备银行楼高17米,也仅两层。50年代末,仍无更高建筑。时有"新浦难建四层楼"之说。

1958年,市资源勘察设计室成立后,在城区开展地基勘察工作,为基本建设提供了地质资料,基础施工工艺、设备等逐步改进。

20世纪60年代起,解放路两侧开始兴建楼房。1964年,新浦建筑合作社承建市物资局仓库,即采用毛石基础,基槽深0.8米,底宽1.2米,分4个台基收顶,顶宽0.6米,每台高0.2米,用25号混合砂浆砌筑。1967年,新浦建筑合作社承建市制药厂仓库,因地处深水塘地带,便采用了独立钢筋混凝土薄壳基础。

20世纪70年代后期起,预制钢筋混凝土方桩、预制高强预应力管桩、灌注桩等各种桩基在新浦各建筑工地分别被采用。建筑楼层逐渐增加。80年代,公共建筑已向大型高层(九层)发展。

1984年后,随着市区多层建筑物的增多,新浦地区基础施工在原有的以砂石垫层基础、杯形基础、带形基础、整板基础为主的情况下,逐渐改以桩基础为主。常用桩的类型有预制钢筋混凝土方桩、预制高强预应力管桩、灌注桩。有的工程采用人工挖孔桩、振中碎石桩。预制桩施工方法有锤击桩、静压桩。灌注桩施工方法有沉拔管灌注桩、机械挖泥浆护壁灌注桩。

图15-1 某工地在实施地下工程

1987年,由新浦建筑公司承建的新浦供销大厦,楼高4层,局部5层,采用桩基础,为混凝土方桩,施工场地面街临巷,现场狭窄,且地层条件复杂,为新浦地区当时较大工程。限于当时的技术条件,采用土法上马,解决测桩技术、街巷住宅安全等问题,完成了施工任务。

1989 年,由新浦建筑公司承建的海云大厦,楼高 8 层,局部 9 层,是该公司第一次承建的大型高层建筑,施工采用桩基础,运用混凝土灌注桩施工技术,确保了建筑物的基础施工,达到了设计要求。

1990 年,市第一建筑公司承建的市建设银行办公楼,基础开挖深度 4.5 米,采用钢筋混凝土沉井支护的方法,保证了近旁铁路的正常运行和民宅的安全。同年,该公司承建的东方大厦二期工程地下室,采用预应力钢筋混凝土预制管桩,二道型钢水平内支撑护坡,开挖地下深度 5.8 米,没有影响邻近的大厦一期工程,确保了周围住宅、办公楼和市区道路的安全,解决了地下工程施工护坡支护问题。

2000 年,由市第三建筑公司承建的新浦列奇达花园商住楼工程,主楼 12 层,裙楼 4 层,地下室 1 层,1.8 万平方米。采用预应力钢筋混凝土管桩,直径 56 厘米,有效桩长 30 米,共 560 根,地面下送桩 6 米。在施工中采用 D63 柴油打桩锤。因工程处于闹市区,为减少对周边居民房屋的影响,施工中采用开挖减震沟做应力释放孔的措施,完成了施工任务。

2002 年,由市第三建筑公司承建的连云港市 120 急救中心工程,主楼 21 层,裙楼 4 层,建筑面积 3 万多平方米。基础工程采用预应力管桩,直径 50 厘米,有效桩长 27 米,地面下送桩 6.6 米,施工中采用了该公司发明的专利技术 ZL-9246176.7 的开口十字锥型桩靴,增加了桩的穿透能力,桩尖嵌入基层达到了设计要求。工程获得了市玉女峰杯优质工程金奖。

到 2005 年,新浦地区高层建筑在基础施工技术方面,已接近国内先进水平。

二、墙体施工

解放前,新浦城区民间住宅的墙体多为泥笆墙或土墼墙,也有用夹板夯实的泥土墙。沿街商店建筑多为石砌墙裙上砌砖墙。古城南城内民居、商店用房多为碎片石墙体。云台、花果山山区居民多为毛石墙体。

解放后,特别是 20 世纪 60 年代起,城区民居逐渐改为石砌墙裙,上砌砖墙或土墼墙体。屋内度山多为土墼墙。公共建筑、商业用房改为砖石墙体。1970 年夏秋,新浦城区遭遇特大洪涝,遍地漫水 40~50 厘米,凡土墼墙、土墼度山墙的房屋悉数倒塌。此后,民间不再使用土墼墙体。

1984~1990 年,新浦地区兴建住宅小区,楼高多为 4~7 层,墙体为砖混结构。1987 年,由新浦建筑公司承建的市供销大厦,即为现浇框架结构,以砖墙作为填充墙。1991 年以后,随着高层和大型建筑的兴起,墙体施工多以框架结构为主,砖墙多为填充墙,施工方法也有较大变化,控制竖向偏差的技术更加科学化。

1999 年,由市第三建筑公司承建的新浦龙河大厦,楼高 85.7 米,24 层,建筑面积 3.14 万平方米,为当时全市第一高层建筑。1~4 层为裙楼,主体为钢筋混凝土现浇框架结构。砌体工程采用砌块及黏土砖砌筑围护墙,墙厚为 24、20、10、8 厘米等,在框架底部用标准砖斜砌、填实。

2005 年,新浦郊外,新建一批工业厂房,多为单层现浇混凝土排架,钢梁结构。屋面钢梁下弦标高可达 10 余米。单层排架为多连跨,其跨度达 21~24 米。主要施工顺序为:“抄平放线→绑扎框架柱钢筋→验柱筋→支框柱模板→浇筑框架柱混凝土→支框架梁、模板→绑扎梁板钢筋→验收梁、板、模板→浇筑梁、板混凝土→混凝土养护→进行下道工序施工”。

三、屋面施工

解放前,新浦地区城乡除庙宇和少数富户人家住房为瓦屋面外,均为草屋面。铺筑屋面时,先在屋梁上覆盖上芦柴编织成的柴笆，或铺上由芦柴扎成的柴只。而后从屋沿开始逐排向上地铺上和好的粘土，平铺上同一厚度、铡成同一样长的芦柴（或麦秸、茅草）。一层压一层地一直铺到屋脊。后用小瓦压脊、收边。

图 15－2 解放初新浦解放路边的茅草屋

20 世纪 20 年代中期起，新浦商贸业空前繁荣，沿大街各商号重建门面房，多为起脊坡形瓦屋面。也有的山墙上也呈小坡屋面，有的屋面上还砌筑天窗。民国 18 年（1929）新建的“更新舞台”，还使用了进口的瓦楞铁皮作屋面，名噪一时。

20 世纪 50 年代以后，新建、翻建民房多改为瓦屋面（先是青色小瓦，后采用黑色或红色大瓦）。公用建筑多用大瓦作屋面。

1984 年后，新浦地区屋面施工形式多数仍采用坡屋面，平顶屋面也已开始广泛采用。并大量采用新技术，运用新材料。

1987 年和 1989 年，由新浦建筑公司承建的市供销大厦和海云大厦，屋面采用“APP”防水，和“PVC”防水材料，有些屋面采用 603 防水卷材。

1999 年，由市第三建筑公司承建的龙河大厦工程屋面施工中，注意铺设卷材前要待基层的聚氨酯底胶干燥后再进行下道工序，并在阴阳角、排水口、管子根部周围易发生渗漏的薄弱环节处，用底胶多涂刷一层作增强处理。涂上黏结剂做到厚薄均匀，没有露筋和混聚胶块存在。卷材铺设沿口方向逐步向前铺设。将筒体的一端黏贴固定在预定的部位，再展开卷材。卷材的接头宽度一般为 10 厘米，将卷材接头部位翻开，接缝处用拌匀的丁基黏结剂 A/B 黏接。

2005 年，新浦苍梧小区二期工程，坡屋面采用热沥青二道隔气层，聚苯乙烯泡沫板黏贴，1:3 水泥砂浆掺 107 胶。平屋面部分采用 1:6 水泥焦渣找坡层 2% 坡度，最薄处为 3 厘米，1:3 水泥砂浆找平层，热沥青二度隔气层，RE－Ⅲ复合保温砂浆，1:3 水泥砂浆保护层，柔性 SBS 防水层。

四、装饰施工

古代，南城富户建造住宅十分注重迎面墙墙面装饰。一般多在门两旁墙面上砌上刻有“福”字或寓意福、禄、寿、禧、财和多子多福的动、植物图案的砖雕。

民国初年起，新浦城区新建商贸用房开始讲究沿街墙面装饰。民国 8 年（1919）新建于今新市路的东亚旅社（今市民俗博物馆），门窗造型、墙面设计都采用了欧式建筑风格。20 世纪 20 年代起，新浦大街翻建、新建店面时更注重墙面装饰。有的在沿街墙面上饰以柱形，有的讲究门窗造型，有的在门窗以上墙上塑着仙鹤、梅鹿、寿星等造型。建于 20 年代初的海昌里，为东西两宅楼房，沿街墙体、墙角、门窗及其拐角，设计均互相对称。特别是二楼一层墙拐、门窗之间及从屋檐到楼层交界处，均砌有 7 块 30～40 厘米宽、20～30 厘米高、4～5 厘米厚的凸体，每个窗户的墙角也砌有突出墙面的沿边，每道边子又分成 5 个相等的小方块。朝大街墙面和山墙上的窗户下沿皆砌成“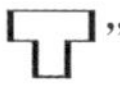”形凸体；窗户上沿一律砌有“”形图案，显得十分美观、大方。当时，陇海公寓、生庆公茶庄、三和兴药房等建筑装饰，均各有特色（“文化大革命”时期，民主路沿街建筑墙面上的装饰雕塑、浮雕，被视为“封资修”产物而铲除）。

20 世纪 50～70 年代，城区建筑物不太重视装饰施工，一般是墙体直上直下四面平，楼顶也多是平顶。时有“火柴盒”之说。

改革开放后，建筑设计开始注重形象设计和装饰。1984 年，市第一建筑公司承建的市工商银行营业楼，外墙为白色马赛克，室内支柱用大理石镶贴，墙裙为花岗岩，走廊为木墙裙。六楼俱乐部为轻钢龙骨吊顶和水泥压力板吊顶喷塑。

图 15－3 上图为南城镇古民居墙面上的装饰图案，下图为门洞顶端饰砖图案

1990 年，市第三建筑公司承建的市农副产品公司工程，楼房沿口全部采用玻璃瓦，外墙贴花岗岩。花岗岩块体为 0.8 米×0.8 米。施工时，先打底，再用环氧树脂胶泥浆花岗岩块体贴在四角，中心有两个锚点固定，用胶粘在花岗岩的背后，然后灌入水泥浆。这一施工方法保证花岗岩贴面质量坚固耐久，无有脱落现象。同年，市第一建筑公司承建的新浦中学排球馆工程，采用硬木挤花木地板面层。此木地板是在木龙骨上铺上一层 2 厘米厚的美国松木地板，沥青嵌接层上又铺一层 3.5 厘米厚水曲柳方块挤花木地板，达到了美观实用。

1997 年初，市有关部门在市区开展“十佳”“十差”建筑评比，新浦地区的天然居、广播电视中心、邮电大厦、华联商厦、云天大厦被评为“十佳”建筑，银河购物中心、聚贤楼、市气象局业务楼被评为“十差”。对新浦地区的建筑业起到了很大促进作用。此后开工建设的苍梧小区、兴业小区、陇海商业步行街等，都十分注重沿街建筑物的造型和装饰。

1999 年，市第三建筑公司承建的龙河大厦工程，其装饰工程主要是内外墙装修。内墙抹灰时先将四角规方，横线找平，竖线吊直，弹出准线和踢脚板线。然后按图纸要求抹出墙面阳角护角线，混凝土基层先刷 107 胱水泥浆一道。水泥浆浆面层施工前，在墙面上做灰饼和冲筋，表面压光。室内踢脚板应比墙面抹灰凸出 5 厘米。轻钢龙骨吊顶，先测量放线定位，然后确定吊顶标高。在墙面和柱上，按吊顶同度用激光仪放出标高线，确保位置准确，固定吊件。

至 2005 年，新浦地区建筑装饰工程，在大量选用新材料的基础上，注意施工工艺的改进和提高，室内装修时，根据水平位置及垂直竖向标志挂线镶贴，擦缝平线用瓷砖胶勾缝，擦嵌密实。面砖镶贴前进行摆砖计算，避免出现非整砖。同一墙面上的横竖排列，不应有一行以上的非整砖。非整砖应用在阴角处不明显的部位，灯具、管线、卫生洁具的接头处用整砖套割，不用非整砖拉凑镶贴。保证质量，又美观大方。海连中路上的库斯科、通灌北路上的康平国际双厦、苍梧路上的苍梧小区北门东侧等建筑墙面上还装饰有浮雕图案或人体雕塑。

第二节 设备安装

一、给排水

20世纪60年代后期起，城区少数新建的公共建筑、营业用房开始在室内安装上下水管道，解决给排水问题。70年代，多层建筑已普遍设计安装上下水管道。5～6层以上的楼房，都自配水泵房，将水提到楼顶贮水池，供楼内用户使用。多层楼群，则自建水塔，解决给水问题。

1980年后，新浦地区陆续兴建南小区、西小区和东小区3个住宅小区，给排水安装比较简单，供水部分有自来水通往各户。排水部分，各户装有排水管，直接排入下水道。在夏季用水高峰时，南小区在四楼的住户常常断水，很不方便。到1990年，经过改造，在一些住宅小区兴建水塔，基本解决供水问题。但排水方面矛盾仍很突出，下水管道用铸铁管，管内有毛刺，管径小，易阻塞。卫生设施，一般为蹲式大便坑，高水箱，室内气味大，并浪费水。

1998年，由新浦建筑公司承建的“向阳公寓”在小区内建造水塔，设立泵房，解决给水问题，住户安装坐式连体低位水箱卫生设施（有的卫生设备由住户自行选择装配）。下水管道改用塑料管，管径大，管内光滑，基本没有堵塞现象。

2001年至2005年，新浦地区的高层建筑给水部分均已安装自动供水系统。登泰新村、苍梧小区、兴业小区、蔷薇小区等新建的住宅小区排水部分，由原来的室内明管改为暗管。生活用水、卫生间用水、污水都有不同管道排入地下管网，给排水更加便捷。

二、空调

1980年起，城区少数档次较高的招待所、宾馆、饭店开始在客房内安装挂壁式空调机。1984年，一些大型商场和宾馆，开始使用空调，冷冻机采用溴化锂吸收式制冷机。1990年，市交通银行在新浦地区第一家采用全天候空调，银行楼高12层，空调面积4000平方米。营业厅为集中空调，采用变风量空调机组。主楼办公室采用风机盘管加新风系统，均为冬夏两用。

20世纪90年代，新浦地区建成的市百货大楼二期、三期工程和位于通灌路的“时代超市”等大型商场，都采用中央空调。商场内设有空调机组，集中输送空调气流。

2000年起至2005年，位于民主路的列奇达商住楼和位于新浦新区的市行政中心等大型高层建筑在原有集中空调的基础上，有的采用多联机空调设备。

三、消防

1980年以前，新浦地区公共建筑的消防设施比较简陋，一般备有一两个消防栓或干粉灭火器、泡沫灭火器之类的消防器材。1980年以后，新浦地区的商场、宾馆开始配备多种消防设备和消防通道。

1987年兴建的“天然居”宾馆，建筑面积8506平方米，楼高55米，16层，第16层为旋转餐厅，是国际三星级宾馆。宾馆内配有多种消防设施，安装了当时较先进的有音响的自动烟感消防报警装置。1990年，兴建的市交通银行营业楼楼高12层，除每层备有室内消防栓外，还配套了自动喷淋系统，消防泵房均为自动报警,配有湿式报警阀和水力警铃。

1998 年,兴建于新浦通灌路的“时代超市”,时为市区最大的购物中心。在消防设备安装方面配有地下水池、加压消防水泵、屋顶水箱以及联动控制装置。室内消防装置有消火栓、自动喷水灭火器、感温喷头、防烟排烟装置、防火门等,按设计要求,确保消防安全。

到 2005 年,新浦地区陆续兴建的高层建筑如龙河大厦、列奇达商住楼、农工商超市、新一佳超市等都加强了消防设施,严格执行国家相关消防规范。

四、电梯

新浦地区的电梯使用始于 1972 年。当年,位于解放路与市民路交汇处西北角(今中央百货对面)的市百货商店,为解决楼上楼下货物搬运问题,由市机械厂制作安装简易载货电梯,开了新浦使用电梯之先河。

1985 年起,东方大厦、北京饭庄、云台宾馆等高层建筑均已安装使用电梯。东方大厦初期使用客货两用电梯,市天然居宾馆有载客电梯两部,市华联商厦除有 2 部升降式载客电梯外,还在一楼至二楼的营业厅安装了阶梯踏步式电梯(此类型电梯是新浦地区第一部)。

20 世纪 90 年代,新浦地区高层建筑和大型商场、宾馆不断兴建,在电梯使用上要求更加便捷和实用,一些建筑物装有多部电梯,高层建筑使用直流电梯,低层建筑多用交流电梯。1998 年兴建的大型商场“时代超市”,安装了两部坡道式载人扶手电梯。1999 年兴建的龙河大厦装有 3 部快速载人电梯。

2001 年至 2005 年,新浦地区兴建的高层住宅楼也开始使用电梯。住宅楼均按楼道设置电梯,方便住户上下。至此,各种类型电梯已在新浦地区普及。

五、智能化系统

20 世纪 80 年代后期起,新浦先后兴建的东方大厦、天然居宾馆、华联商厦等大型高层建筑,开始在建筑物内装置安保、通讯、闭路电视等系统,尚未形成智能化管理。至 2000 年,新浦地区兴建的交通银行、建设银行、百货大楼二期工程、东方大厦二期工程、龙河大厦等高层、大型建筑开始安装智能化系统,实现智能化管理。

2001 ~ 2005 年,新浦地区新建的列奇达商住楼、新银双厦、市行政中心等高层、大型建筑物,智能化系统更加完备。在建筑物智能化系统内监控、通信网络、计算机网络、闭路电视、卫星电视、公共广播、会议、大屏幕等各子系统安装完备,均已达到国内先进技术水准。

第三节 建筑管理

一、机构

20 世纪 80 年代以前,新浦地区建筑行业管理均由市建设局及相关部门直接管理。

1983 年 6 月,新浦、海州两区合并成立新海区后,成立新海区城乡建设环境保护局。次年,新海区城乡建设环境保护局设立建安科,编制 5 人,负责全区建筑企业的资质审查、业务指导、计划安排、质量安全检查、工程管理等工作。1986年，新浦、海州分设两区后，新浦区城市建设管理委员会设建安科，管理全区建筑业。次年5月，成立新浦区建管站，对新浦地区建筑业进行行业管理。

1990年3月7日，成立新浦区建筑安装工程管理处（简称“区建管处”），核定编制8人，为自收自支事业单位，隶属区建设局领导。

至2005年底，区建管处隶属关系未变，管理职能有所调整，主要负责辖区内的建筑企业资质管理、建筑工程质量管理和安全生产管理及业内人员培训、外地施工企业进区管理、建筑业行政执法监督、企业改制、文明工地创建、建筑业内拖欠工程款和农民工工资的清欠管理等工作。

二、行业管理

1960年以前，新浦城乡建筑施工企业一般自揽工程，自行从市场或产地购砂、石等建筑材料。1962年起，市政府加强建筑市场管理，施工单位严格按照基建程序施工，并接受管理部门检查验收。“文化大革命”时期，建筑业务减少，规章制度均被废除。中共十一届三中全会后，建筑市场管理逐渐走上正轨。

1985年3月，新海区城乡建设环境保护局建安科配合市审查办公室，对区内建筑企业进行资质审查。1986年下半年，区建管处，按市建筑部门规定，统一管理新浦地区建筑票证，审查建筑企业资质、监证施工合同、发放许可证，检查处理违章设计、施工行为。

1988年，对外省（市）和市内其他区进入新浦地区施工的36支建筑队伍进行了清查整顿。清查工程总面积70多万平方米，工程总造价8000万元，涉及施工队伍3.1万人。清查处理违章及有质量问题工程7项，建筑面积4000平方米，核发施工许可证43件。

1990年，对辖区内25家施工企业进行资质审查，通过14家。检查在建工程115项，工程量12.5万平方米，工程总造价4542万元。查处违章建筑9项。办理施工许可证及合同签证92件。先后对21处临街建筑工地进行4次检查，加强文明施工，实行封闭施工。

1992年，区建管处多次组织质量安全大检查。检查中区属建筑企业承建的工程有4项被评为市优工程，区建管处及时组织召开现场会，进行表彰推广。1995年，对新浦地区47处违章建筑进行查处，查处建筑面积1295.5平方米，其中强行拆除20户、353.4平方米违章建筑，控制了辖区内违章建筑势头。1998年起，在建筑企业中开展创建文明工地活动，严格执行施工现场封闭施工要求，所有施工现场，特别是临街面的施工现场均彻筑不低于1.8米的围墙，并用白灰刷白。当年，新浦地区施工现场封闭施工率达100%。改变了长期以来占用路道，到处堆放建筑材料，影响市容和交通安全的落后面貌。1999年，区建管处全年下达施工现场整顿意见书15份，责令6家停工整顿施工现场。2000年，区建管处协助区建筑企业进行改制，先后成立了连云港市众兴建筑安装工程有限公司和连云港市临宏建设工程有限公司两家二级企业，成为区属建筑业龙头企业。

2003年，区建设局成立“沿街建筑整顿指挥部”，加强沿街建筑工地整顿工作。完成164项拆除项目，其中区属项目42项，拆除改造各类违章、破旧建筑20多万平方米。同时，还拆除了九龙世贸城、盐河南路、新孔路、新港城大道、龙河小区等处的违章建筑5.47万平方米；完成新浦地区刷新整治项目382项（其中区属单位项目68项），清运各类建筑垃圾4万吨。

2005年，进行建筑市场大检查，新浦地区建筑市场秩序进一步得到规范。

2005 年新浦地区大型、高层公用建筑一览表

表 15 - 1

工程名称	层数	面积（平方米）	工程地址
连云港市人事局培训中心楼	12	9317	新浦朝阳东路
连云港市中央百货大楼	12	10148	新浦解放中路
天然居宾馆	16	8506	新浦海连中路
连云港市人民银行营业办公楼	12	5473	新浦解放中路 37 号
连云港市对外经贸委写字楼	19	27000	新浦海连东路(龙河广场东北角)
连云港市交通银行营业楼	12	7129	新浦海连中路
华联商厦	15	14000	新浦海连东路 1
连云港市广播电视中心大楼	17	9500	新浦解放西路
连云港市港利房开南光大厦	11	7200	新浦海连东路
连云港市棉麻公司锦云大厦	12	923.70	新浦海昌北路
连云港市农业银行综合营业楼	19	14997	新浦通灌中路
连云港市城市信用社综合楼	14	11750	新浦通灌路
淮海工学院教学主楼	15	17878	新浦苍梧路 59 号
连云港市国税局新浦分局办公楼	12	7781.46	新浦朝阳西路
连云港市港利房开港利大厦	11	7820	新浦海连路
连云港市公安局 110 指挥中心	17	17019	新浦朝阳东路
连云港市房地产交易大厦	13	14800	新浦海昌北路
连云港市地税局海昌北路办公楼	16	14300	新浦海昌北路
连云港市安德房地产弘瑞楼	11	9000	新浦朝阳中路
连云港市第一人民医院急救中心	21	31382	新浦通灌北路 18 号
连云港市电信局综合楼	23	17100	新浦海连东路
连云港开祥源国际大厦	22	15500	新浦朝阳中路
连云港电信分公司办公楼	14	2444	新浦南极南路 1 号
连云港帝豪实业公司龙河大厦	23	15991	新浦苍梧路
连云港市商业银行新银双厦	28	65000	新浦苍梧路
淮海工学院通灌路校区教学试验楼	21	23591.50	新浦通灌南路
七一六研究所杰瑞大厦	14	9100	新浦海连东路
云台宾馆	20	30410	新浦苍梧路 27 号
解放中路中心大酒店	24	24235	新浦解放中路 31 号
东方贸易大厦	8 层,局部 10 层	5020	新浦解放中路 23 号
明珠大酒店	8 层,局部 9 层	11230	新浦海连中路
中国银行连云港分行办公楼	10 层,局部 12 层	7100	新浦海连中路
市行政中心大楼	21 层	55262.26	新浦朝阳东路 69 号
连云港市建设银行营业楼	12	6400	新浦海昌北路

第二章 房产开发

第一节 小区开发建设

1979 年，新浦地区原下放农村的回城人员增多，工矿企业大量招工，使回城的上山下乡知识青年全部安置，适龄的应届毕业生及往届毕业生基本安置就业。加之回城知青均已到婚嫁年龄，住房紧张状况日趋严重。

1980 年开始，市房屋建设开发公司等房产开发单位，在新浦老城区南部的朝阳路以南、机耕路（今建设路）以北的通灌路与海昌路之间征地 21.81 公顷，成片开发，历时 5 年，基本建成一个新的居民住宅区，通称“南小区”。小区建筑总面积 92926 平方米。其中，2～3 层楼房 51 栋，4～5 层楼房 35 栋，6～7 层楼房 7 栋。另建有中、小学校各 1 所，及其他配套公用设施。“南小区”建成投入使用，缓解了住房紧张现象。

1982 年，在老城区东部的市东街兴建“东小区”，建筑总面积 3.3 万平方米。因用“ABCD”编记楼号，时称“AB 楼”。小区内 A－10 栋 5 号、B－6 栋 6 号、C－4 栋 4 号、D－2 栋 2 号均为 7 层点式楼。1 梯两户：一为两室 1 厅，一为 3 室 1 厅。同年，市房管部门又在民主东路北、龙尾河东岸原市绝缘材料厂北开发建设住宅小区，时称“北小区”。

1984 年，区拆迁安置办公室在大浦河北、沈圩路东开发建设“沈圩小区”（1988 年基本建成）。

图 15－4 新浦东盐河西岸居民小区

1985 年，在站前路西侧成片开发兴建科技干部住宅楼群，共 18 栋，均为 7 层，23 个单元，计 322 套，建筑总面积 2.3 万平方米。

1989 年，市房产部门采取统一规划、自筹资金或合资兴建等办法，在老城区同兴街翻建民房 4200 平方米、在延安村翻建民房 2227 平方米。

1990 年，位于老城区西部的西盐河以西、海连路以南、朝阳路以北的“西小区”建成。该小区建筑总面积 10 万平方米，建有住宅楼 75 栋，多为 4 层楼，规格为 2 室 1 厅，实用面积 37 平方米、3 室 1 厅，实用面积 55 平方米。小区内建有银行、菜场、粮站、商场、小学校等。

1992 年，新浦地区房地产开发大发展，住宅建设高速增长，先后建成东大新村、玉带新村（兴业小区）等住宅小区。1993 年 3 月，中美合资连云港益发房地产开发有限公司投资 800 万元，在陇河广场东南 800 米处，开发建设港城第一处别墅生活小区——东方花园，当年开工，当年竣工。小区占地 13 公顷，建造别墅住宅楼 220 幢，建筑总面积 3 万平方米。售价分别为每平方米 1280 元、1380 元、1690 元。

1996 年，位于朝阳中路南侧、设施齐全的紫云公寓，售价为每平方米 1350 元。同期，位于通灌南路的登泰新村，每平方米售价为1180元。同年春，市政府出台《连云港市商品房价格管理实施细则》规定，普通住宅商品房（含安居工程、解困解危房、经济适用房、拆迁安置房）实行政府定价；高标准住宅（指豪华、别墅式）商品房和非住宅商品房，核批基本价格，放开销售价格。至1996年，新浦地区房地产开发企业已由1984年的4家，发展到100余家。

图15－5　玉带新村

1999年起，城区小区开发出现强劲势头，省内南京、南通、苏州和浙江、山东、福建等地的单位和个人纷纷到新浦地区投资兴建住宅小区。小区建造更加人性化，管理上更加系统和完备。至2005年底，海南小区、龙河小区、海宁小区、苍梧小区、极美苑公寓、康泰新村、港利绿园、常乐新村、玉带新村二期、延安新村、新海花园、麻纺小区二期、龙河小区、世纪花园、万山城市花园、恒利花园等一批具有一定规模的小区先后建成。并按照市新出台的《城市普通住宅区物业管理公共服务等级收费实施细则》，和市物价局核准收费标准，进行管理。

图15－6　坐落于科苑路的海连新天小区一角

2004年，《连云港市物业管理实施细则》公布实施，小区物业管理进一步规范。

图15－7　郁洲路与苍梧路交汇处的苍梧小区

2005年1月22日，连云港市云龙房地产开发有限公司在新浦新区开发建设的“海连新天”小区（占地10.67公顷、建筑面积13万平方米），在北京人民大会堂举行的“2004年中国城市标志楼盘年度金榜”颁奖大会上，以“连云港新城市主义标志”的鲜明特色，获得年度金榜大奖，为港城唯一获此殊荣的楼盘。

附：住宅小区选介

一、苍梧小区

小区位于新浦郁洲南路58号，是全市规划、设计、施工、管理水平较高的小区之一。1998年11月30日开工建设，2000年6月投入使用。小区占地137.3公顷，总建筑面积20.6万平方米，其中住宅面积16.4万平方米，公建及配套设施3.2万平方米。共有条式楼30幢，点式楼11幢，其中点式小高层4幢，条式小高层1幢。小区共有居民1296户。

小区由市房屋建设开发总公司开发建设，总投资约1.6亿元，小区水、电、通信、气、暖设施完备，配有智能化管理系统。绿化面积3.7万平方米，人均11平方米，绿化率41.3%。整个工程，在规模、建设周期和设计水准等方面，开创了市区小区建设新纪录。

苍梧小区，由连云港市苍梧物业管理有限公司实施物业服务，并有小区业主委员会参与管理。小区还创办了全市第一份社区小报——《苍梧人家》。在全市物业管理示范区、文明社区创建活动中取得优异成绩，获得“江苏省城市物业管理优秀住宅小区”、“江苏省青年文明社区”、“江苏省园林式居住区”称号。

二、兴业小区

小区位于新浦海昌南路319号，建于1999年，占地面积133.33公顷，建筑面积约14万平方米。

小区住宅由A组团、B组团、C组团、和D组团构成，共计37幢住宅楼，拥有住户1158户，另有60余套商业用房。小区内设有物业管理办公楼、保安值班室、中心花园、幼儿园、配电用房、休闲健身娱乐等设施，配套齐全。小区的绿地面积达53333.6平方米，绿地率达40%，绿地覆盖率约43%。小区内种植国槐、棕树、紫薇、花石榴、腊梅等90多个品种的花木。

兴业物业管理公司对兴业小区进行物业管理，小区多次被评为“连云港市物业管理优秀住宅小区”、“全省物业管理优秀住宅小区”、“连云港市园林式居住区”、“江苏省园林式居住区”。

第二节　经济实用住房开发建设

1996年4月，连云港市房产管理局成立安居工程办公室。同年5月20日，《连云港市安居工程实施意见》公布实施。当年7月，新浦地区首批安居工程——龙河小区动工兴建。年末，在新浦建成安居工程6.23万平方米。1997年，竣工安居工程8万平方米。1998年，竣工安居工程36.7万多平方米。1999年至2000年，分别竣工安居工程54万平方米。

图15－8　坐落于龙尾河畔的龙河小区

2001年，建经济适用住房36.5万平方米。2002年，竣工经济适用房30万平方米。2003年，竣工经济房12.8万平方米。2004年，竣工经济房6.4万平方米。2005年，竣工经济房15.7万平方米。

自1996年开始开发建设经济适用房至2005年10年间，新浦地区共建成经济适用房206.33万平方米，缓解了城镇居民中低收入无房户和住房困难户的住房难问题。

第三节　农村建房管理

解放前，乡村房地产一直归私人所有，可以自由买卖。解放后，人民政府收回了地主和外逃人员的土地、房屋，归集体所有，房屋除作为社会公用房外，其余全部分给贫雇农居住。1953 年，房屋归所在市县财政科代管，后由各人民公社管理。

图 15－9　按规划建设的花果山乡农民居住区一角

1960 年至 1980 年，区郊农村建房多为在家庭老宅基地上翻盖，扩建的部分房屋多经公社、大队批准用村庄的空闲地，很少占用耕地。

1980 年以后，随着改革开放经济发展，农民收入增加，翻建、新建住房在乡村形成风尚。宁海乡、花果山乡、云台乡村民建新房均由个人申请，经村委会研究同意后上报乡政府批准，给建房宅基地，并据此申办建房手续。

1990 年后，农村住宅建设纳入乡村总体规划，农民新建住房经审批后，多在各村规划住宅区内建造新房，居住条件逐步提高。

2000～2005 年新浦区农民家庭住房概况表

表 15－2

项目＼年份	2000 年	2001 年	2002 年	2003 年	2004 年	2005 年
人均年末住房价值(元)	4105	4268	4396	4795	4859	7398
人均年末住房面积(平方米)	21.2	22.3	21.9	22.5	23.05	24.5
钢筋混凝土结构(平方米)	3.5	5.1	5.4	5.7	5.91	6.37
砖木结构(平方米)	17.1	16.8	16.1	16.1	16.92	17.99
其他结构(平方米)	0.8	0.4	0.4	0.3	0.22	0.14

第三章　房产管理

第一节　产权管理

一、房屋普查

早期，新浦地区房产未进行专门普查登记。抗战胜利后，国民政府对新浦地区的日伪房产予以登记。民国36年(1947),开始对房地产进行登记。

新中国成立初,人民政府加强房产管理,多次组织房产普查登记。1956年,新浦城区28条街范围内共有房屋22546间;1961年为20212间,人均住房面积由20世纪50年代初的4.75平方米,减少到3.7平方米,有4.6%的人口人均住房面积在1.5平方米以下,6.7%的人口居住面积在1.6~2平方米之间。新浦城区有楼房307间,主要分布在民主、市东、车站等街,有瓦房、平房145间,主要分布在民主、站北、新海、通池、车站、西巃、市东等街,其余均为草房。

1963年,市房产管理部门开始对新浦地区房屋产权、房屋出租及房屋附属设备等情况进行全面调查。随后,对新浦城区28条街房产情况分别建立了28本台账。

1978年6~12月,整理核对房屋档案资料,对新浦民主路、建国路、新市路等6条老街的公房重新普查,弄清漏管、漏报、错管、错收情况,将房屋档案资料分类统计,达到分街、分户,图、房号、面积、租金基数对号,产权来源、设备使用、房屋质量情况清楚。

1982年8月,新浦区成立房屋普查办公室,于当年10月份开始对市区直管公房进行普查,统计归档。1983年上半年,直管公房的图、档、卡完整齐全。

1985年3月,市政府发布城镇房屋普查通告,部署第一次全市房屋普查工作,新浦城区于当年6月至1986年3月进行普查。并于1990年3月成立房屋估价工作组,对新浦区近万户,30多万平方米的直管公房资料进行整理归类,完成房屋估价入账工作。

1992年,大规模的房屋普查工作基本结束。

二、产权登记发证

民国36年(1947)春,国民政府成立新浦地籍整理办事处,负责房地产登记、发证。

民国37年(1948)11月底,新海连特区军管会设立敌伪物资登记处,负责登记处理敌伪房产。民国38年1月,新海连特区行政专员公署组成清理敌伪资产委员会,清理敌伪资产,确保公私产权。2月,新浦清理出3732间房屋,产权归人民政府,除作公用外,分给贫苦市民居住。9月20日,完成房产登记、评级工作。

1950年5月至1954年10月,新浦城区公用房产由市政府财政科直管。1955年1月10日,市房地产管理科成立,新浦地区的房产登记管理由该科负责。1957年,新浦区成立房产科,自管公用房产。

1958年8月,根据《新海连市对私人出租房进行社会主义改造方案》,新浦区成立私房改造委员会,各街道成立私房改造小组。9月底,接管应改造出租房屋。10月1日起,由国家统一经租。并在出租房屋门上订置标明"国家经租"带有统一编号的木牌。

1961年起,新浦区房产科收归市城建局房产办公室。公私房屋均由市房产部门管理。1966年9月,停付1958年对私房实行社会主义改造的租金定息。

"文化大革命"期间,房屋产权管理受到干扰,不少私房被侵占。

1979年,市房产公司在新浦成立浦东、浦西、路南、路北4个房管所。落实市革命委员会批转市城建局的《关于处理文革期间城镇私有房产问题的请示》,开始对"文化大革命"期间被挤占的私房进行复查处理。

1981年起,新浦地区公房归市房产管理局房屋管理修缮公司管理。

1982年2月26日,成立新浦房产管理分局。8月9日,开始落实去台人员、华侨、高级知识分子、民主人士和知名人士私房政策,至11月底,"文化大革命"中被挤占的华侨、台属、高级知识分子、民主人士和知名人士私房及民主党派办公用房全部退还。

1983 年 9 月,新浦房产管理分局撤销,由市房产公司在新浦设立的浦东、浦西、路南、路北房管所对新浦地区的直管公房进行管理。

1988 年元旦起,城镇房屋产权转移手续均由市房管部门负责办理。

1989 年 6 月,新浦区成立房屋所有权登记发证工作领导小组,下设办公室。1990 年 4 月 9 日,全市在新浦区路南街道的 3 个居民委员会,进行房屋所有权证登记发放工作试点,7 月底结束。共登记公私房面积 10 万平方米,其中私房 348 户,建筑面积 22620 平方米。8 月 1 日,全区产权登记发证工作全面展开。到当年底,完成建筑面积 36389 平方米私房、建筑面积 916059 平方米公房的产权登记发证工作。

1993 年 7 月 31 日起,新浦区房屋所有权登记发证办公室撤销,原区发证办公室或以其他名义发放的房屋所有权证一律无效。由市房屋产权监理处会审、登记,统一发证。1994 年,对 4301 间私房、45 万平方米公房所有权进行复审,对 57.7 万平方米公房、3687 户私房核发产权证,公房产权登记完成市下达任务的 82%,私房完成 50%;房地产抵押和评估两项新兴业务有了良好的开端,抵押监证 263.65 万元;评估 123 户,建筑面积 1.6 万平方米,评估额 784 万元。1995 年,产权发证 46.8 万平方米。

2000 年 2 月 13 日,启动新房屋所有权证换验证工作。当年共为 4000 户进行换证、验证。

2002 年起,实行交易、租赁、抵押、产权登记发证、缴费等一条龙服务,一体化管理,并编制产权产籍信息管理系统,实现了产权产籍各业务环节的流程控制。2003 ~ 2005 年,驻地市房产管理部门完成产权发证总面积 855.38 万平方米。

第二节 物业管理

1997 年上半年,市政府下发《连云港市住宅小区物业管理办法》和《连云港市物业管理企业经营资质管理办法》后,新浦区在各住宅小区开展争创市级物业管理优秀小区活动,在 1999 年度评比中,新浦地区的兴业小区、博纳花园、东大新村、中华新村、供电局新孔路生活区、海南小区等 6 个住宅小区被评为市级物业管理优秀住宅小区。

2001 年度,新浦地区的阳光园、港利绿园、极美苑公寓、康泰新村、兴业时代花园等 5 个住宅小区,被评为市级物业管理优秀住宅小区。

2002 年 5 月,苍梧小区等住宅小区开始成立物业管理小区业主委员会,与小区物管部门共同做好小区各项管理工作。同年,全市开展物业管理企业资质等级评定、年检和住宅小区物业管理企业达标创优活动,内抓管理,外树形象,促进物业管理健康发展。

2003 年度,经市房产管理局考评验收,新浦地区万山城市花园、六号街区、万润园等被评为市级物业管理优秀项目。经江苏省建设厅考评坐落在海连中路的极美苑公寓和位于郁洲北路的兴业时代花园获得了江苏省城市物业管理优秀住宅小区称号。

2004 ~ 2005 年度,华阳丽都佳园获市级物业管理优秀项目称号。

2005 年,在全市开展的城管示范物管小区创建活动中,新浦地区的苍梧小区、万润园、兴业时代花园小区、极美苑公寓、万山城市花园、华阳丽都佳园,获得 2005 年度城管示范物管小区荣誉称号,受到市人民政府的表彰。

第三节　房屋租赁

解放前，新浦为房屋租金甲等地区。20世纪40年代接收的敌伪房屋，大多由东海县房产评价委员会出租或标售给居民。

新中国成立初期，市人民政府先设专人、后设专门机构管理房屋租赁工作。

图15－10　出租公房的一块木质标牌

1956年，市政府颁发《新海连市民房租赁暂行办法》，规定新浦地区单位租用民房，手续由市房地产管理部门办理，并经人民法院履行公证手续，保证租约的严肃性和租赁双方利益。私人租赁房屋，根据主客两利的原则，双方向经办部门申请审查，用房产管理部门制定的专用租约纸订立租约，共同遵守。当年，单位使用的公房，市面房最高租价为每平方米人民币0.3元，一般为0.2元，最低的0.15元。市民和职工住房租价，每平方米上等房屋0.1元，中等房屋0.07元至0.08元，下等(笆墙草顶房)0.05元至0.06元。私房出租租金，最高不得超过公房的10%～30%。当年，新浦城区有1937户出租房屋，计7262间。

1966年2月，市房产公司对新浦地区258个单位租用作办公室、仓库、宿舍、营业房、托儿所、车间使用的3429间、计42578平方米房屋的租金，调整为最高每平方米0.45元，最低每平方米0.25元。

1971年7月，市房产公司对出租公房制作牌号，分坐落地址、结构、间数、住户、面积、房租等项，逐一登记、立卡建档。“五保”(保吃、保穿、保住、保医、保葬)户租用公房，减免房租。1979年1月起，改按每平方米0.05元标准收费。

1983年11月，落实市政府《关于住宅建设和分配暂行规定》，对住房超标且暂不退房者，其超标部分每平方米每月增收租金1元。

1987年1月1日起，对非住宅公房原则上按成本租金计租；对商业经营类的特殊用房，试行成本租金加土地综合开发费、利润、地质损伤度等因素的商品租金；对理发、浴室、煤店等微利服务行业租户暂不调整；对民政、福利、医疗等单位租用的公房酌情减租；对行政和无经营收入的事业单位的办公用房，暂按成本租金的50%计租。单位自管的出租房屋，参照同类公房标准计收租金。私房出租由房管、物价部门管理，租金一般不超过同类公房的1倍。对街道居民委员会用于生产经营的房屋按成本租金计租；用于办公、幼儿园等事业的，按调整后新增租金的50%缴纳；用于非经营性的文化娱乐活动的则全免新增租金。同年，市公安机关开始对私房出租实行发放许可证制度。

1990年起，施行《连云港市房屋租赁管理暂行办法》，新浦地区的房屋租赁工作仍由市房管部门直接管理。同级工商、税务、公安等机关部门根据各自职责依法进行监督管理。

1995年1月1日，正式开始实施《中华人民共和国房地产管理法》。6月1日起，市、区房产管理部门依法管理市区房屋租赁市场，并根据建设部要求，将《房屋租赁许可证》改为《房屋租赁证》。

1997年，规范《房屋租赁证》的发放和租赁合同的登记备案制度，新浦房管所会同工商部门联合检查房屋租赁市场，重点对城乡结合部和外来人口房屋租赁进行集中整治。

2000 年 1 月 1 日起，统一使用《连云港市房屋租赁合同》文本，凡出租房屋的经营者，均到房管部门办理《房屋租赁证》并签订《连云港市房屋租赁合同》，由区房管所监督检查。

2002 年 4 月起，新浦房管所按照市政府提出的“积极培育和完善房屋租赁市场，促进住房消费”的要求，与工商、税务、物价等部门联合，重点查处辖区内擅自将居住的公房转租赁或未按规定办理登记备案的租赁行为。

2005 年 1 月起，市房管局以新浦地区出租房情况调查资料为依据，结合市经济发展状况和市区房屋租赁市场特点，发布当年度市区房屋租赁指导价格，实行分类定价管理。

1998 年新浦地区公有住房租金定价标准一览表

表 15－3

类别	等级		基价（元/平方米）	房屋结构	房屋设备及室内装饰
钢混结构	–		1.45	全部或承重部分为钢筋混凝土结构，包括框架大板与轻板结构以及使用滑模或开模施工的钢筋混凝土结构	水、电、厨房、卫生设施齐全的成套住房
砖混结构	一	甲	1.45	部分钢筋混凝土，主要是砖墙承重的结构，包括设备齐全，一户独用的两层庭院住房	水、电、厨房、卫生设备齐全，必备管道煤气、暖气、铝合金窗或塑料窗 3 项的其中两项，且具有以下条件 2 个（含 2 个）以上的成套住房：1993 年后建造，浴缸、坐便器、盥洗盆。2 厅或 1 厅使用面积在 15 平方米以上（含 15 平方米）、厅为大理石地面或水磨石地面
		乙	1.32	部分钢筋混凝土，主要是砖墙承重的结构，包括设备齐全，一户独用的两层庭院住房	水、电、厨房、卫生设备齐全，具有以下条件 4 个（含 4 个），以上的成套住户：管道煤气、暖气、铝合金窗或塑料窗、1993 年后建造，浴缸、坐便器、盥洗盆。2 厅或 1 厅使用面积在 15 平方米以上（含 15 平方米）、厅为大理石地面或水磨石地面
		丙	1.26	部分钢筋混凝土，主要是砖墙承重的结构，包括设备齐全，一户独用的两层庭院住房	水电、厨房、卫生设施齐全的成套住房
	二	甲	1.15	部分钢筋混凝土，主要是砖墙承重的结构	水、电到户或水到院，有厨房、1980 年底以后建造的非成套住房
		乙	1.02	部分钢筋混凝土，主要是砖墙承重的结构	水到院、电到户、1976 年底建造无厨房的非成套住房
砖混结构	一		1.45	承重部分为材料上等，标准较高的砖木结构，包括庭院式或花园式洋房等高级住房	水、电、厨房、卫生设施齐全的成套住房（包括产权单位改造后的成套住房）
	二	甲	1.20	承重部分为结构正规，材料较好的砖木结构	水、电到户、有厨房、屋内净（檐）高在 2.6 米以上的非成套住房
		乙	1.02	承重部分为结构简单，材料较差的砖木结构	水到院、电到户、无厨房、屋内净（檐）高在 2.6 米以上的非成套住房
	三		0.85	承重部分为结构简单，材料较差的砖木结构	电到户、无上下水管道、无厨房、屋内净（檐）高在 2.6 米以下的非成套住房
简易结构	—		0.60	材料较差，结构简陋的不正规砖木、竹结构或其他材料结构	无专用附属设施的非成套住房

第四节 房产交易

解放前，新浦房屋交易很少，民间多采用租赁或典当办法调剂住房余缺。个别遇有特殊情况出卖房产的，由买卖双方协商，中人作证，立契成交。

新中国成立后直至20世纪80年代初，分配住房作为职工福利，实行行政管理，租金较低，不准经营。城乡居民私有房屋进行买卖时，由买卖双方协商议价成交，并到房管部门办理房屋产权证转移手续。

1982年，职工住房开始实行商品化改革后，新浦地区房屋交易逐渐兴起。位于新浦海连东路北侧的东小区，即为市建设开发公司首先开发承建的商品住宅楼。1988年，市房管局私房买卖登记处、市房地产交易所相继在新浦成立。驻地市房地产交易所至1992年，累计办理房地产交易数1953户，成交额3267万元，上交契税48.2万元，租赁监理3600户，面积21.4万平方米。完成房地产交易监理面积4.3万平方米，成交额300万元。完成房屋租赁监理1270户，面积9.05万平方米。1994年，办理422起房地产交易手续和产权转移，建筑面积8万平方米，成交额3004万元；办理商品房交易手续604起，建筑面积13.83万平方米，成交额10620万元；1197户房屋租赁者办理了监理手续，建筑面积8.35万平方米，监理金额393万元。1995年，房地产市场管理费收入140万元。全年完成交易面积18.7万平方米，其中商品房交易11万平方米，房屋交易7.7万平方米；租赁监理面积5.3万平方米，抵押监证7474万元；评估面积3.3万平方米。1996年，房地产市场管理费收入200万元，完成商品房销售面积30.5万平方米，交易面积53.3万平方米，租赁监理面积2.36万平方米，抵押监证面积119万平方米，评估面积33.67万平方米。1999年9月8日，房地产交易市场举办全市房改房上市暨商品房展销会。2000年，完成房地产交易额2.28亿元，成交面积33.3万平方米。当年，以房改房为主的二手房交易逐步升温，全年完成1466套，成交面积14.9万平方米。年内共完成评估项目444宗，评估面积133646万平方米，评估额10871.01万元。

图15－11 坐落于海昌路与青年路交汇处的市房地产交易中心

2001年，驻地市房地产交易所共实现房地产交易（买卖）3206起、35.6万平方米、交易金额3.29亿元，其中新建商品房交易1893起、面积19.99万平方米、交易金额2.31亿元；市区房地产抵押交易1392起、抵押房地产面积32.45万平方米、抵押额2.86亿元；房屋租赁1018起、5.13万平方米，抵押额1362万元。二手房交易继续保持活跃，交易量由上年的每天成交4套上升到每天6套。二手房消费信贷已达到1340万元，带动二手房交易新增3000多万元。

2002年4月6日，驻地市房地产交易所开始启用房地产交易产权产籍信息管理系统。与电信部门联合举办的连云港市房地产语音查询系统相继正式开通。年内，在新浦苍梧绿园承办春季和秋季房产大型展销会，主办房产超市和房产夜市和首届连云港市房地产高层论坛。全年完成房屋交易8966户、交易面积91.1万平方米、交易金额

8.47 亿元。其中,二手房交易完成 4960 户、交易面积 50.8 万平方米、交易额 3.3 亿元;商品房 3456 套,面积 375259 平方米,成交额 49715.39 万元;抵押登记 2920 户,面积 537424 平方米,贷款额 45496.1 万元。

2003 年,在苍梧绿园承办连云港市秋季房产交易会,成交各类房屋 572 套,面积 6.5 万平方米,成交额 8000 余万元。全年房地产市场完成交易 13856 户,交易面积 162 万平方米,成交额 14 亿元,其中商品房、二手房交易面积 138 平方米,13.6 亿元。实现收入 300 万元的目标。商品房交易面积 55.35 万平方米,4733 户,成交额 68506.12 万元;抵押登记面积 75.45 万平方米,4270 户,贷款额 77502.56 万元;房屋租赁登记备案面积 20.1 万平方米,783 户,租金额 1547.56 万元。

2004 年,通过整顿规范房地产市场、简化手续、降低收费、实行一站式服务、举办春秋季房产交易会等手段,积极促进住房市场健康、繁荣发展。驻地房地产交易所当年完成存量房交易 40.59 万平方米 4110 户,成交额 29954.28 万元;商品房登记面积 53.69 万平方米 6247 户,成交额 109686.06 万元;抵押登记 101.15 万平方米 7490 户,贷款额 112900.39 万元;房屋租赁登记备案面积 22.44 万平方米 901 户,租金额 2088.6 万元。二手房交易面积 41.25 万平方米,完成年计划的 172%;商品房产权、交易、抵押面积达 202 万平方米,完成年计划的 202%;交易额 26 亿元,完成年计划的 260%。

2005 年,驻地市房地产交易所承办水木年华秋季房产展销会,预销商品房 1000 余套,成交金额 3 亿多元。二手房市区交易为 6236 户,76.74 万平方米,住宅均价为 2685 元/平方米,同比上涨 28.72%。

第五节　住房制度改革

1992 年 2 月 11 日,市政府印发《连云港市市区住房制度改革实施方案》,4 月 10 日,新浦区即成立住房制度改革领导小组,在全区启动住房制度改革工作。首先,改革住房低租金制度,逐步向成本租金过度。对区直管和单位自管公房租金由每平方米 0.1 元左右,提高为砖混一等 0.29 元、砖混一等甲级 0.31 元。提高房租后,对职工实行住房补贴。7 月 1 日起,建立住房公积金制度,职工个人和所在单位住房公积金缴存率均为 5%。同时,开始对职工住公房情况进行调查登记,为建立国家、事业单位和个人三结合解决住房的机制作准备。

1993 年起,全区进一步深化住房制度改革。公房租金逐年提高,公有住房由福利型转为租赁型。此后,公房租金每年增长 4% ~5%。

1996 年起,全区住房制度改革进入出售公有住房阶段。根据国家“早购房,全优惠;迟购房,优惠少”的房改政策,当年,区机关位于海昌路 391 号砖混 5 层楼、砖混 4 层楼及位于陇西街的砖混 3 层楼等产权、承租关系明确的公有住房,开始按照市房改办公室统一规定价格标准和各项优惠政策,出售给原承租职工。出售公房建筑面积控制标准为:科级以下 75 平方米、科级为 90 平方米、县处级为 110 平方米、地市级为 140 平方米。原租住公房超过规定标准在 10 平方米(含 10 平方米)以下的部分,不享受现住房和工龄折扣优惠,超过 10 平方米以上部分一律执行市场价格。

1998 年,区政府根据新出台的《连云港市区 1998 年度出售现有公有住房实施细则》,在出售公有住房时,成本价在上年基础上提高 3%。职工按成本价购买实际承租的公房成本价基价折扣率,由上年的 3%降为 2%(以后每年减少 1 个百分点,2000 年全部取消)。至当年底,全区 117 户 3 层以上砖混甲等套房(11617.34平方米)、221户3层以上砖混乙等套房(12859.54平方米)和350户2层套房(19240平方米)基本出售完毕。

2000年1月1日起,彻底停止住房实物分配,实行住房分配货币化。

第四章 新浦地区房地产开发及建筑安装企业简介

第一节 新浦区房产开发及建筑企业简介

一、连云港市金苑房地产开发公司

该公司1994年3月成立,系新浦区建设局投资,公司注册资金500万元,成立时公司有员工10人,1998年增资300万元,公司注册资金800万元。具有房地产开发三级资质。公司从1994年开始开发了南苑新村小区,至2003年小区开发基本完成,共计开发面积5万余平方米。另又开发了河滨路两幢楼,面积近万平方米。

二、连云港市众兴建筑安装工程有限公司

连云港市众兴建筑安装工程有限公司为国家二级房屋建筑工程总承包企业,可承担28层及以下、单跨跨度36米及以下的房屋建筑工程;高度120米及以下的构筑物;建筑面积12万平方米及以下的住宅小区或建筑群体以及大型混凝土场地等项目。公司下辖5个子公司,有45个项目经理部。有职称技经人员165人,设备净值1200万元。年施工能力可达40万平方米以上,产值约4亿元。

三、连云港市临宏建筑工程有限公司

公司从事工业与民用建筑施工、安装、装饰装修、市政公用建设。具备国家房屋建设工程施工总承包二级、市政公用工程施工总承包二级、建筑装修装饰工程专用设备业承包二级、起重设备安装工程专业承包三级资质。公司前身是始建于1979年的连云港市临洪建筑站。于2000年改制为现企业。现有高、中级职称的工程技术人员50名,初级职称的工程技术人员160余名,注册二级建造师11名,注册安全工程师2名。年施工能力30万平方米。

第二节　驻地主要建筑企业简介

一、连云港市建筑工程公司

公司1989年成立，为国家一级施工企业。1999年，经国家对外贸易经济合作部批准获得对外经济合作经营权。2002年，经国家建设部重新审定批准为房屋建筑工程总承包一级资质，同年通过IS09001:2000质量管理体系认证。公司以施工总承包为主体，以专业分包和工程劳务为依托三个层面相结合。公司有职工3700人，各类工程技术和经济管理人员308人。公司现有三级以上项目经理116人，其中一级项目经理26人，中高级技术人员125人，各类施工设备1500余台（套），其中大型施工设备90台（套）。公司1992年通过国际中标的肯尼亚塔纳河农业开发一期工程项目，工程造价4040万美元，至1997年顺利完工。公司国内施工工程遍及上海、青岛、湖北、河南、新疆、吉林等城市和地区。同时在也门、阿尔及利亚、新加坡、柬埔寨、阿联酋、土耳其、塞浦路斯、科威特、韩国、日本等国家和地区进行海外施工。

二、江苏三兴建工集团有限公司

该公司成立于1999年2月，坐落于新浦解放东路270号。为国家房屋建筑工程施工总承包壹级资质企业，拥有国际工程承包和对外劳务输出经营签约权。公司取得GB厂1r19001:2000质量管理体系、GB,1f24001:2004环境管理体系和GB/T28001－2001职业健康与安全管理体系认证。企业注册资本5700万元，净资产1.691亿元，大、中型机械设备2680台（套），高、中级技术职称人员238人，一、二级国家注册建造师46人。公司下辖18个区域性分公司，8个专业性公司。具有承揽工业与民用建筑、建筑装潢、市政工程、古典园林、设备安装、建筑劳务及房地产开发等多元经营的综合能力。公司年完成施工任务240万平方米，实现建筑业总产值23亿元，公司2003年至2005年被省评为“江苏省建筑业综合实力20强”企业。

三、连云港市地业建设工程有限责任公司

该公司是在老企业连云港市第一建筑公司的基础上，于2002年改制重组成立，公司资质等级为房屋建筑工程施工总承包二级，起重设备安装工程专业承包二级，地基与基础工程承包三级，钢结构工程专业承包三级。公司下设盛隆混凝土构件公司以及4个分公司，4个专业承包公司和10个土建项目经理部。公司各类专业技术人员167人，有资质的项目经理50人，拥有以质量、技术监控的网络系统和大型建筑施工的设备与设施，企业通过IS09001:2000质量管理体系认证。

四、连云港市地亚建筑有限责任公司

该公司组建于2002年，坐落于新浦郁洲南路12号。具有国家房屋建筑工程施工二级资质、市政

工程施工二级资质、起重设备安装二级资质，取得国家 GB/TI. 9001 质量管理体系、GB/T24001 环境管理体系、GB/T28001 职业健康与安全管理体系三标一体化认证，是连云港市建筑行业较早应用标准化管理的企业之一。公司现有员工 1500 余人，各类专业技术人员 347 人，其中高级职称 21 人，中级职称 91 人，各类项目经理 44 人，国家一级建造师 16 人，二级项目经理 12 人，公司注册资金 5960 万元，年施工能力 3 亿元。

五、连云港市地山建筑工程有限责任公司

该公司是在原连云港市第三建筑工程公司的基础上于 2002 年 7 月改制而成，具有 40 多年建筑施工历史经验。企业资质为二级，资信等级 AAA。2002 年，公司通过 IS09001:2000 质量管理体系认证。公司现有职工 1000 余人，各类专业技术人员 200 多人，其中，高级职称 11 人，中级职称 82 人，一级项目经理 8 人，二级项目经理 17 人，三级项目经理 24 人，三类安全人员 62 人。公司现有各种施工机械 600 余台(套)，下设，15 个项目经理部，年施工产值 1 亿多元。

六、江苏华航建设集团有限公司

成立于 1999 年，坐落在新浦学苑路 29 号。该公司为国家一级建筑资质企业。近年来，华航集团不断践行“创业、创新、创优”的精神，企业发展迅猛，由成立之初的 50 万元规模发展到如今年产值近 10 亿的省级集团化企业。集团控股公司和全资子公司发展到 9 个，从原来单一的开发建设，扩展到项目投资，房地产开发销售、建筑工程、园林绿化、物业管理、市政等领域。投资开发项目立足江苏逐步辐射到中西部，西南部，建立了本集团在连云港市的强势地位。

华航集团建立了完善的法人治理结构和科学的流程管理模式，有中高级技术人员和管理人员 168 名(其中高级职称 15 人，一级建造师 16 名)。

华航集团在近几年承建的工程和开发的楼盘先后获得了国家、省级、市级多项荣誉。通过了 IS09000 质量管理体系、ISO14000 环境管理体系、OGSMS18000 职业健康管理体系认证。

第十六编　开放型经济

1984 年，连云港市作为全国首批 14 个沿海开放港口城市之一，加快改革开放后，新浦区加快外引内联工作，并于 1985 年 9 月成立专门工作机构内引外联办公室，加强外向型经济工作领导。1992 年，邓小平同志南方讲话以后，大批客商涌进新浦，新浦区抓住这一机遇，全区上下迅速行动，开展各种招商引资活动，拉开全区外向型经济工作序幕。同时，进一步成立新浦区对外经济贸易委员会、新浦区对外开放领导小组，统领全区“三外”（外经、外资、外贸）工作。出台一系列招商引资激励办法和考核实施细则，建立招商引资目标责任制。

区委、区政府把招商引资作为全区经济工作的重中之重，确立“主攻港台、突破欧美”的海外引资策略和“立足东南沿海、主攻温州、深圳”的吸引内地资金的策略。制定外商优惠政策，实行优质服务。从 1993 年 1 月开始，一方面不断组团赴美国、法国、印尼、新加坡、日本、澳大利亚等国和中国香港、澳门、台湾地区，以及内地的山东、浙江、北京、上海等地召开招商座谈会、恳谈会，加快招商引资步伐；一方面不断改善投资环境，对“三资”企业实行一条龙服务，为客商投资营造良好的政策环境、诚信环境、法制环境，保障客商的合法权益。全区外向型经济发展步伐不断加快，至 2005 年年底，全区累计合同利用外资 20722.67 万美元，实际利用外资 11544 万美元，外贸出口额约 17000 万美元，外经合同额约 6760 万美元，外经营业额约 5829 万美元，外派劳务服务人数 3802 人，内资项目新增 399 个，投产开业 366 个，客方到位资金 257030 万元。

第一章　招商引资

第一节　招商引资政策

1984 年，连云港市被列入全国 14 个沿海开放城市后，新浦区加大横向经济技术协作力度，区委、区政府从辖区内市属企业集中的实际情况出发，首先注重与驻地市属企业和科研单位横向联合，加快发展区属企业。在 20 世纪 80 年代中后期至 90 年代初，先后引进 60 多个内联项目，一批依托辖区内市属大中型企业建立的挂靠型企业应运而生，仅浦西和临洪 2 个街道就有近 20 家企业在市塑料厂、机械厂、涤纶厂、供电局等扶持下初具规模。

1995 年 2 月 13 日，区委、区政府召开对外开放工作会议，首次提出“联外、联内、联辖区”的“三联驱动”经济发展战略。

2001 年，区委、区政府把招商引资工作作为全区经济工作的重中之重，专门成立招商活动领导小组,形成区长亲自抓,分管领导分片抓,各部门、单位主要领导具体抓,层层落实责任制的招商引资工作格局,并在不断总结往年经验的基础上,改进招商办法。发挥中心城区的区位优势,把招商引资领域重点确定在旧城改造和房地产开发两个方面,明确专人负责,保证引进一个,落实一个;确立"主攻港台、突破欧美"的海外资金引进策略,和"立足东南沿海,主攻温州、深圳"的内地引资策略。采取单位自己组团与随别的团招商相结合、走出去招商与请进来招商相结合、直接招商与间接招商相结合,注重以商引商,强化协调服务办法,开展招商引资活动。对投资500万元以上项目,明确专人全程跟踪服务,树立"亲商、扶商、安商、富商"意识,以优惠政策、优质服务,不断增强招商引资的吸引力和竞争力。

2002年3月5日,区委、区政府制定并下发《新浦区招商引资激励暂行办法》。组织"离岗招商"队伍,专职从事招商引资工作。同时,抓住国际资金和产业转移的重大机遇,创新招商方式和机制,采取定向突破、定向招商方式,外资主攻日本、韩国,扩大对中国香港、台湾地区的引资力度;内资主攻长三角、拓展兰新线。

2003年4月29日,区委、区政府印发《新浦区招商引资考核实施细则》和《新浦区招商引资激励办法》。当年12月,区政府即研究决定对连云港市振东建设工程有限公司新浦分公司、中房集团连云港建设开发有限公司新浦分公司、连云港市建设开发实业发展公司新浦分公司等招商引资中引进的企业,按招商引资激励办法分别给予财政扶持。

2004年,区委、区政府制定全年招商引资计划目标,层层分解落实到各乡、镇、街道和委办局等单位。并将其纳入全区经济建设和社会发展年终目标考核内容。同年4月13日,区委、区政府制定下发《2004年新浦区招商引资考核奖惩暂行规定》和《2004年新浦区招商引资激励办法》,调动全区上下招商引资的积极性。并于2005年1月23日召开大会,表彰奖励2004年度招商引资有功人员和单位。

第二节　招商引资活动

改革开放后,新浦在开展对外贸易同时,注意引进外资。1989年,全区引进外资29万美元。

图16－1　新浦区经常参加各种经贸洽谈会、产品展销会,设展区,向客商推介名优产品

1991年下半年,宁海乡与台商、市国贸公司联合投资85万美元,兴建"连云港市鸿耀灯饰有限公司";1992年3月与台商签订投资600万元的合作意向书。

1992年,邓小平同志南方重要讲话后,大批客商涌向连云港市,当年,新浦区即接待了来自美国、捷克、意大利等国和中国香港、台湾等地区商团6批30人次。同年,新浦区5次组团赴美国、意大利、巴林、俄罗斯等国家和中国香港地区考察,洽谈项目60多项,达成意向48项。当年,兴办三资企业11家,总投资1037万美元,合同利用外资428.5万美元,超额完成市下达给新浦区的6个外资企业、合同利用外资300万美元的任务,超额完成本区提出的确保8

个力争10个外资项目的任务。11家三资企业中有4家当年开业，开业率36%。资金到账6家，到账资金156.25万美元，资金到账率60%。

1993年1月上旬，新浦区组织经济考察团，赴俄罗斯考察，与有关方面签订6个合作协议，迈出“走出国门，兴办实业”第一步。当年，全区新批三资企业28家，比上年增加1.5倍。实际利用外资724万美元，比上年增加180%。内联签订项目23个。总投资5533万元。其中，引进资金3551.9万元。当年投产项目15个。

图16-2　区委、区政府重视招商引资工作。图为区委书记陈东美（右二）、副区长徐家贵（右一）、区政协副主席徐文基（左三）与客商刘国雄先生（右三）等进行洽谈

1995年，新浦区加强南北挂钩工作，先后与阜宁、句容结为友好县（市）区，部分街道、村也与苏南地区乡镇缔结友好关系，达成经济协议。当年签订内联项目47个，开工及投产项目26个，实际利用客方到位资金720万元。

1996年3月15日，新浦区地产公司与台湾大宏建设股份有限公司洽谈后决定共同开发市化路商业街，并在新浦举行签字仪式。开发范围：东起海昌路、西至南极路、北至民主路、南至市化路。开发总面积8万平方米，分三期进行，首期开发1992平方米，总投资600万美元。同年，9月21日至24日，泰国周氏旅游贸易公司董事长周福苏先生应邀到新浦区考察投资环境，当即与市东工贸发展公司签订合资开办生产电缆料企业的意向，商定项目投资额为50万美元，泰方出资55%。同年12月23日，连云港市暨新浦区对台招商说明会在新浦区政府小礼堂举行。来自台湾的50多位客商与市、区有关部门对口交流，洽谈项目。

1997年4月8～11日，区长李建平率政府考察团一行20人赴山东省威海市环翠区、烟台市芝罘区就对外加工贸易等问题，进行考察学习。同年6月6～9日，由区经济局、科技局、外贸局、路南街道、临洪村等单位共20人组团，副区长林富平带队，赴山东烟台参加第二届APEC国际贸易博览会。与参会的18个APEC成员代表中的18个驻华办事机构或在华企业代表进行洽谈，并与参展的国内客商就相关产品与项目合作进行探讨和交流。同年9月4日，新浦区举行对台招商说明会。向由48名台湾经济界人士组成的商务考察团介绍连云港市及新浦区的概况和投资环境，推出一批招商项目。

图16-3　1996年12月25日，新浦区引进台资兴办第三产业的昌旺购物中心工程举行开工典礼

1999年，全区实际利用外资567万美元，比上年增长19%。内联新签项目20个，当年建成投产开业15个。引进客方资金2350万元，比上年增长35.7%，完成市目标的147.5%。

2000年，全区新批三资企业6家，完成市、区目标的150%；合同利用外资198万美元，完成市、区目标的 49.5%；实际利用外资 336.3 万美元，完成市、区目标的 112.1%；三资企业出口创汇 168 万美元，完成市、区目标的 84%；当年投产开业 1 家，完成市、区目标 33.3%；外贸自营出口 489 万美元，完成市、区目标 122.3%，外经合同额 289.5 万美元，完成市、区目标的 199.7%；外经营业额 226.7 万美元，完成市、区目标的 283%。全区利用外资获市二等奖，区外经贸局获市外经工作十佳单位称号，被评为市级文明窗口。在全区目标考评中获优秀单位一等奖。

图 16－4 引进外商投资兴建的项目

2001 年 8 月 14 日，区委、区政府组织招商代表团赴浙江义乌等地进行为期一周的招商活动。同年，区主要领导亲自带队，分赴美国、德国和中国香港地区，及国内温州、深圳、福州等地招商。同时，扎实开展招商月活动，成立 5 个招商组，6 批（次）赴温州、泉州、深圳、南京和香港地区招商引资，先后与温州国大企业公司、浙江绍兴东经房地产开发有限公司、玛斯特（英国）商务公司、常州青龙房地产公司签订国大商厦二期开发、东新绿苑、新浦公园改造、九龙世贸城等项目，总投资达 4.1 亿元。另外，达成硅微粉加工、红旗村地块改造、眼科医院、花卉交易中心等一批项目的投资意向。当年，实际利用外资 193.5 万美元，新签内联项目 20 个，投产开业 16 个项目，完成市目标的 133%；引进市外客方资金到位 10033 万元，完成市目标的 233%。陇海商业步行街中街、汇富园、温侨商厦、瑞琪阁综合楼、誉满城娱乐中心相继竣工（开业），陇海商业步行街西街、列奇达花园广场、东新绿苑、九龙世贸城等重点项目顺利实施。

图 16－5 2002 年 9 月，区委书记李建平率团赴台湾访问、考察，招商引资。图为考察团在台北市与海州同乡会人士就招商引资事宜进行洽谈

2002 年 9 月 1～10 日，区委书记李建平率考察团一行 10 人，赴台湾地区访问、考察，并与台北市海州同乡会就招商引资事项等进行友好交谈。当年，还组团参加连云港市温州招商洽谈会、西交会、2002 年中国连云港（上海）经济合作洽谈会、第六届中国投资贸洽谈会（厦门）和 2002 年中国南京金秋经贸洽谈会、第二届新亚欧大陆桥连云港经贸洽谈会；先后组织 15 个招商小分队，分赴北京、上海、温州、深圳、佳木斯等地和印度尼西亚、新加坡等国，及中国台湾地区开展招商活动；先后邀请德国、新加坡、英国、美国、澳大利亚、加拿大等国家和中国香港、台湾地区 10 余批客商，及上海、温州、张家港、青岛、深圳、佳木斯等 12 批国内客商到新浦区考察，洽谈合作项目。当年，全区新增内资项目 30 个，完成市目标的 120%，比上年增长 50%。客方到位资金 1.84 亿元，完成市目标的 230%，完成全年倍增计划的 204.13%，比上年增长 83.11%。总投资 1000 万元以上的内资实施项目有 8 个，引进资金 14570 万元，客方计划总投资 4.6 亿元。其中列奇达花园广场引资 3300 万元，陇海商业步行街西街引资 4500 万元，东新

绿苑引资3000万元，九龙世贸城引资4000万元。引进利用国外、境外资金取得新进展，利用外资比上年增长264%。

2003年1月17日，区委、区政府召开“新浦区客商迎春座谈会”，区四套领导与到会70多位客商新浦区经济发展大计。当年3、4月间，区委、区政府主要领导，先后率团访问泰国和西欧有关国家招商引资。9月初，区委书记李建平率团到台湾进行为期10天的访问、招商引资。就所带房地产开发、园区景区、商贸服务、文教卫生、工业、农业等类39个招商项目与台商广泛洽谈。10月21日，区政府在登泰大酒店8楼会议室举行新浦区首届投资说明会。66名客商应邀出席会议。会议期间，与12位客商签订12个投资项目，其中投资亿元以上的项目3个。同日，区政府聘请连云港顺安房地产开发有限公司董事长李松群先生、上海外经集团驻日本国办事处主任林少骏先生、台湾浩辉企业公司驻连办事处首席代表黄建辉先生、雨甸房地产开发公司董事长王坚先生、现代眼业有限公司董事长胡启旭先生为新浦区招商顾问。10月22～24日，全区在参加江苏省第五届农业国际合同洽谈会期间，邀请客商190人进行洽谈，签约77个项目(外资项目22个、内资项目55个)，总投资27亿元。年内，在防治“非典”期间，充分利用电子邮件、传真等现代化手段，跟踪落实招商引资项目，做到信息不中断、渠道不断线、关系不降温。并组织参加在厦门举办的第七届中国投资贸洽谈会和2003年中国南京金秋经贸洽谈会。当年，全区新增内资项目40个，完成市目标的121.1%，比上年增长33.33%；投产开业40个，完成市目标的160%，比上年增长66.67%；客方到位资金30738万元，完成市目标的123%，比上年增长67.31%。总投资1000万元以上的内资实施项目有7个，引进资金25712万元，客方计划总投资66450万元。其中，民生花苑引资4043万元，九龙世贸城引资11000万元，麻纺小区三期开发引资2050万元，时代华庭引资2050万元。全区合同引进外资和实际利用外资，比2002年分别增长190.8%和125.6%。当年新批“三资”企业18家。

2004年上半年，区政府组团赴浙江绍兴、台州、新昌、义乌等地，及东南亚等地考察招商引资。4月24日，副区长张彩屏代表区政府与浙江天然集团签订通灌北路片区开发协议。7月14～25日，区长姜洪、区委副书记徐家川率团赴日本、韩国进行招商考察。同月26日，副区长薛飞代表区政府与浙江客商蔡国长签订数控机床项目投资协议书。该项目总投资1.1亿元，占地5.73公顷，落户于市开发区。同月31日，区委常委、副区长张爱勤一行赴深圳开展招商考察活动。同年10月16日，区委、区政府在苍梧绿园举办“连云港新浦首届服装节暨港浙沪百家品牌服装展示会”，区委、区政府主要领导在凯悦大酒店举行“新浦区投资说明会”，向广大客商推介新浦区投资环境和招商引资项目。同月22日至24日，在市国展中心举办的2004年江苏农业国际合作洽谈会上，新浦区共展出5大类、37个品种、200件农副产品。与参会客商签约项目30个，总投资11.89亿元。当年，全区新增内资项目72个，比2003年增加32个比上年增长50%；当年新投产开业内联企业63个，比上年增加23个。年内客方到位资金67124万元，完成市目标的111.87%，比上年增长118.37%。其中引进工业项目14个，客方到位资金3169万元，占全部客方到位资金的4.732%；引进第三产业项目(简称“三产项目”)63个，客方到位资金63955万元，占全部客方到位资金的95.28%，三产项目中房地产开发项目20个，引进客方到位资金50618万元，占全部客方到位资金的75.31%。年内，

图16-6　引进客商兴建的红星·美凯龙国际家居广场

全区合同利用外资和实际利用外资，比2003年分别增长57.4%和98.5%，均超额完成市下达的倍增目标。

2005年2月28日，区政府组织近40位客商，参加连云港市2005年重点地块招商说明会，区委、区政府主要领导与应邀客商一道，就如何加快新浦发展问题进行座谈。3月2～8日，副区长薛飞为团长的新浦区赴韩招商团在韩国汉城、马山等地开展为期7天的招商活动。为发挥外商在招商引资中的作用，4月30日，区政府聘请韩国蒋英实先生纪念事业会常务会长李万峻先生为新浦区招商顾问。5月23～27日，区长姜洪、副区长薛飞率有关部门负责人，赴上海参加“走进长三角经贸合作促进周”活动。先后拜访了广州美亚股份有限公司上海办事处、中国台湾服务总会、中兴电工集团等16家机构负责人，就智能保鲜库生产等相关项目进行洽谈。同月26日，新浦区邀请中华海峡两岸新闻事业交流协会、台湾技术服务社、台湾大雄仪电工程有限公司等单位的20位台商，在上海龙通广场举办台湾客商恳谈会，通过推介和交流的方式加深台湾客商对新浦区投资环境和优惠政策的了解。年内，新浦区还聘请浙江、上海等地知名人士、外资企业代表成立百人招商顾问团；乡镇、街道、区各部门也相应聘请招商能人组成百人招商联络团，开展“大干一百天”的“三比三看”（比总量，看项目签约；比效率，看项目实施；比服务，看客商满意）百日招商会战。促成泰国南洋金龙企业有限公司投资750万美元的鳄鱼山庄项目，澳大利亚客商投资300万美元的生产4万吨有机复合肥项目等8个外资项目顺利签约。全年，全区引进项目173个，注册资金67356万元，其中客方出资59440万元，当年客方资金到位92301万元（含部分增加投资和往年项目资金），至年底，已有146个项目投产。

图16－7 引进客商兴建的国际服饰城

1992～2005年新浦区新批三资企业概况表

表16－1

项目/年份	新批三资企业（家）	合同利用外资（万美元）	实际利用外资（万美元）
1992	11	265	257
1993	27	911	724
1994	14	313	525
1995	12	94	143
1996	12	795	361
1997	6	546	553
1998	2	13	479

续表 16－1

年份＼项目	新批三资企业（家）	合同利用外资（万美元）	实际利用外资（万美元）
1999	5	78	567
2000	6	198	336.3
2001	6	157.4	193.5
2002	16	1430.07	704.9
2003	18	4158.8	1590.3
2004	18	6547.3	3157.9
2005	20	5216.1	1952.1

2005 年新浦区招商引资项目、资金概况表

表 16－2

项目＼企业类别		总数（个）	其中		
			第一产业	第二产业	第三产业
招商引资项目数（个）		173	1	36	136
注册资本（人民币，万元）	总额	67356	600	17568	48888
	其中客方出资	59440	600	16268	42572
客方实到资金总额（人民币，万元）		92301	600	23582	68119
项目进展状况	已投产	146	1	24	121
	已开工实施	27	—	9	18

注：①第三产业“注册资本”和“其中客方出资”中均另有 1000 万美元（其中 500 万美元以人民币出资）

②“客方实到资金总额”中包含部分增加资金和往年项目资金

第三节　投资软环境建设

2000 年，区委、区政府改善投资软环境，在各职能部门中推行办事承诺制、责任追究制等一系列制度，增强对招商引资工作的服务意识，提高办事效率。对到新浦区办企业的外商实行一条龙免费服务。

2001 年，区委、区政府强化改善投资软环境力度，实行年度考核“一票否决制”。即在招商引资等方面存在问题，影响招商引资工作的，经查实，即取消当年年度考核评先进资格。并举办“三外”知识培训班，提高各单位服务效率。

2002 年 3 月 5 日，区委、区政府在黄海影剧院召开全区软环境治理及招商引资、发展民营经济动员大会。从 3 月 5 日至 5 月中旬，在全区各级各部门开展集中整治投资发展软环境活动。成立新浦区投资服务中心、新浦区软环境整治建设投诉中心，设立重大项目和外资企业法制环境“110”电话，并制定

图 16-8 区委、区政府召开迎新春客商座谈会,密切与客商联系

《关于对损害投资发展软环境行为实行责任追究的暂行规定》及《关于加快发展私营个体经济的意见》《新浦区招商引资激励暂行办法》和《关于公开评议投资发展软环境建设工作的意见》。区外经贸局发出整治投资发展软环境征求意见表110份,请各单位就外经贸局工作中存在的问题和不足。针对反馈意见,区外经贸局面向社会作出承诺:精简审批程序,缩短办事时限;为“三资”企业提供优质服务;对“三资”企业报批实行一条龙服务。

2003年3月7日,区委、区政府研究决定,成立新浦区集中整治投资发展软环境领导小组。同月,在全区开展集中整治投资发展软环境宣传周活动。5月18日,区委、区政府召开全区干部大会,新浦公安分局、新浦区城管局、新浦区人民法院等18个单位,就治理经济发展软环境向社会作出公开承诺。9月4日,《世界论坛报》以《打造东方明珠连云港市——新浦》为题赞新浦是连云港市的政治、经济、文化、商贸中心,是台商致富、投资的好地方。

2004年至2005年,新浦区进一步深化投资软环境治理工作,在为客商创造良好的政策环境、诚信环境、法制环境方面下功夫、办实事。荥阳房地产开发有限公司在施工过程中受到当地部分居民阻挠造成重大损失。区软环境投诉中心接到投诉后立即调查,根据查明原因,及时采取措施,制止个别人违背省、市有关规定,索要过多赔偿的行为,使工程很快进入正常施工。上海客商童国庆在与房东张××达成口头协议后,花巨资装修门面房。待装修完毕后,张却不同意续租,给童国庆造成重大损失。区软环境投诉中心接诉后,查清情况,进行调解,并达成和解协议,张适当赔偿了童的装修费。区政府还及时研究解决客商子女入学等实际问题。其间,全区进一步深入开展“创建平安新浦”“百城万店无假货”活动等。每逢重大节日,区委、区政府领导还亲自走访慰问在新浦区投资办企业的客商,增强国内外客商对新浦区投资环境的认同感、亲切感,从而赢得客商和项目,使苏宁电器、文峰大世界、农工商超市、奥凯购物中心、新华鸿国书城等得以顺利开张;宝安商业广场、上海服饰城、通灌北路片区改造、郁洲北路片区开发等项目,在年内得到平稳推进。

第二章 外经 外贸

第一节 对外贸易

对外贸易是新浦区外向型经济中开展最早的一项工作。20世纪80年代,新浦区物资公司即设有出口经理部和市场经理部,出口经理部下辖矿产科、农副产品科;“市场经理部”下辖综合科、金属材料科、供应一站、供应二站、供应三站、供应四站、新浦蜡烛厂,承担新浦区出口创汇任务。1987年10月,新浦区物资公司与江苏省冶金进出口公司代理出口硅铁 661.79 吨,创外汇收入 52.94 万美元,开新浦区出口创汇先河,从此新浦区开始逐步“走出区门、走出国门”,对外贸易逐步展开。先后与美国、韩国、法国、俄罗斯、日本等国家及中国香港等地区进行贸易往来。其中又以出口为主,主要出口木材、金属硅、硅铁、石墨碎、磷片石墨、菜粕、豆粕、山芋干、草柳编、熔炼石英、元明粉、轻工产品、贵金属铑粉、球磨铸件等,进口只有棕榈油。

20 世纪 90 年代起,新浦区外贸生产企业客商借助市内和外地一些大的外贸企业实力,开展对外贸易业务。先后与连云港市五矿进出口公司、连云港市粮油进出口公司、连云港市土畜产进出口公司、连云港市开发区海南外贸公司、江苏省冶金进出口公司、省粮油进出口公司、中国五矿进出口公司、中设机电进出口公司、浙江外贸、陕西外贸、河南外贸、山东外贸等建立对外贸易业务往来。1992 年,全区完成外贸商品出口 1400 万元,超额完成市下达给新浦区的 97 万美元的任务。

1993 年 3 月,新浦区正式成立外贸公司。当月即与外商洽谈 4 单出口贸易业务,出口创汇 50 万美元。在全市城区中率先走出“自找客户,自己成交,自己结汇”的自主经营的第一步。造就了自己的外贸专业队伍,在国际贸易中初步形成了新浦区自己的客户网络和贸易渠道。1994 年 2 月 2 日,新浦区连云港意森包装制品有限公司成立,注册资本 15 万美元。4 月份正式开业,年底即收回全部投资,成为全区短、平、快项目的典范。

1994 年,全区完成出口创汇 51.57 万美元,比上年增长 3%;对外商品供货值 3464.5 万元,比上年增长 73.2%。

1995 年,全区完成出口创汇 74.29 万美元,比上年增长 44%;完成外贸出口商品供货值 4185 万元,比上年增长 20.7%

1996 年 10 月,在连云港经济技术开发区召开的“1996 连云港对外经贸恳谈会”上,新浦区外经贸委在展位布置上突出重点产品彩绘陶瓷,收到良好效果。恳谈会间新浦区共接待韩商 24 人,与外商正式签约合作协议 2 个,外贸成交额为 35 万美元。当年,全区完成自营出口 310 万美元,比上年增长 180%;完成出口商品供货值 5600 万元,比上年增长 24.4%;三资企业出口创汇 153 万美元,比上年增长 106.7%。

1997 年,亚欧工贸集团进出口公司成立,连云港市碳化硅厂获得自营出口权。自此,新浦区以区外贸公司为龙头的全区大外贸格局初步形成,开始多渠道地开展对外贸易活动。

1998 年,全区地方自营出口总额完成 788 万美元,其中外贸自营出口 617 万美元,完成市目标的 102.8%;外贸出口商品供货值 6860 万元,比上年增长 6.4%。完成外经营业额 62 万美元,比上年增长 5.48%。

1999 年,全区完成自营出口 426.4 万美元,比上年减少 30%;完成外贸出口商品供货值 7450 万元。比上年增长 8.6%;外经营业额完成 86 万美元,比上年增长 38.7%。

2000 年,区外贸公司两次组团赴日本,一次组团赴叙利亚进行贸易洽谈,邀请日本松下株式会社及韩国、马来西亚等国客商到新浦区考察外贸出口基地,获得一批稳定的客户和订单。当年,向日本、美国、捷克、叙利亚、马来西亚、韩国、英国等 12 个国家出口碳化硅、铁丝、铁钉、脱水蔬菜、医药敷料、木制工艺品等 23 个品种。当年,全区外贸自营出口额 400 万美元,外经营业额为 150 万美元。

2001 年,新浦区地方自营出口创汇 401.36 万美元。其中,三资企业出口 250.36 万美元,全年向日本、美国、英国等国出口碳化硅、医药敷料、稀土、工艺品等 15 个品种。区属三资企业连云港意森包装制品有限公司参加春、秋两季广交会,获得一批稳定的客户和订单,全年共出口工艺木盒 1515 万只,创汇 197 万美元。

2002 年,新浦区外贸出口企业克服外需不旺、出口退税不兑现、资金周转不灵等重重困难,在保证企业效益的前提下,想方设法推动和帮助一批外向型企业研究调整营销策略,在巩固对美国、日本传统出口市场的基础上,从经济发展非同步性和产品需求差异性出发,通过配套出口、自营出口、外贸出口等多种渠道,将熔融石英成套设备、电脑纸等20多个产品出口外销,实现地方自营出口1812.5万元;塑料集装袋、铝塑复合包装袋、开关柜、热镀锌件等一批产品实现配套间接出口。研磨厂还在日本建立了销售办事处,首次打开了日本市场。当年,全区完成外贸自营出口2437万美元。其中,三资企业出口创汇300万美元,生产型企业出口创汇637万美元,外贸公司自营出口1500万美元。区云台外贸公司自营出口创汇1500万美元,继续领先于全市各县区外贸公司,出口产品以化工原料为主,占出口产品的85%以上。

2003年,新浦区为适应WTO后国际市场需要逐步完成出口结构的调整,出口主体由原来外贸企业一家转变为“三资”企业、生产企业和外贸企业并驾齐驱。全年全区完成外贸自营出口2380万美元,其中三资企业出口创汇1023万美元,生产型企业出口创汇381万美元,外贸公司自营出口977万美元。

2004年,新浦区完成外贸自营出口2596万美元,其中三资企业出口创汇956万美元,生产型企业出口创汇515万美元,外贸公司自营出口1125万美元。

2005年,区外经贸局帮助企业用足用好相关扶持政策,着力培育外贸出口新增长点,鼓励企业扩大出口,促进外贸出口业绩的快速增长。全年向日本、美国、英国等国出口碳化硅、医药敷料、稀土产品、工艺品等15个品种。当年,全区地方自营出口6557万美元,完成年计划的187.35%,比上年增长148.3%;外经合同额649万美元,完成计划的101%,比上年增长16%,完成外经营额920万美元,为年计划的102%,比上年增长27%。区外贸局被评为市外经贸工作先进单位。至2005年底,新浦区出口企业达90家。

2005年新浦区主要出口企业一览表

表16-3

外贸企业	三资企业	生产性企业
中煤连云港分公司	升德升电子有限公司	飞雁毛毯有限责任公司
远泰国际贸易公司	东方国际集装箱公司	新浦立江墨刚玉厂
市中土物产公司	益海粮油工业有限公司	德邦精细化工有限公司
市汇恒五矿公司	宇研鞋业有限公司	立本农药化工有限公司
市中化进出口公司	艾业无纺布制品公司	金典服饰有限责任公司
市金世纪公司	宏扬木业有限公司	自动化工程公司
市世联经贸有限公司	圣戈班陶瓷原料公司	中金医药包装有限公司
市南天国际经贸公司	味之素如意食品公司	金米特表业有限公司
开发区国际贸易公司	味之素冷冻食品公司	海水化工有限公司
市华都贸易有限公司	越秀食品有限公司	金桥盐业有限公司
市中壹贸易有限公司	福泰克电线有限公司	新光阳木业有限公司
云台外贸有限公司	雅玛珂紫菜有限公司	中大海藻工业有限公司
中泽国际贸易公司	顺福食品有限公司	德邦兴华化工股份公司
亿联国际贸易公司	有利食品有限公司	灌云三星食品有限公司
嘉福国际贸易公司	口福食品有限公司	同泰海藻有限公司
启港国际贸易公司	昭菱磨料有限公司	天乐食品有限公司

续表 16－3

外贸企业	三资企业	生产性企业
灌南外贸有限公司	海达工艺品有限公司	永旺玩具有限公司
国鼎国际贸易公司	连利水表有限公司	苏云医疗器材有限公司
达鸣进出口有限公司	东海太平洋石英制品公司	东海果汁厂
奥瑞特贸易有限公司	东港针织有限公司	科德仪器仪表有限公司
太阳雨贸易有限公司	台玻东海玻璃有限公司	南方木业有限公司
欣润国际商贸公司	和丰食品有限公司	鸿润发食品有限公司
万国国际贸易公司	天龙食品有限公司	金堂福半导体器件有限公司
瑞力欣贸易有限公司	不倒翁食品有限公司	锦屏机械制造有限公司
市企荣贸易有限公司	开发区惠远食品公司	格兰特化工有限公司
市中联物产公司	西都生化有限公司	美田元食品有限公司
市对外贸易公司	达柯拉海藻工业公司	德邦化学工业集团公司
市纺织品公司	吉连织造有限公司	东海裕泰电光源公司
市粮油食品公司	金五综合食品有限公司	誉光工艺品有限公司
市益丰实业有限公司	金喜食品有限公司	晨阳塑料包装有限公司

第二节　对外劳务服务

1995 年以前，新浦区外出劳务服务呈零散型状态。

1996 年 2 月，新浦区涉外经济服务中心与海州区外经公司合作，组织 6 名电子女工赴苏州参加新加坡 AMD 公司的劳务考试。3 月，应温州外商企业祥狮保龄球俱乐部要求，由新浦区涉外经济服务中心代为招聘服务员 229 人。1997 年 6 月 16 日，全区首批成建制、大规模外派 50 名承包建筑工程劳务人员，赴俄罗斯新西伯利亚市承包建筑工程。1998 年年初，针对下岗职工多，富余劳力多的特点，全区加大外出劳务服务工作力度，开始大规模向新加坡、日本、美国、阿联酋、卡塔尔、毛里求斯等国家派出劳务人员，全年期末在外人数 66 人。2000 年，新浦区外经贸局把外出劳务服务作为解决待业青年、下岗职工再就业一条重要途径，组织专人深入各街道宣传出国从事劳务服务意义及有关出国劳务手续办理程序，鼓励下岗职工转变就业观念，并搞好出国人员业务技能培训，提高外商面试合格率，与北京、上海、南京等国家级劳务公司保持业务联系，尝试直接与外商进行业务联系，减少中间环节，提高办事效率。当年底，全区在外劳务人员由 1999 年末的 180 人，增至 305 人，其中下岗职工、待业人员占 70%。

2001 年，新增外出劳务服务人员 160 人，年末在外人数 377 人，完成市区目标 188.5%。2002 年，在巩固新加坡和中东劳务市场的基础上，重点开拓日本劳务市场。在对外经企业进行改制的同时，积极探索区外出劳务服务中心的市场化运作，在市场竞争中找到新的发展机遇。当年 6 月份，成功组织 150 名缝纫工参加日本研修生考试，选中赴日研修生 30 名。全区全年新派出劳务人员 244 人，年末在外人数达 386 人。新浦区外经工作在全市市区中保持领先地位。

2003 年，继续重点开拓日本劳务市场，当年新外出劳务服务人员 295 人，完成市目标的 101.7%，同比增长20.9%;年末全区在外劳务人数达556人,比上年同期增长44%。

2004年底,全区在外劳务人员712人,比上年增加28%。

2005年,全区到日本、阿联酋、新加坡等国家服务员、缝纫工、水产工、电子工等劳务人员共计980人。至2005年底,新浦区辖管的外派劳务中介企业达17家。

2005年新浦区辖管外派劳务服务中介企业一览表

表16-4

企业名称	法人代表	委托单位	企业地址	电话/传真
连云港金瑞国际商务合作有限公司	范素娟	中国铁道建设总公司	新浦盐河北路23-5号	85571123
连云港陆桥国际经济合作公司	王来好	连云港市国际公司	新浦海连中路中恒大厦401号	85110661
连云港东方经济合作有限公司	宋宝平	镇江国际公司	新浦解放西路49号	85476785
连云港平元经济合作有限公司	王伟	启东市对外经济合作公司	新浦朝阳中路58号	85013637
连云港市中海经济合作有限公司	鲁文亮	安徽省外经建设集团	新浦解放西路31号	85173539
连云港力源经济合作有限公司	季龙明	启东市对外经济合作公司	新浦海连东路9号一楼	85835073
连云港市顺达劳务合作有限公司	江海军	常州市国际公司	新浦党校聚贤楼	85484556
连云港市远东劳务合作有限公司	罗晓燕	连云港市建筑公司	新浦海连中路76号一楼	85483486
连云港市中汇劳务经贸有限公司	阮长生	天津国际公司	新浦朝阳西路48号	85107056
连云港汇远信息咨询有限公司	马二华	连云港市建筑公司	新浦玉带新村D1楼三单元	85191001
连云港市长业经贸合作有限公司	王志军	蚌埠国际公司	新浦海昌南路43-203(社区中心)	85012234
连云港吉源经济技术合作有限公司	吉树林	蚌埠市经济技术合作公司	新浦河运路绿云公寓5号楼西单元601室	85572202
连云港汉唐经济合作有限公司	王来好	连云港市国际公司	新浦海连中路中恒大厦401号	85571338
连云港国航经济技术合作有限公司	李乃军	大丰市国泰建筑安装工程有限公司	新浦苍梧路龙河大厦	85010659
连云港中太经济合作有限公司	黄君梅	江苏邗建集团	新浦海连西路17号	85525526
连云港沪新经济技术合作有限公司	张金波	上海外经集团	新浦海连东路9号	85830677
连云港国远经贸有限公司	周新萍	中海航	新浦海连东路6号农科院院内	85692216

第三章　工业园区

第一节　宁海乡宁海工贸园区

1988年,宁海乡利用自身处于204国道、宁连高速公路、连徐高速公路交汇处的区位优势,选择在魏湾村范围内开发建设宁海经济工贸园区。规划经济开发区总面积8平方千米,第一步先开发建设2平方千米核心区。通过招商引资,投入300万美元进行基础设施建设。经过一年多努力,基本完成供水、供电、交通、通讯等基础设施，为引进项目提供了条件。

宁海工贸园区分设机电加工工业园、物流产业园和高新技术园 3 个工业园。

乡党委、乡政府全力为进入工贸园区的企业提供土地审批、项目立项、职工子女入学、户口安置等全方位服务，并制定各项优惠政策，吸引德国、波兰、美国、韩国、日本等国和中国香港客商。2002 年，首先引进总投资 500 万美元的压缩机项目入驻机电加工工业园。随后，博爱木业、太阳雨太阳能热水器、丰年虫饲料、紫瑞塑钢、圣大制冷、合达家具、高密度胶合板等项目相继入驻宁海工贸园区。至 2004 年底，宁海工贸园区已兴办起 500 万元以上规模工业项目 8 个，其中，1000 万元以上项目 4 个。入驻项目总投资 1.15 亿元。其中实际利用外资 332 万美元，引进内资 2110 万元。

2005 年，市政府调整市区行政区划，宁海乡划入新浦区后，区委、区政府极力推进宁海工贸园区建设，对园区产业定位和产业布局进行全方位的规划，园区总面积扩大到 12 平方千米、功能核心区扩大为 3 平方千米。以光能源科技园为龙头，强力推进园区建设全国知名的热水器制造基地，苏北、鲁南地区最大的汽车销售维修基地，全省领先的木业加工出口创汇基地和食品加工基地的主导产业建设。在全区对宁海乡工贸园区实行共建共用。当年，引进 500 万元以上内、外资工业项目 14 个，总投资额 2.16 亿元。其中超 1000 万元以上项目 8 个、5000 万元以上项目 3 个。14 个项目有 6 个项目当年建成投产。至 2005 年底，入驻宁海工贸园的企业已达 33 家，累计投入 3 亿元。太阳雨热水器、博爱木业、宝林木业、新希望乳业、紫云装饰等 22 家企业已投入运行；捷达家具、龙顺塑料、生物添加剂等 6 个项目正在建设；特种玻璃、登一建材等 5 个项目已驻筹建。

第二节　云台乡茅山工业园

云台乡茅山工业园规划 2002 年，位于南岛路南侧靠近茅山，故名。工业园规划占地 20 公顷。此处原为废弃养殖场，乡政府投入资金，在此基础上进一步完善路、水、电等基础设施，至 2003 年年底基本具备项目入驻条件。

2003 年，连云港天力专用机械厂首家进园，厂房面积 2432 平方米。2005 年，连云港福联水泥制管厂（厂房 380 平方米）、连云港巨力航天特种设备厂（厂房 1500 平方米）等先后进园，建成投产。至 2005 年年底，入园 3 家企业完成年产值 5648 万元，实现利税 172 万元。

第四章　机构　管理

第一节　机　构

1985 年 9 月，成立新海区外引内联办公室。

1992 年 7 月，新浦区政府正式成立对外经济贸易委员会。1993 年，区委、区政府成立新浦区对外开放领导小组，统领全区“三外”工作。1996 年，撤销新浦区对外经济贸易委员会，成立新浦区对外经济贸易局，为区政府综合管理全区对外经济贸易工作的职能部门。1997 年 8 月 26 日，新浦区经济技术协作委员会改名为新浦区经济技术协作办公室。

2001 年，新浦区对外经济贸易局更名为新浦区对外贸易经济合作局。2002 年 7 月 29 日，成立新浦区招商引资工作领导小组。同年，成立新浦区招商局，区对外贸易经济局的对外招商职能，划入区招商局，内设综合部、国外部、国内部 3 个工作机构。2004 年 8 月 20 日，新浦区招商局更名为新浦区投资促进局。

第二节　管　理

1993 年，新浦区涉外经济服务中心成立，隶属区对外经济贸易委员会，主要从事区外出劳务人员组织管理、外方常驻人员手续办理及出国人员护照、签证办理、涉外事务咨询工作。

区外经贸局成立后，每年均整理编印对外宣传资料、对接项目，联系、组织区内企业到全国性、地区性的大型经济贸易洽谈会上参展、参观、参加洽谈。2000 年，在参加上海招商会、南京金秋洽谈会、北京人民大会堂招商新闻发布会、春秋广州交易会时，广泛结识客商，向外界散发宣传新浦区情况及招商材料两万余份。促成港资项目连五洲实物流数码网络有限公司的连云港网眼签约成功，总投资 1000 万美元。2001 年，新浦区成立 5 个招商组，广泛接触国内外客商，散发新浦区宣传资料和招商手册。2002 年，区招商局出台《新浦区招商引资激励暂行办法》及《新浦区招商引资考核实施细则》，建立招商引资目标责任制，全区初步形成“千斤重担大家挑，人人头上有指标”的招商引资格局和“人人想招商，个个谈招商，处处议招商，事事为招商”的良好氛围。2002 年和 2003 年，区委、区政府连续组织两批“离岗招商”干部，脱岗招商，在机关中形成更加浓厚的招商氛围。

2004 年，区招商局联合中国外资网改版区招商网，调整更新区招商项目库，编印《新浦区 2004 年重点招商项目》《新浦区投资指南》和《新浦区招商引资问答》，及时编发《新浦招商》简报，为全区招商做好宣传舆论工作。同年，区委、区政府召开全民创业动员大会，将招商引资任务层层分解落实到各乡、镇、街道和委、办、局等单位。实行招商引资风险担保金制度，从区委、区人大、区政府、区政协四套班子领导，到机关单位每个职工，人人实行风险担保，分层次缴纳风险担保金。年终考核完成任务的，风险担保金退还，没完成考核目标的，按比例扣留风险担保金，作为招商引资奖励基金。

2005 年 1 月 23 日，区委、区政府召开大会，以 400 余万元奖金，重奖 2004 年度纳税大户及招商引资有功人员。

第十七编　工　业

金大定年间(1161～1189),临洪滩设盐场“临洪场”。元至元三十年(1293)临洪场设盐使司,配有盐场大使管理盐业生产。明洪武三年(1370),设临洪场盐课司。清康熙四、五十年间,制盐业已有相当规模。清末,以手工业为主体的工业产业应运而生。海州人沈云沛首先在新浦开办油坊、槽坊;赣榆人许鼎霖、许鼎馨等先后在新浦创办槽坊、面粉公司和饼油公司。

民国年间,工业门类渐多。食品业、制皂业、纺织业、手工卷烟业、金银首饰加工业、制锅业、印刷业、竹木器业、制革业、砖瓦业等相继出现。有广记铁工厂、宝兴铁工厂、永昌铁工厂、江苏第八工厂等集人力、电力、机械为一体的工业企业。解放前夕,新浦已有工业企业77家。

新中国成立后,新浦区政府立即着手恢复私营企业生产和创办集体企业,到1953年第一个五年计划开始时,新浦有小厂、小作坊59家,职工1300余人;20世纪50年代后期,掀起全民办工业高潮。区属工业兴起,形成化工、机械加工、五金修制、纺织、制绳、服装、竹木家具、鞋帽、印刷、制革、衡器修配、制砖、淀粉、冷饮品等20多个工业门类。

在经历了“文化大革命”干扰,和1978年大批区属骨干企业向市上交,区属工业仅剩下二、三十家街道办小厂的情况下,区委、区政府贯彻中共十一届三中全会精神,加快发展工业生产,街办企业、校办企业、村办企业有较快发展。至1983年,区直属工业企业16家,工业总产值达586万元。1990年,仅新浦城区就有22个工业门类,120个工业企业(其中有60多个挂靠区内市属大中型企业搞配套生产),职工总数为3401人。并有26个企业年产值超过100万元。全区全年工业总值(1990年不变价)6751万元,实现利税359万元。

20世纪90年代起,区委、区政府转变工业经济发展思路,由偏重于发展企业数量求总量增长,转向培育、发展骨干企业、提高企业产品科技含量求总量增长。同时,制定出台《关于进一步解放思想,抓住机遇,加快改革步伐,振兴新浦区经济》的10条措施。1991年,全区工业经济总量首破亿元大关。此后,基本上以两年翻一番的增速发展;到1998年有2个企业经济总量超4000万元、6个企业经济总量超2000万元、12个企业经济总量超1000万元。其间,福利企业、私营企业也快速发展,分别达到180家和77家。2000年,全区有工业企业632家,完成工业总产值(当年价)120700万元,工业销售总产值(当年价)115426万元,实现利润1995万元,利税总额4650万元。

2001年起,区委、区政府开始实施“三产兴区、二产强区、民营富区”经济发展战略。通过扩大开放,深化改革,招商引资,不断调整工业经济结构,全区个体、私营工业企业迅速发展,广泛开展“百名专家兴百企”活动,主动与有关院校、科研单位、专家对接,科技含量高、上规模的工业企业不断增加,工业经济综合实力明显提升。5年中,工业增加值年均增长9.4%。2005年,全区工业企业达885家。完成总产值(当年价)278393万元,完成销售总值(当年价)273824万元,实现产品销售收入(当年价)218749万元,实现利润总额7303万元。实现利税总额15847万元。

第一章 发展概况

第一节 工业所有制

一、个体私营工业

清末民初，新浦地区盐滩裁废，私人开办的食品、纺织等手工业作坊随之兴起。清光绪二十六年至三十二年（1900～1906），海州沈云沛、赣榆许鼎霖等人，在新浦开办甡泰油坊、赣丰油饼公司等办机械工业企业。

20 世纪 20 年代起，海州人沈蕃（号仲长）在新浦创办电力工业，成立新东电灯股份公司。新浦私营工业企业发展较快，印刷、纺织、酿酒、食品加工等厂、作坊相继出现。民国 21 年（1932）已有公和昌、复兴永、聚元兴、同大、福聚永、元和永、聚光要记等 7 家私营油坊。

20 世纪 30 年代末、40 年代初，机械、化学、织布、金银首饰加工、制革、印刷、竹木家具、卷烟等业相继出现。民国 37 年（1948）夏秋、新浦地区私营工业企业已多数停产。

新中国成立后，到 1953 年，在人民政府的扶持下，有 59 家私营工厂正常生产，从业人员 1300 余人，1956 年，私人企业全部参加公私合营，而后转为集体企业。

改革开放以后，新浦地区私营工业企业逐步得到发展，1991 年经济总量达 700 多万元；1997 年，全区有私营工业企业 26 家，资本 218 万元，雇工 218 人。营业收入 596 万元。初期多为城乡有一技之长的居民开办缝纫及豆制品加工等手工业生产作坊。20 世纪 80 年代初起，浙江、安徽等省的一些个体工商业者开始到新浦租赁房屋，开办金银首饰加工作坊和简单的食品加工厂，并得到不断发展。到 1990 年，全区个体私营企业已达 78 家，年产值 977.6 万元。

20 世纪 90 年代起，区委、区政府进一步重视和扶持民营工业企业发展，落实市工商部门印发的《关于大力发展个体工商业和积极扶持发展家庭工业的意见》在 1995 年 12 月底召开的中共新浦区五届十次全委（扩大）会上，全委明确提出“重点加快生产型个体私营经济发展，要重点培植个体私营大户，使他们尽快上规模、上档次。”全区民营工业发展明显加快。安徽人高家雨 1985 年携全家人到新浦开办蛋糕加工作坊，在政府和有关部门扶持下不断发展，并在此基础上于 1993 年兴建永和食品厂，生产数十种高点食品，畅销江苏、安徽、浙江等 10 多个城市。至 1998 年，全区私营工业企业发展到 180 家。1998 年之后，由于集体企业进行产权制度改制，转制为私营企业的不断增多，加上政府鼓励个人创业，投资办私营企业成为热潮。2000 年，全区私营工业企业达 476 家，完成工业总产值（当年价）25830 万元。2003 年，私营工业企业达到 674 家，完成工业总产值（当年价）11.83 亿元。至 2005 年底，全区私营工业企业 689 家，经济总量超过 22 亿元，占全区工业经济总量的 80%。

二、集体工业

【区直属集体工业】 新浦区集体工业企业起步于 20 世纪 50 年代中期。1956 年，新浦区私营工业企业按行业进行公私合营,成为36家集体所有制的厂、社、组。1958年,大办工业,区属工业企业增至40多家。

1961年至1962年,贯彻中央“调整、巩固、充实、提高”的方针,全区23家区属企业调整合并为18家。1963年上交8个直属企业后,新浦区直属企业只有10家。区政府发动全区开展二次创业,重新发展区属工业企业。但尚未见到明显成效,即受到“文化大革命”的严重干扰,后方有所恢复。1971年,全区直属工业企业发展到25个厂(社),实现工业总产值920.56万元,利润93.35万元。1976年,全区直属工业企业总产值1866万,盈利总额132.27万元,上交税金92万元。年内,水表厂、电线厂2家企业上交市机械局管理。

中共十一届三中全会后,区委、区政府注重提高工业经济运行质量和效益,力求优化工业结构。1981年7月9日,经市计划经济委员会批准,新浦制鞋厂等9家街道工厂转为区属集体所有制企业。至1990年,集体企业生产总值695万元,利税24.1万元。

图17-1　1956年新浦工商界庆祝工商业社会主义改造完成

1992年,区委、区政府出台《关于促进经济发展的暂行规定》,按照“优化结构、加速技改、搞活机制、提高效益”的十六字方针,推进经济体制和增长方式的转变。当年,全区工业生产三项资金占用数额呈上升趋势,部分企业库存产品积压严重,制约了企业生产经营的正常运转。为激励企业开拓市场,大力扩销压库,区政府转发了区计划经济委员会《关于在全区工业企业开展争创优秀销售能手的通知》,对1992年度新浦拔丝厂、纸管厂2个销售标兵企业,以及4个销售大户、12个销售先进企业、8名销售能手给予表彰。1993年,区政府提出“一年一个样,三年大变样”的号召,至1994年,连续实重点扶持一批企业、产品、项目。1995年,区委、区政府充分利用开放城市、中心城区和亚欧大陆桥东桥头堡的优越区位,提出加快实施联外、联内、联辖区的“三联驱动”战略,当年,近亿元资金及一批人才、技术进入新浦区工业战线。武汽连云港分厂、西北铝加工厂连云港铝镁粉材厂、黄海有色金属冶炼厂等企业陆续落户新浦区。1997年,借全省“结构调整年”的契机,开展清产核资、盘活存量等工作。同时,贯彻落实国家《城镇集体所有制企业条例》,推动企业“自主经营、自负盈亏、自我约束、自我发展”进程。加快区属集体企业改革步伐,开始兼并、托管劣势企业资产,优化重组的尝试。进而推广股份合作制、租赁、兼并等改制形式,1998年,改制面达到70%。以企业上规模、产品上档次、管理上水平,提高运行质量为内容的“三上一提高”活动的开展,对“三上一提高”成效显著的临洪村、普事达记录纸厂等单位、企业的表彰奖励,进一步提高了企业运行质量和市场竞争力。2000年,区委、区政府实施“稳定提高二产”的经济工作思路,深化改革,调整工业发展思路,扩大招商引资,学习山东日照、威海、临沂3市发展经验,对大理石厂、石英制品厂等近10家严重缺乏市场竞争力的企业予以停产或关闭。

2001年至2002年,全区有直属集体工业企业5家。2001年,全年工业总产值(当年价)5958万元,产品销售收入3796万元,利润123万元,利税164万元。2002年,年工业总产值(当年价)6134万元,产品销售收入3782万元,利润107万元,利税201万元。

2003至2005年,全区有直属集体工业企业4家。2005年工业总产值(当年价)453万元,产品销售收入411万元,利税总额28万元。

2005年新浦区直属工业一览表

表17-1　　单位:万元

项目 企业名称	企业住址	工业总产值	产品销售收入	利税总额	主要产品种类
连云港市长城钢模板厂	新浦区南城镇匡井街42号	150	131	10	房屋、桥梁建筑钢模板、油压顶、建筑五金、钢木结构产品
连云港市小上海糕点厂	新浦区朝阳中路	233	214	23	专业食品、糕点、生日蛋糕、月饼、大糕、无糖食品
连云港市大理石厂	新浦区新孔路3号	30	27	-2	大理石、花岗岩板材
连云港市纸管厂	新浦区大庆路	40	39	-3	纸箱

【街道集体工业】 新浦区的街道集体工业,始于20世纪50年代初,市民政部门扶持街道居委会兴办产生自救性的麻刀社、手工编织社等手工业加工企业。1958年8月,在“摆脱家务,走向社会”口号鼓舞下,新浦地区大批家庭妇女走出家门,参加街道生产,兴办补洗、缝纫、制鞋、粮食加工等生产社(组)。

20世纪50年代末60年代初,工业调整,职工精减下放,大部分街道工厂停产。

20世纪70年代后期,街道工业再度发展。1981年,全区有街道工业企业88个。1987年,全区有街道工业企业90个。1990年,全区街道工业企业调整为46家,主要从事轻工、化工、印刷、包装、电器等门类产品生产,有职工2598人,固定资产原值7195.5万元。工业产值(当年价)5538万元,年利税344.8万元。

20世纪90年代中期起,区委、区政府把兴办街道、居委会经济建设作为全区新的经济增长点,并出台一系列的激励措施,街道工业快速发展。1996年,全区街道工业企业达74家,工业总产值29097.6万元,占当年全区工业总产值的44.47%。到2000年,街办工业企业达104家。2004年,最多时达116家。经产权制度改革后,绝大部分街办企业转为私营企业。至2005年,全区尚有17家街道集体工业企业,总产值达到13.1亿元,占到全区总额的47.1%。

1996～2005年新浦区街道工业概况表

表17－2　　单位:万元

年份	项目＼街道	浦东	浦西	路南	市东	临洪	新海	新东	新南	合计
1996	企业个数	9	19	9	18	19	—	—	—	74
	工业总产值（当年价）	4003.4	6236	7735	4596.2	6527	—	—	—	29097.6
	产品销售收入	3408	2581.5	5218.9	3561.5	6903	—	—	—	21672.9
	利润总额	165.7	147.9	207.8	216.7	211.6	—	—	—	949.7
	利税总额	339	249.4	642.6	386.9	432	—	—	—	2049.9
1997	企业个数	15	20	19	24	17	—	—	—	95
	工业总产值（当年价）	6663	9304.3	10918	7266	11820	—	—	—	45971
	产品销售收入	5110	5004.3	7880	5365	10324	—	—	—	33683.1
	利润总额	146	165.5	250.3	217	323	—	—	—	1101.8
	利税总额	465	349.1	851.8	552	632	—	—	—	2849.8
1998	企业个数	12	22	17	24	15	—	—	—	90
	工业总产值（当年价）	9202	13096	15151	9381	17555	—	—	—	64385
	产品销售收入	7650	6576	10930	7605	13270	—	—	—	46031
	利润总额	208	197	320	384	355	—	—	—	1464
	利税总额	629	451	1132	834	729	—	—	—	3775
1999	企业个数	18	19	12	11	9	8	11	11	99
	工业总产值（当年价）	12375	14962	16091	2641	5401	13382	8279	7004	80135
	产品销售收入	9846	7465	10864	2155	4006	12918	6434	3620	57308
	利润总额	293	174	441	97	151	278	233	17	1684
	利税总额	798	503	891	203	460	448	672	398	4371
2000	企业个数	16	23	10	12	11	8	13	11	104
	工业总产值（当年价）	12359	10392	9696	3393	6331	7265	9624	8178	67238
	产品销售收入	10580	8695	6278	3032	4617	6991	7175	4400	51744
	利润总额	305	195	210	122	171	237	263	30	1533
	利税总额	1154	330	496	247	352	339	722	82	3722

表17－2续表 单位:万元

年份	项目 \ 街道	浦东	浦西	路南	市东	临洪	新海	新东	新南	合计
2001	企业个数	17	26	11	12	11	8	9	11	105
	工业总产值(当年价)	12470	11881	7990	3920	7225	8324	9233	9225	70268
	产品销售收入	9673	9816	7101	3656	5092	7482	8232	5049	56101
	利润总额	207	192	214	112	188	251	380	58	1602
	利税总额	1109	376	555	311	399	370	789	116	4025
2002	企业个数	28	38	16	—	—	8	10	13	108
	工业总产值(当年价)	18990	19237	6782	—	—	5225	7874	10687	68795
	产品销售收入	15669	15676	5411	—	—	4444	7239	5948	57081
	利润总额	405	389	142	—	—	199	307	50	1656
	利税总额	1562	875	427	—	—	324	729	202	4409
2003	企业个数	27	37	13	—	—	8	11	14	110
	工业总产值(当年价)	23813	23754	8289	—	—	6549	10912	13140	86457
	产品销售收入	18362	20643	6397	—	—	5316	9493	7180	67391
	利润总额	569	540	146	—	—	301	484	101	2141
	利税总额	1852	1120	492	—	—	376	998	243	5081
2004	企业个数	29	35	13	—	—	10	11	18	116
	工业总产值(当年价)	28620	28244	10249	—	—	7926	14172	15877	105068
	产品销售收入	21460	23368	7555	—	—	6280	11107	8411	82289
	利润总额	583	610	197	—	—	213	753	159	2618
	利税总额	2110	1278	571	—	—	437	1163	290	6167
2005	企业个数	30	34	14	—	—	10	10	19	17
	工业总产值(当年价)	34701	34175	12300	—	—	9610	20596	19500	130882
	产品销售收入	25568	27808	8993	—	—	7673	15597	10010	95649
	利润总额	686	705	231	—	—	288	894	185	2989
	利税总额	2437	1444	646	—	—	495	1927	340	7289

注:1. 新海、新东、新南3个街道成立于1999年,故1996～1998年无数据。

2. 2002年,市东街道与浦东街道合并,成立浦东街道;临洪街道与浦西街道合并,成立浦西街道。故2002～2005年,市东街道、临洪街道无数据

【乡镇集体工业】 新浦区乡镇工业起步于20世纪50年代。初期主要是兴办农具制作、农机维修、砖瓦、粮油加工等行业的小型工业企业。1953年,位于南城镇匡井街240号的南城木业互助组成立

（1955 年，改为铁木业生产合作社；1958 年改为南城农具厂，后改为钢木家具厂）。1954 年，花果山乡创办乡属集体工业企业——花果山机械厂。以生产农业机械、维修农具为主。

20 世纪 50 年代后期至 60 年代，南城、宁海、云台一带生产合作社先后开始兴办采石厂、砖瓦厂和农具修造厂等社办工业企业。

20 世纪 70 年代初起，乡镇企业进一步发展。1971 年，南城食品厂建成投产，当年产值 10 余万元。1973 年，花果山铸造厂建立。城区临洪、沈圩两村先后建成水泥制品厂。同年，云台乡丹霞村兴办综合厂，生产卷尺的调摇把和其他各种铜配件，以及螺丝、螺帽等，年产量达 200 多万件。1976 年，云台乡丹霞村投资 20 多万元，兴建钢木家具厂，主要生产铁制茶几、儿童车。1977 年 1 月，南城造纸厂（位于南城东弯路 4 号）建成投产。1978 年，云台乡云台铸钢厂成立。生产采石用的破碎机齿板及汽车、轮船上的锰钢配件。

连云港市对外开放后，域内乡镇企业步入快速发展阶段，规模不断扩大。1984 年，沈圩村办起钢模板厂。1985 年，云台乡丹霞村投资 30 余万元，兴建云台肉食品厂，时有职工 50 余人。该厂加工生产红肠、香肠等产品，年加工能力 100 吨。花果山铸造厂面积达到 5400 平方米，造型车间 1000 平方米，其他车间 800 平方米。时有员工 105 人，其中，助理工程师以上技术人员 5 人。该厂有铸造配套设施 10 余台。其中，3 吨/时、1.5 吨/时冲天炉各 1 座，能生产 0.5 公斤至 1.5 吨的加工铸件。平均年生产铸件 1350 吨。从 1986 年开始，生产各种出口铸件，产品销往日本、韩国、缅甸、美国等国家及中国香港地区等。云台乡丹霞村综合厂开始生产水表铜配件，并新建 2 条生产线，年产 5 万把“云台山牌”钢骨伞。雨伞停产后，转生产皮卷尺。年产“云台山牌”皮尺 8 万只。同时，厂名更为“连云港市铜材厂”。1986 ~ 1987 年，临洪、沈圩两村工业企业每年分别有 20 个。每年完成工业产值分别为 530.8 万元和 381.8 万元。1990 年，两村共有建材、纺织、化工、轻工、机械加工、木器家具、食品、服装、修理等工业企业 23 个，产品 176 个，固定资产 459 万元，职工 750 人，厂房面积 63102 平方米。年产值 1720.5 万元，年利税 140.6 万元。有 3 家企业亏损，占企业总数的 13.04%。

1994 年，花果山乡的宜尔杉辅料厂建成投产（1997 年，更名为宜尔杉制衣有限公司），职工 300 多人。1995 年，宁海乡宁海轿车修配厂建成投产、浙江人兴办的顺泰建筑材料厂，以及该乡太平村兴办的塑料管厂先后建成投产。1997 年，临洪村、沈圩村分别有工业企业为 19 个、16 个，完成工业总产值（当年价）分别为 12302 万元、16317 万元，实现利润分别为 363 万元、220 万元，利税分别为 605 万元、553 万元。20 世纪 90 年代后期，花果山乡花果山机械厂开始生产以建筑机械为主的多种产品。后逐步发展成为锻工、钳工、冷板加工、精加工多元化的生产结构。主要产品有 16—20 塔式起重机、系列搅拌机、混凝土配料机、卷扬机、水利机械小型启闭机、维修工具、三爪掳子、防滑轮、电线电缆盘头、煤炭装卸机、航车等。2000 年，云台乡兴办工业企业 17 家，工业总产值（当年价）达 13056 万元，产品销售收入 11655 万元，实现利润 725 万元、利税 1326 万元。该乡采石三厂投资兴办的樱桃酒厂，已有职工 20 余人，年产值达百余万元。

2003 ~ 2004 年，云台乡工业企业分别为 11 个和 20 个。完成工业总产值（当年价）分别为 23164 万元和 29911 万元；完成产品销售收入分别为 13684 万元和 16688 万元；实现利润分别为 496 万元和 735 万元；利税分别为 1232 万元和 1473 万元。花果山乡工业企业分别为 25 个和 27 个。完成工业总产值（当年价）分别为 14450 万元和 18384 万元；完成产品销售收入分别为 13823 万元和 16956 万元；实现利润分别为 480 万元和 588 万元；利税分别为 1106 万元和 1359 万元。宁海乡有工业企业 34 个。完成工业总产值(当年价)2607 万元;完成产品销售收入 25589 万元;实现利润 786 万元;利税 1591 万元。南城镇有工业企业 12 个。完成工业总产值(当年价)分别为 13680 万元和 15550 万元;完成产品销售收入分别为 13406 万元和 15239 万元;实现利润分别为 730 万元和 777 万元;利税分别为 1063 万元和 1030 万元。

2005 年,全区乡镇工业经济总产值(当年价)达 11.6 亿元,占全区工业总产值的 41.7%。

2005 年新浦区乡镇工业概况表

表 17-3　　单位:万元

项目 数量 单位	企业个数	工业总产值(当年价)	产品销售收入	利润	利税	亏损企业(个)	亏损额
花果山乡	28	23952	21689	704	1622	1	3
云台乡	23	38075	21915	842	1803	—	—
宁海乡	36	31915	31046	1087	2028	1	6
南城镇	10	21771	21366	517	1285	—	—

【校办集体工业】 解放前,新浦普爱小学(今建国路小学)开办过造冰厂,生产冰棒。

1966 年 5 月 7 日,毛泽东主席发出“五·七”指示后,连云港市初级职业学校(延安中学前身)在原市造纸厂东大门东首创办浆板厂(又名纤维板厂),全区校办工业从此起步。

20 世纪 70 年代,全区先后开办起铸铅厂、蓄电池厂、电器厂和化学试剂厂等校办工厂。1977 年,新浦中学、陇东中学、延安中学、浦东中学校办工厂因成绩显著,出席市“工业学大庆”先进代表会。

20 世纪 80 年代,站北街小学塑料包装厂(1989 年 2 月 13 日,该厂更名为“连云港市新浦塑料包装厂”)、新生小学“新浦永佳玻璃纤维厂”、南极路小学“新浦南洋印刷厂”、延安中学“新浦延中五金机械厂”、临洪小学“新浦油墨厂”、海宁小学“新浦华先塑料制品厂”、通灌路小学“新浦文教印刷厂”、幸福路小学“新浦新苗冷饮食品厂”、连海路小学“连云港市新浦新潮服装厂”及陇东中学创办的连云港市第一家以硅资源为主要原料的化工厂先后建成投产。

1992 年,贯彻邓小平南方讲话精神后,部分学校利用自身优势吸引港澳台资金兴办校办工业。临洪中学实验厂与香港瑞隆国际有限公司合资成立“连云港市锦云水晶制品有限公司”。该项目总投资 70 万美元,注册资金 52 万美元。其中,临洪中学实验厂出资 20.8 万美元,占注册资金的 40%,以设备、厂房及水电设施形式出资;香港瑞隆国际有限公司出资 31.2 万美元,占注册资金 60%,以 15 万美元现汇及部分设备出资。主要生产石英玻璃管、水晶工艺品等。同时,连海路小学兴办“连云港市新浦保安器材厂”,培智学校兴办“连云港市新浦培智学校红梅食品厂”,浦东中学兴办“连云港市新浦钟育综合加工厂”,同兴街小学兴办“连云港市同兴街小学印刷厂”。同年 5 月,西鹿小学办起“连云港市新浦纸塑覆膜厂”。6 月,浦东中学兴办“连云港市新浦浦东化工厂”。大庆路小学兴办“新浦希望玩具厂”,生产智力积木类玩具。7 月 2 日,民主路小学成立“新浦民主实验工厂”。8 月,市东小学开办“新浦市东机械设备厂”。公园小学兴办“新浦精工白铁制品厂”,连海路小学办起“新浦合成液化气厂”。1997 年起,全区各校办企业开始进行改制,引入竞争机制。年内,陇东中学的陇东电器厂作为改制试点企业,完成改制工作。1998 年,全区 18 家校办企业分别采取售租结合、租赁和承包 3 种形式全面进行改制。2000 年,5 个校办企业进行二次改制,南极路小学南极路印刷厂、同兴街小学同兴印刷厂由承包经营改为租赁经营。2003 年 6 月,陇东中学硅化工厂改制为民营企业。到 2005 年底,除陇东中学的陇东电器厂、连海路小学的连海路印刷厂等 7 家企业没有改制外,其余校办工业企业全部完成改制。

1996～2005 年新浦区校办工业概况表

表 17－4　　单位:万元

项目/数量/年份	企业个数	工业总产值（当年价）	产品销售收入	利税总额	利润总额
1996	22	4326.6	1195.6	92.5	54.9
1997	25	4725	2180	95	58
1998	18	2942	2184	150	118
1999	16	2506	2106	129	95
2000	15	1385	1248	74	43
2001	12	753	955	49	27
2002	11	717	695	34	22
2003	10	882	842	31	17
2004	7	784	702	25	15
2005	7	566	563	12	12

三、全民工业

20 世纪 90 年代以前,新浦区无全民所有制工业企业。

1993 年 8 月 3 日,由新浦区沈圩经济发展总公司与西北铝加工厂合资组建的西北铝加工厂连云港铝镁粉材厂在新浦挂牌成立。沈圩经济发展总公司投资 1080 万元(包括土地在内实际投资约 1300 万元),占总投资的 35%,西北铝加工厂投资 1950 万元,占总投资的 65%,计划用工 700 人。该企业为全民所有制工业企业。企业内由西北铝加工厂全面负责生产、经营、管理;沈圩经济发展总公司不承担经营风险。计划年产 2500 吨铝镁粉材。当年 12 月试生产,陆续生产铝粉 140 多吨。由于流动资金、产品市场等多种原因,未能正式投产,并于 1995 年底全面停产,时有职工 133 名,全部为由西北铝加工厂迁入新浦区的。2003 年 12 月 11 日,西北铝加工厂连云港铝镁粉材厂被连云港市工商局吊销营业执照。

2005 年 4 月 13 日,西北铝加工厂连云港铝镁粉材厂股东会议决定,双方终止合作,从 2005 年 4 月 15 日起,成立连云港铝镁粉材厂清算小组进行清理。截止 2005 年 4 月 20 日,连云港铝镁粉材厂实有资产 302.258 万元(不含土地),负债 13001861 元,净资产为负 9979281 元。2005 年 6 月 24 日,经新浦区企业改制办公室新企改办[2005]11 号文件批复,连云港铝镁粉材厂资产、债权债务及土地使用权由连云港市德尔盟工贸发展有限公司(公司地址在新浦龙西南路 29－1 号楼 1 单元 401 室,法人代表为吴成忠)有偿承接,变现资金用于依法妥善安置在厂职工 41 人(另 92 人在终止合同前已逐步分流出厂)。

第二节 工业经济规模

20 世纪 50 年代,新浦区工业企业基本上是生产自救型企业,规模均很小,一般企业都是几十名职工,设备简陋,多数加工业多以手工劳动为主。

20 世纪 60 年代起,原有工业企业通过调整,工业企业数量减少,企业相应扩大。同时,聘用市属工业企业精减下放的技术工人,开始兴办锅炉厂、纸箱厂、眼镜厂、电子元件厂、化纤厂、水泵厂、水表厂等区直属工业企业。到 1978 年,区属工业企业 25 家、职工 3800 余人,固定资产总值达 465 万元,年总产值为 1897 万元。全区工业生产产品也由 20 世纪 60 年代初的编织、麻刀、打绒一类简单的工业产品,初步形成了包括化工、纺织、低压电器、机械制造、电子元件等十大工业门类,产品达 157 种,并培育出 8 个年产值百万元以上的骨干企业。当年底,全区 22 个区属工业企业上交市有关局归口管理后,新浦区工业经济总量大减,总产值不足 350 万元。区委、区政府从区情出发,在全区掀起大办街道工业热潮。1979 年底全区以街道工业为主体的工业企业发展到 69 家(其中,街道工业 62 家),全区工业总产值达 780 万元,实现利润 57 万元。

20 世纪 80 年代起,特别是 1983 年 6 月至 1986 年 6 月的新海区期间,通过经济体制改革、内引外联,全区城乡工业发展较快。1986 年 6 月恢复新浦区建置,当年底,新浦区工业企业达 97 家(其中,区属工业 9 家、街道工业 68 家、村办工业 20 家)职工 3772 人。工业总产达 3476 万元。产品销售收入达 2702 万元,实现利润 134 万元,固定资产净值达 1018 万元。

20 世纪 80 年代中后期起,新浦区在不断深化工业企业改革同时,大力发展第二产业,实施“芝麻工程”,发动各村和街道居委会大力兴办工业企业。到 1990 年底,全区集体工业企业 120 家,完成工业总产值 6751 万元,其中,街道工业 3911 万元,占 54.36%。

1991 年,全区工业总产值首次突破亿元,达 10407 万元。此后,每年都以 20% 至 40% 的增幅增长,至第八个五年计划期末的 1995 年,全区工业企业达 175 个,完成工业总产值 32433 万元。独立核算工业企业实现产品销售收入 21225.8 万元,比“七五”末的 1990 年分别增长 3.8 倍和 3.35 倍。

1995 年 12 月底召开的区委五届十次全委会(扩大)会议,深刻分析了全区工业经济发展中存在的小而粗(粗加工产品居多,技术密集产品少)、小而散(产品布局分散,难占市场分额)、小而弱(企业优势产品比例相当低、自我发展能力弱)、小而低(企业效益低、管理水平低)的“四小”弱点和长期走外延型、数量型、速度型的粗放型经济增长方式等制约工业经济发展的问题。1996 年起,区委、区政府进一步深化经济体制改革,转变工业经济增长方式,加快发展规模企业。并制定出台了《关于进一步解放思想,抓住机遇,加快改革步伐,振兴新浦区经济的 10 条措施》,全区工业经济逐步步入良性发展轨道,经济总量不断扩大。

1998 年,全区工业总产值首次突破 10 亿元,达到 115050 万元。到“九五”末的 2000 年,全区工业总产值达 136436 万元。比“九五”末的 1995 年增长 3.2 倍;产品销售收入比 1995 年增长 3.8 倍。其中,150 家独立核算工业企业完成工业总产值 80669 万元,实现产品销售收入 70193 万元,比“八五”末的 1995 年分别增长 1.48 倍和 2.3 倍。

2001 年起,面对行政区划调整的新情况,区委、区政府适时调整经济发展思路,实施“二产强区”发展战略,不断加大固定资产投入,注重发展规模以上企业,工业经济总量进一步扩大。2003年,区委、区政府走多载体、多元化发展之路,主动与连云港经济技术开发区、市宋毓高新技术开发区、大浦化工区协调,共建共用,资源共享,让永和食品、统万调味品、新科电线电缆、万福机械等4个有发展前景的项目落户宋毓高新技术开发区。同时,加快区内猴嘴东工业区、南城新大街工贸小区、凤凰山私营工贸园区及云台乡茅山工业园建设,拓展全区工业发展空间。

2004年,区委、区政府着力推进区域经济发展,注重培育新的经济增长点和企业技术改造,筛选骨干企业和重点产品,参加市"百名专家兴百企"活动,有4家企业与科研院所结对,解决了有机化工、机电一体化、食品深加工等技术难题,促进骨干企业发展。当年,全区增加规模以上企业7家。全区工业总产值突破20亿元大关,达22.18亿元。工业总产值、产品销售收入和利税额,比2003年分别增长22.3%、19.5%和17.04%。

至2005年末,全区工业总产完成278393万元,实现产品销售收入218794万元,实现利税15847万元,比"十五"末的2000年分别增104%、110%、116%。

新浦区历次上交工业企业一览表

表17-5

企业名称	地址	建厂时间	上交时间	工业产值(万元)	利润总额(万元)	固定资产原值(万元)	职工数(人)	所有制性质	上交市主管部门
水表厂	海连西路16号	1969年10月	1976年	6.51	1.02	0.22	56	全民	机械局
电线厂	解放西路167号	1954年10月	1976年	100.58	10.52	34.82	235	全民	机械局
水泵厂	水管路273号	1965年7月	1978年11月	98.13	7.34	37.77	177	集体	机械局
锅炉厂	幸福路5号	1962年4月	1978年11月	99.96	18.88	44.36	159	集体	机械局
低压电器厂	解放东路	1959年6月	1978年11月	13.10	0.87	2.53	42	集体	机械局
开关厂	海连西路15号	1956年	1978年11月	32.71	1.07	25.61	112	集体	机械局
鞋帽厂	陇尾东路21号	1952年	1963年	35.00	1.79	0.50	108	集体	纺织局
手帕厂	建国路138号	1960年10月	1978年11月	71.67	0.55	16.59	205	集体	一轻局
服装厂	海昌路195号	1953年	1978年11月	195.61	13.21	36.80	392	集体	二轻局
化纤厂	青年路12号	1964年	1978年11月	103.51	1.49	3.81	225	集体	二轻局
塑料四厂	盐河南路129号	1952年8月	1963年	180.00	20.00	8.80	222	集体	二轻局
塑料三厂	盐河南路130号	1954年	1963年	124.50	13.88	19.12	125	集体	二轻局
水泥制品厂	向阳桥北侧	1965年	1978年11月	23.36	1.24	10.12	86	集体	基建局
东风石粉厂	民主路279号	1954年	1963年	43.20	0.31	6.92	169	集体	手工业局
竹藤工艺厂	解放西路	1954年	1978年11月	45.80	8.73	14.55	93	集体	二轻局
新浦塑料厂	民主西路1号	1949年12月	1978年11月	89.96	1.26	32.42	106	集体	民政局
元件四厂	幸福路9号	1966年3月	1978年11月	140.71	5.66	64.26	322	集体	电子局
曙光化工厂	海连中路14号	1953年	1978年11月	336.42	22.02	73.41	210	集体	化工局

续表 17-5

企业名称	地址	建厂时间	上交时间	工业产值（万元）	利润总额（万元）	固定资产原值（万元）	职工数（人）	所有制性质	上交市主管部门
橡胶厂	海连西路12号	1958年	1978年11月	219.59	7.68	51.38	158	集体	化工局
新光化工厂	海昌路392号	1958年	1978年11月	31.69	2.83	32.42	106	集体	化工局
红光化工厂	海连中路40号	1958年	1978年11月	181.35	29.59	132.87	138	集体	化工局
制绳二社	海丰巷1号	1957年	1963年	0.50	0.10	2.50	28	集体	二轻局
手表厂	南极路南端	1957年	1977年	7.69	2.33	1.90	53	全民	二轻局
衡器修配厂	解放桥西首	1955年	1978年11月	10.50	1.09	4.08	38	全民	二轻局
白铁制品厂	连海中路48号	1956年	1978年11月	66.32	9.47	29.02	160	全民	二轻局
工艺印刷厂	水管路320号	1957年	1978年11月	38.38	5.95	11.47	88	全民	二轻局
木器厂	解放中路125号	1959年7月	1978年11月	19.62	0.28	9.82	49	集体	二轻局
纸箱厂	水管路320号	1964年10月	1978年11月	94.30	5.14	32.29	146	集体	二轻局
文化用品厂	民主路184	1958年9月	1963年	13.00	0.60	3.00	60	集体	二轻局
绣品厂	海丰巷1号	1972年	1978年11月	39.49	0.32	5.18	113	集体	二轻局
医药器械厂	盐河南路138号	1955年12月	1963年	59.33	1.14	7.55	90	集体	医药局
新浦眼镜厂	海昌路240号	1961年	1963年	13.00	1.40	12.5	75	集体	医药局
制药厂	解放路东首	1961年	1978年11月	2.60	0.65	0.38	30	集体	医药局

1986～2005年新浦区工业经济发展概况表

表 17-6

项目 / 数量 / 年份	工业总产值（万元）	产品销售收入（万元）	利税总额（万元）	固定资产年末净值（万元）
1986	3476	2702	274	1018
1987	4112	3324	313	1135
1988	5185	3921	480	1352
1989	6002	4624	434	1471
1990	7845	4873	359	1702
1991	10407	5977	536	1767
1992	13677	8272	940	2037
1993	19630	12049.10	1176	2608.80
1994	27233	13527	1497	3388
1995	32433	21226	1882	3850
1996	63975	37061	3105	5120

续表 17－6

项目 数量 年份	工业总产值(万元)	产品销售收入(万元)	利税总额(万元)	固定资产 年末净值 (万元)
1997	88892	56616	4244	5583
1998	115050	72102	5397	7215
1999	126257	83422	6048	7728
2000	136436	103892	7312	11983
2001	141455	103212	6477	12597
2002	159210	109396	7205	15565
2003	179467	134828	9141	14015
2004	221845	171164	11604	22691
2005	273824	218794	15847	23441

第二章　工业改革

第一节　经营机制改革

1985 年,在全区工业企业中启动以“一包三改”为内容的经济体制改革。即推行经济承包责任制,企业干部由任命制改为聘任制,企业职工由固定录用改为合同制,职工工资由固定工资制改为浮动工资制。实行浮动工资制,多数采取按件计酬,多劳多得,上不封顶,下不保底办法,有的采取保底不封顶形式。企业实行自主经营,自负盈亏。时称“砸破铁饭碗,拿掉铁交椅”。1986 年 10 月,在工业企业中实行目标责任制和领导任期终结审计制。1987 年,贯彻《中共中央关于经济体制改革的决定》,加快经济体制改革步伐,坚持所有权和经营权分离的原则进行改革,企业所有权不变,经营权因厂制宜,采取承包、租赁或任期目标责任制等形式进行经营。承包期一般 3 ~4 年。当年底,全区工业企业中有 21 家实行租赁经营,3 家实行承包经营、15 家实行目标管理。1988 年,在工业企业中进一步破“铁饭碗”“铁工资”“铁交椅”(时称破“三铁”),推行承包或租赁经营,至年底,98.2% 的企业实行了承包经营责任制。

1989 年,区委、区政府制定下发《关于完善和发展生产经营承包责任制的意见》,逐步完善企业经济体制改革措施。1990 年,第一轮承包到期后,在全区工业企业中全面推行“一包五改”的改革措施。即工业企业全部实行承包经营,引入经营机制,切实抓好企业领导体制、内部经营体制、劳动分配制度、干部人事制度、组织管理机构和内部管理制度等 5 个方面的配套改革。

1991 年 1 月 3 日,区委、区政府制定下发《关于加快我区工业发展的意见》,在全区生产、经营企业中实行企业升级制度,规定凡固定资产在 300 万元以上、总产值在 1000 万元以上、税利在 100 万元以上的,作为区级大型企业,可享受正科级待遇;固定资产在 150 万元以上、总产值在 500 万元以上、利税在

50万元以上的，作为区级中型企业，可享受副科级待遇。同年9月25日，成立新浦区经济体制改革领导小组，进一步加强经济体制改革领导。

1992年4月3日，区政府下发《关于深化工商企业内部改革的意见》，以破“三铁”为突破口，在企业内部建立自主经营、自负盈亏、自我发展、自我约束的生产经营机制。在承包企业中试行“联责联利、基数分档、超收嘉奖”的承包办法，承包人收入上不封顶，下不保底。承包基数分高低五档，考核以实现利润为主，高档的高奖轻罚，低档的低奖重罚，奖罚兑现。对亏损企业实行分类限期扭亏（减亏）目标考核，限期未达到目标的，党政主要领导就地免（降）职，不得调出、提拔或异地任用。在职工中优化劳动组合，实行竞争上岗，定期考核。同时，完善功效挂钩办法，改革和完善养老保险和待业保险制度。

1993年9月，区委、区政府出台《集体企业改革实施意见》和《集体企业“公有民营”试行办法》，对亏损、微利企业分期分批实行“公有民营”，并公开向科研单位、社会团体、个体私营者招标。1990年，第一轮承包经营期满的企业重新签定劳动合同。

1995年10月27日，区政府出台《关于加快企业改革的意见》，在全区工业企业中采取租赁、公有民营、兼并、“外资嫁接”和建立股份合作等多种办法加快改革步伐。当年，在全区独立核算工业企业中就有16家实行租赁、公有民营，10对企业实行兼并托管，6家组建股份合作企业，6家改制为有限责任公司，另有3家改为中外合资企业。

第二节　产权制度改革

1997年9月10日，新浦区经济体制改革领导小组调整为新浦区企业产权制度改革领导小组，全区企业体制改革转向企业产权制度改革。成立全区企业产权制度改革指挥部，下设办公室。同月，有针对性地选择18家经营规模小，负债数额高、经济运行质量低的企业，进行产权制度改革试点，摸索经验。11月13日，区委办公室、区政府办公室转发区企业产权制度改革指挥部办公室制定的《新浦区产权制度改革总体计划安排》。同月18日，下发《新浦区集体资产评估实施细则》《新浦区工业企业推行股份（合作）制操作规程》。

1998年3月12日，区企业产权制度改革指挥部下发《新浦区企业产权制度改革实施意见》，全区企业产权制度改革全面启动。区委、区政府根据“抓改革，明产权，转机制，增活力，促发展”指导思想，本着“宜卖则卖，宜股（份）则股，宜卖不股，宜股不组（合）”的原则，在全区符合改制条件的108个企业中全面推行产权制度改革。至年底，完成改制98家，占应改制企业的91%。

2000年，按“一厂一策”，因企制宜的原则，对54家尚未改制和1998年第一次产权改制不彻底的企业进行产权制度改革。至年底，新浦东方化工厂、连云港市耐腐泵厂、新浦社会福利一厂、新浦橡胶厂、新浦六一服装厂等8家企业以出售、售租形式完成产权制度改革；连云港市塑料十一厂、新浦宏达伟合成树脂厂、新浦粉笔石膏厂3家位于居民区，对环境污染严重且经营较差的企业以“退二进三”形式（退出第二产业，结合旧城改造转向第三产业）完成产权制度改革。

2001年起，按照“因地制宜、分类指导、能卖则卖、必动产权”的原则，全区企业产权制度改革进一步深化，采取兼并、破产、拍卖、租赁、股份制改造及整体改制或分块搞活等办法，对16个企业进行了拍卖、租赁和公司制改造。推进资产重组和资源优化配置。

2002年，突出以“企业产权置换、职工身份置换”为核心，以改组、联合、股份合作制、出售为重点，加快公有资产退出步伐，推进民营化进程。当年确定对48家企业进行改制，至年底完成37家，其中，新浦黏合剂厂、连云港药用包装厂、新浦六一服装厂等21家企业以出售或租售结合形式进行产权改制；京华卫生纸品机械厂、玉龙物资公司两家企业由公转为私营、区外贸公司宣布破产。

2003年，完成企业改制30家，其中，国有、集体资产退出21家、资产重组2家。改制中置换职工身份1213人，支付职工经济补偿金593万元，补缴职工养老、失业、医疗三项保障资金230万元，盘活存量资产5000多万元。

2004年、2005年，区委、区政府在全区尚未改制和首次改制不规范的企业中，强力推进国有、集体资本加快退出，强力推进存量资产重组盘活，强力推进下岗失业职工分流安置。2004年，全区完成企业改制30家。其中，资产重组4家，国有、集体资本退出7家。通过改制，筹集改革成本1154万元，置换职工身份1084人。补缴职工养老、失业、医疗三项保障资金471万元，支付职工经济补偿金616万元。2005年，全区完成企业改制16家，其中，改制退出14家，兼并1家，破产1家。共筹集改革成本903万元，置换职工身份774人，支付职工经济补偿金346万元，补缴职工养老、失业、医疗三项保障资金430万元。至2005年底，全区企业产权改制面达88.2%，获全市“经济体制改革工作先进单位”称号。

1998~2005年新浦区企业产权改制(含二次改制)情况一览表

表17-7

企业名称	改制形式	完成时间	企业名称	改制形式	完成时间
新浦精细化工厂	股份合作制	1998年	连云港市上海小糕点厂	建有限责任	1998年
港雁通讯电器设备厂	股份合作制	1998年	新浦粉笔石膏厂	股份合作制	1998年
新浦云夏精细化工厂	集体转私营	1998年	新浦锦花制线厂	股份合作制	1998年
新浦星光电光源器材厂	集体转私营	1998年	临洪建筑安装工程公司	承包	1998年
新浦燎原化工厂	集体转私营	1998年	新浦南极劳保厂	租赁	1998年
新浦陇西皮件厂	集体转私营	1998年	新浦连海印刷厂	租赁	1998年
新海电缆厂	租赁	1998年	新浦建宁彩印厂	租赁	1998年
新浦电力容器设备厂	托管	1998年	新浦同兴印刷厂	租赁	1998年
新海工贸公司	租赁	1998年	新浦通灌印刷厂	租赁	1998年
新浦电器开关厂	兼并新浦机电设备厂	1998年	新浦酿化厂	售租	1998年
新浦制冰厂	租赁	1998年	利民药用包装厂	股份合作制	1998年
新浦振兴木器厂	租赁	1998年	新浦宝光装饰玻璃厂	托管	1998年
临洪汽车修理厂	租赁	1998年	连云港市研磨厂	售租	1998年
新浦聚酯化工厂	租赁	1998年	大庆路彩色印刷厂	租赁	1998年
连云港市热镀锌厂	租赁	1998年	连云港市五金铸造分厂	租赁	1998年
新浦制线厂	租赁	1998年	海宁化学厂	租赁	1998年
连云港市采暖通用设备有限公司	集体转民营	1998年	新浦阻燃剂厂	租赁	1998年

续表 17-7(1)

企业名称	改制形式	完成时间	企业名称	改制形式	完成时间
连云港市红星化工厂	租赁	1998 年	新浦临洪家具厂	租赁	1998 年
翠苑食品有限公司	租赁	1998 年	新浦溶剂厂	租赁	1998 年
新浦不干胶厂	出售	1998 年	连云港浦强金属制品有限公司	售租	1998 年
新浦工程机械厂	公有民营	1998 年	东方化工厂	售租	1998 年
新浦东港化工厂	公有民营	1998 年	连云港市耐腐泵厂	售租	1998 年
新浦助剂厂	售租	1998 年	连云港市陇东电器厂	售租	1998 年
连云港市佳丽木棉床用制品公司	承包	2000 年	新浦社会福利一厂	售租	2000 年
市东建筑站	承包	2000 年	新浦橡胶化工厂	售租	2000 年
新浦汽车修配厂	租赁	2000 年	临洪建筑安装工程公司	股份制	2000 年
连云港市辉达化工厂	出售	2000 年	同兴印刷厂	出售	2000 年
南极印刷厂	出售	2000 年	新浦宏达伟合成树脂厂	退二进三	2000 年
建国路小学印刷厂	租赁	2000 年	连云港市纸管厂	引资嫁接	2000 年
连云港市硅化工厂	租赁	2000 年	连云港市沈大金属型材厂	出售	2001 年
教育服装厂	租赁	2000 年	连云港市包装四厂	转让	2002 年
新浦“六一”服装厂	出售	2000 年	连云港市京宁造纸厂	与外商合资	2002 年
新浦区运输公司	破产	2000 年	连云港市京华卫生纸品机械厂	公转私营	2002 年
临洪建筑安装公司、新宏建筑安装公司、临洪房地产开发公司、华隆装饰装潢公司	组建为连云港市临洪建设工程有限公司	2000 年	新浦印刷二厂	转让	2002 年
新浦普事达记录纸厂	转让	2003 年	新浦黏合剂厂	出售	2002 年
连云港市耐腐泵厂	转让土地使用权	2003 年	连云港药用包装厂	出售	2002 年
新浦制钉厂	转让土地使用权	2003 年	宝光装饰玻璃厂	转让	2002 年
新浦橡胶厂	转让土地使用权	2003 年	新浦精细化工厂	转让	2002 年
新浦港西福利厂	转让	2003 年	云台建筑工程公司	转让	2002 年
新浦区南城自来水厂	由镇经济服务中心兼并	2003 年	新浦浦西棕垫厂	出售	2002 年
南城碳素厂	出让	2003 年	新浦福利一厂	转让	2002 年
新浦区供销社冷冻加工厂	以资抵贷	2003 年	供销酿造厂	租赁	2002 年
连云港港雁通讯电器设备厂	转让	2003 年	南云台林场采石场	出售	2002 年
新浦电器开关厂	转让土地使用权	2003 年	南云台林场石英厂	关停	2002 年
新浦锦花制线厂	出让资产	2004 年	南云台林场纸箱厂	租赁	2002 年
连云港市新颖金属构件厂	出让资产	2004 年	连云港市原子印章厂	转让	2003 年
南城采石场	出让资产	2004 年	新浦金鑫铸造厂	售租	2003 年
新浦华新皮塑渔具厂	转让	2004 年	连云港市硅化工厂	改私营	2003 年

续表 17－7(2)

企业名称	改制形式	完成时间	企业名称	改制形式	完成时间
南城食品厂	出让资产	2004年	连云港市南城砖瓦厂	转让	2003年
连云港利民药用包装厂	售租	2004年	南城钢木家具厂	转让	2003年
连云港市节能材料厂	出让资产	2004年	新浦沙发铁木器厂	出让资产	2004年
市东建筑站	出让资产	2004年	连云港市佳丽木棉床用制品公司	出让资产	2004年
连云港市石英制品厂	由沈大型材厂兼并	2005年	新浦区供销社酿造厂	转让资产	2005年
新浦区同和塑料彩色印刷制品厂	出让资产	2005年	新浦电力容器设备厂	资产出让	2005年
连云港市浦东建筑工程公司	出让资产	2005年	南城凤鑫多元脂工艺品厂	资产出让	2005年
西北铝加工厂连云港铝镁粉材厂	转让	2005年			

第三节 管理机构改革

1949年10月至1950年,新浦地区各区设实业助理。1950年4月,临沂实业公司新海连办事处在新浦成立,新浦地区国营、公私合营企业实行行业归口管理。1951年起,各区政府改设生产助理1人,管理各区工业生产。1953年12月,新海连市地方工业局在新浦成立,同时,撤销临沂实业公司驻新海连办事处。

1958年1月,新浦区政府设工业科,负责全区工业生产的管理工作。

1969年10月至1979年4月,区革命委员会生产组管理全区工业生产。各街道办事处成立工业生产办公室,管理街道和居委会的工业生产。

1979年5月,撤销革委会生产组,恢复区工业科。年内,市东、临洪两个街道办事处成立工业生产办公室。

1983年6月,新浦区与海州区合并成立新海区,区政府设工业交通局。

1985年1月,撤销新海区工业交通局,成立新海区计划经济委员会,内设工业科、企业管理科、科技科、财务科和办公室。

1986年6月,新海区撤销后,新浦区成立计划经济委员会,管理全区工业。

1996年8月,撤销区计划经济委员会,分别成立经济局(增挂区乡镇企业管理局牌子)和计划局。全区工业由经济局管理。

2001年10月,撤销区经济局、贸易局,组建区经济贸易局,管理全区工业。

2005年9月,区经济贸易局增挂区乡镇企业管理局牌子。12月,区政府在经贸局内设区中小企业局,取消乡镇企业管理局牌子。区经济贸易局内设办公室、工业科、贸易科3个职能科室。

第三章　工业门类

第一节　日用品加工制造业

一、制盐业

新浦制盐业始于南宋时期，金大定年间（1161～1189），临洪滩一带属临洪场，从事盐业生产。元至元三十年（1293）设盐使司，置盐官。元贞元年（1295）改设盐场司令一员（从七品）、司丞一员（从八品）、管勾一员（从九品），管理盐场事务。明代洪武元年（1368），在临洪滩设临洪场盐课司，生产兴盛、盐税丰盈。洪武二十五年（1392），大使刘文、副大使刘兴重建临洪场。

清雍正六年（1728），临洪场和赣榆兴庄场合并为临兴场，场署迁至赣榆小河口。乾嘉年间，今市区一带相继成陆，先后被辟为盐田。嘉庆三年（1798），淮北盐商捐资疏浚拓宽甲子河，在孔望山东北角立新浦口，设有包垣。新浦口成为附近淮盐的转运地。

清末，海水东退，盐田逐渐裁废。新浦仍为淮盐运销要地。临洪滩、西篪头设有官盐店、盐栈，办理食盐转运业务。

民国年间，上海大陆实业公司在新浦设立大陆盐业分公司，经营淮盐运销业务。

新中国成立后，新浦长期为江苏省淮北盐务管理局驻地，成为淮北盐生产指挥要地。现为连云港市盐务管理局和原盐生产单位金桥盐业集团的驻地。

二、造纸业

【生活用纸】 民国27年（1938），新浦、板浦等商人先后出资在新浦筹建普益南等纸坊，利用当地稻草麦秸及芦苇作原料，采用石灰法自然发酵，石碾成浆，加土碱后用土蒸锅蒸煮，净化成浆，生产民用土纸，质量较差。此后20多年间，新浦先后有仁和、铸成、禄和、全盛、裕盛、大生、大华7家私营造纸作坊开业投产。

1954年6月，私营新海连市烈军属造纸厂在南极路26号建成，采用石灰法生产粗草纸，当年产值2068元。1956年春，新海连市手工业联社投资5万元，以仁和等6家私人手工制纸作坊为基础成立华伦造纸厂，职工120人，新增两头毛驴，1盘石碾，3口大缸等设备，以石灰法自然发酵手工生产草纸等产品，年产量为200吨。同年夏季，新海连市搬运公司投资1.3万元，成立新浦造纸厂，职工20人，以1头毛驴、1盘石碾、1口大锅等简陋设备，用石灰法生产土草纸，当年经营略有盈余。1957年，新浦造纸厂在西篪外建新厂区。1958年2月起，改用碱法工艺，产品质量明显提高。11月，华伦造纸厂并入新浦造纸厂，隶属市手工业联社领导。至1960年底，新浦造纸厂已生产机制草浆纸。

1963年4月，新浦造纸厂棉浆条包形“天鹅”牌卫生纸投产。时为国内第一家生产全棉浆卫生纸厂，年产能力1000吨。1965年，新浦造纸厂新上一台787型造纸机，1966年初投产，产量增至1300吨。

1971年春，新浦造纸厂研制的21克/平方米规格的小卷筒纸卫生纸问世，新产品定名为“熊猫”牌。

同年10月,新浦造纸厂更名为连云港市造纸厂。隶属市轻工业公司。

1976年,南城造纸厂建成投产,采用单车单毯法生产包装纸。1977年,南城造纸厂投产皱纹卫生纸、包装纸,又在连云港市造纸厂技术人员指导下投产草浆卫生纸,年产量255吨,产值50.75万元。1978年,南城镇造纸厂主产品改为棉浆纸。1978年5月,国家经贸部在郑州召开的全国出口卫生纸会议上市造纸厂(原新浦造纸厂)生产出口的"熊猫"牌卫生纸被大会评为优质产品第二名。1979年底,"熊猫"牌高档卫生纸被国家轻工业部评为优质产品。

1981年,市造纸厂投资284万元,购置一台1578型造纸机,使卫生纸年产能力达300吨,并增加了面巾纸、餐巾纸、桌布纸、厨房用纸等新产品。1983年,南城造纸厂更名为连云港市造纸厂南城分厂(1985年,又更名为连云港市第三造纸厂)。同年7月,南城分厂生产"凤凰"牌、"天鹅"牌普通卫生纸、"海鸥"牌出口筒纸。当年产量1786吨,产值175万元。同年10月,"熊猫"牌高档卫生纸畅销东南亚各国,占港、澳地区卫生纸市场总销量的60%以上。同年,市造纸厂生产1700吨,占实际年产能力的94.44%。"天鹅"牌内销卫生纸因亏损而停产。1985年初,市造纸厂与市第一人民医院共同研制成功药物卫生纸,填补了省内此项产品空白。1987年,市造纸厂生产的高级餐巾纸供全国六届人民代表大会使用并获好评。随后确定"熊猫"牌高级花色餐巾纸为北京人民大会堂、国宾馆和国宴等场所生活专用纸。同年7月,"熊猫"牌卫生纸获国家金质奖。9月,市第三造纸厂生产的新产品"海燕"牌卷筒卫生纸首批出口匈牙利。当年市造纸厂生产的熊猫牌生活卫生纸获国家质量金牌奖。1989年,以市第三造纸厂基础,与中国轻工业进出口公司、江苏省轻工业进出口公司(集团)公司共同投资成立的工贸合营连云港市京宁造纸厂,生产出口系列卫生纸989吨,产值257万元。

1990年,工贸合营连云港市京宁造纸厂生产生活用系列高、中、低档卫生纸、皱纹卫生纸等,年产能力3000吨。当年生产1500吨,完成工业产值599万元,实现出口产值126万元,利税43万元。产品内销省内各地,外销匈牙利、捷克和斯洛伐克等国家及香港地区。

1996年,京宁造纸厂因污染严重被关闭。

【文化用纸】 1959年,新浦造纸厂投资8万元试产书写纸、印刷纸成功。当年生产150吨。1961年,年产量至400吨。

1967年,驻连部队投资100万元在新浦临洪闸西首筹建"五七"造纸厂,翌年建成投产。该厂利用圆网1575型、787型造纸机、6.5吨配套锅炉等设备,投产52克凸版纸、28克打字纸等产品,年产能力2000吨。1970年起,不断加大投入,添置先进设备,生产中档书写纸。1984年试产成功的"蔷薇"牌出口书写纸批量生产,获省优质产品称号。销往巴基斯坦等国,并被列为江苏省出口计划产品。1987年,该厂试产成功的静电复印纸、胶版纸产品分别获江苏省新产品"金牛"奖,"蔷薇"牌60克特号书写纸被评为全军优质产品。1990年,该厂固定资产2100万元,职工1124人,年生产能力1万吨,年产纸0.8万吨,主要产品有"蔷薇"牌内外销书写纸,有光纸、静电复印纸、记录原纸、铜板原纸、扑克牌原纸、招贴纸等,产品销往国内12个省,外销巴基斯坦等5国。1991年,该厂因管理不善等原因出现亏损。后经加强管理有所改善。1999年,地方接收该厂,更名"江苏省连云港市金台造纸厂"。2002年,为江苏新大纸业集团兼并。

【工业用纸】 1956年,华伦造纸厂利用当地的麦草为原料,以石灰法手工试产低档包装纸成功,年产近百吨。1958年,新浦造纸厂利用废浆做原料,生产各种规格的包装用纸60余吨。1965年,市造纸厂投资25万元从盐城造纸厂购进一台1575型造纸机,用废纸和麦草作原料投产瓦楞纸。

1973 年,市造纸厂因瓦楞纸销售不畅转产白板纸,年产量 2000 吨。

1979 年,市造纸厂投资 144 万元,完成对白板纸机的技术改造,年产能力增至 4500 吨。产品成品率 84%,合格率 93.45%,吨纸耗浆 1.23 吨。1986 年 9 月,市造纸厂投资 2995 万元,在新浦解放东路丁字路口筹建年产能力为 2 万吨棉浆板厂项目。该厂投资 109 万元,对白板纸机进行第二期技术改造。1989 年,该厂又投资 128 万元对白板纸车间进行第三次技术改造后,年产能力增至 7500 吨。

1991 年,市棉浆板厂投产。1996 年,由韩国甲乙集团买断经营。年生产浆粕、浆板 1000 吨。2005 年,新浦地区纸制品产量 1867 吨,机制纸产量 257 吨。

1954 年新浦地区私营手工纸坊一览表

表 17-8

企业名称	组织形式	职工(数)	地址	开业时间	资本(万元)		代表人	
					固定资本	流动资本	姓名	籍贯
仁和刷纸坊	独资	2	民主路 400 号	1948 年 8 月	346.92	—	吕明道	赣榆县
禄和刷纸坊	独资	2	民主路 405 号	1949 年	570.81	—	谢传禄	赣榆县
铸成刷纸坊	独资	2	民主路 404 号	1949 年	120	18	谢传铸	赣榆县
裕盛制纸坊	独资	5	新海街 17 组	1952 年 3 月	220	85	李俊书	新浦
大生制纸坊	合资	2	新海街 17 组	1952	200	100	李洪升	赣榆县
大华制纸坊	独资	4	新新街凤凰巷 6 号	1954 年 2 月	71	40	李境海	赣榆县
同生制纸坊	独资	—	民族街	1954 年	—	—	黄嵛业	赣榆县

三、服装鞋帽业

【服装】 清末,新浦、南城有多家裁缝铺,以手工缝制衣服。

20 世纪 20 年代初,新浦裁缝铺增多。30 年代,少数店铺开始使用美国圣佳公司制造的 15 型脚踏缝纫机。

新中国成立之初,新浦地区缝纫业仍以手工制作为主。1952 年,市国营贸易部门以加工订货方式扶持私营缝纫店铺。1953 年,13 家私营缝纫铺联合成立新海连市新浦缝纫生产合作组。1956 年,成立新海连市新浦区缝纫合作社。1960 年更名为连云港市新浦被服厂。

20 世纪 60 年代后,缝纫业开始向半机械化生产过渡,有的缝纫店(铺)缝纫机改为电力带动。

20 世纪 70 年代初,新浦被服厂接受省外贸部门出口服装生产任务,使用先进的缝纫设备,实行流水线作业。同期,浦西街道创办童装厂。不久,该厂的绣花车间析出,成立连云港市新浦绣品厂,为区集体企业。80 年代,临洪街道、浦西街道、市东街道先后创办六一服装厂、毛呢服装厂、市东服装厂。1985 年至 1990 年,全区共生产服装 26.5 万件。

1991 年,南极路小学建成南极劳保厂(2004 年更名为连云港市南极劳保用品有限公司)。初期生产劳动保护服装等。后逐步扩大生产范围,从事校服、书包等生产,并形成生产职工服装、防护手套、劳动保护品 3 大系列 40 多个品种。

1994 年,连云港市宜尔杉制衣有限公司在花果山乡建成投产,生产加工西服、风衣、工装、休闲装、衬衫。

2004 年底,宜尔杉制衣有限公司投资 6500 万元,新增年产 80 万套高档服装的生产线,产品获得省优质产品、市名牌产品称号。

2005 年,新浦区纺织服装制造企业共有宜尔杉制衣有限公司、民主服装厂、南极劳保用品有限公司、新东服装厂、通利达服装厂、九龙鞋服厂、嘉惠制衣厂、风采制衣厂、飞达服装厂、教育服装厂等 20 余家。当年,生产服装 32124 套。宜尔衫制衣公司投资 5000 万元扩大生产规模,当年产值达 3600 万元。

【鞋帽】 民国 10 年(1921),新浦第一家制作、经销鞋帽的美丽鞋帽店在老大街(现民主路)开业。随后 10 多年间,美丰、三星、金龙等 3 家鞋帽店相继开业。直至解放前夕,鞋帽工业均为前店后坊式经营。

1952 年,刘少文等 10 名鞋匠每人集资 30 元,创办了个体手工劳动组合体——新浦鞋业生产组。1955 年,易名为新海连市皮革鞋帽生产合作社,社员 70 人。1959 年,新浦皮革鞋帽生产合作社与公私合营制革厂、市福利被服厂合并,成立新海连市皮革制品厂。1962 年初,市皮革制品厂布鞋、布帽车间析出,成立新浦鞋帽厂,隶属市手工业局,时有职工 324 人。1964 年,该厂迁至新浦龙尾东路 15 号。

20 世纪 60 年代中期,鞋帽业逐步走向半机械化作业,效率提高 10 多倍。帽檐、帽口衬料也由纸板改为漆布、人造革和发泡塑料。

1976 年,市鞋帽厂塑料凉鞋试制成功,初步实现产品更新换代。随后,采用注塑机和粘胶工艺制鞋,实现做帮机械化,绱鞋、粘胶模具化。1978 年,该厂设计的轻型皮泡沫布鞋在全国推广统一鞋号成果展览会上被评为优秀设计样品。同期,该厂与国家轻工业部科学研究院联合试制的皮革纤维——聚氯乙烯泡沫鞋底通过省鉴定。

1980 年 5 月,浦西街道通池街居委会兴办华容制帽厂,以生产各式童帽为主,同时生产呢质解放帽、鸭式帽。1990 年,浦西街道兴办新浦工艺鞋厂,有工业缝纫机、裁断机、拷边机、编织机等 130 多台(套),主要生产轻便橡胶男女紧口鞋,橡胶毛巾拖鞋、轻便橡胶便扣童鞋、保暖鞋等,产品销往省内外及山东、安徽等省各地。

1992 年,新浦工艺鞋厂转产。1996 年,华容制帽厂关闭。

2000 年,私营企业九龙鞋服厂在花果山乡花果山南路 61 - 17 号建成开业,有近 20 名员工。主要为山东客商进行鞋产品来料加工。2005 年,该厂产值 30 万元。

四、家具制造业

【木制品】 民国 15 年(1926),当地人刘朝贵以 624 元资本,在建国路(今建国路 72 号)创办慎隆木工厂,从业人员 5 人,主要制作棺材,兼做箱、桌、椅等家具,年营业额 2200 元。民国 17 年,当地人高学贵投资 230 元,在今建国路 104 号创办祥兴太木工厂,从业人员 3 人,主要加工木材兼做桌、箱、床等木器家具。民国 21 年,山东人邹欣然等集资 8000 元,在新民路 17 号创办兴业木厂,经营木材加工,兼做家具,从业人员 8 人,年营业额 3.5 万元。

日军侵占期间,日商垄断木器行业,当地木匠铺仅有 6 家,从业人员 30 余人,多数做棺材和家具,兼做嫁妆、盆、桶之类家具。

解放前夕,新浦 6 户木匠铺均处于停产状态。

新中国建立后,社会对木制家具需求量加大,从事木器家具的私营木匠铺迅速增加。1950 年,城区有40户,从业人员76人;1951年为48户,从业人员89人;1952年为66户,从业人员106人;1953年为64户,从业人员132人。同年,南城木器厂成立,有职工30人,生产普通木质家具。1954年,新浦先后有10家木铺(厂)登记歇业。

合作化时期,新浦7家木业铺合并成立新海连市木业社。1958年,南城木器厂改为农具厂。同年底,市木业社改称新海连市木工厂,为集体企业,并于新浦陇西路54号建成新厂区。

1959年,区属木器生产加工厂成立,有职工31人,主要生产木制家具(到1978年,有职工47人,固定资产10.29万元,产值24.71万元,利润0.95万元)。

1962年5月,在市手工业局组织的第一届全市手工产品展销会上,新浦区参展木制家具等达5700件。

20世纪70年代,南城农具厂改为钢木家具厂,以板式、柜架式钢木家具及钢模配件和出口钢木生产线3条生产线,生产中、高档家具。

1980年,市东街道建立新海沙发木器厂。1984年,浦东街道的新海东方家具厂、沈圩桐木板厂先后建成投产。同年,南城家具厂木工车间开始生产木制家具,取代"三桶一盖"(即水桶、马桶、粪桶与锅盖)老产品。该厂生产的框式家具在淮阴地区同类产品评比中获家具式样第一名、质量第二名。

改革开放后,个体家具生产开始增多。1990年,新浦地区新增加11个家具个体户,从业人员37人。其加工生产的木质家具普遍档次较低。

图17-2 坐落于宁海工贸园的博爱木业有限公司

20世纪90年代起,随着人民生活水平提高,各种名牌中高档木质家具呈畅销势头,新浦地区木质家具生产向中高档发展。1992年,市商业局与加拿大客商合资在新浦成立新时代家具装潢有限公司,租用市冷冻厂厂房(位于华联商厦北面),投入50万美元,生产高档的办公和家用聚氨酯倒膜家具(不久,因经营不善,外商撤资,于1995年关闭)。同期,赣榆人徐德贤买断市家具厂成立合达家具有限公司,从事办公、民用家具生产和人造板设备安装。新浦区引进英国客商独资在临洪村成立意森木制品有限公司,主要生产酒包装盒、画盒、棋盒、茶叶盒等桐木制品等木制工艺品,均是本色产品,有的烤上图案,全部出口。1994年,高立华在沈圩村创办私营企业世华木制品公司,生产同类产品。至2005年,宁海乡海宁工业园内先后建成博爱木业公司、宝林木业公司、捷成家具公司等,有的从俄罗斯进口木材,生产木质、本色的桌、凳、橱、木地板及系列板材、包装盒等6大系列180个品种,出口到美国、日本、韩国及欧盟等国家和地区。行业年产值6000万元。低档木质家具逐渐转由个体小作坊生产。至2005年底,新浦钢木家具厂、振兴木器厂等相继关闭,所剩前进家具厂、永兴木器加工厂等个体作坊仍继续加工制造一些低档次的沙发、床垫、桌、椅等。全区2005年生产生活用木制品产值为3900万元。

【竹藤制品】 民国12年(1923),合兴竹铺在新浦中山路开业。民国15年(1926),德兴竹铺在新浦中山路刘家巷开业。均以手工制造竹器家具、用具。至解放前夕,新浦有15家私人竹匠店,主要生产竹筢子、竹篮子。

1954年,新浦区19家私人竹藤、柳器编造铺(店)组织起来成立新海连市竹藤生产合作社。1959

年，成立新海连市新浦七一编织厂，后分设为荣生综合厂和竹藤工艺社。

1984 年，路南街道成立竹木家具厂。1990 年新浦地区有竹藤、棕草制品业 3 家。

2005 年，新浦地区仅在民主西路 288 号有 1 家私人作坊，生产竹制品和竹梯。

五、印刷业

民国 14 年(1925)，河北人桂树芬到新浦创办宝华印刷局，有 3 号圆盘机 1 台、裁纸机 1 台、打眼机 1 台，四开单台印刷机 3 台，流动资金 9400 元。主要承印表册、信纸等社会杂件。民国 15 年，海属地区《和平报》《大中报》等 6 家报社印刷部先后开业，日印件各 1000 份左右。民国 16 年，《东海日报》《苏报·海州版》的报社印刷部相继开业。民国 20 年(1931)3 月，海州人刘守权在新浦大街开办大华衡记印刷局。民国 21 年(1932)，宝华印刷局更名为新华印刷局。

民国 22 年(1933)春，张汝芳于中山路创办三五印书馆，有 3 台印刷机，承印各种信笺、公文表册、簿本、商标、广告等，业务遍及海属各县(七·七事变后，毁于日机轰炸)。民国 23 年，震东印务馆开业，承印《飞轮》杂志。民国 25 年(1936)2 月，萧县人王鼎臣创办的鼎铭印刷局开业，从业人员 2 人，主要承印社会杂件。民国 28 年(1939)。灌云人徐馨一投资创办新生印刷局，承印社会杂件。民国 33(1944)年春，沭阳人周伯超与本地人戚帮右、戚帮禄先后开办奇铭印刷局、禄记印书局、云集斋印刷局。用石印机承印社会杂件。

民国 34 年(1945)，抗日战争胜利后，《大中报》《苏报·海州版》《连云报》等报社印刷部相继复业，日印报纸 800～1000 张，代印社会图书等杂件。同年，灌云人孙士美、海州人刘守权在新浦中山路先后开办大中华印刷局、大华印刷局，承印社会杂件。民国 35 年(1946)10 月，灌云人徐干臣、赣榆人安子合相继在中山路创办光明印刷局、时代印刷局，从业人员计 13 人，主要承接各类杂件。

民国 37 年(1948)，新浦计有 12 家私营印刷企业，从业人员 47 人，固定资产计 31194 元。后宝文、禄记、云集斋、文美、青年等 5 家因原材料缺乏而关闭歇业。

民国 37 年(1948)11 月 7 日，新浦解放，国民党各报社印刷部关闭或迁走。次月，滨海新华书店接收《海报》报社印刷部，定名为新华书店新浦分店印刷厂。1950 年 5 月，更名为新海印刷厂。1951 年，新浦地区 19 家印刷户入股新海印刷厂，新海印刷厂从业人员达 30 人，股金 1 万元，发展成为全市最大的印刷企业，承印教科书、试卷、簿本、社会印件等。

1959 年，原新浦刻字社、粉笔社、钢笔组、刷纸组合并成立区属新浦文艺印刷厂。1961 年更名为新浦工艺印刷厂。

1979 年，路南街道兴办新浦印刷厂。1980 年至 1997 年，区各街道及各小学校相继开办宏达印刷厂、东方印刷厂、浦西印刷厂、大庆路小学印刷厂等 12 家小印刷厂。

2001 年起，城区集体、个体小印刷厂发展较快，最多时达 40 余家。主要有新南街道的印刷二厂、东方印刷厂、荣鑫彩印厂，浦东街道的宏达公司印刷厂，建宁小学彩印厂，同兴街小学印刷厂、连海路小学印刷厂和私营企业丰竹园印刷厂等。2005 年，新浦区有市民印刷厂、荣鑫彩印厂、红鑫印刷有限公司等 20 余家印刷企业，规模均较小，年产值约 1000 万元。

1954 年新浦私营印刷企业概况表

表 17 - 9

企业名称	组织形式	地址	开业时间	资本(万元)		代表人	
				固定资本	流动资本	姓名	籍贯
新华印刷局	合资	民主路新华巷 17 号	1925 年 2 月	16533	3963	程梓祥	河北冀县
大华衡记印刷局	独资	民主路 498 号	1931 年 3 月	1597	142	刘守权	海州
新生印刷局	独资	民主路 435 号	1939 年 3 月	1651	325	徐馨一	灌云县
奇铭印刷局	独资	民主路 117 号	1944 年 3 月	235	212	周伯超	沭阳县
光明印刷局	独资	民主路 150 号	1946 年 10 月	1035	218	徐干臣	灌云县
华新印刷局	独资	民主路 191 号	1948 年	231	106	庄鑑秋	灌云县
华丰印刷局	独资	民主路 538 号	1950 年 10 月	212	1200	营丰隆	灌云县
文彬印刷局	独资	民主路 500 号	1950 年 10 月	395	100	闻元	灌云县
大兴印刷局	独资	民主路 1578 号	1950 年	100	60	汪国兴	海州
新新印刷局	独资	民主路 161 号	1950 年	885	297	刘静斋	新海连市
宜华印刷局	独资	民主路刘家巷 4 号	1951 年 8 月	110	20	江国锦	海州
大中华印刷局	独资	民主路 521 号	1954 年 10 月	1009	208	孙士美	灌云县

2005 年新浦地区主要印刷企业一览表

表 17 - 10

名称	经营地址	经营面积(平方米)	负责人
康泰印刷厂	康泰南路 29 号	120	李巧霞
连海印刷厂	小学路 28 号	180	王言泉
海恩印刷制版厂	东尚住宅区	205.5	洪曼利
海发印刷厂	康泰路 61 号	200	王海英
天长印刷厂	民主西路 202 路	200	梁开成
常乐印刷厂	解放路西道临洪路 21 号	130	王以兰
丰竹园印刷厂	新浦新新路 80 号	180	唐殿芬
南极印刷厂	培智学校院内	250	王中余
荣鑫彩色印刷厂	朝阳中路 78 号	200	杨权荣
连云港市港联不干胶印刷厂	幸福路矿山院西大门北	150	盛宝乐
通达印刷厂	建国路 176 号	210	孙红中
南城三和彩色印刷厂	南城大兴巷 7 号院内	160	孙秀娟
光明印刷厂	警校路 1 号院内	—	郑德荣
宝泰印刷有限公司	民主中路 58 号	110	周正洋
新艺印刷厂	南城镇北门外	1000	郭庚标

六、包装业

【编织类包装品】　解放前，新浦有多家私人从事草袋（又名草包）、草帘、草绳等编织类包装品加工。直至解放初，仍有不少人家以制作草类编织物为生。

1951年9月，居民王有功等在建国路57号开办有记草包厂，专门生产草包。同年，居民王翠兰等在民主路59号开办的德昌草绳厂、钱光耀等在中华巷9号开办的民主草绳厂、陈林（女）等在通灌路218号开办的巨川草绳厂先后投产，均以手工制作草绳、草包。1953年，新浦又先后成立闻记绳店（民主路307号）、杨德山草绳厂（通灌路33号）、龙尾口绳厂（通灌路46号）和恒生草绳厂（通灌路进安巷3号）。次年3月，山东荣成人慕思贤等人合资，以4台草绳机、2台草包机，在新浦通灌路进安巷7号兴办建新草绳厂，生产草绳、草包。同年6月，民政部门组织烈军属生产自救，在通灌路29号兴办烈军属草绳厂，生产草绳、草袋，时有工人102人。1955年，新浦区制绳生产合作社成立。翌年4月，区属新浦麻袋厂在通灌路42号建立。1958年，江苏省手工业局投资125万元，在新浦海连西路4号兴建年产150万条麻袋的地方国营新海连麻纺织厂。同年，新浦麻袋厂并入市麻纺厂。时有职工503人。1959年3月建成投产，当年生产麻袋20.4万条，生产麻袋一般用于盐类包装。1965年，开始生产出口麻袋。当年生产麻袋18万余条。

1970年，新浦有大庆中路的草绳厂、新新路的市制绳厂、民主东路的口绳厂、双池街的新浦口绳厂4家制绳企业分别生产各种规格的草绳、草包，用于手工业产品的包装。1976年，市蔴纺织厂新上化纤袋生产线。1983年，停产。

1997年，区六一服装厂转产化纤袋，年产100万条。2001年停产。此后，新浦区无编织类包装制品企业。

【纸质包装品】　民国初年至20世纪20年代后期，纸质包装加工业兴起于各食品杂货店和家庭卷烟作坊。

20世纪50年代初，陇东火柴厂的火柴盒加工，分散在城区居民家中，均为手工作业。

1957年7月，在解放路东首成立的新浦福利化妆品生产社（后改名为新浦社会福利化妆制品厂），除生产化妆品外，还兼营对外加工纸盒、药盒。

1964年10月，新浦被服厂成立纸盒车间，初期生产纸袋、纸盒自用，后又生产纸箱，部分产品外销。1968年，在该车间基础上成立新浦纸箱厂，为区属企业。开始批量生产、经营纸箱产品，时为全市唯一一家纸质包装品专业厂家。年生产纸盒1500只、纸箱3000只（1978年上交二轻局，更名市包装厂）。

1974年8月，南云台林场纸箱厂在南城镇北门外建成投产，设5个车间，有工人50人。该厂用瓦楞机、装订机等设备，生产瓦楞纸、纸箱、纸盒等产品，当年产值30万元。后该厂逐年增添设备、扩大厂房规模。20世纪80年代中期工人多达300余人，年产值达250万元。1990年，该厂占地面积3万平方米。建筑面积0.3万平方米，固定资产40万元，职工146人。年生产能力100万平方米。当年完成工业产值101万元，实现利税10万元。产品主要销省内淮阴、连云港市等30多个企业（1992年，工厂被个人承包，1999年倒闭）。

1982年，新浦区人民防空办公室兴办人防纸盒厂，职工230人，对外加工各种规格的纸盒。

20世纪80年代末，东风街居委会依托天晴制药厂，生产药品包装盒、箱和瓶盖；临洪村依托涤纶厂，在大庆西路兴办新浦纸管厂，为涤纶厂生产各种型号的纸管。时有职工120人。到1990年，新浦纸管厂有职工70人，年总产值218.5万元。市包装厂有职工243人，年总产值21万元。

2000年以后，市场对包装纸和纸箱需求量锐减，区内各纸质包装品加工企业逐步萎缩至关闭。至2005年底，域内纸箱生产企业均退出市场。

【木质包装品】 清末，新浦、南城等地已有木匠铺、箍桶匠等制作木箱、木桶、木盆、洗澡桶、水桶、马桶等。

民国时期，新浦慎隆、祥兴太等家木工厂生产包括木箱、木桶等木质包装品。

新中国成立之初，仍有数家木匠铺生产箱、柜、桶之类器具。

20世纪50年代，木业生产合作社生产的木质家具中，箱、柜、桶约占半数，工艺较讲究。

20世纪70年代，塑料包装制品兴起，逐渐取代木质包装用品。

20世纪90年代起至2005年，海宁工业园内意森木制品公司、世华木制品公司、博爱木业公司、宝林木业公司，均开始生产高档次的木质烟、酒、茶及书画、棋等包装盒，出口日本、韩国、及欧美等国，年供货值达2000万元。

2005年，新浦区宝林木业、博爱木业、意森包装制品、捷成家具和世华木制品等5家企业生产的6大系列近200个品种的木质包装品及家具，均具有环保型特色。90%以上产品出口到日本、韩国及欧盟等。年总产值达6000万元。

【金属包装品】 清末和民国期间，新浦、南城等地有私人的铁匠铺制作铁桶、铁壶等简易金属包装制品。

新中国成立之初，新浦、南城地区仍有个体白铁匠生产白铁桶、白铁壶和马口铁水桶。有的还根据需要定制不同包装用品。

1956年，新浦10多名个体白铁匠联合成立新浦白铁生产合作社，生产水桶、油桶、吊桶、水壶、洒水壶等金属包装制品。1959～1961年，国家经济困难时期，金属包装制品业基本停产。

1962年4月，新浦菜市街、建国街、路北街等修车门市部合作成立新浦第二车辆修理合作社（社址在海丰巷）。1969年，该社更名为新浦金属容器厂，开始生产农用储运罐等。1971年，该厂迁至幸福路5号新厂区，厂房面积2520平方米。1971～1976年，共生产工业锅炉107台，116.7蒸吨。1977年，该厂更名为连云港市锅炉容器厂。同年，自制400吨水压机1台，生产K型快装和SZP1.24吨水管抛煤机锅炉，SZC1吨水管锅炉、IZG0.5吨立式锅炉等。年产量37台，50.4蒸吨（1978年11月，该厂划归市机械工业局）。

1972年，新浦白铁生产合作社更名为新浦白铁制品厂。1974年，引进先进技术和设备，先后开发生产200升开口、闭口钢桶及保险柜等产品（1978年11月，划归市二轻局）。

1982年，临洪村兴办钢具厂，生产保险箱。次年，路南街道创办厂生产保险箱、保险柜，年产量300只。至1992年，两厂均停止生产金属保险箱。

1996年，港雁通讯电器设备厂开始生产镀锌铁皮和不锈钢两种金属信报箱。产品获得省邮电局生产定型鉴定书。在市区住宅小区推广使用，为市定点生产企业。2005年，该厂此项产品产值达1000余万元。

2000年，路南街道投资30多万在解放东路一家旧厂房内建立恒成印铁制罐厂，当年投产。生产磷化铝罐，产品除供港城有关厂家，还销往四川等省。2001年产值80多万元。

2005年，新浦区沈大型材厂，万福机械、开力专用设备、新浦电器开关厂、港雁电器设备厂、恒成印铁制罐厂等企业,加大技改投入和新产品开发,所产高低压开关柜、电缆交接箱、磷化铝罐等金属包装品,市场行情较好。

【塑料包装品】 新浦地区塑料包装用品加工业兴起于20世纪70年代后期,1978年,位于盐河南路134号的市塑料四厂,开始生产塑料编织袋。同年,位于建国路的市塑料厂生产聚丙烯打包带。

1980年,市新浦化纤纺织厂生产化肥包装用的塑料编织袋。1983年,新浦橡塑厂生产打包带147吨。1985年,位于通灌路189号的路南街道兴办的市塑料十二厂投资30万元,购置7台成型机、1台发泡机、两台空压机,开始生产聚苯乙烯包装材料泡沫板,该产品获市优秀包装产品奖。1989年,生产打包带65吨。同年,新浦塑料建材厂开发生产25公斤包装桶和储粮桶。1990年,市塑料十二厂生产打包带27.6吨,硬发泡包装材料20.9吨。当年产值74万元,利税3.5万元,时有工人22人。同年,新浦区文教局主管的新浦塑料包装厂生产PE袋25吨,年产值28.6万元,利税4.5万元。路南街道兴办的新浦利民塑料厂(位于青海街恒茂巷),生产塑料瓶盖60吨,产值74万元,利税9万元;云台农场开办的连云港市云台塑料厂(时有工人251人),生产编织袋251万条、217吨,年产值428万元;云台农场开办的云台弹力丝厂,生产收缩管51吨,年产值69万元,时有工人25人。

20世纪90年代起,市加大环境保护力度,城区塑料制品厂陆续停产或转产。

2005年,新浦区生产的塑料包装品主要有宏大塑料厂生产的塑料集装袋、嘻尔登包装公司的真空包装袋等,年产值近2000万元。

七、衡器业

民国19年(1930),当地人高玉祥在新浦中山路开办高玉祥秤店,先后收徒7人,从事木杆盘秤制作、修配。民国23年(1934),河南滑县人罗永合在新浦中山路开设罗源顺秤店。民国31年(1942),曹守元秤店、锦江秤店、永兴秤店相继开业。

解放初期,史学金的复兴秤店、蒋富斗的乙记秤店(1953年改名永大杆秤店)相继开业。至1951年,新浦有10多家秤店,从业人员14人,共有资金504万元,年产值达到5090万元。

1956年2月,9家私人秤店合营成立新浦杆秤合作组。到1958年,年产秤称3600支,产值1.44万元。1959年3月,原新浦五金工具厂、新浦车辆社、新浦杆秤合作组合并为新海连市五金工具厂,原杆秤合作组为该厂的一个车间。1963年5月,杆秤车间从五金工具厂分出,成立新浦杆秤合作社,有职工23人,隶属区工业科。至1964年9月产值3.6万元,利税0.5万元。1964年10月至1975年1月,新浦杆秤合作社、新浦木器厂与新浦铁业社合并,成立新浦通用机械厂,新浦杆秤合作社为新浦通用机械厂衡器修配车间,时有职工244名,年均产值3.7万元,利税0.6万元。

1976年2月,衡器修配车间从通用机械厂分出,成立新浦衡器修配厂,隶属区工业科。该厂实行独立核算,自负盈亏,当年实现产值10.5万元。1978年,新浦衡器修配厂归市二轻局管理。企业技术业务隶属市计量标准局。1979年春,浦东街道在民主路181号开办浦中衡器社,时有职工10余人。

1984年,新浦衡器修配厂年产杆秤5275支,完成工业总产值17.10万元。销售收入16.20万元,利润0.70万元,税金0.60万元。

1988年,新浦衡器修配厂完成杆称4806支,完成工业总产值21.5万元,实现销售收入27.90万元,利税总额6.2万元,利润4.7万元;其中销售收入、利税总额均创历史最好水平。1990年,新浦衡器修配厂固定资产原值4万元,职工38人,占地面积1523平方米,建筑面积1033平方米。主要设备有砂轮、电钻等6台(套),年生产能力4500支(台),当年完成杆秤3162支(台),实现产值23万元,销售收入16.8万元,利润2.7万元。产品有3类10个品种,产品主要销往山东、安徽等邻省及苏北地区。同年初,浦中衡器社自行解散。原衡器社工人张君沿用浦中衡器社名称,开办个体杆秤店。

1994年10月,市轻工业发展总公司兼并市衡器修配厂。1995年,永大杆秤店关闭。该店职工章兵在原店址(民主中路199号)以原名开办个体衡器店,制作杆秤。不久,章兵的永大商店改为第三衡器店,继续制作杆秤。

1996年8月12日,市轻工业公司终止兼并市衡器修配厂,恢复市衡器修配厂原法人单位。

1999年,连云港市衡器修配厂开始改制。次年,该厂职工蒋富生等人合伙买断,成为民营企业。其间工厂仅有工人20多人,离退休职工20人。2003年,该厂正式停产关闭。

八、制镜业

民国28年(1939),淮安人许寿炳在新浦海昌巷开办“中孚徽章店”,兼制作镜子。民国33年(1944),在中山路开业的聚兴银楼也兼制镜子。

1952年2月,山东人李洪九投资1078元在新浦前河路39号开设大丰制镜店、灌云人郭士华在民主路508号开办三宝徽章厂,兼制镜子。1954年10月,海州人朱焕锦与人合资,在新浦民主路471号创办万丰制镜厂。同期,云台人胡希仲在民主路197号开办的光明制镜店开业。私人制镜店均采用冷镀工艺,以生产各种民用镜为主。原料来源于上海、青岛,产品销往海属城乡。

1956年,私营制镜店全部加入新浦五金合作社,其中20名私营业主及制镜技工集资组成制镜组,生产民用贴边镜,投放市场。工艺落后,管理不善,生产不正常。1959年,五金合作社的制镜组划入新浦白铁生产合作社。新浦白铁合作社添置设备,制镜工艺由冷镀改为热镀。制镜业一度发展较快。

20世纪70年代,在市工业部门的支持下,新浦白铁生产合作社投资20万元,添置真空镀膜机、前后处理等设备,以镀铝工艺代替镀银工艺,民用镜由年产3万只增到30万只。1980年,新浦白铁生产合作社更名为新浦白铁制品厂,1982年,增挂连云港市制镜厂厂牌。当年,主要生产贴边境、荷花镜以及喷花、磨花、印花等式样的品种镜,年产值24万元,是1980年单一产品产值的3.43倍,企业略有盈利。1983年,该厂生产的礼品镜在省“名、新、优”产品展评会上获“四新”奖。1987年,产品由市百货站统一经销。1987年后,该厂改为自主经营。到1990年上半年,由于制镜产品品种少,缺乏市场竞争力,生产产品库存量加大,影响企业资金周转而停产。

20世纪80年代初,新浦人、个体户邱守柱经营的永康玻璃庄在民主路开业。路南街道所属的集体企业新浦宝光制镜厂在向阳路23号开业。新浦宝光制镜厂时有职工217人,采用真空镀膜工艺,选用一级精优质浮法玻璃,精制各式镜面,一面两平方米的镜面经制作雕刻人鸟花卉立体图案,配以色彩后,销售价格高达1.5万元左右。该厂以镀铝制镜为主,兼营玻璃镀膜、钻孔、喷毛及玻璃镜面做字、制作玻璃家具等业务。镜面最大加工规格为8平方米。产品主要销往皖北、鲁南及本省各地。1990年完成工业产值13.3万元,实现利税1.7万元。固定资产原值8.3万元,有渡镜生产流水线一条,锅炉1台及其他辅助设备。当年,新浦宝光制镜厂兼并新浦灯具厂后,效益下降。2002年,新浦宝光制镜厂因拆迁而停办。

九、卷烟业

20世纪30年代,家庭作坊式卷烟兴起,木机手工操作。生产规模不大,少的一两挂卷烟车,多的10

多挂卷烟车。烟牌自定,均为纸包装。30 年代末,私人卷烟户达 300 余家,成立卷烟业同业公会,会址设在西天池边。

20 世纪 40 年代,私人卷烟户 200 余家。先后生产“平安牌”“牧童牌”“大力士牌”“进宝牌”“天坛牌”“大花鸟牌”等近千个品牌。

新浦卷烟业所用烟叶来源于山东的益都、临朐一带,卷烟用纸,盘纸来于上海,一般卷烟纸来源于河南开封一带。卷烟主要销于本地。

至解放前夕,私人卷烟户所剩无几。

图 17-3 20 世纪 40 年代中期新浦泰德记烟社生产的大花鸟香烟烟标

十、制皂业

清末,新浦已有制胰作坊,工艺简单,产品易干裂。

20 世纪 30 年代初,南城人武祥鹭在新浦创办大同皂厂,生产连云皂和蓝花皂,畅销乡里,日军侵占新浦后停业。

图 17-4 20 世纪 30 年代初新浦大同皂厂连云皂包装箱

民国 33 年(1944),山东人刘维海、陈伯先合资在新浦敬贤巷 10 号开办三合肥皂厂,有 13 名员工,手工操作,日产肥皂 8 箱(每箱 10 打,每打 12 块)。年营业额为 5.68 万元。次年,三合肥皂厂试产香皂(时称“化妆皂”)成功。年底,山东人刘毓康任经理的永祥肥皂厂在市化街 12 号开业,投资 5.62 万元,招收 7 名员工,手工操作,日产肥皂 4 箱,年营业额 1.8 万元。民国 37 年(1948)夏秋,三合、永祥两家肥皂厂相继停产。

解放后,在人民政府的扶持下,三合、永祥两家肥皂厂相继复业。

1953 年 4 月,三合、永祥合股成立三合漂染肥皂厂,21 名员工,所有设备集中在三合厂内。主要经营布匹漂染,兼制肥皂、香皂。同年 6 月,因市区道路扩宽迁至菜市南路 12 号,占地 1221 平方米,建厂房 142.5 平方米,全部资金 3.57 万元。当年产肥皂 1.2 万箱,香皂 0.17 万箱,年产值 21.76 万元。1954 年上半年,新浦漂染肥皂厂因库存积压而停产。各私股抽出,工厂关闭。

1957 年底,政府拨款 1.5 万元,在民主路 8 号成立市属全民所有制企业新浦肥皂厂,生产“黄海牌”新型肥皂。1962 年因原料供应不足,产品销路不畅而闭。

1982 年,市日用品化工厂与中国林业科学院林业化工研究所合作,在新浦研制松针香皂成功。次年初正式投产,当年生产松针香皂 46.79 万块,销 33.9 万块,亏损近万元。同年底松针香皂获省四新产品一等奖。1987 年产销两旺,年产 509.34 万块,销 34 万块,当年获利 2 万元。1988 年,因库存量太大,占用资金过多,影响其他产品生产而导致停产,于 20 世纪 90 年代关闭。

十一、制锅业

民国10年(1921),河北人高华龙在新浦开办晋兴锅厂。此后,罗氏兄弟分别在西巄里、外各办锅厂1家。张静轩与马级三合办的义隆锅厂、贾连福的同太锅厂、周凤鸣的德记锅厂及周、唐、龚3家合股的三合锅厂等相继开业。多为手工操作,工艺落后,年产铁锅5万~7万口。产品主销赣榆、东海、新沂、沭阳等县。

20世纪30年代后期至40年代中期,由于日军入侵,市场萧条,制锅业处于半停产状态。抗战胜利前夕,各锅厂基本停产。

解放前夕,新浦有晋兴锅厂、义隆锅厂等8家制锅厂。

解放后,义隆等几家锅厂先后恢复生产,并在设备、工艺上进行改进,铁锅产量、质量有所提高,由原来白口铁锅改产灰口铁锅,锅烧红后加水不炸裂,深受群众欢迎,被誉为"保险锅"。年产量10万口。1955年,义隆锅厂生产铁锅1.42万口,产值2.7万元,盈利近3000元。1956年1月下旬,宝兴、新昌、立新、义记4家铁工厂与义隆、三合两家制锅厂及艺联修配厂、4家铁匠铺联合,成立公私合营新浦铁工厂,工厂设3个车间,集中管理,分散生产,从业人员52人,当年产铁锅7.34万口。1958年4月,制锅生产因"大炼钢铁",原料紧缺而停产。同月,该厂更名为新海连市通用机械制造厂。1959年3月,更名为新海连机床厂。同年9月,制锅业人员及相关设备从机床厂划出,成立新浦制锅厂,恢复铁锅生产。该厂对工艺实行改进,化铁出炉时间由原来30分钟缩短到20分钟;并改用锰铁矿石作原料,产品正品率上升到95%。

20世纪60年代后期起,新浦各街道工业企业中出现制锅行业。新海街道的新海五金厂(市造纸厂东首)和浦西街道的西桥街街办小五金厂(民主桥东首)均从事翻砂倒铸铝锅生产。铝锅大小尺寸不一,大多为客户来料加工或以料换锅的方法生产铝锅。品种主要有平锅、平底烧饭锅及圆底锅。因此种铝锅壁厚废火,加之市场上电饭煲、不干锅、微波炉等先进锅具不断出现,到20世纪80年代后期铸制铝锅生产渐停产。

至2005年底,市面上只有极少个体户流动于街头从事翻砂铸造铝锅、铝壶业务。

十二、工艺品制作业

【首饰加工】 民国10年(1921),新浦第一家银楼——三宝银楼在老大街(今民主路508号)开业。专营金银镶嵌珠宝和簪、钗、戒指、项链等金银首饰加工制作。20世纪30年代初,新浦银楼业进入兴盛时期,海州人潘守业创办的"永华银楼"、海州人纪严昌兄弟开办的"德华银楼"、海州人朱桂荣父子开办的"荣华银楼"等相继在大街开业。一般规模不大,多为兄弟、父子自己干,最多雇请1名客师,或带1~2名徒弟。规模较大的为浙江人印付仁在中大街(今民主中路)西首开设的宝成银楼,店堂内外富丽堂皇,两扇玻璃大门上均刻有镏金字"浙江宝成银楼",玻璃柜台内摆列的金银首饰品种繁多,琳琅满目。有的银楼还兼营徽章制作。民国24年(1935),国民政府改革币制,白银归国有,新浦银楼首饰工艺品加工因原料困难,受到很大影响。

日军侵占新浦期间,日商大办洋行,银楼业未有发展。直到抗战胜利前夕,始有淮安人陈伯和到新浦开设"天和银楼"、淮安人许寿炳、许寿辰来新浦分别开办"中孚银楼""义成银楼",灌云人王德立在新浦中大街开办聚兴银楼。

抗战胜利后,灌云等地银匠铺纷纷迁来新浦租房经营,并一律冠以"银楼"招牌。一时间,新浦大街王巷向东至东艞头半条街就有老天宝银楼、金城银楼、天森银楼、严兴银楼、兴和银楼、三宝银楼等近20家银楼。至解放前夕,新浦计有大小银楼21家。

民国38年(1949)6月,新海连特区政府根据《华东区金银管理暂行办法》,打击金银黑市买卖,私人不得经营金银楼,个体银楼业主全部改行。

20世纪50年代后,民间出现银匠铺,专为顾客加工银首饰。

1983年,国家撤销黄金买卖的禁令,一批浙江个体金银玉器饰品加工户进入新浦,开设金银首饰加工店。同时,东海县水晶打入新浦市场,出现多家水晶饰品商场,多以经营成品为主,兼做加工业务。

20世纪90年代后,水晶制品加工门点集中于通灌北路、海昌路、市化路等多处路段,并有部分个体户开始经营金银首饰来料加工。1998年起,新浦地区从事水晶工艺品销售和加工的企业逐渐增多,至2005年底,新浦城区计有41家。

【竹编】 民国12年(1923)8月,南城人关福芝投资50万元(法币)在新浦开办合兴竹铺,生产竹编制品。

1949~1954年,新浦有私营竹铺16家。1954年4月,在新浦民主路84号开办的烈军属竹藤厂,时有职工52人,资本6100元。主要生产各类竹藤日用品。同年11月,市劳动局将新浦14名竹藤艺人组织起来,成立新浦竹藤生产合作组。加工制作蒸笼系列、菜篮、竹笆、儿童竹车、竹椅、竹扁担、竹纸篓、竹床、竹碗橱、鱼篓等50多种竹编制品,产品销往东海、灌云、沭阳、临沭、日照等地。翌年8月,新浦烈军属竹藤厂并入新浦竹藤生产合作组,年底有职工24人。1957年,新浦鑫隆等19家私营竹柳铺并入新浦竹藤生产合作组,成立新海连市新浦竹藤生产合作社(简称新浦竹藤社)。1958年底,烈军属竹藤厂并入新浦竹藤社。次年初,新浦竹藤社更名为新海连市新浦石粉厂,竹藤编织为其一个生产车间。

1962年,新浦石粉厂竹藤编织车间析出,成立连云港市新浦竹藤厂,时有职工80人。

1973年4月,新浦竹藤厂派王建林等5人去浙江嵊县和江西上饶华塘山竹编工艺厂学习竹编工艺。7月,新浦竹藤厂生产的花瓶、花篮、水果盘等竹编工艺品问世,开创了连云港市竹编工艺品生产先河。8月,该厂自筹资金5万元,建造车间600平方米。1974年4月,新浦竹藤厂从浙江东阳县竹编工艺厂请进技术人员作技术指导,并设立竹编工艺车间,抽6人组成打样组。生产了"西游记"人物造型及鸡、鸭、虾、乌龟、孔雀等动物造型和花篮、花瓶、笔筒、水果盘、吊篮等摆件,梳妆台、书橱等家具4大系列70多个品种。同年7月,新浦竹藤厂更名为连云港市竹藤工艺厂。1978年,该厂自筹资金11万元,建造车间800平方米,开发鸟笼新产品。1980年初,市竹藤工艺厂开始工艺品批量生产,至年底,该厂完成竹编工艺品0.8万件,产值3~8万元,利润0.8万元。

1981年6月30日,市竹藤工艺厂从二轻局划归市民政局领导。年底,该厂完成竹编工艺品0.7万件,产值8.4万元,利润2.03万元。翌年8月,市竹藤工艺厂生产的工艺品开始出口到法国、日本、美国。1983年,市竹藤工艺厂生产的产品内销不旺,外销不畅,年底外贸收购值仅0.47万元。1984年,该厂因生产竹藤工艺品亏损1.9万元,转产裸铜线,竹编工艺品企业在新浦消失。

【刺绣】 至20世纪60年代中期,新浦只有刺绣加工作坊,手工绣制小孩穿的"老虎头"花鞋、新娘穿的"绣花鞋"、绣花手帕和绣花胸衣、枕套等刺绣品。

1966年11月,新浦区副业办公室组织民间20多名会刺绣的人,建立新浦绣花组,生产刺绣枕套、帐沿、门帘、罩衣、围裙和绣花儿童服装等。

1973年3月1日，在新浦绣花组基础上成立新浦绣品厂（位于海丰巷3号），占地1527平方米，建筑面积220平方米。有职工88人，家用缝纫机21台、工业缝纫机40台。7月，该厂派人去无锡中华绣品厂学习机绣品的打样和缝纫技术。同年10月，设计出“咏梅”帐沿。1974年1月，新浦绣品厂在灌云县陡沟、穆圩和市郊新坝、锦屏磷矿等地设立10多个加工点，厂外加工人员250多人。同年7月，该厂派3人去苏州绣品厂学习机绣工艺的设计和打样，机绣工艺品图案、造型、针法、色彩等都取得突破，在针法上从原来的长针、打籽、跳针发展到云针、拉丝、水萍针等10多种技法。1977年初，新浦绣品厂开展贴布、贴缎、贴毛巾等贴补工艺。12月，市外贸公司安排该厂加工出口绣花童装9万件，实现产值49.39万元，利润5.05万元。1978年10月，该厂黄祖光设计的枕套、帐沿等机绣品，在镇江举办的全国旅游工艺品订货会上成交1.7万对。次月，该厂上交市二轻局管理。1980年5月，新浦绣品厂与市外贸公司联系，加工出口机绣工艺服装。

1983年初，新浦绣品厂全部转入出口服装生产。6月，该厂划归市工艺美术公司领导。1984年9月12日，更名为连云港市绣品厂。1985年1月，市绣品厂新建车间竣工。购置中速平缝机108台和其他专用设备32台，从香港引进214A自动折景机、215A提花折景机各1台，从日本引进三针五线机5台、四针机2台、平头锁眼机1台，提高了机械化程度。

1989年，因国际行情变化，市绣品厂开始出现亏损。1990年，年产值181万元。1991~1992年，该厂生产经营不景气。至1993年底，亏损76.72万元。1994年，该厂被市百货大楼兼并。

十三、太阳能（新能源）热水器制造业

1993年，连云港市三金水利机械公司在新浦区临洪闸东首南侧成立，后更名为江苏三金太阳能有限公司，创立“三金太阳能”品牌。开创了连云港市生产真空集热管的历史，也为连云港市第一家具备生产太阳能整机技术的企业，主导产品以太阳能热水器、太阳能路灯为主。三金太阳能产品畅销国内20多个省市，并出口南美等国。先后曾被评为“中国驰名品牌”“江苏省名优产品”“江苏省消协推荐产品”“连云港市质量信得过产品”。该公司不仅生产传统的单体机，还针对市场高品位、高科技的需求新研制了阳台壁挂、平板式太阳能等一系列高端产品，更有为农村用户特别研制的人性化产品——除垢太阳能、冬季可以洗澡的太阳能以及光电结合的太阳能。可以清楚地看到水位和水温，方便各类消费者选用。

2000年7月，连云港市腾浪太阳能热水器有限公司在宁海乡武圩村成立，员工40人。企业在全国太阳能行业中率先全面通过ISO9001:2000国际质量体系认证。公司主产品“辉泓—世纪风”和“腾浪”系列太阳热水器采用国内最新技术、最新工艺，产品结构新颖、性能卓越、质量一流。先后获得“2000年全国第十二届新技术新产品博览会金奖”“2002年华东优秀科技产品奖”“2002年全国江苏家电市场（太阳能热水器类）推荐品牌”，首批获得“2002年江苏省产品采用国际标准、国外先进标准验收合格证”。2005年营业额5000万元。

2001年，连云港四季沐歌太阳能热水器有限公司在宁海工业园成立，生产“四季沐歌”品牌太阳能热水器。

2002年，连云港杨廷柱太阳能有限公司在新浦成立，时有员工76人、厂房（租用）3000平方米。当年生产太阳能热水器1.1万台，产值1700万元，利税160万元。2005年，该公司生产太阳能热水器8万台，产值1100万元，利税95万元。

图 17－5　太阳雨太阳能有限公司生产车间一角

2004 年,连云港市太阳雨热水器制造公司由东辛农场搬迁到宁海工业园,厂区占地面积 80000 余平方米。生产实现机械化、模具化,全玻璃真空管年生产能力 400 万支,太阳能热水器年生产能力 30 万台(套)。企业产品销售网络覆盖全国,综合实力跨入全国同行业五强,成为“中国名牌”“国家免检”产品,通过了 ISO9001、ISO4001、“3C”、欧洲 CE 认证,韩国国家认证,产品出口到欧盟、亚洲的 20 多个国家。

2005 年,太阳雨热水器制造公司已拥有 20 多项自主知识产权,年生产能力 30 万台(套),全玻璃真空管年生产能力 400 万支,总产值 1.6 亿元,出口交货值 4000 万元。

第二节　食品饮料加工业

一、粮油加工业

【粮食加工】 新浦、南城等地自古就有私人开办磨坊(俗称“面磨坊”),以牲畜为动力,用石磨、石碾磨制小麦面和各种杂粮面出售或为市民磨面,收取加工费。

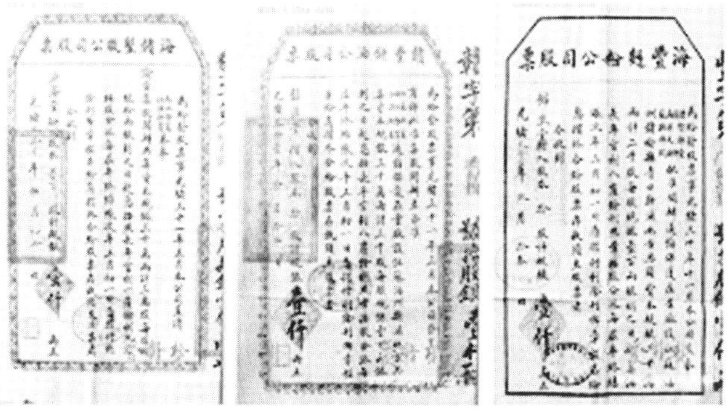

图 17－6　海丰面粉公司、赣丰饼油公司发行的股票

光绪三十年(1904),赣榆人许鼎霖、许鼎馨通过发行股票集资白银 20 万两,在新浦创办海丰面粉公司。该公司有职工 200 多人。建有三层楼的生产车间,安装美制复式钢磨 15 台,锅炉蒸汽引擎传动,利用机械磨面,时称“洋磨坊”。该厂年生产能力 70 万袋(每袋 22 公斤),实际年生产 60 万袋,价值 142 万元(银元),面粉商标为“双狮球”。产品除在当地及邻县销售外,远销河南、山东等地。其原料多来自灌云、沭阳、赣榆等地。民国 22 年(1933),该公司因引火灾而倒闭。

民国 31 年(1942),万昌恒记面粉厂在中山路福利昌巷开业;次年,胜利面粉厂在西髋外灌青路 20 号开业。民国 31 ~ 34 年(1942 ~ 1945),日军侵占时期,新浦先后有小机电面粉厂 9 家,计有钢磨 29 台(10 ~ 20 寸)、石磨 9 台、电动机 7 台 96 千瓦、柴油机 5 台 85 千瓦。面粉厂多为私人经营,雇用技工和伙计 1 ~ 2 人,购麦制粉,自产自销。

解放前夕,新浦有面磨坊 100 余家。

1952年,城区新浦私人面磨坊发展至197家,共有资本金5875万元(北海币)。

1953年,粮食统购统销后,民间面磨坊大部分停业。人民政府对贫困的军烈属因经营无法而转业的磨坊,或磨坊停业后无法生活的独立劳动者,予以支持,省核定新海连市每年拨出100吨小麦让其加工,以维持生计。并规定每加工小麦50公斤交粉42公斤,付加工费1元;玉米50公斤交玉米粉48~49公斤,加工费0.80元。随着海州面粉厂和城乡其他机器制粉业的兴起,面磨坊业逐步淘汰。

改革开放后,市场上出现少数个体粮食加工户,用机器为市民加工一些杂粮,方便群众食用需要。

【榨油】 光绪二十六年(1900),海州人沈云沛在新浦开办甡泰油坊,用半机械化方式加工豆油。光绪三十二年(1906),赣榆人许鼎霖发行股票筹措资金,在新浦天后宫南(现汇金广场处)开办赣丰饼油公司。

民国5年(1916),山东人杨寿山在新浦开设公和昌油坊,从业人员200余人,有22千瓦电动机1台,14.7千瓦柴油机1台,铁榨48台。民国18年(1929)至20年(1931),新浦有7家油坊,资产30000元,工人总数199人,产油13500担,价值202500元,产油饼135000担,价值540000元,总产值742500元。民国34年(1945),新浦10家油坊,有铁榨377台,柴油机13台159千瓦,电动机1台22千瓦。

日本投降后,国民政府接收敌伪公和昌油坊,因其经理犯有汉奸罪,油坊被没收,租给建国盐号经营,更名为利民油坊;亚兴油坊属敌产,转租给陈振之等3人经营,更名为玉和油坊;日商永顺洋行办的永顺油坊被没收,设备折卖,厂房作新民镇小学教室。属于民族资本的益昌、仁丰等油坊维持生产;同和油坊由资方自行拆迁去河南省信阳县;其他油坊则转业或倒歇。

解放后,新海连特区行政专员公署实业科接管利民、玉和两油坊。利民油坊成为地方国营新海油厂,于民国38年(1949)4月1日恢复生产;仁丰油坊于1951年与淮北盐务局合资经营,更名为淮丰油坊。1952年,新浦有榨油行业26户,从业人员122人。中国人民解放军接办隆和油坊,改名为新中油厂;市供销联合社的加工油厂,在1953年前分期并入新海油厂。

1955年,新海油厂共设5个分厂,拥有红车2台、人力榨、铁榨计162部,职工总数达492人,年产值799万元,年创利12万元。生产经营以代国家加工为主。1953~1958年,贯彻产地加工、调整布局的方针,新海油厂实施"迁、停、并、转":1953年,四分厂改建新海玻璃厂;三分厂于1958年全部迁往东海建立东海县植物油厂;二分厂于1958年转产建成绝缘材料厂。益昌油厂1955年转建为红旗化工厂。淮丰油厂于1958年改建成棉织厂。后新海油厂搬迁到海州继续生产。

二、糕点糖果加工业

民国初年,新浦糕点糖果由零星分散作坊生产,品种多为老糖、花生糖、芝麻糖一类。茶食糕点有条酥、鸡蛋糕、月饼、马蹄酥、红糖果、白糖果、小麻饼、桂片糕、富荣果(俗称"大头果")等传统食品。

民国18年(1929),山东人金范吾集股1.5万大洋,在新浦大街创办稻香村食品店,年产传统茶食糕点30多吨。民国22年(1933),山东黄县人孟繁清在新浦大街创办德康食品店,每日自产自销糕点百余斤。至20世纪30年代中期,新浦已有稻香村、福泰永、德康、恒信、翠泰等10余家较大的杂货食品店,从业人员100余人,年产糕点150吨左右。除自产自销外,还批给连云港港口一些小杂货店经销。成为海属地区糕点生产集中地之一。

日伪时期,稻香村、福泰永等食品店相继倒闭。日本商人在新浦开设双叶堂和日丰屋两家糕点食品作坊,分别加工一种叫"摩几"的糖制豆食品,和栗子羹等东洋食品,专供日军、日侨等食用。

抗战胜利后，地方糕点、糖果加工业有所恢复。稻香村重新开业，其生产的鸡蛋糕和苏式、广式月饼，质量上乘，海属驰名。民国36年（1947）顾翔哉等人合股开办的万康祥食品店，自做糖果、条酥、麻饼、金烧饼、月饼等传统糕点，年产量50多吨。永盛祥食品店制作的牛皮糖、生姜糖等小有名气。一时间，新浦较大的食品加工作坊达10多家。

新中国成立初期，新浦有糕点、糖果加工企业8家。20世纪50代初，新浦德丰和永安食品店均以手工制作水果糖和裸糖，其中德丰食品店年产糖果20吨左右。1955年底，有糕点、糖果店11家，从业人员62人，1956年，在对私营工商业社会主义改造中，新浦万康祥、永盛祥、德丰等11家食品店和生庆公等3家茶叶店，联合成立公私合营新浦食品零售店。同年秋，合营各店的食品加工作坊合并成立新浦食品加工厂，有员工58人，2台0.55千瓦电机，用于饼干、小果子压坯，其余皆为手工操作。当年生产各类糕点293.7吨，糖果46.17吨，品种以水果糖为主，兼产软糖、酥糖、冰糖。完成年产值39.3万元。

新浦食品加工厂，在“三年困难时期”，利用马铃薯、红薯、糠秕、麦皮、海英菜种籽、淀粉渣、椰枣、磷脂等原料，制作康福糕、小杂糖、小圆饼、蜜枣糕、油棍等食品供应市场。年产量100吨左右，占市区食品厂生产救灾食品的70%。1965年，该厂新建饼干车间及配套沪产560型饼干机生产线，并投入生产。年新增饼干生产能力2682吨。1966年5月，迁址海连中路115号，添置单冲头和28冲头糖果机各两台。当年生产糕点1009.4吨，首次突破年产千吨大关，约占全市市区糕点产量60%；糖果277.66吨，是1956年的6倍。同年，更名为连云港市新浦食品厂，属市糖业烟酒公司领导。1968～1969年，该厂生产糕点579吨，累计亏损509万元。

1971年，南城副食品厂（后改为连云港市南城酱醋食品厂）成立。1979年，连云港市新浦食品厂（后改为市糕点糖果厂），购进滚筒式酥性饼干全自动生产线及红外线烘烤炉，年生产能力3600吨。其中，生产的“猴王”牌白糖果、沙琪玛糕点产品在江苏省糕点糖果展销会市被评为省名特产品。同年，市糕点糖果厂生产糖果690吨，占全市产量的81.27%，产品以果香型硬糖为主，生产基本实现机械化。20世纪70年代，新浦食品厂投资25.5万元，增添真空熬糖锅等设备，结束了长期直接熬糖的历史，提高了产品的质量，硬糖年加工能力达1200吨，当年生产糖果566吨。1984年，改属市商业局领导，更名为连云港食品总厂。

1984年，连云港市脆香酥食品厂在新浦盐河路3号建成投产。系集体企业，职工60人。以生产具有沪、京、苏特色的脆香酥食品系列糕点为主。当年产量75吨，产值48万元，实现利税5.3万元。1985年，新浦区糖业烟酒公司在朝阳路（今朝阳中路）北侧，建成连云港市小上海糕点厂并正式投产。主要生产江南风味的各式糕点、无糖糕点系列共100多个品种，年产糕点50吨。同年，市食品总厂建成1600平方米的儿童食品楼、1000平方米钙奶饼干楼并投产。期间市食品总厂相继购进日本制造的快餐面生产线、万能糕点机、国产钙奶饼干生产线、苏打饼干生产线等先进设备。经过几年的生产，新浦地区食品加工企业生产的糕点糖果质量不断提高。1988年，脆香酥食品厂生产的“航运牌”京式白月饼、桂圆月饼、枸杞月饼等同获首届食品博览会铜牌奖。同年，市食品总厂生产的钙奶饼干获首届中国食品博览会银奖。小上海糕点厂生产的三刀酥和蛋糕荣获首届中国食品博览会金奖。至1990年，市食品总厂钙奶饼干产量达2600吨，居全国同类产品前列。其生产的方便面年产达1826吨，位居全国同类产品第二，产品远销江苏、山东、安徽、河南等20多个省、市。市糕点糖果厂生产的“猴王”牌白糖果、蜜三刀；连云港食品总厂生产的“猴王”牌葱油桃酥与“猴王”牌苏打饼干获省优质食品称号。

改革开放后，新浦地区民营食品加工企业不断发展。1985年，安徽人高家雨带领全家在新浦华联商厦后面租赁民房开办蛋糕作坊。在区政府的扶持下,作坊逐年壮大。1993年,高家雨又租用一家厂房,投入30万元购置设备,建起永和食品厂,生产面包、大糕、月饼等数十品种,不仅在本地畅销,在江苏、山东、安徽、浙江4省10多个城市占了一定的市场份额,企业发展加快。1996年后,产品相继进入时代、苏果、大润发等超市。1996年,新浦大学士面包房建成投产,并从福建引进人才、资金发展生产。期间,个体食品糕点加工作坊遍及新浦各农贸市场和居民生活区。一些大型超市也辟专门食品糕点加工区,现制现卖。2000年,市东街道办事处将福利一厂2200多平方米的厂房、场地出让给永和食品厂,该厂投资200多万元进行厂房设备改造,并配备5辆依维柯送货车,并更名为连云港永和食品有限公司,年销售额200多万元。至2000年底,新浦区已形成以永和食品有限公司、小上海糕点厂、新浦大学士面包房等10家企业为主体的食品加工业。

2001年起,区委、区政府进一步加大直接关系人民生活的食品加工企业的扶持力度,创名牌食品,生产放心食品。当年,小上海糕点厂的"双鸡"牌商标被评为市知名商标。永和食品有限公司通过开发新产品和技术改造,生产艺术蛋糕、面包、西式糕点、月饼及冷冻食品、米制品生产线,产品达50多个。并在山东、安徽两省及连云港有关县、区设立17个分厂。短短2时间,2002年,产品销售收入即达到1500万元。2003年,省消费者协会将"双鸡"牌系列糕点评定为推荐商品及放心商品。该厂先后吸收10家专卖加盟店,成为产品销售的重要渠道之一。同年,小上海糕点厂年销售额达400万元。2004年,永和食品有限公司与板浦香肠厂合资,在宋跳高新技术开发区投资700万元建设新的糕点生产线,占地1公顷,厂房面积5400平方米,2005年投产,公司年销售额达2000多万元。

三、饮料加工业

【酿酒】 清光绪二十六年(1900),沈云沛在新浦创办甡泉槽坊,以高粱为原料,加上自制的玫瑰花汁酿制玫瑰露白酒。此酒其味醇厚,色泽粉红透明,有淡雅的玫瑰花香。在海属地区名噪一时,成民间招待贵宾用酒。此酒价钱比一般白酒贵1倍,只有瓶装,不卖散酒。民国4年(1915),玫瑰露白酒被选送巴拿马国际博览会参展。同年,在南洋劝业会上获一等奖。

民国4年(1915),赣榆人许恩甫在新浦后大河北(现社会福利院处)开办翠泰槽坊。槽坊占地4公顷,厂房3排计120间,自种玫瑰花,酿制玫瑰露白酒。并在新浦大街天后宫对面设营销店面。

20世纪30年代初,新浦有槽坊13家,酿酒业兴盛一时。日军侵占新浦后,槽坊相继倒闭。

1959年3月,市洪门酒厂投资11.7万元在新浦幸福路15号新建年产300吨果酒车间。生产的果酒类产品均用"花果山"商标。8月,厂名改为新海连市洪门果酒厂,当年产红葡萄酒、甜梨酒、山楂酒等果酒近10个品种,产量计123.35吨。

1961年,洪门果酒厂扩建,果酒年产能力提高到600吨,当年实产271吨。1962~1964年,果酒年产能力扩大到1000吨。1968年,该厂受到"文化大革命"影响,仅生产果酒128吨。1973年,生产有所恢复,酿制各类果酒1300吨,首次突破千吨大关。1975~1978年,生产的"花果山"牌山楂酒被列为江苏省招待外宾的特供酒之一。同期,酿制的白羽半干白葡萄酒逐步形成批量生产。1979年"花果山"牌山楂酒被省评酒会评为优质酒。1980年1月,市洪门果酒厂更名为连云港市葡萄酒厂(同时白酒车间划出成立市洪门酒厂),当年生产果酒1713吨。1981年,市葡萄酒厂生产的干白葡萄酒、半甜葡萄酒首次进入国际市场。果酒年产能力达4000吨。当年,产果酒2090吨,比1978年增长了53.28%,其中葡萄酒产量1700吨,占果酒总产量的81%。1983年,"花果山"牌江苏钵酒获得成功。1984年5月,该厂从美国引进具有国际先进水平的无菌过滤机。当年，研制成功国际性香葡萄酒——“味美思”和枸杞酒。当年，“花果山”牌山楂酒、“白羽”半干白葡萄酒（外销称“凯威”干白葡萄酒）分别获1984年全国酒类大赛银、金杯奖。并被选送日本参加国际万物博览会。1985～1986年，市葡萄酒厂从西德引进具有80年代国际先进水平、每小时生产5000瓶优质酒无菌罐装线投产，新增优质果酒年产能力2000吨；从意大利引进年产2000吨优质白葡萄酒生产线投产。企业生产全面实现了机械化和自动化。同期，该厂还研制成功法国兰红葡萄酒、起泡山楂酒、中国芦笋酒。1988年10月，市葡萄酒厂和香港宏基工程设备有限公司合资经营的连云港凯威葡萄酿酒有限公司成立。以生产“凯威”干白葡萄酒为主，年产量100余吨，产值150万元左右。产品主销北京、上海等地高级宾馆和饭店，供应国外来华游客和使用于外事活动场合，并有少量产品出口日本、东欧和中国香港地区。当年，“花果山”牌山楂酒、“白羽”半干白葡萄酒获1988年中国首届食品博览会金质奖，“凯威”干白葡萄酒获得27届世界优质产品评比会金质奖。同年，连云港市山楂制品厂投产山楂酒。1990年，该厂生产实现机械化，自动化。年产能力10000吨。当年生产4841吨，实现产值2669万元，利税172万元。1996年，该公司被天晴制药厂买断经营。1998年，又被南京太平洋公司买断，改为江苏“苏红”酒业有限公司。2001年搬迁到花果山乡。该公司是中国太平洋建设集团辖下独立法人企业。拥有600多公顷原料基地，从法国、意大利引进全套生产线，年生产能力达万吨以上。主要生产江苏红、凯威系列高档葡萄酒和花果山系列山楂酒等60多个品种。产品先后荣获世界优质产品金奖12项、国优2项、部优3项、省优和新产品奖14项，为第六届世界华商大会指定为大会专用酒、江苏省政府接待用酒、连云港市政府接待用酒。部分产品出口日本、俄罗斯、东南亚等国家和地区。

20世纪90年代中期，一种较为先进的小型不锈钢酿酒设备问世，该设备最适合小作坊酿酒，一般为店面卖酒、店后酿酒。新浦地区一些街面和菜市场内都可见到，具有一定的消费群体。

图17－7　樱迈酒业公司职工在检查产品质量

2003年，云台乡邱志强在前关村创办樱桃酒厂，利用当地丰富的樱桃资源生产全汁全发酵樱桃酒，年销售300万元。2004年，生产樱桃酒49740瓶。

2005年，新浦区的酿酒企业主要有苏红酒业、隆迪酒业、红香溢酒业。红香溢酒业当年产量达53201瓶。各家年产销售收入在500万元至2000万元之间。

【饮料饮品加工】　20世纪40年代初，日商在许大圩（今市民路北首一带）兴办一制冰厂，规模小，夏季生产冰棒上市销售。抗战胜利后，普爱小学（现建国路小学）建冷冻车间，生产过少量冰棒。

1956年，新海连市手工业局扶持新浦弹花联营合作社，修复一台4英寸单缸制冷机，日产冰棒4000支左右供应市场。同年5月，市政府贷款7万元，支持该社从大连购置1台5英寸双缸制冷机，并新建一座15吨的冷库，日产冰棒2万支。1958年，该厂更名为新浦弹花制冰厂，1964年更名为连云港市新浦制冰厂（位于今海连中路19号），将其弹棉花业务析出，下放给居民委员会。

1960年，新浦农场组建连云港市牛奶厂，生产瓶装巴氏消毒鲜牛奶，年产量60多吨，供应市区居民。同时,加工少量的乳粉和炼乳产品。1970年又开发麦乳精产品,年产约200吨。

1972年,新浦制冰厂与新浦水泥制品厂合并,成立红光化工厂,保留制冰车间,继续生产冰棒等。1978年,制冰车间划出,恢复新浦制冰厂,成为新浦区直属独立核算集体企业,生产冰棒、雪糕、冰淇淋。一度成为新浦及其周围地区主要冷饮品生产、供应中心。由于厂内设备陈旧落后,产品档次低,20世纪80年代后期起生产逐渐萎缩。1998年,该厂因市政建设被拆除。

20世纪80年代开始,新浦先后建起新浦饮料厂、南方制冰厂、浦西制冰厂。同时,出现一批个体饮料小作坊,一时,塑料袋装的低档次饮品充斥市场。1985年,市罐头厂引进的年产437吨的冰淇淋生产线投产;1987年,该厂引进的年产7700吨的汽水生产线建成投产,生产"乐佳"牌汽水,主要有鲜桔、菠萝、白柠檬、草莓、水蜜桃等口味,很受消费者欢迎。

1987年,市炼糖厂年产6000吨碳酸类软包装饮料生产线建成投产,并正式成立连云港果宝饮料厂,职工50人。生产水蜜桃、橘子汁、黑加仑、山楂汁、苹果汁、草莓汁、柠檬汁等饮料,一度成为市场抢手货,远销东北、河南、安徽等地。到1990年,该厂共产饮料9796吨。生产的"果宝"牌饮料被评为省优产品,"果宝"牌系列产品还荣获首届中国食品博览会银牌奖(后由于包装材料铝塑纸复合软包装需从国外进口,成本太高等因素,"果宝"于1992年退出市场)。

1989年,市教育学院附属中学的东方食品厂、沈圩村的新浦食品厂先后建成,均生产饮料。

20世纪90年代,新浦地区出现克立林实业有限公司、圣王矿泉水有限公司、渔湾纯净水厂、东磊圣泉纯净水厂、磊石山泉饮用水厂、东磊山泉饮用水厂、花果山乡龙眼山泉水厂、桃园纯净水厂等10多家饮用水生产企业。纯净水、山泉水和矿泉水的生产企业所产瓶装的饮用水迅速出现在各旅游景点及大、小型接待场合;18.9升桶装、3升小桶装和瓶装的,成为许多家庭和办公室饮用水。该行业具有庞大的送水工队伍。在众多饮用水中,以"克立林"和"圣王"两大品牌为龙头。业内年产值达5000万元。连云港圣王矿泉水有限公司机构设在朝阳中路9号,生产基地在花果山乡,矿泉水水源取自187米深的深层岩缝地下水。1997年5月5日成立的连云港克立林实业有限公司是省饮料工业50强企业,机构设在海昌中路太平洋宾馆楼上,生产基地设在新浦茅口水厂。该厂以专业生产桶装(瓶)系列用水为主要产品。开业当年生产能力80万桶。

2002年,连云港克立林实业有限公司在江苏省同行业中率先通过ISO9001－2000国际质量体系认证,是全市首批通过"QS"认证的企业。

2005年,克立林实业有限公司生产的"克立林"纯净水为国家免检产品,并被评为江苏省著名商标。完成销售收入1080万元,利润223万元。

四、屠宰及肉类加工业

解放前,新浦有私人屠宰户18户,每年冬季为生猪宰杀旺季,日销带皮白条肉300千克左右。各乡镇均有一些零散的个体屠宰户。

解放后至20世纪50年代初,城乡个体屠宰户继续进行生猪屠宰和猪肉销售。

1955年8月初,新海连市食品支公司在新浦解放东路59号成立,同年底建成的屠宰场投产,初期日宰生猪8至10头。1956年,生猪收购、宰杀加工、销售实行有计划的国营商业专营体制。在对私营工商业进行社会主义改造中,新浦私人屠宰户共30人成为市食品支公司职工。

1958年,新海连市罐头食品厂在新浦解放西路125号建成,主要任务是生产猪肉制品出口苏联。

初期有150名职工，固定资产60万元，以生产马口铁罐装罐头为主，有清蒸类和调味类猪肉罐头。当年产123.9吨，次年产594.14吨。1960年，市食品支公司添置一台半机械化滚筒式打毛机并投用，日加工生猪500余头。1964年，该公司又购进一台专用立式打毛机，日加工生猪能力达到1500头。同年，公司先后更名为江苏省食品公司连云港分公司、连云港市食品公司。受自然灾害影响，1962年仅产15.38吨。1963年、1964年，市食品罐头厂停产。1965年恢复生产，并逐步增加了红烧排骨、茄汁猪肉、猪肉对肠、卤猪杂、西式火腿和鸡、鹅、兔、狗、牛肉类产品。

20世纪70年代，市食品公司生猪宰杀加工实现半机械化，产品仍以白条肉为主。1976年，年加工能力15万头。1978年宰杀生猪12.9万头，加工白条肉9716吨，分割肉110吨。1979年，市罐头厂生产肉类罐头1224吨。

1985年9月，新浦区饮食服务公司成立合作肉店，自行收购生猪宰杀、自行销售，每天上市猪肉500公斤左右。同年，市食品公司投资1505万元在花果山乡征地9.66万平方米，兴建肉类加工厂，1988年投产。当年宰杀生猪24万头，产白条肉1.74万吨，加工分割肉1348吨；其中出口分割肉1124.6吨，创汇284万美元，为历史最好水平，实现工业利润236万元。同年，市食品公司增挂连云港市肉类联合加工厂厂牌（简称市肉联厂）。1989年，市肉联厂屠宰生猪25.97万头，加工白条肉1.58万吨，加工分割肉1051吨。其中出口890吨，创汇221万元，年综合产值5779万元，利润248万元。是年底，市食品公司引进西德、奥地利具有国际先进水平的肉类灌肠生产成套设备，年加工能力1600吨。1990年11月安装试产，填补了境内肉类灌肠生产的空白，当年生产红肠、火腿肠、川味肠等12个灌肠品种系列产品60余吨。1990年，市肉联厂达到年加工生猪能力50万头。年实际加工24.47万头，生产白条肉9272吨，分割肉194吨。其中出口分割肉965吨，创汇239万美元。产品销往全国各地，其中出口分割肉远销东欧国家和中国香港、澳门地区。年内，区饮食服务公司合作肉店渐退出生猪收购、宰杀业务。

20世纪80年代开始，市罐头食品厂快速发展。梅林牌397克午餐肉罐头获1983年轻工业部优质产品称号。1984年8月31日，在全国“质量月”授奖大会上，梅林牌绿白头去皮芦笋罐头，获国家优质产品银质奖牌。1989年1月1日，该厂生产的芦笋罐头、番茄酱罐头、“梅林”午餐肉罐头、850克糖水阳梨罐头、火腿罐头获首届中国食品博览会金牌奖，产品出口到美国、澳大利亚、俄罗斯和西欧国家。1990年企业职工1509人，产罐头3867吨，产值2025.9万元。

1994年，市食品公司分设肉联厂、肉制品厂、食品公司；1998年，肉制品厂和食品公司又合并为一家。当时肉联厂有600多名职工，食品公司有700多名职工。

1997年，市罐头食品厂由于市场因素和负债经营压力太大而停产，并由如意集团托管。2002年，企业宣布破产。

2002年，肉联厂改制为民营企业，更名为连云港市苏海肉食品有限责任公司，由周祥控股。企业年宰杀生猪约10万头，主要生产白条肉、火腿香肠、烤肉等肉制品。同年，市食品公司改制为民营企业，更名为连云港市天缘食品有限公司，由殷旭升控股。并拓展了养殖、仓储、1.5万吨冷库等业务。企业年宰杀生猪约10万头，肉制品为白条肉、分割肉等。2005年，该厂因市政建设由解放东路59号搬迁到解放东路310号。

五、豆制品和淀粉加工业

解放前，民间从事豆制品生产的作坊较多，以手工操作，主要生产卤水豆腐、千张、凉粉、粉丝、粉皮等传统食品。解放后,直至20世纪50年代初,新浦城乡居民食用豆制食品仍靠民间作坊加工。

1956年,新浦公私合营豆制品厂成立。1958年,区政府把20多户经营凉粉的个体户组织起来,成立新浦淀粉厂,职工30余人,用绿豆、蚕豆、豌豆生产淀粉制作粉条或作为原辅材料出售,年产值10多万元。1964年,淀粉厂并入新浦制冰厂。1970年,新浦豆制品厂更名为连云港市豆制品厂,并实现半机械化生产,日产豆制品10吨。1972年,新浦制冰厂将淀粉产品下放到临洪大队,成立新浦粉丝厂,以山芋为主要原料,生产粉丝、粉皮。

1982年,临洪村兴办的连云港市淀粉厂建成投产,加工玉米淀粉,主要为本市酿化厂、制碘厂、发酵厂提供生产原料。有职工30人,当年产360吨,产值18万元,利税7400元(1988年,市豆制品厂由新浦建国路迁至海州区幸福中路)。

改革开放后,个体私营豆制品加工业迅速发展,至2005年,新浦城乡个体豆制品作坊多达300余家,多自购原料,自己加工生产,所产豆腐、豆浆、千张、素鸡、茶干等豆制品直接进入各农贸市场销售,几乎占领整个豆制品市场。同时,市区有的超市也自己加工销售豆制品。

20世纪90年代后期,连云港市淀粉厂基本停产。2005年,因开辟人民西路,该厂正式关闭。

六、调味品加工业

民国15年(1926),浙江绍兴人在新浦开设馨祥酱园,主要酿制酱类调味品,风味独特。不仅就地销售,还远销江南一带。民国31年(1942),该酱园酿制的黄豆酱油在巴拿马国际博览会上获金奖。

1956年2月,新浦地区的馨祥、万祥、何公盛等8家私营酱园合营,成立公私合营新海连市酿化厂,有职工90多人,年产酱油570吨,酱菜200吨,年产值34.8万元。1969年市酿化厂采用面筋生产味精,年产量2吨左右。

1971年,南城副食品厂成立,后改名南城酱醋食品厂,生产酱油、醋、月饼等,有职工20余人。1972年,市酿化厂发酵法味精生产线投产。后又相继研制生产"珍梅牌"虾米辣酱、椒油辣酱、芝麻辣酱。

1985年,市酿化厂完成酱油生产线改造扩建项目,年新增2000吨生产能力,当年产酱油3332吨;"极美"牌瓶装酱油获国家和省优质产品奖和金奖。产品行销国内20个省、市、自治区,并出口日本、美国等国家和香港地区。1989年,新浦食品厂也生产酱油、甜面酱供应市场。1990年,市酿化厂有800吨味精生产线、6000吨酱油生产线、100吨豆腐乳生产线和从日本引进的1000吨海带食品生产线。1993年企业停产,1996年破产。原企业部分骨干到市开发区组建统万调味品公司。同年南城副食品厂停产,1999年关闭。

1997年,民营汪氏酿造有限公司在南城镇建成投产。该厂为清代酿醋名家汪恕有第十一代传人汪宗遥所创办,采用古法固态发酵工艺酿制醋。公司生产酱油、醋、醋饮、甜面酱、豆瓣酱、酱菜、辣精20余种,年产值300多万元。

2003年,市委、市政府与市宋巄高新技术园区协调,让统万调味品公司落户宋巄高新技术园区,进一步发展生产。其后,汪氏酿造有限公司在海宁工贸园区建设新厂房,并更名为江苏万锦食品科技有限公司。

2005年,统万调味品公司、红厨子酱油、味全调味品厂、新浦食品厂、新浦酿造厂、新浦馨扬酿化厂生产酱油、甜面酱等供应市场。

第三节　纺织工业

一、棉纺织业

清末民初，山东人韩照堂、穆长武先后来新浦开办手工织布作坊。民国8年(1919)，江苏省国民政府实业厅在新浦东艞外开办江苏第八工厂，占地6.7公顷，有人力织布机100台、机动织布机20台，职工150余人，主要织造棉布(白织布和色织布)、贡呢、线呢、条格布等，布幅多为1.4市尺和2.2市尺。民国14年(1925)倒闭。

民国28年(1939)初，新浦有私人织布机近200台，从业人员近300人。织布机房集中在中山路西部、建国路和西天池一带。日军侵占新浦后，民间织布业逐渐萎缩。

抗日战争胜利后，新浦城区织布业一度有所复苏，但不久又相继歇业，至解放前夕，仅有几家勉强开机生产。

解放初，人民政府扶持私人织布业恢复生产，韩兴贵、朱孝路、徐正国等10多家织布坊的50多架铁机很快开机生产。私营织布业兴起，至1949年初，开业生产的人力织布机达300台、动力织布机60台。

1949年4月，新浦地区100多名工人加入织布业同业公会，马长福任织布业公会主任。1950年7月，新浦失业工人成立织布生产组，有21名职工，8台布机，负责人是朱从俊。

1952年，新浦43户私人织布作坊联合成立新浦织布生产合作社。刘全堂、韩兴义等33户私人织布作坊分别组成建新、协同、建华、建中4个织布厂，有50台铁木织机，开始使用电力地杠传动。人民政府对其实行“优税、优息、优价”“三优”政策，予以扶持。厂方按市花纱布公司指定的品种组织生产，建立产品验收制度。产品以纯棉平织布为主，有白布、二五条布、本色棉布、白卡其布、人民布、面袋布和蚊帐布等。色织布多为蓝、灰、青色。产品多由市花纱布公司包销。

1953年，新浦有私人织布厂(机房)169家，有织布机228台。

1955年3月，市花纱布公司将收购的青、蓝、灰色棉布向新海连市商业科申请注册商标，定为“新浦人民标准”，在全市色织布中使用。产品多由市花纱布公司统购，行销于各县、区百货商店、供销社。

1956年1月，新浦的建新、协同、建华、建中4个织布厂和三合柒厂合并成立公私合营新浦染织厂，厂址设于新闻巷12号。资方代表陈伯先任厂长，公方代表马长福任副厂长。工厂资产总值7.75万元，职工122人。是年，新浦地区手工织布业全部实现合作化。

1957年下半年，织布合作社开始生产人造棉小帆布、无缝面袋、花绒呢、色花呢等色织布。

1958年12月，新浦织布厂供销合作社、第一织布合作社、第二织布合作社三个社合并成立“新浦跃进棉织厂”。1959年4月，新浦跃进棉织厂又与公私合营新浦染织厂的织布车间合并成立全民所有制的新海连市棉织厂，厂址在民主路158号，职工671人，固定资产8.6万元，隶属于市工业局。同年，新海连市棉织厂把104台人力布机改为电力织布机。1965年，市棉织厂进行大规模技术改造，购制丰田布机150台，由省纺工厅派人帮助安装。并于次年成立“染整分厂”。1984年6月24日，连云港市棉织厂更名为“连云港色织一厂”并增挂“连云港市印染厂”厂牌。1987年，市色织一厂引进意大利TD－520剑杆织机12台和香港DS—180浆染联合机，生产出口牛仔布和青宝篮劳动布，棉、化纤色织布。

1972年,新浦区在灌青路北首建成新浦棉纱制品厂,占地2000平方米,建筑面积1200平方米,主要生产民用线球,为港城唯一的专业制线厂。1976年,新浦区在向阳桥北首建成连云港市织带厂,占地5800平方米,建筑面积2000平方米,职工81人,有5台丰田织机和手摇辅助机,时为全市唯一的生产民用带类小商品企业。1982年,新浦棉纱制品厂更名为新浦锦花制线厂。为市电线厂配套生产电线包纱线,年产量30吨,并生产涤纶线、民用宝塔线。产品达30余种,销售到苏鲁皖等地;年产值达40万元,利润1.2万元。

1990年,市织带厂新增1台合线机,新建150平方米合线车间,有专用织机22台,园机30台,生产线带及松紧带、扎带、各种颜色纱带。企业固定资产原值27.5万元,当年产值110.1万元,实现利税5.7万元。

1985年至1990年,全区共生产打包布309.49米,生产纱手套214.41万副,扎带39.1万扎,松紧布254.4万米。

1992年,织带厂停产转向生产石英制品。2003年12月,市色织一厂破产。

二、针织业

民国8年(1919)江苏第八工厂开始生产针织品。厂内有摇袜机20台,年产线袜1万余打(每打12双),产品行销新浦、海州,及徐州、淮阴等地区。

20世纪30年代,新浦开始出现私人织袜作坊,设备均为手摇袜机,原料多用16支、21支单纱。

1950年,在政府的扶持下,新浦先后出现“一新家庭织袜厂”等5家私人针织加工厂。

1951年10月1日,新海连市新浦针织业生产合作社成立。1954年,私营针织作坊和部分制线户相继加入新浦针织业生产合作社。1956年2月,新浦针织线业生产合作社与新浦缝纫社合并为新浦针织制线生产社。1958年12月,由新浦针织制线生产社抽丝、新浦漂染厂织造的纺绸产品获得成功。同时,新浦针织制线社与毛巾社合并成立新浦针织厂(归市地方工业局领导),时有职工249人。当年生产袜子20万双,全部由市商业部门统购包销。次年5月,新浦针织厂更名为地方国营新海连市针织厂。1960年,新海连市针织厂开始生产春秋衫、儿童衫、球衫、背心4种针织内衣新产品。

1961年3月15日,新海连市印染厂和新海连市针织厂合并成立新海连市染织厂。1964年,市染织厂把30台手摇织袜机改为电动织袜机,实现了机械化生产。同年11月2日,连云港市人民委员会批准成立连云港市针织厂。同时撤销连云港市染织厂。

1980年,市针织厂先后购进Z303经编机和整经机等设备10余台,试产涤纶外衣、蚊帐布等,次年正式投产,填补了新浦地区经编织物生产的空白。1982年5月,市针织厂投资498万元,在新浦朝阳西路建造厂房,安装30台经纬编主机,配套1条染整线,形成年产450吨织物、成衣50万件的生产规模。1983年5月试产成功,6月,成立连云港市经纬编一厂,当年完成工业产值423万元,实现利润33万元。1985年3月5日,该厂增挂“连云港市针织服装厂”厂牌。1988年2月9日,增挂“连云港市染整厂”厂牌。1989年开发的新产品“真真绒”通过省级鉴定,该产品填补了省内空白)

1983年10月22日,市针织厂更名为市针织一厂。1984年1月13日,该厂划开分别成立针织一厂和针织内衣厂。1986年9月29日,市针织一厂增挂了“第五毛纺厂”厂牌。1990年4月10日,市针织内衣厂增挂“连云港市第二染整厂”厂牌。

1993年,市针织内衣厂与香港胜华实业有限公司投资357万元,兴办胜港针织绒有限公司,主要生产针织长、短绒及其制品。1995年,天鹅绒生产线停产,长绒生产线投产。1996年,市针织内衣厂兼并市针织一厂。次年,投资110万美元从韩国进口针织短绒生产线,1998年投产,但未达预期目标。2000年10月,胜港针织绒有限公司全面停产。

2003年7月,市针织内衣厂破产,时有职工884人,退休职工303人。至此,新浦地区针织行业退出市场。

1950年新浦地区家庭针织厂概况表

表17-11

厂 名	厂 址	开业时间	主营业务	主要设备	资本(万元)	代表人	
						姓名	籍贯
一新家庭织袜厂	民主路212号	1950年3月	织袜子	手摇织袜机4台	880	梁纯一	河南汲县
科林家庭织袜厂	莱市街51号	1950年5月	织袜子	手摇织袜机3台	330	陈广荣(女)	灌云县
永昌家庭织袜厂	陇西东巷1号	1950年5月	织袜子	手摇织袜机	320	韩桐春	山东即墨
恒丰针织袜厂	治海巷46号	1950年5月	织袜子	手摇织袜机5台	550	于渭明	山东
裕丰家庭针织厂	进安巷3号	1950年5月	织袜子	手摇织袜机4台	525	崔汉臣	山东烟台

三、复制业

清宣统三年(1911),新浦有恒盛兴线店,手工制作棉线、丝线,兼作销售。

民国10年(1921),江苏第八工厂生产毛巾、毛巾被、方巾。

新中国成立初期,山东及赣榆等地手工业者到新浦生产、经营毛巾,新浦部分织布手工业者和个体商贩也转行织毛巾。1950年,新浦先后有原兴永(民主路261号)、科记(建国路71号)、春记(民主路229号)、生记、义记(民主路357号)、守记(民主路448号)5家私人线店开业,加工丝线、棉线。

1952年2月,新浦40余户织造毛巾的个体手工业户联合成立新浦毛巾生产合作组,时有窄幅人力木机、铁木机24台,年产农用白坯面巾10万条。1953年12月,新浦毛巾生产合作组更名为新海连市新浦建国毛巾合作社,由个体分散经营改为集体生产经营。至1955年合作社有社员69户,98人,固定资产0.3万元,有人力毛巾机44台,年产面巾30.4万条,总产值15.9万元。次年,该合作社升为高级社。部分人力、铁木机采用电传动,机械化程度达10%,生产能力有所提高,并增添手工印花工艺,生产彩条印花面巾、枕巾等新品种。1958年,该社与新浦针织制线社合并成立新海连市新浦针织厂。1959年2月,新浦针织厂改造成功第一台自动毛巾机,把单梭箱改为双梭箱,台日产量由16打提高到30打。后织机全部更新为自动毛巾机。同年,新浦针织厂更名为地方国营新海连针织厂。1961年,该厂与新海连印染厂合并为新海连染织厂。

1962年,新浦区织带社在建国路106号建成投产,当年生产40×40的低档手帕8万条(1972年,该社更名为连云港市手帕厂)。

1964年11月2日,连云港市毛巾厂在建国路建成投产。以老式丰田自动毛巾织机织造毛巾。次年,得到省纺织工业厅支持新上国产1511型毛巾自动换梭织机和英式铁手帕机等设备62台。毛巾年生产能力达580万条、手帕年生产能力达60万条。1970年,该厂采用一步漂染法、原纱织巾、冷浴染纱法等新工艺,毛巾产量、质量大幅提高,毛巾成品率达90.29%,台时产量达14.5条。

1975年3月,国营新浦农场毛巾厂成立。1978年,更名为市第二毛巾厂。产品由原来单一印花面巾发展到印花枕巾。同年11月,区属连云港市手帕厂上交市一轻局管理。1979年,市毛巾厂迁至南极路460号。1980年,区属新浦手套厂建成投产。1982年9月23日,市毛巾厂增挂"连云港市床单厂"厂牌,基本形成年产40万条床单的生产能力。

1984年,市手帕厂手帕滞销,转产毛巾,连续两年亏损。1987年,市毛巾厂生产割绒印花毛巾获国家纺织工业部优质产品称号;1988年生产的"环球"牌割绒印花浴巾获得国家银质奖。2001年3月9日,企业破产,时有职工1400人,退休职工492人。

四、麻纺织业

解放前,新浦民间有用木制手摇车制作棕绳、麻绳的,细的麻绳用于纳鞋底,中粗的作口绳、粗的作为网纲绳和缆绳。

1952年10月,新浦益民棉织厂在建国路成立,有职工125人,有纺车、整经车等设备148台(部),资金2万元,以苎麻、黄麻为原料,月产口绳3000千克。1953年产值38.8万元。1956年4月,市民政部门在通灌路42号利用6间民房建成新浦麻袋厂。安置转业复员军人和失业人员进行生产自救,时有职工111人,日产麻袋90条。1958年7月,江苏省手工业局投资125万元,在新浦海连西路4号兴建地方国营新海连麻纺织厂,年麻袋生产能力150万条。8月,新浦麻袋厂并入地方国营麻纺织厂。1959年3月,麻纺织厂正式投产,成为全市第一家机械化麻纺织企业。麻袋的细纱支数、强力和后光等16项质量指标均达到国家标准。当年生产麻袋20.4万条,一等品率80.7%,实现工业总产值66.95万元,创利润3.9万元。

1962年6月底,麻纺织厂因原料紧缺而停产。1965年,恢复生产,开始生产出口麻袋,当年生产麻袋185.91万条,实现产值334.64万元。1967年,厂技术员陈亦明设计制造的梳麻定长装置通过市鉴定,此项发明被纺织工业部列为全国12项纺麻新技术之一。1972年,该厂又建成化纤车间,自行设计制造了36台抽丝机,试织麻塑交织袋成功。当年,由于进口原料减少而再度停产。1976年,投资96万元扩建成的8710平方米纺织车间,有104台织机成套生产线,形成年产麻袋700万条、化纤袋450万条的生产能力。1980年4月3日,新浦化纤厂并入市麻纺织厂,作为麻纺织厂的一个车间,重点发展化纤袋生产。

1984年,市麻纺织厂麻袋车间改造后可年产麻布300万米。企业进入鼎盛时期。1985年增挂"连云港市合成纤维厂"厂牌;次年,从意大利OMM公司引进80年代国际先进设备氨纶包覆机6台,生产氨纶包缠纱系列产品。1989年,因原料成本高于销售价,效益出现倒挂。出现建厂后第一次亏损。

1997年3月,市麻纺厂全面停产。2001年4月30日破产,时有职工1728人,离退休人员816人。

五、化学纤维业

1970年初,连云港市维尼纶厂在新浦盐河桥西首建成投产,采用湿法纺丝法试产维尼纶半成品。为连云港市第一家化纤企业。1972年,承担市重点科研新产品项目——硫酸钛处理维纶丝取得成功。1979年,厂内自筹资金建成年产100吨维纶干法长丝车间,采用干法纺织丝法生产维尼纶长丝。1980年4月30日,维尼纶厂新建的年产1200吨涤纶树脂车间全面投产,产品质量高于省新定的一级产品标准。1981年4月22日,该厂兴建的年产1200吨涤纶树脂切片第三车间正式投产,第一条切片达一级品。1983年3月,该厂新上项目涤纶长丝试产成功。同时更名为连云港涤纶厂。次年4月,涤纶长丝生产线正式投产。当年生产长丝1254吨。1985年,市麻纺织厂增挂"连云港市合成纤维厂"厂牌。次年,从意大利进口20世纪80年代国际先进设备氨纶包复机6台,开始生产氨纶包缠纱系列产品。1987年,涤纶厂生产出45D、68D牵伸丝。68D牵伸丝获部优产品称号,135D有色低弹丝获省新产品"金牛"奖。1989年,涤纶厂"三尖"牌半消涤纶牵伸丝获部优产品称号、省优良产品称号。1990年,该厂实现产值1.5亿元,利税2149.8万元,利润1573.5万元。

1992年,驻地市麻纺织厂与香港合成(中国)投资有限公司投资成立连成化纤有限公司,有职工260人,主要生产、销售化纤织物。

2002年,市涤纶厂合资成立华鸿化纤有限公司和奥维化纤有限公司,新上复合丝项目。同年11月,市涤纶厂停产。同年12月,连成化纤有限公司因严重亏损而破产。

2004年12月28日,市涤纶厂破产,时有职工824人,退休人员406人。

2005年,新浦地区尚有华鸿化纤有限公司,主要生产涤纶长丝,年产2000吨;奥维化纤有限公司主要生产海岛丝,年产300吨。

第四节　皮革塑料工业

一、皮革业

【制革】　新浦地区制革业兴起于20世纪30年代后期。民国27年(1938),丰县人王云汉兄弟将其在海州五疃庄兴办的皮革作坊,迁至新浦南极路爱友巷39号,定名为王顺记皮坊,固定资产9164元,流动资金7000余元。用10余口陶缸、20多立方米水池和4块刨皮案板等简陋设备,采用铬鞣工艺生产多种颜色牛皮面革,用植鞣工艺生产牛底革,用蓝矾栲胶混合鞣生产夹里革。民国28年(1939),山东潍坊人刘氏与陈佰先等几家合股在新浦菜市街开办中华皮革厂,生产牛皮底革、牛皮面革,年产量400余张(后因亏损转产改为三合肥皂厂)。民国29年,王顺记皮坊开始以"白象牌"商标生产面革。王顺记皮坊每年约收进千余张牛皮,选择其中质地较好的原皮200余张用于制革,产品质量上乘。产品除供新浦、海州本地皮鞋生产厂(作坊)外,还远销上海、天津、青岛等地。

民国31年(1942),新浦临洪滩和后河崖(今大浦河南岸)一带先后有山东人王氏、马氏、林氏开办的皮坊,生产牛底革和面革。均于民国36年(1947)前后倒闭。此后,新浦南极路和贾圩一带又出现过七、八家生产皮条、皮绳的小皮坊,从业人数20人左右。

1955年,新海连市皮革鞋帽生产合作社在新浦成立,社员70余人,主任武同才。1956年1月,王顺记皮坊公私合营,更名为公私合营新浦制革厂,固定资产原值9164元,净值5660元,职工17人,年工业产值6万元,年产牛轻革1716张,重革769张。1959年4月1日,新海连市皮革鞋帽生产合作社、新浦制革厂、福利被服厂合并成立新海连市皮革制品厂,隶属于市手工业局,职工总数522人,当年完成工业总产值(按1957年不变价计算)134.24万元,实现利润11.5万元,全厂固定资产原值3.58万元,全部流动资金29.26万元。有轻、重打光机2台,外线机2台,转鼓2个,皮革鞣池10个(计130立方米)。年产皮革(折牛皮)13264.5张,其中牛皮革2486.5张,狗皮革4483张,驴皮革1452张。新产品编结皮箱驴皮革的质量达出口标准,鞋口皮在省熟革专业会议上被评为全省第一。

20世纪60年代初,省内皮资源锐减,市皮革制品厂开工不足,部分工人被精减下放。1962年,该厂的布鞋车间、帽子车间划出,成立连云港市鞋帽厂。1963年,该厂为山东青岛外贸和江苏外贸试制成功并出口羊拷夹里革和猪湖绿革,同时开发新产品马、驴皮的箱包革。1964年,市皮鞋制品厂划为省皮革工业公司直属企业。1966年5月,市皮鞋制品厂析出其皮鞋车间200多人成立连云港市皮鞋厂;析出皮件车间成立连云港市皮件厂,以制革车间为主体成立连云港制革厂,企业性质为地方国营。在此期间,企业逐步添置片皮机、削皮机、去肉机等生产设备,提高了机械化生产程度。

1980年8月,位于新浦的连云港市制革厂、皮件厂、皮鞋厂与位于猴嘴的台北皮革制品厂、位于海州的海州皮鞋厂5个单位联合成立连云港市皮革总厂,当年完成工业总产值819万元,比上年增长45%。1984年,市制革厂从南极路迁至新浦茅口路1号,主要生产猪皮革,年产55万张。1987年,其生产的猪修面革在省内同行业评比中获第二名;1990年,猪反绒革在省先进实用科技成果新产品展览交易会银质奖。20世纪90年代中期起,国家取消猪皮制革财政补贴,企业效益开始滑坡,至2003年7月破产,时有职工400多人。

1954年新浦地区制革作坊一览表

表17-12

业户名称	地址	组织形式	资金状况(元)	从业人员(人)	主要生产设备、工具	主要产品产量	年产值(元)	开业时间
王顺记皮坊	南极路爱友巷39号	独资	22982	11	淹皮池2个 推皮案子2个 陶缸34口	红皮2266公斤、里子皮2206平方米、三色皮385平方米	23124	1938年
王同聚皮铺	南极路19号	独资	50	1	大刀1把 锅、缸各1口	皮条500根	500	1949年
韩继庄皮铺	南极路20号	独资	90	1	大小刀各1把 锅、缸各1口	皮条、皮绳各700根	420	—
王开德皮铺	南极路20号	独资	120	2	大刀2把 锅、缸各1口	皮条1000根 皮绳110公斤	2800	1933年
韩竹亮皮铺	南极路20号	独资	85	1	大小刀2把 锅、缸各1口	皮条60根	380	—
王开顺皮铺	南极路19号	独资	60	1	大刀2把 锅、缸各1口	皮条400根 皮绳50公斤	750	1947年
吉正田皮铺	贾圩合作社	独资	30	2	大刀2把 锅、缸各1口	皮条200根 皮绳25公斤	100	1951年
王同友皮铺	南极路19号	独资	50	1	大刀2把 锅、缸各1口	皮条500根 500	1945年	—
赵仁祥皮铺	南极路19号	独资	50	2	大刀4把 锅、缸各1口	皮条700根 皮绳200公斤	450	1953年

【皮制品】

(1)皮鞋

20世纪20年代初,山东人氏王士华、金子旺分别在新浦海昌巷、中山路开办"美丽鞋店"、"福音鞋店"前店后坊制作皮鞋,共有雇员30余人,当时原料皮从青岛、徐州等地购进,还有部分从英国进口的

“大英皮”。当时除做帮使用脚踏缝纫机外,全部工序为手工操作。1942 年后新浦相继出现郭干卿的“美丰鞋帽店”、曲瀛洲的“三星鞋帽店”,许汉臣的“云龙”鞋帽店,魏至成的“美华鞋帽店”等 10 余家鞋帽店,从业人员近百人。到解放前夕,仅剩“美丽鞋店”和“福音鞋店”两家。

1952 年下半年,新浦的 10 余名制鞋工人每人集 30 元股金创办新海连市鞋业生产组,生产皮鞋、布鞋和帽子。1955 年,新海连市鞋业生产组更名为新海连市鞋帽生产合作社,从业人员 70 余人。1956 年,人员增至 200 余人,年产皮鞋近 2000 双。1959 年 1 月,皮革鞋帽生产合作社与公私合营新浦制革厂、市福利被服厂合并成立新海连市皮革制品厂。1963 年,连云港市皮革制品厂开始试制胶粘皮鞋。该厂还于 1970 年开始批量生产硫化皮鞋(1984 年停止生产)。1973 年,连云港市皮鞋厂自行设计组建胶粘皮鞋生产线,产量每月达 2 万双。1975 年,市皮鞋厂共生产皮鞋 140591 双,其中缝绱皮鞋只有 4743 双,占 3.3%。

20 世纪 80 年代,新浦区先后成立新浦华新皮革制品厂和新浦皮鞋厂等 4 家皮革制品企业。1983 年 5 月,市皮鞋厂生产的金川牌 AJ—549 牛面仿皮底胶粘女鞋获江苏省四新产品奖。产品批量出口美国和东欧等国。至 1990 年,新浦区属 4 家革制品企业共生产皮鞋 20.72 万双。

20 世纪 90 年代起,个体私营皮鞋业逐步兴起,市皮鞋厂效益滑坡,1996 年破产,320 名职工,部分自谋职业,部分分流到市塑料一厂、制革厂、地毯厂。至 2005 年,新浦区仅有 10 余户个体作坊从事皮鞋定制加工。

(2)皮件

20 世纪 40 年代,新浦地区有 7 家皮铺生产皮绳、皮条。个别皮铺生产皮箱。

1957 年,新浦制革厂恢复传统皮箱的生产,以为顾客定做为主。1959 年生产皮箱 26 只、电焊皮手套 300 多副,并首次出口苏联、捷克斯洛伐克等国家。

1962 年,市皮革制品厂生产新产品编结皮箱,当年生产 1966 只。1964 年,该厂生产全羊皮衣箱 17 只,帆布皮边书箱 200 只。1965 年,生产各种出诊皮箱 9178 只,出口猪皮箱 571 只、电焊手套 64880 副。生产车马輓具 19109 件,其中犁牵 1368 根,皮绳 33 公斤。1965 年生产 75505 件,其中包括马笼头、垫子、肚带、鞍子、皮轧等。此后新浦地区皮件生产企业还有市皮鞋厂、制革厂、聋哑皮件厂。皮鞋厂 1968 年至 1983 年出口皮手套。

20 世纪 70 年代后期,市制革厂停产皮件。90 年代中期,聋哑皮件厂生产的皮尺停产。华新制革厂转产。到 2003 年,新浦皮革制品企业退出市场。

二、塑料业

1958 年,市工商联在新浦开办绝缘材料厂,开始生产酚醛塑料、胶质线、胶木粉等产品。次年,又生产喷雾器考克、电器主令开关等塑料新产品。

20 世纪 60 年代初,绝缘材料厂停产。1964 年 5 月,在原绝缘材料厂基础上成立新浦化工厂,有职工 65 人,固定资产 19.5 万元,生产聚氯乙烯单丝和塑料鞋底、泡沫塑料、塑料复制品等。60 年代后期,新浦化纤纺织厂、连云港塑料厂先后在新浦建成投产,并相继开发泡沫浮球、塑料板材、聚氯烯单丝、聚氯乙烯硬管等产品。1967 ~ 1970 年,新浦化工厂、新浦化纤纺织厂等先后开发生产 PVC 管材、PE 单丝等。1971 年,市塑料厂开发生产聚氯乙烯农膜。翌年,又研制开发了 PE 农膜、工膜。20 世纪 70 年代后期起,PVC 人造革、PP 撕裂薄膜、打包带、编织带、PVC 树脂等产品相继在新浦地区各塑料厂投入生产。1976 年,坐落于新浦盐河南路134号的新浦砖瓦厂更名新浦塑料厂，转产聚氯乙烯人造革(后为市塑料三厂)。

20世纪80年代，区属路南综合厂、向阳化工厂、新浦蚊香厂生产各种塑料产品。1984年，市统一塑料企业编制，路南综合厂更名为连云港市塑料十一厂，向阳化工厂更名为连云港市塑料十二厂，新浦蚊香厂更名为连云港市塑料建材厂。同年12月29日，市华东铝塑制品工业公司在新浦朝阳路3号成立。主要生产方便面袋、虾伊面袋、三层烧鸡袋、酱菜袋、中国名菜包装袋、榨菜袋等。1985年，市塑料十二厂投资30万元开始生产泡沫板，年生产能力5000立方米，当年完成产值150万元，实现利润11万元，该产品获市优质包装产品奖。该厂还生产广泛用家用电器、电子、仪表、玻璃器皿等产品包装的泡沫制品。1989年新浦塑料建材厂25公斤包装桶和储粮桶投产，年生产能力5万只。1990年以后，由于塑料制品与塑料印刷机械的一体化，塑料包装印刷业快速发展。新浦地区先后建立了永胜塑料包装厂、利民药用包装厂、同和塑料彩色印花制品厂、荣鑫彩色印刷厂等20余家塑料制品企业。20世纪90年代末，区属塑料企业生产效益下降，塑料十二厂"退二进三"由第二产业转营第三产业。2000年9月，企业全部出售，职工分流安置。

2004年，外商独资的连云港东昌塑胶有限公司在新浦天晴路100号建成投产，有职工20人，主要生产药品食品包装用的PE膜。2005年产量1538吨，产值1043万元，销售968万元，利税98万元。

至2005年底，新浦地区的市、区属塑料工业企业，除塑料一厂易名为星球塑料厂，继续维持生产外，塑料二厂、三厂、四厂、七厂、十一厂、十二厂6家均关闭或转产。

第五节　化学工业

一、制碱业

民国24年(1935)，赣榆县青口人李家有到新浦熬碱，在新浦较有名气。

1952年6月，赣榆人张至余到新浦投资154万元，在民主路410号兴办张记碱坊；当地人王振标投资80万元，在民主路233号兴办正记碱坊。至1953年，新浦有6家私营碱坊，共有员工16人，资本1071万元，年营业额13143万元，人均日产量18.5公斤(11公斤台碱、7.5公斤牙碱)。

1953年新浦私营碱坊概况表

表17-13

名　称	开业时间	地址	职工人数(人)	资本(万元)	年营业额(万元)
长盛碱坊	1951年1月	新浦	2	44	352
义记碱坊	1951年1月	前河路80号	3	30	677
希明碱坊	1951年3月	新浦	3	54	705
泰记碱坊	1952年6月	民主路239号	2	255	2715
张记碱坊	1952年6月	民主路410号	2	288	2164
正记碱坊	1953年1月	民主路233号	4	400	6530

1959年上半年，新浦区曙光化工厂建成投产，以土法试产液体烧碱，当年产量84吨。1960年上半年，该厂改造生产装置，使年生产能力达1000吨，当年实产275吨（1961年上半年停止制碱）。1959年4月，市电解食盐厂投产，用席棚作厂房，日产烧碱50公斤。1960年6月，市实验化工厂与市电解食盐厂合并，成立市新光化工厂，烧碱年生产能力1100吨。

20世纪60年代，新浦地区制碱业先后停业。

二、小化肥业

20世纪50年代末、60年代初先后建成投产的区属曙光化工厂、红光化工厂、新光化工厂、橡胶厂，分别生产磷肥、盐酸等。1978年11月，上述上交市化学工业局管理后，全区尚有几个街道办的小化工企业生产磷肥、复混肥等。

1984年12月，连云港市新海助剂厂在新浦茅口水厂路2号成立，企业占地面积5200平方米，建设面积1600平方米，拥有固定资产95万元，职工30人。1995年上半年实现销售收入442万元，利税63万元。年产复混肥2万吨。

1990年，临洪村创办连云港市东港化工厂，初期主要生产树脂胶。1994年，该厂搬迁至临洪路，区占地4500平方米，建筑面积3000平方米，职工30人。停产树脂胶，主要生产复混肥，年产量为5000吨，利税100多万元，产品主要销往东北三省。

1998年4月，新海助剂厂改制，由集体转民营。

2003年年底，新浦地区有丰泰、嘉农、泰丰等生产小化肥企业20家，年销售额2亿元；同时存在的还有约15家无证照隐蔽生产网点。由于一批违法犯罪分子制售假化肥坑农害农，在社会上造成恶劣影响，2004年5月到10月初，在全区范围内开展小化肥专项整治工作，对造粒、染色及超范围经营的35家小化肥生产企业全部进行查封，集中销毁5102吨伪劣小化肥，并采取长效管理措施，严禁再生产。泰丰肥料公司、丰泰肥料公司先后停产。至2005年，新浦区已无小化肥生产企业。

三、胶黏剂业

1980年起，新浦地区新光化工厂、红光化工厂开始生产聚醋酸乙烯乳液。

1981年6月，连云港市合成胶厂在临洪西路163号建成投产。工厂占地5200平方米，厂房建筑面积1650平方米，系江苏省外贸定点企业。1982年该厂试产强化合成胶，次年正式投产，当年实产100吨。1984年，该厂所产"港城牌"强化合成胶被评为市级先进包装材料，成为省色染协会指定替代进口贴标胶产品。1988年生产能力达1000吨。1989年，该厂开发新产品乳胶、乳胶漆、地板胶等系列产品，其中乳胶生产能力200吨。强化合成胶产品遍销全国各地。

1985年，浦东街道的轻工化学厂（位于盐河南路131号）开始试产系列热熔粉末黏合剂、PA（聚酰胺）粉末、PE（聚乙烯）粉末、EVA树脂和N—羟甲基丙烯酰胺，年产值150万元。其中PA、PE热熔粉末黏合剂属省内新产品。

1987年，路南街道的路南街胶粘剂厂建成投产。1988年5月，路南街道粘合剂厂、临洪街道的东方化工厂先后建成投产，均生产胶黏剂类产品。同年8月，坐落于通灌路191－1号的连云港市新浦精细化工厂成立，该厂为社会福利企业。占地面积2928平方米，建筑面积1362平方米。该厂主要产品CI树脂胶，年产1000吨、聚酯酸乙烯乳液，年产1000吨、107胶，年产300吨、三元接枝胶，年产100吨。产品均使用“海花牌”注册商标。

1988 年，坐落于新浦南极路 454 号的连云港市新浦黏合剂厂成立，该厂占地面积 2626 平方米，建筑面积 1133 平方米，拥有固定资产 50 万元，职工 20 人。

1989 年，建于盐河路中段的新浦橡胶化工厂（占地面积 2240 平方米，建筑面积 1144 平方米），开始生产 305 高强度胶黏剂。

20 世纪 80 年代末起，全区深化企业体制改革。新浦东方化工厂以净资产 15.89 万元的价格将企业的净资产（不包括土地和电力设施）出售给曹君华个人。企业改制后，更名为新浦有机化工厂，企业占地面积 2831 平方米，有职工 29 名。主要生产贴标胶、玻璃瓶美容剂，年生产能力 5000 吨，产值 1000 万元，利税 100 多万元。

2000 年，合成胶厂胶产品停产（2005 年该企业整体出售，一次性安置了全部职工）。

2002 年 7 月，新浦黏合剂厂改制，出售后保持原来的生产经营。

2005 年，区内尚存几家化工厂，年产各类胶黏剂 2624 吨。

四、热镀业

1987 年，新浦热镀锌厂在新浦临洪路 163 号成立，厂区占地面积 3027 平方米，建筑面积 721 平方米，有镀锌车间和大镀锌槽池。主要进行热镀打冷战件的来料加工，镀锌服务范围为苏北和鲁南地区。主要服务对象为供电部门，1990 年产值 100.6 万元，利税 15 万元，职工 20 多人。该厂还利用镀锌废渣提炼氧化锌，年产量 60 吨，新增产值 40 余万元。到 2005 年，年镀锌能力达 1000 万吨，利税 100 多万元。职工 60 多人。

五、其他化工业

1979 年开始，小化工厂在新浦区遍地开花，先后建成市化学试剂厂、连云港艺隆化工有限公司、市节能材料厂、市合成胶厂、市新海助剂厂、新浦橡胶厂化工厂、新浦黏合剂厂、新浦溶剂厂、新浦长城化工厂、热溶衬布厂、新浦南方化工厂、新浦有机化工厂、新浦精细化工厂、南城正荣添加剂厂、杰圩化工有限公司等。

1987 年，位于新浦解放东路 81 号，连云港市节能材料厂成立，是国内 5 个生产同类产品的厂家之一，该厂占地面积 2500 平方米，厂房面积 1000 平方米，固定资产 32 万元。该厂与上海交通大学、广州中山大学、交通部节能中心、莱阳添加剂厂建立长期技术合作关系，开发柴油增效剂、汽油添加剂，产品可提高柴油和汽油燃烧速度，起催化燃料作用，可降耗油。汽油节能添加剂获省 1989 年优秀新产品金牛奖。1991 年，纳入江苏省成品油节能办公室推广应用产品之一。当年在全省推广使用 100 吨。由于市场等原因，1996 年以后企业处于停产状态，2004 年企业关闭，整体出售，厂地用于房地产开发。

1989 年，浦东中学在海连中路兴办连云港市化学试剂厂。生产无机化学试剂、有机化学试剂和特殊分析试剂。该厂是江苏省化学试剂定点生产厂家之一，也是中国环境保护工业协会江苏分会首批会员单位。该厂占地面积 6000 平方米，建筑面积 1600 平方米，固定资产净值 57 万元。主要生产三乙醇胺、磷酸氢二钠、磷酸三钠、草酸钠、草酸、复合水质净化剂等 115 种试剂，其中磷酸三钠获“市优”产品称号，复合水质净化剂填补了连云港市空白。

1992 年，兴建于新浦北郊路 44 号的连云港艺隆化工有限公司，主要生产磷化铝片剂、粉剂，通过吸水释放出剧毒的磷花氢气体，对害虫有强烈的熏蒸作用，用于原粮、成品粮、种子粮和各种仓储器材的熏蒸；2005年产量200吨，产值近300万元，20%出口。1993年，新浦长城化工厂在新浦临洪西路建成投产，该厂占地面积2600平方米，建筑950平方米，职工10几个人。主要产品树脂胶、涂料。年产值100多万元，利税20万元。1994年，连云港市合成胶厂投资120万元新上亚磷酸三乙酯项目，从上海引进工艺和技术力量。该项产品为荧光增白剂，是油漆中间体。1995年投产，年生产达到80吨，销售到上海、大连等地。

1997年，新浦区化学工业进入鼎盛时期，有独立核算化工企业22家，创利税426.5万元。此后，由于小化工厂对环境造成严重污染，在城区建设改造和房地产开发中新浦区部分化工企业关闭或转产或搬迁到大浦化工区。

2005年，全区尚有正荣添加剂厂、有机化工厂和杰圩化工公司3家500万以上产值的化工企业，及长城化工厂等几家小化工企业。

第六节　医药工业

一、中药中成药

自古域内云台山区民间即传承着疗效明显的单方、验方，“云台山蛇药”治蝮蛇（俗称“秃尾蛇”）咬伤有奇效，是花果山乡大村武姓祖传秘方，已有160多年历史。

民国12年（1923），三和兴中药店在店后设简单作坊，按药典组方，精选药材，配制各种膏、丹、丸、散。配制的饱和丸、藿香正气丸、逍遥丸、安宫牛黄丸、酒制大黄、绿宝散、冰硼散及各种膏药，药效均佳，尤以其配制的鹅管眼膏、锡盒眼膏治老人烂眼效果甚佳，有药到病除之说。民国35年（1946）戴晓觉膏药店以秘方配制的膏药，敷治各种无名肿毒，疗效甚佳。

新中国成立初期，各私营中医店仍以前店后坊形式，生产各种丸、丹、膏、散。1958年，在公私合营三和兴药店后作坊的基础上，建立了中药加工厂，生产各类丸药。1959年，新浦区卫生院挖掘祖国医学遗产，收集民间单方、验方、秘方，试制一些中成药，用于临床。同时炮制中医外科常用的丸、散、膏、丹类中成药。中药加工厂1960年停产。1965年恢复生产后属市医药公司领导，有职工30多人，年产值20万元。

1975年12月28日，中药加工厂更名为连云港中药厂，为全民企业。1979年，厂址迁至新浦海昌路482号（今海昌南路58号），生产规模不断扩大，至1990年，产品已达80余种，主要产品年生产能力扩大为大山楂丸150吨、复方丹参片50吨、三七片50吨、复方黄连素片50吨、姜枣祛寒冲剂10吨、藿香正气水100吨、蛇胆川贝液50吨。

1996年，连云港中药厂更名为连云港康缘制药有限公司。2000年11月，经省政府批准，更名为江苏康缘药业股份有限公司（简称康缘药业）。同年12月2日成立上市公司，企业净资产达5180万元。并在连云港经济技术开发区建设生产基地。

2003年，康缘药业有金振口服液等儿科药物、桂枝茯苓胶囊等妇科药物、天舒胶囊等心血管药物、抗骨质增生胶囊等骨伤科药物8个剂型80多个品种供应市场；具备年生产硬胶囊10亿粒、软胶囊3亿粒、口服液1亿支的能力。该公司运用现代药物研究的新工艺、新剂型、新辅料不断提升传统中药的技术内涵,形成了"以膜分离、逆流萃取为代表的提取精制技术应用规模化"、"以指纹图谱为代表的中药质量控制技术现代化"、"以注射剂、软胶囊为主导的中药新剂型系列化"等主导技术特色,确立了在国内中药行业的技术领先地位。到2004年,设在新浦的老厂区成为公司技术研发中心和公司办公机构。2005年,该公司被认定为国家级企业技术中心。

二、化学制药

民国23年(1934)江都人钱仁山和盐商合股在新浦开办中南仁记大药房,在卖药同时,自制追风骨痛露、痧药水等药品出售。

1958年,新浦地区一些企业、单位开始用土设备、土办法生产原料药、酊水剂等药品。曙光化工厂生产无水硫酸钠、氧化镁;食品公司生产百咳灵片和肝精针;市罐头厂生产药用淀粉、止咳梨膏;市卫生防疫站生产敌敌畏;新浦人民医院制剂室先后生产十滴水、碘酒、陈皮酊、姜酊、甘草流浸膏、止咳糖浆、呋喃西林膏等。1960年,在全国工业治理过程中,新浦地区化学制药受到影响。到20世纪60年代初,酊水剂全部停产。

1969年,市食品公司恢复生产针剂,手工操作,日产量5000支左右。同10月,江苏省生产建设兵团一师在南城兴办制药厂,试制成功10%葡萄糖注射液。

1970年,新浦木梳社在市卫生局药检所指导下,转产药品,在几间简陋的厂房里,用两口大缸、几口锅生产磺胺嘧啶剂,由市医药公司统购包销。同年5月,市食品公司利用猪胆汁与小米混合发酵的方法试制抗菌痢胶囊。11月25日,研制成功并投入小批量生产。同年11月,新浦木梳厂正式改组为连云港向阳制药厂,时有15名职工,生产开塞露、十滴水、三磺乳、陈皮糖浆乳、乐乳、碘酒、红汞水等药品。1972年,该厂在50平方米房中,用1台电烤箱、2台单压片机,经过数十次试验,生产出弗兰西林片。同时开发出氨基比林、小儿安等产品。1973年,食品公司制药车间新增力勃隆、脾血隆等胶囊,当年创产值33万元,利润13万元。1978年11月,向阳制药厂划为市属全民企业,更名为连云港制药厂。

20世纪80年代,新浦地区的连云港市第一人民医院、新浦区人民医院等单位,经批准生产大输液。1984年,连云港市东风制药厂从南城镇迁至新浦新农路8号(今巨龙路)。生产抗深度霉菌类药大蒜素、葡萄糖注射液、硫酸庆大霉素注射液等产品。1990年,企业完成工业总产值6933.17万元,利润292.4万元。1985年,生产磺胺嘧啶乳剂、人造补血药、脑力新等酊水剂品30余种。同年,江苏省生产建设兵团一师制药厂改为连云港市东风制药厂。1989年,该厂试制合成大蒜素成功。

1997年,连云港制药厂更名为连云港恒瑞股份制药有限公司,主要生产抗肿瘤药、心血管药、麻醉镇痛药、内分泌药。

2001年,东风制药厂完成股份制改造,成立江苏正大天晴药业股份有限公司。生产治疗肝病、肿瘤、呼吸系统、糖尿病、感染等药物,有15个剂型产品。

2005年,恒瑞股份制药有限公司生产片剂10亿片,针剂7000万支,软袋大输液700万袋,口服液700万瓶,胶囊7000万粒,软膏700万支;所有剂型均通过了国家GMP认证,异环磷酰胺、依托泊苷、美司钠、噻替派等通过了美国FDA验证。销售额20亿元。同年,正大天晴药业公司主要生产甘利欣、天晴复欣、异甘草酸美、阿德福韦酯等90多个品种,销售额13亿元。

第七节　建筑材料工业

一、砖瓦业

民国28年(1939),日本人在东巉外和后河北兴建兴亚、松岗窑厂,为单门马蹄窑,生产砖和平面瓦。兴亚窑厂年产砖600～700万块;松岗窑厂年产砖130～140万块,平瓦15～20万片。民国29年(1940),山东青岛人毛方培带21人来新浦在临洪滩建窑厂。民国30年生产平瓦,产量甚微。民国31年,徐州人徐秉山在临洪滩开办吉祥窑厂,建小马蹄窑11座(其中两座烧瓦),初期全部手工操作,后用压杆式瓦机和石膏模制瓦,年产瓦10万片左右。鼎盛时期全厂有工人400余人,年产砖500万块、瓦20万片左右。

抗战胜利后,新浦有大小砖瓦窑21座(东巉外8座,后河底3座,后河北10座)。至解放前夕,除吉祥窑厂外,其他砖瓦厂均停业。

解放初,新海连特区政府接管吉祥窑厂,改名为新海连市大成窑厂,是连云港地区解放初期唯一生产黏土烧结砖瓦的厂家。当初只有10名职工,利用手摇压瓦机和1幢容量为4000片瓦坯的晾瓦房及两座瓦窑、3座砖窑组织生产。

新中国成立后,大成窑厂逐步扩建。1954年,改为地方国营大成砖瓦厂,职工68人,年产砖瓦200万块(片),属地方工业局领导。1956年,该厂在沈圩新建制砖车间。1960年,其制砖车间迁去海州,制瓦车间仍在临洪滩。1965年,大成窑厂制瓦车间改为连云港市制瓦厂。后因原材料黏土逐步枯竭生产规模不断缩小,终于1994年关闭。由市变压器厂兼并成为其一个生产车间。

20世纪70年代开始,花果山乡陆续兴建第一砖厂、第二砖厂、陶瓷厂(生产缸和花盆)和村办砖厂共6家,产销红火。90年代末起,花果山乡乡办、村办砖厂因资源保护和环境保护需要停产。飞泉村、大村村砖厂的烟囱也于2003年1月被引爆拆除,全部停止生产。

1985年,浦西街道兴办玻璃钢厂,生产玻璃钢波形瓦。1987年,区属织带厂开发琉璃型高强度轻质瓦投产,当年产瓦两万片。此二厂均由于市场等原因没有形成规模,于20世纪80年代末后先后停产。

二、水泥制品业

1960年10月,市建筑工程公司木工厂钢筋车间生产组开始在新浦生产混凝土地下水排水管。

1962年,区市政工程管理所在新浦兴建水泥制品厂,主要生产市政工程使用的路牙石、人行道水泥地砖及下水道的窨井盖等小型预制件。1964年,市建筑工程公司木工厂钢筋生产组试制水泥桁条、混凝土空心板等混凝土构件。1965年,新浦区在沈圩桥北侧建区属水泥制品厂,生产水泥桁条、楼板等预制品。

1971年至1975年间,区建筑安装公司水泥制品厂、临洪大队水泥制品厂、市东街道水泥制品厂相继建立。1975年,在东巉外石灰厂厂址上建成连云港市水泥厂。1976年,位于连海路的市建筑工程公司木工厂更名为市混凝土构件厂,建成60型、90型混凝土圆孔板挤压生产线,实现机械化生产。

1986年,总投资172万元的市云燕水泥制品厂在新浦丁字路东首建成投产。生产直径200～400毫米无筋混凝土管、直径600~1200毫米有筋混凝土排水管及180~240毫米圆孔板系列。

2001年，在花果山乡建成云台苍梧水泥制品厂，主要生产彩色道板，广泛用于人行道面，年产值300万元。在限用直至禁止使用实心黏土砖后，在乡镇出现10多个水泥砖生产企业和30多个个体户，主要生产民用水泥砖。该产品工艺简单，标准不一，质量难以保证，被严格限制生产。

2004年，推广企业化生产混凝土，市金达混凝土公司在花果山乡建成，以其现代化生产线和优越的运输条件，在全市乃至苏北均有竞争优势，年产值达2000万元。

2005年，区属企业共生产水泥制品3.3万立方米。

三、采石业

20世纪50年代以前，境内云台山地区有少量采石，多为民间所为，无专门采石企业。

1960年，国营东辛农场在大岛山建立第一家采石厂。

1970年，云台公社（今云台乡）在大岛山先后建立云台采石一厂、二厂，开山采石。接着，丹霞村、凤凰村、朱麻村也相继兴建采石厂。花果山乡、南城镇、南云台林场也都在辖区内的山体上建厂，开山采石，所采块石、毛石、石渣，用于盖房、筑路等。兴盛时期云台乡有近40个塘口，年开采量达4000万吨。花果山乡有6个塘口，南城镇有3个塘口，南云台林场有3个塘口，采石业一度成为地方支柱产业。

20世纪90年代开始，用机器对石料进行加工，石子用于建楼房、铺水泥路；可替代河沙的机制砂供不应求；云台乡的采石二厂成为省防汛块石采集基地。90年代中后期起，政府进一步加强环境治理和安全开采管理，逐步加大对采石业的整顿力度，进行封山育林。1996年，南城镇停止采石生产。2000年，花果山乡全面停止采石。云台乡是苏北最大的采石基地，主要发展大岛山采石厂，其他尚有14家采石企业。2003年后，开始整合资源，对安全风险大、破坏山体严重的采石塘口，实行强行关闭。对大岛山采石厂开始实行分层开采。

2005年，新浦区尚有大岛山采石厂、丹霞采石厂独立采石，云台采石一厂、二厂、凤凰采石厂和朱麻采石厂整合为一个厂进行生产，主要生产石子、石料、机制砂。当年，全区直接采石劳力1500余人，带动从业人员2000余人，年采石量达3000余万吨。

四、新型建材业

【石板材】 1985年，原属临洪街道的竹木器厂转产，在新孔路1号建成连云港市大理石厂，占地8008平方米，厂房面积2068平方米。初期生产人造大理石和天然大理石板材。1986年，转为区属集体企业，主要加工生产“花果山牌”天然大理石和花岗岩板材，用于地面、墙面装修。原材料荒料采购于山东、福建等地。1994年，该厂投入1000余万元安装了进口流水线，年产板材最高达5万平方米。产品有雪花白、将军红、莱阳绿等，一度出口到美国、加拿大、日本、韩国等国和中国香港地区。企业职工有180人。20世纪90年代后期，由于原材料产地远，价格大幅上涨，加工成本高，企业运行艰难，于1999年停产。

20世纪90年代中期，新浦解放东路建成装饰城，原区属大理石厂职工江奎进“城”兴办板材加工厂，从山东等地购进半成品，按客户要求加工制作大理石、花岗岩板材。此后入驻板材加工户渐多。至2005年达30多家，年加工板材100余万平方米。

【装饰装修材料】 1982年，新浦有机化工厂、新光化工厂首先生产106内墙涂料，属于水溶性、无毒无味、防水性能好。不久,新浦地区先后建成新浦精细化工厂、龙尾综合福利厂、港师化工厂等20多家涂料生产企业。

1983年,浦西街道建成连云港市长春联营建材厂,生产"811"防水涂料,主要用于建筑物屋面、墙体、地下室装饰装修。年产量300吨。1986年、1990年,两度被评为市优良产品。

1998年,路南街道办事处引进雅宏板业有限公司,生产铝塑板材、人造大理石板材,年产达1万平方米。花果山乡建成海丰塑钢门窗厂,生产塑钢门窗及门窗配件。其后,新浦地区又有东龙建材公司生产铝塑板材和麒瑞达公司生产新型墙体材料。2004年,总投资1000多万元的华云新型建材项目建成投产。

2005年,全区有装饰装修材料生产企业近10家。年产建筑涂料144吨,黏合剂2624吨。

第八节 金属制造工业

一、电工器材制造业

1956年1月,成立了公私合营新浦电器修配厂,初期开展动力、照明安装、电器、广播器材修配及镀锌业务。1958年初,试制20千伏安小型变压器成功,开始承接江苏省下达的小批量变压器生产任务。4月,更名为公私合营新浦电机制配厂,8月,又更名为新海连市变压器厂,为市管企业。当年生产变压器161台、12110千伏安。

1966年5月,新浦电器元件厂在幸福路9号建成投产,为制造接插元件的专业厂,初有职工28人。利用上海一厂家无偿支援的8台旧式小车床、1台手动四柱25克塑压机,及自购的冲床、车床、整流器等设备,试生产插塞、插口。

1970年6月,新浦钟表社开始生产铁壳开关,当年生产3P500V、10A铁壳开关4000只。1971年生产1.25万只。1972年,新浦钟表社更名为新浦开关厂。1970年至1982年共生产铁壳开关30余万只。1983年,停止生产铁壳开关。

1971年,陇东中学创办陇东电器厂(位于陇中路2号),占地1375平方米,厂房935平方米。初期生产卷尺、门锁等。1974年,延安中学兴办蓄电池厂。1975年,陇东电器厂开始生产行灯变压器、控制变压器。同年,浦东街道在同兴巷31号兴办新浦电器开关厂,生产PBL型系列低压开关柜。

1974年,延安中学的蓄电池厂、陇东中学的电器厂先后建成投产,生产蓄电池、干式变压器等产品。1975年4月,浦东街道在同兴巷31号兴办新浦电器开关厂,生产PBL型系列低压开关柜。1978年,市东街道兴办新海电缆厂,生产各种型号电缆线(因技术和管理问题于20世纪80年代中期停产)。

1982年,新浦五七石粉厂(位于南极路453号)更名为连云港市灯具厂。该厂占地5000平方米,建筑面积2500平方米。主要生产13英寸、16英寸和18英寸马路弯灯、DW-2型碘钨灯、XD-2型和XD-3型工作行灯。年生产能力6万只。产品销往江苏、福建等省及以东北、西北、西南等20多个城市和地区。曾多次获市工商局颁发的"重合同、守信用"证书。

20世纪80年代中后期,浦东街道的电线厂、路南街道的灯具厂、临洪街道的荧光灯厂、临洪村的新浦家用电器厂等,分别生产电线、灯具、变压器、蓄电池、灯泡等各种电工器材。1987年,新浦电器开关厂建成投产,生产高、低压开关柜及各种动力、照明配电箱、柜。产品销往上海、浙江、江西等10多个省市的中小型变电所。

1990 年起，开关柜配套出口巴基斯坦、阿尔巴尼亚等地电网改造工程。1995 年，连云港市沈大金属型材厂开始生产低压开关柜，供应江苏、山东等省有关地区电网改造工程。2005 年，年产量达 750 台套。1997 年起，新浦电器开关厂研制成功矿山用工业鼓风机，出口德国。同年，陇东电器厂开发熔融石英变压器，并能配套出口韩国等。

2001 年起，新浦区通过调整各业产品结构，逐渐形成了以沈大型材厂、新浦电开工厂、新科电线电缆有限公司。天力专用设备厂等为龙头，由 25 家企业组成的金属制造业。主要产品有电线电缆、高低压开关柜、电缆交箱、高压柜等。

2005 年，新浦开关厂等企业生产低压开关板 12786 面，照明器材 16012 件。开关厂生产的开关、配电箱、动力箱、风机、钢件结构，出口欧盟国家，年产值 2200 万元。港雁通讯电器设备厂生产交接箱、宽带箱信报箱等产品，年产值 600 万左右，利税 60 万左右。陇东电器产产值达 300 万元。同年，路南街道的灯具厂停产。

二、锅炉和水泵制造业

【锅炉】 1962 年 4 月，市化街、建国街、通灌街等街道居委会的生产合作社合并，成立新浦区第二车辆修配合作社，坐落于海丰巷 3 号。1964 年与新浦区第一车辆合作社合并，改名为新浦容器厂，生产储油罐。1971 年初，试制成功第一台 KZCI－8 型固定炉排卧式快装锅炉。1972 年共生产 107 台。1977 年，该厂更名为连云港市锅炉容器厂，在南京锅炉厂的支持下，自制 400 吨水压机一台，自制部分锅炉，容器封头，改变了封头需外地加工状况，当年生产锅 37 台。次年底划归市机械局管理。

【水泵】 1974 年，区属新浦跃进机械厂开始接受水泵生产任务。1975 年，生产 6BA—18 单级清水离心泵 257 台。同年 12 月，区政府将区通用机械厂部分工人及 C620 车床两台、C6136 车床 3 台、滚齿机 1 台、B665 牛头刨床 1 台、Z25 摇臂钻 1 台、250 公斤空气锤 1 台等设备，调入新浦跃进机械厂，扩大生产能力。1976 年承担 3BA、8SH—9、14SH—13 等 3 种水泵 565 台生产任务，实际完成 435 台。同年 11 月，新浦跃进机械厂更名连云港市水泵厂。1978 年 11 月，划归市机械局管理。

1985 年，原新海五金厂更名为新浦耐腐泵厂，开始生产各种耐腐泵。先后开发出 PS. 11－IS 系列玻璃钢耐腐泵、IST 系列搪瓷耐腐泵、ISBA 系列潜水离心泵、PCW 系列锅炉给水泵。其中玻璃钢耐腐泵获江苏省 1990 年优质产品“金牛奖”；IST 搪瓷耐腐泵填补了江苏省内产品空白，并列入江苏省科委“星火计划”，年综合生产能力达 2000 台。产品销至湖南、陕西、北京等 10 多个省、市、自治区。该厂与中科院上海硅酸盐研究所、江苏省农业机械研究所合作。主要设备有车床、铣床、锯床等 14 台，液压机 4 台，37 千瓦电炉 1 台，金加工能力较强，有一定的测试手段。1990 年全厂职工 75 人，固定资产原值 42.1 万元，完成工业产值 141.9 万元，创利税 7.6 万元。1998 年，该厂转产。

三、建筑器材制造业

1980 年，临洪街道的新浦制钉拔丝厂在盐河路 135 号建成投产，占地 8791.8 平方米，建筑面积 3115 平方米。初有 15 名职工，有旧拔丝机 1 台，简陋厂房 5 间，从事冷拔丝生产。当年产值 25 万元，利税 2 万元，固定资产 1.7 万元，流动资金 1.2 万元。后更新设备，生产镀锌铁丝和圆钉，经济效益稳步增长。为市、区先进企业。1990 年，全厂有镀锌铁丝生产线两条，拔丝机 12 台，制钉机 4 台，汽车 3 辆，快装锅炉1台。年产各种规格的镀锌铁丝5000吨,圆钉800吨。镀锌铁丝获市优秀产品奖,销省内各地和海南省及东北地区。年底,全厂职工104人。固定资产原值97.8万元,完成工业产值544.4万元,实现利税23.5万元。2000年,全区生产钢钉、钢丝等各种建筑用金属制品9737吨。同年底,新浦拔丝厂因规模小、工艺落后缺乏市场竞争力而关闭。

20世纪90年代后期,构件制作业兴起,新浦地区从事钢模板、铝合金门窗、安全门窗、安全门等加工生产的小企业、小作坊兴起。2001年,新浦区根据市场需求调整产业结构,先后兴办了沈大型材厂、钢模板厂。至2005年,全区有沈大型材厂、钢模板厂、长城钢模板厂、天宇钢模板厂、天力专用设备厂等骨干企业,生产钢模板、钢瓶板及冷弯型材等建筑器材。当年,全区生产建筑金属用品19073吨。

四、机车修造业

民国35年(1946),新浦南马路中段周老柜的五金行,从上海请来钣金名师桑尼祥,以手工制作汽车头整体外壳(包括驾驶室)1部,其外形美观、曲线流畅。此事震惊新浦工商界,开新浦地区钣金制造业之先河。

1965年至1967年,新浦钢具厂承接汽车外壳修业务。1970年,连云港市实验机械厂生产"黄海牌"1吨农用拖斗,并开展改装客车的业务。

1974年,沈圩村兴办新浦汽车修理厂。次年,新浦浦西汽车修理厂在临洪西路63号建成投产。1977年,新浦临洪汽车修理厂在新海路8号建立,占地3400平方米,厂房建筑面积1351.43平方米。该厂原为市农机车辆修配站利用临洪大队第五生产队仓库场地开办的修理车间,与市车辆厂联营而成。有刨床、铣床、冲床及清洗机、研磨机、空压机、镗缸机、蹄片切削机、充电机等18台。主要从事改拖拉机油刹车为汽刹车业务,兼营车辆修理。1980年上升为临洪街道集体企业。全厂拥有金属加工设备、汽车修理专用设备15台,所修理的国产、进口的各种汽车,多次经交通、汽车管理部门的检验,符合汽车修理专业厂的要求(该厂于2004年转产)。1990年,全厂职工89人,固定资产原值15.4万元,实现产值82.6万元,利税4.9万元。2001年,该厂迁至朝阳西路56号,更名为连云港市捷达汽车修理厂。

1996年,宁海乡在瀛洲南路、南城大桥北首创办宁海汽车修理厂,从事轿车修理。

2003年,投资1319万元、占地2公顷的市东方远通汽车销售中心落户南城镇。南城镇着力打造汽车销售城,至2005年,已有远通别克、海南马自达、昌河汽车销售中心,苏奥汽车等项目落户南城,初步形成了汽车销售、维修业。至2005年底,新浦地区汽车修理业有23家可以电话预约修理(作坊式修理部不包括在内)。宁海轿车修理厂、捷达汽车修理厂为有一定规模资质的企业,成为一汽大众、红旗、奥迪等品牌汽车维修企业和公安部门委托定点事故车处理单位、政府委托定点汽车维修单位。

第九节　电子仪表工业

一、电子产品业

1966年3月,连云港市新浦元件厂成立。1968年,按上海技术标准先后试制出CSX2—2.5、CSX2—3.5型小二芯插塞,CKX2—2.5、CKX2—3.5型小二芯插口,CS—2型大二芯插口等6种插塞、插口,经上海无线电九厂测试合格。

1972年4月,新浦元件厂、新浦纱包厂、新浦电器厂3家区属集体企业合并成立的连云港市无线电元件四厂,建厂房6080平方米,添置线切割机床、磨床、铣床、刨床、注塑机等设备,加强了电镀、模具制造和注塑能力,正式批量生产插塞插口。

1978年,元件四厂上交市电子局归口管理。

二、仪器仪表业

1958年,连云港市新浦光学仪器厂成立。1970年起,该厂开始生产生物显微镜,最高年产量2053台,1989年停止生产。2001年,该厂更名为连云港天诺光学仪器有限公司,专业生产验光镜片箱(检眼镜片箱)、试镜架等验光仪器,形成260、232、226、158等多种规格产品,商标为“黄海”牌、“天诺”牌。

1967年,连云港市新浦水表厂成立,至1971年共生产水表3013只。1972年,新浦水表厂并入连云港市新浦金属容器厂。1974年,从容器厂划出并入新浦开关厂。1976年,从开关厂划出并入市自来水公司,成立新浦水表厂。1979年,新浦水表厂划归市机械工业局管理,继续进行水表生产,其产品多次获省和国家机械工业部优质产品奖。2002年,企业改制,更名为连云港市水表有限公司。2005年,生产水表100余万只。

第十节 电力工业

一、火力发电业

民国9年(1920),海州人沈蓓(号仲长)在新浦前河南(今东方大厦一带)创办新东电灯股份公司,占地10.8公顷,建有机器、锅炉、营业所等各种用房29间,资金1.4万元。安装1台76千瓦的交流蒸汽发电机组,发电出口电压220伏。全年收入2.88万元。民国25年(1936),新东电灯股份公司因电力不足供市面之用,租用海丰面粉厂厂房、锅炉、器械,并增添一台100千瓦的直流发电机,负债5万元。民国27年(1938),新东电灯股份公司因两次遭日本侵略军轰炸而停产。

1979年,位于新浦东部的市炼糖厂建自备发电站,1988年发电,容量为1600千伏安,机组为750千瓦背压式汽轮机发电机组。20世纪90年代,炼糖厂关闭,停止发电。

二、热电业

1984年5月,位于新浦站西路2号的新浦造纸厂开始筹建造纸厂热电站,占地2333平方米。一期工程投入900多万元,安装35吨/时次高压锅炉和3000千瓦背压式汽轮发电机组各1台。1987年7月1日正式投产,同时,更名为新浦热电厂。有职工300余名。当年发电量为224万千瓦时。1988年为854万千瓦时。1989年为873.9万千瓦时。1990年为535.7千瓦时。1993年,投入2084万元实施二期技术改造工程。2002年6月,企业由国营性质改制为民营性质,更名为连云港田申热电有限公司,职工100余人。企业以供热为主,供热范围为市第一人民医院、中医院、火车站、6号街区、麻纺小区、园林小区、东方纽约城小区等10多个片区。

第四章　新浦地区工业企业选介

第一节　新浦区重点工业企业选介

一、连云港市研磨厂

建于1988年，原名新浦耐火磨料厂，为沈圩村村办企业，主要生产碳化硅系列和黑刚玉，产品75%以上出口日本、韩国及欧美等国家和地区。1995年，该厂筹资40万元从上海购进1台摆式磨粉机，时为国内最先进的专业设备，能生产硅含量95%以上的产品，同时开展“320目”以上碳化硅技改项目，提高产品的附加值，产品成功进入“西欧”市场。是时企业有职工30人。1997年，企业获进出口自营权。

1998年，企业改制转为民营。

2000年开始，该厂先后投资1000多万元在四川省甘洛县兴建碳化硅冶炼厂，作为稳定的原材料基地，利用当地丰富的水电资源，大大降低原材料成本。成为连云港市参与西部大开发成功典范。

图17-8　连云港市研磨厂车间一角

2002年，企业产品通过ISO9001—2000版质量管理体系认证。2004年，研磨厂投入700多万元自行研发的国家星火计划项目“碳化硅精微粉”全面投产，由筛分法改为水流溢流法和水流沉降法，并实现流水线生产，使原来对人体有害的碳化硅粉尘变成附加值很高的精微粉，并达到每小时1000公斤的生产效率，产品的针状和片状率突破了60%，精细化程度逼近2500目，接近悬浮级。该产品广泛用于电子、航空航天。

2005年，企业职工170人，完成工业总产值3600万元，实现销售收入3200万元，利税总额220万元。具有年产碳化硅结晶块、粒度砂、微粉共15000吨的生产能力。产品远销日本、韩国、美国、法国、加拿大、印度等10多个国家和中国台湾地区。同年，“花果山”牌商标被评为江苏省著名商标；碳化硅系列磨料产品为省名牌产品，企业获得ISO1400环境管理体系认证，获得“市先进民营企业”、“市三星级企业”、“市高新技术企业”称号，获得省级科技进步奖三等奖，市科技进步奖一等奖。

二、连云港市太阳雨热水器制造公司

连云港市太阳雨热水器制造公司成立于1999年，2004年由东辛农场搬迁至宁海工业园。厂区占地面积80000余平方米。生产实现机械化、模具化，年生产全玻璃真空管能力达400万支，年生产太阳能热水器能力达30万台（套）。

该公司率先在太阳能行业内全玻璃真空集热管、太阳能热水器、大型太阳能集热工程同时通过

ISO9001(2000版)国际质量管理体系认证。生产的太阳雨牌太阳能热水器是太阳能行业内率先推出的大容量补水箱、单管排空新技术、可调式坡屋顶支架、全智能型控制仪的企业之一。该公司的大型太阳能集热工程已和各地的建筑融为一体,成为城市建设中一道亮丽的风景线。公司生产的各种系列高、中、低档太阳热水器产品,结构科学新颖、工艺精湛、质量稳定可靠,为"中国名牌"、"国家免检"产品。产品销售网络覆盖全国,并出口到欧盟及亚洲的20多个国家。该公司还应邀参加建设部国家标准《民用建筑太阳能热水系统应用技术规范》的制定。企业综合实力跨入全国同行业前五强。

2005年,该公司已拥有20多项自主知识产权,年生产能力达30万台(套),全玻璃真空管400万支。完成总产值1.6亿元,出口交货值4000万元。公司还应邀参加建设部国家标准《民用建筑太阳能热水系统应用技术规范》的制定。

三、连云港市新浦电器开关厂

1975年4月建厂,位于新浦陇北街,为社会福利性质的企业。主要设备有冲床、金属切割机14台,焊接设备5台,高压、低压检验设备9台。1979年以后,开始试生产低压开关柜,产品质量稳定。通过机械工业部、电子工业部、能源部的共同验收取得生产低压开关柜许可证。主要生产低压开关柜及各种压力照明配电箱、柜。其中PACL-1型系列开关柜为国家重点攻关工程配套工程。1990年,与南京化学工业公司国际事业公司产品配套出口巴基斯坦、阿尔巴尼亚等国家。产品同时销往上海、浙江、河北、河南、江西、安徽省等及省内11个省辖市。

新浦电器开关厂为上海电工电器集团的成员厂,长期与上海电器科学研究所、西安高压电器研究所建立技术合作关系。1990年,新开发节能油电专用开关柜,通过上海电器研究所的型式试验合格,投料成批生产。曾多次获市、区先进企业称号,为市二级计量合格单位。1993年开始,生产的开工柜配套出口。1994年,开始与德国等企业搞来样加工业务,生产钢结构件,开发新产品工业鼓风机。2001年,开发配餐车出口日本,年出口供货值800万元。2005年,产值达2200万元。

四、连云港市正荣食品添加剂厂

该厂为卢正竹个人于1990年投资50万元兴办的私营企业,位于南城镇西大街2号。厂区占地6660平方米,生产"天阳"牌柠檬酸盐、磷酸盐食品添加剂2个系列近10个品种,产品50%出口美国、英国、德国、韩国等国家。企业从年销售200万元起步,逐年稳步增长,2002年,成为新浦区规模以上企业。2005年,企业资产800万元,有员工30人,营业收入1100万元。

五、连云港市杰圩化工有限公司

成立于1997年,位于新浦区沈圩新磷路。占地6500平方米,原为新浦区沈圩村与七一六研究所的联营企业、由中国船舶重工集团公司第七研究院第七一六研究所控股的有限责任公司。主要研发和生产农药、医药、染料中间体等精细化学产品。主要产品有N-羟甲基丙烯酰胺、溴代十二烷、邻甲氧基苯甲醛、月桂氮酮、苯甲醛-2-磺酸钠、苯甲醛-2-磺酸、N'-亚甲基双丙烯酰胺等。2005年,企业与七一六研究所脱钩,并改制为民营企业,有员工30人,销售额1500万元,产品90%通过外贸部门出口。

六、新浦有机化工厂

始建于1992年,原名新浦东方化工厂,为社会福利企业。坐落于新浦区盐河南路133号,占地面积

2831平方米,有职工29名。企业生产高速商标胶、高效洗瓶剂、啤酒瓶美化剂。1999年改制为民营企业,并更用现名。开始开发啤酒瓶美容机。啤酒瓶美容机是在引进国外技术的基础上,采用国际最新技术研制成功的高速全自动运行的高级啤酒瓶喷涂美容设备。2001年实现批量生产。

2002年,该厂被江苏省科技厅认定为《江苏省民营科技企业》。当年,主要产品高分子特种商标胶,年生产能力1200吨;酪素黏合剂,年生产能力1000吨;高效固体洗瓶剂,年生产能力400吨;输瓶链润滑剂,年生产能力600吨;啤酒瓶美容剂,年生产能力1000吨;啤酒瓶美容机,年生产能力150台。该6种产品均属省、市科委立项的科技新产品。其中,酪素黏合剂、啤酒瓶美容剂两项填补国内空白,啤酒瓶美容机获市政府科技进步二等奖、啤酒瓶美容剂获市政府科技进步三等奖。

2005年,该厂占地面积15000平方米,建筑面积7400平方米,有职工90人。备有通用化工设备和各种机械加工设备。厂内设有胶粘剂科学研究实验室,并拥有国内先进的试验设备和配套齐全的检验中心。

七、连云港市宜尔杉制衣有限公司

该公司前身为宜尔杉辅料厂,创建于1994年,坐落于新浦区花果山乡花果山南路66号。建厂之初仅有3名职工、3000元资金,靠生产服装辅料起家。1997年,更名为连云港市宜尔杉制衣有限公司。公司占地面积80000多平方米,建筑面积6000多平方米,是一个花园式的制衣企业。该公司有全市唯一的西装流水线,拥有各类先进的服装专用设备,创建了港城人自己的"宜尔杉"品牌服装。

该厂主要从事西装、风衣、衬衫、夹克衫等职业服装的开发、生产和销售。职业装主打品牌"宜尔杉"获得全国职业装优等品等荣誉称号。产品销于北京、河北、山东、安徽、浙江、上海等地。

该公司坚持"以诚信为本,以质量为生命,以品牌为依托"的经营理念,加强产品质量管理。多次参加国际性服装节及全国性服装大赛,捧回多项大奖,为连云港市的服装业争得了荣誉。"123"商标被评为"连云港市知名商标"。该公司实施"多品牌经营,跨行业发展"战略,在创立宜尔杉职业装品牌同时,控股南京乾鑫电器设备有限公司、连云港市港圣开关制造有限公司进入电力产品制造业。2005年,该公司以生产供电行业工袋为主,生产各种服装3万套,创产值1500万元。

八、连云港市小上海糕点有限公司

原为新浦区糖业烟酒公司创建于1985年的"小上海糕点厂",坐落在新浦区朝阳中路南小区,占地1200平方米,建筑面积700平方米,时有职工62人。公司拥有专业化的生产设备,以产销一体化的经营模式,主要生产中式、西式糕点白糖果、麻饼、三刀酥、条酥、绿豆糕、开花酥、菊花酥、酥果、桃酥、月饼、生日蛋糕、面包及各式无糖糕点等200多个品种。在市区拥有12家直销店,产品销售于市区大小超市200多家。

公司自主产品品牌"双鸡"糕点,被评为连云港市知名商标。荣获中国食博会蛋糕金奖、中国食博会三刀酥金奖。被评为江苏省"放心食品"、全国月饼评比优秀企业、江苏品牌节推荐品牌、市免检企业、连云港市首届十佳诚信生产企业,成为地方"老字号"食品企业。2005年实现产值310万元。

九、连云港市永和食品有限公司

该公司原为安徽人高家雨1985年在新浦创办的食品生产小作坊。1993年,投资30多万元创建永和食品厂,实现规模生产。1996年开始,产品进入市区各大超市,同时在山东等地开办3家分厂,企业进入高速发展期。2000年,更名为连云港市永和食品有限公司。

2004年,公司投入700多万元在宋跳开发区民营经济园西安路建设新厂,占地面积12000多平方米。公司生产实力雄厚,拥有高新科技的生产设备。公司产品上百种,终端网络覆盖整个华东地区,流通网络辐射全国。自主知识产权的品牌"世纪永和",为江苏省食品行业知名品牌,拥有稳定的客户群体。以中央工厂、超市面包房、专卖店等形式作为发展中心,主营糕点、面包、西点、月饼、生日蛋糕等产品。在省内外开设了几十家连锁面包房,并建成专卖店经营体系。公司拥有先进的ERP管理系统,同时推行IS09001国际标准质量管理系统和HACCP食品安全控制体系。台湾烘焙专家常年在公司进行技术指导,已形成集研发、生产、销售为一体的大型烘焙企业。2005年,公司员工140名,资产达2800万元,实现销售收入2700万元。

第二节　驻新浦地区重点工业企业选介

一、江苏正大天晴药业股份有限公司

正大天晴公司始建于1969年,原为驻南城镇的江苏省生产建设兵团一师制药厂,生产10%葡萄糖注射液。1975年,兵团撤销后该厂改名为连云港市东风制药厂。1982年,采用化学合成法生产出大蒜素,用胶囊新工艺制造出大蒜素胶囊。1984年,该厂迁址新浦新农路8号,生产有抗深度霉菌类药大蒜素、葡萄糖注射液、硫酸庆大霉素注射液等。1990年,总产值达6933.17万元,利润292.4万元。1997年,该厂与正大集团合资。

2001年,完成股份制改造,成立江苏正大天晴药业股份有限公司。同年,公司研发中心被省科技厅列为"江苏省新型肝病药物工程技术研究中心"。2004年,国家人事部批准该公司设立博士后科研工作站。公司推出了8个肝病治疗新药,主产品"甘利欣""天晴复欣",成为国内植物肝药领域的两个知名品牌。保肝降酶、抗肝昏迷、抗病毒等肝病药物在国内占有较高的市场份额;以甘草制剂为主的天然药物的研发和应用处于国内领先地位;创新药物"异甘草酸镁""噻托溴铵"被国家科技部列入"863"科研攻关计划;异甘草酸镁、阿德福韦酯等8项产品获得国家发明专利;有8个通过GMP认证的药品生产车间,可生产注射液(针剂输液)、片剂、胶囊剂、滴丸剂、冻干粉针剂、糊剂、贴剂、原料药、中药提取物、保健食品等15个剂型的产品。2002年,新药"天晴复欣"上市,当年销售近亿元。该公司在消化、内分泌、心脑血管等领域的90多种产品进入了全国所有传染病医院以及大多数综合型医院。2005年,该公司销售收入13亿元。

二、连云港市水表有限公司

该公司始建于1967年,原名连云港市新浦水表厂,坐落在新浦海连西路16号。1972年,新浦水表厂并入连云港市新浦金属容器厂。1974年,从容器厂划出并入新浦开关厂。1976年,从开关厂划出并入市自来水公司,成立新浦水表厂。1979年,新浦水表厂划归市机械工业局。1980年,水表厂与市轴承仪器厂合并,成立连云港市水表厂。1972~1980年共计生产水表5万只。

1982年,市水表厂投资49.42万元,进行技术改造,水表年产量提高到20.1万只。1984年,实施产品更新换代工程。次年,自行设计的LXS－15C40C型旋翼式水表通过省级鉴定,产品达到国际标准B级计量等级。同年通过采用国际标准的验收,获国家工业产品生产许可证书,并获江苏省优质产品称号。1986年,获国家机械工业部优质产品称号。1987年,进行民用表串联校表台扩建,水表年产量达42.04万只。同年,LXS－15C40C旋翼式水表获江苏省优秀新产品"金牛"奖,自行开发的LXS－80200毫米口径水表通过市级鉴定。1990年,新建3000平方米水表大楼,购置加工和测试设备34台(套),试验测试仪器30台(套),水表年生产能力达80万只。同年,开发生产1550毫米热水表,15毫米立式水表,CXLGC－80200毫米可拆卸水平旋翼式水表,产品品种形成系列化。自1992年起,使用的"浪花"牌商标,获得"江苏省著名商标"称号。2000年生产水表68万只。

2002年,企业进行股份制改造,更名为连云港市水表有限公司,占地18350平方米,有设备240多台套。主产民用、工业用、农业灌溉用水表等20多个系列,当年总产86万只水表。2005年,公司有员工450人,年产水表108万只,产品销售20多个省市、自治区,并出口国外。

三、连云港电机厂有限公司

连云港电机厂有限公司始建于1958年,坐落于新浦海连西路14号,是国家定点生产交流异步电动机的专业厂。该公司生产的"云电"牌8大系列电动机获"连云港市名牌产品"称号。公司主要产品有:YEJF系列高处作业吊篮用电磁制动电动机、YEJQ系列砌块机用电磁制动电动机、YZTD系列塔式起重机用多速电动机、FTY系列变频永磁同步电动机、YEJ系列电磁制动电机、YVP变频电机及根据用户需要设计的特种电机。其中,YEJF系列高处作业吊篮用电磁制动电动机是20世纪80年代末在消化吸收国外先进技术的基础上研发的新产品,在"七五"期间被列为国家重点新产品。多年来产品通过不断改进,已达到国内先进水平,国内市场占有率达到80%左右,并于2001年12月通过CE认证,随吊篮一起出口英国、阿联酋等国家和东南亚、中国香港等地区。该公司根据砌块机市场需求,自行开发研制YEJQ系列砌块机用电磁制动电动机新产品。该电动机具有防震、防过热、频繁启动等特点,根据用户的不同使用情况还增加了热保护装置,提高了产品的可靠性,达国内领先水平,2003年获得国家专利。

2005年,公司有职工305人,其中工程技术人员25人。企业拥有固定资产2126万元,主要生产设备120台(套)。工厂占地面积12000平方米,建筑面积15000平方米,其中生产性厂房10000平方米,具备年产25万千伏普通电机和专用电机的生产能力。

四、连云港杰瑞电子有限公司

该公司前身为1988年从四川迁到新浦的中国船舶重工集团公司第七一六研究所自动控制器件研究中心,坐落于新浦区海连东路42号。该公司注册资本6833.33万元,资产总额2.5亿元,有职工290人,研究员6人,中高级以上技术职称140人,是国内最早、规模最大、技术水平最高的专业从事各种自整角机/旋转变压器型转换器、位置反馈和位移反馈产品的研发、制造和销售的高科技企业,是国家两期火炬项目的实施单位,江苏省高新技术企业。公司研制开发6个国家级新产品,获得12项省部级科技进步奖,拥有23项完全自主知识产权的核心专利技术。产品广泛应用于航空、航天、航海、兵器、工业和商业等行业领域,满足了很多国内军品型号、工业和其他领域的急需。可以提供顾客使用的产品包括数字－自整角机/旋转变压器转换器、自整角机/旋转变压器－数字转换器、数字－线性旋转变压器、线性旋转变压器-数字等转换器、双速处理器、自整角机/旋转变压器信号功率放大器、单/双速角度位置指示、摇摆信号发生器、数字正弦机、多通道 ISA、PCI、USB 总线接口转换接口板;电源系列产品有:AC/DC、DC/DC、DC/AC、AC/AC、滤波器等。其中多项产品获省部级科技进步奖。杰瑞电子有限公司拥有先进的生产设备和高精度的测试设备,各类电子功能模块和电源产品年生产能力10万块。公司于1996年通过了 ISO9001/9002 质量体系认证,2001年完成了 GJB9001A-2001 质量体系认证。

2005年,公司实现工业总产值1.1亿元。

五、新磷矿化有限责任公司

坐落于新浦城区北部。1966年筹建,原名新浦磷矿,始为锦屏磷矿大浦分矿,是采选合一的矿山企业。因"文化大革命"影响,次年6月停建。1970年再次筹建,1971年5月,国家投资1230万元开始建设,建设规模为年产原矿30万吨。1974年4月,与锦屏磷矿分离,成立连云港市新浦磷矿。1976年3月20日,在负50米中段开始试验性采矿,年产量限定在7万吨,产品为磷肥。到1980年停止生产。

1984年,投资80万元建成年产精矿粉6万吨的选矿厂,其精矿五氧化二磷含量达30~35%,年实现利润127.5万元。其间又先后建立了硫酸厂、磷肥厂、饲料级磷酸氢钙厂。20世纪90年代开始,新浦磷矿在全国化学矿山系统最早实施"以矿为主、矿肥(化)结合、多种经营"发展战略,形成采选、化工、制肥为主营业务,其他多种经营项目面向市场、全面发展的新型资源循环经营格局。2000年,新浦磷矿整体改制为工会和职工共同持股的新磷矿化有限责任公司。

2001年开始,公司自筹2000万元资金启动四期基建工程。2002年,完成投资393.42万元,年产磷精矿粉5万吨;2003年,产磷精矿粉6.08万吨。2004年,国有股完全退出,成为民营企业。2005年,基本实现采准出矿,当年开采磷原矿石15万吨,生产磷精矿粉6.67万吨,并开发新产品饲料级磷酸氢钙,年产量40000吨。至当年底,公司拥有资产总额5572万元,有职工670人,实现产值5991万元,销售收入5006万元,利税336万元,利润254.35万元。

六、江苏恒瑞医药股份有限公司

坐落于新浦人民东路。前身是新浦区属企业新浦木梳社。1970年,新浦木梳社转产药品,在市卫生局药检所指导下,在几间简陋的厂房里,用两口大缸、几口铁锅生产磺胺嘧啶剂,产品由市医药公司统购包销。同年11月,新浦木梳社正式改为连云港市向阳制药厂,时有15名职工,生产开塞露、十滴水、三磺乳、陈皮糖浆乳、乐乳、碘酒、红汞水等药品。1972年,该厂经过数十次试验,生产出弗兰西林片。同时开发出氨基比林、小儿安等产品。1978年9月,向阳制药厂划为市属全民企业,更名为连云港制药厂。1985年,生产磺胺嘧啶乳剂、人造补血药、脑力新等酊水剂品30余种。到20世纪80年代末,该厂主要生产维生素类、降血糖类、麻醉剂类及原料药达70余种产品,其中年产片剂9亿片,针剂1500万支,化学原料药 VP16 粉20千克,异搏定粉800千克,氯胺酮粉300千克,高黎芦胺500千克,罂粟碱160千克;部分产品销往西欧、南美等地。1991年,中国医学科学研究院研制的抗肿瘤药"异环磷酰胺"以120万元转让给该厂,并联合研制开发。1992年,该厂抗高血压药"盐酸维拉帕米缓释片"(盖衡)获国家级新药证书,是该厂历史上第一个新产品证书。

1997年,药厂改制,成立江苏恒瑞医药股份有限公司,同年建立了研发中心,先后开发"盐酸拓扑替康"、"奥沙利铂"、"去氧氟尿苷"等9种抗癌药、4种心血管药、4种镇痛药和3种抗生素药。1999年,公司被国家科委认定为国家级重点高新技术企业。同年,恒瑞医药实施总投资3.2亿元在市经济技术开发区兴建占地7公顷的成药基地项目。2000年9月7日,随着“恒瑞医药”4000万股在上海证券交易所上市,募集资金4.79亿元,恒瑞走进了发展的快车道。恒瑞医药生产的产品主要分为抗肿瘤药、抗生素、麻醉镇痛药、心脑血管药、内分泌药等6大系列80多个品种,200多个规格,抗肿瘤药物已形成公司的主力产品,该产品市场占有率在全国排名第一。成为国内最大的抗肿瘤药和手术用药的研究和生产基地,是国内最具创新能力的大型制药企业之一,是国家定点麻醉药品生产厂家。被卫生部、国家医药局确定为参加国际麻管组织交流的窗口;建立了国家级企业技术中心和博士后科研工作站。公司先后被评为“全国医药系统先进集体”“国家重点高新技术企业”,国家火炬计划新医药研究开发及产业化基地的骨干企业之一,“国家863计划成果产业化基地”。

2005年,公司有员工1900名,当年生产片剂10亿片,针剂7000万支,软袋大输液700万袋,口服液700万瓶,胶囊7000万粒,软膏700万支;所有剂型均通过了国家GMP认证,异环磷酰胺、依托泊苷、美司钠、噻替派等通过了美国FDA验证。当年实现销售收入15亿元,利润2.3亿元,上缴税收3亿元。

七、连云港康缘制药有限责任公司

坐落于新浦海昌南路58号。前身为1958年建立的公私合营三和兴药店中药加工厂,生产各类丸药,1960年停产。1965年底恢复生产后属市医药公司领导,时有有职工30多人,年产值20万元左右。主要生产丸、散、红药水、紫药水、碘酒、药酒。

1975年12月28日,中药加工厂改建为连云港中药厂,为全民企业,隶属市商业局;1979年归口市医药管理局,厂址由民主路迁至现址,厂区占地24400平方米。20世纪80年代末,年生产能力已达大山楂丸150吨、复方丹参片50吨、三七片50吨、复方黄连素片50吨、姜枣祛寒冲剂10吨、藿香正气水100吨、蛇胆川贝液50吨。其中减脂茶获国家外贸部荣誉奖、市优良产品奖称号。远销日本、英国及东南亚国家。企业成为全国中成药工业国有重点企业50强之一,被国家中医药管理局定为“九五”期间重点发展的中医药制药企业。1995年,被江苏省科委命名为“高新技术企业”。

1996年,连云港中药厂改制为连云港康缘制药有限公司,注册资本1023万元。其中:连云港市医药工业公司(1998年改制为连云港恒瑞集团有限公司)占78.49%;康缘制药公司职工持股会占21.51%。2000年11月,更名为江苏康缘药业股份有限公司(简称康缘药业)。同年12月2日成立上市公司,企业净资产达5180万元。同年,康缘药业在市经济技术开发区建设生产基地,总占地面积达8.5万平方米。生产的剂型和品种有硬胶囊、软胶囊、口服液、片剂、丸剂、茶剂、颗粒剂、小容量注射剂等。产品主要销售区域为国内各省市、中国香港、澳门、台湾地区以及西欧和东南亚地区。

2002年9月5日,在上海证券交易所以向二级市场投资者定价配售方式发行人民币普通股4000万股,每股面值1.00元,每股发行价7.00元。此次发行完成后,该公司的总股本为9180万股,注册资本为9180万元。2003年,康缘药业有金振口服液等儿科药物、桂枝茯苓胶囊等妇科药物、天舒胶囊等心血管药物、抗骨质增生胶囊等骨伤科药物8个剂型80多个品种供应市场;相继研制开发了复方丹参颗粒、十滴水软胶囊。具备年生产硬胶囊10亿粒、软胶囊3亿粒、口服液1亿支的能力。该公司运用现代药物研究的新工艺、新剂型、新辅料不断提升传统中药的技术内涵,形成了“以膜分离、逆流萃取为代表的提取精制技术应用规模化”“以指纹图谱为代表的中药质量控制技术现代化”“以注射剂、软胶囊为主导的中药新剂型系列化”等主导技术特色,确立了在国内中药行业的技术领先地位。

至2004年,该公司在新浦的老厂区成为公司技术研发中心和公司办公机构。

2005年,该公司被认定为国家级企业技术中心,年销售收入10亿元。

八、连云港机床厂有限公司

创建于1967年2月,坐落于新浦海连西路18号。原名为连云港市机床厂。以生产牛头刨床、弓锯床为主。当年产G72弓锯床73台。1972年,开发生产B2010A龙门刨床、车床,累计生产龙门刨床68台。到20世纪80年代,是全市唯一一家继续生产牛头刨床的企业。1987年,机床厂自行设计G7025弓锯床,替代G72弓锯床,同时开发生产半自动、微机控制、卧式高效等系列弓锯床。GZ7125卧式全自动弓锯床1987年获省科技进步四等奖、省优秀新产品“金牛”奖。至20世纪80年代末,该厂累计生产普通弓锯床5322台,高效弓锯床286台,产品销往全国21个省、市,出口希腊、马来西亚、喀麦隆、印尼、泰国等国家和中国香港地区。该厂占地面积3.24万平方米,建筑面积1.66万平方米,固定资产原值428万元,拥有金属切削设备76台,员工407人,其中工程技术人员39人。

1994年,机床厂与日本天田株式会社合资兴建天田连云港机械有限公司,注册资金620万美元,主要产品为AMADAΦ250系列带锯床,双金属带锯条则填补市空白,产品质量为世界一流。品牌有连机、AMADA天田。1995年,机床厂与天田连云港机械有限公司两户企业生产的各种型号锯床总数达到2912台,产品销往全国各地,港澳台地区,及南美、东南亚、中东等地,年出口额1000万元。成为机械部定点生产锯床的企业,为全国最大的锯切装备和刀具的生产企业,中国规模最大的锯削装备的生产基地。1998年,机床厂改制为连云港机床厂有限公司。

2002年,公司在中国机床工具行业企业效绩评比中,综合得分第一。通过多年的发展,该厂拥有150余台套高精度的生产设备,具有年产3000余台套各类金属锯床的生产能力。主要产品有:各种规格AMADA带锯条,Φ160—500毫米全系列卧式弓锯床,Φ250—1300毫米全系列带锯床、专机等。“连机”弓锯床、带锯床被授予江苏省名牌产品称号。

2005年3月,由日本AMADA集团公司与天田连云港机械有限公司兴办的合资企业天田(连云港)机床工具有限公司一期工程当年竣工,生产双金属带锯条产品,当年完成产值9353万元。是年,机床厂和天田(连云港)机床工具有限公司2家企业生产各种型号锯床1832台,分别实现工业总产值3850万元和15491万元,分别实现利润402万元和1230万元。

第十八编　农　业

1980年和1981年，在花果山乡新滩村出土汉墓中，发现黍、稷、粟（小米）、枣、杏、栗等，说明早在汉代云台地区已有人从事农业生产和果木栽培。西汉建安年代，境内关里巨富糜氏庄园，已拥有千亩沃田。南北朝时期，农业初有发展，《南齐书·州郡志》记载郁州（今云台地区）的“田畴”之利。隋开皇年间即造东西捍海堰及万金坝。唐代，始植棉花，蚕桑盛产。北宋时期，云台山“茶善而易售”。熙宁元年（1068），“作陂池，教种艺”，在山坡地上栽种果树。明代王规在南城至大岛山筑王公堰以卫民田。明洪武十七年（1384）、清顺治十八年（1661），两次裁海，云台山荒芜。清康熙十七年（1678）复海，东郊云台先民部分返乡复垦种田。云台（今花果山乡）“大车粳”稻米为朝廷贡品。清末，新浦地区盐滩逐年裁废，灶民相继转为种田、捕鱼。

民国年间，土地为少数地主占有，生产力低下，结构单一，耕作粗放，加之旱涝、盐碱及病虫等灾害严重，农业生产基本上是“靠天收”，产量低而不稳。正常年景全年亩产30千克左右。遇到灾害，产量更低，甚至无收。

新中国成立后，域内农村实行土地改革，广大农民分得土地和农具，生产热情空前高涨。经过互助组、农业合作化和公社化运动，农民依靠集体力量，兴修农田水利、改良土壤，逐渐推广运用优良品种、科学技术和先进的农业机械，讲究科学种田，开始发展多种经营。粮食产量不断提高。1960～1962年，三年困难时期，农业生产出现滑坡。1963年的粮食产量退至1957年水平。1965年起，贯彻执行党中央制定的“调整、巩固、充实、提高”和“以粮为纲，全面发展”方针，开展“农业学大寨”运动，再次掀起农业生产热潮。1970年起，各公社、大队大面积实行旱改水、春改夏和稻、麦、绿肥轮作制，提高耕地复种指数，农业产量、产值持续增长。

1978年，党的十一届三中全会以后，农村实行经济体制改革。1983年至1984年，域内所有公社、大队、生产队的农林业生产全部实行家庭联产承包责任制。继而推行种粮大户承包经营制，进一步激发了农民生产热情，加之科学调整农业生产结构，推广新品种、新技术，提高机械化程度，农业生产发展步伐加快。到20世纪80年代末，平均亩产由70年代末的400千克，上升至600千克。

20世纪80年代后期至90年代初，境内农业生产开始向产业化、标准化迈进，农业产业结构趋于合理，农产品产量、质量、社会效益、经济效益都明显提高。

进入21世纪以来，城市建设、交通建设加快，新浦辖区内耕地面积逐步减少。各乡镇加快农村产业结构调整和农业产业化、标准化建设步伐，农业生产全面发展。2005年，全区农村经济总产值中三次产业比例，已由1980年的62:33.8:4.2，转化为15.2:68:16.8；第一产业也由以种植业为主，调整为种植业、林果业、养殖业、副业全面发展，农村面貌日新月异。

第一章　土地所有制变革

第一节　私有制

解放前,域内农村86%的土地为地主、富农所有,14%的土地为农民自耕田,广大贫雇农靠当雇工,或租种地主的田地为生。城郊有临洪、曹庵、洪西、马庄、许庄、沈圩庄、翠泰等14个自然村,绝大部分土地为沈、许等几家地主、富农所有。民国23年(1934)临洪村152.3公顷土地,244户人家。其中3户地主就占有土地66.7公顷,1户富农占有6.7公顷,60户贫农只有土地35.3公顷。沈圩庄为海州沈云沛家庄园,有土地100.7公顷,有13户贫雇农为其佃户。茅口庄、翠泰庄为赣榆许鼎霖家庄园,有粮田60公顷,荒地13公顷,有佃户12户。河头庄为东海富安刘振殿家庄园,有耕地26.6公顷,荒地20公顷,有4户佃户。

南云台地区土地、山场也大部分为海州的沈姓、杨姓、谢姓,大村的仇姓,南城的江姓、杨姓、武姓及板浦的汪姓、乔姓、方姓,墟沟的王姓等地主、富户人家及寺庙所占有。

1949至1951年,开展土地改革运动。1949年11月,中共新海连市委成立土地改革工作队,进驻大村乡(花果山乡)小村、盐河区临洪乡,广泛发动群众,宣讲土改的方针政策,进行土地改革试点。1949年10月至1950年春,云台(云台乡)、南城、宁海、大村乡普遍展开土地改革运动。1950年6月,《中华人民共和国土地改革法》颁布实施,云台、南城、宁海、大村地区9个乡进行土地改革复查。经复查,9乡34村的6994户农户中,其中,划为贫雇农和下中农的5205户,占总户数的74.4%;中农1133户,占总户数的16.2%;富农81户,占总户数的1.16%;地主221户,占总户数的3.16%;小土地出租者120户,占总户数的1.7%;工人、职员等成分118户,占总户数的1.69%。1951年1月,城郊临洪乡开始土地改革,当年,8月土地改革结束。

在土地改革中,对中农的土地(包括富裕中农)保持不变,征收富农多余的土地,地主的土地首先全部没收,按人平均分给贫雇农、下中农土地和生产资料。对缺少土地和生产资料的中农给予照顾,对郊区的手工业者、小商贩、自由职业者、工人等劳动人民按政策分给土地。据有关资料,云台、宁海、大村、南城地区的9个乡共没收地主土地1028公顷,粮食18308.5千克、房屋1257间、牲畜55头、大牛车4辆,水车、犁耙129件,分配给贫、雇农。土地改革后贫雇农人均有耕地0.14公顷。

土地改革中各乡、镇家庭成分划分统计表

表 18－1

乡名	总户数	总人口数	地主		富农		中农		贫下中农		自由职业者		手工业者	小商贩		小土地出租	
			户数	人口	户数	人口	户数	人口	户数	人口	户数	人口	户数	户数	人口	户数	人口
			户	人	户	人	户	人	户	人	户	人	户	户	人	户	人
龙山乡	661	2993	4	37	10	45	120	611	446	2100	1	7	45	4	15	31	32
关里乡	645	3122	24	122	3	18	91	330	495	2547	—	——	9	1	10	2	47
东磊乡	618	2736	12	49	10	50	70	406	520	2201	—	—	—	4	23	2	6
临海乡	939	4384	52	364	7	34	304	1311	558	3327	—	—	7	—	—	11	51
黄圩乡	704	2961	18	83	8	36	214	927	464	1865	—	—	—	—	—	—	—
当路乡	460	2099	4	26	4	22	99	577	350	1464	—	—	—	—	—	3	10
大村乡	575	2550	24	163	6	36	102	470	435	1849	—	—	—	—	—	8	32
前云乡	518	2432	12	67	1	6	65	334	435	2001	1	1	—	—	—	4	23
南城镇	893	3913	57	315	24	126	68	402	543	1811	46	142	—	—	—	59	253
临洪乡	981	1625	14	—	8	—	—	—	959	—	—	—	—	—	—	—	—

土地改革时各乡镇土地粮产分配统计表

表 18－2

乡名	田地分配			粮食分配			房屋			农具			耕畜
	合计	水田	旱田	合计	稻谷	杂粮	合计	草屋	瓦房	牛车	水车	犁耙	
	亩	亩	亩	斤	斤	斤	间	间	间	辆	辆	件	头
龙山乡	357.3	659	29.1	3589	936	2653	181	164	17	3	1	4	11
关里乡	4910.5	1418.5	3492	2402	2126	276	358	347	11	2	1	7	13
东磊乡	6937	1671	5265	30626	7365	23261	718	698	20	1	—	8	31
南城乡	365	261	504	25736	1305	24431	288	116	172	2	—	—	5
临海乡	2854	—	2854	15346		15346	66	31	35	11	—	9	15
黄圩乡	3276	—	3276	14800		14800	79	41	38	9	—	7	13
当路乡	2549	1332	1217	1988	1260	728	66	25	41	4	—	5	5
大村乡	2900	1436	1464	4170	2945	1225	144	69	75	10	—	25	6
前云乡	981	460	521	299	148	151	96	21	75	4	2	2	3
临洪乡	2078.5	—	2078.5	—	—	—	—	—	—	—	—	—	—

注：此表维持原统计表所用统计单位

第二节 集体所有制

1951 年土地改革期间，将各村地主的部分山林划为集体所有，在大村成立新海连市云台林场，将山林分配到村，发给《土地证》。

1953 年起，域内农村开展农业合作化运动，在互助组基础上建立初级农业生产合作社（简称“初级社”）。初级社实行土地入股，统一经营管理。入社农户土地开始由私人所有向初级社集体所有转变。

1956 年 1 月下旬起，贯彻《全国农业发展纲要草案》，域内农村先后由半社会主义性质的初级社转入完全社会主义性质的高级农业生产合作社（简称“高级社”）。当年底，云台地区（含农林场）成立 18 个高级农业合作社，大村地区成立 5 个高级社。南城、宁海乡成立 10 个高级社，新浦近郊成立 6 个高级农业合作社。

高级社实行土地集体所有制，取消土地分红，入社土地全部归集体所有，实行按劳分配，各户所有的耕地、大牲畜、大农具按市场价折价入社，折价款由合作社分 3 年还清。同时，高级社按每人 3 分地分给各户自留田。农户个人的房屋、宅基地周围的树木、畜禽仍为私人财产。

1958 年 8 月，中共中央《关于在农村建立人民公社问题的决议》发布后，域内农村很快实现“公社化”。人民公社对土地等生产资料实行更大范围的集体所有制，原各高级社所有的土地、农机具、牲畜等生产资料和集体产财统归人民公社集体所有。

1962 年，贯彻中共中央《关于改变农村人民公社基本核算单位的指示》精神，确立“人民公社，生产大队，生产队三级所有，队为基础”的体制。逐步完善了以土地为主体的集体所有制，生产力有所发展。

1983 年，取消人民公社，恢复乡、镇建置后，土地、耕牛、农机具等生产资料仍为生产队集体所有。1983 年，实行家庭联产承包责任制后，土地仍为集体所有，承包到户耕种。其他生产资料按人均析分到户。

第三节 国家所有制

民国前，域内南云台山麓朱麻村大岛山周围土地为海州官府马场，俗称“官田”。民国期间为国民政府所有。

解放后，人民政府将原树艺公司的山林和大地主的部分山林收归国有。

1950 年 3 月，苏北行署决定成立国营云台林场，境内南云台山大部山场归国营云台林场经营。1952 年，省政府决定在南云台山设立办国营云台农场。境内云台地区部分耕地、滩地、内陆河流划归国营云台农场经营。

1953 年，根据《中央人民政府政务院关于国家建设征用土地办法》的规定，凡国家兴建的国防工程、厂矿、交通、水利工程、市政建设及其经济、文化建设等所征用的土地，产权属于国家。新中国成立后政府兴办的国营农场、林场的所辖土地均为国有土地。

1960 年，新海连市政府将新浦城郊部分耕地、荒地划出，成立国营新浦农场。1962 年 2 月，南城镇的东西凤凰山划归南云台林场，属国有山场。

第二章　经营体制改革

第一节　农田经营体制改革

一、农户单干

建国前,域内农民大多数靠租种地主、富农田地为生,少数农民种自家田地糊口。农业生产从播种、管理、割收及抗御各种灾害,全是一家一户单干。

新中国成立后,实行土地改革,贫下中农分得土地后,仍然是一家一户自行耕种。1952 年至 1956 年,农村开展互助合作运动,成立初级社期间,少数未入社的农民,仍单干经营。

二、互助合作

1951 年 12 月,《中共中央关于农业生产互助合作的决议(草案)》颁发后,渔湾村农民孟庆山联合 19 户农户,率先创办互助组,从人力、畜力、工具等方面互相帮助,加强田间管理。1952 年夏收时,互助组内三麦平均亩产达 66.5 千克,比单干户三麦亩产高 13.6 千克。在其带动下,云台地区农民纷纷自愿结合成立互助组。同时,大村、宁海一带农民也掀起互助合作运动。至 1953 年春,云台、大村、宁海、南城、临洪等地先后成立互助组 219 个。其中,常年互助组 163 个、临时互助组 56 个。到 1954 年春,境内参加互助组农民达 6250 多户,占农户总数的 83%。互助组内,耕牛农具调配使用;对缺籽种的农民,互助组内互助互换;对缺资金的农户,互助组内互助互济;对军属和缺劳动力的农户,由互助组调配劳力代耕代种。解决贫雇农缺农具、缺资金等困难问题,农民尝到了团结互助的甜头。

1954 年 5 月起,域内农村开始在互助组的基础上建立初级农业生产合作社,至 1956 年 2 月底,先后建立初级社 104 个。其中,花果山乡 14 个,宁海乡 51 个、云台乡 53 个、南城镇 7 个、临洪乡 12 个,入社农户占总农户的 95.5%。初级社实行土地入股,先由入社农户"自愿申报土地股",再由合作社以"三定"产量为基础,评产定股。农田作物布局及各种农活均由初级社统一经营。耕牛、农具有的采取私养公用办法,合作社给草,给租金;有的采取折价入社,公用私养办法,所折价钱三年内分期还清,未付部分按银行存款利率按月付息。大中型农具,一般以私有公用、公修、付给折旧费办法处理,由初级社统一调度使用。而小农具均由社员自备。社员参加农业生产劳动,按劳动力等级记工分。年终,初级社按土地股、劳动力工分进行分红。分红原则上是劳动力高于土地,一般是劳力占 75%,土地占 25%。对个别依靠土地为生的年老社员户,通过社员讨论同意,适当提高土地股分红比例,予以照顾。

三、集体经营

1956 年底,域内的 104 个初级社合并成立 39 个高级社,基本实现社会主义合作化。高级社贯彻"土地集体所有制,生产资料折价归集体",和"民主办社,勤俭办社"的方针,实行统一核算、按劳取酬、"三包一奖"(包产、包工、包成本和超产奖励)等措施,调动了社员劳动积极性,大力兴修水利,开垦荒地,增强抗灾能力,促进生产发展。

1958年秋起,人民公社实行“政社合一”,“工农商学兵五位一体”,以公社为核算单位,对生产、生活资料实行无偿调拨使用;在劳力管理上实行军事化编制,大兵团作战;在生活上实行集体化,公社办食堂。社员按公社统一安排参加农田生产,年底凭工分参加分配。

1959年3月,改公社核算为生产队核算。

1962年,实施《农村人民公社工作条例(草案)》,实行“三级所有,队为基础”,由公社、生产大队、生产队三级核算;恢复定额计酬,取消大食堂,按耕地的5%~7%的比例分给社员自留地。1962年2月,中共中央《关于改变农村人民公社基本核算单位问题的指示》下达后,取消供给制,全部以生产队为核算单位。

1966年“文化大革命”开始后,在劳动管理上,批判“工分挂帅”“物质刺激”,推行“大寨式”的劳动管理制度,破除定额包工,实行“标兵工分,自报公议”;取消基本劳动日,订好出勤天数;实行小段作业计划,临时作业组合制度;在经营方针上,强调以粮为纲,忽视多种经营,不利于社员增收和集体经济的发展壮大。

中共十一届三中全会后,落实中央关于农业的文件精神,尊重生产队的自主权,适当放宽对自留地、家庭副业和集市贸易的限制,并逐步推行各种形式的农业生产责任制。

四、联产承包经营

1980年9月起,各乡、镇党委、政府执行中共中央《关于进一步加强和完善农业生产责任制几个问题》的文件精神,推行以家庭联产承包为主的多种承包形式的生产责任制。1982年10月,各乡、镇农田全部承包到户,并签订承包合同。1981年,联产承包经营发展为联产到组、联产到劳动力、小段包干、包干到户和大包干5种形式。

1983年,各社队将土地等生产资料按农户人口比例,承包给农户经营,由农户自负盈亏,土地承包期一定15年不变,可以在农户之间转包。农村劳动力、资金、生产资料要素得到合理流动和配置,解放了农村生产力,农村经济迅速发展。

1984年3月起,各乡、镇在搞好粮棉生产承包的同时,对原集体经营的林、牧、渔、果园、加工等多种经营项目,采取包给重点户、专业户或分包到户经营办法,全部实行联产承包责任制;集体所有的村道、河坡、“十边”空地,零星荒山荒地以及水面、滩涂、柴塘、废沟,明确所有权归集体,分别包给农户经营;社队企业全部实行承包经营责任制;农户在完成国家征购、超购、派购任务后,多余的粮油和农副产品(不包括棉花),允许自由销售或长途运销。同时,提倡、鼓励农户饲养、繁殖耕牛等大牲畜,允许农户个人或联户购买农副产品加工机具、拖拉机、机动船,从事生产和运输,允许技术人员搞技术承包,允许农户离土不离乡经营工业、商业、运输业。期间,域内有近万农民从事以养殖业、加工业为主的商品生产,有近50%农业劳动力向二、三产业转移,有1600名农民涌入流通领域,各类专业户发展到2760个。

在农村经营体制改革和商品经济发展期间,在土地承包经营中,一度因部分基层干部对土地权属认识模糊,有的队出现把土地分割得过于零碎,不便耕种管理和种植业结构调整;土地投入制度不健全,经营粗放等问题。直接影响了农民承包土地的积极性。后经宣传教育,适当调整承包地块,改进土地承包方法,明确土地权属,完善合同内容,建立健全各项制度,强化了承包责任制的规范管理。

第二节　山林经营体制改革

清末至民国期间，树艺公司的山林，由公司雇工管理或出租给他人管理。地主家的山林均由私人经营，雇看山户管理。

新中国成立后，国有山林由国营林场统一经营。国营南云台林场有固定职工管理。植树造林经费由国家投资，林场盈亏收入国家地方财政预决算计划。集体山林初由各村组织管理。农业合作化、人民公社化时期，先后由农业社和人民公社统一规划经营。人民公社各大队成立林业队负责种植管理。林业队社员实行工分制，每天劳动记工分，纳入公社年终分配，按劳取酬。植树造林经营费用，由公社、大队两级投入。省、市、县（区）三级财政给予项目补助，大队统负盈亏。

中共十一届三中全会以后，区内集体山林经营经济管理推行生产到组，包工到人，小段作业包工，植树造林"三包"（包栽、包管、包活）到人，按成活率计算工分报酬等多种形式的经营承包制，促进了林业生产发展。

1983 年，各乡镇推行以家庭联产承包为主的林业经营责任制，各乡、镇政府成立林业承包工作组，各村成立林业资产评估组，将山林全部承包到专业户、专业组。村与承包户（组）签定承包合同，并经公证处公证。1984 年 2 月，区政府正式颁发集体山林承包书。当年，云台乡林业产值较承包前的 1982 年增长 55.2%。《连云港日报》曾以《山林承包，初见成效》为题予以报道。

1986 年 2 月，国营南云台林场将 1565 公顷国营林场承包到职工户，实行家庭联产承包责任制。实行原有的成年果林收益集体得小头，个人得大头。承包后新植果林谁开发谁收益的经营分配原则，调动林果承包户的投入力度和开发力度，提高了林业生产效益。

1993 年起，推行平原绿化承包经营责任制，把农田林网、公路、河道绿化带承包给个人栽植管理。承包人按集体规划范围、树种、数量和供应的树苗，包栽、包活、包管，收益按集体得 3、个人得 7 比例分成。从 1995 年至 2005 年，共签约平原绿化承包合同 383 份，建成农田林网 3733 公顷，平原河堤路道绿化带面积 935 公顷。

1998 年 4 月，国营、集体林地承包期均延长 50 年，与山林承包户续签《山林承包 50 年合同》，并由农经、司法部门作公证。

2001 年 7 月，区、乡人民政府为全区山林承包户颁发《集体林权证》。

2003 年起，各乡镇和国营南云台林场农业技术服务中心，对山林承包户实行经营年度考核制度。

2005 年起，全区实施建设生态林招投标经营管理制度。

第三章 经济结构

第一节 传统经济结构

解放前,域内农业经济结构单一,以种植粮食为主,其次为林果业。粮食种植以麦类、玉米、山芋为主。林木以自然生长的赤松、刺槐、楝树等杂木及杏树、柿树、板栗、樱桃等果树为主。

20 世纪 50 年代农业合作后,各农业社开垦荒地,增加耕地,重点发展粮棉油生产;年年植树造林,发展林业;组织合作商业组织“五匠”成立铁木生产社,发展社队工业。“公社化”时期,“以粮为纲,农林牧副渔全面发展”,经济作物种植和养殖业有所发展,但仍未形成规模化、专业化。域内农业仍以传统的经济结构为主。1980 年,农村经济总产值 2899 万元,其中农业产值 1797 万元,占 62%,工业产值 979 万元,占 33.8%;商贸营业额 123 万元,占 4.2%。

第二节 经济结构调整

域内农村经济结构调整始于 1958 年,但调整范围仅限于粮油棉种植面积。后逐年扩种高产稳产作物水稻,压缩玉米、大豆、山芋种植面积,发展棉花等经济作物。20 世纪 60 年代,鼓励农户养猪,大队、生产队也建立集体养猪场。70 年代,种植业继续扩种水稻、棉花,发展油菜、薄荷等油料经济作物。养殖业重点发展养兔业、养猪业,队队都办养兔场、养猪场。“文化大革命”后期“割资本主义尾巴”,社员家庭养殖业受到影响,发展很慢。林业上开始由绿化造林转入发展果、林、茶种植,均未形成规模。1978 年,域内农业种植结构为:粮食面积占 94.5%,经济作物面积占 5.5%。

1983 年,实行家庭联产承包责任制后,农民在确保粮食持续增长而富足有余的前提下,扩种经济作物,发展林果茶和养殖业,各村民营商店、民营企业逐渐增多。农村经济结构发生明显变化,二、三产业产值增幅渐大,占总产值比重逐步增大。1985 年,农村经济总产值 8324 万元,其中,农业产值 3276 万元,工业产值 3727 万元,第三产业产值 1321 万元。农村一、二、三产业比重为 39.4∶44.8∶15.8。传统的农村经济结构开始改变。

图 18-1 区郊农村积极调整农业结构,发展养殖业。图为云台乡村民养殖的番鸭

1986 年开始,域内各乡、镇围绕“农、林、牧、副、渔、工、商、运、建、服”10 个行业,全面调整产业结构,出台优惠政策,鼓励村民继续扩种棉花、蔬菜等经济作物,大力发展果林茶、畜禽养殖业和养

鱼业;鼓励村民外出务工搞副业,从事服务业。乡、村优先安排地块,扶持村民办企业,开店办商业。金融行业提供贷款,扶持村民买车搞运输。鼓励能人领头组建工程队,成立建筑安装公司。农业产值中林牧渔产值逐年增长,农村经济总产值中二、三产业产值迅速上升,农村经济结构改变更加明显。1990 年与 1985 年相比,农村经济总产值增长 56.5%,农业产值增长 38.5%。一、二、三产业值比重为 41∶47∶12。

20 世纪 90 年代起,农村经济结构调整立足保护环境,科学利用资源,以市场为导向,以延长产业链为主线,以调优品质为重点,调高效益为目的。种植业扩大种植优质麦、优质稻、优质棉,发展设施农业,种植反季节蔬菜;林果茶发展逐步上规模。畜禽养殖转入规模化、工厂化、品种多样化,特种畜禽走向市场,初步形成自繁自养、自加工、销路广的格局。开始发展农副产品加工企业,且很快由小规模粗加工向大规模、精加工、精包装发展。云台乡渔湾村开发景区发展旅游业,带动了第三产业的发展。至 1999 年底,域内农村经济三大产业比例为 14.9∶73.3∶12.8。一产产值中纯农业(种植业)产值占 49.8%,林业产值占 0.6%,养殖业产值占 49.6%。改变了乡村经济以农业为主,农业以种粮为主的经济结构。

2000 年起,政府牵头陆续组织新一代农民走出去,学技术,挣钱回来办企业,以优惠政策招商引资进乡村兴办合资企业,同时,开始建立农业无公害果品、茶业、中药材生产基地,生产省级无公害优质果品、茶叶、中药材 9 个系列产品。优质面粉、优质米、优质葛粉、优质茶叶、优质果酒、凌霄花等农产品加工包装企业初具规模。民营商店、超市、浴室、饭店、茶社进村入巷,风景区开发建设速度加快,第三产业迅速发展。2005 年,全区农村经济总产值 76371 万元。其中,第一产业产值 11596 万元,第二产业产值 51907 万元,第三产业产值 12868 万元。三大产业比例为 15.2∶68∶16.8。在第一产业农业产值中,种植业、林果业、养殖业、副业比重为 39.2∶2.3∶45.5∶13。

1957～2005 年部分年份新浦区农业经济结构变化一览表

表 18－3　　单位:万元

年份	农业产值	其中									
		纯农业		林业		畜禽业		渔业		副业	
		产值	比重(%)	产值	比重(%)	产值	比重(%)	产值	比重(%)	产值	比重(%)
1957	230	196	85	—	—	28	12	—	—	6	3
1965	384	331	86	4	1	31	8	11	3	7	2
1970	544	357	65.6	9	1.7	139	25.5	27	5	12	2.2
1975	722	407	56.4	27	4	174	24	39	5	75	10.6
1980	1797	1399	77.8	26	1.5	192	10.7	41	2.3	139	7.7
1985	3276	2545	77.6	23	7	521	15.9	44	13.4	143	4.1
1990	5323	4122	77.4	47	0.9	810	15.3	113	2.1	231	4.3
1995	7375	4714	64	142	2.3	2023	27	496	6.7	—	—
1999	11002	5487	47.8	49	0.6	4856	44.1	610	5.5	—	—
2003	8502	3082	36.2	165	2	2803	33	1226	14.4	1326	15.6
2004	10853	4251	39.2	224	2.1	3373	31	1582	14.5	1423	13.1
2005	11596	4540	39.2	239	2.3	3609	31	1693	14.5	1515	13

第四章　农田基本建设

第一节　平原农田条田化建设

域内平原农田多为湖滩地，因久经海浸，土壤盐碱黏重，水塘洼地多，水系紊乱，渍害严重。解放前，私人耕种，一般只各自圈圩作埂，无力进行农田基本建设，"旱、涝、渍、盐、板"五害严重，产量极低。

新中国成立后，互助合作时期，农业社开始联合整地挖沟，初步进行农田建设。人民公社成立后，各公社开展"农业学大寨"运动，开始组织勘察规划，制定以整地、治水为基础，沟渠路树桥闸涵相配套的条田建设规划。条田设计按照国营农场模式，每块条田宽 100 米，长 50 ~ 1000 米不等，两边挖沟筑渠修路，路边植树，沟边植灌木护坡；洼地条田中间增开 1 条宽 1.5 米、深 1 米的中心渠沟，便于中间灌水，两边排水。种水稻的条田每隔 50 ~ 100 米做一道横埂，大条田划成小田块，条田由井字形变为田字形，田地整平、利于灌排。1960 ~ 1965 年，建成条田 1608 块，计 2360 公顷。"文化大革命"初期，条田建设停止。1969 ~ 1975 年，域内农村再现条田建设高潮，云台、花果山一带主攻环山路沿线农田，由公社统一规划，打破地域界限，面积计算到生产队，人人参战、大干冬春、迁散宅、平坟墓、搬圩拆埂、铲高填洼，挖沟筑渠，筑涵闸，修路筑桥，植防风林，将千百年的高低错落、分布零乱的农田建成田如棋盘，沟渠成网，林带成荫，道路畅通的现代农田。

第二节　山区梯田建设

解放前，域内沿山坡地，土壤耕层浅，砂砾多，水土流失严重，通称望天收的"三跑田"（跑水、跑土、跑肥），产量很低。

1972 年起，域内各公社开展"农业学大寨"运动，学习"大寨人"治山治水精神与经验，提出把云台山建成"山顶看松绿，山腰干果竹，山底果树园"的奋斗目标，开始大面积改造山坡地。在山上陡坡地带植树造林，培植乔木、灌木和山草混生的植被区；山下缓坡则沿等高线地带造梯田。梯田筑造以等高线为依据，视地形而定，铲高填洼，拣去砂砾，外埂垒墙，内埂开沟，整平田面，小地块并为大地块，每块 0.2 公顷左右，纵向如梯，横向成排。同时，沿梯田筑路，沿等高线修筑拦水沟，沿小涧沟筑蓄水塘，沿大涧沟筑塘坝、水库，形成山水入沟，沟水入塘，塘水入坝（库），蓄水灌田的长藤结瓜式的分级节制水系。通过建梯田，"三跑田"变成了保水、保土、保肥的"三保田"。至 1976 年，境内农村共营造"大寨式"梯田 530 公顷，垒砌石墙 197 道，筑石渠 42 条，总长 2.2 万米。修筑水库 9 座，蓄水塘 11 个。

1976 年后，各乡、镇、场继续选择缓坡沃岭修造梯田、栽果树、建茶园。至 1983 年，云台乡、花果山乡、南云台林场共营造梯田栽果树 156 公顷，建茶园 86 公顷。

1995 年至 2005 年，云台乡、花果山乡的林业承包户和国营南云台林场又营造梯田 293 公顷。其中，梯田茶园 135 公顷。

第三节　改造低产田

20 世纪 60 年代，各公社、场开展低产田改造工作，并区别低产田的不同类型，分别采取治理措施。

对盐性重黏土低产田，首先挖深沟洗盐，以排涝降渍洗盐为重点，坚持年年疏浚排水沟。60 年代挖的沟，在 70 年代每年疏浚 1 次；在 80 年代每 2 ~ 3 年疏浚 1 次。排水沟由 60 年代的宽 4 米、深 1.5 米，到 80 年代疏浚为宽 5 米、深 2 米，加之田间三沟配套，速灌速排，洗盐快，降低地下水位，增加土壤淡化层，土壤酸碱度由碱性逐渐变为中性或弱碱性。在挖沟洗盐同时，平整土地，将长条田横划为小田块。并搬运沙土、山土拌入黏土，改良土壤结构。1965 ~ 1975 年，在耕作制度上推行水旱轮作，旱田改种水稻 450 公顷，加快洗盐。推广种植绿肥，培养农田肥力，改良土壤。结合农田水利建设，路边栽树，沟边渠边插“三条”（紫穗槐、杞柳、腊条），营造农田林网防风固土，利于土壤通气，排水洗盐。到 20 世纪 70 年代中后期，盐性重的低产田基本上都变成了高产田。

对山区坡地低产田，通过改坡地为梯田，耕翻土壤，整平地面，建立灌排体系和参拌山下黏土，改良土壤结构，增加耕层等改造措施，均变成上好粮田或茶、果园。

第五章　种植业

第一节　耕　地

解放前，域内耕地不足 2500 公顷，荒草地近 2500 公顷。

解放后，党和政府组织城乡人民开荒种地，发展生产。1949 年底，域内有耕地 4088 公顷。其中，新浦 108 公顷、花果山乡 228 公顷，云台乡 1284 公顷，南城镇 57 公顷，宁海乡 2408 公顷。

20 世纪 50 年代中期起，各农业社靠集体力量开垦草地，改废盐滩为耕田，耕地面积逐年增加。人民公社化后，加大土地开发力度。1965 年，有耕地 5834.6 公顷，比公社化前净增 727.4 公顷。

1970 ~ 1975 年，开展“农业学大寨”运动，治山治水，平整土地，修筑梯田，增加耕地面积 378.6 公顷。同时，因城市建设需要又减少耕地面积 483.7 公顷。1975 年底，耕地面积为 5859.5 公顷。

中共十一届三中全会以后，农业推行以家庭联产承包为主的多种形式的生产责任制，激发了农民的积极性，开发“十边”隙地，修筑梯田，开垦柴地草滩，12 年间增加耕地面积 273.5 公顷。同时，城市规模扩大，交通建设等事业发展，征用农村集体土地逐年增加，12 年间减少耕地 1270.1 公顷。1990 年底，实有耕地面积 4936.9 公顷。

20 世纪 90 年代，执行国务院《基本农田保护区管理条例》，通过搬迁散宅小村庄，集中建设中心村，增加耕地面积 893.7 公顷。而城市建设和房地产开发用地增加，10 年间耕地减少 116.2 公顷。2000 年底，耕地面积为 4781.7 公顷。

2001 ~ 2005 年，通过盘活土地资源，增加耕地面积 2.4 公顷。城市建设用地减少耕地 153.3 公顷。

2005年年底,全区耕地面积7247公顷。

第二节 种植区划

一、山地林果茶药区

山地林果茶药区西起南城凤凰山,东到云台乡大岛山、北至花果山乡金牛顶的南云台山大小山体,山场总面积4653公顷,为西南东北走向的狭长山岭地带,海拔50~600米,山岭连绵,岭沟相连,峰峦叠嶂,起伏不平。适宜发展针阔叶混交林,林果茶药间作,推广常绿彩色树种和地方优良树种,营造针阔相间,四季常绿,花果飘香,风景秀丽的云台山区。

二、坡地果粮蔬菜区

该区位于花果山乡、云台乡、南云台林场、南城镇的山脚缓坡地、丘陵地和各乡镇村的偎庄田,土地面积550公顷。海拔20~50米,地势25度左右。地块大小不一,高低不平,以砂壤土、壤土为主,呈中性或微酸性,农田基本建设配套设施较好。传统种植玉米、花生、山芋等旱作物和蔬菜、果树。宜于栽果树,种蔬菜,推广园林、蔬菜、旱粮间作套种,提高复种指数和土地产出率,改善生态环境与美化村庄田野,发展生态旅游农业,设施栽培农业。

三、平原稻麦区

分布于宁海乡平原地带,云台乡、花果山乡环山公路外的城郊地带,土地面积4700公顷。地势平坦,基本脱盐。土壤有砂壤土,壤土、黏土3类,砂壤土呈中性或微酸性,壤土、黏土呈中性或微碱性。土质较肥沃。适宜建设优质稻麦吨粮田和高效农业经济带。

四、平原水旱轮作区

花果山乡、云台乡、宁海乡及云台农场的部分尚需改造的农田,地势平坦,水系配套,大部分农田基本脱盐,土壤均为黏土,呈微碱性或碱性,为平原水旱轮作区。农作物以水稻、小麦、玉米、大豆、棉花为主,棉花产量占全区产量的70%。通过重点治理涝、渍、碱,培肥改土,营造沿海防护林,改善农业生态环境,在重点发展以优质稻麦、优质棉、优质大豆、油菜的同时,发展水旱轮作,经济作物,大力发展食草动物,综合利用水面养殖,种柴草护堤坡,开发生态型种养结合的观光农业区。

第三节 耕作制度

解放前,域内耕作制度以一年一熟为主,仅有少量偎庄田为二年三熟。20世纪50年代初期,以一年一熟和二年三熟为主,实行小麦与豌豆混种,或一年一熟春玉米、春山芋、春大豆,较少种夏大豆、夏山芋。冬闲田、夏秒田占整个农田的30%以上。至1953年,农田复种指数仅为1.25。1955年,开始兴修水利、治涝、治碱工程的开展，灾害减轻，耕作制度相应由一年一熟为主逐步过渡到二年三熟。主要轮作形式为：小麦（大麦、元麦）—夏大豆—冬闲田—春玉米（春山芋），或小麦—夏秒田—小麦（大麦、元麦）—大豆（山芋）。

1958年，开始扩种水稻，水稻种植面积由1949年的437.6公顷增至1959年的1932.8公顷。

20世纪60年代，水利条件改善，耕作制度也逐步形成以二年三熟为主与一年二熟、二年三熟一肥搭配的格局。主要轮作形式有旱田两年三熟，即春玉米—小麦—大豆（冬闲田或绿肥）；水田两年三熟，即小麦—水稻（冬闲田或绿肥）—春稻—小麦或绿肥。

70年代，水利条件进一步改善，作物布局和耕作制度发生较大变化，原二年三熟为主的轮作制度，逐步演变为一年稻麦二熟或麦—玉米（或大豆、山芋）一年二熟为主，搭配二年三熟的格局。初步形成了以稻麦绿肥轮作，水旱轮作，旱田间作套种，种地养地相结合的耕作制度。

80年代，开始调整产业结构，农业实施"稳粮扩经（经济作物）"、"高产增效"的发展策略，农业经济由单一种植业向多种经营转变。耕作制度上实行"两扩大、三改革"，即扩大小麦种植面积，扩大经济作物种植面积；春改夏，单一种植改为间套种植、水改旱或旱改水。形成了水旱轮作、水旱并存、粮（食）经（经济作物）配比渐趋合理、相对稳定的一年多熟制的生产格局。期间，农田耕作开始推广机械等免耕种植技术，绿肥、饲料面积逐年减少，至1988年，已无绿肥、饲料田。

1991～2003年，水稻、小麦种植面积逐年减少，棉花等经济作物种植面积逐年扩大。2004～2005年，小麦、水稻面积上升，棉花等经济作物种植面积下降。

20世纪90年代以来，主要轮作方式有稻麦两熟：小麦—夏稻—小麦—夏稻；小麦、玉米两熟：小麦—夏玉米（大豆）或小麦—夏玉米（山芋）；麦棉两熟：小麦—夏棉花—小麦—夏棉花；小麦棉花间套作：春棉花、春豆—冬菜—西瓜、大蒜、洋葱、小麦—移栽（套作）夏棉花；棉套经：棉花—大豆—瓜菜（西瓜—大蒜—洋葱）等5种。期间，耕作制度发生明显变化，并普及应用机械少（免）耕种植技术。大面积利用冬闲田种小麦。利用秧板田种蔬菜及其他晚种早熟作物，最大限度地利用土地。耕地复种指数上升到2.1左右。

第四节　主要粮食作物栽培

一、水稻

【品种】　2000年，藤花落古城遗址中发现碳化稻谷，表明早在4500年前，云台山地区已种植水稻。清至民国时期，域内南云台山一带种植大车粳、黑稻、大板稻、小板稻、沙河米，以大车粳为主。在清代，大车粳为"贡品"。

新中国成立初，仍以大车粳为主。至20世纪50年代中后期，开始种植胜利籼、中农4号、南京2号，黄壳早、桂花球、412等中粳稻品种。60年代，引种农垦44、农垦46、农垦57。农垦57（该品种一直延续到70年代末）。70年代，引种南粳15、南粳34、南粳35、南京11号。其中，南粳35号面积占50%。同时，先后试种南优2号、汕优2号、汕优3号、汕优6号。80年代，种植盐粳2号、徐稻2号、苏协粳、献改优63，杂交稻汕优63。以汕优63为主。糯稻以种植双城糯、太阳糯为主。90年代，种植盐稻2号，连粳1号、2号、泗阳731及武运粳。2000～2005年，以种植连粳3号、6号，盐稻8号、徐稻3号、6号为主。

【栽培】 解放前，域内水稻面积不足500公顷。种栽方法主要是旱直播耩垅稻和水直播水芽稻（先将催好芽的稻种直接撒播到水田中），亩产仅50多千克。

1956年，东磊乡革新农业社，在技术人员指导下进行水稻移栽试验。次年，后关农业社移栽水稻试验成功，亩产达263.5千克，创当地历史最高纪录。50年代末至70年代初，各公社、大队都请来江南稻区水稻栽培能手现场指导，推广插秧稻，直播耩垅稻、直播水芽稻基本消失。70年代中期，推广陈永康水稻“三黄三黑”栽培技术；70年代后期起，推广杂交稻栽培技术；90年代中期，推广水稻叶龄模式栽培方法，产量不断提高。2005年，水稻平均每公顷产量为6150千克（亩产410千克）。

二、麦类

【品种】 至20世纪50年代初，域内所种麦类主要有小麦、大麦和元麦3种（通称“三麦”），荞麦播种极少。其中，小麦主要以大玉花、姚洲红、大红袍为主。1953年，引种徐州438、碧玛1号、旱洋春等品种，以碧玛1号面积最大。1957年，引进石家庄407、济南2号、徐州14号、华东6号、矮粒多，以石家庄407面积为最大。60年代中后期，推广济南9号、徐州5号、阿夫、南大2419。70年代，开始种植泰山1号、泰山4号、武麦1号、蚰包麦、郑州761，其中泰山1号种植面积最大，应用时间最长。80年代，种植济南13号、陕农7859、豫麦2号、冀麦84－5418、泗阳936，其中济南13号种植面积最大，应用时间最长。90年代，种植陕229、烟农19、淮麦19、20号。2000年后种植烟农21、淮麦21、22号。

20世纪50年代种植海紫大麦、萧山3月黄大麦、紫元麦。60年代，种植尺八大麦、2－14元麦、757元麦、立新1号、立新2号元麦；70年代，引种早熟3号大麦、矮早3号大麦。80年代，推广矮早3号大麦、啤酒大麦、苏啤1号、冈1号、冈2号、西引2号。90年代种植啤酒大麦。

【栽培】 解放前，域内麦类栽培技术落后，产量很低，直到20世纪50年代初，三麦平均亩产30千克上下。农业合作化、公社化后，贯彻农业“八字宪法”，改传统的撒播为条播。70年代中期，种稻茬麦时，推广人工薄片深翻破垡，撒播盖种播种法；旱田麦推广人工条播和使用条播机播种。80年初，稻棵套撒播种麦试验成功。1985～1987年，推广、普及稻棵套撒播种、少（免）耕机械条播种和机械条播等少（免）耕播种法。加之播种量由原每亩15～18千克，逐步控制在8～10千克，田间排灌设施完善，化肥普遍使用，麦苗生长茁壮，产量持续增长。2005年，全区1490公顷小麦，总产8643吨，平均每公顷5800千克（每亩单产386.7千克）。

三、玉米

【品种】 玉米通称“秸子”。民国时期，域内主要种植小红岗、三伏糙、六月鲜、公鸡跳、大黄盖等品种玉米。

新中国成立后到20世纪50年代中期，引种金皇后、白马牙、大白秸等品种玉米。60年代初，引种淮杂1号、徐杂1号杂交玉米；60年代中期推广双跃3号、双跃150号、新双1号、中杂11号等良种。70年代中期开始种植烟三6号，郑单1单、新单1号；70年代后期引种丹玉6号、鲁原单4号。80年代初，种植苏玉1号、丹玉6号、鲁原单4号。1986年，引种掖单2号，1987年普及掖单4号，引种掖单12号、掖单13号。90年代推广掖单20号、22号，苏玉1号。2000年起，种植郑单958、农大108等新品种。

【栽培】 直到20世纪60年代前，农民种植玉米普遍稀植，有“稀三棵，密三棵，收粮一样多”和“要吃大稆拐，穿大褂往（玉米）地里拽”之说，一般每亩1500株左右。到1958年，玉米亩产仍不足100千克。

1959年，开始推动玉米大小行种植法，每亩播种密度增加到2800株左右。同时，增施基肥（每亩20～30担），追施拔节肥。20世纪70年代，玉米播种密度进一步增至每亩3500株左右。80年代以来，推广并沿用宽行窄株种植规格，每亩立苗4000株左右。同时，普遍施用化肥，改进施肥办法，以复合肥作基肥（每亩30～40千克），轻施苗肥，重施穗肥，补喷粒肥。90年代以来，推广运用玉米叶龄“见展叶差”法指导施肥，促进玉米根壮、穗大、粒饱满，产量明显提高。2005年，全区210公顷玉米，总产1205吨，平均每公顷产量5738千克（每亩382.5千克）。

四、大豆

【品种】 20世纪50年代前，域内种植的大豆主体品种为毛叶豆、小白花、粉青豆、海白花。

1956～1969年，大豆主体品种有粉青豆、平顶黄、海白花、大红花。搭配品种有大白花、大黄壳、大黑豆。70年代，主要品种有58－161、大黑豆、大红花等。80年代，开始种植74－531（灌豆1号）、74－12、74－14、徐豆3号、丰收黄、小油豆等。灌豆1号种植面积最大，占大豆总面积70%。1988年引进泗豆11号，1990年引进洪引1号。2000年后，推广洪引11号、淮豆4号。

【栽培】 解放前，大豆以春播为主，多间作于春玉米间。基本不施肥，管理粗放，产量低。1960年，春玉米套种春大豆，大豆平均亩产52.5千克。

20世纪60年代起，推广夏播大豆。70年代，以夏大豆为主。80年代，全部改为夏播大豆。播种方法也由50年代的不灭茬播种，改为铁齿耙灭茬播种，推广手扶拖拉机施耕灭茬和浅耕播种等办法，抢墒早播。80年代，推广少（免）耕技术，进行施耕灭茬播种或板茬直接条播、点播及化学除草技术。改变夏大豆不施肥的习惯，合理施肥，合理密植，改善灌、排水条件，大豆增产效果明显。2005年，全区播种大豆390公顷，总产831吨，平均每公顷2130千克（每亩142千克）。

五、山芋

【品种】 20世纪50年代前，域内主要栽种小白藤、大红袍等品种。50～60年代，引进胜利百号、南瑞苕、九州7号、北京553等品种。70年代起，引进宁薯1号、赣榆红等，淘汰胜利百号。90年代，普遍种植徐薯18。2001年起，山芋栽培呈零星状态。

【栽培】解放前，山芋多采用露天小畦剪插的传统办法育秧，影响秧苗生长。20世纪50～60年代，先后推广温床育苗、火炕育苗、改良温床育苗、塑料布温床育苗和酿热物温床育苗等育苗方法。70年代，普遍采用温床育苗法，推广两级育苗技术（包括通气温床育苗和地膜苗圃育苗两个连续过程）。80年代起，全部采用塑料薄膜育苗办法。

20世纪50年代初，多以直插或秤钩插的传统办法栽插秧苗。1956年起推广水平栽插法。60年代先后推广带叶水平插法、“埋头法”、“窝叶法”等栽插技术。并改变山芋不施肥的传统做法，推广施基肥、适时追肥等栽培管理措施。

六、杂粮

域内农村种植的杂粮主要有高粱（俗称芦秫）、绿豆、赤豆、豌豆（大豌豆、小豌豆）、谷子（俗称小米子）、豇豆等。多为零星种植。

1949～2005年新浦区粮食作物面积产量一览表

表18－4　　　　面积：公顷　单产：千克/公顷　总产：吨

类别 数量 年份	三麦			水稻			玉米			大豆			山芋			杂粮		
	面积	单产	总产	面积	单产	总产	面积	单产	总产	面积	单产	总产	面积	单产	总产	面积	单产	总产
1949	2619.30	645	1689.42	437.66	2205	965.04	618.73	975	603.26	1123	645	724.33	787.13	1395	1098.04	173.46	975	169.12
1950	2836.13	645	1829.30	554.06	2505	1387.92	634.86	1065	676.12	1704.46	465	792.57	798.80	1650	1318.02	234	765	179.01
1951	3156.80	690	2178.19	570.46	2100	1197.94	810.06	1035	838.41	1246.06	690	859.78	826.33	2250	1859.24	318.46	855	272.28
1952	3032.86	765	2320.13	668.13	2880	1924.21	860.33	1095	942.06	1221.66	735	897.92	804.26	2565	2062.92	312.06	1020	318.30
1953	3168.86	735	2329.11	81.80	2340	191.41	756.53	1365	1032.66	1218.46	690	840.73	791.33	2760	2184.07	343.86	600	206.31
1954	3304.13	795	2626.78	901.26	3150	2838.96	821.93	1635	1343.86	1206.33	930	1121.88	746.40	3570	2664.64	308.60	990	305.51
1955	3441.80	855	2942.73	74.13	3705	274.65	876.13	1770	1550.75	1293.26	975	1260.92	920.73	3765	3466.54	342	1035	353.97
1956	3593.73	975	3503.88	1159.73	3135	3635.75	872.46	2190	1910.18	1289.60	1410	1818.33	839	3615	3032.98	324.53	1035	335.88
1957	3539.26	1065	3769.31	1517.46	2835	4301.99	674.13	2475	1668.47	812.46	1500	1218.69	569.33	2865	1631.13	323.60	1515	490.25
1958	3257.53	1515	4935.15	1886.66	2565	4839.28	762.33	2940	2241.25	762.93	2100	1602.15	499.73	3285	1641.61	529.06	1665	880.88
1959	3102.40	2145	6654.64	1932.80	3630	7016.06	887.80	2715	2410.37	672.66	2010	1352.04	500.66	2940	1471.96	602.86	1170	705.34
1960	3359.80	2415	8113.91	1996.20	3810	7605.52	651.93	3555	2317.61	585.80	2145	1256.54	621.73	2730	1697.32	287.40	1230	353.50
1961	3639.73	2115	7689.03	2107.06	3015	6352.78	695.93	2820	1962.52	972.20	2055	1997.87	561.60	3540	1988.06	319.80	1230	393.35
1962	3816	1125	4293	1985	1170	3513.45	635.33	2295	1458.08	1180.40	2310	2726.72	521.26	3330	1735.79	167.20	1635	273.37
1963	3746.06	1815	6799.09	1998.53	3690	7374.57	719.33	3195	2298.25	1369	1830	2505.27	504.46	2880	1452.84	365.06	1695	618.77
1964	3297.46	2400	7913.90	1958.53	4290	8402.09	633.53	2430	1539.47	1439.80	1680	2418.86	548.33	5535	3035	380.20	1200	456.24
1965	3149.86	1815	5716.99	1942.26	5250	10196.86	8221.60	4020	33050.83	1172.93	2730	3202.09	480.20	6330	3039.66	344.73	1770	610.17
1966	2716.93	2880	7824.75	2331.73	5745	13395.87	518.26	4530	2347.71	1066.66	2130	2271.98	529.73	6645	3520.05	57.46	1605	92.22
1970	2626	2385	6263.01	2112.26	6315	13338.92	642.13	3975	2552.46	1198.26	2190	2624.18	449.53	7200	3236.63	51.26	2925	149.93

续表 18-4(1)

类别/数量/年份	三麦			水稻			玉米			大豆			山芋			杂粮		
	面积	单产	总产	面积	单产	总产	面积	单产	总产	面积	单产	总产	面积	单产	总产	面积	单产	总产
1971	2612.86	2835	7407.45	2436.86	7050	17179.86	566.46	5115	2897.44	948	2265	2147.22	550.86	6015	3313.42	82.46	3735	307.98
1972	2506.93	3375	8460.88	3267.13	7260	23719.36	370.80	6165	2285.98	628.33	2220	1394.89	437.80	6900	3020.82	68.80	1695	116.61
1973	2425.46	3735	9059.09	2579.40	9180	23678.89	617.40	6210	3834.05	984.26	3390	3336.64	509.26	8205	4178.47	114	5265	600.21
1974	2383.66	3825	9117.49	2687.20	9285	24950.65	610.13	5985	3651.62	804.20	2430	1954.20	490.80	6360	3121.48	111.26	3150	350.46
1975	2469.53	4725	11668.52	2919.60	8085	23604.96	569.33	6705	1817.35	763.60	2010	1534.83	428.93	8070	3461.46	105.26	3270	344.20
1976	2469.53	4530	11186.97	3030.40	9165	27773.61	477.26	6330	3021.05	755.20	2970	2242.94	385.20	7065	2721.43	101.53	3555	360.93
1977	2465.40	4425	10909.39	2799.46	9945	27840.62	634.33	5865	3720.34	577.40	2220	1281.82	530.06	7650	4054.95	140.60	2325	326.89
1978	2515	5475	13769.62	1758.33	8235	14479.84	883.80	4650	4109.67	818.80	1845	1510.68	892.20	6420	5727.92	172.53	2715	468.41
1979	2575.66	7470	19240.18	2153.06	10830	23317.63	696.86	6930	4829.23	606.60	2355	1428.54	519.53	5490	2852.21	67.46	3405	229.70
1980	2712.60	6345	17211.44	2135.06	12795	27318.09	591.06	7965	4707.79	754.06	3000	2262.18	356.26	6915	3463.53	54.06	4290	231.91
1981	2723.80	7050	19202.79	2453.33	13500	33119.93	907.53	8295	7527.96	979.33	3105	3040.81	238.93	5805	1386.98	58.66	4035	236.69
1982	2778.13	7065	19627.48	2427.46	13155	31933.32	1000.66	8430	8435.56	847.06	3495	2960.47	197.06	5790	1140.97	57.26	3720	213
1983	2902.26	7485	21723.41	2508.06	14040	35213.16	988.46	8715	8614.42	903.66	2745	2480.54	186.66	6165	1150.75	47.13	2280	107.45
1984	3015.60	3750	11308.50	2117.06	6540	13845.57	1052.66	4680	4926.44	919.06	2190	2012.74	174	4680	814.32	52.86	1815	95.94
1985	3156	3615	11408.94	1863.93	6780	12637.44	1184.33	4815	5702.54	930.33	2310	2149.06	144.66	4770	690.02	50.33	1575	79.26
1986	3150.20	4815	15168.21	1781.86	6720	11974.09	1127.93	5235	5904.71	987.86	2235	2207.86	127.46	4845	617.54	56.80	1650	93.72
1987	3418.86	4680	16000.26	1606.46	7410	11903.86	1280.33	5295	6779.34	857.46	2250	1929.28	76.86	5085	390.83	56.46	1605	90.61
1988	3381.33	4710	15926.06	1671.93	7170	11987.73	1353.66	5565	7533.15	695.26	1965	1366.18	83.46	6555	547.08	60.33	1575	95.10
1989	3517.33	4545	15986.26	1977.93	7050	11829.40	1342.93	5655	7594.26	701	2535	1777.03	89.86	5235	470.41	66.73	1530	102.09
1990	3492.13	4710	16447.93	1857.73	6360	11815.16	1340.66	5265	7058.57	702.66	1425	1001.29	66.33	5190	344.25	58.93	1815	106.95

续表 18－4(2)

类别/数量/年份	三麦			水稻			玉米			大豆			山芋			杂粮		
	面积	单产	总产	面积	单产	总产	面积	单产	总产	面积	单产	总产	面积	单产	总产	面积	单产	总产
1991	3504	4950	17344.80	1805.60	7140	12891.98	1267.06	5985	7583.35	616.13	2385	1469.47	58.86	5625	331.08	44.26	2775	122.82
1992	3453.33	4845	16731.38	1634	8445	13799.13	1146.86	5715	6554.34	711.66	2370	1686.63	52.06	6165	320.94	64.86	1680	108.96
1993	3435.33	4935	16953.35	1418.46	8670	12298.04	1134	5145	5834.43	764.66	2250	1720.48	58.93	6105	359.76	92.60	2040	188.90
1994	3230.66	5220	16864.04	1560.66	8235	12852.03	1199.66	6585	7899.76	806	2460	1982.76	39.26	6135	240.86	73.53	2070	152.20
1995	3081.33	5820	17933.34	1591.66	8550	13608.69	1236	6660	8231.76	390.66	2955	1154.40	43.33	6075	263.22	103.33	1965	203.04
1996	3074.93	5910	18172.83	1496.86	9090	13606.45	1171.33	7350	8609.27	376	2655	998.28	55.33	6750	373.47	122	2760	336.72
1997	3042	5820	17704.44	1622	8205	13308.51	1057.33	6045	6391.55	472.06	3120	1472.82	56.73	6120	347.18	69.33	3120	216.30
1998	2966.66	5340	15841.96	1600	8310	13296	999.66	6000	5997.96	520.66	2580	1343.30	64	6300	403.20	130.66	3105	405.69
1999	2554	6360	16243.44	1642	8700	14285.40	1000.20	6390	6391.27	415	2895	1201.42	79	4095	323.50	23.33	2880	67.19
2000	2166	5760	12476.16	1708.66	7305	12481.76	862.66	3375	2911.47	403.40	2355	950	75.66	4080	308.72	22	1095	24.09
2001	1662	7125	11841.75	1516	8565	12984.54	755	6240	4711.20	375.13	2775	1040.98	68	4425	300.90	20.33	1005	24.43
2002	2114.33	7635	16142.90	1393.86	9015	12565.67	811.33	8265	6705.64	338.33	2490	842.44	65.33	4200	274.38	—	—	—
2003	1988.20	4935	9811.76	1582.66	8310	13151.90	639.93	5415	3465.22	364.66	1905	694.67	50	3000	150	—	—	—
2004	2749.60	6285	17281.23	2270	8805	19987.35	200	6195	1239	520	2370	1232.40	20	4650	93	10	1890	18.90
2005	1490	5800	8643	2980	6150	18327	210	5738	1205	390	2130	831	20	4545	90.90	—	—	—

第五节　主要经济作物栽培

一、棉花

区域内植棉历史悠久,明代已有小面积植棉记载。民国20年(1931)海门人到境内的烧香河两岸和太平堰一带种植棉花,采用“中棉”(亚洲棉)长丰黑籽棉和青基鸡脚棉品种。于荒草野滩中稍事耕耙后,抛种其间,棉草混生,不打顶,病虫旱涝任其自然,除草1~2次,亩产皮棉4.5~5.5千克。后终止。

20世纪50年代初,域内零星种植棉花,引种岱字棉15号,后期改撒播为宽幅条播等距种植。由于缺乏栽培经验,产量低。60年代,推广“三组六行”和“大小行”种植法,停用撒播法,全部实行条播并推广棉田间套作豆类。种植面积256公顷左右,平均每公顷210千克(亩产14千克)上下。70年代,推广“小高垄”种植法,主体种植徐州142。年均种植面积100公顷左右。栽培技术进入突破性阶段,由应用“土壤增温剂”发展到薄膜覆盖营养钵育苗移栽新技术。一般移栽棉比直播棉增产2成左右。1979年,平均每公顷产皮棉757.5千克(亩产50.5千克),创造历史最高纪录。80年代,发展塑料薄膜育苗移栽棉配套技术。1981年,推行两膜覆盖栽培新技术。1983年,开始推广地膜棉。在1989年连云港市“丰收杯”高产竞赛中,云台乡龙山村、宁海乡林场村,分别以每公顷1843.5千克(亩产122.9千克)、1810.5千克(亩产120.7千克)获得棉花高产田一、二等奖。90年代,推广种植夏棉。1994年,地膜棉950.7公顷,占域内棉田的87%,平均每公顷产皮棉1365千克(亩产91千克)。1995年以后,各乡镇棉花种植面积基本保持在1500公顷上下。2005年,全区棉田17250公顷,平均每公顷产皮棉1095千克(亩产73千克)。

二、蔬菜

解放前,区域内绝大部分农民种菜是为自家吃用,上市出售很少。

新中国成立后,农民都分得田地,种菜自食有余,便上市出售换钱。1958年,“人民公社”办食堂,农民吃食堂,域内农村菜田面积扩大到100公顷以上。“三年困难时期”,粮食减产,实行“低标准,瓜菜代”,生产队划给每口人1.3分自留田种瓜菜。各生产队建常年菜园3~4亩,季节性瓜田3~5亩。20世纪70年代,随着城市发展,城区蔬菜供应越发紧张。1975年,市政府决定将云台公社(今花果山乡)的前云大队、大村大队的3个生产队改为蔬菜专业队,专门种植蔬菜供应城市,蔬菜专业队的社员享受菜农的粮、油、煤供应标准。同时,政府积极扶持常年菜田的基本建设,建成56.7公顷喷灌田,修建6座中型排灌站,建成3.5公里长的石砌排水渠和3.7公里

图18-2　宁海乡武圩村丝瓜种植带一角

长的水泥路，建快速育苗室2座。80年代中期，加大农业结构调整力度，各乡、镇集体菜田面积在110公顷左右。并开始推广使用塑料薄膜覆盖培育蔬菜秧苗栽培技术。实行家庭联产承包责任制后，建立蔬菜种植供应保障责任制，种菜面积有所扩大。前云村、大村村、青春村等菜农开始采用塑料大棚种植蔬菜的新技术措施。随之，塑料大棚在花果山乡、南城镇、云台乡逐步推广。90年代，实施“市长菜篮子”工程，区郊菜地面积稳定在450公顷左右。有日光温室、塑料大棚达326个。蔬菜生产经济效益、社会效益明显提高。2005年，全区菜田面积540公顷，有日光温室300栋、大棚430个、中小棚3900个、地膜覆盖50公顷。蔬菜总产量1944.1万千克，平均每公顷36000千克（亩产2400千克）。

域内栽培的蔬菜有20科51种128个品种。主要有大白菜、小白菜、萝卜、花菜、甘蓝、球茎甘蓝、芥菜、黑菜、西红柿、辣椒、茄子、马铃薯、黄瓜、菜瓜、酥瓜、冬瓜、笋瓜、番瓜、佛手瓜、南瓜、丝瓜、瓠子、四季豆、扁豆、毛豆、刀豆、豇豆、蚕豆、黎豆、韭菜、大蒜、葱、洋葱、薤头、胡萝卜、芫荽、小茴香、莴苣、茼蒿、生菜、芋头、百合、黄花菜、苋菜、菠菜、甜菜、茭白、甜玉米、菱角、藕、落葵、香椿、蕹菜、蘑菇、平菇、草菇、金针菇等。其中，黄芽菜、西瓜萝卜、苹果酥香瓜、山西水萝卜、秋西红柿等品种为特产。

三、油菜

域内于1971年试种油菜，每公顷产量2025千克（亩产135千克）。1973年后逐年扩种。1977年，油菜面积496公顷，每公顷产量1500千克（亩产100千克）。20世纪80年代，油菜面积逐年减少。90年代，油菜为零星种植。2002年，开始恢复油菜种植。2003年，种植油菜100公顷，每公顷产量2445千克（亩产163千克），总产24.5万千克。2005年，油菜种植面积70公顷，总产16万千克。

新浦地区种植的油菜品种，20世纪70年代至90年代，冬油菜有淮油1号、3号、6号、宁油1号、兴化油菜，以淮油1号为主要品种。春油菜有门源2号等。进入新世纪后，推广种植杂交油菜秦油2号、秦油5号。

四、花生

清光绪年间（1875～1908），域内云台山地区引入爬蔓型大花生。

民国9年至19年（1920～1930）引入大站秧（大麻壳）、小站秧、二窝子等易管易收品种，且种植面积有所扩大。

1950～1958年，花生种植面积36公顷左右，多与玉米间作，每公顷产花生1950千克（亩产130千克）左右。

20世纪60年代，年均种植花生43公顷，每公顷产2370千克（亩产158千克）左右。70年代，年均种植花生20公顷左右，每公顷产2400千克（亩产160千克）上下，80年代，推广起垅种植法，加大种植密度（每亩种植3500～4000穴），年平均种植花生12公顷左右。90年代，推广地膜栽培技术，种植密度增至每亩6000～7500穴，每公顷产3750千克（亩产达250千克）。1998年种植花生6公顷，每公顷产3000千克（亩产200千克），总产18200千克。2000年后，花生呈零星种植。

1951～2005年新浦区主要经济作物面积、产量一览表

表18－5　　面积:公顷　单产:千克/公顷　总产:吨

类别/数量/年份	棉花			芝麻			花生			蔬菜		
	面积	单产	总产	面积	单产	总产	面积	单产	总产	面积	单产	总产
1951	15.33	105	1.61	1.93	420	0.81	26.13	1560	40.76	48.73	32385	1578
1952	51	135	6.88	2.06	450	0.93	31.13	1815	56.50	65.27	32100	2095
1953	57.80	30	1.73	2.40	510	1.22	30.73	2130	65.46	70.6	29775	2102
1954	46.13	15	6.91	2.33	555	1.29	32.47	2370	76.94	76.2	29955	2283
1955	116.33	225	26.17	2.47	525	1.29	33.94	2085	70.75	80.33	32895	2643
1956	127.46	270	34.41	1.86	615	1.15	44.73	2205	98.63	79.66	33855	4954
1957	136.06	315	42.86	2.26	585	1.32	42.33	2070	87.63	67.13	33465	2916
1958	217.20	480	104.25	2.20	540	1.18	35.73	2085	74.50	109.53	39225	4296
1959	3.33	315	1.05	2.26	525	1.19	35.13	1815	63.76	107.46	38895	4180
1960	3	345	1.04	1.73	495	0.86	32.86	1845	60.63	111.53	39150	4366
1961	2.33	330	0.77	2.07	480	992	32.47	2055	66719	107.46	38610	4149
1962	289.53	420	121.60	1.93	555	1073	32.80	2175	71340	118.80	40200	4775
1963	271.80	495	134.54	2.33	630	1470	31.93	2355	75203	107.33	40650	4363
1964	293.80	480	141.02	2.06	720	1488	34.80	2415	84042	110.80	38100	4221
1965	243	435	105.70	1.80	840	1512	36.93	2385	88088	117.33	38700	4541
1966	247.73	555	137.49	2.60	735	1911	33.93	2475	83985	102.33	40710	4166
1970	120.86	1515	138.10	2.00	765	1530	25.13	2820	70866	91.93	43500	3999
1971	115.86	1605	185.95	2.07	885	1829	22.60	2415	54579	100.80	41775	4211
1972	113.40	1620	183.70	1.87	1005	1879	15.80	2280	58824	110.13	42645	4620
1973	99.86	2025	202.21	1.67	1080	1803	24.06	2370	57022	112.93	42750	4828
1974	131.66	2370	312.03	1.40	1065	1491	15.27	2445	37327	76.33	41670	3778
1975	106.40	1725	183.54	1.00	975	975	16.27	2385	38796	83.86	42150	3535
1976	74.80	1695	126.78	1.06	1065	1128	14.87	2205	32781	127.40	43575	5551
1977	87.60	1695	148.48	0.80	975	780	14.33	2085	29884	132.93	44040	5854
1978	93.93	1455	136.66	0.93	1140	1060	13.06	2025	26460	31.26	37755	4956
1979	167.80	2985	500.88	0.80	1050	840	12.73	1220	28268	161.33	45300	7299
1980	114.93	2394	275.14	—	—	—	12.60	2265	28539	149.13	46950	7002
1981	258.93	3255	842.81	—	—	—	11.46	2430	27864	163.66	47355	7750
1982	133.80	2670	357.24	—	—	—	10.60	2580	27348	290.80	47850	13915
1983	385.33	2100	809.20	—	—	—	19.3	2745	52521	253.13	50100	12682

续表 18－5

类别 数量 年份	棉花			芝麻			花生			蔬菜		
	面积	单产	总产	面积	单产	总产	面积	单产	总产	面积	单产	总产
1984	587.06	1900	116.33	—	—	—	22.86	2730	62426	260.86	51150	13342
1985	537.13	2085	1119	—	—	—	17	2850	29	264.80	53625	14200
1986	482.86	2445	1180	—	—	—	11.93	2790	33	264.80	52800	13981
1987	413.86	1177.50	487.32	—	—	—	9.93	2880	29	264.80	53400	14140
1988	641.53	1143	733	—	—	—	9.86	2835	28	264.80	54150	14339
1989	627.13	1299	815	—	—	—	12.06	2775	33	264.80	55650	14736
1990	706.93	1086	768	—	—	—	48.40	2520	122	270.40	56550	15291
1991	774.66	1234.50	956	—	—	—	7.80	2625	20	310.40	56850	17646
1992	903.80	990	895	—	—	—	7.73	2715	21	318	55200	17554
1993	951	891	847	—	—	—	6.66	2445	16	462	57150	26403
1994	1092.80	1365	1992	—	—	—	6.33	2385	15	528.66	58575	30966
1995	1511.62	907.50	1372	—	—	—	5.93	2505	14.86	341	59400	20255
1996	1358.66	1462.50	1987	—	—	—	5.66	2580	14.60	341	59550	20306
1997	1074.80	1530	1644	—	—	—	5.66	2625	14.85	385.73	62850	24243
1998	1199.73	1350	1620	—	—	—	6.06	3000	18.20	402.46	62400	25114
1999	983	1194	1174	—	—	—	5.60	3105	17.38	402.46	63000	25355
2000	941.80	1020	961	—	—	—	5.06	3210	16.24	396.66	62550	24811
2001	1118.33	1950	2180	—	—	—	—	—	—	396.66	62250	24692
2002	933.80	1398	1305	—	—	—	—	—	—	396.66	59550	23621
2003	978.66	1020	998	—	—	—	—	—	—	396.66	65400	25942
2004	1740	1515	2636	—	—	—	—	—	—	460	63450	29187
2005	1150	1095	1259	—	—	—	—	—	—	540	72000	38880

注:表内含云台农场数字

第六节 农作物保护

一、病虫草害

域内水稻虫害主要有稻苞虫、二化螟、三化螟、大螟、稻蓟马、褐飞虱、稻纵卷叶螟、稻黏虫等。病害主要有白叶枯病、纹枯病、稻瘟病、条纹叶枯病、干尖线虫病、恶苗病等。

小麦虫害有麦长管蚜、二叉蚜、麦黏虫、麦长蜘蛛、麦圆蜘蛛及吸浆虫。病害主要有称锈病(俗称“疸”)的杆锈、条锈和叶锈,及黑穗病、白粉病、纹枯病、赤霉病等。

棉花虫害主要有棉蓟马、红蜘蛛、棉铃虫、红铃虫、玉米螟、盲椿象等。病害有炭疽病、立枯病、烂铃

（包括疫霉、红腐红粉、角斑）、枯萎病等。

杂粮虫害有蝼蛄、蛴螬、蚜虫、豌豆象、蝗虫、玉米螟、旋花天蛾、山芋小卷叶蛾等。病害有山芋黑斑病、玉米大小斑病、大豆霜霉病、病毒病等。

旱田作物草害主要有大豆菟丝子、铁苋头、早熟禾、繁缕、猪殃殃、播梁蒿、野梁蒿、野燕麦、麦家公、泽漆、硬草。水田作物草害主要有眼子菜、看麦娘、三棱草、稗草、牛毛草等。

二、病虫害防治

【物理防治】　主要采用人工捕杀、诱杀、掇捕、火烧、踏平、泥治、耕翻铲卵等方法进行防治。1953年，境内4000公顷农田、荒地发生蝗虫（飞蝗的夏蝗）危害，区、乡、镇及时组织人工捕杀，捕杀蝗虫近1000千克。1973年，大搞杨树枝诱蛾（棉铃虫蛾），诱捕面积为200公顷。20世纪60年代及70年代初，曾用泥浆喷雾法防治棉花红蜘蛛。

【生物防治】　1973年，域内首次利用生物防治农作物虫害，在棉田保护中助迁瓢虫、马蜂捕食蚜虫。1975～1979年，利用核型多角体病毒防治棉铃虫，示范成功，效果达85%以上，且增产15%以上。

【药物防治】　20世纪50年代，开始使用石灰水、烟草、草木灰、鱼藤、皂凡、棉油泥皂、砷酸钙、低浓度666粉防治病虫害。1953年，开始用0.5%“666”粉防治柴塘、圩堆一线的飞蝗。用“666”粉制成毒饵、毒谷防治蝼蛄。1954年，在东辛农场建临时治蝗专用机场，动用飞机喷洒农药治蝗。1957年，防治稻苞虫时，除用木把梳外，还用1.5%“666”粉防治。用草木灰加细泥土（在露水潮时使用）或用烟草杆加水烧开后用涮锅把撒淋防治蚜虫。其间，烧香河、大岛山、杨圩一带大面积发生蝗害，每平方米蝗虫达10～350头左右。政府在组织人力捕杀同时，开始推广使用手摇喷粉器和喷雾器，喷药防治飞蝗。60年代，主要用有机氯和有机磷农药防治害虫，仍用人工手动器械进行喷药。70年代，开始用多菌灵、粉锈宁等药剂防治棉花立枯病、小麦白粉病等。80年代，推广除虫菊酯类农药敌杀死、速灭杀丁等，开始应用混配剂乙敌粉、氧脒合剂等，并应用昆虫激素农药扑虱灵、部分有机氮及防治病害的药剂巴丹、线虫清、消毒剂等。90年代以后，农药品种繁多，以混配剂稻丰灵、棉铃宝、灭铃宝、灭铃皇、快杀铃等为多。同时，大力推广农业栽培防治法、生物防治、物理防治法，降低病虫害发生和危害程度。在农药使用上大力推广高效、低毒、低残留药物。2000年起，加强无公害农业基地建设和无公害农产品生产，大力普及以农业栽培为主的综合防治病虫害技术。2003年，全区重点抓好条纹叶枯病、白叶枯病、纵卷叶螟等病虫害的防治，防治率达90%以上。2004年6月，区政府召开水稻条纹叶枯病防治紧急会议，部署防治工作，明确一把手负责制，减少水稻损失。2005年，推广农作物病虫害综合防治技术，累计防治106386公顷次，粮棉分别减少损失8353吨和707吨。

三、草害防治

20世纪60年代前主要靠人工拔除杂草。70年代，开始使用丁草胺颗粒剂、除草醚、稗草灵、鲁宝一号、绿麦隆等除草剂。80年代，稻田推广60%丁草胺乳油沙虫丹，麦田使用二甲四氯、苯达松；豆田使用盖草能、虎威、稳杀得等除草剂。90年代起，推广骠马、巨星，防治麦田禾本科和阔叶草，实施无草害工程。施药方法由撒、喷（粉、雾）、熏蒸，发展到涂茎、深埋农药等。2000～2005年，不断推广、普及旱草灵防治大豆田杂草，推广乙草胺、敌稗防治稻田杂草。同时，大力推广作物秸秆粉碎还田和玉米田、插田行间复草压草技术，有效控制了各种杂草的发生和危害。

第六章 林 业

第一节 林木分布

一、山林面积及分布

域内林地总面积为5068.5公顷。其中,山林地4132.6公顷。平原防护林935公顷。

在林木面积中,生态林202.90公顷,经济林134.85公顷;经济林中水果林、干果林、茶林692.87公顷,竹林8.86公顷,杉木林245公顷。

全区农田林网3733公顷。

全区乔木林地4504.07公顷,疏林地10.35公顷。林木活立木总蓄积量36.67万立方米。

域内城区林地327.31公顷,人均林地0.001公顷。郊区林地4741.9公顷。其中,南云台林场林地1565.92公顷;云台乡为1963.16公顷,人均林地0.057公顷;花果山乡为984.64公顷,人均林地0.058公顷;南城镇为85.11公顷,人均林地0.007公顷。

2005年新浦区林木面积分布一览表

表18-6　　单位:公顷

类别/数量/单位	林木总面积	占全区林地比重	人均林地面积	分类										
				按地形分		按作用分		经济林分类			生态用材林分类			
				山林	平原林地	生态用材林	经济林	干果林	水果林	茶林	纯林	混交林	竹林	杉木林
全区	5068.5	100	14.31	4274.98	793.52	3550.77	1517.73	932.87	584.86	111.66	2513.47	589.98	15.36	245
城区	327.31	6.45	0.001	—	327.31	327.31	—	—	—	—	191.77	135.56	—	—
花果山乡	984.64	19.42	0.058	800	184.64	890.14	94.5	21.7	72.8	13	862.34	11.41	1.39	15
云台乡	1963.16	38.73	0.057	1700	263.16	868.16	1095	681.17	413.83	54.96	541.7	102.98	6.5	30
南城镇	85.11	1.68	0.007	66.7	18.41	53.81	31.3	30	1.3	0.7	28.59	25.22	—	—
南云台林场	1565.92	30.90	13.98	1565.92	—	1294.49	271.43	200	71.43	43	796.51	290.51	7.47	200
云台农场	142.36	2.81	0.027	142.36	—	116.86	25.5	—	25.5	—	92.56	24.3	—	—

二、树种及分布

新浦区地处亚热带与暖温带的过渡地带,南北树种兼有,林木资源丰富,并保存许多濒临灭绝的树种。

域内林木共有69科140属240种。有地质时期的树活化石——孑遗植物的枫香、银杏(白果树)等树种;有属于暖温带树种的枫、樟、桔、黄杨、黑松、赤松等常绿、阔叶树种;有属于亚热带落叶和阔叶树种楝、槐、椿、柳、杨、胡桃、花椒、白腊、盐肤木、黄连木、黄檀、化香、枫杨等树种。

域内南云台山上部广泛生长赤松、混植麻栎、板栗、黄连木、青桐、楸树、檀、槐等树种；山坡上沃土植茶树和各种果树；山脚下有樱桃、梨、桃、苹果；平原地带栽植杨树、楝、榆等树种。

新浦区林木树种名录简表

表 18－7

科	种
银杏科	银杏（白果）
松科	赤松（红头松）、马尾松、黑松、黄松、湿地松、火炬松、金钱松
杉科	杉木（楠木）、柳杉、水杉
柏科	侧柏（扁松）、圆柏（刺松）
木兰科	鹅掌楸（马褂木）白玉兰、应春花（大红袍、玉兰）、荷花玉兰（洋玉兰、广玉兰）、厚朴
樟科	山胡椒（红杞条）狭叶山胡椒（红杞条）三桠乌药（生姜树）、红楠（寒夏青）、擦木
蔷薇科	木瓜、野山楂、山楂、山里红、湖北杞子、湖北海棠（甜茶果）、棠梨、大果豆梨（拟）、杏、麦梨、桃（毛桃）、冬青桃、尾叶樱、樱桃、大樱桃、毛樱桃、野珠兰（天花棒）、石灰花楸（水平条）湖北花楸、水榆花楸（老阿梨）、华北绣线菊、鸡麻、山莓、野蔷薇、庐石楠（毛石石楠、水平条）
苏木科	云实、山皂荚（野皂荚）、皂荚
含羞草科	山槐（山杨树）、合欢（夜合欢）
山梅花科	疏毛溲疏
醋栗科	华茶藨
野茉莉科	野茉莉（醋梅笋）、白花龙
山矾科	白檀（白肘）
山茱萸科	四照花、毛楝
八角枫科	八角枫、华瓜木
珙桐科（紫树科）	喜树（旱莲）
五加科	楤木、五加、刺楸
忍冬科	金银花、金银木、郁香忍冬、接骨木、锦带花、宜昌
金缕梅科	牛鼻栓、枫香（枫香铃、路路通）
悬铃木科	悬铃木（法国梧桐）
黄杨科	瓜子黄杨（黄杨）
杨柳科	加拿大白杨（加白杨）、钻天杨（美杨）、毛白杨、响叶杨、垂柳（柳树）、旱柳（柳树）、河柳（柳树）、杞柳（簸箕柳）
壳斗科	板栗（栗树）、麻栎（橡子）、栓皮栎、白栎、小叶栎、槲栎（大菠萝）、短柄袍树（小菠萝）、槲树（大菠萝）
榛科	川榛、鹅耳枥（石棚）

续表 18－7(1)

科	种
胡桃科	美国山核桃(薄壳山核桃)、胡桃、野核桃、枫杨(平杨树)、化香(花香树)榆科糙叶树(牛筋树)、朴树(隔木树)、黑弹树(小叶朴)、刺榆、白榆(榆树)、榔榆(山榆)、大果榆、春榆、榉树
桑科	构树、小沟树(葡蟠)、枳树(格针枣)、桑树、蒙桑、华桑
杜仲科	杜仲
大风子科	山拐枣
瑞香科	芫花(药鱼棵)
柽柳科	柽柳(观音柳)
椴树科	扁担杆子("狗骨头")、糠椴、南京椴
梧桐科	梧桐(青皮梧桐)
大戟科	油桐(桐油树)、重阳木、馒头果(算盘珠、小儿拳)、野桐、乌柏(桐油籽)、白乳木(白木乌柏)、一叶荻(叶底珠)
茶科	茶、油茶
猕猴桃科	软枣猕猴桃、猕猴桃
杜鹃花科	杜鹃(映山红)、满山红、闹羊花(映山黄)
越橘科	腺齿越橘
石榴科	石榴
卫矛科	南蛇藤、胶东卫矛、卫矛(小鬼篦子)、丝棉木(白杜、八树、明开祖合)、大叶黄杨(冬青、冬青卫矛)、扶芳藤、爬行卫矛
胡颓子科	牛奶子、大叶胡颓子
鼠李科	拐枣(枳椇、北枳椇)、枣(枣子)、无刺枣(大枣)、酸枣(小山枣、山枣)、猫乳(大米头、长叶绿柴)、圆叶鼠李(山绿柴)
葡萄科	蛇葡萄、葎叶蛇葡萄、爬山虎(爬墙虎)、葡萄、桑叶葡萄
紫金牛科	紫金牛(平地牛)
柿树科	柿(大柿)、野柿(山柿)、君迁子(狗屎枣、黑枣、软枣)
芸香科	构桔(刚桔)、花椒(大花椒)、崖椒(小花椒)、野花椒、竹叶椒
苦木科	臭椿(椿树)、苦木(苦桑头、苦树)
楝科	楝树(楝枣子)、川楝、香椿
无患子科	栾树、无患子(铁罐子)
清风藤科	羽叶泡花树(红枝柴、麦仁头)、多花泡树
漆树科	黄连木(黄连头)、盐肤木(独骨头)、野漆树(漆树)
槭树科	五角枫、苦茶槭(茶条、瘟桑柳)
省沽油科	野鸦椿("马尿尿")
木樨科	流苏树(糯米花)、女贞(冬青)、小叶女贞、小蜡、油橄榄、白蜡(蜡条)、尖叶白蜡、苦枥木、连翘
夹竹桃科	络石(六角草)

续表 18－7(2)

科	种
柽柳科	柽柳
茜草科	山栀子(黄栀)、水栀子(栀子花)、鸡矢藤
紫葳科	楸树(小叶梧桐)、梓树、紫葳楸、凌霄花
厚壳树科	厚壳
马鞭草科	紫珠、白棠子树、海州常山(臭梧桐)、牡荆(荆条)
毛茛科	太行铁线莲(老牛杆、黑狗筋)、裂叶太行铁线莲、大叶铁线莲、毛果、平坝铁线莲、黄药子
木通科	木通(八月扎)
防己科	木防己(小葛藤)
南天竹科	南天竹
茄科	枸杞(狗奶子)
玄参科	泡桐、毛泡桐
菝葜科	菝葜(荆大架子、筋角拉子)、粉菝葜、华东菝葜、牛尾菜
禾本科	淡竹、毛竹、乌哺鸡竹、金镶玉竹、阔叶箬竹

第二节　造　林

一、苗木繁殖

1950 年,国营南云台林场成立,承担绿化云台山的苗木繁育和植树造林任务。

1951～1957 年,各乡镇大搞荒山绿化,男女老少齐上山,抢雨天直播赤松种,育苗移栽补稀;发动农户家家采种育苗,林场和集体繁育引进的良种苗木。1958 年,云台公社(今云台乡)将虎窝村改为云台公社东风果林场,建立果林新品种引进试验示范和苗木繁育园地,负责为全公社繁育苗木。各大队成立林业队,繁殖苗木。1960 年起,各公社每年保持 2 公顷左右果林苗木繁育园地。是年,南云台林场建苗木繁育基地 4 公顷。

20 世纪 60 年代,林场和各大队林业队,采取播种、剪根条、分枝和剪插等传统办法繁育苗木。对国槐、椿树、楝树、麻栎、对马尾松等树种进行沙境催芽播种育苗;刺槐、泡桐、榆、桑等树种,每年春季将根系剪成根条,进行无性繁殖育苗;樱桃、栀子花则剥取分枝根进行移植培育小苗;柳树、杨树、三条(紫穗槐、腊条、杞柳)、玫瑰、月季等树种,取其枝条扦插育苗或直接扦插定植。1963～1966 年,南云台林场繁育良种苗木 27 公顷。

20 世纪 70 年代,推广塑料薄膜覆盖育苗技术,保温保湿繁育水杉、杉木等。同时,推广嫁接法育苗技术,繁育桃、李、杏、柿、板栗等树种苗木。1978 年,南云台林场高级林业工程师杨传书研究楸树"人工有性繁殖"技术获得成功,育苗 1.6 万株,栽植 30 余公顷。

1983年,实行家庭联产承包责任制,果林苗圃地推行专业承包,但因多数承包户缺技术,不会育苗,一度靠外购苗木。20世纪90年代,乡村完善专业承包管理机制,区、乡林业技术指导站加大育苗培训示范力度,先后建成后关果苗圃,东磊凌霄花圃、绿化苗圃,朱麻花木苗圃,西山温室花卉园一批苗木繁育基地。南云台林场成立花木公园。1995~2005年间,应用有性、无性育苗技术,先后育苗3000万株。满足了当地及周边地区绿化用苗,还远销到河南、甘肃等省市。

二、山林营造

新中国成立前,域内荒山秃岭和树木稀疏不成林的山场较多。

1953年起,人民政府开始组织山区农民开展荒山造林活动,上级林业部门年年调进赤松种无偿发给各村。各村也利用春夏雨天组织劳力上山抢墒播种、移栽繁殖当地树种。20世纪60年代,大量调进东北赤松、麻栎、板栗树种,育苗移栽。70年代,引进外地松、柏、油茶、杉木树种,发展针阔叶混交林。南云台林场栽植杉木、水杉林121公顷。渔湾村栽植楠木1.8万株,面积31公顷,形成杉木林。80年代末,因日本松干蚧侵入云台山区,赤松受害十分严重,虽经极力抢治,只保护下部分松林,近千公顷松林被毁。

20世纪90年代起,根据适土适树,科学造林的原则,进行林相改造,推广乔、灌、草混植,果林茶间植,培育针阔叶混交林。进行长远规划,分年实施,成片造林,责任到人,逐年考核。推广鱼鳞坑栽植法,栽后培土盖草,提高苗木成活率。2002~2005年,市、区政府加大荒山造林力度,对国营林场和乡、镇、村立下绿化目标考核责任状,市、区各机关与乡、镇结对签定绿化目标责任制。从1996年至2005年,域内共造林2200余公顷,年均绿化200余公顷。经省市林业、绿化部门联合考核验收,云台乡被评为江苏省绿化先进乡镇。

1988~2005年新浦区山区造林概况表

表18-8　　面积:公顷

类别 / 数量 / 年份	造林面积	其中		年份	造林面积	其中	
		用材林面积	经济林面积			用材林面积	经济林面积
1986	82.40	10	72.40	1996	184.86	95.26	89.60
1987	22.12	6.66	15.46	1997	100.32	83.66	16.66
1988	38.40	24.60	13.80	1998	226.33	141.33	85
1989	20.39	13.73	6.66	1999	195.93	165.13	30.80
1990	61.79	14.66	47.13	2000	124	68	56
1991	52.52	14.86	37.66	2001	140.66	78	62.66
1992	70.99	37.33	33.66	2002	256.66	233.33	23.33
1993	121.20	55.20	66	2003	380.06	323.73	56.33
1994	82.66	56	26.66	2004	221.66	199.66	22
1995	84.59	57.26	27.33	2005	276.46	216.13	60.33

三、农田林网建设

新中国成立前,域内农村土地私有,田块零乱,地质盐碱,田间无树。

新中国成立后,特别是农业集体化,开始大面积开荒造田,实行田、沟、渠、路、林统一规划,分项施工,把营造农田林网列为农田基本建设工程。初期,在新开垦的农田地边沟渠岸上插"三条"(紫穗槐、腊条、杞柳),路边栽槐树、楝树,到20世纪60年代末,首批栽植的树木已长成树林。各大队、生产队开始在条田路边栽植榆树、柳树、桑树。70年代,栽植大关杨树、桑树,初步形成乔灌木农田防风林。80年代,农田承包到户初期,因对田间林木的经营责任与效益分配不明确,一度形成田间植树"春天栽、夏天绿、秋天黄、冬天进锅堂"的情形。90年代起,特别是2001年以来,实行"集体供苗,个人栽管,收益分成"的农田林网营造机制,各村配备护林员,建立农田林网责任制,列入年终考核内容。并引调耐盐耐渍杨树品种,实行自繁自育自栽,以搞好云台农场、宁海乡林场和云台乡山东、凤凰等村农田林网为试点,带动全区农田植树。至2005年,已建成烧香河、妇联河、云善河、高速公路等16条农田绿化带,建成农田林网4000公顷。

第三节　林业资源开发利用

一、果类栽培

明《云台山志》载,云台山"果实有桃(苦桃、白桃二种)、杏(大小二种)、梅(花分玉蝶、绿萼、红梅、玉珠四种)、李、奈、栗(大小二种)、枣、梨(青梨、雪梨、黄香梨三种)、樱桃(磊里最佳)、银杏、石榴(有红、绛、黄、白四种)、胡桃、山楂、枳椇(俗称刚桔)、沙果、苹果、枇杷、香橼、葡萄(紫白二种)、无花果、文冠果"计21种果树。明代,花果山船石沟的封梨已成片种植。清代,果树品种又有增加,以三元宫附近生长的冬桃尤具特色。至解放前果树均零星分布农户家前屋后,无成片果园。

1958年,云台山一带开始建园栽果树,其中,大村果园栽种果树3000多株,面积不足18公顷。1960~1965年,加大果树发展力度,果树面积103公顷。"文化大革命"期间,林果业发展缓慢。1975年,果树面积为172公顷。"文化大革命"后,特别是1983年实行果林专业承包后,农民发展果林积极性提高,至1989年,果树发展到827.5公顷。

20世纪90年代,果类生产进入规模发展、持续发展阶段。到2000年,果树面积突破1100公顷。2005年,全区果树面积达1329.86公顷。其中,干果934.86公顷,水果395公顷。主要果树树种有樱桃、杏、李、苹果、梨、葡萄、山楂、桃、板栗、银杏、核桃、柿、石榴、枣等25个,果树品种有67个。

二、茶树栽培

域内云台山生产的茶叶历史悠久。《梁书·食货志》载:"海州之利,以盐茶为大端","天下之茶,分为六榷,海州居其一","茶善而易售"。《嘉庆海州直隶州志》记载:"茶出云台山,形似武夷山品"。后因清初裁海,云台山茶树栽培、茶叶生产衰败。康熙年间复海后,有所恢复。光绪二十四年(1898),沈云沛、宋始基在云台山创办"树艺公司",在前(南)云台山垦荒68处,种植茶树、桐、柏等1400多万株。

图 18-3 光绪二十六年(1900)所立的树艺公司茶圃界石碑:①为正面,②为背面

民国 10 年(1921),云台山所产云雾茶获南洋劝业会大奖。民国 23 年(1934),获江苏省物品展览会特别奖。

1952 年,南云台林场恢复茶树栽培,开辟茶园 0.13 公顷,产茶叶 10 千克。1958 年,云台山所产云雾茶获江苏省四大名茶称号。

1963 年,南云台林场茶园发展到 4.3 公顷。

1975 年,域内有茶园 14.47 公顷。

1980 年,云雾茶获江苏省三大名茶称号。1985 年,域内茶园发展到 26.5 公顷,采摘面积为 23 公顷。其后,境内云台山地区茶树栽培迅速发展,并推广果茶间作、茶田复草、温棚栽培等先进栽培技术,茶叶产量和质量稳定提高。

1998 年,南云台所产云雾茶获第二届中国农业博览会银奖。2000 年,获中国国际茶博览会金奖。

进入 21 世纪后,新浦区茶叶生产地区被江苏省农林厅、江苏省茶叶研究所认定为“江苏省无公害茶叶生产基地”。

2005 年,全区有茶田 111.66 公顷,当年产云雾茶 22 吨。

三、竹类栽培

域内云台山区盛产竹类。有竹园 133 公顷,种类有慈竹、翠竹、紫竹、邛竹(一名老人竹)、乌哺鸡竹、筱竹、青黛竹、凤尾竹、金镶玉竹等。主要特种竹有金镶玉竹、毛竹、淡竹、箬竹、丛竹、玉镶金竹、乌哺鸡竹 7 种,以淡竹为主。

金镶玉竹为云台山特产,明代修编的《云台山志》即记载云台山盛产“金镶碧嵌竹”。原只生长于东磊延福观和花果山三元宫一带。20 世纪 80 年代开始,首先被移植至市区各景区,继而用于城市绿化。现有面积 30 多公顷。1994 年,国家发行金镶玉竹特种邮票后,被引向全国。

1969 年,花果山园林管理处、云台乡和南云台林场从江南引进毛竹试栽成功。后选择幽谷湿润、土壤深厚肥沃的缓坡地建竹林园。2005 年,花果山景区南天门一带、南云台林场和云台乡的凌州、虎窝、西隅、东磊、渔湾等地都有成片竹林,面积最大的为 2.3 公顷。

四、野生果树资源开发利用

域内云台山区生长着众多野生果树,计有 15 科 27 属 45 个品种,其中载入《江苏树木大观》的有 17 种。可供人们食用的野生果有 21 属 32 种。其中,已被开发为绿色保健果品的有 14 种;开发为药用的有 21 属 32 种;开发酿酒的有 4 属 10 种;用于育种材料的 5 属 10 种。20 世纪 50 年代起推广用毛桃、茅栗、豆梨(鹿梨)等野生果树为砧木嫁接栽培种。60 年代、70 年代,推广利用野山楂、野枣、小山杏、山里红为砧木嫁接栽培果树。80 年代,推广用软枣、猕猴桃、野葡萄为砧木嫁接栽培种。90 年代以来,普及应用山杏、山柿嫁接大杏、大柿(牛心柿),栽培面积 12 公顷,经济效益明显。

1984～2005年新浦区主要果树面积产量一览表

表18－9

面积：公顷；产量：千克

项目 年份	樱桃		杏		李		桃		苹果		梨		山楂		柿		板栗		银杏		葡萄	
	面积	产量	面积	产量	面积	产量	面积	产量	面积	产量	面积	产量	面积	产量	面积	产量	面积	产量	面积	产量	面积	产量
1984	1256	196	673	42	51	8	693	62	921	148	770	130.6	162	22	521	33	2945	11.8	31	0.5	415	254.4
1985	1385	208	673	43	51	8.6	693	76.5	921	160.3	770	151.2	635	2	521	32	2986	12.2	31	0.5	415	244
1986	1390	213	673	41	72	10.5	693	65.9	921	155.2	770	21.1	635	46	647	72.6	3108	21.75	31	0.5	567	271
1987	1487	248.7	712	39	72	9.2	693	66.2	923	155.8	741	157	887	60	647	70	3321	25.7	37	0.5	585	265
1988	1685	238	712	37	72	10.8	534	34.7	1709	131.2	804	139	887	71	647	68	3928	37.8	37	0.65	567	241
1989	1689	237	712	37	72	19.1	534	29	1733	197	900	131	887	79	839	67	4463	51.5	37	1.54	567	275
1990	1689	249	745	41	76	25	534	30	1733	356	1100	134	1187	77	1211	65	4875	65.4	40	1.66	565	315
1991	1725	251	745	46	76	37	534	29	1733	417	960	126	1187	79	1211	60	4968	27.8	40	1.7	565	406
1992	1778	246	793	51	76	38	534	33	1733	469	960	152	1359	79	1306	67	5216	79.5	42	1.9	467	397
1993	1826	219	875	62	76	39.5	534	55	1842	482	835	179	1359	79	1306	66	5676	80.2	42	2.1	403	392
1994	1880	253	981	64	76	39	534	67	1912	459	835	183.8	1359	148	1415	69	5855	81.5	42	2.7	372	379
1995	1890	263	1098	67	92	41	649	114	2330	536	796	326	1359	270	1415	78	6006	84	42	3.2	368	312
1996	1932	271	1098	62	172	42	649	149	2330	587	796	332	1359	358	1521	81.2	6686	114.6	42	3.2	368	204
1997	1965	272	1098	84	172	48	607	189	1700	490	796	407	1354	275	1621	87	6921	121.7	42	3.2	368	260
1998	1965	268	1098	79	208	156	607	205	1650	479	686	396	1354	258	1694	82	7549	127	42	3.5	365	230
1999	1983	291	1593	29	208	110	607	216	1114	658	110	325	700	150	1725	82	8762	130	42	3.6	230	230
2002	1995	319	1593	26	221	126	1015	753	270	161	255	276	285	145	1793	156	9215	145	369	4	190	120
2003	2105	327	1593	37	250	156	1150	1206	107	84	215	120	180	120	1793	165	11270	170	425	5.2	160	105
2004	2265	351	1603	29	310	135	1253	1129	96	72	215	120	180	120	1793	251	12360	172	425	6.3	160	98
2005	2705	370	1622	35	364	183	1397	1721	90	70	537	128	180	120	1793	272	13476	197	547	7.15	85	98

新浦地区野生果树资源概况表

表 18－10

科	属	种	用　途
木通	木通	五叶木通(海风藤、八月瓜)	藤本,树形美、花芳香,果甜可食,果、枝、叶入药。
猕猴桃	猕猴桃	软枣猕猴桃	藤本,果生食或加工食用、入药、繁育驯化、栽培
山毛榉	栗	野栗子(茅栗)	小乔木,种子可食用。壳斗、皮含鞣质、材质好可作板栗砧木
鼠李	枣	酸枣	灌木,果可食、入药,蜜源,可作枣树砧木
鼠李	拐枣	鸡爪树(拐枣)	乔木,果、树皮、木汁入药,果梗可生食、酿酒,作砧木
柿树	柿	君迁子(软枣)	实可食、榨柿漆、柿树砧木,乔木
柿树	柿	老雅柿(野山柿)	灌木,柿砧木、果可食、皮果制烤胶,根枝入药、果柿漆
蔷薇	山楂	野山楂(紫金龙)	小乔木,山楂砧木,实可食、加工入药
蔷薇	山楂	山里红	灌木,果加工、生食、入药、砧木
蔷薇	山楂	北山楂	灌木,果加工,生食、入药、砧木
蔷薇	李	麦李	灌木
蔷薇	樱桃	郁李	灌木,果可食、入药
蔷薇	樱桃	毛樱桃	灌木,果可食、入药、樱桃砧木
蔷薇	桃	毛桃	小乔木、果食、仁入药、核含工业油、砧木
桦木科	榛	川榛	灌木、果食、榨油、入药
桦木科	木瓜	木瓜	乔木,果实煮熟可食,入药
蔷薇	苹果	甜茶(湖北海棠)	小乔木,苹果砧木、嫩叶可制茶
蔷薇	梨	豆梨(鹿梨)	小乔木,梨砧木、果入药、可食
蔷薇	梨	棠梨(杜梨)	乔木、梨砧木、果可食
葡萄	葡萄	蘡奥(野葡萄)	藤本,实酿酒、入药、育种材料
葡萄	葡萄	山葡萄	藤本,实生食、加工、酿酒、染料、杂交育种亲本
葡萄	葡萄	桑叶葡萄	藤本,实酿酒、入药、育种材料
葡萄	葡萄	毛葡萄	藤本,实酿酒、入药、育种材料
葡萄	葡萄	葛藟葡萄	藤本,实酿酒、入药、可食、育种材料
葡萄	葡萄	蛇葡萄	藤本,实酿酒、根茎入药、育种材料
蔷薇	树莓	芽莓(树泼泼)	灌木,实生食、酿酒、入药
蔷薇	树莓	山莓	灌木,实生食、酿酒、入药、果酱
蔷薇	草莓	野草莓	草本,宿根、实生食、加工
云香	枳	枳壳	小乔木,砧木、入药、绿篱
蔷薇	梨	大果豆梨(拟)	乔木,实生食、入药、根叶药用、育种材料
核桃	核桃	核桃楸(山核桃)	乔木,种仁食用、榨油、皮入药;外果皮、树皮制单宁,内果皮制活性炭

续表 18－10

科	属	种	用　途
无患子	无患子	无患子	乔木，核仁制润滑油、根果入药、果皮代肥皂
鼠李	鼠李	圆叶鼠李	灌木，种子榨润滑油、果入药、皮果、根制染料
胡颓子	胡颓子	胡颓子（羊奶子）	灌木，果可食、酿酒，果、根、叶、入药
虎耳草	茶鹿子	华茶鹿（大蔓茶鹿）	灌木，果可食、入药
山茱萸	山茱萸	山茱萸	灌木，果肉可食、入药
山茱萸	照花	四照花	小乔木，果可食、酿醋、酒、核榨油、观赏
杜鹃科（乌饭树亚科）	越橘	腺齿越橘	灌木，果可食、入药、砧木
茄	枸杞	枸杞	灌木，果可食、入药
蔷薇	枸子	湖北枸子	灌木，苹果矮化砧木、入药
葡萄	蛇葡萄	蛇葡萄	育种材料

第四节　科技兴林

一、优良树种繁育

1957 年 3 月起，域内林业生产单位开始注重运用科学知识，改进林业生产状况，从外地引进了苹果、梨、银杏等优良树种。分别在九岭、前云、当路、东磊、山东庄和虎窝村等地建果园。1958 年春，从南方引种橄榄（油茶），当年实验成功。于 1960 年开始扩大种植。至 1963 年橄榄种植面积达 56 公顷。

20 世纪 60 年代起，南云台林场科技人员开始利用清代栽植的古茶树进行复壮培育，繁殖地产云雾茶良种。1961 年，在大崮建茶园 1.35 公顷。1965 年，开始示范性引栽江南毛竹。

1970 年，南云台林场高级林业工程师杨传书在毛竹实生苗试验成功的基础上，大量引进印度雪松枝条进行育苗繁殖，建雪松林园 10.7 公顷，为全市首家雪松苗圃，也是苏北面积最大的雪松苗圃。1972 年，南云台林场和云台乡引进日本黑松，造林 14 公顷。同时，引进美国火炬松和湿地松获得成功。于 1976 年开始大面积发展，营造美国火炬松、湿地松 20 公顷。至 1990 年，经测试，美国火炬松、湿地松木材生长量是地产赤松的 12 倍。该项试验获省科技进步二等奖。

20 世纪 70 年代至 80 年代，南云台林场还成功引进世界四大观赏树种之一的金钱松；南云台林场、云台乡、花果山乡成功引进“红灯”、“拉宾斯”等大樱桃和“白羽”、“玫瑰香”、“巨峰”等良种葡萄。1989 年，林业科技人员开始对云台乡虎窝村生长的当地杏树进行好中选优，采取嫁接办法，培育出抗瘠薄、抗干旱、抗病虫害能力强、产量高的新品种——云台大杏，被省农林厅认定为优良地方品种。1994 年，在云台乡予以推广，至 2000 年面积达 126 公顷。

20 世纪 90 年代，引进郯栗 1 号、3 号良种和宜兴板栗良种。至 90 年代末，栽培面积达 137 公顷。

2002 年、2003 年，先后引进枣庄红袍、泰山红等良种石榴。

2003年至2005年，全区先后大量引进女贞、樟、枫、黄杨、紫叶李等常绿、彩叶树种，作为景区、风景绿化带绿化树。

二、栽培新技术研究与应用

20世纪60年代初，域内南云台山林业生产单位，开始学习应用保温、保湿催芽育苗技术。1964年，南云台林场建立丰产林示范点，云台乡、花果山乡等林业队学习其经验，规范果茶园建设。果树推广“三五”、“三带”科学培育法：“三五”，即树塘长、宽、深均为50厘米；“三带”，即移植树苗要根系带泥、培植要带水、带肥。在山坡地推广鱼鳞坑栽培法。提高树苗移栽成活率。1965年，开始推广应用塑料薄膜育苗及有性繁殖育种与无性繁殖育苗相结合的良种繁育技术。

1972年，国营南云台林场和云台虎窝果林场学习外地经验，开发林产品，用麻栎果仁（俗称“橡子”）酿烧酒。南云台林场还利用麻栎果壳炼烤胶，年产烤胶2800千克，产值7840元。后均因原料不足停产。1973年，南云台林场和虎窝果林场学习采用黑光灯诱杀松毛虫技术，取得一定效果。1976年，南云台林场场长杨传书带领职工进行楸树有性繁殖和插枝繁殖试验，连续3年，获得成功，发展楸树26.7公顷，此项试验成果获省农垦局科技进步二等奖。1979年至1981年，云台乡农林科技人员学习外地经验，在虎窝果林场进行抗寒蜜橘栽培对比试验，掌握了盆栽试验和冬天保温栽培技术。1983年至1986年，省科委牵头在域内南云台地区进行国家“六五”攻关项目之一的《江苏省砂地葡萄优质丰产技术研究》项目研究获得成功，获江苏省科技进步二等奖。

1989年，云台乡多种经营办公室（林业技术站）进行“樱桃丰产栽培技术研究”，获市政府和省农垦厅科技进步三等奖。

1993年起，云台乡杨庆昌等技术人员承担市科委下达的《云台大杏选优与栽培技术研究》课题，历时3年，获得成功。于1996年获省、市政府科技进步三等奖。

1994年至1996年，云台乡林业技术站承担市科委下达的《中国樱桃嫁接西洋樱桃技术及丰产栽培研究》，1997年通过专家验收。次年，获省农林厅、市政府科技进步四等奖。

1995年，云台乡在连续两年试验成功的基础上，大面积推广板栗高枝换头嫁接技术，改造衰老板栗176公顷。

2001年起，辖区各乡、镇、林场技术人员学习建设无公害林业新技术，并到各村向林农传授无公害林业基地建设和林产品加工技术。至2005年底，全区已建成无公害林业生产基地10个，面积达1057公顷；生产无公害林产品6个。

第五节　林木管理

一、林相调整与发展

民国前，域内大部分山场林草茂密。

民国时期，周边城里富人入境买山伐木不育林，林相屡遭毁坏。民国28年（1939）后，日军滥伐林木修工事，林木惨遭毁坏，加之灾害频繁，村民饥荒拾柴换粮度日，山主伐木敛财不造林，山林渐毁，到解放前夕,境内山场基本是荒山秃岭。

新中国成立后,党和政府提出“保水固土,先绿为好”的方针。20世纪50年代,年年调拨赤松和麻栎树种发放到各村,组织人力抢季节播树种、栽苗木。1953年至1960年,域内播种马尾松树种15万千克,营造马尾松林1000公顷,山体开始复绿。

20世纪60年代,上级林业部门制定云台山发展针阔叶混交林的林相布局规划。域内各乡、镇大力繁殖麻栎、板栗、槐、榆、椿树种苗,同时引调柿、杏、桃、苹果、桑、东北松等10多个良种树苗,动员家家户户采集树种,队队繁殖苗木,人人参加植树,1961~1970年,共育苗25万株,营造针阔叶混交林256公顷,新植果林136公顷。70年代,引进水杉、楠木、青桐、毛竹等外地优良树种,村村建苗圃,规范发展赤松林间作板栗,松树林与槐、椿、楠木、青桐混植针阔林,缓坡栽植杏、李、柿、苹果、梨等苗木。1970~1980年,共计发展针阔叶混交用材林283.2公顷,干水果园127公顷。80年代,松林遭受病虫危害严重,按照青松顶、板栗坡、樱桃涧的林相布局规划,进行林相改造,并制定优惠政策鼓励村民改造林相。10年间,新发展樱桃等水果57公顷,板栗147公顷,赤松林88.2公顷。

20世纪90年代,在林相调整中,坚持以生态效益、经济效益、社会效益为目的,以因地制宜,适土适树为原则,在山顶陡坡瘠土地带营造针阔叶生态林,山腰缓坡沃土地带营造针阔叶经济森林,山下缓坡梯田营造果茶林,景区营造常绿彩叶林。做到荒山造林与林相改造同步进行,生态林与经济林同步发展,栽植与管护的责任同时落实。1991~2005年,先后引调优良赤松树苗42万株,板栗31.5万株,杏、李、桃、大樱桃等果树苗11.8万株,冬青、香樟、紫叶李,花槐等常青彩叶树种9.8万株。营造针叶林271公顷、茶田89公顷、水果林661公顷,生态观赏林126公顷。使南云台山区树种结构逐步得到改善,生态环境进一步优化。

二、林木抚育

到20世纪50年代后期,新中国成立后首批栽植的赤松和椿、槐、麻栎、檀树等林木大多数已经生长为初等林木。于1959年开始进行修枝,1963年开始间伐,年间伐木材蓄积量30~40立方米。1965年,经上级林业部门测量鉴定,报政府批准,实施局部间伐、小面积采伐与疏密林相结合,年伐林木蓄积量192立方米。“文化大革命”期间,少数村间伐失控,形成大面积砍伐,1966~1970年间,共伐活木蓄积量2720立方米。

1971年,上级林业部门对云台山乔木林区组织联合调查监测与整顿,发现云台山集体乔木林区伐木超标,发出警告,集体林区超标违规砍伐得以控制,转入正常间伐。而国营南云台林场乔木林区树高且密,应间伐疏林,批准南云台林场间伐乔木林127公顷。1971~1979年,该场采伐木材蓄积量为19700立方米。

20世纪80年代,日本松干蚧侵害云台山赤松林,造成大面积赤松林受害枯死。经市、区多管局森林保护工作组调查监测,报市、区政府批准,于1989~1995年,对日本松干蚧和松毛虫危害严重的赤松林进行间伐或砍伐,共伐病危枯树木蓄积量4078立方米。

1996~2000年,域内实施大面积抚育造林,大搞人工植树,科学配置树种,促进林木生长正常,近2000公顷针阔叶混交林逐渐恢复绿貌。

2000~2005年,因林相改造,正常疏林间伐木材156立方米。

2005年,经省、市林业资源普查组检测,境内483.7公顷活木材蓄积量为142832立方米。

1985～2005年新浦区山林抚育一览表

表18－11

类别 数量 年份	迹地更新面积（公顷）	幼林抚育面积（公顷）	成林抚育面积（公顷）	抚育出木材（立方米）	改造低产林面积（公顷）	采种（千克）	育苗（公顷）
1985	52.7	—	—	—	—	—	—
1986	10.0	137.4	5.3	331	24.0	100	6.1
1987	6.7	10.7	10.7	480	—	150	1.4
1988	17.3	72.0	40.0	400	—	750	1.7
1989	13.7	49.5	92.9	458	6.7	155	1.7
1990	13.3	51.0	51.0	35	48.5	100	3.5
1991	13.5	35.3	48.8	28	37.7	200	7.7
1992	37.3	18.7	24.0	21	33.7	1000	5.6
1993	40.9	57.9	6.7	7	80.3	120	5.6
1994	56.0	47.6	4.0	6	26.7	175	4.1
1995	27.3	53.3	6.7	9	57.3	210	1.9
1996	103.9	90.3	14.0	21	87.7	270	2.3
1997	83.7	126.1	21.7	3	16.7	180	2.5
1998	141.3	69.3	10.9	4	85.0	130	2.1
1999	30.8	134.0	20.7	3	165.1	120	2.5
2000	11.3	—	0.0	—	—	—	2.8
2001	14.0	—	0.0	—	—	—	5.7
2002	170.7	55.0	53.0	45	108.7	1123	12.0
2003	182.3	111.3	38.4	24	80.7	1360	11.7
2004	178.3	118.7	49.0	35	90.0	1270	11.5
2005	186.7	80.7	44.5	29	75.3	1545	10.7

三、护林防火

20世纪50年代初起，人民政府把护林防火列为林业建设的重点任务之一，不断发出通知、布告，书写护林防火标语，反复向群众宣传护林防火，没有发生大的火灾。70年代，境内农业学大寨，平整土地，迁坟上山，时而发生因上坟烧纸引发火灾之事。进山烧纸之事一度被控制。80年代后，祭祖盛行，群众防火意识也有所减弱，上坟烧纸而引发的火警火灾较为频繁。区、乡政府开始成立以分管区长、乡长为指挥的防火领导小组，下设办公室、灭火队、督查组，严格执行防火值班制度和火情报告制度。域内山区共有护林防火员69名，灭火队5支，灭火队员115名。1986年1月，云台乡、南云台林场、中云林场、花果山乡共同制定"预防为主，积极自防，团结互助，统一扑灭，保护森林"的制度，广泛宣传和贯彻执行护林防火的政策法规、防火条例，制定乡规民约。清明、冬至、祭灶之前更出动宣传车巡回宣传，布置护林防火工作，护林员各自坚守山头、监控坟场，并用广播、敲警钟等办法不断提醒祭扫人注意防火，有效地预防了火灾的发生。

20世纪90年代初，市、区、乡三级政府逐年加大对护林防火的投入，逐步改善护林防火条件。2005年，全区共配备国产对讲机45部，专用防火值班电话7部，风力灭火机147台，兴建防火瞭望哨2个，开辟防火隔离带8万米，其中，生态防火隔离带120条、2万米，建森林防火蓄水池(塔)9个。更有效地预防与控制山林火灾的发生。

四、病虫害防治

云台山区共有森林昆虫326种，分属10目、83科，病害51种。常见的主要害虫有松毛虫、松梢螟、松实小卷蛾、油松小果螟、桃蛀螟、云斑天牛、松纵坑切梢小蠹等。比较严重的森林病害有松毛虫松柏梨锈病、赤松落叶病、刺槐干腐病、枣丛枝病等。其中，松毛虫是占整个云台山区植被80%以上的赤松林的毁灭性害虫。1956年，首次发生严重的松毛虫害，当时山上赤松正为幼林，政府发动全民动手，人工捕捉，并自制土灭虫器，较好地控制了虫情的发展。1960年，松毛虫害再次发生。此时赤松已普遍长高，加之虫害面积大、虫口密度也大，人工捕捉已不济事，喷施六六六粉也因喷粉器射程不高而难奏效。干部群众便动脑筋用土法制造的"竹炮"、"小铜炮"定向喷射药粉，提高治虫效率。1962年，开始动用飞机喷药治虫。当年4月11日~19日，出动70架次、30余小时，防治1593.3公顷。1964年春、秋两季，又动用飞机喷药98千克，防治松毛虫2688.7公顷。后于1988年、1989年、1991年，先后又动用飞机大面积防治，有效地降低了松毛虫虫口密度。

鉴于大量使用农药有害于人的健康，又杀害了大量的松毛虫天敌，自20世纪70年代起，在南云台林场、虎窝果林场开展生物防治试验。先期进行用白僵菌防治松毛虫试验，后又进行用赤眼蜂防治松毛虫试验。试验区较对照区防治效果提高20%~40%。1978年，进行利用多角体病毒防治松毛虫试验，也收得较好的防治效果。但此项实验因种源和其他因素没能继续推广。

20世纪90年代中后期，日本松干蚧危害松树逐年加重，林业部门指导山林承包户用喷雾、药糊涂树干、打洞注药水、挂吊针等多种方法防治日本松干蚧，收到一定的效果，但因发生面积大，而未能控制住，造成较大面积松树受害枯死。

1995年起，大力引进抗病虫的黑松等树种，营造抗逆性强的生态防护林，取到明显效果。

2000~2005年，实施封锁局部保重点，清除病虫区断源头，引种双抗(抗松毛虫、抗日本松干蚧)松种再复绿的防治病虫害策略，采取综合防治病虫，逐坡逐岭根治，重点治与普遍防相结合的办法进行防治，收到较好的效果。

第七章　畜牧业

第一节　家畜饲养

一、生猪饲养

新中国成立前，域内只有地主、富农和富裕中农户养猪，年饲养量不足千头。

新中国成立后，经过土地改革，农民分得田地，收了粮。1953 年开始养猪，1955 年末生猪存栏量 1500 头。1958 年人民公社成立后，大力发展养猪，当年，域内农村生猪饲养量达 5426 头，年末生猪存栏量 3063 头。

三年困难时期，粮食减产，生猪饲养量减少。年末圈存量在 3000 ~ 4000 头。1963 年后，农业生产状况好转，各公社贯彻"公养为主，发展私养"等一系列养猪政策，集体建养猪场，并划给每户 0.013 公顷饲料地，鼓励社员家庭养猪。1965 年，生猪饲养量增至万头。20 世纪 70 年代初，各公社党委及时检查生猪饲养情况，落实鼓励政策，生猪饲养量稳步上升。1975 年，生猪饲养量上升到 1.79 万头。1978 年，实行"斤猪斤粮"、"每头猪 20 斤化肥"等奖励政策，调动了养猪积极性。1982 年，生猪饲养量突破 3 万头，年末圈存量增至 1.9 万头。

1983 年，实行联产承包责任制后，粮食增产增收，激发了农民养猪的热情，开始涌现出一批养猪专业户。1993 年，生猪饲养量近 3.2 万头，出栏肉猪达 1.4 万头。2000 年，生猪饲养量突破 8 万头。2000 年后生猪饲养量稳定在 7 万头以上。2005 年，全区生猪饲养量 7.9 万头，年末圈存量 4.15 万头。

二、牛、马、骡、驴饲养

新中国成立前，域内主要以饲养黄牛为主，用于耕地或运输，饲养水牛较少。马、骡、驴饲养量极少，只有粉坊、油坊、豆腐作坊等户饲养；养驴农忙种地，农闲运输。

新中国成立后至 20 世纪 50 年代末，政府对农户饲养耕牛实行保护、奖励政策。对生产队的耕牛饲养员（通称"牛头"）更实行奖励"一条腿"政策，促进集体耕牛发展。1965 年，大牲畜年末存栏量为 2969 头。70 年代，推广旱改水，水牛饲养量大幅增长。1975 年，水牛饲养量达 1940 头，占大牲畜总数的 55%。80 年代以后，由于农业机械化程度的提高，牛、马、骡、驴饲养量减少。

1983 年后，土地承包到户，耕牛全部转为户养，耕牛大幅度减少。1988 年后，随着市场经济发展，牛价上升，激发农民养肉牛、奶牛的积极性，1991 年，云台乡涌现出以李怀珀、陈长柱、滕银山为代表的一批养牛专业户。1996 年，各村大牲畜饲养量增加到 2057 头。20 世纪 90 年代后期起，大牲畜饲养量逐年下降，只有专业户饲养肉牛、肉驴，马、骡基本上不再有人喂养。2005 年，全区大牲畜饲养量仅 956 头。

三、羊饲养

新中国成立初期，羊饲养量较少。1956 年后，国家重视养羊业，收购山羊、羊皮、羊毛，境内农村养羊业开始发展。1958 ~ 1962 年，境内曾出现"养羊热"。其中，1961 年末羊存栏 931 头。1963 年，羊肉价格陡跌，羊皮、羊毛收购得不到保证，羊饲养量减少。20 世纪 70 年代，开始从山东引进大量青山羊，搞户养试点，未能推广。一些农户从东辛农场引进大尾绵羊，剪毛纺线织毛衣或卖羊毛。1978 年起，羊毛销路不畅，绵羊逐渐淘汰。1988 年，引进波尔山羊试养，生长快、效益好。20 世纪 90 年代一度又兴起养羊热。1998 年，饲养量达 2.18 万头，年底存栏量达万头。农户养羊大多放牧，不利封山育林，各乡村提倡圈养，禁止放养，故自 2001 年起，大多数饲养户不再养羊，只有 113 家专业户养羊。2005 年，全区羊饲养量 1.47 万头，年末存栏量 5900 头。

奶羊在域内饲养较早，但数量较少。20 世纪 70 年代，兴起用羊奶喂猪。1980 年，为奶羊饲养高峰期，年末存栏量 325 头。80 年代后，只有少数农户饲养奶羊。

四、兔饲养

20世纪60年代，境内养兔数量极少。70年代，政府发动群众养兔，养兔数量有所增加。上级外贸部门在云台、花果山试点办集体养兔场，引进肉兔和良种毛兔，发放养兔扶持金。各公社举办养兔技术培训班，兴起养兔热潮。1976年，兔子饲养量近2万只，年末存栏量5887只。1977年后，因价格下降，销路不畅，养兔业大滑坡。中共十一届三中全会后，对外贸易发展，兔及其产品出口销路畅通，价格合理，政府又出台多种奖励政策，激发农民养兔积极性，出现一批养兔专业户。1986年，兔子饲养量为39724只，年末存栏量8785只。1987～1991年饲养量下降。1992年，云台乡、宁海乡与灌云县外贸公司签订养兔回收合同。1993年，连云港哈白兔场与域内各乡村农户签约哈白兔供种饲养回收合同，农村养兔又起热潮。1998年，兔子饲养量达15万只，年末存栏量近2万只。2000年，养兔合同均终止，养兔量又大幅度减少，只有少数与饮食、医疗单位有长期合约的农户继续养兔。2005年，全区兔子饲养量4290只，年底存栏量975只。

第二节　家禽养殖

新中国成立前后，域内农村家禽养殖以养鸡为主。苗禽大部分靠外地供应。养鸭、养鹅很少。

20世纪50～60年代，上级食品公司和公社食品站建立炕房，统一将苗禽供应到村到户，促进养禽业发展。1963年，三禽（鸡、鸭、鹅）饲养量突破3万只，年末圈存栏量20751只。70年代初，大量引进良种，推广养殖技术，加强防疫灭病，养禽数量逐年增加。“文化大革命”后期，受“割资本主义尾巴”影响，养禽数量徘徊在3万只上下。改革开放后，农户与东辛农场、云台农场养殖公司签订养鸡回收合同，家禽饲养业再度发展。特别是1986年后，云台农场建成肉鸡种苗厂、加工厂，肉鸡养殖量成倍增长，并出现席于法等一批养鸭专业户。1989年，三禽饲养量60.5万只，年末圈存栏量21.8万只。1990年，涌现一批养蛋鸡专业户，养1000只以上蛋鸡、蛋鸭的专业户近200户。1998年，养1000只肉鹅以上的专业户近160户。90年代末，因禽价下跌，饲料涨价，三禽饲养量下降。2004年开始，云台乡凤凰村金贞友养鹬鸭效益好，成立鹬鸭养殖合作社，带动全乡村民养鹬鸭。2005年，全区三禽圈存量150万羽，禽蛋产量2300吨，禽肉产量830吨。

1957～2005年新浦区畜禽养殖情况一览表

表18－12

类别/数量/年份	牛、马、驴		羊		生猪		兔		三禽		禽蛋（吨）	肉（吨）	奶（吨）
	饲养量头	年末存栏量（头）	饲养量（头）	年末存栏量（头）	饲养量（头）	年末存栏量（头）	饲养量（只）	年末存栏量（只）	饲养（万只）	年末存栏量（万只）			
1957	—	1539	—	173	3633	3729	—	—	—	1.57	—	—	—
1958	—	1875	—	639	5426	3063	—	—	—	1.85	—	—	—
1959	—	2037	—	826	5377	3178	—	—	—	1.92	—	—	—
1960	—	2349	—	931	5850	3876	—	—	—	1.86	—	—	—

续表 18－12(1)

类别 数量 年份	牛、马、驴		羊		生猪		兔		三禽		禽蛋(吨)	肉(吨)	奶(吨)
	饲养量头	年末存栏量(头)	饲养量(头)	年末存栏量(头)	饲养量(头)	年末存栏量(头)	饲养量(只)	年末存栏量(只)	饲养(万只)	年末存栏量(万只)			
1961	—	2572	—	745	5658	4247	—	—	—	1.91	—	—	—
1962	—	2679	—	695	5763	4065	—	—	—	1.97	—	—	—
1963	—	2797	—	378	8367	5112	—	—	—	2.0751	—	—	—
1964	—	2893	—	351	7976	5948	—	—	—	2.0114	—	—	—
1965	—	2969	—	287	11030	6725	—	—	—	2.0231	—	—	—
1966	—	2987	—	295	13029	8176	—	—	—	1.075	—	—	—
1970	—	3224	—	163	17960	10861	—	421	—	2.6833	—	—	—
1971	—	3256	—	159	18780	10930	—	653	—	2.8206	—	—	—
1972	—	3301	—	161	19630	11698	—	1367	—	3.2115	—	55	—
1973	—	3423	—	157	21216	13173	—	3520	—	3.1741	—	58	—
1974	—	3457	—	188	22001	14108	—	4630	—	3.3915	—	63	—
1975	—	3533	—	151	25186	16752	—	4750	—	3.4411	—	69	—
1976	—	3380	—	132	34359	17682	—	6115	—	3.6197	—	76	—
1977	—	3382	—	259	29919	18145	—	5887	—	3.7517	—	82	—
1978	—	3296	—	325	30877	19796	—	4093	—	3.663	—	104	—
1979	—	3124	—	272	33388	19921	—	3423	—	3.557	—	108	—
1980	—	2896	—	283	30708	16920	—	2537	—	3.8196	—	157	—
1981	—	2954	—	190	29113	17112	—	2480	—	4.0067	—	165	—
1982	—	2951	—	242	32550	16872	—	2617	—	5.8671	—	198	—
1983	2483	2459	—	286	31989	18070	—	2765	—	5.4427	—	212	—
1984	2297	2236	—	371	32730	18920	—	3540	—	7.016	—	—	—
1985	2193	2079	—	695	34850	19650	—	5720	—	7.812	—	—	—
1986	2103	1797	3150	1040	34920	13270	39724	8785	—	9.2	—	—	—
1987	1791	1662	3025	913	36713	13790	23150	7397	—	13.5	—	—	—
1988	1607	1578	6845	3873	37870	14513	20750	8756	—	17.6	—	—	—
1989	1593	1566	6735	4400	37766	14970	25370	9037	—	21.8	—	—	—
1990	1572	1534	6409	3250	34079	15071	27150	9180	—	26.2	—	—	—
1991	1569	1507	6672	3500	36764	15265	29000	10026	—	24.9	—	—	—
1992	1636	1517	6785	3445	40850	15796	37698	17870	—	27.1	—	—	—
1993	1805	1732	6891	3699	47980	19345	53697	22334	—	29.5	—	—	—
1994	1831	1767	6931	3749	48270	19027	910360	13412	—	33.1	—	—	—

续表 18－12(2)

年份	牛、马、驴 饲养量头	牛、马、驴 年末存栏量(头)	羊 饲养量(头)	羊 年末存栏量(头)	生猪 饲养量(头)	生猪 年末存栏量(头)	兔 饲养量(只)	兔 年末存栏量(只)	三禽 饲养(万只)	三禽 年末存栏量(万只)	禽蛋(吨)	肉(吨)	奶(吨)
1995	1903	1785	9754	5173	47760	19207	69778	11536	—	41.8	—	—	—
1996	2057	1854	9672	5140	53641	24009	50655	16783	—	57.3	—	—	—
1997	1941	1732	11560	6900	57895	29325	113760	17960	—	61.2	—	—	—
1998	1720	1512	21870	11000	65340	31756	156600	19800	—	39.7	—	—	—
1999	1492	1340	20980	11000	72755	34112	9200	21000	—	42	—	—	—
2000	1362	1212	21750	9600	87630	39210	53160	12450	—	59	—	—	155
2001	1201	1137	19735	8600	79456	36453	23175	9360	—	47	—	—	—
2002	1170	1106	19077	6800	73675	29876	11735	3378	—	39	2140	2340	39.6
2003	1073	987	18215	6600	75163	29776	5790	1354	—	33	1656	2632	40
2004	1006	956	17640	6100	76589	29900	4680	1079	—	30.8	1800	4064	145
2005	956	952	14750	5900	79830	41500	4290	979	—	40	2300	4600	225

第三节　疫病防治

新中国成立前，辖内无畜禽防疫机构。大牲畜得病，靠乡间兽医诊治。一旦传染病流行，便束手无策。

新中国成立后，人民政府组织民间兽医，开展畜禽防疫工作。1952 年，域内农村组织民间兽医成立 6 个兽医联合诊所，贯彻“预防为主，防重于治”畜禽防疫方针，于次年开始对猪瘟、猪丹毒、猪肺疫进行防疫。

1963 年，各公社在原兽医联合诊所基础上，组建公社畜牧兽医站（简称兽医站）。兽医站与生产队订立牲畜保健合同，兽医人员负责防疫、阉割、巡回槽检、治疗及指导饲养员改善饲养管理办法，生产队每年按牲畜头数向兽医站缴一定牲畜保健费（通称“保槽费”）。20 世纪 60 年代中期，危害严重的猪瘟、猪丹毒、猪肺炎基本被扑灭。

20 世纪 70 年代末起，坚持大牲畜保健制，推行生猪保健制。各乡兽医站对生猪实行包防疫、包阉割、包治疗的“三包”制度。养猪户按每头猪交 3 ~ 4 元保健费（开始兽医站直接向农户收，后改为出售肥猪时代扣），防疫率一直保持在 95% 以上，生猪发病、死亡率大幅下降。

1982 年，各公社兽医站开始实行生猪保险制，投保生猪每头每年交保险费 5 元，兽医站对投保的生猪无病包防疫，有病包治，死亡包赔。生猪投保率达 70%。1985 年，猪瘟暴发，死亡量较大。当年起，各乡配备 2 名兽医卫生监督员和 3 名兽医卫生检验员，加强防疫工作。

1987 年，生猪保险制告停。1989 年起，实行禽畜防疫补贴承包制。2001 ~ 2005 年，各乡财政每年安排畜禽防疫补贴费 1 万元左右，由兽医站包干使用。2002 年 8 月，区政府决定：凡发现传染病的畜禽立即予以扑灭,其病疫畜禽由乡财政按市场价格予以补贴。

2003年,各乡建立畜禽疫情报检站。畜禽检疫检验工作走上经常化、制度化。

2004~2005年,重视高致病性禽流感防控,落实强制免疫措施,提高畜禽防疫实效,域内未发生高致病禽流感疫情。

第八章 渔 业

第一节 所有制及经营体制沿革

至解放初,域内渔业生产均为私人经营。

1952年起,新浦渔民开始互助合作。当年秋,成立新浦初级渔业生产合作社。1954年,初级社过渡为高级社,命名为和平渔业社。生产资料归高级社集体所有,实行生产统一计划,统一指挥,统一分配。1958年秋,和平渔业社与连云地区海峰、先峰渔业社合并,成立新海连市水产大队。和平渔业社整体迁至连云镇。

20世纪60年代中后期,发展淡水养鱼,为集体经营。

1983年,农业经营体制改革后,淡水养殖实行承包经营。城郊成立养殖公司,统一承包管理临洪、沈圩两村的淡水养殖与营销。花果山乡、云台乡、宁海乡、南城镇的集体鱼塘、水库均承包给村民个人经营。

第二节 水产捕捞

一、海洋捕捞

在南云台山尚未成陆之前的清康熙五十年(1711)前后,海岛居民多以捕鱼为生。山下海滨密布于公浦、社林浦、大义浦、当路浦等便于渔舟盐船停泊的天然河汊和人工砌筑的小码头,渔湾当时为渔船停泊、避风良港。清嘉庆年间(1796~1820)起,今城区新浦渐成陆地,后为盐河、蔷薇河入海口,开始有人以捞鱼虾为生。清光绪年间(1875~1908),新浦海洋捕捞业兴起。到民国初年,新浦有大小渔船160多艘。其中黄花渔船100余艘,吨位在40吨以上的有金常顺、金增顺、金洪顺、仲大兴、徐兴顺、李长顺等渔船。其余在10~30吨之间。吨位较大的渔船,每年春汛季节到吕泗渔场捕捞黄花鱼和白鳓鱼;吨位小的船在近海捕捞。新浦后河南岸有收购、批发海鱼的货栈10多家。

1952年秋,成立新浦渔业初级生产合作社。1954年,由初级渔业生产合作社转为高级生产合作社时,全社329户,1706人,整半劳动力336人。共有黄花鱼船31条。仍以每年春季捕黄花鱼和白鳓鱼为主,同时也组织船只到潮河口捕捞虾皮子。合作社所捕鱼货由渔业社和水产供销社签订合同,统一由水产部门收购经销。

1958 年 9 月,因蔷薇河下游兴建临洪挡潮闸,新浦渔船无法出海,和平渔业社整体迁至连云镇,新浦的海洋捕鱼业结束。

二、淡水捕捞

清康熙五十年(1711)后,南云台山下海退成陆,沟河水塘遍布,鱼虾孳生,大多数村民利用农闲季节捕鱼,挣钱补贴生活,也有极少村民以捕鱼为生。直至解放前,境内城乡仍有贫困市民、村民以捞鱼摸虾维持生活。

新中国成立后至 1958 年,域内淡水捕鱼全在天然水域内进行。1958 年后,公社、大队集体开挖与管理的河道、池塘内的鱼虾,由大队、生产队安排专人看管、捕捞。自然河流让个人自由捕捞。1975 年开始,省外贸局与日本一家水产公司签约鳝鱼(长鱼)、泥鳅常年收购出口合同,在云台乡设立长期收购站。乡多种经营公司设点收购,村民捕捞长鱼、泥鳅数量逐年增多,1976 ~ 1985 年,年均捕捞 10 ~ 36 吨;1986 ~ 1990 年,年均捕捞 70 ~ 80 吨。20 世纪 90 年代初,龙虾上了餐桌,收购与捕捞龙虾的人增多,捕捞量剧增,年捕捞量 120 ~ 485 吨。2000 年后,全区淡水捕捞量逐年减少。2005 年,捕捞量为 245 吨。

第三节　水产养殖

新中国成立前,区内无淡水养殖业。

1958 年,新浦区养殖场成立。该场位于临洪闸附近挖建养鱼塘 20 公顷。同年,云台公社(云台乡)开发南城城隍河建湖养鱼。同年,境内农村各大队、生产队结合兴修水利挖掘鱼塘 38 公顷。1959 年,花果山大村水库(后改名大圣湖)建成,开始养鱼。1960 ~ 1963 年,各乡镇开发草滩洼地建粗养鱼塘。1963 年,境内农村淡水养鱼面积达 1000 余公顷。1964 年,新浦区养殖场放养鲤鱼、鲫鱼等,当年产鱼 1.69 万千克。1965 年,全区养殖水面 69.1 公顷。1969 年,临洪、沈圩两村养殖水面 23.5 公顷,总产量 6500 千克,平均每公顷 276.6 千克。(合每亩 18.5 千克)。

图 18 - 4　养殖工人在取鱼

1971 ~ 1977 年,开展“农业学大寨”运动,填平鱼塘为粮田,渔塘面积减少至 600 公顷左右。1978 年,改粗放养殖为精养,临洪大队投资 10 万元,开挖鱼塘 12.7 公顷。其中,精养鱼塘 6.7 公顷,平均每公顷产鱼 3750 千克,合每亩 250 千克。最高亩产达 400 千克。

1983 年,各乡、镇、场利用荒水河面 92.6 公顷,承包给农户搞养殖。次年,增至 311.3 公顷。1985 年、1986 年,沈圩村在靠近临洪闸、大浦河附近低洼地中,开挖鱼塘 40 公顷。其中,精养水面 8 公顷,粗养水面 32 公顷。养殖鲢鱼、草鱼、鲤鱼、武昌鱼、鲫鱼等。1985 年至 1987 年,云台乡在徐圩建对虾养殖场,水面 5.8 公顷,年产对虾 11 吨。1987 年开始,集体投资修路架桥,挖沟筑渠,送电、送水。养鱼专业户购置电机、水泵、增氧机、饲料机，改粗养塘为精养塘；改单一鱼种为多品种混养；改投放单一饲料为粗精青肥搭配投放。是年，临洪村投资30万元，挖精养鱼塘39.3公顷，高密度放养罗非鱼、鲢鱼、草鱼、武昌鱼等。采取定时定量喂养，饲料精细搭配，及时防治病虫害，并在每个鱼塘内设置增氧机两台，年均每公顷产鱼7500千克，合亩产500千克，高产鱼塘亩产达1000千克，淡水养鱼单产跃居全市第一。云台乡渔湾村从武进县引进珍珠生产技术和人才，养殖河蚌2.5公顷，用河蚌生产珍珠，年实现利税3～5万元。

20世纪90年代前期，淡水养殖发展较快，鱼塘面积增加。仅临洪、沈圩两村年产鱼20.3万千克，鱼苗650万尾，年产值达51万元。1995年，各乡、镇、场养殖水面达405.5公顷。90年代中后期，市场鱼价下跌，饲料价格上涨，部分粗养鱼塘复填为粮田，鱼塘面积减少。

1999年，开始进行鱼塘改造，普遍浚深清底，完善灌排设施，普及采用大水面、深水塘、分层饲养多品种鱼的高产养殖技术，一般鱼塘每公顷产鱼6000千克（亩产400千克）以上，高产塘每公顷产鱼15000多千克，亩产突破1000千克。同时，推广鱼、蟹、虾混养技术，和鲫鱼、乌（黑）鱼、胡子鲢等特种鱼高产养殖技术，收到面积减少、产量增加、效益上升的效果。当年，各乡、镇、场淡水养殖面积378.1公顷，总产1697吨。与1995年相比，面积减少27.4公顷，产量增加227吨。同年，一部分养鱼专业户引进淡水鱼、虾、蟹、蛙等特种水产品种，由养鱼转向养殖青虾、对虾、罗氏沼虾、螃蟹、牛蛙、长鱼、泥鳅等，面积达76公顷。有的养鱼专业户在鱼场内栽树种草养花，构建亭台椅座，建成风光休闲垂钓中心。2000年，淡水养殖水面为378.1公顷，总产量1822吨。其中，临洪村养殖水面14.67公顷，鱼类总产量102吨，产值57.1万元；虾、蟹总产量2吨，产值16万元。沈圩村养殖面积32公顷，年产鱼虾225吨。

2002年，全区加大养殖业结构调整力度。引进南美白对虾、黄颡鱼、罗非鱼、加州鲈鱼等名、特、优新品种，其中示范引进南美白对虾试养6.7公顷，取得明显经济效益，每公顷产量达3000千克，产值75000元，获利30000元，是常规养殖效益4～6倍。在此基础上争取财政资金32万元，对新浦养殖公司的鱼塘进行技术改造，建垂钓中心，繁育中心，达到无公害水产品标准要求。当年，全区316.6公顷水面，总产1590吨。

2003年，全区淡水养殖面积305公顷，放养苗种160吨，实现年总产量1450吨。其中，特种水产品养殖面积133.33公顷，总产值达720万元，占淡水产品总产值的60%以上。云台乡朱麻村5户养殖户养殖的10公顷南美白对虾，平均亩产达200千克以上，总产值达60万元，实现利润10万元，户均获利2万余元。

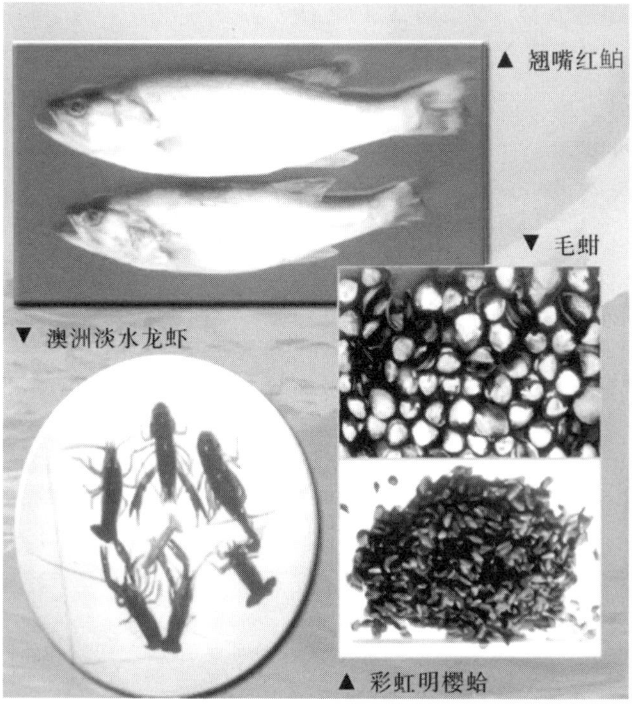

图18－5 新浦区切实调整水产养殖业结构。图为引进的几种名、特、优水产新品种

2004年，引进斑点叉尾鮰、红鱼白、澳洲淡水龙虾等新品种。全区淡水养殖实现总产值2351万元（当年价）。

2005年，全区淡水养殖面积347公顷，养殖总产量1790吨，年产值2928万元（当年价）。

1957～2005年新浦区水产捕捞、养殖概况表

表18－13　　　　面积：公顷　产量：吨

类别/数量/年份	养殖		捕捞产量	合计产量	类别/数量/年份	养殖		捕捞产量	合计产量
	面积	产量				面积	产量		
1957	3.60	2.8	0.8	3.6	1983	92.60	42.8	16.7	59.5
1958	40.67	16.9	1.5	18.4	1984	311.33	632	32	664
1959	60.47	18.6	1.02	19.62	1985	311.33	635.14	36.25	671.39
1960	61.80	17.2	1.6	18.8	1986	358.93	575.5	70.5	646
1961	61.80	17.5	1.9	19.4	1987	358.93	715.09	70.2	785.29
1962	61.80	17.8	2.1	19.9	1988	365.60	724	81	795
1963	73.00	22.2	2.3	24.5	1989	328.53	662	85	747
1964	92.20	32.5	2.6	35.1	1990	328.53	685	87	772
1965	69.07	21.9	2.1	24	1991	328.53	696	165	861
1966	61.40	17.4	2.4	19.8	1992	328.53	762	121	883
1967～1969	—	—	—	—	1993	328.53	809	125	834
1970	45.47	12.7	1.2	13.9	1994	399.47	1208	162	1370
1971	45.47	12.9	1.6	14.5	1995	405.53	1470	226	1696
1972	45.47	12.3	1.5	13.8	1996	405.53	1608.3	347	1955.3
1973	45.47	12.8	2.1	14.9	1997	378.13	1715	337	2052
1974	35.47	11.8	3.6	14.6	1998	378.13	1795	456	2251
1975	35.47	10.5	8.5	19	1999	378.13	1697	485	2182
1976	35.47	8.4	10.2	18.2	2000	378.13	1822	480	2302
1977	35.47	12.9	16.6	29.7	2001	—	—	—	—
1978	55.80	23.8	10	33.8	2002	317.60	1590	170	1760
1979	58.40	22.5	14.4	36.9	2003	305.00	2498	1500	3998
1980	58.40	22.4	12.3	34.7	2004	305.00	2028	2000	4028
1981	62.73	23	13.2	36.2	2005	347.00	1790	245	2035
1982	95.47	22.7	25.54	48.24					

注：1967～1969年因“文化大革命”干扰，无统计资料

第九章 农机具

第一节 传统器具

一、耕作器具

【步犁】 有木犁和铁犁两种，畜力牵引，用于耕地。

【耙】 有木齿、铁齿两种，畜力牵引，用于耙地。

【钉耙】 用于农田平整或打谷场上堆谷。

【铁叉】 一般是三股铁叉，多用于挖地。

【大钌子】 有三股也有四股铁制长齿大钌，用于刨地。

【小钌子】 一般是三股铁制钌子，较大钌子小、轻便，多用于刨草或平整小块土地。

【镢头】 铁制，头扁平，俗称“鲁斤”。多用于刨比较坚硬的土地，或撬较重的石块。

【铁锨】 用于挖泥或平整土地。

【铁锹】 用于挖沟、挑河，或平整土地，锹头较窄，比铁锨轻便。

图 18－6 传统的播种农具——耩子

【铁镐】 俗称“洋镐”。一头扁平，一头尖。多用于撬较重的石块，或刨坚硬的土地。

【耩子】 一般是双腿，双腿之间宽约 25 ~ 30 厘米，用于三麦或豆类播种。

【锄头】 用于田间锄草、松土。

【镰刀】 用于收割庄稼或柴草。

【大删刀】 多用于收割大片三麦或砍草。使用时多辅以弓网。

【碌碡】 石头滚子，俗称“水牛滚子”。主要用于打场，碾压三麦、水稻、豆类等谷物。

【草叉】 叉头有木质、铁质两种。多用于打谷场上翻晒、堆积谷草。

【木锨】 多用于打谷场上扬场、翻晒谷物。

【撒扒】 多用于打谷场上翻晒谷物。

【探耙】 多用于打谷场上堆放、翻晒谷物。

【弓网】 用于拖运谷物秸棵，或拖运谷草

图 18－7 传统的运输器具——手推车

归垛。

二、运输器具

【扁担、绳】　多用于挑抬谷物、秸棵、柴草。

【范篮】　柴蔑编织而成,多用于割草、拾庄稼。用时背在身后。

【架筐】　多用于挑粪肥、挑稻秧、挑草、挑谷物秸棵。

【手推车】　一般是独轮车。有平面独轮车(俗称"小鬼车")和"六合车"两种。新中国成立后轮子由木质改为胶轮,轻便省力。

【牛车】　有双轮、四轮之分,车轮起初都为木质,后改为胶质双轮,轻便省力,载运量大。

图 18－8　20 世纪 70 年代以前,
农村主要靠大牛车、马车运送物资

三、灌排器具

【戽水斗】　柳条编织而成,用于田间排水或将沟渠、塘汪中水向高处翻送,灌溉农田。

【拐水车】　用于提水灌溉。

【木桶】　挑水用。

【吊桶】　提取井水用。

【辘轳】　安在井台上提水桶的工具。

四、加工器具

【磨】　石料凿成。有推磨、拐磨之分。推磨又有大中小之分。大石磨多用畜力拉,主要用于磨面粉;中等石磨可以用两个人推,小石磨一人可推。拐磨需两人操作,一人拐一人向磨眼中加粮食。多用于加工自家食用的粮食。

【碾】　由石滚和石质碾盘组成。用于加工干粮食,有的用畜力拉,有的用人力推。

【碓】　由木质碓身和石质碓臼组成。一般用于谷物去壳,还可以加工糯米粉、高粱粉、芝麻面等。

【筛子】　一般用于除去粮食中的糠和杂质。大筛子也可晾晒谷物之类。

【箩子】　一般用于罗面粉。

【罗柜】　双脚交替用力踏板摆动木框罗子罗面,形如柜子,故名。

【连枷】　也叫梿枷。用于脱粒的小农具。由一个长柄和一个木板或一组竹条构成。

【簸箕】　柳条编织而成,用簸去谷物糠粕。

五、贮存器具

【扎子】　用芦柴篾片编织而成。一般宽约 30 厘米,长数米,使用时从内部圈成圆形,一层一层向上箍起来,存放粮食。根据存粮多少而决定扎子的大小和高度。不用时把扎子捲起来存放备用。

【土欢子】 又叫“泥螺子”。用黏土制成,缸形。用于存放粮食。

【笆斗】 柳条子编织而成,有大、小之分。用存放谷物。

【麻袋】 细麻绳针织而成,用于存放谷物等。

六、其他器具

【粪箕子】 一般用于拾粪。

【粪叉子】 拾粪用。

【扁子】 大的叫簸篮,小的叫扁子,多用晒粮食、存放物品。

【鑱撬子】 为挖掘、铲野菜等小型工具。

【铲子】 铲草、铲菜用具。

【铡刀】 加工饲料用具。

【席子】 用芦苇篾子编成,多用于晾晒粮食。

【篓】 用竹篾、荆条、苇条或柳条编成。有背篓和篓之分。也有经裱糊加工用于盛油的油篓子。

【水瓢】 把成熟葫芦切成两半,除尽内瓤而成,多用于舀水。

第二节 农业机械

一、农机动力

【汽油机】 用于部分拖拉机上的启动机、植保机械中喷粉弥雾机的动力机。区内于1956年开始使用。70年代普及使用至今。

【柴油机】 除拖拉机上装用外,排灌、脱粒、发电、农副产品加工等机具大多以此为动力;

【煤气机】 多作为水泵动力,用于稻田灌溉。1957年开始使用,1963年多被改为柴油机。20世纪70年代中叶淘汰。

【电动机】 1958年开始使用,1970年普及到各村。主要用于灌排、脱粒,农副产品加工。

【拖拉机】 区内从1956年开始使用,多用于耕、耙、播种、田间管理、收获、运输、农田基本建设、排灌、脱粒、农副产品加工、发电等。1979年,拥有拖拉机314台,其中大中型拖拉机61台,小型拖拉机253台。2005年底,全区农村拥有拖拉机2090台。其中,大中型拖拉机94台,小型拖拉机1996台。

二、耕耙机械

【铧式犁】 不同型号的拖拉机匹配不同型号犁的耕作机械。境内农村多使用8寸四铧犁。

【旋耕犁】 耕作机械。区内多与8.8千瓦(12马力)手扶拖拉机配套或与50型系列轮式拖拉机配套使用。

【圆盘犁】 耕作机械。适用于黏性重、潮湿、多草地区耕作,开垦荒地时使用较多。

【耕耙犁】 多与旋耕装置配套使用。适用于春耕和夏耕轮种。

【深耕犁】 20世纪70年代,曾用于深耕。

【筑垅犁】 专门耕整高垅的特种犁。20 世纪 60 年代，在五铧犁上改装而成。后因山芋种植面积逐年减少而弃用。

【暗沟犁】 一种在地下开暗沟的特种犁。多以手扶拖拉机或拖拉机牵引。

【悬挂犁】 匹配拖拉机使用。1970 年后国产东方红—75 拖拉机也配用此犁。

【水田犁】 配东方红—54 拖拉机使用。

【圆盘耙】 耙地机械。20 世纪 60 年代与大中型拖拉机匹配使用。80 年代后逐步被旋耕机替代。

【缺口重耙】 以边缘有缺口的圆盘耙片为工作部件的耙。与大中型拖拉机配套，用于荒地耕后耙碎或浅耕。

三、播种机械

20 世纪 50 年代初，区内开始使用半机械化五行圆盘播种机，用于三麦播种。2005 年，全区农村有播种机 43 台。

1958 年开始试用插秧机。20 世纪 60 ~ 70 年代，曾多次试验，均因该机对育秧、整地等技术要求较高，不易达标，故未能继续推广。

四、灌排机械

区内常用的农用水泵有半机械化的手摇泵和机械化的离心泵、混流泵、轴流泵、潜水泵、圬工泵。

喷灌机以小型柴油机为动力，可节水灌溉。20 世纪 70 年代，多数生产队均自备。20 世纪 80 年代起广泛使用，多用于常年菜田喷灌。

五、田间管理机械

半机械化的田间管理机械有喷雾器、手动喷雾器喷粉器、化肥深施器等。

机械化的有压缩式、活塞泵式和离心泵式 3 种喷雾喷粉机。常用的是与微型汽油机、柴油机配套的背负式小型喷雾机。

1979 年，云台乡农科站配备 2 台弥雾机。1983 年起，部分农户开始自购弥雾机。

六、收割脱粒机械

20 世纪 50 年代，区内推广使用半机械化摇臂收割机。1958 年，开始使用脚踏式脱粒机。

1970 年开始，各生产队购买 4.5 千瓦电机带动的扬谷器，替代传统的扬场方式。1983 年后，各农户购买电风扇式扬谷器。

20 世纪 80 年代初，开始推广与 8.8 千瓦（12 马力）手扶配套的 4GL－130 型割晒机。80 年代后期起，区内多使用工农－700 型、900 型、ST－70A 型脱粒机。

1995 年，云台乡凤凰村购买联合收割机 4 台；20 世纪 90 年代末，云台乡有大中型联合收割机 12 台。

到 2005 年，全区有自动收割机 107 台。其中，大中型收割机 28 台。

七、运输机械

1970 年，各公社开始购置柴油机、汽油机两种动力的农用汽车。

图 18－9　收割机在收割小麦

20 世纪 70 年代后，农村广泛使用机动三轮车，载重量 3～5 吨以及载重量 0.5～3 吨电动三轮车。适于农用和货物运输。1980 年，各乡镇拥有载重量为 1～5 吨的各种拖挂车 27 辆。20 世纪 80 年代以后，逐渐被载重量 5～30 吨的工程车和集装箱车取代。2005 年，

2005 年底，全区农村共有汽车 1237 辆、工程车 58 辆。

八、挖掘机械

1990 年起，开始购进使用挖掘机，2000 年已普及使用。到 2005 年，全区农村有挖掘机 147 台；有疏浚大、中沟及大型河道的泥浆泵，清除小沟淤泥的拖拉犁、用于平整土地的推土机和装铲车等 54 台。

九、加工机械

区内农村使用的加工机械，主要有饲料机、磨面机、磨米机、榨油机、轧花机、山芋磨粉机和青饲料打浆机等。

2005 年，全区农村共有加工机械 341 台。其中，碾磨、磨面机 251 台。

第三节　农机维修与管理

一、农机维修

解放前，域内无专业农具维修点，农具坏了皆由木匠、铁匠修理或重做。

1956 年，南城成立铁木农具厂，大村、山东庄分别成立农具生产合作社。1966 年，成立云台公社农具厂，制作与维修农具。同年，各公社成立农机管理站，设农机具配件售销、维修门市部。开展大小拖拉机一般性维修。大中型拖拉机季节性保养、维修都到附近国营农场拖拉机修理厂保养维修。农忙季节，农场修理厂和公社农机站的机电维修工都到村或田头抢修、安装、调试农业机械。

图 18－10　图为区农机管理所在进行农机年检、年审

20 世纪 70 年代，上级农业机械研究所的农机师为各大队培训农机修理工，指导农机具维修与保养。农场修理厂与各大队农机队建立长期

性对口修理服务关系，为各村培养农机维修工。80 年代以后，一些退休回乡的农机师和有一技之长的农民先后办起农机具修理门市部。2005 年，全区农村有汽车修理门市部 20 家，农机具修理门市部 24 家，基本形成农机具修理网络。

二、农机管理

1950～1983 年，云台、宁海、南城、南云台林场的农业机械属灌云县农机部门管理；花果山乡及城郊的临洪、沈圩两村的农业机械由市农机监理所直接管理。

1983～2001 年，云台、南城、花果山乡农机管理由云台区农水局、农机监理所管理。各乡镇场农机站负责具体管理业务。

2001 年 11 月起，各乡、镇农业机械由新浦区农机监理所、农机推广站管理。每年对农机驾驶员进行操作技能培训、对经考试考核合格者，发给驾驶证、技能证书；进行车辆年检、机械检验、安全监理；建立健全驾驶员、车辆、机械档案、推广先进农机具。农忙时，农机管理人员深入田间、场头、机组检查安全设施，排除故障隐患，确保农机安全生产。

1958～2005 年部分年份新浦区农业机械概况表

表 18－14

类别/数量/年份	农业机械总力（马力）	汽车（辆）	大中型拖拉机（台）	机引机具（台） 其中				小型拖拉机（台）	收割（台）	脱粒（台）	米面加工（台）	榨油（台）	轧花（台）
				小计	犁（台）	耙（台）	耩（台）						
1958	—	—	1	2	1	1	—	—	—	—	12	3	1
1965	3158	1	4	12	4	6	2		1	131	98	5	2
1970	7654	4	16	40	16	16	8	21	5	209	167	9	3
1974	10212	17	27	75	27	27	19	107	9	257	193	12	3
1977	13752	23	39	97	39	39	25	159	12	293	207	15	3
1979	16312	31	61	159	49	61	41	253	15	311	222	17	3
1982	28430	32	63	169	53	65	43	597	17	648	237	24	25
1985	31650	38	87	238	85	87	66	833	28	785	261	24	57
1987	33520	59	88	247	89	88	70	1539	54	796	265	26	57
1989	34680	67	89	252	91	89	72	1826	67	821	271	31	57
1991	36795	83	89	252	91	89	72	2197	74	837	273	33	57
1992	37925	105	89	253	91	89	73	2305	79	887	276	33	59
1994	39115	127	89	253	91	89	73	2453	82	9887	276	36	62
1996	43851	164	91	254	91	91	74	2248	90	1037	269	35	62
1998	45976	197	92	257	91	92	74	2170	93	1086	266	33	62
1999	46935	231	92	258	92	92	74	1997	97	1177	251	33	62
2000	48520	289	94	258	92	92	74	1882	105	1185	250	33	57
2005	48670	1237	94	261	93	93	75	1996	107	1183	257	35	55

第十章　农业产业化、标准化和法制规范化建设

第一节　农业产业化建设

1986年，区内各乡镇场主攻农业主产品、特色产品种植规模，培育产品品牌，发展产品加工包装能力，实行农产品的种植、加工、包装、销售一套龙产业化生产。

1993年，新浦区水产养殖公司从育苗繁殖、精养高产到包装销售实现产业化，专业化生产。1994年，花果山风景名胜区茶叶生产进入规模化种植，加工、包装实现了产业化。1995年，云台乡扶持农户建小麦、面粉加工厂，初步实现小麦生产、加工、包装、销售产业化。花果山乡前进村、小村村蔬菜种植上规模，实现生产、包装、销售产业化。1996年，云台乡投资建樱桃酒厂，实现樱桃育苗、种植、加工、包装、营销产业化。

1998年，区内农村新一轮产业结构调整进入高潮，各乡镇场充分利用资源优势，制定优惠政策，扶持与鼓励能人领头，招商引进企业发展农产品加工业，带动种植、养殖业，逐步形成特色产业、主导产业，涌现出一大批专业村、专业户、经纪人、专业协会、专业合作社，形成了"农户+基地+龙头企业+市场"的生产、加工、销售一条龙，贸工农一体化的"龙型经济"。

2002年，全区种植花卉苗木的专业户达136家，有专业公司3家，种植面积为50.15公顷。有9家花卉苗木经营公司，年经销花卉苗木260.02万株(枝)，销售额280.76万元，形成花卉苗木生产、工艺制作、营销产业化。

2003年，云台乡茶叶面积达200公顷，新上机械化茶厂7家，包装企业3家，形成茶叶生产产业化。

2004年，新上葛花葛粉企业1家，形成葛藤营养品生产专业化产业化。

2005年，全区农村有各类专业大户396个，专业合作社121个；建成农业特色村17个，特色产业9个，农、林、牧、渔业加工包装企业38家，特色农业产值占农业总产值的39%，农民收入的42%来自特色农业。

第二节　农业标准化建设

2001年，新浦区开始实施农业标准化建设。2002年，区政府落实市政府《关于加快推进农业标准化，提高农产品质量安全水平的实施意见》，制定"十五"期间农业标准化工作目标。区农林水利局制定农业标准化实施方案。组建实施农业标准化建设工作班子，拟定农产品标准化安全技术规程，指导管理办法，将任务落实到乡、镇、场和各村，标准化生产措施落实到户到田园。同年12月，申报省级无公害水产品——"蔷薇"牌银鲫鱼，建成标准化示范区5个。其中，省级3个，市级2个。

2003年，培育无公害农产品3个(新浦养殖公司的异养银鲫鱼，云台农场的有机大米、振兴集团的食用菌)。建无公害农业示范区4个，其中省级3个、市级1个。

2004年,"真丰"公司山野菜、苍梧公司的茶叶、云盛公司的水稻、棉花4个产地,经省认证为无公害产地,总计面积1100公顷。当年,还建成云台农场良种繁育示范区、云台乡菜鹅养殖示范区两个农业标准化示范区,并开始实施新浦区"放心粮菜肉"工程建设。

2005年,云台乡的樱桃,云台大杏、茶叶、丰水梨、冬枣和南云台林场的茶叶等6个农业产品生产地,经省认定为无公害农产品基地,产品申报并通过省检测认证为无公害农产品。同年6月,在南城镇建成面积20公顷的凌霄花标准化示范园区;在南云台林场东山分场建成面积100公顷的茶叶标准化示范园区。并正在建设无公害蔬菜基地100公顷。至2005年底,区内先后已注册樱磊牌、红香溢牌、玉女牌樱桃酒,真丰牌牛蒡、山野菜、葛粉、蔬菜,蔷薇牌鲫鱼、对虾、螃蟹,苍梧牌、花果山牌、野仙牌、云仙牌等茶叶,云盛牌水稻、棉花等名牌产品。其中,真丰牌蔬菜,花果山牌、野仙牌茶叶,红香溢牌樱桃酒,被国家农业部、工商总局列为著名品牌。

第三节　农业法制规范化建设

1996年3月17日,《中华人民共和国行政处罚法》颁布实施,境内农业行政检查工作陆续开展。1998年8月17日,协助市农业局组织农药市场检查,查处东海化工厂三证不全生产销售10%吡虫啉可湿性粉剂一案。

2001年,区农林水利局组织农业行政执法16次,查处农业生产资料违规经营案件29起。

2002年,区农林水利局开展农业行政执法5次,查处农业生产资料违规6起。其中,于5月20日,参与市农业局对岗埠农场种子公司销售未经审定水稻品种进行查处,做出停止经营、没收违法所得及罚款的处罚。5月30日,区农业执法人员协助市农业局,对云台农场兽医站未取得《兽药经营许可证》擅自经营兽药一事进行立案查处,责令其停业、没收全部兽药、并处罚款。

2003年2月24日,区农林水利局执法人员协助市农业局对连云港苏兰林饲料水产公司销售未附具产品质量检验合格证、产品标签的饲料实施处罚。8月,全区开展"毒鼠强"专项整治,查处非法销售"毒鼠强"101起,收缴非法鼠药6500克,受到省农林厅的表彰。年内,区农林水利局开展农资违规经营专项整治活动,查处农业生产资料违规经营案件3起。

2004年4月,开展小化肥专项整治活动,共查封46处小化肥违规生产点,没收伪劣化肥产品1460吨。罚没入库现金7.3万元,吊销小化肥生产企业营业执照26家,吊销小化肥经营企业4家。移交公安机关案件14件。年内,全区还开展行政执法8次,查处农业生产资料违规经营案件9起。

2005年,开展全区性农业行政执法5次,查处农业生产资料违规经营案件5起。水政执法部门依法查处违规案件9起,拆除河堤上违建草棚21间280平方米,没收电鱼器具8套,处罚违规捕捞案件25起,拆除拦河网簖30处,拆除违建码头2座。林政执法队开展"绿剑行动"查处案件9起,涉案11人受到经济处罚。当年12月26日,区农资打假工作领导小组查处转移制售假冒美国磷酸二铵和俄罗斯复合肥、钾肥的商户,2家小化肥企业被吊销营业执照,业主受到处罚。

第十一章　机　构

第一节　管理机构

明清时期，域内农业生产统属海州州衙管理。民国期间，花果山、云台、宁海和南城镇的农林业先后隶属灌云县署工房、劝业所管理，临洪农业属东海县衙管理。

新中国成立后至1952年，花果山、临洪2乡农林业生产隶新海连市农业委员会（简称农委）管理；1953年，隶属江苏省新海连市农工部管理。1949～1982年，宁海乡、云台乡、南城镇农林业先属灌云县农工部管理，后属灌云县农业局管理。其中，1969年3月至1975年7月，云台林场属江苏生产建设兵团第一师管理。花果山乡和城区林业属市农委林业科管理。1983年3月至2001年10月，花果山乡、云台乡、南城镇的农业生产属云台区农业水利局管理；临洪、沈圩2村的农业先后隶属新浦区农业科、新浦区计经委、新浦区农林水利局管理。

2001年11月行政区划调整，花果山乡、云台乡、南城镇划入新浦区，新浦区政府设立农林水利局，并于局内设立政策法规办公室，与局办公室合署办公。负责全区农业法制建设工作。2002年3月9日，区农林水利局成立农业法制建设工作领导小组，加强全区农业法制规范化建设。7月6日，区农林水利局政策法规办公室增挂“新浦区农业行政执法大队”牌子，开展行政执法检查工作。

第二节　业务机构

1950年起，时属灌云县的南城区（南城镇、云台乡一带）先后设立农业技术推广站、林业站、农机排灌队和兽医联合诊所等指导和服务于农业生产的业务机构。1958年，南云台山南麓的云台人民公社（含云台乡、南城镇、宁海乡）成立农业技术推广站、兽医站、畜禽良种站。1966年，宁海人民公社从云台人民公社中析出，同时设立农业技术推广站、农机站、兽医站。

1976年，南云台山西麓的云台人民公社（花果山乡）成立农业技术推广站、蔬菜办公室和多种经营办公室。1979年5月25日，新浦区政府成立农机管理站。同年，云台、花果山、宁海等乡设立农业技术推广站、植保站、种子站、农业机械管理站，负责全乡农业生产相关指导、服务工作。

1982年，新浦区政府成立多种经营办公室、蔬菜生产办公室，负责指导临洪、沈圩两个大队的农业生产。1983年，撤销人民公社，恢复乡（镇）建置后，云台乡、花果山乡、宁海乡均设立农、林、菜办公室、多种经营办公室。1984年4月，各乡成立林业技术指导站。

2001年11月起，新浦区农林水利局设植保站、林业站、水利站、渔业站、蔬菜办公室、农经站、水工程管理所等业务机构。统一服务于全区各乡、镇农业生产。

第十九编　水　利

历史上的新浦区地处沂沭泗流域下游，史称“洪水走廊”。城区地洼易涝，汛时街巷洪水漫流。东郊山区常受山洪冲袭。历朝虽有州衙征粮筹款，富商捐资，治理水患之举，但收效甚微。解放前夕，域内仍然水旱灾害频繁，百姓深受其害。

新中国成立后，党和政府十分重视水利工作。1949 年 4 月，鲁中南行署调集 10 万民工实施导沭工程。11 月 25 日，导沂工程全面开工。同时，实施调整水系，浚河建闸等大型治水工程，拓宽挖深蔷薇河、烧香河、龙尾河、东盐河、大浦河、排淡河等河道，建大浦闸、临洪闸等，减轻城区水患程度。20 世纪 50 年代后期的“人民公社化”期间，农村掀起兴修水利的热潮，先后开挖妇联河、凤凰河、“三八河”、红路河及纵横交错的大中小沟渠，兴建了大村水库、唐王坝水库、西隅水库、虎窝水库等一批水库，初步改善了农田排灌条件，建成平原条田 2000 公顷，促进了农业生产的发展。

20 世纪 70 年代，郊区乡镇“学大寨”治山治水，采取蓄灌排结合，以河为纲，以沟为网，以库蓄水，以站提水，渠灌沟排，分级控制的治水策略，建设环山农田梯级河网化，兴建了石门口嘴、花果行、唐庄、东磊等水库；平原开挖干渠，兴建电灌站；山地兴筑环山石渠，大搞环山条田建设，共建成 1000 公顷坡地条田。

20 世纪 80 年代，农村实行家庭联产承包责任制，农田水利建设推行“种责任田，挖责任土方”和分级负担与劳动工程积累责任制，国家、集体投资，农民投工，大搞河道疏浚，渠道复堤，桥闸涵槽复修，提高综合治理标准。城区实施送清水工程，蔷薇河复堤护坡，整治西盐河，实施清污分流工程。

20 世纪 90 年代，农村水利建设立足开发利用水资源与防洪保安，突出水利设施配套工程，提高工程质量标准，增强泄洪排涝抗旱能力。

2001 年以来，农村水利建设进入以建设新农村、实现水利现代化为目标的新阶段。各乡、镇、村，以全面提高工程标准为重点，以发展节水自流灌溉和优化工程配置为核心，以标本兼治、综合治理为原则，强化水利基础设施建设，全面提高了抗御洪涝旱渍潮灾害的能力。至 2005 年底，全区农田水利建设基本网络化。山区水库、塘坝，总蓄水量达 906.11 万立方米。农村砼防渗透渠总长达 17000 米。科学排灌技术推广，使高地旱田实现渠灌沟排；洼地水田实现沟灌沟排。达到了能调能引，能灌能排，旱涝保收。城区防汛抗洪能力进一步增强。

第一章 骨干河道治理

第一节 蔷薇河治理

蔷薇河发源于新沂县马陵山等山区，流经新沂、沭阳、东海、海州、至临洪闸由临洪口入海。全长97千米，流域面积1819平方千米。连云港市境内长50.66千米，流域面积1348平方千米。新浦区内长度15.5千米。

蔷薇河正常水位1.8米，实际流量每秒530立方米。但水量变率不小，历年最高水位达5.95米。从海州蔷薇河大桥到新浦地区，河宽已达到130多米。

蔷薇河是港城市区重要生活、生产用水和航运河道，也是重要排洪河道和城市饮用水水源。明清时期，海州历任知州不断组织民工予以疏浚。但均未能根治其害。

民国4年(1915)，南城人、水利专家武同举作《吁兴江北水利文》，指出苏北自光绪三十二年(1906)大水后，"无岁不灾，无灾不酷"，沂沭洪水为害的主因是下游不畅，应挑浚蔷薇河，并在临洪河建闸坝蓄水挡潮，但未能实现。

新中国成立后，各级政府实施导沭整沂和导沂整沭工程。1952年，对区内蔷薇河段实施裁弯取直改造工程，把从东海富安经新浦北头陇东火柴厂北侧、至茅口的8.2千米段河道取直，河道从沈圩南移至沈圩北。使蔷薇河下游排水变得通畅。

1958年，在蔷薇河下游建临洪闸挡潮防淤，控制蓄泄。1959年，疏浚拓宽蔷薇河沙板桥至临洪闸段8.2千米，完成土方161万立方米，建洪门桥1座。1960年，治理蔷薇河时，在其北又新开挖一道从东海富安直通临洪闸的新河段，完成土方332万立方米。蔷薇河排水更加直接通畅。原沈圩北、东海县浦南乡新圩村南的蔷薇河道便成了市区饮用水河道。

1969年11月至1970年2月，疏浚临洪闸上游段4千米，下游3千米(至新沭河)河道取直，完成土方30余万立方米。1970年11月至1971年3月，对蔷薇河友谊河口至临洪闸长51千米段疏浚、复堤，建桥、涵洞5座，接长加固涵洞64座，投资286.63万元，完成土方394.07万立方。1971年4～5月，按堤顶高程7.0米、顶宽4米标准，再次对洪门桥至临洪闸段9.24千米复堤，投资54.92万元，完成土方29.87万立方米。

1983年12月至1984年2月，蔷薇河洪门桥至临洪闸段，按20年一遇标准复堤，投资74.5万元，完成土方94.81万立方米。

至20世纪90年代末，经9期治理，现蔷薇河河底高程为0.5～3.0米，河底宽为25～100米；堤顶高程为7.2～8.5米，堤顶宽为6.0～8.0米，坡比为1:3。

新世纪以来，实施蔷薇河东站引河段工程。2005年，完成该段右堤加固工程，新建砌石和生态护坡200米、砌石挡土墙400米，河堤植树5000株，计投资60万元。

第二节　西盐河治理

西盐河为唐代垂拱四年(688)开挖的大运河的下游,又称“官河”。该河流经灌云县板浦入新浦区宁海乡,经该乡西部的下河口进入市区新浦西盐河,由新浦闸进入大浦河。

图19－1　西盐河旧貌

西盐河为新浦区重要航道和排水河道之一。清至民国年间,西盐河失修,淤塞严重。

1955年冬,人民政府组织民工疏浚板浦至和尚渡长9.3千米河段,完成土方65万立方米。次年春,又从和尚渡向北疏浚至大浦河口的7千米河段,使西盐河恢复全线通航。

1965年11月9日,市政府成立疏浚西盐河工程指挥部,投入23万元,组织民工6500人,按河底标高－1.0米、河宽10.0米、边坡1:3,新浦港港池按长700米、宽30～50米的设计要求挑浚新浦境内西盐河段,于当年12月底竣工,完成土方30万立方米。

图19－2　20世纪90年代末整治后的西盐河新貌

1981年,从新浦盐河桥至灌云县善后河桥的18.3千米河段,按五级航道标准拓宽浚深,疏浚结合复堤,堤顶高5.0米,并植树围土,完成土方50多万立方米,投入经费70多万元。

图19－3　西盐河上的新浦闸

2000年4月初起,市政府对西盐河的新浦朝阳路至民主路之间3.2千米河段,按20年一遇标准组织实施清污分流整治工程,工程投资650万元。至5月20日完成了高程1米以上的2.6万立方米淤泥垃圾的清除任务;9月底完成了朝阳桥至火车站广场左岸的500米护栏安装。至2001年3月,完成了沈圩桥以上的护岸工程和水下工程。同年11月11日起,开始实施西盐河环境整治工程。通过整治,新浦闸原木闸门更换为钢闸门;上下游翼墙得到改造加固(包括闸墩);增设了启闭机房,原螺杆启闭机更换成绳鼓式启闭机;河道两侧增设管理房,改善办公条件。2001年3月21日完成水下工程,并通过市水利质监站验收,顺利拆坝泄水。新浦闸加固工程共计投资90万元,完成土方3000立方米,使用混凝土400立方米、钢材28吨，安装启闭机3台(套)。同年，实施西盐河下游护岸工程，从9月初公开招标到当年12月24日完工，计投资63万元，浇筑底板混凝土200立方米，基础木桩400棵，新建护栏210米，修筑护栏底座1200米，开挖土方4600立方米，河道清淤200立方米。

第三节 东盐河治理

东盐河位于新浦城区东部，南起玉带河，向北至宋跳进入花果山乡接排淡河，经猴嘴山头流由大板跳闸入海，全长15.6千米，河口宽60~80米。流经新浦区的河段长约6千米。东盐河经玉带河与西盐河沟通，是重要的运输河道。

东盐河也是全市城市防洪工程的一条重要排水河道，承担云台山区20.3平方千米和市区(西至西盐河，南至新东公路，北至大浦河)27.31平方千米的防洪排涝功能，同时又承担调引大浦河流域涝水入排淡河出海和城市排污功能。

图19-4 城区东盐河一段

2002年，东盐河整治被列入市重点项目，其一期工程主要治理浦东粮库至宋跳立交桥段。工程主要分两大部分：一是河道平移和护岸工程，长1290米，流量为159立方米/秒，河底高程-1.0米，河底宽35米，边坡1:3.5，河口宽64.4米，总土方34万立方米，边坡采用砼预制块护砌，护砌工程量3.8万平方米，护坡顶修建雪花白大理石栏杆；二是将2700米长的高渠道由明渠改为暗渠，工程总投资2524.56万元(其中省级414万元，其余由市自筹解决)。工程通过招标由淮阴水利建设集团、东海县水建公司、赣榆县水建公司、山东济宁市水利公司和徐州市水利工程建设局5家中标承建。从当年3月26日进场施工，至2004年初竣工。先后出动挖掘机26台、推土机7台、大小运输车近50辆、泥浆泵3台，护砌人员近500人。

图19-5 美丽的东盐河畔

2004年，实施东盐河二期治理工程，先后完成了从宋跳立交桥至猴嘴变电所段3.4千米的东盐河二期治理工程项目，部分完成了从苍梧桥至建设桥段2.5千米的三期治理工程及玉带河改造0.5千米。通过治理，东盐河原河道中心右侧平均向外拓宽46米。共挖土方107万立方米，回填土方41万立方米。同时完成6.8千米长挡土墙砌石共16500立方米。

2005年，实施东盐河三期整治工程，工程总投资2544万元，当年累计完成投资800万元。完成了苍梧桥至魏巃桥段水下工程并拆坝放水。共完成河道开挖和挡土墙石坝土方15.8万立方米，处理滑坡段土方2万多立方米，浆砌石4500立方米，混凝土6500立方米，增建排水涵洞7座。

东盐河通过几期治理，增强了新浦东部新城区及云台山地区47.6平方千米的防洪排洪和分流大浦河涝水入排淡河的功能。

第四节　龙尾河治理

龙尾河南起玉带河，北通大浦河，河长5.2千米，流域面积11平方千米。为新浦地区西盐河以东，东盐河以西，陇海铁路以南，宁连公路以北地区的排水干河。

龙尾河，原为自然形成的排水沟渠。民国12年(1923)，疏浚拓宽成河道。

1956年3月至5月先后两次疏浚龙尾河。当时按照20年一遇流量105立方米每秒设计，河底宽15米，河深2米，边坡1:3，土方量21万立方米。1982年3月至7月，再次进行治理。1990年，龙尾河河道一般宽16.5米，河底高程在0.28~1.42米之间，护岸顶高程2.4~3.5米。无护岸，河道呈自然状态，河宽30米左右，窄处6米左右，水面宽处20米左右，窄处5米左右。行水能力15.0立方米/秒。

图19-6　1999年施工人员在清理龙尾河

1994年，龙尾河进行一次全面清淤。1999年，完成了龙尾河沿岸玉龙泵站、龙尾节制闸、护栏等大部分工程。2000年8月22日，龙尾节制闸、玉龙泵站通过了市水利局组织的初步验收并交由市区水利工程管理处管理。

2004年4月15日，开始实施龙尾河整治工程、下游护岸工程及部分扫尾工程。10月底，增筑了玉龙泵站围墙、连接道路等，年底完成护岸720米。

图19-7　清淤后的龙尾河新貌

第五节　云善河治理

云善河，开挖于1975年，南起灌云县东辛乡南侧善后河，北至新浦区云台乡的妇联河，经流烧香河，全长14.4千米。2004年10月至2005年5月，云台乡与国营云台农场、东辛农场、宁海乡联合疏浚云善河，疏浚土方22.46万立方米。

第六节　妇联河治理

妇联河,开挖于1958年,因当时是以云台乡妇女为主开挖的河道故名。

妇联河贯穿云台乡境内,东至凤凰嘴入烧香河,西于南城通烧香河,全长15.1千米。河宽30~40米,底宽6~7米,深1.8米,最高水位3.3米,底程高0.8~1.3米。共开挖土方115万立方米,投资257.7万元。妇联河的开挖,为云台乡、国营云台农场的3330余公顷农田灌溉、排涝、带来了便利。同时,妇联河开通航运,方便了物资运输。

第七节　烧香河治理

烧香河为漕河。清康熙年间(1662~1722),云台山渐与陆地连通,南方到海州云台山烧香拜佛的香客,乘船从盐河到南城附近均从此河到南云台山南麓上岸登山去三元宫,故称烧香河。又称云河。

烧香河位于南云台山南麓,西起盐河,东流经南城闸,与东盐河相交,再东至东辛农场五分场,汇入南支小烧香河,向东北至杨圩,妇联河汇入,再至小岛河成岔道:一支向东北经小板艞(穿过驳盐河)由烧香河北闸入海;一支折向东南,从东陬山西侧,经烧香河南闸经埒子口入海。河流全长约40.8千米,流域面积427平方千米。

民国36年(1947),连云市市长张振汉争得善后款物,以工代赈,疏浚烧香河,建节制闸,解决盐、农用水矛盾。并立浚云河"工赈碑"——浚云河碑记(详见第三十编第三章第一节)。

1956年调整水系,疏浚烧香河并改道,新小岛河向南至东陬山,完成土方541万立方米。1957年,劈山建烧香河南闸,共6孔,设计流量586立方米/秒。1966年,配套兴建南城闸、沈圩闸。至此,烧香河独流入海。

1966年2月20日,烧香河上游疏浚工程开始,3月底竣工。上游河底高程-1.0米,下游沈家庄附近河底高程-1.5米,边坡1:3,疏浚长度13千米,底宽6米,投资22万元。完成土方498696立方米,用工20万个,受水面积54平方千米,灌溉面积98平方千米。

1973年1月,开始实施《烧香河恢复故道规划意见》,12月竣工。完成烧香河北闸及过船渡槽等13项工程,其中北闸共7孔,设计流量337立方米每秒,排水面积298平方千米。共投资293万元。

1986年冬至1987年春,疏浚烧香河中段,完成土方123.5万立方米,废沈庄闸,建沈庄公路桥和小汪生产桥1座。

烧香河故道的恢复与疏浚,解决了云台乡、宁海乡、南城镇及附近云台农场、东辛农场等地区的排涝问题,促进了农业生产的发展。

第八节　大浦河治理

大浦河南起新浦闸,北至大浦闸,全长7.25千米,汇水面积112平方千米。河底宽8米,河底高程

-1.0米，有西盐河、龙尾河等河汇入，排涝面积53.3平方千米，河道排洪能力为135立方米每秒。

1952年，实施蔷薇河裁弯取直工程后，新浦北部排水受到一定影响。为解决沈圩一带农田和城区的排水问题，1953年，市政府组织人力从沈圩桥向北至大浦开挖一条排水河，即大浦河，经临洪河入海。

1954年12月，在大浦建大浦闸，1955年12月竣工，总投资45万元。大浦闸为3孔闸，闸顶高程5.5米，底板高程-1.0米，中孔高度6.50米，中孔净宽5.0米，边孔高度3.5米，边孔净宽2.50米，设计最大排洪量134.8立方米/秒。

1955年12月，接原自然河头向北直至新建的大浦闸地段，开挖大浦引河，排泄新浦城区积水。引河工程全长5.12千米，共完成土方31.11万立方米。1964年、1966年曾先后进行疏浚、拓宽。

2002年5月2日，大浦河应急治理工程开工，对大浦河的人民桥至大浦闸河段进行整治，至2003年年底全部竣工。工程全长5.6千米，完成土方68万立方米。两岸局部砌石挡土墙和护坡、护栏共1.3万立方米。整治后大浦河河底宽30米，河口宽约70米，河底高程-1.3米，边坡1∶4，达到二十年一遇的防洪标准。过水流量168立方米每秒，是原河道过水量的3倍多，提升了防洪除涝标准。

第九节　大浦副河治理

大浦副河，南于宋跳桥与东盐河相连，北到大浦副河河闸与大浦河相连，全长4.86千米，是新浦新城区的重要排水河道。2003年，大浦副河应急治理工程列入市重点项目。经过治理，大浦副河流量达70立方米每秒，河道底宽15米，底程高-1.2米至-1.5米，边坡1∶3.5，堤顶高程5.0米；大浦河闸重建成3孔，净宽12米，底程高-1.5米。工程开挖土方40万立方米，总投资1348万元。

第二章　引、排水河道开挖

第一节　引水河道

一、云台引水河

1968~1973年，云台乡沿山脚开挖河道14条，全长12.9千米，河道宽上口26~35米，底口4~10米，深1.8~3.5米，引水河上建有电灌站14座，灌溉面积1450公顷。

二、花果山引水河

1965~1973年，花果山乡为解决东盐河地区600公顷农田灌溉问题，从东盐河至花果山乡狮子山的山脚下挖引水河6条，全长12.9千米，河宽上口15~25米，底口宽2~8米，深1.8~2.2米，引水河上建电灌站12座。

三、宁海乡引水河

1951～1958年，宁海乡分别从盐河、烧香河的入口处开挖3条东西向引水河，河上口宽22～27米，底宽4米，全长29.41千米。1975年开挖烧香河至黄圩河的一条南北大沟，河上口宽24米，底宽4米，长4.2千米。

1977～1978年，开挖卞浦至云善河的东西向引水河，河上口宽22米，底宽4米，长8.2千米。

至2005年底，全乡5条引水河全长41.81千米。

第二节　排涝河道

一、云台沿山排洪河

云台乡沿山排洪河有西山头道涧沙河、二道涧沙河、丹霞水流村沙河、铁山沙河、前关大沙河、后关大沙河、小龙涧沙河、凌州大铜涧沙河、山东前排河、山东后排河、东磊塘湾排洪河、玉带河、渔湾西涧河、东洪河、朱麻西涧排洪河、石虎排洪河等16条排洪河，源自各山涧洪水激流冲击而成的弯曲河道，流入烧香河。后于20世纪60～70年代，经人工整治成排洪河道，流入妇联河，解决了云台乡妇联河北近700公顷农田的涝灾问题。

二、西池河

位于云台乡和云台农场的西部地区，开挖于1958年，北起妇联河，南入烧香河，河口宽31米，南北长1.85千米。承担云台乡丹霞、西山、龙山等村和云台农场四分场的350公顷农田排涝功能。

三、浦山河

位于云台乡和云台农场的中西部地区，开挖于1958年冬。西起妇联河、云善河，东入烧香河，河口宽32米，长3.1千米，为云台乡前关村、后关村、凌州村和云台农场三分场的300公顷农田排涝主要河道。

四、云山河

位于云台乡、云台农场中部地区，开挖于1970年。西起妇联河凌州闸，东入烧香河，河口宽29～31米，全长3.15千米。为云台乡凌州村、山东村和云台农场二分场的400公顷农田排涝河道。

五、山东大沟河

位于云台乡，云台农场中东地区，开挖于1958年。北起妇联河江庄桥东，南流入烧香河，河口宽29～31米，长2.85千米，为云台乡山东村、东磊村、渔湾村和云台农场一分场、二分场的350公顷农田排涝河道。

六、凤凰河

位于大岛山东，开挖于1970年。北起朱麻村石虎沙河，向南流入烧香河。河口宽26～28米，长1.1千米。为云台乡朱麻村、凤凰村及连云区中云乡的300公顷农田的排涝降渍河道。

七、东云河

位于烧香河南,为云台乡与云台农场、东辛农场交界地段,开挖于1975年。西起烧香河,东入东辛农场二排河,河宽26米,长3.2千米。为云台乡朱麻村、凤凰村、及东辛农场北部、云台农场东北部的400公顷农田排涝降渍河道。

八、花果山排洪河

1962~1975年,花果山乡北从小村村南至新华(新滩)村,沿山脚下整治开挖了"三八"河、北中沟、大村烧香河、当路大中沟、红路河、新滩南北大沟等6条东西向排灌两用河道,河宽15~25米,全长12.9千米。承担山脚下600公顷农田灌溉排涝功能。

九、宁海乡排水河道

宁海乡排水大沟有黄圩河、新北河、埃字河、丰收河、南北大沟河5条,河宽22~27米,共长41.81千米,承担宁海乡2000公顷农田排灌作用。

第三章　挡潮蓄水工程建筑物

第一节　挡潮工程

一、堤堰

【西捍海堰】　隋开皇九年(589),东海县令张孝征率众于东海县(南城)北1.5千米处筑捍海堰,南接南城谢禄山,北至石城山(墟沟),长31.5千米、高1.66米。久毁。

【东捍海堤】　唐开元七年(719)东海县令元暖率民在东海县(南城)东北1.5千米处筑"东捍海堰",西南接苍梧山,东北至巨平山,长19.5千米。外挡海潮,内蓄山水,大获灌溉之利。久毁。

东海堰唐开元二十九年(741),筑东海堰(从南城至今云台乡山东庄)长9.75千米,外御海潮,内贮山水,大获灌溉之利。久毁。

【王公堰】　明洪武元年(1368),大理寺评事、海州人王规因东海(海州)潮水浸田,奏筑堰,自大岛山(朱麻村)至凤凰城(今南城)东山,长25千米,宽丈余,外挡海潮,内蓄山水,获灌溉之利。民称"王公堰"。久毁。

【大村堰】　明万历年间州判唐伯元筑,位于大村西北官路。上蓄山水,下捍海潮。久毁。

二、挡潮闸

【大浦闸】　1954年12月至1955年12月建,位于大浦河口,由徐州治淮指挥部设计,总投资45.2万元。因地基为淤泥土质,施工中采用砂井预压新工艺处理,为全省第一座新法处理软土地基的典型水利工程。20 世纪 70 年代、80 年代，市水利部门多次对其大修加固。1990 年，大浦闸共 3 孔，中孔净宽 5 米，两边孔各净宽 2.5 米，闸底高程 -1 米，设计水位：上游 1.5 米，下游 -1 米，最大排水量 134.8 立方米每秒。

【临洪闸】 1958 年 9 月，省水利厅为解决蔷薇河挡潮、排涝、蓄淡灌溉、水陆交通问题，投资 405 万元，在新浦东北部蔷薇河尾间建临洪闸，1959 年 12 月竣工，计完成土方 156.2 万立方米，石方 7.51 万立方米，浇混凝土 8370 立方米。1961 年至 1983 年共投资 74.71 万元，逐年维修加固。现临洪闸共 26 孔，每孔净宽 5 米，闸底高程 -3 米，闸顶高 7.5 米，闸总长 167.5 米，宽 8.2 米，设计水位：上游 1.5 米，下游 -2 米，设计排水量 1380 立方米每秒，校核最大流量 2320 立方米每秒，排涝面积 1362 平方千米，蓄淡灌溉农田 46666 公顷，使 2 万公顷荒地改造为良田。

图 19-8 临洪闸

第二节 蓄水工程

一、塘坝

金水坝明代初年，在花果山下，原云台下院（花果山乡政府处）西 1 里许，建石坝 1 座，长 16.6 米，蓄山水供地方群众饮用，地方俗称金水坝。久毁。

唐王坝明万历元年（1573）海州通判唐伯元率众在南云台山下（花果山山门前）筑一水坝，挡山洪，造福于民。因此坝系唐伯元建造，故称唐王坝。仍存。

头道涧水坝位于云台乡西山村。1970 年 10 月动工兴建，1971 年 5 月竣工。投工 1.7 万个，开挖土石方 2.2 万立方米。可蓄水 1.1 万立方米。

二道间水坝位于云台乡西山村。2003 年兴建，实做土方 4 万立方米，蓄水量 0.5 万立方米。

铁山水坝位于云台乡丹霞村。1971 年 9 月动工修建，次年 6 月竣工。投工 2.3 万个，投资 29 万元。开挖土石方 3.2 万立方米。蓄水 1.2 万立方米。

渔湾水坝位于云台乡渔湾村海拔 195 米的半山腰。1999 年兴建。蓄水量 8 万立方米。

大铜涧水坝位于云台乡凌州村。2003 年动工兴建，2004 年竣工。计投资 50 万元，投工 3 万个，开挖土石方 3.8 万立方米。可蓄水 3.5 万立方米。

二、水库

【大圣湖（原大村水库）】 位于花果山乡大村村。1959 年 12 月动工兴建，全市调集民工 3000 余名,常年施工,组织市属机关4000名干部职工参加义务劳动。调动机电设备25种,228台套,至1960年底建成大坝主体工程。实做土方68万立方米,石方8900立方米。后经1961、1962、1963、1964年4次加固扩容,最大库容达750万立方米。2003年,再次加固,实做石方0.1万立方米、砼0.3万立方米。扩容为20万立方米。

图19－9　花果山下大圣湖

【西隅水库】　位于云台乡西隅自然村。1958年9月开工,1959年12月竣工。参建民工310人,投工12万个,投资35万元,实做土石方31万立方米。库容20万立方米。

【唐王坝水库】　位于花果山乡大村村。1960年2月动工,1961年1月竣工,实做土石方33.6万立方。库容30万立方米。

【虎窝水库】　位于云台乡虎窝。1965年9月建设开工,1968年基本建成。参建民工420人,投工28万个,投资67万元,实做土石方87万立方米。2003年进行加固,完成土方4万立方米、石方0.3万立方米。库容79万立方米。

【东磊水库】　位于云台乡东磊村。1968年10月动工兴建,1977年11月竣工,投工17万个,投资52万元。2003年进行加固,完成土方0.3万立方米、石方0.3万立方米。库容28.5万立方米。

【渔湾水库】　位于云台乡渔湾村。始筑于1999年,库容8万立方米。

【石门水库】　兴建于1972年至1973年,花果山乡调集400名劳力,投工6.5万个,实做土石方6.2万方,库容量为2万立方米。后因鉴定为险库而拆除。

【唐庄水库】　位于花果山乡唐庄,1978年11月开工,当年底建成。投工3万个,土石方2.9万立方米,库容2万立方米。

【小村水库】　位于花果山乡小村村,建于1958年,库容6万立方米。

【当路水库】　位于花果山乡当路村。筑与1958年,库容1.2万立方米。

【飞泉水库】　位于花果山乡飞泉村。筑于1958年,库容7万立方米。后被鉴定为险库而拆除。

【花果行水库】　位于花果山乡前云村。筑于1972年,库容3万立方米。

【丹霞水库】　位于云台乡丹霞村。原称红粮门塘坝。2003年,维修扩容,实做石方10万立方米。可蓄水12.49万立方米。

【凌州水库】　位于云台乡凌州村。2003年兴建,实做石方0.6万立方米、砼200立方米,可蓄水3.5万立方米。

2005 年新浦区水库概况一览表

表 19－1

类别 数量 名称	集水面积（平方千米）	开工日期	库容		利水位（米）	大坝			溢洪道（闸）			灌溉涵洞	
			总库容（万立方米）	兴利库容（万立方米）		坝顶高程（米）	坝顶宽度（米）	坝顶长度（米）	堰顶高程（米）	底宽（米）	最大流量（立方米每秒）	进口高程（米）	断面尺寸（米）
大村水库	10	1959	750	540	—	22.5	3.5	1000	19	54	163	9.5	0.807
西隅水库	3.1	1956	20	18	38.22	9.7	10	77	38.22	5	25.1	14	0.48
唐王坝水库	2.06	1958	30	10	—	34.5	3.8	189	31.9	1.8	8	20.9	0.605
虎窝水库	3.3	1965	79	75	35.5	39.2	10	300	35.5	9	45.1	30.5	1.8
当路水库	1.3	1966	42	34	—	28.5	3	400	27.1	10	24	16.7	0.65
东磊水库	4.73	1967	28.5	25	22.04	26.8	5	98	23.77	10.4	103	14	5.4
小村水库	1.38	1958	3	2	—	28.2	4	120	—	—	8	—	—
花果行水库	1.3	1973	3	3	—	—	3	100	—	—	8	—	—
唐庄水库	2.6	1978	8.2	6	—	27.6	3	180	—	—	10	—	—
渔湾水库	2.8	1999	8	6	195.26	22.3	3.5	71	195.26	71	29.8	—	—
凌州水库	3.9	2003	3.5	3	—	195.26	—	—	—	—	—	—	—
丹霞水库	0.25	1966	12.49	9.9	36	36	6	65	36	5	5.1	28	0.56

第四章　农田水利建设

第一节　农田水利综合治理

解放前，域内农业生产条件差、田间沟渠不配套，正常年景，多以水斗戽自然水沟、水塘的水灌溉农田作物。遇有旱涝灾害，粮食便减产，甚至颗粒无收，基本上“人种天收”。

民国期间，农田水利失修，河道淤塞。加之地主霸田占道，争沟抢水，少数有自种田的农民只能靠天种田，天旱田裂缝，雨多地积水，山洪暴发，一片汪洋。

新中国建立后的1950～1957年，党和政府领导农民圈圩挖沟筑渠，抗旱排涝。但农田水利缺乏总体规划，只有局部见效，且收效甚微。

1958年至1963年，农村贯彻“农业八字宪法”（水、肥、土、种、密、保、工、管）、“水”字当头，掀起大干农田水利热潮。各公社、大队贯彻“农田水利，联系实际，以排为主，排灌结合；以小型为主，大中型相结合；以自力更生为主，争取国家补助为辅”的治水方针。采取先规划后施工，先通后畅，先小后大，先稀后密，先点后面的“六先六后”的治水策略，公社统一规划，大队分期实施，兴修农田水利。1958年秋至1959年底，云台公社（今云台乡）组织以中青年妇女为主的2310名劳力，开挖了15.1千米长的“妇联河”。1962年，今花果山乡开挖了“三八河”北中沟。今宁海乡开挖了黄圩河、沂北河。6年间，云台、宁海、花果山等乡开挖西寺河、山东大沟河、普山河等大沟共9条，开挖中沟21条，开挖小沟73条，兴筑水库6座，建桥闸涵27座。筑圩田610公顷，条田630公顷。

1964起，区郊农田水利建设进入综合治理阶段，在认真总结前阶段水利工作的基础上，制定了农田水利综合治理规划，坚持洪、涝、旱、渍、碱综合治理，沟、渠、田、林、路统一安排，桥、闸、涵、站、坝全面配套，治山治水同时并举。截止1975年底，先后开挖大沟7条，疏浚大沟8条，实挖土方374万立方米；开挖引水河、排洪河为主的中沟36条，疏浚中沟11条，完成土方216万立方米；开挖和疏浚小沟323条，实挖土方134万立方米；建成库坝9座，实挖土方279万立方米，建配套建筑物142座；修筑混凝土结构渠道37条。建设条田973公顷，修筑“大寨田”231公顷，改造圩田610公顷。初步建成了以河为纲，以沟为网，大、中、小、腰、丰五沟，干、支、斗、农、毛五渠，桥、闸、涵、站、库（坝）基本配套，河沟相通，沟沟相通，沟渠配套，林成网，田成方的初级农田河网化。

1976年至1982年，农田水利持续综合治理进入提高标准阶段。即围绕农业高产高效，搞好中低产田改造；围绕农业综合开发，努力提高水利工程标准，围绕提高综合经济效益，搞好工程配套管理；围绕治理洼地坡地，搞好灌排工程；围绕乡村规划建设，搞好沟、渠、田、林、路配套建设；围绕防洪保安，搞好库坝堤加固；结合农业综合开发，结合村庄道路建设，结合绿化环保，结合交通运输，结合为群众改水，结合积肥改土，结合开挖鱼塘。推进洪、涝、渍、碱、旱、灾的综合治理，规范了沟、渠、田、林、路和村庄建设，推广节水灌溉措施。到1982年，开挖和疏浚大沟6条，中沟137条，小沟265条，新建电灌站14座，其中二级电灌站3座。新建水库1座，水库、塘坝扩容、加固7座，铺筑农田作业路377条，植树79万株。

1983 年起,实行家庭联产承包责任制,推行农田水利分级负担和劳动积累制度,建立了“种责任田,挖责任土方”制度。采取统一领导,统一规划,统一标准,统一施工时间,统一验收,分户(或分人)施工办法,加强农田水利建设和管理。1983 年至 1990 年间,疏浚大沟 5 条,中沟 33 条,小沟 189 条,累计土方 768 万立方米。新建和改建电灌站 26 座,桥闸涵 37 座,加固水库塘坝堤 6 座,铺筑道路 17 条,植树 32 万株,新筑水泥块石混凝土渠 79 条,计 380 千米,增强了农业抗灾能力。

20 世纪 90 年代,农田水利建设立足综合治理,提高标准,各乡村加大河道疏浚力度,开展河堤植树造林,兴建一批灌排电站和桥闸涵。先后疏浚大沟 9 条、中沟 28 条、小沟 321 条,实做土石方 617 万立方米。建成大、中、小沟配套建筑物 721 座,电灌排站 37 座,大中型河堤绿化带 79 条。小流域综合治理 1660 公顷,改造中低产田 2540 公顷,分别完成计划的 104.7%、122.2%。

2001 年以来,农田水利以建设新农村、建设现代化农业为出发点,科学调整水系,完善山区平原水系配套。2001 年,完成小沟以上建筑物 530 座。其中中沟以上桥涵洞 55 座。新开疏浚大中沟 22 条,计 23 千米。新开和疏浚小沟 315 条。新建电灌站 5 座,150 千瓦。改造中低产田 333.3 公顷,增加有效灌溉面积 533.3 公顷。全年完成土石方 84 万立方米,投入水利基础建设资金 560 万元。

2002 年,全区完成小沟以上建筑物 65 座。其中中沟以上桥涵洞 55 座。新开、疏浚大中沟 27 条,计 19.5 千米。新开、疏浚小沟 27 条。新建电灌站 3 座,90 千瓦。改造泵站 7 座,240 千瓦。修筑防洪渠道 6.8 千米,维修水库 3 座、塘坝 2 座。改造中低产田 733.3 公顷,增加有效灌溉面积 533.3 公顷。全区共投入水利基础资金 240 万元。

2003 年,共投资 256 万元,完成土方 108.6 万立方米,新建防渗渠道 8.3 千米,新建、改造泵站 12 座,369 千瓦。疏浚区级河道 1 条,长 8.9 千米,完成土方 28 万立方米。疏浚乡级河道 10 条,计长 21.1 千米,完成土方 37 万立方米。同时,完善徐连公路云台乡水利灌排体系,高标准完成凤凰村治理片、朱麻至山东村治理片、丹霞西山治理片的灌排工程。其中,凤凰村投入 80 万元,为村民解决多年未能解决的排灌难题。市水利部门称“该村完成工程和投入在区水利史上实为罕见”。

2004 年,疏浚区乡级河道 12 条,计 32 千米长,计土方 70 万立方米。新建防渗渠道 2 千米,维修水库 4 座,新建电灌站 6 座,164 千瓦,改造电灌站 10 座 325 千瓦,新建、维修涵闸 20 座。共投入资金 542 万元(其中,省、市补助资金 90 万元,为云台乡争取的补助资金近 100 万元),为历年来水利建设投入最多的一年。

2005 年,全区加强农田水利基础建设,切实改善水环境。全年投资 200 多万元,疏浚区乡级河道 14 条,计长 35 千米,完成土石方 73 万立方米;维修水库两座,新建、加固塘坝 6 座,增加蓄水能力 70 万立方米。加之长期不断地推广科学排灌技术,至 200 年底,全区农村基本实现高地旱田渠灌沟排,洼地水田沟灌沟排,达到能调能引,能灌能排,旱涝保收。

第二节　灌溉渠道建设

一、南岛灌溉干渠

1959 年,云台公社和云台农场为扩种水稻,兴建一条长 26 千米的灌溉干渠,西起南城烧香河茅山电灌站,东至朱麻大岛山(通称“南岛灌溉渠”)。干渠上口宽 9 ~ 12 米,底口宽 3 ~ 4 米。沿途兴建农桥

15 座，涵洞 7 个，渡槽 12 个，倒虹吸 6 个。灌溉干渠的建成对云台乡和云台农场 1666.7 公顷农田灌溉起到了极其重要的作用。

二、大村干渠

筑于 1961 年，干渠东起大村水库，西至东盐河，长 5 千米，宽 3 米。

三、花果山环山南北干渠

筑于 1978 年，北起小村，南至新华村，长 4 千米。因是土渠常决堤，于 20 世纪 90 年代废。

四、高渠道

建于 1966 年 3～6 月，南起蔷薇河茅口电站，北经连云区朝阳镇马山、中云街道入排淡河。干渠上口宽 4 米，底口宽 1.5 米，全长 22 千米。其中，花果山乡内高渠道长 6 千米，沿线建倒虹吸 4 道，灌溉东盐河两岸农田 340 公顷。

五、云台环山渠

1970 年春，云台公社（云台乡）党委书记孙存珀等领导赴山西大寨大队和河南林县红旗渠参观学习后，结合云台公社实际，作出修筑环山渠的决策，并组织全体党员干部讨论达成共识。资金不足，便采取软土路基用水泥块石砌筑石渠，硬路基段筑土渠的办法筑环山渠。是年 6～10 月勘测设计，12 月开工。组织 2600 名社员，投工 13.1 万个，总投资 35 万元，开挖土方 47 万立方米。至 1971 年 6 月竣工。环山灌渠全长 23.4 千米。

1976 年 6 月至 11 月，云台公社组织人力兴筑高标准防渗石渠，投入劳力 10.2 万个，投资 121 万元。防渗石渠全长为 23.1 千米。标准为渠宽 1 米，深 1 米，渠底、渠墙混凝土结构厚度 0.4 米。沿渠建节制闸 24 座，涵 32 道，倒虹吸 8 道，防洪墙 17 道计 1100 米。环山石渠建成后拦蓄洪水，自流灌溉农田。

六、云台砼防渗渠

2000 年，云台乡引进砼防渗渠技术，先在凌州村、山东村、凤凰村推广砼防渗渠 3000 米，收到节水防渗成本低的效果得以推广。

第三节 电灌站建设

1957 年，云台公社（云台乡）安装煤气机抽水站 4 座。同时，购买风力、人力水车 24 台，各村在主要河道口安装抽水机。

1958 年，临洪大队在新浦西盐河边建起第一座电灌站。继之，沈圩大队于大浦河北岸安装电动抽水机 1 台。

1959 年，云台公社在南城东山脚下的烧香河北岸建电灌站 1 座。是年，云台公社（花果山乡）小村大队建电灌站 1 座。城郊临洪大队增建两座电灌站，沈圩大队于西南湾和茅口河北岸各兴建 1 座电灌站。

1962 年 2 月，兴建蔷薇河茅口电灌站，属中型灌区。5 月建成 22 千米长高干渠。11 月茅口电灌站建成。装机6台套450千瓦。建筑物40座,设计提蔷薇河水5立方米每秒。

1963年1月至1964年7月,新浦北郊蔷薇河口的蔷薇河电灌站建成。后又沿蔷薇河岸陆续建起3座电灌站,至1990年,临洪、沈圩两村前后共建起电灌站7座,共有排灌机械24台,达到了旱能灌,涝能排,旱涝保收的功效。

1965年,花果山乡大村村、红路村、新华村各建电灌站1座;宁海乡建电灌站2座。

1967年,云台乡在朱麻村、凌州村建电灌站2座。宁海乡建电灌站3座。

1968~1969年,云台乡建茅山、葫芦山、前关、后关电灌站4座。宁海乡兴建电灌站2座。

20世纪70年代,云台乡、宁海乡、花果山乡、南城镇各村千方百计筹措资金,共建电灌站21座。80年代,云台、宁海、花果山3乡建电灌站36座。90年代,云台乡、花果山乡、宁海乡和南城镇扩建电灌站32座。2001~2005年,全区新建电站20座、改建电灌站23座。

第四节 配套建筑工程

一、涵洞

1953~1959年,宁海乡沿埃字河、黄圩河、新北河建中小型涵洞396个。

1959~1960年,云台乡沿南城东山电站至大岛山的灌溉干渠建大中涵洞17个。

1963年3~5月,建成蔷薇河引水涵洞和穿大浦河引水涵洞,同期建成连接两涵的引水渠810米。1965~1966年,在茅口电站至朝阳马山的高干渠上建涵洞5个。1967~1974年,宁海乡沿埃字河、黄圩河、新北河增建大小涵洞472个。1969年,花果山乡沿大村干渠道建涵洞5个。1970~1971年,云台乡在环山渠上建涵洞32个。

1978年,花果山乡在南北干渠上建涵洞4个。

2000年,云台乡沿徐连高速公路一线筑过路涵洞121个,涵洞均为20号钢筋水泥凝制灌注而成,洞长30米,宽、高均为2米。圆涵24道,管径1.5米,长度30米。

2001~2002年,兴建涵洞4座,维修涵洞11座。2003~2004年,新建涵洞7座,维修涵洞13座。

二、节制闸

【中沟节制闸】 1951年,宁海乡在新北河上建节制闸2座;1952年,该乡在黄圩河上建节制闸3座;1969~1971年,花果山乡在中沟上建节制闸7座。1975~1977年,宁海乡在南北大沟上建节制闸1座;

2002年,宁海乡在丰收河上建节制闸1座。

【大沟节制闸】

(1)南城东山闸 位于妇联河上游与烧香河交界处。建于1959年2月至1960年1月。此闸为妇联河节制闸。长期开闸引烧香河上游淡水和蓄积山水灌田,汛期关闸阻挡上游洪水压境,承担着龙山、西山、丹霞3村和云台农场西部地区农田灌排功能。该闸为单孔,孔净高7米,净宽5米,闸总长26米,闸顶高程3.2米,闸底高程-1.1米。工作桥面高程3米,宽0.8米。闸门为钢架木质平面门,配绳股式手电两用启闭机2台，上下游石护坡长分别为6米、10米，上下游河底宽5米，底高程－1米，边坡1∶3.。设计流量50立方米每秒。稳定水位组合为0.5～1米。

（2）云善河闸　位于妇联河中上游与云善河北端交汇处。1975年10月动工，1976年5月竣工。此闸开启引入古泊善后河水和拦蓄山水灌溉农田；汛期关闸，阻挡古泊善后河洪水压境。为前关、后关2村和云台农场中西部地区700余公顷农田灌、排节制闸。设计流量60立方米每秒。稳定水位组合为0.5～1米。该闸为单孔，孔径高8米，净宽6米。闸长30米，闸顶高程11.5米，闸底高程－1.2米。桥闸配套建筑。闸门为钢架水泥整体凝固平面门，配绳股式手电两用启闭机。上下游石护坡各为8米。

（3）凌州闸　位于凌州嘴山脚下，妇联河与云善河交界处，是云台乡中部的一座蓄淡泄洪挡潮节制闸，主要解决后关、前关、凌州3村和云台农场农田的灌溉排涝问题。

该闸原建于1959年，设计过闸流量50立方米每秒，稳定组合水位为0.5～1米。单孔，孔径5米。底板高程－1.1米，沙垫层1米。墩墙、岸墙均为浆砌块石，桥面为浆砌块石拱形和预制砼梁。交通桥的标准为汽－8级，桥面宽4米，后扩宽为5米。闸边筑渡槽，长27米，宽1米。闸门为钢架木制平板门，配绳股式手电两用启闭机1台。

1993年改建凌州闸，设计过闸流量为60立方米每秒，设计水位，上游2.8米，下游2.0米。单孔净宽6米。底板高程－1.2米。底板下做沙垫层2米厚，底板为C25钢筋混凝土，厚1.2米，底板上面高程11.6米。消力池顶高程－1.2米。闸墩墙均采取C25水泥混凝土灌注。闸顶高程11.6米。闸门为钢架面板喷漆防腐。闸两岸砌块石护坡，长度12米。配绳股式手电两用启闭机1台。交通桥设计荷载为汽－50吨级，净宽5米。

（4）江庄闸　位于妇联河与山东大沟河交界处，为云台乡东部地区4个村和南云台农林场的蓄淡排灌挡潮闸。该闸设计过闸流量50立方米每秒，稳定组合水位为0.5～1.2米。单孔桥闸，孔径宽5米。闸基换沙厚度2米。底板为20号钢筋混凝土，厚度0.6米，胸墙底高1米。墩墙胸墙均为浆砌块石。闸门为钢架板平面。闸顶高3.2米。配手用绳股式启闭机1台。交通桥设计荷载为汽－6吨级，桥面净宽4米。

该闸于1959年建成，一直使用良好。1992年，拆闸建桥。

（5）山东大沟闸　位于云台乡山东大沟河与烧香河汇交处，是一座以挡潮为主的灌排节制闸。建于1970年，设计过闸流量50立方米每秒，稳定组合水位为0.5～1.5米。单孔闸，孔净宽5米，闸顶高程8.5米，闸底高程－1.2米，胸墙底高程1米，墩墙、胸墙均为砂浆砌块石。闸门为钢架桥平面门，配手用绳股式启闭机1台，设汽－6吨级交通桥，桥面净宽4米。该闸为山东、东磊、渔湾3村和云台农场的1300余公顷农田蓄灌排洪防潮节制闸。

（6）高速公路节制闸　2000年，沿高速公路一线建节制闸47座，均为钢筋水泥混凝土灌注的单孔闸，闸孔径2×2米，闸高5米。闸板为C30号钢筋水泥凝制的平面闸门。配手用启闭闸门。

三、倒虹吸

1959～1960年，云台乡在灌溉干渠与妇联河山东排洪河、江庄后排河、东磊野场排洪河、玉带河和渔湾排洪河交汇处兴建5道倒虹吸。其构造均为板石铺底，水泥块石混凝砌制墙壁，板条石盖顶加水泥凝固。倒虹吸直径1米。长度8～26米。1966年，后关虎窝水库输水渠道上建潜渡洪水河倒虹吸1道，长23米，直径1.2米。其构造也为石板铺底，水泥块石混凝砌墙，板条石盖顶加水泥凝固。是年，花果山高干渠道上建倒虹吸 4 道,管道长 32 米,潜过东盐河,输水灌溉东盐河东岸农田。

1967 年,云台乡凌州村在环山渠上筑滚水坝倒虹吸 1 道,长 11 米,直径 1.2 米。1968 年,东磊村建玉带河倒虹吸 1 道,长 26 米,直径 1 米。输水到玉带河北农田。1970 年,凌州村建云善河倒虹吸 1 道,长 38 米,直径 1 米。采用水泥凝制管道,输水到云善河南农田。

2000 年,兴筑徐连高速公路潜渡大中沟倒虹吸 6 道,其构造为钢筋水泥凝制框架,水泥凝固管道,倒虹吸管道长度均为 42 米,直径 1.5 米。

四、渡槽

1959 ~ 1960 年,云台乡南岛灌溉干渠沿线建大沟渡槽 12 道,其结构为块石水泥砌墩,墩上搭砌长条石做槽底,长条石上用石块或砖、水泥混凝砌槽边。用水泥浆凝固槽壁防渗漏。

1962 ~ 1990 年期间,各村兴建修水利在中小沟上筑渡槽 260 余道。

1991 年后,筑渡槽材料都改用废旧水泥杆横搭于中小沟的渠道上连通输水,解决小地块灌水问题。

1996 年,花果山乡在东盐河上建渡槽 1 座,槽长 32 米,直径 0.8 米,引水灌溉。

2002 年,沿徐连高速公路两侧筑渡槽 16 道。用水泥制品厂生产的直径 1 米的水泥管做槽,槽墩均是水泥、块石、混凝土砌做。

第五章 防汛抗旱

第一节 组织领导

新中国成立前,境内防汛抗旱事务由历代地方官员负责,汛情紧张时,鸣锣为号,催叫乡民逃难,或强拉民夫临时应付抗洪。大旱时,民间便自发组织“求雨”活动,无济于事,旱、涝仍然成灾。

新中国成立后,从 1950 年开始,区、乡成立抗灾组织,区长、乡长亲自指挥,同时,乡、村层层成立防汛抗旱队伍。1983 年,农村行政体制改革,各乡、镇成立防汛抗旱指挥部,由乡镇长任指挥,分管农业的副书记、副乡(镇)长、人武部长任副指挥,分管水利工作的领导为办公室主任。

1985 年起,贯彻国家防汛总指挥部“以防为主,防重于治”和“做好防御特大洪水准备”的方针,区、乡防汛抗旱指挥部增设报汛班、后勤保障组、工程维修专业队。汛期组织防汛巡逻队、突出抢险队、医疗救护队,形成了以党员干部带头、青年民兵为主体、广大村民积极参加的群众性防汛队伍。并建立防汛抗旱值班制度和抗旱防汛责任制,蔷薇河段及各乡水库均落实防洪责任单位和责任人。每年,区政府还编制防汛抗旱方案和防洪抢险应急预案。20 世纪 90 年代以来,区政府坚持每年汛期前印发《新浦区主要河、库、堤防汛责任制》,将防汛抢险任务分段落实到地区各大单位。

2004 年起,区政府成立汛期地质灾害防治领导小组,并制定相应的应急方案。

专记 19 - 1:1970 年新浦城区抗洪纪实

1970 年 7 月下旬,沂沭河中下游地区连降暴雨,使连云港市特别中心城区新浦遭受一场大水灾。

经全市军民齐心协力、兄弟县市大力支援,连续奋战10个昼夜,堵住河堤14处决口,加固加高29公里长的河堤,减轻了损失。在这次洪水灾害中,共倒塌房屋4568间,秋田作物受淹3700多公顷,工业、交通、商贸等系统直接经济损失达3000万元人民币。有关部门损失的文书档案资料,更是难以估价。

图19-10 1970年抗洪抢险一个场面

7月21日至23日,蔷薇河泄洪有关地区(东海、赣榆、沭阳、新沂、石梁河地区、山东临沂、临沭等地)连降大到暴雨,连云港境内平均降雨达230.6毫米,蔷薇河流量猛增800立方米每秒。23日凌晨,石梁河水库泄洪2430立方米每秒,加库下区间来水新沭河流量达3500立方米每秒。4时,蔷薇河下游水位迅速上升,新浦暴雨,地区积水10~20厘米。5时30分,市防汛抗旱指挥部召开紧急会议,部署市区(新浦)排水,组织人员上蔷薇河堤时刻巡堤、抢运防汛器材。上午9时,临洪闸上游水位3.85米,下游水位3.78米,临洪闸泄洪200立方米每秒。15时55分,因新沭河泄洪、蔷薇河水位骤涨,临洪闸下游水位超过上闸水位,临洪闸关闭。市防汛抗旱指挥部组织万人上堤,突击加高蔷薇河薄弱堤防。20时,临洪闸下游水位达5.34米(历史最高水位为3.91米),闸上游水位5.10米(历史最高水位为4.30米),超过堤顶0.10米,蔷薇河右堤4.2千米漫堤。抢险队竭力加筑堤防,但因洪流过急,取土困难,于21时,蔷薇河右大堤决口14处,总长350米。决口处洪流以500立方米每秒流量冲进新浦、大浦、猴嘴等地。

在闭闸6小时后,新浦市区先是河水倒灌,所有街巷大小下水道都从窨井口、盖板缝向上翻水。24日凌晨,洪水包围了新浦、大浦等地。同日下午,新浦一片汪洋。除王巷一带和解放桥西的临洪滩地势较高没漫水外,新浦到处水漫小腿肚,最深达1.5米。龙尾河东的新浦火车站下、市食品公司附近及铁路南一些低洼地带都撑了船。

省、市革命委员会对连云港市这次洪灾极为关切。7月24日5时许,市革委发出《全市人民动员起来,夺取抗洪防汛斗争胜利》的紧急动员令。

水灾无情人有情。根据市革委紧急动员令精神,全市立即抽调100辆汽车、400辆平板车、134只木船,帮助新浦人民抢险救灾。迅速组织新浦居民向海州、连云、墟沟、朝阳、云山等安全地带疏散。当地的机关、工厂、学校、驻军等单位干部、工人、农民和人民解放军,热情接待疏散出来的群众,大家同心协力,团结一致,互相支持,连云日报社记者苏宜训家住在解放桥外灌青街,地势低洼,洪水从窗户往里翻,家里的东西全部泡在水里。报社的顾吉如、万钧善等同志,就是手拉手,标着盐河西岸的绿化树,趟着齐心口的深水到他家,以瓮代船,把粮食、书籍等东西运出来的。截至7月26日,新浦地区疏散出的4.5万老、弱、病、幼群众食宿问题都得到了妥善安置。仅海军巡防区一个单位就接待安置103户439人。蔬菜一时紧张,驻云台山的解放军某部,就把自己种的菜,送下山来给受灾的群众食用。云台地区的农民争着腾出自家房屋,让灾民临时居住,千方百计解决生活上的困难,不是亲人胜似亲人。没有来得及疏散的群众都就近搬到一些单位结构比较坚固的楼上临时住下。

7月24日22时，石梁河水库泄洪量降至500立方米每秒，临洪闸上游水位4.67米、下游水位4.64米，临洪闸开启，泄洪500立方米每秒。同时，灌云县善南套闸、善后河闸、烧香河闸提闸排水，新浦水位下降2~3厘米。

7月25日，市境内又降大雨，蔷薇河出现决口。省革命委员会生产指挥组孙副司令员亲率市革委领导冒雨察看决口，研究抢堵方案。当夜23时，市革委发出《关于组织抢修蔷薇河堤坝的紧急通知》，特设市抗洪抢险指挥部，统一领导堵口抢险工作。并连夜抽调2331名干部，组成堵口抢险队。

7月26日凌晨，2路抢险队冒雨赶赴抢险责任地段。朝阳公社抢险队连夜冒雨行进7.5千米，于上午赶至工地。至当日18时，成功地抢堵决口5个。有4人不幸牺牲。

7月27日，海军渤海舰队及扬州、徐州、淮阴、盐城、南京、镇江、泰州等市县抢险救灾人员抵达新浦，抢险队伍增至9500人，共出动木船109只、汽车130辆、平板车400辆。至28日上午，又成功堵住6个决口。

7月28日下午，集中抢堵最后3个决口。中国人民解放军9620部队参加抢险的干部战士跳进急流中，并肩挽手组成人墙，抢堵7号决口成功后，又主动支援中云公社抢堵好6号决口。至当天23时40分，所有决口全部堵死。

7月29日，为确保堤防安全，市防汛抗旱指挥部发出《关于加固加高蔷薇河堤的通知》。至8月1日凌晨，共动员、组织2.1万人，激战3昼夜，完成蔷薇河堤29千米加固加高任务。堤顶高程由5.0米增至6.0~6.5米，堤顶宽达3.0米。

这次抗洪防汛，共组织动用木船109艘、汽车130辆、平板车400辆；动用草包26万只、麻袋1.5万条、木材80立方米、大柴1.5万千克、石块800立方米、汽油5吨。

专记19－2：2000年新浦地区抗洪排涝纪实

灾情

2000年8月28至31日，受12号强台风“派比安”侵袭，连降暴雨，新浦地区4天降雨量达360毫米。加之石梁河水库泄洪，导致新沭河高水位行洪，挤占蔷薇河流域的洪水出路。其时又与农历八月初三的天文大海潮相遇，排水更加困难，新浦地区积水面积达20余平方千米。龙尾河等河道漫水，解放东路、朝阳西路、海连西路、海昌南路、通灌南路、市化路、新中街、灌青街、东风街、海南小区、西小区等地积水深30~50厘米，最深处达1米左右。12000余户居民家庭和大批工厂、商场积水30~50厘米。给交通、生产和人民生活造成极大危害。

省、市领导冒雨指挥抗洪

8月31日上午，市委书记王国生、代市长陈震宁、市委副书记郑顺成、副市长周宝法等，冒雨到新浦北郊的临洪东站视察水情，指挥排洪。

9月1日下午，副省长姜永荣在王国生、陈震林等市领导陪同下到新浦龙尾河及艺北街居民住处视察水情。姜永荣副省长指出，在确保石梁河水库安全前提下，先停止泄洪10个小时，让出排洪通道，以降低市区水位。在视察临洪东站时，姜永荣副省长指出，“市区从根本上消除洪涝灾害，非上大浦抽水站不可。”

9月3日，省水利厅厅长黄莉新和市委副书记郑顺成，亲临大浦闸指挥省、市防汛抢险突击队架机泵、电泵强排积水。

市委常委、组织部长王维凯，副市长邵桂芳等市委、市政府领导，也分别深入新浦地区居民区、农贸市场视察灾情，组织抗灾工作。

图 19－11　2000 年 8 月 31 日代市长陈震宁（中）、副市长周宝法（左）和区委书记李建平（右）在视察水情

军民协力排涝

灾情出现后，李建平等区委、区政府领导立即冒雨视察水情，动员、部署抗洪排涝斗争。组织区市政管理部门 100 余人，分片、分点到域区各主次干道、防洪重点地段进行路面排水。民政部门和各街道办事处、居委会干部冒雨深入居民区排查危房，并动员部分旅社临时腾出房屋，安置危房户 726 户，转移孤残人员 71 人。区防汛指挥部立即将备用的 3.1 万条编织袋、草包、麻袋、4500 吨块石及木桩、水泵等防汛器材，投用于防汛第一线。区防汛排涝指挥部值班人员日夜冒雨巡视于蔷薇河堤上，发现隐患、险情及时与责任单位联系，采取措施，排除险情，确保河堤安全。

图 19－12　2000 年 8 月新浦发洪水时居民蹬起“雷锋车”带人过水

9 月 1 日，北郊大浦变电所处于洪水包围之中，新浦东部地区农用电、民用电特别是临洪闸翻水站照明用电受到严重威胁。险情出现后，连云港警备区司令员杨振玉亲率 300 名官兵，赶到现场，组织党员突击队，在深水中奋战 10 小时，直至排除险情。

9 月 2 日，市武警支队 100 多名官兵赶到大浦闸，和市防汛抢险突击队并肩战斗，连夜筑渠，架设排水机组。

河南庄居委会一带地势低洼，遍地积水，出进主要路道有 50 多米一段漫水，行人不便。街道几位居民自动蹬起“雷锋车”，义务接送行人 3000 余人次，深受人们赞扬。

抢装机械强行排水

在省委、省政府领导关怀和省防汛指挥部的支持下，石梁河水库暂停泄洪，为市区排涝让出通道。市防汛抢险指挥部门调集 20 台套强排机组到大浦闸，增加每秒 40 立方米排水能力。9 月 2 日下午 2 时，大浦闸开闸排涝。省防汛抢险突击队，带着 40 台套强排机泵、电泵于 9 月 3 日凌晨赶到新浦地区，在市武警支队和市防汛抢险突击队配合下连夜安装设备，投入使用。

经多方努力，强行排水，至 9 月 2 日下午 6 时，新浦城区积水下降 10～15 厘米，大部分路面洪水退出。至 9 月 5 日 17 时 45 分，大浦河水位由 3.5 米降至 1.08 米，市区积水基本排除。

做好灾后环境治理

9 月 4 日上午，市委常委、组织部长王维凯，主持召开新浦地区灾后卫生防疫工作会议，部署灾后环

图 19－13 省防汛突击队安装的机械在强行排水

境清理、卫生防疫工作。

9月5日，区政府组织全地区灾后卫生防疫、环境治理集中行动。市、区机关干部、辖区29所中小学校及工商、城管、防疫、医疗等部门两万余人走上街头，走进社区，进行清理整治。同时，出动翻斗车、垃圾清运车40余台，清运垃圾1500余吨。由150多名卫生防疫专业人员组成的21支防疫小分队，深入到受灾严重的街道、居民区，对垃圾池（桶）、公共厕所、绿化带、水塘等蚊蝇孳生地喷洒药物，全面消杀。市第一人民医院和区人民医院的医护人员，组成6个抗灾防疫医疗小组，开展查病治疗工作，确保了大灾之后无大疫。

第二节 经费 物资

新中国成立后，在历次防汛抗旱中，区、乡政府均投入大量的物力，财力，用于预防治理各种水旱灾害，避免各种灾害造成的损失。1979年起，区、乡政府年年把防汛抗旱经费列入财政预算，建立专门账户专款专用。区政府还建有防汛抗旱专用物资储备仓库，常年储备草包、麻袋、化纤袋15000条，铁丝3000千克，铁钉400千克，竹（棍）8000根，木材12立方米。各村备木材2立方米，机泵10台套。灾害一旦发生，区、乡政府及时调用器材和物资投入抗灾，灾后帮助农民恢复生产，过好生活。

2001年底，市区行政区划调，新浦区农村面积扩大后，防汛抗旱资金投入不断增加。至2005年底，全区累计投入防汛抗旱资金215万元，其中，国家、省、市投入152万元。

第六章 机构 管理

第一节 机 构

一、管理机构

民国前各朝代，域内水政统属海州州衙管理。

民国元年（1912）4月起，区郊南云台山一带水政由灌云县国民政府建设局兼管。民国19年（1930）由灌云县国民政府实业科管理。

新中国成立后，云台、南城、宁海等地水政工作隶属灌云县人民政府生产建设科管理。新浦城区和花果山地区水政工作属新海连市管理。1953年1月1日起，隶属江苏省新海连市建设科管理。1955年

9 月至 1983 年 3 月,云台乡、宁海乡、南城镇水政工作隶属灌云县水利局管理。1955 年 5 月至 1987 年 6 月,新浦城区及花果山地区水政隶属连云港市水利局管理。1983 年 4 月至 2001 年 11 月,新浦城区水政工作由新浦区计划经济委员会农业科管理。花果山乡、云台乡、南城镇水政工作隶属云台区农业水利局管理。2001 年 12 月至 2005 年 12 月,全区城乡水政工作隶属新浦区农林水利局管理。

二、业务机构

1950 ~ 1957 年,南城区区公所成立水利工程大队部,各乡公所成立水利工程中队,乡长任中队长,分管区长任大队长,配工程员 2 名,供给员 1 名。1958 年,各公社成立水利办公室,配工程员、供给员各 1 名。1976 年,各公社在水利办公室的基础上成立水利专业队,配站长、工程员、机电工、会计各 1 名。1983 年 4 月起,各公社水利专业队更名为乡水利工程管理站。1983 年 7 月,新海区农水局成立水利工程指导管理站(简称水利站),区管的大型水库,涵闸坝设立闸坝管理所。1986 年 6 月底,恢复新浦区建置后,区水利站隶属区计经委。2001 年底,区水利站隶属区农业水利局。

2002 年,根据省市关于核定乡级水利管理服务机构人员编制的文件精神,各乡水利站更名为水利管理服务站,其性质为基层事业单位。2005 年底,全区共有乡镇水利管理站 4 个,工作人员 16 名;区属专业管理所 1 个,管理人员 7 名、水利工程技术员 10 名。

第二节 管 理

一、工程施工管理

新中国成立后,境内大型水利工程,即土石方建筑物工程,由区、乡两级水利工程主管部门勘察设计,拟定工程项目计划,报本级政府讨论研究确定,申报上级政府或水利规划部门批准后,即可组织施工。

施工前成立工程指挥部,主要领导任指挥,分管领导任副指挥,下设工程技术组、政工组、后勤保卫组,制定具体施工计划、日程安排,确定工程分段分项标准、技术参数、物资供应计划、意外事故防范及应急预案,各项规章制度。及时做好拆迁补偿、抽水、筑堰、清障等工作。

施工期间加强督查管理,督查工程进度、质量,排除工程险段安全隐患,做好工地宣传教育工作,组织相互检查交流,开展劳动竞赛,推进工程均衡发展,保证及时按质量标准完成工程计划。竣工后及时组织验收,查找存在问题,采取措施保证质量,并认真审计工程决算。

二、机电灌排站管理

1959 ~ 1966 年,由公社投资的电灌站产权属公社,由公社水利站和农机站共同管理。1967 年起,各村投资建设的电灌站产权归属各大队。各生产队均配有专职电工负责使用维修保养。公社水利专业队负责检测考核。

1976 ~ 2005 年,电灌站统一由乡水利站负责管理。其中 1983 年以前,电灌站管理人员的管理费用均由生产队按照同等劳力记工分,参加年终分配。实行家庭联产承包责任制以后,先从村公积金中支付管理人员工资,后由于多种因素,机电设备常出故障和被盗现象,从 1995 年起,部分村采取竞标承包管理办法,将电灌站管理工作落实到承包人。乡水利工程管理站跟踪管理,年度检查考核,管理效果好。

三、涵闸管理

全区 211 座涵闸均有专人管理,区域性的大中型节制闸由乡水利管理服务站直接管理,其余的小型涵闸由各村负责管理。1983年前，各村支付管理费用。1983年后，采用谁用谁维修谁管理谁给管理费的办法，承包给各村民小组长管理，由各村负责组织检查验收，区、乡防汛防旱部门于每年汛前汛后及时检查，拟定维修措施。

四、河堤管理

1982年前，域内河堤由各公社、大队按所辖堤段管理，大部分河堤由生产队拾边种植。实行家庭联产承包责任制后，部分村组将河堤马道当作责任田或拾边田承包给农户种植。1983年，根据省政府文件精神，各乡、镇、场责成水利站组织人力，对河堤进行丈量清理，明确各河道堤防界限，河堤马道一律禁止种植。1999年，根据省政府《江苏省河道堤防工程管理规定》，各乡、镇、场制定《关于开发利用河堤工程管理规定》。2004年7月8日，区农水局制定出台《河道堤防管理实施办法》。

五、水库、塘坝管理

区内6座水库11座塘坝，建成后均有专门管理单位和人员。大村水库先由原云台区水利工程管理所直管。1963年专门成立大村水库管理所(后于2000年5月31日交由市水利局管理)。其余水库均由各公社水利工程专业队管理。1983年前，各库坝由各大队指派专人看管，并支付看管人工资。1983年后，各乡库、坝、塘均实行竞标承包管理。

六、水政监察

20世纪90年代前，域内水政监察工作主要是宣传贯彻国家的水利法规，查处水事违章事件，调解水事纠纷等。河道水库规划建设、征用土地、拆迁房屋、青苗补偿均由县、区政府出面协调处理。组织民工与工程施工和水利工程管理由区水利部门具体负责。1989年8月，区成立水政执法大队，配水政执法人员18名。各乡镇水利站领取《水利监察证》，配备水政管理员2名，持证依法管理区内河道、水库等水利工程。1990~2005年，先后依法进行清障拆除在烧香河、妇联河、云善河等航运河道上的拦网违章事件17起，调解3起乡、村与周边单位的矛盾，协助派出所查处2起电站器材被盗事件，拆除5座私自占用河堤建码头的违章建筑物，有效地控制了河堤越界种植现象，加强了水土保持工作。

七、水费征收与使用

【水费征收】 20世纪80年代前，集体经济不发达，未收取农业用水的水利工程水费。1985年7月，贯彻执行国务院制定的《水利工程水费核定、计收和管理办法》，开始征收水利工程水费，其水费标准很低：每年每公顷水田征收6元，旱田征收3元。因当时各村经济收入少，均由乡政府统一上交，后改为乡财政交50%，各村交50%，没有向村民收取水利工程水费。各乡镇工业用水按标准收取水利工程水费。1990年起，水利工程水费标准提高：每公顷水田年征收水费30元，旱田每公顷年征收水费15元。水费仍由各乡镇财政所统一上交区财政局，乡财政和各村支付比例，根据每年乡村经济状况确定。

【水费使用】 每年水费征收上交区财政后，区政府根据各乡镇水利工程建设投资状况，制定经费使用计划，下拨到各乡镇用于水利工程建设。各乡水利工程建设项目由乡水利站编制，上报区农林水利局审核，区政府分管区长主持由财政局、监察局研究审批，财政局按审批计划拨款，区农林水利局、财政局、监察局监督使用管理。

第二十编　财税金融

明洪武元年(1368),临洪场设盐课司。清末,始有专业财税机构设于新浦。

民国元年(1912),江北财政公所在新浦设东海厘捐总局后,国民政府先后在新浦设立盐业收税处、海州卷烟统税查验所、特种营业税分局等税收机构。

民国12年(1923),中国银行和江苏省银行先后在新浦设立办事处。

20世纪30年代,新浦已为海属地区金融中心。中央银行、交通银行、农民银行及一些私人银行、钱庄和外商开办的保险公司,相继在新浦开业。抗日战争爆发后,私人钱庄先后倒闭。日军侵占新浦期间,新浦有6家日伪银行。抗战胜利后,中央银行、中国银行、交通银行、农民银行等先后来新浦复业或开业。新浦解放前夕全部撤走。

解放后,北海银行在新浦设立新海连支行。1949年11月1日改称中国人民银行新海连支行。不久,中国农业银行、交通银行、中国人民保险公司等金融机构陆续在新浦设立新海连支行或代理处,开展信贷、储蓄、保险业务。

1950年起,在新浦先后设新浦税务所、新浦税务分局、直属分局。

1983年7月,区政府设财政局。次年春起,建立区一级财政。市对区实行总额分成财政体制。

1990年底,新浦有6家银行及其设立的17个储蓄所、3个城市信用合作社、两个农村信用社、1家保险公司及新浦区代办所,另有2个邮政储蓄所。

1994年起,市政府对区实行分税制财政管理体制。

1995年,区财政局下设国有资产管理局。

2001年11月,因区划调整,原云台区财政局并入新浦区,下属的花果山乡镇财政所、云台乡财政所、猴嘴街道财政所、南城镇财政所纳入新浦区财政局。

2002年起,市政府对区实行所得税收入分享改革。

2001年至2005年,新浦区财政一般预算收入平均增幅32.66%,财政总收入平均增幅32.18%,远远超过“十五”规划预计财政收入年均增幅10%的目标。2001年,财政总收入首次突破1亿元,2003年突破2亿元,2004年突破3亿元,2005年达3.5亿元。

至2005年底,新浦地区有7家银行机构、9家保险机构,其基层营业所遍及新浦地区,另有3家证券机构营业部。促进了新浦区的经济发展和社会繁荣。

第一章 财 政

第一节 财政管理体制改革

1956年7月以前,新浦区财政归市财政统管,各项开支纳入市财政预算。市对区实行统收统支的财政体制。地方财政收入统一上交市财政,区政府所需经费由市财政拨款,后到市财政局报账。1956年7月1日起,市财政实行归口管理,新浦区被定为执行简易会计制度单位。

1958年1月起,区政府设财政科,按照简易会计制度管理区机关财政业务。

1983年下半年,市实行财政体制改革,自1984年起,建立区一级财政。初期,市财政对新海区财政试行支出按分配指标包干,节余留用,超支不补的财政体制。区财政收入,以市财政局提供的1983年新海区财政收入实绩为新海区1984年财政收入基数。新海区财政收入主要来源是新海区范围内的集体企业(含市属、区属和街道属、乡镇属集体企业)。当年增收部分按15%分成留区使用。如增收分成不足20万元,由市财政局补足20万元。1985年,市对区财政试行“收支挂钩,比例包干”体制。以1984年区财政收入实绩和1985年财政收入个别上划下拨情况作适当调整后为区1985年财政收入基数;以1984年分配的正常行政、事业经费、增加合理的人员经费为1985年区财政支出基数,核定1985年区财政收入留成比例为29.1%。1986年下半年至1987年底,市对新浦区财政分成比例调整为31.6%。

1988年起,市对区实行“收入递增包干”财政体制。即以1987年区财政决算参与分成的收入数为基础,参照近年财政收入增长情况,确定区财政收入年递增率为5.5%,在递增率以内的收入,按31.6%留成;超过递增率的收入部分,留成55%。如达不到递增率而影响上解的部分,由区用自有财力补足。

1994年至2000年,市对区实行分税制财政管理体制,市财政确定新浦区的税收返还基数为2118万元,上划中央两税收入基数为2156万元,增值税入地方库25%部分的增量分成(即增值税比1993年基数增加部分的12.5%),市与区年终单独结算;营业税比1993年基数增长部分,市与区对半分成,市核定区财政1993年营业税基数为1408万元。1994年起,以1993年超包上解市数为基数,按照每年递增5.5%上解。鉴于新浦区1993年超包上解基数较大的实际情况,1994年和1995年,市均给予新浦区定额补助184万元。

2001年起,市对分税制财政管理体制的部分内容进行适当调整,取消省市集中的增值税12.5%部分、印花税、城镇土地使用税、资源税、土地增值税、营业税超基数部分、农业特产税、契税等按比例分成以及税收返还增量0.05%的政策,原上交省市部分,以2000年为基数,实行定额上交。其他的专项上解仍按原体制执行。

2002年起,市政府对各县区实行所得税收入分享政策。考虑到个人所得税代扣代缴手续费退库恢复进收入基数,及所得税收入混库、区划调整等因素,市只对改革后地方库的所得税比基数增长部分集中20%,对市通过结算另外还给区的2001年地方所得税基数,其比2000年增长部分,仍按原规定集中20%。根据计算,核定新浦区2002年地方所得税基数返还增量上交省20%为57万元。

第二节　预算编制改革

1983 年起，新浦区坚持“量入为出，量力而行，有保有压”的原则，做到有预算不超支，无预算不开支，完善财政管理体制。1983 至 1989 年，区财政均实现收支平衡，略有结余。

1991 年，因自然灾害等因素，工商税收未完成预算，减少当年财力 153.9 万元，而政策规定的“刚性支出”不断出台，当年，区财政赤字 57 万元，加上结转下年支出，实际赤字 107.9 万元。

1992 年，区政府一面强化预算管理，一面强化征收管理，财政收入稳步增长。但因当年出台行政事业单位职务津贴、煤电价格补贴等多种补贴等因素，当年财政赤字 81 万元，累计赤字达 189 万元。

1994 年起，以分税制为主体内容的财税体制开始运行，调动了中央和地方两个积极性，区财政收入连续几年大幅度增长。

2004 年起，开始实行部门预算制，区财政部门在调查摸底的基础上，编制 2004 年区级财政预算方案，并制定各部门分类分档的定员定额标准，为全面编制当年部门预算打好基础。

第三节　财政收入

1984 年至 1985 年，新海区财政总收入 2007.7 万元，其中，工商税收 1980.9 万元，农业税 12.5 万元，其他收入 14.3 万元。

1986 年至 1990 年（“七五”时期），新浦区财政总收入 11498.6 万元。其中：工商税收 11251.7 万元，农业税 114.8 万元，其他收入 91.4 万元，国家预算调节基金 40.7 万元。其中，1990 年财政收入 3029.7 万元，比 1986 年增收 1437.1 万元，增长 90.24%，年均递增 17%。

1991 年至 1995 年（“八五”时期），财政总收入 21273.7 万元，比“七五”时期增收 9775.1 万元，增长 85.01%，年均递增 17%。其中，工商税收 20363.2 万元，农业税 207.3 万元，企业所得税 447 万元，其他收入 148.2 万元，专款收入 66 万元，罚没收入 41 万元。其中，1995 年财政收入 5385 万元，比 1991 年增收 2384.3 万元，增长 79.46%，年均递增 15.89%。1994～1995 年按分税制口径，上划中央收入 4485 万元，地方财政收入 5727 万元。

1996 年至 2000 年（“九五”时期），财政总收入 38003 万元，比“八五”时期增收 16729.3 万元，增长 78.64%，年均递增 15.73%。其中，上划中央收入 16147 万元，地方财政收入 21856 万元，其中，增值税 5345 万元，营业税 9375 万元，农业税收入 76 万元，企业所得税 1337 万元，个人所得税 2191 万元，固定资产投资方向调节税 284 万元，城市维护建设税 1280 万元，房产税 505 万元，印花税 43 万元，城镇土地使用税 131 万元，其他收入 40 万元，专项收入 466 万元，罚没收入 458 万元，基金收入 104 万元。

2001 年至 2005 年，新浦区财政收入屡创新高，财政一般预算收入平均增幅达到 32.66%，财政总收入平均增幅达到 32.18%，远远超过了“十五”规划预计财政收入年均增幅 10% 的目标。财政总收入 2001 年首次突破 1 亿元，2003 年突破 2 亿元，2004 年突破 3 亿元，2005 年达 3.5 亿元。“十五”时期财政总收入 63273 万元，比“九五”时期增收 25270 万元，增长 66.5%。

第七个“五年计划”期间新浦区财政收入一览表

表 20－1　　单位：万元

项目＼类别＼年份	1986		1987		1988		1989		1990	
	预算数	决算数	预算数	决算数	预算数	决算数	预算数	决算数	预算数	决算数
工商税收类	1580	1581.7	1680	1872.1	2050	2281.5	2480	2556.8	2900	2959.6
农业税耕地占用税类	2	2	2	31.3	1.5	40	4	13	6	28.5
其他收入类	7	8.9	8	3.8	2	11.6	10	25.5	15	41.6
国家预算调节基金	—	—	—	—	—	—	36	40.7	—	—
本年收入合计	1589	1592.6	1690	1907.2	2053.5	2333.1	2530	2636	2921	3029.7
省、市追加的支出指标收入	—	—	—	184.3	—	169.4	—	376.4	—	396.7
省、市补助收入	0.5	—	—	28.3	—	13.2	—	10.5	—	17.3
上年结余收入	71.4	—	—	24.6	—	31.4	—	58.7	—	44.4
税收返还	—	—	—	—	—	—	—	—	—	—
调入资金	—	—	—	—	—	—	—	—	—	—
总计	—	1592.6	—	2144.4	—	2547.1	—	3060.6	—	3488.1

第八个“五年计划”期间新浦区财政收入一览表

表 20－2　　单位：万元

项目＼类别＼年份	1991		1992		1992		1994		1995	
	预算数	决算数	预算数	决算数	预算数	决算数	预算数	决算数	预算数	决算数
工商税收类	3180	2900.2	3100	3166	3410	4787	2510	2541	2877	2931
农业税耕地占用税类	7	43.3	28	9	30	31	40	69	57	55
其他收入类	20	57.2	25	35	25	33	20	23	10	107
国家预算调节基金	—	—	—	—	—	—	—	—	—	—
本年收入合计	3207	3000.7	3153	3210	3465	4851	2570	2633	2944	3094
省、市追加的支出指标收入	—	301.4	—	361	—	430	—	579	—	768
省、市补助收入	—	24	—	35	—	399	—	267	—	255
上年结余收入	—	75.7	—	-57	—	-135	—	-91	—	-464
税收返还	—	—	—	—	—	—	—	1810	—	2135
调入资金(预算外)	—	—	—	—	—	—	—	100	—	234
总计	—	3401.8	—	3549	—	5545	—	5298	—	6022

第九个“五年计划”期间新浦区财政收入一览表

表20－3　　　　　　　　　　　　　　　　　　　　　　　　　　单位：万元

年份 项目 类别	1996		1997		1998		1999		2000	
	预算数	决算数	预算数	决算数	预算数	决算数	预算数	决算数	预算数	决算数
工商税收类	3065	3262	3795	3943	4669	4409	4862	4078	4461	4610
农业税耕地占用税类	61	17	22	13	24	14	30	14	16	18
其他收入类	449	400	337	269	100	207	160	259	295	239
国家预算调节基金	—	—	—	—	—	—	—	—	—	—
本年收入合计	3575	3679	4154	4225	4793	4630	5052	4351	4772	4867
省、市追加的支出指标收入	—	781	—	657	—	681	—	557	—	493
省、市补助收入	—	121	—	192	—	90	—	85	—	90
上年结余收入	—	－229	—		—	86	—	112	—	115
税收返还	—	2211	—	2316	—	2316	—	2389	—	2440
调入资金	—	122	—	503	—	—	—	504	—	574
总计	—	6685	—	7888	—	7803	—	7998	—	8579

第十个“五年计划”期间新浦区财政收入一览表

表20－4　　　　　　　　　　　　　　　　　　　　　　　　　　单位：万元

年份 项目 类别	2001		2002		2003		2004		2005	
	预算数	决算数	预算数	决算数	预算数	决算数	预算数	决算数	预算数	决算数
工商税收类	4895	6028	6711	7590	8540	9772	13250	14277	16255	20124
农业税耕地占用税类	20	1	93	109	122	197	142	588	363	476
其他收入类	260	242	324	663	1087	834	1005	1160	1317	1212
国家预算调节基金	—	—	—	—	—	—	—	—	—	—
本年收入合计（一般收入）	5175	6271	7128	8362	9749	10803	14397	16025	17935	21812
省、市追加的支出指标收入	—	893	—	2014	—	1958	—	2914	—	3094
省、市补助收入	—	3142	—	5021	—	5607	—	6196	—	6995
上年结余收入	—	—	—	916	—	902	—	89	—	473
税收返还	—	—	—	—	—	—	—	—	—	—
调入资金	—	—	—	903	—	664	—	205	—	189
总计	—	10306	—	17216	—	19934	—	25429	—	32563

第四节 财政支出

1984至1985年,新海区财政总支出1926.8万元,其中,基本建设支出65万元,科教文卫事业费支出1031.5万元,城市维护费支出315.9万元,抚恤社会救济费支出92.2万元,行政管理费支出224.2万元,其他支出11.1万元。

1986年至1990年(“七五”时期),新浦区财政总支出5008.8万元,其中,基本建设支出84.4万元,农林水气部门事业费支出6.4万元,城市维护费支出750.6万元,文教卫生事业费费支出2627.3万元,行政管理费支出497.3万元,抚恤社会救济费支出167.6万元,公检法支出104万元,其他部门事业费73.6万元,其他支出570.8万元,专项支出3.1万元。

1991年至1995年(“八五”时期),新浦区财政总支出11210.9万元,其中,基本建设支出21万元,企业挖潜改造资金支出313.5万元,支农支出212万元,科技三项费用支出12万元,农林水气等部门事业费费支出14.8万元,城市维护费支出2172.2万元,文教卫生事业费支出5688.8万元,行政管理费支出1262.5万元,抚恤和社会救济费支出344.5万元,公检法司支出396.6万元,其他部门事业费支出225.6万元,价格补贴支出32.3万元,农业综合开发支出9万元,其他支出494.9万元,专项支出8.7万元。

1996年至2000年(“九五”时期),新浦区财政总支出19525万元,其中,基本建设支出92万元,科技三项费用支出42万元,农林水气等部门事业费32万元,文教卫生事业费支出8761万元,税务等部门事业费537万元,抚恤和社会救济费220万元,行政事业单位离退休经费3579万元,社会保障补助支出33万元,国防支出94万元,行政管理费支出2563万元,公检法司支出992万元,城市维护费支出2203万元,其他支出228万元,专项支出67万元。

2000年至2005年(“十五”时期),新浦区财政总支出70163万元,其中,基本建设支出267万元,科技三项费用支出1395万元,农林水气等部门事业费732万元,文教卫生事业费支出19532万元,税务等部门事业费3072万元,抚恤和社会救济费2514万元,行政管理费支出9466万元,公检法司支出5301万元,城市维护费支出6128万元,其他支出18057万元,专项支出604万元。

第七个“五年计划”期间新浦区财政支出一览表

表20-5　　单位:万元

项目 \ 类别 \ 年份	1986		1987		1988		1989		1990	
	预算数	决算数	预算数	决算数	预算数	决算数	预算数	决算数	预算数	决算数
基本建设支出类	41.4	41.4	5	5	35	10	25	25	3	3
企业挖潜改造资金类	6.2	6.2	2.5	2.5	1.5	1.5	7.5	7.5	6.5	6.5
科技三项费用类	0.4	0.4	1	0.3	3.8	3	4.8	4.7	3.8	3.8
支援农村生产支出类	2.2	0.4	19	2.3	39.8	17.3	40.5	25.5	19.4	15.8
农林水利气象等部门的事业费类	0.2	0.2	0.7	0.7	0.7	0.7	0.7	0.7	6.2	4.1

续表 20－5　　单位：万元

项目＼类别＼年份	1986		1987		1988		1989		1990	
	预算数	决算数	预算数	决算数	预算数	决算数	预算数	决算数	预算数	决算数
工业交通等部门类	0.6	0.6	—	—	—	—	0.5	0.5	0.2	0.2
城市维护费类	183.8	183.8	76.9	76.9	40.3	40.3	229.1	229.1	229.2	220.5
城镇青年就业经费类	—	—	—	—	—	2.2	0.5	0.5	0.5	0.5
文教科学卫生事业费类	374.6	370.3	405.9	405.7	585.8	583.5	591.9	585.5	745	682.3
科学事业类	—	—	0.3	0.3	0.5	0.5	0.9	0.9	1	1
其他部门的事业费类	10.5	10.5	17.4	15	9.9	9.9	13.4	13.4	24.8	24.8
抚恤和社会福利救济费类	28.8	25.5	29	27.9	33.1	32.5	42.1	40.4	43.2	41.3
行政管理费类	97.6	97.4	84.5	84.3	79.1	77.5	104.3	102.2	141.9	135.9
公检法支出类	—	—	—	—	29.9	24.9	34.5	34.5	44.6	44.6
价格补助支出类	—	—	2.8	2.8	6.2	6.2	6.8	6.8	7	7
其他支出类	28.8	28.8	85.5	85.5	90	90	189	169	187.5	197.5
专款支出类	0.4	0.4	0.6	0.6	0.6	0.6	0.7	0.7	0.8	0.8
本年支出合计	775.5	765.9	731.1	709.8	959	900.6	1299.2	1246.9	1474.6	1385.6
应上解支出	—	874	—	1355.7	—	1572.5	—	1769.3	—	1975.8
地方借给中央财政收入	—	—	—	48	—	—	—	—	—	—
专项上解	—	—	—	—	—	15.3	—	—	—	51
结转下年支出	—	9.6	—	21.3	—	58.4	—	43.5	—	89
净结余	—	15	—	10.1	—	0.3	—	0.9	—	13.3
总计	—	1664.5	—	2144.9	—	2547.1	—	2060.6	—	3488.1

第八个“五年计划”期间新浦区财政支出一览表

表 20－6　　单位：万元

项目＼类别＼年份	1991		1992		1993		1994		1995	
	预算数	决算数	预算数	决算数	预算数	决算数	预算数	决算数	预算数	决算数
基本建设支出类	—	—	—	—	10	10	1	1	10	10
企业挖潜改造资金类	10	3.5	16	10	306	300	21	—	—	—
科技三项费用类	4	4	2	2	2	2	2	2	2	2
支援农村生产支出类	20.3	4	24	9	295	180	26	17	2	2
农林水利气象等部门的事业费类	9.8	8.8	2	2	1	1	2	2	1	1
工业交通等部门类	—	—	—	—	—	—	—	—	—	—
城市维护费类	246.2	246.2	268	262	629	625	447	447	592	592

续表 20－6　　单位:万元

项目 \ 类别 \ 年份	1991		1992		1993		1994		1995	
	预算数	决算数	预算数	决算数	预算数	决算数	预算数	决算数	预算数	决算数
城镇青年就业经费类	0.5	0.5	1	1	1	1	—	—	—	—
文教科学卫生事业费类	745.4	726.8	873	852	1002	940	1624	1571	1620	1594
科学事业类	1	1	1	1	1	1	1	1	1	1
其他部门的事业费类	21.6	21.6	32	32	39	39	85	66	132	67
抚恤和社会福利救济费类	43.5	43.5	54	54	65	65	90	89	93	93
行政管理费类	154	145.5	201	200	229	229	342	342	346	346
公检法支出类	39.6	39.6	61	56	82	77	107	107	117	117
价格补助支出类	7.3	7.3	8	8	11	11	6	6	—	—
其他支出类	183.9	183.9	28	28	197	192	76	46	45	45
专款支出类	1.7	1.7	2	2	1	1	2	2	2	2
本年支出合计	1488.8	1437.9	1573	1519	2771	2674	2832	2699	2972	2881
应上解支出	—	1749.5	—	1860	—	2574	—	2716	—	2716
地方借给中央财政收入	—	—	—	—	—	—	—	—	—	—
专项上解	—	271.4	—	305	—	388	—	347	—	654
结转下年支出	—	50.9	—	54	—	97	—	133	—	68
净结余	—	-107.9	—	-189	—	-188	—	-597	—	-297
总计	—	3401.8	—	3549	—	5545	—	5298	—	6022

第九个“五年计划”期间新浦区财政支出一览表

表 20－7　　单位:万元

项目 \ 类别 \ 年份	1996		1997		1998		1999		2000	
	预算数	决算数	预算数	决算数	预算数	决算数	预算数	决算数	预算数	决算数
基本建设支出类	—	—	20	20	51	51	21	21	—	—
企业挖潜改造资金类	—	—	21	21	—	—	—	—	—	—
科技三项费用类	3	3	8	8	10	10	11	11	10	10
支援农村生产支出类	3	3	4	4	23	23	6	6	5	5
农林水利气象等部门的事业费类	1	1	6	6	6	6	7	7	12	12
工业交通等部门类	—	—	—	—	—	—	—	—	—	—
城市维护费类	592	560	416	408	445	445	386	374	424	416
城镇青年就业经费类	—	—	—	—	—	—	—	—	—	—
文教科学卫生事业费类	1900	1885	1682	1604	1598	1550	1808	1790	1954	1926

续表 20－7　　　　单位：万元

项目＼类别＼年份	1996		1997		1998		1999		2000	
	预算数	决算数	预算数	决算数	预算数	决算数	预算数	决算数	预算数	决算数
科学事业类	1	1	1	1	1	1	1	1	2	2
其他部门的事业费类	66	66	136	136	—	—	—	—	—	—
抚恤和社会福利救济费类	27	27	29	29	49	48	65	40	112	76
行政管理费类	458	458	542	542	444	437	515	499	645	627
公检法支出类	145	145	206	206	175	154	264	226	266	261
价格补助支出类	—	—	—	—	—	—	—	—	—	—
其他支出类	113	88	688	688	1115	1080	1153	1152	1649	1281
专款支出类	3	3	—	—	24	24	29	24	16	16
本年支出合计	3312	3240	3759	3673	3941	3829	4266	4151	5095	4632
应上解支出	—	2716	—	—	—	2716	—	2716	—	2716
地方借给中央财政收入	—	—	—	2716	—	—	—	1016	—	—
专项上解	—	729	—	910	—	1146	—	—	—	1231
结转下年支出	—	—	—	86	—	112	—	115	—	—
净结余	—	—	—	—	—	—	—	—	—	—
总计	—	6685	—	7888	—	7803	—	7998	—	8579

第十个“五年计划”期间新浦区财政支出一览表

表 20－8　　　　单位：万元

项目＼类别＼年份	2001		2002		2002		2004		2005	
	预算数	决算数	预算数	决算数	预算数	决算数	预算数	决算数	预算数	决算数
基本建设支出类	57	57	100	100	—	—	60	60	50	50
企业挖潜改造资金类	—	—	20	20	128	42	878	878	900	900
科技三项费用类	9	9	13	13	164	164	371	371	838	838
支援农村生产支出类	3	3	99	87	285	285	41	41	210	210
农林水利气象等部门的事业费类	5	5	226	155	113	113	108	108	351	351
工业交通等部门类	—	—	—	—	—	—	5	5	7	7
城市维护费类	510	490	1384	1384	1440	1440	1225	1160	1654	1654
城镇青年就业经费类	—	—	—	—	—	—	—	—	—	—
文教科学卫生事业费类	2120	1897	3949	3600	4206	4206	5035	5035	4794	4794
科学事业类	1	1	2	2	10	10	12	12	46	46
其他部门的事业费类	—	—	556	460	654	654	851	775	1183	1183

续表 20－8 单位：万元

年份 类别 项目	2001		2002		2002		2004		2005	
	预算数	决算数	预算数	决算数	预算数	决算数	预算数	决算数	预算数	决算数
抚恤和社会福利救济费类	133	112	464	377	675	675	910	885	1275	1265
行政管理费类	724	655	1524	1444	1829	1829	2291	2168	3426	3370
公检法支出类	291	257	786	705	1066	1066	1204	1139	1518	1511
价格补助支出类	—	—	—	—	—	—	—	—	—	—
其他支出类	1616	1417	2879	2753	3386	3383	3881	3771	6914	6733
专款支出类	—	—	15	15	11	11	472	472	106	106
本年支出合计	5469	4903	12017	11115	13967	13878	17713	17249	23272	23018
应上解支出	—	2716	—	2796	—	2796	—	2845	—	9291
地方借给中央财政收入	—	—	—	—	—	—	—	—	—	—
专项上解	—	1868	—	2403	—	3171	—	4871	—	6425
结转下年支出	—	566	—	902	—	89	—	464	—	254
净结余	—	—	—	—	—	—	—	—	—	—
总计	—	10306	—	17216	—	19934	—	25429	—	32563

第五节 服务经济建设

1989 年起，在财政和信贷双紧缩的情况下，区财政部门开始参与企业新产品调研与可行性分析，并向企业投放短期贷款 141 万元，借用勤工俭学周转金 46 万元，促进校办工业企业发展。

1995 年，为加快企业产品结构调整、技术改造和扭亏为盈的步伐，区财政从省、市筹措资金 400 万元，有针对性帮扶困难企业渡过难关。

1998 年，为加强企业国有资产管理，对 3 户全民企业进行产权登记年检，登记资产总额 1405 万元；同年，对 118 户企业进行清产核资，对 8 户企业进行了固定资产价值重估，为条件许可的企业核销待处理固定资产和流动资产损失 285 万元。

2004 年，为支持区支柱产业的技术更新改造和产品结构调整，先后帮助研磨厂、沈大型材厂等股份制及私营企业向省、市争取科技扶持及贴息资金 200 万元；运用财税优惠政策加大对正大天晴、市机床厂新兴税源企业的扶持力度，拨付开发补助经费 23 万元。

2005 年，拨付 94 万元资金支持区支柱企业的技术更新改造和产品结构调整；争取中加合作环保周转金 300 万元，用于研磨厂碳化硅精微粉技术创新项目；安排并拨付省火炬计划项目贷款贴息、工业经济新增长点扶持、企业挖潜改造、科技发展等资金 1616 万元；加大对农林水利事业的投入力度，增加对农业基础设施建设的投入，提高农村基础设施水平，拨付 36.5 万元实施“乡间彩虹”工程，建设云台乡东磊村沙滩桥、花果山前云村武庄桥、大村村西小庄后桥等农桥 8 座；争取妇联河疏浚、东站引河防汛、林场基础设施建设等专项资金208万元；协调资金300万元用于修建南城至大岛山的南岛路；加大对特种养殖、农特产品生产、海水养殖等项目的推广和资金扶持力度，为英迈樱桃酒厂、达盛水产养殖公司等争取专项扶持资金70万元；争取国有农业企业改制资金40万元；安排森林防火、生态林建设、禽流感防治等资金63万元。

第六节　机构　管理

一、机构

1949年10月至1951年8月，新浦地区并存新华、新龙、民主3个区政府，各区政府均配有财粮助理1人，负责全区财政、粮食管理工作。

1951年至1955年11月新浦地区的新华、新龙、民主3个区合并为龙尾、盐河两个区，各区政府均配有财粮助理1人，负责全区财政、粮食管理工作。

1955年11月至1957年12月，新浦地区的龙尾、盐河两区合并，成立新浦区人民委员会，区政府配民政助理1人，财粮工作由民政助理统管。

1958年1月至1964年7月，新浦区人民委员会设财政科，统管全区财政工作。

1964年7月至1967年12月，撤销区财政科。新浦区的财政工作由市财政局直接管理。

1969年10月起，财政工作归区革命委员会办事组管理。

1980年8月起，区财政工作职能由区政府办公室行使。

1983年6月，新浦、海州两区合并成立新海区，区政府设财政局，建立区一级财政，人员编制8人。

1986年6月，撤销新海区，恢复新浦区建制，成立新浦区财政局，人员编制10人。

1988年，区财政局下设控制社会集团购买力管理办公室。

1995年，区财政局下设国有资产管理局（副科级）。

2001年4月，成立财政局会计管理核算中心（正股级）编制57人。同年11月，因区划调整，原云台区财政局并入新浦区，下属的花果山乡财政所、云台乡财政所、猴嘴街道财政所、南城镇财政所纳入新浦区财政局。

2003年5月，成立农村基层财政管理局（副科级），编制3人。

2005年，猴嘴街道财政所划归连云港市经济技术开发区管理。同年6月，宁海乡财政所划入新浦区财政局。

二、监督管理

【预算外资金管理】　20世纪80年代初，对区属机构中的预算外资金使用情况缺乏管理，其账册、报表也不统一。

1984年起，区财政局统一各单位的会计科目、账册、报表，明确开支范围、标准，建立定期会审制度。使预算外资金纳入财政管理。

1987年，区政府制定《关于加强预算外资金管理的有关规定》，对区属单位预算外资金，本着“收取渠道不变、所有权不变、使用权不变、开户银行不变”的原则,实行“专户储存、计划管理、财政批准、银行监督”的管理办法。对5个街道理办事处和区计经委、城建局、拆迁安置办公室、法院、司法局、劳动服务公司、工商局等12个单位的预算外资金实行计划管理。资金所有单位,定期向区财政局上报预算外资金分月用款计划表,由区财政局审查核定。开支较大的,由财政局提交区长办公会审批。

1988年起,对全区70多个有预算外资金的单位,采取年初制定预算外资金收、支计划,确定预算外资金使用范围和严格审批手续等措施加强管理。

1994年,对预算外资金实行“定额上缴”和“定额创收留用顶指标”两种管理办法,以弥补预算内经费不足。

1997年起,按“三权归还”模式(即所有权归国家,调控制权归区政府,管理权归区财政局),对全区预算外资金采取“全额上缴,专户管理”方法,实行统一管理,撤销多头开户预算外资金账户158个。

1998年,在全区范围内对区直属行政事业单位预算外资金贯彻落实“收支两条线”规定情况进行检查。取消收入过渡户,所有收入直接汇缴区财政专户,并对部分预算外资金实行政府集中统筹安排。

2000年,在巩固原有制度的基础上,对区直属行政事业单位开展预算外资金“收支两条线”情况专项检查,对6家单位多头开户合并为一个基本支出户。

2001年起,区直属行政事业单位会计账户,全部纳入区财政会计管理核算中心管理核算,预算外资金所有收入直接汇缴财政专户管理。

【税收、财务、物价大检查】 1983年10月起,区政府每年都按照市政府统一部署,成立税收、财务、物价大检查(简称“三项大检查”)领导小组,下设办公室,在区属单位及新浦税务分局管理的纳税单位中开展“三项大检查”,加强财政监督管理。1985年6月初,全市开展物价大检查,区政府成立了由区委、人大、政府、政协四套班子领导参加的物价检查领导小组,并抽调人员分成4个组,对58个单位进行检查,发现有15%的商品没有明码标价,对一些经营者的少斤短两、变相抬价行为及时进行了处理。10月下旬,开展四项大检查(增加物资大检查)。全区组织827个纳税户和其他行政事业单位、物资经营单位首先自查自报,在此基础上又组织人力进行抽查。1987年秋,检查集体企业765户、村办企业29户、个体工商户1108户、行政事业单位25个。1988年起,对工商企业、行政事业单位进行检查,发现偷漏税、挤占成本、滥发奖金问题,均及时进行处理;偷漏税款自查自报的如数补交入库,抽查发现的除如数补交外,均处以罚款。共查出各类违纪金额261万元,其中应入库的违纪金额78万元。1989年,根据治理“三乱”(即乱收费、乱罚款、乱摊派)有关规定,对32个罚款项目进行资格审查,在“三项大检查”中检查293户企业,查出违纪金额215.3万元;开展对公费医疗经费使用情况进行专项检查。

1992年,在“三项大检查”中检查826户企业,共查出违纪金额128.89万元。1993年,在“三项大检查”中检查1266户企业,共查出违纪金额79.07万元。1998年以后,“三项大检查”停止,该项工作纳入财政监督部门和物价部门的日常工作。

【清理“小金库”及拖欠公款】 1989年9月,区委、区政府成立清理“小金库”(即各单位私自设立的资金账户)及职工拖欠公款调查小组。12月,根据国务院决定,在三项大检查中,对机关、团体、事业单位违反国家财经制度,私设的“小金库”又进行全面检查清理,清理工作于1990年6月结束。对查出的职工拖欠的12.9万元公款,逐人定出限期还款计划;单位的“小金库”款如数入账,纳入管理。1994年6月,全区开展清理检查“小金库”,共查出“小金库”6.3万元。

2004年,在全区行政事业单位中开展借用工作人员及职工拖欠公款的清理工作。共清退拖欠公款

159 万元。

2005 年,在有关部门配合下,对区本级各行政事业单位 2003 年、2004 年度财务收支和财经纪律执行情况进行检查,清理"小金库"35 万元。

第二章 税 务

第一节 税 种

明清时期,赋税主要有田赋、丁赋、盐课、杂征。

民国时期,所得税捐种类庞杂。田赋、盐税和工商税捐常有正、附税之分。正附税名目繁多,正附税外的苛捐杂税名目更多,苛捐杂税又以地方政府随田赋派征捐费为最,民国 22 年(1935),就有 16 种。

新中国成立后,从 1950 年 1 月起,按国务院规定,新浦地区主要征货物税、工商所得税、盐税、印花税、使用牌照税、屠宰税、房产税、地产税、交易税、特种消费税等。9 月,开征农业税。1951 年 9 月起,开征农业附加税。次年停止。1953 年 1 月 1 日起,主要征收工商业税、盐税、印花税,利息所得税、特种消费税、使用牌照税、屠宰税、房产税、地产税、交易税、商品流通税。1954 年 11 月,恢复征收农业附加税。1958 年,将商品流通税、货物税、营业税、印花税合并为工商统一税。

1973 年,企业交纳的工商统一税、屠宰税、城市的房地产税、车船使用牌照税合并为工商税。

1983 年起,开征国营企业所得税。同年 4 月,企业实行第一步利改税,按实现利润的 55% 上交所得税。1984 年 10 月,工商税划为产品税、增值税、盐税和营业税、房产税、土地使用税和车船使用税。1985 年起,开征集体企业所得税。1986 年起,对域内个体工商户开征所得税。同年 10 月,市区开征房产税、车船使用税。1987 年起,开征农林特产农业税和耕地占用税。同年,开征个人收入调节税。1988 年,开征私营企业所得税。1989 年起,开征城镇土地使用税。

1991 年,开征固定资产投资方向调节税。1994 年起,将国营、集体、私营等 3 种不同企业所得税合并为企业所得税,统一实行 33% 的比例税率。同年,取消原城市房地产税,将原房地产税和城市房地产税合并为房产税。同时,对境内销售货物或者提供加工、修理修配劳务以及进口货物的单位和个人所取得的增值额,依法征收增值税。1999 年 7 月 1 日,开始征收储蓄存款利息所得个人所得税。

2001 年起,开始征收车辆购置税(委托交通部门代征)。2002 年起,开始征收所有新办内资企业所得税。增值税、消费税、企业所得税是分局税收征收管理的重点。

第二节 征收管理

一、各税综合征收管理

【盐税征收管理】 明代海州各盐场每年上缴盐课均有定额,临洪场为 30988 引(每引 200 千克),

由盐课司负责征收。

清代所征盐课分为灶课、引课两种,均由盐课司征集。临洪场年征收定额为1811两白银。

民国2年(1913)底,盐税稽征取消过去各种正杂课厘,实行就场征税、先征税后放盐,废除耗斤。

民国35年(1946)2月,国民政府颁布《盐政纲领》,盐税加重,征收管理仍沿用抗战前办法。

解放初,域内产盐区实行自行制订税收额,受物价波动影响,盐税额变动也较频繁。1950年初起,根据国家统一制定的盐税额组织征收,以担为单位,按粮价折实征收。1957年,调高盐税税额。1958年,盐税征收改为以吨为计量单位,税负未变。

1970年起,盐税并入工商税。

1984年,恢复盐税税种。

【工商各税征收管理】 民国初,新浦工商税捐征收管理基本沿袭清末旧制。

北洋政府统治前期,普遍实行单税种承包制,后期征收混乱。国民政府定都南京后,税权相对集中于中央和省。但地方擅征税捐现象仍时有发生。

日伪统治期间,伪税务机关沿用国民政府章程征收田赋,地方捐税,并代征“国税”等40多种。

抗战胜利后,国民政府恢复征收工商税捐。至解放前夕,新浦所征工商税捐达数十种,其征收方式因税种而异。征收契税,先公布税率、征期,张贴标语,宣传动员,纳税人自动投税,再由镇、保长查征,县里派员督导抽查;征收房捐,先由稽征机构派员调查房屋现值、租金、提交县不动产评价会议评议价格,后按评议价格依则计征;征收营业牌照税,稽征机构先通知各商号申报资本金额,后派员查核具征;营业税,按季报纳,先由商号申报营业额,经稽征机构派员复查核定后,再逐户查填纳税通知书,派警分送各商号,令其依期缴库。

新中国成立后,实行新税制,开征工商各税。

1950年,执行全国税政实施要则。对私营业主及摊贩营业税的征管,采取纳税人自报和民主评议与税务机关检查核实相结合的办法确定应税收入。新浦地区分行业组成22个评议委员会,各委员会5~7人不等,共吸收商人118人参加。同时,经民主选举,组成由两名税务干部、两名工商管理干部、6名工商业界代表参加的复议委员会。当年4月,新浦税务机关按市税务局统一部署,全面开展印花税检查。7月,推进使用发票制度和账簿制度。10月起,实行凭进货发票,业主自行登记入簿并报同业公会审核确认制度。对摊贩牌照税成立摊贩业总评议会,下设各业摊贩评议分会,分会下成立若干小组,负责评议业户的资本金额,依率计税,按月缴纳;对临时商业税主要采取检查征收方法征集;印花税,公营企业采取印花总帖办法,按旬或按半年缴款,私营业户采取零购印花票方式交税。为防止税款流失,税务机关采取大小商号使用发票和建立坐商购买印花簿办法,漏贴印花现象有所减少。当年,新浦开征房产税,全地区房屋划为3等16个级别,确定征收标准,分上半年、下半年两次征收。年内征收入库14.65万元。使用牌照税,采取搬运公司代扣、交通旅社配合和税务机关突击检查相结合的办法征收。

1952年,采取设立专责区办法加强征收管理。新浦为一个专责区,下分4个专责小区。按专责区组织办理工商税务登记,实行货物税管户员制度、工农业税民主评议制度、工商税行栈代扣制度。在“三五”、“五反”运动期间,税务部门全面开展税务稽查工作。在商业界开展自查补税运动。同时,建立各级护税组织,依靠职工、店员协助,查处偷漏税。

1953年10月23日,市政府召开新浦地区工业户查税大会。会上宣布有106户工商业户补报所得税13255.2元、营业税12489.4元、货物税522元、其他各税9617.5元。1954年,在私营企业中有步骤、有重点地开展反偷漏税斗争。1955 年，在国营企业、合作企业和公私合营企业中开展查补税工作。

20 世纪 50 年代中后期，国营企业、合作社、公私合营企业及有条件的合作商店（组）的工商税，普遍建立纳税手册，税务部门逐户逐税进行纳税鉴定，改民主评议制为查账核算征收方式，所得税改按季估征为按季预缴；对小商贩应纳的流转税，改定额征收为自报核交，后又恢复定额征收。小商贩应纳的所得税则通过协商核定纯益率，按月随流转税附征；农业税由乡政府或农业社代征。1956 年，全区应征房地税房屋 18924.5 间，除按规定减税外，实征 17748 间，征得税款 24802.48 元。60 年代初，重建国营、合作企业纳税申报、纳税鉴定和纳税辅导制度，建立进货登记制度。对无证商贩按固定商贩定额征收。对个体经济采取限制措施，调整了所得税附征率。

1962 年，以查补临时经营者偷漏税为重点，开展稽查工作。1963 年，在全区全面开展补税罚款工作。1964 年，税务稽查工作以经常化的缉私管理为重点，通过在车站、码头、行栈、客栈设点布网和依靠群众举报进行查处。

“文化大革命”期间，税收征管工作受到削弱。从 1972 年起，新浦区房地产税征收执行三类地区标准，为 0.08 ~ 0.256 元/平方米建筑面积。

1973 年 1 月 1 日，根据国务院财政部有关文件精神，市革命委员会成立市工商税制改革领导小组，开始对原税制进行全面改革，其中，包括工商税收办法、临时经营税征收办法。

1981 年，新浦税务部门按市税务局统一部署，开展税收大检查。1983 年，对集体企业和个体商贩纳税情况进行检查，发现偷漏税的及时令其补税。

1983 年至 1984 年，普遍实行国营企业“利改税”和全面改革工商税收制度，以适应发展有计划社会主义商品经济的要求。新海税务分局与财政部门配合，在企业中实行“利改税”工作，本着发展经济、培植税源的目的，开展促产增收活动。

1985 年 8 月 10 日，在区属工商企业中开展税收大检查，43 个工业企业自查自报补税 15 万元。抽查发现 232 户有偷税行为，总金额 62.38 万元，及时促其补交入库。对被抽查发现偷漏税的工业企业，分别进行了惩罚。

1986 年起，新浦税务分局试行“征、管、查”三分离制度，税务人员重新分工，形成既紧密配合协作，又相互监督制约的征收管理机制，严格实施组织收入计划，连年超额完成各税种征收任务。同时，于本年起，税收检查工作纳入每年的“三项大检查”中，不再单独进行。

1989 年 6 ~ 11 月，新浦税务分局开展个体工商户税收专项检查。共查出偷漏税款 198.7 万元，及时追补入库。

1990 年 4 月，全区组织印花税专项检查，一经营户因偷税 2.3 万元，被追究刑事责任。

二、国税征收管理

【一般纳税人管理】　1994 年，新浦国税分局成立后即按照认定标准、范围、程序、权限对纳税人进行认定管理，逐年组织实施资格审查。1998 年 7 月，新浦国税分局将 816 户年应税销售额在 180 万元以下的商业企业一般纳税人划转为小规模纳税人。1999 年上半年，开展对小规模商业企业划转情况的专项检查，对应税销售额不足 180 万元的商业企业进行逐户核对，对不达标准的增值税一般纳税人划转为小规模纳税人。

2001 年 12 月，按照市局《增值税一般纳税人认定工作规程（试行）》，对集体审议制度、资料要求、上报时间、审批时限等均作明确规定。同年,对销售成品油的加油站进行一般纳税人认定管理。无论年销售额是否超过180万元,一律按一般纳税人征税,加强加油站成品油销售的增值税管理。

2004年7月至8月,开展一般纳税人的低税负产生原因进行调查,完成调查分析工作。

【税务稽查管理】 2000年,新浦国税机关对127户企业进行重点检查,补税、罚款61.7万元;下发个体私营企业违章限期改正通知书1255份;对583户次停歇业户跟踪管理,追补税款1万元,对超定额户发票补税29.63万元;通过对62起偷漏税举报案件检查,补税、罚款8.7万元,全年累计查补税款及罚款101.3万元,进一步整顿税收秩序,改善纳税环境。

2003年,分局评估科按月对690户一般纳税人申报的《增值税纳税申报附表》进行录入,进行全面稽核,重新制定纳税评估职责工作流程。对197户增值税一般纳税人进行纳税评估工作,其中,有问题企业114户,移交稽查两户,评估税款2912643.47万元,经企业自查申报补缴增值税1123704.98万元,调减留抵税额1788938.49元,加征滞纳金9445.47元。

三、地税征收管理

1994年,地税分局成立后即对辖区内所有地税纳税户实行税务登记制度,按规定发放税务登记证和换发税务登记证,清理漏征漏管户。开展普通发票清理检查。加强对个体税收的征管,对实行定期定额征收管理的纳税人核定调整定额。始终抓住税源大户不放松,建立重点税源户纳税台账,对重点税源户的纳税情况、税收增减定期进行动态分析,全面掌握重点税源的生产经营、资金周转及税源变动情况,保证企业税款及时入库。

2001年,随着征、管、查分离逐步到位,抓好企业所得税核定征收工作。年初,集中人员、集中时间、集中精力认真抓好企业所得税征收方式的鉴定工作。共鉴定企业所得税纳税人880户,其中查账征收324户,核定征收187户,核率征收369户,并且全部按照鉴定后的征收方式加强企业所得税征管。

2003年起,在治税思想上初步实现由组织收入为中心向依法治税为核心的转变。按照《中华人民共和国行政处罚法》《中华人民共和国行政许可法》《中华人民共和国行政复议法》《税务行政复议规则》要求,做到税收执法程序、税务违规处罚程序,在实现实体公平的基础上,突出程序公平。层层签订税收执法责任书,严格落实税收执法责任制。并制定征管信息维护制度、数据审计“日清”制度、征管质量考核制度、制定非正常户(失踪户)、停歇业户、注销户的管理制度、欠税公告制度等多项制度,加强了数据审计。

2004年,市财政部门与市地税部门联合开发财税库银软件运行成功,并全面推广。纳税人只要在签约银行账户上有足额存款,税务机关开票时就可同时划款。

2005年10月,地税系统推广电子申报方式,纳税人通过国际互联网在家或单位实现申报纳税,深受纳税人欢迎。年内,新浦地税部门还组织力量对《征管信息系统》数据进行全面审核清洗,对纳税人信息资料“一户式”储存的信息采集、接收和储存工作,实行动态管理,加强对税源的有效监控。以代码体系的整合和优化为工作重心,对正在运行的各种业务代码进行调查、收集、整理、归纳和整合,统一代码体系,提高信息采集能力,扩大信息交换空间,加强内部、外部的信息交换,最大限度地占有涉税信息。制定完善税收执法责任书、执法责任制考核评议办法和执法过错责任追究办法,层层签订执法责任书。10月起,对落实执法责任制情况进行自查自纠、组织检查、整改提高,并接受市局检查。初步完了税收执法责任制岗责体系、考核评议办法和责任过错追究办法,执法行为不断规范。

1994～2005 年新浦税务各分局税收收入概况表

表 20－9

单位 / 项目 / 年份	连云港市国税三分局		连云港市地税三分局	
	各税总额（万元）	比上年增长（%）	各税总额（万元）	比上年增长（%）
1994	4765	—	1423	—
1995	3589	－24.68	1822	28.03
1996	3970	10.61	2574	41.27
1997	4470	12.59	2976	15.61
1998	4356	－2.56	3387	13.81
1999	4713	8.19	2978	－12.08
2000	5302	12.49	3248	9.06
2001	35207	564.03	4023	23.86
2002	19374	－44.98	5719	42.15
2003	5123	－73.56	8072	41.14
2004	5879	14.75	13479	66.98
2005	8696	47.91	18842	39.78

第三节　机构沿革

一、旧税务机构

明洪武元年（1368），临洪场置盐课司。清雍正六年（1728）迁去赣榆小河口。

清光绪二十六年（1900），东艞外设新浦海关。后迁去连云港。

民国元年（1912），江北财政公所在新浦设东海厘捐总局。民国 17 年（1928），国民政府盐务管理机关在新浦设收税处。民国 18 年（1929），在新浦设海州卷烟统税查验所。民国 21 年（1932），成立新浦特种营业税分局。

民国 28 年（1939），伪淮海省苏北税务局设第三区税务局于新浦，负责征收东海、灌云、赣榆和连云市之各税。

民国 35 年（1946），在新浦成立东海县自治税捐稽征处。

二、新浦税务分局

解放后，新海连特区政府设税务稽征管理处于新浦。新浦地区工商各税由其统一征收管理。1949 年 2 月，成立徐州税务局新浦办事处。夏秋，新浦办事处改隶鲁中南行署税务局。

1949 年 11 月底，新海连市税务局在新浦成立，下设新浦税务所和新浦检查站。1953 年，新浦税务所下设 4 个专管区。

1955年5月24日,市税务局发出《成立新浦税务所并撤销盐河、龙尾税务所的通知》,新浦税务所正式成立,盐河税务所和龙尾税务所同时撤销。

1958年5月29日,新浦税务所划归新浦区政府领导。次年,新浦税务所并入新浦区财政科。1960年,恢复新浦税务所。

1979年,新浦税务所改建为新浦税务分局,下设综合股、征收一股、征收二股、计划会计股、市场股。

1983年6月,新浦、海州两个税务分局合并为新海税务分局,设秘书股、计划会计股、市场股、个体户股、征收一股、征收二股、征收三股。

1986年7月,新海税务分局撤销,新浦地区恢复新浦税务分局,下设秘书股、人事监察股、计划会计股、征收一股、征收二股、征收三股、税务检察室、税收股、检查站。

1990年10月,新浦税务分局增设民主路税务所、浦南税务所、浦东税务所、临洪税务所。

三、连云港市国税三分局

1994年10月13日,设立连云港市国家税务局新浦分局(简称国税新浦分局),主要负责新浦区境内除直属分局主管企业以及外商投资企业和外国企业外各类纳税人的税收管理。

1995年3月,国税新浦分局内设稽征一股、稽征二股、稽征三股、稽征四股、税政股、计划财务股、稽查股、人监股、秘书股、发票管理股、检查站。1996年8月30日,内设机构调整为:征收股、稽查一所、稽查二所、计划财务股、发票管理所、税政股、秘书股、人监股、市场征管所。1997年5月,内设机构调整为:办公室、稽查所、计划征收所、综合管理所、个体税收管理所。1998年11月,内设机构调整为:办公室、计划征收一所、计划征收二所、稽查一所、稽查二所、综合管理所、市场征收管理所。

2001年6月26日,连云港市国家税务局新浦分局更名为连云港市国家税务局新浦管理分局(简称"国税新浦分局")。主要负责新浦区境内各类纳税人(包括原直属分局管理的企业和个体工商业户,不包括外商企业和外国企业)的税收管理,不再负有税务稽查职责。市局国税直属分局撤销后,原部分所管业务划入国税新浦分局。7月,国税新浦分局内设机构调整为:办公室、人事教育监察股、综合管理股、发票管理股、管理一股、管理二股、管理三股、管理四股。9月,国税新浦分局撤销民主路税务所、浦南税务所、浦东税务所和临洪税务所,成立青年路征收服务二厅,负责新浦地区个体工商户税收管理。

2003年8月18日,连云港市国家税务局云台管理分局撤销。所管纳税人依变更后的行政区划,猴嘴街道、南城镇(含南云台林场)、花果山乡、云台乡(含云台农场)税收征管工作纳入新浦管理分局征管范围。同日,撤销连云港市国家税务局新浦管理分局,成立连云港市国家税务局第三税务分局(简称"市国税三分局"),主要负责新浦区区级税源(不含涉外税收)纳税人的评估约谈、调查执行等管理工作。9月,市国税三分局内设办公室、综合业务科、调查执行服务一科、调查执行服务二科、调查执行服务三科、调查执行服务四科、调查执行服务五科、调查执行服务六科、调查执行服务七科、纳税评估科。

2005年6月,灌云县宁海乡划归新浦区,宁海乡纳入市国税三分局征管范围。同年,新浦区猴嘴街道税务管理工作划归连云港市经济技术开发区。

四、连云港市地税三分局

1994年,8月18日,连云港市地方税务局正式挂牌办公。9月新浦地税分局,为市地税局派出机构,负责新浦地区地税征收管理。地税新浦分局局长由新浦区财政局局长陈周德兼任。分局驻地为新浦民主中路215号。

1999年1月1日，市地税局实行垂直管理，分局局长不再由财政局长兼任。分局内设局长室、监察室、人秘股、税收股、计财股、征收一股、征收二股7个机构。

2001年9月，分局机关迁至新浦海昌北路66号。

2003年5月16日，市地税系统实行机构、人事、征管体制改革，新浦分局改名为连云港市地方税务局第三税务分局。分局设综合科、管理科、稽核科、征收科。同设立直属一所、二所和按乡、镇、街道设立的8个基层税务所。新成立市场管理所，负责辖区内12个大型专业集贸市场的税收管理工作。

第三章 金 融

第一节 银 行

一、机构

20世纪20年代后期，新浦地区商贸业日益兴盛，金融业随之兴起。民国12年(1923)，中国银行新浦办事处在新浦设立。民国23年(1934)，升格为新浦支行。

20世纪30年代初起，江苏银行在新浦中大街(后迁至陇西街23号)设立新浦办事处，办理放款、汇兑、储蓄及代理省库等业务。其间，私营的大中银行新浦办事处、长安银行新浦办事处、徐州国民银行新浦分行、金城银行新浦办事处、浙江兴业银行新浦分理处、万国储蓄会新浦分会、中国实业银行新浦办事处及公营的中央银行新浦办事处(后升格为新浦支行)、交通银行新浦支行、中国农民银行新浦办事处，法国商人办的储金会新浦分会等陆续在中山路、维新路等处开业。至民国28年(1939)初，新浦已有13家银行业务机构。

日军侵占新浦后，设在新浦的官办银行全部撤走，迁至上海等地。私营、合营银行机构，有的迁走，有的歇业。日伪大埠银行、朝鲜银行海州支店、中国联合准备银行海州分行、淮海省银行海州分行、中央储备银行海州办事处等先后在新浦开张营业。

抗日战争胜利后，中央银行新浦分行、中国银行新浦支行、交通银行新浦支行、江苏省银行新浦办事处等，先后在新浦恢复营业。一时，新浦有8家银行机构。民国36年(1947)8月24日，中央银行、中国银行、交通银行、中国农民银行4家联合办事总处在新浦设立分处。解放前夕，新浦银行机构基本停业。

1948年11月7日，新浦解放当天，北海银行新海连支行即在新浦民主路成立。同时，新海连军管会接管新浦地区各旧银行机构。同年11月20日，北海银行新海连支行迁址解放路(今解放中路37号)。同年12月1日，北海银行与华北银行、西北农民银行合并。北海银行新海连支行暂未改名。1949年11月1日，北海银行新海连支行改称中国人民银行新海连支行，并在解放路设立储蓄所。

1952年，交通银行新海连代理处在新浦成立，隶属市人民银行。1953年更名为交通银行新海连办事处。1954年更名为交通银行新海连支行。同年10月，中国人民建设银行新海连市支行在新浦成立。交通银行新海连支行同时撤销，其人员、业务全部移交给中国人民银建设银行新海连市支行。1956年，交通银行在新浦重新设立新海连办事处。1957 年 9 月 9 日撤销。20 世纪 50 年代中期，中国人民银行新海连支行在南城设立办事处。1958 年，中国人民银行新海连支行升格为省辖市支行。

1962 年，中国人民银行新海连支行改称中国人民银行连云港支行。

20 世纪 80 年代中期，新浦开始出现信托投资机构和中国工商银行分行机构。80 年代后期，出现城市信用社。

1984 年 1 月 1 日，中国工商银行连云港市支行在新浦挂牌，与中国人民银行连云港市支行合署办公。人民银行专门行使中央银行职能，原经办的工商信贷和储蓄业务由新成立的中国工商银行办理。12 月 31 日两行正式分设，中国人民银行连云港支行改称中国人民银行连云港分行（简称“市人行”）。1985 年 2 月 1 日，中国投资银行连云港支行在新浦成立。同年 3 月，建立国家外汇管理局连云港分局，对内为市人行外汇管理科，由市人行行长、副行长分别兼任局长、副局长。1988 年 12 月 25 日，中国人民银行连云港分行更名为中国人民银行连云港市中心支行。至 1990 年，新浦计有中国人民银行连云港市中心支行、中国银行连云港分行、中国工商银行连云港分行、中国农业银行连云港分行、中国人民建设银行连云港分行、中国交通银行连云港支行等 6 家银行机构，分理处、营业所、储蓄所 24 个、信托投资公司两个。1996 年，中国农业发展银行连云港市分行在新浦成立。

2001 年底，连云港市商业银行在新浦正式成立。2003 年 11 月，原中国人民银行连云港市中心支行银行管理科、合作科分设，成立中国银行业监督管理委员会连云港银监分局。2004 年 1 月 16 日，中国银行业监督管理委员会连云港银监分局正式对外挂牌。

至 2005 年底，新浦地区有中国人民银行连云港市中心支行、中国工商银行连云港分行、中国建设银行连云港分行、中国银行连云港分行、交通银行股份有限公司连云港分行、中国农业银行连云港苍梧支行、农业发展银行连云港分行和连云港市商业银行等 8 家银行机构。

解放前新浦地区银行一览表

表 20－10

行名	开办时间	停业时间	地址	备注
江苏省银行新浦办事处	民国 12 年 12 月	民国 37 年 11 月	中山路	—
中国银行新浦办事处	民国 12 年 11 月	民国 37 年 11 月	中山路	—
徐州国民银行新浦支行	民国 20 年	民国 28 年	中山路	—
大中银行	民国 20 年	民国 28 年	中山路	—
储金会新浦分会	民国 20 年	民国 25 年	维新路	—
长安银行	民国 20 年	民国 28 年	中山路	—
中央银行新浦办事处	民国 22 年 2 月	民国 37 年 11 月	中山路	后改支行（二等）
交通银行新浦支行	民国 22 年 9 月	民国 37 年 11 月	中山路	五等支行
浙江兴业银行新浦分理处	民国 22 年 4 月	民国 28 年	中山路	—
实业银行	民国 22 年	民国 28 年	中山路	—
中国银行新浦东街办事处	民国 23 年 5 月	民国 28 年 4 月	中山路	—
金城银行新浦办事处	民国 24 年 3 月	民国 37 年 11 月	中山路	—

续表 20－10

行名	开办时间	停业时间	地址	备注
中国农民银行新浦办事处	民国 25 年 11 月	民国 37 年 11 月	中山路	简称新办
大埠银行	民国 28 年 9 月	民国 34 年 8 月	中山路	—
朝鲜银行海州支店	民国 28 年	民国 34 年	中山路	—
中国联合准备银行海州分行	民国 28 年	民国 37 年	中山路	属青岛分行
淮海银行	民国 31 年	民国 34 年	陇海街	—
中央储备银行海州支行	民国 33 年 3 月	民国 37 年	新市街	属徐州支行
兴海银行	民国 34 年 5 月	民国 34 年 9 月	建国路中段	集资储币两千万元开业当日用完

二、信贷

1949 年，驻地银行国营工业贷款余额为 2.3 万元。1952 年，国营工业贷款余额为 7.8 万元，占工业贷款余额的 83%。1953 年，国营工业企业普遍进行清仓核资，银行对国营工业企业贷款分为定额贷款、超定额贷款、大修理贷款、结算贷款和临时贷款 5 种，采用“财务收支轧差法”核定贷款额度，不分种类，逐笔核贷，年末余额为 108.6 万元。1955 年，工业贷款分为计划内超定额贷款、结算贷款、大修理贷款、特种贷款、临时贷款 5 种。企业的定额资金全部由财政解决，银行不办理定额贷款，只对生产过程中季节性、临时性的资金需要进行贷款。1956 年，国营企业全部实行新贷款办法。1957 年，市区国营工业贷款余额为 231.1 万元，占工业贷款余额的 71.7%。1958 年，银行对工业企业资金需要敞口供应，要多少给多少，信贷管理严重削弱。当年，市区国营工业贷款余额 626 万元，信贷资金被挪用于基本建设、弥补亏损、赊销预付等情况严重。1959～1960 年，在信贷制度相管理上对国营企业实行全额信贷，所需流动资金全部由银行贷款解决。1960 年，银行贷款余额 2058.4 万元，为 1957 年的 7.9 倍。

1961 年 7 月，取消全额信贷办法，恢复由财政和银行分别供应企业流动资金，贷款管理有所加强，贷款余额下降。1969 年 3 月，银行加强信贷管理，严格控制货币发行量，清理收回不合理资金占用，银行贷款逐年下降。1963 年末，市区国营工业贷款余额为 256.7 万元。1964 年末为 122.4 万元。“文化大革命”时期，信贷资金管理放松，贷款占用不断上升。1976 年末工业贷款余额达 3667.3 万元，比 1965 年增长 45%。

1977～1978 年，银行会同有关部门协助工业企业清仓查库，清理不合理资金占用，对不按计划清理不合理资金占归还银行贷款的企业，不发放新贷款或扣收贷款。1979 年，银行遵循“区别对待，择优对待”的贷款方针，对不同行业按照企业经营好坏，资金周转快慢区别对待。

1981 年 5 月，市人行根据国务院批转国家经委、财政部、人行总行等五个单位《关于降价处理超储积压钢材和机电产品的报告》要求，开展清查处理积压钢材和机电产品，至 1983 年底结束，国营生产企业、物资供销企业削价报废机电产品和钢材原值 1560.99 万元，削价报废损失冲销国拨流动资金 882.23 万元，冲销人民银行贷款 789.81 万元。1984 年起，按照“以销定贷”的原则对企业供应流动资金。1985 年 1 月起，对信贷资金管理体制实行“统一计划，划分资金，实贷实存，相互融通”的办法，提高基层银行调剂资金的权限。是年末，国营工业贷款余额 17734 万元。1986 年，银行督促企业自补流动资金，221 户工业企业补充流动资金 532 万元。1987 年，驻地市工商银行对工业企业从产品结构、信用状况、经济效益等方面进行分类排队，排出一类企业69户，二类企业304户，三类企业98户，四类企业45户，制定了“保一类、促二类、限三类、压四类”的信贷资金供应政策。1989~1990年，驻地各银行贯彻“调整结构、控制总量、保证重点、压缩一般”的信贷方针，支持经济稳定协调发展，贷款稳定增长，两年增幅分别为33%和45.61%。

1991年，驻地各金融机构贯彻“控制总量、调整结构”的信贷方针，年末贷款余额达520408万元，较上年同期增长88420万元。1992年下半年起，执行紧缩政策。年末各项贷款余额605935万元；1993年，金融领域进行整治，年末各项贷款余额691756万元，同比仍增长85821万元；1994年，资金仍然趋紧，试行资产负债比例管理，各金融机构的资金自给率有所提高，资金来源结构及资金运用的流向均作释读调整。当年末贷款余额为835030万元，同比增加143274万元；1995年末，各项贷款余额达1003697万元，首次超过百万大关；1996年，贷款投向改善，周转速度开始加快，年末各项贷款余额为1270659万元，较上年增长266962万元，增幅26.6%；1997年，国家出台扩大贷款计划等货币信贷政策。年末，驻地金融机构贷款余额再创新高，达1491812万元；1998年，执行稳健的货币政策，年末贷款余额为1649442万元；1999年，贷款余额为1633910万元，比上年减少15532万元；2000年，继续执行稳健的货币政策，贷款总余额1517021万元，较上年末继续下降116889万元；2001年贷款回升，达1638563万元；2002年末，贷款余额为1793623万元，同比增长155060万元；2003年年底，余额为2107180万元；2004年，贷款余额2356252万元；2005年末，贷款余额为2633128万元，比上年增长276876万元。增幅11.75%。

三、储蓄

解放初期，北海银行新海连支行即在新浦地区开办多种储蓄存款业务。1949年末，各项存款余额为59万元。1950年4月，开办保本保值储蓄。7月，开办定活两便储蓄。1951年12月起，开办零存整取有奖贴花储蓄和定额存单。1957年末，存款余额为538万元。1959年末，存款余额为270万元。1962年末，存款余额为196万元。1965年末，存款余额为336万元。1970年末，存款余额为359万元。1976年末，存款余额为760万元。

1983年起，开办零存整取集体有奖有息储蓄。1985年末，存款余额为21729万元，比上年增长6185万元。1986年末，存款余额为50094万元，比上年增长28365万元。1988年1月起，开办大面额(优息)储蓄。9月起，开办保值定期储蓄。1990年末，存款余额为150044万元，比上年增长34119万元。

1993年末，新浦地区各银行存款余额为291758万元，比上年增长61010万元。

2000年末，新浦地区各银行存款余额为1143738万元，比上年增长69040万元。

2005年末，新浦地区各银行存款余额为2457655万元，比上年增长334163万元。

第二节　保　险

民国19年(1930)，英商开办的保盛、太古两个保险公司在新浦设立代理处。民国23年(1934)金城银行联合大陆、交通等银行及安平、丰盛、中国天一等保险公司组成的太平保险公司在新浦东大街设立代理处。其间，美商的花旗保险公司、官僚资本的中国保险公司，中外合资的宝丰、泰山等保险公司和中央信托局保险部，先后在新浦设立代理处。同时，设在新浦的各银行也开始代理寿险、火险、水上运输等保险业务。

1949年11月，中国人民保险公司山东省分公司委托中国人民银行新海连支行代办保险业务。1950年2月，中国人民保险公司在新浦设立新海连市代理处。同年5月成立办事处。1951年2月，中国人民保险公司新海连支行改称中国人民保险公司新海连市支公司。

1956年6月，中国人民保险公司新海连市支公司制定《关于开展新浦区居民家庭财产保险计划》，并在民主、浦中、新新3个居民委员会试点，后在全区推广。年内约5000名居民参加家庭财产保险。1957年，市化街306户居民有230户投保，车站街347户居民有243户投保。1959年，因保险公司撤销，保险业务中断。

1974年4月，中国人民保险公司连云港分公司在新浦成立。1980年3月起，新浦地区先后恢复企财、机动车、货运、家庭财产、种植、养殖、人身、养老等保险业务。

1985年11月1日，新海区保险代办服务所成立并营业。1986年4月26日，新海区政府在洪门乡召开保险工作现场会。

1986年7月，新海区撤销后新浦区保险代办服务所继续开展业务。1987年7月，区政府在市东街道试办居民家庭财产治安保险。是年，市保险公司支付本区投保户赔偿费17万元。1988年6月7日，区政府成立保险促进委员会。是月11日，区政府与市保险公司，在解放中路联合开展保险防灾服务活动，对沿街各商贸单位的电器线路、消防设施、安全设施进行全面检查，并及时排除隐患。10月7日，区政府与各街道办事处及有关部门签订保险经济指标责任合同。是年，市保险公司支付全区投保户赔偿费77590.3元。

1989年1月9日，区政府与市保险公司，联合在临洪街道办事处召开家庭财产保险保险金兑现大会。投保户居民黄金堂家1988年12月31日，因火灾造成重大经济损失，市险公司当场兑现保险赔偿金3000元。

1990年，中国交通银行连云港支行设立了中国交通银行总行太平洋保险公司的分支机构，办理有关保险业务。是年底，区保险代办服务所已开展企业财产保险、家庭财产保险、团体人身保险、学生平安保险、独生子女婚嫁金保险等13种保险业务，承保总金额12605.95万元。

1990年以后，保险业走向市场化，由银行或大的财团控股。

1999年1月，中国平安保险股份有限公司连云港支公司在新浦正式开业。

2002年7月，天安保险股份有限公司连云港中心支公司在新浦成立并开业。

2003年3月，泰康人寿保险股份有限公司连云港中心支公司在新浦正式开业。2005年，中华联合财产保险公司连云港中心支公司、华安财产保险股份有限公司连云港中心支公司和民生产财保险股份有限公司连云港营销服务部先后在新浦开业。至2005年底，新浦已有11家保险机构。

2005年驻新浦地区保险公司一览表

表20－11

公司名称	成立时间	办公地址	总部所在地
中国人民财产保险股份有限公司连云港市分公司	1996年5月	新浦苍梧路1号	北京
中国人寿保险股份有限公司连云港市分公司	1996年5月	新浦海连中路8号	北京

续表 20－11

公司名称	成立时间	办公地址	总部所在地
中国太平洋财产保险股份有限公司连云港中心支公司	1999 年 12 月	新浦海昌北路 48 号	上海
中国太平洋人寿保险股份有限公司连云港中心支公司	1999 年 12 月	新浦海昌北路 48 号	上海
中国平安财产保险股份有限公司连云港中心支公司	2003 年 2 月	新浦朝阳东路 30－6 号	深圳
中国平安人寿保险股份有限公司连云港中心支公司	2003 年 2 月	新浦海连西路 5 号	深圳
天安保险股份有限公司连云港中心支公司	2002 年 7 月	新浦朝阳中路 168 号祥源国际大厦 11 楼	上海
泰康人寿保险股份有限公司连云港中心支公司	2003 年 3 月	新浦朝阳中路 77 号	北京
中华联合财产保险股份有限公司连云港中心支公司	2004 年 1 月	新浦建设东路 88 号海通三楼	乌鲁木齐
华安财产保险股份有限公司连云港中心支公司	2005 年 9 月	新浦通灌北路三禾城中城 11 幢	深圳
民生人寿保险股份有限公司连云港中心支公司	2005 年 11 月	新浦通灌北路 188 号	北京

第三节　信用合作社

1954 年 7 月，大村裕民信用社成立，组织社会闲散资金，扶持贫苦农民发展生产。同年，云台、南城、宁海等地先后成立信用社。

1955 年底，临洪乡信用社成立，开展吸储、放贷业务，支持农业生产。

1957 年末，今辖内各乡均建成乡信用社。1958 年成立人民公社后，各公社都成立人民公社信用部。1963 年 11 月，农村信用社纳入人民银行管理。

1982 年实行信用社与农业银行营业所联营。1984 年起，信用社实行独立核算。

1987 年 3 月，解放中路城市信用合作社开业。1988 年 9 月中旬，由市人民银行所属机械厂和新浦区糖烟酒公司等 20 家企业合股开办的股份制金融企业——浦中信用社开业。同年底，南极路城市信用合作社、临洪信用合作社、沈圩信用合作社相继成立。至 1990 年底，新浦地区共有 6 家信用社。

1996 年，农村信用社在行社脱钩前由市农业银行管理。行社脱钩后，强化农村信用联社经营管理职能，中国人民银行连云港市分行及有关支行从 1997 年起逐步建立了农金科管理机构。

1996 年 12 月，连云港市城市信用合作联合社（简称市城市信用社）在新浦解放中路 55 号成立，行使对市区 8 家城市信用社归口管理职能。1998 年，经中国人民银行批准在 8 家城市信用社（含联社）的基础上组建成连云港市商业银行，其经营网点中有 6 家信用社、16 个网点在新浦地区。

2001 年 12 月 10 日，随着区划调整，原云台区农村信用合作联社更名为新浦区农村信用合作联社。内设办公室、人事科。计划信贷科、财务会计科、纪检监察审计科、保卫科。下设联社营业部（新浦区猴嘴通园路13号)、苍梧路信用社(新浦区苍梧路51号)、南城信用社(新浦区南城镇新大街70号)、花果山信用社(花果山乡花果山北路57号)、中云信用社(经济技术开发区纬5路南侧)、朝阳信用社(经济技术开发区朝阳路134号)、徐圩信用社(连云区徐圩镇新路)、板桥信用社(连云区板桥镇大板路6号)、新滩分社(花果山乡新滩村)、当路分社(花果山乡当路村)、新村分社(花果山乡新村村)、猴嘴路分社(新浦区猴嘴猴嘴路91号)、刘巷分社(经济技术开发区朝阳镇刘巷村)、范庄分社(经济技术开发区中云范庄村)、大岛分社(新浦区云台乡诸麻村)、文明街储蓄所(新浦区猴嘴街台南路13-2号)、沙集储蓄所(经济技术开发区朝阳镇31号)等17个营业网点。

2004年4月,原连云区、新浦区、海州区3个农村信用合作社合并,成立连云港市农村信用合作联社,总社设在新浦。

第四节　证　券

1950~1953年,财政部门推销中国人民银行代理发行的人民胜利折实公债。1954年,开始推销连续国家经济建设公债,公债期限8年。1956年,新浦城区各居民委员会共购买7080元。新浦搬运公司工人平均每人购买14.5元,比全市工人人均购买数多6元。

1981年起,区财政局按市下达任务推销国库券、国家建设债券、电力建设债券、国家基本建设债券、财政债券、保值公债券、投资债券等。1983年2月,市建设开发公司经市人民银行批准发行三年期地产开发债券500万元,年利率11%。1985年起,金融机构开始发行金融债券。1986~1987年,发行国库券期限为5年。1988年国库券期限仍为3年。

1987年,经省人行批准市建行开办信托投资公司证券交易柜台,主要经营国库券买卖。同年代理发行国家重点债券。1988年5月,连云港融资中心在新浦成立,但未能全面开展业务。1988年,代理发行二年期、五年期两种财政债券。1989年,代理发行保值公债。1990年,经省人行批准市交行、建行、工行、农行信托投资办事处、连云港市金融市场证券交易营业部陆续在新浦开业,主要经营代理发行各种有价证券、自营和代理证券买卖、证券代保管、集中证券交易等业务。1990后,国家证监会、省证管办对经营证券情况进行清理整顿。证券点实行市场经营管理。证券转让市场设立后,上市国家债券、金融债券、企业债券三大类15个品种,证券转让价格也从指令性转变到随市场调节,有证券经营部门自行作价,收益挂牌的办法,证券成交金额也逐步增长。1984年至1990年,新浦区各单位和个人累计购买国库券2976080元,其中单位购买694900元,个人购买2281180元。

1991年起,不再推销国库券。

1993年,连云港市国际信托投资有限公司连云港证券交易营业部、南京证券连云港通灌南路证券营业部先后在新浦开业。1997年11月,华夏证券有限公司连云港市证券交易营业部在新浦通灌北路76号开业。

1984～1990 年新浦区购买国库券情况表

表 20－12　　　　单位：元

年份 \ 金额 \ 项目	上级分配数	实际完成数	其中		完成分配任务(%)
			单位购买	个人购买	
1984	392000	397965	64940	333025	101.5
1985	654000	644115	163215	480900	98.49
1986	296000	303000	97000	206000	102.43
1987	280000	291345	78735	212610	104.05
1988	420000	429415	110380	319035	102.24
1989	420000	427150	99270	327380	101.70
1990	420000	483090	81360	401730	115.02

第五节　货　币

清代以前，境内流通过铜贝、半两、五铢、六铢、开元通宝、会昌通宝、大泉五十及南宋、北宋、明清各朝代的各种铸钱。花果山乡大村村曾出土一窖藏汉初半两 41.5 公斤。

清光绪年间及民国年间，流通过各种铜元、银两、银元。

民国 3 年(1914)起，国民政府规定以银元为本位币。民国 22 年(1933)4 月 26 日起，一律使用银元。

民国 24 年(1935)11 月 4 日起，国民政府改革币制，推行法币，禁用银元。法币在境内流通的面额有 1 元至 10000 元的纸币 15 种，半分、1 分的铜辅币 2 种和 5 分、10 分、20 分、半元的镍辅币 4 种。民国 35 年(1946)后，国民政府滥发法币，法币贬值。民国 37 年(1948)8 月 19 日，废止法币流通。同时，国民政府决定以金圆券为本位币。以金圆券 1 元收兑流通中的法币 300 万元。并冻结物价、强令老百姓于民国 39 年 9 月 30 日前将持有的黄金、白银、银元、外币等兑换金圆券(16 两制的每两黄金兑金圆券 200 元，白银每两兑金圆券 3 元，银元每元兑金圆券 2 元。)

民国 37 年(1948)11 月 7 日新浦解放后，境内主要流通北海币、华中币。民国 38 年(1949)2 月 1 日起，统一流通人民币(1 元人民币兑北海币或华中币 100 元)。6 月，中国人民银行发行的第一套人民币在新浦地区流通，面额为 5 万元、1 万元、5 千元、1 千元、2 百元、1 百元 6 种。

此后，中国人民银行发行的各套人民币均应时在新浦地区流通。

第四章　新浦地区主要金融机构简介

第一节　驻地银行简介

一、中国人民银行连云港市中心支行

1948 年 11 月 7 日，中国人民银行连云港市中心支行的前身北海银行新海连支行成立，隶属北海银行

鲁中南分行。1948 年 12 月 1 日,北海银行与华北银行、西北银行合并为中国人民银行后,北海银行各级机构暂未更改。1949 年 11 月 1 日,北海银行新海连支行改称中国人民银行新海连支行。1950 年 5 月,新海连支行更名为中国人民银行新浦支行。1958 年 3 月,新浦支行升各为省辖市支行,称中国人民银行新海连市支行。1964 年 1 月 1 日,划出部分人员和业务成立中国农业银行连云港市支行。1964 年 12 月,农业银行并入人民银行。1984 年 1 月 1 日,人民银行与工商银行两行分家,12 月,成立中国人民银行连云港分行。1988 年 12 月 25 日,中国人民银行连云港分行更名为中国人民银行连云港市中心支行。2003 年 11 月,原中国人民银行连云港市中心支行银行管理科、合作科分设,成立中国银行业监督管理委员会连云港银监分局,2004 年 1 月 16 日,中国银行业监督管理委员会连云港银监分局正式对外挂牌。

截至 2005 年末,中国人民银行连云港市中心支行共有职能科室 12 个,党群工作机构 5 个,直属单位 2 个。共有在职职工 155 人。

二、中国工商银行连云港分行

1984 年 1 月 1 日,中国工商银行连云港支行(简称市工行)对外挂牌,与市人行合署办公,采取"一个机构、两块牌子、资金分开、两套账目"的过渡办法对外营业,同年底市人行下辖机构均划由市工行管辖,正式与市人行分设,改称中国工商银行连云港分行。

中国工商银行连云港分行在新浦地区设有营业部营业大厅(海连中路 118 号)1 处,新浦办事处(解放中路 18 号)和龙河办事处(海连东路)2 个办事处以及陇海分理处(通灌北路)、朝阳路分理处(朝阳中路)、海昌路分理处(海昌北路)、新孔路分理处、(新孔路 1 号)、西小区分理处(西小区)、南小区分理处(建康北路 16 号西侧)、幸福路分理处(解放西路 57)、新新路分理处(市民路 153 号)、解放桥分理处(解放中路 130 号)、商贸分理处(解放东路 59 号)、苍梧分理处(郁洲北路)、解东分理处(解放东路 230 号)、通北分理处(通灌北路)等 13 个分理处,南极路储蓄所(南极北路 157 号)、解放路储蓄所(解放中路 51 号)、海昌路储蓄所(海昌路 110 号)、南极南路储蓄所(南极南路)、朝阳路储蓄所(朝阳西路)等 5 个储蓄所。

三、中国农业银行连云港分行

1955 年由市人行划出部分人员和业务成立中国农业银行新海连办事处,1957 年撤销。1964 年 2 月再次由市人行划出人员、业务成立中国农业银行连云港市支行(简称市农行),1965 年 12 月 13 日再次撤销。1979 年 10 月恢复,隶属中国农业银行江苏省分行,与市人行合署办公,加挂市农行牌子,领导郊区营业所和农村信用合作社,1984 年末改称中国农业银行连云港分行。

市农业银行在新浦地区设有新浦办事处(解放中路 63 号)、龙河办事处(海连东路 2 号)两个办事处,新浦办事处营业部(解放中路 63 号)、龙河办事处营业处(海连东路 2 号)、市农行营业部(通灌北路 43 号)3 个营业部和天晴分理处(巨龙北路 8 号)、海昌路分理处(海昌南路)、葵花街分理处(大庆东路 18 号)、朝阳路分理处(朝阳中路)、解放西路分理处(解放西路 95 号)、民主路分理处(民主东路 160 号)、解放东路分理处(解放东路 163 号)、浦东分理处(解放东路 279 号)、瀛洲桥分理处(朝阳路 1 号)、曙光分理处(通灌南路 15 号)、苍梧路分理处(苍梧路 10 号)、机耕路分理处(通灌南路 112 号)等 12 个分理处。另设有房地产信贷部(南极路)、国际业务部(通灌北路 43 号)、信用卡部(通灌北路 43 号)。

四、中国银行连云港分行

1973 年 6 月经省革命委员会批准建立,1974 年 4 月正式对外营业。1975 年迁至墟沟中行大楼。

1980 年保险科(对外称中国人民保险公司连云港分公司)改隶人行。1981 年 10 月增设外汇管理科,1985 年 3 月外汇管理业务移交国家外汇管理局连云港分局。1988 年 7 月迁至新浦海丰巷 3 号。

中国银行连云港分行在新浦地区设有营业部 1 个(海连中路 1 号),通灌路储蓄所(通灌北路)、东小区储蓄所(兴隆南路)北小区储蓄所(古河路 9 号)3 个储蓄所和建国路分理处(陇西路 A 楼 25 号)、大庆路分理处(大庆西路)、朝阳路分理处(朝阳中路 12 号)、市化路分理处(市化路 3 号)、新浦办事处(海昌北路 46 号)、海昌路分理处(市场路 1 号)、巨龙路分理处(巨龙路 1 号)、海连东路分理处(海连东路 127 号)等 8 个分理处。

五、中国人民建设银行连云港分行

1954 年 10 月,在原交通银行新海连办事处的基础上,成立中国人民建设银行新海连市支行,接办原交行经办的基建拨款业务,隶属于中国人民建设银行徐州专区支行。1958 年 3 月与财政局、税务局、保险公司合署办公,1962 年 9 月成立建行连云港市支行,隶属中国人民建设银行江苏省分行。1966 年 2 月并入市财政局。1970 年 12 月从市财政局分出,并入市人行。1973 年 1 月从市人行分出,恢复原建制。1983 年 2 月升格为中国人民建设银行连云港市中心支行,1988 年 1 月更名为中国人民建设银行连云港分行(简称市建行)。

市建行在新浦地区设新浦办事处(海昌南路 60 号)、解放路办事处(解放中路 121 号)、城中办事处(海连西路 7 号)3 个办事处,解放中路分理处(解放西路 221 号)、和平桥分理处(解放东路 22 号)、海连东路分理处(海连东路 6 号)、南极路分理处(南极路 168 号)、市东分理处(解放东路 162 号)、通灌南路分理处(通灌南路 242 号)海宁分理处(通灌南路 108 号)等 7 个分理处和建国路储蓄所(建国路鸿业新村一楼)、海南储蓄所(海宁小区 46 号)、陇西路民主储蓄所(民主中路)、海昌南路储蓄所(海昌南路)、新光储蓄所(海昌北路华侨大酒店一楼)等 5 个储蓄所。

六、交通银行股份有限公司连云港分行

1987 年 11 月 30 日,中国交通银行连云港支行筹备组在新浦成立 1988 年 4 月 28 日试营业,隶属交通银行南京分行领导,是以公有制为主的股份制金融企业。1989 年 12 月 25 日正式营业。(简称市交行)

至 2005 年底,市交行在新浦地区设立新浦支行(筹建)1 个,解放东路分理处(解放东路 17 号)、解放路分理处(解放中路 17 号)、浦东分理处(海连东路 716 所旁)、通灌南路分理处(通灌南路)、常乐新村分理处(常乐新村)、解放西路分理处(解放西路 156 号)、盐河分理处(盐河路 1 号)、朝阳路分理处(幸福路 18 号)、大庆路分理处(新孔路 5 号)、龙河分理处(苍梧路)等 10 个分理处及海昌路储蓄所(海昌路 242 号)、延安储蓄所(南极路 209 号)、东小区储蓄所(河南庄街 1 号楼)、站北街储蓄所(民主东路 89 号)、市民路储蓄所(市民路 43 号)龙尾街储蓄所(龙河南路 3 号)等 6 个储蓄所。

七、连云港市商业银行

连云港市商业银行(以下简称市商行)是 1998 年在城市信用合作社基础上筹办,于 2001 年 11 月 26 日正式开业的股份制商业银行。

市商行总资产 11.5 亿元,员工 400 余人,下辖 25 个支行(其中新浦区 17 个),注册资本 1.02 亿元。

总行位于连云港市新浦区海连中路56号。2005年,实现经营利润5514万元,发放贷款59亿元,年末贷款余额30.9亿元。

第二节　驻地保险公司选介

一、中国人民保险公司连云港分公司

1974年4月1日,中国人民保险公司连云港分公司在新浦连海东路成立,后迁址龙河广场东侧。

1984年12月28日,中国人民保险公司连云港分公司升格与市人民银行同级,独立行使职权。

1995年1月,中国人民保险公司连云港分公司设立南京人寿保险股份有限公司连云港市代理处。1996年5月,中国人民保险公司连云港分公司分设为中保财产保险有限公司连云港分公司和中保人寿保险有限公司连云港分公司,中国人民保险公司连云港分公司撤销。

二、中国人民财产保险股份有限公司连云港市分公司

中国人民财产保险股份有限公司连云港市分公司前身为1996年5月1日中国人民保险公司连云港分公司分设的中保财产保险有限公司连云港分公司。1999年5月更名为中国人民财产保险股份有限公司连云港市分公司。2003年6月,重组改制后用现名称。公司驻新浦苍梧路1号。2005年,该公司设有县区支公司7个、直属营业部5个、营销服务部1个,在册职工158名,保险营销员245名。公司全年承担各类保险责任金额800多亿元,处理各类理赔案12315件。公司被评为江苏省"诚信单位"、连云港市客户满意服务明星企业,连续17年获得市工商局"重合同、守信用"企业称号。

三、中国人寿保险股份有限公司连云港市分公司

中国人寿保险股份有限公司连云港市分公司,驻新浦海连中路8号。前身系1996年5月1日中国人民保险公司分设的中保人寿保险有限公司连云港分公司。1999年5月,更名为中国人寿保险股份有限公司连云港市分公司。2003年9月,公司重组改制后用现名。2005年,分公司设有支公司5个,直属营业部3个,营销服务部66个,在册员工379名。至年末,全系统实现总保费5.62亿元。

四、中国太平洋财产保险股份有限公司连云港中心支公司

中国太平洋财产保险股份有限公司连云港中心支公司前身系1991年12月12成立的连云港交通银行保险部。1994年12月保险部与银行脱离,实行分业经营,成立太平洋保险公司连云港办事处,后改称为中国太平洋保险公司连云港支公司。1999年12月,更名为中国太平洋保险股份有限公司连云港中心支公司。同时,中心支公司分设为中国太平洋财产保险股份有限公司连云港中心支公司和中国太平洋人寿保险股份有限公司连云港中心支公司。公司驻新浦海昌北路48号。中国太平洋财产保险股份有限公司连云港中心支公司下设5个支公司,营销服务部9个。

2005年,中国太平洋财产保险股份有限公司连云港中心支公司实现保费收入4229.67万元,同比增长11.7%;赔偿支出2519.17万元,赔付率59.56%。先后荣获省、市级"诚信单位"、市首批"免检企

业”、市级“AA级重合同、守信用企业”、市级“服务满意单位”，和太平洋保险江苏分公司授予的“2005年度先进集体”荣誉称号。

五、中国太平洋人寿保险股份有限公司连云港中心支公司

中国太平洋人寿保险股份有限公司连云港中心支公司前身系1991年12月12日成立的连云港交通银行保险部。1994年12月，保险部与银行脱离，实行分业经营，成立太平洋保险公司连云港办事处，后改为中国太平洋保险公司连云港中心支公司。1999年12月，更名为中国太平洋保险股份有限公司连云港中心支公司，同时分设更名为中国太平洋人寿保险股份有限公司连云港中心支公司。公司驻新浦海昌北路48号。中心支公司设有支公司5个，营销服务部46个，在册员工178名，保险营销员3427名。2005年，中国太平洋人寿保险股份有限公司连云港中心支公司实现保费收入17508.96万元，占全市人寿保险市场份额18.8%。

第三节　驻地证券机构选介

一、信泰证券连云港营业部

1993年9月成立，前身为连云港市国际信托投资有限公司连云港证券交易营业部，设立于新浦南极北路40号。1997年7月，被江苏省国际信托投资有限公司收购，更名为江苏省国际信托投资公司连云港证券交易营业部，迁至新浦海连中路56号。2001年4月，迁至新浦通灌南路69号。2002年8月，重组并更名为信泰证券有限责任公司连云港证券营业部。

信泰证券连云港营业部经营面积为3081平方米，拥有大中户室18间，营业大厅内设有短线操作功能区和股民培训专区。营业部现有正式员工15人，拥有一支具有多年证券从业经验的专业服务团队。

二、南京证券连云港通灌南路证券营业部

南京证券连云港通灌南路营业部于1993年6月在新浦区青年路成立。1995年，迁址海昌南路60号。是连云港地区成立最早的一家证券营业部，其前身是连云港建行信托投资公司证券部。1997年，银行业与证券业分业经营后，融入南京证券。2000年，由海昌南路迁至通灌南路1号，更用现名。

三、中信建投证券连云港证券营业部

中信建投证券连云港证券营业部前身是华夏证券有限公司连云港市证券交易营业部，成立于1997并11月18日，地址在新浦区通灌北路76号，有员工17名。从事一般证券经济业务。2001年底，营业部搬迁到新浦区通灌北路55号。2005年11月18日，经中国证监会批准，华夏证券公司兼并重组。成立中信建投有限责任公司连云港通灌北路证券营业部，有员工20名，营业面积2180平方米。

第二十一编　经济综合管理

清末，新浦成为商埠，商贸繁荣，现代工业渐兴。海州直隶州无专门经济管理部门，工商界事务主要靠民间商会协调管理。

民国3年(1914)至15年(1926)，淮北盐务稽核所在新浦设立新浦放盐处，掣放涛青场所属青三疃、板浦场属大新圩盐。

20世纪中期起，东海县国民政府开展统计工作。民国34年(1945)12月10日，苏北盐区在新浦设立新浦盐务分局。同时设立车站查验处、在西艉处设放盐处，加强盐业产销运管理。民国36年(1947)，东海县政府设统计室。工商行政事务则由警察局直接办理。后由于国民党发动内战，时局不稳，经济管理难以施行。

解放后，人民政府立即整顿市场秩序，稳定物价，安定民生。新中国成立后，新海连市政府计划、统计、物价、工商等经济建设管理部门先后在新浦成立。至20世纪50年代中期，新浦地区各项经济管理工作均由市有关部门直接管理。

1955年，新浦区人民政府成立后，特别是改革开放，市委、市政府开始向区政府下放权力后，区政府各经济管理部门相继完善，依法实施管理。开始编制本区发展国民经济五年计划，开展社会经济统计，组织各项调查统计，开展物价检查和监督管理，全面加强工商企业管理和各项审计工作。

20世纪80年代后期起，全区经济建设管理部门，进一步改革经济管理体制，由计划经济管理转向宏观经济监测；改革工商管理制度，由管理型转向服务型，促进个体、私营和“三资”企业发展；改革价格形成机制，由政府定价逐步转向“双轨制”，而后绝大部分价格由市场机制形成，物价管理步入法制化轨道。全区市场经济活动健康有序发展。

第一章　经济计划与国有资产管理

第一节　管理机构

1958年1月至1967年12月，全区经济计划工作由政府设工业科负责。基层经济主管部门相应设专职计划统计员。

“文化大革命”初期，计划工作一度受到干扰。1969年10月起，区革命委员会成立生产指挥组负责全区经济计划管理工作。

1979年5月，撤销生产指挥组，恢复区工业科。全区经济计划工作职能仍归口工业科。

1983年6月底，新浦、海州两区合并成立新海区，区政府设立计划统计局，负责全区的计划与统计管理工作。1985年1月，撤销区计划统计局和区工业交通局，组建区计划经济委员会，负责全区计划、生产、统计、外经外贸工作。1986年6月底，新海区撤销，恢复新浦区建置。新浦区设计划经济委员会负责全区经济计划管理工作。

1996年8月，撤销区计划经济委员会，组建区计划局与区经济局。区计划局负责全区经济计划、审批项目工作。

2001年10月，区计划局更名为区发展计划局。

2003年8月，成立新浦区国有资产管理委员会，区长兼任管委会主任，管委会下设办公室。

2005年9月，区发展计划局改组为区发展和改革局，负责综合管理全区国民经济和社会事业发展、指导经济体制改革工作。

第二节　计划编制

1953年，国家开始执行发展国民经济第一个五年计划，到1982年批准第六个五年计划这30年中，新浦区均未自己编制全区经济和社会发展五年计划。每个五年计划期间，区政府根据市政府各个五年计划的要求，分别制定工业、农业、教育、卫生方面的年度计划。20世纪70年代初增加了人口出生计划、待业青年就业计划，并逐年进行考核。经济计划方面，开始分别制定生产成本、企业盈亏、资金周转、原材料消耗等8项指标计划。

1984年，市委、市政府向区放权，新海区政府各项管理功能初步完善。次年，区委、区政府即着手为编制新海区第七个五年(1986～1990)计划，进行各项专题调查研究，提出制定年度计划、逐年计划指标及其完成计划指标的措施，由区计划统计局统一汇总，制定全区第七个五年计划初步方案。经区长常务会议、区长办公室会议、政府组成人员会议等反复讨论修改，形成草案。再由区委、区人大、区政府、区政协四套班子领导共同讨论、修改，提交区委常委会讨论定案。于1986年春，提请新海区第十届人代会第三次会议审议、批准，后下达实施。当年6月底，新海区分置后新浦区立即分解、调整“七五”计划指标。

在第七个五年计划实施过程中，区委、区政府从实情出发，调整经济工作思路，走“兴商、促工、开发”的路子，大力发展第三产业，并及时调整了原计划的相关指标，报区人民代表大会批准后，下达实施。

1989年起，区政府责成区计划经济委员会牵头，就编制新浦区1991年至2000年十年规划和1991年至1995年的第八个五年计划进行研究调查。经过多次讨论、修改，至1990年，《新浦区1991～2000年十年规划和第八个五年计划(草案)》基本编制完毕并经区第十二届人代会第二次会议审查，批准下达实施。

1995年2月，区计划经济委员会就编制新浦区1996年至2000年的第九个五年计划进行研究调查。经过多次讨论、修改，至1996年3月初，《新浦区第九个五年计划(草案)》基本编制完毕。并于当年3月19日，经区第十三届人代会第四次会议审查，批准下达实施。

2000年，新浦区开始编制第十个五年计划。经区长常务会议、区长办公室会议、政府组成人员会议等反复讨论修改，形成草案。再由区委、区人大、区政府、区政协四套班子领导共同讨论、修改，提交区委常委会讨论定案。于2001年1月，提请第十四届区人代会第四次会议审查、批准、后下达实施。

新浦区国民经济中、长期计划审议下达情况一览表

表 21－1

计划名称	起讫年份	编制单位	批准机关和日期
新浦区国民经济和社会发展第七个五年计划	1986～1990	新浦区计划经济委员会	新浦区第十届人民代表大会第三次会议通过 1986 年 6 月底
新浦区国民经济和社会发展十年规划和第八个五年计划纲要	1991～1995 1991～2000	新浦区计划经济委员会	新浦区第十二届人民代表大会第二次会议通过 1991 年 3 月 27 日
新浦区国民经济和社会发展“九五”计划和 2010 年远景目标	1996～2000 2000～2010	新浦区计划局	新浦区第十三届人民代表大会第四次会议通过 1996 年 3 月 19 日
新浦区国民经济和社会发展第十个五年计划纲要	2001～2005	新浦区发展和计划局	新浦区第十四届人民代表大会第四次会议通过 2001 年 1 月 12 日

第三节　计划管理体制改革

1984 年 10 月,《中共中央关于经济体制改革的决定》公布后,1985 年,市政府对计划管理体制改革作出规定,市对区下达的计划主要包括三次产业发展指标计划和原材料供应计划,以指导生产、促进经济发展。新浦区的市场经济发展受地方环境影响,滞后于发达地区,在 20 世纪 90 年代中期,主要还是计划与市场相结合,对上是完成市政府下达计划和争取原材料供应指标,对下也是下达指标计划和为集体企业争取国有资金计划。1996 年起,新浦区转变综合性经济部门的职能,由过去包揽所有计划,转变为负责研究提出全区国民经济和社会发展的总体规划,研究制定政策,建立以产业政策为核心的政策体系,协调运用各种经济杠杆。同时转变观念,积极培育税源经济。

2001～2005 年,进一步改革与社会主义市场经济不相适应的管理体制与方式。简化审批程序,提高办事效率,进一步树立为基层服务、为企业服务的观念。减少对企业正常生产活动的干预,停止一切不利于搞活企业的评比性检查。

第四节　宏观经济监测

1996 年以前,区计划部门主要是通过对接市下达的指标计划和下达各乡镇、街道计划指标履行宏观经济监测职能。1996 年起,区计划综合管理部门认真研究和正确把握宏观经济形势和政策走向,经常开展调查研究,科学分析各个时期、各个阶段和每个年度、季度乃至月份的全区经济运行情况和社会发展态势,撰写相关分析报告,主要监测计划执行情况和经济运行中存在的问题,同时分析区域环境、挖掘经济增长点,提出产业发展方向建议。先后提出具有前瞻性、可操作性的从以商为主到注重都市工业发展,加强科技含量较高的产业发展,大力发展旅游经济等建议和意见,为区委、区政府及时调整全区经济社会协调发展思路提供科学依据。2001～2005 年,宏观经济管理除了监测计划执行、分析经济运行

存在问题外,还进一步拓展宏观经济管理视野,注重产业布局和发展资金争取、项目申报,为全区经济发展把好方向。

1991～1995年新浦区主要社会经济指标完成情况表

表21－2

项　目		单位	1991年	1992年	1993年	1994年	1995年
常住人口	总人口数	万人	17.24	17.77	18.31	19.2	20.19
	其中:非农业人口	万人	16.82	17.68	18.2	18.96	20.09
地区生产总值(现价)		万元	6523	8616	14084	25167	41851
其中:第一产业		万元	184	202	227	316	414
第二产业		万元	2211	2734	3752	6638	7836
第三产业		万元	4305	5680	10055	18213	33601
财政收入		万元	3001	3210	4851	4827	5385
财政支出		万元	1438	1519	2674	3064	3249
工业总产值(现价)		万元	12753	15887	23000	30651	38168
产品销售收入		万元	5977	8272	12049	13527	21226
利税总额		万元	539	940	1176	1497	1882
固定资产投资总额		万元	1331	4118	6154	8002	11702
社会消费品零售总额		万元	9623	14628	31019	44199	55084
实际利用外资		万美元	—	257	724	525	143
年末从业人员		万元	14481	15119	24403	29534	39897
年末职工人数		万元	8368	8300	8807	8379	8190
职工年平均工资		万元	1702	2083	2563	3722	4166
农民人均收入		万元	1048	1222	1470	1916	3287

1996～2000年新浦区主要社会经济指标完成情况表

表21－3

项　目		单位	1996年	1997年	1998年	1999年	2000年
常住人口	总人口数	万人	20.92	21.88	22.64	23.36	24.05
	其中:非农业人口	万人	20.81	21.81	22.58	23.3	24
地区生产总值(现价)		万元	60015	83093	103783	110447	117180
其中:第一产业		万元	429	439	465	400	386
第二产业		万元	11157	17147	22531	23419	25180
第三产业		万元	48429	65507	80787	86628	91614
财政收入		万元	6296	7425	7746	7861	8675

续表 21－3

项　目	单位	1996 年	1997 年	1998 年	1999 年	2000 年
财政支出	万元	3240	3673	3829	4151	4632
工业总产值(现价)	万元	65424	90326	118952	133884	120720
产品销售收入	万元	37061	56616	72102	68208	70193
利税总额	万元	3105	4244	5307	5016	4650
固定资产投资总额	万元	22671	21792	19349	27569	33448
社会消费品零售总额	万元	75746	85156	109775	120225	129084
实际利用外资	万美元	361	553	479	567	336
年末从业人员	万元	22925	19227	20257	20508	16669
年末职工人数	万元	7940	7626	8233	7529	6682
职工年平均工资	万元	4745	5540	5587	7369	8730
农民人均收入	万元	4453	5111	5299	5310	5300

2001～2005 年新浦区主要社会经济指标完成情况表

表 21－4

项　目		单位	2001 年	2002 年	2003 年	2004 年	2005 年
常住人口	总人口数	万人	31.61	32.41	34.85	35.66	36.92
	其中:非农业人口	万人	28.12	28.89	31.68	32.44	31.22
地区生产总值(现价)		万元	142558	159007	181776	213512	260348
其中:第一产业		万元	5512	6483	6930	7670	15842
第二产业		万元	33457	37282	43806	53551	55549
第三产业		万元	103589	115242	131040	152291	188957
财政收入		万元	11511	17384	23513	30100	40497
财政支出		万元	5320	12440	15748	18510	26208
工业总产值(现价)		万元	163540	182679	202660	226083	278393
产品销售收入		万元	103212	109396	134828	171164	218794
利税总额		万元	6477	7205	9141	11604	15847
固定资产投资总额		万元	45837	45013	58119	82489	114493
社会消费品零售总额		万元	149015	160862	367315	437316	478900
实际利用外资		万美元	194	705	1590	3158	1952.1
年末从业人员		万元	38226	41866	42241	53171	11425
年末职工人数		万元	9341	10106	10198	10245	11221
职工年平均工资		万元	7894	8691	9499	11134	13101
农民人均收入		万元	3100	3355	3860	4265	4664

新浦区"七五"至"十五"主要指标计划执行情况对照表

表21-5

指　标	单位	"七五"期间末（1990年）	"八五"期间末（1995年）	"九五"期间末（2000年）	"十五"期间末（2005年）
地区生产总值	亿元	0.42	4.19	11.72	26.03
社会消费品总额	亿元	0.48	3.01	12.91	51.7
固定资产投资	亿元	0.099	1.17	3.34	11.45
地方一般预算收入	亿元	0.303	0.31	0.87	2.18
农民年人均纯收入	元	946	3287	5300	4653
职工年人均工资	元	1595	4116	8730	10006

第五节　国有资产管理

2003年8月，区国有资产管理委员会开始行使审核确认并组织监管本级收益和产权转让收入、建立国有资产保值增值基金；负责全区区属国有企业的产权登记、清产核资、资产报表分析等项基础管理职能。

2004年10月29日，市政府批复同意并授权新浦区人民政府组建连云港市新浦资产经营有限责任公司，及《关于连云港市新浦资产经营有限责任公司组建实施方案》《连云港市新浦资产经营有限责任公司章程》。区政府授权区国资办着手组建新浦资产公司。区国资办即对全区相关国有资产进行详细调研，并委托中介机构对相关资产进行评估、验资。

2005年3月22日，区国资委将连云港市新浦房屋开发公司所属的连云港市新浦区陇海步行街东2号3楼房产划归即将成立的新浦资产公司作为办公场所。4月8日，连云港市新浦资产经营有限责任公司在连云港工商行政管理局注册登记成立。公司设立由5人组成的董事会，同时设立由3人组成的监事会。公司授权范围为新浦区国有企业及行政事业单位的经营性资产；区政府及其部门持有的股份（合作）制企业中国有股份；代管区属集体企业资产所投资的集体股权。公司注册资本为2650万元，注册资金来源为新浦区政府出资1000万元人民币持有的市商业银行股权；连云港市新浦房屋开发公司中的国有净资产932.09万元；连云港市金苑房地产开发公司中的国有净资产561.67万元人民币；新浦区政府投入的货币资金156.25万元人民币。公司成立后，先后参与了渔湾风景区体制改革的前期调研和区属事业单位改革有关工作。为盘活2001年市区行政区划调整，云台区撤销后划入新浦区的相关资产，处理相关历史问题，同年10月28日，区国资办代表区政府将原云台区政府大院、原云台区财政局、原云台区司法局、原云台区环保局等4项国有资产划归新浦资产公司管理，并要求尽快予以处置。这四项资产均属政府行政性资产，由于历史原因，没有房产证和土地使用证，有些资产甚至连建设许可证明也无法查询，没有证照客商不愿购买，资产处置有很大的困难。公司通过学习相关法律法规、向上级部门寻求政策支持、公开审计评估等方法，一方面大力宣传、推荐，与区内外客商进行洽谈，同时根据资产处置的相关规定，按照公开、公正、公平原则，向社会公开发布拍卖公告，终于当年12月底将原云台区司法局房产公开拍卖成功。同月底，区国资委根据新浦区人民政府2005年（第19号）常务会议纪要，将海云大厦交由新浦资产公司经营管理。

第二章　劳动工资管理

第一节　管理机构

一、行政管理机构

新浦区成立后至20世纪60年代初，全区劳动就业工作由政府民政部门负责。

1963年，区政府成立副业生产办公室，统一办理招工手续。

“文化大革命”初期，区政府成立知识青年上山下乡办公室，负责安排知识青年上山下乡工作。区革命委员会成立后，由生产组负责管理劳动工资和企业职工调配工作。

1979年3月，区政府成立劳动工资科，1983年7月起，区政府设劳动人事局。

二、劳动就业服务机构

1979年8月22日，成立新浦区劳动服务公司。1986年12月1日，新浦区建立劳动服务市场。1987年5月，新浦区劳动服务公司下设劳务介绍所，加强对社会劳动力的管理、协调用工单位与待业人员的关系，解决待业人员找工作难的问题，为用工单位服务。

1991年4月，新浦区劳动服务公司更名为新浦区劳动就业管理处（简称“区就业处”）。次年5月，区就业处增挂“新浦区职业技术培训中心”牌子，实行两块牌子，一套班子，人员编制、隶属关系不变。同年8月，新浦区成立工人技术考核委员会。1995年12月，新浦区成立“再就业工程”领导小组，办公室设在区就业处。

1997年4月，新浦区将各街道办事处劳动就业服务站统一更名为“××街道办事处劳动管理服务所”（简称“劳动所”），“新浦区劳务介绍所”更名为“连云港市新浦区职业介绍所”。同年12月，新浦区成立“劳动监察大队”。

1998年5月30日，新浦区解困与再就业工作领导小组成立。同年11月，新浦区市东、浦东、浦西、路南、临洪5街道成立“职业介绍所”。

2003年3月，成立新浦区劳动保障社区平台建设工作领导小组。同年6月，劳动保障社区平台行政上由街道办事处和劳动人事局双重领导和管理。同时，撤销各街道劳动管理服务所。同年，各街道均成立劳动保障事务所，各社区均设立劳动保障服务站。

2004年10月，成立新浦区农村劳动力培训和劳务输出协调小组。

2004年4月至2005年，各乡镇成立劳动保障事务所。原乡镇经济服务中心（农村经济服务中心）的劳动保障职能转到各劳动保障事务所。

三、仲裁机构

1991年12月30日，新浦区劳动争议仲裁委员会成立。

1993 年 11 月,新浦区劳动人事局增挂“新浦区劳动争议仲裁委员会办公室”的牌子。

2000 年 5 月,成立连云港市新浦区人事争议仲裁委员会。下设办公室。

第二节　用工制度改革

一、雇佣制

解放前,新浦各公营、私营工商企业,全部使用雇佣工。雇佣工在政治上受压迫,经济上受剥削,且随时都可被解雇。

解放后和新中国成立初期,雇佣工形式仍被沿用。但雇佣工政治上已彻底解放,受到国家保护,资本家和业主不得随意解雇或辞退。1959 年,在生产资料私有制的社会主义改造基本完成后,国家从法律和政策上取消了这种用工形式。

改革开放后,国家允许多种经济成分并存,允许私营企业、中外合资企业和外商独资企业雇佣工人。自 1990 年底,新浦区开始出现私营企业招雇职工现象。

二、计划调配制

新中国成立后,单位用工一律按市劳动计划招收工人。工人就业后,即为单位固定人员,个人不得在企业间流动。企业间人力调整,由劳动部门按计划调配。个人因故需要调动的,由劳动部门办理调动手续。

“大跃进”期间,劳动力计划调配失控。

“文化大革命”期间,劳动力计划调配工作一度停止。

区革命委员会成立后,由生产指挥组负责办理职工调动的行政介绍信和工资介绍信。1971 年至 1976 年,全区职工调配数分别为 127 人、89 人、151 人、122 人、182 人和 130 人。

1978 年,区政府劳动工资科加强对劳动力调配管理,以 1977 年末在职人数和工资总额为基数,向各单位下达劳动工资计划。不经区劳动工资科批准,任何单位或部门不得擅自增加工人,不得以其他名义变相增人,常年性生产岗位,不得使用临时工。需用季节性临时工的,要提前向主管部门书面报告,经同意后转报市劳动局批准,并在指定地区招工,到期立即辞退。同时,明确规定集体所有制单位只能招收城镇户口的劳动力,职工只能在集体所有制单位之间调动。

1983 年后,劳动力调配权下放,企业工人调配由双方主管部门直接办理,不再经市劳动局。

1985 年,实行劳动合同制后,对合同制工人的转移和二次就业,按合同规定管理,原则上合同制工人在合同期内不能转移。其调动手续和固定工基本相同。区外企事业单位合同制工人调入区内企事业单位,须持《市社会保险管理处养老金转移证明》,将在原单位缴纳的养老金转入区社会保险处,并与调入单位管理人员一道到区劳动服务公司办理新合同鉴证,从调入次月起按规定缴纳养老保险金。

三、固定工制

新中国成立后,根据国家规定,新浦区全民所有制和集体所有制单位,主要采用固定工用工形式。

即凡按国家计划招收，经劳动部门办理正式招工手续就业的职工，均为单位固定职工。固定工享受国家规定的工资、劳保、退休等福利待遇。固定工纳入国家劳动计划管理，个人不得随意在企业、单位之间移动，直至1985年用工制度改革。

四、临时工制

建国后，国家允许工矿企业因生产需要，临时招用劳动力，使用几天或几个月，最长不超过1年，通称临时工。单位使用临时工必须经市劳动部门批准，并按规定签订合同，由双方商定工资待遇、职责、工时、意外事故处理及解雇办法。至20世纪80年代末，使用临时工仍为企业单位的一种用工形式。

五、劳动合同制

1985年，全区工业企业实行经济体制改革，改工人固定录用制为合同制。

1991年10月，新浦区开始按照"面向社会、公开招收、全面考核、择优录用"的原则招收新工人，凡经批准招收的新工人，均须由市、区劳动行政部门办理有关录用手续。次年3月，在全区企业中实行全员劳动合同制。

1995年4月，区政府转发市政府办公室《关于实行新工时制的通知》，全区行政机关、社会团体、企事业单位以及个体经济组织的职工，开始实行新工时制。1995年5月1日起，执行国务院规定的新工时制度。少数执行新工时制度有困难的企事业单位，延期至1996年1月1日执行；企业单位推迟到1997年5月1日执行。

2002年6月至2005年底，全区各乡镇、街道事业单位执行《新浦区乡镇、街道事业单位竞争上岗暂行办法》，实行新的用人机制。各乡镇、街道事业单位在核定的编制以及设置的岗位数额内，通过公开竞争，按规定程序和管理权限择优聘任，竞争上岗。

第三节　劳动就业与再就业

一、就业概况

清末起，新浦外围盐田裁废，失业灶民和附近破产农民，纷纷到新浦谋生，或受雇于油坊、槽坊、卷烟作坊、织布作坊干活，或到商店、商行、货栈当学徒，更多的是到码头扛包，或推车谋生。当地市民也靠自谋职业为生。解放前夕，新浦大批工人失业。

解放初，政府扶持原有工商业恢复生产经营，安排部分失业人员就业；同时组织群众生产自救，安置社会无业人员。

20世纪50年代起，随着国家第一个五年计划开始，新浦地区工商各业有所发展，无业居民逐步就业。至1957年，仅各居委会兴办的各种生产合作社（组），就安排近500人就业。

1958年"大跃进"开始后，城区大办工业，兴办起172个街道工业企业，安排就业人员1500余人，其中绝大部分为家庭妇女。但"大跃进"冲击了用工制度，企业私自招雇现象严重，一大批农村劳动力进入新浦。

1960年起，按市政府要求整顿城市人口，精简职工。至1962年，全区动员361户，计826名20世纪

50 年代后期进城的居民,回乡务农;下放老城镇居民 869 人,支援农业生产;精简职工 159 人。1963 年,各居委会组织剁麻刀、弹棉花、织席子、编蒲包等副业生产小组 85 个,安置由企业精简回家、部队退伍、复员等人员 1924 人。同年起,全市统一办理招工手续。就业人员均需先由居委会出具有关证明。新浦地区的学生毕业后,档案一律交区政府,由区政府根据其政治情况、身体健康状况和招工单位要求的男女比例,由区政府副业办公室统一安排就业。1965 年起,开始建立招工花名册、登记表、介绍信等制度。

"文化大革命"期间,劳动就业处于停顿状态。大批知识青年上山下乡。

1978 年后,上山下乡知识青年陆续返城,全区待业人数逐年增加:1978 年为 873 人,1979 年为 4265 人,1980 年为 4333 人。1980 年,区政府贯彻"广开就业门路"就业方针,鼓励发展街道集体工业企业和服务行业,由劳动服务公司多渠道安置待业人员。至当年底,全区共安置 3279 人就业。

1982 年,区政府为 819 名待业青年发放待业卡,年底全部予以安置。1983 年后,劳动就业工作逐步走向正常。1986 年,全区新增职工 132 人;1987 年,新增职工 161 人;1988 年新增职工 433 人;1989 年新增职工 299 人;1990 年新增职工 259 人。

20 世纪 90 年代起,转入正常面向社会招工。

二、就业政策

新中国建立初期,人民政府采取介绍就业、转业训练、动员回乡务农、以工代赈等办法解决失业工人生活困难。根据中共新海连特委部署,疏散失业、无业人员、被俘的国民党官兵、旧职人员等回原籍务农,以减轻城市就业压力。1950 年,政府严格对资方辞退、解雇工人的审批手续,坚持"公私两利、劳资两利"原则,最大限度地减少失业。

1952 年秋,全面开展失业人员调查登记工作。对原国民政府的一般公职人员和官办企业的员工,采取"包下来"的政策,维持原职原薪,继续留用。对一般旧军政官员,安排一定工作,享受同类工作人员待遇。

1953 年 10 月,按市《劳动力介绍试行办法(草案)》规定,公、私营企业凡招雇两名以上员工,均需由市劳动部门统一介绍;50 人以上的各类公、私营企业招雇 10 人以上的,列入市统一调配范围,其他情况允许自行招雇;各类公、私营企业招收学徒、练习生、养成工,不受城乡或登记与否限制,自行选择,但同等情况下应照顾吸收失业工人或青年;行政事业单位可以自行招雇员工。

1956 年 9 月 13 日,市人委发出通知简化临时工招收手续:国营企业招用 10 人以下,地方国营、公私合营企业招用 5 人以下临时工的,直接与所在区人委联系,由区人委代为招收或由指定街道、乡、镇自行招收。1958 年 3 月 24 日,市人委再次发出《关于简化劳动力调配手续的通知》,规定驻新浦区的单位,一次招用临时工 10 人以下者,直接向区人委申请调配,不再由市劳动局转介。一次招用临时工 10 人以上者,应向市劳动局申请,介绍至区人委调配,否则区人委不予供应。各单位需要招用长期临时工(连续 1 年以上)和增加固定人员(包括学徒),不管人数多少,均需向市劳动局申请,统一调配。

1963 年,执行国家劳动部"统筹安排,城乡并举"的就业政策,动员城市青年上山下乡。同时,允许开辟其他生产服务门路,让更多地人员就业。

1965 年,贯彻"三个观点"(阶级观点、生产观点、群众观点),实行"三个结合"(区、街道提名,招工单位审查,市劳动局核批)、"三个照顾"(同等情况下优先照顾烈军属、精简下放人员和生活困难户)的招工政策。

1968年12月，毛泽东主席发出“知识青年到农村去”的号召，全区动员1966年至1968年初、高中毕业生（俗称“老三届”）除病残外全部到农村去落户，参加农业生产劳动。

1978年，贯彻在国家统筹规划指导下，实行劳动部门介绍就业、自愿组织起来就业和自谋职业相结合的“三结合”就业政策。允许待业人员组织起来就业，或从事没有剥削性质的各种个体劳动。1979年，通过分期分批招工、招生、征兵或病退、困（生活困难）退回城等办法，对上山下乡知识青年安排适当工作，并转为城镇户口。

从1980年起，对城镇待业青年，实行公开招工，择优录取。1982年，采取招工单位和区政府、街道条块相结合，以条为主的办法，发展集体经济，安置待业人员。对独生子女和多子女的困难户，凡具备就业条件的子女可优先推荐就业。

1984年12月起，新招工人除退伍军人、退役优秀运动员、技工学校毕业生外，一律实行劳动合同制。

1986年11月，按市政府规定，除矿山、井下、海洋捕捞、盐业生产外，其他行业均取消子女顶替（即内招）办法。

1987年5月起，开始办理20世纪60年代初城镇下放的老居民、老职工的“农转非”工作，立足于自谋职业和就地转为城镇户口。

1989年，对社会待业人员采取“分流”办法进行安置：鼓励城镇待业青年到街道企业就业，凡经市、区劳动服务部门批准的，可以办理集体合同制工人录用手续，同时参加养老保险；征用农村土地带劳动力的，坚持谁征地谁安置原则，或有偿安置到村办企业中；鼓励兴办以安置待业青年为主的集体企业，当年安置待业青年超过职工总数60%的，免征所得税2～3年。从事旅店、饮食、修理、加工、搬运事业的，还可免征两年营业税。

20世纪90年代起，随着用工制度改革劳动就业全部进入劳动市场。

三、就业途径

解放前，新浦各码头、市内搬运业等主要使用劳动力的地方，均为把头（包工头）把持，船主、货主需要劳动力，多委托包工头招雇。受雇者按包工头私立规矩，出卖廉价劳动力，获取微薄报酬。

解放前直至新中国成立初期，青年进工厂、商店学徒，必须请一家或几家有固定资产的店铺担保，写保单或契约，交一定保金。后来，一些有声望的人出面担保也可。铁匠、银匠、刻字等小手工业者，多采取以师带徒办法，学艺人多有亲朋好友介绍，请中人担保，有的也立契约。学徒人如违规违约，保人要协助教育。造成损失的，由担保店铺或保人负责赔偿。

新中国成立初期，人民政府对原国民政府官办企业的职工和机关的公职人员采取“包下来”的政策，适当安排工作或继续留用，维持原薪。对其他因企业倒闭失业的人员，区政府统一介绍就业。对复员、转业、退伍军人和未升学的高校毕业生、中学生，中专、技校毕业生，也由市统一分配安排工作。

20世纪70年代末至80年代初，实行在国家统筹规划指导下，劳动部门介绍就业、自愿组织起来就业和自谋职业相结合的“三结合”就业方针。

1984年11月23日，区劳动服务公司成立培训中心，为待业人员自谋职业提供服务。1986年12月1日，正式设立新浦区劳动服务市场，并首次在浦南农贸市场西大棚内开展招工工作，有近千名待业青年报名登记。

1987年4月，区劳动服务公司设立劳动介绍所，为待业人员谋业牵线搭桥。

此后,劳动就业均进入劳动力市场,由劳动力市场定期不定期地举办招聘会,用人单位进场设摊。公布招聘工种、人数及招工条件。欲就业劳动者进入市场选择单位,向招聘单位提供相关资料。双方洽谈合适即可办理应聘手续,签订用工合同。

四、再就业

进入20世纪90年代后,企业体制改革全面推开并不断深化,下岗职工日渐增多。新浦区政府开始重视下岗职工再就业工作。初由街道劳动介绍所提供服务,或社区兴办第三产业予以解决。后逐步采取专门措施帮助下岗人员重新就业。1997年8月,市工商局、市总工会、市个体私营企业协会和新浦区工商分局、新浦区个体私营协会联合一道在市体育馆举办帮助下岗职工再就业的"鹊桥会"。9月,专为下岗职工提供经营场所的"龙河商城"投入运营,300多名下岗职工在此再就业。

1998年6月,区政府投资50万元,在青年西路建成"再就业市场",一期提供244个经营摊位。1999年6月25日,全市社区服务现场会在新浦区召开。介绍新浦区经验,参观新浦区再就业服务中心和龙尾街、民主街、海宁小区等社区服务工作。同年7月,区人民政府制定《新浦区按比例安置残疾人就业办法》,辖区内的机关、企事业单位、街道及居委会集体经济组织和中外合资、独资企业以及私营企业均须按不低于本单位在职职工(含合同工、固定工、临时工、计划用工)总数1.5%的比例安置残疾人就业。2000年,区劳动人事局与区民政局、工会、妇联等部门共同深入居委会进行调查,完善区、街道、居委会三级就业网络。通过开办小企业、劳动服务企业、社区服务、生产自救等途径,提供就业岗位860个,加之其他渠道,安置1760名失业人员再就业。9月3日,国家劳动和社会保障部、市人大领导视察时,对新浦区开发社区就业岗位,扩大再就业的做法予以肯定。10月11日,市劳动局在新浦区召开全市就业岗位开发现场会。

21世纪初,新浦区进一步实行积极的就业政策,拓宽再就业渠道。2001年,通过开办职业介绍活动,为32名求职者安排就业,为失业职工办理档案托管104份,为70名失业人员办理求职登记手续,全年安置2050名下岗职工、失业人员再就业。2002年,通过开发就业岗位、发展个体私营企业、落实再就业优惠政策等形式促进失业、下岗职工再就业。全年安置城镇失业人员2416人;进行职业指导4060人次,职业介绍成功3020人,为失业人员输送就业信息68条,办理失业登记242人,共发放再就业优惠证720本。

2003年1月,区政府拿出资金差额购买18个保洁员岗位,安排"军嫂"(现役军人的妻子)和下岗失业人员到新浦区环卫服务公司上岗。5月,中共新浦区机关工作委员会、区妇联、区劳动人事局联合发出《致全区机关党员干部一封信》,在全区机关干部中开展"6+1"爱心互助行动,即6户机关干部和1位下岗女工结对互助:下岗女工为6家庭提供安全、诚信、优质、满意的保洁服务;6户家庭为这名下岗女工提供一个再就业机会。全年全区共发放再就业优惠证1360人。把25名下岗失业人员输送到上海强劲基础有限公司工作,全

图21-1 区委书记李建平(左二)等区领导出席再就业培训基地揭牌仪式

区新增劳务输出2120人。新南街道紫云社区还创办“再就业一条街”。全年全区共进行转业、转岗、岗前培训860人,为下岗、失业人员提供3350个就业岗位,帮助2006名困难人员实现再就业。

2004年,在全区两乡一镇、7个街道、73个社区按照“六有四定标准”(六有:有组织、有机构、有人员、有经费、有场地、有制度;四定:定指标、定方案、定服务、定质量)建立劳动保障平台:与省经贸高级技工学校合作成立新浦区再就业培训基地;浦东街道办事处与海港职工技能培训学校合作,成立全民创业培训基地;浦西街道办事处与市商业学校厨师培训点、市佳惠制衣厂合作,成立就业再就业培训基地;花果山乡与连云港市宜尔衫制衣公司合作,成立全民创业培训基地。当年3、4月份,新浦区先后召开3次劳务输出招聘洽谈会,提供就业岗位2000个。先后向苏州飞利浦、上海一汽餐厅和上海四通纽奥等公司,输送210名劳动者。同年8月,组织“送政策、送技能、送岗位”进两乡一镇(花果山乡、云台乡、南城镇)活动,免费提供2000个就业岗位,帮助365名应聘者走上工作岗位。年内,培训农村劳动力1442人,实现新增劳务输出2987人,对876名城镇下岗失业人员进行再就业培训,为下岗失业人员办理再就业优惠证4585本。全区有2060名下岗失业人员再就业。

2005年3月,新浦区开展“春风行动”,帮助农村富余人员就业。区劳动和社会保障局组织人员将招聘信息送到云台、花果山两乡的农户家中,通过此举帮助1600余人找到适合岗位。

1995~2005年新浦区劳动就业情况一览表

表21-6

项目 \ 年份			1995	1996	1997	1998	1999	2000	2001	2002	2003	2004	2005
劳动就业	城乡就业人数(万人)		9.56	9.71	10.2	10.54	10.92	11.21	11.45	11.78	11.89	12.21	12.54
	其中	城镇(万人)	4.85	4.91	5.04	5.12	5.41	6.12	6.54	6.68	6.98	7.11	7.15
		乡村(万人)	4.71	4.8	5.08	5.42	5.51	5.09	4.91	4.92	7.91	5.1	5.39
	城镇新增就业(人)		1176	1202	1328	1714	1616	1582	2050	2416	2242	2197	2960
	其中	净增就业(人)	—	—	—	—	—	—	—	—	2032	1982	2860
失业与再就业	新增登记的失业人数(人)		968	1056	1821	1613	1153	2427	4873	4057	6785	5739	3857
	失业人员就业再就业人数(人)		1121	1202	1328	1714	1616	1582	2050	2416	2203	2546	2860
	其中	失业再就业人数(人)	—	—	—	—	—	—	—	1102	1301	2062	2179
		4050人员再就业人数(人)	—	—	—	—	—	—	—	—	808	307	267
		初次就业人数(人)	—	—	—	—	—	—	—	—	902	484	681
	年末登记失业人数(人)		2150	2248	2377	2076	1735	2580	4653	6434	7062	7846	8543
	其中	就业转失业人数(人)	712	729	816	796	872	1246	3558	5416	5263	7471	7900
		新出现人数(人)	1452	1519	1561	1280	908	1334	1395	1018	799	375	643
	登记失业率(%)		2.5	2.6	2.7	3	3	3.4	3.14	4.3	4.2	4.1	4.13
职业介绍	登记招聘人数(人)		540	650	450	260	249	640	490	3518	150	462	724
	登记求职人数(人)		280	780	655	210	356	542	521	3420	310	521	692
	介绍成功人数(人)		150	564	321	182	142	238	236	3020	158	436	271

第四节 知识青年上山下乡与回城安置

一、知青上山下乡

1957 年 9 月 15 日，区委、区政府召开欢送中、小学毕业生参加农业生产会议。21 名中、小学毕业生去海州区新星农业社的岗嘴、酒店两个大队参加农业生产劳动。

1963 年 9 月 28 日，新浦区 81 名知识青年（简称知青）到国营新浦农场、墟沟林场参加建设。1964 年 10 月 31 日，50 名知青赴新坝公社武圩大队插队，参加农业生产。次月 2 日，22 名知青到国营新浦农场参加农场建设。1966 年 6 月 23 日、24 日，全区 81 名知青赴新疆伊犁地区尼勒克县，支援边疆建设。1970 年 1 月 21 日至年底，全区共有 1969 名“老三届”知青上山下乡。其中，到农村插队的 1575 人，到建设兵团的 394 人。

1975 年起，全市采取厂社挂勾、学校定向、单位定位、按系统集中对口动员，在郊区农村建“知青点”的办法动员、安置初、高中毕业生上山下乡务农。至 1977 年底，新浦地区共动员 1975 年至 1977 年（通称“新三届”）的初、高中毕业生 1575 人，分别到新浦农场、朝阳公社、云台公社、锦屏公社“知青点”参加农业生产。

1970 年至 1978 年，全区共有 4219 名知识青年上山下乡，其中，到农垦系统的 2170 人，到农村插队的 2049 人。

图 21－2 1957 年 9 月，区委书记韩学敏（后排右四）、区长李春藻（后排左四）等欢送新浦区第一批中小学毕业生参加农业生产

二、知青回城安置

1972 年起，政府开始对下放知青中属于独生子女的照顾回城；对病、伤、残的“知青”办理病退回城手续，适当安置。1978 年后，大批下放知青通过招工、顶职（即由知青的父或母退休，腾出岗位，由其所在单位办理知青顶替父母职数，并安排适当工作和顶职手续）、参军、升学等途径陆续回城工作。至 1981 年，全区共安置 3279 人。其中，经市统考招工 2146 人（全民企业 1441 人、集体企业 705 人），通过退休顶替安置 811 人，参军 85 人。有 237 人成为街道企业固定生产技术骨干。

1989 年起，市、区有关部门互相配合，为回城知识青年留在农村的配偶办理户口“农转非”（农业户口转为非农业户口）手续，并允许为其 1 个不满 16 周岁的子女办理户口“农转非”，对符合条件的均妥善安排就业。

第五节　待业青年与失业工人管理

1994 年起，新浦区劳动人事局开始对待业青年进行就业培训，按照先培训、后就业、再办理待业证要求，全年共为 600 余名待业青年办理待业证。建立求职档案 150 份，共介绍 50 人就业。从 1996 年开始，对全区范围内年满 16 周岁(男至 45 岁、女至 40 周岁)具有初中以上文化程度，有就业要求的城镇失业人员实行劳动就业指导培训。

1999 年 5 月 1 日起，对全区失业、下岗职工实行《就业登记证》和《自谋职业优惠证》两证管理，享受国家、省、市规定的优惠政策。

2000 年起，对非国有企业职工和国有企业中实行劳动合同制以后参加工作的职工下岗，不再进入再就业服务中心，全部按照《中华人民共和国劳动法》规定实行失业登记，给予失业保障，直接进入劳动力市场，按照市场机制的要求重新就业。此前进入再就业服务中心的下岗职工，仍执行原政策，直到协议期满离开再就业服务中心。

第六节　失业保险制度

20 世纪 80 年代后期起，企业经营体制改革、用功制度改革不断深化，社会上待业人员、下岗失业人员逐渐增多。1992 年 5 月，《连云港市企业职工待业保险暂行办法》公布，开始建立失业保险制度。次年 7 月起，新浦区对全区待业职工待业救济金按每月每人 60 元发放(开除、除名的待业职工按每人 35 元/月执行)。对连续工龄满 5 年以上的职工，待业后以 5 年为基数，每超 1 年，每月在基本待业救济金的基础上增发补助救济金 1 元(开除、除名的职工除外)。1994 年，新浦区加强失业职工保险金的发放工作，全年共登记失业人员 405 人，发放救济金 40 万元。

2001 年 1 月 1 日起，新浦区对用人单位和职工个人缴纳失业保险费，实行全省统一的《就业登记证》记载制度，对单位、个人参加失业保险和职工失业后享受失业保险待遇的情况，实行凭证管理。2002 年，全区有 7200 人参加失业保险，全年征缴失业保险金 106.8 万元，全年度发放失业保险金 20.38 万元，累计结余 171 万元，备付能力 6 个月。2003 年，全区参加失业保险达 10000 人，全年征缴失业保险金 137 万元，全年度发放失业保险金 51 万元，累计结余 325 万元，备付能力增至 24 个月。2004 年，全区失业保险参保人数 10002 人，征缴失业保险基金 142 万元。2005 年，全区失业保险参保人数 10000 人，征缴失业保险基金 162.53 万元。

第七节　劳动人事纠纷调解与仲裁

20 世纪 90 年代以前，区内单位发生劳动人事纠纷，多由单位自行处理，或区政府分管领导召集相关部门负责人、当事人协调解决。区内解决不了的，报请市主管部门裁决。

1991年底和2000年5月，新浦区劳动争议仲裁委员会和人事争议仲裁委员会先后成立，单位发生劳动人事纠纷解决不了的，转由相关仲裁机构调解，调解无效后，依法仲裁。2000年，全年共受理案件3起，调解1起，裁决2起，涉案劳动者5人，涉及标的50万元。同时，区劳动人事管理部门还切实加强源头工作，先后组织5次专项监察活动，共检查用人单位560户，下达询问通知书205份，发出整改指令书178份，制作并送达处理决定书38份，督促用人单位补缴社会保险费50万元，清退非法使用外来劳动力33人。

2001年，在深化企业改制过程中，一些集体企业和个体私营企业用工不规范，劳动纠纷日益增多，区劳动部门会同区工会、经贸局，通过调整、协商、调解、仲裁、监察等办法，对发生的劳动争议案件仍坚持先调解，后仲裁，维护劳动者的合法权益。全年受理劳动人事纠纷案件20起，通过调解化解6起，裁决14起，结案率100%。新浦区劳动仲裁庭2001年度获得市优秀劳动仲裁庭称号。

2003年，新浦区以“维权年”活动为突破口，积极开展各种形式的劳动保障监察活动，推动劳动保障管理工作法制化，以减少劳动纠纷发生。全年专职劳动监察员日常巡查人均95户（总计580户），发出劳动保障监察询问通知书480份，下达劳动保障监察限期整改指令书25份，督促用人单位补签劳动合同500份，责令用人单位退还风险抵押金7000元、支付经济补偿金5万余元，为劳动者追缴社会保险费180万元。全年受理的10件劳动争议案件，年内结案9件。

2004年，开始使用《新浦区劳动仲裁争议案件简易程序调解书》，对事实清楚，劳动争议不大，双方愿意接受调解的适用简易程序，及时维护双方当事人的合法权益。在全区范围内开展劳动监察专项执法检查活动6次；立案查处违法违规案件254件，结案244件，结案率96%；日常巡查用人单位660户；受理劳动争议案件12起，处理结案率100%。

2005年，督促指导私营企业和个体经济组织依法与劳动者签订劳动合同1500份，督促134家用人单位补办社会保险登记手续，责令用人单位退还职工风险抵押金10万元。受理的12件劳动争议案件，全部办结。同年11月，新浦区还建立事业单位人事争议调解仲裁制度。

第三章　安全生产监督管理

第一节　机　构

一、区级管理机构

1958年1月，区政府设立工业科，兼管全区安全生产管理工作。

1984年，全区安全生产监督管理职能由区劳动人事局承担。

1985年5月28日，成立新海区安全生产委员会（以下简称区安委会），下设办公室，设在区劳动人事局。同时，经济主管部门和企业相应成立安全生产领导小组和安全生产活动小组，全区安全生产管理体系初步形成。

2001年8月9日，全区安全生产监督管理职能从区劳动人事局调整到区经济局。在区经济局成立区安全生产监督管理局(以下简称区安监局),副科级建制。按照人随职能走的原则,原区劳动人事局的区安全生产委员会办公室的职能及人员一并转入区安监局。

2005 年 5 月 29 日,区安监局调整为区政府直接监督管理全区安全生产工作部门,正科级建制,区安全生产委员会办公室职责由区安监局承担。区安监局不设内设机构,核定行政编制 4 名。同年 10 月 1 日,成立新浦区安全生产监察大队(以下简称区安监大队)。为股级事业单位,核定编制 8 名,隶属区安监局。

二、基层管理机构

2002 年 7 月 26 日,区安委会印发《关于成立安全生产监督管理所的通知》。同年 8 月,全区各乡镇、街道陆续组建成立安全生产监督管理所,明确具体工作人员。其中,云台乡安全生产监督管理所为独立工作机构,配专职安全监管人员;其余各乡镇、街道安全生产监督管理所与经济管理机构实行“一套人马,两块牌子”,安全监管人员均为兼职。

第二节　制度建设

2002 年,区政府出台《新浦区人民政府安全生产职责规定》,制定《区政府领导安全生产责任网络》。区安委会先后制定了《安全生产例会制度》《安全生产教育制度》《安全生产检查制度》等管理制度。

2003 年,区政府印发《关于加强全区安全生产目标管理工作的通知》,出台《新浦区各级领导安全生产责任制》。区安委会相继出台《新浦区安全生产事故责任追究制度》《新浦区安全生产事故处理制度》等制度。按照事故原因不查清不放过、整改措施不落实不放过、事故责任人得不到处理不放过、广大职工得不到教育不放过的“四不放过”原则,当年,有 4 个单位被全区通报批评,4 个单位被罚款,9 人受到行政处罚,其中 3 人被撤职,1 人被开除。

2004 年,区政府进一步加强安全生产目标管理工作并相应建立安全生产控制指标体系,将年度事故控制指标层层分解到基层。同时,开始实行风险抵押金制度,与区长签订安全生产目标责任状的各位副区长以及与区政府签订目标责任书的各有关单位分别缴纳数额不等的安全生产风险抵押金。其中,各位副区长人均缴纳 2000 元,重点乡镇(如云台乡)缴纳 6000 元,一般乡镇缴纳 4000 元,街道缴纳 2000 元,重点职能局(如农水局)缴纳 2000 元,一般职能局缴纳 1000 元。抵押周期为一个自然年度。年度考核中被评定为优秀的,除全额返还抵押金外,区政府还按其缴纳抵押金数额的 50% 予以奖励。评定为合格的,全额返还抵押金。评定为基本合格的,返还所缴纳金额的 75%。被“一票否决”的,全额扣除抵押金;实行安全生产工作履职报告制度,各有关单位行政正职于每季度末向区安委会书面报告安全生产工作履职情况。以上两项制度执行情况均纳入区政府安全生产年度目标考核。在当年底的目标考核中,签订责任书的 32 个部门中,被评优秀单位的 10 家,占 31%,合格单位 20 家,占 63%,基本合格和不合格各 1 家,各占 3%。当年 9 月 28 日,新浦区安监局随同市安监局等一道加入 110 社会联动系统。年内,区安委会还相继出台《新浦区安全生产委员会主要职责》《新浦区安全生产委员会机构成员及其职责》《新浦区安全生产委员会副主任职责》等安全生产责任规定。

2005 年,区政府与区内 24 个部门和单位签定安全生产监督管理目标责任书。各部、单位也先后召开安全生产工作会议，层层签定安全生产目标管理责任书，部分重点行业、企业还将安全生产目标管理责任书签至车间、班组。当年底考核，被评为优秀单位10个，占41.7%、合格单位14家，占58.3%。

第三节　依法整治

2001年，开展水上交通、公众聚集场所、建筑施工、化工等行业的安全生产专项治理。水上交通专项治理，检验船舶2艘，培训乡镇渡口渡工3名，取缔云台乡朱麻村烧香河渡口私渡、缆渡1道。在公众聚集场所消防专项治理中，共出动消防安全检查人员240人次，检查548个单位和场所，发现各类火灾隐患137处，督促整改129处，下发责令当场整改通知书25份，责令限期整改通知书52份，复查意见书41份，补办消防安全检查意见书4份，整改率达98%。建筑施工专项治理中下发整改通知书15份，整改率达98%。化工专项治理，对全区31家化工企业逐一检查登记建档，查处较大隐患7处，全部下达整改通知书，整改率100%。

2002年，开展公众聚集场所专项治理，培训消防安全管理人员600余人，检查公众聚集场所393家，下发整改通知书和复查意见书25份；开展化工和非煤矿山专项治理，对12家化工、非煤矿山企业核发安全生产许可证，培训安全生产管理人员168名，并对64人核发了安全岗位资格证书；开展建筑专项治理，检查在建工程42个，下发整改通知书14份，责令停工整改工程2项，限期整改工程12项。云台乡所辖龙山渡口通过市地方海事部门验收，获区政府颁发的"合格渡"铜牌。朱麻渡口因安全隐患较多被关闭。

2003年，在危险化学品、非煤矿山、建筑、公众聚集场所、民爆物品、农机、小锅炉等行业和领域开展专项治理。非煤矿山专项治理，培训各类人员112名，核发安全岗位资格证书50份，整治较大安全隐患5处，查处偷采行为2起；对全区200家危险化学品（农药、油漆）经营企业进行摸底排查；检查公众聚集场所单位260个，发现并督促整改火灾隐患94处，下发责令改正通知书50份，实施经济处罚5.3万元；与民用爆破物品使用单位签订安全责任书21份，培训涉爆人员695人，组织检查18次，检查单位84家，下发整改通知书13份，责令停业整顿3家；收缴炸药89公斤，雷管722枚，导火索130米；检验大型农机具21台，拖拉机104台，检验合格率达98%。检查小型拖拉机266台，核发拖拉机号牌162台，发现各类违章及事故隐患21起；培训小浴室业主64人，检查各类小锅炉87台，下发监察意见书55份，依法取缔1台。

2004年，全区重点整治非煤矿山，区政府制定下发了《新浦区2004年非煤矿山安全生产整治方案》，对全区11户非煤矿山企业安全生产现状进行评估。区安监部门先后对其进行26次执法检查，下达整改指令书11份、停产通知书6份，实施经济处罚4.35万元。对不执行整改、停产决定的依法予以整治。随后，由市国土局牵头，公安、供电、环保、农林等部门50多人组成的综合督查队，对云台乡西山村、南云台林场和南城东西凤凰山一线所有非法采石宕口，采取拆除电力设施，切断高压线电源、拆除机械设备、切断运输通道等措施进行处治，杜绝私挖乱采的违法行为。同时，年内还对7家危险化学品生产企业组织执法检查，下达限期改正通知书2份，停产整顿通知书2份。为公众聚集场所培训各类消防安全管理人员1200人；组织消防监督检查656人次，发现各类火灾事故隐患400处，督促整改351处，下发责令限期改正通知书104份，复查意见书103份，消防检查意见书60份。查处消防行政违法案件14起，责令停产停业13家，实施警告2起，实施经济处罚10.35万元。对建筑工地组织执法检查7次，下达整改通知书6份，提出整改意见35

条,98%的事故隐患得到及时整改。年内,还培训各类农机驾驶员152人,检验联合收割机20台,变形拖拉机16台,小型拖拉机345台,审验驾驶员128人,核发驾驶证45本。

2005年3月2日,区政府发出《关于开展全区安全生产事故隐患大排查工作的通知》,并先后两次召开会议进行部署和再落实。排查发现各类事故隐患1277处,其中一般事故隐患1269处,较大事故隐患2处、地质灾害隐患6处。通过层层落实整改责任,使得1262处,一般事故隐患和大岛山采区未实行分层开采及市机关液化气站墙外和违章建筑住宅与储气罐安全距离不足两处重大事故隐患均得到整改,清除了隐患。同年8月10日至9月20日,区安监部门按照市安监局统一部署,用40天时间对全区危险化学品从业单位进行集中整治,共下达限期改正指令书两份,下达复查意见书两份。于8月15日前完成辖区内196家危险化学品从业单位基本情况排查、登记、汇总、建档工作,两户需申领《危险化学品生产企业安全生产许可证》企业,相关基础资料全部通过区安监局初审和市安全生产监督管理局复审。8次非煤矿山专项整治中,先后对拒不执行区安监部门有关生产指令的云台采石二厂车运柱宕口、新浦热镀锌厂以及连续发生两起重大安全事故的云台乡大岛山开采区,下达4份停产整顿通知书。通过停产整顿,上述单位安全生产管理明显加强。年内,有8名责任人受到责任追究。处罚企业和个人金额2.7万元。年内,还与公安、国土等部门联动,开展联合执法,使大规模的非法开采、滥挖乱采行为得到有效遏制。在全年开展的10余次建筑施工专项整治中,先后下达整改通知书28份,提出整改意见152条,事故隐患整改率达98%以上。全区建筑施工企业主要负责人、分管负责人、安全管理人员、特种作业人员持证上岗率达100%,职工"三级教育率"达100%。年内,区消防大队先后对商场、车站、学校、医院等850个人员聚集场所进行检查,完成建筑审核25个,实施处罚14起,消除火灾隐患352处。区安监、农机监理部门先后与交巡警等部门共同开展联合执法,加大对违章违规车辆和人员的查处力度。全年,区农机监理部门共检验拖拉机107台,检验变形拖拉机20台,检验联合收割机20台,审验驾驶员118人。未发生一起农机安全生产事故。在民用爆破器材专项整治过程中,新浦公安分局与各派出所签订目标管理责任书11份,与涉爆单位签订责任书32份,涉爆单位内部签订责任书1124份。300余名涉爆人员先后参加了培训。年内,全区共收缴炸药23.6公斤,雷管75枚,导火索110米,暂停民爆器材使用单位3家,关闭不具备安全条件的炸药库1家。收缴烟花135个,爆竹53万头,取缔烟花爆竹非法销售点23个。

附:2002～2005年新浦区伤亡事故实录

2002年,全区发生各类安全生产事故54起,其中工矿商贸单位12起。死亡4人,重伤8人,造成直接经济损失48万元;发生火灾事故42起,无人员伤亡,造成直接经济损失70万元。

2003年,全区发生工矿商贸安全生产事故5起,死亡2人,重伤2人,造成直接经济损失26万元,分别比2002年下降45.5%、33.3%、71.4和48.3%,实现了事故起数和死亡人数双下降的目标。全区发生火灾事故60起,伤4人,造成直接经济损失17.7万元。

2003年5月24日上午8时05分左右,新浦区南云台林场九岭采石厂发生一起高空坠落事故,致1人死亡,造成直接经济损失8.94万元。该事故有3人受到行政处分,企业被处以5000元罚款。

2003年6月2日14时30分左右,江苏省东辛集团山南农场采石厂发生一起高空坠落事故,致1人死亡,造成直接经济损失7万元。事故发生后,企业被实施停产整顿,并处罚金6000元。

2004年,全区发生工矿商贸安全生产事故3起,致1人死亡,2人重伤,造成直接经济损失29.3万元。

2004年同年3月8日11时20分左右,新浦区云台乡前关采石总厂邱维云分厂发生一起山体坍塌事故,致1人死亡,造成直接经济损失18.3万元。事故发生后,有7人被行政处分,3人被吊销安全岗位资格证书,企业被处罚金20000元。

2005年年6月11日17时30分左右,新浦区陇海步行中街104号—105号李宁专卖店(筹)发生一起高空坠落事故,致1人重伤后经抢救无效死亡,造成直接经济损失10万元。由于该事故发生在个体经营单位,因此善后事宜妥善处理完毕后,未进行责任追究。

2005年7月8日16时20分左右,云台乡大岛山开采区原凤凰采石一厂宕口发生坍塌事故,致1人重伤,造成直接经济损失5万元。

2005年9月10日10时30分左右,云台山大岛山原采石一厂陈兆宕口与原东辛集团山南农场采石厂交界处发生山体坍塌事故致1人轻伤,1台挖掘机被埋压报废,造成直接经济损失100万元。

2005年9月11日11时20分左右,云台乡大岛山开采区凤凰采石一厂冯士田宕口发生一起放炮事故,致1人重伤,造成直接经济损失3万元。

2005年10月23日9时许,云台乡大岛山开采区原凤凰采石一厂杨从皆宕口发生一起物体打击事故,致1人死亡,造成直接经济损失10万元。事故发生后,责任单位被处罚金10000元。

第四章　统计管理

第一节　机　构

新中国成立初期,新浦城区的民主、新华、通灌、新龙4个区,各项调查统计由各区政府组织人员进行,上报新海连特区政府。

1955年11月,新浦区成立后,商业、工业、农业、教育、文化、卫生、体育及党组织各方面的统计工作,由区委和政府的有关职能科室分工负责,人口、社会治安等社会工作情况统计工作,以公安派出所为主。各部门、单位的统计表、报表报区政府和市对口领导机关。

1983年7月起,新海区政府设立计划统计局,负责全区统计管理工作。

1985年1月,撤销区计划统计局,在区计划经济委员会内设立统计科,负责全区统计工作。

1991年2月,区政府设立统计局,负责组织管理全区统计工作。

1997年5月,成立新浦区综合调查队,为股级全民事业单位,编制6名,归区统计局管理,与区统计局合署办公。

第二节　社会经济统计

一、统计项目

1983年7月,新海区计划统计局成立后即开展全区社会经济统计工作。初期统计项目主要有国民经济主要综合指标、工业、农业、财贸、物资、劳动工资、基建、文化教育、卫生及科技人员10大类。

1986年，统计项目发展为综合、人口、劳动工资、农业、工业、建筑业、交通运输、财贸、财政、物资、固定资产投资、科教文体卫生等11类。

1987年，《连云港市统计工作管理暂行规定》公布后，明确区统计部门的职责，社会经济统计项目逐年完善。至1990年，统计项目基本保持农村经济、工业、固定资产投资及建筑业、交通运输业、商业、个体、外经、物资供应、财政保险、劳动工资、人口及计划生育、社会事业等12类。

进入20世纪90年代后，统计制度不断改革和完善，统计专业和统计项目不断调整，统计项目划分越来越细。1993年，增加综合平衡专业，统计内容为国内生产总值（三次产业）及增长速度核算。

1998年始，工业统计制度改变较大，列入统计单位由独立核算工业企业改为年产品销售收入500万元以上工业企业，500万元以下工业企业不再采取全面调查方式，而是采取抽样调查、样本推算总体的方法。同年，增加500万元以上工业企业能源统计专业，统计内容为企业用电量、水、煤炭、燃料油、润滑油及二次能源等购买量、消费量和库存量以及价格。

1999年，增设房地产专业统计，统计内容为房地产企业开发完成情况、财务状况。

2002年，固定资产投资统计制度发生重大变化，统计范围扩大到全社会投资活动，新增全社会固定资产投资完成情况、限上（投资规模500万元以上，下同）固定资产投资情况、工业投资情况、私人建房投资情况等项统计内容。

2003年，调整贸易、餐饮、住宿专业统计内容，统计范围改为年营业额2000万元以上的批发企业、年营业额500万元以上的零售企业，年营业额200万元以上的餐饮、住宿企业等限上企业，限下企业采取抽样调查方式。

2005年，劳动工资统计范围扩大到限上私营企业。

二、统计资料汇编

1983年，区计划统计局成立后，当年着手统计资料整理工作，于次年9月编印了《新海区国民经济统计资料提要》。此后，区统计部门每年均汇编一本统计资料。1988年起，正式编印《新浦区统计年鉴》。1999年开始创办《新浦统计》，至2005年底，编发400期。

第三节　专项调查统计

一、人口与土地调查

民国16年（1927），东海县政府统计室对新浦地区的土地面积、人口及社会组织曾作过统计。

民国23年（1934），江苏省土地局在调查连云港埠区土地情况时，对新浦6个镇土地面积、人口、十年地价变化及浦西镇临洪滩村土地使用情况，作过一次全面调查统计。资料载入《连云港埠区域地价变迁及地权分配概况调查报告书》。民间商会等组织对商业、手工业也有过各种简单的统计，但无系统资料汇集。

民国37年（1948）12月，新海连特区行政专员公署对新浦地区的民主、新华、通灌、新龙4个区进行了人口调查。

二、人口普查

1953 年，开展新中国成立后第一次人口普查。普查登记的标准时间为 1953 年 7 月 1 日零时，调查项目包括本户地址、家庭成员姓名、性别、年龄、民族、与户主关系等 6 项。

1964 年，开展第二全国次人口普查。普查登记的标准时间为 1964 年 7 月 1 日零时，调查项目较第一次人口普查增加了本人成分、文化程度、职业。

1982 年，开展第三次全国人口普查。普查登记的标准时间为 1982 年 7 月 1 日零时，调查项目增加了常住人口的户口登记状况，在业人口的行业、职业和不在业人口状况，婚姻状况以及生育子女总数、存活子女总数和生育胎次等，登记项目达 19 项。

1990 年，开展第四次全国人口普查。普查登记的标准时间为 1990 年 7 月 1 日零时，普查的登记项目增加了“1985 年 7 月 1 日常住地状况”和“迁来本地的原因”两项，旨在查清全国人口迁移的流向和原因。同时增加了死亡人口的民族、文化程度、死亡时的婚姻状况和死者生前从事的主要职业等普查项目。1991 年 3 月出版了《连云港市新浦区第四次人口普查手工汇总资料》。

2000 年，开展第五次全国人口普查，普查登记的标准时间为 2000 年 11 月 1 日零时，调查内容主要包括住户的基本情况和个人的年龄、性别、受教育程度、职业、迁移流动、生育、收入、社会保障、住房情况等 49 项。2002 年 12 月出版了《连云港市新浦区第五次人口普查资料》。

三、农业普查

1996 年，开展第一次农业普查。普查指标分为时点指标和时期指标。时点指标的标准时间是 1996 年 12 月 31 日；时期指标的标准时期是 1996 年 1 月 1 日到 1996 年 12 月 31 日。普查工作始于 1996 年 1 月，至 1997 年底结束，历时两年。主要经过组建普查机构、选调培训普查队伍、清查摸底、入户登记、快速汇总、数据处理、资料编辑和开发利用、总结表彰等阶段工作，对全区农业和农民的基本情况进行了普查。调查内容主要是乡村组织机构情况、农户家庭、人口特征与生活质量、第一产业活动单位和农户生产经营情况、农村居民迁移、农村劳动力资源与就业状况、农业土地利用状况、农业和农村固定资产投资情况等。

四、工业普查

1949 年底，根据市统一部署，开展第一次工业普查，对新浦地区的公营、公私合营企业和手工生产合作社进行普查。对各企业的概况、动力设备、生产运输设备和原料来源、燃料消耗、地基、厂房以及工人工资、工作时间、产品作了全面调查，至 1950 年 6 月结束。

1985 年，开展第二次工业普查。按市工业普查领导小组部署，对新海地区的工业企业的基本情况，产品产量、销售与库存、新产品种类和产量、生产设备和生产能力、能源消耗、劳动工资、成本、价格等进行调查，综合制表上报、公布。

1995 年，开展第三次工业普查。区政府成立工业普查领导小组，按照国家第三次工业普查方案部署，对全区行政管辖范围内的工业生产经营单位和个体工业经营户进行调查，调查内容涉及单位基本情况、企业规模、产品类型及产销存状况、主要生产设备状况、生产能力、主要原材料购进、消费与库存状况、能源购进、消耗与库存情况、劳动工资、职工基本状况、科技活动情况、成本、产品出厂价格等进行全面调查，超级汇总并综合制表上报、公布。

五、第三产业普查

1993 年 8 月 30 日，区政府按照《国务院关于开展全国第三产业普查工作的通知》要求，组织培训近千名普查人员，历时 16 个月，于 1994 年底完成对新浦区范围内第三产业法人单位、产业活动单位和个体商业、服务业经营户等方面的普查，普查内容涉及单位基本情况、企业规模、商品购销存状况、劳动工资、职工基本状况及商品价格情况等。

经普查，截止 1992 年底，全区从事第三产业的单位计 730 个（其中，独立核算单位 358 个，单独核算单位 372 个），从事第三产业的个体单位 2470 个。全部第三产业从业人员 12005 人（其中独立和单独核算单位 7040 人、个体户 4965 人），全部第三产业拥有固定资产原值 8318 万元。1992 年，全区第三产业总产出 11836 万元，中间消耗为 6529 万元，提供增加值 5307 万元，上交生产净税额 608 万元。在全区国内生产总值构成中，第三产业增加值占 65.9%。

六、基本单位普查

1997 年，按照国家第一次基本单位普查方案的部署，全区开展第一次基本单位普查，对全区行政管辖范围内的各种经济性质的法人单位和产业活动单位进行调查，调查内容主要是单位的基本情况。普查的时点为 1997 年 12 月 31 日，时期资料为 1997 年度。本次普查结合江苏省首次基本单位统计行政登记工作一并进行。

2001 年，按照国家第二次基本单位普查方案的部署，全区开展第二次基本单位普查，对全区行政管辖范围内的各种经济性质的法人单位和产业活动单位进行调查，调查内容主要是单位的基本情况。普查的时点为 2001 年 12 月 31 日，时期资料为 2001 年度。

七、经济普查

第一次经济普查 2004 年 12 月，按照国家经济普查实施方案的部署，新浦区对境内从事第二产业、第三产业的全部法人单位、产业活动单位和个体经营户进行全面调查。普查主要内容包括单位基本属性、从业人员、财务状况、生产经营情况、生产能力、原材料和能源消耗、科技活动情况等。普查的标准时点为 2004 年 12 月 31 日，时期资料为 2004 年度。新浦区负责普查登记法人单位 2264 个（另有部分单位由市里普查登记）、产业活动单位 2660 个，个体经营户 14061 户。普查结果：2004 年末全区第二产业、第三产业法人单位从业人员 113030 人，个体经营户从业人员 31428 人。

八、其他调查

1954 年，新浦地区各区配合市统计科、工商科对新浦地区私营工业、手工业进行专项调查。1955 年 9 月，配合市私营商业及饮食业普查办公室，对新浦地区私营商业和饮食业进行普查。

20 世纪 60 年代起，各小学校每年都对施教区内的学龄儿童数进行普查，上报主管部门，作为制定教育发展计划的依据。

1984 年 7 月，开展居民住房普查工作。

1987 年 4 月，对残疾人进行抽样调查，完成调查登记和复查工作。

1987 年、1995 年、2005 年，分别开展了 1% 人口抽样调查（也称“人口小普查”）。在两次人口普查中间年份(即年号末尾逢5)进行的一次人口状况的简易普查。调查内容基本与人口普查相同,包括住户的基本情况和个人的年龄、性别、受教育程度、职业、迁移流动、生育、收入、社会保障、住房情况等。2005年1%人口抽样调查,覆盖全区所有乡(镇)、街道,共抽查53个调查小区,调查登记户数三千多户,登记总人数10000多人。区人口抽样调查办公室被评为省级先进集体。

1989年,进行人口变动抽样调查。新浦区为国家调查抽中区,浦东街道为抽中街道,共调查5个居委会,7个居民小组。取样本309户,961人。新浦区的抽样调查获省评比全优。

1998~2005年,持续开展规模以下工业企业和个体工业经营户抽样调查,每年调查4次,调查时期为2、5、8、11四个月份。

1999年和2001~2004年,每年都进行1次千分之一人口变动抽样调查。

2000~2005年,持续开展规模以上工业企业主要工业品出厂价格调查,调查频率为每月两次,调查时点为每月的8日、18日。

2002~2004年,每年开展1次城镇劳动力转移调查。2003~2005年,每年开展1次群众安全感调查。

2005年,先后开展体育产业状况抽样调查,非国有企业在职职工收入和社会保障情况调查,企业投资环境调查和电力用户满意度抽样调查。

第四节　执法检查

1992年2月区统计局成立以来,配合市统计局开展了统计法的宣传和统计监审工作。

2003年,对浦西街道办事处、南城镇等5个单位进行统计监审。通过监审,核减了虚假数据3000万元,对相关单位进行了处罚,下达了限期整改通知。

2004年,对新东街道办事处、浦东街道办事处等9个单位进行统计监审。

2005年,对新海街道办事处、临洪经济发展公司等单位进行统计监审。对发现的统计数据虚报现象及时提出整改意见,并对苏红酒业有限公司、意森包装制品有限公司下达了整改通知,对六一服装厂和热镀锌厂下达处罚决定。

第五章　审计管理

第一节　机　构

1989年以前,区政府无审计机构,各项审计工作均由市政府相关职能部门直接负责,或由区政府临时组织人员进行。

1989年9月,新浦区审计局成立。

1995年,成立新浦区审计事务所,属自收自支集体事业单位。1999年,区审计事务所改为独立的社会中介服务机构,与区审计局完全脱钩。

2003 年，成立新浦区经济责任审计局，为副科级事业单位，隶属区审计局，编制 5 名。同年 12 月 2 日，成立连云港市内部审计协会新浦区办事处，专门负责全区内部审计工作及内审人员培训。

第二节　财政审计

一、财政预算执行情况审计

1985 年至 1990 年，市审计部门对新浦区财政进行两次审计，发现由于管理制度不健全，账务处理不规范，导致收支不平衡，资金使用效益不高等现象，均及时进行纠正。

1997 年，区审计局对新浦区 1996 年预算执行及其他财政收支情况进行审计。针对其存在的农业税及农业税附加未入预算收入及预算外收入账、部分财政周转金难以收回、个别单位收取的罚没收入未上缴财政等问题，及时提出处理意见与建议。其后，区财政局将农业税及农业税附加共 17239.78 元入预算收入，督促个别单位将没有及时上缴财政的 172547 元罚没收入上交国库。

1998 年，区审计局对新浦区 1997 年预算执行及其他财政收支情况进行审计。发现存在财政专项周转金到期回收不到位、财政支出预算有暗抹现象、预算结余账表不符、财政专户资金账款不符等问题。及时提出加强财政专项资金、预算资金及往来款项的管理等建议，并得到区财政局的采纳。

1999 年，区审计局对新浦区 1998 年预算执行及其他财政收支情况进行审计。针对发现的部分预算批复不及时、暂付款及借出周转金回笼力度不大、资金调度困难、隐性赤字加大、财政支出决算数与区人代会报告数有一定出入等问题，及时提出加强预算资金及往来账款管理等建议。

2000 年，区审计局对新浦区 1999 年预算执行及其他财政收支情况进行审计。对其存在的部分预算调整有一定随意性、支出项目不真实、虚假调入资金、借出周转金回笼力度不大等问题，及时提出整改建议。

2001 年，区审计局对新浦区 2000 年预算执行及其他财政收支情况进行审计。发现主问题要为：预算指标调增减较大、通过调入资金 574.60 万元平衡当年财政收支、借出周转金回笼力度不够等。针对上述问题，提出加大对农业税等 4 个税目的征管力度、清理到期出周转金、加强对预算外资金的统管等建议。

2002 年，区审计局对新浦区 2001 年预算执行及其他财政收支情况进行审计。针对其存在的上年指标结转下年无反映、部分原始凭证使用不规范、应收款回收力度不够、财政资金调度困难等问题，及时提出原始凭证入账要规范、完善乡镇财政管理体制、加大税收征管力度、清理到期借出款项等建议。

2003 年，区审计局对新浦区 2002 年预算执行及其他财政收支情况进行审计。针对其存在的虚列财政支出 105.90 万元、通过调入资金平衡当年财政收支 429.20 万元、154.95 万元应入预算管理的行政性收费未及时上缴国库、财政资金调度困难、收浦西街道办事处承包费 34.38 万元未入预算外收入等题，及时提出原始凭证入账要规范、往来款项要及时清理、完善乡镇财政管理体制、加强预算外资金管理等建议。事后，区财政局立即将 154.95 万元行政性收费上缴国库、将收浦西街道办事处承包费 34.38 万元入预算外收入。

2004 年，区审计局对新浦区 2003 年预算执行及其他财政收支情况进行审计。发现存有预算收入 370.55 万元未及时缴库、虚列财政支出 1505 万元、692.97 万元行政性收费未及时上缴国库等问题。并及时提出加强预算外资金管理和核算、完善乡镇财政管理体制等建议。区财政局采纳审计建议，立即将预算收入370.55万元、行政性收费692.97万元上缴国库。

2005年，区审计局对新浦区2004年预算执行及其他财政收支情况进行审计。并针对其存在的虚列财政支出542.98万元、预算拨款使用不规范票据、预算收入未及时上缴国库等问题，提出调整支出结构、加强预算管理、完善乡镇财政管理体制等建议。

二、财政决算审计

2003年起，区审计局开始对乡镇的财政决算进行审计。当年4月，区审计局对云台乡人民政府2002年度财政决算情况进行审计。针对其存在的虚列财政支出、虚假调入资金弥补当年赤字、预算外资金未缴入财政专户直接坐收坐支、转移及挤占资金、专项资金拨款未及时到位、公款私存等问题，提出加强预算外资金管理、保证专项资金专款专用、建立健全固定资产管理制度等改进意见和建议。云台乡政府采纳审计建议并及时进行整改。

2005年，区审计局对南城镇人民政府2004年度财政决算情况进行审计。针对其存在的虚列财政支出、虚假平衡空转财政收入、无固定资产明细账等问题，提出加强财政收支真实性的核算、建立固定资产明细账等改进意见和建议。南城镇政府采纳审计建议，并及时进行整改。

第三节 行政事业单位审计

一、行政机关财政收支审计

1989年，区审计局印发了《关于定期向审计部门报送会计报表的通知》加强对区级审计对象的审计监督。1990年10月，对区文教局及其所属的新浦中学、陇东中学教育经费收支情况进行审计。发现区文教局将区财政局拨给的专项扫盲经费9000元直接列经费支出，并将预算内经费27936元转预算外挂暂存科目。文教局所属两所中学同样存在将预算内转预算外，专项经费转预算外挂“其他暂存”科目，并有滥发津贴、补贴，白条入账等问题。针对上述情况，建议全区加强对教育经费的管理，提高财务人员整体素质，并得到区教育局采纳。

1991年，区审计局对浦西街道办事处、浦东街道办事处及市东街道办事处1990年度财政收支情况进行审计。针对存在的虚列财政支出、扩大开支范围发放奖金津贴、专项经费未专款专用、未经批准，擅自购买专控商品，罚没收入挂“暂存款”、银行存款日记账与总账余额不符等问题，提出加强专项资金管理、行政性收费及时上缴国库等建议。事后，浦西、浦东及市东3个街道办事处均切实进行了整改。

1994年，对新浦区工商局1993年度财政收支情况进行审计。发现其财务管理中存在提高“工会经费”补助标准、提高独生子女费发放标准、着装管理松懈等问题。对此作出将多补助的工会经费部分调账处理的处理决定，得到采纳。同年6月，对新浦区土地管理局1993年度财政收支情况进行审计。发现其对保险公司退回的养老金利息未入收入账，支付工程决算款20920.21元未列入建筑工程支出等问题。对此作出立即调整会计账务的处理决定。区土地管理局及时将养老金利息入收入账，将工程决算款20920.21元列入建筑工程支出科目。

1995 年6 月,审计临洪街道办事处1994 年度财政收支情况。针对其存在的虚列支出,白条入账,现金管理不严等问题,提出加强现金及支出票据管理等建议。临洪街道办事处及时作了整改落实。

1997 年 8 月,对新浦区人民法院 1996 年度财政收支情况进行审计。对审计中发现的虚列支出、收取罚没收入 172547 元未按时上缴国库、违规发放电话费补贴等问题,及时提出处理意见。法院立即将罚没收入 172547 元上缴国库。

1998 年,对新浦区卫生局财政收支情况进行审计。发现该单位将收取的医院代交药品罚款记入"暂存款"并将此款用于发放职工福利奖金。同年 4 月,对新浦区外经贸局 1993 年 2 月至 1998 年 3 月财政收支情况实施审计。发现存在隐瞒账户、超标准报销住宅电话费、公款私存、购置固定资产白条入账等问题。同年 5 月,对新浦区民政局 1990 年 3 月至 1998 年 4 月财政收支情况实施审计。发现其存在白条入账,往来账核算手续不齐备,扶持福利企业借款回收不及时,违反规定随意转移资金等问题。对上述问题均作出整改建议,并得落实。

1999 年,区审计局对区环保局 1998 年度财政收支情况实施审计。发现存有隐瞒排污费收入,收取排污申报费、评审费等收入未纳入财政专户统一管理使用,下属单位新浦碧峰环保技术中心漏缴税金 17299.75 元等问题。针对排污费未上缴国库的问题,作出罚款 61084.73 元的处理决定,同时作出对其下属区环境监察大队处以 3227 元的罚款,对下属单位新浦碧峰环保技术中心漏缴税款 17299.75 元予以收缴的处理决定。环保局及其下属单位均及时落实到位。同年 10 月,对新浦区计划生育局 1995 年 3 月至 1999 年 6 月财政收支情况进行审计,并针对计生指导站药品管理混乱、执行财经制度不严、公款消费数额较大、账务处理不规范等问题,提出加强药品监督管理等建议,并得到采纳和落实。

2000 年,对区城市管理局 1999 年度财政收支情况进行审计。发现其下属单位监察大队隐瞒罚没收入 131800 元,部分预算外收入款项未纳入财政专户统一管理使用,医疗费报销不符合公费医疗有关规定等问题。针对监察大队隐瞒罚没收入问题,处以 6590 元罚款,针对预算外收入未上缴财政专户的问题,处以 6914 元罚款的处理决定。区城管局及其下属单位均及时整改,将处理决定落实到位。同年 7 月,对新浦区建设局 1999 年度财政收支情况实施审计。发现其应缴未缴房产税等税款共 534 元,及部分预算外资金存入往来账户,专项经费核算不规范等问题。并针对上述问题,作出将漏缴税金上缴财政的审计处理决定,提出加强预算外资金和专项资金的监督管理等改进意见和建议。区建设局及时将罚没款及税款共 10214.65 元及时上缴国库。

2001 年,对区民政局 2000 年度财政收支情况实施审计。发现大额支付现金、遵守财经纪律不严、随意开支、福利基金随意支出等问题。就此提出的加强财务管理的建议和作出罚款的处理决定,均得到整改落实。同年 8 月,对区贸易局 2001 年 1 月至 8 月财政收支情况实施审计,并针对存在的虚列收入、虚列支出、白条入账、餐费支出数额较大等问题,提出加强财务管理的建议。事后,区贸易局全部予以落实。

2002 年,对区司法局 1995 年 3 月至 2001 年 10 月财政收支情况实施审计。发现其存在预算外资金未实行专户存储、多支付本单位职工购房款、公证处部分收入未及时入账等问题。并作出对部分未上缴财政专户的预算外收入 10000 元予以收缴。区司法局及时将 10000 元上缴区财政专户。

2003 年,对区建设局 2002 年度财政收支情况进行审计。发现该单位存在往来款长期挂账不清理、挤占专项资金、预算外资金未上缴财政等问题。延伸审计下属单位花卉中心时发现该单位有隐瞒销售收入现象。针对其预算外资金未及时上交区财政专户的问题,作出罚款的审计处理决定,并得到落实。同年 5 月,对区农林水利局 2002 年度财政收支情况实施审计。发现该单位存在专项资金未及时拨付、隐瞒房屋出租收入、用收取税费发放职工福利、白条支付有关款项等问题。及时提出加强财务管理、预算外收入上缴财政专户等审计建议,并得到采纳。

2005年,对区科技局2004年度财政收支情况实施审计。针对其存在的部分科技经费指标未及时拨付、区匹配资金未及时拨付、招待费支出数额较大等问题,提出加强科技三项经费管理、保证专款专用,从严控制招待费支出、缩减开支的审计建议,并得到采纳。

二、事业单位财务收支审计

1990年起,区审计局每年对全区2至3个事业单位的财务收支情况进行审计。1991年6月,对区卫生防疫站1990年度财务收支情况实施审计。发现其存在虚列经费支出、公款私存、从"专用基金—职工福利基金"列支有关费用等主要问题。对虚列经费支出问题,作出调账处理决定;对公款私存问题处以罚款1500元处理决定。事后均得到落实。1992年,对区计划生育委员会1991年度财务收支情况实施审计。针对其存在问题,作出调账处理、罚款318元的处理决定。均得到整改落实。1994年,对区社会劳动保险管理处1993年度财务收支情况实施审计。发现主要问题有:将养老保险基金基金借给锦花制线厂使用,长期挂账未清理,将养老保险基金借给保险公司新浦分理处使用未收回。就此提出的加强往来账款清理等审计建议均得到采纳。1995年,对区妇幼保健所财务收支情况实施审计。针对其存在的年底收支未转结余、从暂存款列支业务支出、列支电话费没有执行区政府有关规定等问题,提出的按规定进行调账等审计建议,得到采纳。

1999年8月,对连云港市陇东中学1998年度财务收支情况实施审计。发现该校预算外收入461056.50元未纳入财政专户统一管理使用、房屋出租收入未缴纳税金15271.69元、漏交土地使用权出租出让金6579.60元等主要问题,并作出相应的审计处理意见和建议。陇东中学立即将税金15271.69元及土地使用权出租出让金6579.60元上缴财政。同年10月,对连云港市大庆路小学1998年度财务收支情况实施审计。发现该校存在将收取学生的各项收入存入个人账户且利息未入账、出租房屋收入未缴纳税金19014.77元、擅自购买专控产品、白条支付各种费用等主要问题,并针对前两项问题作出审计处理决定。大庆路小学很快将漏缴税金19014.77元上缴财政专户。

2001年,对连云港市解放路小学2000年度财务收支情况实施审计。审计发现该校出租房屋收入漏缴税金60520元、部分预算外资金未纳入财政专户统一管理使用等问题,并作出审计处理决定。解放路小学将漏缴税金60520元上缴财政专户。

2003年,对南城中学2002年度财务收支情况实施审计。发现存在私设"小金库"50100元用于购买电脑等、会计资料不真实、预算外资金163461.78元未上缴财政专户、工程竣工未办理决算手续等问题。对此作出相应的审计处理决定,将"小金库"全额收缴。同年8月,对区文化馆2002年度财务收支情况实施审计。发现其漏缴出租房屋收入税金76035.38元、未按规定渠道筹集资金、收取社会办学部分收入23900元未及时入账等问题。作出有关审计处理决定。随后区文化馆立即将漏缴税金76035.38元上缴财政专户,并对其他问题进行整改。

2004年7月,对连云港市关里小学2003年度财务收支情况实施审计。针对其存在的预算外收入未上缴财政专户、利用往来账户列收列支、银行存款总账与明细账不符、代办费账户有余额等问题,立即提出加强预算外资金监督管理等建议。关里小学立即将预算外收入全额上缴财政专户。

2005年4月,对区环境卫生管理处2004年财务收支情况开展审计,审计结果表明,该单位财务收支管理核算较规范，符合国家财经法规规定，但还存在原始凭证与记账凭证金额不符、账务处理不规范等财务问题。同年5月，对区市政养护管理处2004年度财务收支情况实施审计。发现其“其他应收款”未及时清理、市政施工工程未如实纳税、拨入专款未专款专用、职工养老金未及时上缴。及时提出按属地纳税、加强往来款清理等建议并得到采纳。

第四节　专项资金审计

一、专项资金审计和审计调查

1991年之前，未开展专项资金审计和审计调查工作。

1991年起，开始开展专项资金审计和审计调查工作。当年，对全区1991年度救灾捐赠款物实施审计。审计时经核实，区财政拨入1万元救灾款，尚未分配，将20立方米木材计划拨10立方米建市东老人公寓，用于公共福利事业，拨1立方米修市民街一五保户住房，尚余9方计划未分配。

1992年7月，对区红十字会1991年11月至1992年6月接收救灾物资及分配使用情况进行了审计调查。红十字会接收捐赠棉被133条，折合人民币6650元。发放给五保户老人40条，发放给残疾人、贫苦户28条，发放给残疾人康复中心65条；接收捐赠棉衣65件，折合人民币1625元，发放给五保户老人30件，发放给残疾、贫困户35件；接收捐赠棉毯75条，折合人民币1200元，发放给残疾人、发放给贫困户48条，发放给残疾人康复中心27条。

1999年至2001年，连续3年对全区科技3项经费安排、管理及使用情况实施审计。发现问题主要有：资金管理不符合财务制度规定、未做到统一管理，发放财政拨款不到位、资金未全额拨付给项目单位使用，没有专款专用等。对此提出加强科技三项经费管理等审计建议，得到采纳。

2002年，对全区2001年度企业职工基本养老保险基金及部分企业缴费基数开展审计和审计调查。审计发现其存在以前年度借出的企业养老保险基金未能及时清理回收，业务凭证传递不及时、有关数据反映不一致，地税待解户利息收入未及时缴入财政专户等问题。并有针对性地提出整改意见和建议，以确保养老保险基金运行的安全与完整。

2003年，对防治非典专项资金和社会捐赠款物安排、分配、使用情况开展专项审计和审计调查。确保抗“非典”32.6万元专项资金及捐赠款物10.84万元落实到位。审计没有发现隐瞒、截留、挤占、挪用防治非典专项资金和捐赠款物等行为。同年11月，对新浦区抗洪救灾专项资金及捐赠款物接收、分配及使用情况开展专项审计和审计调查。审计之日，区本级安排的抗洪救灾专项资金共6万元，已全额拨付下级单位使用；接收的抗洪救灾捐赠款物合计7750元，已全额上缴区财政局预算外专户，但区财政未及时拨付。审计没有发现隐瞒、截留、挤占、挪用抗洪救灾专项资金和捐赠款物等行为。

2004年和2005年，分别对新浦区2003年、2004年度农村税费改革转移支付专项资金分配、使用和管理情况实施审计。经审计核实，有关部门能够按照省有关规定及时将省级转移支付补助资金分配到乡镇、办事处，并设立三项资金专户，保证资金的封闭运行，并做到专款专用。对存在的村级三项资金到位不足、村级三项资金未及时拨付等问题，提出筹措资金补足缺口、及时拨付村级三项资金等审计建议，得到采纳。其间，对新浦区2003年、2004年度农村公路建设专项资金拨付、管理、使用情况实施审计。

发现部分路段没有经过招投标和实行监理制度,区主管部门存在多头开设银行账号,未及时拨付市配套款项、地方配套资金不到位等问题,及时提出加强工程招标管理、及时拨付资金等审计建议并得到采纳。

二、涉农专项资金审计

新浦区涉农专项资金审计工作开始于2004年。2004年和2005年,分别对全区2003年、2004年度农村税费改革转移支付专项资金分配、使用和管理情况实施审计。经审计核实,有关部门能够按照省有关规定及时将省级转移支付补助资金分配到各乡镇、街道办事处,并设立三项资金专户,保证资金的封闭运行,做到专款专用。但仍存在村级三项资金到位不足、村级三项资金未及时拨付等问题。就此提出的筹措资金补足缺口、及时拨付村级三项资金等审计建议,全部得到采纳。

第五节　企业审计

一、财务收支审计

1989年10月,区审计部门对新浦房屋开发公司1988年至1989年9月的财务收支情况进行审计,发现该公司在开发商品房过程中亏损27.69万元,以及出售商品房漏缴营业税等税金38425.63元、乱挤乱摊成本费、违反财务会计制度等问题,并及时作出审计处理决定。区房屋开发公司于1990年4月对审计处理决定逐一进行落实,并整改到位。

1990年,对新浦区百货公司1987年7月至1990年1月财务收支情况实施审计。针对该公司存在的转移、隐匿收入24368.11元造成利润不实,扩大费用开支范围,乱发奖金、补贴和实物等问题,作出审计处理决定。事后新浦区百货公司对审计决定逐一并整改落实。

1998年,对新浦房屋开发公司1997年至1998年3月财务收支情况实施审计。发现该公司收取房屋出租收入未交税金84912.21元、收取房屋出租收入249004.60元挂往来未入收入账,少提职工福利费、职工养老金、工会经费及职工教育经费,应提未提固定资产折旧,已提税金未到税务部门补缴等问题并作出相关审计处理决定。新浦区房屋开发公司将税金84912.21元及时上交区财政专户。

2005年,对花果山建设工程公司2002年1月至2004年12月财务收支情况实施审计。发现该公司存在应缴未缴税金232860.43元,工程已完工,但账面尚未反映工程收入,少提、少缴税金,白条列支费用,变卖固定资产账面处理不妥,报销手续不规范等问题并作出相关审计处理决定。花果山建设工程公司立即将税金232860.43元及时上交区财政专户。

二、资产负债和损益审计

1997年,区审计部门对连云港市新陵物资贸易有限公司1996年度资产、负债、损益情况实施审计。审计结果表明,该公司资产和损益均反应不实,应调减资产11.37万元,应调减利润11.37万元。同年5月,对连云港市浦强金属材料公司1995年至1996年资产、负债、损益情况实施审计。发现该公司存在1995年应调减当年利润17.80万元,1996年应调减当年利润30.74万元,应收账款长期未收回,从往来款列支费用,货币资金余额总账与明细账不符等问题。并提出加强业务学习、设置库存商品明细账等审计建议，得到采纳。

2000 年，对新浦区外贸公司 1997 年至 2000 年 4 月资产、负债、损益情况实施审计。发现该公司应调减资产 1244.77 万元，应调增流动负债 289.50 万元，调减流动负债 79 万元，调减长期负债 2813.60 万元，应调减所有者权益 1173.91 万元。同时发现业务招待费超支 20.42 万元、超出现金结算起点使用现金、公款私存、医药报销制度不统一、白条列支费用、账务处理不真实等问题。针对以上问题，提出审计整改意见和建议。按照审计处理决定要求，新浦区外贸公司将罚款 55815.09 元及时上交区财政专户。同年 7 月，对连云港市百国饭店 1997 年至 2000 年 4 月资产、负债、损益情况实施审计。审计发现，应调减资产 35.64 万元，调增资产 0.5 万元，应调减负债 27.06 万元，调增负债 5 万元，所有者权益调减 133.31 万元。以及未及时登记固定资产明细账、往来账款长期未清理等问题。

2003 年，对新浦区房屋拆迁安置公司 2001 年 10 月至 2003 年 4 月资产负债和损益情况进行审计，发现该公司资产负债和损益均反应不实，应调减资产 17 万元，调减负债 129 万元，调增负债 33 万元，应调减损益 50 万元，调增损益 129 万元。

第六节　经济责任审计

2001 年起，区审计局逐步开展对区行政事业单位及区属国有、集体企业主要领导人的离任审计。当年 6 月，开展对新浦区教育局原任局长任期经济责任审计，审计发现，教育局存在个人因公出差借款结算不及时、招生办收考务费核算不规范、部分部门国有资产管理松懈、招生办提供有关资料不及时等问题并作出处理决定。新浦区教育局将罚款 6 万元及时上缴区财政专户。

2002 年 6 月，开展对新浦区人民法院原任院长任期经济责任审计，审计发现，存在业务招待费支出数额较大，部分餐费发票不规范、大额支付现金等问题。根据审计处理决定，新浦区法院将罚款 4 万元及时上交区财政专户。同年 9 月，开展对新浦区新东街道办事处原任领导任期经济责任审计，审计发现，存在部分预算外资金收入 129260 元不及时上缴财政专户、坐收坐支，隐瞒预算外资金收入 101400 元，将预算外资金收入列“暂存款”或“其他收入”等问题。对此提出加强业务管理、将预算外资金上缴财政专户等审计建议，并得到采纳。

2003 年 5 月，开展对新浦区城管局原任领导任期经济责任审计。发现该局存在部分罚没收入未上缴财政、发票使用不规范、领取特殊津贴时手续不规范等问题。审计提出处理意见和建议。同年 7 月，开展对新浦区人防办原任领导任期经济责任审计，发现该单位存在发票使用不规范、在建工程完工后仍长期挂账、大额使用现金、招待费开支数额较大等问题。同年底，区审计局与区劳动人事局、区纪委等部门联合成立经济责任审计联席会议，推行审计前公示、向被审计单位工作人员发放廉政情况调查表、召开座谈会等经济责任审计模式。

2004 年 11 月，开展对新浦区防疫站原任站长任期经济责任审计。发现该单位存在未经物价部门许可，无证收取儿童保偿培训费、未按规定使用收费票据、收支反映不真实、大额使用现金、固定资产管理不规范、发票使用不规范等问题。作出对该单位未按规定使用行政事业性收费票据收取的审查费、体检费、办证费等予以收缴 10000 元的处理决定。

2005 年 7 月，开展对新浦区南云台林场原任领导任期经济责任审计，针对林场存的在收入核算不规范、业务招待费有弄虚作假行为等问题提出整改意见和建议。同年 9 月,开展对新浦区教育局原任局长任期经济责任审计。发现该局存在招生办公室隐瞒预算外收入、销毁部分原始凭证、公款存入银行储蓄所过渡户、国有资产管理松懈等问题。对此提出加强业务学习、预算外收入上缴财政专户等审计建议,得到采纳。

2001 年至 2005 年,共完成经济责任审计项目 15 个,查处违纪违规金额 209.5 万元,管理不规范金额 90.50 万元。组织部门根据审计结果,提拔 7 人、移送纪检监察部门处理 2 人。区审计局的经济责任审计工作在加强干部管理监督和促进党风廉政建设方面发挥了积极的作用。

第六章　物价管理

第一节　机　构

民国 13 年(1924)前后,新浦地区有民间商会组织,按照经营商品的类型划分布业、杂货业等同业公会,协调公布部分商品价目。

民国 28 年(1939),日军侵占新浦各地后,日伪东海县政府设立评价委员会。

民国 30 年(1941),日商三井洋行(株式会社)在新浦等地设立出张所,为垄断粮食等物资之需要,公布地购粮食价格,称"官价"。

民国 34 年(1945)后,东海县国民政府设立社会科,干预市场,并通过新浦《海报》公布主副食品、日用消费品价格动态。民间同业公会协调部分商品和饮食服务业价目,同业商户按照执行

新中国成立后至 1984 年上半年,新浦地区物价由市物价主管部门直接管理。

新中国成立初期,连云港市成立国营贸易公司,购进资本家货物,以平抑市场物价。1949 年 10 月,成立新海连特区专署工商局并负责物价管理工作,隶属山东鲁中南行署。1956 年,成立新海连市市场物价办公室。1957 年,改为市计划委员会市场物价办公室。1959 年,市场物价办公室从市计划委员会独立出来,成立新海连市人民委员会物价管理科。1962 年,成立连云港市物价管理局。1966 ~ 1976 年,市物价管理局撤销,并入市生产指挥组下属秘书组,后又并入计划组兼管。1971 年,因管理范围增大和人员增多,成立物价组。1977 年,设立市计划委员会物价科。1981 年,成立连云港市物价委员会。1983 年,成立连云港市物价局。在此期间,新浦区的物价工作均由市物价部门直管。

1984 年 6 月,成立新海区物价检查所,正股级建制,事业编制 4 人,属区计划统计局分管,业务受市物价局指导,负责对新海地区的市场价格、企业产品价格、商品流通领域的价格、行政事业性收费和经营性收费的执行情况检查、监督和管理。

1985 年 1 月,新海区工业交通局与计划统计局合并,成立区计划经济委员会,新海区物价检查所归区计划经济委员会分管,业务仍受市物价局指导。同年 11 月,全区划片建立 6 个职工物价监督站,每站 7 个组,选聘职工物价监督员 312 名,义务协助区物价检查所进行物价监督管理工作。

1986 年 6 月,撤销新海区,恢复新浦区建制,新海区物价检查所随之撤销,人员收归市物价局,新浦地区物价由市物价局直接管理。

1987 年 6 月,南城物价检查站成立,负责南城镇、云台乡、云台农场、南云台林场的物价管理和检

查。其后，猴嘴物价检查站成立，负责猴嘴镇、花果山乡的物价管理和监督检查。

1997年1月，成立连云港市物价局新浦分局，正科级建制，下设物价检查所，编制6人，为市物价局派出机构，负责新浦地区价格管理工作，以价格监督检查为主，监测粮食、农资、煤炭、成品油、公用事业等商品和服务价格走势，分析价格变动的原因及影响。

第二节　价格管理体制改革

民国初期，新浦地区民间商会、同业公会协调部分商品价格，同业商户参照执行，市场价格较为平稳。

20世纪20年代至30年代，军阀混战，新浦地区国民生活必需品价格扶摇直上。30年代末至40年代中期，日伪当局滥发“储备券”等纸币，连续贬值，导致物价暴涨。

民国34年（1945），抗战胜利后，国民党政府滥发多种纸币，造成恶性通货膨胀，物价飞涨。

民国37年（1948），金圆券刚一发行，币值陡跌，物价狂涨。新浦小麦市价比民国34年（1945）暴涨4465倍，食盐市价比民国36年（1947）涨15倍。国民政府所谓“八一九”限价，很快宣布失败。

民国38年（1949）上半年，受周边城市价格上涨的波及，新浦地区物价再次暴涨。新海连特区专员公署立即发布管理金银市场的通告，封闭银元市场，严惩金银贩子，成立国营贸易公司，及时调运粮食等物资，集中投放市场，挂牌公布价格，以平抑粮油等主要商品价格，同时加紧征收营业税和地价税，迫使不法商人脱货求现。

1950年，贯彻政务院发布的《关于统一国家财政经济工作的决定》等指示，发挥国营贸易公司作用，调集、抛售粮食、棉花、棉布等物资，打击奸商投机倒把活动，新浦地区市场物价趋向稳定。

1953年~1955年，新浦地区在物价管理政策上采取“基本不动，个别调整”的原则。1953年12月，实行粮食统购统销；1954年9月，实行棉花统购不统销，棉布统购统销；1955年3月起，执行政务院发布新版人民币和稳定市场物价的规定，商品价格一律不准提高。

1956年，基本完成对资本主义工商业的社会主义改造，公有制经济在新浦地区商品零售额中占绝对主导地位，形成统一的社会主义市场，国家定价成为市场物价的主要形式。

1963年7月15日，调整工业品城乡差价。1964年，调整粮食、食油、猪肉、食糖等价格。

1966年8月，根据国家和省物价会议的要求，整顿农用物资价格，对农副土特产的价格进行调整，省管产品价格调整97种，调高平均上升24.67%，调低平均下降10%。同年10月22日，提高市管27个品种的粮油统购价格，提高幅度12.5%，城乡统销价格不变。同年，调整了大百货、文化用品及自行车、收音机等商品的地区差价。

1967年8月20日，市场物价面临失控的危险，为了使市场物价尽量不受冲击，党中央、国务院联合发出《关于进一步实行节约闹革命，控制社会集团购买力，加强资金、物资和物价管理的若干规定》，规定不合理的价格和地区差价、城乡差价一律放在“文化大革命”后期处理，各项收费标准，不得自行降低。1967~1970年，物价基本处于冻结状态。

1971年6月8日，按照江苏省革命委员会的规定，有计划地提高油料、油脂和棉花收购价格，销售价格一律不变。从1971~1975年，由于严格控制市场的主要商品价格水平，市场物价保持持续稳定。

根据国家统一部署，从1979年起，对价格体系和价格管理体制进行改革，采取调放结合的方针。

1984年前,着重于调整严重扭曲的价格体系,“调放结合,以调为主”。

1984年以后,改革的重心逐步向转换价格形成机制转变,“放调结合,以放为主”。连云港市将110种工业品价格、60种农副产品收购价格和53种农副产品销售价格下放给县区管理,新浦地区放开714种三类小商品价格和家禽购销价格,对乡镇工业产品价格允许高来高去,低来低去,或在一定范围内实行浮动价格。

1985年,放开工业生产资料超产自销产品价格,价格“双轨制”开始形成,市场调节在价格体系中占据重要地位。新浦地区农副产品价格改革步子加大,4月放开生猪收购价格,实行有指导的议购议销价格,7月放开猪肉销售价格,实行毛白差率控制,城镇人口猪肉定量供应取消,同时对城镇定量人口实行肉食品补贴,价格补贴开始由暗补改为明补。从1985年粮食年度起,粮食、油料、棉花由统购改为合同订购,定购内的实行比例价,定购以外的粮食实行议购议销,对返销农村的粮油实行购销同价,工业消费品价格放开的范围由三类小商品扩大到重要的日用工业品,1985年和1986年,新浦地区分两批放开黑白电视机、收录机、洗衣机、电冰箱、电风扇、收音机、自行车、缝纫机、手表、80支以上棉纱及其织品、中长纤维等11种工业消费品价格。

1988年,提高粮食、油料收购价格和肉、蛋、糖、茶四类副食品价格,新浦地区放开13种名烟和13种名酒价格。

1989~1991年,围绕国民经济治理整顿,着重于控制价格总水平过快上涨,控中求改,相机调放。1989年,提高粮、棉、油的收购价格和铁路、水运客运票价。1990年,提高铁路、水运和公路的货物运价,对近40年未动的邮政资费作出调整。1991年,为理顺粮食购销价格,减轻粮食购销倒挂和财政补贴,新浦地区大幅度提高已20多年未动的城镇居民粮油统销价格,全面放开卷烟零售价格,放开粮食白酒、豆制品、部分纸张等30多种商品价格。

1992年,是新旧价格机制的转折点。8月,新浦地区地方农副产品和地产日用工业消费品,除少数品种外,价格全部放开;同时放开理发、洗澡、照相、舞厅、小型旅馆、修理服务等经营性收费。

1993年1月,放开钢铁产品价格,除国家专项用材外,其他钢铁产品由企业根据市场供求自主定价。4月,放开粮食、油料购销价格,取消粮食定购和对居民的定量供应,不再使用粮票。6月,放开水泥出厂价格,钢材、水泥等生产资料价格按市场调节价并轨。同年还放开薄荷油、山羊板皮、对虾等价格,对宾馆、招待所客房价格由国家定价改为指导价,小旅馆和低等级床位价格放开。至此,放开商品价格比重已达到95%,由市场形成价格的机制初步形成。

1997年,放开化工产品价格,纯碱、烧碱计划内外价格并轨。

1998年,《中华人民共和国价格法》颁布施行,对政府定价范围进行限定。同年,放开棉花供应价。

1999年,全面放开棉花购销价格。至此,新浦地区商品和服务价格95%以上由市场机制形成。

1999~2005年,国家和省、市相继出台中央和地方定价目录,新浦地区价格管理步入法制化轨道。

第三节 交易价格管理

一、粮油价格管理

民国年间,由于战争和自然灾害等原因,粮价不断上涨。民国18年(1929)较民国9年(1920)粮价上涨约50%。民国23年(1934)2月,新浦地区小麦每50公斤5.01元(银元),到民国25年(1936)12月,小麦价格涨为每50公斤8.14元(银元)。

民国28年(1939)2月,日军侵略占海州、新浦等地后,市场粮价由日商垄断,日伪当局大量发行联银券等纸币,引起市场粮价暴涨。该年新浦小麦每50公斤8~12.55元(法币),到民国29年(1940),小麦上涨为每50公斤18~30.46元(法币)。

抗日战争胜利后至新中国成立前夕,粮价一再暴涨。民国36年(1947)12月,国民政府中央银行发行"关金券"更加剧粮价上涨,小麦每50公斤达141.82万元(法币)。到民国37年(1948)2月,又涨到每50公斤360万元(法币)。同年5月,小麦每50公斤突破1400万元(法币)。同年8月,国民党政府"八一九"币制改革,发行金圆券(每元折法币300万元)。到10月,小麦又陡涨至每50公斤6000万元(法币),比民国34年(1945)8月价格上涨4465.6倍。粮价完全失去控制。

解放后,新海连特区专员公署工商行政管理部门加强对粮食市场的管理,打击奸商,没收或扣留不法粮商抢购的粮食,努力稳定市场粮价。1949年8月12日,特区专员公署工商局建立新浦粮油交易所,取缔粮商中间盘剥活动,外来粮油进市交易需报告登记,外地粮商购买粮油需领取交易证,交易价格由交易所统一评定。

1949年11月,新海连市人民政府按照政务院财委"制止物价猛涨"的精神,新浦开展平抑物价斗争,国营粮油贸易公司集中连续向市场抛售粮油,市价趋稳。

1950年春季,春荒严重,粮源不足,奸商作祟,粮价上涨,小麦每500克1380元(旧人民币),比1949年12月的510元(旧人民币)上涨1.71倍。同年4月,新海连市成立粮食公司新浦分公司,全面控制市场粮源,平定粮价。

1953年,实行粮食统购统销后,禁止私商经营粮油,粮食价格由政府统一计划管理。1954年后,为有利于稳定粮油生产,增加农民收入,根据"基本不动,个别调整"的方针,对少数品种油料、油脂和小杂粮价格多次进行个别调整提高。1956年,粮油实行"优质优价"、公布粮油统购统销验质论价办法,明确酿造业等原料用粮作价和地区购销差率办法。

1961年5月1日,新浦地区24种粮食统购价格平均调高24.25%,统销价格未动,粮食购销价格开始倒挂。1964年,提高豆油、花生油统销价格,豆油每500克由0.76元调为0.83元,花生油由每500克0.75元调为0.81元。1965年4月,新浦地区提高城镇粮食统销价,大多数价格与统购价持平,国家每年给每个职工发2元粮食差价补贴。1966年1月,新浦地区再次提高粮食统购价格,同时取消超购加价12%的规定,统销价格未作调整,再次形成购销价格倒挂。

1971年,粮食征购任务改为"一定五年"不变,并开始实行超购部分按统购价加价30%计算。同年6月,提高油料统销价格,每50公斤大豆、花生仁的购价分别为15.5元和38元,同时比照粮食超购加价的办法,统一实行加价30%的规定。油料购价提高后,油脂销价未动,形成购销价格倒挂。1978年9月1日,提高大豆、大豆油统购价格,大豆每50公斤调为20元,豆油价每50公斤调为100元。1979年5月,调整油料油脂统购价格,大豆、花生仁的购价提高到每50公斤23元和48元,豆油、花生油购价也相应提高到每50公斤116元和115元,使购销价格倒挂进一步扩大。超购加价的幅度由30%提高到50%。

1981年6月,调整大豆和豆油购价,大豆购价提高到每50公斤34.5元,豆油购价提高到每50公斤165元。提价后取消超购加价规定。从1983年起,对花生仁按"倒四六"(40%按统购价,60%按超购价)比例价收购,每50公斤比例价为62.4元,花生油也按比例价收购,每50公斤150元。1985年4月1日起,新浦地区小麦、稻谷、玉米三大品种实行合同定购。合同定购为比例价,作价办法:红小麦按“倒四六”(四成按原统购价,六成按原超购价),粳稻按“倒二八”(二成按原统购价,八成按原超购价);白小麦、花麦、籼稻、粳糯稻、玉米“倒三七”(三成按原统购价,七成按原超购价)。定购以外的粮食实行议购议销和市场调节。大豆仍列为地方定购品种,并提高收购价格。油料、油脂合同定购部分,花生果、油菜籽仍按“倒四六”计价。对供应农村的种子粮、口粮、饲料粮及食油销价调到比例价水平,实行购销同价。6月,对农村户口由国家常年供应口粮的企事业单位固定职工,供应的口粮执行比例价,其余仍按统销价执行。1988年4月1日起,新浦地区调高白小麦的合同定购价,比例价由“倒四六”改为“倒三七”。

1989年,新浦地区提高白小麦、晚粳稻、杂交籼稻、花生仁、棉籽、花生油的统购价和合同定购价。同年,大豆退出合同定购,统购与定购同价。议价粮油实行多渠道经营之后,集市粮油价格开始逐年上升,当年与1987年相比,新浦地区粳米价(每500克,下同)由0.42元涨至0.95元,玉米价由0.205元涨至0.48元,小麦价由0.285元涨至0.65元,大豆价由0.505元涨至0.89元。同年5年,连云港市制定《粮油议销价格管理暂行规定》,对地购地销粮油的议购议销价格,本着“管而不死,活而不乱”的原则,实行议销差率管理,即地销零售价格,以购进价直接顺加不超过12%的购销差率。

1990年,较大幅度整高油料、油脂的统购价和比例价,花生油比例价由每50公斤183.9元调至231元,调升25.6%;花生仁比例价由每50公斤76.8元调至96.5元,调升25.65%;豆油比例价由每50公斤165元调至215元,调升30.3%,花生仁实行购销同价。油脂统销价格,仍然维持不动。新浦地区集市粮食价格回落,但仍高于国家定购价格水平,每500克粳米0.7元,籼米0.63元,小麦0.45元,大豆0.76元,玉米0.38元,花生仁1.45元,豆油2.6元,花生油2.9元。

1991年5月1日,全市大幅度提高粮油统销价格,平均每500克提高0.13元,提价幅度90.4%,并取消城乡粮油统销价格的地区差价,全市统一价格。

1992年,为缓解粮食生产成本上升和购价偏低的矛盾,促进粮食生产,国家又一次大幅度提高粮食的收购价格。新浦地区每50公斤中等质量的收购价格为:红小麦31元、花小麦31.6元,白小麦32.3元,杂交籼稻26元、晚粳稻31.8元,平均提价幅度为18.7%。同时,实行购销联动,继续提高粮油销售价格,3种粮食标准品统销价由每500克0.27元提高为0.41元,提价幅度48.6%,对职工每月补贴5元。实现统销同价,粮食购销关系初步理顺,粮食经营环节费用仍由财政补贴。

1993年4月1日,新浦地区放开粮油购销价格。取消粮食定购和对居民的定量供应,不再使用粮票,并从当年开始,建立粮食收购保护价和粮食风险基金制度。下半年,市场粮价逐月上涨,当年末涨幅即超过60%,粮价上涨带动新一轮市场物价上升。

1994年3月,新浦地区大米价格上涨幅度较大,直接影响人民生活和社会的安定。市物价、工商、粮食三局联合下文,决定对大米价格实行挂牌价格。新浦地区挂牌水平为:每50公斤标一杂交籼米67元,标二杂交籼米65元,标一晚粳米81元,标准小麦粉60元,特二小麦粉70元。凡国有粮店和个体粮行现行零售价格高于挂牌价水平的,一律执行挂牌价格,低于挂牌价水平的,按原价执行。其他渠道的粮食零售单位和商贩也必须按规定的挂牌价水平实行明码标价销售。6月10日起,大幅度提高定购粮食的购销价格,购价提高为:每50公斤中等质量标准的红小麦51元、花小麦52元、白小麦54元、杂交籼稻53元、晚粳稻54元。提价的同时,对杂交籼稻和晚粳稻分别给予每50公斤12元和16元的抗旱补贴;销价提高为:每500克标一粳米0.94元、特等粳米1.01元、特二面粉0.93元、特一面粉0.99元。同年,国家加大粮食流通体制改革的力度,实行“米袋子”省长负责制,恢复粮食定购,定购粮食购销价格实行国家定价，定购以外的粮食由市场调节。

1995年，根省政府规定，对夏粮每50公斤补贴12元，秋粮维持上年水平。同年，新浦地区城镇居民定量供应的标一粳米销售价格调高为每50公斤135元。

1997年，粮食供求矛盾缓解，并出现相对过剩局面，为保护农民利益，国务院制定按保护价敞开收购粮食的政策。新浦地区秋粮收购保护价为：每50公斤中等质量标准杂交籼稻、籼糯稻65元，粳稻、粳糯稻70元。

1998年，执行国家制定的"按保护价敞开收购、国有粮食收储企业顺价销售、资金封闭运行"等一系列政策。当年新浦地区每50公斤中等质量标准保护价为：杂交籼稻、籼糯稻为62元，粳稻、粳糯稻为67元。

1999年，籼稻、粳稻定购价格与保护价格并轨，收购价格为每50公斤中等质量标准的杂交籼稻54元，粳稻59元。

2000年起，为促进粮食种植结构调整，早籼稻、常规籼稻、混合小麦、红小麦退出保护价收购范围，由购销企业根据市场行情自主确定收购价格。

2001年，进行粮食购销市场化改革，取消粮食定购任务，全面放开粮食市场，从当年秋粮上市起，粮食价格全面放开。

2002～2003年，粮食价格由供求关系决定的价格形成机制建立，但市场粮价持续走低。

2004年，对稻谷和小麦实行最低收购价政策，新浦地区最低收购价格为每50公斤中籼稻(三等)72元，粳稻(三等)75元。在市场价格高于最低收购价时，由取得收购资格的粮食经营企业按市场价格收购；在市场价格低于最低收购价时，由国家委托能发挥主渠道作用的国有粮食经营企业按最低收购价格收购。

2005年10月，开始实行"市场价格收购，价差直补农民，企业自主经营"的办法，物价部门负责监控市场粮食价格，为重点稻谷品种实行最低收购价预案的执行提供价格信息，提出差价补贴标准，对执行最低收购价预案的企业的入库稻谷销售价格进行监控。

1988年合同定购原粮价格调整一览表

表21－7　　　　单位：元/50公斤

品种	等级	现行价格			调后价格		
		统购价	定购价		统购价	定购价	
			价格	计价比例		价格	计价比例
红小麦	中等	16.30	21.20	倒四六	17.40	23.50	倒三七
花小麦	中等	16.60	22.40	倒三七	17.90	24.10	倒三七
白小麦	中等	17.00	23.00	倒二八	18.30	24.70	倒三七
粳稻	中等	14.82	20.75	倒三七	15.37	20.75	倒三七
玉米	中等	11.70	15.80	倒四六	12.80	17.30	倒四六

1985～2001年新浦地区小麦收购价格变动表

表21－8　　标准：中等质量　单位：元/50公斤

年份	收购价格	
	统购价	定购价
1985年	17.00	23.00
1987年	17.00	23.00
1988年	18.30	24.70
1989年	19.48	26.30
1990年	19.48	26.30
1993年	—	32.80
1994年	—	54.00
1997年	—	53.00～58.00
1998年	—	74.00
2000年	—	56.00
2001年	—	56.00

1985～2005年新浦地区粳稻收购价格变动表

表21－9　　单位：元/50公斤

年份	收购价格	
	统购价	定购价
1985年	13.60	19.00
1987年	14.82	20.75
1988年	15.37	20.75
1989年	19.85	20.75
1990年	19.85	26.80
1991年	—	26.80
1992年	—	35.00
1993年	—	40.00
1994年	—	70.00
1995年	—	70.00
1996年	—	83.00
1997年	—	70.00
1998年	—	76.00
1999年	—	59.00
2004年	—	75.00
2005年	—	75.00

1987～2005 年新浦地区杂交水稻收购价格变动表

表 21－10　　单位:元/50 公斤

年份	收购价格	
	统购价	定购价
1987 年	13.11	17.70
1888 年	13.11	17.70
1989 年	17.04	23.00
1990 年	17.04	23.00
1993 年	—	30.00
1994 年	—	30.00
1995 年	—	65.00
1996 年	—	65.00
1997 年	—	73.00
1998 年	—	73.00
1999 年	—	70.00
2004 年	—	54.00
2005 年	—	72.00

二、蔬菜价格管理

新中国成立前,新浦地区蔬菜为农户零星种植,品种单调,产量低,自由上市,价格随行就市。菜市为商贩控制,菜价不断上涨。民国 24 年(1935),新浦地区萝卜零售价格为 110～400 文(铜板)/500 克,大白菜价格为 110～180 文(铜板)/500 克,粮菜交换比价为 4:1 左右。民国 34～37 年(1945～1948),蔬菜奇缺,菜价飞涨,500 克萝卜由 3300 元(法币)涨为 60 万元(法币),每 500 克大白菜也由 4200 元(法币)涨为 60 万元(法币)。

解放前部分年份新浦地区主要蔬菜零售价格概况表

表 21－11　　重量单位:500 克

品名＼年份	民国 24 年(1935)(结算货币:银元)	民国 34 年(1945)(结算货币:法币)	民国 36 年(1947)(结算货币:法币)	民国 37 年(1948)(结算货币:法币)
萝卜	110～400 文	3300 元	28～60 万元	4560 万元
韭菜	160～420 文	—	—	—
大葱	100～140 文	3500～5556 元	60～100 万元	100 万元
黄瓜	120～140 文	—	—	—
豆角	250～560 文	—	—	—
冬瓜	76～250 文	—	—	—
荷藕	240 文	—	—	—
大白菜	110～180 文	2000～4200 元	20～60 万元	35～60 万元
菠菜	100～120 文	—	—	—

注:1 银元＝1000 文

新中国成立后，党和政府重视蔬菜产销与稳定菜价工作。国民经济恢复时期，港城蔬菜生产发展缓慢，供需缺口较大。新浦地区蔬菜价格不够稳定。1956年，农村实现合作化后，蔬菜由农户分散种植改为集体种植，菜田相应扩大。同年，为平抑菜价，国营市蔬菜公司成立，在新浦地区设立销售网点，并实行蔬菜计划种植，制定购销牌价，统购包销。

1959～1961年，连续几年的自然灾害，蔬菜减产严重，供应不足，菜价成倍上涨。市政府采取扩大种植面积、减少购销环节、从严控制购销差率、随时公布购销牌价、制止抬价抢购等措施平抑菜价。

1961年6月以后，蔬菜价格改为由新浦、海州议价小组协商议定，后又改为以市蔬菜议价委员会名义分月下达批零价格。

1963年后，随着国民经济的好转和蔬菜种植面积的调整，蔬菜价格逐步回落，至1965年，菜价基本恢复到1959年的价格水平。

1966～1976年，新浦地区蔬菜计划购销价格水平基本保持稳定。

1977～1978年，关闭城市自由市场后，国营菜场经营量倍增，占社会需求量的70%以上，地产蔬菜基本保持自给。1978年，市政府决定，对大白菜、栽菜、雪里蕻等冬菜实行降价销售，以每500克0.01元销售给市民，蔬菜购销价格处于平稳，部分品种稳中有降。

1979年，为保持菜价稳定，对部分品种蔬菜购销价格作有升有降调整，其中大白菜、小白菜、苞菜收购价分别上调1.73%、21.6%和17%，芹菜、韭菜、冬瓜收购价分别下调5%、1%和35%。零售价格同时相应调整。

1980年12月，贯彻省政府"关于抓紧解决城市人民吃菜问题的通知"精神，试行蔬菜经营"定额补贴，减亏分成"和对蔬菜零售单位实行减免税照顾的办法，蔬菜年购销平均价比上年略有下降。

1984年，新浦地区蔬菜价格管理开始试行"大管小活"的管理办法，即管住大路菜品种价格，小品种菜收购实行浮动价，零售环节执行统一的批零差率。随着蔬菜产销政策的放宽，允许产销双方议价，大量蔬菜涌向集市，自由成交。同时，菜农把早、鲜、嫩的适时蔬菜品种上市卖高价，而把下市品种菜交售国营蔬菜公司，对国营菜场计划菜的品种平衡调剂冲击较大，形成国营菜场小品种菜有价无货现象。

1985年，根据省政府的指示，深化蔬菜产销体制改革，即改统购包销为全面放开经营，放开蔬菜购销价格，菜农可以直接上市成交，国营菜场只负责冬季大菜的收购、下放、储存及平时小品种菜的调剂。国营菜场经销蔬菜量锐减，仅占社会总需求量的20%左右，平抑菜价的功能大大削弱，一度供需失调，菜价失控，出现高价菜，大白菜收购价比上年上升18.7%，小白菜、黑菜收购价上涨1.2倍。

1986年，新浦地区推行蔬菜购销合同定购，实行"管淡放旺"政策，即合同定购计划上市任务为总产数量的30%，其余由菜农自由上市。该年蔬菜零售价每50公斤12.80元，比1984年高89.63%，比1985年高41.12%。大白菜零售价每50公斤5.32元，分别比1984年和1985年高119.8%、106.2%。

1987年起，进一步完善蔬菜"管淡放旺、管大放小"各项管理措施，实施确保"两缺"（春缺、伏缺）、"四大节日"（中秋、国庆、元旦、春节）和"冬储大白菜"的计划购销管理办法，每年"春缺"期定为2～3月份，"伏缺"期定为7～9月份，全年4个月左右。物价部门按年度分期分品种制定计划购销指导价格，计划价格主要依据前一、二年同期、同品种实际价格及参照生产成本变动，剔除非可比因素确定，制定实际购批零售牌价。坚持1～3日进行1次集市价格调查，不断预测平衡分析，保持购批差率，一般为倒扣率2%～5%，批零差率顺加20%～25%。淡季叶菜、小品种菜的批零差率稍高于其他菜5%～10%左右。冬储大白菜在收获期，按计划购销价格边收购边下放（销售），就地结算价格，对菜农给予补贴保护价,对消费者实行下放补贴菜价。区蔬菜公司在城区定点举办蔬菜展销,菜价一般低于集市价 10 ~ 30% ,以平抑节日市价。

1989 年,在坚持管住大路菜价不放开的同时,允许国营菜场对经营的外调小品种菜实行议购议销,分开经营,挂议销牌价销售,价格低于集市价格。国营蔬菜公司坚持按时制定、公布实际牌价,所有经营菜场一律执行明码标价,开展行业自查活动。

1990 年,在实施蔬菜产销体制改革的过程中,为避免菜价非正常大起大落,保护菜农种菜积极性,适度增加合同定购价外补贴或扩大购销倒挂。当年,大白菜合同定购价格每 50 公斤 5.20 元,而下放销售价为每 50 公斤 3.20 元,购销价格倒挂部分,分别由菜价补贴、稳价基金和购入单位合理承担。旺季蔬菜上市过剩时,公布最低收购保护价格组织收购。当处于严冬,暑夏季节,实行季节差价管理,适度上调季节差价、品种差价,调整购、批、零差价。当年 8 月,“伏缺”刚开始,夏蔬菜先旱后淹,遭受毁灭性灾害,新浦地区菜价大幅上涨,集市小白菜、长豆角、茄子、黄瓜、青椒和大葱最高零售价分别为每 500 克 1.20 元、0.60 元、0.70 元、0.60 元、1.00 元和 1.00 元。为稳定菜价,市政府先后责成有关部门采取应急措施,一方面落实灾后补种生长期短的品种,一方面抓外菜调剂,吸引外菜流入当地市场。同时,强化菜价管理,制止商贩拦路截购,堵住地产蔬菜外流投机倒卖活动,查处哄抬市价非法交易,缓解供需矛盾,抑制菜价过多上涨,促使蔬菜价格回落。

1991 年,鉴于原限价蔬菜上市品种等有新的变化,除对猪肉、议价食油、豆制品三类品种继续实行最高限价外,撤销对蔬菜和鸡蛋的限价。

1995 年,对当令蔬菜中的黑菜、蒜苗、芹菜、黄瓜、小青菜、青椒、西红柿、长豆角等品种实行差率管理作价办法。以前一天批发成交价为基础,加规定的批零差率:叶菜类 50% ,茎菜类 40% ,茄果类 40% 。

1996 年 8 月 15 日,对管理的蔬菜品种及差价率进行调整,新浦地区管理的品种为:各种青(汤)菜、辣椒、土豆、冬瓜、茄子、西红柿、青椒、长豆角、大豆、黄瓜。批零差率为:叶菜类中等质量 50% ,优等质量 40% ;根茎、果实类中等质量 30% ,优等质量 25% 。

1997 起,按照国家规定,新浦地区蔬菜价格全部放开,由市场调节。

三、生猪及猪肉价格管理

民国 24 年(1935)前后,新浦猪肉价格较平稳,每 500 克鲜猪肉销售价为 750 ~ 960 文(铜板),猪肉与小麦的比价约 1:10 左右。日军占领新浦后,猪肉价格持续上涨。民国 34 年(1945),猪肉零售价格每 500 克 3.5 万元(储备券),民国 36 年(1947),猪肉零售价格每 500 克 200 万元(法币),民国 37 年(1948)至解放前夕,猪肉零售价格每 500 克涨为 300 ~ 450 万元(法币),猪肉与小麦比价约 1:25 左右。

新中国成立初期,生猪的购销价格均由市场调节。

1952 年,贯彻全国第二次肉食品会议精神,确定生猪价格“以产定销有适当利润”的原则,促进产区增产、吸收邻区流入,并防止盲目发展造成滞销。1953 年,新浦地区国营食品公司开始挂牌价收购生猪。次年,实行生猪派购政策,生猪购销价格纳入国家定价管理。1957 年 2 月,根据省人民委员会规定,调整生猪购销价格,实行“出肉率定等,毛斤计价,肥膘猪加价”的办法。

1958 年 3 月,首次对城镇居民发放猪肉票,开始凭票定量供应猪肉,每人每月供应 250 克,零售价每 500 克 0.50 元。

1959 年 8 月,继续对大肥猪实行加价收购,同时,扩大生猪收购等级差价:出肉量在 45 ~ 65 公斤的毛猪,在原计价总额的基础上加价3%,出肉量65公斤以上的加价5%。

20世纪60年代初,新浦地区生猪收购价格徘徊在每50公斤45~50元。1961年,在生猪派购中,改按毛重分级,毛重计价的办法。以每头猪毛重50~65公斤为标准级收购价,毛重65.5~75公斤的加价5%,毛重75.5公斤以上的加价10%,毛重40~49.5公斤的减价5%,毛重不足40公斤的不予收购。1963年,新浦地区相继执行以生猪收购额计发奖售饲料粮和奖给布票的政策,修订生猪收购作价办法,由出肉率定等,肥膘加价,毛重计价,改为以毛重定等计价,共分为6个等级差价,标准级为5等,收购价为每50公斤45元。1964年7月,新浦地区生猪购大于销,猪肉实行平价敞开供应,新浦地区猪肉(带骨统货)零售价最高每500克0.78元,最低每500克0.5元。

1966年后,由于限制和禁止生猪的私人圈养,生猪生产迅速滑坡,圈存量直线下降,猪肉销售供应紧张。

1973年,生猪重新实行派购,收购等级中将出肉率超过72%的增设为特等猪,收购价每50公斤56元,比一等猪高5%,以鼓励养大猪、肥猪。

1979年4月起,统一规定生猪的收购等级、规格,提高生猪收购价格,以出肉率63~66%为基价,每50公斤收购价格提高为63元。生猪生产开始逐年上升,并相继出现一批养猪专业户、重点户。同年11月1日,调高猪肉和相关制品销售价格,城镇职工发放副食品价格补贴,对城镇居民猪肉供应由定量供应改为敞开供应。

1983年,新浦地区猪肉零售价格出现双轨制,推行猪肉分部位销售价格,平价净瘦肉零售价为1.54元/500克,议价为1.8元/500克。同年12月,生猪收购等级差价,以三等猪为标准,由每级差5%调为4.5%,同时取消特等猪价。

1984年11月,恢复猪肉凭票供应价格,同时调整猪肉销价,拉开鲜冻猪肉差价。猪副产品供应价格放开,对猪肝、猪心、猪肚等4种猪副产品实行指导价格。

1985年,新浦地区深化生猪价格改革,从4月1日起,取消生猪派购,改为合同定购;取消生猪饲料奖售粮,改为生猪换购饲料粮,放开生猪购价,由国家定价改为有指导的议购价格,年生猪收购均价由每50公斤63元,调为76.75元,升幅21.8%。同年7月1日起,再次放开猪肉销价,实行毛白差率控制,同时,适当调整猪肉相关制品的价格,并开始向城镇居民发放价格补贴,新浦地区每月每人2.50元。同年取消肉票,敞开供应。

1986年,为适应消费结构变化,拉开生猪收购质量差价,瘦肉型生猪每50公斤加价3元。

1987年,新浦地区生猪供需矛盾突出。4月20日,市政府采取对每头母猪补贴8元和300斤优惠价饲料粮,以及拿出调剂饲料粮增加换购生猪的措施。物价部门着力整顿生猪价格,强化协调管理,履行生猪收购指导价格,按照猪粮比价,即以当地集市籼稻或玉米销价的1:5~1:5.5,控制生猪收购价格总水平。同年11月,新浦地区猪肉(带骨统货)零售最高限价每500克1.80元,并在集市推行猪肉统一标价,一摊一卡。同月起,恢复城镇居民凭票供应猪肉,每人每月1公斤。物价部门开展经常性检查,查处并制止自发涨价以及乱搭配、短斤少两等变相涨价行为。

1988年3月16日,深化生猪价格改革,生猪收购标准级由三等一级,变为一等一级,即为毛重80~95公斤的生猪,收购价由每50公斤102元调为135元,上调32.35%。95公斤以上为二级,等级差价调为4元。同时,适度上调猪肉零售价格和牛、羊肉、家禽、禽蛋、鱼、蔬菜等相关食品价格。新浦地区定量供应的猪肉(带骨统货)零售价由每500克1.45元调为2.10元,上调48.25%,议价猪肉(带骨统货)最高限价由每500克1.80元调为2.50元,上调38.9%。增发城镇职工价格补贴,每月每人10元。

1989 年,针对生猪购销价格居高不下的新情况,贯彻控涨治乱的方针,加强生猪指导价格管理,协调边界邻区价格。新浦地区生猪年收购平均价为每 50 公斤 161.15 元,年猪肉零售均价为每 500 克 2.15 元;集市猪肉(带骨统货)最高零售限价由每 500 克 2.50 元下调到 2.35 元。

1990 年,新浦地区生猪生产转向正常,生猪收购价和集市粮价、饲料价格同步回落。新浦地区生猪收购均价每 50 公斤 146.36 元,分别比 1988 年、1989 年下降 20.9% 和 10.1%。生猪生产出现产大于销,供过于求,国营公司冻肉涨库,农民"卖猪难"。按照猪粮比价原则,恢复分等计价办法,制定保护价措施,大旺季生猪收购指导价定为 90 ~ 110 公斤重猪价每 50 公斤 145 元,90 公斤以下、110 公斤以上猪价每 50 公斤 140 元。为缓解"卖猪难"和冻肉涨库的矛盾,多次调低猪肉销价,实行免票敞开和一个价供应。

1991 年 6 月 1 日,新浦地区取消城镇猪肉定量供应,实行有指导的议购议销,猪肉敞开供应。生猪收购价格,仍由市物价局、商业局按照国家有关政策要求,根据生猪生产成本和产销变化,确定年度生猪收购指导价格水平。

1993 年开始,新浦地区生猪的购销价格由直接指导改变为间接指导,经营者根据市场情况自行确定收购价格。

1994 年,采取公布批发价、明确批零差、明码标价等办法,强化生猪市场价格管理监督,生猪批发环节毛白差率在 60% 以内,批零差率在 12% 以内。

1995 年 1 月 20 日起,新浦地区猪肉零售价格实行差率管理,凡从国营食品批发部门进货的,进货票上的价格作为进货价格。从市农副产品批发市场(或自宰)进货的,以当日市场成交价作为进货价格。猪肉零售价格,以进货价加批零差率制定。猪肉批零差率为:统货肉 12%,肋条肉 12%,腿肉 30%,精瘦肉 60%。

1996 年起,新浦地区生猪收购价格及猪肉零售价格均由市场形成。

四、豆制品价格管理

20 世纪 50 年代中期以前,新浦地区豆制品价格由市场形成。

图 21 - 3　新浦物价分局工作人员在检查食品价格情况

1956 年,对私营工商业实行会主义改造后,豆腐及其制品由分散的私人作坊生产转为集体性质的专业或兼营豆制品加工企业生产,并成为供应的主渠道。生产豆制品的原材料大豆(豆饼)、煤炭等均由国家计划平价调拨,从而确保正常的计划供应,对稳定物价、安定人民生活作用明显。

1958 年 3 月 19 日起,新浦地区实行豆腐凭票定量供应,一直延续到 1990 年,长达 32 年(1988 年 3 月 ~ 1989 年 6 月一度改为议价,后又恢复凭票供应),其销售价格为市管国家定价。

1960 年,由于粮食供应偏紧等情况,豆制品生产成本提高,豆饼豆腐由每 500 克 0.065 元调为0.075元,茶干由每500克0.14元调为0.18元,千张由每500克0.2元调为0.23元。

1962年1月,新浦地区恢复供应黄豆豆腐,其零售价核定为每500克0.08元,豆饼豆腐零售价仍为每500克0.075元。

1963年,市物价管理局、市商业局联合制定平价和议价豆制品价格。其中,平价黄豆豆腐、千张、茶干零售价每500克分别为0.08元、0.25元和0.19元;议价黄豆豆腐、豆饼豆腐、黄豆茶干和豆饼茶干每500克分别为0.3元、0.2元、0.46元和0.32元。

1965年11月,针对市场黄豆价格下降的实际情况,下调议价豆制品价格,黄豆豆腐、黄豆茶干、黄豆芽每500克分别调为0.12元、0.21元和0.09元,对平价豆制品部分品种也适当下调,其中黄豆茶干、黄豆素鸡每500克分别调为0.17元和0.3元,并延续执行至1985年。

1986年,平价豆腐、千张销售价格先后调为每500克0.1元和0.3元。

1988年3月16日起,取消豆制品凭票定量平价价格,放开为议价。对已发的豆腐票至本年4月23日停用。对豆腐、茶干、千张、素鸡等4个豆制品主要品种实行最高限价:每500克豆腐0.28元、茶干0.5元、千张0.83元、素鸡0.88元。同年9月,因大豆价格持续上涨,豆制品最高限价上调,每500克零售价调为豆腐0.3元、茶干0.55元、千张0.95元、素鸡1元。

1989年,豆制品价格放开后,市场价格上涨幅度过大,从当年7月1日起,对豆腐、茶干、千张、素鸡等豆制品4个主要品种恢复凭票定量供应,每500克零售价豆腐0.3元、茶干0.5元(每张票供应270克)、千张0.95元(每张票供应160克)、素鸡0.9元(每张票供应160克)。

1990年,新浦地区对豆腐、茶干、千张、素鸡等4种豆制品继续执行凭票供应价格,价格未变。鉴于豆制品生产厂的生产原料为市场价格,年终豆制品生产厂凭回收票数量,由市稳价基金对其进行补贴。

1994年,将豆腐、茶干、千张、素鸡等4个豆制品主要品种列入价格监审范围,实行提价事前备案制度,企业于提价5天前报物价部门备案,物价部门不提出干预意见,则视为同意。

1995年起,新浦地区豆制品价格全部放开。

1975~1990年新浦地区主要豆制品零售价变动概况表

表21-12　　单位:元/500克

年份＼品种		黄豆豆腐	黄豆茶干	黄豆千张	黄豆素鸡
1975-1984年(平价)		0.08	0.17	0.25	0.34
1985年	平价	0.08	0.17	0.25	0.34
	议价	0.20~0.25	0.35	0.58	0.65
1986年(平价)		0.10	0.17	0.30	0.34
1987年	平价	0.10	0.17	0.30	0.34
	议价	0.20~0.28	0.35~0.40	0.58~0.68	0.65~0.72
1988年(议价)		0.28	0.50~0.55	0.83~0.95	0.88-1
1989~1990年(平价)		0.30	0.50	0.95	0.90

五、百货、日用工业品价格管理

解放前，新浦地区日用工业品，均由私人经营，价格不稳定。民国36年（1947）10月，受上海、青岛涨价风影响，新浦地区日用工业品价格大幅上涨，该年11月14日，白洋布每匹98万元（法币），至15日涨至116万元，其他各类货物也随之上涨。

民国38年（1949）7月，新浦等地出现涨价风，鲁中南贸易公司新海连分公司多方组织货源，抛售百货等商品，稳住市场价格。

1950年2月，纱布价格逐日上升，新海连花纱布办事处（后改为纺织品批发部）按规定牌价大量销售棉布、纱布，压下市场价格。同年，遵照中央贸易部《关于调整零售价格的通知》精神，全面调整零售价格。6、7月份调整地区差价、批零差价。

1951年，新浦地区棉纱、棉布实行统购。1954年，棉布实行统销。1960年，对地产92种三类百货、文化、五金交电商品价格实行统一领导，分级管理。

1961年，国家将棉布、针棉织品、鞋子、火柴、文具纸张、课本、书报杂志、陶瓷制品、铝制品、橡胶制品等（由国家供应原料的日用品）列为人民生活必须用品，对其价格采取稳定政策，对肥皂、火柴等实行计划供应。1964年4月，降低铁锅出厂和零售价格，7张（铁锅规格）以下正品铁锅出厂价从每百张25.52元降为23元，零售价格从每张0.325元调整为0.32元。

1965年，再次降低铁锅出厂和零售价格，7张以下正品铁锅出厂价从每百张23元降为20.70元，零售价格从每张0.32元调整为0.29元。同时，将批零差率扩大到18%。1967年，全市调整百货、文化大商品地区差价，调整部分的商品价格总水平略有下降。全市分为两个价区，新浦为一类价区。此后物价处于冻结状态。

1976年，全面调整五金交电商品价格、经营费率。同年调整铁锅出厂价格，批零差率缩小为15%，市场零售价格不变。1978年，新浦地区撤销百货、针纺织品、文化用品、日用杂货城乡差价，执行统一零售价格。

1981年11月，降低涤棉布价格，涤棉布、中长织物平均每米降低0.6元，平均降低幅度11.5%。1982年，逐步放开265种小商品价格，对地产87种小商品实行市场调节价，规定企业定价要在政府的指导下接受物价部门监督。1983年1月，调整化纤织品和纯棉织品的比价关系，大幅度降低化纤织品价格，提高纯棉织品价格。涤棉布每米降价1.23元，降低30%，中长纤维布每米降价1.62元，降低30%；纯棉布每米提价0.3元，提幅20%，棉毛、卫生衫裤提高14%～15%。1984年，新浦地区放开350种小商品价格。同年，对纺织品实行按质论价，优质加价。加价幅度为：金奖产品不超过15%，银奖产品不超过10%，优质产品不超过5%。1986年，纺织品按质论价范围进一步扩大，以当时出厂价为基价，毛巾（含面巾、枕巾）允许上浮10%，浴巾允许上浮5%。对经营服装试行浮动差价，季节差价允许上下浮动3%～5%，季初上浮，季末下浮；花色差价（限于同一批商品同一品种）允许上下浮动5%～10%。同年，修改学生簿本作价办法，进销差率由7%调为8%，批零差率由10%调为12%，规定学校开学初成批购买，一律按批发价供应，零售店以市场零售价加扣5%供应，学生簿本用纸按批发价供应。1988年，新浦地区放开毛巾销售价格，对精纺纯毛和混纺华达呢、花呢等实行扩大浮动幅度。安全火柴价格由省物价部门管理改为市物价部门管理。1989年2月，新浦地区整顿纺织品价格，规定以1983年1月20日全国统一定价为基础，棉纱上浮不超过32%，坯布不超过34%、印染布不超过36%，市销白布不超过40%、色织布和针棉织品不超过45%。同年12月，对棉纺织品厂销价格实行计划管理。生产企业凡定调价一律按规定作价办法计算出厂价格，实行定调价审批制度；批发价按棉布11%、针棉织品12%的进销差率制定。棉纺织品(包括针棉织品)批零差率统一为14%。1990年，随着棉花提价，对纺织品价格进行调整。S219纯棉普梳筒纱每吨11428元，比1989年上升27%，涤棉混纱(T65/C35)精梳筒纱每吨16854元，比1989年上升2.1%，普通白市布每米2.79元，比1989年上升25%，纯棉布每米3.92元，比1989年提高19%，同时对纺织品中的印染产品、色织布、花色内衣、床单、平绒实行国家指导价，允许生产企业在15%的幅度内上下浮动，花布在20%的幅度内上下浮动。棉纺织品和针棉织品的销进差率分别扩大1个百分点。

1992年，市物价局出台对地方工业品价格管理意见。新浦地产日用工业消费品除药品、民用煤球、管道煤气、曲酒、啤酒、金饰品(含加工费)等少数品种外，绝大多数品种价格放开。

1993年起，日用工业品价格放开，由市场形成。

六、管道燃气价格管理

1990年11月，新浦地区开始有管道燃气，物价部门核定其销售价格为：民用煤气每立方米0.25元，工业用及营业用气每立方米0.42元。1995年1月，对管道煤气价格进行调整，民用管道煤气销售价格由每立方0.33元调整为0.42元。1997年4月，新浦地区民用管道煤气销售价格由每立方米0.42元调整为0.6元。

1998年7月，新浦地区管道燃气由管道煤气置换为管道液化气，试销价为每立方米8.5元。1999年6月，核定管道液化气正式销售价为每立方米8.5元。

2000年8月，新浦地区管道燃气由液化气置换为石油液化气混空气，销售价格为民用每立方米5元，事业、企业、饮食服务等行业每立方米6元。同年12月，新浦地区管道燃气由液化气混空气置换为液化气，销售价格从每立方米8.5元调整为10元。

2002年7月，新浦地区管道燃气由石油液化气置换为石油液化气混空气，销售价格为每立方米居民5元，行政、事业、企业、商业服务等行业6元。同时规定，对最低生活保障对象和特困职工，凭民政部门的《救济证》或市总工会的《特困职工证》按每立方米3元收取。

2004年4月，新浦地区管道燃气由管道石油液化气混空气置换为管道天然气，居民生活用气价格为每立方米2.5元；工业、商业等非居民用气价在居民用气价的基础上上浮10%，具体价格由供需双方协商确定，下浮不限。同时规定，对持有民政部门发放的《连云港市居民最低生活保障金领取证》或市总工会发放的《特困职工证》的用户，其管道天然气到户价按每立方米1.25元收取。

七、自来水价格管理

新中国成立初期，由于受水源条件的限制，新浦地区自来水价格较高，随着供水条件的改善，自来水价格不断调低。1949年，民用水、工业用水每吨0.64元。到1953年，民用水、工业用水降为每吨0.6元；1956年，民用水、工业用水降为每吨0.44元；1957年，民用水、工业用水降为每吨0.4元。1958年，民用水降为每吨0.34元，工业用水降为每吨0.25元。1962~1964年，民用水降为每吨0.24元，工业用水仍为每吨0.25元。1965年，民用水、工业用水降为每吨0.2元，此价格一直执行至1980年。

1980年12月，根据国家城建总局《城市供水工作暂行规定》和市革命委员会关于“关心群众生活，减轻人民负担，降低生活用水售价”的决定，调整自来水价格，民用水按保本原则，每吨由0.2元降低为0.15元，工业和生产性用水由每吨0.2元调为0.24元。同时，明确划分生活用水与工业和生产性用水价格范围：凡集体食堂、宿舍和家庭、机关、部队、学校、幼托事业单位（非经营性）和街道供水站属生活用水；凡工业生产、基本建设、制冰、水产、饮食、服务、交通车辆、轮船码头等用水属工业和生产性用水。此价格一直执行至1989年。

1990年6月，生活用水价格由每吨0.15元调为0.18元。同年9月起，自来水价格由各地管理改为由省平衡管理，即各市制定的自来水价格，需报省统一平衡后公布执行。同年10月，工业和生产性用水由每吨0.24元调为0.30元（含城市附加10%）。

1991年，对工商生产、营业用水每吨加收0.1元水厂建设费。同年，民用自来水价格由每吨0.18元调为0.25元（从1992年1月1日起执行）。

1992～2001年，新浦地区7次调整自来水价格。其间，1994年对城市自来水用户重新分类，改为居民生活用水、工业用水、商业服务业用水三类。1997年，开征污水处理费，并入自来水到户价中。1999年11月，将水利工程水费并入基本水价内，自来水企业将其作为原材料费用计入制水成本。至2001年，自来水到户价格为：民用水每吨1.40元、工业用水每吨1.806元、商业服务业用水每吨2.156元。2001年调整水价时，对城市特困户给予优惠，生活用水到户价减半收取。

2002年，市有关部门制定“十五”期间分三步调整到位的城市供水价格调整规划，加大城市供水价格改革力度。

2003年8月起，实施“十五”期间自来水第一步调整方案，自来水用户分类调整为居民生活用水、工业用水、商业服务用水、非经营服务用水、特种用水5类；自来水到户价构成为含税基本水价、污水处理费、城市公用事业附加、水资源费、省水处理专项费用5部分。对最低生活保障居民和特困职工，新增水费全部免收。

2005年1月，开始实施“十五”期间自来水第二步调价方案。同年10月，实施“十五”期间城市自来水第三步调价方案。至此，居民生活用水到户价格每吨2.5元，其中污水处理费1元；工业用水到户价格每吨2.94元，其中污水处理费0.97元；商业服务用水到户价每吨3.32元，其中污水处理费1.07元；非经营服务用水到户价格每吨1.42元；特种用水到户价格每吨4.88元，其中污水处理费1.07元。进入最低生活保障的居民和特困职工，其生活用水到户价格每吨为1.25元。

八、电力价格管理

民国9年（1920），新东电灯股份有限公司在新浦建成并开始送电，其电价不固定，公司以当月发电成本除以用户用电设备功率（用户用电设备以平均用电时间折算成千瓦时数）之得数即为当月电价。

民国28年（1939）3月至34年（1945）秋，日军侵占时期，新浦照明电价每千瓦时为伪币150元。包灯采取以平均用电时间换算成千瓦时收费。动力用电则按照明电价的一半价收取。

解放前夕，新浦地区供电停止。

1949年，新浦地区恢复供电。照明电价按当天市场3市斤小麦的价格确定，动力电价仍为照明电价的一半计收。

1951年，照明电价每千瓦时3000元（旧人民币），包灯每瓦一个月550元（旧人民币），大电力用户价每千瓦时2000元（旧人民币），小电力用户价每千瓦时2500元（旧人民币）。1953年，电力供过于求，为增加营业收入,鼓励用户多用电,调整动力电价,取消大小动力用户的电价差别,工业、非工业动力用电电价统一为每千瓦时 0.14 元。1954 年,国家对大工业用户实行两部制电价,其基本电价为每月每千瓦时 7.63 元,电度电价为每千瓦时 0.11 元。1957 年,对新出现的灌溉用电,电价为每千瓦时 0.105 元。1958 年 3 月 1 日起,大幅度调低地区网电价:普通工业及非工业动力电价为每千瓦时 0.10 元,农业灌溉用电为每千瓦时 0.075 元,照明电价为每千瓦时 0.2 元;包灯为每瓦每月 0.045 元。两部制电价基本电价为每千瓦时每月 5.60 元,电度电价每千瓦时 0.08 元。1959 年 6 月 5 日起,对高压供电用户实行电价折扣优待,万伏以上电压的用户,基本电价在当时电价的基础上降低 5%,电度电价打 98 折,3300 ~ 6600 伏的低压供电打 97 折,10 万伏以上电压供电按高压电价计算(即打 95 折)。1960 年 7 月 1 日起,执行中央统一定价,电价水平下降 10% 左右。

1963 年 4 月 1 日起,对电解烧碱、电石、电炉黄磷、电炉钙镁磷肥、钠、合成氨等生产用电实行优待电价,电解铝、电石用电每千瓦时优待 0.02 元,其他几种产品每千瓦时优待 0.01 元。同时,按市物价局规定,收取地方附加费:工业及非工业电力按电价另收 8%,照明电按电价另收 10%。1965 年 6 月份起,新浦地区用电设备容量在 300 千瓦以上的工矿企业,按大宗电价(即两部制电价)计收电费。1975 年,新浦地区用电总量在 2300 千伏安以上的工矿企业全部执行两部制电价。1980 年 7 月 1 日起,新浦地区电解烧碱、电石等 11 种产品已享受优待电价的,暂时保留优待电价,新增加的生产上述产品的工厂和车间不再实行优待电价。

1982 年,自 7 月 1 日起,新浦地区电解烧碱、电石用电由一类优待改为二类优待,电炉钙镁磷肥、镁等 6 种产品取消优待电价,改为实行大工业电价,电解烧碱、黄磷、合成氨仍实行优待电价。1983 年 12 月起,执行水利电力部、国家物价局《关于颁发功率因素调整电费办法》,新浦地区用户用电功率因素大于规定标准的,从总电费中减收一定百分比的电费,反之则增收一定百分比的电费。1984 年 5 月 1 日,连云港市开始使用省网协作煤议价电量弥补不足,新浦地区在工业用电中每千瓦时加收 0.01 元(1987 年 7 月 1 日起调为 0.03 元)。1985 年,实行煤运加价,除对城乡居民生活照明用电不收加价款外,对其他各类用电一律每千瓦时加价 0.0032 元。同年,根据省规定,新浦地区对企业征收电力建设资金,工业用电每千瓦时加价 0.02 元,化肥、磷肥、农药生产企业、地方小煤矿、民用福利企业和城市公用企业免征。1986 年,由于超产煤加价和铁路煤运加价,新浦地区工业用电价格也实行相应的加价,加价标准每年核定一次。1987 年,新浦地区煤运加价由每千瓦时 0.0032 元调整为 0.0058 元。

1993 年,改革电价加价办法,将煤运加价计入目录电价。1994 年,国家提高目录电价,每千瓦时提高 0.0567 元,平均每千瓦时为 0.2615 元。1997 年 5 月,再次提高目录电价水平,每千瓦时提高 0.03 元,平均每千瓦时为 0.334 元。同年,江苏省开始对电价进行清理整顿,取消随电费征收的非电力建设资金。连云港市着手对农村电价进行清理整顿。12 月,新浦地区全面推行农村分类综合电价。1998 年 7 月,取消"省扶贫通电资金"。11 月,取消省、市等各级电力加价。1999 年,实行全省统一销售分类电价,取消燃运加价和地方综合差价;机械、冶金、化工、医疗、建材、纺织六大行业,受电容量在 315 千伏安及以上的工业用户及电热锅炉(含蓄冰制冷)用电的电度电价,开始实行峰谷电价(即用电高峰时和用电低谷时不同电价),峰谷比价为 3:1。2000 年,规范农村电网改造收费,农村电网改造中农户电能表以上的费用由供电部门负担,农户只负担电能表以下的入户线费用,使用电子表的每户最高不超过 180 元,机械表不超过 155 元。

2001 年 8 月起,在农村电网改造基础上,农村与城镇居民生活用电价格实行同价,统一按每千瓦时

0.52 元执行。

2002 年 8 月,城乡非居民照明用电价格实行同价。

2003 年 2 月,城乡各类用电价格全部实行同网同价。同年 6 月,农林场圃生活照明用电同网同价。同年 8 月,企业峰谷分时电价比扩大到 5:1,同时对居民用电试行峰谷分时电价,每日 8 ~21 时为峰段,每千瓦时 0.55 元,21 时至次日 8 时为谷段,每千瓦时 0.3 元。同年 12 月,农林场圃其他类别用电同网同价。

2003 年,抗"非典"时期,为减少因此给商业、宾馆、饭店、娱乐等行业带来的影响,从 5 月 25 日至 9 月 30 日止,商业照明电价在现行价格上每千瓦时优惠 0.15 元。

2004 年,企业峰谷分时电价扩大到 100 千伏安(千瓦)以上的所有大工业和普通工业企业用户,同时对电解铝、铁合金、电石、烧碱、水泥、钢铁等 6 个高耗能行业实行差别电价。

2005 年,建立煤电价格联动机制,除居民用电、化肥用电、商业照明用电、农业生产用电等价格不作调整外,其他用户的销售电价每千瓦时提高 0.037 元。

第四节　行政事业性收费管理

一、医疗收费管理

1955 年起,新浦地区公立医疗单位执行市卫生局拟定的药品分类及门诊收费标准。

1957 年 7 月,市卫生局对医疗门诊收费标准进行修订,每人次挂号费为初诊 0.15 元,复诊 0.1 元,急诊 0.25 元;医生出诊费每次 1 元,此收费标准执行至 1982 年 6 月。

1957 年 7 月至 1982 年 6 月新浦地区医疗收费标准概况表

表 21－13

类　别	项目	单位	收费标准
挂号费	初诊费	每次	0.15 元
	复诊费	每次	0.10 元
	急诊费	每次	0.25 元
	出诊费	每次	1.00 元(不分昼夜,一般不出诊)
	补号	每次	0.15 元
住院费	单人间	每天	0.60 元(取暖费标准:0.20 元)
	普通间	每天	0.40 元(取暖费标准:0.10 元)
	隔离间	每天	0.60 元(取暖费标准:0.20 元)
	陪护费	每天	0.10 元

续表 21-13

类　别	项目	单位	收费标准
注射费	皮下注射	每次	0.10 元
	肌肉注射	每次	0.10 元
	静脉注射	每次	0.20 元
	盐水注射	每次	0.30 元
	骨髓注射	每次	1.00 元
换药	门诊换药	每次	0.10~0.80 元
生产	平产	每胎	3.00 元
	难产	每胎	6 元、10 元
	剖宫产	每胎	20 元、25 元
	产科检查	每次	0.30 元

1982 年 7 月，试行新的医疗收费标准，共 119 项。该收费标准有升有降，主要收费项目为：电风扇收费每日 0.5 元；病房暖气费每日 0.4 元，陪护费，医疗单位配备床和被褥的每日 0.4 元；自带被褥的每日 0.1 元；门诊挂号费，每次初诊 0.15 元，复诊 0.1 元，急诊 0.15 元（农村公社医疗单位一律 0.1 元）；出诊费 0.5 元。

1985 年 4 月起，调整自费病人住院收费标准，区级医院住院费每人每天 1.30 元，简易病房每人每天 0.7 元。同时，对公费医疗、劳保医疗除挂号费、住院费、手术费仍执行原收费标准外，其他收费项目与自费病人执行统一标准，缩小公费、自费之间的差距。

1989~1990 年，整顿医疗收费秩序，驻地医疗单位按全市取消的 23 项乱收费项目进行整顿，同时调高门诊挂号、检查治疗、化验类 140 项收费标准，采取加收 125% 的材料费办法，提高手术费标准，降低 CT、碎石机 2 项收费标准。

1993 年，提高部分基本医疗收费标准，调高挂号费、床位费、化验费，由 400 多项调整、合并为 129 项，手术费分为 5 类 15 档并适当提高标准，降低核磁共振等大型仪器设备检查治疗费，公费医疗、劳保医疗和自费医疗收费执行同一标准。

1998 年，对部分医疗服务收费标准作有升有降的调整，增设体现医务人员技术劳务价值的门诊、住院诊疗费、护理费，提高部分治疗费、检查费、检验费、抢救费、麻醉费、手术费收费标准，降低核磁共振、CT、ECT、DSA、胃镜、肾透仪、震波碎石等大型仪器的检查治疗收费标准，取消热敷、擦浴、点眼耳、冲洗、备皮等 5 项收费。明确新生儿护理按相应等级护理的要求执行，按相应等级护理的收费标准另加收 1 元。儿科一般检查、治疗费在不超过 20% 的幅度内实行加收。所有医疗收费调整面为 67%，与 1986 年省定 79 项标准相比（手术费除外），调高标准的占 17%，调高幅度平均为 3.17 倍，1259 项手术费标准平均提高 1 倍。

2000 年 11 月起，执行全省改革医疗服务价格管理办法，新浦地区非营利性医疗机构提供的医疗服务实行政府指导价，营利性医疗机构提供的医疗服务实行市场调节价。12 月，规范新增医疗服务收费标准，新增医疗服务收费共 168 项。

2005 年，提高体现医护人员技术劳务价值的手术、麻醉类、护理类和反映医疗技术进步的经血管介入诊疗类价格标准；降低过高的核磁共振扫描、X 线计算机体层（CT）扫描、彩色多普勒超声特殊检查等大型设备检查项目标准；放开部分带有医学美容性质的特需医疗服务价格。新浦地区各级医疗单位从 9 月 20 日起执行新的医疗服务项目价格。

1989～2005 年新浦地区医疗机构挂号、床位收费一览表

表 21－14　　单位：元

项目			1989 年		1990 年		1993 年	1998 年	1999 年	2000 年	2005 年
			自费	公费	自费	公费					
门诊挂号费	普通（每次）	区级	0.30	0.40	0.30	0.40	0.80	0.80	0.80	0.80	0.80
		乡级	0.30	0.40	0.30	0.40	—	—	—	—	—
	复诊（每次）		—	—	—	—	0.80	0.80	0.80	0.80	0.80
	急诊（每次）		—	—	—	—	1.20	1.20	1.20	1.20	1.20
	专家挂号费	副主任医师（每次）	1.50	1.50	1.50	1.50	1.50	1.50	1.50	7.00	6.00
		主任医师（每次）	1.50	1.50	1.50	1.50	1.50	1.50	1.50	10.00	9.00
诊查费	门诊诊查费（每次）	区级	—	—	—	—	—	1.00	1.00	2.00	2.00
		乡级	—	—	—	—	—	0.50	0.50	0.50	0.50
	住院诊查费（每日）	区级	—	—	—	—	—	1.50	1.50	1.50	1.50
		乡级	—	—	—	—	—	1.00	1.00	1.00	1.00
住院床位费	一等床房（每床日）		3.50	6.00	3.50	6.00	10.00	10.00	23－28	23－28	32－40
	二等病房（每床日）		2.50	4.50	2.50	4.50	8.00	8.00	13－15	13－15	23－28
	三等床房（每床日）		1.80	3.50	1.80	3.50	5.00	5.00	8－10	8－10	13－21
	四等床房（每床日）		—	—	—	—	—	—	5	5	8－10

二、中小学教育收费管理

20 世纪 50 年代，新浦地区中小学学杂费收费标准按 1956 年省定标准执行。

1961 年，新浦地区中小学费杂费标准为：每生每学期高中 8 元，初中 6 元，小学 1～2 年级 2 元，3～4 年级 2.5 元，5～6 年级 3.5 元。1964 年，调整为每生每学期高中 6 元，初中 4.5 元，高小 4 元，初小 2.4 元。

“文化大革命”期间，省定中小学杂费标准停止执行。新浦地区中小学校执行市定标准：每生每学期初中 5 元，小学 1～3 年级 2 元，4～5 年级 2.5 元。

1984 年，新浦地区中小学校执行省教育厅、省物价局统一调整的全省中小学校学杂费收费标准。

1985 年起，新浦地区实行九年制义务教育。

1989 年，省教育委员会、省财政厅、省物价局联合发出通知，对中小学校收费进行整顿，第一次提出小学、初中收取杂费，高中收取学费，并对义务教育阶段的小学、初中和非义务教育阶段高中收费实行差别政策。省重点高中因需要教育投资较多，可在不超过 20% 的幅度内上浮。

进入20世纪90年代后,教育事业迅猛发展,经费缺口较大,为缓解教育经费紧张状况,促进基础教育事业发展,从1992年起每两年对中小学学杂费进行一次适当调整。

1994年,新浦地区各中学按当年高中新生入学总数的20%招收自费生。自费生收费标准为一般中学每生每学期500元,省重点中学高中每生每学期650元。

1995年,执行省教育委员会、省财政厅、省物价局《关于进一步规范中小学、中等专业学校收费管理的若干规定》,新浦地区义务教育阶段中小学校收费项目为杂费、借读费、住宿费;非义务教育阶段中小学校收费项目为杂费、借读费、住宿费、自费生培养费。

1996年秋季起,新浦地区开始试办公办民助学校。最高收费标准:依托省、市实验小学试办的学校每生每学期400元,依托市重点中学试办的学校初中每生每学期800元、高中每生每学期1000元,依托省重点中学试办的学校初中每生每学期1000元、高中每生每学期1250元。

1998年,对高中不再确定自费生比例,改按确定每班公费生具体人数,其余为自费生。当年每班统招公费生人数为22人。

2000年秋季起,普通高中招生收费并轨,并轨后不再分公费生、自费生、借读生。

2003年,对公办高中招收择校生实行"限分数、限人数、限钱数"政策,公办高中择校生的比例最高不得超过高中实际招生总人数(以学校为计算单位)的20%。新浦地区择校生收费标准为:国家级示范高中每生不超过2.5万元,省级重点高中每生不超过1.8万元,市重点高中每生不超过1万元,一般高中每生不超过0.5万元。

2004年,连云港市教育局、连云港市物价局等7部门联合规定,依托各类公办学校开办的"公办民助"学校,必须符合"独立法人,有独立校园校舍,独立核算,独立办学"的条件。中小学生是否购置校服、订阅报刊、购买教辅用书、订购饮用奶坚持自愿原则,学校不统一为学生代办保险,严禁通过学校搭车收费。

2005年春季起,新浦地区公办义务教育阶段学校实行"一费制"收费。"一费制"含杂费、课本费、作业本费、信息技术教育费。课本费按学期结算,多退少不补。

第五节 价格监督检查

新中国成立初期,由工商行政部门依照国家法令,打击奸商哄抬市价、扰乱市场秩序等投机违法活动,控制平抑物价。

20世纪50年代中期起,饮食、服务业开展审价活动;各行业推行明码标价制度。

20世纪60年代后期起,市物价部门经常组织新浦地区经营单位开展物价自查和抽查活动。

1980年,物价部门聘请义务物价检查员,协助进行市场物价检查。

1984年起,全区开展以"米袋子""菜篮子"等主副食品价格为重点的市场价格检查,查处乱涨价、乱收费、哄抬物价、短斤少两等价格违法行为,稳定人民生活必需品价格。

1985年起,新浦地区经营单位开始实行明码标价和统一商品标价签,在所有经营单位中统一使用红、蓝、绿三色标价签,红色为政府定价商品,蓝色为政府指导价商品,绿色为市场调节价商品。同年7月,新浦地区放开猪肉销价和调整农村粮油销价,区物价检查所会同工商、审计等部门,并邀请部分区人大代表、政协委员参加，检查市场物价，保证改革措施顺利出台。

1987～1989年，为抑制价格总水平过快上涨势头，重点对粮油、肉类、蔬菜等主副食品，以及实行最高限价、提价申报和备案等控价措施的商品，开展市场价格检查，以稳定人民生活必需品价格，保证各项调控措施的落实。1989年，新浦地区各商品零售企业和个体经营者，一律使用市价格管理部门统一监制的商品标价签或价目表，标明商品的品名、产地、规格、计价单位、单价和物价员。

1990～1991年，在市管商品地区差率、城乡差率和商品经营管理费率实行调整，粮油、猪肉价格改革措施出台过程中，加强市场跟踪检查监督。1993年，在区内选聘一批价格监督员，以加强社会监督。1994年，根据市物价局《关于查处经营娱乐业、衣着类商品价格欺诈和牟取暴利行为的实施细则》，在娱乐业和服装市场开展反暴利价格检查。1996年，对利用虚假标价进行价格欺诈、家具业暴利行为进行检查。1997年，对各农贸市场开展价格巡查，保证猪肉、蔬菜等副食品价格差率管理制度的落实，继续对服装业、娱乐业、家具业进行反暴利检查。1998年，花果山景区、渔湾景区等门票价格上调幅度较大，物价部门及时开展旅游市场价格检查，加强监督力度。1999年，开展粮食收购价格与保护价格并轨后的粮食市场检查。2000年，国家和省4次降低药品价格，为保证降价措施落实，连续对药品市场价格开展跟踪检查。

2001年，全区实施明码标价“五个一”工程，即一条示范街、一个示范医院、一个示范市场、一个示范旅游景点、一个示范电信部门。

2003年抗“非典”期间，物价部门成立“应对价格突发事件巡查队”，设立举报电话并24小时有人值守，建立“防非”举报电话与价格巡查联动机制。

2004年，针对化肥等农业生产资料价格过度上涨的情况，对农资生产企业、农资批发市场、乡镇农资销售点的化肥等农资价格进行检查，查处违反规定差价率和最高限价的行为，抑制农资价格过快上涨的势头。

2005年，开展旅游市场价格检查，重点检查各旅游景点门票价格及景区周边商业和服务网点价格、旅行社、餐饮业价格等。

第七章　工商行政管理

第一节　机　构

民国期间，新浦无专业工商行政管理机构。

新中国成立后至20世纪70年代初，新浦地区的工商行政管理工作，由市商业局代为管理和市工商行政管理局直管。

1974年11月，市工商行政管理局新浦分局成立，内设市场管理组和办案组。1975年4月，新浦工商分局内设市场管理股和工商管理股，下辖市场服务所。

1983年7月，成立新海区工商行政管理局，内设人秘股、企业管理股、市场管理股，下辖路南、路北两个市场管理所。1984年6月，区工商局增设经济合同管理股、个体经济管理股以及经济合同仲裁委员会、临洪市场管理所。1985 年 1 月，成立广告管理所。同年 6 月，增设浦南市场管理所。

1986 年 7 月，撤销新海区工商局，成立新浦区工商局。1988 年 10 月，区工商局增设经济监督检查股和经济检查队。至 1990 年底，区工商局设人秘、企业登记管理、市场管理、经济合同管理、个体经济管理、经济监督检查 6 个股和广告、路南、路北、临洪、浦南 5 个管理所。

1995 年 3 月，连云港市新浦区工商行政管理局更名为连云港市工商行政管理局新浦分局。

1999 年 4 月，省以下工商行政管理机关实行垂直管理，连云港市工商行政管理局新浦分局更名为连云港工商行政管理局新浦分局。

2001 年 11 月，南城镇、花果山乡、云台乡和猴嘴街道划归新浦区管辖。连云港工商行政管理局云台分局随之撤销，其所辖猴嘴工商所、南城工商所划归新浦工商分局。

2002 年 8 月，新浦工商分局进行人事机构改革，根据登管分离的原则，原企业管理股、个体管理股合并，成立登记注册科与监督管理科，由登记注册科对全区范围内的内资企业、私营企业、个人独资企业、合伙企业和个体工商户进行登记业务。

至 2005 年底，新浦工商分局有干部职工 128 人，隶属连云港工商行政管理局，在连云港工商行政管理局的领导与组织下开展各项工作，并对连云港工商行政管理局负责。下设浦南、浦东、路北、南城、猴嘴 5 个工商所，负责连云港市新浦区的工商行政管理工作。

第二节 企业登记管理制度改革

一、企业登记制度改革

解放前，新浦地区企业登记、注册发证工作先后由东海县警察局、建设科、东海县商业同业公会负责办理。

解放后至 20 世纪 70 年代中期，新浦区的个人、集体兴办企业及工商企业的停、歇、并、转等申报登记管理工作，均由市工商管理局负责。

“文化大革命”时期，企业登记管理工作停顿。

1979 年起，新浦地区个体工商业逐步得到恢复和发展。同年 11 月，新浦工商分局对新浦区属企业进行登记试点工作。1980 年 1 月，新浦地区属企业 82 户，其中具备登记条件的有 55 户。

1982 年初，新浦工商分局对新浦区各行业进行全面普查登记，核发营业执照 251 份，其中，工业企业 136 户，交通运输企业 11 户。

1984 年，新浦区属集体企业和乡镇企业经区政府批准后由新浦工商分局核发营业执照。企业在国家政策允许范围内，可以一业为主，兼营他业，不受行业分工和行业划分的限制。允许小厂挂大牌，允许一个企业同时使用两个以上名称。同年 6 月，全区工商企业换发全国统一营业执照，以便企业开展业务活动。个体工商业户的办照审批权划归工商所，持居民委员会、村委会证明，7 天内审核发照。暂不具备登记条件者可先行营业，后补领正式执照。1985 年，新浦工商分局对辖区企业名称进行重新审核，对不符合规定的企业名称办理变更登记。8 月，对不符合国家规定开办条件的公司办理变更或注销登记手续。年内，进一步明确个体工商业户经营范围，兼营行业必须与主营相近；有条件的可核准经销部分耐用消费品,但不能开展批发业务;营业执照必须悬挂在经营场地明显处,不得转借、出租、出卖、涂改、伪造。1986年,控制企业停薪留职人员从事个体经营,控制外市人员在新浦地区经营纯商业。个体运输户须经市公安、交通、运输管理部门审验合格,方可核发营业执照。并于8月1日起,开始对全区企业换发营业执照,并建立工商企业档案。1987年,对区属承包企业、租赁企业办理变更登记手续。对申请领取个体工商业户营业执照者,只要具备经营条件,凭户口簿或居民身份证即可核准登记发照。1988年7月1日起,对55户具备法人资格的企业及时办理法人注册登记手续并发给企业法人执照。同年9月,统一换发个体工商户营业执照,将私营企业从个体工商户中析出,专门进行登记发照。

1989年8月,对在新浦区工商局登记注册的全民或集体所有制企业、联营企业以及从事生产经营的事业单位、科技性社会团体,重新换发和核发企业法人执照,计发530户。1990年,清理名为集体实为个体的假集体企业47户。年底,全区登记注册的工商企业共915户,其中取得法人资格的480户,分支机构435户,从业人员14464人,注册资金4563万元。

1991年,落实市工商局《关于进一步帮助国营大中型企业和重点企业排忧解难搞活经济的若干措施》,支持企业调整产业结构和产品结构,帮助企业扩大产品销售,鼓励亏损企业开辟新的生产项目和多种经营渠道,在变更企业名称、调整产品销售网、增加经营项目和范围,批准一次性经营,搞好商标、广告宣传等方面进一步明确优惠条件。当年,全区工商企业共有985户,比上年同期上升3.1%;个体工商户1902户,比上年同期上升11.3%。

1992年起,进一步深化企业登记制度改革,实行放宽企业经营范围和经营方式,放宽企业名称的核定,放宽注册资金限制的"三放宽"政策,企业登记注册,由原规定30天办完手续,缩短到3天,特殊情况下,当天受理当天办理好并发照。当年,全区工商企业发展到1417户,注册资金16168万元,比上年同期分别增长3倍和44.86倍;个体工商户发展到2540户,从业人员5207人,注册资金830.3万元,分别比上年增长43.9%、16.6%和35.6%;私营企业3户,从业人员76人,注册资金65万元。

1993年,进一步简化企业注册审批程序,企业申请开业登记,除集团、股份制企业以及外贸、金融、交通、航空、旅游、医药、建筑、出版等行业应按国家有关规定报请行业归口部门审批外,其他行业的企业办理登记注册时,只需提交主管部门的审批文件,即可登记注册。当年4月7日起,落实市委、市政府《关于加快发展个体、私营经济的决定》,进一步放宽政策,从简化登记发证手续,广泛开辟生产经营场地等方面为个体、私营经济发展创造宽松环境。当年,全区工商企业发展到2009户,其中当年新增企业626户,比上年同期增长45.3%;个体工商户发展到9329户,从业人员达13685人,注册资金2507.7万元,分别是上年同期的3.67倍、2.63倍和3.02倍;全区私营企业发展到28户,从业人员268人,分别比上年同期增长8.3倍、2.5倍。

1994年,对注册登记程序、手续等进行大胆改革。对具备法人资格的企业投资办公司,不需要批文,可直接向工商部门申请注册、登记;对法人之间联营组建公司的,只要双方达成协议,就可申请登记。并将原"受理、审查、核准"三项程序,改为"一审一核"制,对企业提交的文件、证件,除国家有明确要求的,其他不作为登记时的前置条件。对外地企业尽量一次办完登记手续,对特殊情况,先允许企业开业,后在规定时间内将材料补齐。新登记的私营企业核发《企业法人营业执照》或《营业执照》及其副本的一律不再填写经济性质,只填写组织形式。授权基层工商所上门登记发照,实行现场填表、审查、发照一条龙服务,使农民足不出户即可领到《营业执照》。当年,全区经核准登记的工商企业达到2331户,其中当年新增企业351户,比上年同期增长17.7%;全区个体工商户达11768户,从业人员达17496人,注册资金3092.2万元，分别较上年同期增长41.2%、40.3%和31.1%；全区私营企业总数达55户，从业人员518人，注册资金2234万元，分别比上年同期增长129.2%、119.5%和187.2%。

1995年，建立个体工商户和私营企业付费登记制度，核发印有个体工商户和私营企业现行主要缴费项目和标准的《付费手册》。当年，全区经核准登记注册的工商企业达2395户（其中法人企业1282户）；个体工商户达12790户，18636人，注册资金3341万元，分别比上年同期增长5.8%、2%和5.3%；私营企业达93户，雇工人员1086人，注册资金2956万元，分别较上年增长69%、109.7%和32.3%。

1996年，继续大力培育发展农村种植、养殖等传统行业个体工商户，扶持、引导城镇下岗职工从事个体经营。当年，全区经核准登记注册的工商企业达2489户（其中法人企业1237户，非法人企业1252户）；个体工商户发展到5671户，较年初验照后净增3493户；私营企业发展到102家，较年初检验照后净增36家。

1997年，加强改制企业登记管理。凡改制企业均须在改制方案批准后的30日内到原登记机关办理登记手续。准确核定企业的改制类型，按改制类型办理登记和变更登记。注册资本在30万元以上的改制企业，可以在名称中冠以"市"字，并报市工商局核准。支持在行业内具有一定规模和实力的骨干企业组建有限责任公司或股份有限公司，推动跨地区、跨行业、跨所有制的资产重组。支持面广量大的中小企业选择兼并、拍卖、分立、承包、租赁以及股份合作制等灵活多样的形式进行产权制度的改革，严格按照产权明晰的要求规范改制企业的登记注册，从低收取登记注册费用。当年，全区登记注册的工商企业达2087家，是1992年的1.98倍。全区个体工商户达6506户，与上年同期相比增长14.7%，私营企业达131家，与上年同期相比增长28%。

1999年，工商部门主动督促、帮助企业制定下属分支机构改制方案。原个体工商户和个人合伙使用的营业执照统一换发为《个体工商户营业执照》。当年，全区个体工商户达5711户，其中新发展2568户；私营企业达183家，其中新发展64家。

2000年，进一步深化登记核审制度的改革，除国家法律法规明确要求的前置审批外，其他的一律取消。放开各类市场主体的经营范围，除国家法律有明确规定外，不作其他限制，对各类市场主体同等对待。实行登管分离，推行一条龙窗口式登记服务。申请登记事项，只要手续、材料齐全，经审核符合条件的，一律在7日内办毕（法定30日）。将登记注册职能从各个登记管理部门分离出来，设立专门的登记注册大厅。原有部门专司对市场主体的监管职能。对已改制的公司制企业和股份合作制类型的企业经营时间超过两年以上但其分支机构尚未改制的，督促企业尽快实施改制。当年，全区个体工商户达5902户，私营企业达262户，其中新发展88户，已核准登记个人独资企业52家，注册资本663.2万元，从业人员240人。

2001年，继续推进行政审批制度改革，完善企业登记注册互联审批制度，登记注册实现"工商统一受理，抄告相关部门，联合并联审批，限时办结反馈"，推进实施"一站式"办公，提高办结率。对招商引资和内联项目，降低市场准入门槛，在法律法规允许的范围内对各类主体登记从快放行。对科技型企业和公司制小企业降低注册资本，允许分期到位和实行预备期登记，支持民营企业的发展。进一步营造促进个私经济大发展的氛围。当年，全区私营企业441家，其中新发展251户；个体工商户7005户，其中新发展3066户。

2002年10月，非公司企业法人、私营企业、个人独资企业、合伙企业和个体工商户启用新版营业执照，对老式的营业执照全面进行换照。落实省工商局关于企业注册资本分期出资的规定和预备期企业的登记规定,使资金暂时有困难的企业富余人员、科技人员、下岗待业人员实现再就业。当年,全区新登记注册内资企业274户、私营企业266户、个体工商户3452户。内资企业总数达1074户,注册资金33908万元;私营企业总数达675户,从业人员4113人,注册资金7776万元;个体工商户总数达9106户,从业人员9106人,注册资金9829万元。新注册登记下岗职工再就业营业执照593户,领取个体工商户营业执照的下岗职工总户数达902人。

2003年4月,市工商局的名称核准软件开始运行,对企业个体工商户名称实行远程预先登记核准,即由各分局受理名称核准,由市工商局企业登记注册处在市区范围内进行名称查重,进行名称预先核准。同年10月,市工商系统实行"通行权下放,否决权上收"登记注册制度,新浦工商分局开始实行所有登记业务由一人审核制,营业执照当场发放,提高办事效率,对不能办理的登记事项,由工作员以报告的形式上报至分局,由分局根据情况做出给予登记或不给予登记的决定。当年,全区私营企业达到839家,新发展160家,个体工商户达7898户,新发展2113户。

2004年3月,新浦工商分局全面实行"通行权下放,否决权上收"登记制度。企业申请登记注册从咨询、核名、受理、审查到发照等程序,实行一人受理、全程服务、终身负责、公众监督,并承担相应责任。当年,全区新登记个体私营企业户数达2309户,比上年同期增长3%,全区个私企业总户数达10134户,注册资金达2.7亿元。

2005年,进一步深化注册员制度,明确窗口业务人员都是受理人员,每一个受理人员都有责任和权限受理登记窗口的所有业务。落实市工商局《关于创新市场准入创优工作机制支持全民创业的实施意见》,对群众投资创业常见的小餐饮、小浴室、小旅馆、小音像书刊租售等行业实行告知承诺制,由申请人作出书面承诺后,登记部门先予以登记,监管部门加强监督管理。同时,强化对特殊类型个体户的登记管理,对于租赁柜台户实行以查促管方法规范出租和承租双方的经营行为;对于下岗户采取加贴照片、加盖戳记、定期审核的方法规范管理;对于待拆迁户核发有效期不超过1年的临时营业执照;对于存在争议的个体诊所、各类培训办学机构、个人承包的机关、事业单位的对外盈利机构等,积极引导其办理工商营业登记。

截止2005年底,全区有个体工商户9965户,注册资金达19470万元,从业人数13287人;私营企业504户,从业人数3012人,注册资金9808.16万元;内资企业282户,注册资金14923.66万元,从业人数3530人。

二、企业管理制度改革

1984年,区工商部门贯彻落实中共中央、国务院《关于严禁党政机关干部经商办企业的决定》,对区各机关办的68户企业进行清理整顿。落实国务院《关于清理整顿公司的通知》和《公司登记管理暂行规定》,对政企不分、一套机构几块牌子、小企业挂大招牌、"四无"(无资金、场地、设施、从业人员)公司等不具备条件和从事违法经营的企业重点进行清理。

1986年起,对公司实行年检注册,每年2月底前公司向原发证机关送交国家工商局统一印制的上年度《年检注册书》和《资金平衡表》。年检合格后,发给《公司年检注册证》。同年7月起,企业登记管理的重点转由对企业的监督管理,实行政企分开,扩大企业自主权,优先办理承包企业,积极支持企业转换经营机制,调整产业结构,引导企业走向市场。对违反法规,非法经营的企业或个体工商户给予停业整顿、罚款直至吊销执照的处罚。在个体工商户中组织开展文明经营、优质服务活动,个体户佩戴由市工商局统一印制的服务证，便于接受群众监督。

1987 年 4 月开始，对个体工商业户、合作经营组织按正式营业执照、临时执照分类编号，分开建档。

1991 年，在大中型和重点企业中推行联系点制度。

1993 年，区工商部门采取“村村过、街街梳”的办法进行调查排队，全面清理无照经营，对符合办照条件的及时核发《营业执照》或《临时营业执照》，对不符合办照条件的依法予以取缔。

1996 年，落实修改后的《中华人民共和国私营企业暂行条例施行办法》，停止收取私营企业管理费。

1998 年，探索市场监管方式的改革，推行收管分离、划片管理、市场巡查三项制度。管理人员不再直接收费，而由个体工商户持卡就近到银行网点缴存。

1999 年，开始对经营户的个体管理费、市场管理费收取标准实行“三级定标”，建立收费卡片，引导经营户自动按时上门缴费。

2000 年，对房地产开发、烟花爆竹生产经营、石油经营、文化娱乐及电子游戏经营等企业进行专项清理。对 3 年以上未年检的 1843 家集体企业，按法定程序进行了吊销工作，使长期以来存在的一些名存实亡以及假集体企业得到清理，摸清全区集体企业底数。

2001 年，组织开展以查认识、查机构、查制度、查隐患、查措施、查实效，全面整顿安全生产秩序为内容的“六查一整顿”安全生产大检查。启动打造名优企业、名优品牌的“名企名品”工程，并对“名企名品”工程培育对象实施领导联系、挂牌保护、信贷支持等一系列帮扶措施。

2002 年，工商部门对部分企业实行上门实地年检，全面推行企业免检制度。全面实施“经济户口管理”工作，抓好数据初始化的扫尾工作，按要求对录入数据进行回头看，确保户口数据的完整和准确。

2003 年起，全面实行违法警示和企业免检制度。

2004 年，对辖区内市场主体按照规定实施分类，区别不同类别，划分不同的监管等级、实施不同的监管措施。开展个体户规范管理百日行动。

2005 年，区工商部门积极推行上门年检、预约年检、属地年检、网上年检等新的管理措施。对 2004 年 7 月 1 日以后生效的新的法律和行政法规规定的登记前置许可的项目，以及有关部门提出的吊销、撤销、失效许可证具体名单的企业严格把关。对因改制、重组等历史原因造成企业资本不实，确有客观、合理理由且不存在转移资产行为的，引导其规范相关登记手续。实行分类年检验照，对免检企业、无违规记录的企业以及工业类企业简化程序，而对于高额注册资本的贸易、咨询、房地产企业，涉及前置审批的高危行业，加强审查，严格把关。制作《无证无照经营行为协查函》，告知相关部门督促其尽快完善前置审批条件。对安全重点行业以外、基本没有现实危害和安全隐患的前置经营户，如小餐饮、小理发、小澡堂、图书影像制品租售等无照经营户，以“告知承诺”的形式核发营业执照。

第三节　市场管理

新中国成立后，市工商局、商业科根据国家颁布的粮食、棉花、棉纱、木材以及煤油、火柴、白糖、肥皂、蜡烛等市场暂行管理办法，对新浦地区各大商行进行重点检查，打击投机倒把商贩，使市场秩序逐步趋于稳定。

1952 年，在“五反”运动中，重点打击了偷税、漏税、偷工减料、抽逃资金和盗骗国家财产的不法资本家,保证国家经济建设的正常进行。

1961 年 4 月,市政府市场管理委员会(以下简称市管会)成立,加强对新浦地区的粮油、蔬菜等专业市场管理,打击各种买卖票证、套购紧俏物资的非法活动。1964 年,市管会在新浦 30 个居民委员会中进行重点调查,查处有投机倒把行为者。1965 年,除国家规定的一、二类物资不准上市外,对上市交易的水产品、茶叶、仔猪、芦柴、建筑材料等严加管理。1970 年 1 月,连云港市打击投机倒把办公室在新浦成立,直接负责对新浦地区各市场发生的投机倒把经济案件的查处。不准违反政策规定倒卖经营商品、不准私自抬价、压价,不允许“二道贩子”(即转手贩卖商户)插手,不准随意摆摊设点和流动叫卖。

1975 年,在新浦区各街道、厂矿成立群众管理市场组织。当年 10 月 10 日起,先后取缔贾圩、海昌、前河、新海 4 个自由市场。1976 年 4 月,关闭新浦地区所有农贸市场,并组织工商分局人员及其他机关、干部、民兵、学生 200 多人,设卡检查,不准成市贸易。

1978 年春,集贸市场开始恢复。当年 10 月,新浦地区恢复粮油集贸市场。工商部门按照“管而不死、活而不乱”的原则,实行划行归市管理,不准在规定的市场以外成交,不准哄抬物价,不准倒买倒卖,不准将国家计划收购物资和禁止上市物资上市交易。1979 年 3 月,贯彻市工商局制定的《集市贸易管理规定(试行)》,集市贸易日趋活跃。新浦地区集贸市场发展到 12 处。

1982 年 4 月,对市场实行摊位定点管理,在商贩中进行社会主义精神文明建设教育,取缔不法经营,查处假冒伪劣商品,及时调节市场价格,打击欺行霸市行为。1983 年 2 月,国务院公布《城乡集市贸易管理办法》,赋予工商行政管理机关履行监督管理和组织经营两种职能。从 1984 年起,区工商局在加强市场管理的同时,着手进行市场建设,改善市场环境。大胆改革与商品生产和流通不相适应的旧的规章制度,开展以文明管理、礼貌服务为内容的竞赛活动,扭转以往存在的就市场管理市场、不管生产和流通的做法。

1985 年,贯彻中共中央《关于经济体制改革的决定》和《关于进一步活跃农村经济的十项政策》,坚持管理与服务相结合的方针,加大市场建设管理力度。在城区较大规模的市场内因地制宜增设了台(池)、鸡蛋周转箱、自来水、信息栏、黑板报等服务设施,并设代过秤、代换零钱、推销商品和信息咨询为内容的服务项目。市场长期存在的脏、乱、差现象得到改观,市场管理水平明显提高。浦南农贸市场在摊贩中实行划段轮流值日,加强自我管理。1986 年,开始在各市场中执行市工商局颁发的《市场文明评比暂行办法》,开展创建文明市场活动。有重点地对大中型市场围绕画线设摊、划行归市、明码标价、亮证经营、到货登记等内容进行整顿。当年,浦南集贸市场被评为省、市文明市场。

1987 年,随着生产资料的逐步放开,允许所有生产单位自行调剂余缺,有条件的集体企业和个体经营户也可申请经营重要生产资料。农副产品和土特产出口商品在保证完成定购任务的前提下,允许边上交定购任务边上市,对定购任务以外的,允许自由购销。9 月下旬,针对新浦地区长期存在的拦路抢购现象,组织人员分赴贾圩桥、盐河桥、幸福路大转盘、丁字路、汽车站 5 个点,对拦路抢购上述物资情况进行突击检查。1988 年,各贸易市场管理实行以定人、定位、定责,包管理、包服务、包卫生、包收费为内容的“三定四包”岗位责任制。基层工商管理所对集贸市场管理人员落实承包责任制,重点市场实行 24 小时值班服务。开展对化肥、农药市场的清理整顿,基本理顺了化肥、农药市场的经销渠道,全面实行化肥、农药专营制和化肥售前检验制度。从 6 月起,由区工商局、新浦公安分局、税务局组成市场治安联防办公室,经常性整顿治理市场秩序。当年 8 月 9 日起,放开夏粮市场,实行多渠道经营,对放开的粮食价格实行随行就市,略低于市价,自由成交。对汽车经销(包括代购代销)单位,要经工商机关核准登记,发给营业执照。国家统一计划分配以外的汽车交易,在工商机关核准的汽车交易市场进行,或由工商机关核准的汽车经营单位代销,旧机动车辆交易活动,在指定的旧机动车辆交易市场内进行。

20世纪90年代初,工商部门加大对市场上市物品质量管理力度,经常对副食品店、农贸市场夏季食品卫生进行专项检查。1992年,有组织、有计划、有重点地开展以查处假冒伪劣商品、制售假冒伪劣农业生产资料、豆制品加工点和销售点、文化市场为内容的专项检查。对已建成的企业自办或联办市场,全面实施以统一政策,统一监督,统一票据,统一收费标准为内容的“四个统一”管理。1993年,对市区范围内租赁柜台、承租房屋及各类市场管理分工作出规定,在各市场从事经营活动的企业和个体工商户改变经营地点的,均须到新经营地的工商行政管理机关申请登记,办理有关手续。当年,西苑、浦南两农贸市场被评为文明市场。

1994年,改革市场管理办法,将创建文明市场、创建文明工商所、创建卫生城市三项活动有机地结合起来,突出抓好市场的规范化管理,并出台《市场管理人员岗位责任制》和《新浦地区集贸市场管理办法》,加大了市场管理的力度。1995年,在全区范围内严肃查处在熟肉制品、山楂糖球等食品中添加化学色素的行为,让市民购物放心。1996年,积极探索生产资料市场的管理办法,推行部门联合办公、工商部门统一管理、扎口收费的管理新机制。对主要集贸市场的固定摊位实行明码标价,主要农副产品价格实行差率管理,在省级文明市场中淘汰杆秤。同时,市区相继在14个市场开辟蔬菜直销区。市场规范化管理水平明显提高,其中木材批发市场、艺北市场、浦南市场、西苑市场达到了省级规范水平。

1997年,在辖区市场内全面启动以“讲诚信、反欺诈”为核心内容的“三放心满意工程”活动,同年10月,在全市首推市场管理公示制和市场巡查制,并推行收费与管理相分离的制度。当年,在全市“最佳、最差”市场评比中,新浦地区的浦南市场、艺北市场被评为全市“最佳市场”。市木材批发市场、艺北集贸市场、浦南农贸市场、西苑市场被评为省级文明市场。1998年,在市农副产品批发市场内进行豆制品集中加工的试点,对新浦地区不具备豆制品加工条件的加工户集中进入加工区生产。1999年,对房屋租赁实行统一管理,统一登记,验证合同文本,统一专用票据,发放统一印制的《房屋租赁许可证》。

21世纪以来,工商部门进一步加强市场安全管理。2001年,明确集贸市场的消防安全工作由主办单位负责,工商部门协助,集贸市场的负责人为市场的防火负责人。对重点市场、重点部位做到每周一大查,三天一小查,每查必记录。有形市场均制定《安全消防事故实施方案》《紧急情况疏散方案》。2002年,启动“肉菜粮放心工程”,配合农业部门建立农业标准化示范基地,加强对肉制品生产基地监管,加大对肉制品、豆制品的监督检查力度。并在各商品交易市场组织开展大规模的消防安全整治行动。2003年,农副产品市场全面实施“肉菜粮放心工程”,推行“场厂挂钩、场地对接、场站联手”的制度。次年,“肉菜粮放心工程”网络体系初步形成。当年,外地发生禽流感疫情时,新浦工商部门立即采取“建立制度、内防外堵、强化责任、督查到户”等措施,认真检查上市家禽是否有产地检疫证明或防疫证明,对不符合活禽养殖及其制品加工条件的经营主体一律令其停业整顿,确保市场食品卫生。2005年,通过开展“红盾护农行动”,查处一批制售过期、失效、变质和标签不全、不合格、国家禁用农资产品案件。对农资经营主体进行摸底排查,建立企业分类档案,逐步健全农资生产经营企业的“经济户口”。截至当年底,全区共有4个市场多次获得省级文明市场称号,11个市场获得市级文明市场称号,连云港市农副产品批发市场入选农业部定点市场,并被省命名为“肉菜粮放心工程先进单位”称号。红星美凯龙国际家居广场获江苏省四星级文明市场,陇海商城获江苏省文明市场、江苏省三星级文明市场等称号,连云港市蔬菜活禽直销市场被评为江苏省文明市场。

第四节　经济合同管理

解放前,契约是民间经济合同的主要形式。立约要有中人,遇有纠纷,先由中人调解。调解不成,再由中人会同宗族、地方绅士调解,再不成,则诉诸官府。

新中国成立后,新浦地区经济合同工作由市政府工商部门直接管理。1951年秋,新浦三合肥皂厂与临沂工商联签订祥光牌肥皂12000条、玉兰牌香皂400打的合同,全部按期履行。1952年,新浦油厂、新浦益昌油厂等单位通过赣榆县供销社签订合同,保证了原料按时供给。

1974年后,新浦工商分局指导各企业依法签订各类经济合同,监督企业认真履行合同和正确处理合同纠纷,对需要鉴证的合同进行审查、鉴证。

1981年底,贯彻实施《中华人民共和国经济合同法》。次年7月1日起,新浦工商部门统一管理经济合同。1984年初,区工商局设立经济合同仲裁委员会。

1985年7月1日起,落实《连云港市经济合同管理实施细则》。开始实行凭《法人委托书》签订经济合同的制度。1986年起,在工商企业中开展"重合同、守信用"活动。当年,区糖业烟酒公司、合成胶厂等9家企业被命名为"重合同、守信用"企业。1987年2月起,统一合同文本,对企业提供经济合同咨询服务。1988年,对438名企业法人代表、供销人员进行经济合同业务培训,为企业提供咨询服务272次。1989年,集中清理了前两年的合同纠纷。1990年4月,制订了《集体企业承包、租赁经营合同的暂行规定》。当年10月1日起,逐步推行经济合同示范文本制度,工商部门统一印发购销、建设工程承包、加工承揽、财产租赁等合同的示范文本。借款合同、财产保险合同、货物运输合同和供用电、水、热、气等合同的示范文本由各业务主管部门负责印刷管理工作,报工商部门备案。至年底,共鉴证经济合同268份,总金额2539.7万元。

1991年,区工商部门设立城区建筑市场合同仲裁庭,对1986年以来被评定为"重合同、守信用"企业进行重新认定。1992年,鉴证经济合同418份,总金额1527.5万元;调解和仲裁经济合同纠纷3件,争议金额36.8万元。当年,举办经济合同法培训4场次,培训合同管理人员280人次。检查56户建筑安装企业各类经济合同101份,现场解决和纠正疑难问题73个,为企业挽回经济损失320.3万元。1993年,鉴证经济合同184份,总金额871.4万元,调解和仲裁经济合同纠纷3起,争议金额5.2万元。当年组织合同业务管理人员培训40余人次。同时,举办两期亏损企业法人培训班,参训人数达80人次。帮助150家企业建立了经济合同。督促企业落实签约法人委托书制度,全区企业合同经办人持法人委托书的有412户,帮助5户亏损额在万元以上的企业调查亏损原因,采取"分工定人,定任务到企业"的办法,为亏损企业债务方去信发函,取得对方工商部门的支持与配合,使区内的手套厂、向阳制牌厂、文化用品厂等单位的经济效益有了明显的好转。至当年底,全区"重合同、守信用"企业达68家。90%的企业使用了示范合同文本。

1994年,新浦工商分局依据修订后的《中华人民共和国经济合同法》先后走访410家企业,检查各类经济合同573份。在区政府的大力支持下,对区属企业法人代表,供销社及企业合同管理人员进行了为期11天的经济合同法培训,参加人数达721人次。在全区625户企业中,推行经济合同示范文本制度,实行授权委托企业达538户。年内,全区有469户企业合同管理达到机构、人员、制度落实(简称"三落实”)。鉴证经济合同120份,总金额623.65万元。调解和仲裁经济合同纠纷4起,争议金额24.74万元。1995年,鉴证经济合同21件,总金额113.04万元。全区有793户企业达到经济合同管理规范的要求,达标率为62%。调解仲裁经济纠纷案件3件。1996年,在开展“重合同、守信用”活动的同时,广泛推行经济合同示范文本规范市场主体经营行为,为企业办理动产抵押16件,举办法律法规培训两期,参训企业法人代表102人,为企业提供咨询服务40人次,追回欠款达8万元。1997年,鉴证经济合同61份,总额达246万元,开展资信业务9件,金额达34万元,资信避免损失达14万元;办理企业动产抵押19件,总金额达808万元,担保主债权51万元,全区有516家企业的合同管理达到“三落实”。1998年,鉴证经济合同101份,总金额达663万元,开展资信业务1件,金额达20万元,办理企业动产抵押物登记17件,总金额达663万元,担保主债权398万元。1999年,查处违法合同案件20起,罚没金额1.44万元。办理企业动产抵押案件20件,总金额达1034万元。新确认56家企业为“重合同、守信用”企业。2000年,在新浦地区国有大中型企业中全面实施合同解忧工程。6月1日起,建设工程强制使用修订后的建设工程委托监理合同(示范文本),制定出台《合同鉴证操作规范暂行规定》;办理企业动产抵押12件,抵押物总价值652万元,确认39家企业为“重合同、守信用”企业。

2001年,全面开展建筑市场信用秩序整顿,帮助建筑企业清理拖欠工程款。对重点从事商品、劳务、房地产、广告、科技、信息等中介服务的专、兼营企业开展专项治理。办理企业动产抵押7件。

2002年,开始建立企业信息共享、交流协作制度,加强与地方政府、海关、税务、银行、法院等部门联系和沟通,全方位收集相关信息。对“重合同、守信用”企业确认全面推行“三结合、两征求”的办法。

2003年,明确工商部门支持订单农业发展的主要任务。加强“重合同、守信用”企业认定和管理工作,明确连续两年以上的县、区级“重合同、守信用”企业,可以申请市级“重合同、守信用”企业称号;连续四年以上的市级“重合同、守信用”企业,可以申请省级“重合同、守信用”企业称号。停止对连续三年以上县、区属“重合同、守信用”企业进行自动升级的命名的做法,实行申请制度。

2004年,对推行种子合同示范文本进行试点。

2005年,全区有市级“重合同、守信用”企业339家。

第五节　商标广告管理

一、商标管理

民国20年(1931),信记海丰机器面粉厂所产面粉,率先在新浦使用经过国民政府经济部门注册的双龙球牌和双狮球牌两个商标。民国25年,王顺记皮坊以白象牌商标生产面革。

1950年,政务院颁布《商标管理暂行条例》。实行商标自愿注册原则,突出商标专用权。驻地陇东火柴厂使用“人民牌”注册商标。在对私改造期间,实行统购统销,工商企业不重视商标。

1957年,贯彻国家工商行政管理总局的《关于实行商标全面注册的意见》。区属厂进行商标注册的产品有新浦针织制线合作社生产的新海牌线团和袜子;新浦毛巾生产合作社生产的金星牌手帕以及市属新海印刷厂生产的猴王牌扑克等。

1960年上半年,新浦化妆品社有4件商标系冒用上海、北京等地注册商标名称或图案,被禁止使用。

新浦酱园、新浦毛巾生产合作社擅自更改已注册商标的图案、色彩，工商部门立即责成其重新设计、注册。

1964 年，新浦造纸厂生产的卫生纸使用的天鹅牌商标，新浦文化用品厂的折尺、粉笔使用的连云牌商标，均系注册商标。

“文化大革命”期间，停止商标注册工作。

1976 年 2 月 5 日，市工商行政管理部门重申，不准使用未注册商标，新浦地区进行商标注册工作普查。1979 年，新浦区有注册商标 2 个。1980 年 7 月，区工商分局对全区 81 个企业的 65 种地方注册商标进行检查登记，统一注册。商标档案编号登记，设专人管理，专柜存放，保障注册商标的专用权。

1983 年，恢复商标自愿注册制度。3 月 1 日起，实施《中华人民共和国商标法》。实行商标定点印制管理规定，市工商局核准市新海印刷厂为新浦区定点印制商标标志单位。1986 年 7 月 1 日起，全面实行商标二级核转制度，对酒类商品的商标使用情况进行检查。1987 年，直接向各商标印制单位出具商标印制证明，发给《商标印制许可证》。次年，举办厂长、经理普及商标法规知识培训班 25 期，参训人数达 974 人，印发宣传材料 3250 份。1989 年，帮助企业新申请酒类产品注册商标。至 1990 年，共查处商标违法案件 71 起，批评、制止 35 起，罚没金额近万元。共核准转报 69 份商标，有 54 份已被国家工商局注册，其中 19 件注册商标产品，荣获省、市优质产品证书。

1991 年，抓好大中型企业商标运用工作，开展争创驰名商标活动。1992 年，连云港葡萄酒厂的“花果山”、连云港水表厂的“浪花”被评为江苏省著名商标，“浪花”商标还参加了中国驰名商标评选。当年，新办理注册商标 10 件，核转 20 件，办理商标续展手续 6 件。1993 年，采取现场评分方式对商标定点印制企业进行全面检查，并核转注册商标 15 件。1994 年，积极推行商标代理制度，为企业注册商标提供全面及时的服务，完成代理注册商标 10 件，对全区 12 户指定商标印制企业进行普查验证。1995 年，代理注册商标 21 件。1996 年，重点开展严厉查处假冒侵权商标和违法广告工作，当年收缴并销毁侵权商标标识 4000 张，提供商标查询 10 次。1997 年，查处假冒注册商标、侵权案件 2 起，案值近百万元。先后对全区 25 家企业法定代表人、13 个商标印制单位、10 个广告经营单位的人员进行了《中华人民共和国商标法》《商标法实施细则》《中华人民共和国广告法》等法律法规培训。当年新注册商标 6 件。1998 年，在新浦华联广场举办“连云港市名牌产品展示”活动。代理注册商标 8 件。2000 年，查处商标侵权案件 2 件，非法印刷假冒注册商标标识企业 1 户，收缴和销毁假冒注册商标标识 7 万余套。

2002 年 8 月，新浦地区的“天晴”“淮”商标被评为江苏省著名商标。年内，工商部门与知名商标的拥有企业和外地驻连名优企业建立联手打假制度。至当年底，全区新增注册商标占实有有效期内的商标总数的一半以上。2003 年，共有 10 家企业办理标注册申请，其中服务商标 10 件，比 2002 年增长 100%，创历史新高。同时，“金磨”商标被认定为 2003 年连云港市知名商标。全年共查处查获各类商标违法案件 9 件，收缴和消除各类商标标识 19310 件，罚没款 35339.30 元，其中：一般商标违法案件 2 件，罚没款 9000 元；商标侵权案件 7 件，罚没款 26339.3 元。2004 年，共核转新申报注册商标 18 件，“爱家楼”“花果山”“连泵”“双鸡图形”“港雁”商标被新认定为市知名商标。年内，区工商部门还开展保护商标专用权行动，共立案 85 起，罚没款入库 10.8 万元。2005 年，共核转新申报注册商标 23 件。“贵子”床垫、“维工”南极劳保用品、“图标”化工产品 3 件商标被新认定为市知名商标，“花果山”碳化硅商标被认定为省著名商标。全年共查处商标侵权案件 11 起，罚没款 93.8 万元，没收侵权的酒 60 箱、电视机 124 台、合金刀片 511 盒、衬衫 100 件。检查印刷企业 58 家，查处非法印制案件 5 起，罚款 54.6 万元，没收印刷机 3 台。至 2005 年年底，全区市场主体共有地区性国内注册商标 196 件，海外商标 4 件，省著名商标 8 件。培育了富春饭店、老正川火锅、小武凉皮和花果山碳化硅等一大批市知名商标和省著名商标。

2005 年底新浦地区省著名商标概况表

表 21－15

商标	商标注册人	核定使用的商品或服务
连中	江苏康缘药业股份有限公司	中成药
甘利欣	江苏正大天晴药业股份有限公司	人用药
恒瑞	江苏恒瑞医药股份有限公司	人用药
图形	江苏豪森药业股份有限公司	人用药
立本	连云港立本农药化工有限公司	农药
浪花	连云港水表有限公司	水表等
乐哈哈	江苏龙腾化工有限公司	氮肥、农业肥料等
花果山	连云港市研磨厂	金刚砂等
天晴	江苏正大天晴药业股份有限公司	人用药品
康缘	江苏康缘药业股份有限公司	合剂、桂枝茯苓胶囊等
鹰游	连云港鹰游纺机有限公司	起绒毛机等
绿灌	连云港市绿灌禽业养殖场	蛋等
克立林	连云港克立林实业有限公司	矿泉水(饮料)等

2005 年前新浦地区市知名商标概况表

表 21－16

商　标	注册证号	使用商品/服务	企业名称
金磨	1259327	钢模板、金属建筑护墙板、金属建筑挡板	连云港市钢模板厂
图形	1629977	猪肉、猪肉食品	连云港市食品公司
绿灌	3167780	蛋	连云港市绿灌禽业养殖场
花果山	1098130	金刚砂、碳化硅	连云港市研磨厂
连中	136344	中成药	江苏康缘药业股份有限公司
甘利欣	780452	人用药	江苏正大天晴药业股份有限公司
天晴	800108 800109	人用药品	江苏正大天晴药业股份有限公司
图形	1087188	桂枝茯苓胶囊等	江苏康缘药业股份有限公司
图形	1295275	人用药等	江苏豪森药业股份有限公司
金磨	1259327	钢模板、金属建筑护墙板、金属建筑挡板	连云港市钢模板厂
天晴复欣	1672485	人用药	江苏正大天晴药业股份有限公司
立本	139832	农药	连云港立本农药化工有限公司
杰瑞	1053527	塑料模具等	中国船舶重工集团公司第七一六研究所

续表 21 - 16

商　标	注册证号	使用商品/服务	企业名称
云山	202520	旋转耕作机	北京银华春翔农机有限公司连云港旋耕机厂
云	965886	旋耕机犁刀	连云港市华云机械制造有限公司
鹰游	1633803	纺织工业机器等	连云港鹰游纺机有限责任公司
连泵	1175156	离心泵	连云港市清水泵厂
连利	525271	水表	连云港连利水表有限公司
浪花	1423473	水表等	连云港水表有限公司
杰瑞	1060196	模块等	中国船舶重工集团公司第七一六研究所
杰瑞	1074155	非金属门、窗、管道等	中国船舶重工集团公司第七一六研究所
宜尔杉	1228789	衬衫、西服	连云港市宜尔杉制衣有限公司
GB	1694639	冰糖葫芦	连云港市嘎嘣萃食品有限公司
图形	556599	面包、糕点等	连云港市小上海糕点厂
金手指	1193217	蛋糕等	连云港金手指食品有限公司
克立林	1486800	矿泉水(饮料)	连云港克立林实业有限公司
花果山	124840	酒	江苏苏红酒业有限公司
嘎嘣萃	1799595	推销	连云港市嘎嘣萃食品有限公司
图形	3015190	不动产代理等	连云港东盛房地产综合开发有限公司
星月	3220004	印刷	连云港市星月印刷有限公司
爱家楼	1754385	餐馆、餐厅、饭店	连云港市新浦区爱家楼大酒店
图形	1277550	黏合剂	连云港市新浦有机化工厂
孚来迪	1362785	人用药	江苏豪森药业股份有限公司
恒奥	1464528	人用药	江苏豪森药业股份有限公司
康缘	1906990	软胶囊剂等	江苏康缘药业股份有限公司
响亮	1515387	太阳能集热器	连云港市响亮太阳能热水器有限公司
日出东方太阳雨	1686058	太阳能集热器等	连云港市太阳雨热水器制造有限公司
更大	1660742	铝塑复合包装袋等	连云港更大软包装有限公司
贵子	1404829	床垫、家具	连云港市新浦梦圆床垫家具厂
立成	1605100	床用毯子等	连云港鹰游立成毛绒有限责任公司
维工	3041353	帽子、手套(服装)、鞋	连云港市新浦南极劳保用品厂
葛花	1497998	葛藤粉	连云港葛花葛藤粉食品有限公司
合美	1797645	牲畜饲料等	连云港九洲科技饲料有限公司
华航	3576922	不动产代理等	江苏华航建设集团有限公司

二、广告管理

解放前，先后在新浦出版的各种报纸，均开展刊登广告业务。地方无广告管理机构。

1959年，市工商部门贯彻商业部《加强广告宣传和商品陈列工作的通知》，开始对新浦地区商店橱窗陈列、报纸、电台的广告进行管理。

“文化大革命”期间，电台、报纸不再刊登经济广告。

1982年起，新浦地区广告事业日趋繁荣。市工商局制订《广告管理暂行条例实施细则》，并开始对报纸、电视及新浦地区的大型广告进行审批和管理。新浦工商分局对零星广告的张贴进行管理。1984年，开始对企业利用各种媒介播映、刊登、设置、张贴的广告进行管理。对广告经营、兼营单位进行普查，对报纸、电台、电视台刊登、播映广告进行审查。1985年，区工商局广告管理所与市广播电台联系，在市广播电台开辟区属企业广告大联播专栏，同时在新浦地区修建固定广告张贴栏38块，规范广告张贴地点。1986年，区工商部门依据市工商局制定的《广告审查验证的若干规定》，对经工商部门批准的16家广告经营单位进行整顿。1987年2月，工商部门重新制定张贴广告管理办法，对张贴广告进行审批、登记，对未经批准随意张贴者予以批评或罚款处理。1988年，组织开展全市首次广告经营单位年检工作。1989年4月，针对部分外地来新浦的客商随意张贴、深夜乱贴广告甚至利用广告行骗的情况，区工商部门立即作出《加强对外来广告客户管理的决定》，将区内的旅社、招待所组成一个统一监督网络，负责对外地客商进行广告管理的宣传，介绍办理张贴广告须知，举报虚假广告。1985年至1990年，区工商局广告管理所共审查各类广告18741份，查处违章广告9941份。

1991年5月1日起，正式实行《广告业务员证》制度，广告经营单位和个体户统一使用广告业专用发票。1992年，新浦地区设立民墙广告15块，审查社会广告250件，查处虚假违章广告75件。

1993年8月，落实《连云港市户外广告管理办法》《连云港市社会办学招生广告管理规定》。当年，制作民墙广告18块。当年，新浦地区广告经营单位由2户发展为9户。工商广告管理部门审查社会广告及户外张贴广告2000余份。1994年，受理、审查户外广告张贴4800余份，并制作路牌广告12块，民墙广告4块。对全区10家企业的有关人员进行了广告专业技术资格培训。1995年，审核受理户外广告张贴3600余份。

1996年起，广告工作着重点转向严厉查处假冒侵权商标和违法广告，当年销毁和清除户外违章广告15000余份，审查社会广告9000余张。1997年，受理、审查户外广告张贴1200余份，查处违法违章广告案件10起。1998年，开展广告经营资格检查，对检查合格的广告经营单位换发新版《广告经营许可证》。并受理、审查户外广告张贴3800余份。

1999年起，对在广告媒体上发布的医疗广告实行“发布内容格式化”管理。受理、审查户外广告张贴4800余份，查处违法广告案件33起，罚没金额1.14万元。

2000年，强化医药、保健品广告发布制度建设，制定广告单位自查、广告主备案、监测、一票否决等制度。当年检查广告经营户61家，对9家违法经营户及时予以处理，受理、审查户外广告23126份。

2001年，开展“反误导、打虚假”广告市场规范整顿行动，改变医疗、药品、保健食品广告误导虚假现象突出、违法医疗广告屡禁不止的情况。受理、审查户外广告张贴15000余份。2002年，在开展反对虚假宣传、规范广告经营行为专项整治中，重点打击虚假医疗、药品、保健食品、房地产广告。2003年1月起，开始实行发布医疗广告保证金制度。至当年底，新浦城区的公告栏已达24块。区内广告经营单位已发展到181家。2004年,查处违法广告7件,罚没金额7万元。2005年,新浦工商部门开展虚假违法广告专项整治活动和牌匾广告专项整治工作。重点整治保健食品、药品、医疗器械、医疗、化妆品、美容服务虚假违法广告,以及利用互联网发布的虚假违法广告。共检查广告869条,查处违法广告11起,罚没款19.5万元;结合省文明城市创建工作,对街道、社区内所有的广告栏、招牌、牌匾、路牌、灯箱等户外广告进行了全面清理。新浦工商分局也成立两个广告检查小组。首先对辖区的17块广告栏进行彻底清理。其次,对主、次干道及社区所有经营户设置的广告牌、牌匾进行大检查。并不间断地对户外广告、牌匾进行回访检查,保持清理成效。全区先后出动检查人员420人次,共检查户外广告、牌匾8000多块,整改内容不合法及载体残缺破旧的广告牌500余块。

第六节　经济监督检查

新中国成立后至20世纪60年代初,新浦地区经济活动的监督检查工作,由市工商行政管理部门直接管理。

20世纪60年代初期,新浦区机关先后12次组织人力,参加全市组织的打击投机倒把与黑市交易等活动。

1974年,新浦工商分局设立办案组,专门查处各种经济违法违章案件。次年4月,在34个街道和农业大队查出搞投机倒把、地下承包经营的无证商贩258人,根据情节轻重分别给予处理。

1978年,重点打击走私贩私、贩卖金银珠宝、珍贵文物、贵重药材、淫秽书刊等违法犯罪活动。1979年,查处各种违法案件621起,罚没金额11957.36元。

1985年,区工商部门会同市防疫站、质检所等部门,查获价值14万余元的假冒伪劣奶粉、麦乳精、胡椒粉等,全部予以销毁。1988年9月开始,对区内商店经销的13种名酒,实行售前报验制度,当年自报和举报名酒销售单位73家,查验各种名酒24.37吨,其中不合格的13.21吨,占报验总数的54.43%。1990年,查处各类经济案件63件,其中大案22件,投机倒把案13件,违章大案9件。已入库罚没金额23.7万元,待入库金额15万元。查获的非法物资有黄金11600克,白银50000克,粮票78000公斤,国库券11900元,走私香烟950条,劣质水暖器材23000件,变质饮料3888公斤,烟煤4144吨,劣质低压电器420件,劣质消防器材40多件,总价值达259.5万元。

1991年,查处千元以上各类经济违法案件7件,万元以上的有3件,10万元以上的1件。查处的物资有进口豪华汽车2辆,旧服装938件,工业用盐4960吨,化肥560吨,农药1.99吨,木材4068立方米,鱼粉12.1吨,劣质鞋1628双,低压电器4200件,“三无”(无生产厂家名称、无生产地址、无生产日期)阀门2.3万件。1992年,共查处经济违法案件34件入库罚没款12.8万元。共查获假烟(包括走私外烟)300余条,假酒5.2吨,假劣化肥10250吨,木材151立方米,假洗衣粉80箱,假香油80瓶,劣质食品100多斤,假冒凤凰自行车1063辆,劣质低压电器1700件,各种走私旧服装2433件,总价值85.2万元。1993年,查处各类经济案件354件,其中投机倒把案11件;万元以上大案5件;罚没金额11.7万元。查获假冒伪劣饮料11.45吨,罚没金额2.6万元,为企业挽回经济损失210多万元。1994年,共捣毁非法生产经营劣质磷肥窝点7个,现场查获劣质磷肥近千吨,查封成品劣质磷肥30吨,非法印制的包装袋5000余只,生产工具23件,衡器2台。查处假进口彩电25台、进口香烟67箱、进口摩托车30辆、进口旧服装1827件、法国香槟290箱、劣质饮料5.2吨、假味精50公斤、假汪恕有滴醋2000瓶、假冒汤沟酒等3.2吨。1995年，捣毁制售假磷肥、磷酸二氢钾、复合肥窝点11个，查获劣质磷肥436吨，磷酸二氢钾90吨，复合肥734.4吨及生产原料矿粉、磷酸、硫酸等近千吨，查处制售劣质肥料的案件共11起。查获假酒4000余瓶，假味精350公斤，假空调器1127台，走私空调器68台，假凤凰牌自行车50辆。1996年，查处各类经济违法违章案件516起，其中千元以上大案15件，万元以上大案9件，罚没入库金额达20余万元。1997年，查处各类经济违法违章案件440件，罚没入库金额26万元。共查获假酒600箱，假酱油2000瓶，假醋2800瓶，注水猪肉1600公斤，假磷肥134吨。1998年，查获假酒2000余箱，假化肥达1200余吨和一批制假工具及各种原料800吨。共出动150余人次，检查各类粮食市场和国有、集体、私营粮食企业和个体工商户80余家，查扣非法贩运购销的粮食125吨。1999年，查处各类经济违章案件1621起，罚没入库金额106万元。共捣毁制假窝点57个，查获假酒3000余箱，假酱油、醋5000多瓶，注水猪肉1600公斤，假化肥2200余吨，查处非法收购粮食300余吨。有力净化了市场环境。2000年，查处各类经济违法违章案件1302起，其中立案查处案件362件，罚没入库金额150万元。新浦工商分局被省工商局授予“万人百日执法先进集体”称号。

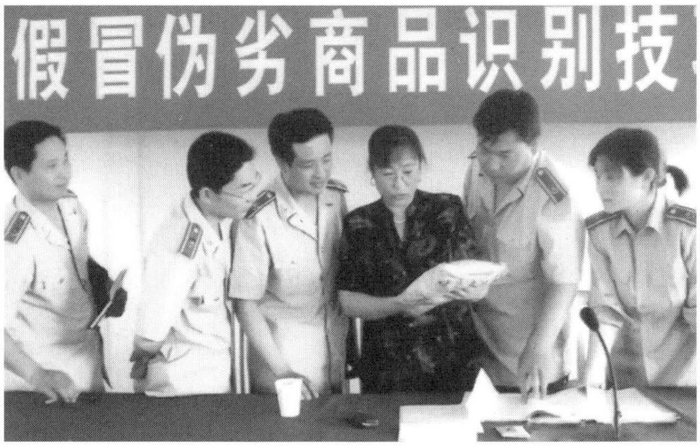

图21－4　新浦工商分局执法人员在向消费者传授识别假冒伪劣产品技巧

2001年，共查处各类经济违法违章案件1755件，其中适用一般程序案件952件，罚没入库金额225万元。

2002年，共查处各类经济违法违章案件1017起，罚没入库金额247.4万元。先后查获假冒劣质化肥581.5吨，种子37.5吨，假冒美国无架豆种子227袋，病死猪212头，上色牛肉3000余公斤，熟食肉制品700余公斤，病死猪肉冒充牛、羊肉1516公斤，假冒凯威干红葡萄酒6180瓶。

2003年，查处各类经济违法违章案件486件，其中适用一般程序案件283件，罚没入库金额421.92万元，案值在万元以上的案件就达91件。

2004年，查处各类经济违法案件1018件，罚没入库328万元。组织开展了打击传销“雷霆行动”，共端掉传销窝点444个，驱散传销人员5985人，有力遏制了传销蔓延的势头。小化肥整治行动中共查处案件24起，结案7起，罚没入库7.3万元。

2005年，立案查处各类经济违法违章案件187起，罚没入库金额332.85万元。其中，查处假化肥380余吨，查处商标侵权案件11起，罚没入库93.8万元，查处非法印制商标案件5起，罚没入库54.6万元，查处虚假合同1件，为企业避免经济损失192.4万元，取缔无照经营105户，查处传销案件17件，端掉传销窝点106个，驱散传销人员2529人。